ÉLISSON MIESSA

Procurador do Trabalho.

Mestrando em direito pela USP – Campus Ribeirão Preto/SP

Professor de Direito Processual do Trabalho da Escola Trabalhista e do curso Aprovação PGE.

Autor e Coordenador de livros publicados pela Editora Juspodivm.

www.elissonmiessa.com.br

Facebook: elisson.miessa | Twitter: @ElissonMiessa

Instagram: @elissonmiessa

EDITORA JusPODIVM

www.editorajuspodivm.com.br

CURSO DE DIREITO PROCESSUAL DO TRABALHO

ÉLISSON MIESSA

CURSO DE DIREITO PROCESSUAL DO TRABALHO

8ª edição | revista atualizada ampliada

2021

EDITORA *Jus*PODIVM
www.editorajuspodivm.com.br

EDITORA *Jus*PODIVM
www.editorajuspodivm.com.br

Rua Território Rio Branco, 87 – Pituba – CEP: 41830-530 – Salvador – Bahia
Tel: (71) 3045.9051
• Contato: https://www.editorajuspodivm.com.br/sac

Capa: Ana Caquetti

Diagramação: Luiz Fernando Romeu *(lfnando_38@hotmail.com)*

P963 Curso de Direito Processual do Trabalho / Élisson Miessa – 8. ed. rev., ampl. e atual. – São Paulo: Editora JusPodivm, 2021.
1.408 p.

Bibliografia.
ISBN 978-65-5680-220-6

1. Direito Processual do Trabalho. 2. Organização Judiciária do Trabalho. 3 Ministério Público do Trabalho. I. Miessa, Élisson. II. Título.

CDD 342.68

8.ª ed., *2.ª tir.:* abr./2021.

Dedico esta obra à minha amada esposa, Luiza, pela cumplicidade e companheirismo, sempre ao meu lado para auxiliar-me a refletir no momento da elaboração de um livro ou na organização das minhas aulas.

Ao meu filho, Otávio, por tornar meus dias mais felizes, demonstrando-me, na sua inocência de criança, que precisamos de pouco para alcançarmos a felicidade.

Dedico, ainda, aos meus alunos e ex-alunos de todo o Brasil, que possibilitaram a criação desta obra.

APRESENTAÇÃO DA OBRA

O presente livro é fruto da experiência do dia a dia no Ministério Público, acrescida dos anos de preparação para a aprovação no referido concurso, dos anos de magistério e de um minucioso trabalho de pesquisa doutrinária, legislativa e jurisprudencial.

O livro originou-se como uma obra destinada à preparação dos candidatos aos diversos concursos públicos, como da Magistratura do Trabalho, Ministério Público do Trabalho e Advocacia Pública, sintetizando os principais pontos dos editais, mesclando a lei seca, doutrina, jurisprudência e questões.

A obra, contudo, ao longo das sete primeiras edições, tornou-se densa e bem completa, com aprofundamento teórico em diversos tópicos que vão além das discussões apenas voltadas aos concursos.

Assim, passou a ser utilizada não apenas para a preparação para concursos públicos, mas também por acadêmicos da graduação e pós-graduação, advogados e outros profissionais que atuam na seara trabalhista, razão pela qual foi transformada na 8ª edição em um **"Curso de Direito Processual do Trabalho"**.

Apesar dessa alteração, o livro manteve a linguagem clara, objetiva e didática, que sempre foi sua principal característica. A finalidade é que a leitura seja prazerosa, contínua e fluida. Associado a isso e com o objetivo de facilitar a compreensão, há diversos esquemas e quadros no decorrer do livro.

De qualquer modo, embora o livro tenha se transformado em "Curso" atingindo todos os que lidam com a seara trabalhista, ele também continua sendo direcionado aos candidatos que se preparam para os concursos públicos, especialmente da Magistratura do Trabalho, MPT e advocacia pública, pois são certames que exigem cada vez mais o aprofundamento teórico dos candidatos nos estudos.

Além desse livro, indicamos as seguintes obras relacionadas à disciplina:

- **Súmulas e Orientações Jurisprudenciais do TST comentadas e organizadas por assuntos – Editora Juspodivm.** Trata-se de um livro que analisa de forma completa cada uma das súmulas e orientações jurisprudenciais do TST vigente.

- **Súmulas, Orientações Jurisprudenciais e Informativos do TST – Organizados por assunto – Editora Juspodivm.** Trata-se de um livro ideal para pesquisa rápida das súmulas e orientações jurisprudenciais do TST;
- **Manual dos Recursos trabalhistas – Editora Juspodivm.** Trata-se de obra do autor deste livro, em que analisamos detidamente os recursos na seara trabalhista;
- **Estudos aprofundados do MPT – v. 1, v. 2, v. 3 e vol único – Editora Juspodivm;**
- **Estudos Aprofundados Magistratura do Trabalho – v. 1 e v. 2 – Editora Juspodivm.**

Indico nossos cursos gravados na Escola Trabalhista[1] e no AprovaçãoPGE[2].

Estou sempre à disposição para receber sugestões e críticas sobre o livro. Como se trata de uma obra "viva", estamos sempre aprendendo e corrigindo eventuais erros e posicionamentos.

Meu contato é www.elissonmiessa.com.br.

Élisson Miessa

Novembro/2020

1. www.escolatrabalhista.com.br.
2. www.aprovacaopge.com.br.

NOTA À 8ª EDIÇÃO

Inicialmente, gostaríamos de reiterar nossos agradecimentos aos leitores pela receptividade da obra, fazendo surgir essa nova edição. O livro sofreu uma importante alteração, pois, inicialmente era destinado aos concursos públicos e passa agora a ser um curso completo de direito processual do trabalho, resultado de anos de estudos, análises e experiências na área trabalhista.

A obra está atualizada com as mais recentes alterações legislativas no âmbito do direito processual civil e do trabalho, principalmente com as Leis nº 13.709/2018 (Lei Geral de Proteção de Dados Pessoais - LGPD), 13.874/2019 (Lei da Liberdade Econômica) e 14.020/20. Além disso conta com as atualizações jurisprudenciais, com decisões importantes tomadas nos últimos anos e os informativos mais recentes do TST (até o Informativo nº 224).

Nessa edição, os seguintes tópicos foram inseridos ou atualizados ao longo da obra:

- Juízo 100% digital;
- conflito de atribuição (Ministério Público do Trabalho);
- prova colhida no Inquérito Civil;
- legitimidade do Ministério Público do Trabalho: legitimidade para arguir prescrição em favor de entidade de direito público; legitimidade recursal; legitimidade para arguir parecer nulidade da contratação não suscitada na defesa; legitimidade para atuar no STF e no STJ;
- homologação de acordo extrajudicial: petição conjunta e parcelas alcançadas pelo acordo extrajudicial;
- competência para julgar: o trabalho por presidiários no cumprimento da pena; os motoristas de aplicativo; os empregados contratados antes e após a CF/88 sem submissão ao concurso público; os serventuários de cartório extrajudicial; o acidente de trabalho e doença ocupacional, inclusive herdeiros e sucessores; o assédio moral e sexual; as contribuições previdenciárias decorrentes dos acordos firmados perante a Comissão de Conciliação Prévia e contribuições de terceiros; o seguro-desemprego e os casos de afastamento na violência doméstica;
- conflito de competência entre Tribunal Regional do Trabalho e Vara do Trabalho de idêntica região;
- legitimidade e atuação do sindicato;

- limites temporais no processo judicial eletrônico;
- alcance do acordo judicial e discriminação da natureza das verbas;
- defesa nos processos em que é parte pessoa jurídica de direito público e nas ações coletivas ajuizadas pelo MPT;
- ônus da prova na equiparação salarial; nas horas extraordinárias, inclusive no registro de ponto por exceção; no grupo econômico; na terceirização pela Administração Pública;
- confissão; testemunha que litiga ou litigou contra a mesma reclamada; Adicional de insalubridade e periculosidade e realização de perícia;
- fato superveniente que possa influir no julgamento;
- julgamento parcial do mérito;
- conflito entre duas coisas julgadas;
- momento de concessão e meios de impugnação (tutela provisória);
- tutela provisória contra a Fazenda Pública;
- momento de comprovação da tempestividade;
- Substituição do depósito em dinheiro por fiança bancária ou seguro garantia judicial;
- Condenação de honorários advocatícios e dispensa do depósito recursal;
- juros e correção monetária, inclusive trazendo o atual entendimento do STF, além de ampliar o capítulo trazendo os juros e a correção monetária nas indenizações por dano moral; a correção monetária dos salários e dos créditos devidos à Previdência Social; a não incidência da correção monetária sobre débito do empregado;
- responsabilidade do sucessor na sucessão parcial; responsabilidade decorrente da terceirização; responsabilidade do grupo econômico;
- Requisitos para apólice do seguro garantia judicial e da fiança bancária;
- penhora de semoventes e animais de estimação; penhora de direitos aquisitivos derivados de alienação fiduciária em garantia;
- ferramentas para a efetivação execução e realização da penhora (Junta Comercial, SISBAJUD, INFOJUD, SIMBA, CCS, RENAJUD, CNIB, CAGED, CENSEC, INFOSEG, SINTAC, SNCR);
- execução contra empresa em recuperação judicial;
- reunião de execuções; e

- pagamento separado do exequente e dos honorários advocatícios (execução contra a Fazenda Pública).

Diante da importância e extensão do tema, criou-se um novo capítulo para os Procuradores no direito processual do trabalho (capítulo 10).

Ademais, não se pode negar que o ano de 2020 foi um ano totalmente diferente, devendo entrar para os anais da história nos próximos anos diante das inúmeras mudanças promovidas no padrão de vida da maioria das pessoas ao redor do mundo, decorrente da COVID-19. Diante das discussões originadas no contexto da pandemia causada pelo coronavírus, alteramos e atualizamos o tópico de chamamento à autoria no fato do príncipe, bem como criamos um tópico para as audiências telepresenciais.

Enfim, a obra está atualizada com o que se tem de mais novo na doutrina, jurisprudência e legislação.

Assim como ressaltado nas edições anteriores, considerando as grandes alterações que o direito processual do trabalho sofreu com o CPC/2015, com a Lei nº 13.467/17 (Reforma Trabalhista), e agora com a pandemia, as críticas são de extrema importância para o crescimento da obra, de modo que ficamos abertos a recebê-las.

Élisson Miessa

Novembro/2020

PREFÁCIO

Sempre fico feliz quando observo gestos de generosidade nas pessoas. A publicação deste compêndio me direciona claramente a dois generosos gestos de Élisson Miessa: o primeiro deles o honroso convite para escrever este prefácio; e o segundo, e mais valioso, a sua disposição abnegada em compartilhar suas riquezas jurídicas. Dessa forma, ganha a Justiça do Trabalho e, em caminho parelho, todos aqueles que irão beber de sua fonte de sabedoria. Não são todos que possuem a disposição de dividir o conhecimento. Daí a razão maior da minha alegria.

A Justiça do Trabalho no Brasil, desde a longínqua criação dos conselhos sindicais de conciliação e arbitragem, demonstra o nobre desejo de mediar os conflitos e, acima de tudo, salvaguardar que as relações do trabalho possam tramitar sob as luzes da lei. Esse pensamento deve ser perenizado nas atitudes de todos aqueles que operam na esfera trabalhista do direito. Desde os seus capítulos iniciais, Élisson Miessa demonstra a sua grande maturidade jurídica ao apontar o histórico caminho evolutivo do direito processual do trabalho.

Assim como a Constituição Federal do Brasil passou por seus percalços, até chegar ao modelo que temos desde 1988, o direito processual do trabalho também teve que acompanhar as mudanças sociais e se adaptar às novas relações trabalhistas criadas ao longo da história. Por isso mesmo, os operadores desse direito precisam apegar-se a saberes que vão além do dever simplório de dominar a legislação. Primeiramente, é preciso conhecer a própria sociedade e as suas necessidades no âmbito do direito trabalhista.

Regular os conflitos, individuais e coletivos, de trabalho. Assim operamos o direito processual do trabalho, em uma busca incessante pelo equilíbrio na balança representativa da justiça. Nem sempre é fácil, pois a formação social do povo brasileiro passa por momentos medonhos onde o trabalhador era considerado apena uma peça, ou um ser inferior. As condições coloniais do trabalho escravo, por exemplo, fizeram parte de uma engrenagem vergonhosa que beneficiava apenas os mais abastados financeiramente. Infelizmente, ainda encontramos na atualidade casos análogos à escravidão, o que demonstra, de forma diáfana, a importância de todos aqueles que defendem a Justiça do Trabalho no Brasil.

Não obstante, encontramos ainda casos de omissão total aos direitos do trabalhador e garantias previstas na CLT. É por isso que a luta é peremptória, assim como a atualização jurídica. O debruçar-se sob o conhecimento deve ser algo corriqueiro e saudável para quem almeja caminhar através do longo caminho da área trabalhista. Muitas vezes, podemos sentir cansaço, um pouco de fraqueza ou até mesmo um pensamento furtivo de derrota. Mas nada disso me fez desistir ou tirou-me do caminho certo. Assim deve ser com qualquer um que sonha em passar pela vida e ser útil à sociedade. Ao nos presentear com esta publicação, Élisson Miessa é uma prova de que vale a pena o esforço, e de que posso me orgulhar por ter uma função tão gratificante, no simples exercício de minha profissão.

Aos mais jovens, aos iniciantes, aconselho a leitura constante, o renovo jurídico e a busca por novos saberes. Com o passar do tempo, vocês vão evoluir, assim como evolui a justiça, e seguir os passos daqueles que devem servir de exemplo para todos nós, como o é Élisson Miessa. Sua obra, certamente, vai habitar cabeceiras sedentas e ansiosas de jovens concurseiros, ao mesmo tempo que vai repousar nas mãos inquietas dos operadores mais vividos.

De toda sorte, eu tenho a total certeza de que este livro será aberto por mim várias vezes. Assim como será recomendado para quem quer ir além do dever de ser justo. Acima de tudo, é preciso ser humilde e entender as necessidades básicas do trabalhador, para somente assim buscar dirimir as injustiças e garantir o pleno cumprimento da lei.

Renato Saraiva

SUMÁRIO

CAPÍTULO 1

CAPÍTULO 2

CAPÍTULO 4

MINISTÉRIO PÚBLICO DO TRABALHO 117

CAPÍTULO 5

FORMAS DE SOLUÇÃO DE CONFLITOS E JURISDIÇÃO 147

CAPÍTULO 7

CAPÍTULO 11

CAPÍTULO 12

CAPÍTULO 13

CAPÍTULO 16

PETIÇÃO INICIAL 551

CAPÍTULO 17

AUDIÊNCIAS 577

CAPÍTULO 18

CAPÍTULO 19

CAPÍTULO 21

CAPÍTULO 22

CAPÍTULO 25

LIQUIDAÇÃO DE SENTENÇA 1007

CAPÍTULO 26

EXECUÇÃO TRABALHISTA 1039

CAPÍTULO 27

DISSÍDIO COLETIVO 1205

CAPÍTULO 28

CAPÍTULO 29

INFORMATIZAÇÃO DO PROCESSO JUDICIAL 1375

BIBLIOGRAFIA 1403

Capítulo 1

EVOLUÇÃO HISTÓRICA, AUTONOMIA, FONTES, INTEGRAÇÃO E EFICÁCIA

1. EVOLUÇÃO HISTÓRICA

A evolução do direito processual do trabalho, no Brasil, confunde-se com a própria história da Justiça do Trabalho.

O Decreto 1637, de 5 de novembro de 1907, inicia a fase de institucionalização da Justiça do Trabalho, criando os conselhos permanentes de conciliação e arbitragem, no âmbito dos sindicatos, "destinados a dirimir as divergências e contestações entre o capital e o trabalho" (art. 8º).

Em 1922, no estado de São Paulo, a Lei estadual 1.869 criou os Tribunais Rurais do Trabalho, tendo competência para interpretar e executar os serviços agrícolas, até o valor de 500 mil réis.

Com a Revolução de 1930, Getúlio Vargas criou o Ministério do Trabalho, Indústria e Comércio, por meio do Decreto 19.433, de 26 de novembro de 1930.

Em seguida, em 1932, foram instituídas as comissões mistas de conciliação, com a finalidade de conciliar os conflitos coletivos. No mesmo ano, foram criadas as juntas de conciliação e julgamento, destinadas a conciliar e solucionar os dissídios individuais, tendo, porém, natureza de órgão administrativo. Contudo, a execução de suas decisões era feita perante a Justiça Comum.

As Juntas eram compostas por um juiz presidente, estranho aos interesses profissionais e nomeado pelo Ministro do Trabalho, sendo de preferência advogado, magistrado ou funcionário público, e dois vogais, um representando os empregados e outro o empregador. Os juízes não gozavam de independência, podendo ser demitidos *ad nutum*.

Apenas os empregados sindicalizados tinham acesso às Juntas ou comissões mistas (art. 1º do Decreto nº 22.132/32). Ademais, o art. 29 do Decreto 22.132/1.932 permitia a possibilidade de o Ministro do Trabalho avocar processos com decisão proferida há menos de seis meses, a requerimento da parte, quando provado flagrante parcialidade no julgamento ou violação expressa de direito. Esse procedimento era chamado de "avocatória".

A Constituição Federal de 1934 deu origem à fase de constitucionalização da Justiça do Trabalho. Trata-se da primeira constituição a prever a Justiça do Trabalho, incumbindo-lhe de dirimir questões entre empregados e empregadores, embora ainda não integrante do Poder Judiciário, mas ligada ao Poder Executivo. A Constituição Federal de 1937 seguiu a mesma sistemática da anterior.

Em 1939, por meio dos Decretos-leis 1.237, de 2 de maio de 1939, e 1.346, de 15 de junho de 1939, foi institucionalizada a Justiça do Trabalho, sendo instalada em 1º de maio de 1941. Era dividida em três instâncias: Juntas de Conciliação e Julgamento, Conselhos Regionais do Trabalho e Conselho Nacional do Trabalho (composto por duas Câmaras, sendo uma da Justiça do Trabalho e outra da Previdência Social).

Com a organização da Justiça do Trabalho pelo Decreto-lei 1.237/1939, ela passou a ser órgão autônomo (embora ainda não integrante do Judiciário), exercendo função jurisdicional, de modo que suas decisões passaram a ser executadas no próprio processo, sem a necessidade de ajuizamento na Justiça Comum (arts. 67 a 71).

Já em 1946, o Decreto-lei 9.797, de 9 de setembro de 1946, conferiu aos juízes togados as garantias inerentes à magistratura (vitaliciedade, inamovibilidade e irredutibilidade de vencimentos), além de exigir o ingresso na carreira por meio de concursos de títulos e provas. Ademais, conferiu estrutura judicial à Justiça do Trabalho, transformando o Conselho Nacional do Trabalho em Tribunal Superior do Trabalho e os Conselhos Regionais em Tribunal Regional do Trabalho. Nessa época, o Supremo Tribunal Federal já reconhecia a natureza jurídica dos tribunais trabalhistas.

De qualquer modo, foi a Constituição Federal de 1946 que incluiu, constitucionalmente, a Justiça do Trabalho como integrante do Poder Judiciário, sendo composta pelos seguintes órgãos: I – Tribunal Superior do Trabalho; II – Tribunais Regionais do Trabalho; III – Juntas ou Juízes de Conciliação e Julgamento (art. 122). Na ocasião, conferiu-se à Justiça do Trabalho a competência para "conciliar e julgar os dissídios individuais e coletivos entre empregados e empregadores, e, as demais controvérsias oriundas de relações do trabalho regidas por legislação especial" (art. 123).

A Constituição Federal de 1967 e Emenda Constitucional nº 1/69 continuaram a prever a Justiça do Trabalho de forma semelhante à Constituição anterior.

Já a Constituição Federal de 1988 conservou a Justiça do Trabalho dentro do Poder Judiciário. Na sua redação original, estruturou-a da seguinte forma: I – Tribunal Superior do Trabalho; II – Tribunais Regionais do Trabalho; III – Juntas de Conciliação e Julgamento. Manteve-se, assim, a representação classista, ou seja, a participação paritária de juízes leigos representantes de trabalhadores e empregadores nos órgãos da Justiça do Trabalho. Desse modo, o TST possuía 17 juízes togados e vitalícios e 10 classistas temporários. No TRT, um terço era de juízes classistas, enquanto a junta de conciliação e julgamento era composta pelo juiz-presidente, togado, e dois juízes classistas.

Com o advento da Emenda Constitucional 24/99, excluiu-se a representação classista, deixando de participar do Judiciário trabalhista juízes leigos (classistas), sendo composto somente por juízes togados. Assim, as juntas de conciliação e julgamento deixaram de ser órgão da Justiça do Trabalho, dando lugar aos juízes do Trabalho.

Ademais, a Emenda Constitucional nº 45/04 ampliou a competência da Justiça do Trabalho, deixando de ser vinculada à relação de emprego, para contemplar as relações de trabalho em sentido amplo, o que torna de suma importância a existência de um ramo processual adequado à efetivação dos direitos dos trabalhadores.

Por fim, cumpre destacar que, em 2017, a Lei nº 13.467, denominada reforma trabalhista, alterou substancialmente o direito processual do trabalho, atingindo temas essenciais como, por exemplo: permitiu a arbitragem para os contratos com remuneração superior ao dobro do teto do regime geral da previdência; criou a jurisdição voluntária para homologação de acordo extrajudicial; estabeleceu a contagem dos prazos em dias úteis; restringiu o benefício da justiça gratuita; previu os honorários advocatícios pela mera sucumbência; impôs a indicação do valor do pedido na reclamação do rito ordinário; autorizou a representação por preposto não empregado; estabeleceu novo procedimento para a exceção de incompetência; restringiu a execução de ofício, além de outros temas.

2. AUTONOMIA DO DIREITO PROCESSUAL DO TRABALHO

O direito processual do trabalho é ramo do direito processual destinado a regular os conflitos individuais e coletivos de trabalho. A doutrina não é pacífica acerca de sua autonomia, possuindo duas teses a respeito:

- **1ª tese (minoritária):** Denominada tese monista (unitária), estabelece que o direito processual do trabalho não tem autonomia, uma vez que segue as regras e princípios do processo comum, tendo apenas algumas peculiaridades, ou seja, é mero desdobramento do processo civil.
- **2ª tese (majoritária):** A tese dualista indica que o direito processual do trabalho tem autonomia, pois possui legislação e princípios próprios. Ademais, o processo do trabalho possui um ramo especializado do Judiciário para a solução de conflitos, além de ser objeto de estudos doutrinários próprios.

3. FONTES

As fontes do direito correspondem à origem da norma e como ela se exterioriza no mundo jurídico. Elas são tradicionalmente classificadas em: fontes materiais e fontes formais.

As **fontes materiais** consistem nos fatores éticos, econômicos, sociais e políticos de uma sociedade em determinado momento histórico que influenciaram a criação da norma jurídica. Trata-se, na realidade, de estudo filosófico e sociológico sobre o aparecimento da norma, o que faz com que alguns doutrinadores não incluam as fontes materiais como verdadeira fonte do direito[1].

As **fontes formais**, por sua vez, relacionam-se à forma em que a norma jurídica se exterioriza no mundo jurídico. No direito processual do trabalho, são consideradas fontes formais: a Constituição Federal; as Convenções e os Tratados Internacionais; a Lei Complementar e a lei ordinária; os princípios; os regimentos internos dos Tribunais; os usos e costumes; os precedentes judiciais e as súmulas dos Tribunais.

3.1. Constituição Federal

A constitucionalização do direito e, consequentemente, a noção de direito constitucional processual faz com que as normas constitucionais sejam a principal fonte aplicável ao direito processual do trabalho, especialmente no tocante aos princípios e às garantias processuais.

3.1.1. Direito Processual Constitucional e Direito Constitucional Processual

No Brasil, a Constituição Federal de 1988 representou a instituição do Estado Democrático de Direito, reconhecendo-se, a partir daí, a constitucionalização do direito, inclusive de ramos do direito privado, como o direito civil e o próprio direito material do trabalho.

No tocante ao direito processual, também se observou o fenômeno da constitucionalização, passando a se considerar que a justiça constitucional é composta por um "direito processual constitucional" e por um "direito constitucional processual".[2]

O **direito processual constitucional** corresponde à jurisdição constitucional, ou seja, diz respeito às normas processuais aplicadas às ações previstas na CF/88 para a garantia dos direitos fundamentais, destacando-se os remédios constitucionais (ação popular, *habeas data*, *habeas corpus*, mandado de segurança, dentre outros) e as ações de controle concentrado de constitucionalidade (ADI; ADC; ADPF etc.).

O **direito constitucional processual**, por sua vez, consiste na aplicação dos princípios constitucionais, especialmente do devido processo legal, do acesso à justiça, do contraditório, da publicidade, da fundamentação, dentre outros, aos diversos ramos do direito processual (processo civil, processo do trabalho, processo penal etc).

Além da incorporação de normas processuais aos textos constitucionais, consideradas, muitas vezes, como direitos fundamentais, as próprias normas infraconstitucionais passam a ser analisadas como concretizadoras dos preceitos constitucionais.

1. REALE, Miguel. *Lições preliminares do direito*. 20 ed., rev.. São Paulo: Saraiva, 1993. p. 140.
2. LEITE, Carlos Henrique Bezerra. *Curso de direito processual do trabalho*. 15. ed. São Paulo: Saraiva, 2017. p. 65.

Nesse sentido, o art. 1º do CPC/15, aplicável ao processo do trabalho, reconhece, de forma expressa, o direito constitucional processual, como se verifica a seguir:

> **Art. 1º** O processo civil será ordenado, disciplinado e interpretado conforme os valores e as normas fundamentais estabelecidos na Constituição da República Federativa do Brasil, observando-se as disposições deste Código.

Esse dispositivo possui forte caráter simbólico, demonstrando que qualquer norma jurídica deve ser construída e interpretada de acordo com a Constituição Federal. Reconhece-se, assim, a força normativa da Constituição e a necessidade de observância das normas constitucionais processuais.[3]

3.2. Tratados internacionais

Os tratados internacionais são expressamente reconhecidos como fonte do direito no art. 5º, §2º, da Constituição Federal:

> § 2º Os direitos e garantias expressos nesta Constituição não excluem outros decorrentes do regime e dos princípios por ela adotados, ou dos tratados internacionais em que a República Federativa do Brasil seja parte.

Os tratados internacionais são os acordos internacionais escritos, realizados entre dois ou mais Estados ou organizações interestatais regidos pelo Direito Internacional Público. Esses acordos internacionais apenas são obrigatórios aos Estados que deles forem signatários e que observarem as normas internas para a incorporação das normas internacionais.

O tratado é "um gênero que incorpora várias espécies, como convenção, acordo, pacto, protocolo etc."[4]. Desse modo, independentemente da denominação recebida, tendo sido ratificados e incorporados aos ordenamentos jurídicos internos, os tratados internacionais são considerados fontes formais do direito, tornando-se de aplicação obrigatória[5].

Diante dessa observância obrigatória, os tratados internacionais de direitos humanos exigem a compatibilização das normas internas com os preceitos neles estipulados. Essa compatibilização é denominada **controle de convencionalidade.**

O controle de convencionalidade poderá ocorrer pelos integrantes da magistratura local, *ex officio*[6], os quais poderão deixar de aplicar normas internas que sejam

3. DIDIER JR., Fredie. *Curso de direito processual civil: introdução ao direito processual civil, parte geral e processo de conhecimento*. 18. ed. Salvador: Juspodivm, 2016. v. 1. p. 49.

4. Nesse sentido: PORTELA, Paulo Henrique Gonçalves; *Direito Internacional Público e Privado*. 7. ed. Salvador: Juspodivm, 2015. p. 131.

5. No âmbito do direito processual do trabalho, são exemplos de tratados internacionais o Protocolo de Medidas Cautelares de Ouro Preto (Decreto 2626/98) e o Pacto de São José da Costa Rica (Decreto 678/92).

6. MAZZUOLI, Valerio de Oliveira. *Curso de Direito Internacional Público*. 9. ed. São Paulo: Revista dos Tribunais, 2015. p.422.

incompatíveis com os tratados internacionais de direitos humanos ou, subsidiariamente, pelas cortes internacionais.[7]

Como exemplo desse controle de convencionalidade, cita-se a a petição inicial ajuizada pela Procuradoria-Geral da República na ADI nº 5766 no STF que questiona as alterações promovidas nos arts. 790-B, *caput* e § 4º; 791-A, § 4º e 844, § 2º, da CLT pela Reforma Trabalhista (Lei nº 13.467/17). De acordo com a petição inicial, os dispositivos celetistas violam o acesso à justiça, princípio reconhecido no âmbito internacional como direito humano, conforme artigos 8 e 10 da Declaração Universal dos Direitos do Homem (DUDH); no artigo 14 (item 1) do Pacto Internacional Sobre Direitos Civis e Políticos (PISDCP), e no artigo 8 (item 1) da Convenção Americana sobre Direitos Humanos (Pacto de São José da Costa Rica)[8].

3.3. Lei Complementar e a lei ordinária

O art. 22, I, da CF/88 estabelece que compete privativamente à União legislar sobre direito processual, o que inclui o direito processual do trabalho. Como regra, o processo do trabalho será disciplinado por lei ordinária, salvo quando a norma constitucional impuser a regulamentação por meio de lei complementar.

É importante consignar que o art. 24, XI, da CF/88 autoriza que, concorrentemente, a União, os Estados e os Municípios possam legislar sobre procedimentos em matéria processual, o que poderá atingir os Tribunais de Justiça, mas não a Justiça do Trabalho que tem diretrizes unificadas nacionalmente[9]. Não incide, pois, no direito processual do trabalho.

Não se permite, ainda, que aspectos processuais sejam regulamentados por meio de decretos-leis. Contudo, os decretos-leis anteriores à CF/88, como é o caso da própria CLT (Decreto-Lei nº 5.452/43), foram recepcionados com natureza de lei ordinária após a Constituição.

As medidas provisórias, atualmente, também não podem abordar temas de direito processual, nos termos do art. 62, § 1º, I, b, da CF/88, com exceção daquelas editadas antes da EC nº 32/2001.

3.4. Princípios

O pós-positivismo concedeu aos princípios o *status* de norma jurídica, conferindo-lhe força normativa, como se dá com as regras jurídicas (por exemplo, a lei). Noutras

7. BELTRAMELLI NETO, Silvio. *Direitos Humanos*. 5. ed. Salvador: Juspodivm, 2018. p. 286.
8. Até o fechamento dessa edição, o E. STF ainda não havia julgado a referida ADI e exercido, portanto, o controle de convencionalidade.
9. BERNARDES, Felipe. *Manual de processo do trabalho*. Salvador: Juspodivm, 2018. p. 60.

palavras, os princípios deixam de ter atuação apenas supletiva nessa nova concepção, para agirem de forma autônoma, podendo inclusive contrariar uma regra jurídica. Tem-se, pois, que, na atualidade, as normas jurídicas (gênero) englobam as regras jurídicas e os princípios, de modo que estes passam a ser considerados como fonte formal de direito.

3.5. Regimentos Internos dos Tribunais

Os Regimentos Internos dos Tribunais também são considerados fontes formais do direito, já que abordam diversos aspectos relacionados à organização, competência e funcionamento dos tribunais, nos termos do art. 96, I, a, da Constituição Federal.[10]

No Regimento Interno do TST, por exemplo, há a previsão das normas de organização do Tribunal (arts. 64 a 73), bem como de funcionamento das sessões (arts. 125 a 168), dentre outras normas processuais.

3.6. Usos e Costumes

Os usos e os costumes, denominados direito consuetudinário, passam a ser considerados como fonte formal quando preenchidos dois requisitos:

a) repetição habitual de um comportamento durante certo período de tempo (elemento objetivo);

b) consciência social da obrigatoriedade de comportamento (elemento subjetivo)[11].

Cita-se como exemplo a exceção de pré-executividade, que não tem previsão legal, mas decorre dos usos e costumes, viabilizando sua utilização na fase executiva para arguir matérias de ordem pública ou com prova pré-constituída, sem a necessidade de garantia do juízo.

3.7. Precedentes judiciais e súmulas dos tribunais[12]

Com o advento da EC 45/04, a Constituição Federal, no seu art. 103-A, autorizou a expedição de súmula vinculante pelo Supremo Tribunal Federal, a qual é de observância obrigatória em relação aos demais órgãos do Poder Judiciário e à administração pública direta e indireta, nas esferas federal, estadual e municipal. Tornou, pois, a súmula vinculante uma fonte formal de direito.

O CPC/15, por sua vez, concedeu grande destaque à teoria dos precedentes judiciais, principalmente nos arts. 926 e 927, aplicáveis ao processo do trabalho

---

10. Art. 96. Compete privativamente: I – aos tribunais: a) eleger seus órgãos diretivos e elaborar seus regimentos internos, com observância das normas de processo e das garantias processuais das partes, dispondo sobre a competência e o funcionamento dos respectivos órgãos jurisdicionais e administrativos; (...).
11. REALE, Miguel. *Lições preliminares do direito*. 20 ed., rev.. São Paulo: Saraiva, 1993. p. 158.
12. Remetemos o leitor ao capítulo destinado aos estudos dos precedentes judiciais (Capítulo 21).

(TST-IN nº 39/2016, art. 3º, XXIII), aproximando-se o direito brasileiro ainda mais das técnicas utilizadas no sistema do *common law*. Nesse contexto, tornou de observância obrigatória alguns precedentes e súmulas dos tribunais.

Nesse aspecto, cumpre-nos diferenciar precedente, jurisprudência e súmula, que embora estejam intimamente ligados, são termos distintos.

Objetivamente analisado, precedente é uma decisão judicial, da qual se retira a *ratio decidendi* (fundamentos determinantes). Quando o precedente é reiteradamente aplicado, tem-se a jurisprudência que, sendo predominante em um tribunal, poderá gerar a formação da súmula, que consiste no resumo da jurisprudência dominante do tribunal a respeito de determinada matéria.

Trata-se, pois, de um processo evolutivo:

decisão → jurisprudência → súmula[13]

Desse modo, o CPC/15 tornou obrigatórias algumas decisões judiciais (precedentes) e súmulas, ou seja, a partir art. 927 do CPC/15 passaram a ser obrigatórias:

1) as súmulas:

- vinculante do STF;
- do Supremo Tribunal Federal em matéria constitucional;
- do Superior Tribunal de Justiça em matéria infraconstitucional;
- do TST em matéria infraconstitucional.

2) as decisões judiciais:

- do Supremo Tribunal Federal em controle concentrado de constitucionalidade;
- proferidas nos acórdãos em incidente de assunção de competência ou de resolução de demandas repetitivas e em julgamento de recursos extraordinário, especial e **revista** repetitivos;
- exaradas como orientação do plenário ou do órgão especial aos quais estiverem vinculados. No processo do trabalho, a interpretação desse item é facilitada, compreendendo as orientações jurisprudenciais da Seção de Dissídios Coletivos (SDC), da Seção de Dissídios Individuais (SDI-I e SDI-II) e do Tribunal Pleno do TST. Para o C. TST inserem-se nesse dispositivo "decisão do plenário, do órgão especial ou de seção especializada competente para uniformizar a jurisprudência do tribunal a que o juiz estiver vinculado ou do Tribunal

13. DIDIER JR., Fredie; BRAGA, Paula Sarno; OLIVEIRA, Rafael Alexandria de. *Curso de Direito Processual Civil: teoria da prova, direito probatório, decisão, precedente, coisa julgada e tutela provisória*. 10. ed. Salvador: Juspodivm, 2015. v. 2, p. 487.

Superior do Trabalho" (TST-IN nº 39, art. 15, I, e). Ademais, pensamos que nesse inciso se inserem as súmulas dos tribunais regionais, as quais obrigam o próprio tribunal e os juízes a ele vinculados.

Dessa forma, essas súmulas e decisões, por serem obrigatórias, são fontes formais no direito processual do trabalho.

4. INTEGRAÇÃO

A família romano-germânica, denominada *civil law*, concede papel de destaque às normas escritas e legisladas, defendendo a completude do direito codificado.

Nesse contexto, busca-se organizar as leis básicas por meio de códigos, separando-os "por matéria ou ramo do Direito, de forma ordenada, lógica e compreensível, com a concentração das formações jurídicas por meio dos órgãos estatais politicamente dominantes"[14].

No entanto, o dinamismo da sociedade provoca constante alteração de valores e direitos por ela preconizados, de modo que a norma jurídica codificada não consegue disciplinar todas as possibilidades fáticas da sociedade, provocando lacunas no ordenamento.

Assim, surge a integração como mecanismo de se manter a plenitude do ordenamento jurídico, servindo para completar as lacunas existentes, especialmente na codificação principal (como é o caso da CLT para o processo do trabalho). Pressupõe-se, portanto, que o ordenamento analisado globalmente é completo.

Isso se justifica, principalmente porque é vedado o *non liquet*, isto é, não pode o juiz se eximir "de decidir sob a alegação de lacuna ou obscuridade no ordenamento jurídico" (CPC, art. 140).

No direito processual do trabalho a regulamentação vem estabelecida na Consolidação das Leis do Trabalho, bem como em leis esparsas.

Pode ocorrer, no entanto, de a CLT e leis esparsas não versarem sobre determinado tema. Nessa hipótese, é necessário se socorrer da integração, para que se assegure a completude do sistema, como explicamos anteriormente.

Aplica-se, assim, o processo comum (CPC), desde que compatível com o processo do trabalho. Noutras palavras, o processo comum é fonte subsidiária no processo do trabalho, exigindo, para sua aplicação, dois requisitos cumulativos:

Omissão + **Compatibilidade**

14. ALMEIDA, Wânia Guimarães Rabêllo de. *Direito Processual Metaindividual do Trabalho: a adequada e efetiva tutela jurisdicional dos direitos de dimensão transindividual.* Salvador: Editora Juspodivm, 2016. p. 91.

É o que declina o art. 769 da CLT:

> **Art. 769.** Nos casos omissos, o direito processual comum será fonte subsidiária do direito processual do trabalho, exceto naquilo em que for incompatível com as normas deste Título.

Atente-se, porém, para o fato de que na fase de execução, antes de se aplicar o processo comum, primeiramente, deve-se invocar a Lei de Execuções Fiscais (Lei nº 6.830/80), como dispõe o art. 889 da CLT:

> **Art. 889.** Aos trâmites e incidentes do processo da execução são aplicáveis, naquilo em que não contravierem ao presente Título, os preceitos que regem o processo dos executivos fiscais para a cobrança judicial da dívida ativa da Fazenda Pública Federal.

Na fase executiva essa ordem, porém, não será observada quando a própria norma celetista impuser qual a norma a ser aplicada como ocorre, por exemplo, na ordem preferencial de bens à penhora, na qual deve incidir diretamente o art. 835 do CPC/2015 e não a Lei de Execuções Fiscais, segundo previsão expressa no art. 882 da CLT.

Com efeito, podemos esquematizar as regras aplicáveis ao processo do trabalho da seguinte forma:

Ordem	Fase de conhecimento	Fase de execução
1º (fonte principal)	CLT e legislação esparsa	CLT e legislação esparsa
2º (fonte subsidiária)	CPC (processo comum)	Lei de Execuções Fiscais
3º (fonte subsidiária)		CPC (processo comum)

4.1. Aplicação do Código de Processo Civil

O CPC trata da integração no art. 15, que assim vaticina:

> **Art. 15.** Na ausência de normas que regulem processos eleitorais, trabalhistas ou administrativos, as disposições deste Código lhes serão aplicadas supletiva e subsidiariamente.

Embora referido dispositivo seja semelhante aos artigos celetista, especialmente ao art. 769 da CLT, observa-se que ele possui duas diferenças essenciais em relação à CLT.

- **primeira**: permite a aplicação do CPC em caráter supletivo e subsidiário à legislação trabalhista, enquanto a CLT trata apenas da subsidiariedade.

A **subsidiariedade** corresponde à aplicação do direito comum quando a legislação trabalhista não disciplina determinado instituto ou situação. Exemplos: as tutelas provisórias, o rol de bens impenhoráveis, a inspeção judicial, dentre outros.

Por sua vez, a **supletividade** corresponde à aplicação do CPC/2015 quando, apesar de a legislação trabalhista disciplinar determinado instituto, não o faz de modo completo. Exemplo: nas hipóteses de suspeição e impedimento, a CLT, em seu art. 801, disciplina apenas a suspeição, pois foi baseada no CPC de 1939, que não previa o instituto do impedimento de forma separada, sendo necessária, portanto, a aplicação supletiva da disciplina processual civil. Outros exemplos consistem nas matérias que podem ser alegadas nos embargos à execução (art. 917 do CPC/2015 c/c art. 884, § 1º, da CLT), dentre outros.

- **segunda**: permite a aplicação do CPC, quando houver omissão na CLT, nada versando sobre a necessidade de compatibilidade.

Contudo, acreditamos que toda norma inserida em um microssistema, necessariamente, deve ser compatível com ele, sob pena de quebrar a identidade e ideologia do sistema que está integrando a norma. Desse modo, não podemos afastar a necessidade de compatibilização com o processo do trabalho das normas do processo civil que lhe serão aplicadas.

Diante dessas diferenças, é possível indagar: existe conflito entre o art. 15 do CPC/2015 e os arts. 769 e 889 da CLT?

- **Primeira corrente**: existe o conflito, de modo que deve ser solucionado pelo critério da especialidade, ou seja, deve ser aplicada a norma mais específica. Assim, sendo a CLT norma especial, prevalece em detrimento da norma geral (CPC);
- **Segunda corrente**: existe o conflito, devendo ser aplicado o CPC/15. Justifica-se que o art. 15 é norma de sobredireito, não podendo, por isso, falar-se no critério da especialidade. Desse modo, sendo o CPC/2015 norma mais nova, pelo critério cronológico ele deve prevalecer, revogando os arts. 769 e 889 da CLT;
- **Terceira corrente**: não existe conflito entre esses dispositivos, havendo necessidade de harmonização entre as normas do ordenamento jurídico e não de sua exclusão. É o que se chama de "diálogo das fontes", possibilitando uma aplicação "simultânea, coerente e coordenada das plúrimas fontes legislativas convergentes."[15]

A nosso juízo, a razão está com a terceira corrente, devendo os arts. 15 do CPC/2015 e 769 e 889 da CLT conviverem harmoniosamente e serem aplicados de forma coordenada e simultânea. No mesmo sentido, declina o art. 1º da IN nº 39/2016[16] do TST:

15. MARQUES, Cláudia Lima. Diálogo entre o Código de Defesa do Consumidor e o Novo Código Civil: do "Diálogo das fontes" no combate às cláusulas abusivas. *Revista de Direito do Consumidor nº 45*. São Paulo, p. 71-99, jan.-mar. 2003.

16. A Instrução Normativa nº 39/2016, aprovada pela Resolução nº 203 do Tribunal Pleno do TST, de 15 de março de 2015, teve como objetivo sistematizar as normas do CPC/15 aplicáveis e inaplicáveis ao processo do trabalho.

> **Art. 1º.** Aplica-se o Código de Processo Civil, subsidiária e supletivamente, ao Processo do Trabalho, em caso de omissão e desde que haja compatibilidade com as normas e princípios do Direito Processual do Trabalho, na forma dos arts. 769 e 889 da CLT e do art. 15 da Lei nº 13.105, de 17.03.2015.

Desse modo, o que muda com a chegada do CPC/15 é simplesmente o fato de que, a partir de agora, de forma expressa, passa a ser admitida a aplicação supletiva (complementar) do CPC, mantendo-se intactos os requisitos dos arts. 769 e 889 da CLT. Noutras palavras, o CPC/15 será aplicado ao processo do trabalho de forma subsidiária e supletiva, desde que presentes dois requisitos: omissão e compatibilidade.

4.2. Espécies de lacunas

A doutrina clássica entende que haverá omissão quando existir lacuna normativa, ou seja, ausência de lei.

Já a doutrina moderna descreve que temos três espécies de lacunas:

a) **normativa:** ocorre quando não se tem norma para determinado caso;

b) **ontológica:** quando existe a norma, mas ela não corresponde à realidade social, como, por exemplo, uma norma que se torna obsoleta diante da evolução tecnológica; e

c) **axiológica:** quando existe a norma, mas, se for aplicada, a solução do caso será injusta.

Na realidade, a doutrina moderna aproxima-se do conceito de supletividade indicado no CPC/2015.

5. EFICÁCIA DA NORMA PROCESSUAL NO TEMPO E NO ESPAÇO

5.1. Eficácia no tempo

Com a chegada de nova lei, questiona-se a partir de qual momento ela deve ser aplicada, ganhando relevância o estudo relacionado à sua eficácia temporal, a fim de definir quais casos serão solucionados pela lei velha e em quais incidirão a lei nova.

A eficácia temporal das leis é solucionada pela Lei de Introdução às Normas do Direito Brasileiro (LINDB), que é aplicada a todas as leis, inclusive no campo processual.

Referida lei, em seu art. 1º, declina que as regras começam a vigorar em todo o país 45 dias depois de publicadas, salvo disposição em contrário.

A Lei de Introdução estabelece ainda que "a Lei em vigor terá efeito imediato e geral, respeitados o ato jurídico perfeito, o direito adquirido e a coisa julgada" (art. 6º). Impõe, portanto, a aplicação imediata da nova legislação, vedando-se, porém, a sua retroatividade.

Desse modo, na sistemática processual, os processos já finalizados sobre a vigência da lei velha não serão atingidos, enquanto que os processos ajuizados após a entrada em vigor da nova lei, a esta se submeterão.

O problema surge em relação aos processos pendentes na data da entrada em vigor da nova lei. Nesse caso e considerando que o processo, em seu aspecto exterior, é um complexo coordenado de atos processuais, discute-se como se dá a aplicação imediata da norma processual, idealizando a doutrina três sistemas para a solução do problema:

a) **sistema da unidade processual:** indica que o processo, embora possua diversos atos, é um corpo uno e indivisível, de modo que somente pode ser regulado por uma única lei. Assim, para que não haja retroatividade, aplica-se a lei antiga para todo o processo.

b) **sistema das fases processuais:** informa que o processo, embora uno, é dividido em fases processuais autônomas (postulatória, instrutória, decisória e recursal), devendo a lei nova disciplinar as fases ainda não iniciadas.

c) **sistema do isolamento dos atos processuais:** reconhece a unidade processual, mas admite que o complexo de atos do processo possa ser visto de forma isolada para efeito de aplicação da nova lei. Dessa forma, a lei nova tem aplicação perante o ato a ser iniciado.

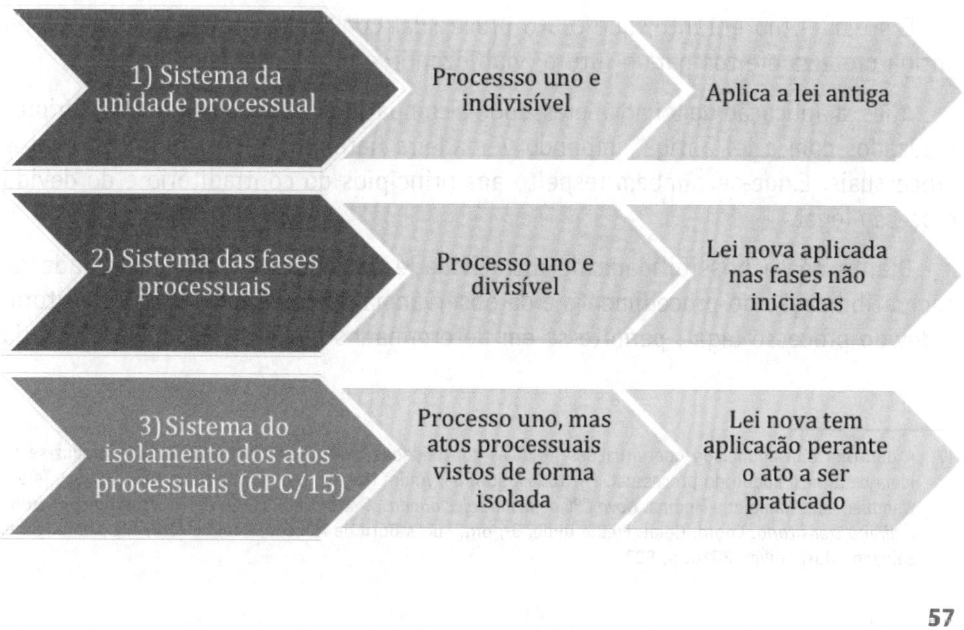

A teoria do isolamento dos atos processuais é a incidente em nosso ordenamento, estando disciplinada no art. 14 do CPC/2015, *in verbis*:

> **Art. 14.** A norma processual não retroagirá e será aplicável imediatamente aos processos em curso, respeitados os atos processuais praticados e as situações jurídicas consolidadas sob a vigência da norma revogada.

Vê-se pelo referido dispositivo que, embora a lei tenha incidência imediata, aplicando-a ao próximo ato processual a ser realizado, ela deve respeitar os atos processuais praticados e as situações jurídicas já consolidadas na vigência da norma anterior. No mesmo sentido, declina o art. 1º da IN nº 41 do TST, a seguir transcrito:

> **Art. 1º** A aplicação das normas processuais previstas na Consolidação das Leis do Trabalho, alteradas pela Lei nº 13.467, de 13 de julho de 2017, com eficácia a partir de 11 de novembro de 2017, é imediata, sem atingir, no entanto, situações pretéritas iniciadas ou consolidadas sob a égide da lei revogada.

Noutras palavras, a nova lei não pode violar o ato jurídico perfeito e o direito adquirido processual[17].

Isso significa que, se o ato processual foi realizado na época da lei anterior, a ela se submete, não devendo ser modificado ou ratificado após a entrada da nova lei. É o caso, por exemplo, do art. 840 da CLT que teve alterado o requisito da petição inicial pela Lei nº 13.467/17. Se a inicial foi ajuizada antes da entrada em vigor da lei nova, deve observar os requisitos da lei anterior, não havendo que se falar em emenda da inicial após a entrada em vigor da lei nova, a fim de se adequar aos requisitos criados por esta lei.

Essa é, portanto, a regra a ser observada no processo do trabalho.

É possível, no entanto, que o ato processual consumado sob a vigência da lei antiga produza efeitos para o futuro, viabilizando a ultratividade da lei velha.

Aliás, a aplicação da lei nova pressupõe a compatibilização com os atos anteriores realizados com a lei antiga, impondo verdadeira harmonia e coesão entre os atos processuais. Exige-se também respeito aos princípios do contraditório e do devido processo legal.

Diante dessa possibilidade de ultratividade da lei velha, da necessidade de compatibilização do procedimento e da observância dos princípios do contraditório e devido processo legal, permite-se em determinados casos a incidência da teoria

17. A doutrina tem anunciado que situações jurídicas consolidadas ou consumadas, na realidade, traduz-se na ideia de direito adquirido processual. Por todos, SOARES, André Mattos, o qual cita Calos Maximiliano, Teresa Wambier, Luiz Wambier e Medina. *Novo CPC doutrina selecionada. V. 4: procedimentos especiais, tutela provisória e direito transitório*. Coord. Geral, Fredie Didier Jr; org. Lucas Buril de Macêdo, Ravi Peixoto, Alexandre Freire. Salvador: Juspodivm, 2016. p. 823.

da unidade processual ou da teoria das fases processuais[18]. É o que fez o CPC, por exemplo, no art. 1.047, bem como o C. TST na Instrução Normativa nº 41/2018 que trataremos no próximo tópico.

Em resumo, a regra a ser adotada no direito processual do trabalho é a teoria do isolamento dos atos processuais, admitindo-se em alguns casos a incidência da teoria da unidade, bem como a teoria das fases processuais.

Atenção:

No que se refere às ações de indenização por danos morais e patrimoniais decorrentes do acidente de trabalho, por questão de política judiciária, o STF aplicou parâmetro diferente, de modo que a alteração da competência somente incidiria nos processos que ainda não possuíam sentença de mérito em 1º grau quando da promulgação da EC nº 45/04 (Súmula Vinculante nº 22 do STF*).

(*) Súmula vinculante nº 22 do STF: "A Justiça do Trabalho é competente para processar e julgar as ações de indenização por danos morais e patrimoniais decorrentes de acidente de trabalho propostas por empregado contra empregador, inclusive aquelas que ainda não possuíam sentença de mérito em primeiro grau quando da promulgação da Emenda Constitucional nº 45/04".

5.1.1. Eficácia temporal da Lei nº 13.467/17 (Reforma Trabalhista)

O art. 6º da Lei nº 13.467/17 (Reforma Trabalhista) dispôs norma específica no tocante à sua aplicação, pois estabelece que a lei entrará em vigor após decorridos 120 dias de sua publicação oficial, sendo vigente, portanto, a partir do dia 11 de novembro de 2017 (TST-IN nº 41, art. 1º).

Considerando que nosso ordenamento adotou a teoria do isolamento dos atos processuais (CPC, art. 14), a Lei nº 13.467/17 será aplicada, em regra, aos **atos processuais a serem realizados a partir da data de sua vigência.**

No entanto, como já anunciamos no tópico anterior, em alguns casos é possível a incidência das teorias da unidade processual e das fases processuais.

Nesse contexto, o C. TST, com o objetivo de minimizar discussões futuras e afastar vícios processuais, expediu a Instrução Normativa nº 41/2018, regulamentando a aplicação das normas processuais da CLT alteradas pela Lei nº 13.467/17, estabelecendo que:

- algumas normas já serão aplicadas para o ato processual a ser realizado após a entrada em vigor da lei (teoria do isolamento dos atos processuais);
- outras, somente incidirão se a ação foi ajuizada depois da entrada em vigor da lei, de modo que dentro do processo se observará apenas uma lei: a antiga,

18. SOARES, André Mattos, *Novo CPC doutrina selecionada. V. 4: procedimentos especiais, tutela provisória e direito transitório*. Coord. Geral, Fredie Didier Jr; org. Lucas Buril de Macêdo, Ravi Peixoto, Alexandre Freire. Salvador: Juspodivm, 2016. p. 827.

para os processos ajuizados antes de 11.11.17 e, a nova para os ajuizados a partir desta data, inclusive (teoria da unidade processual);

- há ainda as normas que serão aplicadas apenas se não iniciada determinada fase, ou seja, se já iniciada a fase processual com base na lei anterior ela prossegue até o final sob o manto da lei antiga, incidindo a lei nova apenas para a fase processual inaugurada a partir da entrada em vigor da Reforma Trabalhista (teoria das fases processuais).

Sinteticamente, o Tribunal Superior do Trabalho aplicou as três teorias da seguinte forma:

Teoria do isolamento dos atos processuais	Teoria da unidade processual	Teoria das fases processuais
Art. 11-A, § 1º, da CLT: prescrição intercorrente (observando que a determinação judicial deve ocorrer após a entrada em vigor da lei)	**Art. 790-B, caput e §§ 1º a 4º, da CLT:** honorários periciais	**Art. 879, § 2º, da CLT:** dever de o juiz conceder prazo para impugnação fundamentada da conta de liquidação (incide apenas para as liquidações iniciadas após a entrada em vigor da lei)
Art. 611-A, § 5º, da CLT: litisconsórcio necessário	**Art. 791-A e parágrafos da CLT:** honorários advocatícios	**Art. 883-A da CLT:** prazo para protesto, inscrição do nome do executado em órgãos de proteção ao crédito e BNDT (incidente apenas para as execuções iniciadas a partir da entrada em vigor da lei)
Art. 789, *caput*, da CLT: limite máximo para as custas processuais		**Art. 884, § 6º, da CLT:** não exigência de garantia do juízo para as entidades filantrópicas e seus diretores (incidente apenas para as execuções iniciadas a partir da entrada em vigor da lei)
Art. 793-A, 793-B e 793, § 1º, da CLT: atos considerados como litigância de má-fé	**Art. 793-C, *caput*, §§ 2º e 3º, da CLT:** multa por litigância de má-fé	
Art. 800 da CLT: exceção de incompetência (observada a lei em vigor na data da notificação)	**Art. 793-D da CLT:** multa pelo falso testemunho	
Art. 840 da CLT: requisitos da petição inicial (a indicação do valor do pedido é exigida apenas para as ações ajuizadas após a entrada em vigor da lei)	**Art. 844, §§ 2º e 3º, da CLT:** pagamento das custas processuais na hipótese de arquivamento da reclamação pelo não comparecimento motivado do reclamante	

Teoria do isolamento dos atos processuais	Teoria da unidade processual	Teoria das fases processuais
Art. 843, § 3º, da CLT: preposto não empregado (aplicável para as audiências realizadas após a entrada em vigor da lei)	**Art. 844, § 5º, da CLT:** ausência do reclamado, mas presente o advogado na audiência	
Art. 878 da CLT: restrição da execução de ofício		
Art. 855-A da CLT: incidente de desconsideração da personalidade jurídica		
Art. 896, § 3º a § 6º da CLT (dispositivos revogados): incidente de uniformização de jurisprudência trabalhista (não se aplica o incidente se o recurso de revista ou agravo de instrumento estiver com o relator no TST e não foi julgado antes da entrada em vigor da lei).	**Art. 896, § 3º a § 6º da CLT (dispositivos revogados):** incidente de uniformização de jurisprudência trabalhista (continua aplicando o incidente se foi suscitado ou iniciado, no âmbito do TRT ou por decisão do TST, antes da entrada em vigor da lei).	
Art. 896-A, § 1º, da CLT: indicadores da transcendência (aplicáveis para os recursos que visam impugnar acórdãos proferidos após a entrada em vigor da lei)		
Art. 899, § 4º, 9º, 10 e 11, da CLT: depósito recursal (observada a lei em vigor na data em que foi proferida a decisão impugnada).		

Pensamos que também tem aplicação imediata, incidindo a teoria do isolamento dos atos processuais, os seguintes dispositivos:

- art. 790, §§ 3 e 4º: benefício da justiça gratuita;
- art. 818: ônus da prova, especialmente porque já era aplicado o art. 373 do CPC ao processo do trabalho;
- art. 841, § 3º: desistência da ação;
- art. 847, parágrafo único: defesa escrita;
- art. 855-B: processo de jurisdição voluntária para homologação de acordo extrajudicial;
- art. 876, parágrafo único: execução das contribuições sociais;

- art. 879, § 7º: atualização monetária pela taxa TR;
- art. 882: indicação do seguro-garantia judicial;
- art. 775: contagem dos prazos em dias úteis, devendo ser observada a lei da data da intimação para a prática do ato.

Ademais, em três hipóteses é necessário que aprofundemos os comentários no tocante ao direito intertemporal: honorários periciais (CLT, art. 790-B), honorários advocatícios (CLT, art. 791-A) e recursos, diante das particularidades de cada tema, comentadas a seguir.

5.1.1.1. Honorários Periciais

Na hipótese dos honorários periciais, descrito no art. 790-B da CLT, o ato que lhe dá origem é a prova pericial, de modo que, se já iniciada tal prova antes da Lei nº 13.467/17, esta não incidirá.

Na realidade, o CPC/2015, atento às peculiaridades probatórias, estabeleceu em seu art. 1.047 o que segue:

> **Art. 1.047.** As disposições de direito probatório adotadas neste Código aplicam-se apenas às provas requeridas ou determinadas de ofício a partir da data de início de sua vigência.

Trata-se de regra aplicável ao processo do trabalho, ante a omissão da CLT e compatibilidade com esse ramo processual, além de afastar a instabilidade na interpretação das regras de direito intertemporal relacionadas aos honorários periciais.

Com efeito, a nosso juízo, a sistemática dos honorários periciais descrita na Lei 13.467/2017 somente será aplicada para as provas periciais requeridas ou determinadas de ofício depois de 11.11.2017, data da entrada em vigor da referida lei.

De qualquer maneira, havendo protesto genérico por provas realizado na inicial ou na contestação, não se trata de requerimento de provas para fins do art. 1.047 do CPC (Enunciado 366, FPPC).

O C. TST, porém, não adotou essa tese, estabelecendo no art. 5º da Instrução Normativa nº 41 que:

> **Art. 5º.** O art. 790-B, caput e §§ 1º a 4º, da CLT, não se aplica aos processos iniciados antes de 11 de novembro de 2017 (Lei nº 13.467/2017).

Verifica-se pelo referido artigo que o C. TST adotou a teoria da unidade processual, vez que impôs a aplicação de uma única regra durante o trâmite do processo: a lei antiga, se o processo foi iniciado antes de 11.11.17 e; a Lei nº 13.467/17 para os processos iniciados a partir da aludida data. Assim agiu porque entendeu que os riscos do processo, inclusive quanto aos honorários periciais, devem ser definidos no momento do ajuizamento da ação.

5.1.1.2. Honorários Advocatícios

A Lei nº 13.467/17 promove verdadeira revolução sobre os honorários advocatícios no direito processual do trabalho.

Diante disso, haverá divergência acerca da aplicação do art. 791-A da CLT para os processos em curso, ou seja, os processos iniciados antes da referida lei e julgados já na vigência da lei.

Pelo menos três teses serão formadas com argumentos fortes.

- **primeira corrente**: os honorários advocatícios irão incidir nos processos em curso, sob o fundamento de que os honorários sucumbenciais têm natureza processual, aplicando-se a teoria do isolamento dos atos processuais, segundo a qual o processo, embora uno, deriva de um complexo de atos processuais que podem ser vistos de forma isolada para efeito de aplicação da nova lei. Assim, a lei nova terá aplicação perante o ato a ser iniciado (CPC/2015, arts. 14[19]), de modo que, sendo proferida a decisão sob a égide da Lei nº 13.467/17, já deverão constar os honorários sucumbenciais.
- **segunda corrente:** as novas regras incidirão apenas para os processos iniciados após a entrada em vigor da Lei nº 13.467/17, sob o argumento de que os honorários têm natureza híbrida, não podendo gerar surpresa às partes litigantes e impor algo não existente no início da demanda.
- **terceira tese:** embora os honorários advocatícios tenham natureza híbrida, as novas regras incidem nos processos em que **a sentença foi proferida sob a égide da Lei 13.467/17**, pois é na sentença que surge a sucumbência.

Na realidade, o pressuposto básico para a definição do direito intertemporal dos honorários sucumbenciais é delimitar sua natureza jurídica.

É sabido que os honorários sucumbenciais vêm regulados no Código de Processo Civil e, agora, na CLT, impondo a existência de uma relação processual. Isso nos levaria a definir sua natureza como processual.

Tais honorários são, porém, de titularidade do advogado, tendo natureza alimentar e destinados a remunerar a prestação de serviços do advogado. Além disso, criam dever patrimonial para as partes, tendo, pois, reflexos materiais (substanciais), ou seja, geram direito subjetivo de crédito ao advogado em relação à parte vencida ou

19. Art. 14. A norma processual não retroagirá e será aplicável imediatamente aos processos em curso, respeitados os atos processuais praticados e as situações jurídicas consolidadas sob a vigência da norma revogada.

a que deu causa indevida à movimentação do processo. Têm, portanto, contornos de direito material, tanto que a própria decisão será de mérito no capítulo acessório dos honorários.

A propósito:

> ***Os honorários advocatícios não interferem no modo como a tutela jurisdicional será prestada no processo. Eles visam a remunerar o advogado por seu trabalho.*** *É certo que da condenação em honorários depende a prestação de uma tutela jurisdicional integral, de modo que a necessidade do processo não reverta em dano àquele que utilizou esse instrumento para o reconhecimento de um direito. Trata-se, no entanto, de condenação imposta em face de situação diversa daquela discutida no mérito do processo, que se sujeita a fatos constitutivos distintos e* ***dá azo à formação de outro direito material, pertencente ao advogado e não à parte****. Em tal contexto, alterar a disciplina dos honorários advocatícios pode comprometer a compensação do dano que o processo impõe à parte que tem razão [...]*[20] ***(grifo nosso)***

Disso resulta que os honorários advocatícios têm natureza híbrida: são instituto de direito processual material.

Essa afirmação afasta o entendimento da primeira corrente no sentido de se aplicar tão somente a teoria do isolamento dos atos processuais, obstando a incidência imediata do art. 791-A da CLT.

Qual, no entanto, o marco temporal para a aplicação dos honorários de sucumbência? O ajuizamento da ação ou a prolação da sentença?

O E. STJ entende que o **marco temporal é a prolação da sentença**, uma vez que é dela que decorre a sucumbência e, consequentemente, é ela que faz surgir o direito aos honorários de sucumbência. Adota, pois, a terceira tese. Nesse contexto, antes da sentença o advogado tem mera expectativa de direito de receber a verba sucumbencial, nascendo seu direito no momento da prolação da sentença.[21]

No mesmo caminho, decidiu a 1ª Turma do E. STF, já analisando a Lei nº 13.467/17:

> AGRAVO INTERNO. RECURSO EXTRAORDINÁRIO COM AGRAVO. HONORÁRIOS ADVOCATÍCIOS NO PROCESSO DO TRABALHO. ART. 791-A DA CONSOLIDAÇÃO DAS LEIS DO TRABALHO, INTRODUZIDO PELA LEI 13.467/2017. INAPLICABILIDADE A PROCESSO JÁ SENTENCIADO.
>
> 1. A parte vencedora pede a fixação de honorários advocatícios na causa com base em direito superveniente – a Lei 13.467/2017, que promoveu a cognominada "Reforma Trabalhista".
>
> 2. O direito aos honorários advocatícios sucumbenciais surge no instante da prolação da sentença. Se tal crédito não era previsto no ordenamento jurídico nesse momento processual,

20. LOPES, Bruno Vasconcelos Carrilho (Coords. Flávio Luiz Yarshell e Fábio Guidi Tabosa Pessoa). Direito intertemporal. Coleção Grandes Temas do Novo CPC (Coord. Geral. Fredie Didier Jr.), V. 7. Salvador: Juspodivm, 2016, p. 106.
21. STJ – REsp nº 1.465.535-SP. Rel. Min. LUIS FELIPE SALOMÃO. Julgado: 21.6.2016.

não cabe sua estipulação com base em lei posterior, sob pena de ofensa ao princípio da irretroatividade da lei.

3. Agravo interno a que se nega provimento[22].

Pensamos, contudo, que no direito processual do trabalho não havia expectativa de direito ao recebimento e condenação aos honorários sucumbenciais, pois, como regra, eles não eram devidos. Assim, diante da expressiva alteração na sistemática dos honorários sucumbenciais, acreditamos que o marco temporal deve ser o ajuizamento da reclamação trabalhista ou o aditamento desta para incluir os honorários, sob pena de causar surpresa às partes.

Queremos dizer: os riscos e os ônus decorrentes do ajuizamento da reclamação devem ser delimitados nesse momento, pois, como dito, os honorários também atuam no âmbito do direito material.

Cabe destacar ainda que o C. TST na OJ nº 421 da SDI-I[23] utilizou esse posicionamento para as ações de indenização por danos morais ajuizadas na Justiça Comum e posteriormente remetidas à Justiça do Trabalho, por força da EC nº 45/04. Assim, autorizou a condenação dos honorários advocatícios nesses casos, pois no momento do ajuizamento da ação (ponto de definição dos riscos) a parte tinha que contratar advogado, já que a competência era da Justiça Comum.

Pensar de forma diversa é gerar surpresa para o reclamante e violar o devido processo legal para o reclamado que, a depender do estágio do processo, não terá oportunidade para impugnar a incidência ou não dos honorários.

Aliás, a sucumbência não é o único fato gerador dos honorários, podendo decorrer do princípio da causalidade, como ocorre, por exemplo, na desistência, renúncia ou reconhecimento jurídico do pedido. Desse modo, a definição do marco temporal como sendo a sentença não é capaz de justificar os honorários advocatícios nesses casos, vez que não se fala em sucumbência.

Com efeito, pensamos que um único marco temporal deve ser utilizado, seja para os honorários decorrentes da sucumbência, seja para os honorários derivados da causalidade: a data do ajuizamento da reclamação, de modo que, sendo ajuizada antes da Lei nº 13.467/17, não há de se aplicar o art. 791-A da CLT. Adotamos, portanto, a segunda tese. Nesse sentido, o Enunciado nº 98 da Jornada de direito material e processual do trabalho, in verbis:

---

22. STF- Ag.Reg. no Recurso Extraordinário com agravo 1.014.675-MG. Rel. Min. Alexandre de Moraes. DJE. 12.4.18.

23. **Orientação Jurisprudencial nº 421 da SDI-I do TST.** Honorários advocatícios. Ação de indenização por danos morais e materiais decorrentes de acidente de trabalho ou de doença profissional. Ajuizamento perante a Justiça Comum antes da promulgação da emenda constitucional nº 45/2004. Posterior remessa dos autos à Justiça do Trabalho. Art. 85 do CPC de 2015. Art. 20 do CPC de 1973. Incidência.
A condenação em honorários advocatícios nos autos de ação de indenização por danos morais e materiais decorrentes de acidente de trabalho ou de doença profissional, remetida à Justiça do Trabalho após ajuizamento na Justiça comum, antes da vigência da Emenda Constitucional nº 45/2004, decorre da mera sucumbência, nos termos do art. 85 do CPC de 2015 (art. 20 do CPC de 1973), não se sujeitando aos requisitos da Lei nº 5.584/1970.

> **Enunciado nº 98** – Honorários de sucumbência. Inaplicabilidade aos processos em curso. Em razão da natureza híbrida das normas que regem honorários advocatícios (material e processual), a condenação à verba sucumbencial só poderá ser imposta nos processos iniciados após a entrada em vigor da Lei 13.467/2017, haja vista a garantia de não surpresa, bem como em razão do princípio da causalidade, uma vez que a expectativa de custos e riscos é aferida no momento da propositura da ação.

O mesmo caminho trilhou o C. TST no art. 6º da Instrução Normativa nº 41, ao estabelecer o que segue:

> **Art. 6º** Na Justiça do Trabalho, a condenação em honorários advocatícios sucumbenciais, prevista no art. 791-A, e parágrafos, da CLT, será aplicável apenas às ações propostas após 11 de novembro de 2017 (Lei nº 13.467/2017). Nas ações propostas anteriormente, subsistem as diretrizes do art. 14 da Lei nº 5.584/1970 e das Súmulas nos 219 e 329 do TST.

Verifica-se pelo aludido dispositivo que o C. TST adotou a teoria da unidade processual para os honorários advocatícios, vez que impôs a aplicação de uma única regra durante o trâmite do processo: a lei antiga, se o processo foi iniciado antes de 11.11.17 e, a Lei nº 13.467/17 para os processos iniciados a partir da aludida data.

5.1.1.2.1. Honorários advocatícios na substituição processual

Como visto, o C. TST aplicou a teoria da unidade processual para a incidência dos honorários advocatícios, sob o argumento de que os honorários advocatícios correspondem a instituto de natureza material e processual, bem como na vedação de decisões-surpresa às partes, já que, como regra, não incidiam honorários pela mera sucumbência na seara trabalhista antes da entrada em vigor da Lei nº 13.467/17.

No entanto, em se tratando de substituição processual, acreditamos que a fixação das normas de direito intertemporal quanto aos honorários advocatícios impõe uma análise diferenciada em três aspectos:

- porcentagem dos honorários sucumbenciais;
- titularidade dos honorários;
- possibilidade de responsabilização dos substituídos pelo pagamento dos honorários contratuais.

No primeiro aspecto, **porcentagem dos honorários sucumbenciais** (denominados assistenciais), é sabido que o C. TST já aplicava a condenação em honorários de sucumbência na hipótese de substituição processual, conforme previsto na Súmula nº 219, III. Assim, as partes já possuíam conhecimento acerca da condenação em razão da sucumbência, não havendo que se falar em decisão surpresa quanto à sua incidência. Nesse caso, o C. TST aplicava os percentuais previstos no CPC/15, quais sejam, entre 10% e 20%.

A Lei nº 13.467/17 (Reforma Trabalhista), contudo, alterou esses valores, passando a prever no art. 791-A da CLT, a fixação de honorários entre 5% e 15%, que por ser norma própria deverá prevalecer em detrimento do CPC.

Vê-se, nessa hipótese, que tivemos mudança apenas da porcentagem aplicada e não estruturalmente como nos demais casos. Dessa forma, não há decisão surpresa a legitimar a aplicação imediata dos novos percentuais previstos pelo dispositivo celetista, incidindo a teoria do isolamento dos atos processuais.

É importante destacar que o E. STJ entende que o marco temporal para a incidência da teoria do isolamento dos atos processuais, quanto aos honorários sucumbenciais, é a prolação da sentença, uma vez que é dela que decorre a sucumbência e, consequentemente, é ela que faz surgir o direito aos honorários de sucumbência. Nesse contexto, antes da sentença o advogado tem mera expectativa de direito de receber a verba sucumbencial, nascendo seu direito no momento da prolação da sentença.[24]

Assim, para as sentenças proferidas antes de 11.11.2017, data da entrada em vigor da Lei 13.467/17, deverão ser aplicados os percentuais previstos no CPC/15 para a fixação dos honorários advocatícios sucumbenciais nas ações em que a entidade sindical atue como substituto processual. Às sentenças proferidas posteriormente, incidirão os percentuais estabelecidos pelo art. 791-A da CLT. Essa mesma regra deve ser observada na ação rescisória e não lides que decorrentes da relação de emprego.

O segundo aspecto trata da discussão acerca da **titularidade dos honorários** advocatícios sucumbenciais (denominados assistenciais).

A grande alteração promovida pela Lei nº 13.725/18 consistiu na expressa previsão de que os honorários sucumbenciais, nos casos de substituição processual, são de titularidade do advogado e não do sindicato, como descrevia o art. 16, da Lei nº 5.584/70, atualmente revogado.

Acreditamos que, nesse caso, não é possível aplicar a nova regra imediatamente, pois ela gerará surpresa ao sindicato, que tinha a expectativa de que seria o titular dos honorários sucumbenciais, organizando inclusive sua estrutura jurídica, com base nessa sistemática. Ademais, trata-se de regra de direito material e processual. Material porque relacionada à titularidade do crédito e processual porque decorre da sucumbência no processo.

Assim, pensamos que, quanto à titularidade dos honorários, deverá ser utilizada a teoria da unidade processual, tendo como marco de aplicação da nova lei a data do **ajuizamento da ação**, como previu o C. TST para os demais casos no art. 6º da IN 41. Noutras palavras, o advogado apenas será titular dos honorários assistenciais para as ações ajuizadas posteriormente à vigência da Lei 13.725/18, ou seja, a partir de 05.10.2018.

24. STJ – REsp nº 1.465.535-SP. Rel. Min. LUIS FELIPE SALOMÃO. Julgado: 21.6.2016.

O terceiro aspecto compreende a **possibilidade de responsabilização dos substituídos pelo pagamento dos honorários contratuais** firmados entre o sindicato e o advogado, como passa a prever o artigo 22, § 7º, da Lei nº 8.906/94 (incluído pela Lei nº 13.725/18):

> § 7º Os honorários convencionados com entidades de classe para atuação em substituição processual poderão prever a faculdade de indicar os beneficiários que, ao optarem por adquirir os direitos, assumirão as obrigações decorrentes do contrato originário a partir do momento em que este foi celebrado, sem a necessidade de mais formalidades.

Nesse caso, como o entendimento majoritário no C. TST era no sentido de que os honorários contratuais não poderiam ser cobrados dos substituídos, poder-se-ia concluir que, para não gerar surpresas para os substituídos, essa nova regra somente terá incidência para as ações ajuizadas após 05.10.2018. Pensamos, contudo, que esse não seja o melhor caminho.

É que, novamente, temos uma regra diferenciada que exige tratamento distinto. É que o art. 22, § 7º, da Lei 8.906/94 (incluído pela Lei nº 13.725/18) previu a possibilidade de transferir os direitos e as obrigações firmados originariamente pelo sindicato aos substituídos pelo simples prosseguimento da liquidação pelo substituto processual (sindicato). Criou-se, pois, uma relação híbrida, conjugando a relação contratual com a processual. Queremos dizer, o contrato inicial se complementa com a liquidação pelo sindicato da ação coletiva, quando indicará os beneficiados (substituídos) pela condenação. Isso significa que é antes de iniciar a fase de liquidação que o beneficiado poderá optar entre o prosseguimento da liquidação pelo sindicato ou a contratação de advogado particular para a liquidação individual.

Desse modo, a nosso juízo, o início da fase de liquidação deverá ser o marco para aplicação da nova legislação, aplicando-se, nesse particular, a **teoria das fases processuais**.

Portanto, a responsabilização dos substituídos pelos honorários contratuais firmados entre o sindicato e o advogado do sindicato apenas será possível nas liquidações iniciadas após 05.10.2018 (data da entrada em vigor da Lei 13.725/18). Nas ações em que as liquidações já tiverem sido iniciadas antes da vigência da lei (até 04.10.2018), ainda que seja realizado o aditamento contratual, não será possível a cobrança dos honorários contratuais dos substituídos, tendo em vista que gerará surpresa aos beneficiados.

5.1.1.3. Recursos

No que tange aos recursos, a lei a ser aplicada é aquela que **estava em vigor na data em que foi publicada a decisão recorrida**[25].

25. MOREIRA, José Carlos Barbosa. *Comentários ao código de processo civil*. 15. ed. Rio de Janeiro: Forense, 2010. v. 5, p. 269.

O processamento e o julgamento do recurso, o que inclui a competência, ocorrerão, no entanto, com base na lei nova.

Queremos dizer, todos os pressupostos do recurso, inclusive o cabimento, serão analisados à luz da lei velha (vigente na data da publicação da decisão), mas os trâmites processuais posteriores de processamento e julgamento seguirão a lei nova, em decorrência da aplicação imediata da norma.

É importante fazer uma observação quanto ao direito intertemporal na hipótese de interposição de embargos de declaração. Nesse caso, o C. TST entende que deverá ser observada a data da publicação da sentença ou do acórdão embargados e não da decisão proferida nos embargos, quando estes **não tiverem efeito modificativo**. Por outro lado, sendo acolhidos os embargos de declaração com **efeito modificativo**, entende o Tribunal Superior do Trabalho que deve incidir a norma vigente na data da publicação da decisão dos embargos.[26]

Dessa forma, no tocante aos pressupostos recursais alterados pela Lei nº 13.467/17 (transcendência e depósito recursal), ela será aplicada para os recursos interpostos das decisões publicadas a partir de 11 de novembro de 2017 (TST-IN nº41/2018, arts. 19 e 20). Contudo, em relação ao processamento e o julgamento do recurso (p.ex., art. 896, § 14, da CLT), serão aplicadas as normas da Lei nº 13.467/17 de forma imediata a partir de sua vigência.

Por fim, cumpre destacar que a Lei nº 13.467/17 revogou os §§ 3º a 6º do art. 896 da CLT que versavam sobre o incidente de uniformização trabalhista. Tais regras estavam ligadas, portanto, aos recursos. No entanto, o C. TST adotou duas sistemáticas diferentes acerca da aplicação da Lei nº 13.467/17 no presente caso:

1) se o incidente de uniformização foi suscitado ou iniciado antes da vigência da Lei nº 13.467/17, no âmbito dos Tribunais Regionais do Trabalho ou por iniciativa de decisão do Tribunal Superior do Trabalho, continuam a ser observados os dispositivos que eram vigentes na data da interposição do recurso, ou seja, os §§ 3º a 6º do art. 896 serão aplicados, tendo eficácia obrigatória a tese jurídica prevalente ou a súmula criadas em decorrência do incidente (TST-INº 41, art. 18, §§ 1º e 3º);

   A sistemática idealizada pelo C. TST é que, já tendo sido iniciado ou suscitado o incidente, ele não perde seu objeto com a chegada da Lei nº 13.467/17 devendo ser julgado.

2) caso o recurso de revista ou o agravo de instrumento no âmbito do TST estivesse concluso com o relator e ainda não tinha sido julgado até a entrada

26. TST-E-ED-Ag-RR-36200-18.2014.5.13.0005, SBDI-I, rel. Min. Aloysio Corrêa da Veiga, 28.4.2016 (Informativo 134 do TST); TST- AIRR -21177-85.2013.5.04.0791, Relator Ministro: Cláudio Mascarenhas Brandão, Data de Julgamento: 13/04/2016, 7ª Turma, Data de Publicação: DEJT 22.4.2016.

em vigor da Lei nº 13.467/17, não se aplicam as disposições dos §§ 3º a 6º do art. 896 da CLT.

5.2. Eficácia no espaço

Quanto à eficácia no espaço da norma processual, ela o tem em todo o território nacional (princípio da territorialidade), independentemente de ser aplicada aos brasileiros ou aos estrangeiros residentes no País, conforme declina o art. 763 da CLT:

> **Art. 763** – O processo da Justiça do Trabalho, no que concerne aos dissídios individuais e coletivos e à aplicação de penalidades, reger-se-á, em todo o território nacional, pelas normas estabelecidas neste Título.

A propósito, o art. 651, § 2º, da CLT[27] permite o julgamento pela Justiça do Trabalho brasileira de fatos ocorridos no exterior. Nesse caso, mesmo que seja aplicado o direito material estrangeiro, por ser mais favorável, no campo processual incidirá a regulamentação brasileira. No entanto, nos termos do art. 13 da LINDB, "a prova dos fatos ocorridos em país estrangeiro rege-se pela lei que nele vigorar, quanto ao ônus e aos meios de produzir-se, não admitindo os tribunais brasileiros provas que a lei brasileira desconheça".

6. INTERPRETAÇÃO

A interpretação da legislação processual do trabalho deverá seguir os mesmos meios utilizados na teoria geral do direito, devendo ser realizada inclusive em consonância com os princípios constitucionais do processo, conforme se depreende do art. 1º do CPC/2015[28], aplicável ao processo do trabalho. Dessa forma, devem ser utilizadas as seguintes técnicas de interpretação:

a) **Literal ou gramatical**: corresponde à primeira forma de interpretação que deve ser utilizada pelo juiz e considera que a interpretação da lei deve ser realizada a partir dos significados e das disposições das palavras, utilizando, para isso, regras linguísticas e gramaticais;

b) **Histórico**: utiliza como parâmetro os motivos históricos que levaram à edição da norma interpretada, buscando os debates legislativos e sociais responsáveis pela criação da norma;

c) **Teleológico**: para a interpretação das normas, busca sua finalidade social, ou seja, o objetivo pelo qual foi criada a norma;

27. Art. 651, § 2º – A competência das Juntas de Conciliação e Julgamento, estabelecida neste artigo, estende-se aos dissídios ocorridos em agência ou filial no estrangeiro, desde que o empregado seja brasileiro e não haja convenção internacional dispondo em contrário.

28. Art. 1º. O processo civil será ordenado, disciplinado e interpretado conforme os valores e as normas fundamentais estabelecidos na Constituição da República Federativa do Brasil, observando-se as disposições deste Código.

d) **Sistemático**: a análise de determinada norma deve ser realizada em conjunto com o sistema de normas no qual ela se insere e não de forma isolada. Podemos exemplificar essa forma de interpretação com a necessidade de integração das normas processuais com o sistema constitucional.

É válido destacar que a aplicação de quaisquer métodos de interpretação das normas jurídicas pode gerar dois principais efeitos:

- **Ampliativo ou extensivo:** ocorre quando o alcance da norma é ampliado, disciplinando situações que não foram expressamente descritas.
- **Restritivo:** ocorre quando o alcance da norma é restringido às hipóteses expressamente descritas.[29]

29. A partir da Lei nº 13.467/17 (Reforma Trabalhista), o art. 8º, § 2º, da CLT passou a prever que "Súmulas e outros enunciados de jurisprudência editados pelo Tribunal Superior do Trabalho e pelos Tribunais Regionais do Trabalho não poderão restringir direitos legalmente previstos nem criar obrigações que não estejam previstas em lei". O dispositivo restringe, portanto, a atuação jurisdicional à interpretação puramente literal ou gramatical. MIESSA, Élisson. *A reforma trabalhista e o juiz como boca da lei.* Disponível em: https://www.jota.info/opiniao-e-analise/artigos/a-reforma-trabalhista-e-o-juiz-como-boca-da-lei-21052017. Acesso em: 8 nov. 2018.

Capítulo 2

PRINCÍPIOS

1. Introdução

Os princípios representam a base do ordenamento jurídico. Prevalece, na doutrina, 3 funções para os princípios:

1) **função interpretativa**: auxiliam os operadores do direito na compreensão e aplicação do sistema jurídico.

2) **função informadora**: inspiraram o legislador na elaboração das leis.

3) **função integrativa**: na concepção positivista (legalista), os princípios possuíam função meramente subsidiária e supletiva da ordem jurídica, tendo a finalidade de completar as lacunas deixadas pelo legislador. É o que se verifica inclusive nos arts. 8º da CLT e 4º da Lei de introdução às normas do direito brasileiro.

Atualmente, o pós-positivismo concedeu aos princípios o status de norma jurídica, conferindo-lhe **força normativa**, como se dá com as regras jurídicas (por exemplo, a lei). Noutras palavras, os princípios deixam de ter atuação apenas supletiva nessa nova concepção, para agir de forma autônoma, podendo inclusive contrariar uma regra jurídica. Tem-se, pois, que, na atualidade, as normas jurídicas (gênero) englobam as regras jurídicas e os princípios.

2. Princípios Constitucionais do Processo

2.1. Devido processo legal

O princípio do devido processo legal é previsto no art. 5º, LIV, da Constituição Federal que estabelece: "ninguém será privado da liberdade ou de seus bens sem o devido processo legal".

Trata-se, pois, do direito de que os cidadãos serão processados pelas regras já existentes no ordenamento jurídico.

Referido princípio consiste no "postulado fundamental do direito (gênero)" do qual derivam todos os demais princípios constitucionais do processo[1], podendo ser compreendido em duas dimensões:

1. NERY JUNIOR, Nelson *apud* SCHIAVI, Mauro. *Manual de Direito processual do trabalho: de acordo com o novo CPC*. 9. ed. São Paulo: LTr, 2015. p. 88.

- **dimensão formal (devido processo legal formal ou procedimental)**: confere a todo sujeito o direito a um processo que observe as demais garantias estabelecidas na Constituição ou em leis infraconstitucionais, ou seja, garante "o direito fundamental a um processo devido", que respeite o contraditório e a ampla defesa, o tratamento paritário entre as partes do processo, a publicidade, dentre outros princípios processuais. Tem como foco, portanto, o aspecto formal do processo.
- **dimensão substancial ou material (devido processo legal substancial ou substantivo)**: a noção de devido processo legal deve levar em conta não somente a observância de exigências formais, mas também o compromisso de que as decisões jurídicas estarão em conformidade com o acesso à justiça, com a efetividade e com a duração razoável do processo. Em outras palavras, "devido é o processo que gera decisões jurídicas substancialmente devidas"[2]. A concretização do devido processo legal substancial na jurisprudência do STF é relacionada aos postulados da proporcionalidade e da razoabilidade[3].

Destacamos que as duas dimensões do devido processo legal (formal e substancial) devem ser avaliadas de forma conjunta, mesmo porque são os próprios deveres de proporcionalidade e de razoabilidade que definem o que é um processo justo/adequado aos demais princípios processuais. Assim, o devido processo legal substancial deve ser utilizado como parâmetro na definição do devido processo legal formal[4].

Aliás, o art. 8º do CPC/2015 declina, de forma expressa, o dever de observância da proporcionalidade e da razoabilidade na aplicação do direito:

> **Art. 8º**. Ao aplicar o ordenamento jurídico, o juiz atenderá aos fins sociais e às exigências do bem comum, resguardando e promovendo a dignidade da pessoa humana e observando a proporcionalidade, a razoabilidade, a legalidade, a publicidade e a eficiência.

Por essas razões é que o devido processo legal deve ser adequado às necessidades específicas do direito processual do trabalho, ponderando-se o formalismo processual (devido processo legal formal) com a justiça, razoabilidade e celeridade do processo (devido processo substancial) de modo a evitar as arbitrariedades do poder público[5].

É importante destacar que o devido processo legal deve ser observado no processo judicial, administrativo e legislativo.

---

2. DIDIER JR., Fredie. *Curso de Direito processual civil, v. 1: Introdução ao direito processual civil e processo de conhecimento.* 15. ed. Salvador: Editora Juspodivm, 2013. p. 50.
3. DIDIER JR., Fredie. *Curso de Direito processual civil, v. 1: introdução ao direito processual civil, parte geral e processo de conhecimento.* 17. ed. Salvador: Editora Juspodivm, 2015. p. 71.
4. ÁVILA, Humberto apud DIDIER JR., Fredie. *Curso de Direito processual civil.* 17. ed. Salvador: Editora Juspodivm, 2015. p. 71.
5. SCHIAVI, Mauro. *Manual de Direito Processual do Trabalho.* 9. ed. São Paulo: LTr, 2015. p. 89.

Nesse último caso (legislativo), a dimensão substancial é de extrema relevância, de modo que o Estado, no processo de elaboração das leis, deve pautar-se pelos princípios da razoabilidade e proporcionalidade, vedando-se excessos normativos e preceitos não razoáveis.

Portanto, o devido processo legal é uma garantia contra o abuso de poder (judicial, administrativo e legislativo).

2.2. Princípio do juiz natural

O princípio do juiz natural, apesar de não previsto literalmente no texto constitucional, pode ser observado pela análise dos incisos XXXVII e LIII do art. 5º da CF/88. Esse princípio deve ser examinado sob três dimensões, significando que:

1) não haverá juízo ou tribunal de exceção (*ad hoc*), nos termos do art. 5º, XXXVII, da CF/88;

2) todos têm direito de se submeter a um juízo competente previamente constituído na forma da lei (CF/88, art. 5º, LIII);

3) o juiz competente deve ser imparcial.

Assim, a observância do referido princípio exige que o juiz competente seja determinado por regras estabelecidas em momento anterior ao processo e de forma impessoal e objetiva. O estabelecimento da competência dos tribunais exige que a jurisdição seja exercida exclusivamente por pessoas regularmente investidas nas funções da magistratura (princípio da investidura).

Ademais, exige que o juízo competente julgue de forma imparcial e independente. Para a consecução desse princípio é que servem as regras de distribuição processual. É interessante destacar que juiz imparcial não é sinônimo de neutralidade. O caráter publicista do processo impõe atuação ativa do juiz para assegurar igualdades reais de oportunidades para as partes.

2.3. Princípio da igualdade processual

O princípio da igualdade processual decorre do art. 5º, caput, da CF/88 e se relaciona à ideia de paridade de armas ao longo do processo.

Nesse sentido, o art. 7º do CPC/2015 estabelece:

> **Art. 7º**. É assegurada às partes paridade de tratamento em relação ao exercício de direitos e faculdades processuais, aos meios de defesa, aos ônus, aos deveres e à aplicação de sanções processuais, competindo ao juiz zelar pelo efetivo contraditório.

A igualdade processual também é prevista no art. 139, I, do CPC/2015:

> **Art. 139.** O juiz dirigirá o processo conforme as disposições deste Código, incumbindo-lhe:
> I – assegurar às partes igualdade de tratamento.

De acordo com a doutrina[6], o princípio da igualdade deve ser observado desde o acesso à justiça que deve ocorrer sem discriminações até à forma de condução do processo pelo juiz, que deverá ser imparcial. A igualdade processual deve ser observada na garantia aos direitos do contraditório e da ampla defesa, permitindo que a parte tenha acesso às informações necessárias para sua defesa.

O princípio da igualdade encontra-se, pois, intrinsecamente relacionado ao princípio do contraditório, uma vez que as partes devem ter garantidas as mesmas oportunidades ao longo do processo, valorando-se não somente o direito de ação, como também o direito à defesa.

Cabe destacar que a igualdade prevista na Constituição Federal e no CPC/2015 é relacionada à ideia de isonomia, de igualdade substancial (real ou material). Assim, "o juiz deve tratar igualmente os iguais e desigualmente os desiguais, na exata medida de suas desigualdades".[7] É por isso que não fere referido princípio a prerrogativa de prazos processuais diferenciados concedidos à Fazenda Pública, ao Ministério Público e à Defensoria Pública (CPC/2015, arts. 180, 183 e 186). Do mesmo modo, decorre da igualdade substancial a distribuição dinâmica do ônus da prova (CPC, art. 373, § 1º e CLT, art. 818, § 1º).

2.4. Princípio da inafastabilidade da jurisdição

A inafastabilidade da jurisdição está consagrada no art. 5º, XXXV, da CF/88 que declina que "a lei não excluirá da apreciação do Poder Judiciário lesão ou ameaça a direito". Referido princípio também é denominado pela doutrina de princípio do acesso à justiça[8]. O CPC/2015 reproduziu o princípio da inafastabilidade da jurisdição em seu art. 3º[9].

Esse princípio representa a garantia de que qualquer cidadão poderá buscar a efetivação de seus direitos pelo acesso ao Poder Judiciário. Essa garantia, contudo, não abrange apenas o direito de movimentação da máquina judiciária por meio do processo, mas também a possibilidade que a parte terá na obtenção de uma efetiva tutela jurisdicional. Em outras palavras, "o acesso à justiça não se resume ao direito de ser ouvido em juízo e de obter uma resposta qualquer do órgão jurisdicional. Por

---

6. DIDIER JR., Fredie. *Curso de Direito processual civil, v. 1: introdução ao direito processual civil, parte geral e processo de conhecimento.* 17. ed. Salvador: Editora Juspodivm, 2015. p. 97.
7. NERY JUNIOR, Nelson; NERY, Rosa Maria de Andrade. *Comentários ao Código de Processo Civil.* São Paulo: Editora Revista dos Tribunais, 2015. p. 583.
8. SCHIAVI, Mauro. *Manual de Direito processual do trabalho.* 9. ed. São Paulo: LTr, 2015, p. 92.
9. CPC/2015, art. 3º. Não se excluirá da apreciação jurisdicional ameaça ou lesão a direito.

acesso à Justiça hoje se compreende o direito a uma tutela efetiva e justa para todos os interesses dos particulares agasalhados pelo ordenamento jurídico"[10].

Observa-se que o acesso à Justiça representa um dos mais importantes objetivos do Estado Democrático de Direito, pois permite que qualquer pessoa possa se socorrer à autoridade judiciária para prevenir ou reparar lesão a direito individual ou transindividual.[11]

Assim, qualquer norma que impeça a concretização do princípio da inafastabilidade do controle jurisdicional e impeça a tutela dos direitos lesados ou ameaçados pelo Poder Judiciário deverá ser considerada inconstitucional.

Aliás, uma vez provocado, o Poder Judiciário tem o dever de se manifestar acerca da tutela jurisdicional pleiteada, sob pena de proferir decisão *citra petita*.

De qualquer modo, a inafastabilidade da jurisdição não implica, necessariamente, que os pedidos formulados pelo autor na petição inicial deverão receber uma decisão de mérito. Ao analisar o pedido, caso o juiz entenda que faltam ao processo as condições e os requisitos mínimos de admissibilidade, poderá extingui-lo sem julgamento de mérito, sem que isso signifique obstáculo ao acesso à justiça.

2.5. Princípio do contraditório e da ampla defesa

A Constituição Federal de 1988 estabelece no art. 5º, LV, o direito à observância do princípio do contraditório e da ampla defesa nos processos judiciais e administrativos.

O princípio do contraditório pode ser analisado sob dois enfoques:

a) **contraditório formal**: consiste no binômio informação + possibilidade de reação. Preocupa-se em dar ciência às partes do ocorrido nos autos, permitindo sua manifestação.

b) **contraditório substancial (dinâmico)**: amplia o conceito do contraditório, tornando-se um trinômio: informação + possibilidade de reação + poder de influenciar o julgador. Com efeito, não basta a mera permissão de que as partes se manifestem, sendo necessária que essa permissão ocorra antes da decisão judicial, a fim de que possam influenciar o convencimento do julgador, impedindo ainda o proferimento de decisões-surpresa. Trata-se do denominado contraditório efetivo.

A ideia de contraditório substancial veio contemplada no CPC/2015, aplicável subsidiariamente ao processo do trabalho, como se pode observar em seu art. 7º:

---

10. THEODORO JÚNIOR. Humberto. *Curso de Direito Processual Civil, v. 1*. 56. ed. Rio de Janeiro: Forense, 2015, p. 74.

11. ASSIS, Araken de. *Processo Civil Brasileiro, v. I: parte geral: fundamentos e distribuição de conflitos*. São Paulo: Editora Revista dos Tribunais, 2015. p. 399.

> **Art. 7º.** É assegurada às partes paridade de tratamento em relação ao exercício de direitos e faculdades processuais, aos meios de defesa, aos ônus, aos deveres e à aplicação de sanções processuais, competindo ao juiz zelar pelo efetivo **contraditório** (Grifo Nosso).

Ademais, o CPC/15 impede que o juiz profira suas decisões sem que antes possibilite a participação das partes, vedando, pois, a prolação de decisões-surpresa, como se verifica pelos arts. 9º e 10º, aplicáveis subsidiariamente ao processo do trabalho (TST-IN nº 39/2016, art. 4º), in verbis:

> **Art. 9º.** Não se proferirá decisão contra uma das partes sem que ela seja previamente ouvida.
>
> Parágrafo único. O disposto no caput não se aplica:
>
> I – à tutela provisória de urgência;
>
> II – às hipóteses de tutela da evidência previstas no art. 311, incisos II e III;
>
> III – à decisão prevista no art. 701.
>
> **Art. 10.** O juiz não pode decidir, em grau algum de jurisdição, com base em fundamento a respeito do qual não se tenha dado às partes oportunidade de se manifestar, ainda que se trate de matéria sobre a qual deva decidir de ofício.

Observa-se pelos supracitados dispositivos que, apesar de mantida a possibilidade de o juiz reconhecer de ofício determinadas matérias, antes de reconhecê-las deverá dar à parte a oportunidade de se manifestar, com o objetivo de influenciar o julgador sobre o tema. Percebe-se, assim, que o princípio do contraditório não representa apenas uma garantia às partes, mas serve também como limitador dos poderes do juiz.

De acordo com entendimento de Humberto Theodoro Junior, "o contraditório moderno constitui uma verdadeira garantia de não surpresa que impõe ao juiz o dever de provocar o debate acerca de todas as questões, inclusive as de conhecimento oficioso, impedindo que, em 'solitária onipotência', aplique normas ou embase a decisão sobre fatos completamente estranhos à dialética defensiva de uma ou de ambas as partes"[12].

Contudo, é importante destacar que, para o C. TST, decisão surpresa corresponde à decisão que, "no julgamento final do mérito da causa, em qualquer grau de jurisdição, aplicar fundamento jurídico ou embasar-se em fato não submetido à audiência prévia de uma ou de ambas as partes" (TST-IN nº 39/2016, art. 4º, § 1º).

Por outro lado, o C. TST não considera como surpresa a decisão que "à luz do ordenamento jurídico nacional e dos princípios que informam o Direito Processual do Trabalho, as partes tinham obrigação de prever, concernente às condições da ação, aos pressupostos de admissibilidade de recurso e aos pressupostos processuais, salvo disposição legal expressa em contrário" (TST-IN nº 39/2016, art. 4º, § 2º).

---

12. THEODORO JR, Humberto. *Processo justo e contraditório dinâmico*. Revista de Estudos Constitucionais, Hermenêutica e Teoria do Direito jan.-jun. 2010, p. 69.

Portanto, o C. TST restringe a ideia de decisões surpresas, aplicando-a apenas quando se tratar de decisão de mérito, afastando sua incidência quando a decisão estiver ligada às condições da ação, aos pressupostos de admissibilidade de recurso e aos pressupostos processuais, salvo disposição legal expressa em contrário.

Essa ressalva final significa que, mesmo sendo o caso de condições da ação, aos pressupostos de admissibilidade de recurso e aos pressupostos processuais, mas se a norma exigir o contraditório prévio, ele deve ser observado, como impõe, p.e., os arts. 932, parágrafo único, 1.007, § 2º, do CPC/2015.

Cabe registrar ainda que há situações nas quais o CPC/2015 permite que o juiz profira decisão sem que antes seja ouvida a parte contrária (art. 9º), como, por exemplo, as decisões que concedem tutela provisória de urgência; as decisões que concedem tutela provisória de evidência e a expedição de mandado de pagamento nos casos de ação monitória, quando se mostrar evidente o direito do autor (art. 701).

Por fim, antigamente, a doutrina distinguia os conceitos do contraditório e da ampla defesa, entendendo aquele como o contraditório formal e a ampla defesa como a possibilidade de a parte se valer de todos os meios legais e moralmente legítimos para demonstrar suas alegações. Todavia, a ampliação do conceito e da aplicação do princípio do contraditório substancial fez com que a doutrina passasse a integrar a ampla defesa no conceito de contraditório.

2.6. Princípio da motivação das decisões judiciais

O princípio da motivação das decisões judiciais é previsto no art. 93, IX, da CF/88, que estabelece que todas as decisões do Poder Judiciário deverão ser fundamentadas, sob pena de nulidade. O CPC/2015 praticamente reproduz referida previsão constitucional em seu art. 11[13] e disciplina o seu alcance no art. 489, § 1º[14].

A doutrina destaca dois principais aspectos da fundamentação das decisões judiciais:

1) possibilidade de que as partes saibam as razões utilizadas na decisão judicial;

13. Art. 11. Todos os julgamentos dos órgãos do Poder Judiciário serão públicos, e fundamentadas todas as decisões, sob pena de nulidade. Parágrafo único. Nos casos de segredo de justiça, pode ser autorizada a presença somente das partes, de seus advogados, de defensores públicos ou do Ministério Público.

14. § 1º. Não se considera fundamentada qualquer decisão judicial, seja ela interlocutória, sentença ou acórdão, que: I – se limitar à indicação, à reprodução ou à paráfrase de ato normativo, sem explicar sua relação com a causa ou a questão decidida; II – empregar conceitos jurídicos indeterminados, sem explicar o motivo concreto de sua incidência no caso; III – invocar motivos que se prestariam a justificar qualquer outra decisão; IV – não enfrentar todos os argumentos deduzidos no processo capazes de, em tese, infirmar a conclusão adotada pelo julgador; V – se limitar a invocar precedente ou enunciado de súmula, sem identificar seus fundamentos determinantes nem demonstrar que o caso sob julgamento se ajusta àqueles fundamentos; VI – deixar de seguir enunciado de súmula, jurisprudência ou precedente invocado pela parte, sem demonstrar a existência de distinção no caso em julgamento ou a superação do entendimento.

2) facilidade que o litigante terá ao acessar as instâncias superiores, uma vez que saberá exatamente quais argumentos deverá contrapor[15]. Nesse ponto, a motivação mostra-se essencial também para que os tribunais analisem se a decisão impugnada foi ou não correta.

Como efeito externo da necessidade de fundamentação das decisões judiciais, a motivação também serve como forma de controle público da legitimidade das decisões judiciais[16] e da imparcialidade do julgador.

2.7. Princípio da publicidade

A Constituição Federal prevê a necessidade de publicidade dos atos judiciais em seu art. 93, inciso IX:

> IX – todos os julgamentos dos órgãos do Poder Judiciário serão públicos, e fundamentadas todas as decisões, sob pena de nulidade, podendo a lei limitar a presença, em determinados atos, às próprias partes e a seus advogados, ou somente a estes, em casos nos quais a preservação do direito à intimidade do interessado no sigilo não prejudique o interesse público à informação.

A publicidade está intimamente ligada à fundamentação das decisões, pois garante que as razões utilizadas pelo juiz na resolução do caso sejam conhecidas pelas partes e pela sociedade[17]. Ademais, o princípio mostra-se essencial ao contraditório, pois permite que as partes tenham ciência da fundamentação dos atos processuais e possam, a partir disso, apresentar suas respostas.

Observa-se que o princípio da publicidade possui duas dimensões:

1) **interna**: determina que os atos processuais devem ser públicos para as partes e seus procuradores a fim de proteger as partes de decisões secretas, resguardando especialmente o contraditório.

2) **externa**: tem como objetivo o controle da atividade jurisdicional pela sociedade (dimensão externa), evitando, por exemplo, a arbitrariedade do juiz[18].

Os arts. 8º e 11º do CPC/2015 reforçam a exigência da observância do princípio da publicidade nos julgamentos.

---

15. SCHIAVI, Mauro. *Manual de Direito processual do trabalho*. 9. ed. São Paulo: LTr, 2015, p. 99.

16. ASSIS, Araken de. *Processo Civil Brasileiro, v. I: parte geral: fundamentação e distribuição de conflitos*. São Paulo: Editora Revista dos Tribunais, 2015. p. 443.

17. De acordo com Fredie Didier Jr., "a publicidade é instrumento de eficácia da garantia da motivação". (DIDIER JR., Fredie. *Curso de Direito processual civil, v. 1: introdução ao direito processual civil, parte geral e processo de conhecimento*. 17. ed. Salvador: Editora Juspodivm, 2015. p. 88).

18. DIDIER JR, Fredie. *Curso de Direito Processual Civil: v. 1. Introdução ao Direito Processual Civil e Processo de Conhecimento*. 15. ed. Salvador: Editora Juspodivm, 2013, p. 61.

Destaca-se que referido princípio não é absoluto e pode ser afastado quando a defesa da intimidade ou o interesse social o exigirem, conforme previsto pelo próprio texto constitucional (art. 5º, LX):

> LX – a lei só poderá restringir a publicidade dos atos processuais quando a defesa da intimidade ou o interesse social o exigirem.

Nesse mesmo sentido, estabelece o art. 770 da CLT: "os atos processuais serão públicos salvo quando o contrário determinar o interesse social, e realizar-se-ão nos dias úteis das 6 (seis) às 20 (vinte) horas".

O CPC/2015 apresenta disciplina mais completa no tocante à limitação do direito à publicidade, pois estabelece quais os processos que deverão tramitar em segredo de justiça, sendo, pois, aplicável supletivamente ao processo do trabalho:

> **Art. 189.** Os atos processuais são públicos, todavia tramitam em segredo de justiça os processos:
>
> I – em que o exija o interesse público ou social;
>
> II – que versem sobre casamento, separação de corpos, divórcio, separação, união estável, filiação, alimentos e guarda de crianças e adolescentes;
>
> III – em que constem dados protegidos pelo direito constitucional à intimidade;
>
> IV – que versem sobre arbitragem, inclusive sobre cumprimento de carta arbitral, desde que a confidencialidade estipulada na arbitragem seja comprovada perante o juízo.

No julgamento desses casos, poderá ser autorizada a presença somente das partes, de seus advogados, de defensores públicos ou do Ministério Público (CPC/2015, art. 11, parágrafo único).

2.7.1. *Lei Geral de Proteção de Dados*

Com o advento da Lei nº 13.709/18 (Lei Geral de Proteção de Dados – LGPD) que dispõe sobre o tratamento de dados pessoais e busca proteger os direitos fundamentais de liberdade e de privacidade e o livre desenvolvimento da personalidade da pessoa natural, pode-se discutir se o princípio da publicidade no campo processual será atingido.

Em regra, no âmbito da publicidade interna do processo, a legislação não trará maiores efeitos, tendo em vista a possibilidade de utilização dos dados (sensíveis ou não), para o exercício regular de direitos em processo judicial, administrativo ou arbitral.

Já no tocante à publicidade externa, é importante que haja disciplina acerca da possibilidade de utilização dos dados captados em processos tanto por terceiros, muitas vezes com finalidade econômica (p. ex., jurimetria), quanto pela própria

Administração, sobretudo em relação aos elementos identificadores das partes; elementos identificadores do magistrado e aos documentos das partes juntados aos processos.[19]

Cabe ressaltar que na Justiça do Trabalho, o controle em relação à divulgação de elementos identificadores das partes, já é feito pelo CSJT e é importante, por exemplo, para evitar a elaboração de "lista suja" com a divulgação dos nomes de empregados que figurem como reclamantes (Resolução nº 139/2014 do CSJT).

Ademais, a LGPD prevê que o tratamento dos dados pessoais cujo acesso é público deve considerar a finalidade, a boa-fé e o interesse público que justificaram sua disponibilização, não sendo necessário o consentimento do titular para que os dados sejam tornados manifestamente públicos (Lei nº 13.709/18, art. 7º, §§ 3º e 4º).

2.8. Princípio da duração razoável do processo

O princípio da duração razoável do processo foi acrescentado pela Emenda Constitucional nº 45/04 ao art. 5º da Constituição Federal de 1988, que passou a prever em seu inciso LXXVIII, *in verbis*:

> LXXVIII – a todos, no âmbito judicial e administrativo, são assegurados a razoável duração do processo e os meios que garantam a celeridade de sua tramitação.

Além da expressa previsão no art. 5º, inciso LXXVIII, a Constituição Federal ainda conta com outros mecanismos que garantem a celeridade processual, tais como a previsão de ininterrupção da atividade jurisdicional (art. 93, XII), a delegação de atos de administração aos servidores (art. 93, XIV) e a distribuição imediata dos processos (art. 93, XV).

Destaca-se que antes mesmo da expressa disposição na CF/88, a duração razoável do processo já era prevista na Convenção Americana de Direitos Humanos (Pacto San José da Costa Rica), da qual o Brasil é signatário desde 1992 dispondo, em seu art. 8º, 1, que:

> Toda pessoa terá o direito de ser ouvida, com as devidas garantias e dentro de um prazo razoável, por um juiz ou Tribunal competente, independente e imparcial, estabelecido anteriormente por lei, na apuração de qualquer acusação penal formulada contra ela, ou na determinação de seus direitos e obrigações de caráter civil, trabalhista, fiscal ou de qualquer outra natureza.

O princípio da duração razoável do processo também passou a ser disciplinado pelo CPC/2015 e aplicado, de forma expressa, à fase executiva, conforme se observa em seu art. 4º: "as partes têm o direito de obter em prazo razoável a solução integral

19. CNJ. *Acesso a Dados de Processos Judiciais no Brasil*. Disponível em: https://lawgorithm.com.br/acesso-a-dados-de-processos-judiciais-no-brasil/. Acesso em: 22 set. 2020.

do mérito, incluída a atividade satisfativa". O princípio também foi incluído no rol dos deveres do juiz, conforme se depreende do art. 139, II: que "o juiz dirigirá o processo conforme as disposições deste Código, incumbindo-lhe: (...) II – velar pela duração razoável do processo."

De modo especial, no processo do trabalho há a necessidade do rápido andamento dos processos, considerando a natureza alimentar da maior parte das verbas postuladas na Justiça do Trabalho e a hipossuficiência do trabalhador. Nesse sentido, o art. 765 da CLT dispõe:

> **Art. 765.** Os Juízos e Tribunais do Trabalho terão ampla liberdade na direção do processo e velarão pelo **andamento rápido das causas**, podendo determinar qualquer diligência necessária ao esclarecimento delas (Grifo Nosso).

Assim, devem ser utilizados todos os meios necessários à maior efetividade e celeridade dos processos inclusive com a utilização da legislação processual civil quando esta for compatível com a concretização dos valores norteadores do direito processual do trabalho (acesso à justiça e efetividade).

O princípio da duração razoável do processo corresponde, pois a um "princípio fundamental que deve nortear toda a atividade jurisdicional, seja na interpretação da legislação, seja para o próprio legislador ao editar normas"[20].

Ressaltamos que o conceito de "duração razoável do processo" é indeterminado e, por isso, deve levar em conta características próprias de cada caso concreto, tais como a complexidade dos casos, o comportamento das partes, a atuação do órgão jurisdicional e a estrutura do órgão judiciário[21]. O princípio da duração razoável deve ainda ser aplicado de forma conjunta com outros princípios constitucionais do processo, como o acesso à justiça e o contraditório e ampla defesa.

3. PRINCÍPIOS DO CÓDIGO DE PROCESSO CIVIL

O CPC/2015 inovou ao disciplinar nos arts. 1º ao 12, as chamadas "normas fundamentais do processo civil". Apesar da denominação, acreditamos que referidos princípios deverão ser aplicados também ao processo do trabalho, considerando sua compatibilidade com os preceitos da seara trabalhista.

A maior parte dos princípios disciplinados pelo CPC/2015 nada mais são do que a reprodução de garantias previstas na Constituição Federal de 1988, o que demonstra de forma expressa a "constitucionalização do direito processual". Por essa razão, o art. 1º do CPC/2015 declina:

---

20. SCHIAVI, Mauro. *Manual de Direito Processual do Trabalho*. 9. ed. São Paulo: LTr, 2015, p. 102.
21. DIDIER JR., Fredie. *Curso de Direito Processual Civil. v. 1: Introdução ao Direito Processual Civil, Parte Geral e Processo de Conhecimento*. 17. ed. Salvador: Editora Juspodivm, 2015, p. 95.

> **Art. 1º.** O processo civil será ordenado, disciplinado e interpretado conforme os valores e as normas fundamentais estabelecidos na Constituição da República Federativa do Brasil, observando-se as disposições deste Código.

Apesar da obviedade de referida norma, acreditamos que esse reforço possui importante caráter simbólico e representa "uma tomada de posição do legislador no sentido de reconhecimento da força normativa da Constituição"[22].

Conforme mencionamos, grande parte dos princípios abordados pelo CPC/2015 já eram disciplinados pela Constituição Federal e, consequentemente já foram abordados no tópico anterior (contraditório e ampla defesa, inafastabilidade da jurisdição, duração razoável do processo, igualdade e publicidade). Desse modo, iremos neste momento analisar apenas os princípios considerados como inovações do CPC/2015.

3.1. Princípio da primazia da decisão de mérito

O princípio da primazia da decisão de mérito é consagrado em diversos dispositivos do CPC/2015, dentre os quais se destaca o art. 4º:

> **Art. 4º.** As partes têm o direito de obter em prazo razoável a **solução integral do mérito**, incluída a atividade satisfativa (Grifo nosso).

Referido princípio determina que o órgão julgador deverá sempre ter como objetivo a decisão de mérito, não se contentando com decisões meramente processuais que extinguem o processo sem resolução do mérito.

Com a finalidade de concretizar aludido princípio, o CPC/15 em diversas ocasiões o exalta, impondo que o julgador deverá:

- promover o saneamento dos vícios processuais (art. 139, IX);
- permitir que a parte corrija o vício, antes da extinção do processo sem resolução de mérito (art. 317);
- resolver do mérito quando a decisão for favorável à parte a quem aproveitaria eventual pronunciamento sem resolução de mérito (art. 488);
- possibilitar o saneamento do vício ou de complementação da documentação exigida antes de considerar o recurso inadmissível (art. 932, parágrafo único), dentre outros momentos nos quais se valoriza a decisão de mérito em detrimento de vícios processuais.

Tal princípio tem campo fértil de aplicação no âmbito recursal, afastando a chamada jurisprudência defensiva dos tribunais. Noutras palavras, é sabido que, na fase

22. DIDIER JR., Fredie. *Curso de Direito Processual Civil*: *v. 1 – Introdução ao Direito Processual Civil e Processo de Conhecimento*. 15. ed. Salvador: Editora Juspodivm, 2013, p. 47.

recursal, o juízo de mérito só é alcançado se ultrapassado o juízo de admissibilidade, quando se verifica a presença dos pressupostos recursais. Contudo, embora não se possam admitir recursos sem a presença dos pressupostos processuais, sob pena de gerar insegurança jurídica (p. ex.: recurso fora do prazo; recurso por qualquer sujeito, mesmo sem estar presente a legitimidade recursal etc.), o fim natural e pretendido pela sociedade é o julgamento do recurso.

Nesse contexto, sendo sanável o vício, o referido princípio impõe que se permitam o saneamento ou complementação (CPC/2015, arts. 932, parágrafo único[23], 938, § 1º[24] e 1.007, § 2º[25], dentre outros) ou até mesmo a sua desconsideração passando imediatamente ao julgamento do mérito do recurso (CLT, art. 896, § 11[26]).

Essa nova ideologia, inserida na teoria geral do processo, impõe uma releitura dos vícios processuais, mormente quando ligados aos pressupostos recursais.

O princípio da primazia da decisão de mérito previsto no CPC/2015 deverá ser aplicado no processo do trabalho ante a compatibilidade com outros princípios essenciais à seara trabalhista, dentre os quais se destacam a duração razoável do processo, a simplicidade e a efetividade, uma vez que "não há decisão mais frustrante para o jurisdicionado que buscar a tutela de sua pretensão, e também, para a parte que resiste à pretensão do autor, receber como resposta jurisdicional uma decisão sem apreciação do mérito quando for possível ao juiz apreciá-lo"[27].

3.2. Princípio da cooperação

O direito processual possuía dois principais modelos de organização:

1) o modelo adversarial: baseado na ideia de que o processo é um espaço de conflito entre duas partes antagônicas, no qual o juiz representa um papel passivo, devendo apenas decidir o caso.
2) inquisitorial: concede o papel de destaque ao juiz, concentrando as atividades processuais no julgador.

23. CPC/2015, art. 932. Parágrafo único. Antes de considerar inadmissível o recurso, o relator concederá o prazo de 5 (cinco) dias ao recorrente para que seja sanado vício ou complementada a documentação exigível.

24. CPC/2015, art. 938. § 1º Constatada a ocorrência de vício sanável, inclusive aquele que possa ser conhecido de ofício, o relator determinará a realização ou a renovação do ato processual, no próprio tribunal ou em primeiro grau de jurisdição, intimadas as partes.

25. CPC/2015, art. 1.007. § 2º A insuficiência no valor do preparo, inclusive porte de remessa e de retorno, implicará deserção se o recorrente, intimado na pessoa de seu advogado, não vier a supri-lo no prazo de 5 (cinco) dias.

26. CLT, art. 896 § 11. Quando o recurso tempestivo contiver defeito formal que não se repute grave, o Tribunal Superior do Trabalho poderá desconsiderar o vício ou mandar saná-lo, julgando o mérito.

27. SCHIAVI, Mauro. Os pressupostos processuais e as condições da ação no Novo CPC e suas repercussões no Processo do Trabalho. In: LEITE, Carlos Henrique Bezerra (Org.). *Novo CPC: repercussões no Processo do Trabalho*. São Paulo: Saraiva, 2015. p. 90.

Como alternativa a esses dois modelos de organização processual, o CPC/2015 traz uma nova forma de organização do processo: **o modelo cooperativo.**

Assim, de acordo com o art. 6º do CPC/2015, "todos os sujeitos do processo devem cooperar entre si para que se obtenha, em tempo razoável, decisão de mérito justa e efetiva".

Observa-se que o princípio da cooperação tem como destinatários todas as partes envolvidas no processo: os integrantes do polo ativo, do polo passivo, seus respectivos advogados/procuradores e o órgão jurisdicional.

Referido princípio encontra substrato no objetivo fundamental da solidariedade, previsto no art. 3º, I, da Constituição Federal de 1988, servindo como meio na consecução do Estado Democrático de Direito, uma vez que este possui como principal característica a prévia participação de todos.

O dever de cooperação não se constitui apenas como faculdade das partes, mas, conforme se observa pela própria redação do art. 6º do CPC/2015, configura-se como ônus e dever, fazendo com que todos os sujeitos processuais ocupem posições simétricas durante o processo. Destacamos, contudo, que apenas no momento da decisão o juiz ocupará uma posição assimétrica, pois o julgamento corresponde a uma função exclusiva do magistrado[28]. Todavia, essa decisão será baseada nas informações obtidas durante a condução do processo, daí a importância de o juiz, como instrumento da aplicação do direito, cooperar com as partes para que seja alcançada a melhor solução ao litígio.

Nas outras fases do processo, porém, deverá haver a cooperação das partes entre si, das partes com o juiz e vice-versa, com o objetivo de maior democratização na construção do processo, sem que qualquer um dos sujeitos seja considerado como protagonista.

Parte da doutrina critica referido princípio, pois considera impossível a exigência de cooperação entre partes e advogados que ocupem lados opostos no processo[29].

Parece-nos, todavia, em consonância com o entendimento destacado por Cássio Scarpinella Bueno[30] que, apesar da inerente dificuldade no estabelecimento da cooperação entre as partes opostas, principalmente no que tange aos seus advogados, é importante que a lei preveja a cooperação, ou seja, o cumprimento dos deveres de esclarecimento, lealdade e proteção entre as partes.

---

28. Nesse sentido: DIDIER JR., Fredie. *Curso de Direito Processual Civil: v. 1 – Introdução ao Direito Processual Civil, Parte Geral e Processo de Conhecimento*. 17. ed. Salvador: Editora Juspodivm, 2015, p. 125.

29. STRECK, Lenio Luiz et al. *A cooperação processual do novo CPC é incompatível com a Constituição*. Disponível em: <http://www.conjur.com.br/2014-dez-23/cooperacao-processual-cpc-incompativel-constituicao>.

30. BUENO, Cássio Scarpinella. *Conferência: Os princípios no (s) projeto (s) de novo CPC*. In: CFC – Simpósio O Novo CPC e os impactos no Processo do Trabalho. Disponível em: http://www.enamat.gov.br/wp-content/uploads/2014/09/Degrava%C3%A7%C3%A3º-do-Simp%C3%B3sio_CPC.pdf. Acesso em: 15 de mar. 2015.

3.3. Princípio da boa-fé

O princípio da boa-fé processual é previsto no art. 5º do CPC/2015, *in verbis*:

> **Art. 5º.** Aquele que de qualquer forma participa do processo deve comportar-se de acordo com a boa-fé.

O princípio, que já era previsto no art. 14, II, do CPC/73, consiste na boa-fé objetiva, não se relacionando, portanto, às intenções dos participantes do processo, mas assumindo o caráter de uma norma de conduta (standard de comportamento). Dessa forma, é mais amplo do que a previsão do art. 77 do CPC/2015 que estabelece os deveres processuais das partes, dos procuradores e de todos que de alguma forma participam do processo.

O princípio da boa-fé processual possui como destinatários todos que de alguma forma participam do processo, incluindo-se não só as partes, mas também o próprio órgão jurisdicional e os auxiliares da Justiça.

Referido princípio tem como origem a boa-fé objetiva consagrada no direito material civil e possui como objetivo coibir os abusos do direito processual, preservando, desse modo, a lealdade entre os participantes do processo. Observa-se que o legislador optou pela técnica da cláusula geral processual ao invés de enumerar todas as condutas desleais, o que possibilita maior abrangência e mobilidade no alcance da boa-fé objetiva no processo.

Conforme salienta Carreira Alvim, a utilização do princípio da boa-fé na seara processual seguiu o entendimento já consolidado pelo STJ: "o princípio da boa-fé objetiva proíbe que a parte assuma comportamentos contraditórios no desenvolvimento da relação processual, o que resulta na vedação do venire contra factum proprium, aplicável também ao direito processual (AgRg no REsp. 1280482/SC)"[31].

O fundamento constitucional do princípio da boa-fé processual é considerado, por muitos autores, como o art. 3º, I, da CF/88, uma vez que, ao estabelecer a solidariedade como objetivo da República Federativa Brasileira, decorreu o dever de confiança e lealdade. Há ainda autores que sustentam como base constitucional da boa-fé processual, o princípio da igualdade, da dignidade da pessoa humana ou o contraditório. A doutrina majoritária, contudo, na mesma linha do Supremo Tribunal Federal, acredita que a boa-fé processual decorre do devido processo legal, como forma de proteção às garantias processuais de eticidade e lealdade.[32]

---

31. ALVIM, J.E. Carreira. *Comentários ao Novo Código de Processo Civil: Lei n 13.105/15: v. 1*. Curitiba: Juruá, 2015, p. 47.

32. DIDIER JR, Fredie. *Curso de Direito Processual Civil: Introdução ao Direito Processual Civil, Parte Geral e Processo de Conhecimento, v. 1*. 17. ed. Salvador: Editora Juspodivm, 2015, p. 107.

Para a concretização do princípio da boa-fé processual, o CPC/2015 inovou ao estabelecer que a interpretação do pedido deve considerar o conjunto da postulação e deve observar o princípio da boa-fé (art. 322, § 2º).

Do mesmo modo, o CPC/2015 indica que "a decisão judicial deve ser interpretada a partir da conjugação de todos os seus elementos e em conformidade com o princípio da boa-fé" (art. 489, § 3º).

4. Outros Princípios Processuais

4.1. Princípio dispositivo

O princípio dispositivo, também denominado princípio da demanda ou inércia da jurisdição, consiste na liberdade concedida às partes de provocar o judiciário, seja para praticar um ato que lhe seja facultado (ex. interpor recurso), seja para apresentar sua pretensão em juízo. Nesse contexto, o art. 2º do CPC/2015 estabelece que o processo começa por iniciativa da parte.

Esse princípio aplica-se ao processo do trabalho, embora nessa seara a inquisitoriedade seja exaltada no art. 765 da CLT.

Aliás, na fase de execução trabalhista, o princípio da demanda não era adotado, vez que se possibilitava a execução, de ofício, pelo juiz (princípio inquisitivo), sendo esta uma das maiores particularidades desse ramo processual. Contudo, com o advento da Lei nº 13.467/17 (Reforma Trabalhista), o art. 878 da CLT, se interpretado gramaticalmente[33], adota o princípio da demanda na execução, possibilitando que a execução de ofício seja realizada apenas nos casos em que as partes não estiverem representadas por advogado, ou seja, quando for o caso de *jus postulandi*.

4.2. Princípio inquisitivo

O princípio inquisitivo centra-se na figura do órgão julgador, concedendo-lhe poderes para dar continuidade ao processo, a fim de se chegar ao seu resultado final.

Desse modo, iniciado o processo (princípio dispositivo), ele se desenvolve por impulso oficial (princípio inquisitivo), nos termos do art. 2º do CPC/2015.

No processo do trabalho, esse princípio ganha relevância, ante as diretrizes do art. 765 que assim vaticina:

> **Art. 765.** Os Juízos e Tribunais do Trabalho terão ampla liberdade na direção do processo e velarão pelo andamento rápido das causas, podendo determinar qualquer diligência necessária ao esclarecimento delas.

33. Vide mais comentários no capítulo de Execução trabalhista.

É importante destacar que a nova ideologia processual não se contenta apenas com os modelos dispositivos (adversais) e inquisitivos, passando a consagrar o modelo cooperativo, como estudado anteriormente.

Com efeito, atualmente, iniciado o processo (princípio dispositivo), ele será impulsionado oficialmente (inquisitivo), devendo todos os sujeitos cooperarem entre si para que obtenham, em tempo razoável, decisão de mérito justa e efetiva (princípio cooperativo).

4.3. Princípio do duplo grau de jurisdição

O princípio do duplo grau de jurisdição consiste na possibilidade de reexame da decisão, buscando outra opinião sobre a decisão da causa.

Há divergência na doutrina acerca de tal princípio ser garantia constitucional ou infraconstitucional.

Essa divergência existe porque a Constituição Federal de 1988 estabeleceu como direito fundamental dos litigantes "o contraditório e ampla defesa, com os meios e recursos a ela inerentes" (art. 5º, LV).

Da análise desse dispositivo, alguns julgados e doutrinadores passaram a entender que a Constituição Federal previa o direito ao duplo grau de jurisdição, de modo que a norma infraconstitucional não poderia restringi-lo, como é o caso do rito sumário (art. 2º, § 4º, da Lei nº 5.584/70). Além do art. 5º, LV, tais autores sustentam que o princípio do duplo grau de jurisdição decorre da redação dos arts. 102 e 105 da CF/88 que regulam os recursos extraordinário e especial, respectivamente.

Por outro lado, a tese majoritária, à qual nos filiamos, defende que a Constituição Federal **não** reconheceu o duplo grau de jurisdição como garantia ou princípio constitucional, colocando-o como regra de organização judiciária.

Isso ocorre porque o dispositivo constitucional supramencionado utilizou-se da expressão "recursos" não em sentido técnico, mas como garantia dos princípios do contraditório e da ampla defesa, que podem ser exercidos em uma única instância. Não se confunde, portanto, com o princípio do duplo grau de jurisdição, que é disciplinado pela legislação ordinária, podendo inclusive ser afastado ou mitigado em casos específicos, como, por exemplo, no art. 1.013, § 3º, do CPC/2015.

Não podemos, entretanto, ignorar a importância do duplo grau de jurisdição, pois ele possibilita que os órgãos superiores controlem e aperfeiçoem as decisões proferidas pelos órgãos inferiores. Todavia, por não ser um princípio absoluto, o duplo grau poderá ser afastado pelo legislador em determinados casos concretos.

4.4. Princípio da instrumentalidade das formas

Em regra, os atos e termos processuais não dependem de forma determinada (CPC/2015, art. 188). Em certos casos, porém, a legislação exige determinadas formalidades para a realização do ato. No entanto, mesmo que haja determinação legal, pode o ato ser reputado válido, se, realizado de outro modo, preencher sua finalidade essencial.

Trata-se do chamado princípio da instrumentalidade das formas, o qual impõe que a forma não pode ser vista como um fim em si mesmo, mas como meio para se alcançar o objetivo do ato processual. Desse modo, mesmo o ato que não tenha observado a forma prescrita em lei, mas, atingiu sua finalidade, será considerado válido.

4.5. Princípio da preclusão

A preclusão consiste na perda da faculdade de praticar um ato processual. Trata-se de instituto que busca impor que o processo sempre caminhe para frente, impedindo retornos indesejados. Tem como foco, portanto, o princípio da efetividade e celeridade processual.

A preclusão pode ser:

a) **temporal:** quando a perda decorre da não realização do ato em determinado prazo;

b) **consumativa:** realizado o ato (consumado), não se admite que seja novamente realizado;

c) **lógica:** não se permite que a parte pratique um ato posterior incompatível com um ato anterior;

d) ***pro iudicato***: quando a preclusão é para o juiz;

e) **ordinatória**: quando a validade de um ato pressupõe a existência de um anterior. Exemplo: os embargos à execução somente podem ser recebidos depois de garantido o juízo pela penhora;

f) **máxima**: quando ocorre a coisa julgada.

A preclusão temporal vem estampada no art. 795 da CLT, caput, que declina:

> **Art. 795.** As nulidades não serão declaradas senão mediante provocação das partes, as quais deverão arguí-las à primeira vez em que tiverem de falar em audiência ou nos autos.

Desse modo, a nulidade deve ser alegada na primeira oportunidade em que a parte tiver que se manifestar nos autos, sob pena de preclusão. Ultrapassado esse momento, o ato será convalidado, ou seja, a parte perde a oportunidade de alegar a nulidade, sendo o ato considerado válido.

Consigna-se que tal princípio aplica-se tão somente às nulidades relativas, já que as nulidades absolutas devem ser declaradas de ofício pelo magistrado (CPC/2015, art. 278, parágrafo único).

5. Princípios do Processo do Trabalho

A doutrina não é pacífica acerca de quais princípios são específicos do processo do trabalho, embora alguns sejam mais uniformes, estando presentes em diversas obras.

Assim, com o objetivo de sistematizar os estudos, passaremos a analisar aqueles princípios que, de certa forma, aparecem de modo uniforme na doutrina e que, a nosso juízo, podem ser enquadrados como específicos do processo do trabalho.

5.1. Princípio da proteção

O direito do trabalho tem como base o princípio da proteção, ante a desigualdade existente entre as partes envolvidas. Já na seara processual, as partes são tratadas igualmente, o que provoca discussão acerca da incidência do princípio da proteção ao direito processual do trabalho.

Considerando que o processo do trabalho é instrumento de realização do direito material, ou seja, não tem um fim em si mesmo, aplica-se no campo processual, o princípio da proteção.

Contudo, tal princípio deve ser bem analisado nessa seara, para que não se criem desigualdades entre as partes.

Parte da doutrina, denomina-o de "protecionismo temperado ao trabalhador", descrevendo que, embora o princípio da proteção deva ser aplicado de modo compatível com o princípio constitucional da igualdade, autoriza-se que existam algumas prerrogativas processuais para compensar eventuais entraves que os trabalhadores encontram ao procurar a Justiça do Trabalho, em razão da sua hipossuficiência econômica, e na dificuldade de fazer suas provas[34].

De nossa parte, pensamos que o princípio da proteção, no processo do trabalho, deveria ser aplicado na função informadora, ou seja, para inspirar o legislador na criação da norma[35]. Exemplo: a ausência do reclamante na audiência inaugural provoca o arquivamento da reclamação, enquanto a ausência do reclamado implica a revelia e a consequente confissão ficta (CLT, art. 844).

Além disso, a própria lei pode autorizar desigualdades pontuais durante o processo, a fim de se garantir a paridade de armas entre os litigantes (CPC, art. 7º),

34. SCHIAVI, Mauro. *Manual de Direito Processual do Trabalho*. 9. ed. São Paulo: LTr, 2015. p. 125.

35. Temos que reconhecer que na Lei 13.467/17 o legislador afastou-se do princípio da proteção, criando, em sua maiora, regras prejudiciais aos empregados-reclamantes.

incidindo, na realidade, o princípio da igualdade material no campo processual. É o que acontece, por exemplo, quando se utiliza a teoria dinâmica do ônus da prova, atribuindo-se o ônus aquele que tem melhor aptidão para fazê-la (CLT, art. 818, §§ 1º a 3º).

De qualquer modo, o princípio da proteção não pode servir para suprir deficiência probatória ou quando existir prova dividida. No primeiro caso o magistrado deverá observar as regras pertinentes ao ônus da prova e, no segundo, analisar o conjunto probatório verificando quais são as provas que melhor demonstram os fatos discutidos em juízo, valorando, portanto, as provas existentes no processo.

5.2. Princípio da conciliação

O processo do trabalho dá ênfase à solução do conflito por meio da conciliação. É nesse contexto que o caput do art. 764 da CLT impõe que os "dissídios individuais ou coletivos submetidos à apreciação da Justiça do Trabalho serão sempre sujeitos à conciliação".

Ademais, no **rito sumaríssimo**, o art. 852-E da CLT descreve que "aberta a sessão, o juiz esclarecerá as partes presentes sobre as vantagens da conciliação e usará os meios adequados de persuasão para a solução conciliatória do litígio, em qualquer fase da audiência".

Já no **rito ordinário**, a CLT prevê dois momentos **obrigatórios** de tentativa de conciliação a ser conduzida pelo juiz:

- **1º momento:** Na abertura da audiência inicial e antes da apresentação da defesa (CLT, art. 846);
- **2º momento:** Depois das razões finais e antes da sentença, como declina o art. 850 da CLT.

É importante observar que a obrigatoriedade está na tentativa da conciliação e não, necessariamente, na sua celebração. Ademais, o juiz não está obrigado a homologar o acordo judicial apresentado pelas partes (Súmula nº 418 do TST).

O princípio da conciliação foi atraído pelo CPC/2015, conforme observamos no art. 3º, § 2º[36], que prioriza a solução consensual dos conflitos. Além disso, o CPC/2015 determina que a conciliação, a mediação e outros métodos de solução consensual de conflitos sejam estimulados pelos juízes, advogados, defensores públicos e membros do Ministério Público, inclusive no curso do processo judicial. Nesse sentido, passam a ser considerados como auxiliares da justiça, o mediador e o conciliador judicial (art. 149).

36. § 2º O Estado promoverá, sempre que possível, a solução consensual dos conflitos.

Para a efetivação dos meios de solução consensual de conflito, o CPC/2015 impõe que os Tribunais criem centros judiciários com essa finalidade, para que haja a realização de sessões e audiências de conciliação e mediação e o desenvolvimento de programas destinados a auxiliar, orientar e estimular a autocomposição (art. 165).

Ademais, descreve que "a União, os Estados, o Distrito Federal e os Municípios criarão câmaras de mediação e conciliação, com atribuições relacionadas à solução consensual de conflitos no âmbito administrativo, tais como: I – dirimir conflitos envolvendo órgãos e entidades da administração pública; II – avaliar a admissibilidade dos pedidos de resolução de conflitos, por meio de conciliação, no âmbito da administração pública; III – promover, quando couber, a celebração de termo de ajustamento de conduta" (art. 174). No entanto, nos dissídios individuais, como prevê o art. 14 da Instrução Normativa nº 39 do TST:

> **Art. 14.** Não se aplica ao Processo do Trabalho o art. 165 do CPC, salvo nos conflitos coletivos de natureza econômica (Constituição Federal, art. 114, §§ 1º e 2º).

É interessante destacar que o CPC/15 passa a contemplar a ideia de audiência de conciliação antes da apresentação da defesa, tal como no processo do trabalho, prevendo no art. 334 que o juiz designará audiência de conciliação ou de mediação com antecedência mínima de trinta dias, devendo ser citado o réu com pelo menos vinte dias de antecedência, se a petição inicial preencher os requisitos essenciais e não for o caso de improcedência liminar do pedido. Noutras palavras, cita-se o réu para integrar a relação processual e comparecer em audiência e não para apresentar defesa como no código de 1973. De qualquer modo, esse dispositivo não é aplicado ao processo do trabalho, conforme declina o art. 2º, IV, da Instrução Normativa nº 39/2016 do TST, vez que temos regra própria descrita nos arts. 841 e 847 da CLT.

5.3. Princípio do *jus postulandi*

No **processo do trabalho** admite-se que o empregado e o empregador postulem em juízo pessoalmente, ou seja, sem a necessidade de advogado. É o que se denomina de jus postulandi das partes. Noutras palavras, **o *jus postulandi* é a possibilidade de as próprias partes irem a juízo, sem serem representadas por advogados**, conforme declina o caput do art. 791 da CLT:

> **Art. 791.** Os empregados e os empregadores poderão reclamar pessoalmente perante a Justiça do Trabalho e acompanhar as suas reclamações até o final.

Consigna-se que o ***jus postulandi*** **se aplica aos empregados e empregadores, inclusive no dissídio coletivo (CLT, art. 839, *a*).**

Contudo, o Tribunal Superior do Trabalho **não permite** o jus postulandi em alguns casos, exigindo, nessas hipóteses, que a parte seja representada por advogado, como se verifica pela Súmula nº 425 do TST, a seguir:

Súmula nº 425 do TST. Jus postulandi na Justiça do Trabalho. Alcance

O jus postulandi das partes, estabelecido no art. 791 da CLT, limita-se às Varas do Trabalho e aos Tribunais Regionais do Trabalho, não alcançando a ação rescisória, a ação cautelar, o mandado de segurança e os recursos de competência do Tribunal Superior do Trabalho.

Pela análise da súmula anterior, percebe-se que o jus postulandi está **restrito às Varas do Trabalho e aos Tribunais Regionais do Trabalho não tendo aplicação:**

a) nos recursos de competência do TST (seja recurso de natureza extraordinária, seja recurso de natureza ordinária);
b) na ação rescisória;
c) na ação cautelar[37];
d) no mandado de segurança.

Repete-se: nessas hipóteses é obrigatória a participação do advogado.

Além disso, a doutrina entende **inaplicável** o jus postulandi **nos embargos de terceiros, recursos de peritos e depositários**[38]. Do mesmo modo, o TST já decidiu que na reclamação, descrita no art. 988 do CPC/15, não se aplica o jus postulandi (Informativo nº 150 do TST).

Aliás, com a vigência da Lei nº 13.467/17 (Reforma Trabalhista), o jus postulandi não é aplicado nos processos de jurisdição voluntária para a homologação de acordo extrajudicial, vez que o art. 855-B, *caput*, da CLT, expressamente, exige a presença do advogado.

Quanto à aplicação do jus postulandi nas ações **não decorrentes da relação de emprego**, a doutrina diverge:

- **1ª tese** (majoritária antes da Lei nº 13.467/17): inaplicável, pois a IN nº 27/2005 do TST determina que, nessa hipótese, o pagamento de honorários advocatícios decorre da mera sucumbência, o que significa que, implicitamente, exigiu a presença do advogado. Com a inserção do art. 791-A à CLT pela Lei nº 13.467/17 (Reforma Trabalhista), concedendo os honorários advocatícios pela mera sucumbência tanto nas relações de emprego, como nas não decorrentes da relação de emprego, pensamos que essa tese fica prejudicada, devendo prevalecer a 2ª tese;
- **2ª tese** (minoritária): é aplicável, pois nas relações de trabalho lato sensu são aplicadas as mesmas regras procedimentais que na relação de emprego[39].

37. Com o advento do Novo CPC essa hipótese deverá ser excluída da Súmula, já que não existe mais processo cautelar autônomo.

38. MARTINS, Sérgio Pinto. *Comentários à CLT*. 13. ed. São Paulo: Atlas, 2009. p. 820.

39. Enunciado nº 67 da 1ª Jornada de Direito Material e Processual do Trabalho: *JUS POSTULANDI*. ART. 791 DA CLT. RELAÇÃO DE TRABALHO. POSSIBILIDADE. A faculdade de as partes reclamarem, pessoalmente, seus direitos perante a Justiça do Trabalho e de acompanharem suas reclamações até o final, contida no artigo 791 da CLT, deve ser aplicada às lides decorrentes da relação de trabalho.

Por fim, salienta-se que, extrapolada a seara trabalhista, não há aplicação do jus postulandi. Dessa forma, na interposição do recurso extraordinário, de competência do STF, ou no conflito de competência que o STJ seja competente, a parte depende da presença do advogado.

Desse modo, podemos resumir a aplicação do jus postulandi da seguinte forma:

Jus Postulandi	
Aplicável	• empregados; e • empregadores.
Não aplicável	• nos recursos de competência do TST; • na ação rescisória; • na ação cautelar; • no mandado de segurança; • nos embargos de terceiros; • recursos de peritos e depositários; • reclamação (CPC/2015, art. 988); • processos de jurisdição voluntária para homologação de acordos extrajudiciais; • nas relações de trabalho*; e • quando extrapolada a seara trabalhista. (*) Como essa tese é majoritária, por ora, mantivemos como não aplicável. No entanto, a partir da vigência da Lei nº 13.467/17, como visto, é possível que esse entendimento seja alterado.

Atenção:

Nos dissídios coletivos é **facultada** aos interessados a assistência por advogado (CLT, art. 791, § 2º), ou seja, aplica-se o *jus postulandi* nos dissídios coletivos.

5.4. Princípio da oralidade

Embora o princípio da oralidade não seja próprio do processo do trabalho, ele tem maior incidência nessa seara processual. Isso porque, em regra, os atos praticados no processo trabalhistas são orais (verbais).

- **Exemplo**: reclamação verbal (CLT, art. 840), defesa oral (CLT, art. 847), razões finais orais (CLT, art. 850) etc.

É interessante observar que o princípio da oralidade se subdivide em três princípios: identidade física do juiz, concentração dos atos processuais e irrecorribilidade imediata das decisões interlocutórias.

- **identidade física do juiz**, que consiste na vinculação do órgão julgador àquele que concluiu a audiência de instrução.

Antigamente, o TST não aplicava esse princípio na seara trabalhista, criando a Súmula nº 136, em razão da existência, na época, dos juízes classistas. Posteriormente, o C. TST cancelou referida súmula, ante as diretrizes do art. 132 do CPC/73[40].

Com o CPC/2015, o posicionamento do TST deverá ser novamente alterado, uma vez que o novel código não reproduziu o teor do art. 132 do CPC/73[41], o qual disciplinava o princípio da identidade física do juiz. No entanto, não podemos deixar de fazer uma crítica a essa exclusão.

Apesar dessa alteração, acreditamos que a aplicação do princípio da identidade física do juiz mostra-se importante ao processo do trabalho, pois, conforme apresentado, ele integra o conteúdo do princípio da oralidade, essencial à seara trabalhista. Ademais, o princípio da oralidade busca a aproximação do julgador aos fatos trazidos aos autos o que, por consequência, aproxima-o da própria realidade social, fazendo com que busque, de forma incessante, a "verdade real".

A propósito, não se pode esquecer que o próprio Conselho Nacional de Justiça alterou o edital dos concursos para juiz, o que inclui o do trabalho, inserindo entre as matérias obrigatórias, a psicologia jurídica (Resolução nº 75, de 12 de maio de 2009). Ora, não basta a análise do comportamento de uma testemunha ou das partes tão somente no momento da audiência, mas principalmente no ato do julgamento. Noutros termos, a não aplicação do princípio da identidade física do juiz na Justiça do Trabalho inviabiliza a análise comportamental efetiva pelo prolator da sentença se este não tiver nenhum contato com as partes e testemunhas do processo. A exclusão desse princípio iguala o juízo de primeiro grau às instâncias recursais, de modo que julgador ficará circunscrito aos escritos dos autos, sem que tenha contato com as partes e testemunhas envolvidas.

- **concentração dos atos processuais**, isto é, em uma ou em poucas audiências próximas devem ser realizados os atos processuais;
- **irrecorribilidade imediata das decisões interlocutórias**, que analisaremos a seguir.

5.5. Princípio da irrecorribilidade imediata das decisões interlocutórias

Com o intuito de alcançar, de forma mais célere e efetiva, a resolução da pretensão colocada em juízo, a CLT, em seu art. 893, § 1º, estabeleceu que as decisões interlocutórias são irrecorríveis de imediato.

40. Mesmo depois do cancelamento da Súmula, em decisão da 3ª Turma do TST, o Min. Maurício Godinho Delgado continuou não aplicando o referido princípio no processo do trabalho, por força dos princípios da simplicidade, da celeridade e da efetividade da prestação jurisdicional. TST-Ag-AIRR-322-81.2011.5.06.0021. Terceira Turma. Rel. Min. Mauricio Godinho Delgado. DEJT 31.1.2014.

41. Art. 132, CPC/73. O juiz, titular ou substituto, que concluir a audiência julgará a lide, salvo se estiver convocado, licenciado, afastado por qualquer motivo, promovido ou aposentado, casos em que passará os autos ao seu sucessor.

Isso significa que, no processo do trabalho, tais decisões não serão recorríveis de imediato, mas tão somente no momento da impugnação da decisão final (que resolve ou não o mérito).

Há de se consignar que o C. TST criou algumas exceções quanto ao referido princípio, como se verifica pela Súmula nº 214 do TST:

> **Súmula nº 214 do TST.** Decisão interlocutória. Irrecorribilidade
>
> Na Justiça do Trabalho, nos termos do art. 893, § 1º, da CLT, as decisões interlocutórias não ensejam recurso imediato, salvo nas hipóteses de decisão:
>
> a) de Tribunal Regional do Trabalho contrária à Súmula ou Orientação Jurisprudencial do Tribunal Superior do Trabalho;
>
> b) suscetível de impugnação mediante recurso para o mesmo Tribunal;
>
> c) que acolhe exceção de incompetência territorial, com a remessa dos autos para Tribunal Regional distinto daquele a que se vincula o juízo excepcionado, consoante o disposto no art. 799, § 2º, da CLT.

Portanto, nas hipóteses das alíneas "a" a "c" da referida súmula, cabe recurso, imediatamente, da decisão interlocutória. Destaca-se que o C. TST reafirmou a aplicação da irrecorribilidade imediata das decisões interlocutórias no processo trabalhista no art. 1º, § 1º, da IN nº 39/2016, ao declinar que referido princípio deverá ser observado na aplicação supletiva e/ou subsidiária do CPC/2015 à seara trabalhista.

É interessante observar, ainda, que na hipótese de declaração de incompetência em razão da matéria, com o encaminhamento dos autos a outra Justiça (Federal ou Estadual), é cabível o recurso de imediato. Isso ocorre porque, embora se trate de decisão interlocutória, no caso, o processo termina na Justiça do Trabalho, motivo pelo qual o art. 799, § 2º da CLT admite a interposição de recurso[42].

5.6. Princípio da extrapetição

A jurisdição tem como característica essencial a inércia, de modo que o Judiciário somente atuará quando provocado. É o que se denomina de princípio dispositivo ou princípio da demanda. Excepcionalmente, admite-se a atuação sem provocação.

É o que ocorre com o princípio da extrapetição, o qual "permite que o juiz, nos casos expressamente previstos em lei, condene o réu em pedidos não contidos na petição inicial, ou seja, autoriza o julgador a conceder mais do que o pleiteado, ou mesmo vantagem diversa da que foi requerida"[43].

---

42. Esse princípio é mais explorado no capítulo de recursos no tópico de princípios recursais.

43. SARAIVA, Renato. *Curso de direito processual do trabalho*. 3. ed. São Paulo: Método, 2006. p. 50-51.

Na realidade, o princípio da extrapetição, inicialmente, foi criado como princípio ideal do processo do trabalho, pois revelaria tendências sedimentadas ou propostas pela doutrina para, no futuro, serem capazes de aprimorar a seara trabalhista[44].

Nos dias atuais, a nosso juízo, ele foi sedimentado na figura do pedido implícito, que autoriza a atuação jurisdicional sem que haja pedido. Noutras palavras, o princípio da extrapetição é sinônimo de pedidos implícitos.

De qualquer modo, o juiz somente poderá agir de ofício nos casos expressos em lei. Cita-se como exemplo:

- os juros de mora e a correção monetária que se incluem na liquidação, ainda que omisso o pedido inicial ou a condenação (Súmula nº 211 do TST);
- concessão do adicional de horas extras de, no mínimo, 50% quando houver pedido de pagamento das horas extraordinárias, mas não houver pedido expresso do pagamento do adicional;
- deferimento do adicional de 1/3 de férias, quando houver apenas pedido do pagamento das férias, sem previsão expressa ao adicional constitucional;
- anotação da CTPS – Carteira de Trabalho e Previdência Social – quando houver pedido de reconhecimento de vínculo, sem que haja pedido expresso da anotação da carteira do empregado;
- decisão que deferir salário quando o pedido for de reintegração, dados os termos do art. 496 da CLT (Súmula nº 396, II, do TST).

5.7. *Princípio da simplicidade*

O princípio da simplicidade permite que o processo do trabalho tenha maior flexibilidade, buscando a facilidade no acesso à justiça, bem como na prestação jurisdicional. Desse modo, esse ramo processual preza pelo não formalismo. É o que se verifica, por exemplo, na petição inicial trabalhista quando exige a breve exposição dos fatos (CLT, art. 840).

O princípio da simplicidade difere do princípio da instrumentalidade de formas. Aquele impõe um processo mais informal. No entanto, algumas formalidades podem ser exigidas para a adequada procedimentalização dos atos processuais. Desse modo, caso haja uma formalidade e ela não seja observada, mas o conteúdo pretendido pelo ato seja alcançado, surge o princípio da instrumentalidade de formas, o qual indica que nesse caso o ato será válido, mesmo se praticado de forma contrária à prescrita em lei, porque atingiu sua finalidade.

44. GIGLIO, Wagner D; CORRÊA, Cláudia Gilio Veltri. *Direito Processual do trabalho.* 16. ed. São Paulo: Saraiva, 2007. p. 86.

Capítulo 3

ORGANIZAÇÃO DA JUSTIÇA DO TRABALHO

1. INTRODUÇÃO

A Justiça nacional é dividida em: Justiça comum e especial.

A Justiça comum, por sua vez, subdivide-se em Justiça Federal e Justiça Estatual. Já a Justiça especializada possui três divisões: Justiça do Trabalho, Justiça Militar e Justiça Eleitoral.

Nesse capítulo, analisaremos a Justiça do Trabalho, que, nos termos do art. 111 da CF/88, possui os seguintes órgãos:

> I – o Tribunal Superior do Trabalho;
>
> II – os Tribunais Regionais do Trabalho;
>
> III – Juízes do Trabalho.

Percebe-se, portanto, que a Justiça do Trabalho é hierarquizada em três escalas:

1) Corte superior – representada pelo Tribunal Superior do Trabalho e composta por Ministros.

2) Segundo grau de jurisdição – representado pelos Tribunais Regionais do Trabalho e compostos por juízes dos TRTs.

> **Importante:**
>
> Alguns regimentos internos de tribunais utilizam a nomenclatura desembargadores, para representar os juízes dos tribunais. No entanto, a Constituição Federal de 1988, em seu art. 115, declina a expressão juízes. Consigna-se que está em trâmite, no Congresso Nacional, projeto de lei que altera a nomenclatura de juízes dos TRTs para desembargadores dos TRTs.

3) Primeiro grau de jurisdição – representado pelos juízes do trabalho, que atuam nas Varas do Trabalho.

> **Atenção:**
>
> A Constituição Federal indica que os próprios juízes do trabalho são órgãos da Justiça do Trabalho, embora esteja correto dizer que a Vara do Trabalho representa o primeiro grau de jurisdição.

Os órgãos da Justiça do Trabalho funcionarão perfeitamente coordenados, em regime de mútua colaboração, sob a orientação do presidente do Tribunal Superior do Trabalho (CLT, art. 646).

2. TRIBUNAL SUPERIOR DO TRABALHO

O Tribunal Superior do Trabalho é o órgão de cúpula do Poder Judiciário Trabalhista, com jurisdição em todo o território nacional, sediado na capital do País, Brasília. Ele confere a palavra final em matéria trabalhista **infraconstitucional**, tendo a função de uniformizar a interpretação da legislação trabalhista no âmbito de sua competência. Dispõe o art. 111-A da Constituição Federal:

> **Art. 111-A.** O Tribunal Superior do Trabalho compor-se-á de vinte e sete Ministros, escolhidos dentre brasileiros com mais de trinta e cinco anos e menos de sessenta e cinco anos, de notável saber jurídico e reputação ilibada, nomeados pelo Presidente da República após aprovação pela maioria absoluta do Senado Federal, sendo:
>
> I – um quinto dentre advogados com mais de dez anos de efetiva atividade profissional e membros do Ministério Público do Trabalho com mais de dez anos de efetivo exercício, observado o disposto no art. 94;
>
> II – os demais dentre juízes dos Tribunais Regionais do Trabalho, oriundos da magistratura da carreira, indicados pelo próprio Tribunal Superior.
>
> § 1º. A lei disporá sobre a competência do Tribunal Superior do Trabalho.
>
> § 2º. Funcionarão junto ao Tribunal Superior do Trabalho:
>
> I – a Escola Nacional de Formação e Aperfeiçoamento de Magistrados do Trabalho, cabendo-lhe, dentre outras funções, regulamentar os cursos oficiais para o ingresso e promoção na carreira;
>
> II – o Conselho Superior da Justiça do Trabalho, cabendo-lhe exercer, na forma da lei, a supervisão administrativa, orçamentária, financeira e patrimonial da Justiça do Trabalho de primeiro e segundo graus, como órgão central do sistema, cujas decisões terão efeito vinculante.

§ 3º. Compete ao Tribunal Superior do Trabalho processar e julgar, originariamente, a reclamação para a preservação de sua competência e garantia da autoridade de suas decisões.

Pelo aludido dispositivo, verifica-se que o TST possui a seguinte composição:

- 27 Ministros;
- escolhidos dentre brasileiros com mais de 35 anos e menos de 65 anos;
- de notável saber jurídico e reputação ilibada;
- nomeados pelo Presidente da República;
- após aprovação pela maioria absoluta do Senado Federal (sabatina).

O preenchimento das vagas de Ministros do TST ocorre de duas formas:

1) **1/5** dos lugares é reservado aos **advogados**, com mais de dez anos de efetiva atividade profissional, e **membros do Ministério Público do Trabalho**, com mais de dez anos de efetivo exercício.

É interessante notar que a Constituição Federal utilizou para o TST a mesma regra que é aplicada aos Tribunais Regionais, ou seja, impôs a participação de pelo menos 1/5 dos lugares aos membros do MP e aos advogados. Já no STJ foi reservado aos integrantes do Ministério Público e da advocacia 1/3 dos lugares (CF/88, art. 104, II).

Para a escolha do membro do MP e do advogado é formada uma lista sêxtupla pelos órgãos de representação das respectivas classes. Em seguida, "o tribunal formará lista tríplice, enviando-a ao Poder Executivo, que, nos vinte dias subsequentes, escolherá um de seus integrantes para nomeação" (CF/88, art. 94, parágrafo único).

2) **os demais, dentre juízes dos Tribunais Regionais do Trabalho, oriundos da magistratura da carreira**, indicados pelo próprio Tribunal Superior.

Atenta-se para o fato de que apenas os juízes dos TRTs, **oriundos da magistratura da carreira,** podem ser indicados pelo TST. Isso significa que, se o integrante do MPT ingressa no TRT por meio do quinto constitucional, não poderá, posteriormente, integrar o TST pela lista dos juízes dos tribunais, uma vez que não é oriundo da magistratura de carreira.

A Constituição Federal, em seu art. 96, I, a, declina que compete, privativamente, aos tribunais elaborar seus regimentos internos, buscando disciplinar sua competência e funcionamento de seus órgãos.

Nesse contexto, o Tribunal Superior do Trabalho, por meio de seu regimento interno (art. 59), estabeleceu que esse tribunal possui os seguintes órgãos:

- Tribunal Pleno;
- Órgão Especial;

- Seção Especializada em Dissídios Coletivos;
- Seção Especializada em Dissídios Individuais (SDI), dividida em duas subseções: Subseção de Dissídios Individuais I (SBDI-I) e Subseção de Dissídios Individuais II (SBDI-II); e
- Turmas (atualmente, 8 Turmas).

Os atos praticados pelos Ministros do TST decorrem de um colegiado, especialmente, as decisões que, em regra, são proferidas em conjunto. Desse modo, as Turmas são a composição mínima do colegiado, participando em cada uma delas 3 Ministros.

Por fim, consigna-se que, depois da Emenda Constitucional nº 45/04, também passaram a **funcionar junto ao TST**:

- a **Escola Nacional de Formação e Aperfeiçoamento de Magistrados do Trabalho** (ENAMAT), cabendo-lhe, dentre outras funções, regulamentar os cursos oficiais para o ingresso e promoção na carreira; e
- o **Conselho Superior da Justiça do Trabalho** – CSJT –, cabendo-lhe exercer, na forma da lei, a supervisão administrativa, orçamentária, financeira e patrimonial da Justiça do Trabalho de primeiro e segundo graus, como órgão central do sistema, cujas decisões terão efeito vinculante.

Importante:

O Conselho Superior da Justiça do Trabalho atua apenas no âmbito administrativo, orçamentário, financeiro e patrimonial da Justiça do Trabalho, **não exercendo atividade jurisdicional**. Atenta-se, ainda, que, nesses casos, a decisão do conselho terá efeito vinculante, ou seja, sua observância é obrigatória.

O Conselho Superior da Justiça do Trabalho é composto da seguinte forma: I– o Presidente e o Vice-Presidente do TST e o Corregedor-Geral da Justiça do Trabalho, como membros natos; II – três Ministros do TST, eleitos pelo Tribunal Pleno; III – cinco presidentes de Tribunais Regionais do Trabalho, eleito cada um deles por região geográfica do País. (Art. 2º, do Regimento interno do Conselho Superior da Justiça do Trabalho).

2.1. Corregedoria-Geral da Justiça do Trabalho

A **Corregedoria-Geral da Justiça do Trabalho** é órgão do TST, tendo a função de fiscalizar, disciplinar e orientar **administrativamente** os tribunais regionais do trabalho, seus juízes e serviços judiciários.

O Corregedor-Geral da Justiça do Trabalho é eleito dentre os Ministros mais antigos do TST, para um mandato de 2 anos, em sessão extraordinária do Tribunal Pleno, que deve se realizar nos 60 dias antecedentes ao término dos mandatos anteriores, mediante escrutínio secreto e pelo voto da maioria absoluta.

Nos termos dos arts. 709 da CLT e 6º do Regimento Interno da CGJT, compete ao Corregedor-Geral da Justiça do Trabalho exercer, dentre outras funções, a inspeção permanente ou periódica, ordinária ou extraordinária, geral ou parcial sobre os serviços judiciários de segundo grau da Justiça do Trabalho, além de decidir pedidos de providência e correições parciais contra atos atentatórios à boa ordem processuais praticados por magistrados dos Tribunais Regionais do Trabalho.

Nas correições ordinárias, são examinados autos, registros e documentos das secretarias e seções judiciárias e, ainda, se os magistrados apresentam bom comportamento público e são assíduos e diligentes na administração da justiça, se excedem os prazos legais e regimentais sem razoável justificativa ou cometem erros de ofício que denotem incapacidade ou desídia, além de outros atos considerados necessários ou convenientes pelo Corregedor-Geral.

Estão submetidos à ação fiscalizadora do Corregedor-Geral os Tribunais Regionais do Trabalho, abrangendo todos os seus órgãos, presidentes, juízes titulares e convocados, além das seções e serviços judiciários respectivos.

3. TRIBUNAIS REGIONAIS DO TRABALHO

Os Tribunais Regionais do Trabalho estão situados no segundo grau de jurisdição. Assim como o TST, seus atos, em regra, decorrem de órgão colegiado. Nos termos do art. 115 da Constituição Federal:

> **Art. 115.** Os Tribunais Regionais do Trabalho compõem-se de, no mínimo, sete juízes, recrutados, quando possível, na respectiva região, e nomeados pelo Presidente da República dentre brasileiros com mais de trinta e menos de sessenta e cinco anos, sendo:
>
> I – um quinto dentre advogados com mais de dez anos de efetiva atividade profissional e membros do Ministério Público do Trabalho com mais de dez anos de efetivo exercício, observado o disposto no art. 94;
>
> II – os demais, mediante promoção de juízes do trabalho por antiguidade e merecimento, alternadamente.
>
> § 1º. Os Tribunais Regionais do Trabalho instalarão a justiça itinerante, com a realização de audiências e demais funções de atividade jurisdicional, nos limites territoriais da respectiva jurisdição, servindo-se de equipamentos públicos e comunitários.
>
> § 2º. Os Tribunais Regionais do Trabalho poderão funcionar descentralizadamente, constituindo Câmaras regionais, a fim de assegurar o pleno acesso do jurisdicionado à justiça em todas as fases do processo.

Pelo dispositivo mencionado anteriormente, percebe-se que os TRTs possuem a seguinte composição:

- no mínimo, 7 juízes;
- recrutados, quando possível, na respectiva região;
- nomeados pelo Presidente da República;
- dentre brasileiros com mais de **30 anos** e menos de 65 anos.

Consigna-se que, para a composição do TRT, impõem-se, no mínimo, 7 juízes. No entanto, os tribunais maiores são compostos por mais juízes. Assim, é importante que analise o regimento interno do tribunal para saber, com exatidão, a quantidade de juízes que compõe o tribunal.

É interessante observar, ainda, que os juízes do TRTs devem ter 30 anos e não 35 anos, como no TST. Além disso, a nomeação para os TRTs não se submete à aprovação pelo Senado Federal (sabatina).

No preenchimento das vagas dos juízes dos TRTs também se observa o quinto constitucional. Assim, tais vagas são preenchidas da seguinte forma:

1) **1/5** dos lugares é reservado aos **advogados**, com mais de dez anos de efetiva atividade profissional, e **membros do Ministério Público do Trabalho**, com mais de dez anos de efetivo exercício.

Para a escolha do membro do MP e do advogado é formada uma lista sêxtupla pelos órgãos de representação das respectivas classes. Em seguida, "o tribunal formará lista tríplice, enviando-a ao Poder Executivo, que, nos vinte dias subsequentes, escolherá um de seus integrantes para nomeação" (CF/88, art. 94, parágrafo único).

2) os demais, mediante promoção de juízes do trabalho por antiguidade e merecimento, alternadamente.

Nesse último caso, o art. 93, II, da CF/88 prevê que:

> II – promoção de entrância para entrância, alternadamente, por antiguidade e merecimento, atendidas as seguintes normas:
>
> a) é obrigatória a promoção do juiz que figure por três vezes consecutivas ou cinco alternadas em lista de merecimento;
>
> b) a promoção por merecimento pressupõe dois anos de exercício na respectiva entrância e integrar o juiz a primeira quinta parte da lista de antiguidade desta, salvo se não houver com tais requisitos quem aceite o lugar vago;
>
> c) aferição do merecimento conforme o desempenho e pelos critérios objetivos de produtividade e presteza no exercício da jurisdição e pela frequência e aproveitamento em cursos oficiais ou reconhecidos de aperfeiçoamento;
>
> d) na apuração de antiguidade, o tribunal somente poderá recusar o juiz mais antigo pelo voto fundamentado de dois terços de seus membros, conforme procedimento próprio, e assegurada ampla defesa, repetindo-se a votação até fixar-se a indicação;
>
> e) não será promovido o juiz que, injustificadamente, retiver autos em seu poder além do prazo legal, não podendo devolvê-los ao cartório sem o devido despacho ou decisão.

É interessante notar que a promoção por merecimento e antiguidade somente tem incidência no TRT, ou seja, no TST há mera indicação pelo próprio Tribunal, não havendo necessidade da referida alternância (CF/88, art. 111-A, II).

Em síntese, é possível observar as seguintes diferenças entre a composição do TST e dos TRTs:

TST	TRTs
27 ministros	No mínimo, 7 juízes
Escolhidos dentre brasileiros com mais de 35 anos e menos de 65 anos	Escolhidos dentre brasileiros com mais de 30 anos e menos de 65 anos
Necessidade de notável saber jurídico e reputação ilibada	Não há previsão de notável saber jurídico e reputação ilibada
Necessidade de aprovação pela maioria absoluta do Senado Federal (sabatina)	A nomeação não se submete à aprovação pelo Senado Federal (sabatina)
• 1/5 reservado aos advogados, com mais de 10 anos de efetiva atividade profissional, e membros do Ministério Público do Trabalho, com mais de dez anos de efetivo exercício; • demais escolhidos dentre juízes dos Tribunais Regionais do Trabalho, oriundos da magistratura da carreira, indicados pelo próprio Tribunal Superior	• 1/5 reservado aos advogados, com mais de 10 anos de efetiva atividade profissional, e membros do Ministério Público do Trabalho, com mais de dez anos de efetivo exercício • demais decorrentes de promoção de juízes do trabalho por antiguidade e merecimento, alternadamente

Existem, atualmente, 24 Tribunais Regionais no território nacional. Apenas os estados do Acre, Tocantins, Roraima e Amapá não possuem Tribunal Regional isolado, sendo agregados a outros tribunais. Além disso, o estado de São Paulo é o único estado que possui 2 Tribunais Regionais, um sediado na capital, São Paulo, e outro no interior, Campinas.

A Emenda Constitucional nº 45/04 trouxe duas importantes novidades:

1) determinou que os Tribunais Regionais instalem **justiça itinerante**, com a realização de audiências e demais funções de atividade jurisdicional, **nos limites territoriais da respectiva jurisdição**, servindo-se de equipamentos públicos e comunitários. Trata-se da possibilidade de levar a Justiça do Trabalho a locais que não possuem Vara do Trabalho, ou seja, admite-se a existência de "justiça móvel";

2) permitiu que os Tribunais Regionais do Trabalho possam funcionar descentralizadamente, constituindo Câmaras regionais, a fim de assegurar o pleno acesso do jurisdicionado à justiça em todas as fases do processo. Noutras palavras, permitiu que os Tribunais criem Câmaras que serão instaladas fora da sede do Tribunal.

Por fim, consigna-se que compete **privativamente aos Tribunais**, nos termos do art. 96 da CF/88:

a) eleger seus órgãos diretivos e elaborar seus regimentos internos, com observância das normas de processo e das garantias processuais das partes, dispondo sobre a competência e o funcionamento dos respectivos órgãos jurisdicionais e administrativos;

b) organizar suas secretarias e serviços auxiliares e os dos juízos que lhes forem vinculados, velando pelo exercício da atividade correicional respectiva;

c) prover, na forma prevista nesta Constituição, os cargos de juiz de carreira da respectiva jurisdição;

d) propor a criação de novas varas judiciárias;

e) prover, por concurso público de provas, ou de provas e títulos, obedecido o disposto no art. 169, parágrafo único, os cargos necessários à administração da Justiça, exceto os de confiança assim definidos em lei;

f) conceder licença, férias e outros afastamentos a seus membros e aos juízes e servidores que lhes forem imediatamente vinculados.

4. JUÍZES DO TRABALHO

Os juízes do trabalho integram o primeiro grau de jurisdição, exercendo suas funções nas denominadas Varas do Trabalho.

É interessante registrar que, antes da EC nº 24/99, a Justiça do Trabalho possuía juízes classistas. Na ocasião, tínhamos um juiz togado e dois juízes classistas, um representando os empregadores e outro, os trabalhadores. Denominava-se, assim, Junta de Conciliação e Julgamento. Com o advento da aludida Emenda Constitucional, foram excluídos os juízes classistas. Dessa forma, nos dias atuais, não se diz Junta de Conciliação e Julgamento, mas Vara do Trabalho, **sendo a jurisdição exercida por um juiz singular** (CF/88, art. 116).

Em regra, a competência trabalhista é conferida aos juízes do trabalho. No entanto, nas localidades não compreendidas na jurisdição das Varas do Trabalho, o juiz de direito poderá exercer a competência trabalhista. Nesse caso, atente-se para o fato de que havendo recurso (ordinário), ele será encaminhado ao TRT e não ao Tribunal de Justiça. É o que disciplina o art. 112 da CF:

> **Art. 112.** A lei criará varas da Justiça do Trabalho, podendo, nas comarcas não abrangidas por sua jurisdição, atribuí-la aos juízes de direito, com recurso para o respectivo Tribunal Regional do Trabalho.

Consigna-se que, uma vez criada a Vara do Trabalho, cessa a competência do juiz de direito quanto à matéria trabalhista. Nesse sentido, a Súmula nº 10 do STJ:

> Instalada a Junta de Conciliação e Julgamento, cessa a competência do Juiz de Direito em matéria trabalhista, inclusive para a execução das sentenças por ele proferidas.

Assim, a competência do juiz de direito, quanto à matéria trabalhista, existe enquanto não houver juiz do trabalho para aquela localidade.

5. INGRESSO NA CARREIRA

Estabelece o art. 93, I, da Constituição Federal:

> I – ingresso na carreira, cujo cargo inicial será o de juiz substituto, mediante concurso público de provas e títulos, com a participação da Ordem dos Advogados do Brasil em todas as fases, exigindo-se do bacharel em direito, no mínimo, três anos de atividade jurídica e obedecendo-se, nas nomeações, à ordem de classificação.

Percebe-se, pelo referido artigo, que o ingresso na Magistratura, **no primeiro grau de jurisdição** (juiz substituto do trabalho), depende do preenchimento, cumulativo, dos seguintes requisitos:

- concurso público de provas e títulos, com a participação da Ordem dos Advogados do Brasil em **todas** as fases;
- bacharel em direito;
- no mínimo, três anos de atividade jurídica.

6. GARANTIAS DOS JUÍZES

Para que os juízes possam exercer suas funções institucionais com independência e imparcialidade, a Constituição Federal, em seu art. 95, confere-lhes as seguintes garantias:

> I – **vitaliciedade**, que, no primeiro grau, só será adquirida após dois anos de exercício, dependendo a perda do cargo, nesse período, de deliberação do tribunal a que o juiz estiver vinculado, e, nos demais casos, de sentença judicial transitada em julgado;
>
> II – **inamovibilidade**, salvo por motivo de interesse público, na forma do art. 93, VIII;
>
> III – **irredutibilidade de subsídio**, ressalvado o disposto nos arts. 37, X e XI, 39, § 4º, 150, II, 153, III, e 153, § 2º, I. (grifo nosso)

A **vitaliciedade** é adquirida depois de 2 anos de exercício, de modo que, após esse período, o juiz somente poderá perder o cargo mediante **sentença judicial transitada em julgado**. No entanto, antes de se tornar vitalício, o juiz poderá perder o cargo por deliberação do tribunal a que o juiz estiver vinculado.

Observação 1:

O vitaliciamento ocorre depois de 2 anos de exercício e não 3 anos, como é o caso da estabilidade dos servidores públicos.

Observação 2:

O vitaliciamento depois dos 2 anos somente tem aplicação para os juízes que ingressam na carreira por meio do concurso público. Isso quer dizer que aqueles que entram na magistratura por meio do quinto constitucional adquirem a vitaliciedade no ato da posse.

A **inamovibilidade** confere ao juiz o direito de não ser removido da comarca em que é titular, salvo:

- a requerimento, ou seja, por vontade do próprio juiz;
- por interesse público, mediante decisão fundada no voto da maioria absoluta do respectivo tribunal ou do Conselho Nacional de Justiça, assegurada ampla defesa (CF/88, art. 93, VIII).

Por fim, os juízes têm garantia à **irredutibilidade do subsídio**, que é o salário do magistrado. Tal garantia, porém, não afasta a possibilidade de descontos fiscais e previdenciários.

7. VEDAÇÕES DOS JUÍZES

Embora os juízes possuam garantias, a Constituição impôs vedações aos membros da magistratura. De acordo com o art. 95, parágrafo único, da CF/88:

> Aos juízes é vedado:
>
> I – exercer, ainda que em disponibilidade, outro cargo ou função, salvo uma de magistério;
>
> II – receber, a qualquer título ou pretexto, custas ou participação em processo;
>
> III – dedicar-se à atividade político-partidária.
>
> IV – receber, a qualquer título ou pretexto, auxílios ou contribuições de pessoas físicas, entidades públicas ou privadas, ressalvadas as exceções previstas em lei;
>
> V – exercer a advocacia no juízo ou tribunal do qual se afastou, antes de decorridos três anos do afastamento do cargo por aposentadoria ou exoneração.

Além de tais vedações, o juiz titular deverá **residir na respectiva comarca**, salvo autorização do tribunal (CF/88, art. 93, VII).

8. DEVERES E PODERES DO JUIZ

Os deveres e poderes do juiz estão elencados no art. 139 do CPC/2015, aplicável subsidiariamente ao processo do trabalho, exceto quanto à parte final do inciso V (TST-IN nº 39/2016, art. 3º, III). Dessa forma, incumbe ao juiz:

> I – assegurar às partes igualdade de tratamento;
>
> II – velar pela duração razoável do processo;
>
> III – prevenir ou reprimir qualquer ato contrário à dignidade da justiça e indeferir postulações meramente protelatórias;

IV – determinar todas as medidas indutivas, coercitivas, mandamentais ou sub-rogatórias necessárias para assegurar o cumprimento de ordem judicial, inclusive nas ações que tenham por objeto prestação pecuniária;

V – promover, a qualquer tempo, a autocomposição, preferencialmente com auxílio de conciliadores e mediadores judiciais[1];

VI – dilatar os prazos processuais e alterar a ordem de produção dos meios de prova, adequando-os às necessidades do conflito de modo a conferir maior efetividade à tutela do direito;

VII – exercer o poder de polícia, requisitando, quando necessário, força policial, além da segurança interna dos fóruns e tribunais;

VIII – determinar, a qualquer tempo, o comparecimento pessoal das partes, para inquiri-las sobre os fatos da causa, hipótese em que não incidirá a pena de confesso;

IX – determinar o suprimento de pressupostos processuais e o saneamento de outros vícios processuais;

X – quando se deparar com diversas demandas individuais repetitivas, oficiar o Ministério Público, a Defensoria Pública e, na medida do possível, outros legitimados a que se referem o art. 5º da Lei nº 7.347, de 24 de julho de 1985, e o art. 82 da Lei nº 8.078, de 11 de setembro de 1990, para, se for o caso, promover a propositura da ação coletiva respectiva.

Parágrafo único. A dilação de prazos prevista no inciso VI somente pode ser determinada antes de encerrado o prazo regular.

9. JUÍZO 100% DIGITAL

O CNJ, na Resolução nº 345, de outubro de 2020, autorizou a adoção, pelos tribunais, de medidas necessárias à implementação do "Juízo 100% Digital", no qual todos os atos processuais serão **exclusivamente** praticados por meio eletrônico e remoto por intermédio da rede mundial de computadores.

A criação do "Juízo 100% Digital" não provoca alterações da competência das unidades jurisdicionais (art. 2º).

A escolha por esse juízo será facultativa e exercida pela parte demandante no momento de distribuição da ação (art. 3º). Nesses casos, no ajuizamento da ação, a parte e seu advogado deverão fornecer endereço eletrônico e número da linha telefônica móvel celular, admitindo-se a citação, notificação e intimação por quaisquer meios eletrônicos (art. 2º, parágrafo único).

A parte demandada poderá opor-se a essa opção no momento de apresentação de sua contestação (art. 3º).

Após a contestação e até a prolação da sentença, as partes poderão retratar-se, por uma única vez, da escolha pelo "Juízo 100% Digital". Essa retratação, contudo, não ensejará a mudança do juízo natural do feito, razão pela qual o "Juízo 100% Digital" deverá abranger todas as unidades jurisdicionais de uma mesma competência material e territorial (art. 3º, §§ 1º e 2º).

---

1. De acordo com o art. 3º, III, da IN-TST nº 39/2016, a parte final do inciso V, não se aplica ao processo trabalhista, uma vez que na Justiça do Trabalho não há conciliadores ou mediadores, sendo a conciliação realizada pela próprio Juiz do Trabalho.

O "Juízo 100% Digital" terá a infraestrutura de informática e telecomunicação fornecidas pelos tribunais, devendo prestar atendimento remoto durante o horário de expediente forense por telefone, por e-mail, por videochamadas, por aplicativos digitais ou por outros meios de comunicação que venham a ser definidos pelo tribunal (art. 4º).

As audiências e sessões no "Juízo 100% Digital" ocorrerão **exclusivamente** por videoconferência. As partes poderão requerer ao juízo a participação na audiência por videoconferência em sala disponibilizada pelo Poder Judiciário (art. 5º).

A adoção do "Juízo 100% Digital" não impede o atendimento de advogados pelos magistrados e servidores. Esse atendimento exclusivo ocorrerá durante o horário fixado para o atendimento ao público de forma eletrônica, observando-se a ordem de solicitação, os casos urgentes e as preferências legais. A demonstração de interesse do advogado de ser atendido pelo magistrado será devidamente registrada, com dia e hora, por meio eletrônico indicado pelo tribunal. A resposta sobre o atendimento deverá ocorrer no prazo de até 48 horas, ressalvadas as situações de urgência (art. 6º).

Os tribunais que implementarem o "Juízo 100% Digital" deverão comunicar o CNJ, no prazo de 30 dias (art. 8º). Os resultados dessa implantação serão acompanhados pelos tribunais, mediante indicadores de produtividade e celeridade informados pelo CNJ (art. 7º). O "Juízo 100% Digital" será avaliado após um ano de sua implementação, podendo o tribunal optar pela manutenção, pela descontinuidade ou por sua ampliação, comunicando a sua deliberação ao CNJ (art. 8º, parágrafo único).

10. SERVIÇOS AUXILIARES DA JUSTIÇA DO TRABALHO

Para que exista eficiência na prestação jurisdicional, os magistrados necessitam de órgãos auxiliares, encarregados de dar cumprimento às decisões judiciais, realizando atos processuais e serviços burocráticos da Justiça do Trabalho.

Nesse contexto, temos as secretarias das varas do trabalho, as secretarias dos tribunais e o serviço de distribuição de feitos.

10.1. Secretarias das Varas do Trabalho

A secretaria das varas do trabalho é órgão auxiliar e permanente da primeira instância, destinado a manter e conservar os autos judiciais e realizar todos os serviços burocráticos, por meio de servidores nela lotados.

Cada vara do trabalho possui **uma secretaria**, que é **chefiada pelo diretor da secretaria**, antigamente denominado de chefe de secretaria ou secretário. Nos termos do art. 710 da CLT:

> **Art. 710.** Cada Vara terá 1 (uma) secretaria, sob a direção de funcionário que o Presidente designar, para exercer a função de chefe de secretaria, e que receberá, além dos vencimentos correspondentes ao seu padrão, a gratificação de função fixada em lei.

O diretor de secretaria é indicado, de forma discricionária, pelo juiz titular, preferencialmente entre bacharéis em direito, salvo impossibilidade de atender ao requisito. Após a indicação pelo juiz titular, cabe ao presidente do Tribunal Regional do Trabalho realizar a nomeação, o qual somente poderá deixar de realizar a nomeação diante da falta de elementos objetivos ou desatendimento dos requisitos legais (arts. 1º, 2º e 3º, Resolução nº 147 do CNJ).

O diretor tem a função principal de dirigir os demais servidores, sob a supervisão do juiz. Além disso, o art. 712 da CLT declina que compete especialmente aos diretores da secretaria (secretário):

a) superintender os trabalhos da secretaria, velando pela boa ordem do serviço;

b) cumprir e fazer cumprir as ordens emanadas do Presidente e das autoridades superiores;

c) submeter a despacho e assinatura do Presidente o expediente e os papéis que devam ser por ele despachados e assinados;

d) abrir a correspondência oficial dirigida à Junta e ao seu Presidente, a cuja deliberação será submetida;

e) tomar por termo as reclamações verbais nos casos de dissídios individuais;

f) promover o rápido andamento dos processos, especialmente na fase de execução, e a pronta realização dos atos e diligências deprecadas pelas autoridades superiores;

g) secretariar as audiências da Junta, lavrando as respectivas atas;

h) subscrever as certidões e os termos processuais;

i) dar aos litigantes ciência das reclamações e demais atos processuais de que devam ter conhecimento, assinando as respectivas notificações;

j) executar os demais trabalhos que lhe forem atribuídos pelo Presidente da Junta.

Parágrafo único – **Os serventuários que, sem motivo justificado, não realizarem os atos, dentro dos prazos fixados, serão descontados em seus vencimentos, em tantos dias quantos os do excesso** (grifo nosso).

Por sua vez, o art. 711 da CLT proclama as **atribuições das secretarias:**

Art. 711. Compete à secretaria das Juntas:

a) o recebimento, a autuação, o andamento, a guarda e a conservação dos processos e outros papéis que lhe forem encaminhados;

b) a manutenção do protocolo de entrada e saída dos processos e demais papéis;

c) o registro das decisões;

d) a informação, às partes interessadas e seus procuradores, do andamento dos respectivos processos, cuja consulta lhes facilitará;

e) a abertura de vista dos processos às partes, na própria secretaria;

f) a contagem das custas devidas pelas partes, nos respectivos processos;

g) o fornecimento de certidões sobre o que constar dos livros ou do arquivamento da secretaria;

h) a realização das penhoras e demais diligências processuais;

i) o desempenho dos demais trabalhos que lhe forem cometidos pelo Presidente da Junta, para melhor execução dos serviços que lhe estão afetos.

Importante:

Além das atribuições, anteriormente, elencadas, os servidores podem praticar atos de administração e de mero expediente sem conteúdo decisório, desde que autorizados pelo juiz a que estão vinculados, nos termos do art. 93, XIV, da CF* e art. 203, § 4º, do CPC/2015**.

(*) XIV – os servidores receberão delegação para a prática de atos de administração e atos de mero expediente sem caráter decisório.

(**) § 4º. Os atos meramente ordinatórios, como a juntada e a vista obrigatória, independem de despacho, devendo ser praticados de ofício pelo servidor e revistos pelo juiz quando necessário.

Por fim, consigna-se que, quando a jurisdição trabalhista é exercida por juiz de direito, os cartórios ficam incumbidos das mesmas obrigações e atribuições estabelecidas para as varas do trabalho (CLT, arts. 716 e 717).

10.2. Secretarias dos Tribunais

As secretarias dos tribunais são órgãos auxiliares e permanentes dos Tribunais Regionais do Trabalho e do Tribunal Superior do Trabalho. Nos termos do art. 719 da CLT:

> **Art. 719.** Competem à Secretaria dos Tribunais, além das atribuições estabelecidas no art. 711, para a secretaria das Juntas, mais as seguintes:
>
> a) a conclusão dos processos ao Presidente e sua remessa, depois de despachados, aos respectivos relatores;
>
> b) a organização e a manutenção de um fichário de jurisprudência do Conselho, para consulta dos interessados.
>
> Parágrafo único – **No regimento interno dos Tribunais Regionais serão estabelecidas as demais atribuições, o funcionamento e a ordem dos trabalhos de suas secretarias** (grifo nosso).

É interessante anotar, ainda, que o art. 718 da CLT declina existir apenas uma secretaria nos tribunais. No entanto, a depender do tamanho do TRT, podem existir diversas secretarias, tais como: secretaria do Tribunal Pleno, secretaria do Órgão Especial, secretaria das Turmas etc.

As secretarias dos tribunais são chefiadas por diretores, com as mesmas atribuições dos diretores das varas do trabalho, previstas no art. 712 da CLT, além de outras que lhe forem fixadas nos regimentos internos dos tribunais (CLT, art. 720).

10.3. Serviços de Distribuição de Feitos

Nas localidades onde há **mais de uma** vara do trabalho é necessário o setor de distribuição de feitos, que tem a incumbência, como o próprio nome já indica, de distribuir os processos, de forma igual, entre as varas do trabalho local, conforme declina o art. 713 da CLT:

> **Art. 713.** Nas localidades em que existir mais de uma Junta de Conciliação e Julgamento haverá um distribuidor.

- **Exemplo**: na cidade de Ribeirão Preto, existem 6 varas do trabalho. Desse modo, a petição inicial será protocolada no setor de distribuição, oportunidade em que os processos serão separados entre as varas do trabalho de Ribeirão Preto.

Atenção:

Se houver apenas uma vara do trabalho, não há necessidade do setor de distribuição, vez que os processos serão distribuídos para a própria vara*.

(*) É por isso que o art. 59 do CPC/2015 faz diferença entre o registro e a distribuição. O registro da petição inicial é realizado nas comarcas ou seções judiciárias com vara única, enquanto a distribuição é realizada nas localidades com mais de uma vara, ou seja, quando houver cartório ou setor de distribuição.

A distribuição será feita pela ordem rigorosa de sua apresentação ao distribuidor (CLT, art. 783). As reclamações serão registradas em livro próprio, rubricado em todas as folhas pela autoridade a que estiver subordinado o distribuidor (CLT, art. 784). Além disso, o distribuidor fornecerá ao interessado um recibo do qual constarão, essencialmente, o nome do reclamante e do reclamado, a data da distribuição, o objeto da reclamação e o Juízo a que coube a distribuição (CLT, art. 785). Há de se observar também que, na hipótese de reclamação verbal, esta será distribuída antes de sua redução a termo (CLT, art. 786).

Após a realização da distribuição, a reclamação será remetida pelo distribuidor ao Juízo competente, acompanhada do bilhete de distribuição (CLT, art. 788).

A CLT estabelece, ainda, as atribuições do setor de distribuições de feitos, como se verifica pelo art. 714, in verbis:

> **Art. 714.** Compete ao distribuidor:
>
> a) a distribuição, pela ordem rigorosa de entrada, e sucessivamente a cada Junta, dos feitos que, para esse fim, lhe forem apresentados pelos interessados;
>
> b) o fornecimento, aos interessados, do recibo correspondente a cada feito distribuído;
>
> c) a manutenção de 2 (dois) fichários dos feitos distribuídos, sendo um organizado pelos nomes dos reclamantes e o outro dos reclamados, ambos por ordem alfabética;
>
> d) o fornecimento a qualquer pessoa que o solicite, verbalmente ou por certidão, de informações sobre os feitos distribuídos;
>
> e) a baixa na distribuição dos feitos, quando isto lhe for determinado pelos Presidentes das Juntas, formando, com as fichas correspondentes, fichários à parte, cujos dados poderão ser consultados pelos interessados, mas não serão mencionados em certidões.

Consigna-se que, nos termos do art. 715 da CLT, a designação dos distribuidores é feita pela presidente do tribunal dentre os funcionários das varas e do tribunal regional, existentes na mesma localidade, e diretamente subordinados ao mesmo presidente. Atualmente, tem-se admitido que o regimento interno do tribunal estabeleça a referida designação.

Observe-se, ainda, que a **distribuição** dos processos deverá ser **imediata**, em todos os graus de jurisdição, conforme impõe o art. 93, XV, da CF.

10.4. Oficiais de Justiça Avaliadores

Os oficiais de justiça têm a incumbência de realizar os atos fora da sede da vara do trabalho ou dos tribunais. Em regra, na Justiça do Trabalho, suas atribuições estão ligadas à fase de execução como, por exemplo, realizar a penhora de bens. Estabelece o art. 721 da CLT:

> **Art. 721.** Incumbe aos Oficiais de Justiça e Oficiais de Justiça Avaliadores da Justiça do Trabalho a realização dos atos decorrentes da execução dos julgados das Juntas de Conciliação e Julgamento e dos Tribunais Regionais do Trabalho, que lhes forem cometidos pelos respectivos Presidentes.
>
> § 1º. Para efeito de distribuição dos referidos atos, cada Oficial de Justiça ou Oficial de Justiça Avaliador funcionará perante uma Junta de Conciliação e Julgamento, salvo quando da existência, nos Tribunais Regionais do Trabalho, de órgão específico, destinado à distribuição de mandados judiciais.
>
> § 2º. Nas localidades onde houver mais de uma Junta, respeitado o disposto no parágrafo anterior, a atribuição para o cumprimento do ato deprecado ao Oficial de Justiça ou Oficial de Justiça Avaliador será transferida a outro Oficial, sempre que, após o decurso de 9 (nove) dias, sem razões que o justifiquem, não tiver sido cumprido o ato, sujeitando-se o serventuário às penalidades da lei.
>
> § 3º. No caso de avaliação, terá o Oficial de Justiça Avaliador, para cumprimento do ato, o prazo previsto no art. 888.
>
> § 4º. É facultado aos Presidentes dos Tribunais Regionais do Trabalho cometer a qualquer Oficial de Justiça ou Oficial de Justiça Avaliador a realização dos atos de execução das decisões desses Tribunais.
>
> § 5º. Na falta ou impedimento do Oficial de Justiça ou Oficial de Justiça Avaliador, o Presidente da Junta poderá atribuir a realização do ato a qualquer serventuário.

Na Justiça do Trabalho, o oficial, além das funções inerentes ao seu cargo, acumula a função de avaliador, sendo denominado, por isso, de oficial de justiça avaliador. Portanto, na hipótese de penhora de bens, o oficial também terá a incumbência de delimitar o valor do bem penhorado, não sendo mais aplicado o art. 887 da CLT.

Verifica-se, pelo referido dispositivo, que o oficial possui dois prazos para cumprir suas atribuições:

1) regra: 9 dias;

2) para a avaliação do bem penhorado: 10 dias.

Por fim, consigna-se que, não havendo oficial na localidade, o juiz do trabalho poderá designar qualquer outro serventuário para realizar suas atribuições.

11. CONSELHO NACIONAL DE JUSTIÇA

Conquanto o presente capítulo tenha por objetivo analisar a organização da Justiça do Trabalho, convém estudar também o Conselho Nacional da Justiça, incluído pela Emenda Constitucional nº 45/04 como **órgão** do Poder Judiciário (CF/88, art. 92, I-A), incumbindo-lhe o controle da atuação administrativa e financeira do Poder Judiciário e do cumprimento dos deveres funcionais dos juízes.

11.1. Composição

O Conselho Nacional de Justiça compõe-se de **15 membros**, sendo eles:

I - o Presidente do Supremo Tribunal Federal;

II - um Ministro do Superior Tribunal de Justiça, indicado pelo respectivo tribunal;

III - um Ministro do Tribunal Superior do Trabalho, indicado pelo respectivo tribunal;

IV - um desembargador de Tribunal de Justiça, indicado pelo Supremo Tribunal Federal;

V - um juiz estadual, indicado pelo Supremo Tribunal Federal;

VI - um juiz de Tribunal Regional Federal, indicado pelo Superior Tribunal de Justiça;

VII - um juiz federal, indicado pelo Superior Tribunal de Justiça;

VIII - um juiz de Tribunal Regional do Trabalho, indicado pelo Tribunal Superior do Trabalho;

IX - um juiz do trabalho, indicado pelo Tribunal Superior do Trabalho;

X - um membro do Ministério Público da União, indicado pelo Procurador-Geral da República;

XI - um membro do Ministério Público estadual, escolhido pelo Procurador-Geral da República dentre os nomes indicados pelo órgão competente de cada instituição estadual;

XII - dois advogados, indicados pelo Conselho Federal da Ordem dos Advogados do Brasil;

XIII - dois cidadãos, de notável saber jurídico e reputação ilibada, indicados um pela Câmara dos Deputados e outro pelo Senado Federal (CF/88, art. 103-B).

Atenta-se para o fato de que junto ao Conselho oficiarão o Procurador-Geral da República e o Presidente do Conselho Federal da Ordem dos Advogados do Brasil (CF/88, art. 103-B, § 6º).

11.2. Mandato

O mandato dos integrantes do conselho é de 2 anos, admitida 1 (uma) recondução (CF/88, art. 103-B, caput).

11.3. Presidência do Conselho

O Conselho será **presidido pelo presidente do Supremo Tribunal Federal** e, nas suas ausências e impedimentos, pelo Vice-Presidente do Supremo Tribunal Federal (CF/88, art. 103-B, § 1º).

11.4. Nomeação

Exceto quanto ao **presidente do Supremo Tribunal Federal,** os demais membros do Conselho serão nomeados pelo Presidente da República, depois de aprovada a escolha pela maioria absoluta do Senado Federal (CF/88, art. 103-B, § 2º).

Não efetuadas, no prazo legal, as indicações previstas no art. 103-B, *caput*, da CF, caberá a escolha ao Supremo Tribunal Federal (CF/88, art. 103-B, § 3º).

11.5. Competência do Conselho

Nos termos do art. 103-B, § 4º, da CF/88, compete ao Conselho o controle da atuação administrativa e financeira do Poder Judiciário e do cumprimento dos deveres funcionais dos juízes, cabendo-lhe, além de outras atribuições que lhe forem conferidas pelo Estatuto da Magistratura:

> I – zelar pela autonomia do Poder Judiciário e pelo cumprimento do Estatuto da Magistratura, podendo expedir atos regulamentares, no âmbito de sua competência, ou recomendar providências;
>
> II – zelar pela observância do art. 37 e apreciar, de ofício ou mediante provocação, a legalidade dos atos administrativos praticados por membros ou órgãos do Poder Judiciário, podendo desconstituí-los, revê-los ou fixar prazo para que se adotem as providências necessárias ao exato cumprimento da lei, sem prejuízo da competência do Tribunal de Contas da União;
>
> III – receber e conhecer das reclamações contra membros ou órgãos do Ministério Público da União ou dos Estados, inclusive contra seus serviços auxiliares, sem prejuízo da competência disciplinar e correicional da instituição, podendo avocar processos disciplinares em curso, determinar a remoção ou a disponibilidade e aplicar outras sanções administrativas, assegurada ampla defesa;
>
> IV – representar ao Ministério Público, no caso de crime contra a administração pública ou de abuso de autoridade;
>
> V – rever, de ofício ou mediante provocação, os processos disciplinares de juízes e membros de tribunais julgados há menos de um ano;
>
> VI – elaborar semestralmente relatório estatístico sobre processos e sentenças prolatadas, por unidade da Federação, nos diferentes órgãos do Poder Judiciário;
>
> VII – elaborar relatório anual, propondo as providências que julgar necessárias, sobre a situação do Poder Judiciário no País e as atividades do Conselho, o qual deve integrar mensagem do Presidente do Supremo Tribunal Federal a ser remetida ao Congresso Nacional, por ocasião da abertura da sessão legislativa.

11.6. Ministro-Corregedor

O Ministro do **Superior Tribunal de Justiça** exercerá a função de Ministro-Corregedor e ficará excluído da distribuição de processos no Tribunal, competindo-lhe, além das atribuições que lhe forem conferidas pelo Estatuto da Magistratura, as seguintes:

> I – receber as reclamações e denúncias, de qualquer interessado, relativas aos magistrados e aos serviços judiciários;
>
> II – exercer funções executivas do Conselho, de inspeção e de correição geral;
>
> III – requisitar e designar magistrados, delegando-lhes atribuições, e requisitar servidores de juízos ou tribunais, inclusive nos Estados, Distrito Federal e Territórios.

11.7. Ouvidorias

A União, inclusive no Distrito Federal e nos Territórios, criará ouvidorias de justiça, competentes para receber reclamações e denúncias de qualquer interessado contra membros ou órgãos do Poder Judiciário, ou contra seus serviços auxiliares, representando diretamente ao Conselho Nacional de Justiça (CF/88, art. 103-B, § 7º).

Capítulo 4

MINISTÉRIO PÚBLICO DO TRABALHO

1. MINISTÉRIO PÚBLICO: CONCEITO

A Constituição Federal de 1988, em seu art. 127, caput, declina expressamente o conceito do Ministério Público, como se verifica a seguir:

> **Art. 127.** O Ministério Público é instituição permanente, essencial à função jurisdicional do Estado, incumbindo-lhe a defesa da ordem jurídica, do regime democrático e dos interesses sociais e individuais indisponíveis.

O CPC/2015 compatibilizou seus dispositivos com a redação prevista na CF/88 e estabeleceu que o "Ministério Público atuará na defesa da ordem jurídica, do regime democrático e dos interesses e direitos sociais e individuais indisponíveis" (art. 176).

Destacamos ainda que o Ministério Público é órgão independente, não estando vinculado a nenhum dos demais poderes (Executivo, Legislativo ou Judiciário). Tem autonomia funcional, administrativa e financeira (CF, art. 127, § 2º).

2. PRINCÍPIOS INSTITUCIONAIS

Estabelece o art. 127, § 1º, da CF/88:

> § 1º. São princípios institucionais do Ministério Público a unidade, a indivisibilidade e a independência funcional.

Com base nesse dispositivo, passamos a analisar os princípios institucionais do Ministério Público.

2.1. Unidade

O **princípio da unidade** significa que todo o Ministério Público possui a mesma finalidade, qual seja defender os interesses da coletividade. Noutras palavras, o Ministério Público é um único órgão que tem como objetivo a tutela do interesse público primário. Tem, portanto, unidade de finalidade.

A unidade, no entanto, não impede a divisão administrativa, como verificamos no item anterior, vez que essa divisão tem como alvo distribuir as atividades do Ministério Público, para dar efetividade na sua atuação.

2.2. Indivisibilidade

O **princípio da indivisibilidade** permite que os membros de um mesmo ramo do Ministério Público possam ser substituídos na sua atuação, sem que haja alteração subjetiva na relação jurídica processual, seja no âmbito judicial, seja no extrajudicial.

- **Exemplo:** o procurador do trabalho X ajuíza ação civil pública em face da empresa Z. No curso do processo, ele poderá ser substituído pelo procurador Y, sem que haja necessidade de se juntar substabelecimento.

2.3. Independência Funcional

O **princípio da independência funcional** significa que o membro do Ministério Público é independente no exercício de suas funções, isto é, não existe hierarquia funcional no Ministério Público. Desse modo, os pronunciamentos dos membros não dependem de anuência da chefia da instituição. Além disso, o chefe não pode determinar que o procurador do trabalho, por exemplo, investigue determinada empresa. Nesse caso, o procurador tem independência funcional para verificar se os fatos devem ou não ser investigados.

Isso não impede, porém, que exista a hierarquia **administrativa,** como é o caso, por exemplo, da aplicação de medidas disciplinares pela extrapolação de prazos legais.

2.4. Promotor Natural

Embora o art. 127, § 1º, da CF/88 não estabeleça o princípio do promotor natural, a doutrina admite sua existência como **princípio implícito**, diante da interpretação sistemática (conjunta) dos arts. 5º, XXXVI e LIII, 127 e 129, I, todos da CF.

O princípio do promotor natural determina que o jurisdicionado (ex. empresa) tenha a garantia de ser processado e investigado por autoridades previamente designadas pela legislação. Isso significa que não se pode designar, para determinados casos, esse ou aquele membro do Ministério Público.

3. GARANTIAS

As garantias dos membros do Ministério Público estão ligadas ao próprio membro, sendo destinadas a garantir o exercício de suas funções de forma independente, em face da própria instituição, dos demais poderes e também da pressão social. Nesse contexto, o art. 128, § 5º, da CF, estabelece as seguintes garantias:

1) vitaliciedade: dentro do período de 2 anos de efetivo exercício, o membro do Ministério Público estará no chamado estágio probatório. Transcorrido esse período[1], adquire o vitaliciamento, somente perdendo o cargo por meio de sentença judicial transitada em julgado.

Ressalta-se que, no período do estágio probatório, ele perderá o cargo por meio de processo administrativo, exigindo decisão de maioria absoluta do Conselho Superior, em processo administrativo com contraditório. Em seguida, o Conselho encaminhará cópia da decisão ao Procurador-Geral da República para efetivar a exoneração (LC 75/93, art. 98, XVI);

2) **inamovibilidade**: o membro do Ministério Público não pode ser removido compulsoriamente, salvo por motivo de interesse público, mediante decisão do órgão colegiado competente do Ministério Público, pelo voto da maioria absoluta de seus membros, assegurada ampla defesa;

3) **irredutibilidade de subsídio**: o subsídio é a forma de remuneração do membro do Ministério Público, além de outras carreiras, fixada em parcela única. Ele não pode ser reduzido nominalmente. Tal garantia, porém, não afasta a incidência de descontos fiscais e previdenciários.

4. PRERROGATIVAS

Além das garantias anunciadas anteriormente, a Lei Complementar nº 75/93 confere prerrogativas aos membros do Ministério Público da União que são inerentes ao exercício de suas funções, sendo irrenunciáveis. Desse modo, o art. 18 da LC nº 75/93 divide as prerrogativas em institucionais e processuais.

I) Prerrogativas institucionais:

a) sentar-se no mesmo plano[2] e imediatamente à direita[3] dos juízes singulares ou presidentes dos órgãos judiciários perante os quais oficiem[4];

b) usar vestes talares;

c) ter ingresso e trânsito livres, em razão de serviço, em qualquer recinto público ou privado, respeitada a garantia constitucional da inviolabilidade do domicílio;

d) a prioridade em qualquer serviço de transporte ou comunicação, público ou privado, no território nacional, quando em serviço de caráter urgente;

e) o porte de arma, independentemente de autorização;

1. Concretiza-se pelo mero decurso do prazo sem impugnação.
2. Porque não existe hierarquia entre a Magistratura e o Ministério Público.
3. O Magistrado, como presidente da sessão ou da audiência, senta-se no centro. A segunda autoridade mais importante, senta-se à direita, concedendo-se tal prerrogativa ao membro do Ministério Público.
4. Essa prerrogativa aplica-se tanto na condição de parte como na hipótese de atuação como fiscal da ordem jurídica, desde que haja disponibilidade de espaço ou possibilidade de adaptação das unidades judiciárias (art. 38, parágrafo único, da Consolidação dos Provimentos da Corregedoria-Geral da Justiça do Trabalho).

f) carteira de identidade especial, de acordo com modelo aprovado pelo Procurador-Geral da República e por ele expedida, nela se consignando as prerrogativas constantes dos itens c, d e e, assim como dos itens d, e e f, das prerrogativas processuais.

II) Prerrogativas processuais:

a) o **Procurador-Geral da República** será processado e julgado:

1) nos crimes comuns: pelo Supremo Tribunal Federal;

2) nos crimes de responsabilidade: pelo Senado Federal.

b) o membro do Ministério Público da União que **oficie perante tribunais**, ser processado e julgado, nos crimes comuns e de responsabilidade, pelo Superior Tribunal de Justiça;

c) o membro do Ministério Público da União que **oficie perante juízos de primeira instância**, ser processado e julgado, nos crimes comuns e de responsabilidade, pelos Tribunais Regionais Federais, ressalvada a competência da Justiça Eleitoral;

Autoridade	Competência para crimes comuns	Competência para crimes de responsabilidade
PGR	STF	Senado Federal
Membros do MPU que atue nos Tribunais	STJ	STJ
Membros do MPU que atue na 1ª instância	TRF, exceto competência da Justiça eleitoral	TRF, exceto competência da Justiça eleitoral

d) ser preso ou detido somente por ordem escrita do tribunal competente ou em razão de flagrante de crime inafiançável, caso em que a autoridade fará imediata comunicação àquele tribunal e ao Procurador-Geral da República, sob pena de responsabilidade;

e) ser recolhido à prisão especial ou à sala especial de Estado-Maior, com direito a privacidade e à disposição do tribunal competente para o julgamento, quando sujeito a prisão antes da decisão final; e a dependência separada no estabelecimento em que tiver de ser cumprida a pena;

f) não ser indiciado em inquérito policial;

Atenção:

Quando, no curso de investigação, houver indício da prática de infração penal por membro do Ministério Público da União, a autoridade policial, civil ou militar, remeterá imediatamente os autos ao Procurador-Geral da República, que designará membro do Ministério Público para prosseguimento da apuração do fato (LC nº 75/03, art. 18, parágrafo único).

g) ser ouvido, como testemunhas, em dia, hora e local previamente ajustados com o magistrado ou a autoridade competente;

h) receber intimação pessoalmente nos autos em qualquer processo e grau de jurisdição nos feitos em que tiver que oficiar.

> **Importante:**
> Nesse caso, a doutrina majoritária entende que o prazo do Ministério Público se inicia com a chegada dos autos na sede do órgão.

A propósito, o art. 180 do CPC/2015 prevê outra prerrogativa do Ministério Público, concedendo-lhe o prazo em dobro para manifestação nos autos, exceto nos casos em que a lei estabelecer, de forma expressa, prazo próprio para o Ministério Público.

É interessante observar que o Procurador-Geral da República terá as mesmas honras e tratamento dos Ministros do Supremo Tribunal Federal e os demais membros da instituição, as que forem reservadas aos magistrados perante os quais oficiem[5] (LC nº 75/03, art. 19).

Por fim, consigna-se que os órgãos do Ministério Público da União terão presença e palavra asseguradas em todas as sessões dos colegiados em que oficiem (LC nº 75/03, art. 20).

5. VEDAÇÕES

Assim como fez com os juízes, a Constituição também impôs vedações aos membros do Ministério Público. De acordo com o art. 128, § 5º, II, da CF/88, aos membros do Ministério Público é vedado:

1) receber, a qualquer título e sob qualquer pretexto, honorários, percentagens ou custas processuais;

2) exercer a advocacia;

> **Atenção:**
> Ao membro do Ministério Público também é vedado exercer a advocacia no juízo ou tribunal do qual se afastou, antes de decorridos três anos do afastamento do cargo por aposentadoria ou exoneração (CF/88, art. 128, § 6º).

3) participar de sociedade comercial, na forma da lei;

4) exercer, ainda que em disponibilidade, qualquer outra função pública, salvo uma de magistério;

5. Exemplo: o pronome de tratamento do promotor (procurador) será Vossa Excelência.

5) exercer atividade político-partidária; (Redação dada pela Emenda Constitucional nº 45, de 2004)

6) receber, a qualquer título ou pretexto, auxílios ou contribuições de pessoas físicas, entidades públicas ou privadas, ressalvadas as exceções previstas em lei.

6. ORGANIZAÇÃO

Com a finalidade de agilizar e dar efetividade às funções do Ministério Público, a Constituição ramificou a instituição em Ministérios Públicos dos Estados e Ministério Público da União, compreendendo neste o Ministério Público do Trabalho, o Ministério Público Federal, o Ministério Público Militar e o Ministério Público do Distrito Federal e Territórios (CF/88, art. 128).

I – Ministério Público da União	– Ministério Público do Trabalho (MPT) – Ministério Público Federal (MPF) – Ministério Público Militar (MPM) – Ministério Público do Distrito Federal e Territórios MPDF
II – Ministérios Públicos dos Estados	

- **MPT:** A carreira do Ministério Público do Trabalho será constituída pelos cargos de Subprocurador-Geral do Trabalho, Procurador Regional do Trabalho e Procurador do Trabalho. O cargo inicial da carreira é o de Procurador do Trabalho e o do último nível o de Subprocurador-Geral do Trabalho (LC nº 75/93, art. 86).
- **MPF:** A carreira do MPF é constituída pelos cargos de Subprocurador-Geral da República, Procurador Regional da República e Procurador da República. O cargo inicial da carreira é o de Procurador da República e o do último nível o de Subprocurador-Geral da República (LC nº 75/93, art. 44).
- **MPM:** A carreira do Ministério Público Militar é constituída pelos cargos de Subprocurador-Geral da Justiça Militar, Procurador da Justiça Militar e Promotor da Justiça Militar. O cargo inicial da carreira é o de Promotor da Justiça Militar e o do último nível é o de Subprocurador-Geral da Justiça Militar (LC nº 75/93, art. 119).
- **MPDFT:** A carreira do Ministério Público do Distrito Federal e Territórios é constituída pelos cargos de Procurador de Justiça, Promotor de Justiça e Promotor de Justiça Adjunto. O cargo inicial da carreira é o de Promotor de Justiça Adjunto e o último o de Procurador de Justiça (LC nº 75/93, art. 154).

Atenção:

O Ministério Público do Tribunal de Contas pertence ao próprio tribunal, não sendo, portanto, órgão autônomo. Contudo, aos seus membros são aplicados os mesmos direitos, garantias e vedações dos membros do Ministério Público (CF/88, art. 130). Além disso, o Ministério Público Eleitoral também não é órgão autônomo, atuando por meio de designação.

O Ministério Público da União tem por chefe o Procurador-Geral da República, nomeado pelo Presidente da República dentre integrantes da carreira, maiores de 35 anos, após a aprovação de seu nome pela maioria absoluta dos membros do Senado Federal, para mandato de dois anos, permitida a recondução (CF/88, art. 128, § 1º).

7. MINISTÉRIO PÚBLICO DO TRABALHO

O Ministério Público do Trabalho (MPT), objeto do presente estudo, é ramo do Ministério Público da União, incumbido de tutelar os direitos difusos, coletivos, individuais homogêneos e individuais indisponíveis, quando pautados na relação de trabalho. Em regra, as atribuições do Ministério Público do Trabalho estão ligadas às matérias de competência da Justiça do Trabalho.

Esse ramo do Ministério Público tem como chefe o Procurador-Geral do Trabalho, nomeado pelo Procurador-Geral da República, dentre integrantes da instituição, com mais de 35 anos de idade e de 5 anos na carreira, integrante de lista tríplice escolhida mediante voto plurinominal, facultativo e secreto, pelo colégio de procuradores para um mandato de dois anos, permitida uma recondução, observado o mesmo processo (art. 88 da LC 75/93).

Aliás, o art. 85 da LC 75/93 estabelece que são órgãos do Ministério Público do Trabalho:

- o Procurador-Geral do Trabalho;
- o Colégio de Procuradores do Trabalho;
- o Conselho Superior do Ministério Público do Trabalho;
- a Câmara de Coordenação e Revisão do Ministério Público do Trabalho;
- a Corregedoria do Ministério Público do Trabalho;
- os Subprocuradores-Gerais do Trabalho;
- os Procuradores Regionais do Trabalho; e
- os Procuradores do Trabalho.

O MPT tem como foco principal a **tutela coletiva**, ou seja, age para defender diversos trabalhadores a um só tempo. Além disso, a atuação desse ramo ministerial busca despersonalizar o empregado, já que não age em nome do empregado X ou Y, mas para garantir o direito de diversos trabalhadores.

- **Exemplo:** MPT entra com ação civil pública para que a empresa utilize equipamentos de proteção coletiva alcançando todos seus empregados.

Excepcionalmente, o MPT poderá tutelar interesses individuais, quando buscar a defesa dos direitos e interesses dos menores, incapazes e índios, decorrentes das relações de trabalho.

O Ministério Público do Trabalho possui as seguintes metas institucionais:

a) combater as fraudes na relação de trabalho;

b) preservar o meio ambiente do trabalho adequado;

c) erradicar o trabalho infantil;

d) combater as práticas discriminatórias;

e) erradicar o trabalho escravo e degradante;

f) eliminar as irregularidades trabalhistas na administração pública;

g) garantir a liberdade sindical e buscar a pacificação dos conflitos coletivos de trabalho.

Sua atuação pode ser **extrajudicial** (fora do Judiciário) e **judicial**.

No **campo extrajudicial**, utiliza-se, basicamente, do Inquérito Civil (IC) e do Termo de Ajustamento de Conduta (TAC), além de outros mecanismos eficazes a assegurar a observância dos direitos sociais, como é o caso das audiências públicas e das recomendações.

Por meio do **Inquérito Civil**, o MPT investiga determinados fatos, com o objetivo de colher elementos de convicção para verificar se existem lesões ou ameaças de lesões aos direitos dos trabalhadores. Verificando a existência de lesões ou ameaças de lesões, o MPT poderá firmar **Termo de Ajustamento de Conduta**, que é um mecanismo extrajudicial em que o infrator da lei se compromete a se ajustar aos comandos legais, formando-se um título executivo extrajudicial (CLT, art. 876).

- **Exemplo**: fica constatado no IC que o empregador não realiza o programa de prevenção de riscos ambientais (PPRA). Nessa hipótese, o MPT poderá firmar um TAC com a empresa para que ela se comprometa a realizar referido programa.

Caso a empresa não tenha interesse em firmar o TAC, o Ministério Público do Trabalho pode se utilizar do **âmbito judicial**. Nesse caso, vale-se, em regra, da ação civil pública, ação civil coletiva, ação rescisória, dissídio coletivo de greve etc.

- **Exemplo**: o Ministério Público do Trabalho ajuíza ação civil pública para que a empresa cesse discriminações de gênero na contratação de seus empregados.

Atenção:

O IC e o TAC são facultativos, de modo que o Ministério Público, tomando ciência de lesão ou ameaça de lesão a direitos trabalhistas, poderá, imediatamente, ajuizar a ação civil pública.

Em alguns casos, o MPT atua na reclamação trabalhista como **fiscal da ordem jurídica.**

- **Exemplo**: quando existem crianças ou adolescentes no processo, o MPT deverá participar.

Destacamos que a terminologia "fiscal da ordem jurídica" foi uma das inovações trazidas pelo CPC/2015, uma vez que o CPC/73 denominava essa atuação do Ministério Público como fiscal da lei. Essa alteração é condizente com o art. 127, caput, da CF/88, indicando que o órgão ministerial deve zelar não apenas pelo cumprimento da lei, mas também pelas demais fontes do ordenamento jurídico, tais como os princípios.

O Ministério Público quando atua como fiscal da ordem jurídica deve proferir parecer no prazo de 8 dias (Lei nº 5.584/70, art. 5º), salvo no mandado de segurança, no qual o prazo é de 10 dias, conforme descreve o art. 12 da Lei nº 12.016/09.

7.1. Carreira do Ministério Público do Trabalho

A carreira do MPT é constituída pelos cargos de:

a) subprocurador-geral do trabalho, que oficia junto ao Tribunal Superior do Trabalho e nos ofícios na Câmara de Coordenação e Revisão.

- **Exemplo**: sessões no TST;

b) procurador regional do trabalho, que atua nos processos junto aos Tribunais Regionais do Trabalho.

- **Exemplo**: sessões no TRTs, ajuizamento de ação rescisória de competência do TRT etc.;

c) procurador do trabalho, que atua, em regra, nas causas de competência das Varas do Trabalho, utilizando o Inquérito Civil, TAC, ação civil pública etc.

> **Importante:**
> A designação de procurador do trabalho para oficiar em órgãos jurisdicionais diferentes dos previstos para a categoria dependerá de autorização do Conselho Superior (LC 75/93, art. 112, parágrafo único)

Assim, o cargo inicial da carreira é o de procurador do trabalho e último nível o de subprocurador-geral do trabalho (art. 86, parágrafo único, LC nº 75/93).

8. INQUÉRITO CIVIL

O inquérito civil, conforme visto anteriormente, corresponde a um procedimento administrativo inquisitorial, realizado de forma extrajudicial que tem como principal objetivo o levantamento de informações que poderão ser utilizadas na atuação do Ministério Público. Assim, pode servir na colheita de provas para eventual ajuizamento de ação civil pública ou de outra medida judicial interposta pelo Ministério Público e pode também favorecer a composição extrajudicial do conflito com a celebração de TAC (Termo de Ajustamento de Conduta).

Nesse sentido, dispõe o art. 1º da Resolução nº 69/2007 do CSMPT (Conselho Superior do Ministério Público do Trabalho):

> **Art. 1º.** O inquérito civil, de natureza unilateral e facultativa, será instaurado para apurar fato que possa autorizar a tutela dos interesses ou direitos a cargo do Ministério Público do Trabalho nos termos da legislação aplicável, servindo como preparação para o exercício das atribuições inerentes às suas funções institucionais.

Referido instrumento, por corresponder a um **procedimento** administrativo e informal, não exige a observância do devido processo legal, ou seja, do contraditório e da ampla defesa. Isso porque, o disposto no art. 5º, LV, da Constituição Federal apenas se aplica no processo judicial ou administrativo, não havendo, portanto, que ser aplicado ao inquérito civil[6].

Apesar de não haver a necessidade de observância dos princípios do contraditório e da ampla defesa, faz-se necessário que o inquérito civil observe o princípio da publicidade, sendo a decretação de sigilo tomada apenas em casos excepcionais, quando a publicidade puder acarretar prejuízo às investigações (art. 7º da Resolução nº 69/07 do CSMPT). Nesse contexto, a Lei nº 13.245/16, alterou a Lei nº 8.906/94, declinando ser direito dos advogados:

> **Art. 7º.** (...)
>
> XIV – examinar, em qualquer instituição responsável por conduzir investigação, mesmo sem procuração, autos de flagrante e de investigações de qualquer natureza, findos ou em andamento, ainda que conclusos à autoridade, podendo copiar peças e tomar apontamentos, em meio físico ou digital;
>
> (...)
>
> XXI – assistir a seus clientes investigados durante a apuração de infrações, sob pena de nulidade absoluta do respectivo interrogatório ou depoimento e, subsequentemente, de todos os elementos investigatórios e probatórios dele decorrentes ou derivados, direta ou indiretamente, podendo, inclusive, no curso da respectiva apuração:
>
> a) apresentar razões e quesitos;
>
> b) (VETADO).
>
> (...)
>
> § 10. Nos autos sujeitos a sigilo, deve o advogado apresentar procuração para o exercício dos direitos de que trata o inciso XIV.
>
> § 11. No caso previsto no inciso XIV, a autoridade competente poderá delimitar o acesso do advogado aos elementos de prova relacionados a diligências em andamento e ainda não documentados nos autos, quando houver risco de comprometimento da eficiência, da eficácia ou da finalidade das diligências.

---

6. Nesse sentido: "não se trata de processo, mas de simples procedimento que visa investigar sobre o ato denunciado; não há falar em acusação nem na aplicação de sanção ao inquirido, nem limitações ou perda de direitos do inquirido; nele não se decide controvérsia, como ocorre, por exemplo, em processo administrativo. Nele se buscam os elementos para eventual propositura de medida judicial, ou então, configurada a ilegalidade do ato, a assinatura de um termo de ajustamento de conduta, de forma espontânea" (MAZILLI *apud* MELO, Raimundo Simão de. *Ação Civil Pública na Justiça do Trabalho*. 4. ed. São Paulo: LTr, 2012. p. 62).

§ 12. A inobservância aos direitos estabelecidos no inciso XIV, o fornecimento incompleto de autos ou o fornecimento de autos em que houve a retirada de peças já incluídas no caderno investigativo implicará responsabilização criminal e funcional por abuso de autoridade do responsável que impedir o acesso do advogado com o intuito de prejudicar o exercício da defesa, sem prejuízo do direito subjetivo do advogado de requerer acesso aos autos ao juiz competente.

Destacamos que o inquérito civil é facultativo, ou seja, não é condição de procedibilidade da ação civil pública, mesmo porque, representa um instrumento de atuação exclusiva do Ministério Público, não impedindo o ajuizamento de ação civil pública pelos demais legitimados constantes no art. 5º da Lei nº 7.347/85. Nesse sentido dispõe o parágrafo único do art. 1º da Res. nº 69/2007 do CSMPT:

Parágrafo único. O inquérito civil não é condição de procedibilidade para o ajuizamento das ações a cargo do Ministério Público do Trabalho, nem para a realização das demais medidas de sua atribuição própria.

8.1. Objeto

O inquérito civil é utilizado para a investigação dos fatos que possam gerar a propositura de ação judicial pelo Ministério Público. Desse modo, seu objeto está ligado aos direitos e interesses difusos, coletivos, individuais homogêneos e individuais indisponíveis relacionados às relações de trabalho, conforme determina o art. 129 da CF/88:

Art. 129. São funções institucionais do Ministério Público:

(...)

III – promover o inquérito civil e a ação civil pública, para a proteção do patrimônio público e social, do meio ambiente e de outros interesses difusos e coletivos.

8.2. Instauração

O inquérito civil pode ser instaurado:

I – de ofício;

II – mediante requerimento ou representação formulada por qualquer pessoa ou comunicação de outro órgão do Ministério Público, ou qualquer autoridade, desde que forneça, por qualquer meio legalmente permitido, informações sobre o fato e seu provável autor, bem como a qualificação mínima que permita sua identificação e localização;

III – por designação do Procurador-Geral do Trabalho, do Conselho Superior do Ministério Público do Trabalho, Câmara de Coordenação e Revisão do Ministério Público do Trabalho e demais órgãos superiores da Instituição, nos casos cabíveis (art. 2º da Resolução nº 69/07 do CSMPT).

O Ministério Público do Trabalho pode atuar independentemente de provocação, em caso de conhecimento, por qualquer forma de fatos que possam constituir lesão aos interesses tutelados, devendo cientificar o membro do Ministério Público que possua atribuição para tomar as providências respectivas, no caso de não possuir (art. 2º, § 1º da Res. nº 23/07 do CNMP).

Atenção:

O art. 6º da Lei nº 7.347/85 cria uma regra diferenciada (dever) para o servidor público. Desse modo estabelece que "qualquer pessoa **poderá** e o servidor público **deverá** provocar a iniciativa do Ministério Público, ministrando-lhe informações sobre fatos que constituam objeto da ação civil e indicando-lhe os elementos de convicção" (grifo nosso).

O inquérito civil é instaurado por portaria, numerada em ordem crescente, renovada anualmente, devendo ser devidamente registrada em livro próprio e autuada, contendo:

> I – o fundamento legal que autoriza a ação do Ministério Público do Trabalho e a descrição do fato objeto do inquérito civil;
>
> II – o nome e a qualificação possível da pessoa jurídica e/ou física a quem o fato é atribuído;
>
> III – o nome e a qualificação possível do autor da representação, se for o caso;
>
> IV – a data e o local da instauração e a determinação de diligências iniciais;
>
> V – a designação do secretário, mediante termo de compromisso, quando couber;
>
> VI – a determinação de afixação da portaria em quadro de aviso acessível ao público, bem como a de remessa de cópia para publicação (art. 4º da Resolução nº 69/07 do CSMPT).

Se no curso do inquérito civil novos fatos indicarem a necessidade de investigação de objeto diverso ao que estiver sendo investigado, o membro do Ministério Público do Trabalho poderá aditar a portaria inicial ou determinar a extração de peças para a instauração de outro inquérito civil (art. 4º, parágrafo único).

8.3. Indeferimento liminar

O membro do Ministério Público do Trabalho poderá, no prazo máximo de 30 dias, indeferir o pedido de instauração do inquérito civil, em decisão fundamentada, da qual se dará ciência pessoal, por via postal ou correio eletrônico, ao representante e ao representado. O indeferimento poderá ocorrer nas seguintes hipóteses:

1) nos casos em que houver evidência de que os fatos narrados na representação não configuram lesão aos interesses ou direitos metaindividuais;
2) o fato denunciado já tiver sido ou estiver sendo objeto de investigação ou de ação civil pública;
3) os fatos já se encontrarem solucionados; ou
4) o denunciado não tiver sido localizado (art. 5º da Res. nº 69/2007 do CSMPT).

É importante destacar que, no indeferimento liminar, não há necessidade de encaminhamento do procedimento à Câmara de Coordenação e Revisão do

Ministério Público do Trabalho para homologação (art. 5º, § 4º da Res. nº 69/2007 do CSMPT).

De qualquer modo, do indeferimento liminar, é cabível recurso administrativo, com as respectivas razões, no prazo de 10 dias. As razões do recurso serão protocoladas junto ao órgão que indeferiu o pedido, podendo o procurador reconsiderar o indeferimento e dar seguimento à investigação. Por outro lado, caso mantenha o indeferimento, em despacho motivado, deve encaminhar o procedimento, no prazo de 3 dias, juntamente com a representação e com a decisão impugnada, à Câmara de Coordenação e Revisão do Ministério Público do Trabalho para apreciação (art. 5º, §§ 1º e 2º da Res. nº 69/2007 do CSMPT).

Do recurso serão notificados os interessados para oferecer contrarrazões no prazo de 10 dias (art. 5º, § 3º da Res. nº 69/2007 do CSMPT).

No caso de o arquivamento ter ocorrido por já existir investigação ou ação em curso, a denúncia deverá ser juntada aos autos do procedimento pré-existente, para ciência do membro do Ministério Público do Trabalho com atribuição originária para o caso (art. 5º, § 5º da Res. nº 69/2007 do CSMPT).

8.4. Legitimidade

A legitimidade para a instauração do Inquérito Civil é exclusiva do Ministério Público, conforme é possível se entender pelos arts. 8º, § 1º da Lei nº 7.347/85 e pelo art. 129, III da CF/88.

Observa-se, portanto, que, ao contrário da Ação Civil Pública que possui um amplo rol de legitimados, previsto no art. 5º da Lei nº 7.347/85, o inquérito civil possui legitimidade ativa restrita ao Ministério Público. Essa é uma das justificativas que fazem com que o inquérito civil não seja uma condição necessária ao ajuizamento de ação civil pública.

8.4.1. Conflito de atribuição

O membro do Ministério Público do Trabalho responsável pelo inquérito é aquele que tem atribuição para o ajuizamento da ação civil pública. No entanto, pode acontecer de existir conflito de atribuição. Esse conflito poderá ser:

- positivo, ou seja, dois ou mais membros ou órgãos integrantes do Ministério Público entendem que possuem atribuição, ou;
- negativo, quando entendem que não possuem atribuição para atuar em determinado caso.

Nos casos de conflito de atribuição positivo ou negativo, entre membros do Ministério Público do Trabalho, a competência para decidir o conflito é da Câmara de Coordenação e Revisão do Ministério Público do Trabalho, que decidirá a questão no prazo de 30 dias (art. 3º, § 1º da Resolução nº 69/07 do CSMPT).

Havendo conflito de atribuição entre órgãos integrantes de diferentes ramos do Ministério Público da União (art. 128, I, da CF/88), por exemplo, entre o Ministério Público do Trabalho (MPT) e o Ministério Público Federal (MPF), caberá ao Procurador-Geral da República dirimir o conflito, nos termos do art. 26, VII da LC nº 75/93.

No tocante aos conflitos de atribuição ocorridos entre os ramos do MPU e dos MPE's, por exemplo, entre o Ministério Público do Trabalho e o Ministério Público estadual, o STF alterou substancialmente seu entendimento.

Inicialmente a Corte suprema entendia que a competência era do STF, sob o argumento de que o MPE não faz parte do Ministério Público da União, não podendo se submeter às decisões do Procurador-Geral da República. No caso, haveria um conflito entre órgãos de membros diversos da Federação, atraindo a aplicação do art. 102, I, f, da CF/88[7].

Em seguida, passou a declinar que a competência para dirimir referido conflito de atribuições era do Procurador-Geral da República, vez que se tratava de questão administrativa e não jurisdicional, não configurando conflito federativo[8].

No entanto, esses entendimentos foram criticados por parcela da doutrina, principalmente em razão da autonomia funcional entre os ramos do MPU e dos Ministérios Públicos dos Estados, bem como pela ausência de previsão no rol taxativo de competência originária do STF (CF/88, art. 102, I, "f").

Com esses argumentos, o STF alterou novamente seu entendimento e, no julgamento da ACO 843, em maio de 2020, entendeu que o conflito deve ser dirimido pelo Conselho Nacional do Ministério Público (CNMP), que tem a finalidade de realizar o controle de atuação administrativa e financeira do Ministério Público.

8.5. Instrução

A instrução do inquérito civil é presidida pelo membro do Ministério Público do Trabalho, sendo admitidas **todas as provas permitidas** pelo ordenamento jurídico, com a juntada das peças em ordem cronológica de apresentação, devidamente numeradas em ordem crescente (art. 6º da Res. nº 69/2007 do CSMPT).

7. STF- ACO 1213 AgR, Relator(a): Min. Roberto Barroso, Primeira Turma, julgado em 07/10/2014, acórdão eletrônico dje-213 divulg. 29-10-2014 public. 30-10-2014 e Pet 5075, Relator(a): Min. Marco Aurélio, Primeira Turma, julgado em 23/09/2014, Acórdão Eletrônico DJe-224 divulg. 13-11-2014 public. 14-11-2014.
8. STF- ACO 924, Relator(a): Min. LUIZ FUX, Tribunal Pleno, julgado em 19/05/2016, ACÓRDÃO ELETRÔNICO DJe-204 DIVULG 23-09-2016 PUBLIC 26-09-2016.

Dessa forma, o membro do MPT poderá, nos procedimentos de sua competência:

I – notificar testemunhas e requisitar sua condução coercitiva, no caso de ausência injustificada;

II – requisitar informações, exames, perícias e documentos de autoridades da Administração Pública direta ou indireta;

III – requisitar da Administração Pública serviços temporários de seus servidores e meios materiais necessários para a realização de atividades específicas;

IV – requisitar informações e documentos a entidades privadas;

V – realizar inspeções e diligências investigatórias;

VI – ter livre acesso a qualquer local público ou privado, respeitadas as normas constitucionais pertinentes à inviolabilidade do domicílio;

VII – expedir notificações e intimações necessárias aos procedimentos e inquéritos que instaurar;

VIII – ter acesso incondicional a qualquer banco de dados de caráter público ou relativo a serviço de relevância pública;

IX – requisitar o auxílio de força policial (LC nº 75/93, art. 8).

Todas as diligências deverão ser documentadas mediante termo ou auto circunstanciado (art. 6º, § 2º, da Res. nº 69/2007 do CSMPT). Qualquer pessoa poderá, durante a tramitação do inquérito civil, apresentar documentos ou subsídios ao MPT para melhor apuração dos fatos (art. 6º, § 4º, da Res. nº 69/2007 do CSMPT).

8.5.1. Prova colhida no Inquérito Civil

Como mencionado, no inquérito civil é permitida a produção de todas as provas admitidas pelo ordenamento jurídico. No entanto, por ser um procedimento administrativo inquisitorial, o inquérito civil não exige a observância do contraditório e da ampla defesa, o que gera divergências acerca da possibilidade de utilização das provas em sede judicial.

Para parte da doutrina, como as provas colhidas no inquérito civil não se sujeitam ao contraditório, elas devem ser refeitas judicialmente para que possam integrar o acervo probatório utilizado pelo magistrado.

Para outra parcela da doutrina, a qual pensamos estar a razão, a prova colhida pelo Ministério Público no inquérito civil goza de presunção de veracidade e legitimidade, tendo em vista que produzida em uma investigação pública e de caráter oficial.[9]

Na realidade, as provas colhidas no inquérito civil não têm "peso menor" do que outras provas produzidas em juízo, vez que não há "tarifamento ou hierarquia em relação às provas produzidas judicialmente, pois devem elas ser avaliadas em seu

9. MEDEIROS NETO, Xisto Tiago de. A prova na ação civil pública trabalhista. In: MIESSA, Élisson; CORREIA, Henrique (org.). Estudos Aprofundados MPT, vol. Único. Salvador: Juspodivm, 2020. p. 630.

conjunto, e não mediante prévio e abstrato juízo de valor decorrente da sua origem".[10] Predomina em nosso sistema processual o convencimento motivado do juiz, de modo que, independentemente da origem das provas, deverá haver a análise do conjunto probatório pelo juízo.[11]

De qualquer modo, como dito, a prova constituída no Inquérito Civil, por ser realizada por órgão estatal, deve ser considera como documento público, tendo presunção de veracidade.

Tem, porém, presunção relativa, de modo que incumbe à parte contrária impugnar de forma específica a prova constituído no Inquérito, impondo-lhe ainda o ônus de provar os fatos alegados para afastar tal presunção.

8.6. Conclusão

O inquérito civil pode ser encerrado de três formas:

1) Com a celebração de termo de ajustamento de conduta (TAC);

2) Com o ajuizamento da ação civil necessária à solução do conflito;

3) Com o arquivamento.

8.6.1. Arquivamento

O arquivamento do inquérito civil poderá ser realizado quando, após o esgotamento de todas as diligências, o membro do Ministério Público se convencer da inexistência de fundamento para a propositura da ação civil (art. 9º da Lei nº 7.347/85 e art. 10 da Resolução nº 69/07 do CSMPT).

Em regra, o arquivamento do inquérito civil deve ser analisado pelo Conselho Superior do Ministério Público ou outro órgão competente, de acordo com os respectivos

10. MEDEIROS NETO, Xisto Tiago de. **A prova na ação civil pública** trabalhista. In: MIESSA, Élisson; CORREIA, Henrique (org.). Estudos Aprofundados MPT, vol. Único. Salvador: Juspodivm, 2020. p. 630.

11. Nesse sentido prevê a jurisprudência do TST:
(...) O inquérito civil é procedimento administrativo, previsto nos arts. 8º, § 1º e 9º, da Lei nº 7.347/85 e 129, III, da Constituição Federal, que objetiva apurar informações e elementos probatórios acerca das denúncias que chegam ao Ministério Público do Trabalho sobre a ocorrência de lesões a direitos difusos, coletivos ou individuais homogêneos. Os documentos nele produzidos, posteriormente, poderão instruir o ajuizamento de ação civil pública, em caso de restar frustrada a assinatura do Termo de Ajustamento de Conduta. A jurisprudência tem atribuído valor probatório relativo às provas produzidas no inquérito civil, porquanto colhidas sem observância do contraditório, mas somente quando houver contraprova de hierarquia superior ou em desarmonia com o conjunto probatório produzido nos autos da ação civil pública. No caso em análise, ficou demonstrado que os depoimentos prestados administrativamente corroboram integralmente aqueles colhidos em juízo, inexistindo margem à alegação de violação dos incisos LIV e LV do art. 5º da Constituição Federal, a pretexto de não observância das garantias constitucionais do contraditório e da ampla defesa. (...) (RR nº 9890500-89.2004.5.09.0007, 1ª Turma do TST, Rel. Walmir Oliveira da Costa. unânime, DEJT 17.10.2013).

Regimentos Internos. No âmbito do Ministério Público do Trabalho, o arquivamento do inquérito civil deverá ser apreciado pela **Câmara de Coordenação e Revisão do Ministério Público do Trabalho**, conforme se observa no art. 10, § 1º da Resolução nº 69/07 do CSMPT.

A Câmara de Coordenação e Revisão poderá:

- homologar o arquivamento; ou
- rejeitar a homologação.

Quando homologar a promoção de arquivamento, o caso será considerado como encerrado no âmbito de atuação do Ministério Público do Trabalho, podendo ser reaberto nas hipóteses do surgimento de novas provas ou de novo fato relevante em até 6 meses após o arquivamento. Transcorrido esse lapso, será instaurado novo inquérito civil, sem prejuízo das provas já colhidas (art. 12 da Res. nº 69/07 do CSMPT).

Caso a promoção de arquivamento seja rejeitada pela Câmara de Coordenação e Revisão do Ministério Público do Trabalho, a Câmara tomará uma das seguintes providências

> I – converterá o julgamento em diligência para a realização de atos imprescindíveis à sua decisão, especificando-os e remetendo ao órgão competente para designar o membro do Ministério Público do Trabalho que irá atuar;
>
> II – deliberará pelo prosseguimento do inquérito civil ou do procedimento preparatório, indicando os fundamentos de fato e de direito de sua decisão, adotando as providências relativas à designação, em qualquer hipótese, de membro do Ministério Público do Trabalho para atuação (art. 10, § 4º da Res. nº 69/07 do CSMPT).

Destacamos que nos casos em que o inquérito civil investigar mais de um objeto ou mais de um envolvido e a ação civil ou mesmo o TAC celebrado pelo Ministério Público do Trabalho envolver apenas uma parcela dos objetos ou dos sujeitos, por se tratar de arquivamento parcial do inquérito civil, deverá haver a remessa à Câmara de Coordenação e Revisão do Ministério Público do Trabalho da parcela arquivada, não se permitindo, portanto, o arquivamento implícito do inquérito civil[12].

Será cabível recurso administrativo da promoção de arquivamento, devendo ser interposto no prazo de 10 dias, juntamente com as respectivas razões, assegurando o mesmo prazo para contrarrazões (art. 10-A da Res. nº 69/07 do CSMPT).

9. TERMO DE AJUSTAMENTO DE CONDUTA

O art. 5º, § 6º, da Lei nº 7.347/85 estabelece que "os órgãos públicos legitimados poderão tomar dos interessados compromisso de ajustamento de sua conduta

12. MAZZILI, Hugo Nigro. *A defesa dos Interesses Difusos em Juízo: meio ambiente, consumidor, patrimônio cultural, patrimônio público e outros interesses.* 19. ed. São Paulo: Saraiva, 2006. p. 409.

às exigências legais, mediante cominações, que terá eficácia de título executivo extrajudicial".

Assim, verificando a existência de lesões ou ameaças de lesões, o MPT poderá firmar Termo de Ajustamento de Conduta, que é um mecanismo extrajudicial em que o infrator da lei se compromete a se ajustar aos comandos legais, formando-se um título executivo extrajudicial (CLT, art. 876).

O TAC não pode ser utilizado para concessões que impliquem renúncia aos direitos ou interesses difusos, coletivos e individuais homogêneos se o Ministério Público não for o titular de direitos. Deve, assim, ficar restrito à interpretação do direito para o caso concreto, à especificação das obrigações adequadas e necessárias, em especial o modo, tempo e lugar de cumprimento, bem como à mitigação, à compensação e à indenização dos danos que não possam ser recuperados (CNMP – Resolução nº 179/2017, art. 1º, § 1º).

A celebração de TAC com o Ministério Público não afasta, necessariamente, a eventual responsabilidade administrativa ou penal pelo mesmo fato, nem importa, automaticamente, no reconhecimento de responsabilidade para outros fins que não os estabelecidos expressamente no compromisso (CNMP – Res. nº 179/2017, art. 1º, § 3º).

O TAC poderá ser firmado em qualquer fase da investigação, nos autos de inquérito civil ou procedimento correlato, ou no curso da ação judicial, devendo conter obrigações certas, líquidas e exigíveis, salvo peculiaridades do caso concreto, e ser assinado pelo órgão do Ministério Público e pelo compromissário (CNMP – Res. nº 179/2017, art. 3º).

Quando o compromissário for pessoa física, o compromisso de ajustamento de conduta poderá ser firmado por procurador com poderes especiais outorgados por instrumento de mandato, público ou particular, sendo que neste último caso com reconhecimento de firma (CNMP – Res. nº 179/2017, art. 3º, § 1º).

Quando o compromissário for pessoa jurídica, o compromisso de ajustamento de conduta deverá ser firmado por quem tiver por lei, regulamento, disposição estatutária ou contratual, poderes de representação extrajudicial daquela, ou por procurador com poderes especiais outorgados pelo representante (CNMP – Res. nº 179/2017, art. 3º, § 2º).

Tratando-se de empresa pertencente a um grupo econômico, deverá assinar o representante legal da pessoa jurídica controladora à qual esteja vinculada, sendo admissível a representação por procurador com poderes especiais outorgados pelo representante (CNMP – Res. nº 179/2017, art. 3º, § 3º).

O compromisso de ajustamento de conduta **deverá prever multa diária** ou outras espécies de cominação para o caso de descumprimento das obrigações nos prazos assumidos, admitindo-se, em casos excepcionais e devidamente fundamentados, a previsão de que esta cominação seja fixada judicialmente, se necessária à execução do compromisso (CNMP – Res. nº 179/2017, art. 4º).

10. ATRIBUIÇÕES DO MINISTÉRIO PÚBLICO DO TRABALHO

O art. 83, da LC nº 75/93, prevê as seguintes atribuições do Ministério Público do Trabalho:

> I – promover as ações que lhe sejam atribuídas pela Constituição Federal e pelas leis trabalhistas;
>
> II – manifestar-se em qualquer fase do processo trabalhista, **acolhendo solicitação do juiz ou por sua iniciativa**, quando entender existente interesse público que justifique a intervenção;
>
> III – promover a ação civil pública no âmbito da Justiça do Trabalho, para defesa de interesses coletivos, quando desrespeitados os direitos sociais constitucionalmente garantidos;
>
> IV – propor as ações cabíveis para **declaração de nulidade de cláusula de contrato, acordo coletivo ou convenção coletiva** que viole as liberdades individuais ou coletivas ou os direitos individuais indisponíveis dos trabalhadores;
>
> V – propor as ações necessárias à **defesa dos direitos e interesses dos menores, incapazes e índios**, decorrentes das relações de trabalho;
>
> VI – recorrer das decisões da Justiça do Trabalho, **quando entender necessário**, tanto nos processos em que for parte, como naqueles em que oficiar como fiscal da lei, bem como pedir revisão dos Enunciados da Súmula de Jurisprudencia do Tribunal Superior do Trabalho;
>
> VII – funcionar nas sessões dos Tribunais Trabalhistas, manifestando-se verbalmente sobre a matéria em debate, **sempre que entender necessário**, sendo-lhe assegurado o direito de vista dos processos em julgamento, podendo solicitar as requisições e diligências que julgar convenientes;
>
> VIII – **instaurar instância em caso de greve**, quando a defesa da ordem jurídica ou o interesse público assim o exigir;

Atenção:

O art. 114, § 3º, da CF/88 estabelece que o Ministério Público do Trabalho poderá ajuizar dissídio coletivo em caso de greve em atividade essencial, com possibilidade de lesão do interesse público, competindo à Justiça do Trabalho decidir o conflito.

> IX – promover ou participar da instrução e conciliação em dissídios decorrentes da paralisação de serviços de qualquer natureza, oficiando obrigatoriamente nos processos, manifestando sua concordância ou discordância, em eventuais acordos firmados antes da homologação, resguardado o direito de recorrer em caso de violação à lei e à Constituição Federal;
>
> X – promover mandado de injunção, quando a competência for da Justiça do Trabalho;
>
> XI – atuar como árbitro, se assim for solicitado pelas partes, nos dissídios de competência da Justiça do Trabalho;
>
> XII – requerer as diligências que julgar convenientes para o correto andamento dos processos e para a melhor solução das lides trabalhistas;
>
> XIII – intervir obrigatoriamente em todos os feitos nos segundo e terceiro graus de jurisdição da Justiça do Trabalho, quando a parte for pessoa jurídica de Direito Público, Estado estrangeiro ou organismo internacional (grifo nosso).

11. LEGITIMIDADE DO MINISTÉRIO PÚBLICO DO TRABALHO

11.1. Legitimidade para arguir prescrição em favor de entidade de direito público

O Ministério Público do Trabalho participa obrigatoriamente de "todos os feitos nos segundo e terceiro graus de jurisdição da Justiça do Trabalho, quando a parte for pessoa jurídica de Direito Público (...)" (LC nº 75/93, art. 83, inciso XIII).

Com fundamento nesse dispositivo, o Ministério Público do Trabalho emite parecer nos processos submetidos à remessa de ofício (reexame necessário), ou seja, nos processos em que a decisão é desfavorável à entidade de direito público (CPC/15, art. 496).

Na emissão de tais pareceres, o Ministério Público exerce, dentre suas incumbências, a de tutelar a ordem jurídica, além de proteger o patrimônio público (CF/88, arts. 127, *caput*, e 129, III).

Diante dessa ordem constitucional, o Ministério Público do Trabalho passou a arguir a prescrição dos créditos dos empregados públicos, como forma de preservar o patrimônio público, o que foi rechaçado pela Corte Trabalhista, sob o fundamento de que se trata de matéria meramente patrimonial, o que afasta a atuação do *parquet*, como se observa pela orientação jurisprudencial nº 130 da SDI-I do TST:

> **Orientação Jurisprudencial nº 130 da SDI – I do TST.** Prescrição. Ministério público. Arguição. "Custos legis". Ilegitimidade
>
> Ao exarar o parecer na remessa de ofício, na qualidade de "custos legis", o Ministério Público não tem legitimidade para arguir a prescrição em favor de entidade de direito público, em matéria de direito patrimonial.

Pensamos, *data venia*, que o Tribunal Superior do Trabalho equivocou-se na presente orientação.

Primeiro, porque a tutela do patrimônio público é função institucional do Ministério Público, descrita no ápice do ordenamento jurídico (CF, art. 129, III).

Segundo, porque o reexame necessário tem como foco principal resguardar o patrimônio público[13], impondo-se inclusive a atuação obrigatória do Ministério Público.

Terceiro, porque, ao ingressar no processo afasta-se a distinção entre fiscal da ordem jurídica e órgão agente, passando o Ministério Público a ser parte, sendo sujeito de posições jurídicas ativas e passivas (faculdades, ônus, poderes, deveres, estado de sujeição), podendo, por isso, arguir prescrição.

Quarto, porque o art. 332, § 1º do CPC/15 declina que "o juiz também poderá julgar liminarmente improcedente o pedido se verificar, desde logo, a ocorrência de

13. HADAD, José Eduardo. Precedentes jurisprudenciais do TST comentados. 2. ed. São Paulo: LTr, 2002. p. 278-279.

decadência ou de prescrição". Ora, não parece lógico e jurídico que o juiz, inerte na relação processual, possa pronunciar a prescrição *ex officio*[14], e Ministério Público não a possa arguir em parecer[15].

Admitir tal interpretação é violar a Constituição Federal, restringindo indevidamente a atuação do Ministério Público do Trabalho. Melhor seria, pois, o cancelamento dessa orientação jurisprudencial.

11.2. Legitimidade recursal

11.2.1. Ilegitimidade para recorrer na defesa de interesse patrimonial privado

De acordo com o item I da Orientação jurisprudencial nº 237 da SDI-I do TST, "o Ministério Público do Trabalho não tem legitimidade para recorrer na defesa de interesse patrimonial privado, ainda que de empresas públicas e sociedades de economia mista".

Esse entendimento decorreu de processos judiciais em que o Ministério Público do Trabalho interpôs recurso a favor de empresas públicas e sociedades de economia mista. Portanto, de plano, há de se restringir sua interpretação apenas a essas entidades e não em todos os casos, como pode aparentar a orientação.

O item I dessa orientação jurisprudencial foi editado sob o fundamento de que o Ministério Público do Trabalho atua como fiscal da ordem jurídica em duas hipóteses:

- quando a lei o exigir e;
- quando há interesse público.

No primeiro caso, a exigência se limita às pessoas jurídicas de direito público, enquanto no segundo não há interesse público a legitimar a atuação do Ministério Público na tutela das empresas públicas e sociedades de economia mista, porque são equiparadas às empresas privadas (CF/88, art. 173, § 1º).

---

14. O C. TST não vem admitindo a aplicação de ofício da prescrição na seara trabalhista, por entender que ela não se harmoniza com os princípios do direito do trabalho, especialmente o da proteção. TST-RR – 597-77.2010.5.11.0004, 3ª Turma, Rel. Min. Mauricio Godinho Delgado, data de julgamento 12.12.2012, data de publicação: 14.12.2012; TST-RR – 30800-30.2006.5.05.0036, 6ª Turma, Rel. Min. Mauricio Godinho Delgado, data de julgamento: 23.3.2011, data de publicação: 1.4.2011; TST-RR-117900-26-2007-5-03-0074, 6ª Turma, Rel. Min. Aloysio Correia da Veiga, DEJT de 26.11.2010; TST-E-EDRR-689699-38-2000-5-22-5555, SBDI-1, Rel. Min. Lélio Bentes Corrêa, DEJT de 21.5.2010. Aparentemente o C. TST manteve seu entendimento após o advento do Novo CPC ao não declinar, no art. 7º, parágrafo único, da INº 39/2016, a possibilidade de o juiz julgar improcedente liminarmente na hipótese de prescrição, admitindo-a apenas quando se tratar de decadência.

15. No mesmo sentido: LEITE, Carlos Henrique Bezerra. Curso de direito processual do trabalho. 6. ed. São Paulo: LTr, 2008. p. 724. Em sentido contrário e interpretando gramaticalmente o antigo art. 219, § 5º, do CPC/73 (atual art. 332, § 1º, do CPC/15): MARTINS, Sérgio Pinto. Comentários às Orientações Jurisprudenciais da SBDI – 1 e 2 do TST. São Paulo: Atlas, 2009. p. 67.

Conquanto o CPC/15 não altere propriamente a *ratio decidendi* (fundamentos determinantes) desse item, pensamos que o entendimento deve ser superado, provocando sua alteração.

Isso porque a Constituição Federal de 1988 incumbiu ao Ministério Público a defesa da ordem jurídica, do regime democrático e dos interesses sociais e individuais indisponíveis, criando conceitos genéricos para garantir a atuação do Ministério Público como guardião do interesse público.

Ademais, o art. 83, VI da LC nº 75/93 permite que o Ministério Público possa "recorrer das decisões da Justiça do Trabalho, quando entender necessário, tanto nos processos em que for parte, como naqueles em que oficiar como fiscal da lei, bem como pedir revisão dos Enunciados da Súmula de Jurisprudência do Tribunal Superior do Trabalho".

Além disso, acompanhando o entendimento predominante da doutrina, o art. 996 do CPC/15 conferiu ao Ministério Público ampla legitimidade para recorrer, tanto como parte como fiscal da ordem jurídica. Portanto, o CPC/15 passou a contemplar, expressamente, que o MPT poderá recorrer ainda que não tenha participado do processo, ou seja, nos casos em que desempenha o papel de fiscal da ordem jurídica. Melhor explicando.

Parte é aquele que participa da relação processual em contraditório, sendo titular de situações jurídicas processuais ativas e passivas, independentemente de fazer pedido ou contra ele for pedido algo.

Assim, o Ministério Público, quando adentra ao processo como fiscal da ordem jurídica, adquire a condição de parte, servindo a diferenciação de órgão agente ou interveniente apenas para legitimar o ingresso do *parquet* no processo. Em outros termos, **antes** de o Ministério Público ser incluído no processo **permite-se a diferenciação entre fiscal da ordem jurídica e órgão agente**, mas, **após** sua inclusão, **passa a ser considerado como parte.**

Desse modo, quando o art. 996 do CPC/15 admite o recurso do Ministério Público como fiscal da ordem jurídica está partindo do pressuposto que ele ainda não estava atuando no processo.

Nessa hipótese, o que legitima a atuação o Ministério Público é o interesse público, que no nosso entender deve ser aferido pelo próprio Ministério Público, pois a norma constitucional concedeu-lhe tal atribuição. Com efeito, "a legitimação e o interesse recursal do *Parquet* estarão sempre presentes, porque decorrem de previsão expressa na lei. Cabe ao tribunal apreciar o conteúdo substancial do recurso, provendo-o ou não."[16]

16. LEITE, Carlos Henrique Bezerra. Curso de direito processual do trabalho. 6. ed. São Paulo: LTr, 2008. p. 724.

A propósito, as empresas públicas e sociedades de economia mista, conquanto pessoas jurídicas de direito privado, devem observar os princípios da legalidade, impessoalidade, moralidade, eficiência e publicidade, constituindo, portanto, matéria de relevante interesse público[17].

Desse modo, não há razão para restringir a atuação do Ministério Público, pois a própria Lei Maior reservou-lhe papel fundamental para a preservação do Estado Democrático de Direito, razão pela qual entendemos que a presente orientação jurisprudencial deve ser cancelada.

11.2.2. Legitimidade para recorrer de decisão que declara a existência de vínculo empregatício com sociedade de economia mista ou empresa pública sem a prévia aprovação em concurso público

De forma diametralmente oposta à estabelecida no tópico anterior (item I), a Corte Trabalhista reconheceu, no item II da OJ nº 237 da SDI-I do TST[18] a legitimidade do Ministério Público do Trabalho para recorrer contra decisão que declara a existência de vínculo empregatício com sociedade de economia mista e empresas públicas, quando ausente a aprovação em concurso público.

Assim o fez, porque reconheceu que o Ministério Público é instituição permanente, essencial à função jurisdicional do Estado, incumbido da defesa da ordem jurídica, do regime democrático e dos interesses sociais e individuais indisponíveis (CF/88, art. 127). Admitiu ainda que o art. 966 do CPC/15 e o art. 83, VI, da LC nº 75/93 contemplaram ao Ministério Público a legitimidade para recorrer quando presente o interesse público.

Com efeito, sendo certo que a contratação de trabalhadores pela administração pública sem a existência de concurso público viola o art. 37, II, da CF/88, o TST entendeu presente o interesse público e reconheceu a legitimidade do *parquet* para o presente caso.

Cabe registrar, neste ponto, que a interpretação literal dos arts. 966 do CPC/15, e 83, VI, da LC nº 75/93 pode nos levar à conclusão de que o Ministério Público somente teria legitimidade para recorrer quando fosse parte ou tivesse oficiado como fiscal da ordem jurídica, ou seja, quando já tivesse participado do processo de alguma forma.

No entanto, o conceito de parte engloba todos aqueles que participaram da relação processual em contraditório, sendo sujeitos de posições jurídicas ativas e passivas. Dessa forma, ao ingressar no processo, o **Ministério Público será sempre**

17. LEITE, Carlos Henrique Bezerra. Curso de direito processual do trabalho. 6. ed. São Paulo: LTr, 2008. p. 724.

18. II – Há legitimidade do Ministério Público do Trabalho para recorrer de decisão que declara a existência de vínculo empregatício com sociedade de economia mista ou empresa pública, após a Constituição Federal de 1988, sem a prévia aprovação em concurso público, pois é matéria de ordem pública.

parte, razão pela qual a sua legitimidade para recorrer como fiscal da ordem jurídica somente existirá quando não atuou no processo. Em outros termos, o Ministério Público poderá recorrer como parte quando já estiver no processo, podendo ainda recorrer como fiscal da ordem jurídica quando não tiver intervindo no feito.

Admitir que o Ministério Público somente pudesse recorrer quando já estivesse oficiando no processo é criar interpretação teratológica, pois, assim entendendo, o Ministério Público não terá legitimidade para recorrer, mas poderá ajuizar posteriormente ação rescisória, o que é um verdadeiro contrassenso, além de violar de morte o princípio da economia processual[19].

Portanto, oficiando ou não no processo, o Ministério Público terá legitimidade para recorrer a fim de resguardar a efetiva contratação por meio de concurso público, ou seja, proteger o interesse público. Registra-se, por fim, que, embora o item discipline apenas as sociedades de economia mista e as empresas públicas, tal entendimento é aplicável à toda Administração Pública.

11.3. Legitimidade para arguir em parecer nulidade da contratação não suscitada na defesa

O C. TST, originariamente, vedava a arguição pelo Ministério Público, em parecer, da nulidade do contrato de trabalho por ausência de concurso público quando não fosse levantada na defesa.

Contudo, alterou substancialmente seu posicionamento, passando a admitir sua alegação em parecer, mesmo que não levantado na defesa, conforme se observa na OJ nº 350 da SDI-I:

> **Orientação Jurisprudencial nº 350 da SDI – I do TST.** Ministério Público do Trabalho. Nulidade do contrato de trabalho não suscitada pelo ente público no momento da defesa. Arguição em parecer. Possibilidade
>
> O Ministério Público do Trabalho pode arguir, em parecer, na primeira vez que tenha de se manifestar no processo, a nulidade do contrato de trabalho em favor de ente público, ainda que a parte não a tenha suscitado, a qual será apreciada, sendo vedada, no entanto, qualquer dilação probatória.

Essa orientação jurisprudencial difere do item II da OJ nº 237 da SDI – I do TST, porque a manifestação do órgão ministerial é por meio de parecer, não abordando a legitimidade recursal.

19. Conquanto adote conceito mais restrito de parte, Barbosa Moreira indaga: "Resta saber, então, se ele também se legitima ao recurso quando, embora ainda não haja participado do processo até o momento da decisão, devesse ter sido ouvido na qualidade de fiscal da lei. Não obstante o silêncio do art. 499, § 2º, parece-nos fora de dúvida a legitimação do Ministério Público para, em tais, casos, interpor recurso cabível, com a finalidade de pleitear a anulação do processo a partir do instante em que tinha de ser intimado, nos termos do art. 246 e seu parágrafo único". MOREIRA, José Carlos Barbosa. Comentários ao código de processo civil. 15. ed. Rio de Janeiro: Forense, 2010. v. 5, p. 297.

A referida OJ nº 350 da SDI-I do TST preza pelo disposto no art. 127 da CF/88, vez que **confere ao Ministério Público a possibilidade de tutelar o interesse público**, ante a evidente violação do art. 37, II, da CF/88.

Além disso, aproxima-se do conceito amplo de parte, consistente naquele que participa do processo em contraditório, sendo sujeito de posições ativas e passivas. Isso porque, ao exarar parecer, o Ministério Público passa a ser parte do processo, tendo faculdades, ônus, poderes, deveres, em estado de sujeição ao juiz[20]. Assim, como parte, poderá alegar as matérias dirigidas à sua função institucional (interesse público), o que é o caso da violação ao art. 37, II, da CF/88.

Contudo, o Ministério Público do Trabalho **adentra ao processo no estado em que se encontra**, não podendo, portanto, produzir novas provas, por estar fora do momento processual, exceto na hipótese de nulidade processual em que os autos retornem à fase probatória. Ademais, deverá manifestar a nulidade na primeira oportunidade em que atuar nos autos, em consonância com o art. 795 da CLT.

Por fim, registra-se que a OJ deve incidir em todos os entes públicos, seja pessoa jurídica de direito público ou privada, pois o art. 37, II, da CF/88, que exige a contratação por meio do concurso público, alcança todos eles.

11.4. Legitimidade para atuar no STF e no STJ

O Supremo Tribunal Federal entende que o MPT não tem legitimidade para atuar como parte no âmbito dessa Corte, pois integra a estrutura do Ministério Público da União, de modo que a atribuição para a atuação no STF está reservada ao Procurador-Geral da República.[21]

Do mesmo modo, o Superior Tribunal de Justiça declina que o MPT não tem legitimidade para atuar no STJ, vez que nesse Tribunal o Ministério Público da União é representado pelo Procurador Geral da República ou, quando delegado por este, pelos subprocuradores-gerais da República.[22]

12. INTERESSES E DIREITOS METAINDIVIDUAIS TUTELADOS PELO MINISTÉRIO PÚBLICO

Conforme anunciado anteriormente, o Ministério Público do Trabalho (MPT) tem como foco principal a **tutela coletiva**, sendo incumbido, portanto, de tutelar os

20. DINAMARCO, Cândido Rangel. Instituições de direito processual civil. 6. ed. São Paulo: Malheiros Editores Ltda, 2009. v. 2, p. 255.

21. STF – Rcl 7.318 AgR, Relator(a): Min. Dias Toffoli, Tribunal Pleno, julgado em 23/05/2012, ACÓRDÃO ELETRÔNICO DJe-211 DIVULG 25-10-2012 PUBLIC 26-10-2012.

22. STJ – AgRg no CC 122.940/MS, Rel. Ministra REGINA HELENA COSTA, PRIMEIRA SEÇÃO, julgado em 07/04/2020, DJe 16/04/2020.

direitos difusos, coletivos e individuais homogêneos, quando pautados na relação de trabalho.

O art. 81, parágrafo único, do CDC, define tais direitos da seguinte forma:

> I – interesses ou direitos difusos, assim entendidos, para efeitos deste código, os transindividuais, de natureza indivisível, de que sejam titulares pessoas indeterminadas e ligadas por circunstâncias de fato;
>
> II – interesses ou direitos coletivos, assim entendidos, para efeitos deste código, os transindividuais, de natureza indivisível de que seja titular grupo, categoria ou classe de pessoas ligadas entre si ou com a parte contrária por uma relação jurídica base;
>
> III – interesses ou direitos individuais homogêneos, assim entendidos os decorrentes de origem comum.

Para melhor compreensão do tema, explicamos em forma de exemplo:

- ***Interesses difusos:*** MPT ajuíza ação civil pública para que determinada empresa pública contrate os trabalhadores somente por meio de concurso público.

Nesse caso, o MPT tutela o interesse de todas as pessoas que poderão prestar o concurso público. Noutras palavras, o direito é transindividual, por ultrapassar a esfera particular de uma pessoa, sendo um direito de toda a coletividade: o direito de ingressar na administração pública por meio de concurso público.

Indeterminado, porque não se pode delimitar quantos candidatos farão o concurso ou estão sendo prejudicados pela contratação sem concurso público.

É indivisível, porque a decisão judicial vai atingir, de forma uniforme (igual), a todos os futuros candidatos.

Além disso, a relação entre os candidatos é meramente fática, ou seja, decorre do simples fato de eles irem prestar o mesmo concurso público.

- **Interesses coletivos**: MPT ajuíza ação civil pública para impor obrigação de fazer à determinada empresa para que instale equipamento de proteção coletivo na empresa (por exemplo, exaustor, proteção de maquinário etc.).

Nesse caso, a instalação do exaustor é um único ato que extrapola a esfera privada de um empregado, atingindo a todos os empregados da empresa ou pelo menos de um determinado setor. Atinge, portanto, um grupo. É indivisível, porque beneficia, igualmente, diversos trabalhadores. No entanto, nesse caso, existe uma relação jurídica-base entre os empregados e a empresa: o contrato de trabalho. A doutrina diz que, nessa hipótese, quando ocorre a lesão, a relação jurídica já existia, ou seja, o contrato de trabalho já estava em vigor. Já nos interesses difusos, a relação nasce no momento da lesão ou ameaça de lesão, porque ela decorre exatamente do fato de ter existido a lesão ou ameaça de lesão.

- ***Individuais homogêneos***: MPT ajuíza ação civil coletiva requerendo a condenação da empresa ao pagamento do adicional de insalubridade a todos os trabalhadores do setor X.

Essa hipótese é muito diferente das anteriores. Isso porque aqui o próprio trabalhador poderia entrar com sua reclamação trabalhista postulando o pagamento do adicional de insalubridade. Contudo, como a empresa não paga o adicional para todos os trabalhadores do setor X (origem comum), o ordenamento permite que ele possa ser tutelado em um único processo, dando maior celeridade e efetividade na prestação jurisdicional. Percebam, porém, que aqui o direito é individual e divisível (cada trabalhador vai receber um valor), mas o processo é coletivo. Nos interesses difusos e coletivos, o próprio direito é coletivo, assim como o processo.

Assim, podemos esquematizar do seguinte modo a definição desses direitos:

Difusos	Coletivos	Individuais homogêneos
Transindividuais	Transindividuais	Individuais
Indivisíveis	Indivisíveis	Divisíveis
Pessoas indeterminadas	Classe, categoria ou grupo	Origem comum
Ligadas por circunstância de fato	1) ligadas entre si ou 2) com a parte contrária por uma relação jurídica-base	Desnecessária ligação

13. CONSELHO NACIONAL DO MINISTÉRIO PÚBLICO

A Emenda Constitucional nº 45/04 introduziu um órgão de controle externo do Ministério Público denominado Conselho Nacional do Ministério Público. Sua composição é de **14 membros**, sendo a maioria (8) integrante do Ministério Público, indicados pelos respectivos ramos do MP. Nesse contexto, nos termos do art. 130-A da CF/88, ele é composto da seguinte forma:

a) o Procurador-Geral da República, que o preside;

b) 4 membros do Ministério Público da União (MPT, MPF, MPM e MPDF);

c) 3 membros do Ministério Público dos Estados;

d) 2 juízes, indicados um pelo Supremo Tribunal Federal e outro pelo Superior Tribunal de Justiça;

e) 2 advogados, indicados pelo Conselho Federal da Ordem dos Advogados do Brasil;

f) 2 cidadãos de notável saber jurídico e reputação ilibada, indicados um pela Câmara dos Deputados e outro pelo Senado Federal.

Conforme declina o art. 130-A, § 2º, da CF/88, compete ao Conselho Nacional do Ministério Público o controle da atuação administrativa e financeira do Ministério Público e do cumprimento dos deveres funcionais de seus membros, cabendo-lhe:

I) zelar pela autonomia funcional e administrativa do Ministério Público, podendo expedir atos regulamentares, no âmbito de sua competência, ou recomendar providências;

II) zelar pela observância do art. 37 e apreciar, de ofício ou mediante provocação, a legalidade dos atos administrativos praticados por membros ou órgãos do Ministério Público da União e dos Estados, podendo desconstituí-los, revê-los ou fixar prazo para que se adotem as providências necessárias ao exato cumprimento da lei, sem prejuízo da competência dos Tribunais de Contas;

III) receber e conhecer das reclamações contra membros ou órgãos do Ministério Público da União ou dos Estados, inclusive contra seus serviços auxiliares, sem prejuízo da competência disciplinar e correicional da instituição, podendo avocar processos disciplinares em curso, determinar a remoção ou a disponibilidade e aplicar outras sanções administrativas, assegurada ampla defesa;

IV) rever, de ofício ou mediante provocação, os processos disciplinares de membros do Ministério Público da União ou dos Estados julgados há menos de um ano;

V) elaborar relatório anual, propondo as providências que julgar necessárias sobre a situação do Ministério Público no País e as atividades do Conselho, o qual deve integrar a mensagem de competência do Presidente da República que remeterá ao Congresso Nacional por ocasião da abertura da sessão legislativa (CF/88, art. 84, XI).

O Conselho escolherá, em votação secreta, um **Corregedor nacional, dentre os membros do Ministério Público que o integram, vedada a recondução** (CF/88, art. 130-A, § 3º).

Compete ao corregedor, além das atribuições que lhe forem conferidas pela lei, as seguintes:

I) receber reclamações e denúncias, de qualquer interessado, relativas aos membros do Ministério Público e dos seus serviços auxiliares;

II) exercer funções executivas do Conselho, de inspeção e correição geral;

III) requisitar e designar membros do Ministério Público, delegando-lhes atribuições, e requisitar servidores de órgãos do Ministério Público (CF/88, art. 130-A, § 3º).

O Presidente do Conselho Federal da Ordem dos Advogados do Brasil oficiará junto ao Conselho (CF/88, art. 130-A, § 4º).

Por fim, consigne-se que as leis da União e dos Estados criarão **ouvidorias** do Ministério Público, competentes para receber reclamações e denúncias de qualquer interessado contra membros ou órgãos do Ministério Público, inclusive contra seus serviços auxiliares, representando diretamente ao Conselho Nacional do Ministério Público (CF/88, art. 130-A, § 5º).

14. SÚMULAS DO TST

Ministério Público

Legitimidade do Ministério Público do Trabalho

Súmula nº 407 do TST. Ação rescisória. Ministério público. Legitimidade "ad causam" prevista no art. 967, III, "a","b" e "c" do CPC de 2015. Art. 487, III, "a" e "b", do CPC de 1973. As hipóteses são meramente exemplificativas.

A legitimidade "ad causam" do Ministério Público para propor ação rescisória, ainda que não tenha sido parte no processo que deu origem à decisão rescindenda, não está limitada às alíneas "a", "b" e "c" do inciso III do art. 967 do CPC de 2015 (art. 487, III, "a" e "b", do CPC de 1973), uma vez que traduzem hipóteses meramente exemplificativas.

Orientação Jurisprudencial nº 130 da SDI – I do TST. Prescrição. Ministério público. Argüição. "Custos legis". Ilegitimidade

Ao exarar o parecer na remessa de ofício, na qualidade de "custos legis", o Ministério Público não tem legitimidade para arguir a prescrição em favor de entidade de direito público, em matéria de direito patrimonial.

Orientação Jurisprudencial nº 237 da SDI – I do TST. Ministério Público do Trabalho. Legitimidade para recorrer. Sociedade de economia mista. Empresa Pública

I – O Ministério Público do Trabalho não tem legitimidade para recorrer na defesa de interesse patrimonial privado, ainda que de empresas públicas e sociedades de economia mista.

II – Há legitimidade do Ministério Público do Trabalho para recorrer de decisão que declara a existência de vínculo empregatício com sociedade de economia mista ou empresa pública, após a Constituição Federal de 1988, sem a prévia aprovação em concurso público, pois é matéria de ordem pública.

Orientação Jurisprudencial nº 350 da SDI – I do TST. Ministério Público do Trabalho. Nulidade do contrato de trabalho não suscitada pelo ente público no momento da defesa. Arguição em parecer. Possibilidade

O Ministério Público do Trabalho pode arguir, em parecer, na primeira vez que tenha de se manifestar no processo, a nulidade do contrato de trabalho em favor de ente público, ainda que a parte não a tenha suscitado, a qual será apreciada, sendo vedada, no entanto, qualquer dilação probatória.

Ação Civil Pública. Competência

Orientação Jurisprudencial nº 130 da SDI-II do TST. Ação civil pública. Competência. Local do dano. Lei 7.347/1985, art. 2º. Código de Defesa do Consumidor, artigo 93.

I – A competência para a ação civil pública fixa-se pela extensão do dano.

II – Em caso de dano de abrangência regional, que atinge cidades sujeitas à jurisdição de mais de uma Vara do Trabalho, a competência será de qualquer das varas das localidades atingidas, ainda que vinculadas a Tribunais Regionais do Trabalho distintos.

III – Em caso de dano de abrangência suprarregional ou nacional, há competência concorrente para a ação civil pública das varas do trabalho das sedes dos Tribunais Regionais do Trabalho.

IV – Estará prevento o juízo a que a primeira ação houver sido distribuída.

15. INFORMATIVO DO TST RELACIONADO AO TEMA

Ministério Público do Trabalho
Legitimidade
Ministério Público do Trabalho. Ação civil coletiva. Legitimidade ativa. Supressão de pagamento ou dispensa com intuito punitivo e discriminatório. Direitos individuais homogêneos. Garantia de acesso ao Judiciário. O Ministério Público do Trabalho tem legitimidade para ajuizar ação civil coletiva em face de empregador que, com intuito punitivo e discriminatório, suprime o pagamento de adicionais e gratificações ou dispensa empregados que ajuizaram reclamação trabalhista e não aderiram a acordo judicial, ainda que a postulação envolva sanções de caráter pecuniário. Trata-se, com efeito, da tutela de direitos individuais homogêneos, sendo cabível a defesa coletiva para facilitar o acesso à Justiça, conferindo uniformidade e relevância às decisões judiciais nos conflitos de massa. Ademais, a pretensão ostenta interesse social relevante, não só para a categoria dos empregados atingidos, mas também para todos os trabalhadores, na medida em que visa assegurar a garantia fundamental de acesso ao Judiciário sem discriminações ou retaliações. Com base nessas premissas e citando.
precedentes da própria Corte e do STF, a SBDI-I, por unanimidade, conheceu dos embargos, por divergência jurisprudencial e, no mérito, deu-lhes provimento para, reformando o acórdão que extinguira o feito sem resolução de mérito, declarar a legitimidade ativa do Parquet e determinar o retorno dos autos à Turma de origem para julgar o recurso de revista da primeira reclamada como entender de direito. TST-E-ED-RR-197400-58.2003.5.19.0003, SBDI-I, Min. Augusto César Leite de Carvalho, 21.6.2012. (Informativo nº 14)

Capítulo 5

FORMAS DE SOLUÇÃO DE CONFLITOS E JURISDIÇÃO

1. FORMAS DE SOLUÇÃO DE CONFLITOS

Os conflitos existentes na sociedade podem ser solucionados de três formas distintas:

- autotutela;
- autocomposição; e
- heterocomposição.

A **autotutela** é a mais antiga forma de solucionar conflitos. Antigamente, admitia-se que o ofendido, com suas próprias forças, impusesse sua vontade sobre a pessoa que estivesse em conflito, ou seja, por meio da autotutela. Nos dias atuais, em regra, não se permite a autotutela, sendo considerado, inclusive, crime de exercício arbitrário das próprias razões (CP, art. 345). Excepcionalmente, o ordenamento admite a autotutela, como é o caso, no direito do trabalho, do exercício do direito de greve.

A **autocomposição**, por sua vez, é a forma mais civilizada de solucionar conflitos. Nesse caso, as próprias partes em conflito resolvem solucioná-lo sem que haja decisão de um terceiro. No direito do trabalho pode se citar, como exemplo, a Comissão de Conciliação Prévia.

A **heterocomposição** é a forma de solução do conflito por meio de terceira pessoa, que decide de modo obrigatório para as partes. A terceira pessoa pode ser investida:

- pelas partes (Lei nº 9.307/96) ou
- pela lei (CPC/2015, art. 16 – juiz).

Quando investida pelas partes, tem-se a **arbitragem**, em que as partes escolhem um terceiro imparcial para solucionar o conflito. Trata-se de meio alternativo e facultativo de solução do conflito.

Por outro lado, se aquele que vai decidir o conflito é investido pela lei (juiz), tem-se a denominada **jurisdição**[1], a qual confere ao juiz o poder-dever de solucionar

1. Alguns doutrinadores entendem que a jurisdição não é monopólio do Estado, podendo ser exercida pelo particular na hipótese da arbitragem.

os conflitos de interesses com definitividade. Com efeito, foi conferido ao Poder Judiciário, como função típica, o exercício da jurisdição.

De qualquer maneira, é possível que a heterocomposição seja finalizada por meio de autocomposição como ocorre, p.ex., com o acordo judicial. Aliás, a jurisdição pode ser utilizada tão somente para homologar autocomposição, como é o caso da jurisdição voluntária para homologação de acordo extrajudicial.

2. FORMAS CONSENSUAIS DE SOLUÇÃO DE CONFLITOS (AUTOCOMPOSIÇÃO)

2.1. Mediação e Conciliação

O princípio da conciliação foi atraído pelo CPC/2015, conforme observamos no art. 3º, § 2º[2], que prioriza a solução consensual dos conflitos. Além disso, o CPC/2015 determina que a conciliação, a mediação e outros métodos de solução consensual de conflitos sejam estimulados pelos juízes, advogados, defensores públicos e membros do Ministério Público, inclusive no curso do processo judicial. Dá ênfase, portanto, à autocomposição.

Para a efetivação dos meios de solução consensual de conflito, o CPC/2015 impõe que os Tribunais criem centros judiciários com essa finalidade, para que haja a realização de sessões e audiências de conciliação e mediação e o desenvolvimento de programas destinados a auxiliar, orientar e estimular a autocomposição (art. 165). Ademais, descreve que "a União, os Estados, o Distrito Federal e os Municípios criarão câmaras de mediação e conciliação, com atribuições relacionadas à solução consensual de conflitos no âmbito administrativo, tais como: I – dirimir conflitos envolvendo órgãos e entidades da administração pública; II – avaliar a admissibilidade dos pedidos de resolução de conflitos, por meio de conciliação, no âmbito da administração pública; III – promover, quando couber, a celebração de termo de ajustamento de conduta" (art. 174).

Na Justiça do Trabalho, a Resolução nº 174/2016 do CSJT instituiu a política judiciária nacional de tratamento adequado das disputas de interesses, sendo esta implementada pelos Tribunais Regionais do Trabalho por meio da instituição de um Núcleo Permanente de Métodos Consensuais de Solução de Disputas (NUPEMEC-JT) e de Centros Judiciários de Métodos Consensuais de Solução de Disputas (CEJUSC-JT) (art. 2º, parágrafo único).

A mencionada Resolução do CSJT tem como objetivo estimular a prática da conciliação e da mediação na Justiça do Trabalho, definindo-as da seguinte forma;

2. § 2º O Estado promoverá, sempre que possível, a solução consensual dos conflitos.

a) **Conciliação:** "meio adequado de resolução de disputas em que as partes confiam a uma terceira pessoa – magistrado ou servidor público por aquele sempre supervisionado –, a função de aproximá-las, empoderá-las e orientá-las na construção de um acordo quando a lide já está instaurada, **com a criação** ou proposta de opções para composição do litígio" (art. 1º, I).

b) **Mediação:** "meio adequado de resolução de disputas em que as partes confiam a uma terceira pessoa – magistrado ou servidor público por aquele sempre supervisionado –, a função de aproximá-las, empoderá-las e orientá-las na construção de um acordo quando a lide já está instaurada, **sem a criação** ou proposta de opções para composição do litígio" (art. 1º, II).

Além disso, estabelece que ambas as formas de resolução de disputas apenas terão validade nas hipóteses previstas na CLT, **incluindo-se a homologação pelo magistrado que supervisionou a audiência e a mediação pré-processual de conflitos coletivos**, sendo inaplicáveis à Justiça do Trabalho as disposições referentes às Câmaras Privadas de Conciliação, Mediação e Arbitragem, e normas atinentes à conciliação e mediação extrajudicial e pré-processual previstas no CPC/2015 (art. 7º, § 6º).

Observa-se, portanto, que a conciliação e a mediação somente são permitidas no processo trabalhista **quando realizadas de forma judicial** (quando já houver a instauração de processo) e nos termos previstos pela CLT, exigindo-se a homologação pelo magistrado trabalhista. Apenas se admite a mediação pré-processual nos casos dos conflitos coletivos (art. 7º, § 7º). Essa exceção quanto aos conflitos coletivos também está prevista no art. 14 da Instrução Normativa nº 39 do TST:

> **Art. 14.** Não se aplica ao Processo do Trabalho o art. 165 do CPC, salvo nos conflitos coletivos de natureza econômica (Constituiçao Federal, art. 114, §§ 1º e 2º).

A exceção decorre do art. 114, §§ 1º e 2º, da Constituição Federal, o qual determina que, frustrada a negociação coletiva, as partes poderão eleger árbitros. Recusando-se qualquer das partes a negociação coletiva ou a arbitragem, é facultado, de comum acordo, o ajuizamento de dissídio coletivo de natureza econômica.

Desse modo, observa-se que a autocomposição dos conflitos coletivos de natureza econômica é prevista constitucionalmente, razão pela qual se mostra aplicável o disposto no art. 165 do CPC/2015 nesses casos, de modo que a conciliação e a mediação seja tentada em momento prévio ao ajuizamento do dissídio coletivo. Esse entendimento é fortalecido pelo pressuposto da igualdade das partes no Direito Coletivo, o qual não se visualiza nos conflitos individuais[3].

3. Nesse sentido: DIAS, Carlos Eduardo Oliveira Dias. Comentários aos artigos 165 a 175 do Novo CPC. In: SILVA, José Antônio Ribeiro de Oliveira (coord.) *Comentários ao Novo CPC e sua aplicação ao processo do trabalho, v. 1: parte geral: arts. 1º ao 317: atualizado conforme a Lei nº 13.256/2016*. São Paulo: LTr, 2016. p. 224.

Por fim, pensamos que a Lei 13.467/17 (Reforma trabalhista) provoca alguns reflexos nessa temática.

É que, com o advento do art. 507-A da CLT, que autorizou a arbitragem para os empregados que possuem remuneração superior a duas vezes o limite máximo estabelecido para os benefícios do Regime Geral de Previdência Social, também se viabiliza a conciliação e a mediação de forma extrajudicial para tais empregados, não havendo, necessariamente, que passar pelo crivo do judiciário para produzir efeitos jurídicos.

Por outro lado, aos empregados que receberem remuneração até duas vezes o limite máximo estabelecido para os benefícios do Regime Geral de Previdência Social também poderão fazer mediações extrajudiciais, mas, nesses casos, para que produzam efeitos jurídicos obrigatoriamente deverão se submeter à homologação judicial, por meio do processo de jurisdição voluntária para homologação de acordo extrajudicial (CLT, arts. 855-B a 855-E).

2.2. Comissão de Conciliação Prévia

2.2.1. Introdução

A Comissão de Conciliação Prévia tem como principal objetivo tentar a solução dos conflitos de forma extrajudicial (fora do Poder Judiciário). Como não há presença do Estado nessa pacificação, pois o conflito é resolvido na própria empresa ou no sindicato, tem-se um mecanismo de **autocomposição**.

Essa comissão poderá conciliar apenas **conflitos individuais de trabalho**, havendo a possibilidade, segundo a CLT, de o empregado transacionar direitos trabalhistas.

Por outro lado, a comissão não tem atribuição para resolver conflitos coletivos, que serão solucionados por mediação, arbitragem, acordo ou convenção coletiva, ou ainda por dissídio coletivo.

Em resumo, as Comissões de Conciliação Prévia foram criadas como forma de tentar solucionar os conflitos existentes entre empregados e empregadores. Poderão[4] ser criadas pelas empresas ou pelos sindicatos e, caso existam, na mesma localidade e para a mesma categoria, Comissão de Empresas e Comissão Sindical, o interessado deve optar por uma delas. De acordo com o art. 625-A da CLT:

> As empresas e os sindicatos podem instituir Comissões de Conciliação Prévia, de composição paritária, com representantes dos empregados e dos empregadores, com a atribuição de tentar conciliar os conflitos individuais do trabalho.

4. Importante destacar que o empregador não está obrigado a criar essas comissões. Trata-se de uma opção/ faculdade.

2.2.2. Composição da Comissão de Conciliação Prévia Criada em Âmbito da Empresa

A composição dos membros da Comissão de Conciliação Prévia no âmbito da **empresa** será paritária, ou seja, o mesmo número de representantes dos trabalhadores e de representantes do empregador. O número de membros será de, no mínimo, 2 e, no máximo, 10 membros. O mandato, tanto de titulares como suplentes, é de 1 ano, permitida uma recondução (mandato com prazo máximo de 2 anos).

Importante destacar que os representantes dos trabalhadores serão eleitos em votação secreta[5]. Em razão disso, para que não haja perseguição, titulares e suplentes possuirão garantia provisória de emprego (estabilidade), até 1 ano após o fim do mandato, salvo se cometerem falta grave. A propósito, o art. 625-B, § 1º, da CLT não prevê o termo inicial dessa garantia provisória, declinando o doutrinador Sérgio Pinto Martins o que segue:

> A garantia de emprego não se inicia com a candidatura, mas desde a posse, pois a lei nada menciona nesse sentido, como ocorre, por exemplo, com o parágrafo 3º do artigo 543 da CLT, no que diz respeito aos dirigentes sindicais[6].

Cabe destacar que os membros da comissão que forem representantes dos empregadores não gozam de estabilidade. Eles serão diretamente indicados pelo empregador.

Outro ponto relevante diz respeito ao período que o membro for convocado para atuar como conciliador. Nesse caso, durante a atuação na comissão, será computado como tempo de trabalho efetivo, configurando, portanto, hipótese de **interrupção** do contrato de trabalho.

A composição da comissão em **âmbito sindical** terá sua constituição e normas definidas em acordo ou convenção coletiva. Logo, as regras anteriores, como número de membros, eleição secreta etc., serão decididas em negociação coletiva.

2.2.3. Necessidade de Submeter a Demanda à Comissão de Conciliação Prévia

Nas localidades onde houver Comissão de Conciliação Prévia, a demanda será submetida à tentativa de conciliação antes de se ingressar com a reclamação trabalhista na Justiça do Trabalho.

Havia discussão sobre a obrigatoriedade de submeter a demanda à Comissão de Conciliação Prévia, antes de ingressar na Justiça do Trabalho.

---

5. O art. 625-B da CLT prevê escrutínio secreto, ou seja, forma de votação secreta.
6. MARTINS, Sérgio Pinto. Comentários à CLT. 13. ed. São Paulo: Atlas, 2009. p. 686.

Para uns, caso o empregado ingressasse diretamente na Justiça sem a prévia tentativa de conciliação, se existisse a Comissão de Conciliação Prévia na empresa, o juiz extinguiria o processo sem resolução de mérito, com base no art. 485, VI, do CPC/2015. Nesse caso, o empregado não teria atendido a uma das condições da ação expressamente previstas em lei (art. 625-D da CLT).

No entanto, nos dias atuais esse entendimento está superado, uma vez que o Supremo Tribunal Federal – STF[7] – decidiu no sentido de que é **faculdade** do trabalhador a tentativa de conciliação perante a CCP, ou seja, ele poderá ingressar diretamente na Justiça do Trabalho.

Diante dessa faculdade, reduziu-se consideravelmente a utilização das Comissões de Conciliação Prévia. Ademais, com o advento da Lei nº 13.467/17, que criou o processo de jurisdição voluntária para homologação de acordo extrajudicial, diminuir-se-á ainda mais a utilização das Comissões de Conciliação Prévia, correndo o risco de cair totalmente no desuso.

De qualquer modo, caso as partes pretendam se submeter à CCP, elas não precisam de representação de advogado. Aliás, nos termos do art. 625-D da CLT, não há obrigatoriedade de selar o acordo, mas apenas a tentativa:

> Qualquer demanda de natureza trabalhista **será submetida** à Comissão de Conciliação Prévia se, na localidade da prestação de serviços, houver sido instituída a Comissão no âmbito da empresa ou do sindicato da categoria. (Grifos acrescidos)

2.2.4. Consequências da Conciliação Firmada Perante a CCP

Ao submeter a demanda à comissão, há um prazo de 10 dias para realizar a sessão de tentativa de conciliação. Durante esse prazo, a prescrição ficará suspensa. Se **não houver conciliação**, será fornecida às partes declaração da tentativa conciliatória frustrada, que deverá ser juntada à futura reclamação trabalhista.

Se as partes **aceitarem a conciliação**, será lavrado termo de conciliação. Esse termo apresenta duas características de extrema importância para o Direito do Trabalho:

a) Terá **eficácia liberatória geral**, ou seja, havendo acordo na CCP o empregado não poderá rediscutir perante a Justiça do Trabalho nenhuma matéria relacionada ao contrato de trabalho extinto, salvo se expressamente fizer ressalva no momento do acordo[8].

7. ADIN 2139-DF, Relator Ministro Marco Aurélio.
8. Nesse sentido: **Comissão de Conciliação Prévia. Acordo firmado sem ressalvas. Eficácia liberatória geral. Parágrafo único do art. 625-E da CLT.** Nos termos do parágrafo único do art. 625-E da CLT, o termo de conciliação, lavrado perante a Comissão de Conciliação Prévia regularmente constituída, possui eficácia liberatória geral, exceto quanto às parcelas ressalvadas expressamente. Em outras palavras, não há

b) Será **título executivo extrajudicial**[9], podendo ser executado diretamente na Justiça do Trabalho (CLT, art. 876). Desse modo, o empregado já ajuizará a ação de execução extrajudicial, não havendo necessidade de um processo de conhecimento, pois a dívida já está reconhecida no termo da CCP.

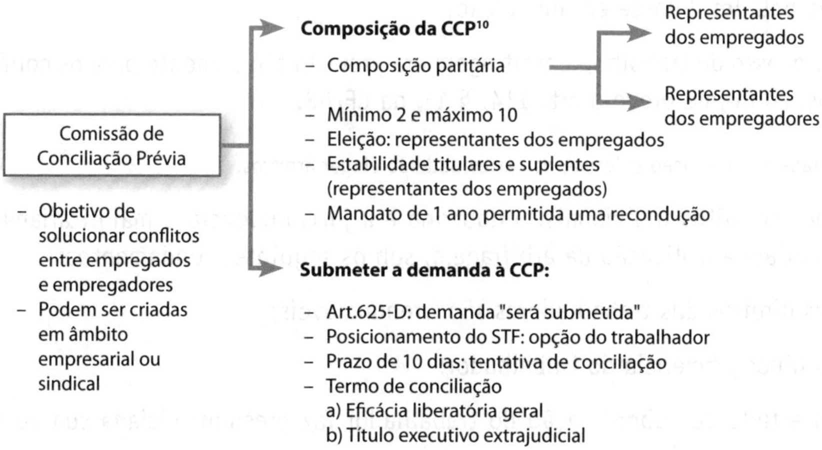

2.3. Processo de jurisdição voluntária de homologação de acordo extrajudicial

Como forma de implementar a solução de conflitos extrajudiciais, a Lei nº 13.467/2017 incluiu os arts. 855-B a 855-E da CLT, disciplinando o processo de jurisdição voluntária para homologação de acordo extrajudicial.

Embora seja forma de autocomposição, é uma modalidade de jurisdição voluntária criada pelo legislador, razão pela qual trataremos do tema no tópico de jurisdição voluntária para onde remetemos o leitor.

---

limitação dos efeitos liberatórios do acordo firmado sem ressalvas, pois o termo de conciliação constitui título executivo extrajudicial, com força de coisa julgada entre as partes, equivalendo a uma transação e abrangendo todas as parcelas oriundas do vínculo de emprego. Com esse posicionamento, a SBDI-I, em sua composição plena, por unanimidade, conheceu dos embargos, por divergência jurisprudencial, e, no mérito, pelo voto prevalente da Presidência, deu-lhes provimento para julgar extinto o processo sem resolução de mérito, na forma do art. 267, IV, do CPC. Vencidos os Ministros Horácio Raymundo de Senna Pires, Rosa Maria Weber, Lelio Bentes Corrêa, Luiz Philippe Vieira de Melo Filho, Augusto César Leite de Carvalho, José Roberto Freire Pimenta e Delaíde Miranda Arantes, por entenderem que a quitação passada perante a Comissão de Conciliação Prévia não pode abranger parcela não inserida no correlato recibo. TST-E-RR-17400-43.2006.5.01.0073, SBDI-I, rel. Min. Aloysio Corrêa da Veiga, 8.11.2012 (Informativo nº 29 do TST).

9. O procedimento para impugnar o termo de conciliação na CCP é **ação anulatória** e não ação rescisória.

10. Essa composição refere-se às Comissões de Conciliação Prévia em âmbito da empresa. A composição da comissão em âmbito sindical é definida em acordo ou convenção coletiva.

3. ARBITRAGEM

Como já anunciado, a **heterocomposição** é a forma de solução do conflito por meio de terceira pessoa, que decide de modo obrigatório para as partes.

Quando a terceira pessoa é indicada pelas partes, temos a arbitragem. Caso seja investida pela lei, fala-se em jurisdição.

No processo do trabalho, a arbitragem era prevista tão somente para os conflitos coletivos, conforme prevê o art. 114, § 1º, da CF/88:

> Frustrada a negociação coletiva, as partes poderão eleger árbitros.

Já nos conflitos individuais, a doutrina e a jurisprudência[11], majoritariamente, não permitiam a utilização da arbitragem, sob os seguintes fundamentos:

- os direitos dos trabalhadores são irrenunciáveis;
- a hipossuficiência do trabalhador;
- o estado de subordinação do trabalhador faz presumir viciada sua vontade em aderir a cláusula compromissória.

No entanto, o art. 507-A da CLT, introduzido pela Lei nº 13.467/2017 (Reforma Trabalhista), passa a admitir a arbitragem para os empregados que possuem **remuneração** superior a duas vezes o limite máximo estabelecido para os benefícios do Regime Geral de Previdência Social. Cria-se, nesse caso, a presunção de que tais trabalhadores, embora subordinados, têm capacidade de manifestar sua vontade de forma livre, ante seu padrão remuneratório. São, pois, hipersuficientes.

Atenção:

O art. 444, parágrafo único, da CLT também prevê a figura do empregado hipersuficiente, permitindo a livre negociação entre empregado e empregador. Nesse caso, além de receber **salário mensal** igual ou superior a duas vezes o limite máximo dos benefícios do Regime Geral de Previdência Social, deve ter diploma de nível superior.

A conclusão que se extrai a contrario sensu, é que a arbitragem para os dissídios individuais só será admitida nos casos do art. 507-A da CLT, vedando-se sua utilização para os demais contratos de trabalho.

Nos casos em que é permitida, a arbitragem observará as diretrizes da Lei 9.307/1996, de modo que pressupõe a existência de pessoa capaz de contratar e somente servirá para **dirimir litígios relativos a direitos patrimoniais disponíveis** (art. 1º, *caput*).

11. TST-E-ED-RR-25900-67.2008.5.03.0075, SBDI-I, rel. Min. João Oreste Dalazen, 16.4.2015 (Informativo nº 104).

Considerando que o contrato de trabalho tem diversos objetos e especialmente efeitos anexos, algumas matérias estarão excluídas da arbitragem, como é o caso, por exemplo, de direitos da personalidade.

Além disso, a arbitragem decorre de **ato voluntário da parte**, isto é, não pode ser compulsória, já que decorre de ato contratual. Como descreve o art. 507-A da CLT, o compromisso arbitral pressupõe "iniciativa do empregado ou mediante a sua concordância expressa, nos termos previstos na Lei nº 9.307, de 23 de setembro de 1996".

Referida lei ao tratar do contrato de adesão, que é a regra também no contrato de trabalho, impõe em seu art. 4º, § 2º que "a cláusula compromissória só terá eficácia se o aderente tomar a iniciativa de instituir a arbitragem ou concordar, expressamente, com a sua instituição, **desde que por escrito em documento anexo ou em negrito, com a assinatura ou visto especialmente para essa cláusula**".

Com efeito, é salutar que a cláusula compromissória não seja uma simples cláusula do contrato de trabalho, havendo necessidade de ser destacada, inclusive com assinatura ou visto diretamente na cláusula.

Registra-se que a arbitragem poderá ser de direito ou de equidade, a critério das partes (art. 2º). No primeiro caso, submete-se as regras descrita no ordenamento jurídico. Já no segundo, o árbitro poderá julgar da forma que entender ser a mais justa, afastando-se inclusive das regras do ordenamento[12].

Aliás, poderão as partes escolher, livremente, as regras de direito que serão aplicadas na arbitragem, desde que não haja violação aos bons costumes e à ordem pública, podendo ainda convencionar que a arbitragem se realize com base nos princípios gerais de direito, nos usos e costumes e nas regras internacionais de comércio. No entanto, arbitragem que envolva a administração pública será sempre de direito e respeitará o princípio da publicidade (art. 2º, §§ 1º a 3º).

3.1 Cláusula compromissória e compromisso arbitral

As partes interessadas podem submeter a solução de seus litígios ao juízo arbitral mediante convenção de arbitragem.

A convenção de arbitragem compreende:

- **a cláusula compromissória**: consistente na convenção em que as partes decidem, previamente (i.e., antes de ocorrer o litígio), que havendo conflito acerca de determinado negócio jurídico ele será resolvido pela arbitragem; e o

12. DONIZETTI, Elpídio. Curso didático de direito processual civil. 20. ed. rev., atual. e ampl. São Paulo: Atlas, 2017. p. 117.

- **o compromisso arbitral**: corresponde à submissão de um litígio à arbitragem de uma ou mais pessoas. Noutras palavras, já existindo o litígio, as partes de comum acordo decidem submetê-lo ao juízo arbitral, escolhendo terceiro de confiança para decidi-lo, renunciando à atividade jurisdicional do Estado.

Embora exista essa diferenciação descrita, inclusive nos arts 4º e 9º da Lei nº 9.307/96, como bem descreve o doutrinador Fredie Didier Jr:

> Para efetivar a cláusula compromissória, costuma ser necessário que se faça um compromisso arbitral, que regulará o processo arbitral para a solução do conflito que surgiu. No entanto, se a cláusula compromissória for completa (contiver todos os elementos para imediata da arbitragem), não haverá necessidade de futuro compromisso arbitral[13].

Em resumo, sendo a cláusula compromissória completa, desnecessário o compromisso arbitral.

Existindo a convenção de arbitragem, tem-se um **pressuposto processual negativo** ao ajuizamento de reclamação trabalhista, de modo que sendo ajuizada será extinta sem resolução do mérito (CPC/2015, art. 485, VII). Importante destacar que esse pressuposto não pode ser conhecido de ofício, dependendo, portanto, de requerimento da parte (CPC/2015, art. 337, § 5º).

3.2. Quem poderá ser árbitro?

Nos termos do art. 13 da Lei nº 9.307/96, pode ser árbitro qualquer pessoa capaz e que tenha a confiança das partes.

Aliás, na seara trabalhista, o art. 83, XI, da LC nº 75/93 permite que o Ministério Público do Trabalho poderá atuar como árbitro, se assim for solicitado pelas partes, nos dissídios de competência da Justiça do Trabalho.

As partes nomearão um ou mais árbitros, sempre em número ímpar, podendo nomear, também, os respectivos suplentes (Lei nº 9.307/96, art. 13, § 1º).

Quando as partes nomearem árbitros em número par, estes estão autorizados, desde logo, a nomear mais um árbitro. Não havendo acordo, requererão as partes ao órgão do Poder Judiciário a nomeação do árbitro (art. 13, § 2º).

As partes poderão, de comum acordo, estabelecer o processo de escolha dos árbitros, ou adotar as regras de um órgão arbitral institucional ou entidade especializada (art. 13, § 3º).

---

13. DIDIER Jr., Fredie. *Curso de direito processual civil: introdução ao direito processual civil, parte geral e processo de conhecimento*. 18. ed. Salvador: Ed. Juspodivm, 2016. v.1. p. 173.

As partes, de comum acordo, poderão afastar a aplicação de dispositivo do regulamento do órgão arbitral institucional ou entidade especializada que limite a escolha do árbitro único, coárbitro ou presidente do tribunal à respectiva lista de árbitros, autorizado o controle da escolha pelos órgãos competentes da instituição, sendo que, nos casos de impasse e arbitragem multiparte, deverá ser observado o que dispuser o regulamento aplicável (art. 13, § 4º).

No desempenho de sua função, o árbitro deverá proceder com imparcialidade, independência, competência, diligência e discrição (art. 13, § 6º).

Os árbitros, quando no exercício de suas funções ou em razão delas, ficam equiparados aos funcionários públicos, para os efeitos penais (art. 17).

Ressalta-se que o árbitro é juiz de fato e de direito, e a sentença que proferir não fica sujeita a recurso ou a homologação pelo Poder Judiciário (art. 18).

A propósito, algumas pessoas estão impedidas de atuar como árbitros.

Nos termos do art. 14 da Lei 9.307/96, estão impedidos de funcionar como árbitros as pessoas que tenham, com as partes ou com o litígio que lhes for submetido, algumas das relações que caracterizam os casos de impedimento ou suspeição de juízes, aplicando-se lhes, no que couber, os mesmos deveres e responsabilidades, conforme previsto no Código de Processo Civil.

As pessoas indicadas para funcionar como árbitro têm o dever de revelar, antes da aceitação da função, qualquer fato que denote dúvida justificada quanto à sua imparcialidade e independência (art. 14, § 1º). O árbitro somente poderá ser recusado por motivo ocorrido após sua nomeação. Poderá, entretanto, ser recusado por motivo anterior à sua nomeação, quando:

a) não for nomeado, diretamente, pela parte; ou

b) o motivo para a recusa do árbitro for conhecido posteriormente à sua nomeação (art. 14, § 2º).

3.3. Procedimento

Instituída a arbitragem, haverá interrupção da prescrição, retroagindo à data do requerimento de sua instauração, ainda que extinta a arbitragem por ausência de jurisdição (art. 19, § 2º).

A parte que pretender arguir questões relativas à competência, suspeição ou impedimento do árbitro ou dos árbitros, bem como nulidade, invalidade ou ineficácia da convenção de arbitragem, deverá fazê-lo na primeira oportunidade que tiver de se manifestar, após a instituição da arbitragem (art. 20).

A arbitragem obedecerá ao procedimento estabelecido pelas partes na convenção de arbitragem, que poderá reportar-se às regras de um órgão arbitral institucional ou entidade especializada, facultando-se, ainda, às partes delegar ao próprio árbitro, ou ao tribunal arbitral, regular o procedimento (art. 21). Não havendo estipulação acerca do procedimento, caberá ao árbitro ou ao tribunal arbitral discipliná-lo (art. 21, § 1º).

Serão, sempre, respeitados no procedimento arbitral os princípios do contraditório, da igualdade das partes, da imparcialidade do árbitro e de seu livre convencimento (art. 21, § 2º).

As partes poderão postular por intermédio de advogado, respeitada, sempre, a faculdade de designar quem as represente ou assista no procedimento arbitral (art. 21, § 3º).

Competirá ao árbitro ou ao tribunal arbitral, no início do procedimento, tentar a conciliação das partes (art. 21, § 4º).

Antes de instituída a arbitragem, as partes poderão recorrer ao Poder Judiciário para a concessão de tutela de urgência, cessando a eficácia da medida se a parte interessada não requerer a instituição da arbitragem no prazo de 30 dias, contado da data de efetivação da respectiva decisão (art. 22-A).

Instituída a arbitragem com medida cautelar ou antecipatória já deferida pelo Poder Judiciário, caberá aos árbitros manter, modificar ou revogar a medida (art. 22-B, caput).

Por outro lado, estando já instituída a arbitragem, a tutela de urgência será requerida diretamente aos árbitros (art. 22-B, parágrafo único).

Poderá o árbitro ou o tribunal arbitral tomar o depoimento das partes, ouvir testemunhas e determinar a realização de perícias ou outras provas que julgar necessárias, mediante requerimento das partes ou de ofício (art. 22).

Em caso de desatendimento, sem justa causa, da convocação para prestar depoimento pessoal, o árbitro ou o tribunal arbitral levará em consideração o comportamento da parte faltosa, ao proferir sua sentença. Se a ausência for de testemunha, nas mesmas circunstâncias, poderá o árbitro ou o presidente do tribunal arbitral requerer à autoridade judiciária que conduza a testemunha renitente, comprovando a existência da convenção de arbitragem (art. 22, § 2º).

O árbitro ou o tribunal arbitral poderá expedir carta arbitral para que o órgão jurisdicional nacional pratique ou determine o cumprimento, na área de sua competência territorial, de ato solicitado pelo árbitro. No cumprimento da carta arbitral será observado o segredo de justiça, desde que comprovada a confidencialidade estipulada na arbitragem (art. 22-C).

A sentença arbitral será proferida no prazo estipulado pelas partes. Nada tendo sido convencionado, o prazo para a apresentação da sentença é de seis meses, contado da instituição da arbitragem ou da substituição do árbitro, sem prejuízo das partes e dos árbitros, de comum acordo, prorrogarem o prazo para proferir a sentença final (art. 23, caput e § 2º).

São requisitos obrigatórios da sentença arbitral:

> I – o relatório, que conterá os nomes das partes e um resumo do litígio;
>
> II – os fundamentos da decisão, onde serão analisadas as questões de fato e de direito, mencionando-se, expressamente, se os árbitros julgaram por equidade;
>
> III – o dispositivo, em que os árbitros resolverão as questões que lhes forem submetidas e estabelecerão o prazo para o cumprimento da decisão, se for o caso; e
>
> IV – a data e o lugar em que foi proferida (art. 26).

A sentença arbitral produz, entre as partes e seus sucessores, os mesmos efeitos da sentença proferida pelos órgãos do Poder Judiciário e, sendo condenatória, constitui título executivo judicial (Lei 9.307/96, art. 31; CPC/2015, art. 515, VII). Portanto, a sentença arbitral produz efeitos imediatos, não dependendo de homologação judicial.

De qualquer modo, embora o juiz arbitral possa decidir, não pode praticar nenhuma providência executiva[14], as quais deverão ser realizadas no Poder Judiciário nos termos do cumprimento do sentença.

3.4. Controle judicial

Como já aludido, a convenção de arbitragem é pressuposto processual negativo ao ajuizamento de reclamação trabalhista. No entanto, sendo firmada para objetos que não admitem arbitragem (direitos indisponíveis ou não patrimoniais), por agente incapaz, não observada a forma prescrita em lei ou havendo vício de vontade, é possível a declaração de nulidade da cláusula compromissória dentro da própria reclamação.

Não sendo o caso de nulidade da cláusula compromissória e existindo a arbitragem, a sentença arbitral poderá ser atacada judicialmente apenas na hipótese de vícios formais, não se admitindo a reforma ou revogação do mérito da decisão (Lei 9.307/96, art. 32 e 33).

A demanda para a declaração de nulidade da sentença arbitral, parcial ou final, deverá ser proposta no prazo de até 90 dias após o recebimento da notificação da respectiva sentença, parcial ou final, ou da decisão do pedido de

---

14. DIDIER Jr., Fredie. *Curso de direito processual civil: introdução ao direito processual civil, parte geral e processo de conhecimento*. 18. ed. Salvador: Ed. Juspodivm, 2016. v.1. p. 172.

esclarecimentos (art. 331, § 1º). A decretação da nulidade da sentença arbitral também poderá ser requerida na impugnação ao cumprimento da sentença, nos termos dos arts. 525 e seguintes do Código de Processo Civil, se houver execução judicial (art. 33, § 3º).

Ultrapassado o prazo de 90 dias, a sentença arbitral torna-se imutável pela coisa julgada.

4. JURISDIÇÃO

A **jurisdição** confere ao juiz o poder-dever de solucionar os conflitos de interesses com definitividade. Ela pode ser entendida "como a atuação estatal visando à aplicação do direito objetivo ao caso concreto, resolvendo-se com definitividade uma situação de crise jurídica e gerando com tal solução a pacificação social"[15].

4.1. Escopos da jurisdição

A jurisdição, como decorrência do poder estatal, é direcionada à realização dos fins do Estado[16], que no caso brasileiro vêm descritos na própria Constituição Federal, a qual obriga a construir uma sociedade livre, justa e solidária, a erradicar a pobreza e a marginalização e reduzir as desigualdades sociais e regionais, além de promover o bem de todos, sem preconceitos de origem, raça, sexo, cor, idade e quaisquer outras formas de discriminação (art. 3º, da CF/88).

Tais fins são descritos pela doutrina como escopos da jurisdição[17], ou seja, os principais objetivos a serem perseguidos pela jurisdição, dividindo-os em:

- **escopo social**: consiste na pacificação da sociedade com justiça, além de educá-la, ensinando as pessoas o que não podem fazer e como fazer para obter a tutela de seus interesses[18].
- **escopo político**: decorre da própria manifestação do poder estatal, que tem cunho eminentemente político. Tal escopo busca alcançar três aspectos: "Primeiro, afirmar a capacidade estatal de decidir imperativamente (poder), (...); segundo, concretizar o culto ao valor liberdade, com isso limitando e

15. NEVES, Daniel Amorim Assumpção. *Manual de direito processual civil – v. único*. 8. ed. Salvador: Ed. Juspodivm, 2016. p. 1.
16. DINAMARCO, Cândido Rangel. *A instrumentalidade do processo*. 12. ed. São Paulo: Malheiros Editores Ltda, 2005. p. 182.
17. DINAMARCO, Cândido Rangel. *A instrumentalidade do processo*. 12. ed. São Paulo: Malheiros Editores Ltda, 2005. p. 188.
18. CÂMARA, Alexandre Freitas. *Lições de direito processual civil*. 18. ed. Rio de Janeiro: Lumen Juris, 2008. v. 1, p. 80.

fazendo observar os contornos do poder e do seu exercício, para a dignidade dos indivíduos sobre as quais ele se exerce; finalmente, assegurar a participação dos cidadãos, por si mesmos ou através de suas associações, nos destinos da sociedade política"[19] (destaques no original).

- **escopo jurídico**: visa à aplicação da vontade concreta do direito objetivo.

Foge-se, portanto, da ideia de que a jurisdição tem função meramente jurídica de aplicar ao caso concreto o direito objetivo. Amplia-se seu contexto de atuação, vez que a jurisdição, por ser manifestação do poder estatal, possui implicações sociopolíticas.

4.2. Princípios da Jurisdição

a) Territorialidade

O princípio da territorialidade corresponde à noção de que os juízes só possuem autoridade nos limites territoriais de sua jurisdição, ou seja, que o juiz somente poderá realizar determinados atos processuais no âmbito de sua competência territorial.

Quando os atos processuais tiverem que ser realizados em território distinto, os magistrados poderão se valer de instrumentos de cooperação, como as cartas precatórias e rogatórias.

Em algumas situações, o CPC/2015 mitiga o princípio da territorialidade, conforme se observa no art. 255 que estabelece que nas comarcas contíguas de fácil comunicação e nas que forem situadas na mesma região metropolitana, poderão ser realizadas as citações, intimações, notificações, penhoras e quaisquer outros atos executivos sem que haja a necessidade de carta precatória. Referido dispositivo, por exaltar a efetividade da tutela jurisdicional, deve ser aplicado ao processo do trabalho (CLT, art. 769).

b) Indelegabilidade

A indelegabilidade compreende a vedação de que os poderes decisórios, inerentes à função jurisdicional, sejam delegados a outro órgão. Caso referido princípio não seja observado, haverá o desrespeito não somente das regras de competência, como também do princípio do juiz natural[20].

A indelegabilidade veda ainda que um órgão jurisdicional, após determinada sua competência, delegue a decisão do caso a outro órgão jurisdicional.

---

19. DINAMARCO, Cândido Rangel. *A instrumentalidade do processo*. 12. ed. São Paulo: Malheiros Editores Ltda, 2005. p. 204-205.

20. Nesse sentido: DIDIER JR., Fredie. *Curso de Direito Processual Civil: introdução ao direito processual civil, parte geral e processo de conhecimento*. 17. ed. Salvador: Juspodivm, 2015. p. 175.

A delegação de competência, em regra, somente poderá ocorrer com relação a determinados atos executivos e não decisórios. Como exemplo dessa delegação, cita-se a previsão do art. 203, § 4º, do CPC/2015 que declina que "os atos meramente ordinatórios, como a juntada e a vista obrigatória, independem de despacho, devendo ser praticados de ofício pelo servidor e revistos pelo juiz quando necessário".

c) Inafastabilidade

O princípio da inafastabilidade da jurisdição é previsto no art. 5º, XXXV, da CF/88, ao prescrever que "a lei não excluirá da apreciação do Poder Judiciário lesão ou ameaça a direito". A inafastabilidade da jurisdição mostra-se, desse modo, intrinsecamente relacionada à ideia de acesso à justiça. Referido princípio foi reproduzido no art. 3º do CPC/2015[21].

A inafastabilidade da jurisdição representa a garantia de que qualquer cidadão poderá buscar a efetivação de seus direitos pelo acesso ao Poder Judiciário. Essa garantia, contudo, não abrange apenas o direito de movimentação da máquina judiciária por meio do processo, mas também a possibilidade que a parte terá na obtenção de uma efetiva tutela jurisdicional. Em outras palavras, "o acesso à justiça não se resume ao direito de ser ouvido em juízo e de obter uma resposta qualquer do órgão jurisdicional. Por acesso à Justiça hoje se compreende o direito a uma tutela efetiva e justa para todos os interesses dos particulares agasalhados pelo ordenamento jurídico"[22].

d) Juiz natural

O princípio do juiz natural, apesar de não previsto literalmente no texto constitucional, pode ser observado pela análise dos incisos XXXVII e LIII do art. 5º da CF/88. Esse princípio deve ser analisado sob três dimensões, significando que:

1) não haverá juízo ou tribunal de exceção (*ad hoc*), nos termos do art. 5º, XXXVII, da CF/88;

2) todos têm direito de se submeter a um juízo competente previamente constituído na forma da lei (CF/88, art. 5º, LIII);

3) o juiz competente deve ser imparcial.

Assim, a observância do referido princípio exige que o juiz competente seja determinado por regras estabelecidas em momento anterior ao processo e de forma impessoal e objetiva. O estabelecimento da competência dos tribunais exige que a jurisdição seja exercida exclusivamente por pessoas regularmente investidas nas funções da magistratura (princípio da investidura).

21. Art. 3º Não se excluirá da apreciação jurisdicional ameaça ou lesão a direito.

22. THEODORO JÚNIOR. Humberto. *Curso de Direito Processual Civil, v. 1*. 56. ed. Rio de Janeiro: Forense, 2015, p. 74.

Ademais, exige que o juízo competente julgue de forma imparcial e independente. Para a consecução desse princípio é que servem as regras de distribuição processual. É interessante destacar que juiz imparcial não é sinônimo de neutralidade. O caráter publicista do processo impõe atuação ativa do juiz para assegurar igualdades reais de oportunidades para as partes.

4.3. Jurisdição voluntária

Tradicionalmente, a jurisdição é dividida em duas espécies:

- jurisdição contenciosa; e
- jurisdição voluntária.

A jurisdição contenciosa corresponde à "jurisdição propriamente dita",[23] ou seja, à função jurisdicional desempenhada pelo Estado na pacificação ou composição dos litígios que envolvem, necessariamente, um conflito de interesses.

A jurisdição voluntária, por sua vez, é excepcional, provocando discussões na doutrina acerca de sua natureza: se consistente em atividade jurisdicional ou em atividade meramente administrativa praticada pelo Poder Judiciário.

4.3.1. Natureza jurídica

Para parcela expressiva da doutrina (teoria clássica ou teoria administrativista), a jurisdição voluntária não deve ser entendida como espécie de jurisdição, mas sim, como **administração pública de interesses privados realizada pelo Poder Judiciário.**[24] Para esses autores, não se considera a jurisdição voluntária como atividade jurisdicional, em razão de não possuir as seguintes características: lide, substitutividade e partes. Assim, na jurisdição voluntária não haveria ação ou processo, mas apenas requerimento e procedimento. Do mesmo modo, não se poderia falar em coisa julgada, mas em mera preclusão.

Outra parcela da doutrina (teoria revisionista ou jurisdicionalista), que acreditamos estar com a razão, enquadra a jurisdição voluntária como **atividade jurisdicional.** Essa vertente entende que na jurisdição voluntária estão presentes características essenciais à jurisdição, especialmente:

---

23. THEODORO JÚNIOR. Humberto. *Curso de Direito Processual Civil, v. 1.* 56. ed. Rio de Janeiro: Forense, 2015, p. 117.

24. Nesse sentido: GRECO, Leonardo *apud* DIDIER JR., Fredie. *Curso de direito processual civil: introdução ao direito processual civil, parte geral e processo de conhecimento, v. 1.* 18. ed. Salvador: Editora Juspodivm, 2016. p. 191 e THEODORO JÚNIOR, Humberto. *Curso de direito processual civil – teoria geral do direito processual civil, processo de conhecimento e procedimento comum – v. I.* 56. ed. Rio de Janeiro: Forense, 2015. p. 117.

- **a lide**: apesar de não haver lide no seu contexto clássico – pretensão resistida -, há uma insatisfação das partes que, por expressa previsão legal, condiciona a obtenção do bem da vida com os efeitos jurídicos desejados à intervenção do Poder Judiciário.[25] Aliás, em alguns casos existe inclusive a lide, por exemplo, na interdição e na retificação de registro. O que se tem na jurisdição voluntária não é a ausência completa de lide, mas sim a não exigência de sua indicação como pressuposto da petição inicial.[26] De todo modo, havendo ou não lide, são casos em que se exige a atuação judicial para a produção dos efeitos desejados.
- **a atuação judicial**: é necessário que a jurisdição voluntária seja realizada por juízes investidos nessa função e que não estejam sujeitos ao controle de outros órgãos estatais. Além disso, o juiz deverá atuar com a imparcialidade exigida na jurisdição contenciosa. Observa-se que, mesmo na jurisdição voluntária, o juiz atuará na defesa dos interesses dos particulares sujeitos à sua decisão, e não no interesse próprio da Administração, do Estado ou mesmo da coletividade.[27]
- **o processo**: a jurisdição voluntária se constitui como verdadeiro processo, e não como mero procedimento. Isso porque há uma relação jurídica processual que se desenvolve por meio de um procedimento que garante, em regra, o exercício do contraditório.[28] Ademais, ainda que se considere que a jurisdição voluntária possui natureza administrativa, isso, por si só, não nega a existência de um processo propriamente dito, ainda que consistente em processo administrativo. Sendo considerado processo, há necessidade de observação de todos os pressupostos processuais.[29]
- **a presença de partes**: não se deve pensar na acepção substancial do termo, mas sim no seu conceito processual. Isso quer dizer que, para que os sujeitos da demanda sejam considerados partes, não é necessário que estejam necessariamente em conflito, ou seja, em posições contrárias, bastando que participem da relação jurídica processual.[30]

---

25. NEVES, Daniel Amorim Assumpção. *Manual de direito processual civil.* V. único. 8. ed. Salvador: Editora Juspodivm, 2016. p. 43.
26. DIDIER JR., Fredie. *Curso de direito processual civil: introdução ao direito processual civil, parte geral e processo de conhecimento, v. 1.* 18. ed. Salvador: Editora Juspodivm, 2016. p. 193.
27. DIDIER JR., Fredie. *Curso de direito processual civil: introdução ao direito processual civil, parte geral e processo de conhecimento, v. 1.* 18. ed. Salvador: Editora Juspodivm, 2016. p. 194.
28. NEVES, Daniel Amorim Assumpção. *Manual de direito processual civil.* V. único. 8. ed. Salvador: Editora Juspodivm, 2016. p. 44.
29. DIDIER JR., Fredie. *Curso de direito processual civil: introdução ao direito processual civil, parte geral e processo de conhecimento, v. 1.* 18. ed. Salvador: Editora Juspodivm, 2016. p. 194.
30. DIDIER JR., Fredie. *Curso de direito processual civil: introdução ao direito processual civil, parte geral e processo de conhecimento, v. 1.* 18. ed. Salvador: Editora Juspodivm, 2016. p. 194 e NEVES, Daniel Amorim Assumpção. *Manual de direito processual civil.* V. único. 8. ed. Salvador: Editora Juspodivm, 2016. p. 44.

- **a coisa julgada material**: corroborando a tese de que a jurisdição voluntária consiste em verdadeira espécie de jurisdição, entende-se que há a formação de coisa julgada material. Não pode, portanto, a decisão proferida em jurisdição voluntária ser rediscutida, com exceção dos casos em que houver fato superveniente, assim como ocorre na jurisdição contenciosa.[31]

4.3.2. *Características*

A jurisdição voluntária possui as seguintes características: obrigatoriedade, inquisitoriedade e juízo de equidade.

4.3.2.1. *Obrigatoriedade*

Apesar da denominação "jurisdição voluntária", nessas demandas, por escolha do legislador, o efeito jurídico pretendido pelas partes apenas é produzido se houver a intervenção judicial, devido às características do objeto ou das partes pertencentes à relação processual.[32]

4.3.2.2. *Inquisitoriedade*

Na jurisdição voluntária, a inquisitoriedade possui maior carga do que na jurisdição contenciosa.[33] Essa conclusão se deve pelo fato de que, em algumas situações no processo civil, o juiz pode, de ofício, dar início ao processo de jurisdição voluntária, mesmo com a previsão expressa dos legitimados no art. 720 do CPC/2015.

Além disso, o juiz possui maior poderes instrutórios, podendo produzir provas mesmo contra a vontade de ambas as partes. Diferentemente da jurisdição contenciosa, o juiz ainda pode decidir contra a vontade de ambas as partes da relação jurídica, quando, por exemplo, não homologa o acordo extrajudicial apresentado pelas partes.

4.3.2.3. *Juízo de equidade*

Como decorrência da própria inquisitoriedade do juízo na jurisdição voluntária, permite-se que a decisão seja proferida com base no juízo de equidade, nos termos do art. 723, parágrafo único, do CPC/2015:

> O juiz não é obrigado a observar critério de legalidade estrita, podendo adotar em cada caso a solução que considerar mais conveniente ou oportuna.

31. DIDIER JR., Fredie. *Curso de direito processual civil: introdução ao direito processual civil, parte geral e processo de conhecimento, v. 1*. 18. ed. Salvador: Editora Juspodivm, 2016. p. 196.
32. NEVES, Daniel Amorim Assumpção. *Manual de direito processual civil*. V. único. 8. ed. Salvador: Editora Juspodivm, 2016. p. 39.
33. NEVES, Daniel Amorim Assumpção. *Manual de direito processual civil*. V. único. 8. ed. Salvador: Editora Juspodivm, 2016. p. 40.

A partir desse dispositivo, entende-se que na jurisdição voluntária, o julgador possui maior discricionariedade, uma vez que não está adstrito à literalidade das normas jurídicas.

No entanto, essa liberdade concedida ao juiz não pode ser tão ampla como parece, devendo ser adequadamente interpretada, especialmente no direito do trabalho. Como bem adverte Leonardo Greco:

> O respeito à lei pelos juízes, como por qualquer autoridade, é uma garantia inerente ao Estado de Direito e à eficácia concreta dos direitos de todos, proclamada enfaticamente no inc. XXXV e no § 1º no art. 5º da CF.
>
> Sem dúvida, na jurisdição voluntária há muitas questões de direito material que comportam juízos de equidade, como as relativas à proteção dos menores e incapazes, em que a própria lei recomenda que o juiz adote a providência mais adequada e conveniente. Não se pode extrair daí uma exceção ao princípio da adstrição (...), muito menos que o abandono do critério da legalidade seja uma regra geral na jurisdição voluntária.
>
> Há, por outro lado, muitas outras questões que devem ser apreciadas sob juízos de legalidade estrita, como, por exemplo, a extinção de usufruto ou fideicomisso.
>
> Ainda nas hipóteses em que o direito material faculta a formulação de juízos discricionários, deve o juiz explicitar as razões da sua decisão para evidenciar a sua causalidade adequada, velando que essas determinem em todos os casos idênticos soluções absolutamente uniformes. Nesse sentido, aliás, o Código de Processo Civil de 2015 valoriza a uniformidade da jurisprudência (arts. 926 e 927). Fica, portanto, afastada qualquer equiparação da equidade à ideia de que cada caso é um caso, podendo o juiz arbitrariamente e sem qualquer critério objetivo razoável adotar a decisão que lhe aprouver.
>
> (...)
>
> Assim, com todas as ressalvas feitas à redação do parágrafo único do art. 723, parece que a norma se refere ao direito material, mas como acima esclarecido, de aplicação mais ou menos extensa em função do regime jurídico a que esteja sujeita a relação jurídica de direito material[34].

Atraindo referidas lições para o direito do trabalho, é evidente que o juiz do trabalho não poderá analisar as regras de direito material inseridas no acordo extrajudicial com base nos critérios de conveniência ou oportunidade (equidade), estando restrito à legalidade estrita[35].

Nada obsta que, quanto a forma, prazo e condições de cumprimento a análise seja com maior discricionariedade, entendendo, por exemplo, razoável ou não o prazo acordado para o pagamento[36].

---

34. GRECO, Leonardo. Comentários ao art. 723 do CPC/15. In: WAMBIER, Teresa Arruda Alvim et al. *Breves comentários ao Novo Código de Processo Civil de acordo com as alterações da lei nº 13.256/2016*. 2. ed. São Paulo: Editora Revista dos Tribunais, 2016. p. 1751-1752.

35. No mesmo sentido, BEBBER, Júlio Cesar. Reforma trabalhista: Homologação de acordo extrajudicial. In: MIESSA, Élisson; CORREIA, Henrique (orgs). *A reforma trabalhista e seus impactos para o mundo do trabalho*. Salvador: Editora Juspodivm. No prelo.

36. Observada a restrição do art. 855-C da CLT, quanto ao prazo para pagamento das verbas rescisórias.

De qualquer modo, essa concessão de discricionariedade não afasta a aplicação do art. 489, § 1º, do CPC, impondo que a decisão seja fundamentada.

4.3.3. Jurisdição voluntária no processo do trabalho

A jurisdição voluntária, no processo do trabalho, já foi utilizada para os trabalhadores rurais na época em que seus créditos eram imprescritíveis, como previa o art. 233 da CF/88, in verbis:

> **Art. 233.** Para efeito do art. 7º, XXIX, o empregador rural comprovará, de cinco em cinco anos, perante a Justiça do Trabalho, o cumprimento das suas obrigações trabalhistas para com o empregado rural, na presença deste e de seu representante sindical.
>
> § 1º Uma vez comprovado o cumprimento das obrigações mencionadas neste artigo, fica o empregador isento de qualquer ônus decorrente daquelas obrigações no período respectivo. Caso o empregado e seu representante não concordem com a comprovação do empregador, caberá à Justiça do Trabalho a solução da controvérsia.
>
> § 2º Fica ressalvado ao empregado, em qualquer hipótese, o direito de postular, judicialmente, os créditos que entender existir, relativamente aos últimos cinco anos.
>
> § 3º A comprovação mencionada neste artigo poderá ser feita em prazo inferior a cinco anos, a critério do empregador.

Com o advento da EC nº 28/2000, aludido dispositivo foi revogado, não se admitindo na seara laboral a incidência da jurisdição voluntária.

A Lei nº 13.467/17 (Reforma trabalhista), no entanto, aparentemente inspirou-se no referido artigo para restabelecer o termo de quitação de obrigações trabalhistas (CLT, art. 507-B[37]), bem como a jurisdição voluntária inserida nos arts. 855-B a 855-E da CLT.

Ademais, a homologação de acordo extrajudicial tem como fonte o art. 515, III, c/c o art. 725, VIII, do CPC, os quais tem um nítido objetivo: criar um título judicial e formar a coisa julgada. Como bem adverte o doutrinador Fredie Didier Jr.

> É possível a homologação de qualquer acordo extrajudicial ao juízo competente. O procedimento para homologação do acordo extrajudicial é de jurisdição voluntária (art. 725, VIII, CPC). Uma vez homologado, este acordo torna-se título executivo judicial (art. 515, III, CPC). O acordo extrajudicial não homologado judicialmente pode ser considerado um título extrajudicial, preenchidos os demais pressupostos do inciso III do art. 784 da CPC. Há, pois, uma diferença no tratamento normativo do negócio jurídico. A execução de título judicial não permite qualquer discussão; a cognição é limitada, exatamente porque se trata de uma execução de sentença (somente podem ser alegadas as matérias constantes do art. 525, § 1º, CPC, quase todos elas relativas a fatos posteriores ao negócio jurídico). A execução de título extrajudicial permite ao executado a alegação de qualquer matéria de defesa, sem limitação alguma (art. 917 do CPC). Qual o fundamento para a diferença do tratamento? A

37. Agora anual, para todos os trabalhadores e sem intervenção judicial (mas com intervenção do sindicato).

coisa julgada, atributo das decisões judiciais, mesmo homologatórias, mesmo em jurisdição voluntária, impede a rediscussão do que foi decidido (no caso, decisão das partes interessadas homologada em juiz). (...)[38] (grifos no original)

No processo do trabalho, os objetivos jurídicos do art. 855-B da CLT são dois:

- **conceder efeitos jurídicos ao acordo extrajudicial, transformando-o em título judicial.** É interessante que, nessa seara, o acordo extrajudicial não homologado em juízo não é considerado nem mesmo como título extrajudicial;
- **formação de coisa julgada** para tornar indiscutível as verbas contempladas no acordo homologado.

5. PROCEDIMENTO DA HOMOLOGAÇÃO DE ACORDO EXTRAJUDICIAL

Os arts. 855-B e 855-D estabelecem o procedimento para a homologação do acordo extrajudicial, com as seguintes diretrizes:

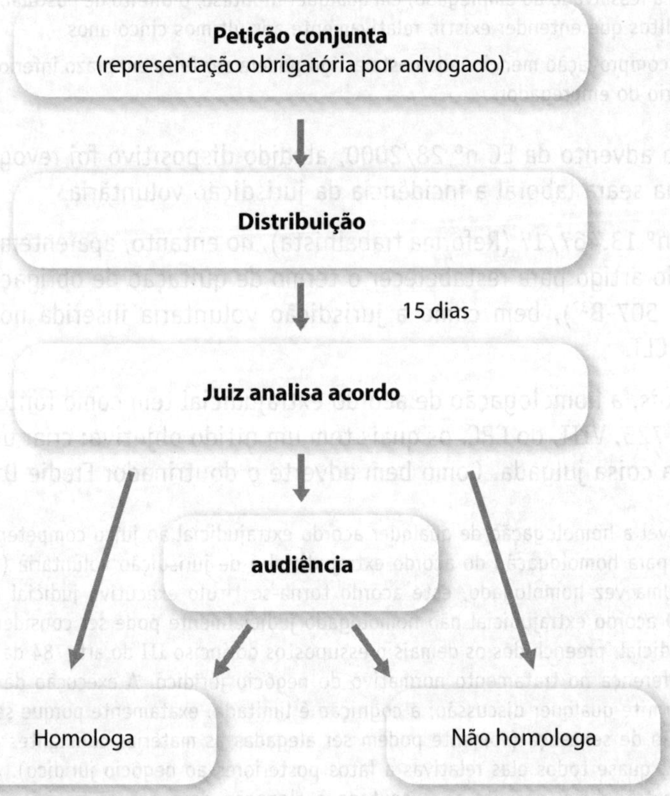

38. DIDIER JR., Fredie. *Curso de direito processual civil: introdução ao direito processual civil, parte geral e processo de conhecimento, v. 1.* 18. ed. Salvador: Editora Juspodivm, 2016. p. 195-196.

5.1. Petição conjunta

De acordo com o art. 855-B, da CLT, incluído pela Lei nº 13.467/2017, o processo de homologação de acordo extrajudicial terá início por petição conjunta.

Esse pressuposto é exigido para que se demonstre que o acordo é pré-processual. Noutras palavras, empregado e empregador já negociaram e fizeram as concessões recíprocas antes do ajuizamento da ação.

Cria-se, pois, um pressuposto negativo para o ajuizamento desse processo, de modo que, não havendo petição conjunta, o processo poderá ser extinto sem resolução do mérito. A exigência de que a petição seja conjunta afasta, consequentemente, a possibilidade de apresentação de petição verbal para a homologação de acordo extrajudicial.

Para que o magistrado possa analisar se o acordo possui ou não vícios, bem como o alcance e extensão da sua decisão, a petição conjunta deverá ainda conter "dados mínimos do contrato, admissão, dispensa, salário e jornada, assim como descrever os pontos do conflito e o que motivou a negociação, além da obrigatória especificação das parcelas e valores".[39]

Além disso, a petição deverá descrever todas as obrigações acordadas entre as partes, bem como as consequências em caso de inadimplemento. Apesar de não haver necessidade de juntada de documentos, recomenda-se que as partes anexem cópias da CTPS, extrato do FGTS, termo de rescisão contratual, recibos de pagamento e outros documentos que forem relevantes à apreciação pelo magistrado.[40]

5.2. Representação por advogado

O art. 855-B da CLT declina que é obrigatória a representação das partes por advogado, nos casos de processo de homologação de acordo extrajudicial.

Impede, assim, a utilização do *jus postulandi*.

O art. 855-B da CLT ainda faz duas observações:

1) **as partes não poderão ser representadas por advogado comum** (§ 1º). A utilização de advogado comum presume a lide simulada, obstando a homologação do acordo. Aliás, pelo objetivo da norma também não se admite que

39. VIANNA, Ana Cláudia Torres. Jurisdição Voluntária na Justiça do Trabalho: homologação de acordos extrajudiciais, inquietações e provocações. In: BARBOSA, Amanda; BUGALHO, Andréia Chiquini; SANTOS, Luiza de Oliveira Garcia Miessa dos. *Atualidades e tendências do direito e processo do trabalho*. Vol. 2. Salvador: Juspodivm, 2019. p. 330-331.

40. VIANNA, Ana Cláudia Torres. Jurisdição Voluntária na Justiça do Trabalho: homologação de acordos extrajudiciais, inquietações e provocações. In: BARBOSA, Amanda; BUGALHO, Andréia Chiquini; SANTOS, Luiza de Oliveira Garcia Miessa dos. *Atualidades e tendências do direito e processo do trabalho*. Vol. 2. Salvador: Juspodivm, 2019. p. 330-331.

os advogados, ainda que distintos, sejam integrantes do mesmo escritório de advocacia.

2) o trabalhador poderá ser assistido pelo advogado do sindicato de sua categoria[41].

5.2.1. Honorários advocatícios sucumbenciais no acordo extrajudicial

Conquanto haja participação obrigatória do advogado, por se tratar de jurisdição voluntária, não há sucumbência, de modo que cada interessado arcará com os honorários de seu advogado, não incidindo os honorários sucumbenciais.[42] Aplica-se analogicamente o art. 88 do CPC/2015.

5.3. Prazo para analisar o acordo extrajudicial

O art. 855-D da CLT estabelece que o juiz analisará o acordo no prazo de 15 dias contados a partir da distribuição da petição em conjunto, designando audiência, se entender necessário, e proferirá sentença.

Trata-se de prazo impróprio, de modo que, se descumprido, não provocará efeitos processuais.

5.4. Desistência unilateral

A transação no direito civil é irretratável, vez que produz efeitos independentemente da homologação judicial.

No direito do trabalho, os efeitos da transação (acordo) extrajudicial pressupõem a existência de decisão judicial, de modo que até que seja proferida a decisão é possível a **desistência unilateral**,[43] não incidindo a regra do art. 841, § 3º, da CLT, até porque não existe contestação a ser apresentada na jurisdição voluntária.

5.5. Realização de audiência

Na análise do acordo, o juiz, se entender necessário, poderá ouvir as partes para obter maiores esclarecimentos. Não é momento, pois, de ouvir testemunhas.

41. A ADI 6142 no STF, ajuizada pela Confederação Nacional dos Trabalhadores Metalúrgicos, questiona a faculdade de representação dos sindicatos para a homologação de acordo extrajudicial.
42. NEVES, Daniel Amorim Assumpção. *Novo Código de Processo Civil Comentado*. Salvador: Editora Juspodivm, 2016. p. 144.
43. No mesmo sentido, BEBBER, Júlio Cesar. Reforma trabalhista: Homologação de acordo extrajudicial. In: MIESSA, Élisson; CORREIA, Henrique (orgs). *A reforma trabalhista e seus impactos para o mundo do trabalho*. Salvador: Editora *Juspodivm*. No prelo.

O juiz buscará analisar se a ação homologatória ajuizada possui ou não os requisitos legais e se o acordo proposto não tem nenhum vício (prejuízo iminente para o empregado, lide simulada, coação, etc.). Conforme mencionado, uma das características dos processos de jurisdição voluntária consiste na maior incidência da inquisitoriedade, possibilitando que o juiz produza provas mesmo que as partes não as tenham requerido e que decida contra a vontade de ambas as partes.

5.6. Sentença

Analisado o acordo, o juiz poderá:

- **homologá-lo**: extinguindo o processo com resolução do mérito (CPC/2015, art. 487, III, b);
- **não homologá-lo**: extinguindo o processo sem resolução do mérito (CPC, art. 485, VI).

Em ambos os casos, a decisão do juiz terá natureza de sentença.

É importante destacar que o magistrado não poderá homologar parcialmente o acordo extrajudicial, vez que estará modificando o acordo sem manifestação conjunta das partes, alterando, assim, a própria natureza da transação. Desse modo, o juiz somente poderá homologar ou não homologar integralmente o acordo[44].

5.6.1. Impugnação da sentença que não homologa o acordo extrajudicial

Tendo o juiz o dever de respeitar a ordem jurídica, ele poderá **não homologar o acordo extrajudicial** se verificar a **inexistência:**

- dos requisitos legais; ou
- de efetiva transação (ex., prejuízo iminente para o empregado, lide simulada etc.), servindo o acordo apenas para renunciar direitos dos trabalhadores.

Essa aliás é a interpretação que deve ser conferida à Súmula nº 418 do TST, quando trata de acordo em processo contencioso:

> **Súmula nº 418 do TST.** Mandado de segurança visando à homologação de acordo.
> A homologação de acordo constitui faculdade do juiz, inexistindo direito líquido e certo tutelável pela via do mandado de segurança.

A decisão, no entanto, deverá ser devidamente fundamentada, observando as diretrizes do art. 489, § 1º, do CPC/2015 e indicando as razões que levaram o juiz a

44. TST-RR-1000015-96.2018.5.02.0435, 4ª Turma, rel. Min. Ives Gandra da Silva Martins Filho, julgado em 11.9.2019 – Informativo nº 205.

não homologar o acordo. Nesse sentido, o Enunciado nº 110 da 2ª Jornada de direito material e processual do trabalho:

> **Enunciado nº 110** – Jurisdição voluntária. Acordo extrajudicial. Recusa à homologação
> O juiz pode recusar a homologação do acordo, nos termos propostos, em decisão fundamentada.

Aliás, existe uma diferença essencial na natureza da decisão que não homologa o acordo em processo contencioso da proferida no processo de jurisdição voluntária.

No processo contencioso, o juiz profere decisão interlocutória, tendo em vista que o processo prosseguirá normalmente, impedindo assim a interposição de recurso imediatamente (CLT, art. 893, § 1º), bem como o mandado de segurança, como visto pela Súmula nº 418 do TST, anteriormente citada.

Já no processo de jurisdição voluntária de homologação de acordo extrajudicial, como o objetivo do processo é efetivamente homologar o acordo, caso não seja homologado, será proferida sentença extinguindo o processo sem resolução do mérito, sendo cabível a interposição do recurso ordinário (CLT, art. 895). No caso, embora a petição inicial deva ser conjunta, o recurso ordinário poderá ser interposto por apenas uma das partes, em decorrência do efeito expansivo subjetivo dos recursos[45].

De qualquer maneira, ainda que haja extinção do processo sem resolução do mérito, viabilizando o ajuizamento de reclamação trabalhista, os valores já pagos extrajudicialmente, se comprovados, deverão ser deduzidos na reclamação trabalhista.

5.6.2. Impugnação da sentença que homologa o acordo extrajudicial

Inicialmente, é importante destacar que parte da doutrina e da jurisprudência, por entender que na jurisdição voluntária tem-se apenas atuação administrativa, defende que não há formação de coisa julgada.

No entanto, como já anunciamos, como a jurisdição voluntária consiste em verdadeira espécie de jurisdição, entendemos que há a formação de coisa julgada material.

Desse modo, no processo do trabalho, a sentença que homologa o acordo extrajudicial é decisão irrecorrível, conforme se depreende do art. 831, parágrafo único da CLT e da Súmula nº 100, V, do TST, a seguir transcritos:

> **Art. 831.** Parágrafo único. No caso de conciliação, o termo que for lavrado valerá como decisão irrecorrível, salvo para a Previdência Social quanto às contribuições que lhe forem devidas.
>
> **Súmula nº 100, V** – O acordo homologado judicialmente tem força de decisão irrecorrível, na forma do art. 831 da CLT. Assim sendo, o termo conciliatório transita em julgado na data da sua homologação judicial.

---

45. Efeito expansivo subjetivo é quando o julgamento do recurso abrange sujeitos que não recorreram. MIESSA, Élisson. *Manual dos Recursos trabalhistas: teoria e prática.* 3. ed. Salvador: Juspodivm, 2018. p. 261.

Diante dessa sistemática, para o C. TST "só por ação rescisória é impugnável o termo de conciliação previsto no parágrafo único do art. 831 da CLT" (Súmula 259 do TST).

Acreditamos, no entanto, que, com a vigência do CPC/2015, o entendimento da Súmula nº 259 do TST deveria ser alterado.

Primeiro, porque o CPC/2015 não reproduziu a redação do art. 485, VIII, do CPC/73 no rol das decisões de mérito que podem ser rescindidas (art. 966), ou seja, a transação não é considerada pelo CPC/2015 um vício de rescindibilidade.

Segundo, porque o art. 393 do CPC/2015 alterou de modo substancial a previsão do art. 352 do CPC/73 e passou a declinar expressamente que a confissão poderá ser **anulada** se decorrente de erro de fato ou de coação, excluindo, portanto, a possibilidade de rescisão após o trânsito em julgado da decisão.

Terceiro, porque o art. 966, § 4º do CPC/2015 vaticina:

> § 4º Os atos de disposição de direitos, praticados pelas partes ou por outros participantes do processo e homologados pelo juízo, bem como os atos homologatórios praticados no curso da execução, estão sujeitos à anulação, nos termos da lei.

Tal dispositivo, portanto, é enfático ao admitir tão somente o ajuizamento da ação anulatória do acordo homologado judicialmente, afastando o cabimento da ação rescisória.

Quarto, porque, apesar de o art. 831, parágrafo único, da CLT declinar que o termo lavrado na conciliação valerá como decisão irrecorrível, ele não se mostra incompatível com o CPC/2015, uma vez que a irrecorribilidade do ato tem apenas o condão de gerar o trânsito em julgado, e não necessariamente possibilitar o ajuizamento da ação rescisória. Esta somente é admitida quando presentes os vícios de rescindibilidade, que não estão inseridos na CLT, mas sim no CPC, aplicável subsidiariamente ao processo do trabalho por força do art. 836 da CLT. Com efeito, não sendo a transação considerada vício de rescindibilidade, inadmissível o ajuizamento de ação rescisória, devendo o acordo ser atacado por meio de ação anulatória.

O mesmo raciocínio deve ser aplicado à homologação de acordo extrajudicial, de modo que, a nosso juízo, sua anulação deverá ocorrer por meio de ação anulatória.

5.7. Requisitos do acordo extrajudicial

5.7.1. Transação

Ao tratar da transação, o art. 840 do CC/02 estabelece que "é lícito aos interessados prevenirem ou terminarem o litígio mediante concessões mútuas".

Impõe, pois, dúvida sobre o direito controvertido, havendo concessões recíprocas entre as partes. Portanto, o acordo a ser homologado não pode servir como mera renúncia de direitos por uma das partes.

Ademais, para a formalização do acordo extrajudicial é necessário:

- agente capaz (CC, art. 104, I);
- objeto lícito, possível, determinado ou determinável (CC, art. 104, II). No que tange ao objeto do acordo extrajudicial, o legislador criou duas restrições específicas:

  a) prazo para pagamento das verbas rescisórias (CLT, art. 855-C);

  b) o acordo só atingirá os direitos elencados na petição (CLT, art. 855-E).
- forma prescrita ou não defesa em lei (CC, art. 104, III);
- não haja dolo, coação, ou erro essencial quanto à pessoa ou coisa controversa (CC/02, art. 849).

Cumpre destacar ainda que a transação só atinge direitos patrimoniais de caráter privado (CC, art. 841) e deve ser interpretada restritivamente (art. 843).

Disso resulta que acordo somente atingirá as partes nele envolvidas e os objetos nele contemplados.

Excepcionalmente, admite-se que a transação atinja pessoas além dos transatores, como se verifica pelos parágrafos do art. 844 do CC, in verbis:

> **Art. 844.** A transação não aproveita, nem prejudica senão aos que nela intervierem, ainda que diga respeito a coisa indivisível.
>
> § 1º Se for concluída entre o credor e o devedor, desobrigará o fiador.
>
> § 2º Se entre um dos credores solidários e o devedor, extingue a obrigação deste para com os outros credores.
>
> § 3º Se entre um dos devedores solidários e seu credor, extingue a dívida em relação aos co-devedores.

O § 1º do referido artigo pode ser utilizado na seara laboral para afastar a responsabilidade do devedor subsidiário (tomador do serviço) quando o empregado firmar acordo com o responsável principal (prestador do serviço).

Em sentido semelhante ao apresentado, o Enunciado nº 123 da 2ª Jornada de direito material e processual do trabalho, in verbis:

> **Enunciado nº 123** – Homologação de acordo extrajudicial
>
> I – A faculdade prevista no capítulo III-A do Título X da CLT não alcança as matérias de ordem pública.
>
> II – O acordo extrajudicial só será homologado em juízo se estiverem presentes, em concreto, os requisitos previstos nos artigos 840 a 850 do código civil para a transação;
>
> III – Não será homologado em juízo o acordo extrajudicial que imponha ao trabalhador condições meramente potestativas, ou que contrarie o dever geral de boa-fé objetiva (artigos 122 e 422 do Código Civil).

5.7.2. Observância do prazo para pagamento das verbas rescisórias

O art. 855-C da CLT descreve o que segue:

> **Art. 855-C.** O disposto neste Capítulo não prejudica o prazo estabelecido no § 6º do art. 477 desta Consolidação e não afasta a aplicação da multa prevista no § 8º art. 477 desta Consolidação.

O art. 477, § 6º, da CLT, alterado pela Lei nº 13.467/17, declina que, em até 10 dias contados a partir do término do contrato, o empregador deverá:

- entregar ao empregado os documentos que comprovem a comunicação da extinção contratual aos órgãos competentes;
- realizar o pagamento dos valores constantes do instrumento de rescisão ou recibo de quitação.

Havendo o descumprimento de tais obrigações, haverá a fixação de multa no valor equivalente ao salário do empregado, salvo quando, comprovadamente, o trabalhador tiver dado causa ao atraso do pagamento, nos termos do art. 477, § 8º, da CLT. Essa multa também se mantém na homologação do acordo extrajudicial.

Embora a interpretação do art. 855-C da CLT não seja das mais simples, a nosso juízo deve ser no sentido de criar restrição ao objeto do acordo extrajudicial, **impedindo a negociação do prazo de pagamento das verbas constantes na rescisão e especialmente seu parcelamento.**

Isso porque, ao exigir o cumprimento do § 6º do art. 477 da CLT, o legislador não deixa dúvida de que as verbas constantes no termo de rescisão devem ser pagas em até 10 dias contados do término do contrato. Cria-se, pois, verdadeira restrição ao magistrado, que não poderá autorizar o pagamento após esse prazo e, consequentemente, parcelar o pagamento das verbas rescisórias.

Ademais, como a homologação judicial será posterior aos 10 dias do término do contrato, se as verbas rescisórias estiverem no acordo seu pagamento deverá ser anterior à homologação judicial, observando o prazo do art. 477, § 6º, da CLT, devendo comprová-lo em juízo, sob pena de obstar sua homologação.

De qualquer modo, pode acontecer de o acordo extrajudicial ser formalizado após o prazo de 10 dias e ser submetido ao judiciário. Nessa hipótese, incidirá a multa do § 8º do art. 477 da CLT, mas ainda assim não se admitirá o parcelamento das verbas rescisórias.

Essa interpretação tem como objetivo afastar a ideia de que o judiciário será mero órgão homologar de rescisão contratual para parcelamento de verbas rescisórias.

Temos que reconhecer, porém, que o entendimento que tem predominado é no sentido de que ultrapassado o prazo de 10 dias do término do contrato para pagamento das verbas rescisórias, autoriza-se seu parcelamento, desde que haja a inclusão da multa do art. 477, § 8º, da CLT.

Aliás, como bem pondera a magistrada Amanda Barbosa "tem-se que em situações excepcionais e devidamente demonstradas, a negociação pode se revelar legítima mesmo ao envolver verbas rescisórias e seu prazo padrão de pagamento"[46].

É interessante destacar ainda que as diretrizes dos CEJUSCS-JT do TRT da 2ª Região são no sentido de que "não serão expedidos alvarás para liberação de FGTS e seguro-desemprego. Por não se tratar de jurisdição contenciosa, cabe ao empregador assegurar ao empregado acesso aos respectivos benefícios". Essa diretriz nos parece relevante, pois obsta a utilização do judiciário para simplesmente movimentar as contas do FGTS e liberação do seguro-desemprego.

5.7.3. Parcelas alcançadas pelo acordo extrajudicial (quitação geral do contrato de trabalho)

O art. 855-E da CLT, introduzido pela Lei nº 13.467/17, descreve que o ajuizamento do processo de homologação extrajudicial "suspende o prazo prescricional da ação **quanto aos direitos nela especificados**" (grifo nosso).

O referido artigo não deixa dúvida: o acordo **atingirá apenas os direitos especificados** na petição do processo de homologação extrajudicial, não aplicando o entendimento da OJ nº 132 da SDI-II do TST[47]. Como bem adverte Rafael Lara Martins:

> a quitação havida no acordo extrajudicial jamais poderá ser feita pelo "extinto contrato de trabalho", mas sim sobre o que foi detalhado na petição conjunta[48].

Assim, os direitos decorrentes do contrato de trabalho que não forem expressamente objeto da petição de homologação do acordo extrajudicial não serão atingidos, podendo, consequentemente, ser objeto de reclamação trabalhista. Noutras palavras, alcançará somente as parcelas previstas na petição, não exigindo nenhuma ressalva no tocante aos demais direitos não descritos na petição.

---

46. BARBOSA, Amanda. Revista Eletrônica do Tribunal Regional do Trabalho do Paraná. Acordo extrajudicial trabalhista: ação para homologação e o princípio da primazia do mérito integrativo. Ano IX . n.85 .Fevereiro/20, p. 84.

47. **Orientação Jurisprudencial nº 132 da SDI-II.** Ação rescisória. Acordo homologado. Alcance. Ofensa à coisa julgada
Acordo celebrado – homologado judicialmente – em que o empregado dá plena e ampla quitação, sem qualquer ressalva, alcança não só o objeto da inicial, como também todas as demais parcelas referentes ao extinto contrato de trabalho, violando a coisa julgada, a propositura de nova reclamação trabalhista.

48. MARTINS, Rafael Lara. In: RODRIGUES, Deusmar José (coord.) *Lei da Reforma Trabalhista: comentada artigo por artigo.* Leme (SP): JH Mizuno, 2017. p. 311.

Portanto, a nosso juízo, não é admitida a inclusão no acordo de cláusula genérica de quitação geral do contrato de trabalho[49]. Explicamos de forma ainda mais detalhada.

A ideia de se incluir em acordos judiciais a cláusula de quitação geral do contrato de trabalho tem como objetivo dar segurança ao empregador de que o empregado não ajuizará outra reclamação trabalhista, tendo como fundamento o art. 515, § 2º, do CPC/15, o qual declina que, na conciliação judicial, poder-se-á incluir relação jurídica não posta em juízo.

Ocorre que a ampliação admitida no art. 515, § 2º, do CPC/15 tem como foco a economia processual, trazendo para um único processo as demandas das partes. Ao que nos parece, referido dispositivo visa à criação de um título executivo capaz de ensejar o cumprimento da sentença homologatória, e não à renúncia de direitos das partes. Busca-se, portanto, concessões mútuas de direitos controvertidos, além de ensejar a execução imediata.

No caso em questão, não há falar em execução imediata, vez que o empregado renunciará a seus direitos. Queremos dizer, o que pretende com a norma do CPC é permitir, em um único processo judicial em que o reclamante postula, por exemplo, indenização pelo dano moral, que se possa incluir no acordo as verbas rescisórias não recebidas. Não busca, porém, no processo de indenização, afastar todas as verbas rescisórias que o reclamante tem direito no contrato de trabalho. Admitir tal fato será viabilizar a renuncia de direito trabalhista e não a mera transação que é pressuposto do acordo.

Além disso, pensamos que esse entendimento fere o art. 844 do CC/02, que impõe a interpretação restritiva na transação. Ora, se os direitos transacionados devem ser interpretados restritivamente, não se pode admitir a quitação ampla e irrestrita de direitos que o empregado nem sabe se possui no momento do ajuizamento da primeira reclamação trabalhista.

De qualquer modo, para aqueles que admitem a quitação geral, o que não é o nosso caso, o entendimento não poderá ser aplicado na hipótese em que o empregado constata doença profissional relacionada à execução do contrato de trabalho após a sua despedida, situação permitida pelo TST, conforme preconizado pelo item II da Súmula nº 378 do TST:

> II – São pressupostos para a concessão da estabilidade o afastamento superior a 15 dias e a consequente percepção do auxílio-doença acidentário, salvo se constatada, após a despedida, doença profissional que guarde relação de causalidade com a execução do contrato de emprego.

---

49. É importante destacar que, embora ainda não seja entendimento predominante no TST, as 4ª e 5ª Turmas do TST permitiram a homologação de acordo extrajudicial com cláusula de quitação geral e irrestrita das verbas decorrentes do contrato de trabalho (TST-RR-919-15.2018.5.09.0088, 4ª Turma, Relator Ministro Ives Gandra Martins Filho, DEJT 04/09/2020; RR-596-19.2018.5.06.0015, 5ª Turma, Relator Ministro Douglas Alencar Rodrigues, DEJT 22/05/2020).

Observa-se que, à época do acordo, o reclamante não tinha conhecimento da doença profissional. Nesse caso, entender que o acordo celebrado, no qual o empregado dá plena e ampla quitação, alcança não somente o objeto da petição conjunta, mas também todas as parcelas referentes ao extinto contrato de trabalho implicaria em verdadeira **renúncia antecipada**, isto é, renúncia de direito ainda nem conhecido pelo trabalhador.

Desse modo, caso o juízo, equivocadamente a nosso ver, homologue o acordo dando quitação geral do contrato de trabalho, é cabível a ação anulatória com fundamento no art. 966, § 4º, do CPC, pela simples violação do art. 855-E da CLT. Ainda que se adote a posição do TST descrita na Súmula 259, será cabível ação rescisória com base no art. 966, V, do CPC, por violação do art. 855-E da CLT, não havendo a necessidade de demonstração do vício de consentimento.

5.8. Suspensão e retorno da contagem do prazo prescricional

O art. 855-E da CLT estabelece que "a petição de homologação de acordo extrajudicial suspende o prazo prescricional da ação quanto aos direitos nela especificados" e "voltará a fluir no dia útil seguinte ao do trânsito em julgado da decisão que negar a homologação do acordo".

Na realidade, o que suspende o prazo prescricional da pretensão é o ajuizamento do processo de homologação de acordo extrajudicial e não simplesmente a petição.[50]

Desse modo, ajuizado o processo de homologação do acordo extrajudicial, suspende-se a prescrição tão somente dos direitos especificados na petição conjunta.

A suspensão da prescrição alcança apenas esses direitos, porque, como vimos no tópico anterior, não será possível incluir outras verbas não contempladas no acordo.

De qualquer maneira, não sendo homologado o acordo e, consequentemente, havendo extinção do processo sem resolução do mérito, o prazo prescricional voltará a fluir no dia seguinte ao do trânsito em julgado da decisão que negar a homologação.

Dá-se o trânsito em julgado da decisão quando dela não caiba mais nenhum recurso, ou a parte, conformando-se com a decisão, resolve não lançar mão dos meios colocados à sua disposição para impugnar a decisão.

Em suma, ficará suspenso o prazo prescricional do ajuizamento até a data do trânsito em julgado. No dia seguinte, volta a correr normalmente.

Por fim, é importante destacar que a **suspensão atinge a contagem do prazo da prescrição bienal, bem como da quinquenal.**

---

50. No mesmo sentido, BEBBER, Júlio Cesar. Reforma trabalhista: Homologação de acordo extrajudicial. In: MIESSA, Élisson; CORREIA, Henrique (orgs). *A reforma trabalhista e seus impactos para o mundo do trabalho*. Salvador: Editora Juspodivm. No prelo.

6. INFORMATIVOS DO TST RELACIONADOS AO TEMA

Comissão de Conciliação Prévia
Comissão de Conciliação Prévia. Suspensão do prazo prescricional. Não limitação ao período de dez dias previsto no art. 625-F da CLT. O prazo de dez dias previsto no art. 625-F da CLT é direcionado à Comissão de Conciliação Prévia – CCP, a fim de dar maior celeridade à tentativa de conciliação, e não à parte que a provocou. Assim, elastecido o período entre a submissão da demanda à CCP e a data em que lavrado o termo de conciliação frustrada, todo esse tempo deve ser computado para efeito de suspensão do prazo prescricional a que alude o art. 625-G da CLT, sob pena de prejudicar a parte que optou em buscar a conciliação. Sob esses fundamentos, a SBDI-I, por unanimidade, conheceu do recurso de embargos do reclamante, por divergência jurisprudencial, e, no mérito, deu-lhe provimento para restabelecer a sentença. TST-E-ED-ARR-1929-04.2011.5.03.0025, SBDI-I, rel. Min. Aloysio Corrêa da Veiga, 14.9.2017 (Informativo nº 164)
Acordo extrajudicial
Representação comercial autônoma. Acordo extrajudicial homologado pela Justiça comum. Posterior ajuizamento de reclamação trabalhista. Pedido de reconhecimento de vínculo de emprego. Coisa julgada. Não configuração. Não faz coisa julgada perante a Justiça do Trabalho o acordo extrajudicial homologado pela Justiça comum em que o reclamante, sua empresa e a empresa ré, em instrumento particular de distrato, confissão e quitação de dívida, deram ampla, geral e irrestrita quitação da relação jurídica decorrente do contrato de representação comercial mantido entre as partes. No caso, não se verifica os requisitos configuradores da coisa julgada, pois os pedidos formulados são distintos. Enquanto a reclamação trabalhista visa o reconhecimento do vínculo de emprego, a sentença homologatória teve por objeto o acordo envolvendo uma relação jurídica comercial. Ademais, compete à Justiça do Trabalho a análise do preenchimento dos requisitos estabelecidos nos arts. 2° e 3° da CLT e a decisão quanto à existência ou não de vínculo de emprego. Sob esses fundamentos, a SBDI-I, em sua composição plena, por unanimidade, conheceu do recurso de embargos, por divergência jurisprudencial, e, no mérito, por maioria, negou-lhe provimento, mantendo, portanto, a decisão recorrida que afastou a coisa julgada e determinou o retorno dos autos ao TRT de origem para o prosseguimento do julgamento. Vencidos os Ministros Maria Cristina Irigoyen Peduzzi, Brito Pereira, Breno Medeiros, Alexandre Luiz Ramos e Walmir Oliveira da Costa . TST-E-ED-RR-115-05.2010.5.04.0561, SBDI-I, rel. Min. Augusto César Leite de Carvalho, 24.10.2019 (Informativo nº 210)
Acordo homologado em juízo. Acréscimo de benefício à categoria profissional, de ofício, pelo Tribunal. Impossibilidade. Desrespeito à autonomia privada coletiva. O Tribunal, por ocasião da homologação de acordo, não pode, ex officio, incluir benefício à categoria profissional que não tenha sido avençado pelas partes, ainda que tenha relevância social. Tal conduta desrespeita a autonomia privada coletiva e macula o princípio da proteção da confiança, enfraquecendo o processo negocial e desequilibrando as relações coletivas. No caso, o TRT, ao homologar setenta e seis cláusulas que foram objeto de acordo firmado nos autos de dissídio coletivo de natureza econômica, também deferiu à categoria profissional, de ofício, a estabilidade provisória de trinta dias a partir da publicação do respectivo acórdão. Sob esse entendimento, a SDC, por maioria, deu provimento ao recurso ordinário para excluir do acórdão recorrido a concessão da estabilidade de trinta dias aos integrantes da categoria profissional. Vencidos os Ministros Maurício Godinho Delgado, relator, Kátia Magalhães Arruda e Lélio Bentes Côrrea. TST-RO-1000674-52.2018,5.02.0000, SDC, rel. Min. Maurício Godinho Delgado, red. p/ acórdão Min. Ives Gandra da Silva Martins Filho, 14.10.2019 (Informativo nº 208)

Capítulo 6

COMPETÊNCIA DA JUSTIÇA DO TRABALHO

1. COMPETÊNCIA

1.1. Conceito

A jurisdição é una (indivisível). No entanto, para que ela possa ser exercida efetivamente, é necessário racionalizar os trabalhos e organizar as tarefas, o que dá origem à **competência, que é a delimitação do exercício legítimo da jurisdição**[1].

Isso quer dizer que todos os juízes possuem jurisdição dentro do território nacional, mas somente atuarão de forma legítima se tiverem competência. A competência, portanto, é uma divisão artificial do Poder Judiciário, a fim de facilitar a estrutura material e organizacional de seus órgãos.

Desse modo, se, por exemplo, o caso versar sobre reconhecimento de vínculo empregatício, qualquer juiz terá jurisdição para a causa, mas somente o juiz do trabalho poderá julgá-la, pois apenas ele tem competência para esse caso.

1.2. Distribuição da competência

As normas de distribuição da competência podem ter natureza constitucional, legal ou regimental (CPC/15, art. 44[2]).

A Constituição Federal é responsável pela distribuição da competência no Poder Judiciário Federal, abrangendo a competência da Justiça do Trabalho (art. 114 da CF/88). A competência da Justiça estadual é residual[3].

As normas de fixação de competência territorial na Justiça do Trabalho estão descritas no art. 651 da CLT. Além disso, é possível que a distribuição interna da competência nos tribunais esteja prevista nos respectivos regimentos internos.

---

1. NEVES, Daniel Amorim Assumpção. *Manual de direito processual civil*. 2. ed. Rio de Janeiro: Forense; São Paulo: Método, 2010. p. 110.

2. Art. 44. Obedecidos os limites estabelecidos pela Constituição Federal, a competência é determinada pelas normas previstas neste Código ou em legislação especial, pelas normas de organização judiciária e, ainda, no que couber, pelas constituições dos Estados.

3. DIDIER JR., Fredie. *Curso de Direito Processual Civil*: introdução ao direito processual civil, parte geral e processo de conhecimento. 18. ed. Salvador: Editora Juspodivm, 2016. p. 199.

1.3. Princípio da Tipicidade e da Indisponibilidade da Competência

Os princípios da tipicidade e da indisponibilidade da competência são considerados pela doutrina como pertencentes ao conceito do princípio do juiz natural[4].

De acordo com o princípio da tipicidade, as competências dos órgãos constitucionais devem estar previstas expressamente na Constituição Federal.

Em decorrência da necessidade de previsão constitucional expressa, o princípio da indisponibilidade da competência determina que, uma vez disciplinadas as regras de competência pela Constituição, não poderá haver sua transferência para órgãos distintos.

De qualquer modo, a Corte Suprema admite, excepcionalmente, a existência de competência implícita, pois, não havendo regra expressa, algum órgão jurisdicional deverá ter competência para apreciar a questão, ante a inafastabilidade da jurisdição. Portanto, não há um vácuo de competência, sempre existindo um juízo competente para processar e julgar determinada demanda[5].

1.4. Regra da Kompetenz-Kompetenz

De acordo com a regra da kompetenz-kompetenz, cada juiz é o juiz de sua própria competência. Isso quer dizer que caberá ao juiz decidir se é ou não competente para o julgamento de determinada ação.

Assim, mesmo nos casos em que o juiz for incompetente, restar-lhe-á uma competência mínima para que ele mesmo realize o controle de sua própria competência.

Portanto, nenhum juiz é totalmente incompetente, pois tem pelo menos competência para se declarar incompetente.

1.5. Perpetuação da Jurisdição

Após o registro ou distribuição da reclamação trabalhista, fixa-se a competência, tendo o jurisdicionado a garantia de que não haverá alteração de competência.

Essa garantia é denominada de perpetuação da jurisdição (*perpetuatio jurisdictionis*)[6], estando prevista no art. 43 do CPC/2015:

---

4. Nesse sentido: DIDIER JR., Fredie. *Curso de Direito Processual Civil*: introdução ao direito processual civil, parte geral e processo de conhecimento. 17. ed. Salvador: Editora Juspodivm, 2015. p. 199.

5. DIDIER JR., Fredie. *Curso de Direito Processual Civil*: introdução ao direito processual civil, parte geral e processo de conhecimento. 17. ed. Salvador: Editora Juspodivm, 2015. p. 199.

6. Destacamos que para parte da doutrina, o termo "perpetuação da jurisdição" é incorreto, uma vez que o que se observa é a fixação da competência. Nesse sentido: ASSIS, Araken de. *Processo civil brasileiro, v. I: parte geral: fundamentos e distribuição de conflitos*. São Paulo: Editora Revista dos Tribunais, 2015. p. 1187 e NEVES, Daniel Amorim Assumpção. *Manual de direito processual civil*. 7. ed. Rio de Janeiro: Forense; São Paulo: MÉTODO, 2015. p. 214.

Art. 43. Determina-se a competência no momento do registro ou da distribuição da petição inicial, sendo irrelevantes as modificações do estado de fato ou de direito ocorridas posteriormente, salvo quando suprimirem órgão judiciário ou alterarem a competência absoluta.

Assim, uma vez firmada a competência, não poderá ocorrer alteração durante todo o processo, independentemente de modificações do estado de fato ou de direito ocorridas posteriormente à fixação.

Exemplo de modificações de:

- **estado de fato**: João, agente comercial, ajuíza a reclamação trabalhista na cidade de Campinas, onde possuía domicílio no momento da fixação da competência (CLT, art. 651, § 1º). Desse modo, mesmo que venha posteriormente alterar seu domicílio, a competência não será modificada.
- **estado de direito**: Pedro ajuíza reclamação trabalhista no local da prestação dos serviços, com base no art. 651, caput, da CLT. Ainda que, hipoteticamente, surja uma lei estabelecendo forma diversa de definição da competência, para aquele processo não haverá alteração.

A perpetuação da jurisdição serve, assim, para garantir a segurança jurídica, impedindo que motivações políticas ou de oportunidade subtraiam o julgamento da causa pelo juízo competente[7].

No entanto, conforme disciplina o art. 43 do CPC/2015, há duas exceções que afastam a perpetuação da jurisdição:

a) supressão do órgão judiciário;

b) alteração da competência absoluta (em razão da matéria, pessoa ou função).

Conquanto a alteração da competência absoluta não provoque a perpetuação da jurisdição, o que significa que alterada a competência, imediatamente, os autos serão encaminhados para o juízo competente, as Cortes Superiores têm atenuado a incidência dessa exceção, estabelecendo que ela somente atingirá os processos que ainda não possuírem sentença no momento da alteração legislativa. É o que ocorreu com a EC nº 45/04 que ampliou a competência material da Justiça do Trabalho dispondo a Súmula 367 do STJ o que segue:

Súmula 367 do STJ. Competência. Processos já sentenciados. Emenda Const. 45/2004. CF/88, arts. 109 e 114.

A competência estabelecida pela Emenda Const. 45/2004 não alcança os processos já sentenciados.

7. ASSIS, Araken de. *Processo civil brasileiro, v. I: parte geral: fundamentos e distribuição de conflitos*. São Paulo: Editora Revista dos Tribunais, 2015. p. 1189.

De modo ainda mais restritivo, por exigir **sentença de mérito**, declinou o STF na Súmula vinculante 22, in verbis:

> **Súmula vinculante nº 22 do STF:** A Justiça do Trabalho é competente para processar e julgar as ações de indenização por danos morais e patrimoniais decorrentes de acidente de trabalho propostas por empregado contra empregador, inclusive aquelas que ainda **não possuíam sentença de mérito** em primeiro grau quando da promulgação da Emenda Constitucional nº 45/04 (grifo nosso).

Portanto, embora a competência material seja absoluta, o que afastaria a perpetuação da jurisdição, o STJ, o STF e o TST atenuaram tal regra, mantendo os autos na origem, caso já tenham sentença (em regra, de mérito) proferida no momento da alteração legislativa.

1.6. Competência por Distribuição

As regras gerais de competência indicam, por vezes, mais de um juízo competente. É o que ocorre quando há mais de uma vara do trabalho na localidade.

Desse modo, o art. 713 da CLT declina que, quando houver mais de um juiz, deverá haver a distribuição dos processos. A propósito, nos termos do art. 93, XV, da CF/88, a distribuição deverá ocorrer de forma imediata à propositura da ação.

Para que sejam garantidos os princípios do juiz natural e da igualdade, a distribuição deverá ser realizada em ordem rigorosa de distribuição, de forma alternada e aleatória (CLT, art. 783; CPC/2015, art. 285). As regras de distribuição servem, portanto, para evitar que as partes escolham determinado juiz de sua preferência[8].

Por serem de observância obrigatória, caso as regras de distribuição de competência não sejam observadas, haverá incompetência absoluta do juízo, por violação dos supramencionados princípios.

A distribuição poderá ser fiscalizada pela parte, por seu procurador, pelo Ministério Público e pela Defensoria Pública (CPC/2015, art. 289).

1.7. Classificação

1.7.1. Competência originária e derivada

A competência originária corresponde à competência atribuída ao órgão que irá analisar a causa em primeiro lugar.

Em regra, a competência originária pertence aos juízos de primeiro grau (vara do trabalho). Todavia, em alguns casos como, por exemplo, na ação rescisória e

8. DIDIER JR., Fredie. *Curso de Direito Processual Civil, v. 1: Introdução ao Direito Processual Civil, Parte Geral e Processo de Conhecimento*. 17. ed. Salvador: Editora Juspodivm. p. 203.

no dissídio coletivo, a competência originária será de um tribunal (TRT ou TST). A competência originária do tribunal é excepcional, dependendo de legislação para sua definição. Isso significa que a competência da vara do trabalho é residual, ou seja, não havendo norma indicando que o processo é de competência originária do tribunal, a competência será da vara do trabalho.

A competência derivada (recursal ou hierárquica) é atribuída ao órgão jurisdicional com a função de reanalisar a decisão proferida pelo órgão de competência originária. Em regra, a competência derivada é dos Tribunais.

1.7.1.1. *Ação acessória*

A ação acessória corresponde à "demanda secundária destinada a complementar ação mais importante do ponto de vista do interesse do autor, denominada de principal"[9].

Nesses casos, a competência para o julgamento da ação acessória será definida pela competência para a ação principal, nos termos do art. 61 do CPC/2015:

> **Art. 61.** A ação acessória será proposta no juízo competente para a ação principal.

Como exemplo de ação acessória no direito processual do trabalho, podemos citar a ação anulatória que possui como competência originária o mesmo juízo em que praticado o ato eivado de vício, ou seja, o mesmo juízo competente para a ação principal (OJ nº 129 da SDI-II do TST).

1.7.2. Competência exclusiva e competência concorrente

Competência exclusiva é aquela que não dá alternativa para o reclamante, indicando um único órgão jurisdicional para seu ajuizamento.

Já a competência concorrente é aquela que a própria lei confere ao reclamante a opção de escolher dentre dois ou mais juízos. É o que acontece, por exemplo, nos §§ 1º e 3º, do art. 651 da CLT, bem como na ação civil pública. Nessa hipótese, é importante destacar que, escolhido o juízo em que será ajuizada a ação, sendo distribuída fixa-se a competência, não podendo posteriormente ser alterada, salvo se houver supressão do órgão jurisdicional ou alteração da competência absoluta (CPC/2015, art. 43). Ademais, o juiz se torna prevento para a demanda, não podendo ser ajuizada a mesma demanda, novamente, na outra localidade que o reclamante poderia ter escolhido.

---

9. NERY JUNIOR, Nelson; NERY, Rosa Maria de Andrade. *Comentários ao Código de Processo Civil.* São Paulo: Editora Revista dos Tribunais, 2015. p. 347.

1.7.3. Competência absoluta e relativa

1.7.3.1. Competência absoluta

A **competência absoluta** é aquela criada em razão do interesse público. Diante disso, as partes não têm liberdade entre aplicá-la ou não (CPC/2015, art. 62). Noutras palavras, a competência absoluta tem natureza cogente (obrigatória).

Em razão dessa natureza obrigatória, a incompetência absoluta pode ser alegada por todos os sujeitos do processo, podendo, inclusive, ser conhecida *ex officio*[10] pelo juiz.

Além disso, ela pode ser alegada **a qualquer tempo e grau de jurisdição** (CPC/2015, art. 64, § 1º). No entanto, para o C. TST, não se admite a alegação da incompetência absoluta nas instâncias superiores, em que é exigido o prequestionamento, conforme prevê a OJ nº 62 da SDI-I do TST:

> É necessário o prequestionamento como pressuposto de admissibilidade em recurso de natureza extraordinária, ainda que se trate de incompetência absoluta.

Ademais, a incompetência absoluta gera nulidade absoluta do processo, podendo até mesmo ser alegada como vício de rescindibilidade para a ação rescisória (CPC/2015, art. 966, II).

Reconhecida a incompetência absoluta, os autos serão encaminhados ao juízo competente, que prossegue no processo. Esse prosseguimento é chamado de *translatio judicii*.

Recebidos os autos pelo juízo competente, salvo decisão judicial em sentido contrário, os efeitos de decisão proferida pelo juízo incompetente serão conservados até que outra seja proferida, se for o caso, pelo juízo competente (CPC/2015, art. 64, § 4º).

São espécies de competência absoluta:

- **competência em razão da matéria:** definida acordo com a causa de pedir e o pedido;
- **competência em razão da pessoa:** delimitada observando a qualidade das partes do processo;
- **competência em razão da função (funcional):** estabelecida de acordo com a repartição das atividades jurisdicionais dentre os órgãos que atuam no processo.

Portanto, se a causa é, por exemplo, da competência da Justiça do Trabalho em razão da matéria (ex., vínculo de emprego), não poderá ser julgada por um juiz da

10. Independe de provocação das partes.

Justiça Comum. Nesse caso, o juiz da Justiça Comum deve conhecer *ex officio* sua incompetência ou qualquer sujeito do processo poderá alegá-la, devendo os autos ser encaminhados à Justiça do Trabalho para julgamento.

1.7.3.2. Competência relativa

A **competência relativa** é aquela que privilegia a vontade das partes. Assim, as próprias partes podem aplicá-la ou não no caso concreto, sem que haja qualquer vício processual.

Isso não quer dizer que a lei não vai definir a competência relativa. O que ocorre nesse caso é que a lei define um juízo competente, mas, se as partes quiserem, poderão modificá-lo.

Por se tratar de opção concedida às partes, a incompetência relativa **não** pode ser conhecida ex officio, dependendo, obrigatoriamente, de provocação do réu (OJ nº 149 da SDI-II do TST)[11]. A propósito, a incompetência relativa pode ser alegada pelo Ministério Público nas causas em que atuar (CPC/2015, art. 65, parágrafo único).

A exceção de incompetência relativa deverá ser apresentada em peça que sinalize a existência da exceção, ou seja, em peça autônoma, como impõe o art. 800 da CLT, modificado pela Lei nº 13.467/17 (Reforma Trabalhista)[12].

Não sendo alegada a incompetência, o juiz que era, inicialmente incompetente passa a ser competente para a causa, ocorrendo o fenômeno denominado **prorrogação de competência.**

Exemplificamos:

- João ajuíza, na Vara do Trabalho de São Paulo, reclamação trabalhista em face da empresa X, alegando ter trabalhado, em Ribeirão Preto, durante 1 ano sem receber horas extras. A empresa, no prazo de 5 dias a contar de sua notificação, apresenta exceção de incompetência alegando que o juízo competente é o da Vara do Trabalho de Ribeirão Preto. Sendo reconhecida a incompetência, os autos deverão ser encaminhados para a Vara do Trabalho de Ribeirão Preto. No entanto, caso a empresa não apresente a exceção de incompetência, o juiz do trabalho da Vara do Trabalho de São Paulo, inicialmente incompetente, passa a ser competente para a causa, ocorrendo a prorrogação de competência.

Desse modo, sendo alegada a incompetência relativa, o juiz incompetente encaminhará os autos ao juízo competente e, salvo decisão judicial em sentido contrário,

11. Orientação Jurisprudencial nº 149 da SDI-II do TST. Conflito de competência. Incompetência territorial. Hipótese do art. 651, § 3º, da CLT. Impossibilidade de declaração de ofício de incompetência relativa. Não cabe declaração de ofício de incompetência territorial no caso do uso, pelo trabalhador, da faculdade prevista no art. 651, § 3º, da CLT. Nessa hipótese, resolve-se o conflito pelo reconhecimento da competência do juízo do local onde a ação foi proposta.

12. No mesmo sentido, SCHIAVI, Mauro. *A reforma trabalhista e o processo do trabalho*. São Paulo: LTr, 2017. p. 93.

os efeitos da decisão serão conservados até que outra seja proferida, se for o caso, pelo juízo competente, assim como ocorre nos casos de incompetência absoluta.

É espécie de competência relativa, no processo do trabalho, a competência em razão do lugar (territorial), que é definida levando-se em conta aspectos geográficos.

Atenção:

No processo do trabalho, o valor da causa não é critério para delimitação da competência, mas serve tão somente para definir o rito processual (sumário, sumaríssimo ou ordinário).

1.7.3.3. *Diferenças Entre a Competência Absoluta e Relativa*

Podemos esquematizar da seguinte forma as diferenças entre a competência absoluta e a competência relativa.

	Competência absoluta	Competência relativa
Espécies	Competência material; competência em razão da pessoa; competência funcional	Competência territorial; competência em razão do valor da causa
Momento de alegação	Qualquer tempo e grau de jurisdição, exceto instância superior que depende do prequestionamento	5 dias a contar da notificação e antes da audiência
Conhecimento *ex officio*	Pode ser conhecida *ex officio*	Não pode ser conhecida *ex officio*
Forma de alegação	Preliminar de contestação, qualquer petição e até mesmo oralmente na audiência	Exceção de incompetência (CLT, art. 800)
Modificação	Não pode ser modificada	Pode ser modificada pela: a) prorrogação; b) conexão; ou c) continência.
Nulidade	Gera nulidade absoluta	Gera nulidade relativa
Ação rescisória	Poderá ser objeto de ação rescisória	Não pode ser objeto de ação rescisória

2. CRITÉRIOS DE MODIFICAÇÃO DA COMPETÊNCIA

A modificação da competência ocorre quando há ampliação da esfera de competência de determinado órgão jurisdicional, apesar de este não ser, ordinariamente, competente para conhecer referida demanda. **Somente haverá modificação na competência relativa.**

A modificação da competência poderá ocorrer em três situações:

- **Prorrogação da competência**: conforme mencionado em tópico anterior, a prorrogação da competência ocorre quando a incompetência relativa não é alegada pelo réu na exceção de incompetência (CLT, art. 800). Nesse caso, inicialmente, o juízo era incompetente para o caso, mas não havendo alegação, ele passa a ser competente.

- **Foro de eleição:** conforme será analisado em tópico posterior, o foro de eleição consiste na possibilidade de as próprias partes, de comum acordo, elegerem um local para dirimir futuras questões judiciais.
- **Conexão e Continência:** a seguir analisada.

2.1. Conexão e Continência

A **competência relativa** poderá modificar-se pela conexão ou continência (CPC/2015, art. 54).

Haverá **conexão** quando duas ou mais ações tiverem em comum o pedido ou a causa de pedir (CPC/2015, art. 55). Além disso, são consideradas como conexas a execução de título extrajudicial e a ação de conhecimento relativa ao mesmo ato jurídico, bem como as execuções fundadas no mesmo título executivo (CPC/2015, art. 55, § 2º).

Verificada a conexão, os processos serão reunidos, a fim de que sejam decididos simultaneamente, exceto nos casos em que um deles já houver sido sentenciado (CPC/2015, art. 55, § 1º). Essa reunião dos processos tem como objetivo a efetivação do princípio da economia processual e a harmonização dos julgados.

Apesar de o dispositivo do CPC/15 determinar que os processos sejam reunidos, há discussões na doutrina quanto a essa obrigatoriedade.[13] Para parcela da doutrina, o art. 55, § 1º, tem natureza cogente, o que significa que havendo identidade de causa de pedir ou do pedido, os processos devem, obrigatoriamente, ser reunidos.

Há, contudo, o entendimento que nos parece mais adequado, no sentido de que o juiz possui a liberdade de analisar, em cada caso concreto, os reais benefícios da reunião dos processos, isto é, avaliar se a reunião possibilitará a verificação do princípio da economia processual e a harmonização dos julgados[14].

De todo modo, é importante ressaltar que a conexão somente é aplicada no caso de competência relativa, não sendo possível **a reunião dos processos quando ambas as ações conexas não tiverem a mesma competência absoluta.** Nesse caso, havendo risco de decisões conflitantes, permite-se que uma delas seja suspensa em razão da

13. Levantando essa discussão: NEVES, Daniel Amorim Assumpção. *Manual de direito processual civil. – volume único.* 8. ed. Salvador: Juspodivm, 2016. p. 207-209.

14. Nesse sentido: NEVES, Daniel Amorim Assumpção. *Manual de direito processual civil. – volume único.* 8. ed. Salvador: Juspodivm, 2016. p. 208.

prejudicialidade externa[15] (CPC/15, art. 313, V, "a"). Noutras palavras, autoriza-se a suspensão e não a reunião dos processos.

Ademais, atente-se para o fato de que, mesmo não havendo conexão, o CPC/15 também autoriza a reunião dos processos que possam gerar risco de prolação de decisões conflitantes ou contraditórias caso decididos separadamente (CPC/2015, art. 55, § 3º).

Por outro lado, há **continência** quando duas ou mais ações forem idênticas quanto às partes e à causa de pedir, mas o **pedido de uma**, por ser **mais amplo**, abrange o das outras (CPC/2015, art. 56).

(*1ª ação*) Pedido A+B

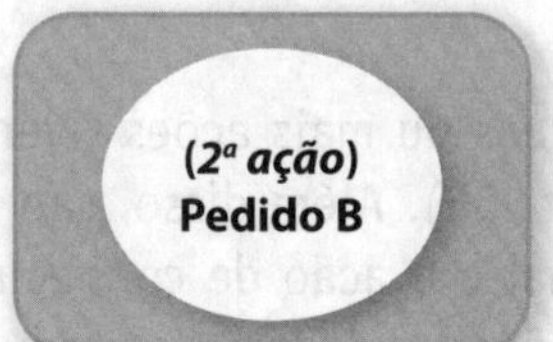

Denomina-se ação continente aquela que tem o pedido mais abrangente (no exemplo, a 1ª ação) e ação contida a que tem o pedido menos abrangente (no exemplo, a 2ª ação).

Quando houver continência, se a ação continente (pedido mais abrangente) tiver sido proposta em momento anterior à ação contida (pedido menos abrangente), o processo relacionado à ação contida deverá ser extinto sem resolução do mérito. Caso se verifique o inverso, ou seja, a ação continente for proposta posteriormente à ação contida, as demandas deverão ser reunidas (CPC/2015, art. 57).

Havendo necessidade de reunião das ações, tem-se a modificação da competência, tornando-se competente apenas um juízo para todos os processos, o qual denominamos de juízo prevento.

Prevenção significa chegar antes. Com efeito, aquele que chegar antes na ação passa a ter competência para a causa, tornando-se os demais incompetentes. No processo do trabalho (e agora também no processo civil – CPC/2015, art. 59), considera-se prevento o juízo em que foi distribuída a primeira ação. Desse modo, todos os demais autos serão enviados para o juízo em que foi distribuída a primeira reclamação trabalhista.

3. DELIMITAÇÃO DA COMPETÊNCIA

A definição de qual juízo é competente ocorre por meio de cinco critérios:

15. NEVES, Daniel Amorim Assumpção. *Manual de direito processual civil. – volume único*. 8. ed. Salvador: Juspodivm, 2016. p. 208.

1) em razão da matéria;

2) em razão da pessoa;

3) em razão da função (funcional);

4) em razão do lugar (territorial);

5) em razão do valor da causa.

Importante:

No processo do trabalho, o valor da causa não é critério para delimitação da competência, mas serve tão somente para definir o rito processual (sumário, sumaríssimo ou ordinário).

Consigna-se que os critérios de competência declinados anteriormente devem conviver em um determinado caso, não sendo, portanto, excludentes. Desse modo, em um processo deverá, por exemplo, ser analisada a competência material, funcional e territorial. Exemplificamos para melhor compreensão:

- Pedro ajuíza reclamação trabalhista, na Vara do Trabalho do Rio de Janeiro, em face da empresa Z, alegando que trabalhou durante 2 anos para a empresa, sem que tenha havido anotação de sua CTPS e pagamento do 13º salário. Diante do caso colocado, a competência deverá ser analisada da seguinte forma:

1) Inicialmente, cabe analisar os fatos discutidos em juízo. No caso, eles dizem respeito à relação de emprego, o que atrai a competência da Justiça do Trabalho, em razão da matéria.

2) Definida a "justiça" competente, passamos a analisar se a matéria é de competência originária do TRT (competência funcional). Nao sendo, como é o caso, a competência é, portanto, de uma Vara do Trabalho;

3) Cabe analisar agora qual a Vara do Trabalho competente (competência territorial). Na hipótese, a competência será de uma das Varas do Trabalho do Rio do Janeiro, vez que a prestação dos serviços ocorreu naquela cidade.

No exemplo posto, vislumbra-se que foram utilizados os critérios de competência material, funcional e territorial.

4. COMPETÊNCIA EM RAZÃO DA MATÉRIA E DA PESSOA

A Justiça do Trabalho teve considerável alteração na sua competência após o advento da EC nº 45/04. Nesse contexto, o art. 114 CF/88, principal dispositivo que declina a competência dessa Justiça Especializada, estabelece:

Art. 114. Compete à Justiça do Trabalho processar e julgar:

I – as ações oriundas da relação de trabalho, abrangidos os entes de direito público externo e da administração pública direta e indireta da União, dos Estados, do Distrito Federal e dos Municípios;

II – as ações que envolvam exercício do direito de greve;

III – as ações sobre representação sindical, entre sindicatos, entre sindicatos e trabalhadores, e entre sindicatos e empregadores;

IV – os mandados de segurança, habeas corpus e habeas data, quando o ato questionado envolver matéria sujeita à sua jurisdição;

V – os conflitos de competência entre órgãos com jurisdição trabalhista, ressalvado o disposto no art. 102, I, o;

VI – as ações de indenização por dano moral ou patrimonial, decorrentes da relação de trabalho;

VII – as ações relativas às penalidades administrativas impostas aos empregadores pelos órgãos de fiscalização das relações de trabalho;

VIII – a execução, de ofício, das contribuições sociais previstas no art. 195, I, a, e II, e seus acréscimos legais, decorrentes das sentenças que proferir;

IX – outras controvérsias decorrentes da relação de trabalho, na forma da lei.

§ 1º. Frustrada a negociação coletiva, as partes poderão eleger árbitros.

§ 2º. Recusando-se qualquer das partes à negociação coletiva ou à arbitragem, é facultado às mesmas, de comum acordo, ajuizar dissídio coletivo de natureza econômica, podendo a Justiça do Trabalho decidir o conflito, respeitadas as disposições mínimas legais de proteção ao trabalho, bem como as convencionadas anteriormente.

§ 3º. Em caso de greve em atividade essencial, com possibilidade de lesão do interesse público, o Ministério Público do Trabalho poderá ajuizar dissídio coletivo, competindo à Justiça do Trabalho decidir o conflito.

Considerando que referido artigo versa sobre a competência material e também em razão da pessoa, analisaremos em conjunto tais critérios para fins didáticos.

Desse modo, **a competência em razão da matéria é identificada pela causa de pedir (fatos e fundamentos jurídicos) e pelo pedido deduzidos em juízo**. Nessa hipótese, o processo poderá ser de competência da Justiça Especializada (Justiça do Trabalho, Eleitoral ou Militar) ou da Justiça Comum (Justiça Federal ou Estadual).

- Assim, se, por exemplo, um trabalhador ajuíza reclamação trabalhista alegando ter trabalhado no período noturno e não ter recebido adicional noturno, postulando seu pagamento, verifica-se que os fatos, os fundamentos jurídicos e os pedidos dizem respeito à relação de emprego, o que atrai a competência da Justiça do Trabalho.

Já a **competência em razão da pessoa é definida levando-se em conta a qualidade das partes envolvidas na relação jurídico-processual.**

Com efeito, para melhor compreensão do tema, passamos a analisar detidamente cada um dos itens do artigo supramencionado.

4.1. Ações Oriundas da Relação de Trabalho

Antes do advento da EC nº 45/04, a Justiça do Trabalho era competente, em regra, para julgar as ações oriundas das relações entre empregados e empregadores. Nesse contexto, priorizava-se a competência em razão da pessoa (empregado e empregador).

Depois da entrada em vigor da aludida Emenda Constitucional, a competência da Justiça do Trabalho teve significativa ampliação, pois passou a ter competência para julgar as ações referentes à relação de trabalho.

Relação de trabalho pode ser conceituada como "qualquer vínculo jurídico por meio do qual uma pessoa natural executa obra ou serviços para outrem, mediante o pagamento de uma contraprestação"[16]. Trata-se, pois, de gênero, nele incluindo: relação de emprego; trabalho autônomo; trabalho eventual; trabalho avulso; trabalho voluntário; estágio etc. Aliás, o art. 643, § 3º, da CLT declina que a Justiça do Trabalho é competente para processar e julgar as ações entre trabalhadores portuários e os operadores portuários ou o Órgão Gestor de Mão-de-Obra - OGMO decorrentes da relação de trabalho.

Relação de trabalho

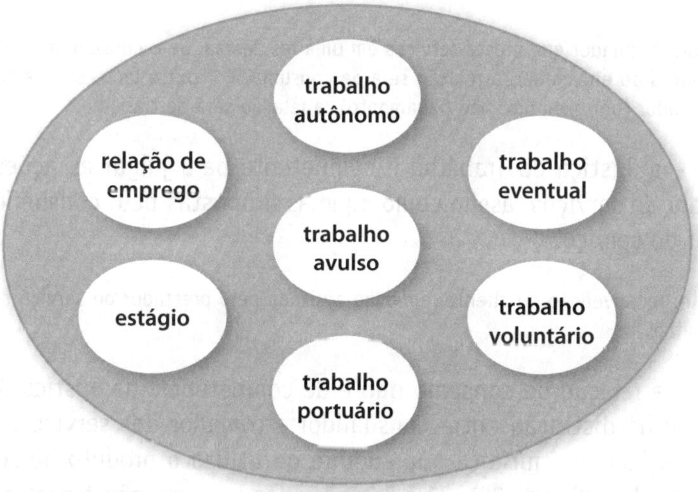

A **relação de emprego** é, portanto, **espécie de relação de trabalho**, existindo quando estiverem presentes os requisitos descritos no art. 3º da CLT, quais sejam pessoalidade, pessoa física, não eventualidade, onerosidade e subordinação.

Com efeito, nos dias atuais, na competência da Justiça do Trabalho, são integradas, as relações de trabalho e não somente as relações de emprego.

No entanto, cabe fazer cinco observações quanto à competência da Justiça do Trabalho referente às seguintes lides:

- relações de consumo;
- honorários advocatícios;

16. SARAIVA, Renato. *Processo do Trabalho*. 5. ed. Rio do Janeiro: Forense; São Paulo: Método, 2009. p. 29.

- ações penais;
- representantes comerciais; e
- motoristas de aplicativo.

4.1.1. Relações de consumo

Quanto à **relação de consumo** existem três correntes a respeito da competência da Justiça do Trabalho.

1ª tese – a relação de consumo é uma relação bifronte: do ângulo do consumidor (destinatário do serviço) há uma relação consumerista a ser julgada pela Justiça Comum. Agora, do ângulo do prestador do serviço há relação de trabalho, sendo de competência da Justiça do Trabalho.

- **Exemplo:** encanador que presta serviços em uma residência. Se o consumidor for reclamar dos serviços do encanador, a relação será de consumo. Por outro lado, se a reclamação é do encanador (por exemplo, não pagamento), a relação será de trabalho.

2ª tese – a Justiça do Trabalho é competente para julgar as ações propostas pelo prestador de serviços, assim como aquelas propostas pelo consumidor em face do prestador do serviço.

- **Exemplo:** reconvenção do cliente, em ação ajuizada pelo prestador do serviço na Justiça do Trabalho.

3ª tese – a relação de consumo **não** é de competência da Justiça do Trabalho. Para essa tese há distinção entre consumidor e tomador dos serviços. O consumidor é a pessoa física ou jurídica que adquire ou utiliza o produto ou serviço como destinatário final (CDC, art. 2º). Já o tomador dos serviços não é destinatário final, mas intermediário.

- **Exemplo:** médico de determinada clínica que presta serviço a um paciente. A relação entre o médico e o paciente (cliente) é de consumo, sendo de competência da Justiça Comum. Agora, a relação do médico com a clínica é de trabalho, atraindo a competência da Justiça do Trabalho.

Importante:

Esse é o entendimento majoritário, sendo acompanhado pela Súmula nº 363 do STJ que assim vaticina: "Compete à Justiça Estadual processar e julgar a ação de cobrança ajuizada por profissional liberal contra cliente".

4.1.2. Honorários advocatícios

Os honorários advocatícios podem ser divididos especialmente em:

- **Honorários Contratuais (convencionais):** sendo aqueles que decorrem de relação de prestação de serviços firmada entre o advogado e seu cliente. É, portanto, puramente contratual, de modo que as partes os definem por comunhão de vontades. Tendo contrato escrito é considerado título executivo extrajudicial (Lei nº 8.906/94, art. 24 c/c o CPC/2015, art. 784, XII).
- **Honorários Sucumbenciais:** são os fixados pelo juiz na decisão e devem ser pagos pelo vencido. Deriva, pois, do fato objetivo da derrota.[17] Com o advento da Lei nº 13.467/17, eles passam a ser previstos no art. 791-A, *caput*, da CLT, sendo cumulados com os honorários contratuais.

A competência para o julgamento de ações relacionadas aos honorários advocatícios, dependerá da espécie da verba discutida, ou seja, se referente aos honorários contratuais ou aos honorários sucumbenciais.

Em relação aos **honorários contratuais**, a competência será da Justiça Estadual, tendo em vista que a demanda possui natureza civil, se referindo a contrato de prestação de serviços celebrado entre profissional liberal e seu cliente (Súmula 363 do STJ).[18] É importante salientar que o entendimento do STJ é o de que, nas relações contratuais entre advogado e cliente devem ser aplicadas as regras constantes no Estatuto da OAB (Lei nº 8.906/94), não se aplicando o CDC.[19]

No que tange aos **honorários sucumbenciais** a competência será da Justiça do Trabalho, pois a demanda é diretamente relacionada à ação trabalhista ajuizada, podendo ser discutidos em ação própria (CPC, art. 85, § 18) ou nos mesmos autos da ação em que tenha atuado o advogado.

4.1.2.1. *Honorários contratuais na substituição processual pelo sindicato*

O § 7º, do art. 22, da Lei nº 8.906/94, incluído pela Lei nº 13.725/18, declina que:

> § 7º Os honorários convencionados com entidades de classe para atuação em substituição processual poderão prever a faculdade de indicar os beneficiários que, ao optarem por adquirir os direitos, assumirão as obrigações decorrentes do contrato originário a partir do momento em que este foi celebrado, sem a necessidade de mais formalidades.

Pelo referido dispositivo as obrigações firmadas no contrato de honorários entre o sindicato e o advogado serão automaticamente transferidas ao substituído que optar

17. ASSIS, Araken. *Processo civil brasileiro, v. II: parte geral: institutos fundamentais:* tomo 1. São Paulo: Editora Revista dos Tribunais, 2015. p. 403.
18. Nesse sentido: STJ, CC 52719 SP, Rel. Ministra DENISE ARRUDA, PRIMEIRA SEÇÃO, julgado em 11/10/2006, DJ 30/10/2006, p. 214; CC 93055 MG, Rel. Ministro TEORI ALBINO ZAVASCKI, PRIMEIRA SEÇÃO, julgado em 26/03/2008, DJe 07/04/2008.
19. REsp 1134889/PE, Rel. Ministro HONILDO AMARAL DE MELLO CASTRO (DESEMBARGADOR CONVOCADO DO TJ/AP), QUARTA TURMA, julgado em 23/03/2010, DJe 08/04/2010.

por liquidar seus direitos na ação coletiva, o qual terá que realizar o pagamento dos honorários contratuais (convencionais), sem prejuízo do recebimento pelo advogado dos honorários sucumbenciais (denominados assistenciais).

Portanto, a transferência dos direitos e obrigações firmados originariamente pelo sindicato ocorre pelo simples prosseguimento da liquidação pelo substituto processual (sindicato), de modo que temos uma relação híbrida, conjugando a relação contratual com a processual. Queremos dizer, o contrato inicial se complementa com a liquidação pelo sindicato da ação coletiva. Isso provoca reflexão sobre a competência para discutir essa relação híbrida.

Digo isso porque, como anunciamos no tópico anterior, a jurisprudência sedimentou o entendimento de que as ações relacionadas aos **honorários contratuais** são de competência da Justiça Comum.

No caso em questão, porém, para se analisar a relação contratual necessariamente se passará pelo campo processual, pois como dito ele depende da relação processual para transmitir os direitos e as obrigações aos substituídos.

Desse modo, como a relação processual essencial para a formação do contrato é de competência da Justiça do Trabalho, pensamos que, nessa hipótese, as discussões sobre esses honorários contratuais (p.ex., valores exorbitantes cobrados ou sua própria execução) será de competência da Justiça do Trabalho.

4.1.3. Ações Penais

Com o advento da Emenda Constitucional nº 45/04, incluindo os incisos I, IV e IX no art. 114 da CF/88[20], passou-se a questionar a competência penal da Justiça do Trabalho, ensejando o ajuizamento da ADI 3.684 que analisa tal tema.

Na referida ADI o E. STF deferiu liminar para afastar da competência da Justiça do Trabalho o julgamento das ações de natureza penal, ou seja, no âmbito dessa Justiça Especializada, não está incluída a competência para processar e julgar ações penais, inclusive os crimes contra a organização do trabalho.

Os fundamentos utilizados pelo Min. Cezar Peluso, relator da ação foram o de que tramitou no Senado a PEC nº 29/2000, que tinha como objetivo incluir a competência da Justiça do Trabalho para o julgamento de "infrações penais praticadas contra a organização do trabalho ou contra a administração da própria Justiça do Trabalho". Essa proposta, contudo, foi rejeitada pelo próprio poder legislativo o que,

20. Art. 114. Compete à Justiça do Trabalho processar e julgar: I as ações oriundas da relação de trabalho, abrangidos os entes de direito público externo e da administração pública direta e indireta da União, dos Estados, do Distrito Federal e dos Municípios; (...) IV os mandados de segurança, *habeas corpus* e *habeas data* , quando o ato questionado envolver matéria sujeita à sua jurisdição; (...) IX outras controvérsias decorrentes da relação de trabalho, na forma da lei.

pela interpretação histórica, conduz que essa competência foi excluída do âmbito da Justiça do Trabalho.

Além disso, quando a Constituição estabelece a jurisdição penal, utiliza linguagem direta e específica, delimitando com precisão e clareza a competência para esses tipos de julgamento. Assim, utiliza as expressões "infrações penais" e "crimes" para conceder o poder de processamento e julgamento das ações referentes a esses tipos de ilícitos penais, de modo que a mera previsão do julgamento de "ações oriundas da relação de trabalho" não compreenderia a possibilidade de julgamento de matéria penal.

Aliás, a menção ao julgamento de *habeas corpus* também não seria suficiente para considerar a Justiça do Trabalho competente para o julgamento de ações penais, uma vez que esse remédio processual pode ser voltado a atos e omissões praticados em processos ou procedimentos de outras naturezas e não apenas no âmbito penal.

A liminar foi confirmada pelo STF, ao julgar procedente o pedido da ADI 3.684 (11.05.2020), afastando qualquer interpretação que entenda competir à Justiça do Trabalho processar e julgar ações penais.

Cabe ressaltar que o art. 109, VI, da CF/88 prevê a competência da Justiça Federal para processar e julgar os crimes contra a organização do trabalho e, nos casos determinados por lei, contra o sistema financeiro e a ordem econômico-financeira, excluindo-se a competência do âmbito da Justiça do Trabalho.

De qualquer maneira, se existentes efeitos não penais decorrentes do ato ilícito penal como, por exemplo, a indenização por danos morais nos casos de trabalho escravo, eles serão julgados pela Justiça do Trabalho, mantendo-se a competência da Justiça Comum para o julgamento dos aspectos penais.[21]

Além disso, diante da ciência de ilícitos penais no contexto dos fatos analisados nessa seara, o Juiz do Trabalho deverá comunicar o Ministério Público Estadual ou Federal (e não o Ministério Público do Trabalho, que não tem atribuição penal) para a apuração e eventual instauração de ação penal.

4.1.3.1. Trabalho realizado por presidiários no cumprimento da pena

O C. TST tem entendido, de forma majoritária, que a Justiça do Trabalho não tem competência para o julgamento de casos relacionados ao trabalho realizado por presidiários no cumprimento da pena, tendo em vista que esses casos são regidos pela Lei de Execução Penal (Lei nº 7.210/84 – capítulo III).

O art. 28 da referida lei dispõe que "o trabalho do condenado, como dever social e condição de dignidade humana, terá finalidade educativa e produtiva". Além

21. BERNARDES, Felipe. *Manual de Processo do Trabalho*. Salvador: Juspodivm, 2018. p. 173,

disso, prevê que o trabalho do preso não está sujeito ao regime da CLT. Nos artigos seguintes, a lei estabelece uma série de normas referentes à remuneração, jornada, trabalho interno e externo, dentre outras matérias.

Para o C. TST, portanto, como todas as matérias que regulam as relações entre presidiário e Estado estão sujeitas à Lei de Execução Penal, ainda que referentes à prestação laboral, a competência é da Justiça Comum.[22]

Aliás, como visto no tópico anterior, o entendimento do STF é o de que a Justiça do Trabalho não tem competência para processar e julgar ações de natureza penal.

4.1.4. Representantes comerciais

O representante comercial autônomo é regulamentado pela Lei nº 4.886/65, permitindo-se que o representante possa ser pessoa jurídica ou pessoa física.

A referida lei, em seu art. 39, descreve que é da Justiça Comum a competência para julgar as controvérsias que surgirem entre representantes e representados.

No entanto, com o advento da Emenda Constitucional nº 45/04, que ampliou a competência da Justiça laboral para o julgamento das ações oriundas da relação de trabalho, o C. TST sedimentou o entendimento de que é de competência da Justiça do Trabalho o julgamento da demanda oriunda do contrato de representação comercial, quando o representante é pessoa física, vez que se trata de modalidade de relação de trabalho. Apenas quando a lide for entre pessoas jurídicas que a competência será da Justiça Comum, incidindo o art. 39 da Lei 4.886/65.[23]

O E. STF, porém, no Recurso extraordinário nº 606.003, em que foi reconhecida a repercussão geral, entendeu que a competência para o julgamento das questões envolvendo a relação entre o representante comercial e a empresa por ele representada é da Justiça Comum.

De acordo com o STF, não se trata de relação de trabalho ou de emprego, mas de relação comercial típica (natureza empresarial e mercantil), que pode ser realizada por pessoa física ou jurídica, firmando-se a seguinte tese:

> Preenchidos os requisitos dispostos na Lei 4.886/65, compete à Justiça Comum o julgamento de processos envolvendo relação jurídica entre representante e representada comerciais, uma vez que não há relação de trabalho entre as partes (Tema 550).[24]

22. RR-1009-10.2011.5.09.0010, 5ª Turma, Relator Ministro Douglas Alencar Rodrigues, DEJT 09/08/2019.

23. TST-AIRR 0210311-20.2014.5.21.0017, Quinta Turma, Rel. Min. Guilherme Augusto Caputo Bastos, DEJT 11/03/2016, pág. 1560; TST-RR 0001102-23.2010.5.12.0010, Oitava Turma, Rel. Min. Marcio Eurico Vitral Amaro, DEJT 24/06/2016, pág. 2283; TST-RR 0124700-38.2006.5.02.0008, Sétima Turma, Rel. Min. Vieira de Mello Filho, DEJT 06/12/2013, Pág. 1590.

24. STF – RE 606.003 (Tema 550). Julgamento virtual finalizado em 26 set. 2020.

Dessa forma, após o julgamento pelo STF, tratando-se de representante comercial pessoa física ou pessoa jurídica, a competência para o julgamento das ações será da Justiça Comum.

4.1.5. Motoristas de aplicativo

Com a expansão dos serviços e aplicativos relativos ao fornecimento transporte, duas discussões têm sido frequentes na seara trabalhista.

A primeira delas, mais relacionada às questões de direito material do trabalho, ainda não pacificada, consiste na existência ou não de vínculo de emprego entre o motorista e a empresa de aplicativo.

A segunda compreende a competência para o julgamento dos casos relacionados aos motoristas e às empresas de aplicativo.

É que, mesmo que não se admita a relação de emprego entre as partes, o art. 114, I, da CF/88 contempla que a Justiça do Trabalho tem competência para julgar o gênero relação de trabalho.

Nesse contexto, em ação proposta por motorista de aplicativo solicitando a reativação da sua conta no aplicativo UBER e o ressarcimento de danos materiais e morais, a **Segunda Seção do STJ** entendeu que não se trata de relação de emprego e nem mesmo relação de trabalho, mas sim de uma nova modalidade de interação econômica, fazendo surgir a "economia compartilhada (sharing economy), em que a prestação de serviços por detentores de veículos particulares é intermediada por aplicativos geridos por empresas de tecnologia. Nesse processo, os motoristas, executores da atividade, atuam como empreendedores individuais, sem vínculo de emprego com a empresa proprietária da plataforma". Diante desses argumentos, a Segunda Seção entendeu que se trata de relação jurídica eminentemente civil, de modo que a competência para o caso é da Justiça Estadual.[25]

Acreditamos, contudo, que as ações entre motorista e empresa de aplicativo devem ser julgadas pela Justiça do Trabalho, uma vez que, sendo ou não considerada como relação de emprego, indubitavelmente trata-se de modalidade de relação de trabalho, já que se trata de uma pessoa natural que executa serviços para outrem, mediante o pagamento de uma contraprestação, atraindo, portanto, a competência desta justiça especializada, por força do art. 114, I, da CF/88.[26]

25. STJ-CC 164.544/MG, Rel. Ministro MOURA RIBEIRO, SEGUNDA SEÇÃO, julgado em 28/08/2019, DJe 04/09/2019.

26. Há decisão da 5º Turma do TST que não reconheceu o vínculo de emprego ante a ausência de subordinação, mas, ao julgar o próprio mérito do processo, consequentemente reconheceu a competência da Justiça do Tabalho para o caso. (RR-1000123-89.2017.5.02.0038, 5ª Turma, Relator Ministro Breno Medeiros, DEJT 07/02/2020).

4.2. Entes de Direito Público Externo

O art. 114, I, da CF/88 indica que a Justiça do Trabalho é competente para processar e julgar "as ações oriundas da relação de trabalho, abrangidos os entes de direito público externo".

Entes de direito público externo são os sujeitos de Direito Internacional Público, ou seja:

- os Estados estrangeiros, abrangendo as embaixadas e as repartições consulares; e
- os organismos internacionais (ONU, OIT etc.).

4.2.1. Estados estrangeiros

Quanto aos **Estados estrangeiros**, alguns doutrinadores entendiam que eles não poderiam se submeter à jurisdição brasileira, ou seja, havia **imunidade de jurisdição.**

No entanto, o Supremo Tribunal Federal, embasado no direito consuetudinário, analisou os atos dos Estados estrangeiros em dois aspectos:

1) **atos de império**, entendidos como aqueles praticados no exercício de suas prerrogativas soberanas. Ex.: concessão de visto, atos legislativos do estado estrangeiro. Nesse caso, há imunidade absoluta de jurisdição[27].
2) **atos de gestão**, sendo aqueles em que o Estado estrangeiro atua em matéria de ordem estritamente privada, equiparando-se ao particular, como é o caso da aquisição de bens, contratação de empregados etc. Nessa hipótese, não há imunidade de jurisdição.

Com efeito, declinou o C. STF que, nas causas de natureza trabalhista, o Estado estrangeiro se submete à jurisdição brasileira e, consequentemente, à competência da Justiça do Trabalho, uma vez que se trata de atos de gestão.

Contudo, a Corte Suprema reconheceu a **imunidade de execução** dos entes de direito público externo, sob pena de indevida invasão no Estado estrangeiro. Noutras palavras, a Justiça do Trabalho poderá, na fase de conhecimento, reconhecer que o trabalhador laborou para o ente estrangeiro e condená-lo, por exemplo, ao pagamento das verbas rescisórias e das horas extras. No entanto, não poderá penhorar bens ou dinheiro de tais entes, devendo se valer da denominada carta rogatória.

27. Nessa hipótese, o STJ entende que, caso seja ajuizada a ação no Estado brasileiro, o processo não será de plano extinto sem resolução do mérito, devendo ser determinada a citação do Estado estrangeiro para que se manifeste em relação ao tema e, eventualmente, renuncie a sua imunidade de jurisdição, caso tenha interesse (RO 64/SP, Rel. Ministra Nancy Andrighi, Terceira Turma, julgado em 13.05.2008, DJe 23.06.2008). Não renunciando, o processo será extinto sem resolução do mérito.

Existem, porém, duas **exceções** em que **não incidirá** a imunidade de execução:

1) quando o Estado estrangeiro renunciar à intangibilidade de seus próprios bens;

2) quando houver no território brasileiro bens que, embora pertencentes ao ente externo, não tenham nenhuma vinculação com as finalidades essenciais inerentes às relações diplomáticas ou representações consultes mantidas em nosso País (STF - RE nº 222.368-4).

4.2.2. Organismos internacionais

Quando se tratar, porém, de organização ou **organismos internacionais, há imunidade absoluta de jurisdição**, nos termos da OJ nº 416 da SDI-I do TST:

> **Orientação Jurisprudencial nº 416 da SDI-I do TST.** Imunidade de jurisdição. Organização ou organismo internacional
>
> As organizações ou organismos internacionais gozam de imunidade absoluta de jurisdição quando amparados por norma internacional incorporada ao ordenamento jurídico brasileiro, não se lhes aplicando a regra do Direito Consuetudinário relativa à natureza dos atos praticados. Excepcionalmente, prevalecerá a jurisdição brasileira na hipótese de renúncia expressa à cláusula de imunidade jurisdicional.

Nessa hipótese, tendo imunidade de jurisdição, consequentemente, também terá imunidade de execução, vez que não existirá nem mesmo condenação.

A Corte Trabalhista justifica seu posicionamento nos seguintes fundamentos.

O tema das imunidades das organizações internacionais, em regra, decorre do direito convencional, ao contrário da imunidade dos Estados estrangeiros que se embasa no direito consuetudinário[28]. Em outros termos, as imunidades dessas organizações vêm estabelecidas em tratados internacionais, os quais, depois de ratificados, integram o ordenamento interno brasileiro.

Em decorrência disso, o Estado brasileiro tem obrigação de cumprir os tratados firmados, vez que são pactuados livremente pelo Brasil, sendo compromissos internacionais de caráter vinculante. Ademais, o descumprimento dos tratados firmados pelo Brasil sujeita o Estado brasileiro à responsabilização internacional.

Com efeito, estando a imunidade de jurisdição prevista em tratado internacional, para o TST, o organismo internacional não se submete à jurisdição brasileira. Excepciona-se, porém, o caso do organismo internacional, expressamente, renunciar a imunidade a ele conferida.

---

28. PORTELA, Paulo Henrique Gonçalves. *Direito Internacional público e privado.* 3. ed. Salvador: *Juspodivm*, 2011. p. 189.

4.2.3. Esquema

Em suma, para o C. TST, tratando-se de Estado estrangeiro, não há imunidade de jurisdição nas lides trabalhistas. Por outro lado, sendo organizações (organismos) internacionais, tais entidades têm o privilégio da imunidade de jurisdição.

Estados estrangeiros, abrangendo as embaixadas e as repartições consulares	Organizações ou organismos internacionais
Não têm imunidade de jurisdição	Têm imunidade absoluta de jurisdição
Regra: Têm imunidade de execução	

4.3. Servidores da Administração Pública

A administração pública abrange a União, os Estados, os Municípios, as autarquias, as fundações, as sociedades de economia mista e as empresas públicas.

No que se refere às **empresas públicas e às sociedades de economia mista**, o art. 173, II, da CF/88 submete-as ao regime próprio das empresas privadas, inclusive quanto aos direitos e obrigações trabalhistas, ou seja, deve contratar pelo regime celetista. Nesse contexto, não há dúvida de que a **Justiça do Trabalho é competente** para julgar as ações oriundas de seus empregados.

Quanto à União, aos Estados, aos Municípios, às autarquias e às fundações públicas, a questão não é pacífica. Isso porque a relação de trabalho, nesses entes, conforme entendimento do Supremo Tribunal Federal, pode ser de três espécies:

1) relação empregatícia (regime celetista);

2) relação estatutária;

3) relação de caráter jurídico-administrativa (temporária).

4.3.1. Relação empregatícia

De acordo com o entendimento do STF e do TST, a **competência da Justiça do Trabalho** está limitada às ações oriundas da relação de emprego, ou seja, quando o ente público adotar o **regime celetista** para seus servidores (empregados públicos).

No entanto, o STF entende que, mesmo sendo empregado público, a discussão sobre a exoneração de empregado em estágio probatório é da Justiça Comum, por se tratar de validade de ato administrativo, sendo considerado de natureza constitucional-administrativa[29].

---

29. STF-ARE 809482 AgR, Relator(a): Min. Roberto Barroso, Primeira Turma, julgado em 17.3.2017, Acórdão eletrônico DJe-062 Divulg. 28.3.2017 Public. 29.3.2017.

Ademais, entende que cabe à Justiça Comum "processar e julgar controvérsias relacionadas à fase pré-contratual de seleção e de admissão de pessoal e eventual nulidade de certame em face da administração pública direta e indireta, nas hipóteses em que adotado o regime celetista de contratação de pessoal".[30]

4.3.2. Relação estatutária

Fica a cargo da **Justiça Comum** a **competência** para julgar as **relações estatutárias**[31]. Nesse sentido, a Súmula nº 137 do STJ:

> **Súmula nº 137 do STJ.** Competência – Processo e Julgamento – Servidor Público Municipal – Direitos Relativos ao Vínculo Estatutário
>
> Compete à Justiça Comum Estadual processar e julgar ação de servidor público municipal, pleiteando direitos relativos ao vínculo estatutário.

Assim, cabe à Justiça Federal julgar os servidores públicos estatutários federais e à Justiça Estadual, os servidores públicos estatutários estaduais ou municipais.

4.3.3. Relação de caráter jurídico-administrativa

Os servidores temporários são os contratados para "atender a necessidade temporária de excepcional interesse público", nos termos do art. 37, IX, da CF/88.

Nesse caso, entende-se que há uma relação de caráter jurídico-administrativa, de modo que a competência é da **Justiça Comum**[32]**, ainda que se discuta o desvirtuamento do contrato temporário ou o contrato faça remissão a direitos da CLT**[33]**.**

Em resumo, é possível esquematizar a competência para julgar as ações envolvendo os servidores públicos da seguinte forma:

Competência da Justiça do Trabalho	Competência da Justiça Comum
Empregado público (celetista)	Servidor estatutário
	Servidor temporário

4.3.4. Cessão de servidor

É possível que um órgão da Administração ceda seus servidores para ter exercício em outro órgão ou entidade dos Poderes da União, dos Estados, ou do Distrito

30. STF – RE 960429 RG / RN. DJ 05.03.2020.
31. STF – ADI-MC 3.395-6. DJ 10.11.2006.
32. STF-RE-573.202-9: Reconheceu repercussão geral para afastar a competência da Justiça do Trabalho para processar e julgar ações entre o ente público e o servidor admitido mediante contratação temporária. DJE 11.4.2008. Também nesse sentido, TST-RO-456-38.2013.5.12.0000, SBDI-II, rel. Min. Douglas Alencar Rodrigues, 7.4.2015 (Informativo execução nº 13).
33. STJ- AgRg CC 138.099/RS, REl. Min. Sérgio Kukina, Primeira Seção, julg. 25.3.2015, Dje 31.3.2015.

Federal e dos Municípios, seja para o exercício de cargo em comissão ou função de confiança, seja para os casos previstos em leis específicas (Lei nº 8.112/90, art. 93).

No âmbito federal, nos casos de cessão para cargo em comissão ou função de confiança, o ônus da remuneração será do órgão ou entidade cessionária, mantido o ônus para o cedente nas demais hipóteses.

Já na hipótese de cessão de servidor para empresa pública ou sociedade de economia mista, ele poderá, nos termos das respectivas normas, optar pela remuneração do cargo efetivo ou pela remuneração do cargo efetivo acrescida de percentual da retribuição do cargo em comissão, de modo que a entidade cessionária efetuará o reembolso das despesas realizadas pelo órgão ou entidade de origem.

Havendo cessão de servidores, podem existir controvérsias a provocar o judiciário, havendo divergência acerca de qual o juízo competente.

Para uns, a definição da competência está relacionada ao vínculo do servidor firmado com a entidade cedente, razão pela qual a cessão de servidor público estatutário para entes regidos pela CLT, especialmente empresas públicas e sociedade de economia mista, não descaracteriza, por si só, o vínculo estatutário, afastando, assim, a competência da Justiça do Trabalho.[34]

Para a tese majoritária, a competência será definida pelos pedidos e a causa de pedir formulados, de modo que sendo inseridos na relação de emprego a competência é da Justiça do Trabalho[35], enquanto os pedidos relacionados ao regime estatutário são de competência da Justiça Comum.

Desse modo, é de competência da Justiça do Trabalho, por exemplo, quando se tratar de pedido de equiparação salarial (súmula nº 6, V, do TST) ou discussões acerca do reconhecimento de vínculo empregatício com a empresa estatal[36], embora neste último caso, no mérito, o pedido seja julgado improcedente para ausência de concurso público.

4.3.5. Cargo em comissão

No que tange aos trabalhadores submetidos ao cargo em comissão, a competência depende do regime adotado pela administração pública. Sendo o regime celetista a

34. AgR-RR nº 388-88.2012.5.09.0006, 1ª Turma do TST, Rel. Hugo Carlos Scheuermann. j. 15.03.2017, Publ. 17.03.2017.
35. CC-STJ 23561. 3ª Seção, Rel. Min. Edosn Vidigal, DJ 11.12.2000; TST – AIRR nº 1395-88.2010.5.06.0000, 8ª Turma do TST, Rel. Dora Maria da Costa. unânime, DEJT 10.11.2011.
36. RR nº 16105/2002-900-09-00, 1ª Turma do TST, Rel. João Oreste Dalazen. j. 23.08.2006, unânime, Publ. 06.10.2006.

competência é da Justiça do trabalho[37], enquanto na hipótese de adotar o regime estatutário a competência será da Justiça comum[38].

4.3.6. Alteração do regime de contratação

É possível que o ente público altere seu regime de contratação, modificando seu regime de celetista para estatutário, especialmente em decorrência do regime único dos servidores públicos. É o que se denomina de transmudação (ou transposição) do regime jurídico.

Nesse caso, a competência da Justiça Laboral fica limitada ao período celetista, como descreve a OJ 138 da SDI-I do TST:

> Competência residual. Regime jurídico único. Limitação da execução. Compete à Justiça do Trabalho julgar pedidos de direitos e vantagens previstos na legislação trabalhista referente ao período anterior à Lei nº 8.112/90, mesmo que a ação tenha sido ajuizada após a edição da referida lei. A superveniência de regime estatutário em substituição ao celetista, mesmo após a sentença, limita a execução ao período celetista[39].

Ademais, o TST entende que "a transferência do regime jurídico de celetista para estatutário implica extinção do contrato de trabalho, fluindo o prazo da prescrição bienal a partir da mudança de regime" (Súmula nº 382 do TST).

4.3.6.1. Empregados contratados antes da CF/88, sem submissão ao concurso público

Há uma situação peculiar acerca da transmudação do regime jurídico: os **empregados contratados antes da Constituição Federal de 1988, sem submissão ao concurso público**, os quais provocaram divergências e evoluções no entendimento jurisprudencial. Explico.

A Lei nº 8.112/90, no âmbito federal, estabeleceu no art. 243 que todos os servidores que tinham ingressado no serviço público, antes da Constituição Federal,

---

37. TST; RR 0000227-35.2013.5.15.0149; Terceira Turma; Rel. Min. Alberto Bresciani; DEJT 13/03/2015; TST; ARR 0000415-58.2013.5.15.0042; Terceira Turma; Rel. Min. Mauricio Godinho Delgado; DEJT 12/02/2016; Pág. 1081; TST; RR 0000099-92.2013.5.03.0102; Sétima Turma; Rel. Min. Vieira de Mello Filho; DEJT 17/04/2015; Pág. 2411.

38. **Súmula nº 218 do STJ.** Competência – Ação de Servidor Estadual – Processo e Julgamento – Direitos e Vantagens Estatutárias – Cargo em Comissão. Compete à Justiça dos Estados processar e julgar ação de servidor estadual decorrente de direitos e vantagens estatutárias no exercício de cargo em comissão.

39. O STF também entende que, havendo alteração do regime jurídico, a competência da Justiça do Trabalho fica restrita para processar e julgar ações relativas às verbas trabalhistas referentes ao período em que o servidor mantinha vínculo celetista com a Administração, antes da transposição para regime estatutário (ARE 1001075 RG, Relator(a): Min. GILMAR MENDES, julgado em 08/12/2016, PROCESSO ELETRÔNICO REPERCUSSÃO GERAL – MÉRITO DJe-017 DIVULG 31-01-2017 PUBLIC 01-02-2017.

sob o regime de emprego público, automaticamente seu regime seria convertido para estatutário.

Ocorre que alguns servidores tinham ingressado na administração **sem** concurso público, sendo-lhes garantida a estabilidade pelo art. 19 do ADCT, desde que, na data da promulgação da CF/88, estivessem em exercício há pelo menos 5 anos continuados.

Diante disso, o TST passou a entender que tais servidores, embora pudessem prosseguir vinculados ao ente público (federal, estadual ou municipal), não poderia ter seu regime modificado, mantendo-se o regime original celetista. Assim, como a mudança era inválida, a Justiça do Trabalho sempre seria competente para julgá-los[40].

No entanto, o TST, acompanhando entendimento do STF, passou a entender que, na realidade, era possível a chamada transmudação (ou transposição) de regime, não sendo admitido, por ser inconstitucional, o aproveitamento de tais servidores para os cargos cuja investidura a Constituição exige a submissão ao concurso, vendando assim a equiparação das vantagens devidas aos ocupantes de cargos efetivos[41].

Desse modo, havendo transmudação do regime esses servidores não são mais celetistas, mas estatutários, embora fiquem sem prover cargo (ADI 1.150/RS). Assim, a partir da mudança, exitingue-se o contrato de trabalho, ficando a Justiça do Trabalho competente apenas para o período anterior à modificação do regime.

4.3.7. Contratação sem concurso público após a Constituição Federal de 1988

Com o advento da Constituição Federal de 1988, não se admite a contratação de servidores públicos sem a realização de concurso público, por força do art. 37.

No entanto, caso irregularmente a Administração pública contrate sem concurso público, a competência para processar e julgar a ação movida pelo trabalhador dependerá do regime jurídico adotado pelo ente público para os seus servidores:

- se tiver natureza administrativa ou estatutária, a competência será da Justiça Comum;
- se for celetista, a competência será da Justiça do Trabalho.[42]

40. STF – Repercussão geral no recurso extraordinário com agravo nº 906.491 Distrito Federal. Rel. Min. Teori Zavascki. DJE 7.10.2015; STF-ADI-1150/RS. Tribunal Pleno. Rel. Min. Moreira Alves. DJ 17.4.1998; TST-‑RR-1308-02-2012-5-22-0103. 2ª Turma. Rel. Min. José Roberto Freire Pimenta. DEJT 8.11.2013.
41. ArgInc-RR-105100-93.1996.5.04.0018, Tribunal Pleno, Relatora Ministra Maria Helena Mallmann, DEJT 18/09/2017.
42. TST-E-ED-RR-1114-36.2013.5.05.0201, SBDI-I, rel. Min. Cláudio Mascarenhas Brandão, red. p/ acórdão Min. Márcio Eurico Vitral Amaro, 12.4.2018 (Informativo nº 176).

4.4. Serventuário de Cartório Extrajudicial

O art. 236 da CF/88 prevê que "os serviços notariais e de registro são exercidos em caráter privado, por delegação do Poder Público".

A lei reguladora do dispositivo, no entanto, só foi publicada em 1994 (Lei nº 8.935, de 18 de novembro de 1994, art. 48), o que gerou divergências acerca da natureza das relações no período anterior à edição da lei (estatutária ou celetista) e, consequentemente, da Justiça competente para dirimir eventuais litígios.

Ao interpretar o art. 236 da CF/88, o C. TST entendeu que se trata de norma autoaplicável, de modo que, com a entrada em vigor do texto constitucional, os trabalhadores contratados passaram a ser vinculados ao titular do Cartório, tendo em vista o caráter privado dos serviços notariais e de registro.

Aliás, tais serviços são de caráter privativo e delegado pelo Poder Público, cabendo ao titular do Cartório, pessoa física, contratar, dirigir e remunerar a prestação do trabalho, equipara-se assim ao empregador comum e submetendo a relação à CLT, ainda que relativa a período entre a entrada em vigor da Constituição Federal e da Lei nº 8.935/94.[43]

Portanto, tratando-se de relação de emprego, a competência para o julgamento de eventuais litígios dela decorrentes é da Justiça do Trabalho.

4.5. Competência Trabalhista Perante a Greve

A greve pode ser conceituada como "a suspensão coletiva, temporária e pacífica, total ou parcial, de prestação pessoal de serviços a empregador" (Lei nº 7.783/89). Trata-se de um direito fundamental utilizado pelos trabalhadores, para pressionar o empregador a atender a suas reinvindicações.

Nos termos do art. 114, II, da CF/88, todas "as ações que envolvam exercício do direito de greve" são de competência da Justiça do Trabalho. Nesse contexto, passou a ser de **competência dessa Justiça Trabalhista:**

- **as ações possessórias** (reintegração de posse, manutenção de posse e interdito proibitório).

- **Exemplo:** Banco Z ajuíza interdito proibitório para evitar protestos dentro ou na porta do banco.

Para as ações possessórias, o Supremo Tribunal Federal editou a Súmula vinculante nº 23, a qual declina:

43. Ag-RR-11253-48.2015.5.03.0002, 5ª Turma, Relator Ministro Breno Medeiros, DEJT 28/02/2020; Ag-ED-ED--RR-1124-69.2010.5.02.0201, 7ª Turma, Relator Ministro Cláudio Mascarenhas Brandão, DEJT 19/12/2019; RR – 32000-67.2006.5.15.0077 Data de Julgamento: 14/11/2012, Relator Ministro: Alexandre de Souza Agra Belmonte, 3ª Turma, Data de Publicação: DEJT 23/11/2012.

Súmula Vinculante nº 23.

A Justiça do Trabalho é competente para processar e julgar ação possessória ajuizada em decorrência do exercício do direito de greve pelos trabalhadores da iniciativa privada.

Atenção:

A súmula vinculante restringiu a competência da Justiça do Trabalho apenas à iniciativa privada, o que significa que as ações decorrentes do exercício de greve dos servidores públicos estatutários são de competência da Justiça Comum (ADI 3395).

- **as ações indenizatórias** decorrentes do exercício do direito de greve. **Exemplo**: trabalhadores quebram maquinários da empresa durante o movimento grevista.

Nas ações indenizatórias, a doutrina e a jurisprudência não são pacíficas acerca das ações ajuizadas em face de terceiros em decorrência do exercício do direito de greve, por exemplo, quando na greve provoca-se um dano ao vizinho da empresa em greve ou quando a greve prejudica aqueles que se utilizam do transporte coletivo.

Nesse caso, para a tese majoritária a competência é da Justiça do trabalho, vez que, sendo competência material, finca-se apenas na causa de pedir e no pedido, ou seja, estando os fatos e fundamentos jurídicos ou os pedidos relacionadas ao exercício do direito de greve, a competência é da Justiça do Trabalho[44]. Para outros, o art. 114, II, da CF/88 une a competência material com a competência em razão da pessoa, o que significa que apenas quando existirem trabalhadores, empregadores e sindicatos discutindo o exercício do direito de greve a competência será da Justiça do Trabalho[45].

- **as ações de obrigação de fazer**, a fim de garantir, durante a greve, a prestação dos serviços indispensáveis ao atendimento das necessidades inadiáveis da comunidade etc. **Exemplo**: MPT ajuíza ação civil pública para que 50% dos ônibus coletivos mantenham-se em funcionamento durante o movimento grevista.

ATENÇÃO:

Não é de competência da Justiça do Trabalho o julgamento das ações penais decorrentes do exercício do direito de greve (ADI 3684).

44. (...)A Justiça do Trabalho é competente para julgar pedido de indenização contra o Sindicato, em face dos atos que se desenrolaram durante o exercício do direito de greve, pela prática de ato ilícito contra terceiros que sofreram constrangimento ilegal e cárcere privado, impedidos de se retirar do prédio onde realizada a manifestação por seis horas. A competência da Justiça do Trabalho decorre da expressa dicção do inciso II do art. 114 da CF, que ao remeter às "ações que envolvem o direito de greve", não limita àquelas relacionadas à relação do trabalho (...) (RR nº 333000-76.2008.5.12.0001, 6ª Turma do TST, Rel. Aloysio Corrêa da Veiga. unânime, DEJT 13.05.2010); No mesmo sentido, STJ-Resp. 207.555-MG, Rel. Ricardo Villas Bôas Cueva. Julgado 06.12.12.
45. RO nº 05867-2006-001-12-00-6 (033/2007), 1ª Turma do TRT da 12ª Região/SC, Rel. Marcus Pina Mugnaini. j. 06.06.2007.

Há de se consignar, ainda, que as ações envolvendo o direito de greve podem gerar dissídios individuais ou dissídio de greve.

As **ações individuais** são as especificadas anteriormente, devendo ser ajuizadas na **Vara do Trabalho**.

Já o **dissídio de greve** vem estabelecido no § 3º do art. 114 da CF/88, tendo a finalidade de declarar a abusividade ou não do movimento grevista (Súmula nº 189 do TST[46]). Essa ação é de **competência originária dos Tribunais (TRT ou TST)**, considerando a sua extensão territorial.

Assim, atingindo a greve apenas um Tribunal Regional, é dele a competência para solucioná-la, como se depreende do art. 677 da CLT. Por outro lado, atingindo mais de um Tribunal Regional, a competência será do TST, nos termos do art. 2º, I, "a", da Lei nº 7.701/88.

Atenção:

Existe uma exceção quando a extensão do dissídio de greve atinge mais de um tribunal. É no caso de a greve atingir as circunscrições dos TRTs da 2ª e 15ª Região (todo o Estado de São Paulo). Nessa hipótese, a competência será do TRT da 2ª Região, conforme estabelece o art. 12 da Lei nº 7.520/86, alterado pela Lei nº 9.254/96.

4.5.1. Dissídio coletivo de greve de servidor público

Inicialmente, entendia-se que a competência da justiça do trabalho para o julgamento do dissídio coletivo de greve dos servidores públicos seguia a mesma interpretação do art. 114, I, da CF/88, ou seja, os celetistas de competência da justiça do trabalho e os estatutários de competência da justiça comum.

No entanto, o STF fixou tese no sentido de que "a justiça comum, federal ou estadual, é competente para julgar a abusividade de greve de **servidores públicos celetistas da Administração pública direta, autarquias e fundações públicas**"[47].

Portanto, sendo pessoa jurídica de direito público, para o E. STF a competência para julgar o dissídio coletivo de greve é da justiça comum, sendo de **competência da justiça do trabalho apenas as pessoas jurídicas de direito privado, inclusive as empresas públicas e as sociedades de economia mista.**

No caso de dissídio de greve ajuizado na justiça comum, o STF decidiu que "até a devida disciplina legislativa, devem-se definir as situações provisórias de competência constitucional para a apreciação desses dissídios no contexto nacional, regional, estadual e municipal"[48], aplicando-se analogicamente a Lei nº 7.701/88.

46. **Súmula nº 189 do TST**. Greve. Competência da Justiça do Trabalho. Abusividade. A Justiça do Trabalho é competente para declarar a abusividade, ou não, da greve.

47. STF- RE 846854. Tese fixada pelo plenário do STF em 01.8.2017.

48. STF – MI 708/DF, Rel. Min. GILMAR MENDES, DJe 25.10.07.

Desse modo, o STJ tem competência nos seguintes casos:

1) movimento de âmbito nacional;

2) movimento que atinja mais de uma região da justiça federal;

3) movimento que compreenda mais de uma unidade da federação (art. 2º, I, "a", da Lei nº 7.701/1988).

Por outro lado, o Tribunal Regional Federal será competente se a controvérsia estiver ligada a servidor público federal e adstrita:

a) a uma única região da justiça federal (aplicação analógica do art. 6º da Lei nº 7.701/1988);

b) ao âmbito local.

Já o Tribunal de Justiça será competente para os servidores públicos estaduais e municipais quando a controvérsia estiver restrita:

a) a uma unidade da federação (aplicação analógica do art. 6º da Lei nº 7.701/1988);

b) ao âmbito local.

4.6. Ações Envolvendo Sindicatos

Pela análise do art. 114, III, da CF/88 é possível extrair que a Justiça do Trabalho tem competência para processar e julgar todas as ações que envolvam os sindicatos ou discutam questões sindicais[49]. Nesse contexto, a Justiça do Trabalho é competente para as seguintes ações:

1) as ações sobre representação sindical;

- **Exemplo:** quando dois ou mais sindicatos disputarem a representação da categoria.

2) as ações entre sindicatos;

- **Exemplos:** cobrança de multa do sindicato patronal pelo sindicato dos empregados, em decorrência do não cumprimento de obrigações assumidas na convenção coletiva; repartição das contribuições sindicais etc.

3) as ações entre sindicatos e empregados;

- **Exemplos:** descontos indevidos de contribuições assistenciais e confederativas; vícios nas eleições sindicais; direito de filiação ou desfiliação.

---

49. SCHIAVI, Mauro. *Manual de Direito Processual do Trabalho*. 9. ed. São Paulo: LTr, 2015. p. 258.

4) as ações entre sindicatos e empregadores.

- **Exemplos:** ações visando acabar com atos antissindicais praticados pelo empregador; consignação de pagamento de contribuição sindical ajuizada pelo empregador.

Ressalta-se que, como já dito, o art. 114, III, da CF/88 atrai para a Justiça do Trabalho todas as questões relacionadas aos sindicatos, sejam as intersindicais (entre sindicatos, como é o caso, p. e, da disputa de representação sindical), sejam as intrasindicais.

No último caso, "envolvem todas as questões do Sindicato considerado em si mesmo e não em conflito com outro sindicato"[50]. Assim, são abrangidas, por exemplo, as questões relacionadas à legalidade de criação dos sindicatos (inclusive no tocante ao registro sindical e aos atos constitutivos em cartório), a convocação de Assembleias, as eleições sindicais[51] e também sobre os cargos de direção, registro de candidatura e a ação do dirigente sindical para pagamento de seus créditos e honorários junto à entidade sindical[52].

Por fim, cumpre trazer a discussão existente acerca da competência para julgar as ações dos servidores públicos estatutários relacionadas a matérias sindicais.

O C. TST tem entendido que a Justiça do Trabalho é incompetente para julgar essas ações, sob o principal fundamento de que a decisão do STF proferida na ADI-MC 3.395/DF excluiu também da competência da Justiça do Trabalho, especialmante para o julgamento das ações de cobrança das contribuições sindicais de estatutários.[53]

O C. STJ, contudo, vem adotando o entendimento de que cabe à Justiça do Trabalho dirimir as ações referentes às contribuições sindicais de estatutários[54], existindo

---

50. SCHIAVI, Mauro. *Manual de direito processual do trabalho.* 11. ed. São Paulo: LTr, 2016. p. 266 e 267.

51. A doutrina majoritária defende o cancelamento da Súmula nº 4 do STJ: "Compete a Justiça Estadual julgar causa decorrente do processo eleitoral sindical". (LEITE, Carlos Henrique Bezerra. *Curso de direito processual do trabalho.* 14. ed. São Paulo: Saraiva, 2016. p. 308).

52. SCHIAVI, Mauro. *Manual de direito processual do trabalho.* 11. ed. São Paulo: LTr, 2016. p. 266 e 267.

53. RR nº 2920-82.2015.5.22.0001, 4ª Turma do TST, Rel. Ubirajara Carlos Mendes. j. 11.04.2018, Publ. 20.04.2018; RR nº 1983-63.2015.5.22.0101, 5ª Turma do TST, Rel. Douglas Alencar Rodrigues. j. 12.09.2018, Publ. 21.09.2018; AIRR nº 268-73.2016.5.20.0014, 2ª Turma do TST, Rel. Maria Helena Mallmann. j. 29.08.2018, Publ. 06.09.2018.

54. CONFLITO NEGATIVO DE COMPETÊNCIA. JUSTIÇA COMUM ESTADUAL E JUSTIÇA DO TRABALHO. AÇÃO DE OBRIGAÇÃO DE FAZER C/C COBRANÇA. CONTRIBUIÇÃO SINDICAL DE SERVIDORES PÚBLICOS MUNICIPAIS. ART. 114, III, DA CF/1988 COM REDAÇÃO DADA PELA EC 45/2004. COMPETÊNCIA DA JUSTIÇA DO TRABALHO. PRECEDENTES. 1. Conflito Negativo de Competência instaurado entre o Juízo do Trabalho Titular da Vara do Trabalho de Diamantina/MG e o Juízo de Direito da Vara Única da Comarca de Serro/MG, nos autos de Ação de Obrigação de Fazer c/c Cobrança em desfavor do Município de Serro/MG, em que requer o recebimento de contribuição sindical descontada dos servidores públicos municipais. 2. A 1ª Seção do STJ, a partir do julgamento do AgRg no CC 135.694/GO (Rel. Ministro SÉRGIO KUKINA, DJe 17.11.2014, transitado em julgado em 9.2.2015), firmou o entendimento de que, nos termos do art. 114, III, da Constituição Federal de 1988, com a redação dada pela Emenda Constitucional 45/2004, compete à Justiça do Trabalho processar e julgar as ações relativas à cobrança

decisões monocráticas que conferem à Justiça do Trabalho competência para todas as ações envolvendo matéria sindical dos servidores públicos estatuários como é o caso, por exemplo, de vícios na eleição sindical[55].

Diante dessa controvérsia, encontra-se pendente de julgamento pelo STF, o RE 1089282 com repercussão geral reconhecida.[56]

Observação 1:

Embora o art. 114, III, da CF/88 utilize apenas o termo "sindicatos", ele deve ser interpretado extensivamente, incluindo, assim, as federações, as confederações e até mesmo as centrais sindicais.

Observação 2:

Com o advento da EC nº 45/04, a Súmula nº 222 do STJ* é considerada como superada pela doutrina e jurisprudência, sendo, atualmente, competência da Justiça do Trabalho julgar as ações relacionadas à contribuição sindical. Registra-se que referida súmula permanece aplicável aos processos já sentenciados na data das alterações realizadas pela emenda (Súmula nº 367 do STJ**).

(*) Súmula nº 222 do STJ: Compete à Justiça Comum processar e julgar as ações relativas à contribuição sindical prevista no art. 578 da CLT.

(**) Súmula nº 367 do STJ: A competência estabelecida pela EC nº 45/2004 não alcança os processos já sentenciados. No mesmo sentido, Resp 712984/PR. Rel.: Min. Luiz Fux. 1ª Turma. DJ 4.10.2007.

4.7. Mandado de Segurança, *Habeas Corpus* e *Habeas Data*

O art. 114, IV, da CF/88 declina que é da competência da Justiça do Trabalho processar e julgar "os mandados de segurança, *habeas corpus* e *habeas data*, **quando o ato questionado envolver matéria sujeita à sua jurisdição**" (grifo nosso).

4.7.1. Mandado de segurança

O **mandado de segurança** é um remédio constitucional concedido "para proteger direito líquido e certo, não amparado por 'habeas-corpus' ou 'habeas-data', quando o responsável pela ilegalidade ou abuso de poder for autoridade pública ou agente de pessoa jurídica no exercício de atribuições do Poder Público" (CF/88, art. 5º, LXIX).

de contribuição sindical de agentes públicos estaduais, com vínculo celetista ou estatutário. 3. Conflito de Competência conhecido para declarar a competência do Juízo da Vara do Trabalho de Diamantina/MG, o suscitante. (CC 157.264/MG, Rel. Ministro HERMAN BENJAMIN, PRIMEIRA SEÇÃO, julgado em 11/04/2018, DJe 23/05/2018)

55. STJ, CC 141.669-MS. Rel Min. Benedito Gonçalves. DJe 19.11.15.

56. DIREITO DO TRABALHO. DISCUSSÃO SOBRE COMPETÊNCIA. ART. 114, III, DA CR/88. ADI 3395/MC. CONTRIBUIÇÃO SINDICAL. Possui repercussão geral a discussão sobre competência, da Justiça Comum ou do Trabalho, quando o objeto da demanda disser respeito à representação sindical e conflitos sindicais, incluídas as ações de cobrança de contribuições sindicais, em relação a servidores públicos regidos pelo regime estatutário. RE 1089282 RG, Relator(a): Min. GILMAR MENDES, julgado em 10/05/2018, PROCESSO ELETRÔNICO DJe-116 DIVULG 12-06-2018 PUBLIC 13-06-2018.

Atualmente, sua regulamentação faz-se por meio da Lei nº 12.016/09, que revogou a Lei nº 1.533/51.

Antes do advento da EC nº 45/04, o mandado de segurança na Justiça do Trabalho tinha cabimento reservado a atos jurisdicionais (ex., atos do juiz do trabalho). Desse modo, somente os tribunais tinham competência para julgá-lo. No entanto, após a introdução dessa Emenda Constitucional, os juízes de primeiro grau também passaram a ter competência para julgar mandado de segurança como ocorre, por exemplo, contra ato do auditor fiscal do trabalho ou do superintendente regional do trabalho na interdição de estabelecimento (CLT, art. 161).

Portanto, nos dias atuais, tanto os tribunais como as varas do trabalho têm competência para o julgamento do mandado de segurança, sendo definida funcionalmente pela autoridade coatora envolvida, como se verifica no quadro a seguir:

Competência	Autoridade coatora
TST	Atos dos Ministros do TST
TRT	Atos dos juízes da Vara do Trabalho[49] ou do TRT (desembargadores) e seus servidores
Vara do Trabalho	Atos de autoridades que não façam parte do Judiciário trabalhista (ex., superintendente regional do trabalho)

Já a **competência territorial** é da sede funcional da autoridade apontada como coatora. É interessante observar que, embora seja territorial, essa competência tem natureza absoluta.[57]

4.7.2. *Habeas corpus*

O ***habeas corpus*** é um remédio constitucional previsto no art. 5º, LXVIII, da CF/88, sendo cabível "sempre que alguém sofrer ou se achar ameaçado de sofrer violência ou coação em sua liberdade de locomoção, por ilegalidade ou abuso de poder".

Na seara trabalhista, o habeas corpus era utilizado, frequentemente, na hipótese do depositário infiel, ou seja, quando o depositário não guardava os bens submetidos à sua custódia.

Ocorre, no entanto, que o STF entende que, nos dias atuais, a prisão civil somente será permitida no caso de inadimplemento voluntário e inescusável de obrigação alimentícia, isto é, veda a possibilidade de prisão do depositário infiel dando origem inclusive à **Súmula vinculante nº 25 do STF**, a qual vaticina:

> É ilícita a prisão civil de depositário infiel, qualquer que seja a modalidade do depósito.

57 Ou juiz de direito investido de jurisdição trabalhista.

Portanto, atualmente é vedada a prisão civil do depositário infiel, o que significa que dificultou a utilização do *habeas corpus* na seara trabalhista.

De qualquer maneira, parte da doutrina entende que ele será cabível no caso de determinação de prisão, pelo juiz do trabalho, em outras hipóteses que não seja a do depositário infiel, assim como nos atos de restrição de liberdade praticados por particulares (empregador ou tomador dos serviços)[58], como é o caso, por exemplo, do empregador que mantém empregado no ambiente de trabalho durante o movimento grevista ou, também, no caso de trabalho escravo.

No âmbito do C. TST ainda não há pacificação acerca da amplitude do cabimento do *habeas corpus*.

Algumas decisões ampliam consideravelmente seu cabimento, como se verifica pelo trecho da decisão a seguir transcrita:

> (...) o cabimento de habeas corpus na Justiça do Trabalho não pode estar restrito às hipóteses em que haja cerceio da liberdade de locomoção do depositário infiel, pois, deste modo, estar-se-ia promovendo o esvaziamento da norma constitucional, face ao reconhecimento da inconstitucionalidade em relação a essa modalidade de prisão civil.
>
> Dessarte, implica reconhecer que o alcance atual do habeas corpus há de ser estendido para abarcar a ilegalidade ou abuso de poder praticado em face de uma relação de trabalho. Vale dizer: pode ser impetrado contra atos e decisões de juízes, atos de empregadores, de auditores fiscais do trabalho, ou mesmo de terceiros.
>
> Assim, a interpretação a ser conferida à Constituição Federal não pode ser literal ou gramatical, no sentido de se entender cabível o habeas corpus apenas quando violado o direito à locomoção em seu sentido físico de ir, vir ou ficar. Ao contrário, deve-se ampliar tal entendimento para assegurar a utilização de tal ação constitucional com vistas à proteção da autonomia da vontade contra ilegalidade ou abuso de poder perpetrado, seja pela autoridade judiciária, seja pelas partes da relação de trabalho. Há que se assegurar o livre exercício do trabalho, direito fundamental resguardado pelos artigos 1°, IV, 5°, XIII, 6° e 7° da Constituição Federal, bem como a dignidade da pessoa humana. Nessa linha, destaco o entendimento do Exmo. Ministro César Peluso, no julgamento da ADI n° 3.684/DF, que, ao discorrer sobre o cabimento de habeas corpus, destacou que "esse remédio constitucional pode, como sabe toda a gente, voltar-se contra atos e omissões praticados no curso de processos e até procedimentos de qualquer natureza, e não apenas no bojo de investigações, inquéritos e ações penais".
>
> (...) Rui Barbosa já defendia a extensão do cabimento do presente writ em hipóteses que envolvessem a restrição de direitos fundamentais. Confira-se o seguinte trecho extraído da obra Ações Constitucionais, Fredie Didier Jr., 5ª Ed., Salvador: Juspodium, 2011: "A amplitude do dispositivo deu azo à construção de doutrina, da qual Rui Barbosa foi o principal expoente, que conferia ao writ um espectro de abrangência que ultrapassava a tutela da liberdade de locomoção. Conquanto não se desconhecesse que o uso do habeas corpus, historicamente, sempre se destinara á salvaguarda da liberdade de ir, ficar e vir, a inexistência de remédio célere e eficiente apto a precatar outros direitos (como os políticos, de expressão, de reunião, já consagrados constitucionalmente) impulsionou o manejo do habeas corpus em defesa destes.

58. SCHIAVI, Mauro. *Manual de direito processual do trabalho*. 2. ed. São Paulo: LTr, 2009. p. 200.

Para Rui Barbosa, ao texto constitucional abrangia as eventualidades de constrangimento arbitrário aos direitos individuais[59].

Portanto, para essa parcela da jurisprudência, autoriza-se o cabimento do *habeas corpus* para proteção da autonomia da vontade contra ilegalidade ou abuso de poder praticado nas relações de trabalho, objetivando assegurar o livre exercício do trabalho.

Em outras decisões, o C. TST, acompanhando o posicionamento do STF e do STJ, tem restringindo o cabimento do *habeas corpus* à defesa da liberdade de locomoção primária (direito de ir, de vir ou de permanecer), estando ligando, pois, à liberdade física. Não autorizam, portanto, a utilização desse remédio constitucional para tutelar de forma primária o exercício da profissão ou do trablaho e reflexamente a liberdade física.[60]

A **competência funcional** para o julgamento do *habeas corpus* dependerá da autoridade coatora. Caso a autoridade coatora seja juiz da Vara do Trabalho, a competência para o julgamento do *habeas corpus* será do TRT. Se a autoridade coatora for juiz do TRT ou mesmo órgão colegiado fracionário de TRT, a competência será do TST[61]. Por outro lado, sendo ato praticado por quem não faça parte do Judiciário trabalhista, a competência será da Vara do trabalho.

4.7.3. *Habeas data*

O ***habeas data*** é um remédio constitucional previsto no art. 5º, LXVII, da CF/88, e regulamentado pela Lei nº 9.507/97, podendo ser utilizado para três finalidades:

1) assegurar o conhecimento de informações relativas à pessoa do impetrante, constantes de registro ou banco de dados de entidades governamentais ou de caráter público;
2) retificação de dados, quando não se prefira fazê-lo por processo sigiloso, judicial ou administrativo;
3) anotação nos assentamentos do interessado, de contestação ou explicação sobre dado verdadeiro mas justificável e que esteja sob pendência judicial ou amigável.

---

59. TST-HC-3981-95.2012.5.00.0000, rel. Min. Guilherme Caputo Bastos. DEJT 27.4.2012. No mesmo sentido, TST-AgR-HC-5451-88.2017.5.00.0000, SBDI-II, rel. Min. Delaíde Miranda Arantes, 8.8.2017 (Informativo nº 162).
60. TST-HC-1000678-46.2018.5.00.0000, SBDI-II, rel. Min. Alexandre Luiz Ramos, 13.11.2018 (Informativo nº 187).
61. JORGE NETO, Francisco Ferreira; CAVALCANTE, Jouberto de Quadros Pessoa. *Direito processual do trabalho*. 7. ed. São Paulo: Atlas, 2015. p. 1234.

No processo do trabalho, o habeas data é de difícil utilização, podendo citar, como exemplo, o ajuizado pelo empregador em face do órgão de fiscalização do trabalho que nega informações sobre processo administrativo em que o empregador está sofrendo penalidade administrativa.

A competência funcional para o julgamento do *habeas data* na Justiça do Trabalho é, em regra, das Varas do Trabalho, exceto quando o ato da autoridade implicar a competência funcional dos TRTs ou do TST[62].

4.8. Ações de Indenização por Dano Moral ou Patrimonial

Com a inclusão do art. 114, VI, da CF/88, por meio da Emenda Constitucional nº 45/04, terminou a divergência acerca da competência da Justiça Trabalhista para processar e julgar "as ações de indenização por dano moral ou patrimonial, decorrentes da relação de trabalho". Definiu-se, pois, que tais ações são de competência dessa Justiça Especializada.

Assim, se determinado empregado alega que sofreu dano moral por ato praticado pelo empregador, durante a relação de emprego, o pedido de indenização deverá ser postulado na Justiça do Trabalho.[63]

4.8.1. Ação de indenização por danos ocorridos nas fases pré e pós-contratual

A competência da Justiça Especializada subsiste para as lesões pré[64] e pós-contratuais, desde que a causa de pedir esteja embasada na relação de trabalho, ou seja, ainda que o contrato de trabalho não tenha se firmado ou já tenha sido extinto. Noutras palavras, tratando o art. 114, VI, da CF/88 de competência material, o que lhe dá suporte é a ação decorrente da relação de trabalho, independentemente de estar firmado ou não o contrato de trabalho. Assim, ocorrendo um dano (moral ou patrimonial) nas fases pré e pós-contratual a competência será da Justiça do Trabalho.

4.8.2. Acidente de trabalho e doença ocupacional

As ações acidentárias, que derivam do acidente de trabalho, podem dar origem a, pelo menos, duas ações diferentes:

62. LEITE, Carlos Henrique Bezerra. *Curso de direito processual do trabalho*. 14. ed. São Paulo: Saraiva, 2016. p. 1701.
63. O C. TST já decidiu que nos casos em que não for reconhecido o vínculo de emprego, mas sim relação de natureza civil, o julgamento da indenização por danos morais será de competência da justiça comum. AR - 11702-25.2017.5.00.0000, Relator Ministro: Alexandre de Souza Agra Belmonte, Data de Julgamento: 16/10/2018, Subseção II Especializada em Dissídios Individuais, Data de Publicação: DEJT 19/10/2018.
64. Em sentido contrário: Sérgio Pinto Martins. *Comentários às súmulas do TST*. 8. ed. São Paulo: Atlas, 2010. p. 296.

1) promovida pelo trabalhador **em face do INSS**, para recebimento de benefício previdenciário. Nesse caso, embora a entidade autárquica seja integrante do polo da ação, a **competência é da Justiça Comum Estadual**, uma vez que o art. 109, I, da CF expressamente exclui essa ação da competência da Justiça Federal[65];
2) ajuizada pelo trabalhador **em face do empregador**, postulando indenização por danos morais ou patrimoniais. Aqui, a **competência é da Justiça do Trabalho.**

- **Exemplo:** empregado sofre acidente do trabalho, tendo que amputar uma perna. Nesse caso, ele poderá ajuizar reclamação trabalhista postulando indenização pelo dano moral e materiais em face do empregador na Justiça do Trabalho. Além disso, poderá ajuizar ação previdenciária em face do INSS postulando benefício previdenciário, a qual será de competência da Justiça Comum Estadual.

É o que dispõe a Súmula vinculante nº 22 do STF:

A Justiça do Trabalho é competente para processar e julgar as ações de indenização por danos morais e patrimoniais decorrentes de acidente de trabalho propostas por empregado contra empregador, inclusive aquelas que ainda não possuíam sentença de mérito em primeiro grau quando da promulgação da Emenda Constitucional nº 45/04.

Ademais, inserem-se na competência da Justiça do Trabalho as doenças equiparadas ao acidente do trabalho (Súmula nº 392 do TST), ou seja, as doenças ocupacionais. Doença ocupacional é gênero que tem como espécies a doença profissional e a doença de trabalho. Doença profissional é a doença típica de determinada profissão, por exemplo, empregado de mineradora que contrai silicose, pois trabalha exposto ao pó de sílica. Já a doença de trabalho, embora tenha origem no trabalho do obreiro, não está vinculada a determinada profissão, como é o caso da LER/DORT.

4.8.2.1. Herdeiros e sucessores

Os sucessores e herdeiros podem participar de um processo, cujo objeto seja indenização por danos morais decorrente de acidente de trabalho, como:

1) **sucessores processuais**; ou
2) **legitimados "originários"**.

O primeiro caso ocorre quando o empregado, em vida, ajuíza ação em face do empregador, vindo a falecer no curso do processo. Nesse caso, **haverá sucessão**

65. Art. 109. Aos juízes federais compete processar e julgar: I – as causas em que a União, entidade autárquica ou empresa pública federal forem interessadas na condição de autoras, rés, assistentes ou oponentes, exceto as de falência, as **de acidentes de trabalho** e as sujeitas à Justiça Eleitoral e à Justiça do Trabalho; (...) – grifo nosso. O Novo CPC reproduz essa diretriz no art. 45, inciso I.

processual, nos termos do art. 110 do CPC/15, mantendo-se a competência da Justiça Laboral.

No segundo, os sucessores ou herdeiros ajuízam ação indenizatória por danos morais em face do empregador, com base no acidente de trabalho, depois da morte do trabalhador. Nesse caso, pairou dúvida na jurisprudência acerca da competência para julgar tais pedidos.

Para uns, a competência seria da Justiça comum, uma vez que os sucessores postulavam direito próprio em nome próprio, pois o fato que ensejava o dano moral era a perda do ente querido (trabalhador) e não o acidente do trabalho (omissão ou comissão do empregador). Tal posicionamento deu origem à Súmula nº 366 do STJ, posteriormente cancelada.

Para outros, a competência era da Justiça do Trabalho, vez que a causa de pedir está vinculada ao acidente do trabalho, fato essencial e base do próprio pedido de indenização. Trata-se do chamado dano em ricochete ou reflexo.

Após a edição da Súmula nº 366 do STJ, o Supremo Tribunal Federal foi invocado para decidir conflito de competência entre o Tribunal Superior do Trabalho e Vara cível[66], a fim de definir qual o juízo competente para julgar ação ajuizada por sucessores do trabalhador falecido em decorrência do acidente de trabalho. Na ocasião, a Suprema Corte contemplou a competência da Justiça do Trabalho, uma vez que a EC nº 45/04 impôs à Justiça Especializada a competência para julgar pedidos de indenização por danos morais decorrentes da relação de trabalho. Assim, sendo os fatos derivados da relação de trabalho, a **competência é da Justiça Laboral, independentemente da parte que ajuizou a ação**. Trata-se de competência em razão da matéria e não das pessoas. Tal decisão provocou o cancelamento da Súmula nº 366 do STJ.

A competência da Justiça do Trabalho também se justifica pelo princípio da unidade de convicção, haja vista que o mesmo fato (acidente de trabalho) deve ser solucionado por um mesmo ramo do Poder Judiciário, ainda que com fundamentações jurídicas e polos distintos. A propósito, só ocorreu o falecimento do trabalhador em razão do acidente do trabalho, não havendo nenhuma justificativa lógica e jurídica para o afastamento da competência da Justiça do Trabalho nesses casos. Além disso, a concessão da indenização poderá passar pela análise de atos omissivos ou comissivos do empregador, os quais são, indiscutivelmente, de competência da Justiça do Trabalho.

Por essas razões, o TST acrescentou a parte final da súmula nº 392, passando a dispor expressamente que as ações de indenização por dano moral e material,

66. STF, Conflito de competência nº 7.545-7, Rel. Min. Eros Grau. DJe nº 152. Divulgação 13.8.2009. Publicação 14.8.2009.

decorrentes da relação de trabalho e propostas pelos dependentes ou sucessores do trabalhador falecido são de competência da Justiça do Trabalho.

No mesmo sentido, o enunciado nº 36 aprovado na 1ª Jornada de direito material e processual do trabalho:

> 36. ACIDENTE DO TRABALHO. COMPETÊNCIA. AÇÃO AJUIZADA POR HERDEIROS, DEPENDENTES OU SUCESSOR. Compete à Justiça do Trabalho apreciar e julgar ação de indenização por acidente de trabalho, mesmo quando ajuizada pelo herdeiro, dependente ou sucessor, inclusive em relação aos danos em ricochete.

Assim, sendo certo que os fatos estão umbilicalmente dirigidos ao acidente do trabalho ocorrido na relação de trabalho, a competência para as ações ajuizadas pelos sucessores e herdeiros em face do empregador postulando indenização por danos morais, em decorrência do falecimento do trabalhador, é da Justiça do Trabalho, nos termos do art. 114, VI, da CF/88.

É interessante acrescentar que a Lei nº 13.467/17 inseriu o art. 223-B na CLT, o qual vaticina que:

> Art. 223-B. Causa dano de natureza extrapatrimonial a ação ou omissão que ofenda a esfera moral ou existencial da pessoa física ou jurídica, **as quais são as titulares exclusivas do direito à reparação**. (Grifo nosso)

Pela interpretação literal da parte final do aludido dispositivo, os herdeiros e sucessores não poderiam assumir o processo já ajuizado antes do falecimento do trabalhador, como sucessores processuais, nem ajuizar ação autônoma, vez que o direito à reparação é exclusivo dos titulares.

No entanto, essa interpretação não merece prosperar.

No caso da sucessão processual, o que se transmite é o direito à reparação e não o dano moral especificadamente. Desse modo, o impedimento da transferência da reparação provoca o enriquecimento sem causa do empregador, o que não pode ser permitido. Aliás, cria regra discriminatória para a seara trabalhista, vez que o art. 943 do CC descreve que "o direito de exigir reparação e a obrigação de prestá-la transmitem-se com a herança".

Já na hipótese do dano em ricochete, ou seja, o ajuizamento da ação de indenização pelo herdeiro ou sucessor em decorrência da morte do trabalhador, o dano moral é do próprio herdeiro, não havendo o que se falar em transmissão da reparação e muito mesmo excluir a possibilidade de reparação pelo dano sofrido pelo próprio herdeiro[67]. No mesmo sentido, o Enunciado nº 20 da 2ª Jornada de direito material e processual do trabalho, in verbis:

---

67. MIESSA, Élisson; CORREIA, Henrique. *Manual da Reforma trabalhista: o que mudou?* Salvador: Editora Juspodivm, 2018. p. 276.

> 20. DANO EXTRAPATRIMONIAL: LIMITES E OUTROS ASPECTOS.
> Danos extrapatrimoniais. O artigo 223-B da CLT, inserido pela Lei 13.467, não exclui a reparação de danos sofridos por terceiros (danos em ricochete), bem como a de danos extrapatrimoniais ou morais coletivos, aplicando-se, quanto a estes, as disposições previstas na Lei 7.437/1985 e no título III do código de defesa do consumidor.

Desse modo, pensamos que, mesmo após o advento da Lei nº 13.467/17 (Reforma Trabalhista), é possível a atuação dos herdeiros e sucessores como sucessores processuais ou legitimados "originários", mantendo-se a competência da Justiça do Trabalho.

4.8.3. Assédio moral e sexual

O assédio moral ocorre quando, de forma continua, expõe-se o trabalhador a situações humilhantes e constrangedoras no ambiente de trabalho, provocando-lhe um dano extrapatrimonial.

O assédio moral pode ocorrer de forma direta, por meio de acusações, gritos ou insultos, ou indireta, com a propagação de boatos, isolamento, recusa na comunicação e exclusão social.

Poderá ainda ocorrer nos planos vertical e horizontal.

- vertical: quando se dá entre pessoas com níveis hierárquicos distintos, ou seja, entre chefes e subordinados. Nesse caso, será descendente, se cometido pelo chefe em relação aos subordinados ou ascendente, se efetuado pelo subordinado ou grupo de subordinados em relação ao chefe.
- horizontal: quando ocorre entre pessoas que pertençam ao mesmo nível de hierarquia na empresa.

O assédio moral também pode ser organizacional ("straining"), caracterizado quando todos os trabalhadores da empresa são vítimas de terror psicológico, sendo "pautado por pressões e abusos inseridos na forma da gestão, de organização do trabalho e no processo produtivo" tendo como finalidade "controlar o grupo indistintamente, e não um empregado em especial, com o escopo de assegurar o alcance dos objetivos do empreendimento[68]. Por exemplo, ameaças caso as metas ou a produção desejada não sejam alcançadas.

É importante destacar que, enquanto o dano moral acontece de forma expressa, o assédio moral ocorre de forma velada e oculta, despercebido pela vítima quando

68. FONSECA, Bruno Gomes Borges da. Alguns efeitos jurídicos da indissociável ligação entre meio ambiente do trabalho e assédio moral. In: MIESSA, Élisson; CORREIA, Henrique. *Estudos aprofundados do Ministério Público do Trabalho*. Vol 3. Salvador: Juspodivm, 2017. p. 144.

pratica. De qualquer modo, a reparação do dano causado pelo assédio moral seguirá os mesmos critérios da reparação do dano moral.

O assédio sexual, por sua vez, compreende a conduta reiterada com conotação libidinosa de uma pessoa em relação à outra. Apesar de ser uma ofensa de natureza essencialmente emocional pode, em alguns casos, atingir a dimensão física.[69] Nos casos de assédio sexual o empregado poderá pleitear indenização por danos morais, bem como rescindir indiretamente o contrato de trabalho.

Nas hipóteses de caracterização do assédio moral ou do sexual, tem-se um dano extrapatrimonial, viabilizando o ajuizamento de ação inclusive para pleitear indenização por danos morais. Nesse caso, a competência é da Justiça do Trabalho, vez que se trata de dano decorrente da relação do trabalho (Cf/88, art. 114, VI).

Caso o assédio tenha sido praticado por outro empregado (assédio horizontal), a empresa será responsável pela indenização, especialmente se for omissa para impedir a realização do assédio, tendo em vista seu poder diretivo, fiscalizador e disciplinar.[70]

Ademais, quando o assédio sexual ou moral for cometido por outro empregado do local de trabalho, sendo o empregador responsabilizado, este poderá propor ação de regresso em face do empregado que praticou o assédio, objetivando o ressarcimento dos valores pagos a título de indenização por danos morais (CC/02, art. 934)[71]. Nesse caso, a ação regressiva será de competência da Justiça do Trabalho, por força do art. 114, I e VI da CF/88.

Do mesmo modo, se o empregado assediado propor ação de indenização por danos morais em face de seu empregador e do empregado assediante, também caberá à Justiça do Trabalho dirimir o conflito.[72]

4.9. Ações Relativas às Penalidades Administrativas Impostas aos Empregadores pelos Órgãos de Fiscalização do Trabalho

A fiscalização administrativa, na seara trabalhista, é exercida pela Secretaria Especial de Previdência e Trabalho do Ministério da Economia. Desse modo, se tal órgão aplica multa à determinada empresa, caso esta tenha interesse de anular o auto de infração, deverá ajuizar ação na Justiça do Trabalho, nos termos do art.

69. DELGADO, Maurício Godinho. *Curso de direito do trabalho*. 16. ed. São Paulo: LTr, 2017. P. 731.
70. Nesse sentido: AIRR nº 10625-91.2015.5.15.0045, 2ª Turma do TST, Rel. José Roberto Freire Pimenta. j. 07.08.2019, Publ. 09.08.2019 e RR nº 171-48.2012.5.09.0005, 3ª Turma do TST, Rel. Maurício Godinho Delgado. j. 30.05.2017, Publ. 02.06.2017.
71. Art. 934. Aquele que ressarcir o dano causado por outrem pode reaver o que houver pago daquele por quem pagou, salvo se o causador do dano for descendente seu, absoluta ou relativamente incapaz.
72. ALMEIDA, Cleber Lúcio de. *Direito Processual do Trabalho*. 7. ed. Salvador: Juspodivm, 2019. p. 239.

114, VII, da CF. Da mesma forma, a execução da multa também será de competência da Justiça especializada. Em resumo, após o advento da Emenda Constitucional nº 45/04, todas as discussões relacionadas às penalidades administrativas impostas aos empregadores pelos órgãos de fiscalização do trabalho são de competência da Justiça do Trabalho.

É interessante observar que a multa imposta pelo órgão de fiscalização também pode ser discutida no âmbito administrativo. Nessa hipótese, havendo recurso administrativo, o art. 636, § 1º, da CLT exigia o depósito integral da multa para sua interposição. Contudo, o STF declinou que o referido artigo não foi recepcionado pela atual Constituição, editando a **Súmula vinculante nº 21** que assim vaticina:

> É inconstitucional a exigência de depósito ou arrolamento prévios de dinheiro ou bens para admissibilidade de recurso administrativo.

No mesmo sentido, estabeleceu o TST na Súmula nº 424:

> **Súmula nº 424 do TST.** Recurso administrativo. Pressuposto de admissibilidade. Depósito prévio da multa administrativa. Não recepção pela Constituição Federal do § 1º do art. 636 da CLT. O § 1º do art. 636 da CLT, que estabelece a exigência de prova do depósito prévio do valor da multa cominada em razão de autuação administrativa como pressuposto de admissibilidade de recurso administrativo, não foi recepcionado pela Constituição Federal de 1988, ante a sua incompatibilidade com o inciso LV do art. 5º.

Portanto, atualmente, não há necessidade de depósito prévio para a interposição do recurso administrativo.

Por fim, registra-se que as penalidades administrativas lavradas por órgão de fiscalização de profissões regulamentadas (ex., CREA, OAB etc.) **não** são de competência da Justiça do Trabalho, estando afastadas do art. 114, inciso VII, da Constituição Federal[73]. Do mesmo modo, não é de competência da Justiça do Trabalho lides em que se discute sanção aplicada por infração à legislação trabalhista a município que mantém vínculo de natureza estatutária com servidores admitidos em caráter temporário[74].

4.10. Execução, de Ofício, das Contribuições Sociais das Sentenças que Proferir

A sentença trabalhista pode versar sobre verbas indenizatórias e salariais.

As **verbas de natureza indenizatória** (ex., indenização por danos morais, multa do art. 477 da CLT etc.) não se sujeitam à incidência de contribuições sociais. Já

---

73. SCHIAVI, Mauro. *Manual de direito processual do trabalho*. 6. ed. São Paulo: LTr, 2013. p. 272.
74. TST-RO-456-38.2013.5.12.0000, SBDI-II, rel. Min. Douglas Alencar Rodrigues, 7.4.2015 (Informativo execução nº 13).

as **verbas de natureza salarial** (ex., salário, horas extras etc.) estão submetidas à incidência das contribuições sociais, que servem, entre outros objetivos, para o custeio da previdência social.

No caso de ajuizamento de reclamação trabalhista, tais verbas também sofrerão incidência das contribuições sociais, as quais poderão ser executadas de ofício (independente de provocação). É o que estabelece o art. 114, VIII, CF:

> **Art. 114.** Compete à Justiça do Trabalho processar e julgar:
>
> (...)
>
> VIII – a execução, de ofício, das contribuições sociais previstas no art. 195, I, a, e II, e seus acréscimos legais, decorrentes das sentenças que proferir; (...)

Assim, havendo condenação, por exemplo, ao pagamento do 13º salário e das horas extras, o juiz deverá executar de ofício as contribuições sociais incidentes sobre tais verbas.

Dúvida existia acerca da competência da Justiça do Trabalho para a execução das contribuições sociais, quando a reclamação trabalhista tivesse cunho meramente declaratório.

> **Exemplo:** empregado ajuíza reclamação trabalhista postulando tão somente o reconhecimento do vínculo empregatício, do período de 1.2.07 a 1.3.10. Nessa hipótese, indaga-se: o juiz do trabalho, reconhecendo o vínculo empregatício, poderá executar de ofício as contribuições sociais do período? Do mesmo modo, postulado o pagamento de reflexos nas horas extras sobre os pagamentos realizados "por fora", tem a Justiça do Trabalho competência para executar as contribuições incidentes sobre os salários realizados "por fora"?

O Supremo Tribunal Federal **decidiu que a Justiça do Trabalho somente é competente para executar as contribuições sociais decorrentes de sentença condenatória em pecúnia que proferir ou objeto de acordo judicial homologado**, ou seja, não tem competência na hipótese de sentença meramente declaratória, dando origem à Súmula vinculante nº 53 do STF:

> A competência da Justiça do Trabalho prevista no art. 114, VIII, da Constituição Federal alcança a execução de ofício das contribuições previdenciárias relativas ao objeto da condenação constante das sentenças que proferir e acordos por ela homologados.

Nesse sentido, a Súmula 368, item I, do TST:

> **Súmula nº 368 do TST.** Descontos previdenciários. Imposto de renda. Competência. Responsabilidade pelo recolhimento. Forma de cálculo. Fato gerador.
>
> I – A Justiça do Trabalho é competente para determinar o recolhimento das contribuições fiscais. A competência da Justiça do Trabalho, quanto à execução das contribuições previdenciárias, limita-se às sentenças condenatórias em pecúnia que proferir e aos valores, objeto de acordo homologado, que integrem o salário de contribuição. (...)

Aliás, a Lei nº 13.467/2017 (Reforma Trabalhista) alterou o parágrafo único do art. 876 da CLT, reproduzindo o art. 114, VIII, da CF/88 e ratificando o entendimento sedimentado na Súmula Vinculante nº 53 do STF e na Súmula nº 368, I, do TST, como se verifica a seguir:

> Parágrafo único. A Justiça do Trabalho executará, de ofício, as contribuições sociais previstas na alínea a do inciso I e no inciso II do **caput** do art. 195 da Constituição Federal, e seus acréscimos legais, relativas ao objeto da condenação constante das sentenças que proferir e dos acordos que homologar.

Portanto, a Justiça do Trabalho tem competência para executar apenas as contribuições sociais decorrentes de sentença **condenatória em pecúnia que proferir ou objeto de acordo judicial homologado, o que não inclui o caso de decisões meramente declaratórias.**

Consigna-se que a Justiça do Trabalho também é competente para executar as contribuições sociais referentes ao seguro de acidente de trabalho (Súmula nº 454 do TST[75]).

> **Atenção:**
> De acordo com o STF, "a Justiça do Trabalho é competente para executar, de ofício, as contribuições previstas no artigo 195, incisos I, alínea a, e II, da Carta da República, relativamente a títulos executivos judiciais por si formalizados em data anterior à promulgação da Emenda Constitucional nº 20/1998" (Tese de repercussão gera – tema 505 – RE 595326, j. em 21.08.2020).

4.10.1. Contribuições previdenciárias decorrentes dos acordos firmados perante a Comissão de Conciliação Prévia

A Justiça do Trabalho é competente para a execução de contribuições sociais decorrentes de **acordo firmado na comissão de conciliação prévia**, não com base no art. 114, VIII, da CF que trata de titulo judicial, mas em razão da interpretação sistemática do art. 114, IX, da CF c/c o art. 43, § 6º, da Lei n.º 8.212/91[76].

4.10.2. Contribuições de terceiros

A competência para executar as contribuições previdenciárias **não inclui as contribuições de terceiros** (sistema S).

75. Súmula nº 454 do TST. Competência da Justiça do Trabalho. Execução de ofício. Contribuição social referente ao seguro de acidente de trabalho (SAT). Arts. 114, VIII, e 195, I, "A", da Constituição da República. Compete à Justiça do Trabalho a execução, de ofício, da contribuição referente ao Seguro de Acidente de Trabalho (SAT), que tem natureza de contribuição para a seguridade social (arts. 114, VIII, e 195, I, "a", da CF), pois se destina ao financiamento de benefícios relativos à incapacidade do empregado decorrente de infortúnio no trabalho (arts. 11 e 22 da Lei nº 8.212/1991).

76. TST-E-RR-41300-56.2009.5.09.0096, SBDI-I, rel. Min. Luiz Philippe Vieira de Mello Filho, 8.5.2014 (Informativo execução nº 1); TST-E-RR-22200-18.2009.5.09.0096, SBDI-I, rel. Min. José Roberto Freire Pimenta, 16.10.2014 (Informativo execução nº 7).

Isso decorre da interpretação do art. 240 da CF/88, que exclui as contribuições de terceiros do disposto no art. 195 da CF/88. Ora, se a Justiça do Trabalho, nos termos do art. 114, VIII, CF/88, tem competência para executar as contribuições declinadas no art. 195, I, a, e II, da CF/88, é evidente que não terá para a execução das contribuições de terceiros, pois estas não estão inseridas nesse artigo, por força do art. 240 da CF/88.

4.11. Outras Competências da Justiça do Trabalho

Nesse tópico, traremos alguns temas de competência da Justiça do Trabalho, já pacificados na jurisprudência, conforme Súmulas do TST a seguir transcritas:

> **Súmula nº 19 do TST.** A Justiça do Trabalho é competente para apreciar reclamação de empregado que tenha por objeto **direito fundado em quadro de carreira** (grifo nosso).
>
> **Súmula nº 300 do TST:** Compete à Justiça do Trabalho processar e julgar ações ajuizadas por empregados em face de empregadores relativas ao **cadastramento no Programa de Integração Social** (PIS) (grifo nosso).

4.11.1. Seguro-desemprego

O direito ao seguro-desemprego, nos casos de desemprego involuntário, foi reconhecido como direito fundamental do trabalhador como se depreende do art. 7º, II, da CF/88. A Lei nº 7.998/90, por sua vez, regulamentou tal programa estabelecendo como suas finalidades a de:

> I– prover assistência financeira temporária ao trabalhador desempregado em virtude de dispensa sem justa causa, inclusive a indireta, e ao trabalhador comprovadamente resgatado de regime de trabalho forçado ou da condição análoga à de escravo;
>
> II – auxiliar os trabalhadores na busca ou preservação do emprego, promovendo, para tanto, ações integradas de orientação, recolocação e qualificação profissional (art. 2º)

Diante da regulamentação do programa, passou-se a admitir que ele tinha cunho eminentemente assistencialista, de modo que se afastava da relação de trabalho, pois o benefício era pago pelo órgão público, ou seja, o liame se dava entre Estado e trabalhador. Aliás, a guia deveria ser fornecida pela autoridade pública, sendo transferida tal obrigação ao empregador como forma de facilitar e agilizar o recebimento do benefício. Por fim, os que advogavam para essa tese sustentavam que a não entrega das guias era mera irregularidade administrativa com a cobrança de multa pelo antigo Ministério do Trabalho e Emprego (art. 25 da Lei 7.998/90). Assim, proclamavam a incompetência da Justiça do Trabalho para as demandas relacionadas ao seguro-desemprego.

Os juízes do trabalho, entretanto, de forma acertada, afastaram a tese mencionada e reconheceram a competência da Justiça especializada para tais demandas, dando origem à OJ nº 210 da SDI – I do TST, posteriormente convertida na súmula nº 389:

Súmula nº 389 do TST. Seguro-desemprego. Competência da Justiça do Trabalho. Direito à indenização por não liberação de guias

I – Inscreve-se na competência material da Justiça do Trabalho a lide entre empregado e empregador tendo por objeto indenização pelo não-fornecimento das guias do seguro-desemprego.

II – O não-fornecimento pelo empregador da guia necessária para o recebimento do seguro--desemprego dá origem ao direito à indenização.

E isso se justifica, porque o seguro-desemprego, conforme já mencionado, engloba o rol de direitos mínimos reconhecidos ao trabalhador pela Constituição Federal. Trata-se, pois, de direito social que decorre efetivamente da relação de trabalho. Noutras palavras, o seguro-desemprego integra o patrimônio social do trabalhador.

Dessa forma, sendo um direito social e decorrendo da relação de trabalho, fica evidente a competência da Justiça Laboral para as demandas relacionadas ao seguro-desemprego, como se depreende do art. 114, I, da CF/88.

Esse entendimento se aplica inclusive para apreciar o pedido de indenização do seguro-desemprego formulado por: **a) empregado doméstico** que teve o depósito do FGTS no mínimo em 15 meses nos últimos 24 meses contados da dispensa (LC nº 150/15, arts. 26 e 28), tendo direito a, no máximo, 3 parcelas no valor de 1 salário mínimo; **b) trabalhador escravo**: a Lei nº 10.608/2002 estendeu esse benefício ao trabalhador resgatado em condição análoga à de escravo. Serão 3 parcelas no valor de 1 salário-mínimo.

Por fim, é importante consignar que o C. TST tem entendido que a Justiça do Trabalho é incompetente para julgar e processar as demandas que envolvam a não concessão do seguro-desemprego **por ato do Superintendente Regional do Trabalho**, uma vez que essa relação possui natureza administrativa.[77]

4.11.2. Complementação de aposentadoria

Inicialmente, cabe frisar que não há previsão na CLT sobre complementação de aposentadoria, devendo ser estabelecida em acordo coletivo, convenção ou regulamento de empresa. A complementação de aposentadoria consiste em vantagem concedida pelo empregador ao empregado como forma de complementar a aposentadoria paga pelo INSS[78]. Não se confunde, portanto, com benefício previdenciário da Lei nº 8.213/91.

77. TST-E-RR- 144740-36.2008.5.02.0084, SBDI-I, rel. Min. João Oreste Dalazen, 5.5.2016 (Informativo nº 135).

78. "A complementação de aposentadoria é benesse pactuada durante o contrato de trabalho, entre o empregado e o empregador ou entre empregado e empresa do grupo econômico do empregador, com a anuência deste, para surtir efeitos após a aposentadoria do trabalhador. Tem o objetivo de garantir, a partir da aposentadoria, vantagens financeiras e/ou patrimoniais para complementar os proventos da aposentadoria pagos pelo INSS.

Em um primeiro momento, o C. TST pacificou o entendimento de que a competência para dirimir os conflitos relacionados à complementação de aposentadoria era da Justiça do Trabalho, por entender que decorria da relação de trabalho, mesmo em se tratando de viúva ou dependentes de ex-empregado.

No entanto, o Supremo Tribunal Federal foi provocado nos recursos extraordinários nº 586453 e 583050 a se manifestar acerca da competência da Justiça do trabalho para julgar tais ações quando ajuizadas em face de entidade privada de previdência complementar.

Depois de amplo debate sobre o tema, o STF decidiu que a competência para o julgamento de tais processos é da Justiça Comum, quando se tratar de entidade privada de previdência complementar, sob o fundamento de que a complementação de aposentadoria deriva de uma relação previdenciária autônoma, não sendo, portanto, decorrente da relação de trabalho a legitimar a competência da Justiça Laboral.

Argumentou o Exmo. Ministro Dias Toffoli, em seu voto, que o art. 202, § 2º, da CF, declara expressamente que a previdência complementar não integra o contato de trabalho. Ademais, o art. 14, II, da LC nº 109/01 permite a portabilidade do direito acumulado pelo participante para outro plano, o que significa que o trabalhador poderá migrar de um fundo para outro, independentemente da relação de trabalho firmada.

Decidiu, portanto, que a **competência para julgar as ações de complementação de aposentadoria é da Justiça Comum, quando se tratar de discussão com a entidade de privada de previdência complementar.**

Contudo, a Suprema Corte modulou os efeitos da decisão (eficácia prospectiva da decisão) em prol da segurança jurídica, declinando que manterá, na Justiça do Trabalho, até final execução, todos os processos dessa espécie em que já tenha sido proferida sentença de mérito, até o **dia 20.2.13** (data conclusão do julgamento do recurso), enquanto os processos que não tinham sentença de mérito nessa data deverão ser remetidos à Justiça Comum[79].

A decisão do E. STF, embora aparentemente tenha solucionado a controvérsia, há de ser bem interpretada.

Isso porque as ações de complementação de aposentadoria podem decorrer de:

1) plano instituído, regulamentado e pago pelo empregador;

2) plano por entidade privada de previdência complementar.

Normalmente o complemento é feito por empresa de previdência privada, criada, mantida, patrocinada ou gerida pelo empregador." CASSAR, Vólia Bonfim. *Direito do Trabalho*. 4. ed. rev. e ampl. Niterói: Impetus, 2010. p. 813.

79. RE nº 586.453-7 RG/SE. Rel. Min. Ellen Gracie. julg. 10.9.2009. Dje 02.10.2009; RE nº 594.435-2 RG/SP. Rel. Min. Marco Aurélio. julg. 13.2.2009. Dje 6.11.2009.

Na primeira hipótese, trata-se de direito inserido no contrato de trabalho, incidindo inclusive o art. 468 da CLT, que veda a alteração lesiva ao empregado, como descreve o item I da Súmula 288 do TST[80]. Nesse caso, a competência é da **Justiça do Trabalho.**[81]

Na segunda hipótese, é possível pelo menos duas modalidades de ações:

- uma em face do empregador requerendo o pagamento de diferenças na complementação de aposentadoria que não foram corretamente quitadas pelo empregador; e
- outra em face da entidade de previdência privada para discutir o próprio benefício da aposentadoria complementar como, por exemplo, se as regras para sua concessão são as estabelecidas no momento da contratação ou as instituídas na época em que preenchidos todos os requisitos para a aquisição do benefício.

A ação em face do empregador continua sendo de **competência da Justiça do Trabalho**, porque decorrentes da relação do trabalho (CF/ 114, I).

Já a ação em face da entidade de previdência privada é de **competência da Justiça Comum**, o que significa que a decisão do E. STF atinge tão somente essa última hipótese. Portanto, a competência da Justiça Comum não é definida apenas pela matéria a ser julgada, mas também pela pessoa[82], ou seja, quando a entidade de previdência complementar estiver no polo passivo.

De qualquer modo, é importante destacar que, como anunciado acima, as ações ajuizadas em face da entidade de previdência privada que tinham sentença de mérito no dia 20.2.13, continuaram na Justiça do Trabalho. Queremos dizer, a ação é de competência da Justiça comum, mas em decorrência da modulação dos efeitos da decisão do STF, se já tinha sentença de mérito será julgada em grau recursal pela Justiça do Trabalho. Nesse caso, como se trata de relação previdenciária e não trabalhista, o C. TST entendeu que, nessa hipótese, os julgamentos devem ocorrer com base na sistemática previdenciária e não com regras do direito do trabalho, afastando especialmente a aplicação do princípio da inalterabilidade lesiva. É por isso que o C. TST alterou seu entendimento na Súmula nº 288, inserindo o item III, observada

80. Súmula 288 do TST. I – A complementação dos proventos de aposentadoria, instituída, regulamentada e paga diretamente pelo empregador, sem vínculo com as entidades de previdência privada fechada, é regida pelas normas em vigor na data de admissão do empregado, ressalvadas as alterações que forem mais benéficas (art. 468 da CLT).

81. STF. Segunda Turma, AgR-AI 699.063, Relator: Ministro Teori Zavascki, DJe nº 125, publicado em 01/07/2013; STJ. CC 134.542; Proc. 2014/0152494-0; SP; Primeira Seção; Rel. Min. Mauro Campbell Marques; TST-RR-341-36.2013.5.02.0019, Relator Ministro José Roberto Freire Pimenta, 2ª Turma, publicado no DEJT de 20/03/2015.

82. TST-RR – 107000-90.2004.5.02.0017, Relator Ministro: Aloysio Corrêa da Veiga, Data de Julgamento: 15/04/2015, 6ª Turma, Data de Publicação: DEJT 17.4.2015.

a modulação descrita no item IV[83]. Desse modo, o item III somente tem relevância para esses casos residuais que ainda não foram julgados pelos tribunais trabalhistas.

Em resumo, podemos esquematizar da seguinte forma a competência para julgar tais ações:

Justiça do trabalho	Justiça Comum
Plano instituído, regulamentado e pago pelo empregador	Plano por entidade privada de previdência complementar com ação em face da entidade de previdência privada para discutir o próprio benefício da aposentadoria complementar
Plano por entidade privada de previdência complementar com ação em face do empregador	

4.11.3. Autorização de Trabalho Artístico Infantil

O art. 7º, XXXIII, da CF/88 proíbe a prática de trabalhos noturnos, perigosos ou insalubres aos menores de 18 anos e a prática de **qualquer** trabalho aos menores de 16 anos, exceto na condição de aprendizes, a partir dos 14 anos.

Contudo, a Convenção nº 138 da OIT, ratificada e introduzida no ordenamento jurídico brasileiro[84], prevê uma exceção à supramencionada norma constitucional, uma vez que no art. 8º descreve que é possível a autorização para o trabalho artístico de crianças e adolescentes.

A previsão de autorização do trabalho artístico infantil é estabelecida no art. 406 da CLT, o qual declina que:

> **Art. 406.** O Juiz de Menores poderá autorizar ao menor o trabalho a que se referem as letras "a" e "b" do § 3º do art. 405:
>
> I – desde que a representação tenha fim educativo ou a peça de que participe não possa ser prejudicial à sua formação moral;
>
> II – desde que se certifique ser a ocupação do menor indispensável à própria subsistência ou à de seus pais, avós ou irmãos e não advir nenhum prejuízo à sua formação moral.

Em razão de o artigo fazer referência ao "juiz de menores", surgiram divergências na doutrina e na jurisprudência relacionadas à competência para a autorização do trabalho artístico infantil.

---

83. Súmula nº 288 do TST. III – Após a entrada em vigor das Leis Complementares nºs 108 e 109, de 29/05/2001, reger-se-á a complementação dos proventos de aposentadoria pelas normas vigentes na data da implementação dos requisitos para obtenção do benefício, ressalvados o direito adquirido do participante que anteriormente implementara os requisitos para o benefício e o direito acumulado do empregado que até então não preenchera tais requisitos.IV – O entendimento da primeira parte do item III aplica-se aos processos em curso no Tribunal Superior do Trabalho em que, em 12/04/2016, ainda não haja sido proferida decisão de mérito por suas Turmas e Seções.

84. Decreto nº 4.134/02.

Para uns, com os quais pensamos estar a razão, a competência é da Justiça do Trabalho. Justifica-se que a CLT faz expressa referência ao "juiz de menores", pois baseada no Código de Menores de 1927 e do Código de Menores de 1979[85]. No entanto, com o advento da Emenda Constitucional nº 45 de 2004, que fixou a competência da Justiça do Trabalho para processar e julgar as ações oriundas de relações de trabalho, a referida norma celetista não é considerada compatível com a ordem constitucional vigente e, portanto, não foi recepcionada.

Assim, com a ampliação da competência da Justiça do Trabalho para o julgamento de todas as ações que envolvam relações de trabalho, acreditamos que foi conferida competência à Justiça do Trabalho para a expedição de alvará judicial que autorize crianças e adolescentes a realizarem trabalhos artísticos, mesmo porque, o ECA apenas disciplina a competência da Justiça da Infância e da Juventude para o julgamento de ações fundadas em relações civis[86].

Nesse sentido, estabelece o item 5 da "Carta de Brasília pela Erradicação do Trabalho Infantil", firmada no I Seminário Nacional sobre o Trabalho Infantil, realizado pelo TST e pelo CSJT:

> 5. afirmar a competência material da Justiça do Trabalho para conhecer e decidir sobre autorização para trabalho de criança e do adolescente, nos termos do artigo 114, I, da Constituição Federal, com a redação que lhe deu a Emenda Constitucional 45/2004, seja ante a natureza da pretensão (labor subordinado em favor de outrem, passível, em tese, de configurar relação de trabalho), seja ante a notória e desejável especialização da matéria;

No mesmo caminho, destacam-se as resoluções do I Encontro Nacional sobre o Trabalho Infantil promovido pelo CNMP e pelo CNJ:

> I. O trabalho juvenil somente pode ocorrer quando estiver de acordo com o previsto na Constituição Federal e no artigo 8º da Convenção 138 da OIT.
>
> II. A competência para apreciar pedidos de autorização judicial para o trabalho é da Justiça do Trabalho, e quando indeferida a petição inicial ou indeferido de plano o pedido, o Juiz do Trabalho observará o disposto no artigo 221 do ECA.

Ademais, em alguns Tribunais Regionais do Trabalho já há juízes especializados na análise das ações relacionadas à infância e à adolescência. Ressaltamos, porém, que não há a criação de novas varas do trabalho para tal finalidade, mas o aumento de atribuições de determinadas Varas para referido fim.

85. SANTOS, Elisiane; MARQUES, Rafael Dias. Trabalho Infantil Artístico: a proteção integral de crianças e adolescentes e o sistema da Justiça do Trabalho. p. 381-406. In: MIESSA, Élisson; CORREIA, Henrique (org.). *Estudos aprofundados MPT – v. 2*. Salvador: Editora Juspodivm, 2015.

86. Nesse sentido: SANTOS, Elisiane; MARQUES, Rafael Dias. Trabalho Infantil Artístico: a proteção integral de crianças e adolescentes e o sistema da Justiça do Trabalho. p. 381-406. In: MIESSA, Élisson; CORREIA, Henrique (org.). *Estudos aprofundados MPT – v. 2*. Salvador: Editora Juspodivm, 2015.

Para outros a competência é do Juiz da Infância e Juventude, com base na interpretação literal do art. 405 da CLT e no ECA.

Diante dessa controvérsia, foi ajuizada a arguição de descumprimento de preceito fundamental (ADPF 361), bem como a ADI 5326, sendo deferida nesta última liminar reconhecendo a **competência da Justiça Comum** para autorizar o trabalho artístico, por entender o Min. Marco Aurélio que "no plano da autorização, a atividade é de jurisdição voluntária, de natureza eminentemente civil, envolvida tutela tão somente do adequado desenvolvimento social e cultural do menor", e não de índole contratual trabalhista[87].

A decisão liminar do ministro foi referendada pelo plenário do STF[88], sendo suspensa a eficácia de normas conjuntas de órgãos do Judiciário e do Ministério Público nos estados de São Paulo e do Mato Grosso que dispunham sobre a competência da Justiça do Trabalho para conceder autorização de trabalho artístico para crianças e adolescentes.

De acordo com a maioria dos ministros do E. STF, o ECA determina que a competência é do Juiz da Infância e da Juventude, sendo esta a autoridade judiciária responsável pelos processos de tutela integral dos menores. Para os ministros, não se trata apenas da análise dos elementos das relações trabalhistas, mas sim do interesse da criança, ainda que os possíveis litígios decorrentes dessa relação sejam julgados pela Justiça do Trabalho em momento posterior à autorização.

Desse modo, definiu-se que é da **Justiça Comum**, em especial o Juiz da Infância e da Juventude, a competência para a autorização do trabalho artístico infantil.

4.11.4. Empreitada

O art. 652, a, III, da CLT prevê como competência da Justiça do Trabalho o julgamento dos dissídios resultantes de contratos de empreitadas em que o empreiteiro seja operário ou artífice.

Parte da doutrina defendeu que esse inciso estaria em confronto com o art. 142 da Constituição Federal de 1946, pois esta não permitia que a competência da Justiça Laboral fosse ampliada pelo legislador ordinário, abrangendo dissídios que não envolvessem empregado e empregador. Hoje, contudo, a questão encontra-se superada pela doutrina, a qual entende que o dispositivo é constitucional, diante da ampliação de competência material realizada pela EC nº 45/04[89].

---

87. ADI 5326 MC / DF – DISTRITO FEDERAL MEDIDA CAUTELAR NA AÇÃO DIRETA DE INCONSTITUCIONALIDADE Relator(a): Min. MARCO AURÉLIO. Julgamento: 14.8.2015. DJe-165 DIVULG 21.8.2015 PUBLIC 24.8.2015.

88. ADI 5326 MC. Min. MARCO AURÉLIO. Julgamento: 27.9.2018. DATA DE PUBLICAÇÃO DJE 20/03/2020.

89. SAAD, Eduardo Gabriel; SAAD, José Eduardo Duarte; BRANCO, Ana Maria Saad C. *CLT comentada*. 46. ed. São Paulo: LTr, 2013. p. 899.

É importante destacar que o dispositivo aborda os casos em que o empreiteiro seja operário ou artífice, ou seja, a competência da Vara do Trabalho limita-se às ações que envolvam o pequeno empreiteiro (também denominado por parte da doutrina de "pequeno artífice"[90]) sendo este considerado como a pessoa física que realiza a obra contratada sozinho ou com poucos empregados.[91]

A competência das Varas do Trabalho, portanto, limita-se ao pequeno empreiteiro, não abrangendo os empreiteiros que se constituam em pessoas jurídicas ou que, mesmo quando pessoas físicas, possuam um grande número de empregados.

Destaca-se que o dispositivo celetista não limita a natureza do objeto discutido pelos pequenos empreiteiros perante a Justiça do Trabalho, de modo que a doutrina entende que o dispositivo abarca quaisquer pretensões decorrentes do contrato de empreitada como, por exemplo, o pagamento da prestação pecuniária ajustada, o pagamento de perdas e danos, reparações materiais, permitindo, inclusive, que o pequeno empreiteiro seja o demandado e que o contratante seja o autor da demanda[92].

4.11.5. Ações Envolvendo o Meio Ambiente do Trabalho

Meio ambiente do trabalho é "o local onde as pessoas desempenham suas atividades laborais, sejam remuneradas ou não, cujo equilíbrio está baseado na salubridade do meio e na ausência de agentes que comprometam a incolumidade físico-psíquica dos trabalhadores, independentemente da condição que ostentem (homens ou mulheres, maiores ou menores de idade, celetistas, servidores públicos, autônomos, etc.)"[93].

O meio ambiente do trabalho ecologicamente equilibrado é um direito fundamental de todos os trabalhadores, visando à sua saúde, segurança e bem-estar.

Desse modo, podem existir ações destinadas à preservação deste ambiente como, por exemplo, o ajuizamento de ação civil pública pelo MPT impondo que determinada empresa substitua uma máquina que espalha gás prejudicial aos trabalhadores.

---

90. SILVA, Homero Batista Mateus da. *Curso de direito do trabalho aplicado: Volume 8*. São Paulo: Editora Revista dos Tribunais, 2015. p. 150.

91. Nesse sentido, TST-AIRR nº 67500-61.2009.5.21.0001, 6ª Turma do TST, Rel. Maurício Godinho Delgado. unânime, DEJT 09.06.2011; TRT-RO nº 1077/2012-075-03-00.5, 4ª Turma do TRT da 3ª Região/MG, Rel. Convocado Taísa Maria M. de Lima. unânime, DEJT 14.06.2013); TRT- RO nº 683-33.2012.5.24.0031, 2ª Turma do TRT da 24ª Região/MS, Rel. Ricardo G. M. Zandona. j. 20.03.2013, unânime, DEJT 26.03.2013.

92. SILVA, Homero Batista Mateus da. *Curso de direito do trabalho aplicado: Volume 8*. São Paulo: Editora Revista dos Tribunais, 2015. p. 151.

93. FIORILLO, Celso Antonio Pacheco. In: Melo, Raimundo Simão de. Direito ambiental do trabalho e a saúde do trabalhador: responsabilidades legais, dano material, dano moral, dano estético, perda de uma chance. 2. ed. São Paulo: LTr, 2006. p. 24-25.

Nesse caso, o Supremo Tribunal Federal estabelece que a competência para processamento e julgamento da causa é da Justiça do Trabalho, conforme se depreende da Súmula nº 736:

> **Súmula nº 736 do STF**: Compete à justiça do trabalho julgar as ações que tenham como causa de pedir o descumprimento de normas trabalhistas relativas à segurança, higiene e saúde dos trabalhadores.

Portanto, as ações relacionadas ao meio ambiente do trabalho são de competência da Justiça do Trabalho[94-95].

> **Atenção:**
> No caso da Administração Pública, a competência será da Justiça do Trabalho, independentemente do regime jurídico adotado para seus servidores: celetista ou estatutário.

4.11.6. Medida protetiva de manutenção de vínculo no caso de violência doméstica

O art. 9º, § 2º, inciso II, da Lei nº 11.340/06 (Lei Maria da Penha) prevê que o juiz assegurará à mulher em situação de violência doméstica e familiar medida protetiva de manutenção de vínculo trabalhista, por até seis meses, afastando-a do emprego quando necessário, como objetivo de preservar sua integridade física e psicológica.

Diante dessa previsão, a 6ª Turma do STJ decidiu que o juiz da vara especializada em violência doméstica e familiar e, na falta deste, o juízo criminal, é o competente para julgar o pedido de manutenção do vínculo trabalhista. De acordo com a decisão, o pedido de afastamento do trabalho não advém de relação de trabalho, mas de situação emergencial que visa garantir a integridade física, psicológica e patrimonial da mulher. Como a referida lei estabelece, no art. 14[96], a competência

94. Nesse sentido, é válido observar o seguinte julgado: TST-RO-327-27.2013.5.23.0000, SBDI-II, rel. Min. Alberto Luiz Bresciani de Fontan Pereira, 2.8.2016 (informativo TST nº 141) que reconhece a competência da Justiça do Trabalho para as controvérsias envolvendo questões de saúde, segurança e higiene do trabalho, ainda que pedido e a causa de pedir não decorram de contrato de emprego ou de trabalho, mas envolvam a tutela de direitos trabalhistas coletivos de motoristas autônomos (caminhoneiros).

95. STF – AgR Rcl: 20744 SC – SANTA CATARINA 0002294-14.2015.1.00.0000, Relator: Min. ROBERTO BARROSO, Data de Julgamento: 02/02/2016, Primeira Turma, Data de Publicação: DJe-034 24-02-2016; STF – Rcl: 3303 PI, Relator: Min. CARLOS BRITTO, Data de Julgamento: 19/11/2007, Tribunal Pleno, Data de Publicação: DJe-088 DIVULG 15-05-2008 PUBLIC 16-05-2008 EMENT VOL-02319-02 PP-00312; TST – RR: 8239020115230076, Data de Julgamento: 19/09/2018, Data de Publicação: DEJT 21/09/2018; TST-Ag-AIRR-1673-57.2015.5.22.0004, Rel. Min. Walmir Oliveira da Costa, 1ª Turma, DEJT 06/04/2018; TST-RR-591-23.2015.5.04.0802, Relatora: Ministra Maria Cristina Irigoyen Peduzzi, 8.ª Turma, DEJT 30/6/2017; TST-E-ED-RR-60000-40.2009.5.09.0659, SBDI-I, rel. Min. Walmir Oliveira da Costa, 22.11.2018 (Informativo nº 188).

96. Art. 14. Os Juizados de Violência Doméstica e Familiar contra a Mulher, órgãos da Justiça Ordinária com competência cível e criminal, poderão ser criados pela União, no Distrito Federal e nos Territórios, e pelos Estados, para o processo, o julgamento e a execução das causas decorrentes da prática de violência doméstica e familiar contra a mulher.

da Vara especializada para execução das causas decorrentes de violência doméstica, entendeu-se que a ela também incumbe apreciar o pedido de afastamento do local de trabalho.[97]

Dessa forma, nesses casos, a competência para a manutenção do vínculo trabalhista, quando necessário afastamento da mulher do trabalho por até 6 meses, será da Justiça Comum.

Cabe mencionar que a fixação da competência nos casos de aplicação da Lei Maria da Penha deve observar a "jurisdição integral", com a concentração das atividades jurisdicionais para possibilitar maior celeridade e efetividade dos processos. Assim, são reunidos no mesmo juízo todos os processos que decorram das situações de violência doméstica.[98]

4.11.7. Mandado de Injunção

O art. 5º, LXXI, da Constituição Federal traz no rol de direitos e garantias fundamentais, a concessão de mandado de injunção "sempre que a falta de norma regulamentadora torne inviável o exercício dos direitos e liberdades constitucionais e das prerrogativas inerentes à nacionalidade, à soberania e à cidadania".

No que tange à competência para seu julgamento, o texto constitucional, no artigo 102, I, "q", determina que compete ao Supremo Tribunal Federal processar e julgar originariamente o mandado de injunção, quando a elaboração da norma regulamentadora for atribuição do Presidente da República, do Congresso Nacional, da Câmara dos Deputados, do Senado Federal, das Mesas de uma dessas Casas Legislativas, do Tribunal de Contas da União, de um dos Tribunais Superiores, ou do próprio Supremo Tribunal Federal.

Em recurso ordinário, compete ao STF o julgamento do mandado de injunção decidido em única instância pelos Tribunais Superiores, se denegatória a decisão (CF/88, art. 102, II, "a").

Ademais, a Constituição Federal determina que a competência para o julgamento do mandado de injunção será do Superior Tribunal de Justiça, originariamente, quando a elaboração da norma regulamentadora for atribuição de órgão, entidade ou autoridade federal, da administração direta ou indireta, excetuados os casos de competência do Supremo Tribunal Federal e dos órgãos da Justiça Militar, da Justiça Eleitoral, da Justiça do Trabalho e da Justiça Federal (CF/88, art. 105, I, "h").

97. STJ- REsp 1757775/SP, Rel. Ministro ROGERIO SCHIETTI CRUZ, SEXTA TURMA, julgado em 20/08/2019, DJe 02/09/2019.
98. FONSECA, Antonio Cezar Lima da. *Algumas anotações sobre a competência na Lei Maria da Penha.* Revista do Ministério Público do RS. Porto Alegre, n. 73, jan. 2013-abr. 2013. p. 35-49.

Vê-se, pois, que o ordenamento constitucional, assim como a Lei nº 13.300/16, que disciplina o processo e o julgamento dos mandados de injunção individual e coletivo, nada versam acerca da competência da Justiça do Trabalho, o que provoca divergências na doutrina quanto à competência da Justiça Especializada.

Parte da doutrina sustenta que, por ser de competência privativa da União legislar sobre direito do trabalho e direito processual (CF/88, art. 22, I), a competência para o mandado de injunção relacionado a matérias trabalhistas será sempre do STF[99], em razão do descrito no art. 102, I, "q", da Constituição Federal[100]. Além disso, no julgamento do MI nº 197-9-SP, o STF entendeu que até que haja a edição de leis que versem sobre a competência dos órgãos da Justiça Especializada, a competência para processar e julgar o mandado de injunção será do STF nas hipóteses do art. 102, I, "q", e do STJ nos demais casos.

A outra parcela da doutrina entende que a Constituição Federal no art. 105, I, "h", ao tratar da competência do STJ, fez ressalva expressa aos casos de competência da Justiça do Trabalho, autorizando de forma indireta a competência da Justiça Especializada quando o mandado de injunção estiver relacionado à omissão das normas trabalhistas[101].

Reforçando esse entendimento, o art. 83, X, da Lei Complementar nº 75/93[102] declina, dentre as atribuições do MPT, a promoção do mandado de injunção quando a competência for da Justiça do Trabalho.

Para essa vertente, quando a expedição da norma regulamentadora depender de algum dos órgãos expressamente previstos no art. 102, I, "q", da CF/88, a competência será do STF. Contudo, nos casos do art. 105, I, "h", da CF/88, a competência é concorrente do STJ e dos outros órgãos da Justiça Especializada, incluindo-se aqui,

---

99. Nesse sentido: Mandado de injunção. Justiça do Trabalho. Competência. 1. O critério definidor da competência para o julgamento do mandado de injunção, na Constituição Federal, é a pessoa do impetrado, e não a matéria (arts. 102, I, "q" e 105, I, "h ", da cf). 2. Não há previsão expressa de hipóteses que poderiam atrair a competência da justiça do trabalho para o julgamento do referido remédio constitucional, de modo que apenas Lei ordinária fazendo tal previsão é que poderá definir essa competência. 3. Mandado de injunção impetrado em face do governador do estado de Goiás deve ser julgado pelo tribunal de justiça do estado de Goiás, em razão do disposto no art. 46, VIII, "l ", da Constituição Estadual, cuja definição de competência é autorizada pelo art. 125, § 1º, da Constituição Federal. 1992/2016 tribunal regional do trabalho da 18ª região 280 data da disponibilização: sexta-feira, 03 de junho de 2016 (TRT 18ª R.; MS 0010109-91.2016.5.18.0000; Rel. Des. Platon Teixeira de Azevedo Filho; DJEGO 06/06/2016; Pág. 279).

100. TEIXEIRA FILHO, Manoel Antonio, 1989 *apud* DALAZEN, João Oreste. Questões polêmicas de competência da Justiça do Trabalho. In: *Revista do Tribunal Superior do Trabalho: V. 60 (1991)*. São Paulo, SP. p. 74.

101. Nesse sentido: DALAZEN, João Oreste. Questões polêmicas de competência da Justiça do Trabalho. In: Revista do Tribunal Superior do Trabalho: V. 60 (1991). São Paulo, SP. p. 74; SOARES, Evanna. Mandado de Injunção na Justiça do Trabalho. Disponível em: http://servicos.prt22.mpt.mp.br/artigos/trabevan32.pdf. Acesso em: 12 dez. 2016.

102. Art. 83. Compete ao Ministério Público do Trabalho o exercício das seguintes atribuições junto aos órgãos da Justiça do Trabalho: (...) X – promover mandado de injunção, quando a competência for da Justiça do Trabalho; (...)

a Justiça do Trabalho. Isso porque, as fontes formais do direito do trabalho não se exaurem nas leis federais, podendo a efetividade dos direitos sociais depender de atos administrativos normativos.

Como exemplo, cita-se o adicional de penosidade, assegurado na Constituição Federal (CF/88, art. 7º, XXIII), mas não regulamento por lei. Para sua regulamentação (de responsabilidade do Congresso Nacional), seria cabível mandado de injunção julgado pelo STF, nos termos do art. 102, I, "q", da CF/88. Todavia, à semelhança dos adicionais de periculosidade e insalubridade, sua implementação depende de regulamentação ministerial, principalmente com o estabelecimento do rol de atividades consideradas penosas. Nesse caso, a omissão de tal regulamentação ministerial implicaria em mandado de injunção a ser julgado pela Justiça do Trabalho[103].

4.12. Competência Normativa

No direito do trabalho, admite-se a criação de normas jurídicas pelas próprias partes envolvidas no conflito. É o caso, por exemplo, de o sindicato dos empregados e a empresa, após negociação, firmarem um acordo coletivo.

Pode ocorrer, no entanto, de as partes não chegarem a um consenso, submetendo ao Judiciário a criação da norma jurídica (ex., obrigar o empregador a fornecer cestas básicas). Nesse ponto, cabe esclarecer que a Justiça do Trabalho é o **único** ramo do Judiciário que tem competência para criar normas gerais e abstratas. Trata-se, pois, de função legislativa (função atípica) conferida ao Judiciário trabalhista, denominada de Poder Normativo[104].

Percebe-se que não se trata de aplicação do direito já existente, mas de própria criação da norma jurídica (ex., fornecer cestas básicas).

A criação de tais normas ocorre por meio do dissídio coletivo. Nos termos do art. 114, § 2º, da CF:

> § 2º. Recusando-se qualquer das partes à negociação coletiva ou à arbitragem, é facultado às mesmas, **de comum acordo**, ajuizar dissídio coletivo de natureza econômica, podendo a Justiça do Trabalho decidir o conflito, respeitadas as disposições mínimas legais de proteção ao trabalho, bem como as convencionadas anteriormente (grifo nosso).

Consigna-se que o **dissídio coletivo sempre será de competência originária dos tribunais (TST ou TRT)**, a depender da abrangência do conflito e da representação das categorias envolvidas. Desse modo, se a abrangência estiver limitada a um TRT, é dele a competência (CLT, art. 677). Por outro lado, se ultrapassar a base territorial de mais de um TRT, a competência será do TST (art. 2º, I, a, da Lei nº 7.701/88).

103. Traz esse exemplo: DALAZEN, João Oreste. Questões polêmicas de competência da Justiça do Trabalho. In: *Revista do Tribunal Superior do Trabalho: V. 60 (1991)*. São Paulo, SP. p. 74-75.

104. A Justiça comum tem competência para julgar o dissídio coletivo de greve que tem natureza declaratória, estando, portanto, dentro da função típica do judiciário de julgar.

Atenção:

Existe uma exceção quando a extensão do dissídio coletivo abranger mais de um tribunal. É o caso de atingir as circunscrições dos TRTs da 2ª e 15ª Região (todo o estado de São Paulo). Nessa hipótese, a competência será do TRT da 2ª Região, conforme estabelece o art. 12* da Lei nº 7.520/86, alterado pela Lei nº 9.254/96.

(*) Art. 12: "Compete exclusivamente ao Tribunal Regional do Trabalho da 2ª Região processar, conciliar e julgar os dissídios coletivos nos quais a decisão a ser proferida deva produzir efeitos em área territorial alcançada, em parte, pela jurisdição desse mesmo Tribunal e, em outra parte, pela jurisdição do Tribunal Regional do Trabalho da 15ª Região".

5. COMPETÊNCIA FUNCIONAL

A competência funcional é aquela fixada em decorrência da distribuição interna de atribuições (funções) dos órgãos judiciais, no caso, da Justiça do Trabalho.

A competência funcional pode ser hierárquica (vertical) ou horizontal.

No caso da competência funcional hierárquica, ela poderá ser da Vara do Trabalho, do TRT ou do TST.

A competência dos Tribunais (TRT e TST) pode ser subdividida em:

a) competência recursal; e

b) competência originária.

A **competência recursal** é a relacionada aos recursos, ou seja, a Constituição Federal, a lei ou os regimentos internos dos tribunais definem o órgão que será competente para o julgamento de determinado recurso.

- **Exemplo**: o TRT, em regra, terá competência para julgar o recurso ordinário; o TST será competente para o julgamento dos recursos de revista.

Já a **competência originária** ocorre quando a legislação suprime do primeiro grau de jurisdição o julgamento da causa, delimitando como competente um tribunal. Repete-se, quando se fala em competência originária, estamos nos referindo à competência iniciada diretamente em um tribunal.

- **Exemplo**: a ação rescisória e o dissídio coletivo são de competência originária dos tribunais. Isso significa que a Vara do Trabalho jamais vai julgar essas ações.

A competência funcional, sob o aspecto horizontal é a existente dentro de um mesmo grau de jurisdição como ocorre, por exemplo, nas fases do processo: fase de conhecimento e fase de execução. É o que se verifica, também, na distribuição da competência dos órgãos internos dos tribunais (turmas, órgão especial e pleno).

6. COMPETÊNCIA EM RAZÃO DO LUGAR (TERRITORIAL)

A competência em razão do lugar é aquela delimitada com base nos limites geográficos (territorial) de cada órgão do Poder Judiciário. Portanto, divide-se a competência considerando cada parte do território nacional.

Conforme já estudado anteriormente, essa modalidade de competência é relativa, o que significa que depende de provocação da parte interessada, a ser alegada em exceção de incompetência (CLT, art. 800), sob pena de prorrogação da competência, ou seja, o juiz, inicialmente incompetente, passa a ser competente.

A competência territorial, no processo do trabalho, vem descrita no art. 651 da CLT que estabelece:

> **Art. 651.** A competência das Juntas de Conciliação e Julgamento[105] é determinada pela localidade onde o empregado, reclamante ou reclamado, prestar serviços ao empregador, ainda que tenha sido contratado noutro local ou no estrangeiro.
>
> § 1º. Quando for parte de dissídio agente ou viajante comercial, a competência será da Junta da localidade em que a empresa tenha agência ou filial e a esta o empregado esteja subordinado e, na falta, será competente a Junta da localização em que o empregado tenha domicílio ou a localidade mais próxima.
>
> § 2º. A competência das Juntas de Conciliação e Julgamento, estabelecida neste artigo, estende-se aos dissídios ocorridos em agência ou filial no estrangeiro, desde que o empregado seja brasileiro e não haja convenção internacional dispondo em contrário.
>
> § 3º. Em se tratando de empregador que promova realização de atividades fora do lugar do contrato de trabalho, é assegurado ao empregado apresentar reclamação no foro da celebração do contrato ou no da prestação dos respectivos serviços.

Pela análise desse dispositivo, é possível estabelecer a seguinte estrutura para a competência territorial da Justiça do Trabalho:

- **regra:** local da prestação dos serviços (caput);
- **1ª exceção:** agente ou viajante comercial;
- **2ª exceção:** empregado brasileiro que trabalha no exterior;
- **3ª exceção:** empregador que promove a prestação dos serviços fora do lugar da celebração do contrato.

6.1. Local da prestação dos serviços

Como visto, a regra é o ajuizamento da reclamação trabalhista no local da prestação dos serviços (CLT, art. 651, caput).

Consigna-se que, nos termos do caput do aludido artigo, mesmo que a contratação tenha ocorrido em outro local ou no estrangeiro, a competência será do juízo

105. Leia-se Vara do Trabalho.

do local da prestação dos serviços. Esta regra se aplica na hipótese de o empregado ser reclamante ou reclamado.

Ademais, a competência do local da prestação dos serviços também será utilizada nas causas de relação de trabalho, pois o art. 1º da Instrução Normativa nº 27/2005 do TST determina que estas ações seguirão o rito previsto na CLT.

É importante observar que o critério utilizado é o local da prestação do serviço, independentemente do trabalhador ser brasileiro ou estrangeiro. Queremos dizer, mesmo na hipótese de trabalhador estrangeiro, se a prestação do serviço se der em território brasileiro, a Vara do Trabalho do local da prestação dos serviços terá competência para a causa.

Dúvida surge quando o empregado prestou serviços em mais de uma localidade.

- **Exemplo:** empregado trabalhou 5 anos em São Paulo e depois foi transferido para Fortaleza, onde foi dispensado após 2 anos.

Nesse caso, qual o juízo competente para a reclamação trabalhista?

- **1ª tese** (majoritária): último local da prestação dos serviços. No exemplo, Fortaleza.
- **2ª tese** (minoritária): competência concorrente entre as Varas do Trabalho, ou seja, o empregado poderá escolher qual o lugar da prestação dos serviços em que pretende ajuizar a reclamação trabalhista. No exemplo, poderia optar entre a cidade de São Paulo e de Fortaleza.

6.2. Agente ou viajante comercial

A primeira exceção da competência territorial trabalhista é a reclamação do agente ou viajante comercial, disposta no § 1º do art. 651 da CLT.

Nessa hipótese, definiram-se duas regras **sucessivas:**

- **Regra principal:** competência da Vara do Trabalho em que a empresa tenha agência ou filial e a esta o empregado esteja subordinado.
- **Regra secundária (subsidiária): na falta** de agência ou filial ou se o empregado não estiver subordinado a nenhuma delas, ele poderá **optar** entre ajuizar a ação no seu domicílio ou na localidade mais próxima.

Atenção:

A regra principal exige a **cumulação** de dois requisitos:

empresa tenha agência ou filial + **empregado subordinado a essa agência ou filial**

Como visto, a aplicação da regra secundária permite que o empregado opte pelo ajuizamento da ação em seu domicílio ou na localidade mais próxima. Por ajuizamento em seu domicílio entende-se que, existindo Vara do Trabalho situada no seu domicílio, ela será competente. Além disso, havendo Vara do Trabalho situada em outro município mas com competência para as demandas do domicílio do viajante ou agente comercial, ela será a competente. Agora, não existindo Vara do Trabalho com competência para o domicílio do empregado, o dispositivo permite que ele possa ajuizar a demanda na "localidade mais próxima", a qual é entendida como a atribuição de "competência para outra Vara Trabalhista das redondezas"[106].

6.3. Empregado brasileiro que trabalha no exterior

A segunda exceção é do empregado brasileiro que trabalha no exterior, de modo que, embora a prestação do serviço tenha ocorrido em outro país, a reclamação poderá ser ajuizar na Justiça brasileira.

Desse modo, o § 2º do art. 651 da CLT prevê a competência internacional, estabelecendo que a Vara do Trabalho é competente, na hipótese de prestação dos serviços em agência ou filial no exterior, desde que o empregado **seja brasileiro** (nato ou naturalizado) **e** não haja convenção internacional dispondo em contrário.

- É o caso, por exemplo, de um brasileiro ser contratado para prestar serviços na Alemanha. Nesse caso, admite-se que a reclamação seja ajuizada na Justiça do Trabalho brasileira.

Quanto à Vara do Trabalho competente, a doutrina e jurisprudência divergem entre o local da sede ou filial da empresa, o local da contratação ou do domicílio do empregado, prevalecendo, de certo modo, que a competência será do local em que empresa tenha sede ou filial no Brasil.

Atente-se para o fato de que, havendo convenção internacional estabelecendo o foro competente, não será aplicada a regra do § 2º, do art. 651 da CLT.

Destaca-se ainda que, enquanto o caput do art. 651 é aplicado aos brasileiros e estrangeiros, a exceção descrita no § 2º tem incidência apenas ao empregado brasileiro, nato ou naturalizado.

Por fim, é importante observar que o referido parágrafo trata de regra de competência e, portanto, de direito processual, nada versando sobre direito material. Isso significa que, embora a Justiça do Trabalho possa ser competente, o direito material aplicável será aquele que é mais favorável ao trabalhador no conjunto de normas em relação a cada matéria, incidindo, assim, a teoria do conglobamento mitigado ou por institutos (Lei nº 7.064/82, art. 3º).

---

106. SILVA, Homero Batista Mateus da. *Curso de direito do trabalho aplicado: V. 8*. São Paulo: Editora Revista dos Tribunais, 2015. p. 189-190.

6.4. Empregador que promove a prestação dos serviços fora do lugar da celebração do contrato

O § 3º do art. 651 da CLT estabelece a competência no caso de o empregador promover atividades fora do local da contratação.

A doutrina não é pacífica acerca da interpretação deste dispositivo.

A **tese clássica** declina que tratando o § 3º de exceção, deve ser interpretado restritivamente. Nesse contexto, esse parágrafo somente terá aplicação quando o empregador exercer atividades em locais incertos, transitórios ou eventuais[107]. É o que acontece, por exemplo, com as atividades circenses, artísticas, feiras etc., que acabam desenvolvendo suas atividades em diversos locais.

Nessa hipótese, a legislação confere a **opção** de o empregado escolher entre:

- a Vara do Trabalho da celebração do contrato ou;
- a Vara do Trabalho do local de prestação dos serviços.

Já a **tese moderna**, que vem sendo observada pela jurisprudência, impõe que o § 3º deve ser interpretado, não sob o aspecto da transitoriedade das atividades da empresa, mas sim com o objetivo de alargar o acesso ao judiciário. Desse modo, ampliam a interpretação dessa exceção, permitindo sua incidência quando a empresa realiza suas atividades em local diverso de sua base ou da contratação.

Embora a tese moderna acabe criando um confronto com o caput do art. 651, vez que este não se preocupa com o local da contratação impondo, simplesmente, a regra da prestação dos serviços, ela tem a virtude de facilitar o acesso ao judiciário, especialmente nos casos em que o trabalhador é contratado para prestar serviços em localidades muito distantes do local da contratação (ou domicílio), de modo que, sendo observado o caput do artigo em análise, acabaria por inviabilizar o acesso ao judiciário.

É o que se verifica com frequência na arregimentação de trabalhadores, contratados em uma região do país para prestarem serviços em outra região muito distante. Com a extinção do contrato, retornam para seus lares, o que poderia inviabilizar o ajuizamento da reclamação trabalhista caso tivessem que propor a ação e acompanhar a audiência no local da prestação dos serviços. Ademais, na hipótese, o princípio da inafastabilidade da jurisdição previsto no art. 5º, XXXV, da CF/88 deve se sobrepor à restrição imposta pelo caput do art. 651 da CLT[108], permitindo o ajuizamento da reclamação trabalhista no local da prestação dos serviços, local da contratação ou até mesmo no domicílio do trabalhador. Nesse sentido, a 1ª Jornada de Direito Material e Processual do Trabalho, no Enunciado nº 7, estabeleceu:

107. MARTINS, Sérgio Pinto. Comentários à CLT. 17. ed. São Paulo: Atlas, 2013. p. 744.

108. SARAIVA, Renato. Curso de direito processual do trabalho. 8. ed. São Paulo: Método, 2011. p. 115.

Enunciado nº 7. ACESSO À JUSTIÇA. CLT, ART. 651, § 3º. INTERPRETAÇÃO CONFORME A CONSTITUIÇÃO. ART. 5º, INC. XXXV, DA CONSTITUIÇÃO DA REPÚBLICA. Em se tratando de empregador que arregimente empregado domiciliado em outro município ou outro Estado da federação, poderá o trabalhador optar por ingressar com a reclamatória na Vara do Trabalho de seu domicílio, na do local da contratação ou na do local da prestação dos serviços.

Cabe ressaltar que o local da contratação é considerado como o lugar em que foi proposto o contrato, como se depreende do art. 435 do CC/02[109]. Exemplifica-se:

Uma determinada empresa de construção civil telefona para empregados residentes na cidade de Arapurus, Estado do Maranhão, propondo contratá-los para trabalharem na cidade de São José do Rio Preto, Estado de São Paulo. Sendo aceita a proposta, o local da contratação será Arapurus, pois é o local em que o contrato foi proposto.

Cumpre destacar que o C. TST tem aplicado a tese moderna quando se trata de empresa de grande porte com atuação em âmbito nacional, viabilizando o ajuizamento da ação inclusive no domicílio do trabalhador[110].

Desse modo, o art. 651, § 3º, da CLT dispõe sobre competência territorial **concorrente**, pois o trabalhador poderá optar por ajuizar sua reclamação trabalhista no local da prestação dos serviços ou no da contratação e, ainda, por força da inafastabilidade da jurisdição, também poderá ajuizar no seu próprio domicílio. Tratando-se de competência concorrente, distribuída a reclamação, o juízo que a recebeu passa a ser prevento, tornando-se incompetente os demais juízos.

6.5. Competência Territorial na Ação Civil Pública

Tratando-se de ação civil pública, a competência territorial é definida de modo diverso. Nesse caso, deve-se observar a extensão do dano, que pode ser de 4 tipos:

1) **dano local**: ocorrido dentro da circunscrição da Vara do Trabalho;

2) **dano regional**: atinge localidades com Varas do Trabalho diversas dentro de um estado ou TRT e Varas do Trabalho limítrofes, ainda que em estados ou TRTs diferentes;

- **Exemplo**: Imagine uma lesão que tenha ocorrido nas cidades de Juazeiro (BA) e Petrolina (PE), ligadas por uma ponte (aproximadamente 800 metros) que atravessa o rio São Francisco. Nesse caso, embora elas sejam vinculadas a TRTs diferentes (5ª e 6ª Região,

109. Art. 435. Reputar-se-á celebrado o contrato no lugar em que foi proposto.

110. TST-CC-54-74.2016.5.14.0006, SBDI-II, rel. Min. Alberto Luiz Bresciani de Fontan Pereira, red. p/ acórdão Min. Luiz Philippe Vieira de Mello Filho, 27.9.2016 (Informativo nº 146). Com entendimento um pouco mais restritivo, decidiu o C. TST que a ação pode ser ajuizada no domicílio do empregado desde que a contratação ou a arregimentação tenha ocorrido naquela localidade e a empresa contrate e preste serviços em diferentes partes do território brasileiro, ou seja, possua atuação nacional. (TST-E-RR-73-36.2012.5.20.0012, SBDI-I, rel. Min. Cláudio Mascarenhas Brandão, 30.3.2017 – Informativo nº 156)

respectivamente), não se justifica definir como competente as Varas do Trabalho de Salvador ou Recife, que não possuem nenhuma relação com a lesão, sendo mais adequada a competência de um dos juízos das Varas do Trabalho envolvidas[111], ou seja, Juazeiro ou Petrolina.

3) dano suprarregional: ocorrido dentro de uma mesma região do País;

- **Exemplo:** região Sul, Sudeste etc.;

4) dano nacional: atinge mais de uma região do País ou a maioria dos estados.

Definida a extensão do dano, passa-se a estabelecer o juízo competente, conforme dispõe a OJ nº 130 da SDI-II do TST:

> I – A competência para a Ação Civil Pública fixa-se pela extensão do dano.
>
> II – Em caso de dano abrangência regional, que atinge cidades sujeitas à jurisdição de mais de uma Vara do Trabalho, a competência será de qualquer das varas das localidades atingidas, ainda que vinculadas a Tribunais Regionais do Trabalho distintos.
>
> III – Em caso de dano de abrangência suprarregional ou nacional, há competência concorrente para a ação civil pública das varas do trabalho das sedes dos Tribunais Regionais do Trabalho.
>
> IV – Estará prevento o juízo a que a primeira ação houver sido distribuída.

Em resumo, podemos esquematizar a competência da ação civil pública da seguinte forma:

Extensão do dano	Competência
Dano local	Vara do Trabalho do local do dano
Dano regional	Qualquer das Varas das localidades atingidas, ainda que vinculadas a Tribunais Regionais do Trabalho distintos
Dano suprarregional ou nacional	Competência concorrente para a ação civil pública das Varas do Trabalho das sedes dos TRTs

Atente-se para o fato de que a competência é sempre de uma Vara do Trabalho, ou seja, jamais será de competência originária de um Tribunal.

Por fim, é necessário esclarecer que referida competência tem natureza absoluta, pois não se trata de mera competência territorial, mas, sim, de competência funcional-territorial, porquanto o escopo da lei é de tutelar interesse público e não meramente particular, como ocorre na competência relativa. Modernamente, a doutrina[112] busca designá-la apenas de competência territorial absoluta, como já prevê o art. 209 do ECA e o art. 80 do Estatuto do Idoso.

111. DIDIER JR. Fredie; ZANETI JR., Hermes. *Curso de direito processual civil: Processo coletivo.* 5. ed. Salvador: Juspodivm, 2010. v. 4, p. 142.

112. DIDIER JR. Fredie; ZANETI JR., Hermes. *Curso de direito processual civil: Processo coletivo.* 5. ed. Salvador: Juspodivm, 2010. v. 4, p. 137.

6.6. Foros distritais ou regionais

É possível que numa mesma localidade haja a divisão da competência em foros distritais ou regionais, com o objetivo de descentralizar a atividade judiciária e ampliar sua efetividade. Cada um desses foros pode contar ainda com mais de uma vara trabalhista. É o que acontece, por exemplo, no município de São Paulo, em que há três fóruns trabalhistas: Central; Zona Leste e Zona Sul, definindo-se o fórum competente pelo CEP do local da prestação dos serviços[113].

Como essa distribuição de competência leva em conta aspectos geográficos, poderia surgir dúvida se ela é de natureza relativa, pois ligada à competência territorial.

O entendimento amplamente majoritário é no sentido de que essa competência é de natureza absoluta, vez que relacionada ao interesse público não podendo, desse modo, haver modificação e/ou prorrogação.

Para uns é modalidade de competência funcional[114], pois ligada à organização interna das Varas do Trabalho de um município. Para outros, com os quais pensamos estar a razão, trata-se de espécie de competência territorial absoluta[115], vez que definida pelas regras do art. 651 da CLT, aplicando-se, em regra, o CEP do local da prestação de serviços.

De qualquer maneira é preciso ficar claro: a competência dos foros distritais e regionais é de natureza absoluta, podendo ser conhecida de ofício pelo juízo.

6.7. Foro de Eleição

O foro de eleição é a possibilidade de as próprias partes, de comum acordo, elegerem um local para dirimir futuras questões judiciais. É o que acontece, por exemplo, no contrato de locação, em que as partes estipulam determinado foro (ex., São Paulo) que será o competente para discutir aquele contrato.

A previsão do foro de eleição vem declinada no art. 63 do CPC/2015, tendo aplicação tão somente nos casos de competência relativa (territorial ou em razão do valor).

No processo do trabalho, é majoritário o entendimento de que o **foro de eleição é inaplicável**, por ser incompatível com a ideologia desse ramo processual (TST-IN nº 39/2016, art. 2º, I).

113. Na realidade, a Resolução Administrativa nº 01/2013 do TRT da 2ª Região divide a jurisdição das Varas do Trabalho de São Paulo em 5 (cinco) regiões: Centro Expandido, Zona Leste, Zona Norte, Zona Oeste e Zona Sul.

114. Nesse sentido: TRT 2ª Região; CC nº 1001979-42.2016.5.02.0000; Relator: Des. José Ruffolo. J. em 26.09.2016. Publ. em 26.09.2016.

115. DIDIER JR., Fredie. *Curso de Direito Processual Civil: introdução ao direito processual civil, parte geral e processo de conhecimento*. 18. ed. Salvador: Juspodivm, 2016. p. 225.

Contudo, considerando que a competência territorial, no processo do trabalho, é definida de modo a facilitar o acesso do trabalhador ao judiciário, parte da doutrina passa a admitir o foro de eleição na relação de emprego, desde que facilite, para o trabalhador, o acesso à justiça[116].

Ademais, na relação de trabalho *lato sensu* (excluída a relação de emprego), permite-se o foro de eleição.

De qualquer modo, admitindo-se o foro de eleição, é necessário esclarecer que é permitida a declaração *ex officio* da nulidade da cláusula de eleição de foro, nos termos do art. 63, § 3º, do CPC/2015[117].

6.8. Competência territorial para homologação do acordo extrajudicial

O art. 652, "*f*", da CLT, incluído pela Lei nº 13.467/17, estabelece que a **competência funcional** para a homologação do acordo extrajudicial é da Vara do Trabalho. Nada obsta que os processos ajuizados para tal fim sejam direcionados ao CEJUSC, quando existente na unidade.

Já sobre a **competência territorial**, o legislador reformador nada versou, devendo ser aplicado o art. 651 da CLT. De qualquer maneira essa competência deve ser analisada com muita cautela. Explico.

É sabido que no processo do trabalho a competência territorial é definida pelo art. 651 da CLT. Trata-se de competência relativa, que não pode ser conhecida de ofício, dependendo obrigatoriamente de provocação do réu (OJ nº 149 da SDI-II do TST). Pressupõe, portanto, exceção de incompetência para sua declaração.

No caso do processo de jurisdição voluntária para homologação de acordo extrajudicial, como as partes irão formular petição conjunta, evidentemente, não há espaço para a exceção de incompetência. Além disso, por se tratar de competência territorial, o juízo não poderá conhecê-la de ofício.

Isso nos leva à conclusão de que as partes escolherão o juízo que irá homologar o acordo, inserindo **implicitamente** no acordo extrajudicial a cláusula de eleição de foro.

É majoritário na doutrina e na jurisprudência, porém, que o foro de eleição não é aplicável ao processo do trabalho, especialmente em razão da disparidade existente entre empregado e empregador. Nesse sentido, o C. TST, no art. 2º, I, da Instrução

116. ALMEIDA, Cleber Lúcio de. *Direito processual do trabalho*. 4. ed., rev., atual. e ampl. Belo Horizonte: Del Rey, 2012. p. 210.

117. CPC/2015, art. 63. § 3º Antes da citação, a cláusula de eleição de foro, se abusiva, pode ser reputada ineficaz de ofício pelo juiz, que determinará a remessa dos autos ao juízo do foro de domicílio do réu.

Normativa nº 39/2016, estabeleceu expressamente que o foro de eleição não é aplicável à seara laboral.

Com efeito, pensamos que, no caso, deve ser incidir analogicamente o art. 63, § 3º, do CPC, de modo que o juiz poderá reputar ineficaz **de ofício** a eleição de foro diverso do art. 651 da CLT, remetendo os autos para o juízo competente territorialmente, observando as regras do artigo celetista. No mesmo sentido, enunciado apresentado pelo autor desta obra e acolhido na 2ª Jornada de direito material e processual do trabalho, in verbis:

> **Enunciado nº 125** – Processo de jurisdição voluntária. Homologação de acordo extrajudicial. Competência territorial
>
> I – A competência territorial do processo de jurisdição voluntária para homologação de acordo extrajudicial segue a sistemática do art. 651 da CLT.
>
> II – Aplica-se analogicamente o art. 63, § 3º, do CPC, permitindo que o juiz repute ineficaz de ofício a eleição de foro diferente do estabelecido no art. 651 da CLT, remetendo os autos para o juízo natural e territorialmente competente.

7. CONFLITOS DE COMPETÊNCIA

Conforme já anunciamos, a jurisdição é una e, portanto, indivisível. No entanto, para que ela possa ser exercida efetivamente, é necessário racionalizar o trabalho e organizar as tarefas, surgindo assim a competência. Nessa distribuição de tarefas, pode acontecer de dois ou mais juízes se darem por competentes ou por incompetentes para processar e julgar determinado processo. Surge, aqui, o conflito de competência.

Portanto, nos termos do art. 804 da CLT c/c o art. 66 do CPC/2015, ocorrerá o conflito de competência quando:

1) 2 ou mais juízes se considerarem competentes (conflito positivo);
2) 2 ou mais juízes se considerem incompetentes (conflito negativo);
3) entre 2 ou mais juízes surgir controvérsia acerca da reunião ou separação de processos.

Tal conflito, no âmbito trabalhista, poderá ser suscitado pelos juízes e tribunais do trabalho, pelo Ministério Público do Trabalho e pela parte interessada ou seu representante (CLT, art. 805).

Consigna-se que, se a parte interessada alegar a incompetência, estará proibida de suscitar o conflito (CLT, art. 806).

- **Exemplo**: empregado ajuíza reclamação trabalhista em São Paulo. A empresa apresenta exceção de incompetência alegando que a prestação dos serviços ocorreu em Vitória, devendo o processo ser encaminhado para aquele local. Sendo acolhido o pedido e enviados os autos para Vitória, não poderá a empresa suscitar, por exemplo, conflito negativo, ou seja, que a Vara do Trabalho de Vitória também não é competente para o caso.

Contudo, o conflito não impede que a parte que não o arguiu suscite a incompetência (CPC/2015, art. 952, parágrafo único). No exemplo anterior, seria admitido que, ao chegar os autos à Vara do Trabalho de Vitória, o empregado arguisse incompetência daquela Vara para o caso.

Suscitado o conflito de competência, o art. 114, V, da CF/88 estabelece que a Justiça do Trabalho terá competência para processar e julgar os "conflitos de competência entre órgãos com jurisdição trabalhista". Excepciona, porém, o disposto no art. 102, I, "o", da CF, que disciplina a competência do Supremo Tribunal Federal.

Além disso, cabe observar ainda o disposto no art. 105, I, "d", da CF, que dispõe sobre a competência do Superior Tribunal de Justiça.

Desse modo, a competência para julgamento do conflito de competência nas causas trabalhistas pode ser esquematizado da seguinte forma:

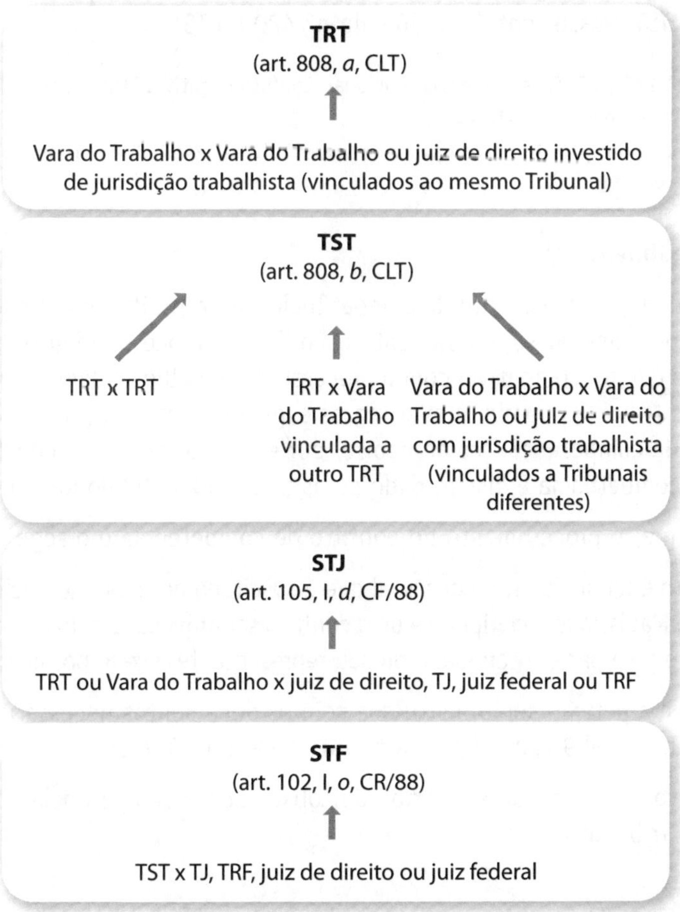

7.1. Tribunal Regional do Trabalho e Vara do Trabalho de idêntica região

Conforme se verificou anteriormente, na delimitação do exercício legítimo da jurisdição, pode nascer o conflito de competência positivo ou negativo para julgar ou processar determinado processo.

Ocorre, no entanto, que o conflito de competência pressupõe decisões de juízes de mesma hierarquia ou vinculados a Tribunais diferentes, isto é, não pode haver subordinação (hierarquia funcional) entre os órgãos teoricamente em conflito.

Isso ocorre porque entre órgãos hierarquicamente subordinados não existe conflito de competência, mas determinação do órgão superior que deve ser acatada pelo órgão inferior. Assim, entre TRT e Vara do Trabalho de um mesmo regional, não há conflito de competência, pois a Vara do Trabalho está subordinada ao TRT de sua regional, devendo acolher a determinação do Tribunal. A mesma sistemática deve ser aplicada entre o TST e os TRTs e entre o TST e as Vara do Trabalho, vez que devem acolher as decisões do TST. Nesse sentido, a Súmula nº 420 do TST:

> **Súmula nº 420 do TST.** Competência funcional. Conflito negativo. TRT e Vara do Trabalho de idêntica região. Não configuração
>
> Não se configura conflito de competência entre Tribunal Regional do Trabalho e Vara do Trabalho a ele vinculada.

7.2. Procedimento[118]

O procedimento do conflito de competência está descrito nos arts. 809 a 812 da CLT, devendo-se aplicar supletivamente o Código de Processo Civil, nos arts. 951 a 959, naquilo que for compatível com o processo do trabalho. Ademais, os regimentos internos dos tribunais podem prever regras específicas em relação ao procedimento do conflito de competência, como ocorre, por exemplo, no âmbito do TST em que o conflito de competência é disciplinado pelos arts. 200 a 209 do Regimento Interno.

Como regra, o procedimento do conflito de competência é o seguinte.

O conflito é um incidente processual que é suscitado por meio de ofício quando instaurado pelo Magistrado. Na hipótese de o conflito ser provocado pelo Ministério Público do Trabalho e pela parte interessada ou seu representante, faz-se por meio de petição.

O ofício e a petição serão instruídos com os documentos necessários à prova do conflito (CLT, art. 809 c/c CPC/15, art. 952, parágrafo único).

O conflito será autuado e distribuído, observada a competência dos órgãos judicantes do Tribunal.

---

118. Súmula nº 420 do TST. Competência funcional. Conflito negativo. TRT e Vara do Trabalho de idêntica região. Não configuração. Não se configura conflito de competência entre Tribunal Regional do Trabalho e Vara do Trabalho a ele vinculada.

Distribuído o conflito de competência, caberá ao Relator determinar, de ofício ou mediante provocação, o sobrestamento do processo principal nos casos de conflito positivo ou, nas hipóteses de conflito negativo, designar um dos juízes conflitantes para resolver, em caráter provisório, as medidas urgentes.

O Relator determinará, em prazo por ele estabelecido, que sejam ouvidos os juízes em conflito ou, se um deles for suscitante, apenas o suscitado (CPC/15, art. 954).

Prestadas ou não as informações, os autos serão remetidos à Procuradoria do Trabalho, que disporá do prazo de oito dias para emitir parecer.

Em seguida, relator poderá julgar de plano o conflito de competência quando sua decisão se fundar em: I – súmula do Supremo Tribunal Federal, do Superior Tribunal de Justiça ou do próprio tribunal; II – tese firmada em julgamento de casos repetitivos ou em incidente de assunção de competência (CPC, art. 955). Permite-se ainda o julgamento monocrático pelo relator quando há jurisprudência dominante do Tribunal sobre a questão suscitada.

Não sendo o caso de julgamento monocrático, o Relator apresentará o conflito em mesa para julgamento.

Ao decidir o conflito, o tribunal deverá declarar o juízo competente e pronunciar sobre a validade dos atos do juízo incompetente (CPC/15, art. 957). Proferido julgamento, a decisão será comunicada, imediatamente, aos juízes em conflito, devendo prosseguir o feito no juízo competente.

Salvo embargos de declaração, da decisão que resolver o conflito não caberá recurso, nem poderá a matéria ser renovada na discussão da causa principal.

8. NATUREZA DA DECISÃO QUE RECONHECE A INCOMPETÊNCIA

A definição da natureza da decisão que reconhece a incompetência de determinado juízo é de suma importância, especialmente para se analisar a possibilidade de interposição de recurso.

Sua análise deve ser feita sob dois enfoques:

- incompetência relativa; e
- incompetência absoluta.

A decisão que reconhece a incompetência **relativa** terá sempre natureza de decisão interlocutória. Desse modo, como regra, será irrecorrível imediatamente, nos termos do disposto no art. 893, § 1º, da CLT.

O TST, contudo, traz uma exceção à regra, permitindo que, da decisão que acolha a **incompetência territorial**, com a remessa dos autos a Tribunal Regional distinto daquele a que se vincula o juízo excepcionado (Súmula nº 214, "c", do TST), caberá recurso. Nesse caso, **o recurso a ser interposto é aquele que caberia da decisão**

final como, por exemplo, na Vara do Trabalho, se o juiz reconhecer a incompetência caberá o recurso ordinário para o TRT de origem.

- **Exemplo**: reclamação trabalhista ajuizada em Ribeirão Preto (TRT 15), sendo reconhecida a incompetência do juízo enviando os autos para Belo Horizonte (TRT 3). Nesse caso, cabe recurso ordinário para o TRT 15.

Já nos casos de **incompetência absoluta**, para a determinação da natureza da decisão, deverá haver uma distinção no tocante ao conteúdo.

As decisões que reconhecerem a incompetência absoluta para o julgamento de todos os pedidos possuem natureza de decisão interlocutória, encaminhando-se os autos ao juízo competente. Embora seja decisão interlocutória, dessa decisão cabe recurso imediatamente, porque finaliza a instância trabalhista. É o que prevê o art. 799, § 2º, da CLT[119].

- **Exemplo**: ajuizada reclamação trabalhista na Vara do Trabalho de Vitória versando sobre honorários contratuais. O juiz reconhece a incompetência da Justiça do Trabalho enviando para a Justiça Comum. Dessa decisão cabe recurso ordinário.

Agora, nas hipóteses em que o juiz do trabalho se considerar incompetente para o julgamento de determinada matéria, mas acreditar que parte dos pedidos é de competência da justiça federal e parte dos pedidos é de competência da justiça estadual, deverá proferir sentença com extinção do processo sem resolução do mérito, diante da impossibilidade de desmembramento do feito.

- **Exemplo**: reclamação trabalhista versando sobre contribuições previdenciárias não recolhidas e relação de consumo. O juiz do trabalho ao reconhecer que as contribuições são de competência da justiça federal e aos pedidos da relação de consumo são de competência da justiça comum, não tendo como fracionar o processo, profere sentença, sem a necessidade de encaminhamento dos autos.

Percebe-se que somente nessa última hipótese terá natureza de sentença, não precisando enviar os autos ao juízo competente. Todavia, nos demais casos terá natureza de decisão interlocutória devendo os autos ser encaminhados ao juízo competente.

Por fim, pode acontecer de o juiz do trabalho entender que é competente apenas para parte das matérias veiculadas. Nessa hipótese, se o juiz decide sua incompetência na sentença com as demais matérias, por óbvio, a decisão terá natureza de sentença, cabendo recurso imediatamente. Por outro lado, decidindo antes da sentença, terá natureza de decisão interlocutória, somente podendo ser impugnado no momento da decisão final. Nesses dois casos, como não haverá desmembramento do processo, já que parte das matérias ficará na Justiça do trabalho, o juiz não deverá encaminhar os autos ao juízo competente, extinguindo parcialmente o processo sem resolução do mérito, quanto à parte que entender ser incompetente.

119. Art. 799, § 2º – Das decisões sobre exceções de suspeição e incompetência, salvo, quanto a estas, se terminativas do feito, não caberá recurso, podendo, no entanto, as partes alegá-las novamente no recurso que couber da decisão final.

9. SÚMULAS E ORIENTAÇÕES JURISPRUDENCIAIS DO TST

Competência
Imunidade de Jurisdição. Organização ou organismo internacional
Orientação Jurisprudencial nº 416 da SDI – I do TST. Imunidade de jurisdição. Organização ou organismo internacional As organizações ou organismos internacionais gozam de imunidade absoluta de jurisdição quando amparados por norma internacional incorporada ao ordenamento jurídico brasileiro, não se lhes aplicando a regra do Direito Consuetudinário relativa à natureza dos atos praticados. Excepcionalmente, prevalecerá a jurisdição brasileira na hipótese de renúncia expressa à cláusula de imunidade jurisdicional.
Competência em razão da matéria
Súmula nº 392 do TST. Dano moral e material. Relação de trabalho. Competência da justiça do trabalho. Nos termos do art. 114, inc. VI, da Constituição da República, a Justiça do Trabalho é competente para processar e julgar ações de indenização por dano moral e material, decorrentes da relação de trabalho, inclusive as oriundas de acidente de trabalho e doenças a ele equiparadas, ainda que propostas pelos dependentes ou sucessores do trabalhador falecido.
Súmula nº 189 do TST. Greve. Competência da Justiça do Trabalho. Abusividade A Justiça do Trabalho é competente para declarar a abusividade, ou não, da greve.
Súmula nº 300 do TST. Competência da Justiça do Trabalho. Cadastramento no PIS Compete à Justiça do Trabalho processar e julgar ações ajuizadas por empregados em face de empregadores relativas ao cadastramento no Programa de Integração Social (PIS).
Súmula nº 389 do TST. Seguro-desemprego. Competência da Justiça do Trabalho. Direito à indenização por não liberação de guias I – Inscreve-se na competência material da Justiça do Trabalho a lide entre empregado e empregador tendo por objeto indenização pelo não fornecimento das guias do seguro-desemprego. II – O não fornecimento pelo empregador da guia necessária para o recebimento do seguro-desemprego dá origem ao direito à indenização.
Súmula nº 368 do TST. Descontos previdenciários. Imposto de renda. Competência. Responsabilidade pelo recolhimento. Forma de cálculo. Fato gerador. I – A Justiça do Trabalho é competente para determinar o recolhimento das contribuições fiscais. A competência da Justiça do Trabalho, quanto à execução das contribuições previdenciárias, limita-se às sentenças condenatórias em pecúnia que proferir e aos valores, objeto de acordo homologado, que integrem o salário de contribuição. II – É do empregador a responsabilidade pelo recolhimento das contribuições previdenciárias e fiscais, resultantes de crédito do empregado oriundo de condenação judicial. A culpa do empregador pelo inadimplemento das verbas remuneratórias, contudo, não exime a responsabilidade do empregado pelos pagamentos do imposto de renda devido e da contribuição previdenciária que recaia sobre sua quota-parte. III – Os descontos previdenciários relativos à contribuição do empregado, no caso de ações trabalhistas, devem ser calculados mês a mês, de conformidade com o art. 276, § 4º, do Decreto nº 3.048/1999 que regulamentou a Lei nº 8.212/1991, aplicando-se as alíquotas previstas no art. 198, observado o limite máximo do salário de contribuição.

IV – Considera-se fato gerador das contribuições previdenciárias decorrentes de créditos trabalhistas reconhecidos ou homologados em juízo, para os serviços prestados até 4.3.2009, inclusive, o efetivo pagamento das verbas, configurando-se a mora a partir do dia dois do mês seguinte ao da liquidação (art. 276, "caput", do Decreto nº 3.048/1999). Eficácia não retroativa da alteração legislativa promovida pela Medida Provisória nº 449/2008, posteriormente convertida na Lei nº 11.941/2009, que deu nova redação ao art. 43 da Lei nº 8.212/91. V – Para o labor realizado a partir de 5.3.2009, considera-se fato gerador das contribuições previdenciárias decorrentes de créditos trabalhistas reconhecidos ou homologados em juízo a data da efetiva prestação dos serviços. Sobre as contribuições previdenciárias não recolhidas a partir da prestação dos serviços incidem juros de mora e, uma vez apurados os créditos previdenciários, aplica-se multa a partir do exaurimento do prazo de citação para pagamento, se descumprida a obrigação, observado o limite legal de 20% (art. 61, § 2º, da Lei nº 9.430/96). VI – O imposto de renda decorrente de crédito do empregado recebido acumuladamente deve ser calculado sobre o montante dos rendimentos pagos, mediante a utilização de tabela progressiva resultante da multiplicação da quantidade de meses a que se refiram os rendimentos pelos valores constantes da tabela progressiva mensal correspondente ao mês do recebimento ou crédito, nos termos do art. 12-A da Lei nº 7.713, de 22/12/1988, com a redação conferida pela Lei nº 13.149/2015, observado o procedimento previsto nas Instruções Normativas da Receita Federal do Brasil.
Súmula nº 454 do TST. Competência da justiça do trabalho. Execução de ofício. Contribuição social referente ao seguro de acidente de trabalho (SAT). Arts. 114, VIII, e 195, I, "a", da Constituição da República Compete à Justiça do Trabalho a execução, de ofício, da contribuição referente ao Seguro de Acidente de Trabalho (SAT), que tem natureza de contribuição para a seguridade social (arts. 114, VIII, e 195, I, "a", da CF), pois se destina ao financiamento de benefícios relativos à incapacidade do empregado decorrente de infortúnio no trabalho (arts. 11 e 22 da Lei nº 8.212/1991).
Orientação Jurisprudencial nº 26 da SDI – I do TST. Competência da Justiça do Trabalho. Complementação de pensão requerida por viúva de ex-empregado A Justiça do Trabalho é competente para apreciar pedido de complementação de pensão postulada por viúva de ex-empregado, por se tratar de pedido que deriva do contrato de trabalho.
Súmula nº 19 do TST. Quadro de carreira A Justiça do Trabalho é competente para apreciar reclamação de empregado que tenha por objeto direito fundado em quadro de carreira.
Orientação Jurisprudencial nº 138 da SDI – I do TST. Competência residual. Regime jurídico único. Limitação da execução Compete à Justiça do Trabalho julgar pedidos de direitos e vantagens previstos na legislação trabalhista referente a período anterior à Lei nº 8.112/90, mesmo que a ação tenha sido ajuizada após a edição da referida lei. A superveniência de regime estatutário em substituição ao celetista, mesmo após a sentença, limita a execução ao período celetista.
Competência Funcional
Orientação Jurisprudencial nº 129 da SDI – II do TST. Ação anulatória. Competência originária Em se tratando de ação anulatória, a competência originária se dá no mesmo juízo em que praticado o ato supostamente eivado de vício.
Orientação Jurisprudencial nº 68 da SDI – II do TST. Antecipação de tutela. Competência Nos Tribunais, compete ao relator decidir sobre o pedido de antecipação de tutela, submetendo sua decisão ao Colegiado respectivo, independentemente de pauta, na sessão imediatamente subsequente.

Competência territorial-funcional
Orientação Jurisprudencial nº 130 da SDI – II do TST. Ação civil pública. Competência. Local do dano. Lei 7.347/1985, art. 2º. Código de Defesa do Consumidor, artigo 93. I – A competência para a Ação Civil Pública fixa-se pela extensão do dano. II – Em caso de dano de abrangência regional, que atinge cidades sujeitas à jurisdição de mais de uma Vara do Trabalho, a competência será de qualquer das varas das localidades atingidas, ainda que vinculadas a Tribunais Regionais do Trabalho distintos. III – Em caso de dano de abrangência suprarregional ou nacional, há competência concorrente para a ação civil pública das varas do trabalho das sedes dos Tribunais Regionais do Trabalho. IV – Estará prevento o juízo a que a primeira ação houver sido distribuída.
Conflito de Competência
Súmula nº 420 do TST. Competência funcional. Conflito negativo. TRT e Vara do Trabalho de idêntica região. Não configuração Não se configura conflito de competência entre Tribunal Regional do Trabalho e Vara do Trabalho a ele vinculada.
Orientação Jurisprudencial nº 149 da SDI – II do TST. Conflito de competência. Incompetência territorial. Hipótese do art. 651, § 3º, da CLT. Impossibilidade de declaração de ofício de incompetência relativa Não cabe declaração de ofício de incompetência territorial no caso do uso, pelo trabalhador, da faculdade prevista no art. 651, § 3º, da CLT. Nessa hipótese, resolve-se o conflito pelo reconhecimento da competência do juízo do local onde a ação foi proposta.

10. INFORMATIVOS DO TST RELACIONADOS AO TEMA

Imunidade de jurisdição
Imunidade de Jurisdição. Organização ou Organismo Internacional. Orientação Jurisprudencial nº 416 da SBDI-I. Matéria suspensa para apreciação do Tribunal Pleno. A SBDI-I, em sua composição plena, decidiu, por unanimidade, suspender a proclamação do resultado do julgamento do processo em que se discute se as organizações ou os organismos internacionais gozam de imunidade absoluta de jurisdição e, nos termos do art. 158, § 1º, do RITST, remeter os autos ao Tribunal Pleno para revisão, se for o caso, da Orientação Jurisprudencial nº 416 da SBDI-I. Na hipótese, os Ministros Luiz Philippe Vieira de Mello Filho, relator, Dora Maria da Costa, Antônio José de Barros Levenhagen, João Batista Brito Pereira, Renato de Lacerda Paiva, Lelio Bentes Corrêa e Aloysio Corrêa da Veiga votaram no sentido de não conhecer do recurso de embargos, ao passo que os Ministros Ives Gandra Martins Filho, Alberto Luiz Bresciani de Fontan Pereira, Augusto César Leite de Carvalho, José Roberto Freire Pimenta, Delaíde Miranda Arantes, Maria Cristina Irigoyen Peduzzi e João Oreste Dalazen conheciam dos embargos por divergência jurisprudencial, inclinando-se a decidir contrariamente à Orientação Jurisprudencial nº 416 da SBDI-I. TST-E-RR-61600-41.2003.5.23.0005, SBDI-I, rel. Min. Luiz Philippe Vieira de Mello Filho, 13.12.2012. (Informativo nº 34)
Estado estrangeiro. Imunidade de jurisdição. Caráter relativo. Penhora de imóvel. Prova de afetação à atividade diplomática ou consular não produzida. Impossibilidade de ultimação dos atos de expropriação. Ao entendimento de que a imunidade de jurisdição reconhecida aos Estados estrangeiros, em execução de sentença, possui caráter relativo, concluiu a SBDI-II que somente estarão imunes à constrição judicial os bens comprovadamente vinculados ao exercício das atividades de representação consular e diplomática. Sob esse entendimento, a Subseção, à unanimidade, conheceu do recurso ordinário e, no mérito, deu-lhe provimento para conceder parcialmente a segurança, determinando que os atos de expropriação do imóvel penhorado – em razão da presunção de não afetação à atividade de representação diplomática ou consular, extraída do silêncio do ente estrangeiro executado, regularmente intimado – sejam interrompidos, somente podendo prosseguir se demonstrado, efetivamente, que o bem não se encontra afetado à missão diplomática ou consular. TST-RO-188-04.2014.5.10.0000, SBDI-II, rel. Min. Douglas Alencar Rodrigues, 29.9.2015. (Informativo nº 119)
Competência
Competência funcional
Ação rescisória. Art. 485, V, do CPC de 1973. Desrespeito à regra do art. 253, II, do CPC de 1973. Nulidade absoluta. Princípio do juiz natural. Violação do art. 5º, XXXVII e LIII, da CF. Configuração. O disposto no art. 253, II, do CPC de 1973 refere-se a regra de prevenção de competência funcional, de modo que o seu desrespeito enseja nulidade absoluta do processo, ante a necessidade de observância do princípio do juiz natural, consagrado no art. 5º, XXXVII e LIII, da CF. No caso, houve a extinção da primeira reclamação trabalhista, sem resolução do mérito, em virtude da ausência da reclamante na audiência inaugural. Apresentada nova reclamatória com partes, causa de pedir e pedidos idênticos, mas distribuída à Vara do Trabalho diversa da que extinguira o primeiro processo, o TRT da 17ª Região deixou de anular a sentença proferida na segunda ação ao fundamento de que se tratava de nulidade relativa e não houve prejuízo. Ajuizada a ação rescisória pelo reclamado, o Tribunal Regional julgou-a procedente por violação do art. 253, II, do CPC de 1973. Ao analisar o recurso ordinário interposto pela reclamante, a SBDI-II, por unanimidade, deulhe provimento para julgar improcedente a ação rescisória fundada em violação literal do art. 253, II, do CPC de 1973, tendo em vista o óbice da Súmula nº 83 do TST. Todavia,

ante o efeito devolutivo do recurso ordinário em sua profundidade, que devolveu ao TST os fundamentos da inicial e da defesa no que tange ao capítulo impugnado (art. 485, V, do CPC de 1973), a Subseção, também à unanimidade, decidiu julgar procedente a ação rescisória por violação do art. 5º, XXXVII e LIII, da CF, para, em juízo rescindendo, desconstituir a sentença proferida na ação matriz e, em juízo rescisório, anular todos os atos decisórios nela praticados e determinar o envio dos autos à Vara do Trabalho que apreciou a primeira reclamação (juízo prevento). TST-RO-74- 70.2014.5.17.0000, SBDI-II, rel. Min. Maria Helena Mallmann, 12.3.2019 (Informativo nº 192 do TST).

Competência em razão da matéria

Honorários advocatícios. Ação de cobrança. Natureza civil. Incompetência da Justiça do Trabalho.

A Justiça do Trabalho não é competente para julgar ação de cobrança de honorários advocatícios, pois se refere a contrato de prestação de serviços, relação de índole eminentemente civil, não guardando nenhuma pertinência com a relação de trabalho de que trata o art. 114, I, da CF. Com esse entendimento, a SBDI-I, por unanimidade, conheceu dos embargos por divergência jurisprudencial e, no mérito, por maioria, deu-lhes provimento para restabelecer a decisão proferida pelo TRT, mediante a qual se acolhera a preliminar de incompetência material desta Justiça do Trabalho, e, anulando os atos decisórios praticados no processo, determinar a remessa dos autos à Justiça Comum Estadual, para que prossiga no feito como entender de direito. Na espécie, ressaltou o Ministro relator ser razoável "cometer a Justiça comum a tarefa de dirimir controvérsia relativa à prestação de serviços levada a cabo por profissional autônomo que, senhor dos meios e das condições da prestação contratada, coloca-se em patamar de igualdade (senão de vantagem) em relação àquele que o contrata. Tal seria o caso típico dos profissionais da engenharia, advocacia, arquitetura e medicina que exercem seus misteres de forma autônoma, mediante utilização de meios próprios e em seu próprio favor." Vencidos os Ministros Ives Gandra Martins Filho e Delaíde Miranda Arantes. TST-E-RR-48900-38.2008.5.15.0051, SBDI-I, rel. Min. Lelio Bentes Corrêa, 30.8.2012 (Informativo nº 20)

Ação de prestação de contas entre sindicato e trabalhador a ele filiado. Retenção de honorários advocatícios em crédito trabalhista deferido em juízo. Competência da Justiça do Trabalho. Art. 114, III, da CF.

A Justiça do Trabalho é competente para processar e julgar ação proposta por trabalhador em face do sindicato a que é filiado, em que se postula a prestação de contas acerca de valores retidos a título de honorários advocatícios em crédito trabalhista decorrente de ação ajuizada anteriormente pela entidade sindical na condição de substituta processual. A relação entre empregado de determinada categoria e o respectivo sindicato decorre do enquadramento sindical e irradia o principal efeito da defesa dos direitos e interesses da categoria, nos termos do art. 8º, III, da CF e do art. 513, "a", da CLT, inserindo-se, portanto, na expressão contida no art. 114, III, da Constituição, que se refere às ações sobre representação sindical entre sindicatos e trabalhadores. Sob esse fundamento, a SBDI-I, por unanimidade, conheceu dos embargos, por divergência jurisprudencial, e, no mérito, por maioria, negou-lhes provimento. Vencidos os Ministros Augusto César Leite de Carvalho, Walmir Oliveira da Costa e Brito Pereira, os quais entendiam que, se compete à Justiça comum julgar cobrança de honorários advocatícios, inclusive nas hipóteses em que tais verbas são reclamadas por sindicato, não se pode alterar a competência somente em razão de a ação ter sido ajuizada por quem se beneficiou dos serviços contra o prestador. TST-E-ED-RR-128300- 64.2008.5.03.0042, SBDI-I, rel. Min. Marcio Eurico Vitral Amaro, 17.8.2017 (Informativo nº 162)

Honorários advocatícios. Advogados empregados do Banco do Brasil S.A. Ação ajuizada em face da Associação dos Advogados do Banco do Brasil (ASABB). Cobrança da cota parte não recebida durante o gozo de licença-saúde. Competência da Justiça do Trabalho.

A Justiça do Trabalho é competente para processar e julgar ação em que advogados empregados do Banco do Brasil S.A. pleiteiam a cota parte dos honorários sucumbenciais relativa ao período em que estiveram em gozo de licença-saúde, não repassada pela entidade responsável por gerir o fundo comum dos honorários sucumbenciais recebidos pelo banco empregador (Associação dos Advogados do Banco do Brasil – Asabb). Na hipótese, prevaleceu o entendimento de que, independentemente de ter havido intermediação da Associação, a competência é da Justiça do Trabalho porque a controvérsia em torno do direito ou não ao recebimento da verba pleiteada está alicerçada na situação funcional dos reclamantes perante o Banco, que é o responsável pelo repasse dos recursos a serem geridos pela Asabb, e concede as informações a respeito do desempenho dos associados em seus respectivos contratos de trabalho. Sob esse fundamento, a SBDI-I, por unanimidade, conheceu dos embargos, por divergência jurisprudencial, e, no mérito, por maioria, deu-lhes provimento para firmar a competência da Justiça do Trabalho. Vencidos os Ministros Guilherme Augusto Caputo Bastos, relator, Márcio Eurico Vitral Amaro, Hugo Carlos Scheuermann, Breno Medeiros, Maria Cristina Irigoyen Peduzzi e Brito Pereira. TST--E-RR159700-88.2010.5.16.0002, SBDI-I, rel. Min. Guilherme Augusto Caputo Bastos, red. p/ acórdão Min. Augusto César Leite de Carvalho, 28.3.2019 (Informativo nº 193)

Servidor público. Relação de caráter estatutário. Pedidos relativos ao recolhimento do FGTS e à anotação da CTPS. Incompetência da Justiça do Trabalho.

Não obstante os pedidos de recolhimento do FGTS e de anotação da CTPS sejam estranhos ao regime jurídico estatutário, é incompetente a Justiça do Trabalho para julgar demandas entre a Administração Pública e seus servidores, em razão da natureza administrativa do vínculo.

Na espécie, respaldada em farta jurisprudência tanto do STF como do próprio TST, a SBDI-I, por unanimidade, conheceu dos embargos, e, no mérito, negou-lhes provimento, mantendo a decisão da Terceira Turma, que conhecera da revista por violação do art. 114 da CF e, no mérito, dera-lhe provimento para determinar a remessa dos autos à origem, a fim de providenciar seu envio à Justiça Comum. TST-E--RR-124000-42.2008.5.22.0103, SBDI-I, rel. Min. Brito Pereira, 19.4.2012. (Informativo nº 6)

Conflito negativo de competência. Juízo rescisório. Sentença proferida pela Justiça Comum anteriormente à promulgação da Emenda Constitucional nº 45 de 2004. Julgamento do Conflito de Competência 7.204-1/MG pelo STF. Súmula Vinculante 22 do STF. Incompetência material da Justiça do Trabalho.

Após o julgamento do Conflito de Competência 7.204-1/MG, pelo Supremo Tribunal Federal, consolidou-se o entendimento de que a Justiça do Trabalho detém a competência para julgar causas relativas à indenização por danos morais e materiais decorrentes de acidente de trabalho. Na oportunidade, foram estabelecidos parâmetros para os efeitos da decisão no tocante aos processos em tramitação: o marco temporal da competência da Justiça Trabalhista é o advento da Emenda Constitucional nº 45/2004 e as ações em curso perante a Justiça Comum, com sentença de mérito anterior à promulgação da referida Emenda Constitucional, devem lá permanecer até o trânsito em julgado e o cumprimento de sentença. In casu, a ação foi ajuizada em 28/11/2002, em face de um acidente ocorrido em 13/7/2000, sendo julgada procedente pelo Juízo Cível, com apelo ao TJSC, que, monocraticamente, já sob à égide da EC nº 45/2004, declinou da competência para a Justiça do Trabalho. O processo foi recebido pelo TRT, que, sem submissão à primeira instância, extinguiu-o com resolução de mérito, em virtude de prescrição bienal, decisão esta rescindida, por violação do art. 7º, XXIX, da CF. Nessa esteira, suscitou-se conflito negativo de competência, visto que a sentença de mérito foi prolatada pelo Juízo Cível em 9/4/2004, antes, portanto, da promulgação da EC nº 45/2004, que entrou em vigor em 31/12/2004. À luz da Súmula Vinculante 22 do STF e em respeito ao decidido pelo STF no CC 7.204-1/MG, a competência para o exame da causa originária é da Justiça Comum, porquanto não compete à Justiça do Trabalho processar e julgar as ações de indenização decorrentes de acidente de trabalho, que, antes da promulgação da EC 45/2004, já se encontravam sentenciadas no Juízo Cível. Com esses fundamentos, a SBDI-II decidiu, por unanimidade, conhecer do recurso ordinário e, no mérito, negar--lhe provimento quanto às matérias relativas ao juízo rescindente e, quanto ao juízo rescisório, suscitar conflito negativo de competência, determinando a remessa dos autos ao Excelso STF, para resolução da polêmica, na forma do art. 102, I, "o", da Carta de 1988. TST-RO-96700-68.2009.5.12.0000, SBDI-II, rel. Min. Douglas Alencar Rodrigues, 19/5/2020.(Informativo nº 219)

AR. Incompetência da Justiça do Trabalho. Cancelamento de ato administrativo que constitui crédito tributário.
A SBDI-II, em face do disposto nos arts. 109 e 114 da Constituição Federal, concluiu pela incompetência da Justiça do Trabalho para determinar o cancelamento de ato administrativo que constitui crédito tributário. Registrou, ainda, ser o decurso do prazo para interposição do recurso cabível suficiente para a comprovação do trânsito em julgado, tendo em vista a peculiaridade da sentença rescindenda, que, por meio de decisão interlocutória, pôs fim à relação tributária afeta à União, terceira estranha à lide e autora da ação rescisória. Com esses fundamentos, a Subseção, por unanimidade, negou provimento ao recurso ordinário, mantendo o acórdão do Tribunal a quo, em que se julgou procedente a ação rescisória para desconstituir a decisão rescindenda no tocante à determinação do cancelamento de inscrição em dívida ativa da União. TST-RO-187 - 96.2010.5.05.0000, SBDI-II, rel. Min. Pedro Paulo Manus, 26.6.2012. (Informativo nº 15)

Competência da Justiça do Trabalho. Execução de ofício de contribuição previdenciária. Acordo firmado perante Comissão de Conciliação Prévia.
A Justiça do Trabalho é competente para executar, de ofício, as contribuições previdenciárias referentes ao valor fixado em acordo firmado perante Comissão de Conciliação Prévia, nos termos do art. 114, IX, da CF c/c o art. 43, § 6º, da Lei nº 8.212/91 e os arts. 876 e 877-A da CLT. Com esse entendimento, a SBDI-I, em sua composição plena, vislumbrando divergência jurisprudencial específica, conheceu dos embargos, por maioria, e, no mérito, ainda por maioria, deu-lhes provimento para restabelecer a decisão do Regional. Vencidos, quanto ao conhecimento, os Ministros Lelio Bentes Corrêa e Dora Maria da Costa e, no mérito, a Ministra Maria Cristina Peduzzi. TST-E-RR-40600-80.2009.5.09.0096, SBDI-I, rel. Min. José Roberto Freire Pimenta, 24.5.2012. (Informativo nº 10)

Empregado público admitido antes da Constituição Federal de 1988. Ausência de submissão a concurso público. Lei municipal instituidora de Regime Jurídico Único. Impossibilidade de alteração automática do regime celetista para o estatutário. Art. 37, II, da CF. Violação. Competência material da Justiça do Trabalho.
A existência de lei municipal instituidora de Regime Jurídico Único, de natureza administrativa, por si só, não transmuda automaticamente o vínculo jurídico estabelecido entre as partes, de celetista para estatutário, na hipótese de o empregado, admitido antes do advento da Constituição Federal de 1988, não ter se submetido a concurso público. Entendimento em sentido contrário afronta o disposto no art. 37, II, da CF. Com esses fundamentos, e citando a jurisprudência da Corte e do STF, a SBDI-I, à unanimidade, conheceu dos embargos do reclamado, por divergência jurisprudencial e, no mérito, negou-lhes provimento, mantendo a decisão turmária que conheceu do recurso de revista da reclamante por violação do inciso II do art. 37 da Constituição e, no mérito, deu-lhe provimento para, em razão da permanência da reclamante no regime da CLT, reconhecer a competência material da Justiça do Trabalho para julgar o feito e determinar o retorno dos autos ao Regional a fim de que julgue o recurso ordinário do reclamado como entender de direito. TST-E-RR-300-25.2010.5.13.0001, SBDI-I, rel. Min. João Oreste Dalazen, 28.11.2013 (Informativo nº 68)

Competência da Justiça do Trabalho. Ação civil pública. Caminhoneiro. Ausência de relação de emprego ou de trabalho com a empresa que mantém terminais de carga e descarga. Questões de saúde, segurança e higiene do trabalho. Tutela de direitos trabalhistas coletivos.
Em se tratando de controvérsia envolvendo questões de saúde, segurança e higiene do trabalho, subsiste a competência da Justiça do Trabalho e o interesse de atuação do Ministério Público do Trabalho, ainda que o pedido e a causa de pedir não decorram de contrato de emprego ou de trabalho, mas envolvam a tutela de direitos trabalhistas coletivos de motoristas autônomos (caminhoneiros) que prestam serviço junto a terminais de carga e descargas de grãos mantidos por empresa de logística. Sob esse fundamento, a SBDI-II, por unanimidade, conheceu do recurso ordinário e, no mérito, negou-lhe provimento, mantendo, portanto, a decisão do TRT que julgara improcedente a ação rescisória, fundada em violação do art. 114, I, VI e IX, da CF, por meio da qual se pretendia desconstituir acordão prolatado pela 2ª Vara do Trabalho de Rondonópolis/MT nos autos de ação civil pública. TST-RO-327-27.2013.5.23.0000, SBDI-II, rel. Min. Alberto Luiz Bresciani de Fontan Pereira, 2.8.2016 (Informativo nº 141)

Ação rescisória. Art. 485, II, do CPC de 1973. Competência da Justiça do Trabalho. Aprovação em concurso público. Preterição. Contratação de terceirizados. Fase pré-contratual. Art. 114, I, da CF.

A pretensão de rescisão de julgados com fundamento no art. 485, II, do CPC de 1973 apenas se viabiliza quando a incompetência da Justiça do Trabalho é evidenciada de forma fácil e objetiva. Não é o que ocorre na hipótese em que a lide envolve a legalidade da preterição de advogados aprovados em concurso público e concomitante terceirização de serviços jurídicos por empresa pública. À luz do art. 114, I, da CF, a Justiça do Trabalho é competente para processar e julgar pleitos relacionados a fatos ocorridos antes do nascimento do vínculo, durante ou após a sua cessação, pois a competência se estabelece em razão de o pacto laboral ser causa próxima ou remota do dissenso instaurado. Assim, não afastam a natureza trabalhista da demanda o fato de a fase pré – contratual do certame ser antecedente à efetiva formalização da relação empregatícia e de o concurso público ter natureza administrativa. Sob esse entendimento, a SBDI-II, por unanimidade, conheceu e negou provimento ao recurso ordinário, mantendo, portanto, a decisão do Regional que julgou improcedente o pleito rescisório. TST-RO-206-59.2013.5.10.0000, SBDI-II, rel. Min. Douglas Alencar Rodrigues, 30.8.2016 (Informativo nº 143)

Complementação de aposentadoria. Competência. STF-RE nº 586.453. Sentença prolatada antes de 20.02.2013 que decidiu pela incompetência da Justiça do Trabalho. Ausência de decisão de mérito. Competência da Justiça comum.

O STF, nos autos do processo RE nº 586.453, decidiu que as demandas relativas à complementação de aposentadoria são da competência da Justiça comum, mas determinou que os efeitos dessa decisão, com repercussão geral, fossem modulados a fim de se manter a competência da Justiça do Trabalho nas situações em que já houvesse sido proferida decisão de mérito até a data daquele julgamento (20.2.2013). Assim, tendo em conta que a sentença, mantida pelo TRT, que declarou a incompetência da Justiça do Trabalho para o julgamento de reclamatória relativa a diferenças de complementação de aposentadoria não pode ser considerada decisão de mérito, a SBDI-I, por unanimidade, conheceu dos embargos interpostos pela reclamada, por divergência jurisprudencial, e, no mérito, por maioria, deu-lhes provimento para restabelecer a referida sentença e determinar a remessa dos autos à Justiça comum. Vencidos os Ministros João Oreste Dalazen, Luiz Philippe Vieira de Mello Filho, Delaíde Miranda Arantes e Brito Pereira, os quais negavam provimento aos embargos por entenderem que a decisão da Suprema Corte limitou a competência residual da Justiça do Trabalho aos casos em que houver sentença proferida até 20.2.2013, seja ela de mérito ou não. TST-E-ED-ED-ED-RR-1011-92.2011.5.03.0059, SBDI-I, rel. Min. Renato de Lacerda Paiva, 3.4.2014 (Informativo nº 78)

Complementação de aposentadoria. Diferenças. Ex-empregado da Rede Ferroviária Federal – RFFSA. Sucessão pela União. Incompetência da Justiça do Trabalho.

A Justiça do Trabalho é incompetente para processar e julgar pleitos de diferenças de complementação de aposentadoria de ex-empregado da empresa Trens Urbanos de Porto Alegre S/A – Trensurb, subsidiária da extinta Rede Ferroviária Federal – RFFSA, sucedida pela União. O Supremo Tribunal Federal definiu a competência da justiça comum para o julgamento da matéria, diante da eficácia vinculante no exame da ADI 3.395-MC/DF, que suspendeu toda e qualquer interpretação atribuída ao art. 114, I, da CF, que inclua na competência da Justiça do Trabalho a apreciação de causas instauradas entre o Poder Público e os servidores a ele vinculados por típica relação de caráter estatutário ou jurídico-administrativo. Sob esse fundamento, a SBDI-I, por unanimidade, conheceu dos embargos interpostos pela reclamante, por divergência jurisprudencial, e, no mérito, negou-lhes provimento, mantendo incólume a decisão turmária que concluiu pela incompetência da Justiça do Trabalho para julgar a demanda. TST-E-ED-RR-71 – 58.2013.5.04.0018, SBDI-I, rel. Min. Guilherme Augusto Caputo Bastos, 17.12.2015 (Informativo nº 127)

Ação declaratória. Inexigibilidade de cláusula de norma coletiva de trabalho. Discussão acerca da legitimidade de entidade sindical. Competência funcional da Vara do Trabalho. Na hipótese em que o interesse dos autores não diz respeito à declaração de nulidade de convenção coletiva de trabalho, mas à inaplicabilidade do instrumento coletivo em razão da ilegitimidade do Sindicato do Comércio Varejista de Gêneros Alimentícios da Cidade do Salvador para representar os supermercados e atacados de autosserviço no Estado da Bahia, em face de cisão operada na categoria econômica, compete à Vara do Trabalho, e não ao TRT, processar e julgar ação declaratória de inexigibilidade do cumprimento das obrigações contraídas em convenção coletiva de trabalho. Com esse entendimento, a SDC, por maioria, deu provimento ao recurso ordinário para, declarando a incompetência do TRT da 5ª Região, na forma do art. 795, § 2º, da CLT, decretar a nulidade dos atos processuais e determinar o retorno dos autos à Vara de Trabalho de origem, para que prossiga no exame da lide, como entender de direito. Vencida a Ministra Maria de Assis Calsing, relatora. TST-RO-997-71.2010.5.05.0000, SDC, rel. Ministra Maria de Assis Calsing, red. p/ acórdão Min. Walmir Oliveira da Costa, 11.3.2013 (Informativo nº 39)
Ação de ressarcimento por danos materiais cumulada com obrigação de fazer. Hipótese não prevista no art. 70, I, do RITST. Incompetência funcional da SDC. A SDC não tem competência funcional para o julgamento de ação de ressarcimento por danos materiais, cumulada com obrigação de fazer, ajuizada pelo Sindicato dos Trabalhadores no Combate às Endemias e Saúde Preventiva no Estado do Rio de Janeiro contra a Fundação Nacional de Saúde – Funasa, pois o que se pretende é o pagamento de verbas trabalhistas decorrentes do descumprimento de normas legais e constitucionais, e não o pronunciamento do Poder Judiciário acerca do estabelecimento de normas para regulamentar as condições de trabalho da categoria profissional. Assim, afastando-se o caso concreto de qualquer das hipóteses descritas no art. 70, I, do RITST, e não sendo possível a remessa dos autos ao juízo competente, em razão da aplicação analógica do item II da Orientação Jurisprudencial nº 130 da SBDI-II, a SDC, por unanimidade, extinguiu o processo, sem resolução de mérito, nos termos do art. 113 c/c 267, IV, do CPC. TST-RTOrd-553-37.2014.5.00.0000, SDC, rel. Min. Maurício Godinho Delgado, 8.4.2014 (Informativo nº 79)
Competência da justiça do trabalho. Estado do Piauí. Empregada admitida antes da Constituição de 1988. Transposição automática do regime celetista para o estatutário. Impossibilidade. Ausência de concurso público. A Justiça do Trabalho é competente para examinar pedido de empregado público admitido antes da promulgação da Constituição de 1988, sob regime celetista, e sem concurso público, não obstante a superveniência de legislação estadual que institui regime jurídico único. Na hipótese, consoante entendimento já consagrado pelo Supremo Tribunal Federal no julgamento da ADI 1.150-2, entendeu-se que o fato de o Estado do Piauí instituir regime jurídico único, por meio da Lei Complementar Estadual nº 13, de 3.1.1994, não convola em vínculo estatutário, de forma automática, o contrato trabalhista anterior, sobretudo em decorrência da ausência de concurso público, na forma do art. 37, II, § 2º, da Constituição. Desse modo, tem-se que a reclamante permaneceu na condição de empregada, mesmo após a edição da norma estadual, porque embora estável, nos termos do art. 19 do ADCT, não se submeteu a concurso público. Sob esse fundamento, a SBDI-I, à unanimidade, conheceu dos embargos interpostos pelo reclamado, por divergência jurisprudencial, e, no mérito, por maioria, negou-lhes provimento, vencido os Ministros Luiz Philippe Vieira de Mello Filho, Walmir Oliveira da Costa, José Roberto Freire Pimenta e Hugo Carlos Scheuermann. TST-E-RR-846-13.2010.5.22.0104, SBDI-I, rel. Min. Augusto César Leite e Carvalho, 18.6.2015. (Informativo nº 111)

Honorários advocatícios contratuais. Substituição processual. Lide entre advogados originada após a expedição de alvarás aos substituídos. Retenção em nome do advogado contratado pelo sindicato. Incompetência da justiça do trabalho. A Justiça do Trabalho é incompetente para decidir sobre honorários advocatícios contratuais, decorrentes de contrato de prestação de serviços firmado entre sindicato de classe e advogado para a defesa de direitos da categoria, conforme a Súmula nº 363 do STJ. Assim, disputa por honorários advocatícios contratuais entre o advogado que conduziu o processo por 24 anos e novos advogados que ingressaram no feito após a expedição de alvarás em nome dos substituídos credores preferenciais refoge à competência da Justiça do Trabalho. Sob esses fundamentos, o Órgão Especial do Tribunal Superior do Trabalho, por unanimidade, conheceu do recurso ordinário, e no mérito, negou-lhe provimento. Divergência de fundamentação dos Ministros Ives Gandra Martins Filho e Delaíde Miranda Arantes. TST-RO-157800-13.1991.5.17.0001, OE, rel. Min. Hugo Carlos Scheuermann, 14.09.2015. (Informativo nº 118)
Ação rescisória. Execução fiscal. Multa por infração à legislação trabalhista. Contratação de servidores públicos temporários. Regime estatutário. Incompetência da Justiça do Trabalho. Não compete à Justiça do Trabalho processar e julgar lides em que se discute sanção aplicada por infração à legislação trabalhista a município que mantém vínculo de natureza estatutária com servidores admitidos em caráter temporário. O STF, em decisão proferida na ADI-MC 3.395/DF, definiu que as contratações temporárias realizadas sob a égide inciso IX do art. 37 da CF têm natureza jurídico-administrativa, o que afasta a competência da Justiça do Trabalho. Na espécie, a pretensão rescisória fora proposta pelo Município de Laguna/SC em face de acórdão proferido em sede execução fiscal promovida pela União para a cobrança de multa imposta pela Auditoria do Ministério do Trabalho e Emprego[120] em decorrência do não recolhimento do FGTS dos servidores temporários contratados sob o regime estatutário, mas sem submissão a concurso público. No caso, ressaltou-se que embora as ações relativas às penalidades administrativas impostas pelos órgãos de fiscalização das relações de trabalho sejam da competência da Justiça do Trabalho (art. 114, VII, da CF), qualquer discussão em torno da legalidade das relações entre servidores temporários e o Município de Laguna deve ocorrer na Justiça comum. Com esses fundamentos, a SBDI-II, à unanimidade, conheceu do recurso ordinário interposto pelo Município e, no mérito, deu-lhe provimento para julgar procedente o pedido de rescisão do julgado e desconstituir a sentença, por incompetência da Justiça do Trabalho, declarando, consequentemente, nulos os atos decisórios praticados na ação primitiva, bem como determinar a remessa do feito originário à Vara da Fazenda Pública da Comarca de Laguna/SC. TST-RO-456-38.2013.5.12.0000, SBDI-II, rel. Min. Douglas Alencar Rodrigues, 7.4.2015 (Informativo execução nº 13)
Incompetência da Justiça do Trabalho. Contrato de estágio. Entes da administração pública. As relações de trabalho decorrentes de estágio se inserem na competência da Justiça do Trabalho, exceto quando a contratação envolve entes da administração pública. Incidência, por analogia, do entendimento firmando na ADI nº 3395. Assim, compete à Justiça comum processar e julgar ação civil pública que tem como objeto denúncia contra o Centro de Ensino Integrado Empresa e Escola (CIEE), em face do descumprimento do art. 37 da CF, pois não vem observando os princípios da publicidade e da impessoalidade na execução dos contratos para preenchimento de vagas destinadas a estágio em instituições públicas. Com base nessas premissas, a SBDI-I, por unanimidade, conheceu do recurso de embargos interpostos pelo Ministério Público do Trabalho, por divergência jurisprudencial, e, no mérito, por maioria, negou-lhe provimento. Vencidos os Ministros Lelio Bentes Corrêa, José Roberto Freire Pimenta e Hugo Carlos Scheuermann. TST-E-RR-5500-47.2010.5.13.0022, SBDI-I, rel. Min. Aloysio Corrêa da Veiga, 31.3.2016 (Informativo nº 131)

120. Atualmente consiste na Secretaria Especial de Previdência e Trabalho do Ministério da Economia.

Incompetência da Justiça do Trabalho. Demanda envolvendo a administração pública e servidor. Admissão sem concurso público. Relação jurídico-administrativa. Competência da Justiça comum. A Justiça do Trabalho é incompetente para processar e julgar demanda na qual resultou caracterizada a admissão de servidor, após a Constituição da República de 1988, sem prévia submissão a concurso público. Com efeito, consoante decidido pelo STF, no julgamento do AgReg nº 7.217/MG, cabe à Justiça comum o prévio exame acerca da existência, da validade e da eficácia do vínculo jurídico-administrativo existente entre servidor e Administração Pública, eis que, para o reconhecimento do liame trabalhista, deverá o julgador, anteriormente, averiguar a presença, ou não, de eventual vício a macular a relação administrativa. Sob esse fundamento, a SBDI-I, por maioria, conheceu dos embargos interpostos pela reclamante, por divergência jurisprudencial, e, no mérito, negou-lhes provimento. Vencidos os Ministros João Oreste Dalazen, Brito Pereira, Márcio Eurico Vitral Amaro, Alexandre de Souza Agra Belmonte e Cláudio Mascarenhas Brandão, que davam provimento aos embargos para, reformulando a decisão recorrida, reconhecer a competência da Justiça do Trabalho para processar e julgar a lide. TST-E-ED-RR-629-39.2011.5.22.0102, SBDII, rel. Min. Renato de Lacerda Paiva, 31.3.2016 (Informativo nº 131)
Incompetência da Justiça do Trabalho. Mandado de segurança. Ato do Superintendente Regional do Trabalho. Seguro-desemprego. Não concessão. Matéria de natureza administrativa. A Justiça do Trabalho é incompetente para processar e julgar mandado de segurança contra ato do Superintendente Regional do Trabalho que obstou a concessão de seguro-desemprego. No caso, a pretensão ao pagamento de parcelas do benefício em questão tem natureza administrativa, pois não decorre de vínculo de emprego com o Estado, nem se caracteriza como obrigação atribuída ao empregador. Assim, não se trata de matéria sujeita à jurisdição da Justiça do Trabalho, nos termos do art. 114, IV, da CF. Sob esse fundamento, a SBDI-I, por unanimidade, conheceu dos embargos, por divergência jurisprudencial, e, no mérito, deu-lhes provimento para declarar a incompetência absoluta da Justiça do Trabalho para apreciar o mandado de segurança e, com fundamento no art. 64, § 4º, do CPC de 2015, anular todos os atos decisórios praticados até então e determinar a remessa dos autos a uma das Varas da Justiça Federal - Seção Judiciária de São Paulo. TST-E-RR - 144740-36.2008.5.02.0084, SBDI-I, rel. Min. João Oreste Dalazen, 5.5.2016 (Informativo nº 135)
Incompetência da Justiça do Trabalho. Ação civil pública. Reajuste dos honorários repassados pelas operadoras de plano de saúde aos médicos credenciados. Relação de trabalho não configurada. A Justiça do Trabalho é incompetente para processar e julgar ação civil pública na qual se postula o reajuste dos honorários repassados pelas operadoras de plano de saúde aos médicos credenciados, pois a relação entre eles não possui natureza trabalhista. As operadoras de plano de saúde, ligadas à chamada autogestão, atuam como intermediadoras entre os interesses dos usuários e dos prestadores de serviço, ao passo que os médicos credenciados não prestam serviço diretamente às operadoras, mas aos beneficiários/usuários, não havendo falar, portanto, em relação de trabalho nos moldes do art. 114, I, da CF. Sob esses fundamentos, a SBDI-I, por unanimidade, não conheceu do recurso de embargos da Conab, mas conheceu dos recursos de embargos interpostos pela Cassi, Geap, Petrobras e Embratel, e, no mérito, deu-lhes provimento para restabelecer o acórdão do Regional que manteve a sentença que julgou extinto o processo, sem resolução de mérito, por incompetência da Justiça do Trabalho para apreciar o pedido de correção de honorários médicos de profissionais vinculados às gestoras de plano de saúde. TST-E-ED-RR-1485-76.2010.5.09.0012, SBDI-I, rel. Min. Guilherme Augusto Caputo Bastos, 30.6.2016 (Informativo nº 140)

Competência da Justiça do Trabalho. Ação civil pública. Contratação temporária por ente público. Termo de Ajustamento de Conduta. Execução. Nos termos do art. 876 da CLT, a Justiça do Trabalho é competente para a execução de multa, em razão do inadimplemento, por ente público, de obrigação prevista em Termo de Ajustamento de Conduta (TAC) firmado perante o Ministério Público do Trabalho. No caso, o Município de Votuporanga/SP descumpriu o compromisso de contratar por tempo determinado somente para atender a necessidade temporária de excepcional interesse público, mediante prévia aprovação em processo seletivo. Segundo a jurisprudência do STF, a execução de TAC não se confunde com o decidido na ADI 3395-MC, que afastou a competência da Justiça do Trabalho para processar e julgar causas instauradas entre o Poder Público e o servidor vinculado a ele por relação jurídicoadministrativa. Assim, a SBDI-I, por unanimidade, conheceu dos embargos, por divergência jurisprudencial, e, no mérito, por maioria, deu-lhes provimento para determinar o retorno dos autos ao TRT de origem para que, superada a arguição de incompetência, julgue os agravos de petição das partes como entender de direito. Vencidos os Ministros Aloysio Corrêa da Veiga, relator, Breno Medeiros, Alexandre Luiz Ramos, Renato de Lacerda Paiva e Brito Pereira. TST-E-ED-RR-1156- 17.2011.5.15.0027, rel. Min. Aloysio Corrêa da Veiga, red. p/ acórdão Min. Augusto César Leite de Carvalho, 5.9.2019 (Informativo nº 204)
Ação rescisória ajuizada sob a égide do CPC de 1973. Incompetência material da Justiça do Trabalho. Relação jurídica existente entre Município e professores públicos municipais. Controvérsia sobre a natureza da relação jurídica. Competência da Justiça Comum. Causa de rescindibilidade configurada. Art. 485, II, do CPC de 1973. A Justiça do Trabalho é incompetente para apreciar controvérsia sobre a natureza da relação jurídica existente entre Município e servidores públicos, ainda que se vislumbrem elementos capazes de inferir que os servidores não estariam submetidos ao regime estatutário. No caso, extrai-se do acórdão rescindendo a existência de controvérsia acerca da natureza da relação jurídica estabelecida entre o Município de Mascote e seus professores municipais. Conforme entendimento pacificado pelo STF, compete à Justiça Comum analisar, preliminarmente, eventual desvirtuamento da relação jurídica invocada pelo ente público. Resta, portanto, caracterizada a hipótese de rescindibilidade prevista no inciso II do art. 485 do CPC de 1973. Sob esse fundamento, a SBDI-II, por unanimidade, conheceu do Recurso Ordinário e, no mérito, deu-lhe provimento para desconstituir o acórdão proferido pelo TRT no julgamento do Recurso Ordinário, e, em juízo rescisório, declarou a incompetência da Justiça do Trabalho para julgar a reclamação trabalhista originária, determinando a remessa dos autos do processo matriz à Justiça Comum. TST- RO-457-47.2015.5.05.0000, SBDIII, rel. Min. Luiz José Dezena da Silva, julgado em 12/5/2020 (Informativo nº 218)
Ação civil pública. Município. Implementação de políticas públicas para prevenção e erradicação do trabalho infantil. Omissão do administrador público. Competência material da Justiça do Trabalho. A Justiça do Trabalho é competente para apreciar e julgar ação civil pública objetivando que o município implemente políticas públicas constitucionalmente previstas para prevenir e erradicar o trabalho infantil. Prevaleceu o entendimento de que a competência inscrita no art. 114 da Constituição da República não se limita aos casos de relação de emprego existente, abrangendo, também, o exame de questões relativas ao direito subjetivo das crianças ao não trabalho, tutela ora pretendida pelo Ministério Público do Trabalho. Destacou-se, ainda, que as omissões inconstitucionais do administrador público inserem-se na função típica do Poder Judiciário, que poderá intervir na implantação de políticas públicas direcionadas à concretização de direitos fundamentais. Sob esses fundamentos, a SBDI-I, por unanimidade, conheceu dos embargos por divergência jurisprudencial e, no mérito, por maioria, deu-lhes parcial provimento para afastar a declaração de incompetência da Justiça do Trabalho apenas quanto aos pedidos relativos à elaboração e

implementação de políticas públicas pelo Município de Campo Largo para combate e erradicação do trabalho infantil, mantida a declaração de incompetência quanto aos pedidos relativos à elaboração e implementação de políticas públicas para educação e profissionalização de crianças e adolescentes. Vencidos, totalmente, os Ministros Maria Cristina Irigoyen Peduzzi, relatora, Márcio Eurico Vitral Amaro, Walmir Oliveira da Costa, Alexandre Luiz Ramos e João Batista Brito Pereira, que negavam provimento aos embargos, e, parcialmente, o Ministro Lelio Bentes Corrêa, que dava total provimento ao recurso. TST-E-RR-44-64.2013.5.09.0009, SBDI-I, red. p/ acórdão Min. Alberto Luiz Bresciani de Fontan Pereira, 6/8/2020. (Informativo nº 222)
Empregado aposentado. Reajuste de mensalidade de plano de saúde. Benefício decorrente da relação de emprego. Competência da Justiça do Trabalho. Conforme preceitua o art. 114, IX, da CF, a Justiça do Trabalho é competente para processar e julgar ação que verse sobre reajuste de mensalidade de plano de saúde de empregado aposentado, na hipótese em que o benefício teve origem na relação de emprego. Sob esse fundamento, a SBDI-I, por unanimidade, conheceu do recurso de embargos, por divergência jurisprudencial, e, no mérito, deu-lhe provimento para restabelecer a sentença quanto à competência da Justiça do Trabalho e determinar o retorno dos autos ao Tribunal de origem para que prossiga no exame dos recursos ordinários dos reclamados como entender de direito. TST- E-ED-RR-10583-96.2015.5.03.0038, SBDI-I, rel. Min. Hugo Carlos Scheuermann, 21.9.2017 (Informativo nº 165)
Mandado de segurança. Licença para o exercício de comércio ambulante em local público municipal administrado por concessionária de rodovia estadual. Incompetência absoluta da Justiça do Trabalho. Declaração de ofício. A controvérsia em torno do direito de uso do espaço público municipal localizado em rodovia estadual administrada por concessionária, para o exercício de comércio ambulante, foge à competência da Justiça do Trabalho, especialmente na hipótese em que a insurgência é dirigida contra atos do Município, que negou a licença para o comércio, e da concessionária, que teria colocado pedras do local onde a atividade vinha se desenvolvendo, e não contra o empregador ou o tomador dos serviços. Sob esses fundamentos, a SBDI-II, por unanimidade, negou provimento ao recurso ordinário e, de ofício, declarou a incompetência absoluta da Justiça do Trabalho para o exame da pretensão mandamental, determinando o retorno dos autos à Corte de origem, a fim de que seja providenciada a remessa do feito ao setor de distribuição das Varas do Tribunal de Justiça de São Paulo em Cubatão/SP, na forma do art. 12, § 2º, da Lei nº 11.419/2006 c/c art. 64, § 3º, do CPC de 2015. TST-RO-1000407-85.2015.5.02.0000, SBDI-II, rel. Min. Douglas Alencar Rodrigues, 20.9.2016 (Informativo nº 145)
Habeas corpus. Cabimento. Jogador de futebol. Livre exercício da profissão. A SBDI-II, por maioria, conheceu de agravo regimental e, no mérito, negou-lhe provimento, mantendo, portanto, decisão monocrática que, em sede de habeas corpus, concedeu pedido liminar para autorizar jogador de futebol a exercer livremente sua profissão, participando de jogos e treinamentos em qualquer localidade e para qualquer empregador, conforme sua livre escolha. Na espécie, ressaltou-se que não há falar em não cabimento do habeas corpus, pois, na Justiça do Trabalho, a referida ação constitucional não se restringe à proteção do direito à locomoção, mas abrange a defesa da autonomia da vontade contra ilegalidade ou abuso de poder perpetrado tanto pela autoridade judiciária quanto pelas partes da relação de trabalho. Ademais, no caso em tela restou demonstrada a presença da fumaça do bom direito e do perigo da demora, pois o paciente encontra-se impedido de exercer a função de jogador de futebol no clube que lhe interessa, e a manutenção do vínculo com o empregador atual, por tempo indeterminado, ofende o direito de livre exercício da profissão. De outra sorte, o debate travado nos autos reclama medida urgente, pois envolve atleta que, em razão da idade, encontra-se em fim de carreira. Vencidos os Ministros Douglas Alencar Rodrigues e Renato de Lacerda Paiva. TST-AgR-HC-5451-88.2017.5.00.0000, SBDI-II, rel. Min. Delaíde Miranda Arantes, 8.8.2017 (Informativo nº 162)

Habeas corpus. Não cabimento. Atleta profissional de futebol. Liberação para exercício de atividade esportiva em agremiação diversa. Ausência de restrição ao direito primário de liberdade de locomoção.

Conforme vem se posicionando o STF e o STJ, o *habeas corpus* tem cabimento restrito à defesa da liberdade de locomoção primária (direito de ir, de vir ou de permanecer), ou seja, é meio de proteção a direitos que tenham como condição necessária para o seu exercício a liberdade física. Assim, é incabível *habeas corpus* para discutir cláusula contratual envolvendo atleta profissional de futebol, com pedido de transferência imediata para outra agremiação desportiva e de rescisão indireta do contrato de trabalho. No caso, a liberdade de locomoção é afetada apenas de forma secundária, como reflexo da liberdade de exercício de profissão ou de trabalho, tutelada por outro meio admitido em Direito. Sob esses fundamentos, a SBDI-II, em sua composição plena, por maioria, não admitiu o *habeas corpus*, extinguindo o processo sem resolução de mérito, na forma do artigo 485, IV, do CPC de 2015. Vencidos os Ministros Alexandre de Souza Agra Belmonte, Delaíde Miranda Arantes e Maria Helena Mallmann, que admitiam o *habeas corpus* ao fundamento de que é a medida adequada para combater a restrição à liberdade de locomoção advinda da impossibilidade de o atleta transferir-se para outra agremiação, não obstante haja mora contumaz do clube empregador a autorizar o rompimento do contrato (art. 31 da Lei Pelé), e em razão de o valor da cláusula compensatória de transferência ser exorbitante. TST-HC-1000678-46.2018.5.00.0000, SBDI-II, rel. Min. Alexandre Luiz Ramos, 13.11.2018 (Informativo nº 187).

Habeas corpus. Não cabimento. Liminar deferida em mandado de segurança interposto pela exempregadora. Cláusula de não concorrência. Ausência de restrição ao direito de liberdade de locomoção.

Conforme diversos julgados do STF e do STJ, o objeto de tutela do habeas corpus é a defesa do direito físico de ir e vir. Assim, é incabível habeas corpus para discutir interpretação do conteúdo de cláusula contratual para se extrair a garantia de exercício profissional. No caso, concedeu-se liminar no âmbito do Regional para que o trabalhador se abstenha de prestar serviços a empresas concorrentes e, portanto, cumpra o disposto em cláusula de não concorrência prevista em aditivo ao contrato de trabalho. Assim, o trabalhador não está cerceado na sua liberdade de locomoção. Ele se impôs, em razão das suas condições subjetivas, um dever de abstenção, sendo compensado por isso. A discussão está em estrita consonância com o devido processo legal perante as instâncias da Justiça do Trabalho. Portanto, a só delonga no julgamento do agravo interno não representa elemento suficiente para justificar o cabimento do habeas corpus. Sob esses fundamentos, a SBDIII, por maioria, entendeu incabível o habeas corpus, extinguindo o processo sem resolução de mérito e afastada a liminar deferida Ministra Maria Helena Mallmann. Vencidos os Ministros Maria Helena Mallmann, relatora, Alexandre de Souza Agra Belmonte e Delaíde Miranda Arantes. TSTHCCiv-1000288-08.2020.5.00.0000, SBDI-II, rel. Min. Maria Helena Mallmann, red. p/ acórdão Min. Douglas Alencar Rodrigues, 9/6/2020. (Informativo nº 220)

Habeas corpus. Cabimento. Retenção de passaporte do executado. Violação ao direito de locomoção.

É cabível a impetração de habeas corpus contra decisão que determinou retenção de passaporte, por se tratar de ato que viola diretamente o direito de locomoção. No caso, o magistrado de primeiro grau, em fase de execução de reclamação trabalhista, determinou a retenção da CNH e do passaporte dos sócios da empresa executada após frustradas outras medidas executórias. Tal ato ensejou a impetração de habeas corpus, que foi indeferido pela corte de origem, ao fundamento de que o remédio processual seria incabível na hipótese. Nesse contexto, a SBDI-II, por maioria, deu parcial provimento ao recurso ordinário interposto pelo paciente para reconhecer o cabimento do habeas corpus somente quanto à retenção do passaporte, mantendo o indeferimento da petição inicial quanto à retenção da CNH. No mérito, concedeu a ordem de habeas corpus para desconstituir a medida executiva consistente na apreensão do passaporte do paciente e determinou a sua devolução. Vencidos os Ministros Evandro Pereira Valadão Lopes, Renato de Lacerda Paiva, Douglas Alencar Rodrigues e Luiz José Dezena da Silva. TST-RO-8790-04.2018.5.15.0000, SBDIII, rel. Min. Evandro Pereira Valadão Lopes, red. p/ acórdão Min. Luiz Philippe Vieira de Mello Filho, 18/8/2020. (Informativo nº 223)

Incompetência da Justiça do Trabalho. Admissão sem concurso público após a Constituição de 1988. Lei do respectivo ente público estabelecendo o regime estatutário.

A competência para processar e julgar ação movida por servidor público contratado na vigência da Constituição de 1988, sem prévia aprovação em concurso público, depende da natureza do regime jurídico adotado pelo ente público para seus servidores. Se de natureza administrativa ou estatutária, a competência é da Justiça comum. De outra sorte, se o vínculo for regido pelas disposições da CLT, a competência é da Justiça do Trabalho. Sob esse entendimento, a SBDI-I, por unanimidade, conheceu dos embargos do Município de Boa Vista do Tupim/BA, e, no mérito, por maioria, deu-lhes provimento para declarar a incompetência da Justiça do Trabalho para processar e julgar a lide, determinando a remessa dos autos à Justiça comum, nos termos do art. 64, § 3º, do CPC de 2015, visto que registrado na decisão embargada que o regime jurídico adotado pelo Município é o estatutário. Vencidos os Ministros Cláudio Mascarenhas Brandão, relator, e José Roberto Freire Pimenta. TST-E-ED-RR-1114-36.2013.5.05.0201, SBDI-I, rel. Min. Cláudio Mascarenhas Brandão, red. p/ acórdão Min. Márcio Eurico Vitral Amaro, 12.4.2018 (Informativo nº 176).

Ação rescisória. Advogado. Prestador de serviço autônomo. Relação de emprego não configurada. Manifesta incompetência da Justiça do Trabalho. Art. 114 da CF. Art. 485, II, do CPC de 1973.

A SBDI-II, por unanimidade, admitiu a ação rescisória, e, no mérito, julgou-a procedente para rescindir acórdão proferido pela 1ª Turma do TST, declarar a incompetência absoluta da Justiça do Trabalho para processar e julgar causa em que se discute situações advindas de contrato de prestação de serviços advocatícios, e, ante a anulação de todo o feito, determinar a remessa dos autos à Justiça comum para que aprecie, inclusive, o pedido de indenização por danos morais. No caso concreto, não obstante a turma tenha aplicado a Súmula nº 126 do TST, a decisão rescindenda evidenciou os fatos que levaram o TRT de origem a concluir que não houve relação de emprego entre as empresas autoras e o advogado contratado, pois consignada a atuação do causídico como prestador de serviço autônomo, com alto padrão remuneratório e sem qualquer subordinação jurídica ou a presença dos demais requisitos dos arts. 2º e 3º da CLT. Assim, ante a patente natureza civil do vínculo estabelecido entre as partes, revela-se manifesta a incompetência absoluta da Justiça do Trabalho, nos moldes do art. 114 da CF e do art. 485, II, do CPC de 1973, cabendo à Justiça comum apreciar e dirimir o feito. TST-AR-11702-25.2017.5.00.0000, SBDI-II, rel. Min. Alexandre Agra Belmonte, 16.10.2018 (Informativo nº 185).

Ação rescisória. Art. 485, II, do CPC de 1973. Contrato de parceria rural. Incompetência da Justiça do Trabalho.

A Justiça do Trabalho é manifestamente incompetente para julgar pedido de indenização por perdas e danos decorrentes da rescisão de contrato de parceria rural, em que ajustado o fornecimento de animais, alimentos e medicamentos pela empresa contratante, cabendo aos contratados responsabilizarem-se pela criação e engorda de aves, sendo remunerados de acordo com os resultados alcançados. Tal modalidade contratual possui características societárias, que a distância da relação de trabalho, a qual exige, por exemplo, a obrigação de remunerar o empregado, independentemente de haver lucros. Sob esse entendimento, a SBDI-II, por unanimidade, deu provimento ao recurso ordinário para desconstituir o acórdão do Tribunal Regional, em razão da incompetência absoluta da Justiça do Trabalho (art. 485, II, do CPC de 1973), anulando todos os atos decisórios e determinando o envio dos autos à Justiça comum. TST-RO-7648- 78.2012.5.04.0000, SBDI-I, rel. Min. Douglas Alencar Rodrigues. 30.10.2018 (Informativo nº 186).

Ação civil pública. Adequação do meio ambiente do trabalho. Servidores estaduais estatutários. Competência da Justiça do Trabalho. Súmula nº 736 do STF.

Conforme entendimento consagrado pelo Supremo Tribunal Federal nos autos do processo STF-Rcl 3303/PI, a restrição da competência da Justiça do Trabalho para julgar as causas de interesse de

servidores públicos, resultante do decidido na ADI 3395/DF-MC, não alcança as ações civis públicas propostas pelo Ministério Público do Trabalho cuja causa de pedir seja o descumprimento de normas de segurança, saúde e higiene dos trabalhadores. No caso, aplica-se a Súmula nº 736 do STF, pois a ação se volta à tutela da higidez do local de trabalho e não do indivíduo em si, de modo que é irrelevante o tipo de vínculo jurídico existente entre os servidores e o ente público. Sob esse fundamento, a SBDI-I, por unanimidade, conheceu dos embargos, por divergência jurisprudencial, e, no mérito, deu-lhes provimento para declarar a competência da Justiça do Trabalho, decretar a nulidade dos atos decisórios e determinar o retorno dos autos à Vara do Trabalho de origem, a fim de que prossiga no julgamento como entender de direito. TST-E-ED-RR-60000-40.2009.5.09.0659, SBDI-I, rel. Min. Walmir Oliveira da Costa, 22.11.2018 (Informativo nº 188).
Dissídio coletivo de greve. Abusividade do movimento paredista. Servidores celetistas de autarquia estadual. Incompetência da Justiça do Trabalho. Conforme decidido pelo STF, em sede de repercussão geral, "a Justiça Comum Federal ou Estadual é competente para julgar a abusividade de greve de servidores públicos celetistas da administração direta, autarquias e fundações de direito público" (Tema 544 – RE nº 846854/SP). Assim, a Justiça do Trabalho é incompetente para apreciar dissídio coletivo de greve em que se discute a abusividade do movimento paredista deflagrado por servidores celetistas do Hospital das Clínicas da Faculdade de Medicina de Ribeirão Preto da Universidade de São Paulo, autarquia estadual. No caso, registrou-se que, embora a decisão recorrida seja anterior à publicação do acórdão da repercussão geral, a tese fixada é aplicável ex tunc porque não houve modulação dos efeitos. Sob esses fundamentos, a SDC, por maioria, acolheu a preliminar de incompetência absoluta da Justiça do Trabalho e determinou a remessa dos autos à Justiça Comum Estadual. Vencidos os Ministros Mauricio Godinho Delgado e Lelio Bentes Corrêa. TST-ReeNec e RO-6371- 79.2016.5.15.0000, SDC, rel. Min. Ives Gandra da Silva Martins Filho, 12.8.2019 (Informativo nº 202).
Mandado de segurança. Decisão contra ato de juiz do trabalho que exorbita de sua competência e decide matéria alheia à sua jurisdição. Competência da Justiça Trabalhista. É competente a Justiça do Trabalho para julgar mandado de segurança contra ato de juiz do trabalho que exorbita de sua competência e decide matéria alheia à sua jurisdição. Na espécie, a decisão do juiz do trabalho sobre a incidência do imposto de transmissão de bens imóveis (ITBI) em arrematação judicial exorbitou de sua competência. A matéria impugnada, portanto, é o desrespeito aos limites da jurisdição especializada, e não o mérito da relação jurídico-tributária em questão. Sob esses fundamentos, a SBDI-II, à unanimidade, conheceu do recurso ordinário interposto contra acórdão proferido pelo Tribunal Regional do Trabalho e, no mérito, deu-lhe provimento para declarar a competência da Justiça do Trabalho para o processamento do presente mandamus e determinou o retorno dos autos ao TRT de origem para que prossiga no julgamento do mandado de segurança como entender de direito. TST-RO-1001657-22.2016.5.02.0000, SBDI-II, rel. Min. Maria Helena Mallmann, 18/8/2020. (Informativo nº 223)
Competência territorial
Exceção de incompetência em razão do lugar. Ajuizamento de reclamação trabalhista no foro do domicílio do empregado. Aplicação ampliativa do § 3º do art. 651 da CLT. Impossibilidade. Não demonstração de que a empresa demandada presta serviços em diferentes localidades do país. Em observância ao princípio constitucional do amplo acesso à jurisdição (art. 5º, XXXV, da CF), é possível o ajuizamento de demanda trabalhista no foro do domicílio do empregado, desde que seja mais favorável que a regra do art. 651 da CLT e que fique demonstrado que a empresa reclamada regularmente presta serviços em diversas localidades do território nacional. No caso, o reclamante foi contratado e prestou serviços na cidade de Brusque/SC, local diverso do seu atual

domicílio, Pelotas/RS, onde ajuizou a reclamatória. Contudo, não há notícia nos autos de que a empresa demandada preste serviços em diferentes localidades do país, razão pela qual não há cogitar em aplicação ampliativa do § 3º do art. 651 da CLT, prevalecendo, portanto, a regra geral que estabelece a competência da vara do trabalho do local da prestação dos serviços. Com esse entendimento, a SBDI-I, por unanimidade, conheceu dos embargos interpostos pelo reclamante, por divergência jurisprudencial, e, no mérito, por maioria, negou-lhes provimento. Vencidos os Ministros José Roberto Freire Pimenta, Lelio Bentes Corrêa, Hugo Carlos Scheuermann e Cláudio Mascarenhas Brandão. TST-E-RR-420-37.2012.5.04.0102, SBDI-I, rel. Min. Renato de Lacerda Paiva, 19.2.2015 (Informativo nº 100)

Competência territorial. Dissídio individual típico. Critérios objetivos de fixação. Art. 651 da CLT. Domicílio do empregado.

A Vara do Trabalho do domicílio do empregado, quando não coincidente com a localidade da celebração do contrato ou da prestação dos serviços, normalmente não é competente para o julgamento de dissídio individual típico resultante do contrato de emprego. A determinação da competência territorial, em regra, define-se pelo local da prestação dos serviços do empregado, seja ele reclamante ou reclamado (art. 651, caput, da CLT). Cuida-se de norma de cunho protecionista e ditada pela observância do princípio constitucional da acessibilidade (art. 5º, XXXV). Excepcionalmente, nos termos do art. 651, § 3º, da CLT, toma-se em conta o juízo da localidade da contratação do empregado. Sob esse entendimento, a SBDI-1, por unanimidade, conheceu dos embargos, por divergência jurisprudencial e, no mérito, pelo voto prevalente da Presidência, negou lhes provimento. Vencidos, totalmente, os Ministros Walmir Oliveira da Costa e Hugo Carlos Scheuermann e, parcialmente, os Ministros Renato de Lacerda Paiva, Aloysio Corrêa da Veiga, Guilherme Augusto Caputo Bastos, Augusto César Leite de Carvalho e Cláudio Mascarenhas Brandão, que divergiam quanto à fundamentação. TST – E-RR 775-66.2013.5.07.0025, SBDI-I, rel. Min. João Oreste Dalazen, 29.10.2015 (Informativo nº 121)

Conflito de competência. Competência territorial. Ajuizamento de reclamação trabalhista no foro do domicílio do reclamante. Local diverso da contratação e da prestação de serviços. Empresa de âmbito nacional. Possibilidade.

Admite-se o ajuizamento da reclamação trabalhista no domicílio do reclamante quando a reclamada for empresa de grande porte e prestar serviços em âmbito nacional. Trata-se de interpretação ampliativa do art. 651, caput e § 3º da CLT, em observância ao princípio constitucional do amplo acesso à jurisdição e ao princípio protetivo do trabalhador. No caso, a ação fora ajuizada em Ipiaú/BA, domicílio do reclamante, embora a contratação e a prestação de serviços tenham ocorrido em Porto Velho/RO.

Sob esses fundamentos, a SBDI-II, por maioria, acolheu o conflito negativo de competência e declarou competente para processar e julgar a ação a Vara de Ipiaú/BA, domicílio do reclamante. Vencidos os Ministros Alberto Luiz Bresciani de Fontan Pereira, relator, Emmanoel Pereira e Ives Gandra da Silva Martins Filho. TST-CC-54-74.2016.5.14.0006, SBDI-II, rel. Min. Alberto Luiz Bresciani de Fontan Pereira, red. p/ acórdão Min. Luiz Philippe Vieira de Mello Filho, 27.9.2016 (Informativo nº 146)

Competência territorial. Domicílio do reclamante. Possibilidade. Coincidência com o local da contratação ou da prestação de serviços. Empresa de atuação nacional. Aplicação ampliativa do art. 651, § 3º, da CLT.

Admite-se o ajuizamento de reclamação trabalhista no foro de domicílio do empregado apenas quando a contratação ou a arregimentação tenha ocorrido naquela localidade e a empresa contra te e preste serviços em diferentes partes do território brasileiro, ou seja, possua atuação nacional. Trata-se de aplicação ampliativa do art. 651, § 3º, da CLT que não é possível ocorrer quando se alega tão somente a hipossuficiência econômica do trabalhador e a garantia de acesso à justiça. Sob esses argumentos, a SBDI-I, por unanimidade, conheceu dos embargos, por divergência jurisprudencial, e, no mérito, por maioria, deu-lhes provimento para, restabelecendo o acórdão do Regional, reconhecer a incompetência da Vara do Trabalho de Estância/SE – domicílio do reclamante – e declarar a competência de uma das Varas do Trabalho de Itabuna/BA – local da contratação e da prestação dos serviços – para processar e julgar a reclamação trabalhista. Vencidos os Ministros José Roberto Freire Pimenta e Brito Pereira. TST-E-RR-73-36.2012.5.20.0012, SBDI-I, rel. Min. Cláudio Mascarenhas Brandão, 30.3.2017 (Informativo nº 156)

Competência territorial. Domicílio do reclamante. Possibilidade. Desnecessidade de coincidir com o local da prestação de serviços ou com o da contratação ou arregimentação. Empresa de atuação nacional. Aplicação ampliativa do art. 651, caput e § 3º, da CLT.

É possível reconhecer a competência territorial do foro do domicílio do reclamante quando a empresa contratante tiver atuação em âmbito nacional, não havendo necessidade de coincidir o domicílio do empregado com o local da prestação de serviço ou com o da contratação ou arregimentação. Trata-se de interpretação ampliativa dos critérios objetivos do art. 651, caput, e § 3º, da CLT, de modo a garantir o acesso amplo à Justiça sem prejuízo do direito de defesa. No caso, restou consignado que a contratação do reclamante pela Petrobras, empresa notoriamente de atuação nacional, se deu em Salvador/BA, com prestação de serviços no Estado da Bahia e em Macaé/RJ, mas a ação foi ajuizada no domicílio do empregado, em Aracaju/SE, onde também se localiza uma das sedes da empresa reclamada. Sob esse entendimento, a SBDI-I, por unanimidade, conheceu dos embargos, por divergência jurisprudencial, e, no mérito, por maioria, negou-lhes provimento. Vencidos os Ministros Márcio Eurico Vitral Amaro, relator, Walmir Oliveira da Costa e Alexandre Luiz Ramos. TST-E-ED-RR-278-87.2015.5.20.0003, SBDI-I, rel. Min. Márcio Eurico Vitral Amaro, red. p/ acórdão Min. Breno Medeiros, 6.6.2019 (Cf. Informativos TST nºs 146, 156) (Informativo nº 198)

Acidente de trabalho. Falecimento do empregado. Ação movida por viúva e filhos menores. Pretensão deduzida em nome próprio. Competência territorial. Local do domicílio dos reclamantes. Ausência de disciplina legal específica na CLT. Aplicação analógica do disposto no art. 147, I, do ECA.

Na hipótese de julgamento de dissídio individual movido por viúva e filhos menores de ex-empregado falecido em decorrência de acidente de trabalho, na defesa de direito próprio, admite-se excepcionalmente a fixação da competência territorial pelo foro do local do domicílio dos reclamantes. Aplicação analógica do disposto no art. 147, I, do Estatuto da Criança e do Adolescente (ECA), diante da ausência de disciplina legal específica na CLT. No caso, ressaltou-se que por se tratar de situação excepcional, a qual refoge à regra do caput do art. 651 e parágrafos, da CLT – em que a competência territorial define-se pelo local da prestação dos serviços do empregado, e, excepcionalmente, pela localidade da contratação –, cumpre ao órgão jurisdicional colmatar a lacuna mediante a aplicação de norma compatível com o princípio da acessibilidade. Sob esse entendimento, a SBDI-I, por unanimidade, conheceu dos embargos, por divergência jurisprudencial e, no mérito, por maioria, deu-lhes provimento para reconhecer a competência da Vara do Trabalho de Manaus, local do domicílio dos reclamantes. Vencidos os Ministros Aloysio Corrêa da Veiga, relator, Guilherme Augusto Caputo Bastos e Márcio Eurico Vitral Amaro. TST-ERR-86700-15.2009.5.11.0007, SBDI-I, rel. Min. Aloysio Corrêa da Veiga, red. p/ acórdão Min. João Oreste Dalazen, 12.11.2015. (Informativo nº 123)

Conflito de competência. Ação proposta no domicílio do advogado. Incompetência. Remessa ao juízo do local da prestação dos serviços. Prejuízo à defesa do autor. Competência da Vara do Trabalho que tem jurisdição sob o local da contratação.

Para a fixação da competência territorial devem prevalecer os critérios objetivos estabelecidos no art. 651, caput e § 3º, da CLT, admitindo-se o ajuizamento da reclamação trabalhista no domicílio do reclamante apenas se este coincidir com o local da prestação dos serviços ou da contratação. Assim, na hipótese em que o autor foi contratado na cidade de Alvorada do Norte/GO, e posteriormente transferido para Porto Velho/RO, local da extinção do pacto laboral, não atende ao comando legal o ajuizamento da reclamação em Brasília/DF, domicílio do advogado que patrocina a reclamação. De outra sorte, o declínio da competência em favor de uma das varas do trabalho de Porto Velho/RO também não se mostra adequado, eis que impediria a defesa dos direitos do autor, domiciliado no Estado de Goiás. Sob esses fundamentos, a SBDI-II, por unanimidade, admitiu conflito negativo de competência instaurado entre a 6ª Vara do Trabalho de Porto Velho/RO (suscitante) e a 18ª Vara do Trabalho de Brasília/DF (suscitado) para declarar a competência do Juízo da Vara do Trabalho de Posse/GO, que tem jurisdição sob a cidade de Alvorada do Norte/GO, local da contratação e domicílio do reclamante. TST-CC-1-64.2014.5.14.0006, SBDI-II, rel. Min Douglas Alencar Rodrigues, 12.4.2016 (Informativo nº 132)

Conflito de competência. Competência em razão do lugar. Músico componente de banda. Prestação de serviços em diversas localidades, mas de forma transitória. Não enquadramento na exceção prevista no art. 651, § 3º, da CLT. Competência do local da contratação.

A SBDI-II, por unanimidade, acolheu conflito de competência para declarar que compete a uma das Varas do Trabalho de São Paulo/SP, local da contratação, processar e julgar reclamação em que baixista pretende o reconhecimento de vínculo de emprego com conjunto musical que realizava turnê em várias regiões do país. Na espécie, restou consignado que embora o reclamante resida em Florianópolis/SC e a sede da banda seja em Juiz de Fora/MG (local do ajuizamento da ação), a reunião dos músicos para a formação da trupe ocorreu na cidade de São Paulo/SP, domicílio do reclamante à época. Ressaltou-se, ademais, que embora o empregado tenha prestado serviço em diversas localidades, isso se deu de forma meramente transitória, não se equiparando à prestação regular e habitual de atividades a que se refere a exceção prevista no § 3º do art. 651 da CLT. TSTCC-10745-33.2016.5.03.0143, SBDI-II, rel. Min. Luiz Philippe Vieira de Mello Filho, 13.9.2016 (Informativo nº 144)

Conflito negativo de competência. Competência territorial. Art. 651, caput e § 3º, da CLT. Pretensão deduzida por candidata aprovada em concurso público. Fase pré-contratual. Terceirização dos serviços no prazo de validade do concurso na região em que foi aprovada.

Questões alusivas à competência territorial devem ser resolvidas com base nas regras inscritas no art. 651, caput e § 3º, da CLT, segundo as quais deve ser observado o foro da prestação de serviços ou o foro da contratação. No caso concreto, busca a reclamante ser admitida nos quadros do Banco do Brasil em virtude de ter logrado aprovação em concurso público, alegando ter havido preterição na ordem de convocação dos candidatos aprovados, em face da contratação de trabalhadores temporários e terceirizados em atividade fim do banco. Não obstante a discussão anteceda a própria constituição do vínculo laboral, a solução que se impõe é a de considerar competente, por extensão, o foro do local em que os serviços deveriam ser prestados ou, sucessivamente, do local em que iniciadas as medidas para a contratação, com a inscrição no concurso público, já que figura no polo passivo instituição financeira com atuação em âmbito nacional. De outra sorte, ainda que se afaste a incidência do art. 651 da CLT, permanece a competência do local da sede da agência em que a trabalhadora poderá vir a ser lotada, nos termos do art. 100, IV, "b", do CPC de 1973. Com esses fundamentos, a SBDI-II, por unanimidade, admitiu o conflito negativo de competência para declarar a competência da Vara do Trabalho de Votuporanga/SP, local sede da microrregião de habilitação da reclamante no certame. TST-CC-328-55.2016.5.10.0004, SBDI-II, rel. Min. Douglas Alencar Rodrigues, 8.11.2016 (Informativo nº 149)

Competência territorial. Término das atividades da filial da empresa na localidade da contratação e da prestação dos serviços. Reclamação trabalhista ajuizada no foro do domicílio da reclamante. Possibilidade. Garantia de acesso à justiça. Preservação do direito de defesa. É possível reconhecer a competência territorial do foro do domicílio da reclamante quando a atribuição da competência ao juízo do Trabalho da contratação ou da prestação dos serviços inviabilizar a garantia do exercício do direito de ação. As regras do art. 651 da CLT não devem ser interpretadas de forma literal, mas sistematicamente, de modo a concretizar os direitos e garantias fundamentais insculpidos na Constituição da República. Na hipótese, a autora foi contratada e prestou serviços em Altamira/PA, mas ajuizou a ação na cidade de Uberlândia/MG, local para onde se mudou após a dispensa. Além disso, a filial da empresa, na cidade de Altamira/PA, encerrou suas atividades, mantendo-as apenas na cidade do Rio de Janeiro/RJ. Assim, para a autora, o processamento do feito no município em que reside atualmente garante-lhe o acesso à justiça, sem causar prejuízo ao direito de defesa da ré, pois o deslocamento do Rio de Janeiro até Uberlândia é mais viável que até Altamira, principalmente porque suas atividades nesta cidade foram encerradas, pressuposto que legitimava a competência deste local. Sob esses fundamentos, a SBDI-I, por unanimidade, conheceu dos embargos interpostos pela reclamante, por divergência jurisprudencial, e, no mérito, por maioria, deu-lhes provimento para declarar a competência territorial de uma das Varas do Trabalho de Uberlândia/MG e determinar a remessa dos autos para essa localidade, a fim de que julgue os pedidos como entender de direito. Vencidos os Ministros Guilherme Augusto Caputo Bastos, Maria Cristina Irigoyen Peduzzi, Alberto Luiz Bresciani de Fontan Pereira e Márcio Eurico Vitral Amaro. TST-E-RR-11727-90.2015.5.03.0043, SBDI-I, rel. Min. Cláudio Mascarenhas Brandão, 18.10.2018 (Informativo nº 185).

Conflito negativo de competência. Reclamação trabalhista ajuizada no foro da prestação de serviços. Exceção de incompetência territorial. Indicação do foro de domicílio do autor e do réu. Anuência do reclamante. Modificação da competência relativa por convenção das partes. Possibilidade. Negócio jurídico processual atípico. O litígio entre as partes a propósito do foro competente para apreciação da causa constitui pressuposto necessário para que o Juízo declinado suscite o conflito de competência. No caso, a reclamação trabalhista foi proposta no foro da prestação dos serviços (Hortolândia/SP) e o reclamante, no bojo da exceção de incompetência territorial oposta pelo reclamado, concordou com a declinação do foro para uma das Varas do domicílio de ambos os litigantes (São Paulo/SP), em uma espécie de negócio jurídico processual superveniente e anômalo que encontra respaldo no art. 190 do CPC de 2015. O Juízo de Hortolândia, então, acolhendo a exceção de competência, determinou o envio dos autos a uma das Varas da capital paulista que, por sua vez, suscitou o conflito de competência. Todavia, havendo ajuste entre as partes, e sendo a competência territorial de natureza relativa e, portanto, prorrogável, não há espaço para a recusa do curso do feito no Juízo para o qual direcionada a causa, nem necessidade de analisar de ofício o acerto ou não da decisão declinatória proferida pelo Juízo suscitante, a quem compete instruir e julgar a reclamação trabalhista. Sob esses fundamentos, a SBDI-II, por unanimidade, admitiu o conflito negativo de competência e, por maioria, declarou competente a 12ª Vara do Trabalho de São Paulo/SP. Vencidos os Ministros Dezena da Silva, relator, Evandro Pereira Valadão e Renato de Lacerda Paiva. TST-CC-7301-46.2018.5.00.0000, SBDI-II, rel. Min. Luiz José Dezena da Silva, red. p/ acórdão Min. Douglas Alencar Rodrigues, 17.12.2019 (Informativo nº 214)

Capítulo 7

AÇÃO

1. NATUREZA JURÍDICA

No direito processual vigora o princípio da inércia, o qual impede a manifestação do judiciário, caso não seja provocado.

Por outro lado, a parte poderá provocar o Estado-juiz invocando proteção jurídica, o que se faz por meio do exercício do direito de ação.

A definição da natureza jurídica da ação passou por diversas teorias, sendo algumas inaplicáveis atualmente, servindo apenas pelo contexto histórico (teoria Imanentista e teoria Concreta), e outras ainda discutíveis, como veremos a seguir.

1.1. Teoria Imanentista

A teoria imanentista, também conhecida como teoria civilista ou clássica teve como seu principal expoente o jurista Savigny. Essa teoria não diferenciava o direito de ação do direito material, de modo que o direito material, quando respeitado, estaria estático. No caso de agressão ou ameaça, o direito material passava a estar em movimento, gerando o direito à ação.[1]

A aplicação dessa teoria, hoje mais com importância histórica, resultava em três afirmações:

a) Não há ação sem direito;

b) Não há direito sem ação;

c) A ação segue a natureza do direito.[2]

O art. 75 do Código Civil de 1916 possuía inspiração dessa teoria, pois estabelecia que "a todo direito corresponde uma ação, que o assegura".

O abandono dessa teoria foi marcada por uma polêmica entre dois romanistas: Windscheid e Muther, em meado do século XIX, a partir do qual o direito de ação se distinguiu do direito material.

1. NEVES, Daniel Amorim Assumpção. *Manual de direito processual civil.* 8. ed. Salvador: Juspodivm, 2016. p. 65.

2. CINTRA, Antonio Carlos de Araújo; GRINOVER, Ada Pellegrini; DINAMARCO, Cândido Rangel. *Teoria Geral do Processo*. 31. ed. São Paulo: Malheiros Editores, 2015. p. 285-286.

1.2. Teoria Concreta

A teoria concreta, elaborada pelo teórico alemão Wach, foi a primeira teoria a distinguir o direito material do direito de ação. De acordo com essa teoria, o direito de ação envolveria tanto um direito contra o Estado, quanto um direito contra o adversário. O primeiro, em face do Estado é relacionado ao direito de exigência de proteção jurídica, ou seja, de obtenção de uma sentença favorável. O segundo, em face do adversário, estaria relacionado à exigência de sujeição à decisão estatal e aos seus efeitos jurídicos.[3] A ação, de acordo com essa teoria, é "um direito público e *concreto* – ou seja, um direito existente nos casos concretos em que existisse direito subjetivo".[4]

A teoria concreta, apesar de ter superado a dependência entre direito de ação e direito material, ainda condicionou a existência do direito de ação à existência do direito material. Assim, apesar de ter assegurado a autonomia do direito do ação, não consagrou sua independência.[5] Isso porque, como a tutela jurisdicional só existe quando a sentença fosse favorável, o direito de ação também só existiria nessas hipóteses.

Um dos expoentes da teoria concreta foi Chiovenda que entendia o direito da ação como direito potestativo, ou seja, teria como consequência a produção de efeitos jurídicos em face do adversário. Isso apenas ocorreria, contudo, quando a demanda fosse acolhida, gerando uma relação de poder do autor em face do adversário.[6]

De acordo com Daniel Amorim Assumpção Neves[7], essa teoria restou superada justamente por não conseguir responder a duas perguntas:

(a) Na hipótese de sentença de improcedência há declaração de que o direito material alegado pelo autor não existe; nesse caso, com a resolução do mérito desfavorável ao autor, não teria ele exercido o direito de ação?

(b) Na hipótese de sentença de procedência na ação declaratória negativa, quando o acolhimento do pedido do autor declara a inexistência do direito material; não teria havido direito de ação nessa sentença de procedência do pedido?

---

3. NEVES, Daniel Amorim Assumpção. *Manual de direito processual civil.* 8. ed. Salvador: Juspodivm, 2016. p. 66 e CINTRA, Antonio Carlos de Araújo; GRINOVER, Ada Pellegrini; DINAMARCO, Cândido Rangel. *Teoria Geral do Processo*. 31. ed. São Paulo: Malheiros Editores, 2015. p. 286-287.

4. CINTRA, Antonio Carlos de Araújo; GRINOVER, Ada Pellegrini; DINAMARCO, Cândido Rangel. *Teoria Geral do Processo*. 31. ed. São Paulo: Malheiros Editores, 2015. p. 287.

5. CUNHA, Maurício Ferreira; ROSSATO, Luciano Alves. *Processo Civil*. Salvador: Juspodivm, 2018. p. 96.

6. MARINONI, Luiz Guilherme; ARENHART, Sérgio Cruz; MITIDIERO, Daniel. *Novo curso de processo civil.* São Paulo: Revista dos Tribunais, 2015. v. 1. p. 198.

7. NEVES, Daniel Amorim Assumpção. *Manual de direito processual civil.* 8. ed. Salvador: Juspodivm, 2016.

1.3. Teoria Abstrata

A teoria abstrata tem como os seus principais expoentes Degenkolb e Plósz e, assim como na teoria concreta, distinguiu o direito de ação e o direito material em discussão. Diferentemente da teoria concreta, entretanto, os defensores dessa teoria defendem que o direito de ação "é o direito abstrato de obter um pronunciamento do Estado, por meio da decisão judicial".[8] O direito de ação seria, portanto, um direito incondicionado, existindo independentemente de quaisquer condições para o seu exercício.

Para a teoria abstrata, a verificação das condições da ação devem ser realizadas no momento de análise do mérito, razão pela qual, na ausência de quaisquer uma delas, a sentença deveria ser de improcedência do pedido e não de carência da ação, ocasionando, por consequência, a formação da coisa julgada material.[9] De todo modo, independentemente do direito material pleiteado ser ou não concedido, isso não afasta o direito de ação do autor.

1.4. Teoria Eclética

A teoria eclética formulada por Liebman, é a responsável pela definição da autonomia e independência do direito de ação em relação ao direito material. O direito de ação, contudo, não é, de acordo com o processualista, incondicional e genérico, existindo apenas quando o autor tem direito a um julgamento de mérito favorável ou desfavorável.[10] Trata-se do direito ao processo e ao julgamento de mérito.[11]

Apesar de não haver dependência do direito de ação ao direito material, Liebman defende a necessidade do preenchimento de requisitos formais, denominados condições da ação (inicialmente consideradas como legitimação para agir, interesse de agir e possibilidade jurídica do pedido[12]), "verdadeiro ponto de contato entre a ação e a situação de direito material".[13] As condições, portanto, devem ser analisadas de forma preliminar ao mérito e sua ausência enseja a extinção devido à carência da ação, não sendo capaz de gerar a coisa julgada material.

8. NEVES, Daniel Amorim Assumpção. *Manual de direito processual civil.* 8. ed. Salvador: Juspodivm, 2016. p. 67.

9. NEVES, Daniel Amorim Assumpção. *Manual de direito processual civil.* 8. ed. Salvador: Juspodivm, 2016. p. 68.

10. NEVES, Daniel Amorim Assumpção. *Manual de direito processual civil.* 8. ed. Salvador: Juspodivm, 2016. p. 68; CINTRA, Antonio Carlos de Araújo; GRINOVER, Ada Pellegrini; DINAMARCO, Cândido Rangel. *Teoria Geral do Processo.* 31. ed. São Paulo: Malheiros Editores, 2015. p. 289.

11. MARINONI, Luiz Guilherme; ARENHART, Sérgio Cruz; MITIDIERO, Daniel. *Novo curso de processo civil: teoria do processo civil.* São Paulo: Revista dos Tribunais, 2015. v. 1. p. 201.

12. MARINONI, Luiz Guilherme; ARENHART, Sérgio Cruz; MITIDIERO, Daniel. *Novo curso de processo civil: teoria do processo civil.* São Paulo: Revista dos Tribunais, 2015. v. 1. p. 202.

13. CINTRA, Antonio Carlos de Araújo; GRINOVER, Ada Pellegrini; DINAMARCO, Cândido Rangel. *Teoria Geral do Processo.* 31. ed. São Paulo: Malheiros Editores, 2015. p. 289.

Nos casos de carência da ação, ter-se-ia o direito de petição (também denominado direito constitucional de ação), direito este amplo, genérico e incondicional. O direito de ação (direito processual de ação), por sua vez, seria o direito à sentença de mérito, dependente do preenchimento das condições da ação.[14]

O **art. 485, VI, do CPC/15 adotou essa teoria** ao prever que a ausência das condições da ação enseja uma sentença terminativa, não formando coisa julgada material.[15] Contudo, em relação às condições da ação, há divergências na doutrina sobre a sua manutenção pelo novel código, conforme analisaremos em tópico específico.

1.5. Teoria da Asserção

A teoria da asserção está situada entre a teoria abstrata e a teoria eclética.

De acordo com essa teoria, exige-se a análise das condições da ação "no estado das afirmações feitas pela parte em sua petição", estabelecendo, "um juízo hipotético de veracidade dessas alegações"[16]. A questão se examina *in statu assertionis*, ou seja, "considerando-se apenas as alegações contidas nas petições apresentadas em juízo, trata-se de uma condição da ação, mas se exige a análise das provas, então a questão passa a ser de mérito"[17]. Exemplo:

> Empregado ajuíza reclamação trabalhista em face da empresa X, postulando reconhecimento do vínculo e pagamento das verbas rescisórias. A empresa defende-se alegando que o empregado nunca foi seu empregado.

Pelo exemplo anterior, é possível verificar que o reclamante indicou a empresa X como sua empregadora, de modo que, ficando caracterizado que ele não prestou serviço para tal empresa, o pedido será improcedente, não havendo no caso ilegitimidade de parte, como frequentemente alegado pelas empresas. Isso ocorre porque as condições da ação são analisadas abstratamente pelas alegações do reclamante, não estando ligadas ao direito material (ser ou não ser empregado), sob pena de aderirmos à teoria concreta da ação, que afirmava, como visto, que o direito de ação só existia se existisse também o direito material.

A adoção dessa teoria tem como consequências a diminuição de sentenças sem resolução do mérito por carência de ação[18], já que analisadas pelas simples afirmações do autor.

---

14. NEVES, Daniel Amorim Assumpção. *Manual de direito processual civil*. 8. ed. Salvador: Juspodivm, 2016. p. 68.
15. NEVES, Daniel Amorim Assumpção. *Manual de direito processual civil*. 8. ed. Salvador: Juspodivm, 2016. p. 69.
16. CÂMARA, Alexandre Freitas. *O novo processo civil brasileiro*. São Paulo: Atlas, 2015. p. 37-38.
17. CUNHA, Leonardo Carneiro da. *Será o fim da categoria condições da ação? Uma intromissão no debate travado entre Fredie Didier Jr. e Alexandre Freitas Câmara*. Disponível em: https://www.leonardocarneirodacunha.com.br/artigos/sera-o-fim-da-categoria-condicoes-da-acao-uma-intromissao-no-debate-travado-entre-fredie-didier-jr-e-alexandre-freitas-camara/. Acesso em: 07 dez. 2018.
18. NEVES, Daniel Amorim Assumpção. *Manual de direito processual civil*. 8. ed. Salvador: Juspodivm, 2016. p. 69.

Embora essa teoria tenha ampla aplicação nos tribunais trabalhistas, parte da doutrina a crítica, especialmente porque "bastaria ao autor mentir em sua petição inicial para adaptá-la as exigências das condições da ação para merecer um julgamento de mérito"[19].

2. CONDIÇÕES DA AÇÃO

A partir da teoria eclética, formulada por Liebman, criou-se o conceito de condições de ação, entendidas como requisitos para o julgamento do mérito. De acordo com Didier Jr., as condições da ação são questões relacionadas aos elementos da ação (partes, pedido e causa de pedir), situadas entre as questões de admissibilidade e as questões de mérito.[20]

É por isso que sua análise deve ocorrer depois dos aspectos processuais (pressupostos processuais) e antes das questões de mérito.

Desse modo, para que se possa chegar ao provimento de mérito, faz-se necessária a presença das condições da ação e dos pressupostos processuais.

Na época do CPC/73, seguindo a tradicional teoria de Liebman, estabeleceu-se três condições da ação: possibilidade jurídica do pedido, legitimidade das partes e interesse de agir. Nesse código usava-se, expressamente, a denominação condições da ação (CPC/73, art. 267, VI), bem como descrevia que, na ausência de qualquer das condições, haveria carência de ação (CPC/73, art. 301, X).

O CPC/15, por sua vez, não previu de forma expressa a categoria "condições da ação". Aliás, o termo "carência da ação" também não é mais utilizado no CPC. Além disso, o art. 485, VI, não faz menção à possibilidade jurídica do pedido, referindo-se apenas à legitimidade e interesse processual .

Diante dessas alterações, parte da doutrina sustenta a inexistência no ordenamento atual das condições da ação, incorporando as tradicionais condições à análise de mérito ou dos pressupostos processuais. Para eles, a legitimidade e o interesse de agir deveriam ser analisados como pressupostos processuais de validade[21].

A tese majoritária, porém, entende que o CPC/15 manteve as condições da ação, embora tenha excluído a impossibilidade jurídica do pedido dessa categoria. Aliás, essa exclusão deriva inclusive do entendimento do próprio Liebman que, nas últimas

---

19. NEVES, Daniel Amorim Assumpção. *Manual de direito processual civil.* 8. ed. Salvador: Juspodivm, 2016. p. 70.

20. DIDIER JR., Fredie. Será o fim da categoria "condição da ação"? Um elogio ao CPC. In: MIESSA, Élisson (coord.). *O Novo CPC e seus reflexos no processo do trabalho.* 2. ed. Salvador: Juspodivm, 2016. p. 223.

21. DIDIER JR., Fredie. Será o fim da categoria "condição da ação"? Um elogio ao CPC. In: MIESSA, Élisson (coord.). *O Novo CPC e seus reflexos no processo do trabalho.* 2ª ed. Salvador: Juspodivm, 2016. p. 225.

edições de sua obra, passou a defender que seriam duas as condições da ação: interesse de agir e legitimidade.

Desse modo, apesar de as condições da ação e os pressupostos processuais serem requisitos para o julgamento do mérito, eles devem ser analisados em categorias distintas, principalmente porque enquanto as primeiras estão ligadas à ação, os pressupostos estão relacionados ao processo.[22]

2.1. Legitimidade das partes

A legitimidade das partes (*legitimatio ad causam*) é definida como a pertinência subjetiva da ação. Noutras palavras, a legitimidade ativa é daquele que se diz titular da relação jurídica deduzida em juízo, enquanto a legitimidade passiva se finca naquele que o autor indica como integrante dessa relação.

Em regra, ao menos no âmbito individual, a legitimidade está ligada ao titular do direito material levado a juízo, denominando-se de **legitimidade ordinária** (CPC/15, art. 18).

No entanto, admite-se ainda que alguém vá a juízo em nome próprio defender interesse alheio, o que é chamado de **legitimação extraordinária** (CPC/15, art. 18, parágrafo único). Nesse caso, tem-se a substituição processual[23], como ocorre, por exemplo, quando o sindicato busca tutelar direitos individuais homogêneos dos trabalhadores (pagamento de adicional de insalubridade, periculosidade etc.).

Diz a doutrina que a substituição processual só terá cabimento quando o substituto defender, em nome próprio, o direito alheio de pessoas determinadas, razão pela qual, em se tratando de direitos difusos e coletivos, em que os sujeitos são indeterminados, tem-se a **legitimidade autônoma para a condução do processo.**[24]

O CPC/15 traz disposição interessante acerca da regularização da legitimidade, o que deve ser aplicado ao processo do trabalho, por privilegiar a celeridade e economia processual. Nesse contexto, permite que "alegando o réu, na contestação, ser parte ilegítima ou não ser o responsável pelo prejuízo invocado, o juiz facultará ao autor, em 15 (quinze) dias, a alteração da petição inicial para substituição do réu" (art. 338).

22. CÂMARA, Alexandre Freitas. *Será o fim da categoria "condição da ação"? Uma resposta a Fredie Didier Junior.* Disponível em: https://www.leonardocarneirodacunha.com.br/artigos/sera-o-fim-da-categoria-condicao-da-acao-uma-resposta-a-fredie-didier-junior/. Acesso em: 7 dez. 2018.

23. Difere da representação, porque nesta o representante age em nome alheio para defesa de direito alheio, enquanto na substituição processual age em nome próprio para tutelar direito de outrem.

24. NERY Jr., Nelson; NERY, Rosa Maria de Andrade. *Comentários ao Código de Processo Civil.* São Paulo: RT, 2015. p. 254 e 255.

A propósito, quando o réu alegar sua ilegitimidade, incumbe-lhe indicar o sujeito passivo da relação jurídica discutida sempre que tiver conhecimento, sob pena de arcar com as despesas processuais e de indenizar o autor pelos prejuízos decorrentes da falta da indicação (art. 339). Aceita a indicação pelo autor, este, no prazo de quinze dias, procederá à alteração da petição inicial para a substituição do réu (art. 339, § 1º). Além disso, no prazo de quinze dias, o autor, ao invés de substituir o réu, pode optar por alterar a petição inicial incluindo, como litisconsorte passivo, o sujeito indicado pelo réu (art. 339, § 2º).

2.1.1. Legitimidade do sindicato

A atuação do sindicato pode ocorrer pelo menos sob três aspectos:

a) legitimado anômalo para a condução do processo;

b) substituto processual;

c) na defesa de seus próprios interesses.

No **primeiro caso, o sindicato vai tutelar interesses difusos e coletivos da categoria**, ficando registrado que, na hipótese de direitos difusos, sua legitimidade só é admitida de modo reflexo. Exemplificamos:

Interesses difusos: sindicato ajuíza ação civil pública para que empresa pública contrate os trabalhadores por meio de concurso público. Nesse caso, o sindicato, de forma reflexa, tutela os interesses de todas as pessoas que poderão prestar o concurso público.

Interesses coletivos: sindicato ajuíza ação civil pública para impor obrigação de fazer a determinada empresa para que implemente equipamento de proteção coletivo na empresa (por exemplo, exaustor, proteção de maquinário etc.).

Na **segunda hipótese, substituição processual, o sindicato vai tutelar direitos individuais homogêneos**, os quais são individuais, mas, por decorrerem de uma origem comum, o ordenamento permite sua defesa de forma coletiva. Diz a doutrina que a pedra de toque para diferenciar os direitos difusos e coletivos dos individuais homogêneos é a pretensão concreta deduzida em juízo (pedido). Naquele caso, os pedidos são de obrigação de fazer e não fazer, podendo ser incluída uma reparação pecuniária. Por outro lado, sendo individual homogêneo, o pedido será de obrigação de pagar, por meio de uma condenação genérica.

Individuais homogêneos: o sindicato ajuíza ação civil coletiva requerendo a condenação da empresa ao pagamento do adicional de insalubridade a todos os trabalhadores do setor X.

Frisa-se que, quando se estiver tutelando interesses difusos e/ou coletivos, a ação cabível é a ação civil pública, enquanto, quando for resguardar direitos individuais homogêneos, trata-se de ação civil coletiva.

A distinção se faz necessária especialmente pelo aspecto procedimental de ambos os processos. Isso porque, na ação civil pública, os pedidos são de obrigação de fazer ou não fazer, podendo ser somado a uma responsabilização pecuniária. Nesse caso, o rito processual será muito parecido com o processo individual, seja na fase de conhecimento, seja na executiva. Além disso, a fase executiva será única, com a imposição de um único ato capaz de atingir todos os beneficiários, pois se tem, nesta demanda, direitos indivisíveis. Exemplificamos:

> Ação civil pública que visa a obrigação de a empresa colocar equipamentos de proteção coletiva, sob pena de multa diária, além do pagamento de indenização pelo dano moral coletivo praticado. Nesse caso, sendo procedente o pedido, a fase executiva prossegue como em um processo individual de obrigação de fazer, efetivando-se a tutela deferida com a preservação do ato indivisível.

Por outro lado, na ação civil coletiva, que tutela direitos individuais homogêneos, há uma condenação genérica no processo de conhecimento, a qual será individualizada na liquidação da sentença[25]. **A homogeneidade somente existe até a condenação genérica**, passando os direitos a serem heterogêneos na fase de liquidação. Registra-se que a liquidação pode ser ajuizada de forma individual, pelo próprio beneficiário e sucessores, ou coletiva, sendo certo que em ambos os casos ela tutelará direito divisível. Isso quer dizer que a liquidação, embora possa ser coletiva, vai considerar individualmente cada beneficiário, definindo o que é de direito para cada trabalhador. Exemplo:

> Ação civil coletiva ajuizada por sindicato da categoria com o pedido de condenação do empregador ao pagamento de adicional de insalubridade aos trabalhadores que laboram no setor X da empresa, porque tais empregados estão expostos a agentes insalubres. A sentença julga procedente o pedido e reconhece a existência de insalubridade em grau médio, condenando[26], assim, o empregador ao pagamento de adicional de 20% sobre o salário-mínimo a título de adicional de insalubridade aos empregados do setor X. Em seguida, inicia-se a liquidação coletiva realizada pelo sindicato. Na liquidação, o sindicato delimitará todos os trabalhadores (João, Pedro, Paulo etc.) que laboram no setor X e o valor a ser destinado a cada um (João, R$ 600,00, Pedro, R$ 950,00 e Paulo, R$ 1.100,00 etc.). Verifica-se que os valores poderão ser diferentes, pois aqueles que laboraram por maior período receberão valores acima dos demais. Acabada a liquidação e definidos os valores, começa-se a execução propriamente dita, oportunidade em que os trabalhadores receberão seus haveres.

Percebe-se com exatidão, no exemplo anterior, as **três fases da ação civil coletiva**. Na primeira, há definição do *an debeatur* (existência da obrigação do devedor = setor X possui agentes insalubres), do *quis debeat* (identidade do sujeito passivo da obrigação = empregador) e do *quid debeatur* (a natureza da prestação devida =

25. A liquidação nesse caso sempre será por artigos (procedimento comum).
26. Condenação genérica.

pagamento de adicional de 20% sobre o salário-mínimo)[27], ou seja, define-se o núcleo da homogeneidade dos direitos afirmados na inicial. Na segunda fase, por estar na margem da heterogeneidade, identificam-se o *cui debeatur* (quem é o titular do direito = João, Pedro, Paulo etc.) e o *quantum debeatur* (qual o valor da prestação a que especificamente faz jus = João, R$ 600,00, Pedro, R$ 950,00 e Paulo, R$ 1.100,00). Por fim, adentra-se na execução propriamente dita, que também tutela interesses heterogêneos.

Vê-se, portanto, que os direitos individuais homogêneos são direitos individuais que, por decorrerem de uma origem comum, são tutelados coletivamente. Sua natureza, pois, é individual, diferentemente dos interesses difusos e coletivos que são direitos metaindividuais.

Com efeito, o sindicato poderá tutelar, como legitimado anômalo, interesses difusos e coletivos e, na condição de substituto processual, os direitos individuais homogêneos.

Por fim, o sindicato tem legitimidade também para **tutelar interesse próprio**, como ocorre, por exemplo, quando busca o pagamento das contribuições sindicais.

2.2. Interesse de agir

O **interesse de agir** (interesse processual) identifica-se pelo binômio necessidade/adequação. A partir dessa análise, busca-se verificar a utilidade da prestação jurisdicional.[28]

A necessidade da tutela jurisdicional decorre da proibição da autotutela, de modo que estará presente quando não se puder obter o bem da vida sem a intervenção do Poder Judiciário.

A adequação, por sua vez, indica que o provimento buscado seja útil para que o titular do direito possa resolver seu conflito. Portanto, somente está caracterizado o interesse de agir se presente cumulativamente a necessidade do provimento jurisdicional e sua adequação.

2.3. Possibilidade jurídica do pedido

A possibilidade jurídica ocorre quando o que se postula não está vedado por lei. *A contrário sensu*, sendo vedado por lei, estaremos diante da impossibilidade jurídica do pedido.

---

27. ZAVASCKI, Teori Albino. Processo coletivo: Tutela de direitos coletivos e tutela coletiva de direitos. Revista dos Tribunais, 2006. p. 165.

28. CINTRA, Antonio Carlos de Araújo; GRINOVER, Ada Pellegrini; DINAMARCO, Cândido Rangel. *Teoria Geral do Processo*. 31. ed. São Paulo. Malheiros Editores, 2015. p. 296.

Conquanto a doutrina utilize a expressão "possibilidade jurídica do pedido", a vedação não fica vinculada ao pedido, atingindo também a causa de pedir[29].

A possibilidade jurídica corresponde à condição da ação mais controversa na doutrina, tendo, inclusive, sido excluído posteriormente pelo próprio Liebman. O CPC/15 não incluiu a possibilidade jurídica do pedido como condição da ação. Isso não significa que ela irá desaparecer. Apenas deixa de ser analisada como espécie das condições da ação. Diante disso, surgiram divergências na doutrina a respeito da análise dessa categoria: mérito ou interesse de agir.

Para alguns, a impossibilidade jurídica do pedido deve ser analisada como mérito, ensejando especialmente a improcedência liminar do pedido (CPC/15, art. 332)[30].

Para outros, ela deve ser analisada como integrante do interesse de agir com base nas alegações produzidas pelo autor na petição inicial, não estando na análise do mérito, mas sim das condições da ação.

> Basta pensar no caso de alguém ir a juízo postular a prisão por dívida de alguém que não pagou o aluguel de um imóvel. Trata-se de caso em que, pela mera leitura das asserções contidas na inicial, chega-se à conclusão de que a providência jurisdicional postulada não pode, em hipótese alguma, solucionar a crise jurídica deduzida pelo demandante em sua petição inicial. Ora, se a decisão (que reconhece essa impossibilidade) é proferida com base na cognição que se exerce apenas sobre as alegações contidas na petição inicial, está-se diante de uma decisão sobre "condições da ação", e não sobre o mérito da causa.[31]

Há ainda os que sustentam que, em regra, sendo hipótese de impossibilidade jurídica do pedido, haverá resolução de mérito, julgando-se improcedente o pedido do autor. Por outro lado, caso a impossibilidade jurídica esteja ligada à causa de pedir, o juiz extinguirá o processo sem resolução do mérito, por falta de interesse de agir[32].

---

29. NERY Jr., Nelson; NERY, Rosa Maria de Andrade. *Código de Processo civil comentado e legislação extravagante*. 11. ed. São Paulo: RT, 2010. p. 527.

30. DIDIER JR., Fredie. Será o fim da categoria "condição da ação"? Um elogio ao CPC. In: MIESSA, Élisson (coord.). *O Novo CPC e seus reflexos no processo do trabalho*. 2ª ed. Salvador: Juspodivm, 2016. p. 224-225; CUNHA, Leonardo Carneiro da. *Será o fim da categoria condições da ação? Uma intromissão no debate travado entre Fredie Didier Jr. e Alexandre Freitas Câmara*. Disponível em: https://www.leonardocarneirodacunha.com.br/artigos/sera-o-fim-da-categoria-condicoes-da-acao-uma-intromissao-no-debate-travado-entre-fredie-didier-jr-e-alexandre-freitas-camara/. Acesso em: 07 dez. 2018. Nesse sentido: (...) 6- A possibilidade jurídica do pedido após o CPC/15, pois, compõe uma parcela do mérito em discussão no processo, suscetível de decomposição e que pode ser examinada em separado dos demais fragmentos que o compõem, de modo que a decisão interlocutória que versar sobre essa matéria, seja para acolher a alegação, seja também para afastá-la, poderá ser objeto de impugnação imediata por agravo de instrumento com base no art. 1.015, II, CPC/15. 7- Recurso especial conhecido e provido. (REsp 1757123/SP, Rel. Ministra NANCY ANDRIGHI, TERCEIRA TURMA, julgado em 13/08/2019, DJe 15/08/2019).

31. CÂMARA, Alexandre Freitas. *Será o fim da categoria "condição da ação"? Uma resposta a Fredie Didier Junior*. Disponível em: https://www.leonardocarneirodacunha.com.br/artigos/sera-o-fim-da-categoria-condicao-da-acao-uma-resposta-a-fredie-didier-junior/. Acesso em: 7 dez. 2018.

32. NEVES, Daniel Amorim Assumpção. *Manual de direito processual civil*. 8. ed. Salvador: Juspodivm, 2016. p. 72.

2.4. Momento de verificação das condições da ação

As condições da ação correspondem a matérias de ordem pública, que podem ser conhecidas de ofício em qualquer grau de jurisdição. Nos casos em que elas não estiverem presentes, o processo será extinto sem resolução de mérito devido à carência da ação.[33]

Dúvida existe quando as condições surgem ou deixam de existir durante a relação processual.

Parcela da doutrina, a qual pensamos estar a razão, defende que, se as condições da ação não estiverem presentes no momento da propositura, mas se apresentarem quando forem analisadas pelo juiz, o processo não deverá ser extinto sem resolução do mérito, permitindo-se assim o aparecimento posterior da condição da ação.

Aliás, desde Liebman, a posição adotada é no sentido de que as condições da ação podem surgir no curso do processo, como se verifica de suas lições:

> A falta, mesmo que só de uma das condições, induz a *carência de ação*, e pode ser declarada, até mesmo de ofício, em qualquer grau de jurisdição. De outro lado, é suficiente que as condições da ação eventualmente inexistentes no momento da propositura da demanda, sobrevenham no curso do processo e subsistam no momento em que a causa for decidida[34].

O CPC/15 reforça essa sistemática ao consagrar, no art. 4º, o princípio da primazia da decisão de mérito dispondo que "as partes têm o direito de obter em prazo razoável a **solução integral do mérito**, incluída a atividade satisfativa" (grifo nosso). Desse modo, o juízo deve sempre ter como objetivo a decisão de mérito, estimulando que ela ocorra[35].

Por isso pensamos que o C. TST não se posicionou corretamente no item III da Súmula nº 299, que assim estabelece:

> III – A comprovação do trânsito em julgado da decisão rescindenda é pressuposto processual indispensável ao tempo do ajuizamento da ação rescisória. Eventual trânsito em julgado posterior ao ajuizamento da ação rescisória não reabilita a ação proposta, na medida em que o ordenamento jurídico não contempla a ação rescisória preventiva.

Nesse item sumular, o C. TST entendeu que a ação rescisória somente pode ser ajuizada depois do trânsito em julgado, não sendo admitida a figura da **ação rescisória preventiva**. Noutras palavras, mesmo que o trânsito em julgado tenha ocorrido

---

33. É importante mencionar que, apesar de o CPC/15 não adotar expressamente o termo "carência da ação", a parcela da doutrina que defende a manutenção das condições da ação continua utilizando o termo. NEVES, Daniel Amorim Assumpção. *Manual de direito processual civil.* 8. ed. Salvador: Juspodivm, 2016. p. 751.

34. In: KLIPPEL, Rodrigo; BASTOS, Antonio Adonias. *Manual de processo civil.* Rio de Janeiro: Lumen Juris, 2011. p. 969.

35. DIDIER JR. Fredie. *Curso de Direito Processual Civil: Introdução ao Direito Processual Civil, Parte Geral e Processo de Conhecimento, vol. 1.* 17. ed. Salvador: Editora Juspodivm, 2015. p. 136.

depois do ajuizamento da ação rescisória, a **Corte Trabalhista entende que o vício não é suprimido, dando ensejo à extinção do processo sem resolução do mérito, seja liminarmente ou após a instrução do feito.**

De fato, o trânsito em julgado deve ser consumado, como regra, antes do ajuizamento da ação rescisória. Contudo, se a petição inicial não for indeferida liminarmente, por ausência de interesse de agir, nada impede que o interesse surja no transcorrer do processo[36], devendo o tribunal aproveitar os atos já praticados em homenagem aos princípios da celeridade, efetividade processual e primazia da decisão de mérito[37].

Pode acontecer ainda de a condição da ação deixar de existir no curso do processo, ou seja, ocorrer a perda superveniente de determinada condição da ação. É o caso, por exemplo, de ação ajuizada por ente sindical que, posteriormente ao ajuizamento da ação, perde o seu registro. Nesses casos, deverá haver a extinção do processo sem resolução do mérito por carência superveniente da ação.[38-39]

Por fim, cumpre destacar que para parte da doutrina, especialmente os defensores da teoria da asserção, quando houver a necessidade de produção probatória para demonstração da legitimidade ou interesse, as condições da ação passam a ser analisadas como matérias de mérito, formando-se coisa julgada material. Noutras palavras, se verificadas liminarmente o processo será extinto sem resolução de mérito, enquanto se depender de instrução processual passam para o campo do mérito.

2.5. Distinção entre pressupostos processuais e condições da ação

Conforme analisamos anteriormente, parte da doutrina defende que o CPC/15 excluiu a categoria "condições da ação", passando a analisá-las, ora como questão de mérito, ora como pressupostos processuais.

36. YARSHELL, Flávio Luiz. *Ação rescisória: juízos rescindente e rescisório.* São Paulo: Malheiros Editores Ltda., 2005. p. 133.

37. Ademais, a ocorrência do trânsito em julgado no curso do processo é um fato superveniente, que deve ser observado pelo tribunal, por força do art. 493 do CPC/15. Nesse sentido: DIDIER JR., Fredie; BRAGA, Paula Sarno; OLIVEIRA, Rafael Alexandria de. *Curso de Direito Processual Civil: teoria da prova, direito probatório, decisão, precedente, coisa julgada e tutela provisória, vol. 2.* 10. ed. Salvador: Editora Juspodivm, 2015. p. 401.

38. NEVES, Daniel Amorim Assumpção. *Manual de direito processual civil.* 8. ed. Salvador: Juspodivm, 2016. p. 751.

39. Nesse sentido, já decidiu o STF: Controle normativo abstrato. Confederação sindical. Registro sindical e liberdade sindical. Precedentes. Doutrina. Perda superveniente da legitimidade ativa "ad causam" por efeito de invalidação judicial do registro sindical. A questão do Preenchimento das condições da ação. Matéria de ordem pública. Cognoscibilidade de ofício. Necessidade de acharem-se presentes, no momento da resolução do litígio (CPC, art. 485, § 3º), todas as condições da ação. Relação de contemporaneidade não mais existente. Extinção anômala do processo de fiscalização concentrada de constitucionalidade. Doutrina. Processo declarado extinto (ADI 4380 MC, Relator(a): Min. CELSO DE MELLO, julgado em 22/03/2017, publicado em PROCESSO ELETRÔNICO DJe-059 DIVULG 24/03/2017 PUBLIC 27/03/2017).

A tese majoritária, porém, defende a manutenção das condições da ação no ordenamento jurídico, sendo institutos diversos: condições de ação, pressupostos processuais e mérito.

Isso porque, na análise das condições da ação, verificam-se questões relacionadas aos elementos da ação, que fica em uma zona intermediária entre o mérito e os pressupostos processuais, ou seja, analisam-se questões relacionadas ao exercício do direito de ação.[40]

Os pressupostos processuais, por sua vez, estão relacionados aos requisitos de existência e validade do processo. Assim, se ausente algum dos pressupostos processuais, não será necessária nem a apreciação do mérito nem mesmo a viabilidade do exercício do direito de ação.[41]

É por isso que a ordem lógica de análise é a seguinte: primeiro os pressupostos processuais, em seguida as condições da ação e depois o mérito.

Apesar da distinção entre as condições da ação e os pressupostos processuais, a consequência da ausência de qualquer um deles será a mesma, qual seja, a extinção do processo sem resolução do mérito, conforme art. 485, IV e VI, do CPC/15[42].

3. ELEMENTOS DA AÇÃO

Os elementos da ação são utilizados para identificarem as ações e distingui-las das demais. Tem grande relevância especialmente para obstar a existência de lides iguais pendentes (litispendência), o ajuizamento de ações idênticas que já foram solucionada com resolução do mérito (coisa julgada material) e a análise da continência e da conexão.

São elementos da ação: as partes, a causa de pedir e o pedido.

3.1. Partes

O conceito de partes, embora seja antigo, não encontra pacificação doutrinária.

Chiovenda entendia ser parte o sujeito que pede ou contra quem se pede a tutela jurisdicional, enquanto para Liebman, conceituando-a de forma mais ampla, é aquela que participa da relação processual em contraditório defendendo interesse próprio

40. Explicando essa classificação: DIDIER JR., Fredie. *Curso de direito processual civil: introdução ao direito processual civil, parte geral e processo de conhecimento.* 18. ed. Salvador: Juspodivm, 2016. p. 306.

41. BERNARDES, Felipe. *Manual de Processo do Trabalho*. Salvador: Juspodivm, 2018. p. 224.

42. Art. 485. O juiz não resolverá o mérito quando: IV – verificar a ausência de pressupostos de constituição e de desenvolvimento válido e regular do processo; VI – verificar ausência de legitimidade ou de interesse processual.

ou alheio, sendo sujeita de posições jurídicas ativas e passivas (faculdades, ônus, poderes, deveres, estado de sujeição).[43]

Parcela da doutrina atualmente busca adequar os dois conceitos, instituindo como parte da demanda a definição de Chiovenda, e partes do processo, a defendida por Liebman[44]. Assim, parte da demanda é aquela que pede e em face de quem se pede a tutela jurisdicional. O autor, aquele que pede. E o réu, em face de quem se pede.

No processo do trabalho, utiliza-se, em regra, a denominação reclamante para o autor e reclamado para o réu.[45]

3.2. Pedido

O pedido é o principal requisito da petição inicial, delimitando o objeto da demanda. É a própria razão de ser do ingresso em juízo do autor.[46] Ele pode ser caracterizado como:

a) **pedido imediato**: representa o provimento jurisdicional pretendido (condenação, declaração, constituição, acautelamento etc.). Nesse caso o pedido é analisado sob a ótica processual;

b) **pedido mediato**: é o bem da vida pretendido (ex.: recebimento das horas extras realizadas). Aqui o pedido é visto sob a ótica material.

Diante da delimitação da atuação jurisdicional, o juiz fica vinculado aos pedidos formulados na inicial, devendo interpretá-los no conjunto da postulação, observando o princípio da boa-fé (CPC/2015, art. 322, § 2º). Trata-se do chamado princípio da congruência ou adstrição.

Desse modo, o juiz somente poderá emitir provimento jurisdicional pleiteado, não podendo ir além ou permanecer aquém do pedido ou conceder o que não foi requerido (CPC/2015, art. 492), sob pena de proferir julgamento, respectivamente, *ultra petita*, *citra petita* ou *extra petita*. Exemplificamos:

- Julgamento *ultra petita* (além do pedido): empregado ingressa com a reclamação trabalhista pleiteando indenização por danos materiais no valor de R$ 5.000,00. Durante a instrução do processo, fica comprovado que o dano foi

43. NEVES, Daniel Amorim Assumpção. *Manual de direito processual civil*. 2. ed. Rio de Janeiro: Forense; São Paulo: Método, 2010. p. 91.

44. CÂMARA, Alexandre Freitas. *Lições de direito processual civil*. 18. ed. Rio de Janeiro: Lumen Juris, 2008. v. 1, P. 142-143.

45. Remetemos o leitor ao capítulo de Partes (Capítulo 9).

46. BONDIOLI, Luis Guilherme Aidar. Breves comentários ao novo código de processo civil. In: WAMBIER, Teresa Arruda et al. (coord.). *Breves comentários ao novo código de processo civil*. 2. ed. São Paulo: Editora Revista dos Tribunais, 2016. p. 869.

no montante de R$ 7.000,00. Nesse caso, o juiz fica limitado ao valor de R$ 5.000,00, sob pena de proferir julgamento *ultra petita*.

- Julgamento *citra petita* (aquém do pedido): empregado ingressa com a reclamação trabalhista pleiteando férias, décimo terceiro e horas extras. Nessa hipótese, o juiz não pode deixar de julgar um dos pedidos, por exemplo, das horas extras, sob pena de proferir julgamento *citra petita*.
- Julgamento *extra petita* (fora do pedido): empregado ingressa com a reclamação trabalhista pleiteando férias, décimo terceiro e horas extras. Durante a instrução do processo, fica comprovado que o empregador também não pagava adicional noturno. Nesse caso, o juiz não poderá deferir o pagamento desse adicional, pois está restrito aos três pedidos formulados na inicial, sob pena de proferir julgamento extra petita.[47]

É importante mencionar a distinção doutrinária acerca dos conceitos de pedido e requerimento. Enquanto o pedido refere-se sempre ao direito material da parte que o formula, o requerimento é relacionado à matéria procedimental, por exemplo, a produção de prova pericial.[48]

3.3. Causa de pedir

A causa de pedir são os fatos e os fundamentos jurídicos que dão suporte ao pedido, sendo tradicionalmente divida em:

a) **causa de pedir próxima:** consiste nos fundamentos jurídicos, ou seja, na tese jurídica (enquadramento jurídico) que embasa o pedido. É o porquê do pedido.

b) **causa de pedir remota:** corresponde aos fatos, isto é, à própria história descrita na inicial.

Alguns doutrinadores têm entendido que, no processo do trabalho, a CLT exige apenas a breve exposição dos fatos, de modo que não é obrigatória a fundamentação jurídica. Realmente, a interpretação literal do art. 840, § 1º, da CLT nos levaria a tal conclusão. No entanto, a nosso ver e acompanhando a tese majoritária, a fundamentação jurídica é necessária, pois identifica a demanda, permitindo o exame da coisa julgada, litispendência, conexão e continência.

Atente-se, porém, para o fato de que fundamentação jurídica não equivale à fundamentação legal (indicação do dispositivo legal), vez que esta fica a cargo do

---

47. Remetemos o leitor ao capítulo de petição inicial (Capítulo 16).
48. BERNARDES, Felipe. *Manual de Processo do Trabalho*. Salvador: Juspodivm, 2018. p. 214.

juiz, em decorrência do princípio da *iura novit curia*, sendo dever do magistrado o conhecimento da norma jurídica a ser aplicável ao caso.

> Exemplo: Empregado alega que trabalhava das 8h às 18h, com intervalo intrajornada de 2 horas (fatos). Afirma que, por ser bancário (fundamentação jurídica), realizava sobrejornada, postulando o pagamento das horas extras (pedido). Nesse caso, incumbe ao juiz invocar o art. 224 da CLT, ainda que não arguido pelo reclamante.

3.3.1. *Teoria da substanciação e da individuação*

Para a definição da causa de pedir, surgiram duas teorias: a individuação e a substanciação, ambas criadas e desenvolvidas na Alemanha.

A teoria da individuação ou individualização, dá ênfase aos fundamentos jurídicos, exigindo apenas a sua presença para a demonstração da causa de pedir. Essa teoria tem relevância histórica, já tendo sido superada e não guardando "mais nenhuma importância jurídica".

Por sua vez, a teoria da substanciação ou substancialização descreve que a causa de pedir impõe a descrição dos fatos e da relação jurídica (fundamentos jurídicos) dele decorrentes, os quais dão suporte ao pedido[49]. De qualquer modo, nessa teoria dá-se prevalência aos fatos, tanto que alguns doutrinadores chegam a declinar que a causa de pedir seria formada "apenas pelos fatos jurídicos narrados pelo autor"[50].

Essa teoria é a adota no direito brasileiro, inclusive no direito processual do trabalho.

Alguns doutrinadores indicam que, na seara laboral, a teoria da substanciação seria mitigada[51], vez que o art. 840, § 1º, da CLT exige somente a breve exposição dos fatos, não impondo a existência dos fundamentos jurídicos. Não pensamos dessa forma. Primeiro porque, como já anunciamos, ainda que de forma simplificada, no processo do trabalho, a causa de pedir é composta dos fatos e dos fundamentos jurídicos. Segundo, porque nessa teoria dá-se prevalência aos fatos, exatamente como ocorre no processo do trabalho.

Portanto, desnecessária a utilização teoria como mitigada, incidindo assim a teoria da substanciação.

4. CLASSIFICAÇÃO DAS AÇÕES

Há diversas formas de classificar a natureza das ações.

49. DIDIER JR., Fredie. *Curso de direito processual civil: introdução ao direito processual civil, parte geral e processo de conhecimento*. 18. ed. Salvador: Juspodivm, 2016. p. 560.

50. NEVES, Daniel Amorim Assumpção. *Manual de direito processual civil*. 8. ed. Salvador: Juspodivm, 2016. p. 94.

51. BERNARDES, Felipe. *Manual de Processo do Trabalho*. Salvador: Juspodivm, 2018. p. 205.

Uma das possíveis classificações é baseada na tutela jurisdicional pretendida pelo autor, podendo ser de **conhecimento** ou **executiva.** A ação de conhecimento busca a certificação de determinado direito, enquanto a executiva busca a efetivação do direito. Essa classificação tem entrado em desuso, devido à adoção atualmente da teoria sincrética, a qual viabiliza que, em um único processo, tenha-se a certificação do direito e a atividade executiva.

As ações ainda podem ser classificadas de acordo com o objeto pretendido pelo autor da demanda. Atualmente, tem prevalência a chamada **teoria trinária**, classificando-se as ações em: meramente declaratória, constitutiva e condenatória.

a) ação meramente declaratória: é aquela que objetiva declarar a existência, inexistência ou o modo de ser de uma determinada relação jurídica ou a autenticidade ou falsidade de um documento, conforme disposição do art. 19 do CPC/2015.[52]

As ações meramente declaratórias têm como único objetivo a certificação de determinado direito, razão pela qual, não há prazo para o ajuizamento dessas ações, sendo, portanto, imprescritíveis. As ações condenatórias e constitutivas também possuem o objetivo de certificar determinado direito, mas diferenciam-se das ações declaratórias, pois nesta o único objeto é a declaração, sendo denominadas, por isso, de ações meramente declaratórias.

As ações meramente declaratórias poderão ser **positivas**, quando buscarem a declaração da existência de determinada situação jurídica ou **negativas**, quando seu objetivo for a declaração da inexistência de uma situação jurídica.

No processo do trabalho, um exemplo de ação meramente declaratória consiste nas ações que visem à anotação da CTPS e, consequentemente, do reconhecimento do vínculo empregatício.

b) ação constitutiva: é aquela que busca criar, modificar ou extinguir determinada relação jurídica, sem que haja a necessidade de nenhum ato material pelo integrante do polo passivo.[53]

As ações constitutivas não exigem, portanto, que haja atividade executiva posterior, uma vez que a própria sentença já será efetiva ao reconhecer e implantar a situação jurídica almejada pela parte.[54]

52. Art. 19. O interesse do autor pode limitar-se à declaração:
I – da existência, da inexistência ou do modo de ser de uma relação jurídica;
II – da autenticidade ou da falsidade de documento.

53. DIDIER JR., Fredie. *Curso de direito processual civil: introdução ao direito processual civil, parte geral e processo de conhecimento.* 18. ed. Salvador: Juspodivm, 2016. v. 1. p. 292.

54. DIDIER JR., Fredie. *Curso de direito processual civil: introdução ao direito processual civil, parte geral e processo de conhecimento.* 18. ed. Salvador: Juspodivm, 2016. v. 1. p. 293.

No direito processual do trabalho, trata-se de ação constitutiva o inquérito para apuração de falta grave, que busca desconstituir a relação de emprego de empregado estável.

c) **ação condenatória:** é a que objetiva a tutela prestada por meio de obrigação de fazer; não-fazer ou dar coisa, o que pode incluir o pagamento de quantia certa ou de coisa diversa de dinheiro. Na ação condenatória se afirma a titularidade do direito de determinada prestação, buscando-se a condenação do réu para o cumprimento dessa prestação devida.

A ação condenatória exige uma fase de efetivação da tutela reconhecida em sentença, dando ensejo, em regra, a uma fase de execução de fazer, não-fazer e dar.

Interessante notar que parte da doutrina adota a denomina teoria quinária, idealizada por Pontes de Miranda, admitindo a existência de cinco tipologias de ações, ou seja, além das três já enumeradas, existem ainda as ações executivas *lato sensu* e as ações mandamentais. Para eles, a **ação executiva *lato sensu*** é a que busca a tutela específica do direito, sendo realizada por meios de execução direta. Está fundada, especialmente, no art. 536 do CPC/2015. Já a **ação mandamental** é aquela em que o réu (reclamado) é forçado a cumprir a ordem judicial, ou seja, há coerção do réu a cumprir determinada ordem, por meio de técnicas de execução indireta (por exemplo, *astreintes*), tendo como fundamento o art. 537 do CPC/2015.

Com a chegada do sincretismo processual, por meio da Lei nº 11.232/05, a teoria quinária perdeu sua força, vez que as ações executiva lato sensu e a mandamental passam a ser inseridas na ação condenatória, autorizando-se assim dentro da mesma relação processual o acertamento do direito material e sua efetivação.

5. CUMULAÇÃO DE AÇÕES

É possível que haja a cumulação de ações, ou seja, que se verifique a pluralidade de algum dos elementos da ação: partes, causa de pedir e pedido.

A cumulação será **subjetiva** quando houver a pluralidade de sujeitos (litisconsórcio), seja no polo passivo, seja no polo ativo da demanda. Com exceção dos casos de litisconsórcio unitário, haverá o mesmo número de ações para cada autor ou réu da demanda.

A cumulação das ações também poderá ser **objetiva**, quando houver mais de um pedido ou mais de uma causa de pedir. Esse tipo de cumulação é frequente no âmbito do direito processual do trabalho, sendo comum que o reclamante requeira diversas verbas distintas em face do empregador. Nesse caso, cada um dos pedidos ou das causas de pedir fará referência a uma ação, ainda que exercida no mesmo processo.

Capítulo 8

PROCESSO

1. NATUREZA JURÍDICA

Diversas teorias buscaram explicar a natureza jurídica do processo.

Inicialmente, o processo era confundido com o procedimento, ou seja, como a mera sucessão de atos processuais. A partir do momento em que se reconheceu a autonomia científica do processo, perdeu relevância essa teoria, servindo apenas para o contexto histórico.

Com base no direito romano, nos séculos XVIII e XIX ganhou força a teoria que entendia o processo como **contrato.** Nesse período, como o Estado tinha força para interferir na vida dos cidadãos, o que mais importava era o acordo de vontade celebrado pelas partes que aceitavam a submissão aos efeitos do processo judicial. Observa-se, portanto, que até esse momento, valorizava-se o caráter privatista do processo.[1]

Seguindo a ideia privada do processo, ainda no século XIX, foi criada a teoria que entendia o processo como um **quase contrato**, situado entre o contrato e o delito.

É em 1868, com a obra de Oscar von Büllow "Teoria dos pressupostos processuais e das exceções dilatórias", que foi sistematizada a ideia de processo como matéria de direito público e indissociada à relação jurídica de direito material, conhecida como **teoria do processo como relação jurídica.**

De acordo com o autor, "a relação de direito material é o objeto de discussão no processo, enquanto a relação de direito processual é a estrutura por meio da qual essa discussão ocorrerá"[2]. Ademais, a relação jurídica de direito material se distingue da relação jurídica processual por três aspectos: sujeitos (autor, réu e Estado-juiz), objeto (prestação jurisdicional) e pressupostos (pressupostos processuais).[3]

James Goldschmidt, grande crítico da teoria do processo como relação jurídica, criou a **teoria do processo como situação jurídica.** De acordo com essa teoria, o direito objetivo antes estático, se torna, por meio do processo, em uma condição

1. NEVES, Daniel Amorim Assumpção. *Manual de direito processual civil.* 8. ed. Salvador: Juspodivm, 2016. p. 98.
2. NEVES, Daniel Amorim Assumpção. *Manual de direito processual civil.* 8. ed. Salvador: Juspodivm, 2016. p. 99.
3. CINTRA, Antonio Carlos de Araújo; GRINOVER, Ada Pellegrini; DINAMARCO, Cândido Rangel. *Teoria geral do processo.* 31. ed. São Paulo: Malheiros Editores, 2015. p. 320.

dinâmica, ou seja, em meras possibilidades, expectativas, perspectivas e ônus: "justamente essa sucessão de diferentes situações jurídicas, capazes de gerar para os sujeitos deveres, poderes, ônus, faculdades e sujeições, representava a natureza jurídica do processo".[4] Essa teoria não foi capaz de suplantar a teoria do processo como relação jurídica, mas contribuiu com a formulação de uma série de conceitos até hoje aplicáveis como a ideia de relação jurídica complexa (com inúmeras situações jurídicas ativas e passivas), os conceitos de ônus, sujeição e da relação funcional do juiz com o Estado, de natureza administrativa.[5]

A teoria mais recente a criticar a teoria do processo como relação jurídica foi a cunhada por Elio Fazzalari, denominada **teoria do processo como procedimento em contraditório**. O processualista utiliza a ideia de módulo processual, representado pelo procedimento realizado em contraditório, de modo que o procedimento contém atos interligados de maneira lógica e que, o ato posterior depende do ato anterior e, entre eles é formado um conjunto lógico com objetivo final. Para a prática de cada um dos atos, é necessária a participação das partes em contraditório, tornando-os em um processo.[6]

Por fim, parte da doutrina conjuga a duas teorias: processo como relação jurídica e processo como procedimento em contraditório, formando-se a **teoria do procedimento animado por uma relação jurídica em contraditório**. Entende-se que "a relação jurídica processual representa a projeção e a concretização da exigência constitucional do contraditório. As faculdades, poderes, deveres, ônus e estado de sujeição das partes no processo significam que esses sujeitos estão envolvidos numa relação jurídica, que se desenvolverá em contraditório. São duas facetas de uma mesma realidade não havendo razão para descartar a relação jurídica ou o contraditório na conceituação do processo".[7]

Percebe-se, pois, que o processo tem três elementos essenciais: procedimento, relação jurídica processual e contraditório.

2. PROCEDIMENTO

Como já mencionado, as primeiras teorias acerca do conceito de processo, misturaram as noções de processo e de procedimento. Entretanto, hoje já é consenso que são institutos distintos, embora o procedimento seja indispensável à existência do processo.

---

4. NEVES, Daniel Amorim Assumpção. *Manual de direito processual civil.* 8. ed. Salvador: Juspodivm, 2016. p. 99.
5. Apresentando essas contribuições: NEVES, Daniel Amorim Assumpção. *Manual de direito processual civil.* 8. ed. Salvador: Juspodivm, 2016. p. 100 e CINTRA, Antonio Carlos de Araújo; GRINOVER, Ada Pellegrini; DINAMARCO, Cândido Rangel. *Teoria geral do processo.* 31. ed. São Paulo: Malheiros Editores, 2015. p. 322.
6. NEVES, Daniel Amorim Assumpção. *Manual de direito processual civil.* 8. ed. Salvador: Juspodivm, 2016. p. 100.
7. NEVES, Daniel Amorim Assumpção. *Manual de direito processual civil.* 8. ed. Salvador: Juspodivm, 2016. p. 100.

O procedimento é a sucessão de atos processuais interligados de maneira lógica para a obtenção de um objetivo final. É o aspecto visível do processo pelo qual se instaura, se desenvolve e se finaliza o processo. Representa uma noção puramente formal, enquanto o conceito de processo é marcado pela finalidade de exercício de poder jurisdicional.[8]

O procedimento também é denominado de rito processual, existindo no processo do trabalho o rito ordinário, o sumário e o sumaríssimo.

3. RELAÇÃO JURÍDICA PROCESSUAL

A relação jurídica processual é tríplice, pressupondo a existência do demandante, do demandado e do Estado-Juiz.

Antes da notificação do réu (reclamado) a relação processual já existe, mas é incompleta, pois este ainda não integrou a relação jurídica. Com o recebimento da notificação, que no processo do trabalho é presumida após 48 horas da sua postagem (Súmula nº 16 do TST), a relação estará completa.

Essa relação processual é complexa, tendo as partes deveres, ônus, faculdades, e direitos.

Todos os sujeitos do processo possuem deveres no processo, especialmente de litigar de boa boa-fé, cooperar para que se obtenha, em tempo razoável, decisão de mérito justa e efetiva etc. Atente-se que ônus processual não se confunde com deveres. No ônus a parte tem a opção de praticar ou não o ato processual para interesse próprio, de modo que não o praticando sofre os efeitos negativos da sua ausência. É o caso, por exemplo, do ônus da prova que, caso o reclamado não se desincumba de provar o fato extintivo alegado, sobre os efeitos negativos da ausência dessa prova, ou seja, o pedido poderá ser julgado procedente. Já o dever é uma imposição legal ou judicial para prática de ato de interesse alheio, razão pela qual não sendo cumprida gerará uma punição, como por exemplo, uma multa ou o crime de desobediência.

O juiz, por sua vez, tem apenas poderes e deveres. Afasta-se do magistrado o ônus e as faculdades, a fim de não se criar juízo meramente discricionário.

A relação processual é continuativa, pois não se exaure em um único ato, mas sim em diversos atos processuais sucessivos e interrelacionados.

Aliás, essa relação processual não se confunde com a relação jurídica de direito material (*res in judicium deducta*), pois esta consiste "justamente no conjunto de questões levadas para o julgamento por meio do processo".[9]

8. DINAMARCO, Cândido Rangel. *Teoria geral do processo*. 31. ed. São Paulo: Malheiros Editores, 2015. p. 317.
9. BERNARDES, Felipe. *Manual de Processo do Trabalho*. Salvador: Juspodivm, 2018. p. 190.

Para que a relação jurídica exista e seja válida, impõe-se a presença dos pressupostos processuais, analisados no próximo tópico.

4. PRESSUPOSTOS PROCESSUAIS

Os pressupostos processuais correspondem aos elementos de existência e aos requisitos de validade do processo. São matérias preliminares analisadas pelo juiz antes de adentrar no mérito.

Os pressupostos processuais de existência, como o próprio nome indica, estão relacionados à existência real e efetiva do processo[10]. Na ausência de quaisquer dos pressupostos processuais de existência, o que se observa é que, apesar de existirem os autos (plano fático), juridicamente o processo não existe.[11] Deverão ser os primeiros pressupostos processuais analisados.

Existindo o processo, passa-se a análise dos pressupostos de validade, que são aqueles relacionados à sua admissibilidade: trata-se da "conformidade do ato ou fato com os requisitos que o regulam"[12].

Além de serem classificados como elementos de existência ou como requisitos de validade, eles podem ser classificados como subjetivos (referentes aos sujeitos processuais) ou como objetivos (relacionados ao pedido ou à forma). Essas duas formas de classificação são analisadas de forma conjunto como, por exemplo, a coisa julgada é um pressuposto objetivo de validade.

A classificação dos pressupostos processuais não é pacífica na doutrina e, por isso, adotaremos a tese majoritária.

Assim, podemos sintetizar a classificação da seguinte forma:

10. DONIZETTI, Elpídio. *Curso didático de direito processual civil.* 20. ed. São Paulo: Atlas, 2017. p. 142.
11. LEITE, Carlos Henrique Bezerra. *Curso de direito processual do trabalho*. 15. ed. São Paulo: Saraiva, 2017. p. 422.
12. DONIZETTI, Elpídio. *Curso didático de direito processual civil.* 20. ed. São Paulo: Atlas, 2017. p. 144.

- **Pressupostos Processuais**
  - **Subjetivos**
    - **Existência:** - **Investidura**
      - **Capacidade de ser parte**
    - **Validade:** - **Imparcialidade**
      - **Competência**
      - **Capacidade processual**
      - **Capacidade postulatória**
  - **Objetivos**
    - **Existência:** - **Demanda**
    - **Validade:** - **Coisa julgada material**
      - **Litispendência**
      - **Perempção**
      - **Convenção de arbitragem**
      - **Ausência de pagamento de custas processuais (CLT, art. 844, § 3º)**
      - **Petição inicial apta**
      - **Citação válida**
      - **Regularidade formal**

A **ausência dos pressupostos de existência** provocará a inexistência do próprio processo. Por isso, parte da doutrina indica que não haverá extinção do processo sem resolução do mérito, mas "deve o juízo, por ato meramente administrativo, determinar o cancelamento da distribuição e de todos os registros referentes àquele 'processo'(que não é verdadeiramente um processo)"[13].

Caso seja proferida sentença em processo inexistente, parte da doutrina entende cabível a ação rescisória e, para outra parcela, que nos parece acertada, caberá ação declaratória de inexistência da relação processual (*querela nullitatis insanabilis*), nesse caso, sem prazo decadencial.[14]

13. CÂMARA, Alexandre Freitas. O novo processo civil brasileiro. São Paulo: Atlas, 2015. p. 25.

14. LEITE, Carlos Henrique Bezerra. *Curso de direito processual do trabalho.* 15. ed. São Paulo: Saraiva, 2017. p. 422.

A **ausência de algum dos pressupostos de validade** do processo, por sua vez, torna nula a relação jurídica processual ou o ato processual praticado. No caso de atingir integralmente a relação processual, o processo será extinto sem resolução do mérito, com base no art. 485, incisos IV, V e VII do CPC/15.

É importante consignar que nem toda ausência de pressuposto processual de validade acarretará a inadmissibilidade do processo, como é o caso, por exemplo, da incompetência e da suspeição ou impedimento, que implicam na remessa dos autos ao juízo competente ou substituto, respectivamente.[15]

Ademais, a ausência de tais pressupostos poderá ensejar nulidades absolutas ou relativas, o que implicará na possibilidade ou não de que sejam reconhecidos de ofício e a qualquer tempo. Assim, por exemplo, o vício de competência poderá ensejar a incompetência absoluta do juízo (material, pessoal ou funcional), reconhecida de ofício e a qualquer tempo, ou a incompetência relativa (territorial), que deve ser alegada pelo réu em exceção de incompetência para que não haja a prorrogação.

Cabe ainda destacar que o descumprimento de algum dos pressupostos processuais de validade poderá ser considerado um vício sanável, inclusive pela aplicação do princípio da primazia da decisão de mérito, possibilitando-se à parte prazo para que o vício seja corrigido.

Por fim, em alguns casos será possível que, mesmo havendo vício em um dos pressupostos processuais de validade, haja a decisão de mérito. É o que ocorre quando o pressuposto processual violado for voltado à proteção da parte que no julgamento do mérito será a vitoriosa, não havendo a ela nenhum prejuízo. Como exemplo, tem-se os casos em que, mesmo não havendo a representação processual da parte incapaz, ela será vitoriosa no mérito. Nesse caso, o juiz não deverá extinguir o processo sem resolução do mérito, devendo acolher os pedidos formulados pelo autor incapaz.[16]

4.1. Pressupostos processuais subjetivos

Os pressupostos processuais subjetivos são aqueles relacionados aos sujeitos do processo, ou seja, às partes e ao juiz.

4.1.1. Investidura

O pressuposto processual da investidura consiste na necessidade de que o processo seja conduzido por um sujeito investido do poder jurisdicional e que possa

15. DIDIER JR., Fredie. *Curso de direito processual civil: introdução ao direito processual civil, parte geral e processo de conhecimento*. 18. ed. Salvador: Juspodivm, 2016. p. 314.

16. NEVES, Daniel Amorim Assumpção. *Manual de Direito Processual Civil*. 11. ed. Salvador: Juspodivm, 2019. p. 812.

representar o Estado no exercício da atividade jurisdicional. Trata-se, portanto, de pressuposto relacionado ao juiz.

A investidura dos juízes, no Brasil, pode ocorrer por meio de concurso público (juízes do trabalho) e pela indicação realizada pelo Poder Executivo por meio do quinto constitucional (TRTs)[17] ou para a composição do STF e de parte do TST e do STJ.

A ausência de juiz na condução do processo é considerado vício grave, que afeta a própria existência do processo ou de parcela dele, quando apenas alguns atos são praticados pelo sujeito não investido de jurisdição.

4.1.2. Imparcialidade

Além de o julgador estar investido de jurisdição, ele também deverá ser imparcial, ou seja, não poderá ter nenhum interesse pessoal na solução do processo que irá julgar. Assim como a investidura, a imparcialidade está relacionada ao juiz.

A imparcialidade é, portanto, a ausência de quaisquer motivos de suspeição e de impedimento do juiz (CPC/15, arts.144 e 145).[18]

A suspeição pode ser alegada tanto pelo reclamante como pelo reclamado. Contudo, deve ser levantada na primeira oportunidade em que as partes se manifestarem no processo, nos termos do art. 795 da CLT. Consigna-se que, já tendo o reclamado conhecimento da suspeição, deverá alegá-la no prazo da defesa.

O impedimento também deverá ser alegado na primeira oportunidade que as partes possuem de se manifestarem no processo. Todavia, por ser matéria de ordem pública, autoriza-se sua invocação, tanto pelo reclamante como reclamado, a qualquer tempo, inclusive depois do trânsito em julgado, por meio da ação rescisória (CPC/2015, art. 966, II).

Apesar de o impedimento e a suspeição possuírem regras distintas de alegação, ambos são considerados como pressupostos processuais de validade, sendo considerados nulos os atos praticados pelo juiz parcial (suspeito ou impedido).

4.1.3. Competência

A jurisdição é una (indivisível). No entanto, para que ela possa ser exercida efetivamente, é necessário racionalizar os trabalhos e organizar as tarefas, o que dá origem à **competência, que é a delimitação do exercício legítimo da jurisdição.**[19]

17. Para maiores informações relacionadas à composição dos Tribunais Regionais do Trabalho e Tribunal Superior do Trabalho, remetemos o leitor ao capítulo de Organização da Justiça do Trabalho (Capítulo 3).

18. Remetemos o leitor ao capítulo de resposta do réu (Capítulo 18).

19. NEVES, Daniel Amorim Assumpção. *Manual de direito processual civil.* 2. ed. Rio de Janeiro: Forense; São Paulo: Método, 2010. p. 110.

Apesar de a competência relativa e absoluta possuírem regras distintas de alegação, ambas são consideradas pressupostos processuais de validade. Ademais, elas são pressupostos processuais subjetivos relacionados ao juiz.

É importante mencionar que os efeitos da decisão proferida pelo juízo incompetente são considerados válidos até que outra decisão seja proferida, se for o caso, pelo juiz competente, salvo se houver decisão judicial em sentido contrário (CPC/15, art. 64, § 4º)[20].

4.1.4. Capacidade de ser parte

A capacidade de ser parte é a aptidão de ser titular de direitos e deveres. Está ligada à capacidade de direito ou de gozo. Havendo pessoa, há capacidade de ser parte.

A **pessoa física** adquire essa capacidade com o nascimento, embora a lei coloque a salvo, desde a concepção, os direitos do nascituro (CC, art. 2º). A **pessoa jurídica** passa a ter capacidade de ser parte com a inscrição de seus atos constitutivos no respectivo registro (CC, art. 45). Além disso, alguns **entes despersonalizados** também podem atuar como parte, tais como: o condomínio, a massa falida, o espólio etc.

A capacidade de ser parte consiste em pressuposto processual de existência, de modo que, se constar em algum dos polos sujeito que não tenha capacidade de ser parte, não haverá o próprio processo. Seria o caso, por exemplo, do processo "promovido contra um réu morto, que certamente não tem a capacidade de gozo e do exercício de direitos e obrigações"[21] sendo, portanto, inexistente.

4.1.5. Capacidade processual

A **capacidade processual**, também chamada de capacidade de estar em juízo (*legitimatio ad processum*), é a aptidão para a prática de atos processuais **sem** a necessidade de assistência ou de representação. Está relacionada à capacidade de fato (de exercício), ou seja, à faculdade que tem a pessoa de praticar todos os atos da vida civil e de administrar os seus bens. Assim, tendo capacidade civil plena, consequentemente, a parte terá capacidade processual.

Desse modo, os incapazes têm capacidade de ser parte, mas não capacidade processual, porque são assistidos ou representados em juízo.

Na seara trabalhista, a **capacidade plena dos empregados ocorre aos 18 anos de idade**, nos termos do art. 402 da CLT. Além disso, o Código Civil, aplicado ao

---

20. Para aprofundamento do tema, remetemos o leitor ao capítulo de competência da Justiça do Trabalho (Capítulo 6).

21. NEVES, Daniel Amorim Assumpção. *Manual de Direito Processual Civil*. 8. ed. Salvador: Juspodivm, 2016. p. 107.

direito do trabalho pela doutrina majoritária, admite a concessão da capacidade civil plena aos menores de 18 anos, na hipótese de emancipação, nos termos do art. 5º, parágrafo único, do CC.

Quanto às pessoas jurídicas, há necessidade de que elas estejam presentadas ou representadas[22] em juízo, nos termos do art. 75 do CPC/15.[23]

Tratando-se de pessoas jurídicas de direito privado, a "presentação" será por meio do representante designado nos atos constitutivos ou, não havendo essa designação, por seus diretores (CPC/2015, art. 75, VIII).

No que tange às pessoas jurídicas de direito público, a União é representada pela Advocacia-Geral da União, diretamente ou mediante órgão vinculado (CPC/2015, art. 75, I). Os Estados e o Distrito Federal são representados em juízo pelos seus procuradores (CPC/2015, art. 75, II). O Município, por seu prefeito ou procurador (CPC/2015, art. 75, III). Além disso, as autarquias e fundações públicas são representadas por quem a lei do ente federado designar (CPC/2015, art. 75, IV).[24]

A capacidade processual é um pressuposto processual de validade do processo, devendo o juiz, inclusive, conceder prazo para que a parte regularize esse vício. Caso o autor não regularize o vício, o processo deverá ser extinto sem resolução do mérito. Caso o vício não seja corrigido pelo réu, estará configurada sua revelia. Por sua vez, em se tratando de terceiro, ele deverá ser excluído do processo.[25]

Diante disso, apenas a capacidade processual do autor é requisito processual de todo o processo, pois somente ela é capaz de gerar a extinção do processo. Nos demais casos, ela atingirá apenas a validade dos atos praticados pelo réu ou pelo terceiro.[26]

---

22. Cabe destacar que quando a parte se faz presente em juízo por meio de seus órgãos, há presentação não representação. Nesse sentido: NEVES, Daniel Amorim Assumpção. *Manual de Direito Processual Civil*. 8. ed. Salvador: Juspodivm, 2016. p. 108.

23. Art. 75. Serão representados em juízo, ativa e passivamente: I – a União, pela Advocacia-Geral da União, diretamente ou mediante órgão vinculado; II – o Estado e o Distrito Federal, por seus procuradores; III – o Município, por seu prefeito ou procurador; IV – a autarquia e a fundação de direito público, por quem a lei do ente federado designar; V – a massa falida, pelo administrador judicial; VI – a herança jacente ou vacante, por seu curador; VII – o espólio, pelo inventariante; VIII – a pessoa jurídica, por quem os respectivos atos constitutivos designarem ou, não havendo essa designação, por seus diretores; IX – a sociedade e a associação irregulares e outros entes organizados sem personalidade jurídica, pela pessoa a quem couber a administração de seus bens; X – a pessoa jurídica estrangeira, pelo gerente, representante ou administrador de sua filial, agência ou sucursal aberta ou instalada no Brasil;
XI – o condomínio, pelo administrador ou síndico.

24. Para maior aprofundamento a respeito da capacidade processual, remetemos o leitor ao capítulo de Partes (Capítulo 9).

25. DIDIER JR., Fredie. *Curso de Direito Processual Civil: introdução ao direito processual civil, parte geral e processo de conhecimento*. 18. ed. Salvador: Juspodivm, 2016. p. 322.

26. DIDIER JR., Fredie. *Curso de direito processual civil: introdução ao direito processual civil, parte geral e processo de conhecimento*. 18. ed. Salvador: Juspodivm, 2016. p. 322.

4.1.6. Capacidade postulatória

Capacidade postulatória, como o próprio nome já indica, é a possibilidade de postular em juízo. No processo civil, a capacidade postulatória, em regra, é restrita aos advogados.

No **processo do trabalho**, porém, admite-se que o empregado e o empregador postulem em juízo pessoalmente, ou seja, sem a necessidade de advogado. É o que se denomina de *jus postulandi* das partes. Noutras palavras, **o *jus postulandi* é a possibilidade de as próprias partes irem a juízo, sem serem representadas por advogados**, conforme declina o *caput* do art. 791 da CLT:

> **Art. 791.** Os empregados e os empregadores poderão reclamar pessoalmente perante a Justiça do Trabalho e acompanhar as suas reclamações até o final.

Consigna-se que o ***jus postulandi* se aplica aos empregados e empregadores, inclusive no dissídio coletivo (CLT, art. 839, a).**

Contudo, o Tribunal Superior do Trabalho **não permite** o *jus postulandi* em alguns casos, exigindo, nessas hipóteses, que a parte seja representada por advogado, como se verifica pela Súmula nº 425 do TST, a seguir:

> **Súmula nº 425 do TST.** Jus postulandi na Justiça do Trabalho. Alcance
> O jus postulandi das partes, estabelecido no art. 791 da CLT, limita-se às Varas do Trabalho e aos Tribunais Regionais do Trabalho, não alcançando a ação rescisória, a ação cautelar, o mandado de segurança e os recursos de competência do Tribunal Superior do Trabalho.

A capacidade postulatória é pressuposto processual de validade, podendo o ato ser declarado nulo e gerar a extinção do processo (no caso do autor) ou a revelia (no caso do réu) nos casos em que não se permite o *jus postulandi* das partes no direito processual do trabalho[27].

Cabe destacar que apenas a capacidade postulatória do autor é requisito processual de todo o procedimento, pois somente ela é capaz de gerar a extinção do processo. Quanto à capacidade postulatória do réu ou do terceiro, elas serão consideradas pressupostos de validade apenas dos atos que praticarem.[28]

4.2. Pressupostos processuais objetivos

Os pressupostos processuais objetivos são aqueles relacionados ao pedido ou à forma do processo.

27. Para maiores esclarecimentos acerca do *jus postulandi*, remetemos o leitor ao capítulo de Partes (Capítulo 9).

28. DIDIER JR., Fredie. *Curso de direito processual civil: introdução ao direito processual civil, parte geral e processo de conhecimento*. 18. ed. Salvador: Juspodivm, 2016. p. 336.

Os pressupostos processuais objetivos podem ser classificados em:

- **Intrínsecos**: quando analisados no próprio processo, ou
- **Extrínsecos**: quando verificados fora da relação processual.

Podem ainda ser:

- **Negativos**: quando se exige a ausência do pressuposto para que não haja nenhum vício ou
- **Positivos**: quando se exige a presença do pressuposto para que o processo ou o ato processual seja válido ou existente.

4.2.1. Demanda

A jurisdição é pautada no princípio da inércia (princípio dispositivo ou princípio da demanda), segundo o qual o Poder Judiciário somente pode se manifestar quando provocado. A provocação da jurisdição ocorre por meio da demanda.

Uma vez provocada a jurisdição, a relação jurídica processual se inicia com o demandante e o juiz, complementando-se, quando necessário, com a citação válida do réu.[29]

É importante destacar que a demanda corresponde ao próprio ato de pedir e não com o conteúdo do que é requerido pelo interessado.[30] Não se analisa, nesse momento, portanto, se a petição inicial preenche ou não os requisitos legais (petição inicial apta), pois isso corresponde a pressuposto de validade: "para que o processo exista, basta que aquele capaz de ser parte apresente uma petição inicial a órgão investido de jurisdição".[31]

Observa-se, portanto, que a demanda consiste em pressuposto processual objetivo de existência, pois, não havendo a provocação do interessado, a relação jurídica processual não é nem mesmo iniciada.

4.2.2. Coisa Julgada Material

Não havendo mais recurso a ser interposto da decisão ou, havendo, a parte deixe ultrapassar o prazo alusivo para sua interposição, tem-se o trânsito em julgado da decisão, também chamada de coisa julgada.[32]

---

29. NEVES, Daniel Amorim Assumpção. *Manual de direito processual civil*. 11. ed. Salvador: Juspodivm, 2019. p. 172.
30. DIDIER JR., Fredie. *Curso de direito processual civil: introdução ao direito processual civil, parte geral e processo de conhecimento*. 18. ed. Salvador: Juspodivm, 2016. p. 318.
31. DONIZETTI, Elpídio. *Curso didático de direito processual civil*. 20. ed. São Paulo: Atlas, 2017. p. 149.
32. Para maior aprofundamento acerca da coisa julgada, remetemos o leitor ao capítulo de sentença e coisa julgada (Capítulo 20).

A coisa julgada é dividida pela doutrina em:

1) **formal**: quando gera a imutabilidade da decisão para dentro do processo. Nessa hipótese, poder-se-á ajuizar novo processo para discutir o objeto do processo anterior, não sendo, pois, um pressuposto negativo. É o que ocorre nas sentenças terminativas (sem resolução de mérito).

2) **material**: torna imutável o conteúdo da sentença (ou acórdão) no processo em que foi prolatada e em eventuais processos futuros. É o que ocorre nas sentenças definitivas (com resolução do mérito), que impedem nova discussão do objeto do processo anterior.

A coisa julgada material é considerada pressuposto processual objetivo extrínseco, ou seja, é analisada fora da relação jurídica processual. Além disso, é um **pressuposto processual negativo**, pois haverá vício se houver coisa julgada material a respeito do objeto do processo.

Há divergências na doutrina quanto à classificação da coisa julgada material em pressuposto de validade ou de existência. A doutrina majoritária, com quem pensamos estar a razão, entende que se trata de pressuposto de **validade,** cabendo, inclusive, ação rescisória nessa hipótese (CPC/15, art. 966, IV).[33] Para parte minoritária da doutrina, a coisa julgada corresponde a pressuposto de existência, porque se trata de vício de extrema gravidade.

4.2.3. Litispendência

Haverá litispendência quando se repete ação idêntica que está em curso (CPC/2015, art. 337, § 3º). Diz-se que uma ação é idêntica à outra quando tem as mesmas partes, a mesma causa de pedir e o mesmo pedido (CPC/2015, art. 337, § 2º).

Tal como a coisa julgada material, a litispendência consiste em **pressuposto processual objetivo extrínseco e negativo**. Assim, é analisada fora da relação jurídica processual e, para que enseje a validade do processo, não poderá estar configurada. Além disso, corresponde a pressuposto processual de validade.

4.2.4. Perempção

No processo civil, a perempção ocorre quando o autor abandona a ação por três vezes. Nessa hipótese, o autor não poderá propor nova ação contra o réu com o mesmo objeto, ficando ressalvada a possibilidade de alegar em defesa o seu direito. Trata-se de modalidade de perempção definitiva.

33. NEVES, Daniel Amorim Assumpção. *Manual de Direito Processual Civil*. 8. ed. Salvador: Juspodivm, 2016. p. 110.

No direito processual do trabalho, essa modalidade definitiva da perempção não se aplica, sendo possível apenas a perda temporária do direito de ação.[34] A perempção trabalhista é prevista nos art. 731 e 732 da CLT:

> **Art. 731** – Aquele que, tendo apresentado ao distribuidor reclamação verbal, não se apresentar, no prazo estabelecido no parágrafo único do art. 786, à Junta ou Juízo para fazê-lo tomar por termo, incorrerá na pena de perda, pelo prazo de 6 (seis) meses, do direito de reclamar perante a Justiça do Trabalho.
>
> **Art. 732** – Na mesma pena do artigo anterior incorrerá o reclamante que, por 2 (duas) vezes seguidas, der causa ao arquivamento de que trata o art. 844.

Observa-se, portanto, que a perempção no direito processual do trabalho é apenas **temporária**, pois ocorre pelo prazo de **6 meses,** incidindo em duas hipóteses:

- Não redução a termo da reclamação trabalhista verbal;
- Quando o reclamante der causa a dois arquivamentos seguidos.

A perempção, assim como a coisa julgada material e a litispendência, consiste em **pressuposto processual objetivo extrínseco e negativo**. Assim, deve ser analisada fora da relação jurídica processual e, para que enseje a validade do processo, não poderá estar configurada. Além disso, corresponde a pressuposto processual de validade.

4.2.5. Convenção de arbitragem

As partes interessadas podem submeter a solução de seus litígios ao juízo arbitral mediante convenção de arbitragem, seja nos dissídios coletivos, seja nos dissídios individuais, neste último caso, quando observado o disposto no art. 507-A da CLT.[35]

A convenção de arbitragem é um pressuposto processual extrínseco e negativo. Trata-se ainda, de pressuposto processual de validade. Assim, existindo a convenção de arbitragem, sendo ajuizada reclamação trabalhista, ela deverá ser extinta sem resolução do mérito (CPC/2015, art. 485, VII).

Importante destacar que esse pressuposto não pode ser conhecido de ofício, dependendo, portanto, de requerimento da parte (CPC/2015, art. 337, § 5º).

4.2.6. Ausência de pagamento de custas processuais (CLT, art. 844, § 3º)

De acordo com o art. 844, § 2º, da CLT, acrescentado pela Lei nº 13.467/2017 (Reforma Trabalhista), na hipótese de ausência do reclamante na audiência inaugural,

---

34. SCHIAVI, Mauro. *Manual de direito processual do trabalho*. 12. ed. São Paulo: LTr, 2017. p. 648.

35. Para maior aprofundamento a respeito da arbitragem, remetemos o leitor ao capítulo de formas de solução de conflitos e jurisdição (Capítulo 5).

além do arquivamento da reclamação trabalhista, haverá a condenação ao pagamento das custas calculadas nos termos do art. 789 da CLT, ainda que beneficiário da justiça gratuita. Somente não terá que pagar as custas processuais se comprovar, no prazo de 15 dias, que a ausência ocorreu por motivo legalmente justificável.[36]

Ademais, o art. 844, § 3º descreve que o referido pagamento é "condição para a propositura da nova demanda".[37]

A obrigação imposta pelo dispositivo constitui pressuposto processual de **validade**, **extrínseco** e **negativo**, de modo que a ausência do pagamento provocará a extinção do novo processo sem resolução de mérito.

4.2.7. Petição Inicial Apta

A petição inicial corresponde ao primeiro ato processual praticado pelo reclamante. O processo, portanto, se inicia por iniciativa da parte (princípio da demanda).

Diante da importância da petição inicial ao julgamento do processo, ela deve seguir algumas formalidades impostas pelo legislador, sob pena de ser considerada inepta. As causas de inépcia da petição inicial são descritas no art. 330, § 1º, do CPC/15:

> § 1º Considera-se inepta a petição inicial quando:
>
> I – lhe faltar pedido ou causa de pedir;
>
> II – o pedido for indeterminado, ressalvadas as hipóteses legais em que se permite o pedido genérico;
>
> III – da narração dos fatos não decorrer logicamente a conclusão;
>
> IV – contiver pedidos incompatíveis entre si (...).

Aliás, o § 3º do art. 840 da CLT ao declinar que os pedidos que não forem certos, determinados e indicarem seu valor na petição inicial serão julgados extintos sem resolução de mérito, tratando-os como modalidade de inépcia da petição inicial[38].

Apesar de o C. TST entender que, nas hipóteses do art. 330 do CPC/15, deverá ocorrer o indeferimento liminar da petição inicial (Súmula nº 263), pensamos que,

36. Para maior aprofundamento nesse tema, remetemos o leitor ao capítulo de audiências (Capítulo 17).

37. No que tange ao beneficiário da Justiça gratuita, pensamos que não está obrigado a pagar as custas processuais do processo arquivado. Assim, caso lhe seja aplicado o § 3º do art. 844 da CLT, teremos dupla violação de acesso à Justiça, ou seja, no primeiro processo e especialmente no novo processo, já que, não tendo condições de arcar com as custas do processo anterior, ficará inviabilizado de acessar o Judiciário. MIESSA, Élisson. In: MIESSA, Élisson; CORREIA, Henrique. *Manual da reforma trabalhista*. 2. ed. Salvador: Juspodivm, 2018. p. 1050.

38. SILVA, Homero Batista Mateus da. Comentários à reforma trabalhista. São Paulo: Editora Revista dos Tribunais, 2017. p. 155.

sendo o vício sanável, juiz deverá conceder prazo para que o autor emende a inicial, indeferindo-a, de plano, somente na hipótese de vício insanável.

É importante observar que trata-se de pressuposto processual **intrínseco**, ou seja, analisado dentro da relação processual e de **validade** do processo.[39]

4.2.8. Citação válida

A **citação** é o "ato pelo qual são convocados o réu, o executado ou o interessado para integrar a relação processual" (CPC/2015, art. 238).

A citação do réu ou do executado é indispensável para a validade do processo, com exceção dos casos de indeferimento da petição inicial ou de improcedência liminar do pedido (CPC/2015, art. 239).

Trata-se, portanto, de pressuposto processual **intrínseco**, pois analisado na própria relação processual e de **validade** do processo[40].

O entendimento majoritário da doutrina é o de que o vício nesse ato processual gera nulidade absoluta *sui generis*, que excepcionalmente não se convalida com o trânsito em julgado, podendo ser alegado, inclusive, após o prazo da ação rescisória, por meio da ação de *querela nullitatis*. Isso quer dizer que se trata de vício que não será convalidado, salvo quando o pedido do autor for julgado improcedente, pois, nesse caso, não haverá a anulação do processo.[41]

4.2.9. Regularidade formal

Em regra, os atos e termos processuais não dependem de forma determinada (CPC/2015, art. 188). Em certos casos, porém, a legislação exige determinadas formalidades para a realização do ato. Nesses casos, a regularidade formal será pressuposto **de validade intrínseco.**

De todo modo, pelo princípio da instrumentalidade das formas, mesmo que haja determinação legal, pode o ato ser reputado válido, se, realizado de outro modo, preencher sua finalidade essencial. Assim, mesmo o ato que não tenha observado a forma prescrita em lei, mas, tenha atingido sua finalidade, será considerado válido.

---

39. Alguns autores incluem a petição inicial apta no pressuposto da regularidade formal. Por todos, DIDIER JR., Fredie. *Curso de Direito Processual Civil: introdução ao direito processual civil, parte geral e processo de conhecimento.* Salvador: Juspodivm, 2016. p. 342.

40. Alguns autores incluem a citação válida no pressuposto da regularidade formal. Por todos, DIDIER JR., Fredie. *Curso de Direito Processual Civil: introdução ao direito processual civil, parte geral e processo de conhecimento.* Salvador: Juspodivm, 2016. p. 342.

41. NEVES, Daniel Amorim Assumpção. *Manual de Direito Processual Civil.* 11. ed. Salvador: Juspodivm, 2019. p. 173.

5. PONTOS E QUESTÕES

As afirmações de fato e de direito feitas pelas partes em um processo são denominadas pontos.

Quando tais pontos são contrariados pela parte adversa surge a questão, que é, portanto, o ponto de fato ou de direito controvertido[42]. Essas questões serão analisadas pelo juízo na fundamentação da decisão, como dispõe o art. 489, II, do CPC/15[43].

Parte da doutrina entende que, além do ponto controvertido, questão também pode ser interpretada em um contexto mais amplo, significando o objetivo litigioso, ou seja, a questão principal do processo, assemelhando-se ao mérito[44]. Essa tese tem a virtude de alcançar aspectos que, embora não haja ponto controvertido, como na revelia, "a decisão judicial precise analisar determinados aspectos (como a verossimilhança da jornada de trabalho alegada na petição inicial e a existência de pressupostos processuais) para chegar à conclusão sobre a procedência, ou não, do pedido".[45]

6. QUESTÕES INCIDENTAIS E QUESTÕES PRINCIPAIS

As questões poderão ser incidentais ou principais.

As questões incidentais são as que, apesar de não corresponderem aos pedidos formulados pela parte autora (reclamante), devem ser analisadas para que as questões principais sejam decididas. Correspondem, portanto, ao fundamento para a solução de outras questões, decididas na fundamentação da sentença.[46]

> Exemplo: Reclamante postula o pagamento de multa de 40% do FGTS (questão principal). Incidentalmente, o juiz tem que verificar se a dispensa foi sem justa causa (questão incidental) a legitimar o pedido do reclamante. Noutras palavras, não há pedido acerca da dispensa sem justa causa, mas sua análise é pressuposto lógico para verificar o pedido formulado.

Em regra, as questões incidentais não ensejam a formação de coisa julgada, nos termos do art. 504 do CPC/15[47]. A exceção é prevista no art. 503, § 1º, do CPC/15:

---

42. ARAGÃO, Egas Dirceu Moniz de. *apud* DIDIER JR., Fredie. *Curso de direito processual civil: introdução ao direito processual civil, parte geral e processo de conhecimento.* 18. ed. Salvador: Juspodivm, 2016. p. 440. Nota de rodapé 5.
43. Art. 489. São elementos essenciais da sentença: (...)II – os fundamentos, em que o juiz analisará as questões de fato e de direito; (...).
44. DIDIER JR., Fredie. *Curso de direito processual civil: introdução ao direito processual civil, parte geral e processo de conhecimento.* 18. ed. Salvador: Juspodivm, 2016. p. 440. Nota de rodapé 5.
45. BERNARDES, Felipe. *Manual de Processo do Trabalho.* Salvador: Juspodivm, 2018. p. 194.
46. DIDIER JR., Fredie. *Curso de direito processual civil: introdução ao direito processual civil, parte geral e processo de conhecimento.* 18. ed. Salvador: Juspodivm, 2016. p. 440.
47. Art. 504. Não fazem coisa julgada: I – os motivos, ainda que importantes para determinar o alcance da parte dispositiva da sentença; II – a verdade dos fatos, estabelecida como fundamento da sentença.

Art. 503. A decisão que julgar total ou parcialmente o mérito tem força de lei nos limites da questão principal expressamente decidida.

§ 1º O disposto no caput aplica-se à resolução de questão prejudicial, decidida expressa e incidentemente no processo, se:

I – dessa resolução depender o julgamento do mérito;

II – a seu respeito tiver havido contraditório prévio e efetivo, não se aplicando no caso de revelia;

III – o juízo tiver competência em razão da matéria e da pessoa para resolvê-la como questão principal.

§ 2º A hipótese do § 1º não se aplica se no processo houver restrições probatórias ou limitações à cognição que impeçam o aprofundamento da análise da questão prejudicial.

As questões principais, por sua vez, são aquelas que correspondem a determinado pedido formulado na petição inicial. Essas questões não podem apenas ser conhecidas, devendo ser decididas.[48] Conforme previsto no *caput* do art. 503 do CPC/15[49], essas questões ensejam a formação de coisa julgada.

7. QUESTÕES PRELIMINARES E QUESTÕES PREJUDICIAIS

Em alguns casos, é possível que a resolução de determinada questão dependa da resolução de outra, havendo, entre elas, uma relação de subordinação. Nessas hipóteses, haverá uma questão subordinada (posterior) e a questão prévia ou subordinante (anterior).

As questões prévias podem ser divididas em:

- Preliminares ou;
- Prejudiciais.

A **questão preliminar** é aquela cuja solução cria ou remove obstáculo à análise da outra questão. Como regra, as preliminares não podem ser objeto de processo autônomo.

Exemplo: Em decorrência da ilegitimidade do reclamante, o processo foi extinto sem resolução do mérito. O acolhimento da ilegitimidade impede a análise do mérito.

As questões preliminares pode ser:

- preliminares ao conhecimento do mérito da causa (pressupostos processuais e condições da ação); e
- preliminares de recurso (pressupostos recursais).

48. DIDIER JR., Fredie. *Curso de direito processual civil: introdução ao direito processual civil, parte geral e processo de conhecimento.* 18. ed. Salvador: Juspodivm, 2016. p. 441.

49. Art. 503. A decisão que julgar total ou parcialmente o mérito tem força de lei nos limites da questão principal expressamente decidida. (...)

A **questão prejudicial**, por sua vez, é a que influenciará no resultado do julgamento da questão posterior (questão subordinada).

Exemplo: Pedido de reconhecimento do vínculo empregatício e o pagamento das verbas rescisórias. Sendo julgado improcedente o pedido de reconhecimento de vínculo, o pedido das verbas rescisórias também será julgado improcedente.

Desse modo, a questão preliminar, se acolhida, obsta a análise da outra questão, enquanto a questão prejudicial determina para onde o magistrado deve seguir (julga improcedente o pedido posterior quando o anterior for improcedente; julga procedente ou improcedente o pedido posterior quando o anterior for procedente).

Assim, a questão prejudicial não é capaz de influir ou não no julgamento da questão subordinada, mas sim no modo em que essa questão será julgada. A questão prejudicial poderá ser interna, quando ocorre no mesmo processo em que está a questão subordinada (como no exemplo anterior), ou externa, quando discutida em outro processo, tendo relevância especialmente para a suspensão do processo (CPC, art. 313, V, a)[50].

8. COGNIÇÃO

A cognição judicial é a análise/investigação realizada pelo órgão julgador no processo, resolvendo as questões que lhe são apresentadas. Ela pode ser feita em dois planos:

- horizontal { – plena; – limitada }
- vertical { – exauriente; – sumária }

No plano horizontal, verifica-se qual o objeto processual irá se conhecer, ou seja, quais as questões processuais e de mérito que serão objeto de análise pelo magistrado. Nesse caso, de acordo com a extensão permitida, a cognição poderá ser:

(a) **plena**, quando não houver limitação das questões que podem ser examinadas pelo juiz; ou

(b) **limitada ou parcial**, quando houver limitação do que o juiz pode conhecer.

50. DIDIER JR., Fredie. *Curso de direito processual civil: introdução ao direito processual civil, parte geral e processo de conhecimento.* 18. ed. Salvador: Juspodivm, 2016. p. 450.

Em geral, os procedimentos comuns são de cognição plena. A limitação da cognição ocorre em determinados procedimentos para que se possibilite maior celeridade.

O plano vertical diz respeito à profundidade de análise de cada objeto pelo magistrado. Nesse caso, a cognição poderá ser:

(a) **exauriente**, quando "fruto de um debate processual completo, com amplo contraditório e possibilidade de produção de provas pelos interessados"[51] ou

(b) **sumária/superficial**, quando decorrer de debate e contraditório incompletos como, por exemplo, na tutela provisória.

É importante destacar que apenas estão aptas para a formação de coisa julgada as questões que tiverem sido decididas com base em cognição exauriente.[52]

9. TIPOS OU FASES DO PROCESSO (SINCRETISMO PROCESSUAL)

Tradicionalmente, o processo era denominado de acordo com a natureza do provimento jurisdicional ao qual era destinado. Assim, no direito processual civil, a doutrina adotava as seguintes classificações: processo de conhecimento, processo de execução e processo cautelar.[53]

A partir das Leis nº 11.232/05 e 11.382/06, adotou-se o processo sincrético, de modo que, na mesma relação processual, passaram a ser desenvolvidas as atividades relacionadas à fase de conhecimento e de execução, não havendo a necessidade de dois processos autônomos.

Aliás, o CPC/15 não prevê mais a necessidade de instauração de um processo cautelar, podendo as tutelas cautelares serem concedidas tanto na fase de conhecimento quanto na fase de execução, não sendo necessário, portanto, um instituto autônomo.

No direito processual do trabalho, a doutrina sempre defendeu a existência do sincretismo processual, o que significa que a atividade executiva é realizada na mesma relação processual. Justifica-se o procedimento sincrético pela simplicidade e celeridade do procedimento, pelos princípios da duração razoável do processo, efetividade e acesso à justiça.[54]

Ainda que haja uma divisão das fases de conhecimento e execução, é importante salientar que poderão ser realizados atos executivos na fase de conhecimento, enquanto na fase de execução poderão ser realizados atos relativos à fase de conhecimento:

51. BERNARDES, Felipe. *Manual de Processo do Trabalho*. Salvador: Juspodivm, 2018. p. 196.

52. DIDIER JR., Fredie. *Curso de direito processual civil: introdução ao direito processual civil, parte geral e processo de conhecimento*. 18. ed. Salvador: Juspodivm, 2016. p. 453.

53. CINTRA, Antonio Carlos de Araújo; GRINOVER, Ada Pellegrini; DINAMARCO, Cândido Rangel. *Teoria geral do processo*. 31. ed. São Paulo: Malheiros Editores, 2015. p. 333.

54. SCHIAVI, Mauro. *Manual de direito processual do trabalho*. 12. ed. São Paulo: LTr, 2017. p. 1098.

Perceba-se, por exemplo, que na fase de conhecimento pode ser necessária a prática de algum ato executivo (modificação da realidade material), como a busca e apreensão de um documento importante para a instrução da causa, ou a efetivação de uma tutela provisória concedida liminarmente (CPC, art. 519).

De outro lado, na fase de execução (cumprimento de sentença) ou no processo de execução de título extrajudicial, também se exerce cognição quanto a questões processuais, vícios dos atos executivos, e eventualmente até quanto à validade e existência do direito material objeto de execução (CLT, art. 884, § 1º; CPC, art. 515, § 1º).[55]

Por fim, consigna-se que na execução de título extrajudicial, haverá a necessidade de um processo de execução e não simplesmente uma fase executiva.

10. SÚMULAS DO TST

Súmula nº 263 do TST. Petição inicial. Indeferimento. Instrução obrigatória deficiente. Salvo nas hipóteses do art. 330 do CPC de 2015 (art. 295 do CPC de 1973), o indeferimento da petição inicial, por encontrar-se desacompanhada de documento indispensável à propositura da ação ou não preencher outro requisito legal, somente é cabível se, após intimada para suprir a irregularidade em 15 (quinze) dias, mediante indicação precisa do que deve ser corrigido ou completado, a parte não o fizer (art. 321 do CPC de 2015).
Súmula nº 425 do TST. Jus Postulandi na Justiça do Trabalho. Alcance O *jus postulandi* das partes, estabelecido no art. 791 da CLT, limita-se às Varas do Trabalho e aos Tribunais Regionais do Trabalho, não alcançando a ação rescisória, a ação cautelar, o mandado de segurança e os recursos de competência do Tribunal Superior do Trabalho.

55. BERNARDES, Felipe. *Manual de Processo do Trabalho*. Salvador: Juspodivm, 2018. p. 197.

Capítulo 9

PARTES NO PROCESSO DO TRABALHO

1. CONCEITO

O conceito de partes, embora seja antigo, não encontra pacificação doutrinária.

Chiovenda entendia ser parte o sujeito que pede ou contra quem se pede a tutela jurisdicional, enquanto para Liebman, conceituando-a de forma mais ampla, é aquela que participa da relação processual em contraditório defendendo interesse próprio ou alheio, sendo sujeita de posições jurídicas ativas e passivas (faculdades, ônus, poderes, deveres, estado de sujeição).[1]

Parcela da doutrina atualmente busca adequar os dois conceitos, instituindo como parte da demanda a definição de Chiovenda, e partes do processo, a defendida por Liebman[2]. Assim, parte da demanda é aquela que pede e em face de quem se pede a tutela jurisdicional. O autor, aquele que pede. E o réu, em face de quem se pede.

No processo do trabalho, utiliza-se, em regra, a denominação reclamante para o autor e reclamado para o réu.

Além disso, em alguns procedimentos e fases do procedimento, a denominação pode ser alterada, como se verifica pelo quadro a seguir.

Procedimento ou fase processual	Autor	Réu
Reclamação trabalhista/fase conhecimento	Reclamante	Reclamado
Recursos	Recorrente, agravante etc.	Recorrido, agravado etc.
Liquidação	Liquidante	Liquidado
Execução	Exequente/credor	Executado/devedor
Embargos à execução	Embargante	Embargado
Dissídio coletivo	Suscitante	Suscitado
Mandado de segurança e *habeas corpus*	Impetrante	Impetrado
Inquérito para apuração de falta grave	Requerente	Requerido

1. NEVES, Daniel Amorim Assumpção. *Manual de direito processual civil.* 2. ed. Rio de Janeiro: Forense; São Paulo: Método, 2010. p. 91.

2. CÂMARA, Alexandre Freitas. *Lições de direito processual civil.* 18. ed. Rio de Janeiro: Lumen Juris, 2008. v. 1, P. 142-143.

2. CAPACIDADE DE SER PARTE

A **capacidade de ser parte** é a aptidão de ser titular de direitos e deveres. Está ligada à capacidade de direito ou de gozo. Havendo pessoa, há capacidade de ser parte.

A **pessoa física** adquire essa capacidade com o nascimento, embora a lei coloque a salvo, desde a concepção, os direitos do nascituro (CC, art. 2º). A **pessoa jurídica** passa a ter capacidade de ser parte com a inscrição de seus atos constitutivos no respectivo registro (CC, art. 45). Além disso, alguns **entes despersonalizados** também podem atuar como parte, tais como: o condomínio, a massa falida, o espólio etc.

3. CAPACIDADE PROCESSUAL

A **capacidade processual**, também chamada de capacidade de estar em juízo (legitimatio ad processum), é a aptidão para a prática de atos processuais **sem** a necessidade de assistência ou de representação. Está relacionada à capacidade de fato (de exercício), ou seja, à faculdade que tem a pessoa de praticar todos os atos da vida civil e de administrar os seus bens. Assim, tendo capacidade civil plena, consequentemente a parte terá capacidade processual.

Desse modo, os incapazes têm capacidade de ser parte, mas não capacidade processual, porque são assistidos ou representados em juízo.

Na seara trabalhista, a **capacidade plena dos empregados ocorre aos 18 anos de idade**, nos termos do art. 402 da CLT. Além disso, o Código Civil, aplicado ao direito do trabalho pela doutrina majoritária, admite a concessão da capacidade civil plena aos menores de 18 anos, na hipótese de emancipação[3], nos termos do art. 5º, parágrafo único, do CC, in verbis:

> Parágrafo único. Cessará, para os menores, a incapacidade:
>
> I – pela concessão dos pais, ou de um deles na falta do outro, mediante instrumento público, independentemente de homologação judicial, ou por sentença do juiz, ouvido o tutor, se o menor tiver dezesseis anos completos;
>
> II – pelo casamento;
>
> III – pelo exercício de emprego público efetivo;
>
> IV – pela colação de grau em curso de ensino superior;
>
> V – pelo estabelecimento civil ou comercial, ou pela existência de relação de emprego, desde que, em função deles, o menor com dezesseis anos completos tenha economia própria.

---

3. Atente-se, porém que, no âmbito do direito material do trabalho, a emancipação do menor de 18 anos não afasta as normas de proteção como, por exemplo, a relativa à proibição de trabalhar em ambientes insalubres ou perigosos ou mesmo as relacionadas à prescrição. BERNARDES, Felipe. *Manual de processo do trabalho*. Salvador: Juspodivm, 2018. p. 230.

Salienta-se que o **empregador também adquire capacidade processual aos 18 anos**, observando-se, ainda, a possibilidade de emancipação, como anunciado no artigo supracitado.

Em suma, os maiores de 18 anos, no livre exercício de seus bens, e os emancipados têm capacidade plena, ou seja, capacidade de ser parte e capacidade de estar em juízo.

3.1. Representação

Conforme anunciado no item anterior, não tem capacidade processual aquele que deve ser assistido ou representado em juízo.

Desse modo, algumas pessoas, em razão de incapacidade ou outro motivo descrito em lei, dependem de outras pessoas para a manifestação de sua vontade, dando origem à **representação legal**. Na representação, o representante age em nome e por conta do representado. É o que ocorre, por exemplo, com os incapazes, as pessoas jurídicas e entes despersonalizados.

3.1.1. Incapazes

O art. 71 do CPC/2015, aplicado subsidiariamente ao processo do trabalho, declina que "o incapaz será representado ou assistido por seus pais, por tutor ou por curador, na forma da lei".

Desse modo, os **absolutamente** incapazes, por não terem aptidão de praticar atos da vida civil, são **representados** em juízo. O art. 3º do CC, alterado pela Lei nº 13.146/15, elenca como incapazes os menores de dezesseis anos.

Os **relativamente** incapazes, por terem sua capacidade reduzida para certos atos ou à maneira de exercê-los, são **assistidos** em juízo. O art. 4º do CC, alterado pela Lei nº 13.146/15, dispõe que serão relativamente incapazes:

> I – os maiores de dezesseis e menores de dezoito anos;
>
> II – os ébrios habituais e os viciados em tóxicos;
>
> III – aqueles que, por causa transitória ou permanente, não puderem exprimir sua vontade;
>
> IV – os pródigos.

Difere-se representação de assistência, porque na **representação os atos são exercidos exclusivamente pelo representante** (ex., pais). Já na **assistência, o assistente verificará (assistirá) os atos praticados pelo assistido**, ratificando-os. "Em outras palavras, na assistência faz-se necessária a declaração de vontade de ambos (assistente e assistido), enquanto na representação basta a declaração de vontade do representante em substituição a do representado."[4]

---

4. SARAIVA, Renato. *Processo do Trabalho*. 5. ed. Rio do Janeiro: Forense; São Paulo: Método, 2009. p. 134-135.

Quantos aos menores, a **CLT não diferenciou representação de assistência**, utilizando de forma indiscriminada a nomenclatura representação. No entanto, a doutrina majoritária declina que são representados os menores de 16 anos, enquanto são assistidos os maiores de 16 anos e menores de 18 anos, desde que não sejam emancipados.

Representado	menores de 16 anos
Assistido	maiores de 16 anos e menores de 18 anos

Nos termos do art. 793 da CLT:

> **Art. 793.** A reclamação trabalhista do menor de 18 anos será feita por seus representantes legais e, na falta destes, pela Procuradoria da Justiça do Trabalho, pelo sindicato, pelo Ministério Público estadual ou curador nomeado em juízo.

Pelo referido dispositivo, vislumbra-se que a representação do menor de 18 anos é feita de forma **sucessiva**:

1) representantes legais (ex., pais etc.);
2) Ministério Público do Trabalho, antigamente denominado de Procuradoria da Justiça do Trabalho;
3) sindicato da categoria;
4) Ministério Público Estadual;
5) curador nomeado pelo juiz.

3.1.1.1. Atuação do Ministério Público do Trabalho x Defensoria Pública da União

Como visto pelo art. 793 da CLT, ele versa tão somente sobre a atuação do Ministério Público do Trabalho na hipótese de incapacidade por idade, nada declinando sobre as demais incapacidades. Portanto, nesse tópico, vamos analisar a atuação do Ministério Público do Trabalho nas demais incapacidades.

O ordenamento prevê a tutela dos interesses do incapaz de duas formas:

1) curadoria especial, antigo curador à lide;
2) atuação do Ministério Público (*parquet*) como fiscal da ordem jurídica.

A atuação como **curador especial** vem declinada no art. 72, I, do CPC/2015, o qual dispõe:

> **Art. 72.** O juiz nomeará curador especial ao:
>
> I – incapaz, se não tiver representante legal ou se os interesses deste colidirem com os daquele, enquanto durar a incapacidade; (...)

Quanto ao MPT, tal atuação vem descrita no art. 83, V, ao incluir entre suas atribuições a de "propor as ações necessárias à defesa dos direitos e interesses dos menores, incapazes e índios, decorrentes das relações de trabalho".

Por sua vez, a atuação como fiscal da ordem jurídica, visando à proteção dos direitos conferidos aos incapazes pelo ordenamento, está estabelecida no art. 178, II, do CPC/2015, in verbis:

> **Art. 178.** O Ministério Público será intimado para, no prazo de 30 (trinta) dias, intervir como fiscal da ordem jurídica nas hipóteses previstas em lei ou na Constituição Federal e nos processos que envolvam:
>
> (...)
>
> II – interesse de incapaz; (...)

Do mesmo modo, a LC nº 75/93 vaticina em seu art. 112 que "os Procuradores do Trabalho serão designados para funcionar junto aos Tribunais Regionais do Trabalho e, na forma das leis processuais, nos litígios trabalhistas que envolvam, especialmente, interesses de menores e incapazes"

Portanto, o art. 72, I, do CPC/2015 e o art. 83, V, da LC 75/93 versam sobre a atuação como curador especial, enquanto o art. 178, II, do CPC/2015 e art. 112 da LC nº 75/93 dizem respeito à atuação como órgão interveniente (fiscal da ordem jurídica).

A diferença entre as duas atuações é a seguinte:

- ao curador especial incumbe a defesa dos direitos que o ordenamento confere aos incapazes, vinculando-se, portanto, ao direito material;
- na atuação como órgão interveniente o Ministério Público deve zelar pela exata aplicação da ordem jurídica.

Nesse contexto, considerando que atuação como curador está ligada ao direito material conferido ao incapaz, a atuação do Ministério Público nessa condição deve ser meramente subsidiária, ou seja, enquanto não existir outro órgão incumbido de tal função.

Dessa forma, a atuação do parquet nessa condição leva-se em conta a chamada inconstitucionalidade progressiva, de maneira que os comandos legais que concedem atuação do MPT como curador especial vigoram até que tal atribuição seja conferida a outro órgão.

Necessário, portanto, verificar a LC nº 80/94, que organiza a Defensoria Pública da União, do Distrito Federal e dos Territórios, tornando-se cristalina a incumbência dessa instituição para atuar como curadora especial, inclusive perante a Justiça do Trabalho, nos termos dos arts. 4º, XVI, e 14 da referida Lei Complementar, in verbis:

> **Artigo 4º.** São funções institucionais da Defensoria Pública, dentre outras:
>
> (...)
>
> XVI – exercer a curadoria especial nos casos previstos em lei;
>
> **Artigo 14.** A Defensoria Pública da União atuará nos Estados, no Distrito Federal e nos Territórios, junto às Justiças Federal, **do Trabalho**, Eleitoral, Militar, Tribunais Superiores e instâncias administrativas da União. (grifo nosso)

No mesmo sentido é a posição da Câmara de Coordenação e Revisão do Ministério Público do Trabalho, proferida nos autos do procedimento PGT/CCR/199/2007, no qual figurava como interessada a PRT da 5ª Região, conforme excertos abaixo transcritos:

> CURADOR ESPECIAL. É atribuição da Defensoria Pública o exercício da Curadoria Especial, conforme indicação do inciso IV, Art. 4º da LC nº 80/94.
>
> PGT/CCR/Nº 393/2006 – Assunto: Atuação como curador Especial – Interessados PRT 1ª Região e MPT – Relator: Dr. Rogério Rodriguez Fernandez Filho. A Câmara de Coordenação e Revisão deliberou, por unanimidade, que com o advento da Lei Complementar nº 80/94, incumbe à Defensoria Pública, e não ao Ministério Público do Trabalho, atuar como curador especial, na hipótese tratada no inciso I, do art. 9º do Código de processo Civil; e, levando-se em consideração a inconstitucionalidade progressiva, cabe a cada Regional, segundo a existência e/ou efetividade da Defensoria Pública, num critério de conveniência e oportunidade, decidir sobre as providências a serem tomadas nos termos do voto do Exmo. Relator.

Portanto, nos dias atuais, a atuação como curador especial de trabalhador incapaz (salvo por idade), é de atribuição da Defensoria Pública da União, vez que busca tutelar o direto material do obreiro.

Sem prejuízo da necessária atuação do curador especial, o Ministério Público do Trabalho atuará como órgão interveniente mas, nesse caso, como defensor da exata aplicação da ordem jurídica. Queremos dizer, a Defensoria atua para tutelar o direito material do obreiro, enquanto ao MPT tutelará a aplicação correta do ordenamento.

Por fim, reiteramos que, em razão de a CLT possuir regra própria quanto à curatela especial nos casos de **incapacidade por idade** (art. 793), acreditamos que a sistemática anunciada anteriormente não é aplicável ao processo trabalhista nessa hipótese. Desse modo, quando se tratar de incapacidade por idade, a curadoria será realizada pelo Ministério Público do Trabalho. Já nos demais casos, a curadoria especial deverá ser realizada pela Defensoria Pública, sem prejuízo da atuação do MPT como fiscal da ordem jurídica.

3.1.2. Representação das pessoas jurídicas

As pessoas jurídicas, por não conseguirem manifestar sua vontade sem a atuação da pessoa física, são "presentadas" em juízo, por meio de seus representantes, ativa e passivamente, nos termos do art. 75 do CPC/2015.

Tratando-se de pessoas jurídicas de direito privado, a "presentação" será por meio do representante designado nos atos constitutivos ou, não havendo essa designação, por seus diretores (CPC/2015, art. 75, VIII).

No que tange às pessoas jurídicas de direito público, a União é representada pela Advocacia-Geral da União, diretamente ou mediante órgão vinculado (CPC/2015, art. 75, I). Os Estados e o Distrito Federal são representados em juízo pelos seus procuradores (CPC/2015, art. 75, II). O Município, por seu prefeito ou procurador (CPC/2015, art. 75, III). Além disso, as autarquias e fundações públicas são representadas por quem a lei do ente federado designar (CPC/2015, art. 75, IV). Assim, podemos esquematizar da seguinte forma:

Pessoa jurídica de direito público	Representação
União	Advocacia-Geral da União
Estados, Distrito Federal	Procuradores
Municípios	Prefeito ou procuradores
Autarquias e fundações	Por quem a lei do ente federado designar

3.1.2.1. Representação das autarquias e fundações

De acordo com o TST, as autarquias e fundações públicas **apenas** podem ser representadas pelos procuradores dos estados ou municípios se designados pela lei da respectiva unidade da federação (art. 75, IV, do CPC/2015) ou se investidos de instrumento de mandato válido, conforme dispõe a OJ nº 318 da SDI-I do TST:

> **Orientação Jurisprudencial nº 318 da SDI-I do TST.** Autarquia. Fundação Pública. Legitimidade para recorrer. Representação processual.
>
> I – Os Estados e os Municípios não têm legitimidade para recorrer em nome das autarquias e das fundações públicas.
>
> II – Os procuradores estaduais e municipais podem representar as respectivas autarquias e fundações públicas em juízo somente se designados pela lei da respectiva unidade da federação (art. 75, IV, do CPC de 2015) ou se investidos de instrumento de mandato válido.

Isso ocorre porque as autarquias e as fundações públicas não se confundem com as pessoas jurídicas de direito público integrantes da Administração direta (União, Estados e municípios).

Sendo pessoas jurídicas distintas, a legitimidade recursal é da própria autarquia ou da fundação pública, vez que é a parte vencida no processo (CPC/15, art. 966, *caput*).

Ademais, o art. 9º da Lei nº 9.469/97 dispõe que as autarquias e as fundações públicas são representadas em juízo, inclusive para recorrer, pelos procuradores que fazem parte de seu quadro. Além disso, a partir do CPC de 2015 essa representação foi ampliada, como se dispõe o art. 75, IV, *in verbis*:

Art. 75. Serão representados em juízo, ativa e passivamente:

(...)

IV – a autarquia e a fundação de direito público, por quem a lei do ente federado designar.

Percebe-se por este dispositivo que as autarquias e fundações de direito público serão representadas em juízo **por quem a lei do ente federado designar**.

Desse modo, a lei do ente federado pode designar que os procuradores da administração pública representem em juízo as autarquias e as fundações públicas, ou seja, nada obsta, por exemplo, de uma lei estadual permitir que determinada autarquia estadual seja representada pelos procuradores estaduais.

Isso se justifica porque, além de o art. 75, IV do CPC/15 ser expresso nesse sentido, a Constituição Federal não criou óbice a que o Estado organize a sua representação processual por meio de seus procuradores e que os ocupantes da carreira possam representar os órgãos da administração indireta[5].

Com efeito, as autarquias e as fundações públicas podem ser representadas por procuradores de seu próprio quadro ou por quem a lei do ente federado designar. Nesses casos, por decorrerem da lei, o procurador não precisa apresentar mandato judicial (Súmula nº 436 do TST).

Pode ocorrer, ainda, de as autarquias e fundações públicas, excepcionalmente, constituírem advogados (públicos ou privados) que não fazem parte de seus quadros ou não estejam designados na lei do ente federado. Nessas hipóteses, como a representação não decorre da lei, é necessária a apresentação de mandato judicial válido[6], inclusive se for procurador do estado ou do município.

Em resumo, há duas possibilidades de os procuradores dos estados ou municípios representarem em juízo as autarquias e fundações públicas:

1 – se investidos de mandato válido (advogado constituído);

2 – se designados pela lei da respectiva unidade da federação (art. 75, IV, do CPC de 2015).

3.1.3. Representação em audiência

Nas audiências das reclamações trabalhistas, exige-se, como **regra, a presença obrigatória das próprias partes** (ex., empregado e empregador). A CLT, porém, cria algumas exceções, como se observa pelo art. 843, in verbis:

5. TST, RR 196800-74.2008.5.15.0067. Quinta Turma. Rel. Min. Emmanoel Pereira. DEJT 26.3.2013; E-RR-143100-98.2007.5.02.0062. Relatora Ministra Rosa Maria Weber. DEJT 27.8.2010; E-ED-AIRR-236940-08.2005.5.02.0039. Relator Ministro Luiz Philippe Vieira de Mello Filho. DEJT 12.3.2010; E-ED-A-RR-546800-09.2006.5.15.0153. Relatora Ministra Maria de Assis Calsing. DEJT 26.2.2010.
6. TST, E-AIRR 151140-44.2007.5.04.0020. Primeira Subseção de Dissídios Individuais. Rel. Min. Augusto Cesar Leite de Carvalho. DEJT 16.8.2013.

Art. 843. Na audiência de julgamento deverão estar presentes o reclamante e o reclamado, independentemente do comparecimento de seus representantes salvo, nos casos de Reclamatórias Plúrimas ou Ações de Cumprimento, quando os empregados poderão fazer-se representar pelo Sindicato de sua categoria.

§ 1º. É facultado ao empregador fazer-se substituir pelo gerente, ou qualquer outro preposto que tenha conhecimento do fato, e cujas declarações obrigarão o proponente.

§ 2º. Se por doença ou qualquer outro motivo poderoso, devidamente comprovado, não for possível ao empregado comparecer pessoalmente, poderá fazer-se representar por outro empregado que pertença à mesma profissão, ou pelo seu sindicato.

§ 3º O preposto a que se refere o § 1º deste artigo não precisa ser empregado da parte reclamada.

Verifica-se pelo dispositivo supracitado as seguintes exceções:

1. Representação do empregado pelo sindicato nas reclamações plúrimas

Reclamação plúrima é aquela em que existe mais de um reclamante no polo ativo da reclamação, ou seja, há um litisconsórcio ativo. Exemplo: 15 empregados da empresa X ajuízam uma única reclamação trabalhista, postulando o pagamento das horas extras. Nessa hipótese, admite o dispositivo que o trabalhador possa ser "representado" pelo sindicato da categoria.

Na realidade, o que acontece nesse caso é a escolha de alguns trabalhadores para representar os demais na audiência, denominada de "comissão de representantes", comparecendo juntamente com o sindicato da categoria. Essa representação é meramente fática, porque o sindicato não poderá transigir, confessar etc.[7]

2. Representação do empregado pelo sindicato nas ações de cumprimento

A ação de cumprimento serve para fazer cumprir o estabelecido no dissídio coletivo, nas convenções e nos acordos coletivos (Súmula nº 286 do TST)[8].

Nesse caso, o próprio sindicato poderá ajuizar a ação para que o empregador conceda, por exemplo, a cesta básica constante do acordo coletivo de trabalho.

Aqui, embora a lei fale em representação, na verdade trata-se de substituição processual, porque o sindicato vai a juízo em nome próprio defender direitos dos trabalhadores.

3. Representação do empregado por outro empregado que pertença à mesma profissão

O art. 843, § 2º, da CLT admite que o empregado possa ser representado por outro empregado que pertença à mesma profissão ou pelo sindicato na audiência, nos casos de doença ou qualquer outro motivo ponderoso[9].

---

7. LEITE, Carlos Henrique Bezerra. *Curso de direito processual do trabalho.* 9. ed. São Paulo: LTr, 2011. p. 418.

8. Súmula nº 286 do TST. Sindicato. Substituição processual. Convenção e acordo coletivos. A legitimidade do sindicato para propor ação de cumprimento estende-se também à observância de acordo ou de convenção coletivos.

9. Embora a lei decline motivo poderoso, a doutrina reconhece que o correto é motivo ponderosa, ou seja, relevante, digno de atenção, convincente.

Há divergência na doutrina relacionada ao alcance dessa representação.

Para parte da doutrina, que pensamos estar a razão, o representante poderá apenas requerer o adiamento da audiência, impedindo, portanto, o seu arquivamento[10]. Noutras palavras, o empregado ou o sindicato que comparecem na audiência têm apenas a função de impedir o arquivamento do processo, não podendo praticar outros atos processuais. Aqui, portanto, o que se permite é que outro empregado ou o sindicato vá a juízo somente para informar que o empregado estava doente ou que não pôde comparecer à audiência; há representação só para esse ato, ou seja, apenas para adiar a audiência, diferentemente da representação sindical para todo o processo.

Para outra parcela da doutrina, o representante poderá praticar os atos processuais no interesse do representado devendo, para isso, ter conhecimento dos fatos discutidos em juízo[11]. Portanto, para essa tese, a representação não fica limitada ao adiamento da audiência, sob pena de não ter nenhuma utilidade tal dispositivo, já que o próprio advogado do empregado poderá apresentar o atestado médico e pedir a redesignação da audiência. Desse modo, para essa faceta da doutrina o representante do reclamante tem os mesmos poderes do preposto da empresa, podendo confessar e transigir[12].

Em resumo, nos termos da CLT, percebe-se que o empregado pode ser representado em audiência nas seguintes hipóteses:

Sindicato	Empregado da mesma profissão
Reclamações plúrimas	Doença ou qualquer outro motivo ponderoso
Ações de cumprimento	
Doença ou qualquer outro motivo ponderoso	

4. REPRESENTAÇÃO DO EMPREGADOR PELO PREPOSTO

O empregador poderá ser substituído na audiência por gerente ou preposto, conforme dispõe o art. 843, § 1º, da CLT.

Embora o referido dispositivo exija apenas que o preposto tenha conhecimento dos fatos, o C. TST, antes da Lei nº 13.467/17, impunha mais um requisito, qual seja: deveria ser empregado da empresa, nos termos da Súmula nº 377 do TST, *in verbis*:

10. Nesse sentido: CARRION, Valentin, 2005 *apud* SCHIAVI, Mauro. *Manual de Direito Processual do Trabalho*. 9. ed. São Paulo: LTr, 2015. p. 576; LEITE, Carlos Henrique Bezerra. *Curso de Direito Processual do Trabalho*. 12. ed. São Paulo: LTr, 2014. p. 479.

11. Nesse sentido: SCHIAVI, Mauro. *Manual de Direito Processual do Trabalho*. 9. ed. São Paulo: LTr, 2015. p. 577-578.

12. Por todos SCHIAVI, Mauro. *Manual de direito processual do trabalho*. 6. ed. São Paulo: LTr, 2013. p. 520-521.

Súmula nº 377 do TST. Preposto. Exigência da condição de empregado

Exceto quanto à reclamação de empregado doméstico, ou contra micro ou pequeno empresário, o preposto deve ser necessariamente empregado do reclamado. Inteligência do art. 843, § 1º, da CLT e do art. 54 da Lei Complementar nº 123, de 14 de dezembro de 2006.

Portanto, a regra era que o preposto deveria ser empregado da empresa. Excepcionalmente, **não** havia necessidade de o preposto ser empregado desde que se tratasse de:

a) empregador doméstico;

b) pequena e microempresa.

A Lei nº 13.467/17, contudo, acrescentou o § 3º ao art. 843 da CLT, passando a estabelecer, expressamente, que **não há necessidade de que o preposto seja empregado da parte reclamada**, alterando totalmente o entendimento firmado pelo TST, o que provocará o cancelamento da Súmula nº 377 do TST.

Esse dispositivo deverá ser aplicado às audiências trabalhistas realizadas após 11.11.2017 (data de vigência da Lei nº 13.467/17 - TST-IN nº 41/2018, art. 12, § 1º).

De qualquer maneira, o preposto deve ter conhecimento dos fatos. Não há necessidade de ter presenciado os fatos, podendo ter conhecimento por informações de terceiros[13]. Contudo, não tendo o preposto conhecimento dos fatos, haverá incidência da confissão ficta (CPC/2015, arts. 386 e 389), que poderá ser afastada por meio de prova em contrário, nos termos da Súmula 74, II, do TST.

O preposto tem a função de substituir o empregador na audiência, exaurindo sua atividade neste ato. Assim, poderá exercer todos os atos necessários na audiência, tais como realizar propostas de acordo, apresentar defesa oral, prestar depoimento pessoal e aduzir razões finais. Por outro lado, acabada a audiência, não poderá praticar outros atos processuais como, por exemplo, interpor recursos.

Caso o empregador não se faça representar adequadamente (p. ex., ausência de carta de preposição), não haverá incidência imediata dos efeitos da revelia, devendo o magistrado possibilitar ao reclamado a oportunidade de sanar sua irregularidade, nos termos do art. 76 do CPC/2015[14], que é embasado no princípio da primazia da decisão de mérito.

Por fim, cabe registrar que o Regulamento Geral do Estatuto de Advocacia e OAB estabelece, em seu art. 3º, que "é defeso ao advogado funcionar no mesmo processo, simultaneamente, como patrono e preposto de empregador ou cliente". Impede, portanto, que o advogado atue como preposto e advogado de modo concomitante. Nesse sentido, também prevê o art. 12, § 3º da IN nº 41 do TST.

---

13. PEREIRA, Leone. *Manual de processo do trabalho*. São Paulo: Saraiva, 2011. p. 443.

14. No mesmo sentido: OLIVEIRA, Francisco Antônio de. *Comentários às súmulas do TST*. 9. ed. rev. e atual. São Paulo: Editora Revista dos Tribunais, 2008. p. 667 e PINTO, Raymundo Antonio Carneiro. *Súmulas do TST comentadas*. 11. ed. São Paulo: LTr, 2010. 296.

5. CAPACIDADE POSTULATÓRIA E O *JUS POSTULANDI*

Capacidade postulatória, como o próprio nome já indica, é a possibilidade de postular em juízo (ex.: ajuizar a reclamação trabalhista, fazer defesa, interpor recurso etc). No processo civil, a capacidade postulatória, em regra, é restrita aos advogados.

No **processo do trabalho**, porém, admite-se que o empregado e o empregador postulem em juízo pessoalmente, ou seja, sem a necessidade de advogado. É o que se denomina de jus postulandi das partes. Noutras palavras, **o *jus postulandi* é a possibilidade de as próprias partes irem a juízo, sem serem representadas por advogados**, conforme declina o caput do art. 791 da CLT:

> **Art. 791.** Os empregados e os empregadores poderão reclamar pessoalmente perante a Justiça do Trabalho e acompanhar as suas reclamações até o final.

Consigna-se que o ***jus postulandi* se aplica aos empregados e empregadores, inclusive no dissídio coletivo (CLT, art. 839, a).**

Contudo, o Tribunal Superior do Trabalho **não permite** o jus postulandi em alguns casos, exigindo, nessas hipóteses, que a parte seja representada por advogado, como se verifica pela Súmula nº 425 do TST, a seguir:

> **Súmula nº 425 do TST.** Jus postulandi na Justiça do Trabalho. Alcance
>
> O jus postulandi das partes, estabelecido no art. 791 da CLT, limita-se às Varas do Trabalho e aos Tribunais Regionais do Trabalho, não alcançando a ação rescisória, a ação cautelar, o mandado de segurança e os recursos de competência do Tribunal Superior do Trabalho.

Pela análise da súmula anterior, percebe-se que o jus postulandi está **restrito às Varas do Trabalho e aos Tribunais Regionais do Trabalho não tendo aplicação:**

a) nos recursos de competência do TST (seja recurso de natureza extraordinária, seja recurso de natureza ordinária);

b) na ação rescisória;

c) na ação cautelar[15];

d) no mandado de segurança.

Repete-se: nessas hipóteses é obrigatória a participação do advogado.

Além disso, a doutrina entende **inaplicável** o jus postulandi **nos embargos de terceiros, recursos de peritos e depositários**[16]. Do mesmo modo, o TST já decidiu que na reclamação, descrita no art. 988 do CPC/15, não se aplica o jus postulandi (Informativo nº 150 do TST).

Aliás, com a vigência da Lei nº 13.467/17 (Reforma Trabalhista), o jus postulandi não é aplicado nos processos de jurisdição voluntária para a homologação de acordo

15. Com o advento do Novo CPC essa hipótese deverá ser excluída da Súmula, já que não existe mais processo cautelar autônomo.
16. MARTINS, Sérgio Pinto. *Comentários à CLT*. 13. ed. São Paulo: Atlas, 2009. p. 820.

extrajudicial, vez que o art. 855-B, caput, da CLT, expressamente, exige a presença do advogado.

Quanto à aplicação do jus postulandi nas ações **não decorrentes da relação de emprego**, a doutrina diverge:

- **1ª tese** (majoritária antes da Lei nº 13.467/17): inaplicável, pois a IN nº 27/2005 do TST determina que, nessa hipótese, o pagamento de honorários advocatícios decorre da mera sucumbência, o que significa que, implicitamente, exigiu a presença do advogado. Com a inserção do art. 791-A à CLT pela Lei nº 13.467/17 (Reforma Trabalhista), concedendo os honorários advocatícios pela mera sucumbência tanto nas relações de emprego, como nas não decorrentes da relação de emprego, pensamos que essa tese fica prejudicada, devendo prevalecer a 2ª tese;
- **2ª tese** (minoritária): é aplicável, pois nas relações de trabalho *lato sensu* são aplicadas as mesmas regras procedimentais que na relação de emprego[17].

Por fim, salienta-se que, extrapolada a seara trabalhista, não há aplicação do jus postulandi. Dessa forma, na interposição do recurso extraordinário, de competência do STF, ou no conflito de competência que o STJ seja competente, a parte depende da presença do advogado.

Desse modo, podemos resumir a aplicação do jus postulandi da seguinte forma:

Jus Postulandi	
Aplicável	• empregados; e • empregadores.
Não aplicável	• nos recursos de competência do TST; • na ação rescisória; • na ação cautelar; • no mandado de segurança; • nos embargos de terceiros; • recursos de peritos e depositários; • reclamação (CPC/2015, art. 988); • processos de jurisdição voluntária para homologação de acordos extrajudiciais; • nas relações de trabalho*; e • quando extrapolada a seara trabalhista. (*) Como essa tese é majoritária, por ora, mantivemos como não aplicável. No entanto, a partir da vigência da Lei nº 13.467/17, como visto, é possível que esse entendimento seja alterado.

17. Enunciado nº 67 da 1ª Jornada de Direito Material e Processual do Trabalho: *JUS POSTULANDI.* ART. 791 DA CLT. RELAÇÃO DE TRABALHO. POSSIBILIDADE. A faculdade de as partes reclamarem, pessoalmente, seus direitos perante a Justiça do Trabalho e de acompanharem suas reclamações até o final, contida no artigo 791 da CLT, deve ser aplicada às lides decorrentes da relação de trabalho.

> **Atenção:**
>
> Nos dissídios coletivos é **facultada** aos interessados a assistência por advogado (CLT, art. 791, § 2º), ou seja, aplica-se o *jus postulandi* nos dissídios coletivos.

6. BENEFÍCIO DA JUSTIÇA GRATUITA

6.1. Conceito

O benefício da justiça gratuita consiste na possibilidade de a parte postular em juízo sem ter de arcar com as despesas do processo, ante sua insuficiência de recursos.

Referido benefício tem como objetivo possibilitar o acesso à justiça de pessoas que não possuam recursos financeiros, de modo que o custo do processo não seja obstáculo para se ter acesso à ordem jurídica.

O benefício da justiça gratuita e assistência judiciária gratuita são direitos fundamentais do jurisdicionado, estando previstos no art. 5º, LXXIV, da Constituição Federal de 1988, in verbis:

> o Estado prestará assistência jurídica integral e gratuita aos que comprovarem insuficiência de recursos.

6.2. Benefício da Justiça Gratuita X Assistência Judiciária Gratuita

O **benefício da justiça gratuita** não se confunde com a **assistência judiciária gratuita**. Este é gênero e aquele espécie.

A assistência judiciária gratuita é o direito de postular em juízo sem ter de pagar as despesas do processo e os honorários ao seu advogado, concedido àquele que está em estado de miserabilidade. Noutras palavras, na assistência judiciária gratuita o beneficiário da justiça gratuita (que não paga as despesas do processo) não pagará também os honorários de seu advogado.

Na Justiça comum, não tendo a pessoa condições de arcar com o pagamento dos honorários de seu advogado, poderá se valer da Defensoria Pública ou, na sua falta, de convênio firmado com a Ordem dos Advogados do Brasil. Percebe-se que nesse caso a pessoa necessitada não precisará pagar os honorários de seu advogado.

No processo do trabalho, embora o art. 14 da LC nº 80/94 admita a atuação da Defensoria Pública junto à Justiça laboral, a Lei nº 5.584/70, em seu art. 14, declina que "na Justiça do Trabalho, a assistência judiciária a que se refere a Lei nº 1.060, de 5 de fevereiro de 1950, será prestada pelo sindicato da categoria profissional a que pertencer o trabalhador", "ainda que não seja associado ao sindicato da categoria" (art. 18 da Lei 5.584/70). Portanto, no âmbito laboral, sempre se defendeu que a assistência judiciária gratuita era prestada pelo sindicato.

Com a chegada da Lei nº 13.467/17, no entanto, esse cenário deve ser alterado.

A Constituição Federal de 1988, em seu art. 5º, LXXIV, impôs ao Estado o dever de prestar "assistência jurídica integral e gratuita aos que comprovarem insuficiência de recursos".

Trata-se, pois, de dever dirigido ao **Estado** e não aos particulares.

Tanto é assim que a Constituição Federal de 1988 incumbiu à Defensoria Pública "fundamentalmente, a orientação jurídica, a promoção dos direitos humanos e a defesa, em todos os graus, judicial e extrajudicial, dos direitos individuais e coletivos, de forma integral e gratuita, aos necessitados, na forma do inciso LXXIV do art. 5º desta Constituição Federal" (art. 134).

Embora o art. 14 da LC nº 80/94 admita a atuação da Defensoria Pública junto à Justiça laboral, como dito, sempre se atribuiu ao sindicato referida assistência no processo do trabalho, por dois fundamentos:

1) resquícios do regime anterior à Constituição Federal, em que os sindicatos auxiliavam o Estado na prestação de serviços públicos;
2) pelo art. 14 da Lei nº 5.584/70, que impõe a assistência judiciária gratuita ao sindicato.

No que tange ao primeiro fundamento, tais resquícios foram mantidos pela CLT em razão da contribuição sindical obrigatória. É que, antes da Lei nº 13.467/17, sendo a contribuição obrigatória para todos os integrantes da categoria, o art. 592 da CLT impunha que ela fosse destinada, entre outros objetivos, a custear a assistência jurídica (incisos I, a, II, a, III, a e IV, a), o que era reforçado pelo o art. 514, b, da CLT ao estabelecer como dever do sindicato o de "manter serviços de assistência jurídica para os associados".

Contudo, com a alteração dos arts. 578, 579 e 582 da CLT e, consequentemente, com a extinção da contribuição sindical obrigatória, pensamos que tais resquícios deixam de existir, de modo que o sindicato, sendo pessoa jurídica de direito privado, deixa de ter o dever legal de prestar **gratuitamente** a assistência judiciária.

Nada obsta e tudo recomenda que o sindicato, em seu estatuto, conceda tal assistência, mas nesse caso será por disposição estatutária e não legal.

O segundo fundamento também não subsiste.

O art. 14 da Lei nº 5.584/70 estabelece que:

> **Art. 14.** Na Justiça do Trabalho, a assistência judiciária a que se refere a Lei nº 1.060, de 5 de fevereiro de 1950, será prestada pelo Sindicato da categoria profissional a que pertencer o trabalhador.
>
> § 1º A assistência é devida a todo aquele que perceber salário igual ou inferior ao dobro do mínimo legal, ficando assegurado igual benefício ao trabalhador de maior salário, uma vez provado que sua situação econômica não lhe permite demandar, sem prejuízo do sustento próprio ou da família. (...)

No entanto, referido artigo (caput e § 1º) foi revogado tacitamente pela Lei nº 10.288/01, ao incluir o § 10 no art. 789 da CLT, com a seguinte redação:

> § 10. O sindicato da categoria profissional prestará assistência judiciária gratuita ao trabalhador desempregado ou que perceber salário inferior a cinco salários mínimos ou que declare, sob responsabilidade, não possuir, em razão dos encargos próprios e familiares, condições econômicas de prover à demanda. (Incluído pela Lei nº 10.288, de 2001)

Esse dispositivo foi posteriormente revogado pela Lei nº 10.537/02, dando nova redação aos arts. 789 e seguintes da CLT. Assim, sendo certo que não houve expressa restauração do art. 14, caput e § 1º, da Lei nº 5.584/70, não há falar em repristinação, tendo em vista que o ordenamento brasileiro veda a repristinação tácita, como descreve o art. 2º, § 3º do Decreto-Lei nº 4.657, de 4 de setembro 1942 (LINDB).

Pensamos, portanto, que, com o advento da Lei nº 13.467/17, a assistência judiciária gratuita exercida pelo sindicato deixa de ser obrigatória, podendo ser desempenhada quando prevista no estatuto da entidade, com os requisitos por ele estabelecidos.

Por sua vez, a assistência judiciária gratuita obrigatória passa a ser dever da Defensoria Pública da União, por força do art. 14 da LC nº 80/94.

6.3. Sujeitos beneficiários

Como visto, o benefício da justiça gratuita tem como finalidade permitir o acesso à justiça àqueles que não tiverem recursos financeiros.

Nesse contexto, o benefício pode contemplar pessoas físicas e jurídicas, como bem descreve o caput do art. 98 do CPC/2015, in verbis:

> **Art. 98.** A pessoa natural ou jurídica, brasileira ou estrangeira, com insuficiência de recursos para pagar as custas, as despesas processuais e os honorários advocatícios tem direito à gratuidade da justiça, na forma da lei.

Cabe destacar que, embora o art. 790, § 3º, da CLT dê a impressão de que o benefício será deferido apenas ao empregado, já que, como regra, é ele que recebe salário, a jurisprudência trabalhista, com fundamento no art. 5º, LXXIV, da CF/88, posicionou-se no sentido de deferir o benefício da justiça gratuita ao empregador seja pessoa física, seja pessoa jurídica[18] (CPC/2015, art. 98; Súmula nº 463, II, do TST). Aliás, o § 4º do art. 790 da CLT ao usar a expressão "insuficiência de recursos", desvinculando-se das expressões sustento próprio ou de sua família, tem o nítido objetivo de alcançar as pessoas jurídicas que não se enquadravam a acepção jurídica do termo pobreza.

---

18. No mesmo sentido a Súmula nº 481 do STJ: "Faz jus ao benefício da justiça gratuita a pessoa jurídica com ou sem fins lucrativos que demonstrar sua impossibilidade de arcar com os encargos processuais".

Tal benefício confere o acesso à justiça brasileira, sendo, portanto, indiferente se a parte é brasileira ou estrangeira, bastando que estejam atuando em processo judicial (CPC/2015, art. 98).

No que tange ao **empregador beneficiário da justiça gratuita**, é importante observar que o C. TST passou, reiteradamente, a decidir pela exigência depósito recursal nessa hipótese, sob o fundamento de que o depósito recursal possui natureza de garantia do juízo, e não de taxa ou emolumento, de modo que o art. 98, 1º, VIII, do CPC/2015, não contempla o depósito recursal[19]. Contudo, a Lei nº 13.467/17 deve modificar esse entendimento do E. TST, vez que incluiu o § 10 no art. 899 da CLT passando a isentar, expressamente, o beneficiário da justiça gratuita do depósito recursal.

Por fim, consigna-se que o benefício da justiça gratuita é pessoal, de modo que "não se estende a litisconsorte ou a sucessor do beneficiário, salvo requerimento e deferimento expressos" (CPC, art. 99, § 6º).

6.4. Abrangência da gratuidade

Embora o art. 790, § 4º, da CLT indique que o beneficiário da justiça gratuita ficará isento do pagamento tão somente das custas processuais, pensamos que o termo foi utilizado de forma atécnica, devendo ser interpretado como despesas processuais.

Desse modo, aplicável subsidiariamente ao processo do trabalho o art. 98, § 1º, do CPC/2015, compreendendo a gratuidade da justiça:

> I – as taxas ou as custas judiciais;
>
> II – os selos postais;
>
> III – as despesas com publicação na imprensa oficial, dispensando-se a publicação em outros meios;
>
> IV – a indenização devida à testemunha que, quando empregada, receberá do empregador salário integral, como se em serviço estivesse;
>
> V – as despesas com a realização de exame de código genético – DNA e de outros exames considerados essenciais;
>
> VI – os honorários do advogado e do perito e a remuneração do intérprete ou do tradutor nomeado para apresentação de versão em português de documento redigido em língua estrangeira;
>
> VII – o custo com a elaboração de memória de cálculo, quando exigida para instauração da execução;
>
> VIII – os depósitos previstos em lei para interposição de recurso, para propositura de ação e para a prática de outros atos processuais inerentes ao exercício da ampla defesa e do contraditório;

19. Nesse sentido os seguintes precedentes do C. TST: TST-E-ED-RR – 61200-96.2010.5.13.0025, Relator Ministro: João Batista Brito Pereira, Subseção I Especializada em Dissídios Individuais, DEJT 24/08/2012; TST-E-ED--RR-45600-16.2007.5.05.0008, Relatora Ministra: Maria de Assis Calsing, Subseção I Especializada em Dissídios Individuais, DEJT 18/03/2011; TST-AIRR-956-72.2011.5.18.0141, Relator Ministro: Lelio Bentes Corrêa, 1ª Turma, DEJT 17/08/2012; TST-AIRR-332-54.2010.5.03.0083, Relator Ministro: Walmir Oliveira da Costa, 1ª Turma, DEJT 19/12/2011.

IX – os emolumentos devidos a notários ou registradores em decorrência da prática de registro, averbação ou qualquer outro ato notarial necessário à efetivação de decisão judicial ou à continuidade de processo judicial no qual o benefício tenha sido concedido. (CPC/2015, art. 98, § 1º, do CPC/2015)

Trata-se de rol meramente exemplificativo, não obstando de outras despesas serem contempladas, caso sirvam de obstáculo ao acesso à ordem jurídica.[20]

A concessão do benefício da justiça gratuita, porém, **não isenta o beneficiário do pagamento**, no final, das multas que lhe foram impostas ao longo do processo (CPC/2015, art. 98, § 4º), como é o caso, por exemplo, da multa pela reiteração de embargos de declaração protelatório (CPC, art. 1.026, § 3º). Isso ocorre porque é dever dos sujeitos que atuam no processo, inclusive do beneficiário da justiça gratuita, agir de forma ética, preservando a lealdade entre as partes e conservando o princípio da boa-fé.

6.5. Concessão parcial da gratuidade e parcelamento

O benefício da justiça gratuita sempre foi aplicado no sentido de atingir todas as despesas processuais. O CPC/15 inova sobre o assunto, permitindo que o magistrado possa modular a concessão do benefício. Desse modo, o art. 98, § 5º, do CPC/2015 permite que o benefício da justiça gratuita seja concedido:

1) em relação a algum ato processual;

2) em relação a todos os atos processuais;

3) para reduzir percentual das despesas processuais que o beneficiário tiver de adiantar no curso do processo (CPC/2015, art. 98, § 5º).

4) para que o beneficiário da justiça gratuita parcele as despesas processuais que tiver de adiantar (CPC/2015, art. 98, § 6º).

Considerando, no entanto, que as despesas processuais no processo do trabalho são pagas depois do trânsito em julgado, ou seja, não há adiantamento, entendemos ser inaplicáveis na seara trabalhista os itens 3 e 4.[21]

6.6. Isenção total do pagamento x Isenção do adiantamento das despesas processuais

No processo civil o benefício da justiça gratuita é utilizado como um facilitador de acesso à justiça[22], afastando ao beneficiário apenas a responsabilidade provisória de

20. DIDIER JR., Fredie; OLIVEIRA, Rafael Alexandria de. *Benefício da justiça gratuita*. 6. ed. Salvador: Editora Juspodivm, 2016. p. 27.

21. Entendendo serem inaplicáveis todas as hipóteses de modulação no processo do trabalho, vez que a gratuidade nessa seara atinge todos os atos processuais. ALMEIDA, Cleber Lúcio de. *Direito processual do trabalho*. 6. ed. São Paulo: LTr, 2016. p. 342.

22. NERY Jr., Nelson; NERY, Rosa Maria de Andrade. *Comentários ao Código de Processo Civil*. São Paulo: Editora Revista dos Tribunais, 2015. p. 473.

arcar com a antecipação das despesas processuais, quando a parte não tiver recursos financeiros. Isso não significa que ficará isento do pagamento dessas despesas no final do processo, caso vencido.

No processo do trabalho, o benefício da justiça gratuita sempre foi visto como a isenção do pagamento das despesas processuais, como expressamente declina o art. 790-A, caput, da CLT. Não se fala, pois, em simples facilitador de acesso à justiça. Isso se justifica porque, nessa seara, não se impõe a antecipação de despesas processuais, o que significa que o acesso à Justiça laboral é gratuito, seja para o empregado, seja para o empregador. Desse modo, como as despesas processuais são exigidas depois do trânsito em julgado (CLT, art. 789, § 1º), o beneficiário da justiça gratuita fica isento de pagá-las.

A Lei nº 13.467/17, contudo, foge a essa realidade e cria uma nova sistemática para o beneficiário da justiça gratuita na seara laboral.

Mantém a gratuidade de acesso à Justiça do Trabalho, impedindo a obrigação de antecipar as despesas processuais, e a natureza de isenção do pagamento das despesas pelo beneficiário (CLT, art. 790, caput). No entanto, sendo o beneficiário da justiça gratuita **vencido,** deverá suportar o pagamento:

a) **dos honorários periciais**, caso seja sucumbente no objeto da perícia e tenha obtido créditos capazes de suportar tais honorários, ainda que o recebimento dos créditos derive de outro processo (CLT, art. 790-B, § 4º).

b) **dos honorários sucumbenciais**, caso tenha obtido créditos capazes de suportar tais honorários, ainda que o recebimento dos créditos derive de outro processo. Não existindo créditos a receber, o débito ficará com a exigibilidade suspensa, somente podendo ser executado se nos 2 anos subsequentes ao trânsito em julgado o credor demonstrar que deixou de existir a situação de insuficiência de recursos que justificou a concessão da gratuidade (CLT, art. 791-A, § 4º).

c) **das custas processuais**, na hipótese de não apresentar, no prazo de 15 dias, motivo legalmente justificável para sua ausência na audiência inaugural (CLT, art. 844, § 2º).

Vê-se por essa nova sistemática que, nas hipóteses dos honorários periciais e dos honorários advocatícios, haverá condenação do beneficiário da justiça gratuita ao pagamento de tais verbas, o qual ficará condicionado ao preenchimento dos requisitos dos arts. 790-B, § 4º, e 791-A, § 4º, da CLT. Nesses casos, portanto, deixa de ser isenção para se transformar em dispensa provisória da responsabilidade.

Cumpre destacar que essa nova sistemática imposta pela Lei nº 13.467/17, exigindo o pagamento dos honorários periciais e advocatícios pelo beneficiário da justiça gratuita vencido, quando tiver algum crédito a receber, embora tenha como fundamento desestimular ações temerárias, acaba violando o princípio da igualdade material, na medida em que **inibe indiretamente o acesso à ordem jurídica dos menos favorecidos.**

Como bem pondera a doutrina, os jurisdicionados devem ser analisados sob três ângulos diferentes: hipossuficiente, economicamente suficiente e hipersuficiente:

> Se para o economicamente suficiente pode servir de útil fator inibidor de demandas infundadas, **para o hipossuficiente pode significar bloqueio intransponível a obstar toda e qualquer ação**, enquanto que, para o rico, o risco de arcar com as verbas da sucumbência sequer será levado em conta, ao decidir se irá a juízo[23] (grifo nosso).

Nesse contexto, o critério objetivo criado pelo legislador (receber outros créditos capazes de suportar as despesas, no mesmo ou em outro processo) não significa que o beneficiário tem condições de arcar com tais despesas sem atingir seu próprio sustento ou de sua família, até porque, em regra, as ações são ajuizadas quando o trabalhador está desempregado, de modo que as verbas recebidas (na sua grande maioria, salariais) suprem seu próprio sustento.

Aliás, as causas de natureza cível, que não têm a hipossuficiência e a vulnerabilidade reconhecidas na sua base, como ocorre no processo do trabalho, possuem mecanismos de gratuidade plena (Juizados Especiais, antes da fase recursal). Mesmo o CPC não tem regra semelhante à inserida na CLT. A Lei nº 13.467/17 cria, portanto, norma desproporcional aos interesses tutelados na seara laboral.

Com efeito, a nosso juízo, o **critério objetivo** instituído nos arts. 790-B, § 4º e 791-A, § 4º, da CLT viola o acesso à justiça (CF/88, art. 5º, LXXIV) e o princípio da igualdade, sob seu aspecto material (CF/88, art. 5º, caput).

Por esses e outros argumentos, a Procuradoria Geral da República ajuizou a ADI 5.677 requerendo a declaração de inconstitucionalidade da expressão "ainda que beneficiária da justiça gratuita" inserida no caput e § 4º do art. 790-B e no § 2º do art. 844 da CLT, bem como da expressão "desde que não tenha obtido em juízo, ainda que em outro processo, créditos capazes de suportar a despesa", descrita no § 4º do art. 791-A da CLT.

De qualquer maneira, pensamos que a manutenção do dispositivo não afasta a possibilidade de o julgador, **no caso concreto**, entender que o montante das verbas recebidas retira do reclamante a condição de beneficiário, impondo-lhe o pagamento das despesas. Noutras palavras, a interpretação de tais dispositivos conforme a Constituição Federal não pode ser literal (receber créditos capazes de suportar as despesas), exigindo análise do caso concreto para verificar se tais créditos não atingem o próprio sustento do reclamante ou de sua família.

---

23. MARCACINI, Augusto Tavares Rosa. *Assistência jurídica, assistência judiciária e justiça gratuita*. Rio de Janeiro: Forense, 1996. p. 55.

Além disso, não inviabiliza que a obrigação de pagar honorários advocatícios fique sob condição suspensiva pelo prazo de 2 anos a contar do trânsito em julgado da sentença. No entanto, somente será obrigado a pagá-los se o credor demonstrar que deixou de existir a situação de insuficiência de recursos. Em outros termos, o simples fato de receber alguma verba no processo ou em outro processo não pode ser capaz de impor o pagamento dos honorários advocatícios ao beneficiário da justiça, dependendo da demonstração da alteração da sua situação de hipossuficiente. É essa inclusive a lógica do processo civil, ou seja, apenas se perder a qualidade de hipossuficiente que o beneficiário da justiça gratuita poderá ser executado sobre as despesas processuais e honorários sucumbenciais (CPC, art. 98, § 3º).

Por fim, suponhamos que o crédito a ser recebido em determinado processo pode retirar a condição de beneficiário do reclamante, servindo para pagar os honorários advocatícios e periciais de outro processo, ou seja, crédito de um processo para pagar honorários em outro processo. Nesse caso, indaga-se: quem deve analisar se o crédito será utilizado para realizar o pagamento dos honorários? O juízo do processo em que foi constituído o crédito do trabalhador ou o juízo onde se irá realizar o pagamento os honorários?

A nosso ver, pensamos que a decisão da utilização ou não dos créditos para o pagamento dos referidos honorários é de competência do juízo do processo em que sao devidos os honorários (débito) e não do juízo que possui o crédito, uma vez que é aquele que concede o benefício da justiça gratuita e, consequentemente, será o competência para retirar tal benefício. Desse modo, na hipótese divergência entre os dois juízes sobre liberar ou não o valor, haverá conflito de competência (CLT, art. 808), devendo ser resolvido a favor do juízo em que os honorários advocatícios ou periciais são devidos.

6.7. Características do benefício da justiça gratuita

O art. 790, §§ 3º e 4º, da CLT estabelece que:

> § 3º É facultado aos juízes, órgãos julgadores e presidentes dos tribunais do trabalho de qualquer instância conceder, a requerimento ou de ofício, o benefício da justiça gratuita, inclusive quanto a traslados e instrumentos, àqueles que perceberem salário igual ou inferior a 40% (quarenta por cento) do limite máximo dos benefícios do regime geral de previdência social.
>
> § 4º O benefício da justiça gratuita será concedido à parte que comprovar insuficiência de recursos para o pagamento das custas do processo.

Analisando referidos parágrafos, é possível extrair as seguintes características do benefício da justiça gratuita:

1) Pode ser deferido a requerimento ou de ofício

De plano, é necessário destacar que, enquanto no processo civil a concessão do benefício depende de requerimento da parte interessada (CPC/2015, art. 99, caput), no processo do trabalho, mesmo com as alterações realizadas pela Lei nº 13.467/17 no artigo 790, §§ 3º e 4º, da CLT, o benefício da justiça gratuita continua podendo ser deferido **de ofício** ou por requerimento da parte.

No caso de requerimento, sendo **pessoa natural**, a parte ou seu advogado podem fazer declaração de hipossuficiência econômica, desde que, na hipótese do advogado, esteja munido de procuração com poderes específicos para esse fim, nos termos do art. 105 do CPC (Súmula nº 463, I, do TST).

Já no caso de pessoa jurídica, não basta a mera declaração: é necessária a demonstração cabal de impossibilidade de a parte arcar com as despesas do processo (Súmula nº 463, II, do TST).

2) pode ser concedido em qualquer instância;

Isso ocorre porque o benefício da justiça gratuita é fruto do estado econômico da parte, podendo, portanto, advir a qualquer tempo.

Não há, pois, preclusão para o pedido de concessão do benefício da justiça gratuita.

Nesse contexto, o item I da OJ nº 269 da SDI-I do TST declina que "o benefício da justiça gratuita pode ser requerido em qualquer tempo ou grau de jurisdição, desde que, na fase recursal, seja o requerimento formulado no prazo alusivo ao recurso".

Verifica-se que o C. TST fez uma ressalva quanto a seu requerimento na fase recursal, admitindo-o apenas quando formulado dentro do prazo recursal. Isso ocorre porque o pagamento das custas processuais estabelecidas na decisão é um pressuposto recursal. Assim, se a parte não requerer o benefício da justiça gratuita no prazo alusivo ao recurso, este será considerado deserto, prejudicando os demais atos processuais. Exemplo:

> Sentença não reconhece o vínculo de emprego e, consequentemente, as horas extras postuladas, condenando o reclamante ao pagamento das custas processuais. Diante disso, o reclamante interpõe recurso ordinário sem o recolhimento das custas processuais. O juiz de primeiro grau intima-o para efetuar o recolhimento, mantendo-se inerte o recorrente. Desse modo, denega-se seguimento ao recurso, ante a deserção. Assim, o reclamante interpõe agravo de instrumento para destrancar o recurso ordinário, requerendo nesta oportunidade o benefício da justiça gratuita. Nesse caso, como não houve pagamento das custas processuais no momento adequado, ficará mantida a deserção do recurso ordinário prejudicando a análise do agravo de instrumento.

É importante destacar que isso não significa que o benefício da justiça gratuita não poderá ser concedido após o prazo recursal. Como visto, ele pode ser requerido e concedido a qualquer tempo, inclusive após o prazo recursal. Agora, o que precisa ficar claro é que a concessão do benefício depois do vencimento do prazo recursal será incapaz de restaurar o recurso não conhecido por ausência do pagamento das custas processuais (deserção), tendo em vista que a concessão tem efeito *ex nunc*.

Ademais, o art. 99, § 7º do CPC/2015, estabelece que o requerimento da justiça gratuita na fase recursal dispensa o recorrente da comprovação do preparo. Noutras palavras, caso o pedido de gratuidade da justiça seja postulado no recurso, poderá recorrer sem pagar as custas processuais. Caso seu pedido seja indeferido, deverá ser fixado prazo para o pagamento do preparo.

Já defendíamos a aplicação desse dispositivo ao processo do trabalho[24], o que foi acolhido pelo C. TST, por meio da Resolução nº 219/2017, ao acrescentar na OJ nº 269 da SDI-I o item II, que prevê: "indeferido o requerimento da justiça gratuita formulado na fase recursal, cumpre ao relator fixar prazo para que o recorrente efetue o preparo (art. 99, § 7º, do CPC de 2015[25])".

Esse entendimento afasta o elemento surpresa do indeferimento e o consequente não conhecimento do recurso. A concessão de prazo para pagamento respalda-se no princípio da boa-fé objetiva, bem como no princípio da primazia da decisão de mérito. Conforme assevera Daniel Amorim Assumpção Neves: "seria claramente ofensivo ao princípio do contraditório se a decisão do relator gerasse imediatamente a deserção do recurso. Por outro lado, não teria sentido exigir o preparo do beneficiário de gratuidade para ele não correr o risco da deserção".[26]

Do exposto, conclui-se que o benefício da justiça gratuita poderá ser requerido e concedido em qualquer fase processual, desde que, na fase recursal, seja postulado no prazo alusivo ao recurso, sob pena de deserção. Ademais, caso o requerimento seja indeferido na fase recursal, deverá ser fixado prazo pelo relator para que o recorrente realize o recolhimento das custas processuais.

Atenção:

O art. 789, § 1º, da CLT permite o pagamento das custas e sua comprovação nos autos dentro do prazo do recurso e não, necessariamente, no momento de sua interposição.

3) deferimento independe de a parte estar assistida pelo sindicato ou advogado particular

O benefício da justiça gratuita está ligado tão somente à isenção do pagamento das despesas processuais, ante a incapacidade financeira da parte, esteja ela assistida ou não pelo sindicato. É por isso que mesmo aquele que possui advogado particular pode ser beneficiário da justiça gratuita (CPC, art. 99, § 4º).

---

24. MIESSA, Élisson; CORREIA, Henrique. *Súmulas e Orientações Jurisprudenciais do TST comentadas e organizadas por assunto.* 8.ed. Salvador: Editora Juspodivm, 2016. p. 1.007.

25. CPC/2015, art. 99, § 7º Requerida a concessão de gratuidade da justiça em recurso, o recorrente estará dispensado de comprovar o recolhimento do preparo, incumbindo ao relator, neste caso, apreciar o requerimento e, se indeferi-lo, fixar prazo para realização do recolhimento.

26. NEVES, Daniel Amorim Assumpção. *Novo Código de Processo Civil comentado.* Salvador: Editora Juspodivm, 2016. p. 159.

Aliás, estar assistido por advogado particular não significa necessariamente que a parte tem recurso financeiro, vez que o "advogado particular pode ter pactuado o pagamento de honorários no êxito ou mesmo pode estar patrocinando a causa gratuitamente".[27]

4) O requerente deve perceber salário igual ou inferior a 40% do limite máximo dos benefícios do Regime Geral de Previdência Social ou comprovar que não tem condições de arcar com as despesas do processo

O art. 790, § 3º, da CLT, **antes** da Lei nº 13.467/17, previa que o benefício da justiça gratuita seria concedido às partes que percebessem salário igual ou inferior ao dobro do mínimo legal, ou declarassem, sob as penas da lei, que não estavam em condições de pagar as custas do processo sem prejuízo do sustento próprio ou de sua família.

Observa-se que o dispositivo trazia dois critérios para a concessão do benefício:

a) salário igual ou inferior ao dobro do mínimo legal; ou

b) ausência de condições de pagar as custas do processo sem prejuízo do sustento próprio ou de sua família.

Nota-se que o segundo requisito (ausência de condições de pagar as custas do processo sem prejuízo do sustento próprio ou de sua família) era similar ao conceito previsto no art. 2º, parágrafo único, da Lei nº 1.060/50 (revogado pelo art. 1.072, III, do CPC/2015). O CPC/15 ampliou esse conceito ao descrever que o benefício da justiça gratuita será deferido àqueles que tiverem "insuficiência de recursos para pagar as custas, as despesas processuais e os honorários advocatícios" (CPC/2015, art. 98, caput). Tal ampliação teve, entre outros objetivos, alcançar as pessoas jurídicas, já que o sustento próprio ou da família, por óbvio, está ligado à pessoa física. De todo modo, esse segundo requisito permitia e permite maior flexibilização à concessão do benefício.

Interpretando o art. 98, caput, do CPC/2015, a doutrina indica que:

> Não se exige miserabilidade, nem estado de necessidade, nem tampouco se fala em renda familiar ou faturamento máximos. É possível que uma pessoa natural, mesmo com boa renda mensal, seja merecedora do benefício, e que também o seja aquele sujeito que é proprietário de bens imóveis, mas não dispõe de liquidez.
>
> A gratuidade judiciária é um dos mecanismos de viabilização do acesso à justiça; não se pode exigir que, para ter acesso à justiça, o sujeito tenha que comprometer significativamente a sua renda, ou tenha que se desfazer de seus bens, liquidando-os para angariar recursos e custear o processo.

27. DIDIER JR., Fredie; OLIVEIRA, Rafael Alexandria de. *Benefício da justiça gratuita*. 6. ed. Salvador: Editora Juspodivm, 2016. p. 71.

A lei não fala em números, não estabelece parâmetros. O sujeito que ganha boa renda mensal pode ser tão merecedor do benefício quanto aquele que sobrevive à custa de programas de complementação de renda[28].

Observa-se, portanto, que na Justiça Comum, o direito processual tem flexibilizado o principal pressuposto para que a parte seja beneficiária do benefício da justiça gratuita, qual seja, a insuficiência de recursos, ampliando, portanto, sua abrangência.

Com o advento da Lei nº 13.467/17, aparentemente, o legislador não buscou ampliar a concessão do benefício da justiça gratuita e, consequentemente, o acesso à justiça, de modo que duas correntes surgirão para interpretar os §§ 3º e 4º do art. 790 da CLT.

- **1ª corrente**: os §§ 3º e 4º do art. 790 da CLT devem ser interpretados de forma cumulada, ou seja, permite-se a concessão do benefício da justiça gratuita apenas quando se tratar de salário igual ou inferior a 40% do limite máximo dos benefícios do Regime Geral de Previdência Social e desde que comprove tal condição. Portanto, a concessão somente deriva de critério objetivo.
- **2ª corrente**: os §§ 3º e 4º do art. 790 da CLT devem ser interpretados de forma separada (independente), viabilizando a concessão do benefício por dois critérios alternativos: **objetivo** (perceber salário igual ou inferior a 40% do limite máximo dos benefícios do Regime Geral de Previdência Social) ou **subjetivo** (comprovar a insuficiência de recursos para o pagamento das custas do processo).

A nosso ver a segunda corrente deve prevalecer, tendo em vista o art. 5º, XXXV e LXXIV, da CF/88. Além disso, o § 4º, interpretado isoladamente, permite que se conceda o benefício da justiça gratuita às pessoas jurídicas, uma vez que estas não possuem salário, tornando inaplicável o critério objetivo do parágrafo 3º. Ora, se as pessoas jurídicas podem se valer isoladamente do § 4º do art. 790, por óbvio, a pessoa física também poderá, sob pena de violação do princípio da igualdade.

Em resumo, com a chegada da Lei nº 13.467/17, pensamos que pouco muda, permitindo a concessão do benefício da justiça gratuita em duas hipóteses:

1) àqueles "que perceberem salário igual ou inferior a 40% (quarenta por cento) do limite máximo dos benefícios do Regime Geral de Previdência Social", nos termos do § 3º do art. 790.

2) aos que comprovarem insuficiência de recursos para arcar com as custas do processo, nos termos do § 4º do art. 790 da CLT.

28. DIDIER JR., Fredie; OLIVEIRA, Rafael Alexandria de. *Benefício da justiça gratuita*. 6. ed. Salvador: Editora Juspodivm, 2016. p. 60.

6.7.1. Época do salário a ser observado

Como dito, o § 3º do art. 790 da CLT concede o benefício da justiça gratuita aos que perceberem salário igual ou inferior a 40% (quarenta por cento) do limite máximo dos benefícios do Regime Geral de Previdência Social.

A época de se definir o valor do salário a ser considerado para a incidência desse dispositivo pode gerar controvérsia: o auferido durante o contrato de trabalho (prestação de serviços) ou o recebido no momento do requerimento do benefício?

Parte da jurisprudência encontrou solução paliativa tomando como base a faixa salarial que o empregado auferia na época do contrato de trabalho[29], facilitando assim a comprovação dos valores recebidos. Pensamos que esse entendimento decorre de análise da Lei nº 6.707/79 que alterou o § 1º da Lei nº 1.060/50, a qual dispensava a declaração de pobreza quando existente contrato de trabalho comprobatório de que o trabalhador percebesse salários igual ou inferior ao dobro do mínimo legal.

Tal norma, no entanto, não subsiste nos dias atuais, de modo que acreditamos que deverá ser considerado o salário recebido na época do requerimento do benefício, não importando os valores que foram recebidos durante da prestação de serviços, vez que a miserabilidade ou a insuficiência de recursos é um estado de fato, detectado durante a relação processual. Essa situação torna-se relevante, pois diversos casos discutidos na Justiça do Trabalho ocorrem quando o reclamante se encontra desempregado.

6.8. Comprovação de insuficiência de recursos

A necessidade de comprovação da insuficiência de recursos para a concessão do benefício da justiça gratuita é tema que evoluiu consideravelmente no direito brasileiro.

Com a chegada da Lei º 13.467/17 a matéria é novamente provocada, motivo pelo qual faremos uma análise prévia do histórico dessa evolução, antes de verificarmos efetivamente a mudança ocorrida com referida lei, iniciando pelo Código de Processo Civil de 1939.

6.8.1. Comprovação pela pessoa física

6.8.1.1. Histórico

O CPC de 1939 possuía capítulo próprio para tratar do benefício da justiça gratuita. Em seu art. 72 impunha que a parte que pretendia a concessão do benefício deveria mencionar, na petição, o rendimento ou vencimentos que percebia e os seus

29. SILVA, Homero Batista Mateus da. *Curso de direito do trabalho aplicado: V. 9 – Processo do trabalho*. 2. ed. São Paulo: Editora Revista dos Tribunais, 2015. p. 118.

encargos pessoais e de família, destacando que quem prestasse declarações falsas seria punido na forma da lei penal.

Na mesma diretriz, a Lei nº 1.060/50, ao regulamentar o benefício da justiça gratuita, incumbiu à parte que almejava gozar do benefício o dever de mencionar na petição o rendimento ou vencimento que percebia, os encargos próprios e os da sua família.

Nessa época, a petição deveria ser instruída por um atestado que constasse ser o requerente necessitado, não podendo pagar as despesas do processo. Este atestado era expedido pela autoridade policial ou pelo prefeito municipal. Nas capitais dos Estados e no Distrito Federal, o atestado da competência do prefeito poderia ser expedido por autoridade expressamente designada por ele.

Em 1970, a Lei nº 5.584 – embora tratando de contexto mais amplo, ou seja, da assistência jurídica –, em seu art. 14, §§ 2º e 3º, passou a declinar que a situação econômica do trabalhador seria comprovada por meio de atestado fornecido pelo Ministério do Trabalho e Emprego[30] e, em sua falta, pelo Delegado de Polícia. Além disso, expôs que a assistência seria devida a todo aquele que percebesse salário igual ou inferior ao dobro do mínimo legal, ficando assegurado igual benefício ao trabalhador de maior salário, uma vez provado que sua situação econômica não lhe permite demandar, sem prejuízo do sustento próprio ou da família.

Ato contínuo, a Lei nº 6.654/79 incluiu o § 3º, no art. 4º, da Lei nº 1.060/50, descrevendo que a apresentação da carteira de trabalho, em que o juiz verificasse a necessidade da parte, substituiria os referidos atestados.

No mesmo ano, a Lei nº 6.707/79 alterou o art. 4º, § 1º do art. 4º da Lei nº 1.060/50, declinando que o atestado seria expedido pela autoridade policial ou pelo prefeito municipal, sendo dispensada a vista de contrato de trabalho comprobatório de que o trabalhador percebesse salários igual ou inferior ao dobro do mínimo legal regional.

Até esse momento, portanto, no processo do trabalho, exigia-se a comprovação da insuficiência de recursos por dois meios:

- **atestado de pobreza** expedido pelo Ministério do Trabalho e Emprego[31] e, em sua falta, pelo Delegado de Polícia, sendo admitido ainda o expedido pela autoridade policial ou pelo prefeito municipal;
- **contrato de trabalho** que demonstrasse o recebimento de salário igual ou inferior ao dobro do mínimo legal.

Em 1986 houve verdadeira revolução nesse quadro histórico.

30. Atualmente consiste na Secretaria Especial de Previdência e Trabalho do Ministério da Economia.

31. Atualmente consiste na Secretaria Especial de Previdência e Trabalho do Ministério da Economia.

A Lei nº 7.510/86 modificou o art. 4º da Lei nº 1.060/50, passando a permitir a concessão do benefício da justiça gratuita mediante simples declaração de que o requerente não estava em condições de pagar as custas do processo e os honorários de advogado, sem prejuízo próprio ou de sua família, presumindo-se verdadeira a declaração, até prova em contrário (§ 1º).

Afastou-se, pois, a necessidade de atestado de pobreza expedido por autoridade pública, exigindo simples declaração no sentido de que não tem condições de arcar com as despesas do processo.

Em seguida foi promulgada a Constituição Federal de 1988 que, exaltando os direitos fundamentais, impõe que "o Estado prestará assistência jurídica integral e gratuita aos que comprovarem insuficiência de recursos" (art. 5º, LXXIV).

Poder-se-ia entender que a Constituição Federal retrocedeu, exigindo a comprovação da insuficiência de recursos. No entanto, acompanhando as lúcidas lições de Fredie Didier Jr. e Rafael Alexandria de Oliveira,

> (...) não se poderia admitir que justamente a Constituição Federal de 1988, de bases eminentemente voltadas para o social, pudesse incorrer em tamanho retrocesso. A se entender assim, ter-se-ia que voltar ao regramento anterior a 1950, exigindo-se dos requerentes a prova da sua situação de insuficiência de recursos, com inevitável restrição ao amplo e irrestrito acesso à justiça, consagrado no inciso XXXV do mesmo art. 5º da Constituição Federal. Não é o que entendemos ter ocorrido.[32]

Nesse contexto e já embasado no art. 5º, incisos XXXV e LXXIV, da CF/88, o C. TST reconheceu a revogação tácita dos §§ 2º e 3º do art. 14 da Lei nº 5584/70, razão pela qual passou a aplicar integralmente o disposto no art. 4º da Lei 1.060/50, ou seja, dispensou a exigência de atestado para demonstrar a situação econômica da parte, bastando uma simples declaração feita pela parte ou pelo seu procurador (OJ nº 304 da SDI-I, atualmente cancelada em razão da aglutinação ao item I da Súmula 463 do TST).

No mesmo sentido, o legislador em 2002, por meio da Lei nº 10.537/02, incluiu o § 3º no art. 790 da CLT, viabilizando a concessão do benefício da justiça gratuita àquele que declarasse que não tinha condições de pagar as custas do processo sem prejuízo do sustento próprio ou de sua família. Além disso e fincado na cultura laboral iniciada pela Lei 5.584/70, também permitiu a concessão do benefício àqueles que percebessem salário igual ou inferior ao dobro do mínimo legal.

De qualquer maneira, o dispositivo autorizou os critérios alternativos:

- simples declaração de insuficiência de recursos; ou
- recebimento de salário igual ou inferior ao dobro do mínimo legal.

32. DIDIER JR., Fredie; OLIVEIRA, Rafael Alexandria de. *Benefício da justiça gratuita*. 6. ed. Salvador: Editora Juspodivm, 2016. p. 68.

Seguindo a mesma tendência de facilitar o acesso à justiça, o CPC/15 declina que a alegação de insuficiência deduzida exclusivamente por pessoa natural será considerada verdadeira (art. 99, § 3º), permitindo que o pedido possa ser formulado na petição inicial, na contestação, na petição para ingresso de terceiro no processo ou em recurso (art. 99, caput) e, se o pedido for superveniente à primeira manifestação da parte na instância, por simples petição (art. 99, § 1º). Apenas passou a estabelecer que, caso a alegação seja feita pelo advogado, este deve ter poderes específicos para tanto (CPC/2015, art. 105).

Desse modo, o C. TST permitiu que a declaração de insuficiência econômica fosse feita por simples afirmação do declarante ou do seu advogado, desde que, neste último caso, esteja munido de procuração com poderes específicos para esse fim (Súmula nº 463, I, do TST).

6.8.1.2. Lei nº 13.467/2017

A evolução histórica feita no tópico anterior é de extrema relevância para que se possam entender e interpretar adequadamente o art. 790, §§ 3º e 4º, da CLT, inseridos pela Lei nº 13.467/17, os quais vaticinam:

> § 3º É facultado aos juízes, órgãos julgadores e presidentes dos tribunais do trabalho de qualquer instância conceder, a requerimento ou de ofício, o benefício da justiça gratuita, inclusive quanto a traslados e instrumentos, àqueles que perceberem salário igual ou inferior a 40% (quarenta por cento) do limite máximo dos benefícios do Regime Geral de Previdência Social.
>
> § 4º O benefício da justiça gratuita será concedido à parte que **comprovar** insuficiência de recursos para o pagamento das custas do processo. (Grifo nosso)

Em uma análise literal desses dispositivos, poder-se-ia chegar à conclusão de que a partir do advento da referida lei, no processo do trabalho, somente na hipótese de o requerente receber salário igual ou inferior a 40% do limite máximo dos benefícios do Regime Geral de Previdência Social haverá presunção legal de insuficiência de recursos. Nos demais casos, a declaração de insuficiência de recursos deixa de ter presunção de veracidade, impondo sua **comprovação.**

Essa interpretação remonta a período anterior ao CPC de 1939 ou, no máximo, ao início da vigência deste Código, quando o trabalhador deveria mencionar na petição o rendimento ou o vencimento que percebia e os encargos próprios e de sua família.

Não me parece que o legislador tenha tido essa intenção, vez que, tratando de lei que buscou modernizar as relações de trabalho, não estaria pensando em retornar a um contexto histórico da década de 1930.

Aliás, essa discussão já foi levantada, como dissemos, na época da promulgação da Constituição Federal de 1988, quando o art. 5º, LXXIV, passou a exigir a comprovação da insuficiência de recursos.

Tal como já interpretada a Constituição Federal, essa comprovação não impõe ao necessitado o ônus de provar sua incapacidade financeira, sob pena de inevitável restrição do acesso à justiça, consagrado como direito fundamental (CF/88, art. 5º, XXXV).

É por isso que o CPC/2015 cria a presunção legal de que se presume "verdadeira a alegação de insuficiência deduzida exclusivamente por pessoa natural" (art. 99, § 3º).

Ora, se no processo civil existe referida presunção, com maior razão há de incidir no processo do trabalho, em que a hipossuficiência do trabalhador é patente, sendo decorrência lógica do próprio direito do trabalho.

Desse modo, pensamos ser inevitável a aplicação supletiva[33] do Código de Processo Civil (art. 15), incidindo-se assim o art. 99, § 3º, do CPC/2015 e, consequentemente, atraindo para o processo laboral a presunção legal de veracidade da declaração de insuficiência de recursos feita pela pessoa física.[34]

Ainda que não se concorde em aplicar ao processo do trabalho a presunção legal do art. 99, § 3º, do CPC/2015, é sabido que a presunção também pode ser judicial. Nas palavras do doutrinador Daniel Amorim Assumpção Neves:

> Presunção legal é aquela estabelecida expressamente em lei, sendo tarefa do legislador a indicação de correspondência entre o fato indiciário e o fato presumido, podendo ser a presunção relativa ou absoluta. Presunção judicial é aquela realizada pelo juiz no caso concreto, com a utilização das máximas de experiência, permitindo-se a conclusão de ocorrência ou existência de um fato não provado em razão da prova do fato indiciário, fundado naquilo que costuma logicamente ocorrer (grifos no original).[35]

Com efeito, não se pode negar que, ordinariamente, o trabalhador não possui condições financeiras de arcar com outras despesas senão as de seu próprio sustento e de sua família, incidindo a presunção judicial.

A simples declaração de insuficiência de recursos feita pela pessoa física é, portanto, **eficaz** para incidir a presunção legal ou judicial.[36]

Agora se indaga: diante de tais presunções é necessária a comprovação?

É sabido que **fatos presumidos independem de prova (CPC/2015, art. 374, IV)**, de modo que não se pode falar em exigência de comprovação da insuficiência

33. A supletividade corresponde à aplicação do CPC quando, apesar de a legislação trabalhista disciplinar determinado instituto, não o faz de modo completo.
34. Por coerência lógica também aplicável ao empregador pessoa física, já que a hipersuficiência no direito do trabalho é encontrada, como regra, no ente coletivo, ou seja, sob o ângulo do empregador no sindicato patronal e nas empresas.
35. NEVES, Daniel Amorim Assumpção. *Novo Código de Processo Civil comentado artigo por artigo.* Salvador: Juspodivm, 2016. p. 665.
36. Nesse sentido: RR-10520-91.2018.5.03.0062, 7ª Turma, Relator Ministro Claudio Mascarenhas Brandao, DEJT 30/06/2020.

de recursos, incumbindo à parte contrária do ônus de desconstituir a declaração de insuficiência de recursos.

Em resumo, com a chegada da Lei nº 13.467/17, nada muda, mantendo-se as mesmas diretrizes anteriores, isto é, a declaração de insuficiência econômica é presumida verdadeira, podendo ser feita por simples afirmação do declarante ou do seu advogado, desde que munido de procuração com poderes específicos para esse fim (Súmula nº 463, I, do TST).

Por fim, é importante destacar que o juiz somente pode indeferir o pedido de concessão do benefício da justiça gratuita se houver nos autos elementos que evidenciem a falta dos pressupostos legais para a concessão de gratuidade, devendo, antes de indeferir o pedido, determinar à parte a comprovação do preenchimento dos referidos pressupostos (CPC/2015, art. 99, § 2º).[37]

6.8.2. Comprovação de insuficiência de recursos pela pessoa jurídica

As pessoas jurídicas, especialmente as sociedades empresárias, exercem atividade econômica, almejando, entre outros objetivos, a aferição de lucros.

Desse modo e diferentemente da pessoa física, ela, como regra, tem capacidade econômica.

Por vezes, no entanto, a pessoa jurídica pode não ter recursos financeiros, o que levou a doutrina e a jurisprudência a permitir a concessão do benefício da justiça gratuita a tais pessoas, com base no acesso à justiça, bem como na gratuidade de justiça, descritos, respectivamente, nos incisos XXXV e LXXIV, do art. 5º da CF/88. Aliás, o CPC/15 e a CLT, ao usarem a expressão "insuficiência de recursos", desvinculando-se das expressões sustento próprio ou de sua família, têm o nítido objetivo de alcançar as pessoas jurídicas que não se enquadravam a acepção jurídica do termo pobreza.

De qualquer maneira, ordinariamente, a pessoa jurídica tem condições de arcar com as despesas do processo, razão pela qual a simples declaração de insuficiência de recursos não gera presunção legal ou judicial de veracidade, dependendo de demonstração cabal da fragilidade econômica. Tanto é assim que o próprio CPC/2015 faz menção expressa de que a presunção de veracidade apenas ocorre quando se tratar exclusivamente de pessoa natural (art. 99, § 3º).

Nesse contexto, o C. TST, acompanhando o que já defendíamos,[38] a partir da Resolução nº 219/2017, passou a declinar na Súmula nº 463 o que segue:

37. TST-RO-76-80.2013.5.06.0000, SBDI-II, rel. Min. Douglas Alencar Rodrigues, 6.3.2018 – Informativo nº 173.

38. MIESSA, Élisson; CORREIA, Henrique. *Súmulas e Orientações Jurisprudenciais do TST comentadas e organizadas por assunto.* 7. ed. Salvador: Editora Juspodivm, 2016. p. 978.

Súmula nº 463 do TST. Assistência judiciária gratuita. Comprovação

I – A partir de 26.06.2017, para a concessão da assistência judiciária gratuita à pessoa natural, basta a declaração de hipossuficiência econômica firmada pela parte ou por seu advogado, desde que munido de procuração com poderes específicos para esse fim (art. 105 do CPC de 2015);

II – **No caso de pessoa jurídica, não basta a mera declaração: é necessária a demonstração cabal de impossibilidade de a parte arcar com as despesas do processo.** (grifo nosso)

Nesse mesmo sentido e alcançando também as pessoas jurídicas sem fins lucrativos, a Súmula nº 481 do STJ declina que "faz jus ao benefício da justiça gratuita a pessoa jurídica com ou sem fins lucrativos que demonstrar sua impossibilidade de arcar com os encargos processuais".

Assim, quanto à pessoa jurídica, o benefício da justiça gratuita não decorre de simples declaração, mas de **demonstração inequívoca** da fragilidade econômica. Esse posicionamento se aplica ainda ao pedido formulado pelo sindicato, quando atua como substituto processual.[39]

6.9. Impugnação da concessão do benefício da justiça gratuita

Conforme mencionado, o benefício da justiça gratuita pode ser deferido a qualquer tempo, de modo que sua impugnação também poderá ocorrer em diversos momentos. Assim, havendo pedido na inicial a impugnação é na contestação; pleiteando na contestação, impugna-se na réplica, enquanto o pedido formulado no recurso é impugnado nas contrarrazões de recurso. Nos casos de pedido superveniente, impugna-se por simples petição no prazo de 15 dias.

Formulado o requerimento de concessão do benefício da justiça gratuita, o magistrado deve analisá-lo imediatamente, não dependendo da oitiva do réu. É por isso que o processo civil contempla o meio de impugnação depois do deferimento. Noutras palavras, o processo civil pressupõe a impugnação apenas depois do deferimento.

Não apresentada a impugnação nos momentos indicados no art. 100 do CPC, estará preclusa a oportunidade de a parte contrária discutir a concessão do benefício.

No processo do trabalho, porém, a regra é que o pedido de gratuidade somente é apreciado na sentença, porque nessa seara não há necessidade do pagamento antecipado das despesas processuais, não se exigindo manifestação judicial prévia.

Isso nos leva a interpretar de forma diferente o art. 100 do CPC, no sentido de impor a impugnação, como regra, antes do deferimento do juiz. Com efeito, o simples requerimento do reclamante na inicial já impõe ao reclamado o dever de impugná-lo na contestação. O pedido formulado pelo reclamado na contestação

39. TST-E-ED-RR-175900-14.2009.5.09.0678, SBDI-I, rel. Min. Delaíde Miranda Arantes, red. p/ acórdão Min. Renato de Lacerda Paiva, 14.11.2013 (Informativo nº 66 do TST).

exige a impugnação no momento em que o reclamante for se manifestar sobre ela (em regra, nas razões finais) e o pedido formulado no recurso será impugnado nas contrarrazões. Não impugnando nesses momentos, haverá preclusão temporal.

Essa peculiaridade do processo do trabalho de impor a impugnação antes do deferimento gera um outro questionamento: deferido o benefício na sentença cabe recurso ordinário para atacar o capítulo que concedeu o benefício?

O entendimento majoritário é no sentido de que não, tendo em vista que a parte contrária não tem interesse e legitimidade recursal para apresentar o recurso ordinário nesse caso, vez que a concessão do benefício atinge interesses da União, pois haverá isenção do pagamento das despesas processuais.

No entanto, com o advento da Lei nº 13.467/17 (Reforma Trabalhista), parece-nos que havendo condenação ao pagamento de honorários advocatícios, o advogado e também a parte têm legitimidade e interesse para discutir a concessão do benefício (CLT, art. 791-A, § 4º). Já quanto aos honorários periciais apenas a União terá interesse e legitimidade, vez que é a responsável pelo pagamento, nos termos do art. 790-B, § 4º, da CLT.

É importante destacar ainda que o deferimento do benefício poderá ocorrer, excepcionalmente, após o trânsito em julgado da decisão. É o que acontece, por exemplo, quando há inversão da sucumbência no tribunal e a parte que passa a ser incumbida de pagar as custas processuais não tinha postulado o benefício anteriormente. Nesse caso, mesmo não interpondo recurso, poderá pleitear, após o trânsito em julgado, a concessão do benefício.

Sendo concedido o benefício da Justiça gratuita após o trânsito em julgado da decisão, a impugnação deverá ocorrer no prazo de 15 dias, a contar da ciência do deferimento, nos autos do próprio processo, sem que haja a necessidade de incidente em autos próprios ou mesmo de sobrestamento da análise da demanda principal[40] (art. 100, caput, do CPC).

Por fim, há situações nas quais, durante o curso do processo, o beneficiário da Justiça gratuita melhora sua condição financeira. Nesses casos, a parte poderá, no prazo de 15 dias do conhecimento dos fatos novos, apresentar sua impugnação. Essa hipótese também se verifica nos casos em que, embora o fato seja anterior ao deferimento do benefício, a parte só toma conhecimento dele após o prazo para impugnação.[41]

40. DIDIER JR., Fredie; OLIVEIRA, Rafael Alexandria de. Benefício da Justiça gratuita. 6. ed. Salvador: Juspodivm, 2016. p. 80; e NEVES, Daniel Amorim Assumpção. Manual de direito processual civil, v. único. 8. ed. Salvador: Juspodivm, 2016. p. 238.

41. DIDIER JR., Fredie; OLIVEIRA, Rafael Alexandria de. *Benefício da Justiça gratuita*. 6. ed. Salvador: Juspodivm, 2016. p. 81.

6.10. Rejeição da concessão do benefício da justiça gratuita e o contraditório prévio

Embora o art. 790, § 3º, da CLT estabeleça que é faculdade do órgão julgador conceder o benefício da justiça gratuita, a nosso juízo, não se trata de faculdade conferida ao magistrado, mas de direito da parte.[42] Desse modo, estando presentes os pressupostos para sua concessão (perceber salário igual ou inferior a 40% do limite máximo dos benefícios do Regime Geral de Previdência Social ou declarar insuficiência de recursos para arcar com as custas do processo), o julgador tem o poder-dever de deferir o benefício da justiça gratuita. Por outro lado, não estando presentes os pressupostos, deve indeferi-lo (CPC/2015, art. 99, § 2º).

Existindo nos autos, portanto, provas que afastem a credibilidade da alegação de insuficiência de recursos ou indícios de sua saudável capacidade financeira (p. ex., notícias extraídas das redes sociais), o juiz deve indeferir o benefício da justiça gratuita.

Verifica-se na parte final do referido dispositivo, contudo, que ele impõe o contraditório prévio antes de o juiz indeferir o pedido, "determinando à parte a comprovação do preenchimento dos referidos pressupostos". Essa exigência tem como objetivo viabilizar o respeito ao princípio do contraditório substancial, vez que permite que a parte possa influenciar o julgador antes de proferir a decisão de indeferimento.

No processo do trabalho, ocorrendo a análise da concessão do benefício em momento diverso da sentença, o que é excepcional, o contraditório prévio deve ser observado na hipótese de indeferimento, sem maiores discussões.

O problema é quando a análise ocorre diretamente na sentença, o que é a regra desse ramo laboral.

Nessa hipótese, o art. 101, § 1º, do CPC/2015, aplicável ao processo do trabalho, autoriza que o recurso ordinário seja interposto sem o pagamento das custas processuais, permitindo que o pedido de concessão da gratuidade seja reanalisado pelo relator. Confirmada a denegação da gratuidade, o relator ou o órgão colegiado determinará ao recorrente o recolhimento das custas processuais, no prazo de 5 dias, sob pena de não conhecimento do recurso (CPC/2015, art. 101, § 2º).

Essa possibilidade de interpor o recurso ordinário sem o pagamento das custas processuais pode levar alguns a afirmar que o requerente não terá prejuízo em impugnar o indeferimento em sede recursal, afastando a necessidade de contraditório prévio (substancial).

42. DIAS, Carlos Eduardo Oliveira Dias. In: SILVA, José Antônio Ribeiro de Oliveira (coord.) Comentários ao Novo CPC e sua aplicação ao processo do trabalho, v. 1: parte geral: arts. 1º ao 317: atualizado conforme a Lei nº 13.256/2016. São Paulo: LTr, 2016. p. 148.

Pensamos, contudo, que o contraditório substancial deve ser preservado no processo do trabalho, especialmente nesse caso (TST-IN 39/2016, art. 4º). É que tal princípio buscar viabilizar que a parte possa influenciar o julgador antes de proferir sua decisão. Esse argumento, por si só, já seria suficiente para impor a incidência do contraditório prévio no presente caso.

Além desse fundamento, é necessário destacar que o art. 101, § 1º, do CPC/2015 trata de recurso que ataca capítulo da sentença que indeferiu a gratuidade da justiça. Isso significa que não é dado ao recorrente a possibilidade de trazer para os autos provas da sua insuficiência financeira, salvo as hipóteses da Súmula nº 8 do TST.[43] Quero dizer, a ausência do contraditório prévio na instância ordinária inviabiliza a comprovação em sede recursal da incapacidade financeira do requerente e, por óbvio, causa-lhe prejuízo.

Cumpre registrar que a regra do art. 101, § 1º, do CPC/2015 é diferente da disposta no art. 99, § 7º, do CPC/2015[44]. No caso deste último artigo, o pedido de gratuidade é feito pela primeira vez na fase recursal, já que pode ser formulado a qualquer tempo. Aqui, embora presumida a declaração da pessoa física, nada impede instruir seu requerimento com provas que não estavam nos autos. Já no art. 101, § 1º, do CPC/2015 o requerimento já foi indeferido, viabilizando sua impugnação em sede recursal mas obstando a apresentação de elementos não presentes nos autos.

Desse modo, pensamos ser aplicável o art. 99, § 2º, do CPC/15 integralmente ao processo do trabalho, impondo ao julgador conceder prazo antes de indeferir o benefício da justiça gratuita à pessoa física.

Dissemos pessoa física, vez que a exigência do contraditório prévio é dirigido apenas a ela e não às pessoas jurídicas, como bem observa Rafael Alexandria de Oliveira:

> (...) Essa possibilidade de que fala o § 2º do art. 99 somente vale quando o requerente é pessoa natural, porque, militando em seu favor a presunção do § 3º, é compreensível que o seu pedido venha, inicialmente, desacompanhado de qualquer elemento probatório. Justamente por isso que se lhe deve abrir a oportunidade de produzi-las.
>
> O mesmo não se pode dizer do requerente pessoa jurídica ou que detém personalidade judiciária, porque dele se espera que o requerimento venha calcado em prova documental ou, ao menos, em pedido de produção de prova. Se o requerimento, nesses casos, vier desacompanhado de qualquer elemento de prova, e não militando em seu favor a presunção do § 3º, o caso é de inobservância do ônus probatório e, pois, de indeferimento direto do pedido – sem necessidade de conceder nova oportunidade de produção de prova.[45]

43. **Súmula nº 8 do TST.** Juntada de documento. A juntada de documentos na fase recursal só se justifica quando provado o justo impedimento para sua oportuna apresentação ou se referir a fato posterior à sentença.

44. § 7º Requerida a concessão de gratuidade da justiça em recurso, o recorrente estará dispensado de comprovar o recolhimento do preparo, incumbindo ao relator, neste caso, apreciar o requerimento e, se indeferi-lo, fixar prazo para realização do recolhimento.

45. OLIVEIRA, Rafael Alexandria de. Comentários ao art. 99. In: WAMBIER, Teresa Arruda Alvim (coord.) et al. Breves comentários ao Novo Código de Processo Civil. 2. ed. São Paulo: Revista dos Tribunais, 2016. p. 395.

Com efeito, o art. 99, § 2º, do CPC, parte final, não se aplica às pessoas jurídicas, podendo o juiz indeferir a concessão do benefício **sem estabelecer contraditório prévio**.

6.11. Impugnação da decisão que rejeita a concessão do benefício da justiça gratuita

Havendo omissão na decisão quanto ao requerimento de concessão do benefício da justiça gratuita, cabe a interposição dos embargos de declaração (CLT, art. 897-A), não se falando em deferimento ou indeferimento implícitos.

Na hipótese de rejeição do benefício na sentença, como já visto, o meio de impugnação é o recurso ordinário (CLT, art. 895, c/c o art. 101 do CPC/2015).

Existindo análise, excepcionalmente, no curso da fase de conhecimento, por se tratar de decisão interlocutória, não será cabível recurso imediatamente (CLT, art. 893, § 1º), permitindo-se a reiteração dos argumentos nas razões recursais (CPC/2015, art. 1.009, § 1º). Por outro lado, na hipótese de decisão proferida na execução caberá agravo de petição (CLT, art. 897, a).

7. SUBSTITUIÇÃO PROCESSUAL

Em regra, o próprio titular do direito material é legitimado para ir a juízo defender seus direitos (legitimação ordinária). Admite-se, porém, que alguém vá a juízo defender, em nome próprio, direito alheio, dando origem à chamada substituição processual (legitimidade extraordinária[46]).

No processo civil, a figura da substituição processual é regulada pelo art. 18 do CPC/2015, o qual vaticina o que segue:

> **Art. 18.** Ninguém poderá pleitear direito alheio em nome próprio, salvo quando autorizado pelo ordenamento jurídico.
>
> Parágrafo único. Havendo substituição processual, o substituído poderá intervir como assistente litisconsorcial.

No processo do trabalho, entretanto, a substituição processual ganha maior relevância ante a desigualdade existente entre os integrantes da relação empregatícia que, consequentemente, atinge a relação processual. A postulação, por intermédio da entidade de classe, desonera (ainda que parcialmente) o trabalhador do ônus de enfrentar seu empregador em juízo, individualmente, devendo a defesa coletiva de direitos ser incentivada nessa seara, como meio de ampliar o acesso à justiça dos cidadãos trabalhadores.

46. Embora exista divergência na doutrina, a tese majoritária é no sentido de que a legitimidade extraordinária é sinônimo de substituição processual.

Nesse sentido, a Constituição Republicana de 1988, já em seu art. 8º, III, conferiu ao sindicato a **legitimidade, de forma ilimitada**[47], **para tutelar os interesses metaindividuais dos integrantes da categoria**, não cabendo ao legislador infraconstitucional restringir a atuação do ente coletivo, sob pena de inconstitucionalidade[48].

O sindicato, portanto, "pode agir na defesa dos direitos dos membros da categoria, sejam ou não sindicalizados, na esfera administrativa e na judicial, trabalhista ou não[49]".

É o que acontece, por exemplo, quando o sindicato da categoria ajuíza ação civil coletiva para que a empresa pague o adicional noturno dos empregados de determinado setor. Percebam que o sindicato, no caso, vai em nome próprio (do sindicato), tutelar direitos de outros (trabalhadores).[50]

Ressalta-se que essa atuação sindical **independe de autorização dos substituídos.**

> **Atenção:**
> Não é exigida a apresentação de rol de substituídos (trabalhadores) para o ajuizamento da ação civil coletiva[75].

No caso das associações, diferentemente dos sindicatos, o STF entende que é necessária autorização expressa para que demandem em juízo (representação processual específica), mas que esta autorização pode ocorrer por ato individual (procuração) ou mesmo por deliberação em assembleia, não sendo suficiente a mera previsão genérica da defesa dos interesses dos associados no estatuto da associação, nos termos do art. 5º, XXI, da CF/88[51]. Em suma, não basta a permissão no estatuto, dependendo de autorização individual ou coletiva (em assembleia) para ajuizamento da ação. O mesmo ocorre com as cooperativas (Lei nº 5.764/71, art. 88 A).

É interessante ressaltar ainda que o Ministério Público do Trabalho também poderá tutelar os direitos individuais homogêneos dos trabalhadores, atuando, da mesma forma, como substituto processual.

Por fim, consigna-se que a substituição difere da **representação**, porque nesta o representante age em **nome alheio** para defesa de direito alheio, enquanto na **substituição processual** age em **nome próprio** para tutelar direito de outrem.

---

47. STF – RE 214.668-4. Rel. Min. Joaquim Barbosa. DJ. 24.8.2007.

48. Nesse sentido, o TST cancelou a Súmula nº 310 do TST.

49. MOREIRA, José Carlos Barbosa apud NERY Jr., Nelson; NERY, Rosa Maria de Andrade. Comentários ao Código de Processo Civil. São Paulo: RT, 2015. p. 257.

50. Consequentemente também não se exige procuração dos substituídos (TST-RR-203700-32.2005.5.02.0070).

51. RE 573232, Relator(a): Min. RICARDO LEWANDOWSKI, Relator(a) p/ Acórdão: Min. MARCO AURÉLIO, Tribunal Pleno, julgado em 14/05/2014, REPERCUSSÃO GERAL – MÉRITO DJe-182 DIVULG 18-09-2014 PUBLIC 19-09-2014 EMENT VOL-02743-01 PP-00001.

Representação	≠	**Substituição processual**
Age em nome alheio defendendo direito alheio		Age em nome próprio defendendo direito alheio

7.1. ATUAÇÃO DO SINDICATO

O sindicato, na tutela dos integrantes da categoria, pode atuar como:

a) **legitimado anômalo para a condução do processo** ou;

b) **substituto processual.**

No **primeiro caso, o sindicato vai tutelar interesses difusos e coletivos da categoria.**

Diz a doutrina que a substituição processual só terá cabimento quando o substituto defender, em nome próprio, o direito alheio de pessoas determinadas, razão pela qual, em se tratando de direitos difusos e coletivos, em que os sujeitos são indeterminados, tem-se a **legitimidade anômala (ou autônoma) para a condução do processo.**[52] Atente-se, porém, que na hipótese de direitos difusos, a legitimidade do sindicato só é admitida de modo reflexo. Exemplificamos:

> Interesses difusos: sindicato em bancários ajuíza ação civil pública para que determinado banco amplie o número de vigilantes, a fim de preserva a integridade dos trabalhadores da agência. Nesse caso, o sindicato, de forma reflexa, tutela os interesses de todas as pessoas que se utilizam do banco.
>
> Interesses coletivos: sindicato ajuíza ação civil pública para impor obrigação de fazer a determinada empresa para que implemente equipamento de proteção coletivo na empresa (por exemplo, exaustor, proteção de maquinário etc.).

Na **segunda hipótese, substituição processual, o sindicato vai tutelar direitos individuais homogêneos**, os quais são individuais, mas, por decorrerem de uma origem comum, o ordenamento permite sua defesa de forma coletiva.

A pedra de toque para diferenciar os direitos difusos e coletivos dos individuais homogêneos é a pretensão concreta deduzida em juízo (pedido). Naquele caso, os pedidos são de obrigação de fazer e não fazer, podendo ser incluída uma reparação

52. NERY Jr., Nelson; NERY, Rosa Maria de Andrade. Comentários ao Código de Processo Civil. São Paulo: RT, 2015. p. 254 e 255.

pecuniária. Por outro lado, sendo individual homogêneo, o pedido será de obrigação de pagar, por meio de uma condenação genérica.

> Individuais homogêneos: o sindicato ajuíza ação civil coletiva requerendo a condenação da empresa ao pagamento do adicional de insalubridade a todos os trabalhadores do setor X.

Frisa-se que, quando se estiver tutelando interesses difusos e/ou coletivos, a ação cabível é a ação civil pública, enquanto, quando for resguardar direitos individuais homogêneos, trata-se de ação civil coletiva.

A distinção se faz necessária especialmente pelo aspecto procedimental de ambos os processos. Isso porque, na ação civil pública, os pedidos são de obrigação de fazer ou não fazer, podendo ser somado a uma responsabilização pecuniária. Nesse caso, o rito processual será muito parecido com o processo individual, seja na fase de conhecimento, seja na executiva. Além disso, a fase executiva será única, com a imposição de um único ato capaz de atingir todos os beneficiários, pois se tem, nesta demanda, direitos indivisíveis. Exemplificamos:

> Ação civil pública que visa a obrigação de a empresa colocar equipamentos de proteção coletiva, sob pena de multa diária, além do pagamento de indenização pelo dano moral coletivo praticado. Nesse caso, sendo procedente o pedido, a fase executiva prossegue como em um processo individual de obrigação de fazer, efetivando-se a tutela deferida com a preservação do ato indivisível.

Por outro lado, na ação civil coletiva, que tutela direitos individuais homogêneos, há uma condenação genérica no processo de conhecimento, a qual será individualizada na liquidação da sentença[53]. **A homogeneidade somente existe até a condenação genérica**, passando os direitos a serem heterogêneos na fase de liquidação. Registra-se que a liquidação pode ser ajuizada de forma individual, pelo próprio beneficiário e sucessores, ou coletiva, sendo certo que em ambos os casos ela tutelará direito divisível. Isso quer dizer que a liquidação, embora possa ser coletiva, vai considerar individualmente cada beneficiário, definindo o que é de direito para cada trabalhador. Exemplo:

> Ação civil coletiva ajuizada por sindicato da categoria com o pedido de condenação do empregador ao pagamento de adicional de insalubridade aos trabalhadores que laboram no setor X da empresa, porque tais empregados estão expostos a agentes insalubres. A sentença julga procedente o pedido e reconhece a existência de insalubridade em grau médio, condenando[54], assim, o empregador ao pagamento de adicional de 20% sobre o salário-mínimo a título de adicional de insalubridade aos empregados do setor X. Em seguida, inicia-se a liquidação coletiva realizada pelo sindicato. Na liquidação, o sindicato delimitará todos os trabalhadores (João, Pedro, Paulo etc.) que laboram no setor X e o valor a ser destinado a cada um (João, R$ 600,00, Pedro, R$ 950,00 e Paulo, R$ 1.100,00 etc.). Verifica-se que os valores poderão

53. A liquidação nesse caso sempre será por artigos.
54. Condenação genérica.

ser diferentes, pois aqueles que laboraram por maior período receberão valores acima dos demais. Acabada a liquidação e definidos os valores, começa-se a execução propriamente dita, oportunidade em que os trabalhadores receberão seus haveres.

Percebe-se com exatidão, no exemplo anterior, as **três fases da ação civil coletiva**. Na primeira, há definição do *an debeatur* (existência da obrigação do devedor = setor X possui agentes insalubres), do *quis debeat* (identidade do sujeito passivo da obrigação = empregador) e do *quid debeatur* (a natureza da prestação devida = pagamento de adicional de 20% sobre o salário-mínimo)[55], ou seja, define-se o núcleo da homogeneidade dos direitos afirmados na inicial. Na segunda fase, por estar na margem da heterogeneidade, identificam-se o *cui debeatur* (quem é o titular do direito = João, Pedro, Paulo etc.) e o *quantum debeatur* (qual o valor da prestação a que especificamente faz jus = João, R$ 600,00, Pedro, R$ 950,00 e Paulo, R$ 1.100,00). Por fim, adentra-se na execução propriamente dita, que também tutela interesses heterogêneos.

Vê-se, portanto, que os direitos individuais homogêneos são direitos individuais que, por decorrerem de uma origem comum, são tutelados coletivamente. Sua natureza, pois, é individual, diferentemente dos interesses difusos e coletivos que são direitos metaindividuais.

Com efeito, o sindicato poderá tutelar:

- como legitimado anômalo, interesses difusos e coletivos e,
- na condição de substituto processual, os direitos individuais homogêneos.

8. SUCESSÃO PROCESSUAL

O instituto da sucessão processual ocorre quando há modificação de algum dos polos da relação jurídica processual **no curso no processo**. Tem-se "a troca de sujeitos no processo, uma mudança subjetiva da relação jurídica processual"[56].

Haverá sucessão processual **obrigatória** no caso de morte de qualquer das partes (CPC/15, art. 110), vez que o falecido deixa de ter capacidade de ser parte, sendo sucedido pelo espólio ou pelos seus sucessores.

Ocorrendo o falecimento do empregado ou do empregador pessoa física no curso do processo, inicialmente, ele deverá ser suspenso, nos termos do art. 313, inciso I e § 1º, do CPC/15 até que seja realizada de forma incidental a habilitação.

---

55. ZAVASCKI, Teori Albino. Processo coletivo: Tutela de direitos coletivos e tutela coletiva de direitos. Revista dos Tribunais, 2006. p. 165.

56. DIDIER JR, Fredie. *Curso de Direito Processual Civil – Introdução ao Direito Processual Civil, Parte Geral e Processo de Conhecimento, v. 1. 18. ed.* Salvador: Editora Juspodivm, 2016. p. 358.

Havendo controvérsias entre os sucessores, o processo em trâmite na Justiça do Trabalho deverá ser suspenso até que a questão seja decidida pelo Juízo Cível, competente para a análise de questões sucessórias.[57]

Transitada em julgada a sentença da habilitação, promove-se a sucessão processual, retornando o processo seu andamento com o novo sujeito processual. Como regra, o polo será sucedido inicialmente pelo espólio, a ser representado pelo (a) inventariante. Após a partilha definitiva dos bens, os herdeiros tornam-se legitimados, sucedendo o espólio.

Evidentemente, só haverá sucessão se os direitos forem transmissíveis, de modo que sendo intransmissível, a morte provocará a extinção do processo sem resolução no mérito (CPC, art. 485, IX).

No processo do trabalho, no caso de falecimento do **empregador** a habilitação ocorrerá nos termos do arts. 687 a 692 do CPC.

Falecido o **empregado**, caso tenha sido aberto o arrolamento ou o inventário, o espólio será representado pelo (a) inventariante. Por outro lado, caso não haja arrolamento ou inventário, a Lei nº 6.858/80 prevê um procedimento simplificado de habilitação pelos herdeiros habilitados perante a Previdência Social, como descreve seu art. 1º, *in verbis*:

> Art. 1º – Os valores devidos pelos empregadores aos empregados e os montantes das contas individuais do Fundo de Garantia do Tempo de Serviço e do Fundo de Participação PIS-PASEP, não recebidos em vida pelos respectivos titulares, serão pagos, em quotas iguais, aos dependentes habilitados perante a Previdência Social ou na forma da legislação específica dos servidores civis e militares, e, na sua falta, aos sucessores previstos na lei civil, indicados em alvará judicial, independentemente de inventário ou arrolamento.

Nesse caso, haverá sucessão pelos dependentes habilitados na Previdência Social.

Se não houver dependentes habilitados na Previdência Social, a regularização do polo ativo da demanda ocorrerá por meio de exibição de alvará judicial obtido no Juízo Cível competente, independentemente de inventário ou arrolamento.

De qualquer modo, é importante destacar que a sucessão processual pressupõe uma relação processual, o que significa que antes do ajuizamento da ação, caso haja o falecimento do empregado ou do empregador, a ação já deverá ser ajuizada pelo (ou em face do) espólio ou sucessores.

Registramos que, havendo a morte do sócio, não haverá sucessão processual, uma vez que no polo da demanda consta a pessoa jurídica.

A sucessão processual poderá ocorrer ainda nos casos em que a pessoa jurídica promover alterações em sua estrutura jurídica, nos termos dos arts. 10, 448 e 448-A da CLT.

57. SCHIAVI, Mauro. *Manual de direito processual do trabalho*. 12. ed. São Paulo: LTr, 2017. p. 341.

Nessa hipótese, a responsabilidade pelo pagamento das obrigações trabalhistas é do sucessor, ou seja, daquele que adquiriu o empreendimento, inclusive sobre as obrigações contraídas à época em que os empregados trabalhavam para a empresa sucedida, tornando-se, portanto, parte legítima para o processo e promovendo-se a sucessão processual. No entanto, a empresa sucedida responderá solidariamente com a sucessora quando ficar comprovada fraude na transferência (CLT, art. 448-A, parágrafo único).

O ordenamento autoriza também a **sucessão voluntária**, nos termos previstos em lei, como se dá no caso de alienação da coisa ou do direito litigioso (CPC, arts. 108 e 109).

Na seara trabalhista, aplica-se esse dispositivo nos casos em que não temos de relação de emprego. Na hipótese de relação empregatícia, admitindo-se a cessão dos créditos trabalhistas, ele perde sua natureza trabalhista, passando a ser considerado um crédito de natureza cível, tornando-se a Justiça do Trabalho incompetente.

Por fim, haverá sucessão pelo Ministério Público na ação popular (art. 9º da Lei nº 4.717/65) e na ação civil pública (art. 5º, § 3º, da Lei nº 7.347/85) quando a parte desiste da ação.

9. DEVERES DAS PARTES E DAQUELES QUE PARTICIPAM DO PROCESSO

O art. 77 do CPC/2015, aplicável subsidiariamente ao processo do trabalho, estabelece que são deveres das partes, de seus procuradores e de todos aqueles que de qualquer forma participem do processo:

> I – expor os fatos em juízo conforme a verdade;
>
> II – não formular pretensão ou de apresentar defesa quando cientes de que são destituídas de fundamento;
>
> III – não produzir provas e não praticar atos inúteis ou desnecessários à declaração ou à defesa do direito;
>
> IV – cumprir com exatidão as decisões jurisdicionais, de natureza provisória ou final, e não criar embaraços à sua efetivação;
>
> V – declinar, no primeiro momento que lhes couber falar nos autos, o endereço residencial ou profissional onde receberão intimações, atualizando essa informação sempre que ocorrer qualquer modificação temporária ou definitiva;
>
> VI – não praticar inovação ilegal no estado de fato de bem ou direito litigioso.

Trata-se de rol exemplificativo, ou seja, há outros deveres previstos no CPC/2015 e na legislação extravagante.

Tais deveres são dirigidos às partes, procuradores e todos os que participam do processo, o que inclui:

os servidores eventuais e fixos da Justiça (p. ex., oficial de justiça, depositário, intérprete, tradutor, avaliador), o membro do Ministério Público e a Defensoria Pública, os terceiros que participam de atos probatórios (p. ex., testemunha, perito) ou mesmo terceiros com participação indireta no processo que tenham que contribuir – ou pelo menos não criar obstáculos – com a efetivação de uma decisão judicial[58].

Consigna-se, ainda, que é vedado às partes, a seus procuradores, aos juízes, aos membros do Ministério Público e da Defensoria Pública e a qualquer pessoa que participe do processo empregar expressões ofensivas nos escritos apresentados no processo, cabendo ao juiz, de ofício ou a requerimento do ofendido, mandar riscá-las. A requerimento do ofendido, o juiz determinará a expedição de certidão com inteiro teor das expressões ofensivas e a colocará à disposição da parte interessada. Quando as expressões injuriosas forem proferidas oralmente ou presencialmente, o juiz advertirá o ofensor de que não deve usá-las ou repeti-las, sob pena de lhe ser cassada a palavra (CPC/2015, art. 78).

10. ATO ATENTATÓRIO À DIGNIDADE DA JUSTIÇA

Conquanto o art. 77 do CPC tenha diversos deveres, apenas os estabelecidos nos incisos IV e VI são consideradas como **ato atentatório à dignidade da justiça** (contempt of court), o que significa que nos demais casos não haverá imposição de multa sancionatória com base nesse dispositivo.

Assim, haverá ato atentatório à dignidade de justiça quando as partes, seus procuradores e de todos aqueles que de qualquer forma participem do processo:

- não cumprirem com exatidão as decisões jurisdicionais, de natureza provisória ou final, ou criarem embaraços à sua efetivação;
- praticarem inovação ilegal no estado de fato de bem ou direito litigioso.

A prática de tais atos provoca a incidência de multa de até 20% do valor da causa, de acordo com a gravidade da conduta (CPC/2015, art. 77, § 2º).

Quando o valor da causa for irrisório ou inestimável, a multa poderá ser fixada em até 10 vezes o valor do salário-mínimo (CPC/2015, art. 77, § 5º).

Atenção:

A aplicação dessa multa não exclui a possibilidade de aplicação de sanções criminais, civis e processuais cabíveis.

A incidência dessa sanção ocorre porque o descumprimento desses deveres não apenas prejudica a parte contrária, mas também desrespeita o próprio Estado-juiz[59].

58. NEVES, Daniel Amorim Assumpção. *Novo Código de Processo Civil comentado artigo por artigo.* Salvador: Editora Juspodivm, 2016. p. 113.

59. NEVES, Daniel Amorim Assumpção. *Novo Código de Processo Civil comentado artigo por artigo.* Salvador: Editora Juspodivm, 2016. p. 114.

Se a multa pelo ato atentatório à dignidade da justiça não for paga no prazo a ser fixado, ela será inscrita como dívida ativa da União ou do Estado após o trânsito em julgado da decisão que a fixou, e sua execução observará o procedimento da execução fiscal, revertendo-se a fundos criados pela União e Estados (CPC/2015, arts. 77, § 3º e 97).

Vê-se, pois, que os atos atentatórios à dignidade da justiça lesionam o próprio Estado, de modo que as multas são destinadas à Fazenda Pública: à União ou ao Estado, dependendo da Justiça na qual tramita o processo[60]. Na Justiça do Trabalho é revertida à União.

Cumpre registrar que, no direito processual civil, as decisões que aplicam multas processuais são recorríveis mediante o agravo de instrumento (CPC/2015, art. 1.015, II), pois constituem-se como fruto de incidente instaurado.[61] Desse modo, não há necessidade do trânsito em julgado da decisão final, bastando o trânsito em julgado da decisão que tiver fixado a multa para que haja a execução fiscal.

No processo do trabalho, contudo, diante do princípio da irrecorribilidade imediata das decisões interlocutórias, a decisão que fixar a multa processual não será recorrível imediatamente, mas apenas na interposição do recurso ordinário da sentença ou acórdão. Com efeito, na seara trabalhista, o trânsito em julgado da fixação das multas apenas ocorrerá quando não for mais cabível recurso da decisão final.[62]

Os advogados públicos ou privados e os membros do Ministério Público e da Defensoria Pública representam exceção na aplicação da multa, pois nesses casos eventual responsabilidade disciplinar deverá ser apurada pelo respectivo órgão de classe ou corregedoria, o qual o juiz oficiará (CPC/2015, art. 77, § 6º).

Ademais, o representante judicial da parte (advogado) não pode ser compelido a cumprir decisão em seu lugar, de modo que o descumprimento de decisões que sejam personalíssimas às partes não pode a ele ser imputado (CPC/2015, art. 77, § 8º).

Cumpre descrever que o art. 77, § 1º, do CPC/2015 declina que, nos atos atentatórios à dignidade da justiça, o juiz deverá advertir as partes das condutas praticadas. A doutrina majoritária indica que a prévia advertência é facultativa e tem como objetivo garantir o princípio da cooperação processual. Isso não impede que o juiz, já verificando a prática do ato, possa aplicar as sanções cabíveis.[63] Esse entendimento

60. NEVES, Daniel Amorim Assumpção. *Novo Código de Processo Civil comentado artigo por artigo.* Salvador: Editora Juspodivm, 2016. p. 116.

61. DIDIER JR., Fredie; CUNHA, Leonardo Carneiro da. *Curso de Direito Processual Civil Meios de impugnação às decisões judiciais e processo nos Tribunais, v. 3.* 14. ed. Salvador: Editora Juspodivm, 2017. p. 248.

62. DIAS, Carlos Eduardo Oliveira. Comentários ao art. 77 do CPC/15. In: SILVA, José Antônio Ribeiro de Oliveira (coord.). *Comentários ao Novo CPC e sua aplicação ao processo do trabalho.* São Paulo: LTr, 2016. p. 122.

63. GAJARDONI, Fernando da Fonseca. Comentários ao art. 77 do CPC/15. In: WAMBIER, Teresa Arruda Alvim et al. *Breves comentários ao novo código de processo civil.* São Paulo: Editora Revista dos Tribunais, 2016. p. 294.

decorre do fato de que se a prévia advertência fosse obrigatória, apenas possibilitaria a aplicação de multa no caso de reiteração da prática dos atos atentatórios à dignidade da justiça.

Destacamos ainda que a multa do art. 77, § 2º, do CPC/2015 pode ser cumulada com a multa do art. 536, § 1º, do CPC/2015 (CPC/2015, art. 77, § 4º), uma vez que elas possuem naturezas distintas. Enquanto a primeira possui caráter sancionatório, a outra possui natureza processual.[64]

Por fim, quanto à cumulação da multa do art. 77, § 2º, com a multa pela litigância de má-fé (CLT, art. 793-C), apenas será possível quando não forem fundadas no mesmo comportamento, uma vez que ambas possuem a mesma natureza (sancionatória), apesar de possuírem distintos destinatários.[65] Ademais, a penalização do ato atentatório é uma espécie de litigância de má-fé qualificada,[66] sendo de maior gravidade, o que viabiliza, inclusive, o valor maior da multa.

Atenção:

Na fase de execução considera-se atentatória à dignidade da justiça a conduta comissiva ou omissiva do executado que: I – frauda a execução; II – se opõe maliciosamente à execução, empregando ardis e meios artificiosos; III – dificulta ou embaraça a realização da penhora; IV – resiste injustificadamente às ordens judiciais; V – intimado, não indica ao juiz quais são e onde estão os bens sujeitos à penhora e os respectivos valores, nem exibe prova de sua propriedade e, se for o caso, certidão negativa de ônus. Nesses casos, o juiz fixará multa em montante não superior a 20% do valor atualizado do débito em execução, a qual será revertida em proveito do exequente, exigível nos próprios autos do processo, sem prejuízo de outras sanções de natureza processual ou material (CPC, art. 774).

Ademais, também será considerado ato atentatório à dignidade da justiça a suscitação infundada de vício com o objetivo de ensejar a desistência do arrematante, devendo o suscitante ser condenado, sem prejuízo da responsabilidade por perdas e danos, ao pagamento de multa, a ser fixada pelo juiz e devida ao exequente, em montante não superior a 20% do valor atualizado do bem. (CPC, art. 903, § 6º)

11. LITIGÂNCIA DE MÁ-FÉ

O processo é pautado – ao menos na jurisdição contenciosa – pelo conflito de interesses entre as partes. Conquanto busquem interesses diametralmente opostos, deve ser preservada a lealdade entre as partes, de modo a conservar o princípio da boa-fé.

64. GAJARDONI, Fernando da Fonseca. Comentários ao art. 77 do CPC/15. In: WAMBIER, Teresa Arruda Alvim et al. *Breves comentários ao novo código de processo civil.* São Paulo: Editora Revista dos Tribunais, 2016. p. 297.

65. GAJARDONI, Fernando da Fonseca. Comentários ao art. 77 do CPC/15. In: WAMBIER, Teresa Arruda Alvim et al. *Breves comentários ao novo código de processo civil.* São Paulo: Editora Revista dos Tribunais, 2016. p. 297-298.

66. GAJARDONI, Fernando da Fonseca. Comentários ao art. 77 do CPC/15. In: WAMBIER, Teresa Arruda Alvim et al. *Breves comentários ao novo código de processo civil.* São Paulo: Editora Revista dos Tribunais, 2016. p. 302.

Nesse contexto, o legislador previu, no art. 793-A da CLT, introduzido pela Lei nº 13.467/17 (Reforma Trabalhista), que "responde por perdas e danos aquele que litigar de má-fé como reclamante, reclamado ou interveniente".

Ademais, no art. 793-B da CLT descreveu que são atos considerados de má-fé quando uma das partes:

I – deduzir pretensão ou defesa contra texto expresso de lei ou fato incontroverso;

II – alterar a verdade dos fatos;

III – usar do processo para conseguir objetivo ilegal;

IV – opuser resistência injustificada ao andamento do processo;

V – proceder de modo temerário em qualquer incidente ou ato do processo;

VI – provocar incidente manifestamente infundado;

VII – interpuser recurso com intuito manifestamente protelatório.

Parte da doutrina considera o rol exemplificativo, viabilizando sua incidência em outras hipóteses violadoras do dever processual de boa-fé.[67]

Para outros, com os quais pensamos estar a razão, o rol do dispositivo é exaustivo (taxativo), tendo em vista que normas restritivas de direito devem ter interpretação restritiva.[68] De qualquer modo, como o rol é repleto de cláusulas gerais,[69] seu preenchimento decorre da análise concreta de cada caso submetido ao judiciário.

Ademais, "a taxatividade é relativa às hipóteses caracterizadoras da litigância de má-fé, mas não à incidência restrita do instituto, porque o preceito da norma comentada pode ser aplicado nos processos regulados por leis extravagantes, como por exemplo na ação popular (CF 5º, LXXIII), na ACP (LACP 18), na ação coletiva (CDC, arts. 81, parágrafo único, 87, 91 e ss.), no MS, nas falências etc."[70]

11.1. Atos considerados de má-fé

11.1.1. Dedução de pretensão ou defesa contra texto expresso de lei ou fato incontroverso

O inciso I do art. 793-B da CLT declina que se considera litigância de má-fé a dedução de pretensão ou defesa contra texto expresso de lei ou fato incontroverso.

---

67. GAJARDONI, Fernando da Fonseca. Comentários ao art. 77 do CPC/15. In: WAMBIER, Teresa Arruda Alvim et al. *Breves comentários ao novo código de processo civil.* São Paulo: Editora Revista dos Tribunais, 2016. p. 303.

68. NEVES, Daniel Amorim Assumpção. *Novo Código de Processo Civil Comentado.* Salvador: Editora Juspodivm, 2016. p. 120.

69. No conceito legal indeterminado o julgador preenche o conceito e seus efeitos. Já na cláusula geral o julgador preenche o conceito, mas os efeitos já estão previamente descritos na norma.

70. NERY JUNIOR; Nelson; NERY, Rosa Maria de Andrade. *Comentários ao Código de processo civil.* São Paulo: Editora Revista dos Tribunais, 2015. p. 414.

Diante das diversas interpretações que podem ser realizadas no texto legal, apenas se configurarão como litigância de má-fé as situações teratológicas, ou seja, nas quais as alegações da parte sejam realizadas sem nenhuma seriedade.[71]

Não se nega, assim, que as partes possam utilizar fundamentos baseados em interpretações diversas ou minoritárias a respeito de determinado tema, mesmo porque isso pode até mesmo alterar a interpretação realizada pelo Tribunal. O objetivo do artigo, portanto, é vedar a utilização de argumentos totalmente infundados, isto é, que não tenham nenhum respaldo doutrinário.

Nesse sentido, a improcedência dos pedidos, por si só, não significa que a lide deve ser considerada temerária, com a consequente aplicação de sanções à litigância de má-fé. Para a caracterização da lide temerária deve haver uma clara ausência de qualquer possibilidade de êxito da ação no momento de sua propositura ou no momento de apresentação da defesa.[72]

O art. 34, VI, da Lei nº 8.906/94, aliás, considera que advogar contra literal disposição de lei corresponde a infração disciplinar, ressalvados os casos em que a fundamentação se basear na inconstitucionalidade ou injustiça de lei ou ainda em pronunciamento judicial anterior.

Dessa forma, a utilização de argumentos que sejam contrários a texto expresso de lei ou a fato incontroverso caracteriza a litigância de má-fé, ocasionando a aplicação de sanções à parte, podendo ainda gerar sanções de natureza disciplinar ao advogado da parte.

Ainda se considera litigância de má-fé a pretensão ou defesa contra fato incontroverso. Os fatos incontroversos são aqueles alegados por uma parte e não negados pela parte contrária. O dispositivo objetiva, assim, vedar a prática do *venire contra factum proprium*, ou seja, a realização de comportamento contraditório no processo.[73]

11.1.2. Alteração da verdade dos fatos

Nos termos do art. 793-B, II, da CLT, a alteração da verdade dos fatos é também considerada litigância de má-fé.

Essa disposição decorre da previsão do art. 77, I, do CPC, o qual elenca como dever das partes, de seus procuradores e de todos aqueles que de qualquer forma participem do processo, expor os fatos conforme a verdade.

71. NEVES, Daniel Amorim Assumpção. *Novo Código de Processo Civil Comentado.* Salvador: Juspodivm, 2016. p. 121.

72. ASSIS, Araken de. *Processo civil brasileiro*, v. II, t. 1: *Parte Geral: institutos fundamentais:* São Paulo Revista dos Tribunais, 2015. p. 282.

73. MEDINA, José Miguel Garcia. *Novo Código de Processo Civil comentado: com remissões e notas comparativas ao CPC/1973.* São Paulo: Revista dos Tribunais, 2015. p. 162.

O dispositivo contempla as seguintes situações: a) afirmação de fato inexistente; b) negação de fato existente; e c) atribuição de versão mentirosa para um fato que é verdadeiro.[74]

Apesar de o dispositivo da CLT, assim como no CPC, não fazer referência à necessidade de que a alteração da verdade dos fatos ocorra de forma intencional, entendemos que, para a caracterização da litigância de má-fé, exige-se que a parte utilize, de forma consciente, falsas alegações durante o processo, ou seja, que faça afirmações que sabem serem falsas, objetivando induzir o julgador a erro (dolo).[75]

Não se impede ainda a visão parcial dos fatos: "a deturpação intencional dela é que é vedada".[76]

11.1.3. Uso do processo para a obtenção de objetivo ilegal

O art. 793-B, III, da CLT prevê que a litigância de má-fé também se caracteriza quando alguma das partes usa do processo para conseguir objetivo ilegal.

Nesse caso, diferentemente da previsão do inciso I (dedução de pretensão ou de defesa contra texto expresso de lei), a litigância de má-fé não é caracterizada pelo objeto do processo, mas sim por sua própria finalidade.[77]

É válido destacar que o inciso corresponde às hipóteses de atuação unilateral ou bilateral. A atuação bilateral vem estampada no art. 142 do CPC, que vaticina:

> (...) convencendo-se, pelas circunstâncias, de que autor e réu se serviram do processo para praticar ato simulado ou conseguir fim vedado por lei, o juiz proferirá decisão que impeça os objetivos das partes, aplicando, de ofício, as penalidades da litigância de má-fé.

Havendo, portanto, colusão e/ou simulação, o referido artigo as considera atos **objetivamente** contrários à boa-fé, impondo, consequentemente, a aplicação de multa pela litigância de má-fé (art. 81 do CPC). Aliás, se a decisão embasada em tais vícios transitar em julgado, viabilizará sua desconstituição por meio de ação rescisória (CPC, art. 966, III).

---

74. NERY JUNIOR; Nelson; NERY, Rosa Maria de Andrade. *Comentários ao Código de Processo Civil*. São Paulo: Revista dos Tribunais, 2015. p. 414.

75. NEVES, Daniel Amorim Assumpção. *Novo Código de Processo Civil Comentado*. Salvador: Juspodivm, 2016. p. 121. Em sentido contrário, defendendo que a caracterização da litigância de má-fé é também configurada com a culpa ou o erro inescusável, NERY JUNIOR; Nelson; NERY, Rosa Maria de Andrade. *Comentários ao Código de Processo Civil*. São Paulo: Revista dos Tribunais, 2015. p. 415.

76. GAJARDONI, Fernando da Fonseca. Comentários ao art. 81. In: WAMBIER, Teresa Arruda Alvim (coord.) *et al. Breves comentários ao Novo Código de Processo Civil*. 2. ed. São Paulo: Revista dos Tribunais, 2016. p. 304.

77. ASSIS, Araken de. *Processo civil brasileiro*, v. II, t. 1: *Parte Geral: Institutos fundamentais:* São Paulo: Revista dos Tribunais, 2015. p. 286.

11.1.4. *Oposição de resistência injustificada ao andamento do processo*

Nos termos do art. 793-B, IV, da CLT, considera-se litigante de má-fé aquele que opuser resistência injustificada ao andamento do processo.

Nesse caso, a caracterização da litigância de má-fé corresponde à oposição de resistência "injustificada". Abrange, assim, comportamentos comissivos ou omissivos.[78]

Desse modo, qualquer ato que possa prejudicar o trâmite procedimental é considerado litigância de má-fé.

11.1.5. *Atuação de modo temerário em qualquer incidente ou ato do processo*

O art. 793-B, V, da CLT considera litigante de má-fé a parte que proceder de modo temerário em qualquer incidente ou ato do processo.

É considerado temerário "qualquer comportamento açodado e anormal com a consciência da falta de razão em assim proceder".[79] O dispositivo expressamente prevê que a conduta poderá ocorrer em qualquer ato ou incidente do processo, não incidindo apenas na inicial ou na contestação.

> Como o dispositivo não se limita a prever a conduta em relação a incidentes processuais, prevendo expressamente outros atos do processo, a interposição de recursos, de ações incidentais ou acessórias bem como a conduta durante a instrução probatória, também podem ser tipificadas como atos de litigância de má-fé.[80]

O procedimento temerário provém de dolo ou de culpa grave, não se caracterizando nas hipóteses de mera imprudência ou simples imperícia.[81]

11.1.6. *Provocação de incidente manifestamente infundado*

O art. 793-B, VI, da CLT prevê que a parte que provocar incidente manifestamente infundado será considerada litigante de má-fé.

Nos casos em que os incidentes são instaurados pelas partes sem que haja fundamento sério, ou seja, com alegações manifestamente infundadas, fica caracterizada

---

78. ASSIS, Araken de. *Processo civil brasileiro*, v. II, t. 1: *Parte Geral: Institutos fundamentais*. São Paulo: Revista dos Tribunais, 2015. p. 288.

79. NEVES, Daniel Amorim Assumpção. *Novo Código de Processo Civil Comentado*. Salvador: Juspodivm, 2016. p. 122.

80. NEVES, Daniel Amorim Assumpção. *Novo Código de Processo Civil Comentado*. Salvador: Juspodivm, 2016. p. 122.

81. NERY JUNIOR; Nelson; NERY, Rosa Maria de Andrade. *Comentários ao Código de Processo Civil*. São Paulo: Revista dos Tribunais, 2015. p. 415; ASSIS, Araken de. *Processo civil brasileiro*, v. II, t. 1: *Parte Feral: Institutos fundamentais*. São Paulo: Revista dos Tribunais, 2015. p. 288.

a intenção protelatória em sua provocação, sendo a parte considerada litigante de má-fé.

É válido destacar que essa hipótese apenas abrange os incidentes descritos pela lei ou as pretensões que são incidentalmente arguidas pelas partes. Os recursos possuem regra específica no art. 793-B, VII, da CLT.[82]

11.1.7. Interposição de recurso com intuito manifestamente protelatório

O inciso VII do art. 793-B da CLT considera a interposição de recurso com intuito manifestamente protelatório como ato de litigância de má-fé.

Os recursos são considerados protelatórios quando não têm fundamento fático e/ou jurídico sério relacionado à decisão recorrida, apenas com o objetivo de retardar o fluxo normal do procedimento.

Alguns recursos possuem previsão específica de aplicação de penalidades nos casos de serem interpostos com intuito protelatório. É o caso dos embargos de declaração (CPC/2015, art. 1.026, §§ 2º a 4º) e do agravo interno (CPC/2015, art. 1.021, § 4º).

Tanto as multas específicas pela interposição de recursos protelatórios nos casos expressamente previstos (embargos de declaração e agravo interno) como a multa pela litigância de má-fé têm como objetivo penalizar os sujeitos que não atuam de forma ética no processo, buscando, portanto, preservar a lealdade entre as partes, a fim de conservar o princípio da boa-fé.

Desse modo, parte da doutrina e o C. TST[83] (no caso dos embargos declaratórios), por entenderem que existe regra própria para os embargos protelatórios, declaram que não se aplica a multa genérica do art. 81 do CPC/2015 (CLT, art. 793-B, VII). Vedam, portanto, a cumulação dos arts. 81 (CLT, arts. 793-B, VII e 793-C) e 1.026, § 2º e 3º/1.021, § 4º, do CPC/2015.

Para outros, que pensamos estar a razão, o tema deve ser analisado diferenciando os aspectos das sanções produzidas pela litigância de má-fé.

É que a litigância de má-fé pode provocar três espécies de sanções:

1) imposição de multa que deverá ser superior 1% e inferior a 10% do valor corrigido da causa;

2) indenizar a parte contrária pelos prejuízos que esta sofreu; e

82. ASSIS, Araken de. Processo civil brasileiro, v. II, t. 1: Parte Geral: Institutos fundamentais. São Paulo: Revista dos Tribunais, 2015. p. 288. Em sentido contrário, considerando a interposição de recursos como hipótese abrangida pelo dispositivo, NERY JUNIOR; Nelson; NERY, Rosa Maria de Andrade. Comentários ao Código de Processo Civil. São Paulo: Revista dos Tribunais, 2015. p. 415.

83. TST-RR – 90500-91.2006.5.05.0017, Relator Ministro Guilherme Augusto Caputo Bastos, 2ª Turma, DEJT 9.9.2011.

3) arcar com os honorários advocatícios e com todas as despesas que o lesado efetuou (CPC/2015, art. 81, caput e CLT, art. 793-C).

A primeira tem natureza punitiva e, portanto, a mesma natureza das multas dos arts. 1.021, § 4º, e 1.026, §§ 2º e 3º, do CPC/2015, correspondentes às multas específicas do agravo interno protelatório e dos embargos de declaração protelatórios, respectivamente, de modo que não podem ser cumuladas, sob pena de *bis in idem*.

Já a segunda tem natureza reparatória, não se identificando com a natureza da multa do agravo interno e dos embargos de declaração protelatórios, de modo que podem ser cumuladas[84].

Em resumo, não se admite a cumulação da multa do agravo interno e dos embargos de declaração protelatórios (CPC/2015, arts. 1.021, § 4º, e 1.026, §§ 2º e 3º) com a multa de litigância de má-fé superior a 1% e inferior a 10% do valor corrigido da causa. No entanto, permite-se a cumulação das multas específicas do agravo interno e dos embargos de declaração protelatórios com a indenização que a parte contrária sofreu pelos prejuízos provocados em razão da litigância de má-fé, já que possuem naturezas distintas. O mesmo entendimento se aplica aos honorários advocatícios.

11.2. Penalidades pela litigância de má-fé

Se constatada a realização de alguma das práticas de litigância de má-fé, estabelecidas no art. 793-B da CLT, poderão ser aplicadas as seguintes penalidades de acordo com o art. 793-C da CLT:

- multa superior a 1% e inferior a 10% do valor corrigido da causa;
- indenização da parte contrária pelos prejuízos causados;
- pagamento dos honorários advocatícios e demais despesas efetuadas.

As sanções pela litigância de má-fé possuem natureza punitiva, sendo impostas às partes e não aos seus advogados.[85]

A propósito, quando forem 2 ou mais litigantes de má-fé, o juiz condenará cada um na proporção de seu respectivo interesse na causa ou solidariamente aqueles que se coligaram para lesar a parte contrária (CLT, art. 793-C, § 1º).

84. SILVA, Ticiano Alves e. Os embargos de declaração no Novo Código de Processo Civil. In: *Processo nos tribunais e meios de impugnação às decisões judiciais. Coleção Novo CPC Doutrina Selecionada*, v. 6. Coord. DIDIER JR., Fredie. Org: MACEDO, Lucas Buril de; PEIXOTO, Ravi; FREIRE, Alexandre. – Salvador: Juspodivm, 2016. p. 942.

85. GAJARDONI, Fernando da Fonseca. Comentários ao art. 81. In: WAMBIER, Teresa Arruda Alvim (coord.) et al. *Breves comentários ao Novo Código de Processo Civil*. 2. ed. São Paulo: Editora Revista dos Tribunais, 2016. p. 307.

Ressaltamos que o entendimento majoritário da doutrina é o de que a aplicação das sanções pela litigância de má-fé exige, sempre que possível, o prévio contraditório.[86]

> **Atenção:**
>
> O recolhimento das penalidades impostas por litigância de má-fé, nos termos do art. 793-C da CLT e art. 81 do CPC/2015, **não** é pressuposto objetivo para interposição dos recursos de natureza trabalhista (OJ nº 409 da SDI-I do TST).

11.2.1 Multa pela litigância de má-fé

A multa pela litigância de má-fé poderá ser aplicada de ofício ou a requerimento, devendo ser superior a 1% e inferior a 10% do valor corrigido da causa, conforme declina o dispositivo celetista.

Desse modo, constatada uma das condutas do art. 793-B da CLT, independentemente de requerimento, o juiz poderá aplicar aludida multa, definindo o valor da multa de acordo com a gravidade da conduta.

> **Atenção:**
>
> Essa multa se aplica à testemunha que intencionalmente alterar a verdade dos fatos ou omitir fatos essenciais ao julgamento da causa (CLT, art. 793-D).

11.2.2 Indenização da parte contrária pelos prejuízos sofridos

Além da multa fixada entre 1% e 10% do valor corrigido da causa, o art. 793-C da CLT prevê que a parte litigante de má-fé deverá indenizar a parte contrária pelos prejuízos sofridos.

Observa-se que o dispositivo repete a previsão constante no art. 793-A da CLT, relacionado à indenização pelas perdas e danos da parte contrária. **Essa indenização não decorre de forma automática da litigância de má-fé, devendo a parte contrária ter sofrido danos em razão da conduta desleal do litigante de má-fé**[87].

Antigamente, o CPC/73, em seu art. 18, § 2º, autorizava o julgador a estabelecer desde logo o valor da indenização em montante não superior a 20% sobre o valor da causa. Diante desse dispositivo, permitia-se a fixação equitativa da indenização, afastando a necessidade de comprovação. No entanto, o CPC/2015 suprimiu esse

86. ASSIS, Araken de. *Processo civil brasileiro: parte geral: institutos fundamentais.* Tomo 1, vol. 1. São Paulo: Revista dos Tribunais, 2015. p. 323 e NEVES, Daniel Amorim Assumpção. *Novo Código de Processo Civil Comentado.* Salvador: Juspodivm, 2016. p. 124.
87. NEVES, Daniel Amorim Assumpção. *Novo Código de Processo Civil Comentado.* Salvador: Editora Juspodivm, 2016. p. 124.

critério legal, de modo que não criou limitação para a indenização, mas passou a exigir a comprovação do dano para sua reparação.

A indenização do dano contemplará tudo o que efetivamente perdeu ou deixou de receber com a conduta desleal.[88]

De qualquer modo, a indenização pode ser aplicada de ofício ou a requerimento, sendo fixada pelo juízo ou, caso não seja possível mensurá-la, liquidada por arbitramento ou pelo procedimento comum (liquidação por artigos, CLT, art. 879, caput) nos próprios autos.

11.2.3. Honorários advocatícios e despesas efetuadas

Somados ao pagamento da multa e da indenização pelas perdas e danos da parte contrária, o litigante de má-fé será condenado a arcar com os honorários advocatícios e despesas.

Conforme explicamos no art. 791-A da CLT, no processo do trabalho são devidos os honorários de sucumbência, de modo que a parte que for sucumbente será responsável pelo pagamento dos honorários da parte contrária. Ocorre que a parte, mesmo se litigante de má-fé, poderá ser vencedora na demanda.

Diante dessa sistemática, a doutrina diverge quanto à previsão do dispositivo.

A primeira corrente acredita que a condenação em honorários e despesas processuais somente poderá ocorrer nos casos em que o litigante de má-fé tiver sido sucumbente no processo. Assim, sendo vencedora na demanda, a parte será condenada apenas à multa e à indenização por perdas e danos.[89]

A segunda corrente declina que essa condenação deve ser desvinculada do resultado do processo, de modo que os honorários sejam calculados com base nos danos suportados pela parte contrária[90]. Pensamos que essa corrente está com a razão, vez que a primeira torna sem utilidade o referido dispositivo, pois, sendo a parte sucumbente, não há necessidade desse dispositivo para condená-la aos honorários, bastando o art. 791-A da CLT.

Na realidade, o que o dispositivo pretende é declarar que a multa e a indenização à parte contrária geram nova condenação e sobre elas deverão incidir os honorários advocatícios. Exemplo:

88. GAJARDONI, Fernando da Fonseca. Comentários ao art. 81. In: WAMBIER, Teresa Arruda Alvim (coord.) et al. *Breves comentários ao Novo Código de Processo Civil.* 2. ed. São Paulo: Editora Revista dos Tribunais, 2016. p. 311.

89. GAJARDONI, Fernando da Fonseca. Comentários ao art. 81. In: WAMBIER, Teresa Arruda Alvim (coord.) et al. *Breves comentários ao Novo Código de Processo Civil.* 2. ed. São Paulo: Editora Revista dos Tribunais, 2016. p. 311.

90. NEVES, Daniel Amorim Assumpção. *Novo Código de Processo Civil Comentado.* Salvador: Editora Juspodivm, 2016. p. 124.

A reclamada é condenada a pagar horas extras, multa de 10% e indenização pelos danos sofridos pela parte contrária, respectivamente, nos valores de R$ 10.000,00, R$ 1.000,00 e R$ 5.000,00. Nesse caso, os honorários irão incidir não apenas sobre as horas extras (R$ 10.000,00), mas sobre o valor global (R$ 16.000,00). Do mesmo modo, se a parte é vencedora e, por óbvio, não sofreu condenação, mas é litigante de má-fé, sendo-lhe aplicada, por exemplo, a multa de R$ 5.000,00, sobre esse valor incidirão os honorários advocatícios (5% a 15%) a serem pagos à parte contrária.

O *caput* do art. 793-C da CLT reza ainda que a parte será condenada a pagar as despesas que a parte contrária já efetuou no processo. No entanto, em regra, essa parte não será aplicada ao processo do trabalho, tendo em vista que, na seara laboral, não há adiantamento de despesas, de modo que não teremos despesas já suportadas pela parte contrária.

11.3. Litigância de má-fé pelo beneficiário da justiça gratuita

O beneficiário da justiça gratuita possui os mesmos deveres das demais partes, devendo agir com ética e lealdade processual. Desse modo, praticando um dos atos previstos no art. 793-B da CLT, será considerado litigante de má-fé, podendo ser condenado ao pagamento da multa descrita no art. 793-C.

Nesse sentido, declina expressamente o art. 98, § 4º, do CPC:

> § 4º A concessão de gratuidade não afasta o dever de o beneficiário pagar, ao final, as multas processuais que lhe sejam impostas.

No final do processo e nos mesmos autos, portanto, o beneficiário da justiça gratuita será executado a pagar a multa por litigância de má-fé. Como se trata de penalidade, pensamos que a interpretação desse dispositivo deve ser restritiva, não incidindo a indenização pelos danos causados e os honorários advocatícios[91].

11.4. Dois ou mais litigantes de má-fé

O § 1º do art. 793-C da CLT prevê que, quando forem 2 ou mais litigantes de má-fé, o juiz condenará cada um na proporção de seu respectivo interesse na causa, ou, solidariamente, aqueles que se coligaram para lesar a parte contrária.

A hipótese abordada pelo dispositivo abrange os casos de litisconsórcio e intervenção de terceiros.

Cabe mencionar que o dispositivo prevê duas soluções possíveis nos casos em que houver dois ou mais litigantes de má-fé:

91. Em sentido contrário autorizando a incidência de tais penalidades, GAJARDONI, Fernando da Fonseca. Comentários ao art. 81. In: WAMBIER, Teresa Arruda Alvim (coord.) et al. *Breves comentários ao Novo Código de Processo Civil*. 2. ed. São Paulo: Editora Revista dos Tribunais, 2016. p. 311.

1) cada um será condenado na proporção de seu respectivo interesse na causa;

2) a condenação será solidária se os litigantes tiverem se coligado para lesar a parte contrária.

A primeira hipótese ocorre quando a litigância de má-fé é provocada por partes distintas com o mesmo propósito, qual seja, o de lesar a parte contrária sem que haja nenhuma espécie de conluio na prática da infração.

A segunda hipótese é verificada quando duas ou mais partes, em conluio, combinarem a prática da mesma infração, lesionando a parte contrária.

Aliás, nos casos em que o interesse de cada litigante na causa não for passível de mensuração, o juiz deverá condená-los de forma solidária, presumindo-se que os litigantes se coligaram para lesar a parte contrária.[92]

Na condenação solidária, a totalidade do valor da multa poderá ser exigida de somente um dos devedores. O devedor que pagar integralmente a dívida poderá voltar-se contra os demais codevedores solidários para o pagamento das respectivas cotas.[93] No processo civil, a multa poderá ser cobrada dos outros corresponsáveis nos próprios autos. No processo do trabalho, pensamos que a Justiça do Trabalho não terá competência para tal cobrança.

11.5. Valor da causa irrisório ou inestimável

De acordo com o art. 793-C, § 2º, da CLT, "quando o valor da causa for irrisório ou inestimável, a multa poderá ser fixada em até duas vezes o limite máximo dos benefícios do Regime Geral de Previdência Social".[94]

O dispositivo adotou regra distinta da norma prevista pelo art. 81, § 2º, do CPC/15, uma vez que este estabelece que nos casos em que o valor da causa for irrisório ou inestimável, a multa pela litigância de má-fé poderá ser fixada em até 10 vezes o valor do salário mínimo.

Como o valor máximo da multa é diferente no CPC e na CLT, nessa hipótese, nos parece pertinente a diferença feita pelo C. TST no art. 9º da IN nº 41/2018 do TST[95],

92. ALVIM, J. E. Carreira. *Comentários ao Novo Código de Processo Civil: Lei 13.105/15:* v. 1: *Arts. 1º ao 81.* Curitiba: Juruá, 2015. p. 421.

93. NERY JUNIOR, Nelson; NERY, Rosa Maria de Andrade. *Comentários ao Código de Processo Civil.* São Paulo: Revista dos Tribunais, 2015. p. 419.

94. Nos termos da Portaria nº 914, de 13 de janeiro de 2020 do Ministério da Economia, o valor máximo dos benefícios da Previdência Social é de R$ 6.101,06.

95. Art. 9º O art. 793-C, §§ 2º e 3º, da CLT tem aplicação apenas nas ações ajuizadas a partir de 11 de novembro de 2017 (Lei nº 13.467/2017).

incidindo a norma celetista apenas para as ações ajuizadas após 11.11.17, enquanto para as ajuizadas anteriormente aplicar-se-á o CPC.

A previsão do art. 793-C, § 2º, da CLT tem como objetivo coibir a prática dos atos contrários à boa-fé processual, mesmo nas ações que tenham como objeto valores irrisórios.

De qualquer maneira, é preciso ficar claro: esse parágrafo somente tem aplicação quando o valor da causa for irrisório ou inestimável. Não sendo o caso, aplica-se o *caput* do art. 793-C.

11.6. Valor da indenização

Nos termos do art. 793-C, § 3º, da CLT, o valor da indenização será fixado pelo juízo ou, caso não seja possível mensurá-lo, liquidado por arbitramento ou pelo procedimento comum, nos próprios autos.

O dispositivo aborda a responsabilidade do litigante de má-fé pelo pagamento das perdas e danos sofridos pela parte contrária.

A indenização do dano contemplará tudo o que efetivamente perdeu ou deixou de receber com a conduta desleal,[96] dependendo de comprovação.

O valor da indenização deverá ser fixado:

- pelo juiz; ou
- caso não seja possível mensurá-lo, liquidado por arbitramento ou pelo procedimento comum (liquidação por artigos), nos próprios autos.

Observa-se que o dispositivo celetista reproduziu a redação o art. 81, § 3º, do CPC/15,[97] fazendo referência à liquidação por arbitramento e à liquidação pelo procedimento comum.

É sabido que o CPC/15 substituiu a denominação liquidação por artigos para liquidação pelo procedimento comum, mantendo a mesma sistemática anterior, ou seja, apenas trocou o nome. No entanto, embora o artigo celetista tenha acompanhado a nova terminologia do CPC/15, esqueceu-se de alterá-la no artigo 879 da CLT.

De qualquer modo, a liquidação por arbitramento ocorre nos casos em que for necessária a nomeação de perito, enquanto a liquidação por artigos (ou procedimento

96. GAJARDONI, Fernando da Fonseca. Comentários ao art. 81. In: WAMBIER, Teresa Arruda Alvim (coord.) *et al. Breves comentários ao Novo Código de Processo Civil.* 2. ed. São Paulo: Revista dos Tribunais, 2016. p. 311.

97. CPC/15, art. 81, § 3º O valor da indenização será fixado pelo juiz ou, caso não seja possível mensurá-lo, liquidado por arbitramento ou pelo procedimento comum, nos próprios autos.

comum) é realizada nos casos em que se busca provar fato novo na liquidação. Ambas as formas de liquidação ocorrerão nos próprios autos em que verificada a litigância de má-fé.

11.7. Momento da condenação

A condenação pela litigância de má-fé poderá ser aplicada tanto na sentença como na decisão interlocutória, logo após a verificação da conduta violadora da boa-fé processual.

Recomenda-se, especialmente no processo do trabalho, que a condenação da litigância de má-fé ocorra na sentença, uma vez que as condutas antiprocessuais podem se repetir no processo, o que exigiria diversas decisões interlocutórias.[98]

Além disso, na seara laboral, se a sanção for fixada por meio de decisão interlocutória, não haverá possibilidade de interposição de recurso, cabendo, no máximo, a impetração de mandado de segurança, caso constatada a possibilidade de dano iminente à parte.

11.8. Direito intertemporal (Lei nº 13.467/17)

Com a chegada Lei nº 13.467/17, o legislador inseriu os arts. 793-A a 793-C da CLT, trazendo para dentro da CLT os atos que ensejam a litigância de má-fé, bem como as penalidades a serem aplicadas, como analisamos anteriormente.

Referidos artigos são reproduções literais dos arts 79 a 81 do CPC/15, os quais já eram aplicados subsidiariamente ao processo do trabalho, ante a omissão da CLT na época e a compatibilidade com esse ramo processual que se submete ao princípio da boa-fé objetiva.

No entanto, o C. TST, no art. 7º da Instrução Normativa nº 41, declinou que os arts. 793-A, 793-B e 793-C, § 1º, da CLT têm aplicação autônoma, buscando sinalizar que eles devem ser aplicados independentemente das regras do CPC de 2015, incidindo imediatamente aos processos em curso na data entrada em vigor da lei.

Curiosamente, quanto à aplicação das penalidades previstas no art. 793-C, caput e §§ 2º e 3º, da CLT, o C. TST, nos arts. 8º e 9º da Instrução Normativa nº 41, estabeleceu que elas somente incidirão para os processos iniciados a partir de 11. 11.17, data da entrada em vigor da Lei nº 13.467/17.

98. ALVIM, J. E. Carreira. *Comentários ao Novo Código de Processo Civil: Lei 13.105/15*, v. 1: *Arts. 1º ao 81*. Curitiba: Juruá, 2015. p. 424.

12. ASSÉDIO PROCESSUAL

Tema correlato à litigância de má-fé, mas que com ela não se confunde é o assédio processual.

Trata-se de instituto decorrente do assédio moral estudado no direito material.

Define a doutrina que assédio processual é "todo ato processual praticado de forma reiterada, insidiosa, por um dos sujeitos que atuam no processo (juiz, partes, servidores, etc.), que tem por objetivo minar a autoestima de uma das partes litigantes, degradando o processo"[99].

Exige-se, portanto, a presença dos seguintes requisitos:

1) reiteração da conduta;

2) atos praticados por qualquer sujeito do processo;

3) atos que buscam reduzir a autoestima de uma das partes litigantes, atingindo sua dignidade;

4) o ato não precisa ser, necessariamente, ilícito.

- **Exemplo:** reiterados requerimentos impertinentes; recursos reiteradamente protelatórios; tentativas reiteradas e abusivas de conciliação pelo juiz.

Percebe-se, portanto, que o assédio processual pode decorrer, inclusive, de conduta reiterada praticada pelo juiz.

Caracterizado o assédio processual, a parte lesada deve ser reparada. Nesse caso, a indenização segue os parâmetros da indenização pelo dano moral, sendo definido em cada caso concreto, não se aplicando os critérios do art. 791-C da CLT, bem como os arts. 77, § 2º e 81, ambos do CPC/2015. A propósito, a doutrina majoritária entende que ela poderá ser deferida a requerimento ou *ex officio*, sendo liquidada e executada nos próprios autos.

O assédio processual, embora próximo da litigância de má-fé, com ela não se confunde, levantando a doutrina as seguintes diferenças:

Assédio processual	Litigância de má-fé
Não tem tipificação legal	São tipificados no art. 793-B da CLT
Conduta reiterada	Não depende da reiteração, podendo ser um único ato
Pode ser praticado pelo juiz	Não pode ser praticada pelo juiz

99. SCHIAVI, Mauro. *Manual de direito processual do trabalho*. 9. ed. São Paulo: LTr, 2015. p. 400.

13. SÚMULAS E ORIENTAÇÕES JURISPRUDENCIAIS DO TST

Capacidade postulatória – *Jus postulandi*
Súmula nº 425 do TST. *Jus postulandi* na Justiça do Trabalho. Alcance O *jus postulandi* das partes, estabelecido no art. 791 da CLT, limita-se às Varas do Trabalho e aos Tribunais Regionais do Trabalho, não alcançando a ação rescisória, a ação cautelar, o mandado de segurança e os recursos de competência do Tribunal Superior do Trabalho.
Justiça Gratuita
Orientação Jurisprudencial nº 269 da SDI – I do TST. Justiça gratuita. Requerimento de isenção de despesas processuais. Momento oportuno I – O benefício da justiça gratuita pode ser requerido em qualquer tempo ou grau de jurisdição, desde que, na fase recursal, seja o requerimento formulado no prazo alusivo ao recurso; II – Indeferido o requerimento de justiça gratuita formulado na fase recursal, cumpre ao relator fixar prazo para que o recorrente efetue o preparo (art. 99, § 7º, do CPC de 2015).
Súmula nº 463 do TST. Assistência Judiciária Gratuita. Comprovação I – A partir de 26.06.2017, para a concessão da assistência judiciária gratuita à pessoa natural, basta a declaração de hipossuficiência econômica firmada pela parte ou por seu advogado, desde que munido de procuração com poderes específicos para esse fim (art. 105 do CPC de 2015); II – No caso de pessoa jurídica, não basta a mera declaração: é necessária a demonstração cabal de impossibilidade de a parte arcar com as despesas do processo.
Substituição processual
Súmula nº 286 do TST. Sindicato. Substituição processual. Convenção e acordo coletivos A legitimidade do sindicato para propor ação de cumprimento estende-se também à observância de acordo ou de convenção coletivos.
Orientação Jurisprudencial nº 121 da SDI – I do TST. Substituição processual. Diferença do adicional de insalubridade. Legitimidade O sindicato tem legitimidade para atuar na qualidade de substituto processual para pleitear diferença de adicional de insalubridade.
Orientação Jurisprudencial nº 359 da SDI – I do TST. Substituição processual. Sindicato. Legitimidade. Prescrição. Interrupção A ação movida por sindicato, na qualidade de substituto processual, interrompe a prescrição, ainda que tenha sido considerado parte ilegítima "ad causam".
Multa por litigância de má-fé
Orientação Jurisprudencial nº 409 da SDI – I do TST. Multa por litigância de má-fé. Recolhimento. Pressuposto recursal. Inexigibilidade O recolhimento do valor da multa imposta como sanção por litigância de má-fé (art. 81 do CPC de 2015 – art. 18 do CPC de 1973) não é pressuposto objetivo para interposição dos recursos de natureza trabalhista.

14. INFORMATIVOS DO TST RELACIONADOS AO TEMA

Capacidade postulatória
"Jus postulandi". Recurso de competência do Tribunal Superior do Trabalho. Impossibilidade. Aplicação da Súmula nº 425 do TST. Reiterando posicionamento da Corte, consubstanciado na Súmula nº 425, no sentido de que o "jus postulandi", estabelecido no art. 791 da CLT, se limita às Varas do Trabalho e aos Tribunais Regionais do Trabalho, não alcançando os recursos de competência do Tribunal Superior do Trabalho, a SBDI-I, à unanimidade, conheceu dos embargos por contrariedade à Súmula nº 425 do TST e, no mérito, deu-lhes provimento para anular o acórdão referente ao julgamento dos primeiros embargos de declaração em agravo de instrumento, subscritos pessoalmente pela reclamante. Consequentemente, decidiu-se anular os acórdãos seguintes e restabelecer a decisão da Turma, por meio da qual se negou provimento ao agravo de instrumento da trabalhadora, subscrito por advogado devidamente constituído, ante os termos da Súmula nº 214 do TST. Destacou o Ministro relator que à época em que julgados os primeiros embargos de declaração da reclamante, a matéria em debate já estava pacificada pelo Pleno do TST, não se admitindo o fundamento turmário de que a questão da inaplicabilidade do "jus postulandi" aos recursos de competência do TST seria controvertida e admissível. TST-E-ED-ED-RR-148341-64.1998.5.05.0004, SBDI-I, rel. Min. José Roberto Freire Pimenta, 4.10.2012 (Informativo nº 24)
Recurso ordinário em mandado de segurança. Não conhecimento. Inexistência de capacidade postulatória da autoridade coatora. Atribuição de legitimação recursal concorrente. Art. 14, § 2º, da Lei nº 12.016/2009. Vedação à adoção do jus postulandi. Irregularidade de representação. Com o advento da Lei nº 12.016/2009, e consoante o disposto no seu art. 14, § 2º, a autoridade coatora adquiriu legitimidade para recorrer das decisões concessivas de segurança. Todavia, o direito de recorrer a que alude tal dispositivo traduz o conceito de legitimação recursal concorrente, o que não se confunde com a capacidade postulatória atribuída notadamente a advogados. Assim, existindo a intenção de interpor recurso por parte da autoridade coatora, deve ela se servir da advocacia pública, especialmente porque não se admite a adoção do jus postulandi em sede de mandado de segurança, conforme se extrai da Súmula nº 425 do TST. Com esse entendimento, SBDI-II, por maioria, não conheceu do recurso ordinário, por irregularidade de representação. Vencido o Ministro Emmanoel Pereira, que entendia pela declaração de nulidade do processo por ausência de intimação da AGU. TST-RO-126400-41.2009.5.03.0000, SBDI-II, rel. Min. Alberto Luiz Bresciani de Fontan Pereira, 9.12.2014 (Informativo nº 97)
Reclamação. Não cabimento. Ausência de capacidade postulatória. Incidência da Súmula nº 425 do TST. Não se conhece de reclamação (art. 988 do CPC de 2015) na hipótese em que o reclamante postula em causa própria e não comprova sua condição de advogado regularmente inscrito nos quadros da OAB, pois a dispensa da capacidade postulatória mediante a competente habilitação técnica legal somente pode ocorrer nos casos expressamente autorizados por lei, conforme entendimento consagrado pelo Supremo Tribunal Federal. Ademais, ao caso concreto não se aplica o jus postulandi de que trata o art. 791 da CLT, pois este dispõe acerca das lides decorrentes da relação de emprego, ao passo que, na espécie, a reclamação envolve matéria sindical, de competência da Justiça do Trabalho em virtude do art. 114, III, da CF. Incide, portanto, a ratio decidendi da Súmula nº 425 do TST, cuja redação não faz referência à reclamação porque editada em momento anterior à existência do referido instrumento jurídico no âmbito da Justiça do Trabalho. Sob esse entendimento, e ausentes quaisquer das situações que autorizam o cabimento da reclamação, o Órgão Especial, por unanimidade, extinguiu o processo, sem resolução de mérito, na forma do art. 485, I e IV, do CPC de 2015. TST-Rcl-20103-47.2016.5.00.0000, Órgão Especial, rel. Min. José Roberto Freire Pimenta, 6.12.2016 (Informativo nº 150)

Legitimidade Ativa
Indenização por dano moral. Dano sofrido pelo empregado. Ação proposta pelo espólio. Legitimidade ativa. O espólio tem legitimidade ativa para pleitear pagamento de indenização por danos morais quando o prejuízo a ser reparado foi experimentado pelo próprio empregado, em razão de acidente de trabalho. Hipótese que não se confunde com aquela em que o pleito de indenização é oriundo do dano sofrido pelos herdeiros. Sob esse entendimento, a SBDI-I, por unanimidade, conheceu dos embargos, por divergência jurisprudencial e, no mérito, por maioria, negou-lhes provimento. Vencidos os Ministros Brito Pereira, relator, Renato de Lacerda Paiva, Walmir Oliveira da Costa e José Roberto Freire Pimenta. TST-E-RR-1187-80.2010.5.03.0035, SBDI-I, rel. Min. Brito Pereira, red. p/ acórdão Min. Márcio Eurico Vitral Amaro, 12.5.2016 (Informativo nº 136)

Justiça Gratuita
Sindicato. Substituto processual. Requerimento de assistência judiciária gratuita. Ausência de comprovação de insuficiência de recursos. Não concessão. O ordenamento jurídico, ao tempo que determina ao sindicato a manutenção de serviço de assistência judiciária aos seus associados (art. 514, "b", da CLT, art. 14 da Lei nº 5.584/70 e art. 8º, III, da CF), oferece receitas para a consecução desse objetivo, oriundas da contribuição sindical obrigatória (art. 8º, IV, da CF e arts. 578 a 670 da CLT), das mensalidades dos associados e, eventualmente, das contribuições assistenciais. Desse modo, a concessão de assistência judiciária gratuita ao sindicato que atua na condição de substituto processual depende da demonstração de impossibilidade financeira de arcar com a responsabilidade legal, não sendo bastante a juntada de declaração de hipossuficiência dos substituídos. Com esse fundamento, a SBDI-I, por unanimidade, conheceu dos embargos, por divergência jurisprudencial, e, no mérito, por maioria, deu-lhes provimento para restabelecer a decisão do Regional que indeferiu o pedido de assistência judiciária gratuita ao sindicato. Vencidos os Ministros José Roberto Freire Pimenta, Lelio Bentes Corrêa, Augusto César Leite de Carvalho e Delaíde Miranda Arantes. TST-E-ED-RR-25100 - 77.2009.5.09.0094, SBDI-I, rel. Min. Alberto Luiz Bresciani de Fontan Pereira, 16.5.2013. (Informativo nº 47)
Sindicato. Justiça gratuita. Concessão. Necessidade de demonstração inequívoca de insuficiência econômica. Para a concessão do benefício da justiça gratuita ao sindicato que atua na condição de substituto processual faz-se necessária a demonstração inequívoca da fragilidade econômica do ente, não se admitindo a mera declaração de pobreza firmada em nome dos substituídos. Inaplicável, portanto, a Orientação Jurisprudencial nº 304 da SBDI-I. Com esse entendimento, a SBDI-I, por unanimidade, conheceu dos embargos do reclamado, por divergência jurisprudencial, e, no mérito, por maioria, deu-lhes provimento para restabelecer o acórdão do Regional. Vencida a Ministra Delaíde Miranda Arantes, relatora. Ressalvou entendimento o Ministro José Roberto Freire Pimenta. TST-E-ED-RR-175900-14.2009.5.09.0678, SBDI-I, rel. Min. Delaíde Miranda Arantes, red. p/ acórdão Min. Renato de Lacerda Paiva, 14.11.2013 (Informativo nº 66)
Mandado de segurança. Cabimento. Execução. Decisão interlocutória. Indeferimento do benefício da justiça gratuita. Impossibilidade. Direito líquido e certo à gratuidade de justiça. A assistência jurídica integral e gratuita é devida aos que comprovem insuficiência de recursos e constitui direito fundamental, nos termos do art. 5º, LXXIV, da CF. Assim, tem-se que os benefícios da justiça gratuita podem ser deferidos, inclusive de ofício, na fase de execução, especialmente quando o requerimento formulado pelo interessado não tem caráter retroativo,

não é impugnado pela parte contrária, nem há indícios de que a declaração de miserabilidade prestada seja falsa. No caso concreto, em sede de reclamatória trabalhista, o juiz desconsiderou a personalidade jurídica da empresa executada e deferiu a expedição de carta rogatória, determinando que a impetrante providenciasse a cópia dos documentos, com tradução oficial realizada por tradutor juramentado. A parte alegou ser beneficiária da justiça gratuita e requereu que a tradução fosse realizada sem custos, pedido que foi indeferido ao argumento de que a impetrante não é beneficiária da gratuidade de justiça. Na sequência, a parte requereu os benefícios da justiça gratuita, por não possuir condições de arcar com as despesas de tradução, tendo o juiz mantido a decisão anterior, alegando não haver nada a deferir. Nesse cenário, e não obstante a natureza interlocutória da decisão que recusou a examinar o requerimento do benefício da justiça gratuita formulado na fase de cumprimento de sentença, a SBDI-II, por unanimidade, entendeu cabível o mandado de segurança, pois o prosseguimento do feito nos autos originários depende da expedição de carta rogatória, de modo que o não exame do pedido formulado pela impetrante trava a marcha processual, inviabilizando o regular prosseguimento da execução. No mérito, também por unanimidade, a Subseção deu provimento ao recurso ordinário para afastar o óbice do art. 5º, II, da Lei 12.016/2009 e, com fulcro no art. 515, § 3º, do CPC, conceder a segurança e deferir à impetrante o benefício da justiça gratuita, determinando que a despesa com tradução dos documentos necessários à expedição da carta rogatória, nos autos originários, seja paga a partir da rubrica orçamentária indicada no § 1º do art. 1º da Resolução nº 66 do CSJT. TST-RO-6373-15.2011.5.01.0000, SBDI-II, rel. Min. Douglas Alencar Rodrigues, 14.10.2014 (Informativo execução nº 7)

Justiça gratuita. Declaração de pobreza. Presunção relativa de veracidade não elidida pelo fato de o reclamante ter recebido verbas rescisórias e de indenização em decorrência de adesão a plano de demissão voluntária.

O fato de o reclamante ter recebido quantia vultosa (R$ 1.358.507,65) decorrente de verbas rescisórias e de indenização oriunda de adesão a plano de demissão voluntária não é suficiente para elidir a presunção de veracidade da declaração de pobreza por ele firmada. Sob esse fundamento, a SBDI-I, maioria, conheceu dos embargos por contrariedade à Orientação Jurisprudencial nº 304 da SBDI-I, e, no mérito, deu-lhes provimento para restabelecer a sentença que deferira os benefícios da justiça gratuita. Vencidos os Ministros João Oreste Dalazen, Renato de Lacerda Paiva e Alexandre Agra Belmonte. TST-ERR-11237-87.2014.5.18.0010, SBDI-I, rel. Min. Hugo Carlos Scheuermann, 2.2.2017 (Informativo nº 151)

Justiça gratuita. Declaração de pobreza. Presunção relativa de veracidade não elidida pelo fato de o reclamante ter percebido salário bastante elevado.

O fato de o reclamante ter percebido salário bastante elevado, superior a R$ 40.000,00 (quarenta mil reais), e de a rescisão do contrato de trabalho ter ocorrido dias antes do ajuizamento da reclamação trabalhista não são suficientes para elidir a presunção de veracidade da declaração de pobreza por ele firmada. Sob esse fundamento, a SBDI-I, por maioria, conheceu de recurso de embargos por contrariedade à Orientação Jurisprudencial nº 304 da SBDI-I (atualmente incorporada ao item I da Súmula nº 463 do TST) e, no mérito, deu-lhe provimento para restabelecer a sentença quanto aos benefícios da justiça gratuita e ao pagamento de honorários advocatícios. Vencidos os Ministros João Oreste Dalazen e Renato de Lacerda Paiva. TST-E-ARR-464-35.2015.5.03.0181, SBDI-I, rel. Min. Hugo Carlos Scheuermann, 8.2.2018 (Informativo nº 171)

Justiça gratuita. Indeferimento. Hipossuficiência econômica afastada por circunstâncias reveladas nos autos. Presunção relativa.

A presunção legal que decorre da declaração de hipossuficiência econômica é relativa, de modo que pode ser afastada por elementos constantes dos autos ou por prova em sentido contrário. No caso em apreço, o autor teve indeferido seu pedido de gratuidade de justiça pela Corte Regional ao fundamento de que, quem oferta o segundo maior lanço em hasta realizada no processo principal, destinada à alienação de imóvel de elevado valor, e, no próprio dia do leilão, deposita a quantia de R$ 1.340.000,00, não faz jus à referida benesse. Assim, ante o contexto desvelado nos próprios autos, e ausente prova da alegada miserabilidade jurídica, a SBDI-II, por unanimidade, conheceu do recurso ordinário e, no mérito, por maioria, negou-lhes provimento, mantendo, portanto, a decisão do TRT que indeferira os benefícios da justiça gratuita. Vencidos os Ministros Delaíde Miranda Arantes e Alexandre Agra Belmonte. TST-RO-76-80.2013.5.06.0000, SBDI-II, rel. Min. Douglas Alencar Rodrigues, 6.3.2018 (Informativo nº 173).

Ação rescisória. Justiça gratuita. Indeferimento do pedido e extinção do processo sem resolução de mérito após a instrução do feito e do decurso do prazo decadencial. Ausência de prévia ciência da parte e não concessão de prazo para a regulação do preparo. Violação do princípio da proteção da legítima confiança do jurisdicionado.
A decisão de extinção da ação rescisória sem resolução do mérito por ausência do depósito prévio, sem anterior ciência da parte a respeito do indeferimento da justiça gratuita e sem a oportunidade para a regularização do pressuposto processual, viola o princípio da proteção da legítima confiança do jurisdicionado. No caso, o autor ajuizou ação rescisória em 21.5.2013, requerendo, na petição inicial, a dispensa do depósito previsto no art. 836 da CLT, ao argumento que o benefício da justiça gratuita havia sido deferido no processo originário. Apenas em 25.2.2014, após toda a tramitação e a instrução do feito, bem como depois de transcorrido o prazo decadencial para eventual propositura de nova rescisória, foi indeferido o requerimento de justiça gratuita e extinto o processo sem resolução do mérito em julgamento colegiado. Todavia, o curso regular do processo, sem pronunciamento inicial acerca dos pressupostos processuais, criou para o autor a expectativa de que o pleito referente à justiça gratuita seria deferido e de que haveria exame da pretensão rescisória. Assim, a posterior detecção de vício sanável exigiria a concessão de prazo para a regularização do preparo e impossibilitaria a extinção do processo sem resolução de mérito. Sob esse entendimento, a SBDI-II, por unanimidade, conheceu do recurso ordinário, e, no mérito, por maioria, deu lhe provimento para afastar a extinção do processo sem resolução do mérito e determinar o retorno dos autos ao Tribunal Regional para o prosseguimento do feito, com concessão de prazo para a realização do depósito prévio. Vencido o Ministro Alexandre Luiz Ramos. TST-RO-5263- 80.2013.5.02.0000, SBDI-II, rel. Min. Douglas Alencar Rodrigues, 17.12.2019 (Informativo nº 214)

Ação rescisória. Depósito prévio. Justiça gratuita. Requisitos do art. 790, §§ 3º e 4º, da CLT, com a redação da Lei nº 13.467/2017. Não incidência. Matéria regida pelo art. 99, § 3º, do CPC de 2015, pelo item I da Súmula nº 463 do TST e pelo art. 6º da Instrução Normativa nº 31/2007.
O depósito prévio da ação rescisória ajuizada na Justiça do Trabalho corresponde a 20% do valor da causa (art. 836 da CLT), percentual bastante superior ao exigido no art. 968, II, do CPC de 2015. Diante da maior onerosidade, as disposições acerca da gratuidade de justiça previstas no art. 790, §§ 3º e 4º, da CLT, com a redação da Lei nº 13.467/2017, não se aplicam às ações rescisórias processadas na Justiça do Trabalho, sob pena de excluir da apreciação do Poder Judiciário lesão ou ameaça a direito, especialmente nos casos em que a parte autora seja pessoa física ou micro e pequena empresa. De outra sorte, não há disposição específica na Lei nº 13.467/2017 acerca da justiça gratuita pleiteada em ação rescisória, o que atrai a incidência do art. 99, § 3º, do CPC de 2015, da Súmula nº 463, I, do TST e do art. 6º da Instrução Normativa nº 31/2007. Sob esse fundamento, e havendo declaração de hipossuficiência nos autos sem impugnação da parte contrária, a SBDI-II, por unanimidade, conheceu do recurso ordinário e, no mérito, deu-lhe provimento para deferir ao autor os benefícios da justiça gratuita. A Subseção determinou, ainda, o retorno dos autos ao Tribunal de origem para que prossiga no julgamento da rescisória como entender de direito, afastada a exigência do depósito prévio. TST-RO-10899-07.2018.5.18.0000, SBDI-II, rel. Min. Maria Helena Mallmann, 19.11.2019 (Informativo nº 213)

Ação rescisória. Depósito prévio. Pessoa jurídica. Ausência de regularização. Extinção do processo, sem resolução do mérito, antes da análise do pedido de concessão de gratuidade de justiça. Impossibilidade.

A decisão que, antes de analisar o pedido de benefício de gratuidade de justiça pleiteado por pessoa jurídica, indefere a petição inicial e extingue a ação rescisória, sem resolução de mérito, por falta de regularização do depósito prévio, está em desacordo com o que preceitua o art. 99, § 2º, do CPC de 2015. No caso, diante do descumprimento de determinação que concedia prazo para a regularização do depósito prévio, o julgador extinguiu a ação sem que houvesse manifestação da parte a respeito da ausência dos requisitos para a concessão da justiça gratuita e sem a oportunidade para o exercício do direito de defesa quanto a esse aspecto. Sob esse entendimento, a SBDI-II, por unanimidade, conheceu do recurso ordinário e, no mérito, deu-lhe provimento parcial para afastar a extinção do processo, sem resolução do mérito, e determinar o retorno dos autos ao Tribunal Regional para que prossiga no exame da admissibilidade da ação rescisória, considerando o pedido de concessão dos benefícios da justiça gratuita requerido na petição inicial. TST-RO-315-82.2017.5.19.0000, SBDI-II, rel. Min. Alexandre de Souza Agra Belmonte, 26/5/2020.(Informativo nº 219).

Substituição processual

Sindicato. Substituição processual. Legitimidade ativa. Equiparação salarial. Maquinistas. Direito individual homogêneo. Origem comum da pretensão.

O Sindicato dos Trabalhadores em Empresas Ferroviárias de Belo Horizonte, na condição de substituto processual, possui legitimidade ativa para postular a equiparação salarial de trinta e cinco maquinistas, ainda que o pedido esteja ligado à subjetividade de cada um dos titulares do direito, a determinar consequências distintas para cada substituído. Trata-se de direito individual homogêneo, na medida em que a pretensão tem origem comum, conforme exigido no art. 81, III, do CDC (Lei nº 8.078/90). Com esse entendimento, a SBDI-I, por unanimidade, conheceu dos embargos, por divergência jurisprudencial e, no mérito, deu-lhes provimento para reconhecer a legitimidade ativa do sindicato autor e determinar o retorno dos autos à Vara do Trabalho de origem, a fim de que aprecie a pretensão exordial, como entender de direito. TST-E-ED-RR-256-45.2011.5.03.0002, SBDI-I, rel. Min. Aloysio Côrrea da Veiga, 14.2.2013 (Informativo nº 36)

Ação coletiva. Sindicato. Substituição processual. Relação dos substituídos apresentada na petição inicial. Execução. Extensão a membro da categoria que não figurou no rol dos substituídos. Impossibilidade. Violação da coisa julgada.

O sindicato tem legitimidade para atuar na qualidade de substituto processual de toda a categoria nos casos em que se pretende discutir lesões de origem comum aos substituídos. Todavia, ao ingressar com ação coletiva acompanhada do rol de substituídos – o qual não é essencial à propositura da ação – o sindicato opta por restringir sua atuação aos trabalhadores enumerados na lista que ele próprio juntou aos autos. Nesse caso, não é possível, em sede de execução, estender os efeitos da decisão ao reclamante que não constou do rol apresentado com a inicial, sob pena de ampliar os limites subjetivos da lide e afrontar a intangibilidade da coisa julgada material. Com esse entendimento, a SBDI-I, em sua composição plena, conheceu dos embargos, por divergência jurisprudencial, e, no mérito, por maioria, deu-lhes provimento para restabelecer o acórdão do Regional, no particular. Vencidos os Ministros Luiz Philippe Vieira de Mello Filho, Lelio Bentes Corrêa, Augusto César Leite de Carvalho, José Roberto Freire Pimenta e Delaíde Miranda Arantes. TST-E-ED-RR-9849840-70.2006.5.09.0011, SBDI-I, rel. Min. Aloysio Corrêa da Veiga, 23.5.2013 (Informativo nº 48)

Sindicato. Substituição processual de um único empregado. Legitimidade ativa. Direitos individuais homogêneos.

Na hipótese em que o objeto da ação diz respeito a direitos individuais homogêneos da categoria (intervalo intrajornada, horas in itinere e diferenças salariais), há de se reconhecer, nos termos do art. 8º, III, da CF, a ampla legitimidade do sindicato para atuar na condição de substituto processual, ainda que o substituído seja um único empregado. A ilegitimidade ativa do sindicato ocorrerá apenas no caso em que o julgador entender necessária a oitiva do empregado substituído, situação em que restaria configurado o interesse individual. Com esse entendimento, a SBDI-I, por unanimidade, conheceu dos embargos interpostos pela reclamada, por divergência jurisprudencial, e, no mérito, negou-lhes provimento. Ressalvaram entendimento os Ministros Renato de Lacerda Paiva e Augusto César Leite de Carvalho. TST-E-RR-1204-21.2010.5.03.0099, SBDI-I, rel. Min. Aloysio Corrêa da Veiga, 13.3.2014 (Informativo nº 75)

Sindicato. Legitimidade para atuar como substituto processual. Direito individual heterogêneo. Pedido de equiparação salarial em benefício de um único empregado. Possibilidade. Art. 8º, III, da CF.

O art. 8º, III, da CF autoriza expressamente a atuação ampla dos entes sindicais na defesa dos direitos e interesses individuais e coletivos dos integrantes da categoria respectiva, de maneira irrestrita. Assim sendo, reconhece-se a legitimidade do sindicato profissional para pleitear, na qualidade de substituto processual, equiparação salarial em benefício de um único empregado, ainda que se trate de direito individual heterogêneo do substituído. Com esse entendimento, a SBDI-I, por unanimidade, conheceu do recurso de embargos da reclamada, por divergência jurisprudencial e, no mérito, por maioria, negou-lhe provimento. Vencido o Ministro Márcio Eurico Vitral Amaro. TSTE-RR-990-38.2010.5.03.0064, SBDI-I, rel. Min. Lelio Bentes Corrêa, 19.3.2015 (Informativo nº 102)

Protesto interruptivo da prescrição. Efeitos. Limitação ao rol dos substituídos apresentado pelo sindicato profissional.

O protesto interruptivo da prescrição ajuizado pelo sindicato, na condição de substituto processual, não alcança toda a categoria na hipótese em que, ao manejar a ação, o sindicato apresentou rol dos substituídos. Ao optar por apresentar o referido rol, o ente sindical restringe os limites subjetivos do provimento buscado aos empregados constantes na relação apresentada, de modo que, posteriormente, não pode requerer a ampliação dos legitimados, sob pena de afronta ao princípio do devido processo legal e à coisa julgada. Com esses fundamentos, e tendo em conta que o reclamante não comprovou integrar o rol dos substituídos apresentado pelo sindicato profissional quando do ajuizamento da ação de protesto, a SBDI-I, por unanimidade, conheceu dos embargos do reclamado, por divergência jurisprudencial, e, no mérito, por maioria, deu-lhes provimento para, declarando inaplicável ao caso o efeito interruptivo da prescrição, restabelecer o acórdão do Regional quanto ao tema e determinar o retorno dos autos à Turma de origem para que prossiga no exame do recurso de revista do reclamante e do agravo de instrumento do reclamado. TST-E-ARR – 1519-09.2010.5.10.0017, SBDI-I, rel. Min. Brito Pereira, 27.6.2013 (Informativo nº 53)

Sindicato. Substituição processual. Legitimidade ativa ad causam. Horas extras excedentes à sexta diária.

O Supremo Tribunal Federal, em demandas originárias da Justiça do Trabalho, tem reiteradamente se manifestado no sentido da legitimidade ampla dos sindicatos, na substituição processual, seja para defesa de direitos coletivos, individuais homogêneos ou mesmo de direitos subjetivos específicos. Assim, reconhece-se a legitimidade ativa ad causam do sindicato da categoria profissional dos bancários para postular, na qualidade de substituto processual, o pagamento de horas extras excedentes à sexta diária, em virtude de suposta desobediência à norma do artigo 224, caput e § 2º da CLT. Sob esse entendimento, a SBDI-1, por unanimidade, conheceu do recurso de embargos da reclamada, por divergência jurisprudencial, e, no mérito, negou-lhe provimento. TST – ERR 1315-78.2012.5.03.0052, SBDI-I, rel. Min. João Oreste Dalazen, 25.6.2015. (Informativo nº 112)

Assédio Processual
Assédio processual. Configuração. Indenização devida. Configura assédio processual o uso sucessivo de instrumentos procedimentais lícitos visando protelar a solução definitiva da controvérsia e abalar a esfera psicológica da parte contrária. Tratase, portanto, de ato ilícito (art. 187 do CC c/c art. 16 do CPC) que gera dano de natureza moral, vez que atinge principalmente a saúde psíquica da vítima. No caso, registrou o TRT que o autor, ao ajuizar a ação rescisória, fez acusações absolutamente desprovidas de razão e de provas, configurando, desse modo, ato de deslealdade processual a autorizar a imposição de multa a título indenizatório. Sob esse entendimento, a SBDI-II, por unanimidade, conheceu do recurso ordinário e, no mérito, negou-lhe provimento, mantendo a condenação ao pagamento de indenização, a título de dano moral, no percentual de 10% sobre o montante atualizado da execução. TST-RO-293 – 76.2012.5.09.0000, SBDI-II, rel. Min. Alberto Luiz Bresciani de Fontan Pereira, 2.2.2016 (Súmula nº 128)
Litigância de má-fé
Divergência jurisprudencial. Não demonstração. Arestos transcritos no agravo regimental não colacionados no recurso de embargos denegado. Inovação. Multa por litigância de má--fé. Os arestos transcritos no agravo regimental que não foram colacionados no recurso de embargos anteriormente denegado não servem à demonstração de divergência jurisprudencial, porquanto são inovatórios. Sob esse fundamento, a SBDI-I, por unanimidade, negou provimento a agravo regimental e condenou a reclamada ao pagamento de multa por litigância de má-fé correspondente a 2% do valor corrigido da causa, nos termos do art. 81, caput, do CPC de 2015. TST-AgR-E-Ag– AIRR-3900-16.2013.5.13.0012, SBDI-I, rel. Min. José Roberto Freire Pimenta, 10.8.2017 (Informativo nº 162)
Embargos de declaração. Alegação de fato superveniente. Documento com data anterior ao ajuizamento da reclamação trabalhista. Inovação ilegal no estado de fato da lide. Litigância de má-fé. Configuração. Considera-se litigância de má-fé o fato de a parte, em sede de embargos de declaração, sob a alegação de existência de fato superveniente, apresentar documento com data anterior ao ajuizamento da reclamação trabalhista, sem alegar o justo impedimento a que se refere a Súmula nº 8 do TST. Assim, configurada a inovação ilegal no estado de fato da lide, a SBDI-I, por maioria, reputou o embargante litigante de má-fé e o condenou ao pagamento à embargada de multa de 2% sobre o valor atualizado da causa, nos termos do art. 81, caput, do CPC de 2015. Vencidos os Ministros Luiz Philippe Vieira de Mello Filho e Márcio Eurico Vitral Amaro. TST-ED-E-RR 17554-76.2014.5.16.0004, SBDI-I, Min. Walmir Oliveira da Costa, 16.11.2017 (Informativo nº 168)
Litigância de má-fé. Violação do dever de lealdade processual. Arestos colacionados nos embargos inservíveis. Súmula nº 337, I, "a", e IV, do TST. URL completa indicada apenas em sede de agravo. Indução do julgador a erro. Considera-se litigante de má-fé, por violação do dever de lealdade processual, a parte que, nos embargos, colaciona arestos inservíveis, nos termos da Súmula nº 337, I, "a", e IV, do TST (não há indicação de datas e da fonte de publicação, as cópias juntadas não estão autenticadas e as URLs são incompletas), mas, nas razões do agravo interposto contra a decisão que denegara seguimento aos embargos, transcreve as URLs de maneira completa e afirma a validade dos paradigmas indicados, induzindo o julgador ao erro. Sob esse entendimento, a SBDI-I, por unanimidade, negou provimento ao agravo e aplicou à agravante a multa de 2% sobre o valor corrigido da causa, por litigância de má-fé, nos termos dos arts. 80, II e V, e 81 do CPC de 2015, reversível ao autor. TST Ag-E-ED-RR-178000-36.2003.5.01.0043, SBDI-I, rel. Min. Cláudio Mascarenhas Brandão, 23.11.2017 (Informativo nº 169)

Capítulo 10

PROCURADORES

1. REPRESENTAÇÃO POR ADVOGADO. MANDATO

No processo do trabalho, o direito de postular em juízo, ou seja, a capacidade postulatória é admitida, como regra, aos empregados e empregadores, por força do art. 791 da CLT, denominando-se de *jus postulandi*.

Ocorre, no entanto, que o exercício do *jus postulandi* é mera faculdade concedida às partes. Em outros termos, a parte não é obrigada a ir a juízo sem advogado.

Diante disso, permite-se que a parte possa nomear, por sua vontade, um advogado de confiança para representá-la em juízo, ou seja, admite-se a nomeação de representante convencional, que deve ser obrigatoriamente um advogado.

Ademais, como já visto no capítulo anterior, em alguns casos não se autoriza o exercício do *jus postulandi*, impondo-se, assim, a representação por advogado.

Essa representação depende de um mandato para que o advogado possa exercer seus poderes regularmente.

Pelo mandato, portanto, a parte outorga poderes ao advogado.

O mandato pode ser:

- expresso;
- tácito; e
- *apud acta*.

O mandato expresso, como o próprio nome indica, é aquele que concede poderes expressos ao advogado, sendo instrumentalizado na procuração (CC/02, art. 653).

Dessa forma, a procuração registra a concessão de poderes legítimos ao advogado, podendo ser outorgada por instrumento público ou particular assinado pela parte, inclusive se for digital (CPC, art. 105).

Atenção:

De acordo com o CNJ, na Justiça do Trabalho a procuração de pessoa não alfabetizada não precisa ser realizada no cartório por instrumento público, aplicando-se o disposto no art. 595 do CC/02 que permite a assinatura a rogo da parte não alfabetizada, desde que subscrito por duas testemunhas*.

(*) Procedimento de controle administrativo 0001464-74.2009.2.00.0000. Data do julgamento 6.4.2010.

Outorgada a procuração, o advogado estará habilitado a praticar todos os atos do processo, salvo aqueles que o ordenamento exige poderes específicos. Noutras palavras, a procuração confere ao advogado poderes gerais de foro, chamados de cláusula ad judicia, não incluindo nesses poderes o de "receber citação, confessar, reconhecer a procedência do pedido, transigir, desistir, renunciar ao direito sobre o qual se funda a ação, receber, dar quitação, firmar compromisso e assinar declaração de hipossuficiência econômica, que devem constar de cláusula específica" (CPC, art. 105, caput).

A regra, pois, é que o advogado deve ter procuração para atuar em juízo.

Pode acontecer, no entanto, de o advogado comparecer na audiência com o cliente e não apresentar procuração. Surge aqui o denominado mandato tácito ou *apud acta*.

Embora a jurisprudência (especialmente do TST) não distinga mandato tácito de *apud acta*, parte da doutrina encontra diferença entre eles. Nesse sentido, entendia Renato Saraiva:

> O **mandato tácito** é formado em função do comparecimento do causídico à audiência, representando qualquer das partes e praticando atos processuais, constando seu nome na ata de audiência. A **procuração *apud acta*** é conferida pelo juiz em audiência, mediante ato formal, solene, devidamente registrado na ata de audiência (grifo nosso).[1]

O mandato *apud acta* é, pois, a conjugação do mandato tácito com o expresso, vez que há concessão de poderes expressos na ata da audiência.

Interessante notar que o § 3º no art. 791 da CLT, introduzido pela Lei nº 12.437/11, admitiu o mandato apud acta no processo do trabalho, como se depreende do seu texto transcrito a seguir:

> § 3º. A constituição de procurador com poderes para o foro em geral poderá ser efetivada, mediante simples registro em ata de audiência, a requerimento verbal do advogado interessado, com anuência da parte representada.

Como exemplo de mandato tácito ou de mandato *apud acta*, tem-se a seguinte situação:

> Reclamante ajuíza ação utilizando-se do *jus postulandi*, ou seja, sem constituir advogado na petição inicial. Na data da audiência, no entanto, comparece com advogado que pratica os atos processuais necessários. Nesses casos, estará configurado o mandato tácito. Se houver registro na ata de audiência pelo juiz, a representação ocorrerá por mandato *apud acta*.

Assim, diferenciando ou não os institutos, o que importa é que, em um ou em outro caso, o advogado terá mandato válido para atuar nos autos, podendo praticar todos os atos processuais de foro em geral, tais como petições, recursos etc.

---

1. SARAIVA, Renato. *Curso de direito processual do trabalho*. 3. ed. São Paulo: Método, 2006. p. 204.

No entanto, o mandato tácito ou *apud acta* não concede poderes específicos, como é o caso de receber citação, confessar, reconhecer a procedência do pedido, transigir, desistir, renunciar ao direito sobre que se funda a ação, receber, dar quitação, firmar compromisso e assinar declaração de hipossuficiência econômica (CPC/2015, art. 105).

> **Atenção:**
>
> Para a existência do mandato tácito ou *apud acta* é exigido que a parte compareça em juízo juntamente com o advogado, participando este de, no mínimo, uma audiência, sendo insuficiente, portanto, a simples assinatura da petição inicial, defesa ou outra petição nos autos. É o que também se verifica pelo § 3° do art. 791 da CLT, citado anteriormente.

Destaca-se que, configurada a existência de mandato tácito, fica suprida eventual irregularidade detectada no mandato expresso (OJ n° 286 da SDI-I do TST).

1.1. Substabelecimento

Concedida procuração ao advogado, este pode transferir os poderes a ele conferido a outro advogado, surgindo a figura do **substabelecimento.**

O substabelecimento pode ser:

- **com reserva de poderes:** quando o advogado substabelecente outorga poderes para o substabelecido, mas continua com poderes no processo. Noutras palavras, ambos passam a ter poderes no processo;
- **sem reserva de poderes:** no caso de o advogado substabelecente transferir seus poderes ao substabelecido, deixando de atuar no processo. Nessa hipótese, apenas o substabelecido passa a ter poderes no processo.

O art. 667, § 4°, do CC/02 estabelece que "sendo omissa a procuração quanto ao substabelecimento, o procurador será responsável se o substabelecido proceder culposamente".

Interpretando a contrário *sensu* esse dispositivo, é possível extrair que o poder de substabelecer decorre da própria natureza do mandato, não havendo necessidade de cláusula expressa nesse sentido. Isso porque a cláusula *ad judicia* confere os poderes gerais de foro, o que inclui o de substabelecer.

Assim, independentemente de outorga expressa de poderes para substabelecer, o patrono da parte poderá fazê-la, sendo válido o substabelecimento (Súmula n° 395, III, do TST).

Contudo, só pode substabelecer aquele que tem poderes de representação, ou seja, o substabelecimento deve ser posterior ao recebimento do mandato válido (Súmula n° 395, IV, do TST). Trata-se de regra lógica, já que sendo o substabelecimento o acessório ele pressupõe a existência do principal (mandato). De todo modo, antes de reconhecer o vício da representação nesse caso, é necessário que seja concedido prazo para sua regularização e tão somente, se transcorrido *in albis* o prazo consignado pelo juízo, impor os seus efeitos (Súmula nº 395, V, do TST).

1.1.1. Mandato tácito. Substabelecimento

A Corte Trabalhista **veda a possibilidade de substabelecimento no mandato tácito** (OJ nº 200 da SDI-I)[2], sob o argumento de que "a concessão do referido mandato decorre de circunstâncias factuais em que o mandatário assume, junto ao mandante, uma situação reveladora de uma maneira implícita de outorga de poderes para a prática de atos restritos. Os efeitos do mandato tácito não ultrapassam os atos que se presumem autorizados, porque decorre da posição e atitudes tomadas pelo mandatário junto ao mandante"[3]. Noutras palavras, no mandato tácito existe um vínculo entre mandante e mandatário, que não pode ser transferido a terceiro. No mesmo sentido, caminhou a doutrina majoritária no processo do trabalho.

Pensamos, porém, de forma diversa.

Isso porque o mandato judicial é disciplinado subsidiariamente pelo Código Civil, o qual declina, em seu art. 667, § 4º, que "sendo omissa a procuração quanto ao substabelecimento, o procurador será responsável se o substabelecido proceder culposamente".

Dessa forma, interpretando sistematicamente o art. 656 do CC/02, que admite o mandato tácito, e art. 667, § 4º, do CC/02, que contempla a omissão do direito de substabelecer, é possível extrair que, no mandato tácito, permite-se o substabelecimento. A propósito, em nenhum dispositivo do Código Civil há exigência expressa de poderes para substabelecer, seja para o mandado expresso como para o mandato tácito. Aliás, o art. 105 do CPC/15, quando criou os poderes especiais, vedou tão somente que o patrono pratique atos de disposição de direito da parte[4], o que não inclui o substabelecimento. Isso quer dizer, portanto, que no mandato tácito há a concessão de foro geral, o que insere o substabelecimento, não existindo razão para vedá-lo neste caso.

1.2. Condições de validade do mandato e substabelecimento

1.2.1. Ausência de data na procuração ou substabelecimento.

O art. 654, § 1º, do CC, ao disciplinar sobre o mandato, estabelece que "o instrumento particular deve conter a indicação do lugar onde foi passado, a qualificação do outorgante e do outorgado, **a data** e o objetivo da outorga com a designação e a extensão dos poderes conferidos" (grifo nosso).

---

2. Orientação Jurisprudencial nº 200 da SDI-I do TST. Mandato tácito. Substabelecimento inválido. É inválido o substabelecimento de advogado investido de mandato tácito.
3. TST E-RR 71390/93. Rel. Min. Ronaldo Lopes Leal. DJ 21.2.1997 – Rep. DJ 16.5.1997.
4. NERY Jr., Nelson; NERY, Rosa Maria de Andrade. Código de processo civil comentado e legislação extravagante. 11. ed. São Paulo: RT, 2010. p. 259.

Embora o instituto do mandato seja regulado pelo Código Civil, isso não ocorre quando se trata de mandato judicial, uma vez que este é regulamentado, prioritariamente, pelo Estatuto da OAB e pelo Código de Processo Civil, aplicando-se subsidiariamente o Código Civil.

Nesse contexto, para se analisar o mandato judicial, primeiro buscam-se as normas descritas no Estatuto da OAB e no CPC e, se ausentes, haverá incidência do Código Civil.

Assim, verifica-se, no art. 409, parágrafo único, IV, do CPC/15, que em "relação a terceiros, considerar-se-á datado o documento particular (...) IV – da sua apresentação em repartição pública ou em juízo". Isso quer dizer que, diferentemente do direito civil, em que a data do mandato é requisito essencial, **no processo, a data não é elemento substancial, pois será considerada a data da apresentação no processo.** O mesmo se diga em relação ao substabelecimento, fazendo apenas a ressalva de que este somente poderá ser conferido se já existente nos autos mandato do substabelecente.

Tal diferença se justifica, porque no direito civil a data do mandato busca definir se naquele momento o mandante e o mandatário estavam no gozo de seus direitos civis, capazes de poder conceder mandato ou representar, respectivamente. No processo, por outro lado, o essencial são os poderes conferidos ao patrono e não simplesmente a data que poderá ser suprimida pela aplicação do art. 409, parágrafo único, IV do CPC/15.

Nesse contexto, estabelece o C. TST na OJ nº 371 da SDI-I que:

> Não caracteriza a irregularidade de representação a ausência da data da outorga de poderes, pois, no mandato judicial, ao contrário do mandato civil, não é condição de validade do negócio jurídico. Assim, a data a ser considerada é aquela em que o instrumento for juntado aos autos, conforme preceitua o art. 409, IV, do CPC de 2015 (art. 370, IV, do CPC de 1973). Inaplicável o art. 654, § 1º, do Código Civil.

Ademais, o Tribunal Superior do Trabalho exaltou o princípio da instrumentalidade das formas, que embasa o processo, segundo o qual o processo não pode ser visto como um fim em si mesmo, mas como um instrumento para efetivação do direito material. Aliás, aplicou o princípio da primazia da decisão de mérito, por privilegiar o efetivo julgamento de mérito (CPC/15, art. 4º).

Portanto, a ausência de data na procuração não gera irregularidade de representação, aplicando-se a mesma sistemática ao substabelecimento.

1.2.2. Prazo do mandato

O instituto do mandato é definido pelo Código Civil, sendo um contrato em que uma pessoa se obriga a praticar atos ou administrar interesses da outra, em nome e por conta dessa última.[5]

5. BARROS, Flávio Augusto Monteiro de. Manual de direito civil: Direito das obrigações e contratos. São Paulo: Método, 2005. v. 2, p. 364.

Por se tratar de um contrato, as partes são livres para estipularem prazo de validade, podendo ser indeterminado ou determinado.

Assim, estabelecendo as partes contratantes (mandante e mandatário) que a validade do mandato será até o fim da demanda, na realidade eles criam um mandato por prazo indeterminado dentro da relação processual. Em outros termos, enquanto durar o processo, o patrono terá poder de representação. Trata-se, portanto, de termo final incerto. Nesse sentido, é a previsão do item I da Súmula nº 395 do TST:

> I – Válido é o instrumento de mandato com prazo determinado que contém cláusula estabelecendo a prevalência dos poderes para atuar até o final da demanda (§ 4º do art. 105 do CPC de 2015).

Aliás, o CPC de 2015, no art. 105, § 4º, prevê que a procuração outorgada na fase de conhecimento é eficaz para todas as demais fases do processo, inclusive para o cumprimento de sentença, excetuando-se apenas os casos nos quais a procuração possui disposição com sentido contrário.

Observa-se, portanto, que o entendimento do TST foi contemplado, de certo modo, pelo CPC/15. Isso porque, na realidade, o CPC/15 dispensa a necessidade de se impor um prazo de validade no mandato, valendo até o final da demanda, independentemente de cláusula nesse sentido.

Assim, a procuração outorgada tem validade até o final da demanda, existindo ou não cláusula no mandato.

Consigna-se, ainda, que, embora o dispositivo supracitado indique que a outorga da procuração na fase de conhecimento dá eficácia para as demais fases, pensamos que também a hipótese de procuração outorgada na fase ou processo de execução (p.ex., título extrajudicial) garante ao patrono a representação nos embargos à execução e demais incidentes do processo.[6]

É possível também as partes estabelecerem que o mandato somente terá validade se for juntado nos autos até determinada data. Esse termo é capaz de validar o mandato apenas se cumprida a cláusula imposta no contrato (prazo de juntada). Interessante seria se todas as procurações definissem o prazo de validade para juntada nos autos, pois dessa forma o mandatário teria prazo contratual para elaborar, por exemplo, a petição inicial, o que é salutar para o mandante. Exemplificamos:

> Pedro outorga poderes para o advogado Paulo, ficando estabelecido que a procuração deve ser juntada aos autos até o dia 12.7.2020. No entanto, o patrono de Pedro apresenta a inicial com a procuração apenas em 15.8.2020, ou seja, fora do prazo estabelecido no mandato. Nesse caso, o mandato não terá validade nos autos.

---

6. MIESSA, Élisson. In: MIESSA, Élisson. CORREIA, Henrique. *Súmulas e Orientações Jurisprudenciais do TST comentadas e organizadas por assunto*. 8. Ed. Salvador: Juspodivm, 2018.

Com efeito, juntando-se a procuração fora do prazo estabelecido no mandato, este não terá validade, vez que o mandatário, descumprindo a cláusula contratual, deixa de ter poderes para representar a parte no processo, conforme item II da Súmula nº 395 do TST.

É evidente, porém, que o juízo deverá determinar a regularização da representação, inclusive na fase recursal, valendo-se do disposto no art. 76 do CPC/15.

1.3. Mandato em nome de pessoa jurídica de direito privado

As pessoas jurídicas diferem das pessoas físicas, dentre outros aspectos, pela falta do elemento volitivo, ou seja, elas são incapazes de expressar vontade própria, dependendo para tanto de pessoas físicas para tal manifestação. Disso resulta que, na realidade, a pessoa física não representa a pessoa jurídica, mas, sim, apresenta ou, como diz a doutrina, presenta a pessoa jurídica.

Isso quer dizer que o contrato social não constitui um mandato[7], servindo apenas como um meio de prova para verificar se o mandante (ex., proprietário) possui atribuição para transferir poderes para o mandatário (ex., advogado).

O contrato social, portanto, é elemento de prova para conferir se aquele que assinou a procuração tinha poderes para tanto, militando-lhe presunção favorável. Assim, tendo presunção de veracidade, faz-se necessária a apresentação do contrato social somente quando houver dúvida razoável do juiz ou impugnação da parte contrária, caso em que incumbe ao magistrado deferir prazo para que a pessoa jurídica apresente-o em juízo, nos termos do art. 76 do CPC/15. Nesse sentido, é a previsão da OJ nº 255 da SDI-I do TST.[8]

Aliás, registra-se que tanto o art. 75, VIII, como o art. 105, ambos do CPC/15, não exigem a apresentação do contrato social para se poder "presentar" a pessoa jurídica em juízo.

De qualquer maneira, é importante esclarecer que o CPC e o Estatuto da OAB não disciplinam a identificação das partes no mandato, de modo que devemos nos valer das regras do Código Civil, o qual, em seu artigo 654, § 1º, dispõe como um dos elementos essenciais para formação válida do mandato a qualificação do outorgante e do outorgado.

Trata-se, por evidência, de requisito mínimo para a existência válida da procuração, a fim de se verificar se outorgante e outorgado possuem aptidão para a prática

---

7. Pontes de Miranda apud HADAD, José Eduardo. Precedentes jurisprudenciais do TST comentados. 2. ed. São Paulo: LTr, 2002. p. 553.

8. **Orientação Jurisprudencial nº 255 da SDI-I do TST.** Mandato. Contrato social. Desnecessária a juntada.O art. 75, inciso VIII, do CPC de 2015 (art. 12, VI, do CPC de 1973) não determina a exibição dos estatutos da empresa em juízo como condição de validade do instrumento de mandato outorgado ao seu procurador, salvo se houver impugnação da parte contrária.

dos atos a eles conferidos. A propósito, partindo do pressuposto de que o mandato é um contrato, a qualificação das partes é elemento substancial para sua formação.

Assim, versando sobre pessoa jurídica, a qualificação do signatário da procuração assume a mesma importância que a qualificação da empresa, já que esta não tem vontade própria, sendo manifestada por meio de seu representante. Nesse caminho, estabelece o item I da Súmula nº 456 do TST:

> I – É inválido o instrumento de mandato firmado em nome de pessoa jurídica que não contenha, pelo menos, o nome do outorgante e do signatário da procuração, pois estes dados constituem elementos que os individualizam.

Portanto, a ausência de identificação do outorgante ("empresa") e do signatário da procuração (representante) é incapaz de identificar quem conferiu ou recebeu os poderes descritos no mandato, o que o torna inválido, gerando no âmbito processual irregularidade de representação.

Dessa forma, é obrigatório, no mínimo, a indicação do nome da entidade outorgante e do signatário da procuração para a constituição válida do instrumento do mandato.

1.4. Extinção do mandato. Juntada de nova procuração sem ressalvas

O mandato é um contrato embasado na fidúcia entre as partes, podendo ser extinto no caso de revogação ou renúncia, morte ou interdição de uma das partes, mudança de estado que inabilite o mandante a conferir os poderes ou o mandatário para os exercer e pelo término do prazo ou pela conclusão do negócio, conforme disciplina o art. 682 do CC/02.

A revogação do mandato decorre de vontade do mandante, podendo ser expressa ou tácita. Nos dizeres do doutrinador Washington de Barros Monteiro:

> A revogação tácita pode resultar de circunstâncias várias: a constituição de novo mandatário para o mesmo negócio, ou para o mesmo processo, sem ressalva da procuração anterior. Mas, só após a devida comunicação ao antigo mandatário se considerará revogado o mandato anterior. Desavisado o mandatário da revogação, o ato por ele praticado não pode ser acoimado de excessivo e emanado de falso e ilegítimo procurador.
>
> Mas num processo equivalerá à referida comunicação a juntada da procuração conferida a novo procurador. Existirá a revogação, ainda que o novo procurador não aceite o mandato, ou o tenha igualmente revogado.[9]

Verifica-se, portanto, que a **juntada de nova procuração** nos autos, **sem a manifestação expressa de permanência dos poderes do antigo patrono, retira desse último o poder de representação**, uma vez que seu mandato foi tacitamente

---

9. Citação extraída da decisão do STJ, RESP-222.215, Rel. Min. Félix Fischer, DJ 21.2.2000.

revogado. Nessa hipótese, a partir da juntada da nova procuração apenas o novo procurador terá poderes de representação, isto é, capacidade postulatória.

Nesse sentido, prevê a orientação jurisprudencial nº 349 da SDI-I do TST:

Orientação Jurisprudencial nº 349 da SDI - I do TST. Mandato. Juntada de nova procuração. Ausência de ressalva. Efeitos.

A juntada de nova procuração aos autos, sem ressalva de poderes conferidos ao antigo patrono, implica revogação tácita do mandato anterior.

Atente-se para o fato de que, na referida orientação, o C.TST estabeleceu que o que define a procuração como nova é data da sua juntada aos autos, e não a data da outorga de poderes ao causídico[10].

Por fim, registra-se que o mesmo raciocínio aplica-se ao **substabelecimento**, uma vez que ele pode ser "com" ou "sem" reserva de poderes. No primeiro caso, o patrono antigo mantém seu poder de representação nos autos juntamente com o substabelecido. Já no substabelecimento sem reserva de poderes, o patrono antigo renúncia a todos os poderes que lhe foram outorgados. Dessa forma, quando o substabelecimento for apresentado ausente de qualquer ressalva, entende-se que ele foi conferido sem reservas de poderes. Assim, **caso o antigo patrono tenha interesse em permanecer representando a parte nos autos, deverá conferir substabelecimento expresso com reserva de poderes.**

1.5. Mandato para pessoa jurídica de direito público

A regra é a apresentação de mandato para que o representante possa validamente representar os interesses da parte no processo.

Contudo, a Súmula nº 436, I, do TST autoriza a representação processual das pessoas jurídicas de direito público sem que haja a necessidade de juntada de instrumento de mandato, como se verifica a seguir:

Súmula nº 436 do TST. Representação processual. Procurador da União, Estados, Municípios e Distrito Federal, suas autarquias e fundações públicas. Juntada de instrumento de mandato

I - A União, Estados, Municípios e Distrito Federal, suas autarquias e fundações públicas, quando representadas em juízo, ativa e passivamente, por seus procuradores, estão dispensadas da juntada de instrumento de mandato e de comprovação do ato de nomeação. (...)

Isso ocorre porque a representação de tais pessoas jurídicas de direito público decorre da lei, ou seja, do art. 75, I, II, III e IV do CPC/15, *in verbis*:

Art. 75. Serão representados em juízo, ativa e passivamente:

I - a União, pela Advocacia-Geral da União, diretamente ou mediante órgão vinculado;

10. TST - RR - 37500-81.2003.5.03.0036. REL. Ministra Maria de Assis Calsing. DEJT 5.11.2009.

II – o Estado e o Distrito Federal, por seus procuradores;

III – o Município, por seu prefeito ou procurador;

IV – a autarquia e a fundação de direito público, por quem a lei do ente federado designar. (...)

Ademais, o poder de representação dos procuradores dessas entidades é inerente à sua própria função. Dessa forma, **a nomeação para o cargo**, devidamente publicada no Diário Oficial, **confere ao procurador das pessoas jurídicas de direito público o poder de representá-las em juízo, tendo a representação presunção de validade até prova em contrário.** Nesse sentido, é o disposto no art. 9º da Lei nº 9.469/97, que assim vaticina:

A representação judicial das autarquias e fundações públicas por seus procuradores ou advogados, ocupantes de cargos efetivos dos respectivos quadros, independe da apresentação do instrumento de mandato.

Assim, os procuradores das pessoas jurídicas de direito público **estão dispensados** de apresentar procuração para representá-las em juízo, seja no polo ativo, seja no polo passivo da relação processual.

Pode acontecer, contudo, de determinadas pessoas jurídicas de direito público contratarem advogados particulares para representá-las em juízo, como ocorre, por exemplo, nas fundações e nas autarquias públicas, desde que a lei as autorize, pois se submetem ao princípio da legalidade.

Nesses casos, tratando-se de advogado particular, é obrigatória a presença da procuração nos autos, sob pena de vício de representação.

Desse modo, com a finalidade de identificar a regularidade da representação de tais pessoas, o TST inseriu o item II na Súmula 436[11], exigindo que o procurador ao menos se declare como exercente do cargo de procurador, não bastando a simples indicação do número da OAB. No mesmo sentido, já havia decidido o STF:

REPRESENTAÇÃO PROCESSUAL – PROCURADORES AUTÁRQUICOS –Tratando-se de autarquia, a representação por procurador do respectivo quadro funcional independe de instrumento de mandato. Suficiente é a revelação do *status,* mencionando-se, tanto quanto possível, o número da matrícula. Declinada a simples condição de advogado inscrito na Ordem dos Advogados do Brasil, presume-se a contratação do profissional para o caso concreto, exigindo-se, aí, a prova do credenciamento – a procuração. Precedentes: agravos regimentais nºs 173.568-7, 173.652-7 e 174.249-7, julgados pela Segunda Turma em 7 de junho de 1994[12].

Em resumo, a pessoa jurídica de direito público, quando representada por seus procuradores, não precisa da apresentação de mandato, mas o procurador deverá

11. **Súmula nº 436 do TST.** (...) II – Para os efeitos do item anterior, é essencial que o signatário ao menos declare-se exercente do cargo de procurador, não bastando a indicação do número de inscrição na Ordem dos Advogados do Brasil.

12. STF-RE 174504 AgR / SP. 2ª Turma. Rel. Min. Marco Aurélio. DJ. 9.12.1994.

declarar que é exercente do cargo de procurador. Por outro lado, concedendo poderes a advogado particular, mantém-se a necessidade do instrumento de mandato para tornar regular a representação.

Pensamos, porém, que, na hipótese de exclusividade de representação do ente público por advogado público, como é o caso, por exemplo, da União, não há necessidade de tal declaração, vez que, obrigatoriamente, será o advogado público que estará representando a União (CF/88, art. 131)[13].

Atenta-se ainda para o fato de que esse o item II da Súmula 436 do TST não se aplica ao Ministério Público do Trabalho, pois este somente pode ser presentado por integrantes da carreira, além do que seus membros não são inscritos na OAB.

De qualquer modo, detectada a existência do vício de representação deverá ser oportunizado prazo para sua regularização, inclusive na fase recursal, por força do disposto no art. 76 do CPC/15[14].

1.6. Representação por estagiário

De acordo com o art. 3º, § 2º da Lei nº 8.906/94 "o estagiário de advocacia, regularmente inscrito, pode praticar os atos previstos no art. 1º, na forma do regimento geral, em conjunto com advogado e sob responsabilidade deste".

Desse modo, o estagiário pode receber procuração e substabelecimento. No entanto, enquanto for estagiário, somente pode atuar em conjunto com o advogado, pois lhe falta a capacidade de exercício para atuar sozinho no processo. Por outro lado, uma vez habilitado como advogado, adquire a capacidade de exercício, não havendo necessidade de se conferir nova procuração ou substabelecimento, pois já tinha tais poderes, conforme declina a OJ nº 319 da SDI-I do TST:

> **Orientação Jurisprudencial nº 319 da SDI – I do TST.** Representação regular. Estagiário. Habilitação posterior
>
> Válidos são os atos praticados por estagiário se, entre o substabelecimento e a interposição do recurso, sobreveio a habilitação, do então estagiário, para atuar como advogado.

Com efeito, o estagiário pode receber poderes de representação, mas a lei não lhe confere a capacidade de exercício. Assim, habilitando-se como advogado, passa a ter "capacidade plena", podendo, a partir de então, atuar sozinho no processo, inclusive para interpor recurso.

---

13. STF-Rcl 8025/SP. Tribunal Pleno. Rel. Min. Eros Grau. Julg. 9.12.2009. Dje. 6.8.2010.

14. TST-IN nº 39/2016, art. 3º Sem prejuízo de outros, aplicam-se ao Processo do Trabalho, em face de omissão e compatibilidade, os preceitos do Código de Processo Civil que regulam os seguintes temas: I – art. 76, §§ 1º e 2º (saneamento de incapacidade processual ou de irregularidade de representação) (...).

1.7. Atuação momentânea sem o instrumento de mandato

Em alguns casos, admite-se a atuação momentânea do advogado, sem o instrumento de mandato, como estabelece o art. 104 do CPC/2015, aplicável subsidiariamente ao processo do trabalho:

> **Art. 104.** O advogado não será admitido a postular em juízo sem procuração, salvo para evitar preclusão, decadência ou prescrição, ou para praticar ato considerado urgente.
>
> § 1º. Nas hipóteses previstas no caput, o advogado deverá, independentemente de caução, exibir a procuração no prazo de 15 (quinze) dias, prorrogável por igual período por despacho do juiz.
>
> § 2º. O ato não ratificado será considerado ineficaz relativamente àquele em cujo nome foi praticado, respondendo o advogado pelas despesas e por perdas e danos.

Pela análise do referido artigo é possível extrair que o ordenamento permite que o patrono possa atuar **sem o instrumento de mandato** para:

1) evitar preclusão;

2) evitar decadência;

3) evitar prescrição;

4) praticar atos urgentes.

O CPC/15, ao permitir a atuação para evitar preclusão, ampliou consideravelmente a possibilidade de o advogado atuar sem procuração. Isso porque é sabido que a preclusão consiste na perda da faculdade de praticar um ato processual, como regra, por não ter exercido seu direito oportunamente, o que inclui a apresentação de contestação, razões finais, interposição de recurso etc. Ressalte-se, porém, que a preclusão anunciada no aludido dispositivo diz respeito à **preclusão temporal**[15].

De qualquer modo, após a prática de tais atos deverá apresentar, obrigatoriamente, a procuração nos autos. Ao apresentar a procuração, os atos serão ratificados. Por outro lado, a não apresentação torna **ineficazes** os atos praticados. Trata-se assim de **atuação condicional**, ou seja, somente produzirá efeitos se ocorrer a juntada da procuração a posteriori nos autos.

Nesse sentido, a Súmula nº 383, I, do TST, in verbis:

> **Súmula nº 383 do TST.** Recurso. Mandato. Irregularidade de representação. CPC de 2015, arts. 104 e 76, § 2º
>
> I – É inadmissível recurso firmado por advogado sem procuração juntada aos autos até o momento da sua interposição, salvo mandato tácito. Em caráter excepcional (art. 104 do CPC de 2015), admite-se que o advogado, independentemente de intimação, exiba a procuração no prazo de 5 (cinco) dias após a interposição do recurso, prorrogável por igual período mediante despacho do juiz. Caso não a exiba, considera-se ineficaz o ato praticado e não se conhece do recurso.

15. Alvim, J. E. Carreira. *Comentários ao novo Código de Processo Civil: Lei 13.105/15*: v. 2. Art. 82 ao 148. Curitiba: Juruá, 2015. p. 156.

Portanto, a regra, é que o procurador deve ter mandato (expresso ou tácito) para atuar no processo. Excepcionalmente, admite-se atuar sem o instrumento do mandato, inclusive para interpor recurso. Nesse caso, o art. 104, § 1º, do CPC/2015 permite sua regularização no prazo de 15 dias, prorrogável judicialmente por mais 15 dias. Embora este prazo seja próprio para esta situação, o qual nos parece que deveria ser aplicado, o C. TST interpretou sistematicamente o art. 104 c/c o art. 932, parágrafo único, ambos no CPC/15, reduzindo o prazo para 5 dias no caso de fase recursal.

Não concordamos com a redução do prazo. Primeiro, porque se trata de prazo próprio para tal caso. Segundo, porque o art. 932, parágrafo único, do CPC/15 pressupõe ato do relator que intima a parte para regularizar o vício, enquanto o art. 104 do CPC/15 tem como foco a parte que praticou o ato (e não o relator), pois se trata de ato condicionado que independe de intimação.

De qualquer maneira, adotando o entendimento do C. TST, será de 5 dias o prazo para a apresentação da procuração na fase recursal e de 15 dias para as demais fases.

Atente-se para o fato de que o recurso interposto sem procuração é um ato condicional, o que significa que não apresentada a procuração no prazo de 5 dias, prorrogável por mais 5 dias, ele será ineficaz, não se exigindo que o juiz ou tribunal conceda novo prazo para regularização da representação, como disposto no art. 76 do CPC/2015.

Apresentada a procuração dentro dos 5 dias, automaticamente, o recurso será ratificado.

Por outro lado, havendo necessidade de prorrogação do prazo é imprescindível a autorização judicial. Queremos dizer, o prazo para juntada é um prazo legal, já a prorrogação produz um prazo judicial[16].

Antes de finalizar esse tópico é necessário esclarecer que, embora em certos pontos o mandato tácito (ou apud acta) e atuação momentânea sem procuração sejam parecidos, é importante diferenciá-los.

A atuação sem procuração admite, por exemplo, o ajuizamento de ação trabalhista para afastar prescrição ou decadência. Não sendo esses casos, a reclamação trabalhista deve ser instruída com mandato expresso (procuração). Aplicamos, portanto, o art. 104 do CPC/2015.

No entanto, pode acontecer de existir um advogado com procuração nos autos e no momento da audiência comparecer outro advogado, sem procuração. Nesse caso, o novo procurador passa a representar a parte, não havendo necessidade de procuração (mandato expresso). Trata-se aqui do mandato tácito ou apud acta, podendo o advogado, validamente, praticar todos os atos posteriores, inclusive interpor recurso.

16. Alvim, J. E. Carreira. *Comentários ao novo Código de Processo Civil: Lei 13.105/15*: v. 2. Art. 82 ao 148. Curitiba: Juruá, 2015. p. 157.

Agora suponhamos que exista nos autos advogado com mandato tácito ou até mesmo mandato expresso, mas, no momento da interposição do recurso, outro advogado interponha o recurso. Nessa hipótese, ganha importância art. 104 do CPC/2015, o que significa que para que o recurso seja eficaz deverá ser apresentada a procuração (mandato expresso) no prazo de 5 dias, vez que somente foi permitido a realização do ato para afastar a preclusão. Nesse caso, não se fala em mandato tácito, mas em aplicação do art. 104 do CPC/2015.

Portanto, como regra, os institutos são diferentes, mas em alguns casos podem se identificar, como é o caso, por exemplo, da apresentação de contestação na audiência. Nesse caso, temos ao mesmo tempo a possibilidade de mandato tácito e um ato para afastar a preclusão (revelia e confissão). Isso ocorre porque é sabido que a contestação é apresentada em audiência, o que significa que poderá o reclamado se valer do mandato tácito. Assim, embora o ato também seja para afastar a preclusão, no processo do trabalho, ele será válido e não depende de ratificação, porque estará consubstanciado o mandato tácito.

1.8. Regularização da representação

Pode acontecer de a representação possuir algum vício sanável, ou seja, existe mandato nos autos mas ele é irregular como, por exemplo, da juntada de mandato depois do prazo nele estabelecido (Súmula nº 395, II, do TST), procuração sem nome do outorgante etc. Nesse caso, o art. 76 do CPC/2015, aplicável ao processo do trabalho, permite sua regularização, devendo o juiz designar prazo razoável para o saneamento do vício, como se verifica pelo seu teor a seguir transcrito:

> **Art. 76.** Verificada a incapacidade processual ou a irregularidade da representação da parte, o juiz suspenderá o processo e designará prazo razoável para que seja sanado o vício.
>
> § 1º. Descumprida a determinação, caso o processo esteja na instância originária:
>
> I – o processo será extinto, se a providência couber ao autor;
>
> II – o réu será considerado revel, se a providência lhe couber;
>
> III – o terceiro será considerado revel ou excluído do processo, dependendo do polo em que se encontre.
>
> § 2º. Descumprida a determinação em fase recursal perante tribunal de justiça, tribunal regional federal ou tribunal superior, o relator:
>
> I – não conhecerá do recurso, se a providência couber ao recorrente;
>
> II – determinará o desentranhamento das contrarrazões, se a providência couber ao recorrido.

Assim agiu o legislador, porque o vício de representação é um vício sanável, de modo que o juiz ou relator deverá mandar saná-lo, admitindo a regularização da representação inclusive em sede recursal, nos termos do art. 76 do CPC/2015. Tal dispositivo tem como base os princípios da cooperação e da primazia da decisão de mérito (CPC/2015, arts. 4º e 6º).

No mesmo sentido, dispõe o item II da Súmula nº 383 do TST, in verbis:

> II – Verificada a irregularidade de representação da parte em fase recursal, em procuração ou substabelecimento já constante dos autos, o relator ou o órgão competente para julgamento do recurso designará prazo de 5 (cinco) dias para que seja sanado o vício. Descumprida a determinação, o relator não conhecerá do recurso, se a providência couber ao recorrente, ou determinará o desentranhamento das contrarrazões, se a providência couber ao recorrido (art. 76, § 2º, do CPC de 2015).

Desse modo, determinada a regularização e não havendo saneamento no prazo estabelecido, as consequências do não saneamento dependerão da parte responsável pelo saneamento e da fase em que estiver o processo, podendo ser resumido da seguinte forma:

Instância originária	
Providência cabe ao	**Efeitos**
Reclamante	Extinção do processo sem resolução do mérito
Reclamado	Revelia
Terceiro	Revel ou excluído do processo, dependendo do polo em que se encontre

Fase recursal	
Providência cabe ao	**Efeitos**
Recorrente	Não conhecimento do recurso
Recorrido	Desentranhamento das contrarrazões

É importante consignar que a atuação sem procuração difere daquela que existe procuração nos autos, mas a representação é irregular.

A primeira é tratada no item I da Súmula nº 383 do TST e o prazo para apresentação da procuração escoa automaticamente, ou seja, sem a necessidade de intimação, como vimos no tópico anterior.

Já na hipótese de procuração ou substabelecimento já constantes dos autos, mas com vício de representação, aplica-se o item II da Súmula nº 383 do TST, impondo a intimação pelo relator para que o vício seja sanado, invocando-se assim o art. 76, § 2º, do CPC/15.

Em suma, existindo regra própria para os atos sem procuração não se aplica o art. 76 do CPC/2015, mas tão somente o disposto no art. 104 (para o C. TST cumulado com o art. 932, parágrafo único, na fase recursal), não havendo necessidade de intimação para a juntada da procuração.

2. HONORÁRIOS ADVOCATÍCIOS

2.1. Generalidades

Com o advento da Constituição Federal de 1988, o advogado foi exaltado à atividade essencial à administração da justiça (art. 133). Diante dessa expressa indispensabilidade, a Lei nº 8.906/94 estabeleceu que fosse atividade privativa do advogado postular a **qualquer** órgão do Poder Judiciário e aos juizados especiais (art. 1º, I). Conferiu o Estatuto da OAB, portanto, a capacidade postulatória exclusiva aos advogados.

Ocorre, no entanto, que o C. TST, ao interpretar o art. 133 da CF/88, não lhe concedeu tal amplitude, entendendo que a indispensabilidade dos advogados na administração da justiça se dá por meio do quinto constitucional e da participação dos advogados na comissão dos concursos para a magistratura e do Ministério Público. A propósito, entendeu o Tribunal Superior do Trabalho que o Estatuto da OAB não revogou o art. 791 da CLT,[17] o qual prevê a aplicação do jus postulandi ao processo do trabalho, que consiste na possibilidade de as próprias partes irem a juízo, sem serem representadas por advogados.

O Supremo Tribunal Federal, provocado a analisar o art. 1º, I, da Lei nº 8.906/94, por meio da ADIN 1.127-8, considerou inconstitucional a expressão "qualquer" descrita no referido artigo, admitindo que na Justiça do Trabalho o advogado é dispensável. Garantiu, assim, a capacidade postulatória da parte no processo trabalhista (jus postulandi), afastando a exclusividade do advogado.

Diante dessa sistemática, o C. TST manteve seu entendimento acerca da condenação dos honorários advocatícios na Justiça laboral (Súmula nº 329 do TST), o qual não era devido pela mera sucumbência, exigindo para sua concessão a presença cumulativa de dois requisitos:

1) estar assistido pelo sindicato da categoria;
2) ser beneficiário da justiça gratuita (Súmula nº 219, I, do TST).

O C. TST embasava sua restrição nos seguintes argumentos:

a) na existência do jus postulandi, pois é faculdade da parte contratar advogado; e

b) no art. 14 da Lei nº 5.584/70, que permite tão somente a condenação dos honorários quando o empregado estiver assistido pelo sindicato, além de ser beneficiário da justiça gratuita.

Noutras palavras, como no processo do trabalho a parte pode atuar sem advogado, caso o contrate a parte contrária não poderá ficar responsável pelo pagamento de

17. Art. 791 – Os empregados e os empregadores poderão reclamar pessoalmente perante a Justiça do Trabalho e acompanhar as suas reclamações até o final. (...)

seus honorários, ficando a cargo, exclusivamente, do contratante. Além disso, não tendo condições de arcar com os honorários de seu advogado, deverá se valer da assistência judiciária gratuita, prevista no art. 14 da Lei nº 5.584/70, que impõe a assistência de forma gratuita pelo sindicato da categoria, ainda que o trabalhador não seja associado ao sindicato da categoria (art. 18 da Lei 5.584/70).

Por outro lado, o C. TST autorizava a condenação dos honorários advocatícios pela mera sucumbência na ação rescisória e nas lides que não derivassem da relação de emprego. Além disso, os honorários também seriam devidos quando o ente sindical figurasse como substituto processual, como forma de estimular a atuação coletiva do sindicato.

Em resumo, a Súmula nº 219 do TST, que versa sobre os honorários advocatícios, tem o seguinte teor:

> **Súmula nº 219 do TST.** Honorários advocatícios. Cabimento
>
> I – Na Justiça do Trabalho, a condenação ao pagamento de honorários advocatícios não decorre pura e simplesmente da sucumbência, devendo a parte, concomitantemente: a) estar assistida por sindicato da categoria profissional; b) comprovar a percepção de salário inferior ao dobro do salário mínimo ou encontrar-se em situação econômica que não lhe permita demandar sem prejuízo do próprio sustento ou da respectiva família. (art. 14, § 1º, da Lei nº 5.584/1970).
>
> II – É cabível a condenação ao pagamento de honorários advocatícios em ação rescisória no processo trabalhista.
>
> III – São devidos os honorários advocatícios nas causas em que o ente sindical figure como substituto processual e nas lides que não derivem da relação de emprego.
>
> IV – Na ação rescisória e nas lides que não derivem de relação de emprego, a responsabilidade pelo pagamento dos honorários advocatícios da sucumbência submete-se à disciplina do Código de Processo Civil (arts. 85, 86, 87 e 90).
>
> V – Em caso de assistência judiciária sindical ou de substituição processual sindical, excetuados os processos em que a Fazenda Pública for parte, os honorários advocatícios são devidos entre o mínimo de dez e o máximo de vinte por cento sobre o valor da condenação, do proveito econômico obtido ou, não sendo possível mensurá-lo, sobre o valor atualizado da causa (CPC de 2015, art. 85, § 2º).
>
> VI – Nas causas em que a Fazenda Pública for parte, aplicar-se-ão os percentuais específicos de honorários advocatícios contemplados no Código de Processo Civil.

Antes mesmo da Lei nº 13.467/17 já defendíamos[18] o cancelamento dessa súmula, especialmente do item I.

Com o advento da referida lei, promove-se verdadeira revolução acerca da condenação dos honorários advocatícios, o que viabilizará a aplicação das Súmulas nº 219 e 329 do TST, apenas para a ações ajuizadas antes de 11.11.2017, data de vigência da Lei nº 13.467/17 (TST-IN nº 41, art. 6º).[19]

---

18. MIESSA, Élisson; CORREIA, Henrique. *Súmulas e Orientações Jurisprudenciais do TST comentadas e organizadas por assunto.* 8.ed. Salvador: Editora Juspodivm, 2016. p. 984.

19. Vide mais comentários sobre o direito intertemporal no capítulo 1, eficácia da lei no tempo.

É que antes da referida lei, em regra, tínhamos apenas os honorários contratuais e assistenciais nessa seara, aplicando-se os honorários sucumbenciais somente na ação rescisória e nas lides que não derivassem da relação de emprego. A partir de agora, passa-se a ser regra a condenação em honorários sucumbenciais, nos termos do art. 791-A da CLT:

> Art. 791-A. Ao advogado, ainda que atue em causa própria, serão devidos honorários de sucumbência, fixados entre o mínimo de 5% (cinco por cento) e o máximo de 15% (quinze por cento) sobre o valor que resultar da liquidação da sentença, do proveito econômico obtido ou, não sendo possível mensurá-lo, sobre o valor atualizado da causa.
>
> § 1º Os honorários são devidos também nas ações contra a Fazenda Pública e nas ações em que a parte estiver assistida ou substituída pelo sindicato de sua categoria.
>
> § 2º Ao fixar os honorários, o juízo observará:
>
> I – o grau de zelo do profissional;
>
> II – o lugar de prestação do serviço;
>
> III – a natureza e a importância da causa;
>
> IV – o trabalho realizado pelo advogado e o tempo exigido para o seu serviço.
>
> § 3º Na hipótese de procedência parcial, o juízo arbitrará honorários de sucumbência recíproca, vedada a compensação entre os honorários.
>
> § 4º Vencido o beneficiário da justiça gratuita, desde que não tenha obtido em juízo, ainda que em outro processo, créditos capazes de suportar a despesa, as obrigações decorrentes de sua sucumbência ficarão sob condição suspensiva de exigibilidade e somente poderão ser executadas se, nos dois anos subsequentes ao trânsito em julgado da decisão que as certificou, o credor demonstrar que deixou de existir a situação de insuficiência de recursos que justificou a concessão de gratuidade, extinguindo-se, passado esse prazo, tais obrigações do beneficiário.
>
> § 5º São devidos honorários de sucumbência na reconvenção.

Enfim, pelo contexto legal, passamos a ter as seguintes regras dos honorários advocatícios no processo do trabalho:

- são devidos:
  1) pela mera sucumbência;
  2) ainda que o advogado atue em causa própria;
  3) nas ações contra a Fazenda Pública;
  4) nas ações que a parte estiver assistida ou substituída pelo sindicato da sua categoria;
  5) na reconvenção;
- fixados entre o mínimo de 5% e o máximo de 15%;
- a fixação da porcentagem dos honorários leva em conta: 1) o valor que resultar da liquidação da sentença; 2) o valor que resultar do proveito econômico obtido ou; 3) o valor atualizado da causa, quando não for possível mensurar o valor da liquidação ou do proveito econômico;

- na hipótese de procedência parcial, há sucumbência recíproca, vedada a compensação entre os honorários;
- o beneficiário da justiça gratuita pagará honorários advocatícios:
  1) quando obtiver em juízo, ainda que em outro processo, créditos capazes de suportar a despesa;
  2) não tendo créditos capazes de suportar a despesa, ficará sob condição suspensiva pelo prazo de 2 anos a contar do trânsito em julgado da sentença.

Em razão da importância do tema, iremos explorá-lo nos tópicos posteriores.

2.2. Modalidades de honorários

Inicialmente, é necessário diferenciar as modalidades de honorários existentes: contratuais, sucumbenciais e assistenciais.

Honorários contratuais são aqueles que decorrem de relação de prestação de serviços firmada entre o advogado e seu cliente. É, portanto, puramente contratual, de modo que as partes os definem por comunhão de vontades. Tendo contrato escrito é considerado título executivo extrajudicial (Lei nº 8.906/94, art. 24 c/c o CPC/2015, art. 784, XII). A Justiça do Trabalho é incompetente para a discussão acerca de tais honorários, inclusive para sua execução.[20]

Os **honorários de sucumbência** são os fixados pelo juiz na decisão e devem ser pagos pelo vencido. Deriva, pois, do fato objetivo da derrota.[21] Com o advento da Lei nº 13.467/17, eles passam a ser previstos no art. 791-A, caput, da CLT, sendo cumulados com os honorários contratuais.

Os **honorários assistenciais** eram aqueles que derivavam da assistência judiciária gratuita. No processo do trabalho, eles eram devidos ao sindicato. Com o advento da Lei nº 13.725/18, eles passam a ser "compreendidos como os fixados em ações coletivas propostas por entidades de classe em substituição processual" (art. 22, § 6º, da Lei nº 8.906/94), sendo de titularidade do advogado. Na realidade nada mais são do que os honorários sucumbenciais, vez que dirigidos ao advogado, podendo ser cumuláveis com os honorários contratuais.

2.3. Honorários de sucumbência

Os honorários advocatícios sucumbenciais passam a ser disciplinados expressamente no art. 791-A, caput, da CLT, alterando consideravelmente a sistemática

20. Súmula nº 363 do STJ. TST-E-RR-48900-38.2008.5.15.0051, SBDI-I, rel. Min. Lelio Bentes Corrêa, 30.8.2012 (Informativo nº 20).
21. ASSIS, Araken. *Processo civil brasileiro, v. II: parte geral: institutos fundamentais:* tomo 1. São Paulo: Editora Revista dos Tribunais, 2015. p. 403.

anterior em que o C. TST, na Súmula nº 219, somente admitia sua condenação nas ações rescisórias e lides que não derivassem da relação de emprego.

Como seu próprio nome indica, os honorários sucumbenciais são aqueles que decorrem da derrota da parte (sucumbência). Portanto, o vencido ficará responsável por pagar os honorários do advogado do vencedor. "Isso significa que o advogado do vencedor tem direito de receber honorários de sucumbência, mas o advogado do vencido não ostenta igual direito".[22]

Eles são considerados pedidos implícitos, o que significa que independentemente de pedido, devem ser analisados pelo juízo (Súmula nº 256 do STF). Desse modo, com ou sem pedido, caso tais honorários não sejam examinados na decisão judicial, ela será considerada citra petita, viabilizando a interposição dos embargos de declaração por omissão (CLT, art. 897-A). Havendo a condenação na seara trabalhista, sua execução, evidentemente, será de competência da Justiça do Trabalho.

Aliás, caso não sejam interpostos os embargos de declaração, o art. 85, § 18, do CPC/2015, aplicável subsidiariamente ao processo do trabalho, admite que, não sendo estabelecidos os honorários sucumbenciais na decisão, após o trânsito em julgado, será permitido o ajuizamento de ação autônoma para a definição e cobrança. Essa ação autônoma, a nosso ver, será de competência da Justiça do Trabalho, porque decorrente de decisão judicial trabalhista. Noutras palavras, conferindo-se à Justiça do Trabalho a competência para analisar os honorários na causa principal, consequentemente, na ação autônoma, que é acessória, também deverá ter competência.

2.3.1. *Titularidade*

A titularidade dos honorários sucumbenciais é do advogado, ainda que esteja atuando em causa própria.

Os honorários, por se tratarem de forma de remuneração do advogado, são considerados crédito de natureza alimentar (CPC/15, art. 85, § 14).

Disso resulta que, havendo sucumbência recíproca, ambas as partes deverão pagar honorários advocatícios, pois não se trata de crédito das partes a permitir compensação entre os honorários devidos (CLT, art. 791-A, § 3º).

Além disso, havendo honorários perante a Fazenda Pública o advogado poderá requerer a expedição, de forma autônoma, da requisição de pequeno valor ou do precatório para pagamento dos honorários advocatícios (Súmula Vinculante nº 47 do STF[23]).

22. CAMARGO, Luiz Henrique Volpe. In: WAMBIER, Teresa Arruda Alvim (org.); DIDIER JR., Fredie; TALAMINI, Eduardo; e DANTAS, Bruno. *Breves comentários ao Novo Código de Processo Civil de acordo com as alterações da Lei nº 13.256/2016*. 2ª ed. São Paulo: Revista dos Tribunais, 2016. p. 321.

23. **Súmula Vinculante nº 47.** Os honorários advocatícios incluídos na condenação ou destacados do montante principal devido ao credor consubstanciam verba de natureza alimentar cuja satisfação ocorrerá com a expedição de precatório ou requisição de pequeno valor, observada ordem especial restrita aos créditos dessa natureza.

Cabe destacar que o art. 85, § 19, do CPC/15 prevê que os advogados públicos perceberão honorários de sucumbência nos termos da lei. A Procuradoria-Geral da República, contudo, propôs ação direta de inconstitucionalidade (ADI 6053) no STF para que seja vedado o recebimento de honorários de sucumbência por advogados públicos.

2.3.2. Valor dos honorários

O art. 85, § 2º, do CPC/2015 declina que os honorários serão fixados entre 10 e 20% sobre o valor da condenação, do proveito econômico obtido ou, não sendo possível mensurá-lo, sobre o valor atualizado da causa.

O C. TST, nas hipóteses que permitia a condenação de honorários sucumbenciais (ações rescisórias e lides que não derivem de relação de emprego), autorizava no item IV da Súmula nº 219 do TST a aplicação da disciplina do CPC/2015 (arts. 85, 86, 87 e 90).

A Lei nº 13.467/2017 determinou, entretanto, que no processo do trabalho os honorários sucumbenciais devem ser fixados entre 5% e 15% sobre o valor que resultar da liquidação da sentença, do proveito econômico obtido ou, não sendo possível mensurá-lo, sobre o valor atualizado da causa.

Desse modo, a nosso juízo, após o advento da referida lei esses percentuais devem ser aplicados em todas as ações submetidas à Justiça do Trabalho, inclusive nas ações rescisórias e nas lides que não derivem de relação de emprego (TST, IN 27/2005).

É importante destacar que o legislador optou, no processo do trabalho, por definir como base de cálculo o valor que resultar da liquidação de sentença, e não o valor da condenação, como no processo civil, o que significa que nas condenações de obrigação de pagar o montante dos honorários será ilíquido, sendo quantificado no momento da liquidação.

2.3.3. Critérios para fixação do valor dos honorários

O art. 791-A, § 2º, da CLT determina que, ao fixar os honorários, o juízo deverá observar:

> I – o grau de zelo do profissional;
>
> II – o lugar de prestação do serviço;
>
> III – a natureza e a importância da causa;
>
> IV – o trabalho realizado pelo advogado e o tempo exigido para o seu serviço.

Tais critérios têm como objetivo viabilizar a definição do valor dos honorários advocatícios entre o mínimo e o máximo descritos no caput do art. 791-A da CLT, ou seja, como o caput concede uma margem para o julgador (5% a 15%), cumpre-lhe definir o montante com base em referidos critérios.

2.3.4. Base de cálculo

Diante da condenação ao pagamento dos honorários advocatícios, surgiu divergência sobre sua base de incidência, justificando alguns que o valor deveria ser sobre o montante líquido da condenação com dedução inclusive dos descontos previdenciários e fiscais. Para outros, a condenação deveria considerar o valor bruto[24]. E, por fim, alguns entendiam que o valor deveria ser calculado sobre o montante líquido, incluindo-se neste montante os descontos previdenciários e fiscais.

Este último entendimento foi o que prevaleceu no Tribunal Superior do Trabalho, dando origem à orientação jurisprudencial nº 348 da SDI-I do TST:

Orientação Jurisprudencial nº 348 da SDI – I do TST. Honorários advocatícios. Base de cálculo. Valor líquido. Lei nº 1.060, de 05.02.1950.

Os honorários advocatícios, arbitrados nos termos do art. 11, § 1º, da Lei nº 1.060, de 05.02.1950, devem incidir sobre o valor líquido da condenação, apurado na fase de liquidação de sentença, sem a dedução dos descontos fiscais e previdenciários.

Entende-se por **valor líquido o montante a ser recebido pela parte, deduzidas tão somente as despesas processuais.** Não se deduz, porém, da base de cálculo, o Imposto de Renda e os descontos previdenciários, vez que estes são obrigações da própria parte que recebeu o montante da condenação, não incumbindo tal encargo ao advogado.

Exemplo: Verbas devidas (horas extras e diferenças salariais) R$ 10.000,00; contribuições previdenciárias R$ 2.900,00; Imposto de Renda R$ 1.500,00; custas processuais R$ 200,00; honorários periciais R$ 1.000,00; Total: R$ 15.600,00. Os honorários advocatícios (5 a 15%) incidirão sobre o valor de R$ 14.400,00 (valor total menos as despesas processuais – custas processuais e honorários periciais).

Na realidade, seria mais fácil indicar que os honorários advocatícios incidem sobre o valor bruto, descontando-se apenas as despesas processuais, o que tem o mesmo significado que valor líquido sem descontar o Imposto de Renda e as contribuições previdenciárias.

A justificativa para a adoção desse entendimento baseou-se no art. 11, § 1º, da Lei nº 1.060/50, o qual estabelecia que "os honorários de advogado serão arbitrados pelo juiz até o máximo de 15% (quinze por cento) sobre o líquido apurado na execução da sentença".

24. Súmula nº 37 do TRT da 4ª Região – Honorários de assistência judiciária. Base de cálculo. Os honorários de assistência judiciária são calculados sobre o valor bruto da condenação.

Sucede que o art. 1.072, III, do CPC/15 revogou o art. 11 da Lei nº 1.060/50, atingindo, portanto, a OJ nº 348 da SDI-I do TST.

Contudo, a alteração deverá ocorrer apenas no seu fundamento legal, devendo o seu conteúdo permanecer o mesmo.

Isso porque, o art. 791-A da CLT, como visto, passou a tratar da fixação dos honorários sucumbência no direito processual do trabalho.

Desse modo, o *caput* do art. 791-A da CLT dispõe que os honorários advocatícios deverão ser fixados entre 5 e 15% sobre o valor que resultar da liquidação da sentença, do proveito econômico obtido ou, não sendo possível mensurá-lo, sobre o valor atualizado da causa.

Conquanto a CLT não determine, expressamente, que a base de cálculo dos honorários advocatícios deverá corresponder ao valor apurado na liquidação da sentença ou decorrente do proveito econômico obtido[25], **deduzindo-se as despesas processuais**, pensamos que, por razão lógica, o entendimento do TST deverá permanecer o mesmo, já que as despesas processuais não representam vantagem econômica do vencedor da causa. Ademais, se não existisse o processo, por óbvio, as despesas processuais não incidiriam sobre os valores recebidos.

Assim, a base de cálculo para os honorários advocatícios deverá continuar a ser o valor da condenação apurado na liquidação de sentença ou do proveito econômico obtido deduzindo-se apenas as despesas processuais e não os descontos previdenciários e fiscais.

Isso ocorre porque, se a parte tivesse recebido os valores deferidos na sentença sem ter que acionar o Poder Judiciário, os descontos fiscais e previdenciários ficariam exclusivamente a seu encargo, de modo que a mesma sistemática deverá ser aplicada na seara processual.

Deduzem-se, portanto, apenas os valores que decorrem diretamente do processo, quais sejam, as despesas processuais (custas processuais, honorários do perito etc.).

Por fim, cumpre fazermos uma observação quanto aos descontos previdenciários. Sabemos que há contribuições previdenciárias de responsabilidade do empregador, enquanto outras são devidas pelo empregado. Acreditamos que **não deverão** ser descontadas da base de cálculo dos honorários advocatícios apenas a quota-parte de responsabilidade do trabalhador. Assim, as **contribuições previdenciárias devidas pelo empregador deverão ser descontadas da base de cálculo dos honorários**

25. Cabe destacar que a doutrina do processo civil, o que pode ser utilizado na seara laboral, diferencia o conceito do valor da condenação do proveito econômico obtido. Assim, o proveito econômico obtido corresponde ao "ganho obtido pela parte vencedora, sem que tenha sido a outra parte condenada a pagar a quantia equivalente (...). Esse parâmetro deve ser utilizado sempre que a sentença não contenha condenação pecuniária". NERY JR., Nelson; NERY, Rosa Maria de Andrade. Comentários ao Código de Processo Civil. São Paulo: RT, 2015. p. 433.

advocatícios, pois não correspondem aos benefícios auferidos pelo cliente[26]. Utilizaremos o mesmo exemplo anterior para facilitar a compreensão agora diferenciando as contribuições devida pelo empregador e pelo empregado:

> Verbas devidas (horas extras e diferenças salariais) R$ 10.000,00; contribuições previdenciárias R$ 2.900,00, sendo R$ 900,00 da cota parte do empregado e R$ 2.000,00 da cota do empregador; Imposto de Renda R$ 1.500,00; custas processuais R$ 200,00; honorários periciais R$ 1.000,00; Total: R$ 15.600,00. Os honorários advocatícios (5 a 15%) incidirão sobre o valor de R$ 12.400,00 (valor total menos as despesas processuais – custas processuais e honorários periciais – e a cota parte do empregador).

2.3.5. Honorários advocatícios na fase recursal

Os honorários advocatícios na fase recursal podem ser analisado sob dois enfoques:

- quando for impugnado em grau recursal o capítulo que conceder a verba honorária; e
- independentemente de impugnação do capítulo destinado aos honorários houver majoração pela simples interposição do recurso.

No primeiro caso, não há maiores problemas, de modo que sendo a condenação dos honorários um capítulo da sentença, ainda que acessório, ele poderá ser impugnado pela via recursal. Assim, o recorrente poderá, por exemplo, impugnar a decisão por entender que a condenação em 5% do valor apuração na liquidação fica a quem do trabalho exercido pelo advogado, postulando sua ampliação para 15%. Essa hipótese, aplica-se, evidentemente, ao processo do trabalho sem discussões.

Já o segundo caso surgiu com o CPC de 2015, viabilizando a condenação dos honorários "nos recursos interpostos" (art. 85, 1º), descrevendo o art. 85, § 11º que:

> § 11. O tribunal, ao julgar recurso, majorará os honorários fixados anteriormente levando em conta o trabalho adicional realizado em grau recursal, observando, conforme o caso, o disposto nos §§ 2º a 6º, sendo vedado ao tribunal, no cômputo geral da fixação de honorários devidos ao advogado do vencedor, ultrapassar os respectivos limites estabelecidos nos §§ 2º e 3º para a fase de conhecimento.

Autoriza, pois, a condenação ao pagamento dos honorários pelo simples fato de se interpor o recurso, concedendo-se honorários ao advogado do recorrente, caso

26. Nesse sentido: TST-E-RR-779– 35.2013.5.03.0019, SBDI-I, rel. Min. Augusto César Leite de Carvalho, 19.10.2017 (Informativo nº 168) e Tese Jurídica Prevalecente nº 4 do TRT da 3ª Região. Honorários advocatícios. Base de cálculo. Contribuição previdenciária. Cota-parte do empregador. A cota-parte de contribuição previdenciária do empregador não integra a base de cálculo dos honorários advocatícios, porquanto não constitui crédito do empregado, já que se trata de obrigação tributária do empregador junto à União.

seja dado provimento ao recurso, ou ao advogado do recorrido, se não for conhecido ou for improvido o recurso, ainda que não tenha apresentado as contrarrazões[27].

O objetivo do dispositivo é retribuir o trabalho do advogado em grau recursal, além de indiretamente inibir recursos protelatórios. Impôs, portanto, um dever ao tribunal de majorar os honorários.

De qualquer modo, criou um teto, que se aplicado ao processo do trabalho, será de 15% sobre o valor que resultar da liquidação da sentença, do proveito econômico obtido ou do valor atualizado da causa, quando não for possível mensurar o valor da liquidação ou do proveito econômico. Exemplo: a sentença concede uma hora extra por dia, além de 10% de honorários advocatícios sobre o valor que resultar da liquidação. O reclamante interpõe recurso entendendo que a decisão deve ser reformada, porque faz jus a duas horas extras diárias, nada versando sobre os honorários. Caso seja dado provimento ao seu recurso, o tribunal deverá majorar os honorários até 15% sobre o valor que resultar da liquidação. Agora se a sentença já tivesse estabelecido 15% de honorários, não haveria majoração.

A dúvida se que coloca, porém, é se realmente esse dispositivo aplica-se ao processo do trabalho, vez que a CLT não versou sobre o tema.

Para uns, a resposta será afirmativa, sob o argumento de que a CLT foi omissa quanto ao tema, além do que o CPC é compatível com o processo do trabalho por trazer mais efetividade para à tutela jurisdicional[28].

Para outros, houve silêncio eloquente na CLT, impedindo a incidência do CPC no caso. Aliás, quando a CLT quis tratar do tema, o fez de forma expressa como ocorre com a reconvenção no § 5º do art. 791-A da CLT.[29]

A nosso juízo, deverá prevalecer a segunda corrente, afastando a aplicação do art. 85, § 11º, do CPC. Seja pelo silêncio eloquente, seja porque o legislador prezou pelo princípio da simplicidade, facilitando a definição dos honorários advocatícios. Apenas previu os honorários na reconvenção, porque esta tem natureza de ação.

Ademais, quanto à possibilidade de honorários na fase recursal, outro argumento deve ser somado. O legislador criou momento diverso para o cálculo dos honorários na seara trabalhista, o qual será definido, em regra, pelo valor que resultar da liquidação da sentença. Nesse caso, percebe-se que ele é definido, como regra, depois

27. STF. 1ª Turma. AI 864689 AgR/MS, rel. Orig. Min. Marco Aurélio, red. p/ o ac. Min. Edson Fachin, julgado em 27.09.2016. DJe 14.11.2016.

28. Por todos, CALCINI, Ricardo Souza. Honorários advocatícios sucumbenciais recursais trabalhistas. In: MIESSA, Élisson (coord). *Honorários advocatícios na Justiça do Trabalho.* Salvador: Editora Juspodivm, 2019. p. 661-686.

29. Nesse sentido: RO nº 0000165-64.2018.5.08.0003, 1ª Turma do TRT da 8ª Região/PA-AP, Rel. Rosita de Nazaré Sidrim Nassar. DEJT 28.09.2018 e ROPS nº 0000180-43.2018.5.10.0111, 3ª Turma do TRT da 10ª Região/DF-TO, Rel. José Leone Cordeiro Leite. DEJT 20.09.**2018;** AP nº 0000730-27.2018.5.14.0402, 1ª Turma do TRT da 14ª Região/AC-RO, Rel. Vania Maria da Rocha Abensur. DEJT 13.05.**2019.**

da interposição de recursos, obstando a aplicação do CPC sobre os honorários na fase recursal.

De qualquer modo, como dito, o que não se autoriza é a condenação pelo simples fato de recorrer, nada obstando que exista recurso do capítulo que versou sobre os honorários, buscando elevar, p.e., a porcentagem da condenação.

2.3.5.1. Condenação de honorários advocatícios e dispensa do depósito recursal

Considerando que os honorários são um capítulo da sentença de conteúdo condenatório, poder-se-á discutir se haverá necessidade de realizar o depósito recursal.

Se a parte vencedora ou seu advogado forem os recorrentes pleiteando a majoração dos honorários advocatícios, não haverá que se falar em exigência de depósito recursal, uma vez que, sendo os próprios credores das verbas discutidas em juízo, serão exequentes, não podendo se exigir que garantam a execução.

Por outro lado, se o recurso for interposto pelo vencido com o objetivo de reduzir a percentual dos honorários advocatícios, também não haverá necessidade de depósito recursal, uma vez que se trata de verba meramente acessória[30]. Noutras palavras, como os honorários advocatícios não correspondem à verba principal discutida na demanda, não sendo de titularidade do vencedor da demanda, mas do seu advogado, não incidirão nos cálculos do valor do depósito recursal.

A única hipótese em que pensamos ser exigido o depósito recursal é no caso de ação autônoma para condenação dos honorários advocatícios, com base no art. 85, § 18, do CPC. É que nessa hipótese o pedido principal são os honorários, de modo que, havendo condenação, o recorrente deverá recolher o depósito recursal (TST-IN 27/05, art. 2º).

2.3.6. Honorários advocatícios no cumprimento de sentença e na execução

O art. 85, § 1º, do CPC estabelece que "são devidos honorários advocatícios na reconvenção, no cumprimento de sentença, provisório ou definitivo, na execução, resistida ou não, e nos recursos interpostos, cumulativamente".

Tal como ocorre na fase recursal, há divergência acerca da aplicação do referido dispositivo no processo do trabalho no que se refere à fase executiva.

30. Nesse sentido: RR nº 11984-55.2014.5.03.0042, 8ª Turma do TST, Rel. Dora Maria da Costa. j. 28.02.2018, Publ. 02.03.2018; E-RR nº 1422-64.2012.5.02.0048, SBDI-1 do TST, Rel. José Roberto Freire Pimenta. j. 08.02.2018, Publ. 16.02.2018; AIRR nº 467-64.2015.5.09.0652, 1ª Turma do TST, Rel. Lelio Bentes Corrêa. j. 18.10.2017, Publ. 20.10.2017; R nº 781-19.2016.5.12.0061, 2ª Turma do TST, Rel. Maria Helena Mallmann. j. 11.10.2017, Publ. 20.10.2017; RR nº 20416-25.2016.5.04.0023, 6ª Turma do TST, Rel. Cilene Ferreira Amaro Santos. j. 27.03.2019, Publ. 29.03.2019.

Para uns, é salutar a incidência desse dispositivo ao processo laboral, pois dará maior efetividade à tutela jurisdicional, impondo inclusive uma coerção indireta ao executado para que cumpra a obrigação.

A nosso juízo, pensamos que não deverão ser aplicados, como regra, os honorários advocatícios na fase de execução., seja pelo silêncio eloquente do legislador, seja porque o fundamento legal para a incidência de tais honorários está no art. 523, § 1º, do CPC/15 que dispõe:

> Art. 523. No caso de condenação em quantia certa, ou já fixada em liquidação, e no caso de decisão sobre parcela incontroversa, o cumprimento definitivo da sentença far-se-á a requerimento do exequente, sendo o executado intimado para pagar o débito, no prazo de 15 (quinze) dias, acrescido de custas, se houver.
>
> § 1º Não ocorrendo pagamento voluntário no prazo do caput, o débito será acrescido de multa de dez por cento e, também, de honorários de advogado de dez por cento.

Trata-se de dispositivo que estabelece mecanismo de efetivação da tutela jurisdicional, impondo coerção indireta ao executado de que, se não pagar voluntariamente o débito em 15 dias, será aplicada multa de 10% e honorários de advogado de 10%.

Ocorre, no entanto, que o C. TST, em julgamento de incidente de recurso de revista repetitivo, ou seja, decisão de observância obrigatória (CPC/2015, art. 927, III; TST-IN nº 39/2016, art. 15, I, a), decidiu que o **art. 523, § 1º, do CPC/2015 é incompatível com o direito processual do trabalho**[31].

Desse modo, não sendo aplicado o dispositivo em relação à multa dirigida ao executado, logicamente, não deverá incidir quanto à condenação dos honorários advocatícios.

Apesar de pensarmos que, em regra, não haverá condenação de honorários advocatícios na fase de execução trabalhista, temos que reconhecer que é possível que surjam processos incidentais nessa fase processual, criando uma nova relação processual, como é o caso dos embargos à execução e dos embargos de terceiros. Nesses casos, incidem os honorários advocatícios. É que nessas hipóteses não incide o art. 523, § 1º, do CPC, mas o art. 85, §§ 1º e 13, do CPC e, por se tratar de uma nova relação processual, segue a mesma ideologia da reconvenção, a qual faz surgir uma nova ação.[32]

Assim, se na fase de conhecimento o legislador autorizou os honorários na reconvenção, por seu uma nova relação processual, pelo mesmo argumento deverão incidir os honorários advocatícios nos embargos à execução e nos embargos de terceiros.[33]

---

31. Tema Repetitivo nº 0004 – MULTA DO ART. 523, § 1º, DO CPC DE 2015 (ART. 475-J DO CPC DE 1973). COMPATIBILIDADE COM O PROCESSO DO TRABALHO: a multa coercitiva do art. 523, § 1º, do CPC de 2015 (art. 475-J do CPC de 1973) não é compatível com as normas vigentes da CLT por que se rege o processo de trabalho, ao qual não se aplica.

32. Em sentido semelhante: DUARTE, Radson Rangel F. *Honorários advocatícios na execução trabalhista*. In: MIESSA, Élisson (coord.) Honorários advocatícios na Justiça do Trabalho. Salvador: Juspodivm, 2019. p. 769.

33. O STJ entende que no incidente de Dsconsideração da Personalidade Jurídica não há condenação em honorários advocatícios: RECURSO ESPECIAL. AGRAVO DE INSTRUMENTO NA ORIGEM. INCIDENTE DE DESCONSIDERAÇÃO DA PERSONALIDADE JURÍDICA. CONDENAÇÃO EM HONORÁRIOS ADVOCATÍCIOS. DESCABIMENTO. ART. 85, § 1º, DO

2.3.7. *Honorários advocatícios na extinção do processo sem resolução do mérito, desistência, renúncia ou reconhecimento do pedido*

O art. 85, § 6º, do CPC impõe o pagamento dos honorários independente do conteúdo da decisão, inclusive nos casos de improcedência ou de sentença sem resolução do mérito. Ademais, o art. 90 do CPC prevê expressamente a condenação aos honorários advocatícios nas hipóteses de desistência, renúncia e reconhecimento do pedido.

Analisando tais dispositivos, parte da doutrina tem anunciado que o legislador trabalhista não previu na CLT, de forma proposital (silêncio eloquente), a condenação dos honorários advocatícios nas hipóteses de extinção do processo sem resolução do mérito, de modo que não deverá ser aplicado o CPC nessa particularidade[34].

Para outros, com os quais pensamos estar a razão, a CLT de fato foi omissa sobre o tema, mas não existe diferença substancial entre os ramos processuais para afastar os honorários advocatícios nos processos extintos sem resolução de mérito, especialmente na desistência.

Do mesmo modo, houve omissão quanto à renúncia e o reconhecimento jurídico do pedido, devendo incidir as regras do processo civil, ante a compatibilidade com a seara laboral.

Com efeito, nesses casos, os honorários serão pagos pela parte que desistiu, renunciou ou reconheceu. Aliás, sendo parcial a desistência, a renúncia ou o reconhecimento, a responsabilidade pelos honorários será proporcional à parcela reconhecida, à qual se renunciou ou da qual se desistiu (§ 1º).

Os honorários advocatícios, em regra, são definidos pela sucumbência. No entanto, verifica-se que o art. 90 do CPC consagrou, nesses casos, o princípio da causalidade, ou seja, direcionou o pagamento àquele que deu causa indevida ao processo. Desse modo, "responde o autor por ter dado causa ao processo e depois desistido dele ou renunciado ao direito material; responde o réu por ter exigido do autor a propositura da ação e reconhecido seu pedido em juízo".[35]

De qualquer maneira é necessário fazer algumas observações no âmbito laboral.

CPC/2015. RECURSO ESPECIAL PROVIDO. 1. Não é cabível a condenação em honorários advocatícios em incidente processual, ressalvados os casos excepcionais. Precedentes. 2. Tratando-se de incidente de desconsideração da personalidade jurídica, o descabimento da condenação nos ônus sucumbenciais decorre da ausência de previsão legal excepcional, sendo irrelevante se apurar quem deu causa ou foi sucumbente no julgamento final do incidente. 3. Recurso especial provido. (REsp 1845536/SC, Rel. Ministra NANCY ANDRIGHI, Rel. p/ Acórdão Ministro MARCO AURÉLIO BELLIZZE, TERCEIRA TURMA, julgado em 26/05/2020, DJe 09/06/2020.

34. SOUZA JUNIOR, Antônio Umberto de [et al.]. *Reforma trabalhista: análise crítica da Lei 13.467/2017*. São Paulo: Rideel, 2017. p. 380.

35. NEVES, Daniel Amorim Assumpção. *Manual de direito processual civil – v. único*. 8. ed. Salvador: Ed. Juspodivm, 2016. p. 216.

Na hipótese de **desistência**, pensamos que somente haverá incidência dos honorários advocatícios após a apresentação da contestação, vez que antes de sua presença nos autos não há como, objetivamente, demonstrar atuação efetiva do advogado da parte contrária no processo. Ademais, como já dito, havendo desistência parcial incidirá os honorários, quando for o caso, apenas sobre a proporção dos pedidos desistidos.

No que tange ao **reconhecimento jurídico do pedido**, cumpre destacar o § 4º do art. 90, o qual descreve que "se o réu reconhecer a procedência do pedido e, simultaneamente, cumprir integralmente a prestação reconhecida, os honorários serão reduzidos pela metade". Trata-se de disposição que se compatibiliza com o art. 467 da CLT, ou seja, não havendo pagamento das verbas rescisórias incontroversas na primeira audiência haverá incidência da multa de 50% e dos honorários advocatícios. Agora, reconhecendo as verbas incontroversas e já formulando seu pagamento na audiência, não haverá a incidência da multa e os honorários serão pagos pela metade.

2.3.8. Honorários advocatícios no arquivamento

Como visto, em regra, os honorários advocatícios são definidos pela sucumbência. Admite-se ainda sua incidência por aplicação do princípio da causalidade, como analisado no tópico anterior, de modo que seu pagamento é direcionado àquele que deu causa indevida ao processo.

Pensamos que o arquivamento da reclamação trabalhista (extinção do processo sem resolução do mérito) insere-se no princípio da causalidade, devendo seguir as mesmas diretrizes do pedido de desistência, já que o arquivamento, mutatis mutandis, é uma modalidade de desistência autorizada pela CLT.

Com efeito, como regra, não haverá incidência dos honorários advocatícios, vez que o arquivamento ocorre antes da apresentação da contestação.

2.3.9. Honorários advocatícios no acordo

2.3.9.1. Acordo judicial

O art. 90, § 2º, do CPC/2015 declina que nas hipóteses de transação, ou seja, nos acordos judiciais, caso as partes não disponham sobre as despesas, elas serão divididas igualmente. Esse dispositivo é aplicável ao processo do trabalho, tendo em vista a omissão na CLT a respeito do tema e a sua compatibilidade com essa seara processual.

A divisão igualitária das despesas processuais pressupõe ausência de manifestação expressa das partes, tal como prevê também o art. 789, § 3º, da CLT.

As despesas processuais correspondem a todos os gastos que as partes têm com o processo. Trata-se de gênero que tem como espécies as custas, os emolumentos, os honorários do perito e assistentes, entre outros gastos com o processo.

Os **honorários advocatícios**, contudo, por terem o advogado como titular e não a parte, **não são considerados despesa processual propriamente dita.**[36]

Nesse contexto, caso os **advogados não tenham participado do termo de transação**, os honorários advocatícios devem ser fixados pelo juiz, nos termos do art. 791-A da CLT. Esse entendimento deriva do art. 844 do CC/02, o qual estabelece que "a transação não aproveita, nem prejudica senão aos que nela intervierem, ainda que diga respeito a coisa indivisível". Assim, considerando que os honorários advocatícios são destinados à remuneração do advogado e não integram as despesas relacionadas às partes, eles não podem ser transacionados sem a presença dos próprios advogados.[37]

Por outro lado, "se houver participação do advogado no temo de transação sem qualquer ressalva de honorários, presume-se que cada parte arcará com os honorários de seu advogado".[38]

Ainda em relação aos honorários advocatícios nos acordos judiciais, o art. 90, § 3º, do CPC/2015 declina que, "se a transação ocorrer antes da sentença, as partes ficam dispensadas do pagamento das custas processuais remanescentes, se houver". Esse dispositivo objetiva claramente estimular que as partes realizem a autocomposição. No entanto, ele não é aplicado ao direito processual do trabalho, uma vez que neste ramo não há adiantamento de despesas processuais, não havendo que se falar, portanto, em despesas remanescentes.

2.3.9.2. Acordo extrajudicial

O art. 855-B da CLT, acrescentado pela Lei nº 13.467/2017, declina que nos casos de homologação de acordo extrajudicial é obrigatória a representação das partes por advogado.

Conquanto haja participação do advogado, por se tratar de jurisdição voluntária, não há sucumbência, de modo que cada interessado arcará com os honorários de seu

36. CAMARGO, Luiz Henrique Volpe. Comentários ao art. 90 do CPC/15. In: WAMBIER, Teresa Arruda Alvim et al. *Breves comentários ao Novo Código de Processo Civil de acordo com as alterações da lei nº 13.256/2016.* 2. ed. São Paulo: Editora Revista dos Tribunais, 2016. p. 365.

37. CAMARGO, Luiz Henrique Volpe. Comentários ao art. 90 do CPC/15. In: WAMBIER, Teresa Arruda Alvim et al. *Breves comentários ao Novo Código de Processo Civil de acordo com as alterações da lei nº 13.256/2016.* 2. ed. São Paulo: Editora Revista dos Tribunais, 2016. p. 365.

38. CAMARGO, Luiz Henrique Volpe. Comentários ao art. 90 do CPC/15. In: WAMBIER, Teresa Arruda Alvim et al. *Breves comentários ao Novo Código de Processo Civil de acordo com as alterações da lei nº 13.256/2016.* 2. ed. São Paulo: Editora Revista dos Tribunais, 2016. p. 365.

advogado, não incidindo os honorários sucumbenciais.[39] Aplica-se analogicamente o art. 88 do CPC/2015.

2.3.10. Honorários advocatícios no litisconsórcio

O art. 87 do CPC/2015 disciplina a fixação dos honorários advocatícios e das despesas processuais nos casos de litisconsórcio ativo ou passivo, o qual deve ser aplicado subsidiariamente ao processo do trabalho, ante a omissão da CLT e a compatibilidade com a seara laboral.

De acordo com o dispositivo, havendo litisconsórcio, os **vencidos** respondem proporcionalmente pelas despesas e pelos honorários. Essa proporcionalidade deve ser estabelecida de modo expresso na sentença. Não havendo previsão na sentença, os vencidos respondem solidariamente pelas despesas e pelos honorários.

Essa regra, porém, não se aplica aos casos de responsabilidade subsidiária. Nessas hipóteses, a obrigação é do responsável principal, de modo que apenas quando não houver o pagamento que será transferida para o responsável secundário (subsidiário).

Ademais, quando os litisconsortes foram os **vencedores** (p. ex. pedidos julgados improcedentes em reclamação ajuizada em face de 3 réus) haverá uma única condenação de honorários, rateando os valores proporcionalmente entre os advogados dos vencedores[40].

2.3.11. Honorários advocatícios na sucumbência recíproca

A sucumbência recíproca ocorre quando o reclamante obtém procedência parcial de seus pedidos, de modo que se torna vencedor e vencido na demanda. Da mesma forma, a parte contrária será vencida e vencedora em parte dos pedidos.

Nesses casos, ambas as partes deverão pagar honorários advocatícios, divididos proporcionalmente entre eles (CPC, art. art. 86, caput). No entanto, está impedida a compensação entre os honorários advocatícios (CLT, art. 791-A, § 3º).

- Exemplo: reclamante postula o pagamento de horas extras no valor de R$ 5.000,00 e indenização por danos morais no importe de R$ 5.000,00. Em sentença, julga-se procedente apenas o pedido das horas extras, condenando-se ao pagamento de honorários advocatícios correspondente a 10%. Nesse caso, o reclamante é vencedor das horas extras e vencido no pedido de indenização, devendo pagar os honorários sucumbenciais do advogado da reclamada, no importe de R$ 500,00. Do mesmo modo, o reclamado é vencedor no pedido de indenização, mas vencido no pedido de horas extras, devendo arcar com os honorários sucumbenciais do advogado da reclamante, no montante de R$ 500,00.

---

39. NEVES, Daniel Amorim Assumpção. *Novo Código de Processo Civil Comentado*. Salvador: Editora Juspodivm, 2016. p. 144.

40. STJ – Recurso especial. REsp 874115 SP 2006/0162267-7 (STJ). Data da publicação 18.12.2006; REsp nº 58.740/MG, Rel. Min. BARROS MONTEIRO, DJ de 05.06.1995.

Impede-se a compensação porque esta ocorre quando duas pessoas forem ao mesmo tempo, credora e devedora uma da outra, extinguindo-se a obrigação, até onde se compensarem (CC/02, art. 368).

No caso, a titularidade dos honorários é do advogado das partes e não das próprias partes, conforme estabelecem o art. 85, § 14, do CPC e o art. 23 da Lei nº 8.906/94,[41] o que significa que os advogados possuem apenas créditos, e não débitos que possam ser compensados.

Na hipótese de sucumbência recíproca, quando se tem cumulação de pedidos, a base de cálculos dos honorários dos advogados das partes provocará discussão na doutrina e na jurisprudência, especialmente acerca do significado da expressão "proveito econômico obtido"[42].

Para uns, o art. 791-A, caput, da CLT elegeu três critérios em ordem sucessiva como base de cálculos dos honorários: 1º – valor que resultar da liquidação da sentença; 2º – proveito econômico obtido; e 3º – valor da causa. Considerando que a apuração do valor da condenação está ligada aos pedidos procedentes, e que proveito econômico obtido significa benefício alcançado, ambos estão relacionados à parte procedente, de modo que a base de cálculos deverá ser única[43] levando sempre em conta o valor dos pedidos julgados procedentes. No entanto, nada obsta que a porcentagem dos honorários seja diferente para cada advogado (p. ex., 10% para o patrono do reclamante e 5% para o da reclamada), observados os critérios do art. 791-A, § 2º, da CLT.

Para outros, proveito econômico para o reclamado, significa aquilo que deixou de ser condenado, ou seja, a diferença entre o valor do pedido e o montante da condenação[44]. Portanto, se o reclamante postula R$ 30.000,00 e a decisão condena a reclamada em R$ 20.000,00, estabelecendo honorários sucumbenciais de 10%, o reclamado terá de pagar R$ 2.000,00 de honorários (10% sobre R$ 20.000,00) e o reclamante R$ 1.000,00 (10% sobre R$ 10.000,00 – parte vencida).

Na realidade, os pedidos improcedentes provocam uma sentença de natureza declaratória. Desse modo, se existissem apenas pedidos improcedentes os honorários

---

41. Art. 23. Os honorários incluídos na condenação, por arbitramento ou sucumbência, pertencem ao advogado, tendo este direito autônomo para executar a sentença nesta parte, podendo requerer que o precatório, quando necessário, seja expedido em seu favor.

42. Como se trata de tema novo, não há como indicar a tese majoritária.

43. Nesse sentido, STJ-REsp 634.651/RJ, Rel. Ministra ELIANA CALMON, SEGUNDA TURMA, julgado em 05/04/2005, DJ 16/05/2005, p. 309. Em sentido oposto, entendendo que as bases são distintas, STJ- REsp 585.831/RJ, Relator Ministro Teori Albino Zavascki, DJU de 21.6.04.

44. TEIXEIRA FILHO, Manoel Antônio. O processo do trabalho e a reforma trabalhista – As alterações introduzidas no processo do trabalho pela Lei n. 13.467/17. São Paulo: Ltr, 2017. p. 133. THEODORO JÚNIOR, Humberto. Curso de direito processual civil – teoria geral do direito processual civil, processo de conhecimento e procedimento comum. V. I. 56. ed. rev. atual. e ampl. – Rio de Janeiro: Forense, 2015. p. 300; CAMARGO, Luiz Henrique Volpe. Comentários ao art. 85 do CPC/15. In: WAMBIER, Teresa Arruda Alvim et al. Breves comentários ao Novo Código de Processo Civil de acordo com as alterações da lei nº 13.256/2016. 2. ed. São Paulo: Editora Revista dos Tribunais, 2016. p. 350.

seriam arbitrados com base no valor da causa, que corresponde ao somatório de todos os pedidos. Agora, quando existem pedidos procedentes e improcedentes (sucumbência recíproca), não se pode utilizar o valor integral da causa como base de cálculo, sob pena de o reclamante pagar honorários sobre aquilo que venceu. Por isso, pensamos que deve ser deduzido do valor da causa a parte que o reclamante venceu e sobre a parte vencida incidem os honorários.

2.3.12. Parcela do pedido julgado procedente

Nos tópicos anteriores verificamos a sucumbência especialmente quando há cumulação de pedido, de modo que alguns são procedentes e outros improcedentes.

O problema que se coloca no presente tópico é no caso em que **parcela de um pedido for parcialmente procedente**, sendo denominados por alguns como sucumbência parcial, como dispõe a doutrina alemã.

- Exemplo: 1) reclamante postula o pagamento de diferenças salariais decorrente do desvio de função e acúmulo de função, sendo julgado parcialmente procedentes em decorrência do desvio de função; 2) reclamante postula 3 horas extras diárias sendo vencedor em 2 horas extras e vencido em 1 hora.

Parte da doutrina tem defendido que, nesse caso, a sucumbência deve ser analisada pelo próprio pedido formulado, sendo sucumbente sempre que o pedido for integralmente improcedente[45].

Assim, no exemplo anterior, não haveria sucumbência do reclamante, já que seus pedidos não foram totalmente improcedentes. Justifica-se tal posicionamento no fato de que o processo do trabalho tem a peculiaridade de ter poderosa inclinação pela cumulação de pedidos, bem como para que o pedido acessório relacionado aos honorários não possa, por vezes, provocar condenação superior ao que o reclamante tem direito na demanda. Desse modo, usa-se a mesma sistemática da Súmula nº 326 do STJ, a qual descreve que "na indenização por dano moral, a condenação em montante inferior ao postulado na inicial não implica a sucumbência recíproca". Nesse sentido, o Enunciado nº 99 da 2ª Jornada de direito material e processual do trabalho:

> **Enunciado nº 99** – Sucumbência recíproca
>
> O juízo arbitrará honorários de sucumbência recíproca (art. 791-A, par. 3º, da CLT) apenas em caso de indeferimento total do pedido específico. O acolhimento do pedido, com quantificação inferior ao postulado, não caracteriza sucumbência parcial, pois a verba postulada restou acolhida. Quando o legislador mencionou "sucumbência parcial", referiu-se ao acolhimento de parte dos pedidos formulados na petição inicial.

Para outros, embora não se negue que o processo do trabalho tenha maior cumulação de pedidos, na hipótese de procedência parcial dentro do pedido haverá

45. SOUZA JUNIOR, Antônio Umberto de [et al.]. Reforma trabalhista: análise crítica da Lei 13.467/2017. São Paulo: Rideel, 2017. p. 384.

a concessão de honorários de sucumbência. Justifica-se que pensar de forma diversa é admitir que os honorários, no caso, são devidos pelo princípio da causalidade. Noutras palavras, os honorários com base na sucumbência pressupõem que a parte seja vencida, ainda que parcialmente. Já os honorários com fundamento na causalidade têm como foco aquele deu causa indevida à movimentação do judiciário. Desse modo, acolher a posição anterior é afirmar que será aplicado o princípio da causalidade no processo do trabalho e não o princípio da sucumbência, vez que apenas quando o reclamante movimentar de forma indevida o judiciário (improcedência do seu pedido) que haverá condenação em honorários. Assim, indicam que vigorando o princípio da sucumbência na seara trabalhista, deve incidir os honorários, ainda que a procedência seja sobre parcela do pedido.

De qualquer maneira, a improcedência é sobre o bem da vida pleiteado e não sobre o valor a ele atribuído. Assim, se o reclamante postula horas extras acima da 8ª diária e 44ª semanal dando ao pedido o valor de R$ 30.000,00, caso seja julgado procedente seu pedido de horas extras, mas o valor tenha alcançado o montante de R$ 15.000,00, não há sucumbência parcial.

Por fim, cumpre destacar que, nos termos do art. 86, parágrafo único, do CPC, aplicável ao processo do trabalho, "se um litigante sucumbir em parte mínima do pedido, o outro responderá, por inteiro, pelas despesas e pelos honorários".

A delimitação do que será parte mínima do pedido é um conceito legal indeterminado, de modo que incumbe ao juízo, em cada caso concreto, defini-lo.

2.3.13. Honorários sucumbenciais na cumulação de pedidos

Nas cumulações simples e sucessiva, a improcedência de qualquer dos pedidos faz surgir a sucumbência, devendo a reclamada arcar com honorários sobre os pedidos procedentes e o reclamante sobre os pedidos julgados improcedentes.

Na cumulação alternativa, havendo procedência de um dos pedidos não há sucumbência recíproca, vez que a obrigação pode ser cumprida satisfatoriamente por qualquer uma das formas, incidindo honorários apenas para a reclamada.

Já no pedido subsidiário, o deferimento deste provocará a procedência parcial e, consequentemente, haverá sucumbência recíproca. Nesse caso, a base de cálculo para os honorários a serem suportados pela reclamada será o pedido procedente, e a do reclamante, a diferença entre o pedido principal e o subsidiário.

2.3.14. Honorários advocatícios nas ações contra a Fazenda Pública

O art. 791-A, § 1º, declina que os honorários sucumbenciais são devidos nas ações contra a Fazenda Pública, sem fazer nenhuma restrição à fixação dos valores mínimo e máximo, tal como prevê o art. 85, § 3º, do CPC/2015.

Antes da alteração realizada pela Lei nº 13.467/2017, o C. TST determinava, na Súmula nº 219, VI, que nas causas em que a Fazenda Pública fosse parte, deveriam ser aplicados os percentuais específicos do CPC/2015.

Com efeito, o art. 85, §§ 3º e 4º, do CPC/2015 determina que o juízo deverá observar percentuais específicos quando a Fazenda Pública for parte, como se verifica in verbis:

> § 3º Nas causas em que a Fazenda Pública for parte, a fixação dos honorários observará os critérios estabelecidos nos incisos I a IV do § 2º e os seguintes percentuais:
>
> I – mínimo de dez e máximo de vinte por cento sobre o valor da condenação ou do proveito econômico obtido até 200 (duzentos) salários-mínimos;
>
> II – mínimo de oito e máximo de dez por cento sobre o valor da condenação ou do proveito econômico obtido acima de 200 (duzentos) salários-mínimos até 2.000 (dois mil) salários-mínimos;
>
> III – mínimo de cinco e máximo de oito por cento sobre o valor da condenação ou do proveito econômico obtido acima de 2.000 (dois mil) salários-mínimos até 20.000 (vinte mil) salários-mínimos;
>
> IV – mínimo de três e máximo de cinco por cento sobre o valor da condenação ou do proveito econômico obtido acima de 20.000 (vinte mil) salários-mínimos até 100.000 (cem mil) salários-mínimos;
>
> V – mínimo de um e máximo de três por cento sobre o valor da condenação ou do proveito econômico obtido acima de 100.000 (cem mil) salários-mínimos.
>
> § 4º Em qualquer das hipóteses do § 3o:
>
> I – os percentuais previstos nos incisos I a V devem ser aplicados desde logo, quando for líquida a sentença;
>
> II – não sendo líquida a sentença, a definição do percentual, nos termos previstos nos incisos I a V, somente ocorrerá quando liquidado o julgado;
>
> III – não havendo condenação principal ou não sendo possível mensurar o proveito econômico obtido, a condenação em honorários dar-se-á sobre o valor atualizado da causa;
>
> IV – será considerado o salário-mínimo vigente quando prolatada sentença líquida ou o que estiver em vigor na data da decisão de liquidação.
>
> 5º Quando, conforme o caso, a condenação contra a Fazenda Pública ou o benefício econômico obtido pelo vencedor ou o valor da causa for superior ao valor previsto no inciso I do § 3º, a fixação do percentual de honorários deve observar a faixa inicial e, naquilo que a exceder, a faixa subsequente, e assim sucessivamente.
>
> § 6º Os limites e critérios previstos nos §§ 2º e 3º aplicam-se independentemente de qual seja o conteúdo da decisão, inclusive aos casos de improcedência ou de sentença sem resolução de mérito.

O tratamento diferenciado concedido à Fazenda Pública no tocante aos honorários advocatícios tem como justificativa o bem jurídico protegido, qual seja, o erário[46].

Pelo mesmo motivo, pensamos que tais limitações devem ser observadas no processo do trabalho, aplicando-se supletivamente os dispositivos do CPC/2015, nesse

46. ABELHA, Marcelo. *Manual de direito processual civil.* 6. ed. Rio de Janeiro: Forense, 2016. p. 241.

particular. No entanto, dever-se-á limitar aos limites mínimo e máximo permitidos pelo caput do art. 791-A da CLT. Desse modo, na seara laboral, os honorários advocatícios em face da Fazenda Pública deverão ter os seguintes parâmetros:

> I – mínimo de cinco e máximo de quinze por cento sobre o valor da condenação ou do proveito econômico obtido até 200 (duzentos) salários-mínimos;
>
> II – mínimo de cinco e máximo de dez por cento sobre o valor da condenação ou do proveito econômico obtido acima de 200 (duzentos) salários-mínimos até 2.000 (dois mil) salários-mínimos;
>
> III – mínimo de cinco e máximo de oito por cento sobre o valor da condenação ou do proveito econômico obtido acima de 2.000 (dois mil) salários-mínimos até 20.000 (vinte mil) salários-mínimos;
>
> IV – mínimo de três e máximo de cinco por cento sobre o valor da condenação ou do proveito econômico obtido acima de 20.000 (vinte mil) salários-mínimos até 100.000 (cem mil) salários-mínimos;
>
> V – mínimo de um e máximo de três por cento sobre o valor da condenação ou do proveito econômico obtido acima de 100.000 (cem mil) salários-mínimos.

2.3.15. Honorários advocatícios e beneficiário da justiça gratuita

Nos termos do art. 791-A, § 4º, da CLT, vencido o beneficiário da justiça gratuita, se ele não tiver obtido, ainda que em outro processo, créditos capazes de suportarem a despesa, as obrigações decorrentes da sucumbência ficarão sob condição suspensiva de exigibilidade e somente poderão ser executadas se, nos dois anos subsequentes ao trânsito em julgado da decisão que as certificou, o credor demonstrar que deixou de existir a insuficiência de recursos. Se decorrido o prazo e não demonstrada a existência de recursos financeiros, as obrigações do beneficiário são extintas.

Verifica-se por esse dispositivo que o legislador previu duas hipóteses de se exigir do beneficiário da justiça gratuita o pagamento dos honorários advocatícios:

1) obter em juízo, ainda que em outro processo, créditos capazes de suportar a despesa;

2) ficar sob condição suspensiva pelo prazo de 2 anos a contar do trânsito em julgado da sentença.

Vejamos de forma separada cada uma dessas hipóteses:

– obter em juízo, ainda que em outro processo, créditos capazes de suportar a despesa

Na **primeira hipótese**, a nosso juízo, a autorização concedida ao magistrado de viabilizar o pagamento dos honorários advocatícios com créditos recebidos pelo beneficiário no juízo, ainda que em outro processo, depende de dois requisitos cumulativos:

- **o crédito já deve existir no momento da decisão judicial**, impedindo decisão condicionada ao recebimento de créditos futuros, até porque a sentença deve ser certa e exigível. No caso de crédito futuro aplica-se a parte final do art. 791-A, § 4º, da CLT.
- **o julgador, no caso concreto, entender que o montante das verbas recebidas é capaz de retirar a condição de beneficiário do reclamante.** Noutras palavras, a interpretação constitucional dos arts. 790-B, § 4º, e 791-A, § 4º, da CLT não pode ser literal (receber créditos capazes de suportar as despesas), exigindo análise do caso concreto para verificar se tais créditos não atingem o próprio sustento do reclamante ou de sua família. É que nesse caso o julgador estabelecerá que houve perda da qualidade de beneficiário, impondo o pagamento dos honorários. Aplicar esses dispositivos de forma meramente gramatical violará o acesso à justiça (CF/88, art. 5º, LXXIV) e o princípio da igualdade, sob seu aspecto material (CF/88, art. 5º, caput)[47].

Portanto, para se atingir os créditos do reclamante, primeiro há que se declarar a perda da qualidade de beneficiário. Agora se indaga: retirado do reclamante a condição de beneficiário da justiça gratuita todos os créditos recebidos na ação podem ser utilizados para pagar os honorários do advogado da reclamada?

Pensamos que não.

Nesse caso, inicialmente, há que se diferenciar as verbas salariais (alimentares) das indenizatórias.

As verbas indenizatórias não possuem limitação, autorizando-se sua utilização integral.

Já quanto às verbas salariais, impõe-se a utilização do art. 833, IV e § 2º, do CPC/15. Explico.

De plano, não há dúvida de que o pagamento dos honorários advocatícios utilizando-se os créditos recebidos no processo é uma forma de penhora, já que o reclamante é devedor tendo que arcar com seus bens para arcar com os honorários do advogado. Incide, pois, o art. 833 do CPC.

Esse dispositivo descreve que as verbas alimentares, como é o caso das verbas salariais recebidas no processo trabalhista, são impenhoráveis (inciso IV). Permite-se, porém, sua penhora em duas hipóteses:

---

47. A Procuradoria Geral da República ajuizou a ADI 5766 requerendo a declaração de inconstitucionalidade da expressão "desde que não tenha obtido em juízo, ainda que em outro processo, créditos capazes de suportar a despesa", do § 4º do art. 791-A da CLT alterado pela Lei nº 13.467/17. No mesmo sentido da inconstitucionalidade é o entendimento do enunciado nº 100 da 2ª Jornada de direito material e processual do trabalho.

1) importâncias excendentes a 50 salários-mínimos mensais;
2) até 50% do montante líquido do crédito alimentar, nos termos do art. 529, § 3º do CPC.

Desse modo, valendo-se do art. 833, § 2º, do CPC será permitido utilizar os créditos salariais do reclamante que excederem 50 salários-mínimos ou se não exceder até 50% do montante líquido das verbas que receber.

Pensar de forma diferente e não criar limitação à penhora dos créditos do reclamante viola o art. 833, § 2º, do CPC, bem como afrontar o princípio da igualdade se compararmos o advogado do reclamante e o advogado do reclamado. Para elucidar essa violação do princípio da igualdade, veja-se o seguinte exemplo:

Em reclamação trabalhista postula-se o pagamento de horas extras e verbas rescisórias em face de empregador doméstico. O pedido de verbas rescisórias é julgado procedente, alcançando o montante de R$ 5.000,00, impondo-se o pagamento de honorários advocatícios de 10% (R$ 500,00) ao advogado do reclamante. Por sua vez, o pedido de horas extras é julgado improcedente, condenando-se o reclamante a pagar os honorários advocatícios no importe de 10% (R$ 500,00) sobre o valor do pedido de R$ 5.000,00. Interpretando-se literalmente o artigo celetista, o reclamante retira descontado dos seus créditos o valor R$ 500,00, recebendo o montante de R$ 4.500,00. O advogado do reclamado, portanto, já receberia imediatamente. Já o advogado do reclamante deveria executar o reclamado e, sendo pessoa física, não poderia penhorar sua remuneração, salvo nas hipóteses do § 2º, do art. 883 do CPC. Vê-se, pois, que a interpretação literal beneficia o advogado do reclamado criando flagrante desigualdade para com o advogado do reclamante.

– ficar sob condição suspensiva pelo prazo de 2 anos a contar do trânsito em julgado da sentença

Essa hipótese é subsidiária à primeira, ou seja, não perdendo a qualidade de beneficiário, por não haver créditos a receber capazes de ultrapassar o padrão de sobrevivência do homem médio, o beneficiário da justiça gratuita será condenado aos honorários advocatícios, sujeitando a obrigação a uma condição e a um termo decorrente da lei: sua exigibilidade fica automaticamente suspensa até que sobrevenha a demonstração da mudança de cenário financeiro (condição suspensiva); se isso não ocorrer em 2 anos a contar do trânsito em julgado, a obrigação se extingue (termo resolutivo)[48].

Nesse caso, havendo o recebimento de créditos futuros (judiciais ou não) capazes de retirar a condição de beneficiário da justiça gratuita, até dois anos do trânsito em julgado da decisão, os honorários advocatícios serão cobrados na forma do art.

48. OLIVEIRA, Rafael Alexandria de. Benefício da justiça gratuita. *In*: WAMBIER, Teresa Arruda Alvim *et al. Breves comentários ao novo código de processo civil*. 2. ed. São Paulo: Editora Revista dos Tribunais, 2016. p. 390.

791-A, § 4º, da CLT. Nessa hipótese, impõe-se à parte contrária ou ao próprio advogado credor a prova da perda da qualidade de beneficiário da justiça gratuita, não podendo decorrer de atuação *ex officio*.

Vê-se, pois, que a primeira hipótese pode decorrer de atuação de ofício, já que se trata de créditos já existentes (como regra, do próprio processo), enquanto a segunda depende de comprovação pela parte contrária ou pelo advogado credor do recebimento de créditos futuros capazes de viabilizar a perda da qualidade de beneficiário.

Por fim, ressalta-se que, quanto aos honorários periciais, o recebimento de verbas posteriores não autoriza a cobrança. Isso ocorre porque o art. 790-B, § 4º, da CLT, ao tratar dos honorários periciais, não faz a ressalva existente no § 4º do art. 791-A da CLT (honorários advocatícios), de modo que, não existindo créditos no momento da decisão, o encargo ficará com a União.

2.3.16. Honorários advocatícios na reconvenção

Assim como previsto na parte inicial do art. 85, § 1º, do CPC/2015, o art. 791-A, § 5º, da CLT estabelece que na reconvenção também são cabíveis os honorários sucumbenciais.

Isso ocorre porque a reconvenção, embora seja uma modalidade de resposta do réu, não é defesa, e sim verdadeiro contra-ataque, vez que no mesmo processo o reclamado (réu) ajuíza ação em face do autor. Tanto é assim que deve ser formulado pedido certo e determinado, incidindo as diretrizes do art. 840 da CLT (CPC, art. 324, § 2º). Tem, portanto, natureza de ação.

Nesse caso, o processo será único, mas terá uma demanda originária e outra reconvencional. Busca, assim, a aplicação do princípio da economia processual.

Esse entendimento já era aplicável à Justiça Comum mesmo antes do CPC/2015, entendendo o STJ que os honorários fixados na ação principal são independentes dos fixados na ação reconvencional.[49]

Sendo, portanto, vencido o reclamante (réu-reconvindo) deverá arcar com os honorários do advogado da reclamada (autor-reconvinte).

Por outro lado, sendo vencida a reclamada (autor-reconvinte), ou seja, julgada improcedente a reconvenção, deverá suportar os honorários do advogado do reclamante (réu-reconvindo). Nesse caso, embora a reconvenção com o CPC/15 seja formulada na própria contestação, o que significa que não tem valor da causa a subsidiar a base de cálculo dos honorários, ela deve delimitar o pedido, observando,

49. STJ – EDcl no AgRg no Ag 1366252/GO, Rel. Ministro JOÃO OTÁVIO DE NORONHA, QUARTA TURMA, julgado em 07/06/2011, DJe 14/06/2011.

pois, os requisitos do art. 840 da CLT (CPC, art. 324, § 2º), de modo que a base para os cálculos dos honorários será o proveito pretendido na reconvenção, isto é, o somatório dos seus pedidos.

2.4. Honorários assistenciais

Os **honorários assistenciais** eram aqueles que derivavam da assistência judiciária gratuita. No processo do trabalho, eles eram devidos ao sindicato.

Com o advento da Lei nº 13.467/17, pensamos que os honorários assistenciais deixam de existir. Explico.

A Lei 1.060/50 passou a estabelecer normas para a concessão de assistência judiciária gratuita aos necessitados, com o objetivo de garantir a primeira onda de acesso ao judiciário. Desse modo, na Justiça comum, não tendo a pessoa condições de arcar com o pagamento dos honorários de seu advogado, poderá se valer da Defensoria Pública ou, na sua falta, de convênio firmado com a Ordem dos Advogados do Brasil. Percebe-se que, nesse caso, a pessoa necessitada não precisará pagar os honorários de seu advogado. Isso não impede que, ajuizada a demanda e sendo vencedora, a parte contrária seja condenada ao pagamento dos honorários sucumbenciais, que são revertidos ao advogado.

No processo do trabalho, embora o art. 14 da LC nº 80/94 admita a atuação da Defensoria Pública junto à Justiça laboral, a Lei nº 5.584/70, em seu art. 14, declina que "na Justiça do Trabalho, a assistência judiciária a que se refere a Lei nº 1.060, de 5 de fevereiro de 1950, será prestada pelo sindicato da categoria profissional a que pertencer o trabalhador", "ainda que não seja associado ao sindicato da categoria" (art. 18 da Lei 5.584/70). Portanto, no âmbito laboral, sempre se defendeu que a assistência judiciária gratuita era prestada pelo sindicato.

Dessa forma, na Justiça comum, quando a assistência judiciária gratuita não for exercida pela Defensoria Pública, ou seja, quando se tratar de atuação de advogado particular, ele receberá honorários assistenciais por meio do convênio da OAB e, se for o caso, os honorários sucumbenciais da parte contrária.

Por sua vez, na seara trabalhista, o sindicato não receberia do trabalhador, já que é pressuposto lógico da assistência judiciária gratuita a desnecessidade de pagamento dos honorários ao seu advogado. No entanto, não existia convênio para recompor os gastos do sindicato. Nesse contexto, admitia-se a condenação da parte contrária ao pagamento dos honorários advocatícios assistenciais, que eram revertidos ao sindicato (Lei 5.584/70, art. 16 – revogado pela Lei nº 13.725/18).

Percebe-se, portanto, que, nesse caso, havia verdadeira junção dos honorários assistenciais com os honorários sucumbenciais.

Isso nos levava a uma situação *sui generis* no processo do trabalho: na hipótese de assistência judiciária gratuita (beneficiário da justiça gratuita + assistido pelo sindicato), como a parte contrária já era obrigada a pagar os honorários assistenciais, não havia condenação ao pagamento dos honorários sucumbenciais.

Essa afirmação tinha um reflexo importante, qual seja, nesse caso os honorários **não** eram de titularidade do advogado, mas sim do sindicato (Lei 5.584/70, art. 16).

E o advogado do sindicato, como recebia?

Na assistência judiciária gratuita obrigatória o vínculo formado era entre o empregado e o sindicato assistente, e não diretamente com o advogado. Este é contratado pelo sindicato e não pelo empregado. Assim, como o sindicato tinha o dever de prestar assistência judiciária gratuita aos integrantes da categoria, o ordenamento recompunha seus gastos com a condenação da parte contrária ao pagamento dos honorários. O advogado do sindicato, por sua vez, cobrava diretamente do sindicato, conforme estipulado entre eles. Nada impedia, porém, de o sindicato e o advogado acordarem que os honorários assistenciais seriam revertidos ao advogado.

Com a chegada da Lei nº 13.467/17, no entanto, esse cenário foi alterado.

É que a Constituição Federal de 1988, em seu art. 5º, LXXIV, impôs ao Estado o dever de prestar "assistência jurídica integral e gratuita aos que comprovarem insuficiência de recursos".

Trata-se, pois, de dever dirigido ao Estado, e não aos particulares.

Tanto é assim que a Constituição Federal de 1988 incumbiu à Defensoria Pública "fundamentalmente, a orientação jurídica, a promoção dos direitos humanos e a defesa, em todos os graus, judicial e extrajudicial, dos direitos individuais e coletivos, de forma integral e gratuita, aos necessitados, na forma do inciso LXXIV do art. 5º desta Constituição Federal" (art. 134).

Embora o art. 14 da LC nº 80/94 admita a atuação da Defensoria Pública junto à Justiça laboral, como dito, sempre se atribuiu ao sindicato referida assistência no processo do trabalho, por dois fundamentos:

1) resquícios do regime anterior à Constituição Federal, em que os sindicatos auxiliavam o Estado na prestação de serviços públicos;

2) pelo art. 14 da Lei nº 5.584/70, que impõe a assistência judiciária gratuita ao sindicato.

No que tange ao primeiro fundamento, tais resquícios foram mantidos pela CLT em razão da contribuição sindical obrigatória. É que, antes da Lei nº 13.467/17, sendo a contribuição obrigatória para todos os integrantes da categoria, o art. 592 da CLT impunha que ela fosse destinada, entre outros objetivos, para custear a assistência jurídica (incisos I, a, II, a, III, a, e IV, a), o que era reforçado pelo o art. 514, b, da

CLT, ao estabelecer como dever do sindicato "manter serviços de assistência jurídica para os associados".

Contudo, com a alteração dos arts. 578, 579 e 582 da CLT pela Lei nº 13.467/17 e, consequentemente, com a extinção da contribuição sindical obrigatória, pensamos que tais resquícios deixam de existir, de modo que o sindicato, sendo pessoa jurídica de direito privado, deixa de ter o dever legal de prestar **gratuitamente** a assistência judiciária.

Nada obsta e tudo recomenda que o sindicato, em seu estatuto conceda tal assistência, mas nesse caso será por disposição estatuária e não legal.

O segundo fundamento também não subsiste.

O art. 14 da Lei nº 5.584/70 estabelece que:

> Art. 14. Na Justiça do Trabalho, a assistência judiciária a que se refere a Lei nº 1.060, de 5 de fevereiro de 1950, será prestada pelo Sindicato da categoria profissional a que pertencer o trabalhador.
>
> § 1º A assistência é devida a todo aquele que perceber salário igual ou inferior ao dobro do mínimo legal, ficando assegurado igual benefício ao trabalhador de maior salário, uma vez provado que sua situação econômica não lhe permite demandar, sem prejuízo do sustento próprio ou da família. (...)

Referido artigo (caput e § 1º), no entanto, foi revogado tacitamente pela Lei nº 10.288/01 ao incluir o § 10 no art. 789 da CLT, com a seguinte redação:

> § 10. O sindicato da categoria profissional prestará assistência judiciária gratuita ao trabalhador desempregado ou que perceber salário inferior a cinco salários mínimos ou que declare, sob responsabilidade, não possuir, em razão dos encargos próprios e familiares, condições econômicas de prover à demanda. (Incluído pela Lei nº 10.288, de 2001)

Esse dispositivo foi posteriormente revogado pela Lei nº 10.537/02, dando nova redação aos arts. 789 e seguintes da CLT. Assim, sendo certo que não houve expressa restauração do art. 14, caput e § 1º, da Lei nº 5.584/70, não há falar em repristinação, tendo em vista que o ordenamento brasileiro veda a repristinação tácita, como descreve o art. 2º, § 3º, do Decreto-Lei nº 4.657, de 4 de setembro 1942 (LINDB).

Pensamos, portanto, que, com o advento da Lei nº 13.467/17, a assistência judiciária gratuita exercida pelo sindicato deixa de ser obrigatória, podendo ser desempenhada quando prevista no estatuto da entidade, com os requisitos por ele estabelecidos.[50]

50. Também entendendo que não há imposição legal de que os sindicatos ministrem assistência judiciária gratuita, mas determinando que os honorários sejam revertidos ao trabalhador. TEIXEIRA FILHO, Manoel Antônio. *O processo do trabalho e a reforma trabalhista – As alterações introduzidas no processo do trabalho pela Lei n. 13.467/17*. São Paulo: Ltr, 2017. p. 86.

Por sua vez, a assistência judiciária gratuita obrigatória passa a ser dever da Defensoria Pública da União, por força do art. 14 da LC nº 80/94.

Essa mudança de status da assistência sindical (de obrigatória para facultativa) produz reflexos diretamente nos honorários advocatícios.

É que, sendo meramente facultativa a assistência, não há que se falar em honorários assistenciais. Aliás, como visto, antigamente "transformavam-se" os honorários sucumbenciais em assistenciais, já que eram devidos apenas na hipótese de assistência pelo sindicato. Agora, existindo expressamente os honorários sucumbenciais e sendo mera faculdade do sindicato a assistência judicial, deixam de existir os honorários assistenciais, sendo devidos apenas os honorários sucumbenciais.

Ademais, o art. 791-A, § 3º, da CLT descreve que os honorários são devidos nas ações em que a parte estiver assistida pelo sindicato da categoria. Considerando que o caput desse artigo versa sobre os honorários sucumbenciais, evidentemente que seu parágrafo também deve tratar de tais honorários, de modo que o dispositivo reconhece a existência dos honorários sucumbenciais, e não mais dos assistenciais.

A Lei nº 13.725/18, ao incluir os §§ 6º e 7º no art. 22 da Lei nº 8.906/94, acompanha esse entendimento, vez que não trata dos honorários assistenciais para as reclamações em que o sindicato presta assistência sindical, apenas os incluindo nas ações coletivas.

Essa discussão não é meramente acadêmica, produzindo efeito direto no beneficiário dos honorários, já que, sendo honorários sucumbenciais, eles são de titularidade do advogado e não do sindicato. Nada impede que o próprio advogado, contratualmente, estabeleça que os honorários serão revertidos ao sindicato, tendo em vista que se trata de crédito disponível do próprio advogado.

Percebe-se, pois, que há inversão total da sistemática anterior. Queremos dizer, antes os honorários assistenciais eram do sindicato, que poderia reverter, contratualmente, ao advogado. Agora, por serem sucumbenciais, os honorários são de titularidade do advogado, que pode contratualmente, reverter ao sindicato.

Por fim, caso haja assistência sindical e o assistido seja vencido, ele poderá ser condenado ao pagamento dos honorários sucumbenciais, observado o § 4º do art. 791-A, da CLT, tal como analisado nos tópicos anteriores.

2.5. Honorários advocatícios na substituição processual pelo sindicato

A substituição processual no direito processual civil é vista como exceção, admitindo-se sua aplicação tão somente quando norma expressa a permitir (CPC/2015, art. 18). No processo do trabalho, porém, a substituição processual ganha maior relevância, ante a desigualdade existente entre os integrantes da relação empregatícia, que, consequentemente, espraia-se para a relação processual. A postulação, por intermédio da entidade de classe, desonera (ainda que parcialmente) o trabalhador do ônus de enfrentar individualmente seu empregador em juízo, devendo a defesa coletiva de direitos ser incentivada nessa seara, como meio de ampliar o acesso à justiça dos cidadãos trabalhadores.

O TST, como forma de incentivar a coletivização das demandas trabalhistas, concede os honorários advocatícios, pela mera sucumbência, na hipótese de substituição processual, como se verifica pela Súmula nº 219, V, do TST in verbis:

> V – Em caso de assistência judiciária sindical ou de substituição processual sindical, excetuados os processos em que a Fazenda Pública for parte, os honorários advocatícios são devidos entre o mínimo de dez e o máximo de vinte por cento sobre o valor da condenação, do proveito econômico obtido ou, não sendo possível mensurá-lo, sobre o valor atualizado da causa (CPC de 2015, art. 85, § 2º).

Aliás, o art. 791-A, § 1º, da CLT passa a prever expressamente os honorários advocatícios nos casos de substituição processual pelo sindicato.

Esse dispositivo provocará o cancelamento ou, no mínimo, a alteração do item V da súmula 219 do TST, tendo em vista que o C. TST aplicava analogicamente a disciplina do art. 85, § 2º, do CPC/2015.

Com o advento da Lei nº 13.467/17, no entanto, nos casos em que houver substituição processual pelo sindicato, serão aplicados os mesmos percentuais do caput do art. 791-A da CLT (de 5% a 15%), não incidindo, consequentemente, as porcentagens constantes no art. 85, § 2º, do CPC/2015 (de 10% a 20%). Noutras palavras, havendo norma expressa na CLT, não será aplicado o CPC.

Nessa hipótese, trata-se de honorários sucumbenciais e, portanto, de titularidade do advogado.

Curiosamente, o art. 22, § 6º, da Lei nº 8.906/94, introduzido pela Lei 13.725/18, a nosso ver de forma equivocada, nomina tais honorários como assistenciais, dando a impressão de que agora, os antigos honorários assistenciais, que eram devidos ao sindicato nos processos individuais em que prestava assistência judiciária gratuita, passam a ter essa nomenclatura apenas nas ações coletivas propostas pela entidade sindical como substituta processual.

De qualquer maneira, deixa claro que tais honorários (assistenciais ou sucumbenciais) são de titularidade do advogado.

Além dos honorários sucumbenciais (denominados de assistenciais), pode existir cumulativamente um contrato firmado entre o advogado e o sindicato estabelecendo os honorários contratuais (convencionais). Nesse caso, descreve o § 7º, do art. 22, da Lei nº 8.906/94 o que segue:

> § 7º Os honorários convencionados com entidades de classe para atuação em substituição processual poderão prever a faculdade de indicar os beneficiários que, ao optarem por adquirir os direitos, assumirão as obrigações decorrentes do contrato originário a partir do momento em que este foi celebrado, sem a necessidade de mais formalidades.

Noutras palavras, as obrigações firmadas no contrato de honorários entre o sindicato e o advogado serão automaticamente transferidas ao substituído que optar por liquidar seus direitos na ação coletiva, o qual terá que realizar o pagamento dos honorários contratuais (convencionais), sem prejuízo do recebimento pelo advogado dos honorários sucumbenciais (denominados de assistenciais). Não há, portanto, necessidade de um novo contrato de honorários entre o advogado e o substituído ou ainda de autorizações individuais permitindo o desconto dos honorários contratuais do crédito do substituído.

Parece-nos que a previsão do referido art. 22, § 7º, trata-se do denominado **contrato com pessoa a declarar**, que é *"aquele em que uma das partes se reserva a faculdade de designar uma outra pessoa que assuma a posição na relação contratual, como se o contrato fosse celebrado com esta última"*[51] (grifos no original).

Desse modo, prevê o art. 467 do CC que:

> **Art. 467.** No momento da conclusão do contrato, pode uma das partes reservar-se a faculdade de indicar a pessoa que deve adquirir os direitos e assumir as obrigações dele decorrentes.

Assim, o contrato originário é firmado inicialmente entre o sindicato e o advogado, permitindo-se a indicação posterior dos substituídos que assumirão os direitos e obrigações dele decorrentes.

É importante destacar que, diferentemente da disciplina do *caput* do art. 468 do CC/02, a indicação apenas deve ser comunicada à outra parte no momento em que for iniciada a fase de liquidação. É que na ação coletiva para tutela de direitos individuais homogêneos a condenação é genérica, não havendo necessidade de indicação dos beneficiários na fase de conhecimento. Será apenas na fase de liquidação que os beneficiários serão individualizados e consequentemente indicados para assumir as obrigações decorrentes do contrato de honorários. Não há, portanto, a necessidade de que a comunicação ocorra em 5 dias da formação do contrato.

De qualquer maneira, caso o sindicato já tenha conhecimento dos substituídos na fase de conhecimento, nada obsta a sua indicação antes da liquidação.

No entanto, é preciso ficar claro: para que haja a transferência de direitos e obrigações é imprescindível que a faculdade de indicação do beneficiário esteja **expressamente prevista em cláusula do contrato de honorários formalizado com o sindicato**, "sob pena de o negócio jurídico ser comum e restrito às partes"[52], ou seja, ter validade apenas entre o sindicato e o advogado, não alcançando os substituídos. Noutras palavras, o art. 22, § 7º, da Lei 8.906/94 diz que se trata de faculdade a inclusão de tal cláusula, de modo que não sendo inserida não poderá alcançar os

51. VARELA, Antunes *apud* FARIAS, Cristiano Chaves de; ROSENVALD, Nelson. *Curso de direito civil: contratos.* 7 ed. Rev., e atual. Salvador: Ed. Juspodivm, 2017. p. 501.
52. FARIAS, Cristiano Chaves de; ROSENVALD, Nelson. *Curso de direito civil: contratos.* 7 ed. Rev., e atual. Salvador: Ed. Juspodivm, 2017. p. 503.

beneficiários. Para tanto, deverá constar no contrato os seguintes dizeres: "para si ou substituídos a nomear"[53].

Dúvida que poderá surgir é como se fará a indicação dos substituídos para que sejam responsáveis pelas obrigações originárias assumidas pelo sindicato. Basta a indicação individualizada dos nomes dos substituídos na fase de liquidação ou haverá necessidade de um "aditamento contratual" nominando os substituídos?

Pela análise do dispositivo em exame, ao afastar a necessidade de mais formalidades, ele não exige que se faça o "aditamento contratual". Isso significa que, existindo regra própria, não é aplicado ao processo do trabalho, o art. 468, parágrafo único, do Código Civil, o qual determina que a aceitação da pessoa nomeada não será eficaz se não se revestir da mesma forma que as partes usaram para o contrato. Assim, prosseguindo o beneficiário com a liquidação e/ou execução no processo coletivo, o contrato será considerado aceito pelo substituído.

Temos, pois, uma relação híbrida: contratual e processual. Queremos dizer, a relação contratual originária firmada com o sindicato, complementa-se com a relação processual para atingir os substituídos.

Portanto, havendo essa nova relação, o substituto beneficiário "adquire os direitos e assume as obrigações decorrentes do contrato, a partir do momento em que este foi celebrado" (CC/02, art. 469). Acompanhando essa diretriz o art. 22, § 7º, da Lei nº 8.906/94 declina que as obrigações e direitos podem ser exigidos: a partir do momento de celebração do contrato. Não se considera, dessa forma, o momento de aceitação do beneficiário.

Nesse caso, substitui-se, completamente, a contratação feita pelo sindicato, "que desaparece como se nunca houvesse se aperfeiçoado. Destarte, a nomeação produz efeitos retroativos, pois o designante se retira sem deixar pistas".[54]

Não podemos deixar de dizer que, embora haja essa substituição "plena", o substituído pode discutir a porcentagem dos honorários, caso seja estipulado em valores exorbitantes.

É importante ressaltar, ainda, que somente haverá a imposição de pagar honorários contratuais pelos substituídos quando os **pedidos forem julgados procedentes**, ou seja, quando o substituído "adquirir direitos". Isso significa que na hipótese de improcedência de pedidos, se houver **honorários contratuais** estabelecidos, estes deverão ser arcados pelo sindicato contratante[55].

53. FARIAS, Cristiano Chaves de; ROSENVALD, Nelson. *Curso de direito civil: contratos*. 7 ed. Rev., e atual. Salvador: Ed. Juspodivm, 2017. p. 504.

54. FARIAS, Cristiano Chaves de; ROSENVALD, Nelson. *Curso de direito civil: contratos*. 7 ed. Rev., e atual. Salvador: Ed. Juspodivm, 2017. p. 505.

55. Para aprofundamento no tema indicamos: MIESSA, Élisson. Honorários advocatícios nas ações coletivas em que o sindicato atua como substituto *in* MIESSA, Élisson (coord). *Honorários advocatícios na Justiça do Trabalho*. Salvador: Ed. Juspodivm, 2019.

Por fim, cumpre destacar que, na substituição processual, sendo o sindicato vencido somente arcará com os honorários sucumbenciais da parte contrária se comprovada sua má-fé (CDC, art. 87).[56] Nesse sentido, o Enunciado nº 102 da 2ª Jornada de direito material e processual do trabalho:

> **Enunciado nº 102 –** Sucumbência em ação civil pública e ação civil coletiva: não aplicação
>
> Honorários advocatícios sucumbenciais, honorários periciais e custas processuais, como previstos na lei 13.467/2017, não são aplicáveis às ações regidas por leis especiais, a saber, Lei da ação civil pública (art. 17 e 18 da Lei 7.347/1985) e código de defesa do consumidor (art. 87 da Lei 8.078/1990)[57].

3. SÚMULAS E ORIENTAÇÕES JURISPRUDENCIAIS

Representação
Orientação Jurisprudencial nº 318 da SDI – I do TST. Autarquia. Fundação Pública. Legitimidade para recorrer. Representação processual. I – Os Estados e os Municípios não têm legitimidade para recorrer em nome das autarquias e das fundações públicas. II – Os procuradores estaduais e municipais podem representar as respectivas autarquias e fundações públicas em juízo somente se designados pela lei da respectiva unidade da federação (art. 75, IV, do CPC de 2015) ou se investidos de instrumento de mandato válido.
Orientação Jurisprudencial nº 200 da SDI – I do TST. Mandato tácito. Substabelecimento inválido É inválido o substabelecimento de advogado investido de mandato tácito.
Orientação Jurisprudencial nº 286 da SDI – I do TST. Agravo de instrumento. Traslado. Mandato tácito. Ata de audiência. Configuração I – A juntada da ata de audiência, em que consignada a presença do advogado, desde que não estivesse atuando com mandato expresso, torna dispensável a procuração deste, porque demonstrada a existência de mandato tácito. II – Configurada a existência de mandato tácito fica suprida a irregularidade detectada no mandato expresso.
Orientação Jurisprudencial nº 151 da SDI – II do TST. Ação rescisória e mandado de segurança. Procuração. Poderes específicos para ajuizamento de reclamação trabalhista. Irregularidade de representação processual. Fase recursal. Vício processual sanável. A procuração outorgada com poderes específicos para ajuizamento de reclamação trabalhista não autoriza a propositura de ação rescisória e mandado de segurança. Constatado, todavia, o defeito de representação processual na fase recursal, cumpre ao relator ou ao tribunal conceder prazo de 5 (cinco) dias para a regularização, nos termos da Súmula nº 383, item II, do TST.

56. **Art. 87.** Nas ações coletivas de que trata este código não haverá adiantamento de custas, emolumentos, honorários periciais e quaisquer outras despesas, nem condenação da associação autora, salvo comprovada má-fé, em honorários de advogados, custas e despesas processuais. Parágrafo único. Em caso de litigância de má-fé, a associação autora e os diretores responsáveis pela propositura da ação serão solidariamente condenados em honorários advocatícios e ao décuplo das custas, sem prejuízo da responsabilidade por perdas e danos.

57. Quanto ao direito intertemporal, remetemos o leitor ao capítulo de evolução histórica, autonomia, fontes, integração e eficácia (Capítulo 1).

Orientação Jurisprudencial nº 374 da SDI – I do TST. Agravo de instrumento. Representação processual. Regularidade. Procuração ou substabelecimento com cláusula limitativa de poderes ao âmbito do tribunal regional do trabalho É regular a representação processual do subscritor do agravo de instrumento ou do recurso de revista que detém mandato com poderes de representação limitados ao âmbito do Tribunal Regional do Trabalho, pois, embora a apreciação desse recurso seja realizada pelo Tribunal Superior do Trabalho, a sua interposição é ato praticado perante o Tribunal Regional do Trabalho, circunstância que legitima a atuação do advogado no feito.
Súmula nº 395 do TST. Mandato e substabelecimento. Condições de validade I – Válido é o instrumento de mandato com prazo determinado que contém cláusula estabelecendo a prevalência dos poderes para atuar até o final da demanda (§ 4º do art. 105 do CPC de 2015). II – Se há previsão, no instrumento de mandato, de prazo para sua juntada, o mandato só tem validade se anexado ao processo o respectivo instrumento no aludido prazo. III – São válidos os atos praticados pelo substabelecido, ainda que não haja, no mandato, poderes expressos para substabelecer (art. 667, e parágrafos, do Código Civil de 2002). IV – Configura-se a irregularidade de representação se o substabelecimento é anterior à outorga passada ao substabelecente. V – Verificada a irregularidade de representação nas hipóteses dos itens II e IV, deve o juiz suspender o processo e designar prazo razoável para que seja sanado o vício, ainda que em instância recursal (art. 76 do CPC de 2015).
Orientação Jurisprudencial nº 371 da SDI – I do TST. Irregularidade de representação. Substabelecimento não datado. Inaplicabilidade do art. 654, § 1º, do Código Civil. Não caracteriza a irregularidade de representação a ausência da data da outorga de poderes, pois, no mandato judicial, ao contrário do mandato civil, não é condição de validade do negócio jurídico. Assim, a data a ser considerada é aquela em que o instrumento for juntado aos autos, conforme preceitua o art. 409, IV, do CPC de 2015 (art. 370, IV, do CPC de 1973). Inaplicável o art. 654, § 1º, do Código Civil.
Orientação Jurisprudencial nº 75 da SDI – I do TST. Substabelecimento sem o reconhecimento de firma do substabelecente. Inválido (anterior à Lei nº 8.952/1994) Não produz efeitos jurídicos recurso subscrito por advogado com poderes conferidos em substabelecimento em que não consta o reconhecimento de firma do outorgante. Entendimento aplicável antes do advento da Lei nº 8.952/1994.
Súmula nº 383 do TST. Recurso. Mandato. Irregularidade de representação. CPC de 2015, arts. 104 e 76, § 2º. I – É inadmissível recurso firmado por advogado sem procuração juntada aos autos até o momento da sua interposição, salvo mandato tácito. Em caráter excepcional (art. 104 do CPC de 2015), admite-se que o advogado, independentemente de intimação, exiba a procuração no prazo de 5 (cinco) dias após a interposição do recurso, prorrogável por igual período mediante despacho do juiz. Caso não a exiba, considera-se ineficaz o ato praticado e não se conhece do recurso. II – Verificada a irregularidade de representação da parte em fase recursal, em procuração ou substabelecimento já constante dos autos, o relator ou o órgão competente para julgamento do recurso designará prazo de 5 (cinco) dias para que seja sanado o vício. Descumprida a determinação, o relator não conhecerá do recurso, se a providência couber ao recorrente, ou determinará o desentranhamento das contrarrazões, se a providência couber ao recorrido (art. 76, § 2º, do CPC de 2015).
Súmula nº 436 do TST. Representação processual. Procurador da União, Estados, Municípios e Distrito Federal, suas autarquias e fundações públicas. Juntada de instrumento de mandato I – A União, Estados, Municípios e Distrito Federal, suas autarquias e fundações públicas, quando representadas em juízo, ativa e passivamente, por seus procuradores, estão dispensadas da juntada de instrumento de mandato e de comprovação do ato de nomeação. II – Para os efeitos do item anterior, é essencial que o signatário ao menos declare-se exercente do cargo de procurador, não bastando a indicação do número de inscrição na Ordem dos Advogados do Brasil.

Orientação Jurisprudencial nº 255 da SDI – I do TST. Mandato. Contrato social. Desnecessária a juntada
O art. 75, inciso VIII, do CPC de 2015 (art. 12, VI, do CPC de 1973) não determina a exibição dos estatutos da empresa em juízo como condição de validade do instrumento de mandato outorgado ao seu procurador, salvo se houver impugnação da parte contrária.

Súmula nº 456 do TST. Representação. Pessoa jurídica. Procuração. Invalidade. Identificação do outorgante e de seu representante
I – É inválido o instrumento de mandato firmado em nome de pessoa jurídica que não contenha, pelo menos, o nome do outorgante e do signatário da procuração, pois estes dados constituem elementos que os individualizam.
II – Verificada a irregularidade de representação da parte na instância originária, o juiz designará prazo de 5 (cinco) dias para que seja sanado o vício. Descumprida a determinação, extinguirá o processo, sem resolução de mérito, se a providência couber ao reclamante, ou considerará revel o reclamado, se a providência lhe couber (art. 76, § 1º, do CPC de 2015).
III – Caso a irregularidade de representação da parte seja constatada em fase recursal, o relator designará prazo de 5 (cinco) dias para que seja sanado o vício. Descumprida a determinação, o relator não conhecerá do recurso, se a providência couber ao recorrente, ou determinará o desentranhamento das contrarrazões, se a providência couber ao recorrido (art. 76, § 2º, do CPC de 2015).

Orientação Jurisprudencial nº 319 da SDI – I do TST. Representação regular. Estagiário. Habilitação posterior
Válidos são os atos praticados por estagiário se, entre o substabelecimento e a interposição do recurso, sobreveio a habilitação, do então estagiário, para atuar como advogado.

Orientação Jurisprudencial nº 349 da SDI – I do TST. Mandato. Juntada de nova procuração. Ausência de ressalva. Efeitos
A juntada de nova procuração aos autos, sem ressalva de poderes conferidos ao antigo patrono, implica revogação tácita do mandato anterior.

Advogado

Orientação Jurisprudencial nº 7 da SDI – I do TST. Advogado. Atuação fora da seção da OAB onde o advogado está inscrito. Ausência de comunicação. (Lei nº 4.215/1963, § 2º, art. 56). Infração disciplinar. Não importa nulidade
A despeito da norma então prevista no artigo 56, § 2º, da Lei nº 4.215/63, a falta de comunicação do advogado à OAB para o exercício profissional em seção diversa daquela na qual tem inscrição não importa nulidade dos atos praticados, constituindo apenas infração disciplinar, que cabe àquela instituição analisar.

Honorários advocatícios

Súmula nº 329 do TST. Honorários advocatícios. Art. 133 da CF/1988.
Mesmo após a promulgação da CF/1988, permanece válido o entendimento consubstanciado na Súmula nº 219 do Tribunal Superior do Trabalho.

Súmula nº 219 do TST. Honorários advocatícios. Cabimento
I – Na Justiça do Trabalho, a condenação ao pagamento de honorários advocatícios não decorre pura e simplesmente da sucumbência, devendo a parte, concomitantemente: a) estar assistida por sindicato da categoria profissional; b) comprovar a percepção de salário inferior ao dobro do salário mínimo ou encontrar-se em situação econômica que não lhe permita demandar sem prejuízo do próprio sustento ou da respectiva família. (art. 14, § 1º, da Lei nº 5.584/1970).

II – É cabível a condenação ao pagamento de honorários advocatícios em ação rescisória no processo trabalhista.
III – São devidos os honorários advocatícios nas causas em que o ente sindical figure como substituto processual e nas lides que não derivem da relação de emprego.
IV – Na ação rescisória e nas lides que não derivem de relação de emprego, a responsabilidade pelo pagamento dos honorários advocatícios da sucumbência submete-se à disciplina do Código de Processo Civil (arts. 85, 86, 87 e 90).
V – Em caso de assistência judiciária sindical ou de substituição processual sindical, excetuados os processos em que a Fazenda Pública for parte, os honorários advocatícios são devidos entre o mínimo de dez e o máximo de vinte por cento sobre o valor da condenação, do proveito econômico obtido ou, não sendo possível mensurá-lo, sobre o valor atualizado da causa (CPC de 2015, art. 85, § 2º).
VI – Nas causas em que a Fazenda Pública for parte, aplicar-se-ão os percentuais específicos de honorários advocatícios contemplados no Código de Processo Civil.

Orientação Jurisprudencial nº 348 da SDI – I do TST. Honorários advocatícios. Base de cálculo. Valor líquido. Lei nº 1.060, de 05.02.1950
Os honorários advocatícios, arbitrados nos termos do art. 11, § 1º, da Lei nº 1.060, de 05.02.1950, devem incidir sobre o valor líquido da condenação, apurado na fase de liquidação de sentença, sem a dedução dos descontos fiscais e previdenciários.

Orientação Jurisprudencial nº 421 da SDI-I do TST. Honorários advocatícios. Ação de indenização por danos morais e materiais decorrentes de acidente de trabalho ou de doença profissional. Ajuizamento perante a justiça comum antes da promulgação da Emenda Constitucional nº 45/2004. Posterior remessa dos autos à justiça do trabalho. Art. 85 do CPC de 2015. Art. 20 do CPC de 1973. Incidência
A condenação em honorários advocatícios nos autos de ação de indenização por danos morais e materiais decorrentes de acidente de trabalho ou de doença profissional, remetida à Justiça do Trabalho após ajuizamento na Justiça comum, antes da vigência da Emenda Constitucional nº 45/2004, decorre da mera sucumbência, nos termos do art. 85 do CPC de 2015 (art. 20 do CPC de 1973), não se sujeitando aos requisitos da Lei nº 5.584/1970.

4. INFORMATIVOS DO TST RELACIONADOS AO TEMA

Representação
Instrumento de mandato. Vedação ou limitação explícita ao poder de substabelecer. Irregularidade de representação. Não configuração. Súmula nº 395, III, do TST. O substabelecimento outorgado produz efeitos regulares ainda que haja vedação ou limitação explícita no instrumento de mandato em relação a esse poder. Assim, não há falar em irregularidade de representação na hipótese em que a advogada, individualmente, substabeleceu ao subscritor do recurso ordinário, não obstante a procuração estabelecesse que os outorgados deveriam atuar conjuntamente. Nos termos do art. 667 do CC, a irregularidade no substabelecimento é questão atinente ao contrato de mandato, gerando efeitos somente entre as partes contratantes. Noutro giro, o item III da Súmula nº 395 do TST, ao consignar que "são válidos os atos praticados pelo substabelecido, ainda que não haja, no mandato, poderes expressos para substabelecer", trata não apenas da hipótese em que não exista no instrumento outorgado a delegação de poderes para substabelecer, mas também daquela em que haja expressa proibição ou restrição desses poderes. Com esses fundamentos, a SBDI-I, por maioria, vencido em parte o Ministro Alexandre Agra Belmonte, conheceu dos embargos das empresas reclamadas, por contrariedade à Súmula nº 395, III, do TST, e, no mérito, por unanimidade, deu-lhes provimento para afastar a irregularidade de representação e, por conseguinte, determinar o retorno dos autos ao TRT de origem, a fim de que prossiga no julgamento do recurso ordinário dos reclamados como entender de direito. Ressalvou entendimento o Ministro João Oreste Dalazen. TST-E-ED-ARR-99100-36.2009.5.18.0211, SBDI-I, rel. Min. Dora Maria da Costa, 24.10.2013 (Informativo nº 64)
Irregularidade de representação processual. Configuração. Existência nos autos de mandato expresso regular e válido. Impossibilidade de caracterização de mandato tácito. Orientação Jurisprudencial nº 286 da SBDI-I. Não incidência. O comparecimento do advogado subscritor do recurso de revista nas audiências inaugural e de instrução realizadas perante a Vara do Trabalho de origem não é suficiente para regularizar a representação processual quando há nos autos mandato expresso regular e válido. No caso, não há falar em incidência da Orientação Jurisprudencial nº 286 da SBDI-I, porquanto o verbete admite mandato tácito apenas quando ausente a procuração ou quando detectados vícios intrínsecos no mandato expresso. Na espécie, restou consignado que embora a advogada que tenha dado início à cadeia de substabelecimentos que transmitiu poderes aos subscritores do recurso de revista constasse como outorgada na procuração, o termo de substabelecimento por ela firmado tem data anterior ao mandato que a legitimou. Desse modo, embora um dos advogados subscritores da revista tenha comparecido às audiências realizadas na Vara do Trabalho de origem, não se pode falar em configuração de mandato tácito porque havia procuração regular e válida, com substabelecimento inválido. Assim, SBDI-I, pelo voto prevalente da Presidência, decidiu não conhecer do recurso de embargos do reclamado, vencidos os Ministros Aloysio Corrêa da Veiga, Brito Pereira, Dora Maria da Costa, José Roberto Freire Pimenta e Alexandre de Souza Agra Belmonte. TST-E-ED-RR-480000-81.2006.5.09.0018, SBDI-I, rel. Min. Augusto César Leite de Carvalho, 14.11.2013 (Informativo nº 66)
Irregularidade de representação. Recurso interposto eletronicamente. Ausência de procuração outorgada ao advogado subscritor. Concessão de prazo para saneamento do vício. Não cabimento. Súmula nº 383, II, do TST. Não se conhece de recurso interposto com assinatura digital de advogado sem procuração nos autos, revelando-se inexistente o ato praticado por irregularidade de representação. A concessão do prazo de 5 (cinco) dias para a parte recorrente sanar o vício, consoante o item II da Súmula nº 383 do TST, só é cabível quando verificada irregularidade no instrumento de procuração ou substabelecimento que já consta nos autos. No caso, o recurso

ordinário interposto pelo impetrante foi subscrito eletronicamente por advogado que não estava habilitado por procuração ou substabelecimento no momento da interposição do apelo. Sob esse entendimento, a SBDI-II, por unanimidade, negou provimento ao agravo de instrumento. TST--AIRO-154-58.2019.5.17.0000, SBDI-II, rel. Min. Maria Helena Mallmann, julgado em 5/5/2020. (Informativo nº 218)

Honorários advocatícios. Assistência sindical. Comprovação. Procuração firmada em papel timbrado do sindicato. Validade.

A procuração firmada em papel timbrado do sindicato é suficiente para comprovar a assistência sindical, viabilizando, portanto, o deferimento de honorários advocatícios, na forma da Súmula nº 219 do TST. Sob esses fundamentos, a SBDI-I, por unanimidade, conheceu dos embargos por má aplicação da Súmula nº 219, I, do TST, e, no mérito, por maioria, deu-lhes provimento para condenar a reclamada ao pagamento de honorários de advogado, no importe de 15% do valor líquido da condenação, apurado na fase de liquidação de sentença, sem a dedução dos descontos fiscais e previdenciários nos termos da Orientação Jurisprudencial nº 348 da SBDI-I, e sem a inclusão das contribuições previdenciárias devidas pelo empregador. Vencidos os Ministros Brito Pereira, relator, João Oreste Dalazen e Emmanoel Pereira. TST-E-RR-60200-56.2009.5.17.0002, SBDI-I, rel. Min. Brito Pereira, red. p/ acórdão Min. Cláudio Mascarenhas Brandão, 20.10.2016 (Informativo nº 148)

Honorários Advocatícios

Honorários advocatícios. Demanda proposta por herdeiros de empregado acidentado falecido. Deferimento condicionado à observância da Súmula nº 219 do TST e da Orientação Jurisprudencial nº 305 da SBDI-1.

Na Justiça do Trabalho, o deferimento de honorários advocatícios condiciona-se à comprovação de insuficiência econômica e de assistência sindical, requisitos estabelecidos na Súmula nº 219 do TST e na Orientação Jurisprudencial nº 305 da SBDI-I, ainda que a ação de indenização por danos materiais e morais seja proposta por herdeiros de trabalhador falecido em decorrência de acidente de trabalho. Com esse entendimento, a SBDI-I, por unanimidade, conheceu de embargos por divergência jurisprudencial e, no mérito, por maioria, negou-lhes provimento. Vencidos os Ministros Horácio Raymundo de Senna Pires, relator, Ives Gandra Martins Filho e Delaíde Miranda Arantes, que conheciam e davam provimento ao recurso para, aplicando o entendimento consagrado na parte final do item III da Súmula nº 219 do TST, condenar a reclamada ao pagamento de honorários advocatícios pela mera sucumbência, por não se tratar de demanda de empregado. TST-E-ED-RR-25300-43.2008.5.03.0076, SBDI-I, rel. Min. Horácio Raymundo de Senna Pires, red. p/ acórdão Min. Renato de Lacerda Paiva, 22.3.2012. (Informativo nº 3)

Honorários advocatícios. Deferimento. Empregado falecido. Demanda proposta pelos sucessores em nome próprio. Não aplicação dos requisitos da Lei nº 5.584/70. Incidência da parte final da IN nº 27/2005 do TST.

Nos autos de ação em que a viúva e os filhos de empregado falecido em acidente do trabalho postulam, em nome próprio, indenização por dano moral e material, o deferimento de honorários advocatícios não depende do preenchimento dos requisitos da Lei nº 5.584/70, pois os dependentes do de cujus não são filiados a sindicato. Incide, na hipótese, o art. 5º da Instrução Normativa nº 27/2005 do TST. Assim, não vislumbrando contrariedade à Orientação Jurisprudencial nº 305 da SBDI-I e às Súmulas nºs 219 e 329 do TST, a SBDI-I, por maioria, não conheceu dos embargos da reclamada, vencidos os Ministros Dora Maria da Costa, Antônio José de Barros Levenhagen e Renato de Lacerda Paiva. TST-E-ED-RR-9955100-27.2006.5.09.0015, SBDI-I, rel. Min. Brito Pereira, 20.6.2013 (Informativo nº 52)

Honorários advocatícios. Deferimento. Empregado falecido. Demanda proposta pelos sucessores em nome próprio. Não aplicação dos requisitos da Lei nº 5.584/70. Incidência da parte final da IN nº 27/2005 do TST.

Nos autos de ação em que a viúva e a filha de empregado falecido em acidente do trabalho postulam, em nome próprio, indenização por dano moral e material, o deferimento de honorários advocatícios não depende do preenchimento dos requisitos da Lei nº 5.584/70, sendo devidos pela mera sucumbência. No caso, não há relação de emprego entre os envolvidos, não se podendo exigir que os dependentes do "de cujus" venham a juízo assistidos por sindicato. Incide, na hipótese, o art. 5º da Instrução Normativa nº 27/2005 do TST. Com esses fundamentos, a SBDI-I, por unanimidade, conheceu dos embargos dos reclamantes, por divergência jurisprudencial, e, no mérito, deu-lhes provimento para restabelecer a decisão do Regional que deferira os honorários advocatícios. TST-E-RR-298-86.2010.5.04.0201, SBDI-I, rel. Min. Aloysio Corrêa da Veiga. 14.11.2013 (Informativo nº 66).

Honorários advocatícios. Ação de indenização por danos morais e materiais decorrentes de acidente de trabalho. Ajuizamento da ação na Justiça comum antes da EC nº 45/2004. Desnecessidade de preenchimento dos requisitos da Lei nº 5.584/70.

O deferimento dos honorários advocatícios pela Justiça do Trabalho, em ação ajuizada na Justiça comum, antes da vigência da EC nº 45/2004, em que se pleiteia indenização por danos morais e materiais em razão de acidente de trabalho, não se sujeita aos requisitos da Lei nº 5.584/70 e da Súmula nº 219 do TST. Com base nesse entendimento, a SBDI-I, pelo voto prevalente da Presidência, conheceu dos embargos, por contrariedade à Súmula nº 219 do TST, porque mal aplicada, e, no mérito, deu-lhes provimento para restabelecer o acórdão do Regional quanto ao deferimento de honorários advocatícios. No que tange ao conhecimento, o relator destacou que, apesar de a alegação relativa ao ajuizamento da ação na Justiça comum apenas ter sido articulada pela então recorrida nas razões dos embargos de declaração em recurso de revista, a questão foi prequestionada explicitamente, não havendo falar em negativa de prestação jurisdicional. Entendendo de forma diversa, o Ministro João Oreste Dalazen afirmou que houve prequestionamento implícito, pois a questão de direito foi suscitada na via integrativa, contudo nao foi apreciada pela Turma de origem. Vencidos os Ministros Brito Pereira, Maria Cristina Irigoyen Peduzzi, Renato de Lacerda Paiva, Luiz Philippe Vieira de Mello Filho, Dora Maria da Costa e José Roberto Freire Pimenta. TST-EEDRR-99700-47.2005.5.04.0030, SBDI-I, rel. Min. Augusto César Leite de Carvalho, 25.10.2012 (Informativo nº 27)

Honorários advocatícios. Advogados empregados do Banco do Brasil S.A. Ação ajuizada em face da Associação dos Advogados do Banco do Brasil (ASABB). Cobrança da cota parte não recebida durante o gozo de licença-saúde. Competência da Justiça do Trabalho.

A Justiça do Trabalho é competente para processar e julgar ação em que advogados empregados do Banco do Brasil S.A. pleiteiam a cota parte dos honorários sucumbenciais relativa ao período em que estiveram em gozo de licença-saúde, não repassada pela entidade responsável por gerir o fundo comum dos honorários sucumbenciais recebidos pelo banco empregador (Associação dos Advogados do Banco do Brasil – Asabb). Na hipótese, prevaleceu o entendimento de que, independentemente de ter havido intermediação da Associação, a competência é da Justiça do Trabalho porque a controvérsia em torno do direito ou não ao recebimento da verba pleiteada está alicerçada na situação funcional dos reclamantes perante o Banco, que é o responsável pelo repasse dos recursos a serem geridos pela Asabb, e concede as informações a respeito do desempenho dos associados em seus respectivos contratos de trabalho. Sob esse fundamento, a SBDI-I, por unanimidade, conheceu dos embargos, por divergência jurisprudencial, e, no mérito, por maioria, deu-lhes provimento para firmar a competência da Justiça do Trabalho. Vencidos os Ministros Guilherme Augusto Caputo Bastos, relator, Márcio Eurico Vitral Amaro, Hugo Carlos Scheuermann, Breno Medeiros, Maria Cristina Irigoyen Peduzzi e Brito Pereira. TST-E-RR159700-88.2010.5.16.0002, SBDI-I, rel. Min. Guilherme Augusto Caputo Bastos, red. p/ acórdão Min. Augusto César Leite de Carvalho, 28.3.2019 (Informativo nº 193)

AR. Honorários advocatícios. Percentual. Fixação.
Não obstante seja cabível a condenação em honorários advocatícios em ação rescisória na Justiça do Trabalho, consoante o disposto no item II da Súmula nº 219 do TST, a fixação do percentual devido a esse título deve levar em consideração os critérios estabelecidos no art. 20, §§ 3º e 4º, do CPC, e não na Lei nº 5.584/70. Assim, reiterando posicionamento anterior, a SBDI-II, por unanimidade, negou provimento ao recurso ordinário, mantendo a condenação em honorários advocatícios no percentual de 20% sobre o valor da causa. TST-RO-90100-15.2009.5.09.0000, SBDI-II, rel. Min. Pedro Paulo Teixeira Manus, 23.10.2012 (Informativo nº 27)

Honorários advocatícios. Base de cálculo. Exclusão da cota-parte do empregador relativa aos descontos previdenciários. Crédito de natureza tributária.
A cota-parte do empregador relativa aos descontos previdenciários resulta de imposição legal decorrente da prestação de serviço, não constituindo crédito de natureza trabalhista. A Justiça do Trabalho apenas perfaz o cálculo em razão da sua capacidade tributária para arrecadar o tributo do empregador e repassá-lo ao destinatário final, que é a União. Dessa forma, a cota-parte patronal da contribuição previdenciária não pode ser incluída na base de cálculo dos honorários advocatícios. Sob esses fundamentos, a SBDI-I, por unanimidade, conheceu do recurso de embargos do reclamante, por divergência jurisprudencial, e, no mérito, negou-lhe provimento. TST-E-RR-779- 35.2013.5.03.0019, SBDI-I, rel. Min. Augusto César Leite de Carvalho, 19.10.2017 (Informativo nº 168)

Honorários advocatícios. Condenação em sede de recurso ordinário. "Reformatio in pejus". Configuração.
Configura "reformatio in pejus" a condenação da autora ao pagamento de honorários advocatícios, em sede de recurso ordinário, na hipótese em que, na instância de origem, não obstante a ação rescisória tenha sido julgada improcedente, não houve a referida condenação. Com esse entendimento, a SBDI-II, por maioria, deixou de condenar a autora ao pagamento de honorários advocatícios, vencidos os Ministros Antônio José de Barros Levenhagen e Carlos Alberto Reis de Paula, os quais entendiam possível a condenação em sede de recurso ordinário, independente de pedido ou de prévia condenação na instância inferior, uma vez que os honorários sucumbenciais constituem despesas processuais, que decorrem de preceito de lei, de imposição obrigatória. TST-RO-325000-62.2009.5.01.0000, SBDI-II, rel. Min. Pedro Paulo Teixeira Manus, 30.10.2012 (Informativo nº 28)

MS. Decisão que indefere liberação dos honorários advocatícios enquanto não individualizado e quitado o crédito de cada um dos substituídos. Direito líquido e certo do advogado.
Fere direito líquido e certo da advogada do sindicato a decisão proferida em sede de execução definitiva que indeferiu o pedido de expedição de guia para liberação dos honorários advocatícios enquanto não individualizado e quitado o crédito de cada um dos 2.200 substituídos. Entendeu o redator que os referidos honorários, por possuírem natureza alimentar, são parcelas autônomas que não precisam aguardar o pagamento de todos os substituídos para serem liberados. Com esse entendimento, a SBDI-II, por maioria, conheceu do recurso ordinário e, no mérito, deu-lhe provimento para conceder a segurança. Vencida a Juíza Convocada Maria Doralice Novaes, relatora, e a Ministra Maria Cristina Peduzzi. TST-RO-575-85.2010.5.09.0000, SBDI-II, rel. Juíza Convocada Maria Doralice Novaes, red. p/ acórdão Min. Luiz Philippe Vieira de Mello Filho, 29.5.2012. (Informativo nº 11)

Sindicato. Substituto processual. Honorários advocatícios. Deferimento pela mera sucumbência. Ausência de pedido expresso nas razões recursais. Primeiro provimento favorável no julgamento da revista.
Os honorários advocatícios a que se refere o item III da Súmula nº 219 do TST são devidos pela mera sucumbência, restando desnecessária a formulação expressa de pedido nas razões recursais,

mormente porque, no caso, a verba honorária foi postulada na inicial da reclamação trabalhista, e o Sindicato, atuando na condição de substituto processual, somente obteve o primeiro provimento favorável no julgamento do recurso de revista. Com esse entendimento, a SBDI-I, por unanimidade, conheceu dos embargos do Sindicato, por divergência jurisprudencial, e, no mérito, por maioria, vencidos os Ministros Ives Gandra Martins Filho e Brito Pereira, deu-lhes provimento para condenar a reclamada ao pagamento dos honorários advocatícios, no importe de 15% sobre o valor da condenação. TST-E-ED-ED-RR-27301-72.2005.5.05.0133, SBDI-I, rel. Min. Aloysio Corrêa da Veiga, 25.10.2012 (Informativo nº 27)

Honorários advocatícios. Súmula nº 219 do TST. Verificação dos requisitos. Possibilidade. Não revolvimento de fatos e provas.

Visando verificar a existência dos requisitos previstos na Súmula nº 219 do TST para o deferimento de honorários advocatícios, pode a Turma consultar os autos a fim de constatar se o reclamante está assistido por sindicato de sua categoria profissional e se houve declaração de miserabilidade na peça inaugural. Nesse caso, não há falar em incursão indevida no acervo probatório (vedada pela Súmula nº 126 do TST), mas sim em procedimento hábil à aferição do preenchimento dos pressupostos para a concessão da verba honorária. Com esse entendimento, e constatando a presença das exigências de que trata a Súmula nº 219 do TST, a SBDI-I, por maioria, conheceu dos embargos da reclamada, por contrariedade à Súmula nº 126 do TST, vencidos os Ministros Dora Maria da Costa, Brito Pereira e Aloysio Corrêa da Veiga, e, no mérito, ainda por maioria, julgando, desde logo, a matéria objeto do recurso de revista, nos termos do art. 303 do RITST, aplicado por analogia, negou-lhe provimento, vencido o Ministro João Oreste Dalazen. TST-E-RR-137340-70.2005.5.22.0002, SBDI-I, rel. Min. Delaíde Miranda Arantes, 7.11.2013 (Informativo nº 65)

Créditos trabalhistas. Precatório. Retenção de honorários advocatícios. Ausência do contrato de honorários. Ilegalidade. Art. 22, § 4º, do Estatuto da OAB.

À luz do art. 22, § 4º, do Estatuto da OAB, mostra-se ilegal a retenção de honorários advocatícios sobre créditos trabalhistas em precatório quando não houver comprovação inequívoca do contrato de honorários firmado entre as partes. No caso em tela, após a liberação dos créditos trabalhistas de todos os exequentes por alvarás, dois deles não foram localizados, razão pela qual os patronos devolveram ao juízo o valor do crédito, mas retiveram quantia correspondente aos honorários advocatícios e às despesas. O TRT considerou ilegítima a retenção, ao argumento de que o montante deduzido pelo causídico não faz parte do título exequendo, tendo sido alvo de suposto acordo verbal entre as partes, de modo que não pode o advogado, por si só, decidir o valor que lhe corresponde. Com esses fundamentos, o Órgão especial, por unanimidade, negou provimento ao recurso ordinário, mantendo a decisão que determinara a imediata devolução dos valores retidos, sob pena de penhora. TST-RO-226400-86.1991.5.17.0001, Órgão Especial, rel. Min. Hugo Carlos Scheuermann, 7.4.2014 (Informativo nº 78)

Honorários advocatícios de sucumbência. Rateio e repasse a empregados advogados. Natureza jurídica indenizatória.

A verba repassada a empregados advogados, decorrente de honorários sucumbenciais pagos em ações de interesse do empregador, possui natureza jurídica indenizatória, não cabendo a sua integração ao salário para fins de reflexos em outras parcelas. No caso concreto, entendeu-se, em consonância com o art. 14 do Regulamento Geral do Estatuto da Advocacia e da OAB, que a quantia, arcada pela parte vencida em litígio e transferida à Associação Nacional dos Advogados da Caixa Econômica Federal – Advocef para rateio entre os advogados empregados da Caixa Econômica Federal – CEF, não detém características essenciais atinentes ao salário, uma vez que, além de não ser paga diretamente pela empregadora em retribuição aos serviços prestados, carece de periodicidade e depende de provimento judicial favorável ou de sucesso em cobranças extrajudiciais. Nesse contexto, a SBDI-I, à unanimidade, conheceu dos embargos interpostos pelo reclamante, por divergência jurisprudencial, e, no mérito, negou-lhes provimento. TST-E-ED-RR230-51.2010.5.02.0021, SBDI-I, rel. Min. Lelio Bentes Corrêa, 18.12.2014 (Informativo nº 98)

Honorários advocatícios. Requisitos. Assistência sindical. Lei nº 5.584/1970. Sindicato com base territorial diversa do local de prestação de serviços. Validade da credencial sindical. Verba devida.

O art. 14 da Lei nº 5.584/1970 prescreve que a assistência judiciária será prestada pelo sindicato da categoria profissional do trabalhador, sem qualquer referência, ainda que vaga, à base territorial. Essa mesma ilação foi seguida na diretriz da Súmula nº 219 do TST. Desse modo, se o autor está assistido por sindicato de sua categoria profissional, tem-se por preenchido o requisito da assistência sindical necessário à concessão de honorários advocatícios, sendo irrelevante o fato de ser de base territorial diversa. Sob esses fundamentos, a SBDI-1, por unanimidade, conheceu dos embargos interpostos pela reclamada, por divergência jurisprudencial, e, no mérito, negou-lhes provimento, mantendo a decisão turmária que julgara preenchidos os requisitos para o deferimento de honorários advocatícios. TST-E-RR-127600-85.2007.5.04.0401, SBDI-I, rel. Ministro Augusto César Leite De Carvalho, 29.10.2015 (Informativo nº 121)

Honorários advocatícios. Contrato celebrado pelo trabalhador diretamente com os advogados do sindicato por indicação da própria entidade de classe. Indeferimento dos honorários assistenciais.

Os honorários assistenciais não são devidos se a parte celebra contrato diretamente com os advogados do sindicato, ainda que por indicação da própria entidade de classe. A contratação particular de serviços de advocacia, com percentual de honorários sobre o eventual valor auferido, é incompatível com o instituto da assistência sindical, ainda que declarada a impossibilidade de a parte litigar sem prejuízo do próprio sustento. Trata-se, portanto, de situação distinta da hipótese prevista na Súmula nº 219 do TST, de modo que os únicos honorários devidos são os contratuais. Sob esse fundamento, a SBDI-I, por maioria, não conheceu do recurso de embargos da reclamante. Vencidos os Ministros Delaíde Miranda Arantes e José Roberto Freire Pimenta. TST-E-RR-216 – 21.2010.5.24.0000, SBDI-I, rel. Min. Augusto César Leite de Carvalho, 22.9.2016 (Informativo nº 145)

Trabalhador portuário avulso. Honorários Advocatícios devidos pela mera sucumbência. Impossibilidade. Equiparação a trabalhador com vínculo empregatício. Aplicação da Súmula nº 219, I, do TST.

O trabalhador portuário avulso, apesar de manter com os tomadores de serviço relação de trabalho e não de emprego, é equiparado ao trabalhador com vínculo empregatício (art. 7º, XXXIV, da CF). Assim, não obstante tratar-se de ação de indenização por danos morais e materiais decorrentes de acidente de trabalho, ajuizada na Justiça do Trabalho após a Emenda Constitucional nº 45/2004, por trabalhador portuário avulso inscrito no Órgão Gestor de Mão de Obra (OGMO), não é possível afastar os requisitos exigidos na Súmula nº 219, I, do TST quanto à condenação ao pagamento de honorários advocatícios. Indevido, portanto, o pagamento da verba honorária por mera sucumbência, conforme disciplinado no art. 5º da Instrução Normativa nº 27/2005 do TST e na parte final do item III da Súmula nº 219 do TST. Sob esses fundamentos, a SBDI-I, pelo voto prevalente da Presidência, decidiu conhecer do recurso de embargos do reclamante, por divergência jurisprudencial, e, no mérito, negar-lhe provimento. Vencidos os Ministros Augusto César Leite de Carvalho, relator, João Oreste Dalazen, Walmir Oliveira da Costa, José Roberto Freire Pimenta, Hugo Carlos Scheuermann e Cláudio Mascarenhas Brandão. TST-E-RR-42200-42.2008.5.17.0002, SBDI-I, rel. Min. Augusto César Leite de Carvalho, red. p/ acórdão Min. Alexandre Agra Belmonte, 26.11.2015. (Informativo nº 125)

Trabalhador portuário avulso. Honorários Advocatícios devidos pela mera sucumbência. Impossibilidade. Equiparação a trabalhador com vínculo empregatício. Aplicação da Súmula nº 219, I, do TST.

O trabalhador portuário avulso, apesar de manter com os tomadores de serviço relação de trabalho e não de emprego, é equiparado ao trabalhador com vínculo empregatício (art. 7º, XXXIV, da CF).

Assim, nas lides envolvendo os trabalhadores avulsos não é possível afastar os requisitos exigidos na Súmula nº 219, I, do TST quanto à condenação ao pagamento de honorários advocatícios, sendo indevido, portanto, o pagamento da verba honorária por mera sucumbência, conforme disciplinado no art. 5º da Instrução Normativa nº 27/2005 do TST e na parte final do item III da Súmula nº 219 do TST. Sob esses fundamentos, a SBDI-I, por unanimidade, conheceu do recurso de embargos, por divergência jurisprudencial, e, no mérito, por maioria, deu-lhe provimento para excluir da condenação os honorários advocatícios. Vencido o Ministro José Roberto Freire Pimenta. TST-E-ED-RR-156800-41.2011.5.17.0012, SBDI-I, rel. Min. Alexandre Agra Belmonte, 23.5.2019 (Informativo nº 196)

Ação cautelar de exibição de documentos. Lide decorrente da relação de emprego. Honorários advocatícios por mera sucumbência. Indevidos. Súmula nº 219, I, do TST.

No caso de ação cautelar de exibição de documentos ajuizada em face de entidade fechada de previdência privada, cuja relação com o reclamante decorre de contrato de emprego firmado com outra empresa, não há a possibilidade de concessão de honorários advocatícios com base na mera sucumbência (Súmula nº 219, III do TST), devendo a parte estar assistida por sindicato da categoria profissional, comprovar a percepção de salário inferior ao dobro do salário mínimo ou encontrar-se em situação econômica que não lhe permita demandar sem prejuízo do próprio sustento ou da respectiva família, conforme exigido pelo item I da Súmula nº 219 do TST. Sob esses fundamentos, a SBDI-I, por unanimidade, conheceu dos embargos interpostos pelo reclamante, e, no mérito, por maioria, negou-lhes provimento, mantendo, portanto, a decisão turmária que excluiu da condenação os honorários advocatícios. Vencidos os Ministros João Oreste Dalazen, Cláudio Mascarenhas Brandão, Brito Pereira e Luiz Philippe Vieira de Mello Filho. TST-E-RR-1317-55.2010.5.05.0022, SBDI-I, rel. Min. Guilherme Augusto Caputo Bastos, 5.10.2017 (Informativo nº 167)

Honorários de sucumbência fixados em sentença transitada em julgado. Posterior celebração e homologação judicial de acordo. Cláusula que limita o pagamento dos honorários advocatícios à modalidade contratual. Acordo assinado pelo advogado reclamante. Aquiescência aos termos do acordo. Honorários sucumbenciais indevidos.

A assinatura do advogado em acordo celebrado e homologado judicialmente entre as partes, no qual se limitou o pagamento dos honorários advocatícios à modalidade contratual, comprova a sua aquiescência quanto à exclusão dos honorários sucumbenciais fixados em sentença transitada em julgado, anterior ao aludido acordo. Com esse entendimento, a SBDI-I, por unanimidade, conheceu do recurso de embargos por divergência jurisprudencial, e, no mérito, por maioria, negou-lhe provimento, vencido o Ministro Augusto César Leite de Carvalho, Relator. TST-E-ED-RR-225340-83.1998.5.07.0010, SBDI-I, rel. Min. Augusto César Leite de Carvalho, red. p/ acórdão Min. Breno Medeiros, 13.2.2020. (Informativo nº 215)

capítulo 11

LITISCONSÓRCIO

1. CONCEITO

A formação mínima do processo, como regra, tem a presença de um autor, um réu e o juiz. Pode acontecer, no entanto, de estarem nos polos da ação mais do que um autor ou um réu. Tem-se aqui o denominado litisconsórcio, que é o fenômeno processual decorrente da existência de dois ou mais sujeitos figurando no polo ativo, passivo, ou em ambos os polos da demanda. Trata-se, pois, de **cumulação subjetiva**.

O objetivo do litisconsórcio consiste em possibilitar economia processual e harmonização dos julgados.

2. CLASSIFICAÇÃO

O litisconsórcio é classificado de quatro formas:

1) Quanto à posição;

2) Quanto à obrigatoriedade;

3) Quanto ao resultado; e

4) Quanto ao momento de formação.

Salienta-se que todas as classificações podem ser conjugadas, ou seja, o litisconsórcio poderá ser, por exemplo, ativo, necessário, unitário e inicial.

2.1. Quanto à posição

O litisconsórcio quanto à posição pode ser:

a) **ativo**, quando tiver mais de um autor. No processo do trabalho, utiliza-se a expressão reclamação plúrima quando temos mais de um reclamante;

b) **passivo**, na hipótese de mais um réu; ou

c) **misto** quando existir mais de um autor e mais de um réu, cumulativamente.

O art. 843 da CLT prevê que nos casos de reclamações plúrimas os empregados podem ser representados em audiência pelo sindicato de sua categoria. Exemplo: 15 empregados da empresa X ajuízam uma única reclamação trabalhista, postulando o pagamento das horas extras. Nessa hipótese, admite o dispositivo que o trabalhador possa ser "representado" pelo sindicato da categoria.

Na realidade, o que acontece nesse caso é a escolha de alguns trabalhadores para representar os demais na audiência, denominada de "comissão de representantes", comparecendo juntamente com o sindicato da categoria. Essa representação é meramente fática, porque o sindicato não poderá transigir, confessar etc.[1]

2.2. Quanto à obrigatoriedade

No que se refere **à obrigatoriedade**, o litisconsórcio é:

- facultativo; ou
- necessário.

Diz-se **litisconsórcio facultativo** quando **for opção das partes formá-lo.**

Por outro lado, o **litisconsórcio necessário é aquele que deve ser formado obrigatoriamente**, independentemente da vontade das partes, seja:

- por imposição legal; ou
- pela própria natureza da relação jurídica controvertida (CPC/2015, art. 114).

O litisconsórcio necessário quando derivado da lei é criado por conveniência do legislador[2]. "Basta que a lei, por questão de conveniência e buscando preservar a harmonização dos julgados e a eficiência, imponha a obrigatoriedade"[3].

2.2.1. Hipóteses legais

A formação do litisconsórcio facultativo, embora decorra de vontade das partes, não é mera discricionariedade, mas deverá observar as hipóteses legais.

Desse modo, a CLT, no seu art. 842, estabelece que:

> "Sendo várias as reclamações e havendo identidade de matéria, poderão ser acumuladas num só processo, se se tratar de empregados da mesma empresa ou estabelecimento."

Observa-se que a CLT elenca dois requisitos para a formação do litisconsórcio:

a) que a reclamação trabalhista seja ajuizada em face da mesma empresa ou estabelecimento; e

b) tenha identidade de matéria.

1. LEITE, Carlos Henrique Bezerra. *Curso de direito processual do trabalho*. 9. ed. São Paulo: LTr, 2011. p. 418.
2. ASSIS, Araken. *Processo civil brasileiro, volume II: parte geral: institutos fundamentais:* tomo 1. São Paulo: Editora Revista dos Tribunais, 2015. p. 245.
3. DIDIER JR., Fredie. *Curso de direito processual: introdução ao direito processual civil, parte geral e processo de conhecimento*, vol. 1. 18. ed. Salvador: Editora Juspodivm, 2016. p. 463.

É o caso, por exemplo, de dois empregados ajuizarem uma reclamação trabalhista em face da mesma empresa cobrando o pagamento do aviso prévio. Previu, portanto, a hipótese de litisconsórcio ativo, inicial, facultativo e simples.

Apesar de a norma exigir "identidade de matéria", identidade de empresa ou estabelecimento e versar apenas sobre o litisconsórcio ativo, a doutrina permite a aplicação da disciplina de litisconsórcio descrita no CPC/15 (arts. 113 a 118), em razão da lacuna ontológica e compatibilidade com o direito processual do trabalho.[4]

Assim, o art. 113 do CPC/15 apresenta maior flexibilidade do que o dispositivo celetista, pois não exige necessariamente a identidade de matéria (o que pode até ocorrer na conexão), viabilizando o litisconsórcio, ativa ou passivamente, desde que:

> I – entre elas houver comunhão de direitos ou de obrigações relativamente à lide;
>
> II – entre as causas houver conexão pelo pedido ou pela causa de pedir;
>
> III – ocorrer afinidade de questões por ponto comum de fato ou de direito.

2.2.1.1. Comunhão de direitos ou de obrigações relativamente à lide

A comunhão de direitos ou de obrigações relativamente à lide ocorre quando "demandantes ou demandados forem titulares do *mesmo* direito ou devedores da mesma *obrigação*".[5] Noutras palavras, quando a pluralidade nasce na própria relação jurídica de direito material.

Essa situação é visualizada, por exemplo, nos casos de responsabilidade solidária, o que ocorre nas reclamações trabalhistas ajuizadas em face de diversas empresas do mesmo grupo econômico.

2.2.1.2. Conexão pelo pedido ou pela causa de pedir

Haverá **conexão** quando duas ou mais ações tiverem em comum o pedido ou a causa de pedir (CPC/2015, art. 55). Nessa hipótese, é possível que:

1) os processos sejam ajuizados separadamente e, em razão da conexão, posteriormente reunidos, a fim de que sejam decididos simultaneamente, exceto nos casos em que um deles já houver sido sentenciado (CPC/2015, art. 55, § 1º);
2) haja apenas um processo em litisconsórcio ativo ou passivo, por força do art. 113, II, do CPC/15.

---

4. Nesse sentido: MOURA, Marcelo. *Consolidação das Leis do Trabalho para concursos*. 8. ed. Salvador: Juspodivm, 2018. p. 1110.
5. CÂMARA, Alexandre Freitas. *O novo processo civil brasileiro*. São Paulo: Atlas, 2015. p. 80.

A nosso juízo, a conexão pelo pedido ou pela causa de pedir a viabilizar a formação do litisconsórcio corresponde ao que a CLT de forma simples denominou de "identidade de matéria" (art. 842).

No processo do trabalho, tem-se como exemplo, o ajuizamento de um único processo por diversos trabalhadores em face de uma empresa postulando indenização por danos morais, em decorrência do rompimento de barragem que atingiu todos os trabalhadores. Do mesmo modo, uma reclamação com vários empregados pleiteando rescisão indireta, porque a empresa não paga salário a mais de 3 meses.

2.2.1.3. Afinidade de questões por ponto comum de fato ou de direito

O CPC/15 prevê que poderá haver litisconsórcio quando houver afinidade de questões por ponto comum de fato ou de direito. Observa-se que o dispositivo não exige que haja a "identidade" das questões, mas mera "afinidade", tendo em vista que a identidade configura conexão de pedido ou causa de pedir.[6]

Trata-se de hipótese de difícil verificação na seara trabalhista[7], até porque amplia o contexto da "identidade de matéria" descrita no art. 842 da CLT.

2.2.2. Litisconsórcio multitudinário

Pode acontecer de termos um número excessivo de litisconsortes facultativos que comprometa o regular andamento do processo ou o exercício do direito de defesa, denominado de **litisconsórcio multitudinário.**

Nesse caso, o juiz poderá limitar o litisconsórcio facultativo quanto ao número de litigantes, desde que este comprometa a rápida solução do litígio ou dificulte a defesa ou o cumprimento da sentença (CPC/2015, art. 113, § 1º). A análise do que vem a ser número excessivo de litisconsortes é feita em cada caso concreto.

A limitação do litisconsórcio multitudinário pode ocorrer na fase de conhecimento, na liquidação de sentença ou na execução.

O requerimento de limitação interrompe o prazo para manifestação ou resposta, que recomeça da intimação da decisão que o solucionar (CPC/2015, art. 113, § 2º).

Havendo a limitação dos litisconsortes, o posicionamento majoritário é o de que o processo não deverá ser extinto sem resolução de mérito para os litisconsortes excedentes, devendo haver a extração de cópia da petição inicial e dos documentos

6. NEVES, Daniel Amorim Assumpção. *Manual de direito processual civil*. 11. ed. Salvador: Juspodivm, 2019. p. 310.
7. Nesse sentido: TEIXEIRA FILHO, Manoel Antonio. *Comentários ao novo Código de Processo Civil sob a perspectiva do processo do trabalho*. São Paulo: LTr, 2015. p. 126.

que a instruírem, criando-se, assim, novos processos. Em razão do princípio do juiz natural, esses processos deverão ser distribuídos por dependência ao mesmo juízo.[8]

2.2.3. *Litisconsórcio necessário ativo*

Discute-se na doutrina se seria possível a existência de **litisconsórcio necessário ativo**, ou seja, impor a existência de duas ou mais partes como autor.

Para parte da doutrina há cabimento desse litisconsórcio, de modo que somente poderá ser iniciada a demanda após a inclusão de todos os litisconsortes no polo ativo da relação processual, sob pena de o processo ser extinto sem resolução do mérito.

Para a outra parte da doutrina e da jurisprudência não se pode exigir que alguém proponha demanda sem sua própria vontade, razão pela qual entende esse segmento que não é admissível o litisconsórcio ativo necessário. Além disso, essa corrente critica a primeira com o fundamento de que, embora o ordenamento resguarde o direito de quem não quer propor uma demanda, acaba por violar o direito de ação, porquanto o que pretende ajuizar a ação estará impossibilitado de fazê-la pela ausência de vontade do outro litisconsorte.

Para solucionar o impasse e resguardar o direito de ambas as partes, a segunda corrente propõe que o sujeito que não quis litigar no polo ativo da relação seja incluído no polo passivo. Isso ocorre porque aquele que resiste a uma pretensão deve ser incluído no polo passivo da relação processual, independentemente do polo que ocupa na relação material.[9] Esse é o entendimento adotado pelo TST na Súmula nº 406, I, do TST, in verbis:

> **Súmula nº 406 do TST.** Ação rescisória. Litisconsórcio. Necessário no pólo passivo e facultativo no ativo. Inexistente quanto aos substituídos pelo sindicato
>
> I – O litisconsórcio, na ação rescisória, é necessário em relação ao pólo passivo da demanda, porque supõe uma comunidade de direitos ou de obrigações que não admite solução díspar para os litisconsortes, em face da indivisibilidade do objeto. Já em relação ao pólo ativo, o litisconsórcio é facultativo, uma vez que a *aglutinação* de autores se faz por conveniência e não pela necessidade decorrente da natureza do litígio, pois não se pode condicionar o exercício do direito individual de um dos litigantes no processo originário à anuência dos demais para retomar a lide.
>
> II – O Sindicato, substituto processual e autor da reclamação trabalhista, em cujos autos fora proferida a decisão rescindenda, possui legitimidade para figurar como réu na ação rescisória, sendo descabida a exigência de citação de todos os empregados substituídos, porquanto inexistente litisconsórcio passivo necessário.

---

8. NEVES, Daniel Amorim Assumpção. *Manual de direito processual civil.* 8. ed. Salvador: Juspodivm, 2016. p. 249.
9. NEVES, Daniel Amorim Assumpção. *Manual de direito processual civil.* 2. ed. Rio de Janeiro: Forense; São Paulo: Método, 2010. p. 180.

Exemplificamos a referida súmula para facilitar a compreensão:

Item I – João propõe reclamação trabalhista alegando que prestou serviços para a empresa X, postulando pagamento das verbas rescisórias e responsabilidade subsidiária do Estado, sendo julgados totalmente procedentes os pedidos. Após 1 ano do trânsito em julgado, a empresa tem interesse de ajuizar ação rescisória, sob o fundamento de impedimento do juiz, mas o Estado não pretende participar do polo ativo da ação. Assim, a empresa ajuíza ação rescisória incluindo, no polo passivo, o empregado João e o Estado. Nesse caso, a empresa buscará demonstrar o impedimento do juiz, devendo a decisão ser uniforme para todas as partes, vez que o juiz é impedido para todos ou para ninguém. Aqui teremos o litisconsórcio passivo, necessário e unitário.

Item II – Sindicato ajuíza ação civil coletiva em face da empresa Z, a fim de tutelar direitos individuais homogêneos dos trabalhadores do setor Y da empresa. Depois do trânsito em julgado, a empresa Z ajuíza ação rescisória, com fundamento na incompetência absoluta do juízo. Nesse caso, no polo passivo da ação rescisória não há necessidade de incluir os trabalhadores substituídos, devendo constar apenas o Sindicato.

2.2.4. *Litisconsórcio necessário na anulação de cláusulas de acordo coletivo e convenção coletiva*

O art. 611-A, § 5º, da CLT, incluído pela Lei nº 13.467/2017, criou uma nova hipótese de litisconsórcio necessário legal, ao exigir que os sindicatos subscritores de convenção coletiva ou do acordo coletivo participem como litisconsortes necessários, em ações individuais ou coletivas, que tenham como objeto a anulação das cláusulas desses instrumentos[10].

Esse dispositivo deve ser analisado sob dois enfoques: ação coletiva e ação individual.

2.2.4.1. *Ação coletiva*

A ação coletiva destinada a anular cláusula de acordo coletivo ou convenção coletiva de trabalho é denominada ação anulatória de cláusulas convencionais, estando prevista no art. 83, IV, da LC nº 75/93, *in verbis*:

Art. 83. Compete ao Ministério Público do Trabalho o exercício das seguintes atribuições junto aos órgãos da Justiça do Trabalho: (...)

IV – propor as ações cabíveis para declaração de nulidade de cláusula de contrato, acordo coletivo ou convenção coletiva que viole as liberdades individuais ou coletivas ou os direitos individuais indisponíveis dos trabalhadores; (...).

---

10. Em relação ao tema, o enunciado nº 108 da 2º Jornada de direito material e processual trabalho: Ação de anulação de cláusula de instrumento coletivo. Entidades sindicais subscritoras. Litisconsórcio necessário. Ônus processual da lide. Artigo 611-A, § 5º da CLT. A exigência legal da participação da entidade sindical como litisconsorte necessário nas ações que tenham como objeto a anulação de cláusulas de instrumento coletivo não obriga as entidades sindicais subscritoras desses instrumentos ao pagamento das custas processuais e honorários advocatícios, quando não derem causa ao processo.

Embora o referido dispositivo seja direcionado à atribuição do Ministério Público do Trabalho, o C. TST entende que ela deve ser estendida, de forma excepcional, aos entes sindicais subscreventes da norma coletiva, "quando demonstrado vício de vontade ou alguma das irregularidades descritas no art. 166 do Código Civil, ou aos sindicatos representantes das categorias econômicas e/ou profissionais, que não subscreveram a norma coletiva, mas que se sintam prejudicados em sua esfera jurídica, em decorrência do instrumento pactuado".[11]

A **legitimidade ativa** da ação anulatória poderá, portanto, ser do Ministério Público do Trabalho ou das entidades sindicais, podendo atuar nesse caso em litisconsórcio facultativo.

No que tange à **legitimidade passiva**, a doutrina já apontava que os legitimados eram as partes signatárias do instrumento com vícios: sindicatos patronais e profissionais nos casos de convenção coletiva de trabalho e sindicato profissional e uma ou mais empresas nos casos de acordo coletivo de trabalho (CLT, art. 611, *caput* e § 1º), exigindo-se, portanto, litisconsórcio passivo necessário.[12] Atente-se para o fato de que, embora o § 5º do art. 611-A da CLT exija a participação apenas dos sindicatos subscritores, no caso de acordo coletivo as empresas subscritoras também devem participar do polo passivo.

É que nessas hipóteses a própria natureza da relação jurídica é incindível, de modo que se exige decisão uniforme. Queremos dizer: nesses casos, o litisconsórcio será necessário e unitário, porque a relação jurídica é indivisível, impondo por isso uma decisão idêntica para todos os litisconsortes.

Como bem descreve o doutrinador Daniel Assumpção Neves, ao tratar do litisconsórcio necessário criado por lei, "a necessidade proveniente em lei não tem nenhuma outra justificativa que não a expressa determinação legal, mas é possível que a exigência legal seja até mesmo inútil, porque em virtude do caso concreto o litisconsórcio seria necessário de qualquer modo"[13].

Nesse particular, portanto, o art. 611-A, § 5º, da CLT apenas reforça o que a doutrina e a jurisprudência já afirmavam, sendo inútil a determinação legal nesse sentido, vez que sendo incindível a relação jurídica, o litisconsórcio já era necessário.

2.2.4.2. Ação individual

A análise da nulidade das cláusulas de instrumentos coletivos também pode ser realizada por meio de ações individuais, cabendo verificá-la sob dois aspectos:

---

11. TST-RO-3434- 13.2011.5.10.0000, SDC, rel. Min. Dora Maria da Costa, 13.4.2015 (Informativo nº 103).

12. MELO, Raimundo Simão de. *Processo Coletivo do Trabalho: dissídio coletivo, ação de cumprimento, ação anulatória*. São Paulo: LTr, 2009. p. 247.

13. NEVES, Daniel Amorim Assumpção. *Novo Código de Processo Civil Comentado*. Salvador: Editora Juspodivm, 2016. p. 182.

1) ação individual com pedido de declaração de nulidade;

2) ação individual com pedido incidental de nulidade.

No primeiro caso, o pedido de declaração de nulidade corresponde ao objeto da demanda. Melhor analisando o tema[14], pensamos que esse pedido não é admitido, sob pena de transformar a ação individual em coletiva, transferindo a legitimidade do ente coletivo para o trabalhador individualmente considerado. Ademais, a ação cabível nesse caso é a ação anulatória de competência funcional dos tribunais, como já estudado no tópico anterior.

O segundo caso (declaração incidental) é o tratado no art. 611-A, § 5º, da CLT.

Como já analisado, o litisconsórcio necessário criado por imposição legal decorre de conveniência do legislador, bastando que "a lei, por questão de conveniência e buscando preservar a harmonização dos julgados e a eficiência, imponha a obrigatoriedade"[15].

Foi o que o legislador fez na hipótese de ação individual com declaração incidental de nulidade de cláusula convencional, impondo a participação dos sindicatos subscritores quando houver discussão de validade da cláusula.

Embora nesse caso o pedido do processo não seja a declaração da nulidade, o que afastaria a formação de coisa julgada em relação aos sindicatos subscritores, o legislador, pautado pela necessidade de harmonizar o julgado para outros processos e para que o sindicato possa se manifestar acerca da validade da cláusula convencional, impôs a formação do litisconsórcio.

Particularmente não concordamos com a opção do legislador. Primeiro, porque não há pedidos na ação individual em face dos sindicatos, afastando a formação de coisa julgada. Segundo porque pode gerar tumulto processual.

De qualquer maneira, sendo opção concedida ao legislador, cumpre-nos observar o litisconsórcio necessário legal instituído para o presente caso.

2.2.5. Vício gerado pela inobservância do litisconsórcio necessário

O art. 115, parágrafo único, do CPC descreve que no "litisconsórcio passivo necessário, o juiz determinará ao autor que requeira a citação de todos que devam ser litisconsortes, dentro do prazo que assinar, sob pena de extinção do processo".

14. Reformulamos nosso entendimento firmado na 1ª Edição da obra. *Manual da Reforma Trabalhista* – Lei nº 13.467/17. O que mudou? Comentários artigo por artigo. Salvador: Editora Juspodivm, p. 561.

15. DIDIER JR., Fredie. *Curso de direito processual: introdução ao direito processual civil, parte geral e processo de conhecimento*, vol. 1. 18. ed. Salvador: Editora Juspodivm, 2016. p. 463.

Trata-se, pois, de inclusão de novos sujeitos passivos na inicial, provocando a retificação do polo passivo. Atente-se que primeiro o juiz deve determinar que o autor indique os novos sujeitos, incluindo-os na inicial. Apenas se não inclui-los é que poderá gerar a extinção do processo sem resolução do mérito.

Pode acontecer de o juiz, no entanto, não determinar que o autor inclua os litisconsortes preteridos, prosseguindo o processo sem os demais sujeitos que deveria integrar obrigatoriamente a relação processual.

Nesse caso, ganha relevância o *caput* do art. 115 do CPC, o qual declina que:

> Art. 115. A sentença de mérito, quando proferida sem a integração do contraditório, será:
>
> I – nula, se a decisão deveria ser uniforme em relação a todos que deveriam ter integrado o processo;
>
> II – ineficaz, nos outros casos, apenas para os que não foram citados.

O primeiro caso versa sobre o litisconsórcio necessário unitário (inciso I), ou seja, quando ele é obrigatório e a decisão deverá ser uniforme para todos os litisconsortes. Nessa hipótese, a sentença será nula e ineficaz, seja para as partes que estão integrando o processo, seja para os litisconsortes preteridos[16]. Desse modo, na hipótese de ação anulatória de cláusula convencional, como a decisão deve ser uniforme para todos os litisconsortes, caso não seja formado o litisconsórcio a decisão será nula.

Já na hipótese de litisconsórcio simples incide o inciso II do art. 115 do CPC/15. Nesse caso, a decisão é válida para aqueles que participaram do processo e ineficaz para os litisconsortes que não integram a relação processual. É o que acontecerá com a ação individual para declaração incidental de nulidade de cláusula convencional, vez que nesse caso o litisconsórcio é simples, já que a decisão poderá ser diferente entre os litisconsortes (p. ex: sentença declara incidentalmente a nulidade de cláusula convencional que transforma a reintegração em mera indenização, determinando que a empresa e não o sindicato reintegre o trabalhador). Assim, caso o sindicato não participe do processo, a decisão será válida para a empresa e para o empregado, sendo ineficaz em relação ao sindicato que poderá discutir a cláusula, se for o caso, em outro processo.

2.2.6. Responsabilidade subsidiária decorrente de terceirização

Na reclamação trabalhista alegando a existência de terceirização, a inclusão do responsável subsidiário é opção do autor (reclamante), tratando-se, pois, de litisconsórcio facultativo.

---

16. ASSIS, Araken. *Processo civil brasileiro, volume II: parte geral: institutos fundamentais:* tomo 1. São Paulo: Editora Revista dos Tribunais, 2015. p. 250.

De todo modo, caso o reclamante pretenda responsabilizar o tomador de serviços, o C. TST impõe duas restrições, inviabilizando:

(a) sua inclusão apenas na fase de execução e;

(b) o ajuizamento de ação autônoma em face do tomador.

A primeira delas consiste na necessidade de que o tomador, **obrigatoriamente**, participe da relação processual e conste do título executivo, para que seus bens possam ser atingidos na execução, como se verifica pela Súmula nº 331, IV, do TST:

> IV – O inadimplemento das obrigações trabalhistas, por parte do empregador, implica a responsabilidade subsidiária do tomador dos serviços quanto àquelas obrigações, desde que haja participado da relação processual e conste também do título executivo judicial.

Por outro lado, caso o trabalhador ajuíze reclamação tão somente em face do tomador dos serviços, o TST entende que não é admitido o ajuizamento de ação autônoma para a responsabilização subsidiária do tomador de serviços.

Noutras palavras, o tomador dos serviços somente será condenado subsidiariamente se estiver presente na ação de conhecimento em que o prestador dos serviços foi condenado.[17]

Esse entendimento do C. TST decorre do fato de que se o responsável subsidiário for incluído apenas na fase de execução, não poderá discutir a dívida trabalhista, mas apenas sua própria responsabilidade, uma vez que, com a condenação, já haverá a formação de coisa julgada. Assim, para que possa discutir tanto a sua responsabilidade como os próprios débitos trabalhistas, como por exemplo, o pagamento das verbas pleiteadas, a inexistência de horas extras etc., deverá participar do contraditório na fase de conhecimento e integrar o título executivo[18].

Nessa hipótese, não deve o magistrado extinguir, imediatamente, o processo sem resolução do mérito, mas deverá aplicar analogicamente o art. 115, parágrafo único, do CPC, determinando que o autor indique o prestador dos serviços (empregador) para integrar a relação processual, sob pena de extinção do processo. Essa interpretação decorre dos princípios da cooperação e da primazia da decisão de mérito.

2.3. Quanto ao resultado

O litisconsórcio quanto ao resultado divide-se em:

---

17. TST-E-RR-9100-62.2006.5.09.0011, SBDI-I, rel. Min. Horácio Raymundo de Senna Pires, 8.3.2012 (Informativo nº 1).

18. Em sentido contrário, entendendo que a defesa do responsável subsidiário se limita à responsabilidade, de modo que é possível sua inclusão apenas na fase executiva: BEBBER, Júlio César. *Processo do Trabalho: temas atuais*. São Paulo: LTr, 2003. p. 181.

- simples; ou
- unitário.

O litisconsórcio será **simples** quando o juiz **puder decidir de modo diverso** para cada um dos litisconsortes. Trata-se de mera possibilidade, nada impedindo que o juiz profira decisão idêntica.

Por outro lado, o **litisconsórcio será unitário** quando, pela natureza da relação jurídica, o juiz estiver **obrigado a decidir o mérito de maneira uniforme** para todos os litisconsortes (CPC/2015, art. 116).

Como já aludido, o litisconsórcio necessário deriva da lei ou da natureza da relação jurídica controvertida.

No primeiro caso, o litisconsórcio necessário pode gerar resultado simples ou unitário. Noutras palavras, o litisconsórcio necessário, quando decorrente da lei, poderá ser também um litisconsórcio simples, desde que a decisão possa ser diferente para cada um dos litisconsortes. É o que ocorre na ação de usucapião em que todos os vizinhos serão citados, mas a decisão não é uniforme para todos.

Na segunda hipótese (natureza da relação jurídica), o litisconsórcio será necessário e unitário, porque a relação jurídica é incindível, isto é, a relação jurídica é indivisível, impondo, por isso, uma decisão idêntica para todos os litisconsortes. Cita-se, como exemplo, a ação anulatória de cláusula de convenção coletiva, em que todos os sindicatos que firmaram a convenção devem participar do processo (necessário), sendo a decisão uniforme para todos (unitária), pois a convenção é válida ou inválida para todos, não podendo ser válida para uns e inválida para outros.

Em resumo, quando o litisconsórcio necessário originar-se da lei, ele poderá ser simples ou unitário, mas, quando for necessário em decorrência da natureza da relação jurídica, ele sempre será unitário.

2.4. Quanto ao momento de formação

No que tange ao momento de formação, o litisconsórcio pode ser:

- inicial; quando já existe no começo da demanda;
- ulterior: quando surge no decorrer da demanda.

No que tange ao litisconsórcio facultativo ativo ulterior a tese majoritária não autoriza sua formação, sob pena de violação o princípio do juiz natural. Seria o caso, por exemplo, de depois de ajuizada determinada reclamação e deferida a tutela antecipada de reintegração, diversos reclamantes adentrassem no processo como litisconsortes, a fim de se valer da tutela antecipada deferida, escolhendo assim o juízo em que tramitaria sua ação.

Desse modo, autoriza-se o litisconsórcio ulterior nas seguintes hipóteses[19]:

a) na intervenção de terceiro, por exemplo, no chamamento ao processo e denunciação da lide;

b) pela sucessão processual, quando o espólio ou os herdeiros sucedem a parte falecida;

c) pela conexão, quando houver a reunião dos processos; e

d) por determinação do juiz, no caso do art. 115, parágrafo único, do CPC/15.[20]

Atenção:

No caso do mandado de segurança o ingresso de litisconsorte ativo não será admitido após o despacho da petição inicial (Lei 12.016/09, art. 10, § 2º).

2.5. Esquema das Classificações dos Litisconsórcios

Quanto à posição	• ativo (mais de um autor) • passivo (mais de um réu) • misto (mais de um autor e de um réu)
Quanto à obrigatoriedade	• facultativo (tem opção de ser formado) • necessário (obrigatoriamente deve ser formado)
Quanto ao resultado	• simples (a decisão pode ser diversa para os litisconsortes) • unitário (a decisão deve ser idêntica para os litisconsortes)
Quanto à formação	• inicial (formado no início da demanda) • ulterior (formado após o início da demanda)

3. DINÂMICA NO LITISCONSÓRCIO

Os litisconsortes serão considerados, em suas relações com a parte adversa, como litigantes distintos (CPC/15, art. 48). Consagra-se, pois, a autonomia entre os litisconsortes.

Contudo, no litisconsórcio unitário, essa autonomia é mitigada, vez que os atos e as omissões de um não prejudicarão os outros, mas os poderão beneficiar (CPC/2015, art. 117).

A *contrario sensu*, no caso do litisconsórcio simples, é possível entender que os atos e omissões de um não prejudicará nem beneficiará os demais, impondo a autonomia plena entre eles. Embora a interpretação literal do art. 117 do CPC/15 nos leve a essa conclusão, essa autonomia não é plena, sofrendo algumas atenuações.

19. Nesse sentido: DONIZETTI, Elpídio. *Curso Didático de Direito Processual Civil.* 20. ed. São Paulo: Atlas, 2017. p. 264.

20. Nos casos de litisconsórcio passivo necessário, o juiz determinará ao autor que requeira a citação de todos que devam ser litisconsortes, dentro do prazo que assinar, sob pena de extinção do processo.

Desse modo, nos próximos tópicos, iremos abordar diversas situações e os efeitos que a prática de ato por apenas um dos litisconsortes gera aos demais.

3.1. Atos de disposição de direitos

Os atos de disposição de direitos podem ser relacionados aos aspectos:

- **Materiais:** como é o caso da renúncia, do reconhecimento jurídico do pedido e da transação; ou
- **Processuais:** podendo citar a renúncia ao direito de recorrer, a desistência do recurso, a desistência da ação, dentre outros.

No litisconsórcio simples, esses atos apenas atingem o litisconsorte que os tiver praticado, não prejudicando nem beneficiando os demais. O ato, portanto, é válido e eficaz, alcançando apenas o litisconsorte que o praticou.

Já no litisconsórcio unitário, como o resultado deverá ser o mesmo para todos os litisconsortes, qualquer ato de disposição de direito material praticado por apenas um litisconsorte, sem a anuência dos demais, será ineficaz. Exige-se, pois, que esses atos sejam praticados por todos os litisconsortes.

No caso dos atos de disposição de direito processual, contudo, em regra, os atos praticados por apenas um dos litisconsortes é considerado eficaz, ainda que não tenha o consentimento dos demais litisconsortes. A exceção ocorre em relação à desistência da ação, que não gerará nenhum efeito se não realizada por todos os litisconsortes.[21]

3.2. Revelia

De acordo com o art. 844, § 4º, I, da CLT (que reproduziu o art. 345, I, do CPC/15), havendo pluralidade de reclamados e algum deles contestar a ação, não haverá a produção dos efeitos da revelia.

No litisconsórcio unitário não há dúvida de que esse dispositivo deve ser aplicado, pois a decisão deverá ser a mesma para todos os integrantes do polo passivo, o que significa que os fatos são comuns.

No tocante ao litisconsórcio simples, contudo, apenas não incidirá o efeito material da revelia quando houver identidade de matéria defensiva, de modo que a contestação apresentada por um dos litisconsortes aproveitará o litisconsorte revel.[22]

21. NEVES, Daniel Amorim Assumpção. *Manual de direito processual civil*. 8. ed. Salvador: Juspodivm, 2016. p. 259.
22. NEVES, Daniel Amorim Assumpção. *Novo Código de Processo Civil Comentado*. Salvador: Juspodivm, 2016. p. 605.

No processo do trabalho, esse dispositivo, tal como já ocorria quando se aplicava o CPC, provocará discussões na hipótese de responsabilidade subsidiária decorrente da terceirização, em que o prestador de serviços é revel, mas o tomador apresenta contestação.

Para uns, a matéria que o tomador pode levantar está exclusivamente ligada à sua responsabilidade, não existindo fatos comuns derivados da relação de emprego. Já para a doutrina e jurisprudência majoritária, o tomador poderá discutir fatos ligados à relação de emprego, tanto que deve obrigatoriamente participar da fase de conhecimento. Em razão disso, os fatos comuns levantados pelo tomador em sua contestação beneficiam o prestador dos serviços.

3.3. Produção de provas

A dinâmica do litisconsórcio na produção da prova foge à regra da autonomia dos litisconsortes, a fim de gerar congruência na decisão a ser proferida no processo, vez que não seria admitido que o mesmo fato, por exemplo, fosse considerado verdadeiro para apenas um dos litisconsortes e não para os demais.

Desse modo, as provas produzidas por quaisquer dos litisconsortes poderão beneficiar como também prejudicar os demais, seja na hipótese de litisconsórcio unitário, seja no litisconsórcio simples.

Isso ocorre, porque, de acordo com o princípio da comunhão das provas, a prova produzida servirá ao convencimento do juiz, de modo que será utilizada a todos os sujeitos processuais, independentemente da parte que a tiver produzido: "Não custa frisar novamente, mas, se a prova não pertence nem ao autor, nem ao réu, e nem mesmo ao juiz, estão incluídos aí também, por consequência óbvia, os litisconsortes".[23]

3.4. Confissão

O art. 391 do CPC/15 estabelece que a confissão atinge apenas o confitente, não prejudicando os demais litisconsortes.

Contudo, a doutrina aponta que o dispositivo não pode excepcionar o princípio da comunhão das provas, sendo a confissão aplicada a todos os litisconsortes, independentemente se unitário ou simples.

Isso porque, o fato será sempre um só, de modo que, sendo a confissão eficaz, ela vinculará todos os participantes do processo.[24] Aliás, a confissão não faz prova

23. NEVES, Daniel Amorim Assumpção. *Novo Código de Processo Civil Comentado*. Salvador: Juspodivm, 2016. p. 262.
24. NEVES, Daniel Amorim Assumpção. *Novo Código de Processo Civil Comentado*. Salvador: Juspodivm, 2016. p. 263.

plena, podendo o juiz não se convencer de sua veracidade, especialmente verificando as demais provas do processo.

Desse modo, se no conjunto probatório o julgador ficar convencido de que os fatos confessados produzirão seus efeitos (são verdadeiros), eles atingirão todos os litisconsortes.

3.5. Prazo para os litisconsortes

No direito processual civil, de acordo com o art. 229 do CPC/15, se os litisconsortes tiverem diferentes procuradores, de escritórios de advocacia distintos, os prazos processuais serão contados em dobro, independentemente de requerimento. Em duas hipóteses, o CPC/15 afastou a dobra dos prazos, como se observa pelo teor dos § § 1º e 2º do art. 229, *in verbis*:

> § 1º Cessa a contagem do prazo em dobro se, havendo apenas 2 (dois) réus, é oferecida defesa por apenas um deles[25].
>
> § 2º Não se aplica o disposto no *caput* aos processos em autos eletrônicos.

No processo do trabalho, o C. TST entende que nesses casos **não** há modificação do prazo processual, devido ao princípio da celeridade e eficácia, inerente a esse ramo processual. Nesse sentido, estabelece a OJ nº 310 da SDI-I do TST:

> **Orientação Jurisprudencial nº 310 da SDI-I do TST.** Litisconsortes. Procuradores distintos. Prazo em dobro. Art. 229, caput e §§ 1º e 2º, do CPC de 2015. Art. 191 do CPC de 1973. Inaplicável ao processo do trabalho
>
> **Inaplicável** ao processo do trabalho a norma contida no art. 229, caput e §§ 1º e 2º, do CPC de 2015 (art. 191 do CPC de 1973), em razão de incompatibilidade com a celeridade que lhe é inerente (grifo nosso).

3.6. Interposição de recurso

O art. 1.005 *caput*, do CPC/15 vaticina que "o recurso interposto por um dos litisconsortes a todos aproveita, salvo se distintos ou opostos os seus interesses".

Interpretando referido artigo em compatibilidade com o art. 117 do CPC/15, a doutrina majoritária entende que ele tem incidência tão somente no litisconsórcio unitário[26].

Como a decisão no **litisconsórcio unitário** não pode ser cindida, a interposição do recurso por um dos litisconsortes se estenderá aos demais se aplicando, assim,

25. Adota a tese do Supremo Tribunal Federal que não aplicava o art. 191 do CPC/73 "quando só um dos litisconsortes haja sucumbido" (Súmula nº 641 do STF).

26. NERY Jr., Nelson; NERY, Rosa Maria de Andrade. Código de processo civil comentado e legislação extravagante. 11. ed. São Paulo: RT, 2010. p. 880.

o art. 1.005 do CPC/15, bem como a parte final do art. 117 do CPC/15 que permite que os atos praticados por um litisconsorte beneficiem os demais.

Já no **litisconsórcio simples** vigorará o princípio da pessoalidade do recurso, segundo o qual o recurso somente favorecerá a parte que recorrer, mantendo-se aqui a primeira parte das diretrizes do art. 117 do CPC/15.

Contudo, na hipótese de solidariedade passiva (por exemplo, grupo econômico), mesmo sendo litisconsórcio simples, "o recurso interposto por um devedor aproveitará aos outros quando as defesas opostas ao credor lhes forem comuns" (CPC/15, art. 1.005, parágrafo único)[27].

3.7. Custas processuais

3.7.1. Reclamação plúrima

Nas ações plúrimas (litisconsórcio ativo), o valor das custas será calculado sobre o valor total (global), considerando-se os juros e as correções monetárias, como se depreende da Súmula nº 36 do TST:

> **Súmula nº 36 do TST.** Custas
> Nas ações plúrimas, as custas incidem sobre o respectivo valor global.

Isso quer dizer que as custas não levarão em conta cada um dos litisconsortes, mas a soma de todos os pedidos ou dos valores concedidos aos reclamantes. Assim, se a reclamação trabalhista plúrima foi ajuizada por 4 reclamantes, tendo cada um deles o direito de receber R$ 5.000,00, as custas serão calculadas sobre o montante total, ou seja, R$ 20.000,00.

Registra-se que, no caso de arquivamento da reclamação em relação a alguns reclamantes, as custas serão arbitradas considerando separadamente cada um dos reclamantes ou a soma dos reclamantes que deram origem ao arquivamento, e não sobre o valor total. Desse modo, se no exemplo anterior 2 reclamantes faltaram à audiência inicial, ensejando o arquivamento da reclamatória, as custas quanto a eles serão calculas com base na soma dos pedidos dos dois reclamantes (CLT, art. 789, II).

3.7.2. Responsabilidade pelo pagamento das custas nas condenações solidária e subsidiária

Na hipótese de condenação solidária ou subsidiária, o recolhimento integral por um dos litisconsortes aproveita aos demais, independentemente de pedido de exclusão da lide[28].

27. MIESSA, Élisson. Manual dos Recursos trabalhistas. 3ª ed. Salvador: Juspodivm, 2018. p. 100.
28. TST-RR 0010112-41.2014.5.06.0391. Terceira Turma. Rel. Min. Mauricio Godinho Delgado. DEJT 1.7.2016; TST-ARR 0219800-68.2009.5.18.0008. Segunda Turma. Rel. Min. José Roberto Freire Pimenta. DEJT 24.6.2016.

Isso ocorre porque a natureza jurídica das custas processuais é tributária, de modo que seu pagamento só pode ser exigido uma única vez, exceto no caso de acréscimo no valor da condenação, hipótese em que o valor deve ser complementado.

De qualquer modo, se parte que efetuou o pagamento se tornar vencedora, incumbe à parte sucumbente ressarci-la no final do processo[29].

3.8. Depósito recursal

3.8.1. Litisconsórcio ativo

Nas ações plúrimas (litisconsórcio ativo) ou na substituição processual, a decisão judicial deverá arbitrar o valor total da condenação, o qual será levado em conta para o atendimento da exigência legal do depósito recursal (TST-IN nº 3, II, "f"). Noutras palavras, o recolhimento do depósito recursal tem como base o valor global da condenação, não havendo separação dos valores devidos para cada reclamante.

Isso de certo modo acaba por desestimular a formação do litisconsórcio ativo, pois o reclamado fará um único depósito recursal limitado ao teto legal.

Exemplo: Reclamação trabalhista com 10 empregados, sendo a condenação no valor de R$ 100.000,00, tendo cada reclamante direito a R$ 10.000,00. O reclamado ao recorrer recolherá de depósito recursal o valor de R$ 9.513,16[30], ou seja, observará o teto legal. Agora, se cada reclamante tivesse ajuizado processos individualizados e houvesse a mesma condenação em todos os processos (R$ 10.000,00 para cada reclamante), a reclamada deveria realizar o recolhimento de R$ R$ 9.513,16 em cada um dos processos, totalizando o montante de R$ 95.131,60 de depósito recursal se somados todos os processos.

3.8.2. Condenação solidária

O C. TST, no item III da Súmula nº 128 do TST, declina que "havendo condenação solidária de duas ou mais empresas, o depósito recursal efetuado por uma delas aproveita as demais, quando a empresa que efetuou o depósito não pleiteia sua exclusão da lide".

Isso ocorre porque, na responsabilidade solidária[31], a dívida é una, vez que o credor poderá exigi-la de qualquer dos devedores. Desse modo, o depósito recursal

29. TST- RR-859-55.2011.5.04.0402, Relatora Ministra: Dora Maria da Costa, 8ª Turma, DEJT de 05.05.2014.

30. Esses valores têm vigência, por um ano, a contar de 01.08.2018. O teto máximo é anualmente revisto com base no INPC, no dia 01 de agosto, sendo publicado no Diário Eletrônico da Justiça do Trabalho por ato do presidente do Tribunal Superior do Trabalho, podendo ser verificado na Instrução Normativa nº 3/93 do TST.

31. Exemplo: grupo econômico.

efetuado por um dos litisconsortes torna eficaz a finalidade da norma (CLT, art. 899, § 1º): garantir a execução.

Contudo, se no recurso um dos litisconsortes pede a exclusão do processo (ex., ilegitimidade de parte), a garantia da execução é imposta a ambos os litisconsortes, pois, se eventualmente for deferida a exclusão daquele que fez o depósito recursal, ser-lhe-á devolvido o depósito, não subsistindo assim a garantia da execução, o que frustraria o objetivo da norma. A propósito, nesse último caso, há interesses conflitantes entre os litisconsortes, devendo ser considerados como litigantes distintos (CPC/15, art. 117).

Pensamos que tal exigência persiste quando se discute a própria responsabilidade solidária, pois, nesse caso, por se tratar de matéria de mérito, não haverá exclusão do litisconsórcio do processo, mas improcedência dos pedidos do autor quanto a um dos litigantes passivo, permitindo também o levantamento do depósito recursal. Assim, havendo discussão da própria responsabilidade solidária, será necessário o depósito recursal por ambos os litisconsortes. O mesmo raciocínio se aplica quando a empresa que efetuou o recolhimento requer a declaração da prescrição total em face dela[32].

Destacamos que, nos casos em que o litisconsorte que realizar o depósito recursal não for o mesmo que pleiteou sua exclusão da lide ou discutiu a própria responsabilidade solidária, seu depósito irá aproveitar o outro litisconsorte que tiver discutido as referidas questões em seu recurso. A ideia é que não se pode permitir que, com o provimento do recurso e consequente alteração da decisão, a execução fique sem garantia. Assim, como o litisconsorte que não pede a exclusão ou discute a própria responsabilidade solidária ficará na execução, ela estará garantida.

3.8.3. Condenação subsidiária

No caso de responsabilidade subsidiária, o C. TST[33] entende que, havendo depósito recursal realizado pela devedora principal, que não pede sua exclusão da lide, o depósito aproveita ao devedor subsidiário[34], seguindo a mesma sistemática da Súmula 128, III, do TST.

No entanto, a recíproca não é verdadeira, ou seja, o depósito realizado pelo devedor subsidiário não aproveita ao devedor principal, que também deverá recolhê-lo.

32. TST-E-ED-RR 0163300-83.2009.5.09.0411. Subseção I Especializada em Dissídios Individuais. Rel. Min. Cláudio Mascarenhas Brandão. DEJT 1.7.2016.

33. TST; AIRR 0004148-30.2013.5.12.0005; Sexta Turma; Rel. Min. Aloysio Corrêa da Veiga; DEJT 26/02/2016; Pág. 1738.

34. TST-RR-2357-89.2011.5.12.0039, Relator Ministro Mauricio Godinho Delgado, Data de Julgamento: 11.9.2013, 3ª Turma, Data de Publicação: DEJT 13.9.2013.

Esse entendimento se justifica, porque o responsável primário pela obrigação é o devedor principal, de modo que, fazendo o recolhimento, a finalidade de garantia prévia da execução não corre o risco de deixar de existir. Por outro lado, como o devedor subsidiário apenas é executado caso haja o descumprimento da obrigação pelo devedor principal, se o depósito é realizado pelo devedor subsidiário, o devedor principal não poderá se beneficiar, vez que ele é o primeiro a ser atingido pela execução e somente no caso de descumprimento que a execução será dirigida ao responsável subsidiário[35].

4. SÚMULAS E ORIENTAÇÕES JURISPRUDENCIAIS DO TST

Súmula nº 406 do TST. Ação rescisória. Litisconsórcio. Necessário no polo passivo e facultativo no ativo. Inexistente quanto aos substituídos pelo sindicato I – O litisconsórcio, na ação rescisória, é necessário em relação ao polo passivo da demanda, porque supõe uma comunidade de direitos ou de obrigações que não admite solução díspar para os litisconsortes, em face da indivisibilidade do objeto. Já em relação ao polo ativo, o litisconsórcio é facultativo, uma vez que a aglutinação de autores se faz por conveniência e não pela necessidade decorrente da natureza do litígio, pois não se pode condicionar o exercício do direito individual de um dos litigantes no processo originário à anuência dos demais para retomar a lide. II – O Sindicato, substituto processual e autor da reclamação trabalhista, em cujos autos fora proferida a decisão rescindenda, possui legitimidade para figurar como réu na ação rescisória, sendo descabida a exigência de citação de todos os empregados substituídos, porquanto inexistente litisconsórcio passivo necessário.
Súmula nº 36 do TST. Custas Nas ações plúrimas, as custas incidem sobre o respectivo valor global.
Orientação Jurisprudencial nº 310 da SDI – I do TST. Litisconsortes. Procuradores distintos. Prazo em dobro. Art. 229, caput e §§ 1º e 2º, do CPC de 2015. Art. 191 do CPC de 1973. Inaplicável ao processo do trabalho Inaplicável ao processo do trabalho a norma contida no art. 229, caput e §§ 1º e 2º, do CPC de 2015 (art. 191 do CPC de 1973), em razão de incompatibilidade com a celeridade que lhe é inerente.

35. TST – RR: 4222120125020471, Relator: Vania Maria da Rocha Abensur, Data de Julgamento: 19/11/2014, 3ª Turma, Data de Publicação: DEJT 21/11/2014.

Capítulo 12

INTERVENÇÃO DE TERCEIROS

1. INTRODUÇÃO

O terceiro na relação processual é encontrado por exclusão, ou seja, aquele que, no momento da intervenção não era parte, é considerado como terceiro.

A intervenção de terceiros tem como fundamento a harmonização dos julgados (evita decisões contraditórias) e o princípio da economia processual, uma vez que afasta a necessidade de instauração de outros processos. Ela pode ser:

1) voluntária (espontânea): quando o ingresso no processo decorre da própria vontade do terceiro, como é o caso da assistência;

2) forçada (provocada ou coacta): quando o ingresso deriva de provocação das partes, como se verifica no chamamento ao processo e na denunciação da lide.

O CPC/2015 define como intervenção de terceiros:

a) a assistência;

b) a denunciação da lide;

c) o chamamento ao processo;

d) o *amicus curiae*; e

e) o incidente de desconsideração da personalidade jurídica.

A CLT, por sua vez, apenas faz referência expressa ao incidente de desconsideração da personalidade jurídica (CLT, art. 855-A), não mencionando as demais hipóteses de intervenção de terceiros. Embora seja omissa, a doutrina não é pacífica acerca da aplicação de todas as modalidades de intervenção de terceiros no processo do trabalho, como será analisado nesse capítulo.

2. PROCEDIMENTOS APLICÁVEIS

2.1. Rito Ordinário

Com a ampliação da competência da Justiça do Trabalho decorrente da Emenda Constitucional nº 45/04, a **doutrina majoritária** passou a admitir a intervenção de terceiros na seara trabalhista, desde que preenchidos os seguintes requisitos:

a) A Justiça do Trabalho tenha competência material para julgar a relação com o terceiro.

b) Não prejudique o regular andamento do processo.

O segundo item (b) confere ao juiz, como diretor do processo, o poder de analisar, em cada caso concreto, os benefícios ou não da intervenção na hipótese, sempre prezando pelos princípios da celeridade e efetividade processual.

Por fim, consigna-se que a **tese minoritária** não admite a intervenção de terceiros no processo do trabalho, sob o fundamento de ser incompatível com a simplicidade e celeridade inerente ao referido processo.

2.2. Rito Sumário e Rito Sumaríssimo

É sabido que, no processo do trabalho, o rito sumário é aquele aplicado às ações cujo valor não supera 2 salários-mínimos, enquanto o rito sumaríssimo tem incidência nas demandas de 2 até 40 salários-mínimos. Em tais procedimentos, os princípios da celeridade e da simplicidade devem imperar.

Nesse contexto, o próprio processo civil veda o cabimento da intervenção de terceiros nas ações submetidas ao Juizado Especial Cível, salvo quanto ao incidente de desconsideração da personalidade jurídica (art. 10 da Lei nº 9.099/95; CPC/2015, art. 1.062).

Desse modo, vem predominando na doutrina a não aplicação da intervenção de terceiros, no processo do trabalho, nos ritos sumário e sumaríssimo, ante a aplicação subsidiária da Lei nº 9.099/95, fazendo-se a ressalva quanto ao incidente de desconsideração da personalidade jurídica, como disposto no art. 1.062 do CPC/2015.

3. ASSISTÊNCIA

A assistência é definida como a intervenção voluntária de um terceiro na relação processual com o objetivo de auxiliar a parte originária (assistido).

A assistência pode ser classificada em assistência simples ou litisconsorcial.

3.1. Assistência simples

A **assistência simples** (adesiva ou comum) é aquela que permite a um terceiro que tenha interesse jurídico auxiliar uma das partes do processo para que ela vença a ação. Nessa modalidade de assistência, o assistente não possui nenhuma relação jurídica com o adversário do assistido, assim como não há disputa no processo de direito do assistente (terceiro).

Dessa forma, nessa hipótese, o direito discutido em juízo não é do assistente, de modo que a parte principal não depende de sua concordância para praticar atos de disposição do direito (CPC/2015, art. 122), ou seja, a parte principal pode isoladamente reconhecer a procedência do pedido, desistir da ação, renunciar ao direito sobre o qual se funda a ação ou transigir sobre direitos controvertidos (CPC/2015, art. 122).

- **Exemplo de assistência simples:** João ajuíza reclamação trabalhista em face da empresa X postulando reintegração no emprego, porque foi dispensado sem justa causa, embora fizesse jus à garantia de emprego, pois tinha preenchido todos os requisitos descritos no acordo coletivo para sua aquisição. A empresa, por sua vez, alega que a cláusula invocada por João não concede o direito à garantia de emprego, mas tão somente uma indenização. Pedro, empregado da empresa X, intervém como assistente de João para defender o fato de que a referida cláusula descreve a garantia de emprego para os obreiros da empresa.

De qualquer modo, depois do trânsito em julgado da causa em que interveio o assistente simples, este não poderá, em processo posterior, discutir a justiça da decisão, salvo se alegar e provar que:

I - pelo estado em que recebeu o processo ou pelas declarações e atos do assistido, foi impedido de produzir provas suscetíveis de influir na sentença;

II - desconhecia a existência de alegações ou de provas das quais o assistido, por dolo ou culpa, não se valeu (CPC/2015, art. 123).

3.2. Assistência litisconsorcial

A **assistência litisconsorcial** (qualificada) é quando o assistente tem uma relação jurídica com o adversário do assistido. Aqui, o terceiro é titular da relação jurídica de direito material discutida no processo[1]. Na modalidade litisconsorcial, o assistente poderia ter integrado um dos polos da relação processual, mas, como não está presente, poderá ingressar como assistente. Dessa forma, como o direito discutido também está ligado ao assistente, o assistido, nesse caso, não pode praticar atos de disposição sem a anuência do assistente, isto é, ao assistente litisconsorcial não se aplica o art. 122 do CPC/2015. Ressalta-se que parte da doutrina iguala essa modalidade de assistência ao litisconsórcio facultativo ulterior, que é a introdução da própria parte no processo após o início da relação processual[2].

- **Exemplo de assistência litisconsorcial:** a empresa de um grupo econômico que não está no polo passivo do processo, embora pudesse integrá-lo, ante a responsabilidade solidária.

1. NEVES, Daniel Amorim Assumpção. *Manual de direito processual civil.* 2. ed. Rio de Janeiro: Forense; São Paulo: Método, 2010. p. 205.
2. NEVES, Daniel Amorim Assumpção. *Manual de direito processual civil.* 2. ed. Rio de Janeiro: Forense; São Paulo: Método, 2010. p. 207.

3.3. Interesse jurídico

A assistência (simples ou litisconsorcial) exige a presença do interesse jurídico (CPC/2015, art. 119) e não meramente econômico ou moral, como descreve a Súmula nº 82 do TST, in verbis:

> **Súmula nº 82 do TST.** Assistência
>
> A intervenção assistencial, simples ou adesiva, só é admissível se demonstrado o interesse jurídico e não o meramente econômico.

Isso significa que há necessidade de um **nexo de prejudicialidade** entre os direitos discutidos e a situação do terceiro, de modo que a decisão judicial poderá repercutir de maneira favorável ou desfavorável na esfera jurídica do terceiro. No exemplo do assistente simples, anteriormente citado, percebe-se que Pedro tem interesse jurídico, porque poderá ser beneficiado reflexamente pela decisão favorável a João, vez que a ele também se aplica a cláusula do acordo coletivo. Haveria interesse meramente econômico se, por exemplo, João tivesse uma dívida pessoal com Carlos e este buscasse assistir aquele na reclamação trabalhista, pois, se João vencesse a demanda, pagaria sua dívida. Nesse último caso, não seria admitida a assistência.

Embora a Súmula nº 82 do TST faça referência apenas à assistência simples, na assistência litisconsorcial também **é exigível o interesse jurídico**, mas nessa modalidade a intensidade do interesse é muito maior, sendo mais fácil sua comprovação. Nesse sentido, leciona Manoel Antônio Teixeira Filho:

> É diversa, entrementes, a **intensidade** com que o interesse jurídico se manifesta na assistência **simples** e na **litisconsorcial**: naquela, o interesse é diáfano, rarefeito, e, por isso, de difícil constatação, muitas vezes; nesta, contudo, ele se apresenta, quase sempre, denso, concreto, e, em virtude disso, facilmente perceptível. Sucede que, enquanto na assistência **simples** o terceiro tem uma relação jurídica apenas **conexa** com o direito controvertido no processo, ou dele dependa, na **litisconsorcial** ele é um dos **titulares** do direito material litigioso, sendo suficiente, portanto, que faça prova dessa qualidade para ser admitido ao intervir na causa[3]. (Grifos no original)[4]

Atenção:

A regra de demonstração do **interesse jurídico não se aplica às pessoas jurídicas de direito público no âmbito federal**, bastando nesse caso a presença do mero interesse econômico, revelado por meio da possibilidade de risco patrimonial, conforme estabelece o art. 5º, parágrafo único, da Lei nº 9.469/97[4].

3. TEIXEIRA FILHO, Manoel Antônio. *Curso de direito processual do trabalho*. São Paulo: LTr, 2009. v. 1, p. 300.
4. Art. 5º: "A União poderá intervir nas causas em que figurarem, como autoras ou rés, autarquias, fundações públicas, sociedades de economia mista e empresas públicas federais. Parágrafo único. As pessoas jurídicas de direito público poderão, nas causas cuja decisão possa ter reflexos, ainda que indiretos, de natureza econômica, intervir, independentemente da demonstração de interesse jurídico, para esclarecer questões de fato e de direito, podendo juntar documentos e memoriais reputados úteis ao exame da matéria e, se for o caso, recorrer, hipótese em que, para fins de deslocamento de competência, serão consideradas partes".

3.4. Cabimento

A assistência tem cabimento em qualquer espécie de procedimento e em todos os graus da jurisdição, mas o assistente recebe o processo no estado em que se encontra (CPC/2015, art. 119, parágrafo único).

Não havendo impugnação dentro de 15 dias, o pedido do assistente será deferido, salvo se for o caso de rejeição liminar (CPC/2015, art. 120, caput). Se qualquer das partes alegar, no entanto, que falece ao assistente interesse jurídico para intervir a bem do assistido, o juiz decidirá o incidente sem suspensão do processo.

Por fim, consigna-se que há divergência acerca do cabimento dessa modalidade de intervenção de terceiros no rito sumaríssimo. Para fração da doutrina, há silêncio nos dispositivos da CLT que regulamentam o rito sumaríssimo, submetendo-se dessa forma à regra do art. 769 da CLT, que determina a aplicação subsidiária do CPC[5]. Assim, considerando a exclusão do rito sumário com o CPC/2015, deve ser aplicado o art. 119, parágrafo único, do CPC/2015 que admite a assistência em qualquer procedimento, devendo incidir igualmente no rito sumaríssimo do processo trabalhista. Para a outra parte, que pensamos estar a razão, a assistência é inadmissível no rito sumaríssimo, uma vez que viola o princípio da celeridade, bem como porque esse rito segue as mesmas diretrizes dos Juizados Especiais Cíveis, no qual não se permite nenhuma modalidade de intervenção (art. 10 da Lei nº 9.099/95)[6].

4. DENUNCIAÇÃO DA LIDE

A denunciação da lide é modalidade de intervenção de terceiros provocada (coacta), podendo ser requerida **tanto pelo autor quanto pelo réu**.

Nos termos do art. 125 do CPC/2015, é admissível a denunciação da lide:

> I – ao alienante imediato, no processo relativo à coisa cujo domínio foi transferido ao denunciante, a fim de que possa exercer os direitos que da evicção lhe resultam;
>
> II – àquele que estiver obrigado, por lei ou pelo contrato, a indenizar, em ação regressiva, o prejuízo de quem for vencido no processo.

No processo do trabalho, aqueles que admitem a denunciação da lide limitam sua aplicação ao item II.

A **denunciação da lide é facultativa**, já que quando for indeferida, deixar de ser promovida ou não for permitida, o direito regressivo será exercido por ação autônoma

5. CHAVES, Luciano Athayde organizador. *Curso de processo do trabalho.* São Paulo: LTr, 2009. p. 469-470.

6. SCHIAVI, Mauro. Manual de direito processual do trabalho. 9. ed. São Paulo: LTr, 2015. p. 419. SILVA, José Antônio Ribeiro de Oliveira. Questões relevantes do procedimento sumaríssimo: 100 perguntas e respostas. São Paulo: LTr, 2000. p. 61.

(CPC/2015, art. 125, § 1º). Noutras palavras, se a parte não utilizá-la não perde o direito material de regresso, o qual poderá ser exercido por ação autônoma.

A denunciação é **exclusiva da fase de conhecimento**, não sendo utilizada na execução.

O momento da denunciação da lide decorre de quem a requereu, como se verifica a seguir:

a) requerida pelo autor: a citação do denunciado será requerida na petição inicial;

b) requerida pelo réu: a citação do denunciado será requerida na contestação.

Quando a denunciação da lide for realizada pelo autor, o denunciado poderá assumir a posição de litisconsorte do denunciante e acrescentar novos argumentos à petição inicial, procedendo-se em seguida à citação do réu (CPC/2015, art. 127).

Por outro lado, decorrendo a denunciação do réu, o denunciado poderá adotar os seguintes comportamentos:

1) Aceitar e contestar o pedido. Nesse caso, o processo prosseguirá tendo, na ação principal, em litisconsórcio, denunciante e denunciado.

2) Ser revel. Aqui, o denunciante poderá deixar de prosseguir com sua defesa, eventualmente oferecida, e abster-se de recorrer, restringindo sua atuação à ação regressiva.

3) Confessar os fatos alegados pelo autor na ação principal. Nessa hipótese, poderá o denunciante prosseguir na defesa ou, aderindo a tal reconhecimento, pedir apenas a procedência da ação de regresso.

Consigna-se que a denunciação da lide tem como objetivo solucionar, em um único processo, o direito de regresso. Nesse caso, temos um processo e duas ações. Uma ação principal entre autor e réu, e outra eventual entre denunciante e denunciado. Diz-se eventual, porque ela somente será julgada se o denunciante for sucumbente (vencido), total ou parcialmente, na ação principal.

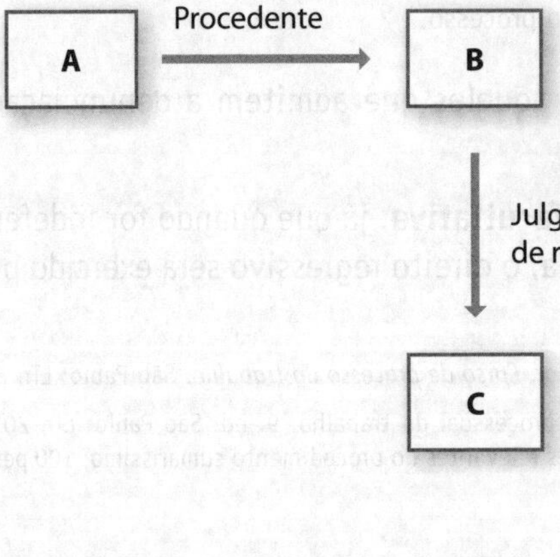

Desse modo, se o denunciante for vencido na ação principal, o juiz passará ao julgamento da denunciação da lide. Nesse caso, pode o autor da ação principal requerer o cumprimento da sentença também contra o denunciado, nos limites da condenação deste na ação regressiva (CPC/2015, art. 128, parágrafo único).

Por outro lado, se o denunciante for vencedor, a ação de denunciação não terá o seu pedido examinado, sem prejuízo da condenação do denunciante ao pagamento das verbas de sucumbência em favor do denunciado (CPC/2015, art. 129).

4.1. Denunciação Sucessiva

O art. 125, § 2º, do CPC/2015 admite a denunciação sucessiva, consistente na possibilidade de o denunciado da demanda originária denunciar um terceiro. Contudo, o referido dispositivo, com o objetivo de preservar o princípio da celeridade e efetividade processual, permite que haja somente **uma única denunciação sucessiva.**

5. CHAMAMENTO AO PROCESSO

O chamamento ao processo é modalidade de intervenção de terceiros provocada, consistente na faculdade de chamar a juízo os coobrigados para que sejam abrangidos pela sentença. Nesse caso, provoca-se a inserção dos chamados ao polo passivo, criando um litisconsórcio passivo ulterior.

Atenta-se para o fato de que, no chamamento, **apenas o réu poderá requerê-la.** Além disso, aquele que foi chamado não poderá recusar a sua inserção no processo, podendo, por outro lado, fazer o chamamento sucessivo.

É admitido o chamamento ao processo:

I – do afiançado, na ação em que o fiador for réu;

II – dos demais fiadores, na ação proposta contra um ou alguns deles;

III – dos demais devedores solidários, quando o credor exigir de um ou de alguns o pagamento da dívida comum (CPC/2015, art. 130).

O réu deverá requerer a citação do chamado na contestação e a citação deverá ocorrer no prazo de 30 dias, sob pena de o chamamento ficar sem efeito. Caso o chamado resida em outra comarca, seção ou subseção judiciárias, ou em local incerto, o prazo será de 2 meses (CPC/2015, art. 131).

O chamamento ao processo tem como objetivo declarar a responsabilidade dos demais obrigados para com o autor, além de criar um título executivo contra os demais devedores em favor daquele que satisfizer a dívida.

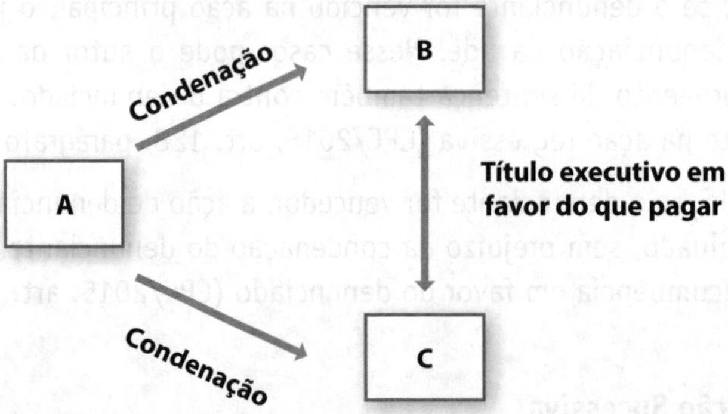

Portanto, a sentença de procedência, condenando os devedores, valerá como título executivo, em favor do réu que satisfizer a dívida, a fim de que possa exigi-la, por inteiro, do devedor principal, ou de cada um dos codevedores a sua quota, na proporção que lhes tocar (CPC/2015, art. 132).

- **Exemplo no processo do trabalho:** empregado ajuíza reclamação trabalhista em face de uma empresa do grupo econômico, e esta chama ao processo as demais empresas do grupo.

6. CHAMAMENTO À AUTORIA NO FATO DO PRÍNCIPE

O art. 486 da CLT trata de situação de difícil ocorrência denominada *factum principis* (fato do príncipe).[7]

Fato do príncipe é uma modalidade de força maior, tendo como finalidade impor à Fazenda Pública o pagamento de indenização ao trabalhador pela rescisão do contrato, em decorrência da expedição de lei ou ato administrativo que impeça a continuação, temporária ou definitiva, da prestação dos serviços.

Exige-se para sua caracterização a presença cumulativa dos seguintes requisitos:

- impossibilidade de continuação temporária ou definitiva da prestação dos serviços;

7. Art. 486 – No caso de paralisação temporária ou definitiva do trabalho, motivada por ato de autoridade municipal, estadual ou federal, ou pela promulgação de lei ou resolução que impossibilite a continuação da atividade, prevalecerá o pagamento da indenização, que ficará a cargo do governo responsável.
§ 1º – Sempre que o empregador invocar em sua defesa o preceito do presente artigo, o tribunal do trabalho competente notificará a pessoa de direito público apontada como responsável pela paralisação do trabalho, para que, no prazo de 30 (trinta) dias, alegue o que entender devido, passando a figurar no processo como chamada à autoria.
§ 2º – Sempre que a parte interessada, firmada em documento hábil, invocar defesa baseada na disposição deste artigo e indicar qual o juiz competente, será ouvida a parte contrária, para, dentro de 3 (três) dias, falar sobre essa alegação.
§ 3º – Verificada qual a autoridade responsável, a Junta de Conciliação ou Juiz dar-se-á por incompetente, remetendo os autos ao Juiz Privativo da Fazenda, perante o qual correrá o feito nos termos previstos no processo comum.

- lei ou ato administrativo praticado pela autoridade competente;
- não concorrência do empregador para a prática do ato.

Exemplo: desapropriação de imóvel rural, com trabalhadores rurícolas, para fins de reforma agrária.[8]

Nesses casos, cria-se uma responsabilidade para a Fazenda Pública. Ela ficará responsável pelo pagamento da indenização descrita no art. 479 da CLT, pelo aviso prévio e a multa de 40% sobre os depósitos do FGTS (ou de 20% se for o caso de força maior, nos termos do art. 18, § 2º, da Lei nº 8.036/90). Cabe consignar que, para parte da doutrina e da jurisprudência, a qual nos parece correta, o fato do príncipe gera no contrato por prazo indeterminado a responsabilidade do ente público apenas quanto ao pagamento da multa do FGTS, aplicando-se a mesma ideologia da rescisão por força maior.[9]

A responsabilidade não alcança, porém, as demais verbas discutidas em juízo.

Importante registrar que parte da jurisprudência acredita que o instituto não possui aplicação prática, tendo em vista que, se o ato da autoridade for motivado por comportamento ilícito ou irregular da empresa, a culpa e as sanções atribuídas serão de sua responsabilidade. Nos casos em que a empresa tiver sido regular, entende-se que a cessação da atividade faz parte do risco empresarial, isentando-se o Poder Público.[10] Além disso, em geral também se afasta a responsabilidade da Administração Pública, em razão da duração desse tipo de processo.[11]

6.1. Procedimento

Ajuizada reclamação trabalhista para o pagamento dos haveres trabalhistas, o empregador, em sua defesa, poderá invocar tal fato, desde que esteja embasada em prova documental hábil.

8. AIRR nº 1764-44.2013.5.03.0038, 2ª Turma do TST, Rel. Maria Helena Mallmann. j. 20.09.2017, Publ. 29.09.2017 e RO nº 0001767-96.2013.5.03.0038, Turma Recursal de Juiz de Fora do TRT da 3ª Região/MG, Rel. Convocado Manoel Barbosa da Silva. Publ. 02.10.2014.
9. AIRR-208-28.2014.5.15.0041, 8ª Turma, Relator Ministro Márcio Eurico Vitral Amaro, DEJT 26/08/2016.
10. "(...) a prática jurisprudencial raramente tem acolhido essa modalidade de ruptura do contrato, uma vez que considera as modificações e medidas legais e administrativas do Estado, que possam afetar a empresa, mesmo gravemente, como parte inerente do risco empresarial. Em consequência, não configuram *factum principis* ocorrências como, maxidesvalorizações cambiais, implementação de planos econômicos oficiais, mudanças governamentais nas regras relativas a preços, tarifas, mercado, etc. Também não seria factum principis, de maneira geral, em princípio, o fechamento do estabelecimento por ato da autoridade administrativa sanitária, no exercício de sua atribuição fiscalizadora; menos ainda, o fechamento por decisão judicial (despejo, por exemplo)" (DELGADO, Maurício Godinho. Curso de direito do trabalho. 16. ed. São Paulo: LTr, 2017, p. 1293).
11. CARRION, Valentin apud RO nº 00008841520125020491 (20130444841), 14ª Turma do TRT da 2ª Região/SP, Rel. Francisco Ferreira Jorge Neto. DOe 10.05.2013.

Ato contínuo, o autor será ouvido em 3 dias para manifestar-se sobre a alegação e, em seguida, a pessoa jurídica apontada como responsável pela paralisação será notificada para que, "no prazo de 30 (trinta) dias, alegue o que entender devido, passando a figurar no processo como chamada à autoria" (CLT, art. 486, § 1º).

Não sendo demonstrada a alegação, o juiz rejeitará a participação do ente público. Tal decisão tem natureza de decisão interlocutória, sendo, portanto, irrecorrível imediatamente (CLT, art. 893, § 1º).

Por outro lado, comprovada a existência do fato príncipe, de acordo com o § 3º do art. 486 da CLT, o juiz do Trabalho deveria se declarar incompetente, encaminhando-se os autos à Justiça Comum (estadual ou federal, conforme a natureza do ente público) para julgamento da indenização, que ficará a cargo da Fazenda Pública. Essa decisão, embora seja interlocutória, por finalizar o processo na Justiça do Trabalho, é recorrível de imediato (CLT, art. 799 § 2º).

Não se pode deixar de dizer que, em regra, o empregado não postula apenas a multa do art. 479 da CLT ou de 40% do FGTS, cumulando-o com outros pedidos. Nesse caso, caso fosse aplicado o referido § 3º, o juiz extinguiria o processo sem resolução do mérito quanto à referida multa, por incompetência, prosseguindo-se no julgamento dos demais pedidos. Nessa hipótese, o empregado poderia ajuizar, na Justiça Comum, ação postulando a indenização em face do ente público.

No entanto, a limitação imposta por este dispositivo é anterior à ampliação da competência da Justiça do Trabalho promovida pela EC nº 45/04, a qual não recepcionou o referido § 3º, razão pela qual o processo será mantido na Justiça do Trabalho, incluindo-se o ente público responsável, pois a demanda decorre de discussão ligada à relação de trabalho.[12]

6.2. Natureza jurídica

Instala-se divergência na doutrina acerca da natureza jurídica dessa modalidade de intervenção.

Para uns, é espécie de denunciação da lide, enquanto alguns afirmam se tratar de chamamento ao processo. Para outros, aos quais pensamos estar a razão, é uma hipótese *sui generis* (atípica) de intervenção de terceiros no processo do trabalho, vez que a Administração poderá ser condenada de forma direta e isolada com a exclusão do ex-empregador, o que afasta sua identidade com a denunciação da lide, que exige a condenação do denunciante com direito de regresso em face

12. RR-594124-81.1999.5.06.5555 Data de julgamento: 05/08/2009, Relator Ministro: Renato de Lacerda Paiva, 2ª Turma, Data de Publicação: DEJT 27/11/2009.

do denunciado[13]. Além disso, não é caso de chamamento ao processo, porque não existe responsabilidade entre o empregador e o ente público, afastando a criação de título executivo em favor de quem pagar a dívida.

6.3. Coronavírus e fato do príncipe

Devido à declaração de pandemia do coronavírus (Covid-19) pela Organização Mundial da Saúde (OMS) em 11 de março de 2020 e diante da possibilidade da adoção de medidas de isolamento e quarentena pela Lei nº 13.979/2020 (art. 3º), em alguns Estados e Municípios da Federação foram editados decretos que restringiram determinadas atividades econômicas para evitar a possível contaminação ou propagação do vírus, com exceção de atividades essenciais (como estabelecimentos de saúde, alimentação, abastecimento, segurança, dentre outras).

As restrições no desempenho de diversos setores econômicos gerou indagações se os decretos municipais/estaduais poderiam ser considerados como fato do príncipe e acarretarem, por consequência, a aplicação do art. 486 da CLT. Se afirmativa a resposta, poderia haver a responsabilização do estado e município ao pagamento da indenização do art. 479 da CLT, aviso prévio e da multa de 40% do FGTS, como anunciado nos tópicos anteriores.

Parcela da doutrina defende que a análise do fato do príncipe exige a verificação da natureza do ato administrativo, se discricionário ou vinculado. Assim, para alguns, no momento da pandemia, a administração pública teria agido de forma discricionária, o que provocou a paralisação de atividades lícitas, sem que os empregadores tenham dado causa a esse fechamento, ensejando a aplicação de fato do príncipe. Para outros, o ente público pratica ato vinculado, porque não teve opção em determinar o fechamento dos estabelecimentos, tornando inaplicável o fato do príncipe.

Acreditamos, contudo, que nesse caso, sem precedentes na história recente do país, deve prevalecer a proporcionalidade/razoabilidade na análise dos respectivos decretos estaduais e municipais. Assim, deve se questionar se a quarentena, ou seja, a restrição de diversas atividades econômicas representou medida razoável no contexto de disseminação e na tentativa de controle do coronavírus.

É inegável que essas medidas geraram grande impacto econômico para diversos setores econômicos, principalmente aqueles que tiveram suas atividades totalmente paralisadas, ou seja, que não conseguiram exercer suas atividades de outras formas. Isso porque, para a caracterização do fato do príncipe, tem-se como principal

13. Temos que reconhecer que o art. 128, parágrafo único, do CPC autorizou o cumprimento da sentença diretamente em face do denunciado, nos limites da sua condenação, o que de certo modo acabou aproximando o fato do príncipe da denunciação da lide.

pressuposto, que a atividade empresarial seja absolutamente afetada, ou seja, que haja impossibilidade absoluta de continuação do trabalho.[14]

No entanto, tratou-se de hipótese de inevitável atuação da administração pública, ou seja, as medidas foram tomadas de forma urgente em um lapso temporal mínimo[15], inclusive diante das incertezas científicas ainda existentes acerca das formas de transmissão e tratamento da doença, bem como das próprias formas de prevenção da COVID-19.

Ademais, essas medidas de restrição foram recomendadas pela própria OMS, organização da qual o país faz parte, como forma de contenção do coronavírus evitando, assim, a sobrecarga do sistema de saúde, bem como o número de infectados e de vítimas. Trata-se, portanto, da aplicação do princípio da precaução, pois a administração pública agiu com base nas recomendações das autoridades científicas e de saúde disponíveis até o momento.[16]

As medidas de isolamento e quarentena atingiram não apenas os estabelecimentos prestadores de serviços não essenciais, mas também serviços prestados pela própria Administração Pública, buscando resguardar o interesse de toda a população.

Aliás, cabe questionar se a paralisação do trabalho foi mesmo provocada pela Administração Pública ou pela própria pandemia que, inevitavelmente, causaria prejuízos econômicos, ainda que não tomada nenhuma medida administrativa, pelo grande número de infectados.

Dessa forma, se aplicada a teoria do fato do príncipe, os Estados e Municípios, com medo de eventual responsabilização e, consequentemente, de grandes prejuízos orçamentários, poderiam desrespeitar as medidas recomendadas pela OMS e já aplicadas em outros países. Nesse caso, o que se percebe é que houve preponderância do interesse público sobre o particular, privilegiando-se os cuidados de saúde da população em geral. Não houve, portanto, a intenção da Administração Pública de causar prejuízo a determinado grupo de empregadores, mas sim de priorizar a saúde de toda a sociedade.

14. Há discussão doutrinária acerca da impossibilidade da continuação da atividade. Para parte da doutrina, deve ser considerada a impossibilidade jurídica, ou seja, se houve objetivamente o fechamento da empresa pelo ato administrativo. Outra parcela, entretanto, defende que o dispositivo abrange não apenas a impossibilidade jurídica, mas também a mera impossibilidade econômica de continuação. Assim, abarcaria aqueles empresários que, por não possuírem reservas financeiras para situações excepcionais, tiveram que fechar seus estabelecimentos, devido à quarentena temporária imposta pela administração. SOUZA JÚNIOR, Antonio Umberto de; GASPAR, Danilo Gonçalves; COELHO, Fabiano; MIZIARA, Raphael. *Medida provisória 927/2020: comentada artigo por artigo*. São Paulo: Revista dos Tribunais. 2020. p. 36-38.

15. FRANCO FILHO, Geogenor de Sousa; MARANHÃO, Ney. *COVID-19: força maior e fato do príncipe*. Mar. 2020. p. 9.

16. FRANCO FILHO, Geogenor de Sousa; MARANHÃO, Ney. *COVID-19: força maior e fato do príncipe*. Mar. 2020. p. 9.

Seguindo esse mesmo entendimento, o art. 29 da Lei nº 14.020/20 exclui, de forma expressa, a aplicação da teoria do fato do príncipe no período de enfretamento da pandemia do coronavírus:

> Art. 29. Não se aplica o disposto no art. 486 da CLT, aprovada pelo Decreto-Lei nº 5.452, de 1º de maio de 1943, na hipótese de paralisação ou suspensão de atividades empresariais determinada por ato de autoridade municipal, estadual ou federal para o enfrentamento do estado de calamidade pública reconhecido pelo Decreto Legislativo nº 6, de 20 de março de 2020, e da emergência de saúde pública de importância internacional decorrente do coronavírus, de que trata a Lei nº 13.979, de 6 de fevereiro de 2020.

Desse modo, a suspensão ou paralisação das atividades empresariais determinadas pela Administração Pública no contexto de enfrentamento da pandemia causada pelo coronavírus não ensejará, por expressa previsão legal, a responsabilização de municípios, estados ou União pela aplicação da teoria do fato do príncipe.

7. INCIDENTE DE DESCONSIDERAÇÃO DA PERSONALIDADE JURÍDICA

Apesar de a pessoa jurídica não se confundir com a figura de seu sócio, este tem responsabilidade secundária, ou seja, seu patrimônio poderá ser atingido para arcar com o pagamento da dívida da pessoa jurídica. Trata-se da chamada desconsideração da personalidade jurídica.

Nesse caso, levanta-se o "véu" da pessoa jurídica para adentrar no patrimônio do sócio, sem que com isso se retire a personalidade jurídica da sociedade. É por isso que se fala em desconsideração da personalidade jurídica e não em despersonalização.

Existem duas teorias sobre os requisitos para a desconsideração da personalidade jurídica:

1) **teoria objetiva (teoria menor)**: para que o sócio seja atingido, basta a constatação de que a pessoa jurídica não possui bens suficientes para o pagamento da dívida (CDC, art. 28, § 5º).

2) **teoria subjetiva (teoria maior)**: o sócio responderá quando preenchidos dois pressupostos: a) os bens da pessoa jurídica sejam insuficientes para o pagamento da dívida; b) haja comprovação de fraude ou de abuso de direito, caracterizado pelo desvio de finalidade ou pela confusão patrimonial (CC/02, art. 50).

No processo do trabalho, tem prevalecido a aplicação da teoria objetiva, em razão da hipossuficiência do trabalhador, da dificuldade de demonstração de fraude e do abuso de direito dos sócios, bem como do caráter alimentar das verbas postuladas em juízo.

O CPC/2015 passou a disciplinar o incidente de desconsideração da personalidade jurídica em seu capítulo referente à intervenção de terceiros, estabelecendo um procedimento para que seja realizada, como se verifica pelos arts. 133 a 137, transcritos a seguir:

> **Art. 133.** O incidente de desconsideração da personalidade jurídica será instaurado a pedido da parte ou do Ministério Público, quando lhe couber intervir no processo.
>
> § 1º. O pedido de desconsideração da personalidade jurídica observará os pressupostos previstos em lei.
>
> § 2º. Aplica-se o disposto neste Capítulo à hipótese de desconsideração inversa da personalidade jurídica.
>
> **Art. 134.** O incidente de desconsideração é cabível em todas as fases do processo de conhecimento, no cumprimento de sentença e na execução fundada em título executivo extrajudicial.
>
> § 1º. A instauração do incidente será imediatamente comunicada ao distribuidor para as anotações devidas.
>
> § 2º. Dispensa-se a instauração do incidente se a desconsideração da personalidade jurídica for requerida na petição inicial, hipótese em que será citado o sócio ou a pessoa jurídica.
>
> § 3º. A instauração do incidente suspenderá o processo, salvo na hipótese do § 2º.
>
> § 4º. O requerimento deve demonstrar o preenchimento dos pressupostos legais específicos para desconsideração da personalidade jurídica.
>
> **Art. 135.** Instaurado o incidente, o sócio ou a pessoa jurídica será citado para manifestar-se e requerer as provas cabíveis no prazo de 15 (quinze) dias.
>
> **Art. 136.** Concluída a instrução, se necessária, o incidente será resolvido por decisão interlocutória.
>
> Parágrafo único. Se a decisão for proferida pelo relator, cabe agravo interno.
>
> **Art. 137.** Acolhido o pedido de desconsideração, a alienação ou a oneração de bens, havida em fraude de execução, será ineficaz em relação ao requerente.

Com o advento da Lei nº 13.467/17, o incidente de desconsideração da personalidade jurídica vem tratado expressamente no art. 855-A da CLT, in verbis:

> **Art. 855-A.** Aplica-se ao processo do trabalho o incidente de desconsideração da personalidade jurídica previsto nos arts. 133 a 137 da Lei no 13.105, de 16 de março de 2015 – Código de Processo Civil.
>
> § 1º Da decisão interlocutória que acolher ou rejeitar o incidente:
>
> I – na fase de cognição, não cabe recurso de imediato, na forma do § 1º do art. 893 desta Consolidação;
>
> II – na fase de execução, cabe agravo de petição, independentemente de garantia do juízo;
>
> III – cabe agravo interno se proferida pelo relator em incidente instaurado originariamente no tribunal.
>
> § 2º A instauração do incidente suspenderá o processo, sem prejuízo de concessão da tutela de urgência de natureza cautelar de que trata o art. 301 da Lei no 13.105, de 16 de março de 2015 (Código de Processo Civil).

De qualquer maneira, o art. 855-A da CLT não autoriza a aplicação genérica e integral do procedimento previsto no CPC/15, vez que, sendo o direito processual do trabalho ramo autônomo, a introdução de normas do procedimento comum devem ser temperadas, a fim de manter sua identidade (CLT, art. 769; CPC/2015, art. 15; TST-IN nº 39/29016, art. 1º), como se verificará nos tópicos posteriores.

7.1. Teoria inversa da desconsideração da personalidade jurídica

Como regra, a desconsideração da personalidade jurídica é utilizada para atingir o patrimônio do sócio pelas dívidas contraídas pela pessoa jurídica.

No entanto, o art. 133, § 2º, do CPC/2015, acolhendo o entendimento doutrinário, admite expressamente a **teoria inversa da desconsideração da personalidade jurídica**, consistente na possibilidade de responsabilizar o patrimônio da pessoa jurídica por dívidas contraídas pelos sócios ou diretores, quando estes agirem de forma abusiva ou ilícita. Noutras palavras, o sócio é o devedor, mas quem tem patrimônio é a sociedade.

Essa figura é facilmente identificada na hipótese de empregador doméstico. Contudo, alguns julgados têm utilizado essa modalidade de desconsideração quando, inicialmente, se desconsidera a personalidade jurídica alcançando o sócio que não possui bens, buscando-se, em seguida, bens em outras empresas nas quais o sócio tenha participaçao societária. Exemplo:

- Empresa A é condenada não tendo patrimônio para realizar o pagamento da condenação trabalhista. Desconsidera-se a personalidade jurídica da empresa A, incluindo no polo da execução o sócio B, o qual não possui patrimônio. Em seguida, verifica que o sócio B também é sócio da empresa C, desconsiderando a personalidade do sócio B para atingir a empresa C.

7.2. Teoria objetiva (teoria menor)

Como já anunciamos, existem duas teorias no plano material para possibilitar a desconsideração da personalidade jurídica: a teoria subjetiva e a objetiva.

Na seara trabalhista, prevalece o entendimento de que se aplica a teoria objetiva/menor, incidindo o art. 28, § 5º, do Código de Defesa do Consumidor. Isso se justifica porque o CDC e a CLT são normas protetivas que buscam resguardar o direito do hipossuficiente, sendo, pois, compatíveis. Ademais, impõe-se a aplicação dessa teoria, ante a dificuldade de demonstração de fraude e do abuso de direito dos sócios, bem como pelo caráter alimentar das verbas postuladas em juízo[17].

Aliás, nas ações coletivas na seara trabalhista aplica-se a teoria menor, podendo-se inclusive invocar o art. 4 da Lei 9.605/98 naquelas destinadas a preservar o meio ambiente.

---

17. SCHIAVI, Mauro. *Manual de direito processual do trabalho*. 10. ed. de acordo com Novo CPC. São Paulo: LTr, 2016. p. 1078; PINHO, Humberto Dalla Bernardina de; FONSECA, Marina Silva. *O incidente de desconsideração da personalidade jurídica do Novo Código de Processo Civil*. In: DIDIER JR., Fredie (coord. geral). *Novo CPC doutrina selecionada*, v. 1: parte geral. Salvador: Juspodivm, 2016. p. 1156.

No entanto, a teoria menor não alcança as ações que não derivem da relação de emprego[18], caso em que se adotará os pressupostos do art. 50 do CC/02, pois se trata de regra de direito material. Destaca-se que a Lei nº 13.874/19 (Lei da Liberdade Econômica) definiu os conceitos de "confusão patrimonial" e de "desvio de finalidade".

Vê-se, portanto, que sob o aspecto material, já existiam e continuam existindo regras acerca dos requisitos para se reconhecer a desconsideração da personalidade jurídica. Não havia, porém, regras processuais sobre a forma de se atingir o patrimônio do sócio. É nesse contexto que surge o incidente de desconsideração da personalidade, como um mecanismo processual adequado para atingir os bens dos sócios, respaldado no princípio do contraditório substancial e, consequentemente, no devido processo legal.

No entanto, é preciso ficar claro: o CPC/15 somente trata de procedimento e não de requisitos para caracterização da desconsideração que é regra de direito material[19]. Tanto é assim que o art. 133, § 1º, do CPC/2015 é enfático: "o pedido de desconsideração da personalidade jurídica observará os pressupostos previstos em lei".

Portanto, os pressupostos para a desconsideração são estabelecidos pelos diplomas legislativos de direito material, de modo que, nas ações oriundas da relação de emprego, continua a ser aplicado o art. 28, § 5º, do CDC (teoria menor).

7.3. Incidente processual

Como o próprio nome já indica, o incidente de desconsideração é um incidente processual, não formando nova relação processual.

Por isso, a desconsideração da personalidade jurídica será processada como incidente processual e tramitará "nos próprios autos do Processo Judicial Eletrônico em que foi suscitada, vedada sua autuação como processo autônomo" (TST, CGJT nº 01/2019, art. 1º).

7.4. Legitimidade

O art. 133 do CPC/15 restringe a iniciativa do incidente ao pedido da parte e do Ministério Público.

No direito processual do trabalho, o C. TST, no *caput* do art. 6º da IN nº 39/2016 (revogado pela Instrução Normativa nº 41/2018 do TST – art. 21), permitia que o

18. LEITE, Carlos Henrique Bezerra. *Curso de direito processual do trabalho*. 14. ed. de acordo com o novo CPC – Lei nº 13.105, de 16-3-2015. São Paulo: Saraiva, 2016. p. 587.

19. CÂMARA, Alexandre Freitas. *Do Incidente de Desconsideração da Personalidade Jurídica*. In: WAMBIER, Teresa Arruda et al. (coord.). *Breves comentários ao novo código de processo civil*. 2. ed. São Paulo: Editora Revista dos Tribunais, 2016. p. 455; NEVES, Daniel Amorim Assumpção. *Manual de direito processual civil – v. único*. 8. ed. Salvador: Ed. Juspodivm, 2016. p. 308.

incidente fosse instaurado, na fase de execução, de ofício pelo Juiz do Trabalho. A adaptação realizada pelo C. TST decorria especialmente do princípio inquisitivo aplicado na fase executiva trabalhista, previsto na antiga redação do art. 878 da CLT, o qual previa que "a execução poderá ser promovida por qualquer interessado, ou *ex officio* pelo próprio Juiz ou Presidente ou Tribunal competente, nos termos do artigo anterior".

Dessa forma, como o juiz podia o mais, que era iniciar a execução, poderia o menos, que era a instauração do incidente de desconsideração da personalidade jurídica. Portanto, na fase de execução trabalhista não era necessária a instauração de incidente a pedido da parte ou do Ministério Público do Trabalho, podendo o incidente da desconsideração da personalidade jurídica ser instaurado, de ofício, pelo Juiz do Trabalho.

Com o advento da Lei nº 13.467/17, o art. 878 da CLT foi radicalmente alterado, passando a estabelecer que "a execução será promovida pelas partes, permitida a execução de ofício pelo juiz ou pelo Presidente do Tribunal apenas nos casos em que as partes não estiverem representadas por advogado".

Nesse contexto, a Corte Trabalhista, por considerar que o incidente de desconsideração insere um novo sujeito da execução, ou seja, é o início da execução para este sujeito (como regra, o sócio), entendeu no art. 13 da Instrução Normativa nº 41 que a instauração do incidente fica vinculada ao art. 878 da CLT, impedindo a iniciativa de ofício pelo juiz, salvo nos casos em que as partes não estiverem representadas por advogado (*jus postulandi*), por expressa disposição legal.

Portanto, para o C. TST o incidente poderá ser instaurado:

1) pelas partes;

2) pelo Ministério Público do Trabalho;

3) de ofício pelo juiz apenas na hipótese de *jus postulandi*.

Com a devida vênia, pensamos que esse posicionamento contraria o disposto nos arts. 114, VIII, da CF e 876, parágrafo único, da CLT, que autorizam a execução de ofício das contribuições sociais.

É que os créditos dos trabalhadores têm preferência legal aos tributários (CTN, art. 186), não permitindo a concessão de privilégios destes em detrimentos daqueles. Aliás, se o juiz pode executar de ofício o acessório (contribuições sociais), evidentemente, poderá executar o principal (créditos dos trabalhadores)[20]. Ademais, a exigência de requerimento da parte descrita no art. 133 do CPC, decorre do próprio art. 50 do CC, que versa sobre a teoria subjetiva. No entanto, como dito, na seara

20. Nesse sentido: PINHEIRO, Paulo Henrique S. In: RODRIGUES, Deusmar José (coord.) *Lei da Reforma Trabalhista: comentada artigo por artigo.* Leme (SP): JH Mizuno, 2017. p. 318.

trabalhista não se aplica o art. 50 do CC[21], mas o art. 28, § 5º, do CDC, que trata da teoria objetiva e em nenhum momento exige requerimento da parte.[22]

Desse modo, pensamos que continua sendo admitida a instauração de ofício do incidente de desconsideração da personalidade jurídica na fase de execução, por iniciativa das partes ou do Ministério Público do Trabalho. No mesmo sentido, o Enunciado nº 113 da 2ª Jornada de direito material e processual do trabalho:

> **Enunciado nº 113** – Execução de ofício e art. 878 da CLT
> Em razão das garantias constitucionais da efetividade (CF, art. 5º, XXXV), da razoável duração do processo (CF, art. 5º, LXXVIII) e em face da determinação constitucional da execução de ofício das contribuições previdenciárias, parcelas estas acessórias das obrigações trabalhistas (CF, art. 114, VIII), o art. 878 da CLT deve ser interpretado conforme a constituição, de modo a permitir a execução de ofício dos créditos trabalhistas, ainda que a parte esteja assistida por advogado.

Pensar de forma diferente seria violar os princípios da isonomia, da duração razoável do processo e especialmente o valor social do trabalho e a dignidade da pessoa (CF/88, art. 1º, III e IV).

Ressaltamos, contudo, que o entendimento do C. TST é que **a iniciativa do juiz na instauração do incidente de desconsideração da personalidade jurídica fica restrita aos casos em que as partes não estiverem representadas por advogado** (TST-IN nº 41/2018, art. 13).

No que tange à legitimidade passiva, ela é de todos os sócios integrantes do corpo societário, permanecendo a sociedade como executada. Noutras palavras, na execução haverá ampliação subjetiva e não sucessão processual. Tão logo seja instaurado o incidente, nos termos do art. 134, § 1º, do CPC/2015, deve ser imediatamente comunicada ao distribuidor para as anotações devidas, especialmente acerca do nome do requerido.

> **Atenção:**
> A instauração do incidente de desconsideração da personalidade jurídica poderá ocorrer em todas as fases do processo de conhecimento, no cumprimento de sentença e na execução fundada em título executivo extrajudicial (art. 134, *caput* e § 1º). Destaca-se que, nos casos em que a desconsideração jurídica for requerida na petição inicial, não há a necessidade de instauração de incidente autônomo, devendo o sócio ou a sociedade apresentar a defesa na contestação.

---

21. CC, Art. 50. Em caso de abuso da personalidade jurídica, caracterizado pelo desvio de finalidade, ou pela confusão patrimonial, pode o juiz decidir, a **requerimento da parte**, ou do Ministério Público quando lhe couber intervir no processo, que os efeitos de certas e determinadas relações de obrigações sejam estendidos aos bens particulares dos administradores ou sócios da pessoa jurídica. (grifo nosso)
22. CDC, art. 28. O juiz poderá desconsiderar a personalidade jurídica da sociedade quando, em detrimento do consumidor, houver abuso de direito, excesso de poder, infração da lei, fato ou ato ilícito ou violação dos estatutos ou contrato social. A desconsideração também será efetivada quando houver falência, estado de insolvência, encerramento ou inatividade da pessoa jurídica provocados por má administração. (...) § 5° Também poderá ser desconsiderada a pessoa jurídica sempre que sua personalidade for, de alguma forma, obstáculo ao ressarcimento de prejuízos causados aos consumidores.

7.5. Suspensão do Processo

O art. 855-A, § 2º, da CLT estabelece que "a instauração do incidente suspenderá o processo, sem prejuízo de concessão da tutela de urgência de natureza cautelar de que trata o art. 301 da Lei nº 13.105, de 16 de março de 2015 (Código de Processo Civil)".

Observa-se que o referido dispositivo seguiu a disciplina apresentada pelo art. 134, § 3º, do CPC/2015, ou seja, entendeu que a instauração do incidente suspende o processo, com exceção dos casos em que a desconsideração da personalidade jurídica for requerida na própria petição inicial trabalhista, uma vez que nesses casos não há a necessidade de instauração do incidente.

Essa suspensão, a nosso ver, deve ser analisada de modo diferente na fase de conhecimento e na fase de execução.

Na fase de conhecimento, aplica-se o art. 799 da CLT, que impede a instauração de incidentes que suspendam o trâmite processual, salvo as "exceções" de suspeição (inclua-se impedimento) ou incompetência (art. 800). Nessa fase, serão admitidos inclusive atos processuais conjuntos que atinjam tanto o incidente como o processo principal, quando possível, como é o caso da instrução e da sentença, já que temos mera ampliação subjetiva e objetiva.

Já no que tange à fase de execução, a ausência de suspensão significa negar a própria necessidade da instauração do incidente, uma vez que, enquanto o incidente estaria definindo a responsabilidade do sócio ou da sociedade (na desconsideração inversa), o processo continuaria para atingir seus bens, iniciando prazo para apresentação dos embargos à execução, recursos, fase de expropriação etc., tudo antes da decisão que acolherá ou não o incidente.

Portanto, na fase executiva, por força do art. 855-A, § 2º, da CLT, haverá suspensão imprópria, porque suspende a execução, mas não, evidentemente, o próprio incidente.

No entanto, entendemos que a suspensão da execução só deve ocorrer em atos relacionados ao sócio ou à sociedade (na desconsideração inversa). Digo isso porque nada obsta de o trabalhador, por exemplo, instaurar o incidente e buscar ao mesmo tempo bens do tomador de serviços (responsável subsidiário), como forma de imprimir celeridade e efetividade na execução, tal como previsto no Enunciado nº 7 da Jornada de Execução na Justiça do Trabalho, in verbis:

> Enunciado 7. EXECUÇÃO. DEVEDOR SUBSIDIÁRIO. AUSÊNCIA DE BENS PENHORÁVEIS DO DEVEDOR PRINCIPAL. INSTAURAÇÃO DE OFÍCIO. A falta de indicação de bens penhoráveis do devedor principal e o esgotamento, sem êxito, das providências de ofício nesse sentido, autorizam a imediata instauração da execução contra o devedor subsidiariamente corresponsável, sem prejuízo da simultânea desconsideração da personalidade jurídica do devedor principal, prevalecendo entre as duas alternativas a que conferir maior efetividade à execução.

Nesse caso, pensamos que a execução não será suspensa em relação ao tomador de serviços. Portanto, como regra, na fase de execução haverá suspensão do processo principal, não obstante possa prosseguir em relação a outros sujeitos não integrantes do polo passivo do incidente de desconsideração da personalidade jurídica.

De qualquer maneira, havendo suspensão, ela se dará até a decisão que acolhe ou não o incidente, tendo em vista que, quando cabível, o recurso terá efeito meramente devolutivo (CLT, art. 899, caput).

7.6. Tutela Cautelar

A instauração do incidente de desconsideração da personalidade jurídica impõe como regra o contraditório prévio. Isso, porém, não obsta a concessão de tutela cautelar, quando presentes seus requisitos. Tanto é assim que o próprio art. 855-A, § 2º, da CLT, fez a ressalva de que a suspensão não atingirá a concessão da tutela de urgência de natureza cautelar prevista no art. 301 do CPC/2015.

Assim, como forma de evitar que o incidente de desconsideração da personalidade jurídica seja utilizado como meio para fraudar à execução pelos sócios ou sociedade (no caso da desconsideração inversa), é possível que o juiz, a requerimento ou de ofício e, valendo-se de seu poder geral de cautela, em sede cautelar antes mesmo da citação, determine, por exemplo, o arresto de seus bens, evitando sua transferência e garantindo resultado útil do processo.

Cabe destacar que nesses casos o contraditório é postergado, por expressa opção legislativa (CPC/2015, art. 9º, I), não havendo prévia comunicação ao sócio executado.

Com a utilização das referidas medidas cautelares, garante-se que, no futuro, caso haja o acolhimento da desconsideração da personalidade jurídica, o sócio ou a empresa responsável tenham bens suficientes para a satisfação do crédito exequendo, evitando-se que eles sejam alienados ou onerados em fraude à execução.[23]

Registra-se ainda que o art. 797 do CPC de 1973 admitia, em casos excepcionais, a concessão de ofício da tutela cautelar, o que não foi reproduzido no CPC/15. Em razão dessa omissão, parte da doutrina passa a exigir requerimento da parte, tendo em vista que, embora seja um mecanismo que busque garantir o resultado útil do processo e, portanto, de interesse público, há reflexos no direito material, além de provocar a responsabilidade objetiva da parte.[24] Para outros, é

23. Nesse sentido: CÂMARA, Alexandre Freitas. *Do Incidente de Desconsideração da Personalidade Jurídica.* In: WAMBIER, Teresa Arruda et al. (coord.). *Breves comentários ao novo código de processo civil.* 2. ed. São Paulo: Editora Revista dos Tribunais, 2016. p. 465.

24. MITIDIERO, Daniel. *Tutela provisória.* In: Breves comentários ao novo código de processo civil. WAMBIER, Teresa Arruda et al. (coord.). *Breves comentários ao novo código de processo civil.* 2. ed. São Paulo: Editora Revista dos Tribunais, 2016. p. 820; DIDIER JR., Fredie, BRAGA, Paula Sarno e OLIVEIRA, Rafael Alexandria de. *Curso de Direito Processual Civil: teoria da prova, direito probatório, ações probatórias, decisão, precedente, coisa julgada e antecipação dos efeitos da tutela.* 11. Ed. Salvador: ed. Juspodivm, 2016. p. 607.

possível sua concessão de ofício em casos excepcionais para resguardar a justa composição do litígio.[25]

No processo do trabalho, pensamos que é possível a concessão de ofício da tutela cautelar, pois o próprio deferimento da cautelar no incidente pressupõe medida de risco sério e evidente ao comprometimento da efetividade da tutela jurisdicional.[26]

7.7. Citação e defesa

Instaurado o incidente, o art. 135 do CPC/2015 indica que "o sócio ou a pessoa jurídica será citado para manifestar-se e requerer as provas cabíveis no prazo de 15 (quinze) dias".

Trata-se de citação e não intimação, vez que busca integrá-los à relação processual (CPC/2015, art. 238), sendo esse o mecanismo adequado para tornar alguém sujeito do processo.

No incidente instaurado na fase de execução, a citação será por oficial de justiça, tal como previsto no art. 880, § 2º, da CLT. Justifica-se a citação pessoal nesse caso, já que a decisão que acolhe o incidente simplesmente intimará o sócio ou a sociedade (na desconsideração inversa) para pagamento. Portanto, preserva-se a citação pessoal apenas para a integralização ao processo e não mais para o pagamento.

Cita-se para apresentar defesa nos autos e não em audiência.

O prazo para apresentação da defesa e requerimento das provas cabíveis será de 15 dias, nos termos do art 3º do Provimento CGJT nº 1/2019.[27]

Não sendo apresentada a defesa, haverá revelia e confissão quanto à matéria de fato.

Por outro lado, caso seja apresentada, as matérias de defesa nas ações derivadas da relação de emprego são limitadas, pois, como já anunciado, haverá aplicação da teoria menor (objetiva).

---

25. THEODORO JÚNIOR, Humberto. *Curso de direito processual civil – teoria geral do direito processual civil, processo de conhecimento e procedimento comum.* V. I. 56. ed. rev. atual. e ampl. – Rio de Janeiro: Forense, 2015. p. 624 e NEVES, Daniel Amorim Assumpção. *Manual de direito processual civil – V. único*. 8. ed. Salvador: Editora Juspodivm, 2016. p. 437.

26. Nesse sentido, segue o seguinte Enunciado da 2º Jornada de Direito Material e Processual do Trabalho: **Enunciado nº 116 –** Tutelas de urgência de natureza cautelar no incidente de desconsideração da personalidade jurídica.
A adoção do incidente de desconsideração da personalidade jurídica no processo do trabalho não exclui a possibilidade de deferimento de tutelas de urgência de natureza cautelar antes da citação do novo executado, inclusive de ofício, dentro do poder geral de cautela do magistrado.

27. A nosso juízo, no processo do trabalho é desnecessário o requerimento das provas, vez que se trata de diretriz retirada dos requisitos da petição inicial civil (CPC/2015, art. 319, VII), não exigidos para a reclamação trabalhista (CLT, art. 840, § 1º).

Nesse contexto, com a demonstração de insolvência de bens da sociedade empresária, poderão os sócios, por exemplo, levantar como matérias de defesa o benefício de ordem descrito no art. 795, §§ 1º e 2º, do CPC/2015 ou o fato de serem sócios retirantes (CLT, art. 10-A). Discutidas tais matérias no incidente, há preclusão quanto a elas caso não sejam impugnadas, vez que a decisão do incidente é suscetível de recurso[28].

Ressaltamos que não devem ser admitidas as alegações de inexistência de fraude ou de abuso de direito (desvio de finalidade ou confusão patrimonial), pois tais pressupostos apenas são exigidos na teoria maior ou subjetiva (CC, art. 50), não aplicável nas ações decorrentes da relação de emprego. Tais argumentos somente poderão ser conhecidos nas ações que não derivem da relação de emprego.

7.8. Instrução

O art. 134, § 4º, do CPC/2015 estabelece que "o requerimento deve demonstrar o preenchimento dos pressupostos legais específicos para desconsideração da personalidade jurídica". Esse dispositivo não deve ser interpretado literalmente, mas de forma sistemática com o art. 136 do CPC/2015, que permite a instrução processual do incidente.

Disso resulta que o requerente deverá apresentar elementos mínimos de que estão presentes os requisitos para a desconsideração da personalidade jurídica, admitindo sua comprovação durante a instrução processual. Noutras palavras, esse dispositivo não impõe a existência de prova pré-constituída para o trâmite do incidente, podendo o requerente, após anunciar os elementos mínimos, postular ao juiz que proceda a pesquisas por meio de convênios judiciais para demonstrar a insuficiência de bens da sociedade, bem como a imediata concessão de tutela cautelar.

Por outro lado, não havendo indícios mínimos de insuficiência de bens (p.ex., decorrentes de outros processos), inicialmente deverão ser postuladas as providências judiciais quanto à existência de bens e, caso inexistentes, requerer a instauração do incidente ou ser instaurada de ofício.

No que tange ao ônus da prova dos pressupostos para o acolhimento da desconsideração, parte da doutrina entende que, sendo colocada sob o encargo do exequente trabalhista, cria-se mais um obstáculo à aplicação desse incidente ao processo do trabalho[29], vez que, em regra, tem posição hipossuficiente. Dessa

28. Inclusive na fase de conhecimento, já que deverá ser impugnada por meio de recurso ordinário no momento da decisão final.

29. CLAUS, Ben-Hur Silveira. *O incidente de desconsideração da personalidade jurídica previsto no CPC de 2015 e o Direito Processual do Trabalho.* In: DALLEGRAVE NETO, José Affonso; GOULART, Rodrigo Fortunato. Novo CPC e o Processo do Trabalho. São Paulo: LTr, 2016. p. 95-96; SCHIAVI, Mauro. Manual de Direito Processual do

forma, o ônus da prova deveria ser sempre do sócio ou da sociedade atingida, e não do exequente.

Como somos adeptos de que nas ações decorrentes da relação de emprego os pressupostos a serem demonstrados são os descritos no art. 28, § 5º, do CDC (teoria menor ou objetiva), ou seja, basta a constatação de que a pessoa jurídica cuja personalidade se pretende desconsiderar não possui bens suficientes para o pagamento da dívida, pensamos que não se atribui ao credor trabalhista um excessivo ônus probatório.

Porém, nada obsta que, se necessário no caso concreto, seja invocada a teoria dinâmica do ônus da prova, quando preenchidos os requisitos do art. 373, § 1º, do CPC/2015.

De qualquer maneira, ante a incidência da teoria menor (objetiva) nas ações decorrentes da relação de emprego, em regra, não haverá necessidade de dilação probatória, podendo o incidente ser julgado imediatamente após a apresentação de defesa do sócio ou da sociedade (na desconsideração inversa), nos termos do art. 355, I, do CPC/2015.

Aliás, sendo necessária a prova oral, o juiz deverá designar audiência para sua coleta (Provimento CGJT nº 1/2019, art. 3º, parágrafo único).

Acolhido o incidente na fase de execução, o juiz intimará[30] o sócio ou a sociedade (na desconsideração inversa) para pagar, garantir a execução, mediante o depósito do valor da dívida ou apresentação de seguro-garantia judicial ou nomear bens à penhora no prazo de 48 horas (CLT, art. 880).

Realizada a penhora, como o sócio já é considerado integrante do polo passivo da execução, a apresentação da defesa dos atos posteriores à desconsideração deverá ser realizada por meio dos embargos à execução (CPC/2015, art. 914 e seguintes). Os embargos de terceiro ficam restritos aos sócios que não tiverem feito parte do incidente de desconsideração da personalidade jurídica (CPC/2015, art. 674, § 2º, III).

7.9. Impugnação da decisão

Acolhendo ou rejeitando o incidente de desconsideração passa a ter relevância se a decisão é impugnável imediatamente.

Trabalho. 10. ed. de acordo com Novo CPC. São Paulo: LTr, 2016. p. 1086.

30. Intimar e não citar, vez que o sócio já está integrado na fase executiva.

Nesse contexto, o § 1º do art. 855-A da CLT declinou o que segue:

Fase processual	Recurso cabível
Fase de cognição	Não cabe recurso de imediato
Fase de execução	Cabe agravo de petição, independentemente de garantia do juízo
Quando proferida pelo Relator, em incidente instaurado originariamente no tribunal	Cabe agravo interno

No tocante à impugnação das decisões proferidas na fase de execução, cumpre fazer uma observação quanto ao agravo de petição, especialmente em relação ao depósito recursal.

É sabido que o depósito recursal tem como finalidade a garantia de futura execução. Na fase de conhecimento, o depósito possui um teto máximo, que pode ser legal ou o valor da condenação, nesse último caso quando inferior ao teto legal.

Na fase de execução, por sua vez, não existe teto legal, de modo que deverá ser no valor integral da execução ou da majoração.

Desse modo, como em regra o agravo de petição é posterior à penhora, que tem natureza de garantir a execução, ele somente será exigido se houver elevação do valor do débito, exigindo-se o depósito no valor total da majoração (Súmula 128, II, do TST).

Diante dessa sistemática do depósito recursal no agravo de petição, a interposição desse recurso da decisão do incidente independe de garantia do juízo, como previsto no art. 855-A, § 1º, II, da CLT. Isso porque, exigir o depósito recursal no caso, equivaleria a uma espécie de "penhora antecipada" dos bens do sócio como forma de satisfazer o pressuposto recursal do preparo, já que, como dito, o depósito na hipótese deveria ser integral, pois como regra não haverá penhora nem mesmo parcial.

De qualquer modo, tendo o agravo de petição efeito meramente devolutivo, não obsta a penhora dos bens do sócio ou da sociedade (na desconsideração inversa) na execução propriamente dita.

Em se tratando de incidente requerido originariamente no tribunal, a competência para sua instauração, para decisão de pedidos de tutela provisória e para a instrução será do Relator, o qual poderá decidir monocraticamente o incidente ou submetê-lo ao colegiado, juntamente com o recurso. Se decidido monocraticamente, da decisão caberá agravo interno (Provimento CGJT nº 1/2019, art. 5º, parágrafo único).

7.10. Esquema do incidente de desconsideração da personalidade jurídica

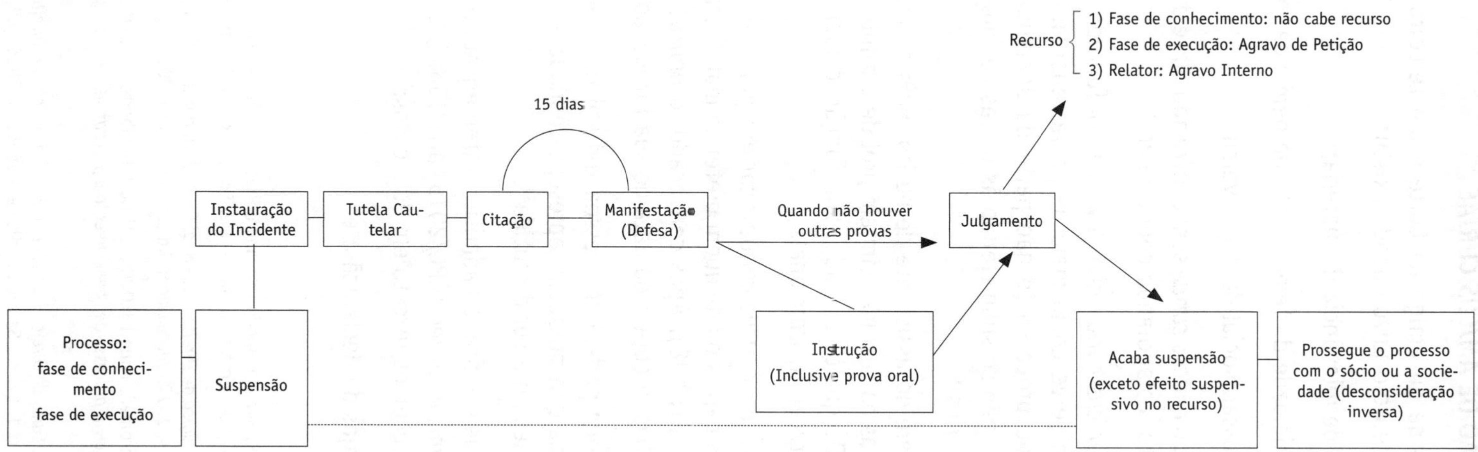

8. INTERVENÇÃO DE *AMICUS CURIAE*

O *amicus curiae* ou amigo da Corte é um terceiro admitido no processo para auxiliar tecnicamente o juízo quando existir:

1) razões de relevância da matéria;

2) especificidade do tema objeto da demanda; ou

3) repercussão social da controvérsia.

Nesses casos, o *amicus curiae* será convocado ou se disporá a atuar para contribuir para o julgamento, colaborando com o juízo[31].

O papel do *amicus curiae* não deve ser confundido com o papel do perito. Isso porque, a perícia serve como meio de prova, enquanto o *amicus curiae* assume o papel de parte do processo (e não parte da demanda), auxiliando nas questões técnico-jurídicas, não se submetendo às regras de impedimento e suspeição e não recebendo honorários[32].

Ademais, difere do assistente de perito, pois o amicus curiae não atua em benefício de uma das partes, mas sim em prol de um interesse que poderá ser afetado pela decisão[33]. De qualquer modo, sua função é meramente opinativa, buscando aprimorar a prestação jurisdicional.

A intervenção do *amicus curiae* ocorrerá por meio de decisão, de ofício ou a requerimento das partes ou de quem pretenda manifestar-se. Essa decisão é irrecorrível (CPC/2015, art. 138). Após convocado, o *amicus curiae* deverá se manifestar no prazo de 15 dias, a contar da data de sua intimação.

O *amicus curiae* poderá ser pessoa natural ou jurídica, órgão ou entidade especializada, desde que possuam representatividade adequada, isto é, tenha algum vínculo com a questão a ser discutida[34].

Na decisão que solicitar ou admitir a intervenção, o juiz ou relator deverá definir os poderes do *amicus curiae* (CPC/2015, art. 138, § 2º), sendo certo que este não poderá interpor recursos, exceto em dois casos:

1) embargos de declaração; e

---

31. THEODORO JÚNIOR, Humberto. *Curso de Direito Processual Civil – Teoria geral do direito processual civil, processo de conhecimento e procedimento comum – v. I.* 56. ed. Rio de Janeiro: Forense, 2015. p. 403.

32. DIDIER JR, Fredie. *Curso de Direito Processual Civil – Introdução ao Direito Processual Civil, Parte Geral e Processo de Conhecimento, v. 1. 17. ed.* Salvador: Editora Juspodivm, 2015. p. 522.

33. BUENO, Cassio Scarpinella *apud* THEODORO JÚNIOR, Humberto. *Curso de Direito Processual Civil – Teoria geral do direito processual civil, processo de conhecimento e procedimento comum – v. I.* 56. ed. Rio de Janeiro: Forense, 2015. p. 403.

34. DIDIER JR, Fredie. *Curso de Direito Processual Civil – Introdução ao Direito Processual Civil, Parte Geral e Processo de Conhecimento, v. 1. 17. ed.* Salvador: Editora Juspodivm, 2015. p. 523.

2) recurso da decisão que julgar o incidente de resolução de demandas repetitivas.

Destaca-se que o *amicus curiae* não implica alteração de competência em razão da pessoa (CPC/2015, art. 138, § 1º). Assim, caso uma entidade autárquica federal seja convocada para atuar como *amicus curiae* em uma reclamação trabalhista, a competência deverá se manter na Justiça do Trabalho.

No processo do trabalho, é plenamente aplicável o amicus curiae (TST-IN nº 39/2016, art. 3º, II), e terá bastante relevância para a intervenção de sindicatos nos processos, bem como para a formação dos precedentes judiciais obrigatórios.

9. INTERVENÇÃO *IUSSU IUDICIS*

A intervenção *iussu iudicis* é aquela que autoriza que o magistrado, por conveniência, traga ao processo qualquer pessoa que possa ser prejudicada pela decisão judicial. Ela era prevista no art. 91 do CPC de 1939.

Com o advento dos CPCs de 1973 e 2015, parcela da doutrina passou a entender que a intervenção *iussu iudicis* é prevista no art. 115, parágrafo único, do CPC/15 (antigo art. 47, parágrafo único, do CPC/73), o qual estabelece que "nos casos de litisconsórcio passivo necessário, o juiz determinará ao autor que requeira a citação de todos que devam ser litisconsortes, dentro do prazo que assinar, sob pena de extinção do processo". De todo modo, se observa que o juiz não inclui o réu, de ofício, no polo passivo, mas apenas requer que o autor o faça.[35]

Para outra parcela da doutrina, com os quais pensamos estar a razão, a intervenção *iussu iudicis* não foi disciplinada pelo referido dispositivo do CPC/15, já que, nesse caso, não é a conveniência que permite a atuação do juiz, mas sim a própria previsão legal do litisconsórcio necessário.[36]

10. SÚMULA DO TST

Intervenção de terceiros
Súmula nº 82 do TST. Assistência A intervenção assistencial, simples ou adesiva, só é admissível se demonstrado o interesse jurídico e não o meramente econômico.

35. BERNARDES, Felipe. *Manual de Processo do Trabalho: volume único*. Salvador: Juspodivm, 2018. p. 291-292.

36. NEVES, Daniel Amorim Assumpção. *Manual de Direito Processual Civil: volume único*. 8. ed. Savador: Juspodivm, 2016. p. 256.

11. INFORMATIVOS DO TST RELACIONADOS AO TEMA

Ação civil pública. Sociedade de advogados. Admissão de advogados como associados para dissimular relações de emprego. Conselho Federal da Ordem dos Advogados do Brasil. Ingresso como assistente simples. Possibilidade.

A SBDI-II, por unanimidade, conheceu de recurso ordinário em mandado de segurança e, no mérito, por maioria, deu-lhe provimento para reconhecer a possibilidade de o Conselho Federal da Ordem dos Advogados do Brasil participar como assistente simples em ação civil pública ajuizada em desfavor de sociedade de advogados, cuja controvérsia diz respeito à possibilidade de advogados serem admitidos como associados com o intuito de dissimular relações de emprego. Na hipótese, a segurança foi denegada pela Corte Regional sob o fundamento de que a pretensão do Conselho não era a de defender em Juízo interesses coletivos ou individuais de advogados, ou intervir em processo em que advogado fosse indiciado, acusado ou ofendido, mas, sim, prestar assistência jurídica à sociedade dos advogados demandada na ação principal. Todavia, prevaleceu o entendimento de que há interesse do Conselho Federal da OAB, tendo em vista a natureza abstrata do provimento decorrente de ações civis públicas e o fato de a matéria discutida no processo matriz estar relacionada à própria forma de organização dos escritórios e das sociedades de advogados. Vencidos os Ministros Douglas Alencar Rodrigues, relator, Lelio Bentes Corrêa e Alberto Luiz Bresciani de Fontan Pereira. TST-RO-259-46.2016.5.06.0000, SBDI-II, rel. Min. Douglas Alencar Rodrigues, red. p/ acórdão Min. Ives Gandra Martins Filho, 17.10.2017 (Informativo nº 168)

Capítulo 13

ATOS PROCESSUAIS

Os **atos processuais** são acontecimentos voluntários que ocorrem no processo e dependem de provocação do Estado-juiz, partes ou auxiliares da justiça.

Exemplo: petição inicial, citação, contestação, decisão interlocutória, sentença etc.

1. PRINCÍPIOS APLICADOS AOS ATOS PROCESSUAIS

1.1. Sequencialidade, finalidade e interdependência

Os atos processuais devem ser sempre analisados conforme a sequência em que são produzidos e não de forma isolada. Assim, a sentença (ato final das fases de conhecimento e de execução) deve resultar de outros atos anteriores realizados de forma encadeada a partir da petição inicial (ato inicial do processo).

Apesar de cada um dos atos praticados no processo ter um objetivo específico como, por exemplo, o objetivo da apresentação da contestação é a defesa; o da petição inicial, por sua vez, é dar início ao processo, todos os atos processuais possuem a mesma finalidade última, qual seja, o atingimento da tutela jurisdicional justa, com prolação de decisão definitiva de mérito (fase de conhecimento) e a entrega do bem da vida ao credor (fase de execução).

Como os atos processuais são produzidos em sequência, haverá interdependência entre eles, de modo que o conteúdo e a forma de cada ato dependerá do ato praticado anteriormente e, consequentemente, influenciará o ato posterior.[1]

Observação:

Terá **preferência**, em todas as fases processuais, o dissídio cuja decisão tiver de ser executada perante o Juízo da falência (CLT, art. 768).

1.2. Publicidade

Em regra, os atos processuais **são públicos**, possuindo **a** publicidade duas dimensões:

1. BERNARDES, Felipe. *Manual de processo do trabalho*. Salvador: Juspodivm, 2018. p. 336.

1) **interna**: determina que os atos processuais devem ser públicos para as partes e seus procuradores, a fim de proteger as partes de decisões secretas, resguardando especialmente o contraditório.

2) **externa**: tem como objetivo o controle da atividade jurisdicional pela sociedade (dimensão externa), evitando, por exemplo, a arbitrariedade do juiz[2].

O referido princípio, porém, não é absoluto e pode ser afastado quando a defesa da intimidade ou o interesse social o exigirem, conforme previsto pelo próprio texto constitucional (art. 5º, LX):

> LX – a lei só poderá restringir a publicidade dos atos processuais quando a defesa da intimidade ou o interesse social o exigirem.

A CLT, por sua vez, autoriza o segredo de justiça no processo do trabalho, para preservar o interesse social, como dispõe o art. 770, caput, da CLT:

> **Art. 770.** Os atos processuais serão públicos salvo quando o contrário determinar o interesse social, e realizar-se-ão nos dias úteis das 6 (seis) às 20 (vinte) horas. (...)

Assim, interpretando o ordenamento celetistaem consonância com a Constituição Federal, autoriza-se a restrição da publicidade para resqguardar a intimidade e o interesse social.

Aliás, o CPC/2015 apresenta disciplina mais completa do que a CLT no tocante à limitação do direito à publicidade, estabelecendo quais os processos que deverão tramitar em segredo de justiça, sendo, pois, aplicável supletivamente ao processo do trabalho:

> **Art. 189.** Os atos processuais são públicos, todavia tramitam em segredo de justiça os processos:
>
> I – em que o exija o interesse público ou social;
>
> II – que versem sobre casamento, separação de corpos, divórcio, separação, união estável, filiação, alimentos e guarda de crianças e adolescentes;
>
> III – em que constem dados protegidos pelo direito constitucional à intimidade;
>
> IV – que versem sobre arbitragem, inclusive sobre cumprimento de carta arbitral, desde que a confidencialidade estipulada na arbitragem seja comprovada perante o juízo.

No julgamento desses casos, poderá ser autorizada a presença somente das partes, de seus advogados, de defensores públicos ou do Ministério Público (CPC/2015, art. 11, parágrafo único).

Cabe destacar, ainda, que com o advento da Lei nº 13.709/18 (Lei Geral de Proteção de Dados – LGPD) que dispõe sobre o tratamento de dados pessoais e

2. DIDIER JR, Fredie. *Curso de Direito Processual Civil: v. 1. Introdução ao Direito Processual Civil e Processo de Conhecimento*. 15. ed. Salvador: Editora Juspodivm, 2013, p. 61.

busca proteger os direitos fundamentais de liberdade e de privacidade e o livre desenvolvimento da personalidade da pessoa natural, pode-se discutir se o princípio da publicidade no campo processual será atingido.

Em regra, no âmbito da publicidade interna do processo, a legislação não trará maiores efeitos, tendo em vista a possibilidade de utilização dos dados (sensíveis ou não), para o exercício regular de direitos em processo judicial, administrativo ou arbitral.

Já no tocante à publicidade externa, é importante que haja disciplina acerca da possibilidade de utilização dos dados captados em processos tanto por terceiros, muitas vezes com finalidade econômica (p. ex., jurimetria), quanto pela própria Administração, sobretudo em relação aos elementos identificadores das partes; elementos identificadores do magistrado e aos documentos das partes juntados aos processos.[3] Na Justiça do Trabalho, o controle em relação à divulgação de elementos identificadores das partes, já é feito pelo CSJT e é importante, por exemplo, para evitar a elaboração de "lista suja" com a divulgação dos nomes de empregados que figurem como reclamantes (Resolução nº 139/2014 do CSJT).

Ademais, a LGPD prevê que o tratamento dos dados pessoais cujo acesso é público deve considerar a finalidade, a boa-fé e o interesse público que justificaram sua disponibilização, não sendo necessário o consentimento do titular para que os dados sejam tornados manifestamente públicos (Lei nº 13.709/18, art. 7º, §§ 3º e 4º).

1.3. Documentação

O princípio da documentação exige que os atos processuais pertinentes[4] sejam documentados no processo, de modo que, ainda que sejam realizados de forma oral, sejam reduzidos a termo e juntados ao processo, nos termos do art. 777 da CLT:

> **Art. 777**. Os requerimentos e documentos apresentados, os atos e termos processuais, as petições ou razões de recursos e quaisquer outros papéis referentes aos feitos formarão os autos dos processos, os quais ficarão sob a responsabilidade dos escrivães ou secretários.

Os atos e termos[5] processuais, "que devam ser assinados pelas partes interessadas, quando estas, por motivo justificado, não possam fazê-lo, serão firmados a rogo[6], na presença de 2 (duas) testemunhas, sempre que não houver procurador legalmente constituído" (CLT, art. 772).

---

3. CNJ. *Acesso a Dados de Processos Judiciais no Brasil*. Disponível em: https://lawgorithm.com.br/acesso-a-dados-de-processos-judiciais-no-brasil/. Acesso em: 22 set. 2020.
4. BERNARDES, Felipe. *Manual de processo do trabalho*. Salvador: Juspodivm, 2018. p. 338.
5. Termo é a redução por escrito dos atos praticados no processo. Exemplo: termo de audiência.
6. É a assinatura feita por pessoa em favor de outra, quando essa última não tem possibilidade de fazê-lo. (Exemplo: quando um analfabeto participa de audiência e, por não saber assinar, uma outra pessoa assinará "a rogo" dele)

O art. 780 da CLT estabelece que "os documentos juntos aos autos poderão ser desentranhados somente depois de findo o processo, ficando traslado".

1.4. Instrumentalidade das formas

Em regra, os atos e termos processuais não dependem de forma determinada (CPC/2015, art. 188). Em certos casos, porém, a legislação exige algumas formalidades para a realização do ato. No entanto, mesmo que haja determinação legal, pode o ato ser reputado válido, se, realizado de outro modo, alcançar sua finalidade essencial.

Trata-se do chamado princípio da instrumentalidade das formas, o qual impõe que a forma não pode ser vista como um fim em si mesmo, mas como meio para se alcançar o objetivo do ato processual. Desse modo, mesmo o ato que não tenha observado a forma prescrita em lei, mas, atingiu sua finalidade, será considerado válido.

É importante ressaltar, quanto à forma, que os atos e termos processuais poderão ser escritos à tinta, datilografados ou a carimbo, nos termos do art. 771 da CLT. Nos dias atuais, admitem-se também atos digitalizados.

1.5. Preclusão

A preclusão consiste na perda da faculdade de praticar um ato processual. Trata-se de instituto que busca impor que o processo sempre caminhe para frente, impedindo retornos indesejados. Tem como foco, portanto, o princípio da efetividade e celeridade processual.

A preclusão pode ser:

a) **temporal:** quando a perda decorre da não realização do ato em determinado prazo;

b) **consumativa:** realizado o ato (consumado), não se admite que seja novamente realizado;

c) **lógica:** não se permite que a parte pratique um ato posterior incompatível com um ato anterior;

d) ***pro iudicato***: quando a preclusão é para o juiz;

e) **ordinatória**: quando a validade de um ato pressupõe a existência de um anterior. Exemplo: os embargos à execução somente podem ser recebidos depois de garantido o juízo pela penhora;

f) **máxima**: quando ocorre a coisa julgada.

A preclusão temporal vem estampada no art. 795 da CLT, caput, que declina:

Art. 795. As nulidades não serão declaradas senão mediante provocação das partes, as quais deverão arguí-las à primeira vez em que tiverem de falar em audiência ou nos autos.

Desse modo, a nulidade deve ser alegada na primeira oportunidade em que a parte tiver que se manifestar nos autos, sob pena de preclusão. Ultrapassado esse momento, o ato será convalidado, ou seja, a parte perde a oportunidade de alegar a nulidade, sendo o ato considerado válido.

Consigna-se que tal princípio aplica-se tão somente às nulidades relativas, já que as nulidades absolutas devem ser declaradas de ofício pelo magistrado (CPC/2015, art. 278, parágrafo único).

2. CLASSIFICAÇÃO DOS ATOS PROCESSUAIS

Os atos processuais podem ser classificados de forma:

- objetiva, na qual se prioriza o conteúdo ou o momento do ato processual, ou
- subjetiva, em que o destaque se dá ao sujeito que praticou o ato processual.

2.1. Classificação objetiva

A classificação objetiva dos atos processuais pode utilizar dois critérios: o relacionado ao conteúdo do ato processual ou o relacionado ao momento em que realizado.

Quanto ao conteúdo, os atos processuais podem ser postulatórios, instrutórios, ordinatórios, de documentação, reais, decisórios e de coerção.[7]

Os atos postulatórios compreendem aqueles que contém as pretensões das partes dirigidas ao órgão jurisdicional. Como exemplo, tem-se a petição inicial, a contestação, os recursos, dentre outros. As petições que contenham pedidos de homologação de renúncia, transação, desistência da ação, por conterem, de forma implícita, requerimentos dirigidos ao órgão jurisdicional são também considerados postulatórios.[8]

São instrutórios ou probatórios os atos que objetivam a produção de provas no processo, como é o caso da oitiva de testemunhas, da juntada de laudo pericial, dentre outros. Tratam-se de atos que preparam a decisão sobre o conflito de interesses submetidos ao Judiciário.[9]

Os atos ordinatórios são aqueles que buscam movimentar o processo para que ele atinja seu fim. A classificação desses atos ocorre de modo residual, ou seja, não se tratando de nenhuma outra categoria, o ato será considerado ordinatório.

---

7. BERNARDES, Felipe. *Manual de Processo do Trabalho.* Salvador: Juspodivm, 2018. p. 343 e ALMEIDA, Cleber Lucio de. *Direito Processual do Trabalho.* 6. ed. São Paulo: LTr, 2016. p. 374.
8. BERNARDES, Felipe. *Manual de Processo do Trabalho.* Salvador: Juspodivm, 2018. p. 343.
9. ALMEIDA, Cleber Lucio de. *Direito Processual do Trabalho.* 6. ed. São Paulo: LTr, 2016. p. 374.

Os atos de documentação buscam registrar acontecimentos relevantes ocorridos durante o processo, como exemplo, tem-se a ata de audiência.

São atos reais aqueles que ocorrem com a apresentação de determinado objeto em juízo. Nesse caso, incluem-se, até mesmo, a apresentação de pessoas. É o que ocorre, por exemplo, com o comparecimento da parte em juízo para que seja realizada perícia.

Os atos decisórios, por sua vez, são aqueles que refletem a decisão do conflito de interesses pelo Judiciário,, o que inclui as sentenças, decisões interlocutórias e os acórdãos.

Os atos de coerção, também denominados de atos executivos, consistem nos atos que utilizam medidas impositivas necessárias ao cumprimento das decisões judiciais, ou seja," conformam a realidade concreta ao conteúdo do título executivo".[10] Como exemplo, tem-se a penhora, fixação de multa diária etc.

De acordo com classificação apontada por José Frederico Marques[11], os atos processuais podem ser classificados, objetivamente, pelo momento processual em que forem produzidos. Nessa classificação, os atos processuais podem ser a) de iniciativa; b) de desenvolvimento e c) de conclusão.

Os atos de iniciativa estão relacionados ao nascimento do processo, destinando-se a instaurar a relação processual. Como exemplo, tem-se a petição inicial.

Os atos de desenvolvimento, por sua vez, são os que movimentam o processo e compreendem atos instrutórios, consistentes nas provas, e de ordenação, ou seja, de impulso, direção e formação do processo.

Por fim, os atos ainda podem ser de conclusão do processo, baseados em atos decisórios do poder jurisdicional ou em dispositivos da parte.

2.2. Classificação subjetiva

A classificação subjetiva leva em consideração o sujeito responsável pela prática do ato processual, sendo a adotada pelo CPC/15.

Utilizando esse critério, tem-se a seguinte classificação: a) atos da parte (arts. 200 a 202); b) atos do juiz (arts. 203 a 205) e c) atos do escrivão ou do chefe de secretaria (arts. 206 a 211).

10. ALMEIDA, Cleber Lucio de. *Direito Processual do Trabalho*. 6. ed. São Paulo: LTr, 2016. p. 374.
11. MARQUES, José Frederico. *Instituições de Direito Processual Civil*. Rio de Janeiro: Forense, 1958, v. II, n. 424, p. 310-313 *apud THEODORO JÚNIOR, Humberto. Curso de direito processual civil*. 56. ed. Rio de Janeiro: Forense, 2015. p. 465.

Apesar de o CPC/15 abordar apenas essas três classificações, é possível que outros sujeitos processuais como as testemunhas, o oficial de justiça, peritos, dentre outros, pratiquem atos processuais.[12]

2.2.1. Pronunciamentos Judiciais

O art. 203 do CPC/15 estabelece que "os pronunciamentos do juiz consistirão em sentenças, decisões interlocutórias e despachos".[13] Ademais, o art. 204 do CPC/15 declina que "acórdão é o julgamento colegiado proferido pelos tribunais".

No processo do trabalho, a CLT não dispõe de um conceito de sentença, aplicando-se supletivamente o CPC, por força dos arts. 769 da CLT e 15 do CPC/15. Assim, **sentença** corresponde ao pronunciamento judicial que, com fundamento nas hipóteses de extinção do processo sem resolução de mérito (sentença terminativa) ou com resolução de mérito (sentença definitiva), respectivamente descritos nos arts. 485 ou 487, ambos do CPC/15, põe fim à fase cognitiva do procedimento comum ou extingue a execução.

Quanto à **decisão interlocutória**, o CPC/2015 a conceitua de forma residual, determinando que corresponde ao pronunciamento judicial de natureza decisória que não se enquadre no conceito de sentença (CPC/2015, art. 203, § 2º).

Registre-se que a decisão interlocutória pode compreender uma decisão de mérito, como é o caso, por exemplo, da decisão que extingue o processo com resolução do mérito sem pôr fim à fase cognitiva (julgamento antecipado parcial do mérito).

O conceito de **despacho** é definido por exclusão. Noutros termos, a decisão que não é sentença ou decisão interlocutória será um despacho. Portanto, nos termos do art. 203, § 3º, do CPC/2015 "são despachos todos os demais pronunciamentos do juiz praticados no processo, de ofício ou a requerimento da parte".

Cabe destacarmos que "os atos meramente ordinatórios, como a juntada e a vista obrigatória, independem de despacho, devendo ser praticados de ofício pelo servidor e revistos pelo juiz quando necessário" (CPC/2015, art. 203, § 4º).

Por fim, o **acórdão** corresponde ao "julgamento colegiado proferido pelos tribunais" (CPC/2015, art. 204).

Na denominação do acórdão apenas se verifica o local e o órgão (colegiado) em que foi proferida a decisão, não se preocupando com seu conteúdo. Desse modo, sendo decisão proferida pelo tribunal, será acórdão.

---

12. BERNARDES, Felipe. *Manual de Processo do Trabalho*. Salvador: Juspodivm, 2018. p. 344.

13. Para maiores informações, remetemos o leitor ao capítulo de sentença e coisa julgada (Capítulo 20).

Isso significa que, quanto ao conteúdo, o acórdão poderá ter natureza de sentença ou de decisão interlocutória.

3. LIMITES TEMPORAIS

O art. 770 da CLT estabelece que o ato processual deverá ser realizado em dias úteis, no período das 6 às 20 horas.

É interessante destacar que não havia maiores problemas na compatibilização da CLT com o CPC/73, acerca do conceito de dias úteis, já que o sábado era considerado dia útil nos dois regramentos legais.

Contudo, o CPC/15 inova no assunto passando a descrever que "além dos declarados em lei, são feriados, para efeito forense, os sábados, os domingos e os dias em que não haja expediente forense" (CPC/2015, art. 216). Noutras palavras, o sábado passa ser considerado dia inútil[14], vedando-se, como regra, a prática de atos processuais.

No entanto, como exceção, o art. 212, § 2º, do CPC/2015 permite a realização de penhora aos sábados, independentemente de autorização judicial. Nesse mesmo sentido, a CLT não obsta a realização da penhora aos sábados, também permitindo que seja realizada independentemente de autorização judicial.

O problema fica por conta da penhora realizada nos domingos e feriados.

Isso porque, de acordo com o art. 770 da CLT, ela poderá ser realizada em domingo ou feriado, **desde que haja expressa autorização do juiz**.

Já o CPC/2015 estabelece que as citações, intimações e a penhora poderão ser realizadas nos dias não úteis, o que incluem os sábados, domingos, feriados e dias sem expediente forense, **independentemente de autorização judicial** (CPC/2015, art. 212, § 2º).

Vê-se que a CLT impõe a necessidade de autorização, enquanto o CPC/2015 a dispensa.

De nossa parte, pensamos que o art. 212, § 2º, do CPC/2015 deve ser aplicado ao processo trabalhista, devido à lacuna ontológica da CLT[15]. Ademais o disposto no CPC/2015 alinha-se aos atuais princípios do processo, bem como ao próprio princípio da simplicidade ao desburocratizar atos processuais, permitindo que as citações, intimações e a penhora não precisem de autorização judicial.

---

14. NERY JUNIOR, Nelson; NERY, Rosa Maria de Andrade. *Comentários ao Código de Processo Civil*. São Paulo: Editora Revista dos Tribunais, 2015. p. 730.

15. Lacuna ontológica é quando existe a norma, mas ela não corresponde à realidade social.

De qualquer modo, sob o contexto legal pode-se resumir da seguinte forma:

Regra	Exceções
Atos públicos	Segredo de justiça (interesse social)
Das 6h às 20h, em dias úteis	**CLT:** Penhora pode ser realizada em domingos e feriados, desde que **haja autorização do juiz.** **CPC/2015:** Citações, intimações e penhora podem ser realizadas nos sábados, domingos e feriados, independentemente de autorização do juiz.

3.1. Limites temporais no processo judicial eletrônico

No processo eletrônico, quando a petição for enviada para atender a prazo processual, serão consideradas tempestivas as transmitidas até as **24 horas** do seu último dia (art. 3º, parágrafo único, Lei nº 11.419/2006; CPC/2015, art. 213, *caput*). Na realidade, os atos processuais deverão ser transmitidos até as 23:59h.

Pode ocorrer de a parte se encontrar em um local que o horário é diferente do juízo onde deverá praticar o ato, em razão, por exemplo, da diferença de fusos horários. Exemplo: A parte está em Rio Branco/AC onde é 23h, mas deverá peticionar em um processo que tramita em São Paulo que já é 1h da manhã. Nesse caso, o parágrafo único do art. 213 do CPC/2015 descreve que, para a aferição de atendimento do prazo, será considerado o horário vigente no juízo perante o qual o ato deve ser praticado. No nosso exemplo, o horário de São Paulo.

4. IDIOMA

Em todos os atos processuais é obrigatório o uso da língua portuguesa, nos termos do art. 192 do CPC/15, aplicável ao processo do trabalho. Assim, o documento redigido em língua estrangeira somente poderá ser juntado aos autos quando acompanhado de versão para a língua portuguesa tramitada por via diplomática ou pela autoridade central, ou firmada por tradutor juramentado.

Aliás, o depoimento das partes e testemunhas que não souberem falar a língua nacional será feito por meio de intérprete nomeado pelo juiz (CLT, art. 819), ficando a cargo da parte sucumbente as despesas do intérprete, salvo se beneficiária de justiça gratuita (CLT, art. 819, § 2º).

5. COMUNICAÇÃO DOS ATOS PROCESSUAIS

A **comunicação dos atos processuais** consiste no meio de dar conhecimento a alguém dos atos realizados no processo.

Quando a comunicação ocorre **entre juízos**, ela é feita por meio de:

- **carta de ordem:** quando o tribunal se dirige a um órgão jurisdicional a ele subordinado hierarquicamente (ex., o Ministro do TST expede uma ordem ao juiz do TRT);
- **carta precatória:** é a comunicação entre juízes brasileiros quando não há hierarquia entre eles;
- **carta rogatória:** é utilizada quando o juízo brasileiro comunica atos processuais a juízo estrangeiro; e
- **carta arbitral:** foi introduzida pelo CPC/15 e serve para que o órgão do Poder Judiciário pratique ou determine o cumprimento de ato objeto de pedido de cooperação judiciária formulado por juízo arbitral, inclusive os que importem efetivação de tutela provisória (CPC/2015, art. 237).

Por outro lado, quando a **comunicação não for realizada entre juízos**, ela pode ocorrer de duas formas:

- **citação**; e
- **intimação.**

A **citação** é o "ato pelo qual são convocados o réu, o executado ou o interessado para integrar a relação processual" (CPC/2015, art. 238).

A citação do réu ou do executado é indispensável para a validade do processo, com exceção dos casos de indeferimento da petição inicial ou de improcedência liminar do pedido (CPC/2015, art. 239).

Já a **intimação** consiste no "ato pelo qual se dá ciência a alguém dos atos e dos termos do processo" (CPC/2015, art. 269).

No **processo do trabalho**, utiliza-se, em regra, a expressão **notificação** para abranger tanto a citação como a intimação. Excepcionalmente, a CLT utiliza citação, como ocorre no art. 880 e 852-B, II. Noutros termos, a CLT não diferenciou citação de intimação, utilizando indistintamente a denominação notificação. No entanto, para facilitar o aprendizado e sabendo que, embora os institutos seja relativamente semelhantes seus efeitos são distintos, vamos dividir o estudo em citação e intimação.

5.1. Citação

5.1.1. Generalidades

Conforme mencionado, a citação do réu ou do executado é indispensável para a validade do processo, pois consiste no ato de convocação para integrarem a relação processual (CPC/2015, arts. 238 e 239).

De acordo com a forma em que é realizada a citação, ela poderá ser classificada em duas modalidades:

- real ou
- ficta (presumida).

A **citação real** é aquela em que o réu ou o executado são chamados para integrarem a relação processual, em mão própria, de forma direta ou indireta[16], sendo configurada nas seguintes hipóteses: via postal, oficial de justiça ou por meio eletrônico. É válido destacar que no processo do trabalho, a citação não constitui ato pessoal, podendo ser recebida por pessoa diversa das partes, sendo válida com a simples entrega do registro postal no endereço da parte (forma indireta).

A **citação ficta**, por sua vez, ocorre quando o réu ou executado não são encontrados direta ou indiretamente, havendo autorização legislativa para que se presuma que eles têm ciência da citação[17]. Essa modalidade é verificada nas seguintes formas de citação: edital ou hora certa.

> **Atenção:**
> A citação por hora certa é inaplicável ao processo do trabalho.

5.2. Formas de Citação

A citação (notificação), no processo do trabalho, pode ser realizada de quatro modos:

- notificação por via postal
- notificação por edital
- notificação por oficial de justiça
- notificação por meio eletrônico

5.2.1. Notificação postal

A notificação via postal é aquela feita por meio dos correios.

Em **regra**, na fase de conhecimento, a notificação será feita desse modo. De acordo com o art. 841 da CLT:

> **Art. 841.** Recebida e protocolada a reclamação, o escrivão ou secretário, dentro de 48 (quarenta e oito) horas, remeterá a segunda via da petição, ou do termo, ao reclamado, notificando-o ao mesmo tempo, para comparecer à audiência do julgamento, que será a primeira desimpedida, depois de 5 (cinco) dias.

16. ASSIS, Araken de. *Processo Civil brasileiro, v. II: parte geral: institutos fundamentais: Tomo 1.* São Paulo: Editora Revista dos Tribunais, 2015. p. 1507.
17. DONIZETTI, Elpídio. *Curso de direito processual civil.* 20. ed. São Paulo: Atlas, 2017. p. 406.

§ 1º. A notificação será feita em registro postal com franquia. Se o reclamado criar embaraços ao seu recebimento ou não for encontrado, far-se-á a notificação por edital, inserto no jornal oficial ou no que publicar o expediente forense, ou, na falta, afixado na sede da Junta ou Juízo.

§ 2º. O reclamante será notificado no ato da apresentação da reclamação ou na forma do parágrafo anterior.

§ 3º Oferecida a contestação, ainda que eletronicamente, o reclamante não poderá, sem o consentimento do reclamado, desistir da ação.

Importante:
A notificação, no processo do trabalho, não constitui ato pessoal, podendo ser recebida por pessoa diversa das partes, sendo válida com a simples entrega do registro postal no endereço da parte.[17]

Além disso, o art. 774, parágrafo único, da CLT estabelece que "no caso de não ser encontrado o destinatário ou no de recusa de recebimento, o Correio ficará obrigado, sob pena de responsabilidade do servidor, a devolvê-la, no prazo de 48 (quarenta e oito) horas, ao Tribunal de origem".[18]

Percebe-se que o dispositivo anterior criou a obrigação para os Correios de devolverem a correspondência no prazo de 48 (quarenta e oito) horas. Interpretando esse artigo, o C. TST instituiu a presunção relativa de que a parte será notificada no prazo de 48 (quarenta e oito) horas da postagem da notificação, tendo em vista que a própria lei delimitou o mesmo prazo para entregá-la. Nesse sentido, a Súmula nº 16 do TST:

Súmula nº 16 do TST. Notificação
Presume-se recebida a notificação 48 (quarenta e oito) horas depois de sua postagem. O seu não recebimento ou a entrega após o decurso desse prazo constitui ônus de prova do destinatário.

Atente-se para o fato de que a presunção é relativa, de modo que o destinatário poderá comprovar que não recebeu a notificação no referido prazo, constituindo, portanto, seu o ônus da prova. Essa demonstração tem relevância, por exemplo, para comprovar que não foi observado o prazo mínimo de 5 dias entre a notificação e a audiência inaugural, como impõe o art. 841 da CLT.

5.2.2. Notificação por edital

Quando o reclamado **criar embaraços** para o recebimento da notificação postal ou na hipótese de **não ser encontrado**, a CLT permite a notificação por edital, conforme estabelece o art. 841, § 1º:

§ 1º. A notificação será feita em registro postal com franquia. Se o reclamado criar embaraços ao seu recebimento ou não for encontrado, far-se-á a notificação por edital, inserto no jornal oficial ou no que publicar o expediente forense, ou, na falta, afixado na sede da Junta ou Juízo.

18. Nesse sentido: TST- E-ED-RR-4-54.2013.5.07.0004, SBDI-I, rel. Min. Breno Medeiros, 18.10.2018 – Informativo nº 185.

Além disso, na **fase de execução** é admitida a citação por edital, quando o executado é procurado por duas vezes no espaço de 48 horas e não é encontrado. Nesse sentido, o art. 880, § 3º, da CLT:

> § 3º. Se o executado, procurado por 2 (duas) vezes no espaço de 48 (quarenta e oito) horas, não for encontrado, far-se-á citação por edital, publicado no jornal oficial ou, na falta deste, afixado na sede da Junta ou Juízo, durante 5 (cinco) dias.

Atenção:

No procedimento sumaríssimo **não** se fará citação por edital, incumbindo ao autor a correta indicação do nome e endereço do reclamado (CLT, art. 852-B, II). Atente-se para o fato de que essa restrição atinge apenas a fase de conhecimento, aplicando-se na fase de execução o art. 880, § 3º, da CLT que permite a citação por edital.

5.2.3. Notificação por oficial de justiça

A notificação por oficial de justiça está prevista na CLT apenas para a fase de execução[19], como se verifica pelo art. 880 da CLT:

> **Art. 880.** Requerida a execução, o juiz ou presidente do tribunal mandará expedir mandado de citação do executado, a fim de que cumpra a decisão ou o acordo no prazo, pelo modo e sob as cominações estabelecidas ou, quando se tratar de pagamento em dinheiro, inclusive de contribuições sociais devidas à União, para que o faça em 48 (quarenta e oito) horas ou garanta a execução, sob pena de penhora.
>
> § 1º. O mandado de citação deverá conter a decisão exequenda ou o termo de acordo não cumprido.
>
> § 2º. A citação será feita pelos oficiais de diligência.
>
> § 3º. Se o executado, procurado por 2 (duas) vezes no espaço de 48 (quarenta e oito) horas, não for encontrado, far-se-á citação por edital, publicado no jornal oficial ou, na falta deste, afixado na sede da Junta ou Juízo, durante 5 (cinco) dias.

Percebe-se, por esse artigo, que, nesse caso, o legislador utilizou a nomenclatura citação e não notificação como na fase de conhecimento.

Atenção:

Na fase de execução, a citação é feita, primeiramente, pelo oficial de justiça e não por via postal, como na fase de conhecimento. Ressalta-se que, na fase de execução, a citação deve ser pessoal.

Consigna-se que a citação da União (LC nº 73/93, arts. 35 a 37), dos estados e dos municípios deve ser realizada por meio de oficial de justiça, inclusive na fase de conhecimento. Nesses casos, a citação deverá ocorrer ao representante legal dos referidos entes públicos[20]. Da mesma forma, deverá ocorrer com o Ministério Público

---

19. Na fase de conhecimento, também será admitida a notificação por oficial de justiça, quando o juiz determinar.
20. Nesse sentido: LEITE, Carlos Henrique Bezerra. *Curso de direito processual do trabalho*. 15. ed. São Paulo: Saraiva, 2017. p. 454.

do Trabalho (LC 75/93, arts. 18, II, h, e 84, IV) e com a Defensoria Pública da União (LC nº 80/94, art. 44, I)[21]. Isso não se aplica quando a citação for realizada por meio eletrônico, como se verá no próximo tópico.

5.2.4. Notificação por meio eletrônico

A Lei nº 11.419/2006, regulamentada atualmente no âmbito da Justiça do Trabalho pela Resolução nº 185/2017 do CSJT, estabelece que, nos processos eletrônicos, todas as citações, intimações e notificações, inclusive as destinadas União, Estados, Distrito Federal, Municípios e suas respectivas autarquias e fundações de direito público serão feitas por meio eletrônico, sem prejuízo da publicação no Diário Eletrônico da Justiça do Trabalho (DEJT) nas hipóteses previstas em lei (Lei nº 11.419/2006, art. 9º, caput; e CSJT-Res. nº 185/2017, art. 17, *caput*).

Importante:
As citações, intimações, notificações e remessas **que viabilizem o acesso à íntegra do processo correspondente serão consideradas vista pessoal** do interessado para todos os efeitos legais (Lei nº 11.419/06, art. 9º, § 1º e CNJ – Res. nº 185/2013, art. 19, § 1º).

Quando, por motivo técnico, for inviável o uso do meio eletrônico para a realização de citação, intimação ou notificação, ou ainda nas hipóteses de urgência/determinação expressa do magistrado, esses atos processuais poderão ser praticados segundo as regras ordinárias (CNJ-Res. nº 185/2013, art. 19, § 2º).

O art. 246, §§ 1º e 2º, do CPC/2015, para efetivar a citação e a intimação por meio eletrônico, declina que as empresas públicas e privadas, com exceção das microempresas e das empresas de pequeno porte, bem como a União, os Estados, o Distrito Federal, os Municípios e as entidades da administração pública indireta deverão manter cadastro nos sistemas de processo em autos eletrônicos.

Referido cadastro deverá ser realizado no prazo de 30 dias, contados a partir da data de inscrição do ato constitutivo da pessoa jurídica, perante o juízo onde tenham sede ou filial (CPC/2015, art. 1.051).

5.3. Formas de Intimação

5.3.1. Intimação pelo Diário Oficial

Como estudado anteriormente, as intimações (notificações) têm como intuito dar ciência a alguém dos atos e termos do processo, para que faça ou deixe de fazer

21. Nos Juizados especiais, tanto o STF, quanto o STJ e mesmo a Turma Nacional de Uniformização têm entendido que, ante os princípios da Celeridade e Especialidade dos juizados, não se aplica a intimação pessoal (STF-HC 86007/RJ. Rel: Min. SEPÚLVEDA PERTENCE. Julgamento: 29.6.2005. Primeira Turma; STJ-HC 241.735/SP, Min. Maria Thereza de Assis Moura, Sexta Turma, julgado em 19.11.2012).

alguma coisa. Seria o caso, por exemplo, de a parte ser intimada para se manifestar sobre documentos, recursos etc.

Nesse caso, a regra é de que a intimação seja feita no Diário Oficial ou no Diário da Justiça eletrônico, ou seja, o despacho será publicado nesses locais, em nome do próprio advogado das partes.

Nos termos da Súmula nº 427 do TST, no caso de a parte ter mais de um advogado e, "havendo pedido expresso de que as intimações e publicações sejam realizadas exclusivamente em nome de determinado advogado, a comunicação em nome de outro profissional constituído nos autos é nula, **salvo se constatada a inexistência de prejuízo**". Nesse mesmo sentido, dispõe o art. 272, § 5º, do CPC/2015:

> § 5º. Constando dos autos pedido expresso para que as comunicações dos atos processuais sejam feitas em nome dos advogados indicados, o seu desatendimento implicará nulidade.

Destaca-se que para o C. TST, no caso do Processo Judicial Eletrônico, a decretação da nulidade prevista no referido dispositivo exige que o advogado indicado esteja cadastrado no Sistema de Processo Judicial Eletrônico. Assim, ainda que conste pedido expresso para que a comunicação dos atos processuais seja feita em nome de outro advogado, se este não possuir cadastro prévio no Sistema de PJE, não haverá nulidade, uma vez que impedirá a serventia judicial de atender ao requerimento de envio da intimação direcionada (TST-IN nº 39/2016, art. 16). O TST fundamenta o seu posicionamento no princípio do interesse, previsto nos arts. 796, "b", da CLT e 276 do CPC/2015, ou seja, a nulidade não pode ser arguida por aquele que lhe deu causa.

Observação:

A notificação do Ministério Público, seja como parte, seja como fiscal da ordem jurídica, sempre será pessoal e nos autos, de modo que os autos deverão ser encaminhados à procuradoria para ciência do membro. Noutras palavras, sua intimação não pode ser feita por meio do diário oficial. Nesse sentido, dispõem os arts. 18, II, h, e 84, IV, ambos da LC nº 75/93, bem como o art. 35 da Consolidação dos Provimentos da Corregedoria-Geral da Justiça do Trabalho.

5.3.2. Intimação postal ou por oficial de justiça

Na hipótese de jus postulandi, ou seja, quando a parte postular em juízo sem advogado, a intimação será feita pelos correios ou por meio do oficial de justiça. Além disso, nos casos em que o juiz determinar a intimação, esta poderá ser feita pelo oficial de justiça.

Atenção:

As testemunhas deverão comparecer em audiência, independentemente de intimação. Caso não compareçam, pode o juiz, de ofício ou a requerimento das partes, intimá-las, ocasião em que deverão se apresentar em juízo na data designada para a audiência, sob pena de condução coercitiva e aplicação da multa estabelecida no art. 730 da CLT (CLT, art. 825).

5.3.3. Intimação eletrônica

O art. 270 do CPC/2015, aplicável subsidiariamente ao processo do trabalho, estabelece que as intimações, em regra, devem ser realizadas por meio eletrônico, enfatizando a necessidade de que o Ministério Público, a Defensoria Pública e a Advocacia Pública mantenham o cadastro nos sistemas de processo em autos eletrônicos, nos termos do art. 246, § 1º, do CPC/2015.

Apenas quando as intimações não forem realizadas por meio eletrônico, deverá ser feita pela publicação no órgão oficial, ou seja, no Diário oficial ou no Diário de Justiça eletrônico (CPC/2015, art. 272, caput; Lei nº 11.419/06, art. 5º).

Nos casos em que forem inviáveis as intimações por meio eletrônico e não houver a publicação em órgão oficial na localidade, o escrivão ou chefe de secretaria deverá intimar de todos os atos do processo os advogados das partes: I – pessoalmente, se tiverem domicílio na sede do juízo; II – por carta registrada, com aviso de recebimento, quando forem domiciliados fora do juízo (CPC/2015, art. 273).

Ademais, como já visto, no processo eletrônico, todas as citações, intimações e notificações, inclusive as destinadas à União, Estados, Distrito Federal, Municípios e suas respectivas autarquias e fundações de direito público serão feitas por meio eletrônico, sem prejuízo da publicação no Diário Eletrônico da Justiça do Trabalho (DEJT) nas hipóteses previstas em lei. (Lei nº 11.419/06, art. 9º, caput, e CSJT-Res. nº 185/2017, art. 17, caput).

5.3.4. Intimação na audiência

O art. 834 da CLT estabelece que as partes serão consideradas intimadas das decisões na própria audiência em que elas forem proferidas, o que também vem contemplado no art. 852 da CLT. Desse modo, se o juiz, por exemplo, decide a exceção de incompetência na audiência, a intimação é feita na própria audiência.

Atenção:

No caso de revelia, haverá notificação pela via postal (CLT, art. 852).

6. PRAZOS PROCESSUAIS

Para que o processo não seja eterno, a legislação prevê determinado tempo para que os atos sejam praticados pelos sujeitos do processo, definindo-se, assim, os prazos processuais.

Os prazos processuais podem ser classificados em:

- **prazos legais:** quando descrito na própria lei, como é o caso dos prazos recursais;

- **prazos judiciais:** quando fixado pelo juiz;
- **prazos convencionais:** quando definidos pelas partes de comum acordo.

Os prazos são, em regra, descritos na lei.

Não havendo previsão legal, pode o juiz definir os prazos das partes, tendo em conta a complexidade do ato (CPC/2015, art. 218, § 1º). No entanto, caso não haja previsão legal e ainda assim o juiz não o tenha estabelecido, o prazo será de 5 dias (CPC/2015, art. 218, § 3º).

Decorrido o prazo, extingue-se, independentemente de declaração judicial, o direito de praticar ou de emendar o ato, ficando salvo, porém, à parte provar que o não realizou por justa causa (CPC/2015, art. 223). Reputa-se justa causa o evento imprevisto, alheio à vontade da parte, e que a impediu de praticar o ato por si ou por mandatário (CPC/2015, art. 223, § 1º). Verificada a justa causa o juiz permitirá à parte a prática do ato no prazo que lhe assinar (CPC/2015, art. 223, § 2º).

Os prazos também podem ser divididos em:

- **peremptórios:** tradicionalmente, conceituam-se tais prazos como aqueles que não podem ser alterados pela vontade das partes.
- **dilatórios**: são aqueles que podem ser modificados por convenção das partes. Com o CPC/15, surge o chamado calendário processual (art. 191), que possibilitará diversas negociações sobre os prazos processuais.

O art. 775, § 1º, da CLT, permite a prorrogação dos prazos processuais pelo tempo estritamente necessário nas seguintes hipóteses:

- quando o juiz entender necessário; e
- em virtude de força maior, devidamente comprovada.

Observa-se que o dispositivo apresenta conceitos jurídicos indeterminados para permitir a prorrogação dos prazos processuais, o que deverá ser preenchido em cada caso concreto. Evidentemente que o juiz deverá fundamentar adequadamente a prorrogação do prazo processual, por força do art. 489, § 1º, II, do CPC/15, aplicável ao processo do trabalho (TST-IN nº 39/2016, art. 3º, IX).

Aliás, o art. 775, § 2º, da CLT, acrescentado pela Lei nº 13.467/2017 (Reforma Trabalhista), autoriza o magistrado a dilatar os prazos processuais, a fim de adequá-los à necessidade de conflito de modo a conferir maior efetividade à tutela jurisdicional. Seria o caso, por exemplo, de conceder um prazo maior para as razões finais, em razão do expressivo número de documentos.

A bem da verdade, o § 2º apenas cria um motivo para que o magistrado possa prorrogar o prazo processual. Queremos dizer, prorrogar e dilatar são expressões sinônimas, de modo que bastaria o art. 775, § 1º, I, da CLT para autorizar o juiz a prorrogar os prazos, desde que entendesse necessário. Essa necessidade poderia ser a maior efetividade da tutela jurisdicional, o que significa que o § 2º, nesse aspecto, pouco acrescenta.

Destaca-se que o juiz apenas poderá dilatar os prazos processuais antes de encerrado o prazo regular (CPC/15, art. 139, parágrafo único), obstando que a parte possa se manifestar após a ocorrência da preclusão temporal. Essa observação é importante para que o juiz não se utilize do poder-dever previsto no art. 775, § 2º, da CLT para beneficiar a parte que não tiver se manifestado no prazo previsto em lei, afastando a incidência da preclusão temporal.

Ademais, a prorrogação de prazos pelo juiz não poderá prejudicar o princípio da celeridade do processo trabalhista.

Outro ponto que merece destaque é a possibilidade de redução dos prazos peremptórios, agora admitida pelo CPC de 2015, desde que haja anuência das partes (CPC/15, art. 222, § 1º).

Os prazos processuais são classificados, ainda, em **prazos impróprios e próprios.**

Os prazos impróprios são aqueles que, se descumpridos, não provocam efeitos processuais como são, por exemplo, os prazos dirigidos aos juízes para despachar, sentenciar etc.

Os prazos próprios, por outro lado, são aqueles que, se descumpridos, levam à perda da possibilidade de praticar o ato processual. Todos os atos das partes estão submetidos a prazos próprios. Tem-se aqui a chamada **preclusão temporal**, ou seja, a parte não poderá mais praticar o ato após o vencimento de seu prazo. Ex.: interpor recurso ordinário depois do prazo de 8 dias.

É interessante saber que, além da preclusão temporal, ainda existem as seguintes espécies de preclusão:

- **preclusão consumativa**: que impede a reiteração de atos já realizados;
- **preclusão lógica**: que veda a prática de atos incompatíveis com os atos anteriormente realizados;
- **preclusão *pro iudicato***: quando a preclusão é para o juiz;
- **preclusão ordinatória**: quando a validade de um ato pressupõe a existência de um anterior. Exemplo: os embargos à execução somente podem ser recebidos depois de garantido o juízo pela penhora;
- **preclusão máxima**: quando ocorre a coisa julgada.

6.1. Princípios dos Prazos Processuais

Os prazos processuais são informados pelos seguintes princípios:

1) **princípio da utilidade:** os prazos devem ser úteis e adequados para a prática dos atos aos quais se destinam.

2) **princípio da inalterabilidade**: os prazos peremptórios, como regra, não são alteráveis.

3) **princípio da preclusão temporal**: expirado o prazo para a prática do ato, este não poderá ser realizado.

6.2. Contagem dos Prazos Processuais

Inicialmente, cumpre consignar que não se confunde a data da ciência da notificação com a data do início da contagem dos prazos processuais.

A **data da ciência**, como o próprio nome já diz, é a data em que a parte toma conhecimento da notificação. É o chamado "dia do susto".[22]

Na contagem dos prazos processuais, o "dia do susto" é excluído, incluindo-se o dia do vencimento. Desse modo, a contagem do prazo somente terá início no dia seguinte ao recebimento da notificação. É o que estabelece o caput do art. 775 da CLT:

> **Art. 775.** Os prazos estabelecidos neste Título serão contados em dias úteis, com exclusão do dia do começo e inclusão do dia do vencimento.

É interessante declinar que o "dia do susto" deve ser em dia que tenha expediente forense (dia útil). Caso contrário, a notificação será considerada como realizada no próximo dia útil subsequente.

- **Exemplo**: a parte é notificada no domingo. Nesse caso, ela será considerada como notificada na segunda-feira (dia do susto) e a contagem terá início no dia seguinte (terça-feira).

Além disso, há de se consignar que a contagem do prazo somente se inicia nos dias úteis, vez que os atos processuais, em regra, igualmente só podem ser realizados nesses dias, nos termos do art. 770 da CLT. Assim, no exemplo anterior, se a terça-feira é feriado, somente na quarta-feira terá início a contagem do prazo.

Atente-se para o fato de que o **sábado** é dia não útil, isto é, não dá início à contagem, nem mesmo é considerado dia de realização da notificação (CPC/2015, art. 216).

Desse modo, se a parte for notificada na sexta-feira, seu prazo terá início na segunda-feira, uma vez que o sábado e o domingo não são considerados dias úteis.

Nesse sentido, a Súmula nº 1 do TST:

> **Súmula nº 1 do TST.** Prazo Judicial
> Quando a intimação tiver lugar na sexta-feira, ou a publicação com efeito de intimação for feita nesse dia, o prazo judicial será contado da segunda-feira imediata, inclusive, salvo se não houver expediente, caso em que fluirá no dia útil que se seguir.

22. SILVA, Homero Batista Mateus da. *Curso de direito do trabalho aplicado: justiça do trabalho, v. 8*. Rio de Janeiro: Elsevier, 2010., p. 227.

Por outro lado, se a parte é notificada no sábado (dia sem expediente forense), ela será considerada realizada na segunda-feira (se for dia útil), e a contagem inicia-se no próximo dia útil subsequente. Esquematizamos, para melhor compreensão:

Notificação	Será considerada realizada a notificação	Início da contagem do prazo
Dia 15 (sábado)	Dia 17 (segunda-feira)	Dia 18 (terça-feira)

Importante:

Existe uma exceção quanto ao início da contagem em dia não útil. É o caso do recurso interposto via fac-símile. Nessa hipótese, enviado o fax, a parte tem o prazo de 5 dias para a juntada dos originais, que começa a correr do dia subsequente ao término do prazo recursal, mesmo que coincida com feriado, sábado ou domingo (Súmula nº 387 do TST).

O **término do prazo** também deve coincidir com dia útil, de modo que, recaindo sobre dia não útil, será prorrogado para o primeiro dia útil subsequente.

- **Exemplo**: vencido o prazo de 8 dias para interpor o recurso ordinário no dia 20 (sábado), a parte poderá protocolá-lo até no dia 22 (segunda-feira), exceto se neste dia for feriado, o que provocará a prorrogação para o primeiro dia útil posterior.

Em suma, em regra, a contagem do prazo não pode nem iniciar nem terminar em dia não útil.

O vencimento dos prazos será certificado nos processos pelos escrivães ou chefes de secretaria (CLT, art. 776).

Importante:

Será considerado tempestivo o ato praticado antes do termo inicial do prazo (CPC/2015, art. 218, § 4º).

6.2.1. *Contagem em dias úteis*

Dias úteis são os dias em que há expediente forense. Por outro lado, dias inúteis são os feriados declarados em lei, os sábados, os domingos e os dias em que não haja expediente forense (CPC/2015, art. 216).

O art. 219 do CPC/2015 determina que, na contagem dos prazos em dias, devem ser computados apenas os dias úteis.[23] Esse dispositivo alterou substancialmente a sistemática prevista na contagem dos prazos processuais do CPC/1973, que considerava que os prazos eram contínuos e não se interrompiam em feriados (CPC/73, art. 178).

23. Art. 219. Na contagem de prazo em dias, estabelecido por lei ou pelo juiz, computar-se-ão somente os dias úteis.

Com o advento da Lei nº 13.467/2017 (Reforma Trabalhista), porém, o art. 775 da CLT expressamente passou a prever que os prazos processuais no processo do trabalho devem ser contados apenas em dias úteis, assim como ocorre no processo civil.[24]

Desse modo, os dias inúteis entre o termo inicial e o termo final do prazo passam a ser relevantes, pois deixam de ser computados na contagem.

Exemplo: reclamado é intimado da sentença que julgou procedentes os pedidos na quinta-feira. Nesse caso, não existindo nenhum feriado, a quinta-feira é o dia do susto e a contagem iniciará na sexta-feira, vencendo o prazo recursal (8 dias úteis) na terça-feira, ou seja, computam-se: sexta-feira (1º dia), segunda-feira (2º dia), terça-feira (3º dia), quarta-feira (4º dia), quinta-feira (5º dia), sexta-feira (6º dia), segunda-feira (7º dia) e terça-feira (8º dia).

Antes de finalizar esse tópico é necessário fazer uma observação.

A contagem em dias úteis atinge todos os prazos do processo do trabalho, porque o art. 775, caput, da CLT expressamente declinou que alcança os "prazos estabelecidos neste Título", ou seja, o Título X, que versa sobre o processo judiciário do trabalho (arts. 763 a 910).

Nesse aspecto é interessante notar que o CPC diferenciou no art. 219, parágrafo único, prazos processuais e prazos materiais, aplicando-se a contagem em dias úteis apenas para os prazos processuais. Desse modo, parte da jurisprudência tem entendido, por exemplo, que o prazo do art. 523 do CPC é material, vez que tem como destinatário a parte para que cumpra o próprio direito material, não sendo contado, pois, em dias úteis.

No processo do trabalho, como dito, o legislador não fez essa diferença, aplicando a contagem de dias úteis para todos os prazos constantes do título relacionado ao processo do trabalho, atingindo inclusive os prazos materiais, como é o caso, por exemplo, do prazo de 45 dias do art. 883-A da CLT.

6.2.2. Início da contagem quando marcada audiência de julgamento

Em alguns casos, na audiência de instrução (momento em que se colhem provas), pode o juiz marcar outra audiência, chamada de audiência de julgamento, para

24. Quanto à aplicação temporal das alterações da Reforma referentes à contagem em dias úteis, ressaltamos o seguinte julgado:
Acórdão recorrido publicado um dia antes da vigência da Lei nº 13.467/2017. Contagem de prazo em dias úteis. Inaplicabilidade.
No caso em que o acórdão recorrido foi publicado em 10.11.2017, ou seja, um dia antes da entrada em vigor da Lei nº 13.467/2017 (Reforma Trabalhista), a contagem do prazo para a interposição de recurso segue a regra do art. 775 da CLT vigente à época da publicação do acórdão, ou seja, dias corridos. Não é possível contar o prazo em dias úteis, conforme estipulado pela Lei da Reforma Trabalhista, pois embora as normas de natureza processual tenham aplicação imediata em relação aos processos em curso, não operam efeito retroativo, tendo em vista o princípio *tempus regit actum*. Sob esse fundamento, a SBDI-I, por unanimidade, conheceu do agravo interno e, no mérito, negou-lhes provimento. (TST-Ag-E-ED-ED-ED-RR-62700-66.2008.5.05.0131, SBDI-I, rel. Min. Alberto Luiz Bresciani de Fontan Pereira, 8.11.2018 – Informativo nº 186).

proferir a sentença. Nessa hipótese, designada audiência de julgamento, incumbe à parte comparecer para tomar conhecimento da decisão, sob pena de ser considerada intimada da sentença, mesmo diante de sua ausência, conforme declina a Súmula nº 197 do TST:

> **Súmula nº 197 do TST.** Prazo
>
> O prazo para recurso da parte que, intimada, não comparecer à audiência em prosseguimento para a prolação da sentença conta-se de sua publicação.

Pode acontecer de, marcada a audiência de julgamento, o juiz não sentenciar na data da audiência de julgamento. Nesse caso, o juiz tem o prazo de 48 horas para a juntada da sentença nos autos. Não sendo juntada a sentença nesse prazo, deverá intimar a parte, posteriormente, da sentença, iniciando seu prazo recursal somente depois da intimação. É o que estabelece a Súmula nº 30 do TST:

> **Súmula nº 30 do TST.** Intimação da sentença
>
> Quando não juntada a ata ao processo em 48 horas, contadas da audiência de julgamento (art. 851, § 2º, da CLT), o prazo para recurso será contado da data em que a parte receber a intimação da sentença.

Em resumo, designada audiência de julgamento, as partes serão consideradas intimadas, independentemente de comparecerem na audiência, desde que a decisão seja juntada no processo até o prazo de 48 horas. Nesse caso, o prazo recursal inicia-se na data da publicação da sentença. Contudo, não sendo juntada a decisão ao processo no prazo de 48 horas, contados da data da audiência, as partes deverão ser intimadas, começando a correr o prazo recursal depois da intimação.

6.2.3. Contagem dos prazos no processo eletrônico

A Lei nº 11.419/2006, que disciplinou a informatização do processo, manteve a mesma sistemática anterior, estabelecendo que, nas intimações por meio eletrônico, estas serão consideradas realizadas no dia da consulta. Além disso, ocorrendo a consulta "em dia não útil, a intimação será considerada como realizada no primeiro dia útil seguinte" (art. 5º, § 2º).

É importante observar que, **não** havendo consulta no prazo de 10 dias **corridos**, será **presumida** a intimação, isto é, sendo expedida a intimação via eletrônica e não tomando ciência dentro do prazo de 10 dias corridos, a parte será considerada intimada (art. 5º, § 3º; CPC/2015, art. 231, V), iniciando-se a contagem do prazo no dia seguinte. Para efeito da contagem do prazo de 10 dias corridos será considerado:

> I – o dia inicial da contagem é o dia seguinte ao da disponibilização do ato de comunicação no sistema, independentemente de esse dia ser, ou não, de expediente no órgão comunicante;

II – o dia da consumação da intimação ou comunicação é o décimo dia a partir do dia inicial, caso seja de expediente judiciário, ou o primeiro dia útil seguinte, conforme previsto no art. 5º, § 2º, da Lei n. 11.419, de 19 de dezembro de 2006. (CNJ – Res. nº 185/2013, art. 21).

Havendo, no entanto, consulta dentro do prazo de 10 dias, considera-se realizada a intimação no dia da ciência (consulta).

Em suma, efetivada a consulta dentro dos 10 dias corridos, será considerado intimado na data da consulta. Por outro lado, se não realizar a consulta, também será considerado intimado, mas depois de ultrapassados os 10 dias corridos.

Atenção:

Esses 10 dias não são considerados como prazo processual propriamente dito, mas como período para que a parte possa tomar ciência do ato processual. Por isso, eles não são contados em dias úteis, mas em dias corridos.

Atente-se, ainda, para o fato de que é diferente também a contagem do prazo na hipótese de publicação no Diário da Justiça eletrônico, como ocorre, em regra, com a intimação do advogado. Nesse caso, a data da publicação será considerada o primeiro dia útil seguinte ao da disponibilização da informação no Diário da Justiça eletrônico, começando a correr o prazo processual "no primeiro dia útil que seguir ao considerado como data da publicação" (art. 4º, §§ 3º e 4º). Exemplifica-se:

Disponibilizada a decisão no Diário eletrônico	Será considerada data de publicação	Início da contagem do prazo processual
Dia 20 (quarta-feira)	Dia 21 (quinta-feira)	Dia 22 (sexta-feira)

No ensejo, aproveitamos para esclarecer que, no processo eletrônico, os documentos são apresentados com a petição eletrônica, sendo considerados originais. Contudo, na hipótese de ser tecnicamente inviável a digitalização dos documentos, em razão do grande volume ou por motivo de ilegibilidade, eles deverão ser apresentados ao cartório ou secretaria no prazo de **10 dias,** contados do envio da petição eletrônica, comunicando tal fato na petição, sendo os documentos devolvidos à parte após o trânsito em julgado (art. 11, § 5º, da Lei 11.419/06).

6.2.4. Interrupção e suspensão

Iniciada a contagem dos prazos processuais, como regra, ela se dá de forma contínua até o final do prazo, sendo permitida sua prorrogação pelo tempo estritamente necessário nas seguintes hipóteses:

- quando o juiz entender necessário; e
- em virtude de força maior, devidamente comprovada.

Pode ocorrer ainda, de os prazos serem interrompidos ou suspensos, nos casos em que a lei determinar.

Na hipótese de **interrupção**, ocorrido o fato, a parte terá restituído integralmente seu prazo, iniciando-se novamente no primeiro dia útil após o término do fato, ou seja, volta-se à estaca zero.

- **Exemplo**: proferida sentença, a parte poderá interpor embargos de declaração, no prazo de 5 dias úteis, e recurso ordinário, no prazo de 8 dias úteis. Interpostos os embargos de declaração no 5º dia útil, fica interrompido o prazo para a interposição do recurso ordinário. Após a intimação da decisão dos embargos de declaração, inicia-se novamente o prazo de 8 dias úteis para interpor o recurso ordinário.

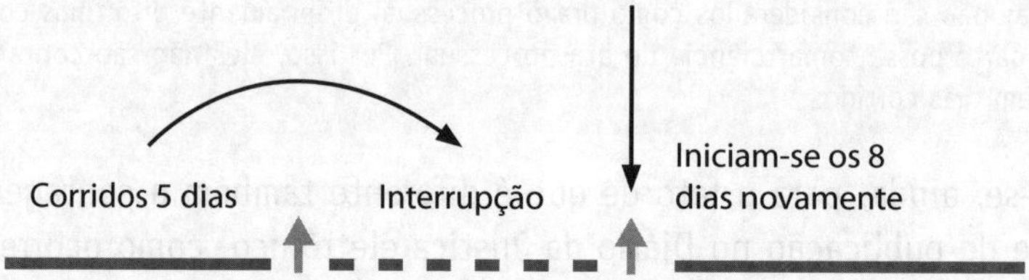

Já no caso de **suspensão**, o curso do prazo é paralisado durante o período da suspensão, voltando a correr no primeiro dia útil após a paralisação, isto é, volta a correr do ponto em que havia parado.

- **Exemplo**: prazo de 8 dias úteis para interposição dos embargos de divergência no TST, sendo iniciada sua contagem no dia 29 de junho. Entre os dias 02 a 31 de janeiro e de 02 a 31 de julho há férias coletivas no C. TST, que suspende os prazos recursais (TST-RI, art. 192, § 1º; LC nº 35/79, art. 66, § 1º). Nessa hipótese, conta-se o prazo do dia 29 de junho a 1º de julho (3 dias), retornando a correr o restante (5 dias) no dia 1º de agosto.

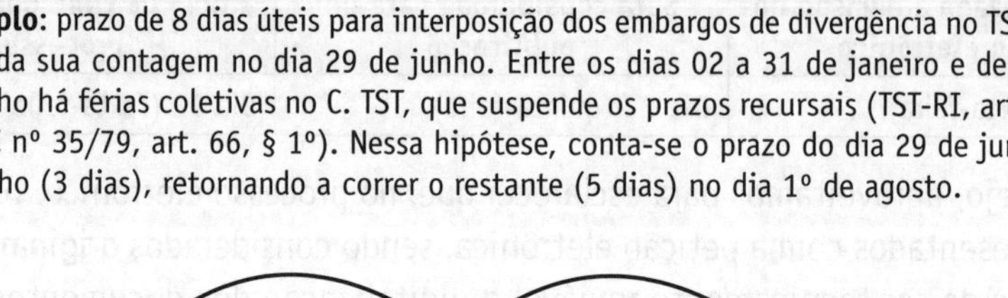

6.2.4.1. *Recesso forense e o art. 775-A da CLT*

Embora o art. 62, I, da Lei nº 5.010/66 seja direcionado à Justiça Federal, ele é aplicado à Justiça do Trabalho, por força da Súmula nº 262, II, do TST. Aludido dispositivo versa o que segue:

> **Art. 62.** Além dos fixados em lei, serão **feriados** na Justiça Federal, inclusive nos Tribunais Superiores:
>
> I – os dias compreendidos entre 20 de dezembro e 6 de janeiro, inclusive; (...) (grifo nosso)

Ademais, o CPC de 2015 cria um dispositivo inédito ao declinar em seu art. 220 que o curso do prazo processual será suspenso entre 20 de dezembro e 20 de janeiro, inclusive. Reproduzindo o dispositivo do CPC/15, o art. 775-A da CLT, incluído pela Lei nº 13.545/2017, passou a estabelecer:

> **Art. 775-A.** Suspende-se o curso do prazo processual nos dias compreendidos entre 20 de dezembro e 20 de janeiro, inclusive.
>
> § 1º Ressalvadas as férias individuais e os feriados instituídos por lei, os juízes, os membros do Ministério Público, da Defensoria Pública e da Advocacia Pública e os auxiliares da Justiça exercerão suas atribuições durante o período previsto no caput deste artigo.
>
> § 2º Durante a suspensão do prazo, não se realizarão audiências nem sessões de julgamento.

Vê-se pelo supramencionado dispositivo que, entre os dias 20 de dezembro a 20 de janeiro, os prazos ficarão suspensos, não se realizando audiências e sessões de julgamento.

O Conselho Nacional de Justiça (CNJ), com o objetivo de compatibilizar o teor do art. 62, I, da Lei nº 5.010/66 com o art. 220 do CPC/2015 (e agora com o art. 775-A da CLT), expediu a Resolução nº 244 de 12.9.16 descrevendo o que segue:

> **Art. 2º.** O recesso judiciário importa em suspensão não apenas do expediente forense, mas, igualmente, dos prazos processuais e da publicação de acórdãos, sentenças e decisões, bem como da intimação de partes ou de advogados, na primeira e segunda instâncias, exceto com relação às medidas consideradas urgentes.
>
> § 1º. O período equivalente ao recesso para os órgãos do Poder Judiciário da União corresponde ao feriado previsto no inciso I do art. 62 da Lei 5.010/66, devendo também ser observado o sistema de plantão.
>
> § 2º. A suspensão prevista no caput não obsta a prática de ato processual necessário à preservação de direitos e de natureza urgente.
>
> **Art. 3º.** Será suspensa a contagem dos prazos processuais em todos os órgãos do Poder Judiciário, inclusive da União, entre 20 de dezembro a 20 de janeiro, período no qual não serão realizadas audiências e sessões de julgamento, como previsto no art. 220 do Código de Processo Civil, independentemente da fixação ou não do recesso judiciário previsto no artigo 1º desta Resolução.
>
> Parágrafo único. O expediente forense será executado normalmente no período de 7 a 20 de janeiro, inclusive, mesmo com a suspensão de prazos, audiências e sessões, com o exercício, por magistrados e servidores, de suas atribuições regulares, ressalvadas férias individuais e feriados, a teor do § 2º do art. 220 do Código de Processo Civil.

Assim, para o CNJ as regras serão aplicadas da seguinte forma:

- de 20 de dezembro a 06 de janeiro não haverá expediente forense, de modo que a prática de atos processuais ficará suspensa, salvo as medidas de urgência;
- de 07 a 20 de janeiro apenas os prazos, audiências e sessões ficarão suspensos, mantendo-se o expediente forense normal.

6.3. Prazos Diferenciados

As pessoas jurídicas de direito público que não explorem atividade econômica, o Ministério Público e a Defensoria Pública possuem a prerrogativa de prazos diferenciados.

Nesse contexto, os arts. 180, 183 e 186 do CPC/2015, aplicáveis subsidiariamente ao processo do trabalho, conferem a tais entes o **prazo em dobro** para manifestar nos autos, ou seja, para a prática de todos os atos processuais, o que inclui, por exemplo, a interposição de recursos, contrarrazões etc.

> **Atenção:**
>
> Não se aplica o benefício da contagem em dobro quando a lei estabelecer, de forma expressa, prazo próprio para o ente público, Ministério Público ou Defensoria Pública (CPC/2015, arts. 180, § 2º, 183, § 2º e 186, § 4º).

É importante fazer, nesse momento, uma observação quanto às pessoas jurídicas de direito público (União, dos Estados, do Distrito Federal, dos Municípios e das autarquias ou fundações de direito público) que não explorem atividade econômica.

O art. 1º do Decreto-Lei nº 779/69 vaticina:

> **Art. 1º.** Nos processos perante a Justiça do Trabalho, constituem privilégio da União, dos Estados, do Distrito Federal, dos Municípios e das autarquias ou fundações de direito público federais, estaduais ou municipais que não explorem atividade econômica:
>
> (...)
>
> II – o quádruplo do prazo fixado no artigo 841, "in fine", da Consolidação das Leis do Trabalho;
>
> III – o prazo em dobro para recurso; (...)

Pelo referido inciso II percebe-se que o legislador criou, aparentemente, um prazo para a pessoa jurídica de direito público apresentar sua contestação. Melhor explicando, a CLT descreve no art. 841, caput, que, entre a notificação e a audiência inicial, deve existir um prazo mínimo de 5 dias. A doutrina entende que esse é o prazo concedido à reclamada para confeccionar sua contestação, ou seja, é teoricamente o prazo para contestar. Nesse contexto, o aludido inciso II quadruplica esse prazo, de modo entre a notificação e a audiência para apresentação de contestação deve ser, no mínimo, de 20 dias[25].

Com efeito, existindo regra própria no processo do trabalho, no caso específico das pessoas jurídicas de direito público que não exploram atividade econômica

25. O art. 73 da Consolidação dos Provimentos da Corregedoria-Geral da Justiça do Trabalho reforça esse entendimento, afirmando que "as secretarias das varas do trabalho velarão para que, nas ações ajuizadas em desfavor de entes públicos (Decreto-lei n.º 779/69), inclusive Estado estrangeiro ou organismo internacional, observe-se lapso temporal para preparação da defesa de, no mínimo, 20 (vinte) dias entre o recebimento da notificação citatória e a realização da audiência.".

mantém-se o prazo quadruplicado para contestar, enquanto todos os demais prazos serão dobrados, por exemplo, 16 dias para recorrer.

É interessante observar que o Decreto-Lei nº 509, de 20 de março de 1969, equiparou a empresa brasileira de correios e telégrafos (EBCT) à Fazenda Pública, especialmente quanto às prerrogativas processuais (art. 12), incluindo, assim, os prazos processuais. O mesmo ocorre com as empresas públicas e sociedades de economia mista que sejam prestadoras de serviço público em ambiente não concorrencial.

De qualquer modo, o Ministério Público e a Defensoria Pública, na atual sistemática, sempre terão prazo em dobro, não se valendo do prazo quadruplicado anteriormente anunciado.

Por fim, consigna-se que, no processo do trabalho, quando existir litisconsórcio e as partes tiverem advogados diferentes, de escritórios de advocacia distintos, **não** há modificação do prazo processual, conforme estabelece a OJ nº 310 da SDI-I do TST:

> **Orientação Jurisprudencial nº 310 da SDI-I do TST.** Litisconsortes. Procuradores distintos. Prazo em dobro. Art. 229, caput e §§ 1º e 2º, do CPC de 2015. Art. 191 do CPC de 1973. Inaplicável ao processo do trabalho
>
> **Inaplicável** ao processo do trabalho a norma contida no art. 229, caput e §§ 1º e 2º, do CPC de 2015 (art. 191 do CPC de 1973), em razão de incompatibilidade com a celeridade que lhe é inerente (grifo nosso).

6.4. Principais Prazos Processuais

Ato processual	Prazo
Encaminhamento da petição inicial ao reclamado	48 horas
Recebimento da notificação para comparecer na audiência inicial	5 dias antes da audiência
Redução a termo de reclamação verbal	5 dias
Exceção de incompetência	5 dias a contar da notificação e antes da audiência
Contestação verbal	20 minutos
Audiência	1ª desimpedida, depois de 5 dias
Prazo para reclamante demonstrar que a ausência em audiência ocorreu por motivo legalmente justificável	15 dias
Duração máxima da audiência	5 horas seguidas, salvo quando houver matéria urgente
Razões finais	10 minutos

Ato processual	Prazo
Despachos	5 dias
Decisão interlocutória	10 dias
Sentença	30 dias
Recurso ordinário **Recurso de revista** **Agravo de petição** **Agravo de instrumento** **Embargos de divergência** **Embargos infringentes** **Recurso adesivo** **Agravo interno e regimental**	8 dias
Embargos de declaração	5 dias
Recurso extraordinário (STF) **Recurso adesivo de RE**	15 dias
Depósito recursal	Pagamento e comprovação no prazo do recurso. A interposição antecipada do recurso não prejudica o prazo legal (Súmula nº 245 do TST). No caso de agravo de instrumento, porém, o depósito recursal deve ser feito no ato da interposição do recurso.
Pagamento ou nomeação de bens à penhora	48 horas
Embargos à execução	5 dias
Embargos à execução para a fazenda pública	30 dias
Ação rescisória	2 anos
Inquérito para apuração de falta grave	30 dias da suspensão do empregado
Mandado de segurança	120 dias
Cumprimento das obrigações do oficial de justiça	9 dias
Juntada dos originais, na hipótese de fac-símile	5 dias
Apresentação de documentos em cartório ou secretaria, no processo eletrônico, na hipótese de ser tecnicamente inviável a digitalização dos documentos, em razão do grande volume ou por motivo de ilegibilidade	10 dias
Levar a protesto, gerar inscrição do nome do executado em órgãos de proteção ao crédito ou no Banco Nacional de Devedores Trabalhistas (BNDT) de decisão judicial transitada em julgado	45 dias a contar da citação do executado, se não houver garantia do juízo

7. DESPESAS PROCESSUAIS

As despesas processuais correspondem a todos os gastos que as partes têm com o processo. Trata-se de gênero que tem como espécies as custas, os emolumentos, os honorários do perito e assistentes, entre outros gastos com o processo. No entanto, os honorários advocatícios, por serem destinados à remuneração do advogado, não integram as despesas processuais propriamente dita.[26]

As custas processuais têm natureza de taxa, sendo devidas ao Estado em decorrência da realização de sua atividade (exercício da jurisdição).

Já os emolumentos representam o reembolso dos gastos realizados pelo Estado em atividades **não jurisdicionais** prestadas, por exemplo, autenticações, fotocópias etc.

7.1. Custas Processuais

7.1.1. Valor das custas processuais

O valor das custas processuais é analisado de forma diferente, a depender da fase do processo, ou seja, será um valor na fase de conhecimento e outro valor na fase de execução.

a) Fase de conhecimento

Na fase de conhecimento, as custas processuais vêm estabelecidas no art. 789 da CLT:

> **Art. 789.** Nos dissídios individuais e nos dissídios coletivos do trabalho, nas ações e procedimentos de competência da Justiça do Trabalho, bem como nas demandas propostas perante a Justiça Estadual, no exercício da jurisdição trabalhista, as custas relativas ao processo de conhecimento incidirão à base de 2% (dois por cento), observado o mínimo de R$ 10,64 (dez reais e sessenta e quatro centavos) e o máximo de quatro vezes o limite máximo dos benefícios do Regime Geral de Previdência Social, e serão calculadas:
>
> I – quando houver acordo ou condenação, sobre o respectivo valor;
>
> II – quando houver extinção do processo, sem julgamento do mérito, ou julgado totalmente improcedente o pedido, sobre o valor da causa;
>
> III – no caso de procedência do pedido formulado em ação declaratória e em ação constitutiva, sobre o valor da causa;
>
> IV – quando o valor for indeterminado, sobre o que o juiz fixar.
>
> § 1º. As custas serão pagas pelo vencido, após o trânsito em julgado da decisão. No caso de recurso, as custas serão pagas e comprovado o recolhimento dentro do prazo recursal.
>
> § 2º. Não sendo líquida a condenação, o juízo arbitrar-lhe-á o valor e fixará o montante das custas processuais.

26. CAMARGO, Luiz Henrique Volpe. Comentários ao art. 90 do CPC/15. In: WAMBIER, Teresa Arruda Alvim et al. *Breves comentários ao Novo Código de Processo Civil de acordo com as alterações da lei nº 13.256/2016*. 2. ed. São Paulo: Editora Revista dos Tribunais, 2016. p. 365.

§ 3º. Sempre que houver acordo, se de outra forma não for convencionado, o pagamento das custas caberá em partes iguais aos litigantes.

§ 4º. Nos dissídios coletivos, as partes vencidas responderão solidariamente pelo pagamento das custas, calculadas sobre o valor arbitrado na decisão, ou pelo Presidente do Tribunal.

Da análise do dispositivo anterior, é possível extrair que as custas são sempre no valor de 2%, calculados sobre o:

1) valor da condenação;
2) valor do acordo;
3) valor da causa
   - extinção do processo sem resolução do mérito
   - improcedência dos pedidos
   - no caso de procedência do pedido formulado em ação declaratória e em ação constitutiva
4) valor que o juiz definir (quando o valor for indeterminado);
5) o valor arbitrado na decisão, ou pelo Presidente do Tribunal, na hipótese de dissídio coletivo.

Importante:

Nas ações plúrimas (litisconsórcio), as custas incidem sobre o valor total dos pedidos (Súmula nº 36 do TST).

Atenção:

O valor mínimo a ser pago é de R$ 10,64. Assim, se o acordo for de R$ 300,00, as custas serão de R$ 10,64 e não R$ 6,00, que corresponde a 2% do valor do acordo.

Já o valor máximo a ser pago corresponde a 4 vezes o limite máximo dos benefícios do Regime Geral de Previdência Social. Esse valor máximo foi incluído no caput do art. 789 da CLT pela Lei nº 13.467/17. Desse modo, o C. TST considera que ele é aplicado às decisões que fixem custas, proferidas a partir de 11.11.2017, data da entrada em vigor da Lei nº 13.467/17 (TST-IN nº 41/2018, art. 4º).

b) Fase de execução

Na fase de execução, em regra, as custas têm valores fixos e devem ser pagas ao final e de acordo com o ato praticado, conforme estabelece o art. 789-A, da CLT:

Art. 789-A. No processo de execução são devidas custas, sempre de responsabilidade do executado e pagas ao final, de conformidade com a seguinte tabela:

I – autos de arrematação, de adjudicação e de remição: 5% (cinco por cento) sobre o respectivo valor, até o máximo de R$ 1.915,38 (um mil, novecentos e quinze reais e trinta e oito centavos);

II – atos dos oficiais de justiça, por diligência certificada:

a. em zona urbana: R$ 11,06 (onze reais e seis centavos);

b. em zona rural: R$ 22,13 (vinte e dois reais e treze centavos);

III – agravo de instrumento: R$ 44,26 (quarenta e quatro reais e vinte e seis centavos);

IV – agravo de petição: R$ 44,26 (quarenta e quatro reais e vinte e seis centavos);

V – embargos à execução, embargos de terceiro e embargos à arrematação: R$ 44,26 (quarenta e quatro reais e vinte e seis centavos);

VI – recurso de revista: R$ 55,35 (cinquenta e cinco reais e trinta e cinco centavos);

VII - impugnação à sentença de liquidação: R$ 55,35 (cinquenta e cinco reais e trinta e cinco centavos);

VIII - despesa de armazenagem em depósito judicial - por dia: 0,1% (um décimo por cento) do valor da avaliação;

IX - cálculos de liquidação realizados pelo contador do juízo - sobre o valor liquidado: 0,5% (cinco décimos por cento) até o limite de R$ 638,46 (seiscentos e trinta e oito reais e quarenta e seis centavos).

7.1.2. Responsabilidade pelo pagamento das custas

Por serem as custas despesas decorrentes da movimentação do Poder Judiciário, a legislação incumbiu seu pagamento àquele que deu causa ao processo, ou seja, o pagamento das custas processuais é de responsabilidade da parte vencida (CLT, art. 789, § 1º).

É interessante notar que, havendo diversos pedidos nas relações de emprego, mesmo se o reclamante não for vencedor em todos, a responsabilidade pelo pagamento é do reclamado (vencido), isto é, nas ações de relação de emprego não se aplica a sucumbência recíproca para o pagamento das custas processuais (divisão do pagamento entre as partes).

Cabe salientar, contudo, que, na hipótese de relação de trabalho, haverá sucumbência recíproca, ou seja, existindo cumulação de pedidos, se a procedência deles é parcial, as custas serão divididas proporcionalmente entre as partes (TST, IN nº 27/2005).

É necessário atentar, ainda, para quatro aspectos importantes:

1) no caso de acordo, o pagamento das custas será dividido em partes iguais entre os litigantes, exceto se convencionarem de forma diferente;
2) na fase de execução, a responsabilidade pelo pagamento é sempre do executado;
3) no dissídio coletivo, as partes vencidas responderão solidariamente pelo pagamento das custas;
4) tratando-se de empregado que não tenha obtido o benefício da justiça gratuita, ou isenção de custas, o sindicato que houver intervindo no processo responderá solidariamente pelo pagamento das custas devidas.

7.1.3. Momento do recolhimento das custas

O recolhimento das custas deverá ocorrer da seguinte forma:[27]

27. O recolhimento das custas é um pressuposto recursal, de modo que não havendo pagamento, o recurso não será conhecido. Cumpre consignar que o C. TST entende que, sendo insuficiente o pagamento das custas processuais e do depósito recursal, há necessidade de intimação do recorrente para efetivar o recolhimento da diferença no prazo de 5 dias (OJ nº 140 da SDI-I do TST).

Momento	Hipótese
Depois do trânsito em julgado	Quando **não** houver recurso
No prazo do recurso	Quando existir recurso[15]
No fim do processo	Custas na fase de execução

É importante observar que, na fase de execução, as custas serão de responsabilidade do executado e pagas no fim do processo. Isso significa que, havendo recurso nessa fase (p. ex., agravo de petição), não há necessidade de recolhimento das custas processuais, ou seja, na fase de execução as custas processuais não são consideradas pressuposto recursal[28].

7.1.4. *Isentos do pagamento das custas*

Estão isentos do pagamento das custas processuais:

1) o beneficiário da justiça gratuita (CLT, art. 790, § 3º), exceto na hipótese do art. 844, § 2º, da CLT[29];
2) a União, os Estados, o Distrito Federal, os Municípios e respectivas autarquias e fundações públicas federais, estaduais ou municipais que não explorem atividade econômica (CLT, art. 790-A, I);
3) o Ministério Público do Trabalho (CLT, art. 790-A, II);
4) Empresas Brasileira de Correios e Telégrafos (Decreto-Lei nº 509/69)[30] e Hospital das Clínicas de Porto Alegre (Lei nº 5.604/70);
5) Estados estrangeiros, missões diplomáticas e repartições consulares (Convenções de Viena de 1961 e 1963).

Atente-se para o fato de que, o **reembolso** das custas à parte vencedora, faz-se necessário mesmo na hipótese em que a parte vencida for a União, os Estados, o Distrito Federal, os Municípios e respectivas autarquias e fundações públicas federais, estaduais ou municipais que não explorem atividade econômica (CLT, art. 790-A, parágrafo único, e Súmula nº 25, IV, do TST). Queremos dizer, a isenção do pagamento das custas por tais entidades, não as eximem de reembolsar o que já foi pago, ocasionalmente, pela outra parte.

28. Informativo de execução do TST nº 7.
29. CLT, art. 844, § 2º Na hipótese de ausência do reclamante, este será condenado ao pagamento das custas calculadas na forma do art. 789 desta Consolidação, ainda que beneficiário da justiça gratuita, salvo se comprovar, no prazo de quinze dias, que a ausência ocorreu por motivo legalmente justificável.
30. As empresas públicas não são isentas do pagamento das custas. No entanto, o STF isentou o pagamento pelos Correios, em razão de sua função pública.

Observação 1:

A isenção não alcança as entidades fiscalizadoras do exercício profissional (exemplo, CREA), nem exime as pessoas jurídicas, referidas no item 2, da obrigação de reembolsar as despesas judiciais realizadas pela parte vencedora (CLT, art. 790-A, parágrafo único) *.

(*) Há de se consignar que o STF reconheceu que tais conselhos têm natureza de autarquias, sendo dotados de personalidade jurídica de direito público (ADIn nº 1717/DF). Nesse contexto, parte da doutrina passou a defender a inconstitucionalidade do referido parágrafo único, por criar discriminação entre entidades com mesma natureza. O mesmo caminho trilhou o C.TST, como se verifica pelo julgado extraído do informativo nº 44 do TST: *Conselho de fiscalização do exercício profissional. Natureza jurídica. Autarquia. Privilégios do Decreto-Lei nº 779/69. Aplicação.* Os conselhos de fiscalização do exercício profissional constituem autarquias especiais instituídas pelo Estado para a consecução de um fim de interesse público, qual seja, fiscalizar o exercício das profissões correspondentes. Sendo assim, a eles se aplicam os privilégios de que trata o Decreto-Lei nº 779/69, inclusive no que diz respeito à dispensa de recolhimento de custas processuais e de depósito recursal e à concessão de prazo em dobro para recorrer. Com esse entendimento, a SBDI-I, por unanimidade, conheceu dos embargos, por divergência jurisprudencial e, no mérito, por maioria, negou-lhes provimento. Vencidos os Ministros Renato de Lacerda Paiva, José Roberto Freire Pimenta e Alexandre de Souza Agra Belmonte. TST-E-RR-26500-89.2009.5.04.0022, SBDI-I, rel. Min. João Oreste Dalazen, 25.4.2013.

Observação 2:

Não estão isentas dos pagamentos das custas as empresas públicas e as sociedades de economia mista (Súmula nº 170 do TST)*.

(*) O C. TST permite a isenção quando tais empresas prestam serviço de utilidade pública em modalidade não concorrência.

7.2. Valor dos Emolumentos

Quanto aos valores dos emolumentos, eles possuem montantes fixos, como declina o art. 789-B, da CLT:

> **Art. 789-B.** Os emolumentos serão suportados pelo Requerente, nos valores fixados na seguinte tabela:
>
> I – autenticação de traslado de peças mediante cópia reprográfica apresentada pelas partes – por folha: R$ 0,55 (cinquenta e cinco centavos de real);
>
> II – fotocópia de peças – por folha: R$ 0,28 (vinte e oito centavos de real);
>
> III – autenticação de peças – por folha: R$ 0,55 (cinquenta e cinco centavos de real);
>
> IV – cartas de sentença, de adjudicação, de remição e de arrematação – por folha: R$ 0,55 (cinquenta e cinco centavos de real);
>
> V – certidões – por folha: R$ 5,53 (cinco reais e cinquenta e três centavos).

Atenção:

Os emolumentos devem ser pagos por quem requereu o ato.

7.3. Honorários Periciais

Os honorários periciais são devidos ao perito indicado pelo juiz, pela realização de perícia de qualquer espécie (contábil, médica etc.).

Tais honorários estão regulamentados no art. 790-B da CLT, alterado pela Lei 13.467/17, o qual vaticina que:

> **Art. 790-B.** A responsabilidade pelo pagamento dos honorários periciais é da parte sucumbente na pretensão objeto da perícia, ainda que beneficiária da justiça gratuita.
>
> § 1º Ao fixar o valor dos honorários periciais, o juízo deverá respeitar o limite máximo estabelecido pelo Conselho Superior da Justiça do Trabalho.
>
> § 2º O juízo poderá deferir parcelamento dos honorários periciais.
>
> § 3º O juízo não poderá exigir adiantamento de valores para realização de perícias.
>
> § 4º Somente no caso em que o beneficiário da justiça gratuita não tenha obtido em juízo créditos capazes de suportar a despesa referida no caput, ainda que em outro processo, a União responderá pelo encargo.

Vê-se pelo referido dispositivo as seguintes regras sobre os honorários periciais:

1 – A responsabilidade pelo seu pagamento é da parte sucumbente na pretensão objeto da perícia (CLT, art. 790-B), ou seja, daquele que perdeu o objeto da perícia, ainda que beneficiário da justiça gratuita;

- **Exemplo:** reclamante postula pagamento de adicional de insalubridade, ficando constatado que o local não é insalubre. Nesse caso, o reclamante é responsável pelo pagamento da perícia, mesmo que tenha, por exemplo, outros pedidos no processo em relação aos quais ele seja vencedor.

Atente-se que a sucumbência é definida pela decisão judicial e não pela conclusão da perícia. Noutras palavras, ainda que a perícia, por exemplo, conclua pela existência da insalubridade, mas na sentença o julgador, convencido por outros elementos dos autos, julgue improcedente o pedido, o reclamante será o sucumbente.

No caso dos honorários do intérprete judicial, eles devem ser pagos pela parte sucumbente, salvo se beneficiária de justiça gratuita (CLT, art. 819, § 2º).

2 – para fixar os honorários periciais o juiz deve observar o limite máximo estabelecido pelo CSJT;

3 – é possível parcelar o pagamento dos honorários periciais;

4 – o juízo não pode exigir o adiantamento dos honorários periciais.

No mesmo sentido, já dispunha a Orientação Jurisprudencial nº 98 da SDI-II, in verbis:

> **OJ nº 98 da SDI – II do TST.** Mandado de segurança. Cabível para atacar exigência de depósito prévio de honorários periciais.
>
> É ilegal a exigência de depósito prévio para custeio dos honorários periciais, dada a incompatibilidade com o processo do trabalho, sendo cabível o mandado de segurança visando à realização da perícia, independentemente do depósito.

5 – o beneficiário da justiça gratuita será condenado ao pagamento dos honorários periciais quando tiver obtido em juízo, ainda que em outro processo, créditos capazes de suportar a despesa.

Por fim, é interessante consignar que, na realização da perícia, a parte pode nomear um **assistente de perito** de sua confiança. Os custos desse assistente, porém, por ser mera faculdade, são de responsabilidade da parte que o contratou (Súmula nº 341 do TST).[31]

Atenção:

O C. TST entende que a disciplina referente aos honorários periciais acrescentada pela Lei nº 13.467/17 apenas se aplica aos processos iniciados após 11.11.2017 (data de vigência da Lei nº 13.467/17) (TST-IN nº 41/2018, art. 5º).[21]

7.3.1. Responsabilidade do beneficiário da justiça gratuita

O art. 790-B da CLT, antes da Lei 13.467/17 declinava que, sendo a parte sucumbente beneficiária da justiça gratuita, esta não seria responsável pelo pagamento dos honorários periciais.

Dessa forma, o Estado se incumbia de arcar com os honorários periciais, como declina a Súmula nº 457 do C. TST:

> **Súmula nº 457 do TST.** Honorários periciais. Beneficiário da justiça gratuita. Responsabilidade da União pelo pagamento. Resolução nº 66/2010 do CSJT. Observância.
>
> A União é responsável pelo pagamento dos honorários de perito quando a parte sucumbente no objeto da perícia for beneficiária da assistência judiciária gratuita, observado o procedimento disposto nos arts. 1º, 2º e 5º da resolução n.º 66/2010 do Conselho Superior da Justiça do Trabalho – CSJT.

Com efeito, vislumbra-se que a sistemática adotada era de isentar o beneficiário da justiça gratuita do pagamento dos honorários periciais, incumbindo-lhe à União.[32]

A Lei nº 13.467/2017, ao modificar o art. 790-B, caput, altera consideravelmente essa sistemática, prevendo que a responsabilidade pelo pagamento dos honorários periciais é da parte sucumbente na pretensão objeto da perícia, **ainda** que beneficiária da justiça gratuita.

Passou a estabelecer, portanto, que a concessão do benefício da gratuidade na justiça não exime a parte do pagamento dos honorários periciais, desde que tenha

31. Vide mais comentários sobre o direito intertemporal no capítulo 1, eficácia da lei no tempo.

32. Excepcionalmente, parte de doutrina permitia o pagamento dos honorários periciais pelo beneficiário da justiça gratuita, quando este fosse alertado pelo magistrado de que a perícia judicial era desnecessária, para que não houvesse prejuízo aos cofres públicos. SOUZA, Rodrigo Trindade de (org.). AMARAL, Márcio Lima do; SANTOS JÚNIOR, Rubens Fernando Clamer dos; SEVERO, Valdete Souto (coords.). *CLT comentada: pelos juízes do trabalho da 4ª região.* 2. ed. São Paulo: LTr, 2017. p. 449.

obtido créditos capazes de suportar tais honorários, ainda que o recebimento dos créditos derive de outro processo (CLT, art. 790-B, § 4º).

De qualquer modo, não tendo créditos a receber, a responsabilidade será da União.

7.3.3.1. Pagamento dos honorários periciais com créditos obtidos em juízo

A nova sistemática imposta pela Lei nº 13.467/17 exige o pagamento dos honorários periciais pelo beneficiário da justiça gratuita sucumbente no objeto da perícia, quando tiver algum crédito a receber em juízo.

Observa-se que o dispositivo leva em consideração não apenas o processo em que tiver sido realizada a prova pericial, como também outros ajuizados na Justiça do Trabalho, dificultando que a responsabilidade pelo pagamento dos honorários recaia sobre a União.

Embora essa modificação tenha como fundamento desestimular ações temerárias, pensamos que ela viola o princípio da igualdade material, na medida em que **inibe indiretamente o acesso à ordem jurídica dos menos favorecidos.**

Como bem pondera a doutrina, os jurisdicionados devem ser analisados sob três ângulos diferentes: hipossuficiente, economicamente suficiente e hipersuficiente.

> Se para o economicamente suficiente pode servir de útil fator inibidor de demandas infundadas, **para o hipossuficiente pode significar bloqueio intransponível a obstar toda e qualquer ação**, enquanto que, para o rico, o risco de arcar com as verbas da sucumbência sequer será levado em conta, ao decidir se irá a juízo[33]. (grifo nosso)

Nesse contexto, o critério objetivo criado pelo legislador (receber outros créditos capazes de suportar as despesas, no mesmo ou em outro processo) não significa que o beneficiário tem condições de arcar com tais despesas sem atingir seu próprio sustento ou de sua família, até porque, em regra, as ações são ajuizadas quando o trabalhador está desempregado, de modo que as verbas recebidas (na sua grande maioria, salariais) suprem seu próprio sustento.

Aliás, as causas de natureza cível, que não têm a hipossuficiência e a vulnerabilidade reconhecidas na sua base, como ocorre no processo do trabalho, possuem mecanismos de gratuidade plena (Juizados Especiais, antes da fase recursal). Mesmo o CPC não tem regra semelhante à inserida na CLT. A Lei nº 13.467/17 cria, portanto, norma desproporcional aos interesses tutelados na seara laboral.

Não se pode negar ainda que a prova pericial é prova técnica, o que significa que depende de conhecimento técnico para se definir a existência ou não do fato indicado.

33. MARCACINI, Augusto Tavares Rosa. *Assistência jurídica, assistência judiciária e justiça gratuita*. Rio de Janeiro: Forense, 1996. p. 55.

Desse modo, determinar indiretamente à parte beneficiária da justiça gratuita que tenha conhecimentos técnicos ou científicos é exigir mais do que se impõe do próprio julgador, criando verdadeiro mecanismo de persuasão e, consequentemente, de restrição de acesso ao judiciário.

O acesso à justiça, descrito no art. 5º, XXXV, da CF/88, não representa apenas abertura das portas do judiciário, mas sim a concessão ao jurisdicionado de mecanismos eficazes para viabilizar a tutela do bem da vida postulado em juízo.

Com efeito, a nosso juízo, o **critério objetivo** instituído no art. 790-B, § 4º, da CLT viola o acesso à justiça (CF/88, art. 5º LXXIV) e o princípio da igualdade, sob seu aspecto material (CF/88, art. 5º, caput).[34]

Essa conclusão não afasta a possibilidade de o julgador, **no caso concreto**, entender que o montante das verbas recebidas retira do reclamante a condição de beneficiário, impondo-lhe o pagamento das despesas. Noutras palavras, a interpretação de tais dispositivos conforme a Constituição Federal não pode ser literal (receber créditos capazes de suportar as despesas), exigindo análise do caso concreto para verificar se tais créditos não atingem o próprio sustento do reclamante ou de sua família.

É que nesse caso o beneficiário deixa de ser hipossuficiente, tornando-se capaz de arcar com o pagamento dos honorários periciais. Queremos dizer, demonstra-se que o beneficiário perde tal qualidade, não sendo mais carente de recursos. É essa ainda a lógica do processo civil, ou seja, apenas se perder a qualidade de hipossuficiente é que o beneficiário da justiça gratuita poderá ser executado sobre as despesas processuais e honorários advocatícios (CPC, art. 98, § 3º).

7.3.3.2. Condição suspensiva de exigibilidade

A Lei 13.467/17, ao tratar dos honorários advocatícios no art. 791-A, estabelece no seu § 4º o que segue:

> § 4º Vencido o beneficiário da justiça gratuita, desde que não tenha obtido em juízo, ainda que em outro processo, créditos capazes de suportar a despesa, as obrigações decorrentes de sua sucumbência ficarão sob condição suspensiva de exigibilidade e somente poderão ser executadas se, nos dois anos subsequentes ao trânsito em julgado da decisão que as certificou, o credor demonstrar que deixou de existir a situação de insuficiência de recursos que justificou a concessão de gratuidade, extinguindo-se, passado esse prazo, tais obrigações do beneficiário.

Verifica-se por esse dispositivo que o legislador previu duas hipóteses de exigir do beneficiário da justiça gratuita o pagamento dos honorários advocatícios:

34. A Procuradoria Geral da República ajuizou a ADI 5766 requerendo a declaração de inconstitucionalidade da expressão "ainda que beneficiária da justiça gratuita", do *caput* e do § 4º do art. 790-B da CLT alterado pela Lei nº 13.467/17.

1) obter em juízo, ainda que em outro processo, créditos capazes de suportar a despesa;
2) ficar sob condição suspensiva pelo prazo de 2 anos a contar do trânsito em julgado da sentença.

A primeira hipótese também é prevista para os honorários periciais, como analisado no tópico anterior.

A segunda hipótese impõe a condenação ao beneficiário da justiça gratuita dos honorários advocatícios sujeitando a obrigação a uma condição e a um termo decorrente da lei: sua exigibilidade fica automaticamente suspensa até que sobrevenha a demonstração da mudança de cenário financeiro (condição suspensiva); se isso não ocorrer em 2 anos a contar do trânsito em julgado, a obrigação se extingue (termo resolutivo).[35]

Agora se indaga: essa segunda hipótese aplica-se aos honorários periciais?

Pensamos que não. Isso se justifica porque o art. 790-B, § 4º, da CLT, ao tratar dos honorários periciais, foi enfático em impor o pagamento ao beneficiário apenas se obtiver em juízo créditos capazes de suportar a despesas. Não existindo tais crédito, não deixou dúvida: "a União responderá pelo encargo".

Não se aplica, portanto, a parte final do art. 791-A, § 4º, da CLT aos honorários periciais.

Atenção:

A sistemática dos honorários periciais descrita na Lei 13.467/2017 somente será aplicada para as provas periciais requeridas ou determinadas de ofício depois de 11.11.2017, data da entrada em vigor da referida lei (CPC, art. 1.047).

De qualquer maneira, havendo protesto genérico por provas realizado na inicial ou na contestação, não se trata de requerimento de provas para fins do art. 1.047 do CPC (Enunciado 366 FPPC).

8. NEGÓCIO JURÍDICO PROCESSUAL

O direito processual possuía dois principais modelos de organização:

a) adversarial: baseado na ideia de que o processo é um espaço de conflito entre duas partes antagônicas, no qual o juiz representa um papel passivo, devendo apenas decidir o caso.
b) inquisitorial: concede o papel de destaque ao juiz, concentrando as atividades processuais no julgador.

35. OLIVEIRA, Rafael Alexandria de. Benefício da justiça gratuita. *In*: WAMBIER, Teresa Arruda Alvim *et al. Breves comentários ao novo código de processo civil*. 2. ed. São Paulo: Editora Revista dos Tribunais, 2016. p. 390.

Como alternativa a esses dois modelos de organização processual, o CPC/2015 traz uma nova forma de organização do processo: **o modelo cooperativo.**

Assim, de acordo com o art. 6º do CPC/2015, "todos os sujeitos do processo devem cooperar entre si para que se obtenha, em tempo razoável, decisão de mérito justa e efetiva".

Observa-se que o princípio da cooperação tem como destinatários todas as partes envolvidas no processo: os integrantes do polo ativo, do polo passivo, seus respectivos advogados/procuradores e o órgão jurisdicional.

Baseado nesse novo modelo, o CPC/15 contempla os negócios jurídicos processuais (ou convenções processuais), como se verifica pelo art. 190, in verbis:

> **Art. 190.** Versando o processo sobre direitos que admitam autocomposição, é lícito às partes plenamente capazes estipular mudanças no procedimento para ajustá-lo às especificidades da causa e convencionar sobre os seus ônus, poderes, faculdades e deveres processuais, antes ou durante o processo.
>
> Parágrafo único. De ofício ou a requerimento, o juiz controlará a validade das convenções previstas neste artigo, recusando-lhes aplicação somente nos casos de nulidade ou de inserção abusiva em contrato de adesão ou em que alguma parte se encontre em manifesta situação de vulnerabilidade.

Pelo referido dispositivo, verifica-se que:

a) o negócio processual apenas alcança os processos sobre direitos que admitem autocomposição;

b) a validade da convenção pressupõe partes plenamente capazes;

c) serve para ajustar o procedimento às especificidades da causa;

d) pode ser utilizado para convencionar sobre os ônus, poderes, faculdades e deveres processuais das partes;

e) pode ser celebrado antes ou durante o processo;

f) está sujeito ao controle judicial, podendo o juiz recusar-lhe apenas nos casos de nulidade, inserção abusiva em contrato de adesão ou se alguma parte se encontrar em manifesta situação de vulnerabilidade.

Portanto, o negócio processual consiste na possibilidade de flexibilização do procedimento, mediante convenção das partes e controle do juiz.

Atente-se para o fato de que a flexibilização ocorrida por meio dos negócios jurídicos processuais diz respeito apenas ao procedimento, não sendo ligada ao direito material objeto do litígio.

Desse modo, será admitido o negócio processual, por exemplo, nas seguintes hipóteses: pacto de impenhorabilidade, acordo de rateio de despesas processuais, dispensa consensual de assistente técnico, acordo para não promover execução provisória, previsão de meios alternativos de comunicação das partes entre si, acordo para ampliação do tempo de sustentação oral, convenção sobre prova, redução de prazos processuais e dispensa de caução no cumprimento provisório de sentença.[36]

No entanto, além dos limites descritos no art. 190 do CPC/2015, o negócio processual não pode violar o devido processo legal, contrariar normas de ordem pública, bem como afastar-se dos deveres inerentes à boa-fé e à cooperação.

Com efeito, o negócio processual não será admitido quando, dentre outros casos: limite os poderes de instrução do juiz ou de sanção à litigância ímproba; subtraia do Estado/juiz o controle da legitimidade das partes ou do ingresso de amicus curiae; introduza novas hipóteses de recorribilidade, de rescisória ou de sustentação oral não previstas em lei; acordo para supressão da primeira instância; estipule o julgamento do conflito com base em lei diversa da nacional vigente; autorize o uso de prova ilícita; limite a publicidade do processo para além das hipóteses expressamente previstas em lei; modifique o regime de competência absoluta; dispense o dever de motivação e exclua a intervenção do Ministério Público como fiscal da ordem jurídica[37].

A propósito, os negócios jurídicos processuais devem ser interpretados conforme a boa-fé e os usos do lugar de sua celebração[38].

Diante dessa possibilidade de flexibilização procedimental, cumpre analisar a sua incidência no processo do trabalho.

É sabido que a CLT não versa sobre o negócio processual. Necessário, pois, verificar se esse instituto é compatível com a sistemática laboral.

Parte da doutrina se posicionou de forma contrária à aplicação dos negócios jurídicos processuais no processo do trabalho, considerando a indisponibilidade dos direitos discutidos na seara trabalhista.

Para outros[39], os negócios jurídicos processuais poderão ser celebrados no processo trabalhista, ante a compatibilidade com o processo do trabalho, já que os direitos envolvidos admitem autocomposição.

---

36. Nesse sentido, os enunciados nº 19, 21 e 262 do Fórum Permanente de Processualistas Civis.

37. Nesse sentido, os enunciados nº 36 e 37 do seminário "O Poder Judiciário e o novo CPC" promovido pela Escola Nacional de Formação e Aperfeiçoamento de Magistrados – ENFAM, e os enunciados nº 20 e 254 do Fórum Permanente de Processualistas Civis.

38. Enunciado nº 405 do Fórum Permanente de Processualistas Civis.

39. Enunciado nº 131 do Fórum Permanente de Processualistas Civis: "Aplica-se ao processo do trabalho o disposto no art. 190 no que se refere à flexibilidade do procedimento por proposta das partes, inclusive quanto aos prazos".

O C. TST entendeu que o negócio processual previsto no art. 190, caput e parágrafo único, do CPC/2015 não é aplicável ao processo trabalhista, em razão da incompatibilidade com o processo laboral (IN nº 39/2016, art. 2º, II).

Contudo, a nosso ver, o negócio processual deveria ser admitido no processo do trabalho, desde que observando em cada caso concreto a manutenção da principiologia trabalhista[40].

Assim, não deveria ser possível, como regra, negócio processual antes ou durante o curso do processo, quando se tratasse de relação de emprego, salvo quando implicasse em benefícios processuais ao trabalhador (ex.: quando o reclamado define que não irá interpor determinado recurso).

Por outro lado, deveria ser permitido na hipótese de Termo de Ajustamento de Conduta, vez que não há vulnerabilidade entre as partes envolvidas (Ministério Público do Trabalho e empresas). Do mesmo modo, nos dissídios coletivos deveria ser possível o negócio processual, pois as partes (ex. sindicatos, MPT e empresas) não são vulneráveis, podendo, por exemplo, definir a não concessão de efeito suspensivo ao recurso. Aliás, o mesmo raciocínio poderia ser utilizado na formalização de convenções e acordos coletivos, possibilitando, por exemplo, negociações prévias sobre o procedimento da ação de cumprimento.

Por fim, destaca-se que o CPC/15, ainda versando sobre o negócio processual, permite a criação de calendário processual, como se verifica pelo art. 191, in verbis:

> **Art. 191.** De comum acordo, o juiz e as partes podem fixar calendário para a prática dos atos processuais, quando for o caso.
>
> § 1º. O calendário vincula as partes e o juiz, e os prazos nele previstos somente serão modificados em casos excepcionais, devidamente justificados.
>
> § 2º. Dispensa-se a intimação das partes para a prática de ato processual ou a realização de audiência cujas datas tiverem sido designadas no calendário.

Nota-se que tal calendário pressupõe acordo entre as partes e o juiz, de modo que pensamos ser aplicável ao processo do trabalho, especialmente porque embasado nos princípios da efetividade e economia processual[41].

---

40. A SDI-II do TST considerou ser válida a modificação da competência relativa (territorial) pelas partes, após o ajuizamento da reclamação trabalhista. Considerou que se tratava de negócio jurídico processual superveniente e anômalo (atípico) (TST-CC-7301-46.2018.5.00.0000, SBDI-II, rel. Min. Luiz José Dezena da Silva, red. p/ acórdão Min. Douglas Alencar Rodrigues, 17.12.2019 – Informativo nº 214 do TST).

41. É interessante destacar que a Instrução Normativa nº 39/2016 do TST não disciplina a aplicação do calendário processual previsto no art. 191 do CPC/2015, apenas dispondo que não deve ser aplicada à seara trabalhista o art. 190 e parágrafo único do CPC/2015, referente ao negócio processual.

9. SÚMULAS E ORIENTAÇÕES JURISPRUDENCIAIS DO TST

Notificação
Súmula nº 16 do TST. Notificação Presume-se recebida a notificação 48 (quarenta e oito) horas depois de sua postagem. O seu não-recebimento ou a entrega após o decurso desse prazo constitui ônus de prova do destinatário.
Súmula nº 427 do TST. Intimação. Pluralidade de advogados. Publicação em nome de advogado diverso daquele expressamente indicado. Nulidade Havendo pedido expresso de que as intimações e publicações sejam realizadas exclusivamente em nome de determinado advogado, a comunicação em nome de outro profissional constituído nos autos é nula, salvo se constatada a inexistência de prejuízo.
Prazos processuais
Súmula nº 1 do TST. Prazo Judicial Quando a intimação tiver lugar na sexta-feira, ou a publicação com efeito de intimação for feita nesse dia, o prazo judicial será contado da segunda-feira imediata, inclusive, salvo se não houver expediente, caso em que fluirá no dia útil que se seguir.
Súmula nº 262 do TST. Prazo judicial. Notificação ou intimação em sábado. Recesso forense I – Intimada ou notificada a parte no sábado, o início do prazo se dará no primeiro dia útil imediato e a contagem, no subsequente. II – O recesso forense e as férias coletivas dos Ministros do Tribunal Superior do Trabalho suspendem os prazos recursais.
Orientação Jurisprudencial nº 310 da SDI – I do TST. Litisconsortes. Procuradores distintos. Prazo em dobro. Art. 229, caput e §§ 1º e 2º, do CPC de 2015. Art. 191 do CPC de 1973. Inaplicável ao processo do trabalho Inaplicável ao processo do trabalho a norma contida no art. 229, caput e §§ 1º e 2º, do CPC de 2015 (art. 191 do CPC de 1973), em razão de incompatibilidade com a celeridade que lhe é inerente.
Súmula nº 385 do TST. Feriado local ou forense. Ausência de expediente. Prazo recursal. Prorrogação. Comprovação. Necessidade. I – Incumbe à parte o ônus de provar, quando da interposição do recurso, a existência de feriado local que autorize a prorrogação do prazo recursal (art. 1.003, § 6º, do CPC de 2015). No caso de o recorrente alegar a existência de feriado local e não o comprovar no momento da interposição do recurso, cumpre ao relator conceder o prazo de 5 (cinco) dias para que seja sanado o vício (art. 932, parágrafo único, do CPC de 2015), sob pena de não conhecimento se da comprovação depender a tempestividade recursal. II – Na hipótese de feriado forense, incumbirá à autoridade que proferir a decisão de admissibilidade certificar o expediente nos autos. III – Admite-se a reconsideração da análise da tempestividade do recurso, mediante prova documental superveniente, em agravo de instrumento, agravo interno, agravo regimental, ou embargos de declaração, desde que, em momento anterior, não tenha havido a concessão de prazo para a comprovação da ausência de expediente forense.
Súmula nº 197 do TST. Prazo O prazo para recurso da parte que, intimada, não comparecer à audiência em prosseguimento para a prolação da sentença conta-se de sua publicação.

Súmula nº 30 do TST. Intimação da sentença Quando não juntada a ata ao processo em 48 horas, contadas da audiência de julgamento (art. 851, § 2º, da CLT), o prazo para recurso será contado da data em que a parte receber a intimação da sentença.
Súmula nº 53 do TST. Custas O prazo para pagamento das custas, no caso de recurso, é contado da intimação do cálculo.
Súmula nº 245 do TST. Depósito recursal. Prazo O depósito recursal deve ser feito e comprovado no prazo alusivo ao recurso. A interposição antecipada deste não prejudica a dilação legal.
Orientação Jurisprudencial nº 192 da SDI – I do TST. Embargos declaratórios. Prazo em dobro. Pessoa jurídica de direito público. Decreto-Lei nº 779/69. É em dobro o prazo para a interposição de embargos declaratórios por pessoa jurídica de direito público.
Súmula nº 387 do TST. Recurso. Fac-símile. Lei nº 9.800/1999 I – A Lei nº 9.800, de 26.05.1999, é aplicável somente a recursos interpostos após o início de sua vigência. II – A contagem do quinquidio para apresentação dos originais de recurso interposto por intermédio de fac-símile começa a fluir do dia subsequente ao término do prazo recursal, nos termos do art. 2º da Lei nº 9.800, de 26.05.1999, e não do dia seguinte à interposição do recurso, se esta se deu antes do termo final do prazo. III – Não se tratando a juntada dos originais de ato que dependa de notificação, pois a parte, ao interpor o recurso, já tem ciência de seu ônus processual, não se aplica a regra do art. 224 do CPC de 2015 (art. 184 do CPC de 1973) quanto ao "dies a quo", podendo coincidir com sábado, domingo ou feriado. IV – A autorização para utilização do fac-símile, constante do art. 1º da Lei nº 9.800, de 26.05.1999, somente alcança as hipóteses em que o documento é dirigido diretamente ao órgão jurisdicional, não se aplicando à transmissão ocorrida entre particulares.
Orientação Jurisprudencial nº 146 da SDI – II do TST. Ação rescisória. Início do prazo para apresentação da contestação. Art. 774 da CLT A contestação apresentada em ação rescisória obedece à regra relativa à contagem de prazo constante do art. 774 da CLT, sendo inaplicável o art. 231 do CPC de 2015 (art. 241 do CPC de 1973).
Súmula nº 25 do TST. Custas Processuais. Inversão do ônus da sucumbência I – A parte vencedora na primeira instância, se vencida na segunda, está obrigada, independentemente de intimação, a pagar as custas fixadas na sentença originária, das quais ficara isenta a parte então vencida; II – No caso de inversão do ônus da sucumbência em segundo grau, sem acréscimo ou atualização do valor das custas e se estas já foram devidamente recolhidas, descabe um novo pagamento pela parte vencida, ao recorrer. Deverá ao final, se sucumbente, **reembolsar** a quantia; III – Não caracteriza deserção a hipótese em que, acrescido o valor da condenação, não houve fixação ou cálculo do valor devido a título de custas e tampouco intimação da parte para o preparo do recurso, devendo ser as custas pagas ao final; IV – O reembolso das custas à parte vencedora faz-se necessário mesmo na hipótese em que a parte vencida for pessoa isenta do seu pagamento, nos termos do art. 790-A, parágrafo único, da CLT.

Orientação Jurisprudencial nº 140 da SDI – I do TST. Depósito recursal e custas processuais. Recolhimento insuficiente. Deserção Em caso de recolhimento insuficiente das custas processuais ou do depósito recursal, somente haverá deserção do recurso se, concedido o prazo de 5 (cinco) dias previsto no § 2º do art. 1.007 do CPC de 2015, o recorrente não complementar e comprovar o valor devido.
Súmula nº 36 do TST. Custas Nas ações plúrimas, as custas incidem sobre o respectivo valor global.
Súmula nº 170 do TST. Sociedade de economia mista. Custas Os privilégios e isenções no foro da Justiça do Trabalho não abrangem as sociedades de economia mista, ainda que gozassem desses benefícios anteriormente ao Decreto-Lei nº 779, de 21.08.1969.
Orientação Jurisprudencial nº 13 da SDI – I do TST. APPA. Decreto-Lei nº 779/69. Depósito recursal e custas. Não isenção A Administração dos Portos de Paranaguá e Antonina – APPA, vinculada à Administração Pública indireta, não é isenta do recolhimento do depósito recursal e do pagamento das custas processuais por não ser beneficiária dos privilégios previstos no Decreto-Lei nº 779, de 21.08.1969, ante o fato de explorar atividade econômica com fins lucrativos, o que descaracteriza sua natureza jurídica, igualando-a às empresas privadas.
Súmula nº 86 do TST. Deserção. Massa falida. Empresa em liquidação extrajudicial Não ocorre deserção de recurso da massa falida por falta de pagamento de custas ou de depósito do valor da condenação. Esse privilégio, todavia, não se aplica à empresa em liquidação extrajudicial.
Orientação Jurisprudencial nº 158 da SDI – I do TST. Custas. Comprovação de recolhimento. DARF eletrônico. Validade O denominado "DARF ELETRÔNICO" é válido para comprovar o recolhimento de custas por entidades da administração pública federal, emitido conforme a IN-SRF 162, de 04.11.88.
Orientação Jurisprudencial nº 33 da SDI – I do TST. Deserção. Custas. Carimbo do banco. Validade O carimbo do banco recebedor na guia de comprovação do recolhimento das custas supre a ausência de autenticação mecânica.
Orientação Jurisprudencial nº 217 da SDI – I do TST. Agravo de instrumento. Traslado. Lei nº 9.756/1998. Guias de custas e de depósito recursal Para a formação do agravo de instrumento, não é necessária a juntada de comprovantes de recolhimento de custas e de depósito recursal relativamente ao recurso ordinário, desde que não seja objeto de controvérsia no recurso de revista a validade daqueles recolhimentos.
Orientação Jurisprudencial nº 88 da SDI – II do TST. Mandado de segurança. Valor da causa. Custas processuais. Cabimento Incabível a impetração de mandado de segurança contra ato judicial que, de ofício, arbitrou novo valor à causa, acarretando a majoração das custas processuais, uma vez que cabia à parte, após recolher as custas, calculadas com base no valor dado à causa na inicial, interpor recurso ordinário e, posteriormente, agravo de instrumento no caso de o recurso ser considerado deserto.
Orientação Jurisprudencial nº 148 da SDI – II do TST. Custas. Mandado de segurança. Recurso ordinário. Exigência do pagamento É responsabilidade da parte, para interpor recurso ordinário em mandado de segurança, a comprovação do recolhimento das custas processuais no prazo recursal, sob pena de deserção.

Honorários periciais
Súmula nº 341 do TST. Honorários do Assistente Técnico A indicação do perito assistente é faculdade da parte, a qual deve responder pelos respectivos honorários, ainda que vencedora no objeto da perícia.
Orientação Jurisprudencial nº 198 da SDI – I do TST. Honorários periciais. Atualização monetária Diferentemente da correção aplicada aos débitos trabalhistas, que têm caráter alimentar, a atualização monetária dos honorários periciais é fixada pelo art. 1º da Lei nº 6.899/81, aplicável a débitos resultantes de decisões judiciais.
Orientação Jurisprudencial nº 98 da SDI – II. Mandado de segurança. Cabível para atacar exigência de depósito prévio de honorários periciais É ilegal a exigência de depósito prévio para custeio dos honorários periciais, dada a incompatibilidade com o processo do trabalho, sendo cabível o mandado de segurança visando à realização da perícia, independentemente do depósito.
Súmula nº 457 do TST. Honorários periciais. Beneficiário da justiça gratuita. Responsabilidade da união pelo pagamento. Resolução nº 66/2010 do CSJT. Observância A União é responsável pelo pagamento dos honorários de perito quando a parte sucumbente no objeto da perícia for beneficiária da assistência judiciária gratuita, observado o procedimento disposto nos arts. 1º, 2º e 5º da Resolução nº 66/2010 do Conselho Superior da Justiça do Trabalho – CSJT.

10. INFORMATIVO DO TST RELACIONADO AO TEMA

Conselho de fiscalização do exercício profissional. Natureza jurídica. Autarquia. Privilégios do Decreto-Lei nº 779/69. Aplicação.

Os conselhos de fiscalização do exercício profissional constituem autarquias especiais instituídas pelo Estado para a consecução de um fim de interesse público, qual seja, fiscalizar o exercício das profissões correspondentes. Sendo assim, a eles se aplicam os privilégios de que trata o Decreto-Lei nº 779/69, inclusive no que diz respeito à dispensa de recolhimento de custas processuais e de depósito recursal e à concessão de prazo em dobro para recorrer. Com esse entendimento, a SBDI-I, por unanimidade, conheceu dos embargos, por divergência jurisprudencial e, no mérito, por maioria, negou-lhes provimento. Vencidos os Ministros Renato de Lacerda Paiva, José Roberto Freire Pimenta e Alexandre de Souza Agra Belmonte. TST-E-RR-26500-89.2009.5.04.0022, SBDI-I, rel. Min. João Oreste Dalazen, 25.4.2013 (Informativo nº 44)

Notificação

Citação. Nulidade. Não ocorrência. Notificação entregue no endereço correto da reclamada. Ausência de identificação do recebedor no aviso de recebimento (AR). Irrelevância.

No processo do trabalho, a notificação por via postal não se sujeita à pessoalidade, bastando o encaminhamento para o endereço correto da parte reclamada. Assim, não há falar nulidade por ausência de identificação do recebedor no aviso de recebimento (AR). Sob esse fundamento, a SBDI-I, por maioria, conheceu dos embargos, por divergência jurisprudencial, e, no mérito, deu-lhes provimento para, afastando a nulidade da citação declarada na decisão recorrida, restabelecer o acórdão do Tribunal Regional e determinar o retorno dos autos à Turma, para que prossiga no julgamento das matérias que restaram prejudicadas em sede de recurso de revista. Vencidos os Ministros Maria Cristina Irigoyen Peduzzi, Guilherme Augusto Caputo Bastos, Márcio Eurico Vitral Amaro e Brito Pereira. TST- E-ED-RR-4-54.2013.5.07.0004, SBDI-I, rel. Min. Breno Medeiros, 18.10.2018 (Informativo nº 185).

Contagem do prazo

Acórdão recorrido publicado um dia antes da vigência da Lei nº 13.467/2017. Contagem de prazo em dias úteis. Inaplicabilidade.

No caso em que o acórdão recorrido foi publicado em 10.11.2017, ou seja, um dia antes da entrada em vigor da Lei nº 13.467/2017 (Reforma Trabalhista), a contagem do prazo para a interposição de recurso segue a regra do art. 775 da CLT vigente à época da publicação do acórdão, ou seja, dias corridos. Não é possível contar o prazo em dias úteis, conforme estipulado pela Lei da Reforma Trabalhista, pois embora as normas de natureza processual tenham aplicação imediata em relação aos processos em curso, não operam efeito retroativo, tendo em vista o princípio *tempus regit actum*. Sob esse fundamento, a SBDI-I, por unanimidade, conheceu do agravo interno e, no mérito, negou-lhes provimento. TST-Ag-E-ED-ED-ED-RR-62700-66.2008.5.05.0131, SBDI-I, rel. Min. Alberto Luiz Bresciani de Fontan Pereira, 8.11.2018 (Informativo nº 186).

Negócio jurídico processual

Conflito negativo de competência. Reclamação trabalhista ajuizada no foro da prestação de serviços. Exceção de incompetência territorial. Indicação do foro de domicílio do autor e do réu. Anuência do reclamante. Modificação da competência relativa por convenção das partes. Possibilidade. Negócio jurídico processual atípico.

O litígio entre as partes a propósito do foro competente para apreciação da causa constitui pressuposto necessário para que o Juízo declinado suscite o conflito de competência. No caso, a reclamação trabalhista foi proposta no foro da prestação dos serviços (Hortolândia/SP) e o reclamante, no bojo da exceção de incompetência territorial oposta pelo reclamado, concordou com a declinação do foro para uma das Varas do domicílio de ambos os litigantes (São Paulo/SP), em uma espécie de negócio jurídico processual superveniente e anômalo que encontra respaldo no art. 190 do CPC de 2015. O Juízo de Hortolândia, então, acolhendo a exceção de competência, determinou o envio dos autos a uma das Varas da capital paulista que, por sua vez, suscitou o conflito de competência. Todavia, havendo ajuste entre as partes, e sendo a competência territorial de natureza relativa e, portanto, prorrogável, não há espaço para a recusa do curso do feito no Juízo para o qual direcionada a causa, nem necessidade de analisar de ofício o acerto ou não da decisão declinatória proferida pelo Juízo suscitante, a quem compete instruir e julgar a reclamação trabalhista. Sob esses fundamentos, a SBDI-II, por unanimidade, admitiu o conflito negativo de competência e, por maioria, declarou competente a 12ª Vara do Trabalho de São Paulo/SP. Vencidos os Ministros Dezena da Silva, relator, Evandro Pereira Valadão e Renato de Lacerda Paiva. TST-CC-7301-46.2018.5.00.0000, SBDI-II, rel. Min. Luiz José Dezena da Silva, red. p/ acórdão Min. Douglas Alencar Rodrigues, 17.12.2019 (Informativo nº 214)

Capítulo 14

NULIDADES PROCESSUAIS

1. VÍCIOS PROCESSUAIS: CLASSIFICAÇÃO

O processo do trabalho é pautado pelo princípio da simplicidade. Isso, no entanto, não afasta a necessidade de se observarem determinadas formas descritas na lei, permitindo às partes a segurança jurídica do processo.

A ausência de tais formalidades dá origem aos chamados vícios dos atos processuais, que são classificados nas seguintes espécies: inexistentes, nulidade absoluta, nulidade relativa e irregularidades.

Atos inexistentes são aqueles que não possuem os elementos mínimos para sua formação. É o vício de maior gravidade. Exemplo: sentença assinada por quem não é juiz.

A **nulidade absoluta** ocorre quando há violação de norma de interesse público. Trata-se de vício insanável, que pode ser reconhecido de ofício pelo juízo ou por meio de requerimento, a qualquer tempo.

Conquanto a nulidade absoluta possa ser reconhecida de ofício, o CPC/2015, enfatizando o princípio do contraditório, exige que, mesmo na hipótese de nulidade absoluta, o juiz, antes de manifestá-la de ofício, deverá oportunizar o contraditório (art. 10), o que deve ser aplicado ao processo do trabalho, em observância ao princípio do contraditório substancial[1].

- **Exemplo**: ajuizamento de ação perante juízo absolutamente incompetente. Nesse ponto é importante destacar que o CPC/15 estabelece que, salvo decisão judicial em sentido contrário, os efeitos de decisão proferida pelo juízo incompetente serão conservados até que outra seja proferida, se for o caso, pelo juízo competente (CPC/2015, art. 64, § 4º).

Atenção:

Embora a incompetência absoluta gere a nulidade absoluta, podendo ser pronunciada de ofício, o TST entende que, nos recursos de natureza extraordinária (recurso de revista e embargos para a SDI), é necessário o prequestionamento, ainda que se trate de incompetência absoluta (OJ nº 62 da SDI - I do TST). Noutras palavras, a incompetência absoluta não pode ser alegada pela primeira vez nos recursos de natureza extraordinária.

1. O contraditório substancial amplia o conceito do contraditório, tornando-se um trinômio: informação + possibilidade de reação + poder de influenciar o julgador. Com efeito, não basta a mera permissão de que as partes se manifestem, sendo necessária que essa permissão ocorra antes da decisão judicial, a fim de que possam influenciar o convencimento do julgador, impedindo ainda o proferimento de decisões-surpresa. Trata-se do denominado contraditório efetivo.

A **nulidade relativa**, por sua vez, decorre da violação de norma de interesse das partes. Nesse caso, exige-se o requerimento da parte para que haja declaração. Ademais, não havendo alegação, na primeira oportunidade em que tiver que se manifestar nos autos, o vício se convalesce, isto é, não poderá mais ser alegado.

- **Exemplo:** trabalhador sempre laborou para a empresa na cidade de Brasília. No entanto, ajuíza reclamação trabalhista em João Pessoa, ou seja, em juízo relativamente incompetente (em razão do lugar). Nessa hipótese, se a empresa não apresentar a exceção de incompetência, o juízo que, inicialmente, era incompetente passa a ser competente para a causa, não podendo mais ser alegada a incompetência.

Por fim, tem-se a mera **irregularidade,** que é o vício que não gera nenhum efeito para o processo. Exemplo: folhas numeradas de modo incorreto.

> **Atenção:**
>
> As nulidades processuais, obrigatoriamente, devem ser declaradas. Noutros termos, no direito material fala-se em nulidades de pleno direito, ou seja, independentemente de declaração. No processo, por outro lado, é obrigatória a declaração de nulidade.

2. PRINCÍPIOS DAS NULIDADES PROCESSUAIS

A CLT elenca diversos princípios que devem ser observados no processo, os quais passamos a analisar pontualmente.

2.1. Princípio da Transcendência (Prejuízo)

O art. 794 da CLT estabelece:

> **Art. 794.** Nos processos sujeitos à apreciação da Justiça do Trabalho só haverá nulidade quando resultar dos atos inquinados manifesto prejuízo às partes litigantes.

O referido artigo versa sobre o princípio do prejuízo, também denominado de transcendência, inspirado no sistema francês pas de nullité sans grief, o que significa que não há nulidade sem prejuízo. A contrário sensu, se o ato, mesmo que não tenha observado as prescrições legais, não gerar prejuízo, ele não será declarado nulo.

Ademais, "quando puder decidir o mérito a favor da parte a quem aproveite a decretação da nulidade, o juiz não a pronunciará nem mandará repetir o ato ou suprir-lhe a falta" (CPC/2015, art. 282, § 2º).

Cabe registrar que parte da doutrina entende que o princípio do prejuízo tem aplicação apenas quando se tratar de nulidade relativa, vez que, na nulidade absoluta, o prejuízo é presumido.

2.2. Princípio da Convalidação ou Preclusão

O art. 795 da CLT declina:

> **Art. 795.** As nulidades não serão declaradas senão mediante provocação das partes, as quais deverão arguí-las à primeira vez em que tiverem de falar em audiência ou nos autos.
>
> § 1º. Deverá, entretanto, ser declarada ex officio a nulidade fundada em incompetência de foro. Nesse caso, serão considerados nulos os atos decisórios.
>
> § 2º. O juiz ou Tribunal que se julgar incompetente determinará, na mesma ocasião, que se faça remessa do processo, com urgência, à autoridade competente, fundamentando sua decisão.

Pela análise do caput do aludido artigo, constata-se o princípio da convalidação ou preclusão, no sentido de que a nulidade deve ser alegada na primeira oportunidade em que a parte tiver que se manifestar nos autos, sob pena de preclusão.

A preclusão consiste na perda da faculdade de praticar um ato processual. Trata-se de instituto que busca impor que o processo sempre caminhe para frente, impedindo retornos indesejados. A preclusão pode ser:

a) **temporal:** quando a perda decorre da não realização do ato em determinado prazo;

b) **consumativa:** realizado o ato (consumado), não se admite que seja novamente realizado;

c) **lógica:** não se permite que a parte pratique um ato posterior incompatível com um ato anterior;

d) ***pro iudicato***: quando a preclusão é para o juiz;

e) **ordinatória**: quando a validade de um ato pressupõe a existência de um anterior. Exemplo: os embargos à execução somente podem ser recebidos depois de garantido o juízo pela penhora;

f) **máxima**: quando ocorre a coisa julgada.

No caso do art. 795 da CLT tem-se a preclusão temporal, vez que a parte, obrigatoriamente, deve alegar a nulidade na primeira ocasião em que se manifestar nos autos. Ultrapassado esse momento, o ato será convalidado, ou seja, a parte perde a oportunidade de alegar a nulidade, sendo o ato considerado válido.

Consigna-se que tal princípio aplica-se tão somente às nulidades relativas, já que as nulidades absolutas devem ser declaradas de ofício pelo magistrado (CPC/2015, art. 278, parágrafo único).

Nesse aspecto, é importante destacar que o STJ, TST e TRTs têm entendido que não poderá ser acolhida a nulidade pleiteada apenas em momento que interesse a parte prejudicada, ou seja, quando não alegada no primeiro momento em que a parte se manifestar nos autos. Essa estratégia processual é denominada pelos tribunais "nulidade de algibeira" ou "nulidade de bolso" e viola os princípios da boa-fé e da lealdade processuais.[2] Trata-se, portanto, da vedação da utilização da disciplina das nulidades processuais como forma de estratégia processual, como se observa do seguinte trecho de julgado do TST:

> (...) Nesse contexto fático, a arguição da nulidade em momento posterior ao que deveria ter sido suscitada, configura manobra processual inadequada e repudiada ("nulidade de algibeira"), uma vez que tal comportamento viola os princípios da lealdade e da boa-fé processual (artigo 5º do CPC/2015) (...)[3]

Por fim, cabe registrar que o parágrafo primeiro do art. 795 foi atécnico ao mencionar que será declarada ex officio a nulidade fundada em incompetência de foro. Isso porque, de forma técnica, incompetência de foro é a incompetência territorial que, na realidade, é incompetência relativa, que depende de requerimento da parte. Nesse contexto, a palavra foro, descrita no referido parágrafo, deve ser entendida como foro criminal, cível ou trabalhista, ou seja, trata-se de incompetência absoluta que deve ser declarada de ofício pelo juiz.

2.3. Princípio da Economia Processual

O princípio da economia processual vem estampado no art. 796, a, da CLT, o qual dispõe que a nulidade não será pronunciada quando for possível suprir-se a falta ou repetir-se o ato. Permite-se, portanto, que algumas nulidades sejam saneadas, como forma de dar celeridade ao processo.

2.4. Princípio do Interesse

O princípio do interesse consiste na proibição da alegação da própria torpeza, como declina o art. 796, b, da CLT:

> **Art. 796.** A nulidade não será pronunciada:
> b) quando arguida por quem lhe tiver dado causa.

Isso significa que aquele que deu causa à nulidade processual não poderá arguí-la posteriormente.

2. Nesse sentido, é o trecho do seguinte julgado: Essa estratégia de permanecer silente, reservando a nulidade para ser alegada em um momento posterior, já foi rechaçada por esta Turma, tendo recebido a denominação de "nulidade de algibeira" (REsp 1372802/RJ, Rel. Ministro PAULO DE TARSO SANSEVERINO, TERCEIRA TURMA, julgado em 11/03/2014, DJe 17/03/2014). Nesse sentido ainda; EDcl no REsp 1424304/SP, Rel. Ministra NANCY ANDRIGHI, TERCEIRA TURMA, julgado em 12/08/2014, DJe 26/08/2014.

3. AIRR nº 207300-11.2008.5.22.0002, 7ª Turma do TST, Rel. Douglas Alencar Rodrigues. j. 29.06.2016, Publ. 01.07.2016. Nesse sentido ainda: Recurso Ordinário nº 0010132-78.2013.5.01.0044, 5ª Turma do TRT da 1ª Região/RJ, Rel. Enoque Ribeiro dos Santos. DOERJ 05.06.2015.

Tal princípio aplica-se apenas à nulidade relativa, vez que cabe ao juiz decretar de ofício a nulidade absoluta.

2.5. Princípio da Utilidade

A declaração da nulidade do ato processual deve ser útil para o processo.

Nesse sentido, deve-se buscar aproveitar os atos praticados (**princípio do aproveitamento**), evitando-se, quando possível, a declaração de nulidade[4]. Desse modo, prescreve o art. 797 da CLT:

> **Art. 797.** O juiz ou Tribunal que pronunciar a nulidade declarará os atos a que ela se estende.

Ademais, a nulidade de certo ato processual somente atingirá os posteriores que dele for dependente (**princípio da causalidade**), como declina o art. 798 da CLT:

> **Art. 798.** A nulidade do ato não prejudicará senão os posteriores que dele dependam ou sejam consequência.

Assim, ao pronunciar a nulidade do ato, deve o juiz declarar quais os atos foram atingidos e ordenar as providências necessárias a fim de que sejam repetidos ou retificados (CPC/2015, art. 282, caput).

Em síntese, segundo o princípio da utilidade, serão aproveitados os atos válidos praticados no processo, desde que posteriores ao ato nulo e que dele não sejam consequência.

2.6. Princípio da Instrumentalidade das Formas

Em regra, os atos e termos processuais não dependem de forma determinada (CPC/2015, art. 188). Em certos casos, porém, a legislação exige determinadas formalidades para a realização do ato. No entanto, mesmo que haja determinação legal, pode o ato ser reputado válido, se, realizado de outro modo, preencher sua finalidade essencial.

Trata-se do chamado princípio da instrumentalidade das formas, o qual impõe que a forma não pode ser vista como um fim em si mesmo, mas como meio para se alcançar o objetivo do ato processual. Desse modo, mesmo o ato que não tenha observado a forma prescrita em lei, mas, tenha atingido sua finalidade, será considerado válido.

3. ARGUIÇÃO E EFEITOS DA DECLARAÇÃO DAS NULIDADES

No caso da nulidade relativa, exige-se o requerimento da parte para que haja sua declaração. Não havendo alegação, na primeira oportunidade em que tiver que

4. GARCIA, Gustavo Filipe Barbosa. *Curso de Direito Processual do Trabalho*. Rio de Janeiro: Forense, 2012. p. 237.

se manifestar nos autos, o vício se convalesce, isto é, não poderá mais ser alegado. Já a nulidade absoluta pode ser reconhecida de ofício pelo juízo ou por meio de requerimento, a qualquer tempo.

Sendo declarada a nulidade, o ato processual nulo, bem como os atos que dele dependam ou que dele sejam consequência ficarão sem efeito, devendo ser repetidos ou retificados. A definição dos atos atingidos e a determinação das providências necessárias deverão ser realizadas pelo juiz quando declarar a nulidade. Isso ocorre porque, no âmbito processual, não existe nulidade de pleno direito, dependendo de declaração judicial para se verificar quais atos foram atingidos.

4. QUADRO RESUMIDO

Vícios dos atos processuais

- inexistência
- nulidade absoluta
- nulidade relativa
- mera irregularidade

Princípios das nulidades

- Princípio da transcendência (prejuízo)
- Princípio da convalidação ou preclusão
- Princípio da economia processual
- Princípio do interesse
- Princípio da utilidade
- Princípio da instrumentalidade das formas

5. INFORMATIVOS DO TST RELACIONADOS AO TEMA

Mandado de segurança. Cópias não autenticadas. Declaração de autenticidade firmada na petição inicial não reconhecida pela corte de origem. Excesso de formalismo. Aplicação do princípio da instrumentalidade das formas.

Verifica-se excesso de formalismo quando o TRT despreza a declaração de autenticidade firmada pelo impetrante na petição inicial em razão de conter uma impropriedade ao mencionar que "as peças trasladadas são cópias fiéis do original dos presentes autos" ao invés de se referir às cópias juntadas com a exordial. No caso, aplica-se o princípio da instrumentalidade das formas, podendo-se considerar, portanto, que a declaração de autenticidade abrange todas as peças que instruíram o mandado de segurança, restando atendidas, por analogia, as exigências do art. 830 da CLT. Sob esse fundamento, a SBDI-II, por unanimidade, conheceu do recurso ordinário, e, no mérito, por maioria, deu-lhe provimento para, afastando a extinção do feito sem resolução do mérito, determinar o retorno dos autos ao Tribunal Regional de origem, a fim de que julgue o mandado de segurança, como entender de direito. Vencido o Ministro Renato de Lacerda Paiva. TST-RO-12126-94.2010.5.15.0000, SBDI-II, rel. Min. Delaíde Miranda Arantes, 5.12.2017 (Informativo nº 170)

Juntada de voto vencido. Ausência. Nulidade absoluta do julgado. Configuração. Art. 941, § 3º, do CPC de 2015.

O art. 941, § 3º, do CPC de 2015 determina que "o voto vencido necessariamente será declarado e considerado como parte integrante do acórdão para todos os fins legais, inclusive para o de préquestionamento", de forma que o legislador não deixou nenhuma margem interpretativa apta a relativizar a aplicação do dispositivo. A juntada do referido voto, portanto, é condição imprescindível para a efetivação do art. 93, IX, da CF, pois compõe a própria fundamentação da decisão colegiada e possibilita o conhecimento pelas partes de todas as razões (acatadas e rechaçadas) que resultaram no provimento jurisdicional. Assim, a ausência do voto vencido não pode ser considerada uma mera irregularidade passível de ser sanada pela ampla devolutividade do recurso ordinário, porquanto se trata de providência que, quando não observada, acarreta a nulidade absoluta do julgado. Sob esses fundamentos, a SBDI-II, por maioria, declarou a nulidade dos atos procedimentais a partir da publicação do acórdão do TRT sem o voto vencido, e determinou a devolução dos autos ao Tribunal Regional de origem para que seja sanada a irregularidade apontada, com restituição às partes do prazo para a interposição do recurso ordinário e o regular prosseguimento do feito. Vencidos, em parte, os Ministros Douglas Alencar Rodrigues e Luiz José Dezena da Silva. TST-RO-7956-69.2016.5.15.0000, SBDI-II, rel. Min. Maria Helena Mallmann, 13.8.2019 (Informativo nº 202)

Capítulo 15

FORMAÇÃO, SUSPENSÃO E EXTINÇÃO DO PROCESSO

1. FORMAÇÃO DO PROCESSO

De acordo com o princípio dispositivo, também denominado de princípio da demanda ou inércia da jurisdição, para que o processo se inicie é necessária a iniciativa da parte (CPC/2015, art. 2º), ou seja, a propositura da ação. Após iniciado, o processo se desenvolve por impulso oficial (princípio inquisitivo), nos termos dos arts. 2º do CPC/2015 e 765 da CLT.

A ação considera-se proposta quando protocolada, isto é, quando a reclamação trabalhista é apresentada na Secretaria da Vara do Trabalho (registro) nas comarcas ou seções judiciárias com vara única ou quando distribuída, nas localidades com mais de uma Vara do Trabalho (CPC/2015, art. 312).

No processo do trabalho (e agora também no processo civil - CPC/2015, art. 59), considera-se prevento o juízo em que foi registrada ou distribuída a primeira reclamação trabalhista. Desse modo, o efeito imediatamente produzido pela formação do processo é **tornar prevento o juízo.**

Prevenção significa chegar antes. Com efeito, aquele que chegar antes na ação passa a ter competência para a causa, tornando-se os demais incompetentes.

No processo civil, é a **citação válida**, ainda quando ordenada por juízo incompetente, que produz os seguintes efeitos: induz litispendência; torna litigiosa a coisa e constitui em mora o devedor, ressalvando-se os artigos 397 e 398 do Código Civil (CPC/2015, art. 240). Ademais, a interrupção da prescrição, operada pelo despacho que ordena a citação, retroagirá à data de propositura da ação (CPC/2015, art. 240, § 1º). Esse efeito retroativo aplica-se também à decadência e aos demais prazos extintivos previstos em lei (CPC/2015, art. 240, § 4º).

A produção dos efeitos acima mencionados apenas ocorrem após a citação válida do réu, porque, no processo civil, as providências necessárias para viabilizar a citação são de incumbência do autor (CPC/2015, art. 240, § 2º).

Contudo, no processo do trabalho, a citação constitui-se como um ato de secretaria, de modo que não é de responsabilidade da parte a realização das providências necessárias para que o réu seja citado[1]. Dessa forma, na seara trabalhista, são produzidos **desde o ajuizamento da ação** os seguintes efeitos:

a) torna prevento o juízo;

b) induz litispendência[2];

c) torna litigiosa a coisa;

d) constitui em mora o devedor; e

e) interrompe a prescrição[3].

2. SUSPENSÃO DO PROCESSO

Devido ao princípio constitucional da duração razoável do processo (CF/88, art. 5º, LXXVIII; CPC/2015, art. 6º), o andamento do processo, em regra, deve ocorrer sem nenhuma suspensão. Contudo, em determinadas circunstâncias prefere-se que esse andamento seja suspenso, em razão de causas de ordem física, lógica e jurídica[4].

A CLT apenas prevê a suspensão do processo nos casos da exceção de incompetência e suspeição (art. 799) e quando, por motivo relevante, o presidente suspender o julgamento designando nova audiência (art. 844, parágrafo único). Há ainda previsão de prorrogação dos prazos processuais pelo juiz ou tribunal, quando o juiz entender necessário ou em virtude de força maior, devidamente comprovada (art. 775).

Desse modo, ante a omissão do tema na legislação trabalhista e compatibilidade com os princípios que regem essa seara, aplica-se o artigo 313 do CPC/2015 que disciplina as hipóteses de suspensão do processo.

Dessa forma, nos termos do art. 313 do CPC/2015, suspende-se o processo:

1. ALMEIDA, Cleber Lúcio de. Direito processual do trabalho. 6. ed. São Paulo: LTr, 2016. p. 278.
2. Nesse sentido: "No nosso entendimento, a litispendência se faz presente com a propositura da ação, pois com a simples propositura já começam a haver interações entre juiz e parte, inclusive o magistrado pode indeferir a inicial e até mesmo acolher decadência e prescrição *ex officio*. Em razão disso, acreditamos que o art. 240 do CPC, ao prever que a citação válida induz litispendência, não seguiu a melhor técnica processual" (SCHIAVI, Mauro. *Manual de Direito Processual do Trabalho.* 10. ed. de acordo com Novo CPC. São Paulo: LTr, 2016. p. 632).
3. **Súmula nº 268 do TST.** Prescrição. Interrupção. Ação trabalhista arquivada. A ação trabalhista, ainda que arquivada, interrompe a prescrição somente em relação aos pedidos idênticos.
   Art. 11, § 3º, CLT. A interrupção da prescrição somente ocorrerá pelo ajuizamento de reclamação trabalhista, mesmo que em juízo incompetente, ainda que venha a ser extinta sem resolução do mérito, produzindo efeitos apenas em relação aos pedidos idênticos.
4. NEVES, Daniel Amorim Assumpção. *Manual de direito processual civil – V. único*. 8. ed. Salvador: Editora Juspodivm, 2016. p. 493.

<table>
<tr>
<td>I – pela morte ou pela perda da capacidade processual de qualquer das partes, de seu representante legal ou de seu procurador</td>
<td>§ 1º. Na hipótese do inciso I, o juiz suspenderá o processo, nos termos do art. 689.
§ 2º. Não ajuizada ação de habilitação, ao tomar conhecimento da morte, o juiz determinará a suspensão do processo e observará o seguinte:
I – falecido o réu, ordenará a intimação do autor para que promova a citação do respectivo espólio, de quem for o sucessor ou, se for o caso, dos herdeiros, no prazo que designar, de no mínimo 2 (dois) e no máximo 6 (seis) meses;
II – falecido o autor e sendo transmissível direito em litígio, determinará a intimação de seu espólio, de quem for o sucessor ou, se for o caso, dos herdeiros, pelos meios de divulgação que reputar mais adequados, para que manifestem interesse na sucessão processual e promovam a respectiva habilitação no prazo designado, sob pena de extinção do processo sem resolução de mérito.
§ 3º. No caso de morte do procurador de qualquer das partes, ainda que iniciada a audiência de instrução e julgamento, o juiz determinará que a parte constitua novo mandatário, no prazo de 15 (quinze) dias, ao final do qual extinguirá o processo sem resolução de mérito, se o autor não nomear novo mandatário, ou ordenará o prosseguimento do processo à revelia do réu, se falecido o procurador deste.</td>
</tr>
<tr>
<td>II – pela convenção das partes;</td>
<td>§ 4º. O prazo de suspensão do processo nunca poderá exceder 1 (um) ano nas hipóteses do inciso V e 6 (seis) meses naquela prevista no inciso II.
§ 5º. O juiz determinará o prosseguimento do processo assim que esgotados os prazos previstos no § 4º.</td>
</tr>
<tr>
<td>III – pela arguição de impedimento ou de suspeição;</td>
<td></td>
</tr>
<tr>
<td>IV – pela admissão de incidente de resolução de demandas repetitivas</td>
<td></td>
</tr>
<tr>
<td>V – quando a sentença de mérito:
a) depender do julgamento de outra causa ou da declaração de existência ou de inexistência de relação jurídica que constitua o objeto principal de outro processo pendente;
b) tiver de ser proferida somente após a verificação de determinado fato ou a produção de certa prova, requisitada a outro juízo;</td>
<td>§ 4º. O prazo de suspensão do processo nunca poderá exceder 1 (um) ano nas hipóteses do inciso V e 6 (seis) meses naquela prevista no inciso II.
§ 5º. O juiz determinará o prosseguimento do processo assim que esgotados os prazos previstos no § 4º.</td>
</tr>
</table>

VI – por motivo de força maior;	
VII – quando se discutir em juízo questão decorrente de acidentes e fatos da navegação de competência do Tribunal Marítimo;	
VIII – nos demais casos que este Código regula.	
IX – pelo parto ou pela concessão de adoção, quando a advogada responsável pelo processo constituir a única patrona da causa;	§ 6º. No caso do inciso IX, o período de suspensão será de 30 (trinta) dias, contado a partir da data do parto ou da concessão da adoção, mediante apresentação de certidão de nascimento ou documento similar que comprove a realização do parto, ou de termo judicial que tenha concedido a adoção, desde que haja notificação ao cliente.
X – quando o advogado responsável pelo processo constituir o único patrono da causa e tornar-se pai.	§ 7º. No caso do inciso X, o período de suspensão será de 8 (oito) dias, contado a partir da data do parto ou da concessão da adoção, mediante apresentação de certidão de nascimento ou documento similar que comprove a realização do parto, ou de termo judicial que tenha concedido a adoção, desde que haja notificação ao cliente.

2.1. Morte ou Perda da capacidade processual

O inciso I do art. 313 do CPC/15 prevê a suspensão do processo em caso de morte ou perda da capacidade processual de qualquer das partes, de seu representante legal ou de seu procurador.

Nos casos em que o direito discutido no processo for intransmissível, ocorrerá a extinção do processo sem resolução do mérito, conforme declina o art. 485, IX, do CPC/15.[5]

Nos demais casos, ou seja, quando o direito discutido for transmissível, haverá a suspensão do processo.

Havendo o falecimento da parte, é necessário o procedimento de habilitação nos autos, nos termos do que prevê os arts. 313, § 1º, e 689 do CPC/15. A habilitação corresponde a uma ação incidental de procedimento especial.[6]

5. Art. 485. O juiz não resolverá o mérito quando:
IX – em caso de morte da parte, a ação for considerada intransmissível por disposição legal.

6. NEVES, Daniel Amorim Assumpção. *Novo Código de Processo Civil comentado.* Salvador: Juspodivm, 2016. p. 518.

Parte da doutrina considera que, apesar de os dispositivos do CPC/15 indicarem que a suspensão do processo ocorre com a propositura da ação de habilitação, na verdade, a suspensão será iniciada na data de falecimento da parte.[7]

Falecido o réu pessoa física, o juiz ordenará a intimação do autor para que promova a citação do respectivo espólio, de quem for o sucessor ou, se for o caso, dos herdeiros, no prazo que designar, de no mínimo 2 e no máximo 6 meses (CPC/15, art. 313, § 2º, I).

Falecido o autor, pessoa física, caso tenha sido aberto o arrolamento ou o inventário, o espólio será representado pelo (a) inventariante. Por outro lado, caso não haja arrolamento ou inventário, a Lei nº 6.858/80 prevê um procedimento simplificado de habilitação pelos herdeiros habilitados perante a Previdência Social, como descreve seu art. 1º, *in verbis*:

> Art. 1º – Os valores devidos pelos empregadores aos empregados e os montantes das contas individuais do Fundo de Garantia do Tempo de Serviço e do Fundo de Participação PIS-PASEP, não recebidos em vida pelos respectivos titulares, serão pagos, em quotas iguais, aos dependentes habilitados perante a Previdência Social ou na forma da legislação específica dos servidores civis e militares, e, na sua falta, aos sucessores previstos na lei civil, indicados em alvará judicial, independentemente de inventário ou arrolamento.

Nesse caso, haverá sucessão pelos dependentes habilitados na Previdência Social.

Se não houver dependentes habilitados na Previdência Social, a regularização do polo ativo da demanda ocorrerá por meio de exibição de alvará judicial obtido no Juízo Cível competente, independentemente de inventário ou arrolamento.

Nos casos de perda da capacidade processual de alguma das partes durante o processo, deverá ocorrer a suspensão para que ingresse um representante processual, tendo em vista que a parte não terá a capacidade de estar em juízo.[8]

2.2. Falecimento do advogado

No processo do trabalho, havendo falecimento do advogado de qualquer das partes[9], parte da doutrina entende que não deve ser suspenso o processo, em decorrência da aplicação do jus postulandi na Justiça do Trabalho.

Outra parcela, com quem pensamos estar a razão, acredita que se o jus postulandi é uma faculdade das partes, não pode ser dificultado o "acesso à justiça e o amplo

7. NEVES, Daniel Amorim Assumpção. *Novo Código de Processo Civil comentado*. Salvador: Juspodivm, 2016. p. 518.

8. NEVES, Daniel Amorim Assumpção. *Novo Código de Processo Civil comentado*. Salvador: Juspodivm, 2016. p. 519.

9. Remetemos o leitor ao capítulo de Partes (Capítulo 9).

direito de defesa da parte que contratou um advogado para representá-la em juízo"[10]. Assim, no caso de morte do procurador de qualquer das partes, ainda que iniciada a audiência de instrução e julgamento, o juiz determinará que a parte constitua novo mandatário, no prazo de 15 dias. Caso o autor não nomeie novo mandatário, extinguirá o processo sem resolução de mérito. Se falecido o procurador do réu e este não tomar a providência, o juiz ordenará o prosseguimento do processo à sua revelia.

É importante destacar que essa discussão ocorre nos casos em que houver apenas um advogado constituído nos autos. Havendo mais de um advogado, o processo deverá prosseguir.

2.3. Convenção das partes

O art. 313, II, do CPC/15, aplicável ao processo do trabalho, estabelece como causa de suspensão do processo a convenção das partes.

Nessa hipótese, a suspensão não poderá ser superior a 6 meses, nos termos do art. 313, § 4º, do CPC/15, devendo, após esse prazo, o juiz determinar o prosseguimento do processo.

2.4. Arguição de Impedimento ou de Suspeição

O inciso III do art. 313 do CPC/15 prevê a suspensão nos casos de arguição de impedimento ou de suspeição. Do mesmo modo, a CLT declina no art. 799 que haverá suspensão do processo quando houver arguição de suspeição.

A análise desses dispositivos impõe duas observações.

A primeira diz respeito a literalidade do art. 799 da CLT que versa apenas sobre a suspeição, não tratando do impedimento. Isso ocorre porque esse dispositivo foi criado na época do CPC de 1939, o qual não previa as hipóteses de impedimento, inseridas no CPC de 1973. Nos dias atuais, é pacífico que as hipóteses de impedimento são aplicáveis ao processo do trabalho, em razão da omissão da CLT.

A segunda trata da incidência supletiva do CPC quanto à suspensão do processo.

Como visto, a CLT indica que, havendo a exceção, provocar-se-á a suspensão do feito. Por outro lado, o CPC/2015 não impõe necessariamente a suspensão do processo, conforme se depreende do art. 146, § 2º, que determina que o relator deverá declarar os efeitos em que recebe o incidente.

Assim, se recebê-lo sem efeito suspensivo, o processo voltará a correr; se recebê-lo com efeito suspensivo, o processo permanecerá suspenso até o julgamento do

10. LEITE, Carlos Henrique Bezerra. *Curso de direito processual do trabalho*. 14. ed. de acordo com o novo CPC. São Paulo: Saraiva, 2016. p. 809.

incidente. Essa previsão evita que as alegações de impedimento e suspeição sejam utilizadas como mecanismo protelatório pelas partes.

Como se trata de tema novo, acreditamos que deverá ser adotada a previsão da CLT, suspendendo-se o feito com a alegação de impedimento e suspeição.

Todavia, a nosso juízo, com fundamento na lacuna ontológica[11] existente no texto celetista, pensamos que o CPC/2015 deve ser aplicado de forma supletiva ao processo do trabalho, especialmente porque a não suspensão do processo está embasada nos princípios da celeridade e efetividade processual. Nesse sentido, dispõe o art. 20 da Consolidação dos Provimentos da Corregedoria-Geral da Justiça do Trabalho ao impor a aplicação do art. 146 do CPC/2015.

De todo modo, há suspensão imprópria, pois prossegue o andamento da alegação de suspeição e impedimento, suspendendo-se o andamento dos demais atos processuais. Aliás, a tutela de urgência poderá ser requerida ao substituto legal (CPC/15, art. 146, § 3º).

2.5. Exceção de incompetência territorial

O art. 800, *caput*, da CLT reafirma o estabelecido pelo art. 799 da CLT ao declinar que, protocolada a exceção de incompetência territorial, o processo fica suspenso, não se realizando a audiência prevista no art. 843 da CLT.

Assim como na arguição de impedimento e de suspensão, trata-se de suspensão imprópria, vez que o processo será suspenso, mas não, evidentemente, o próprio incidente que analisará a competência do juízo.

Ademais, protocolada a exceção, "a suspensão é automática, independendo, portanto, de despacho ou de decisão do juízo no qual a petição inicial da exceção for protocolada".[12] No entanto, ocorrendo a preclusão, ou seja, não apresentada no prazo de 5 dias e antes da audiência, não há falar em suspensão do processo.

Cumpre destacar ainda que a apresentação da exceção obsta a realização da audiência inaugural ou una, o que não significa que deve ser retirada de pauta. É só pensarmos em uma audiência designada para 1 ano após a citação (o que é comum nos grandes centros). Nesse caso, é possível a análise da exceção e a manutenção da data da audiência.

2.6. Admissão de Incidente de Resolução de Demandas Repetitivas

No inciso IV do art. 313 do CPC/15, é prevista a suspensão do processo quando admitido o incidente de resolução de demandas repetitivas (IRDR).

---

11. Lacuna ontológica é quando existe a norma, mas ela não corresponde à realidade social.

12. TEIXEIRA FILHO, Manoel Antônio. *O processo do trabalho e a reforma trabalhista – As alterações introduzidas no processo do trabalho pela Lei n. 13.467/17*. São Paulo: LTr, 2017. p. 110.

O IRDR está inserido no microssistema de gestão e julgamento de casos repetitivos, que produz um procedimento de sobrestamento dos processos em que a questão a ser decidida se repete, com o objetivo de aplicar a tese jurídica definida aos processos pendentes, ou seja, concentra toda a discussão no IRDR, que repercutirá nos demais casos.

Nesse contexto e considerando que a decisão a ser proferida no IRDR atingirá outros processos, sendo admitido o IRDR, os processos, individuais e coletivos, que discutem a mesma questão de direito repetitiva, serão suspensos. Nesse sentido, declina o art. 305, § 3º, do Regimento Interno do C. TST:

> § 3º Admitido o incidente, o relator poderá suspender o julgamento dos processos pendentes, individuais ou coletivos que tramitam, no tocante ao tema objeto de incidente de resolução de demandas repetitivas, sem prejuízo da instrução integral das causas e do julgamento dos eventuais pedidos distintos e cumulativos igualmente deduzidos em tais processos, inclusive, se for o caso, do julgamento antecipado parcial do mérito.

Cabe mencionar que a suspensão dos processos pressupõe a admissão do incidente e não simplesmente a instauração.

Embora referido artigo estabeleça que o relator "poderá" suspender os processos pendentes, a doutrina declina que a suspensão não depende propriamente de determinação do relator. "O que cabe ao relator é comunicar aos juízos ondem tramitam os processos que estão todos suspensos. Admitido o IRDR, suspendem-se os processos. Cabe ao relator do IRDR declarar a suspensão e comunicá-la, por ofício, aos juízes diretores dos fóruns de cada comarca ou seção judiciária".[13] Trata-se da mesma ideologia do art. 896-C, § 5º, da CLT.

As partes deverão ser intimadas da decisão de suspensão de seu processo, a ser proferida pelo respectivo juiz ou relator quando informado da decisão (CPC/15, art. 1.037, § 8º).

Durante a suspensão, o pedido de tutela de urgência deverá ser dirigido ao juízo onde tramita o processo suspenso (CPC/15, art. 982, § 2º).

Aliás, é possível que a parte que teve seu processo suspenso requeira seu prosseguimento alegando distinção entre a questão a ser decidida no processo e aquela a ser julgada no IRDR (CPC/15, art. 1.037, § 9º).

O requerimento será dirigido ao juiz, se o processo sobrestado estiver em primeiro grau, ou ao relator, se o processo sobrestado estiver no tribunal (CPC/15, art. 1.037, § 10).

A outra parte deverá ser ouvida sobre o requerimento, no prazo de 5 dias (CPC/15, art. 1.037, § 11).

---

13. DIDIER Jr., Fredie; CUNHA, Leonardo José Carneiro da. *Curso de direito processual civil: Meios de impugnação às decisões judiciais e processo nos tribunais.* 13. ed. Bahia: Juspodivm, 2016. v. 3. p. 636.

Reconhecida a distinção no caso, o próprio juiz ou relator dará prosseguimento ao processo (CPC/15, art. 1.037, § 12).

2.6.1. *Suspensão na cumulação de pedidos e quando há necessidade probatória*

Havendo cumulação de pedidos independentes (autônomos), o que é muito comum na sistemática trabalhista, a suspensão poderá ser parcial, atingindo apenas as questões afetas ao IRDR e prosseguindo-se quanto aos demais pedidos distintos, viabilizando, inclusive, se for o caso, do julgamento antecipado parcial do mérito (TST-IN nº 39/2016, art. 8º, § 1º; TST-RI, art. 305, § 3º).

Ademais, é possível que o capítulo a ser suspenso dependa de instrução processual para aplicação de futura tese a ser firmada no IRDR. Nesse caso, prossegue-se a instrução do processo, obstando apenas o julgamento da causa, ou seja, a suspensão será posterior à instrução.

2.6.2. *Extensão da suspensão*

A suspensão atinge todos os processos que discutem a questão de direito repetitiva.

Desse modo, instaurado o IRDR no âmbito do TRT todos os processos que versam sobre a temática em trâmite no respectivo tribunal (em 1º grau ou no próprio TRT) deverão ser suspensos. Ademais, admitindo o IRDR no Tribunal Superior do Trabalho, ficarão suspensos todos os processos em âmbito nacional.

É possível ainda que, instaurado o IRDR no TRT, seja requerido ao TST que a extensão da suspensão atinja todos os processos individuais ou coletivos em curso no território nacional que versem sobre a questão objeto do incidente já instaurado, com o objetivo de garantir a segurança jurídica (CPC/15, art. 982, § 3º).

Esse requerimento poderá ser formulado pelas partes, pelo Ministério Público ou pela Defensoria Pública.

Nesse sentido declina o art. 306, *caput*, do Regimento Interno do C. TST:

> Art. 306. Poderá o Presidente do Tribunal Superior do Trabalho, a requerimento do Ministério Público do Trabalho ou das partes de incidente de resolução de demandas repetitivas instaurado em determinada Região, considerando razões de segurança jurídica ou de excepcional interesse social, suspender, em decisão fundamentada, todos os processos individuais ou coletivos em curso no território nacional que versem sobre a questão objeto do incidente.

O Presidente do TST poderá ouvir, no prazo de 5 dias, o relator do incidente no Tribunal de origem e o Ministério Público do Trabalho (TST – RI, art. 306, § 2º).

A suspensão nacional, curiosamente, poderá provocar a suspensão de IRDRs quando eles forem múltiplos, o que gerará dúvida sobre qual IRDR deverá prosseguir. Queremos dizer, havendo diversos IRDRs instaurados em TRT distintos e requerida a suspensão nacional, apenas um IRDR prosseguirá ficando suspensos os demais. Nos termos do art. 306, § 3º, do Regimento Interno do TST, definiu-se que deverá ser indicado o incidente mais representativo da controvérsia, ficando suspensos os demais até a decisão definitiva do incidente que prosseguir.

Da decisão que conceder ou denegar a suspensão, será cabível agravo interno sem efeito suspensivo, no prazo de 8 dias úteis, relatado pelo Presidente, na primeira sessão do Órgão Especial seguinte à interposição (TST – RI, art. 306, § 5º).

2.6.3. Prazo da suspensão

O incidente será julgado no prazo de 1 ano e terá preferência sobre os demais feitos, ressalvados os que envolvam réu preso e os pedidos de *habeas corpus*. O prazo poderá ser prorrogado pelo relator, por meio de decisão fundamentada (CPC/15, art. 980).

O termo inicial do prazo de 1 ano é a publicação do despacho do relator que declara a suspensão.[14]

Superado aludido prazo ou a prorrogação, cessa a suspensão dos processos (CPC/15, art. 980, parágrafo único).[15]

2.7. Prejudicialidade e necessidade de verificação de determinado fato ou produção de certa prova, requisitada a outro juízo

O art. 313, V, do CPC/15 prevê a suspensão do processo quando a sentença de mérito:

a) depender do julgamento de outra causa ou da declaração de existência ou de inexistência de relação jurídica que constitua o objeto principal de outro processo pendente;

b) tiver de ser proferida somente após a verificação de determinado fato ou a produção de certa prova, requisitada a outro juízo;

Observa-se, inicialmente, que o dispositivo aborda os casos em que há **questões prejudiciais** no processo. As questões prejudiciais são aquelas que, "além de

14. DIDIER Jr., Fredie; CUNHA, Leonardo José Carneiro da. *Curso de direito processual civil: Meios de impugnação às decisões judiciais e processo nos tribunais.* 13. ed. Bahia: Juspodivm, 2016. v. 3. p. 638.
15. MIESSA, Élisson. *Manual dos Recursos Trabalhistas: teoria e prática.* 3. ed. Salvador: Juspodivm, 2018. p. 624-626.

constituírem premissas lógicas da sentença, reúnem condições suficientes para ser objeto de ação autônoma".[16]

As questões prejudiciais podem ser internas ou externas. Quando forem internas, são discutidas no próprio processo, não ensejando a suspensão do processo, uma vez que o mesmo juiz decidirá a questão subordinada e a questão subordinante.[17]

As questões prejudiciais externas[18], por sua vez, são aquelas que correspondem a objeto de outros processos. Nesses casos, será suspenso o processo que depender da decisão relacionada à questão prejudicial até que se obtenha a decisão no processo que tiver como objeto principal a definição da questão prejudicial.

Observa-se que a definição do processo que deverá ser suspenso não decorre da ordem cronológica da propositura da ação, mas sim da definição do processo que tem como objeto principal a solução da questão prejudicial.[19] Esse entendimento, contudo, não é unânime. Para parte da doutrina, apenas é possível a suspensão se o processo prejudicial já estiver em trâmite no momento da propositura do processo prejudicado.

De todo modo, é importante destacar que a suspensão do processo ocorrerá nos casos em que não for possível a reunião deles para julgamento conjunto, em razão da conexão. Quando possível, contudo, os processos deverão ser reunidos para julgamento conjunto.[20]

O dispositivo ainda aborda os casos em que houver a necessidade de **verificação de determinado fato ou a produção de certa prova, requisitada para outro juízo.** Nesse caso, temos uma questão preliminar ao julgamento de mérito, consistente em fato ou prova.[21]

É o que ocorre, por exemplo, com o requerimento de produção de prova a outro juízo por meio da expedição de carta precatória, rogatória ou de ordem.

Tanto nas questões prejudiciais quanto nos casos em que houver necessidade de verificação de determinado fato ou produção de certa prova, requisitada a outro juízo, o prazo máximo de suspensão será de um ano, após o qual, o juiz determinará o prosseguimento do processo (CPC/15, art. 313, §§ 4º e 5º).

16. NEVES, Daniel Amorim Assumpção. *Novo Código de Processo civil comentado.* Salvador: Juspodivm, 2016. p. 522.

17. BERNARDES, Felipe. *Manual de Processo do Trabalho.* Salvador: Juspodivm, 2018. p. 407.

18. De acordo com Didier Jr., o dispositivo não faz referência apenas às questões prejudiciais, mas também às questões preliminares. Assim, sempre que "se verificar a relação de subordinação entre causas pendentes, pouco importa se essa relação é de prejudicialidade ou preliminaridade", deverá haver a suspensão do processo. DIDIER JR., Fredie. *Curso de direito processual civil: introdução ao direito processual civil: parte geral e processo de conhecimento.* V. 1. 18. ed. Salvador: Juspodivm, 2018. p. 755.

19. NEVES, Daniel Amorim Assumpção. *Novo Código de Processo civil comentado.* Salvador: Juspodivm, 2016. p. 523.

20. BERNARDES, Felipe. *Manual de Processo do Trabalho.* Salvador: Juspodivm, 2018. p. 407.

21. NEVES, Daniel Amorim Assumpção. *Novo Código de Processo civil comentado.* Salvador: Juspodivm, 2016. p. 523.

É possível que a questão prejudicial esteja sendo discutida na Justiça criminal. Nesses casos, o art. 315 do CPC/15 prevê que "se o conhecimento do mérito depender de verificação da existência de fato delituoso, o juiz pode determinar a suspensão do processo até que se pronuncie a justiça criminal".

Esse dispositivo tem como objetivo evitar que decisões conflitantes sejam tomadas sobre o mesmo fato. Ademais, embora a responsabilidade trabalhista seja independente da criminal, quando as questões forem decididas no juízo criminal, a autoria e a existência do fato não poderão mais ser questionados[22]. Na Justiça do Trabalho, essa hipótese acontece, em regra, nos casos de dispensa por justa causa, em razão de crime cometido por empregado.[23]

Se a ação penal não for proposta no prazo de 3 meses, contado da intimação do ato de suspensão, cessará o efeito desse, incumbindo ao Juiz do Trabalho examinar incidentemente a questão prévia.

Agora, se a ação penal já tiver sido ajuizada, o processo ficará suspenso pelo prazo máximo de 1 (um) ano, ao final do qual, cessará a suspensão, incumbindo ao Juiz do Trabalho examinar a questão prévia de forma incidental.

De qualquer modo, a jurisprudência do C.TST tem entendido que a determinação de suspensão nos termos do art. 315 do CPC/2015 é faculdade do magistrado.

2.8. Força Maior

O processo também será suspenso por motivos de força maior, conforme prevê o art. 313, VI, do CPC/15.

A força maior compreende "qualquer causa representada por evento insuperável, alheio à vontade dos sujeitos processuais e que os impeça de praticar atos processuais, tais como no caso de epidemia, calamidade pública, inundação, fechamento do fórum por determinação da Defesa Civil, incêndio etc."[24]

Nesses casos, a suspensão iniciará com o momento em que tiver ocorrido a força maior e é retomado quando cessado o motivo que tiver dado causa à suspensão.

2.9. Acidentes e fatos da navegação de competência do Tribunal Marítimo

O Tribunal Marítimo é órgão autônomo, vinculado ao Ministério da Marinha e considerado auxiliar do Poder Judiciário. O órgão tem como atribuições julgar os acidentes e fatos da navegação marítima, fluvial e lacustre e as questões relacionadas com tal atividade (Lei nº 2.180/54, art. 1º). As decisões do Tribunal Marítimo

22. LEITE, Carlos Henrique Bezerra. *Curso de direito processual do trabalho*. 14. ed. de acordo com o novo CPC. São Paulo: Saraiva, 2016. p. 812.

23. BERNARDES, Felipe. *Manual de Processo do Trabalho*. Salvador: Juspodivm, 2018. p. 408.

24. NEVES, Daniel Amorim Assumpção. *Novo Código de Processo civil comentado*. Salvador: Juspodivm, 2016. p. 524.

quanto à matéria técnica referente aos acidentes e fatos da navegação têm valor probatório e se presumem certos, sendo, porém, suscetíveis de reexame pelo Poder Judiciário (Lei nº 2.180/54, art. 18).

Assim, havendo processo instaurado no Tribunal Marítimo e, tendo a decisão emitida pelo órgão força probatória, o processo trabalhista que discute, por exemplo, um acidente de trabalho, deverá ser suspenso enquanto não proferida a decisão. Cumpre ressaltar que, nesse caso, não há prazo máximo de suspensão.

2.10. Demais casos

O art. 313, VIII, do CPC/15 prevê que também suspenderão o processo outros casos regulados pelo código. A partir desse inciso, observamos que o art. 313 do CPC/15 apresenta rol exemplificativo das hipóteses de suspensão. Como exemplos de suspensão, destaca-se a instauração do incidente de desconsideração da personalidade jurídica (CLT, art. 855-A, § 2º), a instauração de recurso de revista de causas repetitivas (CLT, art. 896-C, § 5º), dentre outros.

2.11. Parto ou adoção

Os incisos IX e X do art. 313 do CPC/2015, foram inseridos pela Lei nº 13.363/16 e determinam a suspensão do processo nos casos de parto ou concessão de adoção, quando a advogada responsável do processo constituir a única patrona da causa e quando o advogado responsável pelo processo constituir o único patrono da causa e tornar-se pai.

Nas duas hipóteses para que o processo seja suspenso é necessária a apresentação da certidão de nascimento ou de documento similar que comprove a realização do parto ou de termo judicial que tenha concedido a adoção e da notificação ao cliente.

2.12. Efeitos da suspensão

Em todos os casos previstos no art. 313 do CPC/15, durante a suspensão do processo, é vedada a prática de qualquer ato processual, podendo o juiz, todavia, determinar a realização de atos urgentes a fim de evitar dano irreparável, salvo no caso de arguição de impedimento e de suspeição (CPC/2015, art. 314).

Durante o período da suspensão do processo, suspendem-se também os prazos processuais.

Terminada a suspensão, o processo terá prosseguimento por iniciativa do órgão jurisdicional.[25]

A doutrina diverge em relação à natureza do ato praticado durante a suspensão do processo. Há quem defenda que o ato será inexistente, pois inexistente o pressuposto da pendência da causa. Outra parcela defende que o ato existe, mas é

25. BERNARDES, Felipe. *Manual de Processo do Trabalho*. Salvador: Juspodivm, 2018. p. 409.

inválido. Há também aqueles que acreditam que se trata de ato ineficaz[26]. De acordo com Daniel Amorim Assumpção Neves, o STJ tem entendido que os atos são nulos, sendo a nulidade apenas reconhecida se demonstrado o prejuízo.[27-28] Nesse mesmo sentido, há decisões no TST e em Tribunais Regionais do Trabalho.[29]

3. EXTINÇÃO DO PROCESSO

A extinção normal do processo ocorre com a solução do conflito de interesses que deu origem à sua formação (extinção com resolução do mérito). Por sua vez, quando o conflito não for solucionado, sua extinção será anormal (extinção sem a resolução do mérito)[30].

Observa-se que, em todo caso, a extinção do processo ocorrerá com a sentença, nos termos do art. 316 do CPC/2015. A sentença corresponde, pois, ao pronunciamento judicial que, com fundamento nas hipóteses de extinção do processo sem resolução de mérito (sentença terminativa) ou com resolução de mérito (sentença definitiva), respectivamente descritos nos arts. 485 ou 487, ambos do CPC/2015, põe fim à fase cognitiva ou extingue a execução[31].

Quando a sentença for terminativa, ou seja, extinguir o processo sem resolução do mérito, o juiz deverá conceder à parte a oportunidade para, se possível, corrigir o vício (CPC/2015, art. 317). O dispositivo do novel código tem como objetivo efetivar o princípio da primazia da decisão de mérito, preconizado pela nova sistemática processual (CPC/2015, art. 4º).

Referido princípio determina que o órgão julgador deverá sempre ter como objetivo a decisão de mérito, não se contentando com decisões meramente processuais que extinguem o processo sem resolução do mérito[32].

---

26. Nesse sentido: BERNARDES, Felipe. *Manual de Processo do Trabalho*. Salvador: Juspodivm, 2018. p. 409.

27. NEVES, Daniel Amorim Assumpção. *Novo Código de Processo civil comentado*. Salvador: Juspodivm, 2016. p. 524. O autor cita os seguintes acórdãos: STJ, 4ª Turma, REsp 769.935/sc, REL. Min. Raul Araújo, j. 02/10/2014, DJe 25/11/2014; STJ, 2ª Turma, REsp 1.306.463/RS, rel. Min. Herman Benjamin, j. 04/09/2012, DJe 11/09/2012; STJ, 2ª Seção, AR 3.743/MG, rel. Min. Ricardo Villas Bôas Cueva, rel. p/acórdão Min. Marco Buzzi, j. 13/11/2013, DJe 02/12/2013; STJ, 4ª Turma, REsp 1.315.080/GO, rel. Min. Luis Felipe Salomão, j. 07/03/2013, DJe 14/03/2013.

28. Esse entendimento é também defendido por Didier Jr.: "Talvez a melhor solução seja considerar que a prática de ato na pendência da suspensão do processo seja conduta ilícita que possa, eventualmente, causar a invalidação ou a simples ineficácia momentânea do ato processual que se realizou". DIDIER JR., Fredie. *Curso de direito processual civil: introdução ao direito processual civil: parte geral e processo de conhecimento*. V. 1. 18. ed. Salvador: Juspodivm, 2018. p. 760.

29. TST – RO nº 710-64.2017.5.05.0000, SBDI-2 do TST, Rel. Alexandre de Souza Agra Belmonte. j. 13.11.2018, Publ. 16.11.2018; TRT 5ª Região – Processo nº 0000710-64.2017.5.05.0000, Órgão Especial do TRT da 5ª Região/BA, Rel. Marizete Menezes. DJ 30.11.2017.

30. ALMEIDA, Cleber Lúcio de. Direito processual do trabalho. 6. ed. São Paulo: LTr, 2016. p. 305.

31. Para maior aprofundamento, remetemos o leitor ao capítulode sentença e coisa julgada (Capítulo 20).

32. Para maior aprofundamento acerca do princípio da primazia da decisão de mérito, remetemos o leitor ao capítulo de princípios (Capítulo 2).

Capítulo 16

PETIÇÃO INICIAL

1. FORMAS DE RECLAMAÇÃO

A jurisdição tem como característica essencial a inércia. Desse modo, o "Estado-juiz só atua se for provocado",[1] o que se faz por meio da demanda, exteriorizada na petição inicial.

Vê-se, portanto, que o judiciário deve ser provocado para atuar, não podendo iniciar o processo *ex officio*. É o que se denomina princípio dispositivo (ou inércia). No entanto, depois de iniciado por meio da petição inicial, os juízos e Tribunais terão ampla liberdade na direção do processo e velarão pelo andamento rápido das causas, podendo determinar qualquer diligência necessária ao esclarecimento delas,[2] independentemente de provocação, prosseguindo-se, assim, por meio do impulso oficial. Trata-se aqui do princípio inquisitivo. Portanto, para iniciar o processo, depende-se de provocação (princípio dispositivo), mas seu prosseguimento se dá por impulso oficial (princípio inquisitivo).

A petição inicial, chamada pela CLT de reclamação, pode ser ajuizada pessoalmente pelas partes, utilizando o *jus postulandi*, ou por seus representantes, e pelos sindicatos de classe (CLT, art. 839).

Ela pode ser verbal (oral) ou escrita.

A **reclamação verbal** será distribuída antes de sua redução a termo.

Distribuída a reclamação verbal, o reclamante deverá, **salvo motivo de força maior**, apresentar-se no prazo de 5 dias ao cartório ou à secretaria, para reduzi-la a termo, sob a pena de perda, pelo prazo de 6 meses, do direito de reclamar perante a Justiça do Trabalho (art. 786 da CLT)[3]. Esse período em que o reclamante fica impossibilitado de ajuizar a reclamação trabalhista é denominado de perempção temporária (provisória). Atente-se para o fato de que essa penalidade não será aplicada se a extrapolação do prazo ocorreu por motivo de força maior.

---

1. CÂMARA, Alexandre Freitas. *Lições de direito processual civil*. 18. ed. Rio de Janeiro: Lumen Juris, 2008. v. 1, p. 70.
2. CLT, art. 765.
3. Para boa parte da doutrina, essa penalidade incide inclusive sobre pedidos que não existiam na primeira reclamação.

Já a **reclamação escrita** deverá ser formulada em duas vias e desde logo estar acompanhada dos documentos em que se fundar (CLT, art. 787).

Atenção:

No inquérito para apuração de falta grave e no dissídio coletivo, obrigatoriamente, a reclamação será escrita (CLT, arts. 853 e 856). Ademais, na homologação de acordo extrajudicial não é possível que a reclamação seja verbal, tendo em vista que o art. 855-B da CLT exige que a petição seja conjunta, sendo as partes representadas por advogados.

2. REQUISITOS DA PETIÇÃO INICIAL

A petição inicial é um ato solene, razão pela qual possui requisitos previamente dispostos no ordenamento.

O processo do trabalho, pautado no princípio da celeridade e simplicidade, teoricamente, exige menos requisitos para a provocação da jurisdição, se comparado aos requisitos exigidos pelo CPC, como se verifica a seguir:

CLT, art. 840	CPC, art. 319
I – designação do Juízo;	I – o juízo a que é dirigida;
II – a qualificação das partes;	II – os nomes, os prenomes, o estado civil, a existência de união estável, a profissão, o número de inscrição no Cadastro de Pessoas Físicas ou no Cadastro Nacional da Pessoa Jurídica, o endereço eletrônico, o domicílio e a residência do autor e do réu;
III – a breve exposição dos fatos de que resulte o dissídio;	III – o fato e os fundamentos jurídicos do pedido;
IV – o pedido, que deverá ser certo, determinado e com indicação de seu valor;	IV – o pedido com as suas especificações;
V – a data e	
VI – a assinatura do reclamante ou de seu representante.	
	V – o valor da causa;
	VI – as provas com que o autor pretende demonstrar a verdade dos fatos alegados;
	VII – a opção do autor pela realização ou não de audiência de conciliação ou de mediação.

Vê-se, por referida comparação, que na reclamação trabalhista não se exige a especificação de provas e a opção do autor pela realização ou não de audiência de conciliação ou de mediação.

No que tange à qualificação das partes, a Resolução nº 185/2017 do CSJT, que regulamenta o processo judicial eletrônico, faz algumas exigências, como descreve seu art. 19, *in verbis*:

> **Art. 19.** A petição inicial conterá, além dos requisitos do art. 840, § 1º, da CLT, a indicação do CPF ou CNPJ das partes, na forma do art. 15, caput, da Lei nº 11.419/06.
>
> § 1º No lançamento de dados do processo pelo usuário externo, além dos dados contidos no caput deste artigo, sempre que possível serão fornecidos, na forma do art. 31, II, da Consolidação dos Provimentos da Corregedoria-Geral da Justiça do Trabalho (CPCGJT):
>
> I – o CEI (Cadastro Específico do INSS contendo número da matrícula do empregador pessoa física);
>
> II – o Número de Identificação do Trabalhador (NIT) perante o INSS;
>
> III – o PIS ou PASEP;
>
> IV – o número da CTPS do empregado; e
>
> V– o CNAE (Classificação Nacional de Atividades Econômicas – código do ramo de atividade) do empregador.

Cumpre-nos, agora, analisar de forma detida três requisitos: o valor da causa, a causa de pedir e o pedido.

2.1. Valor da causa

Há divergência na doutrina acerca da obrigatoriedade do valor da causa no processo trabalhista.

Para uma parte, o valor da causa não é requisito essencial da peça inicial, vez que o art. 840 da CLT não o exige, podendo o juiz fixá-lo *ex officio*.

A outra parte reconhece sua obrigatoriedade, tendo em vista que, embora não previsto no art. 840 da CLT, ele é capaz de determinar o rito do procedimento (sumário, sumaríssimo ou ordinário). Além da determinação do rito processual, o valor da causa também serve para o recolhimento de taxas judiciárias, fixação do valor para fins de aplicação de ato atentatório à dignidade da jurisdição, litigância de má-fé, multa pela interposição de embargos de declaração meramente protelatórios, assim como dos honorários advocatícios.

Cabe destacar que o C. TST, no art. 3º, IV, da IN nº 39/2016, entendeu que o art. 292, V, do CPC/2015 é plenamente aplicável ao direito processual do trabalho. Assim, na ação indenizatória, inclusive na fundada em dano moral, o valor da causa deve corresponder ao valor pretendido pelo reclamante. Esse entendimento, indiretamente, leva-nos à conclusão de que o TST passou a exigir o valor da causa na reclamação trabalhista.

Ademais, pensamos que a Lei nº 13.467/2017 reforçou o entendimento de que o valor da causa é requisito da exordial, uma vez que o art. 840 passou a exigir que, além de o pedido ser certo e determinado, deverá haver a indicação de seu **valor**. Dessa forma, em regra, basta que o reclamante some os valores de todos os pedidos formulados para que indique o valor da causa.

Embora não indicado expressamente no art. 840 da CLT, entendemos, portanto, que o valor da causa é requisito da petição inicial.

2.2. Causa de Pedir (Breve Exposição dos Fatos)

A causa de pedir pode ser dividida em próxima e remota.

A causa de pedir próxima, para a doutrina majoritária, consiste nos fundamentos jurídicos, ou seja, na tese jurídica (enquadramento jurídico) que embasa o pedido. É o porquê do pedido. Por outro lado, a causa de pedir remota corresponde aos fatos, isto é, à própria história descrita na inicial.

Alguns doutrinadores (tese minoritária) têm entendido que, no processo do trabalho, a CLT exige apenas a breve exposição dos fatos, de modo que não é obrigatória a fundamentação jurídica. A nosso ver e acompanhando a tese majoritária, a fundamentação jurídica é necessária, pois identifica a demanda, permitindo o exame da coisa julgada, litispendência, conexão e continência.

Atente-se, porém, para o fato de que fundamentação jurídica não equivale à fundamentação legal (indicação do dispositivo legal), vez que esta fica a cargo do juiz, em decorrência do princípio da *iura novit curia*.

- Exemplo: Empregado alega que foi contratado em 1.2.2010, sendo dispensado em 2.5.2011 (fatos). Afirma que a dispensa foi sem justa causa (fundamentação jurídica), o que lhe dá direito ao recebimento do aviso-prévio indenizado (pedido). Nesse caso, incumbe ao juiz invocar o art. 487, § 1º, da CLT (fundamentação legal).

2.3. Pedido

O pedido é o principal requisito da petição inicial, delimitando o objeto da demanda. É a própria razão de ser do ingresso em juízo do autor.[4] Ele pode ser caracterizado como:

a) imediato: representa o provimento jurisdicional pretendido (condenação, declaração, constituição, acautelamento etc.);

b) mediato: é o bem da vida pretendido (ex.: dinheiro).

4. BONDIOLI, Luis Guilherme Aidar. Breves comentários ao novo código de processo civil. In: WAMBIER, Teresa Arruda et al. (coord.). *Breves comentários ao novo código de processo civil.* 2. ed. São Paulo: Editora Revista dos Tribunais, 2016. p. 869.

Diante da delimitação da atuação jurisdicional, o juiz fica vinculado aos pedidos formulados na inicial, devendo interpretá-los no conjunto da postulação, observando o princípio da boa-fé (CPC/2015, art. 322, § 2º). Trata-se do chamado princípio da congruência ou adstrição.

Desse modo, o juiz somente poderá emitir provimento jurisdicional pleiteado, não podendo ir além ou permanecer aquém do pedido ou conceder o que não foi requerido (CPC/2015, art. 492), sob pena de proferir julgamento, respectivamente, *ultra petita*, *citra petita* ou *extra petita*. Exemplificamos:

- Julgamento *ultra petita* (além do pedido): empregado ingressa com a reclamação trabalhista pleiteando indenização por danos materiais no valor de R$ 5.000,00. Durante a instrução do processo, fica comprovado que o dano foi no montante de R$ 7.000,00. Nesse caso, o juiz fica limitado ao valor de R$ 5.000,00, sob pena de proferir julgamento *ultra petita*.
- Julgamento *citra petita* (aquém do pedido): empregado ingressa com a reclamação trabalhista pleiteando férias, décimo terceiro e horas extras. Nessa hipótese, o juiz não pode deixar de julgar um dos pedidos, por exemplo, das horas extras, sob pena de proferir julgamento *citra petita*.
- Julgamento *extra petita* (fora do pedido): empregado ingressa com a reclamação trabalhista pleiteando férias, décimo terceiro e horas extras. Durante a instrução do processo, fica comprovado que o empregador também não pagava adicional noturno. Nesse caso, o juiz não poderá deferir o pagamento desse adicional, pois está restrito aos três pedidos formulados na inicial, sob pena de proferir julgamento *extra petita*.

2.3.1. Requisitos do pedido

Com o advento da Lei nº 13.467/17, o art. 840 da CLT exige que o pedido seja:

- certo;
- determinado; e
- com indicação de seu valor.

2.3.1.1. Pedido certo

Pedido certo significa que o pedido deve ser expresso, ou seja, não pode ser tácito ou implícito.

Excepcionalmente a lei autoriza o pedido implícito, como é o caso das custas, dos juros, da correção monetária, das contribuições previdenciárias, dos honorários advocatícios etc.

É interessante notar que o art. 322, § 2º, do CPC estabelece que "a interpretação do pedido considerará o conjunto da postulação e observará o princípio da boa-fé". Isso significa que, mesmo não existindo pedido expresso, se do conjunto da postulação for possível identificá-lo ele será observado no momento da prolação da decisão judicial.

A doutrina tem admitido sua incidência quando o autor formula a pretensão no corpo da petição inicial, e não necessariamente na parte destinada aos pedidos.[5]

Pensamos que esse dispositivo se encaixa perfeitamente no processo laboral, uma vez que embasado nos princípios da boa-fé processual e da simplicidade.

2.3.1.2. Pedido determinado

Pedido determinado é o que se refere aos limites da pretensão,[6] seja em relação à qualidade, seja em relação à quantidade.

É dirigido, pois, ao quantum debeatur.[7] Noutras palavras, diz respeito à liquidez do pedido.[8]

Por essa afirmação é possível consignar que a indicação do valor do pedido não é propriamente dito um requisito autônomo do pedido, vez que está inserido na determinação, especialmente quando se trata da quantidade. Quero dizer, pedido determinado já quer dizer pedido com indicação de valor.[9] Tanto é assim que o CPC autoriza a não determinação do valor da condenação quando o ato depender de ato a ser praticado pelo réu.

De qualquer modo, ainda que se entenda como um requisito autônomo, o que parece ter sido a vontade do legislador trabalhista, ele será subordinado ao pedido determinado, já que não é possível definir valor sem saber a qualidade e a quantidade pretendida.

Isso nos leva à seguinte conclusão: em todas as hipóteses de pedido genérico, não há que se falar em indicação de valor do pedido.

Melhor explicando, a regra é que o pedido seja determinado. No entanto, em alguns casos é admitido pedido genérico quando a legislação autorizar. Nesses casos, como não é necessário determinar o pedido, consequentemente, não haverá necessidade de indicação do seu valor.

---

5. NEVES, Daniel Amorim Assumpção. *Novo Código de Processo Civil Comentado*. Salvador: Ed. Juspodivm, 2016. p. 82.
6. THEODORO JÚNIOR, Humberto. *Curso de direito processual civil – teoria geral do direito processual civil, processo de conhecimento e procedimento comum*. V. I. 56. ed. rev. atual. e ampl. – Rio de Janeiro: Forense, 2015. p. 767.
7. DIDIER JR., Fredie. *Curso de Direito processual civil: introdução ao direito processual civil, parte geral e processo de conhecimento*, v. 1. 18. ed. Salvador: Editora Juspodivm, 2016. p. 589.
8. NEVES, Daniel Amorim Assumpção. *Novo Código de Processo Civil Comentado*. Salvador: Ed. Juspodivm, 2016. p. 82.
9. No mesmo sentido, MAIOR, Jorge Luiz Souto Maior. *O procedimento sumaríssimo trabalhista. In: Procedimento sumaríssimo: teoria e prática*. VIANA, Marcio Tulio. São Paulo: Ltr, 2000.

Dessa forma, o art. 324, § 1º, do CPC/2015, aplicável ao processo do trabalho, declina que:

> § 1º. É lícito, porém, formular pedido genérico:
>
> I – nas ações universais, se o autor não puder individuar os bens demandados;
>
> II – quando não for possível determinar, desde logo, as consequências do ato ou do fato;
>
> III – quando a determinação do objeto ou do valor da condenação depender de ato que deva ser praticado pelo réu.

O pedido genérico, porém, não significa pedido sem gênero, de modo que a inicial deverá indicar qual o gênero da prestação pretendida, ficando indeterminadas apenas a quantidade, a qualidade da coisa ou a importância (valor) pleiteada[10].

Vê-se, pois, que os incisos II e III têm campo fértil no processo do trabalho. É só imaginarmos o pedido de pagamento de horas extras superiores à 8ª diária e 44ª semanal. Nesse caso, o reclamante já estará fazendo pedido certo e determinado quanto à qualidade, mas genérico no que se refere a quantidade e, consequentemente, quanto ao valor. Isso é autorizado porque não é possível definir com exatidão a consequência do ato (inciso II). Ademais, a delimitação da quantidade depende de ato a ser praticado pelo réu (inciso III), qual seja, a apresentação dos cartões de ponto quando se tratar de empresa com mais de 10 empregados. Da mesma forma ocorre nos pedidos de pagamento de adicional noturno, comissões retidas etc.

Aliás, o próprio E. STJ tem entendimento firmado no sentido de que:

> (...) a formulação de pedido genérico é admitida, na impossibilidade de imediata mensuração do quantum debeatur, como soem ser aqueles decorrentes de complexos cálculos contábeis, hipótese em que o valor da causa pode ser estimado pelo autor, em quantia simbólica e provisória, passível de posterior adequação ao valor apurado pela sentença ou no procedimento de liquidação.[11]

O mesmo se diga dos pedidos de adicional de insalubridade e periculosidade que obrigatoriamente dependem de prova pericial (CLT, art. 195, § 2º), ou seja, não é possível determinar a consequência do fato no momento da inicial.

Isso também se aplica nas indenizações por danos materiais decorrentes do acidente do trabalho quando não for possível delimitar o montante dos prejuízos no momento do ajuizamento da reclamação. O trabalhador, nesse caso, deve indicar

---

10. THEODORO JÚNIOR, Humberto. *Curso de direito processual civil – teoria geral do direito processual civil, processo de conhecimento e procedimento comum.* V. I. 56. ed. rev. atual. e ampl. – Rio de Janeiro: Forense, 2015. p. 769.

11. STJ, 1ª Turma, AgRg no REsp 906.713, rel. Min. Luiz Fux, j. 23.06.2009, DJe 06.08.2009. Outros precedentes indicados na decisão: REsp 591351/DF, desta relatoria, DJ de DJ 21.09.2006; AgRg no REsp 568.329/SP, Rel. Ministro Francisco Falcão, DJ 23/05/2005;RESP 363445/RJ, Relatora Ministra Nancy Andrighi, DJ de 01.04.2002; REsp 327.442/SP, Rel. Ministro José Delgado, DJ 24/09/2001; RESP 120307/SP, Relator Ministro Fernando Gonçalves, DJ de 09.12.1997 e RESP 180842/SP, Relator Ministro José Delgado, DJ de 23.11.1998.

quais os prejuízos sofridos com o acidente (p.ex. gastos médicos, hospitalares etc.), mas sua delimitação poderá ser feita no próprio processo, p. ex., por arbitramento.

Esses e outros exemplos trabalhistas serão incluídos no pedido genérico.

2.3.1.3. Pedido com indicação de valor

A Lei nº 13.467/17 (Reforma Trabalhista) alterou o art. 840, § 1º, à CLT[12] e passou a exigir que o pedido indique seu valor nas ações submetidas ao rito ordinário, o qual somente tem aplicação para às ações ajuizadas a partir de 11.11.2017 (data de vigência da Lei nº 13.467/17) (TST-IN nº 41/2018, art. 12).

Trata-se de dispositivo inspirado no rito sumaríssimo que já exigia esse requisito (CLT, art. 852-B).

Aproxima, portanto, os procedimentos trabalhistas, descrevendo que em ambos os casos (ritos sumaríssimo e ordinário) o pedido deverá ser certo, determinado e indicar o seu valor.

A indicação do valor do pedido no rito sumaríssimo não trazia grandes discussões na doutrina e jurisprudência, pois, sendo ações até 40 salários-mínimos, em regra, era possível com mais facilidade identificar os valores devidos. Além disso, antes da Lei nº 13.467/17 não havia a condenação de honorários sucumbenciais nessas ações.

Com o advento da referida lei, no entanto, a depender da intepretação conferida a esse requisito (seja no procedimento ordinário seja no sumaríssimo), o efeito será nefasto ao trabalhador, viabilizando a renúncia dos seus direitos, restrição de acesso ao judiciário e ausência de reparação integral do dano. Explico.

Parte da doutrina entenderá que o reclamante deverá indicar com exatidão o valor de cada pedido, que provocará dois efeitos:

1) **limitação da prestação jurisdicional** (princípio da congruência): se as provas demonstrarem que o valor do dano é superior ao postulado, o juízo ficará limitado ao montante pleiteado, sob pena de proferir decisão *ultra petita*, nos termos do art. 492 do CPC.
2) **sucumbência parcial**: quando o valor da condenação for inferior ao valor indicado no pedido, o reclamante será sucumbente, a depender da tese a ser adotada, devendo arcar com o pagamento dos honorários da parte contrária, os quais tem como base cálculo a diferença entre o valor do pedido e o montante deferido.

12. A ADI 6002 no STF, ajuizada pelo conselho Federal da OAB, discute a constitucionalidade do art. 840, §§ 1º e 3º, da CLT.

Por esses dois efeitos, verifica-se que o reclamante terá prejuízo se o valor do seu pedido for maior ou menor do que o devido. Enfim, o pedido deverá ter verdadeira precisão, ou seja, o reclamante somente não será atingindo se a procedência dos seus pedidos for integral.

Agora, indaga-se: com exceção dos pedidos em que os valores são alcançados de forma extremamente simples, haverá algum caso de procedência total?

Não é o que verificamos na prática e continuaremos a visualizar, tendo em vista que os créditos dos trabalhadores, em regra, decorrem da relação continuativa da prestação dos serviços, além do que dependem de documentos que estão em poder do reclamado.

Os defensores da exatidão do valor do pedido argumentarão que o reclamante deverá ingressar com ação de produção de prova antecipada (CPC, art. 381, III) ou com a ação de exibição de documentos (CPC, arts. 396 a 404) e, para não correr a prescrição, ajuizar o protesto (CPC, art. 726, § 2º). Com base nos documentos apresentados, poderá delimitar com exatidão o valor do pedido e ajuizar sua reclamação.

Em resumo, a se admitir tal tese, estaremos contemplando que o trabalhador, embora não possa definir com exatidão os valores do pedido, deverá fazer pedido modesto para não ser responsabilizado pelo pagamento dos honorários da parte contrária e, se na instrução ficar apurado que tem valores a receber superiores ao pedido, ela estará renunciando seus créditos, conquanto tenham natureza alimentar. Agora, se ele não quiser correr muito risco (já que risco sempre correrá), deverá bater previamente às portas do judiciário para ter em mãos os documentos necessários. De posse dos documentos tentará definir o valor exato dos pedidos, os quais serão submetidos à "liquidação extrajudicial prévia"[13] para, em seguida, ajuizar sua reclamação.

Pelo surrealismo da referida tese, de plano já é possível afastá-la, pois a interpretação do direito não pode conduzir ao absurdo.

Não podemos conceber que o reclamante tenha de se valer previamente do judiciário para, em seguida, ajuizar sua reclamação trabalhista indicando com exatidão o valor de todos os pedidos da inicial.

Primeiro, porque fere o princípio da simplicidade existente no processo do trabalho, que, embora tenha sido atacado veementemente pelo legislador reformador, ainda subsiste nessa seara laboral.

Segundo, porque o pedido poderá ser genérico quando os documentos estiverem em poder do reclamado (CPC, art. 324, § 1º), não dependendo de prévia produção de prova ou de exibição desses documentos. Isso não impede o ajuizamento de tais ações, mas elas não são pressupostos para o ajuizamento da reclamação.

13. No escritório do advogado do reclamante ou por meio de *expert* contratado para tal fim.

Terceiro porque, na hipótese de pedido genérico, o próprio ordenamento autoriza que o pedido não seja determinado e, consequentemente, não indique o respectivo valor. Quero dizer, como já anunciamos no tópico anterior, a nosso juízo, pedido determinado já equivale ao que indica o valor. De qualquer maneira, mesmo que interpretados de forma distinta, a indicação do valor pressupõe que o pedido seja determinado quantitativamente, o que significa que, sendo genérico, não tem como ser determinado e, evidentemente, não terá como indicar seu valor.

Quarto, porque há restrição de acesso ao judiciário, violando o art. 5º, XXXV, da CF/88, caso seja admitido esse sistema complexo para o ajuizamento da reclamação.

Quinto, porque a um só tempo estaremos admitindo a renúncia dos créditos do trabalhador e a ausência de reparação integral do dano, caso exista limitação da condenação a valor que não pode ser definido com exatidão na inicial.

Sexto, porque o legislador reformador não foi coerente, existindo inclusive vício de finalidade.

Digo isso porque exigiu valor do pedido na inicial, mas a sentença continuará podendo ser ilíquida. Nesse caso, teremos a liquidação de sentença que, antes da reforma, admitia a homologação imediata sem estabelecer contraditório nessa fase. No entanto, após a Lei nº 13.467/17, o art. 879, § 2º, da CLT foi alterado para impor contraditório prévio na fase de liquidação, embora tenha exigido o valor do pedido na inicial. Ora, se o valor do pedido deve ser indicado na inicial, pouca discussão restará para sua delimitação na fase de liquidação, não havendo se impor o contraditório prévio. Contraria, pois, a própria justificativa para a criação desse artigo, já que um de seus argumentos é que irá "contribuir para a celeridade processual com a prévia liquidação dos pedidos na fase de execução judicial, evitando-se novas discussões e consequentemente, atrasos para que o reclamante receba o crédito que lhe é devido".[14] Enfim, cria obrigações apenas para o reclamante, com o nítido objetivo de intimidar o ajuizamento de reclamações trabalhistas, restringindo o acesso ao judiciário.

Por tais argumentos, não podemos concordar com a interpretação puramente gramatical desse dispositivo, de modo que, a nosso juízo, deve ser interpretado da seguinte forma:

1) não haverá necessidade de indicação de valor para os pedidos:

a) genéricos;

b) implícitos;

c) declaratórios e constitutivos;

d) condenatórios que não tenham conteúdo pecuniário (obrigação de fazer, não fazer e entrega de coisa);

14. Justificativa do Projeto de Lei nº 6.787/2016 para atribuir nova redação ao § 1º, do art. 840 da CLT.

e) de prestações que não são exigíveis no momento do ajuizamento da reclamação, mas que poderão ser contempladas na sentença condenatória[15] (p.ex., multa, art. 467 da CLT); e

2) **o valor do pedido deverá ser indicado na inicial**, nas hipóteses não elencadas no item anterior.

E se o juiz impuser que a parte indique o valor do pedido nas hipóteses que anunciamos como desnecessárias, especialmente no caso de pedidos genéricos?

Abstraindo possíveis discussões em âmbito recursal, pensamos que, nesse caso, o valor do pedido deverá ser indicado por estimativa.[16]

A indicação por estimativa também deve ser bem interpretada, como se verifica pelo art. 12, § 2º, da Instrução Normativa nº 41/2018 do TST, *in verbis*:

> § 2º Para fim do que dispõe o art. 840, §§ 1º e 2º, da CLT, o valor da causa será estimado, observando-se, no que couber, o disposto nos arts. 291 a 293 do Código de Processo Civil.

É que, não sendo o valor exato do pedido, ele não serve para limitar a condenação ou delimitar a sucumbência. Noutras palavras, nessa hipótese, a análise é feita sobre a qualidade do pedido e não sobre seu valor, de modo que a procedência do pedido não levará em conta o valor pleiteado.

- Exemplo: João ajuíza reclamação trabalhista em face da empresa Z pleiteando o pagamento de horas extras superiores a 8ª diária e 44 semanal, estimando o valor do pedido em R$ 10.000,00. Após instrução processual, reconhece-se que o reclamante faz jus às horas extras, mas que, aparentemente, alcançará o montante de R$ 5.000,00. Nesse caso, o juiz julgará procedente o pedido de horas extras, independentemente do valor que estimar para a condenação, já que a sucumbência deve ser analisada sobre os aspectos qualitativos do pedido. Do mesmo modo, julgado procedente o pedido e o juiz estimar que o valor será de R$ 15.000,00, também não poderá existir limitação da condenação. Tanto é assim que a fase de liquidação é exatamente para definir a liquidez do título, ou seja, o quantum devido, o que significa que apenas nesse momento teremos com exatidão o montante devido.

O mesmo raciocínio deve ser utilizado quando o reclamante indicar valor para tais pedidos, ainda que não seja obrigatório. Isso ocorrerá com frequência, pois a parte, visando a celeridade processual, já indicará o valor por estimativa, evitando discussões processuais e divergências de entendimentos entre os magistrados, além do que o próprio art. 12, § 2º, da IN nº 41/2018 já autoriza a indicação de valor estimado.

---

15. Nesse sentido: SOUSA JUNIOR, Antônio Umberto. *In*: RODRIGUES, Deusmar José (coord.) *Lei da Reforma Trabalhista: comentada artigo por artigo*. Leme (SP): JH Mizuno, 2017. p. 286.

16. Em sentido semelhante, SCHIAVI, Mauro para quem "não há necessidade de apresentação de cálculos detalhados, mas que o valor seja justificado, ainda que por estimativa". *A Reforma trabalhista e o processo do trabalho: aspectos processuais da Lei nº 13.467/17. São Paulo: LTr, 2017.* p. 94.

Por fim, é importante destacar ainda que não se pode exigir planilha contábil para o ajuizamento de reclamação trabalhista, sob pena de violar direito líquido e certo, sendo cabível mandado de segurança.[17]

> **Atenção:**
> O art. 840, § 2º, da CLT estabelece que a reclamação verbal deve observar, no que couber, os mesmos requisitos da reclamação escrita.

2.3.2. Cumulação de pedidos

Com fundamento no princípio da celeridade e buscando evitar o ajuizamento de diversas ações, admite-se a cumulação de pedidos num único processo, ainda que entre eles não haja conexão. Nos termos do art. 327, § 1º, do CPC/2015, aplicado subsidiariamente ao processo do trabalho, são requisitos para a cumulação de pedidos que:

> I – os pedidos sejam compatíveis entre si;
>
> II – seja competente para conhecer deles o mesmo juízo;
>
> III – seja adequado para todos os pedidos o tipo de procedimento.

Quando para cada pedido corresponder tipo diverso de procedimento, será admitida a cumulação se o autor empregar o procedimento comum[18], sem prejuízo do emprego das técnicas processuais diferenciadas previstas nos procedimentos especiais a que se sujeitam um ou mais pedidos cumulados, que não forem incompatíveis com as disposições sobre o procedimento comum (CPC/2015, art. 327, § 2º).

A cumulação de pedidos é classificada em:

- **cumulação própria**: quando são formulados diversos pedidos, pretendendo a cumulação simultânea de todos eles. Essa modalidade de cumulação é subdividida em:
  - **a) cumulação simples**: quando há diversos pedidos que não possuem uma relação de prejudicialidade entre eles, podendo ser acolhidos de forma simultânea. Eles são totalmente independentes.
    - **Exemplo**: postula-se o pagamento de horas extras e 13º salário.

      (A + B)
  - **b) cumulação sucessiva**: na hipótese de existir prejudicialidade entre os pedidos, de modo que o segundo pedido somente será analisado se o anterior for julgado procedente.

17. TST-RO-368-24.2018.5.12.0000, SBDI-II, rel. Min. Maria Helena Mallmann, 1º.10.2019 (Informativo nº 207).
18. No processo do trabalho, o procedimento ordinário.

- **Exemplo:** João postula o reconhecimento do vínculo e o pagamento do aviso-prévio. A concessão do aviso-prévio passa, inicialmente, pelo reconhecimento do vínculo.

(procedente A -> B)

- **cumulação imprópria:** quando se formulam diversos pedidos ao mesmo tempo, mas apenas um deles será atendido. Noutras palavras, o acolhimento de um pedido impossibilita o acolhimento do outro. Essa modalidade de cumulação se subdivide em:

  a) **cumulação alternativa:** o autor formula mais de um pedido, sem estabelecer uma ordem de preferência, de modo que a concessão de qualquer um deles o deixará satisfeito (CPC/2015, art. 326, parágrafo único).[19]

- **Exemplo:** a convenção coletiva garante ao trabalhador o direito ao convênio médico ou à cesta básica. Não ocorrendo a concessão de nenhum deles, pode o trabalhador já escolher na inicial qual benefício pretende receber ou poderá cumular os pedidos (convênio médico ou cesta básica) e deixar a escolha a critério do juiz.

(A ou B)

  b) **cumulação subsidiária:** ocorre quando há prejudicialidade entre os pedidos, de modo que o segundo somente será analisado se o anterior for julgado improcedente. Assim, nos termos do art. 326, aplicável ao processo do trabalho, "é lícito formular mais de um pedido em ordem subsidiária, a fim de que o juiz conheça do posterior, quando não acolher o anterior". Nesses casos, não se exige que haja compatibilidade entre os pedidos (CPC/2015, art. 327, § 3º).

- **Exemplo:** reclamante informa que foi dispensada durante período que era integrante da CIPA, tendo, portanto, garantia de emprego. Postula, dessa forma, a reintegração do emprego e, subsidiariamente, a indenização do período correspondente.

(improcedente A -> B)

- cumulação própria:	- cumulação simples - cumulação sucessiva
- cumulação imprópria:	- cumulação alternativa - cumulação subsidiária

19. A cumulação alternativa difere do pedido alternativo. Aquele tem mais de um pedido (cumulação de pedidos). Já o pedido alternativo é um único pedido, mas, por força do contrato ou da lei, pode ser cumprido por mais de uma forma (CPC/2015, art. 325). Exemplo: empregador concede prêmio ao trabalhador que for mais assíduo (única prestação). O prêmio poderá ser um curso ou uma viagem, a ser escolhido a critério do empregador (duas formas de satisfação). Não ocorrendo a concessão do prêmio, pode o trabalhador postular a concessão do prêmio (pedido único), que poderá ser satisfeito de qualquer das duas formas.

3. RECLAMAÇÃO VERBAL

O art. 840, § 2º, da CLT determina que os requisitos da petição inicial escrita deverão estar presentes, **no que couber**, nas reclamações verbais.

Desse modo, como o legislador declinou que se aplicam os requisitos, no que couber, pensamos que a indicação do valor não incide nessa hipótese, sob pena de gerar sucumbência para o reclamante, por valores indicados pelo serventuário.[20]

O C. TST, no art. 12, § 2º, da Instrução Normativa nº 41/2018, não adotou esse entendimento, determinando que haja a indicação do valor do pedido, mas por mera estimativa:

> § 2º Para fim do que dispõe o art. 840, §§ 1º e 2º, da CLT, o valor da causa será estimado, observando-se, no que couber, o disposto nos arts. 291 a 293 do Código de Processo Civil.

4. DOCUMENTOS INDISPENSÁVEIS À PROPOSITURA DA AÇÃO

O art. 787 da CLT declina que "a reclamação escrita deverá ser formulada em 2 (duas) vias e desde logo acompanhada dos documentos em que se fundar". De forma mais direta, o art. 320 do CPC/15 descreve que "a petição inicial será instruída com os documentos indispensáveis à propositura da ação".

Os documentos indispensáveis são, portanto, requisitos da petição inicial.

São considerados documentos indispensáveis aqueles necessários ao julgamento do mérito. Essa indispensabilidade deve ser analisada de acordo com os pedidos pleiteados, ou seja, de forma casuística.[21]

É o que acontece, por exemplo, quando se alega o falecimento do empregado, devendo ser apresentada a certidão de óbito ou, ainda, a juntada da certidão de trânsito em julgado para o ajuizamento da ação rescisória (Súmula nº 299, I e II, do TST).

Caso não seja juntado o documento indispensável, o juiz deverá, inicialmente, conceder o prazo de 15 dias para a juntada, nos termos do art. 321 do CPC, aplicável ao processo do trabalho. Não sendo apresentado o documento, o processo deverá ser extinto sem resolução do mérito.

No processo do trabalho, há divergência na doutrina quanto aos **pedidos fundados em normas coletivas**, ou seja, se correspondem a documentos indispensáveis à propositura da ação ou se são documentos meramente úteis à instrução da causa

20. TEIXEIRA FILHO, Manoel Antonio. O processo do trabalho e a reforma trabalhista: as alterações introduzidas no processo do trabalho pela Lei n. 13.467/2017. São Paulo: LTr, 2017. p. 133.
21. BERNARDES, Felipe. *Manual de Processo do Trabalho*. Salvador: Juspodivm, 2018. p. 424.

que não impedem o julgamento de mérito, mas apenas podem gerar consequências desfavoráveis à parte omissa, do ponto de vista probatório.[22]

A nosso juízo e acompanhando o entendimento majoritário, no caso de normas coletivas aplica-se o disposto no art. 376 do CPC, o qual impõe a comprovação do teor e da vigência da norma jurídica, se determinado pelo juiz[23]. Noutras palavras, não se aplica o princípio da *iura novit curia*, sendo necessário que a parte junte ao processo a norma coletiva relacionada ao pedido.

Não se trata, portanto, de documento indispensável, mas de documento útil à instrução da causa, de modo que sua ausência enseja a improcedência dos pedidos e não a extinção do processo sem resolução do mérito.[24]

De qualquer modo, o art. 376 do CPC declina que o juiz deverá determinar a prova do teor e da vigência da norma. Dessa forma, com base no princípio da cooperação, antes de julgar improcedentes os pedidos, deverá o magistrado conceder prazo para a juntada da convenção ou do acordo coletivo, viabilizando o contraditório pela parte contrária.

Atenção:

No mandado de segurança exige-se prova documental pré-constituída, sendo inaplicável o art. 321 do CPC, quando verificada na petição inicial a ausência de documento indispensável ou de sua autenticação.

5. ADITAMENTO E EMENDA DA PETIÇÃO INICIAL

O aditamento da inicial difere da emenda.

O **aditamento** da inicial é a possibilidade de se alterar o pedido ou a causa de pedir.

No processo civil, **até a citação** do réu, a alteração poderá ocorrer **independentemente da** anuência do réu (CPC/2015, art. 329, I). Por outro lado, **depois da citação** do réu e até o saneamento do processo, só será permitida a alteração **com** a concordância do réu, assegurado o contraditório e facultado o requerimento de prova suplementar (CPC/2015, art. 329, II).

Embora a CLT seja omissa acerca do aditamento da inicial, é interessante observar que, sendo a citação, no processo do trabalho, um ato de secretaria, somente com a

22. BERNARDES, Felipe. *Manual de Processo do Trabalho.* Salvador: Juspodivm, 2018. p. 424.

23. Art. 376. A parte que alegar direito municipal, estadual, estrangeiro ou consuetudinário provar-lhe-á o teor e a vigência, se assim o juiz determinar.

24. Defendendo que as normas coletivas são documentos indispensáveis à petição inicial: SCHIAVI, Mauro. *Manual de Direito Processual do Trabalho.* São Paulo: LTr, 2017. p. 559.

presença da parte na audiência é confirmada a regularidade da citação[25]. Além disso, o prazo da contestação não corre em cartório, mas na audiência, ou seja, depois da tentativa de conciliação frustrada, haverá 20 minutos para apresentá-la (CLT, art. 847).

Desse modo, a prática forense tem admitido o aditamento da petição inicial, sem anuência do réu, na audiência inaugural (ou una), desde que antes do momento de apresentação da contestação. Nessa hipótese, é concedida ao réu a oportunidade para alterar sua contestação, redesignando para outra data a audiência. Após iniciado o momento de apresentação da contestação, somente com anuência do réu é admitido o aditamento.

A **emenda à petição inicial**, por sua vez, busca corrigir vícios sanáveis da petição inicial. Dessa forma, o art. 321 do CPC/2015, aplicado subsidiariamente ao processo do trabalho, estabelece:

> **Art. 321.** O juiz, ao verificar que a petição inicial não preenche os requisitos dos arts. 319 e 320 ou que apresenta defeitos e irregularidades capazes de dificultar o julgamento de mérito, determinará que o autor, no prazo de 15 (quinze) dias, a emende ou a complete, indicando com precisão o que deve ser corrigido ou completado.
>
> Parágrafo único. Se o autor não cumprir a diligência, o juiz indeferirá a petição inicial.

Atente-se para o fato de que o CPC/15, embasado no princípio da cooperação, impõe que o juiz deve indicar com precisão o que deve ser corrigido ou complementado, o que deve ser aplicado ao processo do trabalho, ante a omissão da CLT e a compatibilidade de tal princípio e dispositivo com este ramo laboral.

Observação:

Na hipótese de mandado de segurança, por se exigir, na petição inicial, a presença de prova documental pré-constituída, é inaplicável o art. 321 do CPC/2015, quando verificada a ausência de documento indispensável ou de sua autenticação (Súmula nº 415 do TST).

Já no caso de ação rescisória que não tenha apresentado a comprovação do trânsito em julgado da decisão rescindenda na petição inicial, deverá ser concedido o prazo de 15 dias para que o faça, sob pena de indeferimento (Súmula nº 299, II do TST).

6. INDEFERIMENTO DA PETIÇÃO INICIAL

Como analisado anteriormente, havendo vício sanável na petição inicial, o autor (reclamante) será intimado para emendá-la no prazo de 15 dias. Caso não providencie a emenda, a inicial será liminarmente indeferida.

Além disso, tratando-se de vícios insanáveis, a inicial será desde logo indeferida.

Nesse contexto, o art. 330 do CPC/2015, aplicado subsidiariamente ao processo do trabalho, declina:

25. MOURA, Marcelo. *Consolidação das leis do trabalho para concursos*. Salvador: Juspodivm, 2011. p. 1.118.

> **Art. 330.** A petição inicial será indeferida quando:
> I – for inepta;
> II – a parte for manifestamente ilegítima;
> III – o autor carecer de interesse processual;
> IV – não atendidas as prescrições dos arts. 106 e 321.
> § 1º Considera-se inepta a petição inicial quando:
> I – lhe faltar pedido ou causa de pedir;
> II – o pedido for indeterminado, ressalvadas as hipóteses legais em que se permite o pedido genérico;
> III – da narração dos fatos não decorrer logicamente a conclusão;
> IV – contiver pedidos incompatíveis entre si (...).

Na seara trabalhista, o C. TST estabeleceu, na Súmula nº 263:

> **Súmula nº 263 do TST.** Petição inicial. Indeferimento. Instrução obrigatória deficiente
> Salvo nas hipóteses do art. 330 do CPC de 2015 (art. 295 do CPC de 1973), o indeferimento da petição inicial, por encontrar-se desacompanhada de documento indispensável à propositura da ação ou não preencher outro requisito legal, somente é cabível se, após intimada para suprir a irregularidade em 15 (quinze) dias, mediante indicação precisa do que deve ser corrigido ou completado, a parte não o fizer (art. 321 do CPC de 2015).

Pela referida súmula, percebe-se que ocorrendo uma das hipóteses do art. 330 do CPC/2015 (CPC/73, art. 295), deverá ser indeferida liminarmente a petição inicial, porque o C. TST entendeu ser vício formal insanável. Por outro lado, admitiu sua emenda apenas quando faltar documento indispensável à propositura da ação ou não preencher outro requisito legal, vez que para o TST é vício formal sanável.

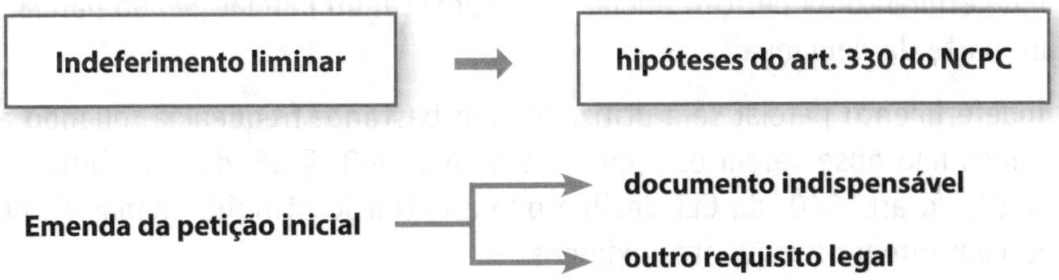

O mesmo caminho, aparentemente, seguiu o § 3º do art. 840 da CLT ao declinar que os pedidos que não forem certos, determinados e indicarem seu valor na petição inicial serão julgados extintos sem resolução de mérito, tratando-os como modalidade de inépcia da petição inicial[26].

De nossa parte, pensamos que o indeferimento liminar da petição inicial é definido pela natureza do vício e não sua topografia no código, razão pela qual, sendo

26. SILVA, Homero Batista Mateus da. *Comentários à reforma trabalhista.* São Paulo: Editora Revista dos Tribunais, 2017. p. 155.

o vício sanável, o juiz deverá conceder prazo para que o autor emende a inicial, indeferindo-a, de plano, somente na hipótese de vício insanável.

Dessa forma, sendo a possibilidade de emendar a petição inicial um direito do autor, entendemos que, mesmo nos casos do art. 840, § 3º da CLT e do art. 330 do CPC/2015, quando o vício for sanável, o juiz deverá oportunizar prazo para que o autor (reclamante) emende a inicial e, somente após, se não suprido o vício, indeferir a petição inicial. Esse entendimento é reforçado pelo CPC/15, principalmente em razão da consagração do princípio da primazia da decisão de mérito (art. 4º) e a necessidade de o juízo, antes de proferir decisão sem resolução de mérito, conceder à parte prazo razoável para sanar o vício (art. 317 do CPC/2015). Nesse sentido, o Enunciado nº 105 da 2ª Jornada de direito material e processual do trabalho:

> **Enunciado nº 105** – Sentença sem exame de mérito. Direito autoral à emenda
>
> CLT, art. 840, § 3º. Sentença sem exame do mérito. Necessidade de oportunizar a emenda. A exordial que não atende integralmente os requisitos legais deve ensejar oportunidade para emenda e não imediata sentença sem exame do mérito, sob pena de obstar o direito do autor à integral análise do mérito (CPC, arts. 4º, 6º, 317, 319 e 321; TST, súmula 263).

Por fim, atente-se para o fato de que, na hipótese de emenda da inicial, em decorrência do princípio da cooperação, o juiz deverá fazer a indicação precisa do que deve ser corrigido ou completado, como impõe expressamente o art. 321 do CPC/2015 e a Súmula 263 do TST.

6.1. Recurso da decisão que indefere liminarmente a petição inicial

O indeferimento da petição inicial pode ser total ou parcial. Sendo parcial o juiz rejeitará parte da demanda[27].

O indeferimento parcial será utilizado com bastante frequência, quando alguns dos pedidos não observarem os requisitos do art. 840, § 1º, da CLT. Tanto é assim que o § 3º, do art. 840, da CLT declina que a extinção atingirá apenas os pedidos que não cumprirem os requisitos exigidos.

O **indeferimento parcial se faz por meio de decisão interlocutória**, a qual é impugnável no processo civil pelo agravo de instrumento (CPC, art. 354, parágrafo único). No entanto, como no processo do trabalho não cabe recurso da decisão interlocutória (CLT, art. 893, § 1º), o reclamante deverá aguardar a decisão final para impugná-la. Evidentemente que, na prática, a irrecorribilidade imediata dessa decisão, provoca a sua não impugnação em outro momento, pois ao reclamante será mais útil, eficaz e célere ajuizar outra demanda para os pedidos que foram considerados ineptos.

27. DIDIER JR., Fredie. *Curso de Direito processual civil: introdução ao direito processual civil, parte geral e processo de conhecimento*, v. 1. 18. ed. Salvador: Editora Juspodivm, 2016. p. 568.

Já o **indeferimento total é realizado por meio de sentença**, não havendo incidência de honorários advocatícios porque ainda não houve apresentação de defesa pelo reclamado.

Tratando-se de sentença, o recurso cabível, no âmbito trabalhista, é o recurso ordinário, a ser interposto no prazo de 8 dias.

Atente-se, porém, para o fato de que, nessa hipótese, é facultado o **juízo de retração**, em 5 dias (CPC/2015, art. 331), ou seja, o próprio juízo que prolatou a decisão poderá reformá-la, passando a entender que petição inicial é apta. Não se retratando, o juiz mandará citar o réu para responder ao recurso (CPC/2015, art. 331, § 1º). Não interposto o recurso ordinário, o réu será intimado do trânsito em julgado da sentença (CPC/2015, art. 331, § 2º).

Por fim, é interessante destacar que o CPC/15 inova acerca do juízo de retratação, permitindo-o em todas as hipóteses de recurso de sentença que extingue o processo sem resolução do mérito, mesmo que não seja pelo indeferimento liminar da petição inicial (CPC/2015, art. 485, § 7º). Referido dispositivo do novel código é aplicável ao processo do trabalho, por força do art. 3º, VIII, da Instrução Normativa nº 39/2016 do TST.

7. IMPROCEDÊNCIA LIMINAR DO PEDIDO

Enquanto o indeferimento da petição inicial corresponde à extinção do processo sem resolução de mérito, o art. 332 do CPC/2015 prevê algumas hipóteses em que o processo será extinto com resolução de mérito antes mesmo da citação da parte contrária.

O C. TST, ao disciplinar a aplicação do art. 332 do CPC/2015 ao processo do trabalho (IN nº 39/2016, art. 7º), adaptou as hipóteses previstas no CPC/2015 à seara trabalhista. Assim, o juiz do trabalho, nas causas que dispensem a fase instrutória, independentemente da citação do réu, julgará liminarmente improcedente o pedido que contrariar:

> I – enunciado de súmula do Supremo Tribunal Federal ou do Tribunal Superior do Trabalho (CPC, art. 927, inciso V);
>
> II – acórdão proferido pelo Supremo Tribunal Federal ou pelo Tribunal Superior do Trabalho em julgamento de recursos repetitivos (CLT, art. 896-B; CPC, art. 1046, § 4º);
>
> III – entendimento firmado em incidente de resolução de demandas repetitivas ou de assunção de competência;
>
> IV – enunciado de súmula de Tribunal Regional do Trabalho sobre direito local, convenção coletiva de trabalho, acordo coletivo de trabalho, sentença normativa ou regulamento empresarial de observância obrigatória em área territorial que não exceda à jurisdição do respectivo Tribunal (CLT, art. 896, "b", a contrario sensu)
>
> Parágrafo único. O juiz também poderá julgar liminarmente improcedente o pedido se verificar, desde logo, a ocorrência de decadência (TST-IN nº 39/2016, art. 7º).

O julgamento liminar de improcedência do pedido é possível apenas nos casos que dispensem a fase instrutória.

Interpretando o art. 332 do CPC/2015, Daniel Amorim Assumpção Neves entende que "a dispensa da instrução probatória é consequência da presunção de veracidade dos fatos alegados pelo autor"[28]. De acordo com o autor, a improcedência liminar do pedido é possível quando, mesmo que se considere que o autor apenas alegou fatos verdadeiros, não tem o direito que alega ter. Assim, não é preciso nem mesmo que haja prova pré-constituída. Nesses casos, o juiz fica limitado, portanto, à análise da questão de direito, não importando se o suporte fático afirmado seja verdadeiro ou não[29].

A ausência de citação do réu não viola o princípio do contraditório, pois, tratando-se de julgamento de improcedência, ele não será de nenhuma forma prejudicado.

Destaca-se que o parágrafo único do art. 7º da IN 39 do TST apenas faz referência à possibilidade de improcedência liminar do pedido quando o juiz verificar a decadência, não mencionando a prescrição.

Esse entendimento do TST é justificado pela impossibilidade de o juiz trabalhista decretar a prescrição de ofício, devido à prevalência do princípio protetivo, diferentemente do que ocorre no processo civil, pois o art. 487, II, do CPC/2015 prevê expressamente essa hipótese. Nesse sentido, não permitindo o reconhecimento da prescrição de ofício pelo juízo, o C. TST apenas dispôs quanto à possibilidade de julgamento improcedente do pedido no caso da decadência (TST-IN nº 39/2016, art. 7º, parágrafo único).

Após a decisão de improcedência liminar do pedido, o autor será intimado do julgamento.

Caso não haja interposição de recurso, o réu será intimado do trânsito em julgado da sentença, extinguindo-se o processo (CPC/2015, art. 332, § 2º).

Contudo, caso haja interposição de recurso ordinário é facultado o juízo de retração, em 5 dias (CPC/2015, art. 332, § 3º), tal como ocorre no indeferimento da petição inicial. Nesse caso, o juiz anulará sua própria sentença e determinará a citação do réu para o prosseguimento do feito (CPC/2015, art. 332, § 4º).

Por outro lado, não havendo retratação, o juízo determinará a citação do réu para apresentar contrarrazões, no prazo de 8 dias (CPC/2015, art. 332, § 4º) e para que

---

28. NEVES, Daniel Amorim Assumpção. *Manual de direito processual civil – v. único*. 8. ed. Salvador: Editora Juspodivm, 2016. p. 547.

29. THEODORO JÚNIOR, Humberto. *Curso de Direito Processual Civil – teoria geral do direito processual civil, processo de conhecimento e procedimento comum – v. I*. 56. ed. Rio de Janeiro: Forense, 2015. p. 760.

seja integrado à relação jurídico-processual, tomando conhecimento da demanda[30]. Caso o recurso seja conhecido pelo primeiro juízo de admissibilidade, será encaminhado ao tribunal competente para o seu julgamento.

8. DESISTÊNCIA DA RECLAMAÇÃO

A desistência da ação poderá ser:

- unilateral: quando não depender da anuência do reclamado; e
- bilateral: quando depender de anuência do reclamado.

O art. 841, § 3º, da CLT, inserido pela Lei 13.467/17, tratou da desistência unilateral seguindo a mesma disciplina do CPC, ao declinar que, "oferecida a contestação, ainda que eletronicamente, o reclamante não poderá, sem o consentimento do reclamado, desistir da ação".

Nada versou, pois, sobre até que momento poderá ocorrer a desistência bilateral, o que impõe a aplicação subsidiária do CPC nesse particular, ou seja, será admitida até a sentença.

O dispositivo da CLT provocará discussões sobre a interpretação do seguinte trecho: "oferecida a contestação, ainda que eletronicamente".

- 1ª tese: interpretará de forma literal aludido dispositivo, de modo que a simples apresentação da contestação no PJe já inviabilizará o pedido de desistência[31].
- 2ª tese: deverá ser interpretado sistematicamente com os arts. 844 e 847 da CLT, especialmente o § 5º, razão pela qual a desistência unilateral poderá ocorrer até início da primeira audiência[32].

Essa última tese, que nos parece mais lógica, tem como finalidade definir o exato momento da apresentação da contestação no processo do trabalho. É que, mesmo havendo juntada da contestação no sistema eletrônico antes da audiência, se o reclamante não comparecer na audiência inaugural haverá arquivamento da reclamação, o que equivale à desistência unilateral pelo reclamante. Noutras palavras, o art. 844, caput, da CLT autoriza a desistência da reclamação até o início da audiência, quando se verifica que o reclamante não está presente. Por outro lado, a contestação não será aceita se o reclamado ou seu advogado não comparecerem na audiência, ou seja, é como se ela não tivesse sido oferecida, tanto que o § 5º do art. 844 impõe

30. NEVES, Daniel Amorim Assumpção. *Manual de direito processual civil – v. único*. 8. ed. Salvador: Editora Juspodivm, 2016. p. 551.

31. SILVA, Homero Batista Mateus da. Comentários à Reforma Trabalhista. São Paulo: Editora Revista dos Tribunais, 2017. p. 157.

32. Nesse sentido: SOUSA JUNIOR, Antônio Umberto. *In*: RODRIGUES, Deusmar José (coord.) *Lei da Reforma Trabalhista: comentada artigo por artigo*. Leme (SP): JH Mizuno, 2017. p. 288-289.

a presença do advogado na audiência para que ela seja aceita. Trata-se, pois, de mero fluxo eletrônico que não altera o momento de apresentação da contestação.

Assim, a inclusão da contestação no Pje não afasta o momento de sua efetiva apresentação, que se dá após a frustração da primeira proposta conciliatória, de modo que sua juntada no sistema eletrônico por si só não produz o efeito de impedir a desistência unilateral, que poderá ser permitida até o início da audiência inaugural. Em sentido semelhante, mas autorizando a desistência até a frustração da proposta conciliatória, o Enunciado nº 106 da 2ª Jornada de direito material e processual do trabalho:

> **Enunciado nº 106 –** Limite temporal para o autor desistir da ação sem o consentimento do réu CLT, art. 841, § 3º. Desistência da ação. Necessidade de consentimento do réu. Limite temporal. A CLT estabelece que o momento processual próprio para o demandando "oferecer a contestação" é na audiência, depois de proposta a conciliação. Por isso, ainda que a parte demandada envie/protocole a contestação antes da fase processual prevista em lei, não há razão para a anuência pelo réu de desistência da ação enquanto não atingido tal momento processual.

8.1. Não concordância do réu com o pedido de desistência

Pode acontecer de o reclamado não concordar com o pedido de desistência que poderá ser total[33] ou parcial.[34]

Nesses casos, o reclamado deverá motivar sua oposição, para que não seja configurado o abuso de direito, caracterizando "mero capricho do réu".[35]

Não se trata, portanto, de ato discricionário do reclamado, devendo fundamentar sua discordância à desistência.

8.2. Desistência de questão idêntica à resolvida pelo recurso representativo da controvérsia

A Lei nº 13.015/14, ao incluir na CLT os arts. 896-B e 896-C, inseriu no processo do trabalho a figura do recurso de revista de causas repetitivas (seriadas), também denominado julgamento por amostragem, acompanhando o que já existia no recurso extraordinário e no recurso especial (CPC/2015, art. 1.036).

33. Quando atinge todos os pedidos.

34. Quando relacionado a alguns pedidos.

35. DIDIER JR., Fredie. *Curso de Direito processual civil: introdução ao direito processual civil, parte geral e processo de conhecimento*, v. 1. 18. ed. Salvador: Editora Juspodivm, 2016. p. 735. No mesmo sentido, TEIXEIRA FILHO, Manoel Antonio. *O processo do trabalho e a Reforma Trabalhista: as alterações introduzidas no processo do trabalho pela Lei n. 13.467/2017*. São Paulo: LTr, 2017. p. 138.

É um julgamento por amostragem, já que o C. TST, diante de diversos recursos de revista repetidos, escolhe alguns para representar a controvérsia discutida no caso e forma uma tese jurídica a ser aplicada obrigatoriamente aos demais processos idênticos ou semelhantes, em trâmite ou que serão ajuizados no futuro com o mesmo objeto.

Pode acontecer, porém, que depois de julgado o recurso repetitivo e, portanto, criada a tese, ser ajuizada demanda que contraria a tese firmada.

Nesse caso, a parte poderá desistir da ação em curso no primeiro grau de jurisdição, antes de proferida a sentença, se a questão nela discutida for idêntica à resolvida pelo recurso representativo da controvérsia (TST-IN nº 38, art. 16, caput).

Essa desistência independe de consentimento do reclamado, ainda que apresentada contestação, mas se a desistência ocorrer antes de oferecida a defesa, a parte, se for o caso, ficará dispensada do pagamento de custas e de honorários de advogado (TST-IN nº 38, art. 16, §§ 1º e 2º).

Sistematizando, a desistência nesse caso:

a) pode ocorrer antes de proferida a sentença;

b) independe de consentimento do reclamado, mesmo se já apresentada a contestação;

c) dispensará do pagamento das custas e honorários, se for o caso, quando ocorrer antes da contestação.

9. INFORMATIVOS DO TST RELACIONADOS AO CAPÍTULO

Reclamação trabalhista
Mandado de segurança. Determinação de emenda à inicial de reclamação trabalhista proposta na vigência da Lei nº 13.467/2017 (Reforma Trabalhista). Adequação aos termos do art. 840, § 1º, da CLT. Existência de recurso próprio. Orientação Jurisprudencial nº 92 da SBDI-II. Incidência. Não cabe mandado de segurança contra ato que, em reclamação trabalhista proposta na vigência da Lei nº 13.467/2017, determina a emenda à inicial para a indicação dos valores correspondentes a cada parcela vindicada (art. 840, § 1º, da CLT), sob pena de extinção do feito sem resolução de mérito. Na hipótese, além de não haver teratologia, pode a parte valer-se do recurso ordinário para discutir eventual nulidade do processo por cerceamento do direito de defesa, razão pela qual incide o óbice da Orientação Jurisprudencial nº 92 da SBDI-II. Sob esse entendimento, a SBDI-II, por unanimidade, conheceu do recurso ordinário e, no mérito, negou-lhe provimento para manter a decisão do Tribunal Regional que denegara a segurança na forma do art. 6º, § 5º, da Lei nº 12.016/2009. TST-RO-101364-36.2018.5.01.0000, SBDI-II, rel. Min. Emmanoel Pereira, 28.5.2019 (Informativo nº 197)
Procedência do pedido principal nas instâncias ordinárias. Pedido subsidiário nunca apreciado porque prejudicado. Pedido principal julgado improcedente no TST. Necessidade de devolução dos autos à Vara do Trabalho para apreciação do pedido sucessivo. Art. 326 do CPC de 2015. Preclusão. Não ocorrência. A Turma do TST, ao reformar a decisão recorrida para julgar improcedente o pedido principal, deverá, desde logo, determinar o retorno dos autos à Vara do Trabalho de origem para julgar o pedido subsidiário, nunca apreciado porque prejudicado ante a procedência do principal nas instâncias ordinárias. No caso, a reclamante pleiteou diferenças salariais decorrentes de promoções por mérito previstas no PCCS/90 do extinto Banco do Estado da Bahia – Baneb e, caso não concedidas, requereu as diferenças relativas às promoções trienais por antiguidade, visto que a norma interna do banco proibia a cumulação das referidas promoções. A decisão do TRT confirmou a sentença que julgara procedente o pedido de diferenças decorrentes das promoções por merecimento, de modo que o pleito sucessivo ficou prejudicado. No TST, a Turma deu provimento ao recurso de revista do reclamado para julgar improcedente o pedido relativo às promoções por mérito e, instada a se manifestar sobre o pedido subsidiário, entendeu que a questão estava preclusa, visto que não renovada em contrarrazões à revista, nem em contraminuta ao agravo de instrumento. Todavia, nos termos do art. 326 do CPC de 2015, é dever do juiz analisar o pedido subsidiário se não acolher o principal. Ademais, não havia interesse do autor em devolver o pedido subsidiário às instâncias recursais, em razão da procedência do pleito principal, o que também afasta a preclusão. Sob esses fundamentos, a SBDI-I, por maioria, conheceu dos embargos por divergência jurisprudencial e, no mérito, por unanimidade, deu-lhes provimento para determinar o retorno dos autos à Vara do Trabalho de origem para julgar o pedido sucessivo (diferenças salariais decorrentes das promoções trienais por antiguidade) como entender de direito. Vencidos, no conhecimento, os Ministros Breno Medeiros e Alexandre Luiz Ramos. TST-E-ED-RR-219-56.2010.5.05.0015, SBDII, rel. Min. José Roberto Freire Pimenta, 7.11.2019 (Informativo nº 211)
Ação rescisória. Falecimento do réu antes do ajuizamento da ação. Desconhecimento pela parte autora. Emenda à petição inicial. Possibilidade. Arts. 139, IX, e 317 do CPC de 2015. Na hipótese em que o autor, no momento do ajuizamento da ação rescisória, desconhecia o falecimento do réu, admite-se a emenda à petição inicial, pois a sanabilidade dos defeitos que possam impedir o exame do mérito é a regra adotada pelo CPC de 2015 (arts. 139, IX, e 317), e o vício em questão pode ser facilmente suprido mediante a retificação do polo passivo. No caso, o TRT de origem, ao verificar que o falecimento do réu ocorreu antes da propositura da ação rescisória, manteve a decisão monocrática que extinguiu o processo, sem resolução de mérito, por ausência de pressuposto de constituição do processo referente à existência da parte. Sob esse entendimento, a SBDI-II, por unanimidade, conheceu do recurso ordinário do autor e, no mérito, por maioria, deu-lhe provimento para determinar o retorno dos autos à Corte de origem para a regularização do polo passivo e posterior retomada do curso legal do processo, como de direito. Vencido o Ministro Emmanoel Pereira, relator. TST-RO-1001448-87.2015.5.02.0000, SBDI-II, rel, Min. Emmanoel Pereira, red. p/ acórdão Min. Douglas Alencar Rodrigues, 15.10.2019 (Informativo nº 209)

Mandado de segurança. Cabimento. Determinação judicial de emenda da petição inicial para juntar planilha contábil. Art. 840, § 1º da CLT. Ato teratológico. Não incidência da Orientação Jurisprudencial nº 92 da SBDI-II.

Cabe, excepcionalmente, mandado de segurança para impugnar decisão que determinou a emenda à petição inicial de reclamação trabalhista para que o autor juntasse planilha contábil, sob pena de extinção do processo sem resolução de mérito. Trata-se de decisão teratológica, a afastar a incidência da Orientação Jurisprudencial nº 92 da SBDI-II, pois impõe ônus ilegal ao exercício do direito de ação, visto que a planilha contábil não é documento indispensável à propositura da reclamação, nos termos do art. 840, § 1º, da CLT e dos arts. 319, IV e V; 320; 322, caput, § 2º e 324, todos do CPC de 2015. Ademais, exigir que o reclamante aguardasse a prolação da sentença de extinção do processo, sem julgamento do mérito, para só então se valer da medida processual cabível atenta contra a celeridade da prestação jurisdicional. Sob esses fundamentos, a SBDI-II, por maioria, deu provimento ao recurso ordinário para conceder a segurança e determinar o prosseguimento da reclamação trabalhista em questão, independentemente da juntada da planilha contábil. Vencidos os Ministros Renato de Lacerda Paiva, Luiz José Dezena da Silva e Evandro Valadão. TST-RO-368-24.2018.5.12.0000, SBDI-II, rel. Min. Maria Helena Mallmann, 1º.10.2019 (Informativo nº 207)

Julgamento ultra petita. Limitação da condenação aos valores líquidos constantes da petição inicial. Aplicação do artigo 492 do CPC de 2015.

Ao formular pedidos com valores líquidos na petição inicial, sem registrar qualquer ressalva, o autor limita a condenação a esses parâmetros, a teor do disposto no art. 492 do CPC de 2015. Com efeito, nos termos do referido dispositivo legal, "é vedado ao juiz proferir decisão de natureza diversa da pedida, bem como condenar a parte em quantidade superior ou em objeto diverso do que lhe foi demandado". No caso concreto, extrai-se da petição inicial que o reclamante requereu o pagamento de horas in itinere no exato valor de R$ 3.803,00, não havendo qualquer menção de se tratar de mera estimativa ou requerimento de apuração em liquidação, como havia sido feito em outros pedidos. Sob esse fundamento, a SBDI-1, por unanimidade, decidiu conhecer do recurso de embargos, por divergência jurisprudencial, e, no mérito, dar-lhe provimento para, no tocante ao pedido de horas in itinere, limitar as parcelas condenatórias aos valores indicados na petição inicial. TST-E-ARR10472-61.2015.5.18.0211, SBDI-I, rel. Min. Walmir Oliveira da Costa, 21/5/2020. (Infomativo nº 219)

Capítulo 17

AUDIÊNCIAS

1. GENERALIDADES

Audiência é o ato pelo qual se ouvem as partes ou os demais integrantes do processo (testemunhas, peritos etc.). No processo do trabalho, a audiência tem grande relevância, uma vez que a maioria dos atos ocorrem nela, como é o caso das conciliações, apresentação de defesa, colheita de depoimentos pessoais, oitiva das testemunhas, apresentação das razões finais e prolação da sentença.

As audiências serão públicas e, em regra, realizadas na sede do juízo. Nos termos do art. 813 da CLT:

> **Art. 813.** As audiências dos órgãos da Justiça do Trabalho serão públicas e realizar-se-ão na sede do Juízo ou Tribunal em dias úteis previamente fixados, entre 8 (oito) e 18 (dezoito) horas, não podendo ultrapassar 5 (cinco) horas seguidas, salvo quando houver matéria urgente.
>
> § 1º. Em casos especiais, poderá ser designado outro local para a realização das audiências, mediante edital afixado na sede do Juízo ou Tribunal, com a antecedência mínima de 24 (vinte e quatro) horas.
>
> § 2º. Sempre que for necessário, poderão ser convocadas audiências extraordinárias, observado o prazo do parágrafo anterior.

Da análise do dispositivo mencionado anteriormente é possível extrair as seguintes regras das audiências:

1) publicidade

As audiências são públicas.

Atente-se para o fato de que o art. 93, IX, da CF/88 estabelece que:

> IX – todos os julgamentos dos órgãos do Poder Judiciário serão públicos, e fundamentadas todas as decisões, sob pena de nulidade, podendo a lei limitar a presença, em determinados atos, às próprias partes e a seus advogados, ou somente a estes, em casos nos quais a preservação do direito à intimidade do interessado no sigilo não prejudique o interesse público à informação;

A propósito, pensamos que os §§ 5º e 6º do art. 367 do CPC/2015, que versam sobre a gravação da audiência, devem ser aplicados ao processo do trabalho, ante a omissão e compatibilidade com o processo laboral. Nesse contexto, dispõem referidos parágrafos:

Art. 367. § 5º A audiência poderá ser integralmente gravada em imagem e em áudio, em meio digital ou analógico, desde que assegure o rápido acesso das partes e dos órgãos julgadores, observada a legislação específica.

§ 6º. A gravação a que se refere o § 5º também pode ser realizada diretamente por qualquer das partes, independentemente de autorização judicial.

2) local da audiência

- Regra: serão realizadas na sede do juízo ou tribunal.
- Exceção: poderá ser designado outro local, em casos excepcionais, desde que notificado por meio de edital, publicado com antecedência mínima de 24 horas.

3) realizadas em dias úteis.

Dias úteis são os dias em que há expediente forense. Por outro lado, dias inúteis são os feriados declarados em lei, os sábados, os domingos e os dias em que não haja expediente forense (CPC/2015, art. 216).

4) horário de realização: das 8h às 18h.

Observação:

As sessões nos tribunais ocorrerão das 14h às 17h, podendo ser prorrogadas pelo presidente em caso de manifesta necessidade (CLT, art. 701).

5) duração da audiência

- Regra: não pode ultrapassar 5 horas seguidas.
- Exceção: pode ultrapassar 5 horas seguidas, quando houver matéria urgente.

É interessante observar que a tese predominante é no sentido que o prazo máximo de 5 horas é para todas as audiências da pauta e não uma única audiência[1].

6) podem ser convocadas audiências **extraordinárias**, desde que sejam publicadas em edital afixado na sede do juízo ou tribunal, com a antecedência mínima de 24 horas.

Nas audiências deverão estar presentes, comparecendo com a necessária antecedência, os escrivães ou secretários (CLT, art. 814).

É incumbência do juiz zelar para que as audiências ocorram de forma ordenada e tranquila, de modo que pode mandar retirar do recinto os assistentes que a perturbarem (CLT, art. 816). Trata-se do chamado poder de polícia conferido aos juízes dentro da audiência.

1. SCHIAVI, Mauro. *Manual de Direito Processual do Trabalho.* 9. ed. São Paulo: LTr, 2015. p. 560.

Ademais, declina o art. 817 da CLT:

> **Art. 817.** O registro das audiências será feito em livro próprio, constando de cada registro os processos apreciados e a respectiva solução, bem como as ocorrências eventuais.
>
> Parágrafo único. Do registro das audiências poderão ser fornecidas certidões às pessoas que o requererem.

Por fim, cumpre destacar que o CPC/15 cria um prazo mínimo entre as audiências da seguinte forma:

- audiência de conciliação: intervalo mínimo de 20 (vinte) minutos entre o início de uma e o início da seguinte (art. 334, § 12).
- audiência de instrução: intervalo mínimo de uma hora entre as audiências (art. 357, § 9º).

Contudo, tais dispositivos não são aplicados ao processo do trabalho, uma vez que, em decorrência da oralidade imperante neste ramo processual, há expressivo número de audiências e, caso fosse observado o disposto no CPC/2015, iria se inviabilizar a pauta de audiências, violando os princípios da simplicidade, celeridade e efetividade processual. Portanto, não há compatibilidade de referidos dispositivos com o processo do trabalho[2] (TST – IN nº 39/2016, art. 2º, IV)[3].

2. ATRASO NA AUDIÊNCIA

Nos termos do art. 815 da CLT:

> **Art. 815.** À hora marcada, o juiz ou presidente declarará aberta a audiência, sendo feita pelo secretário ou escrivão a chamada das partes, testemunhas e demais pessoas que devam comparecer.
>
> Parágrafo único. Se, até 15 (quinze) minutos após a hora marcada, o juiz ou presidente não houver comparecido, os presentes poderão retirar-se, devendo o ocorrido constar do livro de registro das audiências.

Interpretando o parágrafo único do referido artigo, o C. TST entendeu que a tolerância de atraso de 15 minutos aplica-se tão somente ao juiz, ou seja, essa permissão não atinge as partes. Nesse sentido, a Orientação Jurisprudencial nº 245 da SDI-I do TST, in verbis:

> **Orientação Jurisprudencial nº 245 da SDI – I do TST.** Revelia. Atraso. Audiência
>
> Inexiste previsão legal tolerando atraso no horário de comparecimento da parte na audiência.

---

2. No mesmo sentido, SILVA, Homero Batista Mateus da. Curso de direito do trabalho aplicado: processo do trabalho, v. 9. São Paulo: Editora Revista dos Tribunais, 2015. p. 206, a analisar o art. 357, § 9º, do CPC/2015.

3. Art. 2º Sem prejuízo de outros, não se aplicam ao Processo do Trabalho, em razão de inexistência de omissão ou por incompatibilidade, os seguintes preceitos do Código de Processo Civil: (...) IV – art. 334 (audiência de conciliação ou de mediação); (...)

Contudo, essa regra somente se aplica quando o juiz atrasar no comparecimento da primeira audiência da pauta. Por outro lado, o atraso decorrente da demora na realização das demais audiências é incapaz de possibilitar a retirada das partes e advogados, de modo que, nessa última hipótese, retirando-se será considerado como ausente.

Por fim, cabe ressaltar que, no processo civil, caso ocorra atraso injustificado do início da audiência em tempo superior a 30 minutos do horário marcado, a audiência pode ser adiada (CPC/2015, art. 362, III). Referido dispositivo não se aplica ao processo trabalhista, conforme art. 2º, VI, da IN nº 39/2016 do TST.

3. FRACIONAMENTO DA AUDIÊNCIA

A sistemática idealizada pela CLT estabelece que toda audiência seja una (única) e contínua, devendo o juiz do trabalho tomar conhecimento da inicial, fazer proposta de conciliação, receber a contestação, produzir as provas e, em seguida, prolatar a sentença. Trata-se da plena aplicação do princípio da concentração, buscando o agrupamento dos atos processuais em uma única audiência.

Pode ocorrer, não obstante, de o julgador não praticar todos os atos em uma única audiência, adiando-a para data posterior, com fundamento no art. 849 da CLT, o qual permite o adiamento da audiência em caso de força maior.

> **Art. 849.** A audiência de julgamento será contínua; mas, se não for possível, por motivo de força maior, concluí-la no mesmo dia, o juiz ou presidente marcará a sua continuação para a primeira desimpedida, independentemente de nova notificação.

Embora a lei permita o fracionamento da audiência apenas no caso de força maior, a audiência una, especialmente nos grandes centros, ficou inviabilizada, passando os juízes a dividi-la em:

- **audiência inaugural:** quando há a primeira proposta de conciliação e apresentação de defesa[4];
- **audiência de instrução (ou em prosseguimento):** oportunidade em que ocorre a colheita de provas orais (interrogatório, oitiva das testemunhas, oitiva do perito e assistentes técnicos);
- **audiência de julgamento:** publicação da sentença.

4. COMPARECIMENTO DAS PARTES

Diz a doutrina que, no processo do trabalho, o processo é das partes. Isso ocorre porque, nesse ramo processual, o art. 843 da CLT impõe a presença das partes na

4. A Recomendação nº 1/2019 da CGJT recomenda que nos processos em que forem partes os entes da Administração Pública Direta, Autarquias e Fundações Públicas, não seja designada audiência inicial, exceto quando, a requerimento de quaisquer das partes, haja interesse na celebração de acordo. O mesmo procedimento deverá ser adotado nas ações civis públicas e ações civis coletivas ajuizadas pelo Ministério Público do Trabalho.

audiência. De qualquer modo, referido dispositivo admite a representação das partes, como se verifica a seguir:

> **Art. 843.** Na audiência de julgamento deverão estar presentes o reclamante e o reclamado, independentemente do comparecimento de seus representantes salvo, nos casos de Reclamatórias Plúrimas ou Ações de Cumprimento, quando os empregados poderão fazer-se representar pelo Sindicato de sua categoria.
>
> § 1º. É facultado ao empregador fazer-se substituir pelo gerente, ou qualquer outro preposto que tenha conhecimento do fato, e cujas declarações obrigarão o proponente.
>
> § 2º. Se por doença ou qualquer outro motivo poderoso, devidamente comprovado, não for possível ao empregado comparecer pessoalmente, poderá fazer-se representar por outro empregado que pertença à mesma profissão, ou pelo seu sindicato.
>
> § 3º O preposto a que se refere o § 1º deste artigo não precisa ser empregado da parte reclamada.

Constata-se, pelo dispositivo supracitado, que as partes podem ser representadas nas seguintes hipóteses[5]:

1. Representação do empregado pelo sindicato nas reclamações plúrimas.
2. Representação do empregado pelo sindicato nas ações de cumprimento.
3. Representação do empregado por outro empregado que **pertença à mesma profissão** ou pelo **sindicato**, em razão de doença ou qualquer outro motivo "poderoso", devidamente comprovado.
4. Representação do empregador pelo gerente ou preposto.

4.1. Representação do Empregador pelo Gerente ou Preposto

O empregador poderá ser substituído na audiência por gerente ou preposto, como autoriza o art. 843, § 1º, da CLT.

Embora referido artigo exija apenas que o preposto tenha conhecimento dos fatos, o C. TST, antes da Lei nº 13.467/17, impunha mais um requisito, qual seja: deveria ser empregado da empresa, nos termos da Súmula nº 377 do TST, in verbis:

> **Súmula nº 377 do TST.** Preposto. Exigência da condição de empregado
>
> Exceto quanto à reclamação de empregado doméstico, ou contra micro ou pequeno empresário, o preposto deve ser necessariamente empregado do reclamado. Inteligência do art. 843, § 1º, da CLT e do art. 54 da Lei Complementar nº 123, de 14 de dezembro de 2006.

Portanto, a regra era que o preposto deveria ser empregado da empresa. Excepcionalmente, **não** havia necessidade de o preposto ser empregado desde que se tratasse de:

5. Veja maiores comentários sobre tais hipóteses no capítulo destinados às partes e procuradores no processo do trabalho, tópico representação em audiência.

a) empregador doméstico;

b) pequena e microempresa.

A Lei nº 13.467/17, contudo, acrescentou o § 3º ao art. 843 da CLT, passando a estabelecer expressamente que não há necessidade de que o preposto seja empregado da parte reclamada, alterando totalmente o entendimento firmado pelo TST, o que provocará o cancelamento da Súmula nº 377 do TST.

Esse dispositivo deverá ser aplicado às audiências trabalhistas realizadas após 11.11.2017 (data de vigência da Lei nº 13.467/17) (TST-IN nº 41/2018, art. 12, § 1º).

De qualquer maneira, o preposto deve ter conhecimento dos fatos. Não há necessidade de ter presenciado os fatos, podendo ter conhecimento por informações de terceiros[6]. Contudo, não tendo o preposto conhecimento dos fatos, haverá incidência da confissão ficta (CPC/2015, arts. 386 e 389), que poderá ser afastada por meio de prova em contrário, nos termos da Súmula 74, II, do TST.

O preposto tem a função de substituir o empregador na audiência, exaurindo sua atividade nesse ato. Assim, poderá exercer todos os atos necessários na audiência, tais como realizar propostas de acordo, apresentar defesa oral, prestar depoimento pessoal e aduzir razões finais. Por outro lado, acabada a audiência, não poderá praticar outros atos processuais como interpor recursos.

Caso o empregador não se faça representar adequadamente (p. ex., ausência de carta de preposição), não haverá incidência imediata dos efeitos da revelia, devendo o magistrado possibilitar ao reclamado a oportunidade de sanar sua irregularidade, nos termos do art. 76 do CPC/2015,[7] que é embasado no princípio da primazia da decisão de mérito.

4.1.1. Preposto e advogado

O C. TST no art. 12, § 3º[8], da Instrução Normativa nº 41/2018, interpretou o art. 843, § 3º, da CLT em conjunto com o Regulamento Geral do Estatuto de Advocacia e OAB, o qual estabelece, em seu art. 3º, que "é defeso ao advogado funcionar no mesmo processo, simultaneamente, como patrono e preposto de empregador ou cliente". Impediu-se, portanto, que o advogado atue como preposto e advogado de modo concomitante.

6. PEREIRA, Leone. *Manual de processo do trabalho*. São Paulo: Saraiva, 2011. p. 443.
7. No mesmo sentido: OLIVEIRA, Francisco Antônio de. *Comentários às súmulas do TST*. 9. ed. rev. e atual. São Paulo: Editora Revista dos Tribunais, 2008. p. 667 e PINTO, Raymundo Antonio Carneiro. *Súmulas do TST comentadas*. 11. ed. São Paulo: LTr, 2010. 296.
8. Art. 12, 3º Nos termos do art. 843, § 3º, e do art. 844, § 5º, da CLT, não se admite a cumulação das condições de advogado e preposto.

Desse modo, o advogado não poderá exercer atos que deveriam ser realizados pelo preposto (p. ex. prestar depoimento).

A recíproca, porém, não é tão simples e gerará dúvida. Queremos dizer, será possível o preposto realizar atos exclusivos dos advogados?

Em decorrência do *jus postulandi* existente no processo do trabalho, concede-se a capacidade postulatória às partes que poderá ser exercida pelo preposto dentro da audiência, viabilizando assim a apresentação da contestação. No entanto, se já apresentada a contestação pelo PJe em nome do advogado, não será possível no momento da audiência que o advogado pretenda se transformar em preposto ratificando a contestação apresentada.

Noutras palavras, o advogado preservará sua função como tal durante todo o processo, não podendo atuar concomitantemente como preposto ou alterar sua função para preposto.

4.2. Ausência do Reclamante

Conforme já anunciado, o reclamante deve comparecer pessoalmente em audiência. No entanto, o art. 841, *caput* e § 2º, autoriza sua representação pelo sindicato ou por outro empregado da mesma profissão em algumas hipóteses.

Pode acontecer de o reclamante ou seu representante se ausentar da audiência produzindo efeitos diferentes a depender da audiência que não tenha comparecido.

A ausência do reclamante, na **audiência inaugural**, provocará o arquivamento da reclamação trabalhista, ou seja, a extinção do processo sem resolução do mérito, devendo arcar com o pagamento das custas processuais, caso não comprove no prazo de 15 dias, que a ausência ocorreu por motivo justificável (CLT, art. 844, *caput* e § 2º).

Atenção:

Caso o reclamante dê causa a dois arquivamentos seguidos, pelo não comparecimento na audiência, ficará impossibilitado, pelo prazo de 6 meses, de reclamar perante a Justiça do Trabalho, nos termos dos arts. 731 e 732 da CLT*.

(*)Essa penalidade atinge inclusive pedidos que não estavam nas reclamações trabalhistas anteriores.

Se for adiada a audiência depois da apresentação da contestação, o não comparecimento do reclamante na **audiência de instrução** dá origem à confissão ficta (presunção de veracidade dos fatos alegados), desde que devidamente intimado com essa cominação. É o que declina a jurisprudência do C. TST:

Súmula nº 9 do TST. Ausência do reclamante
A ausência do reclamante, quando adiada a instrução após contestada a ação em audiência, não importa arquivamento do processo.

Súmula nº 74 do TST. Confissão

I – Aplica-se a confissão à parte que, expressamente intimada com aquela cominação, não comparecer à audiência em prosseguimento, na qual deveria depor.

II – A prova pré-constituída nos autos pode ser levada em conta para confronto com a confissão ficta (arts. 442 e 443, do CPC de 2015 – art. 400, I, do CPC de 1973), não implicando cerceamento de defesa o indeferimento de provas posteriores.

III – A vedação à produção de prova posterior pela parte confessa somente a ela se aplica, não afetando o exercício, pelo magistrado, do poder/dever de conduzir o processo.

Por fim, consigna-se que a ausência do reclamante ou do reclamado na **audiência de julgamento**, quando é proferida a sentença, apenas tem o condão de iniciar o prazo recursal, ou seja, inicia-se o prazo recursal independentemente da presença das partes. Nesse sentido:

Súmula nº 197 do TST. Prazo

O prazo para recurso da parte que, intimada, não comparecer à audiência em prosseguimento para a prolação da sentença conta-se de sua publicação.

Súmula nº 30 do TST. Intimação da sentença

Quando não juntada a ata ao processo em 48 horas, contadas da audiência de julgamento (art. 851, § 2º, da CLT), o prazo para recurso será contado da data em que a parte receber a intimação da sentença.

4.2.1. Não comparecimento do reclamante e pagamento das custas processuais

De acordo com o art. 844, § 2º, da CLT, acrescentado pela Lei nº 13.467/2017, na hipótese de ausência do reclamante na audiência inaugural, além do arquivamento da reclamação trabalhista, haverá a condenação ao pagamento das custas calculadas nos termos do art. 789 da CLT, ainda que beneficiário da justiça gratuita. Somente não terá que pagar as custas processuais se comprovar, no prazo de 15 dias, que a ausência ocorreu por motivo legalmente justificável.

À busca de se definir o que se trata a expressão motivo legalmente justificado a doutrina passa a estabelecer que são os casos descritos no art. 473 da CLT[9], que

9. Art. 473 – O empregado poderá deixar de comparecer ao serviço sem prejuízo do salário: I – até 2 (dois) dias consecutivos, em caso de falecimento do cônjuge, ascendente, descendente, irmão ou pessoa que, declarada em sua carteira de trabalho e previdência social, viva sob sua dependência econômica; II – até 3 (três) dias consecutivos, em virtude de casamento; III – por um dia, em caso de nascimento de filho no decorrer da primeira semana; IV – por um dia, em cada 12 (doze) meses de trabalho, em caso de doação voluntária de sangue devidamente comprovada;V – até 2 (dois) dias consecutivos ou não, para o fim de se alistar eleitor, nos têrmos da lei respectiva. VI – no período de tempo em que tiver de cumprir as exigências do Serviço Militar referidas na letra "c" do art. 65 da Lei nº 4.375, de 17 de agosto de 1964 (Lei do Serviço Militar). VII – nos dias em que estiver comprovadamente realizando provas de exame vestibular para ingresso em estabelecimento de ensino superior. VIII – pelo tempo que se fizer necessário, quando tiver que comparecer a juízo. IX – pelo tempo que se fizer necessário, quando, na qualidade de representante de entidade sindical, estiver participando de reunião oficial de organismo internacional do qual o Brasil seja membro. X – até 2 (dois) dias para acompanhar consultas médicas e exames complementares durante o período de gravidez de sua esposa ou companheira; XI

permitem ao empregado não comparecer no serviço sem prejuízo do seu salário, além de outras "ausências espalhadas pela legislação, como convocação para o tribunal do júri, faltas decorrentes da legislação eleitoral, militar e o mais"[10].

A nosso juízo, como o motivo justificável provocará a reabertura do processo, pensamos que os §§ 1º e 2º devem ser interpretados sistematicamente, o que significa que, seja nas hipóteses previstas em lei, seja nos casos que o juiz entender o motivo relevante, estará justificada a ausência. É, pois, um conceito legal indeterminado a ser analisado em cada caso concreto.

Ademais, o art. 844, § 3º descreve que o referido pagamento é "condição para a propositura da nova demanda". Na realidade, trata-se de pressuposto processual negativo, de modo que a ausência do pagamento provocará a extinção do novo processo sem resolução de mérito.

Enfim, o não comparecimento do reclamante provocará:

1) o arquivamento da reclamação;
2) o dever de pagar as custas processuais;
3) um pressuposto processual para o novo processo, qual seja, o pagamento das custas do processo arquivado.

De qualquer maneira, o § 2º do art. 844 autoriza que, no prazo de 15 dias, a parte justifique sua ausência. A análise desse dispositivo não é das mais simples, devendo ser feita sob dois aspectos:

- reclamante não beneficiário da justiça gratuita; e
- reclamante beneficiário da justiça gratuita.

Atenção:

Os §§ 2º e 3º, do art. 844 da CLT são aplicados apenas às ações ajuizadas após 11.11.2017 (data de vigência da Lei nº 13.467/17 – TST-IN nº 41/2018, art. 12).

4.2.1.1. *Reclamante não beneficiário da justiça gratuita*

O art. 844, § 2º, CLT com o objetivo de dar mais responsabilidade ao reclamante, restringindo ausências injustificadas na audiência inaugural, criou dispositivo de interpretação ambígua o que provocará discussão na jurisprudência acerca de seu alcance, especialmente para o reclamante **não** beneficiário da justiça gratuita.

– por 1 (um) dia por ano para acompanhar filho de até 6 (seis) anos em consulta médica; XII – até 3 (três) dias, em cada 12 (doze) meses de trabalho, em caso de realização de exames preventivos de câncer devidamente comprovada. (Incluído pela Lei nº 13.767, de 2018)

10. SILVA, Homero Batista Mateus da. *Comentários à Reforma Trabalhista.* São Paulo: Editora Revista dos Tribunais, 2017. p. 159.

Para uns, quanto a não beneficiário, apenas a primeira parte do dispositivo lhe será aplicada, ou seja, "na hipótese de ausência do reclamante, este será condenado ao pagamento das custas calculadas na forma do art. 789 desta Consolidação".

Para outros, o dispositivo é integralmente aplicável ao não beneficiário. Desse modo, abstraindo a parte que versa sobre o beneficiário da justiça gratuita, para o não beneficiário a norma deve ser lida da seguinte forma:

> Na hipótese de ausência do reclamante, este será condenado ao pagamento das custas calculadas na forma do art. 789 desta Consolidação (...), salvo se comprovar, no prazo de quinze dias, que a ausência ocorreu por motivo legalmente justificável.

Pensamos que esta última corrente deve prevalecer, já que a parte final também faz referência ao não beneficiário. De qualquer modo, o legislador provoca verdadeira confusão. Explico.

Antes das alterações da Lei nº 13.467/17, já se entendia que, nos casos de arquivamento da reclamação trabalhista, o reclamante não beneficiário da justiça gratuita deveria ser condenado ao pagamento das custas, sendo estas calculadas sobre o valor atribuído à causa na petição inicial.

Isso decorre do próprio art. 789, II, da CLT que impõe o pagamento das custas na hipótese de extinção do processo sem resolução do mérito. Nesse caso, pelo princípio da causalidade (aquele que deu causa indevida à movimentação do judiciário), atribuía-se ao reclamante seu pagamento.

Portanto, até aqui nada de novidade.

No entanto, o § 2º do art. 844 da CLT concede ao reclamante a oportunidade de justificar sua ausência no prazo de 15 dias. Agora se indaga: quais os efeitos da justificação para o não beneficiário da justiça gratuita?

Aparentemente, o dispositivo o isenta do pagamento das custas processuais, modificando sua natureza de despesa processual para penalidade. Não podemos concordar, porque o simples exercício do direito de ação não pode provocar penalidade ao autor, caso não seja demonstrado que agiu de má-fé. Por outro lado, atuando de má-fé poderá ser penalizado nos termos do art. 793-C da CLT. Decorre o pagamento das custas, como já dito, tão somente do princípio da causalidade, ou seja, de ter movimentado indevidamente o judiciário. Assim, independentemente da forma de atuação no processo, o pagamento das custas processuais será dever do reclamante.

Portanto, o não beneficiário da justiça gratuita não pode ser isento do pagamento das custas processuais.

A nosso ver, o § 2º do art. 844, da CLT passa a conceder ao reclamante uma oportunidade de demonstrar que sua ausência foi justificada, o que viabiliza o desarquivamento da reclamação e o prosseguimento da demanda.

Trata-se de interpretação em consonância com os princípios da primazia da decisão de mérito, economia e efetividade processual, aplicando analogicamente o art. 485, § 7°, do CPC que autoriza o juízo de retratação nas decisões que extinguem o processo sem resolução do mérito.

Desse modo, sendo justificável a ausência, embora o processo tenha sido arquivado, o ordenamento passa a autorizar o juízo de retratação, permitindo que, sendo justificável a ausência, o processo seja desarquivado e prossiga normalmente.

4.2.1.2. Reclamante beneficiário da justiça gratuita

O art. 844, § 2°, da CLT, cria nova sistemática para o beneficiário da justiça gratuita na seara laboral, impondo o dever de suportar o pagamento das custas processuais, na hipótese de não apresentar, no prazo de 15 dias, motivo legalmente justificável para sua ausência na audiência inaugural (CLT, art. 844, § 2°).

Esse dispositivo modifica a natureza das custas processuais, de despesa processual para sanção (penalidade).

Essa nova sistemática, embora tenha como fundamento desestimular ações temerárias, não nos permite aplicá-la, seja pela transformação inviável do instituto, seja porque se trata, nesse particular, de dispositivo inconstitucional.

É que o simples exercício do direito de ação não pode provocar penalidade ao autor, caso não seja demonstrado que agiu de má-fé. Por outro lado, atuando de má-fé, ficará viabilizada a incidência das penalidades do art. 793-C da CLT e não com o pagamento das custas.

A concessão do benefício da justiça gratuita não é uma faculdade do Estado e nem decorre de comando infraconstitucional. Trata-se de dever constitucional e estatal destinado a viabilizar o acesso à justiça dos que não tenham recursos financeiros.

Esse dever estatal garante a um só tempo o direito constitucional de acesso à justiça (CF/88, art. 5°, XXXV e LXXIV) e o respeito ao princípio da dignidade da pessoa (CF/88, art. 1°, III), pois a parte não poderá ser obrigada a dispor de recursos necessários para garantir sua sobrevivência ou de sua família para movimentar o judiciário.

Aliás, a restrição de acesso ao judiciário, no presente caso, fica mais evidente quando interpretado sistematicamente o § 2° e o § 3°, o qual exige que o beneficiário da justiça gratuita pague as custas processuais para propor nova demanda, na hipótese de a anterior ter sido arquivada em razão da ausência injustificada do reclamante (CLT, art. 843, § 3°).

Viola, ainda, o princípio da igualdade material, na medida em que **inibe indiretamente o acesso à ordem jurídica dos menos favorecidos.**

Como bem pondera a doutrina ao analisar as verbas de sucumbência, os jurisdicionados devem ser analisados sob três ângulos diferentes: hipossuficiente, economicamente suficiente e hipersuficiente:

> Se para o economicamente suficiente pode servir de útil fator inibidor de demandas infundadas, **para o hipossuficiente pode significar bloqueio intransponível a obstar toda e qualquer ação**, enquanto que, para o rico, o risco de arcar com as verbas da sucumbência sequer será levado em conta, ao decidir se irá a juízo[11]. (grifo nosso)

Nesse contexto, entendemos que a imposição de pagamento das custas processuais ao beneficiário da justiça gratuita viola, frontalmente, a dignidade da pessoa humana, o acesso à justiça e o princípio da igualdade material. Nesse sentido, o Enunciado nº 103 da 2ª Jornada de direito material e processual do trabalho, in verbis:

> **Enunciado nº 103** – Acesso à Justiça
>
> Acesso à justiça. Art, 844, § 2º e § 3º, da CLT. Inconstitucionalidade. Viola o princípio de acesso à justiça a exigência de cobrança de custas de processo arquivado como pressuposto de novo ajuizamento. O princípio do acesso à justiça é uma das razões da própria existência da justiça do trabalho, o que impede a aplicação dessas regras, inclusive sob pena de esvaziar o conceito de gratuidade da justiça.

O dispositivo, inclusive, faz com que a concessão do benefício da justiça gratuita, nessa hipótese, não tenha nenhum efeito prático ao reclamante, pois mesmo se comprovada a ausência de recursos para a manutenção de seu sustento e de sua família, deverá efetuar o pagamento das custas processuais.

Além disso, já existe no ordenamento jurídico forma de punir atuações temerárias das partes, o que se faz por meio das penalidades relacionadas à litigância de má-fé, como descreve o art. 793-C da CLT, a qual é aplicável também ao beneficiário da justiça gratuita, pois a conduta ética é exigida de todos os que participam do processo, independentemente de sua condição financeira.

Ademais, já existe no processo do trabalho outra penalidade para o reclamante que não comparece na audiência, como descreve o art. 732 da CLT, o qual impede o ajuizamento de reclamação trabalhista nos casos em que houver dois arquivamentos seguidos pelo não comparecimento da parte na audiência inaugural.

Por esses e outros fundamentos, a Procuradoria Geral da República ajuizou a ADI 5766 requerendo a declaração da inconstitucionalidade da expressão "ainda que beneficiário da justiça gratuita" do § 2º do art. 844 da CLT, acrescentado pela Lei nº 13.467/17.

4.3. Ausência do Reclamado

Da mesma forma que o reclamante, o reclamado também deverá comparecer pessoalmente na audiência ou ser substituído por preposto ou gerente. No entanto,

11. MARCACINI, Augusto Tavares Rosa. *Assistência jurídica, assistência judiciária e justiça gratuita*. Rio de Janeiro: Forense, 1996. p. 55.

a ausência do reclamado, na audiência inaugural, acarreta a revelia e seus efeitos, especialmente a confissão ficta, como declina o art. 844 da CLT.

É interessante observar que, ao provocar a revelia, os fatos tornam-se incontroversos, de modo que haverá aplicação da multa do art. 467 da CLT. Nesse sentido a Súmula nº 69 do TST:

> **Súmula nº 69 do TST.** Rescisão do contrato
>
> A partir da Lei nº 10.272, de 05.09.2001, havendo rescisão do contrato de trabalho e sendo revel e confesso quanto à matéria de fato, deve ser o empregador condenado ao pagamento das verbas rescisórias, não quitadas na primeira audiência, com acréscimo de 50% (cinquenta por cento).

Já na hipótese de o reclamado estar presente na audiência inaugural, quando apresentará a contestação, mas ausente na audiência em instrução, não haverá revelia, mas apenas a confissão ficta, como ocorre com o reclamante.

Por fim, caso o reclamado não compareça à audiência de julgamento, inicia-se o prazo recursal independentemente de sua presença.

> **Observação:**
>
> A ausência de ambas as partes na audiência inaugural produz o arquivamento do processo. Já na ausência conjunta do reclamante e do reclamado na audiência de instrução, a confissão será aplicada aos dois, devendo o juiz julgar o processo com base nas provas dos autos e no ônus da prova de cada um.

Em suma, a ausência das partes na audiência provoca os seguintes efeitos:

Parte ausente	audiência Inaugural ou una	audiência de instrução	audiência de julgamento
Reclamante	arquivamento e pagamento das custas[11]	confissão	inicia o prazo recursal
Reclamado	confissão e revelia quanto à matéria de fato	confissão	inicia o prazo recursal
Reclamante e reclamado	arquivamento	confissão das duas partes, julgando-se com as provas já existentes nos autos e, se inexistentes ou insuficientes, de acordo com o ônus da prova	inicia o prazo recursal

4.3.1. Pessoa jurídica de direito público[12]

Para o TST, a pessoa jurídica de direito público se sujeita à revelia prevista no art. 844 da CLT (OJ nº 152 da SDI-I do TST).

12. Salvo se justificar em 15 dias o motivo da ausência.

Porém, é importante destacar que a MP 2.180-35 afastou a incidência da multa do art. 467 da CLT à administração pública, o que vem sendo observado pelo TST, embora tal medida provisória não tenha constado da Lei 10.272/01. Já na hipótese de responsabilidade subsidiária da administração pública, o C. TST não afasta a incidência da multa do art. 467 da CLT.

4.3.2. Presença do advogado em audiência e ausência da reclamada

Antes da Lei nº 13.467/2017, o TST, interpretando literalmente o art. 844, caput, da CLT, declarou que a presença tão somente do advogado, mesmo que munido de procuração, não afastava a revelia. Assim agiu, porque no seu entender, o ato de contestar é exclusivo da parte e deve ser efetivado na própria audiência. Ademais, no processo do trabalho, a contestação não é apresentada em secretaria, mas sim na audiência, de modo que a revelia ocorrerá pela simples ausência da reclamada na audiência.

Dessa forma, na visão do C. TST, o empregador deveria apresentar-se pessoalmente ou por meio de seu gerente ou preposto na audiência, a fim de não provocar a decretação da revelia.

Aliás, o C. TST admitia que a revelia fosse afastada quando o empregador apresentasse atestado médico, o qual deveria comprovar a impossibilidade de sua locomoção. Nesse sentido:

> **Súmula nº 122 do TST.** Revelia. Atestado médico
> A reclamada, ausente à audiência em que deveria apresentar defesa, é revel, ainda que presente seu advogado munido de procuração, podendo ser ilidida a revelia mediante a apresentação de atestado médico, que deverá declarar, expressamente, a impossibilidade de locomoção do empregador ou do seu preposto no dia da audiência.

A Lei nº 13.467/2017, ao introduzir o § 5º no art. 844 da CLT, aparentemente, contraria o entendimento consolidado pelo C. TST, ao declinar que "ainda que ausente o reclamado em audiência, a contestação e os documentos apresentados por seu advogado serão aceitos".

Digo, aparentemente, porque o legislador perdeu a oportunidade de ser claro sobre a ocorrência da revelia ou não nessa hipótese, o que provocará discussões na doutrina e jurisprudência sobre o tema.

Como já relatado nos tópicos anteriores, atualmente existe divergência no tocante ao surgimento da revelia no direito processual do trabalho. Para a primeira corrente, ocorrerá a revelia pela simples ausência da reclamada à audiência inaugural ou una, por força do caput do art. 844 da CLT. Para a segunda, haverá revelia quando não apresentada a contestação, ou seja, impõe o animus de não contestar (CPC/2015, art. 344).

Como o legislador não disse que na hipótese do § 5º estará afastada a revelia, para os defensores da primeira corrente continuará havendo a revelia, mas agora o ordenamento autoriza o recebimento da contestação e dos documentos, uma vez que o revel pode intervir no processo em qualquer fase, recebendo-o no estado em que se encontrar (CPC, art. 346, parágrafo único). Esse entendimento fará com que o reclamado possa, no máximo, fazer contraprova dos fatos constitutivos, vedando-se a produção de prova de fatos novos, tais como: fatos modificativos, impeditivos ou extintivos do direito do autor, já que as alegações de tais fatos deveriam constar da contestação, que embora aceita não será analisada (CPC, art. 349). Em sentido semelhante, o Enunciado nº 104 da 2ª Jornada de direito material e processual do trabalho:

> **Enunciado nº 104** – O § 5º do art. 844 da CLT não afasta a revelia e a confissão
>
> O § 5º do art. 844 da CLT não afasta a revelia e seus efeitos de confissão, apenas permitindo que o juiz possa conhecer das questões de ordem pública e da matéria não alcançada pela confissão do fato constitutivo alegado pelo autor.

Para outros, com os quais pensamos estar a razão, a presença do advogado munido da contestação demonstra o animus de defesa, de modo que estará afastada a revelia. Nesse caso, serão analisados os fatos impeditivos, modificativos e extintivos do direito do reclamante.

No entanto, o comparecimento tão somente do advogado provocará efeitos diferentes, se a audiência for apenas inaugural ou se for audiência una.

Sendo **audiência inaugural** estará dispensada a presença da reclamada na audiência, podendo comparecer apenas seu advogado, o que, temos que reconhecer, minimiza a possibilidade de acordo.

Já na hipótese de **audiência una**, embora a presença do advogado com a contestação afaste a revelia, haverá confissão ficta, devido à ausência da reclamada para depor, o que provocará novas discussões sobre a possibilidade de o juiz encerrar a instrução processual.

É que havendo confissão, a parte fica limitada na comprovação de fatos contrários aos confessados, pois como declinou Chiovenda "a ficta confessio produz, por consequência, como a confissão, a preclusão do direito de alegar fatos incompatíveis com os admitidos"[13].

Com efeito, havendo tal preclusão, **o indeferimento de produção de provas posteriores à confissão *ficta* não constitui cerceamento de defesa, por ser mera faculdade do juiz.** Como elucidou o Ministro Vantuil Abdala:

A confissão ficta importa presunção de veracidade dos fatos alegados pela parte contrária, podendo ser elidida por prova em contrário já existente nos autos. Mas,

13. In: HADAD, José Eduardo. *Precedentes jurisprudenciais do TST comentados*. 2. ed. São Paulo: LTr, 2002. p. 384.

confessa a parte quanto matéria de fato, não tem ela o direito de, ainda, produzir prova testemunhal. É que o depoimento das testemunhas poderia vir a elidir os efeitos da 'Ficta Confessio', e assim não haveria nenhuma consequência para a parte que deixa de comparecer para depor. E tal importaria verdadeiro cerceamento de defesa para a parte contrária, pois o depoimento pessoal é também meio de provas.[14]

Assim, ocorrendo a confissão *ficta*, a parte não terá o direito de produzir novas provas em sentido contrário, por estar preclusa sua oportunidade.

No entanto, mesmo havendo tal confissão, o juiz poderá, a seu juízo, prosseguir na instrução processual como descreve a Súmula 74, III do TST.[15]

Além disso, os documentos apresentados na audiência com a contestação serão considerados para afastar a confissão, vez que esta gera mera **presunção relativa** de veracidade dos fatos.

Em suma, na audiência una, o comparecimento do advogado sem a presença da reclamada viabiliza a apresentação da contestação e documentos, mas não afasta a confissão ficta, que poderá ser confrontada com os documentos apresentados com a contestação ou já existentes nos autos ou, caso o juiz entenda pertinente a continuação da instrução, pelas provas colhidas no prosseguimento da instrução processual.

Por fim, é importante destacar que o advogado não poderá comparecer em audiência pretendendo acumular as condições de preposto e advogado, objetivando assim afastar a ausência do reclamado e prosseguir como patrono da parte (TST-IN nº 41/2018, art. 12, § 3º).

Atenção:

O art. 844, § 5º, da CLT é aplicado apenas às ações ajuizadas após 11.11.2017 (data de vigência da Lei nº 13.467/17) (TST-IN nº 41/2018, art. 12).

5. SUSPENSÃO DA AUDIÊNCIA

O art. 844, § 1º, da CLT permite que o julgamento seja suspenso, com a designação de nova audiência em casos de motivo relevante. Trata-se, na realidade, de suspensão da audiência e não do julgamento propriamente dito[16].

Motivo relevante é um conceito legal indeterminado, sendo preenchido em cada caso concreto, podendo compreender situações de mal súbito de qualquer das partes

14. E-RR-79.265/93, 2ª Turma, Rel. Min. Vantuil Abdala. DJ 25.08.95.
15. **Súmula nº 74, III –** A vedação à produção de prova posterior pela parte confessa somente a ela se aplica, não afetando o exercício, pelo magistrado, do poder/dever de conduzir o processo.
16. MARTINS, Sérgio Pinto. *Comentários à CLT*. 17. ed. São Paulo: Atlas, 2013. p. 921.

envolvidas no processo, situações tumultuárias, oscilações intensas dos meios eletrônicos, conflagrações urbanas[17], dentre outros.

O motivo relevante pode ser levantado pelo magistrado ou pelas partes.

6. AUDIÊNCIAS TELEPRESENCIAIS

6.1. Generalidades

O CPC de 2015, em diversos dispositivos aplicáveis ao processo do trabalho, autoriza a realização de audiência por meio eletrônico, ou seja, de forma telepresencial, conforme se verifica pelos seguintes artigos:

> Art. 236, § 3º Admite-se a prática de atos processuais por meio de videoconferência ou outro recurso tecnológico de transmissão de sons e imagens em tempo real.
>
> Art. 334, § 7º A audiência de conciliação ou de mediação pode realizar-se por meio eletrônico, nos termos da lei.
>
> Art. 385, § 3º O depoimento pessoal da parte que residir em comarca, seção ou subseção judiciária diversa daquela onde tramita o processo poderá ser colhido por meio de videoconferência ou outro recurso tecnológico de transmissão de sons e imagens em tempo real, o que poderá ocorrer, inclusive, durante a realização da audiência de instrução e julgamento.
>
> Art.453, § 1º A oitiva de testemunha que residir em comarca, seção ou subseção judiciária diversa daquela onde tramita o processo poderá ser realizada por meio de videoconferência ou outro recurso tecnológico de transmissão e recepção de sons e imagens em tempo real, o que poderá ocorrer, inclusive, durante a audiência de instrução e julgamento.
>
> § 2º Os juízos deverão manter equipamento para a transmissão e recepção de sons e imagens a que se refere o § 1º.

Pela análise de tais dispositivos, verifica-se que eles permitem a realização tanto das audiências de conciliação como de instrução, inclusive do depoimento pessoal. Eles, porém, foram pensados para audiências em que as partes ou testemunhas se apresentam em outro juízo para prestar depoimentos. Tanto é assim que o § 2º do art. 453 impõe que os juízos deverão manter equipamento para transmissão, ou seja, a própria transmissão é feita em outra comarca, sob a vigilância do Estado, sendo recebida pelo juízo em outro local.

Ocorre que a pandemia da COVID-19 potencializou a utilização desses dispositivos, ante a impossibilidade física da realização de audiências decorrente das medidas de isolamento social, viabilizando sua utilização para as audiências telepresenciais em que as partes, testemunhas, juízes, procuradores e advogados **não estão em local público sob a vigilância estatal**, mas em qualquer local, inclusive na sua residência ou no trabalho.

17. SILVA, Homero Batista Mateus da. *CLT Comentada*. São Paulo: Editora Revista dos Tribunais, 2016. p. 425.

Seguindo essa tendência, a Lei nº 13.994/20 alterou a Lei nº 9.099/95, passando a permitir a conciliação não presencial no âmbito dos Juizados Especiais.[18]

Essas mudanças agilizam a realização das audiências, mas podem gerar alguns problemas relacionados ao devido processo legal.

Desse modo, o art. 194 do CPC é enfático em exigir que os mecanismos eletrônicos na realização de audiências devem observar "as garantias da disponibilidade, independência da plataforma computacional, acessibilidade e interoperabilidade dos sistemas, serviços, dados e informações que o Poder Judiciário administre no exercício de suas funções".

Impõe-se, ainda, que o sistema de automação processual observe as garantias processuais, a fim de ser compatibilizado com o acesso à ordem jurídica justa.

Esse acesso não estará presente apenas com a abertura das "portas" do judiciário, mas exige que todos os sujeitos do processo possam ter direito à **participação efetiva no processo**, devendo ser consideradas as possíveis limitações técnicas dos atos processuais telepresenciais, especialmente sobre a necessidade de suporte material (computadores, celulares e acesso à internet estável) adequado à participação das partes e procuradores em audiência.

Nas palavras do juiz do trabalho e professor Danilo Gaspar:[19]

> A participação em uma audiência telepresencial demanda que todos os sujeitos do processo possuam disponível, em condições de igualdade, acesso a uma infraestrutura telemática mínima e adequada à prática do ato processual. É o que se denomina, neste texto, de princípio da igualdade digital, um corolário do princípio da igualdade previsto no art. 5º, caput, da CRFB/88.

Nesse contexto, o CNJ a Resolução nº 314, em seu art. 3º, § 2º, estabeleceu que:

> Os atos processuais que eventualmente não puderem ser praticados pelo meio eletrônico ou virtual, por absoluta impossibilidade técnica ou prática a ser apontada por qualquer dos envolvidos no ato, devidamente justificada nos autos, deverão ser adiados e certificados pela serventia, após decisão fundamentada do magistrado.

O CNJ declinou, ainda, no art. 3º, § 3º, que:

> Os prazos processuais para apresentação de contestação, impugnação ao cumprimento de sentença, embargos à execução, defesas preliminares de natureza cível, trabalhista e criminal, inclusive quando praticados em audiência, e outros que exijam a coleta prévia de elementos de prova por parte dos advogados, defensores e procuradores juntamente às partes e assistidos,

18. Lei 9.099/95. Art. 22, § 2º. É cabível a conciliação não presencial conduzida pelo Juizado mediante o emprego dos recursos tecnológicos disponíveis de transmissão de sons e imagens em tempo real, devendo o resultado da tentativa de conciliação ser reduzido a escrito com os anexos pertinentes.

19. http://trabalhoemdebate.com.br/artigo/detalhe/o-principio-da-igualdade-digital-e-a-realizacao-de-audiencias-telepresenciais. Acesso em 29.09.20.

somente serão suspensos, se, durante a sua fluência, a parte informar ao juízo competente a impossibilidade de prática do ato, o prazo será considerado suspenso na data do protocolo da petição com essa informação.

Vê-se que a parte deve informar a impossibilidade técnica **dentro do prazo para a prática do ato**, sob pena de preclusão.

Dúvida se levantou acerca da necessidade justificar a impossibilidade técnica, decidindo o CNJ nos autos do Pedido de Providências n. 000359451.2020.2.00.0000, o que segue:

> 1. A possibilidade de suspensão dos prazos prevista nos casos previstos no § 3º do art. 3º da Resolução CNJ n. 314/2020 (apresentação de contestação, impugnação ao cumprimento de sentença, embargos à execução, defesas preliminares de natureza cível, trabalhista e criminal, inclusive quando praticados em audiência, e outros que exijam a coleta prévia de elementos de prova) não depende de prévia decisão do juiz, bastando a informação do advogado, durante a fluência do prazo, sobre a impossibilidade da prática dos atos ali previstos.
> 2. Nos outros casos não previstos no § 3º, a suspensão depende de decisão do juiz da causa, nos termos § 2º do art. 3º da Resolução CNJ n. 314/2020. (...) (Relª Exma. Sra. Conselheira Tânia Regina Silva Reckziegel)

De forma mais evidente a decisão proferida no PP n. 00389765.2020.2.00.0000, *in verbis*:

> Assim, somente para "apresentação de contestação, impugnação ao cumprimento de sentença, embargos à execução, defesas preliminares de natureza cível, trabalhista e criminal, inclusive quando praticados em audiência, e outros que exijam a coleta prévia de elementos de prova por parte dos advogados, defensores e procuradores juntamente às partes e assistidos" é que haverá a possibilidade de suspensão automática do correspondente prazo processual, a contar da data do protocolo da petição, se "durante a sua fluência, a parte informar ao juízo competente" a impossibilidade de sua prática.
>
> Para os demais atos processuais, dentre os quais se incluem a realização de audiências telepresenciais (ou por videoconferência), em caso de justificada e absoluta impossibilidade técnica de sua prática por qualquer dos envolvidos, haverá a necessidade de se formalizar pedido ao magistrado da causa que, por decisão fundamentada, poderá, ou não, determinar o adiamento do ato, nos termos do artigo 3º, § 2º, da Resolução CNJ n.º 314/2020. (Conselheiro relator: Ministro Emmanoel Pereira).

Portanto, no caso de impossibilidade técnica ou prática para a realização de audiência é necessária a justificação da parte requerente, a qual será analisada pelo magistrado em decisão fundamentada.

O CNJ ressalta ainda que "as audiências em primeiro grau de jurisdição por meio de videoconferência devem considerar as dificuldades de intimação de partes e testemunhas, realizando-se esses atos somente quando for possível a participação, vedada a atribuição de responsabilidade aos advogados e procuradores em providenciarem o comparecimento de partes e testemunhas a qualquer localidade fora de prédios oficiais do Poder Judiciário para participação em atos virtuais" (CNJ – Res. nº 314/2020, art. 6º, § 3º).

Cabe destacar que, independentemente da plataforma a ser utilizada, deve ser assegurada a publicidade da audiência por videoconferência e das sessões de julgamento, por meio de transmissão em tempo real ou qualquer outro meio hábil a possibilitar o acompanhamento por terceiros estranhos ao feito, vedada sua manifestação, sendo lícita a exigência de cadastro prévio (Ato nº 11/2020 da GCGJT, art. 2º, §§ 5º e 6º). Trata-se, portanto, da disponibilidade da presença pública, ainda que as audiências sejam realizadas de forma telepresencial, garantindo a aplicação do princípio da publicidade.

De qualquer modo, a publicidade poderá ser restringida para resguardar os direitos da personalidade das partes envolvidas na audiência, especialmente quando o sujeitos estiver em sua residência, preservando assim a inviolabilidade do domicílio (CF/88, art. 5º, XI).

Consigne-se que para a realização dos atos das audiências e sessões telepresenciais, fica dispensado o uso de vestes talares, mas recomenda-se o uso de vestimentas condizentes com o decoro e a formalidade dos referidos atos (Ato nº 11/2020 da GCGJT, art. 10).

Enfim, conquanto as audiências telepresenciais tenham sido exaltadas como medida excepcional no momento da pandemia da COVID-19, se observadas as garantias processuais, elas passarão a ser uma nova realidade do processo, viabilizando audiências telepresenciais especialmente nos casos de carta precatória ou quando as partes não forem domiciliadas no local em que trâmita o processo, dentre outros casos.

6.2. Audiência de conciliação e apresentação da contestação

É sabido que, no processo do trabalho, a audiência inicial (inaugural) é um ato complexo que visa a realização da conciliação e, sendo esta infrutífera, o recebimento da contestação.

Por se tratar de ato processual que busca por termo ao processo pela autocomposição, ele deve ser exaltado, podendo a audiência inicial telepresencial ser realizada independentemente de vontade de ambas as partes, salvo impossibilidade técnica ou prática devidamente justificada, como visto no tópico anterior.

No entanto, a ausência das partes nessa audiência provoca efeitos processuais: arquivamento no caso do reclamante e revelia na hipótese da reclamada.

Nesse contexto, a Corregedoria Geral da Justiça do Trabalho (Ato nº 11/2020 GCGJT, art. 6º), com a finalidade de viabilizar a apresentação da defesa e afastar os efeitos da revelia, facultou aos juízes de 1º grau a utilização do rito processual estabelecido no artigo 335 do CPC/15, o qual declina o seguinte:

> Art. 335. O réu poderá oferecer contestação, por petição, no prazo de 15 (quinze) dias, cujo termo inicial será a data:

I – da audiência de conciliação ou de mediação, ou da última sessão de conciliação, quando qualquer parte não comparecer ou, comparecendo, não houver autocomposição;

II – do protocolo do pedido de cancelamento da audiência de conciliação ou de mediação apresentado pelo réu, quando ocorrer a hipótese do art. 334, § 4º, inciso I;

III – prevista no art. 231, de acordo com o modo como foi feita a citação, nos demais casos.

§ 1º No caso de litisconsórcio passivo, ocorrendo a hipótese do art. 334, § 6º, o termo inicial previsto no inciso II será, para cada um dos réus, a data de apresentação de seu respectivo pedido de cancelamento da audiência.

§ 2º Quando ocorrer a hipótese do art. 334, § 4º, inciso II, havendo litisconsórcio passivo e o autor desistir da ação em relação a réu ainda não citado, o prazo para resposta correrá da data de intimação da decisão que homologar a desistência.

Verifica-se pelo inciso I do referido dispositivo que o termo inicial para a apresentação da contestação será a data da audiência, o que significa que ausente o reclamado na audiência estarão afastados os efeitos da revelia, viabilizando a apresentação da contestação nos próximos 15 dias.

Em razão do princípio da igualdade, pensamos que, não havendo efeitos para o reclamado, o reclamante também não poderá ser penalizado, de modo que a ausência deste na audiência inaugural telepresencial não pode gerar o arquivamento da reclamação.

Desse modo, após a realização da audiência, o magistrado deverá possibilitar vista ao reclamante dos documentos apresentados com a defesa e conceder prazo para que as partes especifiquem as provas que pretendem produzir, sua pertinência e finalidade, para então proferir julgamento conforme o estado do processo ou decisão de saneamento e, se necessário, audiência de instrução (Ato nº 11/2020 GCGJT, art. 6º, § 1º).

6.3. Audiência de instrução

Os depoimentos de partes e testemunhas poderão ser realizados, de acordo com o previsto nos artigos 385 e 453 do CPC/15, por meio de videoconferência, devendo os depoentes identificar-se (Ato nº 11/2020 da GCGJT, art. 4º).

Os atos processuais que eventualmente não puderem ser praticados pelo meio eletrônico ou virtual, por absoluta impossibilidade técnica ou prática a ser apontada por qualquer dos envolvidos no ato, devidamente justificada nos autos, deverão ser adiados após decisão fundamentada do magistrado. Se a impossibilidade técnica for de qualquer uma das testemunhas, poderá o juiz prosseguir com o interrogatório das partes (Ato nº 11/2020 da GCGJT, art. 5º).

Como visto, o CNJ veda a atribuição de responsabilidade aos advogados e procuradores em providenciarem o comparecimento de partes e testemunhas a qualquer localidade fora de prédios oficiais do Poder Judiciário para participação em atos virtuais" (CNJ – Res. nº 314/2020, art. 6º, § 3º).

Apesar de os atos normativos do CNJ e da Corregedoria Geral da Justiça do Trabalho disciplinarem a forma do depoimento das testemunhas e das partes, essa modalidade de audiência telepresencial pode provocar nulidades processuais, o que tem gerado alguns discussões nessa fase inicial.

Uma delas compreende a vedação de uma testemunha ouvir o depoimento das outras que tenham de depor no processo (CLT, art. 824). O fato de o magistrado e a parte contrária e seu patrono não estarem no mesmo ambiente das testemunhas, retira o controle de incomunicabilidade das partes e testemunhas e da própria espontaneidade e isenção de seu depoimento.

A possibilidade de comunicabilidade, porém, já existia nas cartas precatórias, razão pela qual deve ser analisada com proporcionalidade nas audiências telepresenciais. O juiz, como presidente da audiência, deve gerir os acontecimentos da audiência, relatando detidamente o ocorrida para possíveis discussões de nulidade.

É importante destacar que nos casos em que as partes e testemunhas passarem por problemas técnicos, como a falha na internet em audiência já iniciada, deverá, necessariamente, haver a comunicação da situação ao juízo, evitando quaisquer prejuízos processuais. A propósito, se constatada má-fé das partes e/ou testemunhas, será possível a aplicação das sanções previstas nos arts. 793-A a 793-D da CLT.

De qualquer modo, pensamos que a audiência de instrução, sendo o coração do processo, deve decorrer de vontade de ambas as partes, de modo que, nesse momento inicial, não deverá ser realizada se uma das partes entender que ela não deve ser acontecer.

6.4. Sustentação oral

Há possibilidade de sustentações orais pelos advogados das partes nas sessões por videoconferências, desde que requeridas com antecedência mínima de 24 horas (CNJ – Res. 313/2020, art. 5º, parágrafo único e Ato nº 11 da GCGJT/2020, art. 2º, § 1º).

7. ACORDO JUDICIAL

O processo do trabalho dá ênfase à solução do conflito por meio da conciliação. É nesse contexto que o *caput* do art. 764 da CLT impõe que os "dissídios individuais ou coletivos submetidos à apreciação da Justiça do Trabalho serão sempre sujeitos à conciliação". A propósito, o § 1º do referido artigo prevê que "os juízes e Tribunais do Trabalho empregarão sempre os seus bons ofícios e persuasão no sentido de uma solução conciliatória dos conflitos".

Ademais, no **rito sumaríssimo**, o art. 852-E da CLT descreve que "aberta a sessão, o juiz esclarecerá as partes presentes sobre as vantagens da conciliação e usará os meios adequados de persuasão para a solução conciliatória do litígio, em qualquer fase da audiência".

Já no **rito ordinário**, a CLT prevê dois momentos obrigatórios de tentativa de conciliação a ser conduzida pelo juiz:

- **1ª tentativa de conciliação**: na abertura da audiência inicial e antes da apresentação da defesa. É o que estabelece o art. 846 da CLT:

Art. 846. Aberta a audiência, o juiz ou presidente proporá a conciliação.

§ 1º. Se houver acordo lavrar-se-á termo, assinado pelo presidente e pelos litigantes, consignando-se o prazo e demais condições para seu cumprimento.

§ 2º. Entre as condições a que se refere o parágrafo anterior, poderá ser estabelecida a de ficar a parte que não cumprir o acordo obrigada a satisfazer integralmente o pedido ou pagar uma indenização convencionada, sem prejuízo do cumprimento do acordo.

- **2ª tentativa de conciliação:** depois das razões finais e antes da sentença, como declina o art. 850 da CLT:

Art. 850. Terminada a instrução, poderão as partes aduzir razões finais, em prazo não excedente de 10 (dez) minutos para cada uma. Em seguida, o juiz ou presidente renovará a proposta de conciliação, e não se realizando esta, será proferida a decisão.

Parágrafo único – O Presidente da Junta, após propor a solução do dissídio, tomará os votos dos vogais e, havendo divergência entre estes, poderá desempatar ou proferir decisão que melhor atenda ao cumprimento da lei e ao justo equilíbrio entre os votos divergentes e ao interesse social.

Há divergências na doutrina e jurisprudência quanto aos efeitos da não realização das referidas tentativas de conciliação.

Para uns, se não houver tentativa de conciliação, deve ser declarada a nulidade absoluta dos atos processuais posteriores, tendo em vista que a conciliação representa matéria de ordem pública na seara trabalhista. Apenas não haveria nulidade em situações específicas que inviabilizassem ou impedissem a proposta de conciliação, como, por exemplo, a ausência de uma ou ambas das partes na audiência ou quando o juiz verificar, antes da proposta de conciliação, a inobservância de pressupostos processuais ou das condições da ação.[20]

Para a outra parcela, a ausência da 1ª proposta de conciliação não gera nulidade absoluta, podendo ser suprida pela 2ª proposta de conciliação. Noutras palavras, apenas a ausência da 2ª proposta provocará nulidade absoluta.[21]

Há ainda os que indicam que dificilmente será verificado o prejuízo se não realizadas as duas tentativas de conciliação, vez que, no processo do trabalho, a

20. LEITE, Carlos Henrique Bezerra. *Curso de direito processual do trabalho*. 15. ed. São Paulo: Saraiva, 2017. p. 690. Nesse sentido ainda: Recurso Ordinário nº 0000855-82.2013.5.01.0482, 9ª Turma do TRT da 1ª Região/RJ, Rel. José da Fonseca Martins Júnior. j. 10.09.2013, DOERJ 19.09.2013; Remessa Ex Officio nº 00510.2003.013.13.00-3, TRT da 13ª Região/PB, Rel. Ruy Eloy. j. 12.05.2004, maioria, DJPB 30.06.2004.

21. MOURA, Marcelo. *Consolidação das Leis do Trabalho para concursos*. 6. ed. Salvador: Editora Juspodivm, 2016. p. 816.

conciliação pode ocorrer a qualquer tempo, de modo que ofertada a proposta conciliatória, ainda que seja no Tribunal, estará suprida a proposta conciliatória não oferecida na audiência.[22]

Firmada a conciliação, o termo lavrado valerá como decisão irrecorrível, salvo para a Previdência Social quanto às contribuições que lhe forem devidas (CLT, art. 831, parágrafo único).

Desse modo, o TST entende que do acordo não é cabível recurso, somente podendo ser impugnado por meio de ação rescisória (Súmula nº 259 do TST).

> **Atenção:**
> A homologação de acordo constitui faculdade do juiz, inexistindo direito líquido e certo tutelável pela via do mandado de segurança (Súmula nº 418 do TST).

7.1. Alcance do acordo judicial

O TST, interpretando o antigo art. 1.030 do CC/16, no sentido de que a transação produz efeitos de coisa julgada, entendeu que, quando o empregado dá plena e ampla quitação, sem nenhuma ressalva, o acordo judicial alcança todos os direitos decorrentes do extinto contrato de trabalho, independentemente de estarem previstos na petição inicial. Tal interpretação também tem como fundamento o art. 515, § 2º, do CPC/15, o qual declina que, na conciliação judicial, poder-se-á incluir relação jurídica não posta em juízo (OJ nº 132 da SDI-II do TST). Exemplificamos:

- João ajuíza reclamação trabalhista postulando horas extras, férias, acrescidas de 1/3, e 13º salário. Na audiência inaugural, faz acordo dando quitação ampla no extinto contrato de trabalho. Desse modo, não poderá ajuizar outra reclamação trabalhista, postulando, por exemplo, equiparação salarial, ou seja, mesmo que os pedidos sejam diversos, o TST entende que serão atingidos pelo acordo amplo. Caso o reclamante não tenha interesse em dar ampla quitação, deverá fazer as devidas ressalvas no momento do acordo judicial[23].

Nesse contexto, e considerando que o art. 831, parágrafo único, da CLT confere ao acordo judicial a característica de irrecorribilidade, o C. TST contempla que, havendo acordo judicial com quitação ampla e irrestrita, haverá formação da coisa julgada não somente acerca dos pedidos da inicial, mas de todos os direitos decorrentes do

22. SCHIAVI, Mauro. *Manual de direito processual do trabalho*. 12. ed. São Paulo: LTr, 2017. p. 130. Nesse sentido ainda: AIRR nº 1033-68.2010.5.15.0022, 5ª Turma do TST, Rel. Tarcísio Régis Valente. j. 12.08.2015, Publ. 21.08.2015; RR nº 234800-19.2002.5.02.0067, 2ª Turma do TST, Rel. Renato de Lacerda Paiva. unânime, DEJT 15.08.2013; RR nº 53002/2002-900-16-00.8, 2ª Turma do TST, Rel. Vantuil Abdala. unânime, DEJT 24.09.2009.

23. Da mesma forma, o trabalhador deverá agir na CCP, em que o entendimento prevalecente, atualmente, na SBDI-1 do TST é no sentido de se reconhecer a eficácia liberatória geral ao termo de conciliação firmado perante a Comissão de Conciliação Prévia, quando conferida a quitação ampla do extinto contrato de trabalho, sem a existência de ressalvas. Precedentes da SBDI-1: E-ED-RR-1500-11.2004.5.02.0025, Red. Designado Min. Guilherme Augusto Caputo Bastos, DEJT 26.2.2010; E-RR-41400-11.2007.5.03.0108, Rel. Min. Maria de Assis Calsing, DEJT 19.11.2010.

extinto contrato de trabalho, razão pela qual o ajuizamento de nova demanda violará a coisa julgada. Desse modo, **caso o reclamante não tenha interesse em dar ampla quitação, deverá fazer as devidas ressalvas no momento do acordo judicial**[24].

No entanto, há de se registrar que a referida interpretação amplia em demasia o âmbito do acordo judicial, prejudicando exclusivamente o empregado.

A OJ nº 132 da SDI-II do TST não leva em conta a transação que impõe dúvida acerca do direito e concessões mútuas, mas, sim, a renúncia de direitos do empregado que nem mesmo estão sendo questionados em juízo.

Ademais, a ampliação admitida no art. 515, § 2º, do CPC/15, tem como foco a economia processual, trazendo para um único processo as demandas das partes. Contudo, ao que nos parece, referido dispositivo visa à criação de um título executivo capaz de ensejar o cumprimento da sentença homologatória, e não à renúncia de direitos das partes. Busca-se, portanto, concessões mútuas de direitos controvertidos, além de ensejar a execução imediata. No caso dessa orientação, não há falar em execução imediata, vez que o empregado renunciará a seus direitos. Noutras palavras, o que pretende a norma é permitir, em um único processo judicial em que o reclamante postula, por exemplo, indenização pelo dano moral, que se possa incluir no acordo as verbas rescisórias não recebidas. Não busca, porém, no processo de indenização, afastar todas as verbas rescisórias que o reclamante tem direito no contrato de trabalho.

Além disso, pensamos que a orientação fere o art. 844 do CC/02, que impõe a interpretação restritiva na transação. Ora, se os direitos transacionados devem ser interpretados restritivamente, não se pode admitir a quitação ampla e irrestrita de direitos que o empregado nem sabe se possui no momento do ajuizamento da primeira reclamação trabalhista. Nesse sentido, já decidiu o C. TST:

> **Acordo. Quitação ampla ao extinto contrato de trabalho. Nova reclamação pleiteando diferenças de complementação de aposentadoria. Ofensa à coisa julgada. Não configuração.** Não obstante celebrado acordo nos autos de reclamação trabalhista anterior, conferindo quitação ampla, geral e irrestrita das parcelas trabalhistas, não ofende a coisa julgada a concessão de diferenças de complementação de aposentadoria nos autos de demanda posterior, porquanto o benefício previdenciário postulado, embora decorrente do contrato de trabalho, tem natureza jurídica diversa. Assim, não há falar em identidade entre as ações, por falta de correspondência entre os pedidos e entre as causas de pedir, não podendo ter o acordo judicial entabulado a amplitude pretendida, quitando direitos alheios àqueles debatidos na primeira demanda, e que, ademais, são regidos pelo regulamento da entidade previdenciária

24. Da mesma forma, o trabalhador deverá agir na CCP, em que o entendimento prevalecente, atualmente, na SBDI-1 do TST é no sentido de se reconhecer a eficácia liberatória geral ao termo de conciliação firmado perante a Comissão de Conciliação Prévia, quando conferida a quitação ampla do extinto contrato de trabalho, sem a existência de ressalvas. Precedentes da SBDI-1: E-ED-RR-1500-11.2004.5.02.0025, Red. Designado Min. Guilherme Augusto Caputo Bastos, DEJT 26.2.2010; E-RR-41400-11.2007.5.03.0108, Rel. Min. Maria de Assis Calsing, DEJT 19.11.2010.

e não pela legislação trabalhista. Assim, não vislumbrando contrariedade à Orientação Jurisprudencial nº 132 da SBDI-II, a SBDI-I, por maioria, não conheceu dos embargos dos reclamados. Vencidos os Ministros Dora Maria da Costa, relatora, João Oreste Dalazen, Brito Pereira e Lelio Bentes Corrêa[25].

Reforçando nosso entendimento, o art. 855-E da CLT (acrescentado pela Lei nº 13.467/17 – Reforma Trabalhista) não deixa dúvidas: no tocante ao **acordo extrajudicial homologado judicialmente**, atingirá apenas os direitos especificados na petição do processo de homologação. Como bem adverte Rafael Lara Martins:

(...) a quitação havida no acordo extrajudicial jamais poderá ser feita pelo "extinto contrato de trabalho", mas sim sobre o que foi detalhado na petição conjunta.[26]

Assim, os direitos decorrentes do contrato de trabalho que não forem expressamente objeto da petição de homologação do acordo extrajudicial não serão atingidos, podendo, consequentemente, ser objeto de reclamação trabalhista. Noutras palavras, alcançará somente as parcelas previstas na petição, não exigindo nenhuma ressalva no tocante aos demais direitos não descritos na petição.

Por tais fundamentos, pensamos que melhor seria o cancelamento dessa orientação, de modo que o acordo judicial pudesse quitar no máximo os pedidos da exordial, podendo atingir verbas fora do processo, somente se expressamente especificadas no acordo judicial.

De qualquer modo, o entendimento da orientação jurisprudencial nº 132 da SDI-II do TST não poderá ser aplicado na hipótese em que o empregado constata doença profissional relacionada à execução do contrato de trabalho após a sua despedida, situação permitida pelo TST, conforme preconizado pelo item II da Súmula nº 378 do TST:

II – São pressupostos para a concessão da estabilidade o afastamento superior a 15 dias e a consequente percepção do auxílio-doença acidentário, salvo se constatada, após a despedida, doença profissional que guarde relação de causalidade com a execução do contrato de emprego.

Observa-se que, à época da reclamação trabalhista, o reclamante não tinha conhecimento da doença profissional. Nesse caso, entender que o acordo celebrado, no qual o empregado dá plena e ampla quitação, alcança não somente o objeto da inicial, mas também todas as parcelas referentes ao extinto contrato de trabalho implicaria em verdadeira **renúncia antecipada**, isto é, renúncia de direito ainda nem conhecido pelo trabalhador.

25. TST-E-RR-122135.2010.5.09.0020, SBDI-I, rel. Min. Dora Maria da Costa, red. p/ acórdão Min. Aloysio Corrêa da Veiga, 12.2.15 (Informativo nº 100).
26. MARTINS, Rafael Lara. In: RODRIGUES, Deusmar José (coord.) Lei da Reforma Trabalhista: comentada artigo por artigo. Leme: JH Mizuno, 2017. p. 311.

Além disso, como já dito, em razão de previsão expressa no art. 855-E da CLT, os acordos extrajudiciais homologados em juízo não se submetem à presente disciplina, sendo atingidos apenas os direitos especificados na petição de homologação.

7.2. Discriminação da natureza das verbas

O acordo judicial pode contemplar verbas de natureza indenizatória e/ou salarial.

As **verbas de natureza indenizatória** (ex., indenização por danos morais, multa do art. 477 da CLT etc.) não se sujeitam à incidência de contribuições sociais.

Já as **verbas de natureza salarial** (ex., saldo de salário, diferenças salariais, horas extras etc.) estão submetidas à incidência das contribuições sociais, pois servem, dentre outros objetivos, para o custeio da previdência social.

Assim, no acordo judicial apenas as verbas salariais sofrerão a incidência das contribuições sociais, as quais poderão ser executadas de ofício pela Justiça do Trabalho (CF/88, art. 114, VIII; CLT, art. 876; Súmula nº 368, I, do TST[27] e Súmula vinculante nº 53 do STF[28]).

É por isso que no acordo judicial deverá ser discriminada a natureza das parcelas constantes do ajuste, indicando o limite da responsabilidade de cada parte pelo recolhimento da contribuição previdenciária, se for o caso (CLT, art. 832, § 3º).

Cabe destacar que a Lei nº 13.876/19 incluiu os parágrafos 3º-A e 3º-B no art. 832 da CLT declinando que:

> § 3º-A. Para os fins do § 3º deste artigo, salvo na hipótese de o pedido da ação limitar-se expressamente ao reconhecimento de verbas de natureza exclusivamente indenizatória, a parcela referente às verbas de natureza remuneratória não poderá ter como base de cálculo valor inferior:
>
> I – ao salário-mínimo, para as competências que integram o vínculo empregatício reconhecido na decisão cognitiva ou homologatória; ou
>
> II – à diferença entre a remuneração reconhecida como devida na decisão cognitiva ou homologatória e a efetivamente paga pelo empregador, cujo valor total referente a cada competência não será inferior ao salário-mínimo.
>
> § 3º-B Caso haja piso salarial da categoria definido por acordo ou convenção coletiva de trabalho, o seu valor deverá ser utilizado como base de cálculo para os fins do § 3º-A deste artigo.

---

27. **Súmula nº 368 do TST**. Descontos previdenciários. Imposto de renda. Competência. Responsabilidade pelo recolhimento. Forma de cálculo. Fato gerador.I – A Justiça do Trabalho é competente para determinar o recolhimento das contribuições fiscais. A competência da Justiça do Trabalho, quanto à execução das contribuições previdenciárias, limita-se às sentenças condenatórias em pecúnia que proferir e aos valores, objeto de acordo homologado, que integrem o salário de contribuição. (...)

28. **Súmula vinculante nº 53 do STF**. A competência da Justiça do Trabalho prevista no art. 114, VIII, da Constituição Federal alcança a execução de ofício das contribuições previdenciárias relativas ao objeto da condenação constante das sentenças que proferir e acordos por ela homologados.

A interpretação literal desses parágrafos, leva-nos à conclusão de que, havendo pedidos de natureza indenizatória e salarial na inicial, não seria possível firmar acordo sobre verbas exclusivamente indenizatórias, criando-se um patamar mínimo para a base de cálculo das contribuições.

No entanto, esses parágrafos devem ser interpretados à luz do § 3º, do art. 832, da CLT, o qual impõe a discriminação das verbas existentes na condenação ou no acordo. Nada obsta que as partes façam concessões recíprocas e formalizem acordo sobre verbas exclusivamente indenizatórias, como já é reconhecido inclusive pela Súmula nº 67 da AGU.

De qualquer modo, não havendo discriminação, a contribuição previdenciária incidirá sobre o valor integral do acordo. Nesse sentido, a OJ nº 368 da SDI-I do TST:

> **Orientação Jurisprudencial nº 368 da SDI – I do TST**. Descontos previdenciários. Acordo homologado em juízo. Inexistência de vínculo empregatício. Parcelas indenizatórias. Ausência de discriminação. Incidência sobre o valor total
>
> É devida a incidência das contribuições para a Previdência Social sobre o valor total do acordo homologado em juízo, independentemente do reconhecimento de vínculo de emprego, desde que não haja discriminação das parcelas sujeitas à incidência da contribuição previdenciária, conforme parágrafo único do art. 43 da Lei nº 8.212, de 24.7.1991, e do art. 195, I, "a", da CF/1988.

Já na hipótese de acordo judicial **sem** reconhecimento do vínculo "é devido o recolhimento da contribuição previdenciária, mediante a alíquota de 20% a cargo do tomador de serviços e de 11% por parte do prestador de serviços, na qualidade de contribuinte individual, sobre o valor total do acordo, respeitado o teto de contribuição" (OJ nº 398 da SDI-I do TST).

Caso o acordo firmado contenha parcela indenizatória a União deverá ser intimada, podendo interpor recurso ordinário[29] quanto aos tributos que lhe forem devidos (CLT, art. 832, § 4º).

7.3. Acordo realizado após o trânsito em julgado

Embora a lei preveja, no rito ordinário, dois momentos obrigatórios de tentativa de conciliação, ela pode ocorrer em qualquer instante. A propósito, o art. 764, § 3º, da CLT expressamente estabelece que "é lícito às partes celebrar acordo que ponha termo ao processo, ainda mesmo depois de encerrado o juízo conciliatório".

Assim, se o acordo judicial for firmado após o trânsito em julgado da sentença ou depois da elaboração dos cálculos de liquidação de sentença, ele não poderá prejudicar os créditos da União (CLT, art. 832, § 6º). Na hipótese de acordo após o trânsito em

29. Se o acordo for firmado na fase de execução o recurso cabível será o agravo de petição.

julgado, estabelece o TST que "é devida a contribuição previdenciária sobre o valor do acordo celebrado e homologado após o trânsito em julgado de decisão judicial, respeitada a proporcionalidade de valores entre as parcelas de natureza salarial e indenizatória deferidas na decisão condenatória e as parcelas objeto do acordo" (OJ nº 376 da SDI-I do TST).

Desse modo, caso a decisão judicial seja, por exemplo, de R$ 10.000,00, sendo R$ 6.000,00 (60%) de verbas de natureza remuneratória e R$ 4.000,00 (40%) de verba indenizatória, havendo acordo judicial após o trânsito em julgado no importe de R$ 5.000,00, as partes deveriam observar a mesma proporção da natureza das parcelas, ou seja, R$ 3.000,00 de verbas remuneratórias (mesmos 60%) e R$ 2.000,00 de verbas indenizatórias (mesmos 40%).

Consigne-se que ocorrendo o acordo em **execução provisória**, depois da elaboração dos cálculos de liquidação, o C. TST já decidiu que, nesse caso, as contribuições incidirão sobre o valor acordado, não se aplicando a proporcionalidade descrita no parágrafo anterior.[30]

30. Contribuição previdenciária. Execução provisória. Acordo firmado após a elaboração dos cálculos de liquidação e antes do trânsito em julgado da sentença. Inaplicabilidade da Orientação Jurisprudencial nº 376 da SBDI-I. Firmado acordo em sede de execução provisória, após a elaboração dos cálculos em liquidação, mas antes do trânsito em julgado da sentença, as contribuições previdenciárias devem incidir sobre a totalidade do valor acordado, não havendo falar em observância da proporcionalidade entre as parcelas de natureza salarial e aquelas de caráter indenizatório deferidas na decisão condenatória. A aplicabilidade da Orientação Jurisprudencial nº 376 da SBDI-I é restrita às hipóteses de homologação do acordo após o trânsito em julgado da sentença. Com esses fundamentos, a SBDI-I, em sua composição plena, por unanimidade, conheceu do recurso de embargos da União, por divergência jurisprudencial, e, no mérito, por maioria, negou-lhe provimento. Vencido o Ministro João Oreste Dalazen e ressalvado o entendimento do Ministro Brito Pereira. TST-E-RR-264300-36.2002.5.02.0066, SBDI-I, rel. Min. Delaíde Miranda Arantes, 26.9.2013. (Informativo nº 60)

8. SÚMULAS E ORIENTAÇÕES JURISPRUDENCIAIS DO TST

Audiência
Súmula nº 9 do TST. Ausência do reclamante A ausência do reclamante, quando adiada a instrução após contestada a ação em audiência, não importa arquivamento do processo.
Orientação Jurisprudencial nº 245 da SDI – I do TST. Revelia. Atraso. Audiência Inexiste previsão legal tolerando atraso no horário de comparecimento da parte na audiência.
Súmula nº 122 do TST. Revelia. Atestado médico A reclamada, ausente à audiência em que deveria apresentar defesa, é revel, ainda que presente seu advogado munido de procuração, podendo ser ilidida a revelia mediante a apresentação de atestado médico, que deverá declarar, expressamente, a impossibilidade de locomoção do empregador ou do seu preposto no dia da audiência.
Orientação Jurisprudencial nº 152 da SDI – I do TST. Revelia. Pessoa jurídica de direito público. Aplicável. (art. 844 da CLT) Pessoa jurídica de direito público sujeita-se à revelia prevista no artigo 844 da CLT.
Súmula nº 69 do TST. Rescisão do contrato A partir da Lei nº 10.272, de 05.09.2001, havendo rescisão do contrato de trabalho e sendo revel e confesso quanto à matéria de fato, deve ser o empregador condenado ao pagamento das verbas rescisórias, não quitadas na primeira audiência, com acréscimo de 50% (cinquenta por cento).
Súmula nº 377 do TST. Preposto. Exigência da condição de empregado Exceto quanto à reclamação de empregado doméstico, ou contra micro ou pequeno empresário, o preposto deve ser necessariamente empregado do reclamado. Inteligência do art. 843, § 1º, da CLT e do art. 54 da Lei Complementar nº 123, de 14 de dezembro de 2006.
Conciliação
Súmula nº 259 do TST. Termo de conciliação. Ação rescisória Só por ação rescisória é impugnável o termo de conciliação previsto no parágrafo único do art. 831 da CLT.
Orientação Jurisprudencial nº 132 da SDI – II do TST. Ação rescisória. Acordo homologado. Alcance. Ofensa à coisa julgada Acordo celebrado – homologado judicialmente – em que o empregado dá plena e ampla quitação, sem qualquer ressalva, alcança não só o objeto da inicial, como também todas as demais parcelas referentes ao extinto contrato de trabalho, violando a coisa julgada, a propositura de nova reclamação trabalhista.
Súmula nº 418 do TST. Mandado de segurança visando à homologação de acordo A homologação de acordo constitui faculdade do juiz, inexistindo direito líquido e certo tutelável pela via do mandado de segurança.

9. INFORMATIVO DO TST RELACIONADO AO TEMA

Audiência
Atraso de três minutos à audiência. Ausência de prática de ato processual. Revelia. Não caracterizada. Orientação jurisprudencial nº 245 da SBDI-I do Tribunal Superior do Trabalho. Inaplicável. O atraso de três minutos à audiência não acarreta, por si só, a decretação de revelia do reclamado, se, no momento em que a preposta adentrou a sala de audiência, nenhum ato processual havia sido praticado, nem mesmo a tentativa de conciliação. No caso, considerou-se que a decretação da revelia, nas aludidas circunstâncias, constitui desarrazoada sobreposição da forma sobre os princípios da verdade real e da ampla defesa e faz tábula rasa do princípio da máxima efetividade do processo e da prestação jurisdicional, que deve nortear o Processo do Trabalho. Assim, há que se levar em conta o bom senso e a razoabilidade na aplicação do disposto no art. 844 da CLT, bem como da diretriz consagrada na Orientação Jurisprudencial nº 245 da SBDI-I do TST. Sob esse entendimento, a SBDI-I decidiu, por unanimidade, conhecer dos embargos, por divergência jurisprudencial, e, no mérito, negar-lhes provimento. TST-E-ED-RR-179500-77.2007.5.09.0657, SBDI-I, rel. Min. João Oreste Dalazen, 20.8.2015.(Informativo nº 114)
Revelia. Caracterização. Atraso de 37 minutos. Orientação Jurisprudencial nº 245 da SBDI-I. Incidência. Na hipótese em que a reclamada somente se fez presente, por meio de seu preposto, 37 minutos após o início da audiência, e em momento posterior à tomada do depoimento do reclamante, não é possível, ainda que excepcionalmente, afastar a incidência da Orientação Jurisprudencial nº 245 da SBDI-I. No caso concreto, o Juízo de 1º grau, no início da audiência, às 15 horas, registrou a ausência da primeira reclamada e declarou-a revel e confessa. Em seguida, no entanto, ficou registrado o comparecimento da patrona da primeira reclamada às 15h15, ainda na fase conciliatória, motivo pelo qual a juíza reconsiderou a declaração de sua revelia, sob os protestos do reclamante. Após recebidas as defesas das reclamadas e colhido o depoimento pessoal do autor, às 15h37, houve o registro do comparecimento do preposto da primeira reclamada, encerrando-se a instrução processual após a coleta de seu depoimento pessoal. Ressalte-se que o comparecimento da advogada da reclamada com quinze minutos de atraso não é suficiente para afastar a revelia, de modo que a empregadora somente cumpriu os requisitos para a regular representação processual no momento em que seu preposto se fez presente, ou seja, após 37 minutos do início da audiência. Ademais, o fato de o atraso dever-se à presença da reclamada em outra audiência trabalhista não é motivo justificador para a sua ausência no horário marcado, cabendo aos reclamados o cuidado de designar quantos prepostos forem necessários para o acompanhamento das audiências. Assim, a SBDI-I, por unanimidade, conheceu do recurso de embargos, por divergência jurisprudencial e, no mérito, por maioria, deu-lhe provimento para, anulando a sentença, declarar a revelia da primeira reclamada e os seus efeitos materiais e processuais inerentes, mormente quanto à sua confissão ficta sobre a matéria de fato, e determinar o retorno dos autos à Vara do Trabalho de origem para prolação de nova decisão de mérito, como entender de direito, sem reabertura de nova instrução processual, ante o que preconiza o item II da Súmula nº 74 do TST. Vencido o Ministro Márcio Eurico Vitral Amaro. TST-E-ED-RR-265500-36.2005.5.02.0046, SBDI-I, rel. Min. José Roberto Freire Pimenta, 2.6.2016 (Informativo nº 138)

Confissão ficta. Configuração. Comparecimento do advogado da reclamada após o encerramento da audiência. Orientação Jurisprudencial nº 245 da SBDI-I.

Nos termos da Orientação Jurisprudencial nº 245 da SBDI-I, não existe expressa previsão legal de tolerância ao atraso no horário de comparecimento da parte na audiência, aplicando-se o parágrafo único do art. 815 da CLT apenas aos magistrados. Em alguns casos, porém, o TST tem relevado atrasos ínfimos das partes, desde que demonstrada a ausência de prejuízos, ou seja, desde que a parte compareça antes da prática de atos processuais relevantes e do encerramento da audiência. Todavia, no caso concreto, embora o atraso do advogado da reclamada tenha sido de apenas nove minutos, consta dos autos que, no momento do comparecimento, a audiência já estava encerrada e que a preposta, embora tenha chegado no horário, nenhuma informação útil pode prestar. Sob esses fundamentos, a SBDI-II, por unanimidade, negou provimento ao recurso ordinário, mantendo, portanto, a improcedência do corte rescisório por violação ao direito de defesa, bem como a pena de confissão ficta aplicada. TST-RO-10734-07.2013.5.01.0000, SBDI-II, rel. Min. Luiz Philippe Vieira de Mello Filho, 13.12.2016 (Informativo nº 151)

Audiência. Não comparecimento da reclamante. Atestado médico que não registra a impossibilidade de locomoção. Existência de outros elementos que justificam a ausência. Confissão ficta. Afastamento.

A SBDI-I, por unanimidade, conheceu dos embargos interpostos pela reclamada, por divergência jurisprudencial, e, no mérito, por maioria, negou-lhes provimento para manter a decisão turmária que afastara a pena de confissão ficta aplicada à reclamante que justificou sua ausência à audiência mediante a apresentação de atestado médico sem expressa menção à impossibilidade de locomoção. Na espécie, prevaleceu o entendimento de que embora o atestado médico não tenha atendido aos requisitos da Súmula nº 122 do TST – aplicável a empregador e a empregado, em razão do princípio da isonomia –, restou justificada a ausência da reclamante, na medida em que o documento noticiou o comparecimento da empregada ao médico na mesma data da audiência e em horário próximo, e registrou o Código Internacional de Doenças – CID e a necessidade de afastamento das atividades laborais por um dia, o que leva a concluir que também não estava apta a comparecer à audiência marcada. Vencidos os Ministros Maria Cristina Irigoyen Peduzzi e Márcio Eurico Vitral Amaro. TST-E-RR-736-21.2012.5.09.0002, SBDI-I, rel. Min. Guilherme Augusto Caputo Bastos, 14.6.2018 (Informativo nº 180).

Mandado de segurança. Não cabimento. Arquivamento de reclamação trabalhista por ausência do reclamante. Apresentação de atestado médico. Reconsideração com posterior determinação de desarquivamento do processo e reinclusão em pauta. Existência de medida processual idônea para corrigir a suposta ilegalidade. Aplicação da Orientação Jurisprudencial nº 92 da SBDI-II.

Não cabe mandado de segurança contra decisão que, ao acolher pedido de reconsideração, desarquiva e reinclui em pauta ação trabalhista arquivada por ausência de reclamante na audiência de julgamento. No caso concreto, o reclamante esteve ausente à audiência inaugural, o que resultou no arquivamento da reclamação, nos termos do art. 844 da CLT. Posteriormente, ele apresentou pedido de reconsideração acompanhado de atestado médico, o qual foi acolhido pelo juízo com a determinação de desarquivamento e de reinclusão do processo em pauta. Nesse contexto, incide a Orientação Jurisprudencial nº 92 da SBDI-II, pois o inconformismo da impetrante/reclamada deveria ter sido externado na própria reclamação trabalhista, por meio da arguição de nulidade em contestação, ou como matéria preliminar em recurso ordinário, caso não acolhida a arguição de nulidade na sentença. Havendo, portanto, medida processual idônea para corrigir a suposta ilegalidade cometida pela autoridade coatora, afasta-se o cabimento do mandado de segurança na hipótese. Sob esse entendimento, a SBDI-II, por unanimidade, conheceu do recurso ordinário e, no mérito, deu-lhe provimento para denegar a segurança inicialmente concedida pelo TRT de origem por violação do art. 494 do CPC, que consagra a preclusão pro judicato. TST-RO-602- 71.2018.5.06.0000, SBDI-II, rel. Min. Douglas Alencar Rodrigues 12.11.2019 (Informativo nº 212)

Acordo Judicial
Acordo homologado judicialmente. Atraso no pagamento de parcela. Exclusão da cláusula penal fixada em 100%. Ofensa à coisa julgada. Redução da multa para 50% do valor da parcela inadimplida. Possibilidade. Ofende a coisa julgada a decisão que afasta a aplicabilidade da cláusula penal (fixada em 100%) por descumprimento de acordo homologado judicialmente, sem que haja lei expressa autorizando a exclusão do direito acordado entre as partes. Todavia, tendo o Regional registrado que a quantia devida era vultosa, que a reclamada estava em local diverso da sede do juízo e que não houve prejuízo ao reclamante, mostra-se razoável e proporcional reduzir a penalidade imposta a 50% do valor da parcela inadimplida no prazo acordado. Com esse entendimento, a SBDI-I, por maioria, vencidos os Ministros Maria Cristina Irigoyen Peduzzi, Renato de Lacerda Paiva e Aloysio Corrêa da Veiga, conheceu dos embargos interpostos antes da Lei nº 11.496/2007, por violação do art. 896, "c", da CLT, uma vez que o recurso de revista do reclamado comportava conhecimento por violação do art. 5º, XXXVI, da CF. No mérito, ainda por maioria, a Subseção deu provimento ao recurso para fixar a cláusula penal em 50% da parcela inadimplida a seu tempo, vencidos parcialmente os Ministros Luiz Philippe Vieira de Mello Filho, Brito Pereira e Dora Maria da Costa, que fixavam o percentual em 10%, e o Ministro Alexandre Agra Belmonte, que o fixava em 100%. TST-E-ED-RR-861100-13.2002.5.12.0900, SBDI-I, rel. Min. Augusto César Leite de Carvalho, 24.10.2013 (Informativo nº 64)
Contribuição previdenciária. Execução provisória. Acordo firmado após a elaboração dos cálculos de liquidação e antes do trânsito em julgado da sentença. Inaplicabilidade da Orientação Jurisprudencial nº 376 da SBDI-I. Firmado acordo em sede de execução provisória, após a elaboração dos cálculos em liquidação, mas antes do trânsito em julgado da sentença, as contribuições previdenciárias devem incidir sobre a totalidade do valor acordado, não havendo falar em observância da proporcionalidade entre as parcelas de natureza salarial e aquelas de caráter indenizatório deferidas na decisão condenatória. A aplicabilidade da Orientação Jurisprudencial nº 376 da SBDI-I é restrita às hipóteses de homologação do acordo após o trânsito em julgado da sentença. Com esses fundamentos, a SBDI-I, em sua composição plena, por unanimidade, conheceu do recurso de embargos da União, por divergência jurisprudencial, e, no mérito, por maioria, negou-lhe provimento. Vencido o Ministro João Oreste Dalazen e ressalvado o entendimento do Ministro Brito Pereira. TST-E-RR-264300-36.2002.5.02.0066, SBDI-I, rel. Min. Delaíde Miranda Arantes, 26.9.2013. (Informativo nº 60)

Capítulo 18

RESPOSTA DO RÉU

1. INTRODUÇÃO

Em decorrência dos princípios do devido processo legal, contraditório e ampla defesa, é conferida ao reclamado (réu) a oportunidade de se defender.

No processo do trabalho, a defesa pode ser oral ou escrita, como descreve o art. 847, da CLT, *in verbis*:

> **Art. 847.** Não havendo acordo, o reclamado terá vinte minutos para aduzir sua defesa, após a leitura da reclamação, quando esta não for dispensada por ambas as partes.
>
> Parágrafo único. A parte poderá apresentar defesa escrita pelo sistema de processo judicial eletrônico até a audiência.

Portanto, o prazo para a apresentação de defesa oral é de 20 minutos.

Já quanto à defesa escrita, tem se entendido que o prazo para confeccioná-la é de 5 dias, vez que o reclamado deve ser intimado com antecedência mínima de 5 dias da audiência (CLT, art. 841[1]).[2]

Pensamos que, com a alteração do art. 775 da CLT, esse prazo deve ser contado em dias úteis. Aliás, ele deve seguir a mesma sistemática de contagem dos demais prazos processuais, ou seja, inicia-se em dia útil, observando-se as diretrizes das Súmulas nº 1 e 262 do TST.

Atente-se, ainda, para o fato de que após o advento do CPC/15 o Ministério Público e a Defensoria Pública possuem prazo dobrado para manifestar-se nos autos (CPC/2015, arts. 180 e 186), de modo que deverão ser intimados da audiência com antecedência mínima de 10 dias.

Contudo, é importante fazer uma observação quanto às pessoas jurídicas de direito público (União, dos Estados, do Distrito Federal, dos Municípios e das autarquias ou fundações de direito público) que não explorem atividade econômica.

O art. 1º do Decreto-Lei nº 779/69 vaticina:

---

1. CLT, art. 841 – Recebida e protocolada a reclamação, o escrivão ou secretário, dentro de 48 horas, remeterá a segunda via da petição, ou do termo, ao reclamado, notificando-o ao mesmo tempo, para comparecer à audiência do julgamento, que será a primeira desimpedida, depois de 5 dias.

2. Destaca-se que por haver regra própria no processo trabalhista, o C. TST não admite a aplicação do art. 335 do CPC/2015, referente ao prazo para a contestação (TST-IN nº 39/2016, art. 2º, V).

> **Art. 1º.** Nos processos perante a Justiça do Trabalho, constituem privilégio da União, dos Estados, do Distrito Federal, dos Municípios e das autarquias ou fundações de direito público federais, estaduais ou municipais que não explorem atividade econômica:
>
> (...)
>
> II – o quádruplo do prazo fixado no artigo 841, "in fine", da Consolidação das Leis do Trabalho; (...)

Pelo referido inciso II percebe-se que o legislador criou, aparentemente, um prazo para a pessoa jurídica de direito público apresentar sua contestação. Melhor explicando, a CLT descreve no art. 841, *caput*, que, entre a notificação e a audiência inicial, deve existir um prazo mínimo de 5 dias. A doutrina entende que esse é o prazo concedido à reclamada para confeccionar sua contestação, ou seja, é teoricamente o prazo para contestar. Nesse contexto, o aludido inciso II quadruplica esse prazo, de modo entre a notificação e a audiência para apresentação de contestação deve ser, no mínimo, de 20 dias.

Com efeito, existindo regra própria no processo do trabalho, no caso específico das pessoas jurídicas de direito público que não exploram atividade econômica mantém-se o prazo quadruplicado para contestar.

De qualquer modo, o Ministério Público e a Defensoria Pública, na atual sistemática, sempre terão prazo em dobro, não se valendo do prazo quadruplicado anteriormente anunciado.

Esses prazos para confecção da defesa escrita estão relacionados ao termo inicial.

No que tange ao termo final, o art. 847, parágrafo único, da CLT indica que será até a audiência. Agora, indaga-se: o que se entende pela expressão "até a audiência" constante no dispositivo celetista?

A nosso ver, o parágrafo único do art. 847 da CLT deve ser interpretado em conjunto com seu caput, que prevê que a apresentação da contestação será logo após a conciliação infrutífera, sendo esse o momento final para a apresentação da defesa.[3] Noutras palavras, a contestação no processo físico e no processo eletrônico podem ser apresentadas até esse momento.

Ademais, o art. 847, parágrafo único, da CLT apenas prevê um fluxo procedimental para o processo eletrônico. É que mesmo havendo juntada da contestação no sistema eletrônico antes da audiência, se o reclamante não comparecer na audiência inaugural haverá arquivamento da reclamação. Por outro lado, a contestação não será aceita se o reclamado ou seu advogado não comparecerem na audiência, ou seja, é como se ela não tivesse sido oferecida, tanto que o § 5º, do art. 844, da CLT impõe a presença do advogado na audiência para que ela seja aceita.

---

3. Nesse sentido: TEIXEIRA FILHO, Manoel Antônio. *O processo do trabalho e a Reforma Trabalhista: as alterações introduzidas no processo do trabalho pela Lei n. 13.467/2017*. São Paulo: LTr, 2017. p. 173.

Portanto, o mero fluxo eletrônico criado para a juntada da contestação não altera o exato momento de sua apresentação (aceitação), que é após a frustação da primeira proposta conciliatória.

É válido destacar que a Resolução nº 185/2017 do CSJT (alterada pela Res. nº 241/2019), no art. 22, prevê que a contestação e a reconvenção deverão ser protocoladas no PJe até a realização da proposta de conciliação infrutífera, com a utilização de equipamento próprio, sendo automaticamente juntados, facultada a apresentação de defesa oral, na forma do art. 847, da CLT.

Além disso, embasada nos princípios da boa-fé, celeridade e cooperação, declina que na notificação inicial ou citação constará recomendação para que a contestação ou a reconvenção e os documentos que as acompanham sejam protocolados no PJe com pelo menos 48h de antecedência da audiência. Contudo, trata-se de mera orientação, pois, tendo em vista o declinado no art. 847, parágrafo único, não pode haver nenhuma determinação de que a defesa seja apresentada antes da audiência, sob pena de nulidade processual.

Além da contestação, a resposta do réu poderá ser feita por meio de exceções (incompetência, suspeição e impedimento) ou da reconvenção. Essas modalidades de respostas são independentes, nada impedindo, entretanto, sua apresentação cumulativa.

2. DEFESA NOS PROCESSOS EM QUE É PARTE PESSOA JURÍDICA DE DIREITO PÚBLICO E NAS AÇÕES COLETIVAS AJUIZADAS PELO MPT

A Recomendação nº 1/2019 da CGJT permite a utlização de procedimento totalmente diferente nos processos em que forem parte entes da Administração Pública Direta, Autarquias e Fundações Públicas, bem como nas ações civis públicas e ações civis coletivas ajuizadas pelo Ministério Público do Trabalho (art. 5º da Recomendação nº 1/2019 da CGJT).

Nesses casos, não há a necessidade de designação de audiência inaugural, exceto quando houver o requerimento da partes devido ao interesse na celebração de acordo.

Não havendo a audiência inaugural, o Reclamado será notificado para, no prazo de 20 dias, apresentar defesa escrita mediante inserção no Processo Judicial Eletrônico, acompanhada dos documentos que a instruírem (art. 2º da Recomendação nº 1/2019 da CGJT).

Caso a defesa não seja apresentada no prazo, os autos serão conclusos ao magistrado para a deliberação acerca da revelia e confissão quanto à matéria de fato, aplicando-se, caso pertinente, o disposto no art. 348 do CPC/15[4].

4. Art. 348. Se o réu não contestar a ação, o juiz, verificando a inocorrência do efeito da revelia previsto no art. 344 , ordenará que o autor especifique as provas que pretenda produzir, se ainda não as tiver indicado.

Apresentada a defesa, se o réu alegar quaisquer das matérias do art. 337 do CPC[5] ou ainda fato impedititvo, modificativo ou extintivo do direito, o Reclamante deverá ser ouvido no prazo de 15 dias (art. 4º da Recomendação nº 1/2019 da CGJT).

Se houver necessidade de produção de provas orais, o juiz designará audiência para instrução do feito, determinando a intimação das partes para comparecimento, sob as cominações legais. Se não houver a necessidade de outras provas, o juiz encerrará a instrução processual e intimará as partes para apresentação de alegações finais (art. 4º, §§ 1º e 2º, da Recomendação nº 1/2019 da CGJT).

3. CONTESTAÇÃO

A contestação é o principal meio de resposta do réu, buscando contrariar a própria pretensão do autor. Ela pode conter:

- defesas processuais; e
- defesas de mérito.

3.1. Defesas processuais

As **defesas processuais** são direcionadas ao processo (pressupostos processuais) e/ou à ação (condições da ação).

Trata-se das chamadas preliminares de mérito, que são alegadas e analisadas antes de se chegar no mérito. Elas vêm descritas no art. 337 do CPC/2015, aplicável subsidiariamente ao processo do trabalho (exceto a incompetência relativa), a saber:

I – inexistência ou nulidade da citação;

II – incompetência absoluta e relativa;

III – incorreção do valor da causa;

IV – inépcia da petição inicial;

V – perempção;

VI – litispendência;

VII – coisa julgada;

VIII – conexão;

IX – incapacidade da parte, defeito de representação ou falta de autorização;

5. Art. 337. Incumbe ao réu, antes de discutir o mérito, alegar: I – inexistência ou nulidade da citação; II – incompetência absoluta e relativa; III – incorreção do valor da causa; IV – inépcia da petição inicial; V – perempção; VI – litispendência; VII – coisa julgada; VIII – conexão; IX – incapacidade da parte, defeito de representação ou falta de autorização; X – convenção de arbitragem; XI – ausência de legitimidade ou de interesse processual; XII – falta de caução ou de outra prestação que a lei exige como preliminar; XIII – indevida concessão do benefício de gratuidade de justiça.

X – convenção de arbitragem[6];

XI – ausência de legitimidade ou de interesse processual;

XII – falta de caução ou de outra prestação que a lei exige como preliminar;

XIII – indevida concessão do benefício de gratuidade de justiça.

Atente-se para o fato de que, mesmo que a parte não alegue referidas matérias como preliminares de contestação, o juiz as conhecerá de ofício, **salvo quando se tratar de convenção de arbitragem ou incompetência relativa** (CPC/2015, art. 337, § 5º).

3.1.1. Incompetência relativa

Como mencionado no tópico anterior, no CPC/2015, a incompetência relativa é alegada como preliminar de contestação (arts. 64 e 337, II).

Como a forma de alegação decorre de opção legislativa e sabendo-se que a CLT não a previa expressamente, com o advento do CPC/2015 passamos a entender[7] que a incompetência territorial deveria ser alegada no bojo da contestação, enquanto a suspeição e o impedimento, por serem incidentes julgados pelos tribunais, deveriam ser alegados em peças específicas (apartadas).

No entanto, com a chegada da Lei nº 13.467/17, o legislador passa a estabelecer que a alegação da incompetência territorial será em "peça que sinalize a existência desta exceção" (CLT, art. 800, caput), ou seja, em peça apartada.

Diante dessa previsão, pensamos que a incompetência relativa não poderá ser alegada na própria contestação. Esse entendimento decorre da própria interpretação literal do dispositivo e do fato de que o legislador criou um incidente processual anterior à audiência, buscando discutir, inicialmente, o juízo competente para, em seguida, dar continuidade ao processo.

Portanto, no processo do trabalho, a incompetência relativa deve ser levantada em peça apartada denominada exceção de incompetência.

De qualquer maneira, a incompetência absoluta continua sendo alegada no bojo da contestação (CLT, art. 799, § 1º).

3.1.2. Perempção

No processo civil, a perempção ocorre quando o autor der causa, por 3 (três) vezes, à extinção do processo sem resolução do mérito, com fundamento no abandono

6. Com a Lei nº 13.467/17 (Reforma Trabalhista), o art. 507-A da CLT passou a admitir a arbitragem para os empregados que possuem remuneração superior a duas vezes o limite máximo estabelecido para os benefícios do Regime Geral de Previdência Social.

7. MIESSA, Élisson. *Processo do trabalho para concursos*. 4. ed. Salvador: Editora Juspodivm, 2017. p. 480.

da causa (CPC/15, art. 486, § 3º). Nessa hipótese, o autor não poderá propor nova ação contra o réu com o mesmo objeto, ficando ressalvada a possibilidade de alegar em defesa o seu direito. Trata-se de modalidade de perempção definitiva.

No direito processual do trabalho, essa modalidade definitiva da perempção não se aplica, sendo possível apenas a perda temporária do direito de ação.[8] A perempção trabalhista é prevista nos art. 731 e 732 da CLT:

> Art. 731 – Aquele que, tendo apresentado ao distribuidor reclamação verbal, não se apresentar, no prazo estabelecido no parágrafo único do art. 786, à Junta ou Juízo para fazê-lo tomar por termo, incorrerá na pena de perda, pelo prazo de 6 (seis) meses, do direito de reclamar perante a Justiça do Trabalho.
>
> Art. 732 – Na mesma pena do artigo anterior incorrerá o reclamante que, por 2 (duas) vezes seguidas, der causa ao arquivamento de que trata o art. 844.

Observa-se, portanto, que a perempção no direito processual do trabalho é **temporária**, pois ocorre pelo prazo de **6 meses**, sendo aplicada em duas hipóteses:

- quando o reclamante não se apresentar no prazo de 5 dias para reduzir a termo da reclamação trabalhista verbal;
- quando o reclamante der causa a dois arquivamentos consecutivos pelo não comparecimento na audiência inaugural ou una.

Aliás, o art. 731 da CLT obsta temporariamente o direto de reclamar na Justiça do Trabalho, ou seja, impede o reclamante de ajuizar nova demanda, ainda que tenha pedidos distintos da ação anterior. É, pois, um pressuposto processual negativo.

Para parte da doutrina, o art. 844, § 3º, da CLT, acrescentado pela Lei nº 13.467/17 (Reforma Trabalhista) passou a prever uma nova forma de perempção trabalhista, consistente na necessidade do pagamento das custas fixados na sentença anterior nos casos de arquivamento pela ausência injustificada do reclamante, para que seja possível a propositura de nova ação[9].

Acreditamos, contudo, que o dispositivo apenas acrescentou um novo pressuposto negativo para o ajuizamento de ação, não constituindo, propriamente, uma hipótese de perempção trabalhista, pois não faz referência a um prazo em que o reclamante está impossibilitado para o ajuizamento de nova ação.

3.1.3. Legitimidade

É necessário tratar, nesse tópico, sobre a **legitimidade**.

8. SCHIAVI, Mauro. *Manual de direito processual do trabalho*. 12. ed. São Paulo: LTr, 2017. p. 648.
9. BERNARDES, Felipe. *Manual de Processo do Trabalho*. Salvador: Juspodivm, 2018. p. 387.

A legitimidade é uma condição da ação dividindo-se em:

- legitimidade ativa; e
- legitimidade passiva.

Legitimidade ativa é daquele que se diz titular da relação deduzida em juízo. Legitimidade passiva é daquele que o autor (reclamante) indica como integrante da relação.

A análise das condições da ação (legitimidade e interesse de agir) ocorre in status assertionis. Trata-se da denominada **teoria da asserção**, que exige a análise das condições da ação "no estado das afirmações feitas pela parte em sua petição", estabelecendo, "um juízo hipotético de veracidade dessas alegações"[10]. Portanto, a verificação das condições é detectada de forma abstrata. Exemplo:

> Empregado ajuíza reclamação trabalhista em face da empresa X, postulando reconhecimento do vínculo e pagamento das verbas rescisórias. A empresa defende-se alegando que o empregado nunca foi seu empregado.

Pelo exemplo anterior, é possível verificar que o reclamante indicou a empresa X como sua empregadora, de modo que, ficando caracterizado que ele não prestou serviço para tal empresa, o pedido será improcedente, não havendo no caso ilegitimidade de parte, como frequentemente alegado pelas empresas. Isso ocorre porque as condições da ação são analisadas abstratamente pelas alegações do reclamante, não estando ligadas ao direito material (ser ou não ser empregado), sob pena de aderirmos à teoria concreta da ação, que afirmava que o direito de ação só existia se existisse também o direito material.

O CPC/15 traz disposição interessante acerca da regularização da legitimidade, o que deve ser aplicado ao processo do trabalho, por privilegiar a celeridade e economia processual. Nesse contexto, permite que "alegando o réu, na contestação, ser parte ilegítima ou não ser o responsável pelo prejuízo invocado, o juiz facultará ao autor, em 15 (quinze) dias, a alteração da petição inicial para substituição do réu" (art. 338).

A propósito, quando o réu alegar sua ilegitimidade, incumbe-lhe indicar o sujeito passivo da relação jurídica discutida sempre que tiver conhecimento, sob pena de arcar com as despesas processuais e de indenizar o autor pelos prejuízos decorrentes da falta da indicação (art. 339). Aceita a indicação pelo autor, este, no prazo de quinze dias, procederá à alteração da petição inicial para a substituição do réu (art. 339, § 1º). Além disso, no prazo de quinze dias, o autor, ao invés de substituir o réu, pode optar por alterar a petição inicial incluindo, como litisconsorte passivo, o sujeito indicado pelo réu (art. 339, § 2º).

10. CÂMARA, Alexandre Freitas. *O novo processo civil brasileiro*. São Paulo: Atlas, 2015. p. 37-38.

3.2. Defesas de mérito

As **defesas de mérito** são dirigidas ao próprio direito material reivindicado pelo autor, dividindo-se em defesas de mérito:

- **direta**; e
- **indireta**.

Na **defesa de mérito direta**, o réu impugna os fatos constitutivos, negando os fatos e/ou fundamentos jurídicos da inicial. Exemplo:

- Reclamante alega que prestou serviços para a empresa X, recebendo salário mensal, com pessoalidade, subordinação e de modo não eventual, requerendo o reconhecimento do vínculo. A empresa, na contestação, nega a prestação dos serviços.

Já na **defesa de mérito indireta**, também chamada de exceção substancial, o réu não nega propriamente os fatos constitutivos, mas alega fato impeditivo, modificativo ou extintivo do direito do autor. No exemplo anterior, seria o caso de a empresa reconhecer a prestação dos serviços, mas alegar que ela se deu de modo eventual ou sem subordinação (fato impeditivo).

No que tange à defesa de mérito indireta cabe registrar que se incluem nessa modalidade a decadência e a prescrição, pois são fatos extintivos do direito do autor. Nesse caso, porém, diz a doutrina que elas são denominadas prejudiciais de mérito, uma vez que, estando presentes, extinguem o processo com resolução do mérito, impedindo a análise das demais matérias de mérito.

É interessante observar, no entanto, que o art. 487, II, do CPC/2015 permite o pronunciamento de ofício da prescrição, ou seja, independentemente de alegação. O parágrafo único do dispositivo, contudo, faz a ressalva de que, com exceção dos casos de improcedência liminar do pedido (art. 332, § 1º), a prescrição e a decadência não serão reconhecidas sem que antes seja dada às partes oportunidade de manifestar-se. Parte da doutrina e o TST entendem que a prescrição ex officio não é aplicada na seara trabalhista, sob o fundamento de que a ela não se harmoniza com os princípios do direito do trabalho, especialmente o da proteção[11]. A outra tese, a qual entendemos correta, admite sua aplicação no processo do trabalho, ante a omissão da CLT e sua compatibilidade, pois preza pela segurança das relações jurídicas, além de observar o princípio da celeridade e efetividade processual.

De qualquer modo, a prescrição somente pode ser invocada na instância ordinária (Súmula nº 153 do TST[12]), pois, para que se chegue à instância extraordinária (ex.,

11. TST-RR – 597-77.2010.5.11.0004, 3ª Turma, Rel. Min. Mauricio Godinho Delgado, data de julgamento 12.12.2012, data de publicação: 14.12.2012; TST-RR – 30800-30.2006.5.05.0036, 6ª Turma, Rel. Min. Mauricio Godinho Delgado, data de julgamento: 23.3.2011, data de publicação: 1.4.2011; TST-RR-117900-26-2007-5-03-0074, 6ª Turma, Rel. Min. Aloysio Correia da Veiga, DEJT de 26.11.2010; TST-E-EDRR-689699-38-2000-5-22-5555, SBDI-1, Rel. Min. Lélio Bentes Corrêa, DEJT de 21.5.2010. Esse entendimento não deve ser aplicado na prescrição intercorrente, vez que o art. 11-A, § 2º, da CLT autoriza seu acolhimento de ofício.

12. **Súmula nº 153 do TST.** Prescrição. Não se conhece de prescrição não arguida na instância ordinária.

recurso de revista), exige-se o prequestionamento, mesmo que seja matéria de ordem pública, o que significa que não pode ser alegada, originariamente, nessa instância.

Cabe consignar, ainda, que o art. 767 da CLT impõe que a compensação e a retenção só podem ser arguidas como matéria de defesa, vez que são fatos modificativos, enquadram-se, pois, como defesa de mérito indireta. No mesmo sentido, a Súmula nº 48 do TST:

Súmula nº 48 do TST. Compensação

A compensação só poderá ser arguida com a contestação.

Atenção:

A compensação, na Justiça do Trabalho, está restrita a dívidas de natureza trabalhista (Súmula nº 18 do TST).

3.2.1. Compensação x Dedução x Retenção

Não se confunde compensação com dedução.

A **compensação** ocorre quando duas pessoas forem ao mesmo tempo credora e devedora uma da outra, sendo matéria de defesa, o que significa que depende da alegação do réu (reclamado), sob pena de operar a preclusão, ou seja, não poder arguí-la em outra oportunidade. O exemplo clássico de compensação diz respeito à possibilidade de o empregador compensar o aviso-prévio não concedido pelo empregado, quando este pedir demissão.

A **dedução**, por sua vez, é o abatimento das verbas que já foram pagas durante a relação de trabalho sob o mesmo título. Trata-se de matéria de ordem pública, embasada no princípio do não enriquecimento sem causa, razão pela qual pode ser arguida em qualquer tempo e, principalmente, manifestada ex officio. É o que ocorre, por exemplo, na hipótese de a empresa ser condenada ao pagamento de horas extras, e o juiz determinar a dedução das horas extras já pagas. Percebe-se, nesse caso, que o empregador não é credor do empregado, mas simplesmente já pagou parte das horas extras que deverão ser deduzidas.

Podemos esquematizar as diferenças da seguinte forma:

Compensação	Dedução
Quando duas pessoas forem ao mesmo tempo credora e devedora uma da outra	Abatimento das verbas que já foram pagas durante a relação de trabalho sob o mesmo título
Não pode ser conhecida de ofício, dependendo, portanto, da alegação do réu	Pode ser conhecida de ofício
Deve ser alegada na contestação	Pode ser alegada e conhecida em qualquer tempo

Por fim, a **retenção** é o direito de o credor conservar, sob sua posse, a coisa de forma legítima, até que seja adimplida a obrigação. Além disso, é necessária uma relação de conexão entre o crédito e a coisa retida, não podendo existir impedimento legal ou contratual para seu exercício[13].

- **Exemplo**: empresa tomadora de serviço retém ferramenta de trabalho do prestador de serviço, alegando que lhe causou um dano no momento da prestação dos serviços. Desse modo, a empresa retém a ferramenta para ter a garantia de que o prestador lhe pagará a indenização devida.

Antes de finalizar esse tópico, cabe fazer uma observação quanto à compensação.

A CLT previu dois momentos de compensação:

a) na rescisão contratual (art. 477, § 5º); e

b) na contestação (art. 767).

No primeiro caso, estabeleceu os limites da compensação na rescisão contratual, vedando-a para valores que excederem a 1 mês de remuneração do empregado. Assim agiu, porque a homologação contratual é ato extrajudicial.

Na segunda hipótese, regulou a compensação no âmbito processual, permitindo sua alegação como matéria de defesa. Nesse caso, pensamos que não se aplica a limitação descrita para a rescisão contratual (CLT, art. 477, § 5º), vez que há participação do Estado-juiz. Ademais, tratando-se de exceção, sua interpretação deverá ser restritiva.

Assim, no caso de compensação alegada em contestação, os valores poderão ser superiores a 1 mês de remuneração do empregado, não sendo aplicável o disposto no art. 477, § 5º, da CLT. Evidentemente que o limite da compensação no processo será o valor dos créditos do reclamante, de modo que os valores superiores a tais créditos deverão ser buscados pelo reclamado em ação própria ou quando preenchidos os requisitos legais, por meio de reconvenção.

3.3. Princípios

3.3.1. Princípio da impugnação específica

Na contestação vige o princípio da impugnação específica (CPC/2015, art. 341), de modo que o réu (reclamado) deverá impugnar detalhadamente as alegações de fato apresentadas na inicial, sob pena de serem presumidas verdadeiras. Veda-se, assim, a contestação por negativa geral.

Admite-se, excepcionalmente, a contestação por negativa geral quando:

a) não for admissível, a respeito dos fatos, a confissão;

13. MARTINS, Sérgio Pinto. *Comentários à CLT*. 13. ed. São Paulo: Saraiva, 2009. p. 790.

b) a petição inicial não estiver acompanhada do instrumento público que a lei considerar da substância do ato;

c) os fatos estiverem em contradição com a defesa, considerada em seu conjunto.

Cumpre consignar que referido princípio não se aplica ao defensor público, ao advogado dativo e ao curador especial (CPC/2015, art. 341, parágrafo único).

O advogado dativo e o curador especial estão dispensados do ônus da impugnação especificada porque, em regra, não terão acesso imediato ao réu, não possuindo, portanto, todas as informações indispensáveis à elaboração da defesa específica.[14] Quanto ao defensor público, apesar das críticas realizadas ao dispositivo por parcela da doutrina, o legislador consagrou a presunção da dificuldade da comunicação com o réu, o que pode ocorrer em algumas situações em que há a atuação da Defensoria Pública, razão pela qual não há a necessidade de impugnação específica.[15]

3.3.2. Princípio da eventualidade

A contestação se submete ainda ao princípio da eventualidade (CPC/2015, art. 342), também chamado de princípio da concentração da defesa, segundo o qual o réu (reclamado) deverá apresentar todas as suas matérias de defesa naquele momento, ainda que incompatíveis entre si, sob pena de não poder alegá-las posteriormente, ante a existência de preclusão consumativa.

Dando ênfase a esse princípio, o CPC/15 amplia as impugnações no bojo da contestação, incluindo, por exemplo, a incompetência relativa[16], impugnação do valor da causa e da concessão do benefício da justiça gratuita, tal como já se admitida no processo do trabalho pela doutrina majoritária.

Esse princípio, entretanto, é excepcionado em três hipóteses:

a) matérias de defesa relativas a direito ou fato superveniente;

b) matérias que compete ao juiz conhecer de ofício;

c) matérias que, por expressa autorização legal, puderem ser formuladas em qualquer tempo e grau de jurisdição.

3.4. Revelia

A apresentação da contestação é ônus processual do reclamado, não tendo, portanto, a obrigação de apresentá-la. Contudo, não a apresentando, ocorrerá a revelia e sofrerá, em regra, os seus efeitos.

14. DIDIER JR., Fredie. *Curso de direito processual civil: introdução ao direito processual civil, parte geral e processo de conhecimento*. 18. ed. Salvador: Juspodivm, 2016. p. 663.

15. DIDIER JR., Fredie. *Curso de direito processual civil: introdução ao direito processual civil, parte geral e processo de conhecimento*. 18. ed. Salvador: Juspodivm, 2016. p. 663-664.

16. No processo do trabalho, será alegada por meio de peça apartada denominada exceção de incompetência.

No processo do trabalho, não é pacífico o surgimento da revelia.

Parte da doutrina e da jurisprudência entende que, por força do art. 844, caput, da CLT,[17] a revelia se concretiza com a ausência do réu na audiência inaugural. Noutras palavras, como no processo do trabalho a contestação não é apresentada em secretaria, mas na audiência inaugural, é a ausência na audiência que provocará a revelia.

Para a outra parte, que pensamos estar com a razão, a revelia é a ausência de contestação (CPC/2015, art. 344), impondo assim o animus de não contestar. Com efeito, apresentada a contestação, a parte já demonstra sua vontade de defender, afastando, assim, a revelia.

De qualquer modo, a revelia não se confunde com seus efeitos. Aquela é a ausência do réu na audiência (1ª corrente) ou ausência de contestação (2ª corrente). Uma vez ocorrida a revelia, passa-se a analisar seus efeitos, que podem ser:

- material; e
- processuais.

O **efeito material** da revelia é a presunção de veracidade das alegações de fato formuladas na inicial (confissão ficta).

Já os **efeitos processuais** são:

a) o julgamento antecipado do mérito (CPC/2015 art. 355, II);

b) a não necessidade de intimação do réu, sem procurador nos autos, dos demais atos do processo. Esclareça-se, nesse ponto, que o processo do trabalho possui regra própria no sentido de que, mesmo sendo revel, o réu será intimado da sentença (CLT, art. 852). Ademais, o revel poderá ingressar no processo a qualquer tempo, assumindo-o no estado em que se encontrar.

3.4.1. Não produção dos efeitos da revelia

Como visto, a revelia não se confunde com seus efeitos.

Disso resulta que, mesmo ocorrendo a revelia, em algumas hipóteses não teremos o efeito material da revelia.

É o que estabelece o art. 844, § 4º, da CLT, ao afastar a confissão quanto à matéria de fato ao reclamado quando:

> I – havendo pluralidade de reclamados, algum deles contestar a ação;
>
> II – o litígio versar sobre direitos indisponíveis;

17. Art. 844, caput, da CLT. O não-comparecimento do reclamante à audiência importa o arquivamento da reclamação, e o não-comparecimento do reclamado importa revelia, além de confissão quanto à matéria de fato.

III – a petição inicial não estiver acompanhada de instrumento que a lei considere indispensável à prova do ato;

IV – as alegações de fato formuladas pelo reclamante forem inverossímeis ou estiverem em contradição com prova constante dos autos.

Além das hipóteses recém-mencionadas, considera-se que, no processo do trabalho, não há a produção dos efeitos materiais da revelia na hipótese de a própria norma exigir prova pericial acerca do fato, como ocorre, por exemplo, nos pedidos de adicional de insalubridade e periculosidade (CLT, art. 195, § 2º).

Não ocorrendo os efeitos da revelia, o art. 349 do CPC/2015, aplicável ao processo do trabalho, permite que o réu revel produza provas, contrapostas às alegações do autor, desde que se faça representar nos autos a tempo de praticar os atos processuais indispensáveis a essa produção. Desse modo, o réu poderá fazer contraprova dos fatos constitutivos, vedando-se a produção de prova de fatos novos, tais como: fatos modificativos, impeditivos ou extintivos do direito do autor, já que a alegações de tais fatos deveriam constar da contestação que não foi apresentada.

Passamos assim, a abordar cada uma das hipóteses em que não há a incidência do efeito material da revelia.

3.4.1.1. Pluralidade de réus

De acordo com o art. 844, § 4º, I, da CLT, havendo pluralidade de reclamados e, algum deles contestar a ação, não haverá a produção dos efeitos da revelia.

No litisconsórcio unitário não há dúvida de que esse dispositivo deve ser aplicado, pois a decisão deverá ser a mesma para todos os integrantes do polo passivo, o que significa que os fatos são comuns.

No tocante ao litisconsórcio simples, contudo, apenas não incidirá o efeito material da revelia quando houver identidade de matéria defensiva, de modo que a contestação apresentada por um dos litisconsortes aproveitará o litisconsorte revel.[18]

No processo do trabalho, esse dispositivo, tal como já ocorria quando se aplicava o CPC, provocará discussões na hipótese de responsabilidade subsidiária decorrente da terceirização, em que o prestador de serviços é revel, mas o tomador apresenta contestação.

Para uns, a matéria que o tomador pode levantar está exclusivamente ligada à sua responsabilidade, não existindo fatos comuns derivados da relação de emprego. Já para a doutrina e jurisprudência majoritária, o tomador poderá discutir fatos ligados à relação de emprego, tanto que deve obrigatoriamente participar da fase

18. NEVES, Daniel Amorim Assumpção. *Novo Código de Processo Civil Comentado*. Salvador: Ed. Juspodivm, 2016. p. 605.

de conhecimento. Em razão disso, os fatos comuns levantados pelo tomador em sua contestação beneficiam o prestador dos serviços.

3.4.1.2. Direitos Indisponíveis

Em se tratando de direitos indisponíveis, a ausência de contestação não permitirá que os fatos alegados se reputem como verdadeiros. Nesse mesmo sentido, o art. 392 do CPC/2015 declina que "não vale como confissão a admissão, em juízo, de fatos relativos a direitos indisponíveis".

Nesse aspecto ganham relevância os atos praticados pela administração pública.

É interessante lembrar que as relações obrigacionais firmadas com o Poder Público nem sempre envolvem direitos indisponíveis.[19] É o que acontece com o contrato de trabalho, que se trata de direito privado, despindo a administração de sua condição especial para se equiparar ao empregador comum, sujeitando-se aos efeitos da revelia. Nesse sentido, a OJ nº 152 da SDI-I do TST:

> **Orientação Jurisprudencial nº 152 da SDI – I do TST.** Revelia. Pessoa jurídica de direito público. Aplicável. (art. 844 da CLT)
>
> Pessoa jurídica de direito público sujeita-se à revelia prevista no artigo 844 da CLT.

3.4.1.3. Ausência de instrumento indispensável à prova do ato

Não haverá presunção da veracidade dos fatos alegados na inicial nos casos em que a petição inicial não estiver acompanhada de instrumento indispensável à prova do ato (CLT, art. 844, § 4º, III).

Citam-se como exemplo as convenções e acordos coletivos quando se postularem direitos neles previstos; a juntada de certidão de nascimento para dar suporte à pretensão do salário-família comprovando a filiação.

3.4.1.4. Alegações inverossímeis ou em contradição com prova constante nos autos

Quando as alegações de fato formuladas pelo reclamante forem inverossímeis ou estiverem em contradição com prova constante dos autos, a revelia também não gerará a presunção de veracidade (CLT, art. 844, § 4º, IV).

A inverossimilhança das alegações é constatada quando estas estiverem fora da razoabilidade, ou seja, nas hipóteses em que dificilmente seriam possíveis de

19. THEODORO JÚNIOR, Humberto. *Curso de direito processual civil – teoria geral do direito processual civil, processo de conhecimento e procedimento comum.* V. I. 56. ed. rev. atual. e ampl. – Rio de Janeiro: Forense, 2015. p. 812.

ocorrer.[20] Trata-se, pois, de conceito legal indeterminado a ser preenchido em cada caso concreto, valendo-se o magistrado das máximas de experiência.

Além disso, quando as alegações da petição inicial, embora verossímeis, estiverem em contradição com alguma das provas produzidas nos autos também não haverá presunção de veracidade. É o que o próprio C. TST estabelece na Súmula 74, II, in verbis:

> **Súmula nº 74 do TST**. Confissão
>
> (...)
>
> II – A prova pré-constituída nos autos pode ser levada em conta para confronto com a confissão ficta (arts. 442 e 443, do CPC de 2015 – art. 400, I, do CPC de 1973), não implicando cerceamento de defesa o indeferimento de provas posteriores. (...)

É válido destacar que a contradição indicada no art. 844, § 4º, IV, da CLT somente poderá ser constatada em comparação com as provas já produzidas pelo reclamante na petição inicial (prova pré-constituída).[21]

3.4.1.5. Necessidade de prova pericial

Nos casos em que a realização da prova pericial é obrigatória à comprovação dos fatos, mesmo que o reclamado seja revel, o juiz deverá determinar a realização da perícia, como ocorre, por exemplo, com os pedidos de adicionais de insalubridade e periculosidade, nos termos do art. 195, § 2º, da CLT.

Não sendo possível, entretanto, a realização da perícia da insalubridade ou da periculosidade, como em caso de fechamento da empresa, poderá o julgador utilizar-se de outros meios de prova (OJ nº 278 da SDI-I do TST).

Aliás, entende o TST que o pagamento de adicional de periculosidade efetuado por mera liberalidade da empresa, ainda que de forma proporcional ao tempo de exposição ao risco ou em percentual inferior ao máximo legalmente previsto, dispensa a realização da prova técnica exigida pelo art. 195 da CLT, pois torna incontroversa a existência do trabalho em condições perigosas (Súmula nº 453 do TST).

Além disso, a prova pericial também será dispensada, nesse caso, quando se tratar de fato notório ou quando a própria lei impuser o pagamento para determinada atividade. No primeiro caso tem-se, por exemplo, o trabalhador que labora como frentista na bomba de gasolina, na qual é presumida a periculosidade, sendo dispensada a prova pericial, podendo-se, no máximo, provar por outros meios que ele não trabalhava diretamente na bomba ou que sua atividade era eventual (Súmula 364 do

---

20. SCHIAVI, Mauro. *Manual de direito processual do trabalho*. 11. ed. São Paulo: LTr, 2016. p. 626.
21. NEVES, Daniel Amorim Assumpção. *Novo Código de Processo Civil Comentado*. Salvador: Ed. Juspodivm, 2016. p. 606.

TST). Na segunda hipótese (norma legal), tem-se o caso dos bombeiros (art. 6º, III, da Lei 11.901/09), vigilantes (CLT, art. 193, II) etc., uma vez que, o simples fato de exercer tal atividade dar-lhes-á o direito ao recebimento do adicional.

Em suma, é dispensável a prova pericial no pedido de insalubridade ou periculosidade em quatro hipóteses:

1) fechamento da empresa;

2) pagamento de adicional de periculosidade efetuado por mera liberalidade da empresa;

3) fato notório; e

4) decorrente de imposição legal.

3.4.2. Presença do advogado em audiência e ausência da reclamada

Antes da Lei nº 13.467/2017, o TST, interpretando literalmente o art. 844, caput, da CLT, declarou que a presença tão somente do advogado, mesmo que munido de procuração, não afastava a revelia. Assim agiu, porque no seu entender, o ato de contestar é exclusivo da parte e deve ser efetivado na própria audiência. Ademais, no processo do trabalho, a contestação não é apresentada em secretaria, mas sim na audiência, de modo que a revelia ocorrerá pela simples ausência da reclamada na audiência.

Dessa forma, na visão do C. TST, o empregador deveria apresentar-se pessoalmente ou por meio de seu gerente ou preposto na audiência, a fim de não provocar a decretação da revelia.

Aliás, o C. TST admitia que a revelia fosse afastada quando o empregador apresentasse atestado médico, que deveria comprovar a impossibilidade de sua locomoção. Nesse sentido:

Súmula nº 122 do TST. Revelia. Atestado médico

A reclamada, ausente à audiência em que deveria apresentar defesa, é revel, ainda que presente seu advogado munido de procuração, podendo ser ilidida a revelia mediante a apresentação de atestado médico, que deverá declarar, expressamente, a impossibilidade de locomoção do empregador ou do seu preposto no dia da audiência.

A Lei nº 13.467/2017, ao introduzir o § 5º no art. 844 da CLT, aparentemente, contraria o entendimento consolidado pelo C. TST, ao declinar que, "ainda que ausente o reclamado em audiência, a contestação e os documentos apresentados por seu advogado serão aceitos".

Digo, aparentemente, porque o legislador perdeu a oportunidade de ser claro sobre a ocorrência da revelia ou não nessa hipótese, o que provocará discussões na doutrina e jurisprudência.

Como relatado nos tópicos anteriores, atualmente existe divergência no tocante ao surgimento da revelia no direito processual do trabalho. Para a primeira corrente, ocorrerá a revelia pela simples ausência da reclamada à audiência inaugural ou una, por força do caput do art. 844 da CLT. Para a segunda, haverá revelia quando não apresentada a contestação, ou seja, impõe o animus de não contestar (CPC/2015, art. 344).

Como o legislador não disse que na hipótese do § 5º estará afastada a revelia, para os defensores da primeira corrente ela continuará existindo, mas agora o ordenamento autoriza o recebimento da contestação e dos documentos, uma vez que o revel pode intervir no processo em qualquer fase, recebendo-o no estado em que se encontrar (CPC, art. 346, parágrafo único). Esse entendimento fará que o reclamado possa, no máximo, levantar matérias de ordem pública e fazer contraprova dos fatos constitutivos, vedando-se a produção de prova de fatos novos, tais como: fatos modificativos, impeditivos ou extintivos do direito do autor, já que as alegações de tais fatos deveriam constar da contestação, que embora aceita não será analisada (CPC, art. 349). Autoriza-se, ainda, a análise dos documentos relacionados a afastar o enriquecimento sem causa, deduzindo-se, assim, os valores já pagos, pois a dedução é matéria de ordem pública.

Para outros, com os quais pensamos estar a razão, a presença do advogado munido da contestação demonstra o animus de defesa, de modo que estará afastada a revelia. Nesse caso, serão analisados os fatos impeditivos, modificativos e extintivos do direito do reclamante.

Nessa segunda corrente, o comparecimento tão somente do advogado, no entanto, provocará efeitos diferentes, se a audiência for apenas inaugural ou se for audiência una.

Sendo **audiência inaugural** estará dispensada a presença da reclamada na audiência, podendo comparecer apenas seu advogado, o que, temos de reconhecer, minimiza a possibilidade de acordo.

Já na hipótese de **audiência una**, embora a presença do advogado com a contestação afaste a revelia, haverá confissão ficta, devido à ausência da reclamada para depor, o que provocará novas discussões sobre a possibilidade de o juiz encerrar a instrução processual.

É que havendo confissão, a parte fica limitada na comprovação de fatos contrários aos confessados, pois como declinou Chiovenda "a ficta confessio produz, por consequência, como a confissão, a preclusão do direito de alegar fatos incompatíveis com os admitidos".[22]

---

22. In: HADAD, José Eduardo. *Precedentes jurisprudenciais do TST comentados*. 2. ed. São Paulo: LTr, 2002. p. 384.

Com efeito, havendo tal preclusão, **o indeferimento de produção de provas posteriores à confissão *ficta* não constitui cerceamento de defesa, por ser mera faculdade do juiz.** Como elucidou o Ministro Vantuil Abdala:

> A confissão ficta importa presunção de veracidade dos fatos alegados pela parte contrária, podendo ser elidida por prova em contrário já existente nos autos. Mas, confessa a parte quanto matéria de fato, não tem ela o direito de, ainda, produzir prova testemunhal. É que o depoimento das testemunhas poderia vir a elidir os efeitos da 'Ficta Confessio', e assim não haveria nenhuma consequência para a parte que deixa de comparecer para depor. E tal importaria verdadeiro cerceamento de defesa para a parte contrária, pois o depoimento pessoal é também meio de provas.[23]

Assim, ocorrendo a confissão ficta, a parte não terá o direito de produzir novas provas em sentido contrário, por estar preclusa sua oportunidade.

Mesmo havendo tal confissão, no entanto, o juiz poderá, a seu juízo, prosseguir na instrução processual, como descreve a Súmula 74, III do TST.[24]

Além disso, os documentos apresentados na audiência com a contestação serão considerados para afastar a confissão, vez que esta gera mera **presunção relativa** de veracidade dos fatos.

Em suma, na audiência una, o comparecimento do advogado sem a presença da reclamada viabiliza a apresentação da contestação e documentos, mas não afasta a confissão ficta, que poderá ser confrontada com os documentos apresentados com a contestação ou já existentes nos autos ou, caso o juiz entenda pertinente a continuação da instrução, pelas provas colhidas no prosseguimento da instrução processual.

Por fim, é importante destacar que o advogado não poderá comparecer em audiência pretendendo acumular as condições de preposto e advogado, objetivando assim afastar a ausência do reclamado e prosseguir como patrono da parte (TST-IN nº 41/2018, art. 12, § 3º).

Atenção:

O art. 844, § 5º, da CLT é aplicado apenas às ações ajuizadas após 11.11.2017 (data de vigência da Lei nº 13.467/17) (TST-IN nº 41/2018, art. 12).

4. EXCEÇÕES

4.1. Denominação

O termo "exceção" pode ser interpretado em três sentidos:[25]

23. E-RR-79.265/93, 2ª Turma, Rel. Min. Vantuil Abdala. DJ 25.08.95.
24. **Súmula nº 74, III –** A vedação à produção de prova posterior pela parte confessa somente a ela se aplica, não afetando o exercício, pelo magistrado, do poder/dever de conduzir o processo.
25. DIDIER JR., Fredie. *Curso de direito processual: introdução ao direito processual civil, parte geral e processo de conhecimento*, v. 1. 18. ed. Salvador: Editora Juspodivm, 2016. p. 638.

- **pré-processual**: é tomado, de forma ampla, como direito fundamental de defesa.
- **processual**: é o meio pelo qual o demandado se defende em juízo, isto é, a própria defesa. Interpretado de forma restrita, corresponde às matérias que não podem ser decididas de ofício. É válido destacar que nessa acepção, a doutrina diferenciava a exceção da objeção. Apesar de as duas serem utilizadas para designar atos de defesa, a exceção é utilizada para as matérias que não poderiam ser conhecidas de ofício pelo juiz, enquanto a objeção refere-se às matérias que podem ser conhecidas pelo juiz *ex officio*.
- **substancial**: é a defesa analisada sob o ângulo do direito material. É o contradireito, ou seja, o réu não apenas se defende do alegado pelo autor, mas levanta uma pretensão para contrapor a pretensão do autor. É o que acontece com a defesa de mérito indireta, em que o réu não se limita a negar os fatos constitutivos, mas levanta fatos novos: impeditivos, modificativos e extintivos do direito do autor.

O CPC/73 valia-se da expressão exceção no **sentido processual**, no entanto, em significado mais restrito do que o empregado pela doutrina. No diploma processual civil de 1973, **a exceção era utilizada em sua acepção instrumental**, designando uma das modalidades de resposta do réu. Assim, a exceção correspondia a um incidente processual, em que se alegavam determinadas matérias de defesa, que, para serem apreciadas, precisavam de procedimento específico: suspeição, impedimento e incompetência relativa. Eram denominadas exceções rituais.

Na ocasião, as exceções eram levantadas em peças apartadas, viabilizando um processamento autônomo. Contudo, a forma de exercer a exceção é mera opção legislativa.[26]

Desse modo, o CPC/2015 não fez referência ao termo exceção, declinando que o impedimento e a suspeição devem ser alegados em petição específica dirigida ao juiz do processo (art. 146), enquanto a incompetência (relativa ou absoluta) deve ser levantada como preliminar de contestação (arts. 64 e 337, II).

No processo do trabalho, a CLT utilizou-se do termo exceção em contexto bem amplo, alcançando todos os aspectos da defesa, como se observa pelo art. 799, especialmente pelo § 1º, in verbis:

> **Art. 799.** Nas causas da jurisdição da Justiça do Trabalho, somente podem ser opostas, com suspensão do feito, as exceções de suspeição ou incompetência.
>
> § 1º. As demais exceções serão alegadas como matéria de defesa. (...)

26. DIDIER JR., Fredie. *Curso de direito processual: introdução ao direito processual civil, parte geral e processo de conhecimento*, v. 1. 18. ed. Salvador: Editora Juspodivm, 2016. p. 647.

De qualquer maneira, sob a acepção instrumental, exceção no processo do trabalho abrange a incompetência territorial, a suspeição e o impedimento, ou seja, as exceções rituais.

4.2. Generalidades

Como visto, as exceções (rituais), espécie de resposta do réu, são incidentes processuais. A CLT as divide em:

- suspeição;
- impedimento;
- incompetência.

Nos dois primeiros casos, o que se busca é impugnar a imparcialidade do juiz, enquanto no último se dirige ao próprio juízo.

De acordo com a CLT, a arguição de exceção provoca a **suspensão do processo**, como estabelece o art. 799, caput, da CLT.

Desse modo, enquanto não verificada a exceção, não se passa à análise da contestação.

A decisão que resolve as exceções tem natureza de decisão interlocutória, razão pela qual não está sujeita a recurso de imediato, salvo quando terminativa do feito (CLT, art. 799, § 2º).

> **Atenção:**
>
> O C. TST criou outra hipótese em que é permitida a interposição de recurso de imediato: da decisão que acolhe a incompetência territorial, com a remessa dos autos para Tribunal Regional distinto daquele a que se vincula o juízo excepcionado (Súmula nº 214, "c", do TST).

Cumpre esclarecer que, havendo alegação de diversas exceções, a ordem de análise é da seguinte forma: primeiro, o impedimento; segundo, a suspeição, e, depois, a incompetência relativa.

Antes de finalizar esse tópico inicial é necessário fazer uma observação relacionada à suspensão do processo.

Como dito, a CLT indica que havendo a exceção provocar-se-á a suspensão do feito. Por outro lado, o CPC/2015 não impõe necessariamente a suspensão do processo, conforme se depreende do art. 146, § 2º, que determina que o relator deverá declarar os efeitos em que recebe o incidente.

Assim, se recebê-lo sem efeito suspensivo, o processo voltará a correr; se recebê-lo com efeito suspensivo, o processo permanecerá suspenso até o julgamento do incidente. Essa previsão evita que as alegações de impedimento e suspeição sejam utilizadas como mecanismo protelatório pelas partes.

Como se trata de tema novo acreditamos que deverá ser adotada a previsão da CLT, suspendendo-se o feito com a alegação de impedimento e suspeição.

Todavia, a nosso juízo, com fundamento na lacuna ontológica[27] existente no texto celetista, pensamos que o CPC/2015 deve ser aplicado de forma supletiva ao processo do trabalho, especialmente porque a não suspensão do processo está embasada nos princípios da celeridade e efetividade processual. Nesse sentido, dispõe o art. 20 da Consolidação dos Provimentos da Corregedoria-Geral da Justiça do Trabalho ao impor a aplicação do art. 146 do CPC/2015.

4.3. Exceção de Impedimento e Suspeição

As exceções de impedimento e suspeição buscam garantir aos jurisdicionados que sua demanda será resolvida por um juiz imparcial. Nesse contexto, o art. 801 da CLT declina:

> **Art. 801.** O juiz, presidente ou vogal, é obrigado a dar-se por suspeito, e pode ser recusado, por algum dos seguintes motivos, em relação à pessoa dos litigantes:
>
> a) inimizade pessoal;
>
> b) amizade íntima;
>
> c) parentesco por consanguinidade ou afinidade até o terceiro grau civil;
>
> d) interesse particular na causa.

Verifica-se, pelo artigo supracitado, que a CLT descreve apenas a suspeição. Isso ocorre porque a criação dessa norma teve como base o CPC de 1939, que não previa separadamente o impedimento. No entanto, a doutrina e a jurisprudência entendem, majoritariamente, que é cabível no processo do trabalho a diferenciação entre impedimento e suspeição, aplicando-se subsidiariamente os arts. 144 e 145, ambos do CPC/2015.

O **impedimento** está ligado a elementos objetivos, de modo que, uma vez apresentados, não precisam demonstrar a efetiva influência do julgador no caso. Noutras palavras, são causas absolutas de imparcialidade. Nos termos do art. 144 do CPC/2015, são motivos de impedimento a atuação do juiz nos processos:

> I – em que interveio como mandatário da parte, oficiou como perito, funcionou como membro do Ministério Público ou prestou depoimento como testemunha;
>
> II – de que conheceu em outro grau de jurisdição, tendo proferido decisão;
>
> III – quando nele estiver postulando, como defensor público, advogado ou membro do Ministério Público, seu cônjuge ou companheiro, ou qualquer parente, consanguíneo ou afim, em linha reta ou colateral, até o terceiro grau, inclusive;

27. Lacuna ontológica é quando existe a norma, mas ela não corresponde à realidade social.

> IV – quando for parte no processo ele próprio, seu cônjuge ou companheiro, ou parente, consanguíneo ou afim, em linha reta ou colateral, até o terceiro grau, inclusive;
>
> V – quando for sócio ou membro de direção ou de administração de pessoa jurídica parte no processo;
>
> VI – quando for herdeiro presuntivo, donatário ou empregador de qualquer das partes;
>
> VII – em que figure como parte instituição de ensino com a qual tenha relação de emprego ou decorrente de contrato de prestação de serviços;
>
> VIII – em que figure como parte cliente do escritório de advocacia de seu cônjuge, companheiro ou parente, consanguíneo ou afim, em linha reta ou colateral, até o terceiro grau, inclusive, mesmo que patrocinado por advogado de outro escritório;
>
> IX – quando promover ação contra a parte ou seu advogado.
>
> § 1º. Na hipótese do inciso III, o impedimento só se verifica quando o defensor público, o advogado ou o membro do Ministério Público já integrava o processo antes do início da atividade judicante do juiz.
>
> § 2º. É vedada a criação de fato superveniente a fim de caracterizar impedimento do juiz.
>
> § 3º. O impedimento previsto no inciso III também se verifica no caso de mandato conferido a membro de escritório de advocacia que tenha em seus quadros advogado que individualmente ostente a condição nele prevista, mesmo que não intervenha diretamente no processo.

A propósito, "quando 2 (dois) ou mais juízes forem parentes, consanguíneos ou afins, em linha reta ou colateral, até o terceiro grau, inclusive, o primeiro que conhecer do processo impede que o outro nele atue, caso em que o segundo se escusará, remetendo os autos ao seu substituto legal." (art. 147).

A **suspeição**, por outro lado, tem como foco elementos subjetivos. Nesse caso, não basta a mera alegação, devendo ser demonstrada a efetiva influência do juiz no caso. Conforme estabelece o art. 145 do CPC/2015:

> **Art. 145.** Há suspeição do juiz:
>
> I – amigo íntimo ou inimigo de qualquer das partes ou de seus advogados;
>
> II – que receber presentes de pessoas que tiverem interesse na causa antes ou depois de iniciado o processo, que aconselhar alguma das partes acerca do objeto da causa ou que subministrar meios para atender às despesas do litígio;
>
> III – quando qualquer das partes for sua credora ou devedora, de seu cônjuge ou companheiro ou de parentes destes, em linha reta até o terceiro grau, inclusive;
>
> IV – interessado no julgamento do processo em favor de qualquer das partes.
>
> § 1º. Poderá o juiz declarar-se suspeito por motivo de foro íntimo, sem necessidade de declarar suas razões.
>
> § 2º. Será ilegítima a alegação de suspeição quando:
>
> I – houver sido provocada por quem a alega;
>
> II – a parte que a alega houver praticado ato que signifique manifesta aceitação do arguido.

No mesmo sentido do § 2º, anteriormente citado, é o art. 801, parágrafo único, da CLT prevê algumas hipóteses em que a suspeição não poderá ser mais alegada:

1) se o recusante houver praticado algum ato pelo qual haja consentido na pessoa do juiz, salvo sobrevindo novo motivo;

2) se do processo constar que o recusante deixou de alegá-la anteriormente, quando já a conhecia;

3) depois de conhecida, aceitou o juiz recusado;

4) se procurou de propósito o motivo de que ela se originou.

Observação:

Aplicam-se os motivos de impedimento e de suspeição ao membro do Ministério Público, aos auxiliares da Justiça e aos demais sujeitos imparciais do processo (CPC/2015, art. 148). Nesses casos, o incidente não provocará a suspensão do processo (CPC/2015, art. 148, § 2º).

4.3.1. Momento de Alegação

A suspeição pode ser alegada tanto pelo reclamante como pelo reclamado. Contudo, deve ser levantada na primeira oportunidade em que as partes se manifestarem no processo, nos termos do art. 795 da CLT. Consigna-se que, já tendo o reclamado conhecimento da suspeição, deverá alegá-la no prazo da defesa.

O impedimento também deverá ser alegado na primeira oportunidade que as partes possuem de se manifestarem no processo. Todavia, por ser matéria de ordem pública, a doutrina e a jurisprudência permitem sua invocação, tanto pelo reclamante como reclamado, a qualquer tempo, inclusive depois do trânsito em julgado, por meio da ação rescisória (CPC/2015, art. 966, II).

4.3.2. Procedimento

O art. 802 da CLT disciplina o procedimento das exceções de **suspeição** e **impedimento**, tendo a seguinte redação:

> **Art. 802**. Apresentada a exceção de suspeição, o juiz ou Tribunal designará audiência dentro de 48 (quarenta e oito) horas, para instrução e julgamento da exceção.
>
> § 1º. Nas Juntas de Conciliação e Julgamento e nos Tribunais Regionais, julgada procedente a exceção de suspeição, será logo convocado para a mesma audiência ou sessão, ou para a seguinte, o suplente do membro suspeito, o qual continuará a funcionar no feito até decisão final. Proceder-se-á da mesma maneira quando algum dos membros se declarar suspeito.
>
> § 2º. Se se tratar de suspeição de Juiz de Direito, será este substituído na forma da organização judiciária local.

A sistemática idealizada por esse artigo tinha como base a Junta de Conciliação e Julgamento, em que havia um juiz presidente (do trabalho) e dois juízes classistas. Desse modo, havendo suspeição de um deles, os demais julgavam a suspeição. No entanto, com o advento da EC nº 24/99, foram extintos os juízes classistas, de modo que os conflitos submetidos à Justiça do Trabalho passaram a ser julgados por um juiz singular de carreira.

Assim, passou-se a questionar o procedimento adotado na CLT para julgamento das exceções de suspeição e impedimento. Isso porque, havendo apenas um juiz, caso fosse observado o procedimento da CLT, o próprio suspeito ou impedido é que iria julgar a exceção.

Desse modo, nos artigos 20 e 21 da Consolidação dos Provimentos da Corregedoria-Geral da Justiça do Trabalho, impõe-se a aplicação do art. 146 do CPC/2015, exceto quanto à condenação às custas ao magistrado. Assim, estabelece referido artigo do CPC/2015:

> **Art. 146.** No prazo de 15 (quinze) dias, a contar do conhecimento do fato, a parte alegará o impedimento ou a suspeição, em petição específica dirigida ao juiz do processo, na qual indicará o fundamento da recusa, podendo instruí-la com documentos em que se fundar a alegação e com rol de testemunhas.
>
> § 1º. Se reconhecer o impedimento ou a suspeição ao receber a petição, o juiz ordenará imediatamente a remessa dos autos a seu substituto legal, caso contrário, determinará a autuação em apartado da petição e, no prazo de 15 (quinze) dias, apresentará suas razões, acompanhadas de documentos e de rol de testemunhas, se houver, ordenando a remessa do incidente ao tribunal.
>
> § 2º. Distribuído o incidente, o relator deverá declarar os seus efeitos, sendo que, se o incidente for recebido:
>
> I – sem efeito suspensivo, o processo voltará a correr;
>
> II – com efeito suspensivo, o processo permanecerá suspenso até o julgamento do incidente.
>
> § 3º. Enquanto não for declarado o efeito em que é recebido o incidente ou quando este for recebido com efeito suspensivo, a tutela de urgência será requerida ao substituto legal.
>
> § 4º. Verificando que a alegação de impedimento ou de suspeição é improcedente, o tribunal rejeitá-la-á.
>
> § 5º. Acolhida a alegação, tratando-se de impedimento ou de manifesta suspeição, o tribunal condenará o juiz nas custas e remeterá os autos ao seu substituto legal, podendo o juiz recorrer da decisão.
>
> § 6º. Reconhecido o impedimento ou a suspeição, o tribunal fixará o momento a partir do qual o juiz não poderia ter atuado.
>
> § 7º. O tribunal decretará a nulidade dos atos do juiz, se praticados quando já presente o motivo de impedimento ou de suspeição.

Com efeito, reconhecida a suspeição ou o impedimento, os autos serão encaminhados ao substituto legal do juiz, por meio de decisão irrecorrível. Por outro lado, não a reconhecendo, o julgamento será realizado pelo Tribunal Regional do Trabalho a que estiver vinculado o juiz.

Por fim, é necessário verificar a forma de alegação do impedimento e da suspeição.

Parte majoritária da doutrina e da jurisprudência entende que, no processo do trabalho, embora se fale em exceção, o impedimento e a suspeição podem ser alegados no próprio bojo da contestação, com base no princípio da simplicidade. Ademais, alegadas tais matérias, por força do art. 799 da CLT, o processo consequentemente será suspenso.

De nossa parte, pensamos que o impedimento e a suspeição devem ser alegados em peças separadas da contestação. Isso se justifica porque se trata de incidente processual que, a nosso ver, pode ou não gerar a suspensão do feito. Como o entendimento predominante é pela aplicação do procedimento do CPC para julgamento do impedimento e da suspeição, fere o princípio da celeridade o encaminhamento total do processo ao tribunal, de modo que sendo alegados em peças separadas, o incidente será instruído separadamente e encaminhado do TRT, mantendo-se na Vara do Trabalho os autos "principais"[28].

4.4. Exceção de Incompetência (Relativa)

O art. 800, caput, da CLT[29] declina expressamente que a alegação da incompetência territorial será em "peça que sinalize a existência desta exceção", ou seja, em peça apartada, denominada exceção de incompetência.

Desse modo, não se aplica ao processo do trabalho o art. 337, II, do CPC/2015 que indica que a alegação de incompetência deve ser na contestação.

Ademais, o art. 340, caput, do CPC/2015 prevê que, "havendo alegação de incompetência relativa ou absoluta, a contestação poderá ser protocolada no foro de domicílio do réu, fato que será imediatamente comunicado ao juiz da causa, preferencialmente por meio eletrônico".

Vê-se que naquela seara o réu poderá apresentar em seu domicílio a própria contestação, incluindo a alegação da incompetência. Queremos dizer, permite-se o protocolo em juízo diverso de onde está caminhando o processo, mas não em peça apartada.

No processo do trabalho, referido art. 340, caput, não é aplicável. Primeiro, porque temos regra própria na CLT. Segundo, porque ele tem como foco os processos físicos,[30] de modo que, sendo realidade no processo do trabalho o processo judicial eletrônico, não há que se falar em protocolo em outro juízo, mas sim eletronicamente, dentro da própria reclamação trabalhista.[31]

---

28. Nesse sentido, SCHIAVI, Mauro. *Manual de Direito processual do trabalho: de acordo com o novo CPC*. 9. ed. São Paulo: LTr, 2015. p. 641.

29. O art. 800 da CLT foi alterado pela Lei nº 13.467/17 (Reforma Trabalhista), sendo aplicado imediatamente aos processos em curso, desde que o recebimento da notificação seja posterior a 11.11.2017 (data de vigência da Reforma Trabalhista) (TST-IN nº 41/2018, art. 11).

30. DONIZETTI, Elpídio. *Curso didático de direito processual civil*. 20. ed. rev., atual. e ampl. São Paulo: Atlas, 2017. p. 501.

31. Mesmo que excepcionalmente estejamos diante de um processo físico, a petição deverá ser apresentada nos próprios autos, não incidindo o art. 340 do CPC, já que temos regra própria na CLT.

Portanto, no processo do trabalho, a incompetência territorial deverá ser alegada, necessariamente, em peça autônoma,[32] que será protocolada no juízo em que tramita a reclamação trabalhista.

Cabe destacar que, como a incompetência relativa representa interesse das partes, ela **não pode ser declarada *ex officio***, ou seja, depende de provocação da parte interessada. Nesse sentido:

> **Orientação Jurisprudencial nº 149 da SDI – II do TST.** Conflito de competência. Incompetência territorial. Hipótese do art. 651, § 3º, da CLT. Impossibilidade de declaração de ofício de incompetência relativa
>
> Não cabe declaração de ofício de incompetência territorial no caso do uso, pelo trabalhador, da faculdade prevista no art. 651, § 3º, da CLT. Nessa hipótese, resolve-se o conflito pelo reconhecimento da competência do juízo do local onde a ação foi proposta.

> **Súmula nº 33 do STJ**: Incompetência Relativa – Declaração de Ofício. A incompetência relativa não pode ser declarada de ofício.

Com efeito, não havendo apresentação da exceção de incompetência no prazo de 5 dias a contar da notificação, antes da audiência, tem-se a prorrogação da competência, ou seja, o juiz, inicialmente, incompetente, passa a ser competente.

Destaca-se, por fim, que o art. 795, § 1º, da CLT declina que será declarada *ex officio* a nulidade fundada em incompetência de foro. Tecnicamente, quando se diz incompetência de foro, representa-se incompetência territorial, o que significa que a CLT estaria admitindo sua alegação de ofício. A doutrina é pacífica, no entanto, ao admitir que a CLT foi atécnica, interpretando tal dispositivo no sentido de que incompetência de foro refere-se à incompetência do foro trabalhista, ou seja, incompetência em razão da matéria que, por ser absoluta, pode ser alegada ex officio.

4.4.1. *Prazo para apresentação*

O art. 800, caput, da CLT exige que a exceção seja apresentada no prazo de 5 dias a contar da notificação, antes da audiência.

A contagem do prazo de 5 dias será em dias úteis, observando as diretrizes do art. 775, *caput*, da CLT, tendo como termo inicial sua notificação (citação).

Não observado o referido prazo haverá preclusão temporal, fixando-se a competência no juízo onde foi ajuizada a reclamação trabalhista, isto é, ocorrerá o fenômeno denominado **prorrogação de competência.**

Trata-se, pois, de prazo próprio e peremptório, razão pela qual, não sendo levantado nesse momento, não poderá alegar posteriormente (p. ex., em contestação) a incompetência territorial. No mesmo sentido decidiu a SDI-II do TST em julgamento de conflito negativo de competência, como se verifica a seguir:

32. No mesmo sentido, SCHIAVI, Mauro. *A reforma trabalhista e o processo do trabalho.* São Paulo: LTr, 2017. p. 93.

> (...) Entende-se, assim, que o prazo do art. 800 da CLT tem, efetivamente, natureza preclusiva, de modo que, não tendo a parte exercido seu direito de defesa de opor exceção de incompetência territorial na forma e no interregno ali prescritos, prorroga-se, nesse momento, a competência territorial do juízo em que proposta a ação, tal como compreendido pelo Juízo Suscitante. (...)[33]

Atente-se ainda que o legislador impôs que a exceção deve ser oferecida antes da audiência, objetivando que a audiência não seja realizada.

Como regra, não teremos problemas práticos com esse termo. No entanto, excepcionalmente, poderá ocorrer de a audiência ser designada para 5 dias após a notificação do réu. Essa aliás é a diretriz do art. 841 da CLT, o qual descreve que entre a notificação e a primeira audiência deve existir um prazo mínimo de 5 dias[34].

Nesse caso, pensamos que a exceção deverá ser apresentada em peça autônoma antes da audiência. A nosso ver o legislador impôs a conjugação dos dois termos: 5 dias + antes da audiência. Noutras palavras, o último dia do prazo será o da audiência (5º dia), mas deverá ser observado o horário da audiência apresentando a exceção antes do seu início.

Iniciada, portanto, a audiência, não será admitido o levantamento da incompetência no rito ordinário, vez que já ocorreu a preclusão[35].

4.4.2. *Necessidade de indicação do juízo competente*

Apresentada a exceção, incumbe ao excipiente indicar o juízo que entende ser competente para a causa, como determina a parte final do § 3º do art. 800 da CLT.

Trata-se, pois, de pressuposto da exceção, de modo que não sendo apresentado o juízo competente, a exceção não deverá ser admitida.

Ademais, caso o juízo acolha a incompetência e encaminhe os autos para o juízo que o excipiente entende ser competente, o reclamado (excipiente) não poderá suscitar conflito de competência (CLT, art. 806), em decorrência do princípio do interesse (CLT, art. 796, b).

4.4.3. *Suspensão do processo*

O art. 800, caput, da CLT reafirma o estabelecido pelo art. 799 da CLT ao declinar que protocolada a exceção de incompetência territorial, o processo fica suspenso, não se realizando a audiência prevista no art. 843 da CLT.

33. CC-10467-93.2019.5.15.0013, Subseção II Especializada em Dissídios Individuais, Relator Ministro Luiz Jose Dezena da Silva, DEJT 25/09/2020.

34. Esse prazo deve ser contado em dias úteis, vez que, na realidade, se trata de prazo para a confecção da contestação.

35. Em sentido contrário, entendendo que nesse caso a exceção poderá ser apresentada na audiência. TEIXEIRA FILHO, Manoel Antônio. *O processo do trabalho e a reforma trabalhista – As alterações introduzidas no processo do trabalho pela Lei n. 13.467/17*. São Paulo: Ltr, 2017. p. 110.

Trata-se de suspensão imprópria, vez que o processo será suspenso, mas não, evidentemente, o próprio incidente que analisará a competência do juízo.

Ademais, protocolada a exceção "a suspensão é automática, independendo, portanto, de despacho ou de decisão do juízo no qual a petição inicial da exceção for protocolada".[36] No entanto, ocorrendo a preclusão, ou seja, não apresentada no prazo de 5 dias e antes da audiência, não há que se falar em suspensão do processo.

Cumpre destacar ainda que a apresentação da exceção obsta a realização da audiência inaugural ou una, o que não significa que deve ser retirada de pauta. É só pensarmos em uma audiência designada para 1 ano após a citação (o que é comum nos grandes centros). Nesse caso, é possível a análise da exceção e a manutenção da data da audiência.

4.4.4. Contraditório

O art. 800, § 2º, da CLT declina que apresentada a exceção de incompetência, os autos serão imediatamente conclusos ao juiz, que intimará o reclamante e, se existentes, os litisconsortes (ativo) para manifestação **no prazo comum de 5 dias.**

Garante-se, portanto, o exercício do contraditório pelo reclamante (excepto), que terá a oportunidade de demonstrar que o ajuizamento da ação foi realizado de acordo com o que preconiza o art. 651 da CLT, não havendo, portanto, incompetência territorial do juízo.

4.4.5. Produção de prova oral

Nos termos do art. 800, § 3º, da CLT, "se entender necessária a produção de prova oral, o juízo designará audiência, garantindo o direito de o excipiente e de suas testemunhas serem ouvidos, por carta precatória, no juízo que este houver indicado como competente".

Observa-se pelo dispositivo que caberá ao juízo analisar se há necessidade de produzir prova oral, podendo entender que os elementos dos autos já são suficientes para o julgamento da exceção.

Na hipótese de entender necessária a prova oral, a norma garante ao excipiente que seja ouvido com suas testemunhas, no juízo que indicou como competente, por meio de carta precatória.

O número de testemunhas, nessa hipótese, deverá acompanhar a quantidade permitida no procedimento aplicado à ação trabalhista. No rito ordinário, 3 testemunhas,

36. TEIXEIRA FILHO, Manoel Antônio. *O processo do trabalho e a reforma trabalhista – As alterações introduzidas no processo do trabalho pela Lei n. 13.467/17*. São Paulo: Ltr, 2017. p. 110.

e no inquérito para apuração de falta grave, 6 testemunhas (CLT, art. 821). Como essa prova testemunhal ficará limitada à análise da competência do juízo, nada obsta que sejam novamente ouvidas na instrução do processo, mantendo-se a mesma quantidade de testemunhas para esse momento.

4.4.6. Decisão da exceção de incompetência

O art. 800, § 4º, da CLT declina que, após decidida a exceção de incompetência territorial, o processo retoma seu curso, com a designação de audiência, apresentação de defesa e instrução processual perante o juízo competente.

Assim, sendo rejeitada a exceção de incompetência, termina a suspensão do processo, prosseguindo-se normalmente.

Como dito anteriormente, pode ocorrer de o juízo não ter redesignado a audiência após a apresentação da exceção, porque marcada para época distante da notificação. Nesse caso, após a decisão da exceção, a parte deverá ser intimada da decisão, indicando o prosseguimento do processo e a manutenção da audiência.

Por outro lado, acolhendo-se a incompetência, os autos serão encaminhados ao juízo competente, onde prosseguirá o feito.

De qualquer maneira, rejeitando ou acolhendo a exceção, trata-se de decisão interlocutória.

4.4.7. Recorribilidade da decisão proferida na exceção

Conforme mencionado, a decisão que acolhe ou rejeita a exceção de incompetência territorial constitui decisão interlocutória, que, em regra, não é recorrível na Justiça do Trabalho.

Excetuam-se, contudo, os casos em que a decisão que acolhe a incompetência territorial remete os autos para TRT distinto daquele a que se vincula o juízo excepcionado (Súmula nº 214, "c", do TST[37]), como se verifica no exemplo:

> Pedro ajuíza reclamação trabalhista em São Paulo-SP, sendo apresentada pela reclamada exceção de incompetência, sob o fundamento de que o reclamante teria trabalhado e sido contratado em Porto Velho-RO. O juiz reconhece a incompetência e encaminha os autos à Vara do Trabalho de Porto Velho, ou seja, os autos saem de uma vara do TRT da 2ª Região e são encaminhados para uma Vara do Trabalho vinculada ao TRT da 14ª Região. Nesse caso, será cabível recurso ordinário para o TRT da 2ª Região.

37. **Súmula 214 do TST.** Decisão interlocutória. Irrecorribilidade. Na Justiça do Trabalho, nos termos do art. 893, § 1º, da CLT, as decisões interlocutórias não ensejam recurso imediato, salvo nas hipóteses de decisão: (...) c) que acolhe exceção de incompetência territorial, com a remessa dos autos para Tribunal Regional distinto daquele a que se vincula o juízo excepcionado, consoante o disposto no art. 799, § 2º, da CLT.

4.4.8. Fluxograma

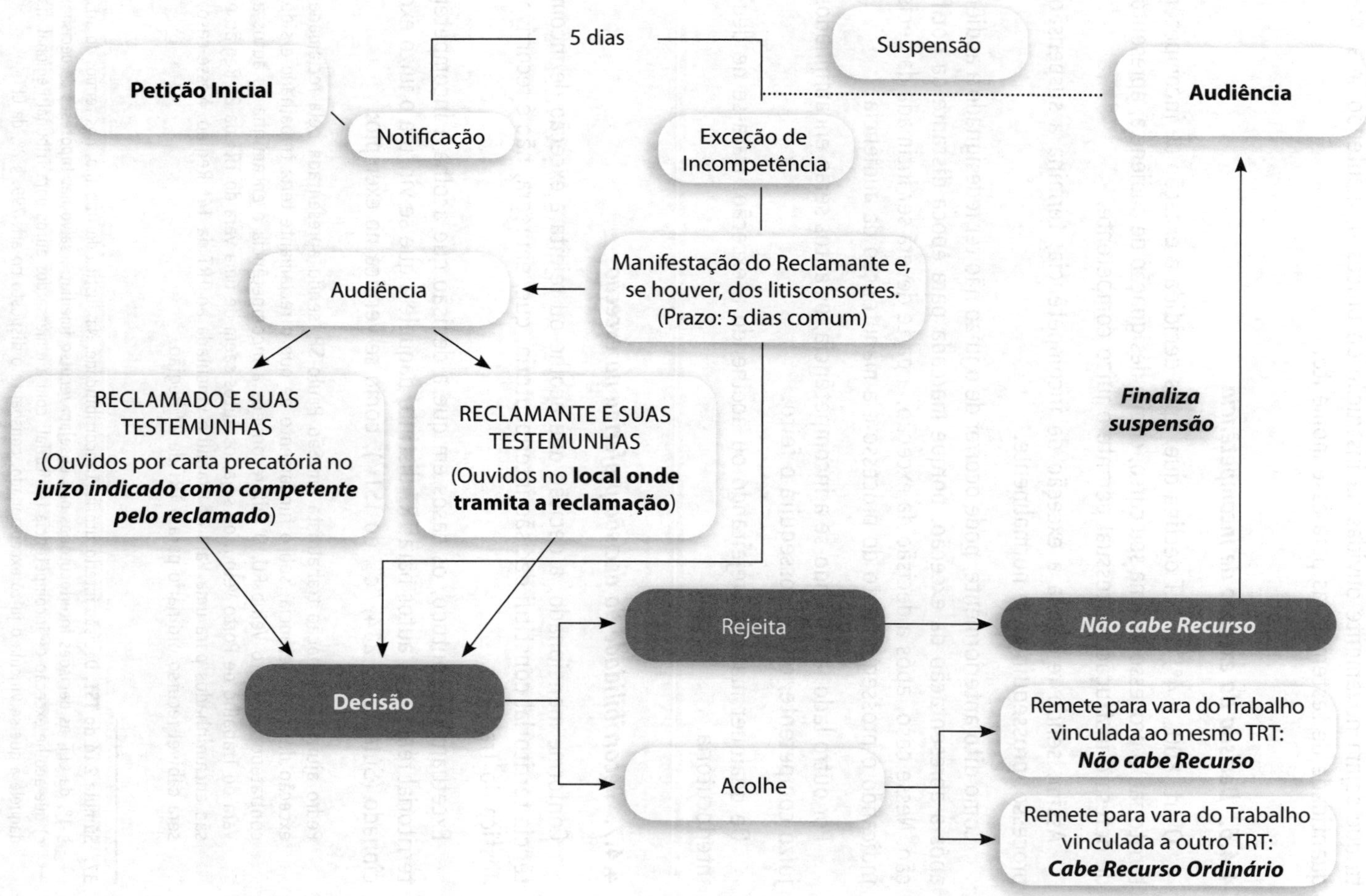

4.4.9. Rito sumaríssimo

O art. 852-G da CLT estabelece que, no rito sumaríssimo, todos os incidentes e exceções que possam interferir no prosseguimento da audiência e do processo devem ser decididos de plano, enquanto as demais questões deverão ser decididas na sentença. O dispositivo tem como objetivo prestigiar a celeridade e simplicidade no processo do trabalho.

Parcela da doutrina, ao interpretar esse dispositivo, defende que, se tratando de incidente ou exceção que possam trazer prejuízo à parte contrária, o juiz não deverá decidi-lo de plano, possibilitando o exercício do contraditório. Como exemplo, utiliza-se a apresentação da exceção de incompetência, na qual se deve fornecer prazo para que o reclamante apresente as provas que comprovem a competência territorial do juízo.[38] Admite-se, assim, a aplicação do prazo previsto pelo art. 800 da CLT.

Outra parcela da doutrina, por sua vez, defende que, diante da literalidade do art. 852-G da CLT e da celeridade e simplicidade inerentes ao direito processual do trabalho, e mais especificamente no procedimento sumaríssimo, mesmo nas hipóteses de incompetência territorial o juiz deverá decidir de plano, evitando que a audiência seja adiada. Esse entendimento se aplica ainda que haja a necessidade de prova testemunhal, uma vez que as testemunhas já deverão estar presentes na audiência e poderão demonstrar o local de prestação dos serviços.[39]

Acreditamos que esse último entendimento deve prevalecer, seja por existir regra própria no rito sumaríssimo, seja pela simplicidade e concentração dos atos processuais, inerentes especialmente ao tal rito processual.

Com efeito, a exceção de incompetência deverá ser apresentada na própria audiência, concedendo-se imediatamente vistas ao reclamante (excepto), viabilizando a instrução da exceção, se houver necessidade, e a decisão do juiz sobre a exceção.[40]

No rito sumaríssimo, portanto, pensamos que o procedimento adotado pelo art. 800 da CLT não deverá ser aplicado.

5. RECONVENÇÃO

A CLT é omissa quanto à reconvenção. Assim, diante de sua compatibilidade com o processo do trabalho, aplica-se subsidiariamente o CPC.

38. ALMEIDA, Cleber Lúcio de. *Direito Processual do Trabalho*. 6. ed. São Paulo: LTr, 2016. p. 485.

39. SILVA, José Antônio Ribeiro de Oliveira. *Questões relevantes do procedimento sumaríssimo: 100 perguntas e respostas*. São Paulo: LTr, 2000. p. 95-96; RENAULT, Luiz Otávio Linhares. Síntese de um estudo sobre a Lei n. 9.957/2000. In: VIANA, Márcio Túlio; RENAULT, Luiz Otávio Linhares (coord.). *Procedimento Sumaríssimo: teoria e prática*. São Paulo: LTr, 2000. p. 68.

40. Nesse mesmo sentido: OLIVEIRA, Sebastião Geraldo. Procedimento sumaríssimo na Justiça do Trabalho. In: VIANA, Márcio Túlio; RENAULT, Luiz Otávio Linhares (coord.). *Procedimento Sumaríssimo: teoria e prática*. São Paulo: LTr, 2000. p. 68.

A **reconvenção**, embora seja uma modalidade de resposta do réu, não é defesa e, sim, verdadeiro contra-ataque, vez que **no mesmo processo** o reclamado (réu) ajuíza ação em face do autor. Tem, portanto, natureza de ação.

Nesse caso, o processo será único, mas terá uma demanda originária e outra reconvencional. Busca, assim, a aplicação do princípio da economia processual.

A reconvenção é, porém, mera faculdade do réu (reclamado), vez que, não apresentando, poderá alegar suas matérias em ação autônoma.

O autor da reconvenção é denominado réu-reconvinte, enquanto o réu leva a nomenclatura de autor-reconvindo.

Atente-se para o fato de que o art. 343, § 3º, do CPC/2015, admite que a reconvenção pode ser proposta contra o autor e **terceiro**. Além disso, também pode ser proposta pelo réu em litisconsórcio com terceiro (CPC/2015, art. 343, § 4º).

Ademais, se o autor for substituto processual, o reconvinte deverá afirmar ser titular de direito em face do substituído, e a reconvenção deverá ser proposta em face do autor, também na qualidade de substituto processual (CPC/2015, art. 343, § 5º).

Seu cabimento pressupõe a existência dos seguintes requisitos:

1) existência de demanda originária;
2) identidade procedimental;
3) que o juiz da causa originária seja absolutamente competente para julgar a reconvenção;
4) conexão com a ação originária ou com os fundamentos de defesa.

A reconvenção é alegada na própria contestação (CPC/2015, art. 343, caput). Ressalta-se, contudo, que o réu pode propor reconvenção independentemente de oferecer contestação (art. 343, § 6º).

Após a apresentação da reconvenção, o juiz designará nova audiência, respeitado o prazo mínimo de 5 dias (CLT, art. 841), oportunidade em que o autor-reconvindo poderá apresentar sua defesa.

Por se tratar de ação, a reconvenção tem existência distinta da ação principal, de modo que a desistência ou causa extintiva que impeça o exame do seu mérito não impede o prosseguimento da reconvenção (CPC/2015, art. 343, § 2º).

Ressalta-se que o reclamado poderá apresentar apenas 3 testemunhas tanto para comprovar os fatos alegados em sua contestação como em sua reconvenção. O número de testemunhas permitido ao reclamante também não se altera, de modo que serão ouvidas três testemunhas, uma vez que com a reconvenção houve apenas ampliação do objeto da ação.

Destacamos que é cabível a reconvenção na ação monitória, vedando-se apenas o oferecimento de reconvenção à reconvenção nessa ação (CPC/2015, art. 702, § 6º).

Por fim, vale ressaltar que o art. 791-A, § 5º, da CLT estabelece que na reconvenção também são cabíveis os honorários sucumbenciais.

6. SÚMULAS E ORIENTAÇÕES JURISPRUDENCIAIS DO TST

Resposta do Réu
Súmula nº 48 do TST. Compensação A compensação só poderá ser arguida com a contestação.
Súmula nº 18 do TST. Compensação A compensação, na Justiça do Trabalho, está restrita a dívidas de natureza trabalhista.
Súmula nº 69 do TST. Rescisão do contrato A partir da Lei nº 10.272, de 05.09.2001, havendo rescisão do contrato de trabalho e sendo revel e confesso quanto à matéria de fato, deve ser o empregador condenado ao pagamento das verbas rescisórias, não quitadas na primeira audiência, com acréscimo de 50% (cinquenta por cento).
Súmula nº 122 do TST. Revelia. Atestado médico A reclamada, ausente à audiência em que deveria apresentar defesa, é revel, ainda que presente seu advogado munido de procuração, podendo ser ilidida a revelia mediante a apresentação de atestado médico, que deverá declarar, expressamente, a impossibilidade de locomoção do empregador ou do seu preposto no dia da audiência.
OJ nº 245 da SDI - I do TST. Revelia. Atraso. Audiência Inexiste previsão legal tolerando atraso no horário de comparecimento da parte na audiência.
OJ nº 152 da SDI - I do TST. Revelia. Pessoa jurídica de direito público. Aplicável. (art. 844 da CLT) Pessoa jurídica de direito público sujeita-se à revelia prevista no artigo 844 da CLT.
Súmula nº 398 do TST. Ação rescisória. Ausência de defesa. Inaplicáveis os efeitos da revelia Na ação rescisória, o que se ataca é a decisão, ato oficial do Estado, acobertado pelo manto da coisa julgada. Assim, e considerando que a coisa julgada envolve questão de ordem pública, a revelia não produz confissão na ação rescisória.

6. INFORMATIVO DO TST RELACIONADO AO TEMA

Revelia e confissão ficta. Atraso do preposto à audiência inaugural. Comparecimento antes da tentativa de conciliação. Ausência de contrariedade à Orientação Jurisprudencial nº 245 da SBDI-I.

Conquanto a Orientação Jurisprudencial nº 245 da SBDI-I estabeleça que "inexiste previsão legal tolerando o atraso no horário de comparecimento da parte na audiência", esse entendimento deve ser conjugado com os princípios da informalidade e da simplicidade que regem o Processo do Trabalho. Assim, tendo em conta que, no caso, a audiência teve início com a presença do advogado da reclamada e o preposto adentrou a sala sete minutos após o início, no momento em que o juiz designava perito, porém antes da tentativa de conciliação, participando da sessão até seu término, a SBDI-I, em sua composição plena, decidiu, pelo voto prevalente da Presidência, não conhecer dos embargos, ressaltando que, no caso, não há registro de que o comparecimento tardio do preposto tenha causado prejuízo à audiência ou retardado ato processual. Vencidos os Ministros Rosa Maria Weber, relatora, Antônio José de Barros Levenhagen, Lelio Bentes Corrêa, Horácio Raymundo de Senna Pires, Augusto César Leite de Carvalho, José Roberto Freire Pimenta e Delaíde Miranda Arantes, os quais conheciam do recurso por contrariedade à Orientação Jurisprudencial nº 245 da SBDI-I e, no mérito, davam-lhe provimento para declarar a revelia e aplicar a confissão à reclamada quanto à matéria de fato. TST-E-RR-28400-60.2004.5.10.0008, SBDI-I, rel. Min. Rosa Maria Weber, red. p/ acórdão Min. Maria Cristina Irigoyen Peduzzi, 24.5.2012. (Informativo nº 10)

Capítulo 19

PROVAS

1. INTRODUÇÃO

Em razão da importância da prova, ela já foi chamada por Carnelutti de "coração do processo". Isso porque, ela tem o condão de convencer o julgador a respeito dos fatos alegados pelas partes, ou seja, demonstrar a certeza dos fatos aduzidos em juízo.

A prova tem como **objeto**, portanto, a comprovação dos **fatos controvertidos, pertinentes e relevantes** ao esclarecimento do processo. Não se busca, pois, a comprovação do direito, uma vez que este o juiz conhece (*iura novit curia*).

No entanto, excepcionalmente, admite-se a prova do direito, como ocorre nas hipóteses de comprovação dos direitos municipal, estadual, estrangeiro ou consuetudinário, **quando exigido pelo juiz** (CPC/2015, art. 376). Nesses casos, poderá o juiz solicitar a comprovação de seu teor e de sua vigência.

Atenção:

A comprovação do direito, nesses casos, não é automática, dependendo de solicitação do juiz.

No processo do trabalho, a doutrina também exige a comprovação do direito quando decorrente de normas coletivas (convenção coletiva e acordo coletivo), regulamento de empresa e sentenças normativas.

É importante observar que, nos termos do art. 374 do CPC/2015, alguns fatos **não** dependem de provas, a saber:

1) **fatos notórios**: de conhecimento público e não apenas das partes.
2) **fatos confessados**: alegados por uma parte e admitidos pela parte contrária.
3) **fatos incontroversos**: alegados por uma parte e não negados pela parte contrária.
4) **em cujo favor milita presunção legal de existência ou de veracidade**. A presunção pode ser:
   - **absoluta** (*juris et de juris*): quando **não** admite prova em sentido contrário;
   - **relativa** (*juris tantum*): quando admite a produção de prova em contrário.

Por fim, os destinatários da prova são as partes[1] e o juiz, o qual, por meio do seu convencimento motivado, deverá analisá-las. Isso quer dizer que o magistrado

1. A doutrina atual tem admitido que além do juiz as partes também são destinatárias da prova.

terá que verificar o conjunto probatório produzido nos autos, motivando quais foram capazes de comprovar os fatos alegados (CF/88, art. 93, IX).

Observação:

Os juízos e tribunais terão ampla liberdade na direção do processo e velarão pelo andamento rápido das causas, **podendo determinar qualquer diligência necessária ao esclarecimento delas** (CLT, art. 765).

2. PRINCÍPIOS DA PROVA

2.1. Contraditório e Ampla Defesa

A Constituição Federal de 1988 estabelece no art. 5º, LV, o direito à observância do princípio do contraditório e da ampla defesa nos processos judiciais e administrativos.

O princípio do contraditório pode ser analisado sob dois enfoques:

a) **contraditório formal**: consiste no binômio informação + possibilidade de reação. Preocupa-se em dar ciência às partes do ocorrido nos autos, permitindo sua manifestação.

b) **contraditório substancial (dinâmico)**: amplia o conceito do contraditório, tornando-se um trinômio: informação + possibilidade de reação + poder de influenciar o julgador. Com efeito, não basta a mera permissão de que as partes se manifestem, sendo necessária que essa permissão ocorra antes da decisão judicial, a fim de que possam influenciar o convencimento do julgador, impedindo ainda o proferimento de decisões-surpresa. Trata-se do denominado contraditório efetivo.

A ideia de contraditório substancial veio contemplada no CPC/2015, aplicável subsidiariamente ao processo do trabalho, como se pode observar em seu art. 7º:

> **Art. 7º.** É assegurada às partes paridade de tratamento em relação ao exercício de direitos e faculdades processuais, aos meios de defesa, aos ônus, aos deveres e à aplicação de sanções processuais, competindo ao juiz zelar pelo efetivo **contraditório** (Grifo Nosso).

Isso significa que às partes é conferido o direito de ter informação das provas colhidas nos autos, sendo-lhes oportunizada a possibilidade de contraditá-la, para que possam influir no convencimento do juiz.

Portanto, têm as partes o direito de produzirem as provas, participarem de sua produção e de manifestarem sobre a prova produzida.

Ademais, o CPC/15 impede que o juiz profira suas decisões sem que antes possibilite a participação das partes, vedando, pois, a prolação de decisões-surpresa, como se verifica pelos arts. 9º e 10º, aplicáveis subsidiariamente ao processo do trabalho (TST-IN nº 39/2016, art. 4º), in verbis:

Art. 9º. Não se proferirá decisão contra uma das partes sem que ela seja previamente ouvida.

Parágrafo único. O disposto no caput não se aplica:

I – à tutela provisória de urgência;

II – às hipóteses de tutela da evidência previstas no art. 311, incisos II e III;

III – à decisão prevista no art. 701.

Art. 10. O juiz não pode decidir, em grau algum de jurisdição, com base em fundamento a respeito do qual não se tenha dado às partes oportunidade de se manifestar, ainda que se trate de matéria sobre a qual deva decidir de ofício.

Observa-se pelos supracitados dispositivos que, apesar de mantida a possibilidade de o juiz reconhecer de ofício determinadas matérias, antes de reconhecê-las deverá dar à parte a oportunidade de se manifestar, com o objetivo de influenciar o julgador sobre o tema. Percebe-se, assim, que o princípio do contraditório não representa apenas uma garantia às partes, mas serve também como limitador dos poderes do juiz.

De acordo com entendimento de Humberto Theodoro Junior, "o contraditório moderno constitui uma verdadeira garantia de não surpresa que impõe ao juiz o dever de provocar o debate acerca de todas as questões, inclusive as de conhecimento oficioso, impedindo que, em 'solitária onipotência', aplique normas ou embase a decisão sobre fatos completamente estranhos à dialética defensiva de uma ou de ambas as partes"[2].

Destaca-se que, para o C. TST, decisão surpresa corresponde à decisão que, "no julgamento final do mérito da causa, em qualquer grau de jurisdição, aplicar fundamento jurídico ou embasar-se em fato não submetido à audiência prévia de uma ou de ambas as partes" (TST-IN nº 39/2016, art. 4º, § 1º).

Por outro lado, o C. TST **não** considera como surpresa a decisão que "à luz do ordenamento jurídico nacional e dos princípios que informam o Direito Processual do Trabalho, as partes tinham obrigação de prever, concernente às condições da ação, aos pressupostos de admissibilidade de recurso e aos pressupostos processuais, salvo disposição legal expressa em contrário" (TST-IN nº 39/2016, art. 4º, § 2º).

Por fim, é importante registrar que, antigamente, a doutrina distinguia os conceitos do contraditório e da ampla defesa, entendendo aquele como o contraditório formal e a ampla defesa como a possibilidade de a parte se valer de todos os meios legais e moralmente legítimos para demonstrar suas alegações. Todavia, a ampliação do conceito e da aplicação do princípio do contraditório substancial fez com que a doutrina passasse a integrar a ampla defesa no conceito de contraditório.

2.2. Necessidade

O princípio da necessidade da prova declina que não basta a simples alegação do fato, devendo as partes comprovar em juízo suas alegações.

2. THEODORO JR, Humberto. *Processo justo e contraditório dinâmico*. Revista de Estudos Constitucionais, Hermenêutica e Teoria do Direito jan.-jun. 2010, p. 69.

Dessa necessidade de demonstrar nos autos suas alegações, surge o **princípio da escrituração ou escritura**, o qual exige a materialização dos fatos relevantes nos autos, sob pena de serem ignorados no momento do julgamento. Em razão disso, a doutrina clássica impõe que o juiz somente pode tomar ciência daquilo que está nos autos, incidindo assim a máxima quod nonest in actis non est in mundo (o que não está nos autos não está no mundo).

Contudo, há de se observar que referido brocardo, de certo modo, começa a ser relativizado com a chegada do mundo virtual, em que a rede mundial de computadores aumenta em escalas consideráveis o fato público e notório, permitindo assim o amplo acesso às informações existentes fora dos autos, seja pelas partes, seja especialmente pelo magistrado.

Nesse contexto, a doutrina passa a utilizar-se do **princípio da conexão**, segundo o qual os mundos virtual e real se conectam, permitindo que o juiz se utilize de conhecimentos e informações que não constam expressamente dos autos, mormente quando se trata de processo judicial eletrônico, desde que observados os princípios do contraditório e da ampla defesa.

2.3. Oralidade

O princípio da oralidade consiste no predomínio da palavra falada, simplificando o procedimento, além de contemplar a celeridade e a efetividade da prestação jurisdicional.

Embora referido princípio não seja próprio do processo do trabalho, ele tem maior incidência nessa seara, em razão de suas características, que dá prevalência a atos orais, tais como: reclamação verbal (CLT, art. 840), defesa oral (CLT, art. 847), razões finais orais (CLT, art. 850) etc. Ademais, como regra, os atos praticados no processo do trabalho ocorrem na audiência, exigindo ainda a presença das próprias partes (CLT, art. 843).

É interessante observar que o princípio da oralidade se caracteriza pela conjunção dos seguintes princípios:

a) a identidade física do juiz, de modo que este dirija o processo desde o seu início até o julgamento;

b) a concentração, isto é, que em uma ou em poucas audiências próximas se realize a produção das provas;

c) a irrecorribilidade imediata das decisões interlocutórias, evitando a cisão do processo ou a sua interrupção contínua, mediante recursos, que devolvem ao Tribunal o julgamento da decisão impugnada.

No que tange ao princípio da identidade física do juiz é importante destacar que, antigamente, o TST não aplicava esse princípio na seara trabalhista, criando a Súmula nº 136, em razão da existência, na época, dos juízes classistas. Posteriormente, o C. TST cancelou referida súmula, ante as diretrizes do art. 132 do CPC/73.[3]

Com o CPC/2015, o posicionamento do TST deverá ser novamente alterado, uma vez que o novel código não reproduziu o teor do art. 132 do CPC/73, o qual disciplinava o princípio da identidade física do juiz.

2.4. Imediação

Entende-se por princípio da imediação (ou imediatidade) "a necessidade de que a realização dos atos instrutórios deve se dar perante a pessoa do Juiz, que assim poderá formar melhor seu convencimento, utilizando-se, também, de impressões obtidas das circunstâncias nas quais as provas se realizam"[4].

Para tanto, é conferido ao juiz a direção do processo, podendo "determinar qualquer diligência necessária ao esclarecimento" da causa (CLT, art. 765), além de indeferir, em decisão fundamentada, "as diligências inúteis ou meramente protelatórias" (CPC/2015, art. 370, parágrafo único).

2.5. Aquisição Processual da Prova ou Comunhão da Prova

O princípio da aquisição processual da prova estabelece que, sendo produzida a prova, ela se incorpora ao processo, sendo irrelevante quem a produziu. Isso significa que a prova sai da esfera de quem a produziu, tornando-se pertencente ao conjunto probatório, podendo favorecê-lo ou prejudicá-lo (CPC/2015, art. 371).

Busca-se a "homogeneidade da eficácia probatória, pois deve ser atribuído um só valor à prova que, como tal, repercutirá na esfera do seu produtor e todos os outros sujeitos do processo: ou bem a prova demonstra a veracidade da alegação de fato, ou bem demonstra sua inveracidade, afinal não há meia-verdade; (...)"[5] (grifos no original).

Há de se atentar para o fato de que o princípio da aquisição processual da prova não se confunde com o ônus objetivo. Aquele norteia o juiz num cenário de suficiência probatória, enquanto o ônus objetivo será utilizado quando há insuficiência probatória.

---

3. Mesmo depois do cancelamento da Súmula, em decisão da 3ª Turma do TST, o Min. Maurício Godinho Delgado continuou não aplicando o referido princípio no processo do trabalho, por força dos princípios da simplicidade, a celeridade e a efetividade da prestação jurisdicional. TST-Ag-AIRR-322-81.2011.5.06.0021. Terceira Turma. Rel. Min. Mauricio Godinho Delgado. DEJT 31.1.2014.

4. Souto Maior, Jorge Luiz *apud* Schiavi, Mauro. *Provas no processo do trabalho*. 3. ed. rev. e ampl. São Paulo: Ltr, 2013. p. 42.

5. DIDIER Jr., Fredie; BRAGA, Paula Sarno; OLIVEIRA, Rafael. *Curso de direito processual civil: Teoria da prova, direito probatório, teoria do procedente, decisão judicial, coisa julgada e antecipação dos efeitos da tutela*. 8. ed. Salvador: Juspodivm, 2013. v. 2. p. 28.

Portanto, havendo provas nos autos sobre determinado fato, desnecessário se valer do ônus objetivo, aplicando-se ao caso o princípio da aquisição processual da prova.

3. CLASSIFICAÇÃO

A doutrina classifica o instituto da prova da seguinte forma:

a) quanto ao fato;

b) quanto ao sujeito;

c) quanto ao objeto; e

d) quanto à preparação.

No que se refere ao fato, as provas podem ser:

1) diretas quando dizem respeito ao fato probante (ex., testemunha viu o fato alegado); ou

2) indiretas quando, em decorrência dos fatos provados, há indícios de veracidade dos fatos alegados.

Quanto ao sujeito, as provas se subdividem em pessoais e reais.

1) as pessoais são afirmações conscientes feitas por uma pessoa;

2) as reais são atestações inconscientes realizadas por uma coisa (ex., uma declaração contida em um documento).[6]

No que tange ao objeto, as provas podem ser testemunhais, documentais e materiais.

1) as testemunhais derivam de afirmações orais;

2) a documental é a afirmação escrita ou gravada;

3) as materiais consistem em qualquer outra materialidade que sirva de prova (perícias, inspeções etc.).[7]

No que concerne à preparação, a prova pode ser casual ou pré-constituída.

1) a prova casual é aquela produzida no processo;

2) a pré-constituída é a preparada preventivamente, ou seja, antes da propositura da demanda.

6. CÂMARA, Alexandre Freitas. *Lições de direito processual civil*. 18. ed. Rio de Janeiro: Lumen Juris, 2008. v. 1, p. 375.

7. CÂMARA, Alexandre Freitas. *Lições de direito processual civil*. 18. ed. Rio de Janeiro: Lumen Juris, 2008. v. 1, p. 376.

4. ÔNUS DA PROVA

Como já estudado, havendo prova no processo, não há falar em ônus da prova, pois, com base no princípio da comunhão da prova, esta pertence ao processo e não às partes, sendo indiferente quem as produziu. Assim, mesmo que a parte não tenha o ônus de provar um fato, se o fizer, a prova passa a pertencer ao processo, não importando quem a trouxe para os autos. Nesse sentido o art. 371 do CPC:

Art. 371. O juiz apreciará a prova constante dos autos, independentemente do sujeito que a tiver promovido, e indicará na decisão as razões da formação de seu convencimento.

Pode acontecer, no entanto, de não existirem provas no processo ou, se existentes, serem insuficientes para o julgamento da causa. Nesse caso, não pode o juiz deixar de proferir o julgamento, ou seja, declarar o non liquet, é vedado pelo nosso ordenamento.

Ganha relevância, nesse momento, o ônus da prova, que pressupõe, portanto, a **insuficiência e/ou inexistência de provas** nos autos.

Ademais, existindo fatos notórios, confessados e incontroversos, não há necessidade de provas, podendo o julgador solucionar a lide sem adentrar o ônus da prova. O mesmo ocorre com os fatos em cujo favor milita presunção legal de existência ou de veracidade, os quais independem de prova.

É evidente que, nas hipóteses de fatos notórios e que possuem presunção de veracidade, a parte que não terá proveito poderá alegar outros fatos que afastem a notoriedade e a presunção relativa de veracidade, mas, nesse caso, atrai para si o ônus da prova.

Desse modo, não havendo provas nos autos, fatos notórios, confessados, incontroversos ou em cujo favor milita presunção legal de existência ou de veracidade, passa-se a ter importância o estudo do ônus da prova.

Difere-se, na doutrina, o ônus subjetivo do objetivo.

Ônus subjetivo	Busca indagar quem tem o ônus de provar
Ônus objetivo	É regra de julgamento

O ônus subjetivo tem mais relevância psicológica do que jurídica.[8] Isso porque, como visto, havendo provas nos autos, pouco importa quem as produziu.

Por outro lado, no momento do julgamento (ônus objetivo), não havendo provas suficientes sobre os fatos controvertidos, o juiz analisará de quem era o ônus de prová-lo, sofrendo a parte que tinha tal ônus as consequências desfavoráveis da ausência da prova.

---

8. CÂMARA, Alexandre Freitas. *Lições de direito processual civil*. 18. ed. Rio de Janeiro: Lumen Juris, 2008. v. 1. p. 380.

Há de se salientar que se trata de ônus e não obrigação. Noutras palavras, a parte não está obrigada a produzir a prova, mas não o fazendo e não havendo provas nos autos, estará em desvantagem processual.

4.1. Distribuição do Ônus da Prova (Teorias estática, dinâmica e convencional)

4.1.1. Teoria Estática do ônus da prova

A **teoria estática** do ônus da prova distribui previamente o ônus de cada uma das partes. Tal distribuição tem como foco o princípio do interesse, uma vez que impõe o ônus àquele que se beneficiará com o reconhecimento do fato a ser provado. Desse modo, nas palavras do doutrinador Cândido Rangel Dinamarco:

> O princípio do interesse é que leva a lei a distribuir o ônus da prova pelo modo que está no art. 333[9] do Código de Processo Civil, porque o reconhecimento dos fatos constitutivos aproveitará ao autor e o dos demais, ao réu; sem prova daqueles, a demanda inicial é julgada improcedente e, se prova dos fatos impeditivos, modificativos ou extintivos, provavelmente a defesa do réu não obterá sucesso (grifos no original).[10]

O art. 818 da CLT, a partir da Lei nº 13.467/2017, adotou a mesma disciplina constante no art. 373 do CPC/2015, de modo que incumbe ao reclamante provar os fatos constitutivos e, ao reclamado, os fatos extintivos, modificativos e impeditivos do direito do reclamante.

Parte	Ônus da prova
Reclamante (autor)	Fatos constitutivos
Reclamado (réu)	Fatos extintivos, modificativos e impeditivos

O **fato constitutivo** é aquele que dá origem à relação jurídica deduzida em juízo (ex., fatos que demonstram os requisitos da relação de emprego – pessoalidade, pessoa física, onerosidade, subordinação e não eventualidade).

Se o réu defender-se apenas negando os fatos constitutivos deduzidos pelo autor, sobre ele não haverá nenhum ônus, cabendo ao autor provar o alegado. Pode ocorrer, no entanto, de o réu (reclamado) alegar **fatos novos**, com a finalidade de modificar o direito do autor, extinguir ou impedir que ele nasça,[11] atraindo para si o ônus de provar os fatos que alegou.

9. Atual art. 373 do CPC/2015.
10. DINAMARCO, Cândido Rangel. *Instituições de direito processual civil.* 6. ed. São Paulo: Malheiros Editores, 2009, v. 3. p. 72.
11. DIDIER Jr., Fredie; BRAGA, Paula Sarno e OLIVEIRA, Rafael. *Curso de direito processual civil: Teoria da prova, direito probatório, teoria do procedente, decisão judicial, coisa julgada e antecipação dos efeitos da tutela.* 5. ed. Salvador: Juspodivm, 2010. v. 2, p. 80.

O **fato extintivo** é aquele que põe fim à relação jurídica deduzida em juízo (ex., pagamento total, prescrição, decadência).

O **fato impeditivo**, por sua vez, consiste na alegação de fato que impede a formação válida da relação jurídica deduzida em juízo.

- **Exemplo:** na equiparação salarial, a diferença de tempo de serviço para o mesmo empregador superior a 4 anos e a diferença de tempo na função superior a 2 anos impede a equiparação; na extinção do contrato, a alegação de justa causa é fato impeditivo ao recebimento das verbas rescisórias.

Já o **fato modificativo** visa a alterar a relação deduzida, como se dá no pagamento parcial.

4.1.2. Teoria dinâmica do ônus da prova

A **teoria dinâmica do ônus da prova** consiste na possibilidade de o julgador, no caso concreto, atribuir o ônus da prova àquele que tem melhores condições de produzi-la. Nessa hipótese, em vez de se definir de forma fixa o ônus da prova e incidir o princípio do interesse (teoria estática), sua definição é feita no caso concreto (flexível), aplicando-se o princípio da **aptidão para a prova.**

Impõe-se, portanto, por decisão judicial, o ônus da prova a quem tem melhores condições de produzi-la. Em outros termos: prova quem pode.[12]

Percebe-se que, nesse caso, não preocupa se o fato é constitutivo, modificativo, impeditivo ou extintivo, mas tão somente quem tem a melhor aptidão para provar o fato.

Nesse contexto, o art. 818, § 1º, da CLT, nos mesmos moldes do preconizado pelo art. 373, § 1º, do CPC/2015, estabelece que o juiz poderá atribuir o ônus da prova de modo diverso, **desde que o faça por decisão fundamentada**, nas seguintes hipóteses:

1) nos casos previstos em lei;[13] ou

2) diante de peculiaridades da causa, relacionadas:

   2.1) à impossibilidade ou excessiva dificuldade de cumprir o encargo de acordo com a teoria estática do ônus da prova; ou

   2.2) à maior facilidade de obtenção da prova do fato contrário.

---

12. DIDIER Jr., Fredie; BRAGA, Paula Sarno e OLIVEIRA, Rafael. *Curso de direito processual civil: Teoria da prova, direito probatório, teoria do procedente, decisão judicial, coisa julgada e antecipação dos efeitos da tutela*. 8. ed. Salvador: Juspodivm, 2013. v. 2, p. 102.

13. Por exemplo, art. 6º, VIII, do CDC, aplicável subsidiariamente ao processo do trabalho, que admite a distribuição diversa quando for: 1) verossímil a alegação; ou 2) se tratar de hipossuficiente.

Busca-se com essa teoria conceder às partes paridade de armas no processo, o que nada mais significa do que a aplicação do princípio da igualdade. Ademais, afasta-se da ideia individualista e patrimonialista do processo, consolidando uma visão solidarista do ônus da prova,[14] impondo que as partes colaborem na produção da prova, para que o juiz alcance a verdade (princípio da cooperação).

No processo do trabalho, essa teoria tem campo fértil, como ocorre, por exemplo, no acidente de trabalho, demandas sobre meio ambiente do trabalho, horas extras para empresas com mais de 10 empregados, vale-transporte etc.

É importante observar que a teoria dinâmica do ônus da prova apresenta diferenças em relação à inversão do ônus da prova, prevista no art. 6º, VIII, do CDC. Isso porque, a inversão do ônus da prova decorre de critérios objetivos (verossimilhança da alegação ou hipossuficiência técnica ou econômica). Já a teoria da carga dinâmica exige critérios mais subjetivos e pode ocorrer a qualquer uma das partes em quaisquer tipos de demandas.[15]

4.1.2.1. Momento de aplicação da teoria dinâmica do ônus da prova

Com a finalidade de não gerar dúvidas acerca do momento em que o juiz distribuirá de forma diversa o ônus da prova, o legislador trabalhista expressamente declinou no § 2º do art. 818 da CLT que a decisão fundamentada deve ser proferida **antes da fase instrutória**, a fim de possibilitar à parte contrária que se desincumba de seu ônus.

O dispositivo, portanto, valoriza a aplicação do princípio do contraditório, evitando a prolação de decisões-surpresa. Reconhece que a distribuição do ônus da prova se constitui não só como regra de julgamento, mas também como regra de instrução.

Como bem adverte o doutrinador Manoel Antônio Teixeira Filho:

> A expressão legal 'antes da abertura da instrução' está a referir-se à instrução oral, que é realizada em audiência, mediante o depoimento das partes, a inquirição das testemunhas, os esclarecimentos do perito. (grifo no original)[16]

Como regra, o juiz distribuirá de forma diversa o ônus da prova na própria audiência. Nesse caso, pode ocorrer de a parte que ficou incumbida de fazer a prova prosseguir na instrução, apresentando suas provas. Caso pretenda redesignar a audiência deverá fazer requerimento, como expressamente impõe o dispositivo.

---

14. DIDIER Jr., Fredie; BRAGA, Paula Sarno e OLIVEIRA, Rafael. *Curso de direito processual civil: Teoria da prova, direito probatório, teoria do procedente, decisão judicial, coisa julgada e antecipação dos efeitos da tutela.* 8. ed. Salvador: Juspodivm, 2013. v. 2, p. 105.

15. RODRIGUES, Daniel Colnago; MONTEIRO NETO, João Pereira. Reflexões sobre a distribuição dinâmica do ônus probatório. In: DIDIER JR., Fredie (coord. geral); MACÊDO, Lucas Buril de; PEIXOTO, Ravi; FREIRE, Alexandre. *Provas.* 2. ed. Salvador: Juspodivm, 2016. p. 521.

16. TEIXEIRA FILHO, Manoel Antônio. *O processo do trabalho e a reforma trabalhista – As alterações introduzidas no processo do trabalho pela Lei n. 13.467/17.* São Paulo: Ltr, 2017. p. 120.

Quero dizer, a redesignação da audiência não é automática, dependendo de requerimento.

Ademais, a parte poderá se valer de todos os meios de prova para se desincumbir de seus ônus, viabilizando inclusive a juntada de prova documental em prazo a ser estabelecido pelo juiz.

4.1.2.2. Fundamentação da decisão

A decisão que distribui ônus da prova, de modo diverso, tem natureza de decisão interlocutória, descrevendo o art. 818, § 1º, da CLT que ela seja fundamentada.

A fundamentação da decisão objetiva expressar as razões pelas quais o magistrado decidiu dessa ou daquela forma. Trata-se de elemento de extrema importância, inclusive para o contraditório, de modo que a própria Constituição Federal o contemplou no art. 93, IX.[17]

Diante dessa relevância, o CPC/15 impõe fundamentação exaustiva no art. 489, § 1º, **para qualquer decisão judicial, seja ela interlocutória, sentença ou acórdão.** Aludido dispositivo é aplicável ao processo do processo do trabalho, como prevê o C. TST na IN nº 39/2016, art. 3º, IX.

O art. 818, § 1º, da CLT, portanto, ao exigir a fundamentação na decisão interlocutória que distribui o ônus da prova de forma diversa do caput do art. 818, reforça o dever previsto pelo art. 93, IX, da CF/88, devendo contar com a aplicação supletiva do art. 489, § 1º, do CPC.

4.1.2.2.1. Decisão já sumulada no TST e necessidade de decisão prévia e fundamentada

No âmbito da jurisprudência consolidada do C. TST, há súmulas que acolhem a teoria dinâmica do ônus da prova. É o que ocorre, por exemplo, com as Súmulas nº 338 (horas extraordinárias); nº 443 (dispensa discriminatória do portador de doença grave); e nº 460 (vale-transporte):

> **Súmula nº 338 do TST.** Jornada de Trabalho. Registro. Ônus da prova.
>
> I – É ônus do empregador que conta com mais de 10 (dez) empregados o registro da jornada de trabalho na forma do art. 74, § 2º, da CLT. A não-apresentação injustificada dos controles de freqüência gera presunção relativa de veracidade da jornada de trabalho, a qual pode ser elidida por prova em contrário.

---

17. **Art. 93, IX** todos os julgamentos dos órgãos do Poder Judiciário serão públicos, e fundamentadas todas as decisões, sob pena de nulidade, podendo a lei limitar a presença, em determinados atos, às próprias partes e a seus advogados, ou somente a estes, em casos nos quais a preservação do direito à intimidade do interessado no sigilo não prejudique o interesse público à informação; (...).

II – A presunção de veracidade da jornada de trabalho, ainda que prevista em instrumento normativo, pode ser elidida por prova em contrário.

III – Os cartões de ponto que demonstram horários de entrada e saída uniformes são inválidos como meio de prova, invertendo-se o ônus da prova, relativo às horas extras, que passa a ser do empregador, prevalecendo a jornada da inicial se dele não se desincumbir.

Súmula nº 443 do TST. Dispensa discriminatória. Presunção. Empregado portador de doença grave. Estigma ou preconceito. Direito à reintegração

Presume-se discriminatória a despedida de empregado portador do vírus HIV ou de outra doença grave que suscite estigma ou preconceito. Inválido o ato, o empregado tem direito à reintegração no emprego.

Súmula nº 460 do TST. Vale-transporte. Ônus da prova.

É do empregador o ônus de comprovar que o empregado não satisfaz os requisitos indispensáveis para a concessão do vale-transporte ou não pretenda fazer uso do benefício.

Nesses casos, indaga-se: havendo súmula há necessidade de decisão prévia e fundamentada em cada caso concreto?

Para alguns será imperativo decisão judicial fundamentando as razões da distribuição diversa, exigindo que o juiz, por exemplo, requisite os controles de frequência sob pena de prevalecer a jornada da inicial, com fulcro no art. 400, II, do CPC/2015.[18]

Para outros, não haverá necessidade de fundamentação em cada caso concreto, devendo prevalecer a diretriz da súmula. Pensamos que essa corrente deverá ser aplicada.

Esse entendimento se justifica porque a decisão fundamentada proferida antes da instrução tem como finalidade possibilitar à parte contrária que se desincumba de seu ônus, como se verifica ainda pela parte final do § 1º do art. 818 da CLT. No entanto, se a súmula já define antes da entrada da ação ou da apresentação da contestação de quem será o ônus da prova, significa que o contraditório estará preservado, não havendo nenhuma surpresa para o reclamado.

Desse modo, nas hipóteses em que houver entendimento do C. TST consolidado, pensamos ser desnecessária decisão judicial prévia e fundamentada em cada processo, bastando para tanto as súmulas do TST. O mesmo raciocínio se aplica às orientações jurisprudenciais.

4.1.2.3. Impugnação da decisão

Como mencionado, a decisão que distribuir o ônus da prova de modo diverso ao estabelecido no caput do art. 818 da CLT deverá ser prévia à abertura da instrução (CLT, art. 818, § 2º) e devidamente fundamentada (CLT, art. 818, § 1º), exceto na hipótese do tópico anterior.

18. Art. 400, II, do CPC/2015: "Ao decidir o pedido, o juiz admitirá como verdadeiros os fatos que, por meio do documento ou da coisa, a parte pretendia provar: II- se a recusa for havida por ilegítima".

Caso a decisão proferida pelo juiz não seja fundamentada, a parte poderá apresentar embargos de declaração, nos termos do art. 1.022, parágrafo único, II, do CPC/2015, tendo em vista a omissão da decisão (IN nº 39, art. 9º).

Por se tratar, contudo, de decisão interlocutória, não será cabível nenhum outro recurso imediatamente, em decorrência do princípio da irrecorribilidade imediata das decisões interlocutórias (CLT, art. 893, § 1º), podendo a matéria ser discutida no recurso ordinário destinado a impugnar a sentença.

Aliás, mesmo que a parte que foi incumbida do ônus da prova seja vencedora, nas suas contrarrazões poderá discutir a distribuição do ônus, por força da aplicação subsidiária do art. 1.009, § 1º, do CPC/2015.

Não se pode negar que o recurso no processo do trabalho, por não ser imediato, terá utilidade apenas quando o julgamento for no sentido de que a parte não se desincumbiu de seu ônus. É que nesse caso, sendo alterado o ônus em grau recursal, passa a sagrar-se vencedora. Agora, se a parte incumbida do ônus trouxer as provas para o processo, a distribuição do ônus em grau recursal será de menor importância, já que o julgamento se valerá do princípio da comunhão da prova, ou seja, julgará a causa com base nas provas existentes nos autos, não versando sobre o ônus.

4.1.2.4. Prova impossível ou excessivamente difícil

A decisão que distribui o ônus da prova de modo diverso não pode gerar situação em que a desincumbência do encargo pela parte seja impossível ou excessivamente difícil, como impõe o art. 818, § 3º, da CLT.

Trata-se de vedação à imposição de produção de prova diabólica (probatio diabolica) pela parte diversa.

Pode acontecer de a prova ser diabólica para ambas as partes. Nesse caso, a doutrina entende que o juiz deverá atribuir o ônus probatório em **desfavor** da parte que tiver assumido o risco da indicação do fato que não pode ser esclarecido ou ainda por meio de regras da experiência: "prova-se aquele fato que não ocorre corriqueiramente; sobre a ocorrência que é ordinária não recairia, excepcionalmente, a carga probatória".[19]

4.1.3. Distribuição convencional do ônus da prova

Além das hipóteses anteriores, o ônus da prova pode ser distribuído de forma diversa por vontade das partes, as quais podem estabelecê-lo antes ou durante o processo. Trata-se da chamada distribuição convencional do ônus da prova, vedada apenas quando:

19. PEIXOTO, Ravi; MACÊDO, Lucas Buril de. *Ônus da prova e sua dinamização*. 2. ed. Salvador: Editora Juspodivm, 2016. p. 178.

a) recair sobre direito indisponível da parte;

b) ou tornar excessivamente difícil a uma parte o exercício do direito (CPC/2015, art. 373, §§ 3º e 4º).

Embora o processo civil admita referida distribuição convencional, o C. TST já entendia que ela era inaplicável ao processo do trabalho (IN nº 39/2016, art. 2º, VII), o que foi reforçado pela Lei nº 13.467/17, pois não reproduziu o art. 373, §§ 3º e 4º, do CPC/2015 ao alterar o art. 818 da CLT. Trata-se, portanto, de silêncio eloquente do legislador, impedindo a aplicação da distribuição convencional do ônus da prova na seara laboral.

4.2. Casos Específicos na Jurisprudência do TST

Antes de finalizar esse item, cumpre trazer alguns casos específicos descritos na jurisprudência consolidada do TST[20].

4.2.1. *Equiparação salarial*

Na equiparação salarial incumbe ao reclamante provar os fatos constitutivos de seu direito, enquanto o reclamado tem o ônus de provar o fato impeditivo, extintivo ou modificativo do direito do autor. Nesse sentido, a Súmula nº 6, VIII, do TST:

> VIII – É do empregador o ônus da prova do fato impeditivo, modificativo ou extintivo da equiparação salarial.

A doutrina diverge quanto à definição de tais fatos, sendo majoritariamente aceito que o **fato constitutivo da equiparação salarial é a identidade de função**[21]. E isso se justifica porque a equiparação salarial é embasada no princípio isonômico, que no caso tem como fato nuclear a identidade de função, pois havendo esta (identidade de função) presume-se que a contraprestação a ser paga também deve ser na mesma proporção. "Se não existe identidade de função, não se inicia o desenho do tipo legal[22]." Assim, cabe ao empregado comprovar que sua função é idêntica à do paradigma.

Os **fatos impeditivos**, por sua vez, serão: 1) diferença de produtividade e perfeição técnica (ausência de trabalho de igual valor); 2) diferença de tempo de serviço

20. Para maior aprofundamento sobre as súmulas e OJs do TST, indicamos nosso livro MIESSA, Élisson; CORREIA, Henrique. *Súmulas e orientações jurisprudenciais do TST comentadas e organizadas por assunto. 6*. ed. Salvador: *Juspodivm*, 2016.

21. Para o doutrinador e Ministro do TST Maurício Godinho Delgado, são fatos constitutivos da equiparação salarial a: identidade de função, identidade de empregador; identidade de localidade; simultaneidade no exercício funcional. DELGADO, Maurício Godinho. Curso de direito do trabalho. 9. ed. São Paulo: LTr, 2010. p. 770. Já para o Ministro do TST Carlos Alberto Reis de Paula, os fatos constitutivos são a identidade de função e mesmo empregador. PAULA, Carlos Alberto Reis de. A especificidade do ônus da prova no processo do trabalho. São Paulo: LTr, 2001. p. 169.

22. ROCHA, Andréa Pressas; ALVES NETO, João (org.). Súmulas do TST comentadas. Rio de Janeiro: Elsevier, 2011. p. 23.

na função superior a 2 anos; 3) diferença de tempo de serviço para o empregador superior a 4 anos; 4) estabelecimentos empresariais distintos; 5) quadro organizado em carreira ou adotar plano de cargos e salários em norma interna da empresa ou negociação coletiva ; 6) trabalhador readaptado em nova função, nos termos do § 4º, do art. 461 da CLT; 7) diferença salarial decorrente de decisão judicial fincada em vantagem pessoal, tese superada pela jurisprudência da Corte Superior ou na hipótese de equiparação salarial em cadeia.

Os **fatos extintivos** da equiparação salarial podem ser: 1) pagamento das diferenças salariais pleiteadas; 2) o reclamante receber valor maior que o paradigma; 3) prescrição, que, nos termos do item IX dessa súmula, será parcial.

No que se refere aos **fatos modificativos**, conquanto alguns doutrinadores incluam nessa nomenclatura, por exemplo, o quadro de carreira, pensamos que tais fatos são restritos na equiparação salarial, podendo estar ligados ao pagamento parcial das diferenças.

De forma sistematizada, o entendimento majoritário da doutrina em relação à classificação dos fatos na equiparação salarial é o seguinte:

Fato constitutivo	Identidade de função
Fatos impeditivos	1) diferença de produtividade e perfeição técnica (ausência de trabalho de igual valor); 2) diferença de tempo de serviço na função superior a 2 anos; 3) diferença de tempo de serviço para o empregador superior a 4 anos; 4) estabelecimentos empresariais distintos; 5) quadro organizado em carreira, ou adotar plano de cargos e salários em norma interna da empresa ou negociação coletiva; 6) trabalhador readaptado em nova função, nos termos do § 4º do art. 461 da CLT; 7) diferença salarial decorrente de decisão judicial fincada em vantagem pessoal, tese superada pela jurisprudência da Corte Superior ou na hipótese de equiparação salarial em cadeia.
Fatos extintivos	1) pagamento das diferenças salariais pleiteadas; 2) o reclamante receber valor maior que o paradigma; 3) prescrição.
Fatos modificativos	pagamento parcial das diferenças salariais

4.2.2. Recebimento da notificação

Conforme se depreende da Súmula nº 16 do TST "presume-se recebida a notificação 48 (quarenta e oito) horas depois de sua postagem. O seu não recebimento ou a entrega após o decurso desse prazo constitui ônus de prova do destinatário."

Desse modo, é ônus do destinatário demonstrar o não recebimento ou entrega após o decurso do prazo de 48 horas.

Tal demonstração tem como objetivo preservar o prazo de 5 dias entre o recebimento da notificação e a data da audiência, descrito no art. 841 da CLT. Quero dizer, a presunção de recebimento significa que, depois de 48 horas de sua postagem, inicia-se a contagem do referido prazo de 5 dias, o qual, por ser interpretado como prazo para formalização da defesa, segue a mesma sistemática de contagem dos demais prazos processuais, ou seja, inicia-se em dia útil, observando-se as diretrizes das Súmulas nº 1 e 262 do TST.

4.2.3. Vínculo de emprego e término do contrato de trabalho

A formação do vínculo de emprego depende da demonstração dos seguintes requisitos: pessoalidade, pessoa física, onerosidade, subordinação e não eventualidade. Caso o empregado ajuíze reclamação trabalhista postulando o reconhecimento do vínculo, e o empregador, simplesmente, negue a prestação dos serviços, a comprovação de tais requisitos é incumbência do reclamante, vez que se trata de fato constitutivo de seu direito.

Pode ocorrer, no entanto, de o empregador admitir a prestação dos serviços, não como empregado, mas, por exemplo, como trabalhador autônomo. Aqui, o reclamado aduz fato que impede a formação da relação de emprego (fato impeditivo), sendo, portanto, seu o ônus de provar.

Ademais, se o empregador negar a prestação do serviço, mas, ao contestar o pedido das verbas rescisórias, negar também o despedimento, ou seja, alegar que a relação foi extinta a pedido do autor (reclamante) ou por motivo de justa causa, entende o C. TST que o empregador atraiu para si o ônus da prova, como se verifica pela Súmula nº 212 do TST:

> **Súmula nº 212 do TST.** Despedimento. Ônus da prova
>
> O ônus de provar o término do contrato de trabalho, quando negados a prestação de serviço e o despedimento, é do empregador, pois o princípio da continuidade da relação de emprego constitui presunção favorável ao empregado.

Isso ocorre porque, quando o empregador nega o despedimento, a presunção de que houve o despedimento milita a favor do empregado, em razão do princípio da continuidade existente no direito do trabalho. Assim, caso o empregador tente afastar tal presunção, atrai para si o ônus da prova. Ademais, ao negar o despedimento, o que o empregador na realidade está fazendo é alegar fato impeditivo ao direito de o reclamante receber as verbas rescisórias, tendo, portanto, o ônus de prová-lo.

Portanto, havendo reclamação trabalhista em que se postula o reconhecimento do vínculo o ônus da prova pode ser esquematizado da seguinte forma:

Fato alegado pelo reclamado (empregador)	Ônus da prova
Nega a prestação de serviço	Reclamante
Admite a prestação de serviço, não como empregado	Reclamada
Negada a prestação de serviços + negado o despedimento	Reclamada

4.2.4. Horas extraordinárias

As horas extras, como o próprio nome já indica, decorrem de fato extraordinário. Desse modo, é regra básica que o ordinário se presume, enquanto o extraordinário se prova. Assim, caso o reclamante alegue a realização de horas extras, por ser fato extraordinário e constitutivo de seu direito, incumbe-lhe o ônus da prova.

Ocorre que, em duas situações, incidirá a teoria dinâmica do ônus da prova, de modo que o juiz poderá distribuir de forma diversa o ônus da prova, isto é, o ônus deixará de ser do reclamante e passará para a empresa reclamada. São eles:

1) empresa com **mais** de 20 empregados;

2) cartões de ponto invariáveis, também chamados de cartões britânicos.

No primeiro caso, é sabido que as empresas com **mais** de 20 empregados têm a obrigação de manter a anotação de entrada e saída de seus empregados, em registro manual, mecânico ou eletrônico, conforme art. 74, § 2º, da CLT.

Nessa hipótese, como o empregador tem maior aptidão para a prova, ou seja, é ele quem possui maiores condições de demonstrar os controles, pois lida com a fiscalização de entrada e saída dos trabalhadores, fica sob sua incumbência demonstrar o registro da jornada do trabalhador.

Assim, não apresentando os controles de jornada, sem que haja justificativa, gera a presunção de veracidade da jornada alegada na inicial. Trata-se, porém, de presunção relativa, o que significa que pode o empregador afastá-la, comprovando, por exemplo, que o empregado prestava serviços externos, não tendo direito às horas extras.

Aliás, não gerarão presunção relativa de veracidade os fatos que "não parecem verossímeis segundo o que ordinariamente acontece ou fora do padrão médio da sociedade, e os fatos impossíveis ou pouco prováveis",[23] tal como prevê o art. 844, § 4º, IV, da CLT. Seria, por exemplo, o fato de o empregado ter trabalhado durante quatro anos, vinte horas por dia, sem um único intervalo. Nesse caso, entende-se que, mesmo diante da ausência dos cartões, não haverá presunção de veracidade nas declarações do empregado.

23. SCHIAVI, Mauro. Provas no processo do trabalho. 3. ed. rev. e ampl. São Paulo: Ltr, 2013. p. 17.

Pensamos que, com o advento da LC nº 150/15, a exigência da apresentação dos cartões de ponto também deverá ser aplicado ao empregado doméstico, já que o art. 12 declina que "é obrigatório o registro do horário de trabalho do empregado doméstico por qualquer meio manual, mecânico ou eletrônico, desde que idôneo".

Isso se justifica, porque inexistindo a anotação da jornada, como regra, estar-se-á diante de uma prova diabólica, entendida como aquela que é impossível ou muito difícil de ser realizada. A prova será diabólica tanto para o empregado como para o empregador.

Para o empregado essa prova é muito difícil porque, em regra, trabalha sozinho. Além disso, as pessoas que frequentam a residência pertencem ao círculo social do empregador, não apresentando simpatia ao pleito obreiro para prestar testemunho com isenção.[24]

Por outro lado, o empregador terá dificuldades porque as testemunhas serão, em regra, suspeitas ou impedidas, podendo, no máximo, serem ouvidas como informantes.

Reconhecendo essa dificuldade, o legislador passou a prever o dever de documentação, impondo ao empregador a necessidade de anotar a jornada do obreiro, afastando assim a prova diabólica e conferindo ao empregador melhor aptidão para a produção da prova.[25]

Ademais, o entendimento deverá ser estendido aos motoristas profissionais, em decorrência do art. 2º, V, "b", da Lei nº 13.103/15 que estabelece como direito dos motoristas empregados "ter jornada de trabalho controlada e registrada de maneira fidedigna mediante anotação em diário de bordo, papeleta ou ficha de trabalho externo, ou sistema e meios eletrônicos instalados nos veículos, a critério do empregador".

O C. TST já decidiu ainda que, nos casos em que houver a possibilidade de controle da jornada de trabalho do empregado, mesmo que ela seja externa, o ônus de apresentação dos controles de frequência será do empregador.[26]

No segundo caso (jornada britânica), pode o empregador apresentar os cartões de ponto, mas as anotações são invariáveis, isto é, demonstra que o empregado entra e sai sempre no mesmo horário. Nesse caso, há o chamado "horário britânico", que consiste na ausência de variação no horário da entrada e saída dos trabalhadores, levando à conclusão de que os cartões são forjados/fabricados, pois é praticamente impossível um trabalhador, por exemplo, chegar exatamente às 8h e sair pontualmente às 17h durante anos em que permaneceu na empresa. Nessa hipótese, o TST

24. CESÁRIO, João Humberto. *Provas no processo do trabalho – de acordo com o Novo Código de Processo Civil.* Cuiabá: Instituto JHC, 2015. p. 140.

25. MIESSA, Élisson. In: MIESSA, Élisson; CORREIA, Henrique. *Súmulas e OJs do TST comentadas e organizadas por assunto.* 8. ed. Salvador: Juspodivm, 2018. p. 1621.

26. TST-E-ED-RR-20-26.2014.5.08.0107, SBDI-I, rel. Min. José Roberto Freire Pimenta, 12.4.2018 – Informativo nº 176. Em sentido contrário, mantendo o ônus da prova com o empregado, ainda que seja possível o controle, TST-E-RR-539-75.2013.5.06.0144, SBDI-I, rel. Min. Hugo Carlos Scheuermann, red. p/ acórdão Min. Maria Cristina Irigoyen Peduzzi, 13.9.2018 – Informativo nº 184.

entende que tais cartões são inválidos como meio de prova, de modo que prevalecerá a jornada da inicial, se não for afastada por prova em contrário.

Atenta-se para o fato de que, mesmo existindo previsão de veracidade da jornada em instrumento normativo (convenção coletiva ou acordo coletivo), tal presunção poderá ser afastada por prova em contrário.

No sentido do texto, estabelece a Súmula nº 338 do TST:

Súmula nº 338 do TST. Jornada de trabalho. Registro. Ônus da prova

I – É ônus do empregador que conta com mais de 10 (dez) empregados[27] o registro da jornada de trabalho na forma do art. 74, § 2º, da CLT. A não-apresentação injustificada dos controles de frequência gera presunção relativa de veracidade da jornada de trabalho, a qual pode ser elidida por prova em contrário.

II – A presunção de veracidade da jornada de trabalho, ainda que prevista em instrumento normativo, pode ser elidida por prova em contrário.

III – Os cartões de ponto que demonstram horários de entrada e saída uniformes são inválidos como meio de prova, invertendo-se o ônus da prova, relativo às horas extras, que passa a ser do empregador, prevalecendo a jornada da inicial se dele não se desincumbir.

Em resumo, podemos sistematizar o entendimento da seguinte forma:

Empresa com menos de 20 empregados	reclamante deve provar sua jornada
Empresa com mais de 20 empregados	reclamada deve apresentar os cartões de ponto, sob pena de prevalecer a descrita na inicial
Empresa que apresenta cartões de ponto invariáveis	os cartões são inválidos, devendo a reclamada provar a jornada do reclamante, sob pena de prevalecer a descrita na inicial
Empresa que apresenta cartões de ponto válidos	reclamante pode provar que os controles não são verdadeiros

É importante observar que na hipótese de a empresa alegar fato impeditivo, modificativo ou extintivo do direito do reclamante, atrai para si o ônus da prova.

- Seria o caso, por exemplo, de a empresa alegar o pagamento das horas extras (extintivo), trabalho externo, cargo de direção (fatos impeditivos) etc., de modo que nesses casos o ônus de provar tais fatos é do empregador.

Atenção:

A decisão que defere horas extras com base em prova oral ou documental não ficará limitada ao tempo por ela abrangido, desde que o julgador fique convencido de que o procedimento questionado superou aquele período. (OJ nº 233 da SDI-I do TST)

27. A partir da nova redação do art. 74, § 2º, da CLT pela Lei nº 13.874/19, a Súmula nº 338 do TST deverá ter sua redação alterada, passando a prever o ônus da prova do empregador quando tiver mais de 20 empregados.

4.2.4.1. *Cartões de ponto sem assinatura*

Discute-se a validade dos cartões de ponto não assinados pelo empregado.

Há posicionamento, especialmente no TST, admitindo tal possibilidade, pois não há previsão em lei que determine a assinatura pelo próprio trabalhador[28]. Outro posicionamento, determina que assinatura do cartão é ato exclusivo do trabalhador, não podendo ser delegado a outras pessoas, especialmente para evitar fraudes.

Pensamos que os cartões de ponto não assinados pelo empregado **são ineficazes como meio de prova**, uma vez que a força probante dos documentos particulares somente se opera em relação ao signatário (CPC/15, art. 408).[29] Assim, não anotando ou assinando os cartões, não se pode admitir que tais cartões sejam eficazes a fazer prova da jornada do obreiro, salvo se reconhecida sua regularidade pelo próprio trabalhador.

4.2.4.2. Registro de ponto por exceção

A Lei nº 13.874/19 passa a prever de forma expressa no § 4º do art. 74 o sistema de controle de jornada por exceção[30].

Trata-se de modelo diferenciado de controle de jornada, autorizando que os empregados façam anotação no seu cartão de ponto apenas quando houver fatos excepcionais, como a realização de horas extraordinárias, atrasos[31], afastamentos etc. **Noutras palavras, não se anota a jornada regular, mas tão somente as exceções**.

A referida lei permite que esse controle possa ser estabelecido mediante acordo coletivo ou convenção coletiva e também por meio de acordo individual escrito, o que gerará indagações acerca do ônus da prova.

Caso o empregador junte cartão de ponto que contenha exceções, ou seja, que aparentemente seja anotado com regularidade, as marcações realizadas terão presunção relativa de veracidade, podendo ser afastadas por outras provas. Nesse caso, o ônus da prova de que o cartão anexado não exprime a realidade será do empregado, que deverá produzir provas que demonstrem a invalidade dos cartões juntados.

---

28. TST; RR 0127400-34.2009.5.04.0005; Segunda Turma; Rel. Min. José Roberto Freire Pimenta; DEJT 09/10/2015.
29. BEBBER, Júlio César. Eficácia (força) probatória dos controles e relatórios de horários de trabalho de autoria intelectual estranha do empregado. In: MIESSA, Élisson; CORREIA, Henrique (org.). Estudos aprofundados Magistratura do Trabalho. v. 2. Salvador: Juspodivm, 2014. p. 448-449.
30. CLT, art. 74. § 4º Fica permitida a utilização de registro de ponto por exceção à jornada regular de trabalho, mediante acordo individual escrito, convenção coletiva ou acordo coletivo de trabalho.
31. É importante frisar que as variações não excedentes a 5 minutos, observado o limite máximo de 10 minutos, não serão descontadas nem consideradas jornada extraordinária (art. 58, § 1º, da CLT) – Súmula nº 366 do TST.

Pode acontecer, porém, de o cartão de ponto não apresentar nenhuma exceção, o que significa que o empregado não teria realizado nenhuma horas extras. Na prática, o cartão, constará em todos os dias a expressão "sem exceção".

Nesse caso, alguns indicam que será ônus do empregado demonstrar que os cartões não estão corretos, incumbindo-o de desconstituir os cartões e provar a jornada real realizada.

De nossa parte, pensamos que a ausência integral de exceção, ou seja, da realização de horas extras, afastamentos, faltas etc., torna o cartão de ponto inválido, fazendo incidir o item III da Súmula nº 338 do TST:

> III – Os cartões de ponto que demonstram horários de entrada e saída uniformes são inválidos como meio de prova, invertendo-se o ônus da prova, relativo às horas extras, que passa a ser do empregador, prevalecendo a jornada da inicial se dele não se desincumbir.

Isso porque, estará configurado o chamado "horário britânico", que consiste na ausência de variação na jornada do obreiro.

Nesse caso, o ônus da prova de demonstrar a jornada de trabalho será do empregador, de modo que, caso não se desincumba por outro meio de prova, prevalecerá o horário indicado pelo empregado na petição inicial.

Outra situação ainda mais clara da anotação britânica será quando o cartão de ponto apresentar exceções iguais como, por exemplo, anotar que o trabalhador sempre fez 1 hora extra por dia. Nesse caso, também pensamos que ele será inválido como meio de prova, valendo a jornada da inicial, caso a empresa não demonstre a correta jornada do obreiro.

Enfim, a anotação por exceção provocará diversas discussões sobre o ônus da prova, tornando instável a comprovação da jornada, seja para o trabalhador, seja para o empregador.

4.2.5. Dispensa discriminatória de portador de doença grave

O empregador tem o direito potestativo de dispensar seus empregados sem justa causa, excepcionando-se os detentores de estabilidade ou garantia de emprego. O portador do vírus HIV ou de doença grave não possui garantia de emprego descrita em lei[32].

No entanto, o C. TST entende que a dispensa de tais empregados presume-se discriminatória. Desse modo, aplica a teoria dinâmica do ônus da prova, porque é

32. O C. TST considera que o câncer pode ser considerado como doença grave, atraindo a aplicação da Súmula nº 443 (TST-E-ED-RR-68-29.2014.5.09.0245, SBDI-I, rel. Min.Márcio Eurico Vitral Amaro, red. p/ acórdão Min. Cláudio Mascarenhas Brandão, 4.4.2019 – Informativo nº 194).

mais fácil o empregador demonstrar a inexistência de discriminação (p. ex., possui outros empregados contratados que tem doença grave) do que o empregado demonstrar que foi discriminado. É o que se verifica pelo teor da Súmula nº 443 do TST[33]:

> **Súmula nº 443 do TST.** Dispensa discriminatória. Presunção. Empregado portador de doença grave. Estigma ou preconceito. Direito à reintegração.
>
> Presume-se discriminatória a despedida de empregado portador do vírus HIV ou de outra doença grave que suscite estigma ou preconceito. Inválido o ato, o empregado tem direito à reintegração no emprego.

Disso resulta que passa a ser do empregador o ônus de comprovar que a dispensa não foi discriminatória.

4.2.6. Vale-transporte

A Lei nº 7.418/85 instituiu o vale-transporte no ordenamento jurídico, conforme declina o art. 1º:

> **Art. 1º.** Fica instituído o vale-transporte, que o empregador, pessoa física ou jurídica, antecipará ao empregado para utilização efetiva em despesas de deslocamento residência-trabalho e vice-versa, através do sistema de transporte coletivo público, urbano ou intermunicipal e/ou interestadual com características semelhantes aos urbanos, geridos diretamente ou mediante concessão ou permissão de linhas regulares e com tarifas fixadas pela autoridade competente, excluídos os serviços seletivos e os especiais.

A partir do dispositivo é possível observar que para que seja concedido o benefício, impõe-se que o trabalhador necessite de transporte coletivo para se deslocar entre a residência e o trabalho e vice-versa. Além disso, o empregado deverá informar ao empregador, por escrito, seu endereço e os serviços e meios de transporte mais adequados ao seu deslocamento residência-trabalho e vice-versa (Dec. nº 95.247/87). Trata-se, pois, de fato constitutivo, porque cria o direito ao recebimento desse benefício.

Contudo, sendo presumível que o empregado necessita de transporte coletivo para se deslocar entre sua residência e o trabalho e vice-versa, desnecessária a comprovação do fato constitutivo.

Mesmo que não se admita a existência de referida presunção, não se pode negar que o empregador, por documentar todos os dados do empregado desde o momento da contratação e durante toda a relação de trabalho, tem melhor aptidão para demonstrar se o trabalhador preenche os requisitos para o recebimento do vale-transporte, de modo que se transfere tal ônus ao empregador, ante a teoria dinâmica do ônus da prova.

---

33. Está pendente de julgamento no STF a ADPF nº 648 acerca da constitucionalidade da Súmula nº 443 do TST.

Pode acontecer ainda de se buscar demonstrar que o empregador proporcionou, por meios próprios ou contratados em veículos adequados ao transporte coletivo, o deslocamento, residência-trabalho e vice-versa, de seus trabalhadores (Dec. nº 95.247/85, art. 4º), bem como que o trabalhador não tem necessidade de transporte coletivo para esse deslocamento, porque, p. ex, sua residência é próxima do local de trabalho. Da mesma forma, pode-se pretender a demonstração de que o empregado não tem interesse de fazer uso de tal benefício.

Todos esses fatos são impeditivos, pois obstam a criação do direito ao recebimento do vale-transporte. Portanto, sendo fatos impeditivos devem ser comprovados pelo reclamado, nos termos do art. 818 da CLT c/c art. 373, II, do CPC/2015.

Dessa forma, será ônus do empregador a comprovação de que o empregado não possuía interesse no recebimento do vale-transporte ou que não cumpria todos os requisitos para a obtenção do benefício. Nesse sentido, a Súmula nº 460 do TST, in verbis:

Súmula 460. Vale-transporte. Ônus da prova.

É do empregador o ônus de comprovar que o empregado não satisfaz os requisitos indispensáveis para a concessão do vale-transporte ou não pretenda fazer uso do benefício.

4.2.7. Diferenças no recolhimento do FGTS

O C. TST entende que, independentemente de especificação pelo empregado do período da alegada falta ou diferença de recolhimento do FGTS, ou seja, mesmo quando este alegar de forma genérica a falta ou a diferença de recolhimento do FGTS, será ônus da prova do empregador (reclamado) a regularidade dos depósitos do FGTS, como descreve a Súmula nº 461 do TST:

Súmula nº 461 do TST. FGTS. Diferenças. Recolhimento. Ônus da prova.

É do empregador o ônus da prova em relação à regularidade dos depósitos do FGTS, pois o pagamento é fato extintivo do direito do autor (art. 373, II, do CPC de 2015).

Isso decorre do dever de documentação que o empregador possui na manutenção dos comprovantes de depósitos referentes ao FGTS de seus empregados, já que o depósito da parcela do FGTS na conta vinculada do empregado constitui sua obrigação legal.

Ademais, a alegação de ausência de irregularidades nada mais é do que a arguição de pagamento que representa fato extintivo do direito do reclamante, impondo ao reclamado demonstrá-lo, por força do art. 818, II, da CLT.

Por fim, é importante destacar que, ainda que a reclamada seja condenada ao pagamento das diferenças do FGTS, é admitida a dedução, entendida como o abatimento das verbas que já foram pagas durante a relação de trabalho sob o mesmo título.

Trata-se de matéria de ordem pública embasada no princípio do não enriquecimento sem causa, razão pela qual pode ser arguida em qualquer tempo e, principalmente, manifestada ex officio.

4.2.8. Grupo econômico

O grupo econômico ocorre quando duas ou mais empresas estão ligadas entre si, seja por subordinação, seja por coordenação (grupo horizontal) (CLT, art. 2º, § 2º)[34]. Para a caracterização do grupo econômico não basta a mera identidade dos sócios, sendo necessárias a demonstração do interesse integrado, a efetiva comunhão de interesses e a atuação conjunta das empresas dele integrantes (CLT, art. 2º, § 3º).

Ainda que o dispositivo legal não permita a caracterização do grupo econômico apenas pela identidade de sócios, parte da doutrina destaca que se trata de indício relevante de sua existência. Nesses casos, portanto, poderá o juiz aplicar a teoria dinâmica do ônus da prova e atribuir o ônus da prova à empresa que nega a existência do grupo econômico.[35] Assim, caberá à empresa demonstrar a ausência de comunhão de interesses e de atuação conjunta.[36]

Nesse sentido é o Enunciado nº 5 da 2º Jornada de Direito Material e Processual do Trabalho da ANAMATRA:

> Grupo econômico trabalhista. Distribuição racional do ônus da prova.
>
> I. A Lei nº 13.467/2017 reconheceu expressamente a figura do grupo econômico trabalhista por coordenação (art. 2º, §2º) e estabeleceu requisitos subjetivos (interesse integrado e comum) e objetivos (atuação conjunta) para a caracterização do grupo, a serem verificados no caso concreto pelo juízo (art. 2º, §3º).
>
> II. Nas hipóteses restritas de aplicação do parágrafo 3º do artigo 2º da CLT, a mera identidade de sócios entre as empresas integrantes, embora não baste à caracterização do grupo econômico, constitui indício que autoriza a inversão ou redistribuição do ônus da prova, nos termos do art. 818 § 1º da CLT, com redação dada pela Lei no 13.467/2017. Incumbe então ao empregador o ônus de comprovar a ausência de interesses integrados, da comunhão de interesses e/ou da atuação conjunta das empresas. Aplicação dos princípios da aptidão para a prova e da paridade de armas em concreto (isonomia processual). (Enunciado Aglutinado no 5 da Comissão 1)

De todo modo, é importante destacar que a atribuição do ônus da prova à empresa, nesse caso, deverá ocorrer por meio de decisão fundamentada e que a parte

34. § 2º Sempre que uma ou mais empresas, tendo, embora, cada uma delas, personalidade jurídica própria, estiverem sob a direção, controle ou administração de outra, ou ainda quando, mesmo guardando cada uma sua autonomia, integrem grupo econômico, serão responsáveis solidariamente pelas obrigações decorrentes da relação de emprego.
35. SCHIAVI, Mauro. *A Reforma trabalhista e o processo do trabalho*. São Paulo: LTr, 2017. p. 4.
36. RORSum nº 0000506-93.2019.5.21.0003, 1ª Turma do TRT da 21ª Região/RN, Rel. Ricardo Luís Espíndola Borges. DEJT 06.02.2020.

deverá ter a oportunidade de se desincumbir do ônus que lhe foi atribuído, nos termos do art. 818, § 1º.

4.2.9. *Terceirização pela administração pública*

Em muitos casos, a Administração Pública promove a terceirização dos serviços, contratando empresa prestadora de serviços, por meio de licitação. A partir desse tipo de relação jurídica, surgiram divergências na jurisprudência acerca da responsabilidade do Poder Público quanto aos débitos trabalhistas dos empregados da empresa contratada.

O STF, na ADC nº 16/DF, admitiu a possibilidade de se atribuir responsabilidade trabalhista subsidiária ao ente público, nas hipóteses em que tenha agido com culpa *in vigilando*, ou seja, por não fiscalizar o cumprimento das obrigações trabalhistas da empresa prestadora.

Diante da decisão, a Súmula nº 331 do TST foi alterada, incluindo-se o item V:

> V – Os entes integrantes da Administração Pública direta e indireta respondem subsidiariamente, nas mesmas condições do item IV, caso evidenciada a sua conduta culposa no cumprimento das obrigações da Lei n.º 8.666, de 21.06.1993, especialmente na fiscalização do cumprimento das obrigações contratuais e legais da prestadora de serviço como empregadora. A aludida responsabilidade não decorre de mero inadimplemento das obrigações trabalhistas assumidas pela empresa regularmente contratada.

Em razão dessa alteração, a discussão foi retomada no STF (RE nº 760.931, com repercussão geral) a fim de reafirmar que a responsabilidade da Administração Pública é sempre subjetiva, firmando a tese de que: "o inadimplemento dos encargos trabalhistas dos empregados do contratado não transfere **automaticamente** ao Poder Público contratante a responsabilidade pelo seu pagamento, seja em caráter solidário ou subsidiário, nos termos do art. 71, § 1º, da Lei nº 8.666/93".

A tese firmada pelo STF não afastou a aplicação da Súmula nº 331, V, do TST, de modo que, ainda que vedada a transferência automática da responsabilidade trabalhista da empresa contratada ao ente público contratante, consoante dicção expressa do artigo 71, § 1º, da Lei nº 8.666/93, caberia a imputação de responsabilidade subsidiária à Administração Pública, se ficasse comprovada a sua culpa, em relação aos deveres legais de acompanhamento e fiscalização do contrato de prestação de serviços (culpa *in vigilando*).

A partir dessa discussão, gerou-se nova indagação na jurisprudência: não sendo a responsabilização automática do Poder Público e, havendo a necessidade de comprovação da culpa *in vigilando*, a quem deve ser atribuído o ônus da prova? Em outras palavras, a quem incumbe o ônus da prova quanto à fiscalização efetiva ou não do contrato de prestação de serviços firmado com entidades da Administração

Pública após licitação: é do empregado o encargo de comprovar a ausência sistemática de fiscalização, ou cabe à Administração demonstrar a vigilância adequada do cumprimento das obrigações trabalhistas pela empresa prestadora dos serviços?

O E. STF, especialmente no julgamento dos embargos de declaração no RE nº 760.931,[37] não adentrou efetivamente na definição do ônus da prova, deixando aparentemente tal matéria para a Corte Trabalhista, mormente porque se trata de matéria infraconstitucional.[38] Não há, pois, decisão vinculante do STF acerca do ônus da prova.

Nesse contexto, a SDI-I do C. TST entendeu que o princípio e o dever de legalidade estrita abrangem a fiscalização do contrato, seja quanto à obrigação principal, seja quanto às obrigações secundárias, incluindo-se aqui as obrigações trabalhistas. Asseverou ainda que:

> a mesma Lei que estabelece a ausência de responsabilização automática da Administração Pública pela falta de cumprimento da obrigação, contém, no artigo 58, III, a prerrogativa e o dever que lhe são atribuídos de fiscalização do contrato, como também prevê, no artigo 66, o dever de fiscalização, a cargo de pessoa especialmente designada, além de indicar como causa de extinção do contrato o desatendimento das determinações da autoridade designada para fiscalizar o contrato, desta feita no artigo 78, VII, e também autorizar a retenção de parcelas resultantes de convênio, se não observadas recomendações da fiscalização[39].

Assim, aplicou a teoria dinâmica do ônus da prova, atribuindo o ônus àquele que tem maior aptidão para a produção das provas (CLT, art. 818, § 1º), no caso, o ente público. Aliás, o C. TST entendeu que o ônus quanto à fiscalização ou não do contrato não pode ser atribuído ao trabalhador, tendo em vista a dificuldade e, até mesmo, a impossibilidade que ele terá na obtenção dos documentos:

> Em apoio a essa afirmação, não se pode transferir para o empregado essa obrigação, nem mesmo sob o fundamento de que poderia ter acesso à documentação por meio de requerimento dirigido ao ente público contratante, com fundamento na Lei de Acesso à Informação – Lei nº 12.527/2011. Nesse caso, é ignorar a realidade admitir que, a cada mês, o empregado da empresa contratada tivesse que formular o mencionado pedido à entidade contratante para que lhe fornecesse cópia dos citados documentos, ao qual se acresceria o dever de guarda que lhe seria transferido, obrigação ordinária inerente à gestão do contrato celebrado com a Administração Pública, que, aliás, não constitui ônus excessivo, mesmo porque dele faz parte a obrigação de designação de servidor para atuar como fiscal de sua execução, com inúmeras prerrogativas e diversos deveres.[40]

Desse modo, o entendimento atual do TST é o de que o ônus de demonstrar que fiscalizou de forma adequada o contrato de prestação de serviços, com base no dever

37. Também nesse sentido: Rcls 36958, 40652 e 40759.
38. STF – Rcl 34248, Relator(a): Min. ROSA WEBER, julgado em 11/10/2019, DJe-224 DIVULG 14/10/2019 PUBLIC 15/10/2019.
39. TST – E-RR-925-07.2016.5.05.0281, Subseção I Especializada em Dissídios Individuais, Relator Ministro Claudio Mascarenhas Brandao, DEJT 22/05/2020.
40. TST – E-RR-925-07.2016.5.05.0281, Subseção I Especializada em Dissídios Individuais, Relator Ministro Claudio Mascarenhas Brandao, DEJT 22/05/2020.

ordinário que lhe é atribuído e na melhor aptidão para a prova, é da Administração Pública (tomadora dos serviços)[41].

Antes de finalizar esse tópico é necessário fazer algumas observações sobre a distribuição dinâmica do ônus da prova no presente caso.

A decisão que distribui ônus da prova de modo diverso tem natureza de decisão interlocutória, descrevendo o art. 818, § 1º, da CLT que ela seja fundamentada.

A fundamentação da decisão objetiva expressar as razões pelas quais o magistrado decidiu dessa ou daquela forma. Trata-se de elemento de extrema importância, inclusive para o contraditório, razão pela qual a própria Constituição Federal o contemplou no art. 93, IX.[42]

Diante dessa relevância, o CPC/15 impõe fundamentação exaustiva no art. 489, § 1º, para qualquer decisão judicial, seja ela interlocutória, sentença ou acórdão. Aludido dispositivo é aplicável ao processo do processo do trabalho, como prevê o C. TST na IN nº 39/2016, art. 3º, IX.

O art. 818, § 1º, da CLT, pois, ao exigir a fundamentação na decisão interlocutória que distribui o ônus da prova de forma diversa do *caput* do art. 818, reforça o dever previsto pelo art. 93, IX, da CF/88, devendo contar com a aplicação supletiva do art. 489, § 1º, do CPC.

No entanto, no presente caso, como há entendimento consolidado no âmbito do TST, por se tratar de decisão da SDI-I e, portanto, de precedente obrigatório, pensamos ser desnecessária decisão judicial prévia e fundamentada em cada processo.

Esse entendimento se justifica porque a decisão fundamentada proferida antes da instrução tem como finalidade possibilitar à parte contrária que se desincumba de seu ônus, como se verifica ainda pela parte final do § 1º do art. 818 da CLT, afastando-se, assim, o elemento surpresa.

No entanto, se o entendimento na SDI-I do TST já define antes da entrada da ação ou da apresentação da contestação de quem será o ônus da prova, significa que o contraditório estará preservado, não havendo nenhuma surpresa para a Administração Pública.

5. VALORAÇÃO DA PROVA

São 4 (quatro) os sistemas conhecidos de valoração da prova:

41. No mesmo sentido, TST-E-ED-RR-62-40.2017.5.20.0009, SBDI-I, rel. Márcio Eurico Vitral Amaro, 10/9/2020 (Informativo nº 224).

42. **Art. 93, IX** todos os julgamentos dos órgãos do Poder Judiciário serão públicos, e fundamentadas todas as decisões, sob pena de nulidade, podendo a lei limitar a presença, em determinados atos, às próprias partes e a seus advogados, ou somente a estes, em casos nos quais a preservação do direito à intimidade do interessado no sigilo não prejudique o interesse público à informação; (...).

a) o critério legal;

b) o do livre convencimento;

c) o da persuasão racional (livre convencimento motivado);

d) o da valoração democrática da prova.

O **critério legal**, também chamado de prova legal ou prova tarifada, estabelecia previamente na lei o peso de cada prova, tornando-se o juiz um mero matemático. Noutras palavras, o juiz tem a única função de somar as provas produzidas e sagrar vencedor aquele que produziu a maior quantidade de provas. Definia-se, por exemplo, que a prova testemunhal valia 1 ponto, a prova documental 2 pontos e a pericial 3 pontos. Assim, a depender das provas produzidas o juiz declarava o vencedor.

Como se percebe, esse sistema não tinha a preocupação de criar verdadeiramente um vínculo entre o processo e a realidade, contentando-se com a quantidade de provas produzidas. Por outro lado, privilegiava-se a quantidade de provas e não sua qualidade. Esse sistema foi superado, embora ainda hoje temos alguns resquícios, quando a norma impõe a comprovação de alguns fatos por determinada prova, ou seja, criando uma hierarquia entre as provas. É o caso, por exemplo, do pedido de adicional de insalubridade e periculosidade que o art. 195, § 2º, da CLT impõe a realização da perícia.

No sistema legal, verificamos que o juiz não tinha nenhuma liberdade na valoração da prova, transformando-se em mero matemático. Diametralmente oposto, é o sistema do **livre convencimento** em que deveria prevalecer a vontade íntima do julgador, não necessitando justificar sua decisão, podendo inclusive decidir contra as provas nos autos. O excesso de liberdade conferido ao juiz acaba por conflitar com o princípio do contraditório, o que tornou viciado esse sistema.

Já o sistema da **persuasão racional**, também denominada de livre convencimento motivado, confere ao juiz liberdade para valorar a prova, não impondo uma hierarquia entre elas, desde que motive suas decisões. Contudo, esse sistema não permite que o juiz julgue fora dos fatos alegados nos autos, mas apenas poderá livremente dar o peso que entender necessário à determinada prova, possibilitando o contraditório e fundamentando sua escolha. Esse era o sistema acolhido pelo direito processual brasileiro, conforme se verificava no art. 131 do CPC/73: "o juiz apreciará livremente a prova, atendendo aos fatos e circunstâncias constantes dos autos, ainda que não alegados pelas partes; mas deverá indicar, na sentença, os motivos que Ihe formaram o convencimento".

Com o CPC/2015, parte da doutrina entende que se abandonou o sistema da persuasão racional, dispondo o art. 371, aplicável ao processo do trabalho, que "o juiz apreciará a prova constante dos autos, independentemente do sujeito que a tiver promovido, e indicará na decisão as razões da formação de seu convencimento".

Observa-se que, diferentemente da redação do CPC/73, o CPC/2015 estabelece que as provas serão apreciadas pelo juiz, omitindo-se o advérbio **livremente**. Essa alteração demonstra que, ao apreciar as provas, o juiz não poderá agir de forma discricionária. Desse modo, parte da doutrina indica que o CPC/2015 adotou o **sistema da valoração democrática da prova**, que exige que o juiz fundamente sua decisão relacionada à valoração da prova, demonstrando a ausência de discricionariedade em sua decisão e indicando as razões que o fizeram adotar ou rejeitar determinado conjunto probatório[43].

Outra parcela da doutrina, contudo, indica que, embora a alteração do texto do dispositivo tenha como objetivo diminuir a discricionariedade do julgador, estimulando o raciocínio institucional, não houve nenhuma novidade normativa. Isso quer dizer que permanece sendo aplicável o sistema da persuasão racional, o qual também não admite arbitrariedades[44].

6. PROVA EMPRESTADA

A produção probatória é realizada, como regra, dentro do próprio processo a ser julgado, de modo que o juiz se utiliza dela para formar seu convencimento.

Pode ocorrer, no entanto, de admitir-se a utilização de uma prova produzida em outro processo, com base no princípio da economia processual, sendo denominada de prova emprestada. Nessa hipótese, "a prova é transportada do primeiro para o segundo processo sob a forma documental"[45]. Nesse contexto, o art. 372 do CPC/2015, aplicável ao processo do trabalho, declina que:

> **Art. 372.** O juiz poderá admitir a utilização de prova produzida em outro processo, atribuindo-lhe o valor que considerar adequado, observado o contraditório.

A utilização da prova emprestada pressupõe os seguintes requisitos:

a) tenha sido validamente realizada no processo originário;

b) ter relevância com o segundo processo;

c) a parte contra a qual se faz a prova, deve ter participado do contraditório no processo originário.

---

43. CÂMARA, Alexandre Freitas. *O novo processo civil brasileiro*. São Paulo: Atlas, 2015. p. 228-229.

44. MACÊDO, Lucas Buril de; PEIXOTO, Ravi. *Ônus da prova e sua dinamização*. 2. ed. Salvador: Juspodivm, 2016. p. 66-67.

45. WAMBIER, Luiz Rodrigues; TALAMINI, Eduardo. *Curso avançado de processo civil: teoria geral do processo e processo de conhecimento*. 11. ed. São Paulo: Editora Revista dos Tribunais, 2010. p. 481-482. Em sentido contrário, entendendo que a prova emprestada conserva a mesma natureza jurídica com que foi produzida no processo anterior (originário) Mauro Schiavi. *In*: *Provas no processo do trabalho*. 3. ed. rev. e ampl. São Paulo: Ltr, 2013. p. 66.

Percebe-se, nesse caso, que o contraditório não é propriamente "bilateral", uma vez que a parte que não participou do contraditório no primeiro processo pode utilizá-la contra a parte que já participou de sua formação.

Exemplo: na reclamação originária, entre Paulo e a empresa Z, foi colhida prova testemunhal. Na segunda reclamação, entre Carlos e a empresa Z, Carlos poderá utilizar a prova testemunhal como prova emprestada, vez que a empresa já participou do contraditório.

Com efeito, o limite para a utilização da prova emprestada é o princípio do contraditório (CPC/2015, art. 372).

Pode acontecer, ainda, de ambas as partes não terem participado da formação da prova emprestada. Nessa hipótese, a prova emprestada poderá ser admitida, desde que o contraditório seja implementado no processo em que a prova emprestada for utilizada[46].

Ademais, em alguns casos excepcionais a prova produzida anteriormente não poderá mais ser produzida em outro processo, como é o caso, por exemplo, do fechamento da empresa. Nesse caso, mesmo que as partes não tenham participado do contraditório no processo originário, o juiz, valorando os direitos envolvidos, poderá utilizar a prova emprestada[47], permitindo o contraditório diferido, ou seja, no processo onde se utilizará a prova emprestada.

É válido destacar que, na utilização de prova testemunhal emprestada, pensamos que a prova emprestada adquirirá a natureza de prova documental, não havendo nenhum prejuízo na quantidade de testemunhas que podem ser ouvidas no processo.

> Exemplo: No rito ordinário, o reclamante requer a utilização de depoimentos de duas testemunhais colhidos em outro processo. Nesse caso, ele poderá ouvir as três testemunhas indicadas na fase instrutória, mesmo com a utilização da prova testemunhal emprestada, pois esta adquire a natureza de prova documental[48].

Por fim, atente-se para o fato de que a prova emprestada poderá ser requerida por ambas as partes, por uma delas, ou até mesmo pelo juiz ex officio (CLT, art. 765). Além disso, o juiz poderá dar o valor que entender adequado à prova emprestada

46. DIDIER Jr., Fredie; BRAGA, Paula Sarno; OLIVEIRA, Rafael. *Curso de direito processual civil: Teoria da prova, direito probatório, teoria do procedente, decisão judicial, coisa julgada e antecipação dos efeitos da tutela*. 7. ed. Salvador: *Juspodivm*, 2013. v. 2. p. 54.

47. NEVES, Daniel Amorim Assumpção. *Manual de direito processual civil*. 5. ed. Rio de Janeiro: Forense; São Paulo: Método, 2013. p. 431.

48. Para a parcela doutrinária que adota a tese de que a prova emprestada conserva a mesma natureza jurídica com que foi produzida no processo anterior, a prova testemunhal emprestada continua a ser considerada como prova testemunhal, restando, no exemplo, a possibilidade da oitiva de apenas uma testemunha. Dessa forma, para essa vertente, a utilização da prova testemunhal emprestada deve ser descontada do total de testemunhas permitidas em cada rito.

(CPC/2015, art. 372), podendo inclusive julgar de forma diversa do processo originário, sempre, evidentemente, motivando sua decisão, de forma a evitar a discricionariedade.

7. PROIBIÇÃO DA PROVA ILÍCITA

A doutrina costuma diferenciar provas ilícitas de provas ilegítimas. As primeiras são aquelas que violam normas de direito material, enquanto as provas ilegítimas violam normas de direito processual. Além disso, alguns diferem prova ilícita e prova obtida ilicitamente, sendo aquela a que possui conteúdo ilícito, enquanto nesta a ilicitude está no método de inserção da prova no processo.

Todos os casos, porém, estão incluídos no art. 5º, LVI, da Constituição Federal de 1988 o qual estabelece que "são inadmissíveis, no processo, as provas obtidas por meios ilícitos". A propósito, o art. 369 do CPC/2015 admite "todos os meios legais, bem como os moralmente legítimos, ainda que não especificados neste Código, para provar a verdade dos fatos em que se funda o pedido ou a defesa e influir eficazmente na convicção do juiz".

Com efeito, o conceito de prova ilícita é amplo, contemplando a prova "que contraria o ordenamento jurídico, visto pelo prisma dilatado da Constituição, que abrange tanto a ordem constitucional e a infraconstitucional quanto os bons costumes, a moral e os princípios gerais do direito"[49].

Embora o texto constitucional vede expressamente a utilização da prova ilícita, não se pode esquecer que também foi concedido às partes o direito à prova. Nesse contexto, é possível que, em determinado caso, surja um confronto entre o direito à prova e a vedação da prova ilícita. Para solucionar esse confronto, surgem três correntes: restritiva, permissiva (liberal) e intermediária.

- **corrente restritiva:** declina que o texto constitucional, assim como o infraconstitucional (CPC/2015, art. 369) não fizeram nenhuma ressalva acerca da possibilidade da utilização da prova ilícita, de modo que sempre deverá prevalecer tal vedação em detrimento do direito à prova ou à verdade.

Dessa corrente resulta a chamada "teoria do fruto da árvore envenenada" (prova ilícita por derivação), segundo a qual a prova obtida ilicitamente contamina não apenas o resultado havido, mas todas as provas subsequentes que dela derivam, como é o caso, por exemplo, de um documento obtido por meio de invasão a domicílio.

- **corrente permissiva:** advoga que, desde que o conteúdo da prova seja lícito, ela poderá ser utilizada no processo, ainda que sua obtenção tenha se dado por meio ilícito.

49. CAMBI, Eduardo *apud* DIDIER Jr., Fredie; BRAGA, Paula Sarno; OLIVEIRA, Rafael. *Curso de direito processual civil: Teoria da prova, direito probatório, teoria do procedente, decisão judicial, coisa julgada e antecipação dos efeitos da tutela*. 7. ed. Salvador: *Juspodivm*, 2013. v. 2. p. 34.

- **corrente intermediária:** amplamente majoritária, defende a aplicação do princípio da proporcionalidade para a solução da colisão, a qual será resolvida, em cada caso concreto, ponderando-se os interesses em discussão.

Essa corrente, que nos parece a mais adequada, prega que a vedação da prova ilícita não é absoluta, ainda que prevista em sede constitucional, encontrando limite em outros direitos fundamentais, como é o caso do direito à prova, decorrente dos princípios do devido processo legal, contraditório e ampla defesa. Isso não impede, porém, que o juiz tome as medidas necessárias para que seja punida a parte que se utilizou da prova ilícita.

Desse modo, e adotando a terceira corrente, somente no caso concreto o juiz deverá verificar entre os interesses em jogo, qual deverá ser sacrificado naquele momento, utilizando-se para tanto do princípio da proporcionalidade.

8. ALTERAÇÃO DA ORDEM DE PRODUÇÃO DOS MEIOS DE PROVA

O art. 775, § 2º, da CLT, acrescentado pela Lei nº 13.467/2017, faz duas autorizações aos magistrados:

1) poderá dilatar os prazos processuais; e

2) poderá alterar a ordem de produção dos meios de prova.

Ambos os casos têm como objetivo a adequação às necessidades do conflito de modo a conferir maior efetividade à tutela do direito.

O referido dispositivo segue a mesma sistemática prevista no art. 139, VI, do CPC/15, o qual declina entre os poderes, deveres e responsabilidade do juiz:

> **Art. 139.** O juiz dirigirá o processo conforme as disposições deste Código, incumbindo-lhe: (...)
>
> VI – dilatar os prazos processuais e alterar a ordem de produção dos meios de prova, adequando-os às necessidades do conflito de modo a conferir maior efetividade à tutela do direito; (...).

Registra-se que o art. 139, VI, do CPC/15 já era aplicado subsidiariamente ao processo do trabalho (TST-IN nº 39/2016, art. 3º, III).

Quanto à alteração da ordem de produção dos meios de prova, trata-se de dispositivo que exalta o poder do magistrado na condução do processo, viabilizando a adequada instrução do feito, o que já era autorizado pelo art. 765 da CLT. Assim, permite-se ao juiz, como condutor do processo, que altere a ordem da instrução probatória, adequando-a ao conflito em julgamento, de modo a possibilitar maior efetividade na tutela jurisdicional.

Interessante notar que o art. 456 do CPC/15, que versa sobre a ordem da colheita dos depoimentos das testemunhas, admite sua inversão desde que haja concordância das partes, como se verifica pelo seu teor a seguir transcrito:

Art. 456. O juiz inquirirá as testemunhas separada e sucessivamente, primeiro as do autor e depois as do réu, e providenciará para que uma não ouça o depoimento das outras.

Parágrafo único. O juiz poderá alterar a ordem estabelecida no *caput* se as partes concordarem.

Vê-se que o referido dispositivo mantém os poderes de o juiz alterar a ordem da oitiva, mas restringe sua atuação à concordância das partes.

Pensamos porém que, sendo o ônus da prova do reclamado, como ocorre, por exemplo, na alegação de justa causa, é plenamente possível a oitiva inicialmente das testemunhas da reclamada, de modo a efetivar a tutela jurisdicional.

De qualquer modo, incumbe ao magistrado fundamentar a decisão que alterar a ordem da produção de provas, observando o contraditório e obstando decisões surpresa.

9. MEIOS DE PROVA

O ordenamento admite todos os meios de prova, desde que legal e/ou moralmente legítimos (CPC/2015, art. 369). De qualquer modo, estabeleceu alguns meios de prova típicos (legais), os quais passamos a estudar.

9.1. Interrogatório e Depoimento Pessoal

O interrogatório, o depoimento pessoal e a colheita dos depoimentos das testemunhas têm como objetivo preservar o **princípio da imediação** (ou imediatidade), o qual impõe a aproximação do julgador com as partes e testemunhas na colheita das provas.

Nos domínios do processo civil, há diferença expressa entre o depoimento e o interrogatório.

O depoimento pessoal corresponde ao meio de prova utilizado à obtenção do interrogatório das partes do processo (autor e réu), podendo ser requerido pela parte contrária ou pelo próprio juiz (CPC/2015, art. 385).

Desse modo, o depoimento pessoal serve para a obtenção da confissão da parte e para o esclarecimento dos fatos discutidos na causa[50]. Isso porque, se a parte pessoalmente intimada para prestar depoimento pessoal e advertida da pena de confesso, não comparecer ou, comparecendo, se recusar a depor, o juiz lhe aplicará a pena de confissão (CPC/2015, art. 385, § 1º).

O interrogatório, por sua vez, é ordenado de ofício, com base no art. 370 do CPC/2015 e pode ser realizado a qualquer momento, conforme se depreende do art.

50. THEODORO JÚNIOR, Humberto. *Curso de Direito Processual Civil*. 56. ed. Rio de Janeiro. Forense, 2015. p. 927.

139, VIII, do CPC/2015, não produzindo a pena de confissão, tendo apenas o objetivo de possibilitar que a parte colabore com o juízo respondendo ao que lhe for interrogado (CPC/2015, arts. 378 e 379, I).

Portanto, é possível extrair as seguintes diferenças entre os institutos:

Interrogatório	Depoimento pessoal
Determinado de ofício	De ofício ou por requerimento da parte contrária
Colhido em qualquer estado do processo (qualquer tempo)	Colhido na audiência de instrução e julgamento
Busca esclarecimentos dos fatos da causa	Busca esclarecimentos dos fatos e, principalmente, a confissão
O não comparecimento ou recusa não provoca a confissão ficta	O não comparecimento ou recusa provoca a confissão ficta

No processo do trabalho, a CLT não diferenciou esses institutos, estabelecendo, de modo indiscriminado, o interrogatório, como declina o art. 848 da CLT:

> **Art. 848.** Terminada a defesa, seguir-se-á a instrução do processo, podendo o presidente, ex officio ou a requerimento de qualquer juiz temporário, interrogar os litigantes.
>
> § 1º. Findo o interrogatório, poderá qualquer dos litigantes retirar-se, prosseguindo a instrução com o seu representante.
>
> § 2º. Serão, a seguir, ouvidas as testemunhas, os peritos e os técnicos, se houver.

Desse modo, parte da doutrina entende que, na seara laboral, não há o depoimento pessoal, mas tão somente o interrogatório. Para outros, aos quais nos filiamos, deve ser aplicado subsidiariamente o processo civil, diferenciando-se os institutos. O TST admitiu o depoimento pessoal, vez que aplicou a confissão àquele que, intimado, não compareceu para depor, como descreve a Súmula nº 74 do TST. Atente-se para o fato de que é vedado, a quem ainda não depôs, assistir ao interrogatório da outra parte (CPC/2015, art. 385, § 2º). Nesse ponto é importante destacar que as partes podem fazer reperguntas ao adversário, após a inquirição pelo juiz (CLT, art. 820). Desse modo, quando o reclamado exercer o jus postulandi, ou seja, quando não estiver representado por advogado, recomenda-se que ele seja ouvido antes que o reclamante, devendo este ser retirado da sala de audiência durante o depoimento do réu.[51]

Ademais, o CPC/2015 passa a permitir no art. 385, § 3º, aplicável ao processo do trabalho que "o depoimento pessoal da parte que residir em comarca, seção ou subseção judiciária diversa daquela onde tramita o processo poderá ser colhido por meio de videoconferência ou outro recurso tecnológico de transmissão de sons e

51. BERNARDES, Felipe. **Manual de Processo do Trabalho.** Vol. Único. Salvador: Juspodivm, 2018. p. 519.

imagens em tempo real, o que poderá ocorrer, inclusive, durante a realização da audiência de instrução e julgamento".

Caso as partes não saibam falar a língua nacional, isso será feito por meio de intérprete nomeado pelo juiz. O mesmo procedimento ocorrerá quando se tratar de surdo-mudo, ou de mudo que não saiba escrever. Em ambos os casos, as despesas correrão por conta da parte sucumbente, salvo se beneficiária de justiça gratuita (CLT, art. 819). Essa disposição encontra-se em consonância com o art. 80 da Lei nº 13.146/25 (Estatuto da Pessoa com Deficiência), o qual declina que "devem ser oferecidos todos os recursos de tecnologia assistiva disponíveis para que a pessoa com deficiência tenha garantido o acesso à justiça, sempre que figure em um dos polos da ação ou atue como testemunha, partícipe da lide posta em juízo, advogado, defensor público, magistrado ou membro do Ministério Público".

A parte responderá pessoalmente sobre os fatos articulados, não podendo servir-se de escritos previamente preparados. Entretanto, o juiz lhe permitirá a consulta a notas breves, desde que objetivem completar esclarecimentos (CPC/2015, art. 387).

É importante observar que as partes e os prepostos não podem mentir em juízo, alterando a verdade dos fatos, sob pena de incidência da multa por litigância de má-fé (CPC/2015, art. 80, II).

Por fim, a parte não é obrigada a depor de fatos:

1) criminosos ou torpes, que lhe forem imputados;
2) a cujo respeito, por estado ou profissão, deva guardar sigilo;
3) acerca dos quais não possa responder sem desonra própria, de seu cônjuge, de seu companheiro ou de parente em grau sucessível;
4) que coloquem em perigo a vida do depoente ou do cônjuge, companheiro ou de parentes em grau sucessível (CPC/2015, art. 388).

Atenção:

As horas em que o empregado faltar ao serviço para comparecimento necessário, como parte, à Justiça do Trabalho não serão descontadas de seu salário (Súmula nº 155 do TST).

9.1.1. Confissão

A confissão ocorre quando a parte expressamente admite, de forma voluntária, a verdade de um fato, contrário ao seu interesse e favorável ao adversário, conforme declina o art. 389 do CPC/2015, aplicável ao processo do trabalho.

Para sua caracterização, ela exige três elementos[52]:

52. NEVES, Daniel Amorim Assumpção. *Manual de direito processual civil.* 5. ed. Rio de Janeiro: Forense; São Paulo: Método, 2013. p. 443.

a) reconhecimento de um fato alegado pela parte contrária;

b) voluntariedade da parte que reconhece o fato;

c) prejuízo ao confitente decorrente de seu ato.

Parte da doutrina reconhece a confissão como um meio de prova[53]. No entanto, a outra parte da doutrina, com a qual pensamos estar a razão, declina que a confissão não é verdadeiramente um meio de prova, mas o resultado de outros meios de prova[54].

Assim, a confissão é o resultado do depoimento pessoal ou da prova documental, como ocorre quando a ela é declarada em cartas, e-mail, anotações etc.

A confissão pode ser:

a) extrajudicial, na hipótese de ser feita fora do Judiciário; ou

b) judicial, quando ocorrida em juízo. A confissão judicial se subdivide em:

   b.1) espontânea, quando há reconhecimento do fato sem nenhuma interferência;

   b.2) provocada, quando decorre do depoimento pessoal.

A confissão pode ser ainda:

1) **real:** quando efetivamente realizada pelo confitente, oralmente ou por escrito, como declinado no art. 389 do CPC/2015; ou

2) ***ficta*** que é uma mera ficção jurídica, decorrente da revelia (CLT, art. 844), do não comparecimento ao depoimento pessoal (CPC/2015, art. 385, § 1º) ou da recusa de depor (CPC/2015, art. 385, § 1º). Nesse caso, o confitente não declara expressamente um fato contrário ao seu interesse e favorável ao adversário. No entanto, o legislador cria uma ficção de que tal fato ocorreu[55].

Ademais, admite-se a confissão.

a) **simples** quando a confissão restringe-se à declaração de ciência do fato contrário ao confitente;

b) **qualificada** quando, embora haja a confissão, o confitente nega os efeitos jurídicos pretendidos pela parte contrária. Ex: empregado dispensado por justa causa com fundamento em embriaguez habitual (CLT, art. 482, f). Ele

53. THEODORO JÚNIOR, Humberto. *Curso de Direito Processual Civil: Teoria geral do direito processual civil e processo de conhecimento*.v.1. 54. ed. Rio de Janeiro: Forense, 2013. p. 475.

54. DINAMARCO, Cândido Rangel. *Instituições de direito processual civil.* 6. ed. São Paulo: Malheiros Editores, 2009, v. 3. p. 99.

55. DIDIER Jr., Fredie; BRAGA, Paula Sarno; OLIVEIRA, Rafael. *Curso de direito processual civil: Teoria da prova, direito probatório, teoria do procedente, decisão judicial, coisa julgada e antecipação dos efeitos da tutela*. 8. ed. Salvador: *Juspodivm*, 2013. v. 2. p. 134.

reconhece o fato (embriaguez), mas nega os efeitos jurídicos, pois se trata de doença que não pode ser tipifica como justa causa; e

c) **complexa** na hipótese do confitente trazer fatos novos para o processo[56].

A confissão decorre de manifestação da própria parte, assim como de seu representante com poderes especiais. Desse modo, o **empregador**, quando representado pelo preposto, será obrigado pelas declarações do preposto (CLT, art. 843, § 1º).

É importante verificar, porém, que o art. 843, § 2º, da CLT admite que o **empregado** possa ser representado por outro empregado da mesma profissão ou pelo sindicato na audiência, nos casos de doença ou qualquer outro motivo ponderoso. Nesse caso, o empregado ou o sindicato, que comparecem na audiência, tem apenas a função de impedir o arquivamento do processo, de modo que não poderá confessar[57].

A confissão é ato pessoal, prejudicando apenas quem a realizou ou está representando. Com efeito, na hipótese de litisconsórcio, não prejudica os litisconsortes (CPC/2015, art. 391).

Há de se registrar que não vale como confissão a admissão, em juízo, de fatos relativos a direitos indisponíveis (CPC/2015, art. 392). Aliás, a confissão será ineficaz se feita por quem não for capaz de dispor do direito a que se referem os fatos confessados (CPC/2015, art. 392, § 1º). Além disso, a confissão feita por um representante somente é eficaz nos limites em que este pode vincular o representado (CPC/2015, art. 392, § 2º).

A confissão é indivisível, ou seja, não pode a parte que a quiser invocar como prova aceitá-la na parte que a beneficiar e rejeitá-la no que lhe for desfavorável (CPC/2015, art. 395).

Por derradeiro, a confissão é irrevogável, exceto quando decorrer de erro de fato ou coação. Nessas hipóteses, poderá ser anulada por meio da ação anulatória (CPC/2015, art. 393). É importante observar que é a legitimidade para ajuizar essa ação é exclusiva do confitente. Contudo, proposta a demanda e falecido o confitente, os herdeiros e sucessores passam a ter legitimidade superveniente para o polo ativo, por meio de sucessão processual (CPC/2015, art. 393, parágrafo único).

9.1.1.1. Confissão ficta

Como visto a confissão ficta é uma mera ficção jurídica, decorrente da revelia (CLT, art. 844), do não comparecimento ao depoimento pessoal (CPC/2015, art. 385, § 1º) ou da recusa de depor (CPC/2015, art. 385, § 1º).

---

56. DIDIER Jr., Fredie; BRAGA, Paula Sarno; OLIVEIRA, Rafael. *Curso de direito processual civil: Teoria da prova, direito probatório, teoria do procedente, decisão judicial, coisa julgada e antecipação dos efeitos da tutela*. 8. ed. Salvador: Juspodivm, 2013. v. 2. p. 134.

57. Em sentido contrário admitindo a confissão. SCHIAVI, Mauro. *Manual de direito processual do trabalho*. 6. ed. São Paulo: LTr, 2013. p. 520-521.

No entanto, para que ela ocorra o art. 385, § 1º, do CPC impõe que a parte seja devidamente intimada com a cominação de presunção de veracidade das alegações de fato formuladas pela outra parte, caso não compareça ou, comparecendo, se recuse a depor. Nesse sentido, a Súmula 74, I, do TST **exige que conste da intimação da parte a cominação da confissão.**

Isso quer dizer que, não havendo tal observação, não poderá ser aplicada à parte depoente a confissão. Ademais, a intimação deve ser feita diretamente à parte, não bastando a intimação de seu patrono que não poderá ser responsável por seu depoimento pessoal[58]. No mesmo sentido, a Súmula nº 52 do TRT da 3ª Região:

> **Súmula nº 52 do TRT da 3ª Região** – Ausência de intimação pessoal da parte para depor em audiência. Intimação na pessoa do procurador. "Confissão ficta".
> A intimação pessoal da parte para depor em audiência, com expressa menção à cominação legal, é requisito indispensável para a aplicação da "confissão ficta".

A **confissão poderá ser aplicada ao reclamado e ao reclamante**, como descreve a Súmula nº 9 do TST.

> **Súmula nº 9 do TST**. Ausência do reclamante
> A ausência do reclamante, quando adiada a instrução após contestada a ação em audiência, não importa arquivamento do processo.

Melhor explicando: tratando-se de audiência una a ausência do reclamante provoca o arquivamento da reclamação trabalhista, enquanto o não comparecimento do reclamado gerará a revelia e a confissão ficta (CLT, art. 844). No entanto, sendo fracionada a audiência em inicial e de instrução (prosseguimento), o reclamante deve ser intimado na audiência anterior de que deve comparecer na audiência em prosseguimento, de modo que o seu não comparecimento na audiência de instrução irá provocar a confissão e não o arquivamento da reclamação. Isso ocorre porque já tendo sido apresentada a contestação, o reclamado tem o direito de ver julgado o mérito do processo, desde que preenchidos os pressupostos processuais e as condições da ação, não ocorrendo o arquivamento da reclamação, como acontece na ausência do reclamante na audiência inaugural (CLT, art. 844).

Ocorrida a confissão, a parte não tem o direito de produzir novas provas em sentido contrário, por estar preclusa sua oportunidade (Súmula nº 74, II, do TST). Como elucidou o Ministro Vantuil Abdala:

> confessa a parte quanto matéria de fato, não tem ela o direito de, ainda, produzir prova testemunhal. É que o depoimento das testemunhas poderia vir a elidir os efeitos da 'Ficta Confessio', e assim não haveria nenhuma consequência para a parte que deixa de comparecer

58. NEVES, Daniel Amorim Assumpção. Manual de direito processual civil. 5. ed. Rio de Janeiro: Forense; São Paulo: Método, 2013. p. 438.

para depor. E tal importaria verdadeiro cerceamento de defesa para a parte contrária, pois o depoimento pessoal é também meio de provas.[59]

Contudo, já existindo provas nos autos (pré-constituídas), o juiz, com fundamento em seu convencimento motivado, poderá considerá-las para afastar a confissão, vez que esta gera mera **presunção relativa** de veracidade dos fatos (Súmula nº 74, II, do TST). Exemplo:

João ajuíza reclamação trabalhista alegando que trabalha todos os dias das 7h às 22h, sem intervalo intrajornada. A empresa, na audiência inicial, apresenta contestação aduzindo que a jornada do obreiro era das 8h às 18h, com duas horas de intervalo intrajornada, de segunda a sexta-feira. Para comprovar suas alegações a empresa apresenta os cartões de ponto variáveis. Designada audiência de instrução, o representante da reclamada não se faz presente, ocorrendo a confissão ficta. Nesse caso, a confissão poderá ser afastada pelos cartões de ponto já apresentados nos autos.

De qualquer maneira, mesmo havendo tal confissão, o juiz poderá, a seu critério, prosseguir na instrução processual, pois a vedação de realização de novas provas é dirigida à parte confessa e não ao juiz (Súmula nº 74, III, do TST). Noutras palavras, o juiz não fica limitado às provas produzidas pelas partes, bem como pelas confissões realizadas, tendo ampla liberdade de produzir aquelas que entender necessárias para formar seu convencimento. É o que rege inclusive o art. 765 da CLT, bem como o art. 370 do CPC/15.

Em excelente trabalho acerca da atividade instrutória do juiz, nos ensina o doutrinador José Roberto dos Santos Bedaque:

A participação do juiz na formação do conjunto probatório, determinando a realização das provas que entender necessárias ao esclarecimento dos fatos deduzidos pelas partes, de forma alguma afeta sua imparcialidade. Agindo assim, demonstra o magistrado estar atento aos fins sociais do processo. A visão publicista deste exige um juiz comprometido com a efetivação do direito material. Isso é, o juiz pode, a qualquer momento e de ofício determinar sejam produzidas provas necessárias ao seu convencimento. Trata-se de atitude não apenas admitida pelo ordenamento, mas desejada por quem concebe o processo como instrumento efetivo de acesso à ordem jurídica justa.[60]

Assim, mesmo havendo confissão, pode o juiz prosseguir na instrução probatória.

9.2. Prova Testemunhal

9.2.1. Generalidades

A prova testemunhal é muito utilizada na seara trabalhista. Ela consiste no depoimento prestado por um terceiro sobre a veracidade ou não dos fatos deduzidos em juízo, servindo ainda para prestar certos esclarecimentos sobre tais fatos.

---

59. E-RR-79.265/93, 2ª Turma, Rel. Min. Vantuil Abdala. DJ 25.08.95.

60. BEDAQUE, José Roberto dos Santos. Poderes instrutórios do juiz. 4. ed. rev., atual. e ampl. São Paulo: Editora Revista dos Tribunais, 2009. p. 113.

O depoimento da testemunha é uma obrigação (munus público), vez que tem o dever de colaborar com o Estado na busca da verdade. Desse modo, as testemunhas não poderão sofrer nenhum desconto pelas faltas ao serviço, ocasionadas pelo seu comparecimento para depor, quando devidamente arroladas ou convocadas (CLT, art. 822).

A propósito, se a testemunha for funcionário civil ou militar, e tiver de depor em hora de serviço, será requisitada ao chefe da repartição para comparecer à audiência marcada (CLT, art. 823).

Como regra, as testemunhas depõem, na audiência de instrução e julgamento, perante o juiz da causa, exceto:

> I – as que prestam depoimento antecipadamente;
> II – as que são inquiridas por carta (CPC/2015, art. 453).

Atente-se para o fato de que o CPC/2015 admite no art. 453, § 1º, aplicável ao processo do trabalho, que "a oitiva de testemunha que residir em comarca, seção ou subseção judiciária diversa daquela onde tramita o processo poderá ser realizada por meio de videoconferência ou outro recurso tecnológico de transmissão e recepção de sons e imagens em tempo real, o que poderá ocorrer, inclusive, durante a audiência de instrução e julgamento."

Sobre determinados fatos o depoimento da testemunha não é obrigatório, sendo eles:

> a) aqueles que acarretem à testemunha grave dano, bem como ao seu cônjuge ou companheiro e aos seus parentes consanguíneos ou afins, em linha reta ou colateral, até o terceiro grau;
> b) a cujo respeito, por estado ou profissão, deva guardar sigilo (CPC/2015, art. 448).

9.2.2. *Quem pode testemunhar?*

Podem depor como testemunhas todas as pessoas, exceto as incapazes, impedidas ou suspeitas (CPC/2015, art. 447).

Desse modo, tendo a testemunha conhecimento dos fatos, estando no pleno exercício de sua capacidade e não sendo impedida ou suspeita, prestará o compromisso de dizer a verdade do que souber ou lhe for perguntado, sujeitando-se, em caso de falsidade, ao crime de falso testemunho.

A CLT contemplou apenas três hipóteses em que não será prestado compromisso:

a) for parente até o terceiro grau civil;

b) amigo intimo; ou

c) inimigo de qualquer das partes.

Nesse sentido, o art. 829 da CLT:

> **Art. 829.** A testemunha que for parente até o terceiro grau civil, amigo íntimo ou inimigo de qualquer das partes, não prestará compromisso, e seu depoimento valerá como simples informação.

Entretanto, a doutrina é pacífica no sentido de que o CPC é aplicado de forma supletiva ao processo do trabalho, pois definiu de forma detalhada os casos de incapacidade, impedimento e suspeição, como se verifica a seguir.

- **são incapazes de depor (CPC/2015, art. 447, § 1º):**

I – o interdito por enfermidade ou deficiência mental;

II – o que, acometido por enfermidade ou retardamento mental, ao tempo em que ocorreram os fatos, não podia discerni-los, ou, ao tempo em que deve depor, não está habilitado a transmitir as percepções;

III – o que tiver menos de 16 (dezesseis) anos;

IV – o cego e o surdo, quando a ciência do fato depender dos sentidos que lhes faltam.

- **são impedidos de depor (CPC/2015, art. 447, § 2º):**

I – o cônjuge, o companheiro, o ascendente e o descendente em qualquer grau[61] e o colateral, até o terceiro grau, de alguma das partes, por consanguinidade ou afinidade, salvo se o exigir o interesse público ou, tratando-se de causa relativa ao estado da pessoa, não se puder obter de outro modo a prova que o juiz repute necessária ao julgamento do mérito;

II – o que é parte na causa;

III – o que intervém em nome de uma parte, como o tutor, o representante legal da pessoa jurídica, o juiz, o advogado e outros que assistam ou tenham assistido às partes.

- **são suspeitos de depor (CPC/2015, art. 447, § 3º):**

I – o inimigo da parte ou o seu amigo íntimo;

II – o que tiver interesse no litígio.

Contudo, se for estritamente necessário, o juiz poderá ouvir as pessoas menores de 16 anos, impedidas e suspeitas como simples informantes, atribuindo-lhes o valor que entender merecido. Nesse caso, o depoente não prestará o compromisso (CPC/2015, art. 447, §§ 4º e 5º).

Consigna-se que toda testemunha, antes de prestar o compromisso legal, será qualificada, indicando o nome, nacionalidade, profissão, idade, residência, e, quando empregada, o tempo de serviço prestado ao empregador (CLT, art. 828).

Assim, caso a parte contrária pretenda alegar a incapacidade, impedimento ou suspeição da testemunha, fará por meio da **contradita**, que deverá ser arguida **após a qualificação da testemunha e antes de seu compromisso.** Se a testemunha negar os fatos que lhe são imputados, a parte poderá provar a contradita com documentos

61. Observa-se que há diferença, nesse caso, com o previsto no art. 829 da CLT, tendo em vista que no dispositivo celetista são considerados impedidos de depor o parente (o que inclui ascendentes e descendentes) até o terceiro grau civil, enquanto no dispositivo do CPC/15, são impedidos de depor o ascendente e o descendente em qualquer grau. Acreditamos que, diante da lacuna ontológica do dispositivo celetista, deverá ser aplicada a previsão do art. 447, § 2º, do CPC/15, sendo impedidos os ascendentes e descendentes em qualquer grau.

ou com testemunhas, até três, apresentadas no ato e inquiridas em separado. Sendo provados ou confessados os fatos, o juiz dispensará a testemunha, ou lhe tomará o depoimento como informante (CPC/2015, art. 457).

9.2.2.1. Testemunha que litiga ou litigou contra a mesma reclamada

Da análise dos arts. 829 da CLT e 447 do CPC, parte da doutrina e da jurisprudência admitia como suspeito o trabalhador que litigasse ou tivesse litigado em face do mesmo empregador, ora sob o fundamento de inimigo capital da parte, ora sob interesse na causa.

Contudo, não se pode presumir a suspeição da testemunha com base em critérios objetivos, especialmente pelo exercício de um direito fundamental que é o direito de ação (art. 5º, XXXV, da CF/88). Ademais, vedar ao reclamante a utilização de outro trabalhador como testemunha pelo simples fato de possuir ou ter possuído ação em face da empresa é restringir o direito à tutela jurisdicional justa. A propósito, se pensarmos dessa forma, pela mesma razão, não seria equivocado alegar que a testemunha da empresa teria interesse na causa, seja para conseguir vantagens pessoais ou até mesmo para manter seu emprego[62].

Nesse sentido, estabelece a Súmula nº 357 do TST:

> **Súmula nº 357 do TST.** Testemunha. Ação contra a mesma reclamada. Suspeição
> Não torna suspeita a testemunha o simples fato de estar litigando ou de ter litigado contra o mesmo empregador.

Isso não quer dizer que a testemunha que litiga ou litigou em face do mesmo empregador não possa se tornar suspeita. Entretanto, incumbe à empresa demonstrar de forma cabal um dos casos de suspeição ou impedimento, não valendo tão somente a alegação de que a testemunha tem ou tinha ação contra o empregador.

Assim, contraditada a testemunha, a empresa poderá demonstrar que ela é sua inimiga capital ou tem interesse na causa. Nessa hipótese, o juiz dispensará seu depoimento ou, sendo estritamente necessário, poderá ouvi-la como informante, atribuindo-lhe o valor que entender merecido.

9.2.3. Número máximo de testemunhas

O processo do trabalho define o número de testemunhas **por partes** e não por fatos. Além disso, a quantidade é delimitada de acordo como o procedimento, como se verifica pelo quadro a seguir:

62. TEIXEIRA FILHO, Manoel Antônio. Curso de direito processual do trabalho. São Paulo: LTr, 2009. v. 2, p. 1106-1107.

Procedimento	Número de testemunhas
Ordinário	3
Sumaríssimo	2
Inquérito para apuração de falta grave	6

Cabe mencionar que o limite especificado anteriormente é dirigido às partes, podendo juiz, na condução do processo, determinar a intimação de testemunhas referidas nos depoimentos das partes ou das testemunhas, desde que necessárias ao esclarecimento dos fatos e do convencimento do juiz (CPC/2015, art. 461, I). Nessa hipótese, dá-se o nome de testemunha do juízo.

Ademais, no caso de litisconsórcio, a doutrina tem entendido da seguinte forma:

a) litisconsórcio ativo (vários reclamantes): mantém-se o mesmo número de testemunhas;

b) litisconsórcio passivo (vários reclamados): cada litisconsorte terá direito ao número máximo de testemunhas (por exemplo, 3 testemunhas para cada litisconsorte, no rito ordinário). Isso ocorre porque, nesse caso, a inclusão de vários reclamados foi opção do reclamante e não dos reclamados.

9.2.4. Comparecimento das testemunhas em audiência

As testemunhas deverão comparecer à audiência independentemente de notificação ou intimação (CLT, art. 825). Desse modo, pelo contexto legal, na seara trabalhista **não há** necessidade do rol de testemunhas, como no processo civil[63].

Pode acontecer de as testemunhas não comparecerem na audiência.

Nesse caso, elas serão intimadas, ex officio ou a requerimento da parte, ficando sujeitas a condução coercitiva, além da aplicação de multa, caso, sem motivo justificado, não atendam à intimação (CLT, art. 825, parágrafo único).

Atenta-se, porém, para o fato de que, no procedimento sumaríssimo, não basta o não comparecimento da testemunha para que seja intimada. É necessário ainda que a parte **comprove** que a testemunha foi devidamente convidada[64] e não compareceu. Nesse sentido, o art. 852-H, § 3º, da CLT:

63. Apesar de não haver necessidade de apresentação do rol de testemunhas, o C. TST já entendeu que, quando há prévia determinação judicial expressa para indicação das provas que as partes pretendem produzir, se não forem indicadas as testemunhas, haverá preclusão: TST-E-ED-RR-50200-44.2003.5.08.0006, SBDI-I, rel. Min. José Roberto Freire Pimenta, 15.12.2016 (Informativo nº 151 e TST-E-RR-2300-70.2007.5.02.0401, SBDI-I, rel. Min. Hugo Carlos Scheuermann, 28.9.2017 (Informativo nº 166).

64. Exemplo: enviou uma carta com AR convidando-a como testemunha. A comprovação do convite, nesse caso, faz-se por meio da apresentação do AR. O convite também poderá ser comprovado por meio de mensagens realizadas pelo aplicativo *whatsapp*, o que tem sido adotado pela jurisprudência majoritária. Nesse sentido:

> § 3º. Só será deferida intimação de testemunha que, comprovadamente convidada, deixar de comparecer. Não comparecendo a testemunha intimada, o juiz poderá determinar sua imediata condução coercitiva.

Portanto, no rito sumaríssimo, a testemunha será intimada quando presente dois requisitos: não comparecimento + comprovação do convite.

Destaca-se que a doutrina majoritária, com as quais pensamos estar a razão, defende que no procedimento ordinário também é necessário que haja o convite da testemunha, até porque se não for convidada não saberá da existência da audiência. Todavia, não se exige que esse convite seja **comprovado**, bastando a simples alegação ao juízo de que a parte realizou o convite. Nesse sentido declina o doutrinador Bezerra Leite:

> Alguns magistrados, às vezes, preocupados com a celeridade processual, vêm determinando, sob pena de preclusão da produção da prova, que a parte prove o "convite" feito à testemunha antes de determinar a sua intimação.
>
> Todavia, em se tratado de procedimento ordinário, a lei não exige tal prova, bastando, a nosso ver, a simples afirmação em juízo[65].

Há contudo, o entendimento por parte da doutrina, de que para que as testemunhas sejam intimadas pelo juízo é necessária a comprovação do convite, ainda que se trate de procedimento ordinário[66]. Nesse sentido, o C. TST, contrariando o posicionamento majoritário da doutrina, já decidiu que, no procedimento ordinário, caso as testemunhas faltem à audiência, é necessária a comprovação do convite e a justificativa para essa ausência a fim de que se proceda à intimação[67].

ROPS nº 0000207-17.2016.5.17.0009, 3ª Turma do TRT da 17ª Região/ES, Rel. Jailson Pereira da Silva. DEJT 27.07.2017 e RO nº 0024151-95.2015.5.24.0071, 1ª Turma do TRT da 24ª Região/MS, Rel. André Luis Moraes de Oliveira. DEJT 02.05.2018.

65. LEITE, Carlos Henrique Bezerra. *Curso de direito processual do trabalho*. 15. ed. São Paulo: Saraiva, 2017. p. 804. A jurisprudência majoritária também é nesse entendimento: Recurso Ordinário nº 0001004-26.2012.5.01.0058, 8ª Turma do TRT da 1ª Região/RJ, Rel. Marcelo Augusto Souto de Oliveira. j. 13.08.2013, DOERJ 22.08.2013 e RO nº 00005815920155020373 (20150939595), 12ª Turma do TRT da 2ª Região/SP, Rel. Benedito Valentini. unânime, DOe 29.10.2015.

66. TEIXEIRA FILHO, Manoel Antonio. *Comentários ao novo código de processo civil sob a perspectiva do processo do trabalho*. São Paulo: LTr, 2015. p. 590.

67. Cerceamento de defesa. Indeferimento do pedido de intimação de testemunhas que não compareceram espontaneamente à audiência. Ausência não justificada. Nos termos do artigo 825 da CLT, as testemunhas comparecerão à audiência independentemente de notificação ou intimação. Caso faltem, cabe à parte provar que as convidou e registrar justificativa para tal ausência. Não havendo o registro, o indeferimento na audiência inaugural do requerimento de intimação das testemunhas faltosas não implica cerceamento do direito de defesa. Sob esse entendimento, a SBDI-I, por unanimidade, conheceu do recurso de embargos, por divergência jurisprudencial e, no mérito, por maioria, deu-lhe provimento para afastar a declaração de nulidade por cerceamento de defesa, restabelecendo o acórdão regional, vencidos os Exmos. Ministros Guilherme Augusto Caputo Bastos, relator, Ives Gandra Martins Filho, Lelio Bentes Corrêa e Márcio Eurico Vitral Amaro. Redigirá o acórdão o Exmo. Ministro João Oreste Dalazen. TST-EED-ARR-346-42.2012.5.08.0014, SBDI-I, rel. Min. Caputo Bastos, redator João Oreste Dalazen, 8.5.2015 (Informativo nº 106).

9.2.5. Procedimento

A testemunha, inicialmente, será qualificada, indicando o nome, nacionalidade, profissão, idade, residência, e, quando empregada, o tempo de serviço prestado ao empregador (CLT, art. 828). Após sua qualificação, poderá ser contraditada, conforme anunciamos anteriormente.

Não sendo contraditada ou sendo esta rejeitada, a testemunha será inquirida pelo juiz, podendo ser reinquiridas, por seu intermédio, a requerimento das partes, seus representantes ou advogados (CLT, art. 820).

Atenção:

Por haver regra própria na CLT, não se aplica ao Processo do Trabalho a norma do art. 459 do CPC/2015 no que permite a inquirição direta das testemunhas pela parte (TST-IN nº 39/2016, art. 11).

Quando reinquiridas pelas partes, as perguntas tendentes a esclarecer ou completar o depoimento serão na seguinte ordem:

- primeiro à parte que a arrolou; e
- depois à parte contrária.

O referido dispositivo trata da ordem das perguntas. Por sua vez, o art. 456 do CPC/2015 estabelece a **ordem da oitiva** das testemunhas: primeiro as do autor e depois as do réu, permitindo alterá-la com concordância das partes. No processo do trabalho, independentemente de concordância da parte contrária, a doutrina permite a inversão dessa ordem, quando o ônus da prova é do reclamado. Além disso, o art. 775, § 2º, da CLT autoriza que o juiz altere a ordem de produção dos meios de prova, adequando-os às necessidades do conflito de modo a conferir maior efetividade à tutela do direito, não exigindo, pois, concordância da parte contrária.

- Seria o caso, por exemplo, da alegação de dispensa por justa causa, cabendo, inicialmente, ao empregador demonstrá-la, para depois passar à oitiva das testemunhas do reclamante.

As partes devem tratar as testemunhas com urbanidade, não lhes fazendo perguntas ou considerações impertinentes, capciosas ou vexatórias.

A propósito, pode o juiz indeferir as perguntas impertinentes, irrelevantes, capciosas ou vexatórias, de modo que as perguntas indeferidas serão, obrigatoriamente, transcritas no termo, se a parte o requerer (CPC/2015, art. 459, § 3º).

O juiz providenciará para que o depoimento de uma testemunha não seja ouvido pelas demais que tenham de depor no processo (CLT, art. 824).

Ademais, havendo divergência sobre fato determinado, que possa influir na decisão da causa, poderá o juiz ordenar a acareação de duas ou mais testemunhas ou de alguma delas com a parte (CPC/2015, art. 461, II). Nesse caso, elas serão colocadas frente a frente, confrontando-se as versões alegadas, de modo que uma delas possa se retratar.

É interessante observar algumas peculiaridades no registro dos depoimentos na ata de audiência a depender do rito processual adotado, conforme se verifica no quadro a seguir:

Ordinário	Sumaríssimo	Sumário
Os depoimentos serão resumidos pelo juiz e reduzidos a termo	Na ata de audiência serão registrados resumidamente os atos essenciais, as afirmações fundamentais das partes e as informações úteis à solução da causa trazidas pela prova testemunhal	Será dispensável o resumo dos depoimentos, devendo constar da ata a conclusão do juiz quanto à matéria de fato

Caso as testemunhas não saibam falar a língua nacional, isso será feito por meio de intérprete nomeado pelo juiz. O mesmo procedimento ocorrerá quando se tratar de surdo-mudo, ou de mudo que não saiba escrever. Em ambos os casos, as despesas correrão por conta da parte sucumbente, salvo se beneficiária de justiça gratuita (CLT, art. 819).

O art. 454 do CPC/2015, aplicável supletivamente ao processo do trabalho, elenca diversas autoridades que serão inquiridas em sua residência ou onde exercem suas funções. São elas: o presidente e o vice-presidente da República; os ministros de Estado; os ministros do Supremo Tribunal Federal, os conselheiros do Conselho Nacional de Justiça, os ministros do Superior Tribunal de Justiça, do Superior Tribunal Militar, do Tribunal Superior Eleitoral, do Tribunal Superior do Trabalho e do Tribunal de Contas da União; o procurador-geral da República e os conselheiros do Conselho Nacional do Ministério Público; o advogado-geral da União, o procurador-geral do Estado, o procurador-geral do Município, o defensor público-geral federal e o defensor público-geral do Estado; os senadores e deputados federais; os governadores dos Estados e do Distrito Federal; o prefeito; os deputados estaduais e distritais; os desembargadores dos Tribunais de Justiça, dos Tribunais Regionais Federais, dos Tribunais Regionais do Trabalho e dos Tribunais Regionais Eleitorais e os conselheiros dos Tribunais de Contas dos Estados e do Distrito Federal; o procurador-geral de justiça; o embaixador de país que, por lei ou tratado, concede idêntica prerrogativa ao agente diplomático do Brasil.

Nesses casos, o juiz solicitará à autoridade que designe dia, hora e local a fim de ser inquirida, remetendo-lhe cópia da petição inicial ou da defesa oferecida pela parte, que arrolou como testemunha.

Cumpre salientar, por fim, que os membros do Ministério Público da União também gozam da prerrogativa processual de serem ouvidos como testemunha em dia, hora e local previamente ajustados com o magistrado ou a autoridade competente (art. 18, II, "g", da LC nº 75/93).

9.2.6. Multa aplicada à testemunha

É sabido que a testemunha presta o compromisso legal de dizer a verdade (CLT, art. 828, caput). Desse modo, nos casos em que fizer afirmação falsa, ou negar ou calar a verdade, ela poderá ser responsabilizada criminalmente, pelo crime de falso testemunho, nos termos do art. 342 do CP.

Na esfera criminal o fato deixa de ser punível se, antes da sentença no processo em que ocorreu o ilícito, o agente se retrata ou declara a verdade (CP, art. 342, § 2º).

Diante da dificuldade de comprovar criminalmente o falso testemunho, bem como a possibilidade de retratação, o compromisso legal de dizer a verdade, na prática, acaba tendo pouco efeito.

Nesse contexto, o art. 793-D da CLT, acrescentado pela Lei nº 13.467/17 (Reforma Trabalhista), passa a prever a possibilidade de aplicação direta da multa à testemunha, como se verifica in verbis:

> **Art. 793-D.** Aplica-se a multa prevista no art. 793-C desta Consolidação à testemunha que intencionalmente alterar a verdade dos fatos ou omitir fatos essenciais ao julgamento da causa.
> Parágrafo único. A execução da multa prevista neste artigo dar-se-á nos mesmos autos.[68]

Portanto, autoriza a imposição de multa superior a 1% e inferior a 10% do valor corrigido da causa diretamente à testemunha que **intencionalmente**:

- alterar a verdade dos fatos; ou
- omitir fatos essenciais ao julgamento da causa.

Atente-se, porém, que não se trata propriamente de litigância de má-fé dirigida à testemunha, vez que tal litigância somente decorre de atos praticados pelo reclamante, reclamado ou interveniente (CLT, art. 793-A). Tanto é assim que o art. 793-D da CLT declara que se **aplica a mesma multa da litigância**, quando a testemunha praticar os atos descritos no referido artigo (alterar a verdade dos fatos ou omitir fatos essenciais ao julgamento da causa), e não nos demais casos elencados no art. 793-B.

Aliás, no processo civil, a exposição dos fatos em juízo conforme a verdade constitui dever de todos aqueles que de qualquer forma participem do processo, incluindo-se, assim, as testemunhas (CPC/2015, art. 77, I), não havendo penalização pecuniária no caso de descumprimento, salvo se partes ou intervenientes. No

68. Para análise detida deste dispositivo, vide MIESSA, Élisson; CORREIA, Henrique. *Manual da Reforma Trabalhista: Lei 13.467/17: o que mudou? Comentários artigo por artigo.* Salvador: Editora Juspodivm, 2018. p. 805-812.

entanto, no processo do trabalho, torna-se possível a penalização das testemunhas, nas hipóteses específicas do art. 793-D da CLT.

> **Atenção:**
> Impõe-se que a testemunha, dolosamente, tenha o intuito de alterar a verdade ou omitir os fatos essenciais ao julgamento da causa. O elemento intencional disposto na norma institui que o magistrado, na dúvida, não deve aplicar a multa.

9.2.6.1. Fatos essenciais

O art. 793-D da CLT autoriza a aplicação da multa na **conduta comissiva e omissiva** da testemunha.

Na conduta comissiva descreve que a testemunha deve alterar a verdade dos fatos. Já na omissiva, exige a omissão dos fatos.

Em ambos os casos, somente haverá a aplicação da multa se os fatos forem **essenciais ao julgamento da causa**, entendidos como os fatos pertinentes e relevantes ao esclarecimento do processo.

O **fato pertinente** é aquele que tem relação com a causa a ser apreciada pelo juízo. Isso quer dizer que os fatos impertinentes são inúteis ao processo, razão pela qual independem de prova, já que sua comprovação violaria o princípio da economia processual. Com efeito, não dependendo de prova, evidentemente não podem autorizar a imposição de multa à testemunha.

Já os **fatos relevantes** ao esclarecimento do processo são aqueles que devem influir no convencimento do juízo, ou seja, capazes de modificar o conteúdo da decisão. A definição de relevância do fato está inserida no poder instrutório do juiz (CLT, art. 765), sendo analisado em cada caso concreto.

Cumpre descrever que são considerados **irrelevantes** os fatos:

- impossíveis (p. ex.: provar que um homem chegou no sol) e;
- de prova impossível:
  1) por disposição da lei (p.ex., prova contra presunção absoluta) ou;
  2) pela natureza do fato, ou seja, que não podem ser provados por determinado meio (ex. insalubridade provada por meio de testemunha).

A multa, portanto, somente poderá ser aplicada à testemunha quando alterar ou omitir fatos essenciais (relevantes e pertinentes).

Cumpre destacar que, embora aparentemente o dispositivo relacione os fatos essenciais aos atos omissivos, a alteração da verdade dos fatos (ato comissivo), como dito, também pressupõe fatos essenciais, pois a modificação de fatos impertinentes e irrelevantes não tem nenhuma correlação com a causa, não influenciando o julgamento da causa, de modo que não autoriza a incidência da multa.

Existem, aliás, alguns fatos sobre os quais a testemunha não está obrigada a depor, como descrito no art. 448 do CPC, aplicável ao processo do trabalho, in verbis:

Art. 448. A testemunha não é obrigada a depor sobre fatos:

I – que lhe acarretem grave dano, bem como ao seu cônjuge ou companheiro e aos seus parentes consanguíneos ou afins, em linha reta ou colateral, até o terceiro grau;

II – a cujo respeito, por estado ou profissão, deva guardar sigilo.

Nessas hipóteses, ainda que os fatos sejam essenciais ao julgamento da causa, não poderá ser aplicada a multa do artigo 793-D da CLT.

9.2.6.2. Instauração de incidente

Considerando que a aplicação da multa gerará condenação em face da testemunha, o C. TST estabeleceu que sua incidência pressupõe a instauração prévia de incidente processual, como se verifica pelo art. 10, parágrafo único, da IN nº 41/2018, in verbis:

Parágrafo único. Após a colheita da prova oral, a aplicação de multa à testemunha dar-se-á na sentença e será precedida de instauração de incidente mediante o qual o juiz indicará o ponto ou os pontos controvertidos no depoimento, assegurados o contraditório, a defesa, com os meios a ela inerentes, além de possibilitar a retratação.

Embora a Corte trabalhista tenha inovado na criação deste incidente, já que a lei não o exige, pensamos que ele é importante para resguardar o princípio do contraditório substancial. Além disso, ao exigir que o juiz indique o ponto ou os pontos controvertidos no depoimento, o C. TST deu ênfase ao princípio da cooperação (CPC/15, art. 6º).

A preservação do contraditório no presente caso não impõe maiores formalidades, exigindo apenas que a testemunha seja informada do ponto ou pontos controvertidos do depoimento, sendo permitida sua manifestação e, consequentemente, viabilizando que ela possa influenciar o julgador antes da aplicação da multa na sentença. É, pois, o trinômio do princípio do contraditório substancial: informação + possibilidade de reação + possibilidade de influenciar o julgador.

A aplicação do princípio do contraditório não afasta, porém, os princípios da celeridade e simplicidade existentes no processo do trabalho. Isso significa que a instauração desse incidente não suspende o processo, apenas obstando a aplicação da multa antes que ele tenha ocorrido. Além disso, o juiz poderá estabelecer o contraditório dentro da própria audiência de instrução, permitindo que a testemunha possa se manifestar de forma simples sobre o ponto ou pontos controvertidos indicados pelo juízo. Nada obsta que o juiz, se entender necessário, conceda prazo para a testemunha se manifestar após a realização da audiência, desde que antes da aplicação da multa na sentença.

Dúvida surgirá acerca da possibilidade da testemunha se manifestar sem a presença de advogado nos autos, vez que o jus postulandi somente é aplicado aos empregados e empregadores (CLT, art. 791, caput).

Acreditamos que, sendo a testemunha auxiliar eventual da justiça (CPC/15, art. 149), pode se manifestar sem a presença de advogado, o que significa que sua manifestação, por exemplo, na audiência de instrução não terá nenhum vício processual. De qualquer modo, caso a testemunha tenha interesse de nomear advogado para exercer seu contraditório, trata-se de direito da testemunha, impondo que o juízo abra prazo para a constituição de advogado para representar seus interesses nos autos.

9.2.6.3. Retratação da testemunha

O fato relacionado ao crime de falso testemunho "deixa de ser punível se, antes da sentença no processo em que ocorreu o ilícito, o agente se retrata ou declara a verdade" (CP, art. 342, § 2º).

Essa regra se aplica à multa criada no art. 793-D da CLT?

Considerando que, entre os objetivos da multa descrita na CLT, está o de inviabilizar que o juízo não se desvirtue da verdade, pensamos que é possível a retratação antes da sentença, já que, não tendo decidido a causa, o juízo não terá se afastado da verdade.

Aliás, a retratação permite que o direito seja concedido exatamente a quem de direito, concedendo-se efetivamente a tutela jurisdicional.

Não nos parece adequado priorizar o caráter eminentemente sancionatório e pedagógico da multa, dando-se relevância à multa e não à verdade dos fatos a viabilizar o julgamento com justiça.

Com efeito, acreditamos que, a fim de exaltar a tutela jurisdicional, admite-se a retratação da testemunha antes da prolação da sentença, inviabilizando nesse caso a incidência da multa.[69]

Atenção:

O C. TST acompanhou nosso entendimento e prevê, no art. 10, parágrafo único, da Instrução Normativa nº 41, que é permitida a retratação da testemunha.

Aliás, é pertinente que o juízo, com base no princípio da cooperação, no momento da instauração do incidente advirta a testemunha da possibilidade de retratação antes da sentença.

69. Em sentido contrário, não autorizando o afastamento da multa caso a testemunha se retrate. TEIXEIRA FILHO, Manoel Antônio. *O processo do trabalho e a reforma trabalhista – As alterações introduzidas no processo do trabalho pela Lei n. 13.467/17*. São Paulo: Ltr, 2017. p. 105.

9.2.6.4. *Momento de aplicação da multa*

A condenação da testemunha ao pagamento de multa deverá ser aplicada na sentença, uma vez que é nesse momento que o juiz analisará o conjunto probatório, tendo condições de verificar se os fatos são essenciais ao julgamento da causa.

Ademais, permitindo-se a retratação, a imposição de multa antes da sentença e a posterior retratação da testemunha faria que a multa fosse afastada.

Além disso, na seara laboral, se a sanção fosse fixada por meio de decisão interlocutória, não haveria possibilidade de interposição de recurso, cabendo, no máximo, a impetração de mandado de segurança, caso constatada a possibilidade de dano iminente à parte.

Por esses fundamentos, pensamos que a multa deve ser aplicada na sentença.

O C. TST acompanhou esse entendimento e prevê que a multa deverá ser aplicada na sentença (TST-IN nº 41/2018, art. 10, parágrafo único).

9.2.6.5. *Resultado do julgamento da causa*

O art. 793-D da CLT, como visto, autoriza a aplicação de multa à testemunha quando forem alterados ou omitidos fatos essenciais ao julgamento da causa.

A verificação de fatos essenciais (pertinentes e relevantes) tem como foco a decisão de mérito, já que a sentença sem resolução do mérito não passa pela verificação fática. Queremos dizer, fatos pertinentes e relevantes pressupõem decisão de mérito, porque têm relação com a causa a ser apreciada pelo juízo e são capazes de modificar o conteúdo da decisão.

Desse modo, pensamos que somente no julgamento de mérito há falar na aplicação da multa descrita no art. 793-D da CLT.[70]

9.2.6.6. *Cumulação da multa com a indenização*

O art. 793-C da CLT permite a aplicação de três penalidades ao litigante de má-fé:

- multa superior a 1% e inferior a 10% do valor corrigido da causa;
- indenização da parte contrária pelos prejuízos causados;
- pagamento dos honorários advocatícios e demais despesas efetuadas.

70. Em sentido contrário permitindo a aplicação da multa também na hipótese de extinção do processo sem resolução do mérito. TEIXEIRA FILHO, Manoel Antônio. *O processo do trabalho e a reforma trabalhista – As alterações introduzidas no processo do trabalho pela Lei n. 13.467/17*. São Paulo: Ltr, 2017. p. 108.

No caso da testemunha haverá incidência apenas da multa, ou seja, poderá ser penalizada com o pagamento de multa superior a 1% e inferior a 10% do valor corrigido da causa, nos termos do art. 793-C da CLT.

Não poderá, portanto, sofrer condenação destinada a indenizar a parte contrária pelos prejuízos que tiver sofrido e a pagar os honorários advocatícios e demais despesas efetuadas. Isso se justifica porque, sendo regra punitiva, sua interpretação deve ser restritiva.

9.2.6.7. Cumulação da multa do art. 793-D da CLT com a multa do art. 342 do CP

É sabido que a instância trabalhista não se confunde com a penal, de modo que a aplicação da multa do art. 793-D da CLT não afasta o crime de falso testemunho a ser apurado no juízo criminal.

Nos termos do art. 342 do Código Penal, no entanto, o crime de falso testemunho tem a seguinte pena: reclusão, de 2 a 4 anos e multa.

Vê-se que, além da pena de reclusão, o Código Penal autoriza a aplicação de multa, com caráter sancionatório e destinada ao Estado.

Embora ambas as multas tenham caráter sancionatório, são dirigidas a destinatários diversos e aplicadas por juízos de instâncias distintas, de modo que podem ser cumuladas, não havendo bis in idem.

9.2.6.8. Destinatário da multa

O art. 793-D da CLT não estabelece quem será o beneficiário da multa imposta à testemunha, apenas fazendo referência no parágrafo único que será executada nos mesmos autos.

É possível sustentar que a multa será dirigida à União, tal como ocorre com a multa por ato atentatório à dignidade da justiça (CPC/2015, art. 77, § 3º).

Não nos parece que seja essa a intenção do legislador. Primeiro, porque, ao autorizar a execução nos mesmos autos, afastou a inscrição como dívida ativa da União. Segundo, porque, ao aplicar a mesma multa da litigância de má-fé, aparentemente, teve como finalidade direcioná-la à parte contrária.

Disse aparentemente, pois a nosso juízo a melhor opção não seria dirigi-la à parte contrária, e sim à parte prejudicada pelo testemunho que alterou ou omitiu fatos essenciais ao julgamento da causa.

Isso se justifica porque, ao se definir como destinatário a parte contrária, a testemunha indicada pelo juízo não poderia ser penalizada. Ademais, a testemunha poderá prejudicar a própria parte que o indicou, e nem por isso, estará afastada de aplicação da multa, vez que mantém o dever de dizer a verdade. Além disso, no próprio direito penal, o sujeito primário do crime é o Estado e, de forma secundária, a pessoa prejudicada pela falsidade produzida.[71]

Desse modo, pensamos que a multa aplicada à testemunha terá como destinatário a parte que foi prejudicada pelo testemunho falso.

9.2.6.9. Legitimidade recursal da testemunha para impugnar a multa

A testemunha exerce função pública de auxiliar eventual da justiça, podendo ser inserida no rol exemplificativo do art. 149 do CPC, aplicável ao processo do trabalho.

A doutrina e jurisprudência, majoritariamente, não têm admitido a legitimidade recursal aos auxiliares da justiça, sob o argumento de que não fazem parte da relação processual e de que não há nexo de prejudicialidade entre os direitos discutidos e sua situação. Na hipótese de pretenderem se insurgir contra a decisão, devem se utilizar do mandado de segurança.

Parte da doutrina, com quem nos parece estar a razão, contraria a tese majoritária, no sentido de que, embora não sejam sujeitos da relação processual principal, mas auxiliares do juízo, por vezes se tornam sujeitos interessados em alguns incidentes no processo, como é o caso da alegação de suspeição e impedimento em face deles, assim como na fixação de honorários. É o que ocorre também na condenação do terceiro por ato atentatório à dignidade da jurisdição (CPC/2015, art. 77, § 2º). Nesse caso, passam a ter interesse próprio, sendo legitimados como parte, não do processo, mas do incidente.[72]

Essa mesma sistemática deve ser aplicada à testemunha. Queremos dizer, como a testemunha é a condenada, torna-se interessada, tendo legitimidade recursal para discutir a decisão judicial que a condenou, iniciando seu prazo recursal da data que foi intimada da sentença.

Atente-se: o termo inicial do seu prazo recursal é da data que a testemunha tomou ciência da sentença, e não da data que a parte da demanda teve conhecimento da decisão.

É por isso que, mesmo para aqueles que admitirem a aplicação da multa por decisão interlocutória (o que não nos parece adequado), como não cabe recurso imediatamente, a testemunha deverá ser intimada da sentença, a fim de iniciar seu prazo recursal.

71. NUCCI, Guilherme de Souza. *Manual de direito penal – Parte geral, Parte Especial.* São Paulo: Editora Revista do Tribunais, 2008. p. 1.009.

72. NEVES, Daniel Amorim Assumpção. *Manual de direito processual civil.* 8. ed. Salvador: Ed. Juspodivm, 2016. p. 1510.

Atenção:

Se o recurso da parte estiver impugnando o capítulo que tenha correlação com os fatos essenciais alterados ou omitidos pela testemunha, pensamos que o tribunal está autorizado a modificar ou excluir a multa do art. 793-D da CLT aplicada pelo juízo *a quo*, ainda que o recurso não seja interposto pela testemunha, em decorrência dos efeitos expansivo e translativo dos recursos.

9.2.6.10. Execução da multa imposta à testemunha

O parágrafo único do artigo 793-D da CLT descreve que a execução da multa aplicada à testemunha ocorrerá nos mesmos autos do processo. O legislador torna a testemunha parte do processo, embora não seja considerada uma das partes da demanda.

Nesse contexto e considerando que o art. 878, caput, da CLT também foi alterado pela Lei 13.467/17, afastando pela interpretação literal o início da execução ex officio (salvo no caso de jus postulandi), a parte prejudicada com o depoimento que alterou ou omitiu fatos essenciais deverá requerer a execução da multa.

O legislador reformador, esquecendo que o processo do trabalho é embasado no princípio da simplicidade, cria duas execuções paralelas, uma em face do executado e outra em face da testemunha. Não se trata, nesse caso, de unificar a execução como ocorre nas contribuições previdenciárias, vez que nas contribuições o exequente e a União são credores.

Na execução da multa temos dois devedores (executado e testemunha), de modo que a execução da multa seguirá todo o trâmite da execução de quantia certa contra devedor solvente, ou seja, citação, penhora, adjudicação, arrematação etc.

De qualquer modo e em decorrência dos efeitos expansivo e translativo dos recursos, pensamos que não existe execução provisória dessa multa, impondo o trânsito em julgado do capítulo relacionado aos fatos essenciais alterados ou omitidos pela testemunha.

9.2.6.11. Direito intertemporal

A multa imposta à testemunha foi criada pela Lei nº 13.467/17 (Reforma Trabalhista), de modo que para o C. TST ela somente pode ser aplicada para às ações ajuizadas a partir de 11.11.17, data da entrada em vigor da Lei nº 13.467/17 (TST-IN nº 41/2018, art. 10, caput).

9.3. Prova Documental

A prova documental é um meio de prova abrangendo não somente os escritos, como também gravações magnéticas, fotografias, desenhos, gravações sonoras, reproduções digitalizadas etc. Tem, portanto, um contexto amplo.

A CLT versou sobre a prova documental em apenas quatro artigos (777, 780, 787 e 830), de modo que são aplicáveis, supletivamente, os dispositivos do CPC.

O documento utilizado como prova deve ser apresentado no original ou autenticado.

No entanto, o art. 830 da CLT permite que o advogado apresente cópia simples, declarando a autenticidade do documento, sob sua responsabilidade pessoal. Nessa hipótese, apenas se impugnada sua autenticidade é que será necessária a apresentação do documento original ou autenticado. Nesse sentido, o art. 830 da CLT:

> **Art. 830.** O documento em cópia oferecido para prova poderá ser declarado autêntico pelo próprio advogado, sob sua responsabilidade pessoal.
>
> Parágrafo único. Impugnada a autenticidade da cópia, a parte que a produziu será intimada para apresentar cópias devidamente autenticadas ou o original, cabendo ao serventuário competente proceder à conferência e certificar a conformidade entre esses documentos.

Por sua vez, as **pessoas jurídicas de direito público** são dispensadas da exigência de autenticar os documentos fotocopiados apresentados em juízos, ante a fé pública inerente a esses órgãos (MP 1.360/96 convertida no art. 24 da Lei 10.522/02). Nesse sentido, a OJ nº 134 da SDI-I do TST:

> **Orientação Jurisprudencial nº 134 da SDI – I do TST.** Autenticação. Pessoa jurídica de direito público. Dispensada. Medida provisória nº 1.360, de 12.03.96
>
> São válidos os documentos apresentados, por pessoa jurídica de direito público, em fotocópia não autenticada, posteriormente à edição da Medida Provisória nº 1.360/96 e suas reedições.

Tratando-se de **documento comum às partes**, como é o caso dos instrumentos normativos (acordo coletivo, convenção coletiva e sentença normativa), as cópias não autenticadas possuem valor probante, desde que não haja impugnação ao seu conteúdo (OJ nº 36 da SDI-I do TST).

No que tange ao **momento para apresentação da prova documental**, a doutrina diverge sobre o tema:

- **1ª tese**: pode ser apresentada até o encerramento da instrução processual, respeitando-se o contraditório.
- **2ª tese**: o reclamante deve apresentar com a inicial e o reclamado, na audiência, junto com a contestação, sob pena de preclusão.

A segunda corrente, a qual nos filiamos, decorre da interpretação sistemática (conjugada) dos arts. 434, caput, do CPC/2015 e 787 da CLT:

> **CPC/2015, art. 434** – Incumbe à parte instruir a petição inicial ou a contestação com os documentos destinados a provar suas alegações. (...)

> **CLT, art. 787** – A reclamação escrita deverá ser formulada em 2 (duas) vias e desde logo acompanhada dos documentos em que se fundar.

Não obstante, após esses prazos, poderão as partes juntar documentos novos, desde que destinados a fazer prova de fatos ocorridos depois dos articulados, ou para contrapô-los aos que foram produzidos nos autos (CPC/2015, art. 435).

> **Atenção:**
>
> A juntada de documentos na fase recursal só se justifica quando provado o justo impedimento para sua oportuna apresentação ou se referir a fato posterior à sentença (Súmula nº 8 do TST).

Cabe consignar, porém, que, no rito sumaríssimo, todas as provas serão produzidas na audiência de instrução e julgamento, nos termos do art. 852-H e seu § 1º da CLT:

> **Art. 852-H.** Todas as provas serão produzidas na audiência de instrução e julgamento, ainda que não requeridas previamente.
>
> § 1º. Sobre os documentos apresentados por uma das partes manifestar-se-á imediatamente a parte contrária, sem interrupção da audiência, salvo absoluta impossibilidade, a critério do juiz.

Cumpre registrar, ainda, que para alguns atos, na seara trabalhista, a prova documental é imprescindível para sua demonstração como, por exemplo:

- pagamento dos salários (CLT, art. 464);
- banco de horas (CLT art. 59, § 5º);
- concessão ou pagamento das férias (CLT, arts. 135 e 145, parágrafo único).

Por fim, salienta-se que, quanto às anotações da CTPS, o C. TST entende que as anotações apostas pelo empregador na carteira profissional do empregado não geram presunção juris et de jure (presunção absoluta), mas apenas juris tantum (presunção relativa) (Súmula nº 12 do TST).

9.3.1. *Documentos eletrônicos*

Com o avanço tecnológico e especialmente a implementação do processo judicial eletrônico, passa a ter bastante relevância o estudo dos documentos eletrônicos.

Entende-se por documento eletrônico "uma sequência de bits que, trazida por meio de um determinado programa de computador, seja representativa de um fato"[73].

Tais documentos afastam a ideia de que o documento precisa ser materializado em um meio físico, ou seja, o documento eletrônico é desmaterializado não precisando ficar fixado em papel ou qualquer outro meio físico. Basta que represente determinado fato.

Nesse contexto, o art. 11 da Lei nº 11.419/06 passou a contemplar que os documentos produzidos eletronicamente e juntados ao processo eletrônico com garantia

73. Marcacini, Augusto Tavares Rosa apud SCHIAVI, Mauro. *Provas no processo do trabalho*. 3. ed. rev. e ampl. São Paulo: Ltr, 2013. p. 137.

de origem e seu signatário serão considerados originais para todos os efeitos legais. Ademais, os documentos produzidos eletronicamente, os extratos digitais e os documentos digitalizados e juntados aos autos pelos órgãos da Justiça do Trabalho e seus auxiliares, pelos membros do Ministério Público do Trabalho, pelas procuradorias e por advogados **têm a mesma força probante dos originais**, ressalvada a alegação motivada e fundamentada de adulteração antes ou durante o processo de digitalização (Lei nº 11.419/06, art. 11, § 1º e CNJ-Res. nº 185/2013, art. 14).

Na realidade, o documento eletrônico já é o original, não havendo tecnicamente razão para a lei considerá-lo como tal. Isso porque se o "documento produzido e enviado por meio eletrônico é cópia, qual seria o original?"[74].

Nos dizeres de Marcacini:

> Estes conceitos, de documento original ou de vias de um mesmo documento, são inexistentes no meio eletrônico. O documento eletrônico é a sequência de bits e, onde quer que esteja gravado, em qualquer quantidade de cópias, mas desde que seja reproduzida exatamente a mesma sequência, teremos sempre o mesmo documento. Dado o fato de que o documento eletrônico pode ser copiado infinitas vezes, mantendo-se exatamente igual à matriz, é impossível falar-se em original, em cópia, ou em número de vias do documento eletrônico. Toda 'cópia' do documento eletrônico terá sempre as mesmas características do 'original' e, por isso, deve ser assim considerada. É o caso até de dizermos que não existe um original e não existem cópias nem vias do documento eletrônico, enquanto ele for mantido nessa forma[75].

O que pode acontecer é a impressão em papel do documento eletrônico. Nesse caso, o documento original é o eletrônico e a impressão, a cópia. A recíproca também pode ocorrer, ou seja, um documento em papel ser digitalizado. Aqui, o documento físico é o original, enquanto o eletrônico é a cópia.

Essa observação não é meramente acadêmica.

Isso porque sendo o documento "genuinamente" eletrônico, especialmente quando produzido com assinatura digital, não há que se falar em preservação pelo detentor dos originais, tendo eficácia probatória quanto à origem do documento e também quanto ao seu conteúdo. Desse modo, suscitado o incidente de falsidade, incumbirá a quem alegar derrubar a presunção de veracidade do documento, gerado com a assinatura digital[76].

Por outro lado, o documento físico digitalizado possui presunção juris tantum de veracidade (tem força probante do original), podendo, porém, ser alegada de forma motivada a adulteração antes ou durante o processo de digitalização. Nesse caso, impõe-se que os originais dos documentos digitalizados sejam preservados pelo seu

---

74. SILVA, Otavio Pinto e. *Processo eletrônico trabalhista*. São Paulo: LTr, 2013. p. 100.

75. MARCACINI, Augusto Tavares Rosa *apud* SILVA, Otavio Pinto e. *Processo eletrônico trabalhista*. São Paulo: LTr, 2013. p. 101.

76. SILVA, Otavio Pinto e. *Processo eletrônico trabalhista*. São Paulo: LTr, 2013. p. 103.

detentor até o trânsito em julgado da sentença ou, quando admitida, até o final do prazo para interposição de ação rescisória (Lei nº 11.419/06, art. 11, § 3º).

Ademais, cabe à àquele que produzir o documento, digital ou digitalizado, e realizar a sua juntada aos autos, zelar pela sua qualidade, especialmente quanto à sua legibilidade (CNJ-Res. nº 185/13/2014, art. 14, § 1º). Aliás, o usuário deve assegurar que os arquivos eletrônicos que enviar ao PJe-JT estejam livres de artefatos maliciosos. Nessa hipótese, os arquivos poderão ser rejeitados de plano, informando-se ao usuário as razões da rejeição, com efeito de certidão (CNJ-Res. nº 185/13, art. 14, § 5º).

Atente-se para o fato de que os documentos cuja digitalização se mostre tecnicamente inviável em razão do grande volume, tamanho/formato ou por motivo de ilegibilidade deverão ser apresentados em secretaria no prazo de 10 dias contados do envio de petição eletrônica comunicando o fato. Após o trânsito em julgado, os referidos documentos serão devolvidos, incumbindo-se à parte preservá-los, até o fim do prazo para propositura de ação rescisória, quando admitida (Lei nº 11.419/06, art. 11, § 5º e CNJ-Res. nº 185/13, art. 14, § 4º).

Por fim, consigne-se que os documentos digitalizados juntados em processo eletrônico somente estarão disponíveis para acesso por meio da rede externa para suas respectivas partes processuais, para os advogados, independentemente de procuração nos autos, para os membros do Ministério Público e para os magistrados, sem prejuízo da possibilidade de visualização nas secretarias dos órgãos julgadores, à exceção daqueles que tramitarem em segredo de justiça. (Lei nº 11.419/06, art. 11, § 6º).

Aliás, os sistemas de informações pertinentes a processos eletrônicos devem possibilitar que advogados, procuradores e membros do Ministério Público cadastrados, mas não vinculados a processo previamente identificado, acessem automaticamente todos os atos e documentos processuais armazenados em meio eletrônico, desde que demonstrado interesse para fins apenas de registro, salvo nos casos de processos em segredo de justiça (Lei nº 11.419/06, art. 11, § 7º).

9.3.2. Ata Notarial

O CPC/2015 inovou ao disciplinar a ata notarial no art. 384, in verbis:

> **Art. 384.** A existência e o modo de existir de algum fato podem ser atestados ou documentados, a requerimento do interessado, mediante ata lavrada por tabelião.
>
> Parágrafo único. Dados representados por imagem ou som gravados em arquivos eletrônicos poderão constar da ata notarial.

Trata-se norma aplicável ao processo do trabalho, tendo incidência, por exemplo, para declarar o conteúdo de determinado site da internet ou das redes sociais.

Lavrada a ata, ela constitui-se em documento público, de conteúdo narrativo ou testemunhal, "já que por meio dele, o tabelião simplesmente narra o que vivenciou sensorialmente (o que viu, ouviu, cheirou, tateou etc.)"[77].

Conquanto seja um documento público, a ata notarial é unilateral, de modo que o juiz deverá valorá-la em cada caso concreto, podendo inclusive determinar a realização da diligência com observância do contraditório.

9.3.3. *Falsidade de documento*

A falsidade consiste em:

1) formar documento não verdadeiro;

2) alterar documento verdadeiro (CPC/2015, art. 427, parágrafo único).

Cessará a fé do documento público ou particular após a declaração judicial da falsidade. De qualquer modo, quando ao documento particular cessa a fé quando:

I – for impugnada sua autenticidade e enquanto não se comprovar sua veracidade;

II – assinado em branco, for impugnado seu conteúdo, por preenchimento abusivo (CPC/2015, art. 428).

O ônus de provar a falsidade é distribuído da seguir forma:

Falsidade	Ônus da prova
falsidade de documento ou de preenchimento abusivo	parte que a arguir
impugnação da autenticidade	parte que produziu o documento

A falsidade deve ser suscitada na contestação, manifestação sobre a contestação (réplica) ou no prazo de 15 dias, contado a partir da intimação da juntada do documento aos autos (CPC/2015, art. 430). Uma vez arguida, a falsidade será resolvida como questão incidental, salvo se a parte requerer que o juiz a decida como questão principal.

A declaração sobre a falsidade do documento, quando suscitada como questão principal, constará da parte dispositiva da sentença e sobre ela incidirá também a autoridade da coisa julgada (CPC/2015, art. 433).

9.4. Prova Pericial

A prova pericial será utilizada quando a prova do fato depender de conhecimento técnico ou científico. Ela consiste em exame, vistoria ou avaliação (CPC/2015, art. 464).

77. DIDIER JR., Fredie; BRAGA, Paula Sarno; OLIVEIRA, Rafael Alexandria de. *Curso de Direito Processual Civil: teoria da prova, direito probatório, decisão, precedente, coisa julgada e tutela provisória. v. 2,* 10. ed. Salvador: Juspodivm, 2015. p. 214.

Isso significa que, ainda que o magistrado tenha conhecimentos técnicos (p. ex, ser bacharel em direito e engenheiro) deverá se valer da prova pericial, designando um perito, que é considerado auxiliar da justiça (CPC/15, art. 156). "Do contrário, o juiz acumularia a função de perito, impossibilitando a adoção do correspondente procedimento probatório e amputando às partes a oportunidade de participar dele pela forma que a lei lhe assegura"[78], violando assim o princípio do contraditório. "Ademais: a) nem sempre o juiz que preside a produção da prova será aquele que sentenciará e b) a instância recursal é composta necessariamente por outros magistrados, distintos daquele que proferiu a sentença"[79].

O juiz designará um perito, considerado auxiliar da justiça (CPC/2015, art. 156). É permitido, porém, a indicação de assistentes pelas partes, no prazo de 15 dias da nomeação do perito (CPC/2015, art. 465). No mesmo prazo, deverá apresentar seus quesitos, que são os questionamentos a serem respondidos pelo perito.

Os peritos serão escolhidos entre profissionais legalmente habilitados, devidamente inscritos em cadastro mantido pelo tribunal ao qual o juiz está vinculado. Para formação de referido cadastro, os tribunais devem realizar consulta pública, por meio de divulgação na rede mundial de computadores ou em jornais de grande circulação, além de consulta direta a universidades, a conselhos de classe, ao Ministério Público, à Defensoria Pública e à Ordem dos Advogados do Brasil, para a indicação de profissionais ou de órgãos técnicos interessados (CPC/2015, art. 156, §§ 1º e 2º).

Para a manutenção do cadastro, os tribunais devem realizar avaliações e reavaliações periódicas, considerando a formação profissional, a atualização do conhecimento e a experiência dos peritos interessados (CPC/2015, art. 156, § 3º).

Na localidade onde não houver inscrito no cadastro disponibilizado pelo tribunal, a nomeação do perito é de livre escolha pelo juiz e deverá recair sobre profissional ou órgão técnico ou científico comprovadamente detentor do conhecimento necessário à realização da perícia (CPC/2015, art. 156, § 5º).

Consigne-se que o art. 3º da Lei nº 5.584/70 revogou tacitamente o art. 826 da CLT, passando a estabelecer:

> **Art. 3º.** Os exames periciais serão realizados por perito único designado pelo Juiz, que fixará o prazo para entrega do laudo.

78. FABRÍCIO, Adroaldo Furtado apud DIDIER JR., Fredie; BRAGA, Paula Sarno; OLIVEIRA, Rafael Alexandria de. Curso de Direito Processual Civil: teoria da prova, direito probatório, decisão, precedente, coisa julgada e tutela provisória, vol. 2. 11. ed. Salvador: Editora Juspodivm, 2016, p. 267.

79. DIDIER JR., Fredie; BRAGA, Paula Sarno; OLIVEIRA, Rafael Alexandria de. Curso de Direito Processual Civil: teoria da prova, direito probatório, decisão, precedente, coisa julgada e tutela provisória, vol. 2. 11. ed. Salvador: Editora Juspodivm, 2016, p. 267.

Parágrafo único. Permitir-se-á a cada parte a indicação de um assistente, cujo laudo terá que ser apresentado no mesmo prazo assinado para o perito[80], sob pena de ser desentranhado dos autos.

Embora referido artigo faça alusão a perito único e designação apenas pelo juiz, pensamos que, em razão da lacuna ontológica existente, o CPC/15 deve ser aplicado, permitindo-se a nomeação de mais de um perito, nos casos de perícia complexa (CPC/2015, art. 475), bem como possibilitando a nomeação do perito pelas partes, desde que sejam plenamente capazes e a causa possa ser resolvida por autocomposição (CPC/2015, art. 471). Nesse caso, a perícia consensual substitui, para todos os efeitos, a que seria realizada por perito nomeado pelo juiz (art. 471, § 3º).

O juiz pode indeferir a perícia quando:

I – a prova do fato não depender do conhecimento especial de técnico;

II – for desnecessária em vista de outras provas produzidas;

III – a verificação for impraticável (CPC/2015, art. 464, § 1º).

Ademais, no **rito sumaríssimo**, somente quando a prova do fato o exigir, ou for legalmente imposta, será deferida prova técnica, incumbindo ao juiz, desde logo, fixar o prazo, o objeto da perícia e nomear perito (CLT, art. 852-H, § 4º).

O laudo pericial deverá conter:

I – a exposição do objeto da perícia;

II – a análise técnica ou científica realizada pelo perito;

III – a indicação do método utilizado, esclarecendo-o e demonstrando ser predominantemente aceito pelos especialistas da área do conhecimento da qual se originou;

IV – resposta conclusiva a todos os quesitos apresentados pelo juiz, pelas partes e pelo órgão do Ministério Público (CPC/2015, art. 473).

O perito deve apresentar sua fundamentação em linguagem simples e com coerência lógica, indicando como alcançou suas conclusões, sendo vedado ao perito ultrapassar os limites de sua designação, bem como emitir opiniões pessoais que excedam o exame técnico ou científico do objeto da perícia (CPC/2015, art. 473, §§ 1º e 2º).

A realização da prova pericial pode decorrer de requerimento das partes ou ser determinada de ofício.

Apresentada a perícia, as partes serão intimadas para manifestação sobre o laudo. No rito sumaríssimo, a manifestação deverá ser no **prazo comum** de 5 dias. No

80. Havendo regra própria no processo do trabalho, não é aplicado o art. 433 do CPC que permite ao assistente técnico a manifestação no prazo comum de 10 dias após a intimação das partes da apresentação do laudo do perito.

rito ordinário, as partes deverão manifestar no prazo comum de 15 dias (CPC/2015, art. 477, § 1º).

Ademais, o juiz poderá arguir os peritos compromissados ou os técnicos, objetivando esclarecimentos sobre o laudo (CLT, art. 827).

Cabe consignar que o juiz não está adstrito ao laudo pericial, devendo indicar na sentença os motivos que o levaram a considerar ou a deixar de considerar as conclusões do laudo, levando em conta o método utilizado pelo perito (CPC/2015, 479). A propósito, verificando-se agente insalubre diverso do apontado na inicial, não fica prejudicado o pedido de adicional de insalubridade (Súmula nº 293 do TST).

Ademais, o juiz poderá determinar, de ofício ou a requerimento da parte, a realização de nova perícia, quando a matéria não lhe parecer suficientemente esclarecida (CPC/2015, art. 480, caput). A segunda perícia tem por objeto os mesmos fatos sobre os quais recaiu a primeira e destina-se a corrigir eventual omissão ou inexatidão dos resultados a que esta conduziu (CPC/2015, art. 480, § 1º). A segunda perícia não substitui a primeira, cabendo ao juiz apreciar livremente o valor de uma e outra (CPC/2015, art. 480, § 3º).

Atenção:
Em regra, a prova pericial ocorre na fase de conhecimento. É admitida também sua realização na fase de liquidação, na hipótese de liquidação por arbitramento.

É interessante observar que, uma vez condenada a empresa ao pagamento do adicional de insalubridade ou periculosidade, o pagamento será continuativo quando a relação de emprego estiver em vigor. Desse modo, pode acontecer de, por medidas posteriores, minimizar ou cessar o agente insalubre ou periculoso. Nesse caso, para afastar ou atenuar a condenação é necessário o ajuizamento de ação revisional (CPC/2015, art. 505, I). Da mesma forma, se as condições insalubridade piorarem (p. ex., de grau médio para grau máximo) também será admitida a ação revisional.

9.4.1. Adicional de insalubridade e periculosidade e realização de perícia

Tratando-se de **pedido de adicional de periculosidade e insalubridade, a realização da perícia é obrigatória**, mesmo que o reclamado seja revel e confesso quanto à matéria de fato[81], como disciplina o art. 195, § 2º, da CLT:

> § 2º. Arguida em juízo insalubridade ou periculosidade, seja por empregado, seja por Sindicato em favor de grupo de associado, o juiz designará perito habilitado na forma deste artigo, e, onde não houver, requisitará perícia ao órgão competente do Ministério do Trabalho[82].

81. Cabe destacar que há julgados que dispensam a prova pericial quando houver outros meios de prova nos autos que demonstrem a periculosidade ou a insalubridade. Nesse sentido: TST – AIRR nº 1704-70.2012.5.01.0003, 7ª Turma do TST, Rel. Douglas Alencar Rodrigues. j. 15.02.2017, Publ. 24.02.2017.

82. Atualmente consiste na Secretaria Especial de Previdência e Trabalho do Ministério da Economia.

As atividades insalubres, entendidas como aquelas que expõem o empregado a agentes nocivos à sua saúde e que ultrapassam o seu limite de tolerância, exigem dois requisitos essenciais para obtenção do adicional:

a) a atividade nociva deverá ser constatada via perícia por profissional habilitado, médico ou engenheiro do trabalho.

b) é necessário que o agente nocivo à saúde esteja incluído na relação oficial do Ministério do Trabalho e Emprego - MTE[83] (Súmula nº 448, I, do TST).

Assim, a prova técnica é requisito essencial para a caracterização da insalubridade e o deferimento do adicional.

No caso da atividade perigosa, ela é comprovada mediante perícia (art. 195 da CLT) e deve constar nos anexos I ou II da Norma Regulamentadora nº 16 do MTE (atual Secretaria Especial de Previdência e Trabalho do Ministério da Economia). Assim sendo, a prova técnica também é, em regra, um dos requisitos para a caracterização e o recebimento do adicional.

Nesses casos, a caracterização e classificação da insalubridade ou periculosidade podem ser feitas, indiferentemente, por perito médico ou engenheiro, bastando que, para a elaboração do laudo, seja o profissional devidamente qualificado (OJ nº 165 da SDI-I do TST).

Contudo, pode acontecer de o juiz dispensar a prova pericial quando as partes, na inicial e na contestação, apresentarem, sobre as questões de fato, pareceres técnicos ou documentos elucidativos que considerar suficientes (CPC/15, art. 472). Nesse sentido:

> **Enunciado nº 54 da 1ª Jornada de Direito do Trabalho e Processo do Trabalho do TST:** Aplica-se o art. 427 do CPC[84] no processo do trabalho, de modo que o juiz pode dispensar a produção de prova pericial quando houver prova suficiente nos autos.

Ademais, o juiz pode indeferir a perícia quando:

> I - a prova do fato não depender do conhecimento especial de técnico;
>
> II - for desnecessária em vista de outras provas produzidas;
>
> III -a verificação for impraticável (CPC/15, art. 464, § 1º).

O item III relaciona-se ao disposto na OJ nº 278 da SDI-I do TST[85], vez que sendo o local desativado, ou seja, se houver extinção do estabelecimento, torna-se

83. Atualmente consiste na Secretaria Especial de Previdência e Trabalho do Ministério da Economia.

84. CPC/15: art. 472.

85. **Orientação Jurisprudencial nº 278 da SDI - I do TST.** Adicional de insalubridade. Perícia. Local de trabalho desativado.
A realização da perícia é obrigatória para verificação de insalubridade. Quando não for possível sua realização como em caso de fechamento da empresa, poderá o julgador utilizar-se de outros meios de prova.

impossível a realização de perícia. Nesse caso, o juiz poderá se valer de outros meios de prova para a caracterização da insalubridade, como a prova emprestada, a documental etc., de acordo com o art. 371 do CPC/15, e com base no princípio da convicção motivada do juiz.

É interessante destacar que o art. 464, § 1º, do CPC/15 não é exaustivo, admitindo a dispensa da perícia em outros casos.

Desse modo, entende o TST que o pagamento de adicional de periculosidade efetuado por mera liberalidade da empresa, ainda que de forma proporcional ao tempo de exposição ao risco ou em percentual inferior ao máximo legalmente previsto, dispensa a realização da prova técnica exigida pelo art. 195 da CLT, pois torna incontroversa a existência do trabalho em condições perigosas (Súmula n° 453 do TST).

É que na hipótese, a controvérsia poderá sugir em torno do pagamento integral ou proporcional ao tempo de exposição, mas, no tocante à existência do risco, não restam dúvidas, porque o adicional já era pago por liberalidade do empregador.

Além disso, a prova pericial também será dispensada quando se tratar de fato notório ou quando a própria lei impuser o pagamento para determinada atividade. No primeiro caso é, por exemplo, o trabalhador que labora como frentista na bomba de gasolina, que é presumida a periculosidade, sendo dispensada a prova pericial, podendo-se, no máximo, provar por outros meios que ele não trabalhava diretamente na bomba ou que sua atividade era eventual (Súmula 364 do TST). Na segunda hipótese (norma legal), é o caso dos bombeiros (art. 6°, III, da Lei nº 11.901/09), vigilantes (CLT, art. 193, II) etc., uma vez que, o simples fato de exercer tal atividade, dar-lhes-á o direito ao recebimento do adicional.

Em suma, é dispensável a prova pericial no pedido de insalubridade ou periculosidade em pelo menos quatro hipóteses:

1) fechamento da empresa;
2) pagamento de adicional de periculosidade efetuado por mera liberalidade da empresa;
3) fato notório; e
4) decorre de imposição legal.

9.4.2. Honorários periciais

Cabe verificar a quem incumbe o pagamento dos honorários periciais.

Tais honorários estão regulamentados no art. 790-B da CLT, alterado pela Lei 13.467/17, o qual vaticina que:

Art. 790-B. A responsabilidade pelo pagamento dos honorários periciais é da parte sucumbente na pretensão objeto da perícia, ainda que beneficiária da justiça gratuita.

§ 1º Ao fixar o valor dos honorários periciais, o juízo deverá respeitar o limite máximo estabelecido pelo Conselho Superior da Justiça do Trabalho.

§ 2º O juízo poderá deferir parcelamento dos honorários periciais.

§ 3º O juízo não poderá exigir adiantamento de valores para realização de perícias.

§ 4º Somente no caso em que o beneficiário da justiça gratuita não tenha obtido em juízo créditos capazes de suportar a despesa referida no caput, ainda que em outro processo, a União responderá pelo encargo.

Vê-se pelo referido dispositivo as seguintes regras sobre os honorários periciais:

1 – A responsabilidade pelo seu pagamento é da parte sucumbente na pretensão objeto da perícia (CLT, art. 790-B), ou seja, daquele que perdeu o objeto da perícia, ainda que beneficiário da justiça gratuita;

- **Exemplo:** reclamante postula pagamento de adicional de insalubridade, ficando constatado que o local não é insalubre. Nesse caso, o reclamante é responsável pelo pagamento da perícia, mesmo que tenha, por exemplo, outros pedidos no processo em relação aos quais ele seja vencedor.

Atente-se que a sucumbência é definida pela decisão judicial e não pela conclusão da perícia. Noutras palavras, ainda que a perícia, por exemplo, conclua pela existência da insalubridade, mas na sentença o julgador, convencido por outros elementos dos autos, julgue improcedente o pedido, o reclamante será o sucumbente.

2 – para fixar os honorários periciais o juiz deve observar o limite máximo estabelecido pelo CSJT;

3 – é possível parcelar o pagamento dos honorários periciais;

4 – o juízo não pode exigir o adiantamento dos honorários periciais.

No mesmo sentido, já dispunha a Orientação Jurisprudencial nº 98 da SDI-II, in verbis:

OJ nº 98 da SDI – II do TST. Mandado de segurança. Cabível para atacar exigência de depósito prévio de honorários periciais.

É ilegal a exigência de depósito prévio para custeio dos honorários periciais, dada a incompatibilidade com o processo do trabalho, sendo cabível o mandado de segurança visando à realização da perícia, independentemente do depósito.

5 – o beneficiário da justiça gratuita será condenado ao pagamento dos honorários periciais quando tiver obtido em juízo, ainda que em outro processo, créditos capazes de suportar a despesa.

Por fim, é interessante consignar que, na realização da perícia, a parte pode nomear um **assistente de perito** de sua confiança. Os custos desse assistente, porém, por ser mera faculdade, é de responsabilidade da parte que o contratou (Súmula nº 341 do TST).

Em resumo:

Tipo de honorário	Quem deve pagar
Honorários periciais	Parte sucumbente no objeto da perícia
Honorários de assistente de perito	Parte que contratou o assistente

9.4.3. *Prova técnica simplificada*

O CPC/2015 criou a chamada prova técnica simplificada, estabelecendo nos §§ 2º a 4º, do art. 464, o que segue:

> § 2º. De ofício ou a requerimento das partes, o juiz poderá, em substituição à perícia, determinar a produção de prova técnica simplificada, quando o ponto controvertido for de menor complexidade.
>
> § 3º. A prova técnica simplificada consistirá apenas na inquirição de especialista, pelo juiz, sobre ponto controvertido da causa que demande especial conhecimento científico ou técnico.
>
> § 4º. Durante a arguição, o especialista, que deverá ter formação acadêmica específica na área objeto de seu depoimento, poderá valer-se de qualquer recurso tecnológico de transmissão de sons e imagens com o fim de esclarecer os pontos controvertidos da causa.

Portanto, a prova técnica simplificada que consiste apenas na inquirição do especialista, não havendo necessidade de laudo pericial.

Havendo omissão na CLT sobre o tema, bem como sendo compatível com o processo do trabalho, porque embasado no princípio da simplicidade, pensamos que a prova técnica simplificada é plenamente aplicável ao processo do trabalho.

9.5. Inspeção Judicial

A CLT é omissa quanto à inspeção judicial. Por ser compatível com o processo do trabalho, o CPC/2015 é aplicável de forma subsidiária.

Haverá inspeção judicial quando o juiz, de ofício ou a requerimento da parte, deslocar-se até o local onde se encontre a pessoa ou coisa, desde que:

> I – julgue necessário para a melhor verificação ou interpretação dos fatos que deva observar;
>
> II – a coisa não possa ser apresentada em juízo, sem consideráveis despesas ou graves dificuldades;
>
> III – determine a reconstituição dos fatos (CPC/2015, art. 483).

A inspeção pode ser realizada em qualquer fase do processo, desde que necessária à solução da causa, podendo recair sobre pessoas ou coisa (CPC/2015, art. 481).

As partes têm sempre direito a assistir à inspeção, prestando esclarecimentos e fazendo observações que reputem de interesse para a causa (CPC/2015, art. 483, parágrafo único).

Ao realizar a inspeção, o juiz poderá ser assistido de um ou mais peritos (CPC/2015, art. 482).

Concluída a diligência, o juiz mandará lavrar auto circunstanciado, mencionando nele tudo quanto for útil ao julgamento da causa. O auto poderá ser instruído com desenho, gráfico ou fotografia (CPC/2015, art. 484).

10. PROVAS E A LEI GERAL DE PROTEÇÃO DE DADOS (LGPD)

A Lei nº 13.709/18 instituiu a Lei Geral de Proteção de Dados (LGPD), dispondo sobre o tratamento de dados pessoais, inclusive nos meios digitais, por pessoa natural ou por pessoa jurídica de direito público ou privado, com o objetivo de proteger os direitos fundamentais de liberdade e de privacidade e o livre desenvolvimento da personalidade da pessoa natural. Trata-se, pois, de norma que busca proteger a pessoa natural.

O tratamento de dados é toda operação realizada com dados pessoais, como as que se referem a coleta, produção, recepção, classificação, utilização, acesso, reprodução, transmissão, distribuição, processamento, arquivamento, armazenamento, eliminação, avaliação ou controle da informação, modificação, comunicação, transferência, difusão ou extração (Lei nº 13.709/18, art. 5º, X).

Referida legislação trará inúmeras discussões acerca da aplicação da LGPD nas relações trabalhistas, desde a fase pré-contratual (na seleção dos candidatos, por exemplo), até após o término do contrato de trabalho (com o armazenamento das informações de antigos empregados).

A preservação da privacidade e da autodeterminação informativa dos cidadãos traz impactos também na divulgação dos dados e informações das pessoas físicas que integrem os processos judiciais ou que neles sejam mencionadas.

Nesse contexto, podem surgir discussões relativas à possibilidade de juntada de provas que tenham informações pessoais de empregados pelas empresas nas reclamações trabalhistas. Assim, o empregador, em um processo trabalhista, estaria vedado de juntar uma prova que trouxesse dados pessoais de seu ex-empregado?

O art. 7º, VI, da LGPD prevê que o tratamento de dados pessoais, consistentes nas informações relacionadas à pessoa natural identificada ou identificável, poderá ocorrer, sem o consentimento do titular, para o exercício regular de direitos em processo judicial, administrativo ou arbitral.

Ainda que se tratem de dados sensíveis, consistentes nas informações sobre origem racial ou étnica, convicção religiosa, opinião política, filiação a sindicato ou a organização de caráter religioso, filosófico ou político, dado referente à saúde ou à vida sexual, dado genético ou biométrico, quando vinculado a uma pessoa natural (Lei nº 13.709/18, art. 5º, II), é possível sua utilização sem o consentimento, quando for indispensável para o exercício regular de direitos, inclusive em contrato e em processo judicial, administrativo e arbitral (Lei nº 13.709/18, art. 11, II, "d").

Desse modo, a utilização de provas nos processos judiciais trabalhistas que contenham dados pessoais (sensíveis ou não) sobre o empregado encontra respalda na LGPD, já que se trata do exercício do direito ao contraditório e à ampla defesa.

Cabe mencionar que toda pessoa natural tem assegurada a titularidade de seus dados pessoais e garantidos os direitos fundamentais de liberdade, de intimidade e de privacidade, inclusive podendo se opor ao tratamento realizado nos casos em que não é necessário o consentimento (Lei nº 13.709/18, arts. 17 e 18, § 2º). Assim, se o empregado entender que houve a utilização indevida de suas informações pessoais, poderá pleitear que esses dados sejam excluídos do processo ou que sejam mantidos em sigilo.

11. ENCERRAMENTO DA INSTRUÇÃO

Finalizada a produção de provas, encerra-se a instrução processual, oportunidade em que as partes poderão aduzir razões finais, em prazo não excedente de 10 minutos para cada parte (CLT, art. 850).

Com efeito, a apresentação das razões finais é direito das partes, sendo apresentada em audiência oralmente. Por vezes, admite-se sua apresentação escrita, por meio de memoriais.

Em seguida, o juiz renovará a proposta de conciliação.

A proposta de conciliação é obrigatória, sob pena de nulidade. Trata-se da segunda proposta de conciliação, vez que a primeira ocorrerá na abertura da audiência inaugural antes da apresentação da defesa.

Não havendo conciliação, será proferida a decisão.

12. SÚMULAS E ORIENTAÇÕES JURISPRUDENCIAIS DO TST

Provas
Súmula nº 212 do TST. Despedimento. Ônus da prova O ônus de provar o término do contrato de trabalho, quando negados a prestação de serviço e o despedimento, é do empregador, pois o princípio da continuidade da relação de emprego constitui presunção favorável ao empregado.
Súmula nº 338 do TST. Jornada de trabalho. Registro. Ônus da prova I – É ônus do empregador que conta com mais de 10 (dez) empregados o registro da jornada de trabalho na forma do art. 74, § 2º, da CLT. A não-apresentação injustificada dos controles de frequência gera presunção relativa de veracidade da jornada de trabalho, a qual pode ser elidida por prova em contrário. II – A presunção de veracidade da jornada de trabalho, ainda que prevista em instrumento normativo, pode ser elidida por prova em contrário. III – Os cartões de ponto que demonstram horários de entrada e saída uniformes são inválidos como meio de prova, invertendo-se o ônus da prova, relativo às horas extras, que passa a ser do empregador, prevalecendo a jornada da inicial se dele não se desincumbir.
Súmula nº 6 do TST. Equiparação salarial. Art. 461 da CLT VIII – É do empregador o ônus da prova do fato impeditivo, modificativo ou extintivo da equiparação salarial.
Súmula nº 443 do TST. Dispensa discriminatória. Presunção. Empregado portador de doença grave. Estigma ou preconceito. Direito à reintegração. Presume-se discriminatória a despedida de empregado portador do vírus HIV ou de outra doença grave que suscite estigma ou preconceito. Inválido o ato, o empregado tem direito à reintegração no emprego.
Súmula nº 74 do TST. Confissão I – Aplica-se a confissão à parte que, expressamente intimada com aquela cominação, não comparecer à audiência em prosseguimento, na qual deveria depor. II – A prova pré-constituída nos autos pode ser levada em conta para confronto com a confissão ficta (arts. 442 e 443, do CPC de 2015 – art. 400, I, do CPC de 1973), não implicando cerceamento de defesa o indeferimento de provas posteriores. III – A vedação à produção de prova posterior pela parte confessa somente a ela se aplica, não afetando o exercício, pelo magistrado, do poder/dever de conduzir o processo.
Orientação Jurisprudencial nº 36 da SDI – I do TST. Instrumento normativo. Cópia não autenticada. Documento comum às partes. Validade O instrumento normativo em cópia não autenticada possui valor probante, desde que não haja impugnação ao seu conteúdo, eis que se trata de documento comum às partes.
Orientação Jurisprudencial nº 134 da SDI – I do TST. Autenticação. Pessoa jurídica de direito público. Dispensada. Medida provisória nº 1.360, de 12.03.96 São válidos os documentos apresentados, por pessoa jurídica de direito público, em fotocópia não autenticada, posteriormente à edição da Medida Provisória nº 1.360/96 e suas reedições.
Súmula nº 12 do TST. Carteira Profissional As anotações apostas pelo empregador na carteira profissional do empregado não geram presunção "juris et de jure", mas apenas "juris tantum".

Súmula nº 8 do TST. Juntada de documento A juntada de documentos na fase recursal só se justifica quando provado o justo impedimento para sua oportuna apresentação ou se referir a fato posterior à sentença.
Súmula nº 357 do TST. Testemunha. Ação contra a mesma reclamada. Suspeição Não torna suspeita a testemunha o simples fato de estar litigando ou de ter litigado contra o mesmo empregador.
Orientação Jurisprudencial nº 233 da SDI – I do TST. Horas extras. Comprovação de parte do período alegado A decisão que defere horas extras com base em prova oral ou documental não ficará limitada ao tempo por ela abrangido, desde que o julgador fique convencido de que o procedimento questionado superou aquele período.
Orientação Jurisprudencial nº 165 da SDI – I do TST. Perícia. Engenheiro ou médico. Adicional de insalubridade e periculosidade. Válido. Art. 195 da CLT O art. 195 da CLT não faz qualquer distinção entre o médico e o engenheiro para efeito de caracterização e classificação da insalubridade e periculosidade, bastando para a elaboração do laudo seja o profissional devidamente qualificado.
Orientação Jurisprudencial nº 278 da SDI – I do TST. Adicional de insalubridade. Perícia. Local de trabalho desativado A realização da perícia é obrigatória para verificação de insalubridade. Quando não for possível sua realização como em caso de fechamento da empresa, poderá o julgador utilizar-se de outros meios de prova.
Súmula nº 453 do TST. Adicional de periculosidade. Pagamento espontâneo. Caracterização de fato incontroverso. Desnecessária a perícia de que trata o art. 195 da CLT O pagamento de adicional de periculosidade efetuado por mera liberalidade da empresa, ainda que de forma proporcional ao tempo de exposição ao risco ou em percentual inferior ao máximo legalmente previsto, dispensa a realização da prova técnica exigida pelo art. 195 da CLT, pois torna incontroversa a existência do trabalho em condições perigosas.
Súmula nº 293 do TST. Adicional de insalubridade. Causa de pedir. Agente nocivo diverso do apontado na inicial A verificação mediante perícia de prestação de serviços em condições nocivas, considerado agente insalubre diverso do apontado na inicial, não prejudica o pedido de adicional de insalubridade.

13. INFORMATIVO DO TST RELACIONADO AO TEMA

Ônus da Prova
Dispensa discriminatória. Presunção. Empregado portador de tuberculose. Súmula n° 443 do TST. A SBDI-I, por maioria, conheceu dos embargos, por contrariedade à Súmula nº 443 do TST e, no mérito, por unanimidade, deu-lhes provimento para reconhecer o caráter discriminatório da dispensa sem justa causa de empregada portadora de tuberculose. Na hipótese, a Subseção reformou decisão turmária que não conhecera do recurso de revista sob o fundamento de que a presunção prevista na Súmula nº 443 do TST não se aplica ao caso em que o vínculo foi mantido por mais de seis anos após a empresa ter ciência da doença, não houve afastamento do trabalho para tratamento de saúde, nem a percepção de benefício previdenciário, não havia incapacidade de ordem psiquiátrica ao tempo da dispensa e muito menos nexo causal com as condições laborais. Prevaleceu o entendimento de que, sendo incontroverso que a reclamada sabia que a reclamante era portadora de tuberculose, não há base legal para se exigir, como requisitos para a comprovação da dispensa discriminatória, a imediatidade da despedida, a redução da capacidade laboral, o afastamento para tratamento de saúde, a concessão de auxílio-doença ou o nexo causal entre a enfermidade e o trabalho realizado. Ademais, a fundamentação da Corte regional, endossada pela Turma do TST, adotou posicionamento diametralmente oposto aos termos da Súmula nº 443 do TST, pois reputou à reclamante o ônus de comprovar a discriminação alegada. Vencidos os Ministros João Oreste Dalazen, Ives Gandra Martins Filho, Aloysio Corrêa da Veiga, Márcio Eurico Vitral Amaro e Cláudio Mascarenhas Brandão. TST-E-ED-RR-65800-46.2009.5.02.0044, SBDI-I, rel. Min. Walmir Oliveira da Costa, 9.3.2017 (Informativo nº 154)
Salário-família. Ônus da prova. Súmula nº 254 do TST. Matéria suspensa para apreciação do Tribunal Pleno. A SBDI-I decidiu, por unanimidade, suspender a proclamação do resultado do julgamento do processo em que se discute se cabe ao empregado ou ao empregador o ônus de provar o direito ao salário-família e, nos termos do art. 158, § 1º, do RITST, remeter os autos ao Tribunal Pleno para revisão, se for o caso, da Súmula nº 254 do TST. Na hipótese, os Ministros Márcio Eurico Vitral Amaro, relator, Luiz Philippe Vieira de Mello Filho, Guilherme Augusto Caputo Bastos, Walmir Oliveira da Costa e Renato de Lacerda Paiva votaram no sentido de conhecer dos embargos, por divergência jurisprudencial, e, no mérito, dar-lhes provimento para, reformando o acórdão embargado que endossara a inversão do ônus da prova em desfavor da empregadora, julgar improcedente o pedido de salário-família. De outra sorte, os Ministros José Roberto Freire Pimenta, Augusto César Leite de Carvalho, Hugo Carlos Scheuermann, Alexandre Agra Belmonte, Cláudio Mascarenhas Brandão e Brito Pereira conheciam dos embargos, por divergência jurisprudencial, e, no mérito, negavam-lhes provimento, inclinando-se, portanto, a decidir em sentido contrário ao disposto na Súmula nº 254 do TST. TST-E-RR-696-25.2012.5.05.0463, SBDI-I, rel. Min. Márcio Eurico Vitral Amaro, 28.9.2017 (Informativo nº 166)
Empregado portador de doença grave. HIV. Empregador ciente da condição do reclamante muitos anos antes da demissão. Processo de reestruturação organizacional. Dispensa arbitrária e discriminatória. Não ocorrência. Inaplicabilidade da Súmula nº 443 do TST. Afasta-se a presunção de dispensa arbitrária e discriminatória a que se refere a Súmula nº 443 do TST na hipótese em que a demissão de empregado portador do vírus HIV foi motivada por processo de reestruturação organizacional, e ocorreu dezesseis anos após o empregador ter conhecimento da condição do reclamante. No caso, a empresa, após tomar ciência da doença que acometia o empregado, o encaminhou para tratamento médico e psicológico, e, ao longo dos dezesseis anos que antecederam a dispensa, o promoveu várias vezes, a indicar ausência de indícios de ato discriminatório. Ademais, é incontroverso nos autos que a empregadora passou por um processo de

reestruturação, que culminou com a extinção da função ocupada pelo trabalhador e a ruptura do contrato de trabalho de treze empregados, e não apenas do reclamante. Sob esses fundamentos, a SBDI-I, por unanimidade, conheceu dos embargos, por divergência jurisprudencial, e, no mérito, por maioria, negou-lhes provimento. Vencidos os Ministros Aloysio Corrêa da Veiga, relator, Walmir Oliveira da Costa e Brito Pereira. TST-E-ED-ARR-185700-05.2008.5.02.0029, SBDI-I, rel. Min. Aloysio Corrêa da Veiga, red. p/ acórdão Min. Alberto Luiz Bresciani de Fontan Pereira, 13.9.2018 (Informativo nº 184).

Empregada doméstica acometida de neoplasia maligna. Dispensa coincidente com o término do benefício previdenciário. Ausência de discriminação. Súmula nº 443 do TST. Não incidência.
A SBDI-I, por unanimidade, conheceu de embargos, por divergência jurisprudencial e, no mérito, deu-lhes provimento para restabelecer o acórdão do Tribunal Regional que julgara improcedente o pedido de reconhecimento de dispensa discriminatória, afastando-se, portanto, a aplicação da presunção a que se refere a Súmula nº 443 do TST. Na espécie, embora reconhecido que a neoplasia maligna (câncer) enquadra-se no conceito de doença estigmatizante, registrou-se que a reclamante foi demitida apenas no dia do término do benefício previdenciário (e não no curso da enfermidade), não havendo provas de que ela ainda estivesse em tratamento médico ou tenha restado alguma incapacidade para o trabalho. Ademais, consignou-se que os reclamados não se recusaram a dar o apoio necessário ao diagnóstico e ao tratamento da doença e já haviam admitido outra empregada na residência, não existindo obrigação legal de permanecer com duas empregadas ou de despedir a segunda trabalhadora para dar sequência ao contrato de trabalho que se encontrava suspenso. TSTE-RR-465-58.2015.5.09.0664, SBDI-I, rel. Min. Cláudio Mascarenhas Brandão, 18.10.2018 (Informativo nº 185).

Vendedor. Trabalho externo. Possibilidade de controle da jornada. Não apresentação dos cartões de ponto pelo empregador. Horas extras devidas. Art. 74, §2º, da CLT. Incidência da Súmula nº 338, I, do TST.
Havendo a possibilidade de controle da jornada de trabalho do empregado, mesmo que esta seja externa, inverte-se o ônus da prova, cabendo ao empregador a apresentação do comprovante de controle de frequência, como prova pré-constituída, nos moldes do art. 74, §2º, da CLT. Embora os precedentes que informam a Súmula nº 338, I, do TST não se refiram à jornada externa de que trata o art. 62, I, da CLT, é possível aplicá-la quando houver identidade entre os fatos fundamentais da demanda em análise e aqueles que constam nos precedentes da súmula, quais sejam, possibilidade de controle e fiscalização de jornada e ausência de apresentação dos cartões de ponto em juízo. Trata-se de aplicação da técnica denominada *ampliative distinguishing*, cujo objetivo é conferir tratamento isonômico entre as partes, universalizando o precedente ao adotar a mesma *ratio decidendi* para casos não absolutamente iguais, mas cujos fatos fundamentais sejam idênticos ou similares. Sob esses fundamentos a SBDI-I, por maioria, não conheceu dos embargos, entendendo incólume a Súmula nº 338 do TST no caso em que a decisão turmária, vislumbrando violação do art. 62, I, da CLT, deu provimento a recurso de revista para condenar a reclamada ao pagamento de horas extraordinárias e intrajornadas, nos termos aduzidos na inicial, a vendedor que, embora desempenhasse suas atividades fora da empresa, estava sujeito a controle de jornada. Vencido o Ministro Márcio Eurico Vitral Amaro. TST-E-ED-RR-20-26.2014.5.08.0107, SBDI-I, rel. Min. José Roberto Freire Pimenta, 12.4.2018 (Informativo nº 176).

Trabalho externo. Possibilidade de controle dos horários de início e de término da jornada de trabalho. Concessão do intervalo intrajornada. Ônus da prova do empregado. Inaplicabilidade da Súmula nº 338, I, do TST.
Ainda que seja possível controlar os horários de início e de término da jornada de trabalho, é do empregado que desempenha atividades externas o ônus de provar a supressão ou a redução do intervalo intrajornada. Não há falar em aplicação da Súmula nº 338, I, do TST, pois as peculiaridades

do trabalho externo impedem o empregador de fiscalizar a fruição do referido intervalo. Sob esse entendimento, e tendo em conta que o acórdão do Tribunal Regional registrou que o reclamante não comprovou qualquer irregularidade no gozo do intervalo intrajornada, a SBDI-I, por unanimidade, conheceu dos embargos, por divergência jurisprudencial, e, no mérito, por maioria, negou-lhes provimento. Vencidos os Ministros Hugo Carlos Scheuermann, relator, e José Roberto Freire Pimenta. TST-E-RR-539-75.2013.5.06.0144, SBDI-I, rel. Min. Hugo Carlos Scheuermann, red. p/ acórdão Min. Maria Cristina Irigoyen Peduzzi, 13.9.2018 (Informativo nº 184).

Ação anulatória. Acordo coletivo de trabalho. Sistema de registro de ponto por exceção. Validade.
A SDC, por maioria, deu provimento a recurso ordinário para considerar válida cláusula constante de acordo coletivo de trabalho que estabeleceu sistema de controle de jornada por exceção, no qual o empregado anota no registro de ponto somente situações excepcionais, como faltas, saídas antecipadas, atrasos, licenças e horas extras. Prevaleceu o entendimento de que o art. 74, §2º, da CLT, ao atribuir ao empregador a obrigação de formar prova pré-constituída a respeito da jornada de trabalho de seus empregados, possui natureza eminentemente processual. Não se trata, portanto, de matéria de ordem pública, que asseguraria ao trabalhador determinado regime de marcação de ponto. Assim, não há óbice a que os sujeitos coletivos negociem a forma pela qual o controle será realizado, desde que garantida aos empregados a verificação dos dados inseridos no sistema. Vencidos os Ministros Mauricio Godinho Delgado, relator, e Aloysio Corrêa da Veiga. TST-AIR0277-95.2015.5.17.0000, SDC, rel. Min. Mauricio Godinho Delgado, red. p/ acórdão Min. Ives Gandra da Silva Martins Filho, 8.4.2019 (Informativo nº 194)

Controles de frequência. Juntada parcial. Presunção de veracidade da jornada alegada na petição inicial quanto ao período faltante. Aplicação da Súmula nº 338, I, do TST. Impossibilidade de adoção da média física das horas extras apuradas.
A juntada parcial de controles de frequência não afasta, por si só, a presunção de veracidade da jornada de trabalho declinada na petição inicial (Súmula nº 338, I, do TST), ainda que o período sem comprovação seja reduzido. No caso, o registro de jornada do empregado era feito em dois documentos distintos: cartões de ponto, que controlavam a jornada contratual, e relatórios de horas extras. Quanto a estes últimos, a reclamada, injustificadamente, deixou de apresentar o registro de sete meses, o que equivale a 22% dos meses do contrato de trabalho. Reputando inexpressiva a quantidade faltante, e com o intuito de evitar o enriquecimento ilícito de qualquer das partes, o TRT adotou a média física das horas extras apuradas para calcular o período não comprovado, em contrariedade ao consubstanciado no item I da Súmula nº 338 do TST e à jurisprudência dominante no TST, conforme consignado no acórdão turmário. Ademais, prevaleceu o entendimento de que a Orientação Jurisprudencial nº 233 da SBDI-I não incide na hipótese, pois dirigida a fatos que devem ser provados por quem alega o trabalho em horas extras, situação distinta da analisada. Além disso, o verbete se dirige ao caso em que o julgador convenceu-se de que o procedimento questionado superou o período abrangido pela prova oral ou documental, premissa não evidenciada nos autos, visto que a decisão do TRT que deferiu o cálculo pela média das horas extras apuradas sedimentouse na possibilidade de enriquecimento sem causa e não no convencimento de que as horas extras registradas superaram o período comprovado. Sob esses fundamentos, a SBDI-I, por unanimidade, conheceu dos embargos, por divergência jurisprudencial, e, no mérito, por maioria, negou-lhes provimento. Vencidos os Ministros Márcio Eurico Vitral Amaro, relator, Breno Medeiros e Maria Cristina Irigoyen Peduzzi. TST-E-ED-ARR-2799-09.2013.5.09.0091, SBDI-I, rel. Min.Márcio Eurico Vitral Amaro, red. p/ acórdão Min. Renato de Lacerda Paiva, 11.4.2019 (Informativo nº 194)

Dispensa discriminatória. Configuração. Empregado portador de câncer. Presunção de preconceito ou de estigma. Aplicação da Súmula n° 443 do TST.
Presume-se discriminatória e arbitrária a dispensa sem justa causa de empregado portador de neoplasia de próstata, nos termos da Súmula n° 443 do TST, pois o câncer é doença grave comu-

mente associada a estigmas. Assim, cabe ao empregador o ônus de demonstrar que a dispensa do empregado não teve causa, ainda que indireta, com a respectiva enfermidade. Na espécie, não houve a comprovação de que a demissão se deu por motivos outros que não o fato de o reclamante ser acometido de neoplasia prostática, pois argumentos tais como o corte de gastos e o aumento dos índices de lucro da empresa não se sobrepõem aos princípios enumerados no art. 170 da CF, a exemplo da valorização do trabalho humano, da existência digna e da função social da empresa. Ademais, restou consignado nos autos que à época da prestação dos serviços a empresa alcançou recordes de produção e de crescimento, tendo o reclamante contribuído de maneira relevante para o sucesso do empreendimento. Sob esses fundamentos, a SBDI-I, em sua composição plena, por unanimidade, conheceu dos embargos por divergência jurisprudencial e, no mérito, por maioria, negou-lhes provimento. Vencidos os Ministros Márcio Eurico Vitral Amaro, relator, Breno Medeiros e Alexandre Luiz Ramos, os quais davam provimento ao recurso para restabelecer o acórdão do Regional que entendera não configurada a dispensa discriminatória, ao fundamento de que o câncer de próstata, embora grave, não se insere no conceito de doença que suscita estigma ou preconceito. TST-E-ED-RR-68-29.2014.5.09.0245, SBDI-I, rel. Min.Márcio Eurico Vitral Amaro, red. p/ acórdão Min. Cláudio Mascarenhas Brandão, 4.4.2019 (Informativo nº 194)

Ente público. Terceirização. Responsabilidade subsidiária. Ônus da prova. Matéria infraconstitucional. Dever ordinário de fiscalização imposto à Administração Pública.

No julgamento do RE nº 760.931/DF, com repercussão geral reconhecida, o STF firmou a tese de que "o inadimplemento dos encargos trabalhistas dos empregados do contratado não transfere automaticamente ao Poder Público contratante a responsabilidade pelo seu pagamento, seja em caráter solidário ou subsidiário, nos termos do art. 71, § 1º, da Lei nº 8.666/93". A ratio decidendi da referida decisão permite concluir que a responsabilização do ente público apenas está autorizada quando comprovada a ausência sistemática de fiscalização quanto ao cumprimento das obrigações trabalhistas pela prestadora. De outra sorte, a Suprema Corte, ao rejeitar os embargos de declaração interpostos no referido recurso extraordinário, e fixar o alcance da repercussão geral, deixou claro que não adentrou na questão do ônus da prova, de modo que cabe ao TST defini-la, diante de sua natureza eminentemente infraconstitucional. Assim, tendo em vista o dever ordinário de fiscalização da execução do contrato e de outras obrigações impostas à Administração Pública por diversas normas legais, conclui-se que é do poder público o ônus de demonstrar que fiscalizou adequadamente os contratos de prestação de serviços por ele firmados. Sob esses fundamentos, a SBDI-I, por unanimidade, conheceu dos embargos, por divergência jurisprudencial, e, no mérito, por maioria, deu-lhes provimento para restabelecer o acórdão do Tribunal Regional que, reputando insuficientes os documentos juntados aos autos, entendeu que o ente público reclamado não se desincumbiu do ônus que lhe cabia, devendo, portanto, ser responsabilizado subsidiariamente pelos débitos trabalhistas inadimplidos pela prestadora de serviços por ele contratada. Vencidos os Ministros Breno Medeiros, Alexandre Luiz Ramos e Brito Pereira. TST-E-RR-925- 07.2016.5.05.0281, SBDI-I, rel. Min. Cláudio Mascarenhas Brandão, 12.12.2019 (Informativo nº 214)

Ente público. Terceirização. Responsabilidade subsidiária. Ônus da prova. Matéria infraconstitucional. Dever ordinário de fiscalização imposto à Administração Pública. Ratificação de entendimento da SDI-1 Plena.

No julgamento do RE nº 760.931/DF, com repercussão geral reconhecida (Tema 246), o STF firmou a tese de que "o inadimplemento dos encargos trabalhistas dos empregados do contratado não transfere automaticamente ao Poder Público contratante a responsabilidade pelo seu pagamento, seja em caráter solidário ou subsidiário, nos termos do art. 71, § 1º, da Lei nº 8.666/93". A ratio decidendi da referida decisão permite concluir que a responsabilização do ente público apenas está autorizada quando comprovada a ausência sistemática de fiscalização quanto ao cumprimento das obrigações trabalhistas pela prestadora. Em duas sessões, a Subseção de Dissídios

Individuais I do TST, em sua composição plena, firmou entendimento de que o Supremo Tribunal Federal não emitiu tese vinculante quanto à distribuição do ônus da prova relativa à fiscalização e, nessa esteira, concluiu que incumbe à Administração Pública o ônus da prova da fiscalização dos contratos de prestação de serviços, por se tratar de fato impeditivo da responsabilização subsidiária. Sob esses fundamentos, a SBDI-I, por unanimidade, conheceu dos embargos, por divergência jurisprudencial, e, no mérito, por maioria, deu-lhes provimento para restabelecer o acórdão do Tribunal Regional que, reputando não ter sido demonstrada a adoção de medidas capazes de impedir o inadimplemento das obrigações laborais pela empresa contratada, entendeu que o ente público reclamado não se desincumbiu do ônus que lhe cabia, devendo, portanto, ser responsabilizado subsidiariamente pelos débitos trabalhistas inadimplidos pela prestadora de serviços por ele contratada. Vencidos os Ministros Aloysio Corrêa da Veiga, Alexandre Luiz Ramos, Breno Medeiros e Maria Cristina Irigoyen Peduzzi. TST-E-ED-RR-62-40.2017.5.20.0009, SBDI-I, rel. Márcio Eurico Vitral Amaro, 10/9/2020. (Informativo nº 224)

Prova testemunhal

Cerceamento de defesa. Indeferimento do pedido de intimação de testemunhas que não compareceram espontaneamente à audiência. Ausência não justificada.

Nos termos do artigo 825 da CLT, as testemunhas comparecerão à audiência independentemente de notificação ou intimação. Caso faltem, cabe à parte provar que as convidou e registrar justificativa para tal ausência. Não havendo o registro, o indeferimento na audiência inaugural do requerimento de intimação das testemunhas faltosas não implica cerceamento do direito de defesa. Sob esse entendimento, a SBDI-I, por unanimidade, conheceu do recurso de embargos, por divergência jurisprudencial e, no mérito, por maioria, deu-lhe provimento para afastar a declaração de nulidade por cerceamento de defesa, restabelecendo o acórdão regional, vencidos os Exmos. Ministros Guilherme Augusto Caputo Bastos, relator, Ives Gandra Martins Filho, Lelio Bentes Corrêa e Márcio Eurico Vitral Amaro. Redigirá o acórdão o Exmo. Ministro João Oreste Dalazen. TST-E-ED-ARR-346-42.2012.5.08.0014, SBDI-I, rel. Min. Caputo Bastos, redator João Oreste Dalazen, 8.5.2015 (Informativo nº 106)

Conflito negativo de competência. Carta precatória. Oitiva de testemunhas. Degravação de depoimentos audiovisuais. Competência do juízo deprecado.

É atribuição do juízo deprecado proceder à degravação dos depoimentos colhidos em audiência por meio audiovisual. Na hipótese, após a oitiva das testemunhas, o juízo deprecado determinou a devolução das cartas precatórias sem que houvesse realizado a degravação dos depoimentos, cujo conteúdo foi disponibilizado mediante mídia (CD). De acordo com o art. 417, § 1º, do CPC de 1973, o depoimento registrado por meio idôneo de documentação será passado para a versão datilográfica quando houver recurso da sentença ou quando o juiz o determinar, de ofício ou a requerimento da parte, razão pela qual não se pode atribuir ao reclamante ou ao reclamado a responsabilidade da degravação. De outra sorte, o registro audiovisual não fora determinado pelo juízo deprecante, mas decorrera de iniciativa do próprio juízo deprecado, razão pela qual se conclui que cabe a este o ônus da degravação. Sob esses fundamentos, e citando precedentes do STJ que afirmam ser a transcrição de depoimentos obrigação do juízo deprecado, como parte do cumprimento integral da carta precatória, a SBDI-II, por unanimidade, conheceu do conflito negativo de competência e declarou competente o Juízo da 9ª Vara do Trabalho de Curitiba (deprecado) para efetuar a degravação das declarações das testemunhas ali ouvidas mediante registro audiovisual. TST-CC-10634-88.2013.5.07.0031, SBDI-II, rel. Min. Antonio José de Barros Levenhagen, 28.6.2016 (Informativo nº 140)

Notificação prévia para indicação de provas na audiência inaugural. Ausência de apresentação do rol de testemunhas. Indeferimento do pedido de produção de prova testemunhal na audiência de prosseguimento. Cerceamento de defesa. Não configuração.

Não configura cerceamento de defesa o indeferimento do pedido de produção de prova testemunhal na audiência de prosseguimento, quando a parte, previamente notificada para indicar as provas que pretende produzir, comparece à audiência inaugural e não apresenta o rol de testemunhas. Embora, no processo do trabalho, não haja obrigação de a parte requerer o arrolamento de testemunhas (arts. 825 e 845 da CLT), no caso, o fato de haver determinação judicial expressa no sentido de que o reclamado indicasse todas as provas que pretendia produzir no feito, quando da audiência inaugural, afastou a pretendida nulidade processual por cerceamento do direito de defesa. Sob esse fundamento, a SBDI-I, por maioria, conheceu dos embargos, por divergência jurisprudencial, vencidos os Ministros José Roberto Freire Pimenta, relator, Antonio José de Barros Levenhagen, Lelio Bentes Corrêa, Luiz Philippe Vieira de Mello Filho e Delaíde Miranda Arantes, e, no mérito, por unanimidade, negou-lhes provimento, mantendo incólume a decisão turmária mediante a qual não se conheceu do recurso de revista do reclamado. TST-E-ED-RR-50200-44.2003.5.08.0006, SBDI-I, rel. Min. José Roberto Freire Pimenta, 15.12.2016 (Informativo nº 151)

Pedido de intimação de testemunha. Indeferimento. Determinação judicial prévia de apresentação de rol de testemunhas. Inobservância. Cerceamento de defesa. Não caracterização. Na hipótese em que a parte não observa determinação judicial prévia de apresentação de rol de testemunhas e não comprova a realização de convite à testemunha ausente, o indeferimento do pedido de adiamento de audiência para intimação de testemunha que não compareceu espontaneamente não caracteriza cerceamento do direito de defesa, nem viola o art. 825 da CLT. No caso, foi dada ciência ao reclamante quanto à designação de audiência una, registrando-se a recomendação de que as testemunhas não arroladas previamente deveriam ser trazidas independentemente de intimação, sob pena de preclusão. Sob esse fundamento, a SBDI-I, por unanimidade, conheceu dos embargos, por divergência jurisprudencial, e, no mérito, pelo voto prevalente da Presidência, deu-lhes provimento para, reformando a decisão turmária quanto ao reconhecimento de violação do art. 825 da CLT, afastar a declaração de nulidade por cerceamento de defesa, e restabelecer o acórdão do Regional. Vencidos os Ministros Guilherme Augusto Caputo Bastos, Luiz Philippe Vieira de Mello Filho, Márcio Eurico Vitral Amaro, Walmir Oliveira da Costa, Augusto César leite de Carvalho e Alexandre Agra Belmonte. TST-E-RR-2300– 70.2007.5.02.0401, SBDI-I, rel. Min. Hugo Carlos Scheuermann, 28.9.2017 (Informativo nº 166)

Pedido de adiamento da audiência para intimação de testemunha. Indeferimento. Determinação judicial prévia de apresentação de rol de testemunhas. Inobservância. Cerceamento do direito de defesa. Não caracterização. Art. 825, da CLT. Não violação.
Com o objetivo de imprimir razoável duração ao processo, a praxe nos Tribunais Regionais é no sentido de designar audiências unas e contínuas, em que as partes são previamente notificadas a respeito da necessidade de apresentar o rol de testemunhas antecipadamente ou trazer as não arroladas independentemente de intimação, sob pena de não serem ouvidas. Nesse contexto, o indeferimento do pedido de adiamento da audiência, para que fosse intimada a testemunha não arrolada e que não compareceu espontaneamente, não viola o art. 825 da CLT, nem caracteriza cerceamento do direito de defesa. Reforça tal entendimento o fato de, no caso concreto, além de a parte ter sido previamente informada a respeito das consequências advindas da ausência das testemunhas na data da audiência, não haver justificativa para o não comparecimento, nem prova de que foram realmente convidadas. Sob esses fundamentos, a SBDI-I, por unanimidade, conheceu dos embargos por divergência jurisprudencial e, no mérito, por maioria, negou-lhes provimento. Vencidos os Ministros João Oreste Dalazen, relator, Márcio Eurico Vitral Amaro e Augusto César Leite de Carvalho. TST-E-RR-1810-18.2012.5.15.0108, SBDI-I, rel. Min. João Oreste Dalazen, red. p/ acórdão Min. Hugo Carlos Scheuermann, 12.4.2018 (*Cf. Informativo TST nº 166) (Informativo nº 176).

Prova pericial
Adicional de insalubridade. Perícia. Dispensa. Condenação com base no Programa de Prevenção de Riscos Ambientais – PPRA. Possibilidade. Art. 427 do CPC de 1973. Local de difícil acesso. Inviabilidade de realização de prova pericial. Apesar de o art. 195 da CLT estabelecer que a caracterização da insalubridade ocorrerá por meio de perícia, o art. 427 do CPC de 1973 (art. 472 do CPC de 2015) faculta ao juiz dispensar a prova pericial quando já houver nos autos pareceres técnicos ou documentos elucidativos suficientes à formação de seu convencimento. Assim, na hipótese em que o reclamante é laboratorista em mina na Serra dos Carajás/PA, local de difícil acesso, em que a realização de perícia revelou-se inviável, admite-se o reconhecimento da insalubridade com base no Programa de Prevenção de Riscos Ambientais – PPRA, documento obrigatório destinado à preservação da saúde e da integridade física dos trabalhadores, em que se registra a classificação do risco da atividade. No caso, ressaltou-se que a adoção do PPRA é medida excepcional, que se justifica como forma de garantir aos trabalhadores dos rincões do Pará o acesso à justiça. Ademais, trata-se de prova que goza de presunção juris tantum, razão pela qual pode a empresa demonstrar que o reclamante não realizava trabalho insalubre ou perigoso. Sob esses fundamentos, a SBDI-I, por unanimidade, conheceu dos embargos, por divergência jurisprudencial, e, no mérito, por maioria, negou-lhes provimento. Vencidos os Ministros Márcio Eurico Vitral Amaro, relator, João Oreste Dalazen, Brito Pereira, Emmanoel Pereira e Aloysio Corrêa da Veiga. TST-E-RR– 223400-20.2007.5.08.0114, SBDI-I, rel. Min. Márcio Eurico Vitral, red. p/ acórdão Min. Walmir Oliveira da Costa, 6.4.2017 (Informativo nº 156)
Ações distintas. Mesma causa de pedir. Doença ocupacional. Pedidos diversos. Reintegração. Indenização por danos morais. Perícia realizada na primeira ação que indica a inexistência de nexo causal entre a doença e as atividades do reclamante. Questão prejudicial. Coisa julgada. Não configuração. Ausentes os requisitos do art. 470 do CPC de 1973. Existência de perícia posterior atestando o nexo causal. Não faz coisa julgada material a conclusão extraída de perícia técnica realizada em processo anterior, na qual se decidiu pela improcedência de pedido de reintegração do empregado, ante a ausência de nexo de causalidade entre a doença e as tarefas por ele desempenhadas. No caso concreto, foram ajuizadas duas reclamações trabalhistas distintas, com mesma causa de pedir, mas pedidos diversos. Com base no acometimento de doença ocupacional decorrente das atividades desempenhadas na empresa reclamada, a reclamante postulou a reintegração (na primeira ação) e indenização por danos morais (na segunda ação). O TRT entendeu prejudicado o exame da segunda reclamatória, tendo em vista a prova técnica produzida na primeira reclamação ter concluído pela inexistência de doença ocupacional. Consignou tratar-se de questão prejudicial ao exame da pretensão à indenização por danos morais. Todavia, na hipótese, não restaram preenchidos os requisitos necessários à configuração da coisa julgada de questão prejudicial a que se refere o art. 470 do CPC de 1973 (aplicável aos processos ajuizados antes da vigência do CPC de 2015), nem se levou em conta o laudo pericial favorável à autora produzido em momento posterior à primeira ação. Assim, entendendo possível o exame do pedido de indenização por danos morais, a SBDI-I, por unanimidade, conheceu dos embargos, por divergência jurisprudencial, e, no mérito, por maioria, deu-lhes provimento para, afastada a coisa julgada, determinar o retorno dos autos à Vara do Trabalho de origem para que prossiga no exame da matéria como entender de direito. Vencidos os Ministros Renato de Lacerda Paiva, Hugo Carlos Scheuermann, Breno Medeiros e Alexandre Luiz Ramos. TST-E-RR-26900-75.2006.5.15.0031, SBDI-I, rel. Min. Alberto Luiz Bresciani de Fontan Pereira, 26.9.2019 (Informativo nº 206)

Confissão
Confissão real. Valoração. Existência de prova em contrário. Princípio do livre convencimento do juiz. O princípio do livre convencimento do juiz, consubstanciado no art. 131 do CPC, que estabelece a liberdade do julgador no exame das provas produzidas no curso da instrução processual, permite concluir que a confissão real não se sobrepõe, por si só, ao conjunto das demais provas constantes dos autos, cabendo ao juiz definir seu valor, à luz das circunstâncias de cada caso. Com esse entendimento, a SBDI-I, por unanimidade, conheceu dos embargos por divergência jurisprudencial e, no mérito, por maioria, negou-lhes provimento, mantendo decisão turmária que, na hipótese, reconheceu a possibilidade de se elidir os efeitos da confissão resultante de depoimento pessoal por meio de prova em contrário juntada aos autos e não impugnada. Vencidos os Ministros Milton de Moura França, Horácio Senna Pires, Renato de Lacerda Paiva, Aloysio Corrêa da Veiga, Augusto César de Carvalho e Delaíde Miranda Arantes. TST-E-ED-ED-ED-RR-112300-51.2000.5.02.0024, SBDI-I, rel. Min. Lelio Bentes Corrêa, 21.6.2012. (Informativo nº 14)

Capítulo 20

SENTENÇA E COISA JULGADA

1. PRONUNCIAMENTOS JUDICIAIS

1.1. Sentença

O processo tem como objetivo resolver conflito de interesse concedendo a quem de direito o bem da vida discutido em juízo. Tem como destino, portanto, uma decisão, denominada sentença, que irá solucionar o referido conflito.

No processo do trabalho, a CLT não dispõe de um conceito de sentença, aplicando-se subsidiariamente o CPC, por força do art. 769 da CLT.

Nesse sentido, o legislador, conceituando-a, declinou que "ressalvadas as disposições expressas dos procedimentos especiais, sentença é o pronunciamento por meio do qual o juiz, com fundamento nos arts. 485 e 487, põe fim à fase cognitiva do procedimento comum, bem como extingue a execução" (CPC/2015, art. 203, § 1º).

Diante do supramencionado dispositivo legal, vê-se que o CPC/2015 conjugou o conteúdo da decisão (extinção com ou sem resolução do mérito), com o momento em que é proferida (põe fim à fase cognitiva ou extingue a execução).

Assim, a sentença corresponde ao pronunciamento judicial que, com fundamento nas hipóteses de extinção do processo sem resolução de mérito (sentença terminativa) ou com resolução de mérito (sentença definitiva), respectivamente descritos nos arts. 485 ou 487, ambos do CPC/2015, põe fim à fase cognitiva do procedimento comum ou extingue a execução. Vejamos, pois, o que dispõem referidos artigos:

> **Art. 485.** O juiz não resolverá o mérito quando: I – indeferir a petição inicial; II – o processo ficar parado durante mais de 1 (um) ano por negligência das partes; III – por não promover os atos e as diligências que lhe incumbir, o autor abandonar a causa por mais de 30 (trinta) dias; IV – verificar a ausência de pressupostos de constituição e de desenvolvimento válido e regular do processo; V – reconhecer a existência de perempção, de litispendência ou de coisa julgada; VI – verificar ausência de legitimidade ou de interesse processual; VII – acolher a alegação de existência de convenção de arbitragem ou quando o juízo arbitral reconhecer sua competência; VIII – homologar a desistência da ação; IX – em caso de morte da parte, a ação for considerada intransmissível por disposição legal; e X – nos demais casos prescritos neste Código. (...)

> **Art. 487.** Haverá resolução de mérito quando o juiz: I – acolher ou rejeitar o pedido formulado na ação ou na reconvenção; II – decidir, de ofício ou a requerimento, sobre a ocorrência de decadência ou prescrição; III – homologar: a) o reconhecimento da procedência do pedido formulado na ação ou na reconvenção; b) a transação; c) a renúncia à pretensão formulada na ação ou na reconvenção.

Portanto, as sentenças terminativas (sem resolução de mérito) analisam apenas a relação jurídica processual, enquanto as sentenças definitivas (com resolução do mérito) examinam a relação jurídica **material**.

Atente-se para o fato de que, no caso de extinção do processo sem resolução do mérito, como regra, não se obsta a propositura de nova ação. Contudo, sendo a extinção em razão de litispendência, indeferimento da petição inicial, ausência de pressupostos processuais, legitimidade ou interesse de agir e existência de convenção de arbitragem, a propositura da nova ação depende da correção do vício que levou à extinção do processo sem resolução do mérito, vedando-se a simples repropositura da ação (art. 486, §1°).

Antes de aprofundarmos na sentença judicial, cabe apresentarmos as definições dos demais pronunciamentos judiciais, a saber: decisão interlocutória, despacho e acórdão.

1.2. Decisão Interlocutória

O CPC/2015 conceitua a decisão interlocutória de forma residual, determinando que será decisão interlocutória o pronunciamento judicial de natureza decisória que não se enquadre no conceito de sentença (CPC/2015, art. 203, § 2º).

Registre-se que a decisão interlocutória pode compreender uma decisão de mérito, como é o caso, por exemplo, da decisão que extingue o processo com resolução do mérito sem pôr fim à fase cognitiva (julgamento antecipado parcial do mérito).

Cabe ressaltar que no processo trabalhista vige o princípio da irrecorribilidade imediata das decisões interlocutórias, conforme se depreende do art. 893, § 1º:

> **Art. 893, § 1º** – Os incidentes do processo são resolvidos pelo próprio Juízo ou Tribunal, admitindo-se a apreciação do merecimento das decisões interlocutórias somente em recursos da decisão definitiva.

Dessa forma, como regra, tais decisões não serão recorríveis imediatamente, mas tão somente no momento da impugnação da sentença (que resolve ou não o mérito e põe fim à fase cognitiva ou à execução).

1.3. Despacho

O conceito de despacho é definido por exclusão. Noutros termos, a decisão que não é sentença ou decisão interlocutória será um despacho.

Portanto, nos termos do art. 203, § 3º, do CPC/2015 "são despachos todos os demais pronunciamentos do juiz praticados no processo, de ofício ou a requerimento da parte".

Considerando que o despacho não tem conteúdo decisório, ele é irrecorrível (CPC/2015, art. 1.001).

Cabe destacarmos que "os atos meramente ordinatórios, como a juntada e a vista obrigatória, independem de despacho, devendo ser praticados de ofício pelo servidor e revistos pelo juiz quando necessário" (CPC/2015, art. 203, § 4º).

1.4. Acórdão

O acórdão corresponde ao "julgamento colegiado proferido pelos tribunais" (CPC/2015, art. 204).

Na denominação do acórdão apenas se verifica o local e o órgão (colegiado) em que foi proferida a decisão, não se preocupando com seu conteúdo. Desse modo, sendo decisão proferida pelo tribunal, será acórdão.

Isso significa que, quanto ao conteúdo, o acórdão poderá ter natureza de sentença ou de decisão interlocutória.

A decisão proferida monocraticamente pelo relator, é denominada, simplesmente, de decisão monocrática.

Assim como a sentença, o acórdão deverá ter relatório, fundamentação e dispositivo. Além destes requisitos, deverá conter a ementa, a qual deverá ser publicada no órgão oficial em 10 dias (TST-RI, art. 168; CPC/15, art. 943, §§ 1º e 2º).

Atenção:
De acordo com o C. TST, não se aplica ao processo do trabalho o disposto no art. 944 do CPC/2015, consistente na possibilidade de que se "não publicado o acórdão no prazo de 30 (trinta) dias, contado da data da sessão de julgamento, as notas taquigráficas o substituirão, para todos os fins legais, independentemente de revisão" (IN nº 39/2016, art. 2º, X).

2. REQUISITOS

A sentença, como um ato jurídico complexo, deve observar alguns **requisitos,** conforme dispõe o art. 832, caput, da CLT.

> **Art. 832**. Da decisão deverão constar o nome das partes, o resumo do pedido e da defesa, a apreciação das provas, os fundamentos da decisão e a respectiva conclusão.

Conforme se verifica pelo aludido artigo, conjugado com o art. 489 do CPC/2015, aplicável supletivamente ao processo do trabalho (TST-IN nº 39/2016, art. 3º, IX), a sentença deve ter os seguintes requisitos:

1) **Relatório:** consiste na parte histórica do processo. Tem por objetivo registrar os acontecimentos importantes do processo.

Atenção:

No procedimento sumaríssimo, dispensa-se o relatório na elaboração da sentença (CLT, art. 852-I).

2) **Fundamentação:** é a exposição do raciocínio ou das razões de decidir do magistrado, analisando as questões de fato e direito, tendo como fundamento o art. 93, inciso IX, da CF, o qual exige a motivação das decisões judiciais.

3) **Dispositivo:** chamado de conclusão pela CLT, é o principal requisito da sentença, pois é por meio dele que o magistrado resolve as questões que lhe foram submetidas, ou seja, proclama o resultado acerca das questões litigiosas. Assim, por exemplo, o juiz pode, na parte dispositiva da sentença, acolher o pedido do autor (reclamante) e condenar a empresa a pagar as horas extras devidas.

Cabe registrar que os parágrafos do art. 832 da CLT impõem mais alguns requisitos complementares à sentença, de modo que ela deve:

a) determinar o prazo e as condições para o seu cumprimento, quando a decisão concluir pela procedência do pedido;

b) sempre mencionar as custas que devem ser pagas pela parte vencida;

c) sempre indicar a natureza jurídica das parcelas constantes da condenação ou do acordo homologado, inclusive o limite de responsabilidade de cada parte pelo recolhimento da contribuição previdenciária, se for o caso, na hipótese de decisões cognitivas (condenatórias) ou homologatórias. Nesse caso, nos termos da CLT, a parcela referente às verbas de natureza remuneratória não poderá ter como base de cálculo valor inferior: I – ao salário-mínimo, para as competências que integram o vínculo empregatício reconhecido na decisão cognitiva ou homologatória; ou II – à diferença entre a remuneração reconhecida como devida na decisão cognitiva ou homologatória e a efetivamente paga pelo empregador, cujo valor total referente a cada competência não será inferior ao salário-mínimo. (CLT, art. 832, § 3-A). Aliás, caso haja piso salarial da categoria definido por acordo ou convenção coletiva de trabalho, o seu valor deverá ser utilizado como base de cálculo nas hipóteses descritas anteriormente (CLT, art. 832, § 3º-B).

Ademais, existindo na decisão evidentes erros ou enganos de escrita, de datilografia ou de cálculo, o art. 833 da CLT descreve que eles poderão ser corrigidos, ex officio, ou a requerimento dos interessados ou pelo Ministério Público do Trabalho, antes da execução.

Conquanto referido artigo limite a correção dos erros ao período anterior à execução, pensamos que eles podem ocorrer inclusive na fase executiva, já que tais equívocos materiais não transitam em julgado. Em sentido semelhante prevê o art.

494 do CPC/2015[1]. Aliás, na sistemática laboral, o art. 897-A, § 1º, da CLT admite as correções dos erros materiais, ex officio ou a requerimento das partes, sem criar limitação temporal ou exigir que haja necessidade de interposição de embargos de declaração.

Por fim, atente-se para o fato de que a decisão judicial deve ser interpretada a partir da conjugação de todos os seus elementos e em conformidade com o princípio da boa-fé (CPC/2015, art. 489, § 3º).

2.1. Fundamentação

Conforme mencionado anteriormente, da conjugação dos artigos 832 da CLT e 489 do CPC/2015, um dos requisitos da sentença compreende a sua fundamentação. Os arts. 832 e 852-I da CLT não traçam os requisitos da fundamentação, razão pela qual, aplica-se supletivamente ao processo trabalhista (TST – IN nº 39/2016 art. 3º, IX) o disposto no art. 489, § 1º, do CPC/2015[2]:

> § 1º. Não se considera fundamentada qualquer decisão judicial, seja ela interlocutória, sentença ou acórdão, que:
>
> I – se limitar à indicação, à reprodução ou à paráfrase de ato normativo, sem explicar sua relação com a causa ou a questão decidida;
>
> II – empregar conceitos jurídicos indeterminados, sem explicar o motivo concreto de sua incidência no caso;
>
> III – invocar motivos que se prestariam a justificar qualquer outra decisão;
>
> IV – não enfrentar todos os argumentos deduzidos no processo capazes de, em tese, infirmar a conclusão adotada pelo julgador;
>
> V – se limitar a invocar precedente ou enunciado de súmula, sem identificar seus fundamentos determinantes nem demonstrar que o caso sob julgamento se ajusta àqueles fundamentos;
>
> VI – deixar de seguir enunciado de súmula, jurisprudência ou precedente invocado pela parte, sem demonstrar a existência de distinção no caso em julgamento ou a superação do entendimento.
>
> § 2º. No caso de colisão entre normas, o juiz deve justificar o objeto e os critérios gerais da ponderação efetuada, enunciando as razões que autorizam a interferência na norma afastada e as premissas fáticas que fundamentam a conclusão.

Nesse sentido, o CPC/2015, com o objetivo de dar ênfase a esse requisito, porque decorre inclusive de comando constitucional (art. 93, IX, da CF/88), descreveu, sob ângulo negativo, o que não pode ser considerado como decisão fundamentada. Queremos dizer, o CPC/15 não estabelece como deve ser a fundamentação da decisão, pois se

1. Art. 494. Publicada a sentença, o juiz só poderá alterá-la: I – para corrigir-lhe, de ofício ou a requerimento da parte, inexatidões materiais ou erros de cálculo; II – por meio de embargos de declaração.

2. Boa parte da doutrina entende ser inaplicável esse dispositivo no processo do trabalho, ante a simplicidade existente nesse ramo processual, bem como porque entende que os arts. 832 e 852-I da CLT tratam integralmente da matéria.

trata de função jurisdicional, mas delimita o que não pode ser tratado como decisão fundamentada, a fim de que as partes tenham conhecimento das razões que levaram o juiz a decidir desta ou daquela forma, possibilitando o contraditório em âmbito recursal, e permitindo que o Tribunal ad quem possa compreender os motivos da decisão.

Ademais, o art. 489, § 1º, do CPC/2015 é de extrema importância no sistema dos precedentes judiciais obrigatórios introduzidos pelo CPC/15. É que no contexto do CPC de 1973 a decisão sempre foi pensada inter partes, não produzindo reflexos para o futuro, sendo incapaz, como regra, de beneficiar ou prejudicar terceiros.

Já na ideologia dos precedentes, a decisão, reconhecida como precedente, produz efeitos prospectivos atingindo casos semelhantes. Além disso, para que um precedente não seja aplicado em determinado caso futuro, é necessário que a decisão posterior fundamente demonstrando que ele se distingue do caso concreto ou que o precedente está ultrapassado. Verifica-se, portanto, que a fundamentação ganha ambiente de destaque na decisão judicial com o CPC/15, seja para produzir efeitos no futuro, seja para afastar a incidência dos precedentes em casos concretos.

Desse modo, o art. 489, § 1º, do CPC/2015 declina que não se considera fundamentada **qualquer decisão judicial, seja interlocutória, sentença ou acórdão**, nas seguintes hipóteses:

I – limitar-se à indicação, à reprodução ou à paráfrase de ato normativo, sem explicar sua relação com a causa ou a questão decidida.

Nesse caso, o juiz não pode simplesmente indicar o disposto legal aplicado ao caso ou apenas transcrevê-lo. Para que a decisão seja considerada fundamentada, o juiz deverá expor "a interpretação que fez dos fatos, das provas, da tese jurídica e da norma jurídica que lhe servem de fundamento – e, principalmente, expor a relação que entende existir entre os fatos e a norma"[3]. Exemplificamos:

> Determinada sentença julga procedente o pedido de equiparação salarial, limitando-se a dizer que há trabalho em idêntica função, de igual valor, para o mesmo empregador e na mesma localidade. O que fez o magistrado nesse caso é apenas reproduzir o art. 461 da CLT, tratando-se, pois, de decisão não fundamentada. Nessa hipótese, deverá explicitar qual a função exercida, porque considerou o trabalho de igual valor, além de identificar o empregador e a localidade, como forma de fazer correlação entre os fatos alegados e a norma a ser aplicada.

II – empregar conceitos jurídicos indeterminados, sem explicar o motivo de sua incidência do caso.

Assim como no inciso I, o presente inciso declina que o juiz deve explicar as causas que o fizeram aplicar o conceito jurídico indeterminado ao caso concreto. Exemplificamos:

3. DIDIER JR., Fredie; BRAGA, Paula Sarno; OLIVEIRA, Rafael Alexandrino. *Curso de Direito Processual Civil: Teoria da Prova, Direito Probatório, Decisão, Precedente, Coisa Julgada e Tutela Provisória.* 10. ed. Salvador: Editora Juspodivm, 2015, v. 2. p. 329.

Decisão declina que o empregador agiu com abuso de direito, sem especificar quais os fatos e argumentos que levaram o magistrado a essa conclusão.

O mesmo raciocínio deverá ser utilizado nas cláusulas gerais[4] como, por exemplo, o juiz se limitar a dizer que o empregado cometeu incontinência de conduta incidindo a justa causa descrita no art. 482, "b", da CLT, sem explicar as razões fáticas e jurídicas pelas quais considerou a conduta do empregado para tal fim.

III – invocar motivos que se prestariam a justificar qualquer outra decisão

O inciso III, do § 1º, do art. 489, do CPC/2015 tem como objetivo evitar que as decisões não considerem os elementos do caso concreto. Noutras palavras, é a decisão genérica (padrão) que serve, indistintamente, para diversas ocasiões. Exemplificamos:

Decisão que, ao analisar a tutela antecipada, se limita a indicar: "defiro a tutela antecipada porque preenchidos os pressupostos do art. 300 do CPC/2015". Essa decisão não é considerada como fundamentada, devendo o juiz em cada caso concreto explicar, p. ex., quais os fatos, documentos e/ou fundamentos que indicam a evidência da probabilidade do direito e o perigo de dano ou o risco ao resultado útil do processo.

IV – não enfrentar todos os argumentos deduzidos no processo capazes de, em tese, infirmar a conclusão adotada pelo julgador

O juiz, ao fundamentar sua decisão, deve analisar todos os argumentos trazidos pela parte capazes de tirar a força de sua conclusão. Nesse sentido, ao acolher o pedido do autor, o juiz não precisa analisar todos os fundamentos do próprio autor, mas precisa analisar todos os fundamentos da defesa, ou seja, aqueles que poderiam alterar sua decisão, assim como nos casos contrários[5]. Para Mauro Schiavi, "o Juiz do Trabalho deve enfrentar os argumentos jurídicos invocados capazes de influir na decisão e que por si só possam direcionar outro resultado da demanda[6]".

Nesse contexto, descreve o C. TST que "não ofende o art. 489, § 1º, inciso IV do CPC a decisão que deixar de apreciar questões cujo exame haja ficado prejudicado em razão da análise anterior de questão subordinante" (TST-IN nº 39/2016, art. 15, III). A nosso juízo, esse entendimento deve ser analisado sob três aspectos: fundamentos independentes, subordinados ou cumulativos.

- **fundamentos independentes**: quando existirem diversos fundamentos, mas basta um para se chegar à conclusão pretendida. Nesse caso, incumbe ao juiz enfrentar cada um dos fundamentos apresentados.

4. No conceito legal indeterminado o julgador preenche o conceito e seus efeitos. Já na cláusula geral o julgador preenche o conceito, mas os efeitos já estão previamente descritos na norma.
5. Nesse sentido: DIDIER JR., Fredie; BRAGA, Paula Sarno; OLIVEIRA, Rafael Alexandrino. *Curso de Direito Processual Civil: Teoria da Prova, Direito Probatório, Decisão, Precedente, Coisa Julgada e Tutela Provisória*. 10. ed. Salvador: Editora Juspodivm, 2015, v. 2. p. 336.
6. SCHIAVI, Mauro. *Manual de Direito Processual do Trabalho*. 10. ed. De acordo com Novo CPC. São Paulo: LTr, 2015. p. 798.

- Exemplo: empresa alega que não há equiparação salarial, porque existe quadro de carreira e porque os empregados trabalhavam em estabelecimentos empresariais diversos. Nessa hipótese, o juiz deverá refutar ambos fundamentos para reconhecer a equiparação salarial.

- **fundamentos subordinados**: ocorre quando o afastamento do principal já é suficiente para atacar a tese pretendida, não havendo necessidade de analisar os fundamentos subsidiários (secundários).

- Exemplo: empregado postula reintegração no emprego porque é integrante da CIPA (1º fundamento), sendo dispensado de forma arbitrária (2º fundamento). Reconhecendo o juiz que o trabalhador não é integrante da CIPA, desnecessária a análise da dispensa arbitrária.

- **fundamentos cumulativos**: são aqueles que devem ser somados para se chegar à conclusão defendida. Nesse caso, se o juiz refutar apenas um dos fundamentos já será suficiente para afastar a tese pretendida pela parte, não havendo necessidade de atacar todos os demais fundamentos.

- Exemplo: empregado postula reconhecimento do vínculo, sendo negada a prestação do serviço pela empresa. Nessa hipótese, ainda que a inicial tenha apresentado todos os requisitos da relação de emprego (pessoalidade, pessoa física, subordinação, não eventualidade e onerosidade), basta que o juiz afaste um dos requisitos para sepultar a tese pretendida pelo autor.

Por fim, destaca-se que o art. 15, IV, da Instrução Normativa nº 39/2016 dispõe que o art. 489, § 1º, IV, do CPC/2015 não obriga o juiz ou o Tribunal a enfrentar os fundamentos jurídicos invocados pela parte, quando já tenham sido examinados na formação dos precedentes obrigatórios ou nos fundamentos determinantes de enunciado de súmula.[7]

Exemplo: sociedade de economia mista pretende discutir que, por força do art. 37, XIII da CF/88, a equiparação salarial a ela não se aplica. Como tais argumentos já foram afastados e sedimentados com a criação da Súmula nº 455 do TST, não há necessidade de serem enfrentados pelo juiz.

V – limitar-se a invocar precedente ou enunciado de súmula, sem identificar seus fundamentos determinantes nem demonstrar que o caso sob julgamento se ajusta àqueles fundamentos.

O CPC/15 passou a preconizar a teoria dos precedentes judiciais no direito brasileiro, ao determinar que, obrigatoriamente, os juízes deverão observar as decisões, súmulas e orientações dispostas no art. 927 do CPC/2015, o qual é aplicável subsidiariamente ao processo do trabalho (TST-IN, art. 3, XXIII).

Ao interpretar o referido artigo, o C. TST, no art. 15 da Instrução Normativa 39/2016, adotou o conceito técnico de precedente, entendido como decisão judicial.

7. ED-RR nº 126-04.2010.5.15.0084, 6º Turma do TST, Rel. Augusto César Leite de Carvalho. j. 11.10.2017, Publ. 20.10.2017.

Desse modo, descreveu que, no processo do trabalho, os juízes estão obrigados a observar os seguintes precedentes:

> a) acórdão proferido pelo Supremo Tribunal Federal ou pelo Tribunal Superior do Trabalho em julgamento de recursos repetitivos (CLT, art. 896-B; CPC, art. 1046, § 4º);
>
> b) entendimento firmado em incidente de resolução de demandas repetitivas ou de assunção de competência;
>
> c) decisão do Supremo Tribunal Federal em controle concentrado de constitucionalidade;
>
> d) tese jurídica prevalecente em Tribunal Regional do Trabalho e não conflitante com súmula ou orientação jurisprudencial do Tribunal Superior do Trabalho (CLT, art. 896, § 6º);
>
> e) decisão do plenário, do órgão especial ou de seção especializada competente para uniformizar a jurisprudência do tribunal a que o juiz estiver vinculado ou do Tribunal Superior do Trabalho.

Além dos precedentes anteriores, os juízes também estão obrigados a observar:

- súmulas do Supremo Tribunal Federal;
- orientação jurisprudencial do Tribunal Superior do Trabalho;
- súmula do TST e;
- súmula de Tribunal Regional do Trabalho não conflitante com súmula ou orientação jurisprudencial do TST.

Atenção:

Os precedentes, as súmulas e orientações para serem obrigatórias devem conter explícita referência aos fundamentos determinantes da decisão (*ratio decidendi*).

Percebe-se que os precedentes, súmulas e orientações passam a ser considerados como fonte de direito, de modo que não pode o juiz simplesmente julgar procedente um pedido com base em determinada orientação, mas sim analisar o caso concreto e correlacionar os fatos com os fundamentos determinantes da orientação, seguindo a mesma ideologia do item I, analisado anteriormente. Exemplo:

> Decisão julga procedente o pedido de adicional de transferência, por se tratar de transferência provisória, valendo-se da OJ nº 113 da SDI I do TST. Para que a decisão seja fundamentada o juiz deverá identificar no caso concreto os fatos e fundamentos que demonstram a provisoriedade da transferência, não bastando a simples invocação da orientação jurisprudencial.

Dessa forma, caso a decisão se limite a aplicar algum dos precedentes elencados acima, sem que explique as razões de sua incidência ao caso concreto, não será considerada como fundamentada.

Destaca-se que, como visto, a decisão que aplica a tese jurídica firmada em precedente, não precisa enfrentar os fundamentos já analisados na decisão paradigma, sendo suficiente, para fins de atendimento das exigências constantes no art. 489, § 1º, do CPC, a correlação fática e jurídica entre o caso concreto e aquele apreciado no incidente de solução concentrada (TST-IN nº 39/2016, art. 15, V).

VI – Deixar de seguir enunciado de súmula, jurisprudência ou precedente invocado pela parte, sem demonstrar a existência de distinção no caso em julgamento ou a superação do entendimento.

Seguindo a mesma linha do item anterior, se a decisão não pode se limitar a aplicar determinado precedente, súmula ou orientação, também não poderá deixar de seguir enunciado de súmula, jurisprudência ou precedente invocado pela parte, sem que demonstre que há distinção com o caso em julgamento. Exemplo:

> Decisão se limita em não aplicar a Súmula 178 do TST, que reconhece o direito à jornada reduzida das telefonistas de mesa de empresa que não explora o serviço de telefonia, incidindo analogicamente o art. 227 da CLT. Nesse caso, o juiz até pode deixar de aplicar a súmula, desde que demonstre que o caso concreto é distinto dos fundamentos determinantes da Súmula como, por exemplo, demonstre que a telefonista não trabalhava de forma contínuo, mas ajudava em outros serviços, como portaria, recepção etc. Noutras palavras, não pode o juiz simplesmente deixar de aplicar a súmula, por ter entendimento pessoal diferente.

Por fim, consigna-se que, da mesma forma que na hipótese do inciso V, o C. TST entende que no caso do inciso VI, do art. 489, § 1º, do CPC/2015, é ônus da parte demonstrar a existência de distinção no caso em julgamento ou superação do entendimento, sempre que invocar precedente ou enunciado de súmula (TST-IN nº 39/2016, art. 15, VI).

> **Atenção:**
> Referido dispositivo não é apenas dirigido às sentenças, mas também às decisões interlocutórias e aos acórdãos.

2.2. Fundamentação *per relationem*

A motivação *per relationem*, também chamada de técnica da motivação por referência ou remissão consiste na possibilidade de o julgador referir-se aos fundamentos da decisão recorrida, ao parecer do Ministério Público ou às informações da autoridade coatora, no momento de proferir o julgamento. A doutrina e a jurisprudência, inclusive do E. STF, têm admitido essa forma de motivação, considerando-a compatível com o art. 93, IX, da CF, como se verifica pelas ementas a seguir transcritas:

> [...] Reveste-se de plena legitimidade jurídico-constitucional a utilização, pelo Poder Judiciário, da técnica da motivação "per relationem", que se mostra compatível com o que dispõe o art. 93, IX, da Constituição da República. A remissão feita pelo magistrado – referindo-se, expressamente, aos fundamentos (de fato e/ou de direito) que deram suporte a anterior decisão (ou, então, a pareceres do Ministério Público ou, ainda, a informações prestadas por órgão apontado como coator) – constitui meio apto a promover a formal incorporação, ao ato decisório, da motivação a que o juiz se reportou como razão de decidir. Precedentes[8].

8. STF – AI 825520 AgR-ED. 2ª Turma. Rel. Min. Celso de Mello. DJ 12.9.2011.

> [...] A jurisprudência do Supremo Tribunal Federal orienta-se no sentido de reconhecer a plena validade constitucional da motivação 'per relationem'. Em consequência, o acórdão do Tribunal, ao adotar os fundamentos de ordem fático-jurídica mencionados nas contrarrazões recursais da Promotoria de Justiça – e ao invocá-los como expressa razão de decidir – revela-se fiel à exigência jurídico-constitucional de motivação que se impõe ao Poder Judiciário na formulação de seus atos decisórios. Precedentes.[9]

Assim, para o E. STF "a remissão feita pelo magistrado, referindo-se, expressamente, aos fundamentos que deram suporte ao ato impugnado ou a anterior decisão (ou a pareceres do Ministério Público ou, ainda, a informações prestadas por órgão apontado como coator, p. ex.), constitui meio apto a promover a formal incorporação, ao novo ato decisório, da motivação a que este último se reportou como razão de decidir"[10].

Com o advento do CPC/15, poder-se-ia questionar se o art. 489, § 1º, que exige a motivação exaustiva, permite a motivação *por relationem*. A nosso juízo e acompanhando o entendimento do E. STF exposto no parágrafo anterior, referido dispositivo admite essa modalidade de motivação, **desde que haja transcrição expressa na decisão dos trechos importados, não bastando a mera referência a outra decisão**[11], a fim de possibilitar a interposição de recurso da decisão. Caso isso não ocorra, é necessária a interposição de embargos de declaração para que a matéria seja prequestionada, vez que a decisão não possuirá tese jurídica, a legitimar a interposição do recurso de revista. O que se busca, portanto, é que tese jurídica esteja na decisão recorrida.[12]

Porém, essa exigência de transição expressa não se aplica no rito sumaríssimo.

É que, nesse rito, a motivação *per relationem* foi expressamente prevista no art. 895, § 1º, IV, o qual declara que "se a sentença for confirmada pelos próprios fundamentos, a certidão de julgamento, registrando tal circunstância, servirá de acórdão"[13]. Nesse caso, a sentença passa a incorporar o acórdão, o que significa que este possui tese jurídica, qual seja a já adotada na sentença.

Agora, se a sentença não adotou juízo de valor sobre determinada controvérsia que se buscará no futuro levar ao TST, incumbe à parte interpor embargos de declaração da sentença para a adoção de tese explícita, o que acaba, de certo modo, legitimando os embargos de declaração com efeito prequestionatório da sentença.

---

9. STF – HC 72.009/RS. 1ª Turma. Rel. Min. Celso De Mello. DJ 1.12.2006.

10. STF – Mandado de Segurança nº 27.350/DF, Rel. Min. Celso de Mello, DJ 4.6.2008.

11. STJ – HC 242.767/SP. 5ª Turma. Relª. Min. Laurita Vaz. Dje 13.8.2013.

12. MIESSA, Élisson. In: MIESSA, Élisson; CORREIA, Henrique. *Súmulas e OJs do TST comentadas e organizadas por assunto*. 8. ed. Salvador: Juspodivm, 2018. p. 1820-1821.

13. No mesmo sentido, os arts. 46 e 82, § 5º, da Lei nº 9.099/95, sendo este último reconhecido como constitucional pelo STF no HC 86533/SP. 1ª Turma. Rel. Min. Eros Roberto Grau. DJ 2.12.2005.

Pode ainda a parte se valer das razões ou contrarrazões do recurso para postular emissão de juízo de valor pelo TRT[14].

3. CLASSIFICAÇÃO

A classificação da sentença não encontra pacificação na doutrina, existindo duas correntes a respeito: a trinária e a quinária.

A **doutrina clássica** (trinária), classificando a sentença pelo conteúdo do ato emanado pelo juiz, entende que existem três tipologias de sentenças, quais sejam: meramente declaratória, constitutiva e condenatória, seguindo-se as lições de Liebman.

Por outro lado, a **doutrina moderna** (quinária) admite existirem cinco tipologias de sentenças, ou seja, além das três já enumeradas pela doutrina clássica, existem ainda as sentenças executivas lato sensu e as sentenças mandamentais. Essa corrente doutrinária tem como idealizador Pontes de Miranda.

Conquanto haja divergência entre as teses anteriores, aparentemente elas podem ser compatibilizadas, vez que a doutrina clássica classifica a sentença quanto ao seu conteúdo, enquanto a doutrina moderna tem como base os efeitos da sentença. Tanto é assim que a própria doutrina trinária reconhece a existência das sentenças executiva lato sensu e mandamental, mas como subespécies da sentença condenatória.

Portanto, observa-se que ambas as correntes reconhecem a existência das sentenças executiva lato sensu e mandamental, seja como subespécie da sentença condenatória ou como própria espécie de sentença.

A propósito, com a criação da fase de cumprimento, por meio da Lei nº 11.232/05, a teoria quinária perdeu sua força.

Para fins didáticos, porém, passamos a demonstrar o significado de cada uma delas.

a) sentença meramente declaratória: é aquela que declara a existência, inexistência ou o modo de ser de uma determinada relação jurídica ou a autenticidade ou falsidade de um documento, conforme disposição do art. 19 do CPC/2015.

Consigna-se que todas as sentenças possuem inicialmente um cunho declaratório, sendo, posteriormente, complementadas com outros efeitos (constitutivo, condenatório etc.). A propósito, a sentença de improcedência dos pedidos sempre será meramente declaratória.

b) sentença constitutiva: é aquela que cria, modifica ou extingue determinada relação jurídica.

14. BEBBER, Júlio César. *Recursos no processo do trabalho*. 4. ed. São Paulo: LTr, 2014. p. 352-353.

c) **sentença condenatória:** é a que objetiva a tutela prestada por meio do pagamento de quantia certa, especialmente pelo equivalente monetário ao valor da lesão, estando ligada a uma única forma de execução direta – a execução por expropriação.

d) **sentença executiva *lato sensu*:** busca a tutela específica do direito, sendo realizada por meios de execução direta. Está fundada, especialmente, no art. 536 do CPC/2015.

e) **sentença mandamental:** é aquele em que o réu (reclamado) é forçado a cumprir a ordem judicial, ou seja, há coerção do réu a cumprir determinada ordem, por meio de técnicas de execução indireta (por exemplo, *astreintes*), tendo como fundamento o art. 537 do CPC/2015.

4. PRINCÍPIO DA CONGRUÊNCIA

O princípio da congruência, também chamado de princípio da correlação e adstrição, significa que o juiz somente poderá emitir provimento jurisdicional sobre o que foi pleiteado, ou seja, a decisão deve se limitar ao que foi proposto.

Desse modo, o magistrado não pode proferir sentença além, fora ou aquém do pedido ou da causa de pedir (arts. 141 e 492 do CPC/2015), caracterizando-se, assim, julgamento:

a) ***extra petita:*** quando a decisão julgar fora dos limites postulados, impedindo que o julgador "invente" causa de pedir ou pedido não pleiteado. O mesmo vício ocorrerá quando julgar sujeitos que não participaram do processo.

- **Exemplo:** empregado ingressa com a reclamação trabalhista pleiteando férias, décimo terceiro e horas extras. Durante a instrução do processo, fica comprovado que o empregador também não pagava adicional noturno. Nesse caso, o juiz não poderá deferir o pagamento desse adicional, pois está restrito aos três pedidos formulados na inicial, sob pena de proferir julgamento extra petita.

b) ***ultra petita:*** quando houver julgamento além do pedido. Tal vício está ligado à quantidade indicada pelo autor, ou seja, o juiz analisa a tutela jurisdicional pretendida, mas concede quantidade maior do que a postulada.

- **Exemplo:** empregado ingressa com a reclamação trabalhista pleiteando indenização por danos materiais no valor de R$ 5.000,00. Durante a instrução do processo, fica comprovado que o dano foi no montante de R$ 7.000,00. Nesse caso, o juiz fica limitado ao valor de R$ 5.000,00, sob pena de proferir julgamento ultra petita.

c) ***citra petita:*** na hipótese da decisão julgar aquém do pedido, ou seja, deixar de julgar algum pedido.

- **Exemplo:** empregado ingressa com a reclamação trabalhista pleiteando férias, décimo terceiro e horas extras. Se o juiz julgar apenas as férias, deixando de julgar o décimo terceiro e as horas extras, proferirá julgamento citra petita.

Simplificando, podemos resumir da seguinte forma:

decisão *extra petita*	juiz inventa
decisão *ultra petita*	juiz exagera
decisão *citra petita*	juiz se esquece

A sentença com julgamento citra petita pode ser impugnada por meio dos embargos de declaração, vez que há omissão na decisão (CLT, art. 897-A). Já as sentenças com julgamento ultra ou extra petita se submetem ao recurso ordinário, bem como ao recurso de revista, neste último caso por violação aos arts. 141 e 492 do CPC/2015. Do mesmo modo, após o trânsito em julgado, elas podem ser impugnadas pela via da ação rescisória, por violação dos arts. 141 e 492 do CPC/2015, inclusive a sentença citra petita, como estabelece o TST na OJ nº 41 da SDI-II:

> **Orientação Jurisprudencial nº 41 da SDI – II do TST.** Ação rescisória. Sentença "citra petita". Cabimento
> Revelando-se a sentença "citra petita", o vício processual vulnera os arts. 141 e 492 do CPC de 2015 (arts. 128 e 460 do CPC de 1973), tornando-a passível de desconstituição, ainda que não interpostos embargos de declaração.

Cabe consignar, no entanto, que o princípio da congruência sofre exceções por meio dos pedidos implícitos, chamados no processo do trabalho de princípio da extrapetição, o qual "permite que o juiz, nos casos expressamente previstos em lei, condene o réu em pedidos não contidos na petição inicial, ou seja, autoriza o julgador a conceder mais do que o pleiteado, ou mesmo vantagem diversa da que foi requerida".[15]

Assim, o juiz poderá agir de ofício **somente nos casos expressos em lei**. Nesse contexto, não viola o referido princípio a decisão que:

a) deferir salário quando o pedido for de reintegração, dados os termos do art. 496 da CLT (Súmula nº 396, II, do TST)[16];

b) incluir os juros de mora e a correção monetária na liquidação, ainda que omisso o pedido inicial ou a condenação (Súmula nº 211 do TST)[17];

c) conceder adicional de horas extras de, no mínimo, 50% quando houver pedido de pagamento das horas extraordinárias, mas não houver pedido expresso do pagamento do adicional;

---

15. SARAIVA, Renato. *Curso de direito processual do trabalho*. 3. ed. São Paulo: Método, 2006. p. 50-51.

16. Súmula 396, II, do TST: "II – Não há nulidade por julgamento *extra petita* da decisão que deferir salário quando o pedido for de reintegração, dados os termos do art. 496 da CLT".

17. **Súmula nº 211 do TST.** Juros de mora e correção monetária. Independência do pedido inicial e do título executivo judicial. Os juros de mora e a correção monetária incluem-se na liquidação, ainda que omisso o pedido inicial ou a condenação.

d) deferir o adicional de 1/3 de férias, quando houver apenas pedido do pagamento das férias, sem previsão expressa ao adicional constitucional;

e) determinar a anotação da CTPS – Carteira de Trabalho e Previdência Social – quando houver pedido de reconhecimento de vínculo, sem que haja pedido expresso da anotação da carteira do empregado.

É interessante observar que, nas obrigações de fazer e não fazer, o art. 497 do CPC/2015 admite a concessão de tutela diversa da pedida, desde que produza um resultado prático equivalente ao do adimplemento da obrigação.

Esclarece-se que parte da doutrina[18] entende que a decisão ***infra petita*** não fere o princípio da congruência. Isso ocorre porque nessa hipótese o magistrado verifica completamente os pedidos, mas acolhe apenas parcialmente alguns. Todavia, a doutrina **majoritária** utiliza a expressão infra petita como sinônima de decisão citra petita[19].

4.1. FATO SUPERVENIENTE QUE POSSA INFLUIR NO JULGAMENTO

Como visto, o juiz somente possa emitir provimento jurisdicional sobre o que foi pleiteado. Todavia, se após a propositura da ação, "algum fato constitutivo, modificativo ou extintivo do direito influir no julgamento do mérito, caberá ao juiz tomá-lo em consideração, de ofício ou a requerimento da parte, no momento de proferir a decisão". Nesse caso, sendo constatado "de ofício o fato novo, o juiz ouvirá as partes sobre ele antes de decidir" (CPC/2015, art. 493).

Trata-se de entendimento que reconhece que o processo leva um tempo para ser solucionado, de modo que entre sua propositura e o julgamento podem ocorrer alterações de fato e de direito que atinjam o litígio. Busca, portanto, permitir que o magistrado julgue com justiça, analisando a demanda sob a situação fática existente no momento do julgamento.

Perceba-se que a alteração pode atingir fatos constitutivos, modificativos e extintivos do direito. Nada versa sobre os fatos impeditivos. O silêncio quanto a tais fatos é proposital (silêncio eloquente), uma vez que "os fatos impeditivos necessariamente têm que ser anteriores ou contemporâneos à ocorrência do fato jurídico que dá vida ao direito do autor. Jamais serão posteriores (ou supervenientes)"[20].

18. DINAMARCO, 2003 *apud* DIDIER JR., Fredie; BRAGA, Paula Sarno; OLIVEIRA, Rafael Alexandria de. *Curso de Direito Processual Civil*, v. 2: teoria da prova, direito probatório, decisão, precedente, coisa julgada e tutela provisória. 10. ed. Salvador: Editora Juspodivm. p. 368, nota 148.

19. Nesse sentido: SCHIAVI, Mauro. *Manual de Direito Processual do Trabalho*. 9. ed. São Paulo: LTr, 2015. p. 801.

20. DIDIER JR., Fredie; BRAGA, Paula Sarno; OLIVEIRA, Rafael Alexandria de. Curso de Direito Processual Civil: teoria da prova, direito probatório, decisão, precedente, coisa julgada e tutela provisória, vol. 2. 10. ed. Salvador: Editora Juspodivm, 2015, p. 402.

Além disso, observa-se que a alteração pode atingir fatos constitutivos. Por serem fatos relacionados à formação da relação jurídica, eles são aduzidos pelo autor. Portanto, o art. 493 autoriza a invocação de fato superveniente pelo autor.

Diante dessa afirmação, a doutrina majoritária entende que o autor apenas pode levantar fatos constitutivos simples, de modo que o art. 493 do CPC/15 **não** excepciona o princípio da estabilização da demanda. Noutras palavras, as hipóteses de alteração da demanda, antes (CPC/15, art. 329, I) ou depois da citação (CPC/15, art. 329, II), visam a modificar a causa de pedir e/ou o pedido. No caso do art. 493 do CPC/15, a parte poderá invocar fato ou direito superveniente que possa influir no julgamento, **sem que altere, porém, o pedido ou a causa de pedir**. Nesse sentido, leciona Nelson Nery Jr.:

> O *ius superveniens* e o *factum superveniens* podem consistir no advento de fato ou direito que possa influir no julgamento da lide. Deve ser levado em consideração pelo juiz, de ofício ou a requerimento da parte ou interessado, independentemente de que possa ser com ele beneficiado no processo. Não se pode, a pretexto de pretender a incidência do *ius superveniens*, alterar a causa de pedir ou o pedido.[21]

Quanto aos fatos a serem aduzidos pelo réu (modificativos e extintivos), o art. 493 do CPC/15 possui identificação com o art. 342 do CPC/15, que permite novas alegações após a contestação quando forem: "I – relativas a direito ou a fato superveniente; II – competir ao juiz conhecer delas de ofício; III – por expressa autorização legal, puderem ser formuladas em qualquer tempo e grau de jurisdição."

Como a CLT não possui regra semelhante a do art. 493 do CPC/15, por força do art. 769 da CLT, ele é aplicável de forma subsidiária ao processo do trabalho.

Nesse contexto, o C. TST permite que seja analisado de ofício e em **qualquer instância trabalhista** fato constitutivo, modificativo ou extintivo do direito **posterior** ao ajuizamento da ação que possa influir no julgamento do mérito:

> **Súmula nº 394 do TST.** Art. 493 do CPC de 2015. Art. 462 do CPC de 1973. Fato Superveniente
> O art. 493 do CPC de 2015 (art. 462 do CPC de 1973), que admite a invocação de fato constitutivo, modificativo ou extintivo do direito, superveniente à propositura da ação, é aplicável de ofício aos processos em curso em qualquer instância trabalhista. Cumpre ao juiz ou tribunal ouvir as partes sobre o fato novo antes de decidir.

Há de se registrar que a alegação de fato superveniente impõe-se que o magistrado **oportunize o contraditório**, razão pela qual a parte contrária deverá ser intimada para se manifestar a respeito de tais alegações, a fim de se evitar nulidade processual. Além disso, tal alegação deve ser **arguida no primeiro momento** em que a parte se manifestar no processo, sob pena de preclusão.

21. NERY Jr., Nelson; NERY, Rosa Maria de Andrade. Comentários ao Código de Processo Civil. São Paulo: Editora Revista dos Tribunais, 2015. p. 1166.

Destaca-se ainda que pelo teor do novel parágrafo único do art. 493, quando o fato superveniente for constatado de ofício, o juiz deverá ouvir as partes antes de decidir, tal como previsto na parte final da Súmula nº 394 do TST. O mesmo ocorre quando constatada pelo relator, nos termos do art. 933 do CPC/15. Isso não significa que o juiz não possa conhecer de ofício o fato ou direito superveniente, mas que, antes de proferir a decisão, deverá dar oportunidade de manifestação para a parte. O dispositivo representa, pois, a vedação das decisões-surpresa, sendo decorrência do princípio do contraditório[22] (arts. 9º e 10º do CPC/15).

Por fim, há de se **diferenciar fato novo de fato superveniente** para a **fase recursal**.

Fato novo é aquele que já existia ao tempo da decisão judicial, mas que a parte não quis ou não pode arguí-lo. Esse fato somente poderá ser invocado em grau recursal se a parte demonstrar que deixou de argui-lo em momento anterior por motivo de força maior (CPC/15, art. 1.014[23]).

Já o **fato superveniente** é aquele que ocorreu após a sentença, de modo que não poderia ser alegado antes da decisão. Nesse caso, pode a parte alegá-lo em grau de recurso ou o tribunal conhecê-lo de oficio, com base no art. 493 do CPC/15[24].

5. SENTENÇA CERTA E SENTENÇA CONDICIONAL

O art. 492, parágrafo único, do CPC/15, aplicável ao processo do trabalho, prevê que a decisão deve ser certa, ainda que resolva relação jurídica condicional.

Isso quer dizer a sentença deverá expressamente certificar a existência ou inexistência de determinado direito afirmado pela parte.

O juiz, portanto, ao analisar cada um dos pedidos deverá firmar um preceito e definir a norma aplicável ao caso concreto, retirando as partes do estado de dúvida em que se encontravam, ao estabelecer uma certeza.[25]

É importante mencionar que a própria sentença poderá estabelecer condições como, por exemplo, a aplicação de multa se determinada obrigação de fazer, não-fazer ou de entrega de coisa reconhecida pelo magistrado não for cumprida. Nessa sentença, portanto, a imposição da prestação ao réu se sujeita a uma condição suspensiva, ou

---

22. BUENO, Cássio Scarpinella. Novo Código de Processo Civil anotado. São Paulo: Saraiva, 2015, p. 328.

23. TST-IN nº 39/2016. Art. 3º. Sem prejuízo de outros, aplicam-se ao Processo do Trabalho, em face de omissão e compatibilidade, os preceitos do Código de Processo Civil que regulam os seguintes temas: (...)XXVIII- arts. 1013 a 1014 (efeito devolutivo do recurso ordinário – força maior); (...)

24. NERY Jr., Nelson; NERY, Rosa Maria de Andrade. Comentários ao Código de Processo Civil. São Paulo: Editora Revista dos Tribunais, 2015. p. 2074.

25. DIDIER JR., Fredie; BRAGA, Paula Sarno; OLIVEIRA, Rafael Alexandria. *Curso de direito processual civil: teoria da prova, direito probatório, coisa julgada e tutela provisória.* 11. ed. Salvador: Juspodivm, 2016. v. 2. p. 385.

seja, apenas haverá a incidência da multa se houver o descumprimento da obrigação no prazo previsto.

É ainda possível que a eficácia da sentença fique sob condição legal suspensiva, hipótese da remessa necessária.

Assim, o que não se permite é que o reconhecimento da existência ou inexistência do direito pleiteado pela parte seja condicionado, não sendo possível, por exemplo, que o magistrado indique que o autor possui direito ao adicional de insalubridade, desde que a condição de insalubridade seja demonstrada em perícia realizada em momento posterior, na fase de liquidação.[26]

O que se permite, portanto, é que a própria sentença tenha seus efeitos condicionados a determinado evento futuro e incerto, mas não que a própria afirmação da sentença seja condicionada.

6. PUBLICAÇÃO E INTIMAÇÃO

A CLT, em seu art. 852, prevê que a sentença será proferida na própria audiência, oportunidade em que as partes ou seus representantes já saem intimados. Na hipótese de revelia, deverá ser realizada a notificação, nos termos do art. 841, § 1º, da CLT.

Cabe frisar que, designada audiência de julgamento, incumbe à parte comparecer para tomar conhecimento da decisão, sob pena de ser considerada intimada da sentença, no dia da audiência, mesmo diante de sua ausência, conforme declina a Súmula nº 197 do TST:

> **Súmula nº 197 do TST.** Prazo
>
> O prazo para recurso da parte que, intimada, não comparecer à audiência em prosseguimento para a prolação da sentença conta-se de sua publicação.

A ata de julgamento, devidamente assinada pelo juiz, deverá ser juntada ao processo no prazo improrrogável de 48 horas, contado da audiência. Não sendo juntada a sentença nesse prazo, deverá intimar a parte, posteriormente, da sentença, iniciando seu prazo recursal somente depois da intimação. É o que estabelece a Súmula nº 30 do TST:

> **Súmula nº 30 do TST.** Intimação da sentença
>
> Quando não juntada a ata ao processo em 48 horas, contadas da audiência de julgamento (art. 851, § 2º, da CLT), o prazo para recurso será contado da data em que a parte receber a intimação da sentença.

Embora não previsto na CLT, pode ocorrer de o juiz não designar audiência de julgamento, proferindo a decisão em gabinete e, posteriormente, juntando-a aos autos. Nesse caso, as partes ou seus representantes deverão ser intimados da decisão.

26. Exemplo extraído de BERNARDES, Felipe. *Manual de processo do trabalho*. Salvador: Juspodivm, 2018. p. 551.

Por fim, destacamos que o art. 12 do CPC/2015 estabelece que os juízes e os tribunais deverão atender, **preferencialmente**, a "ordem cronológica de conclusão para proferir sentença ou acórdão", devendo a lista de processos aptos a julgamento estar permanentemente à disposição para consulta pública em cartório e na rede mundial de computadores (art. 12, § 1º). Acreditamos que o dispositivo deverá ser aplicado ao processo do trabalho por força dos arts. 769 da CLT e 15 do CPC/2015, pois compatível com a efetividade da prestação jurisdicional.

De qualquer modo, de acordo com o art. 12, § 2º, do CPC/2015, excluem-se da ordem cronológica de julgamento, as seguintes hipóteses:

> I – as sentenças proferidas em audiência, homologatórias de acordo ou de improcedência liminar do pedido;
>
> II – o julgamento de processos em bloco para aplicação de tese jurídica firmada em julgamento de casos repetitivos;
>
> III – o julgamento de recursos repetitivos ou de incidente de resolução de demandas repetitivas;
>
> IV – as decisões proferidas com base nos arts. 485 e 932;
>
> V – o julgamento de embargos de declaração;
>
> VI – o julgamento de agravo interno;
>
> VII – as preferências legais e as metas estabelecidas pelo Conselho Nacional de Justiça;
>
> VIII – os processos criminais, nos órgãos jurisdicionais que tenham competência penal;
>
> IX – a causa que exija urgência no julgamento, assim reconhecida por decisão fundamentada.

7. JUÍZO DE RETRATAÇÃO

O CPC/15 inova ao permitir que, interposto recurso, juiz pode se retratar, no prazo de 5 dias, em qualquer dos casos de extinção sem resolução do mérito (art. 485, § 7º).

Havendo omissão na CLT e compatibilidade com o processo trabalhista, pensamos que tal dispositivo é aplicável ao processo do trabalho, dando maior celeridade ao procedimento, além de priorizar a decisão de mérito. No mesmo sentido, estabelece o art. 3º, VIII, da TST-IN nº 39/2016, in verbis:

> **Art. 3º.** Sem prejuízo de outros, aplicam-se ao Processo do Trabalho, em face de omissão e compatibilidade, os preceitos do Código de Processo Civil que regulam os seguintes temas:
>
> (...)
>
> VIII – art. 485, § 7º (juízo de retratação no recurso ordinário) (...)

8. JULGAMENTO ANTECIPADO

Como regra, o processo depende da fase instrutória para que possa ser proferida a decisão de mérito. No entanto, em alguns casos dispensa-se a fase instrutória já permitindo o julgamento do mérito, seja integralmente, seja de forma parcial.

8.1. Julgamento Antecipado Total

Nos termos do art. 355 do CPC/2015, aplicável ao processo do trabalho, o juiz julgará antecipadamente o pedido, proferindo sentença com resolução de mérito, quando:

> I – não houver necessidade de produção de outras provas;
>
> II – o réu for revel, ocorrendo o efeito material da revelia, isto é, presumir-se verdadeiras as alegações de fato formulados pelo autor.

Nesse caso, como não há necessidade de prosseguimento do processo, o juiz, proferirá sentença desde logo.

8.2. Julgamento Parcial do Mérito

Pode acontecer de existir cumulação de pedidos em um determinado processo, verificando-se a possibilidade de julgar alguns deles ou até mesmo parcela deles antecipadamente.

Desse modo, o julgamento antecipado parcial do mérito corresponde ao julgamento antecipado dos pedidos ou parcela dos pedidos que já estiverem em condições de imediato julgamento ou forem incontroversos, possibilitando inclusive formação de coisa julgada material. Nesses casos, haverá o prosseguimento do julgamento apenas para os demais pedidos. Exemplo:

> Reclamante formula pedido relacionado ao pagamento das verbas rescisórias, multa do art. 467 da CLT e de indenização por danos morais. Na audiência, o reclamado apresenta contestação, impugnando apenas a indenização por danos morais, nada versando sobre as verbas rescisórias. Não havendo o pagamento pelo reclamado na primeira audiência das verbas incontroversas, o juiz poderá julgar de forma antecipada o pedido de pagamento das verbas rescisórias cumuladas com a multa do art. 467 da CLT e dar prosseguimento ao processo quanto o pedido de indenização por danos morais.

Com efeito, o art. 356 do CPC/2015 estabelece a possibilidade de julgamento antecipado parcial do mérito quando um ou mais dos pedidos formulados ou parcela deles:

> I – mostrar-se incontroverso;
>
> II – estiver em condições de imediato julgamento, ou seja, nos casos em que não há necessidade de produção de outras provas, bem como as situações em que o réu é revel e presumem-se verdadeiras as alegações de fato formuladas pelo autor.

Tal decisão poderá reconhecer a existência de obrigação líquida ou ilíquida (CPC/2015, art. 356, § 1º).

Ademais, a parte poderá liquidar ou executar, desde logo, a obrigação reconhecida na decisão que julgar parcialmente o mérito, independentemente de caução, ainda que haja recurso da decisão (CPC/2015, art. 356, § 2º). Se houver trânsito em julgado da decisão, a execução será definitiva (CPC/2015, art. 356, § 3º). A liquidação e o cumprimento da decisão que julgar parcialmente o mérito poderão ser processados em autos suplementares, a requerimento da parte ou a critério do juiz (CPC/2015, art. 356, § 4º).

O julgamento parcial do mérito deve ser aplicado ao processo do trabalho, uma vez que há omissão na CLT e compatibilidade com a seara processual trabalhista.

A compatibilidade é observada no fato de que o julgamento parcial está fincado no princípio da duração razoável do processo e da efetividade da tutela jurisdicional, que são base do processo laboral.

Nesse contexto, o C. TST, no art. 5º, da Instrução Normativa nº 39/2016, autoriza sua incidência no processo do trabalho:

> **Art. 5º.** Aplicam-se ao Processo do Trabalho as normas do art. 356, §§ 1º a 4º, do CPC que regem o julgamento antecipado parcial do mérito, cabendo recurso ordinário de imediato da sentença.

Percebe-se pelo teor do referido dispositivo que o TST definiu que a decisão proferida no julgamento antecipada parcial de mérito tem natureza de sentença. Não concordamos com o posicionamento do TST, uma vez que referida decisão, embora julgue o mérito, não coloca fim à fase de conhecimento ou à execução, tendo, portanto, natureza de decisão interlocutória, nos termos do art. 203, § 2º, do CPC/2015.

Todavia, mesmo possuindo natureza de decisão interlocutória, ela poderá ser recorrível de imediato por meio de recurso ordinário.

Isso porque, não se pode esquecer que a CLT é idealizada nos Códigos de Processo Civil de 1939 e 1973, em que a decisão interlocutória não tinha o condão de ser definitiva. Queremos dizer, apenas a sentença era vista como terminativa ou definitiva do feito, de modo que somente ela poderia ser impugnável. Com o advento do CPC/15, a decisão interlocutória pode ser utilizada para julgar definitivamente o feito. Assim, por ser definitiva, pensamos que essa decisão deverá ser recorrível imediatamente por meio de recurso ordinário, passando a ser mais uma exceção a ser incluída na Súmula nº 214 do TST.

De qualquer maneira, mesmo possuindo natureza de decisão interlocutória, ela deverá cumprir os requisitos do art. 832 da CLT, especialmente indicando o valor da condenação e das custas para fins recursais[27].

Consigne-se que preenchidos os requisitos do art. 356 do CPC, o juiz decidirá de forma antecipada, independente de existir pedido nesse sentido.

27. Aparentemente o C. TST deu-lhe natureza de sentença por este motivo.

Embora o C. TST autorizasse a sua aplicação no processo do trabalho, na prática, o PJe não não viabilizava essa funcionalidade. Nesse contexto, foi expedido o Ato Conjunto nº 3/2020 do TST, CSJT e CGJT definindo o procedimento a ser adotado.

Desse modo, interposto o recurso ordinário da decisão que julga parcialmente o mérito, há de se observar os pressupostos recursais, inclusive quanto às regras relativas às custas processuais e ao depósito recursal.

O recurso e as contrarrazões serão recebidas nos autos principais. Da mesma forma, se o recurso ordinário tiver seu seguimento negado, será possível a interposição de agravo de instrumento nos autos do processo principal.

Interposto recurso, a parte poderá promover a execução provisória em autos suplementares.

Se houver a reforma ou anulação da decisão parcial, com a determinação de novo julgamento, nova decisão será proferida nos próprios autos do processo autuado na classe " Recurso de Julgamento Parcial". A nova decisão deverá ser proferida pelo juiz no prazo de 10 dias (Art. 6º do Ato Conjunto).

Não havendo recurso da decisão parcial de mérito, a execução será definitiva e poderá ser promovida em autos suplementares (art. 11 do Ato Conjunto).

9. EFEITOS ANEXOS DA SENTENÇA

A sentença é um fato da vida que, pelo simples fato de existir, provoca efeitos indiretos e automáticos[28]. Noutras palavras, os efeitos existirão independentemente de pedido das partes ou do conteúdo da decisão. É o que se denominada de efeitos anexos da sentença.

9.1. Hipoteca Judiciária

A hipoteca judicial é um dos principiais efeitos anexos da sentença condenatória, além de ser uma forma de dar efetividade à tutela jurisdicional.

Ela está prevista no art. 167, I, 2, da Lei nº 6.015/1973 (Lei de Registros Públicos) e no art. 495 do CPC/2015, aplicável ao processo do trabalho (TST-IN nº 39/2016, art. 17).

A hipoteca representa um direito real de garantia sobre coisa alheia e permite que um bem pertencente ao devedor possa assegurar o cumprimento de obrigação pecuniária.

---

28. DIDIER JR., Fredie; OLIVEIRA, Rafael Alexandria de; BRAGA, Paula Sarno. *Curso de Direito Processual Civil, v. 2: teoria da prova, direito probatório, decisão, precedente, coisa julgada e tutela provisória.* 11. ed. Salvador: Editora Juspodivm, 2016. p. 435.

Após constituída, implicará, para o credor hipotecário, o direito de preferência, quanto ao pagamento, em relação a outros credores, observada a prioridade no registro.

Portanto, tem como objetivo possibilitar que se persiga os bens hipotecados independentemente de onde estejam localizados e de quem os possua. A propósito, previne eventual fraude à execução, pois a hipoteca provoca a presunção absoluta de má-fé do adquirente.

A hipoteca judiciária está ligada a uma obrigação pecuniária, podendo decorrer de decisão que:

- condene o réu ao pagamento de prestação consistente em dinheiro; ou
- determine a conversão de prestação de fazer, de não fazer ou de dar coisa em prestação pecuniária (CPC/2015, art. 495, caput).

Ademais, a decisão também produz a hipoteca judiciária:

I – embora a condenação seja genérica;

II – ainda que o credor possa promover o cumprimento provisório da sentença ou esteja pendente arresto sobre bem do devedor;

III – mesmo que impugnada por recurso dotado de efeito suspensivo (CPC/2015, art. 495, § 1º).

A hipoteca judiciária poderá ser realizada mediante a apresentação de cópia da sentença perante o cartório de registro imobiliário, independentemente de ordem judicial, de declaração expressa do juiz ou de demonstração de urgência. Assim, a inscrição da hipoteca judiciária poderá ser realizada pela própria parte interessada, bastando a apresentação de cópia da decisão no cartório de registro de imóveis.

No prazo de até 15 dias da data de realização da hipoteca, a parte deve informá-la ao juízo da causa, que determinará a intimação da outra parte para que tome ciência do ato (CPC/2015, art. 495, § 3º).

Atente-se para o fato de que, sendo a hipoteca judiciária um direito real de garantia, ela produz o:

- **direito de sequela**: corresponde à aderência do direito real à coisa, possibilitando que o titular do direito real possa perseguir o bem independentemente de este estar com terceiros e de onde esteja localizado. Exemplificando: Empregado A registra sentença condenatória proferida em face da empresa B, hipotecando o imóvel Y. Caso a empresa B venha a alienar o aludido bem em favor de C, antes de realizar o pagamento da decisão judicial, esta alienação será ineficaz em relação ao empregado A, possibilitando a execução do bem.
- **direito de preferência**: confere àquele que tem garantia real preferência no pagamento em relação aos outros credores.

Caso a decisão que impôs o pagamento de quantia seja reformada ou invalidada, a parte responderá, independentemente de culpa, pelos danos que a outra parte tiver sofrido em razão da constituição da garantia, devendo o valor da indenização ser liquidado e executado nos próprios autos (CPC/2015, art. 495, § 5º).

Por fim, cumpre consignar que a eficácia da hipoteca judiciária é limitada, pois atinge, como regra, apenas os bens imóveis.[29] Assim, faz-se necessária a utilização de outros instrumentos para que se garanta de forma mais ampla a eficiência das decisões judiciais, o que pode ocorrer com o protesto e a inclusão do nome do executado em cadastro de inadimplentes, que serão analisados no capítulo de Execução Trabalhista.

10. ORDEM DE ANÁLISE DAS MATÉRIAS NA SENTENÇA

Não existe norma que estabeleça obrigatoriamente qual a ordem de apreciação dos temas na sentença. No entanto, tal como ocorre com os atos praticados pelas partes (p.ex, inicial, contestação, recurso etc.), a análise deve ser feita observando a prejudicialidade entre as matérias, de modo que se decide primeiro as matérias que impedem ou prejudicam a análise dos temas posterior. Evidentemente, que essa análise de prejudicialidade decorre de cada caso concreto, mas podemos estabelecer, em princípio, uma ordem lógica que, como regra, será observada:

1) Inicialmente, devem ser analisadas as questões que buscam sanear o processo, ou seja, aquelas que, na realidade, deveriam ser decididas antes da prolação da sentença, como é o caso, por exemplo, da impugnação do valor da causa, requerimento de suspensão do processo e vícios na citação;

2) Posteriormente, devem ser analisados os pressupostos processuais (objetivos e subjetivos) e, em seguida, as condições da ação;

3) Por fim, deverá ser analisado o mérito, objetivo do próprio processo, englobando as questões de fato e de direito. Nesse aspecto, inicialmente são analisadas as questões prejudiciais (como, por exemplo, a prescrição) e, posteriormente, as matérias que possam influenciar ou impedir o julgamento de outras como é o caso, na Justiça do Trabalho, do reconhecimento do vínculo de emprego, da modalidade de extinção do contrato de trabalho etc.

Assim, quanto às matérias de méritos, recomenda-se a seguinte ordem: vínculo ou relação de trabalho entre as partes; modalidade de extinção do contrato de trabalho; parcelas de natureza salarial; jornada de trabalho; outras parcelas decorrentes do contrato de trabalho e aspectos processuais (honorários e benefício da justiça gratuita).[30]

29. Excepcionalmente, bens móveis podem ser hipotecados, como é o caso, por exemplo, de aeronaves, navios etc.

30. Sugerindo essa ordem de análise das questões de mérito: CARVALHO, Maximilaino; MALFATTI, Danusa. *Curso de sentença trabalhista*. 2. ed. Salvador: Juspodivm, 2017. p. 26.

11. COISA JULGADA

Não havendo mais recurso a ser interposto da decisão ou, havendo, a parte deixe ultrapassar o prazo alusivo para sua interposição, tem-se o trânsito em julgado da decisão, também chamada de coisa julgada.

A coisa julgada é dividida pela doutrina em:

1) **formal**: quando gera a imutabilidade da decisão para dentro do processo. Nessa hipótese, poder-se-á ajuizar novo processo para discutir o objeto do processo anterior. É o que ocorre nas sentenças terminativas (sem resolução de mérito).

2) **material**: torna imutável o conteúdo da sentença (ou acórdão) no processo em que foi prolatada e em eventuais processos futuros. É o que ocorre nas sentenças definitivas (com resolução do mérito), que impedem nova discussão do objeto do processo anterior.

No caso da coisa julgada material, o impedimento de nova discussão pode ser:

- negativo; ou
- positivo.

No primeiro caso, tem-se o chamado **efeito negativo** da coisa julgada, o qual veda que a questão principal, já decidida definitivamente e transitada em julgado, seja novamente julgada como **questão principal em outro processo**. Trata-se de pressuposto processual negativo, de modo que reconhecida a coisa julgada, o processo será extinto sem resolução de mérito.

No segundo, denominado **efeito positivo** da coisa julgada, proíbe-se que a questão principal, definitivamente decidida e transitada em julgado, retornando ao Judiciário como **questão incidental** "não possa ser decidida de modo distinto daquele como o foi no processo anterior, em que foi questão principal"[31]. Nesse caso, a violação não pressupõe processos distintos, ou seja, pode ocorrer tanto na mesma relação processual, como em relações processuais distintas[32]. Cita-se como hipótese de mesma relação processual quando, por exemplo, o juiz, na fase de execução, decidir de modo diverso da sentença transitada em julgado na fase de conhecimento.

Cabe registrar que, como regra, a coisa julgada material atinge a **questão principal** expressamente decidida.

---

31. DIDIER Jr., Fredie; BRAGA, Paula Sarno; OLIVEIRA, Rafael. *Curso de direito processual civil: Teoria da prova, direito probatório, teoria do procedente, decisão judicial, coisa julgada e antecipação dos efeitos da tutela*. 5. ed. Salvador: *Juspodivm*, 2010. v. 2. p. 425.

32. O C. TST já decidiu em sentido contrário, permitindo que uma questão principal possa retornar em outro processo como prejudicial. TST-E-RR-26900-75.2006.5.15.0031, SBDI-I, rel. Min. Alberto Luiz Bresciani de Fontan Pereira, 26.9.2019 (Informativo nº 206).

No entanto, atente-se para o fato de que o CPC/15 passou a permitir que a **questão prejudicial,** decidida expressa e incidentemente no processo, forme coisa julgada material, se preenchido os seguintes requisitos:

I) dessa resolução depender o julgamento do mérito;

II) a seu respeito tiver havido contraditório prévio e efetivo, não se aplicando no caso de revelia;

III) o juízo tiver competência em razão da matéria e da pessoa para resolvê-la como questão principal (CPC/2015, art. 503, § 1º).

> **Atenção**
>
> Não haverá coisa julgada da resolução de questão prejudicial se no processo houver restrições probatórias ou limitações à cognição que impeçam o aprofundamento da análise da questão prejudicial (art. 503, § 2º).

De qualquer modo, não fazem coisa julgada:

a) os motivos, ainda que importantes para determinar o alcance da parte dispositiva da sentença;

b) a verdade dos fatos, estabelecida como fundamento da sentença (CPC/2015, art. 504).

Ademais, nenhum juiz decidirá novamente as questões já decididas relativas à mesma lide, salvo:

I – se, tratando-se de relação jurídica de trato continuado, sobreveio modificação no estado de fato ou de direito, caso em que poderá a parte pedir a revisão do que foi estatuído na sentença;

II – nos demais casos prescritos em lei (CPC/2015, art. 505).

Por fim, cumpre consignar que a sentença faz coisa julgada às partes entre as quais é dada, não prejudicando terceiros (CPC/2015, art. 506).

11.1. Conflito entre duas coisas julgadas

Como já anunciado, o efeito negativo da coisa julgada impede que a questão principal seja decidida novamente em outro processo, devendo o segundo processo ser extinto sem resolução do mérito, ante a existência pressuposto negativo.

No entanto, pode acontecer, equivocadamente, de o segundo processo não ser exinto, formando-se duas coisas julgadas sobre o mesmo objeto.

Nesse caso, cabe ação rescisória para desconstituir a segunda coisa julgada (CPC, art. 485, IV). Contudo, sendo ultrapasso o prazo da ação rescisória para desconstituir a segunda coisa julgada, o STJ entende que deverá prevalecer a que se formou por último.[33]

33. STJ-EAREsp 600.811/SP, Rel. Ministro OG FERNANDES, CORTE ESPECIAL, julgado em 04/12/2019, DJe 07/02/2020.

12. SÚMULAS E ORIENTAÇÕES JURISPRUDENCIAIS DO TST

Sentença
Súmula nº 394 do TST. Fato superveniente. Art. 493 do CPC de 2015. Art. 462 do CPC de 1973. O art. 493 do CPC de 2015 (art. 462 do CPC de 1973), que admite a invocação de fato constitutivo, modificativo ou extintivo do direito, superveniente à propositura da ação, é aplicável de ofício aos processos em curso em qualquer instância trabalhista. Cumpre ao juiz ou tribunal ouvir as partes sobre o fato novo antes de decidir.
Orientação Jurisprudencial nº 41 da SDI – II do TST. Ação rescisória. Sentença "citra petita". Cabimento Revelando-se a sentença "citra petita", o vício processual vulnera os arts. 141 e 492 do CPC de 2015 (arts. 128 e 460 do CPC de 1973), tornando-a passível de desconstituição, ainda que não interpostos embargos de declaração.
Súmula nº 396 do TST. Estabilidade provisória. Pedido de reintegração. Concessão do salário relativo ao período de estabilidade já exaurido. Inexistência de julgamento "extra petita" I – Exaurido o período de estabilidade, são devidos ao empregado apenas os salários do período compreendido entre a data da despedida e o final do período de estabilidade, não lhe sendo assegurada a reintegração no emprego. II – Não há nulidade por julgamento "extra petita" da decisão que deferir salário quando o pedido for de reintegração, dados os termos do art. 496 da CLT.
Coisa Julgada
Orientação Jurisprudencial nº 262 da SDI – I do TST. Coisa julgada. Planos econômicos. Limitação à data-base na fase de execução Não ofende a coisa julgada a limitação à data-base da categoria, na fase executória, da condenação ao pagamento de diferenças salariais decorrentes de planos econômicos, quando a decisão exequenda silenciar sobre a limitação, uma vez que a limitação decorre de norma cogente. Apenas quando a sentença exequenda houver expressamente afastado a limitação à data-base é que poderá ocorrer ofensa à coisa julgada.

13. INFORMATIVOS DO TST RELACIONADOS AO TEMA

Coisa Julgada
Responsabilidade subsidiária. Ajuizamento de ação autônoma apenas contra o tomador de serviços. Impossibilidade. Existência de sentença condenatória definitiva prolatada em ação em que figurou como parte somente o prestador de serviços. Não é possível o ajuizamento de ação autônoma pleiteando a responsabilidade subsidiária do tomador de serviços quando há sentença condenatória definitiva prolatada em ação anteriormente proposta pelo mesmo reclamante, em que figurou como parte apenas o prestador de serviços. Tal procedimento afrontaria a coisa julgada produzida na primeira ação e o direito à ampla defesa e ao contraditório, resguardado ao tomador de serviços. Assim, reiterando a jurisprudência da Corte, a SBDI-I, por unanimidade, conheceu dos embargos por divergência jurisprudencial e, no mérito, por maioria, negou-lhes provimento. Vencidos os Ministros Augusto César Leite de Carvalho, José Roberto Freire Pimenta e Delaíde Miranda Arantes. TST-E-RR-9100-62.2006.5.09.0011, SBDI-I, rel. Min. Horácio Raymundo de Senna Pires, 8.3.2012. (Informativo nº 1)
AR. Ação autônoma que reconhece a responsabilidade subsidiária do tomador de serviços. Existência de sentença condenatória definitiva em que figurou como parte apenas o prestador de serviços. Alteração subjetiva do título executivo judicial. Ofensa à coisa julgada e ao direito à ampla defesa e ao contraditório. Art. 5º, XXXVI e LV, da CF. A decisão em ação autônoma que reconhece a responsabilidade subsidiária do tomador de serviços, quando há sentença condenatória definitiva prolatada em ação anteriormente proposta pelo mesmo reclamante em que figurou como parte apenas o prestador de serviços, altera a titularidade subjetiva do título executivo e ofende a literalidade do art. 5º, XXXVI e LV, da Constituição Federal (coisa julgada e direito ao contraditório e à ampla defesa). Com esse entendimento, a SBDI-II, por unanimidade, deu provimento ao recurso ordinário para desconstituir o acórdão proferido nos autos da reclamação trabalhista e, em juízo rescisório, dar provimento ao recurso ordinário do reclamado para julgar improcedente o pedido formulado na inicial da referida reclamatória. TST-RO-100200 – 60.2010.5.03.0000, SBDI-II, rel. Min. Pedro Paulo Manus. 27.3.2012. (Informativo nº 4)
Execução. Fase de liquidação. Dispositivo de sentença que faz remissão aos termos da fundamentação. Integração de parcelas. Coisa julgada. A SBDI-I, por unanimidade, conheceu dos embargos, por divergência jurisprudencial, e, no mérito, deu-lhes provimento para reformar o acórdão do Regional que, em desatendimento à autoridade da coisa julgada, deixou de determinar, em fase de liquidação de sentença, a integração das horas extras em sábados, feriados e repousos semanais remunerados, nos moldes consignados na fundamentação. Na hipótese, restou demonstrado de forma categórica que o dispositivo da sentença e a fundamentação determinaram a integração de horas extras, tendo o julgador feito constar, no dispositivo, que a condenação se dava nos termos da fundamentação. Assim, embora a parte dispositiva tenha determinado a repercussão das horas extras apenas nas férias acrescidas do abono constitucional, décimo terceiro, gratificações semestrais, licenças-prêmios e verbas rescisórias, a repercussão nos sábados, feriados e repousos semanais remunerados integra a condenação porque determinada na fundamentação. Não se trata, portanto, de extensão da proteção da coisa julgada aos motivos da sentença, em desacordo com o disposto no art. 504 do CPC de 2015, mas de fundamentação que integra o dispositivo em razão da utilização da técnica de remissão. TST-E-ED-RR-44900-98.2002.5.04.0701, SBDI-I, rel. Min. Augusto César Leite de Carvalho. 18.5.2017 (Informativo execução nº 31)
Acordo extrajudicial homologado perante a Justiça comum. Distrato comercial. Ajuizamento de reclamação trabalhista. Pedido de reconhecimento de vínculo de emprego. Coisa julgada material não configurada. A homologação de acordo extrajudicial perante o Juízo cível, relativo a distrato comercial, não impede o ajuizamento de reclamação trabalhista em que se requer o reconhecimento de vínculo de

emprego. Na hipótese, não há falar em coisa julgada material, pois ausente a identidade de partes, de pedidos e de causa de pedir. Com efeito, no acordo extrajudicial homologado, a reclamante não figurou como parte, mas sim a empresa por ela constituída. Ademais, enquanto na Justiça comum o objeto do acordo foi um distrato comercial, fundamentado na Lei nº 4.886/65 (que regula as atividades dos representantes comerciais autônomos), na ação trabalhista o pleito se refere ao reconhecimento de vínculo empregatício, com base na CLT. Sob esse fundamento, a SBDI-I, por unanimidade, conheceu dos embargos interpostos pelas reclamadas, por divergência jurisprudencial, e, no mérito, negou-lhes provimento. TST-Ag-ED-E-ED-ARR-3020-79.2014.5.17.0011, SBDI-I, rel. Min. Luiz Philippe Vieira de Mello Filho, 7.6.2018 (Informativo nº 180).

Ação rescisória. Violação à coisa julgada. Configuração. Sentença criminal condenatória transitada em julgado em momento anterior ao trânsito em julgado da decisão rescindenda que declarou a nulidade da dispensa do reclamante. Unidade da jurisdição. Não subsistência da decisão proferida na seara trabalhista.

Os fatos reconhecidos em sentença criminal condenatória transitada em julgado não podem ser rediscutidos na seara trabalhista, ante o princípio da unidade da jurisdição. No caso, a coisa julgada que se formou no processo criminal, em que constatado o crime cometido pelo empregado (ato de improbidade), com a consequente pena de perda do emprego público, operou-se anteriormente ao trânsito em julgado do acórdão rescindendo que, ao analisar as razões que ensejaram a justa causa, concluiu pela nulidade da dispensa do reclamante. Assim, a decisão penal se sobrepõe à sentença trabalhista, de modo que esta não pode subsistir com conteúdo decisório oposto àquele que transitou em julgado na esfera criminal. Sob esse entendimento, a SBDI-II, por unanimidade, conheceu e negou provimento ao recurso ordinário, mantendo, portanto, a decisão do Tribunal Regional que, com fundamento no art. 485, IV, do CPC de 1973, julgou procedente o pedido de corte rescisório para reconhecer a justa causa praticada pelo empregado. TST-RO-9301-70.2010.5.01.0000, SBDIII, rel. Min. Alexandre de Souza Agra Belmonte, 11.12.2018 (Informativo nº 189).

Ações distintas. Mesma causa de pedir. Doença ocupacional. Pedidos diversos. Reintegração. Indenização por danos morais. Perícia realizada na primeira ação que indica a inexistência de nexo causal entre a doença e as atividades do reclamante. Questão prejudicial. Coisa julgada. Não configuração.

Ausentes os requisitos do art. 470 do CPC de 1973. Existência de perícia posterior atestando o nexo causal. Não faz coisa julgada material a conclusão extraída de perícia técnica realizada em processo anterior, na qual se decidiu pela improcedência de pedido de reintegração do empregado, ante a ausência de nexo de causalidade entre a doença e as tarefas por ele desempenhadas. No caso concreto, foram ajuizadas duas reclamações trabalhistas distintas, com mesma causa de pedir, mas pedidos diversos. Com base no acometimento de doença ocupaciona3l decorrente das atividades desempenhadas na empresa reclamada, a reclamante postulou a reintegração (na primeira ação) e indenização por danos morais (na segunda ação). O TRT entendeu prejudicado o exame da segunda reclamatória, tendo em vista a prova técnica produzida na primeira reclamação ter concluído pela inexistência de doença ocupacional. Consignou tratar-se de questão prejudicial ao exame da pretensão à indenização por danos morais. Todavia, na hipótese, não restaram preenchidos os requisitos necessários à configuração da coisa julgada de questão prejudicial a que se refere o art. 470 do CPC de 1973 (aplicável aos processos ajuizados antes da vigência do CPC de 2015), nem se levou em conta o laudo pericial favorável à autora produzido em momento posterior à primeira ação. Assim, entendendo possível o exame do pedido de indenização por danos morais, a SBDI-I, por unanimidade, conheceu dos embargos, por divergência jurisprudencial, e, no mérito, por maioria, deu-lhes provimento para, afastada a coisa julgada, determinar o retorno dos autos à Vara do Trabalho de origem para que prossiga no exame da matéria como entender de direito. Vencidos os Ministros Renato de Lacerda Paiva, Hugo Carlos Scheuermann, Breno Medeiros e Alexandre Luiz Ramos. TST-E-RR-26900-75.2006.5.15.0031, SBDI-I, rel. Min. Alberto Luiz Bresciani de Fontan Pereira, 26.9.2019 (Informativo nº 206)

Capítulo 21

PRECEDENTES JUDICIAIS

1. INTRODUÇÃO

No mundo, embora não seja pacífica a classificação das famílias jurídicas entre os autores, temos dois principais grupos de direito:

- *civil law* (**família romano-germânica**): concede papel de destaque às normas escritas e legisladas, defendendo a completude do direito codificado e, consequentemente, coloca em segundo plano as demais fontes do direito, como a jurisprudência e os costumes;
- *common law* (**família anglo-saxônica**): prevalece o direito casuístico, fundamentado nos precedentes judiciais.

Conquanto o sistema jurídico brasileiro, em razão da colonização portuguesa e espanhola, possua forte inspiração da família do civil law, atualmente, observa-se a tendência de aproximação dos dois sistemas jurídicos, com a adoção de normas codificadas em países do common law e com a valorização dos precedentes nos países do civil law. Como descreve Rodolfo de Camargo Mancuso:

> a dicotomia entre as famílias jurídicas civil law/common law hoje não é tão nítida e radical como o foi outrora, sendo visível uma gradativa e constante aproximação entre aqueles regimes: o direito legislado vai num crescendo, nos países tradicionalmente ligados à regra do precedente judicial e, em sentido inverso, é a jurisprudência que vai ganhando espaço nos países onde o primado recai na norma legal[1]. (destaque no original)

Nesse contexto, o Novo Código de Processo Civil concede grande destaque à teoria dos precedentes judiciais, principalmente nos arts. 926 e 927, aplicáveis ao processo do trabalho (TST-IN nº 39/2016, art. 3º, XXIII), aproximando-se o direito brasileiro ainda mais das técnicas utilizadas no sistema do common law, razão pela qual resolvemos tratar da matéria em capítulo separado.

2. CONCEITO

Em sentido amplo, precedente "é a decisão judicial tomada à luz de um caso concreto, cujo elemento normativo pode servir como diretriz para o julgamento

---

1. MANCUSO, Rodolfo de Camargo. *Divergência jurisprudencial e súmula vinculante*. 3. ed. rev., atual. e ampl. São Paulo: Editora Revista dos Tribunais, 2007. p. 183.

posterior de casos análogos"[2]. Em um sentido ainda mais amplo, "o precedente é um evento passado que serve como um guia para a ação presente"[3].

Percebe-se por tal conceito que, havendo decisão judicial, é possível a existência do precedente, de modo que em todos os sistemas jurídicos há precedentes, diferenciando-se, porém, quanto à forma e à importância que lhes são dados em cada sistema.

Em sentido estrito, precedente pode ser entendido como a razão de decidir ou norma do precedente, sendo denominado de ratio decidendi.

Consigne-se que os precedentes podem versar sobre questões de direito material e de direito processual[4].

3. CLASSIFICAÇÃO

Como mencionado, havendo decisão judicial, é possível a existência do precedente, de modo que em todos sistemas jurídicos há precedentes, diferenciando-se, porém, quanto à forma e à importância que lhe é dado em cada sistema.

Dessa forma, ganha relevância a principal classificação dos precedentes que está ligada ao grau de eficácia que possuem dentro de um ordenamento, podendo ser divididos em:

- **Precedentes persuasivos:** são aqueles que, apesar de não precisarem necessariamente ser seguidos pelos juízes, podem constituir os fundamentos em outras decisões. Sua observância, portanto, não é obrigatória, possuindo apenas o caráter argumentativo para tomada de posição em determinado sentido. O juiz o segue não porque é obrigatório, mas porque está convencido de que o entendimento do precedente está correto.
- **Precedentes vinculantes:** são aqueles que, obrigatoriamente, devem ser observados pelo julgador ao proferir decisão em casos semelhantes, "sob pena de incorrer em erro quanto à aplicação do direito, que pode se revelar tanto como error in judicando como error in procedendo"[5].

---

2. DIDIER JR., Fredie; BRAGA, Paula Sarno; OLIVEIRA, Rafael Alexandria de. *Curso de Direito Processual Civil: teoria da prova, direito probatório, decisão, precedente, coisa julgada e tutela provisória. v. 2*, 10. ed. Salvador: Juspodivm, 2015. p. 441.
3. DUXBURY, Neil apud MACÊDO, Lucas Buril de. *Precedentes judiciais e o direito processual civil.* Salvador: Juspodivm, 2015. p. 88.
4. No mesmo sentido, o enunciado nº 327 do Fórum Permanente de Processualistas Civis: "os precedentes vinculantes podem ter por objeto questão de direito material ou processual" e o art. 928, parágrafo único, do Novo CPC.
5. MACÊDO, Lucas Buril de. *Precedentes judiciais e o direito processual civil*. Salvador: Juspodivm, 2015. p. 102.

4. ESTRUTURA DOS PRECEDENTES

Estruturalmente, os precedentes judiciais são compostos pela:

- *ratio decidendi* ou *holding*: consiste nos fundamentos determinantes da decisão, ou seja, "a proposição jurídica, explícita ou implícita, considerada necessária para a decisão"[6]. **Ela vinculará o julgamento posterior de casos semelhantes.**

Para que se busque a *ratio decidendi*, deve-se investigar, primordialmente, a fundamentação utilizada no julgamento, que compreende as razões que fizeram com que o julgador proferisse determinado dispositivo. Isso porque a essência da decisão, em regra, encontra-se na fundamentação.

Conquanto a ratio decidendi seja identificada, em regra, na fundamentação, na análise dos fundamentos não se deve ignorar as razões fáticas que embasaram a decisão (relatório) e o dispositivo. Desse modo, para que se possa extrair o alcance e significado da *ratio decidendi*, deve-se analisar, cuidadosamente, todos os elementos da decisão: relatório, fundamentação e dispositivo.

- *obter dictum*: são as argumentações incidentais sem as quais os fundamentos determinantes da decisão se manterão. São questões levantadas pelo juiz que não precisariam ser enfrentadas para que se chegasse à conclusão. Essas argumentações não geram vinculação para os demais casos.

5. PRECEDENTE, JURISPRUDÊNCIA E SÚMULA

Precedente, jurisprudência e súmula são termos distintos, embora intimamente ligados. Objetivamente analisado, precedente é uma decisão judicial, da qual se retira a ratio decidendi. Quando o precedente é reiteradamente aplicado, tem-se a jurisprudência que, sendo predominante em um tribunal, poderá gerar a formação da súmula, que consiste no resumo da jurisprudência dominante do tribunal a respeito de determinada matéria.

Trata-se, pois, de um processo evolutivo:

decisão → jurisprudência → súmula[7]

6. TST – EEDRR 160100-88.2009.5.03.0038, TP – Min. José Roberto Freire Pimenta. DEJT 14.04.2015/J-24.03.2015 – Decisão por maioria.

7. DIDIER JR., Fredie; BRAGA, Paula Sarno; OLIVEIRA, Rafael Alexandria de. *Curso de Direito Processual Civil: teoria da prova, direito probatório, decisão, precedente, coisa julgada e tutela provisória*. 10. ed. Salvador: Juspodivm, 2015. v. 2, p. 487.

6. PRECEDENTES JUDICIAIS NO DIREITO BRASILEIRO

O CPC/15 elenca os precedentes no art. 927, in verbis:

> **Art. 927.** Os juízes e os tribunais observarão:
> I – as decisões do Supremo Tribunal Federal em controle concentrado de constitucionalidade;
> II – os enunciados de súmula vinculante;
> III – os acórdãos em incidente de assunção de competência ou de resolução de demandas repetitivas e em julgamento de recursos extraordinário e especial repetitivos;
> IV – os enunciados das súmulas do Supremo Tribunal Federal em matéria constitucional e do Superior Tribunal de Justiça em matéria infraconstitucional;
> V – a orientação do plenário ou do órgão especial aos quais estiverem vinculados.

Pelo *caput* do aludido dispositivo, percebe-se que os juízes e os tribunais "observarão" tais precedentes, o que significa que não se trata da faculdade de o juiz aplicar ou não o precedente, mas sim dever de observá-lo, criando, portanto, precedentes obrigatórios e não meramente persuasivos. Nesse sentido, o enunciado nº 170 do Fórum Permanente de Processualistas Civis:

> As decisões e precedentes previstos nos incisos do caput do art. 927 são vinculantes aos órgãos jurisdicionais a eles submetidos.

Por serem vinculantes, as decisões que não contenham manifestação sobre referidos precedentes obrigatórios provocam decisões com erro de julgamento ou de procedimento, sendo consideradas inclusive omissas, nos termos do art. 1.022, parágrafo único, II, do CPC/2015.

Cabe destacar que os precedentes obrigatórios vinculam não somente o tribunal que proferiu a decisão, mas também os órgãos a ele subordinados.

Pela redação do art. 927 do CPC/2015 é interessante notar que o legislador adaptou a teoria dos precedentes à realidade brasileira, admitindo que a eficácia obrigatória possa decorrer de um precedente ou da jurisprudência (sumulada ou não), a depender do caso[8], **mas sempre decorrente de uma decisão colegiada**.

O C. TST, interpretando referido dispositivo, estabeleceu no art. 15 da Instrução Normativa nº 39 o que segue:

> **Art. 15.** O atendimento à exigência legal de fundamentação das decisões judiciais (CPC, art. 489, § 1º) no Processo do Trabalho observará o seguinte.
> I – por força dos arts. 332 e 927 do CPC, adaptados ao Processo do Trabalho, para efeito dos incisos V e VI do § 1º do art. 489 considera-se "precedente" apenas:

8. DIDIER JR., Fredie; BRAGA, Paula Sarno; OLIVEIRA, Rafael Alexandria de. *Curso de Direito Processual Civil: teoria da prova, direito probatório, decisão, precedente, coisa julgada e tutela provisória*. 10. ed. Salvador: Juspodivm, 2015. v. 2, p. 442.

a) acórdão proferido pelo Supremo Tribunal Federal ou pelo Tribunal Superior do Trabalho em julgamento de recursos repetitivos (CLT, art. 896-B; CPC, art. 1046, § 4º);

b) entendimento firmado em incidente de resolução de demandas repetitivas ou de assunção de competência;

c) decisão do Supremo Tribunal Federal em controle concentrado de constitucionalidade;

d) tese jurídica prevalecente em Tribunal Regional do Trabalho e não conflitante com súmula ou orientação jurisprudencial do Tribunal Superior do Trabalho (CLT, art. 896, § 6º[9]);

e) decisão do plenário, do órgão especial ou de seção especializada competente para uniformizar a jurisprudência do tribunal a que o juiz estiver vinculado ou do Tribunal Superior do Trabalho.

II – para os fins do art. 489, § 1º, incisos V e VI do CPC, considerar-se-ão unicamente os precedentes referidos no item anterior, súmulas do Supremo Tribunal Federal, orientação jurisprudencial e súmula do Tribunal Superior do Trabalho, súmula de Tribunal Regional do Trabalho não conflitante com súmula ou orientação jurisprudencial do TST, que contenham explícita referência aos fundamentos determinantes da decisão (ratio decidendi).

Desse modo, podemos definir que serão obrigatórias súmulas ou decisões judiciais, dividindo-se da seguinte forma:

1) Súmulas:

- Súmula vinculante do STF;
- Súmulas do Supremo Tribunal Federal em matéria constitucional;
- Súmulas do Superior Tribunal de Justiça em matéria infraconstitucional;
- Súmulas do TST em matéria infraconstitucional.

2) Decisões judiciais:

- decisões do Supremo Tribunal Federal em controle concentrado de constitucionalidade;
- os acórdãos em incidente de assunção de competência ou de resolução de demandas repetitivas e em julgamento de recursos extraordinário, especial e **revista** repetitivos;
- a orientação do plenário ou do órgão especial aos quais estiverem vinculados. No processo do trabalho, a interpretação desse item é facilitada, compreendendo as orientações jurisprudenciais da Seção de Dissídios Coletivos (SDC), da Seção de Dissídios Individuais (SDI-I e SDI-II) e do Tribunal Pleno do TST. Para o C. TST inserem-se nesse dispositivo "decisão do plenário, do órgão especial ou de seção especializada competente para uniformizar a jurisprudência do tribunal a que o juiz estiver vinculado ou do Tribunal Superior do Trabalho" (TST-IN nº 39, art. 15, I, e). Ademais, pensamos que nesse inciso se inserem as súmulas dos tribunais regionais, as quais obrigam o próprio tribunal e os juízes a ele vinculados.

9. Esse dispositivo foi revogado pela Lei nº 13.467/17 (Reforma Trabalhista).

6.1. Deveres gerais dos tribunais

Com a introdução da teoria dos precedentes nos tribunais, passa a ter extrema relevância a uniformização da jurisprudência, ao não se admitir que casos semelhantes sejam decididos de modos opostos, exaltando o princípio da igualdade.

A uniformização da jurisprudência garante maior segurança jurídica aos jurisdicionados, uma vez que estes poderão pautar suas condutas segundo o entendimento já decidido no passado.

Desse modo, o art. 926 do CPC/2015 impõe que os tribunais devem uniformizar sua jurisprudência e mantê-la:

- estável;
- íntegra; e
- coerente.

O dever de uniformizar impõe **atuação comissiva** dos tribunais diante de divergência interna, devendo obrigatoriamente resolvê-la.

Seguindo o mecanismo de objetivar os precedentes por meio de súmulas, o legislador, no § 1º do art. 926 do CPC/2015, descreveu que "na forma estabelecida e segundo os pressupostos fixados no regimento interno, os tribunais editarão enunciados de súmula correspondentes a sua jurisprudência dominante".

Noutras palavras, insere-se no dever de uniformizar o dever de sintetizar a jurisprudência, sumulando-a[10].

Já o dever de manter estável a jurisprudência consiste na impossibilidade de mudanças de posicionamento sem justificativa adequada e na necessidade de modulação dos efeitos da decisão nos casos de alteração de posicionamento.

Por sua vez, o dever de integridade versa que o tribunal precisa estar alinhado em sua atuação[11], trilhando o caminho de suas decisões em uma linha reta.

Disso resulta o dever de coerência, o qual institui que o tribunal seja compreendido como um órgão único, coeso em suas decisões.

Portanto, esse dispositivo legaliza a chamada disciplina judiciária, vez que impõe aos desembargadores observância à jurisprudência dominante do tribunal, reconhecendo a vinculação horizontal de seus precedentes.

Por fim, o art. 927, § 5º, do CPC/2015 prevê o dever de dar publicidade dos precedentes do tribunal, descrevendo que "os tribunais darão publicidade a seus

10. DIDIER JR. Fredie; BRAGA, Paula Sarno; OLIVEIRA, Rafael Alexandria de. Curso de Direito Processual Civil: teoria da prova, direito probatório, decisão, precedente, coisa julgada e tutela provisória, 10. ed. Salvador: Juspodivm, 2015. v. 2, p. 474.

11. MACÊDO, Lucas Buril de. Precedentes judiciais e o direito processual civil. Salvador: Juspodivm, 2015. p. 433.

precedentes, organizando-os por questão jurídica decidida e divulgando-os, preferencialmente, na rede mundial de computadores". No mesmo sentido, o art. 979 do CPC/2015, que trata do incidente de demandas repetitivas.[12]

6.2. SÚMULAS E ENUNCIADOS DE JURISPRUDÊNCIA DO TST

6.2.1. Criação e alteração

O art. 702, I, "f", e § 3º, da CLT estabelece que, para a edição ou alteração de súmulas e outros enunciados de jurisprudência no âmbito do TST, devem estar presentes os seguintes requisitos cumulativos:

a) voto de pelo menos 2/3 dos membros do tribunal pleno;

b) a matéria já tiver sido decidida de forma idêntica por unanimidade em, no mínimo, 2/3 das turmas em pelo menos 10 sessões diferentes em cada uma delas;

c) sessão pública, divulgada com, no mínimo, 30 dias de antecedência;

d) deverão possibilitar a sustentação oral pelo Procurador-Geral do Trabalho, pelo Conselho Federal da Ordem dos Advogados do Brasil, pelo Advogado-Geral da União e por confederações sindicais ou entidades de classe de âmbito nacional (§ 3º).

Além disso, por maioria de 2/3 de seus membros, o Tribunal Pleno também pode restringir os efeitos daquela declaração ou decidir que ela só tenha eficácia a partir de sua publicação no Diário Oficial.

Verifica-se pelos requisitos supracitados que o legislador teve o nítido objetivo de restringir a atuação do C. TST, impondo uma análise detida desse dispositivo.

De plano, é interessante destacar que a Lei 13.467/17 alterou o art. 702 da CLT que trata de competência do tribunal pleno do TST, o qual tinha sido revogado tacitamente pela Lei 7.701/88, o que significa que o legislador reformador incluiu nova disposição em artigo já revogado. Além disso, impôs procedimento aos Tribunais Regionais em artigo dirigido ao tribunal pleno do TST.

Abstraindo essa impropriedade técnica, referido artigo usa a expressão **enunciados de jurisprudência, que deve ser entendida como as atuais orientações**

12. "Art. 979. A instauração e o julgamento do incidente serão sucedidos da mais ampla e específica divulgação e publicidade, por meio de registro eletrônico no Conselho Nacional de Justiça.
§ 1º Os tribunais manterão banco eletrônico de dados atualizados com informações específicas sobre questões de direito submetidas ao incidente, comunicando-o imediatamente ao Conselho Nacional de Justiça para inclusão no cadastro. (...)"

jurisprudenciais, não alcançando, evidentemente, o incidente de resolução de demandas repetitivas, a assunção de competência ou o recurso de revista repetitivo, os quais seguem disciplina constante, respectivamente, dos arts. 976 a 987 do CPC/2015, 947 do CPC/2015 e 896-C da CLT.

No entanto, a criação de súmulas e enunciados de jurisprudência uniforme passa por um o processo de interpretação judicial, no qual vários acórdãos que são proferidos de forma reiterada acerca de determinada matéria, formando-se a jurisprudência em seu sentido técnico, a qual é sintetizada por meio de súmulas e orientações, como descreve ainda o art. 926, § 1º, CPC/2015.

Com efeito, da jurisprudência surgem as súmulas (de summula), que expressam o diminutivo, o resumo, a menor parte de summa, que significa soma. A soma é a jurisprudência, no sentido do civil law. Trata-se, portanto, de processo lógico e evolutivo, decorrente de atuação jurisdicional.

decisão → jurisprudência → súmula

Vê-se que, sendo processo de interpretação judicial, é ato exclusivo do Poder Judiciário, que exerce sua função típica de julgar. Além disso, é o próprio tribunal que sabe quando sua jurisprudência está uniforme, incumbindo-lhe regulamentar o procedimento da edição de súmulas e outros enunciados de jurisprudência uniforme.

Tanto é assim o art. 926, § 1º, do CPC/2015, embora tenha imposto aos tribunais o dever de uniformizar sua jurisprudência, mantendo-a estável, íntegra e coerente, conferiu ao regimento interno dos tribunais a regulamentação do procedimento para edição de enunciados de súmula.

O procedimento implementado no art. 702, I, f, da CLT é, portanto, inconstitucional, por violar a separação dos poderes (art. 2º da CF/88) e por restringir ato de competência privativa dos tribunais, interferindo inadequadamente no funcionamento administrativo dos tribunais (art. 96, I, a, da CF/88).[13]

Aliás, a edição de súmulas e enunciados de jurisprudência têm o nítido papel de dar segurança jurídica, celeridade e efetividade à prestação jurisdicional, o que se coaduna com o direito fundamental inserido pelo Constituinte Derivado no art. 5º, LXXVIII, da CF/88, de modo que o art. 702, I, f, da CLT também contraria tal dispositivo constitucional. No sentido do texto, o Enunciado nº 111 da 2ª Jornada de direito material e processual do trabalho:

13. A ADI 6188 no STF, ajuizada pela Procuradoria-Geral da República, discute a constitucionalidade do dispositivo (art. 702, I, "f", §§ 3º e 4º da CLT).

Enunciado nº 111 – Súmulas e enunciados de jurisprudência. Edição e alteração. Requisitos. Inconstitucionalidade

São inconstitucionais os requisitos do art. 702, I, "f", e § 4º, da CLT, introduzidos pela lei 13.467/2017, para a edição ou alteração de súmulas e outros enunciados de jurisprudência, por violação aos arts. 2º, 5º, LIV, 93, 96, I, a, e 113 da CF.

Cumpre destacar, ainda, que o art. 702, "f", da CLT possui algumas impropriedades técnicas, a nosso juízo.

Ao estabelecer que a matéria deve ser julgada por unanimidade em 2/3 das turmas do TST, na realidade, impôs o quórum de 3/4 das turmas. Como bem adverte o magistrado e doutrinador Homero Batista:

> (...) há 8 turmas no TST; 2/3 de 8 = 5,33; se a proposta for embasada em julgados de 5 turmas, alguém dirá que isso ficou abaixo de 2/3; assim sendo, a norma induz à afirmação de que são necessários acórdãos unânimes de 6 turmas diferentes; na prática, a nova regra exige, portanto, ¾ das turmas ou 75% e não apenas 2/3 ou 66% como a redação dá a entender[14].

Exige decisão idêntica, embora a indicação da divergência a legitimar o cabimento do recurso de revista e dos embargos para a SDI também possa decorrer de decisões semelhantes (CLT, art. 896, § 8º), o que significa que decisões semelhantes podem levar à uniformização da jurisprudência.

Impõe decisões unânimes, esquecendo-se de que o próprio nome da decisão proferida pelos tribunais é acórdão, que quer dizer que a maioria concorda com a decisão. Noutras palavras, as decisões dos tribunais são contempladas pela maioria e não necessariamente pela unanimidade. Essa exigência somada à necessidade de 10 sessões diferentes, na prática, inviabiliza a criação de súmulas.

Além disso, ao colocar entre seus critérios tão somente decisões das turmas, o legislador demonstrou verdadeiro desconhecimento da estrutura do C. TST, vez que se esqueceu das Seções Especializadas existentes neste Tribunal.

Da SDI-I, porque pode acontecer de modificar decisão da turma por meio dos embargos de divergência, mas seguindo o critério utilizado pelo legislador, valerá o acordão substituído para a criação da súmula, e não a decisão da SDI-I.

Da SDI-II, porque os processos de sua competência não passam pelas turmas do TST, vez que são as matérias de competência originária dos tribunais. Desse modo, por exemplo, os temas relacionados a ação rescisória e mandado de segurança não poderão ser sintetizados em súmulas, já que não possuem julgados pelas turmas.

Da SDC, pelas mesmas razões do parágrafo anterior, ou seja, os dissídios coletivos não se submetem a julgamento pelas turmas do TST.

14. SILVA, Homero Batista Mateus da. *Comentários à reforma trabalhista*. São Paulo: Editora Revista dos Tribunais, 2017. p. 131.

Ademais, a se exigirem os critérios impostos pelo legislador para a edição e alteração das orientações jurisprudenciais, estas deixarão de existir, já que, tendo o mesmo procedimento exigido para a edição de súmulas, será ilógica a criação de tais orientações. Além disso, as orientações jurisprudenciais decorrem da comissão de jurisprudência, não se submetendo ao Tribunal Pleno, mas agora pelo art. 702, I, "f", da CLT também deverão passar pelo Tribunal Pleno.

Enfim, seja por ser inconstitucional, seja por ser ilógico, pensamos que não deverá ser aplicado o art. 702, I, f, da CLT à Justiça do Trabalho.

De qualquer maneira, o legislador preocupou-se com as súmulas e as orientações jurisprudenciais (outros enunciados), mas se esqueceu de que o CPC/15 introduziu outros mecanismos eficazes de uniformização de jurisprudência, como é o caso do incidente de resolução de demandas repetitivas, da assunção de competência ou do recurso de revista repetitivo, que não se submetem ao art. 702, I, f, da CLT, como já dito.

Curiosamente, o C. TST, em seu regimento interno, contemplou as diretrizes do art. 702, I, *f*, da CLT (TST-RI, arts. 177 e 180). No entanto, a Comissão de Jurisprudência e de Precedentes Normativos do TST apresentou parecer opinando pela inconstitucionalidade do art. 702, I, *f*, da CLT, sendo acolhida a arguição pela SBDI-I, remetendo-se ao Tribunal Pleno[15], o qual aguarda o julgamento da ADI 6188 no STF.

6.2.2. *Súmulas e outros enunciados dos TRTs*

O art. 702, § 4º, da CLT, acrescentado pela Lei nº 13.467/17, determina que os Tribunais Regionais do Trabalho, ao estabelecer ou alterar súmulas e outros enunciados de jurisprudência, deverão observar o mesmo procedimento aplicável ao TST, constante no art. 702, I, "f" e § 3º, da CLT, com rol equivalente de legitimados para sustentação oral, observada a abrangência de sua circunscrição judiciária.

Pelas mesmas razões que aduzíamos anteriormente em relação às súmulas e OJs, do TST pensamos que o § 4º do art. 702 é inconstitucional.

Além disso, trará outras discussões de ordem prática, como a exigência de julgamentos unânimes em 10 sessões. Para os tribunais pequenos, em regra, não ocorrerá, e para os tribunais maiores será "quase" (para não sermos radicais) impossível sua efetivação.

6.2.3. *Conteúdo das súmulas e outros enunciados*

Como analisamos anteriormente, a CLT passa a exigir diversos requisitos formais para a criação ou alteração das súmulas e outros enunciados de jurisprudência. Caso

15. TST, E-RR – 696-25.2012.5.05.0463; Min. Relator: Márcio Eurico Vitral Amaro.

consiga cumprir os requisitos, o legislador ainda restringiu seu conteúdo, como dispôs o art. 8º da CLT, alterado pela Lei nº 13.467/17 (Reforma Trabalhista), in verbis:

> § 2º Súmulas e outros enunciados de jurisprudência editados pelo Tribunal Superior do Trabalho e pelos Tribunais Regionais do Trabalho não poderão restringir direitos legalmente previstos nem criar obrigações que não estejam previstas em lei.

Esse parágrafo deve ser analisado sob dois enfoques: integração e interpretação. Quanto à forma da integração da jurisprudência, **ele não terá eficácia,** vez que o caput do art. 8º, expressamente, autoriza a jurisprudência como forma de integração.

No que tange à função interpretativa, tal parágrafo retrocede ao Estado liberal, impondo ao julgador que se torne mera "boca da lei". Restringe a atuação jurisdicional à intepretação puramente literal ou gramatical, retornando aos tempos da Escola da Exegese.

Confunde, ainda, norma com seu texto. Este é um símbolo gráfico, isto é, aquilo que é descrito literalmente na lei. A norma tem no texto o seu ponto de partida, mas vai muito além dele, decorrendo da interpretação do texto, que pode gerar diversos significados e não somente o literal descrito no texto. Tanto é assim que o art. 489, § 1º, I, do CPC/2015, aplicável ao processo do trabalho (TST-IN 39, art. 3º, IX), impede que o julgador simplesmente indique, reproduza ou parafraseie o ato normativo, impondo sua explicitação com a causa ou questão decidida, por meio da fundamentação.

Desse modo, ao julgar, o Judiciário necessariamente interpreta o dispositivo a ser aplicado, delimitando seu alcance.

Nesse processo de interpretação, o julgador deverá seguir os mesmos meios utilizados na teoria geral do direito, devendo ser realizada até mesmo em consonância com os princípios constitucionais, conforme se depreende do art. 1º do CPC/2015,[16] aplicável ao processo do trabalho. Dessa forma, devem ser utilizadas as seguintes técnicas de interpretação:

a) **Literal ou gramatical:** corresponde à primeira forma de interpretação que deve ser utilizada pelo juiz e considera que a interpretação da lei deve ser realizada a partir dos significados e das disposições das palavras, utilizando, para isso, regras linguísticas e gramaticais;

b) **Histórica:** utiliza como parâmetro os motivos históricos que levaram à edição da norma interpretada, buscando os debates legislativos e sociais responsáveis pela criação da norma;

c) **Teleológica:** para a interpretação das normas, busca sua finalidade social, ou seja, o objetivo para qual foi criada a norma;

d) **Sistemática:** a análise de determinada norma deve ser realizada em conjunto com o sistema de normas no qual ela se insere e não de forma isolada.

16. Art. 1º O processo civil será ordenado, disciplinado e interpretado conforme os valores e as normas fundamentais estabelecidos na Constituição da República Federativa do Brasil, observando-se as disposições deste Código.

O resultado desse processo pode levar à interpretação:

- declarativa (apenas declara o sentido da lei correspondente ao pensamento do legislador);
- restritiva (restringe o alcance da norma); ou
- extensiva (amplia o alcance da norma).

Nesse processo é, portanto, plenamente possível restringir ou ampliar o alcance do texto normativo trabalhista, especialmente para adaptá-lo aos princípios e valores constitucionalmente contemplados.

Essa interpretação poderá ocorrer em várias acórdão, formando a jurisprudência que, posteriormente, poderá ser sintetizada nas súmulas e enunciados.

Trata-se, como já visto, de processo lógico e evolutivo, decorrente de atuação exclusiva do judiciário.

Portanto, tal como o art. 702, f, da CLT, pensamos que o art. 8º, § 2º, é inconstitucional por violar frontalmente a separação dos poderes (art. 2º da CF/88), restringindo a função típica do judiciário: julgar. Viola ainda o art. 96, I, da CF. Tanto é assim que, em todos os demais ramos do direito, não existe limitação para a interpretação do direito pelos juízes, pois essa é uma das principais funções da jurisdição.

7. TÉCNICAS PARA UTILIZAÇÃO DOS PRECEDENTES

7.1. *Distinguishing*

Na utilização dos precedentes, inicialmente, deve-se extrair a ratio decidendi, afastando-se os elementos acidentais (obter dictum), que não são obrigatórios. Ato contínuo, o órgão julgador deve confrontar o caso em julgamento com o precedente, analisando se ele possui semelhanças com o precedente.

Havendo similitude, o julgador deverá interpretar a norma do precedente, aplicando-a ao caso, salvo na hipótese de superação (overruling).

Por outro lado, entendendo o julgador que há distinção entre a tese do precedente e o caso em julgamento, ele poderá: a) não aplicá-lo; ou b) interpretá-lo de forma ampliativa ou restritiva, incidindo no caso.

Essa análise comparativa, com o objetivo de distinguir o precedente do caso sub judice, é chamada de distinguishing ou distinguish.

Essa técnica deve ser realizada por qualquer julgador, porque é considerada como uma técnica de aplicação do direito[17].

---

17. Enunciado nº 174 do Fórum Permanente de Processualistas Civis: A realização da distinção compete a qualquer órgão jurisdicional, independentemente da origem do precedente invocado.

No entanto, é preciso ficar claro: havendo precedente obrigatório (ou súmula, se for o caso) sobre determinada tese, o juiz deve aplicá-lo, se não existirem distinções, ou não aplicá-lo, se verificar diferenças substanciais. O que não se permite é que, mesmo existindo um precedente obrigatório, o julgador simplesmente o desconsidere (decisão per incuriam). Nesse caso, a decisão é considerada omissa, por força do art. 1.022, parágrafo único, I e II, do CPC/2015.

No CPC/15, pode-se observar a técnica da distinção em diversos dispositivos, como se constata nos arts. 489, § 1º, incisos V e VI, 1.037, § 9º, 1.042, § 1º, II, 1.029, §§ 1º e 2º e 1.043, §§ 4º e 5º. Do mesmo modo, a Lei 13.015/14 incluiu essa técnica na CLT, passando a prever no art. 896-C, § 16, que "a decisão firmada em recurso repetitivo não será aplicada aos casos em que se demonstrar que a situação de fato ou de direito é distinta das presentes no processo julgado sob o rito dos recursos repetitivos".

Atenção:

Caberá ação rescisória, com fundamento no inciso V do art. 966 (violação de norma jurídica), contra decisão baseada em enunciado de súmula ou acórdão proferido em julgamento de casos repetitivos que não tenha considerado a existência de distinção entre a questão discutida no processo e o padrão decisório que lhe deu fundamento. Nesse caso, o autor da ação rescisória, sob pena de inépcia, deverá demonstrar, fundamentadamente, tratar-se de situação particularizada por hipótese fática distinta ou de questão jurídica não examinada, a impor outra solução (CPC/2015, art. 966, §§ 5º e 6º).

7.2. Superação dos precedentes judiciais

A teoria dos precedentes judiciais impõe que o princípio da segurança jurídica deixe de ser analisado apenas como a consolidação de situações passadas, mas também como previsibilidade da atuação do Estado-juiz, dando origem ao princípio da confiança legítima. Isso significa que os jurisdicionados passarão a confiar em que, em casos semelhantes, o Poder Judiciário proferirá julgamentos semelhantes.

Contudo, o direito deve estar em constante modificação para se adequar às mudanças sociais, políticas e econômicas da sociedade, de modo que, embora a jurisprudência deva ser estável, nada obsta a alteração de entendimento. De qualquer maneira, a superação dos precedentes e súmulas deve ser realizada de acordo com determinadas formalidades, para que seja assegurada a segurança jurídica, a igualdade e a confiança legítima.

Nesse contexto, podemos falar nas seguintes técnicas de superação:

- *overriding*: é a possibilidade de reduzir o alcance de um precedente anterior pela existência de um precedente posterior. Por exemplo, o STF indica na Súmula 343 que não cabe ação rescisória por violação de dispositivo de lei, mas logo em seguida a interpreta no sentido de que ela não se aplica à norma constitucional, como expressamente declara o TST na Súmula 83. É, portanto, a revogação (superação) parcial do precedente anterior.

- *signaling (sinalização)*: consiste na técnica utilizada quando um tribunal, apesar de aplicar determinado precedente, ao perceber sua desatualização, sinaliza sua futura superação. A técnica tem como objetivo conceder segurança jurídica aos jurisdicionados, uma vez que evita a superação do precedente de forma repentina (CPC/2015, art. 927, § 2º).
- *Overruling*: é a verdadeira forma de superação. Consiste na substituição de um precedente por outro em momento posterior, perdendo o precedente inicial sua força obrigatória.

O *overruling* pode ocorrer de forma:

1) **expressa**: quando, expressamente, o tribunal adota nova fundamentação e substitui a *ratio decidendi* anterior;
2) **tácita (implícita)**: quando é adotado novo entendimento, contrário ao precedente, sem que, todavia, haja expressa substituição da *ratio decidendi* anterior. No ordenamento brasileiro, a doutrina tem negado a *overruling* tácita (*implied overruling*), uma vez que o art. 927, § 4º, do CPC/2015 exige fundamentação adequada e específica para a superação de determinado precedente, ou seja, impõe atuação expressa[18].

O *overruling* pode acontecer quando:

- o precedente deixa de corresponder aos padrões de congruência social e de consistência sistêmica, ou seja, quando determinada ratio decidendi passa a ser incompatível com os valores da sociedade ou com o próprio ordenamento jurídico;
- a isonomia e a segurança jurídica impõem a superação do precedente[19];
- com a superveniência de lei nova que com ele seja incompatível. Salienta-se que, de acordo com a doutrina, na hipótese de modificação da legislação, não ocorre propriamente a superação dos precedentes[20], já que a não aplicação

18. Nesse sentido, DIDIER JR. Fredie; BRAGA, Paula Sarno; OLIVEIRA, Rafael Alexandria de. *Curso de Direito Processual Civil: teoria da prova, direito probatório, decisão, precedente, coisa julgada e tutela provisória*. 10. ed. Salvador: Juspodivm, 2015. v. 2, p. 494; PEIXOTO, Ravi. *Superação do precedente e segurança jurídica*. Salvador: Juspodivm, 2015. p. 199.
19. EISENBERG, Melvin apud PEIXOTO, Ravi. *Superação do precedente e segurança jurídica*. Salvador: Juspodivm, 2015. p. 203.
20. Nesse sentido: PEIXOTO, Ravi. *Superação do precedente e segurança jurídica*. Salvador: Juspodivm, 2015. p. 209 e JR. DIDIER, Fredie; BRAGA, Paula Sarno; OLIVEIRA, Rafael Alexandria de. *Curso de Direito Processual Civil: teoria da prova, direito probatório, decisão, precedente, coisa julgada e tutela provisória*. 10. ed. Salvador: Juspodivm, 2015. v. 2, p. 498.

do precedente por qualquer juiz ou tribunal é permitida nesse caso, porque a alteração de textos normativos é realizada pelo Poder Legislativo e, portanto, de forma externa aos tribunais, não se tratando de descumprimento do entendimento jurisprudencial, mas de aplicação da norma vigente.

Observa-se, portanto, que as hipóteses são restritas, o que justifica a necessidade do maior esforço argumentativo nas decisões que impliquem a superação dos precedentes judiciais. O STF, na ADIN 4.071, indicou que a mudança no entendimento jurisdicional "pressupõe a ocorrência de significativas modificações de ordem jurídica, social ou econômica, ou, quando muito, a superveniência de argumentos nitidamente mais relevantes do que aqueles antes prevalecentes"[21].

O art. 896-C, § 17, da CLT, quanto aos recursos repetitivos, declina que pode haver revisão "quando se alterar a situação econômica, social ou jurídica, caso em que será respeitada a segurança jurídica das relações firmadas sob a égide da decisão anterior, podendo o Tribunal Superior do Trabalho modular os efeitos da decisão que a tenha alterado".

7.2.1. *Quem pode realizar a superação*

Os precedentes constantes no rol do art. 927 do CPC/2015 são obrigatórios, o que significa que necessariamente deverão ser aplicados pelos juízes e tribunais, ainda que estes não concordem com sua ratio decidendi. Assim, "sendo a norma válida e eficaz, os juízes subsequentes precisam aplicá-la, concordem ou não. É justamente nisso que consiste a obrigatoriedade dos precedentes judiciais".[22]

Os precedentes judiciais poderão deixar de ser aplicados se houver distinção ou quando forem efetivamente superados. Nesse sentido, dispõe o art. 489, § 1º, VI, do CPC/2015, in verbis:

> § 1º. Não se considera fundamentada qualquer decisão judicial, seja ela interlocutória, sentença ou acórdão, que:
>
> (...)
>
> VI – deixar de seguir enunciado de súmula, jurisprudência ou precedente invocado pela parte, sem demonstrar a existência de distinção no caso em julgamento ou a superação do entendimento.

Salienta-se, contudo, que, ao contrário do que ocorre no distinguishing (distinção), no qual a diferenciação dos casos pode ser realizada por qualquer magistrado,

---

21. ADI 4071 AgR, Relator(a): Min. MENEZES DIREITO, Tribunal Pleno, julgado em 22/04/2009, DJe-195 DIVULG 15-10-2009 PUBLIC 16-10-2009.

22. MACÊDO, Lucas Buril de. *Precedentes judiciais e o direito processual civil.* Salvador: Juspodivm, 2015. p. 381.

independentemente de sua hierarquia, a **superação só é permitida ao próprio tribunal prolator do precedente ou ao tribunal hierarquicamente superior**[23].

Desse modo, o art. 489, § 1º, VI, do CPC/2015 deve ser interpretado de forma a permitir que a distinção (*distinguishing*) seja realizada por qualquer juiz, mas que a superação dos precedentes judiciais seja apenas realizada pelo tribunal criador do precedente ou hierarquicamente superior. Isso ocorre pela própria ideologia dos precedentes obrigatórios, vez que, se fosse admitida a superação pelos órgãos inferiores, o precedente não seria aplicado a casos semelhantes, deixando, pois, de ser obrigatório.

Cabe fazer nesse ponto duas observações.

Primeira, como visto, a superveniência de texto legislativo que altere a base do precedente, súmula ou orientação jurisprudencial não é considerada como forma de superação de precedentes, uma vez que decorrente de atos externos ao Tribunal, podendo ser realizada, portanto, por qualquer juízo.

Segunda, a utilização da técnica de **superação antecipada** (anticipatory overruling) permite a não aplicação pelos juízes de 1ª instância ou de tribunais inferiores de determinado precedente formado pelos tribunais hierarquicamente superiores. Essa situação ocorre quando, apesar de o precedente não ter sido superado pelos tribunais superiores, já há a sinalização pelo tribunal criador do precedente ou hierarquicamente superior de que o entendimento será modificado.

Com efeito, é possível concluir que os juízos e tribunais inferiores, diante de um precedente obrigatório não superado pelo tribunal criador ou hierarquicamente superior, somente deixarão de aplicá-lo em três hipóteses:

1) *distinguishing;*
2) superveniência de texto legislativo que altere a base do precedente, da súmula ou de orientação jurisprudencial; ou
3) superação antecipada (sinalização).

8. MEIOS DE IMPUGNAÇÃO DA DECISÃO QUE NÃO APLICA OU APLICA INADEQUADAMENTE O PRECEDENTE OBRIGATÓRIO

O precedente judicial, na nova ideologia implantada pelo CPC/15, é considerado como fonte de direito.

Desse modo, a não aplicação do precedente, quando for o caso, ou sua aplicação inadequada provoca uma decisão com error in judicando ou error in procedendo[24].

23. MACÊDO, Lucas Buril de. *Precedentes judiciais e o direito processual civil*. Salvador: Juspodivm, 2015. p. 388.
24. MACÊDO, Lucas Buril de. *Precedentes judiciais e o direito processual civil*. Salvador: Juspodivm, 2015. p. 102.

Isso significa que a teoria dos precedentes não impõe a existência de um mecanismo específico para fazer valer sua obrigatoriedade, possibilitando sua anulação ou modificação em grau recursal.

Portanto, cabe à parte sucumbente interpor **recurso**, a fim de buscar a exata aplicação do precedente, seguindo a mesma sistemática da má ou incorreta aplicação da lei.

Contudo, em alguns casos o ordenamento admite que, além do mecanismo recursal, também seja cabível a **reclamação**, o que ocorre quando se busca garantir a observância de:

1) enunciado de súmula vinculante;
2) decisão do Supremo Tribunal Federal em controle concentrado de constitucionalidade;
3) acórdão proferido em julgamento de incidente de resolução de demandas repetitivas; ou
4) incidente de assunção de competência. (CPC/2015, art. 988, III e IV)

Aliás, no caso do recurso extraordinário com repercussão geral reconhecida ou de acórdão proferido em julgamento de recursos extraordinário ou revista repetitivos, **é cabível a reclamação desde que esgotada a instância ordinária** (CPC/2015, art. 988, § 5º, II). Noutras palavras, primeiro impõe-se a impugnação pela via recursal esgotando a instância ordinária e somente depois por meio da reclamação.

É importante consignar que a possibilidade de impugnação pela via da reclamação não afasta a via recursal se existente. Quero dizer, de determinada decisão regional que não aplica a decisão proferida em recurso de revista repetitivo cabe o recurso de revista e também a reclamação.

Já os demais precedentes judiciais obrigatórios, submetem-se apenas à via recursal como mecanismo de impugnação[25]. Noutras palavras, não caberá reclamação no caso de decisão que desrespeite:

1) súmulas do Supremo Tribunal Federal;
2) orientação jurisprudencial do TST;
3) súmula do Tribunal Superior do Trabalho;
4) súmula de Tribunal Regional do Trabalho não conflitante com súmula ou orientação jurisprudencial do TST;

25. NEVES, Daniel Amorim Assumpção. *Manual de Direito Processual Civil – v. único*. 8. ed. Salvador: Editora Juspodivm, 2016. p. 1.312.

5) tese jurídica prevalecente em Tribunal Regional do Trabalho e não conflitante com súmula ou orientação jurisprudencial do Tribunal Superior do Trabalho;

6) decisão do plenário, do órgão especial ou de seção especializada competente para uniformizar a jurisprudência do tribunal a que o juiz estiver vinculado ou do Tribunal Superior do Trabalho.

Por fim, será cabível a **ação rescisória** com fundamento no inciso V do caput do art. 966 do CPC/2015, "contra decisão baseada em enunciado de súmula ou acórdão proferido em julgamento de casos repetitivos que não tenha considerado a existência de distinção entre a questão discutida no processo e o padrão decisório que lhe deu fundamento", nos termos do art. 966, § 5º do CPC/2015.

Em suma e observadas a peculiaridades anteriores, cabem os seguintes meios de impugnação: recurso, reclamação e ação rescisória.

9. INFORMATIVOS DO TST RELACIONADOS AO TEMA

Arguição de inconstitucionalidade. Art. 702, I, "f", e §§ 3º e 4º, da CLT, incluídos pela Lei nº 13.467/2017. Requisitos para a edição e a revisão de súmulas e outros enunciados de jurisprudência uniforme. A SBDI-I, por unanimidade, decidiu suspender a apreciação do Incidente de Arguição de Inconstitucionalidade da alínea "f" do inciso I e dos §§ 3º e 4º do art. 702 da CLT, incluídos pela Lei nº 13.467/2017, para ouvir o Ministério Público do Trabalho e as partes, nos termos do art. 275 do RITST. O referido incidente foi suscitado pelo Ministro Walmir Oliveira da Costa, nos autos em que se discute a necessidade de revisão ou não da Súmula nº 254 do TST, sob o argumento de que as modificações promovidas pela Lei da Reforma Trabalhista no art. 702 da CLT, quanto aos requisitos para a edição e a revisão de súmulas e outros enunciados de jurisprudência uniforme, são incompatíveis com o texto constitucional, em especial com o princípio da autonomia dos Tribunais (art. 96, I, e 99 da CF). TST-E-RR-696-25.2012.5.05.0463, SBDI-I, rel. Min. Márcio Eurico Vitral Amaro, 22.3.2018 (Informativo nº 174).
Arguição de inconstitucionalidade. Art. 702, I, "f", e §§ 3º e 4º, da CLT, incluídos pela Lei nº 13.467/2017. Requisitos para a edição e a revisão de súmulas e outros enunciados de jurisprudência uniforme. A SBDI-I, por unanimidade, decidiu acolher a arguição de inconstitucionalidade da alínea "f" do inciso I e dos §§ 3º e 4º do art. 702 da CLT, incluídos pela Lei nº 13.467/2017, suscitada na sessão de julgamento realizada em 22.3.2018, e determinar a remessa dos autos ao Tribunal Pleno. TST-ERR-696-25.2012.5.05.0463, SBDI-I, rel. Min. Márcio Eurico Vitral Amaro, 24.5.2018 (*Cf. Informativo TST nº 174) (Informativo nº 179).

Capítulo 22

TUTELA PROVISÓRIA

1. TUTELA PROVISÓRIA

É sabido que, para se chegar à tutela definitiva (final), o processo passa por uma sequência coordenada de atos, a fim de preservar o devido processo legal, o contraditório e a ampla defesa.

Esse caminhar, por vezes, é longo e demorado, colocando em risco o resultado útil do processo e a própria efetividade do direito material. Em razão disso, surge a tutela provisória de urgência.

Ademais, pode acontecer de ser evidente o direito postulado, de modo que não seria justo e adequado que o tempo do processo fosse suportado pelo autor, razão pela qual se concede imediatamente a tutela pretendida para que o tempo do processo fique a cargo do réu.

Portanto, a tutela provisória busca distribuir entre as partes do processo o ônus do tempo do processo, não o deixando sempre sobre o encargo do autor.

A tutela provisória corresponde à tutela jurisdicional não definitiva, fundada em cognição sumária, podendo ser fundamentada em urgência ou evidência[1] (CPC/2015, art. 294).

Ela é marcada por três características principais:

a) **sumariedade da cognição:** a decisão da tutela provisória é baseada em um juízo de probabilidade. Assim, não se faz um exame detalhado e completo do processo, que será realizado apenas na concessão da tutela definitiva. Em resumo, a tutela definitiva pressupõe cognição exauriente (juízo de certeza), já a tutela provisória finca-se na cognição sumária (juízo de probabilidade);

b) **precariedade:** a tutela provisória conserva sua eficácia ao longo do processo podendo, contudo, ser revogada ou modificada a qualquer tempo (CPC/2015, art. 296);

c) **não se sujeita à coisa julgada:** por ser baseada em uma cognição sumária e precária, a tutela provisória não é capaz de se tornar indiscutível pela coisa julgada[2].

---

1. CÂMARA, Alexandre Freitas. *O novo processo civil brasileiro*. São Paulo: Atlas, 2015. p. 157.

2. DIDIER JR., Fredie BRAGA, Paula Sarno; OLIVEIRA, Rafael Alexandria de. *Curso de direito processual civil, v. 2: teoria da prova, direito probatório, decisão, precedente, coisa julgada e tutela provisória*. 10. ed. Salvador: Editora Juspodivm. p. 568.

Para a efetivação da tutela provisória, o juiz poderá determinar as medidas que considerar adequadas, aplicando-se, no que for compatível, as regras referentes ao cumprimento provisório da sentença (CPC/2015, art. 297).

Ao conceder, negar, modificar ou revogar a tutela provisória, o juiz deve motivar o seu convencimento de modo claro e preciso (CPC/2015, art. 298).

Cumpre salientar que a CLT apenas estabeleceu a possibilidade da concessão de liminar para tornar sem efeito a transferência ou reintegrar o dirigente sindical, no art. 659, incisos IX e X. Trata-se de nítida tutela antecipada, vez que tem natureza satisfativa. Contudo, como a CLT não declinou os requisitos para sua concessão, assim como seu cabimento para os demais casos, aplicam-se subsidiariamente os arts. 294 a 311 do CPC/2015, nos termos do art. 3º, VI, da IN nº 39/2016.

1.1. Distinção: Tutela de Urgência e Tutela de Evidência

A tutela provisória pode fundamentar-se em:

- urgência; ou
- evidência (CPC/2015, art. 294).

A **tutela de urgência** corresponde à tutela jurisdicional concedida quando há elementos que evidenciam a probabilidade do direito e o perigo de dano ou o risco ao resultado útil do processo (CPC/2015, art. 300), podendo ser:

- antecipada (satisfativa); ou
- cautelar.

A **tutela de evidência**, por sua vez, não está relacionada ao requisito da urgência, correspondendo a uma "técnica de aceleração do resultado do processo, criada para casos em que se afigura evidente (isto é, dotada de probabilidade máxima) a existência do direito material"[3] (grifo no original). A tutela de evidência é sempre satisfativa e é concedida quando ficar caracterizada alguma das hipóteses previstas no art. 311 do CPC/2015.

O requerimento da tutela provisória de urgência pode ocorrer de forma antecedente ou incidental ao processo, enquanto a tutela provisória de evidência deverá sempre ser requerida de forma incidental ao processo (CPC/2015, art. 294, parágrafo único). A tutela provisória será incidental, se requerida dentro do processo principal, ou seja, dentro do processo em que já se requereu a tutela definitiva. Já a tutela provisória antecedente ocorre quando seu requerimento é realizado em momento anterior ao pedido da tutela definitiva.

3. CÂMARA, Alexandre Freitas. *O novo processo civil brasileiro*. São Paulo: Atlas, 2015. p. 169.

A tutela provisória será requerida ao juízo da causa e, quando antecedente, ao juízo competente para conhecer do pedido principal (CPC/2015, art. 299). Já quando a ação for de competência originária de tribunal e nos recursos, a tutela provisória será requerida ao órgão jurisdicional competente para apreciar o mérito, salvo disposição em contrário (CPC/2015, art. 299, parágrafo único).

Tutela provisória		
	Tutela de urgência (antecipada e cautelar)	**Tutela de evidência**
Urgência	Está relacionada à urgência	Não está relacionada à urgência
Requisitos para concessão	1) probabilidade do direito; e 2) perigo de dano ou risco ao resultado útil do processo (CPC/2015, art. 300).	1) ficar caracterizado o abuso do direito de defesa ou o manifesto propósito protelatório da parte; 2) as alegações de fato puderem ser comprovadas apenas documentalmente e houver tese firmada em julgamento de casos repetitivos ou em súmula vinculante; 3) se tratar de pedido reipersecutório fundado em prova documental adequada do contrato de depósito, caso em que será decretada a ordem de entrega do objeto custodiado, sob cominação de multa; 4) a petição inicial for instruída com prova documental suficiente dos fatos constitutivos do direito do autor, a que o réu nao oponha prova capaz de gerar dúvida razoável (CPC/2015, art. 311).
Momento de requerimento	• incidental ou • antecedente	Incidental

2. TUTELAS DE URGÊNCIA

A tutela provisória de urgência se subdivide em:

- **tutela antecipada**: também chamada de tutela provisória satisfativa, consiste na antecipação dos efeitos da tutela definitiva pretendida pelo autor, concedendo-lhe imediatamente o bem da vida pleiteado. Noutras palavras, com base em um juízo de probabilidade, já lhe é concedido o bem da vida, ainda que de forma provisória. Tem, portanto, natureza satisfativa. Exemplo:

- Empregado ajuíza reclamação trabalhista postulando reintegração no emprego, vez que é dirigente sindical. Nesse caso, é admitido que, com base em juízo de verossimilhança, a própria reintegração seja concedida antes do trânsito em julgado da decisão, por meio da tutela antecipada, ou seja, o empregado retornará ao emprego antes da tutela definitiva, já se beneficiando do próprio objeto do processo.

- **tutela cautelar**: quando se busca a conservação do direito afirmado para que, no fim do processo, seja útil a tutela jurisdicional. Tem como objetivo, pois, garantir o resultado útil da tutela jurisdicional definitiva, afastando os efeitos maléficos do tempo. Possui, portanto, natureza instrumental. Exemplo:

  - Empregado ajuíza reclamação trabalhista em face da empresa X postulando equiparação salarial, horas extras e indenização por danos morais. No início do processo, chega ao seu conhecimento que a empresa está vendendo todos os seus bens. Desse modo, o empregado poderá, por meio da tutelar cautelar, pleitear o bloqueio de determinados bens da empresa, para que no fim da sua reclamação, sagrando-se vencedor, possa receber o que lhe é devido.

Em razão da clareza e facilidade do exemplo citado na obra do doutrinador Fredie Didier Jr., objetivando diferenciar tais tutelas, passamos a transcrevê-lo:

> Uma imagem talvez ajude: se duas pessoas brigam por um pedaço de carne, e uma delas pede ao magistrado que o ponha na geladeira, para que o vencedor possa usufruir do alimento ao final do processo, é requerer uma providência cautelar (assegura para efetivar no futuro); se o pedido for para a extração de um 'bife', para propiciar alimentação imediata, estar-se-á diante de uma tutela antecipada atributiva. (grifos no original)[4]

É importante destacar que o CPC/2015 exclui a ideia do processo cautelar como processo autônomo, devendo as medidas cautelares ser requeridas no bojo do mesmo processo, sem a necessidade de instauração de uma nova relação processual[5].

Desse modo, o CPC/2015 não prevê medidas cautelares específicas, atribuindo ao juiz o poder geral de deferir medidas cautelares para a asseguração do direito, podendo ser efetivada mediante arresto, sequestro, arrolamento de bens, registro de protesto contra alienação de bem e qualquer outra medida idônea para asseguração do direito (CPC/2015, art. 301).

Embora referidas tutelas sejam diferentes, ambas estão ligadas ao tempo do processo, de modo que são consideradas, como visto, como espécies do gênero, tutela provisória de urgência.

Aliás, o CPC/2015 iguala os requisitos para sua concessão, exigindo que para ambas as tutelas (cautelar e antecipada) a demonstração da probabilidade do direito (*fumus boni iuris*) e do perigo de dano ou de risco ao resultado útil do processo (*periculum in mora*). Nesse sentido o Enunciado 143 do Fórum Permanente de Processuais Civis:

---

4. DIDIER Jr., Fredie; BRAGA, Paula Sarno; OLIVEIRA, Rafael. *Curso de direito processual civil: Teoria da prova, direito probatório, teoria do procedente, decisão judicial, coisa julgada e antecipação dos efeitos da tutela*. 7. ed. Salvador: Juspodivm, 2012. v. 2. p. 471.

5. FLEXA, Alexandre; MACEDO, Daniel; BASTOS, Fabrício. *Novo Código de Processo Civil – temas inéditos, mudanças e supressões*. SALVADOR: Editora Juspodivm, *p*. 222.

Enunciado nº 143 do FPPC: A redação do art. 300, caput, superou a distinção entre os requisitos da concessão para a tutela cautelar e para a tutela satisfativa de urgência, erigindo a probabilidade e o perigo na demora a requisitos comuns para a prestação de ambas as tutelas de forma antecipada.

Nesse contexto, o CPC/2015 admite a fungibilidade entre tais tutelas, dispondo no art. 305, parágrafo único, que, caso o juiz entenda que o requerimento de tutela de urgência cautelar em caráter antecedente possui natureza satisfativa, o juiz poderá deferi-la conforme o rito da tutela antecipada antecedente (art. 303). Trata-se da chamada fungibilidade progressiva[6].

A recíproca também é admitida pela doutrina, isto é, se o autor requerer tutela antecipada (satisfativa), quando é o caso de tutela cautelar, estando presentes os requisitos para sua concessão, poderá o juiz deferir a tutela cautelar (fungibilidade regressiva). Trata-se da chamada fungibilidade de mão dupla.

Por fim, salientamos que, em ambas as espécies de tutelas de urgência, o requerente responderá pelo prejuízo que a efetivação da tutela de urgência causar à parte adversa, se:

> I – a sentença lhe for desfavorável;
>
> II – obtida liminarmente a tutela em caráter antecedente, não fornecer os meios necessários para a citação do requerido no prazo de 5 (cinco) dias[7];
>
> III – ocorrer a cessação da eficácia da medida em qualquer hipótese legal;
>
> IV – o juiz acolher a alegação de decadência ou prescrição da pretensão do autor (CPC/2015, art. 302).

2.1. Requisitos para Concessão

De acordo com o art. 300 do CPC/2015, a concessão das duas modalidades de tutela de urgência – cautelar e antecipada – exige a demonstração de dois requisitos cumulativos:

probabilidade do direito (*fumus boni iuris*)	+	demonstração do perigo de dano (*periculum in mora*) **ou** de risco ao resultado útil do processo (*periculum in mora*)

6. DIDIER JR., Fredie; OLIVEIRA, Rafael Alexandria de; BRAGA, Paula Sarno. *Curso de Direito Processual Civil, v. 2: teoria da prova, direito probatório, decisão, precedente, coisa julgada e tutela provisória.* 10. ed. Salvador: Editora Juspodivm, 2015. p. 616.

7. Referido dispositivo não se aplica ao processo trabalhista, uma vez que, nessa seara, a citação ocorre de ofício pela secretaria da vara (CLT, art. 841).

A probabilidade do direito é relacionada à presença de elementos que evidenciem a probabilidade de ocorrência do narrado pelo autor. "O que importa é que, de uma forma geral, o juiz se convença suficientemente de que são prováveis as chances de vitória da parte e apresente claramente as razões da formação do seu convencimento"[8].

No tocante ao perigo de dano ou risco ao resultado útil do processo, é preciso analisar se o dano alegado pela parte é concreto, atual e grave, tendo a aptidão de prejudicar ou impedir a fruição do direito[9].

Na tutela antecipada, existe ainda um **requisito negativo**: a irreversibilidade dos efeitos da decisão.

Noutras palavras, o art. 300, § 3º, do CPC/2015 faz a ressalva de que "a tutela de urgência de natureza antecipada não será concedida quando houver perigo de irreversibilidade dos efeitos da decisão". Trata-se, pois, de requisito negativo para a concessão de tutela de urgência satisfativa.

Esse requisito negativo não se aplica à tutela de urgência cautelar, uma vez que esta apenas tem o condão de conservar uma situação, não tendo, portanto, natureza satisfativa.

Ademais, parte da doutrina entende que o perigo de irreversibilidade dos efeitos da decisão deve ser interpretado de forma razoável nos casos em que houver conflito de interesses, ou seja, quando houver irreversibilidade para ambas as partes, devendo o juiz verificar qual decisão (deferimento ou indeferimento) causará o menor prejuízo às partes[10].

> É preciso analisar, nessas situações de urgência, quem possui o melhor direito – e numa cognição sumária, como já enfatizado –, porque o autor que tem um bom direito e necessita de antecipação de seus efeitos não pode ser penalizado por um risco menor, por vezes insignificante, de prejuízo ao réu. O risco a ser levado em conta, portanto, é o efetivo risco de o juiz, posteriormente, decidir em sentido contrário quanto à existência do direito material. De modo que, quanto menor esse risco, maior a justeza da decisão pela concessão da tutela, e vice-versa[11].

8. DIDIER JR., Fredie; BRAGA, Paula Sarno; OLIVEIRA, Rafael Alexandria. *Curso de direito processual civil: teoria da prova, direito probatório, decisão, precedente, coisa julgada e tutela provisória, v. 2.* 11. ed. Salvador: Ed. Juspodivm, 2016. p. 609.

9. DIDIER JR., Fredie; BRAGA, Paula Sarno; OLIVEIRA, Rafael Alexandria. *Curso de direito processual civil: teoria da prova, direito probatório, decisão, precedente, coisa julgada e tutela provisória, v. 2.* 11. ed. Salvador: Ed. Juspodivm, 2016. p. 610.

10. **Enunciado nº 419 do Fórum Permanente de Processualistas Civis:** Não é absoluta a regra que proíbe tutela provisória com efeitos irreversíveis.

11. SILVA, José Antônio Ribeiro de Oliveira. Comentários ao artigo 300 do CPC/15. In: SILVA, José Antônio Ribeiro de Oliveira (coord.) *Comentários ao Novo CPC e sua aplicação ao processo do trabalho, v. 1: parte geral: arts. 1º ao 317: atualizado conforme a Lei nº 13.256/2016.* São Paulo: LTr, 2016. p. 297.

Desse modo, nos casos em que, mesmo sendo irreversível a tutela provisória satisfativa, o seu indeferimento causar um dano muito grande à parte, ela deverá ser concedida. "Se o seu deferimento é fadado à produção de efeitos irreversíveis desfavoráveis ao requerido, o seu indeferimento também implica consequências irreversíveis em desfavor do requerente" (irreversibilidade decorrente da não concessão da medida)[12]. Essa hipótese é também denominada pela doutrina como "irreversibilidade recíproca"[13].

Na concessão da tutela de urgência, o juiz também pode exigir que haja a prestação de uma caução real ou fidejussória, protegendo a parte contrária dos danos que ela possa sofrer, com exceção dos casos em que o requerente seja economicamente hipossuficiente, não podendo oferecê-la (CPC/2015, art. 300, § 1º). A caução deverá ser requerida, principalmente, nos casos em que houver conflito de interesses na concessão da tutela de urgência, em razão da irreversibilidade tanto ao reclamante como ao reclamado. No processo do trabalho, grande parte dos reclamantes é economicamente hipossuficiente, razão pela qual em muitos casos não se exigirá referida caução.

A tutela de urgência pode ser concedida liminarmente ou após justificação prévia (CPC/2015, art. 300, § 2º).

2.1.1. Concessão de Ofício

O CPC/2015 não contém norma que exija o requerimento da parte para a concessão de tutela provisória de urgência, como previsto no art. 273, caput, do CPC/73. Do mesmo modo, o art. 797 do CPC de 1973 admitia, em casos excepcionais, a concessão de ofício da tutela cautelar, o que não foi reproduzido no CPC/15.

Em razão dessa omissão, parte da doutrina passa a exigir requerimento da parte, tendo em vista que a concessão da tutela de urgência produz reflexos no direito material e provoca a responsabilidade objetiva da parte[14]. Para parte da doutrina, o juiz pode apenas consultar a parte se esta deseja ou não a concessão da tutela, utilizando-se do princípio da colaboração (art. 6º):

12. DIDIER JR., Fredie; BRAGA, Paula Sarno; OLIVEIRA, Rafael Alexandria. *Curso de direito processual civil: teoria da prova, direito probatório, decisão, precedente, coisa julgada e tutela provisória, v. 2.* 11. ed. Salvador: Ed. Juspodivm, 2016. p. 613.

13. NEVES, Daniel Amorim Assumpção. *Manual de direito processual civil – v. único.* 8. ed. Salvador: Ed. Juspodivm, 2016. p. 432.

14. MITIDIERO, Daniel. *Tutela provisória.* In: Breves comentários ao novo código de processo civil. WAMBIER, Teresa Arruda et al. (coord.). *Breves comentários ao novo código de processo civil.* 2. ed. São Paulo: Editora Revista dos Tribunais, 2016. p. 820; DIDIER JR., Fredie, BRAGA, Paula Sarno e OLIVEIRA, Rafael Alexandria de. *Curso de Direito Processual Civil: teoria da prova, direito probatório, ações probatórias, decisão, precedente, coisa julgada e antecipação dos efeitos da tutela.* 11. Ed. Salvador: ed. Juspodivm, 2016. p. 607.

> Com isso, equilibra-se a iniciativa judicial, inspirada na promoção da igualdade entre os litigantes e a na adequação da tutela jurisdicional, e o respeito à liberdade da parte, que pode não ter interesse em fruir de decisão provisória ao longo do procedimento, notadamente em face do regime de responsabilidade objetiva a ela inerente (art. 302) (Grifos no original).[15]

Para outros, é possível sua concessão de ofício em casos excepcionais para resguardar a justa composição do litígio, como se depreende das lições de Humberto Theodoro Jr.:

> [...] somente quando houver situação de vulnerabilidade da parte e risco sério e evidente de comprometimento da efetividade da tutela jurisdicional, poder-se-á excepcionalmente, fugir do rigor do princípio dispositivo, tornando-se cabível a iniciativa do juiz para determinar medidas urgentes indispensáveis à realização da justa composição do litígio[16].

No mesmo sentido, Daniel Assumpção Neves:

> Entendo que mesmo diante do eloquente silêncio da lei, é provável que o tradicional poder geral de cautela se transforme num poder geral de tutela de urgência, sendo admitido, ainda que em caráter excepcional, a concessão de uma tutela cautelar ou antecipada de ofício[17].

No processo do trabalho, pensamos que é permitida a concessão de ofício, ainda que de forma excepcional, pois o próprio deferimento da tutela provisória pressupõe medida de risco sério e evidente ao comprometimento da efetividade da tutela jurisdicional.

2.2. Formas de requerimento

A tutela provisória de urgência poderá ser concedida de forma incidental ou antecedente.

Será incidental, se requerida dentro do processo principal, ou seja, dentro do processo em que já se requereu a tutela definitiva. Nesses casos, o requerimento não tem maiores formalidades, sendo requeridas na petição inicial ou mediante simples petição.

A tutela provisória antecedente ocorre quando seu requerimento é realizado em momento anterior ao pedido da tutela definitiva, com o objetivo de adiantar os seus efeitos: "primeiro, pede-se a tutela provisória; só depois, pede-se a tutela definitiva"[18].

15. MARINONI, Luiz Guilherme. *Novo curso de processo civil: tutela dos direitos mediante procedimento comum, v. II*. São Paulo: Editora Revista dos Tribunais, 2015. p. 205-206.
16. THEODORO JÚNIOR, Humberto. *Curso de direito processual civil – teoria geral do direito processual civil, processo de conhecimento e procedimento comum*. V. I. 56. ed. rev. atual. e ampl. – Rio de Janeiro: Forense, 2015. p. 624.
17. NEVES, Daniel Amorim Assumpção. *Manual de direito processual civil – V. único*. 8. ed. Salvador: Editora Juspodivm, 2016. p. 437.
18. DIDIER JR., Fredie; OLIVEIRA, Rafael Alexandria de; BRAGA, Paula SARNO. *Curso de Direito Processual Civil, v. 2: teoria da prova, direito probatório, decisão, precedente, coisa julgada e tutela provisória*. 10. ed. Salvador: Editora Juspodivm, 2015. p. 570 – 571.

Nessa hipótese, submete-se a normas específicas, já que formuladas em momento anterior àquela em que se deduz a tutela definitiva.

Apesar de o CPC/2015 ter reunido sob o mesmo título as tutelas de urgência cautelares e antecipadas, ele prevê procedimentos distintos quando requeridas em caráter antecedente, como passamos a analisar.

2.2.1. *Tutela antecipada requerida em caráter antecedente*

Tratando-se de **tutela antecipada antecedente** o procedimento é o seguinte.

Quando a urgência for contemporânea à propositura da ação, a petição inicial pode limitar-se a requerer o pedido da tutela antecipada, indicando o pedido de tutela final, expondo o direito que se busca realizar e o perigo de dano ou do resultado útil do processo (fumus boni iuris e periculum in mora) (CPC/2015, art. 303, caput).

Nesse caso, a parte deverá indicar que pretende valer-se dos benefícios da tutela provisória antecipada (CPC/2015, art. 303, § 5º).

Essa indicação tem como objetivo diferenciar a petição mal formulada daquela que, em decorrência da urgência, teve que ser incompleta. Noutras palavras, a parte tem consciência de que sua petição é incompleta, mas isso só ocorreu em razão da extrema urgência.

Portanto, percebe-se que o CPC/2015 permite a petição inicial simplificada, devido às situações que, por urgência, não possibilitam à parte tempo razoável para a elaboração da petição inicial com todos os requisitos à demanda principal.

Concedida a tutela antecipada o autor deverá aditar a inicial, no prazo de 15 dias ou outro maior que o juiz fixar, com a complementação de sua argumentação, a juntada de novos documentos e a confirmação do pedido de tutela final (art. 303, § 1º, I). Aditada a inicial, prossegue-se no procedimento celetista notificando-se o réu para comparecimento em audiência.

Não aditada a inicial, o processo será extinto sem resolução do mérito (CPC/2015, art. 303, § 2º).

Por fim, nas situações em que o juiz entender que não há elementos para a concessão da tutela antecipada, a emenda deverá ser realizada em até 5 dias, sob pena de o processo ser extinto sem resolução do mérito (CPC/2015, art. 303, § 6º).

2.2.1.1. *Estabilização da tutela antecipada*

De acordo com o art. 304 do CPC/2015, a tutela antecipada requerida em caráter antecedente "torna-se estável se da decisão que a conceder não for interposto o respectivo recurso". Desse modo, caso o autor tenha requerido a tutela antecipada em momento anterior ao pedido principal e não tendo o réu interposto recurso contra a decisão, a decisão se tornará estável, devendo o processo ser extinto (CPC/2015, art. 304, § 1º).

A doutrina não é pacífica sobre o alcance da expressão recurso.

Para uns, basta a impugnação da decisão, seja em grau recursal, seja, por exemplo, com a apresentação da contestação. Aderindo esse posicionamento, não haverá maiores problemas na sua procedimentalização na seara trabalhista.

Para outros, deverá ser interposto o agravo de instrumento. Nesse caso, no processo do trabalho, em razão do princípio da irrecorribilidade imediata das decisões interlocutórias, não será exigido que o réu apresente recurso da decisão para evitar a estabilização da tutela antecipada. Todavia, como já pacificado, da decisão que concede a tutela provisória, pode o réu impetrar mandado de segurança, devendo este instrumento ser considerado como a conduta do réu que se insurge contra a decisão, para fins no disposto no art. 304 do CPC/2015[19].

Essa estabilização não significa que a decisão fará coisa julgada, como expressamente declina o art. 304, § 6º, do CPC/2015, mesmo porque, baseada em cognição sumária e não exauriente. Todavia, seus efeitos somente poderão ser afastados por uma decisão judicial que os reveja, reforme ou invalide, proferida em demanda proposta por alguma das partes em face da outra (CPC/2015, art. 304, §§ 2º, 3º e 6º).

O efeito direto da não formação de coisa julgada consiste na impossibilidade de ajuizamento de ação rescisória como mecanismo de impugnação da decisão de estabilização da tutela antecipada.

O prazo decadencial de desconstituição da tutela antecipada estável é de 2 anos, sendo contado da ciência da decisão que extinguiu o processo, nos termos do § 1º (CPC/2015, art. 304, § 5º).

Atenção:

A estabilização apenas é verificada na tutela antecipada requerida em caráter antecedente, não se aplicando à tutela cautelar.

2.2.2. *Tutela cautelar requerida em caráter antecedente*

O procedimento da tutela de urgência cautelar requerida em caráter antecedente é disciplinado nos arts. 305 a 310 do CPC/2015.

19. CALVET, Otavio Amaral. As tutelas de urgência e da evidência e suas repercussões no Processo do Trabalho. In: LEITE, Carlos Henrique Bezerra. *Novo CPC: repercussões no processo do trabalho*. São Paulo: Saraiva, 2015. p. 173-196.

Assim, a petição inicial que requerer a **tutela cautelar** de modo antecedente deverá indicar "a lide e seu fundamento, a exposição sumária do direito que se objetiva assegurar e o perigo de dano ou o risco ao resultado útil do processo" (CPC/2015, art. 305).

Ao receber a inicial, o juiz poderá deferi-la liminarmente ou após justificação prévia (CPC/2015, art. 300, § 2º). Após, o juiz mandará citar o réu para que, no prazo de 5 dias, conteste o pedido e indique as provas que pretende produzir (CPC/2015, art. 306)[20].

Não havendo contestação, os fatos alegados pelo autor presumir-se-ão aceitos pelo réu como ocorridos, caso em que o juiz decidirá dentro de 5 dias. Contestado o pedido, será observado o procedimento comum (CPC/2015, art. 307).

No caso de deferimento da tutela cautelar, o pedido principal deverá ser formulado pelo autor no prazo de 30 dias, nos mesmos autos do pedido da tutela cautelar (CPC/2015, art. 308, caput). Após o aditamento da petição inicial, as partes serão intimadas para a audiência de conciliação e julgamento que, no processo trabalhista, é una, devendo ser apresentada a contestação.

O art. 309 do CPC/2015 dispõe que, cessa a eficácia a tutela concedida em caráter antecedente, se:

> I – o autor não deduzir o pedido principal no prazo legal;
>
> II – não for efetivada dentro de 30 (trinta) dias;
>
> III – o juiz julgar improcedente o pedido principal formulado pelo autor ou extinguir o processo sem resolução de mérito.
>
> Parágrafo único. Se por qualquer motivo cessar a eficácia da tutela cautelar, é vedado à parte renovar o pedido, salvo sob novo fundamento.

Por fim, destaca-se que o indeferimento da tutela cautelar não obsta a que a parte formule o pedido principal, nem influi no julgamento desse, salvo se o motivo do indeferimento for o reconhecimento de decadência ou de prescrição.

2.3. Responsabilidade pelo dano decorrente da tutela de urgência

De acordo com o art. 302 do CPC/2015, independentemente da reparação por dano processual, a parte possui responsabilidade quantos aos prejuízos que a tutela de urgência causar à parte contrária quando:

> I – a sentença lhe for desfavorável;
>
> II – obtida liminarmente a tutela em caráter antecedente, não fornecer os meios necessários para a citação do requerido no prazo de 5 (cinco) dias;

20. Por força da IN 27/05 do TST aplicamos o rito do CPC nesse caso.

III – ocorrer a cessação da eficácia da medida em qualquer hipótese legal;

IV – o juiz acolher a alegação de decadência ou prescrição da pretensão do autor.

Desse modo, a parte que se aproveitar da efetivação das tutelas de urgência também será a responsável pelos riscos da concessão (teoria do risco-proveito)[21].

É válido destacar que, no processo do trabalho, o inciso II do dispositivo não deve ser aplicado, uma vez que nesta seara, a citação do réu é ato de secretaria (CLT, art. 841), de modo que não precisa ser requerida pelo juiz.

Trata-se de responsabilidade objetiva, ou seja, a parte será responsável independentemente de culpa, bastando que haja alguma das hipóteses do art. 302 do CPC/2015 (com exceção do inciso II) e que tenha ocorrido dano à parte contrária, em decorrência da concessão da tutela provisória. Nesses casos, sempre que possível, a indenização será liquidada nos autos em que a medida tiver sido concedida.

Conforme expresso no dispositivo, a responsabilidade objetiva independe da reparação pelo dano processual, podendo a parte, por exemplo, ser responsabilizada pela reparação do dano (CPC/2015, art. 302) e pela litigância de má-fé (CPC/2015, arts. 79 a 81) cumulativamente.

Destaca-se que, apesar de o dispositivo estar dentro das regras referentes à tutela de urgência, a doutrina admite sua aplicação nas tutelas provisórias de evidência[22].

No direito processual do trabalho, conforme aponta Bernardes[23], há duas situações frequentes de concessão de tutela provisória que podem gerar controvérsias quanto à necessidade de reparação ou não pela parte: liberação do FGTS e concessão do seguro-desemprego.

Consiste, pois, nos casos em que a tutela provisória tem como finalidade o saque do FGTS depositado em conta ou o recebimento do seguro-desemprego sendo, após a concessão da tutela, o processo extinto sem resolução de mérito. Nesse caso, a tutela antecipada deveria ser revogada, vez que não haveria como ser confirmada na decisão final. Contudo, tanto o saque do FGTS quanto o recebimento do seguro-desemprego são medidas que dificilmente serão desfeitas.

No saque do FGTS, a concessão da tutela provisória deverá se basear em prova documental, consistente no instrumento do aviso prévio, no termo de rescisão do contrato de trabalho, dentre outras provas que indiquem a rescisão. Nesses casos,

21. NEVES, Daniel morim Assumpção. *Manual de direito processual civil – V. único*. 8. ed. Salvador: Ed. Juspodivm, 2016. p. 434.

22. NEVES, Daniel morim Assumpção. *Manual de direito processual civil – V. único*. 8. ed. Salvador: Ed. Juspodivm, 2016. p. 434.

23. BERNARDES, Felipe. *Manual de processo do trabalho*. Salvador: Juspodivm, 2018. p. 446-447.

ainda que a ação trabalhista seja posteriormente extinta sem resolução do mérito, não haverá prejuízo ao reclamado ou mesmo ao órgão gestor do FGTS, pois os valores sacados seriam direito do reclamante de qualquer maneira.

Já em relação ao seguro-desemprego, poderá haver prejuízo da União, se o recebimento não for regular. Assim, o juiz do trabalho deverá expedir ofício para que o pagamento do benefício seja suspenso ou apurado, viabilizando o ajuizamento de ação de ressarcimento pela União na Justiça Federal.

3. TUTELA DE EVIDÊNCIA

Como visto, enquanto as tutelas antecipada e cautelar estão embasadas na urgência, na tutela de evidência defere-se a tutela por ser manifesto o direito postulado, não sendo justo e adequado que o tempo do processo seja suportado pelo autor.

Desse modo, os requisitos para sua concessão são diferentes dos da tutela de urgência.

3.1. Requisitos para a concessão da tutela de evidência

A tutela provisória de evidência não exige que haja a demonstração de perigo, bastando que, além do fumus boni iuris (probabilidade do direito) esteja configurada alguma das seguintes situações:

> I – ficar caracterizado o abuso do direito de defesa ou o manifesto propósito protelatório da parte;
>
> II – as alegações de fato puderem ser comprovadas apenas documentalmente e houver tese firmada em julgamento de casos repetitivos ou em súmula vinculante;
>
> III – se tratar de pedido reipersecutório fundado em prova documental adequada do contrato de depósito, caso em que será decretada a ordem de entrega do objeto custodiado, sob cominação de multa;
>
> IV – a petição inicial for instruída com prova documental suficiente dos fatos constitutivos do direito do autor, a que o réu não oponha prova capaz de gerar dúvida razoável (CPC/2015, art. 311).

Nos casos dos incisos II e III do art. 311 do CPC/2015, a tutela provisória de urgência poderá ser concedida sem que haja o prévio contraditório, ou seja, liminarmente (CPC/2015, art. 311, parágrafo único). No processo do trabalho, apenas não será aplicável o inciso III que não possui incidência prática.

Atenção:
A tutela de evidência será sempre requerida de forma incidental, mediante simples petição (CPC/2015, art. 294, parágrafo único).

4. MOMENTO DE CONCESSÃO E MEIOS DE IMPUGNAÇÃO

As tutelas provisórias de urgência incidentais podem ser requeridas e concedidas a qualquer tempo. Já a tutela provisória de evidência, nos casos dos incisos I e IV, pode ser deferida após o contraditório prévio.

De qualquer modo, elas podem ser concedidas:

- antes da sentença; ou
- na sentença.

4.1. Concessão antes da sentença

A tutela antecipada analisada **antes da sentença** se faz por meio de decisão interlocutória. Desse modo, sendo concedida ou indeferida, não cabe recurso imediatamente, em razão do princípio da irrecorribilidade das decisões interlocutórias que permeia o processo do trabalho (CLT, art. 893, § 1º).

Ocorre, no entanto, que a concessão ou o indeferimento de tutela provisória pode, em tese, ferir direito líquido e certo, razão pela qual, não havendo outro meio de impugnação, o C. TST admite a impetração de mandado de segurança na hipótese. É o que estabelece o item II da Súmula nº 414 do TST, a seguir transcrita:

> II – No caso de a tutela provisória haver sido concedida ou indeferida antes da sentença, cabe mandado de segurança, em face da inexistência de recurso próprio.

Isso se justifica porque a concessão ou indeferimento da tutela provisória não é ato discricionário do magistrado, uma vez que estando presentes todos os requisitos para sua concessão, é poder-dever do magistrado concedê-la, sob pena de violar direito líquido e certo da parte beneficiária da tutela. Por outro lado, não estando presentes tais requisitos, é dever do juiz não concedê-la, sob pena, nessa hipótese, de violar direito líquido e certo da parte contrária.

Nesse sentido leciona Nelson Nery Jr.:

> Demonstrados o *fumus boni iuris* e o *periculum in mora*, ao juiz não é dado optar pela concessão ou não da tutela de urgência, pois tem o dever de concedê-la. É certo que existe certa dose de *subjetividade* na aferição da existência dos requisitos *objetivos* para a concessão. Mas não menos certo é que não se pode falar em poder discricionário do juiz nesses casos, pois não lhe são dados pela lei mais de um cainho igualmente legítimo, mas apenas um.[24] (Grifos no original)

No mesmo caminho, José Roberto dos Santos Bedaque:

> Na realidade, não se trata de poder discricionário, visto que o juiz, ao conceder ou negar a antecipação da tutela, não o faz com conveniência e oportunidade, juízos de valor próprios

24. NERY Jr., Nelson; NERY, Rosa Maria de Andrade. Comentários ao Código de Processo Civil. São Paulo: Editora Revista dos Tribunais, 2015. p. 858.

> da discricionariedade. Se a situação descrita pelo requerente se subsumir em qualquer das hipóteses legais não restará outra alternativa ao julgador senão deferir a pretensão. (...)
> Não tem o juiz, portanto, mera faculdade de antecipar a tutela. Caso se verifiquem os pressupostos legais, é dever fazê-lo. Existe, é verdade, maior liberdade no exame desses requisitos, dada a imprecisão dos conceitos legais. Mas essa circunstância não torna discricionário o ato judicial.[25]

Dessa forma, incumbe ao juiz preencher o conceito legal indeterminado existente na norma (CPC/15, arts. 297, 300 e 311), por exemplo, verificar a existência do *periculum in mora, fumus boni iuris,* abuso do direito de defesa etc., e estando presentes os requisitos tem o **poder-dever** de deferir a liminar, razão pela qual a mera denegação da tutela provisória ou seu deferimento, sem o preenchimento dos requisitos legais, fere direito líquido e certo do requerente, podendo ensejar a impetração de mandado de segurança.

Aliás, o art. 298 do CPC/15 dispõe que "na decisão que conceder, negar, modificar ou revogar a tutela provisória, o juiz motivará seu convencimento de modo claro e preciso". Assim, a análise da tutela provisória não permite a discricionariedade judicial, devendo estar vinculada aos requisitos legais. Desse modo, presentes os pressupostos legais, a tutela provisória deverá ser concedida e, ausentes esses requisitos, o juiz deverá denegá-la.

Portanto, será admitido o mandado de segurança tanto no deferimento da tutela provisória como de seu indeferimento.

Conquanto admitida a impetração do *writ*, no "mérito", o C. TST sedimentou entendimento no sentido de inexistir direito líquido e certo em determinadas hipóteses, a saber: reintegração de empregado protegido por estabilidade provisória decorrente de lei ou norma coletiva (OJ 64 da SDI - II); de reintegração no emprego de dirigente sindical (OJ 65 da SDI - II); quando demonstrada a razoabilidade do direito subjetivo material, como nos casos de anistiado pela Lei nº 8.878/1994, aposentado, integrante de comissão de fábrica, dirigente sindical, portador de doença profissional, portador de vírus HIV ou detentor de estabilidade provisória prevista em norma coletiva (OJ 142 da SDI - II).

4.1.1. Superveniência da sentença

Deferindo-se ou indeferindo-se a tutela provisória antes da sentença, o o C. TST admite o cabimento do mandado de segurança (Súmula nº 414, II). Tal instrumento visa, portanto, a atacar a decisão interlocutória que concedeu ou indeferiu a tutela provisória. Dessa forma, surgindo sentença no processo originário antes da decisão

25. BEDAQUE, José Roberto dos Santos. Tutela cautelar e tutela antecipada: tutelas sumárias e de urgência. 5. ed. São Paulo: Editora Malheiros, 2009. p. 386.

do mandado de segurança, esta última ficará prejudicada, vez que a sentença substituirá a decisão interlocutória. Exemplificamos:

> O juízo de primeiro grau defere liminarmente tutela antecipada para que a empresa pague os salários atrasados do reclamante. A empresa impetra mandado de segurança impugnando tal decisão. Antes do julgamento da segurança, o juízo de primeiro grau profere sentença confirmando a tutela antecipada. Essa decisão substitui a anterior, perdendo, pois, o mandado de segurança sua base de impugnação, qual seja, a decisão interlocutória.

Assim, nessa hipótese ficará prejudicado o julgamento do mandado de segurança, devendo ser extinto sem resolução de mérito. Registra-se que, havendo recurso ordinário do processo que deu origem ao mandado de segurança, o relator deste será prevento para o julgamento do recurso ordinário. Nesse sentido, prevê o item III da Súmula nº 414 do TST:

> III – A superveniência da sentença, nos autos originários, faz perder o objeto do mandado de segurança que impugnava a concessão ou o indeferimento da tutela provisória.

4.2. Concessão na sentença

Discute-se a utilidade da concessão de tutela provisória na sentença em processo trabalhista, sob o argumento de que, tendo o recurso ordinário efeito meramente devolutivo, o comando sentencial já estaria produzindo efeitos. Além disso, havendo decisão (sentença) analisada em cognição exauriente (juízo de certeza), desnecessária a concessão de tutela fundada em cognição sumária.

No entanto, conforme se depreende do art. 297 do CPC/15, a tutela provisória se efetiva. Isso quer dizer que, embora siga o rito executório, **ela não se submete à restrição da execução até a penhora**. Aliás, na tutela antecipada, busca-se a efetivação do próprio direito material, ou seja, a entrega do bem da vida pleiteado em juízo, "inclusive a liberação de quantias em dinheiro, mesmo sem caução, pois o provimento antecipatório tem índole satisfativa".[26] Dessa forma, não se pode admitir que a tutela antecipada adiante apenas os efeitos processuais, como acontece, em regra, na execução provisória, mas, sim, antecipe os próprios efeitos materiais, concedendo ao titular do direito o bem da vida postulado. Exemplificamos:

> O magistrado concede tutela antecipada na sentença para pagamento de salário. Nesse caso, o pagamento será imediato, não ficando limitado à penhora, sob pena de o trabalhador não manter sua própria sobrevivência.

É interessante destacar que o CPC/15, no referido art. 297, dispõe que "o juiz poderá determinar as medidas que considerar adequadas para efetivação da tutela

26. SCHIAVI, Mauro. Manual de direito processual do trabalho. 2. ed. São Paulo: LTr, 2009. p. 996.

provisória". Ademais, no seu art. 139, IV, permite ao juiz "determinar todas as medidas indutivas, coercitivas, mandamentais ou sub-rogatórias necessárias para assegurar o cumprimento de ordem judicial, inclusive nas ações que tenham por objeto prestação pecuniária"[27]. Vê-se por tal dispositivo que, mesmo na tutela provisória de obrigação de pagar, com o advento do novo código, será possível a imposição de medidas coercitivas para sua efetivação, utilizando, por exemplo, as *astreintes*.

Além disso, o art. 297, parágrafo único, do CPC/15 declina que "a efetivação da tutela provisória observará as normas referentes ao cumprimento provisório da sentença, **no que couber**" (grifo nosso). Isso quer dizer que, na efetivação da tutela, não se deve observar alguns pontos da execução provisória, tais como, a necessidade de requerimento do exequente para iniciá-la, a limitação até a penhora, a obrigatoriedade, com regra, de prestação de caução[28] etc.

Com efeito, pensamos ser útil e salutar a concessão e/ou ratificação da tutela provisória na sentença.

Admitida a tutela provisória na sentença, passamos a analisar o meio de impugná-la.

Com base na teoria dos capítulos da sentença, alguns doutrinadores entendiam que a concessão da tutela provisória na sentença autorizava dois meios de impugnação da decisão: uma da sentença propriamente dita e outra da tutela provisória.

Contudo, o princípio da singularidade impede a divisão da decisão em capítulos para fim de recorribilidade, de modo que a decisão deve ser considerada nesse caso como **una**. Portanto, tratando-se de sentença, **o recurso cabível no processo do trabalho é o ordinário, seja da tutela provisória, seja das demais matérias decididas na sentença, sendo incabível o mandado de segurança**, como declinado na Súmula nº 414, I, do TST. Noutros termos, não cabe mandado de segurança para impugnar a tutela provisória concedida na sentença, porque há meio adequado de impugnação, qual seja, o recurso ordinário, não podendo, portanto, o mandado de segurança ser utilizado como sucedâneo recursal. Nesse sentido, o art. 1.013, § 5º, do CPC/15:

> § 5º O capítulo da sentença que confirma, concede ou revoga a tutela provisória é impugnável na apelação.

Por outro lado, considerando que a tutela antecipada produzirá os efeitos materiais pretendidos na inicial e que o recurso ordinário é dotado de efeito meramente

27. TST-IN nº 39/2016, art. 3º. Sem prejuízo de outros, aplicam-se ao Processo do Trabalho, em face de omissão e compatibilidade, os preceitos do Código de Processo Civil que regulam os seguintes temas: (...) III- art. 139, exceto a parte final do inciso V (poderes, deveres e responsabilidades do juiz); (...).

28. DIDIER JR., Fredie; BRAGA, Paula Sarno; OLIVEIRA, Rafael Alexandria de. Curso de Direito Processual Civil: teoria da prova, direito probatório, decisão, precedente, coisa julgada e tutela provisória, vol. 2. 10. ed. Salvador: Editora Juspodivm, 2015, p. 592.

devolutivo, caso o recorrente tenha interesse em sustar os efeitos da tutela antecipada, o que deve fazer?

O C. TST estabelece que o meio de obtenção do efeito suspensivo será por simples requerimento (petição), como descreve a Súmula nº 414, I, in verbis:

> **Súmula nº 414 do TST**. Mandado de segurança. Tutela provisória concedida antes ou na sentença
>
> I – A tutela provisória concedida na sentença não comporta impugnação pela via do mandado de segurança, por ser impugnável mediante recurso ordinário. É admissível a obtenção de efeito suspensivo ao recurso ordinário mediante requerimento dirigido ao tribunal, ao relator ou ao presidente ou ao vice-presidente do tribunal recorrido, por aplicação subsidiária ao processo do trabalho do artigo 1.029, § 5º, do CPC de 2015.

Trata-se, pois, de petição separada com a finalidade específica de sustar os efeitos da tutela antecipada. No entanto, para quem deve ser dirigida essa petição (requerimento)?

Por força da súmula supracitada, o TST entende que deve ser aplicado o art. 1.029, § 5º, do CPC, dirigindo o requerimento ao tribunal, ao relator ou ao presidente ou ao vice-presidente do tribunal recorrido.

Ocorre que o CPC prevê a concessão de efeito suspensivo no art. 995, parágrafo único, §§ 3º e 4º do art. 1.012, bem como no art. 1.029, § 5º, os quais estabelecem:

> Art. 995. Parágrafo único. A eficácia da decisão recorrida poderá ser suspensa por decisão do relator, se da imediata produção de seus efeitos houver risco de dano grave, de difícil ou impossível reparação, e ficar demonstrada a probabilidade de provimento do recurso.
>
> Art. 1.012.
>
> § 3º O pedido de concessão de efeito suspensivo nas hipóteses do § 1º poderá ser formulado por requerimento dirigido ao:
>
> I – tribunal, no período compreendido entre a interposição da apelação e sua distribuição, ficando o relator designado para seu exame prevento para julgá-la;
>
> II – relator, se já distribuída a apelação.
>
> § 4º Nas hipóteses do § 1º, a eficácia da sentença poderá ser suspensa pelo relator se o apelante demonstrar a probabilidade de provimento do recurso ou se, sendo relevante a fundamentação, houver risco de dano grave ou de difícil reparação.
>
> Art. 1.029.
>
> § 5º O pedido de concessão de efeito suspensivo a recurso extraordinário ou a recurso especial poderá ser formulado por requerimento dirigido:
>
> I – ao tribunal superior respectivo, no período compreendido entre a publicação da decisão de admissão do recurso e sua distribuição, ficando o relator designado para seu exame prevento para julgá-lo;
>
> II – ao relator, se já distribuído o recurso;
>
> III – ao presidente ou ao vice-presidente do tribunal recorrido, no período compreendido entre a interposição do recurso e a publicação da decisão de admissão do recurso, assim como no caso de o recurso ter sido sobrestado, nos termos do art. 1.037.

O art. 995, parágrafo único, do CPC é norma genérica aplicada a todos os recursos. O art. 1.012, §§ 3º e 4º é direcionada aos recursos de natureza ordinária, enquanto o art. 1.029, § 5º, tem como foco os recursos de natureza extraordinária.

Embora a parte inicial da súmula nº 414 trate de sentença submetida a recurso ordinário, curiosamente o C. TST na parte final declina que a concessão do efeito suspensivo deverá observar o art. 1.029, § 5º, do CPC, que, como visto, é direcionado aos recursos extraordinários. Essa mescla de informações pode gerar confusões e divergências na sua interpretação. Queremos dizer: quais as razões de o item I da Súmula 414 do TST fazer referência apenas ao art. 1.029, § 5º do CPC e não ao art. 1.012, §§ 3º e 4º, do CPC?

A resposta a esse questionamento provoca duas teses, que levam a juízos distintos para a análise do requerimento da concessão de efeito suspensivo.

A **primeira tese** defende a aplicação literal do presente item sumular, incidindo o art. 1.029, § 5º do CPC/15 também aos recursos de natureza ordinária.

Argumenta-se que o CPC/15 diferenciou o procedimento de requerimento para a concessão de efeito suspensivo dos recursos ordinários e dos recursos extraordinários, pelo fato de que, no processo civil, não há duplo juízo de admissibilidade para os recursos de natureza ordinária, mas apenas aos recursos de natureza extraordinária (recurso extraordinário e especial). Desse modo, nos recursos ordinários o pedido de concessão de efeito suspensivo sempre é dirigido ao juízo *ad quem* (já que não existe juízo *a quo*), enquanto nos recursos extraordinários, como há duplo juízo de admissibilidade, autorizou-se, em algumas hipóteses, a análise do requerimento pelo juízo *a quo* (CPC/15, art. 1.029, § 5º).

O processo do trabalho, no entanto, manteve o duplo juízo de admissibilidade para todos os recursos, diante da existência de normas expressas na legislação trabalhista (TST-IN nº 39, art. 2º. XI). Nesse contexto, seja nos recursos ordinários, seja nos extraordinários, na seara laboral haverá análise pelo juízo *a quo*, impondo assim aplicação do art. 1.029, § 5º, do CPC que é dirigido às hipóteses de duplo juízo de admissibilidade.

Incidindo essa tese, deverá haver adaptação da súmula no tocante à competência para a concessão de efeito suspensivo de recurso ordinário de sentença proferida pela vara do trabalho, ficando da seguinte forma:

- no período compreendido entre a interposição do recurso e a publicação da decisão de admissibilidade do recurso, como processo ainda está sob competência do juízo *a quo* (vara do trabalho), o pedido deverá ser dirigido ao juiz da vara do trabalho e não do presidente ou vice-presidente do tribunal recorrido como anunciado na súmula.
- após a admissibilidade do recurso, o requerimento deve ser dirigido ao tribunal até sua distribuição e, se já distribuído, ao relator.

Já na hipótese de recursos de natureza extraordinária ou aos recursos interpostos das decisões terminativas ou definitivas de competência originária dos TRTs, aplica-se literalmente o art. 1.029, § 5º, do CPC, razão pela qual o requerimento para a obtenção de efeito suspensivo será dirigido:

I – ao juízo *ad quem* (tribunal) no período compreendido entre a publicação da decisão de admissão do recurso e sua distribuição;

II – ao relator, após a distribuição do recurso; e

III – ao juízo recorrido (*a quo*) entre a interposição do recurso e a publicação da decisão de admissão do recurso.

A segunda tese, contudo, entende que o art. 1.029, § 5º, do CPC/15 deverá ser aplicado apenas quando se tratar de recursos de natureza extraordinária. Para os recursos de natureza ordinária, incidirá o art. 1.012, §§ 3º e 4º, do CPC/15, devendo o efeito suspensivo ser requerido:

a) ao tribunal, no período compreendido entre a interposição do recurso e sua distribuição; ou
b) ao relator, se já distribuído o recurso.

Aplicando essa tese, nos recursos ordinários o requerimento nunca será dirigido ao juízo *a quo*.

A nosso juízo, a segunda tese nos parece mais eficaz, devendo o efeito suspensivo ser requerido ao juízo *ad quem* nas hipóteses de recursos de natureza ordinária. Isso porque, esse requerimento possui natureza cautelar, objetivando o resultado útil do próprio recurso. Desse modo, após a publicação da sentença e antes do juízo de admissibilidade *a quo*, o requerimento tem natureza de cautelar antecedente, que é de competência do juízo competente para conhecer o pedido principal (CPC/15, art. 299). Com efeito, sendo o pedido principal do recurso dirigido ao juízo *ad quem* é ele o competente para analisar o requerimento de efeito suspensivo.

Por fim, há de se fazer uma última observação: primeiro deve ser interposto o recurso e somente depois o requerimento de concessão de efeito suspensivo, uma vez que só há interesse neste se o recurso já tiver sido interposto.

Em resumo, podemos esquematizar da seguinte forma:

Momento de concessão da tutela antecipada	Meio de impugnação
Antes da sentença	Mandado de segurança
Na sentença	Recurso ordinário, podendo obter efeito suspensivo por meio de simples petição dirigida ao tribunal
No tribunal pelo relator	Agravo regimental

5. TUTELA PROVISÓRIA CONTRA A FAZENDA PÚBLICA

A possibilidade de concessão de tutela provisória contra a Fazenda Pública é objeto de restrições impostas pelo legislativo desde a década de 1960, sobretudo no tocante ao mandado de segurança contra a Fazenda Pública.

É que o art. 5º, parágrafo único, da Lei nº 4.348/1964 não permitia a concessão de liminar ou a execução provisória de mandado de segurança contra a Fazenda Pública, que ordenasse a reclassificação ou equiparação de servidores públicos, ou a concessão de aumento ou extensão de vantagens, vedação reafirmada no art. 7º, § 2º, da Lei nº 12.016/09. A Lei nº 8.437/92, em seus arts. 1º e 3º também limitaram o cabimento de tutela antecipada contra a Fazenda Pública.

Ademais, com o advento da Lei nº 9.494/97 toda a disciplina restritiva das tutelas provisórias em mandado de segurança e ação cautelar foi estendida às tutelas provisórias satisfativas em geral, o que foi reafirmado pelo art. 7º, § 5º, da Lei nº 12.016/09[29].

Cabe destacar que, para o STF, no julgamento da ADC nº 4, a Lei nº 9.494/97 é constitucional.

No entanto, o próprio STF tem mitigado, de forma paulatina, as limitações às tutelas provisórias de urgência contra a Fazenda Pública.[30]

O entendimento que predomina, atualmente, é o de que não se sustenta a tese de que há uma vedação generalizada da tutela antecipada contra a Fazenda Pública, restando superados os entendimentos doutrinários que argumentavam nesse sentido.

Ademais, o CPC prevê a tutela provisória contra a Fazenda Pública no art. 1.059, que estabelece que "à tutela provisória requerida contra a Fazenda Pública aplica-se o disposto nos arts. 1º a 4º da lei nº 8.437, de 30 de junho de 1992, e no art. 7º, § 2º, da lei nº 12.016, de 7 de agosto de 2009".

Assim, por expressa previsão do CPC/15, é vedada a tutela provisória contra a Fazenda Pública que tenha como objeto:

a) a reclassificação ou equiparação de servidores públicos e a concessão de aumento ou a extensão de vantagens ou pagamento de qualquer natureza (art. 7º, §§ 2º e 5º, da Lei nº 12.016/09);

b) medida que esgote, no todo ou em qualquer parte, o objeto da ação (art. 1º, § 3º, Lei nº 8.437/92);

c) a impugnação, em primeira instância, de ato de autoridade sujeita, na via de mandado de segurança, à competência originária do tribunal – ressalvados a ação popular e ação civil pública (art. 1º, §§ 1º e 2º, Lei nº 8.437/92).

O entendimento que predomina, atualmente, inclusive no TST, é o de que apenas não se permite a concessão da tutela provisória contra a Fazenda Pública nas

29. DIDIER JR., Fredie; BRAGA, Paula Sarno; OLIVEIRA, Rafael Alexandria de. *Curso de Direito Processual Civil: teoria da prova, direito probatório, decisão, precedente, coisa julgada e tutela provisória*. v.2. Salvador: Juspodivm, 2016. 11. ed. p. 644).

30. DIDIER JR., Fredie; BRAGA, Paula Sarno; OLIVEIRA, Rafael Alexandria de. *Curso de Direito Processual Civil: teoria da prova, direito probatório, decisão, precedente, coisa julgada e tutela provisória*. v.2. Salvador: Juspodivm, 2016. 11. ed. p. 648.

hipóteses expressamente previstas pela legislação. Nas demais hipóteses, contudo, a concessão da tutela é admitida.[31]

6. SÚMULAS E ORIENTAÇÕES JURISPRUDENCIAIS DO TST

Tutela Provisória
Orientação Jurisprudencial nº 68 da SDI – II do TST. Antecipação de tutela. Competência Nos Tribunais, compete ao relator decidir sobre o pedido de antecipação de tutela, submetendo sua decisão ao Colegiado respectivo, independentemente de pauta, na sessão imediatamente subseqüente.
Súmula nº 414 do TST. Mandado de segurança. Tutela provisória concedida antes ou na sentença I – A tutela provisória concedida na sentença não comporta impugnação pela via do mandado de segurança, por ser impugnável mediante recurso ordinário. É admissível a obtenção de efeito suspensivo ao recurso ordinário mediante requerimento dirigido ao tribunal, ao relator ou ao presidente ou ao vice-presidente do tribunal recorrido, por aplicação subsidiária ao processo do trabalho do artigo 1.029, § 5º, do CPC de 2015. II – No caso de a tutela provisória haver sido concedida ou indeferida antes da sentença, cabe mandado de segurança, em face da inexistência de recurso próprio. III – A superveniência da sentença, nos autos originários, faz perder o objeto do mandado de segurança que impugnava a concessão ou o indeferimento da tutela provisória.
Orientação Jurisprudencial nº 64 da SDI – II do TST. Mandado de segurança. Reintegração liminarmente concedida Não fere direito líquido e certo a concessão de tutela antecipada para reintegração de empregado protegido por estabilidade provisória decorrente de lei ou norma coletiva.
Orientação Jurisprudencial nº 65 da SDI – II do TST. Mandado de segurança. Reintegração liminarmente concedida. Dirigente sindical Ressalvada a hipótese do art. 494 da CLT, não fere direito líquido e certo a determinação liminar de reintegração no emprego de dirigente sindical, em face da previsão do inciso X do art. 659 da CLT.
Orientação Jurisprudencial nº 67 da SDI – II do TST. Mandado de segurança. Transferência. Art. 659, IX, da CLT Não fere direito líquido e certo a concessão de liminar obstativa de transferência de empregado, em face da previsão do inciso IX do art. 659 da CLT.
Orientação Jurisprudencial nº 142 da SDI – II do TST. Mandado de segurança. Reintegração liminarmente concedida Inexiste direito líquido e certo a ser oposto contra ato de Juiz que, antecipando a tutela jurisdicional, determina a reintegração do empregado até a decisão final do processo, quando demonstrada a razoabilidade do direito subjetivo material, como nos casos de anistiado pela Lei nº 8.878/1994, aposentado, integrante de comissão de fábrica, dirigente sindical, portador de doença profissional, portador de vírus HIV ou detentor de estabilidade provisória prevista em norma coletiva.
Súmula nº 405 do TST. Ação rescisória. Tutela provisória. Em face do que dispõem a MP 1.984-22/2000 e o art. 969 do CPC de 2015, é cabível o pedido de tutela provisória formulado na petição inicial de ação rescisória ou na fase recursal, visando a suspender a execução da decisão rescindenda.

31. TST-ED-AIRR-190900-59.2006.5.15.0042, 3ª Turma, Relator Ministro Alexandre de Souza Agra Belmonte, DEJT 05/10/2012.

Capítulo 23

PROCEDIMENTO SUMARÍSSIMO E PROCEDIMENTO SUMÁRIO

1. PROCEDIMENTO SUMARÍSSIMO

Com o objetivo de agilizar a prestação jurisdicional, entregando-a de forma mais célere e efetiva, a Lei nº 9.957/00 instituiu o rito sumaríssimo no processo do trabalho, incluindo os arts. 852-A a 852-I na CLT. De acordo com tais dispositivos é possível extrair as seguintes diretrizes desse procedimento.

1.1. Incidência

O procedimento sumaríssimo é aplicável às causas que não excedam **40 vezes o salário-mínimo vigente na data do ajuizamento da reclamação.**

Atente-se para o fato de que o rito processual é norma de ordem pública, não cabendo à parte escolher se irá se submeter ou não a determinado rito, de modo que não excedendo a 40 vezes o salário-mínimo, obrigatoriamente, adotará o rito sumaríssimo[1].

É interessante observar que, no processo do trabalho, o valor da causa é o único critério considerado para o enquadramento nesse rito, independentemente da complexidade da matéria.

Tal procedimento aplica-se **apenas aos dissídios individuais**, ou seja, não se aplica ao dissídio coletivo. Além disso, também não tem aplicação nas ações civis públicas e ações civis coletivas (substituto processual).

Por outro lado, tratando-se de reclamação plúrima, o procedimento é aplicável quando seu valor não exceder 40 salários-mínimos.

> **Atenção:**
> Estão excluídas do procedimento sumaríssimo as demandas em que é parte a Administração Pública direta, autárquica e fundacional.

1.2. Petição Inicial e Prazo para Apreciação

Ajuizada a reclamação trabalhista submetida ao rito sumaríssimo, sua apreciação deverá ocorrer no prazo máximo de 15 dias, podendo constar de pauta especial (CLT, art. 852-B, III).

---

1. Rito sumaríssimo e procedimento sumaríssimo são utilizados como expressões sinônimas pela doutrina.

A petição inicial desse rito possui duas características importantes:

1. **o pedido deverá ser certo ou determinado, devendo indicar ainda o valor correspondente** (CLT, art. 852– B, I). Exemplo: requer o pagamento do 13º salário, no valor de R$ 2.000,00.
2. **o autor deve indicar o correto endereço do reclamado, sendo vedada a citação por edital** (CLT, art. 852-B, II). Atente-se para o fato de que essa restrição atinge apenas a fase de conhecimento, aplicando-se na fase de execução o art. 880, § 3º, da CLT que permite a citação por edital[2].

Na hipótese de não se preencher os requisitos anteriores, ou seja, não ser o pedido certo ou determinado, não indicar o valor do pedido ou não indicar o endereço correto do reclamado, a reclamação será arquivada (extinta sem resolução do mérito), condenando-se o reclamante ao pagamento de custas sobre o valor da causa (CLT, art. 852-B, § 1º).

1.2.1. Citação por edital no procedimento sumaríssimo

Como mencionado anteriormente, no rito sumaríssimo, o autor deverá indicar o correto endereço do reclamado, sendo vedada a citação por edital na fase de conhecimento.

Ademais, as partes e advogados comunicarão ao juízo as mudanças de endereço ocorridas no curso do processo, reputando-se eficazes as intimações enviadas ao local anteriormente indicado, na ausência de comunicação.

Havia diversas críticas na doutrina acerca da constitucionalidade da previsão do art. 852-B, II, da CLT, referente à citação por edital. Para parte da doutrina, a restrição à forma de citação violaria o acesso à Justiça e a inafastabilidade da jurisdição nos casos em que o autor não souber o endereço do réu.[3]

O STF, contudo, entendeu que a forma de citação prevista no dispositivo é legítima e objetiva conferir celeridade e efetividade ao procedimento sumaríssimo na Justiça do Trabalho.[4] No entanto, a decisão nada versou sobre o que ocorrerá caso o reclamado esteja em local não sabido. Partindo do pressuposto da constitucionalidade do dispositivo, ante o caráter vinculante da decisão do STF, a única opção é converter o procedimento em rito ordinário, permitindo-se a citação por edital.[5]

2. Alguns doutrinadores entendem que esse dispositivo viola o acesso ao Judiciário.
3. LEITE, Carlos Henrique Bezerra. *Curso de Direito Processual do Trabalho*. 15. ed. São Paulo: Saraiva, 2017. p. 443; SCHIAVI, Mauro. *Manual de Direito Processual do Trabalho*. 12. ed. São Paulo: LTr, 2017. p. 865.
4. Esse entendimento foi proferido no julgamento das ADIs 2139/DF; 2160/DF e 2237/DF em 01.08.2018.
5. No mesmo sentido, BERNARDES, Felipe. *Manual de Processo do Trabalho*. Salvador: Juspodivm, 2018. p. 389.

1.3. Audiência

As demandas submetidas ao rito sumaríssimo serão instruídas e julgadas em audiência única (CLT, art. 852-C).

O juiz dirigirá o processo com liberdade para determinar as provas a serem produzidas, considerado o ônus probatório de cada litigante, podendo limitar ou excluir as que considerar excessivas, impertinentes ou protelatórias, bem como para apreciá-las e dar especial valor às regras de experiência comum ou técnica (CLT, art. 852-D).

Aberta a audiência, o juiz esclarecerá as vantagens da conciliação, podendo se utilizar de meios adequados de persuasão para a solução conciliatória do litígio, em qualquer fase da audiência (CLT, art. 852-E). Na realidade, é interessante observar, nesse ponto, que a tentativa de conciliação ocorrerá em qualquer fase do processo (CLT, art. 764, § 3º).

Todos os incidentes e exceções que possam interferir no prosseguimento da audiência serão decididos de plano. As demais questões serão decididas na sentença (CLT, art. 852-G).

Todas as provas serão produzidas na audiência de instrução e julgamento, ainda que não requeridas previamente (CLT, art. 852-H).

Sobre os documentos apresentados por uma das partes, manifestar-se-á imediatamente a parte contrária, sem interrupção da audiência, salvo absoluta impossibilidade, a critério do juiz (CLT, art. 852-H, § 1º).

É importante atentar para o fato de que, na hipótese de prova testemunhal, é permitida até o máximo de duas para cada parte (CLT, art. 852-H, § 2º), e não 3 testemunhas como no rito ordinário.

Ademais, a testemunha deve comparecer independentemente de intimação, de modo que não comparecendo, poderá ser intimada, desde que comprovado o convite (CLT, art. 852-H, § 3º)[6], sob pena de condução coercitiva.

Atenção:
Somente será deferida a intimação da testemunha, nesse rito, ser for comprovado o convite.

Quanto à prova pericial (técnica), apenas será deferida quando a prova do fato o exigir ou for legalmente imposta, incumbindo ao juiz, desde logo, fixar o prazo, o objeto da perícia e nomear perito (CLT, art. 852-H, § 4º).

6. Exemplo: enviou uma carta com AR convidando-a como testemunha. A comprovação do convite, nesse caso, faz-se por meio da apresentação do AR. O convite também poderá ser comprovado por meio de mensagens realizadas pelo aplicativo *whatsapp*, o que tem sido adotado pela jurisprudência majoritária. Nesse sentido: ROPS nº 0000207-17.2016.5.17.0009, 3ª Turma do TRT da 17ª Região/ES, Rel. Jailson Pereira da Silva. DEJT 27.07.2017 e RO nº 0024151-95.2015.5.24.0071, 1ª Turma do TRT da 24ª Região/MS, Rel. André Luis Moraes de Oliveira. DEJT 02.05.2018.

Nesse caso, as partes serão intimadas a manifestarem-se sobre o laudo, no prazo **comum** de 5 dias (CLT, art. 852-H, § 6º).

Interrompida a audiência, o seu prosseguimento e a solução do processo dar-se-ão no prazo máximo de 30 dias, salvo motivo relevante justificado nos autos pelo juiz da causa (CLT, art. 852-H, § 7º).

Na ata de audiência serão registrados resumidamente os atos essenciais, as afirmações fundamentais das partes e as informações úteis à solução da causa trazidas pela prova testemunhal (CLT, art. 852-F).

1.4. Sentença

A sentença mencionará os elementos de convicção do juízo, com resumo dos fatos relevantes ocorridos em audiência, **dispensado o relatório** (CLT, art. 852-I, caput).

O juízo adotará em cada caso a decisão que reputar mais justa e equânime, atendendo aos fins sociais da lei e às exigências do bem comum. (CLT, art. 852-I, § 1º).

As partes serão intimadas da sentença na própria audiência em que prolatada (CLT, art. 852-I, § 3º).

1.5. Recursos

O processo submetido ao procedimento sumaríssimo está sujeito aos recursos existentes na seara trabalhista, tendo, porém, algumas peculiaridades e restrições, como se verifica a seguir.

1.5.1. Recurso ordinário

Nas reclamações sujeitas ao procedimento sumaríssimo, o recurso ordinário é cabível, no prazo de 8 dias, das decisões definitivas ou terminativas das Varas e Juízos e das decisões definitivas ou terminativas dos Tribunais Regionais, em processos de sua competência originária, desde que dissídios individuais. Tem incidência, portanto, nos mesmos casos que o rito ordinário, exceto na hipótese de dissídio coletivo, que não se submete a esse procedimento.

Contudo, o processamento do recurso ordinário é diferenciado, tendo as seguintes diretrizes:

1) será imediatamente distribuído, uma vez recebido no Tribunal, devendo o relator liberá-lo no prazo máximo de dez dias, e a Secretaria do Tribunal ou Turma colocá-lo imediatamente em pauta para julgamento, sem revisor;
2) terá parecer oral do representante do Ministério Público presente à sessão de julgamento, se este entender necessário o parecer, com registro na certidão;

3) terá acórdão consistente unicamente na certidão de julgamento, com a indicação suficiente do processo e parte dispositiva, e das razões de decidir do voto prevalente. Se a sentença for confirmada pelos próprios fundamentos, a certidão de julgamento, registrando tal circunstância, servirá de acórdão (CLT, art. 895, § 1º).

Os Tribunais Regionais, divididos em Turmas, poderão designar Turma para o julgamento dos recursos ordinários interpostos das sentenças prolatadas nas demandas sujeitas ao procedimento sumaríssimo (CLT, art. 895, § 2º).

1.5.2. *Recurso de revista*

Nas causas sujeitas ao procedimento sumaríssimo, somente será admitido recurso de revista por contrariedade à súmula de jurisprudência uniforme do Tribunal Superior do Trabalho ou à súmula vinculante do Supremo Tribunal Federal e violação direta da Constituição da República (CLT, art. 896, § 9º).

Atenção:
Nesse rito processual, não cabe recurso de revista por violação à Orientação Jurisprudencial (Súmula nº 442 do TST).

1.5.3. *Embargos para a SDI (embargos de divergência)*

Em causas sujeitas ao procedimento sumaríssimo, admitem-se os embargos de divergência, descritos no art. 894, II, da CLT, quando demonstrado que a divergência jurisprudencial entre Turmas do TST está fundada em interpretações diversas acerca da aplicação de mesmo dispositivo constitucional ou de matéria sumulada (Súmula nº 433 do TST).

2. PROCEDIMENTO SUMÁRIO

O procedimento sumário, também chamado de dissídio de alçada, é previsto no art. 2º da Lei nº 5.584/70, que estabelece:

> **Art. 2º.** Nos dissídios individuais, proposta a conciliação, e não havendo acordo, o Presidente, da Junta ou o Juiz, antes de passar à instrução da causa, fixar-lhe-á o valor para a determinação da alçada, se este for indeterminado no pedido.
>
> § 1º. Em audiência, ao aduzir razões finais, poderá qualquer das partes, impugnar o valor fixado e, se o Juiz o mantiver, pedir revisão da decisão, no prazo de 48 (quarenta e oito) horas, ao Presidente do Tribunal Regional.
>
> § 2º. O pedido de revisão, que não terá efeito suspensivo deverá ser instruído com a petição inicial e a Ata da Audiência, em cópia autenticada pela Secretaria da Junta, e será julgado em 48 (quarenta e oito) horas, a partir do seu recebimento pelo Presidente do Tribunal Regional.

> § 3º. Quando o valor fixado para a causa, na forma deste artigo, não exceder de 2 (duas) vezes o salário-mínimo vigente na sede do Juízo, será dispensável o resumo dos depoimentos, devendo constar da Ata a conclusão da Junta quanto à matéria de fato.
>
> § 4º. Salvo se versarem sobre matéria constitucional, nenhum recurso caberá das sentenças proferidas nos dissídios da alçada a que se refere o parágrafo anterior, considerado, para esse fim, o valor do salário-mínimo à data do ajuizamento da ação.

Ele tem cabimento, portanto, nas causas que não excedam **2 salários-mínimos** vigentes na data do ajuizamento da reclamação.

Parte da doutrina entende que referido rito foi absorvido pelo rito sumaríssimo. No entanto, a tese majoritária é no sentido de manutenção do rito sumário, uma vez que a Lei nº 9.957/00 não revogou a Lei nº 5.584/70, mantendo-se, no processo do trabalho, três ritos processuais: ordinário, sumário e sumaríssimo.

No procedimento sumário é admitida a definição do valor da causa de ofício pelo juiz.

Assim, sendo fixado o valor da causa até 2 salários-mínimos, confere-se à parte o direito de impugná-lo em audiência, ao aduzir suas razões finais.

Caso o juiz mantenha o valor, poderá ser interposto, no prazo de 48 horas, o pedido de revisão. Esse pedido é direcionado ao Presidente do Tribunal Regional, devendo ser instruído com a petição inicial e a ata da audiência. Tal pedido, não tendo efeito suspensivo, deve ser julgado no prazo de 48 horas.

Acolhido o pedido de revisão e alterando-se o valor da causa para valor superior a 2 salários-mínimos, modifica-se o rito processual, seguindo o rito correspondente ao valor novo definido, ou seja, até 40 salários-mínimos para o rito sumaríssimo e, para o rito ordinário, valores superiores.

Não sendo acolhido o pedido de revisão, continua-se no rito sumário.

Nesse rito, será dispensável o resumo dos depoimentos, devendo constar da ata a conclusão do juízo quanto à matéria de fato.

Ademais, esse procedimento é muito restritivo quanto ao cabimento de recursos, uma vez que somente admite recurso que se versar sobre matéria constitucional, ou seja, apenas é cabível o recurso extraordinário ao STF.

Atenção:

Não se aplica a alçada em ação rescisória e em mandado de segurança (Súmula nº 365 do TST).

3. PROCEDIMENTO ORDINÁRIO

Como se verifica nos tópicos anteriores, os procedimentos sumário e sumaríssimo possuem peculiaridades, com a finalidade de tornar a prestação jurisdicional mais célere e efetiva. Contudo, caso a demanda não se enquadre em tais procedimentos, seguirá o procedimento ordinário, que é o procedimento comum, incidindo todas as diretrizes estudadas nessa obra, tais como, as relacionadas à petição inicial, audiência, resposta do réu, provas etc.

4. SÚMULAS E ORIENTAÇÕES JURISPRUDENCIAIS DO TST

Procedimento sumaríssimo e procedimento sumário
Orientação Jurisprudencial nº 260 da SDI – I do TST. Agravo de instrumento. Recurso de revista. Procedimento sumaríssimo. Lei nº 9.957/00. Processos em curso I – É inaplicável o rito sumaríssimo aos processos iniciados antes da vigência da Lei nº 9.957/00. II – No caso de o despacho denegatório de recurso de revista invocar, em processo iniciado antes da Lei nº 9.957/00, o § 6º do art. 896 da CLT (rito sumaríssimo), como óbice ao trânsito do apelo calcado em divergência jurisprudencial ou violação de dispositivo infraconstitucional, o Tribunal superará o obstáculo, apreciando o recurso sob esses fundamentos.
Súmula nº 442 do TST. Procedimento sumaríssimo. Recurso de revista fundamentado em contrariedade a orientação jurisprudencial. Inadmissibilidade. Art. 896, § 6º, da CLT, acrescentado pela lei nº 9.957, de 12.01.2000 Nas causas sujeitas ao procedimento sumaríssimo, a admissibilidade de recurso de revista está limitada à demonstração de violação direta a dispositivo da Constituição Federal ou contrariedade a Súmula do Tribunal Superior do Trabalho, não se admitindo o recurso por contrariedade a Orientação Jurisprudencial deste Tribunal (Livro II, Título II, Capítulo III, do RITST), ante a ausência de previsão no art. 896, § 6º, da CLT.
Súmula nº 458 do TST. Embargos. Procedimento sumaríssimo. Conhecimento. Recurso interposto após vigência da Lei nº 11.496, de 22.06.2007, que conferiu nova redação ao art. 894, II, da CLT Em causas sujeitas ao procedimento sumaríssimo, em que pese a limitação imposta no art. 896, § 6º, da CLT à interposição de recurso de revista, admite-se os embargos interpostos na vigência da Lei nº 11.496, de 22.06.2007, que conferiu nova redação ao art. 894 da CLT, quando demonstrada a divergência jurisprudencial entre Turmas do TST, fundada em interpretações diversas acerca da aplicação de mesmo dispositivo constitucional ou de matéria sumulada.
Súmula nº 71 do TST. Alçada A alçada é fixada pelo valor dado à causa na data de seu ajuizamento, desde que não impugnado, sendo inalterável no curso do processo.
Súmula nº 356 do TST. Alçada recursal. Vinculação ao salário-mínimo O art. 2º, § 4º, da Lei nº 5.584, de 26.06.1970, foi recepcionado pela CF/1988, sendo lícita a fixação do valor da alçada com base no salário-mínimo.
Súmula nº 365 do TST. Alçada. Ação rescisória e mandado de segurança Não se aplica a alçada em ação rescisória e em mandado de segurança.

Capítulo 24

RECURSOS TRABALHISTAS

1. TEORIA GERAL DOS RECURSOS

1.1. Meios de Impugnação

A impugnação dos provimentos judiciais não se restringe ao recurso. Ao lado dele, existem outros mecanismos concedidos pelo ordenamento jurídico para atacar as decisões proferidas pelos órgãos jurisdicionais. Nesse contexto, as impugnações dos provimentos jurisdicionais compreendem:

a) **as ações autônomas de impugnação**: buscam impugnar a decisão judicial criando uma nova relação processual.

- **Exemplo**: ação rescisória, mandado de segurança, ação anulatória, habeas corpus etc.

b) **os sucedâneos recursais:** são todos os meios de impugnação que não se incluem no conceito de recurso ou de ação autônoma de impugnação. Trata-se, portanto, de conceito residual. Nele inserem-se:

1) **as providências corretivas**: destinadas a corrigirem erros materiais existentes na decisão.

- **Exemplo**: erros de grafia (CLT, arts. 833 e 897-A).

2) **as providências ordenadoras do procedimento**: têm como objetivo corrigir atos de procedimento praticados pelos magistrados, que o tumultuam ou atentam contra a ordem processual.

- **Exemplo**: correição parcial.

3) a remessa necessária, o pedido de reconsideração, dentre outros.

c) **os recursos**, que passamos a estudar.

1.2. Conceito de Recurso

A doutrina não é uniforme sobre o conceito de recursos. Adotaremos o conceito de José Carlos Barbosa Moreira para quem recurso é:

> "o remédio voluntário idôneo a ensejar, dentro do mesmo processo, a reforma, a invalidação, o esclarecimento ou a integração de decisão judicial que se impugna".[1]

1. MOREIRA, José Carlos Barbosa. *Comentários ao Código de Processo Civil*. 15. ed. Rio de Janeiro: Forense, 2010. v. 5, p. 233.

Com base nesse conceito, é possível extrair as seguintes características dos recursos:

1) **remédio voluntário**: o recurso é manifestação do poder de ação, o que significa que depende da manifestação da parte sucumbente, do terceiro interessado ou do Ministério Público, em decorrência da inércia do poder judiciário.

É por isso que a remessa de ofício (reexame necessário) não é um recurso, pois ocorre automaticamente, sem necessitar, portanto, de provocação da Fazenda Pública.

2) **dentro da mesma relação processual:** o recurso tem a ideia de retorno, voltar a analisar a decisão judicial dentro da mesma relação processual. Retarda, por isso, o trânsito em julgado da decisão, prolongando o estado de litispendência.

É interessante observar que o retorno é na mesma relação processual e não, necessariamente, nos mesmos autos, vez que o agravo de instrumento, por exemplo, pode ocorrer em autos separados, mas nem por isso deixa de ser um recurso, pois se mantém na mesma relação processual.

Essa característica do recurso o difere das ações autônomas de impugnação, que constituem uma nova relação processual.

3) **Enseja:**

3.1) **a reforma da decisão impugnada**: reformar a decisão impugnada significa modificar o julgado, ou seja, proferir decisão diferente da pronunciada pelo órgão *a quo*. Está ligado ao *error in judicando*, isto é, erro de julgamento, sendo, portanto, vício de conteúdo.

3.2) **a invalidação (anulação) da decisão impugnada**: busca impugnar a decisão judicial que contém vício processual (formal). Nesse caso, visa ao *error in procedendo* (erro de procedimento), objetivando não a reforma da decisão, mas sua retirada do mundo jurídico e que, no seu lugar, uma nova decisão seja proferida.

3.3) **o esclarecimento da decisão impugnada**: tem como finalidade afastar a decisão obscura e/ou contradição da decisão. É alcançado por meio dos embargos de declaração.

3.4) **a integração da decisão impugnada**: objetiva completar a prestação jurisdicional, suprimindo suas lacunas, o que ocorre, por exemplo, por meio dos embargos de declaração.

1.3. Classificação

Os recursos são classificados quanto ao objeto imediato, fundamentação, extensão da matéria impugnada e independência.

1.3.1. Quanto ao objeto imediato do recurso

A presente classificação está fundada no direito que se busca tutelar. Desse modo, o recurso pode ser dividido em ordinário e extraordinário.

a) **Recurso de natureza ordinária**: visa à **tutela do direito subjetivo** (interesse particular da parte), de modo que permite a **rediscussão ampla da matéria,** seja de direito ou de fato.

Tais recursos podem estar fundamentados no mero inconformismo com a decisão judicial (injustiça da decisão), citando-se como exemplo, na seara trabalhista, os recursos: ordinário, agravo de petição, embargos de declaração, agravo interno e/ou regimental, pedido de revisão e agravo de instrumento.

b) **Recurso de natureza extraordinária**: funda-se na **tutela do direito objetivo** (a lei), buscando sua exata aplicação. Por visar à exata aplicação do direito, tais recursos **impedem a verificação fática**, inclusive o reexame de provas, ficando restritos à análise de direito (Súmula nº 126 do TST)[2]. É o que ocorre, no processo do trabalho, com os recursos de revista e embargos para a SDI.

1.3.2. *Quanto à fundamentação*

No que tange à fundamentação, o recurso pode ser de:

a) **Fundamentação livre**: aquela que **não** se liga a determinado defeito ou vício da decisão, ou seja, a lei não exige que o recurso aponte, especificamente, determinado vício, havendo necessidade apenas de que a parte não se conforme com a decisão impugnada. É o que ocorre, por exemplo, no recurso ordinário.

b) **Fundamentação vinculada**: aquela em que a lei exige que o recorrente indique algum vício específico da decisão impugnada. Noutras palavras, não se pode alegar qualquer matéria, mas apenas aquelas expressamente descritas na lei. Exemplo: embargos de declaração em que a parte deverá, obrigatoriamente, demonstrar a presença de omissão, contradição ou obscuridade na decisão impugnada; recurso de revista, no qual se deve demonstrar a violação da lei federal ou Constituição Federal ou a divergência jurisprudencial.

1.3.3. *Quanto à extensão da matéria impugnada*

Quanto à extensão, o recurso poderá ser total ou parcial.

a) **Recurso total**: quando o recurso abrange toda a parcela em que a parte recorrente foi sucumbente. Isso quer dizer que a abrangência total está ligada à parte sucumbente (em que foi vencido) e não, necessariamente, ao conteúdo total da decisão impugnada[3].

- **Exemplo**: reclamante postula horas extras, décimo terceiro salário e férias + 1/3, sendo julgado procedente apenas o pedido de férias + 1/3. Nesse caso, se o reclamante apresentar recurso sobre as horas extras e o décimo terceiro salário, seu recurso será total, pois impugnou todos os objetos em que foi sucumbente.

---

2. **Súmula nº 126 do TST.** Recurso. Cabimento. Incabível o recurso de revista ou de embargos (arts. 896 e 894, "b", da CLT) para reexame de fatos e provas.

3. NEVES, Daniel Amorim Assumpção. *Manual de direito processual civil.* 2. ed. Rio de Janeiro: Forense; São Paulo: Método, 2010. p. 534.

b) Recurso parcial: quando impugna somente parte do objeto em que foi sucumbente na decisão.

- No exemplo anterior, o recurso seria parcial se o reclamante impugnasse apenas as horas extras, deixando transitar em julgado a improcedência do pedido referente ao décimo terceiro salário.

1.3.4. Quanto à independência

No que se refere à independência, o recurso poderá ser independente (principal) ou subordinado (adesivo).

a) Recurso independente (principal): é aquele que tem vida própria, condicionando-se exclusivamente aos seus pressupostos de admissibilidade para que seja alcançado o mérito do recurso.

b) Recurso subordinado (adesivo): como o próprio nome já indica, é o recurso que se subordina a outro recurso, dependendo da admissibilidade desse último para que seja conhecido.

O recurso adesivo vem disciplinado no art. 997, §§ 1º e 2º, do CPC/2015, aplicável subsidiariamente ao processo do trabalho, estabelecendo:

> § 1º. Sendo vencidos autor e réu, ao recurso interposto por qualquer deles poderá aderir o outro.
>
> § 2º. O recurso adesivo fica subordinado ao recurso independente, sendo-lhe aplicáveis as mesmas regras deste quanto aos requisitos de admissibilidade e julgamento no tribunal, salvo disposição legal diversa, observado, ainda, o seguinte:
>
> I – será dirigido ao órgão perante o qual o recurso independente fora interposto, no prazo de que a parte dispõe para responder;
>
> II – será admissível na apelação, no recurso extraordinário e no recurso especial;
>
> III – não será conhecido, se houver desistência do recurso principal ou se for ele considerado inadmissível.

Com efeito, havendo interposição do recurso principal, o recorrido será intimado para contrarrazoá-lo, podendo nessa oportunidade apresentar as contrarrazões e o recurso adesivo. O inciso I, do § 2º, do referido artigo declina que o recurso adesivo "será dirigido ao órgão perante o qual o recurso independente fora interposto, no prazo de que a parte dispõe para responder". Isso não significa que as contrarrazões e o recurso adesivo devam ser interpostos em um único momento, admitindo a doutrina que sejam interpostos em momentos distintos, desde que dentro do prazo de 8 dias[4], que é o prazo para o recurso principal no processo do trabalho. A propósito, pode a parte até mesmo deixar de apresentar as contrarrazões e se limitar a interpor o recurso adesivo.

Portanto, o recurso adesivo quando interposto, deve ser apresentado no prazo das contrarrazões.

4. Salvo para a Fazenda Pública, Ministério Público do Trabalho e Defensoria Pública que o prazo será de 16 dias.

Atente-se para o fato de que a Fazenda Pública, o Ministério Público e a Defensoria Pública têm prazo dobrado para manifestarem-se nos autos (CPC/2015, arts. 180, 183 e 186), o que inclui as contrarrazões e a interposição do recurso. Desse modo, tais entes poderão interpor o recurso adesivo no prazo de 16 dias.

No processo do trabalho, o cabimento do recurso adesivo vem declinado na Súmula nº 283 do TST:

> **Súmula nº 283 do TST.** Recurso adesivo. Pertinência no processo do trabalho. Correlação de matérias
>
> O recurso adesivo é compatível com o processo do trabalho e cabe, no prazo de 8 (oito) dias, nas hipóteses de interposição de recurso ordinário, de agravo de petição, de revista e de embargos, sendo desnecessário que a matéria nele veiculada esteja relacionada com a do recurso interposto pela parte contrária.

Na realidade, o recurso adesivo não é uma modalidade de recurso, mas forma diferenciada de interposição do recurso. Nesse caso, a parte interporá, por exemplo, o recurso ordinário de modo diferenciado, ou seja, no prazo para apresentação de suas contrarrazões.

É cabível, portanto, nos seguintes recursos trabalhistas:

1) Recurso ordinário;

2) Agravo de petição;

3) Recurso de revista;

4) Embargos no TST.

Embora a parte tenha o benefício de apresentar seu recurso em momento diferenciado, ele fica subordinado à admissibilidade do recurso principal para que possa ser conhecido. Desse modo, se o recurso principal (independente) foi interposto, por exemplo, fora do prazo recursal, ele não será admitido, de modo que a análise do recurso subordinado ficará prejudicada.

Contudo, não é em qualquer hipótese que se admite o recurso subordinado (adesivo). Para que ele seja interposto, faz-se necessária a presença cumulativa dos seguintes requisitos:

1) **sucumbência recíproca**: ambas as partes sejam vencedoras e vencidas no objeto da decisão impugnada, ou seja, houve procedência parcial dos pedidos. Nesse ponto, é importante observar que, nos termos da parte final da Súmula nº 283 do TST, a sucumbência recíproca deve ser analisada considerando todos os pedidos da inicial, mesmo que cumulados em uma única ação. Desse modo, sendo a parte vencida em determinado objeto do processo, nascerá seu interesse recursal, podendo apresentar o recurso adesivo.

- **Exemplo:** Sentença julga procedente o pedido de férias e parcialmente procedente o pedido de horas extras, sob o fundamento de que, embora devidas as horas extras, algumas já foram compensadas. O reclamado não recorre. O reclamante, por sua vez, interpõe recurso ordinário para impugnar o pedido de horas extras, argumentando que não ficou provada a compensação de jornada. Nesse caso, o reclamado poderá apresentar recurso adesivo para impugnar as horas extras que foi condenado, além de poder impugnar o pedido de férias, que não tem correlação com o objeto do recurso do reclamante.

2) **interposição de recurso principal por apenas uma das partes;**

3) **aceitação tácita da decisão**: deve ser evidente a ausência de vontade da parte em recorrer de forma principal. Isso significa que o recurso adesivo não pode ser interposto por quem apresentou o recurso principal intempestivamente ou com o pretexto de complementar o recurso principal;

4) **observar todos os requisitos de admissibilidade do recurso principal:** como o recurso adesivo é forma diferenciada de interposição, ele deve observar todos os pressupostos recursais do recurso principal, ou seja, se o recurso principal exige o depósito recursal, este será exigido no adesivo; da mesma forma, se o recurso principal impõe o prequestionamento, no adesivo também deverá estar presente.

1.3.5. Resumo das classificações

1) Quanto ao objeto imediato do recurso	Recurso de natureza ordinária Recurso de natureza extraordinária
2) Quanto à fundamentação	Fundamentação livre Fundamentação vinculada
3) Quanto à extensão da matéria impugnada	Recurso total Recurso parcial
4) Quanto à independência	Recurso independente (principal) Recurso subordinado (adesivo)

1.4. Princípios Recursais

1.4.1. Princípio do duplo grau de jurisdição

O princípio do duplo grau de jurisdição consiste na possibilidade de reexame da decisão, buscando outra opinião sobre a decisão da causa.

Há divergência na doutrina acerca de tal princípio ser garantia constitucional ou infraconstitucional.

Essa divergência existe porque a Constituição Federal de 1988 estabeleceu como direito fundamental dos litigantes "o contraditório e ampla defesa, com os meios e recursos a ela inerentes" (art. 5º, LV).

Da análise desse dispositivo, alguns julgados e doutrinadores passaram a entender que a Constituição Federal previa o direito ao duplo grau de jurisdição, de modo que a norma infraconstitucional não poderia restringi-lo, como é o caso do rito sumário (art. 2º, § 4º, da Lei nº 5.584/70).

Por outro lado, a tese majoritária, a qual nos filiamos, é no sentido de que a Constituição Federal **não** reconheceu o duplo grau de jurisdição como garantia ou princípio constitucional, colocando-o como regra de organização judiciária.

Isso ocorre porque o dispositivo constitucional supramencionado utilizou-se da expressão "recursos" não em sentido técnico, mas como garantia dos princípios do contraditório e da ampla defesa, que podem ser exercidos em uma única instância. Não se confunde, portanto, com o princípio do duplo grau de jurisdição, que é disciplinado pela legislação ordinária, podendo inclusive ser afastado ou mitigado em casos específicos, como, por exemplo, no art. 1.013, § 3º, do CPC/2015.[5]

1.4.2. *Princípio da taxatividade (tipicidade)*

O princípio da taxatividade, também chamado de tipicidade, impõe que somente serão considerados recursos aqueles descritos na legislação federal. "Somente a lei federal pode criar, extinguir ou modificar recursos, uma vez que é da União a competência privativa para legislar sobre a matéria processual (CF, 22, I)".[6]

A lei federal, portanto, prevê, de forma exaustiva (numerus clausus), os recursos cabíveis.

1.4.3. *Princípio da unirrecorribilidade (singularidade)*

O princípio da unirrecorribilidade (singularidade) significa que cada decisão somente admite uma espécie recursal. Há um recurso para cada caso. Veda-se, pois, a interposição simultânea de mais de uma espécie de recurso da mesma decisão.

5. Art. 1.013, § 3º Se o processo estiver em condições de imediato julgamento, o tribunal deve decidir desde logo o mérito quando: I – reformar sentença fundada no art. 485; II – decretar a nulidade da sentença por não ser ela congruente com os limites do pedido ou da causa de pedir; III – constatar a omissão no exame de um dos pedidos, hipótese em que poderá julgá-lo; IV – decretar a nulidade de sentença por falta de fundamentação.

6. BEBBER, Júlio César. *Recursos no processo do trabalho*. 2. ed. São Paulo: LTr, 2009. p. 207.

Exceções:

- No processo civil, admite-se a interposição simultânea de recurso especial e recurso extraordinário, quando a decisão tiver, respectivamente, violação legal e constitucional, nos termos do art. 1.031 do CPC/2015.
- No processo do trabalho, admite-se a interposição simultânea de embargos para a SDI (divergência) e recurso extraordinário ao STF, da decisão proferida na Turma do TST.

O STJ tem entendido que o princípio da unirrecorribilidade não veda a interposição de um único recurso para a impugnação de mais de uma decisão, tendo em vista que não existe nenhuma vedação legal. Apesar de essa situação ser incomum, caso o recurso seja cabível, seja tempestivo e as decisões sejam recorríveis, o STJ entendeu que não se pode tolher o recorrente de ter seus direitos apreciados pelo Tribunal competente.[7] No processo do trabalho, essa situação pode ocorrer, por exemplo, na fase executiva, quando são proferidas decisões sucessivas e impugnáveis por agravo de petição, mas há intimação posterior à última decisão, permitindo um único recurso para atacar todas as decisões.

1.4.4. *Princípio da consumação*

O princípio da consumação declina que, uma vez interposto o recurso, ele não poderá ser repetido ou alterado. Trata-se da preclusão consumativa, de modo que, interposto o recurso, o ato está consumado, não se admitindo, novamente, a realização deste ato processual (recurso)[8].

É interessante observar que, no art. 809 do CPC de 1939, admitia-se a variabilidade dos recursos, desde que dentro do prazo recursal. Noutras palavras, dentro do prazo recursal, a parte poderia variar, interpondo, por exemplo, outro no lugar. No regime do CPC de 1973 não se admitia a variabilidade, aplicando-se, assim, a preclusão consumativa. Com o advento do CPC/15, surge divergência acerca da possibilidade de variar o recurso dentro do prazo legal, ante o disposto no art. 223, *caput*, *in verbis*:

> **Art. 223.** Decorrido o prazo, extingue-se o direito de praticar ou de emendar o ato processual, independentemente de declaração judicial, ficando assegurado, porém, à parte provar que não o realizou por justa causa.

Para uns, esse dispositivo possibilita a emenda do ato processual já praticado, desde que dentro do prazo, ou seja, "enquanto não exaurido o prazo previsto na lei

7. STJ-REsp 1628773/GO, Rel. Ministra NANCY ANDRIGHI, TERCEIRA TURMA, julgado em 21/05/2019, DJe 24/05/2019.
8. Parte da doutrina faz uma diferença entre os princípios da complementariedade e da consumação. O primeiro estaria ligado à complementação de um recurso já interposto, enquanto o segundo proíbe que, já interposto o recurso, ele seja substituído por outro, ainda que dentro do prazo recursal. NEVES, Daniel Amorim Assumpção. *Manual de direito processual civil.* V. único. 8ª edição. Salvador: Editora Juspodivm, 2016. p. 1500.

para a interposição do recurso, deve-se admitir sua emenda"[9], atenuando assim a preclusão consumativa.

Para outros, os quais nos parece estarem com a razão, referido dispositivo está relacionado à emenda específica admitida em alguns casos como, por exemplo, a emenda à inicial. Assim, decorrido o prazo da emenda extingue-se o direito de praticá-la. Não tem, portanto, relação com a possibilidade de variar ou complementar o recurso já interposto.

Atente-se, porém, para o fato de que, havendo interposição de embargos de declaração por apenas uma das partes, no momento em que a outra já interpôs, por exemplo, o recurso ordinário, ocorrendo modificação da decisão judicial, deve ser concedido à parte que já tinha interposto o recurso ordinário a possibilidade de complementá-lo, no prazo de 8 dias[10], limitado ao objeto modificado na decisão (CPC/2015, art. 1.024, § 4º).

1.4.5. Princípio da fungibilidade (conversibilidade)

Fungível é aquilo que pode ser substituído por outro da mesma espécie, qualidade e quantidade[11]. O princípio da fungibilidade é, portanto, a possibilidade de se admitir um recurso pelo outro.

Trata-se de uma verdadeira exceção ao pressuposto de admissibilidade recursal, qual seja, de cabimento do recurso, razão pela qual deve ser admitido em casos excepcionais. Assim, para sua aplicação, são exigidos os seguintes requisitos:

1) dúvida objetiva;

2) inexistência de erro grosseiro;

3) observância do prazo do recurso correto (teoria do prazo menor).

O **primeiro requisito** ocorre quando há dúvida fundada acerca de qual recurso é cabível para o ato a ser impugnado, de modo que a dúvida subjetiva de quem vai interpor o recurso (em regra, do patrono da parte) é incapaz de preencher esse requisito. Assim, três fatores podem dar ensejo a essa dúvida objetiva:

a) a lei confunde a natureza da decisão;

b) doutrina e jurisprudência divergem a respeito do recurso cabível;

c) o juiz profere uma espécie de decisão no lugar de outra.[12]

---

9. MEDINA, José Miguel Garcia. *Novo Código de Processo Civil Comentado: com remissões e notas comparativas ao CPC/1973*. São Paulo: Editora Revista dos Tribunais, 2015. p. 1.373.

10. E não 15 dias como descrito no CPC, em razão da padronização dos prazos dos recursos trabalhistas em 8 dias.

11. Art. 85 do CC/02.

12. Nery Jr, Nelson *apud* NEVES, Daniel Amorim Assumpção. *Manual de direito processual civil*. 2. ed. Rio de Janeiro: Forense; São Paulo: Método, 2010. p. 560.

O **segundo requisito**, erro grosseiro, consiste na interposição de um recurso manifestamente ilegal, ou seja, aquele que interpôs o recurso não possui nenhuma dúvida sobre o recurso interposto, faltando-lhe, contudo, conhecimento jurídico. Ocorre, portanto, quando a lei expressamente estabelece a forma de impugnação da decisão, mas o recorrente não observa o comando legal. Assim, havendo erro grosseiro não há que se falar em aplicação do princípio da fungibilidade.

Por fim, o **terceiro requisito** impõe que o recurso seja interposto no prazo do recurso correto, a fim de que aquele que interpôs o recurso não se beneficie de um prazo maior do que o admitido. De um modo geral, o recorrente deverá se valer do prazo menor (teoria do prazo menor) para ajuizar seu recurso, sob pena de ser caracterizada sua má-fé, e não se admitir a incidência da fungibilidade. Embora esse requisito seja criticado por parte da doutrina, pois presume a má-fé e impõe que a parte interponha o recurso observando o prazo de outro recurso que ela não admite como correto, ele perde utilidade prática no processo do trabalho, no qual os prazos recursais são unificados em 8 dias, bem como no processo civil, em que os prazos foram unificados em 15 dias. Sua relevância fica restrita aos embargos de declaração, que possuem o prazo de 5 dias.

A respeito do princípio da fungibilidade é importante ter conhecimento do entendimento consolidado do C. TST, como se verifica a seguir:

> **Súmula nº 421 do TST.** Embargos de declaração. Cabimento. Decisão monocrática do relator calcada no art. 932 do CPC de 2015. Art. 557 do CPC de 1973,
>
> I – Cabem embargos de declaração da decisão monocrática do relator prevista no art. 932 do CPC de 2015 (art. 557 do CPC de 1973), se a parte pretende tão somente juízo integrativo retificador da decisão e, não, modificação do julgado.
>
> II – Se a parte postular a revisão no mérito da decisão monocrática, cumpre ao relator converter os embargos de declaração em agravo, em face dos princípios da fungibilidade e celeridade processual, submetendo-o ao pronunciamento do Colegiado, após a intimação do recorrente para, no prazo de 5 (cinco) dias, complementar as razões recursais, de modo a ajustá-las às exigências do art. 1.021, § 1º, do CPC de 2015.
>
> **OJ nº 69 da SDI – II do TST.** Fungibilidade recursal. Indeferimento liminar de ação rescisória ou mandado de segurança. Recurso para o TST. Recebimento como agravo regimental e devolução dos autos ao TRT
>
> Recurso ordinário interposto contra despacho monocrático indeferitório da petição inicial de ação rescisória ou de mandado de segurança pode, pelo princípio de fungibilidade recursal, ser recebido como agravo regimental. Hipótese de não conhecimento do recurso pelo TST e devolução dos autos ao TRT, para que aprecie o apelo como agravo regimental.
>
> **OJ nº 412 da SDI – I do TST.** Agravo interno ou agravo regimental. Interposição em face de decisão colegiada. Não cabimento. Erro grosseiro. Inaplicabilidade do princípio da fungibilidade recursal
>
> É incabível agravo interno (art. 1.021 do CPC de 2015, art. 557, § 1º, do CPC de 1973) ou agravo regimental (art. 235 do RITST) contra decisão proferida por Órgão colegiado. Tais

recursos destinam-se, exclusivamente, a impugnar decisão monocrática nas hipóteses previstas. Inaplicável, no caso, o princípio da fungibilidade ante a configuração de erro grosseiro.

OJ nº 152 da SDI – II do TST. Ação rescisória e mandado de segurança. Recurso de revista de acórdão regional que julga ação rescisória ou mandado de segurança. Princípio da fungibilidade. Inaplicabilidade. Erro grosseiro na interposição do recurso.

A interposição de recurso de revista de decisão definitiva de Tribunal Regional do Trabalho em ação rescisória ou em mandado de segurança, com fundamento em violação legal e divergência jurisprudencial e remissão expressa ao art. 896 da CLT, configura erro grosseiro, insuscetível de autorizar o seu recebimento como recurso ordinário, em face do disposto no art. 895, "b", da CLT.

No processo civil, a aplicação do princípio da fungibilidade é prevista expressamente em duas situações. O art. 1.024, § 3º, do CPC/15 prevê o recebimento de embargos de declaração contra decisão monocrática em tribunal como agravo interno. Nesse caso, exige-se a intimação prévia do recorrente para que, no prazo de 5 dias complemente suas razões recursais, como descreve o C. TST na Súmula nº 421, III. Além disso, os arts. 1.032 e 1.033 do CPC/15 preveem a fungibilidade entre o recurso especial e o recurso extraordinário. Nesses casos, o recorrente também deverá ter o direito de reformular suas razões recursais.

1.4.6. Princípio da dialeticidade

O princípio da dialeticidade declina que o recorrente deve motivar suas razões recursais.

Nesse contexto, estabelece o art. 1.010 do CPC/2015 o que segue:

Art. 1.010. A apelação, interposta por petição dirigida ao juízo de primeiro grau, conterá:

I – os nomes e a qualificação das partes;

II – a exposição do fato e do direito;

III – as razões do pedido de reforma ou de decretação de nulidade;

IV – o pedido de nova decisão. (grifo nosso)

Analisando o referido dispositivo, é possível extrair que o legislador trouxe para a fase recursal a mesma sistemática da petição inicial, pois, mutatis mutandis, exigiu que o recurso contenha as partes, a causa de pedir (fundamentos de fato e de direito) e o pedido.

Especificamente quanto aos incisos II e III, o ordenamento impôs que o recorrente apresente os fundamentos de fato e de direito que demonstram sua insurgência contra a decisão impugnada, descrevendo os motivos que a decisão deverá ser anulada (error in procedendo) ou reformada (error in iudicando). Isso ocorre porque "sem explicar os motivos da impugnação, o Tribunal não tem sobre o que decidir e a parte contrária não terá de que se defender. Por isso é que todo pedido, seja inicial seja recursal, é sempre apreciado, discutido e solucionado a partir da causa de pedir (isto é, de sua motivação)"[13].

Trata-se do denominado **princípio da dialeticidade** capaz de garantir à parte contrária a possibilidade de defender-se dos motivos apresentados pelo recorrente, podendo, assim, oferecer suas contrarrazões. Além disso, legitima-se tal exigência, especialmente quanto ao pedido, pois o princípio da devolutividade, em sua extensão, declina que o Tribunal somente pode se manifestar acerca do que lhe foi apresentado, ou seja, a respeito do objeto impugnado, segundo a regra do tantum devolutum quantum appelatum.

Com efeito, a fundamentação e o pedido recursal permitem ao recorrido a elaboração das contrarrazões e limitam a atuação do Tribunal ad quem, o que, a nosso juízo, deve incidir em todos os recursos trabalhistas.

Ocorre, no entanto, que, no processo do trabalho, o art. 899 da CLT estabelece que os recursos podem ser interpostos por meio de simples petição, o que levou parte da doutrina e da jurisprudência a afastar as exigências do art. 1.010 do CPC/2015 na seara trabalhista, isto é, no processo do trabalho não haveria necessidade de fundamentação para recorrer.

O C. TST sedimentou o tema na Súmula nº 422, diferenciando os recursos interpostos no TST daqueles de competência dos TRTs, como se verifica a seguir:

> **Súmula nº 422 do TST.** Recurso. Fundamento ausente ou deficiente. Não conhecimento
>
> I – Não se conhece de recurso para o Tribunal Superior do Trabalho se as razões do recorrente não impugnam os fundamentos da decisão recorrida, nos termos em que proferida.
>
> II – O entendimento referido no item anterior não se aplica em relação à motivação secundária e impertinente, consubstanciada em despacho de admissibilidade de recurso ou em decisão monocrática.
>
> III – Inaplicável a exigência do item I relativamente ao recurso ordinário da competência de Tribunal Regional do Trabalho, exceto em caso de recurso cuja motivação é inteiramente dissociada dos fundamentos da sentença.

1.4.7. Princípio da voluntariedade

O princípio da voluntariedade decorre do princípio dispositivo, o qual impõe a provocação da parte para que o Judiciário possa se manifestar. Isso ocorre porque o recurso é manifestação do poder de ação, dependendo, portanto, de provocação.

Disso resulta que o reexame necessário não é recurso, pois independe de manifestação, ocorrendo automaticamente. Trata-se, pois, de condição de eficácia da sentença.

13. THEODORO JÚNIOR, Humberto. *Curso de direito processual civil: Teoria geral do direto processual civil e processo de conhecimento.* 46. ed. Rio de Janeiro: Forense, 2007. p. 637.

1.4.8. *Princípio da proibição da reformatio in pejus*

O princípio da proibição da *reformatio in pejus* impede que seja piorada a situação do recorrente no julgamento do recurso.

Ele não atinge, porém, as matérias de ordem pública que podem ser conhecidas de ofício pelo Tribunal, ainda que em prejuízo do recorrente.

Por outro lado, embora não seja recurso, aplica-se tal princípio ao reexame necessário, como se depreende da Súmula nº 45 do STJ[14].

1.4.9. *Princípio da irrecorribilidade imediata das decisões interlocutórias*

Os atos do juiz podem ser classificados em: sentenças, decisões interlocutórias e despachos.

Decisão interlocutória consiste em todo pronunciamento judicial de natureza decisória que não se enquadre no conceito de sentença (CPC/2015, art. 203, § 2º). Trata-se, pois, de conceito residual, pressupondo inicialmente ter conhecimento do conceito de sentença, a qual é definida pelo CPC/15 como "o pronunciamento por meio do qual o juiz, com fundamento nos arts. 485 e 487, põe fim à fase cognitiva do procedimento comum, bem como extingue a execução" (art. 203, § 1º, CPC/2015).

Portanto, quando a decisão não cumular os dois requisitos para ser enquadrada como sentença (pronunciamento com ou sem resolução do mérito + põe fim à fase cognitiva ou extingue a execução) será decisão interlocutória.

Com o intuito de alcançar, de forma mais célere e efetiva, a resolução da pretensão colocada em juízo, a CLT, em seu art. 893, § 1º, estabeleceu que as decisões interlocutórias são irrecorríveis de imediato[15].

O princípio em comento, no entanto, não significa que as decisões interlocutórias jamais poderão ser impugnadas ou analisadas por outro julgador, mas tão somente que essa verificação ou impugnação será diferida, ou seja, será levantada na ocasião do recurso da decisão que resolve ou não o mérito.

Conquanto o art. 893, § 1º, da CLT não faça nenhuma ressalva, é importante observar que o Tribunal Superior do Trabalho, por meio da Súmula nº 214, criou três exceções que admitem o recurso imediato das decisões interlocutórias:

14. **Súmula nº 45 do STJ**: "Reexame Necessário – Agravar Condenação – Fazenda Pública. No reexame necessário, é defeso, ao Tribunal, agravar a condenação imposta à Fazenda Pública".
15. O C. TST reafirmou a aplicação da irrecorribilidade imediata das decisões interlocutórias no processo trabalhista no art. 1º, § 1º, da IN nº 39/2016, ao declinar que referido princípio deverá ser observado na aplicação supletiva e/ou subsidiária do CPC/2015 à seara trabalhista.

a) de Tribunal Regional do Trabalho contrária à Súmula ou à Orientação Jurisprudencial do Tribunal Superior do Trabalho;

- **Exemplo:** A sentença de 1º grau reconhece que a alteração do regime celetista para o estatutário extingue o contrato de trabalho, invocando a prescrição bienal, em consonância com o entendimento da Súmula nº 382 do TST. Em grau recursal, o Tribunal Regional do Trabalho anula a decisão a quo entendendo que tal alteração não extingue o contrato de trabalho, não havendo, por consequência, a aplicação da prescrição bienal, determinando, assim, o retorno dos autos ao juízo de origem para julgar o mérito. A decisão interlocutória do TRT está, portanto, contrariando o entendimento da Súmula nº 382 do TST. Dessa forma, se o processo retornasse ao juízo de origem, este poderia julgar o mérito, que seria novamente recorrido ao TRT e, em seguida, chegaria ao TST, por meio do recurso de revista, com fundamento na violação de Súmula do TST (art. 896, "a", da CLT). Com efeito, nesse caso, a irrecorribilidade das decisões interlocutórias cede espaço para sua recorribilidade, permitindo-se o recurso de revista de imediato, a fim de privilegiar a celeridade processual.

b) suscetível de impugnação mediante recurso para o mesmo Tribunal;

- **Exemplo:** decisão monocrática do relator não concedendo tutela antecipada. Dessa decisão, cabe agravo interno para a Turma do mesmo Tribunal.

c) que acolhe exceção de incompetência territorial, com a remessa dos autos para Tribunal Regional distinto daquele a que se vincula o juízo excepcionado, consoante o disposto no art. 799, § 2º, da CLT.

- **Exemplo:** Pedro ajuíza reclamação trabalhista em São Paulo-SP, sendo apresentação exceção de incompetência pela reclamada, sob o fundamento de que o reclamante teria trabalhado e sido contratado em Porto Velho-RO. O juiz reconhece a incompetência e encaminha os autos à Vara do Trabalho de Porto Velho, ou seja, os autos saem de uma vara do TRT da 2ª Região e são encaminhados para uma Vara do Trabalho vinculada ao TRT da 14ª Região.

É interessante observar, ainda, que na hipótese de declaração de incompetência em razão da matéria, com o encaminhamento dos autos a outra Justiça (Federal ou Estadual), é cabível o recurso de imediato. Isso ocorre porque, embora se trate de decisão interlocutória, no caso, o processo termina na Justiça do Trabalho, motivo pelo qual o art. 799, § 2º da CLT admite a interposição de recurso.

1.4.10. Princípio da primazia da decisão de mérito

O princípio da primazia da decisão de mérito é consagrado em diversos dispositivos do CPC/2015, dentre os quais se destaca o art. 4º:

> **Art. 4º.** As partes têm o direito de obter em prazo razoável a **solução integral do mérito**, incluída a atividade satisfativa (Grifo nosso).

Referido princípio determina que o órgão julgador deverá sempre ter como objetivo a decisão de mérito, não se contentando com decisões meramente processuais que extinguem o processo sem resolução do mérito.

Com a finalidade de concretizar aludido princípio, o CPC/15 em diversas ocasiões o exalta, impondo que o julgador deverá promover o saneamento dos vícios processuais (art. 139, IX), permitir que a parte corrija o vício, antes da extinção do processo sem resolução de mérito (art. 317), resolver do mérito quando a decisão for favorável à parte a quem aproveitaria eventual pronunciamento sem resolução de mérito (art. 488), possibilitar o saneamento do vício ou de complementação da documentação exigida antes de considerar o recurso inadmissível (art. 932, parágrafo único), dentre outros momentos nos quais se valoriza a decisão de mérito em detrimento de vícios processuais.

Tal princípio tem campo fértil de aplicação no âmbito recursal, afastando a chamada jurisprudência defensiva dos tribunais. Noutras palavras, é sabido que, na fase recursal, o juízo de mérito só é alcançado se ultrapassado o juízo de admissibilidade, quando se verifica a presença dos pressupostos recursais. Contudo, embora não se possam admitir recursos sem a presença dos pressupostos processuais, sob pena de gerar insegurança jurídica (p. ex.: recurso fora do prazo; recurso por qualquer sujeito, mesmo sem estar presente a legitimidade recursal etc.), o fim natural e pretendido pela sociedade é o julgamento do recurso.

Nesse contexto, sendo sanável o vício, o referido princípio, impõe que se permitam o saneamento ou complementação (CPC/2015, arts. 932, parágrafo único[16], 938, § 1º[17] e 1.007, § 2º[18], dentre outros) ou até mesmo a sua desconsideração passando imediatamente ao julgamento do mérito do recurso (CLT, art. 896, § 11[19]).

Essa nova ideologia, inserida na teoria geral do processo, impõe uma releitura dos vícios processuais, mormente quando ligados aos pressupostos recursais.

Portanto, pensamos que o princípio da primazia da decisão de mérito previsto no CPC/2015 deverá ser aplicado no processo do trabalho ante a compatibilidade com outros princípios essenciais à seara trabalhista, dentre os quais se destacam a duração razoável do processo, simplicidade e efetividade, uma vez que "não há decisão mais frustrante para o jurisdicionado que buscar a tutela de sua pretensão, e também, para a parte que resiste à pretensão do autor, receber como resposta jurisdicional uma decisão sem apreciação do mérito quando for possível ao juiz apreciá-lo"[20].

---

16. CPC/2015, art. 932. Parágrafo único. Antes de considerar inadmissível o recurso, o relator concederá o prazo de 5 (cinco) dias ao recorrente para que seja sanado vício ou complementada a documentação exigível.
17. CPC/2015, art. 938. § 1º Constatada a ocorrência de vício sanável, inclusive aquele que possa ser conhecido de ofício, o relator determinará a realização ou a renovação do ato processual, no próprio tribunal ou em primeiro grau de jurisdição, intimadas as partes.
18. CPC/2015, art. 1.007. § 2º A insuficiência no valor do preparo, inclusive porte de remessa e de retorno, implicará deserção se o recorrente, intimado na pessoa de seu advogado, não vier a supri-lo no prazo de 5 (cinco) dias.
19. CLT, art. 896 § 11. Quando o recurso tempestivo contiver defeito formal que não se repute grave, o Tribunal Superior do Trabalho poderá desconsiderar o vício ou mandar saná-lo, julgando o mérito.
20. SCHIAVI, Mauro. Os pressupostos processuais e as condições da ação no Novo CPC e suas repercussões no Processo do Trabalho. In: LEITE, Carlos Henrique Bezerra (Org.). *Novo CPC: repercussões no Processo do Trabalho*. São Paulo: Saraiva, 2015. p. 90.

1.5. Juízo de Admissibilidade e Juízo de Mérito

Para que os recursos possam ter seu caminhar natural, inicialmente são submetidos a uma análise preliminar, denominada juízo de admissibilidade, a fim de verificar a presença dos pressupostos recursais, também denominados de pressupostos de admissibilidade recursal, a saber: cabimento, legitimidade para recorrer, interesse recursal, tempestividade, regularidade formal, depósito recursal, preparo e inexistência de fato extintivo ou impeditivo do poder de recorrer.

Busca-se, nesse momento, verificar matéria de ordem pública ligada às preliminares do recurso.

Consigna-se, de plano, que as preliminares recursais não se confundem com as preliminares do processo, pois aquelas se identificam com os pressupostos recursais. Com efeito, pode uma matéria ser preliminar antes da fase recursal, passando nesta oportunidade a ser matéria de mérito. Seria, por exemplo, o caso de alegação de ausência de legitimidade passiva que na instância inferior foi alegada como preliminar. Sendo rejeitada na sentença, o recorrente levanta novamente tal matéria, mas, nessa ocasião, ela passa a ser mérito do próprio recurso.

O ordenamento adotou dois juízos de admissibilidade: o juízo a quo e o juízo ad quem.

- **juízo de admissibilidade *a quo***: é realizado pelo juízo de origem, ou seja, aquele que teve sua decisão impugnada. Nesse caso, a análise será feita no momento da interposição do recurso ou após a interposição das contrarrazões. Porém, trata-se de juízo preliminar e superficial.
- **juízo de admissibilidade *ad quem***: é aquele feito pelo órgão recursal. A análise pode ocorrer em diversos momentos, desde que antes do ingresso no exame de mérito. Desse modo, não haverá preclusão até esse momento, pois os pressupostos recursais são matérias de ordem pública, podendo ser analisados inclusive ex officio. Atente-se para o fato de que o juízo ad quem tem caráter definitivo.

Exemplo considerando o recurso de revista

TST (Juízo *ad quem*)
↑ **RR**
TRT (Juízo *a quo*)

O juízo de admissibilidade poderá ser positivo ou negativo.

- **positivo**: quando presentes os pressupostos recursais;
- **negativo**: quando ausente qualquer um dos pressupostos recursais.

Assim, não estando presentes os pressupostos recursais, o juízo a quo não processará o recurso (não dá seguimento), cabendo, na hipótese, agravo de instrumento. Por outro lado, estando presentes tais pressupostos, será dado seguimento ao recurso, intimando-se a parte contrária para a apresentação das contrarrazões.

Pode ocorrer ainda de o juízo a quo declinar que apenas em relação a alguns capítulos o recurso preenche os pressupostos recursais, como, por exemplo, entende que o recorrente teria interesse recursal apenas no que se refere ao capítulo relacionado à equiparação salarial e não quanto ao capítulo das horas extras. Tem-se aqui o chamado juízo de admissibilidade parcial.

Nesse caso, constitui ônus da parte impugnar, mediante agravo de instrumento, o capítulo denegatório da decisão, sob pena de preclusão, inclusive a preclusão máxima que é a formação da coisa julgada (TST-RI, art. 254; TST-IN nº 40/2016, art. 1º, *caput*).

Seja na hipótese de juízo de admissibilidade positivo, seja quando o juízo de admissibilidade é parcial (quanto à parte admitida), os autos serão encaminhados ao Tribunal ad quem que fará um novo juízo de admissibilidade. É interessante observar que o juízo a quo, por ser superficial, não gera nenhuma vinculação ou preclusão para o Tribunal *ad quem*, incumbido de decidir, em caráter definitivo, a admissibilidade ou não do recurso. Desse modo, pode acontecer, por exemplo, de o juízo *a quo* indicar que estavam presentes os pressupostos recursais, mas o juízo *ad quem* não conhecer do recurso porque não se encontra preenchido o pressuposto do depósito recursal.

Com efeito, verificando o juízo ad quem a ausência dos pressupostos recursais, o Tribunal ad quem não conhecerá do recurso. Estando presentes, conhece do recurso, passando à análise de mérito do recurso, chamado de juízo de mérito.

No juízo de mérito, o Tribunal *ad quem* dará provimento ao recurso, quando acolhe os fundamentos do recurso, ou não dará provimento, quando não os acolher.

Portanto, podemos esquematizar da seguinte forma o juízo de admissibilidade e o juízo de mérito:

Juízo *a quo*
- negativo: não processa o recurso (ou não dá seguimento ao recurso)
- positivo: processa o recurso (ou dá seguimento ao recurso)
- parcial: processa parte do recurso (ou dá seguimento parcial ao recurso)

Juízo *ad quem*
- negativo: não conhece o recurso (ou não admite o recurso)
- positivo: conhece o recurso (ou admite o recurso)

Juízo de mérito
- dá provimento: acolhe fundamentos
- não dá provimento: não acolhe fundamentos

Antes de finalizar esse tópico é necessário fazer uma observação sobre o juízo de admissibilidade com o advento do CPC/2015.

O novel código extinguiu o duplo juízo de admissibilidade para os juízos de natureza ordinária, mantendo-o apenas para os recursos extraordinário e especial.

Desse modo, na apelação, o juízo de admissibilidade é realizado apenas pelo tribunal competente e não mais pelo juízo de origem (*a quo*), conforme se observa do art. 1.010, § 3º. Assim, conforme estabelece o enunciado nº 99 do Fórum Permanente de Processualistas Civis, "o órgão a quo não fará juízo de admissibilidade da apelação". Nesse mesmo sentido, o art. 1.028, § 3º do CPC/2015 dispõe que o recurso ordinário é remetido ao STF ou STJ independentemente de juízo de admissibilidade.

Contudo, no processo do trabalho, o advento do CPC/15 não produzirá impactos acerca do duplo juízo de admissibilidade, ante a existência de normas expressas na legislação trabalhista sobre o tema, conforme se verifica a seguir:

- recurso ordinário: o art. 659, VI, da CLT impõe ao juiz da vara do trabalho "despachar os recursos interpostos pelas partes, fundamentando a decisão recorrida antes da remessa ao Tribunal Regional (...)".
- recurso de revista: assim como ocorre com os recursos de natureza extraordinária no CPC/15 (art. 1.030), o art. 896, § 1º da CLT contempla, expressamente, que o juízo de admissibilidade no recurso de revista será realizado, inicialmente, pelo Presidente do Tribunal Regional do Trabalho.
- agravo de petição: o art. 897, § 2º, da CLT admite a interposição de agravo de instrumento na hipótese de não processamento do agravo de petição, sugerindo, portanto, o duplo juízo de admissibilidade.
- recurso ordinário em processo de competência originária do TRT: a Lei 7.701/88, nos arts. 2º, II, f e 3º, III, f, ao admitir o julgamento do agravo de instrumento também sugere o duplo juízo de admissibilidade.
- embargos de divergência: o art. 3º, III, c, expressamente admite a denegação dos embargos pelo presidente da Turma do TST.

Em resumo, haverá duplo juízo de admissibilidade nos recursos trabalhistas (juízo a quo e juízo ad quem), não produzindo nenhum efeito o art. 1.010, § 3º, do CPC/2015. Nesse sentido, estabeleceu o C. TST no art. 2º, XI, da Instrução Normativa nº 39/2016, in verbis:

> **Art. 2º.** Sem prejuízo de outros, não se aplicam ao Processo do Trabalho, em razão de inexistência de omissão ou por incompatibilidade, os seguintes preceitos do Código de Processo Civil:
>
> (...)
>
> XI – art. 1010, § 3º (desnecessidade de o juízo a quo exercer controle de admissibilidade na apelação)

1.5.1. *Juízo de admissibilidade parcial no recurso de revista (IN nº 40 do TST)*

É sabido que, frequentemente, há cumulação objetiva (pedidos) nas reclamações trabalhistas, admitindo assim a cumulação de ações dentro de uma mesma relação processual. Essa cumulação provoca, como regra, decisões com diversos capítulos, ou seja, embora a decisão seja una, ela é fragmentada em capítulos.

Portanto, formalmente a sentença é única, mas substancialmente ela comporta divisões[21].

Isso possibilita a interposição de recurso parcial, bem como a formação de coisa julgada dos capítulos não impugnados (CPC/2015, art. 966, § 3º). Noutras palavras, admite-se que o recorrente delimite os capítulos que pretende impugnar. Trata-se, pois, do efeito devolutivo na extensão.

Pode ocorrer ainda de termos um recurso contemplando todos os capítulos (total) ou de diversos capítulos, mas o juízo de admissibilidade a quo decline que em relação a alguns capítulos não estão presentes os pressupostos recursais, dando processamento em parte do recurso. Tem-se aqui o chamado juízo de admissibilidade parcial.

Nessa hipótese, antigamente, o TST indicava que o recurso seria processado normalmente e o tribunal *ad quem* poderia analisá-lo de forma integral, inclusive a parte que não havia sido processada no juízo *a quo*, já que não estava vinculado a este. Esse entendimento vinha contemplado na Súmula nº 285 do TST, atualmente, cancelada.

Contudo, nos dias atuais, o C. TST passou a descrever na Instrução Normativa nº 40 que constitui ônus da parte impugnar, mediante agravo de instrumento, o capítulo denegatório da decisão, sob pena de preclusão (TST-RI, art. 254, caput; TST-IN nº 40/2016, art. 1º, caput). Noutras palavras, para que o capítulo não processado possa chegar ao Tribunal ad quem é necessária a interposição do agravo de instrumento. Assim não agindo haverá trânsito em julgado da parte não impugnada[22]. Exemplo:

> Recurso de revista alegando que, no que se refere ao capítulo que julgou a equiparação salarial, houve violação do art. 461 da CLT e contrariedade à Súmula nº 6 do TST e, quanto ao capítulo das horas extras, há violação da Constituição Federal, sem especificar os dispositivos violados. O presidente ou vice-presidente do TRT ao proferir o juízo de admissibilidade a quo o admite apenas quanto à equiparação salarial. Nesse caso, incumbe à empresa interpor agravo de instrumento para destrancar o capítulo não processado (horas extras).

1.5.1.1. *Omissão no juízo de admissibilidade parcial*

Pode acontecer de, interposto o recurso de diversos capítulos, o juízo a quo ser omisso quanto à análise de admissibilidade de algum capítulo recorrido.

---

21. BEBBER, Júlio César. *Recursos no processo do trabalho*. 4. ed. São Paulo: LTr, 2014. p. 473.
22. DIDIER Jr., Fredie; CUNHA, Leonardo José Carneiro da. *Curso de direito processual civil: Meios de impugnação às decisões judiciais e processo nos tribunais*. 13. ed. Salvador: Juspodivm, 2016. v. 3, p. 329-332.

- Exemplo: no mesmo exemplo anterior, em que o recurso de revista impugna a equiparação salarial e as horas extras, o presidente do TRT, na decisão de admissibilidade, indica que será processado o recurso de revista quanto à equiparação salarial, porque preenchidos os pressupostos recursais, nada versando sobre o capítulo das horas extras.

Nesse caso, é ônus da parte interpor embargos de declaração para o órgão prolator da decisão embargada suprir a omissão quanto ao capítulo horas extras (CPC/2015, art. 1.024, § 2º), sob pena de preclusão (TST-RI, art. 254, § 1º e TST-IN nº 40/2016, art. 1º, § 1º).

Interpostos os embargos, o presidente do TRT poderá:

- suprir a omissão; ou
- não suprir a omissão, por entender que sua decisão está completa.

No primeiro caso, suprindo a omissão, o presidente do tribunal poderá entender que estão presentes os pressupostos recursais e dar processamento integral ao recurso de revista.

Por outro lado, pode ocorrer de o presidente do tribunal (juízo a quo) entender que não estão presentes os pressupostos recursais quanto àquele capítulo, mantendo o processamento parcial do recurso de revista. No exemplo anterior, poderia o presidente do TRT declinar que não houve indicação precisa dos artigos violados no capítulo das horas extras, mantendo o processamento do recurso de revista apenas quanto ao capítulo da equiparação salarial. Nesse caso, para que o capítulo trancado (não processado – horas extras) possa chegar ao TST é necessária a interposição de agravo de instrumento.

No segundo caso, ou seja, quando interpostos os embargos de declaração e o presidente do TRT não supre a omissão, o tema é ainda mais complexo.

Nessa hipótese, a decisão é considerada nula, por negativa da prestação jurisdicional (CF/88, art. 93, inciso IX e § 1º do art. 489 do CPC/15; TST-RI, art. 254, § 2º e IN nº 40/2016 do TST, art. 1º, § 2º).

Sem prejuízo de ser nula, a decisão do presidente do TRT que se recusa a emitir juízo de admissibilidade sobre qualquer tema equivale à decisão denegatória. Assim, é ônus da parte, após a intimação da decisão dos embargos de declaração, impugná-la mediante agravo de instrumento (CLT, art. 896, § 12), sob pena de preclusão (TST-RI, art. 254, § 3º e TST-IN nº 40/2016, art. 1º, § 3º).

Chegando o agravo de instrumento no TST, a Corte trabalhista entende que é faculdade do relator, por decisão irrecorrível, determinar a restituição do agravo de instrumento ao presidente do TRT de origem para que complemente o juízo de admissibilidade (TST-RI, art. 255, I, e TST-IN nº 40/2016, art. 1º, § 4º). Nesse caso, ficará sobrestado o julgamento do recurso de revista parcial até decisão do presidente do TRT (no exemplo anterior ficará sobrestada a parte da equiparação salarial).

1.5.2. *Poderes do relator*

As decisões proferidas pelos tribunais são denominadas acórdãos, seja de natureza interlocutória seja de sentença. Isso ocorre porque tradicionalmente tais decisões são proferidas por um órgão colegiado (por exemplo, Turma), de modo que acórdão representa "a vontade de todos ou da maioria dos membros da corte".[23]

Com base, no entanto, nos princípios da economia e celeridade processual e com a finalidade de desburocratizar as decisões dos tribunais, o legislador passou a atribuir poderes ao relator para julgar os recursos monocraticamente, como se observa nos arts. 894, § 3º, 896, § 14, ambos da CLT, in verbis:

> **Art. 894, § 3º.** O Ministro Relator denegará seguimento aos embargos:
>
> I - se a decisão recorrida estiver em consonância com súmula da jurisprudência do Tribunal Superior do Trabalho ou do Supremo Tribunal Federal, ou com iterativa, notória e atual jurisprudência do Tribunal Superior do Trabalho, cumprindo-lhe indicá-la;
>
> II - nas hipóteses de intempestividade, deserção, irregularidade de representação ou de ausência de qualquer outro pressuposto extrínseco de admissibilidade.
>
> **Art. 896, § 14.** O relator do recurso de revista poderá denegar-lhe seguimento, em decisão monocrática, nas hipóteses de intempestividade, deserção, irregularidade de representação ou de ausência de qualquer outro pressuposto extrínseco ou intrínseco de admissibilidade.

Ademais, o art. 932 do CPC/2015 que trata dos poderes do relator é aplicável, subsidiariamente, ao processo do trabalho, como se verifica pela Súmula nº 435 do TST.

> **Súmula nº 435 do TST.** Decisão monocrática. Relator. Art. 932 do CPC de 2015. Art. 557 do CPC de 1973. Aplicação subsidiária ao processo do trabalho
>
> Aplica-se subsidiariamente ao processo do trabalho o art. 932 do CPC de 2015 (art. 557 do CPC de 1973).

Nesse contexto, pode o relator, monocraticamente, proferir juízo de admissibilidade ou juízo de mérito, nos seguintes casos:

1) Juízo de **admissibilidade negativo** quando o recurso for:

   a) inadmissível;

   b) prejudicado (fato superveniente que prejudica o recurso[24]); ou

   c) não tenha impugnado especificadamente os fundamentos da decisão recorrida, observada a Súmula 422 do TST.

2) Juízo de **mérito** para:

   2.1) negar-lhe provimento quando o **recurso** for:

---

23. BEBBER, Júlio César. *Recursos no processo do trabalho*. 2. ed. São Paulo: LTr, 2009. p. 58.

24. Na realidade também é um recurso inadmissível, mas por fato superveniente.

- contrário à súmula do STF, do STJ (incluímos do TST) ou do próprio tribunal;
- contrário a acórdão proferido pelo STF ou pelo STJ (incluímos do TST) em julgamento de recursos repetitivos; e
- contrário ao entendimento firmado em incidente de resolução de demandas repetitivas ou de assunção de competência.

2.2) dar-lhe provimento quando a **decisão recorrida**:

- estiver em confronto com súmula do STF, do STJ (incluímos do TST) ou do próprio tribunal;
- for contrário a acórdão proferido pelo STF ou pelo STJ (incluímos do TST) em julgamento de recursos repetitivos; e
- for contrário ao entendimento firmado em incidente de resolução de demandas repetitivas ou de assunção de competência.

O relator também deverá dirigir e ordenar o processo no tribunal, inclusive em relação à produção de provas e à homologação de acordo entre as partes; apreciar o pedido de tutela provisória nos recursos e nos processos de competência originária do tribunal; decidir o incidente de desconsideração da personalidade jurídica, quando este for instaurado originariamente perante o tribunal; determinar a intimação do Ministério Público, quando for o caso; além de outras atribuições estabelecidas no regimento interno do tribunal (CPC/2015, art. 932).

A propósito, o relator, antes de considerar inadmissível o recurso, concederá o prazo de 5 dias ao recorrente para que seja sanado vício ou complementada a documentação exigível (CPC/15, art. 932, parágrafo único; TST-IN nº 39/2016, art. 10). Além disso, se o relator constatar a ocorrência de fato superveniente à decisão recorrida ou a existência de questão apreciável de ofício ainda não examinada que devam ser considerados no julgamento do recurso, intimará as partes para que se manifestem no prazo de 5 dias (CPC/15, art. 933, *caput*).

Vê-se por esse dispositivo que o relator poderá, no julgamento da causa, considerar fatos supervenientes ou matérias reconhecíveis de ofício, mas antes de reconhecê-los deve dar oportunidade para que a parte possa se manifestar, resguardando a ideia do contraditório substancial.

Ressalta-se que, para manter a substância do tribunal (órgão colegiado), a decisão do relator, como regra, sempre estará sujeita ao recurso de agravo interno ou regimental, previsão que passa a ser expressa no art. 894, § 4º, da CLT, quanto aos embargos no TST, e 896-A, § 2º, CLT no que se refere à transcendência do recurso de revista. Para os demais casos, aplica-se o art. 1.021 do CPC/15, mesmo na hipótese do art. 896, § 14, da CLT.

Excepcionalmente, a decisão do relator será irrecorrível, como é o caso da "decisão monocrática do relator que, em agravo de instrumento em recurso de revista, considerar ausente a transcendência da matéria" (CLT, art. 896-A, § 5º).

Por fim, cumpre destacar que o relator estará prevento para eventual recurso subsequente interposto no mesmo processo ou em processo conexo (CPC/15, art. 930, parágrafo único).

1.6. Pressupostos Recursais

1.6.1. Introdução

Conforme já analisado anteriormente, para que se possa adentrar no mérito do recurso, primeiro, há de se verificar os pressupostos recursais, também chamados de pressupostos de admissibilidade recursal.

A doutrina diverge quanto à classificação desses pressupostos.

Para uma parte da doutrina, tais pressupostos são classificados em objetivos e subjetivos.

a) objetivos: quando consideram o próprio recurso.

   São pressupostos objetivos: a recorribilidade do ato, a previsão legal do recurso, a adequação, a inexistência de fato extintivo ou impeditivo de recorrer, a tempestividade, a regularidade formal, a regularidade de representação e o preparo[25].

b) subjetivos: quando ligados à pessoa do recorrente.

   São considerados pressupostos subjetivos: a legitimidade, a capacidade e o interesse[26].

A outra parcela da doutrina, majoritária, classifica os pressupostos recursais em intrínsecos e extrínsecos. Contudo, diverge sobre o que vem a ser pressupostos intrínsecos e extrínsecos.

A tese majoritária entende que os pressupostos intrínsecos são aqueles ligados à própria existência do poder de recorrer, enquanto os pressupostos extrínsecos dizem respeito ao modo de exercer tal poder. Aliás, a própria CLT quando trata de

25. GARCIA, Gustavo Filipe Barbosa. *Curso de direito processual do trabalho*. 2ª ed. Rev e atual. Rio de Janeiro: Forense, 2013. p. 540.
26. GARCIA, Gustavo Filipe Barbosa. *Curso de direito processual do trabalho*. 2ª ed. Rev e atual. Rio de Janeiro: Forense, 2013. p. 540.

pressupostos recursais, utiliza a expressão pressupostos intrínsecos e extrínsecos, como se verifica pelos arts. 896-A, § 6º e 897-A da CLT.

Os pressupostos intrínsecos são:

a) cabimento;

b) legitimidade;

c) interesse em recorrer; e

d) inexistência de fato impeditivo ou extintivo do poder de recorrer.

Já os pressupostos extrínsecos são:

a) tempestividade;

b) representação;

c) preparo (custas e depósito recursal);

d) regularidade formal.

Por fim, existem aqueles que entendem que os pressupostos intrínsecos estão relacionados à decisão recorrida, enquanto os pressupostos extrínsecos dizem respeito a fatos externos à decisão e, em regra, posteriores. Nesse caso, o que muda é apenas a inexistência de fato impeditivo ou extintivo do poder de recorrer, que é incluído entre os pressupostos extrínsecos.

1.6.2. Cabimento

O primeiro pressuposto recursal a ser analisado no momento da interposição de um recurso é o **cabimento**. Para que se verifique a presença desse pressuposto, há necessidade de se conjugarem dois requisitos, sucessivamente:

a) recorribilidade: o ato impugnável é recorrível;

b) adequação: o recurso interposto é adequado à modalidade de decisão que se busca impugnar.

No primeiro caso, é interessante observar que os despachos são irrecorríveis, e as decisões interlocutórias são irrecorríveis de imediato, exceto nas hipóteses da Súmula nº 214 do TST. Já a sentença é recorrível.

Quanto à adequação, não basta, simplesmente, interpor o recurso, mas é necessário que ele seja adequado ao caso. Seria o caso, por exemplo, da interposição de recurso ordinário da sentença. Consigna-se que, em casos excepcionais, a adequação será afastada em decorrência da aplicação do princípio da fungibilidade, como já estudado nesse capítulo.

1.6.3. Legitimidade para recorrer

Nos termos do art. 996 do CPC/2015, aplicável subsidiariamente ao processo do trabalho, têm legitimidade para recorrer:

a) as partes;

b) o terceiro prejudicado; e

c) o Ministério Público.

O **Ministério Público** tem legitimidade para recorrer como parte ou como fiscal da ordem jurídica (art. 83, VI, da LC nº 75/93 e art. 996, caput, do CPC/2015). O C. TST, porém, estabelece:

> **OJ nº 237 da SDI – I do TST.** Ministério Público do Trabalho. Legitimidade para recorrer. Sociedade de economia mista. Empresa Pública
>
> I – O Ministério Público não tem legitimidade para recorrer na defesa de interesse patrimonial privado, inclusive de empresas públicas e sociedades de economia mista.
>
> II – Há legitimidade do Ministério Público do Trabalho para recorrer de decisão que declara a existência de vínculo empregatício com sociedade de economia mista ou empresa pública, após a Constituição Federal de 1988, sem a prévia aprovação em concurso público, pois é matéria de ordem pública.

A propósito, no que tange às **autarquias e fundações públicas**, o TST declina que "os Estados e os Municípios não têm legitimidade para recorrer em nome das autarquias e das fundações públicas". Além disso, os procuradores estaduais e municipais podem representar as respectivas autarquias e fundações públicas em juízo somente se designados pela lei da respectiva unidade da federação (art. 75, IV, do CPC de 2015) ou se investidos de instrumento de mandato válido" (OJ nº 318 da SDI – I do TST).

1.6.3.1. *Recurso de terceiro prejudicado*

Terceiro é aquele que não faz parte da relação processual no momento da prolação da decisão[27]. É o que poderia ter participado do processo como terceiro, mas assim não atuou. Nada mais é do que uma intervenção de terceiros na fase recursal[28].

Agora, se o terceiro já houver ingressado no processo, será considerado como parte e não terceiro.

Ainda terá legitimidade para recorrer como terceiro aquele que deveria ter participado como litisconsórcio necessário[29], o substituído, bem como aquele que estiver autorizado a atuar como substituto processual.

---

27. Em sentido contrário, entendendo que nesse caso será considerado como terceiro. MOREIRA, José Carlos Barbosa. Comentários ao código de processo civil. 15. ed. Rio de Janeiro: Forense, 2010. v. 5. p. 294.

28. Nery Jr., Nelson. Teoria Geral dos recursos. 7. Ed. São Paulo: Editora Revista dos Tribunais, 2014. P. 297.

29. Araken de Assis apud NEVES, Daniel Amorim Assumpção. Manual de direito processual civil. 5. ed. Rio de Janeiro: Forense; São Paulo: Método, 2013. p. 621.

Assim, nos termos do art. 996, parágrafo único do CPC/15, aplicável ao processo do trabalho, o terceiro, para ter legitimidade, deverá demonstrar a possibilidade de a decisão sobre a relação jurídica submetida à apreciação judicial atingir direito de que se afirme titular ou que possa discutir em juízo como substituto processual (CPC/15, art. 996, parágrafo único).

De qualquer modo, impõe-se que o terceiro tenha interesse jurídico e não meramente econômico ou moral, nos mesmos moldes do disposto no art. 119 do CPC/15.

Conforme declina a melhor doutrina:

É de *prejudicialidade* a relação entre a situação jurídica do terceiro e os direitos e obrigações versados na causa pendente. Ao afirmar ou negar o direito do autor, de algum modo o juiz estará colocando premissas para a afirmação ou negação do direito ou obrigação do terceiro – e daí o interesse deste em ingressar. Ingressa em auxílio de uma parte, mas não por altruísmo – e sim para prevenir-se contra declarações que no futuro possam influir em sua própria esfera de direitos. Como sempre, se ele não intervier restar-lhe-á intacta a possibilidade de defender seus próprios interesses depois, seja exercendo o direito de ação ou defendendo-se; e sempre sem o vínculo da coisa julgada, que não se estende a quem não haja sido parte no processo (art. 472). Mas, intervindo procura evitar o precedente desfavorável. (Destaque no original)[30]

Impõe-se, portanto, que exista um **nexo de prejudicialidade** entre os direitos discutidos e a situação do terceiro, de modo que a decisão judicial possa repercutir de maneira favorável ou desfavorável na esfera jurídica do terceiro.

É importante destacar que, quanto ao assistente simples, por estar subordinado à vontade do assistido, ele não poderá recorrer quando este manifestar expressamente a vontade de não recorrer, seja pela renúncia, seja pela desistência. Agora, caso o assistido tenha perdido o prazo recursal, é possível a interposição do recurso pelo assistente, vez que tem o papel de auxiliar o assistido, permitindo-se inclusive que atue no processo em que o assistido é revel, devendo ser usada a mesma ideologia no âmbito recursal[31].

O recurso a ser interposto pelo terceiro é o mesmo que deve (ou deveria) ser interposto pela parte, não lhe sendo garantido um novo ou diferente recurso[32].

Ademais, o prazo do recurso do terceiro é o que dispõe a parte, tendo início no mesmo momento, até porque ele não será intimado da decisão[33].

30. DINAMARCO, Cândido Rangel. Instituições de direito processual civil. 6. ed. São Paulo: Malheiros Editores Ltda., 2009. v. 2. p. 395-396.

31. DIDIER Jr., Fredie; CUNHA, Leonardo José Carneiro da. Curso de direito processual civil: Meios de impugnação às decisões judiciais e processo nos tribunais. 11. ed. Bahia: Juspodivm, 2013. v. 3. p. 51.

32. JORGE, Flávio Cheim. Teoria geral dos recursos cíveis. 4. ed. rev., atual. e ampl. São Paulo: Editora Revista dos Tribunais, 2009. p. 112.

33. THEODORO JÚNIOR, Humberto. Curso de direito processual civil: Execução forçada, processo nos tribunais, recursos e direito intertemporal. Vol. III. 48. ed. rev., atual. e ampl. Rio de Janeiro: Forense, 2016. p. 987.

1.6.4. Interesse em recorrer

Haverá interesse recursal quando:

a) a parte for vencida;

b) o terceiro for prejudicado com a decisão.

Busca-se, nesse caso, que o recurso seja útil e adequado para melhorar a situação fática do recorrente. Noutras palavras, para que se tenha interesse recursal o recorrente deve possibilitar uma decisão mais vantajosa sob o aspecto prático.

No caso do Ministério Público o interesse recursal independe de demonstração, sendo analisado pelo próprio parquet, pois seu interesse decorre de autorização legal[34].

1.6.4.1. Interesse recursal na improcedência dos pedidos

Não há dúvidas de que o autor tem interesse de recorrer da improcedência dos pedidos.

Discussão surge se o réu (vencedor) poderá interpor recurso dessa decisão.

Parte da doutrina entende de forma positiva, argumentando que é conferida a legitimidade ao vencedor quando "não pôde praticar todos os atos processuais necessário para que a decisão não corra o risco de ser alterada em eventual recurso"[35]. Para reforçar seu entendimento, o doutrinador Mauro Schiavi apresenta o seguinte exemplo:

> os pedidos do reclamante foram julgados todos improcedentes, entretanto, o juiz de primeiro grau indeferiu a produção de prova por parte do reclamado por entender que o ônus da prova quanto à subordinação para configuração do vínculo de emprego era do reclamante. Pela oitiva das testemunhas do autor, entendeu não ter havido prova de tal subordinação, uma vez que as testemunhas do autor não trabalharam para o reclamado e, desse modo, julgou improcedente o pedido de reconhecimento do vínculo. O reclamante recorre, e o Tribunal Regional do Trabalho entendendo que o ônus da prova era do reclamado, uma vez que admitiu a prestação pessoal dos serviços do autor, e como o reclamado não recorreu, julgou procedentes todos os pedidos alinhavados na inicial. Questiona-se se o reclamado não teria interesse processual em recorrer postulando a nulidade da decisão em razão do cerceamento de defesa, uma vez que foi obstada a possibilidade de comprovar sua versão em juízo. Pensamos que sim, o que justifica o interesse recursal do reclamado.

Para outros, não há decisão desfavorável a possibilitar o interesse recursal.

Há ainda os que entendem ser o caso de interposição de recurso adesivo pela parte vencedora[36].

34. No mesmo sentido SCHIAVI, Mauro. *Recursos no processo do trabalho*. São Paulo: LTr, 2012. p. 86.

35. SCHIAVI, Mauro. *Manual de direito processual do trabalho – de acordo com o novo CPC*. 10. ed. São Paulo: LTr, 2016. p. 878.

36. TEIXEIRA FILHO, Manoel Antônio. *Sistema dos recursos trabalhistas*. 10. ed. São Paulo: Ltr, 2003. p. 116-117.

Pensamos que o CPC/2015 resolve a celeuma: há interesse recursal, não por meio do recurso principal, mas nas contrarrazões de recurso.

É o que estabelece o art. 1.009, § 1º, *in verbis*:

> § 1º. As questões resolvidas na fase de conhecimento, se a decisão a seu respeito não comportar agravo de instrumento, não são cobertas pela preclusão e devem ser suscitadas em preliminar de apelação, eventualmente interposta contra a decisão final, ou nas contrarrazões.

Noutras palavras, não sendo a decisão interlocutória recorrível imediatamente, não há preclusão, de modo que poderá ser impugnada por meio do recurso ordinário (vencido) ou das contrarrazões (vencedor).

Dessa forma, o CPC/15 torna as contrarrazões "instrumento de dois atos jurídicos processuais: (a) a resposta à apelação da parte adversária; (b) o recurso contra as decisões interlocutórias não agraváveis proferidas ao longo do procedimento."[37]

Percebe-se que as contrarrazões passam a ter um papel semelhante ao recurso adesivo, com o objetivo de atacar as decisões interlocutórias. Desse modo, somente serão analisadas as impugnações das contrarrazões se o recurso principal for conhecido e provido.

Portanto, tal dispositivo insere-se perfeitamente no caso em análise, pois o interesse recursal do vencedor é eventual, já que somente surgirá se for provido o recurso da parte contrária. No exemplo do ilustre doutrinador Mauro Schiavi, a nosso juízo, o reclamado deverá alegar o cerceamento de defesa nas contrarrazões, sob pena de preclusão, pois o indeferimento da oitiva da testemunha decorre de decisão interlocutória. Assim, existindo meio próprio de impugnação, não cabe recurso principal ou recurso adesivo para tal finalidade.

1.6.5. Inexistência de fato impeditivo ou extintivo do poder de recorrer

Para que seja interposto o recurso, não podem estar presentes fatos extintivos (aceitação e renúncia) ou impeditivos (desistência) do direito de recorrer.

1.6.5.1. Aceitação da decisão

A aceitação da decisão é fato extintivo ao direito de recorrer, podendo ser expressa ou tácita.

- **expressa**: quando declara formalmente a aceitação da decisão.
- **tácita**: quando praticar, sem nenhuma reserva, ato incompatível com a vontade de recorrer (CPC/2015, art. 1.000, parágrafo único). Trata-se da clássica preclusão lógica.

- **Exemplo:** pagamento da condenação dentro do prazo recursal.

37. DIDIER Jr., Fredie; CUNHA, Leonardo José Carneiro da. *Curso de direito processual civil: Meios de impugnação às decisões judiciais e processo nos tribunais.* 13. ed. Salvador: Juspodivm, 2016. v. 3, p. 169.

A aceitação é possível entre a intimação da decisão impugnável e anterior à interposição do recurso.

1.6.5.2. *Renúncia*

A parte recorrente pode renunciar ao direito de recorrer, independentemente da aceitação da outra parte (CPC/2015, art. 999). Trata-se também de fato extintivo ao direito de recorrer.

A renúncia, assim como a aceitação, pode ocorrer entre a intimação da decisão impugnável e antes da interposição do recurso.

Ela pode ser expressa ou tácita.

- **expressa**: quando, por exemplo, a decisão é proferida na audiência, e a parte formalmente renuncia ao direito de recorrer.
- **tácita**: quando deixar de recorrer dentro do prazo recursal.

A renúncia pode ser total ou parcial.

- **total**: quando a renúncia atinge todo o objeto que poderia ser impugnado no recurso.
- **parcial**: quando estiver relacionada à parte do objeto impugnável.

A renúncia é irrevogável e produz efeitos imediatos, não dependendo de homologaçao judicial. Com efeito, após ocorrida, não poderá o recorrente desistir da renúncia[38].

Na época do CPC/73, a doutrina era no sentido de que a renúncia, assim como a aceitação, poderia ocorrer entre a intimação da decisão impugnável e antes da interposição do recurso. Desse modo, não se admitia a renúncia prévia ao direito de recorrer, ou seja, antes da intimação da decisão impugnável.

Com o CPC/2015, o termo final da renúncia continua sendo o mesmo: antes da interposição do recurso, pois após a interposição a parte poderá desistir. No entanto, o termo inicial gera divergência. Para uns, ele pressupõe o surgimento concreto e específico do direito de recorrer, de modo que não admitem a renúncia prévia[39]. Para outros, os quais pensamos estar a razão, com base na negociação processual inserida no art. 190 do CPC/2015, passa a ser admitida a negociação da renúncia do direito de recorrer, isto é, a renúncia poderá ser negociada antes da intimação

38. JORGE, Flávio Cheim. *Teoria geral dos recursos cíveis*. 7. ed. rev., atual. e ampl. São Paulo: Editora Revista dos Tribunais, 2015. p. 156.
39. NEVES, Daniel Amorim Assumpção. *Novo Código de Processo Civil comentado artigo por artigo*. Salvador: Juspodivm, 2016. p. 1.648.

da decisão impugnável, desde que não haja vício no procedimento, inclusive sob a condução do juiz[40].

1.6.5.3. Desistência

O recorrente poderá desistir do recurso, consistente na manifestação de vontade de não ver julgado o seu recurso[41]. Trata-se de fato impeditivo ao direito de recorrer.

Nos termos do art. 998 do CPC/2015, a desistência pode ocorrer, a qualquer tempo, sem a anuência do recorrido ou dos litisconsortes.

Conquanto o artigo supracitado indique que a desistência pode ser realizada a qualquer tempo, seu termo inicial é a interposição do recurso, pois somente se desiste do que já existe.

Quanto ao termo final, a jurisprudência tem permitido a desistência até o momento anterior ao início do julgamento, ou seja, até a prolação do voto.[42] A desistência pode ser total ou parcial, desde que, nessa última hipótese, o objeto seja divisível.

A decisão que reconhece a desistência tem natureza declaratória[43], produzindo, portanto, efeito ex tunc. Dessa maneira, o recurso interposto será considerado como inexistente.

Atenção:

A desistência do recurso não impede a análise de questão cuja repercussão geral já tenha sido reconhecida e daquela objeto de julgamento de recursos extraordinários ou especiais repetitivos (CPC/2015, art. 998, parágrafo único). No processo do trabalho, essa restrição é aplicável aos recursos de revista repetitivos.

1.6.6. Tempestividade[44]

Todos os recursos possuem um prazo determinado para sua interposição. Expirado o prazo, sem que seja interposto o recurso, tem-se a **preclusão temporal**, ou seja, a parte não poderá interpô-lo após o vencimento de seu prazo.

Os prazos recursais são peremptórios, não podendo ser alterados pela vontade das partes.

---

40. DIDIER Jr., Fredie; CUNHA, Leonardo José Carneiro da. *Curso de direito processual civil: Meios de impugnação às decisões judiciais e processo nos tribunais.* 13. ed. Salvador: Juspodivm, 2016. v. 3, p. 104.

41. BEBBER, Júlio César. *Recursos no processo do trabalho*. 2. ed. São Paulo: LTr, 2009. p. 156.

42. TST-RR 0078500-36.2002.5.02.0291. Primeira Turma. Rel. Min. Walmir Oliveira da Costa. DEJT 5.9.2014.

43. MOREIRA, José Carlos Barbosa. *Comentários ao código de processo civil.* 15. ed. Rio de Janeiro: Forense, 2010. v. 5, p. 335.

44. Vide o capítulo de atos processuais (prazos processuais).

No processo do trabalho, existe uniformidade nos prazos recursais, devendo ser interpostos, como regra, **no prazo de 8 dias** (Lei nº 5.584/70, art. 6º), salvo a Fazenda Pública, Ministério Público do Trabalho e Defensoria Pública que terão o prazo em dobro, ou seja, 16 dias. Cabe destacar que todos os prazos recursais devem ser contados em dias úteis, nos termos do art. 775 da CLT.

São interpostos no prazo de 8 dias:

1) recurso ordinário (CLT, art. 895);

2) recurso de revista (Lei nº 5.584/70, art. 6º);

3) embargos de divergência (CLT, art. 894, II);

4) embargos infringentes (CLT, art. 894, I);

5) agravo de petição (CLT, art. 897);

6) agravo de instrumento (CLT, art. 897);

7) agravo interno e regimental. (TST-IN nº 39/2016, art. 1º, § 2º).

Excepcionalmente, os recursos, na seara trabalhista, têm outros prazos, como se verifica a seguir:

Embargos de declaração (CLT, art. 897-A)	5 dias
Pedido de revisão (Lei nº 5.584/70, art. 2º § 1º)	48 horas
Recurso extraordinário (STF) - (CPC/2015, art. 1.003, § 5º)	15 dias

Na hipótese de **interposição de recurso via fac-símile**, a parte deverá apresentar os originais em até 5 dias depois do término do prazo para a realização do ato processual (Lei nº 9.800/1999, art. 2º). Isso quer dizer que, caso a parte tenha interposto recurso antes do prazo final, seu quinquídio somente começa a correr a partir do termo final do prazo recursal. Noutros termos, esse lapso passa a ser contado do dia seguinte da data prevista em lei para o término do prazo do recurso, nada importando a circunstância de a petição ter sido transmitida antes do fim desse prazo. Exemplificamos:

> Intimado da sentença no dia 20, o reclamante interpõe recurso ordinário via fax no dia 23. Nesse caso, seu quinquídio, para apresentar os originais, tem início depois do prazo final para a interposição do recurso ordinário (8 dias), ou seja, o prazo recursal vence no dia 28, e o início da contagem ocorre no dia 29.

Ademais, considerando que a parte já tem ciência de seu ônus, o C. TST entende que não se aplica ao período para apresentação dos originais a regra do termo inicial (dies a quo) descrita no art. 224, § 3º, do CPC/2015[45], ou seja, **tem início mesmo que seja no sábado, domingo ou feriado.**

45. CPC/2015, art. 224, § 3º: A contagem do prazo terá início no primeiro dia útil que seguir ao da publicação.

Nesse sentido, a Súmula nº 387 do TST:

> **Súmula nº 387 do TST.** Recurso. Fac-símile. Lei nº 9.800/1999
>
> I – A Lei nº 9.800, de 26.05.1999, é aplicável somente a recursos interpostos após o início de sua vigência.
>
> II – A contagem do quinquidio para apresentação dos originais de recurso interposto por intermédio de fac-símile começa a fluir do dia subsequente ao término do prazo recursal, nos termos do art. 2º da Lei nº 9.800, de 26.05.1999, e não do dia seguinte à interposição do recurso, se esta se deu antes do termo final do prazo.
>
> III – Não se tratando a juntada dos originais de ato que dependa de notificação, pois a parte, ao interpor o recurso, já tem ciência de seu ônus processual, não se aplica a regra do art. 224 do CPC de 2015 (art. 184 do CPC de 1973) quanto ao "dies a quo", podendo coincidir com sábado, domingo ou feriado.
>
> IV – A autorização para utilização do fac-símile, constante do art. 1º da Lei nº 9.800, de 26.05.1999, somente alcança as hipóteses em que o documento é dirigido diretamente ao órgão jurisdicional, não se aplicando à transmissão ocorrida entre particulares.

Registra-se que a Corte Trabalhista dispõe nesta súmula apenas sobre o termo inicial. Quanto ao termo final (dies ad quem), entendemos que deve ser prorrogado para o primeiro dia útil subsequente quando ocorrer em feriado, sábado ou domingo[46], sob pena de se reduzir o lapso conferido às partes e interessados para apresentarem os originais. Exemplo:

> Vencido o prazo recursal no dia 15 (sexta-feira), o período para apresentar os originais tem início no dia 16 (sábado), finalizando no dia 20 (quarta-feira). Agora, caso o dia 20 (quarta--feira) seja feriado o vencimento será no dia 21 (quinta-feira).

1.6.6.1. Momento da comprovação da tempestividade

Antes das alterações promovidas pela Lei nº 13.467/17 (Reforma Trabalhista), o art. 775 da CLT declinava que os prazos eram contínuos e irreleváveis, ou seja, uma vez iniciado o prazo, os dias não úteis que estivessem entre o início e o final do prazo deveriam ser incluídos na contagem. O parágrafo único do dispositivo declinava apenas que "os prazos que vencerem em sábado, domingo ou dia feriado, terminarão no primeiro dia útil seguinte", ou seja, a contagem do prazo não poderia nem iniciar nem terminar em dia não útil.

---

46. No sentido do texto já decidiu o STJ. "PROCESSUAL CIVIL. AGRAVO REGIMENTAL. RAZÕES ENVIADAS VIA FAC-SÍMILE. CONTAGEM DO PRAZO PARA APRESENTAÇÃO DOS ORIGINAIS. PRAZO CONTÍNUO. DIES AD QUEM. QUARTA-FEIRA DE CINZAS. SUSPENSÃO OU PRORROGAÇÃO. IMPOSSIBILIDADE. 1. O prazo para a apresentação dos originais das razões do recurso interposto via fac-símile é de cinco dias, nos termo do art. 2º da Lei nº 9.800/99 e o dies a quo é contado a partir do que seria o termo final para a apresentação do recurso; o *dies ad quem*, todavia, deve ser prorrogado para o primeiro dia útil seguinte, caso ocorra em fim de semana ou feriado (...)". AgRg no Ag 1261115/SP AGRAVO REGIMENTAL NO AGRAVO DE INSTRUMENTO. 2009/0245269-6. 5ª Turma. Rel. Min. LAURITA VAZ. Julgamento 18.5.10. DJe 7.6.10.

Diante dessa regra, a determinação do ônus da prova quanto aos feriados locais que ocorressem na data do vencimento do prazo, possuía relevância, uma vez que poderia postergar a data final para a interposição do recurso.

Após a Lei nº 13.467/17 (Reforma Trabalhista), contudo, o art. 775, caput, passou a declinar que os prazos processuais devem ser contados apenas em dias úteis.

Com efeito, o ônus da prova no tocante à comprovação do feriado local passa a ter relevância não apenas quando este coincidir com o vencimento do prazo, mas também quando estiver entre o início e o final do prazo, ou seja, durante a contagem do prazo, o que aumenta consideravelmente a importância do tema.

Quanto aos sábados e domingos, não há nenhuma dificuldade em aplicar o art. 775 da CLT, tendo em vista que não há expediente forense nesses dias. Nesse sentido, o art. 216 do CPC/15 estabelece que "além dos declarados em lei, são feriados, para efeito forense, os sábados, os domingos e os dias em que não haja expediente forense".

No que tange aos feriados, a Lei nº 9.093/95 determina em seus arts. 1º e 2º:

> Art. 1º São feriados civis:
>
> I - os declarados em lei federal;
>
> II - a data magna do Estado fixada em lei estadual;
>
> III - os dias do início e do término do ano do centenário de fundação do Município, fixados em lei municipal.
>
> Art. 2º São feriados religiosos os dias de guarda, declarados em lei municipal, de acordo com a tradição local e em número não superior a quatro, neste incluída a Sexta-Feira da Paixão.

Os feriados nacionais, por decorrerem de lei federal, devem ser de conhecimento dos julgadores. Por outro lado, os feriados estaduais e municipais são estabelecidos, respectivamente, em leis estaduais e municipais, razão pela qual incumbe às partes comprová-los para prorrogação de seu prazo, nos termos do art. 376 do CPC/15[47].

Nesse contexto, conclui-se que o feriado nacional independe de prova. Já os feriados locais (estadual e municipal) dependem de comprovação, que será feita por meio da apresentação da lei publicada no Diário Oficial ou certidão da Vara ou do tribunal.

Cabe salientar que, no caso de recurso, o feriado ou a ausência de expediente deverá ocorrer no juízo a quo (juízo que proferiu a decisão impugnada), inclusive no processo eletrônico, enquanto sua comprovação deverá ser direcionada ao tribunal (juízo ad quem). Isso ocorre porque o juízo local deve ter conhecimento do direito vigente no local onde exerce suas funções (iura novit curia)[48], ou seja,

47. No mesmo sentido, NERY Jr., Nelson; NERY, Rosa Maria de Andrade. *Comentários ao código de processo civil*. São Paulo: RT, 2015. p. 2.033.

48. CÂMARA, Alexandre Freitas. *Lições de direito processual civil*. 18. ed. Rio de Janeiro: Lumen Juris, 2008. v. 1. p. 376.

ele deve ter ciência do feriado local, não sendo, por outro lado, de conhecimento do juízo ad quem.

É interessante notar ainda que, sendo a tempestividade um pressuposto recursal extrínseco, o C. TST entende que é ônus do recorrente comprová-la no momento da interposição do recurso (Súmula nº 385, I, do TST).

O CPC/15, aderindo ao entendimento do C. TST, passa a contemplar no art. 1.003, § 6º, o que segue:

> § 6º O recorrente comprovará a ocorrência de feriado local no ato de interposição do recurso.

A interpretação desse dispositivo gera três interpretações diferentes.

Para uns, interpretando literalmente o dispositivo, será ônus do recorrente alegar e provar o feriado local no momento da interposição do recurso, não podendo comprová-lo em momento posterior.

Para outros, o recorrente deverá alegar o feriado, mas sua comprovação poderá ser realizada posteriormente. Isso ocorre porque, ao alegar o feriado o ato será considerado existente e o juízo ad quem saberá os motivos pelos quais o recurso foi interposto naquela data. Por outro lado, sendo a comprovação do feriado local um vício sanável, o relator deverá conceder o prazo de 5 dias para o saneamento do vício, ou seja, para comprovar o feriado local, por força do art. 932, parágrafo único, do CPC/[1549]. Esse foi o posicionamento adotado pelo C. TST no item I da Súmula nº 385.

Nesse caso, é interessante observar que não se trata de discricionariedade do relator, mas de poder-dever, exigindo a intimação da parte para a comprovação do feriado. Tanto é assim que, não sendo concedido prazo para comprovação, será aplicado o item III da Súmula nº 385 do TST. Diante disso, se a parte não o comprovar no prazo conferido pelo relator, ocorrerá a preclusão, não incidindo as diretrizes do item III dessa súmula, isto é, não poderá comprová-lo em momento posterior como, por exemplo, no agravo interno.

A nosso juízo, porém, a melhor solução para o caso seria adotar a terceira tese, a qual impõe que o referido artigo não pode ser interpretado literalmente, permitindo a alegação e a comprovação do feriado local em momento posterior.

Isso porque o CPC de 2015 cria uma nova ideologia de suprimento de vícios processuais, especialmente na fase recursal, dando prevalência ao princípio da primazia da decisão de mérito. Desse modo, exige o afastamento de vícios sanáveis para que seja julgado o mérito do recurso. O mesmo caminho trilhou a CLT com o advento da Lei nº 13.015/14, ao admitir no art. 896, § 11, que o Tribunal Superior

49. JORGE, Flávio Cheim. *Teoria geral dos recursos cíveis*. 7. ed. rev., atual. e ampl. São Paulo: Editora Revista dos Tribunais, 2015. p. 173.

do Trabalho poderá desconsiderar o vício ou mandar saná-lo quando o defeito formal não se reputar grave.

Com efeito, embora o pressuposto extrínseco da tempestividade seja um vício insanável, a comprovação da tempestividade é plenamente sanável. Noutras palavras, interposto o recurso fora do prazo ele é intempestivo e tal vício não tem como ser sanado. Agora, se interposto dentro do prazo, mas tal prazo foi prorrogado pela existência de um feriado local, a comprovação deste é sanável, devendo, portanto, ser permitido o saneamento do vício. Ademais, tal entendimento preza pelo princípio da boa-fé, que foi reconhecido como norma fundamental do CPC/15, o que significa que irradia efeitos para todo o código (CPC/15, art. 4º).

Adotando essa tese, teremos duas hipóteses diferentes:

1) o recorrente alega o feriado local, mas deixa de comprová-lo no momento da interposição do recurso. Nesse caso, o relator deverá conceder ao recorrente o prazo de 5 dias para suprir o vício, sob pena de preclusão (item I da presente súmula);
2) o recorrente não alega o feriado e também não o comprova. Como o Tribunal não terá conhecimento do feriado local, o relator, como regra, não concederá prazo para comprová-lo e, consequentemente, não conhecerá do recurso. Nesse caso, como não foi concedido ao recorrente a oportunidade de comprovar o feriado perante o relator, poderá em momento posterior comprová-lo, passando a ter pertinência o item III dessa súmula que também é direcionado para o feriado local, porque embasado nos princípios da boa-fé, primazia da decisão de mérito, instrumentalidade das formas e celeridade processual[50].

De qualquer maneira, e para que não paire dúvidas, o entendimento do TST na Súmula nº 385 é o de que a parte deve alegar o feriado local no momento da interposição do recurso, autorizando apenas a comprovação em momento posterior, como se verifique pelo seu teor a seguir transcrito:

> **Súmula nº 385 do TST.** Feriado local ou forense. Ausência de expediente. Prazo recursal. Prorrogação. Comprovação. Necessidade.
>
> I – Incumbe à parte o ônus de provar, quando da interposição do recurso, a existência de feriado local que autorize a prorrogação do prazo recursal (art. 1.003, § 6º, do CPC de 2015). No caso de o recorrente alegar a existência de feriado local e não o comprovar no momento da interposição do recurso, cumpre ao relator conceder o prazo de 5 (cinco) dias para que seja sanado o vício (art. 932, parágrafo único, do CPC de 2015), sob pena de não conhecimento se da comprovação depender a tempestividade recursal;
>
> II – Na hipótese de feriado forense, incumbirá à autoridade que proferir a decisão de admissibilidade certificar o expediente nos autos;

50. No mesmo sentido, MEDINA, José Miguel Garcia. *Novo Código de Processo Civil Comentado: com remissões e notas comparativas ao CPC/1973*. São Paulo: Editora Revista dos Tribunais, 2015. p. 1.372.

III – Admite-se a reconsideração da análise da tempestividade do recurso, mediante prova documental superveniente, em agravo de instrumento, agravo interno, agravo regimental, ou embargos de declaração, desde que, em momento anterior, não tenha havido a concessão de prazo para a comprovação da ausência de expediente forense.

Além disso, no item II da Súmula nº 385, o C. TST estabelece que, na hipótese de feriado forense, ou seja, quando não houver expediente forense em dia útil, a incumbência de levar aos autos tal informação é do juízo a quo.

Em outros termos, no caso de interposição de recurso, o juízo a quo, por ter conhecimento do feriado forense, deve certificá-lo nos autos, com a finalidade de dar ciência ao juízo ad quem.

Feriado forense seria o caso, por exemplo, de a Vara do Trabalho estar fechada pelo falecimento do magistrado local ou pela alteração de local até que se possa realizar a mudança.

É interessante observar que o C. TST diferenciou o dever de demonstração do:

- feriado local: impôs ao recorrente o dever de alegá-lo e prová-lo; e
- feriado forense: atribuiu ao juízo a quo o dever de certificá-lo nos autos.

No entanto, a nosso juízo o item I, de certo modo, é vinculado ao item II. Isso porque, ocorrendo feriado local, haverá um ato administrativo (em regra, uma portaria do presidente do tribunal), determinando o fechamento do fórum trabalhista e, consequentemente, possibilitando a prorrogação dos prazos processuais. Ressalta-se que o próprio precedente originário da Súmula nº 385 do TST diz respeito ao feriado local de aniversário da cidade de São Paulo[51].

Com efeito, tanto o feriado local quanto o feriado forense geram a ausência de expediente no juízo a quo, impedindo a protocolização do recurso[52], como dispõe o art. 216 do CPC/15. Ademais, ambos os feriados serão certificados pelo juízo a quo, permitindo a postergação dos prazos processuais.

Pode ocorrer, no entanto, de o juízo a quo não certificar nos autos a ausência de expediente forense e o recurso não ser conhecido pelo juízo ad quem. Nessa hipótese, passa a ter relevância o item III da Súmula nº 385 do TST, admitindo-se a prova, a posteriori, da tempestividade do recurso.

Consigne-se que o item III não incidirá na hipótese de o relator conceder o prazo de 5 dias para o recorrente comprovar a tempestividade do recurso (CPC/15, art. 932, parágrafo único), como previsto no item I da súmula em comentário. É que nesse

51. ED-Ag-AIRR 83200-86.2009.5.02.0072. 6ª Turma. Rel. Min. Aloysio Corrêa da Veiga. DEJT 24.08.2012. Julg. 22.8.2012.

52. No processo eletrônico, o feriado não impede a protocolização, salvo se o sistema estiver indisponibilizado, mas ele somente será considerado realizado no próximo dia útil.

caso, não ocorrendo a comprovação no prazo concedido, haverá preclusão temporal, não podendo demonstrar a posteriori a tempestividade do recurso.

Assim, havendo a concessão de prazo para a comprovação da ausência de expediente forense alegado pelo recorrente na interposição do recurso, não será possível a reconsideração da análise da tempestividade por meio de agravo de instrumento, agravo interno, agravo regimental ou embargos de declaração, em razão da preclusão temporal. Por outro lado, não havendo a concessão de prazo para a comprovação da ausência de expediente forense alegado no recurso, a parte poderá interpor agravo de instrumento, agravo interno, agravo regimental ou embargos de declaração, incidindo, portanto, o item III da Súmula nº 385 do TST.

De qualquer maneira é importante fazer uma observação: para o C. TST no feriado local apenas a comprovação poderá ocorrer em momento posterior, já no feriado forense tanto a alegação como a comprovação podem ocorrer no recurso posterior (agravo de interno, agravo regimental, agravo de instrumento e embargos de declaração).

Por fim, cabe destacar que o mesmo entendimento se aplica quando se tratar de peticionamento eletrônico e houver indisponibilidade do sistema na data do termo final do prazo recursal[53].

1.6.6.2. Intempestividade

O recurso será intempestivo quando interposto depois do decurso do prazo legal.

É interessante destacar que o C. TST, antigamente, considerava que o recurso interposto antes da publicação do acórdão impugnado também era considerado intempestivo, dando-lhe o nome de recurso prematuro ou intempestividade ante tempus.

Todavia, com o cancelamento da Súmula nº 434, o C. TST passou a seguir o entendimento do STF, considerando tempestivo o recurso interposto antes do termo inicial do prazo recursal. Atualmente, o CPC/15 tem regramento específico sobre o tema no art. 218, § 4º, in verbis:

> § 4º. Será considerado tempestivo o ato praticado antes do termo inicial do prazo.

Trata-se de regra aplicável ao processo do trabalho, de modo que, nos dias atuais, caso o recurso seja interposto antes da publicação do acórdão impugnado, ele será considerado como tempestivo.

1.6.7. Representação

No processo do trabalho, admite-se que o empregado e o empregador postulem em juízo pessoalmente, ou seja, **sem** a necessidade de advogado. É o que se denomina de jus postulandi das partes (CLT, art. 791 da CLT).

53. TST-E-ED-ED-RR-1940-61.2010.5.06.0000, SBDI-I, rel. Min. Luiz Philippe Vieira de Mello Filho, 3.4.2014 (Informativo nº 78 do TST).

O *jus postulandi* permite, portanto, que as próprias partes interponham seus recursos, exceto quando se tratar de recursos no TST (de natureza ordinária ou extraordinária) ou STF, bem como nos recursos de ação rescisória, mandado de segurança e ação cautelar[54] que, obrigatoriamente, dependem de representação por advogado (Súmula nº 425 do TST)[55].

No caso do mandado de segurança, ainda que o recurso seja interposto pela autoridade coatora (art. 14, § 2º, da Lei 12.016/09), o C. TST impõe a representação por advogado, ou seja, obsta o *jus postulandi*[56].

Ademais, exige-se a representação por advogado nos recursos em embargos de terceiros. Aliás, com a vigência da Lei nº 13.467/17 (Reforma Trabalhista), o jus postulandi não é aplicado nos processos de jurisdição voluntária para a homologação de acordo extrajudicial, vez que o art. 855-B, *caput*, da CLT, expressamente, exige a presença do advogado.

Salienta-se que, extrapolada a seara trabalhista, não há aplicação do jus postulandi. Dessa forma, na interposição do recurso extraordinário, de competência do STF, ou no conflito de competência que o STJ seja competente, a parte depende da presença do advogado.

Contudo, mesmo nas hipóteses em que se pode exercer o jus postulandi, a parte poderá nomear advogado para representá-la em juízo, inclusive para interpor recursos. Nesse caso, a representação deve ser regular, ou seja, não pode conter vícios, sob pena de ser proferido juízo negativo de admissibilidade.

A representação regular decorre da existência de mandato nos autos, que pode ser tácito (também *apud acta*[57]) ou expresso.

Isso quer dizer que o mandato tácito confere ao advogado o direito de representar regularmente a parte em juízo, podendo inclusive interpor recursos. Nessa hipótese, basta que apresente a ata de audiência em que o advogado compareceu com a parte em juízo para se demonstrar a regularidade de sua representação. Ademais,

---

54. Mantivemos ação cautelar apenas para acompanhar o entendimento atual do TST. No entanto, como no Novo CPC não existe mais processo cautelar autônomo, pensamos que a Súmula 425 do TST deverá ser alterada para excluir de seu texto a ação cautelar.

55. Súmula nº 425 do TST. *Jus postulandi* na Justiça do Trabalho. Alcance. O *jus postulandi* das partes, estabelecido no art. 791 da CLT, limita-se às Varas do Trabalho e aos Tribunais Regionais do Trabalho, não alcançando a ação rescisória, a ação cautelar, o mandado de segurança e os recursos de competência do Tribunal Superior do Trabalho.

56. TST-RO-126400-41.2009.5.03.0000, SBDI-II, rel. Min. Alberto Luiz Bresciani de Fontan Pereira, 9.12.2014 (Informativo nº 97).

57. O **mandato tácito** é formado em função do comparecimento do causídico à audiência, representando qualquer das partes e praticando atos processuais, constando seu nome na ata de audiência. A **procuração *apud acta*** é conferida pelo juiz em audiência, mediante ato formal, solene, devidamente registrado na ata de audiência. (grifo nosso) SARAIVA, Renato. *Curso de direito processual do trabalho*. 3. ed. São Paulo: Método, 2006. p. 204.

se o mandato expresso estiver viciado, a representação poderá ser regularizada por meio do mandato tácito ou apud acta. Nesse sentido, a Orientação Jurisprudencial nº 286 da SDI-I do TST:

> **Orientação Jurisprudencial nº 286 da SDI – I do TST.** Agravo de instrumento. Traslado. Mandato tácito. Ata de audiência. Configuração
>
> I – A juntada da ata de audiência, em que consignada a presença do advogado, desde que não estivesse atuando com mandato expresso, torna dispensável a procuração deste, porque demonstrada a existência de mandato tácito.
>
> II – Configurada a existência de mandato tácito fica suprida a irregularidade detectada no mandato expresso.

Portanto, pela referida orientação jurisprudencial, tendo o patrono mandato expresso válido no processo, ele tem a obrigação de juntar cópia autenticada da procuração para formação do agravo de instrumento, sob pena de não conhecimento do recurso. Agora, se o mandato juntado nos autos é inválido, porque não preenche o disposto no art. 654, § 1º, do CC/02, ele não produzirá efeito, razão pela qual poderá o advogado juntar para a formação do instrumento a ata da audiência em que participou como patrono da parte, configurando o mandato tácito, sendo este, portanto, eficaz para formar o instrumento.

É importante atentar, ainda, para o entendimento do TST descrito na Súmula nº 383:

> **Súmula nº 383 do TST.** Recurso. Mandato. Irregularidade de representação. CPC de 2015, arts. 104 e 76, § 2º
>
> I – É inadmissível recurso firmado por advogado sem procuração juntada aos autos até o momento da sua interposição, salvo mandato tácito. Em caráter excepcional (art. 104 do CPC de 2015), admite-se que o advogado, independentemente de intimação, exiba a procuração no prazo de 5 (cinco) dias após a interposição do recurso, prorrogável por igual período mediante despacho do juiz. Caso não a exiba, considera-se ineficaz o ato praticado e não se conhece do recurso.
>
> II – Verificada a irregularidade de representação da parte em fase recursal, em procuração ou substabelecimento já constante dos autos, o relator ou o órgão competente para julgamento do recurso designará prazo de 5 (cinco) dias para que seja sanado o vício. Descumprida a determinação, o relator não conhecerá do recurso, se a providência couber ao recorrente, ou determinará o desentranhamento das contrarrazões, se a providência couber ao recorrido (art. 76, § 2º, do CPC de 2015).

O item I da aludida súmula trata da atuação momentânea do advogado, sem o instrumento de mandato, o que pode ocorrer, por exemplo, quando a parte troca de procurador no momento da interposição do recurso.

Nesse caso, estabelece o art. 104 do CPC/2015, aplicável subsidiariamente ao processo do trabalho, o que segue:

> **Art. 104.** O advogado não será admitido a postular em juízo sem procuração, salvo para evitar preclusão, decadência ou prescrição, ou para praticar ato considerado urgente.

§ 1º. Nas hipóteses previstas no caput, o advogado deverá, independentemente de caução, exibir a procuração no prazo de 15 (quinze) dias, prorrogável por igual período por despacho do juiz.

§ 2º. O ato não ratificado será considerado ineficaz relativamente àquele em cujo nome foi praticado, respondendo o advogado pelas despesas e por perdas e danos.

Pela análise do referido artigo é possível extrair que o ordenamento permite que o patrono possa atuar **sem o instrumento de mandato** para:

1) evitar preclusão;

2) evitar decadência;

3) evitar prescrição;

4) praticar atos urgentes.

O CPC/15, ao permitir a atuação para evitar preclusão, ampliou consideravelmente a possibilidade de o advogado atuar sem procuração. Isso porque é sabido que a preclusão consiste na perda da faculdade de praticar um ato processual, como regra, por não ter exercido seu direito oportunamente, o que inclui a interposição de recurso.

De qualquer modo, após a prática de tais atos deverá apresentar, obrigatoriamente, a procuração nos autos. Ao apresentar a procuração, o recurso será ratificado. Por outro lado, a não apresentação torna **ineficazes** os atos praticados. Trata-se assim de **atuação condicional**, ou seja, somente produzirá efeitos se ocorrer a juntada da procuração a posteriori nos autos.

Portanto, a regra, é que o procurador deve ter mandato (expresso ou tácito) para atuar no processo. Excepcionalmente, admite-se atuar sem o instrumento do mandato, inclusive para interpor recurso. Nesse caso, o art. 104, § 1º, do CPC/2015 permite sua regularização no prazo de 15 dias, prorrogável judicialmente por mais 15 dias. Embora este prazo seja próprio para esta situação, o qual nos parece que deveria ser aplicado, o C. TST interpretou sistematicamente o art. 104 c/c o art. 932, parágrafo único, ambos no CPC/15, reduzindo o prazo para 5 dias no caso de fase recursal.

Não concordamos com a redução do prazo. Primeiro, porque se trata de prazo próprio para tal caso. Segundo, porque o art. 932, parágrafo único, do CPC/15 pressupõe ato do relator que intima a parte para regularizar o vício, enquanto o art. 104 do CPC/15 tem como foco a parte que praticou o ato (e não o relator), pois se trata de ato condicionado que independe de intimação.

De qualquer maneira, adotando o entendimento do C. TST, será de 5 dias o prazo para a apresentação da procuração na fase recursal e de 15 dias para as demais fases.

Atente-se para o fato de que o recurso interposto sem procuração é um ato condicional, o que significa que não apresentada a procuração no prazo de 5 dias, prorrogável por mais 5 dias, ele será ineficaz, não se exigindo que o juiz ou tribunal conceda novo prazo para regularização da representação.

Pode acontecer, no entanto, de existir mandato nos autos, mas ele possuir algum vício sanável como, por exemplo, a juntada de mandato depois do prazo nele estabelecido (Súmula nº 395, II, do TST), procuração sem nome do outorgante etc.

Nesse caso, entra em enfoque o inciso II da Súmula 383 do TST, anteriormente transcrita.

Na hipótese, o art. 76 do CPC/2015, aplicável ao processo do trabalho, permite sua regularização na instância recursal, devendo o relator designar prazo razoável para o saneamento do vício, como se verifica pelo seu teor a seguir transcrito:

> **Art. 76.** Verificada a incapacidade processual ou a irregularidade da representação da parte, o juiz suspenderá o processo e designará prazo razoável para que seja sanado o vício.
>
> (...)
>
> § 2º. Descumprida a determinação em fase recursal perante tribunal de justiça, tribunal regional federal ou tribunal superior, o relator:
>
> I – não conhecerá do recurso, se a providência couber ao recorrente;
>
> II – determinará o desentranhamento das contrarrazões, se a providência couber ao recorrido.

É importante consignar que **a atuação sem procuração difere daquela que existe procuração nos autos, mas a representação é irregular.**

A primeira é tratada no item I da Súmula nº 383 do TST e o prazo para apresentação da procuração escoa automaticamente, ou seja, sem a necessidade de intimação, como vimos anteriormente.

Já na hipótese de procuração ou substabelecimento já constantes dos autos, mas com vício de representação, aplica-se o item II da Súmula nº 383 do TST, impondo a intimação pelo relator para que o vício seja sanado, invocando-se assim o art. 76, § 2º, do CPC/15.

Em suma, existindo regra própria **para os atos sem procuração não se aplica o art. 76 do CPC/2015**, mas tão somente o disposto no art. 104 (para o C. TST cumulado com o art. 932, parágrafo único, na fase recursal), não havendo necessidade de intimação para a juntada da procuração.

Por fim, cabe fazer uma observação quanto à atuação do estagiário.

De acordo com o art. 3º, § 2º, da Lei nº 8.906/94 "o estagiário de advocacia, regularmente inscrito, pode praticar os atos previstos no art. 1º, na forma do regimento geral, em conjunto com advogado e sob responsabilidade deste".

Desse modo, o estagiário pode receber procuração e substabelecimento atuando, enquanto for estagiário, somente em conjunto com o advogado, pois lhe falta a capacidade de exercício para atuar sozinho no processo. No entanto, uma vez habilitado como advogado, adquire a capacidade de exercício, não havendo necessidade de se conferir nova procuração ou substabelecimento, pois já tinha tais poderes, conforme declina a OJ nº 319 da SDI-I do TST:

> **Orientação Jurisprudencial nº 319 da SDI – I do TST.** Representação regular. Estagiário. Habilitação posterior
>
> Válidos são os atos praticados por estagiário se, entre o substabelecimento e a interposição do recurso, sobreveio a habilitação, do então estagiário, para atuar como advogado.

Com efeito, o estagiário pode receber poderes de representação, mas a lei não lhe confere a capacidade de exercício. Assim, habilitando-se como advogado, passa a ter "capacidade plena", podendo, a partir de então, atuar sozinho no processo, inclusive para interpor recurso.

1.6.7.1. Agravo de instrumento e recurso de revista interpostos por procurador com poderes limitados ao âmbito do TRT

Declina o art. 896 da CLT que caberá **recurso de revista** para as Turmas do TST das decisões proferidas em grau de recurso ordinário pelos TRTs, em dissídio individual, nas hipóteses previstas nas alíneas a, b e c.

Referido recurso é **interposto no TRT** – órgão prolator da decisão impugnada – o qual fará o primeiro juízo de admissibilidade[58], que pode ser positivo ou negativo. No primeiro caso, abre-se a oportunidade para apresentação de contrarrazões, sendo posteriormente encaminhado ao TST. Na hipótese de o juízo de admissibilidade ser negativo, o recurso de revista será trancado, cabendo o agravo de instrumento, que visa a destrancar o recurso interposto (CLT, art. 897, b). O **agravo de instrumento**, diferentemente do processo civil em que é interposto diretamente no órgão julgador (CPC/15, art. 1016), **será ajuizado no órgão prolator da decisão impugnada** (IN 16/99 do TST), que poderá retratar-se ou intimar o agravado para contrarrazoar o recurso, sendo em seguida encaminhado ao Tribunal *ad quem*.

Verifica-se, por essa sistemática, que tanto o **recurso de revista** como **o agravo de instrumento são interpostos diretamente no Tribunal *a quo***, no caso o TRT.

Diante disso, o C. TST, na OJ nº 374 da SDI-I, passou a entender que, limitando a procuração ou o substabelecimento à atuação do procurador ao âmbito do TRT, a interposição de recurso de revista e de agravo de instrumento estaria incluída em seus poderes, vez que são direcionados inicialmente ao TRT (Tribunal *a quo*).

58. O Novo CPC não fulmina o juízo a quo de admissibilidade do recurso de revista, vez que a CLT tem regra própria no art. 896, § 1º da CLT que contempla, expressamente, que o juízo de admissibilidade no recurso de revista será realizado, inicialmente, pelo Presidente do Tribunal Regional do Trabalho.

O mesmo caminho trilhou o art. 105, § 4º, do CPC/15 estabelecendo que a procuração outorgada na fase de conhecimento é eficaz para todas as fases do processo, exceto se as partes convencionarem o contrário, como se verifica pelo seu teor a seguir transcrito:

> § 4º Salvo disposição expressa em sentido contrário constante do próprio instrumento, a procuração outorgada na fase de conhecimento é eficaz para todas as fases do processo, inclusive para o cumprimento de sentença.

1.6.8. Preparo

O preparo é um pressuposto recursal extrínseco, que engloba:

- as custas; e
- o depósito recursal.

A ausência do preparo, ou seja, do pagamento das custas e do recolhimento do depósito recursal gera a deserção do recurso. Portanto, quando se diz que o recurso é deserto, está-se referindo a esses pressupostos recursais.

1.6.8.1. Custas processuais

As custas processuais dizem respeito ao custo financeiro do processo, e são devidas ao Estado em razão da realização de sua atividade (exercício da jurisdição). Trata-se de taxa,[59] ou seja, é obrigação legal e compulsória exigida em decorrência da utilização de um serviço público específico e divisível, prestado ao contribuinte (CF, art. 145, II; CTN, arts. 77 e 79).

No processo do trabalho, na fase de conhecimento, as custas incidirão à base de 2%, observado o mínimo de R$ 10,64 e o máximo de 4 vezes o limite máximo dos benefícios do Regime Geral de Previdência Social (CLT, art. 789), como já estudado no capítulo de atos processuais (despesas processuais), para o qual remetemos o leitor.

De qualquer modo, iremos analisar, nesse momento, as custas na fase recursal.

O pagamento das custas processuais é realizado pelo vencido (sucumbente)[60], o qual deverá pagá-las após o trânsito em julgado.

No entanto, na **hipótese de interposição de recurso,** o pagamento das custas passa a ser considerado um **pressuposto recursal extrínseco**, de modo que a ausência de pagamento pelo vencido torna seu recurso deserto.

59. STF-RE 116208-2/MG, Rel. Min. Moreira Alves, DJU 8.6.1990.

60. Sempre que houver acordo, se de outra forma não for convencionado, o pagamento das custas caberá em partes iguais aos litigantes (art. 789, § 3º, da CLT).

Portanto, nesse caso, o pagamento e a comprovação do recolhimento das custas devem ocorrer dentro do prazo recursal (CLT, art. 789, § 1º). Essa é a regra.

Contudo, sendo **omissa** a decisão quanto ao valor da condenação e, consequentemente, das custas processuais, a parte deverá ser intimada posteriormente para pagá-las, somente começando a fluir seu prazo para pagamento da data da intimação do cálculo das custas, conforme dispõe a Súmula nº 53 do TST:

> **Súmula nº 53 do TST.** Custas
>
> O prazo para pagamento das custas, no caso de recurso, é contado da intimação do cálculo[61].

Isso ocorre porque a indicação do valor das custas é requisito da sentença (ou acórdão), sendo norma dirigida ao magistrado, impedindo assim que a parte possa ser prejudicada.

É importante consignar que o E. TST não admite a aplicação dessa súmula nas hipóteses de extinção do processo sem resolução do mérito, improcedência dos pedidos, ação declaratória e ação constitutiva. É que nessas hipóteses o valor das custas leva em conta o valor da causa, por força do art. 789, II e III, da CLT, o que significa que seu montante decorre da própria lei, não dependendo da decisão judicial para sua delimitação.[62]

Com efeito, sendo omissa a decisão quanto ao valor da condenação e, consequentemente, das custas processuais, a parte deverá ser intimada posteriormente para pagá-las, somente começando a fluir seu prazo para pagamento da data da intimação do cálculo das custas.

Por outro lado, não havendo intimação da conta, poderá recorrer sem realizar o pagamento das custas processuais, conforme consubstanciado na Súmula nº 25, item III do TST:

> III – Não caracteriza deserção a hipótese em que, acrescido o valor da condenação, não houve fixação ou cálculo do valor devido a título de custas e tampouco intimação da parte para o preparo do recurso, devendo ser as custas pagas ao final;

É interessante observar, ainda, que pode ocorrer a inversão do ônus da sucumbência na instância recursal, isto é, a parte que era vencedora na primeira instância torna-se vencida na segunda instância. Nessa hipótese, estabelece o TST que:

---

61. O E. TST não admite a aplicação dessa Súmula nas hipóteses de extinção do processo sem resolução do mérito, improcedência dos pedidos, ação declaratória e ação constitutiva. É que nessas hipóteses o valor das custas leva em conta o valor da causa, por força do art. 789, II e III, da CLT, o que significa que seu montante decorre da própria lei, não dependendo da decisão judicial para sua delimitação.

62. TST-AIRO-1144-47.2011.5.02.0000, SBDI-II, rel. Min. Hugo Carlos Scheuermann, 19.11.2013. Informativo nº 67 do TST.

1) a parte vencedora na primeira instância, se vencida na segunda, está obrigada, independentemente de intimação, a pagar as custas fixadas na sentença originária, das quais ficara isenta a parte então vencida (Súmula nº 25, item I, do TST);

2) no caso de inversão do ônus da sucumbência em segundo grau, sem acréscimo ou atualização do valor das custas e se estas já foram devidamente recolhidas, descabe um novo pagamento pela parte vencida, ao recorrer. Deverá no fim do processo, se sucumbente, ressarcir a quantia (Súmula nº 25, item II, do TST).

O primeiro caso diz respeito à inversão do ônus da sucumbência, quando o inicialmente vencido **é isento do pagamento** das custas processuais no recurso.

- **Exemplo:** Carla ajuíza reclamação trabalhista em face da empresa Y postulando o pagamento de adicional noturno e do 13º salário. Seus pedidos são julgados improcedentes, mas há concessão dos benefícios da justiça gratuita, fixando o valor das custas em R$ 300,00, considerando que o valor da causa era de R$ 15.000,00. Carla recorre ao TRT e não recolhe as custas porque está isenta de seu pagamento, ante os benefícios da justiça gratuita. O TRT reforma a sentença e condena a empresa ao pagamento de adicional noturno e do 13º salário, deixando de fixar o valor da condenação. Caso a empresa Y tenha interesse de recorrer ao TST, deverá pagar as custas declinadas na sentença, independentemente de intimação, porque já é de seu conhecimento o valor das custas declinado na sentença.

Já no segundo caso, há inversão da sucumbência, mas aqui o vencido pagou as custas processuais no momento da interposição de seu recurso.

- **Exemplo**: João ajuíza reclamação trabalhista em face da empresa Z postulando o reconhecimento do vínculo e o pagamento das verbas rescisórias. A sentença julga procedentes os pedidos da inicial, dando valor à condenação de R$ 10.000,00, ficando as custas no montante de R$ 200,00. A empresa Z recorre e efetua o pagamento das custas declinadas na sentença. O TRT dá provimento ao recurso ordinário e reforma integralmente a sentença, por entender que João era trabalhador autônomo. João recorre de revista ao TST, o qual conhece do recurso, mas nega-lhe provimento. Nessa hipótese, como não houve majoração da sentença, João, mesmo não sendo beneficiário da justiça gratuita, não deverá pagar as custas recursais para interpor o recurso de revista. No entanto, com o trânsito em julgado, deverá reembolsar a empresa Z do pagamento das custas realizado no recurso ordinário, isto é, no valor de R$ 200,00.

Atente-se ainda para o fato de que o **reembolso** das custas à parte vencedora faz-se necessário mesmo na hipótese em que a parte vencida for a União, os Estados, o Distrito Federal, os Municípios e respectivas autarquias e fundações públicas federais, estaduais ou municipais que não explorem atividade econômica (CLT, art. 790-A e Súmula 25, IV, do TST). Queremos dizer, a isenção do pagamento das custas por tais entidades, não as eximem de reembolsar o que já foi pago, ocasionalmente, pela outra parte, antes da inversão da sucumbência. Exemplificamos:

Caso 1: Pedro ajuíza reclamação trabalhista em face do Município X, postulando o pagamento de indenização por danos morais em decorrência de revistas íntimas praticadas pelo seu superior, sendo julgado improcedente seu pedido e indeferido o benefício da justiça gratuita. O valor da causa foi de R$ 10.000,00, sendo as custas calculadas sobre ela, alcançando o montante de R$ 200,00. Inconformado com a decisão, Pedro interpõe recurso ordinário, recolhendo as custas processuais. O TRT dá provimento ao seu recurso, condenando o município ao pagamento da indenização por danos morais no valor de R$ 10.000,00. Transitada em julgada a decisão, o município, embora isento do pagamento das custas, deverá reembolsar Pedro das custas processuais já pagas.

Caso 2: Suponhamos que no caso anterior, o juiz tenha entendido que o valor do pedido era indeterminado e por isso arbitra que as causas devam ser pagas sobre o montante de R$ 20.000,00, alcançando o montante de R$ 400,00. Inconformado com a decisão, Pedro interpõe recurso ordinário, recolhendo as custas processuais. O TRT dá provimento ao seu recurso, condenando o município ao pagamento da indenização por danos morais no valor de R$ 30.000,00, rearbitrando o valor das custas em R$ 600,00. Transitada em julgada a decisão, o município ficará isento do pagamento da majoração das custas (R$ 200,00), mas deverá reembolsar Pedro das custas processuais já pagas (R$ 400,00).

Pode acontecer de o recorrente interpor recurso e não realizar o recolhimento ou recolher de forma insuficiente as custas processuais. Vejamos as duas hipóteses:

1) **recolhimento insuficiente das custas processuais ou do depósito recursal:** somente haverá deserção do recurso se, concedido o prazo de 5 dias previsto no § 2º do art. 1.007 do CPC de 2015, o recorrente não complementar e comprovar o valor devido (OJ nº 140 da SDI-I do TST). Exemplo: o valor das custas processuais era de R$ 300,00, mas o recolhimento foi de R$ 200,00. Nesse caso, o recorrente será intimado para recolher o montante remanescente de R$ 100,00.

2) **não recolhimento:** na ausência integral de recolhimento, o art. 1.007, § 4º, do CPC determina que, antes de ser considerado deserto o recurso, o recorrente será intimado para **recolher em dobro** as custas processuais. Nesse caso, após intimado, se o recorrente fizer o recolhimento insuficiente das custas processuais, é vedada nova oportunidade para complementação (CPC, art. 1.007, § 5º), sendo o recurso considerado deserto. Exemplo: o valor das custas processuais era de R$ 300,00. O recorrente apresenta o Recurso ordinário e não realiza o recolhimento das custas processuais. O relator, antes de considerar deserto o recurso, deverá intimá-lo para realizar o pagamento de R$ 600,00. Caso o recorrente realize o pagamento apenas de R$ 300,00, não será dada nova oportunidade para recolher o montante faltante (R$ 300,00), sendo considerado deserto seu recurso.

No entanto, o TST entende que não é possível a regularização na hipótese de não recolhimento integral das custas processuais, obstando, inclusive, o recolhimento em dobro, conforme posicionamento da SDI-I[63] e da SDI-II[64], ante o fundamento

63. E-ED-ARR-2876-24.2015.5.10.0801, Subseção I Especializada em Dissídios Individuais, Relator Ministro CLAUDIO MASCARENHAS BRANDAO, DEJT 13/12/2019.

64. AIRO-6277-63.2018.5.15.0000, Subseção II Especializada em Dissídios Individuais, Relatora Ministra MARIA HELENA MALLMANN, DEJT 22/11/2019 e AIRO-6486-32.2018.5.15.0000, Subseção II Especializada em Dissídios Individuais, Relatora Ministra DELAIDE MIRANDA ARANTES, DEJT 20/09/2019.

de que nesse caso o ato é inexistente, devendo incidir o art. 789, § 1º, da CLT que impõe o pagamento dentro do prazo alusivo ao recurso.[65]

Portanto, para o C. TST apenas será possível regularizar o pagamento das custas processuais se o recolhimento ocorrer de forma insuficiente, de modo que, não havendo recolhimento integral, o recurso será considerado deserto.

Aliás, o equívoco no preenchimento da guia de custas não implica na aplicação da pena de deserção, cabendo ao relator, na hipótese de dúvida quanto ao recolhimento, intimar o recorrente para sanar o vício no prazo de 5 dias (TST-IN nº 39/2016, art. 1.007, § 7º).

Por fim, cabe destacar que a **multa imposta como sanção por litigância de má-fé não é pressuposto extrínseco para interposição dos recursos de natureza trabalhista** (OJ nº 409 da SDI-I do TST).

Observação 1:

Não ocorre deserção de recurso da massa falida por falta de pagamento de custas ou de depósito do valor da condenação. Esse privilégio, todavia, não se aplica à empresa em liquidação extrajudicial (Súmula nº 86 do TST).

Observação 2:

Na fase de execução, havendo interposição de recurso, o pagamento das custas **não** é considerado um pressuposto recursal, vez que, nesse caso, o pagamento deverá ser realizado no fim do processo (CLT, art. 789-A, *caput*).

1.6.8.2. Depósito recursal

1.6.8.2.1. Generalidades

O depósito recursal consiste em pressuposto recursal extrínseco destinado a garantir o sucesso de futura execução. Não tem, portanto, natureza de taxa, mas sim de garantia de execução.

É disciplinado no art. 899, §§ 1º a § 11, da CLT, bem como no art. 40 da Lei nº 8.177/91, sendo regulamentado pela Instrução Normativa nº 3 do TST.

Em decorrência de sua natureza, o C. TST estabeleceu que ele é obrigatório **tão somente nas condenações em pecúnia**, sob o fundamento de que exigir tal depósito

65. O TRT da 3º Região estabeleceu como tese 3 de IRDR: "Recurso. Concessão de prazo para comprovação ou realização do preparo. O preparo tanto em relação às custas quanto ao depósito recursal deve ser realizado e comprovado no prazo alusivo ao recurso, não tendo aplicação o disposto no § 4º do artigo 1.007 do CPC tendo em vista a existência de norma processual trabalhista regulando a matéria (§ 1º do art. 789 da CLT e art. 7o da Lei n. 5.584/70). Somente a insuficiência do preparo realizado e/ou o equívoco no preenchimento das guias correspondentes ao recolhimento das custas e do depósito recursal autorizam a intimação da parte para sanar o vício no prazo improrrogável de 5 (cinco) dias (§§ 2º e 7º do art. 1.007 do CPC)".

nas demais condenações seria garantir execução futura inexistente. Nesse sentido, declina a Súmula nº 161 do TST:

> **Súmula nº 161 do TST.** Depósito. Condenação a pagamento em pecúnia
> Se não há condenação a pagamento em pecúnia, descabe o depósito de que tratam os §§ 1º e 2º do art. 899 da CLT.

É interessante destacar que parte da doutrina entende que o depósito deverá ser exigido nas obrigações de fazer e não fazer, em razão das astreintes e porque elas podem ser convalidadas em perdas e danos. No entanto, o TST não admite tal tese, pois, mesmo que as obrigações de fazer e não fazer possam ser revertidas em perdas e danos, referida conversão é supletiva, ou seja, a condenação primária é a obrigação de fazer e não fazer, ficando a condenação pecuniária em segundo plano. Dessa forma, o TST entendeu que obrigar a realização do depósito recursal nessa hipótese seria garantir execução condicional, ou seja, condicionada ao não cumprimento da obrigação específica, o que não pode ser admitido.

Da mesma forma, o C. TST não exige o depósito recursal nos casos de improcedência dos pedidos com condenação ao pagamento das custas processuais e dos honorários advocatícios, sob o argumento de que são créditos acessórios ao valor principal, não sendo incluídos na condenação para efeito de garantia do juízo.[66] Aliás, a decisão de improcedência tem natureza declaratória.

Assim, **não** é exigível o depósito recursal nas sentenças meramente declaratórias, constitutivas e condenatórias que não sejam em pecúnia.

Cumpre destacar que, antes da Lei nº 13.467/17, o depósito recursal **somente era exigido do empregador**, o que significa que o empregado jamais teria que recolhê-lo. O fundamento para tal exigência é que o depósito recursal era realizado em conta vinculada do FGTS, de modo que não havia como impor que o trabalhador fizesse garantia na sua própria conta.

No entanto, a referida lei alterou tal sistemática, vez que agora o depósito é realizado em conta vinculado ao juízo, afastando-se assim o óbice que existia para o trabalhador realizar o depósito recursal. Desse modo, após a Lei nº 13.467/17, havendo condenação em pecúnia será obrigatório o depósito recursal para o empregador, empregado (quando condenado), assim como nos casos de relação de trabalho *lato sensu*, seja do tomador seja do prestador do serviço seja do sindicato, quando forem condenados (TST-IN nº 27/2005, art. 2º).

1.6.8.2.2. Prazo para recolhimento e comprovação

O depósito recursal deve ser recolhido e comprovado no prazo alusivo ao recurso, de modo que a interposição antecipada do recurso não prejudica a dilação legal

66. TST- E-RR-10900- 1.2007.5.15.0113, SBDI-I, rel. Min. Cláudio Mascarenhas Brandão, 3.9.2015 (Informativo nº 116).

(Súmula nº 245 do TST). Assim, se, por exemplo, a parte recorre no 2º dia, poderá comprovar o depósito recursal até o 8º dia. Agora, caso apresente o comprovante no 9º dia, seu recurso será considerado deserto, podendo o juízo a quo denegar seguimento ao recurso ou o juízo ad quem não conhecê-lo[67].

Atenção:

O estabelecido no parágrafo anterior não se aplica na hipótese de depósito recursal em agravo de instrumento, uma vez que há regra própria descrita no art. 899, § 7º, da CLT, determinando seu recolhimento no ato da interposição do recurso (IN nº 3 do TST, item VIII).

1.6.8.2.3. Depósito em conta vinculada ao juízo

Por força do art. 899, § 4º, da CLT,[68] o depósito recursal deverá ser realizado em conta vinculada ao juízo, por meio de Guia de Depósito Judicial.

Assim, seja para as ações ligadas à relação de emprego, seja para as demais ações, atualmente, o depósito será realizado da mesma forma, qual seja: depósito judicial em conta vinculada ao juízo, sendo recolhido por meio de Guia de Depósito Judicial.

Aliás, a Corte trabalhista alterou o art. 103 da Consolidação dos Provimentos da Corregedoria-Geral da Justiça do Trabalho estabelecendo que:

> Art. 103. O depósito judicial para pagamentos, garantia de execução, encargos processuais, levantamento de valores e depósitos recursais seguirão as diretrizes estabelecidas na Instrução Normativa n.º 36 do Tribunal Superior do Trabalho, ou outra que venha a substituí-la.

Observa-se que o recolhimento do depósito recursal passa a ser regulado pela IN nº 36 do TST. Dessa forma, deverá ser efetivado pelo interessado diretamente na instituição financeira depositária (Banco do Brasil S.A. e Caixa Econômica Federal), utilizando-se obrigatoriamente dos modelos padronizados de guia constantes na referida instrução normativa (TST-IN nº 36/12, art. 2º).

1.6.8.2.4. Correção monetária

De acordo com o art. 899, § 4º, da CLT, alterado pela Lei nº 13.467/2017, o legislador deixa claro que o valor do depósito recursal deve ser corrigido monetariamente pelos mesmos índices da caderneta de poupança, buscando afastar discussões existentes sobre qual o índice a ser aplicado no caso. No entanto, a constitucionalidade desse dispositivo é discutida na ADI 5867, sob o argumento de que essa atualização

67. Nesse sentido: TST-E-ED-RR-56200-94.2006.5.17.0009, SBDI-I, rel. Min. Hugo Carlos Scheuermann, 12.3.2015 (Informativo nº 101).

68. Como esse dispositivo foi alterado pela Lei nº 13.467/17 (Reforma Trabalhista), a nova redação deverá ser aplicada aos recursos interpostos contra as decisões proferidas a partir de 11.11.2017 (data de vigência da Lei nº 13.467/17) (TST-IN nº 41/2018, art. 20).

é incapaz de recompor o valor no tempo, violando o direito de propriedade, além do que se busca a declaração de constitucionalidade do dispositivo nas ADCs 58 e 59.

1.6.8.2.5. Substituição do depósito em dinheiro por fiança bancária ou seguro garantia judicial

Como regra, o depósito recursal será realizado em dinheiro.

No entanto, o art. 899, § 11, da CLT, acrescentado pela Lei nº 13.467/17 (Reforma Trabalhista),[69] permitiu que o depósito recursal seja substituído pela fiança bancária ou seguro-garantia judicial.

A **fiança bancária** consiste em um contrato em que o banco garante o cumprimento da obrigação de seu cliente (ex., devedor trabalhista).

Já o **seguro garantia judicial** corresponde ao contrato de seguro firmado entre o devedor e uma seguradora com a finalidade de que esta última garanta o pagamento de depósitos judiciais em dinheiro e/ou a penhora de bens que possam ser imputadas ao executado na pendência de execução judicial.

Havendo depósito recursal por meio de fiança bancária ou seguro garantia judicial, deverá ser apresentado nos autos a apólice, a qual será analisa pelo juízo. Nesse contexto, o Conselho Superior da Justiça do Trabalho, o TST e a Corregedoria da Justiça do Trabalho, no Ato Conjunto nº 1, de 16 de outubro de 2019, impõe que a apólice está condicionada aos seguintes requisitos:

> I – (...)
>
> II – no seguro garantia para substituição de depósito recursal, o valor segurado inicial deverá ser igual ao montante da condenação, acrescido de, no mínimo 30%, observados os limites estabelecidos pela Lei 8.177 e pela Instrução Normativa 3 do TST;
>
> III – previsão de atualização da indenização pelos índices legais aplicáveis aos débitos trabalhistas;
>
> IV – manutenção da vigência do seguro, mesmo quando o tomador não houver pago o prêmio nas datas convencionadas, com base no art. 11, §1º, da Circular 477 da SUSEP e em renúncia aos termos do art. 763 do Código Civil e do art. 12 do Decreto-Lei 73, de 21 de novembro de 1966;
>
> V – referência ao número do processo judicial;
>
> VI – o valor do prêmio;
>
> VII – vigência da apólice de, no mínimo, 3 (três) anos;
>
> VIII – estabelecimento das situações caracterizadoras da ocorrência de sinistro nos termos do art. 9º deste Ato Conjunto;
>
> IX – endereço atualizado da seguradora;
>
> X – cláusula de renovação automática.

69. Como o dispositivo foi introduzido pela Lei nº 13.467/17 (Reforma Trabalhista), ele deverá ser aplicado aos recursos interpostos contra as decisões proferidas a partir de 11.11.2017, data da entrada em vigor da Lei nº 13.467/17 (TST-IN nº 41/2018, art. 20).

O contrato de seguro não poderá conter cláusula de desobrigação decorrente de atos de responsabilidade exclusiva do devedor trabalhista, da seguradora ou de ambos, nem cláusula que permita sua rescisão, ainda que de forma bilateral (Ato Conjunto, art. 3º, § 1º.).

Sendo utilizado o seguro garantia judicial para substituição do depósito recursal, o recorrente deverá complementá-lo em caso de recursos sucessivos, quando não atingido o montante da condenação, ou em casos de sua majoração. Essa complementação poderá ser realizada em espécie ou mediante seguro garantia (Ato Conjunto, art. 3º, §§ 2º e 3º).

Há divergência, porém, de qual o momento que pode ser apresentada a apólice.

Para uns, o requerimento poderá ser formulado a qualquer momento, vez que o art. 8º do Ato conjunto estabelece que o requerimento de substituição será dirigido ao Juiz ou Relator, competente para decidir o pedido na fase em que se encontrar o processo, na origem ou em instância recursal. Interpretando literalmente esse dispositivo é possível concluir que, se o juízo de origem ainda não analisou os pressupostos recursais é dele a competência para verificar o pedido de substituição e, por outro lado, se o juízo de origem já fez o primeiro juízo de admissibilidade, a competência para analisar a substituição passa a ser do juízo ad quem.

Para outros, com os quais pensamos estar a razão, a apólice deverá ser apresentada dentro do prazo alusivo ao recurso, sob pena de não processamento ou não conhecimento do recurso. É que sendo um pressuposto recursal, ele deve ser preenchido no prazo alusivo ao recurso. Pensar de forma contrária será viabilizar um incidente na fase recursal para analisar um pressuposto recursal que já deveria estar preenchido até o prazo final do recurso.

Na realidade, o que o § 11 do art. 899 da CLT concede ao recorrente é uma faculdade de optar pelo depósito recursal em dinheiro ou pela apresentação de seguro garantia judicial ou fiança bancária, mas essa opção deverá ocorrer dentro do prazo recursal.

Uma vez escolhida uma dessas duas possibilidades, incide a preclusão lógica quanto à escolha de nova modalidade, tendo em vista que o juízo analisará o preparo a partir da forma em que foi realizado o depósito no prazo recursal. Por essa razão, não é possível a substituição do depósito recursal pelo seguro garantia judicial ou a fiança bancária, quando já houver o depósito em dinheiro.[70]

É importante destacar, ainda, que a utilização da mesma apólice para garantia de mais de um processo judicial ou o uso de apólices falsas ou adulteradas implicará, além do não processamento ou conhecimento do recurso, a imposição de multa pela prática de litigância de má-fé ao reclamado ou ao executado (art. 793-B, incs. II, III e V, da CLT), sem prejuízo da correspondente representação criminal para apuração da possível prática de delito (Ato Conjunto, art. 6º, parágrafo único).

70. Nesse sentido: BRANDÃO, Cláudio Mascarenhas. O seguro judicial no depósito recursal. In: Seminário Online Recursos Trabalhistas em foco. Jul. 2020.

Enfim, realizando o depósito recursal por meio de seguro garantia judicial, a seguradora passa a ter obrigação de realizar o pagamento:

a) com o trânsito em julgado de decisão ou em razão de determinação judicial, após o julgamento dos recursos garantidos;

b) com o não cumprimento da obrigação de, até 60 (sessenta) dias antes do fim da vigência da apólice, comprovar a renovação do seguro garantia ou apresentar nova garantia suficiente e idônea. A comprovação da renovação da apólice constitui incumbência do recorrente ou do executado, sendo desnecessária a sua intimação para a correspondente regularização (Ato Conjunto, art. 10).

Nessas hipóteses, o magistrado que estiver na direção do processo determinará à seguradora o pagamento do valor do depósito recursal, devidamente atualizado, no prazo 15 (quinze) dias, sob pena de contra ela prosseguir a execução nos próprios autos, sem prejuízo de eventuais sanções administrativas ou penais pelo descumprimento da ordem judicial.

1.6.8.2.6. Valor do depósito recursal

O depósito recursal possui um teto máximo, que pode ser legal ou o valor da condenação.

- **teto legal**: somente é invocado se o valor da condenação for superior ao valor estabelecido anualmente por ato do presidente do TST (TST-IN nº 3/93; Lei 8.177/91, art. 40). Nesse caso, a cada recurso interposto exige-se o depósito recursal, até que se alcance o valor da condenação. Atualmente, o teto legal do depósito recursal está estabelecido nos seguintes valores:

1) recurso ordinário: R$ 10.059,15
2) recurso de revista e embargos de divergência: R$ 20.118,30
3) recurso em ação rescisória: R$ 20.118,30[71]

- **valor da condenação**: caso o valor da condenação seja inferior ao teto legal, o depósito recursal será no valor da condenação, não se considerando o valor do teto legal. Nesse caso, a interposição de recursos posteriores não está submetida ao depósito recursal, uma vez que futura execução já está totalmente garantida.

Para facilitar a compreensão, exemplificaremos:

- **Exemplo 1**: Empresa X é condenada ao pagamento de horas extras, definindo a sentença como valor da condenação o importe de R$ 4.000,00. A empresa interpõe recurso ordinário devendo efetuar o recolhimento do depósito recursal até o limite da condenação, ou seja,

71. Esses valores têm vigência, por um ano, a contar de 01.08.2020. O teto máximo é anualmente revisto com base no INPC, no dia 01 de agosto, sendo publicado no Diário Eletrônico da Justiça do Trabalho por ato do presidente do Tribunal Superior do Trabalho, podendo ser verificado na Instrução Normativa nº 3/93 do TST.

R$ 4.000,00. Caso seu recurso não seja provido no TRT e pretenda recorrer de revista ao TST, não deverá efetuar novo depósito recursal para esse último recurso.

- **Exemplo 2**: Empresa X é condenada ao pagamento de horas extras e adicional de periculosidade, tendo como valor da condenação o importe de R$ 12.000,00. A empresa interpõe recurso ordinário, devendo efetuar o recolhimento do depósito recursal no montante de R$ 10.059,15 (teto legal do depósito recursal). Caso seu recurso não seja provido no TRT e pretenda recorrer de revista ao TST, deverá efetuar novo depósito recursal para esse último recurso, agora no valor de R$ 1.940,85 (teto da condenação), pois ambos os depósitos alcançaram o valor total da condenação, ou seja, totalizaram R$ 12.000,00.

- **Exemplo 3**: Empresa X é condenada ao pagamento de horas extras e adicional de periculosidade, tendo como valor da condenação o importe de R$ 50.000,00. A empresa interpõe recurso ordinário, devendo efetuar o recolhimento do depósito recursal no montante de R$ 10.059,15 (teto legal do depósito recursal). Caso seu recurso não seja provido no TRT e pretenda recorrer de revista ao TST, deverá efetuar novo depósito recursal para esse último recurso, agora no valor de R$ 20.118,30 (teto legal), pois ambos os depósitos não alcançaram o valor total da condenação, ou seja, totalizaram R$ 30.177,45.

Dessa forma, exige-se o depósito recursal em cada recurso que deverá ser interposto, até que se alcance o teto máximo. Alcançado o valor total da condenação, não será exigido o depósito recursal nos recursos posteriores, exceto se o valor da condenação vier a ser ampliado. Isso ocorre porque não se pode garantir um valor superior ao da condenação, já que teremos excesso de garantia, o que não é admitido. Nesse sentido, a Súmula nº 128 do TST:

Súmula nº 128 do TST. Depósito Recursal

I – É ônus da parte recorrente efetuar o depósito legal, integralmente, em relação a cada novo recurso interposto, sob pena de deserção. Atingido o valor da condenação, nenhum depósito mais é exigido para qualquer recurso.

II – Garantido o juízo, na fase executória, a exigência de depósito para recorrer de qualquer decisão viola os incisos II e LV do art. 5º da CF/1988. Havendo, porém, elevação do valor do débito, exige-se a complementação da garantia do juízo.

III – Havendo condenação solidária de duas ou mais empresas, o depósito recursal efetuado por uma delas aproveita as demais, quando a empresa que efetuou o depósito não pleiteia sua exclusão da lide.

Percebem-se, pela súmula supracitada, mais duas regras:

1) Não se exige o depósito recursal no agravo de petição, exceto se houver majoração do débito depois da garantia do juízo. No caso da exceção (majoração), o depósito recursal é no valor total da majoração.

- **Exemplo:** o juiz homologa os cálculos de liquidação no valor de R$ 10.000,00. Iniciada a execução e feita a citação, são penhorados bens do executado até R$ 10.000,00. O exequente apresenta impugnação à execução (CLT, art. 884, § 3º) questionando o valor homologado, sendo julgada procedente e ampliando a condenação para R$ 18.000,00. Nesse caso, se o executado pretender recorrer (agravo de petição), ele deverá depositar o valor de R$ 8.000,00.

2) Na condenação solidária, o depósito recursal de uma empresa beneficia as demais, exceto se pleitear sua exclusão da lide. No caso de responsabilidade **subsidiária**, o C. TST[72] entende que, havendo depósito recursal realizado pela devedora principal, que não pede sua exclusão da lide, o depósito aproveita ao devedor subsidiário[73], seguindo a mesma sistemática da Súmula 128, III, do TST. No entanto, a recíproca não é verdadeira, ou seja, o depósito realizado pelo devedor subsidiário não aproveita ao devedor principal, que também deverá recolhê-lo.

Observação 1:

O valor do teto do depósito recursal do recurso de revista e dos embargos para a SDI é o dobro do valor do depósito do recurso ordinário.

Observação 2:

Na hipótese de agravo de instrumento, o depósito recursal corresponderá a 50% do valor do depósito do recurso ao qual se pretende destrancar (CLT, art. 899, § 7º, da CLT).

Atenta-se para o fato de que, quando o agravo de instrumento tiver a finalidade de destrancar recurso de revista que se insurge contra decisão que contraria a jurisprudência uniforme do Tribunal Superior do Trabalho, consubstanciada nas suas súmulas ou em orientação jurisprudencial, não haverá obrigatoriedade de se efetuar o depósito recursal, conforme dispõe o art. 899, § 8º, da CLT e a IN nº 3 do TST (II, "i").

1.6.8.2.7. Redução do valor do depósito recursal pela metade

O art. 899, § 9º, da CLT, acrescentado pela Lei nº 13.467/2017, prevê reclamados específicos nos quais o depósito recursal terá o seu valor reduzido pela metade. São eles:

- entidades sem fins lucrativos;[74]
- empregadores domésticos;
- microempreendedores individuais;
- microempresas; e
- empresas de pequeno porte.

72. TST; AIRR 0004148-30.2013.5.12.0005; Sexta Turma; Rel. Min. Aloysio Corrêa da Veiga; DEJT 26/02/2016; Pág. 1738.

73. TST-RR-2357-89.2011.5.12.0039, Relator Ministro Mauricio Godinho Delgado, Data de Julgamento: 11.9.2013, 3ª Turma, Data de Publicação: DEJT 13.9.2013.

74. Alcança diversas entidades como, por exemplo, associações religiosas, entidades sindicais, clubes, condomínios residenciais etc. Nesse sentido, segue o seguinte Enunciado da 2º Jornada de Direito Material e Processual do Trabalho: **Enunciado nº 118** – Depósito recursal. Redução, pela metade, em favor das entidades sem fins lucrativos. Aplicação às entidades sindicais
O artigo 899, § 9º, da CLT, introduzido pela Lei 13.467/2017, que reduz pela metade o valor do depósito recursal para as entidades sem fins lucrativos, aplica-se às entidades sindicais.

Tais entidades pagarão, portanto, 50% do depósito recursal, seja quando se tratar do teto da condenação seja na hipótese de teto legal. Na realidade, primeiro deverá ser analisado qual o valor do depósito recursal, e depois aplicar 50% sobre ele.

Nos exemplos indicados no tópico anterior, teremos o depósito recursal para as referidas entidades da seguinte forma:

- **Exemplo 1**: Entidades sem fins lucrativos é condenada ao pagamento de horas extras, definindo a sentença como valor da condenação o importe de R$ 4.000,00. A entidade interpõe recurso ordinário devendo efetuar o recolhimento do depósito recursal correspondente a 50% do limite da condenação, ou seja, R$ 2.000,00. Caso seu recurso não seja provido no TRT, mantendo-se a condenação de R$ 4.000,00, se pretender recorrer de revista ao TST, deverá efetuar novo depósito recursal para esse último recurso, no valor de R$ 1.000,00 (50% de R$ 2.000,00 faltantes).
- **Exemplo 2**: Microempresa é condenada ao pagamento de horas extras e adicional de periculosidade, tendo como valor da condenação o importe de R$ 12.000,00. A empresa interpõe recurso ordinário, devendo efetuar o recolhimento do depósito recursal no montante de R$ 5.029,58 (50% do teto legal do depósito recursal). Caso seu recurso não seja provido no TRT e pretenda recorrer de revista ao TST, deverá efetuar novo depósito recursal para esse último recurso, agora no valor de R$ 3.485,21 (50% do que falta para atingir o teto da condenação: [R$ 12.000,00 – R$ 5.029,58 = R$ 6.970,42x 50%]).
- **Exemplo 3**: Empresa de pequeno porte é condenada ao pagamento de horas extras e adicional de periculosidade, tendo como valor da condenação o importe de R$ 50.000,00. A empresa interpõe recurso ordinário, devendo efetuar o recolhimento do depósito recursal no montante de R$ 5.029,58 (50% do teto legal do depósito recursal). Caso seu recurso não seja provido no TRT e pretenda recorrer de revista ao TST, deverá efetuar novo depósito recursal para esse último recurso, agora no valor de 10.059,15 (50% do teto legal), pois ambos os depósitos não alcançaram o valor total da condenação, ou seja, totalizaram R$ R$ 15.088,73.

Percebe-se pela nova sistemática que, como o depósito recursal sempre será reduzido pela metade, para essas entidades nunca teremos garantia integral do juízo.[75]

1.6.8.2.8. Condenação de honorários advocatícios e dispensa do depósito recursal

Considerando que os honorários são um capítulo da sentença de conteúdo condenatório, poder-se-á discutir se haverá necessidade de realizar o depósito recursal.

Se a parte vencedora ou seu advogado forem os recorrentes pleiteando a majoração dos honorários advocatícios, não haverá que se falar em exigência de depósito recursal, uma vez que, sendo os próprios credores das verbas discutidas em juízo, serão exequentes, não podendo se exigir que garantam a execução.

Por outro lado, se o **recurso for interposto pelo vencido** com o objetivo de reduzir a percentual dos honorários advocatícios, também não haverá necessidade

75. Como o dispositivo foi introduzido pela Lei nº 13.467/17 (Reforma Trabalhista), ele deverá ser aplicado aos recursos interpostos contra as decisões proferidas a partir de 11.11.2017 (data de vigência da Lei nº 13.467/17) (TST-IN nº 41/2018, art. 20).

de depósito recursal, uma vez que se trata de verba meramente acessória[76]. Noutras palavras, como os honorários advocatícios não correspondem à verba principal discutida na demanda, não sendo de titularidade do vencedor da demanda, mas do seu advogado, não incidirão nos cálculos do valor do depósito recursal.

A única hipótese em que pensamos ser exigido o depósito recursal é no caso de **ação autônoma para condenação dos honorários advocatícios**, com base no art. 85, § 18, do CPC. É que nessa hipótese o pedido principal são os honorários, de modo que, havendo condenação, o recorrente deverá recolher o depósito recursal (TST-IN 27/05, art. 2º).

1.6.8.2.9. Recursos que exigem o depósito recursal

Quanto aos recursos que exigem o depósito recursal, podemos esquematizá-los da seguinte forma:

Exigem depósito recursal	Não exigem depósito recursal
Recurso ordinário	Pedido de revisão
Recurso de revista	Embargos de declaração
Agravo de petição, quando não estiver garantido o juízo	Agravo de petição, se já estiver garantido o juízo*
Agravo de instrumento	Agravo regimental e/ou interno
Embargos para a SDI (divergência)	Embargos infringentes no TST (CLT, art. 894, I)**
	Recurso extraordinário***
	Recurso ordinário em dissídio coletivo (TST-IN nº 3, V)

*Da decisão proferida no incidente de desconsideração da personalidade jurídica na fase de execução, é desnecessário o depósito recursal para a interposição do agravo de petição.

** Como esse recurso está ligado ao dissídio coletivo, ele busca impugnar sentença normativa que tem natureza constitutiva-dispositiva. Portanto, não temos decisão condenatória em pecúnia, sendo descabido, assim, o depósito recursal.

*** Tema 679 do STF: Surge incompatível com a Constituição Federal exigência de depósito prévio como condição de admissibilidade do recurso extraordinário, no que não recepcionada a previsão constante do § 1º do artigo 899 da Consolidação das Leis do Trabalho, sendo inconstitucional a contida na cabeça do artigo 40 da Lei nº 8.177 e, por arrastamento, no inciso II da Instrução Normativa nº 3/1993 do Tribunal Superior do Trabalho".[77]

76. Nesse sentido: RR nº 11984-55.2014.5.03.0042, 8ª Turma do TST, Rel. Dora Maria da Costa. j. 28.02.2018, Publ. 02.03.2018; E-RR nº 1422-64.2012.5.02.0048, SBDI-1 do TST, Rel. José Roberto Freire Pimenta. j. 08.02.2018, Publ. 16.02.2018; AIRR nº 467-64.2015.5.09.0652, 1ª Turma do TST, Rel. Lelio Bentes Corrêa. j. 18.10.2017, Publ. 20.10.2017; R nº 781-19.2016.5.12.0061, 2ª Turma do TST, Rel. Maria Helena Mallmann. j. 11.10.2017, Publ. 20.10.2017; RR nº 20416-25.2016.5.04.0023, 6ª Turma do TST, Rel. Cilene Ferreira Amaro Santos. j. 27.03.2019, Publ. 29.03.2019.

77. STF. Plenário, Sessão Virtual de 15.5.2020 a 21.5.2020.

No que se refere ao recurso adesivo, ele deverá observar as mesmas regras do recurso principal.

No caso de recurso ordinário na ação rescisória, o depósito recursal só é exigível quando for julgado procedente o pedido e imposta condenação em pecúnia (Súmula nº 99 do TST). Na ação rescisória, exige-se um único depósito, dispensado novo depósito para os recursos subsequentes, salvo o depósito do agravo de instrumento, previsto no art. 899, §§ 7º e 8º, da CLT (TST-IN nº 3, III).

1.6.8.2.10. Diferença no recolhimento do depósito recursal

O recolhimento do depósito recursal constitui pressuposto de admissibilidade recursal, de modo que sua falta gera a deserção, ou seja, o recurso não é processado ou conhecido. Pode ocorrer de algumas vezes a parte recorrente efetuar o pagamento inferior ao devido a título de depósito recursal.

Nesse caso, o C. TST alterou seu entendimento em decorrência do CPC/15 e, atualmente, admite a complementação dos valores, como se verifica pela OJ nº 140 da SDI-I do TST:

> **Orientação Jurisprudencial nº 140 da SDI – I do TST.** Depósito recursal e custas processuais. Recolhimento insuficiente. Deserção. – Res. 217/2017 – DEJT divulgado em 20, 24 e 25.04.2017
>
> Em caso de recolhimento insuficiente das custas processuais ou do depósito recursal, somente haverá deserção do recurso se, concedido o prazo de 5 (cinco) dias previsto no § 2º do art. 1.007 do CPC de 2015, o recorrente não complementar e comprovar o valor devido.

Caso, portanto, o recolhimento do depósito recursal seja efetuado em valor inferior ao devido, por corresponder a uma irregularidade formal, deverá ser oportunizada à parte a possibilidade de complementar o valor. Trata-se de entendimento em consonância com o princípio da primazia da decisão de mérito. Apenas se o valor não for complementado ou se o recolhimento não for comprovado haverá deserção do recurso.

Consigne-se que o C. TST somente autoriza a complementação do depósito se o valor recolhido for insuficiente. Na hipótese de ausência integral de depósito recursal, a Corte trabalhista não permite o pagamento em momento posterior, entendendo que o recurso é deserto[78].

1.6.8.2.11. Isenção do depósito recursal

O art. 899, § 10, da CLT,[79] introduzido pela Lei nº 13.467/17, passa a prever que são isentos do depósito recursal:

78. E-ED-ARR-2876-24.2015.5.10.0801, Subseção I Especializada em Dissídios Individuais, Relator Ministro CLAUDIO MASCARENHAS BRANDAO, DEJT 13/12/2019.

79. Como o dispositivo foi introduzido pela Lei nº 13.467/17 (Reforma Trabalhista), ele deverá ser aplicado aos recursos interpostos contra as decisões proferidas a partir de 11.11.2017, data da entrada em vigor da Lei nº 13.467/17) (TST-IN nº 41/2018, art. 20).

1. os beneficiários da justiça gratuita;
2. as entidades filantrópicas e;
3. as empresas em recuperação judicial[80].

Embora referido dispositivo tenha feito referência apenas às três hipóteses anteriores, também são isentos do recolhimento do depósito recursal:

4. os entes de direito público externo (TST-IN nº 3, X);
5. a União, os Estados, o Distrito Federal, os municípios, as autarquias e as fundações de direito público que não explorem atividade econômica (TST-IN nº 3, X);
6. o Ministério Público do Trabalho;
7. a massa falida (TST-IN nº 3, X; Súmula 86 do TST) e;
8. a herança jacente (TST-IN nº 3, X).

Atente-se para o fato de que a isenção não alcança as empresas em liquidação extrajudicial, pois nesse caso não há indisponibilidade imediata dos bens da entidade financeira, razão pela qual deverá realizar o pagamento do depósito recursal, como disposto na Súmula nº 86 do TST[81].

1.6.9. Regularidade formal

A regularidade formal consiste na necessidade de que o recurso interposto atenda a determinados requisitos formais.

Existem aspectos formais exigidos a todos os recursos, como é o caso da motivação e da assinatura do recurso.

Quanto à motivação o art. 899 da CLT estabelece que os recursos trabalhistas serão interpostos por meio de simples petição.

Isso, porém, não afasta a necessidade de fundamentação das razões recursais, a fim de que a parte contrária possa se defender e para que o Tribunal tenha conhecimento

80. É possível que o depósito recursal seja recolhido antes do deferimento da recuperação judicial. Nesse caso, há divergências no TST sobre a destinação do depósito realizado. Há julgados que determinam que o depósito judicial deverá ficar à disposição do Juízo Trabalhista, pois desliga-se do patrimônio da empresa e assume o papel de garantia de futura execução (TST-RO-94- 09.2016.5.20.0000, SBDI-II, rel. Min. Breno Medeiros, 24.4.2018 – Informativo nº 177). Há, contudo, julgados que entendem que o valor depositado deverá ser destinado ao Juízo universal, vez que não integra automaticamente o patrimônio do reclamante (TST-RO-348-74.2016.5.13.0000, SBDI-II, rel. Min. Maria Helena Mallmann, red. p/ acórdão Min. Renato de Lacerda Paiva, 15.5.2018 – Informativo nº 178).

81. **Súmula nº 86 do TST.** Deserção. Massa falida. Empresa em liquidação extrajudicial.
Não ocorre deserção de recurso da massa falida por falta de pagamento de custas ou de depósito do valor da condenação. Esse privilégio, todavia, não se aplica à empresa em liquidação extrajudicial.

do objeto impugnado, observando, assim, o princípio da dialeticidade[82]. Além disso, legitima-se tal exigência, especialmente quanto ao pedido, pois o princípio da devolutividade, em sua extensão, declina que o Tribunal somente pode se manifestar acerca do que lhe foi apresentado, ou seja, a respeito do objeto impugnado, segundo a regra do tantum devolutum quantum appelatum.

A Corte trabalhista, ao menos quanto aos recursos interpostos no TST, impõe expressamente a fundamentação do recurso (Súmula nº 422 do TST[83]).

No que se refere à assinatura, para o C. TST, é válido o recurso assinado, ao menos, na petição de apresentação ou nas razões recursais. Não havendo nenhuma assinatura, deve ser concedido prazo para regularização (5 dias). Apenas na hipótese de descumprida a determinação, o recurso será reputado inadmissível. (OJ nº 120 da SDI-I do TST).

Por fim, não se pode deixar de dizer que, com a introdução do processo judicial eletrônico, perde relevância a orientação jurisprudencial nº 120 da SDI-I do TST, vez que a protocolização do recurso pressupõe a assinatura digital, sendo considerado o subscritor do recurso aquele que o assinou digitalmente. Pode acontecer de constar o nome de um advogado na petição de interposição e no recurso, mas o recurso for assinado digitalmente por outro advogado. Nesse caso, o TST já decidiu que o efetivo subscritor do recurso é aquele cuja chave de assinatura foi registrada, responsabilizando-se pela petição entregue, sendo regular a representação desde que o subscritor esteja devidamente constituído nos autos. Isso ocorre em atenção ao **princípio da existência concreta**, segundo o qual, nas relações virtuais, predomina aquilo que verdadeiramente ocorre e não aquilo que é estipulado (Informativo nº 5 do TST[84]).

1.7. Juntada de Documentos

Na fase recursal, restringe-se a possibilidade de apresentação de documentos, vez que se trata de fase que irá proferir o reexame dos fatos e fundamentos deduzidos em juízo, não sendo momento para nova instrução do processo. Contudo, duas hipóteses excepcionam tal restrição:

---

82. Vide o tópico princípio da dialeticidade dentro dos princípios recursais.

83. **Súmula nº 422 do TST.** Recurso. Fundamento ausente ou deficiente. Não conhecimento. I – Não se conhece de recurso para o Tribunal Superior do Trabalho se as razões do recorrente não impugnam os fundamentos da decisão recorrida, nos termos em que proferida. II – O entendimento referido no item anterior não se aplica em relação à motivação secundária e impertinente, consubstanciada em despacho de admissibilidade de recurso ou em decisão monocrática. III – Inaplicável a exigência do item I relativamente ao recurso ordinário da competência de Tribunal Regional do Trabalho, exceto em caso de recurso cuja motivação é inteiramente dissociada dos fundamentos da sentença.

84. TST-E-RR-236600-63.2009.5.15.0071. SBDI-I, Rel. Min. Aloysio Corrêa da Veiga. 12.4.2012.

a) quando demonstrado o justo impedimento de apresentação no momento oportuno, utilizando-se analogicamente o art. 1.014 do CPC/2015 (TST-IN nº 39/2016, art. 3º, XXVIII);

b) para comprovar fato posterior à sentença, aplicando-se analogicamente o art. 493 do CPC/2015.

Nesse sentido, a Súmula nº 8 do TST:

Súmula nº 8 do TST. Juntada de documento

A juntada de documentos na fase recursal só se justifica quando provado o justo impedimento para sua oportuna apresentação ou se referir a fato posterior à sentença.

1.8. Efeitos Recursais

1.8.1. Efeito obstativo

O efeito obstativo consiste no impedimento do trânsito em julgado da decisão. Assim, sendo interposto o recurso, o trânsito em julgado fica postergado.

No entanto, para o TST, tal efeito não existirá na hipótese de recurso intempestivo ou manifestamente incabível, exceto se houver dúvida razoável (Súmula nº 100, III, do TST[85]).

1.8.2. Efeito devolutivo

O efeito devolutivo é a transferência ao juízo ad quem do conhecimento das matérias julgadas no juízo a quo, ou seja, busca-se nova manifestação do Poder Judiciário sobre a matéria decidida. Por esse raciocínio, é possível concluir que **todos os recursos são dotados do efeito devolutivo**, vez que essa transferência é inerente aos recursos[86].

No processo do trabalho, o art. 899, caput, da CLT apenas descreve que **os recursos têm efeito meramente devolutivo**, impondo a incidência supletiva do art. 1.013 do CPC/2015 para complementar a matéria (TST-IN nº 39/2016, art. 3º, XXVIII).

---

85. III – Salvo se houver dúvida razoável, a interposição de recurso intempestivo ou a interposição de recurso incabível não protrai o termo inicial do prazo decadencial.

86. No sentido do texto: JORGE, Flávio Cheim. *Teoria geral dos recursos cíveis*. 4. ed. rev., atual. e ampl. São Paulo: Editora Revista dos Tribunais, 2009. p. 283. BEBBER, Júlio César. *Recursos no processo do trabalho*. 2. ed. São Paulo: LTr, 2009. p. 176. Em sentido contrário, entendendo que o efeito devolutivo somente tem aplicação quando há transferência para outro órgão, o que afasta sua aplicação nos embargos de declaração: MOREIRA, José Carlos Barbosa. *Comentários ao código de processo civil*. 15. ed. Rio de Janeiro: Forense, 2010. v. 5, p. 260-261.

Nesse contexto, o efeito devolutivo deve ser analisado sob dois enfoques: da extensão (dimensão horizontal) e da profundidade (dimensão vertical).

- **extensão do efeito devolutivo**

A **extensão do efeito devolutivo**, também chamada de dimensão horizontal, é a delimitação do objeto dentro da qual o recorrente pretende que o juízo ad quem se pronuncie. Trata-se de regra derivada do princípio dispositivo, vez que o recurso também é manifestação do poder de ação, o que significa que o recorrente poderá escolher contra quais objetos irá se insurgir. Tem-se aqui a aplicação do caput do art. 1.013 do CPC/2015, que consagra a máxima romana tantum devolutum quantum appelatum. Dessa forma, a insurgência do recorrente poderá ser de todos os capítulos da sentença em que foi sucumbente ou de apenas parte deles. Exemplificamos:

- A empresa é condenada ao pagamento de horas extras, vale-transporte e indenização pelo dano moral. Caso ela interponha recurso ordinário, poderá insurgir-se contra todos os capítulos da sentença (horas extras, vale-transporte e indenização pelo dano moral) sendo, portanto, de extensão total. Por outro lado, poderá recorrer tão somente do capítulo referente ao vale-transporte, de modo que os demais capítulos (horas extras e indenização pelo dano moral) serão acobertados pela coisa julgada. Tem-se, nesse último caso, a extensão limitada.

Assim, o efeito devolutivo, em sua extensão, nada mais é do que a quantidade de matéria impugnada, decorrendo sempre da própria vontade do recorrente.

É imprescindível que a extensão do recurso seja feita inicialmente, passando-se somente em seguida para a análise de sua profundidade. Tanto é assim que o art. 1.013, § 1º, do CPC/2015 e o item I da Súmula nº 393 do TST fazem menção expressa de que a profundidade ficará limitada ao capítulo impugnado.

- **profundidade do efeito devolutivo**

A **profundidade do efeito devolutivo**, também chamada de dimensão vertical, é aquela que devolve **automaticamente** ao juízo ad quem todas as alegações, fundamentos e questões dentro da quantidade impugnada (extensão), independentemente de manifestação. Trata-se da faceta do efeito devolutivo que decorre da própria lei[87].

O que se busca com a profundidade do efeito devolutivo é colocar em idêntica situação o juízo a quo e juízo ad quem no momento do julgamento, de modo que este poderá analisar todas as alegações, fundamentações, questões e provas que estavam ao alcance do juízo a quo, ou seja, permite-se que o órgão julgador possa

87. Alguns autores preferem enquadrá-lo como efeito translativo. Por todos, LEITE, Carlos Henrique Bezerra. *Curso de direito processual do trabalho*. 6. ed. São Paulo: LTr, 2008. p. 673. De nossa parte, pensamos que o efeito translativo somente permite a análise *ex officio* pelo juízo *ad quem* das matérias de ordem pública, não se confundindo com a profundidade do efeito devolutivo.

se utilizar "de todo o material deduzido em juízo, mesmo que a decisão recorrida e o recurso não façam qualquer referência ao mesmo"[88].

O efeito devolutivo, em sua profundidade, especificamente ao recurso ordinário, vem disciplinado nos §§ 1º e 2º, do art. 1.013 do CPC/2015, in verbis:

> § 1º. Serão, porém, objeto de apreciação e julgamento pelo tribunal todas as questões suscitadas e discutidas no processo, ainda que não tenham sido solucionadas, desde que relativas ao capítulo impugnado.
>
> § 2º. Quando o pedido ou a defesa tiver mais de um fundamento e o juiz acolher apenas um deles, a apelação devolverá ao tribunal o conhecimento dos demais.

Verifica-se pelo § 1º que o órgão julgador poderá se utilizar de todas as questões suscitadas e discutidas do processo, mesmo que a sentença tenha se omitido quanto a algumas delas, desde que relativas ao capítulo impugnado. Exemplificamos para elucidar o referido parágrafo.

- A empresa foi condenada ao pagamento do adicional de insalubridade. Na sentença, o juiz afastou a conclusão da perícia e, com base no laudo do assistente técnico do reclamante, decidiu pela existência da insalubridade. Caso a empresa apresente recurso ordinário, o tribunal poderá verificar todo o conjunto probatório (perícia, laudos dos assistentes técnicos, depoimentos, documentos etc.), concluindo pelo provimento ou não do recurso. Assim, o tribunal poderá admitir a insalubridade não pelo laudo do assistente técnico, mas por documento apresentado pela própria empresa (por exemplo, PPRA). Verifica-se que, mesmo que o juiz a quo não tivesse citado o PPRA, o juízo ad quem não ficaria limitado às provas que convenceram o juízo a quo, podendo reexaminar todo o conjunto probatório, mesmo que a sentença não tivesse feito referência a algum deles.

Com base nesse dispositivo, vislumbra-se que a mera possibilidade de exame das questões pelo juízo a quo permite que o tribunal (juízo ad quem) possa enfrentá-las no julgamento. É imprescindível, pois, que o juízo a quo tenha tido a oportunidade de analisar as questões. Isso quer dizer que, no caso de revelia, não poderá o revel levantar questões novas, suscitadas apenas no recurso ordinário, uma vez que o juízo a quo não pode fazer nenhuma apreciação sobre elas.

Já o § 2º permite que o juízo ad quem possa analisar os diversos fundamentos levantados na inicial e na contestação para determinado pedido. Tal efeito, portanto, pode beneficiar ambas as partes. Exemplo:

- Reclamante postula a reintegração no emprego com o fundamento de que era representante da CIPA ou porque sofreu acidente de trabalho. Caso o juiz reconheça a garantia de emprego com base na representação da CIPA, nada mencionando sobre a garantia pelo acidente do trabalho da reclamante, na hipótese de recurso ordinário pela empresa, poderá o tribunal negar a garantia de emprego pela representação da CIPA, mas admiti-la com base no acidente de trabalho, mesmo que a reclamante não levante esse fundamento nas contrarrazões de recurso.

---

88. JORGE, Flávio Cheim. *Teoria geral dos recursos cíveis*. 7. ed. rev., atual. e ampl. São Paulo: Editora Revista dos Tribunais, 2015. p. 368.

Percebe-se, no exemplo, que, analisada a extensão do recurso (pedido de reintegração), o tribunal estará apto, por força de lei, a analisar todos os fundamentos da inicial, ou seja, está em idêntica situação em que o juiz de 1º grau estava na ocasião do julgamento.

No sentido do texto, a Súmula nº 393, I, do TST:

> **Súmula nº 393 do TST.** Recurso ordinário. Efeito devolutivo em profundidade. Art. 1.013, § 1º, do CPC de 2015. Art. 515, § 1º, do CPC de 1973
>
> I – O efeito devolutivo em profundidade do recurso ordinário, que se extrai do § 1º do art. 1.013 do CPC de 2015 (art. 515, § 1º, do CPC de 1973), transfere ao Tribunal a apreciação dos fundamentos da inicial ou da defesa, não examinados pela sentença, ainda que não renovados em contrarrazões, desde que relativos ao capítulo impugnado.
>
> (...)

1.8.3. Efeito suspensivo

O efeito suspensivo impede a produção de efeitos da decisão, enquanto não for julgado o recurso. No caso de decisão condenatória, impede, por exemplo, a execução provisória da decisão recorrida.

O efeito suspensivo pode decorrer de dois critérios:

a) legal (*ope legis*): quando a própria lei concede tal efeito ao recurso;

b) judicial (*ope judicis*): quando incumbe ao juiz concedê-lo no caso concreto, observado os requisitos legais.

No processo do trabalho, **o efeito suspensivo não decorre da lei,** já que os recursos trabalhistas **têm efeito meramente devolutivo** (CLT, art. 899, caput), ou seja, a decisão judicial produz efeitos com a interposição do recurso.

Porém, é possível que **judicialmente** seja concedido o efeito suspensivo ao recurso, o que é previsto em um único caso declinado na Lei nº 7.701/88, qual seja:

> O recurso ordinário de sentença normativa (dissídio coletivo), quando o presidente do TST confere efeito suspensivo, na medida e extensão conferidas em seu despacho (Lei nº 7.701/88, art. 7º, § 6º e art. 14 da Lei nº 10.192/01).

Portanto, a Lei nº 7.701/88 prevê uma hipótese de concessão de efeito suspensivo judicial. Queremos dizer, embora esteja na lei, ela não confere o efeito automático, dependendo de manifestação do presidente do TST para sua efetivação.

Conquanto referida lei preveja apenas uma hipótese para a concessão do efeito suspensivo, é interessante observar que, em situações excepcionais, devidamente comprovadas, o C. TST na Súmula nº 414, I, entende que, além do caso supramencionado, poderão ser suspensos os efeitos da sentença por meio de requerimento dirigido ao tribunal, ao relator ou ao presidente ou ao vice-presidente do tribunal recorrido, por aplicação subsidiária ao processo do trabalho do artigo 1.029, § 5º, do CPC de 2015.

Embora referida súmula faça referência apenas ao art. 1.029, § 5º, do CPC/2015, pensamos que, nos recursos de natureza ordinária, será aplicável subsidiariamente ao processo do trabalho o art. 995, parágrafo único, e os §§ 3º e 4º do art. 1.012 todos do CPC/2015[89], Já no caso de interposição de recursos de natureza extraordinária, há aplicação do art. 1.029, § 5º, do CPC/2015[90].

1.8.4. Efeito translativo

O efeito translativo é entendido como a possibilidade de o Tribunal (juízo ad quem) **julgar matérias de ordem pública**, que, por serem conhecidas de ofício, independem de manifestação da parte.

Nos recursos de natureza ordinária é pacífica a incidência desse efeito.

Agora, nos recursos de natureza extraordinária, a jurisprudência e a doutrina não são pacíficas acerca de sua incidência, ou seja, da possibilidade de o tribunal conhecer matérias de ofício.

Para uns, os recursos extraordinários, por estarem vinculados ao exame do direito objetivo, exigem a presença do prequestionamento. Noutras palavras, nos recursos de natureza extraordinária somente há manifestação do Tribunal Superior sobre as matérias previamente decididas e levantadas expressamente pelo recorrente. Isso quer dizer que, para essa tese, o **efeito translativo não tem aplicação nos recursos de natureza extraordinária**, como é o caso no processo do trabalho dos recursos de revista, embargos para a SDI e do recurso extraordinário para o STF.

Desse posicionamento, é possível extrair que os Tribunais Superiores apenas podem se manifestar, por exemplo, sobre ilegitimidade de parte, interesse de agir

89. **Art. 995. Parágrafo único.** A eficácia da decisão recorrida poderá ser suspensa por decisão do relator, se da imediata produção de seus efeitos houver risco de dano grave, de difícil ou impossível reparação, e ficar demonstrada a probabilidade de provimento do recurso.
Art. 1.012. § 3º O pedido de concessão de efeito suspensivo nas hipóteses do § 1° poderá ser formulado por requerimento dirigido ao: I – tribunal, no período compreendido entre a interposição da apelação e sua distribuição, ficando o relator designado para seu exame prevento para julgá-la; II – relator, se já distribuída a apelação. § 4° Nas hipóteses do § 1º, a eficácia da sentença poderá ser suspensa pelo relator se o apelante demonstrar a probabilidade de provimento do recurso ou se, sendo relevante a fundamentação, houver risco de dano grave ou de difícil reparação.

90. **Art. 1.029. § 5º** O pedido de concessão de efeito suspensivo a recurso extraordinário ou a recurso especial poderá ser formulado por requerimento dirigido: I – ao tribunal superior respectivo, no período compreendido entre a publicação da decisão de admissão do recurso e sua distribuição, ficando o relator designado para seu exame prevento para julgá-lo; II – ao relator, se já distribuído o recurso; III – ao presidente ou ao vice-presidente do tribunal recorrido, no período compreendido entre a interposição do recurso e a publicação da decisão de admissão do recurso, assim como no caso de o recurso ter sido sobrestado, nos termos do art. 1.037.

e incompetência absoluta se houver decisão prévia acerca do tema e impugnação expressa no recurso.

Para a outra parte da doutrina e da jurisprudência, embora os recursos de natureza extraordinária se submetam ao prequestionamento, exigindo decisão prévia acerca do tema, trata-se de pressuposto recursal específico desses recursos. Desse modo, o prequestionamento está ligado ao juízo de admissibilidade, o que significa que, superado este juízo, o tribunal ultrapassa a questão do prequestionamento, podendo, a partir daí, conhecer todos os demais fundamentos relacionados ao capítulo impugnado, inclusive conhecendo de ofício matérias de ordem pública. Portanto, o requisito do prequestionamento tão somente viabiliza a abertura da instância especial, não impedindo a incidência do efeito translativo após o conhecimento do recurso.

O CPC/15 passa a acolher o segundo entendimento, conforme se observa no art. 1.034, parágrafo único:

> Parágrafo único. Admitido o recurso extraordinário ou o recurso especial por um fundamento, devolve-se ao tribunal superior o conhecimento dos demais fundamentos para a solução do capítulo impugnado.

Referido dispositivo é aplicado ao processo do trabalho, nos termos do art. 12, da IN nº 39/2016:

> **Art. 12.** Aplica-se ao Processo do Trabalho o parágrafo único do art. 1034 do CPC. Assim, admitido o recurso de revista por um fundamento, devolve-se ao Tribunal Superior do Trabalho o conhecimento dos demais fundamentos para a solução apenas do capítulo impugnado.

Desse modo, o novel dispositivo destaca que o prequestionamento está ligado ao juízo de admissibilidade, o que significa que, uma vez superado, é possível a Corte superior invocar matérias de ordem pública, ainda que não decididas nas instâncias inferiores.

Na realidade, teoricamente, os recursos extraordinários tem três momentos distintos e sucessivos:

1º) análise dos pressupostos recursais;

2º) juízo sobre a alegação de ofensa constitucional ou lei federal;

3º) julgamento da causa, aplicando o direito em espécie[91].

No primeiro momento, faz-se a análise dos pressupostos extrínsecos e intrínsecos, inclusive da presença do prequestionamento. Estando presentes, passa-se a verificar a efetiva violação dos dispositivos indicados como afrontados (2º momento). Reconhecida a violação constitucional ou de lei federal, o Tribunal Superior pode

91. STJ, RE 346736 AgR-ED, Rel. Min. Teori Zavascki, 2ª Turma, DJe 18.6.2013.

determinar o retorno dos autos à origem, atuando-se apenas como corte de cassação. No entanto, pode o Tribunal, ao invés de determinar o retorno dos autos à origem, entrar no terceiro momento, agindo como corte de revisão. Nesse caso, rejulgará a causa, podendo analisar todos os fundamentos ligados ao capítulo impugnado, incluindo fatos supervenientes, matérias de ordem pública e vícios da decisão, o que significa que, nesse momento, incide o efeito translativo. Assim, nos recursos extraordinários apenas se verifica a incidência do efeito translativo no juízo de revisão (terceiro momento).

1.8.5. Efeito regressivo

O efeito regressivo é a possibilidade de o juízo se retratar da decisão, nos casos previstos em lei.

É o que ocorre, por exemplo, no agravo de instrumento e no recurso ordinário, quando interposto contra decisão que:

- indefere a petição inicial (CPC/2015, art. 331);
- julga improcedente liminarmente o pedido (CPC/2015, art. 332, § 3º);
- extingue o processo sem resolução do mérito (CPC/2015, art. 485, § 7º).

1.8.6. Efeito expansivo

O efeito expansivo consiste na possibilidade de a decisão do recurso atingir matérias não impugnadas e/ou sujeitos que não recorreram, ou seja, o julgamento do recurso pode produzir decisão mais abrangente do que o reexame da matéria impugnada[92].

É classificado em efeito expansivo objetivo (interno e externo) e efeito expansivo subjetivo.

- **Efeito expansivo objetivo**: ocorre quando o julgamento do recurso atinge matérias não impugnadas, podendo ser interno ou externo. Será:

a) **interno**: quando atinge capítulos não impugnados no recurso da decisão recorrida, mas interdependentes (não autônomo) dos capítulos impugnados.

- **Exemplo**: Sentença julga procedente pedido de equiparação salarial e horas extras. Em grau de recurso ordinário, a empresa alega litispendência, o que é acolhido pelo Tribunal, dando provimento ao recurso. Nesse caso, todos os demais capítulos da decisão são atingidos, ou seja, a equiparação salarial e as horas extras.

92. NERY Jr, Nelson. *Teoria Geral dos Recursos*. 7. Ed. São Paulo: Editora Revista dos Tribunais, 2014. p. 456.

b) externo: quando atinge outros atos praticados no processo que são externos e posteriores à decisão impugnada.

- **Exemplo**: Sentença julga procedente pedido de equiparação salarial e horas extras, sendo iniciada a execução provisória. A empresa interpõe recurso e, em grau de recurso ordinário, o tribunal lhe dá provimento para afastar a condenação. Nesse caso, será atingida a execução provisória que fica sem efeito, nos termos do art. 520, II, do CPC/2015.

- **Efeito expansivo subjetivo**: quando o julgamento do recurso abrange sujeitos que não recorreram.

- **Exemplo:** no caso de litisconsórcio unitário, o recurso de um beneficiará mesmo aqueles que não recorreram (CPC/2015, art. 1.005[93]).

1.8.7. Efeito substitutivo

O efeito substitutivo do recurso estabelece que a decisão proferida no recurso (juízo *ad quem*) substituirá a decisão recorrida (juízo *a quo*), conforme disciplina o art. 1.008 do CPC/2015, in verbis:

> **Art. 1.008.** O julgamento proferido pelo tribunal substituirá a decisão impugnada no que tiver sido objeto de recurso.

Esse efeito ocorre quando o **recurso for conhecido e, no mérito**:

a) não for provido; ou

b) for provido para reformar a decisão.

Portanto, pressupõe decisão meritória, ou seja, pronunciamento de mérito do recurso.

Na hipótese de provimento do recurso para anular a decisão impugnada (error in procedendo), há efeito rescindente e não efeito substitutivo[94].

1.9. Remessa Necessária

É necessária a interposição do recurso ordinário, para que as decisões proferidas pela Vara do Trabalho ou pelos Tribunais Regionais (em processo de competência originária) sejam alteradas pelo juízo *ad quem* (CLT, art. 895).

93. Art. 1.005. O recurso interposto por um dos litisconsortes a todos aproveita, salvo se distintos ou opostos os seus interesses.

94. DIDIER Jr., Fredie; CUNHA, Leonardo José Carneiro da. *Curso de direito processual civil: Meios de impugnação às decisões judiciais e processo nos tribunais.* 8. ed. Salvador: Juspodivm, 2010. v. 3, p. 373.

No entanto, sendo **pessoa jurídica de direito público que não explore atividade econômica**, o ordenamento prevê a remessa necessária, consistente na obrigatoriedade de que as decisões, total ou parcialmente desfavoráveis a tais entes, sejam submetidas ao duplo grau de jurisdição, ainda que não haja provocação do ente público.

Noutras palavras, havendo decisão desfavorável à pessoa jurídica de direito público que não explore atividade econômica, esta poderá interpor recurso voluntário. No entanto, caso não interponha recurso ou interponha e ele não seja admitido, haverá obrigatoriamente a análise da decisão no segundo grau, devendo o juízo encaminhar os autos ao tribunal *ad quem* ou, não encaminhando-o, haverá avocação dos autos pelo presidente do tribunal, conforme previsto no art. 496, § 1º, do CPC/15[95].

A remessa necessária, no processo do trabalho, vem descrita no art. 1º, V, do Decreto-Lei nº 779/69, sendo aplicada aos seguintes entes:

- União;
- Estados;
- Distrito Federal;
- Municípios; e
- autarquias ou fundações de direito público federais, estaduais ou municipais que não explorem atividade econômica.

Conquanto seja prevista no referido Decreto-Lei, sua regulamentação nesse dispositivo é incompleta, impondo a aplicação supletiva do art. 496 e parágrafos do CPC/2015 (TST-IN nº 39/2016, art. 3º, X).

Ela também é chamada de reexame necessário, recurso obrigatório ou recurso ex officio. Embora utilizadas essas expressões, a remessa necessária não tem natureza de recurso, porque não tem voluntariedade. Trata-se, na verdade, de **condição de eficácia da sentença,** impedindo o trânsito em julgado da decisão e sua produção de efeito até que seja realizado o duplo grau de jurisdição (Súmula nº 423 do STF[96]).

Aliás, não produzindo efeitos, a decisão é incapaz de formar coisa julgada enquanto não submetida à remessa necessária, impedindo inclusive o ajuizamento da ação rescisória, conforme declina a OJ nº 21 da SDI-II do TST:

> **Orientação Jurisprudencial nº 21 da SDI – II do TST.** Ação rescisória. Duplo grau de jurisdição. Trânsito em julgado. Inobservância. Decreto-Lei nº 779/69, art. 1º, V. Incabível

95. § 1º Nos casos previstos neste artigo, não interposta a apelação no prazo legal, o juiz ordenará a remessa dos autos ao tribunal, e, se não o fizer, o presidente do respectivo tribunal avocá-los-á.

96. Súmula nº 423 do STF: "Não transita em julgado a sentença por haver omitido o recurso 'ex officio', que se considera interposto 'ex lege'".

É incabível ação rescisória para a desconstituição de sentença não transitada em julgado porque ainda não submetida ao necessário duplo grau de jurisdição, na forma do Decreto-Lei nº 779/69. Determina-se que se oficie ao Presidente do TRT para que proceda à avocatória do processo principal para o reexame da sentença rescindenda.

Portanto, as decisões total ou parcialmente desfavoráveis a tais entes públicos estão, obrigatoriamente, sujeitas ao duplo grau de jurisdição, sob pena de não produzirem efeitos práticos.

A propósito, na ação popular (Lei nº 4.717/65, art. 19) e na ação civil pública que serve para proteção de direitos de pessoas com deficiência (Lei 7.853/89, art. 4º, § 1º), quando a sentença concluir pela improcedência dos pedidos ou ainda pela carência da ação a remessa necessária é obrigatória.

Entretanto, a remessa necessária é dispensada, nos seguintes casos:

a) quando a condenação não ultrapassar o valor correspondente a:

I – 1.000 salários mínimos para a União e as respectivas autarquias e fundações de direito público;

II – 500 salários mínimos para os Estados, o Distrito Federal, as respectivas autarquias e fundações de direito público e os Municípios que constituam capitais dos Estados;

III – 100 salários mínimos para todos os demais Municípios e respectivas autarquias e fundações de direito público (Súmula nº 303, I, do TST e CPC/2015, art. 496, § 3º).[97]

Observação:

O CPC/15 apenas afasta a incidência do reexame se a condenação tiver valor certo e líquido, acompanhando o que era disposto na Súmula 490 do STJ. O STJ agiu dessa forma porque, no processo civil, não havendo condenação líquida, buscava-se o valor da causa para a definição da exigência do reexame necessário. Desse modo, estabeleceu o STJ que "o valor que baliza o cabimento ou não do reexame necessário é o da condenação (expresso na sentença), e não o da causa (constante na inicial) (...)"[71]. Em decorrência disso, não dispensava do reexame necessário nas sentenças ilíquidas. Pensamos, porém, que, processo do trabalho, não deve incidir a Súmula nº 490 do STJ, devendo ser bem interpretado o art. 496, § 3º do CPC/2015. Isso porque, na seara laboral, a sentença deverá declinar o valor da condenação, ainda que a sentença seja ilíquida (CLT, art. 789, § 2º). Com efeito, não se buscará o valor estabelecido na petição inicial, mas sim o valor da condenação descrito na sentença, atendendo, dessa forma, o disposto no art. 496 do CPC/2015. Queremos dizer, no processo do trabalho, ainda que a sentença seja ilíquida, pensamos que poderá ser dispensado o reexame necessário, levando-se em conta o valor definido na sentença.

b) quando a decisão estiver fundada em:

I – súmula ou orientação jurisprudencial do Tribunal Superior do Trabalho;

II – acórdão proferido pelo Supremo Tribunal Federal ou pelo Tribunal Superior do Trabalho em julgamento de recursos repetitivos;

97. STJ – REsp 651.929/RS. 1ª Turma. Min. Luiz Fux, DJ de 25.4.2005.

> III – entendimento firmado em incidente de resolução de demandas repetitivas ou de assunção de competência;
>
> IV – entendimento coincidente com orientação vinculante firmada no âmbito administrativo do próprio ente público, consolidada em manifestação, parecer ou súmula administrativa (Súmula nº 303, II, do TST e CPC/2015, art. 496, § 4º) (CPC/2015, art. 496, § 4º).[98]

Cabe observar que a remessa necessária também é aplicável na ação rescisória e no mandado de segurança, como preveem os itens III e IV da Súmula nº 303 do TST:

> **Súmula nº 303 do TST.**
>
> (...)
>
> III – Em ação rescisória, a decisão proferida pelo Tribunal Regional do Trabalho está sujeita ao duplo grau de jurisdição obrigatório quando desfavorável ao ente público, exceto nas hipóteses dos incisos anteriores.
>
> IV – Em mandado de segurança, somente cabe reexame necessário se, na relação processual, figurar pessoa jurídica de direito público como parte prejudicada pela concessão da ordem. Tal situação não ocorre na hipótese de figurar no feito como impetrante e terceiro interessado pessoa de direito privado, ressalvada a hipótese de matéria administrativa.

Por fim, consigna-se que a remessa necessária não impede a interposição voluntária do recurso ordinário pelo ente público. Porém, optando por não interpor o recurso, será realizado o reexame. Nesse caso, será "incabível recurso de revista de ente público que não interpôs recurso ordinário voluntário da decisão de primeira instância, ressalvada a hipótese de ter sido agravada, na segunda instância, a condenação imposta" (OJ nº 334 da SDI-I do TST).[99-100]

> **Atenção:**
>
> Conquanto o reexame necessário não seja recurso, aplica-lhe a proibição da *reformatio in pejus* (Súmula 45 do STJ[68]), bem como a possibilidade de ser julgado pelo relator (Súmula nº 253 do STJ[69]).

2. RECURSOS EM ESPÉCIE

2.1. Embargos de Declaração

2.1.1. Introdução

O Poder Judiciário é pautado no princípio da inércia, segundo o qual somente pode se manifestar quando provocado. Por outro lado, uma vez provocado, tem o

---

98. Além dos casos descritos na Súmula nº 303 do TST, de acordo com a OJ nº 8 do Tribunal Pleno do TST, "em sede de precatório, por se tratar de decisão de natureza administrativa, não se aplica o disposto no art. 1º, V, do Decreto-Lei nº 779, de 21.08.1969, em que se determina a remessa necessária em caso de decisão judicial desfavorável a ente público".

99. **Súmula 45 do STJ:** "Reexame Necessário – Agravar Condenação – Fazenda Pública. No reexame necessário, é defeso, ao Tribunal, agravar a condenação imposta à Fazenda Pública".

100. **Súmula 253 do STJ:** Recurso Manifestamente Inadmissível, Improcedente, Prejudicado ou em Confronto com Súmula ou com Jurisprudência Dominante – Reexame Necessário. O art. 557 do CPC [CPC/2015, art. 932], que autoriza o relator a decidir o recurso, alcança o reexame necessário.

dever de prestar a tutela jurisdicional, proferindo decisão, seja de mérito ou não, clara, coerente e que preveja todos os objetos postulados no processo.

Pode ocorrer, entretanto, de a decisão ser omissa, obscura ou contraditória, o que dá ensejo ao cabimento dos embargos de declaração, que consistem em uma modalidade de recurso destinada a sanar tais vícios.

Tem, portanto, natureza de recurso, enquadrando-se dentre os recursos de fundamentação vinculada.

Os embargos de declaração são regidos pelo art. 897-A da CLT e, supletivamente, pelos arts. 1.022 a 1.025 e §§ 2º ao 4º, do art. 1.026 do CPC/2015, excetuada a garantia de prazo em dobro para os litisconsortes, prevista no art. 1.023, § 1º (TST-IN nº 39/2016, art. 9º).

2.1.2. *Competência*

Nos embargos de declaração, a competência para julgamento é do próprio juízo que prolatou a decisão embargada. É diferente, portanto, dos demais recursos em que os autos são encaminhados para outro juízo, em regra, de grau superior.

Desse modo, a competência é do mesmo órgão jurisdicional que proferiu a decisão embargada e não necessariamente do mesmo magistrado que prolatou a decisão.

Atenta-se para o fato de que alguns tribunais regionais estabelecem em seus regimentos internos que o julgamento dos embargos de declaração está vinculado ao juiz que proferiu a decisão.

2.1.3. *Prazo para interposição*

Os embargos de declaração fogem à regra dos prazos recursais do processo trabalhista, tendo o **prazo de 5 dias úteis** para interposição. A Fazenda Pública, o Ministério Público do Trabalho e a Defensoria Pública têm o prazo em dobro, ou seja, 10 dias.

Ademais, sua interposição não produz efeito suspensivo, mas gera o efeito de interromper os prazos dos recursos posteriores.

- **Exemplo:** A empresa é intimada da sentença no dia 20.02, tendo o prazo de 8 dias para interpor o recurso ordinário. No entanto, interpõe embargos de declaração, dentro dos 5 dias, alegando omissão na sentença. Nesse caso, a interposição dos embargos interrompe o prazo para o recurso ordinário, que contará, integralmente novamente, depois da intimação da decisão proferida nos embargos de declaração.

No entanto, esse efeito não ocorrerá quando se tratar de embargos de declaração:

1) intempestivos;

2) com irregularidade na representação da parte; ou

3) ausente de assinatura (CLT, art. 897-A, § 3º).

É importante destacar que, nesses casos, não será produzido tal efeito para todos os sujeitos do processo, de maneira que o embargado também será atingido. Isso significa que o embargado deverá fazer a análise dos embargos interpostos pela parte contrária para verificar que o recurso não está incluído nos três casos indicados anteriormente. Desse modo, por cautela, é recomendável que o embargado interponha o recurso adequado sem contar com a interrupção do prazo recursal, possibilitando sua complementação posterior, caso os embargos sejam conhecidos e providos.

2.1.4. Hipóteses de cabimento

O art. 897-A da CLT estabelece:

> **Art. 897-A.** Caberão embargos de declaração da sentença ou acórdão, no prazo de cinco dias, devendo seu julgamento ocorrer na primeira audiência ou sessão subsequente a sua apresentação, registrado na certidão, admitido efeito modificativo da decisão nos casos de omissão e contradição no julgado e manifesto equívoco no exame dos pressupostos extrínsecos do recurso.
>
> § 1º. Os erros materiais poderão ser corrigidos de ofício ou a requerimento de qualquer das partes.
>
> § 2º. Eventual efeito modificativo dos embargos de declaração somente poderá ocorrer em virtude da correção de vício na decisão embargada e desde que ouvida a parte contrária, no prazo de 5 (cinco) dias.
>
> § 3º. Os embargos de declaração interrompem o prazo para interposição de outros recursos, por qualquer das partes, salvo quando intempestivos, irregular a representação da parte ou ausente a sua assinatura.

Pela análise do artigo anterior, conjugado com o art. 1.022 do CPC/2015, aplicável supletivamente ao processo do trabalho (TST-IN nº 39/2016, art. 9º), são cabíveis os embargos de declaração para suprir os seguintes vícios:

1) **Omissão**: quando a decisão deixar de apreciar ponto ou questão (ponto controvertido) sobre o qual devia pronunciar o juiz de ofício ou a requerimento (CPC/2015, art. 1.022, caput).

- **Exemplo**: Reclamante ajuíza ação postulando o pagamento de horas extras e intervalo intrajornada, sendo julgados procedentes seus pedidos, mas o juiz nada se manifesta acerca do intervalo intrajornada.

Ademais, de acordo com o art. 1.022, parágrafo único, do CPC/2015, aplicável ao processo do trabalho (TST-IN nº 39/2016, art. 9º), considera-se omissa a decisão que:

- deixar de se manifestar sobre tese firmada em julgamento de casos repetitivos aplicável ao caso sob julgamento;

- deixar de manifestar sobre incidente de assunção de competência aplicável ao caso sob julgamento;
- se limitar à indicação, à reprodução ou à paráfrase de ato normativo, sem explicar sua relação com a causa ou a questão decidida;
- empregar conceitos jurídicos indeterminados, sem explicar o motivo concreto de sua incidência no caso;
- invocar motivos que se prestariam a justificar qualquer outra decisão;
- não enfrentar todos os argumentos deduzidos no processo capazes de, em tese, infirmar a conclusão adotada pelo julgador;
- se limitar a invocar precedente ou enunciado de súmula, sem identificar seus fundamentos determinantes nem demonstrar que o caso sob julgamento se ajusta àqueles fundamentos;
- deixar de seguir enunciado de súmula, jurisprudência ou precedente invocado pela parte, sem demonstrar a existência de distinção no caso em julgamento ou a superação do entendimento.

2) **Contradição**: quando houver incoerência interna na decisão.

A contradição poderá ocorrer na fundamentação, no dispositivo, entre a fundamentação e o dispositivo, bem como entre a ementa e o corpo do acórdão.

Portanto, impõe-se que a incongruência seja dentro da decisão.

- **Exemplo**: O juiz, na fundamentação, entende que o reclamante não fazia horas extraordinárias, mas no dispositivo condena a empresa a pagá-las.

Desse modo, não há falar em contradição quando a parte, por exemplo, interpõe embargos alegando que a decisão contraria as provas nos autos. Nesse caso, o que se busca é a reforma da decisão e não o afastamento de contradição que, repete-se, obrigatoriamente deverá ser dentro da própria decisão.

3) **Obscuridade**: quando a decisão não for clara. Embora esse vício não esteja presente no art. 897-A da CLT, é majoritariamente aceita a sua incidência no processo do trabalho.

4) **Manifesto equívoco no exame dos pressupostos extrínsecos do recurso**.

O manifesto equívoco no exame dos pressupostos extrínsecos do recurso não é um vício elencado no art. 1.022 do CPC/2015, tendo previsão apenas no processo do trabalho, por força do art. 897-A da CLT.

Destaca-se que, nesse caso, serão cabíveis os embargos de declaração quando houver dois requisitos cumulativos:

a) possuir manifesto equívoco e;

b) tratar-se de **pressupostos extrínsecos** (tempestividade, representação, preparo, depósito recursal e regularidade formal[101]).

Com o advento do CPC/15 admitindo expressamente o cabimento dos embargos de qualquer decisão judicial, o C. TST passou a entender que cabe os embargos de declaração com base nesse vício da decisão do juízo a quo, bem como do juízo ad quem.

Por fim, cumpre consignar que, no processo do trabalho, a correção de tais erros não depende da interposição de embargos de declaração, podendo ocorrer de ofício ou a requerimento de qualquer das partes, por simples petição, como prevê o art. 897-A, § 1º, da CLT. Nada impede, porém, de a parte se utilizar dos embargos de declaração para a correção de tais erros.

2.1.5. Pronunciamentos recorríveis

O art. 897-A da CLT estabelece que os embargos de declaração são cabíveis para impugnar sentença e acórdão. Por sua vez, o art. 1.022, caput, do CPC/2015 admite seu cabimento para atacar qualquer decisão judicial.

Vê-se que o CPC/2015 permitiu seu cabimento para atacar qualquer decisão judicial, acompanhando o entendimento majoritário da doutrina. Assim agiu, porque não se pode admitir que decisões judiciais sejam incompreensíveis ou omissas, sob pena de denegação da atividade jurisdicional.

Atento a esse posicionamento, o C. TST consignou, no art. 9º da Instrução Normativa nº 39 do TST, que é aplicável ao processo do trabalho o art. 1.022 do CPC/2015.

Portanto, cabem embargos de declaração contra qualquer decisão judicial, ou seja, de decisão interlocutória, sentença, acórdão ou decisão monocrática (CPC/2015, art. 1.022, *caput*).

2.1.6. Embargos de declaração com efeito modificativo

Os embargos de declaração **não** têm a função de anular ou reformar a decisão impugnada, sendo destinados a esclarecer ou integrar o julgado. Percebeu-se, no entanto, que a decisão dos embargos de declaração, por vezes, podia alterar substancialmente o julgado.

- **Exemplo:** reclamante ajuíza ação postulando o pagamento de equiparação salarial e horas extras, sendo julgados procedentes seus pedidos, mas o juiz nada se manifesta acerca das horas extras. Ao interpor os embargos de declaração para que o juiz se manifeste sobre as horas extras, sendo providos os embargos, é evidente que haverá alteração do julgado.

---

101. Parte da doutrina também inclui a inexistência de fato impeditivo ou extintivo do poder de recorrer

Assim, surgiram os **embargos de declaração com efeito modificativo ou infringente**, que atualmente são admitidos expressamente no art. 897-A da CLT e nos arts. 1.023, § 2º e 1.024, § 4º, ambos do CPC/2015, aplicáveis supletivamente ao processo do trabalho (TST-IN nº 39/2016, art. 9º). No mesmo sentido, já previa a Súmula nº 278 do TST, in verbis:

Súmula nº 278 do TST. Embargos de declaração. Omissão no julgado

A natureza da omissão suprida pelo julgamento de embargos declaratórios pode ocasionar efeito modificativo no julgado.

Na hipótese de eventual efeito modificativo, é **obrigatória a intimação da parte contrária** (embargada) para se manifestar no prazo de 5 dias, como impõe o art. 897-A, § 2º, da CLT.

No mesmo caminho, descreve a OJ nº 142 da SDI-I do TST, in verbis:

Orientação Jurisprudencial nº 142 da SDI – I do TST. Embargos de declaração. Efeito modificativo. Vista prévia à parte contrária

É passível de nulidade decisão que acolhe embargos de declaração com efeito modificativo sem que seja concedida oportunidade de manifestação prévia à parte contrária.

Atente-se, porém, para o fato de que o contraditório somente é obrigatório se o efeito modificativo for **potencialmente** previsto, de modo que, havendo rejeição liminar dos embargos, improcedência ou na hipótese de obscuridade, será desnecessária a concessão de vista à parte contrária.

Destaca-se ainda que, havendo interposição de embargos de declaração por apenas uma das partes e interposição pela outra parte, por exemplo, de recurso ordinário, ocorrendo modificação da decisão judicial, deve ser concedida à parte que já tinha interposto o recurso ordinário a possibilidade de complementá-lo, limitado ao objeto modificado na decisão.

- **Exemplo:** reclamante postula o pagamento de horas extras e adicional de transferência. A sentença julga procedente o pedido de horas extras, nada versando sobre o adicional de transferência. No prazo de 5 dias, o reclamante interpõe embargos de declaração por omissão. A empresa, não tendo conhecimento da interposição dos embargos, apresenta recurso ordinário impugnando a condenação ao pagamento das horas extras. Em seguida, o juiz dá provimento aos embargos de declaração, afastando a omissão, e condenando a empresa ao pagamento do adicional de transferência. Nesse caso, o recurso ordinário da empresa mantém-se intacto quanto às horas extras, mas lhe será concedido o prazo para complementá-lo, limitado ao adicional de transferência. Noutras palavras, na complementação, apenas poderá levantar temas relacionados ao adicional, havendo preclusão consumativa quanto às horas extras.

Nesse sentido, estabelece o art. 1.024, § 4º, do CPC/2015, in verbis:

§ 4º. Caso o acolhimento dos embargos de declaração implique modificação da decisão embargada, o embargado que já tiver interposto outro recurso contra a decisão originária tem o direito de complementar ou alterar suas razões, nos exatos limites da modificação, no prazo de 15 (quinze) dias, contado da intimação da decisão dos embargos de declaração.

Desse modo, caso seja necessária a complementação ou alteração das razões recursais, no processo do trabalho, o embargado terá o prazo de 8 dias[102] para fazê-la, sempre limitado ao objeto modificado na decisão.

Agora, quando os embargos de declaração forem rejeitados ou não alterarem a conclusão do julgamento anterior, o recurso interposto pela outra parte antes da publicação do julgamento dos embargos de declaração será processado e julgado independentemente de ratificação (art. 1.024, § 5º, do CPC/2015).

2.1.7. Embargos de declaração contra decisão monocrática do relator

O cabimento dos embargos de declaração da decisão monocrática do relator, proferida com base no art. 932 do CPC/2015, passa pela análise do conteúdo da decisão e do recurso, conforme se verifica a seguir:

- sendo interpostos os embargos de declaração apenas com o fim integrativo, eles serão admitidos e julgados pelo relator;
- tendo os embargos de declaração efeito modificativo, o recorrente será intimado para complementar o recurso, sendo recebido como agravo a ser julgado pelo colegiado.

Nesse sentido, a Súmula nº 421 do TST:

> **Súmula nº 421 do TST.** Embargos de declaração. Cabimento. Decisão monocrática do relator calcada no art. 932 do CPC de 2015. Art. 557 do CPC de 1973.
>
> I – Cabem embargos de declaração da decisão monocrática do relator prevista no art. 932 do CPC de 2015 (art. 557 do CPC de 1973), se a parte pretende tão somente juízo integrativo retificador da decisão e, não, modificação do julgado.
>
> II – Se a parte postular a revisão no mérito da decisão monocrática, cumpre ao relator converter os embargos de declaração em agravo, em face dos princípios da fungibilidade e celeridade processual, submetendo-o ao pronunciamento do Colegiado, após a intimação do recorrente para, no prazo de 5 (cinco) dias, complementar as razões recursais, de modo a ajustá-las às exigências do art. 1.021, § 1º, do CPC de 2015.

O mesmo caminho seguiu o CPC/15 no art. 1.024, §§ 2º e 3º, in verbis:

> § 2º. Quando os embargos de declaração forem opostos contra decisão de relator ou outra decisão unipessoal proferida em tribunal, o órgão prolator da decisão embargada decidi-los-á monocraticamente.
>
> § 3º. O órgão julgador conhecerá dos embargos de declaração como agravo interno se entender ser este o recurso cabível, desde que determine previamente a intimação do recorrente para, no prazo de 5 (cinco) dias, complementar as razões recursais, de modo a ajustá-las às exigências do art. 1.021, § 1º.

102. Prazo adaptado ao processo do trabalho, por força do art. 6º da Lei nº 5.584/70.

Na hipótese de modificação, atente-se para o fato de que é obrigatório **que a parte recorrente seja intimada para complementar seu recurso, no prazo de 5 dias, antes de o tribunal julgar os embargos de declaração como agravo.**

Isso ocorre porque os embargos de declaração têm fundamentação vinculada, não ocorrendo o mesmo com o agravo interno que é um recurso de fundamentação livre, o que significa que o recorrente poderá trazer outros fundamentos que não seriam admitidos nos embargos[103].

É por isso que o novel código, bem como o item II da Súmula nº 421 do TST exigem a intimação prévia do recorrente para, no prazo de 5 dias, complementar as razões recursais, de modo a ajustá-la às exigências do art. 1.021, § 1º, do CPC.

2.1.8. *Embargos de declaração protelatórios*

Os embargos de declaração têm o efeito de interromper o prazo para interposição de outros recursos. Além disso, são isentos de preparo, ou seja, o embargante não precisa efetuar o recolhimento das custas processuais e do depósito recursal. Dessa forma, para que eles não sejam utilizados apenas para a interrupção do prazo recursal, o ordenamento prevê sanção processual ao recorrente que se utilizar dos embargos com objetivo protelatório, **revertendo a penalidade em favor do embargado.**

Desse modo, o art. 1.026, §§ 2º a 4º, do CPC/2015, aplicável ao processo trabalhista (TST-IN nº 39/2016, art. 9º), prevê uma gradação da sanção:

- **1º embargos de declaração protelatórios:** multa nao excedente a 2% sobre o valor atualizado da causa;
- **2º embargos de declaração protelatórios, ou seja, reiteração dos embargos protelatórios:** elevação da multa a até 10% sobre o valor atualizado da causa;
- **3º embargos de declaração protelatórios:** não serão admitidos.

Atente-se para o fato de que, na hipótese de reiteração, o pagamento da multa passa a ser considerado um pressuposto recursal, ficando a interposição de qualquer outro recurso condicionada ao depósito do valor respectivo.

Exemplificamos:

- Proferida a sentença de 1º grau, a empresa interpõe embargos de declaração alegando omissão no julgado. Ao decidir os embargos, o juiz nega a omissão levantada, entendendo que os embargos são protelatórios, aplicando-lhe a multa de 2% sobre o valor da causa. Se a empresa interpuser recurso ordinário dessa decisão, não deverá pagar a multa nesse momento, ou seja, ela não é pressuposto para a interposição do recurso ordinário. Agora, se

103. JORGE, Flávio Cheim. *Teoria geral dos recursos cíveis*. 7. ed. rev., atual. e ampl. São Paulo: Editora Revista dos Tribunais, 2015. p. 327.

da decisão dos embargos a empresa interpõe novamente embargos de declaração insistindo na omissão, o juiz poderá elevar a multa para 10%. Nesse caso, se a empresa for interpor o recurso ordinário, deverá recolher a multa estabelecida na sentença, sob pena de não processamento ou conhecimento do recurso ordinário.

Atenção:

A multa não será considerada pressuposto recursal quando se tratar da Fazenda Pública e do beneficiário da justiça gratuita, os quais deverão pagá-la no final do processo (CPC/2015, art. 1026, § 3º).

2.1.9. Embargos de declaração com efeitos prequestionatórios

Como os embargos de declaração têm, dentre seus objetivos, o de suprir omissão da decisão impugnada completando a prestação jurisdicional, ele passa a ter relevante papel no prequestionamento. Isso porque o prequestionamento impõe que haja decisão prévia acerca da matéria para que os tribunais superiores possam se manifestar sobre o objeto recorrido.

Com isso, não havendo manifestação expressa no acórdão a respeito da matéria de que se pretende recorrer, deve a parte interpor embargos de declaração para suprir tal omissão, com a finalidade de preencher o requisito do prequestionamento, conforme dispõe a Súmula nº 184 do TST:

> **Súmula nº 184 do TST.** Embargos declaratórios. Omissão em recurso de revista. Preclusão
> Ocorre preclusão se não forem opostos embargos declaratórios para suprir omissão apontada em recurso de revista ou de embargos.

Nesse caso, por se tratar de mecanismo que visa a preencher pressuposto específico dos recursos de natureza extraordinária, ou seja, tem a função de prequestionar a matéria, eles não são considerados como protelatórios (Súmula nº 98 STJ[104]).

Destaca-se que, mesmo nas situações em que tribunal negar a existência de omissão e não se manifestar sobre a matéria pretendida pelo embargante, o TST entende que estará preenchido o pressuposto recursal do prequestionamento, desde que a matéria já tenha sido veiculada no recurso principal (Súmula nº 297, III, do TST). Trata-se do chamado prequestionamento implícito (ficto), previsto expressamente no art. 1.025 do CPC/2015, in verbis:

> **Art. 1.025.** Consideram-se incluídos no acórdão os elementos que o embargante suscitou, para fins de pré-questionamento, ainda que os embargos de declaração sejam inadmitidos ou rejeitados, caso o tribunal superior considere existentes erro, omissão, contradição ou obscuridade.

104. STJ Súmula nº 98. Embargos de Declaração – Propósito de Prequestionamento – Caráter Protelatório. Embargos de declaração manifestados com notório propósito de prequestionamento não têm caráter protelatório.

2.2. Recurso Ordinário

2.2.1. Introdução

O recurso ordinário é o meio pelo qual se pode rediscutir, amplamente, a matéria decidida na 1ª instância[105], seja de direito, seja de fato.

Ele vem previsto no art. 895 da CLT, devendo ser interposto **no prazo de 8 dias úteis,** tendo o mesmo prazo para as contrarrazões. A Fazenda Pública, o Ministério Público do Trabalho e a Defensoria Pública têm o prazo em dobro, ou seja, 16 dias (CPC/2015, arts. 180, 183 e 186), inclusive para as contrarrazões.

Trata-se de recurso que tem efeito meramente devolutivo. No entanto, para que possa obter o efeito suspensivo, o recorrente poderá requerê-lo ao tribunal ou relator por meio de simples petição (CPC/2015, art. 1.012, §§ 3º e 4º e Súmula nº 414, I, do TST[106]).

2.2.2. Hipóteses de cabimento

O recurso ordinário é cabível:

I - das decisões definitivas ou terminativas das Varas do Trabalho;

II - das decisões definitivas ou terminativas dos Tribunais Regionais, em processos de sua competência originária, quer nos dissídios individuais, quer nos dissídios coletivos (CLT, art. 895).

Em regra, o recurso ordinário tem cabimento das decisões definitivas (com resolução do mérito) ou terminativas (sem resolução do mérito) das Varas do Trabalho.

No entanto, ele também será cabível das decisões de competência originária dos TRTs, como é o caso, por exemplo, do dissídio coletivo, do mandado de segurança e da ação rescisória. Nesse caso, sendo recurso ordinário de dissídio coletivo, a competência para julgamento é do TST por meio da SDC. Por outro lado, no caso de mandado de segurança, ação rescisória e demais ações individuais de competência originária do TRT, o julgamento do recurso ordinário é de competência da SDI-II do TST.

O que precisa ficar claro é que o recurso ordinário caberá das decisões tomadas em primeira instância, seja pela Vara do Trabalho ou pelo Tribunal Regional.

---

105. A primeira instância é o juízo que iniciou a demanda ou onde foi proposta a ação. A segunda, por sua vez, é aquela à qual se recorre quando se pretende modificar a decisão.

106. Vide o tópico de efeito suspensivo para aprofundamento no tema.

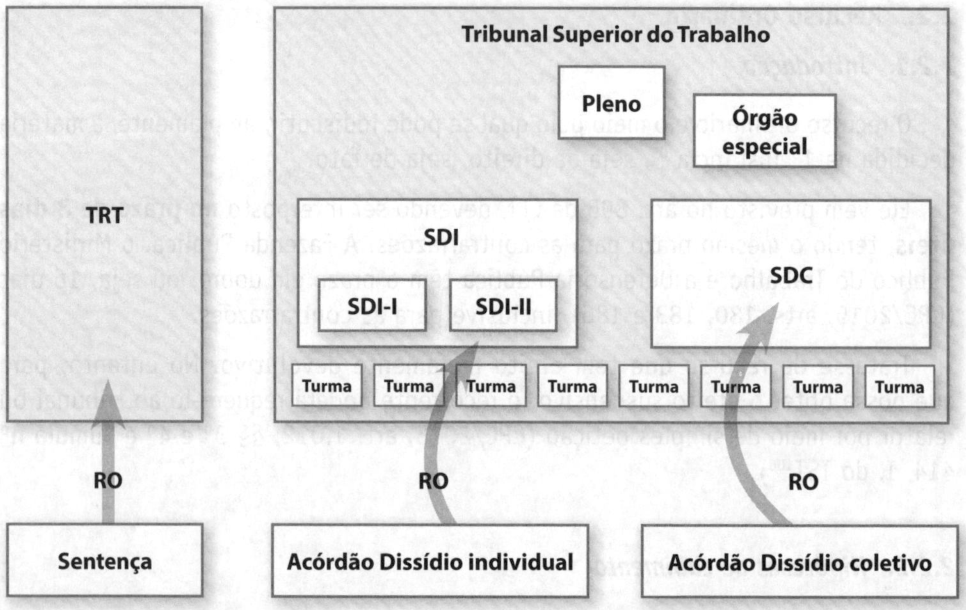

Atenção:

Para o TST, cabe recurso ordinário do julgamento antecipado parcial do mérito (IN 39/2016, art. 5º).

2.2.3. Juízo de retratação

Como regra, após proferida a decisão, o juiz não poderá alterá-la, salvo se interpostos os embargos de declaração.

No entanto, em três hipóteses será possível o juiz retratar-se. São elas:

1) indeferimento da petição inicial;

2) extinção do processo sem resolução do mérito;

3) improcedência liminar.

O indeferimento liminar da petição inicial é pronunciado por sentença, provocando a extinção do processo sem resolução do mérito. Tratando-se de sentença, o recurso cabível, no âmbito trabalhista, é o recurso ordinário, a ser interposto no prazo de 8 dias. Nessa hipótese, é facultado o juízo de retração, no prazo de 5 dias (CPC/2015, art. 331), ou seja, o próprio juízo que prolatou a decisão poderá reformá-la, passando a entender que petição inicial é apta. Não havendo retratação, o recurso segue seu trâmite normal.

Quanto à extinção do processo sem resolução do mérito, o art. 485, § 7º, do CPC/15, aplicável ao processo do trabalho (TST-IN nº 39/2016, art. 3º, VIII), estabelece que interposto recurso ordinário, **em qualquer hipótese de sentença sem resolução do mérito**, o juiz terá 5 dias para retratar-se.

No que se refere à improcedência liminar, interposto o recurso ordinário, o juiz poderá retratar-se em 5 dias. Se houver retratação, o juiz determinará o prosseguimento do processo, com a citação do réu, e, se não houver retratação, determinará a citação do réu para apresentar contrarrazões, no prazo de 8 dias úteis (CPC/2015, art. 332, §§ 3º e 4º; TST-IN nº 39/2016, art. 7º).

2.2.4. Julgamento do mérito diretamente pelo tribunal

O recurso ordinário pode almejar a reforma ou a anulação da decisão impugnada.

Na reforma, invoca-se erro de julgamento, buscando que seja proferida decisão de mérito que substitua a anterior. Já na anulação, visa-se ao erro de procedimento. Nesse último caso, sendo provido o recurso, a decisão impugnada será anulada, e, em regra, se postula o retorno dos autos ao juízo de origem para uma nova decisão. Pretende-se, com essa sistemática, não suprir instâncias, preservando assim o duplo grau de jurisdição.

No entanto, o art. 1.013, § 3º, do CPC/2015, aplicável subsidiariamente ao processo do trabalho, alterou sistematicamente a ideologia de supressão de instância, ao estabelecer:

> § 3º. Se o processo estiver em condições de imediato julgamento, o tribunal deve decidir desde logo o mérito quando:
>
> I – reformar sentença fundada no art. 485;
>
> II – decretar a nulidade da sentença por não ser ela congruente com os limites do pedido ou da causa de pedir;
>
> III – constatar a omissão no exame de um dos pedidos, hipótese em que poderá julgá-lo;
>
> IV – decretar a nulidade de sentença por falta de fundamentação.

O referido parágrafo, com base nos princípios da economia, celeridade processual, duração razoável do processo e primazia da decisão de mérito, passou a permitir que, quando o processo estiver em condições de imediato julgamento e se enquadrar em alguma das hipóteses mencionadas, o tribunal possa entrar diretamente na análise do mérito da causa, não necessitando retornar ao juízo de origem. É o que se denomina de **teoria da causa madura**.

É o que ocorre, por exemplo, quando o reclamante ajuíza reclamação trabalhista postulando o pagamento das férias vencidas acrescidas do terço constitucional. Na sentença, o juiz entende que o reclamante é carecedor da ação por faltar-lhe interesse de agir. Caso o reclamante apresente recurso ordinário, estando o processo pronto para julgamento, o § 3º do art. 1.013 do CPC/2015 permite que o tribunal afaste a carência da ação e julgue imediatamente o mérito da causa, ou seja, o pedido de pagamento das férias vencidas acrescidas do terço constitucional.

Ademais, o Tribunal poderá julgar o mérito quando reformar sentença que reconheça a decadência ou a prescrição, examinando as demais questões, sem que haja necessidade de determinar o retorno do processo ao juízo de primeiro grau (art. 1.013, § 4º; TST-IN nº 39/2016, art. 3º, XXVIII).

2.2.5. Recurso ordinário no rito sumaríssimo

No rito sumaríssimo, o recurso ordinário é cabível nas mesmas hipóteses e no mesmo prazo do rito ordinário.

Difere, porém, quanto ao processamento do recurso que, nos termos do art. 895, § 1º, da CLT, terá as seguintes peculiaridades:

1) recebido no tribunal, o recurso ordinário será imediatamente distribuído;
2) o relator deve liberá-lo no prazo máximo de dez dias, e a Secretaria do Tribunal ou Turma colocá-lo imediatamente em pauta para julgamento;
3) não terá revisor;
4) terá parecer oral do representante do Ministério Público presente à sessão de julgamento, se este entender necessário o parecer, com registro na certidão;
5) terá acórdão consistente unicamente na certidão de julgamento, com a indicação suficiente do processo e parte dispositiva, e das razões de decidir do voto prevalente;
6) se a sentença for confirmada pelos próprios fundamentos, a certidão de julgamento, registrando tal circunstância, servirá de acórdão.

Ademais, nos tribunais regionais, divididos em Turmas, poderão designar Turma para o julgamento dos recursos ordinários interpostos das sentenças prolatadas nas demandas sujeitas ao procedimento sumaríssimo (CLT, art. 895, § 2º).

2.3. Agravo de Petição

Diferentemente do processo civil, em que o recurso de apelação é utilizado tanto na fase de conhecimento como na executiva, o processo do trabalho fraciona, na instância ordinária, os recursos a depender da fase em que foi proferida a decisão. Assim, tratando-se de decisão prolatada na fase de conhecimento, o recurso cabível será o ordinário, enquanto, na fase executiva, o recurso será o agravo de petição.

Com efeito, o agravo de petição é o recurso **destinado a impugnar as decisões proferidas na execução trabalhista** (CLT, art. 897, "a").

A doutrina não é pacífica no que se refere ao alcance do referido artigo, ou seja, quais decisões na execução se submetem ao agravo de petição. Não existe dúvida de que os despachos são irrecorríveis, enquanto as sentenças proferidas na execução se submetem ao agravo de petição. A celeuma fica por conta das decisões interlocutórias, existindo três correntes acerca do tema:

- **1ª corrente:** o art. 893, § 1º, da CLT, que veda a recorribilidade imediata das decisões interlocutórias, é aplicável na fase executiva, restringindo o cabimento do agravo de petição[107];
- **2ª corrente:** o princípio da irrecorribilidade imediata das decisões interlocutórias não se aplica na fase de execução, possibilitando a impugnação imediata de todas as decisões, pois o art. 897, "a", da CLT não fez nenhuma restrição[108];
- **3ª corrente:** admite a impugnação imediata quando a decisão impuser um obstáculo intransponível para a execução ou for capaz de, concretamente, produzir prejuízo grave e imediato a direito tido por incontestável[109]. De nossa parte pensamos que a terceira corrente está com a razão.

O agravo de petição deve ser interposto no prazo de 8 dias úteis, tendo o mesmo prazo para as contrarrazões. A Fazenda Pública, o Ministério Público do Trabalho e a Defensoria Pública têm o prazo em dobro, ou seja, 16 dias (CPC/2015, arts. 180, 183 e 186), inclusive para as contrarrazões.

A competência para julgá-lo depende da competência originária para o processamento da execução. Desse modo, a competência para julgamento será da seguinte forma:

Competência para julgamento	Decisão impugnada
TRT (Turmas do TRT)	Decisões proferidas pela Vara do Trabalho na fase de execução;
TRT (Tribunal Pleno, Órgão Especial ou Sessão Especializada do TRT, conforme dispuser o regimento interno)	Decisões proferidas pelo Presidente do TRT na fase de execução dos processos de competência originária do TRT (CLT, art. 897, § 3º)*

(*) Interessante notar que quanto à ação rescisória o art. 836, parágrafo único, da CLT dispõe que "a execução da decisão proferida em ação rescisória far-se-á nos próprios autos da ação que lhe deu origem, e será instruída com o acórdão da rescisória e a respectiva certidão de trânsito em julgado", o que acaba de certo modo esvaziando a possibilidade de existir execução no TRT decorrente de ações originárias. No âmbito do Tribunal Superior do Trabalho, seu atual regimento interno estabelece que a decisão do Presidente do TST se submeterá ao agravo interno (RI, art. 265).

É importante observar que, nesse recurso, **exige-se a delimitação das matérias e valores impugnados**, a teor do § 1º, do art. 897 da CLT, que estabelece:

107. MARTINS, Sérgio Pinto. *Direito processual do trabalho: doutrina e prática forense; modelos de petições, recursos, sentenças e outros.* 33. ed. São Paulo: Atlas, 2012, p. 454-455.

108. CARRION, Valentin *apud* MOURA, Marcelo. *Consolidação das leis do trabalho para concursos.* 3. ed. Salvador: Juspodivm, 2013, p. 1173.

109. BEBBER, Júlio César. *Recursos no processo do trabalho.* 4. ed. São Paulo: LTr, 2014. p. 310.

§ 1º. O agravo de petição só será recebido quando o agravante delimitar, justificadamente, as matérias e os valores impugnados, permitida a execução imediata da parte remanescente até o final, nos próprios autos ou por carta de sentença.

A delimitação imposta no aludido artigo tem como finalidade tornar definitiva a parte incontroversa, ou seja, a parte não impugnada no agravo de petição poderá ser executada de forma definitiva.

Delimitação da matéria consiste na indicação precisa da matéria que irá impugnar, por exemplo, horas extras, adicional de periculosidade, férias etc.

Já a **delimitação de valores** exige a indicação do valor que entende devido, fundamentando, detalhadamente, por que o valor que entende indevido não está correto. Exemplificamos:

- Empresa X interpõe agravo de petição de decisão proferida em embargos à execução, alegando excesso de execução quanto às horas extras, pois o valor devido não seria R$ 70.000,00 como homologado, mas apenas R$ 40.000,00, já que os cálculos não consideraram as deduções. Nesse caso, tem-se por incontroverso o valor de R$ 40.000,00, que irá prosseguir até o fim da execução.

Desse modo, não havendo indicação de determinada matéria ou valores no agravo de petição, a execução prosseguirá de forma definitiva quanto a eles, não podendo se falar em violação de direito líquido e certo do executado (Súmula nº 416 do TST[110]) o prosseguimento da execução quanto aos tópicos e valores não especificados no agravo, podendo inclusive ser liberado o dinheiro ao exequente.

Há de se registrar que a delimitação da matéria não se faz necessária, quando o recurso for exclusivamente de direito, ou seja, não houver discussão de valores, como é o caso, por exemplo, do agravo de petição que discute a impenhorabilidade de bem de família.

Aliás, somente o executado tem a obrigação de delimitar os valores impugnados, não se aplicando tal exigência ao exequente, pela própria razão da delimitação, qual seja: permitir a execução imediata da parte incontroversa.[111] Nesse sentido, a Súmula nº 17 do TRT da 6ª Região:

Súmula nº 17 do TRT da 6ª Região – Agravo de Petição – Incidência do artigo 897, § 1º, da CLT.
A exigência da delimitação justificada dos valores impugnados (artigo 897, § 1º, da CLT) dirige-se apenas ao executado, não se aplicando ao exequente, por ter como objetivo viabilizar a execução imediata da parte remanescente.

110. **Súmula nº 416 do TST.** Mandado de segurança. Execução. Lei nº 8.432/1992. Art. 897, § 1º, da CLT. Cabimento. Devendo o agravo de petição delimitar justificadamente a matéria e os valores objeto de discordância, não fere direito líquido e certo o prosseguimento da execução quanto aos tópicos e valores não especificados no agravo.

111. (...) A delimitação dos valores impugnados a que alude o art. 897, § 1º, da CLT é pressuposto de admissibilidade do agravo de petição e visa a execução imediata da parte incontroversa, razão pela qual somente é exigível do executado. O exequente, via de regra, pretende obter um acréscimo ao valor já apurado, de modo que o descumprimento da referida norma não acarreta qualquer prejuízo ao prosseguimento da execução. (...). (TST-E-RR-143500-80.2004.5.01.0342, SBDI-I, rel. Min. Hugo Carlos Scheuermann, 8.2.2018 – Informativo nº 171).

Esquematizamos o agravo de petição para melhor compreensão:

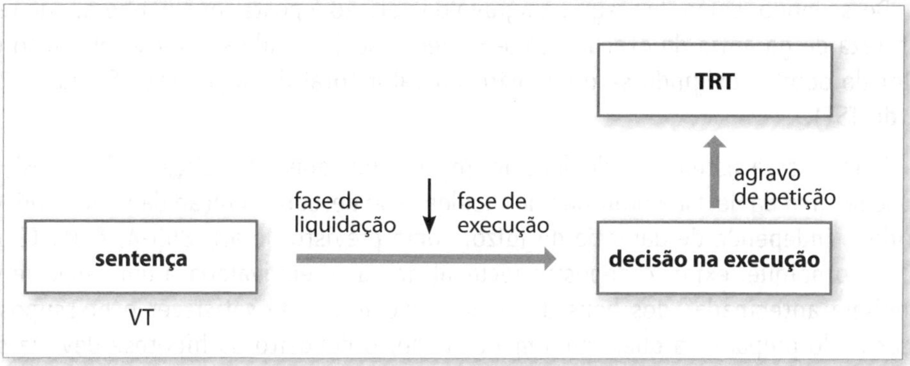

Observação:

Quando o agravo de petição versar apenas sobre as contribuições sociais, o juiz da execução determinará a extração de cópias das peças necessárias, que serão autuadas em apartado e remetidas à instância superior para apreciação, após contraminuta (CLT, art. 897, § 8º).

2.3.1. Agravo de petição no incidente de desconsideração da personalidade jurídica

O art. 855-A da CLT impõe a aplicação ao processo do trabalho do incidente de desconsideração da personalidade jurídica previsto nos arts. 133 a 137 do CPC/2015.

Ademais, o § 1º, do art. 855-A da CLT, admite que a decisão interlocutória que acolher ou rejeitar o incidente está sujeita aos seguintes recursos:

Na fase de cognição	não cabe recurso de imediato
Na fase de execução	cabe agravo de petição, independentemente de garantia do juízo
Quando proferida pelo Relator, em incidente instaurado originariamente no tribunal	cabe agravo interno

Portanto, na fase de execução, permite-se o cabimento imediato do agravo de petição, vez que pode produzir prejuízo iminente ao agravante.

Ponto digno de nota diz respeito à não exigência de depósito recursal no referido agravo de petição.

Como já visto nesta obra, o depósito recursal tem como finalidade a garantia de futura execução. Na fase de conhecimento, o depósito possui um teto máximo, que pode ser legal ou o valor da condenação, nesse último caso quando inferior ao teto legal.

Na fase de execução, por sua vez, não existe teto legal, de modo que deverá ser no valor integral da execução ou da majoração.

Desse modo, como, em regra, o agravo de petição é posterior à penhora, que tem natureza de garantia da execução, ele somente será exigido se houver elevação do valor do débito, exigindo-se o depósito no valor total da majoração (Súmula 128, II, do TST).

Diante dessa sistemática do depósito recursal no agravo de petição, a interposição desse recurso da decisão proferida no incidente de desconsideração da personalidade jurídica, independe de garantia do juízo, como previsto no art. 855-A, § 1º, II, da CLT. Isso porque, exigir o depósito recursal no caso, equivaleria a uma espécie de "penhora antecipada" dos bens do sócio como forma de satisfazer o pressuposto recursal do preparo, já que, como mencionado, o depósito na hipótese deveria ser integral, pois como regra não haverá penhora nem mesmo parcial.

2.4. Recurso de Revista

2.4.1. Introdução

Conforme já estudamos, os recursos podem ser classificados em: **ordinários e extraordinários.** O que os diferencia é o direito que buscam tutelar.

Os **recursos ordinários** visam à **tutela do direito subjetivo**, de modo que permitem a **rediscussão ampla da matéria,** seja de direito, seja de fato. Tais recursos podem estar fundamentados no mero inconformismo com a decisão judicial (injustiça da decisão), citando-se como exemplo, na seara trabalhista, os recursos: ordinário, agravo de petição, embargos de declaração, agravo interno, revisão e agravo de instrumento.

Por outro lado, os recursos de **natureza extraordinária** fundam-se na **tutela do direito objetivo**, buscando sua exata aplicação. Por visar à exata aplicação do direito, tais recursos **impedem a verificação fática**, inclusive o reexame de provas, ficando restritos à análise de direito (Súmula nº 126 do TST). Podemos citar como exemplo de recursos de natureza extraordinária, no processo do trabalho, os recursos de revista e embargos para a SDI.

Além disso, a doutrina divide os recursos, levando em conta a sua fundamentação, podendo ser de fundamentação livre ou vinculada.

Os **recursos de fundamentação livre** são aqueles que **não** se ligam a determinados defeitos ou vícios das decisões, ou seja, a lei não exige que, no recurso, aponte-se especificamente determinado vício, havendo necessidade apenas de que a parte não se conforme com a decisão impugnada. É o que ocorre, por exemplo, no recurso ordinário.

Já os **recursos de fundamentação vinculada** são aqueles em que a **lei exige** que o recorrente indique algum vício específico da decisão impugnada, como ocorre com o recurso de revista que está vinculado à demonstração de divergência ou de violação literal de dispositivo de lei federal ou afronta direta e literal à Constituição Federal.

O recurso de revista é, portanto, um recurso de natureza extraordinária com fundamentação vinculada, sendo disciplinado no art. 896 da CLT.

> **Atenção:**
> Tendo o recurso de revista natureza extraordinária, ele é incabível para o reexame de fatos e provas (Súmula nº 126 do TST).

2.4.2. Prazo

O recurso de revista observa a regra geral dos recursos trabalhistas, devendo ser interposto no prazo de 8 dias úteis, tendo o mesmo prazo para as contrarrazões.

A Fazenda Pública, o Ministério Público do Trabalho e a Defensoria Pública têm o prazo em dobro, ou seja, 16 dias (CPC/2015, arts. 180, 183 e 186), inclusive para as contrarrazões.

2.4.3. Competência para julgamento

A competência para julgar o recurso de revista é das **Turmas do TST**.

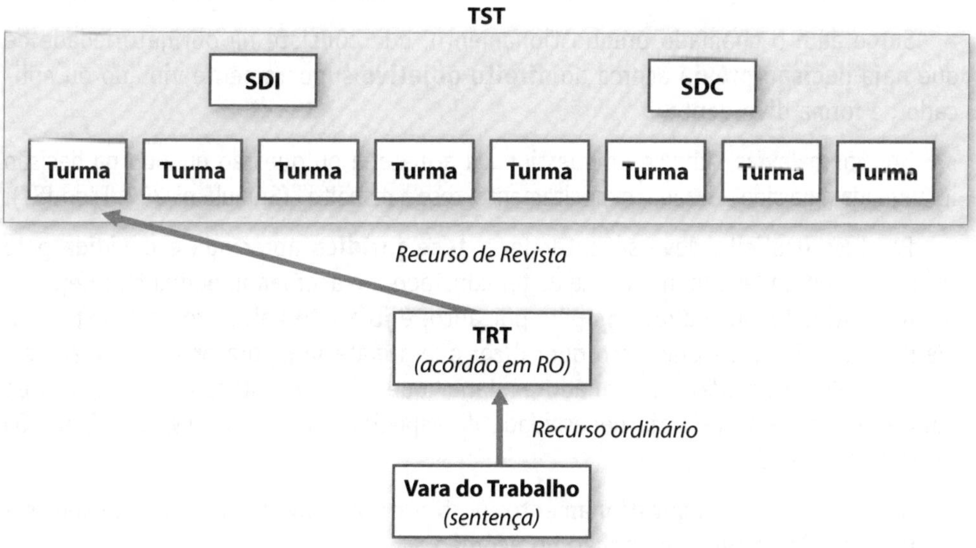

2.4.4. Pressupostos específicos de admissibilidade

O recurso de revista deve preencher todos os pressupostos genéricos direcionados aos demais recursos como, por exemplo, cabimento, tempestividade, representação, preparo etc., ressaltando-se que, nesse recurso, não é aplicável o jus postulandi, por força da Súmula nº 425 do TST.

Deve conter ainda os pressupostos específicos de admissibilidade, a saber:

1) o prequestionamento; e

2) a transcendência.

Além disso, ele somente será cabível quando invocar a divergência jurisprudencial ou a violação da lei federal ou da Constituição Federal.

> **Atenção:**
>
> O art. 896, § 14 da CLT, acrescentado pela Lei nº 13.467/17 (Reforma Trabalhista) prevê que o relator do recurso de revista poderá denegar- lhe seguimento, em decisão monocrática, nas hipóteses de intempestividade, deserção, irregularidade de representação ou de ausência de qualquer outro pressuposto extrínseco ou intrínseco de admissibilidade.

2.4.4.1. Prequestionamento

Os recursos de natureza extraordinária são julgados pelos Tribunais Superiores (STF, TST e STJ), que são órgãos revisores da instância ordinária, pois têm a missão de unificar a interpretação do direito brasileiro, definindo a exata aplicação da norma.

Com efeito, sendo o TST órgão revisor, somente julgará os recursos dessa natureza se as matérias já tiverem sido discutidas e decididas nas instâncias ordinárias.

Surge aqui o chamado prequestionamento, que consiste na obrigatoriedade de que haja **decisão prévia** acerca do **direito objetivo** supostamente violado ou aplicado de forma divergente.

Noutras palavras, "diz-se prequestionada a matéria ou questão quando na decisão impugnada haja sido adotada, explicitamente, tese a respeito" (Súmula nº 297, I, do TST).

Por tese explícita deve-se entender a **tese jurídica** apreciada e decidida pelo tribunal a quo, independentemente de ter constado, no acórdão impugnado, referência ao dispositivo legal. O que se impõe, portanto, é **juízo de valor** proferido expressamente pelo tribunal a quo. Isso quer dizer que a matéria estará prequestionada se, por exemplo, o acórdão impugnado explanar que não há violação ao princípio do contraditório, sem que haja necessidade de especificar o art. 5º, LV, da CF/88 (OJ nº 118 da SDI-I do TST).

Somente haverá prequestionamento, portanto, se houver tese jurídica expressamente adotada na fundamentação do acórdão.

É importante destacar que, com o CPC/15, a tese jurídica poderá estar declarada inclusive no voto vencido, como se depreende do art. 941, § 3º, in verbis:

> § 3º. O voto vencido será necessariamente declarado e considerado parte integrante do acórdão para todos os fins legais, inclusive de pré-questionamento.

Ademais, atenta-se para o fato de que, no momento da interposição do recurso de revista, o recorrente deverá indicar o trecho da decisão recorrida que consubstancia o prequestionamento da controvérsia objeto do recurso de revista, ou seja, o recorrente deverá destacar no seu recurso o trecho da decisão que diz respeito à sua insurgência (CLT, art. 896, § 1º-A), sob pena de não conhecimento.

Desse modo, não haverá tese jurídica e, portanto, prequestionamento, se a decisão do TRT simplesmente adota os fundamentos da decisão de primeiro grau (OJ nº 151 da SDI-I do TST), vez que falta juízo de valor sobre a matéria.

Pode ocorrer de a parte invocar a matéria no seu recurso principal (por exemplo, recurso ordinário), mas o tribunal não se manifestar sobre ela. Nesse caso, incumbe-lhe opor embargos declaratórios objetivando o pronunciamento sobre o tema, sob pena de preclusão (Súmula nº 297, II, do TST).

Sendo opostos os embargos de declaração, caso o tribunal, ainda assim, não se pronuncie sobre o tema, será considerada prequestionada a matéria (Súmula nº 297, III, do TST). Tem-se aqui o chamado prequestionamento ficto.

O CPC/2015 adota a tese do TST, reconhecendo o prequestionamento ficto, conforme se observa em seu art. 1.025 (TST-IN nº 39/2016, art. 9º, parágrafo único), in verbis:

> **Art. 1.025.** Consideram-se incluídos no acórdão os elementos que o embargante suscitou, para fins de pré-questionamento, ainda que os embargos de declaração sejam inadmitidos ou rejeitados, caso o tribunal superior considere existentes erro, omissão, contradição ou obscuridade.

Atenção:

Para o C. TST, é necessário o prequestionamento ainda que se trate de matéria de ordem pública como, por exemplo, a incompetência absoluta (OJ nº 62 da SDI-I do TST).

De qualquer maneira, é de extrema importância atentar para o fato de que o prequestionamento ficto tem incidência para o C. TST **apenas na hipótese de questão jurídica**, mantendo a rigidez do prequestionamento no tocante à matéria de fato,[112] já que esta deve ser esgotada na instância ordinária.

Desse modo, se o Tribunal Regional for provocado a se manifestar sobre determinado **fato**, por meio de embargos de declaração, e negar a existência de omissão, não haverá prequestionamento ficto, admitindo-se o recurso de revista por negativa de prestação jurisdicional, ou seja, por violação do art. 832 da CLT, do art. 489 do CPC/2015 e do art. 93, IX, da CF/88 (Súmula nº 459 do TST).

112. PEREIRA, João Batista Brito. Os embargos no TST na vigência da Lei 11.496/2007 – art. 894, inc. II, da CLT. Revista do Tribunal Superior do Trabalho. Brasília, v. 74, nº 2, abr./jun. 2008. p. 29.

O art. 896, § 1º-A, inciso IV, da CLT, acrescentado pela Lei nº 13.467/2017, trata exatamente dessa hipótese, ou seja, da omissão de pronunciamento do Tribunal referente à matéria de fato ou de prova. De acordo com o dispositivo, no caso de suscitar preliminar de nulidade de julgado por negativa de prestação jurisdicional, o recorrente deverá transcrever na peça recursal o **trecho dos embargos declaratórios** em que foi pedido o pronunciamento do tribunal sobre questão veiculada no recurso ordinário e o **trecho da decisão regional** que rejeitou os embargos quanto ao pedido, para cotejo e verificação, de plano, da ocorrência da omissão.

Em resumo, havendo embargos de declaração para suprir omissão do TRT e caso este não se pronuncie expressamente acerca da matéria impugnada, as consequências serão as seguintes:

a) tratando-se de **matéria de direito (questão jurídica)**, estará preenchido o prequestionamento ficto e o TST poderá examinar a matéria;

b) tratando-se de **matéria de fato ou prova**, haverá a possibilidade de conhecimento da nulidade da prestação jurisdicional pelo TST, determinando-se o retorno dos autos ao TRT para manifestação acerca de tais matérias.

Consigne, ainda, que entende o TST que, nascendo a violação na própria decisão recorrida (por exemplo, julgamento extra petita no TRT), não será exigível o prequestionamento (OJ nº 119 da SDI-I do TST).

Na seara trabalhista, o prequestionamento é exigido nos recursos de revista, embargos para a SDI (divergência) e extraordinário para o STF.

2.4.4.2. Transcendência

O recurso de revista será analisado se oferecer transcendência com relação aos reflexos gerais de natureza econômica, política, social ou jurídica (CLT, art. 896-A).

Isso significa que a causa não pode produzir reflexos apenas para as partes, mas ultrapassar (transcender) aquela relação processual[113].

Aproxima-se da repercussão geral exigida no recurso extraordinário para o STF (CPC/2015, art. 1.035, § 1º[114]), **sendo um pressuposto intrínseco do recurso de revista. É o último pressuposto a ser verificado pelo C. TST.**[115]

113. Portanto, o significado de transcendência no recurso de revista é diferente daquele estudada nas nulidades, que diz respeito ao prejuízo.

114. Art. 1.035. O Supremo Tribunal Federal, em decisão irrecorrível, não conhecerá do recurso extraordinário quando a questão constitucional nele versada não tiver repercussão geral, nos termos deste artigo.
§ 1º Para efeito de repercussão geral, será considerada a existência ou não de questões relevantes do ponto de vista econômico, político, social ou jurídico que ultrapassem os interesses subjetivos do processo. (...)

115. A Corte trabalhista, porém, tem analisado esse pressuposto após o exame dos pressupostos extrínsecos, sendo o primeiro pressuposto intrínseco a ser verificado.

De acordo com o art. 896-A, § 1º, da CLT, são indicadores de transcendência:

I - econômica, o elevado valor da causa;

II - política, o desrespeito da instância recorrida à jurisprudência sumulada do Tribunal Superior do Trabalho ou do Supremo Tribunal Federal;

III - social, a postulação, por reclamante-recorrente, de direito social constitucionalmente assegurado;

IV - jurídica, a existência de questão nova em torno da interpretação da legislação trabalhista.

A análise da existência ou não da transcendência **é exclusiva do TST**, vedando sua verificação pelo presidente do TRT (CLT, art. 896-A, § 6º).

Nesse contexto, o art. 896-A, § 2º, da CLT declina que o relator do recurso de revista, monocraticamente, poderá denegar seguimento ao recurso que não demonstrar transcendência, cabendo agravo da decisão ao colegiado. O prazo do agravo é de 8 dias úteis (TST-IN nº 39, art. 1º, § 2º).

Interposto o agravo da decisão monocrática que denegou seguimento ao recurso de revista por ausência de transcendência, no julgamento do agravo o recorrente poderá realizar sustentação oral sobre a questão da transcendência durante 5 minutos em sessão[116] (CLT, art. 896-A, § 1º, § 3º).

Mantido o voto do relator quanto à não transcendência do recurso, será lavrado acórdão com fundamentação sucinta, que constituirá **decisão irrecorrível no âmbito do tribunal** (CLT, art. 896-A, § 4º).

Impede, portanto, a interposição dos embargos de divergência para a SDI.

Esse dispositivo, porém, não obsta a interposição dos embargos de declaração, vez que todas as decisões, inclusive a em análise, estão sujeitas aos embargos. Do mesmo modo, caberá recurso extraordinário para o STF, desde que presentes seus pressupostos.

Por fim, o art. 896-A, § 5º, da CLT declina que é irrecorrível a decisão monocrática do relator que, em agravo de instrumento em recurso de revista, considerar ausente a transcendência da matéria.[117]

2.4.4.2.1. Direito intertemporal

O pressuposto recursal da transcendência foi inserido no art. 896-A da CLT, por meio da Medida Provisória nº 2.226, de 4.9.2001. Embora já estivesse no ordenamento celetista desde 2001, não havia regulamentação acerca dos indicadores da

116. O Enunciado nº 122 da 2ª Jornada de direito material e processual do trabalho fixou o entendimento no sentido de que o prazo exíguo de 5 minutos é inconstitucional, por violação ao devido processo legal.

117. O dispositivo tem sua constitucionalidade analisada na ArgInc 1000845-52.2016.5.02.0461 no TST.

transcendência, afastando a necessidade de sua observância até a chegada da Lei nº 13.467/17, a qual definiu referidos indicadores.

Desse modo, o C. TST no art. 19 da Instrução Normativa nº 41 estabelece que o exame de transcendência incidirá apenas nos "acórdãos proferidos pelos Tribunais Regionais do Trabalho publicados a partir de 11 de novembro de 2017, excluídas as decisões proferidas em embargos de declaração".

Vê-se que a Corte trabalhista excluiu as decisões proferidas nos embargos de declaração. É que nesse caso o C. TST entende que deverá ser observada a data da publicação da sentença ou do acórdão embargados e não da decisão proferida nos embargos, quando estes **não tiverem efeito modificativo**. Por outro lado, sendo acolhidos os embargos de declaração com **efeito modificativo**, entende o Tribunal Superior do Trabalho que deve incidir a norma vigente na data da publicação da decisão dos embargos.[118]

2.4.5. Hipóteses de cabimento

O recurso de revista serve para impugnar acórdão dos TRTs proferidos em grau de recurso ordinário. Isso significa que o recurso de revista somente caberá depois do julgamento do recurso ordinário, impondo dessa forma que a demanda tenha se iniciado na Vara do Trabalho.

É por isso que **não cabe**, como regra[119], recurso de revista de ação de competência originária dos tribunais (exemplo: ação rescisória, dissídio coletivo etc.). Da mesma forma, para o C. TST, não cabe recurso de revista de decisão proferida em agravo de instrumento (Súmula nº 218 do TST)[120].

Atenção:
Repetindo, o recurso de revista **não** tem incidência nos dissídios coletivos que são de competência originária dos TRTs, tendo aplicação **somente nos dissídios individuais***.
(*) A expressão "dissídios individuais", utilizada no texto, tem como intuito apenas diferenciá-los dos dissídios coletivos, o que significa que, nas ações coletivas, como, por exemplo, a ação civil pública, tem plena aplicação o recurso de revista.

O recurso de revista será cabível quando demonstrada a:

1) divergência jurisprudencial; ou

2) violação literal de disposição de lei federal ou afronta direta e literal à Constituição Federal.

---

118. TST-E-ED-Ag-RR-36200-18.2014.5.13.0005, SBDI-I, rel. Min. Aloysio Corrêa da Veiga, 28.4.2016 (Informativo 134 do TST); TST- AIRR -21177-85.2013.5.04.0791, Relator Ministro: Cláudio Mascarenhas Brandão, Data de Julgamento: 13/04/2016, 7ª Turma, Data de Publicação: DEJT 22.4.2016.

119. Disse como regra, porque do agravo de petição de ação de competência originária do TRT caberá recurso de revista.

120. **Súmula nº 218 do TST**. Recurso de revista. Acórdão proferido em agravo de instrumento. É incabível recurso de revista interposto de acórdão regional prolatado em agravo de instrumento.

2.4.5.1. Divergência jurisprudencial

Divergência jurisprudencial é entendida como a existência de **decisões conflitantes**, ou seja, quando analisado um dispositivo legal, embasado em fatos idênticos ou semelhantes[121], cada tribunal interpreta o dispositivo de modo diverso.

- **Exemplo:** suponhamos que um determinado TRT entenda que o aviso-prévio proporcional é aplicável ao empregador. Por sua vez, outro tribunal entende que ele é aplicável apenas ao empregado, não tendo incidência para o empregador. Nesse caso, percebe-se que, sobre os mesmos fatos e aplicando a mesma lei (Lei nº 12.506/11), cada tribunal a interpreta de uma forma diversa.

Não é qualquer conflito de decisões (divergência) que autoriza o cabimento do recurso de revista.

A divergência jurisprudencial a legitimar o recurso de revista, nos termos das alíneas "a" e "b" do art. 896 da CLT, ocorre quando:

- os Tribunais Regionais do Trabalho derem **ao mesmo dispositivo de lei federal interpretação diversa** da que lhe houver dado **outro Tribunal Regional do Trabalho**, no seu Pleno ou Turma, ou **a Seção de Dissídios Individuais do Tribunal Superior do Trabalho**, ou **contrariarem súmula de jurisprudência uniforme dessa Corte ou súmula vinculante do Supremo Tribunal Federal**;
- os Tribunais Regionais do Trabalho derem ao mesmo dispositivo de **lei estadual, convenção coletiva de trabalho, acordo coletivo, sentença normativa ou regulamento empresarial de observância obrigatória em área territorial que exceda a jurisdição do tribunal regional** prolator da decisão recorrida, interpretação divergente, na forma da alínea "a".

Nesse ponto, é necessário frisar que a divergência deve ser **entre tribunais regionais diferentes**, não servindo a divergência existente entre Turmas de um mesmo TRT (OJ nº 111 da SDI-I do TST). Isso ocorre porque o TST tem a função de unificar a jurisprudência nacional em sede de matéria trabalhista, afastando a dissidência entre os Tribunais Regionais.

Já a divergência dentro do mesmo tribunal é resolvida, internamente, por meio do incidente de uniformização e não diretamente pelo recurso de revista.

Por outro lado, será cabível o recurso de revista quando contrariar decisões da SDI (I ou II), assim como as súmulas e as orientações jurisprudenciais e precedentes normativos.[122] Nesse sentido, a OJ nº 219 da SDI – I do TST:

---

121. CLT, art. 896, § 8º.

122. ***Conhecimento do recurso de revista por contrariedade a precedente normativo do TST. Possibilidade.*** É possível o conhecimento de recuso de revista por contrariedade a precedente normativo do TST, pois, embora o art. 896, "a", da CLT, com redação dada pela Lei nº 13.015/2014, refira-se a "súmula de jurisprudência uniforme", pode-se afirmar que jurisprudência uniformizada é gênero, do qual súmulas, orientações jurisprudenciais e precedentes

OJ nº 219 da SDI – I do TST. Recurso de Revista ou de Embargos fundamentado em Orientação Jurisprudencial do TST

É válida, para efeito de conhecimento do recurso de revista ou de embargos, a invocação de Orientação Jurisprudencial do Tribunal Superior do Trabalho, desde que, das razões recursais, conste o seu número ou conteúdo.

Ademais, pode ocorrer de uma empresa estar sediada em mais de um regional, de modo que uma norma estadual[123], convenção coletiva, acordo coletivo, sentença normativa e regulamento de empresa sejam interpretados de forma divergente pelos tribunais regionais. É só pensarmos, por exemplo, no regulamento de empresa de algum banco nacional que pode ser interpretado de modo diferente pelos diversos tribunais regionais do País. Assim, para manter a interpretação nacional, admite-se o cabimento do recurso de revista com base na alínea "b" do art. 896 da CLT.

Agora precisa ficar claro: **somente tem cabimento o recurso de revista no caso da alínea "b", se a norma extrapolar o âmbito de, pelo menos, um tribunal regional** (OJ nº 147 da SDI-I do TST).

Portanto, o recurso de revista terá cabimento quando houver divergência de interpretação das seguintes normas:

1) lei federal;

2) lei estadual;

3) convenção coletiva de trabalho;

4) acordo coletivo;

5) sentença normativa; ou

6) regulamento empresarial

} *quando extrapolar o âmbito de pelo menos um TRT* (itens 2 a 6)

É importante destacar que, com o advento da Lei 13.015/14, o art. 896-C da CLT permite que a SDI, por maioria simples de seus membros, desloque a competência para o Tribunal Pleno julgar os recursos de revista repetitivo, o que significa que, a partir da referida lei, as **decisões do Tribunal Pleno do TST** nos recursos de revista repetitivo servirão para legitimar o cabimento do recurso de revista quando o acórdão regional contrariar o entendimento proferido pelo Tribunal Pleno.

Atenção:

Decisão de Turma do TST não serve para legitimar o cabimento do recurso de revista.

normativos são espécies. Ademais, se a Orientação Jurisprudencial nº 219 da SBDI-I admite invocar orientação jurisprudencial do TST para conhecimento de recurso de revista ou de embargos, independentemente da origem do verbete (SBDI-I, SBDI-II, Tribunal Pleno/Órgão Especial ou SDC), não se justifica inadmitir o recurso por contrariedade a precedente normativo, simplesmente pelo fato de consolidar entendimento jurisprudencial firmado no âmbito dos dissídios coletivos. (...) (TST-E-RR-2294-39.2012.5.02.0029, SBDI-I, rel. Min. Aloysio Corrêa da Veiga, 6.9.2018 – Informativo nº 183).

123. Aplicável apenas ao estado de São Paulo, que possui dois TRTs (TRT2 e TRT 15).

Assim, podemos esquematizar o recurso de revista, **com base na divergência jurisprudencial**, da seguinte forma:

Decisão recorrida		Decisão divergente
Decisão do TRT		**Decisão de outro TRT (Pleno ou turma)**
Decisão do TRT		**Decisão da SDI**
Decisão do TRT	**X**	**Súmulas e Orientações Jurisprudenciais do TST**
Decisão do TRT		**Súmula vinculante do STF**
Decisão do TRT		**Precedentes Normativos**
Decisão do TRT		**Decisão do Pleno nos recursos de revista repetitivos**

A divergência apta a ensejar o recurso de revista deve ser atual, não se considerando como tal a ultrapassada por súmula, ou superada por iterativa e notória jurisprudência do Tribunal Superior do Trabalho (CLT, art. 896, § 7º).

Quanto à comprovação da divergência jurisprudencial, ela vem disposta no § 8º do art. 896 da CLT, bem como na Súmula nº 337 do TST, in verbis:

> **Súmula nº 337 do TST.** Comprovação de divergência jurisprudencial. Recursos de revista e de embargos
>
> I – Para comprovação da divergência justificadora do recurso, é necessário que o recorrente:
>
> a) Junte certidão ou cópia autenticada do acórdão paradigma ou cite a fonte oficial ou o repositório autorizado em que foi publicado; e
>
> b) Transcreva, nas razões recursais, as ementas e/ou trechos dos acórdãos trazidos à configuração do dissídio, demonstrando o conflito de teses que justifique o conhecimento do recurso, ainda que os acórdãos já se encontrem nos autos ou venham a ser juntados com o recurso;
>
> II – A concessão de registro de publicação como repositório autorizado de jurisprudência do TST torna válidas todas as suas edições anteriores;
>
> III – A mera indicação da data de publicação, em fonte oficial, de aresto paradigma é inválida para comprovação de divergência jurisprudencial, nos termos do item I, "a", desta súmula, quando a parte pretende demonstrar o conflito de teses mediante a transcrição de trechos que integram a fundamentação do acórdão divergente, uma vez que só se publicam o dispositivo e a ementa dos acórdãos;
>
> IV – É válida para a comprovação da divergência jurisprudencial justificadora do recurso a indicação de aresto extraído de repositório oficial na internet, desde que o recorrente: a) transcreva o trecho divergente; b) aponte o sítio de onde foi extraído; e c) decline o número do processo, o órgão prolator do acórdão e a data da respectiva publicação no Diário Eletrônico da Justiça do Trabalho.
>
> V – A existência do código de autenticidade na cópia, em formato pdf, do inteiro teor do aresto paradigma, juntada aos autos, torna-a equivalente ao documento original e também supre a ausência de indicação da fonte oficial de publicação.

Por fim, consigne-se que, se a decisão recorrida resolver determinado item do pedido por diversos fundamentos, a jurisprudência transcrita deve abranger a todos (Súmula nº 23 do TST).

2.4.5.1.1. Incidente de uniformização trabalhista

Os Tribunais são fragmentados em seções especializadas, turmas, câmaras etc., com a finalidade de agilizar a prestação jurisdicional. Contudo, essa fragmentação pode levar a entendimentos conflitantes, ganhando relevância o incidente de uniformização consistente em mecanismo de resolução das divergências jurisprudenciais existentes dentro do Tribunal (interna corporis).

Nesse contexto, estabelecia o art. 896, § 3º, da CLT, que:

> § 3º Os Tribunais Regionais do Trabalho procederão, obrigatoriamente, à uniformização de sua jurisprudência e aplicarão, nas causas da competência da Justiça do Trabalho, no que couber, o incidente de uniformização de jurisprudência previsto nos termos do Capítulo I do Título IX do Livro I da Lei nº 5.869, de 11 de janeiro de 1973 (Código de Processo Civil).

Poderia ocorrer, no entanto, de o Tribunal Regional não realizar espontaneamente tal uniformização. Nesse caso, ganhavam relevância os §§ 4º e 5º do art. 896 da CLT, inseridos pela Lei nº 13.015/14. Melhor explicando:

Antes da Lei nº 13.015/14, o incidente de uniformização já era aplicável ao processo do trabalho, de modo que o art. 896, § 3º, da CLT contemplava a obrigatoriedade de os Tribunais Regionais uniformizarem seu entendimento, mas como não existia um controle superior, a uniformização passava a ser "faculdade" dos tribunais. Contudo, após o advento da referida lei, criou-se um mecanismo de imposição da uniformização, além de dar origem a um incidente de uniformização diferenciado, que denominávamos incidente de uniformização trabalhista.[124]

Assim, estabelecia o art. 896, §§ 4º e 5º, da CLT:

> § 4º Ao constatar, de ofício ou mediante provocação de qualquer das partes ou do Ministério Público do Trabalho, a existência de decisões atuais e conflitantes no âmbito do mesmo Tribunal Regional do Trabalho sobre o tema objeto de recurso de revista, o Tribunal Superior do Trabalho determinará o retorno dos autos à Corte de origem, a fim de que proceda à uniformização da jurisprudência.
>
> § 5º A providência a que se refere o § 4º deverá ser determinada pelo Presidente do Tribunal Regional do Trabalho, ao emitir juízo de admissibilidade sobre o recurso de revista, ou pelo Ministro Relator, mediante decisões irrecorríveis.

Como se vê, caso o TRT não fizesse a uniformização, espontaneamente, o TST, de ofício ou a requerimento da parte ou do Ministério Público do Trabalho, poderia

124. MIESSA, Élisson. *Manual dos Recursos trabalhistas: teoria e prática*. 2. ed. Salvador: Editora Juspodivm, 2016. p. 337.

determinar o retorno dos autos à origem para que se procedesse à uniformização, quando existissem decisões atuais e conflitantes no âmbito do mesmo Tribunal Regional do Trabalho sobre o tema objeto de recurso de revista (CLT, art. 896, § 4º). Criou-se, assim, um mecanismo de controle pelo C. TST, impondo a efetivação do § 3º do art. 896 da CLT.

No retorno dos autos ao Tribunal regional, a sedimentação do entendimento poderia ocorrer de duas formas: 1) súmulas: quando o entendimento fosse tomado pela maioria absoluta dos membros que integram o tribunal; 2) tese jurídica prevalente: quando o entendimento decorrer da maioria simples.

Após a sedimentação, o § 6º do art. 896 declinava que:

> § 6º Após o julgamento do incidente a que se refere o § 3º, unicamente a súmula regional ou a tese jurídica prevalecente no Tribunal Regional do Trabalho e não conflitante com súmula ou orientação jurisprudencial do Tribunal Superior do Trabalho servirá como paradigma para viabilizar o conhecimento do recurso de revista, por divergência.

O referido dispositivo buscava restringir o cabimento do recurso de revista, obstando a utilização de acórdãos regionais para demonstrar a divergência, quando o tema já estivesse pacificado em súmula regional ou tese jurídica prevalente.

Era, pois, um pressuposto de admissibilidade do recurso de revista.[125]

Embora essa sistemática tivesse sido criada em 2014, pela Lei 13.015/14, o legislador, depois de 3 anos, simplesmente revogou os §§ 3º a 6º do art. 896 da CLT, eliminando esse mecanismo de controle exercido pelo TST, bem como o referido pressuposto para o cabimento do recurso de revista.

Conquanto a Lei nº 13.467/17 tenha revogado o incidente de uniformização de jurisprudência trabalhista, evidentemente, não afastou o dever de os tribunais uniformizarem sua jurisprudência, incidindo, subsidiariamente ao processo do trabalho, o art. 926 do CPC/2015, o qual incumbiu os tribunais de uniformizar "sua jurisprudência e mantê-la estável, íntegra e coerente", como advertiu o TST no art. 18, *caput*, da IN nº 41/2018.[126]

---

125. Após a análise da tempestividade do recurso de revista, passava-se à análise do pressuposto em questão.

126. Art. 18. O dever de os Tribunais Regionais do Trabalho uniformizarem a sua jurisprudência faz incidir, subsidiariamente ao processo do trabalho, o art. 926 do CPC, por meio do qual os Tribunais deverão manter sua jurisprudência íntegra, estável e coerente. § 1º Os incidentes de uniformização de jurisprudência suscitados ou iniciados antes da vigência da Lei nº 13.467/2017, no âmbito dos Tribunais Regionais do Trabalho ou por iniciativa de decisão do Tribunal Superior do Trabalho, deverão observar e serão concluídos sob a égide da legislação vigente ao tempo da interposição do recurso, segundo o disposto nos respectivos Regimentos Internos. § 2º Aos recursos de revista e de agravo de instrumento no âmbito do Tribunal Superior do Trabalho, conclusos aos relatores e ainda não julgados até a edição da Lei nº 13.467/17, não se aplicam as disposições contidas nos §§ 3º a 6º do artigo 896 da Consolidação das Leis do Trabalho. § 3º As teses jurídicas prevalecentes e os enunciados de Súmulas decorrentes do julgamento dos incidentes de uniformização de jurisprudência suscitados ou iniciados anteriormente à edição da Lei nº 13.467/2017, no âmbito dos Tribunais Regionais do Trabalho, conservam sua natureza vinculante à luz dos arts. 926, §§ 1º e 2º, e 927, III e V, do CPC.

O mecanismo para implementar a uniformização **deverá estar contemplado no regimento interno do tribunal**, o que vem previsto no art. 926, § 1º, do CPC/2015, de modo que o incidente de uniformização de jurisprudência deverá observar especialmente as diretrizes do art. 926, § 2º,[127] e do art. 927, §§ 1º a 5º,[128] ambos do CPC/2015.

2.4.5.1.1.1. Direito intertemporal

Como visto, a Lei nº 13.467/17 revogou os §§ 3º a 6º do art. 896 da CLT que versavam sobre o incidente de uniformização trabalhista. Tais regras estavam ligadas, portanto, aos recursos.

Na hipótese de recursos, o direito intertemporal é aplicado da seguinte forma: todos os pressupostos recursais, inclusive o cabimento, serão analisados à luz da lei velha (vigente na data da publicação da decisão), mas os trâmites processuais posteriores de processamento e julgamento seguirão a lei nova, em decorrência da aplicação imediata da norma.

Desse modo, como o incidente de uniformização é trâmite processual, a revogação promovida pela Lei nº 13.467/17 deveria ter aplicação imediata. No entanto, o C. TST adotou duas sistemáticas diferentes acerca da aplicação da Lei nº 13.467/17 no presente caso:

1) se o incidente de uniformização foi suscitado ou iniciado antes da vigência da Lei nº 13.467/17, no âmbito dos Tribunais Regionais do Trabalho ou por iniciativa de decisão do Tribunal Superior do Trabalho, continuam a ser observados os dispositivos que eram vigentes na data da interposição do recurso, ou seja, os §§ 3º a 6º do art. 896 serão aplicados, tendo eficácia obrigatória a tese jurídica prevalente ou a súmula criadas em decorrência do incidente (TST-IN nº 41, art. 18, §§ 1º e 3º);

   A sistemática idealizada pelo C. TST é que, já tendo sido iniciado ou suscitado o incidente, ele não perde seu objeto com a chegada da Lei nº 13.467/17 devendo ser julgado.

---

127. Art. 926. § 2º Ao editar enunciados de súmula, os tribunais devem ater-se às circunstâncias fáticas dos precedentes que motivaram sua criação.

128. Art. 927. § 1º Os juízes e os tribunais observarão o disposto no art. 10 e no art. 489, § 1º, quando decidirem com fundamento neste artigo. § 2º A alteração de tese jurídica adotada em enunciado de súmula ou em julgamento de casos repetitivos poderá ser precedida de audiências públicas e da participação de pessoas, órgãos ou entidades que possam contribuir para a rediscussão da tese. § 3º Na hipótese de alteração de jurisprudência dominante do Supremo Tribunal Federal e dos tribunais superiores ou daquela oriunda de julgamento de casos repetitivos, pode haver modulação dos efeitos da alteração no interesse social e no da segurança jurídica. § 4º A modificação de enunciado de súmula, de jurisprudência pacificada ou de tese adotada em julgamento de casos repetitivos observará a necessidade de fundamentação adequada e específica, considerando os princípios da segurança jurídica, da proteção da confiança e da isonomia. § 5º Os tribunais darão publicidade a seus precedentes, organizando-os por questão jurídica decidida e divulgando-os, preferencialmente, na rede mundial de computadores.

2) caso o recurso de revista ou o agravo de instrumento no âmbito do TST estivesse concluso com o relator e ainda não tinha sido julgado até a entrada em vigor da Lei nº 13.467/17, não se aplicam as disposições dos §§ 3º a 6º do art. 896 da CLT.

2.4.5.2. Violação literal de disposição de lei federal ou afronta direta e literal à Constituição Federal

Além da divergência jurisprudencial, o recurso de revista será cabível quando a decisão do tribunal regional for proferida em violação literal à disposição de **lei federal** ou afrontar direta e literalmente a **Constituição Federal.**

É interessante notar que, no processo do trabalho, o recurso de revista poderá abranger legislação infraconstitucional e norma constitucional. Difere, portanto, do processo civil em que o recurso é bifurcado, vez que as violações à legislação infraconstitucional são remetidas ao STJ, por meio do recurso especial, enquanto as afrontas à Constituição Federal são encaminhadas ao STF, por meio do recurso extraordinário.

Na seara laboral, porém, primeiro se exaure toda a jurisdição trabalhista e, somente após, caso persista a violação à Constituição Federal, será admitido o recurso extraordinário ao STF.

Nessa hipótese o recorrente deverá indicar expressamente o dispositivo de lei ou da Constituição tido como violado (Súmula nº 221 do TST). Não se exige, porém, que a parte utilize as expressões "contrariar", "ferir", "violar", etc. (OJ nº 257 da SDI-I do TST).

É importante destacar que, tratando de violação de norma constitucional, o recorrente deverá demonstrar a afronta direta ao comando legal, **vedando-se a ofensa indireta ou reflexa da norma constitucional.**

A ofensa indireta ou reflexa ocorre quando o recorrente tiver que invocar uma norma infraconstitucional para chegar à norma constitucional. Nesse caso, não será admitido o recurso de revista, bem como o extraordinário (Súmula nº 636 do STF)[129].

- **Exemplo:** A empresa X não foi devidamente notificada para a audiência, sendo decretada sua revelia. Após esgotar a instância ordinária, a empresa pretende interpor recurso de revista com fundamento em violação ao art. 5º, LV, da CF/88 (princípio do contraditório). Contudo, para demonstrar a violação ao dispositivo constitucional, inicialmente deverá invocar o descumprimento do art. 841 da CLT. Nessa hipótese, a violação à Constituição é meramente reflexa, não sendo admitido o recurso de revista por violação à Constituição, mas, sim, por violação à lei federal.

---

129. **Súmula nº 636 do STF:** "Não cabe recurso extraordinário por contrariedade ao princípio constitucional da legalidade, quando a sua verificação pressuponha rever a interpretação dada a normas infraconstitucionais pela decisão recorrida".

Portanto, caso ocorra a violação reflexa da norma constitucional, o recorrente deverá invocar o dispositivo infraconstitucional tido por violado para que seu recurso seja cabível, sendo insuficiente (ou desnecessária) a indicação do dispositivo constitucional.

2.4.6. Rito sumaríssimo

Nas causas sujeitas ao rito sumaríssimo, somente será admitido o recurso de revista por:

1) contrariedade à súmula do TST;

2) contrariedade à súmula vinculante do STF; e

3) violação direta da Constituição da República (CLT, art. 896, § 9º).

Desse modo, **não caberá** recurso de revista no rito sumaríssimo quando:

a) violar lei federal;

b) houver divergência jurisprudencial;

c) contrariar orientação jurisprudencial do TST (Súmula 442 do TST).

2.4.7. Fase de execução

Na fase de execução, o cabimento do recurso de revista é ainda mais restrito, sendo admitido apenas quando houver ofensa direta e literal de norma da Constituição Federal (CLT, art. 896, § 2º). No mesmo sentido, a Súmula nº 266 do TST:

> **Súmula nº 266 do TST.** Recurso de revista. Admissibilidade. Execução de sentença
>
> A admissibilidade do recurso de revista interposto de acórdão proferido em agravo de petição, na liquidação de sentença ou em processo incidente na execução, inclusive os embargos de terceiro, depende de demonstração inequívoca de violência direta à Constituição Federal.

Essa é a regra. Porém, é importante observar que a Lei nº 13.015/14 ampliou o cabimento do recurso de revista na fase de execução em duas hipóteses:

1) execução fiscal;

2) controvérsias da fase de execução que envolvam a Certidão Negativa de Débitos Trabalhistas (CNDT).

Nesses dois casos, o recurso de revista será cabível:

a) por violação a lei federal;

b) divergência jurisprudencial;

c) por ofensa à Constituição Federal (CLT, art. 896, § 10).

2.4.8. *Quadro resumido das hipóteses de cabimento do recurso de revista*

Com a finalidade de facilitar a memorização das hipóteses de cabimento do recurso de revista nos diferentes ritos processuais, é possível sintetizar da seguinte forma:

Rito ordinário	Rito sumaríssimo	Fase de execução*
Afrontar a Constituição Federal	Afrontar a Constituição Federal	Afrontar a Constituição Federal
Contrariar súmula do TST	Contrariar súmula do TST	
Contrariar súmula vinculante do STF	Contrariar súmula vinculante do STF	
Violar lei federal Contrariar Orientação Jurisprudencial Divergência jurisprudencial		

* Apenas nas hipóteses de execução fiscal e controvérsias da fase de execução que envolvam a Certidão Negativa de Débitos Trabalhistas (CNDT), o recurso de revista será cabível quando: violar a lei federal, por divergência jurisprudencial e por ofensa à Constituição Federal (CLT, art. 896, § 10).

2.4.9. *Recurso de revista de causas repetitivas*

2.4.9.1. *Introdução*

A Lei nº 13.015/14, ao incluir na CLT os arts. 896-B e 896-C, inseriu no processo do trabalho a figura do recurso de revista de causas repetitivas (seriadas), também denominado de julgamento por amostragem, acompanhando o que já existia no recurso extraordinário e no recurso especial (CPC/2015, art. 1.036).

É um julgamento por amostragem, já que o C. TST, diante de diversos recursos de revista repetidos, escolhe alguns e forma uma tese jurídica a ser aplicada aos demais processos idênticos ou semelhantes, em trâmite ou que serão ajuizados no futuro com o mesmo objeto.

O C. TST também admite esse julgamento por amostragem quando existirem diversos embargos de divergência repetidos (TST – IN nº 38, art. 2º).

Os julgamentos de casos repetitivos podem ter como objeto questão de direito material ou processual (CPC/2015, art. 928, parágrafo único; TST-IN nº 39/2016, art. 3º, XXIII).

2.4.9.2. *Requisitos*

O art. 896-C, *caput*, da CLT estabelece que a questão poderá ser afetada à Seção Especializada em Dissídios Individuais ou ao Tribunal Pleno, na hipótese de multiplicidade de recursos de revista fundados em idêntica questão de direito e considerando a relevância da matéria ou a existência de entendimentos divergentes entre os ministros da SDI ou das Turmas do TST.

Portanto, para que as causas sejam consideradas repetitivas a legitimarem o julgamento como recurso de revista repetitivo, é necessário o preenchimento de dois requisitos:

1) multiplicidade de recursos;

2) fundamento em idêntica questão de direito.

2.4.9.3. Processamento

O processamento do recurso de revista repetitivo vem disciplinado no art. 896-C da CLT, nos arts. 280 a 297 do Regimento Interno do TST e na Instrução Normativa nº 38 do TST, de 10 de novembro de 2015, tendo as seguintes diretrizes.

2.4.9.3.1. Competência

O recurso de revista é julgado pelas Turmas do TST.

No entanto, tratando-se de julgamento de causas repetitivas, diante da relevância da decisão, a **competência é da Seção de Dissídios Individuais ou do Tribunal Pleno**. Noutras palavras, haverá deslocamento da competência das Turmas do TST para a SDI-I ou para o Tribunal Pleno.

Como regra, o julgamento será de competência da SDI-I, mas esta poderá atribuí-la ao Tribunal Pleno, por decisão da maioria simples da própria seção, mediante requerimento de um dos ministros que compõem a Seção Especializada.

Quando se tratar de matéria disciplinada em súmula ou orientação jurisprudencial, o incidente será necessariamente afetado ao Tribunal Pleno (TST-RI, art. 281, § 3º, I). O C. TST estabeleceu esse entendimento no seu regimento interno, porque a competência dos órgãos nesse caso é concorrente, de modo que sendo julgado pela SDI-I a decisão não poderia ser remetida ou revista pelo Tribunal Pleno, ainda que contrária à súmula ou orientação jurisprudencial[130].

---

130. Questão de ordem. Incidente de Recursos Repetitivos. Matéria veiculada em súmula e/ou orientação jurisprudencial do TST. Competência. O Tribunal Pleno, ao julgar questão de ordem, decidiu, por maioria, que a SBDI-I tem competência para julgar os incidentes de recursos repetitivos que impliquem alteração de súmula e/ou orientação jurisprudencial do TST, não podendo o Tribunal Pleno, quando analisar eventual alteração de súmula e/ou orientação jurisprudencial, rever aquilo que foi decidido pela referida Subseção no julgamento do incidente. Vencidos os Ministros José Roberto Freire Pimenta, Brito Pereira, Lelio Bentes Corrêa, Luiz Philippe Vieira de Mello Filho, Alberto Luiz Bresciani de Fontan Pereira, Mauricio Godinho Delgado, Kátia Magalhães Arruda, Augusto César Leite de Carvalho, Delaíde Miranda Arantes, Hugo Carlos Scheuermann, Alexandre Agra Belmonte e Maria Helena Mallmann. Questão de Ordem suscitada durante a apreciação da proposta de revisão da Súmula nº 124 do TST, Tribunal Pleno, 26.6.2017 (Informativo nº 161).

2.4.9.3.2. Proposta de afetação

Como já estudado, o recurso de revista é de competência da Turma do TST. Desse modo, ao chegar na referida Turma, o relator do recurso de revista, verificando a existência de causas repetidas, comunicará ao presidente da Turma, o qual submeterá ao presidente da SDI-I do TST, proposta para afetação de um ou mais recursos representativos da controvérsia para julgamento pela Seção Especializada em Dissídios Individuais ou pelo Tribunal Pleno (CLT, art. 896-C, § 1º; TST-IN nº 38, art. 2º, § 2º; TST-RI, art. 281, § 2º).

Da mesma forma, um dos Ministros da SDI-I poderá propor a referida afetação ao presidente da SDI-I, inclusive quando se tratar de embargos de divergência repetitivos (TST - IN nº 38, art. 2º, § 1º; TST-RI, art. 281, § 1º).

O presidente da Seção Especializada submeterá a proposta ao colegiado, se formulada por escrito, no prazo máximo de 30 dias de seu recebimento, ou de imediato, se suscitada em questão preliminar, quando do julgamento de determinado processo pela SDI-I, após o que:

> I - acolhida a proposta, por maioria simples, o colegiado também decidirá se a questão será analisada pela própria SDI-I ou pelo Tribunal Pleno, salvo quando se tratar de matéria disciplinada em súmula ou orientação jurisprudencial, caso em que o incidente será necessariamente afetado do Tribunal Pleno;
>
> II - acolhida a proposta, a desistência da ação ou do recurso não impede a análise da questão objeto de julgamento de recursos repetitivos;
>
> III - na hipótese do item I, o processo será distribuído a um Relator e a um Revisor do órgão jurisdicional correspondente, para sua tramitação nos termos do artigo 896-C da CLT, não concorrendo a sorteio, quando possível, os Ministros que, previamente, tenham recebido processo da mesma classe;
>
> IV - rejeitada a proposta, se for o caso, os autos serão devolvidos ao órgão julgador respectivo, para que o julgamento do recurso prossiga regularmente (TST - RI, art. 281, § 3º).

Sendo acolhida a proposta, o recurso repetitivo será distribuído a um dos ministros - membros da Seção Especializada ou do Tribunal Pleno e a um ministro revisor (CLT, art. 896-C, § 6º).

O presidente da Seção Especializada (SDI-I) ao afetar o processo para julgamento sob o rito dos recursos repetitivos deverá expedir comunicação aos demais presidentes de Turma, que poderão afetar outros processos sobre a questão para julgamento conjunto, a fim de conferir ao órgão julgador visão global da questão (CLT, art. 896-C, § 2º c/c TST - IN nº 38, art. 3º e TST-RI, art. 282).

Consigna-se que "somente poderão ser afetados recursos representativos da controvérsia que sejam admissíveis e que, a critério do relator do incidente de julgamento dos recursos repetitivos, contenham abrangente argumentação e discussão a respeito da questão a ser decidida" (TST - IN nº 38, art. 4º; TST-RI, art. 283, caput).

Atenção:

Não será admitida sustentação oral versando, de forma específica, sobre a proposta de afetação (TST-IN nº 38, art. 2º, § 4º; TST-RI, art. 281, § 4º).

2.4.9.3.3. Decisão de afetação

Acolhida a proposta de afetação, define-se se o processo será julgado pela SDI-I ou pelo Tribunal Pleno pelo mecanismo de julgamento de causas repetitivas.

Ato contínuo, será distribuído a um relator e a um revisor.

O relator não fica vinculado às propostas de afetação, podendo recusá-las por entender que os recursos representativos da controvérsia não são admissíveis ou não contenham abrangente argumentação e discussão a respeito da questão a ser decidida. Pode, ainda, selecionar outros recursos representativos da controvérsia (TST-IN nº 38, art. 4º; TST-RI, art. 283, parágrafo único).

Selecionados os recursos, o relator, constando a presença do pressuposto do caput do art. 896-C da CLT, proferirá decisão de afetação, consistente na identificação com precisão a questão a ser submetida a julgamento (TST-IN nº 38, art. 5º, I; CPC/2015, art. 1.037, *caput;* TST-RI, art. 284, I).

A identificação é de suma importância, vez que será vedado ao órgão colegiado decidir questão não delimitada na questão de afetação (TST-IN nº 38, art. 12, parágrafo único).

2.4.9.3.4. Suspensão de outros recursos

Considerando que a decisão a ser proferida no julgamento das causas repetitivas atingirá outros processos, o relator poderá determinar a suspensão dos recursos de revista ou de embargos que tenham como objeto controvérsia idêntica à do recurso afetado como repetitivo (CLT, art. 896-C, § 5º).

Por sua vez, o presidente do Tribunal Superior do Trabalho oficiará, por meio de carta de ordem, os presidentes dos Tribunais Regionais do Trabalho para que suspendam os recursos interpostos em casos idênticos aos afetados como recursos repetitivos, até o pronunciamento definitivo do Tribunal Superior do Trabalho (CLT, art. 896-C, § 3º).

Ademais, haverá suspensão dos recursos ordinários pendentes de julgamento no TRT, conforme prevê o art. 6º da Instrução Normativa nº 38 do TST[131]. A propósito,

131. **Art. 6.** O Presidente do Tribunal superior do Trabalho oficiará os Presidentes dos Tribunais Regionais do Trabalho, com cópia da decisão de afetação, para que suspendam os recursos de revista interpostos em casos idênticos aos afetados como recursos repetitivos e ainda não encaminhados a este Tribunal, bem como os recursos ordinários interpostos contra as sentenças proferidas em casos idênticos aos afetados como recursos repetitivos, até o pronunciamento definitivo do Tribunal Superior do Trabalho.

o TST admitiu, de forma excepcional, a suspensão dos processos em primeiro grau de jurisdição (TST-IN nº 38 do TST, art. 14, III; TST-RI, art. 293, III).

Em resumo, admite a suspensão dos recursos de revista e embargos de divergência no TST; dos recursos de revista no TRT e ainda não encaminhados ao TST; dos recursos ordinários a serem julgados no TRT e; excepcionalmente, dos processos em primeiro grau.

Na hipótese dos recursos de revistas que ainda serão encaminhados ao TST, incumbe ao relator determinar ao presidente ou vice-presidente do tribunal de origem o encaminhamento ao TST de até dois recursos representativos da controvérsia, ficando suspensos os demais recursos de revista até o pronunciamento definitivo do Tribunal Superior do Trabalho (CLT, art. 896-C, § 4º; TST - IN nº 38, art. 5º, III; TST-RI, art. 284, III).

Se, após receber os recursos de revista encaminhados, não se proceder à sua afetação, o relator, no Tribunal Superior do Trabalho, comunicará o fato ao presidente ou vice-presidente que os houver enviado, para que seja revogada a decisão de suspensão (TST-IN nº 38, art. 8º; TST-RI, art. 287).

É importante destacar que, quando os recursos requisitados do Tribunal Regional do Trabalho contiverem outras questões além daquela que é objeto da afetação, caberá ao órgão jurisdicional competente para julgar o incidente decidir a questão afetada e depois o processo deverá ser distribuído na forma regimental, para julgamento das demais matérias pela Turma (TST-RI, art. 292, parágrafo único).

A propósito, no caso de suspensão do processo, as partes deverão ser intimadas da decisão de suspensão de seu processo, a ser proferida pelo respectivo relator (TST - IN nº 38, art. 9º, caput; TST-RI, art. 288, *caput*).

Os recursos afetados deverão ser julgados no prazo de um ano e terão preferência sobre os demais feitos. Ultrapassado referido prazo, será permitida outra proposta de afetação (TST - IN nº 38, art. 11; TST-RI, art. 290; CPC/15, art. 1.037, § 4º e 6º).

2.4.9.3.4.1. Requerimento de não suspensão e prosseguimento do recurso

A parte, ciente da decisão de suspensão de seu processo, poderá requerer o seu prosseguimento se demonstrar:

1) a intempestividade do recurso nele interposto; ou
2) a existência de distinção (*distinguishing*[132]) entre a questão a ser decidida no processo e aquela a ser julgada no recurso afetado (TST - IN nº 38, art. 9º, § 1º TST-RI, art. 288, § 1º).

132. Para aprofundamento do tema vide o Capítulo 21, sobre precedentes judiciais.

O requerimento será dirigido:

a) ao juiz, se o processo sobrestado estiver em primeiro grau;

b) ao relator, se o processo sobrestado estiver no tribunal de origem;

c) ao relator do acórdão recorrido, se for sobrestado recurso de revista no tribunal de origem;

d) ao relator, no Tribunal Superior do Trabalho, do recurso de revista ou de embargos cujo processamento houver sido sobrestado (TST – IN nº 38, art. 9º, § 2º; CPC/15, TST-RI, art. 288, § 2º e art. 1.037, § 10).

A outra parte deverá ser ouvida sobre o requerimento, no prazo de cinco dias (TST – IN nº 38, art. 9º, § 3º; TST-RI, art. 288, § 3º; CPC/15, art. 1.037, § 11).

Reconhecida a distinção no caso:

I – dos itens a, b e d anteriormente indicado, o próprio juiz ou relator dará prosseguimento ao processo;

II – do item c, o relator comunicará a decisão ao presidente ou vice-presidente que houver determinado o sobrestamento, para que este dê normal prosseguimento ao processo (TST – IN nº 38, art. 9º, § 4º; TST-RI, art. 288, § 4º; CPC/15, art. 1.037, § 12)

No processo civil, a decisão que resolver o requerimento poderá ser impugnada por agravo de instrumento, se o processo estiver em primeiro grau, ou por agravo interno, se a decisão for de relator (CPC/15, art. 1.037, § 13). No processo do trabalho, segue-se a regra da irrecorribilidade imediata das decisões interlocutórias, prevista no art. 893, § 1º, da CLT, de modo que o C. TST entende que a decisão que resolver o requerimento é irrecorrível de imediato (TST – IN nº 38, art. 9º, § 5º; TST-RI, art. 288, § 5º).

2.4.9.3.5. *Instrução*

O relator do recurso repetitivo poderá solicitar, aos Tribunais Regionais do Trabalho, informações a respeito da controvérsia, a serem prestadas no prazo de 15 dias (CLT, art. 896-C, § 7º; TST-IN nº 38, art. 5º, III; TST-RI, art. 284, III).

Embora se trate de faculdade do relator, é importante a coleta de informações nos tribunais para que a Corte Trabalhista aumente os elementos de convicção sobre o tema[133].

Ademais, para instruir o procedimento, pode o relator fixar data para, em audiência pública, ouvir depoimentos de pessoas com experiência e conhecimento na matéria,

133. NEVES, Daniel Amorim Assumpção. *Manual de direito processual civil*. 5. ed. Rio de Janeiro: Forense; São Paulo: Método, 2013. p. 773.

sempre que entender necessário o esclarecimento de questões ou circunstâncias de fato subjacentes à controvérsia objeto do incidente de recursos repetitivos (TST-IN nº 38, art. 10; TST-RI, art. 289, caput).

Pode ainda admitir manifestação de pessoa, órgão ou entidade com interesse na controvérsia, inclusive como assistente simples (CLT, art. 896-C, § 8º; TST-IN nº 38, art. 5º, IV; TST-RI, arts. 284, IV e 289, § 1º).

Trata-se da possibilidade de atuação do *amicus curiae*, tendo em vista a repercussão do julgamento e especialmente porque ele atingirá os recursos sobrestados, ou seja, a decisão ultrapassará (transcenderá) as partes do processo-paradigma. Desse modo, "sindicatos, associações, órgãos públicos e até pessoas físicas ou jurídicas privadas poderão habilitar-se como *amicus curiae*, desde que demonstrem algum interesse no julgamento"[134].

Atenção:

O C. TST admitiu a aplicação art. 138 e parágrafos do CPC/15 que trata sobre o *amicus curiae*.[106]

Ante a repercussão do julgado, que atingirá uma coletividade, após o recebimento das informações, terá vista o Ministério Público pelo prazo de 15 dias (CLT, art. 896-C, § 9º; TST-IN nº 38, art. 5º, VI).[135]

Transcorrido o prazo para o Ministério Público e remetida cópia do relatório aos demais ministros, o processo será incluído em pauta na Seção Especializada ou no Tribunal Pleno, devendo ser julgado com preferência sobre os demais feitos (CLT, art. 896-C, § 10).

2.4.9.3.6. Julgamento

O acórdão proferido no julgamento do recurso de revista repetitivo abrangerá a análise dos fundamentos relevantes da tese jurídica discutida, sendo vedado decidir questão não delimitada na decisão de afetação (CPC/15, art. 1.038, § 3º c/c art. 12 da TST – IN nº 38; TST-RI, art. 291).

Decidido o recurso representativo da controvérsia (recurso de revista-paradigma), os órgãos jurisdicionais respectivos declararão prejudicados os demais recursos

---

134. Theodoro Júnior, Humberto. *Curso de direito Processual Civil*. Teoria geral do direito processual civil e processo de conhecimento. V. I. Rio de Janeiro: Forense, 2013. p. 721.

135. Art. 138. O juiz ou o relator, considerando a relevância da matéria, a especificidade do tema objeto da demanda ou a repercussão social da controvérsia, poderá, por decisão irrecorrível, de ofício ou a requerimento das partes ou de quem pretenda manifestar-se, solicitar ou admitir a participação de pessoa natural ou jurídica, órgão ou entidade especializada, com representatividade adequada, no prazo de 15 (quinze) dias de sua intimação. § 1º. A intervenção de que trata o caput não implica alteração de competência nem autoriza a interposição de recursos, ressalvadas a oposição de embargos de declaração e a hipótese do § 3º. § 2º. Caberá ao juiz ou ao relator, na decisão que solicitar ou admitir a intervenção, definir os poderes do *amicus curiae*. § 3º. O *amicus curiae* pode recorrer da decisão que julgar o incidente de resolução de demandas repetitivas.

versando sobre idêntica controvérsia ou os decidirão, aplicando a tese firmada (TST-IN nº 38, art. 13, caput; TST-RI, art. 292).

Julgado o recurso representativo da controvérsia, os processos porventura suspensos em primeiro e segundo graus de jurisdição retomarão o curso para julgamento e aplicação da tese firmada pelo Tribunal Superior do Trabalho (TST-IN nº 38, art. 14, III; TST-RI, art. 293, III; CPC/15, art. 1.040, III).

Já os recursos sobrestados na origem:

1) terão seguimento denegado pelo presidente ou vice-presidente do TRT na hipótese de o acórdão recorrido coincidir com a orientação do Tribunal Superior do Trabalho; ou
2) serão novamente examinados pelo tribunal de origem na hipótese de o acórdão recorrido divergir da orientação do Tribunal Superior do Trabalho a respeito da matéria (CLT, art. 896-C, § 11).

Nesse último caso, embora o texto legal decline que o reexame será realizado pelo tribunal de origem, na realidade, o que ocorrerá é o retorno dos autos ao órgão prolator do acórdão recorrido, sendo este o órgão competente para reanalisar a decisão (TST – IN nº 38, art. 14, II; TST-RI, art. 293, II; CPC/15, art. 1.040, II).

Nas palavras do doutrinador Daniel Assumpção Neves, quando analisa o recurso extraordinário por amostragem, "trata-se de interessante hipótese de retratação de decisão já publicada, condicionada ao resultado de julgamento em recurso que não faz parte da demanda, em previsão inédita no ordenamento processual"[136].

Considerando que a decisão-paradigma proferida pela SDI ou pelo Tribunal Pleno tem eficácia obrigatória (CPC/15, art. 927, III; TST – IN nº 39, art. 15, I, "a"), o órgão de origem deverá adequar sua decisão à proferida na decisão-paradigma.

No entanto, pode ocorrer de o órgão que proferiu o acórdão recorrido pretender manter sua decisão, desde que demonstre, fundamentadamente, a existência de distinção (*distinguishing*), por se tratar de caso particularizado por hipótese fática distinta ou questão jurídica não examinada, a impor solução jurídica diversa (TST – IN nº 38, art. 15; TST-RI, art. 294).

Assim, mantida a decisão divergente, far-se-á novo exame de admissibilidade do recurso de revista pelo presidente ou vice-presidente do TRT e, sendo positivo, encaminhá-lo-á ao TST.

Por outro lado, caso o órgão prolator da decisão altere seu julgamento para se adaptar ao entendimento descrito no acórdão-paradigma, o recurso de revista ficará prejudicado. Nesse caso, pensamos que a parte contrária passa a ter interesse de

136. NEVES, Daniel Amorim Assumpção. *Manual de direito processual civil*. 5. ed. Rio de Janeiro: Forense; São Paulo: Método, 2013. p. 754.

interpor recurso de revista da nova decisão, embora, provavelmente, falte o pressuposto intrínseco da violação legal ou constitucional, pois o TST já terá assentado a interpretação sobre a questão de direito.

De qualquer modo, ocorrendo a alteração do julgamento e havendo outras questões **não decididas** na origem, elas devem ser julgadas na origem, pois o enfrentamento se tornou necessário em decorrência da alteração (TST – IN nº 38, art. 15, § 2º; TST-RI, art. 294, § 2º).

- **Exemplificamos:** recurso repetitivo versando sobre a legitimidade de uma entidade. O tribunal de origem entende que a entidade não tem legitimidade, não adentrando no mérito da causa. No entanto, no julgamento do recurso repetitivo ficou consignado a legitimidade da entidade. Desse modo, ao retornar à origem, o órgão julgador modifica seu entendimento, de modo que deverá julgar o mérito da causa.

Porém, pode acontecer de ser interposto recurso de revista sobre diversas questões, **todas já decididas** pelo órgão de origem, mas a controvérsia do recurso repetitivo contemplar apenas parte do recurso de revista. Nesse caso, o recurso de revista ficará sobrestado, porque primeiro se julgará a questão submetida ao recurso repetitivo. Desse modo, julgando-se o recurso repetitivo de forma diferente ao que havia sido decidido na origem, poderá o órgão julgador alterar sua decisão. Na hipótese de alteração, caberá ao presidente ou vice-presidente do tribunal regional, independentemente de ratificação do recurso, proceder a novo juízo de admissibilidade, retomando o processo o seu curso normal (TST – IN nº 38, art. 15, § 3º; TST-RI, art. 294, § 3º).

É importante ressaltar que a decisão firmada em recurso repetitivo não será aplicada aos casos em que se demonstrar que a situação de fato ou de direito é distinta das presentes no processo julgado sob o rito dos recursos repetitivos (CLT, art. 896-C, § 16).

Contudo, pode ocorrer de o presidente do TRT negar seguimento ao recurso de revista, com o pretexto de que a decisão-paradigma do TST já adotou tese igual a do acórdão recorrido, embora não ocorra tal identidade. Nesse caso, o recurso cabível para destrancar o recurso de revista é o agravo interno, nos termos do art. 1.030, § 2º, do CPC/2015.

Por fim, o § 17 do art. 896-C da CLT dispõe que "caberá revisão da decisão firmada em julgamento de recursos repetitivos quando se alterar a situação econômica, social ou jurídica, caso em que será respeitada a segurança jurídica das relações firmadas sob a égide da decisão anterior, podendo o Tribunal Superior do Trabalho modular os efeitos da decisão que a tenha alterado".

2.4.9.3.7. Efeito do julgamento para os processos futuros

Antes do advento do CPC/15, o julgamento de causas repetitivas tinha o condão de atingir os processos em curso, sobrestando-os até que a decisão do acórdão-paradigma.

Com a chegada do novel código, o acórdão-paradigma torna-se um precedente de observância obrigatória para o próprio tribunal e para as instâncias inferiores (CPC/2015, art. 927, III), sistemática que também será adotada no processo do trabalho, ante a compatibilidade com o sistema laboral (TST-IN nº 39, art. 15, I, a).

Desse modo, nos processos ainda não julgados (já em trâmite ou ajuizados posteriormente) incumbe ao julgador aplicar a tese firmada no precedente, salvo se demonstrado o distinguishing, a superveniência de texto legislativo que altere a base do precedente ou a superação antecipada[137].

Não aplicando a tese, seu julgamento será proferido com error in judicando ou error in procedendo, a depender do caso, permitindo sua impugnação pela via recursal. Ademais, depois de esgotadas as vias ordinárias, caberá sua insurgência por meio da reclamação, como disposto no art. 988, § 5º, II, do CPC/2015.

2.4.9.3.8. Desistência da ação em curso no primeiro grau

Diante do efeito obrigatório do precedente firmado no julgamento do recurso de revista repetitivo, a parte poderá desistir da ação em curso no primeiro grau de jurisdição, antes de proferida a sentença, se a questão nela discutida for idêntica à resolvida pelo recurso representativo da controvérsia (TST-IN nº 38, art. 16, caput; TST-RI, art. 295, caput).

Essa desistência independe de consentimento do reclamado, ainda que apresentada contestação, mas se a desistência ocorrer antes de oferecida a defesa, a parte, se for o caso, ficará dispensada do pagamento de custas e de honorários de advogado (TST-IN nº 38, art. 16, §§ 1º e 2º; TST-RI, art. 295, §§ 1º e 2º).

Sistematizando, a desistência nesse caso:

a) pode ocorrer antes de proferida a sentença;

b) independe de consentimento do reclamado, mesmo se já apresentada a contestação;

c) dispensará do pagamento das custas e honorários, se for o caso, quando ocorrer antes da contestação.

2.4.9.4. Questão constitucional no julgamento dos recursos repetitivos

É sabido que na Justiça do Trabalho não existe a bifurcação implementada na Justiça comum, em que as matérias infraconstitucionais são dirigidas ao STJ, enquanto as matérias constitucionais são de incumbência do STF.

137. Para aprofundamento do tema vide o capítulo de precedentes judiciais.

Nessa seara, primeiro se exaure a jurisdição trabalhista para somente em seguida alcançar o STF. Nesse contexto, a Corte Trabalhista pode julgar matérias infraconstitucionais, assim como matérias constitucionais.

Desse modo, caso a questão afetada e julgada sob o rito dos recursos repetitivos também contenha questão constitucional, a decisão proferida pelo Tribunal Pleno[138] não obstará o conhecimento de eventuais recursos extraordinários sobre a questão constitucional (CLT, art. 896-C, § 13; TST-RI, art. 297).

Aos recursos extraordinários interpostos perante o Tribunal Superior do Trabalho será aplicado o procedimento previsto no art. 1.036 do CPC/2015, cabendo ao presidente do Tribunal Superior do Trabalho selecionar dois[139] ou mais recursos representativos da controvérsia e encaminhá-los ao Supremo Tribunal Federal, sobrestando os demais até o pronunciamento definitivo da Corte, na forma do art. 1.037 do CPC/2015 (CLT, art. 896-C, § 14; CPC/2015, art. 1.036, § 1º).

Nesse caso, o presidente do Tribunal Superior do Trabalho poderá oficiar os Tribunais Regionais do Trabalho e os presidentes das Turmas e da Seção Especializada do Tribunal para que suspendam os processos idênticos aos selecionados como recursos representativos da controvérsia e encaminhados ao Supremo Tribunal Federal, até o seu pronunciamento definitivo (CLT, art. 896-C, § 15).

Pensamos que, da mesma forma que nos recursos de revistas repetitivos, haverá nesta hipótese suspensão dos recursos de revista, embargos para a SDI e, ainda, dos recursos ordinários pendentes de julgamento, como anunciado anteriormente, nos termos do art. 1.037 do CPC/15.

2.5. Embargos no TST

2.5.1. Introdução

O recurso de embargos no TST não se confunde com os embargos de declaração. Estes têm cabimento em qualquer grau de jurisdição, quando a decisão for omissa, obscura, contraditória ou, ainda, para afastar manifesto equívoco no exame dos pressupostos extrínsecos do recurso (CLT, art. 897-A). Por outro lado, os embargos no TST têm aplicação restrita no Tribunal Superior do Trabalho, sendo duas modalidades:

1) embargos infringentes;

2) embargos de divergência (embargos à SDI).

2.5.2. Embargos infringentes

A decisão no dissídio coletivo, interposto no TRT, desafia o recurso ordinário a ser julgado pelo TST.

138. Incluímos a decisão proferida pela SDI, por decorrência lógica.

139. CPC/2015, art. 1.036, § 1º

No entanto, quando a extensão territorial do conflito coletivo ultrapassar mais de um TRT, o dissídio coletivo será de competência originária do TST, por meio da SDC (Seção de dissídios coletivos), ou seja, será ajuizado diretamente no TST.

Nesse caso, como a decisão é proferida em primeira instância pelo TST, não havia no ordenamento nenhum recurso para impugnar aludida decisão. Surgiram, então, os embargos infringentes como uma espécie de duplo grau interno, sendo cabíveis, entretanto, somente quando a decisão da SDC não for unânime. Com efeito, os embargos infringentes são restritos à cláusula em que há divergência, e, se esta for parcial, ao objeto da divergência.

Portanto, os embargos infringentes pressupõem os seguintes requisitos **cumulativos:**

1) dissídio coletivo;

2) competência originária do TST;

3) decisão não unânime.

Verifica-se, assim, que os embargos infringentes são dirigidos aos dissídios coletivos, tendo **natureza ordinária**, embora sejam julgados no TST.

Eles devem ser interpostos no prazo de 8 dias, sendo cabíveis, nos termos do art. 894, I, da CLT:

> I – de decisão não unânime de julgamento que:
>
> a) conciliar, julgar ou homologar conciliação em dissídios coletivos que excedam a competência territorial dos Tribunais Regionais do Trabalho e estender ou rever as sentenças normativas do Tribunal Superior do Trabalho, nos casos previstos em lei.

A Fazenda Pública, o Ministério Público do Trabalho e a Defensoria Pública possuem o prazo em dobro, ou seja, 16 dias (CPC/2015, arts. 180, 183 e 186), inclusive para as contrarrazões.

Atenta-se, por fim, para o fato de que **não** caberão tais embargos se a decisão impugnada estiver em consonância com precedente jurisprudencial do Tribunal Superior do Trabalho ou da súmula de sua jurisprudência predominante (Lei nº 7.701/88, art. 2º, II, "c").

2.5.3. Embargos de divergência (embargos à SDI)

2.5.3.1. Introdução

O Tribunal Superior do Trabalho tem a função de unificar a jurisprudência trabalhista.

Desse modo, havendo divergência entre tribunais regionais diferentes, é cabível o recurso de revista com o objetivo de unificar o entendimento em âmbito nacional.

Ocorre, no entanto, que o recurso de revista é julgado pelas Turmas do TST, sendo, atualmente, 8 Turmas. Considerando que há mais de uma Turma, é possível existirem decisões conflitantes entre elas.

Surgem, assim, os embargos de divergência, com a finalidade de acabar com essa divergência **interna** do TST (CLT, art. 894, II e Lei nº 7.701/88, art. 3º, III, "b").

Trata-se de recurso de natureza **extraordinária** e vinculada. Por ter natureza extraordinária, veda-se o reexame de fatos e provas (Súmula nº 126 do TST).

Consigna-se que, por haver disciplina própria na CLT, não se aplicam os artigos 1.043 e 1.044 do CPC/2015, que regem os embargos de divergência, ao processo trabalhista (IN nº 39/2016, art. 2º, XII).

2.5.3.2. Prazo

Os embargos de divergência seguem a regra geral dos recursos trabalhistas, devendo ser interpostos no prazo de 8 dias úteis, tendo o mesmo prazo para as contrarrazões (CLT, art. 894). A Fazenda Pública, o Ministério Público do Trabalho e a Defensoria Pública possuem o prazo em dobro, ou seja, 16 dias (CPC/2015, arts. 180, 183 e 186), inclusive para as contrarrazões.

2.5.3.3. Competência para julgamento

A competência para julgar os embargos de divergência é da Subseção de Dissídios Individuais I do TST (SDI-I).

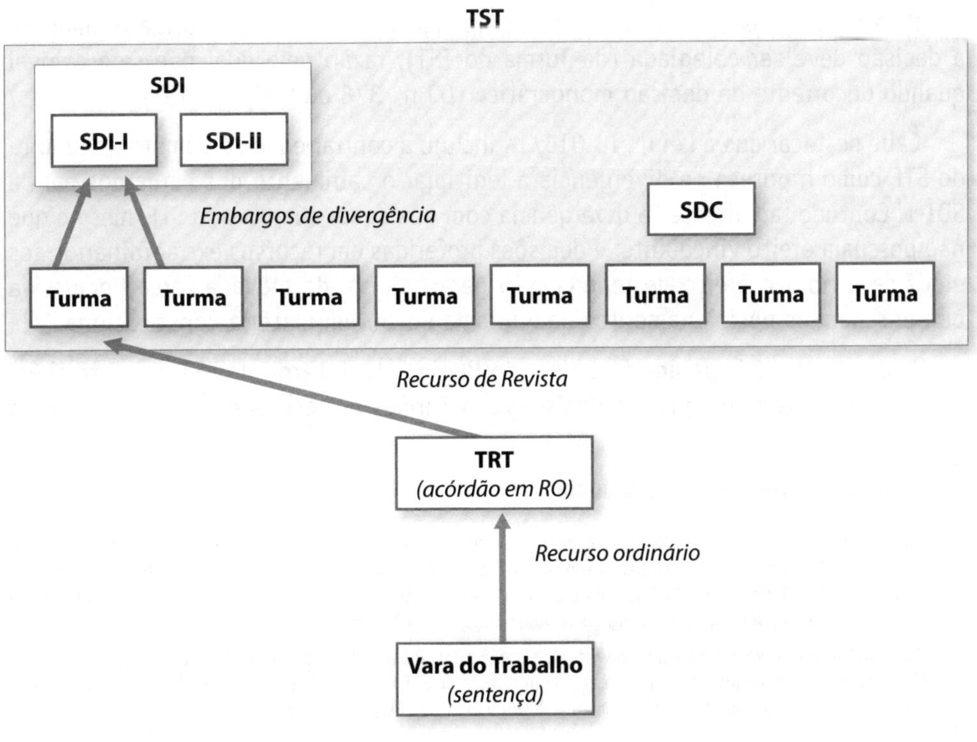

2.5.3.4. Prequestionamento

Tratando de recurso de natureza extraordinária, os embargos de divergência também se submetem ao prequestionamento, possuindo as mesmas diretrizes já estudadas no recurso de revista.

2.5.3.5. Hipóteses de cabimento

Os embargos de divergência vêm disciplinados no art. 894, II, da CLT, sendo cabível: das decisões das Turmas que divergirem entre si ou das decisões proferidas pela Seção de Dissídios Individuais, ou contrárias à súmula ou orientação jurisprudencial do Tribunal Superior do Trabalho ou súmula vinculante do Supremo Tribunal Federal.

Portanto, podemos esquematizar as hipóteses de cabimento dos embargos de divergência da seguinte forma:

Decisão recorrida		Decisão divergente
Turma do TST		Outra Turma do TST
Turma do TST	X	SDI
Turma do TST		Súmula e OJ do TST
Turma do TST		Súmula vinculante do STF

Pelo referido quadro, fica claro que, para ensejar esse recurso, obrigatoriamente, a decisão deve ser colegiada (da Turma do TST), razão pela qual não será cabível quando decorrente de decisão monocrática (OJ nº 378 da SDI-I do TST)[140].

Cabe destacar que a Lei nº 13.015/14 incluiu a contrariedade à Súmula vinculante do STF como hipótese de divergência a legitimar o cabimento dos embargos para a SDI-I. Contudo, admite-se "a divergência com quaisquer súmulas do STF, mesmo que não possuam efeito vinculante, e decisões proferidas em recursos extraordinários aos quais se atribui o efeito de repercussão geral, diante da elevada força persuasiva que possuem os posicionamentos da Suprema Corte, em matéria constitucional"[141].

Aliás, o art. 258, parágrafo único, do Regimento Interno do TST prevê também o cabimento dos embargos das decisões das Turmas proferidas em agravos internos

140. **Orientação Jurisprudencial nº 378 da SDI – I do TST.** Embargos. Interposição contra decisão monocrática. Não cabimento.
Não encontra amparo no art. 894 da CLT, quer na redação anterior quer na redação posterior à Lei nº 11.496, de 22.06.2007, recurso de embargos interposto à decisão monocrática exarada nos moldes do art. 932 do CPC de 2015 (art. 557 do CPC de 1973), pois o comando legal restringe seu cabimento à pretensão de reforma de decisão colegiada proferida por Turma do Tribunal Superior do Trabalho.

141. BRANDÃO, Cláudio. *Reforma do sistema recursal: comentários à Lei n. 13.015/2.014*. São Paulo: LTr, 2015. p. 36. No mesmo sentido, admitindo a divergência com súmula do STF não vinculante. MOURA, Marcelo. Consolidação das leis do trabalho para concursos. 6. ed. Bahia: Juspodivm, 2016. p. 1117.

e agravos de instrumento que contrariem precedentes obrigatórios firmados em julgamento de incidentes de assunção de competência ou de incidentes de recursos repetitivos. Nesses casos, como o art. 896-C da CLT também confere competência ao Pleno do TST para o julgamento do recurso de revista repetitivo, se a decisão da Turma do TST contrariar a decisão proferida pelo Plenário caberão os embargos de divergência.

2.5.3.6. Embargos de divergência de decisão proferida em agravo

Como regra, a decisão da Turma, proferida no julgamento de agravo, não é recorrível por meio dos embargos de divergência. No entanto, o TST prevê algumas exceções, como se percebe pela Súmula nº 353 do TST:

> **Súmula nº 353 do TST.** Embargos. Agravo. Cabimento
>
> Não cabem embargos para a Seção de Dissídios Individuais de decisão de Turma proferida em agravo, salvo:
>
> a) da decisão que não conhece de agravo de instrumento ou de agravo pela ausência de pressupostos extrínsecos;
>
> b) da decisão que nega provimento a agravo contra decisão monocrática do Relator, em que se proclamou a ausência de pressupostos extrínsecos de agravo de instrumento;
>
> c) para revisão dos pressupostos extrínsecos de admissibilidade do recurso de revista, cuja ausência haja sido declarada originariamente pela Turma no julgamento do agravo;
>
> d) para impugnar o conhecimento de agravo de instrumento;
>
> e) para impugnar a imposição de multas previstas nos arts. 1.021, § 4º, do CPC de 2015 ou 1.026, § 2º, do CPC de 2015 (art. 538, parágrafo único, do CPC de 1973, ou art. 557, § 2º, do CPC de 1973).
>
> f) contra decisão de Turma proferida em agravo em recurso de revista, nos termos do art. 894, II, da CLT.

> **Atenção:**
>
> Quando o agravo de instrumento for conhecido e não provido não caberão embargos de divergência.

2.5.3.7. Embargos de divergência no rito sumaríssimo

Nas causas sujeitas ao rito sumaríssimo, admitem-se os embargos quando demonstrada que a divergência jurisprudencial entre Turmas do TST é fundada em interpretações diversas acerca da aplicação de mesmo dispositivo constitucional ou de matéria sumulada (Súmula nº 458 do TST).

Isso ocorre porque, sendo os embargos de divergência um recurso de natureza extraordinária, ele está submetido ao prequestionamento. Com efeito, como era cabível o recurso de revista, exclusivamente, nas hipóteses de violação da Constituição Federal ou contrariedade à súmula do TST, apenas tais temas poderiam ter decisão prévia, ou seja, serem prequestionados, o que significa que somente caberiam os embargos para a SDI no rito sumaríssimo, quando se tratasse de decisão contrária à súmula do TST ou divergência jurisprudencial na aplicação da Constituição Federal.

Contudo, com o advento da Lei nº 13.015/14, surge mais uma hipótese de cabimento dos embargos de divergência no rito sumaríssimo: quando contrariar súmula vinculante do STF. É que o § 9º do art. 896 da CLT passou a permitir o cabimento do recurso de revista nessa hipótese, de modo que poderá existir o prequestionamento acerca dessa matéria para se alcançar a SDI-I.

Com efeito, atualmente, cabem embargos de divergência, no rito sumaríssimo, quando houver:

1) divergência na interpretação na Constituição Federal;
2) confronto com súmula do TST; ou
3) confronto com súmula vinculante do STF.

2.5.3.8. *Embargos de divergência na fase executiva*

Na fase de execução, os embargos de divergência ficam condicionados à demonstração de divergência jurisprudencial entre Turmas ou destas e a Seção Especializada em Dissídios Individuais do Tribunal Superior do Trabalho em relação à interpretação de dispositivo constitucional (Súmula nº 433 do TST), seguindo o mesmo raciocínio do rito sumaríssimo analisado no tópico anterior.

Contudo, atenta-se para o fato de que, por força do art. 896, § 10, da CLT, decorrente da Lei nº 13.015/14, nas execuções fiscais e nas controvérsias da fase de execução que envolvam a Certidão Negativa de Débitos Trabalhistas (CNDT) caberá o recurso de revista por violação à lei federal, por divergência jurisprudencial e por ofensa à Constituição Federal, o que significa que nesses casos também caberão os embargos para a SDI I, ou seja, nas duas hipóteses não há nenhuma restrição para o cabimento dos embargos de divergência.

2.5.3.9. *Antigo recurso de embargos de nulidade*

Antes da alteração realizada pela Lei nº 11.496/2007, o TST também tinha competência para julgar os **embargos de nulidade** que eram cabíveis quando a decisão da Turma do TST violasse literalmente preceito de lei federal ou da Constituição da República. Entretanto, com o advento de referida lei, foram **extintos do ordenamento** os embargos de nulidade.

2.6. Agravo de Instrumento

2.6.1. Cabimento

Conforme já estudamos, interposto o recurso, ele será submetido a dois juízos de admissibilidade: o juízo de admissibilidade a quo e o juízo de admissibilidade *ad quem*.

O juízo de admissibilidade a quo é realizado pelo juízo de origem, ou seja, aquele que teve sua decisão impugnada. Nesse primeiro momento, o magistrado pode verificar a presença dos pressupostos recursais – juízo de admissibilidade positivo – processando o recurso, possibilitando assim que a parte recorrida apresente suas contrarrazões sendo, em seguida, remetido ao Tribunal *ad quem*. Do juízo de admissibilidade positivo não cabe recurso, podendo o recorrido argumentar nas suas contrarrazões a ausência dos pressupostos recursais.

Por outro lado, não estando presentes os pressupostos recursais, o juízo de admissibilidade será negativo, de modo que será denegado processamento (seguimento) ao recurso, trancando assim a via recursal. Nessa hipótese, admite-se o recurso de agravo de instrumento a fim de destrancar o recurso, conforme disciplina o art. 897, "b", da CLT.

Portanto, o agravo de instrumento é uma modalidade recursal restrita no processo do trabalho, vez que é destinado tão somente a destrancar o recurso não processado no juízo *a quo*. Noutras palavras, é o recurso que visa a impugnar decisão negativa do **primeiro** juízo de admissibilidade do recurso.

- **Exemplo:** Acórdão do TRT condena a empresa Z a pagar horas extras ao reclamante. Não se conformando com a decisão, interpõe recurso de revista, alegando violação do art. 62, I, da CLT. Contudo, no primeiro juízo de admissibilidade, que é feito pelo presidente ou vice-presidente do TRT, é denegado o processamento do recurso, sob o argumento de que não houve o pagamento correto das custas processuais. Nesse caso, para que o recurso de revista possa chegar ao TST, a empresa poderá interpor o agravo de instrumento.

Esquematizamos para melhor compreensão:

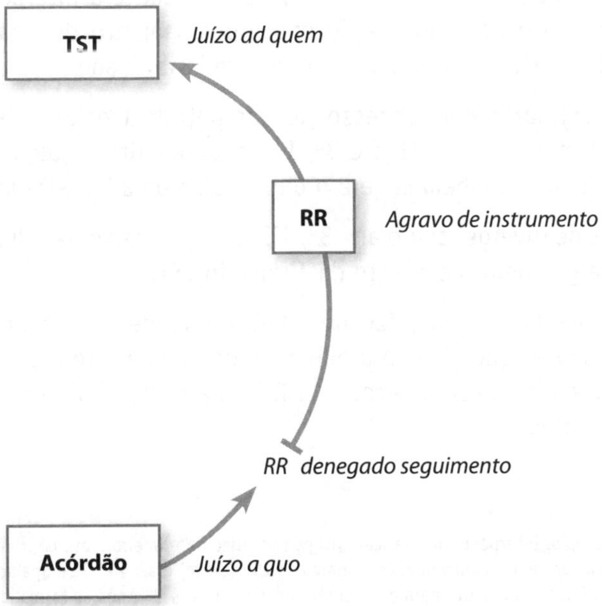

Antes de finalizar esse tópico é necessário fazer uma observação sobre o juízo de admissibilidade com o advento do CPC/2015.

O novel código extinguiu o duplo juízo de admissibilidade para os juízos de natureza ordinária, mantendo-o apenas para os recursos extraordinário e especial.

Desse modo, na apelação, o juízo de admissibilidade será realizado apenas pelo tribunal competente e não mais pelo juízo de origem (a quo), conforme se observa do art. 1.010, § 3º[142]. Assim, conforme estabelece o enunciado nº 99 do Fórum Permanente de Processualistas Civis, "o órgão *a quo* não fará juízo de admissibilidade da apelação". Nesse mesmo sentido, o art. 1.028, § 3º do CPC/2015 dispõe que o recurso ordinário é remetido ao STF ou STJ independentemente de juízo de admissibilidade.

Contudo, no processo do trabalho, o advento do CPC/15 não produzirá impactos acerca do duplo juízo de admissibilidade, ante a existência de normas expressas na legislação trabalhista sobre o tema, conforme se verifica a seguir:

- recurso ordinário: o art. 659, VI, da CLT impõe ao juiz da vara do trabalho "despachar os recursos interpostos pelas partes, fundamentando a decisão recorrida antes da remessa ao Tribunal Regional (...)".
- recurso de revista: assim como ocorre com os recursos de natureza extraordinária no CPC/15 (art. 1.030), o art. 896, § 1º da CLT contempla, expressamente, que o juízo de admissibilidade no recurso de revista será realizado, inicialmente, pelo Presidente do Tribunal Regional do Trabalho.
- agravo de petição: o art. 897, § 2º, da CLT admite a interposição de agravo de instrumento na hipótese de não processamento do agravo de petição, sugerindo, portanto, o duplo juízo de admissibilidade.
- recurso ordinário em processo de competência originária do TRT: a Lei 7.701/88, nos arts. 2º, II, f e 3º, III, f, ao admitir o julgamento do agravo de instrumento também sugere o duplo juízo de admissibilidade.
- embargos de divergência: o art. 3º, III, c, expressamente admite a denegação dos embargos pelo presidente da Turma do TST.

Em resumo, haverá duplo juízo de admissibilidade nos recursos trabalhistas (juízo a quo e juízo ad quem), não produzindo nenhum efeito o art. 1.010, § 3º, do CPC/2015. Nesse sentido, estabeleceu o C. TST no art. 2º, XI, da Instrução Normativa nº 39/2016, in verbis:

142. Art. 1.010. A apelação, interposta por petição dirigida ao juízo de primeiro grau, conterá: (...) § 1º O apelado será intimado para apresentar contrarrazões no prazo de 15 (quinze) dias. § 2º Se o apelado interpuser apelação adesiva, o juiz intimará o apelante para apresentar contrarrazões. § 3º Após as formalidades previstas nos §§ 1º e 2º, os autos serão remetidos ao tribunal pelo juiz, independentemente de juízo de admissibilidade.

Art. 2º. Sem prejuízo de outros, não se aplicam ao Processo do Trabalho, em razão de inexistência de omissão ou por incompatibilidade, os seguintes preceitos do Código de Processo Civil:

(...)

XI – art. 1010, § 3º (desnecessidade de o juízo a quo exercer controle de admissibilidade na apelação)

Desse modo, mantém-se intacto o agravo de instrumento no processo do trabalho.

Cumpre destacar que, na hipótese de denegação de seguimento dos embargos no TST (infringentes ou de divergência), o recurso cabível é o agravo regimental e não o agravo de instrumento, nos termos dos arts. 2º, II, "d" e 3º, III, "c", da Lei nº 7.701/88 (TST-RI, art. 235, I e X).

Atenção:

O agravo de instrumento interposto contra despacho que não receber agravo de petição não suspende a execução da sentença (CLT, art. 897, § 2º).

Atenta-se ainda para o fato de que pode ocorrer de o juízo a quo declinar que apenas em parte do recurso o recorrente preenche os pressupostos recursais como, por exemplo, entende que o recorrente teria interesse recursal apenas quanto a um pedido.

Nessa hipótese, o C. TST a descreve na Instrução Normativa nº 40 que constitui ônus da parte impugnar, mediante agravo de instrumento, o capítulo denegatório da decisão, sob pena de preclusão (TST-IN nº 40/2016, art. 1º, caput). Noutras palavras, para que o capítulo não processado possa chegar ao Tribunal ad quem é necessária a interposição do agravo de instrumento. Assim não agindo haverá trânsito em julgado da parte não impugnada[143].

Exemplo: recurso de revista alegando que, no que se refere ao capítulo que julgou a equiparação salarial, houve violação do art. 461 da CLT e contrariedade à Súmula nº 6 do TST e, quanto ao capítulo das horas extras, há violação da Constituição Federal, sem especificar os dispositivos violados. O presidente ou vice-presidente do TRT ao proferir o juízo de admissibilidade a quo o admite apenas quanto à equiparação salarial. Nesse caso, incumbe à empresa interpor agravo de instrumento para destrancar o capítulo não processado (horas extras).

2.6.2. Prazo

O agravo de instrumento deve ser interposto no prazo de 8 dias úteis (CLT, art. 897, *caput*), tendo o mesmo prazo para as contrarrazões. A Fazenda Pública, o

143. DIDIER Jr., Fredie; CUNHA, Leonardo José Carneiro da. *Curso de direito processual civil: Meios de impugnação às decisões judiciais e processo nos tribunais.* 13. ed. Salvador: Juspodivm, 2016. v. 3, p. 329-332. Para aprofundamento da IN 40 do TST (juízo de admissibilidade parcial no recurso de revista), vide o capítulo destinado ao juízo de admissibilidade.

Ministério Público e a Defensoria Pública têm o prazo em dobro, ou seja, 16 dias (CPC/2015, arts. 180, 183 e 186).

> **Observação:**
>
> Nas contrarrazões, o agravado deverá oferecer resposta ao agravo e ao recurso principal, instruindo-a com as peças que considerar necessárias ao julgamento de ambos os recursos (CLT, art. 897, § 6º).

2.6.3. Competência

A competência para julgar o agravo de instrumento é do órgão que seria competente para conhecer o recurso cuja interposição foi denegada (CLT, art. 897, § 4º). Exemplo: o agravo de instrumento para destrancar RO de sentença é de competência do TRT.

Desse modo, o agravo deve ser interposto perante o juízo a quo (que denegou seguimento ao recurso), que encaminhará o agravo ao tribunal (juízo *ad quem*) para julgamento.

2.6.4. Pressupostos recursais

O agravo de instrumento deve preencher os pressupostos intrínsecos e extrínsecos dos demais recursos, exceto o recolhimento das custas processuais, que não é exigido nesse recurso.

Quanto ao **depósito recursal**, deve-se ficar atento para o fato de que, na hipótese de agravo de instrumento, ele é correspondente a 50% do valor do depósito do recurso que se pretende destrancar, devendo ser recolhido no ato da interposição do agravo (CLT, art. 899, § 7º).

> **Atenção:**
>
> Quando o agravo de instrumento tiver a finalidade de destrancar recurso de revista que se insurge contra decisão que contraria a jurisprudência uniforme do Tribunal Superior do Trabalho, consubstanciada nas suas súmulas ou em orientação jurisprudencial, **não haverá obrigatoriedade** de se efetuar o depósito recursal (CLT, art. 899, § 8º).

Há de se destacar que o TST, no seu Regimento Interno, estabeleceu no art. 253:

> **Art. 253.** A dispensa de depósito recursal a que se refere o § 8º do artigo 899 da CLT não será aplicável aos casos em que o agravo de instrumento se refira a uma parcela de condenação, pelo menos, que não seja objeto de arguição de contrariedade a súmula ou a orientação jurisprudencial do Tribunal Superior do Trabalho.

Com efeito, somente haverá dispensa do depósito recursal se o recurso de revista trancado tiver, integralmente, como objeto a contrariedade de súmula ou de orientação jurisprudencial.

Por fim, consigne-se que o agravo de instrumento possui um pressuposto especial: a formação do instrumento.

2.6.4.1. Formação do instrumento

A formação do instrumento, também denominado de translado, consiste na extração de cópias autênticas das principais peças do processo (CLT, art. 897, § 5º). Algumas peças são obrigatórias e outras facultativas.

- **peças obrigatórias**: decisão agravada, certidão da respectiva intimação, procurações outorgadas aos advogados do agravante e do agravado, petição inicial, contestação, decisão originária, depósito recursal referente ao recurso que se pretende destrancar, comprovação do recolhimento do depósito recursal[144] do agravo de instrumento (CLT, art. 897, § 5º, I).
- **peças facultativas**: outras peças que o agravante reputar úteis ao deslinde da matéria de mérito controvertida (CLT, art. 897, § 5º, II).

Porém, salienta-se que, para a formação do agravo de instrumento, não é necessária a juntada de comprovantes de recolhimento de custas e de depósito recursal relativamente ao recurso ordinário, desde que não seja objeto de controvérsia, no recurso de revista, a validade daqueles recolhimentos (OJ nº 217 da SDI-I do TST), como se observa no exemplo a seguir:

- A empresa X interpõe recurso ordinário por não se conformar com a sentença que a condenou ao pagamento do adicional de insalubridade com base na remuneração. O TRT manteve a decisão de 1º grau. A empresa interpõe recurso de revista em que é denegado seu processamento pelo TRT, com fundamento na intempestividade, tendo que interpor agravo de instrumento ao TST para destrancar o recurso de revista. Nesse caso, a empresa não precisará apresentar, no agravo de instrumento, as guias de recolhimento das custas e do depósito recursal do recurso ordinário inicialmente proposto.

A formação do instrumento se justifica, uma vez que, sendo conhecido e provido o agravo de instrumento, o tribunal ad quem passará imediatamente ao julgamento do recurso trancado. Exemplifica-se:

- Interposto recurso de revista, o presidente ou vice-presidente do TRT denega seguimento ao recurso. O recorrente interpõe agravo de instrumento para destrancar o recurso de revista e levar ao conhecimento do TST seus fundamentos recursais. Na hipótese de o TST conhecer e prover o agravo de instrumento, ele passará imediatamente a julgar o recurso de revista. Com efeito, como julgará o recurso de revista, necessária a presença das principais peças do processo.

---

144. Nos termos da OJ nº 217 da SDI-I do TST: "para a formação do agravo de instrumento, não é necessária a juntada de comprovantes de recolhimento de custas e de depósito recursal relativamente ao recurso ordinário, desde que não seja objeto de controvérsia no recurso de revista a validade daqueles recolhimentos".

Ademais, caso o óbice apontado pelo juízo *a quo* para trancamento do recurso seja afastado pelo tribunal *ad quem*, este prosseguirá no exame dos demais pressupostos extrínsecos e intrínsecos do recurso trancado, mesmo que não apreciados pelo juízo a quo (OJ nº 282 da SDI-I do TST). Novamente, exemplificamos:

- A empresa X interpõe recurso de revista insurgindo-se contra o provimento do pedido A pelo TRT. No juízo de admissibilidade, o TRT entende que o recurso de revista é intempestivo, denegando-lhe seguimento. A empresa interpõe agravo de instrumento, reconhecendo o TST que o recurso é tempestivo. Nessa hipótese, o recurso de revista não retornará ao TRT para verificação dos demais pressupostos recursais (ex., depósito recursal, interesse recursal etc.), devendo o próprio TST analisá-los.

É interessante observar que é válido o traslado de peças essenciais efetuado pelo agravado, pois a regular formação do agravo incumbe às partes e não somente ao agravante (OJ nº 283 da SDI-I do TST).

Destaca-se que com o advento do processo eletrônico, realidade em todos os tribunais trabalhistas, a formação do instrumento deixa de ser pressuposto essencial para o agravo de instrumento, exceto quanto ao agravo de instrumento em mandado de segurança, na forma do art. 7º, § 1º, da Lei nº 12.016/09. Isso ocorre porque, com a interposição do agravo de instrumento no processo eletrônico, o tribunal *ad quem* terá acesso integral aos autos (CSJT – Res. nº 185/2017, art. 26; CPC/2015, art. 1.017, § 5º).

2.6.5. *Juízo de retratação*

O agravo de instrumento admite o juízo de retratação, o que significa que, uma vez interposto, poderá o juízo a quo, competente para o recebimento do agravo, retratar-se, ou seja, modificar seu entendimento e dar seguimento ao recurso trancado.

2.7. Agravo Interno e Regimental

O tribunal tem como natureza o colegiado, de modo que todas as decisões deveriam ser proferidas por um órgão colegiado. Tanto é assim que a decisão do tribunal, seja interlocutória, seja sentença, será considerada acórdão, pois as decisões "são sempre precedidas da expressão acordam, representando, assim, a vontade de todos ou da maioria dos membros da corte"[145].

No entanto, com base nos princípios da economia e celeridade processual, o legislador passou a atribuir poderes ao relator para julgar monocraticamente os recursos, como se observa, por exemplo, nos arts. 894, § 3º e 896, § 14, ambos da CLT e no art. 932 do CPC/15.

145. BEBBER, Júlio César. *Recursos no processo do trabalho*. 2. ed. São Paulo: LTr, 2009. p. 58.

Trata-se, porém, de mera delegação de poder ao relator, "mantendo-se com o órgão colegiado a competência para decidir"[146].

Assim, para manter a substância do tribunal (órgão colegiado) e a competência do colegiado, a decisão monocrática do relator está sujeita ao **agravo interno e/ou regimental**, a fim de levar essa decisão ao conhecimento do órgão colegiado (por exemplo, Turma).

Consigna-se que a doutrina não é uniforme quanto à distinção do agravo interno (inominado) e do agravo regimental, sendo predominante o entendimento de que aquele é o previsto nos arts. 894, § 3º, da CLT e 1.021 do CPC/2015, aplicável supletivamente ao processo do trabalho (TST-IN nº 39/2016, art. 3º, XXIX), enquanto o agravo regimental está previsto no próprio regimento interno do tribunal.

De qualquer modo, ambos decorrem de decisão monocrática, que busca levar ao conhecimento do colegiado a decisão proferida pelo relator, seja por meio de competência recursal ou competência originária do tribunal.

Assim, é incabível agravo interno (1.021 do CPC/2015) ou agravo regimental[147] contra decisão proferida por **órgão colegiado**, sendo inclusive inaplicável, no caso, o princípio da fungibilidade ante a configuração de erro grosseiro (OJ nº 412 da SDI-I do TST).

> **Atenção:**
>
> O agravo regimental é previsto nos regimentos internos dos tribunais, mas, excepcionalmente, há indicação de seu cabimento na própria lei, como se percebe, por exemplo, pelo art. 709, § 1º, da CLT e arts. 2º, II, "d" e 3º, III, da Lei nº 7.701/88.

O prazo do agravo interno e do agravo regimental é de 8 dias úteis. É o que dispõe o art. 1º, § 2º, da Instrução Normativa nº 39/2016:

> **Art. 1º**, § 2º. O prazo para interpor e contra-arrazoar todos os recursos trabalhistas, inclusive agravo interno e agravo regimental, é de oito dias (art. 6º da Lei nº 5.584/70 e art. 893 da CLT), exceto embargos de declaração (CLT, art. 897-A).

Considerando que ambos têm natureza recursal, todos os prazos diferenciados a ele se aplicam, ou seja, o Ministério Público, a Fazenda Pública e a Defensoria Pública terão prazo em dobro.

Interposto o agravo interno, o recorrente deverá impugnar especificamente os fundamentos da decisão agravada (CPC/2015, art. 1.021, § 1º). Essa previsão

146. NEVES, Daniel Amorim Assumpção. *Manual de direito processual civil*. 2. ed. Rio de Janeiro: Forense; São Paulo: Método, 2010. p. 643.

147. A redação atual do Regimento Interno do TST não faz referência ao agravo regimental, tratando apenas do agravo interno, uma vez que o art. 1.021 do CPC/15 generalizou seu cabimento para todas as decisões proferidas pelo relator. De qualquer modo, nada obsta que os TRTs disponham sobre o agravo regimental em seus regimentos internos.

se justifica para que o agravante não efetue mera repetição dos fundamentos da pretensão julgada monocraticamente. Assim, "ainda que não seja viável a absoluta mudança de razões em sede de agravo interno, o essencial é que tais razões passem a ser especificamente voltadas à impugnação da decisão monocrática"[148].

O agravo será dirigido ao relator, que intimará o agravado para manifestar-se sobre o recurso no prazo de 8 dias, ao final do qual, não havendo retratação, o relator levá-lo-á a julgamento pelo órgão colegiado, com inclusão em pauta (CPC/2015, art. 1.021, § 2º).

É vedado ao relator limitar-se à reprodução dos fundamentos da decisão agravada para julgar improcedente o agravo interno (CPC/2015, art. 1.021, § 3º).

Cumpre registrar que, como regra, no agravo interno não existe sustentação oral, já que o art. 937, VII, do CPC/2015, que o previa, foi vetado, mantendo-se a obrigatoriedade da sustentação oral apenas no agravo interno interposto contra decisão de relator que extinga a ação rescisória, o mandado de segurança e a reclamação (CPC/2015, art. 937, § 3º). Nada obsta, porém, de o próprio Tribunal prever a possibilidade de sustentação em outras hipóteses, por força do art. 937, IX, do CPC/2015[149].

2.7.1. Multa no agravo interno

O agravo interno tem como finalidade manter a substância do tribunal (órgão colegiado) e a competência do órgão colegiado.

No entanto, o agravo interno não pode ser utilizado de forma abusiva, ou seja, com o simples objetivo de procrastinar o andamento do processo, sob pena de ferir o próprio princípio da celeridade processual. Com base nisso, o legislador criou mecanismo sancionatório para aqueles que utilizarem de forma abusiva o agravo, estabelecendo, no art. 1.021, § 4º, do CPC/2015, o qual é aplicável subsidiariamente ao processo do trabalho (TST-IN 39/2016, art. 3º, XXIX), que:

> § 4º. Quando o agravo interno for declarado manifestamente inadmissível ou improcedente em votação unânime, o órgão colegiado, em decisão fundamentada, condenará o agravante a pagar ao agravado multa fixada entre um e cinco por cento do valor atualizado da causa.

Vê-se pelo referido dispositivo que a multa impõe a conjugação de dois requisitos:

1) declarado manifestamente inadmissível ou improcedente;

---

148. NEVES, Daniel Amorim Assumpção. *Manual de direito processual civil – v. único*. 8. ed. Salvador: Editora Juspodivm, 2016. p. 1581.

149. MEDINA, José Miguel Garcia. *Novo Código de Processo Civil Comentado: com remissões e notas comparativas ao CPC/1973*. São Paulo: Editora Revista dos Tribunais, 2015. p. 1.267.

2) votação unânime.

Aplicada a multa, declina o art. 1.021, § 5º, do CPC/2015, o que segue:

> § 5º. A interposição de qualquer outro recurso está condicionada ao depósito prévio do valor da multa prevista no § 4º, à exceção da Fazenda Pública e do beneficiário de gratuidade da justiça, que farão o pagamento ao final.

Portanto, o recolhimento da referida multa foi contemplado como pressuposto recursal, vez que qualquer outro recurso posterior à aplicação da multa fica condicionado ao seu pagamento.

A imposição da multa supramencionada tem aplicação para qualquer das partes, inclusive ao reclamante.

Contudo, o CPC/15, expressamente, descreve que a Fazenda Pública e o beneficiário da justiça gratuita não pagam a referida multa como pressuposto processual, devendo pagá-la no final do processo. Nesse sentido, a OJ nº 389 da SDI-I do TST:

> **OJ nº 389 da SDI - I do TST.** Multa prevista no art. 1.021, §§ 4º e 5º, do CPC de 2015. Art. 557, § 2º, do CPC de 1973. Recolhimento. Pressuposto recursal. Beneficiário da Justiça Gratuita e Fazenda Pública. Pagamento ao final.
>
> Constitui ônus da parte recorrente, sob pena de deserção, depositar previamente a multa aplicada com fundamento nos §§ 4º e 5º, do art. 1.021, do CPC de 2015 (§ 2º do art. 557 do CPC de 1973), à exceção da Fazenda Pública e do beneficiário de justiça gratuita, que farão o pagamento ao final.

Por questão de coerência o mesmo raciocínio deve ser aplicado ao Ministério Público do Trabalho[150].

É preciso deixar claro: não há isenção de pagamento, mas apenas se afasta a necessidade de pagamento como pressuposto recursal, exigindo seu recolhimento no final do processo, seja pelo beneficiário da justiça gratuita, seja pela Fazenda Pública.

É importante destacar que a competência para aplicar a multa é do órgão colegiado, e não do relator[151].

Por fim, consigna-se que essa multa é exclusiva do agravo interno. Por ser norma sancionatória deve ser interpretada restritivamente, não incidindo no agravo regimental.

2.8. Recurso Extraordinário

O recurso extraordinário julgado pelo Supremo Tribunal Federal é cabível no processo do trabalho, somente depois de esgotados os recursos na seara trabalhista.

150. NEVES, Daniel Amorim Assumpção. *Manual de Direito Processual Civil – v. único*. 8. ed. Salvador: Editora Juspodivm, 2016. p. 1585.

151. LEITE, Carlos Henrique Bezerra. *Curso de direito processual do trabalho*. 9. ed. São Paulo: LTr, 2012. p. 880.

Suas hipóteses de cabimento vêm descritas no art. 102, III, da CF, sendo admitido nas decisões proferidas em única ou última instância que:

a) contrariar dispositivo da Constituição Federal;

b) declarar a inconstitucionalidade de tratado ou lei federal;

c) julgar válida lei ou ato de governo local contestado em face da Constituição;

d) julgar válida lei local contestada em face de lei federal.

Ele deve ser interposto no prazo de 15 dias, tendo o mesmo prazo para as contrarrazões.

Estabelece o art. 893, § 2º, da CLT:

> § 2º. A interposição de recurso para o Supremo Tribunal Federal não prejudicará a execução do julgado.

No entanto, o C. TST, interpretando referido dispositivo, dispôs que não há direito líquido e certo à execução definitiva na pendência de recurso extraordinário, ou de agravo de instrumento visando a destrancá-lo (OJ nº 56 da SDI-II do TST). Isso não impede, porém, que na execução provisória sejam invocados os arts. 520, IV e 521, do CPC/2015, admitindo o levantamento de depósito em dinheiro ou atos que importem em alienação da propriedade.

Consigna-se que, no recurso extraordinário, são exigidos os pressupostos recursais dos demais recursos trabalhistas, com exceção do depósito recursal[152]. Além disso, é obrigatório o prequestionamento da matéria, bem como a demonstração da repercussão geral.

No que tange à repercussão geral, o § 2º do art. 102 da CF/88 estabelece:

> No recurso extraordinário o recorrente deverá demonstrar a repercussão geral das questões constitucionais discutidas no caso, nos termos da lei, a fim de que o Tribunal examine a admissão do recurso, somente podendo recusá-lo pela manifestação de dois terços de seus membros.

Impôs-se, portanto, o afastamento da Corte Suprema do julgamento de demandas de menor significância.

Haverá repercussão geral quando a questão constitucional se mostrar relevante "do ponto de vista econômico, político, social ou jurídico que ultrapassem os interesses subjetivos do processo" (CPC/2015, art. 1.035, § 1º).

---

152. Tema 679 do STF: "Surge incompatível com a Constituição Federal exigência de depósito prévio como condição de admissibilidade do recurso extraordinário, no que não recepcionada a previsão constante do § 1º do artigo 899 da Consolidação das Leis do Trabalho, sendo inconstitucional a contida na cabeça do artigo 40 da Lei nº 8.177 e, por arrastamento, no inciso II da Instrução Normativa nº 3/1993 do Tribunal Superior do Trabalho".

Exige-se, pois, a conjugação da relevância e da transcendência. Relevância quando ligado a aspecto econômico, político, social ou jurídico. E a transcendência quando impõe que a decisão ultrapasse (transcenda) os interesses dos sujeitos da causa.

Assim, incumbe ao recorrente demonstrar a existência da repercussão geral no recurso extraordinário. Se não houver no recurso o levantamento da repercussão geral, falta-lhe um pressuposto recursal ligado à regularidade formal, de modo que o próprio vice-presidente do C. TST poderá não admiti-lo. Agora, existindo alegação da repercussão geral, a efetiva apreciação da sua existência é de competência exclusiva do Supremo Tribunal Federal (CPC/2015, art. 1.035, § 2º)[153]. Ademais, o E. STF somente analisará esse pressuposto depois de se verificar a presença de todos os demais pressupostos, noutras palavras, é sempre o último pressuposto a ser analisado (STF-RI, art. 323, caput).

Embora a repercussão geral decorra de conceito legal indeterminado, cumpre destacar que haverá presunção legal absoluta de existência de repercussão geral sempre que o recurso extraordinário:

a) impugnar acórdão que contrarie súmula ou jurisprudência dominante do Supremo Tribunal Federal (CPC/2015, art. 1.035, § 3º, I);

b) impugnar acórdão que tenha reconhecido a inconstitucionalidade de tratado ou de lei federal, nos termos do art. 97 da CF/88 (CPC/2015, art. 1.035, § 3º, II);

c) impugnar acórdão proferido em incidente de resolução de demandas repetitivas (CPC/2015, art. 987, § 1º).

O relator poderá admitir, na análise da repercussão geral, a manifestação de terceiros, subscrita por procurador habilitado, nos termos do Regimento Interno do Supremo Tribunal Federal (CPC/2015, art. 1.035, § 4º). Trata-se de intervenção no processo pelo *amicus curiae*.

Reconhecida a repercussão geral, o relator no Supremo Tribunal Federal determinará a suspensão do processamento de todos os processos pendentes, individuais ou coletivos, que versem sobre a questão e tramitem no território nacional (CPC/2015, art. 1.035, § 5º).

O recurso que tiver a repercussão geral reconhecida deverá ser julgado no prazo de 1 (um) ano e terá preferência sobre os demais feitos, ressalvados os que envolvam réu preso e os pedidos de *habeas corpus* (CPC/2015, art. 1.035, § 9º).

Por outro lado, sendo negada a existência da repercussão geral, o presidente ou o vice-presidente do tribunal de origem negará seguimento aos recursos extraordinários sobrestados na origem que versem sobre matéria idêntica (CPC/2015, art. 1.035, § 8º).

---

153. DIDIER JR., Fredie; CUNHA, Leonardo Carneiro da. *Curso de direito processual civil: meios de impugnação às decisões judiciais e Processo nos Tribunais, v. 3.* 13. ed. Salvador: Editora Juspodivm, 2016. p. 364.

A decisão que negar a existência de repercussão geral é irrecorrível (CPC/2015, art. 1.035, *caput*). A irrecorribilidade não impede, porém, a interposição dos embargos de declaração.

2.8.1. Recurso extraordinário repetitivo

Pode acontecer de existir multiplicidade de recursos extraordinários com fundamento em idêntica questão de direito. Nesse caso, o julgamento será realizado por amostragem, nos termos dos arts. 1.036 a 1.041 do CPC/2015.

Desse modo, caberá ao presidente ou vice-presidente do TST selecionar dois ou mais recursos representativos da controvérsia e encaminhá-los ao Supremo Tribunal Federal, suspendendo todos os processos pendentes, individuais e coletivos (CPC/2015, art. 1.036, § 1º; CLT, art. 896-C, § 14).

Caso o TST não tenha verificado a multiplicidade, mas, chegando ao Supremo Tribunal Federal múltiplos recursos com fundamento em idêntica controvérsia, o relator poderá selecionar dois ou mais representativos da questão para julgamento da questão de direito (CPC/2015, art. 1.036, § 5º).

Atenção:

Somente podem ser selecionados recursos admissíveis que contenham abrangente argumentação e discussão a respeito da questão a ser decidida (CPC/2015, art. 1.036, § 6º).

Selecionados os recursos, o relator, no Supremo Tribunal Federal, constatando a multiplicidade de recursos e que versam sobre idêntica questão de direito, proferirá decisão de afetação, na qual:

> I – identificará com precisão a questão a ser submetida a julgamento;
>
> II – determinará a suspensão do processamento de todos os processos pendentes, individuais ou coletivos, que versem sobre a questão e tramitem no território nacional. (CPC/2015, art. 1.037)

Se, após receber os recursos selecionados pelo presidente ou pelo vice-presidente de do Tribunal Superior do Trabalho, não se proceder à afetação, o relator, no tribunal superior, comunicará o fato ao presidente ou ao vice-presidente que os houver enviado, para que seja revogada a decisão de suspensão (CPC/2015, art. 1.037, § 1º).

Havendo mais de uma afetação, será prevento o relator que primeiro tiver proferido a decisão que identificar com precisão a questão a ser submetida a julgamento (CPC/2015, art. 1.037, § 3º).

Os recursos afetados deverão ser julgados no prazo de 1 ano e terão preferência sobre os demais feitos, ressalvados os que envolvam réu preso e os pedidos de *habeas corpus* (CPC/2015, art. 1.037, § 4º).

As partes deverão ser intimadas da decisão de suspensão de seu processo, a ser proferida pelo respectivo juiz ou relator quando informado da decisão de afetação (CPC/2015, art. 1.037, § 8º).

Demonstrando distinção entre a questão a ser decidida no processo e aquela a ser julgada no extraordinário afetado, a parte poderá requerer o prosseguimento do seu processo (CPC/2015, art. 1.037, § 9º).

O requerimento será dirigido:

> I – ao juiz, se o processo sobrestado estiver em primeiro grau;
>
> II – ao relator, se o processo sobrestado estiver no tribunal de origem;
>
> III – ao relator do acórdão recorrido, se for sobrestado recurso extraordinário no tribunal de origem;
>
> IV – ao relator, no Supremo Tribunal Federal, de recurso extraordinário cujo processamento houver sido sobrestado (CPC/2015, art. 1.037, § 10).

A outra parte deverá ser ouvida sobre o requerimento anterior, no prazo de 5 dias (CPC/2015, art. 1.037, § 11).

Reconhecida a distinção no caso:

> I – dos item I, II e IV indicando anteriormente, o próprio juiz ou relator dará prosseguimento ao processo;
>
> II – do item III, o relator comunicará a decisão ao presidente ou ao vice-presidente que houver determinado o sobrestamento, para que o recurso extraordinário seja encaminhado ao respectivo tribunal superior, na forma do art. 1.030, parágrafo único (CPC/2015, art. 1.037, § 12).

No processo do trabalho, da decisão que resolver o requerimento de distinção, caberá agravo interno, se a decisão for do relator (CPC/2015, art. 1.037, § 13, II).

Após o julgamento, publicado o acórdão paradigma poderão ocorrer as seguintes situações:

> I – o presidente ou o vice-presidente do Tribunal Superior do Trabalho negará seguimento aos recursos extraordinários sobrestados na origem, se o acórdão recorrido coincidir com a orientação do tribunal superior;
>
> II – o órgão que proferiu o acórdão recorrido, na origem, reexaminará o processo de competência originária, a remessa necessária ou o recurso anteriormente julgado, se o acórdão recorrido contrariar a orientação do tribunal superior;

Nesse caso, mantido o acórdão divergente pelo tribunal de origem, o recurso extraordinário será remetido ao Supremo Tribunal Federal, na forma do art. 1.036, § 1º, do CPC/2015.

Realizado o juízo de retratação, com alteração do acórdão divergente, o tribunal de origem, se for o caso, decidirá as demais questões ainda não decididas cujo enfrentamento se tornou necessário em decorrência da alteração (CPC/2015, art. 1.041, § 1º).

Quando o recurso versar sobre outras questões, caberá ao presidente do Tribunal Superior do Trabalho, depois do reexame pelo órgão de origem e independentemente de ratificação do recurso, sendo positivo o juízo de admissibilidade, determinar a remessa do recurso ao Supremo Tribunal Federal para julgamento das demais questões (CPC/2015, art. 1.041, § 2º).

A parte poderá desistir da ação em curso no primeiro grau de jurisdição, antes de proferida a sentença, se a questão nela discutida for idêntica à resolvida pelo recurso representativo da controvérsia (CPC/2015, art. 1.040, § 1º).

Se a desistência ocorrer antes de oferecida contestação, a parte ficará isenta do pagamento de custas e de honorários de sucumbência (CPC/2015, art. 1.040, § 2º). Essa desistência independe de consentimento do réu, ainda que apresentada contestação (CPC/2015, art. 1.040, § 3º).[154]

Atenção:

As decisões proferidas nos dissídios de alçada (rito sumário) não estão sujeitas a recurso, salvo se versarem sobre matéria constitucional (art. 2º, § 4º, da Lei nº 5.584/70), admitindo-se assim o recurso extraordinário[117].

3. INCIDENTE DE RESOLUÇÃO DE DEMANDAS REPETITIVAS

3.1. Microssistema de julgamentos de causas repetitivas

O ordenamento brasileiro, embasado nos conflitos de massa e com o objetivo de garantir maior segurança jurídica e isonomia aos jurisdicionados, criou um microssistema de julgamento de casos repetitivos, buscando impedir que casos semelhantes possuam decisões distintas e contraditórias.

Esse microssistema é subdividido em dois:

a) **microssistema de formação concentrada de precedentes obrigatórios**: institui procedimento para que determinadas decisões sejam de observância obrigatória em outros processos, impondo aos tribunais a criação de bancos de dados sobre tais decisões, participação de interessados e *amicus curiae*, intervenção do Ministério Público, fundamentação reforçada, cabimento da reclamação em alguns casos e possibilidade de revisão da tese jurídica;

154. Embora essa seja a posição uniforme da doutrina, o STF não tem admitido o recurso extraordinário nessa hipótese (Ag. Reg. no Recurso extraordinário 553.683. Rel. Min. Dias Toffoli. DJe 9.3.2012; RE nº 638.224/SP- AgR, Segunda Turma, Relator o Ministro Celso de Mello, DJe de 21/6/11; ARE nº 648.279/DF-ED, Primeira Turma, Relatora a Ministra Cármen Lúcia, DJe de 19/9/11).

b) microssistema de gestão e julgamento de casos repetitivos: produz um procedimento de sobrestamento dos processos em que a questão a ser decidida se repete, aplicando-se a tese jurídica definida aos processos pendentes.

Esses microssistemas são compostos pelas normas do CPC e as inseridas na CLT a respeito do julgamento do recurso de revista repetitivo (art. 896-B e art. 896-C).[155] Isso significa que essas normas se inter-relacionam, compatibilizam-se e são complementares.

No processo do trabalho, estão inseridos nesses dois microssistemas o incidente de resolução de demandas repetitivas, o recurso de revista repetitivo e o recurso extraordinário repetitivo. Já a assunção de competência engloba apenas o microssistema de formação de precedente obrigatório.

Enfim, o incidente de resolução de demandas repetitivas (IRDR) tem como finalidade a produção de "eficácia pacificadora de múltiplos litígios, mediante o estabelecimento de tese aplicável a todas as causas em que se debata a mesma questão de direito".[156]

Busca, portanto, atacar duas mazelas do processo na atualidade: a multiplicidade de recursos e a tratamento desigual de jurisdicionados.[157]

Ele vem disciplinado nos arts. 976 a 987 do CPC/2015, os quais são aplicáveis ao processo do trabalho (TST-IN nº 39/2016, art. 8º).

3.2. Natureza Jurídica

O incidente de resoluçao de demandas repetitivas tem natureza de incidente autônomo. Trata-se, pois, de incidente processual.

3.3. Cabimento e requisitos

Para sua instauração, o art. 976 do CPC/2015 exige, **simultaneamente**, os seguintes requisitos:

155. DIDIER Jr., Fredie; CUNHA, Leonardo José Carneiro da. *Curso de direito processual civil: Meios de impugnação às decisões judiciais e processo nos tribunais.* 13. ed. Salvador: Juspodivm, 2016. v. 3, p. 590-591. A ideia de microssistemas é extraída de referido curso.

156. THEODORO JR., Humberto. *Incidente de Resolução de demandas repetitivas.* In: THEODORO JR., Humberto; OLIVEIRA, Fernanda Alvim Ribeiro de; REZENDE, Ester Camila Gomes Norato (coord.). Primeiras Lições sobre o Novo Direito Processual Civil Brasileiro (de acordo com o Novo Código de Processo Civil, Lei 13.105, de 16 de março de 2015). Rio de Janeiro: Forense, 2015. p. 734-755.

157. MELLO FILHO, Luiz Philippe Vieira de; MELLO NETO, Luiz Philippe Vieira de. A Lei 13.015/2014 e o incidente de resolução de demandas repetitivas: uma visão. In: MIESSA, Élisson (org.). *O Novo Código Civil e seus reflexos no processo do trabalho.* 2. ed. Salvador: Editora Juspodivm, 2016. p. 1189.

I – efetiva repetição de processos que contenham controvérsia sobre a mesma questão unicamente de direito;

II – risco de ofensa à isonomia e à segurança jurídica

Salienta-se que, ao exigir que os processos tratem da mesma questão jurídica, o dispositivo refere-se às situações nas quais os fatos já se tornaram incontroversos, restando-se apenas a resolução das questões jurídicas.[158]

Admite-se que haja mais de uma questão de direito envolvida no processo, podendo compreender questões de direito material e de direito processual (CPC/2015, art. 928, parágrafo único; TST-IN nº 39/2016, art. 3º, XXIII), não se permitindo apenas que haja discussão de matéria fática.

Pela análise do art. 976 do CPC/2015, observa-se a função repressiva do incidente de resolução de demandas repetitivas, uma vez que o novel código exige que haja efetivamente a repetição de processos. Desse modo, o IRDR não exerce uma função preventiva, ou seja, de evitar a instauração de processos com a mesma controvérsia, mas sim de solucionar as controvérsias já existentes.

Atenção:

A efetiva repetição de processos abarca não apenas as demandas individuais, mas também as ações coletivas capazes de colocar em risco a isonomia e a segurança jurídica dos jurisdicionados (CPC/2015, arts. 982, I, e 985, I).

Existe ainda um **requisito negativo**: quando a matéria já tiver sido afetada pelo tribunal Superior. Noutras palavras, o incidente é incabível quando um dos tribunais superiores, no âmbito de sua respectiva competência, já tiver afetado recurso para definição de tese sobre questão de direito material ou processual repetitiva (CPC/2015, art. 976, § 4º). É o que poderá ocorrer quando o C. TST já tiver afetada a matéria para julgamento em recurso de revista repetitivo.

Cumpre consignar que a inadmissão do incidente de resolução de demandas repetitivas por ausência de qualquer de seus pressupostos de admissibilidade não impede que, uma vez satisfeito o requisito, seja o incidente novamente suscitado (CPC/2015, art. 975, § 3º).

3.4. Competência

Diferentemente dos recursos repetitivos (extraordinário, especial e de revista) que são, invariavelmente, instaurados nas Cortes Superiores, o incidente de demandas repetitivas pode ser instaurado em qualquer tribunal.

158. MEIRELES, Edilton. *Do incidente de resolução de demandas repetitivas no Processo Civil Brasileiro e suas repercussões no Processo do Trabalho*. In: LEITE, Carlos Henrique Bezerra (org.). Novo CPC: repercussões no processo do trabalho. São Paulo: Saraiva, 2015. p. 197-236.

Pretende, pois, trazer para os Tribunais Regionais o microssistema de julgamento de casos repetitivos, que já existia nas Cortes Superiores.

Embora os recursos repetitivos cumpram a mesma missão do IRDR nos tribunais superiores, admite-se o IRDR em tais tribunais quando se tratar de causas de competência originária e recursal ordinária, como é o caso, por exemplo, de existirem reiterados conflitos de competência, reclamações ou recurso ordinário de decisão de competência originária dos TRTs (TST-RI, art. 305, *caput*).

Em regra, porém, o IRDR será instaurada nos Tribunais Regionais.

A competência interna para seu julgamento deverá constar no regimento interno de cada tribunal, conforme declina o art. 978 do CPC/15.

No TST, o incidente é distribuído por prevenção ao Ministro relator do processo de competência originária do Tribunal do qual se originou ou, caso não integre o órgão competente para julgamento do incidente, por sorteio entre os seus membros efetivos (TST-RI, art. 305, § 2º).

3.5. Legitimidade

O pedido de instauração do incidente, nos termos do art. 977 do CPC/2015, pode ser formulado:

I – pelo juiz ou relator, por ofício;

II – pelas partes, por petição;

III – pelo Ministério Público ou pela Defensoria Pública, por petição (CPC/2015, art. 977).

Destaca-se que em todos os casos, o ofício do juiz ou relator ou a petição das partes, do Ministério Público ou da Defensoria Pública deverão estar instruídos com os documentos necessários à demonstração do preenchimento dos requisitos para a instauração do incidente (CPC/2015, art. 977, parágrafo único).

Atenção:
Se não for o requerente, o Ministério Público intervirá obrigatoriamente no incidente e deverá assumir sua titularidade em caso de desistência ou de abandono (CPC/2015, art. 976, § 2º).

3.5.1. Desistência ou abandono

Uma vez instaurado o incidente, a desistência ou o abandono do processo não impedirá o seu exame de mérito do incidente (CPC/2015, art. 976, § 1º). Observa-se, portanto, que o interesse coletivo prevalece sobre o interesse individual, do mesmo modo que se observa nos recursos repetitivos[159].

---

159. THEODORO JR., Humberto. *Incidente de resolução de demandas repetitivas*. In: THEODORO JR., Humberto; OLIVEIRA, Fernanda Alvim Ribeiro de; REZENDE, Ester Camila Gomes Norato (coord.). *Primeiras lições sobre o novo direito processual civil brasileiro*. Rio de Janeiro: Forense, 2015. p. 734-750.

Havendo desistência ou abandono, caberá ao Ministério Público assumir a titularidade do incidente, nos termos do art. 976, § 2º, do CPC/2015.

A desistência ou o abandono, no entanto, afastam a aplicação da tese firmada no incidente no caso piloto, ou seja, aquele que deu origem ao incidente. Isso somente não ocorrerá quando o caso piloto for uma ação coletiva, vez que o Ministério Público ou outro legitimado coletivo também assumirão a titularidade do caso concreto, por força do art. 5º, § 3º, da Lei nº 7.347/85.[160]

3.6. Procedimento

O incidente de resolução de demandas repetitivas é julgado pelo órgão indicado pelo regimento interno entre aqueles responsáveis pela uniformização de jurisprudência do tribunal (CPC/2015, art. 978, caput), sendo competente para julgar o incidente e fixar a tese jurídica, além de julgar o recurso, remessa necessária ou o processo de competência originária de onde se originou o incidente (CPC/2015, art. 978, parágrafo único).

O incidente terá duas fases:

1) admissibilidade; e

2) construção da tese jurídica.

Após a distribuição do incidente, que **não** está submetido ao pagamento de custas, o órgão colegiado competente realizará o juízo de admissibilidade (1ª fase), analisando a presença dos requisitos constantes no art. 976 do CPC/2015 (art. 981).

Destaca-se que o juízo de admissibilidade não pode ser realizado monocraticamente pelo relator, em razão de o art. 981 do CPC/2015 disciplinar, de forma expressa, que ele deverá ser realizado pelo colegiado.

Caso seja admitido[161], o relator:

1) Irá suspender os processos pendentes, individuais ou coletivos;

---

160. DIDIER Jr., Fredie; ZANETI Jr., Hermes. *Curso de direito processual civil: processo coletivo*. 10. ed. – Salvador: Ed. Juspodivm, 2016. p. 93-94.

161. O C. TST vem entendendo que não cabe recurso ordinário contra decisão de TRT que não admite Incidente de Resolução de Demanda Repetitiva – IRDR:
Incidente de Resolução de Demanda Repetitiva. Não conhecimento pelo TRT. Recurso ordinário. Não cabimento. Art. 987 do CPC de 2015.
Não cabe recurso ordinário contra decisão de TRT que não admite Incidente de Resolução de Demanda Repetitiva – IRDR. Embora o IRDR seja compatível com o processo do trabalho, nos termos da IN 39 do TST, o art. 987 do CPC de 2015 admite a interposição de recurso de natureza extraordinária apenas quando houver o julgamento do mérito do incidente. Sob esse entendimento, o Órgão Especial, por unanimidade, não conheceu do recurso ordinário. (TST-RO-21242-23.2016.5.04.0000, Órgão Especial, rel. Min. Maria Helena Mallmann, 6.8.2018 – Informativo nº 181).

Importante:

Embora o incidente seja instaurado em regra no Tribunal Regional do Trabalho, a suspensão poderá ser estendida a todos os processos em curso no território nacional que versem sobre a mesma questão discutida, desde que algum dos legitimados (juiz ou relator, partes ou Ministério Público ou Defensoria Pública, art. 977 do CPC/2015) requeira tal medida ao Tribunal Superior do Trabalho (CPC/2015, art. 982, § 3º).

2) Poderá requisitar informações a órgãos em cujo juízo tramita processo no qual se discute o objeto do incidente, que as prestarão no prazo de 15 (quinze) dias; e

3) Intimará o Ministério Público para, querendo, manifestar-se no prazo de 15 (quinze) dias (CPC/2015, art. 982).

Passa-se, assim, à fase da construção da tese, oportunidade em que o relator ouvirá as partes e os interessados (inclusive pessoas, órgãos e entidades com interesse na controvérsia) que, no prazo de 15 dias, poderão requerer a juntada de documentos e outras diligências necessárias para a elucidação da questão de direito controvertida.

Em seguida, haverá manifestação do Ministério Público no mesmo prazo (CPC/2015, art. 983). O relator poderá ainda designar data para audiência pública, a fim de que sejam ouvidas pessoas com experiência e conhecimento na matéria (CPC/2015, art. 983, § 1º).

Após concluídas as diligências, o relator deverá designar data para o julgamento do incidente (CPC/2015, art. 983, § 2º).

Cabe destacar que o julgamento do incidente deverá ocorrer no prazo de 1 ano, tendo preferência sobre os demais feitos, com ressalva dos que evolvam réu preso e os pedidos de *habeas corpus*. Superado o prazo de um ano, cessa a suspensão dos processos, exceto se houver decisão fundamentada do relator em sentido contrário (CPC/2015, art. 980).

No julgamento do incidente, será observada a seguinte ordem:

> I – o relator fará a exposição do objeto do incidente;
>
> II – poderão sustentar suas razões, sucessivamente:
>
> a) o autor e o réu do processo originário e o Ministério Público, pelo prazo de 30 (trinta) minutos;
>
> b) os demais interessados, no prazo de 30 (trinta) minutos, divididos entre todos, sendo exigida inscrição com 2 (dois) dias de antecedência (CPC/2015, art. 984)

O conteúdo do acórdão deverá abranger a análise de todos os fundamentos suscitados concernentes à tese jurídica discutida, sejam favoráveis ou contrários (CPC/2015, art. 984, § 2º; TST-RI, art. 168, parágrafo único).

Após o julgamento do incidente, a tese jurídica definida será aplicada a todos os processos individuais ou coletivos que versem sobre idêntica questão de direito e que tramitem na área de jurisdição do respectivo tribunal, bem como aos casos futuros que versem sobre idêntica questão de direito e que venham a tramitar no território de competência do tribunal (CPC/2015, art. 985).

Aliás, ao criar um precedente obrigatório, impõe-se sua observância pelos juízos e tribunais, permitindo:

- o julgamento de improcedência liminar (CPC/2015, art. 332, III; TST-IN nº 39/2016, art. 7º);
- a dispensa do reexame necessário (CPC/2015, art. 496, § 4º, III; Súmula 303, II, c, do TST);
- o julgamento monocrático pelo relator (CPC/2015, art. 932, IV, c, V, c; art. 955, parágrafo único, II; TST-IN 39/2016, art. 10 e Súmula nº 435 do TST) e;
- o julgamento de plano do conflito de competência (CPC/2015, art. 955, parágrafo único, II).

3.7. Meios de impugnação do julgamento do IRDR

O julgamento do incidente de resolução de demandas repetitivas está sujeito às seguintes impugnações:

a) **embargos de declaração** (CPC/2015, art. 1.022; TST-IN nº 39/2016, art. 10, *caput*).

b) **recurso de revista:** do julgamento do mérito do incidente no TRT, caberá recurso de revista para o Tribunal Superior do Trabalho, dotado de efeito meramente devolutivo, nos termos dos arts. 896 e 899 da CLT (TST-IN nº 39/2016, art. 8º, § 2º).

Possuem legitimidade ativa para a interposição do recurso os legitimados previstos no art. 977 do CPC/2015, com exceção do juiz ou do relator, já que não pode haver recurso de ofício. Dessa forma, poderão interpor o recurso de revista as partes, o Ministério Público, a Defensoria Pública e o amicus curiae, conforme previsão do art. 138, § 3º, do CPC/2015. Admite-se ainda a legitimidade recursal das partes dos processos individuais e coletivos que foram suspensos, uma vez que estes são também afetados pela formação do precedente obrigatório no IRDR.[162]

162. NEVES, Daniel Amorim Assumpção. *Manual de Direito Processual Civil – v. único*. 8. ed. Salvador: Editora Juspodivm, 2016. p. 1420 e DIDIER Jr., Fredie; CUNHA, Leonardo José Carneiro da. *Curso de direito processual civil: Meios de impugnação às decisões judiciais e processo nos tribunais.* 13. ed. Salvador: Juspodivm, 2016. v. 3, p. 640.

Depois de apreciado o mérito do recurso de revista, a tese jurídica adotada pelo Tribunal Superior do Trabalho será aplicada no território nacional a todos os processos individuais ou coletivos que versem sobre idêntica questão de direito (CPC/2015, art. 987, § 2º, TST-IN nº 39/2016, art. 8º, § 3º).

c) **recurso extraordinário:** quando admitido o IRDR de competência do TST e também da decisão do C. TST do recurso de revista especificado no item anterior.

d) **ação rescisória:** o IRDR segue, em regra, o procedimento-piloto de modo que, simultaneamente, julga o caso concreto e fixa a tese jurídica aplicável aos demais processos suspensos. A parcela da decisão que julgar a causa afetada será passível de desconstituição por ação rescisória, uma vez que resolve o caso concreto e forma a coisa julgada material. A parcela da decisão que fixa a tese jurídica aplicável, todavia, é passível de revisão a qualquer tempo, desde que presentes os requisitos do art. 986 do CPC/2015, razão pela qual não forma coisa julgada e, consequentemente, não é suscetível de impugnação mediante ação rescisória.

Atenção:
A tese jurídica firmada no incidente cria um precedente de observância obrigatório, de modo que não sendo observada será cabível a **reclamação** (CPC/2015, arts. 985, § 1º, e 988, IV)*.

(*) **Enunciado nº 349 do Fórum Permanente de Processualistas Civis.** Cabe reclamação para o tribunal que julgou o incidente de resolução de demandas repetitivas caso afrontada a autoridade dessa decisão.

4. INCIDENTE DE ASSUNÇÃO DE COMPETÊNCIA

4.1. Introdução

O CPC/73 previa a assunção de competência no art. 555, § 1º, permitindo que o relator deslocasse a competência para órgão colegiado maior indicado no regimento interno, quando houvesse relevante questão de direito, com a finalidade de prevenir ou compor divergência entre as câmaras ou turmas do tribunal.

O CPC/2015 exaltado pelo dever de os tribunais uniformizarem sua jurisprudência, mantendo-a estável, íntegra e coerente (art. 926), conservou a assunção de competência, ampliando-a como se verifica pelo art. 947 do CPC/2015, in verbis:

> **Art. 947.** É admissível a assunção de competência quando o julgamento de recurso, de remessa necessária ou de processo de competência originária envolver relevante questão de direito, com grande repercussão social, sem repetição em múltiplos processos.
>
> § 1º. Ocorrendo a hipótese de assunção de competência, o relator proporá, de ofício ou a requerimento da parte, do Ministério Público ou da Defensoria Pública, que seja o recurso, a remessa necessária ou o processo de competência originária julgado pelo órgão colegiado que o regimento indicar.
>
> § 2º. O órgão colegiado julgará o recurso, a remessa necessária ou o processo de competência originária se reconhecer interesse público na assunção de competência.

§ 3º. O acórdão proferido em assunção de competência vinculará todos os juízes e órgãos fracionários, exceto se houver revisão de tese.

§ 4º. Aplica-se o disposto neste artigo quando ocorrer relevante questão de direito a respeito da qual seja conveniente a prevenção ou a composição de divergência entre câmaras ou turmas do tribunal.

Trata-se, pois, de incidente processual inserido no microssistema de formação de precedentes obrigatórios que é aplicável de forma supletiva (TST) e subsidiária ao processo do trabalho (TST-IN nº 39/2016, art. 3º, XXV).

4.2. Cabimento

O incidente de assunção de competência é admitido "quando o julgamento de recurso, de remessa necessária ou de processo de competência originária envolver relevante questão de direito, com grande repercussão social, sem repetição em múltiplos processos" (CPC/2015, art. 947, caput).

A propósito, nos termos do art. 947, § 4º, do CPC/2015 o incidente de assunção também poderá ser instaurado quando ocorrer relevante questão de direito a respeito da qual seja conveniente a **prevenção** ou a composição de divergência entre câmaras ou turmas do tribunal.

Em resumo, o incidente de assunção de competência pode ter duas finalidades:

1) submeter relevante questão de direito, com grande repercussão social, a uma análise feita por órgão colegiado de maior amplitude;

2) compor ou prevenir divergência entre órgãos fracionários do tribunal a respeito de relevante questão de direito[163].

Ele é admitido em qualquer causa que trâmite no tribunal, desde que seja instaurado antes de julgada a causa ou o recurso[164]. Além disso, pressupõe-se que a causa já esteja sujeita à apreciação do tribunal[165].

4.3. Competência

O incidente de assunção de competência pode ser instaurado em qualquer tribunal, inclusive tribunais superiores, como é o caso do TST que tem previsão expressa no art. 896, § 13, da CLT e no art. 298 do Regimento Interno do TST.

163. MARINONI, Luiz Guilherme; ARENHART, Sérgio Cruz; MITIDIERO, Daniel. *Novo Curso de Processo Civil: tutela dos direitos mediante procedimento comum.* V. II. São Paulo: Editora Revista dos Tribunais, 2015. p. 566.

164. DIDIER Jr., Fredie; CUNHA, Leonardo José Carneiro da. *Curso de direito processual civil: Meios de impugnação às decisões judiciais e processo nos tribunais.* 13. ed. Salvador: Juspodivm, 2016. v. 3, p. 656.

165. MARINONI, Luiz Guilherme; ARENHART, Sérgio Cruz; MITIDIERO, Daniel. *Novo Curso de Processo Civil: tutela dos direitos mediante procedimento comum,* São Paulo: Editora Revista dos Tribunais, 2015. v. 2, p. 567.

O julgamento do incidente será por meio de **órgão colegiado maior**, estabelecido no regimento interno do tribunal, que deverá adotar as diretrizes do art. 978 do CPC/2015, isto, é indicar aqueles responsáveis pela uniformização de jurisprudência do tribunal[166].

4.4. Legitimidade

O incidente de assunção de competência pode ser suscitado:

1) pelo relator, de ofício. Nada obsta que a suscitação decorra do próprio órgão colegiado a que pertence o relator[167]; ou

2) a requerimento da parte, do Ministério Público ou da Defensoria Pública (CPC/15, art. 947, § 1º).

4.5. Objetivos

O incidente de assunção de competência tem três finalidades específicas[168]:

1) provocar o julgamento do caso relevante por órgão colegiado de maior composição;

2) prevenir ou compor divergência **interna** no tribunal[169];

3) formar precedente obrigatório.

Assim, desloca-se, dentro do próprio tribunal, a competência do órgão originariamente competente para julgar o recurso, a remessa necessária ou o processo de competência originária para um órgão colegiado, de maior amplitude, definido no regimento interno, com o objetivo de fixar orientação do Tribunal sobre determinada questão de direito, evitando futuras divergências internas de interpretação (CPC/2015, art. 947, § 2º).

4.6. Requisitos

O incidente de assunção de competência possui requisito positivo e negativo.

- **requisito positivo: relevante questão de direito com grande repercussão social** – a questão deve ser de direito, seja de direito material, seja de direito

166. Enunciado nº 202 do FPPC: "O órgão a que se refere o § 1º do art. 947 deve atender aos mesmos requisitos previstos pelo art. 978".

167. No C. TST, permite-se que o incidente seja suscitado por iniciativa de algum dos membros da SDI-I e após a aprovação da maioria de seus integrantes (RI, art. 298, *caput*).

168. DIDIER Jr., Fredie; CUNHA, Leonardo José Carneiro da. *Curso de direito processual civil: Meios de impugnação às decisões judiciais e processo nos tribunais.* 13. ed. Salvador: Juspodivm, 2016. v. 3, p. 657.

169. A divergência entre tribunais é confiada ao recurso de revista.

processual. Não é admitido, pois, para discutir questões de fato, até porque a criação da tese jurídica se faz sobre questão de direito. Além disso, não basta ser questão relevante é necessário que seja de grande repercussão social. Relevante e grande repercussão social são conceitos legais indeterminados que devem ser preenchidos em cada caso concreto.

- **requisito negativo: a questão não pode ser reproduzida em múltiplos processos.** Caso haja repetição, deverá ser instaurado o incidente de resolução de demandas repetitivas.

4.7. Procedimento

Estando em trâmite um recurso, reexame necessário ou processo de competência originária do tribunal, o relator incumbente de julgá-lo poderá propor, de ofício ou a requerimento da parte, do Ministério Público ou da Defensoria Pública, o deslocamento do julgamento para órgão colegiado de maior amplitude definido no regimento interno, quando entender que se trata de relevante questão de direito, com grande repercussão social, sem repetição em múltiplos processos.

Observa-se que a proposta de deslocamento primeiro é realizada pelo órgão, originariamente, competente para julgar o recurso, o reexame necessário ou o processo de competência originária (Turma, Câmara ou Seção).

Feito esse juízo de admissibilidade e entendendo que o caso possui os requisitos para o deslocamento da competência, irá encaminhá-lo ao órgão previsto no regimento interno para o julgamento do incidente. Essa decisão, no processo do trabalho, é irrecorrível[170] (CLT, art. 893, § 1º).

Ao ser distribuído o incidente no novo órgão colegiado, será feito novo juízo de admissibilidade, oportunidade em que irá verificar a presença dos requisitos para seu cabimento, especialmente analisando se existe interesse público na assunção de competência (CPC/2015, art. 947, § 2º).

Caso não verifique a presença de alguns dos requisitos, os autos retornam ao órgão fracionário (originário) para julgamento do recurso, reexame necessário ou processo de competência originária do tribunal.

Por outro lado, verificada a presença dos requisitos, o novo colegiado assume a competência para julgar o recurso, reexame necessário ou processo de competência originária do tribunal, saindo, portanto, da esfera de atribuição do órgão fracionário (originário).

---

170. LEITE, Carlos Henrique Bezerra. *Assunção de Competência no Novo CPC e seus reflexos no processo do trabalho*. In: MIESSA, Élisson. *O Novo Código de Processo Civil e seus reflexos no processo do trabalho*. 2. ed. Salvador: Editora Juspodivm, 2016. P. 1129-1136.

Nesse caso, após julgado o incidente, o acórdão proferido em assunção de competência vinculará todos os juízes e órgãos fracionários sujeitos à competência do tribunal, exceto se houver revisão de tese[171] (CPC/2015, art. 947, § 3º).

Aliás, ao criar um precedente obrigatório, impõe-se sua observância pelos juízos e tribunais, permitindo:

- o julgamento de improcedência liminar (CPC/2015, art. 332, III; TST-IN nº 39/2016, art. 7º);
- a dispensa do reexame necessário (CPC/2015, art. 496, § 4º, III; Súmula 303, II, c, do TST);
- o julgamento monocrático pelo relator (CPC/2015, art. 932, IV, c, V, c; art. 955, parágrafo único, II; TST-IN 39/2016, art. 10 e Súmula nº 435 do TST) e;
- julgar de plano o conflito de competência (CPC/2015, art. 955, parágrafo único, II).

4.8. Meios de impugnação do julgamento do incidente de assunção de competência

A decisão proferida no julgamento do incidente de assunção de competência é um acórdão que pode ser impugnado pelos seguintes meios:

a) **embargos de declaração** (CPC/2015, art. 1.022; TST-IN nº 39/2016, art. 10, *caput*).

b) **recurso ordinário**: do julgamento de processos de competência originária do TRT.

c) **recurso de revista**: do julgamento pelo TRT de processos iniciados na Vara do Trabalho.

d) **recurso extraordinário**: quando admitido o incidente de competência no TST e também da decisão do C. TST do recurso de revista especificado no item anterior.

Importante destacar que nos itens "b" a "d" a sistemática é a seguinte: da decisão proferida no incidente de assunção de competência, caberá o mesmo recurso que seria cabível se a decisão fosse proferida pelo órgão fracionário, por exemplo, o recurso de revista ou o recurso ordinário, neste último caso nos processos de competência originária do tribunal.

---

171. A revisão da tese, ocorrerá nos mesmos moldes da superação dos precedentes (*overruling* e *overriding*). Vide o capítulo sobre precedentes judiciais.

Essa conclusão apenas não se aplica na hipótese de se admitir a assunção de competência de processo de competência da turma do TST (recurso de revista ou agravo de instrumento) deslocada para a SDI-I. É que nesse caso, o recurso subsequente seria os embargos de divergência, mas como já houve julgamento pela SDI não caberá este recurso, mas tão somente o recurso extraordinário.

Atenção:

A tese jurídica firmada no incidente cria um precedente de aplicação obrigatória, de modo que não sendo observada será cabível a **reclamação** (CPC/2015, art. 988, IV).

4.9. Diferenças entre o IRDR e o incidente de assunção de competência

O incidente de assunção de competência e o incidente de resolução de demandas repetitivas (IRDR) possuem o objetivo de uniformizar a jurisprudência, evitando decisões contraditórias e, consequentemente, garantindo maior segurança jurídica aos jurisdicionados. Estão inseridos, pois, no microssistema de formação concentrada de precedentes obrigatórios.

No entanto, são institutos diferentes.

Enquanto o IRDR impõe a existência de demandas repetitivas, o incidente de assunção obsta a existência de repetição pretérita de processos. Queremos dizer, não havendo repetição, caberá o incidente de assunção. Por outro lado, sendo caso de repetição, será cabível o IRDR.

Portanto, o incidente de assunção de competência possui caráter preventivo, pois é observado quando ainda não há a instauração de diversos processos sobre a mesma questão de direito[172].

Diante dessa diferença, não se aplica ao incidente de assunção de competência o microssistema de gestão e julgamento de casos repetitivos, o que é aplicado ao incidente de resolução de demandas repetitivas.

Não podemos negar que, ao se permitir o incidente de assunção para compor divergência interna no tribunal (CPC/2015, art. 947, § 4º), o ordenamento está permitindo sua incidência em questão de direito já repetidas, o que poderá provocar um "claro espaço de sobreposição"[173] entre os dois incidentes. Como forma de compatibilizar essa sobreposição a doutrina destaca que

172. OLIVEIRA, Fernanda Alvim Ribeiro de. *Do incidente de assunção de competência* In: THEODORO JR., Humberto; OLIVEIRA, Fernanda Alvim Ribeiro de; REZENDE, Ester Camila Gomes Norato (coord.). Primeiras Lições sobre o Novo Direito Processual Civil Brasileiro (de acordo com o Novo Código de Processo Civil, Lei 13.105, de 16 de março de 2015). Rio de Janeiro: Forense, 2015. P. 694-696.

173. MARINONI, Luiz Guilherme; ARENHART, Sérgio Cruz; MITIDIERO, Daniel. *Novo Curso de Processo Civil: tutela dos direitos mediante procedimento comum,* São Paulo: Editora Revista dos Tribunais, 2015. v. 2, p. 568.

o incidente de assunção de competência deve ser evitado para situações em que a efetiva repetição da questão de direito seja frequente, massiva, no sentido de se repetir constantemente no cotidiano do tribunal. Havendo essa repetição frequente, é caso de usar-se do outro instrumento, o incidente de resolução de demandas repetitivas[174].

Outra diferença que alguns doutrinadores indicam é que o IRDR pode ser instaurado nos tribunais regionais, enquanto o incidente de assunção de competência poderá ser instaurado nos tribunais regionais e nos tribunais superiores. No entanto, como já estudado nessa obra, a nosso juízo o IRDR também pode ser instaurado nos tribunais superiores, não sendo, portanto, uma diferença entre os incidentes.

4.10. Assunção de competência no TST

A Lei nº 13.015/14 incluiu no § 13 do art. 896 da CLT, o qual vaticina:

> § 13. Dada a relevância da matéria, por iniciativa de um dos membros da Seção Especializada em Dissídios Individuais do Tribunal Superior do Trabalho, aprovada pela maioria dos integrantes da Seção, o julgamento a que se refere o § 3º poderá ser afeto ao Tribunal Pleno.

Trata-se de típico caso de deslocamento de competência para órgão colegiado maior dada a relevância da matéria, sendo, pois, um incidente de assunção de competência.

Importante destacar que, embora o art. 896 da CLT verse sobre o recurso de revista, o § 13 está relacionado aos embargos de divergência, vez que o deslocamento da competência é da SDI para o Tribunal Pleno. Verificando essa impropriedade do aludido dispositivo, bem como a referência equivocada ao § 3º do art. 896 (atualmente revogado), o Ministro Cláudio Brandão esclarece:

> Esse dispositivo não contava do texto original e foi inserido pela Emenda nº 3, de autoria da Deputada Sandra Rosado, subscritora de várias outras, quando o projeto tramitava na Comissão de Constituição e Justiça e Cidadania da Câmara dos Deputados, o que pode justificar o fato de se encontrar desvinculado do tema tratado no dispositivo a que faz referência.
>
> Explica-se. O § 3º do art. 896 prevê a obrigatoriedade de os Tribunais Regionais do Trabalho procederem à uniformização de sua jurisprudência por meio do incidente específico previsto no Capítulo I do Titulo IX do Livro I do CPC e o parágrafo em foco prevê que esse julgamento (á que se refere o § 3º') poderá ser afeto ao Tribunal Pleno, em virtude de decisão da SbDI-1.
>
> Não faz sentido. Primeiro, porque a SbDI-1 não julga recursos de revista; segundo, porque o § 3º trata de matéria afeta aos TRTs e o § 13, ao TST. **É dispositivo autônomo,** por conseguinte[175].

Com efeito, ao analisar os embargos de divergência, dada a relevância da matéria, poderá a SDI-I deslocar o julgamento para o Tribunal Pleno, oportunidade em que irá fixar a tese jurídica e também julgará os embargos.

---

174. MARINONI, Luiz Guilherme; ARENHART, Sérgio Cruz; MITIDIERO, Daniel. *Novo Curso de Processo Civil: tutela dos direitos mediante procedimento comum,* São Paulo: Editora Revista dos Tribunais, 2015. v. 2, p. 568.

175. BRANDÃO, Cláudio. *Reforma do sistema recursal: comentários à Lei nº 13.015/2.014.* 2. ed. São Paulo: LTr, 2016. p. 92.

Aparentemente, o § 13 do art. 896 difere em alguns aspectos do incidente de assunção do art. 947 do CPC/2015.

Primeiro, quanto à legitimidade que o § 13º confere iniciativa apenas aos ministros membros da SDI-I, enquanto o art. 947 do CPC/2015 admite a instauração por iniciativa do relator (ou do colegiado que pertence), das partes, do Ministério Público e da Defensoria Pública.

Segundo, porque o § 13º impõe como requisito apenas a relevância da matéria.

No entanto, as diferenças são apenas aparentes, vez que o § 13 do art. 896 se insere no microssistema de formação concentrada de precedentes judiciais, impondo o inter-relacionamento entre as normas da CLT, que tratam do recurso de revista repetitivo, e as do CPC que versam sobre a assunção de competência, IRDR e julgamento de casos repetitivos.

Nesse sentido, o artigo 298 do Regimento Interno do TST estabelece que:

> **Art. 298.** Quando o julgamento dos embargos à Subseção I da Seção Especializada em Dissídios Individuais envolver relevante questão de direito, com grande repercussão social, sem repetição em múltiplos processos, mas a respeito da qual seja conveniente a prevenção ou a composição de divergência entre as turmas ou os demais órgãos fracionários do Tribunal Superior do Trabalho, poderá a Subseção I da Seção Especializada em Dissídios Individuais, por iniciativa de um de seus membros e após a aprovação da maioria de seus integrantes, afetar o seu julgamento ao Tribunal Pleno.

Além disso, o Regimento Interno do TST declina expressamente que, aplica-se ao incidente de assunção de competência, no que couber, as regras referentes ao incidente de julgamento de recursos repetitivos constantes no Regimento Interno e nos arts. 896-B e 896-C da CLT (TST-RI, art. 298, § 1º).

Assim, diante do inter-relacionamento das referidas normas, pensamos que além da identidade de requisitos para instauração do incidente de assunção no TST, será possível seu requerimento pelas partes, pelo Ministério Público e pela Defensoria Pública. Ademais, o incidente poderá ser ampliado, não ficando limitado aos processos em julgamento na SDI-I (embargos de divergência), podendo ser suscitado "a partir das turmas do TST".[176]

5. RECLAMAÇÃO

5.1. Introdução

A reclamação é disciplinada na Constituição Federal de 1988 para a preservação da competência do STJ, STF e TST e para a preservação da autoridade de suas decisões

176. BRANDÃO, Cláudio. *Reforma do sistema recursal: comentários à Lei n. 13.015/2.014*. 2. ed. São Paulo: LTr, 2016. p. 97-98.

(arts. 102, I, "l", 105, I, "f" e 111-A, § 3º da CF/88), bem como para anular o ato administrativo ou cassar a decisão judicial que contrariar súmula vinculante aplicável ao caso (art. 103-A, § 3º).

De qualquer modo, o CPC/2015 passou a disciplinar o instituto, em seus artigos 988 a 993, ampliando seu cabimento, além de admiti-lo em qualquer tribunal, de modo que, não existindo regulamentação específica do instituto nas normas celetistas e havendo compatibilidade com o processo do trabalho, os dispositivos do CPC são aplicáveis subsidiariamente ao processo laboral (TST-IN nº 39/2016, art. 3º, XXVII).

Ademais, diante da redação do art. 111-A, § 3º, da CF/88 e da previsão pelo CPC/15, o atual Regimento Interno do TST disciplina a Reclamação nos arts. 210 a 217.

5.2. Natureza Jurídica

Para a doutrina majoritária, a reclamação tem natureza de ação, pois estão presentes todos os elementos da ação:

> Na reclamação, há exercício de pretensão à tutela jurídica do Estado, que se faz por meio de uma ação ou demanda judicial, cujos elementos estão presentes: há, na reclamação, partes, causa de pedir e pedido. Há, na reclamação, procedimento predefinido com observância do contraditório, não podendo o tribunal proceder de ofício. A reclamação depende de provocação da parte ou do Ministério Público, formando relação processual autônoma. É possível, na reclamação, haver concessão de tutela provisória, cabendo recurso da decisão que a defere ou indefere. O acórdão que julga a reclamação produz coisa julgada. A reclamação deve ser proposta por advogado constituído pela parte, podendo ser proposta pelo Ministério Público que detém capacidade postulatória[177].

Trata-se, a nosso juízo, de ação autônoma de impugnação. Não sendo recurso, não se submete, evidentemente, aos pressupostos recursais.

5.3. Cabimento

O art. 988 do CPC/2015 estabelece que caberá reclamação para as seguintes hipóteses:

> I - preservar a competência do tribunal;
>
> II - garantir a autoridade das decisões do tribunal;
>
> III - garantir a observância de enunciado de súmula vinculante e de decisão do Supremo Tribunal Federal em controle concentrado de constitucionalidade;
>
> IV - garantir a observância de acórdão proferido em julgamento de incidente de resolução de demandas repetitivas ou de incidente de assunção de competência.

---

177. DIDIER JR., Fredie; CUNHA, Leonardo Carneiro da. *Curso de direito processual civil: Meios de impugnação às decisões judiciais e processo nos tribunais.* 13. ed. Salvador: Juspodivm, 2016. v. 3, p. 536.

Ademais, é admitida quando houver inobservância de acórdão em recurso extraordinário de repercussão geral reconhecida, acórdão em recurso extraordinário repetitivo ou em recurso de revista repetitivo, desde que tenha esgotamento as instâncias ordinárias (CPC/2015, art. 988, § 5º, II).

Trata-se, pois, o art. 988 do CPC/2015 de rol exaustivo, não podendo ser ampliado[178].

Por outro lado **não será admitida** a reclamação quando:

1) proposta após o trânsito em julgado da decisão reclamada;
2) proposta para garantir a observância de acórdão de recurso extraordinário com repercussão geral reconhecida ou de acórdão proferido em julgamento de recursos extraordinário ou especial (incluímos de revista) repetitivos, quando não esgotadas as instâncias ordinárias (CPC/2015, art. 988, § 5º).

5.4. Legitimidade

Têm legitimidade para propor a reclamação:

1) a parte interessada; e
2) o Ministério Público (CPC/2015, art. 988, *caput*). A participação do Ministério Público é obrigatória na reclamação, como autor ou como fiscal da ordem jurídica, sendo justificada pela preservação do interesse público nas hipóteses de cabimento da reclamação (CPC/2015, art. 991)[179].

5.5. Procedimento

A reclamação tem o procedimento muito semelhante ao mandado de segurança[180].

Será proposta no tribunal que teve a competência usurpada ou que proferiu a decisão que está sendo descumprida, sendo dirigida ao presidente do tribunal. Assim que recebida, a reclamação será autuada e distribuída ao relator do processo principal, sempre que possível[181] (art. 988, § 3º).

178. DIDIER JR., Fredie; CUNHA, Leonardo Carneiro da. *Curso de direito processual civil: Meios de impugnação às decisões judiciais e processo nos tribunais.* 13. ed. Salvador: Juspodivm, 2016. v. 3, p. 565.

179. NEVES, Daniel Amorim Assumpção. *Manual de direito processual civil – V. único.* 8. ed. Salvador: Editora Juspodivm, 2016. p. 1441.

180. BRANDÃO, Cláudio. *Reforma do sistema recursal: comentários à Lei nº 13.015/2.014.* 2. ed. São Paulo: LTr, 2016. p. 394.

181. Como ainda não existe processo no tribunal quando estiver diante de usurpação de competência, a previsão de distribuição ao relator do processo principal não se aplica no caso de reclamação ajuizada para preservar a competência do tribunal. É por isso que o dispositivo que o art. 988, § 3º, fala em sempre que possível. O regimento interno do tribunal também poderá criar outra regra de prevenção.

A petição inicial deve observar os requisitos do art. 319 do CPC/2015[182], bem como indicar uma das hipóteses do art. 988 do CPC/2015. Ela deve ser instruída com prova documental pré-constituída, inclusive da decisão atacada, não se admitindo dilação probatória (art. 988, § 2º, do CPC/2015).

Ao despachar a reclamação, o relator deverá requisitar informações da autoridade a quem for imputada a prática do ato impugnado, que as prestará no prazo de dez dias (art. 989, I, do CPC/2015).

Caso seja necessário, deverá ordenar a suspensão do processo ou do ato impugnado para evitar dano irreparável (art. 989, II, do CPC/2015). Trata-se de típica tutela provisória (CPC/2015, art. 311).

Ato contínuo, o relator determinará a citação do beneficiário da decisão impugnada, que terá o prazo de quinze dias para a apresentação da contestação (art. 989, III, do CPC/2015).

Registra-se que qualquer interessado poderá impugnar o pedido do reclamante (art. 990 do CPC/2015).

O Ministério Público, quando não tiver formulado a reclamação, terá vista do processo por 5 dias, após o decurso do prazo para informações e para o oferecimento da contestação pelo beneficiário do ato impugnado (art. 991 do CPC/2015).

Caso a reclamação seja julgada procedente, o tribunal cassará a decisão exorbitante de seu julgado ou determinará medida adequada à solução da controvérsia (art. 992 do CPC/2015). No caso de usurpação de competência, o tribunal avocará o processo ou ordenará seu encaminhamento ao tribunal.

O presidente do tribunal determinará o imediato cumprimento da decisão, lavrando-se o acórdão posteriormente (CPC/2015, art. 993).

5.6. Recursos da decisão da reclamação

Como a reclamação é ajuizada, originariamente, no tribunal, são cabíveis os seguintes recursos:

a) **embargos de declaração** (CPC/2015, art. 1.022; TST-IN nº 39/2016, art. 10, *caput*).

b) **agravo interno**: quando decorrente de decisão monocrática do relator (CPC/2015, art. 1.021).

c) **recurso ordinário**: do julgamento de reclamação de competência originária do TRT.

d) **recurso extraordinário**: do julgamento de reclamação de competência no TST e também da decisão do C. TST do recurso de ordinário especificado no item anterior.

182. Não do art. 840 da CLT, já que se trata de ação de rito especial.

6. RECLAMAÇÃO CORREICIONAL

A reclamação correicional, também chamada de correição[183] parcial, não tem natureza recursal.

Trata-se de procedimento administrativo, destinado a corrigir atos praticados ou omitidos pelo juiz, por abuso ou erro, capazes de tumultuar o andamento do processo. Tem como finalidade, portanto, manter a boa ordem processual, estando ligado ao âmbito da administração do processo[184] e não à atividade judicante, o que afasta sua natureza recursal[185].

Como regra, a correição está prevista nos regimentos internos dos tribunais. No processo do trabalho, além dos referidos regimentos a preverem, a própria CLT declina seu cabimento no art. 709, II, da CLT, in verbis:

> **Art. 709**. Compete ao Corregedor, eleito dentre os Ministros togados do Tribunal Superior do Trabalho:
>
> [...]
>
> II – Decidir reclamações contra os atos atentatórios da boa ordem processual praticados pelos Tribunais Regionais e seus presidentes, quando inexistir recurso específico.

O prazo para interposição da correição é definido pelo regimento interno dos tribunais, variando, normalmente, de 5 ou 8 dias.

A competência para o julgamento da correição parcial é definida da seguinte forma:

Ato impugnado	Competência
Vara do Trabalho	Corregedor-Regional do TRT
Tribunal Regional do Trabalho	Corregedor-Geral do TST

A interposição da correição parcial exige a presença cumulativa dos seguintes requisitos[186]:

1) existência de ato que contenha erro ou abuso, capaz de tumultuar a marcha do processo;
2) dano ou possibilidade de dano irreparável, para a parte;
3) inexistência de recurso para sanar o *error in procedendo*.

É possível, portanto, que até mesmo um despacho que tumultue o processo, gerando danos, possa se submeter à correição, vez que não é suscetível de recurso.

Atenta-se para o fato de que havendo recurso, ainda que diferido, não caberá a correição parcial.

---

183. Correição significa corrigir, emendar.

184. BEBBER, Júlio César. *Recursos no processo do trabalho*. 4. ed. São Paulo: LTr, 2014. p. 459.

185. Admitindo a natureza recursal *sui generis* da correição: TEIXEIRA FILHO, Manoel Antônio. *Sistema dos recursos trabalhistas*. 12. ed. São Paulo: LTr, 2014. p. 448.

186. THEODORO JÚNIOR, Humberto. *Curso de direito Processual Civil. Teoria geral do direito processual civil e processo de conhecimento*. V. I. Rio de Janeiro: Forense, 2013. p. 608.

7. SÚMULAS E ORIENTAÇÕES JURISPRUDENCIAIS DO TST

Recurso
Teoria Geral dos Recursos
Princípios Recursais
Súmula nº 421 do TST. Embargos de declaração. Cabimento. Decisão Monocrática do relator calcada no art. 932 do CPC de 2015. Art. 557 do CPC de 1973. I – Cabem embargos de declaração da decisão monocrática do relator prevista no art. 932 do CPC de 2015 (art. 557 do CPC de 1973), se a parte pretende tão somente juízo integrativo retificador da decisão e, não, modificação do julgado. II – Se a parte postular a revisão no mérito da decisão monocrática, cumpre ao relator converter os embargos de declaração em agravo, em face dos princípios da fungibilidade e celeridade processual, submetendo-o ao pronunciamento do Colegiado, após a intimação do recorrente para, no prazo de 5 (cinco) dias, complementar as razões recursais, de modo a ajustá-las às exigências do art. 1.021, § 1º, do CPC de 2015.
Orientação Jurisprudencial nº 69 da SDI – II do TST. Fungibilidade recursal. Indeferimento liminar de ação rescisória ou mandado de segurança. Recurso para o TST. Recebimento como agravo regimental e devolução dos autos ao TRT Recurso ordinário interposto contra despacho monocrático indeferitório da petição inicial de ação rescisória ou de mandado de segurança pode, pelo princípio de fungibilidade recursal, ser recebido como agravo regimental. Hipótese de não conhecimento do recurso pelo TST e devolução dos autos ao TRT, para que aprecie o apelo como agravo regimental.
Orientação jurisprudencial nº 412 da SDI – I do TST. Agravo interno ou agravo regimental. Interposição em face de decisão colegiada. Não cabimento. Erro grosseiro. Inaplicabilidade do princípio da fungibilidade recursal É incabível agravo interno (art. 1.021 do CPC de 2015, art. 557, § 1º, do CPC de 1973) ou agravo regimental (art. 235 do RITST) contra decisão proferida por Órgão colegiado. Tais recursos destinam-se, exclusivamente, a impugnar decisão monocrática nas hipóteses previstas. Inaplicável, no caso, o princípio da fungibilidade ante a configuração de erro grosseiro.
Orientação Jurisprudencial nº 152 da SDI – II do TST. Ação rescisória e mandado de segurança. Recurso de revista de acórdão regional que julga ação rescisória ou mandado de segurança. Princípio da fungibilidade. Inaplicabilidade. Erro grosseiro na interposição do recurso A interposição de recurso de revista de decisão definitiva de Tribunal Regional do Trabalho em ação rescisória ou em mandado de segurança, com fundamento em violação legal e divergência jurisprudencial e remissão expressa ao art. 896 da CLT, configura erro grosseiro, insuscetível de autorizar o seu recebimento como recurso ordinário, em face do disposto no art. 895, "b", da CLT.
Súmula nº 214 do TST. Decisão interlocutória. Irrecorribilidade Na Justiça do Trabalho, nos termos do art. 893, § 1º, da CLT, as decisões interlocutórias não ensejam recurso imediato, salvo nas hipóteses de decisão: a) de Tribunal Regional do Trabalho contrária à Súmula ou Orientação Jurisprudencial do Tribunal Superior do Trabalho; b) suscetível de impugnação mediante recurso para o mesmo Tribunal; c) que acolhe exceção de incompetência territorial, com a remessa dos autos para Tribunal Regional distinto daquele a que se vincula o juízo excepcionado, consoante o disposto no art. 799, § 2º, da CLT.

Juízo de admissibilidade
Orientação Jurisprudencial nº 282 da SDI – I do TST. Agravo de instrumento. Juízo de admissibilidade "ad quem" No julgamento de Agravo de Instrumento, ao afastar o óbice apontado pelo TRT para o processamento do recurso de revista, pode o juízo "ad quem" prosseguir no exame dos demais pressupostos extrínsecos e intrínsecos do recurso de revista, mesmo que não apreciados pelo TRT.
Súmula nº 422 do TST. Recurso. Fundamento ausente ou deficiente. Não conhecimento. I – Não se conhece de recurso para o Tribunal Superior do Trabalho se as razões do recorrente não impugnam os fundamentos da decisão recorrida, nos termos em que proferida. II – O entendimento referido no item anterior não se aplica em relação à motivação secundária e impertinente, consubstanciada em despacho de admissibilidade de recurso ou em decisão monocrática. III – Inaplicável a exigência do item I relativamente ao recurso ordinário da competência de Tribunal Regional do Trabalho, exceto em caso de recurso cuja motivação é inteiramente dissociada dos fundamentos da sentença.
Pressupostos Recursais
Legitimidade e interesse para recorrer
Orientação Jurisprudencial nº 237 da SDI – I do TST. Ministério Público do Trabalho. Ilegitimidade para recorrer. Sociedade de economia mista. Empresa Pública I – O Ministério Público do Trabalho não tem legitimidade para recorrer na defesa de interesse patrimonial privado, ainda que de empresas públicas e sociedades de economia mista. II – Há legitimidade do Ministério Público do Trabalho para recorrer de decisão que declara a existência de vínculo empregatício com sociedade de economia mista ou empresa pública, após a Constituição Federal de 1988, sem a prévia aprovação em concurso público, pois é matéria de ordem pública.
Orientação Jurisprudencial nº 318 da SDI – I do TST. Autarquia. Fundação pública. Legitimidade para recorrer. Representação processual. I – Os Estados e os Municípios não têm legitimidade para recorrer em nome das autarquias e das fundações públicas. II – Os procuradores estaduais e municipais podem representar as respectivas autarquias e fundações públicas em juízo somente se designados pela lei da respectiva unidade da federação (art. 75, IV, do CPC de 2015) ou se investidos de instrumento de mandato válido.
Tempestividade
Súmula nº 385 do TST. Feriado local ou forense. Ausência de expediente. Prazo recursal. Prorrogação. Comprovação. Necessidade. I – Incumbe à parte o ônus de provar, quando da interposição do recurso, a existência de feriado local que autorize a prorrogação do prazo recursal (art. 1.003, § 6º, do CPC de 2015). No caso de o recorrente alegar a existência de feriado local e não o comprovar no momento da interposição do recurso, cumpre ao relator conceder o prazo de 5 (cinco) dias para que seja sanado o vício (art. 932, parágrafo único, do CPC de 2015), sob pena de não conhecimento se da comprovação depender a tempestividade recursal. II – Na hipótese de feriado forense, incumbirá à autoridade que proferir a decisão de admissibilidade certificar o expediente nos autos. III – Admite-se a reconsideração da análise da tempestividade do recurso, mediante prova documental superveniente, em agravo de instrumento, agravo interno, agravo regimental, ou embargos de declaração, desde que, em momento anterior, não tenha havido a concessão de prazo para a comprovação da ausência de expediente forense.

Súmula nº 197 do TST. Prazo
O prazo para recurso da parte que, intimada, não comparecer à audiência em prosseguimento para a prolação da sentença conta-se de sua publicação.

Súmula nº 30 do TST. Intimação da sentença
Quando não juntada a ata ao processo em 48 horas, contadas da audiência de julgamento (art. 851, § 2º, da CLT), o prazo para recurso será contado da data em que a parte receber a intimação da sentença.

Orientação Jurisprudencial nº 192 da SDI – I do TST. Embargos declaratórios. Prazo em dobro. Pessoa jurídica de direito público. Decreto-Lei nº 779/69.
É em dobro o prazo para a interposição de embargos declaratórios por pessoa jurídica de direito público.

Súmula nº 201 do TST. Recurso ordinário em mandado de segurança
Da decisão de Tribunal Regional do Trabalho em mandado de segurança cabe recurso ordinário, no prazo de 8 (oito) dias, para o Tribunal Superior do Trabalho, e igual dilação para o recorrido e interessados apresentarem razões de contrariedade.

Representação

Orientação Jurisprudencial nº 286 da SDI – I do TST. Agravo de instrumento. Traslado. Mandato tácito. Ata de audiência. Configuração
I – A juntada da ata de audiência, em que consignada a presença do advogado, desde que não estivesse atuando com mandato expresso, torna dispensável a procuração deste, porque demonstrada a existência de mandato tácito.
II – Configurada a existência de mandato tácito fica suprida a irregularidade detectada no mandato expresso.

Orientação Jurisprudencial nº 374 da SDI – I do TST. Agravo de instrumento. Representação processual. Regularidade. Procuração ou substabelecimento com cláusula limitativa de poderes ao âmbito do tribunal regional do trabalho
É regular a representação processual do subscritor do agravo de instrumento ou do recurso de revista que detém mandato com poderes de representação limitados ao âmbito do Tribunal Regional do Trabalho, pois, embora a apreciação desse recurso seja realizada pelo Tribunal Superior do Trabalho, a sua interposição é ato praticado perante o Tribunal Regional do Trabalho, circunstância que legitima a atuação do advogado no feito.

Orientação Jurisprudencial nº 75 da SDI – I do TST. Substabelecimento sem o reconhecimento de firma do substabelecente. Inválido (anterior à Lei nº 8.952/1994)
Não produz efeitos jurídicos recurso subscrito por advogado com poderes conferidos em substabelecimento em que não consta o reconhecimento de firma do outorgante. Entendimento aplicável antes do advento da Lei nº 8.952/1994.

Súmula nº 383 do TST. Recurso. Mandato. Irregularidade de representação. CPC de 2015, arts. 104 e 76, § 2º
I – É inadmissível recurso firmado por advogado sem procuração juntada aos autos até o momento da sua interposição, salvo mandato tácito. Em caráter excepcional (art. 104 do CPC de 2015), admite-se que o advogado, independentemente de intimação, exiba a procuração no prazo de 5 (cinco) dias após a interposição do recurso, prorrogável por igual período mediante despacho do juiz. Caso não a exiba, considera-se ineficaz o ato praticado e não se conhece do recurso.

II – Verificada a irregularidade de representação da parte em fase recursal, em procuração ou substabelecimento já constante dos autos, o relator ou o órgão competente para julgamento do recurso designará prazo de 5 (cinco) dias para que seja sanado o vício. Descumprida a determinação, o relator não conhecerá do recurso, se a providência couber ao recorrente, ou determinará o desentranhamento das contrarrazões, se a providência couber ao recorrido (art. 76, § 2º, do CPC de 2015).

Orientação Jurisprudencial nº 120 da SDI – I do TST. Recurso. Assinatura da petição ou das razões recursais. Art. 932, parágrafo único, do CPC de 2015

I – Verificada a total ausência de assinatura no recurso, o juiz ou o relator concederá prazo de 5 (cinco) dias para que seja sanado o vício. Descumprida a determinação, o recurso será reputado inadmissível (art. 932, parágrafo único, do CPC de 2015).

II – É válido o recurso assinado, ao menos, na petição de apresentação ou nas razões recursais.

Custas processuais

Súmula nº 25 do TST. Custas Processuais. Inversão do Ônus da sucumbência

I – A parte vencedora na primeira instância, se vencida na segunda, está obrigada, independentemente de intimação, a pagar as custas fixadas na sentença originária, das quais ficara isenta a parte então vencida;

II – No caso de inversão do ônus da sucumbência em segundo grau, sem acréscimo ou atualização do valor das custas e se estas já foram devidamente recolhidas, descabe um novo pagamento pela parte vencida, ao recorrer. Deverá ao final, se sucumbente, **reembolsar** a quantia;

III – Não caracteriza deserção a hipótese em que, acrescido o valor da condenação, não houve fixação ou cálculo do valor devido a título de custas e tampouco intimação da parte para o preparo do recurso, devendo ser as custas pagas ao final;

IV – O reembolso das custas à parte vencedora faz-se necessário mesmo na hipótese em que a parte vencida for pessoa isenta do seu pagamento, nos termos do art. 790-A, parágrafo único, da CLT.

Súmula nº 53 do TST. Custas

O prazo para pagamento das custas, no caso de recurso, é contado da intimação do cálculo.

Orientação Jurisprudencial nº 140 da SDI – I do TST. Depósito recursal e custas processuais. Recolhimento insuficiente. Deserção

Em caso de recolhimento insuficiente das custas processuais ou do depósito recursal, somente haverá deserção do recurso se, concedido o prazo de 5 (cinco) dias previsto no § 2º do art. 1.007 do CPC de 2015, o recorrente não complementar e comprovar o valor devido.

Súmula nº 36 do TST. Custas

Nas ações plúrimas, as custas incidem sobre o respectivo valor global.

Súmula nº 170 do TST. Sociedade de economia mista. Custas

Os privilégios e isenções no foro da Justiça do Trabalho não abrangem as sociedades de economia mista, ainda que gozassem desses benefícios anteriormente ao Decreto-Lei nº 779, de 21.08.1969.

Orientação Jurisprudencial nº 13 da SDI – I do TST. APPA. Decreto-Lei nº 779/69. Depósito recursal e custas. Não isenção

A Administração dos Portos de Paranaguá e Antonina – APPA, vinculada à Administração Pública indireta, não é isenta do recolhimento do depósito recursal e do pagamento das custas processuais por não ser beneficiária dos privilégios previstos no Decreto-Lei nº 779, de 21.08.1969, ante o fato de explorar atividade econômica com fins lucrativos, o que descaracteriza sua natureza jurídica, igualando-a às empresas privadas.

Súmula nº 86 do TST. Deserção. Massa falida. Empresa em liquidação extrajudicial Não ocorre deserção de recurso da massa falida por falta de pagamento de custas ou de depósito do valor da condenação. Esse privilégio, todavia, não se aplica à empresa em liquidação extrajudicial.
Orientação Jurisprudencial nº 158 da SDI – I do TST. Custas. Comprovação de recolhimento. DARF eletrônico. Validade O denominado "DARF ELETRÔNICO" é válido para comprovar o recolhimento de custas por entidades da administração pública federal, emitido conforme a IN-SRF 162, de 04.11.88.
Orientação Jurisprudencial nº 33 da SDI – I do TST. Deserção. Custas. Carimbo do banco. Validade O carimbo do banco recebedor na guia de comprovação do recolhimento das custas supre a ausência de autenticação mecânica.
Orientação Jurisprudencial nº 217 da SDI – I do TST. Agravo de instrumento. Traslado. Lei nº 9.756/1998. Guias de custas e de depósito recursal Para a formação do agravo de instrumento, não é necessária a juntada de comprovantes de recolhimento de custas e de depósito recursal relativamente ao recurso ordinário, desde que não seja objeto de controvérsia no recurso de revista a validade daqueles recolhimentos.
Orientação Jurisprudencial nº 88 da SDI – II do TST. Mandado de segurança. Valor da causa. Custas processuais. Cabimento Incabível a impetração de mandado de segurança contra ato judicial que, de ofício, arbitrou novo valor à causa, acarretando a majoração das custas processuais, uma vez que cabia à parte, após recolher as custas, calculadas com base no valor dado à causa na inicial, interpor recurso ordinário e, posteriormente, agravo de instrumento no caso de o recurso ser considerado deserto.
Orientação Jurisprudencial nº 148 da SDI – II do TST. Custas. Mandado de segurança. Recurso ordinário. Exigência do pagamento É responsabilidade da parte, para interpor recurso ordinário em mandado de segurança, a comprovação do recolhimento das custas processuais no prazo recursal, sob pena de deserção.
Depósito Recursal
Súmula nº 128 do TST. Depósito Recursal I – É ônus da parte recorrente efetuar o depósito legal, integralmente, em relação a cada novo recurso interposto, sob pena de deserção. Atingido o valor da condenação, nenhum depósito mais é exigido para qualquer recurso. II – Garantido o juízo, na fase executória, a exigência de depósito para recorrer de qualquer decisão viola os incisos II e LV do art. 5º da CF/1988. Havendo, porém, elevação do valor do débito, exige-se a complementação da garantia do juízo. III – Havendo condenação solidária de duas ou mais empresas, o depósito recursal efetuado por uma delas aproveita as demais, quando a empresa que efetuou o depósito não pleiteia sua exclusão da lide.
Súmula nº 161 do TST. Depósito. Condenação a pagamento em pecúnia Se não há condenação a pagamento em pecúnia, descabe o depósito de que tratam os §§ 1º e 2º do art. 899 da CLT.
Súmula nº 245 do TST. Depósito recursal. Prazo O depósito recursal deve ser feito e comprovado no prazo alusivo ao recurso. A interposição antecipada deste não prejudica a dilação legal.

Súmula nº 99 do TST. Ação rescisória. Deserção. Prazo
Havendo recurso ordinário em sede de rescisória, o depósito recursal só é exigível quando for julgado procedente o pedido e imposta condenação em pecúnia, devendo este ser efetuado no prazo recursal, no limite e nos termos da legislação vigente, sob pena de deserção.

Súmula nº 217 do TST. Depósito recursal. Credenciamento bancário. Prova dispensável
O credenciamento dos bancos para o fim de recebimento do depósito recursal é fato notório, independendo da prova.

Súmula nº 426 do TST. Depósito recursal. Utilização da guia GFIP. Obrigatoriedade
Nos dissídios individuais o depósito recursal será efetivado mediante a utilização da Guia de Recolhimento do FGTS e Informações à Previdência Social – GFIP, nos termos dos §§ 4º e 5º do art. 899 da CLT, admitido o depósito judicial, realizado na sede do juízo e à disposição deste, na hipótese de relação de trabalho não submetida ao regime do FGTS.

Orientação Jurisprudencial nº 264 da SDI – I do TST. Depósito recursal. PIS/PASEP. Ausência de indicação na guia de depósito recursal. Validade
Não é essencial para a validade da comprovação do depósito recursal a indicação do número do PIS/PASEP na guia respectiva.

Depósito de multas impostas pelo Juízo

Orientação Jurisprudencial nº 409 da SDI – I do TST. Multa por litigância de má-fé. Recolhimento. Pressuposto recursal. Inexigibilidade
O recolhimento do valor da multa imposta como sanção por litigância de má-fé (art. 81 do CPC de 2015 – art. 18 do CPC de 1973) não é pressuposto objetivo para interposição dos recursos de natureza trabalhista.

Orientação Jurisprudencial nº 389 da SDI – I do TST. Multa prevista no art. 1.021, §§ 4º e 5º, do CPC de 2015. Art. 557, § 2º, do CPC de 1973. Recolhimento. Pressuposto recursal. Beneficiário da Justiça Gratuita e Fazenda Pública. Pagamento ao final. Constitui ônus da parte recorrente, sob pena de deserção, depositar previamente a multa aplicada com fundamento nos §§ 4º e 5º, do art. 1.021, do CPC de 2015 (§ 2º do art. 557 do CPC de 1973), à exceção da Fazenda Pública e do beneficiário de justiça gratuita, que farão o pagamento ao final.

Documentos

Súmula nº 8 do TST. Juntada de documento
A juntada de documentos na fase recursal só se justifica quando provado o justo impedimento para sua oportuna apresentação ou se referir a fato posterior à sentença.

Efeitos dos recursos

Súmula nº 393 do TST. Recurso ordinário. Efeito devolutivo em profundidade. Art. 1.013, § 1º, do CPC de 2015. Art. 515, § 1º, do CPC de 1973
I – O efeito devolutivo em profundidade do recurso ordinário, que se extrai do § 1º do art. 1.013 do CPC de 2015 (art. 515, § 1º, do CPC de 1973), transfere ao Tribunal a apreciação dos fundamentos da inicial ou da defesa, não examinados pela sentença, ainda que não renovados em contrarrazões, desde que relativos ao capítulo impugnado.
II – Se o processo estiver em condições, o tribunal, ao julgar o recurso ordinário, deverá decidir desde logo o mérito da causa, nos termos do § 3º do art. 1.013 do CPC de 2015, inclusive quando constatar a omissão da sentença no exame de um dos pedidos.

Súmula nº 279 do TST. Recurso contra sentença normativa. Efeito suspensivo. Cassação
A cassação de efeito suspensivo concedido a recurso interposto de sentença normativa retroage à data do despacho que o deferiu.

Reexame necessário
Súmula nº 303 do TST. Fazenda pública. Reexame necessário I - Em dissídio individual, está sujeita ao reexame necessário, mesmo na vigência da Constituição Federal de 1988, decisão contrária à Fazenda Pública, salvo quando a condenação não ultrapassar o valor correspondente a: a) 1.000 (mil) salários mínimos para a União e as respectivas autarquias e fundações de direito público; b) 500 (quinhentos) salários mínimos para os Estados, o Distrito Federal, as respectivas autarquias e fundações de direito público e os Municípios que constituam capitais dos Estados; c) 100 (cem) salários mínimos para todos os demais Municípios e respectivas autarquias e fundações de direito público. II - Também não se sujeita ao duplo grau de jurisdição a decisão fundada em: a) súmula ou orientação jurisprudencial do Tribunal Superior do Trabalho; b) acórdão proferido pelo Supremo Tribunal Federal ou pelo Tribunal Superior do Trabalho em julgamento de recursos repetitivos; c) entendimento firmado em incidente de resolução de demandas repetitivas ou de assunção de competência; d) entendimento coincidente com orientação vinculante firmada no âmbito administrativo do próprio ente público, consolidada em manifestação, parecer ou súmula administrativa. III - Em ação rescisória, a decisão proferida pelo Tribunal Regional do Trabalho está sujeita ao duplo grau de jurisdição obrigatório quando desfavorável ao ente público, exceto nas hipóteses dos incisos anteriores. IV - Em mandado de segurança, somente cabe reexame necessário se, na relação processual, figurar pessoa jurídica de direito público como parte prejudicada pela concessão da ordem. Tal situação não ocorre na hipótese de figurar no feito como impetrante e terceiro interessado pessoa de direito privado, ressalvada a hipótese de matéria administrativa.
Orientação Jurisprudencial nº 334 da SDI - I do TST. Remessa "ex officio". Recurso de revista. Inexistência de recurso ordinário voluntário de ente público. Incabível Incabível recurso de revista de ente público que não interpôs recurso ordinário voluntário da decisão de primeira instância, ressalvada a hipótese de ter sido agravada, na segunda instância, a condenação imposta.
Orientação Jurisprudencial nº 21 da SDI - II do TST. Ação rescisória. Duplo grau de jurisdição. Trânsito em julgado. Inobservância. Decreto-Lei nº 779/69, art. 1º, V. Incabível É incabível ação rescisória para a desconstituição de sentença não transitada em julgado porque ainda não submetida ao necessário duplo grau de jurisdição, na forma do Decreto-Lei nº 779/69. Determina-se que se oficie ao Presidente do TRT para que proceda à avocatória do processo principal para o reexame da sentença rescindenda.
Recursos em espécie
Embargos de declaração
Súmula nº 278 do TST. Embargos de declaração. Omissão no julgado A natureza da omissão suprida pelo julgamento de embargos declaratórios pode ocasionar efeito modificativo no julgado.
Orientação Jurisprudencial nº 142 da SDI - I do TST. Embargos de declaração. Efeito modificativo. Vista prévia à parte contrária É passível de nulidade decisão que acolhe embargos de declaração com efeito modificativo sem que seja concedida oportunidade de manifestação prévia à parte contrária.
Súmula nº 184 do TST. Embargos declaratórios. Omissão em recurso de revista. Preclusão Ocorre preclusão se não forem opostos embargos declaratórios para suprir omissão apontada em recurso de revista ou de embargos.

Súmula nº 421 do TST. Embargos de declaração. Cabimento. Decisão monocrática do relator calcada no art. 932 do CPC de 2015. Art. 557 do CPC de 1973. I – Cabem embargos de declaração da decisão monocrática do relator prevista no art. 932 do CPC de 2015 (art. 557 do CPC de 1973), se a parte pretende tão somente juízo integrativo retificador da decisão e, não, modificação do julgado. II – Se a parte postular a revisão no mérito da decisão monocrática, cumpre ao relator converter os embargos de declaração em agravo, em face dos princípios da fungibilidade e celeridade processual, submetendo-o ao pronunciamento do Colegiado, após a intimação do recorrente para, no prazo de 5 (cinco) dias, complementar as razões recursais, de modo a ajustá-las às exigências do art. 1.021, § 1º, do CPC de 2015.
Orientação Jurisprudencial nº 192 da SDI – I do TST. Embargos declaratórios. Prazo em dobro. Pessoa jurídica de direito público. Decreto-Lei nº 779/69. É em dobro o prazo para a interposição de embargos declaratórios por pessoa jurídica de direito público.
Recurso ordinário
Súmula nº 201 do TST. Recurso ordinário em mandado de segurança Da decisão de Tribunal Regional do Trabalho em mandado de segurança cabe recurso ordinário, no prazo de 8 (oito) dias, para o Tribunal Superior do Trabalho, e igual dilação para o recorrido e interessados apresentarem razões de contrariedade.
Súmula nº 158 do TST. Ação rescisória Da decisão de Tribunal Regional do Trabalho, em ação rescisória, é cabível recurso ordinário para o Tribunal Superior do Trabalho, em face da organização judiciária trabalhista.
Agravo de petição
Súmula nº 416 do TST. Mandado de segurança. Execução. Lei nº 8.432/1992. Art. 897, § 1º, da CLT. Cabimento Devendo o agravo de petição delimitar justificadamente a matéria e os valores objeto de discordância, não fere direito líquido e certo o prosseguimento da execução quanto aos tópicos e valores não especificados no agravo.
Súmula nº 266 do TST. Recurso de revista. Admissibilidade. Execução de sentença A admissibilidade do recurso de revista interposto de acórdão proferido em agravo de petição, na liquidação de sentença ou em processo incidente na execução, inclusive os embargos de terceiro, depende de demonstração inequívoca de violência direta à Constituição Federal.
Recurso de revista
Prequestionamento
Súmula nº 297 do TST. Prequestionamento. Oportunidade. Configuração I. Diz-se prequestionada a matéria ou questão quando na decisão impugnada haja sido adotada, explicitamente, tese a respeito. II. Incumbe à parte interessada, desde que a matéria haja sido invocada no recurso principal, opor embargos declaratórios objetivando o pronunciamento sobre o tema, sob pena de preclusão. III. Considera-se prequestionada a questão jurídica invocada no recurso principal sobre a qual se omite o Tribunal de pronunciar tese, não obstante opostos embargos de declaração.
Súmula nº 184 do TST. Embargos declaratórios. Omissão em recurso de revista. Preclusão Ocorre preclusão se não forem opostos embargos declaratórios para suprir omissão apontada em recurso de revista ou de embargos.

Orientação Jurisprudencial nº 118 da SDI – I do TST. Prequestionamento. Tese explícita. Inteligência da Súmula nº 297
Havendo tese explícita sobre a matéria, na decisão recorrida, desnecessário contenha nela referência expressa do dispositivo legal para ter-se como prequestionado este.

Orientação Jurisprudencial nº 256 da SDI – I do TST. Prequestionamento. Configuração. Tese explícita. Súmula nº 297
Para fins do requisito do prequestionamento de que trata a Súmula nº 297, há necessidade de que haja, no acórdão, de maneira clara, elementos que levem à conclusão de que o Regional adotou uma tese contrária à lei ou à súmula.

Orientação Jurisprudencial nº 62 da SDI – I do TST. Prequestionamento. Pressuposto de admissibilidade em apelo de natureza extraordinária. Necessidade, ainda que se trate de incompetência absoluta
É necessário o prequestionamento como pressuposto de admissibilidade em recurso de natureza extraordinária, ainda que se trate de incompetência absoluta.

Orientação Jurisprudencial nº 119 da SDI – I do TST. Prequestionamento inexigível. Violação nascida na própria decisão recorrida. Súmula nº 297. Inaplicável
É inexigível o prequestionamento quando a violação indicada houver nascido na própria decisão recorrida. Inaplicável a Súmula nº 297 do TST.

Orientação jurisprudencial nº 151 da SDI – I do TST. Prequestionamento. Decisão regional que adota a sentença. Ausência de prequestionamento
Decisão regional que simplesmente adota os fundamentos da decisão de primeiro grau não preenche a exigência do prequestionamento, tal como previsto na Súmula nº 297.

Princípio da fungibilidade

Orientação Jurisprudencial nº 152 da SDI – II do TST. Ação rescisória e mandado de segurança. Recurso de revista de acórdão regional que julga ação rescisória ou mandado de segurança. Princípio da fungibilidade. Inaplicabilidade. Erro grosseiro na interposição do recurso
A interposição de recurso de revista de decisão definitiva de Tribunal Regional do Trabalho em ação rescisória ou em mandado de segurança, com fundamento em violação legal e divergência jurisprudencial e remissão expressa ao art. 896 da CLT, configura erro grosseiro, insuscetível de autorizar o seu recebimento como recurso ordinário, em face do disposto no art. 895, "b", da CLT.

Cabimento

Súmula nº 126 do TST. Recurso. Cabimento
Incabível o recurso de revista ou de embargos (arts. 896 e 894, "b", da CLT) para reexame de fatos e provas.

Orientação Jurisprudencial nº 334 da SDI – I do TST. Remessa "ex officio". Recurso de revista. Inexistência de recurso ordinário voluntário de ente público. Incabível
Incabível recurso de revista de ente público que não interpôs recurso ordinário voluntário da decisão de primeira instância, ressalvada a hipótese de ter sido agravada, na segunda instância, a condenação imposta.

Súmula nº 218 do TST. Recurso de revista. Acórdão proferido em agravo de instrumento
É incabível recurso de revista interposto de acórdão regional prolatado em agravo de instrumento.

Súmula nº 266 do TST. Recurso de revista. Admissibilidade. Execução de sentença
A admissibilidade do recurso de revista interposto de acórdão proferido em agravo de petição, na liquidação de sentença ou em processo incidente na execução, inclusive os embargos de terceiro, depende de demonstração inequívoca de violência direta à Constituição Federal.

Divergência Jurisprudencial
Súmula nº 296 do TST. Recurso. Divergência jurisprudencial. Especificidade I – A divergência jurisprudencial ensejadora da admissibilidade, do prosseguimento e do conhecimento do recurso há de ser específica, revelando a existência de teses diversas na interpretação de um mesmo dispositivo legal, embora idênticos os fatos que as ensejaram. II – Não ofende o art. 896 da CLT decisão de Turma que, examinando premissas concretas de especificidade da divergência colacionada no apelo revisional, conclui pelo conhecimento ou desconhecimento do recurso.
Súmula nº 23 do TST. Recurso Não se conhece de recurso de revista ou de embargos, se a decisão recorrida resolver determinado item do pedido por diversos fundamentos e a jurisprudência transcrita não abranger a todos.
Súmula nº 337 do TST. Comprovação de divergência jurisprudencial. Recursos de revista e de embargos I – Para comprovação da divergência justificadora do recurso, é necessário que o recorrente: a) Junte certidão ou cópia autenticada do acórdão paradigma ou cite a fonte oficial ou o repositório autorizado em que foi publicado; e b) Transcreva, nas razões recursais, as ementas e/ou trechos dos acórdãos trazidos à configuração do dissídio, demonstrando o conflito de teses que justifique o conhecimento do recurso, ainda que os acórdãos já se encontrem nos autos ou venham a ser juntados com o recurso; II – A concessão de registro de publicação como repositório autorizado de jurisprudência do TST torna válidas todas as suas edições anteriores; III – A mera indicação da data de publicação, em fonte oficial, de aresto paradigma é inválida para comprovação de divergência jurisprudencial, nos termos do item I, "a", desta súmula, quando a parte pretende demonstrar o conflito de teses mediante a transcrição de trechos que integram a fundamentação do acórdão divergente, uma vez que só se publicam o dispositivo e a ementa dos acórdãos; IV – É válida para a comprovação da divergência jurisprudencial justificadora do recurso a indicação de aresto extraído de repositório oficial na internet, desde que o recorrente: a) transcreva o trecho divergente; b) aponte o sítio de onde foi extraído; e c) decline o número do processo, o órgão prolator do acórdão e a data da respectiva publicação no Diário Eletrônico da Justiça do Trabalho. V – A existência do código de autenticidade na cópia, em formato *pdf*, do inteiro teor do aresto paradigma, juntada aos autos, torna-a equivalente ao documento original e também supre a ausência de indicação da fonte oficial de publicação.
Súmula nº 333 do TST. Recursos de revista. Conhecimento Não ensejam recurso de revista decisões superadas por iterativa, notória e atual jurisprudência do Tribunal Superior do Trabalho.
Orientação Jurisprudencial nº 219 da SDI – I do TST. Recurso de Revista ou de Embargos fundamentado em Orientação Jurisprudencial do TST É válida, para efeito de conhecimento do recurso de revista ou de embargos, a invocação de Orientação Jurisprudencial do Tribunal Superior do Trabalho, desde que, das razões recursais, conste o seu número ou conteúdo.
Súmula nº 312 do TST. Constitucionalidade. Alínea "b" do art. 896 da CLT É constitucional a alínea "b" do art. 896 da CLT, com a redação dada pela Lei nº 7.701, de 21.12.1988.

Orientação Jurisprudencial nº 147 da SDI – I do TST. Lei estadual, norma coletiva ou norma regulamentar. Conhecimento indevido do recurso de revista por divergência jurisprudencial
I – É inadmissível o recurso de revista fundado tão-somente em divergência jurisprudencial, se a parte não comprovar que a lei estadual, a norma coletiva ou o regulamento da empresa extrapolam o âmbito do TRT prolator da decisão recorrida.
II – É imprescindível a arguição de afronta ao art. 896 da CLT para o conhecimento de embargos interpostos em face de acórdão de Turma que conhece indevidamente de recurso de revista, por divergência jurisprudencial, quanto a tema regulado por lei estadual, norma coletiva ou norma regulamentar de âmbito restrito ao Regional prolator da decisão.

Orientação Jurisprudencial nº 111 da SDI – I do TST. Recurso de revista. Divergência jurisprudencial. Aresto oriundo do mesmo tribunal regional. Lei nº 9.756/1998. Inservível ao conhecimento
Não é servível ao conhecimento de recurso de revista aresto oriundo de mesmo Tribunal Regional do Trabalho, salvo se o recurso houver sido interposto anteriormente à vigência da Lei nº 9.756/1998.

Violação literal de disposição de lei federal ou afronta direta e literal à Constituição Federal

Súmula nº 221 do TST. Recurso de revista. Violação de lei. Indicação de preceito
A admissibilidade de recurso de revista por violação tem como pressuposto a indicação expressa do dispositivo de lei ou da Constituição tido como violado.

Orientação Jurisprudencial nº 257 SDI – I do TST. Recurso de revista. Fundamentação. Violaçao de lei. Vocábulo violação. Desnecessidade
A invocação expressa no recurso de revista dos preceitos legais ou constitucionais tidos como violados não significa exigir da parte a utilização das expressões "contrariar", "ferir", "violar", etc.

Súmula nº 459 do TST. Recurso de revista. Nulidade por negativa de prestação jurisdicional
O conhecimento do recurso de revista, quanto à preliminar de nulidade, por negativa de prestação jurisdicional, supõe indicação de violação do art. 832 da CLT, do art. 489 do CPC de 2015 (art. 458 do CPC de 1973) ou do art. 93, IX, da CF/1988.

Recurso de revista no rito sumaríssimo

Orientação Jurisprudencial nº 260 da SDI – I do TST. Agravo de instrumento. Recurso de revista. Procedimento sumaríssimo. Lei nº 9.957/00. Processos em curso
I – É inaplicável o rito sumaríssimo aos processos iniciados antes da vigência da Lei nº 9.957/00.
II – No caso de o despacho denegatório de recurso de revista invocar, em processo iniciado antes da Lei nº 9.957/00, o § 6º do art. 896 da CLT (rito sumaríssimo), como óbice ao trânsito do apelo calcado em divergência jurisprudencial ou violação de dispositivo infraconstitucional, o Tribunal superará o obstáculo, apreciando o recurso sob esses fundamentos.

Súmula nº 442 do TST. Procedimento sumaríssimo. Recurso de revista fundamentado em contrariedade a orientação jurisprudencial. Inadmissibilidade. Art. 896, § 6º, da CLT, acrescentado pela lei nº 9.957, de 12.01.2000
Nas causas sujeitas ao procedimento sumaríssimo, a admissibilidade de recurso de revista está limitada à demonstração de violação direta a dispositivo da Constituição Federal ou contrariedade a Súmula do Tribunal Superior do Trabalho, não se admitindo o recurso por contrariedade a Orientação Jurisprudencial deste Tribunal (Livro II, Título II, Capítulo III, do RITST), ante a ausência de previsão no art. 896, § 6º, da CLT.

Recurso de Embargos à Seção de Dissídios Individuais do TST

Cabimento

Súmula nº 353 do TST. Embargos. Agravo. Cabimento

Não cabem embargos para a Seção de Dissídios Individuais de decisão de Turma proferida em agravo, salvo:

a) da decisão que não conhece de agravo de instrumento ou de agravo pela ausência de pressupostos extrínsecos;

b) da decisão que nega provimento a agravo contra decisão monocrática do Relator, em que se proclamou a ausência de pressupostos extrínsecos de agravo de instrumento;

c) para revisão dos pressupostos extrínsecos de admissibilidade do recurso de revista, cuja ausência haja sido declarada originariamente pela Turma no julgamento do agravo;

d) para impugnar o conhecimento de agravo de instrumento;

e) para impugnar a imposição de multas previstas nos arts. 1.021, § 4º, do CPC de 2015 ou 1.026, § 2º, do CPC de 2015 (art. 538, parágrafo único, do CPC de 1973, ou art. 557, § 2º, do CPC de 1973).

f) contra decisão de Turma proferida em agravo em recurso de revista, nos termos do art. 894, II, da CLT.

Orientação Jurisprudencial nº 378 da SDI – I do TST. Embargos. Interposição contra decisão monocrática. Não cabimento

Não encontra amparo no art. 894 da CLT, quer na redação anterior quer na redação posterior à Lei nº 11.496, de 22.06.2007, recurso de embargos interposto à decisão monocrática exarada nos moldes do art. 932 do CPC de 2015 (art. 557 do CPC de 1973), pois o comando legal restringe seu cabimento à pretensão de reforma de decisão colegiada proferida por Turma do Tribunal Superior do Trabalho.

Súmula nº 126 do TST. Recurso. Cabimento

Incabível o recurso de revista ou de embargos (arts. 896 e 894, "b", da CLT) para reexame de fatos e provas.

Divergência Jurisprudencial

Súmula nº 296 do TST. Recurso. Divergência jurisprudencial. Especificidade

I – A divergência jurisprudencial ensejadora da admissibilidade, do prosseguimento e do conhecimento do recurso há de ser específica, revelando a existência de teses diversas na interpretação de um mesmo dispositivo legal, embora idênticos os fatos que as ensejaram.

II – Não ofende o art. 896 da CLT decisão de Turma que, examinando premissas concretas de especificidade da divergência colacionada no apelo revisional, conclui pelo conhecimento ou desconhecimento do recurso.

Súmula nº 23 do TST. Recurso

Não se conhece de recurso de revista ou de embargos, se a decisão recorrida resolver determinado item do pedido por diversos fundamentos e a jurisprudência transcrita não abranger a todos.

Súmula nº 337 do TST. Comprovação de divergência jurisprudencial. Recursos de revista e de embargos

I – Para comprovação da divergência justificadora do recurso, é necessário que o recorrente:

a) Junte certidão ou cópia autenticada do acórdão paradigma ou cite a fonte oficial ou o repositório autorizado em que foi publicado; e

b) Transcreva, nas razões recursais, as ementas e/ou trechos dos acórdãos trazidos à configuração do dissídio, demonstrando o conflito de teses que justifique o conhecimento do recurso, ainda que os acórdãos já se encontrem nos autos ou venham a ser juntados com o recurso;

II - A concessão de registro de publicação como repositório autorizado de jurisprudência do TST torna válidas todas as suas edições anteriores; III - A mera indicação da data de publicação, em fonte oficial, de aresto paradigma é inválida para comprovação de divergência jurisprudencial, nos termos do item I, "a", desta súmula, quando a parte pretende demonstrar o conflito de teses mediante a transcrição de trechos que integram a fundamentação do acórdão divergente, uma vez que só se publicam o dispositivo e a ementa dos acórdãos; IV - É válida para a comprovação da divergência jurisprudencial justificadora do recurso a indicação de aresto extraído de repositório oficial na internet, desde que o recorrente: a) transcreva o trecho divergente; b) aponte o sítio de onde foi extraído; e c) decline o número do processo, o órgão prolator do acórdão e a data da respectiva publicação no Diário Eletrônico da Justiça do Trabalho. V - A existência do código de autenticidade na cópia, em formato PDF, do inteiro teor do aresto paradigma, juntada aos autos, torna-a equivalente ao documento original e também supre a ausência de indicação da fonte oficial de publicação.
Orientação Jurisprudencial nº 219 da SDI - I do TST. Recurso de Revista ou de Embargos fundamentado em Orientação Jurisprudencial do TST É válida, para efeito de conhecimento do recurso de revista ou de embargos, a invocação de Orientação Jurisprudencial do Tribunal Superior do Trabalho, desde que, das razões recursais, conste o seu número ou conteúdo.
Orientação Jurisprudencial nº 336 da SDI - I do TST. Embargos interpostos anteriormente à vigência da Lei nº 11.496/2007. Recurso não conhecido com base em orientação jurisprudencial. Desnecessário o exame das violações de lei e da constituição federal alegadas no recurso de revista Estando a decisão recorrida em conformidade com orientação jurisprudencial, desnecessário o exame das divergências e das violações de lei e da Constituição alegadas em embargos interpostos antes da vigência da Lei nº 11.496/2007, salvo nas hipóteses em que a orientação jurisprudencial não fizer qualquer citação do dispositivo constitucional.
Orientação Jurisprudencial nº 147 da SDI - I do TST. Lei estadual, norma coletiva ou norma regulamentar. Conhecimento indevido do recurso de revista por divergência jurisprudencial I - É inadmissível o recurso de revista fundado tão-somente em divergência jurisprudencial, se a parte não comprovar que a lei estadual, a norma coletiva ou o regulamento da empresa extrapolam o âmbito do TRT prolator da decisão recorrida. II - É imprescindível a arguição de afronta ao art. 896 da CLT para o conhecimento de embargos interpostos em face de acórdão de Turma que conhece indevidamente de recurso de revista, por divergência jurisprudencial, quanto a tema regulado por lei estadual, norma coletiva ou norma regulamentar de âmbito restrito ao Regional prolator da decisão.
Orientação Jurisprudencial nº 95 da SDI - I do TST. Embargos para SDI. Divergência oriunda da mesma Turma do TST. Inservível Em 19.05.1997, a SDI - Plena, por maioria, decidiu que acórdãos oriundos da mesma Turma, embora divergentes, não fundamentam divergência jurisprudencial de que trata a alínea "b", do artigo 894 da Consolidação das Leis do Trabalho para embargos à Seção Especializada em Dissídios Individuais, Subseção I.
Embargos para a SDI no rito sumaríssimo
Súmula nº 458 do TST. Embargos. Procedimento sumaríssimo. Conhecimento. Recurso interposto após vigência da Lei nº 11.496, de 22.06.2007, que conferiu nova redação ao art. 894, II, da CLT Em causas sujeitas ao procedimento sumaríssimo, em que pese a limitação imposta no art. 896, § 6º, da CLT à interposição de recurso de revista, admite-se os embargos interpostos na vigência da Lei nº 11.496, de 22.06.2007, que conferiu nova redação ao art. 894 da CLT, quando demonstrada a divergência jurisprudencial entre Turmas do TST, fundada em interpretações diversas acerca da aplicação de mesmo dispositivo constitucional ou de matéria sumulada.

Embargos para a SDI na fase executiva
Súmula nº 433 do TST. Embargos. Admissibilidade. Processo em fase de execução. Acórdão de Turma publicado na vigência da Lei nº 11.496, de 26.06.2007. Divergência de interpretação de dispositivo constitucional A admissibilidade do recurso de embargos contra acórdão de Turma em recurso de revista em fase de execução, publicado na vigência da Lei nº 11.496, de 26.06.2007, condiciona-se à demonstração de divergência jurisprudencial entre Turmas ou destas e a Seção Especializada em Dissídios Individuais do Tribunal Superior do Trabalho em relação à interpretação de dispositivo constitucional.
Agravo de instrumento
Orientação Jurisprudencial nº 374 da SDI – I do TST. Agravo de instrumento. Representação processual. Regularidade. Procuração ou substabelecimento com cláusula limitativa de poderes ao âmbito do tribunal regional do trabalho É regular a representação processual do subscritor do agravo de instrumento ou do recurso de revista que detém mandato com poderes de representação limitados ao âmbito do Tribunal Regional do Trabalho, pois, embora a apreciação desse recurso seja realizada pelo Tribunal Superior do Trabalho, a sua interposição é ato praticado perante o Tribunal Regional do Trabalho, circunstância que legitima a atuação do advogado no feito.
Orientação Jurisprudencial nº 283 da SDI – I do TST. Agravo de instrumento. Peças essenciais. Traslado realizado pelo agravado. Validade É válido o traslado de peças essenciais efetuado pelo agravado, pois a regular formação do agravo incumbe às partes e não somente ao agravante.
Orientação Jurisprudencial nº 286 da SDI – I do TST. Agravo de instrumento. Traslado. Mandato tácito. Ata de audiência. Configuração I – A juntada da ata de audiência, em que consignada a presença do advogado, desde que não estivesse atuando com mandato expresso, torna dispensável a procuração deste, porque demonstrada a existência de mandato tácito. II – Configurada a existência de mandato tácito fica suprida a irregularidade detectada no mandato expresso.
Orientação Jurisprudencial nº 91 da SDI – II do TST. Mandado de segurança. Autenticação de cópias pelas secretarias dos tribunais regionais do trabalho. Requerimento indeferido. Art. 789, § 9º, da CLT Não sendo a parte beneficiária da assistência judiciária gratuita, inexiste direito líquido e certo à autenticação, pelas Secretarias dos Tribunais, de peças extraídas do processo principal, para formação do agravo de instrumento.
Orientação Jurisprudencial nº 217 da SDI – I do TST. Agravo de instrumento. Traslado. Lei nº 9.756/1998. Guias de custas e de depósito recursal Para a formação do agravo de instrumento, não é necessária a juntada de comprovantes de recolhimento de custas e de depósito recursal relativamente ao recurso ordinário, desde que não seja objeto de controvérsia no recurso de revista a validade daqueles recolhimentos.
Orientação Jurisprudencial nº 282 da SDI – I do TST. Agravo de instrumento. Juízo de admissibilidade "ad quem" No julgamento de Agravo de Instrumento, ao afastar o óbice apontado pelo TRT para o processamento do recurso de revista, pode o juízo "ad quem" prosseguir no exame dos demais pressupostos extrínsecos e intrínsecos do recurso de revista, mesmo que não apreciados pelo TRT.

Agravo interno e regimental
Súmula nº 421 do TST. Embargos de declaração. Cabimento. Decisão monocrática do relator calcada no art. 932 do CPC de 2015. Art. 557 do CPC de 1973. I – Cabem embargos de declaração da decisão monocrática do relator prevista no art. 932 do CPC de 2015 (art. 557 do CPC de 1973), se a parte pretende tão somente juízo integrativo retificador da decisão e, não, modificação do julgado. II – Se a parte postular a revisão no mérito da decisão monocrática, cumpre ao relator converter os embargos de declaração em agravo, em face dos princípios da fungibilidade e celeridade processual, submetendo-o ao pronunciamento do Colegiado, após a intimação do recorrente para, no prazo de 5 (cinco) dias, complementar as razões recursais, de modo a ajustá-las às exigências do art. 1.021, § 1º, do CPC de 2015.
Orientação Jurisprudencial nº 69 da SDI – II do TST. Fungibilidade recursal. Indeferimento liminar de ação rescisória ou mandado de segurança. Recurso para o TST. Recebimento como agravo regimental e devolução dos autos ao TRT Recurso ordinário interposto contra despacho monocrático indeferitório da petição inicial de ação rescisória ou de mandado de segurança pode, pelo princípio de fungibilidade recursal, ser recebido como agravo regimental. Hipótese de não conhecimento do recurso pelo TST e devolução dos autos ao TRT, para que aprecie o apelo como agravo regimental.
Orientação jurisprudencial nº 412 da SDI – I do TST. Agravo interno ou agravo regimental. Interposição em face de decisão colegiada. Não cabimento. Erro grosseiro. Inaplicabilidade do princípio da funqibilidade recursal É incabível agravo interno (art. 1.021 do CPC de 2015, art. 557, § 1º, do CPC de 1973) ou agravo regimental (art. 235 do RITST) contra decisão proferida por Órgão colegiado. Tais recursos destinam-se, exclusivamente, a impugnar decisão monocrática nas hipóteses previstas. Inaplicável, no caso, o princípio da fungibilidade ante a configuração de erro grosseiro.
Súmula nº 435 do TST. Decisão monocrática. Relator. Art. 932 do CPC de 2015. Art. 557 do CPC de 1973. Aplicação subsidiária ao processo do trabalho Aplica-se subsidiariamente ao processo do trabalho o art. 932 do CPC de 2015 (art. 557 do CPC de 1973).
Orientação Jurisprudencial nº 132 da SDI – I do TST. Agravo regimental. Peças essenciais nos autos principais Inexistindo lei que exija a tramitação do agravo regimental em autos apartados, tampouco previsão no Regimento Interno do Regional, não pode o agravante ver-se apenado por não haver colacionado cópia de peças dos autos principais, quando o agravo regimental deveria fazer parte dele.
Recurso Adesivo
Súmula nº 283 do TST. Recurso adesivo. Pertinência no processo do trabalho. Correlação de matérias O recurso adesivo é compatível com o processo do trabalho e cabe, no prazo de 8 (oito) dias, nas hipóteses de interposição de recurso ordinário, de agravo de petição, de revista e de embargos, sendo desnecessário que a matéria nele veiculada esteja relacionada com a do recurso interposto pela parte contrária.

8. INFORMATIVOS DO TST RELACIONADOS AO TEMA

Recurso
Juízo de admissibilidade
Despacho denegatório do recurso de revista que afasta as violações e a divergência jurisprudencial apontadas com base no art. 896, "a" e "c" da CLT e nas Súmulas nºs 296 e 337 do TST. Decisão que não conhece de agravo de instrumento por ausência de fundamentação. Súmula nº 422 do TST. Não incidência. Desnecessidade de insurgência contra todos os fundamentos. Na hipótese em que o despacho denegatório do recurso de revista afasta as violações e a divergência jurisprudencial apontadas com base no art. 896, "a" e "c" da CLT e nas Súmulas nºs 296 e 337 do TST não se faz necessária a insurgência contra todos os fundamentos, admitindo-se, inclusive, a repetição das alegações trazidas nas razões da revista, na medida em que o reconhecimento de eventual violação ou divergência jurisprudencial seria suficiente para afastar os óbices apontados pelo TRT. Com esse entendimento, a SBDI-I, por maioria, conheceu dos embargos por divergência jurisprudencial e, no mérito, deu-lhes provimento para determinar o retorno dos autos à Sétima Turma a fim de que, afastado o óbice da Súmula nº 422 do TST, prossiga no julgamento do agravo de instrumento em recurso de revista como entender de direito. Vencido o Ministro Ives Gandra Martins Filho. TST-E-AIRR-44900-45.2009.5.04.0025, SBDI-I, rel. Min. Renato de Lacerda Paiva, 31.5.2012. (Informativo nº 11)
Apelo em que não se impugnam os fundamentos fáticos da decisão recorrida. Contrariedade à Súmula nº 422 do TST. Não caracterização. É suficiente para elidir a incidência da Súmula nº 422 do TST a impugnação dos fundamentos de direito, não sendo necessária a insurgência contra os fundamentos de fato aludidos na decisão recorrida, no caso, a obtenção de novo emprego por parte do empregado acidentado que postulava sua estabilidade provisória. Com esse posicionamento, a SBDI-I, por maioria, conheceu dos embargos por má-aplicação do referido verbete e, no mérito, deu-lhes provimento para determinar o retorno dos autos à Turma de origem a fim de que julgue o recurso de revista, como entender de direito. Vencidos os Ministros Ives Gandra Martins Filho, relator, e João Batista Brito Pereira. TST- E-ED-RR-879000-69.2008.5.12.0036, SBDI-I, rel. Min. Ives Gandra Martins Filho, red. p/ acórdão Min. Luiz Philippe Vieira de Mello Filho, 28.6.2012 (Informativo nº 15)
Despacho de admissibilidade do recurso de revista que afasta as violações de lei indicadas e aponta como óbice ao processamento a Súmula nº 126 do TST. Agravo de instrumento que impugna apenas o tema que se referia às violações afastadas. Decisão que não conhece do recurso por ausência de fundamentação. Súmula nº 422 do TST. Má aplicação. No caso em que o despacho de admissibilidade do recurso de revista proferido pelo TRT aponta a Súmula nº 126 do TST como óbice ao processamento do recurso e, ao mesmo tempo, afasta as violações de lei indicadas nas razões do apelo, cabe ao TST, na apreciação do agravo de instrumento, inferir em quais temas em análise realmente seria aplicável a vedação à reapreciação de fatos e provas e em que casos se estaria afastando as violações de lei. Assim, tendo em conta que, na espécie, o tema objeto do inconformismo do agravante referia-se apenas às violações afastadas e não ao óbice da Súmula nº 126 do TST, conclui-se que o agravo de instrumento que apenas renova as violações apontadas encontra-se devidamente fundamentado. Com esse entendimento, a SBDI-I, por unanimidade, conheceu dos embargos por má aplicação da Súmula nº 422 do TST e, no mérito, deu- lhes provimento para determinar o retorno dos autos à Turma de origem para que, afastado o óbice ao conhecimento do recurso, o aprecie como de direito. TST-E-AIRR-418-60.2010.5.06.0012, SBDI-1, rel. Luiz Philippe Vieira de Mello Filho,21.6.2012. (Informativo nº 14)

SÚMULA nº 422. Nova redação Alcance e interpretação.
A nova redação da Súmula nº 422 do Tribunal Superior do Trabalho alinha-se aos princípios da celeridade e economia processual e do máximo aproveitamento dos atos processuais praticados, prestigia a garantia constitucional de acesso à justiça (art. 5º, XXXV, CF) e confere efetividade à outorga da prestação jurisdicional ao mitigar a exacerbação da forma em detrimento do alcance da jurisdição plena. Assim, veio aclarar o real sentido da exigência de fundamentação, atrelando-a à efetiva ratio decidendi da decisão recorrida, dissociada de qualquer motivação secundária e/ou impertinente, afastando-se o rigor formalístico que visa obstaculizar o seguimento de recursos, sob a pecha de ausência de fundamentação, de forma indiscriminada e sem qualquer critério de razoabilidade. No caso, a egrégia Sexta Turma do TST, ao reputar desfundamentado o agravo interposto pelo reclamante, negou-lhe provimento sob o entendimento de que "O reclamante não impugnou o fundamento da decisão agravada, a qual determinou a remessa dos autos à 1ª Vara Empresarial do Rio de Janeiro em face da decisão proferida pelo STJ nos autos de conflito de competência nº 99.382/RJ, devidamente juntados às fls. 877-879 e fls. 893-893v. Ao contrário, limita-se a articular que o Regional reconheceu ter ele trabalhado para a VRG Linhas Aéreas S.A., pois seu contrato de trabalho foi rescindido por aquela empresa, e não pela antiga Varig S.A. – Viação Aérea Rio-grandense. Não apresentou violação de dispositivos de lei ou constitucional, tampouco colacionou arestos para confronto jurisprudencial. Cabia ao agravante infirmar, de forma expressa, todos os fundamentos da decisão denegatória, de modo a apresentar argumentos os quais viabilizassem o processamento do recurso de revista, combatendo todos os fundamentos específicos da decisão agravada. A jurisprudência dominante desta Corte (Súmula 422) e a do STF (Súmula 283) são assentes em considerar inadmissível o recurso que não abrange todos os fundamentos da decisão recorrida. Assim, não preenchido o requisito fixado pelo art. 514, II, do CPC[172], o recurso não atende ao pressuposto extrínseco da adequação, nos termos da Súmula 422 do TST." A SBDI-I, ao apreciar os embargos interpostos pelo reclamante, concluiu que atende ao pressuposto extrínseco de admissibilidade concernente à fundamentação o agravo em que se infirma precisa e pontualmente o único motivo da decisão impugnada: repercussão, no caso concreto, de superveniente decisão proferida no âmbito do Superior Tribunal de Justiça, em sede de Conflito de Competência, em favor da Justiça Comum estadual. Sob esses fundamentos, a SBDI-I, por unanimidade, conheceu dos embargos, por contrariedade à atual redação da Súmula nº 422, I, do TST, e, no mérito, deu-lhes provimento para determinar o retorno dos autos à Eg. Sexta Turma do TST, a fim de que, superada a ausência de fundamentação, julgue o agravo interposto pelo reclamante, como entender de direito. TST-E-Ag-RR-125100-32.2006.5.01.0056, SBDI-I, rel. Min. João Oreste Dalazen, 27.8.2015 (Informativo nº 115)

Pressupostos recursais

Momento de análise. Preclusão *pro iudicato*

Pressupostos de admissibilidade dos embargos de declaração. Análise pela Turma apenas ao enfrentar novos embargos de declaração opostos em relação aos declaratórios da parte contrária. Preclusão pro iudicato. Não configuração.
No caso em que se discute a irregularidade de representação do subscritor dos embargos de declaração opostos pelo reclamante em recurso de revista, arguida pela reclamada apenas em embargos de declaração opostos da decisão nos declaratórios do empregado, não há falar em preclusão *pro iudicato*, porquanto a matéria concernente aos pressupostos de admissibilidade do recurso é de ordem pública e deve ser observada pelo julgador de ofício, independentemente de provocação das partes ou da inexistência de prejuízo. Firmada nessa premissa, a SBDI-I, afastando a preclusão declarada pela Turma, por unanimidade, conheceu dos embargos, por divergência jurisprudencial, e, no mérito, por maioria, deu-lhes provimento para não conhecer dos embargos de declaração do reclamante e restabelecer, em consequência, a decisão da Sétima Turma que dera provimento ao recurso de revista da reclamada. Vencidos os Ministros Augusto César Leite de Carvalho e Delaíde Miranda Arantes. TST-E-ED-RR-133240-06.2001.5.04.0102, SBDI-I, rel. Min. José Roberto Freire Pimenta, 14.6.2012. (Informativo nº 13)

Cabimento
Mandado de segurança. Excepcional cabimento. Ato coator que acolheu exceção de incompetência territorial e determinou a remessa dos autos a uma das Varas do local da prestação de serviços. Empresa com atuação na cidade em que proposta a reclamatória. Ausência de óbice ao exercício da ampla defesa e do contraditório. Empregado impossibilitado de se locomover até o local da prestação de serviços. Ordem concedida para manter o foro do domicílio do reclamante. A decisão de acolhimento de exceção de incompetência territorial, com determinação de remessa do feito a Vara do Trabalho integrante da jurisdição do mesmo TRT a que vinculado o Juízo excepcionado, detém natureza jurídica interlocutória e não enseja a interposição de recurso imediato. Todavia, ante a aptidão para gerar danos manifestos, admite-se, de forma excepcional, o ajuizamento de mandado de segurança, afastando-se a incidência da Orientação Jurisprudencial nº 92 da SBDI-II. De outra sorte, na hipótese em que a empresa reclamada atua em local situado na mesma região geográfica da residência do empregado, é possível o ajuizamento da ação no foro do domicílio do reclamante, e não no local da contratação e prestação de serviços, pois não há óbice ao exercício da ampla defesa e do contraditório. No caso concreto, o reclamante prestou serviços na cidade de Valença/BA, mas ajuizou a reclamatória em Salvador/BA, local de seu domicílio. Tal circunstância não causou qualquer prejuízo à reclamada, pois se trata de empresa baiana, sediada em Salvador/BA, com filiais em outras cidades do Estado e em outras unidades da federação. Ademais, o empregado, por meio de relatório médico, comprovou sua impossibilidade de deslocamento até o município em que os serviços foram prestados, o que reforça a desnecessidade de retificação do foro eleito, sob pena de ofensa ao art. 5º, XXXV, da CF. Sob esses fundamentos, a SBDI-II, por unanimidade, conheceu do recurso ordinário e, no mérito, deu-lhe provimento para, concedendo a segurança pleiteada, cassar a decisão que acolhera a exceção de incompetência territorial para ordenar a remessa dos autos a uma das Varas do Trabalho de Valença/BA, e determinar o prosseguimento do feito perante o Juízo da 21ª Vara do Trabalho de Salvador/BA, domicílio do reclamante. TST-RO-679-10.2018.5.05.0000, SBDI-II, rel. Min. Douglas Alencar Rodrigues, 24.9.2019 (Informativo nº 206)
Erro grosseiro
Embargos interpostos em face de acórdão proferido pela SBDI-II em julgamento de recurso ordinário em mandado de segurança. Erro grosseiro. Não cabimento. Configura-se erro grosseiro, inviabilizando a incidência do princípio da fungibilidade recursal, a interposição de embargos em face de acórdão proferido pela Subseção II Especializada em Dissídios Individuais em julgamento de recurso ordinário no mandado de segurança, porquanto não inserida dentre as hipóteses de cabimento elencadas no art. 894 da CLT. Com esses fundamentos, a SBDI-II, por unanimidade, não conheceu dos embargos. TST-RO-2418-83.2011.5.15.0000, SBDI-II, rel. Min. Emmanoel Pereira, 29.4.2014 (Informativo nº 80)
Legitimidade
Erro no nome da parte. Existência de outros elementos de identificação. Ausência de prejuízo para a parte adversa. Erro material sanável. A indicação incorreta do nome da parte recorrente caracteriza erro material sanável, tendo em vista o caráter instrumental e finalístico do processo. Assim, não há falar em ilegitimidade da parte e em falta de interesse recursal se os demais dados alusivos ao processo não foram inquinados de erro, e se não foi demonstrado prejuízo para a parte adversa. No caso, apesar de na primeira folha dos embargos de declaração constar como recorrente parte estranha à lide, tal erro não tem o condão de impedir a análise do recurso, sobretudo porque possível identificar o feito por outros elementos, tais como a indicação correta do número da reclamação trabalhista, do número do CPF do reclamante, do nome da empresa reclamada e do respectivo número do CNPJ. Sob esses fundamentos, a SBDII, por unanimidade, conheceu dos embargos, por divergência jurisprudencial, e, no mérito, por maioria, deu-lhes provimento para determinar o retorno dos autos à Turma de origem para que prossiga no exame dos embargos de declaração, como entender de direito. Vencido o Ministro João Oreste Dalazen. TST-E-ED-ED-RR-122500-12.2008.5.15.0013, SBDI-I, rel. Min. Augusto César Leite de Carvalho, 31.8.2017 (Informativo nº 163)

Erro na indicação do nome da parte. Ausência de prejuízo à parte contrária. Existência de outros elementos de identificação. Erro material. Configuração.
Não há falar em ilegitimidade recursal na hipótese em que o erro na indicação do nome da parte recorrente não causou prejuízo à parte adversa (art. 794, CLT), nem impediu a análise do recurso de revista, eis que o feito pode ser identificado por outros elementos constantes dos autos, corretamente nominados. Na hipótese, não obstante tenha constado na folha de rosto e nas razões do apelo o nome da empresa JBS S/A, as circunstâncias e os elementos dos autos (número do processo, nome do reclamante, comprovante de depósito recursal e guia GRU Judicial) permitiam apreender que o correto nome da recorrente era S/A Fábrica de Produtos Alimentícios Vigor. Com esse entendimento, e vislumbrando a ocorrência, tão somente, de erro material, a SBDI-I, por unanimidade, conheceu dos embargos interpostos pelo reclamante, por divergência jurisprudencial, e, no mérito, por maioria, negou-lhes provimento. Vencidos os Ministros Lelio Bentes Corrêa, Aloysio Corrêa da Veiga e Antonio José de Barros Levenhagen, que davam provimento aos embargos para restabelecer a decisão do Regional, a qual denegara seguimento ao recurso de revista por ilegitimidade recursal da JBS S/A. TST-E-RR-652000-90.2009.5.09.0662, SBDI-I, rel. Min. Augusto César Leite de Carvalho, 10.4.2014 (Informativo nº 79)

Sucessão trabalhista. Eficácia do recurso interposto pelo sucedido excluído da lide.
A sucessão processual implica a substituição de parte integrante do polo passivo sem prejuízo dos atos praticados pelo sucedido, que permanecem eficazes. Em outras palavras, altera-se a titularidade da ação, porém aproveitam-se todos os atos válidos praticados pela parte substituída. No caso concreto, trata-se de sucessão trabalhista admitida pelos bancos reclamados no curso do processo, o que acarretou a sucessão processual e, consequentemente, a exclusão da lide dos bancos sucedidos. O banco sucessor assumiu, portanto, o polo passivo da demanda, recebendo o processo no estado em que se encontrava, não havendo falar em prejuízo dos atos praticados pelos sucedidos, que permanecem eficazes, alterada apenas a titularidade dos recursos interpostos anteriormente. Assim, entendendo que a decisão da Turma que reputou prejudicado o recurso de revista interposto pelo banco sucedido, em virtude de sua exclusão da lide decorrente da sucessão trabalhista, violou o art. 5º, LIV e LV, da CF, a SBDI-I, por maioria, conheceu dos embargos e, no mérito, deu-lhes provimento para restabelecer o primeiro acórdão turmário, proferido em sede de recurso de revista, embora mantida a retificação do polo passivo da demanda. Vencido o Ministro Lelio Bentes Corrêa. TST-E-ED-RR-790304-68.2001.5.01.0026, SBDI-I, rel. Min. Rosa Maria Weber, red. p/ acórdão Min. Guilherme Augusto Caputo Bastos, 10.3.2015 (Informativo nº 130)

INSS. Interposição de recurso ordinário contra sentença de mérito. Fase de conhecimento. Possibilidade. Terceiro prejudicado. Legitimidade e interesse recursal.
O INSS possui interesse recursal e legitimidade para interpor recurso ordinário contra decisão de mérito proferida na fase de conhecimento, pretendendo a incidência de contribuições previdenciárias sobre parcelas remuneratórias objeto da condenação. Nos termos do § 3º do art. 832 da CLT, as decisões cognitivas devem indicar a natureza jurídica das parcelas constantes da condenação, inclusive o limite de responsabilidade de cada parte no recolhimento da contribuição previdenciária. A partir da prolação da sentença condenatória, portanto, surgem o interesse e a legitimidade da autarquia federal para recorrer e suscitar todas as questões que entender pertinentes ao conteúdo da decisão cognitiva, em homenagem ao princípio da eventualidade. De outra sorte, ainda que não integre a relação processual, o INSS é terceiro juridicamente prejudicado, na medida em que afetado diretamente pela sentença quanto ao seu direito de cobrar as contribuições previdenciárias. Sob esses fundamentos, a SBDI-I, por unanimidade, conheceu do recurso de embargos, por divergência jurisprudencial, e, no mérito, por maioria, negou-lhe provimento. Vencidos os Ministros Luiz Philippe Vieira de Mello Filho, relator, Renato de Lacerda Paiva, José Roberto Freire Pimenta e Alexandre Agra Belmonte. TST-E-RR-29941-92.2003.5.04.0732, SBDI-I, rel. Min. Luiz Phillipe Vieira de Mello Filho, red. p/ acórdão Min. João Oreste Dalazen, 12.5.2016 (Informativo nº 136)

Tempestividade
Embargos de declaração. Desistência. Interrupção do prazo para interposição de outros recursos. Recontagem do prazo a partir da ciência da homologação da desistência. A oposição de embargos de declaração tempestivos e regulares interrompe o prazo para interposição de outro recurso, ainda que haja a posterior desistência dos declaratórios, devendo o prazo ser recontado a partir da ciência, pela parte contrária, da homologação da desistência. Com base nesse entendimento, a SBDI-I decidiu, por unanimidade, conhecer dos embargos interpostos pela reclamada, por divergência jurisprudencial e, no mérito, por maioria, dar-lhes provimento para, afastada a intempestividade, determinar o retorno dos autos ao TRT de origem a fim de que julgue o recurso ordinário, como entender de direito. Vencidos os Ministros Dora Maria da Costa, relatora, e Luiz Philippe Vieira de Mello Filho, os quais negavam provimento ao apelo ao fundamento de que os embargos de declaração deixam de existir quando a parte dele desiste, não podendo, portanto, produzir qualquer efeito jurídico, inclusive a interrupção do prazo para a interposição de outros recursos. TST-E-RR-223200-17.2009.5.12.0054, SBDI-I, rel. Min. Dora Maria da Costa, red. p/ acórdão Min. Aloysio Corrêa da Veiga, 27.3.2014 (Informativo nº 77)
Suspensão de prazo recursal. Ato de Tribunal Regional. Retomada da contagem. Inclusão de feriados e fins de semana. Tratando-se de suspensão de prazo recursal pré-estabelecida, fundada em ato de Tribunal Regional, é desnecessária a intimação da parte para a retomada da contagem do prazo, a qual ocorre imediatamente, independentemente de recair em feriado ou final de semana, prorrogando-se somente o termo final para o primeiro dia útil subsequente. Com esse entendimento, o Órgão Especial, por maioria, não conheceu do recurso ordinário da União, por intempestivo. No caso dos autos, após as suspensões operadas pelo TRT, a contagem dos dois dias remanescentes do prazo foi reiniciada no dia 14/01/2012, sábado, findando-se no domingo, dia 15/01/2012, de modo que o termo final foi prorrogado para o primeiro dia útil seguinte, qual seja, 16/01/2012, segunda-feira. Todavia, o recurso foi protocolado somente no dia 17/01/2012, terça-feira, estando intempestivo, portanto. Vencidos os Ministros João Oreste Dalazen, Alexandre Agra Belmonte, Brito Pereira e Delaíde Miranda Arantes. TST-ReeNec e RO-29300-82.2005.5.01.0000, Órgão Especial, rel. Min. Hugo Carlos Scheuermann, 3.6.2013 (Informativo nº 49)
Feriado forense. Comprovação em sede de embargos. Interpretação da nova redação da Súmula nº 385 do TST. Não obstante o item III da Súmula nº 385 do TST estabelecer a possibilidade de reconsideração da análise da tempestividade do recurso, por meio de prova documental superveniente, em sede de agravo regimental, agravo de instrumento ou embargos de declaração, é possível à parte provar a ausência de expediente forense em embargos. Na hipótese, prevaleceu o entendimento de que o item III da Súmula nº 385 do TST não pode ser interpretado de forma dissociada de seu item II, de modo que, descumprida a obrigação de a autoridade judiciária certificar a ocorrência de feriado, a possibilidade de reforma da decisão quedeclarou a intempestividade do recurso de revista não se inviabiliza pelo simples fato de a parte não ter juntado a certidão em sede de embargos de declaração. Com esses fundamentos, a SBDI-I decidiu, por maioria, conhecer do recurso de embargos interposto antes da vigência da Lei nº 11.496/2007, por violação do art. 184, § 2º, do CPC, e, no mérito, por unanimidade, dar-lhe provimento para determinar o retorno dos autos à Turma de origem, a fim de que prossiga no exame do recurso de revista interposto pelo Município do Rio de Janeiro, como entender de direito, afastada a intempestividade do apelo. Vencidos os Ministros Renato de Lacerda Paiva e Augusto César Leite de Carvalho, que não conheciam dos embargos ao fundamento de que, ao não opor embargos de declaração com o objetivo de trazer a prova da ausência de expediente forense, a parte perdeu o momento processual oportuno para se manifestar. TST-E-RR-721145-82.2001.5.01.0018, SBDI-I, rel. Min. Lelio Bentes Corrêa, 28.2.2013 (Informativo nº 38)

Peticionamento por meio eletrônico (E-DOC). Sistema indisponível na data do termo final do prazo recursal. Comprovação da indisponibilidade mediante prova documental superveniente. Possibilidade. Incidência do item III da Súmula nº 385 do TST.
Deve a Turma examinar, sob pena de cerceio do direito de defesa da parte, a prova de indisponibilidade do sistema de peticionamento eletrônico (E-DOC), apresentada em momento processual subsequente àquele em que o sistema ficou inoperante. Na hipótese, ante a decretação da intempestividade dos embargos declaratórios opostos pelo sistema E-DOC um dia após o termo final do prazo, e também protocolados no âmbito do TST no primeiro dia útil seguinte, a parte opôs novos declaratórios com a informação e a juntada do boletim de indisponibilidade do sistema ocorrida no último dia do prazo recursal. Assim, não tendo o órgão do Judiciário certificado nos autos a inoperância do sistema, tal como se procede no caso de feriado forense, deve o julgador reanalisar os requisitos inerentes ao prazo recursal, em face da apresentação de prova documental superveniente em sede de embargos de declaração, conforme preconiza o item III da Súmula nº 385 do TST. Com esse entendimento, a SBDI-I, à unanimidade, conheceu do recurso de embargos interposto pelo reclamante, por divergência jurisprudencial, e, no mérito, deu-lhe provimento para determinar o retorno dos autos à Turma de origem, para que prossiga no exame dos primeiros embargos de declaração, afastada a intempestividade. TST-E-ED-ED-RR-1940-61.2010.5.06.0000, SBDI-I, rel. Min. Luiz Philippe Vieira de Mello Filho, 3.4.2014 (Informativo nº 78)

Agravo de Instrumento. Intempestividade. Decisão da Turma que, de ofício, constatou que os embargos declaratórios opostos perante o juízo a quo eram intempestivos ante a ausência de comprovação de feriado local. Má-aplicação da Súmula nº 385 do TST. Configuração.
Não cabe ao TST, de ofício, a revisão da admissibilidade de recurso interposto e já julgado pelo Tribunal Regional, sob pena de afronta ao princípio do isolamento dos atos processuais que fundamenta a preclusão quanto ao preenchimento dos pressupostos de admissibilidade do apelo. Na hipótese, a Turma do TST, em atenção ao disposto na Súmula nº 385 do TST, declarou de ofício a intempestividade do agravo de instrumento do reclamante, após constatar a intempestividade dos embargos de declaração opostos perante o TRT, em razão da ausência de comprovação de feriado local, não obstante a Corte Regional tenha conhecido dos declaratórios. Assim, ficou constatada a invasão da competência do tribunal a quo, em afronta ao devido processo legal, pois a parte que tivera decisão de mérito foi surpreendida com a superveniente declaração de intempestividade dos embargos declaratórios. Com esses fundamentos, a SBDI-I, decidiu, por maioria, conhecer do recurso de embargos da reclamante, por má-aplicação da Súmula nº 385 do TST, e, no mérito, deu-lhe provimento para afastar a intempestividade declarada e determinar o retorno dos autos à Turma, a fim de que prossiga no exame do agravo de instrumento como entender de direito. Vencidos os Ministros João Oreste Dalazen, Ives Gandra Martins Filho e José Roberto Freire Pimenta. TST-EAIRR-109440-17.2003.5.01.0019, SBDI-I, rel. Min. Augusto César Leite de Carvalho. 18.12.2014 (Informativo nº 98)

Sentença. Ausência de intimação das partes. Carga dos autos. Ciência inequívoca dos termos da sentença. Início do prazo recursal. Deferimento do pedido de restituição do prazo pelo juízo de origem. Intempestividade do recurso.
A ausência de intimação da publicação da sentença é suprida por ocasião da retirada dos autos em carga pelo advogado, momento em que passa a fluir o prazo recursal. No caso, o TRT registrou ter a parte tomado ciência inequívoca dos termos da sentença ao fazer a carga dos autos para apresentar cálculos de liquidação, razão pela qual não caberia, vinte e dois dias após, expedir notificação deflagrando a reabertura do prazo para interposição do recurso ordinário. Com esse entendimento, a SBDI-I, por unanimidade, conheceu dos embargos do reclamante, por divergência jurisprudencial, e, no mérito, deu-lhes provimento para restabelecer o acórdão do Regional que considerou intempestivo o recurso ordinário da reclamada. TST-E-RR-192500-08.2009.5.03.0087, SBDI-I, rel. Min. Augusto César Leite de Carvalho, 11.9.2014 (Informativo nº 89)

Prazo recursal. Termo inicial. Não comparecimento à audiência de julgamento. Juntada da sentença aos autos no dia seguinte. Súmula nº 197 do TST. Não incidência.

Na hipótese em que as partes não compareceram à audiência de julgamento previamente designada para o dia 6.10.2010, e a sentença foi juntada aos autos em 7.10.2010, considera-se como marco inicial da contagem do prazo recursal o dia útil seguinte à divulgação no Diário Eletrônico da Justiça do Trabalho ou a partir da notificação das partes, já que elas não tiveram acesso ao conteúdo da decisão no momento em que proferida. Ao caso não se aplica o entendimento consolidado na Súmula nº 197 do TST, pois esta pressupõe a prolação da sentença na data designada para a audiência, e não no dia seguinte, como ocorrido. Sob esses fundamentos, a SBDI-I, por unanimidade, conheceu dos embargos interpostos pela reclamada, por divergência jurisprudencial e, no mérito, negou-lhes provimento, mantendo a decisão turmária que não conhecera do recurso de revista interposto pela reclamada quanto à alegação de intempestividade do recurso ordinário do reclamante. TST-E-ED-RR-382-05.2010.5.03.0108, SBDI-I, rel. Min. José Roberto Freire Pimenta, 17.12.2015 (Informativo nº 127).

Prazo recursal. Marco inicial. Designação de nova audiência de prolação de sentença. Necessidade de intimação das partes. Inaplicabilidade da Súmula nº 197 do TST.

Não se aplica a diretriz constante da Súmula nº 197 do TST à hipótese em que adiada a audiência anteriormente fixada para a prolação da sentença, e, designada outra data, não houve a intimação das partes da efetiva publicação, conforme determinação do juízo na ata de redesignação da audiência. Assim, conta-se o prazo recursal a partir da notificação da publicação da sentença, e não da própria publicação. In casu, ressaltou-se que as partes, não obstante estivessem cientificadas da primeira data para a prolação da sentença, não foram intimadas e tampouco comunicadas da designação da nova data fixada pelo juiz, que, inclusive, consciente da falha, conforme seu próprio relato, reconheceu a necessidade de intimação das partes quando da efetiva publicação da sentença. Com esse entendimento, a SBDI-I, por unanimidade, conheceu dos embargos interpostos pelo reclamante, por divergência jurisprudencial, e, no mérito, deu-lhes provimento para, afastada a intempestividade do recurso ordinário do empregado, determinar o retorno dos autos ao TRT de origem, para que prossiga no julgamento do apelo. TST-E-ED-RR-95900-90.2005.5.09.0670, SBDI-I, rel. Min. Luiz Philippe Vieira de Mello Filho, 15.5.2014 (Informativo nº 82)

Intempestividade. Recurso interposto após o prazo legal contado a partir da publicação no DEJT. Posterior intimação via sistema PJE. Impossibilidade de alteração do início do prazo recursal.

A intimação mediante o sistema do PJE não invalida, nem substitui a publicação ocorrida no Diário Eletrônico da Justiça do Trabalho (DEJT). Nos termos do art. 4º, § 2º, da Lei nº 11.419/2006, a publicação eletrônica do diário de justiça substitui qualquer outro meio de publicação oficial, para quaisquer efeitos legais, à exceção dos casos que, por lei, exigem intimação ou vista pessoal. Assim, é intempestivo o recurso ordinário interposto em 24/8/2018, pois o acórdão recorrido foi divulgado no DEJT de 2/8/2018, considerado publicado em 3/8/2018, tendo o octídio legal para a interposição do recurso (contado em dias úteis) expirado em 15/8/2018. O fato de a parte ter tido ciência da decisão no sistema do PJE apenas em 20/8/2018 não tem o condão de alterar a data inicial para a contagem do prazo recursal, pois não torna a publicação no DEJT sem efeitos. Sob esses fundamentos, a SBDI-II, por unanimidade, conheceu e negou provimento ao agravo de instrumento, mantendo incólume a decisão do Tribunal Regional que não admitiu o recurso ordinário porque intempestivo. TST-AIRO-6893-43.2015.5.15.0000, SBDI-II, rel. Min. Alexandre Agra Belmonte, 27.8.2019 (Informativo nº 203)

Representação

Embargos. Discussão acerca da irregularidade de representação do recurso anterior. Saneamento do vício no momento da interposição dos embargos. Não exigência.

Na hipótese em que o objeto dos embargos é a irregularidade de representação, indicada como óbice ao conhecimento do recurso anteriormente interposto, não se exige da parte que sane previamente o vício apontado, como condição para a interposição do novo recurso, pois, no caso, o pressuposto recursal extrínseco se confunde com o próprio mérito dos embargos. Com esse entendimento, a SBDI-I, por maioria, não conheceu dos embargos por ausência de pressuposto intrínseco, vencidos os Ministros Augusto César de Carvalho, relator, Maria Cristina Peduzzi e Alberto Luiz Bresciani, que também não conheciam do recurso, mas por ausência de pressuposto recursal extrínseco relativo à regularidade de representação processual da recorrente. TST-EAIRR-2439-61.2010.5.09.0000, SBDI-I, rel. Min. Augusto César Leite de Carvalho, red. p/ acórdão Min. Ives Gandra Martins Filho, 7.2.2013. (Informativo nº 35)

Representação processual. Juntada de substabelecimento horas depois da interposição do recurso. Regularidade de representação. Aplicação da Lei nº 11.419/2006.

Nos termos do art. 3º, parágrafo único, da Lei nº 11.419/2006, são tempestivas as petições transmitidas até às 24 horas do último dia do prazo. Assim, na hipótese em que a reclamada interpôs agravo de instrumento por meio físico, às 15:55h e, no mesmo dia, às 20:39h, juntou, via e-DOC, substabelecimento conferindo poderes ao subscritor do referido recurso, reputa-se regular a representação processual. Sob esses fundamentos, a SBDI-I, por unanimidade, conheceu dos embargos, por divergência jurisprudencial, e, no mérito, por maioria, deu-lhes provimento. Vencidos os Ministros Brito Pereira, relator, e José Roberto Freire Pimenta. TST-E-ED-AIRR- 22300-37.2006.5.15.0087, SBDI-I, rel. Min. Brito Pereira, red. p/ acórdão Min. João Oreste Dalazen, 16.2.2017 (Informativo nº 153)

Representação processual. Alteração da denominação social da empresa. Ausência de comprovação. Ilegitimidade de parte.

A parte que teve sua denominação social alterada deve fazer prova da mudança nos autos e juntar instrumento de mandato contendo a nova razão social, sob pena de configurar-se a irregularidade de representação e a inexistência do recurso. Na espécie, o Banco Santander Banespa S.A. (atualmente Banco Santander S.A.), ao interpor recurso de revista, apresentou novo instrumento de mandato, mas deixou de fazer prova de que era a atual razão social do Banco Banespa S.A., parte reclamada na ação trabalhista. Assim, configurada a ilegitimidade para recorrer do Banco Santander S.A., a SBDI-I, por unanimidade, conheceu dos embargos, por divergência jurisprudencial, e, no mérito, deu-lhes provimento para restabelecer integralmente o acórdão do Regional. TST--E-ED-RR-33100- 87.2006.5.02.0087, SBDI-I, rel. Min. Cláudio Mascarenhas Brandão, 31.8.2017 (Informativo nº 163)

Agravo não conhecido por irregularidade de representação. Produção de efeitos processuais, apesar de o apelo ser considerado inexistente. Segundo agravo interposto no mesmo dia. Impossibilidade de exame. Preclusão consumativa. Princípio da unirrecorribilidade.

A interposição de recurso eivado de irregularidade de representação processual, ainda que considerado inexistente, produz efeitos processuais, acarretando a preclusão consumativa. Desse modo, a interposição do segundo apelo não possui o condão de sanar os vícios que contaminaram o primeiro recurso, porquanto nem sequer é passível de exame. Na hipótese, a reclamada, ao impugnar a decisão monocrática que denegou seguimento ao seu agravo de instrumento, interpôs dois agravos internos na mesma data, havendo diferença de horas na protocolização. A Turma não conheceu do primeiro agravo, visto que assinado por advogados sem poderes nos autos, reputando-o inexistente, nos termos da então vigente Súmula nº 164 do TST. Além disso, deixou de examinar o segundo agravo, com fundamento no princípio da unirrecorribilidade e na preclusão consumativa. Assim, a SBDI-I, por unanimidade, conheceu dos embargos interposto pela reclamada, por divergência jurisprudencial, e, no mérito, por maioria, negou--lhes provimento. Vencidos os Ministros Márcio Eurico Vitral Amaro e Breno Medeiros. TST-E--ED-Ag-AIRR-150700-20.2009.5.02.0057, SBDI-I, rel. Min. Alexandre de Souza Agra Belmonte, 8.11.2018 (Informativo nº 186).

Assinatura digital
Embargos. Interposição por meio do sistema E-DOC. Assinatura digital firmada por advogado diverso do subscritor do recurso. Existência de instrumento de mandato outorgado para ambos os causídicos. Irregularidade de representação. Não configuração. É regular a representação na hipótese em que o recurso interposto por meio do sistema E-DOC vem subscrito por advogado diverso daquele que procedeu à assinatura digital, desde que haja nos autos instrumento de mandato habilitando ambos os causídicos. Ademais, em atenção ao princípio da existência concreta, segundo o qual nas relações virtuais predomina aquilo que verdadeiramente ocorre e não aquilo que é estipulado, tem-se que, se aposto nome de advogado diverso daquele que assinou digitalmente o recurso, o efetivo subscritor do apelo é aquele cuja chave de assinatura foi registrada, responsabilizando-se pela petição entregue, desde que devidamente constituído nos autos. Com base nessa premissa, a SBDI-I, por unanimidade, examinando questão de ordem em relação à representação processual, conheceu dos embargos porque cumpridos os requisitos extrínsecos de admissibilidade. Na espécie, ressaltou-se que o STJ adota entendimento em outro sentido, em razão da existência de norma expressa a exigir identidade entre o titular do certificado digital usado para assinar o documento e o nome do advogado indicado como autor da petição (arts. 1º, § 2º, III, e 18 da Lei nº 11.419/06 c/c arts. 18, § 1º e 21, I, da Resolução nº 1, de 10/2/10, do STJ). TST-E-RR-236600-63.2009.5.15.0071, SBDI-I, rel. Min. Aloysio Corrêa da Veiga. 12.4.2012. (Informativo nº 5)
Embargos interpostos anteriormente à Lei nº 11.496/07. Subscritores de recurso ordinário não inscritos nos quadros da OAB. Nulidade absoluta. Violação do art. 4º da Lei nº 8.906/94. A SBDI-I, por maioria, afastando a necessidade de indicação expressa de violação do art. 896 da CLT, conheceu dos embargos interpostos anteriormente à Lei nº 11.496/07, por violação do art. 4º da Lei nº 8.906/94, e deu-lhes provimento para anular os atos processuais praticados a partir do recurso ordinário interposto por subscritores não inscritos nos quadros da Ordem dos Advogados do Brasil – OAB. No caso, a Corregedoria do TRT da 15ª Região comunicou ao TST que os subscritores do recurso ordinário interposto pelo reclamante perante aquele Tribunal – e ao qual foi dado provimento – não possuíam inscrição na OAB. Essa questão não foi objeto do recurso de revista e dos embargos de declaração interpostos pela reclamada, que só tomou conhecimento dos fatos após o relator facultar-lhe manifestar-se sobre os documentos encaminhados por aquela Corte regional. Apresentada a manifestação, o Ministro relator, ao considerar exaurido o ofício jurisdicional com a prolação do acórdão em embargos de declaração – o qual manteve o não conhecimento da revista –, devolveu o prazo recursal à parte, que aditou os embargos anteriormente interpostos.
Assim, tendo a Turma remetido o fato novo à cognição da SBDI-I, entendeu a Subseção que a ausência de indicação de violação do art. 896 da CLT não poderia ser invocada como obstáculo ao conhecimento do recurso, e que a violação do art. 4º da Lei nº 8.906/94, na hipótese, se dá diretamente, pois se trata de questão de ordem pública insanável. Vencido totalmente o Ministro Renato de Lacerda Paiva, relator, e, parcialmente, o Ministro Ives Gandra Martins Filho. TST-E-ED--RR-22100-64.2002.5.15.0121, SBDI-I, rel. Min. Renato de Lacerda Paiva, red. p/ acórdão Min. Luiz Philippe Vieira de Mello Filho, 18.10.2012 (Informativo nº 26)
Irregularidade de representação. Questão não impugnada na primeira oportunidade. Arguição apenas quando a parte a quem socorre a irregularidade se tornou sucumbente. Preclusão. Configuração. Art. 245 do CPC. As alegações relacionadas ao exame de pressupostos extrínsecos processuais, por serem matéria de ordem pública, não estão sujeitas à preclusão, devendo ser examinadas de ofício pelo julga dor. Todavia, nos termos do art. 245 do CPC, se a parte a quem socorre a irregularidade deixa de indicá-la na primeira oportunidade que falar nos autos, entende-se que anuiu com seu conteúdo,

não podendo argui-la apenas quando sucumbente em sua pretensão. Na hipótese, trata-se de vício decorrente da ausência de autenticação da procuração outorgada aos advogados das reclamadas juntada com a contestação, o qual não foi alegado pelo reclamante perante a Vara do Trabalho, mas apenas em sede de embargos de declaração ao recurso ordinário, quando não mais possível à parte adversa sanar o vício, conforme disposto art. 13 do CPC. Com esse entendimento, a SBDI-I, por unanimidade, conheceu dos embargos interpostos pelo reclamante, por divergência jurisprudencial, e, no mérito, por maioria, negou-lhes provimento, mantendo a decisão da Turma por fundamento diverso. TST-E-ED-RR-98500-35.2005.5.01.0047, SBDI-I, rel. Min. Aloysio Corrêa da Veiga, 5.6.2014 (Informativo nº 85)

Peticionamento eletrônico. Interposição de recurso de revista. Ausência de assinatura manual ou eletrônica. Resolução nº 139/07 do TRT da 8ª Região. Regularidade da representação processual.

Ainda que ausente a assinatura manual ou eletrônica do subscritor do recurso de revista, é regular o apelo interposto via peticionamento eletrônico que segue as orientações do TRT encarregado de recebê-lo. No caso, a falta de assinatura não pode ser atribuída à parte, mas ao TRT da 8ª Região que, ao interpretar a Lei nº 11.419/2006, editou a Resolução nº 139/2017 e substituiu a necessidade de assinatura do subscritor por cadastro prévio no Tribunal e por senha pessoal e intransferível. Tal resolução, inclusive, equiparou a senha à identificação eletrônica e estabeleceu uma presunção relativa quanto à existência de assinatura daquele que acessou o sistema e se identificou. Assim, ante a regulamentação adotada no Tribunal de origem e a ausência de qualquer irregularidade detectada no juízo de admissibilidade, não pode o TST surpreender a parte e ter por inexistente o recurso. Sob esse entendimento, a SBDI-I, por unanimidade, conheceu dos embargos, por divergência jurisprudencial, e, no mérito, por maioria, deu-lhes provimento para, afastada a irregularidade quanto à subscrição do apelo, determinar o retorno dos autos à Turma de origem para que prossiga no exame do recurso de revista como entender de direito. Vencidos os Ministros Walmir Oliveira da Costa, relator, Cláudio Mascarenhas Brandão, Guilherme Augusto Caputo Bastos e Márcio Eurico Vitral Amaro. TST-E-ED-RR-123600-84.2009.5.08.0005, SBDI-I, rel. Min. Walmir Oliveira da Costa, red. p/ acórdão Min. Luiz Philippe Vieira de Mello Filho, 13.12.2018 (Informativo nº 189).

Custas Processuais

Custas processuais fixadas ex vi legis. Ausência de recolhimento. Deserção configurada. Art. 789, II, da CLT.

A ausência de especificação do valor das custas processuais, fixadas *ex vi legis*, em sede de mandado de segurança, não afasta a obrigação do recolhimento prévio do preparo quando da interposição do recurso ordinário. Com esse posicionamento, decidiu a SBDI-II, à unanimidade, negar provimento ao agravo de instrumento para manter a decisão agravada que reconheceu a deserção do recurso. Destacou-se, na hipótese, o caráter cogente do art. 789, II, da CLT, que estipula a incidência das custas à base de 2% sobre o valor da causa quando a ação for julgada improcedente, bem como o entendimento consubstanciado na Orientação Jurisprudencial nº 148 da SBDI-II, que confere à parte a responsabilidade pelo recolhimento das custas, sob pena de deserção. TST-AIRO-1144-47.2011.5.02.0000, SBDI-II, rel. Min. Hugo Carlos Scheuermann, 19.11.2013 (Informativo nº 67)

Conselho de fiscalização do exercício profissional. Natureza jurídica. Autarquia. Privilégios do Decreto-Lei nº 779/69. Aplicação.

Os conselhos de fiscalização do exercício profissional constituem autarquias especiais instituídas pelo Estado para a consecução de um fim de interesse público, qual seja, fiscalizar o exercício das profissões correspondentes. Sendo assim, a eles se aplicam os privilégios de que trata o Decreto-Lei nº 779/69, inclusive no que diz respeito à dispensa de recolhimento de custas processuais e de depósito recursal e à concessão de prazo em dobro para recorrer. Com esse entendimento, a SBDI-I, por unanimidade, conheceu dos embargos, por divergência jurisprudencial e, no mérito, por maioria, negou-lhes provimento. Vencidos os Ministros Renato de Lacerda Paiva, José Roberto Freire Pimenta e Alexandre de Souza Agra Belmonte. TST-E-RR-26500-89.2009.5.04.0022, SBDI-I, rel. Min. João Oreste Dalazen, 25.4.2013 (Informativo nº 44)

Custas. Comprovante de recolhimento. Documento impresso em papel termossensível. Esmaecimento dos dados entre a interposição do recurso e seu respectivo julgamento. Imputação de responsabilidade à parte. Impossibilidade. Deserção afastada.

A responsabilidade pelo esmaecimento dos dados do papel termossensível referente ao recolhimento das custas, em razão do tempo decorrido entre a interposição do recurso e seu respectivo julgamento, não pode ser imputada à parte. Ademais, no caso concreto, havia o carimbo aposto pelo serventuário da Justiça, a revelar a regularidade do aludido documento à época da interposição do recurso de revista. Com esse entendimento, a SBDI-I, por unanimidade, conheceu do recurso de embargos interposto pela reclamada, por divergência jurisprudencial, e, no mérito, deu-lhe provimento para, afastando a deserção declarada, determinar o retorno dos autos à Turma de origem, a fim de que prossiga no exame do recurso de revista da reclamada, como entender de direito. TST-E-RR-127600-85.2007.5.04.0401, SBDI-I, rel. Min. Augusto César Leite de Carvalho,30.10.2014 (Informativo nº 93)

Custas. Deserção. Afastamento. Incidente em execução trabalhista. Recolhimento ao final. Art. 789-A da CLT.

Na hipótese de ação anulatória de sentença homologatória de arrematação incidente nos autos de processo em fase de execução, não há falar em comprovação das custas por ocasião da interposição do recurso, aplicando-se ao caso o art. 789-A da CLT e não o § 1º do art. 789 da CLT, que se restringe à fase de conhecimento. No caso concreto, a deserção do recurso de revista decorreu da constatação de que houve a inversão do ônus da sucumbência por ocasião do julgamento do recurso ordinário na ação anulatória, que seria ação autônoma de natureza constitutiva negativa, resultando na aplicação do disposto no art. 789, II e § 1º, da CLT, na Súmula nº 25 do TST e na Orientação Jurisprudencial nº 27 da SDC. Todavia, além de tratar-se de incidente em execução trabalhista, o que, por si só, torna desnecessária a comprovação antecipada do recolhimento das custas, na petição inicial da ação anulatória não foi fixado o valor da causa e nem houve determinação judicial para que referida omissão fosse sanada, prevalecendo, portanto, o comando da Súmula nº 53 do TST, segundo a qual o prazo para pagamento das custas conta-se a partir da intimação do cálculo. Com esses fundamentos, a SBDI-I, por unanimidade, conheceu dos embargos interposto pelo arrematante, por divergência jurisprudencial, e, no mérito, deu-lhes provimento para, afastado o óbice da deserção aplicado no acórdão recorrido, determinar o retorno dos autos à Turma de origem para que prossiga no julgamento do recurso de revista como entender de direito. TST-E-ED-ED-RR-1383-34.2011.5.06.0002, SBDI-I, rel. Min. Augusto César Leite de Carvalho, 23.10.2014 (Informativo execução nº 7)

Custas processuais. Art. 790 da CLT. Ato Conjunto nº 21/TST.CSJT.GP.SG de 7/12/2010. Recolhimento em guia imprópria. Deserção configurada.

O Ato Conjunto nº 21/TST-CSJT.GP.SG, de 7/12/2010, editado nos termos da competência delegada pelo art. 790, caput, da CLT, preconiza, em seu art. 1º, que "a partir de 1º de janeiro de 2011, o pagamento das custas e dos emolumentos no âmbito da Justiça do Trabalho deverá ser realizado, exclusivamente, mediante Guia de Recolhimento da União – GRU Judicial, sendo ônus da parte interessada efetuar seu correto preenchimento." No caso em apreço, o recolhimento das custas processuais se deu em 20.10.2011, posterior à edição do citado ato, em valor integral e com todos os dados identificadores do processo e das partes, embora por intermédio de guia imprópria, a DARF. Nesse contexto, a Subseção entendeu irreparável a deserção declarada pelo Tribunal Regional do Trabalho da 10ª Região e confirmada pela 4ª Turma desta Corte. Sob esses fundamentos, a SBDI-1, por unanimidade, conheceu dos embargos, por divergência jurisprudencial, e, no mérito, por maioria, negou-lhes provimento, vencidos os Ministros Vieira de Mello Filho, Brito Pereira e Lelio Bentes Corrêa. TST-E-ED-RR-1388-34.2010.5.10.0017, SBDI-I, rel. Min. Alexandre Agra Belmonte, 21.5.2015. (Informativo nº 108)

Agravo de instrumento. Recurso ordinário. Deserção. Conselho de fiscalização profissional. Privilégios da Fazenda Pública.
Os conselhos de fiscalização profissional são autarquias em regime especial, sendo-lhes aplicáveis os privilégios da Fazenda Pública, previstos no Decreto Lei nº 779/69. Assim, estão dispensados do recolhimento de custas processuais e de depósito recursal. Sob esse entendimento, a SBDI-II, por unanimidade, conheceu do agravo de instrumento e, no mérito, deu-lhe provimento para, afastada a deserção do apelo, submeter o recurso ordinário do autor a julgamento do colegiado na primeira sessão subsequente à publicação da certidão de provimento do agravo. TST-AIRO-11086-96.2012.5.01.0000, SBDI-II, rel. Min. Emmanoel Pereira, 23.6.2015 (Informativo nº 111)

Recurso. Conhecimento. Impossibilidade. Inversão do ônus da sucumbência. Custas processuais não recolhidas. Deserção declarada.
Reputa-se inviável o conhecimento de recurso que se encontra deserto por falta de pagamento de custas processuais, não se aplicando à hipótese o § 11 do art. 896 da CLT, inserido pela Lei nº 13.015/2014, o qual se refere a "defeito formal que não se repute grave". Na espécie, as custas ainda não haviam sido recolhidas em virtude da isenção assegurada à ré sucumbente nas instâncias ordinárias. Todavia, em sede de recurso de revista, houve a inversão do ônus da sucumbência, tendo a autora permanecido inerte quanto ao cumprimento do encargo a ela imposto. Sob esse fundamento, por unanimidade, a SBDI-I não conheceu dos embargos. TST-E-ED-RR-2285-53.2013.5.09.0092, SBDI-I, rel. Min. Márcio Eurico Vitral Amaro 17.12.2015 (Informativo nº 127)

Sucumbência na reclamação trabalhista e na reconvenção. Preparo recolhido apenas em relação à reclamatória. Deserção do recurso relativo à ação principal. Não configuração.
A reconvenção, medida processual por meio da qual a parte exerce pretensão própria e autônoma, não se confunde com a ação principal, mas apenas pressupõe a existência desta. Assim, na hipótese em que a parte é sucumbente tanto na ação trabalhista quando na reconvenção, mas efetua o preparo referente à reclamação trabalhista somente, não há falar em deserção do recurso ordinário relativo à reclamatória, sob pena de violação dos arts. 789, *caput* e § 1º, da CLT (na redação anterior à Lei nº 13.467/2017), 343, § 2º, do CPC de 2015 e dos princípios do devido processo legal, do contraditório e da ampla defesa. Sob esse fundamento, a SBDI-I, por unanimidade, conheceu dos embargos, por divergência jurisprudencial, e, no mérito, deu-lhes provimento para, afastada a deserção do recurso ordinário tão somente em relação à reclamação trabalhista, determinar o retorno dos autos ao TRT de origem, a fim de que prossiga no julgamento das pretensões formuladas na referida ação, como entender de direito. TST-E-ED-RR-1136-35.2013.5.10.0014, SBDI-I, rel. Min. Cláudio Mascarenhas Brandão, 13.12.2018 (Informativo nº 189).

Depósito Recursal

Depósito recursal. Guia GFIP. Indicação equivocada do número do processo e da vara na guia de recolhimento. Deserção. Configuração.
O preenchimento incorreto da guia de depósito recursal constitui irregularidade que compromete a eficácia do ato processual praticado, visto que não atendida a sua finalidade de garantia do juízo. Na hipótese, a guia GFIP foi preenchida erroneamente quanto ao número do processo e da vara por onde tramitou o feito, em desacordo com a diretriz da Instrução Normativa nº 18/99 do TST. Com esse entendimento, a SBDI-I, por maioria, conheceu dos embargos e deu-lhes provimento para restabelecer o acórdão do Regional que julgou deserto o recurso ordinário da reclamada. Vencidos os Ministros Renato de Lacerda Paiva, relator, Maria Cristina Irigoyen Peduzzi, Antônio José de Barros Levenhagen, Brito Pereira, Aloysio Corrêa da Veiga e João Oreste Dalazen. TST-E-ED- RR-877540-47.2001.5.09.0013, SBDI-I, rel. Min. Renato de Lacerda Paiva, red. p/ acórdão Min. Lelio Bentes Corrêa, 8.3.2012. (Informativo nº 1)

Recurso ordinário. Deserção. Não configuração. Acolhimento da preliminar de cerceamento de defesa. Nova sentença. Interposição de segundo recurso ordinário. Realização de novo depósito recursal. Inexigibilidade.

O depósito recursal deve ser efetuado uma vez a cada recurso, havendo necessidade de novo recolhimento apenas nas hipóteses em que haja alteração de instância. Assim, o reclamado que, no julgamento de seu primeiro recurso ordinário, teve a preliminar de cerceamento de defesa acolhida, para determinar o retorno dos autos à Vara do Trabalho a fim de que proferisse nova sentença, não necessita efetuar outro depósito recursal para interpor, pela segunda vez, recurso ordinário. Com esse entendimento, a SBDI-I, à unanimidade, conheceu do recurso de embargos, por divergência jurisprudencial e, no mérito, deu-lhe provimento para determinar o retorno dos autos ao TRT, a fim de que, superada a deserção do segundo recurso ordinário, prossiga no julgamento como entender de direito. No caso, ressaltou o relator que a parte completou o valor depositado de forma a atingir o limite legal em vigor à época da interposição, sendo inegável, portanto, a não ocorrência de deserção. TST-E-ED-RR-87200-72.1994.5.02.0261, SBDI-I, rel. Min. Renato de Lacerda Paiva, 15.3.2012. (Informativo nº 2)

Recurso ordinário. Depósito recursal. Inclusão das contribuições previdenciárias. Ausência de previsão no ordenamento jurídico. Deserção. Não configuração.

Não encontra previsão no ordenamento jurídico pátrio a exigência de recolhimento, a título de depósito recursal, do montante atribuído às contribuições previdenciárias em acréscimo ao valor da condenação. Nos termos da Instrução Normativa nº 3, item I, do TST e do art. 83 da Consolidação dos Provimentos da Corregedoria-Geral da Justiça do Trabalho, o pagamento da contribuição previdenciária somente é devido quando finda a execução, pois, no momento em que proferida a sentença, não há certeza acerca das parcelas objeto da condenação, uma vez que, em caso de provimento de eventuais recursos, os valores podem ser alterados. Assim, a SBDI-I, por maioria, afastando a deserção do recurso ordinário, conheceu dos embargos e, no mérito, deu-lhes provimento para determinar o retorno dos autos ao TRT de origem, a fim de que julgue o recurso ordinário da reclamada como entender de direito. Vencido o Ministro Ives Gandra Martins Filho. TST-E-RR-136600-30.2008.5.23.0051, SBDI-I, rel. Min. Luiz Philippe Vieira de Mello Filho, 2.8.2012 (Informativo nº 16)

Depósito recursal. Pagamento efetuado por apenas uma das empresas. Não aproveitamento pelos demais reclamados. Arguição de prescrição bienal. Extinção do processo com resolução de mérito. Equivalência à exclusão da lide. Ausência de condenação solidária ou subsidiária após fevereiro de 2007. Deserção dos recursos ordinários dos outros reclamados. Configuração. Súmula nº 128, III, do TST.

No caso em que uma das empresas condenadas solidariamente é excluída da lide, tornar-se possível o levantamento do depósito recursal por ela efetuado, razão pela qual o item III da Súmula nº 128 do TST excetua o aproveitamento do depósito pelas demais empresas que integram a relação processual. Na hipótese, constata-se que o OGMO/PR, único reclamado a efetuar o depósito recursal, embora não tenha pleiteado a sua exclusão da lide, arguiu o reconhecimento da prescrição bienal, o que resultaria em extinção do processo com resolução do mérito e, consequentemente, no levantamento do referido depósito, equivalendo, portanto, à sua exclusão. Ademais, no caso concreto, não houve condenação solidária nem subsidiária do OGMO/PR no período posterior a fevereiro de 2007, quando foi instituído o OGMO/A, de modo que não se afigura possível utilizar o depósito recursal recolhido pelo OGMO/PR para garantir a execução que só alcança os demais reclamados. Com esses fundamentos, a SBDI-I, por unanimidade, conheceu dos embargos interpostos pelo reclamante, por contrariedade à Súmula nº 128, III, do TST, e, no mérito, deu-lhes provimento para, reformando o acórdão recorrido, restabelecer a decisão do Regional na parte em que pronunciou a deserção dos recursos ordinários interpostos pelos reclamados Órgão Gestor de Mão de Obra do Trabalho Portuário Avulso do Porto Organizado de Antonina (OGMO/A), Terminais Portuários da Ponta do Félix, Fortesolo Serviços Integrados Ltda. e Aduquímica Adubos Químicos Ltda. TST-E-ED-RR-262000-94.2009.5.09.0411, SBDI-I, rel. Min. Augusto César Leite de Carvalho, 25.9.2014 (Informativo nº 90)

Depósito recursal. e-DOC. Arquivo corrompido. Deserção.
Nos termos do art. 11, IV, da Instrução Normativa nº 30/2007, que regulamentou a Lei nº 11.419/06 no âmbito da Justiça do Trabalho, é de responsabilidade exclusiva dos usuários a edição da petição e anexos, em conformidade com as restrições impostas pelo serviço de peticionamento eletrônico, no que se refere à formatação e tamanho do arquivo enviado. Assim sendo, na hipótese em que o arquivo encaminhado pela reclamada junto ao recurso interposto via e-DOC foi considerado corrompido, impossibilitando, assim, a impressão da guia de comprovante do depósito recursal, resta inviável o seguimento do apelo, por falta de preenchimento de pressuposto extrínseco de admissibilidade recursal. Ressalte-se, ademais, que a juntada da cópia da guia do depósito recursal no momento da interposição do agravo não sana o vício detectado, em razão da preclusão consumativa. Com esses fundamentos, a SBDI-I, por unanimidade, conheceu do agravo e, no mérito, negou-lhe provimento, mantendo a decisão monocrática que não admitiu o recurso de embargos interpostos pela reclamada em razão da deserção. TST-AG-E-ED-RR-105500-79.2006.5.05.0002, SBDI-I, rel. Min. Lelio Bentes Corrêa, 6.11.2014 (Informativo nº 94)

Embargos interpostos sob a égide da Lei nº 11.496/2007. Recurso de revista não conhecido. Deserção. Depósito recursal efetuado no último dia do prazo recursal. Comprovação posterior. Greve dos bancários. Prorrogação do prazo para comprovação prevista no Ato nº 603/SEJUD. GP do TST. Inaplicabilidade. Súmula nº 245 do TST.
Efetuado o depósito recursal referente ao recurso de revista no último dia do prazo recursal, a alegação de existência de greve dos bancários não é justificativa para a comprovação tardia do depósito, porquanto não mais dependente de atividade bancária. Ademais, tendo em vista a autonomia administrativa dos Tribunais Regionais, são inaplicáveis as disposições do ATO nº 603/SEJUD.GP do TST, que, no caso da deflagração do movimento paredista, estabelece expressamente a prorrogação do prazo para comprovação do depósito recursal apenas aos feitos em trâmite perante o Tribunal Superior do Trabalho, não alcançando, portanto, o preparo do recurso de revista, cuja comprovação deve ser feita perante o tribunal de origem no momento de sua interposição. Incidência do disposto na Súmula nº 245 do TST. Com esse entendimento, a SBDI-I, à unanimidade, conheceu dos embargos interpostos pela reclamada, por divergência jurisprudencial, e, no mérito, por maioria, negou-lhes provimento, mantendo incólume a decisão turmária mediante a qual não se conheceu do recurso de revista por deserção. Vencido o Ministro Cláudio Mascarenhas Brandão. TST-E-ED-RR-56200-94.2006.5.17.0009, SBDI-I, rel. Min. Hugo Carlos Scheuermann, 12.3.2015 (Informativo nº 101)

Ação de cobrança de imposto sindical. Improcedência do pedido com condenação em honorários advocatícios. Inexigibilidade do depósito recursal no recurso ordinário.
É inexigível o recolhimento do depósito recursal para a interposição de recursos, quando a demanda, versando sobre contribuição sindical, for julgada improcedente, e houver condenação tão somente em custas processuais e honorários advocatícios. Isso porque a verba referente aos honorários advocatícios não faz parte da condenação para fins de garantia do juízo, tampouco é destinada a satisfazer o credor em parcela da condenação. Nesse sentido é a Súmula nº 161 do TST. A parcela referente aos honorários advocatícios é crédito de natureza acessória ao valor principal e não se inclui na condenação para efeito de garantia do juízo. Além disso, é inexigível que o depósito seja realizado em favor do Sindicato, juridicamente impossibilitado de ser titular de conta de FGTS. Sob esses fundamentos, a SBDI-I, por unanimidade, ressalvado o entendimento do relator, conheceu do recurso de embargos quanto ao tema "Ação de Cobrança de Imposto Sindical - Improcedência do pedido com condenação em Honorários Advocatícios - Inexigibilidade de Depósito Recursal no Recurso Ordinário", por divergência jurisprudencial, e, no mérito, deu-lhe provimento para determinar o retorno dos autos ao Tribunal Regional do Trabalho de origem a fim de que, afastada a deserção declarada, prossiga no exame do recurso ordinário, como entender de direito. TST- E-RR-10900- 1.2007.5.15.0113, SBDI-I, rel. Min. Cláudio Mascarenhas Brandão, 3.9.2015 (Informativo nº 116).

Conselhos de Fiscalização Profissional. Natureza jurídica de autarquia especial. Aplicabilidade dos privilégios concedidos à Fazenda Pública pelo Decreto–Lei nº 779/1969. Os conselhos de fiscalização profissional, a partir do julgamento da ADI 1.717-6/DF pelo Supremo Tribunal Federal, passaram a ser considerados entidades autárquicas especiais e tiveram reconhecida a sua natureza paraestatal. Por conseguinte, foram beneficiados com as mesmas prerrogativas processuais concedidas à Fazenda Pública, como a dispensa de depósitos recursais e o pagamento de custas somente ao final do processo, nos termos do Decreto-Lei nº 779/69. Sob esse entendimento, a SBDI-1, à unanimidade, conheceu do recurso de embargos do reclamado, por divergência jurisprudencial, e, no mérito, deu-lhe provimento para determinar o retorno do feito à 6ª Turma desta Corte a fim de que, afastada a deserção do recurso de revista, prossiga no exame do agravo de instrumento, como entender de direito. TST– E-Ag-AIRR 244200-80.2007.5.02.0035, SBDI-1, relator Ministro Cláudio Mascarenhas Brandão, 17.09.2015. (Informativo nº 118)
Mandado de segurança. Empresa em recuperação judicial. Depósito judicial anterior ao processamento da recuperação judicial. Não integração ao Juízo universal de falência. Valores à disposição do Juízo trabalhista. O depósito judicial efetuado antes do deferimento do processo de recuperação judicial desliga-se do patrimônio da empresa e assume o papel de garantia de uma futura execução, razão pela qual não está à disposição do Juízo falimentar, mas do Juízo trabalhista. Sob esse entendimento, a SBDI-II, por maioria, deu provimento a recurso ordinário para denegar a segurança. Na espécie, não se vislumbrou direito líquido e certo da empresa em recuperação judicial a ver cassada ou suspensa a decisão que indeferiu a suspensão da reclamação trabalhista matriz, bem como a remessa dos valores depositados nos autos para a conta do Juízo da recuperação judicial. Vencidos os Ministros Renato de Lacerda Paiva, Alexandre Agra Belmonte e Douglas Alencar Rodrigues. TST--RO-94- 09.2016.5.20.0000, SBDI-II, rel. Min. Breno Medeiros, 24.4.2018 (Informativo nº 177).
Mandado de Segurança. Empresa em recuperação judicial. Depósito recursal anterior ao processamento da recuperação judicial. Integração ao Juízo universal da falência. Embora o depósito recursal fique à disposição do Juízo trabalhista, ele não integra o patrimônio do reclamante, ainda que realizado antes do processamento da recuperação judicial ou da decretação da falência da empresa, de modo que todos os atos de execução referentes às reclamações trabalhistas movidas contra a recuperanda são de competência do Juízo universal, consoante jurisprudência reiterada do STJ. Sob esse fundamento, a SBDI-II, por maioria, vencidos os Ministros Maria Helena Mallmann, relatora, Emmanoel Pereira e Delaíde Miranda Arantes, deu provimento ao recurso ordinário interposto pela empresa para denegar a segurança pretendida. TST-RO-348-74.2016.5.13.0000, SBDI-II, rel. Min. Maria Helena Mallmann, red. p/ acórdão Min. Renato de Lacerda Paiva, 15.5.2018. (*Cf., em sentido contrário, Informativo TST nº 177) (Informativo nº 178).
Recurso enviado por fac-símile e via e-doc
Recurso enviado por fac-símile. Transmissão incompleta. Petição original protocolizada no prazo legal. Preclusão consumativa. Não configuração. Não se aplica a preclusão consumativa ao caso em que, não obstante o recurso transmitido via fac-símile estivesse incompleto, a parte protocolou a petição original no prazo recursal. Na hipótese, o documento enviado por fax deve ser tido por inexistente, porque, ao não conferir com os originais apresentados, não se pode considerar ratificado, conforme exige a Lei nº 9.800/99. Com esse entendimento, a SBDI-I, por unanimidade, conheceu dos embargos por violação do art. 5º, LV, da CF, e, no mérito, deu-lhes provimento para, anulando os acórdãos de fls. 512/513 e 519/520, determinar o retorno dos autos à Turma de origem, a fim de que prossiga no julgamento dos primeiros embargos de declaração do sindicato reclamante como entender de direito, ficando prejudicado o exame dos demais temas do recurso de embargos. TST-E-ED--RR-91600-02.2002.5.03.0042, SBDI-I, rel. Min. Renato de Lacerda Paiva, 20.9.2012 (No mesmo sentido, TST-E-ED-AIRR-384240-64.2005.5.12.0016, SBDI-I, rel. Min. Ives Gandra Martins Filho, 20.9.2012.) (Informativo nº 21)

Fac-símile. Data e assinatura diferentes do original. Irregularidade formal. Não caracterização. Não enseja irregularidade formal a transmissão do recurso de embargos por meio de fac-símile com data e assinatura diferentes do original interposto em juízo. "In casu", o prazo final para interposição dos embargos foi no dia 6 de dezembro de 2010, data constante da primeira e da última folha da petição do recurso, transmitida nesta mesma data por fax. Em 7 de dezembro de 2010, foram protocolados os originais, com fidelidade de conteúdo das razões recursais, mas com data de 7 de dezembro de 2010, e assinatura distinta, apesar de indicado o nome do mesmo advogado subscritor do recurso. Entendeu o Ministro Lelio Bentes Corrêa não se tratar de irregularidade formal, na medida em que a Lei nº 9.800/99 exige identidade de conteúdo entre a petição transmitida via fac-símile e aquela recebida ulteriormente em juízo, sob pena de exacerbação do formalismo. Com esse entendimento, a SBDI-I, por maioria, afastada a mencionada irregularidade, conheceu dos embargos por divergência jurisprudencial, vencidos os Ministros Ives Gandra Martins Filho, relator, Brito Pereira, Maria Cristina Irigoyen Peduzzi e Renato de Lacerda Paiva. Quanto ao mérito, após proferido o voto do relator, no sentido de negar provimento ao embargos, o julgamento foi suspenso em virtude de pedido de vista regimental formulado pelo Ministro Lelio Bentes Corrêa. TST-E-RR-307800-59.2008.5.12.0036, SBDI-I, rel. Min. Ives Gandra Martins Filho, 18.10.2012 (Informativo nº 26)
Recurso. Transmissão via fac-símile. Absoluta coincidência com os originais juntados aos autos. Desnecessidade. Trechos suprimidos irrelevantes à compreensão da controvérsia. É válida a interposição de recurso sem que haja absoluta coincidência entre a petição encaminhada por fac-símile e os originais juntados aos autos, desde que os defeitos de transmissão identificados no fax não se mostrem relevantes para a apreensão da controvérsia. No caso concreto, das dez laudas do recurso, cinco não contêm ora uma linha, ora duas linhas, e não constam, na penúltima página, três linhas correspondentes a uma transcrição de aresto do STJ, sem utilidade para o deslinde da questão. Na hipótese, prevaleceu o entendimento de que atribuir à parte os encargos decorrentes de problemas na transmissão, quando os pequenos trechos suprimidos não impedem a correta compreensão da controvérsia, implicaria exacerbação da forma, conduta incompatível com a atual sistemática processual. Assim, a SBDI-I, por maioria, conheceu dos embargos interpostos pelo reclamante antes da vigência da Lei n 11.496/2007, por violação do art. 5º, LV, da CF, e, no mérito, deu-lhes provimento para, decretando a nulidade de atos decisórios, determinar o retorno dos autos à turma de origem, a fim de que proceda a novo julgamento do recurso de revista do empregado, publicando-se a intimação do reclamante para a respectiva sessão de julgamento. Vencidos os Ministros Brito Pereira, Ives Gandra Martins Filho, Renato de Lacerda Paiva, Aloysio Corrêa da Veiga e Dora Maria da Costa, que não conheciam do recurso. TST-E-RR-1141900-23.2002.5.02.0900, SBDI-I, rel. Min. Lelio Bentes Côrrea, 20.3.2014 (Informativo nº 76)
Recurso interposto via e-DOC. Ausência das folhas que trazem a identificação e a assinatura do advogado. Regularidade. Assinatura digital. No peticionamento eletrônico (e-DOC) o próprio sistema atesta a assinatura digital, de modo que não pode ser tido por inexistente ou apócrifo o recurso em que ausentes as folhas que normalmente trazem a identificação e assinatura do advogado (folha de rosto e última lauda). Outrossim, a ausência dessas folhas não impede o conhecimento do recurso se da sua leitura for possível identificar os vícios que a parte indica. Por fim, não se consideram extemporâneos os embargos de declaração opostos fora do quinquídio legal se o objetivo da petição era apenas alertar o Tribunal da incompletude dos primeiros declaratórios. Com esse entendimento, a SBDI-I, por unanimidade, conheceu dos embargos interpostos pelo reclamante por divergência jurisprudencial, e, no mérito, deu-lhes provimento para afastar a irregularidade de representação, excluir da condenação a multa de 1% sobre o valor da causa e determinar o retorno dos autos à turma para que examine os embargos de declaração como entender de direito. TST-E-ED-RR-177500-51.2005.5.01.0058, SBDI-I, rel. Min. Alexandre de Souza Agra Belmonte, 27.2.2014 (Informativo nº 74)

Razões do recurso de revista apresentadas em via original. Petição com comprovante do pagamento do depósito recursal encaminhada via fac-símile no último dia do prazo. Juntada do original em cinco dias. Faculdade da parte. Deserção ultrapassada.
A parte tem a faculdade de enviar, via *fac-símile*, petição escrita, tendo até cinco dias, do término do prazo recursal, para apresentar os originais, conforme preconizado pelos arts. 1º e 2º, da Lei nº 9.800/99. No caso, o reclamante interpôs petição com as razões do recurso de revista em via original e, mediante fax, apresentou outra petição com o comprovante do pagamento do depósito recursal no último dia do prazo, juntando o original em cinco dias. Na hipótese, afastou-se a limitação feita pela Turma, no sentido de que não poderia a parte fracionar o ato de interposição do recurso de revista, apresentando apenas o comprovante do depósito recursal via *fac-símile*. Prevaleceu o entendimento de que a Lei nº 9.800/99, ao permitir a utilização de sistema de transmissão de dados para a prática de atos processuais, teve como objetivo ampliar o acesso à justiça, sem impor nenhuma restrição. Assim, a SBDI-I, por maioria, ultrapassando a deserção do recurso de revista, decidiu conhecer dos embargos, por divergência jurisprudencial, e, no mérito, dar-lhes provimento para determinar o retorno dos autos à Turma de origem, a fim de que analise o agravo de instrumento interposto pelo reclamante, como entender de direito. Vencido o Ministro Brito Pereira. TST-E-ED-Ag-AIRR-3710361-72.2010.5.05.0000, SBDI-I, rel. Des. Conv. Sebastião Geraldo de Oliveira, 13.11.2014 (Informativo nº 95)

Mandado de segurança. Cabimento. Não recebimento de recurso via e-DOC porque não enviados os originais posteriormente. Ato nº 52/2016 do TRT da 1ª Região. Ausência de certificação nos autos. Impossibilidade de recorrer. Desnecessidade de envio de petição por meio físico.
Cabe mandado de segurança para impugnar a decisão que além de manter o não recebimento do agravo de instrumento em recurso de revista interposto pela impetrante/reclamada via e-DOC, ante o descumprimento do Ato nº 52/2016 do TRT da 1ª Região, não certificou nos autos a não juntada do apelo, impedindo a parte de recorrer. O referido ato dispunha acerca da adoção de medidas visando à redução de despesas com o sistema e-DOC, dentre as quais estava a determinação de envio da petição por meio físico, sob pena de preclusão, em afronta à lei que dispensa a juntada posterior dos originais no caso de interposição de recurso por e-DOC. Sob esses fundamentos, a SBDI-II, por maioria, deu provimento ao recurso ordinário para conceder a segurança e determinar a imediata juntada do agravo de instrumento em recurso de revista da impetrante e a certificação da tempestivade da contraminuta apresentada. Vencida a Ministra Delaíde Miranda Arantes, relatora. TST-RO-102397-95.2017.5.01.0000, SBDI-II, rel. Delaíde Miranda Arantes, red. p/ acórdão Min. Alexandre de Souza Agra Belmonte, 14.5.2019 (Informativo nº 195)

Multas impostas pelo juiz

Multa por litigância de má-fé

ED. Intuito protelatório. Multa por litigância de má-fé. Não incidência.
Na hipótese em que a decisão recorrida consignou que a aplicação da multa por litigância de má-fé decorreu da avaliação subjetiva do julgador, convencido de que os embargos declaratórios foram infundados e opostos com intuito protelatório, ao passo que o aresto trazido à colação estabeleceu a tese de que a aplicação da referida multa pressupõe o dolo da parte em atrasar o processo, de modo que a utilização dos instrumentos processuais pertinentes não caracterizaria, por si só, a litigância de má-fé, a SBDI-I, por maioria, conheceu dos embargos por entender configurada a divergência jurisprudencial, vencidos os Ministros José Roberto Freire Pimenta, relator, Ives Gandra Martins Filho, Luiz Philippe Vieira de Mello Filho, Alberto Luiz Bresciani de Fontan Pereira e Dora Maria da Costa. No mérito, por unanimidade, a Subseção deu provimento aos embargos para afastar da condenação a indenização por litigância de má-fé, uma vez que a simples utilização dos embargos de declaração, ainda que protelatórios, não enseja o pagamento da indenização de 20% prevista no art. 18, § 2º, do CPC, mas apenas a aplicação da multa de 1% de que trata o art. 538, parágrafo único, do CPC. TST-E-ED-RR-183240-09.2002.5.02.0012, SBDI--I, rel. Min. José Roberto Freire Pimenta, 22.11.2012 (Informativo nº 31)

Multa do art. 557, § 2°, do CPC de 1973

Multa. Art. 557, § 2°, do CPC. Não aplicação. Matéria com repercussão geral reconhecida pelo STF.

Não obstante desprovido o agravo, porque ausente demonstração de desacerto do despacho agravado, a SBDI-I, por unanimidade, deixou de aplicar a multa do art. 557, § 2°, do CPC[173] na hipótese em que uma das matérias objeto do apelo, qual seja, competência da Justiça do Trabalho para apreciar controvérsia envolvendo complementação de aposentadoria decorrente do contrato de trabalho havido entre as partes, está com repercussão geral no STF, a autorizar, portanto, a interposição do apelo. TST-Ag-E-AIRR e RR-55400-24.2008.5.15.0083, SBDI-I, rel. Min. Ives Gandra da Silva Martins Filho, 31.5.2012. (Informativo n° 11)

Multa. Art. 557, § 2°, do CPC. Aplicação. Recurso manifestamente infundado. Insurgência contra jurisprudência consolidada do TST.

A interposição de recurso manifestamente infundado, por exprimir insurgência contra jurisprudência pacificada por súmula ou orientação jurisprudencial do TST, enseja a aplicação da multa prevista no art. 557, § 2°, do CPC[175] , em prestígio ao princípio da duração razoável do processo, consubstanciado no art. 5°, LXXVIII, da CF. Na espécie, a parte interpôs agravo de decisão monocrática que negou provimento aos embargos em agravo em agravo de instrumento nos quais se buscava afastar a multa por embargos de declaração protelatórios imposta pelo TRT, hipótese que não se amolda a nenhuma das exceções previstas na Súmula n° 353 do TST para o cabimento do apelo, óbice sumular invocado pelo despacho ora agravado. Com esse entendimento, a SBDI-I, por unanimidade, negou provimento ao agravo e aplicou à reclamada, nos termos do art. 577, § 2°, do CPC, multa de 1% sobre o valor corrigido da causa. TST-Ag-E-AIRR-8713-63.2010.5.01.0000, SBDI-I, rel. Min. Ives Gandra da Silva Martins Filho, 31.5.2012. (Informativo n° 11)

Efeitos Recursais

Efeito devolutivo

Prescrição. Arguição em contestação. Primeira condenação imposta ao reclamado em sede de recurso de revista. Necessidade de exame. Princípio da ampla devolutividade.

Na hipótese em que a primeira condenação imposta ao reclamado ocorre em sede de recurso de revista, cabe ao colegiado o exame da prejudicial de prescrição, arguida oportunamente na contestação, em respeito ao princípio da ampla devolutividade (art. 515, §§ 1° e 2°, do CPC[176]). Com esse entendimento, a SBDI-I, por maioria, conheceu do recurso de embargos e, no mérito, deu-lhe provimento para pronunciar a prescrição da pretensão quanto às parcelas exigíveis anteriormente a 12.8.1993, nos termos da Súmula n° 308, I, do TST. Vencidos os Ministros Aloysio Corrêa da Veiga, Ives Gandra, Brito Pereira, Renato de Lacerda Paiva, Horácio Raymundo de Senna Pires e Dora Maria da Costa. TST-E-ED-ED-RR-669206-29.2000.5.17.0005, SBDI-I, rel. Min. Lelio Bentes Corrêa, 8.3.2012. (Informativo n° 1)

---

187. CPC/15, art. 1.021, § 4°.

188. CPC/2015, art. 1.021, § 4°.

189. CPC/2015, art. 1.021, § 4°.

190. CPC/15, art. 1.013, §§ 1 e 2°.

Prescrição suscitada em contestação e não analisada em sentença. Exame em sede de recurso ordinário do reclamante. Não arguição em contrarrazões. Possibilidade. Princípio da ampla devolutividade.

Em face do princípio da ampla devolutividade, a prejudicial de prescrição arguida em contestação e não examinada em sentença que julgou improcedente a reclamação trabalhista é automaticamente devolvida ao exame do colegiado quando do julgamento do recurso ordinário do reclamante, mesmo que não suscitada em contrarrazões. Com esse posicionamento, a SBDI-I, à unanimidade, conheceu dos embargos, por divergência jurisprudencial, e, no mérito, por maioria, vencido o Ministro Ives Gandra Martins Filho, deu-lhes provimento para determinar o retorno dos autos ao Tribunal Regional de origem a fim de que, julgando novamente os embargos de declaração, aprecie o fundamento da defesa relativo à prescrição bienal, ficando excluída, por consequência lógica, a multa nele aplicada com base no art. 538, parágrafo único, do CPC[177]. TST-E-RR-589200-82.2006.5.12.0036, SBDI-I, rel. Min. Renato de Lacerda Paiva, 14.6.12. (Informativo nº 13)

Prescrição. Arguição em defesa. Afastamento pelo Juízo de primeiro grau. Improcedência dos pedidos iniciais. Efeito devolutivo em profundidade do recurso da parte sucumbente no pedido principal. Desnecessidade de renovação da prescrição em recurso adesivo ou em contrarrazões.

O Tribunal Regional do Trabalho pode conhecer da prejudicial de prescrição arguida em defesa, ainda que não renovada por meio de recurso adesivo ou em contrarrazões ao recurso ordinário, quando julgados improcedentes os pedidos do reclamante. O efeito devolutivo do recurso ordinário é amplo e, consequentemente, admite o conhecimento da matéria impugnada, assim como de todas as questões suscitadas e discutidas no processo, ainda que o Juízo de primeiro grau não as tenha julgado por inteiro. Assim, no caso concreto, mesmo diante da não interposição de recurso adesivo, cabia ao TRT conhecer da prejudicial de prescrição arguida em contrarrazões pela reclamada. Sob esses fundamentos, a SBDI-I, em sua composição plena, por unanimidade, conheceu do recurso de embargos, por divergência jurisprudencial, e, no mérito, por maioria, deu-lhe provimento para reconhecer a possibilidade de exame, pelo Tribunal Regional, da prescrição renovada em contrarrazões ao recurso ordinário, e determinar o retorno dos autos à Turma a fim de que prossiga no exame do recurso de revista, como entender de direito. Vencidos os Ministros Renato de Lacerda Paiva, Walmir Oliveira da Costa, José Roberto Freire Pimenta e Hugo Carlos Scheuermann, os quais negavam provimento ao recurso ao entendimento de que, na espécie, permitir que uma prejudicial de mérito seja arguida apenas em sede de contrarrazões ao recurso ordinário significa inviabilizar ao reclamante o exercício do contraditório e da ampla defesa. TST-E-ED-RR-103900- 80.2012.5.17.0001, SBDI-I, rel. Min. Cláudio Mascarenhas Brandão, 21.2.2019 (*Cf. Informativos TST nºs 13 e 58) (Informativo nº 191).

Teoria da causa madura

AR. Julgamento imediato da lide. Questão de fundo já decidida pela instância de origem. Identidade de causas de pedir remota e próxima e de fatos em relação a todos os litisconsortes. Supressão de instância ou julgamento extra petita. Inocorrência.

A SBDI-II entendeu não caracterizar supressão de instância ou julgamento extra petita a hipótese em que a decisão rescindenda, afastando a prescrição declarada, procede ao imediato exame da questão de fundo, que já fora decidida pelo Tribunal Regional e transitada em julgado em relação a um dos autores, com mesma causa de pedir remota e próxima, além de apresentar matéria fática idêntica em relação a todos os litisconsortes. Consignou, ainda, que o § 3º do art. 515 do CPC[178] ampliou a possibilidade do julgamento imediato da lide, não restringindo aos casos em que houve extinção do feito sem resolução do mérito. Dessarte, a Subseção, por unanimidade, julgou improcedente a pretensão rescisória. TST-AR-2653-67.2011.5.00.0000, SBDI-II, rel. Min. Pedro Paulo Teixeira Manus, 26.6.2012. (Informativo nº 15)

191. CPC/15, art. 1.026, §§ 2º e 3º.

192. CPC/2015, art. 1.013, § 3º.

Reexame Necessário

MS impetrado por ente público. Segurança denegada. Reexame necessário. Cabimento. Existência de prejuízo ao erário.

Não obstante o art. 13, parágrafo único, da Lei nº 1.533/51, o art. 14, § 1º, da Lei nº 12.016/09 e o item III da Súmula nº 303 do TST estabelecerem que a sentença obrigatoriamente sujeita ao duplo grau de jurisdição é aquela que concede a segurança, o Órgão Especial, por maioria, conheceu do reexame necessário na hipótese em que denegada a segurança em mandamus impetrado por ente público. Prevaleceu o entendimento de que toda decisão que cause prejuízo ao erário, seja a pessoa jurídica de direito público impetrante ou impetrado, somente tem eficácia depois de reexaminada pelo órgão superior. Vencidos os Ministros Renato de Lacerda Paiva, Maria Cristina Irigoyen Peduzzi, Alberto Luiz Bresciani de Fontan Pereira, Fernando Eizo Ono e Márcio Eurico Vitral Amaro. TST-ReeNec e RO 8275200-96.2009.5.02.0000, Órgão Especial, rel. Min. Alberto Luiz Bresciani de Fontan Pereira, 6.8.2012 (Informativo nº 16)

Recursos em espécie

Embargos de declaração

Embargos de declaração com efeitos modificativos

ED. Efeito modificativo. Não concessão de vista à parte contrária. Orientação Jurisprudencial nº 142, I, da SBDI-I. Não decretação de nulidade. Possibilidade. Ausência de prejuízo.

A decisão que acolhe embargos declaratórios com efeito modificativo sem concessão de vista à parte contrária é nula apenas se configurado manifesto prejuízo. Inteligência do item I da Orientação Jurisprudencial nº 142 da SBDI-I c/c o art. 794 da CLT, que fala em ser a decisão "passível de nulidade", e não nula ipso facto. Com esse entendimento, a SBDI-I, por maioria, vencido o Ministro Brito Pereira, não conheceu dos embargos. Na espécie, a decisão embargada consignou que a única questão versada nos declaratórios da reclamante decorrera de fatos conhecidos por ambas às partes, trazidos aos autos pela própria reclamada, e sobre os quais já se havia manifestado exaustivamente. TST-E-ED-RR-5121500-44.2002.5.01.0900, SBDI-I, rel. Min. Ives Gandra da Silva Martins Filho, 2.8.2012 (Informativo nº 16)

ED. Efeito modificativo para incidir nova redação de súmula. Impossibilidade.

Não padecendo o acórdão embargado de omissão, é impossível conferir-lhe efeito modificativo com o propósito de adequá-lo à nova redação de súmula, que teve sua tese alterada. Com esse entendimento, a SBDI-I, por maioria, rejeitou os embargos declaratórios opostos contra acórdão que conheceu de embargos por contrariedade à Súmula nº 277 do TST (redação anterior), e deu-lhes parcial provimento para determinar o pagamento das verbas postuladas até a vigência da Lei nº 8.542/92. Vencidos os Ministros Augusto César Leite de Carvalho, relator, e Delaíde Miranda Arantes, que acolhiam os embargos declaratórios para, imprimindo efeito modificativo ao julgado, dar provimento ao recurso de embargos e condenar a reclamada ao pagamento das verbas requeridas até que as cláusulas impugnadas do acordo coletivo sejam modificadas ou suprimidas por norma coletiva posterior, nos termos da atual redação da Súmula nº 277 do TST. TST-ED-E-ARR-61600-91.1998.5.05.0013, SBDI-I, rel. Min. Augusto César Leite de Carvalho, 22.11.2012 (Informativo nº 31)

Embargos de declaração. Efeito modificativo. Possibilidade. Omissão na análise da fonte de publicação do julgado que ensejou o conhecimento do recurso de revista por divergência jurisprudencial. Desatenção ao item III da Súmula nº 337 do TST.

Na hipótese em que a Turma conheceu do recurso de revista, por divergência jurisprudencial com aresto que desatendeu ao comando do item III da Súmula nº 337 do TST, impunha-se imprimir efeito modificativo aos embargos de declaração opostos com o fim de configurar omissão na análise do aspecto alusivo à fonte de publicação do julgado que ensejou o conhecimento da revista, e,

consequentemente, dela não conhecer por divergência jurisprudencial. Nesse contexto, a SBDI-I, concluindo não haver controvérsias na matéria de mérito acerca da base de cálculo do adicional de insalubridade, e diante do princípio da celeridade processual (art. 5º, LXXVIII, da CF), decidiu, por maioria, conhecer do recurso de embargos, no tópico, mas deixar de remeter os autos para a Turma analisar novamente o recurso de revista, aplicando desde logo o direito à espécie. Assim, a Subseção negou provimento aos embargos, consignando que embora tenha ocorrido desacerto da Turma ao conhecer da revista por divergência jurisprudencial, o recurso lograva conhecimento por contrariedade à Súmula Vinculante nº 4 do STF e consequente provimento para julgar improcedente a reclamação trabalhista nos termos da conclusão do acórdão embargado. Vencido o Ministro João Oreste Dalazen. TST-E-ED--RR-52100-08.2008.5.22.0003, SBDI-I, rel. Min. Dora Maria da Costa, 9.5.2013 (Informativo nº 46)
Embargos de declaração. Não cabimento. Decisão proferida pelo Presidente de Turma que denegou seguimento ao recurso de embargos. Orientação Jurisprudencial nº 377 da SBDI-I. Aplicação analógica. Não interrupção do prazo recursal. Agravo regimental. Intempestividade. Nos termos do art. 235, X, do RITST, o recurso cabível da decisão do Presidente de Turma que, com base na Súmula nº 353 do TST, denega seguimento ao recurso de embargos é o agravo regimental. Assim, o manejo de embargos de declaração constitui erro grosseiro, insuscetível de correção pela aplicação do princípio da fungibilidade. Ademais, ao caso aplica-se, por analogia, o disposto na Orientação Jurisprudencial nº 377 da SBDI-I, segundo a qual *"não cabem embargos de declaração interpostos contra decisão de admissibilidade do recurso de revista, não tendo o efeito de interromper qualquer prazo recursal"*. Com esses fundamentos, a SBDI-I, por unanimidade, em face da intempestividade do apelo, não conheceu do agravo regimental interposto da decisão do Presidente de Turma que entendeu incabíveis os embargos declaratórios. TST-AgR-E-ED-AIRR-29900-22.2010.5.23.0031, SBDI-I, rel. Min. Dora Maria Costa. 20.06.2013. (Informativo nº 52)
Embargos de declaração. Desistência. Interrupção do prazo para interposição de outros recursos. Recontagem do prazo a partir da ciência da homologação da desistência. A oposição de embargos de declaração tempestivos e regulares interrompe o prazo para interposição de outro recurso, ainda que haja a posterior desistência dos declaratórios, devendo o prazo ser recontado a partir da ciência, pela parte contrária, da homologação da desistência. Com base nesse entendimento, a SBDI-I decidiu, por unanimidade, conhecer dos embargos interpostos pela reclamada, por divergência jurisprudencial e, no mérito, por maioria, dar-lhes provimento para, afastada a intempestividade, determinar o retorno dos autos ao TRT de origem a fim de que julgue o recurso ordinário, como entender de direito. Vencidos os Ministros Dora Maria da Costa, relatora, e Luiz Philippe Vieira de Mello Filho, os quais negavam provimento ao apelo ao fundamento de que os embargos de declaração deixam de existir quando a parte dele desiste, não podendo, portanto, produzir qualquer efeito jurídico, inclusive a interrupção do prazo para a interposição de outros recursos. TST-E-RR-223200-17.2009.5.12.0054, SBDI-I, rel. Min. Dora Maria da Costa, red. p/ acórdão Min. Aloysio Corrêa da Veiga, 27.3.2014 (Informativo nº 77)
Embargos de declaração protelatórios
Embargos de declaração interpostos pelo reclamante. Intuito protelatório. Aplicação da multa prevista no art. 1.026, § 2º, do CPC de 2015. Possibilidade. É admissível a imposição de multa em situações em que se constate que há procrastinação na interposição de embargos de declaração pelo reclamante. Verificado que o empregado se utilizou dos embargos de declaração para ver reapreciadas premissas fáticas já afastadas, em contrário aos seus interesses, resultou demonstrado o manifesto caráter protelatório do curso normal do processo, a atrair a aplicação da multa prevista no art. 1.026, § 2º, do CPC de 2015. Na ocasião, ressaltou-se que não é possível adotar a presunção de que o credor de verba alimentar nunca tem a intenção de procrastinar o feito, devendo-se apurar, no caso concreto, a má utilização dos embargos de declaração. Sob esse fundamento, a SBDI-I, por unanimidade, conheceu do recurso de embargos, por divergência jurisprudencial, e, no mérito, por maioria, negou-lhes provimento. Vencidos os Ministros Augusto César Leite de Carvalho, relator, e Alexandre Agra Belmonte. TST-E--ED-ARR- 414800-90.2007.5.09.0892, SBDI-I, rel. Min. Ministro Augusto César Leite de Carvalho, red. p/ acórdão Min. João Oreste Dalazen, 18.5.2017 (Informativo nº 159)

Embargos. Recurso de revista interposto sob a égide do CPC/2015. Depósito recursal. Recolhimento dentro do prazo. Comprovação em momento processual posterior. Vício insanável. Deserção configurada. Lei nº 5.584/70. Súmula nº 245 do TST. Multa por embargos protelatórios. Denegado seguimento aos Embargos quanto ao tema. Ausência de impugnação por meio de agravo. Exclusão da multa pela Seção Uniformizadora. Mero corolário.
Configura-se a deserção quando o recorrente, apesar de ter feito o recolhimento das custas e do depósito recursal tempestivamente, deixa de comprová-lo dentro do prazo alusivo ao recurso. Na espécie, o reclamado, ao interpor o recurso de revista, juntou a guia referente ao depósito recursal, sem a respectiva autenticação. A comprovação do preparo, com a juntada da guia devidamente autenticada, ocorreu mais de um mês depois do término do prazo recursal. Nesse contexto, não havendo comprovação do pagamento do depósito recursal no prazo para sua interposição, o recurso mostra-se deserto, nos termos do art. 7º da Lei nº 5.584/70 e da Súmula nº 245 do TST. Com esse entendimento, a SBDI-1 decidiu, por unanimidade, conhecer do recurso de embargos por contrariedade à Súmula nº 245 desta Corte e, no mérito, dar-lhe provimento para, reconhecendo a deserção do recurso de revista do reclamado, restabelecer integralmente o acórdão regional. No tocante à multa por embargos de declaração protelatórios, a despeito de os embargos à SBDI-1 não terem sido admitidos pelo Presidente da Turma quanto a esse tema e de não ter havido impugnação por meio de agravo, prevaleceu o entendimento de que o acolhimento da pretensão recursal principal (reforma da decisão da Turma quanto à deserção) tem como efeito necessário e automático a exclusão da multa imposta no acórdão impugnado, por restar evidente a ausência de intuito protelatório dos embargos de declaração interpostos. Sob esse fundamento, a SBDI-1, por maioria, excluiu a multa por embargos de declaração protelatórios aplicada à autora, vencidos os Ministros Breno Medeiros e Alexandre Luiz Ramos. TST-E-ED-ED-RR-11105-22.2015.5.03.004, SBDI-I, rel. Min. José Roberto Freire Pimenta, 18/6/2020. (Informativo nº 221)

Recurso ordinário

Prescrição. Arguição em contrarrazões ao recurso ordinário. Não apreciação pelo Tribunal Regional. Renovaçao em contrarrazões ao recurso de revista. Momento oportuno.
Na hipótese de prescrição quinquenal arguida pela reclamada originariamente em contrarrazões ao recurso ordinário, não apreciada pelo Regional, mas renovada em contrarrazões ao recurso de revista, cabia à Turma, ao dar provimento à revista da outra parte para condenar a reclamada pela primeira vez, examinar a prejudicial suscitada. Na espécie, não se poderia exigir que a reclamada trouxesse a matéria por meio de recurso, uma vez que lhe faltava interesse recursal ante a ausência de sucumbência nas instâncias ordinárias. Ademais, não há falar em necessidade interposição de recurso adesivo, pois este, nos termos do art. 500 do CPC, exige sucumbência recíproca. Com esse entendimento, a SBDI-I, por unanimidade, conheceu dos embargos da reclamada, por divergência jurisprudencial, e, no mérito, por maioria, deu-lhes provimento para declarar prescrita a pretensão no tocante às parcelas que antecederam ao quinquênio contado do ajuizamento da reclamação trabalhista. Vencidos os Ministros Brito Pereira, Dora Maria da Costa e Renato de Lacerda Paiva. TST-E-ED-RR-24400-26.2007.5.01.0343, SBDI-I, rel. Min. Luiz Philippe Vieira de Mello Filho, 5.9.2013. (Informativo nº 58)

Coisa julgada. Arguição e juntada de documentos comprobatórios apenas em sede de recurso ordinário. Matéria de ordem pública não sujeita à preclusão. Súmula nº 8 do TST. Não incidência.
A arguição de coisa julgada somente em sede de recurso ordinário, acompanhada de documentos para sua comprovação, não obsta o conhecimento da referida preliminar de ofício (art. 267, § 3º, V, do CPC), ensejando apenas a responsabilidade da parte pelas custas de retardamento, conforme a parte final do § 3º do art. 267 do CPC[179]. No caso, prevaleceu a tese de que a arguição de matéria

193. CPC/15, art. 485, § 3º.

<table>
<tr><td>de ordem pública não sofre, em grau ordinário, o efeito da preclusão, e que a Súmula nº 8 do TST não trata da juntada de documentos relativos a questões dessa natureza, não incidindo na hipótese, portanto. Nesse contexto, a SBDI-I, por unanimidade, conheceu dos embargos do reclamado, por divergência jurisprudencial, e, no mérito, por maioria, deu-lhes provimento para restabelecer o acórdão do Regional, que acolhera a preliminar de coisa julgada e declarara extinto o processo, sem resolução de mérito. Vencidos os Ministros José Roberto Freire Pimenta, Lelio Bentes Corrêa e Alexandre Agra Belmonte. TST-E-RR-114400-29.2008.5.03.0037, SBDI-I, rel. Min. Márcio Eurico Vitral Amaro, 19.3.2015 (Informativo nº 102)</td></tr>
<tr><td>Incidente de Resolução de Demanda Repetitiva. Não conhecimento pelo TRT. Recurso ordinário. Não cabimento. Art. 987 do CPC de 2015.
Não cabe recurso ordinário contra decisão de TRT que não admite Incidente de Resolução de Demanda Repetitiva – IRDR. Embora o IRDR seja compatível com o processo do trabalho, nos termos da IN 39 do TST, o art. 987 do CPC de 2015 admite a interposição de recurso de natureza extraordinária apenas quando houver o julgamento do mérito do incidente. Sob esse entendimento, o Órgão Especial, por unanimidade, não conheceu do recurso ordinário. TST-RO-21242- 23.2016.5.04.0000, Órgão Especial, rel. Min. Maria Helena Mallmann, 6.8.2018 (Informativo nº 181)</td></tr>
<tr><td align="center">Agravo de petição</td></tr>
<tr><td>Execução. Agravo de petição. Exigência de valores atualizados até a data de interposição do recurso. Requisito não previsto no art. 897, § 1º, da CLT. Afronta ao art. 5º, II e LV, da CF. Configuração.
A decisão do TRT que condiciona o exame do agravo de petição à apresentação de valores atualizados até a data de interposição do recurso viola o art. 5º, II e LV, da CF, pois estabelece requisito não previsto em lei. O art. 897, § 1º, da CLT impõe ao agravante tão somente a delimitação justificada das matérias e dos valores impugnados. Sob esse entendimento, a SBDI-I, por unanimidade, conheceu de embargos, por divergência jurisprudencial, e, no mérito, negou-lhes provimento, mantendo, portanto, decisão turmária que determinou o retorno dos autos ao TRT de origem a fim de que prossiga no exame do agravo de petição da executada, afastada a necessidade de delimitação dos valores atualizados. TST-E-RR-48900-10.2007.5.04.0203, SBDI-I, rel. Min. Aloysio Corrêa da Veiga, 16.2.2017 (*CF. Informativo TST n.º 59) (Informativo execução nº 29)</td></tr>
<tr><td>Execução. Agravo de petição do exequente. Delimitação de valores prevista no art. 897, § 1º, da CLT. Inexigibilidade.
A delimitação dos valores impugnados a que alude o art. 897, § 1º, da CLT é pressuposto de admissibilidade do agravo de petição e visa a execução imediata da parte incontroversa, razão pela qual somente é exigível do executado. O exequente, via de regra, pretende obter um acréscimo ao valor já apurado, de modo que o descumprimento da referida norma não acarreta qualquer prejuízo ao prosseguimento da execução. Sob esse entendimento, a SBDI-I, por unanimidade, conheceu dos embargos, por divergência jurisprudencial, e, no mérito, por maioria, deu-lhes provimento para, afastada a necessidade de delimitação de valores, determinar o retorno dos autos ao TRT para que prossiga no exame do agravo de petição do exequente, como entender de direito. Vencidos os Ministros Cláudio Mascarenhas Brandão, Alexandre Agra Belmonte, Guilherme Augusto Caputo Bastos, Walmir Oliveira da Costa e Ives Gandra Martins Filho. TST-E-RR-143500- 80.2004.5.01.0342, SBDI-I, rel. Min. Hugo Carlos Scheuermann, 8.2.2018 (Informativo nº 171).</td></tr>
<tr><td align="center">Recurso de Revista</td></tr>
<tr><td>Recurso de revista. Afronta direta e literal à Constituição Federal (art. 896, alínea "c", da CLT). Lei estadual. Interpretação necessária. Não conhecimento.
Não se conhece de recurso de revista com supedâneo no art. 896, alínea "c", da CLT, se necessária a interpretação de normas estaduais para o exame de ofensa à literalidade da norma constitucio</td></tr>
</table>

nal indicada (art. 37, X, da CF). Com esse entendimento, e citando precedentes do STF, a SBDI-I, por unanimidade, conheceu dos embargos do reclamante, por divergência jurisprudencial, e, no mérito, por maioria, deu-lhes provimento para afastar o conhecimento do recurso de revista, restabelecendo o acórdão do Regional. No caso, o Conselho de Reitores das Universidades do Estado de São Paulo (CRUESP) concedeu reajustes aos funcionários das Universidades Estaduais, deles não se beneficiando o reclamante, empregado da Faculdade de Medicina de São José do Rio Preto (FAMERP). O TRT, analisando a questão, deferiu os reajustes pleiteados com fundamento na Lei Estadual nº 8.899/94 e no estatuto da FAMERP, o qual, em seu art. 65, estabelece que a política salarial da FAMERP será a mesma adotada pelo CRUESP. A Turma, por sua vez, conheceu e proveu o recurso de revista interposto pela FAMERP ao entendimento de que a fixação de aumentos remuneratórios de servidores públicos autárquicos com base em resolução de Conselho Universitário, sem lei específica, configuraria ofensa literal ao art. 37, X, da CF. Vencidos os Ministros Renato de Lacerda Paiva, Dora Maria da Costa, Alexandre de Souza Agra Belmonte e Brito Pereira. TST-E-RR-1070-53.2010.5.15.0133, SBDI-I, rel. Min. Aloysio Corrêa da Veiga, 15.8.2013 (Informativo nº 55)

Negativa de prestação jurisdicional. Preliminar de nulidade do acórdão do Regional acolhida. Exame dos temas remanescentes do recurso de revista quando do retorno dos autos ao TST. Necessidade de ratificação pelo recorrente.

Sob pena de denegação da Justiça, a Turma do TST, após acolher preliminar de nulidade de acórdão do Regional, por negativa de prestação jurisdicional, deve examinar, quando do retorno dos autos ao TST, os temas remanescentes do recurso de revista, ainda que julgados prejudicados, bastando, para tanto, que tenha havido a ratificação das razões recursais. No caso concreto, após acolher a preliminar de nulidade do acórdão do Regional, por negativa de prestação jurisdicional, a Turma julgou prejudicado o exame dos temas remanescentes do recurso de revista e recusou-se a apreciá-los quando do retorno dos autos ao TST. Não obstante o recorrente, no prazo alusivo ao recurso de revista, expressamente tenha peticionado nos autos, postulando a tramitação regular do seu apelo, entendeu a Turma que a não interposição de novo recurso em relação aos temas prejudicados teria gerado preclusão. Diante desses fatos, a SBDI-I, por maioria, vencidos os Ministros Dora Maria da Costa e Luiz Philippe Vieira de Mello Filho, conheceu dos embargos do reclamante quanto à preliminar de nulidade do acórdão turmário, por negativa de prestação jurisdicional, por divergência jurisprudencial, e, no mérito, por unanimidade, deu-lhes provimento para anular o acórdão e determinar o retorno dos autos à Turma, a fim de que prossiga no exame do recurso de revista do reclamante no tocante aos temas julgados prejudicados no acórdão, como entender de direito. TST-E-ED-RR-190200-55.2003.5.02.0073, SBDI-I, rel. Min. João Oreste Dalazen, 17.10.2013 (Informativo nº 63)

Acórdão do Regional publicado antes da vigência da Lei nº 13.015/2014. Embargos de declaração publicados na vigência da norma. Ausência de efeito modificativo. Requisitos do § 1º-A do art. 896 da CLT. Não aplicação. Julgamento do recurso de revista nos moldes anteriores à vigência da lei.

Os requisitos previstos no § 1º-A do art. 896 da CLT, introduzidos pela Lei nº 13.015/2014, apenas se aplicam quando, não obstante a decisão que julgara o recurso ordinário tenha sido publicada antes da vigência da referida lei, haja embargos de declaração acolhidos com efeito modificativo, cujo acórdão tenha sido publicado após a vigência da norma. Inteligência do Ofício Circular TST. SEGJUD.GP nº 030/2015. Na espécie, a decisão que acolheu os embargos de declaração interpostos da decisão em sede de recurso ordinário foi publicada após a vigência da Lei nº 13.015/2014. Todavia, não concedeu efeito modificativo ao julgado, razão pela qual não subsiste a decisão turmária que negou provimento ao agravo interposto contra decisão que denegara seguimento ao recurso de revista, ante a ausência de indicação do trecho da decisão recorrida que consubstancia o prequestionamento da controvérsia, nos termos do art. 896, § 1º-A, da CLT. Sob esse fundamento, a SBDI-I, por maioria, conheceu dos embargos, por divergência jurisprudencial, vencido o

Ministro Brito Pereira. No mérito, ainda por maioria, a Subseção deu provimento ao recurso para, afastando a aplicação da Lei nº 13.015/2014, determinar o retorno dos autos à Turma para julgamento do recurso de revista da reclamante nos moldes anteriores à vigência da norma. Vencido o Ministro Cláudio Mascarenhas Brandão. TST-E-ED-Ag-RR-36200-18.2014.5.13.0005, SBDI-I, rel. Min. Aloysio Corrêa da Veiga, 28.4.2016 (Informativo nº 134)
Indenização por dano moral. Valor da condenação. Conhecimento do recurso de revista por violação do art. 5º, X, da CF. Possibilidade. O recurso de revista que se insurge contra o valor da indenização fixada a título de danos morais comporta conhecimento por violação do art. 5º, X, da CF, conforme a jurisprudência prevalente do TST. Sob esse fundamento, a SBDI-I, por unanimidade, conheceu dos embargos, por divergência jurisprudencial, e, no mérito, negou-lhes provimento, mantendo, assim, a decisão turmária que conhecera do recurso de revista do reclamante por violação do art. 5º, X, da CF, e dera-lhe provimento para restabelecer a sentença quanto ao valor da indenização por danos morais. TST-E– ED-RR-298300-34.2009.5.12.0003, SBDI-I, rel. Min. Hugo Carlos Scheuermann, 24.8.2017 (Informativo nº 163)
Negativa de prestação jurisdicional alegada em recurso de revista. Cumprimento do disposto no art. 896, § 1º-A, I, da CLT. Transcrição do trecho dos embargos de declaração e do acórdão que os julgou. Necessidade. Princípios da impugnação específica e da dialeticidade recursal. Nos casos em que a parte busca o reconhecimento da negativa de prestação jurisdicional no recurso de revista, exige-se, com fulcro no artigo 896, § 1º-A, I, da CLT, a transcrição do trecho dos embargos de declaração em que a parte, de forma inequívoca, provoca o Tribunal Regional a se manifestar sobre determinada matéria e, em consequência o acórdão prolatado no julgamento dos aludidos embargos. Tal exigência representa a materialização dos princípios da impugnação específica e da dialeticidade recursal, pois objetiva evitar que seja do órgão julgador a tarefa de interpretar a decisão impugnada, para deduzir a tese nela veiculada e a fundamentação que ampara a pretensão quanto ao atendimento dos pressupostos singulares do recurso interposto, notadamente quanto à indicação do trecho da decisão recorrida que consubstancia o prequestionamento da controvérsia. Sob esses fundamentos, a SBDI-I, em sua composição plena, decidiu, pelo voto prevalente da Presidência, conhecer do recurso de embargos, por divergência jurisprudencial, e, no mérito, negar-lhe provimento. Vencidos os Ministros João Oreste Dalazen, José Roberto Freire Pimenta, Renato de Lacerda Paiva, Emmanoel Pereira, Márcio Eurico Vitral Amaro, Augusto César Leite de Carvalho e Alexandre de Souza Agra Belmonte, os quais proviam os embargos sob o entendimento de que é prescindível a demonstração do prequestionamento no caso de preliminar de nulidade decorrente de suposta negativa de prestação jurisdicional. TST-E-RR-1522- 62.2013.5.15.0067, SBDI-I, rel. Min. Cláudio Mascarenhas Brandão, 16.3.2017 (Informativo nº 155)
Recurso de revista. Conhecimento. Indicação expressa de afronta a dispositivo de lei ou da Constituição. Necessidade. Súmula nº 221 do TST. Orientação Jurisprudencial nº 257 da SDBII. Para viabilizar o conhecimento do recurso de revista, deve a parte demonstrar, claramente, a intenção de indicar ofensa a preceito de lei ou da Constituição Federal. Assim, nos termos do art. 896 da CLT e da jurisprudência pacífica do TST (Súmula nº 221 do TST e Orientação Jurisprudencial nº 257 da SBDI-I), não é viável o conhecimento de recurso de revista que faz mera referência superficial a dispositivo de lei não expressamente indicado como violado. Embora não se imponha à parte o emprego de termos como "contrariar", "violar" ou "afrontar", é vital que das razões recursais extraia-se, clara e objetivamente, o propósito de indicar afronta a determinado dispositivo legal ou constitucional, no tocante ao tema objeto da impugnação recursal. Na espécie, a Turma conhecera do recurso de revista por violação do art. 186 do Código Civil quanto ao tema "configuração de dano moral". Todavia, a menção ao dispositivo em comento foi registrada apenas

de forma circunstancial no capítulo do recurso destinado a impugnar o valor fixado a título de indenização por dano moral, não configurando, portanto, arguição de violação literal, como exigia o art. 896, "c", da CLT, com a redação vigente à época da interposição do recurso. Sob esse entendimento, a SBDI-I, por maioria, vencido o Ministro Aloysio Corrêa da Veiga, conheceu dos embargos, por divergência jurisprudencial, e, no mérito, ainda por maioria, deu-lhes provimento parcial para, afastado o conhecimento do recurso de revista da reclamada por violação do art. 186 do Código Civil, determinar o retorno dos autos à turma de origem, a fim de que prossiga no exame do conhecimento do referido recurso, como entender de direito. Vencidos os Ministros Cláudio Mascarenhas Brandão, Aloysio Corrêa da Veiga e Márcio Eurico Vitral Amaro. E-ED-RR – 35000-19.2006.5.07.0006, SBDI-I, rel. Min. João Oreste Dalazen, 23.3.2017 (Informativo nº 155)
Execução. Bem de família. Penhora. Reconhecimento de ofensa constitucional. Possibilidade. É possível conhecer de recurso de revista, em fase de execução, por violação dos arts. 5º, XXII, e 6º, da CF, na hipótese de penhora de imóvel que fora caracterizado como bem de família, por ser o único destinado à residência e à moradia do executado, sem registro de outros de sua propriedade que sejam utilizados com o mesmo caráter de habitação. Não obstante o bem de família possa ser penhorado em determinadas circunstâncias, a regra primeira a ser observada é a de sua impenhorabilidade. Assim, a inobservância de tal garantia, ainda que contida em norma infraconstitucional, implica violação, por via direta, da proteção constitucional relativa aos bens jurídicos da família que se referem à vida, à dignidade humana, à moradia e à propriedade. Sob esses fundamentos, a SBDI-I decidiu, por maioria, conhecer do recurso de embargos, por divergência jurisprudencial, e, no mérito, ainda por maioria, negou-lhe provimento para manter a decisão turmária que, vislumbrando violação dos art. 5º, XXII, e 6º, da CF, desconstituiu a penhora de bem imóvel e invalidou os atos posteriores dela decorrentes. Vencidos parcialmente no conhecimento e totalmente no mérito os Ministros João Oreste Dalazen e Brito Pereira. TST-E-ED- RR-767-88.2011.5.01.0005, SBDI-I, rel. Min. Alexandre Agra Belmonte, 4.5.2017 (Informativo execução nº 30)
Matéria afetada ao Tribunal Pleno. Execução. Ação anulatória de arrematação. Recurso de revista. Admissibilidade. Óbice restritivo contido no art. 896, § 2º, da CLT. Incidência da Súmula nº 266 do TST. As restrições previstas no art. 896, § 2º, da CLT, em conformidade com a Súmula n.º 266 do TST, são aplicáveis às ações anulatórias ajuizadas em sede de execução, por versarem sobre matéria incidente ao processo de execução trabalhista. A ação anulatória de arrematação, embora seja enquadrável, abstratamente, como ação autônoma de cognição, quando proposta na fase de execução, configura instrumento hábil a resolver as questões incidentais, devendo, por conexão lógica e critério de sistematicidade, ser tratada como simples incidente do processo de execução. Assim, a admissibilidade do recurso de revista interposto de acórdão proferido em ação anulatória de arrematação depende de demonstração inequívoca de violência direta à Constituição da República. Sob esse fundamento, o Tribunal Pleno, por maioria, conheceu dos embargos interpostos pelo autor, por divergência jurisprudencial, vencidos os Ministros Mauricio Godinho Delgado, relator, Kátia Magalhães Arruda, Augusto César Leite de Carvalho, José Roberto Freire Pimenta, Delaíde Miranda Arantes, Hugo Scheuermann, Maria Helena Mallmann, Alberto Luiz Bresciani de Fontan Pereira, Maria de Assis Calsing e Walmir Oliveira da Costa. No mérito, também por maioria, reafirmou-se a tese jurídica de que se aplicam às ações anulatórias ajuizadas em sede de execução o óbice contido na Súmula nº 266 do TST, vencidos os Ministros Aloysio Corrêa da Veiga, Alexandre de Souza Agra Belmonte, Douglas Alencar Rodrigues, João Oreste Dalazen, Antônio José de Barros Levenhagen, Maria Cristina Irigoyen Peduzzi, Emmanoel Pereira, Luiz Philippe Vieira de Mello Filho, Dora Maria da Costa e Guilherme Augusto Caputo Bastos. TST-EED-RR-68700-21.2006.5.02.0007, Tribunal Pleno, rel. Min. Mauricio Godinho Delgado, 20.2.2017 (Informativo execução nº 29)

Recurso de revista. Conhecimento. Violação do art. 927, caput, do Código Civil de 2002. Impossibilidade. Fato gerador do dano ocorrido sob a vigência do Código Civil de 1916. É inviável o conhecimento de recurso de revista por violação do art. 927, caput, do Código Civil de 2002, na hipótese em que o fato gerador do pedido de indenização por danos morais ocorreu no ano de 2000, quando o referido dispositivo legal ainda não se encontrava em vigor. Sob esse fundamento, a SBDI-I, por unanimidade, conheceu dos embargos interpostos pela reclamada, por divergência jurisprudencial e, no mérito, por maioria, deu-lhes provimento para determinar o retorno dos autos à Turma de origem, a fim de que, afastada a reconhecida afronta ao art. 927, caput, do CC de 2002, prossiga na análise das demais alegações trazidas no recurso de revista, considerando que os fatos ocorreram sob a vigência do Código Civil de 1916. Vencidos os Ministros Aloysio Corrêa da Veiga, relator, João Oreste Dalazen, Márcio Eurico Vitral Amaro e José Roberto Freire Pimenta. TST-E-ED-RR-353-90.2010.5.10.0000, SBDI-I, rel. Min. Aloysio Corrêa da Veiga, red. p/ acórdão Min. Guilherme Augusto Caputo Bastos, 14.12.2017 (Informativo nº 170)
Negativa de prestação jurisdicional. Preliminar acolhida. Retorno dos autos ao Tribunal Regional. Exame dos temas remanescentes do recurso de revista anteriormente interposto, julgados prejudicados. Ratificação das razões recursais. Possibilidade. Princípio da instrumentalidade das formas. Quando acolhida a preliminar de negativa de prestação jurisdicional, com determinação de retorno dos autos ao Regional e prejudicialidade dos temas remanescentes, pode a parte recorrente apenas ratificar as razões recursais anteriores, desde que observado o prazo recursal e não tenha havido alteração da situação jurídica. A mera reiteração das insurgências já expostas no recurso de revista é suficiente para demonstrar o interesse no julgamento do apelo quanto aos temas remanescentes, admitindo-se, portanto, a aplicação do princípio da instrumentalidade das formas, nos termos do art. 277 do CPC de 2015. Ademais, no caso concreto, o excesso de formalismo implicaria violação dos princípios do contraditório e da ampla defesa, consagrados no art. 5º, LV, da CF, além de caracterizar a insuficiente prestação jurisdicional. Sob esses fundamentos, a SBDI-I, por unanimidade, conheceu dos embargos do reclamante, por divergência jurisprudencial, e, no mérito, negou-lhes provimento. TST-E-ED-RR-241900-80.2006.5.04.0341, SBDI-I, rel. Min. José Roberto Freire Pimenta, 6.9.2018 (Informativo nº 183).
Mandado de segurança. Não cabimento. Decisão monocrática do relator que nega seguimento ao agravo de instrumento em recurso de revista por ausência de transcendência da causa. Irrecorribilidade. Esgotamento das vias processuais existentes. Proposta de instauração de incidente de arguição de inconstitucionalidade do § 5º do art. 896-A da CLT. Rejeição. Não cabe mandado de segurança contra decisão monocrática que nega provimento ao agravo de instrumento em recurso de revista por ausência de transcendência da causa, pois, consoante o teor do art. 896-A, § 5º, da CLT, trata-se de decisão irrecorrível. Ademais, aplica-se ao caso a Orientação Jurisprudencial nº 99 da SBDI-II, que não admite o cabimento do mandamus após esgotadas as vias recursais. Com esses fundamentos, o Órgão Especial, por maioria, vencidos os Ministros José Roberto Freire Pimenta e Cláudio Mascarenhas Brandão, negou provimento ao agravo. Na mesma ocasião, o Órgão Especial, também por maioria, rejeitou a questão de ordem suscitada pelo Ministro Cláudio Mascarenhas Brandão, no sentido da instauração de incidente de arguição de inconstitucionalidade do inteiro teor do § 5º do art. 896-A da CLT. Prevaleceu o entendimento de que a declaração de inconstitucionalidade do referido artigo não foi deduzida como causa de pedir, mas como pedido autônomo, referente a lei em tese, sem conexão com o objeto do mandado de segurança (reconhecimento da transcendência política da matéria e julgamento do mérito do recurso de revista), o que configura o manejo do writ como sucedâneo de ação direta de inconstitucionalidade. Vencidos os Ministros Brito Pereira, Renato de Lacerda Paiva, José Roberto Freire Pimenta, Cláudio Mascarenhas Brandão e Alexandre Luiz Ramos. TST-AgMS-1000354-22.2019.5.00.0000, Órgão Especial, rel. Min. Breno Medeiros, 2.12.2019 (Informativo nº 214)

Questão de ordem. Agravo em mandado de segurança. Irrecorribilidade da decisão monocrática que denega seguimento ao agravo de instrumento em recurso de revista por não reconhecimento da transcendência. Art. 896-A, § 5º, da CLT. Arguição de Inconstitucionalidade em tramitação no Tribunal Pleno. Suspensão dos feitos afetos ao Órgão Especial em que se discute a aplicação da norma questionada até o julgamento do incidente.

O Órgão Especial, ao analisar questão de ordem apresentada pelo Ministro Cláudio Mascarenhas Brandão, decidiu, por maioria, suspender o julgamento de agravo em mandado de segurança impetrado contra decisão monocrática de Ministro do TST que, com fundamento no artigo 896-A, § 5º, da CLT, negou seguimento ao agravo de instrumento em recurso de revista por não reconhecer a transcendência e determinou a baixa dos autos à origem. Decidiu-se que a apreciação dos recursos em que se discute a aplicação do referido dispositivo legal poderia gerar dano irreversível aos recorrentes, em virtude da possibilidade do posterior reconhecimento de sua inconstitucionalidade. Em virtude do julgamento da questão de ordem, o Órgão Especial suspendeu a tramitação do feito até o julgamento da arguição de inconstitucionalidade do art. 896-A, § 5.º, da CLT (ArgInc1000845-52.2016.5.02.0461) pelo Tribunal Pleno. Vencidos os Ministros Ives Gandra da Silva Martins Filho, Relator, Douglas Alencar Rodrigues, Breno Medeiros, Alexandre Luiz Ramos, Luiz José Dezena da Silva e Ministra Maria Cristina Irigoyen Peduzzi, que entendiam ser aplicável a jurisprudência do Órgão Especial, que é contrária à suspensão dos processos (mandados de segurança e agravos deles decorrentes), especialmente diante da ausência de determinação do Relator do incidente nesse sentido, além de considerarem que a medida afetaria a produtividade do Tribunal. TST-Ag-MSCiv-1001004-69.2019.5.00.0000 e TST-Ag-MSCiv-1001043- 66.2019.5.00.0000, Órgão Especial, rel. Min. Ives Gandra da Silva Martins Filho, 1º/6/2020. (Informativo nº 220)

Divergência Jurisprudencial

Nulidade por negativa de prestação jurisdicional. Divergência jurisprudencial. Caracterização. Acórdão do TRT que não se pronunciou acerca da previsão em norma coletiva da inclusão do sábado como repouso semanal remunerado do empregado bancário.

Apesar da dificuldade em se caracterizar o dissenso de teses nos casos em que se discute a preliminar de nulidade por negativa de prestação jurisdicional, a SBDI-I, por maioria, conheceu dos embargos, por divergência jurisprudencial, na hipótese em que o aresto divergente apresenta conclusão diversa na interpretação do mesmo dispositivo constitucional, e em situação fática idêntica à retratada no acórdão embargado. No caso, enquanto o aresto paradigma reconheceu a nulidade do acórdão do Regional, com fulcro no art. 93, IX, da CF, a decisão turmária afastou a ofensa ao referido dispositivo, ao fundamento de que a existência de norma coletiva prevendo o sábado como repouso semanal remunerado não causou prejuízo ao reclamante, razão pela qual não se fazia necessário declarar a nulidade do acórdão do Regional, que, não obstante a oposição de embargos de declaração, não se pronunciou acerca da referida norma. No mérito, ainda por maioria, a Subseção deu provimento aos embargos para, declarando a nulidade do acórdão dos embargos de declaração proferido pelo TRT, determinar o retorno dos autos ao Tribunal Regional de origem, a fim de que profira novo julgamento dos embargos declaratórios opostos pelo reclamante, manifestando-se sobre a existência, ou não, de cláusula coletiva prevendo o sábado como dia de repouso semanal remunerado. Ressaltou-se que a revelação, pelo TRT, da existência de norma coletiva prevendo o sábado como repouso semanal remunerado é essencial ao prevendo o sábado como dia de repouso semanal remunerado. Ressaltou-se que a revelação, pelo TRT, da existência de norma coletiva prevendo o sábado como repouso semanal remunerado é essencial ao deslinde da controvérsia, diante da atual redação da Súmula nº 124 do TST, que prevê expressamente a aplicação do divisor 150 no cálculo das horas extras do bancário submetido à jornada de seis horas prevista no "caput" do art. 224 da CLT, se houver acordo coletivo estabelecendo o sábado como dia de descanso remunerado. Vencidos os Ministros Aloysio Corrêa da Veiga, Maria Cristina Peduzzi, Luiz Philippe Vieira de Mello

Filho e Dora Maria da Costa, que não conheciam do recurso, e o Ministro Ives Gandra Martins Filho, que, apesar de acompanhar a divergência quanto à preliminar de negativa de prestação jurisdicional, no mérito do recurso, conhecia dos embargos, por divergência jurisprudencial, e dava-lhes provimento para aplicar imediatamente o entendimento do atual item I, "a", da Súmula nº 124 do TST. TST-E-ED-RR-25900-74.2007.5.10.0021, SBDI-I, rel. Min. Augusto César Leite de Carvalho, 6.12.2012 (Informativo nº 33)

Estabilidade provisória em razão de acidente de trabalho no curso de contrato por prazo determinado. Arestos que tratam da estabilidade provisória durante contrato de experiência. Divergência jurisprudencial. Não configuração. Dispositivos de lei distintos.

Tendo em conta que a configuração de divergência jurisprudencial específica pressupõe a existência de teses diversas acerca da interpretação de um mesmo dispositivo legal (Súmula nº 296, I, do TST), a SBDI-I, por maioria, não conheceu de embargos na hipótese em que, para confrontar decisão da Segunda Turma que dera provimento a recurso de revista para restabelecer a sentença que julgara improcedente o pedido de estabilidade provisória em razão de acidente de trabalho no curso de contrato por prazo determinado regido pela Lei nº 6.019/74, o embargante colacionou arestos que versavam sobre estabilidade provisória durante contrato de experiência previsto no art. 443 da CLT. Vencidos os Ministros Horácio Raymundo de Senna Pires, José Roberto Freire Pimenta, Delaíde Miranda Arantes e Luiz Philippe Vieira de Mello Filho, os quais vislumbravam a existência de divergência jurisprudencial específica pois, ainda que o contrato temporário e o contrato de experiência estejam previstos em dispositivos de lei distintos, a questão central, tanto da decisão recorrida quanto dos arestos colacionados, diz respeito ao trabalhador que sofre acidente no curso de contrato com data de extinção previamente ajustada, existindo, portanto, identidade de situação fática apta a ensejar o conhecimento do recurso. TST-E-RR-34600-17.2001.5.17.0001, SBDI-I, rel. Min. Augusto César Leite de Carvalho, 24.5.2012. (Informativo nº 10)

Reajustes salariais fixados pelo Conselho de Reitores das Universidades do Estado de São Paulo (CRUESP). Extensão aos servidores da Faculdade de Medicina de Marília e da Fundação Municipal de Ensino Superior de Marília. Conhecimento do recurso de revista por violação ao artigo 37, X, da Constituição Federal. Impossibilidade. Interpretação de legislação estadual.

O art. 896, c, da CLT, dispõe que cabe recurso de revista ao Tribunal Superior do Trabalho das decisões proferidas em grau de recurso ordinário, em dissídio individual, pelos Tribunais Regionais do Trabalho, quando proferidas com violação literal de disposição de lei federal ou afronta direta e literal à Constituição Federal. Nesse sentido, nas hipóteses em que a pretensão do reclamante depender da análise prévia da legislação estadual pertinente. Inviável a aferição de ofensa direta e literal a dispositivo da Constituição Federal, o que não se amolda às hipóteses de admissibilidade do recurso de revista previstas no art. 896, c, da CLT. No caso, a Egrégia 3ª Turma do TST conheceu e deu provimento aos recursos de revista das reclamadas Faculdade de Medicina de Marília e Fundação Municipal de Ensino Superior de Marília para excluir da condenação o pagamento de diferenças salariais, integrações e incorporações dos pagamentos à folha de salários do autor, julgando improcedentes os pedidos iniciais por ofensa ao art. 37, X, da CF, que determina que a remuneração dos servidores públicos somente poderá ser fixada ou alterada por lei específica, a Lei Estadual nº 8.899/94. A SBDI-I, por unanimidade, conheceu do recurso de embargos por divergência jurisprudencial, e, no mérito, deu-lhe provimento para afastar o conhecimento do recurso de revista por afronta direta e literal à CF e, considerando que a divergência jurisprudencial apresentada pelo autor está superada pela iterativa e notória jurisprudência do TST e do STF, negou provimento aos embargos. TST-E-ARR-1663-91.2010.5.15.0033, SBDI-I, rel. Min. Cláudio Mascarenhas Brandão, 17.09.2015. (Informativo nº 118)

Recurso. Conhecimento. Contrariedade a orientação jurisprudencial cancelada à época da interposição do apelo. Possibilidade. Aglutinação de verbetes ou conversão em súmula. Manutenção da posição jurisprudencial.

A SBDI-I, por maioria, fixou a tese de que é possível o conhecimento de recurso em que se invoca contrariedade a orientação jurisprudencial já cancelada à época da interposição do apelo, desde que não tenha havido alteração da posição jurisprudencial, mas apenas aglutinação dos verbetes indicados ou conversão em súmula, preservando-se a mesma tese jurídica. Vencidos os Ministros Augusto César Leite de Carvalho, relator, Lelio Bentes Corrêa, Guilherme Augusto Caputo Bastos e Ives Gandra Martins Filho. Não obstante esse entendimento, a Subseção, por unanimidade, negou provimento ao agravo regimental, por não vislumbrar, no caso concreto, contrariedade às Orientações Jurisprudenciais nºs 307, 342, I, 354 e 380 da SBDI-I, as quais foram aglutinadas ou convertidas em itens da Súmula nº 437 do TST meses antes da interposição do agravo regimental e dos embargos. TST-AgR-E-ED-ARR-190500-68.2009.5.09.0022, SBDI-I, rel. Min. Augusto César Leite de Carvalho, 4.9.2014 (Informativo nº 88)

Conhecimento do recurso de revista por contrariedade a precedente normativo do TST. Possibilidade.

É possível o conhecimento de recuso de revista por contrariedade a precedente normativo do TST, pois, embora o art. 896, "a", da CLT, com redação dada pela Lei nº 13.015/2014, refira-se a "súmula de jurisprudência uniforme", pode-se afirmar que jurisprudência uniformizada é gênero, do qual súmulas, orientações jurisprudenciais e precedentes normativos são espécies. Ademais, se a Orientação Jurisprudencial nº 219 da SBDI-I admite invocar orientação jurisprudencial do TST para conhecimento de recurso de revista ou de embargos, independentemente da origem do verbete (SBDI-I, SBDI-II, Tribunal Pleno/Órgão Especial ou SDC), não se justifica inadmitir o recurso por contrariedade a precedente normativo, simplesmente pelo fato de consolidar entendimento jurisprudencial firmado no âmbito dos dissídios coletivos. Assim, a SBDI-I, por unanimidade, conheceu dos embargos da reclamada, por divergência jurisprudencial e, no mérito, por maioria, negou-lhes provimento, mantendo, portanto, a decisão turmária que conhecera do recurso de revista por contrariedade ao Precedente Normativo nº 119 do TST e dera-lhe provimento para condenar a reclamada a restituir ao reclamante os valores descontados a título de contribuição assistencial sem sua expressa autorização. Vencidos os Ministros Ives Gandra Martins Filho e Walmir Oliveira da Costa. TST-E-RR-2294-39.2012.5.02.0029, SBDI-I, rel. Min. Aloysio Corrêa da Veiga, 6.9.2018 (Informativo nº 183).

Embargos à Seção de Dissídios Individuais do TST

Embargos interpostos em face de acórdão proferido pela SBDI-II em julgamento de recurso ordinário em mandado de segurança. Erro grosseiro. Não cabimento.

Configura-se erro grosseiro, inviabilizando a incidência do princípio da fungibilidade recursal, a interposição de embargos em face de acórdão proferido pela Subseção II Especializada em Dissídios Individuais em julgamento de recurso ordinário no mandado de segurança, porquanto não inserida dentre as hipóteses de cabimento elencadas no art. 894 da CLT. Com esses fundamentos, a SBDI-II, por unanimidade, não conheceu dos embargos. TST-RO-2418-83.2011.5.15.0000, SBDI-II, rel. Min. Emmanoel Pereira, 29.4.2014 (Informativo nº 80)

Embargos interpostos sob a égide da Lei nº 11.496/2007. Bancário. Cargo de confiança. Arguição de contrariedade à súmula de conteúdo de direito processual. Impossibilidade.

Em regra, são incabíveis embargos interpostos sob a égide da Lei nº 11.496/2007 em que se argui contrariedade ou má aplicação de súmula do Tribunal Superior do Trabalho de conteúdo de direito processual. Somente será possível o conhecimento dos embargos por divergência com a jurisprudência consagrada em verbete de direito processual, na hipótese em que a decisão da Turma fizer afirmação que divirja do teor do verbete em questão. No caso, entendeu-se que o acórdão prolatado pela Turma, por meio do qual se conheceu do recurso de revista do reclamado, por violação do artigo 224, § 2º, da CLT e, no mérito, deu-lhe provimento para excluir da condenação apenas as 7ª e 8ª horas, não divergiu do entendimento contido nas Súmulas de nº 102, I, e 126 desta Corte superior, porquanto não houve revisão dos fatos e provas concernentes às reais atribuições do empregado. A decisão turmária foi calcada exatamente nas atividades desenvolvidas pelo gerente, que era Gerente de Atendimento, e não Gerente-Geral de Agência. Sob esse fundamento, a SBDI-I, por maioria, pelo voto prevalente da Presidência, não conheceu dos embargos interpostos pelo reclamante, vencidos os Ministros Hugo Carlos Scheuermann, relator, João Oreste Dalazen, Augusto César Leite de Carvalho, Alexandre de Souza Agra Belmonte e Cláudio Mascarenhas Brandão. TST-E-ED-RR-293000-75.2007.5.12.0031, SBDI-I, red. Min. Ives Gandra Martins Filho, 25.6.2015 (Informativo nº 112)

Embargos. Interposição sob a égide da Lei nº 11.496/2007. Conhecimento. Arguição de contrariedade a súmula ou a orientação jurisprudencial de conteúdo processual. Possibilidade.
Em regra, é incabível recurso de embargos, interposto sob a égide da Lei nº 11.496/2007, alicerçado em denúncia de contrariedade ou má aplicação de súmula ou de orientação jurisprudencial de conteúdo processual, tendo em vista que, a partir da redação do art. 894 da CLT conferida pela mencionada lei, os embargos passaram a ter a finalidade precípua de uniformização da jurisprudência trabalhista. Apenas excepcionalmente se admite o conhecimento dos embargos na hipótese em que, a partir do acórdão embargado, constata-se afirmação contrária ao próprio teor da súmula ou da orientação jurisprudencial indicada como contrariada ou mal aplicada. No caso concreto, a Turma de origem deu provimento ao recurso de revista interposto pela União para determinar a incidência de contribuição previdenciária sobre o valor total de acordo homologado judicialmente, no percentual de 20%, a ser recolhido pelas reclamadas, e de 11% devido pelo reclamante (contribuinte individual). Observou-se, contudo, que, ao julgar os embargos de declaração do reclamante – acerca da responsabilidade exclusiva das reclamadas por eventual recolhimento de contribuição previdenciária, prevista em cláusula do acordo homologado –, a Turma não poderia ter exigido o prequestionamento da matéria, nem mesmo ficto, uma vez que, em sede ordinária, nenhuma verba previdenciária havia sido considerada devida, inexistindo, portanto, interesse processual do reclamante sobre o ponto. Nesse contexto, a SBDI-I, por maioria, conheceu do recurso de embargos por contrariedade (má aplicação) à Súmula 297, item II, do TST e à Orientação Jurisprudencial 119 da SBDI-I, vencidos os Ministros Brito Pereira, relator, e Walmir Oliveira da Costa. No mérito, à unanimidade, a Subseção deu provimento ao recurso para condenar as reclamadas ao recolhimento da quota-parte da contribuição previdenciária que caberia ao reclamante. TST-E-ED-RR-135200-66.2007.5.02.0029, SBDI-I, rel. Min. Brito Pereira, red. p/acórdão Min. Augusto César Leite de Carvalho, 26.11.2015 (Informativo nº 125).

Embargos. Contrariedade à Súmula nº 102, I, do TST. Possibilidade. Afirmação contrária ao teor do verbete.
Excepcionalmente, admite-se o recurso de embargos, por contrariedade à Súmula nº 102, I, do TST, quando, na fundamentação do acórdão embargado, houver afirmação contrária ao teor do verbete. Assim, tendo a decisão do TRT revelado as reais atribuições da reclamante e, com base nelas, a enquadrado na exceção prevista no art. 224, § 2º da CLT, merece reforma a decisão turmária, que, não obstante a ausência de qualquer alegação que demandasse o revolvimento de matéria fática, não conheceu do recurso de revista, em razão do óbice da Súmula nº 102, I, do TST. Com esse entendimento, a SBDI-I, por maioria, conheceu dos embargos, por contrariedade à Súmula nº 102, I, do TST, e, no mérito, deu-lhes provimento para, verificando a ausência de fidúcia especial a justificar o enquadramento da reclamante na previsão do art. 224, § 2º da CLT, condenar a reclamada ao pagamento da 7ª e 8ª horas trabalhadas, como extras, restando autorizada a compensação da diferença da gratificação de função recebida, com as horas extraordinárias prestadas. Vencidos os Ministros Ives Gandra Martins Filho, Brito Pereira, Dora Maria da Costa e José Roberto Freire Pimenta. TST-E-RR-673-59.2011.5.03.0014, SBDI-I, rel. Min. Alberto Luiz Bresciani de Fontan Pereira, 25.10.2012 (Informativo nº 27)

Embargos interpostos sob a égide da Lei nº 11.496/2007. Conhecimento. Arguição de contrariedade a súmula de conteúdo processual. Possibilidade.
O conhecimento de embargos regidos pela Lei nº 11.496/2007, por contrariedade a súmula ou orientação jurisprudencial de direito processual, viabiliza-se, excepcionalmente, na hipótese em

que, do conteúdo da própria decisão da Turma, verifica-se afirmação ou manifestação que diverge do teor do verbete jurisprudencial indicado como contrariado pela parte. No caso, a Turma, para firmar seu convencimento, foi buscar na sentença fatos não reportados no acórdão do Regional, registrando-os. Assim, a SBDI-I, por maioria, conheceu do recurso de embargos por contrariedade à Súmula nº 126 do TST, e, no mérito, deu-lhe provimento para determinar o retorno dos autos à Turma para que prossiga no julgamento do recurso de revista da demandada, como entender de direito, atendo-se apenas à matéria fática registrada no acórdão do TRT. Vencidos os Ministros Maria Cristina Irigoyen Peduzzi, Antônio José de Barros Levenhagen, Ives Gandra, Brito Pereira, Renato de Lacerda Paiva e Dora Maria da Costa. TST-E-ED-RR-142200-62.2000.5.01.0071, SBDI- I, rel. Min. Augusto César Leite de Carvalho, 8.3.2012. (Informativo nº 1)

Embargos interpostos sob a égide da Lei nº 11.496/07. Alegação de contrariedade à súmula de índole processual. Impossibilidade.

Diante da função exclusivamente uniformizadora atribuída à SBDI-I por meio da Lei nº 11.496/2007, que alterou a redação do art. 894 da CLT, afigura-se inviável o conhecimento de embargos por contrariedade a súmulas e orientações jurisprudenciais de índole processual, visto que equivaleria ao cotejo da decisão com o próprio dispositivo da lei processual. Com esse entendimento, a SBDI-I, por unanimidade, afastando a alegação de contrariedade à Súmula nº 126 do TST, decidiu não conhecer dos embargos. TST-E-RR-113500-64.2003.5.04.0402, SBDI-I, rel. Min. Lelio Bentes Corrêa, 31.5.2012. (Informativo nº 11)

Embargos. Conhecimento. Má aplicação de súmula ou orientação jurisprudencial cancelada ou com redação modificada, mas vigente à época da interposição do recurso. Possibilidade.

É possível o conhecimento de embargos pela tese de contrariedade por má aplicação de súmula ou orientação jurisprudencial já cancelada ou com redação modificada, mas que se encontrava vigente à época da interposição do recurso. Assim, havendo demonstração de contrariedade à redação do verbete então vigente, considera-se configurada a divergência jurisprudencial. No caso concreto, entendeu-se contrariada a diretriz da Súmula nº 277 do TST porque consignado, pelo Tribunal Regional, que o direito vindicado estava previsto em regulamento interno da empresa e não em instrumento normativo, o que afasta a aplicação do referido verbete à hipótese. Com esse entendimento, a SBDI-I, por unanimidade, conheceu dos embargos interpostos pelo reclamante, por divergência jurisprudencial, diante da má aplicação da Súmula nº 277 do TST, consoante redação anterior do verbete, e, no mérito, deu-lhes provimento para determinar o retorno dos autos à Turma, a fim de que prossiga na apreciação das outras teses apresentadas no recurso de revista patronal, como entender de direito. Ressalvaram entendimento os Ministros Aloysio Corrêa da Veiga, José Roberto Freire Pimenta e Alexandre de Souza Agra Belmonte. TST-E-ED--RR-563100-38.2007.5.09.0069, SBDI-I, rel. Min. Augusto César Leite de Carvalho, 27.03.2014 (Informativo nº 77)

Embargos regidos pela Lei nº 11.496/2007. Indenização por danos morais. Quantificação. Conhecimento por divergência jurisprudencial. Necessidade de identidade estrita de premissas fáticas. Incidência da Súmula nº 296, I, do TST.

Considerando a dificuldade em se reconhecer identidade de premissas fáticas em casos que envolvam a quantificação do dano moral, para fins de comprovação de divergência específica a que alude o art. 894, II, da CLT, com redação dada pela Lei nº 11.496/2007, a SBDI-I, por maioria, não conheceu dos embargos, fazendo incidir, na hipótese, a Súmula nº 296, I, do TST. Vencidos os ministros Brito Pereira, Ives Gandra Martins Filho, Renato de Lacerda Paiva, Dora Maria da Costa e Maria Cristina Peduzzi, que conheciam dos embargos ao entendimento de que não haveria de se exigir, na espécie, adequação estrita de peculiaridades fáticas, sob pena de jamais se permitir, em sede de embargos, a incidência dos princípios da proporcionalidade e da razoabilidade na quantificação da indenização por danos morais. TST-E-RR-86600-47.2008.5.09.0073, SBDI-I, rel. Min. Horácio Raymundo de Senna Pires, 17.5.2012. (Informativo nº 9)

Embargos. Art. 894, II, da CLT. Divergência jurisprudencial. Confronto com tese constante na ementa transcrita no corpo do acórdão trazido à cotejo. Impossibilidade. Na hipótese em que o aresto trazido à cotejo não preenche os requisitos da Súmula nº 337, itens I, "a" e IV, "c", do TST, não é possível conhecer dos embargos por divergência jurisprudencial com as ementas transcritas no corpo do precedente apresentado ao confronto que estejam de acordo com os preceitos da referida súmula. Entendeu-se, na hipótese, que o defeito formal do julgado indicado à comprovação da divergência jurisprudencial justificadora do apelo contamina todo o seu texto, inclusive os arestos constantes em seu interior. Com esse posicionamento, a SBDI-I, por maioria, não conheceu dos embargos do reclamante. Vencido o Ministro Augusto César Leite de Carvalho que, citando o precedente TST-E-ED-RR-6575100-92.2002.5.01.0900, conhecia dos embargos por divergência jurisprudencial. TST-E-ED-RR-39400-88.2009.5.03.0004, SBDI-I, rel. Min. Brito Pereira, 27.2.2014 (Informativo nº 74)
Embargos. Divergência jurisprudencial. Comprovação. Indicação do endereço URL que leva ao inteiro teor do acórdão paradigma apenas quando digitado. Erro no sistema de OCR. Problema que não pode ser atribuído à parte. Validade do aresto. Súmula nº 337, IV, do TST, com redação vigente à época da interposição do recurso. O fato de o endereço denominado Universal Resource Locator – URL indicado pela parte para fins de comprovação de divergência jurisprudencial (conforme exigido pelo item IV da Súmula nº 337 do TST, com redação vigente à data da interposição do recurso) levar ao inteiro teor do acórdão paradigma apenas quando digitado, e não quando copiado diretamente do processo eletrônico, não torna o aresto formalmente inválido. No caso, a parte não pode ser penalizada em razão de falha bastante comum no sistema de OCR (Optical Character Recognition) que, ao ser utilizado para fazer o reconhecimento de texto em documento digitalizado, acaba por confundir caracteres semelhantes. De outra sorte, a ausência da data de publicação no DEJT no documento aberto após a digitação do endereço indicado também não torna o aresto inválido, pois a referida informação consta no corpo do recurso de embargos e no próprio endereço de URL. Sob esse entendimento, a SBDI-I, por maioria, conheceu de embargos, pois demonstrada divergência jurisprudencial formalmente válida e específica. Vencidos os Ministros João Oreste Dalazen, relator, Márcio Eurico Vitral Amaro, Cláudio Mascarenhas Brandão e Brito Pereira. TST-E-ED-RR-3256- 96.2013.5.02.0071, SBDI-I, rel. Min. João Oreste Dalazen, red. p/ acórdão Min. Ministro Hugo Carlos Scheuermann, 8.8.2019 (Informativo nº 201)
Rito sumaríssimo. Decisão de Turma que conheceu do recurso de revista por contrariedade à Orientação Jurisprudencial nº 191 da SBDI-I. Conhecimento dos embargos por contrariedade à Orientação Jurisprudencial nº 352 da SBDI-I posteriormente convertida na Súmula nº 442 do TST. Possibilidade. Não obstante, em causas sujeitas ao procedimento sumaríssimo, o conhecimento de embargos esteja autorizado apenas quando em discussão matéria de cunho constitucional ou na hipótese de contrariedade a súmula do TST (Súmula nº 458 do TST, antiga Orientação Jurisprudencial nº 405 da SBDI-I), admite-se, excepcionalmente, o conhecimento do apelo por contrariedade a orientação jurisprudencial, desde que tenha havido a conversão do verbete em súmula. No presente caso, a Turma conheceu e deu provimento ao recurso de revista interposto pela reclamada para afastar a sua responsabilidade subsidiária, reconhecendo contrariedade à Orientação Jurisprudencial nº 191 da SBDI-I, a despeito da vedação disposta no art. 896, § 6º, da CLT. Nos embargos, mesmo diante da alegação de contrariedade à Orientação Jurisprudencial nº 352 da SBDI-I, entendeu-se autorizado o conhecimento do apelo tendo em vista a posterior conversão desse verbete na Súmula nº 442 do TST. Assim, a SBDI-I, por unanimidade, conheceu dos embargos interpostos pelo reclamante, por contrariedade à Orientação Jurisprudencial nº 352 da SBDI-I, posteriormente convertida na Súmula nº 442 do TST, e, no mérito, deu-lhe provimento para, afastada a possibilidade de conhecimento do recurso de revista pela Orientação Jurisprudencial nº 191 da SBDI-I, determinar o retorno dos autos à Turma de origem, a fim de que aprecie o tema da responsabilidade subsidiária sob o prisma da ofensa aos preceitos constitucionais invocados, bem como da alegada contrariedade à Súmula nº 331 do TST. TST-E-RR-132800-68.2009.5.15.0087, SBDI-I, rel. Min. Luiz Philippe Vieira de Mello Filho, 4.9.2014 (Informativo nº 88)

Recurso de embargos. Ação coletiva. Reclamação trabalhista. Litispendência. Dissenso jurisprudencial. Não configuração. Aresto paradigma que trata de ação civil pública.

Na hipótese em que, no acórdão embargado, foi consignada a litispendência entre a ação individual, na qual se pleiteava a observância de acordo coletivo de trabalho, no que tange à alternância de promoções por antiguidade e merecimento, e a ação coletiva proposta pelo sindicato como substituto processual da categoria profissional, com o mesmo objetivo, mostra-se inespecífico o aresto colacionado, que trata da configuração da litispendência entre ação individual e ação civil pública. Com esse entendimento, a SDBI-I, por maioria, não conheceu dos embargos. Ressaltou-se, no caso, que, embora haja tendência da Subseção a equiparar a ação coletiva e a ação civil pública em questões de substituição processual, ainda remanesce controvertida a possibilidade de se aplicar os critérios previstos no Código de Defesa do Consumidor a ambas as ações. Vencidos os Ministros Augusto César Leite de Carvalho, Luiz Philippe Vieira de Mello Filho, José Roberto Freire Pimenta e Delaíde Miranda Arantes, que conheciam dos embargos ao fundamento de, quanto aos critérios para a verificação da litispendência, não haver distinção ontológica entre a ação civil pública e a ação coletiva que inviabilize o exame da especificidade da divergência jurisprudencial, SBDI-I, rel. Min. Brito Pereira, 29.11.2012 (Informativo nº 32)

Recurso de embargos. Ação coletiva. Reclamação trabalhista. Litispendência. Dissenso jurisprudencial. Não configuração. Aresto paradigma que trata de ação civil pública.

Na hipótese em que, no acórdão embargado, foi consignada a litispendência entre a ação individual, na qual se pleiteava a observância de acordo coletivo de trabalho, no que tange à alternância de promoções por antiguidade e merecimento, e a ação coletiva proposta pelo sindicato como substituto processual da categoria profissional, com o mesmo objetivo, mostra-se inespecífico o aresto colacionado, que trata da configuração da litispendência entre ação individual e ação civil pública. Com esse entendimento, a SDBI-I, por maioria, não conheceu dos embargos. Ressaltou-se, no caso, que, embora haja tendência da Subseção a equiparar a ação coletiva e a ação civil pública em questões de substituição processual, ainda remanesce controvertida a possibilidade de se aplicar os critérios previstos no Código de Defesa do Consumidor a ambas as ações. Vencidos os Ministros Augusto César Leite de Carvalho, Luiz Philippe Vieira de Mello Filho, José Roberto Freire Pimenta e Delaíde Miranda Arantes, que conheciam dos embargos ao fundamento de, quanto aos critérios para a verificação da litispendência, não haver distinção ontológica entre a ação civil pública e a ação coletiva que inviabilize o exame da especificidade da divergência jurisprudencial, SBDI-I, rel. Min. Brito Pereira, 29.11.2012 (Informativo nº 32)

Voto vencido. Dados fáticos não infirmados pelo voto prevalente. Acórdão único do TRT. Possibilidade de cotejo de teses.

É possível se estabelecer o cotejo de teses a partir dos elementos fáticos consignados em voto vencido, desde que não infirmados pelo voto prevalente e que ambos os votos estejam consignados em acórdão único do TRT. Com esse posicionamento, a SBDI-I, no tópico, por maioria, valendo-se dos elementos de fato constantes do voto vencido, não conheceu dos embargos, por concluir que a decisão proferida pelo Tribunal Regional, chancelada pela Turma, no sentido de não dar prevalência à cláusula coletiva relativa às horas in itinere sobre a norma legal, não violou o art. 7º, XXVI, da CF. Vencidos os Ministros Ives Gandra Martins Filho e Maria Cristina Peduzzi, que davam provimento ao recurso para excluir da condenação o pagamento das horas de percurso. TST-E-RR-586085-14.1999.5.09.5555, SBDI-I, rel. Min. Lelio Bentes Corrêa, 31.5.2012. (Informativo nº 11)

Embargos sujeitos à sistemática da Lei nº 11.496/2007. Processo submetido ao rito sumaríssimo. Arguição de contrariedade à Orientação Jurisprudencial nº 142 da SBDI-I. Conhecimento por divergência com os precedentes que originaram o referido verbete. Possibilidade.

Nos termos da Orientação Jurisprudencial nº 405 da SBDI-I, o recurso de embargos sujeito à sistemática da Lei nº 11.496/2007, interposto em processo submetido ao rito sumaríssimo, somente pode ser conhecido quando demonstrada divergência jurisprudencial fundada em interpretação de

mesmo dispositivo constitucional ou de matéria sumulada. Não obstante esse entendimento, e tendo em conta que o item I da Orientação Jurisprudencial nº 412 da SBDI-I contempla questão ligada ao art. 5º, LV, da CF, interpretando, portanto, disposição constitucional, a SBDI-I, por maioria, vencidos os Ministros Dora Maria da Costa, Brito Pereira, Maria Cristina Irigoyen Peduzzi e Alberto Luiz Bresciani de Fontan Pereira, conheceu dos embargos pela preliminar de nulidade arguida, por contrariedade aos precedentes que originaram a Orientação Jurisprudencial nº 142 da SBDI-I, e, no mérito, por unanimidade, deu-lhes provimento para anular a decisão proferida pela Turma e determinar a regular intimação pessoal da União, a fim de que, querendo, se manifeste sobre os embargos de declaração opostos pelo reclamante. TST-E-ED-RR-150500-91.2003.5.02.0002, SBDI-I, rel. Min. Delaíde Miranda Arantes, 7.2.2013. (Informativo nº 35)
Embargos. Discussão acerca da irregularidade de representação do recurso anterior. Saneamento do vício no momento da interposição dos embargos. Não exigência. Na hipótese em que o objeto dos embargos é a irregularidade de representação, indicada como óbice ao conhecimento do recurso anteriormente interposto, não se exige da parte que sane previamente o vício apontado, como condição para a interposição do novo recurso, pois, no caso, o pressuposto recursal extrínseco se confunde com o próprio mérito dos embargos. Com esse entendimento, a SBDI-I, por maioria, não conheceu dos embargos por ausência de pressuposto intrínseco, vencidos os Ministros Augusto César de Carvalho, relator, Maria Cristina Peduzzi e Alberto Luiz Bresciani, que também não conheciam do recurso, mas por ausência de pressuposto recursal extrínseco relativo à regularidade de representação processual da recorrente. TST-EAIRR-2439-61.2010.5.09.0000, SBDI-I, rel. Min. Augusto César Leite de Carvalho, red. p/ acórdão Min. Ives Gandra Martins Filho, 7.2.2013. (Informativo nº 35)
Embargos interpostos sob a égide da Lei nº 11.496/2007. Bancário. Cargo de confiança. Arguição de contrariedade à súmula de conteúdo de direito processual. Impossibilidade. Em regra, são incabíveis embargos interpostos sob a égide da Lei nº 11.496/2007 em que se argui contrariedade ou má aplicação de súmula do Tribunal Superior do Trabalho de conteúdo de direito processual. Somente será possível o conhecimento dos embargos por divergência com a jurisprudência consagrada em verbete de direito processual, na hipótese em que a decisão da Turma fizer afirmação que divirja do teor do verbete em questão. No caso, entendeu-se que o acórdão prolatado pela Turma, por meio do qual se conheceu do recurso de revista do reclamado, por violação do artigo 224, § 2º, da CLT e, no mérito, deu-lhe provimento para excluir da condenação apenas as 7ª e 8ª horas, não divergiu do entendimento contido nas Súmulas de nº 102, I, e 126 desta Corte superior, porquanto não houve revisão dos fatos e provas concernentes às reais atribuições do empregado. A decisão turmária foi calcada exatamente nas atividades desenvolvidas pelo gerente, que era Gerente de Atendimento, e não Gerente-Geral de Agência. Sob esse fundamento, a SBDI-I, por maioria, pelo voto prevalente da Presidência, não conheceu dos embargos interpostos pelo reclamante, vencidos os Ministros Hugo Carlos Scheuermann, relator, João Oreste Dalazen, Augusto César Leite de Carvalho, Alexandre de Souza Agra Belmonte e Cláudio Mascarenhas Brandão. TST-E-ED-RR-293000-75.2007.5.12.0031, SBDI-I, red. Min. Ives Gandra Martins Filho, 25.6.2015. (Informativo nº 112)
Embargos. Interposição sob a égide da Lei nº 11.496/2007. Conhecimento. Arguição de contrariedade a súmula ou a orientação jurisprudencial de conteúdo processual. Possibilidade. Em regra, é incabível recurso de embargos, interposto sob a égide da Lei nº 11.496/2007, alicerçado em denúncia de contrariedade ou má aplicação de súmula ou de orientação jurisprudencial de conteúdo processual, tendo em vista que, a partir da redação do art. 894 da CLT conferida pela mencionada lei, os embargos passaram a ter a finalidade precípua de uniformização da jurisprudência trabalhista. Apenas excepcionalmente se admite o conhecimento dos embargos na hipótese em que, a partir do acórdão embargado, constata-se afirmação contrária ao próprio teor da súmula ou da orientação jurisprudencial indicada como contrariada ou mal aplicada. No

caso concreto, a Turma de origem deu provimento ao recurso de revista interposto pela União para determinar a incidência de contribuição previdenciária sobre o valor total de acordo homologado judicialmente, no percentual de 20%, a ser recolhido pelas reclamadas, e de 11% devido pelo reclamante (contribuinte individual). Observou-se, contudo, que, ao julgar os embargos de declaração do reclamante – acerca da responsabilidade exclusiva das reclamadas por eventual recolhimento de contribuição previdenciária, prevista em cláusula do acordo homologado –, a Turma não poderia ter exigido o prequestionamento da matéria, nem mesmo ficto, uma vez que, em sede ordinária, nenhuma verba previdenciária havia sido considerada devida, inexistindo, portanto, interesse processual do reclamante sobre o ponto. Nesse contexto, a SBDI-I, por maioria, conheceu do recurso de embargos por contrariedade (má aplicação) à Súmula 297, item II, do TST e à Orientação Jurisprudencial 119 da SBDI-I, vencidos os Ministros Brito Pereira, relator, e Walmir Oliveira da Costa. No mérito, à unanimidade, a Subseção deu provimento ao recurso para condenar as reclamadas ao recolhimento da quota-parte da contribuição previdenciária que caberia ao reclamante. TST-E-ED-RR-135200-66.2007.5.02.0029, SBDI-I, rel. Min. Brito Pereira, red. p/acórdão Min. Augusto César Leite de Carvalho, 26.11.2015 (Informativo nº 125)

Execução. Embargos interpostos na vigência da Lei nº 13.015/2014. Fato gerador. Contribuições previdenciárias. Juros de mora e multa. Art. 195, I, "a", da CF. Inexistência de violação literal e direta à CF. Conhecimento por contrariedade à Súmula nº 266 do TST. Possibilidade. Não incidência da Súmula nº 433 do TST.

Na vigência da Lei nº 13.015/2014, são cabíveis embargos, em execução, por contrariedade à Súmula nº 266 do TST, na hipótese em que a Turma conhece de recurso de revista, não obstante ausente afronta literal e direta a dispositivo da Constituição Federal. A Súmula nº 433 do TST, ao condicionar a admissibilidade dos embargos à demonstração de divergência jurisprudencial em relação à interpretação de dispositivo constitucional, não alcança os recursos regidos pela Lei nº 13.015/2014, em razão da nova redação do art. 894, II, da CLT. Assim, ao apreciar controvérsia relativa ao fato gerador das contribuições previdenciárias, para efeito de incidência de juros de mora e multa, a decisão turmária que conheceu do recurso de revista por violação do art. 195, I, "a", da CF, contrariou a Súmula nº 266 do TST, pois, em 20.10.2015, o Tribunal Pleno, no julgamento do processo nº TST-E-RR-1125-36.2010.5.06.0171, decidiu que o fato gerador das contribuições previdenciárias não está efetivamente disciplinado no dispositivo constitucional em questão, ostentando, portanto, natureza infraconstitucional. Sob esses fundamentos, a SBDI-I, por unanimidade, conheceu dos embargos por contrariedade à Súmula nº 266 do TST e, no mérito, deu-lhes provimento para restabelecer o acórdão do Regional, no que reputou indevida a incidência de juros de mora e de multa sobre as contribuições previdenciárias devidas em decorrência do crédito trabalhista reconhecido em juízo. TST-E-RR-994-79.2012.5.15.0126, SBDI-I, rel. Min. João Oreste Dalazen, 1º.9.2016 (Informativo execução nº 27)

Embargos. Decisão de Turma que reinterpreta os depoimentos transcritos no acórdão recorrido. Contrariedade à Súmula nº 126 do TST. Configuração.

Contraria a Súmula nº 126 do TST a decisão de Turma que reforma decisão do Regional com fundamento na reanálise dos depoimentos transcritos, pois configurado o reexame da prova. Na espécie, o TRT negou a existência de vínculo de emprego entre o reclamante e a Igreja Universal do Reino de Deus pautado não apenas na ausência de pessoalidade e de subordinação, mas também por vislumbrar vocação religiosa. Desse modo, ao reinterpretar os depoimentos constantes do acórdão recorrido e deles extrair conclusão diversa da prova produzida, ou seja, de que houve vínculo empregatício, a Turma reavaliou o conjunto de fatos e provas, o que é vedado na instância extraordinária por força da Súmula nº 126 do TST. Sob esse entendimento, a SBDI-I, por maioria, conheceu dos embargos por contrariedade à Súmula nº 126 do TST e, no mérito, deu-lhes provimento para não conhecer do recurso de revista do reclamante em relação ao pedido de reconhecimento de vínculo de emprego, restabelecendo, portanto, a decisão do Regional no tópico. Vencido o Ministro Alexandre Agra Belmonte. TST-E-ED-RR-1007-13.2011.5.09.0892, SBDI-I, rel. Min Aloysio Corrêa da Veiga, 14.4.2016 (Informativo nº 132)

Embargos. Conhecimento. Ação civil pública em face do Cruzeiro Esporte Clube. Irregularidades na contratação de atletas menores para categoria de base. Arguição de contrariedade à Súmula nº 126 do TST. Decisão turmária dissociada do quadro fático lançado no acórdão do TRT. Competência material da Justiça do Trabalho. Reconhecimento.
É possível conhecer dos embargos por contrariedade à Súmula nº 126 do TST, quando a decisão embargada adota premissa fática diversa da registrada no acórdão regional. No caso, a Turma, para concluir pela incompetência da Justiça do Trabalho para processar e julgar a ação civil pública em face do Cruzeiro Esporte Clube, adotou a premissa de que a hipótese debatida nos autos era de desporto educacional, afastando, assim, a presença dos requisitos da relação de trabalho entre o clube a os atletas menores integrantes da categoria de base. Contudo, verificou-se que não há no acordão do Tribunal Regional qualquer menção à prática de desporto educacional, tendo o próprio réu reconhecido nos autos a prática de desporto de rendimento, o que evidencia que a decisão embargada extrapolou os fundamentos lançados no acórdão prolatado pelo TRT, em contrariedade ao entendimento consubstanciado na Súmula nº 126 desta Corte, que veda o revolvimento de fatos e provas. Sob esse fundamento, a SBDI-I, por maioria, conheceu dos embargos interpostos pelo Parquet, por contrariedade à Súmula nº 126 desta Corte, vencidos os Ministros Márcio Eurico Vitral Amaro, relator, Hugo Carlos Scheuermann, Breno Medeiros e Maria Cristina Irigoyen Peduzzi, e, no mérito, também por maioria, deu-lhes provimento para reconhecer, com base nas premissas reveladas, a competência da Justiça do Trabalho, e determinar o retorno dos autos à 5ª Turma, a fim de que prossiga no julgamento das demais questões, vencido parcialmente o Ministro Alexandre Luiz Ramos. TST-E-ED-RR-165100-65.2009.5.03.0007, SBDI-I, rel. Min. Márcio Eurico Vitral Amaro, red. p/ acórdão Min. Alberto Luiz Bresciani de Fontan Pereira, 14.2.2019 (Informativo nº 190)

Embargos. Interposição em face de decisão que refuta juízo de retratação. Não cabimento.
É incabível recurso de embargos contra decisão de Turma do Tribunal Superior do Trabalho que refuta juízo de retratação, admitindo-se apenas a devolução dos autos à Vice-Presidência do TST para análise do juízo de admissibilidade do recurso extraordinário, nos termos da alínea "c" do inciso V do art. 1.030 do CPC de 2015. No caso, a Oitava Turma deu provimento ao recurso de revista da reclamada, entendendo válida a dispensa imotivada de empregado de sociedade de economia mista. Após a apreciação da matéria sobrestada pelo Supremo Tribunal Federal, os autos retornaram à Turma, que não exerceu o juízo de retratação ao argumento de que a decisão do STF que reconheceu a impossibilidade de dispensa imotivada de empregado público alcança apenas a Empresa de Correios e Telégrafos – ECT. Sob esses fundamentos, a SBDI-I, por unanimidade, não conheceu dos embargos, determinando o retorno dos autos à Vice-Presidência para exercer o juízo de admissibilidade do recurso extraordinário como entender de direito. TST-E-RR-125700-85.2007.5.05.0192, SBDI-I, rel. Min. Aloysio Corrêa da Veiga, 23.3.2017 (Informativo nº 155)

Embargos. Recurso parcialmente admitido pela Presidência da Turma. Ausência de impugnação dos temas inadmitidos por meio da interposição de agravo regimental. Preclusão. Instrução Normativa nº 40 do TST. Aplicação analógica.
Constitui ônus da parte interpor agravo regimental para impugnar o capítulo denegatório da decisão do Ministro Presidente da Turma que admitiu parcialmente o recurso de embargos, sob pena de preclusão da matéria não impugnada. Inteligência dos arts. 1.002, 1.008, 1.021 § 1º, e 1.034, parágrafo único, do CPC de 2015 e aplicação, por analogia, da Instrução Normativa nº 40 do TST. No caso, a parte não interpôs agravo regimental para impugnar a decisão do Presidente da Terceira Turma que não admitiu dois dos três temas aventados no recurso de embargos. Assim, operada a preclusão quanto aos temas não impugnados, a SBDI-I, por maioria, deixou de examiná-los. Vencidos os Ministros Renato de Lacerda Paiva, João Oreste Dalazen e Ives Gandra da Silva Martins Filho, os quais não aplicavam a Instrução Normativa nº 40 do TST ao procedimento de admissibilidade do recurso de embargos. TST-ED-ED-RR-176-37.2012.5.02.0079, SBDI-I, rel. Min. Márcio Eurico Vitral Amaro, 22.6.2017 (Informativo nº 161)

Litigância de má-fé. Violação do dever de lealdade processual. Arestos colacionados nos embargos inservíveis. Súmula nº 337, I, "a", e IV, do TST. URL completa indicada apenas em sede de agravo. Indução do julgador a erro.
Considera-se litigante de má-fé, por violação do dever de lealdade processual, a parte que, nos embargos, colaciona arestos inservíveis, nos termos da Súmula nº 337, I, "a", e IV, do TST (não há indicação de datas e da fonte de publicação, as cópias juntadas não estão autenticadas e as URLs são incompletas), mas, nas razões do agravo interposto contra a decisão que denegara seguimento aos embargos, transcreve as URLs de maneira completa e afirma a validade dos paradigmas indicados, induzindo o julgador ao erro. Sob esse entendimento, a SBDI-I, por unanimidade, negou provimento ao agravo e aplicou à agravante a multa de 2% sobre o valor corrigido da causa, por litigância de má-fé, nos termos dos arts. 80, II e V, e 81 do CPC de 2015, reversível ao autor. TST Ag-E-ED-RR-178000-36.2003.5.01.0043, SBDI-I, rel. Min. Cláudio Mascarenhas Brandão, 23.11.2017 (Informativo nº 169)

Interposição de embargos à SBDI-I quando os embargos de declaração ainda não foram julgados pela Turma. Ausência de ratificação dos embargos em momento posterior ao julgamento dos declaratórios. Princípio da unirrecorribilidade. Preclusão consumativa. Ocorrência.
A parte que apresentou embargos de declaração não pode interpor embargos em face da mesma decisão, pois caracterizada a preclusão consumativa da faculdade de recorrer, à luz do princípio da unirrecorribilidade das decisões. Na espécie, a reclamante interpôs embargos de declaração em face da decisão turmária que dera provimento ao recurso de revista da reclamada e, antes do julgamento do referido apelo, interpôs embargos à SBDI-I, insurgindo-se contra a mesma decisão. Após o julgamento, não houve ratificação dos embargos pela empregada. Assim, ante a ocorrência da preclusão consumativa, a SBDI-I, por maioria, não conheceu dos embargos. Vencidos os Ministros Lelio Bentes Corrêa, Walmir Oliveira da Costa, Augusto César Leite de Carvalho, José Roberto Freire Pimenta e Hugo Carlos Scheuermann, os quais conheciam dos embargos sob o entendimento de que a oposição de embargos de declaração e do recurso previsto em lei para atacar a mesma decisão impugnada (no caso, embargos à SBDI-I) é uma exceção ao princípio da unirrecorribilidade, pois possuem finalidades distintas, quais sejam, sanar omissão e demonstrar divergência jurisprudencial, respectivamente. TST-E-ED-RR-24159-85.2015.5.24.0002, SBDI-I, rel. Min. Cláudio Mascarenhas Brandão, 7.2.2019 (Informativo nº 190)

Alegação de julgamento citra petita pelo Tribunal Regional. Análise da petição inicial em sede de recurso de revista. Possibilidade. Contrariedade à Súmula nº 126 do TST. Não configuração.
A análise de petição inicial por Turma do TST, para fins de apreciação de recurso de revista em que há alegação de julgamento citra petita pelo Tribunal Regional, não contraria a Súmula nº 126 do TST, pois o confronto entre a exordial e o decidido pelo TRT é a única forma de examinar a referida alegação. Ademais, a peça inaugural do processo não constitui fato e nem prova dos autos, mas é verdadeiro ato processual cuja análise não se inclui na proibição de revolvimento de fatos e provas. No caso, a 6ª Turma do TST, ao entender que na causa de pedir foi narrada a prestação de horas extras sem concessão do intervalo intrajornada e que no pedido constou o pagamento de horas extras em razão da inobservância do referido intervalo, conheceu do recurso de revista interposto pelo reclamante por violação dos arts. 128 e 460 do CPC de 1973 e, no mérito, deu-lhes provimento para determinar o retorno dos autos ao TRT para proferir novo julgamento quanto ao pedido de horas extras decorrentes da concessão parcial do intervalo intrajornada. Dessa decisão, a reclamada interpôs embargos, alegando haver contrariedade à Súmula nº 126 do TST. Diante da negativa de seguimento ao recurso, a empregadora, em agravo, reiterou a alegada contrariedade, ao fundamento de que a Turma partiu de premissa diversa da registrada pelo TRT, que consignara não haver na petição inicial tese de que o intervalo intrajornada deveria ser de uma hora, considerada a prorrogação habitual da jornada. Todavia, entendendo ter havido mera análise da petição inicial, a SBDI-I, por unanimidade, negou provimento ao agravo para manter a decisão que denegara seguimento aos embargos. TST-Ag-E-ED-ARR-1072-73.2014.5.03.0179, SBDI-I, rel. Min. José Roberto Freire Pimenta, 6.6.2019 (Informativo nº 198)

Questão de ordem. Fato superveniente. Arguição em sede de embargos após a interposição do recurso. Exame condicionado ao preenchimento dos requisitos extrínsecos e intrínsecos do apelo. Em sede de embargos, o exame de arguição de fato superveniente relevante ao deslinde da controvérsia, surgido quando já interposto o recurso, está condicionado ao conhecimento do apelo. Em outras palavras, conquanto se admita a invocação de fato novo até mesmo na instância extraordinária (Súmula nº 394 do TST), a verificação da adequação do fato ao desenlace da discussão exige o enfrentamento do mérito, razão pela qual é inafastável o prévio preenchimento dos requisitos extrínsecos e intrínsecos do recurso. Sob esse entendimento, a SBDI-I, em sua composição plena, ao analisar questão de ordem, decidiu, por maioria, não examinar o fato novo suscitado pela embargante (ante o não conhecimento dos embargos), e estabelecer a tese de que só é possível o conhecimento de fato superveniente se conhecido o recurso. Vencidos os Ministros Cláudio Mascarenhas Brandão, relator, Ives Gandra Martins Filho, Maria Cristina Irigoyen Peduzzi, Alberto Luiz Bresciani de Fontan Pereira, Guilherme Augusto Caputo Bastos e Márcio Eurico Vitral Amaro. TST-E-ARR-693-94.2012.5.09.0322, SBDI-I, rel. Min. Cláudio Mascarenhas Brandão, 12.11.2018 (Informativo nº 187).

Embargos. Conhecimento por contrariedade à Súmula nº 126 do TST. Excepcional possibilidade. Exame do mérito do recurso de revista sem considerar particularidade fática insuscetível de afastamento em sede extraordinária.
Em regra, não se conhece dos embargos por contrariedade ou má aplicação de súmula ou orientação jurisprudencial de conteúdo processual invocada como óbice ao conhecimento do recurso de revista, com exceção da hipótese em que a decisão embargada contenha afirmação ou manifestação contrária ao teor do verbete indicado como mal aplicado. No caso, a decisão turmária determinou a apuração das horas extras referentes ao período em que não foram juntados os cartões de ponto com base na jornada alegada na inicial (Súmula nº 338, I, do TST), sem atentar para a particularidade registrada pelo Tribunal Regional de que as condições de trabalho no período em que não foi registrada a jornada permaneceram inalteradas. Assim, restou configurada a hipótese excepcional de cabimento dos embargos por contrariedade à Súmula nº 126 do TST, pois a Turma procedeu ao exame do mérito ignorando peculiaridade fática insuscetível de afastamento em sede extraordinária. Com esses fundamentos, a SBDI-I, por maioria, conheceu do recurso de embargos, por contrariedade à Súmula nº 126 do TST, e, no mérito, aplicando a Orientação Jurisprudencial nº 233 da SBDI-I, deu-lhe provimento para restabelecer o acórdão do TRT, o qual mantivera a sentença que determinou a apuração das horas extraordinárias pela média da totalidade dos controles de jornada apresentados. Vencidos os Ministros José Roberto Freire Pimenta, relator, Alberto Luiz Bresciani de Fontan Pereira e Wlamir Oliveira da Costa. TST-Ag-E-ED-ARR-21130- 73.2016.5.04.0802, SBDI-I, rel. Min. José Roberto Freire Pimenta, red. p/ acórdão Min. Breno Medeiros, 30.5.2019 (Informativo nº 197)

Agravo de instrumento

Agravo de instrumento. Recurso de revista com traslado incompleto. Conhecimento do apelo apenas quanto aos temas cujas razões tenham sido trasladadas. Impossibilidade.
O traslado obrigatório da petição do recurso de revista decorre da necessidade de possibilitar, caso provido o agravo de instrumento, o imediato julgamento do recurso denegado, conforme dispõe o art. 897, § 5º, da CLT e a Instrução Normativa nº 16/99. Trata-se de pressuposto extrínseco de admissibilidade, e somente quando superado possibilita a análise do mérito do apelo. Assim, deficiente o traslado, porque ausente a última folha do recurso de revista do reclamado, contendo os pedidos e as assinaturas, não é passível de conhecimento o agravo de instrumento, nem mesmo quanto aos temas cujas razões tenham sido totalmente trasladadas. Com esse entendimento, a SBDI-I, por maioria, conheceu dos embargos, por divergência jurisprudencial, vencidos os Ministros Lelio Bentes Corrêa, Aloysio Corrêa da Veiga e Luiz Philippe Vieira de Mello Filho e, no mérito, ainda por maioria, negou-lhes provimento, vencido o Ministro Ives Gandra Martins Filho, relator. TST-E-ED-A-AIRR-1102240-92.2004.5.09.0015, SBDI-I, rel. Min. Ives Gandra da Silva Martins Filho, red. p/acórdão Min. Renato de Lacerda Paiva, 20.9.2012 (Informativo nº 22)

Agravo de instrumento que corre junto a recurso de revista. Ausência de cópia da certidão de publicação do acórdão do Regional. Peça que se encontra nos autos do processo principal. Deficiência de traslado. Configuração.   O fato de o agravo de instrumento, interposto anteriormente à vigência da Resolução Administrativa nº 1.418/2010, correr junto com o processo principal não afasta a responsabilidade de a parte trasladar todas as peças necessárias e essenciais à formação do instrumento, mesmo na hipótese em que a certidão de publicação do acórdão do Regional proferido em sede de recurso ordinário, apta a comprovar a tempestividade do recurso de revista, se encontrar no processo ao qual corre junto o agravo de instrumento. Cabe ao agravante zelar pela higidez da formação do instrumento, especialmente porque os processos que tramitam paralelamente são distintos e independentes, não havendo qualquer relação de subordinação entre eles que autorize o saneamento de vício referente à regularidade do traslado. Com esse entendimento, e aplicando por analogia a Orientação Jurisprudencial nº 110 da SBDI-I, a referida Subseção, por unanimidade, conheceu dos embargos por divergência jurisprudencial, e, no mérito, por maioria, negou-lhes provimento. Vencidos os Ministros João Oreste Dalazen, Lelio Bentes Corrêa e Delaíde Miranda Arantes. TST-E-ED-AIRR-13204-32.2010.5.04.0000, SBDI-I, rel. Min. Dora Maria da Costa, 21.3.2013 (Informativo nº 40)
Agravo de instrumento em recurso de revista. Exigência de indicação do trecho da decisão recorrida para fins de prequestionamento. Art. 896, § 1º-A, I, da CLT. Pressuposto intrínseco do recurso de revista. Súmula nº 353 do TST.   A SBDI-I, por maioria, negou provimento a agravo que visava destrancar embargos interpostos contra decisão turmária, proferida em agravo de instrumento, que manteve despacho da Presidência do TRT que não admitiu o recurso de revista em razão do descumprimento do disposto no art. 896, § 1º-A, I, da CLT. A indicação do trecho da decisão recorrida que consubstancia o prequestionamento da controvérsia objeto do recurso de revista é pressuposto intrínseco de admissibilidade recursal, razão pela qual, nos termos da Súmula nº 353 do TST, não se admite os embargos, por incabíveis. Vencidos, integralmente, os Ministros Walmir Oliveira da Costa, relator, e Guilherme Augusto Caputo Bastos, os quais consideravam o prequestionamento previsto no art. 896, § 1º-A, da CLT como pressuposto extrínseco, e, parcialmente, os Ministros Cláudio Mascarenhas Brandão e Alexandre Agra Belmonte, que entendiam ser o inciso I do § 1º-A do art. 896 da CLT requisito formal do pressuposto intrínseco referente ao prequestionamento. Ag-E--EDRR-2155-78.2013.5.09.0669, SBDI-I, rel. Min. Walmir Oliveira da Costa, red. p/ acórdão Min. Aloysio Corrêa da Veiga, 27.4.2017 (Informativo nº 157)
Agravo de Instrumento. Ausência de traslado da intimação pessoal da União. Presença de elementos que possibilitam inferir a tempestividade do recurso. Orientação Jurisprudencial Transitória nº 18 da SBDI-I, parte final.   Embora a certidão de intimação pessoal da União constitua peça essencial para a regular formação do instrumento de agravo, sua ausência pode ser relevada quando presentes nos autos outros elementos que possibilitem inferir a tempestividade do apelo. No caso, constou do despacho de admissibilidade do recurso de revista a data da publicação da decisão recorrida (13.5.2010) e do protocolo do recurso (18.5.2010). Tais elementos permitiram concluir que, mesmo na hipótese de se considerar a data da intimação pessoal a mesma em que ocorreu a publicação do acórdão, o recurso estava tempestivo porque interposto no prazo de oito dias contado em dobro. Ressaltou-se, ademais, que ainda que a intimação pessoal tenha ocorrido antes da publicação do acórdão, não há falar em intempestividade porque a decisão colegiada só produz efeitos após a publicação e porque a referida intimação é um privilégio que não pode ser utilizado em prejuízo do ente público. Com esses fundamentos, a SBDI-I, por unanimidade, conheceu dos embargos interpostos pela União por contrariedade à Orientação Jurisprudencial Transitória nº 18 da SBDI-I, e, no mérito, deu-lhes provimento para determinar o retorno dos autos à Turma, a fim de que prossiga no exame do agravo de instrumento como entender de direito. TST-E-Ag-AIRR-1504-21.2010.5.09.0000, SBDI-I, rel. Min. Delaíde Miranda Arantes, 8.5.2014 (Informativo nº 81)

Agravo Regimental
Recurso. Conhecimento. Contrariedade a orientação jurisprudencial cancelada à época da interposição do apelo. Possibilidade. Aglutinação de verbetes ou conversão em súmula. Manutenção da posição jurisprudencial. A SBDI-I, por maioria, fixou a tese de que é possível o conhecimento de recurso em que se invoca contrariedade a orientação jurisprudencial já cancelada à época da interposição do apelo, desde que não tenha havido alteração da posição jurisprudencial, mas apenas aglutinação dos verbetes indicados ou conversão em súmula, preservando-se a mesma tese jurídica. Vencidos os Ministros Augusto César Leite de Carvalho, relator, Lelio Bentes Corrêa, Guilherme Augusto Caputo Bastos e Ives Gandra Martins Filho. Não obstante esse entendimento, a Subseção, por unanimidade, negou provimento ao agravo regimental, por não vislumbrar, no caso concreto, contrariedade às Orientações Jurisprudenciais nºs 307, 342, I, 354 e 380 da SBDI-I, as quais foram aglutinadas ou convertidas em itens da Súmula nº 437 do TST meses antes da interposição do agravo regimental e dos embargos. TST-AgR-E-ED-ARR-190500-68.2009.5.09.0022, SBDI-I, rel. Min. Augusto César Leite de Carvalho, 4.9.2014 (Informativo nº 88)
Divergência jurisprudencial. Não demonstração. Arestos transcritos no agravo regimental não colacionados no recurso de embargos denegado. Inovação. Multa por litigância de má-fé. Os arestos transcritos no agravo regimental que não foram colacionados no recurso de embargos anteriormente denegado não servem à demonstração de divergência jurisprudencial, porquanto são inovatórios. Sob esse fundamento, a SBDI-I, por unanimidade, negou provimento a agravo regimental e condenou a reclamada ao pagamento de multa por litigância de má-fé correspondente a 2% do valor corrigido da causa, nos termos do art. 81, caput, do CPC de 2015. TST-AgR--E-Ag- AIRR-3900-16.2013.5.13.0012, SBDI-I, rel. Min. José Roberto Freire Pimenta, 10.8.2017 (Informativo nº 162)
Reclamação
Reclamação. Art. 988, II, do CPC de 2015. Incompetência do Órgão Especial. Prevenção quanto ao órgão jurisdicional e ao relator da causa principal. Art. 988, §§ 1º e 3º, do CPC de 2015. Remessa dos autos ao juízo competente. Embora não haja regra de competência específica para processar e julgar a reclamação no âmbito do TST e caiba ao Órgão Especial deliberar sobe as matérias jurisdicionais não incluídas na competência dos outros órgãos da Corte (art. 69, I, "h", do RITST), aplica-se a regra de prevenção prevista no art. 988, §§ 1º e 3º, do CPC de 2015, quanto ao órgão jurisdicional e ao relator da causa principal, aos casos em que a causa de pedir na reclamação visa à garantia da autoridade de decisão proferida por Turma. Sob esse entendimento, e na forma dos arts. 64, § 3º, e 988, §§ 1º e 3º, do CPC de 2015, o Órgão Especial, por unanimidade, deu provimento ao agravo regimental para, acolhendo a preliminar de incompetência para processar e julgar reclamação ajuizada com fulcro no art. 988, II, do CPC de 2015, determinar a remessa dos autos ao juízo competente, com redistribuição do feito, por prevenção, no âmbito da 7ª Turma, ao Ministro Luiz Philippe Vieira de Mello Filho, relator do acórdão indicado como descumprido na petição inicial. TST-AgR--Rcl-4852-86.2016.5.00.0000, Órgão Especial, rel. Min. Augusto César Leite de Carvalho, 5.9.2016 (Informativo nº 143)
Reclamação. Não cabimento. Ausência de capacidade postulatória. Incidência da Súmula nº 425 do TST. Não se conhece de reclamação (art. 988 do CPC de 2015) na hipótese em que o reclamante postula em causa própria e não comprova sua condição de advogado regularmente inscrito nos quadros da OAB, pois a dispensa da capacidade postulatória mediante a competente habilitação técnica

legal somente pode ocorrer nos casos expressamente autorizados por lei, conforme entendimento consagrado pelo Supremo Tribunal Federal. Ademais, ao caso concreto não se aplica o jus postulandi de que trata o art. 791 da CLT, pois este dispõe acerca das lides decorrentes da relação de emprego, ao passo que, na espécie, a reclamação envolve matéria sindical, de competência da Justiça do Trabalho em virtude do art. 114, III, da CF. Incide, portanto, a ratio decidendi da Súmula nº 425 do TST, cuja redação não faz referência à reclamação porque editada em momento anterior à existência do referido instrumento jurídico no âmbito da Justiça do Trabalho. Sob esse entendimento, e ausentes quaisquer das situações que autorizam o cabimento da reclamação, o Órgão Especial, por unanimidade, extinguiu o processo, sem resolução de mérito, na forma do art. 485, I e IV, do CPC de 2015. TST-Rcl-20103-47.2016.5.00.0000, Órgão Especial, rel. Min. José Roberto Freire Pimenta, 6.12.2016 (Informativo nº 150)

Reclamação. Tribunal Pleno. Competência funcional. Suposta inobservância de súmula do TST.

O Tribunal Pleno detém competência para estabelecer súmulas e julgar reclamações, nos termos dos incisos VII e XI do art. 75 do RITST, respectivamente, do que resulta sua competência para julgar reclamação que tiver como causa de pedir alegada inobservância de súmula por ele estabelecida, visto ser o órgão colegiado cuja autoridade se pretende garantir, conforme previsto no art. 210, parágrafo 2º, do RITST. Sob esse entendimento, o Tribunal Pleno, por unanimidade, decidiu ser da sua competência o julgamento de reclamação contra acórdão regional que supostamente negara cumprimento à Súmula nº 463, II, do TST, e negou provimento ao agravo interno interposto, mantendo a decisão monocrática que julgara incabível a reclamação. Rcl-1000623- 61.2019.5.00.0000, Tribunal Pleno, rel. Min. Márcio Eurico Vitral Amaro, 29/6/2020. (Informativo nº 221)

Reclamação Correicional

Correição parcial. Ato da Presidente do TRT da 1ª Região que deixou de processar recurso de revista interposto via e-DOC. Petição em meio físico não apresentada. Exigência contida no Ato/TRT1 nº 52/2016. Ausência de ato atentatório à boa ordem processual ou de situação extrema e excepcional.

O Órgão Especial, por maioria, negou provimento a agravo regimental, mantendo, portanto, a decisão que julgara improcedente a correição parcial interposta, por ausência de atentado à boa ordem processual. De fato, o ato praticado pela Desembargadora Presidente do TRT da 1ª Região – que deixou de processar recurso de revista interposto pelo sistema e-DOC por não ter sido apresentada a petição em meio físico após o vencimento do prazo processual – estava respaldado no Ato/TRT1 nº 52/2016 que, considerando o expressivo corte no orçamento para o exercício financeiro de 2016, determinou que a impressão das petições fosse feita pelas partes, advogados e peritos, e não mais pelo Tribunal, com vistas a reduzir custos. Ademais, não se verifica qualquer situação extrema ou excepcional (art. 13, parágrafo único, do RICGJT), pois as alterações de procedimentos foram amplamente divulgadas por meio do envio de ofício à OAB e publicações no diário oficial e no portal institucional. Outrossim, não obstante a IN nº 30 do TST estabeleça que o envio de petição mediante o sistema e-DOC dispensa a apresentação posterior dos originais, e que incumbe aos tribunais imprimi-la, é certo que o art. 29 da referida instrução normativa confere aos Presidentes dos Tribunais competência para resolver os casos omissos, como na espécie. Vencidos os Ministros João Oreste Dalazen, Delaíde Miranda Arantes, Hugo Carlos Scheuermann, Cláudio Mascarenhas Brandão, Brito Pereira e Maria Cristina Irigoyen Peduzzi. TST- AgR-ED-CorPar-14354- 49.2016.5.00.0000, Órgão Especial, rel. Min. Renato de Lacerda Paiva, 6.12.2016 (Informativo nº 150)

Incidente de recursos repetitivos
Questão de ordem. Incidente de Recursos Repetitivos. Matéria veiculada em súmula e/ou orientação jurisprudencial do TST. Competência. O Tribunal Pleno, ao julgar questão de ordem, decidiu, por maioria, que a SBDI-I tem competência para julgar os incidentes de recursos repetitivos que impliquem alteração de súmula e/ou orientação jurisprudencial do TST, não podendo o Tribunal Pleno, quando analisar eventual alteração de súmula e/ou orientação jurisprudencial, rever aquilo que foi decidido pela referida Subseção no julgamento do incidente. Vencidos os Ministros José Roberto Freire Pimenta, Brito Pereira, Lelio Bentes Corrêa, Luiz Philippe Vieira de Mello Filho, Alberto Luiz Bresciani de Fontan Pereira, Maurício Godinho Delgado, Kátia Magalhães Arruda, Augusto César Leite de Carvalho, Delaíde Miranda Arantes, Hugo Carlos Scheuermann, Alexandre Agra Belmonte e Maria Helena Mallmann. Questão de Ordem suscitada durante a apreciação da proposta de revisão da Súmula nº 124 do TST, Tribunal Pleno, 26.6.2017 (Informativo nº 161_do TST)
Incidente de Resolução de Demandas Repetitivas
Incidente de Resolução de Demanda Repetitiva. Não conhecimento pelo TRT. Recurso ordinário. Não cabimento. Art. 987 do CPC de 2015. Não cabe recurso ordinário contra decisão de TRT que não admite Incidente de Resolução de Demanda Repetitiva – IRDR. Embora o IRDR seja compatível com o processo do trabalho, nos termos da IN 39 do TST, o art. 987 do CPC de 2015 admite a interposição de recurso de natureza extraordinária apenas quando houver o julgamento do mérito do incidente. Sob esse entendimento, o Órgão Especial, por unanimidade, não conheceu do recurso ordinário. TST-RO-21242- 23.2016.5.04.0000, Órgão Especial, rel. Min. Maria Helena Mallmann, 6.8.2018 (Informativo nº 181)

Capítulo 25

LIQUIDAÇÃO DE SENTENÇA

1. INTRODUÇÃO

As sentenças condenatórias, quando não cumpridas voluntariamente, dependem de outra fase, denominada execução, para a entrega do bem da vida a quem de direito.

Para que a execução seja iniciada, faz-se necessária a presença de um título líquido, certo e exigível. Nesse contexto, sendo a sentença líquida, já se inicia a execução diretamente. A Recomendação nº 4/2018 da Corregedoria-Geral da Justiça do Trabalho orienta que, sempre que possível, os juízes do trabalho deverão proferir sentenças condenatórias líquidas, "fixando os valores relativos a cada um dos pedidos acolhidos, indicando o termo inicial e os critérios para correção monetária e juros de mora, além de determinar o prazo e as condições para o seu cumprimento (Art. 832, §1º, da CLT)".

Quando necessário, o Juiz atribuirá a elaboraçao dos cálculos da sentença, preferencialmente, aos calculistas das unidades jurisdicionais correspondentes. Se não houver calculista na unidade ou em caso de excesso de demanda ou complexidade dos cálculos, o Juiz poderá nomear Perito Judicial, nos termos do artigo 156, do CPC, fixando os honorários a cargo da parte reclamada.[1]

Sendo líquida a sentença, a eventual interposição de recursos devolverá à instância recursal a apreciação dos valores fixados pela decisão.

Transitada em julgado a sentença líquida, não poderá haver modificação ou inovação nas fases subsequentes do processo, não sendo possível discutir qualquer matéria, inclusive os cálculos (Recomendação nº 4/GCGJT, art. 1º, §§ 1 e 2º).

Pode ocorrer, no entanto, de a sentença judicial não ser líquida.

Nesse caso, há necessidade de liquidação da sentença, que busca complementá-la e prepará-la para a execução. Tem, portanto, a finalidade de apurar o montante

1. O art. 5º da Recomendação nº 4/GCGJT prevê que, para a liquidação prévia da sentença, quando necessária a elaboração das contas por perito, na forma do artigo 4º, será observado o procedimento a seguir, no Sistema PJe:
I. O Juiz assinará digitalmente a sentença e a ela atribuirá sigilo completo, exceto para o perito que vier a ser nomeado para apresentação do laudo, sem liberá-la para publicação no órgão oficial.
II. O Juiz proferirá despacho de nomeação de perito, observando as regras da Resolução CNJ nº 233/2016, com fixação de prazo para entrega do laudo, do qual deverão ser intimadas as partes.
III. Ao apresentar o laudo, o perito deverá atribuir sigilo ao documento.
IV. Acolhendo o laudo, o Juiz elaborará despacho dando publicidade da sentença e do laudo, que a integrará, para todos os efeitos.

devido (quantum debeatur), sendo admitida apenas nas obrigações de pagar quantia certa, conforme declina o art. 509 do CPC/2015.

A liquidação poderá ser requerida pelo credor ou pelo devedor, nos termos do art. 509 do CPC/2015. No processo do trabalho, algumas modalidades de liquidação também podem ser realizadas de ofício (arbitramento e cálculos). Isso porque, como a liquidação trabalhista não se enquadra na fase de execução, ela não será atingida pelo art. 878 da CLT, alterado pela Lei nº 13.467/17 (Reforma Trabalhista). Assim, a liquidação por cálculos ou arbitramento independe de requerimento, incidindo diretamente o art. 879 da CLT, que no seu caput é enfático: "ordenar-se-á" a liquidação. De qualquer maneira, sendo o caso de liquidação por artigos (procedimento comum) há necessidade de requerimento da parte, vez que exige a alegação e prova de fato novo.

Cabe destacar que pode acontecer de uma só sentença conter parcelas líquidas e ilíquidas da condenação. Nesses casos, o credor poderá promover simultaneamente a execução da parcela líquida e, em autos apartados, a liquidação da parcela ilíquida (CPC/2015, art. 509, § 1º).

É importante, porém, observar que na liquidação não se poderá modificar ou inovar a sentença liquidanda nem discutir matéria pertinente à causa principal (CLT, art. 879, § 1º).

No processo do trabalho, a liquidação vem estampada no art. 879 da CLT, sendo aplicável o CPC naquilo que for compatível.

2. MODIFICAÇÃO, INOVAÇÃO E DISCUSSÃO QUANTO À PARTE PRINCIPAL

De acordo com o art. 879, § 1º, da CLT, na liquidação não se poderá modificar ou inovar a sentença liquidanda nem discutir matéria pertinente à causa principal. Isso significa que a liquidação deverá respeitar a coisa julgada formada na sentença liquidanda, considerada pelo dispositivo, como sentença principal, não podendo esta ser novamente discutida.

Mesmo que se trate de execução provisória (CPC/2015, art. 512) e, consequentemente, não tenha havido a formação da coisa julgada material, considerando-se a finalidade da liquidação, deve-se observar o disposto no art. 879, § 1º, da CLT.

Assim, apenas se permite que aquilo que foi discutido e assegurado na sentença seja quantificado/liquidado: "à liquidação está, pois, reservada a incumbência de traduzir, mediante elementos certos e determinados, o preceito condenatório que dá conteúdo ao título executivo judicial"[2].

2. TEIXEIRA FILHO, Manoel Antonio. *Execução no processo do trabalho*. 9. ed. São Paulo: LTr, 2005. p. 342.

Havendo modificação, inovação ou discussão de matéria pertinente à causa principal, será configurado excesso de liquidação, autorizando ao devedor sua impugnação.

Cumpre destacar que não haverá excesso de liquidação nos casos em que houver acréscimo de juros e correção monetária, nos termos da Súmula nº 211 do TST e nos casos de dedução de contribuição previdenciária e de imposto de renda.

3. MODALIDADES DE LIQUIDAÇÃO

A liquidação de sentença pode ser realizada de 3 formas:

1) **liquidação por cálculos**: quando depende apenas de cálculos aritméticos;

2) **liquidação por arbitramento**: quando há necessidade de nomeação de perito;

3) **liquidação por artigos:**[3] quando se busca provar fato novo na liquidação.

É possível que determinada sentença seja liquidada por mais de uma modalidade de liquidação, sendo denominada liquidação mista.

Além disso, mesmo que a sentença estabeleça que a liquidação seja realizada de determinada forma, é possível o juiz se valer de outra modalidade, sem que ocorra violação à coisa julgada. Nesse sentido, a Súmula nº 344 do STJ:

Súmula nº 344 do STJ. Liquidação diversa da sentença – Ofensa à coisa julgada
A liquidação por forma diversa da estabelecida na sentença não ofende a coisa julgada.

3.1. Liquidação por Cálculos

A liquidação por cálculos é a que busca alcançar o montante devido, exigindo apenas a realização de cálculos aritméticos, por exemplo, o pagamento de férias, acrescidas de 1/3, 13º salário, saldo de salário etc. Nesse caso, os elementos necessários para a definição do montante devido encontram-se nos próprios autos[4].

O processo civil não contempla a liquidação por cálculos, apenas declinando que, "quando a apuração do valor depender apenas de cálculo aritmético, o credor poderá promover, desde logo, o cumprimento da sentença" (CPC, art. 509, § 2º). Isso ocorre porque liquidar por mero cálculo aritmético, na realidade, é liquidar o que já é líquido "considerando que a liquidez da obrigação é sua determinabilidade e não sua determinação. Significa dizer que, sendo possível se chegar ao valor exequendo

3. O CPC/2015 deixa de utilizar a denominação liquidação por artigos, apenas descrevendo que essa liquidação será realizada pelo procedimento comum (CPC/2015, art. 509, II).

4. LEITE, Carlos Henrique Bezerra. *Curso de direito processual do trabalho*. 12. ed. São Paulo: LTr, 2014. p. 1065.

por meio de um mero cálculo aritmético, a obrigação já será líquida, e por tal razão seria obviamente dispensada a liquidação de sentença".[5]

No processo do trabalho, porém, mantém-se o procedimento da liquidação por cálculos de modo detalhado, sendo a principal forma de liquidação.

3.1.1. Procedimento

O início da liquidação por cálculos já provoca discussões na doutrina acerca de quem deverá apresentar os cálculos de liquidação.

É que o § 1º-B do art. 879 da CLT impõe a intimação das partes para a apresentação dos cálculos, enquanto o § 3º autoriza que, além das partes, o cálculo pode ser realizado por órgão auxiliar do juízo (contador do juízo).

Disso resulta que parte da doutrina entende que incumbe às partes apresentar os cálculos, e apenas excepcionalmente os cálculos devem ser apresentados pelo juízo "nas hipóteses em que o trabalhador estiver sem advogado, valendo-se do jus postulandi, ou quando o reclamante tiver advogado, mas este, justificadamente, não realizá-la".[6] Desse modo, primeiro intima-se o exequente e, caso não apresente os cálculos, em seguida intima-se o executado. Essa tese ganha reforço para os que entendem que o art. 878 da CLT, com a redação dada pela Lei 13.467/17, obstou o princípio inquisitivo na fase de liquidação.

Para outros, inicialmente, devem-se intimar as partes e não sendo apresentados os cálculos, o juiz determinará que sejam formulados pelo auxiliar do juízo.[7]

Há ainda os que defendem que "de forma prioritária e principal a elaboração dos cálculos de liquidação é função da contadoria do juízo. Quando essa atribuição não puder ser desempenhada de forma adequada ou não for possível, faculta-se ao juízo determinar que os cálculos de liquidação sejam apresentados pelos próprios litigantes".[8]

Pensamos, porém, que a interpretação sistemática dos §§ 1º-B, 2º e 3º do art. 879 da CLT confere ao juiz a opção de escolher entre a realização dos cálculos pelo contador do juízo ou intimação das partes para apresentados.

5. NEVES, Daniel Amorim Assumpção. *Manual de direito processual civil – V. único*. 8. ed. Salvador: Editora Juspodivm, 2016. p. 791.

6. SCHIAVI, Mauro. *Manual de Direito Processual do Trabalho*. 12. ed. São Paulo: LTr, 2016. p. 1074.

7. LEITE, Carlos Henrique Bezerra. *Curso de direito processual do trabalho*. 15. ed. São Paulo: Saraiva, 2017. p. 1313.

8. CORDEIRO, Wolney de Macedo. *Execução no processo do trabalho*. 2. ed. Salvador: Editora Juspodivm, 2016. p. 188.

É que, embora o § 1º imponha a intimação das partes, o § 3º não deixa dúvida da alternatividade concedida ao juiz, ao declinar que a conta poderá ser elaborada "pela parte **ou** pelos órgãos auxiliares do juízo", não criando nenhuma preferência entre eles.

Ademais, o § 2º, alterado pela Lei nº 13.467/17, ao prever a existência de prazo comum, reconhece que o cálculo poderá ser elaborado pelo contador, pois se fosse obrigatória a apresentação pelas partes deveria conceder o prazo de 8 dias apenas para a parte que não apresentou os cálculos.

Enfim, elaborada a conta, seja pelas partes, seja pelo contador do juízo, o juiz viabilizará o contraditório prévio na liquidação, intimando as partes para manifestação devidamente fundamentada, no prazo comum de 8 dias, com a indicação dos itens e valores que são objeto da discordância, sob pena de preclusão. Em seguida, o juiz homologará a conta de liquidação. A impugnação da decisão de homologação se fará no momento dos embargos à execução (pelo executado) ou da impugnação à decisão de liquidação (pelo exequente).

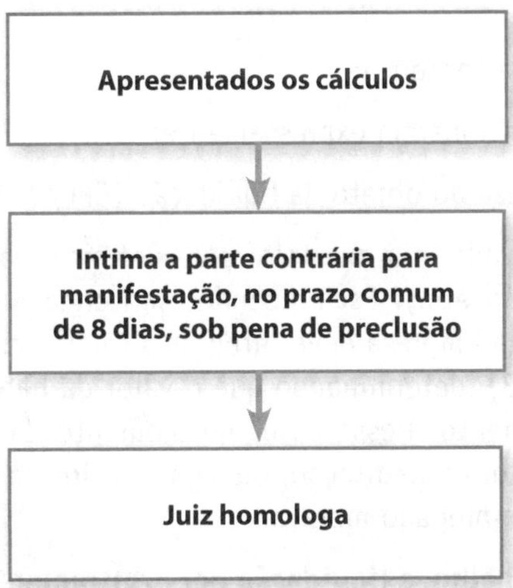

Os cálculos apresentados devem incluir as contribuições previdenciárias incidentes (CLT, art. 879, § 1º-b).

Ademais, após a elaboração da conta pela parte ou pelos órgãos auxiliares da Justiça do Trabalho (contador), o juiz **procederá** à intimação da União para manifestação, no prazo de 10 dias, sob pena de preclusão (CLT, art. 879, § 3º).

O Ministro de Estado da Fazenda poderá, mediante ato fundamentado, dispensar a manifestação da União quando o valor total das verbas que integram o salário-de-contribuição, na forma do art. 28 da Lei nº 8.212, de 24 de julho de 1991, ocasionar perda de escala decorrente da atuação do órgão jurídico (CLT, art. 879, § 5º).

Esse dispositivo tem como objetivo evitar que a União se manifeste sobre cálculos que tenham valores inexpressivos, pois estes não justificariam o emprego de energia e tempo dos procuradores responsáveis. Destaca-se que o art. 879, § 5º, da CLT não faz referência à renúncia dos créditos tributários, nem mesmo ao abandono da cobrança do valor, mas apenas à dispensa da manifestação[9].

Há de se observar ainda que, tratando-se de cálculos de liquidação complexos, o juiz poderá nomear perito para a elaboração e fixará, depois da conclusão do trabalho, o valor dos respectivos honorários com observância, dentre outros, dos critérios de razoabilidade e proporcionalidade (CLT, art. 879, § 6º). Nesse caso, embora haja nomeação de perito, este apenas tem o condão de elaborar e elucidar os cálculos, não se transformando, assim, em liquidação por arbitramento.

3.2. Liquidação por Arbitramento

A liquidação será por arbitramento quando houver necessidade de conhecimentos técnicos, ou seja, quando for nomeado perito. Essa modalidade de liquidação será realizada quando:

1) determinada pela sentença;

2) as partes convencionarem expressamente;

3) o exigir a natureza do objeto da liquidação (CPC/2015, art. 509, I).

Ela poderá ser utilizada, por exemplo, para definir o valor do salário in natura (habitação, alimentação etc.). Esclarecendo: sentença judicial determina que a habitação fornecida pela empresa deve integrar o salário do empregado para todos os efeitos (CLT, art. 458), determinando que o valor da habitação seja apurado em liquidação por arbitramento. Nesse caso, no momento da liquidação, é nomeado perito para apurar o valor da habitação, ou seja, o valor do aluguel para um imóvel equivalente ao que o empregado morava.

No processo do trabalho, a liquidação por arbitramento, assim como a liquidação por cálculos, independe de requerimento, podendo ser iniciada de ofício. Como a liquidação trabalhista não se enquadra na fase de execução, não será atingida pelo art. 878 da CLT, alterado pela Lei nº 13.467/17 (Reforma Trabalhista). Assim, a liquidação por cálculos ou arbitramento independe de requerimento, incidindo diretamente o art. 879 da CLT, que no seu caput é enfático: "ordenar-se-á" a liquidação. De qualquer maneira, sendo o caso de liquidação por artigos (procedimento comum) há necessidade de requerimento da parte, vez que exige a alegação e prova de fato novo.

---

9. SILVA, Homero Batista Mateus da. *Curso de direito do trabalho aplicado: V. 10 – Execução trabalhista*. 2. ed. São Paulo: Editora Revista dos Tribunais, 2015. p. 95.

Assim, iniciada a liquidação por arbitramento, o juiz "intimará as partes para a apresentação de pareceres ou documentos elucidativos, no prazo que fixar, e, caso não possa decidir de plano, nomeará perito, observando-se, no que couber, o procedimento da prova pericial" (CPC/2015, art. 510).

3.3. Liquidação por artigos

Conforme destacamos anteriormente, o CPC/2015 denomina a presente modalidade de liquidação como liquidação por procedimento comum. Optamos pela manutenção da terminologia da liquidação por artigos, devido à disposição expressa da CLT (art. 879).

A liquidação por artigos ocorrerá quando houver necessidade de alegar e provar fato novo para determinar o valor da condenação (CPC/2015, art. 509, II).

Fato novo "é o reconhecido na sentença de forma genérica, mas que necessita ser detalhado na fase de liquidação"[10].

Essa modalidade de liquidação é excepcional, podendo citar, como exemplo, a ação civil coletiva, como se verifica a seguir:

- Ação civil coletiva ajuizada por sindicato da categoria com o pedido de condenação do empregador ao pagamento de adicional de insalubridade aos trabalhadores que laboram no setor X da empresa, porque tais empregados estão expostos a agentes insalubres. A sentença julga procedente o pedido e reconhece a existência de insalubridade em grau médio, condenando, genericamente, o empregador ao pagamento de adicional de 20% sobre o salário-mínimo a título de adicional de insalubridade aos empregados do setor X. Em seguida, inicia-se a liquidação coletiva realizada pelo sindicato. Na liquidação, o sindicato deverá comprovar os trabalhadores que laboram o setor X (João, Pedro, Paulo etc.).

Como nessa modalidade de liquidação exige-se a prova de fato novo, o juiz determinará a intimação do requerido, na pessoa de seu advogado ou da sociedade de advogados a que estiver vinculado, para, querendo, apresentar contestação. Após, deverá ser observado, no que couber, o procedimento comum (CPC/2015, art. 511).

Ademais, a doutrina entende que ela não pode ser iniciada de ofício pelo juiz, dependendo, assim, de provocação da parte.

4. JUROS E CORREÇÃO MONETÁRIA

A sentença condenatória de obrigação de pagar reconhece a existência de um débito passado que, em regra, é pago posteriormente. Diante disso, incidem sobre o débito a correção (atualização) monetária e os juros moratórios.

---

10. SCHIAVI, Mauro. *Coleção preparatória para concursos jurídicos: Processo do Trabalho*. São Paulo: Saraiva, 2012. v. 16, p. 309.

A **correção monetária** tem como foco recompor o valor do capital devassado pela inflação. Trata-se, portanto, de assegurar o integral valor da moeda no tempo. Noutras palavras, como o capital está sendo pago em momento posterior ao que era devido, busca-se afastar toda a defasagem da moeda entre a data em que era devido e o efetivo pagamento.

É por isso que a correção monetária incide desde a data do vencimento da obrigação até o efetivo pagamento (art. 39, caput, da Lei nº 8.177/91).

Para fazer essa recomposição do valor no tempo, utiliza-se um índice oficial, que, por força do art. 879, § 7º, da CLT, deveria ser aplicada **a taxa TR para atualizar os débitos trabalhistas.**[11]

Os **juros moratórios, por sua vez,** constituem indenização a ser paga pelo atraso no cumprimento da obrigação, sendo, pois, uma forma de composição das perdas e danos.

Os juros são devidos a partir do ajuizamento da reclamação (CLT, art. 883) até o efetivo pagamento, incidindo sobre a importância da condenação já corrigida monetariamente (Súmula nº 200 do TST).

No direito processual do trabalho, há incidência de 1% ao mês, conforme dispõe o art. 39, § 1º, da Lei nº 8.177/91. Atente-se para o fato de que, na hipótese de depósito judicial para a garantia de juízo, como o depósito não se destina ao pagamento do credor, a jurisprudência entende que continuam computando os juros, ou seja, o depósito não cessa a responsabilidade do devedor pelos juros.

Os juros e a correção monetária devem ser incluídos na liquidação, ainda que omisso o pedido inicial ou a condenação (Súmula nº 211 do TST).

4.1. Condenação em face da Fazenda Pública

4.1.1. Juros

Quando a **Fazenda Pública**[12] é condenada em ações decorrentes de seus servidores ou empregados públicos, a incidência dos juros não segue as diretrizes aplicadas aos particulares, tendo outros parâmetros.

Para o C. TST, conforme Orientação Jurisprudencial nº 7 do Tribunal Pleno do TST, os juros incidem da seguinte forma:

11. Vide no próximo tópico a discussão acerca da inconstitucionalidade da aplicação da taxa TR aos créditos trabalhistas. A propósito, os créditos decorrentes de relação de trabalho serão corrigidos pelo IPCA-E.
12. Aplica-se à Empresa de Correios e Telégrafos (ECT) a mesma disciplina aplicada à Fazenda Pública quanto aos juros de mora (TST-E-RR-2900-58.2009.5.08.0012, SBDI-I, rel. Min. Brito Pereira, 23.11.2017 – Informativo nº 169).

a) 1% (um por cento) ao mês, até agosto de 2001, nos termos do § 1º do art. 39 da Lei n.º 8.177, de 01.03.1991;

b) 0,5% (meio por cento) ao mês, de setembro de 2001 a junho de 2009, conforme determina o art. 1º-F da Lei nº 9.494, de 10.09.1997, introduzido pela Medida Provisória nº 2.180-35, de 24.08.2001;

c) A partir de 30 de junho de 2009, atualizam-se os débitos trabalhistas da Fazenda Pública, mediante a incidência dos índices oficiais de remuneração básica e juros aplicados à caderneta de poupança, por força do art. 5º da Lei n.º 11.960, de 29.06.2009.

No item c, verifica-se que, a partir da Lei nº 11.960/2009, os juros de mora e a correção monetária do capital devido estavam sujeitos apenas à incidência dos índices oficiais de remuneração básica e juros aplicados à caderneta de poupança, que, atualmente, não atingem 0,5% ao mês, no total. Queremos dizer, utilizava-se apenas um índice, que englobava os juros e a correção monetária.

Desse modo, a medida, ainda que por via indireta, retirou do credor o direito mínimo à correção monetária de seu capital, somado aos juros de mora decorrentes do inadimplemento. Isso porque, ao prever que apenas incidiriam os índices oficiais da poupança, sequer se garantiu a correção monetária, que dirá os juros de mora sobre o capital.

Por essa razão, o Supremo Tribunal Federal, ao julgar a ADI 4357, declarou a inconstitucionalidade da expressão "índice oficial de remuneração básica da caderneta de poupança", existente no art. 100, § 12, da CF/88, incluído pela Emenda Constitucional nº 62/2009. Em decorrência disso, declarou inconstitucional, por arrastamento (consequência lógica), o art. 5º da Lei nº 11.960/2009, que alterou o art. 1º-F da Lei nº 9.494/97, prevendo essa mesma expressão.

Diante dessa decisão e sabendo-se que o regime de incidência de juros e correção monetária nas ações perante a Fazenda Pública não é dos mais simples, começou-se a questionar o alcance da decisão ADI quanto ao arrastamento que atingiu o 5º da Lei nº 11.960/2009, exigindo nova manifestação do E. STF no RE 870947 (Tema 810),[13] vez que o aludido artigo versa sobre juros e correção monetária.

No que tange aos juros, o RE 870947 firmou a tese de duas formas diferentes:

- débitos estatais de **natureza tributária**: a fixação dos juros moratórios com base na TR é inconstitucional, devendo ser aplicados os mesmos juros de mora pelos quais a Fazenda Pública remunera seus créditos;
- débitos estatais de **natureza não tributária**: a fixação dos juros moratórios segundo o índice de remuneração da caderneta de poupança é constitucional, permanecendo hígido, nessa extensão, o disposto no art. 1º-F da Lei nº 9.494/97 com a redação dada pela Lei nº 11.960/09.

13. STF, RE 870947. Relator(a): Min. Luiz Fux, J. em: 20.09.2017. No mesmo sentido, decidiu-se na ADI 5348.

Sendo, portanto, os créditos dos trabalhadores verba de natureza não tributária, mantém-se intacto o item II da OJ nº 7 do Tribunal Pleno quanto aos juros, incidindo o índice de remuneração da caderneta de poupança.[14]

Cumpre registrar que o STF entende que no período compreendido entre a data da realização dos cálculos e a da requisição de pequeno valor ou do precatório incidem juros de mora[15]. No entanto, os juros de mora não são devidos entre a expedição do precatório e a data do efetivo pagamento, desde que o precatório seja pago no prazo previsto no art. 100, § 5º, da CF/88.[16] Trata-se do chamado "período de graça".[17]

Frisa-se que tal prerrogativa na aplicação de juros diferenciados não se aplica quando a **Fazenda Pública é condenada subsidiariamente**, como dispõe a OJ nº 382 da SDI-I do TST:

> **Orientação Jurisprudencial nº 382 da SDI-I do TST.** Juros de mora. Art. 1º-F da Lei nº 9.494, de 10.09.1997. Inaplicabilidade à Fazenda Pública quando condenada subsidiariamente
> A Fazenda Pública, quando condenada subsidiariamente pelas obrigações trabalhistas devidas pela empregadora principal, não se beneficia da limitação dos juros, prevista no art. 1º-F da Lei nº 9.494, de 10.09.1997.

Na condenação solidária, o C. TST entende que o benefício dos juros diferenciados apenas é destinado à Fazenda Pública, não beneficiando o codevedor quando se tratar de pessoa jurídica de direito privado[18].

4.1.2. Correção Monetária

Definidos os juros, qual será a correção monetária a ser aplicada aos débitos da Fazenda Pública?

---

14. A remuneração dos depósitos de poupança é composta de duas parcelas: I – a remuneração básica, dada pela Taxa Referencial – TR, e II – a remuneração adicional, correspondente a: a) 0,5% ao mês, enquanto a meta da taxa Selic ao ano for superior a 8,5%; ou b) 70% da meta da taxa Selic ao ano, mensalizada, vigente na data de início do período de rendimento, enquanto a meta da taxa Selic ao ano for igual ou inferior a 8,5%. (http://www4.bcb.gov.br/pec/poupanca/poupanca.asp). Acesso em 02.10.2020.

15. Tese 96 de Repercussão Geral do STF – RE 579431, Relator(a): Min. MARCO AURÉLIO, Tribunal Pleno, julgado em 19/04/2017, ACÓRDÃO ELETRÔNICO REPERCUSSÃO GERAL – MÉRITO DJe-145 DIVULG 29-06-2017 PUBLIC 30-06-2017.

16. § 5º É obrigatória a inclusão, no orçamento das entidades de direito público, de verba necessária ao pagamento de seus débitos, oriundos de sentenças transitadas em julgado, constantes de precatórios judiciários apresentados até 1º de julho, fazendo-se o pagamento até o final do exercício seguinte, quando terão seus valores atualizados monetariamente (Redação dada pela Emenda Constitucional nº 62, de 2009).

17. TST-RO-2519-45.2011.5.07.0000, Órgão Especial, rel. Min. Fernando Eizo Ono, 3.9.2012 (Informativo nº 20 do TST).

18. Nesse sentido: TST-E-ED-RR-285400-80.2005.5.02.0021, SBDI-I, rel. Min. Ives Gandra da Silva Martins Filho, red. p/ acórdão Min. Aloysio Corrêa da Veiga, 10.10.2013 (Informativo nº 62 do TST).

Como bem delineado na decisão que reconheceu a repercussão geral no RE 870947, diferentemente dos juros que incidem apenas uma vez, a atualização monetária da condenação imposta à Fazenda Pública ocorre em dois momentos distintos.

O primeiro se dá ao final da fase de conhecimento com o trânsito em julgado da decisão condenatória. Nesse caso, correção compreende o período entre o dano efetivo (ou ajuizamento da ação) e a imputação de responsabilidade à Administração Pública, sendo determinada pelo próprio juízo prolator da decisão condenatória.

O segundo ocorre já na fase executiva, quando o montante devido é efetivamente entregue ao credor. Esta última correção monetária cobre o lapso entre a inscrição do crédito em precatório e o efetivo pagamento, sendo seu cálculo realizado no exercício de função administrativa pela Presidência do Tribunal, vinculado ao juízo prolator da decisão condenatória.

No julgamento das ADIs nº 4.357 e 4.425, o STF declarou a inconstitucionalidade da correção monetária pela taxa TR apenas quanto ao segundo período, já que a norma constitucional atacada trata de precatórios e não da atualização na fase de conhecimento.

Desse modo, o arrastamento provocado no art. 5º da Lei nº 11.960/2009 atingiu apenas esse aspecto, nada versando sobre o primeiro período.

No entanto, quanto ao primeiro momento (fase de conhecimento), no RE 870947, com repercussão geral reconhecida, o E. STF decidiu que também é inconstitucional a aplicação da taxa TR, como se verifica pelo trecho da ementa a seguir transcrita:

> (...) Ao final, por maioria, vencido o Ministro Marco Aurélio, fixou as seguintes teses, nos termos do voto do Relator:
>
> 1) O art. 1º-F da Lei nº 9.494/97, com a redação dada pela Lei nº 11.960/09, na parte em que disciplina os juros moratórios aplicáveis a condenações da Fazenda Pública, é inconstitucional ao incidir sobre débitos oriundos de relação jurídico-tributária, aos quais devem ser aplicados os mesmos juros de mora pelos quais a Fazenda Pública remunera seu crédito tributário, em respeito ao princípio constitucional da isonomia (CRFB, art. 5º, caput); quanto às condenações oriundas de relação jurídica não-tributária, a fixação dos juros moratórios segundo o índice de remuneração da caderneta de poupança é constitucional, permanecendo hígido, nesta extensão, o disposto no art. 1º-F da Lei nº 9.494/97 com a redação dada pela Lei nº 11.960/09; e
>
> 2) O art. 1º-F da Lei nº 9.494/97, com a redação dada pela Lei nº 11.960/09, na parte em que disciplina a atualização monetária das condenações impostas à Fazenda Pública segundo a remuneração oficial da caderneta de poupança, revela-se inconstitucional ao impor restrição desproporcional ao direito de propriedade (CRFB, art. 5º, XXII), uma vez que não se qualifica como medida adequada a capturar a variação de preços da economia, sendo inidônea a promover os fins a que se destina[19].

19. STF. RE 870947. Relator(a): Min. Luiz Fux, J. em: 20.09.2017.

Não incidindo a taxa TR, definiu-se que deverá ser aplicado o Índice de Preços ao Consumidor Amplo Especial (IPCA-E) para a recomposição do valor no tempo (ADI nº 4.357).

Em resumo, nas condenações trabalhistas perante a Fazenda Pública, por existir regramento próprio, não se aplica o art. 879, § 7º, da CLT, devendo a atualização do débito seguir a seguinte sistemática:

	Juros	Correção monetária
Fazenda Pública	índice de remuneração da caderneta de poupança	IPCA-E

4.1.2.2. *Correção monetária pela taxa TR dos débitos dos particulares*

O TST, interpretando o entendimento firmado pelo STF, extraiu a seguinte ratio decidendi (fundamentos determinantes):

> (...) a atualização monetária incidente sobre obrigações expressas em pecúnia constitui direito subjetivo do credor e deve refletir a exata recomposição do poder aquisitivo decorrente da inflação do período em que apurado, sob pena de violar o direito fundamental de propriedade, protegido no artigo 5º, XXII, a coisa julgada (artigo 5º, XXXVI), a isonomia (artigo 5º, caput), o princípio da separação dos Poderes (artigo 2º) e o postulado da proporcionalidade, além da eficácia e efetividade do título judicial, a vedação ao enriquecimento ilícito do devedor.[20]

Desse modo, após o julgamento dos embargos de declaração[21] da referida decisão, o C. TST definiu que:

- a correção monetária realizada pela taxa TR é inconstitucional, seja para os débitos das pessoas jurídicas de direito público, seja para as pessoas jurídicas de direito privado;
- a inconstitucionalidade da expressão "equivalentes à TRD" contida no *caput* do art. 39 da Lei nº 8.177/91 apenas produz efeitos a partir de 25.03.2015, mesma data utilizada pelo STF;
- a partir de 25.03.2015, a correção monetária será pelo IPCA-E.

Cabe destacar que, como a decisão do TST foi proferida em controle difuso de constitucionalidade, sua eficácia ficou limitada às partes da relação jurídica abrangida pela decisão. No entanto, por ser proferida pelo Tribunal Pleno do TST, trata-se de precedente de observância obrigatória (CPC, art. 927, V; TST-IN nº 39/2016, art. 15, I, a), devendo o entendimento ser aplicado aos casos futuros.

20. TST-ArgInc-479-60.2011.5.04.0231, Tribunal Pleno, rel. Min. Cláudio Mascarenhas Brandão, 4.8.2015 (Informativo nº 113 do TST).

21. TST-ED-ArgInc-479- 60.2011.5.04.0231, Tribunal Pleno, rel. Min. Cláudio Mascarenhas Brandão, 20.3.2017 (Informativo nº 155).

Aliás, após a decisão do C. TST, o E. STF no RE 870947 ampliou a inconstitucionalidade da aplicação da taxa TR atingindo a atualização monetária dos débitos da Fazenda Pública na fase de conhecimento, passando a utilizar como índice de correção monetária o IPCA-E.

A tese firmada no Recurso Extraordinário reforça o entendimento do C. TST, que impede a aplicação da taxa TR. Além disso, a decisão do STF pode ser utilizada como precedente persuasivo para os créditos trabalhistas de particulares.

Apesar de toda essa discussão relacionada à constitucionalidade do art. 39 da Lei 8.177/91, a Lei nº 13.467/17 (Reforma Trabalhista)[22] traz para o bojo da CLT que a "atualização dos créditos decorrentes de condenação judicial será feita pela Taxa Referencial (TR)" (art. 879, § 7º).

Noutras palavras, o legislador reproduz a previsão constante no art. 39 da Lei nº 8.177/91 para a CLT, apenas alterando sua topografia. Como bem alerta Homero Batista:

> Na verdade, o § 7º é um ato de desespero da reforma trabalhista de 2017, pois sua presença na CLT em nada altera a discussão sobre sua constitucionalidade e tampouco se fazia necessária, haja vista que o art. 39 da Lei 8.177/1991, ora citada pelo art. 879, é expresso quanto ao cabimento da taxa referencial ao processo do trabalho. A discussão nunca foi a posição topográfica da taxa referencial – se dentro da CLT ou no bojo da legislação extravagante: a discussão acalorada diz respeito ao conteúdo da taxa referencial, primeiramente para saber se ela incentivava a usura, por admitir juros sobre juros (o que foi tolerado, conforme se aprende na OJ 300 da SDI), e, depois, para saber se o processo do trabalho poderia conviver com um índice de correção monetária zerado, quer dizer, se o índice podia ser zero, como ocorreu em vários meses e vários anos[23].

Em suma, como estamos tratando de inconstitucionalidade, o fato de a taxa TR estar prevista na Lei nº 8.177/91 e agora no art. 879, § 7º, CLT não muda o vício da norma, vez que ambas são infraconstitucionais.[24] Apenas mira a inconstitucionalidade para o novel § 7º, de modo que já foi instaurado pelo C. TST incidente de arguição de inconstitucionalidade em face do aludido parágrafo.[25]

A nosso juízo, portanto, e acompanhando o entendimento do TST, o art. 879, § 7º, da CLT é inconstitucional, devendo ser aplicado o IPCA-E para a correção dos créditos decorrentes de condenação trabalhista, independentemente de serem devidos pela Fazenda Pública ou por particulares.

---

22. No STF a constitucionalidade do dispositivo é objeto das seguintes ações: ADI 6021 (ajuizada pela ANAMATRA), ADC 58 (ajuizada pela Confederação Nacional do Sistema Financeiro) e ADC 59 (ajuizada pela confederação Nacional da Tecnologia da Informação e Comunicação e outras).

23. Silva, Homero Batista Mateus da. *Comentários à Reforma Trabalhista*. São Paulo: Editora Revista dos Tribunais, 2017. p. 172.

24. Nesse sentido: TST – RR: 803020105150079, Relator: Maria Cristina Irigoyen Peduzzi, Data de Julgamento: 26/06/2018, 8ª Turma, Data de Publicação: DEJT 29/06/2018, ED-ARR-1321-85.2013.5.09.0019, Relatora Ministra Dora Maria da Costa, 8ª Turma, DEJT 8/6/2018 e Ag-AIRR- 71300-30.2005.5.02.0078, Relator Ministro Walmir Oliveira da Costa, 1ª Turma, DEJT 20/4/2018.

25. TST-RO- 24059-68.2017.5.24.0000, SBDI-II, rel. Min. Delaide Miranda Arantes.

Ocorre, no entanto, que o índice da correção monetária aplicável na seara trabalhista está em discussão no E. STF nas ADCs 58 e 59, bem como nas ADIs 5867 e 6021.

Nesse contexto, em decisão liminar na ADC 58, o min. Gilmar Mendes determinou a a suspensão do julgamento de todos os processos em curso no âmbito da Justiça do Trabalho que envolvam a aplicação dos artigos arts. 879, §7, e 899, § 4º, da CLT, com a redação dada pela Lei nº 13.467/2017, e o art. 39, caput e § 1º, da Lei 8.177/91.[26] O ministro destacou que a suspensão deveria ocorrer em todos os processos tendentes a fazer incidir o índice IPCA-E como fator de correção monetária aplicável em substituição à aplicação da TR, não atingindo o regular andamento processual e os atos de execução das parcelas incontroversas.[27]

Autorizou, pois, o prosseguimento dos processos, inclusive na fase executiva, desde que os valores sejam atualizados pela taxa TR, mantendo-se em discussão as diferenças entre o valor atualizada pela TR e o índice a ser adotado pelo Plenário do STF. Assim, é possível a condenação indicando a incidência do IPCA-E, apenas não podendo ser liberado ao exequente as diferenças entre o valor atualizado com a TR e o IPCA-E.

O julgamento pelo Plenário ainda não havia finalizado até o fechamento dessa edição, mas a maioria (oito ministros) já ter definido que a taxa TR é inconstitucional. Contudo, os Ministros divergem quanto ao índice que deve ser aplicado:

- Para os Ministros Edson Fachin, Rosa Weber, Ricardo Lewandowski e Marco Aurélio deverá ser aplicado o IPCA-E;
- Já os ministros Gilmar Mendes, Alexandre de Moraes, Luís Roberto Barroso e Cármen Lúcia devem ser aplicados o IPCA-E, na fase pré-judicial, e, a partir da citação, a taxa Selic, índices de correção monetária vigentes para as condenações cíveis em geral.[28]

4.2. Juros e correção monetária não descritos na sentença

A Jurisdição tem como característica essencial a inércia, de forma que o "Estado-juiz só atua se for provocado"[29]. Uma vez provocado[30], o juiz estará restrito aos pedidos feitos pelo demandante. Essa restrição é chamada de princípio da congruência ou adstrição, segundo o qual o juiz somente poderá emitir provimento jurisdicional pleiteado, não podendo ir além (ultra petita) ou permanecer aquém (citra petita) do pedido ou conceder o que não foi requerido (extra petita) (art. 492 do CPC/15).

26. ADC 58 MC, Min. Rel. Gilmar Mendes. D.J. 27 jun. 2020. Public. em 01 jul. 2020.
27. ADC 58 MC-AgR/DF, AG.REG. na Medida Cautelar na Ação Declaratória de Constitucionalidade, Relator(a): Min. Gilmar Mendes, Julgamento: 01/07/2020. Public 06/07/2020.
28. STF, ADC 58, Pedido de vista. Plenário, 27.08.2020.
29. CÂMARA, Alexandre Freitas. Lições de direito processual civil. 18. ed. Rio de Janeiro: Lumen Juris, 2008. v. 1, p. 70.
30. O que ocorre por meio da demanda (princípio da demanda).

O princípio da congruência, no entanto, sofre exceções por meio dos pedidos implícitos, chamados no processo do trabalho de princípio da extrapetição, o qual "permite que o juiz, nos casos expressamente previstos em lei, condene o réu em pedidos não contidos na petição inicial, ou seja, autoriza o julgador a conceder mais do que o pleiteado, ou mesmo vantagem diversa da que foi requerida"[31].

Assim, o juiz somente poderá agir de ofício nos casos expressos em lei.

É nesse contexto que se insere a Súmula nº 211 do TST, que permite a incidência de juros e correção monetária na ausência de pedido e até mesmo no caso de ausência de condenação.

Isso ocorre porque, o art. 39, § 1º, da Lei 8.177/91 estabelece:

> Aos débitos trabalhistas constantes de condenação pela Justiça do Trabalho ou decorrentes dos acordos feitos em reclamatória trabalhista, quando não cumpridos nas condições homologadas ou constantes do termo de conciliação, serão acrescidos, nos juros de mora previstos no caput juros de um por cento ao mês, contados do ajuizamento da reclamatória e aplicados pro rata die, ainda que não explicitados na sentença ou no termo de conciliação.

No mesmo sentido, os arts. 322, § 1º e 491 ambos do CPC/15, *in verbis*:

> Art. 322. § 1º Compreendem-se no principal os juros legais, a correção monetária e as verbas de sucumbência, inclusive os honorários advocatícios.
>
> Art. 491. Na ação relativa à obrigação de pagar quantia, ainda que formulado pedido genérico, a decisão definirá desde logo a extensão da obrigação, o índice de correção monetária, a taxa de juros, o termo inicial de ambos e a periodicidade da capitalização dos juros, se for o caso (...).

Ademais, descreve o art. 404 do Código Civil:

> Art. 404. As perdas e danos, nas obrigações de pagamento em dinheiro, serão pagas com atualização monetária segundo índices oficiais regularmente estabelecidos, abrangendo juros, custas e honorários de advogado, sem prejuízo da pena convencional.

Tais disposições derivam da própria natureza da correção monetária que não se trata de um *plus*, mas apenas a atualização monetária do débito, buscando recompor a integridade do valor da moeda no tempo.

No mesmo caminho do TST entende o Supremo Tribunal Federal, conforme declinado na Súmula nº 254[32], a qual inclui os juros moratórios na liquidação, mesmo que omisso na petição inicial ou na condenação.

Assim, com base no princípio da extrapetição (pedido implícito), haverá incidência de juros moratórios e a correção monetária independentemente de constar de pedido ou da condenação.

---

31. SARAIVA, Renato. Curso de direito processual do trabalho. 3. ed. São Paulo: Método, 2006. p. 50-51.
32. Súmula nº 254 do STF: "Incluem-se os juros moratórios na liquidação, embora omisso o pedido inicial ou a condenação".

Contudo, cabe ressaltar que, existindo previsão expressa na decisão acerca de um determinado índice, não poderá o juiz, na fase de liquidação, alterá-lo, sob pena de violação da coisa julgada.

4.3. Juros e Correção monetária nas indenizações por dano moral

A indenização por danos morais decorrentes da relação de emprego não retira a natureza trabalhista da verba, motivo pelo qual devem ser aplicadas as regras que regem o processo do trabalho para a fixação da correção monetária e dos juros de mora.

Nesse contexto, é sabido que os débitos trabalhistas são atualizados monetariamente entre a data do vencimento da obrigação e o seu efetivo pagamento (Lei nº 8.177/1991, art. 39), enquanto os juros de mora incidem desde o ajuizamento da ação (CLT, art. 883 e Lei nº 8.177/1991, art. 39, § 1º).

No que se refere à incidência dos juros, não há questionamento de que, nas indenizações por dano moral, ele incidirá desde o ajuizamento da ação, sobre a importância já devidamente atualizada (Súmula nº 200 do TST).

Dúvida surgia quanto à correção monetária, vez que se discutia qual a efetiva data do vencimento da obrigação, ou seja, qual a data da constituição em mora do devedor. Para alguns, a correção deveria incidir a partir do ajuizamento da ação, enquanto a outra parte estabelecia a incidência a partir da decisão judicial.

Com a finalidade de sepultar a celeuma, o C. TST passou a estabelecer que, na hipótese de indenização por danos morais, a constituição em mora do devedor somente se opera a partir da decisão condenatória, isto é, da data em que foi fixado o montante devido, seja na sentença, seja no acórdão, independentemente do trânsito em julgado da decisão, nos termos da Súmula nº 439:

> **Súmula nº 439 do TST.** Danos morais. Juros de mora e atualização monetária. Termo inicial
> Nas condenações por dano moral, a atualização monetária é devida a partir da data da decisão de arbitramento ou de alteração do valor. Os juros incidem desde o ajuizamen-to da ação, nos termos do art. 883 da CLT.

No mesmo sentido, declina a Súmula nº 362 do STJ, *in verbis*:

> **Súmula nº 362 do STJ.** Correção monetária do valor da indenização do dano moral
> A correção monetária do valor da indenização do dano moral incide desde a data do arbitramento.

É interessante observar, porém, que a decisão a ser considerada é aquela que fixou o **valor definitivo** da condenação a ser liquidada[33]. Exemplificamos:

33. OLIVEIRA, Sebastião Geraldo de. Indenização por acidente do trabalho ou doença ocupacional. 6ª ed. rev., ampl. e atual. São Paulo: LTr, 2011. p. 430.

A sentença condena a empresa a pagar indenização por dano moral no valor de R$ 10.000,00. Em sede recursal, o TRT mantém o valor da condenação. Nesse caso, a correção tem início a partir da sentença judicial, que foi a decisão que estabeleceu o valor definitivo que será liquidado. Contudo, se o TRT tivesse alterado o valor da condenação, seria a partir do acórdão do TRT que incidiria a correção monetária.

Salienta-se, ainda, que esse critério também deve ser utilizado no caso de indenização por danos estéticos, vez que, da mesma forma que a indenização pelo dano moral, eles são delimitados a critério do julgador[34].

Portanto, na indenização por danos morais e estéticos, a correção monetária é computada a partir da decisão judicial que fixou o valor definitivo que será liquidado, enquanto os juros incidem a partir do ajuizamento da ação.

Assim, podemos esquematizar da seguinte forma:

	Condenações trabalhistas	**Indenização por danos morais**
	Juros	**Correção monetária**
Termo inicial	Data do ajuizamento da ação	Data do vencimento da obrigação * Exceção: indenização por danos morais que inicia a partir da decisão de arbitramento ou de alteração do valor
Termo final	Data do efetivo pagamento	Data do efetivo pagamento

4.4. Correção monetária dos salários

O art. 459, parágrafo único, da CLT admite o pagamento do salário "até o quinto dia útil do mês subsequente ao vencido". Disso resulta que, ocorrendo o pagamento até o quinto dia útil do mês posterior à prestação do serviço, não haverá mora e, consequentemente, que se falar em correção monetária.

Por outro lado, na hipótese de não ocorrer o pagamento até aludido dia, a atualização deverá ser do mês subsequente ao da prestação dos serviços, conforme descreve o C. TST na Súmula nº 381 do TST:

> o pagamento dos salários até o 5º dia útil do mês subsequente ao vencido não está sujeito à correção monetária. Se essa data limite for ultrapassada, incidirá o índice da correção monetária do mês subsequente ao da prestação dos serviços, a partir do dia 1º.

Justifica-se tal posicionamento, porque o art. 39 da Lei nº 8.177/91 declina que haverá correção monetária quando os débitos trabalhistas "não forem satisfeitos pelo

34. OLIVEIRA, Sebastião Geraldo de. Indenização por acidente do trabalho ou doença ocupacional. 6ª ed. rev., ampl. e atual. São Paulo: LTr, 2011. p. 430.

empregador nas épocas próprias assim definidas em lei". A lei que define a época própria para o pagamento dos salários é o art. 459, parágrafo único, da CLT, que faculta ao empregador pagá-lo até o quinto dia útil subsequente ao da prestação do serviço. Assim, a correção, antes de aludido dia, será impor atualização monetária antes do vencimento da obrigação. Além disso, fundamenta-se que a aquisição do direito ao salário não se confunde com o mês do recebimento.

Com efeito, entende o C. TST que a atualização monetária deve considerar o índice do mês subsequente ao da prestação dos serviços.

De qualquer modo, não ocorrendo o pagamento no quinquídio, a atualização deverá considerar o primeiro dia do mês subsequente ao da prestação dos serviços, vez que a norma celetista apenas garante uma faculdade ao empregador, de modo que, não efetivando o pagamento, seu vencimento se dá no primeiro dia do mês.

Na realidade, o art. 459, *caput*, da CLT estabelece que a obrigação estará **vencida** no primeiro dia útil do mês subsequente ao da prestação do serviço, enquanto a **exigibilidade** se dá a partir do quinto dia útil. Por outro lado, não ocorrendo o pagamento e existindo condenação judicial, passa a ter incidência o art. 39 da Lei nº 8.177/91, o qual impõe a correção monetária a partir do **vencimento** da obrigação[35].

Por fim, consigne que alguns julgados e doutrinadores entendem que, na hipótese de pagamento habitual dos salários no próprio mês da prestação dos serviços, por exemplo, no dia 30 do mês, diante da condição mais favorável ao empregado, há incorporação no contrato de trabalho, de modo que haverá incidência do índice do mês da prestação dos serviços em caso de atraso[36].

4.5. Correção monetária do Fundo de Garantia do Tempo de Serviço

A Lei nº 8.036/90 rege o Fundo de Garantia do Tempo de Serviço, declinando em seu art. 13, *caput*:

> Art. 13. Os depósitos efetuados nas contas vinculadas serão corrigidos monetariamente com base nos parâmetros fixados para atualização dos saldos dos depósitos de poupança e capitalizarão juros de três por cento ao ano.

Diante da sistemática de atualização monetária prevista nesse dispositivo, passou-se a questionar qual o índice a ser aplicado na hipótese de pagamento do FGTS decorrente de decisão judicial.

O C. TST sedimentou o entendimento no sentido de que a correção monetária dos depósitos do FGTS, derivados de condenação judicial, tem caráter trabalhista,

35. ALMEIDA, Cleber Lúcio de Almeida. Direito processual do trabalho. 4. ed., rev., atual. e ampl. Belo Horizonte: Del Rey, 2012. p. 903. Nota de rodapé nº 52.

36. MARTINS, Sérgio Pinto. Comentários às Súmulas do TST. 8. ed. São Paulo: Atlas, 2010. p. 285.

estando subordinada ao critério geral de correção desses débitos, descrito no art. 39 da Lei nº 8.177/91 (OJ nº 302 da SDI-I do TST). Isso porque o art. 13 da Lei nº 8.036/90 é dirigido ao órgão gestor do FGTS, o que significa que ele tem incidência apenas quando o recolhimento for levado a efeito administrativamente.

4.6. Juros e correção monetária dos créditos devidos à Previdência Social

Não havendo o pagamento das contribuições previdenciárias no momento adequado, ganha relevância a análise:

1) da correção monetária (atualização monetária);

2) dos juros moratórios; e

3) da multa.

A atualização do crédito devido à Previdência Social observará os critérios estabelecidos na legislação previdenciária (CLT, art. 879, § 4º). Assim, pela interpretação do art. 35 da Lei nº 8.212/91, o qual faz remissão ao art. 61 da Lei nº 9.430/96, entende-se que os créditos devidos à Previdência devem ser atualizados pela taxa SELIC.

Tanto as contribuições previdenciárias do empregado como a dos empregadores sofrem correção monetária, pois ambos são contribuintes do sistema, além do que o trabalhador já receberá seu crédito trabalhista atualizado.

No que tange aos **juros moratórios**, o C. TST declina na Súmula nº 368, V, que:

Súmula nº 368 do TST.

V – Para o labor realizado a partir de 5.3.2009, considera-se fato gerador das contribuições previdenciárias decorrentes de créditos trabalhistas reconhecidos ou homologados em juízo a data da efetiva prestação dos serviços. Sobre as contribuições previdenciárias não recolhidas a partir da prestação dos serviços incidem juros de mora e, uma vez apurados os créditos previdenciários, aplica-se multa a partir do exaurimento do prazo de citação para pagamento, se descumprida a obrigação, observado o limite legal de 20% (art. 61, § 2º, da Lei nº 9.430/96).

Isso se justifica porque a Lei nº 11.941/09 (resultante da conversão da MP nº 449/08) declina que eles incidem a partir do mês de competência em que ocorreu o fato gerador, como descreve o art. 43, § 3º, da Lei nº 8.212/91, *in verbis*:

§ 3º As contribuições sociais serão apuradas mês a mês, com referência ao período da prestação de serviços, mediante a aplicação de alíquotas, limites máximos do salário-de-contribuição e **acréscimos legais moratórios vigentes relativamente a cada uma das competências abrangidas**, devendo o recolhimento ser efetuado no mesmo prazo em que devam ser pagos os créditos encontrados em liquidação de sentença ou em acordo homologado, sendo que nesse último caso o recolhimento será feito em tantas parcelas quantas as previstas no acordo, nas mesmas datas em que sejam exigíveis e proporcionalmente a cada uma delas. (Grifo Nosso)

Vê-se que o dispositivo utiliza a expressão "acréscimos legais moratórios", pois não abrange apenas a atualização monetária, mas também os juros de mora. Cumpre destacar que, enquanto a atualização monetária das contribuições é devida pelo empregado e pela empresa, pois ambos são contribuintes do sistema, os juros de mora incidentes sobre as contribuições **são devidos apenas pela empresa**, pois somente esta se utilizou do capital durante o período em que não adimpliu as obrigações.

Aliás, embora a obrigação para o pagamento das contribuições seja reconhecido na sentença, seus efeitos são *ex tunc*, ou seja, remontam à data da constituição do crédito, como já anunciou o C. TST:

> Como então pretender que os juros devidos à previdência, decorrentes dos mesmos créditos, sejam computados somente a partir da sentença de liquidação?
>
> Seria o mesmo que dizer que o trabalhador tem direito a um crédito desde a data "X", mas que a contribuição previdenciária sobre ele incidente seria devida a partir da data "Y", quando o trabalhador, valendo-se da sentença judicial condenatória do empregador, pretenderá, oportunamente, integrar essas diferenças reconhecidas judicialmente para cálculo de seus benefícios. Essa conclusão levaria a uma conta que não fecharia. Para fechar, é preciso o aporte financeiro atualizado, acrescido dos juros da mora.
>
> Em outras palavras, se o empregador se utilizou, em proveito próprio, até a liquidação da sentença, de um crédito devido ao trabalhador e por isso deve a ele juros da mora, também se utilizou, até a liquidação, do crédito devido à previdência, que é incidente sobre o crédito do trabalhador.
>
> A diferença reside apenas no momento de incidência e esse momento decorre da lei: no caso do trabalhador, os juros são devidos desde o ajuizamento, por se tratar de mora *ex persona*, servindo a citação de interpelação; no caso da previdência, desde a prestação de serviços, por se cuidar de mora *ex re*; e, se a obrigação fosse civil, mas decorresse de ato ilícito, seriam devidos desde a prática do ato, igualmente por se cuidar de mora *ex re*. É questão de política legislativa a definição do momento da constituição em mora, *mas nos três casos são devidos retroativamente à sentença de liquidação*, porque esta *apenas quantifica um crédito devido em momento anterior*, a partir de quando incide o acréscimo moratório pela utilização do capital alheio em proveito próprio.
>
> As contribuições previdenciárias são necessárias para a arrecadação dos valores destinados a prover os benefícios. A simples atualização dos valores das contribuições apenas recompõe o valor do poder de compra da moeda, ajustando-o à inflação. Os juros têm finalidade distinta e seriam inócuos, se contados para a frente, ou seja, a partir da liquidação de um crédito devido desde antes, porque não remunerariam o tempo de utilização, pelo devedor, do capital.
>
> Na forma da lei, o recolhimento deve ser efetuado no mesmo prazo em que devam ser pagos os créditos encontrados em liquidação de sentença ou em acordo homologado, mas, por óbvio, acrescidos de atualização monetária e juros da mora desde a prestação de serviços, retroagindo, portanto, à época em que as contribuições deveriam ter sido vertidas para o caixa previdenciário.[37]

Assim, os juros de mora nas contribuições previdenciárias possuem incidência desde à prestação dos serviços e não da liquidação da sentença, pois esta apenas quantifica os créditos que já eram devidos anteriormente.

Os juros de mora, contudo, não se confundem com a multa aplicada pelo descumprimento da obrigação.

37. TST – E-RR-1125-36.2010.5.06.0171, Tribunal Pleno, Min. Rel. Alexandre Agra Belmonte. Data de Julgamento: 20.10. 2015.

Enquanto os juros decorrem da utilização do capital alheio, a multa é destinada a impor ao devedor que cumpra a obrigação reconhecida. Incide, portanto, depois da citação para pagamento, como dispõe o art. 61, § 1º, da Lei nº 9.430/1996:

> Art. 61, § 1º A multa de que trata este artigo será calculada a partir do primeiro dia subseqüente ao do vencimento do prazo previsto para o pagamento do tributo ou da contribuição até o dia em que ocorrer o seu pagamento.

O prazo do vencimento descrito no referido dispositivo encontra-se no art. 43, § 3º, da Lei nº 8.212/91, o qual descreve que é o mesmo prazo em que devam ser pagos os créditos encontrados em liquidação de sentença ou em acordo homologado, ou seja, após o prazo de 48 horas, contado da citação do executado (CLT, art. 880).

O valor da multa deve obedecer ao limite legal de 20%, conforme declina o art. 61, § 2º da Lei nº 9.430/96:

> § 2º O percentual de multa a ser aplicado fica limitado a vinte por cento.

Em suma, para a prestação de serviços **posterior** a 05.03.09 o fato gerador é a efetiva prestação de serviços. Nessa hipótese, a correção monetária e os juros de mora incidem a partir da data da prestação dos serviços. Por sua vez, a multa de mora, até o limite de 20%, passa a ser exigível após 48 horas do recebimento da citação na fase de execução.

4.7. Não incidência da correção monetária sobre débito do empregado

O Decreto-Lei nº 75, de 22.11.66, previu, em seu art. 1º, que ficariam sujeitos à correção monetária "os débitos de salários, indenizações e outras quantias devidas a qualquer título, pelas empresas". Referido dispositivo, assim como o § 2º desse artigo, estabeleciam apenas a atualização monetária sobre os débitos do empregador, nada declinando acerca dos débitos obreiros (por exemplo, indenização devida pelo empregado em decorrência de dano causado ao empregador; compensação do aviso-prévio não concedido no pedido de demissão etc.).

Com o advento da Lei nº 6.899/81, admitindo a incidência de atualização "sobre qualquer débito resultante de decisão judicial", iniciou-se a celeuma na doutrina e na jurisprudência a respeito da atualização dos débitos do empregado. O TST sedimentou o entendimento no sentido de que a Lei nº 6.899/81 era norma geral, de modo que, na seara trabalhista, aplicava-se a norma especial, qual seja, o Decreto-Lei nº 75, de 22.11.06. Utilizou-se, portanto, o critério da especialidade para solucionar a antinomia, por força do art. 2º, § 2º, da Lei de Introdução às Normas do Direito Brasileiro.

Atualmente, o referido Decreto-Lei foi revogado pelo art. 39 da Lei nº 8.177/91, o qual vaticina que a correção monetária incidirá sobre "os débitos trabalhistas de qualquer natureza, quando **não satisfeitos pelo empregador** nas épocas próprias assim definidas em lei, acordo ou convenção coletiva, sentença normativa ou cláusula contratual sofrerão juros de mora[38] equivalentes à TRD acumulada no período compreendido entre a data de vencimento da obrigação e o seu efetivo pagamento". Manteve, portanto, a sistemática anterior de não impor a correção monetária sobre os débitos do trabalhador.

Analisando o texto do Decreto-Lei, bem como o art. 39 da Lei nº 8.177/91, vislumbra-se que o **princípio da proteção** inspirou o legislador no momento da criação da norma. Tanto é assim, que estabeleceu regra própria de atualização monetária para a seara trabalhista direcionada ao empregador, afastando a incidência da norma geral (Lei nº 6.899/81).

Melhor explicando, é prevalente na doutrina a tríplice finalidade dos princípios: **a)** função interpretativa; **b)** função informadora e **c)** função integrativa. Na função informadora, os princípios têm o poder de inspirar o legislador na elaboração das leis, como ocorreu no presente caso em que o legislador, valendo-se do princípio da proteção, criou norma benéfica ao trabalhador.

Ademais, é possível fundamentar que, mesmo que o legislador não tivesse se valido da função informadora, o C. TST utilizou-se da função interpretativa do princípio da proteção, que tem aplicação, inclusive no campo processual, quando existe dúvida no alcance da norma legal e não esteja em desacordo com a vontade do legislador[39]. Com efeito, na dúvida acerca do alcance da norma, o C. TST optou pela não incidência de atualização monetária sobre os débitos do trabalhador (Súmula nº 187 do TST).

Tratando-se, entretanto, de norma que cria benefício ao empregado, pensamos que ela não tem aplicação nas demandas decorrentes da relação de trabalho, que, com o advento da Emenda Constitucional nº 45/04, passaram a ser de competência da Justiça do Trabalho.

Em homenagem ao leitor, há de se ressaltar que, na prática, os juízes, sob o fundamento do princípio da razoabilidade e não distorção da aplicação da lei, abatem do crédito do empregado o que já foi recebido, considerando a época do vencimento de cada parcela, atualizando-se monetariamente o saldo a que faz jus o trabalhador.

4.8. Empresa em liquidação extrajudicial

As empresas submetidas à liquidação extrajudicial e à intervenção pelo Banco Central, são as "instituições financeiras privadas e as públicas não federais, assim como as cooperativas de crédito" (art. 1º da Lei nº 6.024/74) que estão submetidas a um regime diferenciado de execução concursal de natureza extrajudicial, que é dirigida pelo Banco Central do Brasil.

Com o advento da Lei 6.024/74, o seu art. 18, alínea f, afastava a incidência de correção monetária quando as empresas estivessem em liquidação extrajudicial, dando origem assim à Súmula nº 185 do TST, atualmente cancelada.

---

38. Embora a lei fale em juros, na realidade, trata-se de atualização monetária, vez que os juros estão declinados no § 1º do art. 39 da Lei nº 8.177/91 (1% ao mês).

39. Deveali apud PLÁ RODRIGUEZ, Américo. Princípios de direito do trabalho. 3ª ed. atual. São Paulo: LTr, 2000. p. 110.

Em seguida, o Decreto-Lei nº 2.278/85 exigiu a aplicação de correção monetária para as empresas submetidas à intervenção pelo Banco Central, nascendo, dessa forma, a Súmula nº 284 do TST, também cancelada.

Por fim, a própria Constituição Federal, nos Atos de Disposições Transitórias, regulamentou a matéria, estabelecendo no *caput* do art. 46 que:

> ADCT. Art. 46. São sujeitos à correção monetária desde o vencimento, até seu efetivo pagamento, sem interrupção ou suspensão, os créditos junto a entidades submetidas aos regimes de intervenção ou liquidação extrajudicial, mesmo quando esses regimes sejam convertidos em falência.

Pacificou-se, portanto, a matéria relacionada à correção monetária sobre os créditos perante as empresas em intervenção ou liquidação extrajudicial, de modo que atualmente há atualização monetária desde o vencimento até o efetivo pagamento, sem nenhuma suspensão ou interrupção. E não poderia ser diferente, vez que a atualização monetária tem como foco recompor o valor do capital defasado pela inflação. Trata-se, portanto, de assegurar o integral valor da moeda no tempo.

No entanto, quanto à incidência de juros moratórios permanece a divergência, pois o ADCT não fez nenhuma referência a eles.

Diante disso, parte da doutrina entende que também deve incidir sobre as dívidas trabalhistas das empresas em intervenção e liquidação extrajudicial os juros moratórios, vez que o art. 18, d, da Lei nº 6.024/74, que afastava sua aplicação, foi revogado pela Lei 8.177/91, a qual prevê os juros nas ações trabalhistas, não fazendo nenhuma ressalva quanto às empresas em liquidação e intervenção. Ademais, os juros moratórios constituem indenização a ser paga pelo atraso no cumprimento da obrigação, sendo, pois, uma forma de composição das perdas e danos pelo atraso na concessão do crédito de natureza alimentar.

O C. TST, entretanto, entendeu que o art. 18, d, da Lei nº 6.024/74[40] permanece em vigor, de modo que não haverá incidência de juros em face das empresas em liquidação e intervenção pelo Banco Central (Súmula nº 304).

Em resumo, para o C. TST, as empresas em intervenção e liquidação extrajudicial se submetem à atualização monetária dos créditos trabalhistas, não lhes aplicando, porém, os juros moratórios.

Contudo, havendo sucessão nessa hipótese, é devida a incidência de juros de mora em relação aos débitos trabalhistas de empresa em liquidação extrajudicial sucedida nos moldes dos arts. 10 e 448 da CLT. O sucessor responderá pela obrigação do sucedido, não se beneficiando de nenhum privilégio a este destinado (OJ nº 408 da SDI-I do TST).

---

40. Art. 18: "A decretação da liquidação extrajudicial produzirá, de imediato, os seguintes efeitos: (...) d) não fluência de juros, mesmo que estipulados, contra a massa, enquanto não integralmente pago o passivo; (...)"

5. LIQUIDAÇÃO SEM RESULTADO POSITIVO (LIQUIDAÇÃO-ZERO)

É possível, em situações excepcionais, que, na fase de liquidação se conclua que não há créditos em favor do liquidante, ou seja, o *quantum debeatur* é zero, o que torna inexistente o próprio *an debeatur.* Trata-se de caso excepcional que ocorre quando, apesar de haver a condenação na fase de conhecimento, na fase de liquidação se reconhece que o dano é zero, ou seja, que ele não existe.[41]

São exemplos de liquidação-zero quando se reconhece que os salários ou os benefícios previdenciários devem utilizar outro índice de reajuste e, ao se realizar a liquidação, se verifica que o índice é pior do que o efetivamente utilizado. A liquidação zero também pode ocorrer nos casos em que houver a compensação dos créditos do reclamante e do reclamado[42].

Há divergências na doutrina quanto à formação ou não de coisa julgada material dessa decisão de liquidação. Para parcela da doutrina, diante da liquidação-zero, recomenda-se que o juiz julgue o pedido de liquidação improcedente, tendo em vista que não se demonstrou a existência e extensão do dano, aplicando-se as regras de ônus da prova. Aplicando-se esse entendimento, a decisão de liquidação ensejará a formação de coisa julgada material e não poderá ser revista.[43]

Para outra parcela da doutrina, essa decisão não produzirá coisa julgada material, pois não poderá tornar inexequível a sentença condenatória que demonstrou a existência do dever de reparação pelo devedor. Assim, havendo novas provas, a liquidação poderá ser reproposta.[44]

6. IMPUGNAÇÃO DA DECISÃO DE LIQUIDAÇÃO

Estabelece o art. 884, § 3º, da CLT:

> § 3º. Somente nos embargos à penhora poderá o executado impugnar a sentença de liquidação, cabendo ao exequente igual direito e no mesmo prazo.

Pela análise desse dispositivo é possível constatar que a decisão de liquidação **não é recorrível de imediato**, devendo ser impugnada, depois de garantido o juízo, da seguinte forma:

- **pelo executado**: utilizando-se os embargos à execução, no prazo de 5 dias, constados da intimação da penhora.

41. DIDIER JR., Fredie; CUNHA, Leonardo Carneiro da; BRAGA, Paula Sarno; OLIVEIRA, Rafael Alexandria de. *Curso de direito processual civil: execução.* 7. ed. Salvador: Juspodivm, 2017. p. 245.
42. Exemplos extraídos de: DIDIER JR., Fredie; CUNHA, Leonardo Carneiro da; BRAGA, Paula Sarno; OLIVEIRA, Rafael Alexandria de. *Curso de direito processual civil: execução.* 7. ed. Salvador: Juspodivm, 2017. p. 245 e BERNARDES, Felipe. *Manual de Processo do Trabalho.* Salvador: Juspodivm, 2018. p. 841.
43. Nesse sentido: DIDIER JR., Fredie; CUNHA, Leonardo Carneiro da; BRAGA, Paula Sarno; OLIVEIRA, Rafael Alexandria de. *Curso de direito processual civil: execução.* 7. ed. Salvador: Juspodivm, 2017. p. 247; BERNARDES, Felipe. *Manual de Processo do Trabalho.* Salvador: Juspodivm, 2018. p. 842.
44. REsp 1280949/SP, Rel. Ministra NANCY ANDRIGHI, TERCEIRA TURMA, julgado em 25/09/2012, DJe 03/10/2012.

- **pelo exequente**: por meio da impugnação da decisão de liquidação, no mesmo prazo de 5 dias.

É interessante observar que, como o juiz deverá possibilitar a oportunidade de impugnação na fase de liquidação (CLT, art. 879, § 2º), caso não haja manifestação naquele momento, estará preclusa a possibilidade de impugnação posterior, ou seja, não poderá invocar as matérias nos embargos à execução ou na impugnação da decisão de homologação[45].

Por outro lado, apresentada a impugnação naquela ocasião e, sendo proferida decisão de homologação, esta decisão poderá ser questionada por meio dos embargos (pelo executado) ou pela impugnação (pelo exequente). Da decisão dos embargos à execução e também da que decide a impugnação do exequente caberá agravo de petição.

Esquematizamos para melhor compreensão:

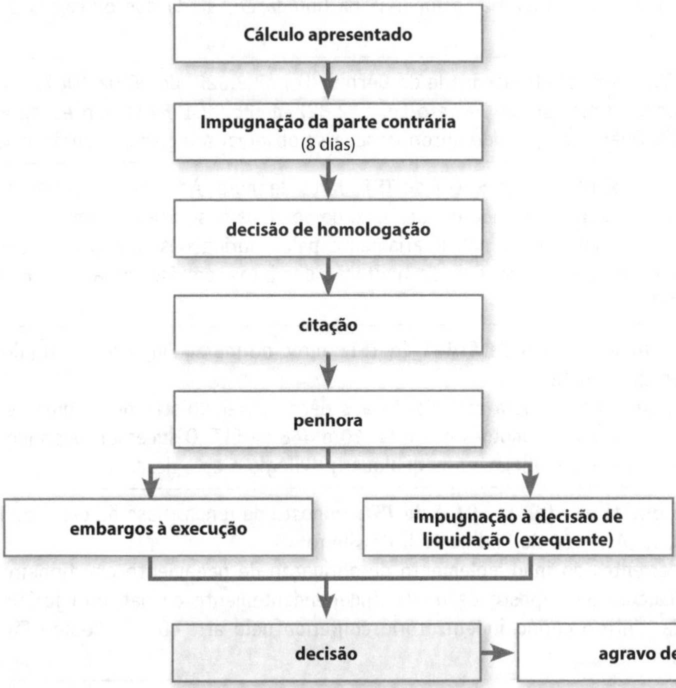

Atente-se, por fim, para o fato de que o TST entende que pode ser impugnada, por meio de ação rescisória, a decisão homologatória de cálculos quando enfrentar as questões envolvidas na elaboração da conta de liquidação, quer solvendo a controvérsia das partes, quer explicitando, de ofício, os motivos pelos quais acolheu os cálculos oferecidos por uma das partes ou pelo setor de cálculos, e não contestados pela outra (Súmula nº 399, II, do TST).

45. A jurisprudência tem admitido a possibilidade de manifestação posterior em casos excepcionais, a fim de preservar a coisa julgada, admitindo a invocação de matérias de ordem pública e erros materiais, salvo quando objeto de debate e manifestação judicial anterior.

7. SÚMULAS E ORIENTAÇÕES JURISPRUDENCIAIS DO TST

Liquidação de sentença
Juros
Súmula nº 439 do TST. Danos morais. Juros de mora e atualização monetária. Termo inicial Nas condenações por dano moral, a atualização monetária é devida a partir da data da decisão de arbitramento ou de alteração do valor. Os juros incidem desde o ajuizamento da ação, nos termos do art. 883 da CLT.
Súmula nº 200 do TST. Juros de mora. Incidência Os juros de mora incidem sobre a importância da condenação já corrigida monetariamente.
Súmula nº 211 do TST. Juros de mora e correção monetária. Independência do pedido inicial e do título executivo judicial Os juros de mora e a correção monetária incluem-se na liquidação, ainda que omisso o pedido inicial ou a condenação.
Súmula nº 307 do TST. Juros. Irretroatividade do Decreto-Lei nº 2.322, de 26.02.1987. A fórmula de cálculo de juros prevista no Decreto-Lei nº 2.322, de 26.02.1987 somente é aplicável a partir de 27.02.1987. Quanto ao período anterior, deve-se observar a legislação então vigente.
Orientação Jurisprudencial nº 382 da SDI–I do TST. Juros de mora. Art. 1º-F da Lei nº 9.494, de 10.09.1997. Inaplicabilidade à Fazenda Pública quando condenada subsidiariamente A Fazenda Pública, quando condenada subsidiariamente pelas obrigações trabalhistas devidas pela empregadora principal, não se beneficia da limitação dos juros, prevista no art. 1º-F da Lei nº 9.494, de 10.09.1997.
Orientação Jurisprudencial nº 408 da SDI–I do TST. Juros de mora. Empresa em liquidação extrajudicial. Sucessão trabalhista É devida a incidência de juros de mora em relação aos débitos trabalhistas de empresa em liquidação extrajudicial sucedida nos moldes dos arts. 10 e 448 da CLT. O sucessor responde pela obrigação do sucedido, não se beneficiando de qualquer privilégio a este destinado.
Orientação Jurisprudencial nº 400 da SDI–I do TST. Imposto de renda. Base de cálculo. Juros de mora. Não integração. Art. 404 do Código Civil Brasileiro Os juros de mora decorrentes do inadimplemento de obrigação de pagamento em dinheiro não integram a base de cálculo do imposto de renda, independentemente da natureza jurídica da obrigação inadimplida, ante o cunho indenizatório conferido pelo art. 404 do Código Civil de 2002 aos juros de mora.

Correção Monetária
Súmula nº 187 do TST. Correção monetária. Incidência A correção monetária não incide sobre o débito do trabalhador reclamante.
Orientação Jurisprudencial nº 300 da SDI-I do TST. Execução trabalhista. Correção monetária. Juros. Lei nº 8.177/91, art. 39, e Lei nº 10.192/01, art. 15 Não viola norma constitucional (art. 5º, II e XXXVI) a determinação de aplicação da TRD, como fator de correção monetária dos débitos trabalhistas, cumulada com juros de mora, previstos no artigo 39 da Lei nº 8.177/91 e convalidado pelo artigo 15 da Lei nº 10.192/01.
Súmula nº 381 do TST. Correção monetária. Salário. Art. 459 da CLT O pagamento dos salários até o 5º dia útil do mês subsequente ao vencido não está sujeito à correção monetária. Se essa data limite for ultrapassada, incidirá o índice da correção monetária do mês subsequente ao da prestação dos serviços, a partir do dia 1º.
Orientação Jurisprudencial nº 302 da SDI-I do TST. FGTS. Índice de correção. Débitos trabalhistas Os créditos referentes ao FGTS, decorrentes de condenação judicial, serão corrigidos pelos mesmos índices aplicáveis aos débitos trabalhistas.
Súmula nº 311 do TST. Benefício previdenciário a dependente de ex-empregado. Correção monetária. Legislação aplicável O cálculo da correção monetária incidente sobre débitos relativos a benefícios previdenciários devidos a dependentes de ex-empregado pelo empregador, ou por entidade de previdência privada a ele vinculada, será o previsto na Lei nº 6.899, de 08.04.1981.
Orientação Jurisprudencial nº 28 da SDI-I do TST. Correção monetária sobre as diferenças salariais. Universidades federais. Devida. Lei nº 7.596/1987 Incide correção monetária sobre as diferenças salariais dos servidores das universidades federais, decorrentes da aplicação retroativa dos efeitos financeiros assegurados pela Lei nº 7.596/1987, pois a correção monetária tem como escopo único minimizar a desvalorização da moeda em decorrência da corrosão inflacionária.
Súmula nº 304 do TST. Correção monetária. Empresas em liquidação. Art. 46 do ADCT/CF Os débitos trabalhistas das entidades submetidas aos regimes de intervenção ou liquidação extrajudicial estão sujeitos a correção monetária desde o respectivo vencimento até seu efetivo pagamento, sem interrupção ou suspensão, não incidindo, entretanto, sobre tais débitos, juros de mora.
Orientação Jurisprudencial nº 198 da SDI-I do TST. Honorários periciais. Atualização monetária Diferentemente da correção aplicada aos débitos trabalhistas, que têm caráter alimentar, a atualização monetária dos honorários periciais é fixada pelo art. 1º da Lei nº 6.899/81, aplicável a débitos resultantes de decisões judiciais.

8. INFORMATIVOS DO TST RELACIONADOS AO TEMA

Liquidação de sentença
Horas in itinere. Trajeto entre a portaria e o local efetivo de Trabalho. Súmula nº 429 do TST. Tempo à disposição do empregador. Apuração em liquidação de sentença. Possibilidade. Art. 475-E do CPC. A fixação do tempo gasto no trajeto entre a portaria e o efetivo local de trabalho, para efeito de pagamento de horas extras in itinere, conforme critério previsto na Súmula nº 429 do TST, pode ser feita em liquidação de sentença porque, no caso concreto, o referido verbete jurisprudencial somente foi editado após o julgamento pelo Tribunal Regional, que consignara tempo superior a dez minutos diários, porém sem aferir a duração exata do período de deslocamento. Ademais, o art. 475-E do CPC, aplicado subsidiariamente, permite a liquidação por artigos quando, para determinar o valor da condenação, houver necessidade de se provar fato novo, o qual, na hipótese, é o próprio limite temporal fixado pela Súmula nº 429 do TST. Com base nesses fundamentos, a SBDI-I, por unanimidade, conheceu dos embargos da reclamada, por divergência jurisprudencial, e, no mérito, negou-lhes provimento. TST-E-ED-ARR-116800-54.2007.5.02.0465,SBDI-I, rel. Min. José Roberto Freire Pimenta, 14.8.2014. (Informativo execução nº 3)
Ação rescisória. Execução. Diferenças de abono de complementação de aposentadoria. Decisão que adequa os cálculos de liquidação para incluir parcelas vincendas. Ausência de pedido expresso. Possibilidade. Art. 290 do CPC de 1973. As diferenças de abono de complementação de aposentadoria deferidas em sede de reclamação trabalhista constituem prestações periódicas, de trato sucessivo, de modo que, nos termos do art. 290 do CPC de 1973, o deferimento das parcelas vincendas independe de pedido, mantendo-se o pagamento enquanto inalterada a situação de fato, sem prejuízo de eventual revisão, conforme disposto no art. 471, I, do CPC de 1973. Assim, a decisão, na fase de execução, que faz a adequação dos cálculos de liquidação para incluir as verbas vincendas dá efetividade ao comando exequendo, além de valorizar o princípio da economia processual, ao coibir o ajuizamento de demandas idênticas. Sob esses fundamentos, a SBDI-II, por unanimidade, conheceu do recurso ordinário e, no mérito, negou-lhe provimento, mantendo, ainda que por fundamento diverso (violação do art. 290 do CPC de 1973), a decisão do Tribunal Regional que julgara procedente a ação rescisória para determinar o prosseguimento da execução quanto às parcelas vincendas do abono de complementação de aposentadoria. TST-RO-9476-95.2014.5.02.0000, SBDI-II, rel. Min. Alberto Luiz Bresciani de Fontan Pereira, 25.10.2016 (Informativo nº 28)
Execução. Equívoco nos cálculos de liquidação. Levantamento de valores a maior. Devolução nos próprios autos da execução. Impossibilidade. Necessidade do ajuizamento de ação de repetição de indébito. O meio processual idôneo para pleitear a devolução de valores levantados a maior em execução de sentença, decorrentes de equívoco nos cálculos realizados em liquidação, é a ação de repetição de indébito. A pretensão de restituição de tais valores nos próprios autos da execução é inviável, pois, nessa fase, a cognição é limitada e não proporciona ao exequente medidas capazes de assegurar o direito à ampla defesa e ao contraditório. Sob esses fundamentos, a SBDI-I, por unanimidade, conheceu dos embargos, por divergência jurisprudencial, e, no mérito, negou-lhes provimento, mantendo, portanto, a decisão turmária que conhecera do recurso de revista dos exequentes por violação do art. 5º, LV, da CF e dera-lhe provimento para cassar a ordem de devolução de valores recebidos a maior expedida nos próprios autos. TST-E-ED-RR-59886-60.1993.5.05.0017, SBDI-I, rel. Min. José Roberto Freire Pimenta, 1º.6.2017 (Informativo execução nº 31)

Juros
Juros de mora. Marco inicial. Primeira reclamação trabalhista, ainda que extinta sem resolução de mérito. O marco inicial para o cômputo dos juros de mora é o ajuizamento da primeira reclamação trabalhista, mesmo que ajuizada pelo sindicato e julgada extinta sem resolução do mérito por ilegitimidade ativa ad causam. Nos termos das Súmulas n°s 268 e 359 do TST, a reclamação, mesmo arquivada, interrompe a prescrição e constitui o devedor em mora. De outra sorte, ainda que, no caso, a sentença exequenda não tenha esclarecido a partir do ajuizamento de qual demanda incidiriam os juros, não há falar em ofensa à coisa julgada (art. 5º, XXXVI, da CF), pois o TRT, ao haver determinado o pagamento dos juros de mora a partir da primeira ação, e não da segunda, apenas interpretou o título executivo judicial da forma que entendeu mais adequada. Com esses fundamentos, a SBDI-I, por maioria, conheceu do recurso de embargos do reclamado, por divergência jurisprudencial e, no mérito, negou-lhes provimento. Vencido o Ministro Brito Pereira. TST-E-RR-749200-84.2002.5.09.0002, SBDI-I, rel. Min. Alexandre de Souza Agra Belmonte, 20.6.2013 (Informativo nº 52)
Fazenda Pública. Condenação solidária. Juros de mora aplicáveis. Nos termos do art. 281 do CC, nos casos de solidariedade passiva, "*o devedor demandado pode opor ao credor as exceções que lhe forem pessoais e as comuns a todos; não lhe aproveitando as exceções pessoais a outro codevedor*". Assim, no presente caso, os juros de mora previstos no art. 1º-F da Lei 9.494/97, no montante de 6% ao ano, para as condenações impostas à Fazenda Pública, não beneficiam o codevedor, pessoa jurídica de direito privado, uma vez que se trata de privilégio exclusivo do ente público. Com esse entendimento, a SBDI-I decidiu, por unanimidade, conhecer do recurso de embargos do reclamante, por divergência jurisprudencial e, no mérito, por maioria, dar-lhe provimento parcial para manter a aplicação dos juros de mora previstos no art. 1º-F da Lei 9.494/97 apenas à Fazenda Pública, caso demandada diretamente, afastando a extensão do benefício à codevedora, Companhia Paulista de Trens Metropolitanos (CPTM). Vencidos os Ministros Ives Gandra da Silva Martins Filho, relator, Luiz Philippe Vieira de Mello Filho e Dora Maria da Costa que negavam provimento ao recurso ao argumento de que a determinação de incidência dos juros de mora de que trata o art. 1º-F da Lei nº 9.494/97 à condenação solidária imposta à Fazenda Pública de São Paulo e à CPTM encontra-se em harmonia com a Orientação Jurisprudencial nº 7 do Tribunal Pleno do TST. TST-E-ED-RR-285400-80.2005.5.02.0021, SBDI-I, rel. Min. Ives Gandra da Silva Martins Filho, red. p/ acórdão Min. Aloysio Corrêa da Veiga, 10.10.2013. (Informativo nº 62)
ECT. Equiparação à Fazenda Pública. Juros de mora. Art. 1º- F da Lei nº 9.494/97. Orientação Jurisprudencial nº 7 do Tribunal Pleno. Aplicabilidade. Aplicam-se à Empresa de Correios e Telégrafos – ECT os juros de mora previstos no art. 1º-F da Lei nº 9.494/97 e na Orientação Jurisprudencial nº 7 do Tribunal Pleno, pois equiparada à Fazenda Pública. Ademais, o STF, ao apreciar o tema nº 810 da Repercussão Geral (RE-870947/SE), decidiu, de forma vinculante, que, "quanto às condenações oriundas de relação jurídica não tributária, a fixação dos juros moratórios segundo o índice de remuneração da caderneta de poupança é constitucional, permanecendo hígido, nesta extensão, o disposto no art. 1º-F da Lei nº 9.494/97 com a redação dada pela Lei nº 11.960/09." Sob esses fundamentos, a SBDI-I, por maioria, conheceu do recurso de embargos, por divergência jurisprudencial e por contrariedade à Orientação Jurisprudencial nº 7 do Tribunal Pleno, e, no mérito, por unanimidade, deu-lhe provimento para determinar a aplicação do art. 1º-F da Lei nº 9.494/1997. Vencido, no conhecimento, o Ministro Brito Pereira, relator. TST-E-RR–2900-58.2009.5.08.0012, SBDI-I, rel. Min. Brito Pereira, 23.11.2017 (Informativo nº 169)

Precatório. Juros da mora. Incidência no período compreendido entre os cálculos de liquidação e a expedição do precatório. Impossibilidade. Atraso no pagamento não caracterizado. Não incidem juros moratórios no período compreendido entre os cálculos de liquidação e a expedição do precatório ou requisição de pequeno valor. Considerando o entendimento já pacificado nesta Corte e no Supremo Tribunal Federal acerca da não incidência dos juros da mora entre a expedição do precatório e o seu efetivo pagamento, quando observado o prazo previsto no § 5º do art. 100 da CF, não há falar em juros de mora no período compreendido entre os cálculos de liquidação e a expedição do precatório, pois enquanto não decorrido o prazo constitucional não se evidencia o atraso no cumprimento da obrigação por parte da Fazenda Pública. Com esses fundamentos, o Órgão Especial, à unanimidade, deu provimento ao recurso ordinário interposto pelo INSS para determinar a não incidência de juros de mora no período compreendido entre os cálculos de liquidação e a expedição do precatório ou requisição de pequeno valor. Ressalvou entendimento o Ministro Ives Gandra da Silva Martins Filho. TST-RO-1837-57.2012.5.09.0014, Órgão Especial, rel. Min. Alexandre Agra Belmonte, 3.11.2014 (Informativo nº 93)
Embargos de declaração em incidente de arguição de inconstitucionalidade. Atualização monetária dos débitos trabalhistas. Art. 39 da Lei nº 8.177/91. Declaração de inconstitucionalidade da expressão "equivalentes à TRD". Aplicação do índice IPCA-E. Efeito modificativo. Modulação de efeitos. O Tribunal Pleno, em sede de embargos de declaração em incidente de arguição de inconstitucionalidade, decidiu, por maioria, conferir efeito modificativo ao julgado para modular os efeitos da decisão que declarou inconstitucional, por arrastamento, a expressão "equivalentes à TRD", contida no art. 39 da Lei nº 8.177/91, e acolheu o IPCA-E como índice de atualização monetária dos débitos trabalhistas, para que produza efeitos somente a partir de 25.3.2015, data coincidente com aquela adotada pelo Supremo Tribunal Federal no acórdão prolatado na ADI 4.357. De outra sorte, por unanimidade, em cumprimento à decisão liminar concedida no processo STF-Rcl-22.012, rel. Min. Dias Toffoli, o Pleno excluiu a determinação contida na decisão embargada de reedição da Tabela Única de cálculo de débitos trabalhistas, a fim de que fosse adotado o índice IPCA-E, visto que tal comando poderia significar a concessão de efeito "erga omnes", o que não é o caso. Vencidos, totalmente, os Ministros Maria de Assis Calsing, Antonio José de Barros Levenhagen, Maria Cristina Irigoyen Peduzzi, Dora Maria da Costa e Ives Gandra Martins Filho, que julgavam prejudicados os embargos de declaração em razão da liminar deferida pelo STF e, parcialmente, o Ministro Brito Pereira, que acolhia os embargos declaratórios para prestar esclarecimentos, sem modular os efeitos da decisão. TST-ED-ArgInc-479– 60.2011.5.04.0231, Tribunal Pleno, rel. Min. Cláudio Mascarenhas Brandão, 20.3.2017 (Informativo nº 155)
Embargos de declaração em incidente de arguição de inconstitucionalidade. Atualização monetária dos débitos trabalhistas. Art. 39 da Lei nº 8.177/91. Declaração de inconstitucionalidade da expressão "equivalentes à TRD". Aplicação do índice IPCA-E. Efeito modificativo. Modulação de efeitos. O Tribunal Pleno, em sede de embargos de declaração em incidente de arguição de inconstitucionalidade, decidiu, por maioria, conferir efeito modificativo ao julgado para modular os efeitos da decisão que declarou inconstitucional, por arrastamento, a expressão "equivalentes à TRD", contida no art. 39 da Lei nº 8.177/91, e acolheu o IPCA-E como índice de atualização monetária dos débitos trabalhistas, para que produza efeitos somente a partir de 25.3.2015, data coincidente com aquela adotada pelo Supremo Tribunal Federal no acórdão prolatado na ADI 4.357. De outra sorte, por unanimidade, em cumprimento à decisão liminar concedida no processo STFRcl-22.012, rel. Min. Dias Toffoli, o Pleno excluiu a determinação contida na decisão embargada de reedição da Tabela Única de cálculo de débitos trabalhistas, a fim de que fosse adotado o índice IPCA-E, visto que tal comando poderia significar a concessão de efeito "erga omnes", o que não é o caso. Vencidos, totalmente, os Ministros Maria de Assis Calsing, Antonio José de Barros Levenhagen,

Maria Cristina Irigoyen Peduzzi, Dora Maria da Costa e Ives Gandra Martins Filho, que julgavam prejudicados os embargos de declaração em razão da liminar deferida pelo STF e, parcialmente, o Ministro Brito Pereira, que acolhia os embargos declaratórios para prestar esclarecimentos, sem modular os efeitos da decisão. TST-ED-ArgInc-479-60.2011.5.04.0231, Tribunal Pleno, rel. Min. Cláudio Mascarenhas Brandão, 20.3.2017 (Informativo execução nº 30)

Correção monetária

Arguição de inconstitucionalidade. Art. 879, § 7º, da CLT, incluído pela Lei nº 13.467/2017. Índice de correção monetária aplicável aos débitos trabalhistas. TR. IPCA-E.
A SBDI-II, por unanimidade, decidiu suspender a apreciação do Incidente de Arguição de Inconstitucionalidade do § 7º do art. 879 da CLT, incluído pela Lei nº 13.467/2017, para ouvir o Ministério Público do Trabalho e as partes, nos termos do art. 275 do RITST. A referida arguição foi suscitada ao fundamento de que o novel dispositivo, ao adotar a Taxa Referencial – TR como índice de atualização monetária dos débitos trabalhistas, estaria em desacordo com o decidido pelo Supremo Tribunal Federal nos processos STF-ADI-4425, STF-ADI-4357 e STF-Rcl-22012 e pelo Tribunal Superior do Trabalho no processo TST-ArgInc-479-60.2011.5.04.0231, no sentido de que a incidência da TR para fins de apuração de correção monetária é inconstitucional, devendo-se aplicar o Índice Nacional de Preços ao Consumidor Amplo Especial – IPCA-E. O caso concreto envolve recurso ordinário interposto contra acórdão do TRT da 24ª Região, o qual julgou improcedente o pedido de desconstituição de sentença proferida nos autos de reclamação trabalhista em que determinada a incidência do IPCA-E para fins de correção monetária de débitos trabalhistas, inclusive daqueles relativos a período anterior à modulação adotada pela Suprema Corte. TST-RO 24059-68.2017.5.24.0000, SBDI-II, rel. Min. Delaíde Miranda Arantes, 13.3.2018 e 3.4.2018 (feito chamado à ordem) (Informativo nº 174).

Execução. Acordo homologado. Não observância dos índices de correção monetária. Cláusula penal. Indevida.
A mera ausência do pagamento da correção monetária não atrai a incidência da cláusula penal estipulada em acordo homologado em juízo. Na espécie, a executada quitou totalmente a dívida principal, mas não efetuou o pagamento da correção monetária no momento estabelecido na avença. Prevaleceu o entendimento de que no caso não houve descumprimento do acordo firmado, de modo que não incide a multa estipulada para o atraso no cumprimento da obrigação. Sob esses fundamentos, a SBDI-I, por unanimidade, conheceu dos embargos, por divergência jurisprudencial, e, no mérito, por maioria, deu-lhes provimento para restabelecer o acórdão do Tribunal Regional, que considerou indevido o pagamento da multa pelo atraso no cumprimento do acordo. Vencido o Ministro José Roberto Freire Pimenta. TST-E-RR-234-55.2010.5.01.0041, SBDI-I, rel. Min. Cláudio Mascarenhas Brandão, 4.4.2019 (Informativo nº 194)

Arguição de inconstitucionalidade. Art. 879, § 7º, da CLT, incluído pela Lei nº 13.467/2017. Atualização dos créditos decorrentes de condenação judicial pela TR.
A SBDI-II, por unanimidade, decidiu acolher a arguição de inconstitucionalidade do § 7º do art. 879 da CLT, incluído pela Lei nº 13.467/2017, suscitada na sessão de julgamento realizada em 13.3.2018, e determinar a remessa dos autos ao Tribunal Pleno para apreciação da matéria. No caso, registrou-se que o STF, no julgamento das ADIs 4357, 4372, 4400 e 4425 declarou a inconstitucionalidade da expressão "índice oficial da remuneração básica da caderneta de poupança" constante do art. 100, § 12, da CF, firmando a tese de que a Taxa Referencial (TR) não é capaz de recompor o poder aquisitivo da moeda. Ademais, embora as mencionadas ações de inconstitucionalidade versassem sobre a TR enquanto índice de correção de débitos fazendários inscritos em precatórios, o reconhecimento explícito de que a adoção da referida taxa afronta ao menos o art. 5º, XXII, da CF justifica a necessidade de manifestação sobre a constitucionalidade do art. 879, § 7º, da CLT pelo Tribunal Pleno. TST-RO-24059-68.2017.5.24.0000, SBDI-II, rel. Min. Delaíde Miranda Arantes, 12.11.2019 (Informativo nº 212)

Capítulo 26

EXECUÇÃO TRABALHISTA

1. INTRODUÇÃO

A fase de conhecimento objetiva uma sentença que tenha natureza declaratória, constitutiva ou condenatória[1].

A sentença meramente declaratória é aquela que declara a existência, inexistência ou o modo de ser de uma determinada relação jurídica ou a autenticidade ou falsidade de um documento, conforme disposição do art. 19 do CPC/2015. Já a sentença constitutiva busca a criação, modificação ou extinção de determinada relação jurídica.

Essas duas modalidades de sentença bastam, por si só, para atender à prestação jurisdicional, de modo que não dependem de uma fase adicional para se ter o bem da vida buscado. São, portanto, sentenças satisfativas.

Quando se trata de sentença condenatória, caso o réu não a cumpra espontaneamente, há necessidade de uma fase posterior para que haja a efetivação do direito material. Tem-se aqui a fase de execução.

Portanto, a execução somente tem aplicação nas sentenças condenatórias.

A execução trabalhista é regida pela CLT e outras leis esparsas (por exemplo, a Lei nº 5.584/70). Quando houver omissão na norma celetista, estabelece o art. 889 da CLT:

> **Art. 889.** Aos trâmites e incidentes do processo da execução são aplicáveis, naquilo em que não contravierem ao presente Título, os preceitos que regem o processo dos executivos fiscais para a cobrança judicial da dívida ativa da Fazenda Pública Federal.

Percebe-se pelo referido artigo que, na fase de execução, antes de se aplicar o processo comum, primeiramente deve-se invocar a Lei de Execuções Fiscais (Lei nº 6.830/80), sendo, portanto, diferente da fase de conhecimento que impõe, inicialmente, a incidência do CPC, como esquematizado a seguir:

Ordem	Fase de conhecimento	Fase de execução
1º (fonte principal)	CLT e leis esparsas	CLT e leis esparsas
2º (fonte subsidiária)	CPC (processo comum)	Lei de Execuções Fiscais
3º (fonte subsidiária)		CPC (processo comum)

1. Adotamos a teoria trinária, no sentido de que a sentença executiva *lato sensu* e a sentença mandamental são subespécies da sentença condenatória.

Essa ordem, porém, não será observada quando a própria norma celetista impuser qual a norma a ser aplicada como ocorre, por exemplo, na ordem preferencial de bens à penhora, que deve incidir diretamente o art. 835 do CPC/2015, segundo previsão expressa no art. 882 da CLT.

2. TÍTULO EXECUTIVO

Não há execução sem título. A execução pressupõe a existência de título que contenha obrigação certa, líquida e exigível (CPC/2015, arts. 783 e 786).

Os títulos executivos poderão ser judiciais ou extrajudiciais.

2.1. Títulos judiciais

Os títulos judiciais são aqueles produzidos pelo Judiciário. No processo do trabalho são títulos **judiciais**:

1) as decisões passadas em julgado (CLT, art. 876);
2) as decisões das quais não tenha havido recurso com efeito suspensivo (CLT, art. 876);
3) os acordos, quando não cumpridos (CLT, art. 876);
4) os créditos previdenciários decorrentes das sentenças condenatórias trabalhistas e dos acordos homologados (CLT, art. 876, parágrafo único);
5) os acordos extrajudiciais homologados judicialmente (CLT, arts. 855-B a 855-E);
6) sentença arbitral (CLT, art. 507-A; Lei nº 9.307/96, art. 31; CPC/2015, art. 515, VII).

2.2. Títulos extrajudiciais

Os títulos extrajudiciais, como o próprio nome já indica, são os formados fora do Judiciário. De posse do título executivo, o credor não necessita ajuizar um processo de conhecimento, adentrando diretamente na fase de execução.

Na seara trabalhista, são títulos **extrajudiciais**:

1) os termos de ajuste de conduta firmados perante o Ministério Público do Trabalho (CLT, art. 876);
2) os termos de conciliação firmados perante as Comissões de Conciliação Prévia (CLT, art. 876);
3) a certidão da dívida ativa da União referente às penalidades administrativas impostas ao empregador pelos órgãos de fiscalização do trabalho (CF/88, art. 114, VII);

4) o cheque e a nota promissória emitidos em reconhecimento de dívida inequivocamente de natureza trabalhista (TST-IN nº 39/2016, art. 13).

É interessante destacar que, na vigência do CPC/73, a doutrina entendia que, uma vez de posse do título extrajudicial, faltava interesse de agir para o ajuizamento de processo de conhecimento. Contudo, o art. 785 do CPC/2015 passou a declinar que "a existência de título executivo extrajudicial não impede a parte de optar pelo processo de conhecimento, a fim de obter título executivo judicial". Dessa forma, o CPC/2015 considera como faculdade do credor o ajuizamento direto da execução, o que é aplicável ao processo do trabalho.

3. EXECUÇÃO PROVISÓRIA E DEFINITIVA

A execução pode ser definitiva ou provisória.

A **execução definitiva** é a que decorre de sentença transitada em julgado, podendo ir até a satisfação integral do exequente.

Por outro lado, a **execução provisória** é aquela embasada em título provisório, ou seja, passível de modificação. Nesse contexto, é suscetível de modificação a sentença (ou acórdão) submetida a **recurso sem efeito suspensivo**.

Melhor explicando: a sentença ou o acórdão, em regra, estão sujeitos a recurso. Conforme estudamos, esse recurso poderá ter efeito meramente devolutivo, como é a regra no processo do trabalho, ou também ter efeito suspensivo. Tendo efeito suspensivo, fica impedida a realização de atos executivos, uma vez que a decisão tem seus efeitos suspensos. Por outro lado, tendo efeito meramente devolutivo, é possível o início dos atos executivos, quando se tratar de decisão condenatória. No entanto, como essa decisão poderá ser modificada pelo Tribunal ad quem, a execução é denominada provisória.

Salienta-se que a execução será provisória, ainda que esteja pendente recurso extraordinário ou pendente agravo de instrumento destinado a destrancá-lo (OJ nº 56 da SDI-II do TST)[2].

O art. 899 da CLT permite a **execução provisória até a penhora.**

Na doutrina, a interpretação desse dispositivo é divergente:

- **tese majoritária**: até a penhora significa que a execução provisória irá até a garantia do juízo, com a apreciação de todos os incidentes da penhora, como, por exemplo, os embargos à execução e o eventual agravo de petição[3].

2. **Orientação Jurisprudencial nº 56 da SDI–II do TST.** Mandado de segurança. Execução. Pendência de recurso extraordinário. Não há direito líquido e certo à execução definitiva na pendência de recurso extraordinário, ou de agravo de instrumento visando a destrancá-lo.

3. LEITE, Carlos Henrique Bezerra. Curso de direito processual do trabalho. 9. ed. São Paulo: LTr, 2012. p. 1012.

- **tese minoritária**: até a penhora permite que apenas seja feita a constrição (penhora) do bem[4].

É interessante observar que a doutrina mais abalizada tem admitido a aplicação do art. 520 do CPC/2015 na seara trabalhista, de modo que a execução provisória poderá prosseguir até o levantamento do dinheiro ou atos de alienação de propriedade, desde que, nesses casos, haja caução suficiente e idônea prestada pelo exequente, arbitrada de plano pelo juiz e prestada nos próprios autos (inciso IV).[5] A propósito, em determinados casos, não haverá nem mesmo a necessidade de caução, como prevê o art. 521 do CPC/2015:

> I – o crédito for de natureza alimentar, independentemente de sua origem;
>
> II – o credor demonstrar situação de necessidade;
>
> III – pender o agravo do art. 1.042;
>
> IV – a sentença a ser provisoriamente cumprida estiver em consonância com súmula da jurisprudência do Supremo Tribunal Federal ou do Superior Tribunal de Justiça ou em conformidade com acórdão proferido no julgamento de casos repetitivos.

Portanto, nessas hipóteses, plenamente compatíveis com o processo do trabalho, permite-se inclusive a liberação de dinheiro na execução provisória, não se limitando assim à penhora. Destaca-se que "a exigência de caução será mantida quando da dispensa possa resultar manifesto risco de grave dano de difícil ou incerta reparação" (CPC/2015, art. 521, parágrafo único).[6]

A **execução provisória depende de iniciativa do exequente**, não podendo ser iniciada de ofício. Isso acontece porque ela corre por conta e responsabilidade do exequente, que se obriga, se a sentença for reformada, a reparar os danos que o executado tenha sofrido (CPC/2015, art. 520, I). Trata-se de responsabilidade objetiva.

Ao requerer a execução provisória, nos termos do art. 522 do CPC/2015, não sendo eletrônicos os autos, o exequente instruirá a petição com cópias, podendo o advogado declarar a autenticidade, sob sua responsabilidade pessoal, das seguintes peças do processo:

---

4. MARTINS, Sérgio Pinto. *Direito processual do trabalho: doutrina e prática forense; modelos de petições, recursos, sentenças e outros*. 33. ed. São Paulo: Atlas, 2012, p. 751.

5. Não admitindo a aplicação do art. 520 do CPC/2015 (CPC/73, art. 475-O) no processo do trabalho: TST-RO-7284-66.2013.5.15.0000, SBDI-II, rel. Min. Douglas Alencar Rodrigues, 14.4.2015 (Informativo execução nº 14). Interessante notar que na Instrução Normativa nº 39 do TST, nas considerações iniciais, o TST preferiu não se manifestar sobre o assunto, pois o tema se encontra sub judice.

6. Nesse sentido, segue o seguinte Enunciado da 2º Jornada de Direito Material e Processual do Trabalho: **Enunciado nº 112** – Execução provisória. Liberação de depósito em dinheiro: aplicação dos artigos 520 e 521 do CPC
Os artigos 520 e 521 do CPC são aplicáveis ao processo do trabalho, sendo admitida a liberação de depósito em dinheiro, independentemente de caução (CPC, art. 521, II).

I - decisão exequenda;

II - certidão de interposição do recurso não dotado de efeito suspensivo;

III - procurações outorgadas pelas partes;

IV - decisão de habilitação, se for o caso;

V - facultativamente, outras peças processuais consideradas necessárias para demonstrar a existência do crédito.

A execução provisória terá como instrumento, portanto, a carta de sentença, formada pelo requerimento do exequente e pelas peças do processo indicadas anteriormente.

Ademais, a execução provisória ficará sem efeito, sobrevindo decisão que modifique ou anule a sentença objeto da execução, restituindo-se as partes ao estado anterior e liquidados eventuais prejuízos nos mesmos autos (CPC/2015, art. 520, II). Entretanto, se a sentença que embasa a execução provisória for modificada ou anulada apenas em parte, somente nesta ficará sem efeito a execução (CPC/2015, art. 520, III).

Consigna-se ainda que execução provisória, no que couber, seguirá o mesmo procedimento da execução definitiva, inclusive quanto à aplicação do artigo 835 do CPC/2015 (ordem preferencial de penhora).

Por fim, consignamos que a execução provisória é admitida na obrigação de fazer, não fazer ou de dar (CPC/2015, art. 520, § 5º).

Execução provisória

1) sentença (ou acórdão) submetida a recurso sem efeito suspensivo;
2) seguirá até a penhora, nos termos do art. 899 da CLT;
3) depende de iniciativa do exequente;
4) responsabilidade objetiva do exequente pelos danos causados ao executado;
5) ficará sem efeito, sobrevindo acórdão que modifique ou anule a sentença, objeto da execução;
6) se a modificação ou anulação for apenas em parte, somente nessa parte ficará sem efeito a execução;
7) tem o mesmo procedimento da execução definitiva, no que couber.

4. COMPETÊNCIA

A competência para a fase de execução é de natureza absoluta (funcional), não podendo, portanto, ser alterada por vontade das partes. A competência é definida da seguinte forma:

1) **títulos judiciais:** é competente para a execução das decisões o juiz ou presidente do tribunal que tiver conciliado ou julgado originariamente o dissídio (CLT, art. 877);

2) **títulos extrajudiciais**: é competente o juiz que teria competência para o processo de conhecimento relativo à matéria (CLT, art. 877-A).

Ressalta-se que o TST entende que o parágrafo único do art. 516 do CPC/2015, que permite ao exequente optar pelo cumprimento da sentença pelo juízo do atual domicílio do executado, pelo juízo do local onde se encontrem os bens sujeitos à execução ou pelo juízo do local onde deva ser executada a obrigação de fazer ou de não fazer, **não é aplicável ao processo do trabalho**, ante a existência de previsão expressa no art. 877 da CLT sobre a competência na execução trabalhista[7].

5. LEGITIMIDADE

5.1. Legitimidade Ativa

A legitimidade ativa é daquele que pode promover a execução.

Nos termos do art. 878 da CLT, tem legitimidade para propor a execução trabalhista:

a) as partes;

b) o próprio juiz ou presidente do tribunal apenas nos casos em que as partes não estiverem representadas por advogado;

c) o próprio juiz ou presidente do tribunal, de ofício, quanto às contribuições sociais devidas em decorrência das sentenças condenatórias ou acordos homologados pela Justiça do Trabalho (CLT, art. 876).

O art. 878 da CLT, alterado pela Lei nº 13.467/17, não definiu o termo parte, impondo a aplicação supletiva do art. 778 do CPC/2015, in verbis:

> **Art. 778.** Pode promover a execução forçada o credor a quem a lei confere título executivo.
>
> § 1º Podem promover a execução forçada ou nela prosseguir, em sucessão ao exequente originário:
>
> I – o Ministério Público, nos casos previstos em lei;
>
> II – o espólio, os herdeiros ou os sucessores do credor, sempre que, por morte deste, lhes for transmitido o direito resultante do título executivo;
>
> III – o cessionário, quando o direito resultante do título executivo lhe for transferido por ato entre vivos;
>
> IV – o sub-rogado, nos casos de sub-rogação legal ou convencional.
>
> § 2º A sucessão prevista no § 1º independe de consentimento do executado.

Referido dispositivo abrange os legitimados ordinários primários e secundários, bem como os legitimados extraordinários.

---

7. TST-CC-3533– 59.2011.5.00.0000, SBDI-II, rel. Min. Alberto Luiz Bresciani de Fontan Pereira, 6.3.2012 (Informativo nº 1 do TST).

O credor a quem a lei confere título executivo é legitimado ordinário primário ou originário.[8]

Em algumas situações, é possível que o credor não conste do título executivo, o que não afasta sua natureza de legitimado ordinário primário. É o que ocorre na execução de honorários advocatícios, na qual, apesar de o advogado não atuar como parte na fase de conhecimento e constar diretamente na decisão judicial, é considerado legitimado ordinário primário para requerer a execução (Lei nº 8.906/94, art. 23)[9].

Os legitimados ordinários secundários ou supervenientes estão descritos no art. 778, § 1º, II a IV e § 2º do CPC/2015. Sua legitimidade decorre de um ato ou fato posterior à formação do título executivo, de modo que não bastará apenas o título para lhe conferir legitimidade, devendo "juntar à execução a prova de que um ato/fato que lhe dá legitimidade efetivamente ocorreu".[10]

Por sua vez, a legitimidade extraordinária corresponde às hipóteses em que o sujeito litiga em nome próprio para a defesa de interesse alheio. O principal exemplo de legitimação extraordinária é a do Ministério Público (CPC/2015, art. 778, I) quando atua como fiscal da ordem jurídica. Além do Ministério Público, considera-se ainda exemplo de legitimação extraordinária a execução de sentença coletiva realizada pelos legitimados à tutela coletiva (CDC, art. 98).

É válido destacar ainda que, com o advento da Emenda Constitucional nº 45/04, a União também passou a ter legitimidade ativa para a execução de título extrajudicial decorrente da cobrança das penalidades administrativas impostas aos empregadores pelos órgãos de fiscalização (CF/88, art. 114, VII).

Ademais, admite-se a legitimidade ativa do devedor, vez que o art. 878-A da CLT faculta-lhe o pagamento imediato da parte que entender devida à Previdência Social, sem prejuízo da cobrança de eventuais diferenças encontradas na execução ex officio.[11]

5.1.1. Execução de ofício

No processo civil, a execução de ofício apresenta-se como hipótese excepcional, sendo permitida apenas com a execução das decisões que imponham obrigação de fazer, não fazer ou de entrega de coisa (CPC/2015, arts. 536 a 538) ou mesmo quando

8. NEVES, Daniel Amorim Assumpção. *Novo Código de Processo Civil Comentado*. Salvador: Editora Juspodivm, 2016. p. 1214.
9. DIDIER JR., Fredie et al. *Curso de Direito Processual Civil: execução*. Salvador: Editora Juspodivm, 2017. v. 5. p. 317.
10. NEVES, Daniel Amorim Assumpção. *Novo Código de Processo Civil Comentado*. Salvador: Editora Juspodivm, 2016. p. 1214.
11. LEITE, Carlos Henrique Bezerra. *Curso de direito processual do trabalho*. 9. ed. São Paulo: LTr, 2011. p. 1027.

a sentença impõe o pagamento de determinada quantia sob a ameaça de aplicação de medida de indução ou sub-rogação (CPC/2015, art. 139, IV).[12]

Já no processo do trabalho a possibilidade de instauração da execução, de ofício, sempre foi considerada uma das maiores particularidades desse ramo processual.

Justifica-se essa particularidade pela natureza alimentar dos créditos trabalhistas, fundamentais à subsistência do exequente. Ademais, diferentemente da execução civil, em que o hipossuficiente é o devedor, no processo do trabalho o credor apresenta-se em condição de maior vulnerabilidade, o que exige a concretização dos princípios da celeridade e da efetividade da tutela executiva.[13]

Aliás, a execução tem como finalidade assegurar o cumprimento da obrigação estabelecida pelo Poder Judiciário (títulos judiciais) ou em documentos que, embora produzidos fora do Poder Judiciário, sejam por ele reconhecidos como títulos executivos (títulos extrajudiciais). Assim, devem ser previstos instrumentos que garantam a efetivação do estabelecido ou reconhecido pelo poder estatal, tendo-se como exemplo a instauração da execução de ofício pelo juiz.

A execução de ofício na Justiça do Trabalho objetiva, portanto, conceder às partes paridade de armas, bem como exaltar o direito fundamental à tutela jurisdicional efetiva.

A Lei nº 13.467/17 (Reforma Trabalhista), no entanto, alterou o art. 878 da CLT, buscando restringir a atuação ex officio na execução trabalhista. Pela atual redação a execução de ofício está autorizada **apenas nos casos em que as partes não estiverem representadas por advogado.**

A aplicação meramente literal desse dispositivo faz que se acabe com o princípio inquisitivo na fase executiva, restringindo a atuação oficiosa do órgão jurisdicional. Como bem anuncia a magistrada e doutrinadora Vólia Bomfim:

> (...) não poderá o juiz determinar a penhora on-line (Bacen-Jud) ou a penhora sem o prévio requerimento da parte; não poderá tomar a iniciativa de desconsiderar a personalidade jurídica; de praticar atos sem que a parte tenha requerido. O não cumprimento pelo autor das determinações do juiz pode levá-lo a conhecer de ofício a prescrição intercorrente (art. 11-A da CLT).[14]

Pensamos, porém, que esse dispositivo não deve ser interpretado literalmente. Adverte Homero Batista que:

12. MARINONI, Luiz Guilherme; ARENHART, Sérgio Cruz; MITIDERO, Daniel. *Novo curso de processo civil: tutela dos direitos mediante procedimento comum, v. II.* São Paulo: Editora Revista dos Tribunais, 2015. p. 798.
13. PINHEIRO, Paulo Henrique S. In: RODRIGUES, Deusmar José (coord.). *Lei da Reforma Trabalhista: comentada artigo por artigo.* Leme (SP): JH Mizuno, 2017. p. 318.
14. CASSAR, Vólia Bomfim; BORGES, Leonardo Dias. *Comentários à reforma trabalhista*. Rio de Janeiro: Forense; São Paulo: Método, 2017. p. 114.

Se formos levar a interpretação gramatical do art. 878 e do art. 11-A da CLT (prescrição intercorrente), corremos o risco de premiar o caloteiro e de incentivar as rotas de fuga: basta que o devedor consiga se esquivar por dois anos que obterá, como recompensa, o perdão da dívida. Nenhuma interpretação jurídica deveria ser levada adiante sem a noção da realidade e sem noção das bases teóricas sobre as quais se assenta o arcabouço processual. Até para eliminar os feitos do acervo jurídico é preciso muito cuidado, pois nunca se sabe sobre qual dos defeitos se assentam suas virtudes, parafraseando Clarice Lispector.

A nosso juízo, a aplicação literal do art. 878 da CLT viola os arts. 114, VIII, da CF e 876, parágrafo único, da CLT, que autorizam a execução de ofício das contribuições sociais.

É que os créditos dos trabalhadores têm preferência legal aos tributários (CTN, art. 186), não permitindo a concessão de privilégios destes em detrimentos daqueles. Aliás, se o juiz pode executar de ofício o acessório (contribuições sociais), evidentemente, poderá executar o principal (créditos dos trabalhadores)[15].

Desse modo, acreditamos que continua sendo admitida a instauração de ofício da fase executiva trabalhista. No mesmo sentido, o Enunciado nº 113 da 2ª Jornada de direito material e processual do trabalho:

Enunciado nº 113 – Execução de ofício e art. 878 da CLT
Em razão das garantias constitucionais da efetividade (CF, art. 5º, XXXV), da razoável duração do processo (CF, art. 5º, LXXVIII) e em face da determinação constitucional da execução de ofício das contribuições previdenciárias, parcelas estas acessórias das obrigações trabalhistas (CF, art. 114, VIII), o art. 878 da CLT deve ser interpretado conforme a constituição, de modo a permitir a execução de ofício dos créditos trabalhistas, ainda que a parte esteja assistida por advogado.

Atente-se, porém, que esse não é o entendimento adotado pelo C. TST. É que no art. 13 da Instrução Normativa nº 41 do TST,[16] a Corte Trabalhista afirmou expressamente que a execução de ofício é limitada aos casos em que a parte não estiver representada por advogado. Acreditamos, contudo, que essa regra deve ser bem interpretada, sendo incapaz de restringir o impulso oficial do juiz na fase executiva.

Isso quer dizer que, no máximo, o art. 878 CLT impede o início da fase executiva de sentença condenatória de obrigação de pagar, viabilizando-se a atuação oficiosa para os demais atos executivos, como é o caso da expedição de ofícios para a localização do executado, penhora de bens, bloqueio de contas bancárias,[17] entre outros, ou seja, a realização de atos fundamentais à efetividade da execução. Excluem-se

15. Nesse sentido: PINHEIRO, Paulo Henrique S. In: RODRIGUES, Deusmar José (coord.) *Lei da Reforma Trabalhista: comentada artigo por artigo.* Leme (SP): JH Mizuno, 2017. p. 318.

16. Art. 13. A partir da vigência da Lei nº 13.467/2017, a iniciativa do juiz na execução de que trata o art. 878 da CLT e no incidente de desconsideração da personalidade jurídica a que alude o art. 855-A da CLT ficará limitada aos casos em que as partes não estiverem representadas por advogado.

17. O C. TST impede o início do incidente de desconsideração da personalidade jurídica de ofício, salvo quando as partes não estiverem representadas por advogados (IN nº41/2018, art. 13). Vide nossos comentários sobre o tema no tópico relacionado à responsabilidade do sócio.

da atuação ex officio do Poder Judiciário apenas os atos que dependerem exclusivamente do exequente.

Ademais, tal como no processo civil, mantém-se o início ex officio para a execução das decisões que imponham obrigação de fazer, não fazer ou de entrega de coisa (CPC/2015, arts. 536 a 538) ou mesmo quando a sentença imponha o pagamento de determinada quantia sob a ameaça de aplicação de medida de indução ou sub-rogação (CPC/2015, art. 139, IV).

5.2. Cessão de Crédito Trabalhista

A cessão de crédito trabalhista consiste na transferência pelo credor trabalhista de seu crédito a um terceiro não integrante da relação processual e da relação material (trabalho) que deu origem ao crédito.

A doutrina e a jurisprudência divergem acerca do cabimento dessa cessão.

- **1ª tese:** admite a cessão desde que preenchido os requisitos impostos nos arts. 286 e seguintes do CC para sua formação. Ademais, o art. 83, § 4º, da Lei 11.101/05, que regulamenta a recuperação judicial, extrajudicial e falência, expressamente passou a permitir a cessão dos créditos trabalhistas, apenas ressalvando que, após a cessão, deixam de ter natureza trabalhista, passando a ser um crédito quirografário. Para essa parte da doutrina, a introdução do terceiro no processo não modifica a competência da Justiça do Trabalho, por força do art. 43 do CPC/2015.

- **2ª tese** (majoritária): a cessão é admitida desde que preenchidos seus requisitos legais, mas uma vez formalizada a Justiça do Trabalho deixa de ter competência para a execução. Noutras palavras, ocorrida a cessão o crédito perderá sua natureza trabalhista, passando a ser considerado um crédito de natureza cível, desvinculando de sua origem (relação de trabalho). Desse modo, ocorrida a cessão, a Justiça do Trabalho torna-se incompetente para sua execução. Esse entendimento estava estampado no Provimento nº 6 da CGJT. Embora atualmente revogado, ainda é o entendimento predominante.

Cabe mencionar que o Conselho Federal da OAB considera que a compra de crédito de cliente por seu advogado viola o Código de Ética, notadamente o princípio da não mercantilização, previsto no art. 5º, pois o advogado, muitas vezes conhecedor a condição econômica ou financeira de seu cliente e encontra em situação privilegiada e passaria a figurar não como operador do direito, mas como comerciante de ativos.[18]

18. Consulta nº 49.0000.2017.006965-0/OEP. Rel.: Conselheiro Federal Elton José Assis. Decisão proferida em 31.08.2017.

5.3. Legitimidade Passiva

A CLT não prevê a legitimidade passiva na execução trabalhista, razão pela qual deverá ser invocado o art. 4º da Lei nº 6.830/80, que confere legitimidade ao:

> I - devedor;
>
> II - fiador;
>
> III - espólio;
>
> IV - massa falida;
>
> V - responsável, nos termos da lei, por dívidas, tributárias ou não, de pessoas físicas ou pessoas jurídicas de direito privado; e
>
> VI - sucessores a qualquer título.

No mesmo sentido, descreve o art. 779 do CPC/2015:

> **Art. 779.** A execução pode ser promovida contra:
>
> I - o devedor, reconhecido como tal no título executivo;
>
> II - o espólio, os herdeiros ou os sucessores do devedor;
>
> III - o novo devedor que assumiu, com o consentimento do credor, a obrigação resultante do título executivo;
>
> IV - o fiador do débito constante em título extrajudicial;
>
> V - o responsável titular do bem vinculado por garantia real ao pagamento do débito;
>
> VI - o responsável tributário, assim definido em lei.

6. RESPONSABILIDADE PATRIMONIAL

Inicialmente, consigna-se que o vínculo obrigacional é subdividido em dois elementos distintos:

- a dívida: vínculo pessoal; e
- a responsabilidade: vínculo patrimonial.

Desse modo, embora a dívida seja pessoal, quem responde por ela é o patrimônio. Em outros termos, no direito brasileiro, a execução não atinge a pessoa do devedor, mas seu patrimônio. Apenas na hipótese de prestação alimentícia é que a execução pode ser direcionada à pessoa do devedor, privando-lhe a liberdade (CF/88, art. 5º, LXVII)[19].

Portanto, é o patrimônio que responde pela execução, destacando que as regras de responsabilidade patrimonial previstas nos arts. 789 a 796 do CPC/2015 são aplicáveis ao processo do trabalho, nos termos do art. 3º, XIII, da IN nº 39/2016, do TST.

A responsabilidade patrimonial, em regra, é do devedor (CPC/2015, art. 789; TST-IN nº 39/2016, art. 3º, XIII), ou seja, daquele que contraiu a dívida e consta

19. O STF, por meio da Súmula vinculante nº 25, declinou que "é ilícita a prisão civil de depositário infiel, qualquer que seja a modalidade do depósito".

do título executivo, de modo que seu patrimônio será o primeiro a ser atingido pela execução. Trata-se da chamada **responsabilidade patrimonial primária**. Noutras palavras, a responsabilidade primária é do devedor.

Há de se ressaltar que o devedor responderá, para o cumprimento de suas obrigações, com todos os seus bens presentes e futuros, salvo as restrições estabelecidas em lei (CPC/2015, art. 789).

Pode ocorrer, no entanto, de outros sujeitos ficarem responsáveis pelo pagamento da dívida, sem que sejam devedores. Surge aqui a **responsabilidade secundária**. Nesse contexto, prevê o art. 790 do CPC/2015, aplicável ao processo do trabalho (TST-IN nº 39, art. 3º, XIII), o que segue:

> **Art. 790.** São sujeitos à execução os bens:
>
> I – do sucessor a título singular, tratando-se de execução fundada em direito real ou obrigação reipersecutória;
>
> II – do sócio, nos termos da lei;
>
> III – do devedor, ainda que em poder de terceiros;
>
> IV – do cônjuge ou companheiro, nos casos em que seus bens próprios ou de sua meação respondem pela dívida;
>
> V – alienados ou gravados com ônus real em fraude à execução;
>
> VI – cuja alienação ou gravação com ônus real tenha sido anulada em razão do reconhecimento, em ação autônoma, de fraude contra credores;
>
> VII – do responsável, nos casos de desconsideração da personalidade jurídica.

Portanto, a responsabilidade secundária é a que acontece quando o responsável pelo pagamento é o sucessor trabalhista (art. 448-A da CLT), o tomador de serviços na terceirização lícita (Súmula nº 331, IV, do TST), o sócio etc.

Nesse contexto, confira-se a jurisprudência do TST a seguir transcrita.

> **Orientação Jurisprudencial nº 261 da SDI-I do TST.** Bancos. Sucessão trabalhista
>
> As obrigações trabalhistas, inclusive as contraídas à época em que os empregados trabalhavam para o banco sucedido, são de responsabilidade do sucessor, uma vez que a este foram transferidos os ativos, as agências, os direitos e deveres contratuais, caracterizando típica sucessão trabalhista.
>
> **Orientação Jurisprudencial nº 411 da SDI-I do TST.** Sucessão trabalhista. Aquisição de empresa pertencente a grupo econômico. Responsabilidade solidária do sucessor por débitos trabalhistas de empresa não adquirida. Inexistência.
>
> O sucessor não responde solidariamente por débitos trabalhistas de empresa não adquirida, integrante do mesmo grupo econômico da empresa sucedida, quando, à época, a empresa devedora direta era solvente ou idônea economicamente, ressalvada a hipótese de má-fé ou fraude na sucessão.
>
> **Orientação Jurisprudencial nº 225 da SDI-I do TST.** Contrato de concessão de serviço público. Responsabilidade trabalhista
>
> Celebrado contrato de concessão de serviço público em que uma empresa (primeira concessionária) outorga a outra (segunda concessionária), o todo ou em parte, mediante arrendamento, ou qualquer outra forma contratual, a título transitório, bens de sua propriedade:

I – em caso de rescisão do contrato de trabalho após a entrada em vigor da concessão, a segunda concessionária, na condição de sucessora, responde pelos direitos decorrentes do contrato de trabalho, sem prejuízo da responsabilidade subsidiária da primeira concessionária pelos débitos trabalhistas contraídos até a concessão;

II – no tocante ao contrato de trabalho extinto antes da vigência da concessão, a responsabilidade pelos direitos dos trabalhadores será exclusivamente da antecessora.

Orientação Jurisprudencial nº 92 da SDI-I do TST. Desmembramento de municípios. Responsabilidade trabalhista

Em caso de criação de novo município, por desmembramento, cada uma das novas entidades responsabiliza-se pelos direitos trabalhistas do empregado no período em que figurarem como real empregador.

Orientação Jurisprudencial nº 185 da SDI-I do TST. Contrato de trabalho com a associação de pais e mestres – APM. Inexistência de responsabilidade solidária ou subsidiária do estado

O Estado-Membro não é responsável subsidiária ou solidariamente com a Associação de Pais e Mestres pelos encargos trabalhistas dos empregados contratados por esta última, que deverão ser suportados integral e exclusivamente pelo real empregador.

Orientação Jurisprudencial nº 191 da SDI-I do TST. Contrato de empreitada. Dono da obra de construção civil. Responsabilidade

Diante da inexistência de previsão legal específica, o contrato de empreitada de construção civil entre o dono da obra e o empreiteiro não enseja responsabilidade solidária ou subsidiária nas obrigações trabalhistas contraídas pelo empreiteiro, salvo sendo o dono da obra uma empresa construtora ou incorporadora.

RECURSO DE REVISTA REPETITIVO

A SBDI-I definiu as seguintes teses jurídicas para o Tema Repetitivo nº 0006 – RESPONSABILIDADE SUBSIDIÁRIA. DONA DA OBRA. APLICAÇÃO DA OJ 191 DA SBDI-I LIMITADA À PESSOA FÍSICA OU MICRO E PEQUENAS EMPRESAS: I) A exclusão de responsabilidade solidária ou subsidiária por obrigação trabalhista a que se refere a Orientação Jurisprudencial n.º 191 da SBDI-I do TST não se restringe à pessoa física ou micro e pequenas empresas, compreende igualmente empresas de médio e grande porte e entes públicos (decidido por unanimidade); II) A excepcional responsabilidade por obrigações trabalhistas prevista na parte final da Orientação Jurisprudencial n.º 191 da SBDI-I do TST, por aplicação analógica do art. 455 da CLT, alcança os casos em que o dono da obra de construção civil é construtor ou incorporador e, portanto, desenvolve a mesma atividade econômica do empreiteiro (decidido por unanimidade); III) Não é compatível com a diretriz sufragada na Orientação Jurisprudencial n.º 191 da SBDI-I do TST jurisprudência de Tribunal Regional do Trabalho que amplia a responsabilidade trabalhista do dono da obra, excepcionando apenas a pessoa física ou micro e pequenas empresas, na forma da lei, que não exerçam atividade econômica vinculada ao objeto contratado (decidido por unanimidade); IV) Exceto ente público da Administração Direta e Indireta, se houver inadimplemento das obrigações trabalhistas contraídas por empreiteiro que contratar, sem idoneidade econômico-financeira, o dono da obra responderá subsidiariamente por tais obrigações, em face de aplicação analógica do art. 455 da CLT e culpa in eligendo (decidido por maioria, vencido o Ministro Márcio Eurico Vitral Amaro). TST-IRR-190-53.2015.5.03.0090, SBDI-I, rel. Min. João Oreste Dalazen, 11.5.2017 (Informativo nº 159)

6.1. Responsabilidade do sucessor

O art. 448-A da CLT, inserido pela Lei nº 13.467/17 (Reforma trabalhista), estabelece que havendo sucessão empresarial ou de empregadores a responsabilidade pelo pagamento das obrigações trabalhistas é do sucessor, ou seja, daquele que adquiriu o empreendimento, inclusive sobre as obrigações contraídas à época em que os empregados trabalhavam para a empresa sucedida.

No entanto, a empresa sucedida responderá solidariamente com a sucessora quando ficar comprovada fraude na transferência (CLT, art. 448-A, parágrafo único).

6.1.1. Sucessão parcial

Nos casos de sucessão parcial da empresa ou dos empregadores, há divergências na jurisprudência acerca da responsabilidade patrimonial.

Há julgados que defendem que, nesse caso, a responsabilidade pelos débitos trabalhistas deve ser solidária entre as empresas sucessora e sucedida.[20] Por sua vez, há julgados que defendem que o fato de a sucessão ser parcial não desconfigura a responsabilidade nos casos de sucessão empresarial, de modo que a obrigação deve ser do sucessor.[21]

Acreditamos, contudo, que deverá ocorrer a responsabilização da sucessora apenas quanto aos empregados ou ex-empregados da unidade adquirida. Em relação aos demais, a responsabilidade continua sendo da empresa sucedida[22], salvo se houver fraude que a responsabilidade passará a ser solidária.

6.2. Responsabilidade decorrente da Terceirização

É sabido que, na terceirização lícita, a responsabilidade principal (primária) é do prestador de serviços, ficando a cargo do tomador a responsabilidade subsidiária (secundária). Nesse sentido, declina o art. 5º, § 5º, da Lei nº 6.019/74, acrescentado pela Lei nº 13.429/2017:

> § 5º A empresa contratante é subsidiariamente responsável pelas obrigações trabalhistas referentes ao período em que ocorrer a prestação de serviços, e o recolhimento das contribuições previdenciárias observará o disposto no art. 31 da Lei nº 8.212, de 24 de julho de 1991.

20. Recurso Ordinário nº 00440.922/98-4, 1ª Turma do TRT da 4ª Região, Rio Grande, Rel. Ione Salin Gonçalves. j. 20.03.2003, unânime, DJ 28.04.2003; Processo nº 02799-2001-660-09-00-1 (24567-2006), Seção Especializada do TRT da 9ª Região/PR, Rel. Ubirajara Carlos Mendes. Publ. 22.08.2006.
21. AP nº 0010251-31.2016.5.03.0027, 2ª Turma do TRT da 3ª Região/MG, Rel. Jales Valadão Cardoso. j. 23.10.2019; AP nº 0001100-53.2008.5.06.0022, 1ª Turma do TRT da 6ª Região/PE, Rel. Nelson Soares Júnior. DEJT 20.09.2011.
22. AP nº 0010250-46.2016.5.03.0027, 6ª Turma do TRT da 3ª Região/MG, Rel. Anemar Pereira Amaral. j. 12.09.2019; Processo nº 01556-2004-005-09-00-8 (25324-2015), Seção Especializada do TRT da 9ª Região/PR, Rel. Thereza Cristina Gosdal. DEJT 28.08.2015.

Não obstante, na hipótese de **responsável subsidiário decorrente da terceirização**, o C. TST entende que o tomador de serviços deve, **obrigatoriamente**, participar da relação processual e constar do título executivo, para que seus bens possam ser atingidos na execução, como se verifica pela Súmula nº 331 do TST:

Súmula nº 331 do TST

(...)

IV – O inadimplemento das obrigações trabalhistas, por parte do empregador, implica a responsabilidade subsidiária do tomador dos serviços, quanto àquelas obrigações, desde que hajam participado da relação processual e constem também do título executivo judicial (art. 71 da Lei nº 8.666, de 21.06.1993). (...)

VI – A responsabilidade subsidiária do tomador de serviços abrange todas as verbas decorrentes da condenação referentes ao período da prestação laboral.

Desse modo, para o TST, não pode o responsável subsidiário ser incluído apenas na fase de execução. No mesmo caminho, declina o art. 513, § 5º, do CPC/2015:

§ 5º. O cumprimento da sentença não poderá ser promovido em face do fiador, do coobrigado ou do corresponsável que não tiver participado da fase de conhecimento.[23]

A propósito, o TST entende que não é admitido o ajuizamento de ação autônoma posterior para a responsabilização subsidiária do tomador de serviços. Noutras palavras, o tomador dos serviços somente será condenado subsidiariamente se estiver presente na ação de conhecimento em que o prestador dos serviços foi condenado. Nesse sentido, decisão inserida no informativo nº 1 do TST:

Responsabilidade subsidiária. Ajuizamento de ação autônoma apenas contra o tomador de serviços. Impossibilidade. Existência de sentença condenatória definitiva prolatada em ação em que figurou como parte somente o prestador de serviços.

Não é possível o ajuizamento de ação autônoma pleiteando a responsabilidade subsidiária do tomador de serviços quando há sentença condenatória definitiva prolatada em ação anteriormente proposta pelo mesmo reclamante, em que figurou como parte apenas o prestador de serviços. Tal procedimento afrontaria a coisa julgada produzida na primeira ação e o direito à ampla defesa e ao contraditório, resguardado ao tomador de serviços. Assim, reiterando a jurisprudência da Corte, a SBDI-I, por unanimidade, conheceu dos embargos por divergência jurisprudencial e, no mérito, por maioria, negou-lhes provimento. Vencidos os Ministros Augusto César Leite de Carvalho, José Roberto Freire Pimenta e Delaíde Miranda Arantes. TST-E-RR-9100-62.2006.5.09.0011, SBDI-I, rel. Min. Horácio Raymundo de Senna Pires, 8.3.2012[24].

23. O C. TST não tem aplicado o art. 513, § 5º, do CPC/15 às empresas pertencentes ao mesmo grupo econômico, ou seja, quando se tratar de responsabilidade solidária (RO nº 1014-52.2017.5.09.0000, SBDI-2 do TST, Rel. Douglas Alencar Rodrigues. j. 12.12.2017, Publ. 19.12.2017).

24. No mesmo sentido, TST-RO-100200- 60.2010.5.03.0000, SBDI-II, rel. Min. Pedro Paulo Manus. 27.3.2012. (informativo nº 4 do TST).

Em suma, o C. TST não autoriza:

- a inclusão do responsável subsidiário na fase de execução;
- o ajuizamento de ação autônoma em face do responsável subsidiário para reconhecer sua responsabilidade.

Esse entendimento do C. TST decorre do fato de que se o responsável subsidiário for incluído apenas na fase de execução, não poderá discutir a dívida trabalhista, mas apenas sua própria responsabilidade, uma vez que, com a condenação, já terá formado coisa julgada. Assim, para que possa discutir tanto a sua responsabilidade como os próprios débitos trabalhistas, como por exemplo, o pagamento das verbas pleiteadas, a inexistência de horas extras etc., deverá participar do contraditório na fase de conhecimento e integrar o título executivo[25].

Portanto, para o TST, o tomador dos serviços somente será atingido se participar da relação processual e constar do título executivo.

É válido destacar, ainda, que há divergências na doutrina e na jurisprudência quanto ao momento em que os bens do devedor subsidiário podem ser atingidos na execução trabalhista, havendo pelo menos duas teses:

- **1ª corrente (minoritária):** para que os bens do devedor subsidiário sejam atingidos é necessário que primeiro sejam esgotados todos os meios de satisfação da obrigação do devedor principal. Assim, somente após a comprovação da insolvência do executado principal, o responsável subsidiário passa a ser executado;

- **2ª corrente (majoritária):** não há necessidade de que todos os meios de execução sejam esgotados. O fato de o devedor principal ser notificado para pagar a dívida e caso não faça o pagamento, já é suficiente para configurar sua mora, permitindo o prosseguimento da execução em face do devedor subsidiário[26]. A nosso juízo essa corrente está com a razão, vez que o responsável subsidiário, quando atingido, poderá invocar o benefício de ordem, indicando os bens do devedor principal, como declina o art. 795, § 2º, do CPC/2015.

Aliás, nada obsta de o exequente instaurar o incidente de desconsideração da personalidade jurídica em face do sócio da empresa prestadora e buscar ao mesmo tempo bens do tomador de serviços (responsável subsidiário), como forma de imprimir celeridade e efetividade na execução, tal como previsto no Enunciado nº 7 da Jornada de Execução na Justiça do Trabalho, in verbis:

25. Em sentido contrário, entendendo que a defesa do responsável subsidiário se limita à responsabilidade, de modo que é possível sua inclusão apenas na fase executiva: BEBBER, Júlio César. *Processo do Trabalho: temas atuais.* São Paulo: LTr, 2003. p. 181.

26. SCHIAVI, Mauro. *Execução no processo do trabalho.* 7. ed. São Paulo: LTr, 2015. p. 199.

Enunciado 7. EXECUÇÃO. DEVEDOR SUBSIDIÁRIO. AUSÊNCIA DE BENS PENHORÁVEIS DO DEVEDOR PRINCIPAL. INSTAURAÇÃO DE OFÍCIO. A falta de indicação de bens penhoráveis do devedor principal e o esgotamento, sem êxito, das providências de ofício nesse sentido, autorizam a imediata instauração da execução contra o devedor subsidiariamente corresponsável, sem prejuízo da simultânea desconsideração da personalidade jurídica do devedor principal, prevalecendo entre as duas alternativas a que conferir maior efetividade à execução.

6.3. Responsabilidade do Sócio

6.3.1. Desconsideração da personalidade jurídica

É sabido que a pessoa jurídica não se confunde com a figura de seus sócios. No entanto, como estudamos anteriormente, o sócio tem responsabilidade secundária, ou seja, seu patrimônio poderá ser atingido para arcar com o pagamento da dívida da pessoa jurídica. Trata-se da chamada desconsideração da personalidade jurídica.

Nesse caso, levanta-se o "véu" da pessoa jurídica para adentrar no patrimônio do sócio, sem que com isso se retire a personalidade jurídica da sociedade. É por isso que se fala em desconsideração da personalidade jurídica e não em despersonalização.

Existem duas teorias sobre os requisitos exigidos para a desconsideração da personalidade jurídica:

1) **teoria objetiva (teoria menor)**: para que o sócio seja atingido, basta a constatação de que a pessoa jurídica não possui bens suficientes para o pagamento da dívida (CDC, art. 28, § 5º).

2) **teoria subjetiva (teoria maior)**: o sócio responderá quando preenchidos dois pressupostos: a) os bens da pessoa jurídica sejam insuficientes para o pagamento da dívida; b) haja comprovação de fraude ou de abuso de direito, caracterizado pelo desvio de finalidade ou pela confusão patrimonial (CC/02, art. 50).

O CPC/2015 passou a disciplinar o incidente de desconsideração da personalidade jurídica em seu capítulo referente à intervenção de terceiros, estabelecendo um procedimento para que seja realizada, como se verifica pelos arts. 133 a 137, transcritos a seguir:

Art. 133. O incidente de desconsideração da personalidade jurídica será instaurado a pedido da parte ou do Ministério Público, quando lhe couber intervir no processo.

§ 1º. O pedido de desconsideração da personalidade jurídica observará os pressupostos previstos em lei.

§ 2º. Aplica-se o disposto neste Capítulo à hipótese de desconsideração inversa da personalidade jurídica.

Art. 134. O incidente de desconsideração é cabível em todas as fases do processo de conhecimento, no cumprimento de sentença e na execução fundada em título executivo extrajudicial.

§ 1º. A instauração do incidente será imediatamente comunicada ao distribuidor para as anotações devidas.

§ 2º. Dispensa-se a instauração do incidente se a desconsideração da personalidade jurídica for requerida na petição inicial, hipótese em que será citado o sócio ou a pessoa jurídica.

§ 3º. A instauração do incidente suspenderá o processo, salvo na hipótese do § 2º.

§ 4º. O requerimento deve demonstrar o preenchimento dos pressupostos legais específicos para desconsideração da personalidade jurídica.

Art. 135. Instaurado o incidente, o sócio ou a pessoa jurídica será citado para manifestar-se e requerer as provas cabíveis no prazo de 15 (quinze) dias.

Art. 136. Concluída a instrução, se necessária, o incidente será resolvido por decisão interlocutória.

Parágrafo único. Se a decisão for proferida pelo relator, cabe agravo interno.

Art. 137. Acolhido o pedido de desconsideração, a alienação ou a oneração de bens, havida em fraude de execução, será ineficaz em relação ao requerente.

Com o advento da Lei nº 13.467/17, o incidente de desconsideração da personalidade jurídica vem tratado expressamente no art. 855-A da CLT, in verbis:

Art. 855-A. Aplica-se ao processo do trabalho o incidente de desconsideração da personalidade jurídica previsto nos arts. 133 a 137 da Lei no 13.105, de 16 de março de 2015 – Código de Processo Civil.

§ 1º Da decisão interlocutória que acolher ou rejeitar o incidente:

I – na fase de cognição, não cabe recurso de imediato, na forma do § 1º do art. 893 desta Consolidação;

II – na fase de execução, cabe agravo de petição, independentemente de garantia do juízo;

III – cabe agravo interno se proferida pelo relator em incidente instaurado originariamente no tribunal.

§ 2º A instauração do incidente suspenderá o processo, sem prejuízo de concessão da tutela de urgência de natureza cautelar de que trata o art. 301 da Lei no 13.105, de 16 de março de 2015 (Código de Processo Civil).

De qualquer maneira, o art. 855-A da CLT não autoriza a aplicação genérica e integral do procedimento previsto no CPC/15, vez que, sendo o direito processual do trabalho ramo autônomo, a introdução de normas do procedimento comum devem ser temperadas, a fim de manter sua identidade (CLT, art. 769; CPC/2015, art. 15; TST-IN nº 39/29016, art. 1º), como se verificará nos tópicos posteriores.

Por fim, destaca-se que o art. 133, § 2º, do CPC/2015, acolhendo o entendimento doutrinário, admite expressamente a **teoria inversa da desconsideração da personalidade jurídica**, consistente na possibilidade de responsabilizar o patrimônio da pessoa jurídica por dívidas contraídas pelos sócios ou diretores, quando estes agirem de forma abusiva ou ilícita. Noutras palavras, o sócio é o devedor, mas quem tem patrimônio é a sociedade. Essa figura é facilmente identificada na hipótese de empregador doméstico. Contudo, alguns julgados têm utilizado essa modalidade de desconsideração quando, inicialmente, se desconsidera a personalidade jurídica alcançando o sócio que não possui bens, buscando-se, em seguida, bens em outras empresas que o sócio tem participação societária. Exemplo:

- Empresa A é condenada não tendo patrimônio para realizar o pagamento da condenação trabalhista. Desconsidera-se a personalidade jurídica da empresa A, incluindo no polo da execução o sócio B, o qual não possui patrimônio. Em seguida, verifica que o sócio B também é sócio da empresa C, desconsiderando a personalidade do sócio B para atingir a empresa C.

6.3.1.1. *Teoria objetiva (teoria menor)*

Como já anunciamos, existem duas teorias no plano material para possibilitar a desconsideração da personalidade jurídica: a teoria subjetiva e a objetiva.

Na seara trabalhista, prevalece o entendimento de que se aplica a teoria objetiva/menor, incidindo o art. 28, § 5º, do Código de Defesa do Consumidor. Isso se justifica porque o CDC e a CLT são normas protetivas que buscam resguardar o direito do hipossuficiente, sendo, pois, compatíveis. Ademais, impõe-se a aplicação dessa teoria, ante a dificuldade de demonstração de fraude e do abuso de direito dos sócios, bem como pelo caráter alimentar das verbas postuladas em juízo[27].

Aliás, nas ações coletivas na seara trabalhista aplica-se a teoria menor, podendo-se inclusive invocar o art. 4º da Lei 9.605/98 naquelas destinadas a preservar o meio ambiente.

No entanto, a teoria menor não alcança as ações que não derivem da relação de emprego[28], caso em que se adotará os pressupostos do art. 50 do CC/02, pois se trata de regra de direito material. Destaca-se que a lei nº 13.874/19 (Lei da Liberdade Econômica) alterou os pressupostos do dispositivo, definindo os conceitos de "confusão patrimonial" e de "desvio de finalidade"[29].

---

27. SCHIAVI, Mauro. *Manual de direito processual do trabalho*. 10. ed. de acordo com Novo CPC. São Paulo: LTr, 2016. p. 1078; PINHO, Humberto Dalla Bernardina de; FONSECA, Marina Silva. *O incidente de desconsideração da personalidade jurídica do Novo Código de Processo Civil*. In: DIDIER JR., Fredie (coord. geral). *Novo CPC doutrina selecionada*, v. 1: parte geral. Salvador: Juspodivm, 2016. p. 1156.

28. LEITE, Carlos Henrique Bezerra. *Curso de direito processual do trabalho*. 14. ed. de acordo com o novo CPC – Lei nº 13.105, de 16-3-2015. São Paulo: Saraiva, 2016. p. 587.

29. Art. 50. Em caso de abuso da personalidade jurídica, caracterizado pelo desvio de finalidade ou pela confusão patrimonial, pode o juiz, a requerimento da parte, ou do Ministério Público quando lhe couber intervir no processo, desconsiderá-la para que os efeitos de certas e determinadas relações de obrigações sejam estendidos aos bens particulares de administradores ou de sócios da pessoa jurídica beneficiados direta ou indiretamente pelo abuso. § 1º Para os fins do disposto neste artigo, desvio de finalidade é a utilização da pessoa jurídica com o propósito de lesar credores e para a prática de atos ilícitos de qualquer natureza. § 2º Entende-se por confusão patrimonial a ausência de separação de fato entre os patrimônios, caracterizada por: I – cumprimento repetitivo pela sociedade de obrigações do sócio ou do administrador ou vice-versa; II – transferência

Vê-se, portanto, que sob o aspecto material, já existiam e continuam existindo regras acerca dos requisitos para se reconhecer a desconsideração da personalidade jurídica. Não havia, porém, regras processuais sobre a forma de se atingir o patrimônio do sócio. É nesse contexto que surge o incidente de desconsideração da personalidade, como um mecanismo processual adequado para atingir os bens dos sócios, respaldado no princípio do contraditório substancial e, consequentemente, no devido processo legal.

Contudo, é preciso ficar claro: o CPC/15 somente trata de procedimento e não de requisitos para caracterização da desconsideração que é regra de direito material[30]. Tanto é assim que o art. 133, § 1º, do CPC/2015 é enfático: "o pedido de desconsideração da personalidade jurídica observará os pressupostos previstos em lei".

Portanto, os pressupostos para a desconsideração são estabelecidos pelos diplomas legislativos de direito material, de modo que, nas ações oriundas da relação de emprego, continua a ser aplicado o art. 28, § 5º, do CDC (teoria menor).

6.3.1.2. Legitimidade

O art. 133 do CPC/15 restringe a iniciativa do incidente ao pedido da parte e do Ministério Público.

No direito processual do trabalho, o C. TST, no *caput* do art. 6º da IN nº 39/2016 (revogado pela Instrução Normativa nº 41/2018, art. 21), permitia que o incidente fosse instaurado na fase de execução de ofício pelo Juiz do Trabalho. A adaptação realizada pelo C. TST decorria especialmente do princípio inquisitivo aplicado na fase executiva trabalhista, previsto na antiga redação do art. 878 da CLT, o qual previa que "a execução poderá ser promovida por qualquer interessado, ou *ex officio* pelo próprio Juiz ou Presidente ou Tribunal competente, nos termos do artigo anterior".

Dessa forma, como o juiz podia o mais, que era iniciar a execução, poderia o menos, que era a instauração do incidente de desconsideração da personalidade jurídica. Portanto, na fase de execução trabalhista não era necessária a instauração de incidente a pedido da parte ou do Ministério Público do Trabalho, podendo o

---

de ativos ou de passivos sem efetivas contraprestações, exceto os de valor proporcionalmente insignificante; e III – outros atos de descumprimento da autonomia patrimonial. § 3º O disposto no caput e nos §§ 1º e 2º deste artigo também se aplica à extensão das obrigações de sócios ou de administradores à pessoa jurídica. § 4º A mera existência de grupo econômico sem a presença dos requisitos de que trata o caput deste artigo não autoriza a desconsideração da personalidade da pessoa jurídica. § 5º Não constitui desvio de finalidade a mera expansão ou a alteração da finalidade original da atividade econômica específica da pessoa jurídica.

30. CÂMARA, Alexandre Freitas. *Do Incidente de Desconsideração da Personalidade Jurídica.* In: WAMBIER, Teresa Arruda et al. (coord.). *Breves comentários ao novo código de processo civil.* 2. ed. São Paulo: Editora Revista dos Tribunais, 2016. p. 455; NEVES, Daniel Amorim Assumpção. *Manual de direito processual civil – v. único.* 8. ed. Salvador: Ed. Juspodivm, 2016. p. 308.

incidente da desconsideração da personalidade jurídica ser instaurado, de ofício, pelo Juiz do Trabalho.

Com o advento da Lei nº 13.467/17, o art. 878 da CLT foi radicalmente alterado, passando a estabelecer que "a execução será promovida pelas partes, permitida a execução de ofício pelo juiz ou pelo Presidente do Tribunal apenas nos casos em que as partes não estiverem representadas por advogado".

Nesse contexto, a Corte Trabalhista, por considerar que o incidente de desconsideração insere um novo sujeito da execução, ou seja, é o início da execução para este sujeito (como regra, o sócio), entendeu no art. 13 da Instrução Normativa nº 41 que a instauração do incidente fica vinculada ao art. 878 da CLT, impedindo a iniciativa de ofício pelo juiz, salvo nos casos em que as partes não estiverem representadas por advogado (*jus postulandi*), por expressa disposição legal.

Portanto, para o C. TST o incidente poderá ser instaurado:

1) pelas partes;

2) pelo Ministério Público do Trabalho;

3) de ofício pelo juiz apenas na hipótese de *jus postulandi*.

Com a devida vênia, pensamos que esse posicionamento contraria o disposto nos arts. 114, VIII, da CF e 876, parágrafo único, da CLT, que autorizam a execução de ofício das contribuições sociais.

É que os créditos dos trabalhadores têm preferência legal aos tributários (CTN, art. 186), não permitindo a concessão de privilégios destes em detrimentos daqueles. Aliás, se o juiz pode executar de ofício o acessório (contribuições sociais), evidentemente, poderá executar o principal (créditos dos trabalhadores).[31]

Ademais, a exigência de requerimento da parte descrita no art. 133 do CPC decorre do próprio art. 50 do CC, que versa sobre a teoria subjetiva. No entanto, como dito, na seara trabalhista não se aplica o art. 50 do CC[32], mas o art. 28, § 5º, do CDC, que trata da teoria objetiva e em nenhum momento exige requerimento da parte.[33]

31. Nesse sentido: PINHEIRO, Paulo Henrique S. In: RODRIGUES, Deusmar José (coord.) *Lei da Reforma Trabalhista: comentada artigo por artigo*. Leme (SP): JH Mizuno, 2017. p. 318.

32. CC, Art. 50. Em caso de abuso da personalidade jurídica, caracterizado pelo desvio de finalidade, ou pela confusão patrimonial, pode o juiz decidir, a **requerimento da parte**, ou do Ministério Público quando lhe couber intervir no processo, que os efeitos de certas e determinadas relações de obrigações sejam estendidos aos bens particulares dos administradores ou sócios da pessoa jurídica. (grifo nosso)

33. CDC, art. 28. O juiz poderá desconsiderar a personalidade jurídica da sociedade quando, em detrimento do consumidor, houver abuso de direito, excesso de poder, infração da lei, fato ou ato ilícito ou violação dos estatutos ou contrato social. A desconsideração também será efetivada quando houver falência, estado de insolvência, encerramento ou inatividade da pessoa jurídica provocados por má administração. (...) § 5° Também poderá ser desconsiderada a pessoa jurídica sempre que sua personalidade for, de alguma forma, obstáculo ao ressarcimento de prejuízos causados aos consumidores.

Desse modo, pensamos que continua sendo admitida a instauração de ofício do incidente de desconsideração da personalidade jurídica na fase de execução, por iniciativa das partes ou do Ministério Público do Trabalho. No mesmo sentido, o Enunciado nº 113 da 2ª Jornada de direito material e processual do trabalho:

> **Enunciado nº 113** – Execução de ofício e art. 878 da CLT
>
> Em razão das garantias constitucionais da efetividade (CF, art. 5º, XXXV), da razoável duração do processo (CF, art. 5º, LXXVIII) e em face da determinação constitucional da execução de ofício das contribuições previdenciárias, parcelas estas acessórias das obrigações trabalhistas (CF, art. 114, VIII), o art. 878 da CLT deve ser interpretado conforme a constituição, de modo a permitir a execução de ofício dos créditos trabalhistas, ainda que a parte esteja assistida por advogado.

Pensar de forma diferente seria violar os princípios da isonomia, da duração razoável do processo e especialmente o valor social do trabalho e a dignidade da pessoa (CF/88, art. 1º, III e IV).

Ressaltamos, contudo, que o entendimento do C. TST é que a iniciativa do juiz na instauração do incidente de desconsideração da personalidade jurídica fica restrita aos casos em que as partes não estiverem representadas por advogado (TST-IN nº 41/2018, art. 13), restringindo, portanto, o início de ofício para os demais casos.

No que tange à legitimidade passiva, ela é de todos os sócios integrantes do corpo societário, permanecendo a sociedade como executada. Noutras palavras, na execução haverá ampliação subjetiva e não sucessão processual. Tão logo seja instaurado o incidente, nos termos do art. 134, § 1º, do CPC/2015, deve ser imediatamente comunicada ao distribuidor para as anotações devidas, especialmente acerca do nome do requerido.

> **Atenção:**
>
> A instauração do incidente de desconsideração da personalidade jurídica poderá ocorrer em todas as fases do processo de conhecimento, no cumprimento de sentença e na execução fundada em título executivo extrajudicial (art. 134, *caput* e § 1º). Destaca-se que, nos casos em que a desconsideração jurídica for requerida na petição inicial, não há a necessidade de instauração de incidente autônomo, devendo o sócio ou a sociedade apresentar a defesa na contestação.

6.3.1.3. Suspensão do Processo

O art. 855-A, § 2º, da CLT estabelece que "a instauração do incidente suspenderá o processo, sem prejuízo de concessão da tutela de urgência de natureza cautelar de que trata o art. 301 da Lei nº 13.105, de 16 de março de 2015 (Código de Processo Civil)".

Observa-se que o referido dispositivo seguiu a disciplina apresentada pelo art. 134, § 3º, do CPC/2015, ou seja, entendeu que a instauração do incidente suspende o processo, com exceção dos casos em que a desconsideração da personalidade jurídica for requerida na própria petição inicial trabalhista, uma vez que nesses casos não há a necessidade de instauração do incidente.

Essa suspensão, a nosso ver, deve ser analisada de modo diferente na fase de conhecimento e na fase de execução.

Na fase de conhecimento, aplica-se o art. 799 da CLT, que impede a instauração de incidentes que suspendam o trâmite processual, salvo as "exceções" de suspeição (inclua-se impedimento) ou incompetência (art. 800). Nessa fase, serão admitidos inclusive atos processuais conjuntos que atinjam tanto o incidente como o processo principal, quando possível, como é o caso da instrução e da sentença, já que temos mera ampliação subjetiva e objetiva.

Já no que tange à fase de execução, a ausência de suspensão significa negar a própria necessidade da instauração do incidente, uma vez que, enquanto o incidente estaria definindo a responsabilidade do sócio ou da sociedade (na desconsideração inversa), o processo continuaria para atingir seus bens, iniciando prazo para apresentação dos embargos à execução, recursos, fase de expropriação etc., tudo antes da decisão que acolherá ou não o incidente.

Na fase executiva, portanto, por força do art. 855-A, § 2º, da CLT, haverá suspensão imprópria, porque suspende a execução, mas não, evidentemente, o próprio incidente.

Entendemos, porém, que a suspensão da execução só deve ocorrer em atos relacionados ao sócio ou à sociedade (na desconsideração inversa). Digo isso porque nada obsta de o trabalhador, por exemplo, instaurar o incidente e buscar ao mesmo tempo bens do tomador de serviços (responsável subsidiário), como forma de imprimir celeridade e efetividade na execução, tal como previsto no Enunciado nº 7 da Jornada de Execução na Justiça do Trabalho, in verbis:

> Enunciado 7. EXECUÇÃO. DEVEDOR SUBSIDIÁRIO. AUSÊNCIA DE BENS PENHORÁVEIS DO DEVEDOR PRINCIPAL. INSTAURAÇÃO DE OFÍCIO. A falta de indicação de bens penhoráveis do devedor principal e o esgotamento, sem êxito, das providências de ofício nesse sentido, autorizam a imediata instauração da execução contra o devedor subsidiariamente corresponsável, sem prejuízo da simultânea desconsideração da personalidade jurídica do devedor principal, prevalecendo entre as duas alternativas a que conferir maior efetividade à execução.

Nesse caso, pensamos que a execução não será suspensa em relação ao tomador de serviços. Portanto, como regra, na fase de execução haverá suspensão do processo principal, não obstante possa prosseguir em relação a outros sujeitos não integrantes do polo passivo do incidente de desconsideração da personalidade jurídica.

De qualquer maneira, havendo suspensão, ela se dará até a decisão que acolhe ou não o incidente, tendo em vista que, quando cabível, o recurso terá efeito meramente devolutivo (CLT, art. 899, *caput*).

6.3.1.4. Tutela Cautelar

A instauração do incidente de desconsideração da personalidade jurídica impõe como regra o contraditório prévio. Isso, porém, não obsta a concessão de tutela cautelar, quando presentes seus requisitos. Tanto é assim que o próprio art. 855-A, § 2º, da CLT fez a ressalva de que a suspensão não atingirá a concessão da tutela de urgência de natureza cautelar prevista no art. 301 do CPC/2015.

Assim, como forma de evitar que o incidente de desconsideração da personalidade jurídica seja utilizado como meio para fraudar à execução pelos sócios ou sociedade (no caso da desconsideração inversa), é possível que o juiz, a requerimento ou de ofício e, valendo-se de seu poder geral de cautela, em sede cautelar antes mesmo da citação, determine, por exemplo, o arresto de seus bens, evitando sua transferência e garantindo resultado útil do processo.

Cabe destacar que nesses casos o contraditório é postergado, por expressa opção legislativa (CPC/2015, art. 9º, I), não havendo prévia comunicação ao sócio executado.

Com a utilização das referidas medidas cautelares, garante-se que, no futuro, caso haja o acolhimento da desconsideração da personalidade jurídica, o sócio ou a empresa responsável tenham bens suficientes para a satisfação do crédito exequendo, evitando-se que eles sejam alienados ou onerados em fraude à execução.[34]

Registra-se ainda que o art. 797 do CPC de 1973 admitia, em casos excepcionais, a concessão de ofício da tutela cautelar, o que não foi reproduzido no CPC/15. Em razão dessa omissão, parte da doutrina passa a exigir requerimento da parte, tendo em vista que, embora seja um mecanismo que busque garantir o resultado útil do processo e, portanto, de interesse público, há reflexos no direito material, além de provocar a responsabilidade objetiva da parte.[35] Para outros, é possível sua concessão de ofício em casos excepcionais para resguardar a justa composição do litígio.[36]

No processo do trabalho, pensamos que é possível a concessão de ofício da tutela cautelar, pois o próprio deferimento da cautelar no incidente pressupõe

34. Nesse sentido: CÂMARA, Alexandre Freitas. *Do Incidente de Desconsideração da Personalidade Jurídica.* In: WAMBIER, Teresa Arruda et al. (coord.). *Breves comentários ao novo código de processo civil.* 2. ed. São Paulo: Editora Revista dos Tribunais, 2016. p. 465.

35. MITIDIERO, Daniel. *Tutela provisória.* In: Breves comentários ao novo código de processo civil. WAMBIER, Teresa Arruda et al. (coord.). *Breves comentários ao novo código de processo civil.* 2. ed. São Paulo: Editora Revista dos Tribunais, 2016. p. 820; DIDIER JR., Fredie, BRAGA, Paula Sarno e OLIVEIRA, Rafael Alexandria de. *Curso de Direito Processual Civil: teoria da prova, direito probatório, ações probatórias, decisão, precedente, coisa julgada e antecipação dos efeitos da tutela.* 11. Ed. Salvador: ed. Juspodivm, 2016. p. 607.

36. THEODORO JÚNIOR, Humberto. *Curso de direito processual civil – teoria geral do direito processual civil, processo de conhecimento e procedimento comum.* V. I. 56. ed. rev. atual. e ampl. – Rio de Janeiro: Forense, 2015. p. 624 e NEVES, Daniel Amorim Assumpção. *Manual de direito processual civil – V. único.* 8. ed. Salvador: Editora Juspodivm, 2016. p. 437.

medida de risco sério e evidente ao comprometimento da efetividade da tutela jurisdicional.[37]

6.3.1.5. *Citação e defesa*

Instaurado o incidente, o art. 135 do CPC/2015 indica que "o sócio ou a pessoa jurídica será citado para manifestar-se e requerer as provas cabíveis no prazo de 15 (quinze) dias".

Trata-se de citação e não intimação, vez que busca integrá-los à relação processual (CPC/2015, art. 238), sendo esse o mecanismo adequado para tornar alguém sujeito do processo.

No incidente instaurado na fase de execução, a citação será por oficial de justiça, tal como previsto no art. 880, § 2º, da CLT. Justifica-se a citação pessoal nesse caso, já que a decisão que acolhe o incidente simplesmente intimará o sócio ou a sociedade (na desconsideração inversa) para pagamento. Portanto, preserva-se a citação pessoal apenas para a integralização ao processo, e não mais para o pagamento.

Cita-se para apresentar defesa nos autos, e não em audiência.

O prazo para apresentação da defesa e requerimento das provas cabíveis será de 15 dias, nos termos do art 3º do Provimento CGJT nº 1/2019.[38]

Não sendo apresentada a defesa, haverá revelia e confissão quanto à matéria de fato.

Por outro lado, caso seja apresentada, as matérias de defesa nas ações derivadas da relação de emprego são limitadas, pois, como já anunciado, haverá aplicação da teoria menor (objetiva).

Nesse contexto, com a demonstração de insolvência de bens da sociedade empresária, poderão os sócios, por exemplo, levantar como matérias de defesa o benefício de ordem descrito no art. 795, §§ 1º e 2º, do CPC/2015 ou o fato de serem sócios retirantes (CLT, art. 10-A). Discutidas tais matérias no incidente, há preclusão quanto a elas caso não sejam impugnadas, vez que a decisão do incidente é suscetível de recurso.[39]

---

37. Nesse sentido, segue o seguinte Enunciado da 2º Jornada de Direito Material e Processual do Trabalho: **Enunciado nº 116 –** Tutelas de urgência de natureza cautelar no incidente de desconsideração da personalidade jurídica
A adoção do incidente de desconsideração da personalidade jurídica no processo do trabalho não exclui a possibilidade de deferimento de tutelas de urgência de natureza cautelar antes da citação do novo executado, inclusive de ofício, dentro do poder geral de cautela do magistrado.

38. A nosso juízo, no processo do trabalho é desnecessário o requerimento das provas, vez que se trata de diretriz retirada dos requisitos da petição inicial civil (CPC/2015, art. 319, VII), não exigidos para a reclamação trabalhista (CLT, art. 840, § 1º).

39. Inclusive na fase de conhecimento, já que deverá ser impugnada por meio de recurso ordinário no momento da decisão final.

Ressaltamos que não devem ser admitidas as alegações de inexistência de fraude ou de abuso de direito (desvio de finalidade ou confusão patrimonial), pois tais pressupostos apenas são exigidos na teoria maior ou subjetiva (CC, art. 50), não aplicável nas ações decorrentes da relação de emprego. Tais argumentos somente poderão ser conhecidos nas ações que não derivem da relação de emprego.

6.3.1.6. Instrução

O art. 134, § 4º, do CPC/2015 estabelece que "o requerimento deve demonstrar o preenchimento dos pressupostos legais específicos para desconsideração da personalidade jurídica". Esse dispositivo não deve ser interpretado literalmente, mas de forma sistemática com o art. 136 do CPC/2015 que permite a instrução processual do incidente.

Disso resulta que o requerente deverá apresentar elementos mínimos de que estão presentes os requisitos para a desconsideração da personalidade jurídica, admitindo sua comprovação durante a instrução processual. Noutras palavras, esse dispositivo não impõe a existência de prova pré-constituída para o trâmite do incidente, podendo o requerente, após anunciar os elementos mínimos, postular ao juiz que proceda a pesquisas por meio de convênios judiciais para demonstrar a insuficiência de bens da sociedade, bem como a imediata concessão de tutela cautelar.

Por outro lado, não havendo indícios mínimos de insuficiência de bens (p.ex., decorrentes de outros processos), inicialmente deverão ser postuladas as providências judiciais quanto à existência de bens e, caso inexistentes, requerer a instauração do incidente ou ser instaurada de ofício.

No que tange ao ônus da prova dos pressupostos para o acolhimento da desconsideração, parte da doutrina entende que, sendo colocada sob o encargo do exequente trabalhista, cria-se mais um obstáculo à aplicação desse incidente ao processo do trabalho[40], vez que, em regra, tem posição hipossuficiente. Dessa forma, o ônus da prova deveria ser sempre do sócio ou da sociedade atingida, e não do exequente.

Como somos adeptos de que nas ações decorrentes da relação de emprego os pressupostos a serem demonstrados são os descritos no art. 28, § 5º, do CDC (teoria menor ou objetiva), ou seja, basta a constatação de que a pessoa jurídica cuja personalidade se pretende desconsiderar não possui bens suficientes para o pagamento da dívida, pensamos que não se atribui ao credor trabalhista um excessivo ônus probatório.

40. CLAUS, Ben-Hur Silveira. *O incidente de desconsideração da personalidade jurídica previsto no CPC de 2015 e o Direito Processual do Trabalho*. In: DALLEGRAVE NETO, José Affonso; GOULART, Rodrigo Fortunato. Novo CPC e o Processo do Trabalho. São Paulo: LTr, 2016. p. 95-96; SCHIAVI, Mauro. Manual de Direito Processual do Trabalho. 10. ed. de acordo com Novo CPC. São Paulo: LTr, 2016. p. 1086.

Nada obsta, porém, que, se necessário no caso concreto, seja invocada a teoria dinâmica do ônus da prova, quando preenchidos os requisitos do art. 373, § 1º, do CPC/2015.

De qualquer maneira, ante a incidência da teoria menor (objetiva) nas ações decorrentes da relação de emprego, em regra, não haverá necessidade de dilação probatória, podendo o incidente ser julgado imediatamente após a apresentação de defesa do sócio ou da sociedade (na desconsideração inversa), nos termos do art. 355, I, do CPC/2015.

Aliás, sendo necessária a prova oral, o juiz deverá designar audiência para sua coleta (Provimento CGJT nº 1/2019, art. 3º, parágrafo único).

Acolhido o incidente na fase de execução, o juiz intimará[41] o sócio ou a sociedade (na desconsideração inversa) para pagar, garantir a execução, mediante o depósito do valor da dívida ou apresentação de seguro-garantia judicial ou nomear bens à penhora no prazo de 48 horas (CLT, art. 880).

Realizada a penhora, como o sócio já é considerado integrante do polo passivo da execução, a apresentação da defesa dos atos posteriores à desconsideração deverá ser realizada por meio dos embargos à execução (CPC/2015, art. 914 e seguintes). Os embargos de terceiro ficam restritos aos sócios que não tiverem feito parte do incidente de desconsideração da personalidade jurídica (CPC/2015, art. 674, § 2º, III).

6.3.1.7. Impugnação da decisão

Acolhendo ou rejeitando o incidente de desconsideração, passa a ter relevância se a decisão é impugnável imediatamente.

Nesse contexto, o § 1º do art. 855-A da CLT declinou o que segue:

Fase processual	Recurso cabível
Fase de cognição	Não cabe recurso de imediato
Fase de execução	Cabe agravo de petição, independentemente de garantia do juízo
Quando proferida pelo Relator, em incidente instaurado originariamente no tribunal	Cabe agravo interno

No tocante à impugnação das decisões proferidas na fase de execução, cumpre fazer uma observação quanto ao agravo de petição, especialmente em relação ao depósito recursal.

41. Intimar e não citar, vez que o sócio já está integrado na fase executiva.

É sabido que o depósito recursal tem como finalidade a garantia de futura execução. Na fase de conhecimento, o depósito possui um teto máximo, que pode ser legal ou o valor da condenação, nesse último caso quando inferior ao teto legal.

Na fase de execução, por sua vez, não existe teto legal, de modo que deverá ser no valor integral da execução ou da majoração.

Desse modo, como em regra o agravo de petição é posterior à penhora, que tem natureza de garantir a execução, ele somente será exigido se houver elevação do valor do débito, exigindo-se o depósito no valor total da majoração (Súmula 128, II, do TST).

Diante dessa sistemática do depósito recursal no agravo de petição, a interposição desse recurso da decisão do incidente independe de garantia do juízo, como previsto no art. 855-A, § 1º, II, da CLT. Isso porque, exigir o depósito recursal, no caso, equivaleria a uma espécie de "penhora antecipada" dos bens do sócio como forma de satisfazer o pressuposto recursal do preparo, já que, como dito, o depósito na hipótese deveria ser integral, pois como regra não haverá penhora nem mesmo parcial.

De qualquer modo, tendo o agravo de petição efeito meramente devolutivo, não obsta a penhora dos bens do sócio ou da sociedade (na desconsideração inversa) na execução propriamente dita.

Em se tratando de incidente requerido originariamente no tribunal, a competência para sua instauração, para decisão de pedidos de tutela provisória e para a instrução será do Relator, o qual poderá decidir monocraticamente o incidente ou submetê-lo ao colegiado, juntamente com o recurso. Se decidido monocraticamente, da decisão caberá agravo interno (Provimento CGJT nº 1/2019, art. 5º, parágrafo único).

6.3.1.8. Esquema do incidente de desconsideração da personalidade jurídica

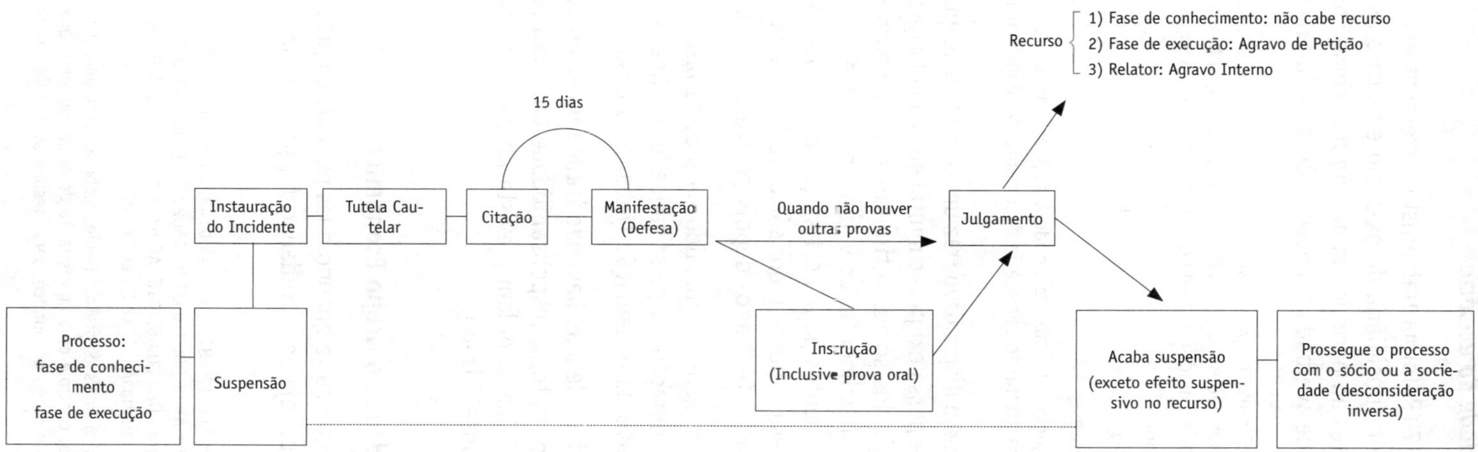

6.3.2. Responsabilidade do ex-sócio

A Lei nº 13.467/17 (Reforma Trabalhista) acrescentou o art. 10-A à CLT, prevendo que a responsabilidade subsidiária do ex-sócio é restrita às obrigações trabalhistas da sociedade referentes ao período em que figurou como sócio, nas ações ajuizadas até dois anos depois de averbada a modificação societária, como se verifica a seguir:

> **Art. 10-A.** O sócio retirante responde subsidiariamente pelas obrigações trabalhistas da sociedade relativas ao período em que figurou como sócio, somente em ações ajuizadas até dois anos depois de averbada a modificação do contrato, observada a seguinte ordem de preferência:
>
> I – a empresa devedora;
>
> II – os sócios atuais; e
>
> III – os sócios retirantes.
>
> Parágrafo único. O sócio retirante responderá solidariamente com os demais quando ficar comprovada fraude na alteração societária decorrente da modificação do contrato.

Vê-se, contudo, que o dispositivo traz uma ordem de responsabilidade que deve ser observada para que se possa exigir o cumprimento da obrigação dos sócios retirantes. Assim, antes de exigir dos sócios retirantes o pagamento das verbas trabalhistas, é necessário cobrar, inicialmente, os valores da empresa devedora. Caso não sejam encontrados bens suficientes para a satisfação do crédito, é possível a cobrança dos atuais sócios da empresa e, por fim, dos sócios retirantes, desde que, para esse último, a ação seja ajuizada em até 2 anos depois de averbada a modificação do contrato.

O sócio retirante poderá ser incluído na própria fase de execução, por meio do incidente de desconsideração da personalidade jurídica, não precisando, portanto, constar do polo passivo da reclamação trabalhista desde a fase de conhecimento[42].

Atente-se para o fato de que, havendo **fraude na alteração societária** decorrente da modificação do contrato, a responsabilidade do **sócio retirante será solidária**, não havendo que se falar na ordem prevista no caput do art. 10-A da CLT para que o ex-sócio seja responsabilizado.

6.4. Responsabilidade do Grupo Econômico

O grupo econômico ocorre quando duas ou mais empresas estão ligadas entre si, seja por subordinação, seja por coordenação (grupo horizontal) (CLT, art. 2º, § 2º)[43].

---

42. Nesse sentido: TST, AIRR 0172100-87.2005.5.15.0148, Terceira Turma, Rel. Min. Alexandre de Souza Agra, DEJT 18/10/2013, Pág. 1299 e AP nº 00001603320115020301 (20160392637), 13ª Turma do TRT da 2ª Região/SP, Rel. Cíntia Táffari. maioria, DOe 20.06.2016; AP nº 00792-1994-331-04-00-2, 4ª Turma do TRT da 4ª Região/RS, Rel. Hugo Carlos Scheuermann. j. 12.03.2009, unânime.

43. § 2º Sempre que uma ou mais empresas, tendo, embora, cada uma delas, personalidade jurídica própria, estiverem sob a direção, controle ou administração de outra, ou ainda quando, mesmo guardando cada uma sua autonomia, integrem grupo econômico, serão responsáveis solidariamente pelas obrigações decorrentes da relação de emprego.

Para a caracterização do grupo econômico não basta a mera identidade dos sócios, sendo necessárias a demonstração do interesse integrado, a efetiva comunhão de interesses e a atuação conjunta das empresas dele integrantes (CLT, art. 2º, § 3º).

Ainda que o dispositivo legal não permita a caracterização do grupo econômico apenas pela identidade de sócios, parte da doutrina destaca que se trata de indício relevante de sua existência. Nesses casos, portanto, poderá o juiz aplicar a teoria dinâmica do ônus da prova e atribuir o ônus da prova à empresa que nega a existência do grupo econômico.[44] Assim, caberá à empresa demonstrar a ausência de comunhão de interesses e de atuação conjunta.

Reconhecido o grupo econômico, haverá a responsabilidade solidária entre as empresas. Noutras palavras, se alguma delas não realizar a quitação dos débitos trabalhistas, as demais empresas são responsáveis integralmente pela dívida.[45]

O C. TST não tem aplicado o art. 513, § 5º, do CPC/15 às empresas pertencentes ao mesmo grupo econômico, ou seja, quando se tratar de responsabilidade solidária, de modo que não se exige que ela seja incluída na fase de conhecimento.[46] Assim, ainda que determinada empresa não esteja incluída no título executivo judicial, poderá ser executada se caracterizada a existência de grupo econômico. Isso se justifica porque o responsável solidário não é terceiro em relação à dívida, sofrendo os efeitos da sentença e da coisa julgada[47]. Esse entendimento levou inclusive ao cancelamento da Súmula nº 205 do TST que exigia a participação das empresas do grupo econômico na fase de conhecimento.

Cabe destacar que, sendo a responsabilidade solidária, ainda que a(s) empresa(s) seja(m) incluída(s) na relação processual apenas na fase de execução, não será necessário observar o benefício de ordem, ou seja, não se exige o esgotamento da execução de uma empresa para que as demais sejam executadas.[48]

6.5. Responsabilidade do cônjuge

O art. 790, IV, do CPC/2015 estabelece que são sujeitos à execução os bens do cônjuge ou companheiro, quando seus bens próprios ou de sua meação respondem pela dívida.

---

44. SCHIAVI, Mauro. *A Reforma trabalhista e o processo do trabalho*. São Paulo: LTr, 2017. p. 4.

45. CORREIA, Henrique. **Direito do Trabalho.** Coleção Concursos Públicos. 5. ed. Salvador: Juspodivm, 2019.

46. RO nº 1014-52.2017.5.09.0000, SBDI-2 do TST, Rel. Douglas Alencar Rodrigues. j. 12.12.2017, Publ. 19.12.2017.

47. BEBBER, Júlio Cesar. *Processo do trabalho temas atuais*. São Paulo: Ltr, 2003. p. 183.

48. Nesse sentido: AP nº 01619007619975020014 (20160673199), 10ª Turma do TRT da 2ª Região/SP, Rel. Ana Maria Moraes Barbosa Macedo. unânime, DOe 08.09.2016; Agravo de Petição nº 0098400-53.2009.5.01.0431, 2ª Turma do TRT da 1ª Região/RJ, Rel. Marcia Leite Nery. j. 12.03.2013, unânime, Publ. 20.03.2013; AP nº 0096900-19.2004.5.03.0027, 6ª Turma do TRT da 3ª Região/MG, Rel. Jorge Berg de Mendonça. Publ. 29.09.2014; AP nº 0060300-68.1996.5.04.0021, 9ª Turma do TRT da 4ª Região/RS, Rel. João Alfredo Borges Antunes de Miranda. j. 20.10.2011, unânime.

A partir desse dispositivo, entende-se que há presunção de que as dívidas contraídas pelo cônjuge ou companheiro ocorreram em **benefício do casal.**

Essa presunção também se aplica nos casos de dívidas contraídas pela sociedade em que apenas um dos cônjuges é sócio, pois a atividade econômica, em regra, é realizada em benefício do casal[49].

No entanto, essa presunção é relativa, podendo ser refutada pelo cônjuge por meio de **embargos de terceiro** para defender a posse de bens próprios ou de sua meação, com a ressalva do bem penhorado ser indivisível[50] (CPC/2015, arts. 674, § 2º, I e 843). Nesses casos, o cônjuge deverá demonstrar que a renda usufruída da sociedade não beneficiou o casal.[51]

Não sendo as hipóteses anteriores (bens próprios ou sua meação) e, consequentemente, respondendo pela dívida, poderá se defender por meio dos **embargos à execução.**

7. FRAUDE CONTRA CREDORES E FRAUDE À EXECUÇÃO

Ao devedor é concedido o direito de contratar e alienar seus bens livremente, desde que as alienações não causem prejuízos a terceiros pela falta de outros bens hábeis a garantir a satisfação do credor, ou seja, provoque sua insolvência. Desse modo, com o objetivo de aumentar a proteção do credor e tornar eficaz o seu direito, o ordenamento prevê duas modalidades de fraude: a fraude contra credores e a fraude à execução.

7.1. Fraude contra credores

A fraude contra credores é um defeito do negócio jurídico, regulamento nos arts. 158 a 165 do CC/02. Trata-se, pois, de instituto de direito material.

49. SCHIAVI, Mauro. *Manual de Direito Processual do Trabalho*. 12. ed. São Paulo: LTr, 2017. p. 1146.

50. Para aprofundamento, vide o tópico penhora de bem indivisível.

51. Nesse sentido: **Mandado de segurança. Execução. Bloqueio de conta-salário, conta poupança e aplicações financeiras do cônjuge do executado. Ilegalidade. Ausência de proveito comum do casal advindo da atividade exercida pelo sócio da cooperativa executada. Demonstração da incomunicabilidade de valores oriundos de salário.** A SBDI-II, por unanimidade, conheceu do recurso ordinário e, no mérito, deu-lhe provimento para conceder a segurança, a fim de liberar integralmente a penhora que recaiu sobre a conta-salário, a conta poupança e aplicações financeiras da impetrante, esposa de sócio-presidente de cooperativa, cujo patrimônio pessoal fora atingido após a desconsideração da personalidade jurídica da entidade. No caso, ante a insuficiência de bens do sócio, o ato coator determinou a constrição do patrimônio da esposa do executado com base na suposição de que a atividade exercida pelo presidente da cooperativa reverteu em proveito comum para o casal. Todavia, restou configurada a absoluta ilegalidade da apreensão levada a efeito pelo Juízo condutor da execução, visto que a prova documental pré-constituída pela impetrante demonstrou que os valores constritos eram incomunicáveis, pois oriundos dos salários por ela recebidos. TST-RO-80085-43.2017.5.22.0000, SBDI-II, rel. Min. Delaíde Miranda Arantes, 26.3.2019 (Informativo nº 193).

A sua caracterização pressupõe a existência cumulativa de três requisitos:

1) **anterioridade do crédito**: o que significa que no momento da alienação dos bens o crédito já deve existir;

2) **insolvência do devedor decorrente da fraude** (*eventus damni*): a alienação do bem faz com que o devedor se torne insolvente ou, se já insolvente, agrave esta situação ainda mais. Noutras palavras, com a alienação o patrimônio do devedor deixa de ser suficiente para arcar com suas dívidas, provocando danos aos credores. Portanto, esse requisito visa a um elemento objetivo, qual seja, o dano;

3) **intenção fraudulenta** (*consilium fraudis*): tem como foco um elemento subjetivo, que é a fraude. Ocorre quando o devedor e o adquirente, potencialmente, têm ciência de que a alienação provocará a insolvência do devedor. Sendo transmissão gratuita a fraude é presumida (CC/02, art. 158). Já na transmissão onerosa haverá fraude quando a insolvência for notória, ou houver motivo para ser conhecida do adquirente (CC/02, art. 159).

A existência da fraude contra credores deve ser reconhecida em ação autônoma, chamada ação pauliana, de competência da justiça comum. Desse modo, ela não pode ser declarada nos próprios autos, sendo ônus do autor (credor quirografário) demonstrar a existência dos requisitos elencados anteriormente.

Reconhecida a fraude contra credores a doutrina majoritária entende que o ato será anulado, ou seja, o ato é desfeito, retornando o bem ao patrimônio do devedor.

7.2. Fraude à execução

Enquanto a fraude contra credores busca tutelar interesses privados dos credores, a fraude à execução é vício mais grave, tendo como objetivo não apenas preservar interesses dos credores, mas também a autoridade do Estado, já que pressupõe a existência de uma ação em andamento. Portanto, a fraude à execução é instituto de direito processual, já que pressupõe ação pendente.

Como a CLT não versa sobre a fraude à execução, aplicamos subsidiariamente o art. 792 do CPC/2015 (TST-IN nº 39/2016, art. 3º, XIII).

Desse modo, a fraude à execução consiste na alienação ou oneração de bens:

1) quando sobre eles pender ação fundada em direito real ou com pretensão reipersecutória, desde que a pendência do processo tenha sido averbada no respectivo registro público, se houver;

2) quando tiver sido averbada, no registro do bem, a pendência do processo de execução (art. 828 do CPC/2015);

3) quando tiver sido averbado, no registro do bem, hipoteca judiciária ou outro ato de constrição judicial originário do processo onde foi arguida a fraude;
4) quando, ao tempo da alienação ou da oneração, tramitava contra o devedor ação capaz de reduzi-lo à insolvência;
5) nos demais casos previstos em lei (CPC/2015, art. 792).

A doutrina, amplamente majoritária, declina que o item 1 não se aplica ao processo do trabalho, uma vez que a Justiça Especializada não tem competência para julgar causas fundadas em direito real. De qualquer modo, o CPC/15 incluiu nesse item a ação reipersecutória que, embora de difícil incidência, poderá ser aplicada na seara trabalhista, como nos casos de direito de retenção.

Por sua vez, os itens 2 e 3 mostram-se aplicáveis ao processo trabalhista. Os dois itens incidem nos **bens sujeitos a registro**.

Nesses dois casos, a averbação, por si só, é elemento eficaz para provocar a fraude à execução. Queremos dizer, a averbação tem como objetivo dar ciência a terceiros da existência da dívida, de modo que a alienação de bem que possui averbação, p. ex. da pendência de execução, é considerada em fraude à execução, independentemente da presença de outro requisito.

Atente-se para o fato de que o item 2 é direcionado à execução de título extrajudicial[52], devendo observar o procedimento previsto no art. 828 do CPC/2015. Assim, o exequente poderá obter certidão de que a execução foi admitida pelo juiz, com identificação das partes e do valor da causa, para fins de averbação no registro de imóveis, de veículos ou de outros bens sujeitos a penhora, arresto ou indisponibilidade. Além disso, deverá comunicar ao juízo, no prazo de 10 dias de sua concretização, as averbações efetivadas (CPC/2015, art. 828, caput e § 1º).

Formalizada penhora sobre bens suficientes para cobrir o valor da dívida, o exequente providenciará, no prazo de 10 dias, o cancelamento das averbações relativas àqueles não penhorados. O juiz determinará o cancelamento das averbações, de ofício ou a requerimento, caso o exequente não o faça no prazo (CPC/2015, art. 828, §§ 2º e 3º).

O exequente que promover averbação manifestamente indevida ou não cancelar as averbações relativas aos bens não penhorados indenizará a parte contrária, processando-se o incidente em autos apartados (CPC/2015, art. 828, § 5º).

Com efeito, somente após efetuada a averbação presumir-se-á em fraude à execução a alienação ou a oneração de bens (CPC/2015, art. 828, § 4º).

Pode acontecer de a averbação não ocorrer, seja porque não promovida pelo credor, seja porque não era possível (bens não sujeitos a registro). Nesses casos, entra em relevo a hipótese do item 4, também aplicável ao processo do trabalho, que exige cumulativamente dois requisitos:

52. CÂMARA, Alexandre Freitas. O novo processo civil brasileiro. São Paulo: Atlas, 2015. p. 342.

a) **Ação pendente em face do devedor:** no processo do trabalho, basta o ajuizamento da ação[53] para ser caracterizada a lide pendente. A pendência pode decorrer do processo de conhecimento ou execução. Se não existe ação pendente não se cogita da fraude à execução, podendo ser verifica a fraude contra credores se presentes seus requisitos.

b) **O executado se tornar insolvente em decorrência da alienação ou oneração do bem.** Haverá insolvência quando o patrimônio do devedor for inferior ao valor de suas dívidas.

A fraude à execução pode ser reconhecida ex officio, sendo declarada incidentalmente nos próprios autos da execução.

Antes de declarar a fraude à execução, o juiz deverá intimar o terceiro adquirente, que, se quiser, poderá opor embargos de terceiro, no prazo de 15 dias (CPC/2015, art. 792, § 4º).

Nas hipóteses de bens **não** sujeitos a registro, o terceiro adquirente pode defender-se provando que adotou as cautelas necessárias à aquisição do bem, mediante a exibição das certidões pertinentes, obtidas no domicílio do vendedor e no local onde se encontra o bem (CPC/2015, art. 792, § 2º). Nesse caso, é ônus do adquirente provar a sua boa-fé.

Caracterizada a fraude à execução, o ato praticado é **ineficaz**, ou seja, ele não produzirá nenhum efeito em relação ao credor, que poderá requerer e penhorar o bem (CPC/2015, art. 792, § 1º).

Por fim, cumpre destacar o **termo inicial da fraude à execução nos casos de desconsideração da personalidade jurídica**, vez que, aparentemente, os arts. 137 e 792, § 3º do CPC/2015 são contraditórios.

É que o art. 137 do CPC/2015 dispõe que "a alienação ou a oneração de bens, havida em fraude de execução, será ineficaz em relação ao requerente". Esse dispositivo apenas trata do acolhimento da fraude à execução no incidente de desconsideração. Não versa, portanto, sobre o termo inicial da fraude.

Por sua vez, o art. 792, § 3º, do CPC/2015 disciplina o termo inicial da fraude à execução, estabelecendo que "nos casos de desconsideração da personalidade jurídica, a fraude à execução verifica-se a partir da citação da parte cuja personalidade se pretende desconsiderar". A interpretação literal deste dispositivo, leva-nos à conclusão de que o termo inicial deve ser considerado em relação ao executado originário, pois é dele que se pretendeu desconsiderar a personalidade. Contudo, uma interpretação lógica, impõe-nos interpretar que haverá fraude à execução para as

53. O processo civil e parte da doutrina no processo do trabalho entendem que somente haverá lide pendente após a citação.

alienações ou onerações de bens ocorridas depois da citação do sócio no incidente ou da sociedade no caso de desconsideração inversa.

> **Atenção:**
> A fraude à execução é considerada ato atentatório à dignidade da Justiça (CPC/2015, art. 774, I).

7.2.1. *Bens Sujeitos a Registro*

Para a caracterização da fraude à execução, a doutrina sempre defendeu ser irrelevante se o terceiro adquiriu o bem de boa-fé.

No entanto, o CPC/2015 passa a possibilitar que, se tratando de bens **não** sujeitos a registro, o adquirente, sob seu ônus, poderá demonstrar que agiu de boa-fé, afastando a fraude à execução (CPC/2015, art. 792, § 2º).

No que tange aos **bens imóveis**, a doutrina e a jurisprudência, na época do CPC/73, admitiam que, sendo a aquisição de boa-fé, a fraude não poderia ser reconhecida. Desse modo, se o comprador tomasse todas as precauções do homem médio, tais como se verificasse a certidão de registro do imóvel, retirasse certidões nos distribuidores cíveis, criminais e trabalhistas e nada constasse, não poderia ser penalizado, de modo que não seria declarada a fraude à execução. Nessa hipótese, incumbia ao adquirente provar que tinha agido de boa-fé.

Aparentemente, o CPC/2015 mudou essa regra, especialmente quanto ao ônus da prova.

Para os **bens sujeitos a registro**, o que incluiu evidentemente os bens imóveis, a alienação é considerada em fraude à execução se existir averbação, ou seja, gera presunção absoluta. Não existindo averbação, presume-se de boa-fé a aquisição, passando a ser **ônus do exequente** a demonstração da má-fé, incumbindo-lhe demonstrar que o adquirente tinha conhecimento da existência da ação pendente.

Em resumo, de acordo com o CPC/2015 temos a seguinte regra:

Bens não sujeitos a registro	Ônus do adquirente provar sua boa-fé
Bens sujeitos a registro	1) Com averbação: presunção absoluta de fraude à execução 2) Sem averbação: ônus do credor de provar a má-fé do adquirente

7.3. Principais diferenças

Fraude contra credores	Fraude à execução
Não tem ação pendente	Ação pendente
Depende de ação autônoma (ação pauliana)	Declarada incidentalmente
Ato anulável	Ato ineficaz

8. EXECUÇÃO POR QUANTIA CERTA

8.1. Introdução

A execução por quantia certa tem por objeto expropriar bens do devedor, a fim de satisfazer o direito do credor. Nesse caso, sendo o patrimônio do devedor superior à quantidade de dívidas contraídas, chamamos de devedor solvente.

Assim, quantificada a dívida, inicia-se a execução, que passa pelas seguintes fases:

1) citação para pagamento (CLT, art. 880 e 881);

2) constrição de bens: oportunidade em se realiza a penhora de bens, tantos quanto bastem para o pagamento do exequente (CLT, art. 882 e 883);

3) defesa do executado: que ocorre por meio dos embargos de execução, sabendo-se que o exequente, no mesmo prazo, poderá apresentar impugnação à decisão de liquidação (CLT, art. 884 a 886);

4) expropriação de bens: momento em que os bens penhorados são alienados (vendidos) para o pagamento da execução (CLT, art. 888).

8.2. Citação

Requerida a execução, o juiz mandará expedir o mandado de citação, a fim de que cumpra a decisão ou o acordo no prazo, pelo modo e sob as cominações estabelecidas ou, quando se tratar de pagamento em dinheiro, inclusive de contribuições sociais devidas à União, para que o faça em 48 horas ou garanta a execução, sob pena de penhora (CLT, art. 880, caput).

Nessa fase, a **citação é feita por oficial de justiça** (CLT, art. 880, § 2º). Além disso, nesse momento, a citação é **ato pessoal**, ou seja, deve ser feita na pessoa do executado ou por quem tenha poderes expressos para representá-lo.

Difere-se, portanto, da fase de conhecimento, em que a citação, em regra, é via postal, sendo ato impessoal.

O mandado de citação deverá conter a decisão exequenda ou o termo de acordo não cumprido (CLT, art. 880, § 1º).

É possível, ainda, a citação por edital, desde que preencha, cumulativamente, dois requisitos:

a) o executado seja procurado 2 vezes no espaço de 48 horas;

b) o executado não seja encontrado.

Na citação feita por edital, este será publicado no jornal oficial ou, na falta deste, afixado na sede da vara ou juízo, durante 5 dias (CLT, art. 880, § 3º).

Realizada a citação, no prazo de 48 horas, o executado poderá adotar as seguintes alternativas:

1) **pagar a dívida**;
2) **garantir a execução**, mediante o depósito do valor da dívida, atualizada e acrescida das despesas processuais, ou apresentação de seguro-garantia judicial (CLT, art. 882);
3) **nomear bens à penhora**, observada a ordem do art. 835 do CPC/2015 (CLT, art. 882);
4) **manter-se inerte**, caso em que será realizada a penhora pelo oficial de justiça.

8.3. Medidas executivas indiretas para cumprimento voluntário da sentença condenatória

Como forma de dar efetividade à tutela jurisdicional e concretizar o resultado do processo, o ordenamento prevê diversos mecanismos de pressão indireta do executado para que cumpra **voluntariamente** a sentença condenatória, ganhando destaque os instrumentos dispostos no art. 883-A da CLT, in verbis:

> **Art. 883-A.** A decisão judicial transitada em julgado somente poderá ser levada a protesto, gerar inscrição do nome do executado em órgãos de proteção ao crédito ou no Banco Nacional de Devedores Trabalhistas (BNDT), nos termos da lei, depois de transcorrido o prazo de quarenta e cinco dias a contar da citação do executado, se não houver garantia do juízo.

O **Banco Nacional de Devedores Trabalhistas** constitui-se em importante mecanismo para a identificação daqueles que forem inadimplentes na Justiça do Trabalho, acarretando consequências na participação de licitações e transações imobiliárias.

O **protesto** tem como objetivo a ampliação da publicidade das decisões judiciais transitadas em julgado.

Ademais, é possível a **inscrição do nome do executado em cadastros de inadimplentes**, constituindo-se como medida de garantia à efetividade da execução.

De qualquer maneira, pela análise literal do aludido dispositivo, para se valer de tais mecanismos de efetivação da tutela jurisdicional são necessários os seguintes requisitos:

- trânsito em julgado da decisão;
- ultrapassar o prazo de 45 dias a contar da citação do executado;[54]
- não ocorrer a garantia do juízo.

54. Como o art. 883-A da CLT foi incluído pela Lei nº 13.467/17, o C. TST estabeleceu que o prazo de 45 dias a contar da citação do executado para a realização de medidas de execução indireta apenas se aplica às execuções iniciadas a partir de 11.11.2017 (data de vigência da Lei nº 13.467/17) (TST-IN nº41/2018, art. 15).

Aliás, a **hipoteca judicial**, estudada no capítulo de sentença, é outro mecanismo de efetivação da tutela jurisdicional, pois permite o direito de sequela e de preferência aos credores trabalhistas prevenindo eventuais fraudes à execução.

Ademais, o art. 139, IV, do CPC, aplicável ao processo do trabalho (TST-IN 39/16, art. 3º, III), autoriza que o juiz determine "todas as medidas indutivas, coercitivas, mandamentais ou sub-rogatórias necessárias para assegurar o cumprimento de ordem judicial, inclusive nas ações que tenham por objeto prestação pecuniária".

São, pois, medidas executivas indiretas, buscando pressionar psicologicamente o executado a cumprir a obrigação por meio da ameaça de que sua situação poderá ser piorada, caso não cumpra a decisão judicial.

Nesse contexto, algumas decisões determinam a retenção do passaporte e suspensão da Carteira Nacional de Habilitação (CNH) do executado como forma de pressionar o cumprimento da determinação judicial. O entendimento majoritário dos Tribunais Regionais Trabalhistas é pela impossibilidade de utilização de tais meios, porque fogem ao aspecto patrimonial da execução, atingindo a dignidade do executado, além de restringir sua liberdade de ir e vir. A nosso juízo, por se tratar de medidas indiretas, seu objetivo, como já visto, é pressionar psicologicamente o devedor ao cumprimento da obrigação, de modo que são cabíveis tais medidas, desde que já tenham sido tomadas todas as medidas típicas para satisfação da obrigação e estas forem infrutíferas. Ademais, essas medidas devem ser necessárias, lógicas e proporcionais, impondo-se decisão devidamente fundamentada[55].

Por fim, não podemos deixar de dizer que outro mecanismo de efetivação da tutela jurisdicional é a multa prevista no art. 523, § 1º, do CPC/2015, a qual dispõe que, não ocorrendo o pagamento no prazo de 15 dias da condenação de quantia certa ou já fixada em liquidação, o débito deverá ser acrescido de multa de 10% e, também, de honorários de advogado de 10%.

No entanto, infelizmente, o C. TST decidiu que o **art. 523, § 1º, do CPC/2015 é incompatível com o direito processual do trabalho**. A decisão foi proferida em julgamento de incidente de recurso de revista repetitivo, sendo, portanto, de observância obrigatória (CPC/2015, art. 927, III; TST-IN nº 39/2016, art. 15, I, a).

RECURSO DE REVISTA REPETITIVO

O Tribunal Pleno, por maioria, definiu a seguinte tese jurídica para o Tema Repetitivo nº 0004 - MULTA DO ART. 523, § 1º, DO CPC DE 2015 (ART. 475-J DO CPC DE 1973). COMPATIBILIDADE COM O PROCESSO DO TRABALHO: a multa coercitiva do art. 523, § 1º, do CPC de 2015 (art. 475-J do CPC de 1973) não é compatível com as normas vigentes da CLT por que se rege o processo de trabalho, ao qual não se aplica.

55. STJ - RHC 97.876/SP, Rel. Min. Luis Felipe Salomão, 4ª Turma, julgado 5.6. 2018, DJe 9.8.2018.

Vencidos os Ministros Mauricio Godinho Delgado, relator, Kátia Magalhães Arruda, revisora, Augusto César Leite de Carvalho, José Roberto Freire Pimenta, Delaíde Miranda Arantes, Hugo Carlos Scheuermann, Cláudio Mascarenhas Brandão, Douglas Alencar Rodrigues, Maria Helena Mallmann, Lelio Bentes Corrêa e Luiz Philippe Vieira de Mello Filho. TST-IRR-1786-24.2015.5.04.0000, Tribunal Pleno, rel. Min. Mauricio Godinho Delgado, red. p/ acórdão Min. João Oreste Dalazen, 21.8.2017 (Informativo nº 162)

8.3.1. Certidão Negativa de Débitos Trabalhistas

A Lei nº 12.440/11[56] instituiu a certidão negativa de débitos trabalhistas (CNDT), incluindo o art. 642-A na CLT e alterando a Lei nº 8.666/93. Seu objetivo foi minimizar a violação de direitos trabalhistas e dar efetividade, celeridade e publicidade na execução ocorrida da Justiça do Trabalho, uma vez que a certidão comprova que pessoas físicas e jurídicas não possuem débitos inadimplidos perante a Justiça do Trabalho.

Nesse contexto, referida lei impôs que somente poderá se habilitar nas licitações aquele que tiver regularidade trabalhista (Lei nº 8.666/93, art. 27, IV). Desse modo, para se habilitar no processo licitatório, o interessado deverá apresentar documentação relativa à regularidade trabalhista, a qual será feita por meio de prova de inexistência de débitos inadimplidos perante a Justiça do Trabalho, mediante a apresentação de **certidão negativa** (Lei nº 8.666/93, art. 29, V).

A CNDT tem sido utilizada, ainda, para fins de transação imobiliária. É que a Recomendação nº 3, de 15 de março de 2012 do CNJ, recomenda aos tabeliães de notas que cientifiquem as partes envolvidas sobre a possibilidade de obtenção da CNDT nos casos de alienação ou oneração, a qualquer título, de bem imóvel ou direito a ele relativo e na partilha de bens imóveis em razão de separação, divórcio ou dissolução de união estável.

A certidão negativa de débitos trabalhistas (CNDT) **é expedida gratuita e eletronicamente pela Justiça do Trabalho** (CLT, art. 642-A, caput). Sua expedição é regulamentada pela Resolução Administrativa nº 1.470/2011 do TST.

8.3.1.1. Banco Nacional de Devedores Trabalhistas

Em razão de a CNDT ser expedida de forma gratuita e eletrônica pela Justiça do Trabalho, foi necessária a criação de uma base de dados integrada, de âmbito nacional, que contivesse as informações sobre as pessoas físicas e jurídicas inadimplentes na

56. A Lei nº 12.440/11 é objeto da ADI nº 4716-DF, ajuizada pela CNI (Conferência Nacional da Indústria), não tendo sido ainda decidida pelo STF.

seara trabalhista, além de uma padronização e regulamentação de frequência, conteúdo e formato dos arquivos disponibilizados pelos Tribunais Regionais do Trabalho.

Desse modo, a Resolução Administrativa nº 1.470/2011 do TST instituiu o Banco Nacional de Devedores Trabalhistas (BNDT), composto dos dados necessários para a identificação das pessoas naturais e jurídicas, de direito público e privado, que forem inadimplentes na Justiça do Trabalho quanto às obrigações estabelecidas em sentença condenatória transitada em julgado ou em acordos judiciais trabalhistas e decorrentes de execução de acordos firmados perante o MPT ou Comissão de Conciliação Prévia (art. 1º[57]).

A inclusão no BNDT do devedor que, devidamente cientificado, não pagar o débito ou descumprir a obrigação de fazer ou não fazer depois de transcorrido o prazo de 45 dias, a contar da citação do executado, se não houver garantia do juízo, é obrigatória (art. 1º, § 1º).

Antes da efetivação da ordem de inclusão do devedor no BNDT, tratando-se de execução por quantia certa, o Juízo da Execução determinará o bloqueio eletrônico de numerário por meio do sistema BACENJUD e também registrará no sistema, quando for o caso, a informação sobre a existência de garantia total da execução (art. 1º, § 1º-A).

Não serão inscritas no BNDT as pessoas jurídicas que gozarem do privilégio do pagamento de seus débitos por meio do sistema previsto no artigo 100 da Constituição da República, antes de vencido o prazo para quitação do precatório e das pessoas jurídicas que tiverem adotado o regime especial de pagamento de precatórios instituído pela Emenda Constitucional nº 62/2009, desde que estas mantenham pontualidade em seus depósitos (art. 1º, §§ 1º-B e 1º-C). Além desses, não será também inscrito no BNDT o devedor cujo débito é objeto de execução provisória (art. 1º, § 3º).

Uma vez inscrito, o devedor comporá pré-cadastro para a emissão da CNDT e disporá do prazo improrrogável de 30 dias para cumprir a obrigação ou regularizar a situação, a fim de evitar a positivação de seus registros junto ao BNDT. Cabe destacar que a alteração dos dados do devedor no BNDT não renova ou modifica o prazo de 30 dias (art. 1º, §§ 4º e 6º).

Transcorrido o prazo 30 dias, a inclusão do devedor inadimplente acarretará, conforme o caso, a emissão de Certidão Positiva ou de Certidão Positiva com efeito de negativa (art. 1º, § 5º).

A inclusão, a alteração e a exclusão de dados no BNDT serão sempre precedidas de determinação judicial expressa. Na execução por carta, essa alteração cabe ao Juiz deprecante, enquanto as alterações decorrentes de decisão do TRT ou do TST são imediatamente comunicadas ao juízo de origem, a quem caberá a atualização

57. Os artigos citados nesse tópico dizem respeito à Resolução Administrativa nº 1470/2011 do TST.

(art. 2º, §§ 1º e 2º). Ainda, cabe aos Tribunais Regionais do Trabalho determinar a atualização dos dados do BNDT antes do envio dos autos ao TST para julgamento de eventual recurso interposto (art. 2º, § 3º).

Havendo o pagamento da dívida ou a satisfação da obrigação, o Juiz da Execução determinará a imediata exclusão dos devedores do BNDT (art. 2º, § 4º).

8.3.1.2. Não obtenção da CNDT

Como visto, a CNDT demonstra que não existem débitos inadimplidos perante a Justiça do Trabalho.

De acordo com o art. 642-A, § 1º, da CLT, o interessado não obterá a certidão, ou seja, será considerado devedor trabalhista, quando em seu nome constar:

1) o inadimplemento de obrigações estabelecidas em **sentença condenatória transitada em julgado** proferida pela Justiça do Trabalho ou em **acordos judiciais trabalhistas**, inclusive no concernente a recolhimentos previdenciários, a honorários, a custas, a emolumentos ou a recolhimentos determinados em lei; ou

2) o inadimplemento de obrigações decorrentes de execução de **acordos** firmados perante o Ministério Público do Trabalho ou Comissão de Conciliação Prévia.

Observa-se que a inadimplência das obrigações contraídas tanto em títulos executivos judiciais (sentença condenatória transitada em julgado e acordos judiciais trabalhistas – CLT, art. 876) como em títulos executivos extrajudiciais (acordos firmados perante o MPT ou em Comissão de Conciliação Prévia) são fatos impeditivos da obtenção da CNDT.

Acreditamos que o inadimplemento de obrigações decorrentes de outros títulos executivos estabelecidos nos arts. 876 da CLT; 114, VII, da CF/88; e 13 da IN nº 39/2016 do TST, principalmente no tocante à certidão de dívida ativa da União referente às penalidades administrativas impostas ao empregador pelos órgãos de fiscalização do trabalho e ao cheque e à nota promissória emitidos em reconhecimento de dívida inequivocamente de natureza trabalhista também devem ser considerados fatores impeditivos da emissão da CNDT[58].

Atenta-se para o fato de que a inclusão no BNDT e, consequentemente, a não emissão da CNDT não é limitada ao descumprimento das obrigações de pagar, alcançando todas as obrigações. O que viabiliza, portanto, a inclusão no BNDT é a **natureza condenatória** da decisão, do acordo ou do TAC, de modo que pensamos ser possível sua inclusão inclusive no caso de obrigações de fazer, não fazer e de entrega de coisa, embora esta última obrigação não conste especificamente do art. 1º, § 1º, da Resolução Administrativa nº 1.470/2011 do TST.

58. Nesse sentido: MOURA, Marcelo. *Consolidação das Leis do Trabalho para concursos.* 6. ed. Salvador: Editora Juspodivm, 2016. p. 707.

Ressalta-se, ainda, que o inadimplemento das obrigações possui como termo inicial a citação do executado para o pagamento do débito, entrega da coisa, cumprimento da obrigação ou garantia da execução no prazo de 48 horas (CLT, art. 880). No entanto, como já dito, por força do art. 883-A da CLT, a possibilidade de inclusão no Banco Nacional de Devedores Trabalhistas somente ocorrerá após 45 dias a contar da citação do executado, se não houver garantia do juízo.

8.3.1.3. Certidão positiva de débitos trabalhistas com efeitos de negativa

A Certidão Negativa de Débitos Trabalhistas não será expedida quando, decorrido o prazo de regularização (30 dias), constar do Banco Nacional de Devedores Trabalhistas o número de inscrição no CPF ou no CNPJ da pessoa sobre quem deva versar (art. 6º). Nesse caso, será expedida a Certidão Positiva de Débitos Trabalhistas – CPDT.

Além disso, é possível a expedição de Certidão Positiva com efeitos de negativa nas hipóteses de:

1) suspensão da exigibilidade do débito; ou

2) garantia da execução por depósito, bloqueio de numerário ou penhora de bens suficientes, devidamente formalizada.

Noutras palavras, nesses casos constará que se trata de devedor trabalhista, mas, em razão da suspensão da exigibilidade do débito ou da garantia do juízo, não obstará sua participação em processo licitatório.

É por isso que a certidão é positiva, mas com efeitos de negativa (CLT, art. 642-A, § 2º, e Res. Administrativa nº 1.470/2011, arts. 1º, § 2º, e 6º, § 2º). É válido ressaltar que, para o C. TST, a garantia da execução deve ser total para que seja expedida a Certidão Positiva de Débitos Trabalhistas com efeitos de negativa.

Cumpre destacar que, embora o art. 883-A da CLT somente autorize a inclusão no banco nacional de devedores se não houver garantia do juízo, essa restrição não obsta que o devedor seja incluído no banco, mas lhe seja fornecida certidão positiva com efeitos de negativa, por expressa autorização do art. 642-A, § 2º, da CLT. Queremos dizer, a interpretação sistemática dos arts. 642, § 2º, e 883-A da CLT autoriza a inclusão do nome do devedor no banco nacional para fins de certidão positiva com efeitos de negativa.

Nas execuções promovidas contra dois ou mais devedores, as informações sobre a suspensão da exigibilidade do débito ou garantia da execução por depósito, bloqueio de numerário ou penhora suficiente deverão ser individualizadas por devedor (art. 3º, § 3º).

Paga a dívida ou satisfeita a obrigação, o Juiz da execução determinará a imediata exclusão do(s) devedor(es) do Banco Nacional de Devedores Trabalhistas (art. 3º, § 4º).

8.3.1.4. Validade da CNDT

Nos termos do art. 642-A, § 3º, da CLT, a Certidão Negativa de Débitos Trabalhistas é válida a todos os estabelecimentos, agências e filiais da empresa, servindo, portanto, de estímulo à quitação das dívidas trabalhistas.[59]

8.3.1.5. Prazo de validade da CNDT

O prazo de validade da CNDT é de 180 dias, contado da data de sua emissão (CLT, art. 642-A, § 4º). Assim, após o decurso do prazo, é necessária a expedição de nova CNDT.

Além disso, é válido destacar que o TST deve manter repositório de todas as informações constantes do banco de dados da CNDT pelo prazo mínimo de 5 anos (Res. Administrativa nº 1.470/11, art. 7º).

8.3.2. Protesto

O artigo 1º da Lei nº 9.492/97 define o protesto como "o ato formal e solene pelo qual se prova a inadimplência e o descumprimento de obrigação originada em títulos e outros documentos de dívida".

A principal função de protestar a decisão judicial é ampliar a publicidade da decisão judicial.

Embora a publicidade, em regra, esteja presente nos atos judiciais, no protesto pode atingir outras dimensões. O tabelião pode, por exemplo, enviar a relação atualizada de títulos e documentos de dívida protestados para inscrição no cadastro dos órgãos de restrição ao crédito. Desse modo, pela exposição social gerada ao devedor, bem como pela restrição de diversos tipos de crédito, o protesto tem como objetivo o estímulo ao pagamento, protegendo, dessa forma, os direitos dos credores.

Com o advento da Lei 13.467/17, acrescentou-se o art. 883-A à CLT dispondo que a decisão judicial transitada em julgado somente poderá ser levada a protesto depois de transcorrido o prazo de 45 dias a contar da citação do executado.

Como, contudo, o procedimento não foi disciplinado de forma completa pela CLT, acreditamos que as regras do art. 517 CPC/2015 devem ser aplicáveis ao processo do trabalho, nos casos em que houver compatibilidade com essa seara.

Desse modo, para efetivar o protesto, o credor deverá apresentar certidão de teor da decisão (§ 1º do art. 517 do CPC/2015), contendo qualificação das partes,

59. MOURA, Marcelo. *Consolidação das Leis do Trabalho para concursos*. 6. ed. Salvador: Editora Juspodivm, 2016. p. 707.

número do processo, valor da dívida e data do decurso do prazo de 45 dias (§ 2º do art. 514 do CPC/2015, c/c o art. 883-A da CLT).

Ademais, caso tenha sido proposta ação rescisória pelo executado, este poderá requerer a anotação da propositura da ação à margem do título protestado, nos termos do § 3º do art. 517 do CPC/2015.

No caso de satisfação integral da obrigação, o próprio executado deverá requerer o cancelamento do protesto ao juiz e, caso seja deferido, este deverá encaminhar ofício ao cartório no prazo de três dias (§ 4º do art. 517 do CPC/2015). Atente-se, nesse particular, que, como a CLT não prevê detalhadamente o protesto, o aludido § 4º deverá incidir supletivamente as regras do CPC, de modo que, mesmo depois da garantia do juízo, o protesto poderá ser realizado, somente devendo ser cancelado após a satisfação integral do débito.

8.3.3. Inclusão do nome do executado em cadastro de inadimplentes (SERASAJUD)

Além da possibilidade do protesto da sentença transitada em julgado, o art. 883-A da CLT permite outra medida executiva indireta, qual seja, a inclusão do nome do executado em cadastros de inadimplentes.

No entanto, não estabelece seu procedimento, de modo que deve ser aplicado o CPC naquilo que se compatibiliza com a seara laboral.

Nesse sentido, o art. 782, §§ 3º ao 5º, do CPC/2015 possibilita que, a requerimento da parte, o juiz possa, diretamente, determinar a **inclusão do nome do executado em cadastros de inadimplentes, desde que se trate de execução definitiva de título judicial**. Impõe, portanto, o trânsito em julgado da sentença judicial.

A inclusão do nome do executado em cadastro de inadimplentes pode ocorrer quando o executado for o reclamado ou quando for o reclamante, nos casos que for o responsável pelo pagamento de honorários periciais (CLT, art. 790-B), honorários advocatícios sucumbenciais (CLT, art. 791-A, § 4º) ou de custas processuais, na hipótese de ausência à audiência sem apresentar motivo legalmente justificável (CLT, art. 844, § 2º).

Caso seja efetuado o pagamento, garantida ou extinta a execução, a inscrição no referido cadastro de inadimplentes será cancelada imediatamente (CPC/2015, art. 782, § 4º).

Cumpre destacar que a maioria dos tribunais trabalhistas possui convênio com o SERASA (Serasa Experian), por meio do SerasaJud, o qual permite que a inscrição do nome do executado seja realizada através de ofícios eletrônicos, reduzindo-se o tempo e os custos.

8.4. Nomeação de Bens

Optando o executado por nomear bens à penhora, deverá observar a ordem preferencial do art. 835 do CPC/2015 (CLT, art. 882; TST-IN nº 39/2016, art. 3º, XVI), a seguir disposta:

> I – dinheiro, em espécie ou em depósito ou aplicação em instituição financeira;
>
> II – títulos da dívida pública da União, dos Estados e do Distrito Federal com cotação em mercado;
>
> III – títulos e valores mobiliários com cotação em mercado;
>
> IV – veículos de via terrestre;
>
> V – bens imóveis;
>
> VI – bens móveis em geral;
>
> VII – semoventes;
>
> VIII – navios e aeronaves;
>
> IX – ações e quotas de sociedades simples e empresárias;
>
> X – percentual do faturamento de empresa devedora;
>
> XI – pedras e metais preciosos;
>
> XII – direitos aquisitivos derivados de promessa de compra e venda e de alienação fiduciária em garantia;
>
> XIII – outros direitos.

Ressalta-se que é prioritária a penhora em dinheiro, podendo o juiz, nas demais hipóteses, alterar a ordem prevista anteriormente de acordo com as circunstâncias do caso concreto (CPC/2015, art. 835, § 1º; TST-IN nº 39/2016, art. 3º, XVI). Noutras palavras, o juiz pode alterar a ordem dos bens penhoráveis, no caso concreto, exceto quanto ao dinheiro que sempre será o primeiro na ordem de penhora.

É interessante observar que, na ordem preferencial da penhora, o legislador indicou expressamente o art. 835 do CPC/2015, não se aplicando assim a regra de incidência subsidiária da Lei de Executivos Fiscais, como ocorre nos demais casos da execução. Noutras palavras, nesse caso, não se aplica o art. 889 da CLT que impõe a aplicação da Lei de Execução Fiscal (Lei nº 6.830/80), incidindo direta e subsidiariamente o CPC. No mesmo caminho, declina ao art. 3º, XVI, da IN nº 39/2016, do TST:

> **Art. 3º.** Sem prejuízo de outros, aplicam-se ao Processo do Trabalho, em face de omissão e compatibilidade, os preceitos do Código de Processo Civil que regulam os seguintes temas:
>
> (...)
>
> XVI – art. 835, incisos e §§ 1º e 2º (ordem preferencial de penhora);

8.5. Penhora

Caso o executado não pague a dívida ou garanta a execução, será realizada a penhora de seus bens, tantos quantos bastem ao pagamento da importância da condenação, acrescida de custas e juros de mora (CLT, art. 883).

A penhora é ato de império do Estado que introduz no patrimônio do devedor, vinculando determinados bens que serão destinados a satisfazer o crédito do exequente.

É interessante observar que a penhora produz alguns **efeitos:**

a) **individualiza determinados bens do devedor**, ficando sujeitos à atividade executiva;

b) **garante o juízo**: significa que, sendo os bens penhorados suficientes para o pagamento do crédito do exequente e das despesas processuais, o futuro da execução estará garantido;

c) **gera direito de preferência ao credor**: havendo mais de uma penhora sobre o bem, o credor que, primeiramente, obteve a penhora tem preferência quanto aos demais;

d) **retira do devedor (executado) a posse direta do bem**: exceto quando fica como depositário do bem (CPC/2015, art. 840, § 2º)[60];

e) **torna ineficaz os atos de alienação ou oneração dos bens penhorados**: o executado, após a penhora, poderá até alienar os bens, mas ela não produzirá efeitos para a execução, ou seja, é como se não tivesse sido realizada.

   Esse efeito não é automático. É que o art. 792, III, do CPC/2015 impõe que haja averbação da constrição judicial para que a alienação ou oneração sejam consideradas como fraude à execução, gerando presunção absoluta de que o terceiro adquirente tinha conhecimento do ato de constrição. Nesse mesmo sentido, inclusive, declina o art. 844 do CPC/2015: "para presunção absoluta de conhecimento por terceiros, cabe ao exequente providenciar a averbação do arresto ou da penhora no registro competente, mediante apresentação de cópia do auto ou do termo, independentemente de mandado judicial".

   Por outro lado, se a penhora não for averbada no registro do bem, será necessário que o credor demonstre a má-fé do adquirente, incumbindo-lhe o ônus da prova de que o terceiro adquirente sabia ou deveria saber do gravame imposto. Ademais, tratando-se de bens não sujeitos a registro, caberá ao terceiro adquirente demonstrar sua boa-fé, indicando que adotou todas as cautelas necessárias para a compra do bem[61].

   Assim, a penhora produzirá o efeito de tornar os atos de alienação ou oneração dos bens constritos ineficazes desde que seja averbada no registro competente ou, se for o caso, demonstrada a má-fé do adquirente ou a boa-fé do terceiro adquirente.

A penhora será efetuada onde quer que se encontrem os bens, ainda que sob a posse, detenção ou guarda de terceiros (CPC/2015, art. 845).

---

60. Nesse caso, altera-se o título da posse: antes como proprietário, agora como depositário.
61. DIDIER JR., Fredie et al. *Curso de direito processual civil, v. 5: execução*. 7. ed. Salvador: Editora Juspodivm, 2017. p. 402.

No entanto, não se levará a efeito a penhora, quando evidente que o produto da execução dos bens encontrados será totalmente absorvido pelo pagamento das custas da execução (CPC/2015, art. 836). Trata-se do denominado princípio da utilidade para o credor. Quando não encontrar quaisquer bens penhoráveis, independentemente de determinação judicial expressa, o oficial descreverá na certidão os que guarnecem a residência ou o estabelecimento do executado, quando este for pessoa jurídica. Após elaborada a lista com os referidos bens, o executado ou seu representante legal será nomeado depositário provisório de tais bens até ulterior determinação do juiz (CPC/2015, art. 836, §§ 1º e 2º; TST-IN nº 39/2016, art. 3º, XVII).

A penhora será considerada feita mediante a apreensão e o depósito dos bens, lavrando-se um só auto se as diligências forem concluídas no mesmo dia. Havendo mais de uma penhora, lavrar-se-á autos individuais (CPC/2015, art. 839).

O auto de penhora conterá, nos termos do art. 838 do CPC/2015:

> I – a indicação do dia, do mês, do ano e do lugar em que foi feita;
>
> II – os nomes do exequente e do executado;
>
> III – a descrição dos bens penhorados, com as suas características;
>
> IV – a nomeação do depositário dos bens.

Consigna-se que não se terá a segunda penhora, salvo se:

> I – a primeira for anulada;
>
> II – executados os bens, o produto da alienação não bastar para o pagamento do exequente;
>
> III – o exequente desistir da primeira penhora, por serem litigiosos os bens ou por estarem submetidos a constrição judicial (CPC/2015, art. 851).

Como a CLT trata apenas da citação para pagamento, garantir a execução ou nomear bens à penhora (art. 883), não versando sobre a intimação da penhora, a nosso juízo, deve incidir, subsidiariamente, o art. 841 do CPC/2015 (TST-IN nº 39/2016, art. 3º, XVIII[62]), que assim vaticina:

> **Art. 841.** Formalizada a penhora por qualquer dos meios legais, dela será imediatamente intimado o executado.
>
> § 1º. A intimação da penhora será feita ao advogado do executado ou à sociedade de advogados a que este pertença.
>
> § 2º. Se não houver constituído advogado nos autos, o executado será intimado pessoalmente, de preferência por via postal.
>
> § 3º. O disposto no § 1º não se aplica nos casos em que a penhora se tiver realizado na presença do executado, que se reputa intimado.

62. Art. 3º. Sem prejuízo de outros, aplicam-se ao Processo do Trabalho, em face de omissão e compatibilidade, os preceitos do Código de Processo Civil que regulam os seguintes temas: (...) XVIII – art. 841, §§ 1º e 2º (intimação da penhora).

§ 4º. Considera-se realizada a intimação a que se refere o § 2º quando o executado houver mudado de endereço sem prévia comunicação ao juízo, observado o disposto no parágrafo único do art. 274.

A intimação da penhora, dentre outras utilidades, tem como finalidade facilitar a identificação do prazo de início para a interposição dos embargos à execução.

A propósito, o executado pode, no prazo de 10 (dez) dias, contados da intimação da penhora, requerer a substituição do bem penhorado, desde que comprove que lhe será menos onerosa e não trará prejuízo ao exequente (CPC/2015, art. 847). Ademais, é admitida a redução ou a ampliação da penhora, bem como sua transferência para outros bens, se, no curso do processo, o valor de mercado dos bens penhorados sofrer alteração significativa (CPC/2015, art. 850).

Cumpre destacar que, na Justiça do Trabalho, o oficial de justiça, além das funções inerentes ao seu cargo, acumula a função de avaliador, sendo denominado, por isso, de oficial de justiça avaliador (CLT, art. 721). Portanto, é o **oficial de justiça que tem a incumbência de delimitar o valor do bem penhorado**, não sendo mais aplicado o art. 887 da CLT.

Por fim, após a avaliação, poderá mandar o juiz, a requerimento do interessado e ouvida a parte contrária:

I – reduzir a penhora aos bens suficientes ou transferi-la para outros, se o valor dos bens penhorados for consideravelmente superior ao crédito do exequente e dos acessórios;

II – ampliar a penhora ou transferi-la para outros bens mais valiosos, se o valor dos bens penhorados for inferior ao crédito do exequente (CPC/2015, art. 874).

Atenção:

Quando o exequente puder promover a execução por vários meios, o juiz deverá determinar que se faça pelo modo menos gravoso para o executado. Quando o executado fizer tal alegação, deverá indicar outros meios mais eficazes e menos onerosos, sob pena de manutenção dos atos executivos já determinados (CPC/2015, art. 805; TST-IN nº 39/2016, art. 3º, XIV).

Importante:

O juiz suspenderá o curso da execução, enquanto não for localizado o devedor ou encontrados bens sobre os quais possa recair a penhora, e, nesses casos, não correrá o prazo de prescrição. Decorrido o prazo máximo de 1 ano, sem que seja localizado o devedor ou encontrados bens penhoráveis, o juiz ordenará o arquivamento dos autos. Encontrados que sejam, a qualquer tempo, o devedor ou os bens, serão desarquivados os autos para prosseguimento da execução (art. 40 da Lei nº 6.830/80).

8.5.1. Depositário

O depósito do bem é elemento constitutivo essencial ao ato executivo, de modo que a penhora só se tornará efetiva com a **apreensão e o depósito** dos bens

(CPC/2015, art. 839). Isso ocorre porque a penhora busca subtrair o bem corpóreo da posse do executado, entregando-o a um depositário.

O depositário tem a função pública de guardar e conservar os bens submetidos à sua custódia.

O TST entende que a investidura no **encargo de depositário depende da aceitação do nomeado**, que deve assinar termo de compromisso no auto de penhora (OJ nº 89 da SDI-II do TST). Não se admite, portanto, a aceitação tácita[63].

Ressalta-se que, atualmente, é incabível a prisão civil do depositário infiel, por força da Súmula Vinculante nº 25 do STF, que estabelece o seguinte:

> É ilícita a prisão civil de depositário infiel, qualquer que seja a modalidade do depósito.

Os bens penhorados, nos termos do art. 840 do CPC/2015, serão preferencialmente depositados:

> I – as quantias em dinheiro, os papéis de crédito e as pedras e os metais preciosos, no Banco do Brasil, na Caixa Econômica Federal ou em banco do qual o Estado ou o Distrito Federal possua mais da metade do capital social integralizado, ou, na falta desses estabelecimentos, em qualquer instituição de crédito designada pelo juiz;
>
> II – os móveis, os semoventes, os imóveis urbanos e os direitos aquisitivos sobre imóveis urbanos, em poder do depositário judicial;
>
> III – os imóveis rurais, os direitos aquisitivos sobre imóveis rurais, as máquinas, os utensílios e os instrumentos necessários ou úteis à atividade agrícola, mediante caução idônea, em poder do executado.

Nos casos do item II, se não houver depositário judicial, os bens ficarão em poder do exequente (CPC/2015, art. 840, § 1º).

Caso haja anuência do exequente ou nos casos de difícil remoção, os bens poderão ser depositados em poder do executado (CPC/2015, art. 840, § 2º).

Desse modo, havendo discordância do credor, em execução definitiva, não tem o executado direito líquido e certo a que os valores penhorados em dinheiro fiquem depositados no próprio banco executado (devedor), ainda que atenda aos requisitos do art. 840, I, do CPC/2015 (Súmula nº 417, II, do TST).

Por fim, é importante destacar que o CPC/15, no art. 836, criou a figura do depositário provisório quando os bens do executado forem suficientes apenas para pagamento das custas da execução. Nesse caso, o oficial elaborará lista dos bens que guarnecem a residência ou o estabelecimento do executado, nomeando o executado ou seu representante legal como depositário provisório até ulterior determinação

63. O STJ, por sua vez, admite a aceitação tácita, pois exige a recusa expressa, como declina a Súmula nº 319, in verbis: "o encargo de depositário de bens penhorados pode ser expressamente recusado".

do juiz. Essa conduta é interessante porque busca evitar a ocultação de bens que posteriormente possam ser úteis para o processo somados a outros bens que venham a ser encontrados.

8.5.2. Penhora em dinheiro

Conforme já estudamos, a penhora busca individualizar determinados bens do devedor para no fim satisfazer o crédito do exequente, que ocorrerá com o pagamento do débito. É por isso que o bem penhorado deve obedecer a uma ordem de preferência que priorize sua liquidez, uma vez que, quanto mais liquidez possuir o bem, mais ágil e eficaz será a execução.

Nesse contexto, o art. 835, I, do CPC/2015 consagra o "dinheiro, em espécie ou em depósito ou aplicação em instituição financeira" como o primeiro item na ordem de preferência do bem a ser penhorado, pois é o bem que possui maior liquidez. Aliás, o art. 835, § 1º, do CPC/2015 declara expressamente que é prioritária a penhora em dinheiro.

É por isso que o ato judicial que determina penhora em dinheiro para garantir crédito exequendo não fere direito líquido e certo do executado, uma vez que é prioritária e obedece à gradação prevista no art. 835 do CPC/2015 (Súmula nº 417, I, do TST).

8.5.2.1. Bloqueio de contas bancárias (penhora on-line)

Com o objetivo de exaltar a preferência da penhora em dinheiro e efetivar a tutela jurisdicional, o TST realizou convênio com o Banco Central (BACEN JUD), no sentido de possibilitar aos magistrados o encaminhamento às instituições financeiras e demais instituições autorizadas a funcionar pelo BACEN ofícios eletrônicos contendo solicitações de informações sobre a existência de contas correntes e aplicações financeiras, permitindo, em seguida, o bloqueio e transferência dos depósitos existentes. Trata-se da chamada "penhora on-line", que se enquadra na penhora em dinheiro.

O Código de Processo civil, com o objetivo de regulamentar referido bloqueio "on-line", descreveu no caput do art. 854 do CPC/2015 o que segue:

> **Art. 854.** Para possibilitar a penhora de dinheiro em depósito ou em aplicação financeira, o juiz, **a requerimento do exequente**, sem dar ciência prévia do ato ao executado, determinará às instituições financeiras, por meio de sistema eletrônico gerido pela autoridade supervisora do sistema financeiro nacional, que torne indisponíveis ativos financeiros existentes em nome do executado, limitando-se a indisponibilidade ao valor indicado na execução. (Grifo nosso)

Ante a omissão da CLT e compatibilidade com o processo do trabalho, o art. 854 do CPC/2015 é aplicável na seara trabalhista (TST-IN nº 39/2016, art. 3º, XIX).

Contudo, era pacífico que, no processo do trabalho, o bloqueio "on-line" poderia ser feito ex officio, valendo-se especialmente do art. 878 da CLT.

Com a alteração do referido dispositivo pela Lei nº 13.467/17 parte da doutrina e da jurisprudência impedirá a utilização do Bacen-Jud de ofício pelo juiz, tendo em vista que o juiz apenas pode instaurar a execução de ofício nos casos em que as partes não estiverem representadas por advogado.

No entanto, como bem adverte Marinoni, Arenhart e Mitidiero:

> O caput do art. 854 dá a falsa impressão de que a penhora on line só se faz a requerimento do exequente. Basta, porém, uma interpretação sistemática do código para afastar esse equívoco. Recorde-se que a penhora de bens é atividade desenvolvida exclusivamente pelo próprio Estado. A penhora de dinheiro não foge a essa ideia, tratando-se a penhora on line apenas de um modo simplificado de comunicação entre o Judiciário e as instituições financeiras (art. 837). Por isso, e considerando que é função do Judiciário proceder à penhora de bens que localizar, preferencialmente de dinheiro, e que tratando-se de dinheiro depositado em instituição financeira, a penhora preferencialmente se faz por meio eletrônico (art. 837), é evidente que a penhora on line pode ser feita a requerimento do exequente (no caso dos arts. 524, VII e 798, II, c, do CPC) ou de ofício pelo juiz.[64] (Grifos no original)

No mesmo sentido, as lições de Humberto Theodoro Júnior:

> Ora, sé é dado ao oficial de justiça, ao cumprir o mandado de citação, penhora e avaliação, fazer a constrição dos bens que encontrar, inclusive dinheiro, sem que necessariamente haja prévia indicação pelo exequente, não há motivo para que o juiz também não possa fazê-lo. Além disso, trata-se de ato prévio de indisponibilidade dos valores depositados, e não de penhora[65].

E arremata Daniel Amorim Assumpção Neves:

> (...) citado o executado e não sendo realizado o pagamento, entendo absolutamente dispensável o expresso pedido do exequente para a realização da penhora on-line, afinal, como já asseverado, esta modalidade de ato constritivo é mera forma procedimental de realizar a penhora de dinheiro, primeira classe de bens prevista na ordem do art. 835 do Novo CPC. Cabe ao impulso oficial previsto no art. 2º do Novo CPC a realização da penhora, não sendo razoável condicional a utilização de um meio mais fácil, rápido, barato e eficaz ao expresso pedido do exequente[66].

No processo do trabalho, também não deve ser diferente, vez que, tal como no processo civil, o bloqueio "on-line" é mero procedimento para a formalização da penhora em dinheiro, estando inserido na atuação oficiosa do juízo, não dependendo,

64. MARINONI, Luiz Guilherme; ARENHART, Sérgio Cruz, MITIDIERO, Daniel. *Novo curso de processo civil: tutela dos direitos mediante procedimento comum*, v. II. São Paulo: Editora Revista dos Tribunais, 2015, p. 924.
65. THEODORO JÚNIOR, Humberto. *Curso de direito processual civil – execução forçada, processo nos tribunais, recursos e direito intertemporal.* V. III. 48. ed. rev. atual. e ampl. – Rio de Janeiro: Forense, 2016. p. 314.
66. NEVES, Daniel Amorim Assumpção. *Novo Código de Processo Civil comentado.* Salvador: Editora Juspodivm, 2016. p. 1.358.

portanto, de requerimento. No mesmo caminho, o Enunciado nº 114 da 2ª Jornada de direito material e processual do trabalho:

> **Enunciado nº 114 –** Execução. Impulso oficial. Pesquisa e constrição de bens. Possibilidade
> O impulso oficial da execução está autorizado pelo art. 765 da CLT e permite ao juiz a utilização dos mecanismos de pesquisa e de constrição de bens, inclusive por meio do sistema BACENJUD, sendo esse mero procedimento para formalização da penhora em dinheiro.

De qualquer maneira, é importante destacar que o CPC/15 criou um procedimento específico para discutir esse bloqueio, o qual será em momento anterior à penhora.

Desse modo, o juiz oficiará a instituição financeira no prazo de 24 horas, a contar da resposta do ofício, o juiz determinará o cancelamento de eventual indisponibilidade excessiva, o que deverá ser cumprido pela instituição financeira em igual prazo (CPC/2015, art. 854, § 1º).

Após tornados indisponíveis seus ativos financeiros[67], o executado será intimado na pessoa de seu advogado ou, não o tendo, pessoalmente (CPC/2015, art. 854, § 2º).

No prazo de 5 dias, o executado terá que comprovar que as quantias indisponíveis são impenhoráveis ou que ainda remanesce indisponibilidade excessiva de ativos financeiros (CPC/2015, art. 854, § 3º).

Caso quaisquer das supramencionadas alegações sejam acolhidas, o juiz deverá determinar o cancelamento de eventual indisponibilidade irregular ou excessiva, a ser cumprido pela instituição financeira em 24 horas (CPC/2015, art. 854, § 4º). A instituição financeira também contará com o prazo de 24 horas para cancelar a indisponibilidade dos ativos financeiros caso seja realizado o pagamento da dívida por outro meio (CPC/2015, art. 854, § 6º).

Nas hipóteses em que as alegações do executado forem rejeitadas ou não apresentadas, a indisponibilidade será convertida em penhora sem necessidade de lavratura de termo, devendo o juiz da execução determinar à instituição financeira depositária que, no prazo de 24 horas, transfira o montante indisponível para conta vinculada ao juízo da execução (CPC/2015, art. 854, § 5º). Percebe-se por esse dispositivo que a "penhora on-line" é um mero bloqueio on-line, posteriormente, convertida em penhora.

---

67. É importante mencionar que o art. 13, § 4º, do Regulamento BACEN JUD 2.0, alterado em dezembro de 2018, estabelece que, não atingida a integralidade da penhora pretendida, a instituição financeira participante deverá manter pesquisa de ativos do devedor durante todo o dia, até o horário limite para emissão de uma Transferência Eletrônica Disponível (TED) do dia útil seguinte à ordem judicial ou até a satisfação integral do bloqueio, o que ocorrer primeiro. Neste período, permanecem vedadas operações a débito (bloqueio intra day), porém são permitidas amortizações de saldo devedor de quaisquer limites de crédito (cheque especial, crédito rotativo, conta garantida etc). Essa alteração faz com que os bancos monitorem os ativos e as movimentações feitas pelo devedor durante todo o dia em que a conta estiver imobilizada e não apenas em um momento do dia, como era realizado anteriormente.

Atente-se para o fato de que, nas hipóteses em que a instituição financeira não respeitar os referidos prazos ou tornar indisponível ativos financeiros em valor superior ao indicado na execução ou pelo juiz, ela será responsável pelos prejuízos causados ao executado (CPC/2015, art. 854, § 8º).

8.5.2.2. Seguro-garantia judicial e fiança bancária

O art. 835, § 2º, do CPC/2015 declina que se equipara a dinheiro para efeitos da gradação e da substituição dos bens penhoráveis a **fiança bancária e o seguro-garantia judicial**, desde que em valor não inferior ao do débito em execução, acrescido de 30%. Esse dispositivo é aplicável ao processo do trabalho, como dispõe o C. TST na OJ nº 59 da SDI-II, in verbis:

> **Orientação jurisprudencial nº 59 da SDI–II do TST**. Mandado de segurança. Penhora. Carta de fiança bancária. Seguro Garantia Judicial.
>
> A carta de fiança bancária e o seguro garantia judicial, desde que em valor não inferior ao do débito em execução, acrescido de trinta por cento, equivalem a dinheiro para efeito da gradação dos bens penhoráveis, estabelecida no art. 835 do CPC de 2015 (art. 655 do CPC de 1973).

Com o advento da Lei nº 13.467/17, o art. 882 da CLT passou a prever expressamente a possibilidade de seja apresentado o seguro garantia judicial como forma de garantia da execução.

O dispositivo, no entanto, deixa dois questionamentos:

1. Há necessidade de que o seguro-garantia judicial seja acrescido de 30% do valor do débito?

2. A fiança bancária continua sendo admitida no processo do trabalho?

Quanto ao primeiro questionamento, é possível observar que o art. 882 da CLT aparentemente é contraditório, vez que, ao mesmo tempo que admite o seguro-garantia judicial sem prever a necessidade do acréscimo de 30%, autoriza a aplicação do art. 835 do CPC/2015, o qual impõe o referido acréscimo em seu § 2º.

Para que possamos afastar referida contradição, a nosso juízo, o art. 882 da CLT deve ser interpretado em conjunto com o art. 835, § 2º, do CPC, exigindo-se que o seguro-garantia judicial seja acrescido de 30%.

Aliás, não há falar, nesse particular, em aplicação dos arts. 9º e 15 da Lei 6.830/80 que não exigem esse acréscimo, vez que, por expressa previsão do art. 882 da CLT, nesse caso incide diretamente o art. 835 do CPC/2015.

Entendemos, portanto, que o seguro-garantia judicial deverá ser em valor não inferior ao débito, acrescido de 30%, mantendo o entendimento do C. TST na OJ nº 59 da SDI-II.

No mesmo sentido, determinou o CSJT e o TST no art. 3º, I, do Ato Conjunto n. 1, como analisaremos no próximo tópico.

No tocante à fiança bancária, apesar de não ter sido mencionada expressamente no texto do art. 882 da CLT, como se impõe a aplicação do art. 835 do CPC/2015, pensamos que sua utilização deverá ser mantida, desde que acrescida de 30%.

Cumpre consignar que, penhorado outro bem, poderá o executado postular sua substituição por fiança bancária ou seguro-garantia, desde que faça o requerimento no prazo de 10 dias, contados da intimação da penhora (CPC/2015, art. 847).

Assim, o requerimento do executado poderá ser indeferido quando formulado fora do prazo legal. Do mesmo modo, poderá ser indeferido quando a garantia não for suficiente ao previsto na legislação, ou seja, o valor for inferior ao principal acrescido de 30%.

8.5.2.3. Requisitos para apólice do seguro garantia judicial e da fiança bancária

O Conselho Superior da Justiça do Trabalho, o TST e a Corregedoria da Justiça do Trabalho regulamentam a possibilidade de garantia do juízo por meio do seguro garantia judicial e da fiança bancária no Ato Conjunto nº 1, de 16 de outubro de 2019, ficando a apólice condicionada aos seguintes requisitos:

> I – (...) o valor segurado deverá ser igual ao montante original do débito executado com os encargos e os acréscimos legais, inclusive honorários advocatícios, assistenciais e periciais, devidamente atualizado pelos índices legais aplicáveis aos débitos trabalhistas na data da realização do depósito, acrescido de, no mínimo, 30% (Orientação Jurisprudencial 59 da SBDI-II do TST).
>
> II – no seguro garantia para substituição de depósito recursal, o valor segurado inicial deverá ser igual ao montante da condenação, acrescido de, no mínimo 30%, observados os limites estabelecidos pela Lei 8.177 e pela Instrução Normativa 3 do TST;
>
> III – previsão de atualização da indenização pelos índices legais aplicáveis aos débitos trabalhistas;
>
> IV – manutenção da vigência do seguro, mesmo quando o tomador não houver pago o prêmio nas datas convencionadas, com base no art. 11, §1º, da Circular 477 da SUSEP e em renúncia aos termos do art. 763 do Código Civil e do art. 12 do Decreto-Lei 73, de 21 de novembro de 1966;
>
> V – referência ao número do processo judicial;
>
> VI – o valor do prêmio;
>
> VII – vigência da apólice de, no mínimo, 3 (três) anos;
>
> VIII – estabelecimento das situações caracterizadoras da ocorrência de sinistro nos termos do art. 9º deste Ato Conjunto;
>
> IX – endereço atualizado da seguradora;
>
> X – cláusula de renovação automática (art. 3º.).

O contrato de seguro não poderá conter cláusula de desobrigação decorrente de atos de responsabilidade exclusiva do devedor trabalhista, da seguradora ou de ambos, nem cláusula que permita sua rescisão, ainda que de forma bilateral (Ato Conjunto, art. 3º, § 1º.).

Observa-se, assim, que há necessidade do controle pelo juízo da execução da idoneidade do seguro garantia judicial e da fiança bancária apresentados. Essa análise formal e substancial tem como objetivo garantir que sejam observados o princípio da menor onerosidade ao executado, mas também que não haja prejuízos aos interesses do exequente (primazia do interesse do credor na execução).

A apresentação do seguro garantia judicial e da fiança bancária não se trata, portanto, de direito absoluto e incondicionado do executado, devendo ser respeitados requisitos para sua aceitação pelo juízo e respeitados os interesses do credor.

Não observando a apólice referidos requisitos, eventuais embargos opostos não serão conhecidos, determinando-se penhora livre de bens.

Pode ocorrer, ainda, de, ao invés de ser realizada a penhora de dinheiro ou de bens, o executado requerer a susbstituição pelo seguro garantia judicial ou pela fiança bancária, a qual é admitida no art. 7º do Ato Conjunto, vez que se equiparam ao dinheiro.

É importante destacar que a utilização da mesma apólice para garantia de mais de um processo judicial ou o uso de apólices falsas ou adulteradas implicará, além do não conhecimento dos embargos, a imposição de multa pela prática de litigância de má-fé ao reclamado ou ao executado (art. 793-B, incs. II, III e V, da CLT), sem prejuízo da correspondente representação criminal para apuração da possível prática de delito (Ato Conjunto, art. 6º, parágrafo único).

Enfim, garantindo-se o juízo por meio de seguro garantia judicial, a seguradora passa a ter obrigação de realizar o pagamento:

a) com o não pagamento pelo devedor trabalhista do valor executado, quando determinado pelo juiz;
b) com o não cumprimento da obrigação de, até 60 (sessenta) dias antes do fim da vigência da apólice, comprovar a renovação do seguro garantia ou apresentar nova garantia suficiente e idônea. A comprovação da renovação da apólice constitui incumbência do recorrente ou do executado, sendo desnecessária a sua intimação para a correspondente regularização (Ato Conjunto, art. 10).

Nessas hipóteses, o magistrado que estiver na direção do processo determinará à seguradora o pagamento do valor da execução, devidamente atualizada, no prazo 15 (quinze) dias, sob pena de contra ela prosseguir a execução nos próprios autos, sem prejuízo de eventuais sanções administrativas ou penais pelo descumprimento da ordem judicial.

8.5.3. Penhora de semoventes e de animais de estimação

O art. 835, VII, do CPC/2015 prevê a possibilidade da penhora de bens semoventes, consistentes naqueles que possuem movimento próprio e são passíveis de posse e propriedade, como é o caso dos animais.

Diante da previsão legal, entende-se que os animais com destinação puramente econômica, ou seja, aqueles que são, por exemplo, objeto de exploração pecuária podem ser penhorados, ressaltando que o art. 865 do CPC/15 considera que a penhora de semoventes apenas ocorrerá se não houver outro meio eficaz para a efetivação do crédito. Tem, assim, caráter subsidiário.

Contudo, questiona-se: é possível a penhora de animais de estimação, ainda que sejam de elevado valor?[68]

Para uns, não havendo ressalva na legislação e por se tratar de semoventes, poderão ser penhorados.

Para outros, com os quais pensamos estar a razão, os animais de estimação não podem ser penhorados, visto que, se os bens móveis e as plantações que guarnecem a casa do executado não podem ser penhorados[69], com maior razão o animal de estimação que tem vínculo afetivo com o executado, sob pena de violação da dignidade do executado.

Ademais, a retirada do animal doméstico do ambiente e convívio aos quais está adaptado poderia ser interpretado como prática de maus-tratos aos animais, conduta tipificada no art. 32 da Lei nº 9.605/98.[70]

Cabe ressaltar que a jurisprudência dos tribunais superiores, em especial do STJ, tem avançado com a finalidade de acompanhar a evolução das leis de proteção ao meio ambiente, inclusive do comando constitucional de proteção à fauna (art. 225, VII).[71] Especificamente quanto aos animais domésticos, o STJ já entendeu que merecem tratamento diferenciado, pois possuem relações afetivas com seus donos,

---

68. O Projeto de Lei nº 53/19 exclui expressamente os animais domésticos da definição de semoventes, impossibilitando, portanto, a sua penhora. Disponível em: https://www.camara.leg.br/proposicoesWeb/fichadetramitacao?idProposicao=2190488.
Acesso em: 28 fev. 2020.

69. Art. 1º, parágrafo único, da Lei nº 8.009/90: A impenhorabilidade compreende o imóvel sobre o qual se assentam a construção, as plantações, as benfeitorias de qualquer natureza e todos os equipamentos, inclusive os de uso profissional, ou móveis que guarnecem a casa, desde que quitados.

70. Art. 32. Praticar ato de abuso, maus-tratos, ferir ou mutilar animais silvestres, domésticos ou domesticados, nativos ou exóticos: Pena – detenção, de três meses a um ano, e multa.

71. Entendeu assim, por exemplo, que os animais silvestres mantidos fora de seu *habitat* natural por um longo período, não devem ser retirados de seus donos (STJ-AgInt no AREsp 668.359/RS, Rel. Ministro NAPOLEÃO NUNES MAIA FILHO, PRIMEIRA TURMA, julgado em 28/11/2017, DJe 05/12/2017).

razão pela qual, podem, por exemplo, ser objeto de regulamentação judicial nos casos de direito de visita.[72]

Desse modo, devido à afetividade envolvida na criação de animais de estimação, acreditamos que devem ser equiparados aos bens de família sendo, portanto, impenhoráveis[73].

8.5.4. Penhora sobre parte da renda de estabelecimento comercial

O art. 835 do CPC/2015 admite, em seu inciso X, a penhora de "percentual do faturamento de empresa devedora".

No mesmo sentido, prevê a OJ nº 93 da SDI-II do TST:

> **Orientação Jurisprudencial nº 93 da SDI–II do TST.** Penhora sobre parte da renda de estabelecimento comercial. Possibilidade.
>
> Nos termos do art. 866 do CPC de 2015, é admissível a penhora sobre a renda mensal ou faturamento de empresa, limitada a percentual, que não comprometa o desenvolvimento regular de suas atividades, desde que não haja outros bens penhoráveis ou, havendo outros bens, eles sejam de difícil alienação ou insuficientes para satisfazer o crédito executado.

Referida OJ está em consonância com o art. 866 do CPC/2015, o qual dispõe:

> **Art. 866.** Se o executado não tiver outros bens penhoráveis ou se, tendo-os, esses forem de difícil alienação ou insuficientes para saldar o crédito executado, o juiz poderá ordenar a penhora de percentual de faturamento de empresa.

A partir do entendimento do C. TST e do dispositivo do CPC/2015, observa-se que a penhora sobre parte da renda de estabelecimento comercial apenas é **permitida de forma residual** (subsidiária), ou seja, quando:

a) o executado não tiver outros bens penhoráveis ou;
b) tendo outros bens, eles forem de difícil alienação ou insuficientes para saldar o valor do crédito executado.

A subsidiariedade da penhora sobre percentual de faturamento de empresa é também notada na ordem de penhora prevista no art. 835 do CPC/2015, vez que é a décima na ordem de preferência[74].

---

72. Nesse sentido: STJ-REsp 1713167/SP, Rel. Ministro LUIS FELIPE SALOMÃO, QUARTA TURMA, julgado em 19/06/2018, DJe 09/10/2018.

73. No mesmo caminho: PINHEIRO, Iuri. *À luz do Novo CPC, seria possível a penhora de um Chow Chow de estimação, imerso em uma família há vários anos?* Disponível em: http://www.trabalhoemdebate.com.br/artigo/detalhe/e--admissivel-a-penhora-de-um-chow-chow-de-estimacao-pelo-ncpc. Acesso em: 26.08.2020.

74. NEVES, Daniel Amorim Assumpção. *Novo Código de Processo Civil – Lei 13.015/2015*. Rio de Janeiro: Forense, São Paulo: MÉTODO, 2015, p. 432.

Na fixação do percentual, o art. 866, § 1º, do CPC/2015, determina que o juiz propicie a satisfação do crédito exequendo em tempo razoável, mas não poderá tornar inviável o exercício da atividade empresarial.

Aliás, ao se permitir a penhora sobre determinado percentual, criou-se um conceito legal indeterminado, ou seja, incumbe ao juiz preencher, em cada caso concreto, qual o percentual adequado, devendo sempre se pautar pelo princípio da razoabilidade.

Cabe destacar que nessa modalidade de penhora, o juiz deverá nomear administrador-depositário, o qual submeterá à aprovação judicial a forma de sua atuação e prestará contas mensalmente, entregando em juízo as quantias recebidas, com os respectivos balancetes mensais, a fim de serem imputadas no pagamento da dívida (CPC/2015, art. 866, § 2º).

8.5.5. Penhora de direitos aquisitivos derivados de alienação fiduciária em garantia

Na alienação fiduciária, o credor (fiduciário) transfere ao devedor (fiduciante) a posse direta e o depósito do bem, tendo o credor a propriedade resolúvel e a posse indireta da coisa. Noutras palavras, o devedor não é proprietário do bem, enquanto não realizar o pagamento integral da dívida. Isso quer dizer que, enquanto perdurar a dívida, a propriedade é do credor. Exemplo:

> Empresa X aliena fiduciariamente perante o Banco Y um caminhão para o transporte de seus produtos. Enquanto não realizar o pagamento integral da dívida, o veículo é de propriedade do banco, embora o devedor esteja na posse direta do veículo. Somente após realizado o pagamento, extingue-se a alienação fiduciária, e a propriedade passa para o devedor (empresa X).

Assim, considerando que neste caso o veículo não é de propriedade da empresa, os bens com alienação fiduciária não podem ser penhorados.

Contudo, o art. 835, XII, do CPC permite a penhora dos direitos aquisitivos derivados de alienação fiduciária em garantia.

Nesses casos, portanto, não há a penhora da propriedade plena do bem, vez que esta ainda não foi adquirida pelo executado, mas apenas a constrição sobre os direitos que o executado tem relativas a essas espécies de contratos[75].

Isso ocorre porque o devedor fiduciante, ao quitar gradativamente as parcelas do financiamento, vai integrando ao seu patrimônio os valores pagos. Desse modo, possui expectativa de direito à futura reversão do bem alienado, em caso de pagamento da totalidade da dívida. Por outro lado, caso não pague a dívida, tem direito ao saldo apurado na venda do bem pelo credor fiduciário (CC/02, art. 1.364[76]).

---

75. DONIZETTI, Elpídio. *Curso de direito processual civil.* 20 ed. São Paulo: Atlas, 2017. p. 1070.

76. CC, art. 1.364. Vencida a dívida, e não paga, fica o credor obrigado a vender, judicial ou extrajudicialmente, a coisa a terceiros, a aplicar o preço no pagamento de seu crédito e das despesas de cobrança, e a entregar o saldo, se houver, ao devedor.

Cabe destacar que não há a necessidade de concordância da penhora pelo credor fiduciário, por exemplo, a instituição financeira, tendo em vista que ele não sofre nenhum prejuízo decorrente da constrição.[77]

Ademais, essa penhora é autorizada quando o valor das parcelas já pagas tenham atingido expressão econômica capaz de satisfazer o crédito do devedor trabalhista e a reposição do saldo devedor à instituição financeira, tornando-se o provimento efetivo[78]. Desse modo, se o valor do débito perante a instituição financeira é maior do que o saldo ser repassado para devedor-fiduciário (devedor trabalhista) ou, ainda, se o valor a ser recebido na venda pelo devedor-fiduciário for insuficiente para satisfazer a execução, a penhora não deve ser realizada.

8.5.6. Penhora anterior à sucessão pela administração pública direta

Sendo o devedor pessoa jurídica de direito público, a interferência do Estado-juiz não ocorrerá por meio da penhora, mas, sim, por meio da expedição de precatório, conforme estabelecido no art. 100 da CF/88, o qual pode ser elucidado de forma simples como uma "fila de espera" dos credores, aguardando o pagamento do Estado. Nessa hipótese, há requisição por meio do presidente do tribunal, para que o valor da condenação seja incluído no orçamento do ente público.

Diante dessa prerrogativa questiona-se: qual o regime a ser adotado na hipótese de sucessão pela administração pública **direta** quando já existente penhora sobre bens do sucedido? Mantém-se a penhora ou aplica-se o regime de precatório?

O C. TST, de modo acertado, adotou posicionamento no sentido de que, já estando o bem penhorado na época da sucessão, será mantida a penhora, não aplicando, consequentemente, o regime de precatório. Nesse sentido, a OJ nº 343 da SDI-I do TST:

> **Orientação Jurisprudencial nº 343 da SDI–I do TST.** Penhora. Sucessão. Art. 100 da CF/1988. Execução
>
> É válida a penhora em bens de pessoa jurídica de direito privado, realizada anteriormente à sucessão pela União ou por Estado-membro, não podendo a execução prosseguir mediante precatório. A decisão que a mantém não viola o art. 100 da CF/1988.

8.5.7. Penhora de bem indivisível

O art. 843 do CPC/2015 declina que, nos casos de penhora de bem indivisível, o equivalente à quota parte do coproprietário ou do cônjuge alheio à execução recairá sobre o produto da alienação do bem.

---

77. STJ _ REsp 1821600/BA, Rel. Ministro HERMAN BENJAMIN, SEGUNDA TURMA, julgado em 13/08/2019, DJe 05/09/2019.

78. *TRT 18ª R.; AP 0010645-07.2016.5.18.0161; Segunda Turma; Rel. Des. Eugênio José Cesário Rosa; Julg. 30/06/2020; DJEGO 01/07/2020; Pág. 522.*

Vê-se que o ordenamento autoriza a penhora integral do bem e sua alienação, resguardando o direito do coproprietário ou do cônjuge à sua quota-parte.

No entanto, como mecanismos de proteção do coproprietário ou do cônjuge alheio à execução, o dispositivo prevê que possuem direito de preferência na arrematação do bem (CPC/2015, art. 843, § 1º).

Ademais, não admite a expropriação do bem por preço inferior ao da avaliação na qual o valor auferido seja incapaz de garantir, ao coproprietário ou ao cônjuge alheio à execução, o correspondente à sua quota parte calculado sobre o valor da avaliação (CPC/2015, art. 843, § 2º).

Exemplo: imóvel avaliado em R$ 300.000,00, sendo a quota parte do coproprietário no valor de R$ 150.000,00 (50%). Caso o bem seja alienado por R$ 200.000,00, o valor de R$ 150.000,00 será repassado para o coproprietário e o remanescente (R$ 50.000,00) para o pagamento do exequente.

Portanto, o objetivo da norma é eliminar a dificuldade na alienação judicial de partes de imóveis (alienando-o integralmente) e a constituição de condomínio forçado entre o adquirente e o coproprietário não devedor (caso fosse vendido apenas uma fração do imóvel).[79]

8.5.8. Ferramentas para a efetivação da execução e realização da penhora

Para facilitar a localização de bens passíveis de penhora, bem como a obtenção e disponibilização de informações sobre a constrição de bens, existem ferramentas eletrônicas de pesquisa patrimonial[80]. Essas ferramentas utilizam informações disponibilizadas em bancos de dados de instituições públicas e privadas.

A Corregedoria-Geral da Justiça do Trabalho recomenda o uso frequente das ferramentas disponíveis para garantir maior efetividade à execução sendo, inclusive, um dos critérios de avaliação da produtividade dos magistrados (art. 6º, § 3º, V, da Consolidação dos Provimentos da Corregedoria-Geral da Justiça do Trabalho).

Tais ferramentas devem ser utilizadas de ofício pelo magistrado ou a requerimento das partes.

8.5.8.1. Junta comercial

O início da consulta patrimonial, como regra, passa pela análise da pessoa jurídica na junta comercial, que analisa o histórico da empresa, tendo acesso gratuito

79. O C. TST, embasado em penhora anterior ao CPC/2015, entendeu que a penhora integral do imóvel violaria, de forma literal, o art. 5º, XXII, da CF/88, de modo que deveria recair sobre a fração ideal do executado e não sobre a integralidade do bem imóvel TST-E-ED-RR-149500-18.2008.5.01.0064, SBDI-I, rel. Min. Aloysio Corrêa da Veiga, 13.10.2016 (Informativo Execução nº 28). Esse entendimento não deve prevalecer com o advento do CPC de 2015.

80. Disponível em: http://www.tst.jus.br/web/corregedoria/pesquisa-patrimonial. Acesso em: 8.ago. 2020.

pelas partes e juiz. Nela é possível verificar, por exemplo, o contrato social e suas alterações, o quadro societário, inclusive identificando ex-sócios, empresas que os sócios integram ou integraram (especialmente para verificar a existência de grupo econômico) etc.

8.5.8.2. Sistema de busca de ativos do Poder Judiciário (Sisbajud)

O sistema de busca de ativos do Poder Judiciário (Sisbajud) substituiu o Bacenjud.

Esse sistema, além de viabilizar o bloqueio em conta corrente, ativos mobiliários, título de renda fixa e ações, permite o acesso:

- aos extratos detalhados da conta corrente;
- à cópia dos contratos de abertura de conta corrente e conta de investimentos (inclusive para verificar quem assinou o contrato pela empresa e identificar possíveis "sócios ocultos");
- à fatura do cartão de crédito;
- aos contratos de câmbio;
- às cópias de cheques e;
- aos extratos do PIS e do FGTS.

8.5.8.3. Informações ao Judiciário (INFOJUD)

O INFOJUD é um sistema que busca atender às solicitações do Poder Judiciário à Receita Federal, feitas diretamente pelos magistrados ou serventuários previamente cadastrados.

Por meio do INFOJUD é possível o fornecimento de informações cadastrais e econômico-fiscais das bases de dados da Receita Federal a partir das requisições do Poder Judiciário (cláusula primeira do Convênio entre CNJ e a Secretaria da Receita Federal do Brasil).

O programa busca, portanto, dar maior celeridade às solicitações, pois substitui a necessidade de requisição e envio das informações por meio de ofícios entre Poder Judiciário e Receita Federal.

O sistema permite que seja afastado o sigilo fiscal do executado, tendo acesso à (s):

- informações fiscais (no caso das pessoas jurídicas, inclusive a escrituração contábil);
- obtenção da declaração de imposto territorial rural e informações cadastrais;

- identificação dos responsáveis fiscais da empresa; e
- consulta da Declaração de Operações imobiliárias (DOI)[81], o que permite verificar inclusive as transações realizadas nos cartórios de nota e não registradas no cartório de registro de imóveis.

É importante destacar que o INFOJUD pode ser consultado mesmo antes de a parte credora ter esgotado todas as diligências para a busca de bens do devedor.[82]

8.5.8.4. Sistema de Investigação de Movimentações Bancárias (SIMBA)

O Sistema de Investigação de Movimentações Bancárias (SIMBA) é um software gratuito que permite o tráfego, pela internet, de dados bancários entre instituições financeiras e os órgãos públicos, mediante prévia autorização judicial. Por meio do SIMBA é possível verificar extratos de conta corrente/poupança/investimentos.[83]

O SIMBA é uma ferramenta que identifica as movimentações financeiras realizadas, não servindo, pois, para identificar patrimônio. Pode ser usada quando há prévios indícios de existência fraude ou ocultação de patrimônio por meio de operações bancárias irregulares.[84] Uma das funções pertinentes do SIMBA é que ele consolida os depositários e beneficiários de determinada conta bancária, identificando aqueles que mais movimentam a conta.

Nos processos em que ficar constatada a necessidade de afastamento do sigilo bancário, o magistrado deverá expedir ordem judicial determinando a quebra, devidamente fundamentada, com respaldo no art. 4º, § 1º, da Lei Complementar n.º 105/2001.[85] É necessário delimitar o período de quebra do sigilo.

---

81. Disponível em: http://www.tst.jus.br/web/corregedoria/infojud. Disponível em 18 mar. 2020.

82. PROCESSUAL CIVIL. AGRAVO EM RECURSO ESPECIAL. SISTEMAS BACEN-JUD, RENAJUD OU INFOJUD. ESGOTAMENTO DE DILIGÊNCIAS. DESNECESSIDADE. RECURSO ESPECIAL PROVIDO.
1. A jurisprudência do STJ é no sentido de que a utilização dos sistemas BACEN-JUD, RENAJUD ou INFOJUD não estaria condicionada ao esgotamento de diligências. 2. O Tribunal a quo, ao concluir pelo esgotamento de diligências para a utilização do sistema INFOJUD, decidiu em confronto com a jurisprudência desta Corte. Nesse sentido: AgRg no REsp 1.322.436, Rel. Min. Assusete Magalhães, DJe 17/8/2015; REsp 1.522.644, Rel. Min. Humberto Martins, DJe 1º/7/2015; AgRg no REsp 1.522.840; Rel. Min. Mauro Campbell Marques, DJe 10/6/2015; REsp 1.522.678, Rel. Min. Herman Benjamin, DJe 18/5/2015. 3. Agravo conhecido para dar provimento ao recurso especial. (AREsp 458.537/RJ, Rel. Ministro OG FERNANDES, SEGUNDA TURMA, julgado em 20/02/2018, DJe 26/02/2018)

83. Manual prático para utilização do SIMBA. Disponível em: http://www.tst.jus.br/documents/24638414/24850590/MANUAL+DE+UTILIZA%C3%87%C3%83O+DO+SIMBA+para+tst.pdf/a9dbfa57-1e9e-e893-2fca-ec61e69c9b02. Acesso em: 18 mar. 2020.

84. http://www.tst.jus.br/web/corregedoria/simba. Disponível em: 18 mar. 2020.

85. Art. 4º, § 1º – As comissões parlamentares de inquérito, no exercício de sua competência constitucional e legal de ampla investigação, obterão as informações e documentos sigilosos de que necessitarem, diretamente das instituições financeiras, ou por intermédio do Banco Central do Brasil ou da Comissão de Valores Mobiliários.

Uma vez determinado o afastamento de sigilo bancário, compete ao magistrado, ou servidores autorizados, a inserção dos dados no sistema, conforme parâmetros fixados na ordem judicial, bem como a criação eletrônica do caso na base de dados do CSJT (art. 4º da Res. nº 140/2014 do CSJT).

A Resolução nº 140/2014 do CSJT dispõe sobre a utilização do SIMBA no âmbito dos Tribunais Regionais do Trabalho.

8.5.8.5. Cadastro de Clientes do Sistema Financeiro Nacional (CCS)

O Cadastro de Clientes do Sistema Financeiro Nacional (CCS) consiste em um sistema de informações que tem como objeto:

(a) os relacionamentos que são mantidos pelas instituições participantes com os seus correntistas/clientes e com os representates legais e/ou convencionais dos correntistas/clientes; bem como

(b) os bens, direitos e valores que concretizam tais relacionamentos.[86]

O cadastro surgiu para dar cumprimento art. 3º da Lei nº 10.701/2003, que incluiu o art. 10-A na Lei nº 9.613/1998 (Lei de Lavagem de Dinheiro), determinando que o Banco Central mantenha "registro centralizado formando o cadastro geral de correntistas e clientes de instituições financeiras, bem como de seus procuradores".

Trata-se de um cadastro declaratório, no qual as instituições financeiras registram o relacionamento de seus clientes sem informar valores, movimentações financeiras ou saldos de contas e aplicações. São disponibilizadas as seguintes informações: identificação do cliente e de seus representantes legais e procuradores; instituições financeiras nas quais o cliente mantém seus ativos e/ou investimentos; datas de início e, se houver, de fim de relacionamento[87].

Por esse sistema é possível verificar as pessoas autorizadas a movimentar a conta bancária, podendo ser útil, por exemplo, para identificar "sócios ocultos".

8.5.8.6. Restrições Judiciais de Veículos Automotores (RENAJUD)

A partir do art. 835 do CPC/15, observa-se que os veículos de via terrestre ocupam a quarta posição de bens na ordem de penhora. Para facilitar a constrição judicial dos veículos, os magistrados têm, à sua disposição, o sistema RENAJUD.

86. Manual do CCS disponível em: http://www.tst.jus.br/documents/24638414/24850135/ccs_manual.pdf/29baa-81c-a94b-6b44-d52b-76eca412dbeb. Acesso em: 19 mar. 2020.
87. Disponível em: http://www.tst.jus.br/web/corregedoria/ccs. Acesso em: 18 mar. 2020.

O RENAJUD é o sistema que permite a consulta sobre a existência de veículos automotores cadastrados do Departamento Nacional de Trânsito (DENATRAN), possibilitando a efetivação de ordens judiciais de restrição de veículos cadastrados no Registro Nacional de Veículos Automotores (RENAVAM), em tempo real (p. ex. restrições à transferência e ao licenciamento). Essas informações são repassadas aos DETRANs nos quais estiver registrado o veículo para atualização da base de dados.[88] É possível, inclusive, impedir a circulação do veículo.[89]

O sistema RENAJUD substitui, portanto, a antiga necessidade de que a penhora de veículo fosse realizada por diligência do oficial de justiça que, para tanto, tinha que localizar o bem. Objetiva, pois, dar maior celeridade às restrições realizadas em veículos terrestres.

8.5.8.7. Central Nacional de Indisponibilidade de bens (CNIB)

A Central Nacional de Indisponibilidade de bens (CNIB) é um sistema que busca a integração de todas as indisponibilidades de bens imóveis decretadas por magistrados e autoridades administrativas em território nacional.

Essa ferramenta, pois, permite a indisponibilidade de bens imóveis em âmbito nacional.

Ela não é uma ferramenta de mera consulta, mas sim de constrição, de modo que sendo positiva o bem já será indisponibilizado. De qualquer modo, o magistrado deverá posteriormente penhorar o bem.

De acordo com as informações disponibiliziadas no sítio eletrônico da CNIB:

> A CNIB foi idealizada a partir de constatações feitas pela Corregedoria Nacional de Justiça, do Conselho Nacional de Justiça (CNJ), que as Ordens de Indisponibilidades de Bens não chegavam ao conhecimento de todos os cartórios do país. Por isso, imóveis de propriedade de pessoas físicas e jurídicas que foram atingidas por indisponibilidades permaneciam como patrimônio absolutamente livre e desembaraçado. E assim, esses bens eram vendidos ou financiados, envolvendo contratantes de boa-fé, que teriam de peregrinar por Juízos e Tribunais a fim comprovar que os gravames lhes eram ocultos.[90]

Nos termos do Provimento nº 39/2014 do CNJ, o Portal do sistema é desenvolvido, mantido e operado pela Associação dos Registradores Imobiliários de São Paulo (ARISP), com a cooperação do Instituto de Registro Imobiliário do Brasil (IRIB) e funciona sob o acompanhamento e a fiscalização da Corregedoria Nacional da Justiça, das Corregedorias Gerais de Justiça e das Corregedorias Permanentes.

88. Disponível em: http://www.tst.jus.br/documents/24638414/24850376/Manual.pdf/73aa. Acesso em: 18 mar. 2020.

89. ROQUE, Andre Vasconcelos. **Execução no novo CPC: mais do mesmo?** Disponível em: https://www.jota.info/opiniao-e-analise/artigos/execucao-novo-cpc-mais-mesmo-23022015. Acesso em: 23 mar. 2020.

90. Disponível em: https://www.indisponibilidade.org.br/institucional. Acesso em: 22 mar. 2020.

8.5.8.8. Cadastro Geral de Empregados e Desempregados (CAGED)

O Cadastro Geral de Empregados e Desempregados (CAGED) consiste em registro permanente de admissões e dispensa de empregados, sob o regime da CLT. Ele permite a consulta de informações sobre admissões, desligamentos e transferência de empregados entre empresas.

Por meio desse cadastro, é possível ainda verificar detalhes sobre as empresas e a vida funcional de seus empregados e ex-empregados, como por exemplo, cargo ocupado na empresa, data de admissão e desligamento, salário contratual, número da CTPS e PIS, além de outras informações pessoais.[91]

Essa análise pode ser útil, por exemplo, para verificar se determinado empregado foi transformado em "sócio laranja".

8.5.8.9. Central Notarial de Serviços Eletrônicos Compartilhados (CENSEC)

A Central Notarial de Serviços Eletrônicos Compartilhados (CENSEC) é um sistema administrado pelo Colégio Notarial do Brasil – Conselho Federal (CNB-CF), e tem como finalidade gerenciar banco de dados com informações sobre existência de testamentos, procurações e escrituras públicas de qualquer natureza, inclusive separações, divórcios e inventários lavradas em todos os cartórios do Brasil.[92]

Por essa ferramenta o Judiciário consegue verificar, em todos os cartórios de notas do país, se existe algum ato lavrado em nome de determinada pessoa. Ele serve para buscar, por exemplo, indícios de "sócios ocultos" que podem se valer de cartórios fora da sua localidade para fazer procurações públicas e representar empresas que ele não aparece no quadro societário.

8.5.8.10. Informações de Segurança (INFOSEG)

A INFOSEG é uma rede de Integração Nacional de Informações de Segurança Pública e Justiça, organizada pelo Ministério da Justiça, que congrega informações de âmbito nacional de dados relativos à à segurança pública, identificação civil e criminal, controle e fiscalização, inteligência, justiça e defesa civil. A rede possibilita o acesso de diversos bancos de dados de órgãos federais e estaduais conveniados como das Polícias Civis, Militares e Federal.

O banco de dados, que pode ser utilizado em processos na Justiça do Trabalho, disponibiliza dados básicos de indivíduos, como por exemplo armas de fogo, veículos,

91. Disponível em: http://www.tst.jus.br/web/corregedoria/CAGED. Acesso em: 19 mar. 2020.

92. Disponível em: http://www.tst.jus.br/web/corregedoria/censec. Acesso em: 19 mar. 2020.

condutores (CNH), CPF e CNPJ, nome do pai, acesso em Junta Comercial em âmbito nacional, dentre outras informações.[93]

É um mecanismo, portanto, que pode, p.ex. ser utilizado para apreender a CNH do executado como medida executiva indireta.

8.5.8.11. Sistema integrado de informações da aviação civil (SINTAC)

A Agência Nacional de Aviação Civil (ANAC) possui um sistema integrado de informações da aviação civil (SINTAC) que permite a consulta acerca da existência de aeronaves em propriedade de pessoas físicas ou jurídicas. Assim, possibilita que o magistrado trabalhista obtenha maiores informações a respeito de tais bens do executado.

8.5.8.12. Sistema Nacional de Cadastro Rural (SNCR)

O Sistema Nacional de Cadastro Rural (SNCR), vinculado às informações do Instituto Nacional de Colonização e Reforma Agrária (INCRA), possibilita a verificação da existência de propriedade rural em nome de pessoas físicas e jurídicas, bem como a obtenção de informações detalhadas sobre a propriedade, como por exemplo, área e atividades exploradas na propriedade. Permite, assim, a consulta dessas propriedades para a efetivação da execução.

8.5.9. Bens impenhoráveis

Com a finalidade de preservar a dignidade do executado, o art. 833 do CPC/2015, aplicável ao processo do trabalho (TST-IN nº 39/2016, art. 3º, XV), dispõe que determinados bens são impenhoráveis, sendo eles:

> I – os bens inalienáveis e os declarados, por ato voluntário, não sujeitos à execução;
>
> II – os móveis, os pertences e as utilidades domésticas que guarnecem a residência do executado, salvo os de elevado valor ou os que ultrapassem as necessidades comuns correspondentes a um médio padrão de vida;
>
> III – os vestuários, bem como os pertences de uso pessoal do executado, salvo se de elevado valor;
>
> IV – os vencimentos, os subsídios, os soldos, os salários, as remunerações, os proventos de aposentadoria, as pensões, os pecúlios e os montepios, bem como as quantias recebidas por liberalidade de terceiro e destinadas ao sustento do devedor e de sua família, os ganhos de trabalhador autônomo e os honorários de profissional liberal, ressalvado o § 2º[94];

---

93. Dispnível em: https://www.cnj.jus.br/sistemas/infoseg/. Acesso em: 17 abr. 2020.

94. O C. TST tem entendido que a impenhorabilidade dos salários, descrita no art. 833, IV, do CPC/2015 se estende aos valores relativos à restituição do imposto de renda, por se tratar de descontos a maior do tributo sobre parcelas salariais. (TST, RO 8252-30.2011.5.02.0000, Relator Min. Emmanoel Pereira, Subseção II Especializada em Dissídios Individuais, Data de Julgamento: 18 nov. 2014; Data da publicação: 28 nov. 2014).

V – os livros, as máquinas, as ferramentas, os utensílios, os instrumentos ou outros bens móveis necessários ou úteis ao exercício da profissão do executado;

VI – o seguro de vida;

VII – os materiais necessários para obras em andamento, salvo se essas forem penhoradas;

VIII – a pequena propriedade rural, assim definida em lei, desde que trabalhada pela família;

IX – os recursos públicos recebidos por instituições privadas para aplicação compulsória em educação, saúde ou assistência social;

X – a quantia depositada em caderneta de poupança, até o limite de 40 (quarenta) salários-mínimos[95];

XI – os recursos públicos do fundo partidário recebidos por partido político, nos termos da lei;

XII – os créditos oriundos de alienação de unidades imobiliárias, sob regime de incorporação imobiliária, vinculados à execução da obra.

(...)

§ 2º. O disposto nos incisos IV e X do caput não se aplica à hipótese de penhora para pagamento de prestação alimentícia, **independentemente de sua origem**, bem como às importâncias excedentes a 50 (cinquenta) salários-mínimos mensais, devendo a constrição observar o disposto no art. 528, § 8º, e no art. 529, § 3º.

§ 3º Incluem-se na impenhorabilidade prevista no inciso V do caput os equipamentos, os implementos e as máquinas agrícolas pertencentes a pessoa física ou a empresa individual produtora rural, exceto quando tais bens tenham sido objeto de financiamento e estejam vinculados em garantia a negócio jurídico ou quando respondam por dívida de natureza alimentar, trabalhista ou previdenciária. (Grifo nosso)

Atenção:

Podem ser penhorados, à falta de outros bens, os frutos e rendimentos dos bens inalienáveis (CPC/2015, art. 834).

8.5.9.1. Impenhorabilidade da remuneração do executado

Como visto, o art. 833, IV, do CPC impede a penhora dos vencimentos, dos subsídios, dos soldos, dos salários, das remunerações, dos proventos de aposentadoria, das pensões, dos pecúlios e dos montepios, bem como das quantias recebidas por liberalidade de terceiro e destinadas ao sustento do devedor e de sua família, dos ganhos de trabalhador autônomo e dos honorários de profissional liberal. Noutras palavras, obsta a penhora de qualquer forma de remuneração do executado destinada a prover o seu sustento ou da sua família.

95. A nosso juízo tal dispositivo não se adapta aos princípios do processo do trabalho, que prezam pela efetividade da prestação jurisdicional, bem como pela própria proteção dos créditos do trabalhador que tem natureza alimentar. Aliás, o próprio § 2º do art. 833 afasta sua incidência nos créditos de natureza alimentar, como é o caso dos créditos trabalhistas. Ademais, mesmo que se admita a incidência desse dispositivo no processo do trabalho, ele deve passar pela análise concreta de constitucionalidade, verificando em cada caso a sua aplicabilidade ou não. Trata-se, pois, de ponderar os interesses em colisão. De qualquer modo, a jurisprudência afasta sua aplicação quando a conta poupança é vinculada a uma conta corrente.

No entanto, ressalva as hipóteses do § 2º do art. 833, o que significa que nesses casos está autorizada a penhora. De acordo com o referido § 2º é possível observar duas regras:

1) se o devedor receber mais de 50 salários-mínimos mensais, é possível a penhora do que exceder a esse montante, sendo indiferente se a dívida é ou não de natureza alimentar;
2) se a verba for de natureza alimentar, independentemente de sua origem, é possível a penhora da retribuição pecuniária do devedor.

Como na época do CPC/ 73, o art. 649, § 2º, correspondente ao art. 833, § 2º, do CPC/2015, não indicava a expressão **independente da origem da prestação alimentícia**, o C. TST entendia que tal exceção tinha como foco tão somente a prestação alimentícia decorrente da ação de alimentos (pensão alimentícia), não englobando os créditos trabalhistas, de modo que o salário não poderia ser penhorado, em nenhuma hipótese, para pagamento de créditos decorrentes da Justiça do Trabalho. Nesse sentido, a OJ nº 153 da SDI-II:

> **Orientação Jurisprudencial nº 153 da SDI–II do TST.** Mandado de segurança. Execução. Ordem de penhora sobre valores existentes em conta salário. Art. 649, IV, do CPC de 1973. Ilegalidade Ofende direito líquido e certo decisão que determina o bloqueio de numerário existente em conta salário, para satisfação de crédito trabalhista, ainda que seja limitado a determinado percentual dos valores recebidos ou a valor revertido para fundo de aplicação ou poupança, visto que o art. 649, IV, do CPC de 1973 contém norma imperativa que não admite interpretação ampliativa, sendo a exceção prevista no art. 649, § 2º, do CPC de 1973 espécie e não gênero de crédito de natureza alimentícia, não englobando o crédito trabalhista.

Vê-se, porém, que a aludida orientação jurisprudencial, alterada em 2017 pela Resolução 220, limitou **esse entendimento às penhoras realizadas com base no CPC/73**, permitindo após o CPC de 2015 a penhora do salário do executado para pagamento de prestação alimentícia, **independentemente de sua origem.**

Com efeito, o art. 833, § 2º, do CPC/2015 impõe que a expressão prestação alimentícia seja interpretada em consonância com o art. 100, § 1º, da CF/88 o qual estabelece que "os débitos de natureza alimentícia compreendem aqueles decorrentes de salários, vencimentos, proventos, pensões e suas complementações, benefícios previdenciários e indenizações por morte ou por invalidez, fundadas em responsabilidade civil, em virtude de sentença judicial transitada em julgado". Isso decorre do próprio art. 1º do CPC/15 que declina que suas normas devam ser interpretadas "conforme os valores e as normas fundamentais estabelecidas na Constituição da República Federativa do Brasil".

Portanto, chega-se à conclusão de que tanto o salário do executado como os créditos do obreiro possuem natureza alimentar. Disso resulta que ambos os créditos são destinados a garantir a subsistência de quem os recebe e de seus familiares[96].

---

96. "Há que se perceber, entretanto, que a execução de créditos trabalhistas envolve, na sua maioria, prestações de natureza alimentar, ainda que em sentido amplo. Nesse caso, entra em jogo, também a dignidade da pessoa humana do credor e de sua família, a exigir um equilíbrio dos limites políticos à penhora de bens do executado".

Noutras palavras, a impenhorabilidade de certos bens estabelecida na ordem jurídica é regra que restringe o direito fundamental à tutela executiva (e também à tutela efetiva). Tal restrição se justifica como forma de preservar a dignidade do executado e de seus familiares, conferindo-lhe um patrimônio mínimo e verbas que possam garantir sua sobrevivência, como é o caso do salário. Por outro lado, o exequente também possui a mesma garantia de sobrevivência digna, além da tutela executiva e da efetividade da prestação jurisdicional.

Nessa ordem de ideias, parece-nos latente a colisão de direitos fundamentais.

Essa colisão, inicialmente, deve ser solucionada pelo legislador e, na falta de norma, em cada caso concreto pelo judiciário, aplicando-se o princípio da proporcionalidade.

Nesse contexto, o § 2º, do art. 833, faz referência expressa ao art. 529, § 3º, do CPC/2015, o qual vaticina que:

> § 3º. Sem prejuízo do pagamento dos alimentos vincendos, o débito objeto de execução pode ser descontado dos rendimentos ou rendas do executado, de forma parcelada, nos termos do caput deste artigo, **contanto que, somado à parcela devida, não ultrapasse cinquenta por cento de seus ganhos líquidos.** (Grifo nosso)

Desse modo, o legislador, vislumbrando a colisão dos direitos fundamentais, impõe uma solução, qual seja: veda que a penhora do salário do devedor possa exceder a 50% do montante líquido recebido.

Portanto, passa a ser penhorável o salário do devedor **até** 50% do montante líquido mensal que receber.

Como o ordenamento impõe um teto máximo, nada obsta que o julgador delimite outra porcentagem, desde que não ultrapasse o limite de 50% dos ganhos líquidos. Nesse sentido, a Súmula nº 47 do TRT da 5ª Região:

> **Súmula nº 47 do TRT da 5ª Região** – Incidente de uniformização de jurisprudência. Penhora de Salários e outros proventos. Interpretação do art. 833-IV e § 2º c/c art. 529, § 3º, do CPC/2015. Possibilidade. Penhora limitada a 20% dos ganhos líquidos mensais do devedor. Com fundamento no art. 833, IV e § 2º, art. 529, § 3º, ambos do CPC/2015, é possível a penhora de "vencimentos", "subsídios", "soldos", "salários", "remunerações", "proventos de aposentadoria", "pensões", "pecúlios", "montepios", "bem como as quantias recebidas por liberalidade de terceiro e destinadas ao sustento do devedor e de sua família, os ganhos de trabalhador autônomo e os honorários de profissional liberal", para pagamento de débitos trabalhistas de natureza alimentar, desde que não ultrapasse 20% dos ganhos líquidos mensais do executado.

8.5.9.1.1. Verbas não alimentares

Como mencionado, o art. 833, § 2º, do CPC/15 permite a penhora da remuneração do executado em duas hipóteses:

BEBBER, Júlio César. Processo do trabalho: adaptação à contemporaneidade. São Paulo: LTr, 2011. p. 227.

1) o excedente de 50 salários-mínimos mensais;

2) até 50% do montante líquido mensal que receber.

No primeiro caso, a penhora é permitida independentemente de a verba ser de natureza alimentar ou não. Já na segunda hipótese, apenas se autoriza a penhora quando o débito for de natureza alimentar.

Disso resulta que, sendo possível no processo do trabalho que em um mesmo processo haja a condenação de verbas de natureza alimentar e de verbas com natureza não-alimentar (indenizatórias), acreditamos que, para a definição da penhora da remuneração do executado, as verbas deverão ser desmembradas. Assim, apenas para as verbas de natureza alimentar será penhorável o salário do devedor até 50% do montante líquido mensal que receber. No que tange as verbas indenizatórias, somente poderá haver a penhora se o executado receber salário acima de 50 salários-mínimos.[97]

8.5.9.2. Impenhorabilidade do bem de família

A Lei nº 8.009/90 previu que o devedor não pode ser privado de seu bem de família, ou seja, o imóvel residencial próprio do casal, ou da entidade familiar, é impenhorável e não responderá por qualquer tipo de dívida civil, comercial, fiscal, previdenciária, trabalhista ou de outra natureza, contraída pelos cônjuges ou pelos pais ou filhos que sejam seus proprietários e nele residam, salvo nas hipóteses previstas na lei em comento (art. 1º).

A impenhorabilidade abrange o solo, a construção, as plantações, as benfeitorias de qualquer natureza e todos os equipamentos, inclusive os de uso profissional, ou móveis que guarnecem a casa, desde que quitados (art. 1º, parágrafo único).

No caso de **imóvel locado**, a impenhorabilidade aplica-se aos bens móveis quitados que guarneçam a residência e que sejam de propriedade do locatário (art. 2º, parágrafo único).

Quando a residência familiar constituir-se em **imóvel rural**, a impenhorabilidade restringir-se-á à sede de moradia, com os respectivos bens móveis, e, nos casos do art. 5º, inciso XXVI[98], da Constituição, à área limitada como pequena propriedade rural (art. 4º, § 2º).

Importante:

O conceito de impenhorabilidade de bem de família abrange também o imóvel pertencente a pessoas solteiras, separadas e viúvas (Súmula nº 364 do STJ).

97. De modo semelhante, STJ, REsp 1747645/DF, Rel. Ministra NANCY ANDRIGHI, TERCEIRA TURMA, julgado em 07/08/2018, DJe 10/08/2018.

98. CF/88, art. 5º, XXVI: "a pequena propriedade rural, assim definida em lei, desde que trabalhada pela família, não será objeto de penhora para pagamento de débitos decorrentes de sua atividade produtiva, dispondo a lei sobre os meios de financiar o seu desenvolvimento".

Para efeitos de impenhorabilidade de que trata essa lei, considera-se residência **um único imóvel** utilizado pelo casal ou pela entidade familiar para moradia permanente. Na hipótese de o casal, ou entidade familiar, ser possuidor de vários imóveis utilizados como residência, a impenhorabilidade **recairá sobre o de menor valor**, salvo se outro tiver sido registrado, para esse fim, no Registro de Imóveis e na forma do Código Civil (art. 5º).

A impenhorabilidade descrita nessa lei não alcança os veículos de transporte, obras de arte e adornos suntuosos (art. 2º).

Cabe salientar, ainda, que a impenhorabilidade do bem de família não pode ser arguida nas seguintes hipóteses:

1) pelo titular do crédito decorrente do financiamento destinado à construção ou à aquisição do imóvel, no limite dos créditos e acréscimos constituídos em função do respectivo contrato;
2) pelo credor de pensão alimentícia, resguardados os direitos, sobre o bem, do seu coproprietário que, com o devedor, integre união estável ou conjugal, observadas as hipóteses em que ambos responderão pela dívida;
3) para cobrança de impostos, predial ou territorial, taxas e contribuições devidas em função do imóvel familiar;
4) para execução de hipoteca sobre o imóvel oferecido como garantia real pelo casal ou pela entidade familiar;
5) por ter sido adquirido com produto de crime ou para execução de sentença penal condenatória a ressarcimento, indenização ou perdimento de bens;
6) por obrigação decorrente de fiança concedida em contrato de locação (art. 3º).

Cabe destacarmos que antes da LC nº 150/15, que dispõe sobre o contrato de trabalho doméstico, a impenhorabilidade do bem de família não poderia ser arguida em razão dos créditos de trabalhadores da própria residência e das respectivas contribuições previdenciárias (art. 3º, I), ou seja, para os créditos dos empregados domésticos o bem de família poderia ser penhorado. Com o advento da referida Lei Complementar, o art. 3º, I, da Lei 8.009/90 foi revogado, de modo que, a partir de agora, o bem de família é impenhorável, inclusive para os créditos de trabalhadores da própria residência e das respectivas contribuições previdenciárias, contemplando a igualdade de direitos entre os empregados celetistas e o empregado doméstico (LC nº 150/15, art. 46).

Ademais, não se beneficiará do disposto nessa lei aquele que, sabendo-se insolvente, adquire de má-fé imóvel mais valioso para transferir a residência familiar, desfazendo-se ou não da moradia antiga. Nesse caso, poderá o juiz, na respectiva ação do credor, transferir a impenhorabilidade para a moradia familiar anterior, ou anular-lhe a venda, liberando a mais valiosa para execução ou concurso, conforme a hipótese (art. 4º).

8.6. Defesa na Execução

8.6.1. Embargos à execução

8.6.1.1. Natureza Jurídica

O CPC/2015, no mesmo sentido que já previa o CPC/73, alterado pela Lei nº 11.232/05, permitiu a impugnação ao cumprimento da sentença, estabelecendo que os embargos à execução são restritos à execução de títulos extrajudiciais (arts. 910 e 914). Nesse contexto, a doutrina trabalhista passou a questionar de forma mais incisiva a natureza jurídica dos embargos no processo trabalhista, existindo, ao menos, duas teses:

- 1ª tese (minoritária): os embargos têm natureza de incidente processual, utilizando-se das mesmas diretrizes do CPC;
- 2ª tese (majoritária): a CLT tem regramento próprio, mantendo-se a natureza de ação autônoma dos embargos à execução.

Portanto, adotando-se a tese majoritária não se fala em impugnação pelo executado no processo do trabalho, mas em embargos à execução.

Tais embargos são destinados a desconstituir o título executivo, declarar a inexigibilidade da obrigação ou a nulidade da execução.

É importante destacar que parte da doutrina diferencia embargos à execução de embargos à penhora. Estes seriam destinados a levantar as questões relacionadas apenas à penhora, enquanto os embargos à execução são dirigidos às demais matérias. A doutrina majoritária, contudo, sustenta que as discussões relacionadas à penhora devem ser levantadas nos embargos à execução, não havendo a necessidade de uma categoria autônoma de embargos à penhora[99].

8.6.1.2. Prazo

Os embargos à execução devem ser interpostos nos seguintes prazos:

1) para a Fazenda Pública: 30 dias[100]

2) para os demais executados: 5 dias

---

99. SCHIAVI, Mauro. *Manual de direito processual do trabalho.* 9. ed. São Paulo: LTr, 2015. p. 1226.

100. O Plenário do STF julgou improcedente a ADI 2418, ajuizada pelo Conselho Federal da OAB contra o artigo 4º da Medida Provisória 2.102-27/2001 que acrescentou o art. 1º-B à Lei nº 9.494/97, aumentando para 30 dias o prazo para a interposição dos embargos à execução pela Fazenda Pública. Dessa forma, o dispositivo foi considerado como constitucional, por não violar a isonomia e o devido processo legal (STF, ADI 2418. Min. Relator: Teori Zavascki, Data de Julgamento: 04.05.2016).

O **termo inicial** do prazo é a **data da intimação da penhora** que garantiu o juízo (CLT, art. 884). Nesse contexto, pensamos ser aplicável ao processo do trabalho o disposto no art. 841 do CPC/2015 (TST-IN nº 39/2016, art. 3º, XVIII[101]) que assim vaticina:

> **Art. 841.** Formalizada a penhora por qualquer dos meios legais, dela será imediatamente intimado o executado.
>
> § 1º. A intimação da penhora será feita ao advogado do executado ou à sociedade de advogados a que aquele pertença.
>
> § 2º. Se não houver constituído advogado nos autos, o executado será intimado pessoalmente, de preferência por via postal.
>
> § 3º. O disposto no § 1º não se aplica aos casos de penhora realizada na presença do executado, que se reputa intimado.
>
> § 4º. Considera-se realizada a intimação a que se refere o § 2º quando o executado houver mudado de endereço sem prévia comunicação ao juízo, observado o disposto no parágrafo único do art. 274.

De qualquer modo, somente será possível a interposição dos embargos se a penhora for suficiente para garantir **integralmente** a execução. Porém, é interessante observar que parte da doutrina entende que, havendo penhora parcial e não existindo outros bens passíveis de contrição, os embargos devem ser processados, prosseguindo-se a execução até o final, inclusive com a liberação de valores (Enunciado nº 55 da 1ª Jornada Nacional de Execução Trabalhista).

Cabe destacar que o art. 884, § 6º, da CLT, inserido pela Lei nº 13.467/17 (Reforma Trabalhista), declina que "a exigência da garantia ou penhora não se aplica às entidades filantrópicas e/ou àqueles que compõem ou compuseram a diretoria dessas instituições". Criou, portanto, uma **exceção** à necessidade de garantia da execução para que sejam cabíveis os embargos.[102]

O embargado terá o prazo de 5 dias para apresentar sua impugnação aos embargos à execução.

8.6.1.3. Competência

A competência para o processamento e julgamento dos embargos é do juízo da execução.

Pode ocorrer, no entanto, de os bens do executado não se encontrarem no local da execução, exigindo, assim, que a penhora seja feita por meio de carta precatória.

---

101. **Art. 3º.** Sem prejuízo de outros, aplicam-se ao Processo do Trabalho, em face de omissão e compatibilidade, os preceitos do Código de Processo Civil que regulam os seguintes temas: (...) XVIII – art. 841, §§ 1º e 2º (intimação da penhora).

102. O C. TST estabelece que o art. 884, § 6º, da CLT aplica-se às execuções iniciadas após 11.11.17, data da entrada em vigor da Lei nº 13.467/17.

Portanto, nesse caso, o juízo deprecante (onde processa a execução) expedirá a carta precatória para que o juízo deprecado (onde estão os bens do executado) realize a penhora.

Nessa hipótese, a competência seguirá as diretrizes do art. 20 da Lei nº 6.830/80, que impõe a seguinte sistemática:

a) interposição dos embargos: será no juízo deprecado;

b) julgamento dos embargos:

1) pelo juízo deprecado: quando os embargos tiverem por objeto vícios ou irregularidades de atos do próprio juízo deprecado;

2) pelo juízo deprecante: nos demais casos.

8.6.1.4. Matérias passíveis de alegação (objeto)

Nos termos do art. 884, § 1º, da CLT, a matéria de defesa que pode ser levantada nos embargos está restrita às seguintes alegações:

1) cumprimento da decisão;

2) cumprimento do acordo;

3) quitação da dívida;

4) prescrição da dívida.

A doutrina, porém, entende que o rol anterior é exemplificativo, podendo ser levantadas as matérias indicadas no art. 525 do CPC/2015. Ademais, na execução de título extrajudicial, a doutrina admite a invocação das matérias descritas no art. 917 do CPC/2015[103].

A propósito, é nessa oportunidade que o executado poderá impugnar a decisão de liquidação, como estabelece o art. 884, § 3º, da CLT:

> § 3º. Somente nos embargos à penhora poderá o executado impugnar a sentença de liquidação, cabendo ao exequente igual direito e no mesmo prazo.

Ademais, é possível alegar nos embargos a inexigibilidade do título judicial fundado em lei ou ato normativo declarados inconstitucionais pelo Supremo Tribunal Federal ou em aplicação ou interpretação tidas por incompatíveis com a Constituição Federal, em controle de constitucionalidade concentrado ou difuso (CLT, art. 884, § 5º[104]; CPC/2015, art. 525, § 12). De acordo com o art. 525, § 13, do CPC/2015 os

103. SCHIAVI, Mauro. *Manual de direito processual do trabalho*. 5. ed. São Paulo: LTr, 2012. p. 1073.

104. Parte da doutrina entende que esse dispositivo é inconstitucional, porque permite a desconstituição da coisa julgada na fase de execução.

efeitos da decisão do STF poderão ser modulados no tempo, em atenção à segurança jurídica. Ademais, a decisão do STF, a legitimar a inexigibilidade da obrigação, deve ser anterior ao trânsito em julgado da decisão exequenda (CPC/2015, art. 525, § 14). Se a decisão do STF for proferida após o trânsito em julgado da decisão exequenda, caberá ação rescisória, cujo prazo será contado do trânsito em julgado da decisão proferida pela Suprema corte (CPC/2015, art. 525, § 15).

8.6.1.5. Efeito Suspensivo dos Embargos

A CLT não prevê se os embargos à execução suspendem ou não o trâmite da execução. Desse modo, a tese majoritária da doutrina, com a qual pensamos estar a razão, aplica subsidiariamente o art. 525, § 6º, do CPC/2015, in verbis:

> § 6º. A apresentação de impugnação não impede a prática dos atos executivos, inclusive os de expropriação, podendo o juiz, a requerimento do executado e desde que garantido o juízo com penhora, caução ou depósito suficientes, atribuir-lhe efeito suspensivo, se seus fundamentos forem relevantes e se o prosseguimento da execução for manifestamente suscetível de causar ao executado grave dano de difícil ou incerta reparação.

Desse modo, a regra será que os embargos não têm efeito suspensivo, podendo ser concedido tal efeito quando os fundamentos do embargante forem relevantes e o prosseguimento da execução puder, efetivamente, causar-lhe grave dano de difícil ou incerta reparação.

Essa diretriz se aplica inclusive na hipótese de embargos interpostos por entidades filantrópicas e/ou àqueles que compõem ou compuseram a diretoria dessas instituições.

8.6.1.6. Procedimento

Opostos os embargos à execução, o art. 918 do CPC/2015, aplicável subsidiariamente ao processo do trabalho (TST-IN nº 39/2016, art. 3º, XXII), declina que o juiz rejeitará liminarmente os embargos:

1) se forem intempestivos;

2) no caso de indeferimento da petição inicial;

3) no caso de improcedência liminar do pedido; e

4) quando forem manifestamente protelatórios. Nesse caso, o oferecimento dos embargos é considerado como conduta atentatória à dignidade da justiça.

Não sendo hipótese de rejeição liminar, o embargado será intimado para impugná-los, no prazo de 5 dias.

Se na defesa tiverem sido arroladas testemunhas, poderá o juiz ou o presidente do tribunal, caso julgue necessários seus depoimentos, marcar audiência para a produção das provas, a qual deverá realizar-se dentro de 5 dias (CLT, art. 884, § 2º). Finda a inquirição das testemunhas em audiência, o escrivão ou secretário fará, dentro de 48 horas, conclusos os autos ao juiz ou presidente, que proferirá sua decisão (CLT, art. 886, caput).

Não tendo sido arroladas testemunhas na defesa, o juiz ou presidente, conclusos os autos, proferirá sua decisão, dentro de 5 dias, julgando subsistente ou insubsistente a penhora (CLT, art. 885).

Proferida a decisão, dela serão notificadas as partes interessadas, em registrado postal, com franquia (CLT, art. 886, § 1º). Julgada subsistente a penhora, o juiz, ou presidente, mandará proceder logo à avaliação dos bens penhorados (CLT, art. 886, § 2º).

Da decisão nos embargos à execução, cabe agravo de petição.

8.6.2. Exceção de pré-executividade

A exceção de pré-executividade não está prevista em lei. Trata-se de construção jurisprudencial que permite a defesa do executado sem que haja a necessidade de garantia do juízo (penhora).

A doutrina diverge acerca das matérias que podem ser alegadas na exceção:

- 1ª tese (minoritária): apenas matérias de ordem pública;
- 2ª tese (majoritária):
  - matérias de ordem pública e
  - matérias que não necessitam de dilação probatória.

A doutrina diverge, ainda, sobre o prazo para apresentação da exceção de pré-executividade:

- 1ª tese: deve ser oposta antes de ocorrida a constrição patrimonial (penhora), vez que depois da constrição deverá apresentar os embargos.[105]
- 2ª tese: pode ser apresentada a qualquer tempo, ainda que depois da constrição patrimonial e do prazo para os embargos à execução, uma vez que tem como objeto a discussão de matérias de ordem pública.[106] A nosso juízo esse entendimento deve prevalecer.

---

105. SCHIAVI, Mauro. *Manual de direito processual do trabalho.* 12. ed. São Paulo: LTr, 2017. p. 1325 e LEITE, Carlos Henrique Bezerra. *Curso de direito processual do trabalho.* 15. ed. São Paulo: Saraiva, 2017. p. 1488.

106. CORDEIRO, Wolney de Macedo. *Execução no processo do trabalho.* 3. ed. Salvador: Juspodivm, 2016. p. 429.

Proferida a decisão na exceção de pré-executividade, o cabimento de recurso dependerá de seu julgamento, conforme se verifica a seguir:

Decisão	Recorribilidade
Rejeita ou acolhe parcialmente a exceção (decisão interlocutória)	**Não cabe recurso de imediato** Nesse caso, as matérias poderão ser levantadas novamente nos embargos à execução, depois de garantido o juízo.
Acolhe a exceção (sentença)	Cabe agravo de petição

8.6.3. Impugnação à decisão de liquidação

Conforme já estudamos no capítulo de liquidação de sentença, o exequente poderá, no mesmo prazo dos embargos à execução, apresentar impugnação à decisão de liquidação, demonstrando, de forma fundamentada, sua insurgência quanto à decisão.

Serão julgados na mesma sentença os embargos e as impugnações à liquidação apresentadas pelos credores trabalhista e previdenciário (CLT, art. 884, § 4º).

8.6.4. Embargos de terceiros

8.6.4.1. Generalidades

O processo do trabalho não estabelece os embargos de terceiros, razão pela qual se aplica subsidiariamente o CPC (CLT, art. 769 c/c art. 889).

Nesse contexto, dispõe o art. 674 do CPC/2015:

> **Art. 674**. Quem, não sendo parte no processo, sofrer constrição ou ameaça de constrição sobre bens que possua ou sobre os quais tenha direito incompatível com o ato constritivo, poderá requerer seu desfazimento ou sua inibição por meio de embargos de terceiro.
>
> § 1º. Os embargos podem ser de terceiro proprietário, inclusive fiduciário, ou possuidor.
>
> § 2º. Considera-se terceiro, para ajuizamento dos embargos:
>
> I – o cônjuge ou companheiro, quando defende a posse de bens próprios ou de sua meação, ressalvado o disposto no art. 843;
>
> II – o adquirente de bens cuja constrição decorreu de decisão que declara a ineficácia da alienação realizada em fraude à execução;
>
> III – quem sofre constrição judicial de seus bens por força de desconsideração da personalidade jurídica, de cujo incidente não fez parte;
>
> IV – o credor com garantia real para obstar expropriação judicial do objeto de direito real de garantia, caso não tenha sido intimado, nos termos legais dos atos expropriatórios respectivos.

Trata-se de ação autônoma de conhecimento destinada a eliminar ou evitar a constrição de bens de terceiro que não participa do processo ou não responde patrimonialmente pela dívida.

Importante:

No que tange aos sócios, o TST entende que, caso tenha ocorrido a desconsideração da personalidade jurídica, o sócio deverá opor embargos à execução, já que foi incluído no polo da execução. Por outro lado, se apenas a empresa estiver sendo executada, o sócio deverá opor embargos de terceiros. No mesmo sentido, passa a declinar o art. 674, § 2º, III, do CPC/2015.

Os embargos de terceiros podem ser opostos na fase de conhecimento (por exemplo, arresto) ou na fase de execução, sendo esse último caso mais comum.

Por se tratar de procedimento especial, não se aplica o jus postulandi nos embargos de terceiros, ou seja, a parte deverá ser representada por advogado.

É legitimado passivo dos embargos de terceiro, o sujeito a quem o ato de constrição aproveita, assim como o será seu adversário no processo principal quando for sua a indicação do bem para a constrição judicial (CPC/2015, art. 677, § 4º). Trata-se de litisconsórcio passivo, necessário e unitário[107].

Opostos os embargos de terceiro, o legitimado passivo terá o prazo de **15 dias** para apresentação de resposta (CPC/2015, art. 679).

Proferida a decisão dos embargos, o recurso cabível depende da fase em que ele foi oposto, conforme quadro a seguir:

Fase em que foi oposto	Recurso cabível
Conhecimento	Recurso ordinário
Execução	Agravo de petição

Por fim, cumpre salientar que, ajuizados embargos de terceiro para pleitear a desconstituição da penhora, é incabível a interposição de mandado de segurança com a mesma finalidade (OJ nº 54 da SDI-II do TST).

8.6.4.2. Prazo

Nos termos do art. 675 do CPC/2015, os embargos de terceiros podem ser opostos:

Na fase de conhecimento	a qualquer tempo enquanto não transitada em julgado a sentença
Na fase de execução	até 5 dias depois da arrematação, adjudicação ou alienação por iniciativa particular, mas sempre antes da assinatura da respectiva carta

Atenção:

Nos casos em que for alegada a fraude à execução, antes de declará-la, o juiz **deverá** intimar o terceiro adquirente para, se quiser, opor embargos de terceiro no **prazo de 15 dias** (CPC/15, art. 792, § 4º).

107. NERY Jr., Nelson; NERY, Rosa Maria de Andrade. *Comentários ao Código de processo civil.* São Paulo: RT, 2015. p. 1.498.

8.6.4.3. Competência

A competência para o processamento e julgamento dos embargos de terceiro é do juízo da execução. Como se trata de ação acessória, ela é distribuída por dependência, sendo julgada pelo juiz que ordenou a apreensão.

No entanto, pode ocorrer de os bens apreendidos não se localizarem no local do juiz que determina a constrição. Nesse caso, é expedida carta precatória para o juízo da localidade onde se encontram os bens, denominando-se juízo deprecante o que expediu a carta e juízo deprecado o que a recebeu.

Na hipótese de execução por carta precatória, os embargos de terceiros devem ser oferecidos no juízo deprecado, salvo se indicado pelo juízo deprecante o bem constrito ou se já devolvida a carta (Súmula nº 419 do TST).

Define-se, portanto, que a regra é a interposição e o julgamento dos embargos de terceiro no juízo deprecado, admitindo a competência do juízo deprecante em apenas duas hipóteses:

1) se foi ele quem indicou o bem constrito; ou
2) quando a carta precatória já tiver sido devolvida.

A finalidade da norma foi definir a competência pelo juízo responsável pela individualização do bem objeto da constrição.

Desse modo, se o juízo deprecante determina, ainda que por carta precatória, a penhora de determinado bem, os embargos de terceiro devem ser interpostos e julgados no juízo deprecante. Agora, se o juízo deprecante determina a penhora de tantos bens quantos necessários para garantir a execução, ficando a cargo do juízo deprecado a individualização, este será competente para o recebimento e julgamento dos embargos de terceiro.

Essa regra será diferente em uma hipótese: quando a individualização tenha sido feita pelo juízo deprecado, mas a carta já estiver sido devolvida ao juízo deprecante, vez que nesse caso será competente o juízo deprecante. "A razão de ser dessa exceção é óbvia: com a devolução da carta precatória, o juízo deprecado encerrou sua atuação naquele processo em que foi prolatada a decisão de constrição judicial indevida. Não terá, pois, condições de desfazer o ato de constrição, acaso os embargos de terceiro sejam julgados procedentes"[108].

8.7. Prescrição Intercorrente

8.7.1. Introdução

Violado o direito, nasce para o titular a pretensão (CC, art. 189), viabilizando que o titular possa exigir o cumprimento o seu direito subjetivo.

108. ROCHA, Thais Guimarães Braga da. Procedimentos especiais: embargos de terceiro. *In*: Primeiras lições sobre o novo direito processual civil brasileiro (de acordo com o Novo Código de Processo Civil, Lei 13.105, de 16 de março de 2015). Coord. Humberto Theodoro Júnior, Fernanda Alvim Ribeiro de Oliveira, Ester Camila Gomes Norato Rezende. Rio de Janeiro: Forense, 2015. p. 497.

O ordenamento, no entanto, prevê prazos para que o titular do direito possa exercer seu direito, a fim de não eternizar as relações jurídicas e manter a estabilidade e a segurança jurídica de tais relações.

Caso o titular do direito subjetivo não exercite sua pretensão no prazo estabelecido em lei, surge a prescrição, neutralizando a possibilidade de exigir sua pretensão[109].

A prescrição, como regra, ocorre quando não ajuizada a ação de conhecimento no prazo estabelecido no art. 7º, XXIX, da CF/88.

Proposta a ação, interrompe-se a prescrição (CC, art. 202; Súmula 268 do TST e OJ 392 da SDI-I do TST).

Assim, interrompida a prescrição e sabendo-se que o processo se desenvolve por impulso oficial, como regra, não há falar em nova prescrição no curso do processo, até porque neste caso não há inércia da parte.

Pode, contudo, ocorrer de o ato ser exclusivo da parte. Nesse caso, ganha destaque o parágrafo único do art. 202 do CC, o qual declina que "a prescrição interrompida recomeça a correr da data do ato que a interrompeu, ou do último ato do processo para a interromper".

Vê-se por tal dispositivo que ele tem como finalidade afastar a perpetuação da ação,[110] admitindo a existência da prescrição após o seu ajuizamento.

Aliás, essa possibilidade de existir prescrição depois do ajuizamento da ação está embasada no princípio da confiança, derivado do princípio da boa-fé (CPC/2015, art. 5º), impedindo comportamentos contraditórios das partes. Como bem elucidado pelo ilustre professor Raphael Miziara:

> (...) a inércia deliberada, injustificada e desinteressada do titular do direito (factum proprium), por um determinado período de tempo, cria na contraparte uma expectativa de que a posição jurídica de vantagem (venire) não mais será exercida, o que suprime do titular a possibilidade de exigência dessa pretensão.[111]

Desse modo, passa-se a admitir a prescrição para o: **1) início da fase executiva**; e **2) durante o curso do processo.**

No primeiro caso (início da fase de execução), denomina-se **prescrição da pretensão executiva**, tendo o mesmo prazo da ação de conhecimento (Súmula nº 150

109. FARIAS, Cristiano Chaves de; ROSENVALD, Nelson. *Curso de direito civil – parte geral e LINDB*. 11ª ed. Salvador: Juspodivm, 2013. p. 744.

110. SUSSEKIND, Arnaldo et al. *Instituições de direito do trabalho*, v. 2. 21. ed. São Paulo: LTr, 2003, p. 1.485.

111. MIZIARA, Raphael. A tutela da confiança e a prescrição intercorrente na execução trabalhista. In: MIESSA, Élisson (coord.). *O Novo Código de Processo Civil e seus reflexos no processo do trabalho*. 2. ed. Salvador: Juspodivm, 2016. p. 824.

do STF[112]). O termo inicial é o dia imediato após o trânsito em julgado da sentença líquida ou, na hipótese de sentença ilíquida, do trânsito em julgado da decisão de liquidação.[113]

No processo do trabalho, não havia espaço para a incidência da prescrição da pretensão executiva, tendo em vista que a execução se iniciava de ofício. No segundo caso (prescrição no curso do processo), temos a **prescrição intercorrente** que ocorre no curso do processo, em decorrência da inércia prolongada da parte de realizar ato processual de sua incumbência.[114]

Na **fase de conhecimento**, a inércia da parte provoca a extinção do processo sem resolução do mérito, por abandono (CPC, art. 485, III), não se falando em prescrição intercorrente.

Na **fase de execução**, como regra, não ocorrerá a prescrição, porque, como dito, iniciado, o processo se desenvolve por impulso oficial. Contudo, quando o ato é exclusivo da parte, sua inércia poderá provocar a prescrição intercorrente.

Percebe-se, portanto, que a prescrição intercorrente ocorre no curso da fase de execução, como expressamente declinou o legislador no § 1º do art. 11-A da CLT.

É importante destacar ainda que, na **fase de liquidação**, em regra, não haverá prescrição, vez que pode ser iniciada de ofício. No entanto, na hipótese de liquidação por artigos (procedimento comum), por depender de iniciativa da parte, pensamos que também deverá incidir a prescrição intercorrente.[115]

8.7.2. Previsão legal

Antes da Lei nº 13.467/2017, muito se discutia acerca da aplicação da prescrição intercorrente ao processo do trabalho.

O Supremo Tribunal Federal, na época em que julgava matéria infraconstitucional trabalhista, declinou por meio da Súmula nº 327 que:

Súmula nº 327 do STF.
O direito trabalhista admite a prescrição intercorrente.

No entanto, com o advento da Emenda Constitucional nº 16/65, que alterou o art. 17 da Constituição Federal de 1946, as decisões do TST tornaram-se irrecorríveis,

112. Súmula 150 do STF. Prescreve a execução no mesmo prazo de prescrição da ação.

113. STJ, AgRg no RESP 1553826/RS, rel. Min. Herman Benjamin, Segunda Turma, j. 16.2.16, *Dje* 30.5.2016.

114. Parte da doutrina entende que são expressões sinônimas prescrição da pretensão executiva e prescrição intercorrente. SCHIAVI, Mauro. *Execução no processo do trabalho*. 7. ed. São Paulo: LTr, 2015. p. 85.

115. DIDIER JR., Fredie *et al. Curso de direito processual civil: execução*. 7. ed. Salvador: Juspodivm, 2017. p. 232.

salvo na hipótese de matéria constitucional, o que afastou a aplicação das súmulas do STF no que tange a matéria trabalhista de âmbito infraconstitucional.

Desse modo, o TST sedimentou entendimento no sentido de não admitir a prescrição intercorrente na seara trabalhista, como se verifica pela Súmula nº 114 do TST, in verbis:

> **Súmula nº 114 do TST.** Prescrição intercorrente
>
> É inaplicável na Justiça do Trabalho a prescrição intercorrente.

A Lei nº 13.467/2017 (Reforma Trabalhista) pôs fim à divergência, ao acrescentar à CLT, o art. 11-A, dispondo que:

> **Art. 11-A.** Ocorre a prescrição intercorrente no processo do trabalho no prazo de dois anos.
>
> § 1º A fluência do prazo prescricional intercorrente inicia-se quando o exequente deixa de cumprir determinação judicial no curso da execução.
>
> § 2º A declaração da prescrição intercorrente pode ser requerida ou declarada de ofício em qualquer grau de jurisdição.

Portanto, o referido dispositivo confere as seguintes características para a prescrição intercorrente:

- prazo: 2 anos;
- termo inicial: quando o exequente deixa de cumprir determinação judicial;
- ocorre na fase de execução;
- decorre de requerimento ou pode ser declara de ofício;
- pode ser declarada em qualquer grau de jurisdição.

Atenção:

Como esse dispositivo foi criado pela Lei nº 13.467/17, o C. TST entende que o início do prazo de 2 anos, conta-se a partir do descumprimento da determinação judicial, desde que proferida após 11.11.2017, data da entrada em vigor da Lei nº 13.467/17. (TST-IN nº 41/2018, art. 2º).

8.7.3. Prazo

Conforme o art. 11-A da CLT, incluído pela Lei nº 13.467/2017, aplica-se o prazo de dois anos à prescrição intercorrente.

Embora o artigo seja expresso sobre o prazo a ser aplicado, pensamos que se faz necessária a análise detida sobre o tema.

É sabido que o prazo prescricional é regulado, em regra, pela norma infraconstitucional. Tanto é assim que a Constituição Federal, quando se refere à prescrição para os atos ilícitos dos agentes públicos (art. 37, § 5º) e para os créditos tributários (art. 146, III, b), remeteu o estabelecimento do prazo à lei infraconstitucional.

Quanto aos créditos trabalhistas, no entanto, a natureza da prescrição é **constitucional**. Isso porque o art. 7º da CF/88 reconheceu diversos direitos sociais aos trabalhadores urbanos e rurais. Conquanto esse dispositivo tenha como foco a concessão de direitos, o constituinte incluiu o inciso XXIX, que versa sobre o direito à ação trabalhista e especialmente acerca da sua prescrição, a qual, na realidade, não é um direito, mas sim uma restrição de direito. Queremos dizer, dentro de um rol de direitos sociais o constituinte paradoxalmente inseriu uma restrição a esses direitos. Vê-se, pois, a preocupação do constituinte em conferir status constitucional à prescrição trabalhista, inserindo-a num rol de direitos sociais dos trabalhadores. Nas palavras do doutrinador e magistrado Mauro Schiavi:

> (...) o fato de a prescrição constar no rol dos direitos sociais do trabalhador significa dizer que esse prazo não pode ser reduzido por lei ordinária e até mesmo por emenda constitucional, pois se trata de uma garantia fundamental do trabalhador.[116]

Com efeito, incumbe ao legislador infraconstitucional, quando tratar de prescrição trabalhista, observar o disposto no art. 7º, XXIX, da CF, in verbis:

> **Art. 7º** São direitos dos trabalhadores urbanos e rurais, além de outros que visem à melhoria de sua condição social: (...)
>
> XXIX – ação, quanto aos créditos resultantes das relações de trabalho, com prazo prescricional de **cinco anos** para os trabalhadores urbanos e rurais, **até o limite de dois anos** após a extinção do contrato de trabalho (grifo nosso).

Nos termos do referido dispositivo constitucional, o prazo prescricional aplicado aos créditos trabalhistas é de 5 anos (prescrição quinquenal), devendo ser observado o limite de 2 anos após a extinção do contrato (prescrição bienal).

Cria-se, pois, uma modalidade sui generis de prazo prescricional, de modo que, não estando o contrato de trabalho extinto, observar-se-á apenas o prazo quinquenal. Por outro lado, já estando o contrato extinto, cumula-se o prazo quinquenal com o bienal.

Nesse contexto, para os contratos ainda não extintos na data do ajuizamento da ação a prescrição intercorrente deve ser de 5 anos, sendo inconstitucional, nesse aspecto, a limitação estabelecida no art. 11-A da CLT.[117]

116. SCHIAVI, Mauro. *Execução no processo do trabalho*. 7. ed. São Paulo: LTr, 2015. p. 93.

117. Em sentido contrário e defendendo o prazo de 2 anos: GUNTHER, Luiz Eduardo; ZORNIG, Cristina Maria Navarro. *Dicionário elementar de Recursos Trabalhistas*. Curitiba: Juruá, 2015. p. 222.

Por sua vez, já estando o contrato extinto, a prescrição será de 2 anos.

É importante destacar que a diferença do prazo (2 ou 5 anos) leva em conta se o contrato de trabalho estava ou não em vigor **na data do ajuizamento da ação**, sendo indiferente a alteração no curso do processo. Isso ocorre porque, na realidade, a prescrição intercorrente não tem um novo prazo prescricional, mas simplesmente reinicia o prazo prescricional existente para o ajuizamento da ação de conhecimento. É que, nos termos do art. 202 do CC: "a prescrição interrompida recomeça a correr da data do ato que a interrompeu, **ou do último ato do processo para a interromper**". Assim, interrompida a prescrição com o ajuizamento da ação, no curso do processo, como regra, não corre a prescrição. No entanto, ficando o processo paralisado por ato exclusivo do exequente, reinicia a contagem da prescrição, observando-se exatamente o prazo prescricional da data do ajuizamento da ação, ou seja, 2 ou 5 anos.

Por fim, cabe mencionar que parte da doutrina entende que a prescrição intercorrente sempre será de 5 anos,[118] vez que, observado o prazo de 2 anos do término do contrato de trabalho, o único prazo prescricional que deve ser observado na seara trabalhista é o de 5 anos, inclusive na fase de execução. Noutras palavras, o prazo de 2 anos tem como termo apenas a extinção do contrato de trabalho, o que não pode ser observado em momentos posteriores, como é a fase de execução. Essa interpretação é sedutora e pertinente, mas a nosso juízo retira a natureza de prescrição do prazo bienal, considerando-se um simples termo para o ajuizamento da ação. Queremos dizer, observado o termo final de entrar com a ação em até 2 anos a contar da extinção do contrato de trabalho, não se verifica mais esse termo, e o único prazo prescricional a ser analisado é o de 5 anos. No entanto, a se adotar essa tese, inviabiliza-se qualquer modalidade de interrupção do prazo bienal, vez que ele sempre seria analisado da data da extinção do contrato.[119] Desse modo, como pensamos que o prazo bienal é prescricional e que a prescrição intercorrente é a restauração do prazo para o ajuizamento da ação, nas hipóteses de contratos já extintos, a nosso ver a prescrição intercorrente será de 2 anos.

8.7.4. Suspensão e extinção da execução

A prescrição intercorrente é prevista em dois momentos no Código de Processo Civil: 1) após a suspensão do processo por ausência de bens penhoráveis (art. 921, III); 2) como forma de extinção da execução (art. 924, V).

118. Nesse sentido: CORDEIRO, Wolney de Macedo. *Execução no processo do trabalho: de acordo com a Lei nº 13.105, de 16 de março de 2015*. 2. ed. Salvador: Juspodivm, 2016. p. 354.

119. Por exemplo: arquivada a reclamação trabalhista e reiniciado o prazo prescricional, para que essa tese seja coerente, apenas poderá permitir o reinício do prazo quinzenal e não o bienal, o que não pode ser admitido, vez que ambos os prazos são prescricionais, viabilizando, portanto, a interrupção dos dois prazos.

A Lei de Execuções Fiscais (Lei nº 6.830/80) versa sobre o prescrição intercorrente após a suspensão do processo por ausência de bens penhorados e ainda na hipótese de não ser localizado o devedor.

Por sua vez, o art. 11-A da CLT trata do tema **apenas como forma de extinção da execução**, sendo omisso quanto à suspensão do processo.

8.7.4.1. Suspensão

Em determinadas situações, uma vez iniciado o processo, pode ser necessário que o procedimento seja **suspenso**, vedando-se a prática de qualquer ato processual, com exceção de atos urgentes e que causem dano irreparável (CPC/2015, art. 314). A suspensão do processo, portanto, é diferente da mera paralisação, pois nesta última permite-se a prática de atos processuais.[120]

Na fase de execução, a suspensão é prevista no art. 921 do CPC/2015, in verbis:

> **Art. 921.** Suspende-se a execução:
>
> I – nas hipóteses dos arts. 313 e 315, no que couber;
>
> II – no todo ou em parte, quando recebidos com efeito suspensivo os embargos à execução;
>
> III – quando o executado não possuir bens penhoráveis;
>
> IV – se a alienação dos bens penhorados não se realizar por falta de licitantes e o exequente, em 15 (quinze) dias, não requerer a adjudicação nem indicar outros bens penhoráveis;
>
> V – quando concedido o parcelamento de que trata o art. 916.
>
> § 1º Na hipótese do inciso III, o juiz suspenderá a execução pelo prazo de 1 (um) ano, durante o qual se suspenderá a prescrição.
>
> § 2º Decorrido o prazo máximo de 1 (um) ano sem que seja localizado o executado ou que sejam encontrados bens penhoráveis, o juiz ordenará o arquivamento dos autos.
>
> § 3º Os autos serão desarquivados para prosseguimento da execução se a qualquer tempo forem encontrados bens penhoráveis.
>
> § 4º Decorrido o prazo de que trata o § 1º sem manifestação do exequente, começa a correr o prazo de prescrição intercorrente.
>
> § 5º O juiz, depois de ouvidas as partes, no prazo de 15 (quinze) dias, poderá, de ofício, reconhecer a prescrição de que trata o § 4º e extinguir o processo.

Observa-se no art. 921, III, do CPC/2015 que a execução deve ser suspensa quando o executado não possuir bens penhoráveis. Nessa hipótese, a doutrina indica que, na verdade, há uma "falsa suspensão" ou "impedimento da execução", pois o juiz e mesmo o exequente podem praticar atos que objetivem a busca de bens penhoráveis, por exemplo, a requisição de informações à Receita Federal, ao sistema bancário, entre outros.[121]

---

120. DIDIER JR., Fredie *et al. Curso de direito processual civil: execução*. 7. ed. Salvador: Juspodivm, 2017. p. 446.

121. DIDIER JR., Fredie *et al. Curso de direito processual civil: execução*. 7. ed. Salvador: Juspodivm, 2017. p. 450.

A suspensão, nessa hipótese, é justificada pela impossibilidade de efetivação da execução se não houver bens a serem penhorados, vez que a responsabilidade do executado é patrimonial.[122]

A suspensão da execução deve durar no máximo 1 ano, com suspensão da prescrição. Decorrido o prazo de 1 ano, não havendo manifestação do exequente e não encontrados bens penhoráveis, os autos são arquivados, iniciando-se a contagem do prazo da prescrição intercorrente (CPC/2015, art. 921, §§ 1º, 2º e 4º).

O mesmo procedimento é adotado nos casos em que os bens localizados forem impenhoráveis ou insuficientes ao pagamento das custas processuais, nos termos do art. 836, caput, do CPC/2015.[123]

O art. 921 do CPC/2015, portanto, descreve o procedimento de suspensão do processo de execução quando não encontrados bens penhoráveis, não sendo caso de extinção.[124]

De modo semelhante, a Lei de Execuções Fiscais (Lei nº 6.830/80), no art. 40, trata também da suspensão da execução. O dispositivo declina que o juiz suspenderá o curso da execução, enquanto não for localizado o devedor ou encontrados bens sobre os quais possa recair a penhora, e, nesses casos, não correrá o prazo de prescrição.

Aliás, no caso de não localização do devedor, apenas haverá a suspensão se também não forem encontrados bens penhoráveis. Isso porque, se o devedor não for localizado, mas tiver bens penhoráveis, o devedor poderá ser citado por edital.[125]

Não localizados, portanto, bens penhoráveis e quando não for localizado o devedor, suspende-se o processo por 1 ano, arquivando-o (Lei nº 6.830/80, art. 40, § 2º; CPC/15, art. 921, § 2º). Ato contínuo, terá início a prescrição intercorrente (Súmula nº 314 do STJ).

Percebe-se por tais procedimentos que, suspende-se o processo por 1 ano, para em seguida iniciar a prescrição intercorrente.

Isso ocorre porque a indicação de bens penhoráveis não é ato exclusivo do exequente, a legitimar o imediato início da prescrição intercorrente. Tanto é assim que o próprio executado tem o dever de indicar quais são e onde estão os bens sujeitos

---

122. ABELHA, Marcelo. *Manual de direito processual civil*. 6. ed. Rio de Janeiro: Forense, 2016. p. 1.228.

123. Art. 836. Não se levará a efeito a penhora quando ficar evidente que o produto da execução dos bens encontrados será totalmente absorvido pelo pagamento das custas da execução. § 1º Quando não encontrar bens penhoráveis, independentemente de determinação judicial expressa, o oficial de justiça descreverá na certidão os bens que guarnecem a residência ou o estabelecimento do executado, quando este for pessoa jurídica. § 2º Elaborada a lista, o executado ou seu representante legal será nomeado depositário provisório de tais bens até ulterior determinação do juiz.

124. DIDIER JR., Fredie *et al. Curso de direito processual civil: execução*. 7. ed. Salvador: Juspodivm, 2017. p. 448.

125. TEIXEIRA FILHO, Manoel Antonio. *Execução no processo do trabalho*. 9. ed. São Paulo: LTr, 2005. p. 299.

à penhora e os respectivos valores, além de exibir a prova de sua propriedade (CPC/2015, art. 774, V).

Ora, se o próprio executado tem o dever de indicar os bens a serem penhorados, sob pena de praticar ato atentatório à dignidade da Justiça, não se pode imputá-lo como ato exclusivo do exequente iniciando imediatamente a prescrição intercorrente. É por isso que o CPC e a Lei de Execuções Fiscais viabiliza a suspensão do processo.

Para não eternizar o processo, no entanto, a norma prevê um prazo limite de suspensão: 1 ano. Decorrido esse prazo sem manifestação do exequente, começa a contar o prazo prescricional.

Pensamos que essa sistemática também deve ser aplicada ao processo do trabalho quando se tratar de ausência de bens penhoráveis e também quando não localizado o devedor (por expressa determinação do art. 40 da Lei nº 6.830/80), vez que, como dito, a norma celetista é omissa quanto à suspensão do processo. Assim, havendo compatibilidade com o processo do trabalho, aplicáveis supletivamente as diretrizes do art. 40 da Lei de Execuções Fiscais e do art. 924, V e §§ 1º a 5º, do CPC/2015.

Aliás, no caso de não localização do devedor, apenas haverá a suspensão se também não forem encontrados bens penhoráveis. Isso porque, se o devedor não for localizado, mas tiver bens penhoráveis, o devedor poderá ser citado por edital.[126]

Ressaltamos que, embora o art. 11-A da CLT indique que o início do prazo ocorre quando o exequente deixe de cumprir determinação judicial, essa norma é dirigia aos casos em que o ato é exclusivo do exequente, o que não alcança as hipóteses de insuficiência de bens e não localização do devedor, que o termo inicial será após decorrido o prazo de 1 ano da suspensão do processo.

8.7.4.2. Extinção

A suspensão da execução é diferente da **extinção da execução**. A extinção da execução pode ocorrer com ou sem a resolução de mérito, nos termos do art. 924 do CPC/2015[127].

Conforme a redação do dispositivo (CPC/2015, art. 924, V), observa-se que uma das causas de extinção de processo é a prescrição intercorrente. Trata-se de hipótese de extinção da execução com resolução do mérito.

Assim, extrai-se que, paralisado o curso da execução (inclui-se a fase de liquidação) por ato exclusivo do exequente pelo período da prescrição (2 ou 5 anos), opera-se a prescrição intercorrente, extinguindo-se o processo com resolução do mérito.

126. TEIXEIRA FILHO, Manoel Antonio. *Execução no processo do trabalho*. 9. ed. São Paulo: LTr, 2005. p. 299.

127. Art. 924. Extingue-se a execução quando: I – a petição inicial for indeferida; II – a obrigação for satisfeita; III – o executado obtiver, por qualquer outro meio, a extinção total da dívida; IV – o exequente renunciar ao crédito; V – ocorrer a prescrição intercorrente.

Esse dispositivo é aplicado diretamente a todos os casos que não estejam ligados à ausência de bens penhoráveis e não localização do devedor. Nesses últimos casos, como já visto, o ordenamento previu um procedimento diferente e com dois momentos sucessivos:

1º) suspende-se o processo por 1 ano, suspendendo o prazo prescricional no período (Lei nº 6.830/80, art. 40 e CPC/2015, art. 921, § 4º), findo o qual se arquiva a execução;

2º) após o prazo da suspensão, inicia-se a contagem do prazo da prescrição intercorrente. Exaurido o prazo prescricional extinguir-se-á a execução, depois da oitiva do exequente.

8.7.5. Início da fluência do prazo prescricional

Nos termos do art. 11-A, § 1º, da CLT, "a fluência do prazo prescricional intercorrente inicia-se quando o exequente deixa de cumprir determinação judicial no curso da execução".

Conforme mencionamos, a aplicação da prescrição intercorrente permite que a pretensão executiva não se prolongue eternamente, importando para a obtenção e manutenção da paz social, desde que o ato dependa de iniciativa exclusiva do exequente.

Desse modo, caso o exequente não cumpra determinação judicial no curso da execução e **desde que o ato lhe seja exclusivo**, imediatamente se inicia o prazo da prescrição intercorrente. Pressupõe, portanto, **intimação pessoal** do exequente para que seja iniciado o prazo prescricional[128] e que o ato seja exclusivo do exequente.

Noutras palavras, o termo inicial pressupõe dois pressupostos cumulativos:

- intimação pessoal (determinação judicial); e
- ato exclusivo do exequente.

Como já dito, no entanto, esse termo inicial (termo a quo) somente tem aplicação quando se tratar de extinção da execução, vez que a CLT não versa sobre as hipóteses de suspensão da execução trabalhista, as quais são aplicáveis ao processo do trabalho em razão da compatibilidade com esta seara (Lei nº 6.830/80, art. 40 e CPC/2015, art. 921).

Com efeito, quando o executado não é localizado ou não quando são encontrados bens penhoráveis, o processo, inicialmente, deve ficar suspenso por 1 ano. Apenas após decorrido esse tempo, arquiva-se o processo e se inicia automaticamente a

128. Nesse sentido: AgRg. no AREsp. 131.359-GO, relator ministro Marco Buzzi, 4ª Turma, julgado em 20 de novembro de 2014, DJe 26 de novembro de 2014.

contagem da prescrição intercorrente. No entanto, para que o prazo prescricional tenha início é dever do juiz intimar a parte do arquivamento da reclamação, por força do princípio da cooperação.

Em resumo: nas hipóteses de não ser encontrados bens ou não localizado o devedor, o termo inicial da prescrição intercorrente é a data do arquivamento da reclamação. Já nas demais hipóteses, o termo inicial é da data da intimação judicial determinando a prática de ato exclusivo do exequente.

De qualquer maneira, é importante destacar que a prescrição intercorrente é modalidade excepcional, e, como tal, deve ser interpretada de forma restritiva. Nesse contexto, mesmo que iniciada a prescrição intercorrente, mas praticado algum ato pelo exequente capaz de afastar sua inércia, começará a correr novamente o prazo prescricional dos termos a quo anteriormente indicados, não incidindo nesse caso a restrição de que a prescrição pode ser interrompida apenas uma vez (CC, art. 202, caput). Queremos dizer, a prescrição intercorrente pode ser interrompida por diversas vezes, bastando que haja ato praticado pelo exequente demonstrando que se afastou de sua inércia.

8.7.6. *Requerimento e declaração ex officio da prescrição intercorrente*

Nos termos do art. 11-A, § 2º, da CLT, acrescentado pela Lei nº 13.467/2017, a prescrição intercorrente pode ser requerida ou declarada de ofício em qualquer grau de jurisdição.

Viabiliza, pois, que a prescrição intercorrente possa ser requerida ou declarada de ofício.

Contudo, antes de declarar a extinção do processo em razão da fluência do prazo da prescrição intercorrente, é necessário que o juiz intime o exequente, como determinam os arts. 40, § 4º, da Lei nº 6.830/80 e 921, § 5º, do CPC/2015[129]. No mesmo sentido, dispõe o art. 487, parágrafo único, do CPC/2015, in verbis:

> Parágrafo único. Ressalvada a hipótese do § 1º do art. 332, a prescrição e a decadência não serão reconhecidas sem que antes seja dada às partes oportunidade de manifestar-se.

Essa obrigação de intimação prévia decorre do princípio do contraditório e, consequentemente, da vedação de decisões-surpresa, conforme declinam os arts. 9º e 10 do CPC/2015, aplicáveis subsidiariamente ao processo do trabalho (TST-IN nº 39/2016, art. 4º).

No reconhecimento da prescrição é de extrema relevância a intimação prévia da parte, para que possa apresentar especialmente os casos de interrupção e suspensão da prescrição.

---

129. Art. 921, § 5º O juiz, depois de ouvidas as partes, no prazo de 15 (quinze) dias, poderá, de ofício, reconhecer a prescrição de que trata o § 4º e extinguir o processo.

8.7.7. Direito intertemporal

A disciplina sobre a aplicação do direito intertemporal é dada pelo art. 6º da Lei de Introdução às Normas do Direito Brasileiro, o qual prevê:

> **Art. 6º** A Lei em vigor terá efeito imediato e geral, respeitados o ato jurídico perfeito, o direito adquirido e a coisa julgada.

Assim, há aplicação imediata a norma, sem que viole o direito adquirido e o ato jurídico perfeito. Isso significa que, entendendo que a prescrição intercorrente foi inserida no ordenamento trabalhista com o advento da Lei nº 13.467/17, o início da contagem se daria com a entrada em vigor da norma, valendo daquela data em diante sem atingir atos passados.

Cabe destacar que, embora houvesse, antes mesmo de a Lei nº 13.467/2017 ter acrescentado o art. 11-A à CLT, posicionamentos doutrinário (inclusive o nosso) e jurisprudencial favoráveis à aplicação da prescrição intercorrente à seara trabalhista, como o tema não era pacificado, prevalecendo, inclusive, a sua não aplicação (Súmula nº 114 do TST), acreditamos que, para as execuções que já estejam em andamento, o início da contagem da prescrição ocorrerá com a entrada em vigor da Lei. Aplica-se, portanto, a mesma sistemática do art. 1.056 do CPC, o qual determinou que, para as execuções em andamento, considera-se o início da vigência do Código para a contagem da prescrição intercorrente.

O C. TST, porém, não acolheu esse termo inicial.

No artigo 2º da Instrução Normativa nº 41/2018, a Corte Trabalhista definiu como termo inicial a **data da determinação judicial que impõe a realização do ato processual.**

Desse modo, ainda que o processo já estivesse paralisado antes de 11.11.2017 (data da entrada em vigor da Lei nº 13.467/17), o prazo não começará a contar logo após a entrada em vigor da lei, mas tão somente depois da determinação judicial.

8.8. Expropriação de Bens

Resolvidos os embargos e a impugnação, ou esgotado o prazo sem sua interposição, o procedimento segue para a expropriação dos bens, que consiste no momento em que o Estado retira, coercitivamente, o bem do devedor, entregando-o ao credor ou ao terceiro para a quitação da execução.

Portanto, a expropriação é gênero, estabelecendo a CLT como espécies a arrematação e a adjudicação.

Cumpre salientar que a doutrina tem admitido a aplicação supletiva do CPC ao processo do trabalho, de modo que incluem também como modalidade de expropriação a alienação, por iniciativa particular ou por leilão judicial, e a apropriação de frutos e rendimentos de empresa ou de estabelecimentos e de outros bens (art. 825).

8.8.1. Adjudicação

A adjudicação é modalidade de expropriação em que o exequente, ou o terceiro interessado, incorpora ao seu patrimônio o bem que será submetido à hasta pública.

Parte da doutrina entende que, na seara trabalhista, apenas o exequente poderá adjudicar, vez que o art. 888, § 3º, da CLT a ele é direcionado. Para outros, a CLT não é exaustiva sobre a temática incidindo supletivamente o art. 876, § 5º, do CPC/2015, que indica que são legitimados para a adjudicação:

1) o exequente;
2) pelos credores concorrentes que hajam penhorado o mesmo bem;
3) pelo cônjuge, companheiro, descendentes ou ascendentes do executado;
4) o coproprietário de bem indivisível do qual tenha sido penhorada fração ideal;
5) o titular de usufruto, uso, habitação, enfiteuse, direito de superfície, concessão de uso especial para fins de moradia ou concessão de direito real de uso, quando a penhora recair sobre bem gravado com tais direitos reais;
6) o proprietário do terreno submetido ao regime de direito de superfície, enfiteuse, concessão de uso especial para fins de moradia ou concessão de direito real de uso, quando a penhora recair sobre tais direitos reais;
7) o credor pignoratício, hipotecário, anticrético, fiduciário ou com penhora anteriormente averbada, quando a penhora recair sobre bens com tais gravames, caso não seja o credor, de qualquer modo, parte na execução;
8) o promitente comprador, quando a penhora recair sobre bem em relação ao qual haja promessa de compra e venda registrada;
9) o promitente vendedor, quando a penhora recair sobre direito aquisitivo derivado de promessa de compra e venda registrada;
10) a União, o Estado e o Município, no caso de alienação de bem tombado (art. 876, § 5º c/c 889, II a VIII, do CPC/2015).

A adjudicação tem preferência à arrematação (CLT, art. 888, § 1º).

Ela será permitida desde que não seja inferior ao valor da avaliação (CPC/2015, art. 876).

Se o valor do crédito for inferior ao dos bens, o adjudicante depositará de imediato a diferença, ficando esta à disposição do executado. Caso seja superior, a execução prosseguirá pelo saldo remanescente (CPC/2015, art. 876, § 4º).

Havendo mais de um pretendente, proceder-se-á entre eles à licitação. Em igualdade de oferta, terá preferência o cônjuge, o companheiro, o descendente ou o ascendente, nessa ordem (CPC/2015, art. 876, § 6º).

Requerida a adjudicação, o executado será intimado do pedido (CPC/2015, art. 876, § 1º).

É interessante observar que o art. 903, § 2º, do CPC/2015 permite a impugnação da adjudicação mediante simples petição[130] interposta no prazo de 5 dias, a contar da cientificação do devedor quanto ao acolhimento da adjudicação (CPC/2015, art. 877). Após o referido prazo, será expedida a carta de adjudicação ou da ordem de entrega, de modo que, a partir de então, somente por meio de ação anulatória poderá ser discutida a adjudicação (art. 903, § 4º e 966, § 4º do CPC/2015).

Portanto, transcorrido o prazo de 5 dias, contado da última intimação, e decididas eventuais questões, o juiz ordenará a lavratura do auto de adjudicação (CPC/2015, art. 877). A adjudicação considera-se perfeita e acabada com a lavratura e a assinatura do auto pelo juiz, pelo adjudicatário, pelo escrivão ou chefe de secretaria, e, se estiver presente, pelo executado, expedindo-se:

I – se bem imóvel, a carta de adjudicação e o mandado de imissão na posse;

II – se bem móvel, ordem de entrega ao adjudicatário (art. 877, § 1º).

Caso as tentativas de alienação do bem sejam frustradas, poderá o exequente renovar seu requerimento de adjudicação, possibilitando-se nova avaliação (CPC/2015, art. 878).

8.8.2. Arrematação

8.8.2.1. Introdução

A arrematação é a alienação do bem do devedor pelo Estado, realizada em hasta pública.

Antigamente, a doutrina entendia que hasta pública era gênero e que englobava as seguintes espécies:

a) praça; e

b) leilão.

Assim, a praça era utilizada para a venda de bens imóveis, enquanto o leilão, para bens móveis.

Contudo, o CPC/2015 acabou com essa diferenciação, passando a admitir, seja para imóveis, seja para bens móveis, o leilão judicial eletrônico ou presencial (CPC/2015, art. 879, II), privilegiando o leilão judicial eletrônico (CPC/2015, art. 882, caput).

130. NERY Jr., Nelson; NERY, Rosa Maria de Andrade. Comentários ao Código de Processo Civil. São Paulo: RT, 2015. p. 903.

A CLT, ainda prevê a praça (CLT, art. 884, § 4º), razão pela qual, alguns doutrinadores entendem que, no processo do trabalho, a diferença existente entre eles decorre do local e por quem o ato é realizado. Nesse contexto, a praça é a realizada no fórum trabalhista por funcionário da secretaria, sendo do leilão o efetivado por leiloeiro, fora das dependências do fórum, seja bem móvel ou imóvel[131].

No processo do trabalho, a hasta pública é **única**, sendo o bem vendido pelo maior lance[132]. A CLT admite, porém, a realização de outra praça na hipótese de não pagamento do lance ofertado pelo arrematante (CLT, art. 888, § 4º).

8.8.2.2. Legitimidade

A CLT não prevê a legitimidade de quem pode arrematar, motivo pelo qual devemos aplicar o CPC. Desse modo, o art. 890 do CPC/2015 permite oferecer lance todo aquele que estiver na livre administração de seus bens, com exceção:

> I – dos tutores, dos curadores, dos testamenteiros, dos administradores ou dos liquidantes, quanto aos bens confiados à sua guarda e à sua responsabilidade;
>
> II – dos mandatários, quanto aos bens de cuja administração ou alienação estejam encarregados;
>
> III – do juiz, do membro do Ministério Público e da Defensoria Pública, do escrivão, do chefe de secretaria e dos demais servidores e auxiliares da justiça, em relação aos bens e direitos objeto de alienação na localidade onde servirem ou a que se estender a sua autoridade;
>
> IV – dos servidores públicos em geral, quanto aos bens ou aos direitos da pessoa jurídica a que servirem ou que estejam sob sua administração direta ou indireta;
>
> V – dos leiloeiros e seus prepostos, quanto aos bens de cuja venda estejam encarregados;
>
> VI – dos advogados de qualquer das partes.

Ademais, o § 1º do art. 892 do CPC/2015 admite a arrematação pelo próprio credor. No entanto, no processo do trabalho, há divergência sobre a legitimidade de o exequente (credor) arrematar, existindo duas correntes:

- 1ª tese (minoritária): o credor **não pode** arrematar, vez a CLT lhe garante prioridade na adjudicação. Desse modo, ele não tem interesse processual na arrematação.
- 2ª tese (majoritária): o credor **pode** arrematar, pois a adjudicação deve observar o valor da avaliação, enquanto a arrematação ocorre pelo maior lance (CLT, art. 888, § 1º), tendo, portanto, interesse processual.

Adotando a segunda tese, se o exequente vier a arrematar os bens e for o único credor, não estará obrigado a exibir o preço. No entanto, se o valor dos bens exceder

131. SCHIAVI, Mauro. *Coleção preparatória para concursos jurídicos: Processo do Trabalho*. São Paulo: Saraiva, 2012. v. 16, p. 375.

132. O CPC/2015 elimina a existência da obrigatoriedade de duas hastas públicas e passa adotar o leilão único, observada a restrição de alienação pelo preço vil.

o seu crédito, depositará, dentro de 3 dias, a diferença, sob pena de ser tornada sem efeito a arrematação e, nesse caso, os bens serão levados a novo leilão à custa do exequente (CPC/2015, art. 892, § 1º).

8.8.2.3. Publicidade

A arrematação é uma venda pública. Em decorrência disso, exige-se que dela seja dada publicidade, anunciando a arrematação em edital afixado na sede do juízo ou tribunal e publicando no jornal local, se houver, **com antecedência de 20 dias** (CLT, art. 888, caput).

Trata-se de ato formal e indispensável, sob pena de sua nulidade se desatendidas as exigências do art. 888 da CLT.

A CLT não prevê a necessidade de intimação do executado da realização da hasta pública. Desse modo, parte da doutrina tem se inclinado pela aplicação do art. 889, I, do CPC/2015, que impõe a intimação do executado, com pelo menos 5 dias de antecedência, dando-lhe ciência da alienação judicial por intermédio de seu advogado ou, se não tiver procurador constituído nos autos, por meio de mandado, carta registrada, edital ou outro meio idôneo.

8.8.2.4. Lance

A arrematação será realizada no dia, hora e lugar anunciados, e os bens serão vendidos pelo maior lance (CLT, art. 888, § 1º).

Por meio do referido dispositivo, verifica-se que a CLT apenas estabelece que a arrematação será efetivada pelo maior lance, nada versando acerca de um lance mínimo, ou seja, se é admitido o **preço vil, entendido como a venda do bem por preço irrisório ou muito inferior ao valor da avaliação ou do mercado.**

Nesse contexto, a doutrina diverge sobre a aplicação da limitação do preço vil no processo do trabalho, existindo duas correntes a respeito:

- 1ª corrente (minoritária): não é aplicável o preço vil, admitindo-se a alienação por qualquer valor, vez que a CLT não faz nenhuma restrição;
- 2ª corrente (majoritária): é aplicável o preço vil, nos termos do art. 891 do CPC/2015, pois a execução deve ser realizada de forma menos gravosa ao executado, além de preservar sua dignidade. Ademais, a venda a qualquer preço estimula a profissionalização de licitantes, além de eternizar a execução, pois novos bens deverão ser penhorados até a satisfação integral da execução.

Para os adeptos da 2ª corrente, a dúvida persistia em definir se o valor do preço vil decorre de critério objetivo ou subjetivo. Com o CPC/2015, essa dúvida foi solucionada, uma vez que há previsão expressa definindo o preço vil. Assim, conforme o art. 891, parágrafo único, do CPC/2015, "considera-se vil o preço inferior ao mínimo estipulado pelo juiz e constante do edital, e, não tendo sido fixado preço mínimo, considera-se vil o preço inferior a cinquenta por cento do valor da avaliação".

Observa-se que, primeiramente, é adotado um critério subjetivo na definição do preço vil, de modo que é o juiz que determinará o valor mínimo da alienação, o qual deverá constar do edital. Na hipótese de não ser definido esse valor, será considerado vil o preço inferior a 50% do valor da avaliação.

Portanto, preço vil passa a ser entendido como:

1º) valor mínimo definido pelo juiz para alienação;

2º) não sendo definido pelo juiz, 50% do valor da avaliação.

Cabe destacar que na hipótese de imóvel de incapaz, a alienação é adiada por no máximo 1 ano quando não alcançar em leilão pelo menos 80% do valor da avaliação (CPC/2015, art. 896).

8.8.2.5. Pagamento

O arrematante deverá garantir o lance com o sinal correspondente a **20%** do seu valor (CLT, art. 888, § 2º).

Se o arrematante, ou seu fiador, não pagar o preço da arrematação dentro de **24 horas**, perderá, em benefício da execução, o sinal de que trata o parágrafo anterior, voltando à praça os bens executados (CLT, art. 888, § 4º).

Atenção:

Como visto, na hipótese de arrematação pelo exequente e se for o único credor, se o valor dos bens exceder o seu crédito, ele depositará, dentro de 3 dias, a diferença, sob pena de ser tornada sem efeito a arrematação e, neste caso, os bens serão levados a novo leilão à custa do exequente (CPC/2015, art. 892, § 1º).

Não havendo licitante, e não requerendo o exequente a adjudicação dos bens penhorados, eles poderão ser vendidos por leiloeiro nomeado pelo juiz (CLT, art. 888, § 3º).

A arrematação constará de auto que será lavrado de imediato e poderá abranger bens penhorados em mais de uma execução, nele mencionadas as condições pelas quais foi alienado o bem (CPC/2015, art. 901). Assinado o auto pelo juiz, pelo arrematante e pelo leiloeiro, a arrematação considerar-se-á perfeita, acabada e irretratável, ainda que venham a ser julgados procedentes os embargos do executado ou a ação autônoma destinada a invalidar a arrematação, assegurada a possibilidade de reparação pelos prejuízos sofridos (CPC/2015, 903).

8.8.2.6. Pagamento parcelado

O CPC/15 prevê duas hipóteses de pagamento parcelado:

1) **pelo terceiro interessado** (arrematante), nos termos do art. 895. Nesse caso, parcela-se o pagamento do bem penhorado adquirido pelo terceiro interessado;

2) **pelo próprio executado**, quando se tratar de execução de título extrajudicial, nos termos do art. 916. Nessa hipótese, parcela-se o pagamento da dívida.

O C. TST, na Instrução Normativa nº 39, admite a aplicação ao processo do trabalho das duas formas de parcelamento (art. 3º, XX e XXI).

8.8.2.6.1. Proposta de pagamento parcelado do bem arrematado pelo interessado

O art. 895 do CPC/2015 admite que o interessado em adquirir o bem penhorado possa fazer proposta de pagamento em prestações. A aplicação desse dispositivo ao processo do trabalho provocou divergência na doutrina.

Parte da doutrina[133] entendeu que referido dispositivo, a princípio, era inaplicável na seara trabalhista em razão de a CLT possuir regra própria no tocante ao pagamento da arrematação (CLT, art. 888, §§ 2º e 4º).

Outra parcela da doutrina defendia a aplicação do art. 895 do CPC/2015 à seara trabalhista por acreditar que o parcelamento facilita a alienação do bem, evita a arrematação por preço vil e soluciona mais rapidamente o crédito trabalhista[134].

Como visto, o C. TST seguiu esse último posicionamento e declinou no art. 3º, XX, da IN nº 39/2016 que o pagamento parcelado do lanço, previsto no art. 895 do CPC/2015, **é aplicável ao processo do trabalho.**

Dessa forma, nos termos do art. 895, caput, do CPC/2015 o interessado em adquirir o bem penhorado em prestações poderá apresentar, por escrito, até o início do primeiro leilão, proposta de aquisição do bem por valor não inferior ao da avaliação ou, até o início do segundo leilão, proposta de aquisição do bem por valor que não seja considerado vil (CPC/2015, art. 895, caput).

Nesse aspecto, é necessário observar que, no processo trabalhista, a hasta pública é única, sendo o bem vendido pelo maior lance. O mesmo caminho trilhou o CPC/2015 ao eliminar a obrigatoriedade de duas hastas públicas, passando a adotar o leilão único, observada a restrição de alienação pelo preço vil. Com efeito,

---

133. TEIXEIRA FILHO, Manoel Antônio. *Comentários ao novo código de processo civil sob a perspectiva do processo do trabalho: Lei nº 13.105, 16 de março de 2015*. São Paulo: LTr, 2015. p. 987.

134. SCHIAVI, Mauro. *Manual de Direito Processual do Trabalho*. 10. ed. De acordo com Novo CPC. São Paulo: LTr, 2015. p. 1285.

nos parece que houve um equívoco do legislador ao distinguir duas oportunidades de leilão[135].

Assim, no processo do trabalho, acreditamos que haverá incidência apenas do inciso II, do art. 895 do CPC/2015, devendo ser apresentada a proposta até o início da hasta pública em valor não considerado vil.

Atenção:

Esta proposta será feita antes da hasta pública, enquanto a arrematação descrita no art. 888 da CLT se dá na própria hasta pública. Trata-se, pois, de institutos diversos, permitindo-se a arrematação antecipada e parcelada.

As propostas deverão conter, em qualquer hipótese:

1) oferta de pagamento de pelo menos 25% do valor do lance à vista e o restante parcelado em até 30 meses;
2) garantia por caução idônea, quando se tratar de móveis, e por hipoteca do próprio bem, quando se tratar de imóveis;
3) o prazo, a modalidade, o indexador de correção monetária e as condições de pagamento do saldo (CPC/2015, art. 895, §§ 1º e 2º).

Caso haja atraso no pagamento de qualquer uma das parcelas, incidirá multa de 10% sobre a soma da parcela inadimplida com as parcelas vincendas (CPC/2015, art. 895, § 4º).

Diante do inadimplemento, o exequente, nos autos da execução em que ocorreu a arrematação, poderá:

a) pedir a resolução da arrematação; ou
b) promover, em face do arrematante, a execução do valor devido (CPC/2015, art. 895, § 5º). É importante destacar que, nessa hipótese, haverá sucessão processual, já que a execução passará a ser promovida em face do arrematante.

A apresentação das propostas não suspende o leilão (CPC/2015, art. 895, § 6º).

Além da proposta de pagamento parcelado, é possível a proposta de aquisição antecipada com pagamento à vista. Nesse caso, a proposta do pagamento do lance à vista **sempre** prevalece sobre as propostas de pagamento parcelado (CPC/2015, art. 895, § 7º).

Ademais, caso haja mais de uma proposta de pagamento parcelado, em diferentes condições, o juiz decidirá de acordo com a mais vantajosa (sempre a de maior valor) e, em iguais condições, o juiz decidirá pela formulada em primeiro lugar (CPC/2015, art. 895, § 8º).

135. Nesse sentido: MEDINA, José Miguel Garcia. *Novo Código de Processo Civil Comentado com remissões e notas comparativas ao CPC/1973*. 3. ed. São Paulo: Editora Revista dos Tribunais, 2015. p. 1191-1192.

Por fim, destaca-se que, no caso de arrematação a prazo, os pagamentos feitos pelo arrematante pertencerão ao exequente até o limite de seu crédito, e os subsequentes, ao executado (CPC/2015, art. 895, § 9º).

8.8.2.6.2. Requerimento de pagamento parcelado do débito pelo executado

O parcelamento do débito pelo executado previsto no art. 916 e parágrafos, do CPC/2015, aplica-se ao processo do trabalho, por força do art. 3º, XXI, da IN nº 39/2016 do TST.

Essa hipótese de parcelamento deverá ser **formulada no prazo dos embargos à execução**[136], devendo o executado preencher os seguintes pressupostos:

- reconhecer o crédito do exequente;
- comprovar o depósito de 30% do valor em execução, acrescido de custas e honorários;
- requerer que o restante do crédito seja pago em até 6 parcelas mensais, acrescidas de correção monetária e de juros de 1% ao mês (CPC/2015, art. 916).

Apresentada a proposta, o exequente deverá ser intimado para manifestar-se sobre os preenchimentos dos referidos pressupostos, devendo o juiz decidir o requerimento em 5 dias (CPC/2015, art. 916, § 1º).

Enquanto o requerimento não for apreciado, o executado terá que depositar as parcelas vincendas, facultado ao exequente seu levantamento (CPC/2015, art. 916, § 2º).

O requerimento, evidentemente, poderá ser:

- **deferido**, caso em que o exequente deverá levantar a quantia depositada, sendo suspensos todos os atos executivos (CPC/2015, art. 916, § 3º). O não pagamento de qualquer das prestações acarretará cumulativamente:

> I – o vencimento das prestações subsequentes e o prosseguimento do processo, com o imediato reinício dos atos executivos;
>
> II – a imposição ao executado de multa de dez por cento sobre o valor das prestações não pagas (CPC/2015, art. 916, § 5º).

- **ou indeferido**, hipótese que o depósito será convertido em penhora e os atos executivos terão seguimento (CPC/2015, art. 916, § 4º).

Atente-se para o fato de que o requerimento pelo parcelamento deve ocorrer no prazo dos embargos e exige que o executado reconheça o crédito do exequente.

---

136. A nosso juízo, no processo do trabalho o requerimento poderá ser formulado desde a citação para pagamento, já que na seara laboral a interposição dos embargos pressupõe a garantia do juízo, o que não ocorre no processo civil.

Assim, sendo ou não deferido, importará **na renúncia ao direito do executado de opor embargos** (CPC/2015, art. 916, § 6º). Trata-se, pois, de preclusão lógica.[137]

> **Importante:**
>
> A possibilidade de parcelamento do crédito apenas é aplicada aos títulos extrajudiciais (CPC/2015, art. 916, § 7º)[96].

8.8.3. Alienação por iniciativa particular

O CPC/2015 estabelece que a alienação do bem penhorado far-se-á:

a) por iniciativa particular;

b) em leilão judicial eletrônico ou presencial (art. 879).

O leilão judicial, seja eletrônico ou presencial, é o mecanismo que o Estado se vale para realizar a alienação em hasta pública. É o que analisamos como arrematação.

Já a alienação por iniciativa particular é aquela em que a venda (alienação) do bem penhorado pode ser realizada:

1) por iniciativa do exequente; ou

2) por intermédio de corretor ou leiloeiro público credenciado perante o órgão judiciário (CPC/2015, art. 880).

Na primeira hipótese, "o credor se encarregará de oferecer o bem no mercado e conseguir um particular interessado na sua aquisição. Na segunda hipótese, o intermediário credenciado pelo juiz ficará encarregado de realizar a venda, de conformidade com as condições fixadas pelo juiz (CPC/2015, art. 880, § 1º)"[138].

Ela surge, portanto, com o objetivo de dar eficácia à alienação judicial de bens, evitando os custos e a demora do leilão judicial[139].

De qualquer sorte, embora não se trate de leilão judicial (hasta pública), ela é controlada pelo juiz.

No processo do trabalho, a alienação por iniciativa particular é aplicada subsidiariamente, em razão da omissão da legislação trabalhista sobre o tema e da sua compatibilidade com esse ramo processual.

---

137. Contrariando o dispositivo legal, parte da doutrina entende que a regra prevista no art. 916 do CPC/2015 também pode ser aplicada à execução de título judicial, devendo o Juiz do Trabalho analisar o requerimento de parcelamento de acordo com os elementos do caso concreto, em especial a capacidade econômica do devedor. SCHIAVI, Mauro. *Manual de Direito Processual do Trabalho*. 10. Ed. de acordo com Novo CPC – São Paulo: LTr, 2016. p. 1265.

138. CORDEIRO, Wolney de Macedo. *Execução no processo do trabalho*. Salvador: Editora Juspodivm, 2016. 2. ed. p. 327.

139. NEVES, Daniel Amorim Assumpção. *Manual de direito processual civil – V. único*. 8. ed. Salvador: Ed. Juspodivm, 2016. p. 1198.

No entanto, temos dois pontos que provocam reflexões acerca da aplicação do procedimento da alienação por iniciativa particular no processo do trabalho.

O primeiro diz respeito ao momento em que pode ser utilizada essa alienação.

Parte da doutrina entende que ela deve ocorrer apenas se for frustrada a hasta pública (leilão judicial), sob o argumento de que o art. 888, § 3º, da CLT versa sobre o leiloeiro, o qual somente será nomeado após a hasta pública[140].

Para a outra parte, que pensamos estar a razão, a alienação por iniciativa particular é anterior à hasta pública, ou seja, prefere à hasta pública, como o CPC estabelece no art. 881. Isso se justifica pelo próprio objetivo da alienação por iniciativa particular, qual seja, evitar os custos da hasta pública.

O segundo ponto está relacionado à iniciativa. No processo civil, ela depende de requerimento do exequente. No processo do trabalho, a doutrina tem admitido sua aplicação ex officio em decorrência do princípio inquisitivo imperante na fase da execução trabalhista, mesmo após a Lei 13.467/17. Nesse caso, deverá haver meios concretos para que o juiz possa promover essa modalidade de expropriação[141].

8.8.3.1. *Procedimento*

Aplicada a alienação por iniciativa particular ao processo do trabalho, temos o seguinte procedimento.

Não efetivada a adjudicação, o exequente poderá requerer (ou o juiz determinar ex officio) a alienação por sua própria iniciativa ou por intermédio de corretor ou leiloeiro público credenciado perante o órgão judiciário (CPC/2015, art. 880, caput).

O juiz deverá fixar o prazo para que a alienação seja efetivada, a forma da publicidade, o preço mínimo, as condições de pagamento, as garantias e, se for o caso, a comissão de corretagem (CPC/2015, art. 880, § 1º).

Não ocorrendo a alienação no prazo determinado, o processo de execução deve prosseguir para a realização do leilão judicial.

A publicidade mostra-se importante para que haja maior quantidade de interessados, podendo esta ser realizada pelo próprio terceiro responsável pela alienação (corretor).

Na fixação do preço mínimo, é válido destacar que não há nenhuma referência em relação ao valor da avaliação, como ocorre na adjudicação (CPC/2015, art. 876, caput). Desse modo, o juiz poderá determinar um valor inferior ao fixado na avaliação, desde que represente valor superior ao que se obteria com a alienação em hasta pública[142].

---

140. CLT, Art. 888. § 3º Não havendo licitante, e não requerendo o exequente a adjudicação dos bens penhorados, poderão os mesmos ser vendidos por leiloeiro nomeado pelo Juiz ou Presidente.

141. CORDEIRO, Wolney de Macedo. *Execução no processo do trabalho.* Salvador: Editora Juspodivm, 2016. 2. ed. p. 327.

142. NEVES, Daniel Amorim Assumpção. *Manual de direito processual civil – V. único.* 8. ed. Salvador: Ed. Juspodivm, 2016. p. 1198.

O juiz ainda deverá determinar as condições de pagamento, as garantias e a comissão de corretagem.

Realizada a alienação, esta será formalizada mediante termo nos autos, com a assinatura do juiz, do exequente, do adquirente e do executado, se este estiver presente. Será ainda expedida a carta de alienação e o mandado de imissão na posse, quando se tratar de bem imóvel ou a ordem de entrega ao adquirente, quando bem móvel (CPC/2015, art. 880, § 2º).

Por fim, nos termos do art. 880, § 3º, do CPC/2015, os tribunais poderão editar disposições complementares sobre o procedimento da alienação prevista no CPC, admitindo, quando for o caso, o concurso de meios eletrônicos, e dispor sobre o credenciamento dos corretores e leiloeiros públicos, os quais deverão estar em exercício profissional por não menos que 3 anos. Aliás, nas localidades em que não houver corretor ou leiloeiro público credenciado, a indicação será de livre escolha do exequente.

8.8.4. Meios de impugnação da expropriação

A CLT não prevê os meios de impugnação da expropriação, motivo pelo qual são aplicáveis, subsidiariamente, os arts. 877 e 903, § 2º, ambos do CPC/2015.

Nesse contexto, antigamente, falava-se em embargos à adjudicação ou embargos à arrematação, os quais foram abolidos pelo CPC/2015. Atualmente, a impugnação será por simples petição nos autos, podendo-se alegar que a arrematação deverá ser:

> I – invalidada, quando realizada por preço vil ou com outro vício;
>
> II – considerada ineficaz, se não observado o disposto no art. 804 do CPC/2015;
>
> III – resolvida, se não for pago o preço ou se não for prestada a caução (CPC/2015, art. 903, § 1º).

A petição deve ser interposta no prazo de 10 dias após o aperfeiçoamento da arrematação (CPC/2015, art. 903, § 2º). No caso da adjudicação, o prazo será de 5 dias, a contar da cientificação do devedor quanto ao acolhimento da adjudicação (CPC/2015, art. 877).

Sendo ultrapassados tais prazos, será lavrado o auto de adjudicação, expedindo-se a respectiva carta, bem como expedida a carta de arrematação ou, conforme o caso, a ordem de entrega ou mandado de imissão na posse, de modo que a invalidação da arrematação somente poderá ser pleiteada por **ação autônoma**, em cujo processo o arrematante figurará como litisconsórcio necessário (CPC/2015, art. 903, § 4º). Portanto, é incabível ação rescisória para impugnar decisão homologatória de adjudicação ou arrematação (Súmula nº 399, I, do TST; CPC/2015, art. 966, § 4º).

Do mesmo modo, havendo meio de impugnação adequado (simples petição), é incabível o mandado de segurança contra sentença homologatória de adjudicação, conforme dispõe a OJ nº 66 da SDI-II do TST[143].

8.8.5. Esquema da execução

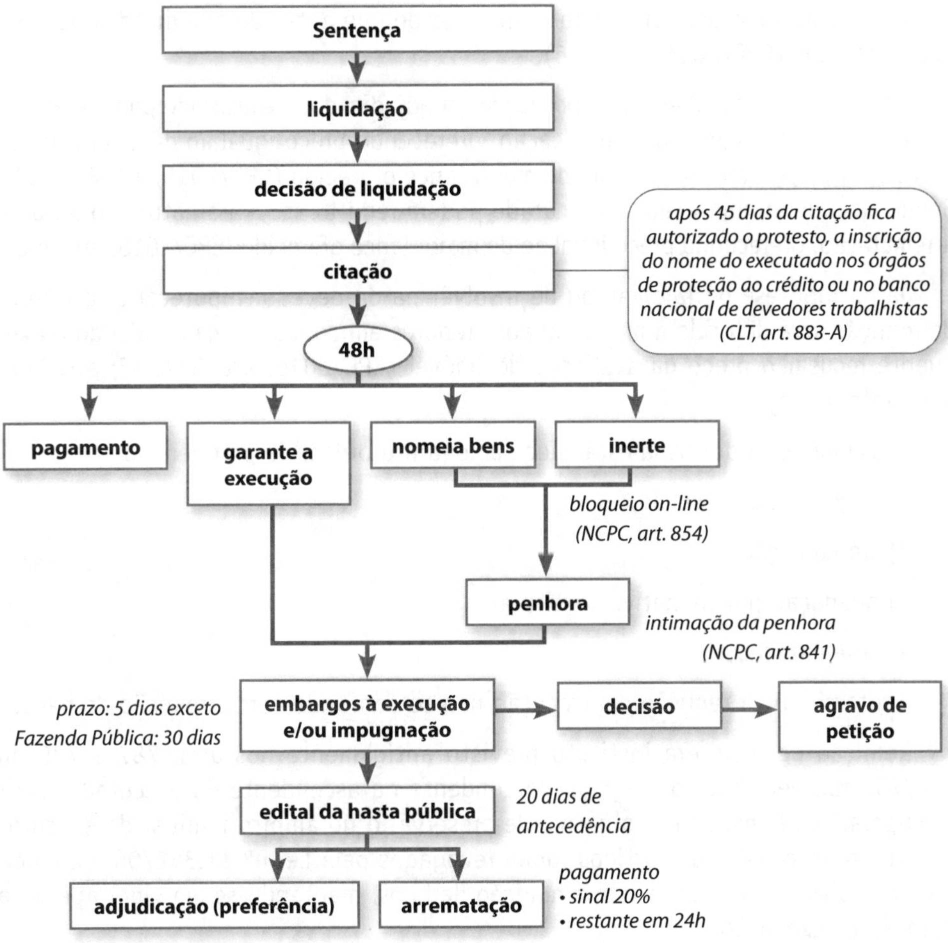

143. **Orientação Jurisprudencial nº 66 da SDI-II do TST.** Mandado de segurança. Sentença homologatória de adjudicação. Incabível. I – Sob a égide do CPC de 1973 é incabível o mandado de segurança contra sentença homologatória de adjudicação, uma vez que existe meio próprio para impugnar o ato judicial, consistente nos embargos à adjudicação (CPC de 1973, art. 746). II – Na vigência do CPC de 2015 também não cabe mandado de segurança, pois o ato judicial pode ser impugnado por simples petição, na forma do artigo 877, caput, do CPC de 2015.

8.9. Remição da Execução

A remição da execução é o pagamento da dívida pelo executado. Ela só será deferida se o executado oferecer preço igual ao valor da condenação (art. 13 da Lei nº 5.584/70). Noutras palavras, a remição pressupõe o pagamento integral da dívida, devidamente atualizada, acrescida de juros, custas e honorários advocatícios (CPC/2015, art. 826).

A remição pode ocorrer a todo tempo, desde que antes de adjudicados ou alienados os bens (CPC/2015, art. 826).

No caso de penhora de bem hipotecado ser adjudicado, o executado poderá remi-lo até a assinatura do auto de adjudicação, oferecendo preço igual ao da avaliação, se não tiver havido licitantes, ou ao do maior lance oferecido (CPC/2015, art. 877, 3º). Sendo caso de arrematação, o executado poderá remi-lo até a assinatura do auto de arrematação, oferecendo preço igual ao do maior lance oferecido (CPC/2015, art. 902).

Já na hipótese de falência ou de insolvência do devedor hipotecário, o direito de remição será deferido à massa ou aos credores em concurso, não podendo o exequente recusar o preço da avaliação do imóvel (CPC/2015, art. 877, 4º; art. 902, parágrafo único).

Desse modo, a doutrina estabelece a seguinte ordem de preferência:

1) remição da execução;

2) adjudicação;

3) alienação por iniciativa particular;

4) arrematação.

Anota-se que a remição da execução não se confunde com a remição de bens.

Remição de bens era instituto previsto antigamente nos arts. 787 a 790 do CPC/73, que permitia ao cônjuge, descendente ou ascendente do executado remir (recuperar) os bens, com o objetivo de preservá-lo no âmbito familiar do executado. No entanto, referidos artigos foram revogados pela Lei nº 11.382/06, de modo que, nos dias atuais, não existe a remição de bens, mantendo-se em vigor apenas a remição da execução.

Sem prejuízo, o art. 876, § 5º, do CPC/2015, passou a permitir que a adjudicação seja realizada, além do exequente, pelos credores concorrentes que tenham penhorado o mesmo bem, pelo cônjuge, pelo companheiro, pelos descendentes ou pelos ascendentes do executado, bem como pelos indicados no art. 889, II a VIII[144].

144. Art. 889. Serão cientificados da alienação judicial, com pelo menos 5 (cinco) dias de antecedência: (...) II – o coproprietário de bem indivisível do qual tenha sido penhorada fração ideal; III – o titular de usufruto, uso, habitação, enfiteuse, direito de superfície, concessão de uso especial para fins de moradia ou concessão de

8.10. Execução de Prestações Sucessivas

A execução de prestações (parcelas) sucessivas é aquela que pressupõe uma relação continuativa, de trato sucessivo, ou seja, que envolve parcelas futuras[145].

Ela vem prevista nos arts. 890 a 892 da CLT, diferenciando-se entre prestações sucessivas por prazo determinado e as por prazo indeterminado, conforme quadro a seguir:

Prestações sucessivas por tempo determinado	A execução pelo não pagamento de uma prestação compreenderá as que lhe sucederem. • Exemplo: acordo judicial parcelado não cumprido. O inadimplemento de uma parcela provoca o vencimento antecipado de todas as demais.
Prestações sucessivas por tempo indeterminado	A execução compreenderá, inicialmente, as prestações devidas até a data do ingresso na execução. • Exemplo: não pagamento de vale-alimentação no curso do contrato de trabalho.

9. EXECUÇÃO DE OBRIGAÇÃO DE FAZER E DE NÃO FAZER

9.1. Título judicial

A execução da obrigação de fazer ou não fazer é diferente da obrigação de pagar, uma vez que busca uma tutela específica, isto é, que determinado ato específico seja praticado (fazer) ou não praticado (não fazer) pelo devedor. Ela é disciplinada pelos arts. 497 a 501 do CPC/2015, aplicáveis ao processo do trabalho, nos termos do art. 3º, XI, da TST-IN nº 39/2016.

Assim, de acordo com o art. 497 do CPC/2015, "na ação que tenha por objeto a prestação de fazer ou de não fazer, o juiz, se procedente o pedido, concederá a tutela específica ou determinará providências que assegurem a obtenção de tutela pelo resultado prático equivalente".

É interessante notar que o juiz não fica vinculado, efetivamente, à tutela específica, podendo determinar, ainda, providências que assegurem o resultado prático equivalente ao do adimplemento da obrigação específica. Exemplo:

---

direito real de uso, quando a penhora recair sobre bem gravado com tais direitos reais; IV – o proprietário do terreno submetido ao regime de direito de superfície, enfiteuse, concessão de uso especial para fins de moradia ou concessão de direito real de uso, quando a penhora recair sobre tais direitos reais; V – o credor pignoratício, hipotecário, anticrético, fiduciário ou com penhora anteriormente averbada, quando a penhora recair sobre bens com tais gravames, caso não seja o credor, de qualquer modo, parte na execução; VI – o promitente comprador, quando a penhora recair sobre bem em relação ao qual haja promessa de compra e venda registrada; VII – o promitente vendedor, quando a penhora recair sobre direito aquisitivo derivado de promessa de compra e venda registrada; VIII – a União, o Estado e o Município, no caso de alienação de bem tombado.

145. SCHIAVI, Mauro. *Coleção preparatória para concursos jurídicos: Processo do Trabalho*. São Paulo: Saraiva, 2012. v. 16, p. 341.

- Havendo pedido de fornecimento das guias do seguro-desemprego, a obrigação específica seria a imposição de obrigação de fazer ao empregador consistente no fornecimento do requerimento do seguro-desemprego e da comunicação de dispensa devidamente preenchidos, sob pena de multa diária. Por outro lado, o resultado prático equivalente pode ser alcançado com a concessão de alvará judicial para que o empregado possa receber tal benefício.

Aliás, quando a tutela específica pretendida for destinada a inibir a prática, a reiteração ou a continuação de um ilícito, ou a sua remoção, é irrelevante a demonstração da ocorrência de dano ou da existência de culpa ou dolo. **Tem-se aqui a chamada tutela inibitória** (CPC/2015, art. 497, parágrafo único).

No processo do trabalho, são frequentes tais execuções, como se verifica, por exemplo, nas sentenças condenatórias que preveem:

a) reintegração de emprego com garantia de emprego;

b) anotação de CTPS;

c) fornecimento do requerimento do seguro-desemprego;

d) não transferência de empregado;

e) não alteração das condições de trabalho;

f) não discriminação dos empregados na contratação etc.

Embora frequentes, a CLT não estabelece o regramento dessa execução, devendo, por isso, ser aplicado, subsidiariamente, o CPC.

Desse modo, tratando-se de **título judicial** que contenha obrigações de fazer e não fazer, a execução será processada nos termos dos arts. 536 e 537 do CPC/2015 (TST-IN nº 39/2016, art. 3º, XII).

Nesse contexto, proferida a decisão, o juiz poderá, de ofício ou a requerimento, determinar as medidas necessárias para seu cumprimento, tais como a imposição de multa, busca e apreensão, remoção de pessoas e coisas, desfazimento de obras e impedimento de atividade nociva, se necessário com requisição de força policial (CPC/2015, art. 536, § 1º).

Quando o executado injustificadamente descumprir a ordem judicial, incidirá a pena de litigância de má-fé, sem prejuízo de sua responsabilização por crime de desobediência (CPC/2015, art. 536, § 3º).

No caso de imposição de multa, registra-se que ela independe de requerimento da parte (CPC/2015, art. 537, caput). Cria-se, portanto, a possibilidade de fixar pressão psicológica ao executado, por meio das astreintes, para que ele cumpra a obrigação.

Essa multa pode ser aplicada na fase de conhecimento, em tutela provisória ou na sentença, ou na fase de execução, desde que seja suficiente e compatível com a obrigação e que se determine prazo razoável para cumprimento do preceito (CPC/2015, art. 537, caput).

A decisão que fixar a multa é passível de execução provisória, devendo ser depositada em juízo, permitido o levantamento do valor após o trânsito em julgado da sentença favorável à parte (CPC/2015, art. 537, § 3º).

Atenção:
O valor da multa será devido ao exequente (CPC/2015, art. 537, § 2º).

A multa será devida desde o dia em que se configurar o descumprimento da decisão e incidirá enquanto não for cumprida a decisão que a tiver cominado (CPC/2015, art. 537, § 4º).

A propósito, o juiz poderá, de ofício ou a requerimento, modificar o valor ou a periodicidade da multa vincenda ou excluí-la, caso verifique que:

1) se tornou insuficiente ou excessiva; ou

2) o obrigado demonstrou cumprimento parcial superveniente da obrigação ou justa causa para o descumprimento. (CPC/2015, art. 537, § 1º).

Por fim, consigna-se que a obrigação de fazer e não fazer poderá ser convertida em perdas e danos, ou seja, transformada em obrigação de pagar quantia certa. Isso somente ocorrerá se o autor o requerer ou se impossível a tutela específica ou a obtençao de tutela pelo resultado prático equivalente (CPC/2015, art. 499, caput).

De qualquer modo, a indenização por perdas e danos dar-se-á sem prejuízo da multa fixada periodicamente para compelir o réu ao cumprimento específico da obrigação (CPC/2015, art. 500).

9.2. Título Extrajudicial

Tratando-se de execução de **título extrajudicial** de obrigação de fazer ou não fazer como, por exemplo, a constante de TAC ou de acordo firmado perante a CCP, deverão ser observados os arts. 814 a 823 do CPC/2015.

Desse modo, ao despachar a inicial, o juiz fixará multa por período de atraso no cumprimento da obrigação e a data a partir da qual será devida. Se o valor da multa estiver previsto no título e for excessivo, o juiz poderá reduzi-lo (CPC/2015, art. 814).

Quando o objeto da execução for **obrigação de fazer**, o executado será citado para satisfazê-la no prazo que o juiz lhe designar, se outro não estiver determinado no título executivo (CPC/2015, art. 815).

Se o executado não satisfizer a obrigação no prazo designado, é lícito ao exequente, nos próprios autos do processo, requerer a satisfação da obrigação à custa do executado ou perdas e danos, hipótese em que se converterá em indenização (CPC/2015, art. 816). O valor das perdas e danos será apurado em liquidação, seguindo-se a execução para cobrança de quantia certa (CPC/2015, art. 816, parágrafo único).

Se a obrigação puder ser satisfeita por terceiro, é lícito ao juiz autorizar, a requerimento do exequente, que aquele a satisfaça à custa do executado. O exequente adiantará as quantias previstas na proposta que, ouvidas as partes, o juiz houver aprovado (CPC/2015, art. 817).

Realizada a prestação, o juiz ouvirá as partes no prazo de 10 dias e, não havendo impugnação, considerará satisfeita a obrigação. Caso haja impugnação, o juiz a decidirá (CPC/2015, art. 818).

Se o terceiro contratado não realizar a prestação no prazo ou se o fizer de modo incompleto ou defeituoso, poderá o exequente requerer ao juiz, no prazo de 15 dias, que o autorize a concluí-la ou a repará-la à custa do contratante. Ouvido o contratante no prazo de 15 dias, o juiz mandará avaliar o custo das despesas necessárias e o condenará a pagá-lo (CPC/2015, art. 819).

Se o exequente quiser executar ou mandar executar, sob sua direção e vigilância, as obras e os trabalhos necessários à realização da prestação, terá preferência, em igualdade de condições de oferta, em relação ao terceiro. O direito de preferência deverá ser exercido no prazo de 5 dias, após aprovada a proposta do terceiro (CPC/2015, art. 820).

Quando se convencionar que o executado a satisfaça pessoalmente a obrigação de fazer, o exequente poderá requerer ao juiz que lhe assine prazo para cumpri-la. Havendo recusa ou mora do executado, sua obrigação pessoal será convertida em perdas e danos, caso em que se observará o procedimento de execução por quantia certa (CPC/2015, art. 821).

Na hipótese de **obrigação de não fazer**, se o executado praticou ato a cuja abstenção estava obrigado por lei ou por contrato, o exequente requererá ao juiz que assine prazo ao executado para desfazê-lo (CPC/2015, art. 822).

Havendo recusa ou mora do executado, o exequente requererá ao juiz que mande desfazer o ato à custa daquele que responderá por perdas e danos. Não sendo possível desfazer-se o ato, a obrigação resolve-se em perdas e danos, caso em que, após a liquidação, se observará o procedimento de execução por quantia certa (CPC/2015, art. 823).

10. EXECUÇÃO DE CONTRIBUIÇÕES PREVIDENCIÁRIAS

A sentença trabalhista e o acordo trabalhista podem versar sobre:

- verbas indenizatórias; e
- salariais.

As **verbas de natureza indenizatória** (ex., indenização por danos morais, multa do art. 477 da CLT etc.) não se sujeitam à incidência de contribuições sociais. Já as **verbas de natureza salarial** (ex., salário, horas extras etc.) estão submetidas à incidência das contribuições sociais, nos termos art. 28 da Lei nº 8.212/91, pois servem, dentre outros objetivos, para o custeio da previdência social.

Assim, quanto às verbas de natureza salarial a Justiça do Trabalho tem competência para executar de ofício (CF/88, art. 114, VIII) as contribuições previdenciárias decorrentes das sentenças condenatórias em pecúnia que proferir e aos valores que são objeto dos acordos homologados (CLT, art. 876; Súmula nº 368, I, do TST[146] e Súmula vinculante nº 53 do STF[147]), incluindo também, na sua competência, a execução das contribuições sociais referentes ao seguro de acidente de trabalho (Súmula nº 454 do TST[148]).

Desse modo, as decisões cognitivas ou homologatórias deverão sempre indicar a natureza jurídica das parcelas constantes da condenação ou do acordo homologado (se salariais ou indenizatórias), indicando o limite da responsabilidade de cada parte pelo recolhimento da contribuição previdenciária, se for o caso (CLT, art. 832, § 3º).

Cabe destacar que a Lei nº 13.876/19 incluiu os parágrafos 3º-A e 3º-B no art. 832 da CLT declinando que:

> § 3º-A. Para os fins do § 3º deste artigo, salvo na hipótese de o pedido da ação limitar-se expressamente ao reconhecimento de verbas de natureza exclusivamente indenizatória, a parcela referente às verbas de natureza remuneratória não poderá ter como base de cálculo valor inferior:
>
> I – ao salário-mínimo, para as competências que integram o vínculo empregatício reconhecido na decisão cognitiva ou homologatória; ou
>
> II – à diferença entre a remuneração reconhecida como devida na decisão cognitiva ou homologatória e a efetivamente paga pelo empregador, cujo valor total referente a cada competência não será inferior ao salário-mínimo.
>
> § 3º-B Caso haja piso salarial da categoria definido por acordo ou convenção coletiva de trabalho, o seu valor deverá ser utilizado como base de cálculo para os fins do § 3º-A deste artigo.

---

146. **Súmula nº 368 do TST.** Descontos previdenciários. Imposto de renda. Competência. Responsabilidade pelo recolhimento. Forma de cálculo. Fato gerador.I – A Justiça do Trabalho é competente para determinar o recolhimento das contribuições fiscais. A competência da Justiça do Trabalho, quanto à execução das contribuições previdenciárias, limita-se às sentenças condenatórias em pecúnia que proferir e aos valores, objeto de acordo homologado, que integrem o salário de contribuição. (...)

147. **Súmula vinculante nº 53 do STF.** A competência da Justiça do Trabalho prevista no art. 114, VIII, da Constituição Federal alcança a execução de ofício das contribuições previdenciárias relativas ao objeto da condenação constante das sentenças que proferir e acordos por ela homologados.

148. **Súmula nº 454 do TST.** Competência da Justiça do Trabalho. Execução de ofício. Contribuição social referente ao seguro de acidente de trabalho (SAT). Arts. 114, VIII, e 195, I, "A", da Constituição da República. Compete à Justiça do Trabalho a execução, de ofício, da contribuição referente ao Seguro de Acidente de Trabalho (SAT), que tem natureza de contribuição para a seguridade social (arts. 114, VIII, e 195, I, "a", da CF), pois se destina ao financiamento de benefícios relativos à incapacidade do empregado decorrente de infortúnio no trabalho (arts. 11 e 22 da Lei nº 8.212/1991).

A interpretação literal desses parágrafos, leva-nos à conclusão de que, havendo pedidos de natureza indenizatória e salarial na inicial, não seria possível firmar acordo sobre verbas exclusivamente indenizatórias, criando-se um patamar mínimo para a base de cálculo das contribuições.

No entanto, esses parágrafos devem ser interpretados à luz do § 3º, do art. 832, da CLT, o qual impõe a discriminação das verbas existentes na condenação ou no acordo. Nada obsta que as partes façam concessões recíprocas e formalizem acordo sobre verbas exclusivamente indenizatórias, como já é reconhecido inclusive pela Súmula nº 67 da AGU.

- **acordo judicial**

No caso de acordo judicial, sendo discriminadas as verbas contempladas no acordo (ex., horas extras e indenização pelo dano moral), as contribuições previdenciárias incidirão sobre as verbas de natureza salarial (no nosso exemplo, sobre as horas extras).

Por outro lado, não havendo discriminação das verbas, a contribuição previdenciária incidirá sobre o valor integral do acordo. Nesse sentido, a OJ nº 368 da SDI-I do TST:

> **Orientação Jurisprudencial nº 368 da SDI-I do TST.** Descontos previdenciários. Acordo homologado em juízo. Inexistência de vínculo empregatício. Parcelas indenizatórias. Ausência de discriminação. Incidência sobre o valor total
>
> É devida a incidência das contribuições para a Previdência Social sobre o valor total do acordo homologado em juízo, independentemente do reconhecimento de vínculo de emprego, desde que não haja discriminação das parcelas sujeitas à incidência da contribuição previdenciária, conforme parágrafo único do art. 43 da Lei nº 8.212, de 24.7.1991, e do art. 195, I, "a", da CF/1988.

Já na hipótese de acordo judicial **sem** reconhecimento do vínculo "é devido o recolhimento da contribuição previdenciária, mediante a alíquota de 20% a cargo do tomador de serviços e de 11% por parte do prestador de serviços, na qualidade de contribuinte individual, sobre o valor total do acordo, respeitado o teto de contribuição" (OJ nº 398 da SDI-I do TST).

Firmado o acordo que contenha parcela indenizatória, a União deverá ser intimada, podendo interpor recurso ordinário quanto aos tributos que lhe forem devidos (CLT, art. 832, § 4º).

Como visto, a Advocacia-Geral da União já sedimentou entendimento no sentido de que "na Reclamação Trabalhista, **até o trânsito em julgado**, as partes são livres para discriminar a natureza das verbas objeto do acordo judicial para efeito do cálculo da contribuição previdenciária, mesmo que tais valores não correspondam aos pedidos ou à proporção das verbas salariais constantes da petição inicial" (Súmula nº 67 da AGU).

Por outro lado, havendo acordo judicial firmado **após** o trânsito em julgado da sentença ou após a elaboração dos cálculos de liquidação de sentença, não poderá prejudicar os créditos da União (CLT, art. 832, § 6º). Na hipótese de acordo após o trânsito em julgado, estabelece o TST que "é devida a contribuição previdenciária sobre o valor do acordo celebrado e homologado após o trânsito em julgado de decisão judicial, respeitada a proporcionalidade de valores entre as parcelas de natureza salarial e indenizatória deferidas na decisão condenatória e as parcelas objeto do acordo" (OJ nº 376 da SDI-I do TST).

- **Exemplo:** Decisão judicial transitada em julgado no valor de R$ 10.000,00, sendo R$ 6.000,00 (60%) de verbas de natureza remuneratória e R$ 4.000,00 (40%) de verba indenizatória. Havendo acordo judicial após o trânsito em julgado no importe de R$ 5.000,00, as partes devem observar a mesma proporção da natureza das parcelas, ou seja, R$ 3.000,00 de verbas remuneratórias (mesmos 60%) e R$ 2.000,00 de verbas indenizatórias (mesmos 40%).

Consigne-se que ocorrendo o acordo em **execução provisória**, depois da elaboração dos cálculos de liquidação, o C. TST já decidiu que, nesse caso, as contribuições incidirão sobre o valor acordado, não se aplicando a proporcionalidade descrita no parágrafo anterior[149].

- **sentença judicial**

Iniciada a liquidação da sentença, serão abrangidas, nos cálculos, as contribuições previdenciárias devidas (CLT, art. 879, § 1º-A).

Elaborada a conta pela parte ou pelos órgãos auxiliares da Justiça do Trabalho, o juiz procederá à intimação da União para manifestação, no prazo de 10 dias, sob pena de preclusão (CLT, art. 879, § 3º).

Homologados os cálculos, a execução das contribuições previdenciárias seguirá o trâmite da execução trabalhista, previsto na CLT, não havendo inscrição de dívida ativa.

Consigna-se que, embora a decisão condenatória em pecúnia seja obrigada a determinar a natureza das parcelas, pode ocorrer de ela ser omissa. Nesse caso, os descontos devem ser efetuados pelo juízo executório, sem que se alegue ofensa à coisa julgada, pois se trata de matéria de ordem pública. Nesse sentido, a Súmula nº 401 do TST:

149. Contribuição previdenciária. Execução provisória. Acordo firmado após a elaboração dos cálculos de liquidação e antes do trânsito em julgado da sentença. Inaplicabilidade da Orientação Jurisprudencial nº 376 da SBDI-I. Firmado acordo em sede de execução provisória, após a elaboração dos cálculos em liquidação, mas antes do trânsito em julgado da sentença, as contribuições previdenciárias devem incidir sobre a totalidade do valor acordado, não havendo falar em observância da proporcionalidade entre as parcelas de natureza salarial e aquelas de caráter indenizatório deferidas na decisão condenatória. A aplicabilidade da Orientação Jurisprudencial nº 376 da SBDI-I é restrita às hipóteses de homologação do acordo após o trânsito em julgado da sentença. Com esses fundamentos, a SBDI-I, em sua composição plena, por unanimidade, conheceu do recurso de embargos da União, por divergência jurisprudencial, e, no mérito, por maioria, negou-lhe provimento. Vencido o Ministro João Oreste Dalazen e ressalvado o entendimento do Ministro Brito Pereira. TST-E-RR-264300-36.2002.5.02.0066, SBDI-I, rel. Min. Delaíde Miranda Arantes, 26.9.2013. (Informativo nº 60)

Súmula nº 401 do TST. Ação rescisória. Descontos legais. Fase de execução. Sentença exequenda omissa. Inexistência de ofensa à coisa julgada

Os descontos previdenciários e fiscais devem ser efetuados pelo juízo executório, ainda que a sentença exequenda tenha sido omissa sobre a questão, dado o caráter de ordem pública ostentado pela norma que os disciplina. A ofensa à coisa julgada somente poderá ser caracterizada na hipótese de o título exequendo, expressamente, afastar a dedução dos valores a título de imposto de renda e de contribuição previdenciária.

Desse modo, no mandado de citação do executado, para que pague ou garanta a execução, no prazo de 48 horas, sob pena de penhora, deverão ser incluídas as contribuições sociais devidas à União, seguindo-se os demais trâmites da execução de pagar quantia certa de devedor solvente.

Atenção:

É facultado ao devedor o pagamento imediato da parte que entender devida à Previdência Social, sem prejuízo da cobrança de eventuais diferenças encontradas na execução *ex officio* (CLT, art. 878-A).

Os recolhimentos das importâncias devidas, referentes às contribuições sociais, serão efetuados nas agências locais da Caixa Econômica Federal ou do Banco do Brasil S.A., por intermédio de documento de arrecadação da Previdência Social, dele se fazendo constar o número do processo (CLT, art. 889-A).

Concedido parcelamento pela Secretaria da Receita Federal do Brasil, o devedor juntará aos autos a comprovação do ajuste, ficando a execução da contribuição social correspondente suspensa até a quitação de todas as parcelas (CLT, art. 889-A, § 1º). As Varas do Trabalho encaminharão mensalmente à Secretaria da Receita Federal do Brasil informações sobre os recolhimentos efetivados nos autos, salvo se outro prazo for estabelecido em regulamento (CLT, art. 889-A, § 2º).

Por fim, cumpre esclarecer que é do **empregador** a responsabilidade pelo recolhimento das contribuições previdenciárias e fiscais, resultante de crédito do empregado oriundo de condenação judicial, devendo ser calculadas, em ambos os casos, mês a mês. Nesse sentido, a Súmula nº 368 do TST:

Súmula nº 368 do TST. Descontos previdenciários. Imposto de renda. Competência. Responsabilidade pelo recolhimento. Forma de cálculo. Fato gerador.

(...)

II – É do empregador a responsabilidade pelo recolhimento das contribuições previdenciárias e fiscais, resultantes de crédito do empregado oriundo de condenação judicial. A culpa do empregador pelo inadimplemento das verbas remuneratórias, contudo, não exime a responsabilidade do empregado pelos pagamentos do imposto de renda devido e da contribuição previdenciária que recaia sobre sua quota-parte.

III – Os descontos previdenciários relativos à contribuição do empregado, no caso de ações trabalhistas, devem ser calculados mês a mês, de conformidade com o art. 276, § 4º, do Decreto n º 3.048/1999 que regulamentou a Lei nº 8.212/1991, aplicando-se as alíquotas previstas no art. 198, observado o limite máximo do salário de contribuição.

Tabela relativa às parcelas que sofrem ou não a incidência da contribuição previdenciária[150].

Parcela paga de acordo com a legislação (*)	Salário de contribuição	
	Sim	Não
Salário	X	
Horas extras	X	
Comissões e percentagens	X	
Adicional de insalubridade e de periculosidade	X	
Adicional noturno	X	
Adicional de tempo de serviço	X	
Adicional de transferência	X	
Ajuda de custo paga mensalmente	X	
Férias gozadas	X	
"Venda" de 10 dias de férias		X
Adicional de 1/3 sobre as férias gozadas	X[(1)]	
Férias indenizadas		X
Adicional de 1/3 sobre as férias indenizadas		X
13° salário	X	
13° salário proporcional pago na rescisão	X	
13° salário referente a 1/12 do aviso prévio indenizado	X	
Aviso prévio trabalhado	X	
Aviso prévio indenizado	X[(2)]	
Gratificações de desempenho pagas habitualmente	X	
Gratificações de desempenho pagas eventualmente		X
Diárias de até 50% da remuneração		X
Diárias superiores a 50% da remuneração	X[(3)]	

150. Os dados existentes na tabela foram sistematizados pela prof. Adriana Menezes, autora do livro direito Previdenciário da Coleção Tribunais e MPU, publicado pela editora Juspodivm.

Parcela paga de acordo com a legislação (*)	Salário de contribuição	
	Sim	Não
Participação nos lucros ou resultados		X[(4)]
Distribuição de lucros e dividendos		X
Salário-maternidade	X[(5)]	
Aposentadorias e pensões pagas pelo RGPS		X[(6)]
Outros benefícios pagos pelo RGPS, exceto salário – maternidade		X
Vale-transporte		X[(7)]
Vale alimentação ou cesta básica		X
Auxílio-creche ou auxílio-babá		X
Previdência privada complementar: valor das contribuições pago pela pessoa jurídica, desde que disponível à totalidade dos empregados e dirigentes		X
Plano de saúde médico ou odontológico, desde que a cobertura abranja a totalidade dos empregados e dirigentes da empresa.		X
Complemento de auxílio-doença, desde que extensivo à totalidade dos empregados da empresa		X
Plano de educação		X
Bolsa de estágios		X
Bolsa de estudos		X
"Pró-labore" dos sócios	X	
Pagamento de 40% do FGTS nas despedidas		X
Ajuda de custo para mudança paga em única parcela		X
Seguro de vida em grupo		X
Abono do PIS		X
Programa de demissão voluntária		X
Direitos autorais		X
Valores despendidos com ministros de confissão religiosa		X
Vale-cultura		X

* Deve ser observada a legislação específica. Se a parcela for paga em desacordo com a legislação específica, haverá incidência da contribuição previdenciária.

1. Jurisprudência STJ e STF no sentido de não incidir contribuição previdenciária sobre 1/3 constitucional de férias. STJ decidiu que as férias usufruídas são parcelas remuneratórias e sofrem incidência de contribuição previdenciária - REsp 1495404/DF - 2014 / 0291244-2, Relator Ministro Herman Benjamin DJ-12/12/2014.
2. Segundo entendimento recente do STJ, o aviso prévio indenizado tem natureza indenizatória e não sofre incidência de contribuição previdenciária (REsp 1.221.665-PR, Rel. Min. Teori Albino Zavascki, julgado em 8/2/2011. (Informativo nº 462).
3. Nesse caso, a incidência da contribuição previdenciária será sobre o valor total das diárias.
4. Se a distribuição dos lucros não estiver de acordo com a legislação específica, haverá incidência da contribuição previdenciária. Se o pagamento de PLR for feito em periodicidade inferior a um semestre civil ou mais de duas vezes no mesmo ano, haverá a incidência de contribuição previdenciária sobre o valor pago.
5. Com o julgamento do REsp 1.230.957-RS (Rel. Min. Mauro Campbell Marques, julgado em 26/2/2014, Informativo nº 536), entendeu-se que incide contribuição previdenciária a cargo da empresa sobre os valores pagos a título de salário-maternidade.

   Também, incide contribuição previdenciária sobre os valores pagos a título de salário-paternidade. Esse salário refere-se ao valor recebido pelo empregado durante os cinco dias de afastamento em razão do nascimento de filho (arts. 7º, XIX, da CF; 473, III, da CLT; e 10, § 1º, do ADCT). - REsp 1.230.957-RS, Rel. Min. Mauro Campbell Marques, julgado em 26/2/2014. (Informativo nº 536).
6. Há imunidade tributária (art. 195, II, CF).
7. Segundo entendimento recente do STF e Súmula nº 60 da AGU, o vale-transporte mesmo pago em dinheiro não terá incidência de contribuição previdenciária.

11. EXECUÇÃO CONTRA A MASSA FALIDA

Havendo condenação de empresa submetida à falência, as ações trabalhistas serão processadas perante a Justiça do Trabalho até a apuração do respectivo crédito, que será inscrito no quadro-geral de credores pelo valor determinado em sentença (Lei nº 11.101/05, art. 6º, § 2º). Noutras palavras, **a Justiça laboral tem competência até a decisão de liquidação**, remetendo-se, posteriormente, ao juízo falimentar para habilitação do crédito.

É interessante atentar para o fato de que, mesmo antes da prolação da sentença de mérito e da decisão de liquidação, o juiz do trabalho, por cautela, poderá solicitar ao juízo falimentar a reserva de numerário que estimar devida para o pagamento dos créditos trabalhistas (Lei nº 11.101/05, art. 6º, § 2º).

Antigamente, autorizava-se que, apesar de ser esse o procedimento normal, em dois casos específicos a sistemática seria diferente:

1) **se o bem fosse penhorado antes da decretação da falência**: a hasta pública seria realizada na Justiça do Trabalho, revertendo-se ao juízo falimentar o que tivesse alcançado com a alienação.

2) **se a decretação da falência ocorresse quando o bem já tivesse sido alienado em hasta pública**: entendia que o credor trabalhista seria satisfeito na Justiça do Trabalho, remetendo-se ao juízo falimentar apenas o remanescente do bem expropriado, se existente.

No entanto, atualmente, a jurisprudência do STJ não autoriza essa mudança de procedimento, determinando que decretada a falência, as execuções contra a massa falida não podem prosseguir na Justiça do Trabalho, mesmo havendo penhora anterior. Argumenta-se que, decretada a falência, o patrimônio da massa falida só pode ser atingido pelo juízo universal, a fim de não criar alteração na ordem de preferência.[151]

Na hipótese de habilitação dos créditos no juízo falimentar, os créditos trabalhistas são considerados privilegiados até o montante de 150 salários-mínimos, não se aplicando esse limite quando decorrentes de acidentes de trabalho. Os valores superiores ao referido montante são considerados quirografários (Lei nº 11.101/05, art. 83, I). Ademais, em caso de cessão de crédito trabalhista a terceiro, eles também serão considerados quirografários (Lei nº 11.101/05, art. 83, § 4º).

É importante observar que a decretação da falência suspende o curso da prescrição e de todas as ações e execuções em face do devedor, inclusive aquelas dos credores particulares do sócio solidário (Lei nº 11.101/05, art. 6º).

Consigna-se que os dissídios cuja decisão tiver que ser executada no juízo da falência têm preferência em todas as fases processuais (CLT, art. 768).

Por fim, é válido destacar que, nos casos em que a execução é direcionada em face de outras empresas do mesmo grupo econômico da devedora principal (empresa falida), não se afasta a competência da Justiça do Trabalho, pois eventual constrição não recairá sobre os bens da massa falida, ou seja, da devedora principal, não atraindo, portanto, a competência do juízo universal[152].

11.1. Sucessão Trabalhista

O art. 141, II, da Lei nº 11.101/05 declara expressamente que "o objeto da alienação estará livre de qualquer ônus e não haverá sucessão do arrematante nas obrigações do devedor, inclusive as de natureza tributária, as derivadas da legislação do trabalho e as decorrentes de acidentes de trabalho".

Pelo referido dispositivo, verifica-se que a aquisição dos bens da empresa falida não gera a sucessão trabalhista, descrita nos art. 10 e 448 da CLT. Desse modo, os

151. STJ-CC 130.994/SP, Rel. Ministra NANCY ANDRIGHI, SEGUNDA SEÇÃO, julgado em 13/08/2014, DJe 19/08/2014.

152. AIRR-1896-90.2014.5.02.0201, Relator Ministro: Antonio José de Barros Levenhagen, Data de Julgamento: 08/02/2017, 5ª Turma, Data de Publicação: DEJT 10/02/2017. Essa matéria, inclusive, foi considerada como de natureza infraconstitucional, sendo afastada a repercussão geral pelo STF (RE 864264 RG, Relator(a): Min. TEORI ZAVASCKI, julgado em 17/03/2016, PROCESSO ELETRÔNICO DJe-067 DIVULG 11-04-2016 PUBLIC 12-04-2016).

empregados do devedor contratados pelo arrematante serão admitidos mediante novos contratos de trabalho e o arrematante não responderá por obrigações decorrentes do contrato anterior (Lei nº 11.101/05, art. 141 § 2º).

Embora referido dispositivo tenha gerado divergência acerca de sua aplicação no processo do trabalho, especialmente sob o aspecto da constitucionalidade, o E. STF declarou constitucional referido dispositivo na ADI 3934.

Por fim, consigne-se que não se aplicará o art. 141, II, da Lei nº 11.101/05 e, consequentemente, haverá sucessão trabalhista quando o arrematante for: I – sócio da sociedade falida, ou sociedade controlada pelo falido; II – parente, em linha reta ou colateral até o 4º (quarto) grau, consanguíneo ou afim, do falido ou de sócio da sociedade falida; ou III – identificado como agente do falido com o objetivo de fraudar a sucessão (Lei nº 11.101/05, art. 141, § 1º).

12. EXECUÇÃO CONTRA EMPRESA EM RECUPERAÇÃO JUDICIAL

A recuperação judicial foi criada pela Lei nº 11.101/05, tendo como objetivo "viabilizar a superação da situação de crise econômico-financeira do devedor, a fim de permitir a manutenção da fonte produtora, do emprego dos trabalhadores e dos interesses dos credores, promovendo, assim, a preservação da empresa, sua função social e o estímulo à atividade econômica" (art. 47).

Deferida a recuperação judicial, tem-se um concurso geral de credores no juízo da recuperação (juízo universal), tendo a mesma ideologia da falência, ou seja, pagar os credores em um único juízo a fim de facilitar a concentração dos bens e valores da empresa e não criar fracionamentos e privilégios na satisfação dos montantes devidos aos credores.

Da mesma forma que na falência, a competência da justiça laboral é **até a decisão de liquidação.** Assim, estando liquidado, o valor será encaminhado à recuperação judicial para habilitação do crédito.

De qualquer modo, mesmo antes do deferimento da recuperação judicial, é permitido que o magistrado trabalhista solicite a reserva de numerário que estimar devida para o pagamento dos créditos trabalhistas. Por outro lado, sendo o crédito líquido, é possível pleitear, perante o administrador judicial, habilitação, exclusão ou modificação de créditos derivados da relação de trabalho (Lei nº 11.101/05, art. 6º, § 2º).

Quanto o crédito trabalhista é submetido ao plano de recuperação judicial, este não poderá prever prazo superior a 1 ano para pagamento dos créditos derivados da legislação do trabalho ou decorrentes de acidentes de trabalho vencidos até a data do pedido de recuperação judicial. Ademais, o plano não poderá, ainda, prever prazo superior a 30 dias para o pagamento, até o limite de 5 salários-mínimos por trabalhador, dos créditos de natureza estritamente salarial vencidos nos 3 meses anteriores ao pedido de recuperação judicial (Lei nº 11.101/05, art. 54).

É necessário salientar ainda que, nos termos do art. 115 da Consolidação dos Provimentos da Corregedoria-Geral da Justiça do Trabalho, o processo prosseguirá normalmente na seara trabalhista, não se submetendo ao juízo universal, nas hipóteses em que o juiz do trabalho determina o direcionamento da execução em face:

- dos sócios da empresa, no caso da desconsideração da personalidade jurídica; ou
- das empresas que integram o grupo econômico do qual faça parte a empresa recuperanda[153].

12.1. Suspensão do processo trabalhista

O deferimento do processamento da recuperação judicial suspende o curso da prescrição e de todas as ações e execuções em face do devedor, inclusive aquelas dos credores particulares do sócio solidário (Lei nº 11.101/05, art. 6º).

Estando a ação trabalhista na fase de conhecimento no momento do deferimento da recuperação judicial, não haverá necessidade de suspensão, uma vez que o art. 6º, § 2º, da Lei nº 11.101/05 declina que as ações trabalhistas serão processadas pela justiça especializada até a apuração do respectivo crédito.

Desse modo, apenas haverá a suspensão das ações que estiverem na fase de execução.[154]

Referida suspensão, em hipótese nenhuma, excederá o prazo improrrogável de 180 dias contado do deferimento do processamento da recuperação, restabelecendo-se, após o decurso do prazo, o direito dos credores de iniciar ou continuar suas ações e execuções, independentemente de pronunciamento judicial (Lei nº 11.101/05, art. 6º, § 4º).

Percebe-se por esse dispositivo, que na falência não existe prazo limite de suspensão, enquanto na recuperação judicial o processo trabalhista ficará suspenso pelo prazo de 180 dias, retornando em seguida o seu curso normal, ou seja, as execuções trabalhistas serão concluídas, ainda que o crédito já esteja inscrito no quadro-geral de credores.

Assim, pela interpretação do aludido dispositivo, após o decurso do prazo de 180 dias, retoma-se o trâmite normal da reclamação trabalhista, prosseguindo a execução, mesmo que o crédito tenha sido incluído no quadro-geral de credores.

Embora a nosso juízo essa seja a melhor interpretação do referido dispositivo, o STJ tem decidido que na recuperação judicial, assim como na falência, deve prevalecer o juízo universal, sob pena de frustrar o plano aprovado pela assembleia de credores[155].

153. Nesse sentido: AIRR-1896-90.2014.5.02.0201, Relator Ministro: Antonio José de Barros Levenhagen, Data de Julgamento: 08/02/2017, 5ª Turma, Data de Publicação: DEJT 10/02/2017.

154. Nesse sentido: ARR nº 1532-95.2014.5.03.0135, 5ª Turma do TST, Rel. Antônio José de Barros Levenhagen. j. 08.03.2017, Publ. 17.03.2017.

155. STJ – 2ª S., CC 105.025/SP. Rel. Mini. Fernando Gonçalves. DJe 5.11.2009.

Com efeito, para o STJ a competência da justiça laboral fica limitada à decisão de liquidação, de modo que, em seguida, deverá determinar a habilitação do crédito no juízo universal. Ademais, mesmo depois do prazo de 180 dias, deverá ser mantida a competência do juízo universal, não restabelecendo a competência da justiça do trabalho, vez que o patrimônio da empresa em recuperação não pode ser atingido por decisões prolatadas em juízo diverso daquele da recuperação, sob pena de comprometer o funcionamento da empresa e o sucesso do plano de recuperação.

Uma outra divergência nessa temática é sobre quais processos são atingidos pela suspensão.

Parte da jurisprudência entende que a suspensão atinge somente os créditos que foram constituídos até o pedido de processamento da recuperação judicial, nos termos do art. 49 da Lei nº 11.101/05.[156] Os créditos constituídos posteriormente (créditos extraconcursais) não integram o plano de recuperação judicial já aprovado. Assim, os credores cujos créditos forem constituídos depois do pedido da recuperação judicial não serão por esta impactados, razão pela qual não haverá a suspensão de seus processos.[157]

Para essa tese, a qual pensamos estar a razão, somente será remetido ao juízo da recuperação judicial (juízo universal) os créditos constituídos até o pedido da recuperação. Sendo constituídos após o pedido de processamento da recuperação judicial, eles continuam a tramitar sem nenhuma suspensão na Justiça do Trabalho, entendendo-se por "créditos constituídos" a data da prestação dos serviços[158-159].

Contudo, o entendimento que vem predominando no STJ é no sentido de que a competência para o pagamento, ao longo de todo o processo de recuperação judicial, será do juízo em que se processa o pedido da recuperação, para se evitar a constrição dos ativos da sociedade que estão previstos no Plano de Recuperação Judicial.[160] Fundamenta-se que "franquear o pagamento dos créditos posteriores ao pedido de recuperação por meio de atos de constrição de bens sem nenhum controle de essencialidade por parte do Juízo universal acabará por inviabilizar, a um só tempo, o pagamento dos credores preferenciais, o pagamento dos credores concursais e, mais ainda, a retomada do equilíbrio financeiro da sociedade, o que terminará por

156. Art. 49. Estão sujeitos à recuperação judicial todos os créditos existentes na data do pedido, ainda que não vencidos.

157. Nesse sentido: STJ – AgRg no AREsp: 468895 MG 2014/0019341-1, Rel. Min. MARCO BUZZI, Data de Julgamento: 06/11/2014, T4 – QUARTA TURMA, Data de Publicação: DJe 14/11/2014.

158. TRT – 15, AP 0010737-13.2017.5.15.0135, Rel. Antonio Francisco Montanagna, DJ 28/11/2019.

159. TOMAZETTE, Marlon. *Curso de Direito Empresarial: falência e recuperação de empresas, v.3*. 5. ed. São Paulo: Atlas, 2017. p. 116.

160. AgInt no CC 167.402/GO, Rel. Ministra MARIA ISABEL GALLOTTI, SEGUNDA SEÇÃO, julgado em 05/05/2020, DJe 08/05/2020.

ocasionar na convolação da recuperação judicial em falência, em prejuízo de todos os credores, sejam eles anteriores ou posteriores à recuperação judicial"[161].

12.2. Sucessão Trabalhista

Caso o plano de recuperação judicial aprovado envolva alienação judicial de filiais ou de unidades produtivas isoladas do devedor, o juiz ordenará a sua realização, por meio de leilão, propostas fechadas ou pregão (Lei nº 11.101/05, art. 60).

Nesse caso, por força do art. 60, parágrafo único, da referida lei "o objeto da alienação estará livre de qualquer ônus e não haverá sucessão do arrematante nas obrigações do devedor, inclusive as de natureza tributária".

Analisando esse dispositivo, verifica-se que não há alusão aos créditos trabalhistas, de modo que poderíamos concluir pela aplicação da sucessão trabalhista na hipótese de recuperação judicial.

No entanto, o entendimento predominante, no TST[162] e no STF[163], é no sentido de que, mesmo na recuperação judicial, não haverá sucessão trabalhista, interpretando-se o art. 60 em consonância com o art. 141, ambos da Lei nº 11.101/05. Isso tem como objetivo facilitar a aquisição de bens da empresa em liquidação, uma vez que o adquirente não sofrerá os efeitos da sucessão trabalhista.

Portanto, seja na falência, seja na recuperação judicial, não haverá sucessão trabalhista.

13. EXECUÇÃO CONTRA EMPRESA EM LIQUIDAÇÃO EXTRAJUDICIAL

As empresas em liquidação extrajudicial e intervenção pelo Banco Central são as "instituições financeiras privadas e as públicas não federais, assim como as cooperativas de crédito" (art. 1º da Lei nº 6.024/74), as quais estão submetidas a um **regime diferenciado de execução concursal de natureza extrajudicial**, que é dirigida pelo Banco Central do Brasil.

Nesse caso, a execução trabalhista deve prosseguir diretamente na Justiça do Trabalho mesmo após a decretação da liquidação extrajudicial (OJ nº 143 da SDI-I do TST).

Aplicam-se na hipótese os arts. 5º[164] e 29[165] da Lei nº 6.830/80, por força do art. 889 da CLT.

---

161. STJ – AgRg nos EDcl no CC 136.571/MG, Rel. Ministro MARCO AURÉLIO BELLIZZE, unânime, DJe de 31.5.2017.
162. TST – RR 786.2007.023.04.00.1. Rel. Min. Alberto Luiz Breciano de Fontan Pereira. DJ 14.5.2010.
163. STF – RE 583.955/RJ. Tribunal Pleno. Rel. Min. Ricardo Lewandowski. Dj 28.8.09.
164. Art. 5º. A competência para processar e julgar a execução da Dívida Ativa da Fazenda Pública exclui a de qualquer outro juízo, inclusive o da falência, da concordata, da liquidação, da insolvência ou do inventário.
165. Art. 29. A cobrança judicial da Dívida Ativa da Fazenda Pública não é sujeita a concurso de credores ou habilitação em falência, concordata, liquidação, inventário ou arrolamento.

A não submissão ao concurso geral da liquidação se justifica porque tal modalidade de execução concursal é extrajudicial, diferenciando-a da falência que é judicial. Além disso, a prerrogativa superprivilegiada dos créditos trabalhistas afasta a aplicação da liquidação extrajudicial na hipótese.

Assim, mesmo após a decretação da liquidação ou intervenção extrajudicial, a execução prosseguirá até o fim na Justiça do Trabalho.

Registra-se, por fim, que a decisão que não suspende a execução trabalhista nessa hipótese não se submete ao crivo do mandado de segurança, porque não viola direito líquido e certo do executado, como se depreende da OJ nº 53 da SDI - II do TST.

14. REUNIÃO DE EXECUÇÕES

A Consolidação dos Provimentos da Corregedoria Geral da Justiça do Trabalho prevê o procedimento de reunião de execuções (PRE) no âmbito da Justiça do Trabalho. Esse procedimento é composto pelo:

- Plano Especial de Pagamento Trabalhista (PEPT): tem como objetivo o pagamento parcelado do débito; e
- Regime Especial de Execução Forçada (REEF): destinado à expropriação do patrimônio dos devedores em prol da coletividade dos credores (art. 148).

A Reunião das Execuções em relação ao mesmo devedor poderá ser processada em órgãos de centralização de execuções, criados conforme a organização de cada Tribunal Regional, sem prejuízo da atuação, no mesmo sentido, em cada unidade jurisdicional, excepcionalmente e observados os limites de sua competência funcional e as particularidades do caso concreto (art. 149 Consolidação dos Provimentos da CGJT).

O juízo centralizador tem como atribuições acompanhar o processamento do PRE, promover de ofício a identificação dos grandes devedores e, se for o caso, dos respectivos grupos econômicos, cujas execuções poderão ser reunidas para processamento conjunto por meio da instauração do REEF (Regime Especial de Execução Forçada), bem como coordenar ações e programas que visem à efetividade da execução (art. 150 da Consolidação dos Provimentos da CGJT).

14.1. Plano Especial de Pagamento Trabalhista (PEPT)

O Plano Especial de Pagamento Trabalhista (PEPT) tem como finalidade o pagamento parcelado do débito nos casos em que haja a reunião das execuções em relação ao mesmo devedor.

O requerimento do plano deverá ser apresentado perante o órgão competente, conforme definido pela organização administrativa de cada tribunal e, na ausência de previsão expressa, diretamente ao juízo centralizador de execuções (art. 152, caput, da Consolidação dos Provimentos da CGJT).

Para a apreciação preliminar do pedido de instauração do Plano Especial de Pagamento Trabalhista (PEPT), o interessado deverá atender aos seguintes requisitos:

> I – especificar o valor total da dívida, instruindo o pedido com a relação de processos em fase de execução definitiva, a indicação da(s) vara(s) de origem, os nomes dos credores, os valores e a natureza dos respectivos débitos, devidamente atualizados, destacando-se valores históricos de juros e de correção monetária;
>
> II – apresentar o plano de pagamento do débito trabalhista consolidado, incluída estimativa de juros e de correção monetária até seu integral cumprimento, podendo o pagamento ser fixado em período e montante variáveis, respeitado o prazo máximo de três anos para a quitação integral da dívida;
>
> III – assumir, por declaração de vontade expressa e inequívoca, o compromisso de cumprir regularmente as obrigações trabalhistas dos contratos em curso, inclusive as decorrentes de verbas rescisórias devidas aos empregados dispensados ou que se demitirem, cabendo o controle aos sindicatos das respectivas categorias profissionais, a quem o executado remeterá, mensalmente, cópia do Cadastro Geral de Empregados e Desempregados – CAGED;
>
> IV – relacionar, documentalmente, as empresas integrantes do grupo econômico e respectivos sócios, todos cientes de que serão responsabilizados solidariamente pelo adimplemento das obrigações relativas ao montante global obtido na reunião das execuções perante o Tribunal, independentemente de, em qualquer fase dos processos, terem figurado no polo passivo;
>
> V – ofertar garantia patrimonial suficiente ao atendimento das condições estabelecidas, podendo recair em carta de fiança bancária ou seguro garantia, bem como em bens próprios ou dos sócios, hipótese em que deverão ser apresentadas provas de ausência de impedimento ou oneração dos bens, caso em que o interessado fica obrigado a comunicar, de imediato, qualquer alteração na situação jurídica desses, sob pena de cancelamento do plano e impossibilidade de novo requerimento de parcelamento pelo prazo de 2 (dois) anos;
>
> VI – apresentar balanço contábil, devidamente certificado por contador, bem como declaração de imposto de renda, em que se comprove a incapacidade financeira de arcar com a dívida consolidada, com efetivo comprometimento da continuidade da atividade econômica;
>
> VII – apresentar renúncia de toda e qualquer impugnação, recurso ou incidente quanto aos processos envolvidos no plano apresentado (art. 151 da Consolidação dos Provimentos da CGJT).

O plano restringir-se-á aos processos de execução relacionados no ato de apresentação do requerimento, sendo vedada a inclusão de novos processos (art. 151, §2º, da Consolidação dos Provimentos da CGJT).

O inadimplemento de qualquer das condições estabelecidas implicará a revogação do plano, a proibição de obter novo plano pelo prazo de 2 anos e a instauração de Regime Especial de Execução Forçada (REEF) em face do devedor (art. 151, §2º, da Consolidação dos Provimentos da CGJT).

Instaurado o procedimento, deverá o órgão competente:

> I – fixar o prazo de duração, observado o prazo máximo de 3 anos, e o valor a ser pago periodicamente, considerando, nos dois casos, o montante principal da dívida e seus acessórios, bem como os correspondentes créditos previdenciários e fiscais;

II – se necessário, estabelecer cláusula penal para atraso ou descumprimento ocasional de qualquer das parcelas, revertendo para os credores o valor correspondente, e, a qualquer tempo no curso do procedimento, ordenar a venda de ativos visando à redução do débito consolidado, providência a ser cumprida no âmbito do juízo centralizador de execuções;

III – prever a distribuição dos valores arrecadados, observada a premência do crédito trabalhista;

IV – indicar o processo judicial que servirá como piloto para a prática dos atos jurisdicionais posteriores à aprovação do plano, no qual serão concentrados todos os atos referentes ao cumprimento do plano (art. 152, § 1º da Consolidação dos Provimentos da Corregedoria Geral da Justiça do Trabalho).

Caberá ao Tribunal Pleno ou Órgão Especial, se houver, a aprovação do plano, podendo o relator se valer de consulta prévia a órgãos internos do Tribunal Regional para subsidiar sua decisão. A partir da aprovação do plano ficam suspensas as execuções relacionadas no plano (art. 152, §§ 2º e 5º da Consolidação dos Provimentos da Corregedoria Geral da Justiça do Trabalho).

No caso de circunstâncias imprevistas e não imputáveis ao devedor que tornarem o plano inexequível, o devedor poderá apresentar novo plano, o qual deverá estar acompanhado de provas das circunstâncias supervenientes, sendo objeto de nova decisão pelo órgão competente. Caso o novo plano seja rejeitado ou se revele inviável, seguir-se-á a instauração de Regime Especial de Execução Forçada (REEF) em face do devedor (art. 152, §§ 3º e 4º da Consolidação dos Provimentos da Corregedoria Geral da Justiça do Trabalho).

O devedor e as empresas integrantes de seu grupo econômico ficam impedidos de requerer novo PEPT pelo prazo de 24 meses após a extinção do PEPT anterior, mesmo que este tenha sido cumprido parcial ou integralmente ou convolado em REEF, ressalvados casos excepcionais, a critério do órgão colegiado competente (art. 153 da Consolidação dos Provimentos da Corregedoria Geral da Justiça do Trabalho).

14.2. Regime Especial de Execução Forçada (REEF)

O Regime Especial de Execução Forçada (REEF) consiste no procedimento unificado de busca, constrição e expropriação, com vistas ao adimplemento da dívida consolidada de devedor com relevante número de processos em fase de execução, como medida de otimização das diligências executórias, doravante realizadas de forma convergente, mediante a utilização de processo piloto (art. 154, *caput*, da Consolidação dos Provimentos da CGJT).

O Regime Especial pode iniciar-se das seguintes formas:

a) do insucesso do Plano Especial de Pagamento Trabalhista (PEPT);

b) por meio de requisição das Unidades Judiciárias de 1º e 2º graus do Tribunal Regional;[166] ou

166. Art. 154, § 2º, da Consolidação dos Provimentos da Corregedoria Geral da Justiça do Trabalho – Em caso de solicitação pelas unidades judiciárias, deverá ser observado o número mínimo de inclusões do devedor no BNDT e o limite de solicitações por unidade, parâmetros a serem definidos pelos Tribunais Regionais. Na ausência de

c) por iniciativa do órgão centralizador de execuções no Tribunal Regional (art. 154, § 1º, da Consolidação dos Provimentos da CGJT).

Caso a iniciativa seja oriunda do órgão centralizador de execuções no tribunal regional, poderá o juiz da vara de origem recusar a remessa dos autos, caso já existam bens penhorados na data da instauração do REEF, sem prejuízo da solicitação a outra vara do trabalho, de processo em face do mesmo devedor (art. 154, § 4º, da Consolidação dos Provimentos da CGJT).

Em todas as hipóteses, a instauração do Regime Especial importará a suspensão das execuções em face do devedor, determinada por ato do órgão competente, conforme definido pela organização administrativa de cada Tribunal Regional, salvo em relação aos processos que tramitam na vara recusante (art. 154, § 5º, da Consolidação dos Provimentos da CGJT).

No curso do Regime Especial de Execução Forçada (REEF), os atos executórios buscando o pagamento da dívida consolidada do executado serão realizados nos autos do processo piloto (art. 155 da Consolidação dos Provimentos da Corregedoria Geral da Justiça do Trabalho).

A definição dos autos a serem qualificados como processo piloto caberá ao Juiz Coordenador do órgão centralizador de execuções do Tribunal Regional, sendo de competência dos Juízes que atuam no órgão centralizador de execuções resolver todos os incidentes e ações incidentais referentes ao processo piloto, quanto aos atos praticados durante o Regime Especial (art. 155, §§ 1º e 2º, da Consolidação dos Provimentos da CGJT).

Os valores arrecadados serão destinados às execuções envolvidas no Regime Especial pelo órgão centralizador de execuções.

Ademais, eventual quitação do processo piloto não impede o regular prosseguimento da execução, nos mesmos autos, pelo restante da dívida consolidada (art. 155, §§ 4º e 5º, da Consolidação dos Provimentos da Corregedoria Geral da Justiça do Trabalho).

A apuração da dívida consolidada do executado, no caso do Regime Especial, será feita pelo órgão centralizador de execuções, que oficiará as varas do trabalho para que informem o montante da dívida do executado, nos processos em fase de execução definitiva, no prazo de 30 dias. Ocorrendo conciliação ou pagamento, ainda que parcial, em processo executivo de devedores submetidos ao Regime Especial diverso do processo piloto, deverá a Vara do Trabalho respectiva comunicar o fato,

---

regulamentação, tais variáveis poderão ser definidas pelo órgão centralizador de execuções no Tribunal Regional.
§ 3º A solicitação pelas unidades judiciárias deverá vir acompanhada de certidão comprobatória da utilização, sem sucesso, das ferramentas básicas de pesquisa patrimonial, nos 3 (três) meses anteriores à requisição, e do protesto do devedor, conforme artigo 517 do Código de Processo Civil.

imediatamente, ao órgão centralizador de execuções (art. 156, *caput* e §2°, da Consolidação dos Provimentos da Corregedoria Geral da Justiça do Trabalho).

Os créditos da União Federal, referentes às contribuições previdenciárias e fiscais decorrentes das decisões desta Justiça Especializada, aqueles oriundos de multas administrativas impostas pelos órgãos de fiscalização do trabalho, nos termos do artigo 114, VII e VIII, respectivamente, da Constituição da República, assim como as custas processuais, serão pagos após a quitação preferencial dos créditos trabalhistas (art. 157 da Consolidação dos Provimentos da Corregedoria Geral da Justiça do Trabalho).

Esgotados os meios executórios, ainda que remanesçam débitos, o Regime Especial será extinto, sendo os autos do processo piloto devolvidos ao juízo de origem para providências cabíveis (art. 158 da Consolidação dos Provimentos da Corregedoria Geral da Justiça do Trabalho).

15. EXECUÇÃO CONTRA A FAZENDA PÚBLICA

15.1. Introdução

O regime da execução por quantia certa contra a Fazenda Pública é totalmente diferente da execução realizada em face das pessoas físicas e jurídicas de direito privado.

Isso ocorre porque os bens públicos são inalienáveis e, consequentemente, impenhoráveis. Diante disso, a Fazenda Pública não é intimada para pagar ou nomear bens à penhora, mas sim para opor embargos.

Esse regime diferenciado se aplica às pessoas jurídicas de direito público, não tendo incidência, portanto, nas empresas públicas e sociedades de economia mista, por serem pessoas jurídicas de direito privado.

Existem, porém, algumas exceções:

A primeira é a Empresa Brasileira de Correios e Telégrafos (ECT) que, embora seja empresa pública, presta serviço público essencial como entendeu o STF, de modo que é beneficiada pelo regime diferenciado de execução[167]. No mesmo sentido, o item II da OJ n° 247 da SDI-II do TST:

> II – A validade do ato de despedida do empregado da Empresa Brasileira de Correios e Telégrafos (ECT) está condicionada à motivação, por gozar a empresa do mesmo tratamento destinado à Fazenda Pública em relação à imunidade tributária e à execução por precatório, além das prerrogativas de foro, prazos e custas processuais.

167. STF – RE n° 228.484-6. 2ª Turma. Rel. Min. Carlos Veloso, DJ 31.8.2001.

Além disso, tem-se admitido a submissão ao precatório na hipótese de empresa pública ou sociedade de economia mista que seja **prestadora de serviço público em ambiente não concorrencial**. É o caso do Hospital Nossa Senhora da Conceição S.A.[168]

Em resumo, o regime diferenciado é aplicado aos seguintes entes:

- União;
- estados;
- Distrito Federal;
- municípios;
- autarquias;
- fundações públicas;
- Empresa Brasileira de Correios e Telégrafos (ECT);
- Empresa pública ou sociedade de economia mista que seja **prestadora de serviço público em ambiente não concorrencial.**

Atenção:

Os débitos dos Conselhos de Fiscalização, em razão de pronunciamento judicial, não se submetem aos regime de precatórios (STF, Tema nº 877 da repercussão geral*).

(*) Trata-se do RE 938837, julgado pelo Tribunal Pleno em 19.04.2017.

Salienta-se que esse regime diferenciado aplica-se tão somente às execuções por quantia certa, já que as execuções de obrigação de fazer[169], não fazer e entrega de coisa serão processadas da mesma forma que para os demais devedores.

É interessante anotar, ainda, que o regime da execução por quantia certa contra a Fazenda Pública é aplicado, inclusive, quando se estiver diante de título executivo extrajudicial. Nesse sentido, a Súmula nº 279 do STJ:

> **Súmula nº 279 do STJ.** Execução – Título Extrajudicial Contra a Fazenda Pública – Cabimento
> É cabível execução por título extrajudicial contra a Fazenda Pública.

Assim, fixado o valor devido, a Fazenda Pública é intimada para opor embargos, no **prazo de 30 dias.**[170]

168. TST-E-ED-RR-115400-27.2008.5.04.0008, SBDI-I, rel. Min. Aloysio Corrêa da Veiga, 14.11.2013 (Informativo nº 66);
STF-RE 580264 / RS – RIO GRANDE DO SUL. Tribunal Pleno. Redator p/ o acórdão Min. Ayres Brito. Julgamento: 16.12.2010. DJe Divulg 05.10.2011. Public 06.10.2011.

169. Nesse sentido, inclusive, o STF, ao apreciar o tema 45 da Repercussão Geral, fixou a seguinte tese: "a execução provisória de obrigação de fazer em face da Fazenda Pública não atrai o regime constitucional dos precatórios" no RE 573872, julgado pelo Tribunal Pleno em 24.05.2017.

170. STF-ADC/MC 11. Plenário. Rel. Min Cezar Peluso. Julg. 28.3.2007. DJ 29.6.2007. "EMENTA: FAZENDA PÚBLICA. Prazo processual. Embargos à execução. Prazos previstos no art. 730 do CPC e no art. 884 da CLT. Ampliação pela Medida Provisória nº 2.180-35/2001, que acrescentou o art. 1º-B à Lei federal nº 9.494/97. Limites

Opostos os embargos, poderão ser alegadas as matérias previstas no art. 535 do CPC/2015.

Atenção:

Tratando-se de embargos parciais, a parte não questionada pela executada será, desde logo, objeto de cumprimento. (CPC/2015, art. 535, § 4°).

Do julgamento dos embargos, mesmo que desfavoráveis ao ente público, não cabe reexame necessário, sendo cabível o agravo de petição. Isso ocorre porque na linguagem do art. 1°, V, do Decreto-lei 779/69, o cabimento do reexame necessário está dirigido à fase de conhecimento, uma vez que fala em recurso ordinário ex officio[171]. Ademais, o art. 496, II, do CPC/2015 permite o reexame apenas quando se trata de embargos à execução decorrente de execução fiscal (quando a Fazenda Pública é credora) e não no caso de execução contra a Fazenda Pública.

Solucionados os embargos, ou não sendo apresentados no prazo legal, o pagamento será realizado de duas formas:

1) precatório; ou

2) requisição de pequeno valor.

Importante:

É válida a penhora em bens de pessoa jurídica de direito privado, realizada anteriormente à sucessão pela União ou por Estado-membro, não podendo a execução prosseguir mediante precatório. A decisão que a mantém não viola o art. 100 da CF/1988 (OJ n° 343 da SDI-1 do TST).

15.2. Precatório

Como já anunciado, sendo o devedor pessoa jurídica de direito público, a interferência do Estado-juiz não ocorrerá por meio da penhora, mas, sim, por meio da expedição de precatório, conforme estabelecido no art. 100 da CF/88.

O precatório pode ser visualizado, de forma simples, como uma "fila de espera" dos credores, aguardando o pagamento do Estado.

---

constitucionais de urgência e relevância não ultrapassados. Dissídio jurisprudencial sobre a norma. Ação direta de constitucionalidade. Liminar deferida. Aplicação do art. 21, *caput*, da Lei n° 9.868/99. Ficam suspensos todos os processos em que se discuta a constitucionalidade do art. 1°-B da Medida Provisória n° 2.180-35." No mesmo sentido decidiu o TST: Execução. Prazo para interposição de embargos à execução pela Fazenda Pública. Art. 4° da MP 2.180-35/2001. Declaração incidental de inconstitucionalidade. Efeitos suspensos. ADC 11 pendente de julgamento. O Tribunal Pleno, por unanimidade, decidiu suspender os efeitos da declaração incidental de inconstitucionalidade formal do art. 4° da Medida Provisória n° 2.180-35/01, pronunciada nos autos do processo TST-RR-7000-66.1992.5.04.0011, julgado em 4.8.2005, até que o Supremo Tribunal Federal se manifeste em definitivo sobre a matéria nos autos da ADC 11. TST-E-RR-110200-18.2003.5.21.0921, Tribunal Pleno, rel. Min. Renato de Lacerda Paiva, 2.9.2013 (Informativo TST n° 57). O Novo CPC adota o prazo de 30 dias para a Fazenda Pública (art. 910), o que esvaziará a discussão em torno da MP 2.180-35/2001.

171. LEITE, Carlos Henrique Bezerra. *Curso de direito processual do trabalho*. 9. ed. São Paulo: LTr, 2011. p. 1127-1128.

Trata-se de mecanismo que preserva a igualdade entre os credores da Fazenda Pública, vez que o pagamento deve ser feito na ordem cronológica de apresentação do precatório (CF/88, art. 100, caput).

Com efeito, transitada em julgada a decisão, o juiz requisitará o pagamento por intermédio do presidente do tribunal competente (CPC/2015, art. 535, § 3º).

Melhor explicando, o juízo da execução forma o precatório, encaminhando-o ao presidente do tribunal, onde será autuado e numerado, de acordo com a ordem de chegada.

O presidente do tribunal, no exercício de sua função administrativa, analisa os aspectos formais do precatório, podendo ordenar sua regularização, inclusive corrigir as inexatidões materiais ou de cálculos, seja de ofício ou a requerimento. Tratando-se de requerimento, a OJ nº 2 do Pleno do TST estabelece o que segue:

> **Orientação Jurisprudencial nº 2.** Precatório. Revisão de cálculos. Limites da competência do presidente do TRT.
>
> O pedido de revisão dos cálculos, em fase de precatório, previsto no art. 1º-E da Lei nº 9.494/97, apenas poderá ser acolhido desde que: a) o requerente aponte e especifique claramente quais são as incorreções existentes nos cálculos, discriminando o montante que seria correto, pois do contrário a incorreção torna-se abstrata; b) o defeito nos cálculos esteja ligado à incorreção material ou à utilização de critério em descompasso com a lei ou com o título executivo judicial; e c) o critério legal aplicável ao débito não tenha sido objeto de debate nem na fase de conhecimento, nem na fase de execução.

A decisão do presidente do tribunal, por ter natureza administrativa, não está submetida ao reexame necessário (OJ nº 8 do Pleno do TST). Da mesma forma, não cabe recurso extraordinário contra a decisão proferida no processamento do precatório (Súmula nº 733 do STF).

No entanto, o TST admite a impetração de mandado de segurança contra atos praticados pelos presidentes dos tribunais em precatório (OJ nº 10 do Pleno do TST).

O presidente do tribunal competente que, por ato comissivo ou omissivo, retardar ou tentar frustrar a liquidação regular de precatórios incorrerá em crime de responsabilidade e responderá, também, perante o Conselho Nacional de Justiça (CF/88, art. 100, § 7º).

Assim, encerrados os trâmites administrativos, o presidente do tribunal expedirá o precatório-requisitório ao Poder Executivo, sendo obrigatória a inclusão, no orçamento das entidades de direito público, de verba necessária ao pagamento de seus débitos, oriundos de sentenças transitadas em julgado, constantes de precatórios judiciários (CF/88, art. 100, § 5º).

Atenta-se para o fato de que para os precatórios apresentados até 1º de julho, o pagamento será efetivado até o fim do exercício (ano) seguinte, quando terão seus valores atualizados monetariamente (CF/88, art. 100, § 5º). Já aqueles que forem apresentados depois da referida data serão considerados como apresentados no ano seguinte, para pagamento no exercício posterior. Exemplo:

- O precatório apresentado no dia 15 de junho de 2010 será pago até o fim do ano de 2011. Por outro lado, sendo apresentado no dia 5 de julho de 2010, será pago até o fim do ano de 2012.

15.2.1. Ordem preferencial

Embora o pagamento dos precatórios deva observar a ordem cronológica de apresentação, é assegurado o direito de preferência aos débitos de natureza alimentícia. Isso quer dizer que esses débitos se submetem ao regime do precatório, mas serão pagos com prioridade aos demais (Súmula nº 655 do STF e Súmula nº 144 do STJ). É como se fosse uma espécie de "lista preferencial".

Os débitos de natureza alimentícia compreendem aqueles decorrentes de salários, vencimentos, proventos, pensões e suas complementações, benefícios previdenciários e indenizações por morte ou por invalidez, fundadas em responsabilidade civil, em virtude de sentença judicial transitada em julgado (CF/88, art. 100, § 1º).

Para fins de precatório, a cessão de crédito de natureza alimentícia não implica a alteração de sua natureza, preservando a mesma natureza e sua ordem de preferência após a cessão (Tema 361 de Repercussão Geral - STF)[172].

É interessante observar que dentro da categoria de débitos de natureza alimentícia existe uma preferência no pagamento, qual seja, os débitos de natureza alimentícia cujos titulares, originários ou por sucessão hereditária, tenham 60 anos de idade ou mais ou sejam portadores de doença grave, ou pessoas com deficiência, assim definidos na forma da lei. Esses débitos serão pagos com preferência sobre todos os demais débitos, até o valor equivalente ao triplo do fixado em lei para as requisições de pequeno valor (CF/88, art. 100, § 2º). É como se existisse uma "fila com superpreferência".

Observa-se que o art. 100, § 2º, com redação alterada pela EC nº 94/2016 determina que não apenas os titulares originários do precatório possuem a superpreferência, mas também os titulares por sucessão hereditária. Isso quer dizer que, havendo a morte do credor originário, a prioridade é mantida, ou seja, seus herdeiros também passam a ter a superpreferência[173].

Agora se indaga: em que momento é analisada a idade de 60 anos para que a pessoa passe a ter a superpreferência?

172. CNJ-Resolução nº 303 de 18/12/2019, art. 42, § 1º.

173. DIDIER JR., Fredie et al. *Curso de Direito Processual Civil – v. 5: execução.* 7. ed. Salvador: Editora Juspodivm, 2017. p. 684.

Por força do art. 100, § 2º, da CF/88, a idade era analisada na data da expedição do precatório. Contudo, da data da expedição do precatório e o efetivo pagamento poderá passar um longo tempo. Desse modo, o STF, na ADIN 4357, declarou a inconstitucionalidade da expressão "na data de expedição do precatório", constante no § 2º do art. 100 da CF/88. O C. STF entendeu que esta limitação até a data da expedição do precatório viola o princípio da igualdade, de modo que esta preferência deve ser estendida a todos os credores que completem 60 anos de idade enquanto estiverem aguardando o pagamento do precatório de natureza alimentícia. Desse modo, a redação do art. 100, § 2º, da CF/88 foi alterada pela Emenda Constitucional nº 94/2016, excluindo-se a expressão "na data da expedição do precatório".

Salienta-se que é admitido o fracionamento para essa finalidade, sendo o restante pago na ordem cronológica de apresentação do precatório (CF/88, art. 100, § 2º). Exemplo:

- Suponhamos que o triplo da requisição de pequeno valor para determinado ente público seja 90 salários-mínimos e a condenação foi no valor de 100 salários-mínimos, referente a débitos de natureza alimentícia de titular com mais de 60 anos. Nesse caso, ele poderá receber, preferencialmente, os 90 salários-mínimos, ficando o restante (10 salários-mínimos) na ordem de pagamento dos demais créditos trabalhistas.

Desse modo, podemos definir que os precatórios serão pagos na seguinte ordem de preferência, desde que observada a ordem cronológica em cada categoria:

1) débitos de natureza alimentícia para titular, originário ou por sucessão hereditária, com 60 anos ou mais ou portadores de doença grave ou pessoas com deficiência até 3x o valor da RPV;
2) demais débitos de natureza alimentícia;
3) débitos de outras naturezas (comuns).

15.2.2. Preterição e não inclusão no orçamento

Como dito, o precatório deve, obrigatoriamente, ser incluído no orçamento das entidades de direito público, atendendo à ordem cronológica de apresentação para pagamento.

Não sendo observado tal regramento e havendo requerimento do credor, será sequestrada a quantia respectiva (CF/88, art. 100, § 6º), determinando o presidente do tribunal o pagamento imediato, inclusive utilizando-se do BACEN-JUD.

O TST, na OJ nº 3 do Tribunal Pleno, declina que o sequestro somente será cabível no caso de preterição, isto é, quando o pagamento for feito fora da ordem cronológica de apresentação. Desse modo, não admite o sequestro na hipótese de não inclusão (alocação) no orçamento. Contudo, com o advento da EC nº 62/09, o art. 100, § 6º da Constituição Federal passou a prever, expressamente, que a não alocação orçamentária do valor necessário a satisfazer o débito também dá ensejo ao sequestro.

Portanto, atualmente, pensamos que o sequestro será deferido em duas hipóteses:

1) quando houver preterimento do direito de precedência do credor;
2) no caso de não alocação orçamentária do valor necessário à satisfação do seu débito.

Desse modo, todas outras hipóteses, como, por exemplo, o não pagamento de precatório, não ensejarão o sequestro, mas, no máximo, a intervenção federal ou estadual, nos termos do art. 34, V, "a", da CF/88.

Salienta-se que o sequestro depende de requerimento do credor.

Ademais, na hipótese de quebra da ordem de preferência, o TST prevê que somente tem legitimidade para tal requerimento o credor que se encontrar em primeiro lugar na lista de ordem cronológica para pagamento (OJ nº 13 do Pleno do TST).

15.2.3. Sequestro Humanitário

Como analisado anteriormente, o sequestro será concedido quando houver preterimento do direito de precedência do credor ou no caso de não alocação orçamentária do valor necessário à satisfação do seu débito.

No entanto, o C. TST, embasado no direito à vida e no princípio da dignidade da pessoa humana, tem admitido, excepcionalmente, o sequestro na hipótese de doença grave, com iminente risco de morte ou perigo iminente de debilidade permanente e irreversível à saúde[174].

Isso ocorre porque, embora os portadores de doença grave recebam o precatório em ordem preferencial, é possível que diante do avançado grau da doença não suportem o tempo de espera para o pagamento do precatório, ainda que de forma preferencial.

Nessa hipótese, admite-se o **sequestro humanitário** consistente na possibilidade de pagamento imediato do precatório, não precisando aguardar a lista preferencial de pagamento do precatório. Contudo, o valor do sequestro, nessa hipótese, fica limitado a três vezes o valor da requisição de pequeno valor, a fim de manter a mesma sistemática adotada para o pagamento do precatório preferencial por doença grave.

15.3. Requisição de Pequeno Valor

O regime de precatório, estudado no tópico anterior, não se aplica aos pagamentos de obrigações de pequeno valor, decorrentes de sentença judicial transitada em julgado (CF/88, art. 100, § 3º). Nesse caso, aplica-se a requisição de pequeno valor (RPV).

174. TST-ReeNec e RO-8069000-57.2009.5.02.0000, Órgão Especial, Min. Dora Maria da Costa, 6.8.2012 (Informativo nº 16 do TST).

O significado de pequeno valor leva em conta cada ente público, sendo definido da seguinte forma:

União	até 60 salários-mínimos (Lei nº 10.259/01, art. 17, § 1º)
Estados e Distrito Federal	até 40 salários-mínimos (ADCT, art. 87, I)
Municípios	até 30 salários-mínimos (ADCT, art. 87, II)

Contudo, admitiu-se que as entidades de direito público, anunciadas no quadro anterior, no prazo de 180 dias, contados da publicação da EC 62/09, fixassem, por meio de leis próprias, valores distintos, segundo as diferentes capacidades econômicas, sendo o mínimo igual ao valor do maior benefício do regime geral de previdência social (CF, art. 100, § 4º e ADCT, art. 97, § 12).

Salienta-se que, tratando-se de reclamações trabalhistas plúrimas (**litisconsórcio ativo**), a aferição do que vem a ser obrigação de pequeno valor deve ser realizada considerando-se os créditos de cada reclamante e não o valor global da reclamação (OJ nº 9 do Pleno do TST). Esse mesmo entendimento deve ser aplicado na ação coletiva ajuizada por sindicato na condição de substituto processual. De acordo com o C. TST e o E. STF tanto na reclamação plúrima como na ação civil coletiva os titulares do crédito são os trabalhadores individualmente considerados, razão pela qual o enquadramento do débito como obrigação de pequeno valor deve ser realizado levando-se em conta os créditos de cada trabalhador beneficiado[175].

Assim, se o valor do débito ultrapassar os valores indicados anteriormente (pequeno valor), o pagamento será feito por meio de precatório.

Nessa hipótese, fica **vedado** o fracionamento, repartição ou quebra do valor da execução, para que uma parte integre a requisição de pequeno valor, e a outra parte seja paga por meio do precatório (CF/88, art. 100, § 8º[176]).

No entanto, é facultada à parte exequente a renúncia ao crédito do valor excedente, para que possa optar pelo pagamento do saldo sem o precatório (ADCT, art. 87, parágrafo único). Exemplo:

- O município X foi condenado a pagar 40 salários-mínimos. O exequente não poderá fracionar seu crédito para receber 30 salários-mínimos por meio da RPV e 10 salários-mínimos pelo precatório. Pode, no entanto, renunciar aos 10 salários-mínimos e receber apenas 30 salários-mínimos pela RPV. Ademais, cumpre consignar que o Supremo Tribunal Federal, em julgamento com repercussão geral[177], permitiu o fracionamento dos precatórios para o

175. TST-RO-50-41.2015.5.05.0000, SBDI-II, rel. Min. Douglas Alencar Rodrigues, 19.4.2016 (Informativo nº 133 do TST); TST-ReeNec e RO-118-88.2015.5.05.0000, Tribunal Pleno, rel. Min. Maria de Assis Calsing, 27.6.2016 (Informativo nº 139 do TST).

176. CF/88, art. 100, § 8º: É vedada a expedição de precatórios complementares ou suplementares de valor pago, bem como o fracionamento, repartição ou quebra do valor da execução para fins de enquadramento de parcela do total ao que dispõe o § 3º deste artigo.

177. STF-RE 564132. Relator. Ministro Eros Grau. Julgado em 30.10.2014.

pagamento de honorários advocatícios, pelo fato destes possuírem natureza autônoma em relação ao pagamento do valor principal da ação. Portanto, os honorários não são considerados como verba acessória ao processo, pois não pertencem diretamente ao cliente. Dessa forma, o STF entendeu que o fracionamento dos precatórios em razão dos honorários advocatícios não viola o disposto no § 8º do art. 100 da Constituição Federal.

No caso de requisição de pequeno valor, a Fazenda Pública é intimada diretamente pelo juiz, na pessoa de quem o ente público foi citado para o processo, para o pagamento do valor no prazo de 2 meses contado da entrega da requisição, mediante depósito na agência de banco oficial mais próxima da residência do exequente (CPC/2015, art. 535, § 3º, II).

Decorrido o prazo de 2 meses, sem o efetivo depósito, o juiz determinará a ordem de sequestro de numerário suficiente para a satisfação da dívida. Nesse caso, o sequestro independe de requerimento.

15.4. Pagamento separado do exequente e dos honorários advocatícios sucumbenciais

O STF estabelece na na Súmula Vinculante nº 47 que:

> Os honorários advocatícios incluídos na condenação ou destacados do montante principal devido ao credor consubstanciam verba de natureza alimentar cuja satisfaçao ocorrerá com a expedição de precatório ou requisição de pequeno valor, observada ordem especial restrita aos créditos dessa natureza.

Isso se justifica, porque os honorários advocatícios têm natureza autônoma, sendo de titularidade do advogado, não se confundindo, portanto, com o crédito principal.

Assim, permite-se o fracionamento do pagamento dos valores de honorários advocatícios sucumbenciais e do crédito principal, tendo em vista a titularidade diversa dos créditos, viabilizando, inclusive que, a depender dos valores, os honorários advocatícios sejam pagos por meio de requisição de pequeno valor e o crédito principal através de precatório.

O pedido para o pagamento em separado deve ocorrer antes da expedição do ofício requisitório, a fim de não se quebrar a ordem cronológica dos precatórios.[178]

Atente-se, porém que a Corte suprema, limita esse entendimento aos honorários sucumbenciais, não alcançando os honorários contratuais[179].

16. EXECUÇÃO FISCAL

A fiscalização administrativa, na seara trabalhista, é exercida pela Secretaria Especial de Previdência e Trabalho do Ministério da Economia. Desse modo, se tal

178. RE 564.132, voto do rel. min. Eros Grau, red. p/ o ac. min. Cármen Lúcia, P, j. 30-10-2014, *DJE* 27 de 10-2-2015, Tema 18.

179. Rcl 26.840 AgR, rel. min. Roberto Barroso, dec. monocrática, j. 23-11-2017, DJE 268 de 27-11-2017.

órgão aplica multa a determinada empresa, caso ela não pague, o infrator terá sua cobrança inscrita em dívida ativa da União.

A Certidão de Dívida Ativa constitui-se como um título executivo extrajudicial, a ser executado, nesse caso, perante a Justiça do Trabalho, por força do art. 114, VII, da CF/88.

Essa execução é denominada de execução fiscal.

Portanto, a execução contra a Fazenda Pública estudada no tópico anterior é quando a Fazenda Pública é devedora. Já a execução fiscal ocorre quando ela é credora.

Na execução fiscal, aplica-se o procedimento previsto na Lei nº 6.830/80 e, supletivamente, as regras estabelecidas na CLT e no CPC/2015.

A União será representada pela Procuradoria da Fazenda Nacional (CF/88, art. 133, § 3º e Lei nº 6.830/80, art. 4, §§ 4º a 6º), destacando que a petição inicial apenas precisa indicar o juízo a quem é dirigida, o pedido e o requerimento para a citação. Ademais, será instruída com a Certidão da Dívida Ativa, que dela fará parte integrante, como se estivesse transcrita (Lei nº 6.830/80, art. 6º, § 1º), tendo presunção de certeza e liquidez.

Atenção:

Na execução fiscal, a produção de provas pela fazenda pública independe de requerimento na petição inicial. Além disso, o valor da causa será o da dívida constante da certidão, com os encargos legais (lei nº 6.830/80, art. 6º, §§ 3º e 4º).

O executado será citado para, no prazo de 5 dias, pagar a dívida com os juros e multa de mora e encargos indicados na Certidão de Dívida Ativa, ou garantir a execução.

A garantia da execução poderá ocorrer por meio de:

I – depósito em dinheiro, à ordem do Juízo em estabelecimento oficial de crédito, que assegure atualização monetária;

II – fiança bancária ou seguro garantia;

III – nomeação de bens à penhora, observada a ordem do art. 11 da Lei 6.830/80; ou

IV – indicação à penhora bens oferecidos por terceiros e aceitos pela Fazenda Pública (Lei nº 6.830/80, art. 9º).

Não efetuado o pagamento ou garantida a execução, será realizada a penhora, nos termos do art. 11 da Lei nº 6.830/80[180].

180. Art. 11 – A penhora ou arresto de bens obedecerá à seguinte ordem: I – dinheiro; II – título da dívida pública, bem como título de crédito, que tenham cotação em bolsa; III – pedras e metais preciosos; IV – imóveis; V – navios e aeronaves; VI – veículos; VII – móveis ou semoventes; e VIII – direitos e ações. § 1º – Excepcionalmente, a penhora poderá recair sobre estabelecimento comercial, industrial ou agrícola, bem como em plantações ou edifícios em construção. § 2º – A penhora efetuada em dinheiro será convertida no depósito de que trata o inciso I do artigo 9º. § 3º – O Juiz ordenará a remoção do bem penhorado para depósito judicial, particular ou da Fazenda Pública exeqüente, sempre que esta o requerer, em qualquer fase do processo.

Após garantido o juízo, o executado poderá oferecer embargos à execução no prazo de 30 dias, contados:

a) do depósito;

b) da juntada da prova da fiança bancária ou do seguro garantia;

c) da intimação da penhora.

Atenção:

Não são admissíveis embargos do executado antes de garantida a execução (art. 16, *caput* e § 1º).

Recebidos os embargos, o Juiz mandará intimar a Fazenda, para impugná-los no prazo de 30 dias, designando, em seguida, audiência de instrução e julgamento. Caso os embargos versem sobre matéria de direito, ou, sendo de direito e de fato, a prova for exclusivamente documental, não será realizada audiência, devendo o juiz proferir a sentença em 30 dias (art. 17).

Decididos os embargos, cabe agravo de petição e, posteriormente, recurso de revista, neste último caso por violação à lei federal, divergência jurisprudencial e ofensa à Constituição Federal (CLT, art. 896, § 10).

Ato contínuo, segue-se para a fase de expropriação.

A alienação dos bens penhorados deverá ser realizada em leilão público, podendo a Fazenda Pública e o executado requerer que os bens sejam leiloados englobadamente ou em lotes que indicarem. As despesas, incluindo o pagamento da comissão do leiloeiro serão de responsabilidade do arrematante (art. 23).

A Fazenda Pública poderá adjudicar os bens penhorados da seguinte forma:

I – antes do leilão, pelo preço da avaliação, se a execução não for embargada ou se rejeitados os embargos;

II – findo o leilão:

a) se não houver licitante, pelo preço da avaliação;

b) havendo licitantes, com preferência, em igualdade de condições com a melhor oferta, no prazo de 30 (trinta) dias (art. 24).

Caso o preço da avaliação ou o valor da melhor oferta seja superior ao dos créditos da Fazenda Pública, a adjudicação somente será deferida pelo Juiz se a diferença for depositada, pela exequente, à ordem do Juízo, no prazo de 30 dias.

Se, antes da decisão de primeira instância, a inscrição de Dívida Ativa for, a qualquer título, cancelada, a execução fiscal será extinta, sem qualquer ônus para as partes (art. 26).

O Juiz, a requerimento das partes, poderá, por conveniência da unidade da garantia da execução, ordenar a reunião de processos contra o mesmo devedor, sendo os processos redistribuídos ao Juízo da primeira distribuição (art. 28).

17. SÚMULAS E ORIENTAÇÕES JURISPRUDENCIAIS DO TST

Execução Trabalhista
Penhora
Orientação jurisprudencial nº 343 da SDI-I do TST. Penhora. Sucessão. Art. 100 da CF/1988. Execução É válida a penhora em bens de pessoa jurídica de direito privado, realizada anteriormente à sucessão pela União ou por Estado-membro, não podendo a execução prosseguir mediante precatório. A decisão que a mantém não viola o art. 100 da CF/1988.
Súmula nº 417 do TST. Mandado de segurança. Penhora em dinheiro I – Não fere direito líquido e certo do impetrante o ato judicial que determina penhora em dinheiro do executado para garantir crédito exequendo, pois é prioritária e obedece à gradação prevista no art. 835 do CPC de 2015 (art. 655 do CPC de 1973). II – Havendo discordância do credor, em execução definitiva, não tem o executado direito líquido e certo a que os valores penhorados em dinheiro fiquem depositados no próprio banco, ainda que atenda aos requisitos do art. 840, I, do CPC de 2015 (art. 666, I, do CPC de 1973).
Orientação jurisprudencial nº 59 da SDI-II do TST. Mandado de segurança. Penhora. Carta de fiança bancária. Seguro Garantia Judicial A carta de fiança bancária e o seguro garantia judicial, desde que em valor não inferior ao do débito em execução, acrescido de trinta por cento, equivalem a dinheiro para efeito da gradação dos bens penhoráveis, estabelecida no art. 835 do CPC de 2015 (art. 655 do CPC de 1973).
Orientação Jurisprudencial nº 153 da SDI-II do TST. Mandado de segurança. Execução. Ordem de penhora sobre valores existentes em conta salário. Art. 649, IV, do CPC de 1973. Ilegalidade Ofende direito líquido e certo decisão que determina o bloqueio de numerário existente em conta salário, para satisfação de crédito trabalhista, ainda que seja limitado a determinado percentual dos valores recebidos ou a valor revertido para fundo de aplicação ou poupança, visto que o art. 649, IV, do CPC de 1973 contém norma imperativa que não admite interpretação ampliativa, sendo a exceção prevista no art. 649, § 2º, do CPC de 1973 espécie e não gênero de crédito de natureza alimentícia, não englobando o crédito trabalhista.
Orientação Jurisprudencial nº 93 da SDI-II do TST. Penhora sobre parte da renda de estabelecimento comercial. Possibilidade Nos termos do art. 866 do CPC de 2015, é admissível a penhora sobre a renda mensal ou faturamento de empresa, limitada a percentual, que não comprometa o desenvolvimento regular de suas atividades, desde que não haja outros bens penhoráveis ou, havendo outros bens, eles sejam de difícil alienação ou insuficientes para satisfazer o crédito executado.
Orientação Jurisprudencial nº 226 da SDI-I do TST. Crédito trabalhista. Cédula de crédito rural. Cédula de crédito industrial. Penhorabilidade Diferentemente da cédula de crédito industrial garantida por alienação fiduciária, na cédula rural pignoratícia ou hipotecária o bem permanece sob o domínio do devedor (executado), não constituindo óbice à penhora na esfera trabalhista. (Decreto-Lei nº 167/67, art. 69; CLT, arts. 10 e 30 e Lei nº 6.830/80).
Depositário
Orientação Jurisprudencial nº 143 da SDI-II do TST. "Habeas corpus". Penhora sobre coisa futura e incerta. Prisão. Depositário infiel Não se caracteriza a condição de depositário infiel quando a penhora recair sobre coisa futura e incerta, circunstância que, por si só, inviabiliza a materialização do depósito no momento da constituição do paciente em depositário, autorizando-se a concessão de "habeas corpus" diante da prisão ou ameaça de prisão que sofra.

Orientação Jurisprudencial nº 89 da SDI-II do TST. "Habeas corpus". Depositário. Termo de depósito não assinado pelo paciente. Necessidade de aceitação do encargo. Impossibilidade de prisão civil

A investidura no encargo de depositário depende da aceitação do nomeado que deve assinar termo de compromisso no auto de penhora, sem o que, é inadmissível a restrição de seu direito de liberdade.

Embargos de terceiros

Súmula nº 419 do TST. Competência. Embargos de terceiro. Execução por carta precatória. Juízo deprecado

Na execução por carta precatória, os embargos de terceiro serão oferecidos no juízo deprecado, salvo se indicado pelo juízo deprecante o bem constrito ou se já devolvida a carta (art. 676, parágrafo único, do CPC de 2015).

Orientação Jurisprudencial nº 54 da SDI-II do TST. Mandado de segurança. Embargos de terceiro. Cumulação. Penhora. Incabível

Ajuizados embargos de terceiro (art. 674 do CPC de 2015 – art. 1.046 do CPC de 1973) para pleitear a desconstituição da penhora, é incabível mandado de segurança com a mesma finalidade.

Contribuições previdenciárias e Imposto de Renda

Súmula nº 368 do TST. Descontos previdenciários. Imposto de renda. Competência. Responsabilidade pelo recolhimento. Forma de cálculo. Fato gerador.

I – A Justiça do Trabalho é competente para determinar o recolhimento das contribuições fiscais. A competência da Justiça do Trabalho, quanto à execução das contribuições previdenciárias, limita-se às sentenças condenatórias em pecúnia que proferir e aos valores, objeto de acordo homologado, que integrem o salário de contribuição.

II – É do empregador a responsabilidade pelo recolhimento das contribuições previdenciárias e fiscais, resultantes de crédito do empregado oriundo de condenação judicial. A culpa do empregador pelo inadimplemento das verbas remuneratórias, contudo, não exime a responsabilidade do empregado pelos pagamentos do imposto de renda devido e da contribuição previdenciária que recaia sobre sua quota-parte.

III – Os descontos previdenciários relativos à contribuição do empregado, no caso de ações trabalhistas, devem ser calculados mês a mês, de conformidade com o art. 276, § 4º, do Decreto nº 3.048/1999 que regulamentou a Lei nº 8.212/1991, aplicando-se as alíquotas previstas no art. 198, observado o limite máximo do salário de contribuição.

IV – Considera-se fato gerador das contribuições previdenciárias decorrentes de créditos trabalhistas reconhecidos ou homologados em juízo, para os serviços prestados até 4.3.2009, inclusive, o efetivo pagamento das verbas, configurando-se a mora a partir do dia dois do mês seguinte ao da liquidação (art. 276, "caput", do Decreto nº 3.048/1999). Eficácia não retroativa da alteração legislativa promovida pela Medida Provisória nº 449/2008, posteriormente convertida na Lei nº 11.941/2009, que deu nova redação ao art. 43 da Lei nº 8.212/91.

V – Para o labor realizado a partir de 5.3.2009, considera-se fato gerador das contribuições previdenciárias decorrentes de créditos trabalhistas reconhecidos ou homologados em juízo a data da efetiva prestação dos serviços. Sobre as contribuições previdenciárias não recolhidas a partir da prestação dos serviços incidem juros de mora e, uma vez apurados os créditos previdenciários, aplica-se multa a partir do exaurimento do prazo de citação para pagamento, se descumprida a obrigação, observado o limite legal de 20% (art. 61, § 2º, da Lei nº 9.430/96).

VI – O imposto de renda decorrente de crédito do empregado recebido acumuladamente deve ser calculado sobre o montante dos rendimentos pagos, mediante a utilização de tabela progressiva resultante da multiplicação da quantidade de meses a que se refiram os rendimentos pelos valores constantes da tabela progressiva mensal correspondente ao mês do recebimento ou crédito, nos termos do art. 12-A da Lei nº 7.713, de 22/12/1988, com a redação conferida pela Lei nº 13.149/2015, observado o procedimento previsto nas Instruções Normativas da Receita Federal do Brasil.

Súmula nº 454 do TST. Competência da justiça do trabalho. Execução de ofício. Contribuição social referente ao seguro de acidente de trabalho (SAT). Arts. 114, VIII, e 195, I, "a", da Constituição da República Compete à Justiça do Trabalho a execução, de ofício, da contribuição referente ao Seguro de Acidente de Trabalho (SAT), que tem natureza de contribuição para a seguridade social (arts. 114, VIII, e 195, I, "a", da CF), pois se destina ao financiamento de benefícios relativos à incapacidade do empregado decorrente de infortúnio no trabalho (arts. 11 e 22 da Lei nº 8.212/1991).
Orientação Jurisprudencial nº 368 da SDI-I do TST. Descontos previdenciários. Acordo homologado em juízo. Inexistência de vínculo empregatício. Parcelas indenizatórias. Ausência de discriminação. Incidência sobre o valor total É devida a incidência das contribuições para a Previdência Social sobre o valor total do acordo homologado em juízo, independentemente do reconhecimento de vínculo de emprego, desde que não haja discriminação das parcelas sujeitas à incidência da contribuição previdenciária, conforme parágrafo único do art. 43 da Lei nº 8.212, de 24.07.1991, e do art. 195, I, "a", da CF/1988.
Orientação Jurisprudencial nº 398 da SDI-I do TST. Contribuição previdenciária. Acordo homologado em juízo sem reconhecimento de vínculo de emprego. Contribuinte individual. Recolhimento da alíquota de 20% a cargo do tomador e 11% a cargo do prestador de serviços Nos acordos homologados em juízo em que não haja o reconhecimento de vínculo empregatício, é devido o recolhimento da contribuição previdenciária, mediante a alíquota de 20% a cargo do tomador de serviços e de 11% por parte do prestador de serviços, na qualidade de contribuinte individual, sobre o valor total do acordo, respeitado o teto de contribuição. Inteligência do § 4º do art. 30 e do inciso III do art. 22, todos da Lei nº 8.212, de 24.07.1991.
Orientação Jurisprudencial nº 376 da SDI-I do TST. Contribuição previdenciária. Acordo homologado em juízo após o trânsito em julgado da sentença condenatória. Incidência sobre o valor homologado É devida a contribuição previdenciária sobre o valor do acordo celebrado e homologado após o trânsito em julgado de decisão judicial, respeitada a proporcionalidade de valores entre as parcelas de natureza salarial e indenizatória deferidas na decisão condenatória e as parcelas objeto do acordo.
Súmula nº 401 do TST. Ação rescisória. Descontos legais. Fase de execução. Sentença exequenda omissa. Inexistência de ofensa à coisa julgada Os descontos previdenciários e fiscais devem ser efetuados pelo juízo executório, ainda que a sentença exequenda tenha sido omissa sobre a questão, dado o caráter de ordem pública ostentado pela norma que os disciplina. A ofensa à coisa julgada somente poderá ser caracterizada na hipótese de o título exequendo, expressamente, afastar a dedução dos valores a título de imposto de renda e de contribuição previdenciária.
Orientação Jurisprudencial nº 400 da SDI-I do TST. Imposto de renda. Base de cálculo. Juros de mora. Não integração. Art. 404 do Código Civil Brasileiro Os juros de mora decorrentes do inadimplemento de obrigação de pagamento em dinheiro não integram a base de cálculo do imposto de renda, independentemente da natureza jurídica da obrigação inadimplida, ante o cunho indenizatório conferido pelo art. 404 do Código Civil de 2002 aos juros de mora.

18. INFORMATIVOS DO TST RELACIONADOS AO TEMA

Execução
Notificação
Ação rescisória. Citação. Nulidade. Não configuração. Carta entregue no endereço da parte e recebida por pessoa a ela vinculada. Art. 841 da CLT.   O art. 841 da CLT não exige que a citação ocorra na pessoal do reclamado, sendo suficiente que seja entregue no endereço da parte. No caso, embora o reclamado não negue que a carta de citação foi recebida por sua esposa, no endereço residencial do casal, alega que, à época, estava separado de fato, razão pela qual arguiu a nulidade da citação. Todavia, as provas produzidas nos autos não confirmaram que a parte residia em outro endereço, e os depoimentos colhidos ratificaram a informação de que a esposa do reclamado recebia as correspondências dele com habitualidade. Assim, ficou comprovado que tanto a citação quanto a intimação da sentença foram direcionadas para o endereço do reclamado e recebidas por pessoas a ele vinculadas, não havendo falar, portanto, em cerceio de defesa ou em ofensa ao princípio do contraditório. Sob esse entendimento, a SBDI-II, por unanimidade, conheceu do recurso ordinário e, no mérito, negou-lhe provimento, mantendo a decisão que negou o pleito rescisório dirigido contra acórdão proferido em agravo de petição que rejeitara a alegação de cerceamento do direito de defesa por nulidade de citação. TST-RO-1266-96.2012.5.03.0000, SBDI-II, rel. Min. Luiz Philippe Vieira de Mello Filho, 9.8.2016 (Informativo execução nº 26)
Competência
Execução. Competência. Local dos bens passíveis de expropriação ou atual domicílio do executado. Parágrafo único do art. 475-P do CPC. Aplicação subsidiária ao Processo do Trabalho. Impossibilidade. Ausência de omissão na CLT.   Existindo previsão expressa no art. 877 da CLT a respeito da competência para a execução das decisoes judiciais trabalhistas, a aplicação subsidiária ao Processo do Trabalho do parágrafo único do art. 475-P do CPC, no sentido de se permitir ao exequente optar pelo cumprimento da sentença pelo Juízo do local onde se encontram bens sujeitos à expropriação ou do atual domicílio do executado, implica contrariedade aos princípios da legalidade e do devido processo legal e respectiva ofensa ao art. 5º, II e LIV, da CF. Com esse entendimento, a SBDI-II, por unanimidade, conheceu do conflito negativo de competência e, no mérito, por maioria, julgou-o procedente, declarando a 1ª Vara do Trabalho de Itabaiana/SE competente para prosseguir na execução que se processa nos autos da reclamação trabalhista. Vencidos os Ministros Cláudio Mascarenhas Brandão, Delaíde Miranda Arantes e Douglas Alencar Rodrigues. TST-CC-9941-32.2012.5.00.0000, SBDIII, rel. Min. Alberto Luiz Bresciani de Fontan Pereira, 27.5.2014 (Informativo nº 84)
CC. Ação coletiva. Decisão com efeitos erga omnes. Execução individual. Art. 877 da CLT. Não incidência.   O art. 877 da CLT – segundo o qual é competente para a execução das decisões o Juiz ou o Presidente do Tribunal que tiver conciliado ou julgado originariamente o dissídio – não é aplicável à execução individual das decisões proferidas em ação coletiva, porquanto possui procedimento específico e regulamentado na Lei de Ação Civil Pública, combinada com o Código de Defesa do Consumidor, ambos plenamente compatíveis com o Processo do Trabalho. Assim, na hipótese em que a exequente, domiciliada em Fortaleza/CE, aforou execução individualizada, dizendo-se beneficiada pelos efeitos *erga omnes* da coisa julgada produzida em ação coletiva que tramitou na Vara do Trabalho de Araucária/PR, a SBDI-II, por unanimidade, julgou procedente o conflito negativo de competência para declarar competente a Vara do Trabalho de Fortaleza/CE. Ressaltou o Ministro relator que entendimento em sentido contrário imporia aos beneficiários da ação coletiva um ônus processual desarrazoado, o que tornaria ineficaz o pleno, rápido e garantido acesso à jurisdição e violaria a garantia constitucional do Devido Processo Legal Substancial. TRT– CC – 1421-83.2012.5.00.0000SBDI-II, rel. Min. Alexandre Agra Belmonte, 28.8.2012 (Informativo nº 20)

Competência da Justiça do Trabalho. Contribuição previdenciária. Contribuição social do empregador ao SAT. Acordo extrajudicial firmado perante a Comissão de Conciliação Prévia. A Justiça do Trabalho é competente para executar, de ofício, tanto as contribuições previdenciárias quanto as contribuições sociais ao Seguro Acidente do Trabalho – SAT incidentes sobre valor fixado em acordo extrajudicial firmado perante Comissão de Conciliação Prévia – CCP. Com efeito, a competência da Justiça do Trabalho foi ampliada por meio da Emenda Constitucional nº 45, que inseriu o inciso IX ao art. 114 da CF, atribuindo competência para o julgamento de "outras controvérsias decorrentes da relação de trabalho, na forma da lei." Ademais, o art. 876 da CLT determina que os termos de conciliação firmados perante as CCP sejam executados na forma da execução trabalhista e o art. 877-A, também da CLT, estabelece que o juiz do processo de conhecimento é competente para executar o título executivo extrajudicial. De outra sorte, o art. 43, § 6º, da Lei nº 8.212/91, inserido pela Lei nº 11.941/09, em atenção ao disposto no art. 114, IX, da CF, é claro ao assegurar o recolhimento de contribuição previdenciária sobre valores pagos na Comissão de Conciliação Prévia, o que é atribuição inequívoca do Juiz do Trabalho. Por fim, ressalte-se que, sendo a Justiça especializada competente para executar o principal (crédito reconhecido em acordo perante CCP), logicamente decorre a competência para executar o acessório (contribuições incidentes sobre o crédito). Com base nesses fundamentos, a SBDI-I, por unanimidade, conheceu do recurso de embargos interpostos pela União, por divergência jurisprudencial, e, no mérito, deu-lhe provimento para restabelecer a decisão do Regional que reconheceu a competência da Justiça do Trabalho para executar, de ofício, as contribuições previdenciárias e a contribuição social referente ao SAT concernente ao valor fixado no termo de conciliação da Comissão de Conciliação Prévia, e determinar o retorno dos autos à Turma de origem para julgar os temas remanescentes julgados prejudicados. TST-E-RR-22200-18.2009.5.09.0096, SBDI-I, rel. Min. José Roberto Freire Pimenta, 16.10.2014 (Informativo execução nº 7)
Ação rescisória. Incompetência do Juízo da execução trabalhista para, de forma incidental, reconhecer a fraude contra credores. Necessidade de ajuizamento de ação própria. Violação dos arts. 114 da CF, 159 e 161 do CC. Nos termos do art. 161 do CC, o reconhecimento da fraude contra credores pressupõe o ajuizamento de ação revocatória, de modo que o Juízo da execução trabalhista não tem competência para, de forma incidental, declarar a nulidade do negócio jurídico que reduziu o devedor à insolvência. Com esses fundamentos, a SBDI-II, por unanimidade, conheceu do recurso ordinário e deu-lhe provimento para, reconhecendo a violação literal dos arts. 114 da CF, 159 e 161 do CC, julgar procedente o pedido de corte rescisório e, em juízo rescisório, negar provimento ao agravo de petição interposto pela exequente, mantendo a decisão que indeferira a penhora de bens transferidos antes do ajuizamento da reclamação trabalhista. TST-RO-322000.63.2010.5.03.0000, SBDI-II, rel. Min. Emmanoel Pereira, 4.2.2014 (Informativo nº 71)
Conflito negativo de competência. Execução individual movida por sindicato profissional. Foro competente. Art. 98, § 2º, I, do CDC. A execução individual movida por sindicato profissional, na condição de representante de um dos trabalhadores beneficiários da condenação obtida em sede de ação civil coletiva, pode ser processada no foro da liquidação de sentença (domicílio do empregado) ou da condenação. Por se tratar de jurisdição coletiva, não se aplicam as normas dos art. 651 e 877 da CLT, mas aquelas que regem o sistema normativo do processo civil coletivo brasileiro, em especial o disposto no art. 98, § 2º, I, do CDC, que confere ao trabalhador o direito de optar pelo foro de seu interesse. De outra sorte, no caso concreto, a sentença coletiva transitada em julgado não fez qualquer determinação a respeito do juízo competente para a execução em questão, devendo prevalecer, portanto, a vontade do exequente individual. Com esses fundamentos, a SBDI-II, por unanimidade, admitiu o conflito negativo de competência suscitado pelo Juiz Titular da 9ª Vara do Trabalho de Belo Horizonte/MG (domicílio do exequente) para declarar competente o juízo da 2ª Vara do Trabalho de Macaé/RJ (prolator da sentença condenatória). TST-CC-856-40.2014.5.03.0009, SBDI-II, rel. Min. Douglas Alencar Rodrigues, 23.9.2014 (Informativo execução nº 5)

Conflito negativo de competência. Ação de execução fiscal. Foro competente. Domicílio fiscal da empresa. Art. 578, parágrafo único, do CPC. Nos termos do parágrafo único do art. 578 do CPC, o foro competente para processar e julgar ação de execução fiscal por meio da qual se busca a satisfação de créditos oriundos de multas administrativas aplicadas em razão do descumprimento da legislação trabalhista é o domicílio fiscal da empresa. Tal foro permanece inclusive diante do redirecionamento da execução ao sócio da empresa executada (art. 135, III, do CTN), que tem domicílio em localidade diversa, em razão do disposto no art. 87 do CPC. Com base nesses fundamentos, a SBDI-II, por unanimidade, conheceu do conflito negativo de competência e, no mérito, julgou-o procedente para declarar que a competência para apreciar e julgar a ação de execução fiscal é da Vara do Trabalho de Redenção/PA, local em que, à época do ajuizamento da ação, a empresa executada possuía endereço, conforme registrado no Cadastro Geral de Contribuintes. TST-CC-1044-78.2013.5.00.0000, SBDI-II, rel. Min. Delaíde Miranda Arantes, 11.11.2014 (Informativo execução nº 8)
Conflito positivo de competência. Admissibilidade. Execução por carta precatória. Embargos à execução. Sentença já prolatada pelo juízo deprecado. Ausência de trânsito em julgado. Configurado o dissenso entre órgãos jurisdicionais trabalhistas a respeito da competência para o julgamento de embargos à execução, é possível admitir o conflito positivo de competência, desde que não transitada em julgado a sentença prolatada por um dos juízos vinculados à questão (arts. 113 e 115 do CPC[154]), devendo haver a suspensão do processo até a resolução do incidente (arts. 120 e 265, VI, do CPC[155]). Na espécie, o juízo da 33ª Vara do Trabalho de Belo Horizonte/MG processou a execução em conformidade com a carta precatória para penhora e avaliação de bens. Penhorados um notebook e uma esteira, a executada opôs embargos à execução questionando a impenhorabilidade dos objetos constritos (Lei nº 8.009/90), tendo os referidos embargos sido julgados pelo próprio juízo deprecado. Ao tomar conhecimento desse julgamento, o juízo deprecante exarou decisão solicitando ao juízo deprecado que informasse se anularia a sentença proferida nos embargos à execução, pois caso prosseguisse processando o agravo de petição posteriormente interposto, suscitaria o conflito positivo de competência. Mantida a sentença, o juízo deprecado determinou a remessa dos autos ao TRT da 3ª Região que os encaminhou ao TST. Nesse contexto, a SBDI-II, por unanimidade, admitiu o conflito positivo de competência e, dirimindo o incidente, declarou a competência da 33ª Vara do Trabalho de Belo Horizonte/MG, ora suscitada, pois, nos termos do art. 747 do CPC[151] c/c a Súmula nº 419 do TST, compete ao juízo deprecado processar e julgar os embargos à execução que versem, exclusivamente, sobre vícios ou irregularidades na penhora, avaliação ou alienação de bens por ele mesmo praticados. TST-CC- 1318-76.2014.5.03.0112, SBDI-II, rel. Min. Douglas Alencar Rodrigues, 28.4.2015 (Informativo execução nº 15)
Conflito negativo de competência. Execução por carta precatória. Penhora do bem imóvel situado fora dos limites territoriais do juízo onde tramita a execução. Competência do juízo deprecado. Nas hipóteses em que existirem bens do executado em outro foro, os atos de penhora, avaliação e alienação deverão ser praticados perante o juízo deprecado (arts. 658 e 747 do CPC). No caso, o Juízo da 6ª Vara do Trabalho de Guarulhos/SP, deprecante, suscitou conflito negativo de competência em face da devolução da carta precatória executória pelo Juízo da Vara do Trabalho de Itanhaém/SP, o qual entendera que sua atuação se limitava à avaliação do imóvel, depois de penhorado pela origem, cabendo a esta os atos posteriores, inclusive a designação e a realização de hasta pública. Assim, a SBDI-II, por unanimidade, admitiu o conflito de competência para de

181. CPC/15, arts. 64 e 66.

182. CPC/15, arts. 955 e 313, VIII.

183. CPC/15, art. 914, § 2º.

clarar a competência da Vara do Trabalho de Itanhaém/SP, deprecado, para onde serão remetidos os autos. TST-CC-167600-14.2008.5.02.0316, SBDI-II, rel. Min. Alberto Luiz Bresciani de Fontan Pereira, 16.2.2016 (Informativo execução nº 22)

Imposto de Renda

Imposto de Renda. Indenização por danos morais. Não incidência. Art. 46, § 1º, I, da Lei nº 8.541/92. Má aplicação da Súmula nº 368, II, do TST.

Com base no art. 46, § 1º, I, da Lei nº 8.541/92, que evidencia a impossibilidade de se enquadrarem no conceito de "rendimento", a que alude o art. 43, I, do CTN, os valores auferidos a título de indenização por danos morais, visto não resultarem do capital ou do trabalho, decidiu a SBDI-I, por maioria, vencidos os Ministros Dora Maria da Costa e Brito Pereira, conhecer do recurso de embargos por má-aplicação da Súmula nº 368, II, do TST e, no mérito, ainda por maioria, dar-lhe provimento para excluir a incidência do imposto de renda sobre a indenização por danos morais, vencidos, em parte, os Ministros Renato de Lacerda Paiva, Aloysio Corrêa da Veiga e Alberto Luiz Bresciani de Fontan Pereira. TST-E-RR-75300-94.2007.5.03.0104, SBDI-I, rel. Min. Lelio Bentes Corrêa, 9.8.2012 (Informativo nº 17)

Execução Provisória

Mandado de segurança. Execução provisória. Bens indicados à penhora insuficientes à garantia do Juízo. Penhora on-line de depósitos bancários. Cabimento.

Mesmo em sede de execução provisória, a penhora *on-line* de depósitos bancários, quando os bens indicados pelo executado não se mostram suficientes para garantia do Juízo, não fere direito líquido e certo do devedor, pois a nomeação tempestiva de bens suficientes à garantia da execução é pressuposto para a aplicação do item III da Súmula nº 417 do TST. Ademais, no caso concreto não houve prova de que a constrição determinada pelo Juízo trouxe prejuízos ao funcionamento da reclamada, nos termos da Orientação Jurisprudencial nº 93 da SBDI-II. De outra sorte, o art. 620 do CPC[158] deve ser relativizado, em se tratando de execução trabalhista, pois o interesse jurídico preponderante está relacionado à proteção do exequente, titular de crédito de natureza alimentar, e pressupõe a possibilidade de o credor poder promover a execução por vários meios, o que não restou demonstrado na hipótese. Com esses fundamentos, a SBDI-II, por unanimidade, negou provimento a recurso ordinário, mantendo decisão do Regional que denegara a segurança. TST-RO-6587-76.2011.5.02.0000, SBDI-II, rel. Min. Cláudio Mascarenhas Brandão, 3.6.2014 (Informativo execução nº 2)

Mandado de segurança. Execução provisória. Decisão que determina a liberação dos depósitos recursais. Pedido de restituição. Inadequação da via eleita. Consumação do ato coator mediante o efetivo levantamento dos valores. Perda de objeto.

O mandado de segurança não é a via adequada para se obter sentença condenatória que determine a restituição de valores recebidos pela reclamante litisconsorte em sede de execução provisória, pois não pode ser utilizado em substituição à ação de cobrança regressiva ou repetição de indébito trabalhista, no caso de o executado alcançar o provimento do agravo de instrumento em recurso de revista pendente nos autos principais da ação que gerou o ato coator, consistente da liberação dos depósitos recursais. De outra sorte, na hipótese vertente, verifica-se a total perda do objeto do mandamus, por ausência de interesse de agir do impetrante, pois houve consumação do ato coator ante o efetivo levantamento dos depósitos pela exequente. Com esses fundamentos, a SBDI-II, por unanimidade, decretou a extinção do processo, sem resolução do mérito, com fundamento no art. 267, VI, do CPC[159]. TST-RO-50200-95.2012.5.17.0000, SBDI-II, rel. Min. Cláudio Mascarenhas Brandão, 28.10.2014 (Informativo execução nº 9)

Mandado de segurança. Execução provisória. Indeferimento do prosseguimento até a penhora. Impossibilidade. Art. 899 da CLT. Havendo expressa previsão de lei acerca da possibilidade de se promover a execução provisória no processo do trabalho até a penhora (art. 899 da CLT), fere direito líquido e certo da exequente a decisão que indefere o prosseguimento da referida execução, mesmo na hipótese em que há recurso pendente de julgamento. Ademais, no caso concreto, restou consignado que o indeferimento da execução provisória causa prejuízo à impetrante, na medida em que a liquidação do julgado somente se iniciaria após o trânsito em julgado do processo matriz, impedindo a prévia apuração de valores impostos na condenação e, consequentemente, retardando a celeridade processual. Com esses fundamentos, a SBDI-II, por unanimidade, conheceu do recurso ordinário, e, no mérito, negou-lhe provimento, mantendo a decisão do TRT que concedera a segurança para cassar ato judicial mediante o qual se indeferiu o prosseguimento da execução provisória nos autos de reclamação trabalhista. TST-RO-6909-65.2013.5.15.0000, SBDI-II, rel. Min. Alberto Luiz Bresciani de Fontan Pereira, 3.3.2015 (Informativo execução nº 12)
Mandado de segurança. Execução provisória. Decisão que ao mesmo tempo determina a citação do executado e o bloqueio de valores via Bacen-Jud. Ordens judiciais incompatíveis. Ausência de fundamentos que justifiquem a medida. Ilegalidade do ato. Ofende direito líquido e certo do devedor a decisão judicial que determina a citação para pagamento ou garantia da execução em 48 horas e, ao mesmo tempo, ordena o imediato bloqueio de valores via Bacen-Jud, com base no poder geral de cautela previsto no art. 927 do CPC de 2015. No caso, houve cumulação de ordens judiciais incompatíveis, pois o bloqueio suprimiu da parte a possibilidade de indicação de bens à penhora em 48 horas, sem qualquer lastro fático que autorizasse o procedimento adotado pelo Juízo coator. Sob esse entendimento, a SBDI-II, por unanimidade, conheceu do recurso ordinário e, no mérito, por maioria, deu-lhes parcial provimento para determinar a devolução dos valores apreendidos, retomando-se o curso da execução como o Juízo entender de direito. Vencidas as Ministras Maria Helena Mallmann, relatora, e Delaíde Miranda Arantes, que negavam provimento ao recurso, visto que o art. 854 do CPC de 2015 autoriza o bloqueio *online* sem prévia ciência do ato pelo executado. TST-RO-11374-14.2017.5.03.0000, SBDI-II, rel. Min. Maria Helena Mallmann, red. p/ acórdão Min. Douglas Alencar Rodrigues, 27.11.2018 (Informativo nº 188).
Fraude à execução
Ação rescisória. Penhora não inscrita no registro imobiliário ao tempo da alienação do imóvel. Terceiro de boa-fé. Fraude à execução. Não ocorrência. Para a caracterização da fraude à execução, quando inexistente penhora inscrita no registro imobiliário, não basta a mera constatação de que o negócio jurídico se operou quando corria processo em desfavor do alienante capaz de reduzi-lo à insolvência (requisito objetivo), sendo necessária a demonstração de má-fé do terceiro adquirente (requisito subjetivo). Na hipótese, o TRT, nos autos do processo matriz, negou provimento a agravo de petição ao fundamento de que o preenchimento do requisito objetivo (alienação no curso de processo pendente) cumulado com a ausência/dispensa de pesquisa quanto aos débitos capazes de conduzir o alienante à insolvência caracterizaram a fraude à execução, porque denotada a má-fé do adquirente. Todavia, documento constante dos autos revelou que em 23.1.2007, a penhora ocorrida em 28.1.2003 não estava re

184. CPC/15, art. 520.

185. CPC/15, art. 805.

186. CPC/15, art. 485, VI.

gistrada junto ao cartório de registro de imóveis. Assim, o Tribunal Regional, ao afastar a boa-fé do adquirente, mesmo diante da realização de pesquisa de eventual óbice à transação imobiliária, violou o art. 593, II, do CPC. Sob esses fundamentos, a SBDI-II, por unanimidade, conheceu do recurso ordinário em ação rescisória e, no mérito, deu-lhe provimento para desconstituir o acórdão do TRT prolatado nos autos de embargos de terceiro e, em juízo rescisório, dar provimento ao agravo de petição da embargante para desconstituir a penhora. TST-RO-239-94.2012.5.06.0000, SBDI-II, rel. Min. Alberto Luiz Bresciani de Fontan Pereira, 2.2.2016 (Informativo execução nº 22)
Execução. Aquisição de bem imóvel por meio de alvará expedido pelo Juízo da concordata. Terceiro adquirente de boa-fé. Fraude à execução. Inexistência.   Para o reconhecimento de fraude à execução é imprescindível que haja má-fé por parte do terceiro comprador, o que se evidencia pela ciência da existência de processo judicial contra o alienante ou de constrição judicial sobre o bem objeto da transação. Na hipótese dos autos, todavia, a boa-fé do adquirente ficou demonstrada em razão de a aquisição do bem constrito ter ocorrido mediante a expedição de alvará judicial pelo Juízo da concordata, o que confere presunção de validade e eficácia à alienação perpetrada. Com esse entendimento, a SBDI-I, por unanimidade, conheceu do recurso de embargos no tópico e, no mérito, negou-lhe provimento para manter a decisão turmária que desconstituíra a penhora sobre o bem imóvel adquirido. TST-E-ED-RR-154900-19.2004.5.15.0046, SBDI-I, rel. Min. José Roberto Freire Pimenta. 18.5.2017 (Informativo execução nº 31)
Multa do art. 523 do CPC/2015
Incidente de Recursos de Revista Repetitivos. "Tema nº 0004 – Multa do art. 523, § 1º, do CPC de 2015 (art. 475-J do CPC de 1973). Compatibilidade com o processo do trabalho."   O Tribunal Pleno, por maioria, definiu a seguinte tese jurídica para o Tema Repetitivo nº 0004 – MULTA DO ART. 523, § 1º, DO CPC DE 2015 (ART. 475-J DO CPC DE 1973). COMPATIBILIDADE COM O PROCESSO DO TRABALHO: a multa coercitiva do art. 523, § 1º, do CPC de 2015 (art. 475-J do CPC de 1973) não é compatível com as normas vigentes da CLT por que se rege o processo de trabalho, ao qual não se aplica. Vencidos os Ministros Mauricio Godinho Delgado, relator, Kátia Magalhães Arruda, revisora, Augusto César Leite de Carvalho, José Roberto Freire Pimenta, Delaíde Miranda Arantes, Hugo Carlos Scheuermann, Cláudio Mascarenhas Brandão, Douglas Alencar Rodrigues, Maria Helena Mallmann, Lelio Bentes Corrêa e Luiz Philippe Vieira de Mello Filho. TST-IRR-1786-24.2015.5.04.0000, Tribunal Pleno, rel. Min. Mauricio Godinho Delgado, red. p/ acórdão Min. João Oreste Dalazen, 21.8.2017 (Informativo nº 162)
Responsabilidade patrimonial
Responsabilidade subsidiária. Ajuizamento de ação autônoma apenas contra o tomador de serviços. Impossibilidade. Existência de sentença condenatória definitiva prolatada em ação em que figurou como parte somente o prestador de serviços.   Não é possível o ajuizamento de ação autônoma pleiteando a responsabilidade subsidiária do tomador de serviços quando há sentença condenatória definitiva prolatada em ação anteriormente proposta pelo mesmo reclamante, em que figurou como parte apenas o prestador de serviços. Tal procedimento afrontaria a coisa julgada produzida na primeira ação e o direito à ampla defesa e ao contraditório, resguardado ao tomador de serviços. Assim, reiterando a jurisprudência da Corte, a SBDI-I, por unanimidade, conheceu dos embargos por divergência jurisprudencial e, no mérito, por maioria, negou-lhes provimento. Vencidos os Ministros Augusto César Leite de Carvalho, José Roberto Freire Pimenta e Delaíde Miranda Arantes. TST-E-RR-9100-62.2006.5.09.0011, SBDI-I, rel. Min. Horácio Raymundo de Senna Pires, 8.3.2012. (Informativo nº 1)

AR. Ação autônoma que reconhece a responsabilidade subsidiária do tomador de serviços. Existência de sentença condenatória definitiva em que figurou como parte apenas o prestador de serviços. Alteração subjetiva do título executivo judicial. Ofensa à coisa julgada e ao direito à ampla defesa e ao contraditório. Art. 5º, XXXVI e LV, da CF.

A decisão em ação autônoma que reconhece a responsabilidade subsidiária do tomador de serviços, quando há sentença condenatória definitiva prolatada em ação anteriormente proposta pelo mesmo reclamante em que figurou como parte apenas o prestador de serviços, altera a titularidade subjetiva do título executivo e ofende a literalidade do art. 5º, XXXVI e LV, da Constituição Federal (coisa julgada e direito ao contraditório e à ampla defesa). Com esse entendimento, a SBDI-II, por unanimidade, deu provimento ao recurso ordinário para desconstituir o acórdão proferido nos autos da reclamação trabalhista e, em juízo rescisório, dar provimento ao recurso ordinário do reclamado para julgar improcedente o pedido formulado na inicial da referida reclamatória. TST-RO-100200-60.2010.5.03.0000, SBDI-II, rel. Min. Pedro Paulo Manus. 27.3.2012. (Informativo nº 4)

Incidente de Recursos de Revista Repetitivos. "Tema nº 0006 – Responsabilidade subsidiária. Dona da obra. Aplicação da OJ 191 da SBDI-I limitada à pessoa física ou micro e pequenas empresas".

A SBDI-I definiu as seguintes teses jurídicas para o Tema Repetitivo nº 0006 – RESPONSABILIDADE SUBSIDIÁRIA. DONA DA OBRA. APLICAÇÃO DA OJ 191 DA SBDII LIMITADA À PESSOA FÍSICA OU MICRO E PEQUENAS EMPRESAS: I) A exclusão de responsabilidade solidária ou subsidiária por obrigação trabalhista a que se refere a Orientação Jurisprudencial n.º 191 da SBDI-I do TST não se restringe à pessoa física ou micro e pequenas empresas, compreende igualmente empresas de médio e grande porte e entes públicos (decidido por unanimidade); II) A excepcional responsabilidade por obrigações trabalhistas prevista na parte final da Orientação Jurisprudencial n.º 191 da SBDI-I do TST, por aplicação analógica do art. 455 da CLT, alcança os casos em que o dono da obra de construção civil é construtor ou incorporador e, portanto, desenvolve a mesma atividade econômica do empreiteiro (decidido por unanimidade); III) Não é compatível com a diretriz sufragada na Orientação Jurisprudencial n.º 191 da SBDI-I do TST jurisprudência de Tribunal Regional do Trabalho que amplia a responsabilidade trabalhista do dono da obra, excepcionando apenas a pessoa física ou micro e pequenas empresas, na forma da lei, que não exerçam atividade econômica vinculada ao objeto contratado (decidido por unanimidade); IV) Exceto ente público da Administração Direta e Indireta, se houver inadimplemento das obrigações trabalhistas contraídas por empreiteiro que contratar, sem idoneidade econômico-financeira, o dono da obra responderá subsidiariamente por tais obrigações, em face de aplicação analógica do art. 455 da CLT e culpa in eligendo (decidido por maioria, vencido o Ministro Márcio Eurico Vitral Amaro). TST-IRR-190-53.2015.5.03.0090, SBDI-I, rel. Min. João Oreste Dalazen, 11.5.2017 (Informativo nº 159)

Incidente de Recursos de Revista Repetitivos. "Tema nº 0007 – TAP Manutenção e Engenharia Brasil S.A. Ilegitimidade passiva. Grupo econômico. Responsabilidade solidária. Empresa que não mais integra o grupo econômico".

O Tribunal Pleno, por maioria, definiu a seguinte tese jurídica para o Tema Repetitivo nº 0007 – TAP MANUTENÇÃO E ENGENHARIA BRASIL S.A. ILEGITIMIDADE PASSIVA. GRUPO ECONÔMICO. RESPONSABILIDADE SOLIDÁRIA. EMPRESA QUE NÃO MAIS INTEGRA O GRUPO ECONÔMICO: nos termos dos artigos 60, parágrafo único, e 141, II, da Lei nº 11.101/2005, a TAP Manutenção e Engenharia Brasil S.A. não poderá ser responsabilizada por obrigações de natureza trabalhista da Varig S.A. pelo fato de haver adquirido a Vem S.A., empresa que compunha grupo econômico com a segunda. Vencidos os Ministros Márcio Eurico Vitral Amaro, revisor, Augusto César Leite de Carvalho e Aloysio Corrêa da Veiga, os quais entendiam inaplicável o preceito insculpido no art. 60, parágrafo único, da Lei nº 11.101/2005 aos casos envolvendo a venda de ativos da Vem S.A, e os Ministros Kátia Magalhães Arruda, Mauricio Godinho Delgado, José Roberto Freire Pimenta e Delaíde Miranda Arantes, que entendiam inaplicáveis o art. 60 da Lei nº 11.101/2005 e a Orientação Jurisprudencial nº 411 da SBDI-I. TSTIRR-69700-28.2008.5.04.0008, Tribunal Pleno, rel. Min. Guilherme Augusto Caputo Bastos, 22.5.2017 (Informativo nº 159)

Incidente de Recursos de Revista Repetitivos. "Tema nº 0007 – TAP Manutenção e Engenharia Brasil S.A. Ilegitimidade passiva. Grupo econômico. Responsabilidade solidária. Empresa que não mais integra o grupo econômico". Questão de ordem. Julgamento do processo apenas no tema em análise. Retorno dos autos ao órgão de origem para julgamento das matérias remanescentes. O Tribunal Pleno, resolvendo questão de ordem suscitada durante o julgamento do Tema Repetitivo nº 0007 – TAP MANUTENÇÃO E ENGENHARIA BRASIL S.A. ILEGITIMIDADE PASSIVA. GRUPO ECONÔMICO. RESPONSABILIDADE SOLIDÁRIA. EMPRESA QUE NÃO MAIS INTEGRA O GRUPO ECONÔMICO, decidiu, por maioria, julgar os processos submetidos ao incidente de recursos repetitivos exclusivamente quanto ao tema objeto de análise e, havendo outras matérias impugnadas, determinar o retorno dos recursos aos órgãos de origem para apreciá-las. Vencidos os Ministros Guilherme Augusto Caputo Bastos, relator, Cláudio Mascarenhas Brandão, João Oreste Dalazen, Lelio Bentes Corrêa, Luiz Philippe Vieira de Mello Filho, Maria de Assis Calsing, Augusto César Leite de Carvalho e Aloysio Corrêa da Veiga, que pugnavam pelo julgamento da íntegra dos recursos afetados após a fixação da tese. Inicialmente ficaram vencidos os Ministros Márcio Eurico Vitral Amaro, Walmir Oliveira da Costa, Mauricio Godinho Delgado, Alexandre de Souza Agra Belmonte, Brito Pereira e Renato de Lacerda Paiva, os quais entendiam que, após fixada a tese, os autos deveriam ser remetidos aos órgãos de origem para julgamento dos recursos e aplicação da tese firmada. TST-IRR-69700-28.2008.5.04.0008, Tribunal Pleno, rel. Min. Guilherme Augusto Caputo Bastos, 22.5.2017 (Informativo nº 159)
Execução. Responsabilidade solidária. Grupo econômico. Configuração. Existência de sócios em comum. Ausência de demonstração de relação hierárquica entre as empresas. Art. 5º, II, da CF. Violação direta.* Viola o princípio da legalidade insculpido no art. 5º, II, da CF, por impor obrigação não prevista no art. 2º, § 2º, da CLT, decisão que, na fase de execução de sentença, reconhece a configuração de grupo econômico e atribui responsabilidade solidária a empresa distinta daquela com a qual se estabeleceu o vínculo de emprego, com fundamento estritamente na existência de sócios comuns, sem a demonstração de relação hierárquica de uma empresa sobre a outra. Sob esse entendimento, a SBDI-I, por unanimidade, conheceu dos embargos por divergência jurisprudencial e, no mérito, por maioria, negou-lhes provimento, mantendo, portanto, o acórdão turmário que, após reconhecer afronta à norma do art. 5º, II, da CF, afastou a responsabilidade solidária imputada a Amadeus Brasil Ltda. pela decisão do Regional que reconhecera a formação de grupo econômico com a Massa Falida de Rio Sul Linhas Aéreas S.A., executada, com fundamento estritamente na existência de sócios em comum. Vencidos os Ministros Aloysio Corrêa da Veiga, relator, Augusto César de Carvalho, José Roberto Freire Pimenta e Cláudio Mascarenhas Brandão, que entendiam que eventual ofensa ao princípio da legalidade somente se daria de forma reflexa ou indireta, em total desconformidade com o art. 896, § 2º, da CLT e a Súmula nº 266 do TST. TST-E-ED-RR-92-21.2014.5.02.0029, SBDI-I, rel. Min. Aloysio Corrêa da Veiga, red. p/ acórdão Min. João Oreste Dalazen, 5.10.2017 (Informativo nº 167)
Penhora
Bem de família. Impenhorabilidade. Lei nº 8.009/90. Existência de outros imóveis. Irrelevância. O bem residencial do executado é impenhorável, sendo irrelevante o fato de possuir outros imóveis, visto que a impenhorabilidade, nos termos do art. 5º da Lei nº 8.009/90, recairá, obrigatoriamente, apenas sobre a propriedade destinada à residência da família. Com esse entendimento, a SBDI-II, por unanimidade, negou provimento a recurso ordinário, mantendo decisão que julgara procedente a ação rescisória para desconstituir acórdão do TRT da 1ª Região e, em novo julgamento, negar provimento a agravo de petição da ré, mantendo a decisão de primeiro grau que declarou a impenhorabilidade do imóvel residencial do autor. TST-RO-122000-38.2009.5.01.0000, SBDI-II, rel. Min. Maria de Assis Calsing, 12.6.2012. (Informativo nº 12)

Ação rescisória. Imóvel destinado à moradia da família. Registro da condição de bem de família no cartório de imóveis. Desnecessidade. Impenhorabilidade do bem constrito. Desconstituição da sentença que julgou improcedente o pedido de nulidade da penhora.

A SBDI-II, por unanimidade, conheceu de recurso ordinário e, no mérito, negou-lhe provimento, mantendo, portanto, a decisão recorrida que julgou procedente o pleito rescisório da sentença proferida nos autos de embargos de terceiros que julgara improcedente o pedido de nulidade da penhora que recaiu sobre bem de família. Na espécie, o acórdão rescindendo registrou não se tratar de bem de família porque demonstrado que o devedor possui mais de um imóvel e a embargante não apresentou nenhuma certidão dos cartórios de registro de imóveis para comprovar a condição de bem de família do bem penhorado. Todavia, a Lei nº 8.009/90 não exige que conste no registro do imóvel a condição de bem de família. Ao prever a situação do executado que possui vários imóveis e estabelecer que, neste caso, a impenhorabilidade recairá sobre o de menor valor, salvo se outro tiver sido registrado como bem de família, pretendeu o legislador apenas impedir que o devedor possa se valer do benefício da impenhorabilidade para resguardar mais de um imóvel. Ademais, no caso concreto, a própria embargante e autora da ação rescisória indicou outro bem à penhora e apresentou provas de que o imóvel constrito é utilizado para moradia familiar, fato não impugnado no recurso ordinário. TST-RO-232-31.2012.5.23.0000, SBDI-II, rel. Min. Luiz Philippe Vieira de Mello Filho, 17.5.2016 (Informativo execução nº 23)

Bem de família. Penhora incidente sobre imóvel hipotecado. Renúncia à garantia de impenhorabilidade. Impossibilidade. Lei nº 8.009/90.

O fato de o bem de família ter sido dado em garantia hipotecária não afasta a impenhorabilidade de que trata a Lei nº 8.009/90, porquanto não se admite a renúncia ao direito social à moradia, elencado no art. 6º, "caput", da CF. Assim, apenas quando da cobrança da dívida constituída em favor da entidade familiar pode o imóvel dado em garantia real perder a condição de bem de família. Com esse entendimento, a SBDI-II, por unanimidade, deu provimento ao recurso ordinário para, julgando procedente o pleito rescisório, desconstituir o acórdão proferido em sede de agravo de petição, e, em juízo rescisório, julgar procedente o pedido deduzido pelo então embargante para afastar a penhora efetivada sobre o imóvel hipotecado. TST-RO-531-48.2011.5.12.0000, SBDI-II, rel. Min. Guilherme Augusto Caputo Bastos, 9.4.2013. (Informativo nº 42)

Execução. Bem de família. Penhora. Reconhecimento de ofensa constitucional. Possibilidade.

É possível conhecer de recurso de revista, em fase de execução, por violação dos arts. 5º, XXII, e 6º, da CF, na hipótese de penhora de imóvel que fora caracterizado como bem de família, por ser o único destinado à residência e à moradia do executado, sem registro de outros de sua propriedade que sejam utilizados com o mesmo caráter de habitação. Não obstante o bem de família possa ser penhorado em determinadas circunstâncias, a regra primeira a ser observada é a de sua impenhorabilidade. Assim, a inobservância de tal garantia, ainda que contida em norma infraconstitucional, implica violação, por via direta, da proteção constitucional relativa aos bens jurídicos da família que se referem à vida, à dignidade humana, à moradia e à propriedade. Sob esses fundamentos, a SBDI-I decidiu, por maioria, conhecer do recurso de embargos, por divergência jurisprudencial, e, no mérito, ainda por maioria, negou-lhe provimento para manter a decisão turmária que, vislumbrando violação dos art. 5º, XXII, e 6º, da CF, desconstituiu a penhora de bem imóvel e invalidou os atos posteriores dela decorrentes. Vencidos parcialmente no conhecimento e totalmente no mérito os Ministros João Oreste Dalazen e Brito Pereira. TST-E-ED- RR-767-88.2011.5.01.0005, SBDI-I, rel. Min. Alexandre Agra Belmonte, 4.5.2017 (Informativo execução nº 30)

Plano de previdência privada. Penhora. Impossibilidade. Caráter alimentar. Art. 649 do CPC. Interpretando-se sistematicamente o art. 649 do CPC, aplicado subsidiariamente ao Processo do Trabalho, conclui-se que não é possível a penhora de plano de previdência privada. O capital ali constituído é destinado à geração de aposentadoria, possuindo, portanto, nítido caráter alimentar, não se equiparando a aplicações financeiras comuns, ainda que, eventualmente, possa ser objeto de resgate. Com esse entendimento, a SBDI-II, por unanimidade, conheceu do recurso ordinário do impetrante e, no mérito, por maioria, vislumbrando direito líquido e certo do devedor, deu-lhe provimento para conceder integralmente a segurança, determinando, inclusive, a devolução dos valores bloqueados. Vencido o Ministro Cláudio Mascarenhas Brandão., SBDI-II, rel. Min. Alberto Luiz Bresciani de Fontan Pereira, 8.10.2013. (Informativo nº 62)
Ação rescisória. Imóvel desocupado em razão de mudança provisória decorrente de problemas de saúde. Único imóvel da executada. Bem de família. Impenhorabilidade. Constitui-se bem de família o único imóvel residencial pertencente à executada e afetado à subsistência da entidade familiar, ainda que esteja desocupado em razão de mudança provisória para outra cidade decorrente de problemas de saúde. Com esse fundamento, a SBDI-II, por maioria, deu provimento ao recurso ordinário da executada para julgar procedente a ação rescisória, com fundamento no art. 485, V, do CPC, e desconstituir o acórdão rescindendo; e, em juízo rescisório, reconhecer a condição de bem de família do imóvel penhorado e declarar a nulidade da constrição, julgando procedentes os embargos à execução. Vencido o Ministro Cláudio Mascarenhas Brandão, relator, que negava provimento ao recurso por não vislumbrar violação literal dos arts. 1º e 5º da Lei nº 8.009/90. TST-RO-1059-48.2012.5.12.0000, SBDI-II, rel. Min. Cláudio Mascarenhas Brandão, red. p/ acórdão Min. Maria Cristina Irigoyen Peduzzi, 16.12.2014 (Informativo execução nº 9) a segurança pleiteada e de terminar o cancelamento do bloqueio que recaiu sobre a pensão mensal recebida pelo impetrante, bem como a liberação das quantias já bloqueadas. TST-RO-10729-82.2013.5.01.0000, SBDI-II, rel. Min. Douglas Alencar Rodrigues, 3.2.2015 (Informativo execução nº 10)
Mandado de segurança. Penhora em conta poupança até o limite de quarenta salários mínimos. Art. 649, X, do CPC. Impossibilidade. Nos termos do art. 649, X, do CPC[160] , é absolutamente impenhorável, até o limite de 40 salários mínimos, a quantia depositada em caderneta de poupança. Na espécie, houve determinação de penhora/bloqueio de valores depositados em contas-poupanças, via Bacenjud, sem a observância da diretriz consagrada no dispositivo de lei mencionado. Assim, tendo em conta que é possível conhecer de mandado de segurança impetrado contra ato judicial que, embora comporte recurso, provoque receio de dano irreparável ou de difícil reparação, como no caso concreto, a SBDI-II, por unanimidade, deu provimento a recurso ordinário para conceder parcialmente a segurança, a fim de sustar a ordem de bloqueio de valores creditados nas contas-poupanças do impetrante, liberando-se eventuais valores já penhorados a esse título que não excedam o limite estabelecido no art. 649, X, do CPC[161], tomados em seu conjunto. TST-RO-179-34.2012.5.20.0000, SBDI-II, rel. Min. Delaíde Miranda Arantes, 24.2.2015 (Informativo execução nº 11)
Conta poupança utilizada como conta corrente. Valores passíveis de penhora. Art. 649, X, do CPC. Não incidência. A impenhorabilidade de que trata o art. 649, X, do CPC não alcança valores depositados em conta poupança quando esta é utilizada como conta corrente, sem o cunho de economia futura e segurança pessoal. No caso, registrou-se que os valores em depósito eram empregados em necessidades corriqueiras ou como suporte a transações financeiras efetuadas na conta corrente. Sob esse entendimento, a SBDI-II, por unanimidade, conheceu do recurso ordinário e, no mérito, negou-lhe provimento. TST-RO-20598-85.2013.5.04.0000, SBDI-II, rel. Min. Luiz Philippe Vieira de Mello Filho, 16.2.2016 (Informativo execução nº 22)

Mandado de segurança. Ato coator proferido na vigência do CPC de 2015. Determinação de penhora incidente sobre percentual da aposentadoria. Legalidade. Ausência de ofensa a direito líquido e certo dos impetrantes. Art. 833, § 2º, do CPC de 2015. Não aplicação da Orientação Jurisprudencial nº 153 da SBDI-II. Na hipótese em que o ato impugnado foi proferido na vigência do CPC de 2015, não ofende direito líquido e certo dos impetrantes a penhora de 15% dos proventos de aposentadoria para pagamento de créditos trabalhistas efetuada nos termos do art. 833, § 2º, do CPC de 2015. O entendimento consagrado na Orientação Jurisprudencial nº 153 da SBDI-II não se aplica ao caso em concreto porque a diretriz ali definida restringe-se às penhoras efetuadas quando em vigor o CPC de 1973. Sob esse fundamento, a SBDI-II, à unanimidade, conheceu do recurso ordinário dos impetrantes, e, no mérito, negou-lhe provimento. TST-RO-20605-38.2017.5.04.0000, SBDI-II, rel. Min. Delaíde Miranda Arantes, 17.10.2017 (Informativo nº 168)
Mandado de segurança. Execução definitiva. Descumprimento de ordem judicial. Penhora de dinheiro de instituição financeira. Impossibilidade Na hipótese de eventual descumprimento de ordem de bloqueio judicial de conta do executado, a instituição financeira não pode ser responsabilizada pelo valor da execução trabalhista. Em atenção aos princípios constitucionais da legalidade, do devido processo legal e da ampla defesa, a instituição financeira, que é terceiro estranho à lide, não pode responder pela efetividade do título executivo judicial proveniente de relação jurídica da qual jamais foi parte. Sob esses fundamentos, a SBDI-II, por unanimidade, conheceu do recurso ordinário, e, no mérito, deu-lhe provimento para conceder integralmente a segurança, a fim de que seja afastada a constrição sobre o patrimônio do banco. TST-RO-417-61.2014.5.10.0000, SBDI-II, rel. Min. Alberto Luiz Bresciani de Fontan Pereira, 9.8.2016 (Informativo execução nº 26)
Mandado de segurança. Medida liminar em reclamação correcional. Desmembramento de execuções unificadas pelo Juízo. Prosseguimento das execuções individualmente. Ordem de bloqueio de valores. Possibilidade. Inexistência de ofensa a direito líquido e certo. A medida liminar concedida em sede de reclamação correcional, determinando o processamento autônomo das execuções indevidamente reunidas pela vara do trabalho, bem como o cancelamento de todos os atos constritivos decorrentes da unificação, não obsta o prosseguimento das execuções de forma individualizada perante o juízo competente, razão pela qual a ordem de bloqueio de valores da impetrante, visando à satisfação do crédito trabalhista, não se mostra conflitante com a liminar obtida. Na espécie, a impetrante alegou que a determinação de constrição de valores em conta corrente viola o direito de propriedade e a garantia da coisa julgada (art. 5º, caput, XXII, XXXVI, da CF), porquanto não viabiliza o cumprimento das obrigações de forma menos gravosa (art. 620, do CPC[162]). Todavia, assegurada a possibilidade de defesa ampla, caso a caso, e não existindo na liminar concedida qualquer determinação de paralisação das execuções individuais, mas apenas a impossibilidade de tramitação unificada dos processos em curso, não há falar em afronta ao direito de propriedade ou à coisa julgada. De outra sorte, as alegações de que o bloqueio de verbas é medida mais gravosa, bem como as consequências advindas da constrição devem ser objeto de medida judicial própria, a atrair, portanto, o óbice da Orientação Jurisprudencial nº 92 da SBDI-II. Com esses fundamentos, a SBDI-II, por unanimidade, conheceu do recurso ordinário e, no

187. CPC/15, art. 833, X.

188. CPC/15, art. 833, X.

mérito, negou-lhe provimento. Ressalvou a fundamentação o Ministro Luiz Philippe Vieira de Mello Filho. TST-RO-10190-96.2012.5.03.0000, SBDI-II, rel. Min. Douglas Alencar Rodrigues, 10.3.2015 (Informativo execução nº 12)
Multa de 20% sobre o valor da condenação em razão do não pagamento ou de ausência de garantia da execução. Art. 832, § 1º, da CLT. Impossibilidade. Existência de regramento específico. Art. 880 da CLT. O art. 880 da CLT determina o pagamento ou a garantia da execução no prazo de 48 horas, sob pena de penhora. Assim, havendo regramento específico para o não cumprimento espontâneo da decisão judicial ou para a ausência de garantia do juízo, não subsiste a multa de 20% sobre o valor da condenação imposta à reclamada com fundamento no art. 832, § 1º, da CLT. No caso concreto, ressaltou-se que o referido dispositivo tem caráter genérico e deve ser interpretado em conjunto com a disciplina que a CLT confere à execução trabalhista. Sob esses fundamentos, a SBDI-I, por maioria, conheceu dos embargos, vencido o Ministro Aloysio Corrêa da Veiga. No mérito, também por maioria, a Subseção deu provimento ao recurso para, reformado o acórdão turmário, excluir da condenação o pagamento da multa de 20% para o caso de não pagamento ou de ausência de garantia da execução no prazo de 48 horas. Vencidos os Ministros Augusto César Leite de Carvalho, José Roberto Freire Pimenta e Alexandre Agra Belmonte. TST-E-ED-RR-1228- 29.2011.5.08.0114, SBDI-I, rel. Min. Guilherme Augusto Caputo Bastos, 26.11.2015 (Informativo execução nº 20)
Mandado de segurança. Execução. Penhora do depósito recursal. Transferência para saldar execução em outro feito. Legalidade. Não se reveste de ilegalidade o ato judicial que, atendendo à solicitação de registro de penhora no rosto dos autos, determina a transferência do depósito recursal para prover execução em outro processo em que a ora recorrente figura como executada. No caso, o TRT denegou a segurança pleiteada por entender que o juízo originário se atentou para que a execução da dívida relativa ao outro processo observasse os princípios da execução menos gravosa e da economia e celeridade processuais, assegurando, portanto, efetividade à execução e à coisa julgada. Assim, não se configurando qualquer abuso de poder ou ilegalidade no ato judicial, e não havendo direito líquido e certo a ser tutelado pela via mandamental, a SBDI-II, por unanimidade, conheceu do recurso ordinário e, no mérito, negou-lhe provimento. TST-RO-1000989-22.2014.5.02.0000, SBDI-II, rel. Min. Alberto Luiz Bresciani de Fontan Pereira, 15.12.2015 (Informativo execução nº 21)
Execução. Determinação para que o advogado faça o depósito de valores destinado às execuções trabalhistas ou justifique a não realização do depósito, informando as contas correntes para as quais a quantia foi transferida. Quebra do sigilo profissional. Não configuração. A simples determinação judicial para que o advogado deposite os valores que recebera em nome de seu cliente, para a quitação de execuções trabalhistas, em razão de acordo homologado, ou justifique a não realização do depósito, informando para quais contas correntes a quantia foi transferida, não constitui quebra de sigilo profissional entre o advogado e seu cliente. Não se pode permitir que, a pretexto de sigilo profissional, a executada, sabidamente detentora de valor objeto de acordo judicial destinado à quitação de execução trabalhista, se exima de cumprir obrigação que lhe foi imposta, especialmente quando não houve solicitação de informações pessoais. Sob esse entendimento, a SBDI-II, por unanimidade, conheceu do recurso ordinário e, no mérito, por maioria, negou-lhe provimento, mantendo a decisão do Regional que denegara a segurança por entender que o ato impugnado não viola direito líquido e certo do advogado impetrante. Vencidas as Ministras Delaíde Miranda Arantes e Maria Helena Mallmann. TST-RO-1981-08.2012.5.15.0000, SBDI-II, rel. Min. Delaíde Miranda Arantes, 28.6.2016 (Informativo execução nº 25)

189. CPC/15, art. 805.

Execução. Penhora integral de imóvel. Violação literal do art. 5º, XXII, da CF. Restrição à fração ideal do sócio-executado. A SBDI-I, por unanimidade, conheceu de embargos, por divergência jurisprudencial, e, no mérito, negou-lhes provimento, mantendo, portanto, a decisão turmária que, vislumbrando violação literal do art. 5º, XXII, da CF, determinou que a penhora realizada recaísse exclusivamente sobre a fração ideal do sócio-executado e não sobre a integralidade do bem imóvel. Na hipótese, a matéria foi alçada à Turma sob a premissa da possibilidade de penhora de bem alienado a terceiro em fraude à execução no limite da meação de quem efetivamente é executado nos autos, protegendo-se, portanto, a parte da meação de quem não é parte no feito, o que evidencia a ofensa à literalidade do art. 5º, XXII, da CF. TST-E-ED-RR-149500-18.2008.5.01.0064, SBDI-I, rel. Min. Aloysio Corrêa da Veiga, 13.10.2016 (Informativo execução nº 28)
Mandado de Segurança. Determinação de constrição, via BacenJud, de reserva técnica de sociedade seguradora. Legalidade do ato. Ausência de registro na Susep. Art. 85 do Decreto-Lei nº 73/66. Para a caracterização da impenhorabilidade dos ativos garantidores das reservas técnicas, das provisões e dos fundos de entidades abertas de previdência privada complementar e sociedades seguradoras é imperioso o respectivo registro na Superintendência de Seguros Privados – Susep, nos termos do art. 85 do Decreto-Lei nº 73/66. Assim, ausente demonstração do citado registro, não há falar em ilegalidade do ato do juízo da execução que determinou a constrição, junto ao sistema BacenJud, de contas e aplicações de sociedade seguradora para a satisfação de crédito trabalhista. Sob esse entendimento, a SBDI-II, por unanimidade, conheceu do recurso ordinário em mandado de segurança e, no mérito, negou-lhe provimento. TST-RO-3329-58.2011.5.02.0000, SBDI-II, rel. Min. Luiz Philippe Vieira de Mello Filho, 16.5.2017 (Informativo execução nº 30)
Mandado de segurança. Decisão judicial proferida na vigência do CPC de 1973. Determinação de penhora de verba de natureza alimentar. Atos de constrição realizados sob a égide do CPC de 2015. Ofensa a direito líquido e certo. Configuração. Orientação Jurisprudencial nº 153 da SBDI-II. Ofende direito líquido e certo a decisão judicial que, na vigência do CPC de 1973, determinou a penhora de 30% da remuneração líquida da executada, ainda que os atos que deram cumprimento à referida decisão tenham sido efetivados sob a égide do CPC de 2015. Incidência da Orientação Jurisprudencial nº 153 da SBDI-II. Sob esse entendimento, a SBDI-II, em sua composição plena, conheceu, à unanimidade, do recurso ordinário da executada e, no mérito, por maioria, deu-lhe provimento para, concedendo a segurança postulada, determinar o imediato levantamento do bloqueio realizado e a liberação dos valores indevidamente retidos. Vencidos os Ministros Douglas Alencar Rodrigues, relator, Renato de Lacerda Paiva e Brito Pereira, os quais negavam provimento ao recurso ao fundamento de que a superveniência do CPC de 2015 convalidou o ato de penhora considerado ilegal à luz do CPC de 1973. TST-RO-261-96.2016.5.21.0000, SBDI-I, rel. Min. Douglas Alencar Rodrigues, red. p/ acórdão Min. Lelio Bentes Corrêa, 13.11.2018 (Informativo nº 187).
Mandado de segurança. Acordo homologado em Juízo. Quitação de débito trabalhista. Levantamento de valores depositados na conta vinculada do FGTS de sócio da empresa executada. Impossibilidade. Movimentação não contemplada pelo art. 20 da Lei nº 8.036/1990. Viola direito líquido e certo de sócia da empresa executada a decisão que, ao homologar acordo, determina a expedição de alvará judicial para a liberação de valores existentes em sua conta vinculada de FGTS para a quitação de verbas trabalhistas. O art. 20 da Lei nº 8.036/1990 dispõe sobre as situações em que a conta vinculada do FGTS pertencente ao trabalhador pode ser movimentada, e em nenhuma delas está prevista a hipótese relatada. Assim, a SBDI-II, por unanimidade, conheceu do recurso ordinário e, no mérito, deu-lhe provimento para conceder a segurança, a fim de determinar o imediato desbloqueio dos valores apreendidos na conta vinculada do FGTS da sócia da empresa executada. TST-RO-5187-88.2016.5.15.0000, SBDI-II, rel. Min. Delaíde Miranda Arantes, 12.2.2019 (Informativo nº 190).

Mandado de segurança. Execução. Bloqueio de conta-salário, conta poupança e aplicações financeiras do cônjuge do executado. Ilegalidade. Ausência de proveito comum do casal advindo da atividade exercida pelo sócio da cooperativa executada. Demonstração da incomunicabilidade de valores oriundos de salário.

A SBDI-II, por unanimidade, conheceu do recurso ordinário e, no mérito, deu-lhe provimento para conceder a segurança, a fim de liberar integralmente a penhora que recaiu sobre a conta-salário, a conta poupança e aplicações financeiras da impetrante, esposa de sócio-presidente de cooperativa, cujo patrimônio pessoal fora atingido após a desconsideração da personalidade jurídica da entidade. No caso, ante a insuficiência de bens do sócio, o ato coator determinou a constrição do patrimônio da esposa do executado com base na suposição de que a atividade exercida pelo presidente da cooperativa reverteu em proveito comum para o casal. Todavia, restou configurada a absoluta ilegalidade da apreensão levada a efeito pelo Juízo condutor da execução, visto que a prova documental pré-constituída pela impetrante demonstrou que os valores constritos eram incomunicáveis, pois oriundos dos salários por ela recebidos. TST-RO-80085-43.2017.5.22.0000, SBDI-II, rel. Min. Delaíde Miranda Arantes, 26.3.2019 (Informativo nº 193)

Arrematação

Mandado de Segurança. Execução. Decisão que mantém arrematação de bem após homologação de acordo entre as partes. Existência de outras despesas processuais. Art. 651 do CPC.

Nos termos do art. 651 do CPC, é possível ao devedor, antes de arrematados ou adjudicados os bens, saldar a execução, desde que efetue o pagamento da importância da dívida, acrescida de juros, custas, honorários e demais despesas processuais. Assim, mostra-se correta a decisão de primeiro grau, proferida em sede de execução definitiva, que, a despeito da existência de acordo homologado posteriormente, manteve a arrematação do bem de propriedade do executado, uma vez constatada a existência de outras despesas processuais ainda pendentes de pagamento. Com esse entendimento, e não vislumbrando motivo para anular a arrematação efetuada, a SBDI-II, por unanimidade, conheceu do recurso ordinário e, no mérito, deu-lhe provimento para afastar a extinção do processo, sem resolução de mérito, declarada pelo TRT e, a teor do artigo 515, § 3º, do CPC, prosseguir no exame da ação mandamental, denegando a segurança pretendida. TST-RO-5476-26.2013.5.15.0000, SBDI-II, rel. Min. Emmanoel Pereira, 30.9.2014 (Informativo execução nº 6)

Execução. Arrematação em hasta pública. Veículo com débito de IPVA. Sub-rogação no preço pago. Ausência de ônus para o adquirente.

O adquirente do veículo em hasta pública não responde por qualquer ônus, inclusive tributo em atraso, que recaia sobre o bem arrematado, o qual deve ser entregue, livre e desembaraçado de qualquer encargo tributário, já que as dívidas anteriores sub-rogam-se no preço, nos termos do art. 130 do CTN, aplicado a bens móveis por analogia. Assim, a Fazenda Pública não tem direito líquido e certo à cassação da decisão que determinou a baixa das dívidas de IPVA que recaíam sobre o veículo arrematado, devendo exigir do antigo proprietário o pagamento do tributo. Sob esse fundamento, a SBDI-II, por unanimidade, conheceu do recurso ordinário e, no mérito, negou-lhe provimento, mantendo a decisão do Regional que julgara improcedente a pretensão mandamental. TST-RO-6626-42.2013.5.15.0000, SBDI-II, rel. Min. Douglas Alencar Rodrigues, 18.8.2015 (Informativo execução nº 19)

Remição da execução pelo devedor realizada antes da assinatura do auto de arrematação. Possibilidade. Interpretação conjunta dos arts. 651 e 694 do CPC.

Consoante o art. 651 do CPC, interpretado conjuntamente com o art. 694 do mesmo diploma, o depósito, pelo próprio devedor, do valor integral da condenação antes da assinatura do auto de arrematação é válido e tem como consequência a extinção da execução, mostrando-se abusiva a retenção da penhora. Outrossim, ofende a garantia constitucional do devido processo legal a evocação dos arts. 787 a 790 do CPC, revogados pela Lei nº 11.382/2006, como óbice à remição da execução pelo devedor, pois tais preceitos disciplinavam a remição do bem por cônjuge, ascendente ou descendente do executado. Sob esses fundamentos, a SBDI-II, à unanimidade, conheceu do recurso ordinário e, no mérito, negou-lhe provimento. TST-RO-2003-75.2010.5.10.0000, SBDI-II, rel. Min. Alberto Luiz Bresciani de Fontan Pereira, 10.11.2015 (Informativo execução nº 19)

Penhora de bem imóvel. Arrematação. Posterior constatação judicial de erro nos cálculos homologados. Nulidade de todos os atos executivos e expropriatórios fundados nos cálculos incorretos. Excesso de execução. Prejuízo ao executado. Título inexigível. Ausência de coisa julgada.

A certeza, liquidez e exigibilidade do título executivo são pressupostos de validade da execução. Nesse sentido, erro de liquidação que aumenta sensivelmente o valor devido torna inexigível o título executivo judicial e a execução nele pautada é nula, nos termos da lei. Na hipótese, posteriormente à arrematação de bem imóvel em hasta pública, o juízo verificou a ocorrência de erro nos cálculos homologados, razão pela qual procedeu à nova liquidação que apurou valores sensivelmente menores do que o efetivamente exigível. Não obstante tal constatação, convalidou os atos expropriatórios já praticados, causando prejuízo ao executado, que não pode substituir o bem arrematado por outro compatível com o cálculo refeito. Ressalte-se, ademais, que o excesso de execução decorrente do cálculo equivocadamente homologado não estava acobertado pela coisa julgada que se formou na ação trabalhista, de modo que a parcela excedente apresentava-se como pedido sem título executivo, o que também torna nula a execução. Sob esses fundamentos, a SBDIII, por unanimidade, conheceu do recurso ordinário, e, no mérito, deu-lhe provimento para conceder o mandado de segurança e determinar a anulação de todos os atos constritivos e executórios anteriores à decisão que fixou o novo quantum debeatur. TST-RO-10126-09.2013.5.01.0000, SBDI-II, rel. Luiz Philippe Vieira de Mello Filho, 15.12.2015 (Informativo execução nº 21)

Mandado de segurança. Execução. Penhora e arrematação de bem de terceiro estranho à lide. Ausência de intimação. Violação à garantia do contraditório e da ampla defesa. Nulidade do leilão e da carta de arrematação.

A SBDI-II, por unanimidade, conheceu e negou provimento a recurso ordinário em mandado de segurança, mantendo, portanto, a decisão do TRT da 1ª Região que concedera a segurança para anular o leilão e a subsequente carta de arrematação expedida nos autos de execução que penhorou e alienou bem imóvel dos impetrantes, até então estranhos à reclamação trabalhista, sem lhes oportunizar o direito à ampla defesa e ao contraditório. Na espécie, consignou-se que durante o processo de execução, não obstante os ostensivos alertas acerca da nulidade que se consumava a cada dia, as autoridades judiciárias que nele atuaram incorreram em equívocos que levaram à expropriação de patrimônio pertencente a pessoas estranhas à execução, sem que estas tivessem ciência do ocorrido. Não se olvida que o art. 694 do CPC de 1973 privilegiava a segurança do arrematante em relação a praticamente todas as nuances capazes de invalidar a arrematação. Todavia, o seu desfazimento sempre foi possível em casos excepcionais como o dos autos, em que a prevalência do direito dos arrematantes causaria o sacrifício integral das garantias do devido processo legal e da ampla defesa dos proprietários do bem arrematado, terceiros estranhos à lide. TST-RO-10681-26.2013.5.01.0000, SBDI-II, rel. Min. Alberto Luiz Bresciani de Fontan Pereira, 6.12.2016 (Informativo execução nº 28)

Mandado de segurança. Cabimento. Ato coator que rejeita remição de dívida mesmo havendo pagamento em momento anterior à lavratura do auto de arrematação. Interpretação sistemática dos arts. 304 e 305 do CC e 903 do CPC de 2015. Direito líquido e certo à remição. Configuração. Orientação Jurisprudencial nº 92 da SBDI-II. Não incidência.

Cabe mandado de segurança para impugnar decisão que indeferiu o pedido de remição de dívida formulado por terceiro juridicamente interessado. A interpretação sistemática dos arts. 304 e 305 do CC e 826 e 903 do CPC de 2015, que disciplinam a remição de dívida, evidencia que qualquer pessoa pode pagá-la, seja ela juridicamente interessada ou não, desde que efetue o pagamento ou a consignação antes da lavratura do auto de arrematação pelo magistrado. Na espécie, o indeferimento do pedido de remição ocorreu porque o Juízo da execução entendeu que a impetrante seria parte ilegítima para remir a dívida, tendo em vista a improcedência dos embargos de terceiros pela ausência de comprovação da propriedade do bem arrematado. Todavia, revelou-se evidente a condição de terceiro interessado da impetrante por ser a legitima possuidora do imóvel há mais de dezesseis anos, nele desenvolvendo diversas atividades comerciais. Ademais, a discussão em torno da propriedade do bem e da legitimidade no feito não alcança a remição de dívida, para a qual não se exige nenhuma outra condição além do pagamento antes da assinatura do auto de arrematação, hipótese dos autos. Assim, a certeza e a liquidez do direito da impetrante à quitação da dívida e a iminente possibilidade de perda da posse do imóvel, resultando em incontestável prejuízo à atividade econômica nele desenvolvida, autorizam o ajuizamento do mandado de segurança sem o exaurimento das vias processuais próprias. Sob esses fundamentos, e afastando a incidência da Orientação Jurisprudencial nº 92 da SBDI-II ao caso, a SBDI-II, por unanimidade, conheceu do recurso ordinário e, no mérito, por maioria, negou-lhe provimento para manter a decisão do Tribunal Regional que concedera a segurança para suspender os efeitos da decisão que indeferiu a remição da dívida trabalhista e reconhecer a empresa impetrante como terceira legitimamente interessada. Vencido o Ministro Renato de Lacerda Paiva. TST-RO-24089-40.2016.5.24.0000, SBDI-II, rel. Min. Alexandre de Souza Agra Belmonte, 9.4.2019 (Informativo nº 194)

Embargos de terceiro

Ação rescisória. Acórdão que rejeitou a preliminar de intempestividade dos embargos de terceiro. Penhora de percentual de faturamento de empresa. Juízo garantido apenas quando o valor total executado se completar. Contagem do prazo para oposição de embargos de terceiro a partir da ciência da penhora. Impossibilidade. Violação dos arts. 184, § 2º, e 1.048 do CPC de 1973. Não configuração.

No caso de penhora de percentual de faturamento de empresa, o juízo somente estará integralmente garantido quando o valor total executado se completar por meio dos depósitos realizados mês a mês (art. 655-A, caput, e § 3º, do CPC de 1973). Assim, não há como contar o prazo para a apresentação de embargos de terceiro a partir da ciência da penhora, nos termos dos arts. 184, § 2º, e 1.048 do CPC de 1973, visto que nesse momento a constrição não está completa. Sob esse fundamento, a SBDI-II, à unanimidade, conheceu do recurso ordinário e, no mérito, negou-lhe provimento, afastando, portanto, a alegação de violação dos arts. 184, § 2º, e 1.048 do CPC de 1973, no caso em que a decisão rescindenda rejeitou a preliminar de intempestividade dos embargos de terceiro opostos quando já transcorridos 298 dias da ciência da penhora que recaiu sobre 20% da renda líquida mensal de cartório, até atingir o montante da dívida. TST-RO-11518-13.2015.5.01.0000, SBDI-II, rel. Min. Luiz Philippe Vieira de Mello Filho, 21.11.2017 (Informativo nº 169)

Exceção de pré-executividade

Mandado de segurança. Cabimento. Inaplicabilidade da Orientação Jurisprudencial nº 92 da SBDI-II. Rejeição da exceção de pré-executividade. Ação autônoma de cumprimento de sentença condenatória proferida em ação civil pública. Ausência do título executivo judicial e de prévio debate sobre os cálculos de liquidação. Bloqueio de contas bancárias.

Cabe mandado de segurança contra decisão que rejeita exceção de pré-executividade proposta em face de ação executiva autônoma, relativa ao cumprimento de sentença proferida em ação civil pública, iniciada sem a juntada do provimento condenatório expedido no processo principal e sem o cumprimento do disposto no art. 879, § 2º, da CLT, que impõe ao Juízo que preside a execução o dever de permitir que as partes impugnem itens e valores na conta de liquidação. Na espécie, concluiu-se não ser aplicável o entendimento consubstanciado na Orientação Jurisprudencial nº 92 da SBDI-II, pois à luz dos princípios do devido processo legal, do contraditório e da ampla defesa, não é razoável que a parte que nega o descumprimento das obrigações contidas no título executivo judicial e impugna a imposição das sanções nele previstas tenha que primeiro suportar a apreensão de seu patrimônio (bloqueio de contas bancárias) para depois ter a possibilidade de discutir a licitude da execução e o acerto da conta confeccionada pela parte exequente. Sob esse fundamento, a SBDI-II, por unanimidade, conheceu e deu provimento ao recurso ordinário para afirmar o cabimento do writ e determinar que o TRT de origem prossiga no processamento e julgamento, com notificação da autoridade tida como coatora e do litisconsorte passivo, deferindo a liminar postulada para suspender a execução em curso na ação de cumprimento originária até o trânsito em julgado do mandado de segurança, com a imediata devolução dos valores já apreendidos à impetrante. TSTRO-515-18.2018.5.06.0000, SBDI-II, rel. Min. Douglas Alencar Rodrigues, 5.11.2019 (Informativo nº 211)

Certidão Negativa De Débitos Trabalhistas

Mandado de segurança. Pedido de emissão de Certidão Positiva de Débitos Trabalhistas com Efeitos de Negativa. Execução integralmente garantida por reclamada que requer exclusão da lide. Ausência de decisão definitiva sobre a questão. Risco de ineficácia da prestação jurisdicional. Inexistência de direito líquido e certo.

Embora o § 2º do art. 642-A da CLT permita a expedição de Certidão Positiva de Débitos Trabalhistas com Efeito de Negativa, desde que haja débitos trabalhistas com exigibilidade suspensa ou quando a execução estiver garantida por depósito ou penhora, no caso em que não há decisão definitiva acerca da exclusão da lide da empresa executada responsável pela garantia do juízo, não se afigura razoável que as demais reclamadas se beneficiem da suspensão da exigibilidade dos débitos trabalhistas, ante o risco de ineficácia da prestação jurisdicional. Incidência, por analogia, do item III da Súmula nº 128 do TST. Na espécie, o TRT indeferiu o pedido de expedição de Certidão Positiva de Débitos Trabalhistas com Efeitos de Negativa por entender que, embora garantida a execução trabalhista, a reclamada que ofertou a carta de fiança como garantia do débito exequendo requereu sua exclusão da lide, não havendo decisão definitiva sobre a questão. Assim sendo, a SBDI-II, por unanimidade, conheceu do recurso ordinário e, no mérito, negou-lhe provimento, uma vez que não demonstrada, de maneira inequívoca, a satisfação dos requisitos necessários para a expedição de Certidão Positiva de Débitos Trabalhistas com Efeito de Negativa, não vislumbrando, assim, direito líquido e certo a ser amparado pela via do mandado de segurança. TST-RO-1000244 76.2013.5.02.0000, SBDI-II, rel. Min. Douglas Alencar Rodrigues, 7.10.2014 (Informativo execução nº 6)

Execução contra empresa em Recuperação Judicial

Recuperação judicial. Decurso do prazo de 180 dias do art. 6º, § 4º, da Lei nº 11.101/2005. Manutenção da suspensão da execução trabalhista. Possibilidade.

Deferido o processamento ou aprovado o plano de recuperação judicial, é imperiosa a manutenção da suspensão das execuções individuais trabalhistas, ainda que superado o prazo de cento e oitenta dias previsto no art. 6º, § 4º, da Lei nº 11.101/2005, não se admitindo o prosseguimento automático de tais execuções. Nessa situação, é vedado ao juízo trabalhista a alienação ou a disponibilização de ativos da empresa, salvo quando houver hasta designada, hipótese em que o produto será revertido para o juízo em recuperação. Sob esses fundamentos, a SBDI-II, por unanimidade, conheceu do recurso ordinário e, no mérito, deu-lhe provimento para conceder a segurança pleiteada, determinando a suspensão da execução e das medidas de constrição efetuadas nos autos de reclamação trabalhista. TST-RO-80169-95.2016.5.07.0000, SBDI-II, rel. Min. Alberto Luiz Bresciani de Fontan Pereira, 11.10.2016 (Informativo execução nº 27)

Execução contra a Fazenda Pública (Precatório)

Embargos à Execução

Execução. Prazo para interposição de embargos à execução pela Fazenda Pública. Art. 4º da MP 2.180-35/2001. Matéria suspensa para apreciação do Tribunal Pleno.

A SBDI-I decidiu, por maioria, vencido o Ministro João Oreste Dalazen, suspender a proclamação do resultado do julgamento do processo em que se discute o prazo para interposição de embargos à execução pela Fazenda Pública, para remeter os autos ao Tribunal Pleno a fim de que delibere sobre a suspensão, ou não, da declaração de inconstitucionalidade formal do art. 4º da Medida Provisória nº 2.180-35/01(que introduziu o art. 1º-B à Lei nº 9.494/97), pronunciada em 4.8.2005, decorrente de arguição incidental suscitada nos autos do processo TST-RR-7000-66.1992.5.04.0011, até que o Supremo Tribunal Federal se manifeste em definitivo sobre a matéria. Na hipótese, a Subseção inclinou-se em decidir em desconformidade com a referida declaração, nos termos do voto do Ministro relator que preconizava o conhecimento dos embargos por ofensa aos arts. 896 da CLT e 5º, LIV e LV, da CF e, no mérito, dava-lhes provimento para, afastado o óbice da intempestividade dos embargos à execução opostos pela Universidade Federal do Rio Grande do Norte – UFRN, determinar o retorno dos autos à vara de origem, para que prossiga no exame do recurso como entender de direito. TST-E-RR-110200-18.2003.5.21.0921, SBDI-I, rel. Min. Renato de Lacerda Paiva, 22.8.2013 (*Cf. Questão de Ordem na ADC 11, que prorrogou o prazo da liminar anteriormente deferida, mediante a qual foram suspensos todos os processos em que se discute a constitucionalidade do art. 1º-B da Lei nº 9.494/97) (Informativo nº 56)

Execução. Prazo para interposição de embargos à execução pela Fazenda Pública. Art. 4º da MP 2.180-35/2001. Declaração incidental de inconstitucionalidade. Efeitos suspensos. ADC 11 pendente de julgamento.

O Tribunal Pleno, por unanimidade, decidiu suspender os efeitos da declaração incidental de inconstitucionalidade formal do art. 4º da Medida Provisória nº 2.180-35/01, pronunciada nos autos do processo TST-RR-7000-66.1992.5.04.0011, julgado em 4.8.2005, até que o Supremo Tribunal Federal se manifeste em definitivo sobre a matéria nos autos da ADC 11. TST-E-RR-110200-18.2003.5.21.0921, Tribunal Pleno, rel. Min. Renato de Lacerda Paiva, 2.9.2013 (*Cf. Informativo TST nº 56) (Informativo nº 57)

Precatório

Precatório. Doença grave. Risco de morte ou de debilidade permanente. Sequestro de valores. Possibilidade. Limitação a três vezes o valor de requisição de pequeno valor. Credor falecido no curso do processo. Transferência da preferência aos sucessores.

A pessoa acometida de doença grave, a qual acarrete risco de morte ou iminente perigo de debilidade permanente e irreversível, não se submete à tramitação preferencial dos precatórios de créditos junto à Fazenda Pública prevista no § 2º do art. 100 da CF, sendo possível o denominado "sequestro humanitário", limitado, todavia, a três vezes a quantia de requisição de pequeno valor a que se refere os §§ 2º e 3º do art. 100 da CF. Outrossim, o falecimento do credor no curso da ação em que se pleiteia a liberação dos valores não tem o condão de retornar o precatório à ordem cronológica original, transferindo aos sucessores a preferência adquirida em razão da doença. Com esse entendimento, o Órgão Especial, por maioria, não conheceu do recurso ordinário no tocante aos valores já liberados, em função da perda de objeto, e conheceu e deu provimento parcial, no que diz respeito aos valores ainda não liberados, para limitar o sequestro ao triplo da requisição de pequeno valor, nos termos do § 2º do art. 100 da CF. Vencidos os Ministros Ives Gandra Martins Filho, Antônio José de Barros Levenhagen, Fernando Eizo Ono e Guilherme Augusto Caputo Bastos, os quais davam provimento ao recurso para denegar a segurança e não admitir o sequestro, ao argumento de que o benefício é personalíssimo, não se transferindo ao espólio. TST-ReeNec e RO-8069000-57.2009.5.02.0000, Órgão Especial, Min. Dora Maria da Costa, 6.8.2012 (Informativo nº 16)

Execução. Fazenda Pública. Juros de mora. Alteração do percentual fixado na decisão exequenda. Impossibilidade. Ofensa à coisa julgada.

Não obstante a inobservância dos juros de mora de que trata o artigo 1º-F da Lei nº 9.494/97 viabilize, em tese, o conhecimento do recurso de revista por violação direta e literal do art. 5º, II, da CF, na fase de execução não é possível alterar o percentual de juros de mora instituído na decisão exequenda, por configurar evidente afronta à coisa julgada consagrada no art. 5º, XXXVI, da CF. No caso, a decisão transitada em julgado, ao invés de aplicar à condenação imposta à Fazenda Pública os juros de mora na forma do art. 1º-F da Lei nº 9.494/97, determinou "a adoção dos juros estampados na lei trabalhista". Sob esse entendimento, a SBDI-I, por unanimidade, conheceu dos embargos da executada, por divergência jurisprudencial, e, no mérito, negou-lhes provimento. TSTE-RR-187785-50.2007.5.12.0051, SBDI-I, rel. Min. João Oreste Dalazen, 2.6.2016 (Informativo execução nº 24)

Precatório sujeito ao regime especial. Art. 97 do ADCT. Período de graça. Juros de mora. Incidência.

Ao modular os efeitos das decisões proferidas nas ADI 4357 e 4425, que declararam a inconstitucionalidade parcial do regime especial de pagamento de precatórios previsto no art. 97 do ADCT, com redação dada pela EC nº 62/2009, o Supremo Tribunal Federal decidiu pela continuidade do regime especial de pagamento para os precatórios expedidos ou pagos até 25.3.2015. Assim, para o precatório emitido em data anterior ao limite estabelecido, permanece a regra do caput do art. 97 do ADCT, no sentido de que o § 5º, art. 100, da CF é inaplicável ao regime especial de pagamento, o que afasta a incidência da Súmula Vinculante 17 e torna indevida a exclusão dos juros de mora no período de graça. Sob esses fundamentos, o Órgão Especial, por unanimidade, conheceu do recurso ordinário e, no mérito, por maioria, negou-lhe provimento. Vencidos os Ministros Walmir Oliveira da Costa e Guilherme Augusto Caputo Bastos. TST-RO – 39000-57.1990.5.17.0002, Órgão Especial, rel. Min. Maria Cristina Irigoyen Peduzzi, 8.8.2016 (Informativo execução nº 26)

Precatório. Revisão dos cálculos. Limitação da execução ao período anterior à implementação do regime jurídico único. Inexistência de manifestação expressa em sentido contrário. Ofensa à coisa julgada. Não configuração. Dedução dos pagamentos referentes a período posterior ao regime jurídico único. Impossibilidade.

A revisão dos cálculos, em sede de precatório, para limitar os efeitos de condenação pecuniária ao período em que o exequente era regido pela legislação trabalhista, ou seja, até o advento da Lei Estadual nº 11.712/90, que instituiu o regime jurídico único dos servidores do Estado do Ceará, não ofende a coisa julgada se ausente, na decisão exequenda, expressa manifestação contrária à referida limitação, conforme exigido pela Orientação Jurisprudencial nº 6 do Tribunal Pleno. De outra sorte, havendo pagamentos efetuados por determinação judicial relativos a período em que já vigente o regime jurídico único, estes não poderão ser deduzidos de imediato dos valores a serem pagos, devendo ser objeto de ação de repetição de indébito, em razão da garantia do contraditório e da ampla defesa. Com esses fundamentos, o Órgão Especial, por maioria, conheceu do recurso ordinário e deu-lhe provimento para limitar os efeitos pecuniários da sentença condenatória ao período anterior ao advento da Lei nº 11.712/1990, do Estado do Ceará, vedada a dedução dos pagamentos referentes a período posterior à vigência do regime jurídico único. Vencidos os Ministros Luiz Philippe Vieira de Mello Filho e Brito Pereira, que negavam provimento ao recurso. TST-RO-10575-04.2010.5.07.0000, Órgão Especial, rel. Min. Márcio Eurico Vitral Amaro, 8.4.2013. (Informativo nº 41)

Ação civil coletiva ajuizada por sindicato. Substituição processual. Execução. Individualização do crédito apurado. Requisição de Pequeno Valor (RPV). Possibilidade. Precedentes do STF. Orientação Jurisprudencial nº 9 do TP/OE.

Na ação coletiva em que os interesses dos trabalhadores são defendidos pelo sindicato na condição de substituto processual, o enquadramento do débito como obrigação de pequeno valor, para fins de dispensa de expedição de precatório e aplicação do § 3º do art. 100 da CF, deve ser realizado levando-se em conta os créditos de cada trabalhador beneficiado. Nesse sentido, posicionou-se o STF, cujas decisões mais recentes apontam para a possibilidade de utilização da Requisição de Pequeno Valor (RPV) na execução individualizada da decisão proferida na ação coletiva (ARE 909556 AgR/PR, Min. Relator Marco Aurélio, 1ªT, DJe 17/3/2016, ARE 925754 RG/PR, Min. Relator Teori Zavascki, DJe 2/2/2016, ARE 916839 AgR/PR, Min. Relator Marco Aurélio, 1ªT,

DJe 17/3/2016). Ademais, fazendo um paralelo entre a reclamação plúrima e a ação civil coletiva, conclui-se que em ambas as ações os titulares do crédito são os trabalhadores individualmente considerados, razão pela qual é possível incidir, no caso concreto, a diretriz da Orientação Jurisprudencial nº 9 do TP/OE. Sob esses fundamentos, a SBDI-II, por unanimidade, conheceu e negou provimento a recurso ordinário interposto pelo Município de Salvador/BA, mantendo acórdão do TRT da 5ª Região que concedeu parcialmente a segurança para cassar a decisão que determinara a expedição de RPV no montante global da execução, e para impedir a expedição de precatório no lugar de RPV, visto que a quantia total da execução é composta de diversos créditos individuais ainda não identificados para cada um dos titulares, fazendo-se necessário, primeiramente, individualizá-los na demanda de origem. TST-RO-50-41.2015.5.05.0000, SBDI-II, rel. Min. Douglas Alencar Rodrigues, 19.4.2016 (Informativo nº 133)

Matéria remetida ao Tribunal Pleno. Art. 77, II, do RITST. Ação coletiva. Sindicato. Substituição Processual. Execução contra a Fazenda Pública. Individualização do crédito de cada substituído. Possibilidade. Expedição de Requisição de Pequeno Valor (RPV).

No caso de ação coletiva em que o sindicato atua como substituto processual na defesa de direitos individuais homogêneos, não configura quebra do valor da execução, vedada pelo art. 100, § 8º, da CF, o pagamento individualizado do crédito devido pela Fazenda Púbica aos substituídos. Entendimento consolidado pelo STF nos autos do processo STF-ARE 925754/PR, com repercussão geral reconhecida, que, não obstante se refira à hipótese de execução individual da sentença condenatória genérica, também se aplica à situação em apreço, em que a execução é coletiva. Em ambos os casos, a titularidade do crédito judicialmente concedido não pertence ao sindicato, mas aos empregados que ele substitui, de modo que é possível considerar o valor deferido a cada um deles, individualmente, para fins de expedição da Requisição de Pequeno Valor (RPV). Sob esses fundamentos, o Tribunal Pleno, por unanimidade, conheceu do recurso ordinário e da remessa necessária, e, no mérito, negou-lhes provimento, mantendo a decisão que denegara a segurança por entender que o Município de Salvador/BA não tem direito líquido e certo à execução do valor global do crédito constante do título judicial. TST-ReeNec e RO-118-88.2015.5.05.0000, Tribunal Pleno, rel. Min. Maria de Assis Calsing, 27.6.2016 (Informativo nº 139)

Fundação Padre Anchieta. Natureza pública. Execução pelo regime de precatórios. Possibilidade.

A despeito de a Fundação Padre Anchieta ser constituída, formalmente, como pessoa jurídica de direito privado, ela exerce múnus público, pois possui como finalidade exclusiva a promoção de atividades educativas e culturais por meio de rádio, televisão e outras mídias, em atendimento ao comando do art. 23, V, da CF. Além disso, para sua criação e manutenção, percebeu e continua a perceber dotações, subvenções e contribuições do Estado de São Paulo (arts. 3º e 28, I e IV, de seu Estatuto). Assim, patente a natureza pública da Fundação, a ela se aplicam as prerrogativas processuais da Fazenda Pública no que tange à execução, devendo o pagamento de valores decorrentes de condenação judicial seguir o regime de precatórios, nos termos do art. 730 do CPC e do art. 100 da CF. Sob esses fundamentos, a SBDI-II, por unanimidade, conheceu do recurso ordinário interposto pela referida Fundação, e, no mérito, deu-lhe provimento para conceder a segurança, determinando que a execução se proceda mediante o rito dos precatórios, afastando, assim, a execução direta. TST-RO-1000552-78.2014.5.02.0000, SBDI-II, rel. Min. Emmanoel Pereira, 15.12.2015 (Informativo execução nº 21)

Município. Precatório. Opção pelo regime especial de pagamento. Redução do percentual de comprometimento da receita líquida oriunda do Fundo de Participação dos Municípios. Impossibilidade. Critérios legais vinculantes.

A estipulação do percentual de comprometimento da receita líquida oriunda do Fundo de Participação dos Municípios – FPM ofertada para pagamento de precatórios em razão da opção pelo regime especial (art. 97 do ADCT e Resolução nº 115/2010 do CNJ) segue critérios legais vinculantes. Assim sendo, não há margem para que a autoridade gestora da conta especial de precatórios trabalhistas defira requerimento de redução do percentual do FPM destinado ao regime especial de precatórios, ainda que o Município alegue dificuldades financeiras, prejuízo à coletividade e comprometimento dos serviços públicos. Com esse entendimento, o Órgão Especial, por maioria, conheceu do recurso ordinário interposto pelo Município de São Raimundo Nonato, e, no mérito, negou-lhe provimento, mantendo, consequentemente, a decisão monocrática do Presidente do TRT da 22ª Região que indeferira a redução do repasse de 7% do Fundo de Participação dos Municípios destinado ao pagamento das dívidas judiciais trabalhistas. Vencidos os Ministros Renato de Lacerda Paiva, Guilherme Augusto Caputo Bastos, Walmir Oliveira da Costa e Augusto César Leite de Carvalho, os quais não conheciam do recurso ordinário, por incabível, eis que não se trata de precatório em concreto, mas de um plano de disponibilização de recursos para viabilizar o montante dos precatórios processados pelo Tribunal Regional, hipótese não abarcada pelo art. 69 do RITST. TST-RO-46-69.2011.5.22.0000, Órgão Especial, rel. Min. Hugo Carlos Scheuermann, 5.5.2014 (Informativo nº 81)

Precatório. Juros da mora. Incidência no período compreendido entre os cálculos de liquidação e a expedição do precatório. Impossibilidade. Atraso no pagamento não caracterizado.

Não incidem juros moratórios no período compreendido entre os cálculos de liquidação e a expedição do precatório ou requisição de pequeno valor. Considerando o entendimento já pacificado nesta Corte e no Supremo Tribunal Federal acerca da não incidência dos juros da mora entre a expedição do precatório e o seu efetivo pagamento, quando observado o prazo previsto no § 5º do art. 100 da CF, não há falar em juros de mora no período compreendido entre os cálculos de liquidação e a expedição do precatório, pois enquanto não decorrido o prazo constitucional não se evidencia o atraso no cumprimento da obrigação por parte da Fazenda Pública. Com esses fundamentos, o Órgão Especial, à unanimidade, deu provimento ao recurso ordinário interposto pelo INSS para determinar a não incidência de juros de mora no período compreendido entre os cálculos de liquidação e a expedição do precatório ou requisição de pequeno valor. Ressalvou entendimento o Ministro Ives Gandra da Silva Martins Filho. TST-RO-1837-57.2012.5.09.0014, Órgão Especial, rel. Min. Alexandre Agra Belmonte, 3.11.2014 (Informativo nº 93)

Sindicato. Substituição processual. Execução. Fracionamento. Expedição de Requisição de Pequeno Valor. Possibilidade.

O título judicial emanado de sentença proferida em ação coletiva ajuizada por sindicato, na qualidade de substituto processual, pode ser objeto de execução individual, mediante a utilização da Requisição de Pequeno Valor (art. 87 do ADCT), sem que isso implique afronta ao art. 100, § 8º, da CF. O Estado é devedor de cada trabalhador, na exata proporção dos respectivos créditos, e não do sindicato propriamente dito, que atuou como legitimado extraordinário, defendendo direito alheio em nome próprio. Desse modo, o crédito decorrente da condenação em processo instaurado mediante substituição processual não é único. Trata-se de um somatório de créditos, pertencentes aos diversos substituídos, de maneira que, se analisados individualmente, podem, em tese, se inserir no conceito de "pequeno valor". Inteligência da Orientação Jurisprudencial nº 9 do Tribunal Pleno/Órgão Especial. Ademais, embora o STF tenha fixado a possibilidade de fracionamento da execução para expedição de Requisição de Pequeno Valor quando se tratar de litisconsórcio facultativo ativo (STF-RE-568645/SP, com repercussão geral reconhecida), o mesmo entendimento tem sido aplicado aos casos de ação coletiva. Sob esses fundamentos, a SBDI-I, por unanimidade, conheceu dos embargos interpostos pelo sindicato, por divergência jurisprudencial, e, no mérito, por maioria, deu-lhes provimento para restabelecer o acórdão do Regional no tocante à execução individualizada do título judicial, mediante requisições de pequeno valor, nos termos do art. 87 do ADCT. Vencidos os Ministros Lelio Bentes Corrêa, relator, Antonio José de Barros Levenhagen, Renato de Lacerda Paiva, Aloysio Corrêa da Veiga e Guilherme Augusto Caputo Bastos. TST-EED-RR-10247-58.2010.5.04.0000, SBDI-I, rel. Min. Lelio Bentes Corrêa, red. p/acórdão Min. João Oreste Dalazen, 26.11.2015 (*No mesmo sentido, TST-E-ED-ED-RR-9091200-66.1991.5.04.0016, SBDI-I, rel. Min. Márcio Eurico Vitral Amaro, 26.11.2015) (Informativo execução nº 20)

Ação coletiva. Sindicato. Substituição Processual. Execução contra a Fazenda Pública. Individualização do crédito de cada substituído. Possibilidade. Expedição de Requisição de Pequeno Valor (RPV). No caso de ação coletiva em que o sindicato atua como substituto processual na defesa de direitos individuais homogêneos, o pagamento individualizado do crédito devido pela Fazenda Púbica aos substituídos não afronta o art. 100, § 8º, da CF. A titularidade do crédito judicialmente concedido não pertence ao sindicato, mas aos empregados que ele substitui, de modo que é possível considerar o valor deferido a cada um deles, isoladamente, para fins de expedição da Requisição de Pequeno Valor (RPV). Sob esse entendimento, já consolidado no STF e no Tribunal Pleno do TST (TSTReeNec e RO-118-88.2015.5.05.0000), a SBDI-I, por unanimidade, conheceu dos embargos, por divergência jurisprudencial, e, no mérito, deu-lhe provimento para restabelecer o acórdão do TRT no que tange à expedição de RPV, nos termos do art. 87 do ADCT. TST-E-RR-126900- 42.1994.5.04.0021, SBDI-I, rel. Min. Cláudio Mascarenhas Brandão, 17.11.2016 (Informativo execução nº 28)
Precatório. Segundo pedido de revisão de cálculos. Argumentos que poderiam ter sido deduzidos na primeira oportunidade. Preclusão consumativa. Configuração. Orientação Jurisprudencial nº 2, "a", do Tribunal Pleno. Em sede de precatório não se admite a apresentação de um segundo pedido de revisão de cálculos para trazer argumentos que poderiam ter sido deduzidos na primeira oportunidade. A Orientação Jurisprudencial nº 2, "a", do Tribunal Pleno determina que o pedido de revisão de cálculos deve especificar claramente todas as incorreções e discriminar o montante correto, sob pena de preclusão. No caso, a executada (União) opôs dois embargos à execução (em 1993 e em 1998) e dois pedidos de revisão de cálculo (em 2010 e em 2015), e apenas neste último, em 2015, veiculou a tese de que a condenação deveria se limitar ao início do regime jurídico único da Lei nº 8.112/90. Admitir diversos pedidos de revisão de cálculos levaria ao prosseguimento indefinido do processo de precatório, em contrariedade ao princípio da celeridade (art. 5º, LXXVIII, da CF). Assim, sob esses fundamentos, o Órgão Especial, por maioria, negou provimento ao recurso ordinário da União para manter a decisão de indeferimento do pedido de revisão de cálculos, ainda que por fundamentos diversos. Vencido o Ministro Alexandre Luiz Ramos. TST-RO-4000-52.2015.5.16.0000, Órgão Especial, rel. Min. Maria Cristina Irigoyen Peduzzi, 5.8.2019 (Informativo nº 201)
Execução Fiscal
Execução fiscal. Inclusão em programa de parcelamento. Suspensão da execução trabalhista. Novação. Não configuração. O parcelamento de débito contraído com a Fazenda Nacional, de qualquer natureza, instituído pelas Leis nºs 10.522/02 e 10.684/03, implica tão somente a suspensão da exigibilidade do crédito tributário enquanto perdurar o período do parcelamento, não constituindo novação. Com esse entendimento, a SBDI-I, por unanimidade, conheceu do recurso de embargos interposto pela União (PGFN), por divergência jurisprudencial, e, no mérito, deu-lhe provimento para afastar a extinção da execução e determinar a suspensão do processo executivo no período do parcelamento, até a quitação do débito, retomando-se a execução caso não honradas as parcelas. TST-E-ED-RR-289-24.2010.5.03.0114, SBDI-I, rel. Min. Aloysio Corrêa da Veiga, 19.4.2012. (Informativo nº 6)
Precatório. Pagamento com atraso. Juros de mora. Incidência desde a expedição. Súmula Vinculante 17 do STF. Os juros de mora não são devidos durante o chamado "período de graça", desde que o precatório seja pago no prazo constitucional. Efetuado o pagamento fora do prazo previsto no art. 100, § 1º, da CF, os juros moratórios devem ser computados desde a expedição do precatório, conforme inteligência da **Súmula Vinculante 17 do STF.** Com esse entendimento, o Órgão Especial, por maioria, conheceu do recurso ordinário e, no mérito, negou-lhe provimento. Vencidos os Ministros Luiz Philippe Vieira de Mello Filho, Guilherme Augusto Caputo Bastos e Dora Maria da Costa. TST-RO-2519-45.2011.5.07.0000, Órgão Especial, rel. Min. Fernando Eizo Ono, 3.9.2012 (Informativo nº 20)

MS. Execução fiscal para cobrança de multa administrativa imposta por infração à legislação trabalhista. Determinação de penhora de numerário via BacenJud. Legalidade do ato coator. Aplicação analógica da Súmula nº 417, I, do TST.

Em sede de execução definitiva de título executivo extrajudicial, in casu, execução fiscal para cobrança de multa administrativa imposta por infração à legislação trabalhista, não viola direito líquido e certo o ato judicial que indefere a penhora de bens indicados e determina a constrição sobre dinheiro, via BacenJud, em contas bancárias da executada, porquanto atendida a gradação contida no art. 655 do CPC. Aplicação, por analogia, da Súmula nº 417, I, do TST. Com esse entendimento, a SBDI-II conheceu do reexame necessário e do recurso ordinário, e, no mérito, deu- lhes provimento para, reformando o acórdão recorrido, denegar a segurança. Na hipótese, registrou- se, ainda, que a impetrante não demonstrou que o referido bloqueio inviabilizaria suas atividades, sendo inaplicável, portanto, o teor da Orientação Jurisprudencial nº 93 da SBDI-I. TST-RXOF e ROMS-1353800-27.2007.5.02.0000, SBDI-II, rel. Min. Emmanoel Pereira, 17.4.2012 (Informativo nº 6)

Execução Fiscal. Parcelamento da dívida. Efeitos. Suspensão da execução. Art. 151, VI, do CTN.

Nos termos do art. 151, VI, do CTN, o parcelamento do débito fiscal, seja tributário ou não, em razão da indisponibilidade de que se reveste, não implica extinção da dívida por novação, mas suspensão de sua exigibilidade. Ademais, o art. 8º da Lei nº 11.949/2009, que versa sobre o parcelamento ordinário de débitos tributários, dispõe expressamente que a inclusão de débitos nos parcelamentos não implica novação da dívida, não havendo falar, portanto, em extinção da execução fiscal. Com esse entendimento, a SBDI-I, por unanimidade, conheceu dos embargos interpostos pela executada, por divergência jurisprudencial, e, no mérito, negou-lhes provimento, mantendo incólume a decisão turmária, mediante a qual se declarara a suspensão do feito no período do parcelamento, até a quitação do débito fiscal. TST-E-RR-178500-49.2006.5.03.0138, SBDI-I, rel. Min. João Oreste Dalazen, 25.9.2014 (Informativo execução nº 5)

APPA. Forma de execução de créditos trabalhistas. Matéria encaminhada ao Tribunal Pleno. Orientação Jurisprudencial nº 87 da SBDI-I. Manutenção ou revisão.

A SBDI-I, por unanimidade, decidiu suspender o exame dos embargos e remeter ao Tribunal Pleno a questão relativa à forma de execução de créditos trabalhistas em face da Administração dos Portos de Paranaguá e Antonina – APPA, para deliberar sobre a manutenção ou a revisão da Orientação Jurisprudencial nº 87 da SBDI-I. TST-E-RR-148500-29.2004.5.09.0022, SBDI-I, rel. Min. Renato de Lacerda Paiva, 26.2.2015 (Informativo execução nº 11)

Matéria remetida ao Tribunal Pleno. APPA. Forma de execução. Manutenção das Orientações Jurisprudenciais nºs 13 e 87 da SBDI-I.

O Tribunal Pleno decidiu, por maioria, manter a redação das Orientações Jurisprudenciais nºs 13 e 87 da SBDI-I, as quais estabelecem, respectivamente, que à Administração dos Portos de Paranaguá e Antonina – APPA não se aplicam os privilégios do Decreto-Lei nº 779/69, nem o regime de precatórios. Na espécie, prevaleceu o entendimento de que a jurisprudência do STF não está pacificada, especialmente após a transformação da APPA em empresa pública (Lei Estadual nº 17.895/2013, regulamentada pelo Decreto Estadual nº 11.562/2014), razão pela qual não se mostra oportuno o cancelamento das orientações jurisprudenciais em questão. Vencidos os Ministros Renato de Lacerda Paiva, relator, Emmanoel Pereira, Luiz Philippe Vieira de Mello Filho, Dora Maria da Costa, Alexandre Agra Belmonte, João Oreste Dalazen e Brito Pereira, que votavam pelo cancelamento das Orientações Jurisprudenciais nºs 13 e 87 da SBDI-I – TST-AgR-E-RR-148500 – 29.2004.5.09.0022, Tribunal Pleno, rel. Min. Renato de Lacerda Paiva, red. p/ acórdão Min. Augusto César Leite de Carvalho, 22.8.2016 (Informativo nº 142).

Contribuições Previdenciárias
Contribuição previdenciária. Execução provisória. Acordo firmado após a elaboração dos cálculos de liquidação e antes do trânsito em julgado da sentença. Inaplicabilidade da Orientação Jurisprudencial nº 376 da SBDI-I. Firmado acordo em sede de execução provisória, após a elaboração dos cálculos em liquidação, mas antes do trânsito em julgado da sentença, as contribuições previdenciárias devem incidir sobre a totalidade do valor acordado, não havendo falar em observância da proporcionalidade entre as parcelas de natureza salarial e aquelas de caráter indenizatório deferidas na decisão condenatória. A aplicabilidade da Orientação Jurisprudencial nº 376 da SBDI-I é restrita às hipóteses de homologação do acordo após o trânsito em julgado da sentença. Com esses fundamentos, a SBDI-I, em sua composição plena, por unanimidade, conheceu do recurso de embargos da União, por divergência jurisprudencial, e, no mérito, por maioria, negou-lhe provimento. Vencido o Ministro João Oreste Dalazen e ressalvado o entendimento do Ministro Brito Pereira. TST-E-RR-264300-36.2002.5.02.0066, SBDI-I, rel. Min. Delaíde Miranda Arantes, 26.9.2013 (Informativo nº 60)
Contribuição previdenciária. Fato gerador. Créditos trabalhistas reconhecidos em juízo após as alterações no artigo 43 da Lei nº 8.212/91. Incidência de correção monetária, juros de mora e multa. Marco inicial. Responsabilidades. O fato gerador da contribuição previdenciária decorrente de créditos trabalhistas reconhecidos em juízo é a prestação do serviço, no que tange ao período posterior à alteração do artigo 43 da Lei nº 8.212/91, feita pela Medida Provisória nº 449/2008, convertida na Lei nº 11.941/2009 (04.03.2009). O fato gerador das contribuições previdenciárias não está previsto no artigo 195, I, "a", da Constituição Federal. Logo, a lei – no caso, o artigo 43, § 2º, da Lei nº 8.212/91 – pode perfeitamente dispor a respeito. Assim, a partir de 05.03.2009, aplica-se o regime de competência (em substituição ao regime de caixa), incidindo, pois, correção monetária e juros de mora a partir da prestação de serviços. Quanto à multa, ao contrário da atualização monetária para recomposição do valor da moeda e dos juros pela utilização do capital alheio, trata-se de uma penalidade destinada a compelir o devedor à satisfação da obrigação a partir do seu reconhecimento. Dessa forma, decidiu-se que não incide retroativamente à prestação de serviços, e sim a partir do exaurimento do prazo de citação para pagamento, uma vez apurados os créditos previdenciários, se descumprida a obrigação, observado o limite legal de 20%, nos termos dos §§ 1º e 2º, do art. 61, da Lei nº 9.430/96 c/c art. 43, § 3º, da Lei nº 8.212/91. Por fim, no que se refere às responsabilidades, definiu-se que respondem: a) pela atualização monetária, o trabalhador e a empresa, por serem ambos contribuintes do sistema; e b) pelos juros de mora e pela multa, apenas a empresa, não sendo cabível que por eles pague quem, até então, sequer tinha o reconhecimento do crédito sobre o qual incidiriam as contribuições previdenciárias e que não se utilizou desse capital. Sob esses fundamentos, o Tribunal Pleno decidiu, por unanimidade, conhecer do recurso de embargos, por divergência jurisprudencial, e, no mérito, pelo voto prevalente da Presidência, dar-lhe provimento parcial, para, na forma da lei, relativamente aos contratos de trabalho firmados a partir de 05.03.2009, determinar: a) a incidência dos juros de mora, a partir da prestação de serviços, sobre as contribuições previdenciárias; b) aplicação de multa a partir do exaurimento do prazo de citação para o pagamento, uma vez apurados os créditos previdenciários, se descumprida a obrigação, observado o limite legal de 20% (art. 61, § 2º, da Lei nº 9.430/96). Vencidos os Ministros Maria Cristina Irigoyen Peduzzi, Renato de Lacerda Paiva, Emmanoel Pereira, Aloysio Silva Corrêa da Veiga, Alberto Luiz Bresciani de Fontan Pereira, Dora Maria da Costa, Guilherme Augusto Caputo Bastos, Márcio Eurico Vitral Amaro, Walmir Oliveira da Costa, Maurício Godinho Delgado, Kátia Magalhães Arruda e Augusto César Leite de Carvalho. TST-E-RR-1125-36.2010.5.06.0171, Tribunal Pleno, rel. Min. Alexandre Agra Belmonte, 20.10.2015. (Informativo nº 120)

Contribuição previdenciária. Fato gerador. Incidência de multa e juros de mora. Data da prestação dos serviços. Alteração do art. 43 da Lei nº 8.2012/1991 pela Medida Provisória nº 449/2008, convertida na Lei nº 11.941/2009.

Na vigência do art. 276, caput, do Decreto nº 3.048/99, o fato gerador da contribuição previdenciária era o pagamento do crédito devido ao trabalhador e, no caso de decisão judicial trabalhista, somente seria cabível a incidência de multa e juros de mora após o dia dois do mês subsequente ao trânsito em julgado da decisão que pôs fim à discussão acerca dos cálculos de liquidação. Porém, desde a edição da Medida Provisória nº 449/2008, convertida na Lei nº 11.941/2009, que modificou o art. 43 da Lei nº 8.212/1991, as contribuições sociais apuradas em virtude de sentença judicial ou acordo homologado judicialmente passaram a ser devidas a partir da data de prestação do serviço, considerando-se como marco de incidência do novo dispositivo de lei o dia 5.3.2009, em atenção aos princípios da anterioridade tributária e nonagesimal (arts. 150, III, "a", e 195, § 6º, da CF). Entendimento consolidado pelo Tribunal Pleno no julgamento do processo TST-E-RR-1125-36.2010.5.06.0171, em 20.10.2015. Sob esses fundamentos, e tendo em conta que, na espécie, a prestação de serviço objeto da reclamação trabalhista ocorreu no período de 21.3.2003 a 28.12.2011, a SBDI-I, por unanimidade, conheceu dos embargos, por divergência jurisprudencial, e, no mérito, deu-lhe provimento parcial para determinar que a partir de 5.3.2009 o fato gerador da obrigação previdenciária para fins de incidência dos juros moratórios é a data da efetiva prestação de serviço, mantendo-se o termo inicial do referido encargo no dia dois do mês seguinte ao do efetivo pagamento do débito em relação às prestações laborais ocorridas até o dia 4.3.2009. A multa incide a partir do primeiro dia subsequente ao término do prazo de citação para pagamento das parcelas previdenciárias, observado o limite legal de 20% (art. 61, § 2º, da Lei nº 9.430/96). TSTE-ED-RR-4484-80.2012.5.12.0001, SBDI-I, rel. Min. Renato de Lacerda Paiva, 19.11.2015 (Informativo execução nº 20)

Contribuição previdenciária. Fato gerador. Incidência de multa e juros de mora. Data da prestação dos serviços. Alteração do art. 43 da Lei nº 8.2012/1991 pela Medida Provisória nº 449/2008, convertida na Lei nº 11.941/2009.

Na vigência do art. 276, caput, do Decreto nº 3.048/99, o fato gerador da contribuição previdenciária era o pagamento do crédito devido ao trabalhador e, no caso de decisão judicial trabalhista, somente seria cabível a incidência de multa e juros de mora após o dia dois do mês subsequente ao trânsito em julgado da decisão que pôs fim à discussão acerca dos cálculos de liquidação. Porém, desde a edição da Medida Provisória nº 449/2008, convertida na Lei nº 11.941/2009, que modificou o art. 43 da Lei nº 8.212/1991, as contribuições sociais apuradas em virtude de sentença judicial ou acordo homologado judicialmente passaram a ser devidas a partir da data de prestação do serviço, considerando-se como marco de incidência do novo dispositivo de lei o dia 5.3.2009, em atenção aos princípios da anterioridade tributária e nonagesimal (arts. 150, III, "a", e 195, § 6º, da CF). A multa, todavia, incide a partir do primeiro dia subsequente ao término do prazo de citação para pagamento das parcelas previdenciárias, observado o limite legal de 20% (art. 61, § 2º, da Lei nº 9.430/96). Entendimento consolidado pelo Tribunal Pleno no julgamento do processo TST-E-RR-1125-36.2010.5.06.0171, em 20.10.2015. Sob esses fundamentos, a SBDI-I, por unanimidade, conheceu do recurso de embargos, por divergência jurisprudencial, e, no mérito, deu-lhe provimento parcial para determinar a aplicação de multa a partir do exaurimento do prazo decorrente da citação para o pagamento dos créditos previdenciários apurados em juízo, observado o limite de 20%. TST-E-RR-293-78.2010.5.15.0065, SBDI-I, rel. Min. José Roberto Freire Pimenta, 16.6.2016. (Informativo execução nº 24)

Contribuição previdenciária. Fato gerador. Incidência de multa e juros de mora. Data da prestação dos serviços. Alteração do art. 43 da Lei nº 8.2012/1991 pela Medida Provisória nº 449/2008, convertida na Lei nº 11.941/2009.

Na vigência do art. 276, caput, do Decreto nº 3.048/99, o fato gerador da contribuição previdenciária era o pagamento do crédito devido ao trabalhador e, no caso de decisão judicial trabalhista, somente seria cabível a incidência de multa e juros de mora após o dia dois do mês subsequente ao trânsito em julgado da decisão que pôs fim à discussão acerca dos cálculos de liquidação. Porém, desde a edição da Medida Provisória nº 449/2008, convertida na Lei nº 11.941/2009, que modificou o art. 43 da Lei nº 8.212/1991, as contribuições sociais apuradas em virtude de sentença judicial ou acordo homologado judicialmente passaram a ser devidas a partir da data de prestação do serviço, considerando-se como marco de incidência do novo dispositivo de lei o dia 5.3.2009, em atenção aos princípios da anterioridade tributária e nonagesimal (arts. 150, III, "a", e 195, § 6º, da CF). Entendimento consolidado pelo Tribunal Pleno no julgamento do processo TST-E-RR-1125-36.2010.5.06.0171, em 20.10.2015. Sob esses fundamentos, e tendo em conta os limites da insurgência recursal, ou seja, a prestação de serviços ocorrida após 5.3.2009, a SBDI-I, por unanimidade, conheceu dos embargos, por divergência jurisprudencial, e, no mérito, deu-lhes parcial provimento para determinar: a) no tocante aos juros de mora devidos nas contribuições previdenciárias decorrentes do crédito trabalhista reconhecido judicialmente, que a sua incidência se dê a partir da data da efetiva prestação dos serviços, nos moldes do que dispõe a nova redação do artigo 43, § 2º, da Lei nº 8.212/91; e b) quanto à multa, que ela incida somente depois de exaurido o prazo da intimação para o seu pagamento, ou seja, a partir do primeiro dia subsequente ao término do prazo de 48 horas para pagamento, após a citação, limitada a 20% (art. 61, § 2º, da Lei nº 9.430/96). TST-E-ARR-4001138-73.2010.5.03.0001, SBDI-I, rel. Min. Guilherme Augusto Caputo Bastos, 23.2.2017 (Informativo execução nº 29)

Contribuição previdenciária. Fato gerador. Incidência de multa e juros de mora. Data da prestação dos serviços. Alteração do art. 43 da Lei nº 8.2012/1991 pela Medida Provisória nº 449/2008, convertida na Lei nº 11.941/2009.

Nos termos da jurisprudência do STF, a matéria envolvendo o fato gerador de contribuições previdenciárias tem natureza infraconstitucional, visto que o art. 195, I, da CF não trata da hipótese de incidência do tributo. Assim, na vigência do art. 276, caput, do Decreto nº 3.048/99, o fato gerador da contribuição previdenciária era o pagamento do crédito devido ao trabalhador e, no caso de decisão judicial trabalhista, somente seria cabível a incidência de multa e juros de mora após o dia dois do mês subsequente ao trânsito em julgado da decisão que pôs fim à discussão acerca dos cálculos de liquidação. Porém, desde a edição da Medida Provisória nº 449/2008, convertida na Lei nº 11.941/2009, que modificou o art. 43 da Lei nº 8.212/1991, as contribuições sociais apuradas em virtude de sentença judicial ou acordo homologado judicialmente passaram a ser devidas a partir da data de prestação do serviço, considerando-se como marco de incidência do novo dispositivo de lei o dia 5.3.2009, em atenção aos princípios da anterioridade tributária e nonagesimal (arts. 150, III, "a", e 195, § 6º, da CF). A multa, todavia, incide a partir do primeiro dia subsequente ao término do prazo de citação para pagamento das parcelas previdenciárias, observado o limite legal de 20% (art. 61, § 2º, da Lei nº 9.430/96). Ademais, pela atualização monetária das contribuições respondem trabalhador e empresa, ao passo que os juros e a multa são de responsabilidade exclusiva do empregador. Entendimento consolidado pelo Tribunal Pleno no julgamento do processo TST-E-RR-1125-36.2010.5.06.0171, em 20.10.2015. Sob esses fundamentos, a SBDI-I, por unanimidade, negou provimento ao agravo regimental, fazendo incidir o óbice do art. 894, § 2º, da CLT ao processamento do recurso de embargos do reclamado. TST--AgR-E-RR-1150-73.2012.5.02.0047, SBDI-I, rel. Min. Cláudio Mascarenhas Brandão, 18.5.2017 (Informativo execução nº 31)

Contribuição previdenciária. Incidência sobre terço constitucional de férias usufruídas. Impossibilidade. Natureza indenizatória da parcela.

Não incide contribuição previdenciária sobre o terço constitucional de férias usufruídas, conforme decidido pelo STJ no julgamento de incidente de recurso repetitivo (Tema Repetitivo nº 478). Ademais, o art. 28, § 9º, 'd', da Lei nº 8.212/91, com a redação da Lei nº 9.528/97, expressamente exclui da base de cálculo da contribuição previdenciária as importâncias recebidas a título de férias indenizadas e o respectivo adicional constitucional, diante da natureza indenizatória das parcelas. Portanto, apesar de incidir contribuição previdenciária sobre as férias gozadas, por se tratar de verba de natureza salarial, não cabe idêntico raciocínio para o terço constitucional de férias, já que tal parcela não se destina à retribuição pelos serviços prestados, nem pelo tempo à disposição do empregador, ostentando natureza indenizatória. Sob esses fundamentos, a SBDI-I, por unanimidade, conheceu do recurso de embargos, por divergência jurisprudencial, e, no mérito, negou-lhe provimento para manter a decisão turmária que afastara a incidência da contribuição previdenciária sobre o terço constitucional de férias gozadas. TST-E-RR-403-87.2012.5.06.0023, SBDI-I, rel. Min. Hugo Carlos Scheuermann, 21.9.2017 (Informativo nº 165)

Incompetência da Justiça do Trabalho. Execução de contribuição previdenciária. Salário pago "por fora".

A competência da Justiça do Trabalho, no que diz respeito à execução de contribuições previdenciárias, limita-se às sentenças condenatórias em pecúnia que proferir e aos valores, objeto de acordo homologado, que integrem o salário de contribuição. Inteligência do item I da Súmula nº 368 do TST. Sob esse posicionamento, e não vislumbrando a incidência do mencionado verbete ao caso concreto, a SBDI-I, à unanimidade, conheceu dos embargos, por divergência jurisprudencial, e, no mérito, deu-lhes provimento para declarar a incompetência da Justiça do Trabalho para conhecer do debate acerca do recolhimento das contribuições previdenciárias relativas ao salário extrafolha recebido pelo trabalhador durante o vínculo de emprego, e que não foi objeto de condenação pecuniária na presente ação. TST-E-ED-RR-3039600-98.2009.5.09.0029, SBDI-I, rel. Min. Augusto César Leite de Carvalho, 7.5.2015 (Informativo execução nº 16)

Capítulo 27

DISSÍDIO COLETIVO

1. CONCEITO

É sabido que, no direito do trabalho, as fontes formais podem ser elaboradas pelo Estado (fontes formais heterônomas) ou pelos próprios destinatários da norma, sem a participação do Estado (fontes formais autônomas).

Dentre as fontes formais autônomas temos as convenções e os acordos coletivos em que os próprios sujeitos particulares (sindicatos e empresas) criam normas jurídicas para, em regra, ampliar o rol de direitos dos integrantes da categoria ou dos empregados de determinada empresa.

Confere-se, portanto, aos próprios sujeitos da relação, a possibilidade de negociarem e criarem normas jurídicas de observância obrigatória.

Pode acontecer de as partes não chegarem ao consenso sobre a instituição ou a interpretação de tais normas jurídicas, transferindo a um terceiro (heterocomposição) o poder de criá-las e interpretá-las.

Essa transferência pode ocorrer por meio da arbitragem, em que o "julgador" é escolhido pelas próprias partes (CF/88, art. 114, § 1º).

Pode acontecer ainda por meio da interferência estatal (Poder Judiciário), que se faz pelo ajuizamento do dissídio coletivo, entendido como o processo judicial destinado à solução de conflitos coletivos de interesses nas relações de trabalho, buscando criar e modificar normas e condições gerais de trabalho, além de declarar o alcance de uma norma jurídica[1].

Frisa-se que o dissídio coletivo não se confunde com o dissídio individual plúrimo (reclamação plúrima).

No dissídio coletivo temos **interesses abstratos** de um grupo social ou categoria, tendo, como regra, o objetivo de criar e modificar normas e condições gerais de trabalho. Não se está diante, portanto, de normas preexistentes. Já na reclamação plúrima são **interesses concretos** e individualizados que são submetidos ao Judiciário, aplicando-se as normas já previstas no ordenamento.

---

1. MELO, Raimundo Simão de. *Processo coletivo do trabalho: dissídio coletivo, ação de cumprimento, ação anulatória.* São Paulo: LTr, 2009. p. 65.

2. CLASSIFICAÇÃO

Embora a doutrina apresente divergência na classificação dos dissídios coletivos, adotaremos a utilizada pelo art. 241 do Regimento Interno do TST.

Desse modo, os dissídios coletivos podem ser classificados em:

a) **Dissídio econômico**: institui normas e condições de trabalho.

Esse dissídio pode estar ligado a normas:

- econômicas; ou
- sociais.

As **cláusulas econômicas**, como o próprio nome já indica, são aquelas destinadas à criação de normas com conteúdo econômico, financeiro, como é caso, por exemplo, dos reajustes salariais.

Já as **cláusulas sociais** fixam e regulam as novas condições para as relações de trabalho sem que tenham conteúdo econômico como, por exemplo, aquelas que tratam de intervalos para descanso e refeição, substituições de empregados etc.

b) **Dissídio jurídico**: busca a interpretação de cláusulas de sentenças normativas, de instrumentos de negociação coletiva, acordos e convenções coletivas, de disposições legais particulares de categoria profissional ou econômica e de atos normativos.

Noutras palavras, o dissídio coletivo jurídico visa a interpretar ou declarar o alcance de uma norma jurídica, que pode ser uma lei, uma convenção coletiva, um acordo coletivo, uma sentença normativa ou qualquer ato normativo.

Atente-se, porém, para o fato de que não se presta o dissídio coletivo de natureza jurídica à interpretação de normas de caráter genérico (OJ nº 7 da SDC). Desse modo, quando se pretender a interpretação de uma lei formalmente considerada, o dissídio somente será admitido se a lei for aplicada especificamente a determinada categoria profissional ou econômica como, por exemplo, a lei dos portuários.

c) **Dissídio revisional**: quando destinado a reavaliar normas e condições coletivas de trabalho preexistentes, que se hajam tornado injustas ou ineficazes pela modificação das circunstâncias que as ditaram.

d) **Dissídio de greve**: visa à declaração da abusividade ou não de determinada paralisação do trabalho decorrente de greve.

e) **Dissídio originário**: quando não existentes ou em vigor normas e condições especiais de trabalho.

3. PODER NORMATIVO

Conforme já estudamos, o direito do trabalho admite a instituição de normas jurídicas pelos próprios sujeitos particulares (sindicatos e empresas), o que ocorre por meio das convenções e dos acordos coletivos.

No entanto, caso as partes não cheguem ao consenso sobre a instituição de tais normas jurídicas, permite-se que seja transferido ao Poder Judiciário (Estado) o poder de instituí-las.

Surge, assim, o **poder normativo,** que é uma função **atípica** do Judiciário trabalhista de instituir normas jurídicas.

O estabelecimento de tais normas se dá por meio do **dissídio coletivo econômico, revisional ou originário.**

Portanto, o poder normativo somente tem incidência nessas modalidades de dissídio, não atingindo o dissídio jurídico ou de greve. Isso ocorre porque, no dissídio jurídico, o Poder Judiciário é provocado para interpretar uma norma jurídica trabalhista preexiste, enquanto, no dissídio de greve, ele irá declarar a abusividade ou não da greve, o que significa que em ambos os casos há função típica do Judiciário, qual seja, de julgar.

É interessante observar que, embora ainda vigente no Brasil, o poder normativo teve origem na Carta del Lavoro (Itália), no regime fascista de Mussolini, que, por ser contrário às lutas de classe, criou um mecanismo estatal para controlá-las. No entanto, tal poder já não existe na Itália desde 1945, logo após a Segunda Guerra Mundial.

Desse modo, por ser uma interferência indevida do Estado no desenvolvimento da negociação coletiva, ele é muito criticado, tendo inclusive sido restringido pela Emenda Constitucional nº 45/04, ao incluir o comum acordo, que ainda estudaremos nesse capítulo.

3.1. Limites

O poder normativo não é ilimitado, encontrando limite mínimo e máximo.

3.1.1. Limite mínimo

O Constituinte declinou o **limite mínimo** de atuação do poder normativo, quais sejam:

- as disposições mínimas legais de proteção do trabalho; e
- as convencionadas anteriormente.

Nesse sentido, o art. 114, § 2º, da CF/88:

> § 2º. Recusando-se qualquer das partes à negociação coletiva ou à arbitragem, é facultado às mesmas, de comum acordo, ajuizar dissídio coletivo de natureza econômica, podendo a Justiça do Trabalho decidir o conflito, **respeitadas as disposições mínimas legais de proteção ao trabalho**, bem como as convencionadas anteriormente. (grifo nosso)

3.1.2. Limite máximo

Quanto ao **limite máximo**, a doutrina diverge, existindo três correntes a respeito.

- **Primeira corrente (majoritária)**: admite a criação de normas mais benéficas aos trabalhadores, pautadas pela conveniência e oportunidade (juízo de equidade), observando a capacidade econômica da empresa e a justa retribuição ao capital. Utiliza-se da interpretação do art. 12, § 1º, da Lei nº 12.192/01 que prevê:

> § 1º. A decisão que puser fim ao dissídio será fundamentada, sob pena de nulidade, deverá traduzir, em seu conjunto, a **justa composição do conflito de interesse** das partes, e guardar adequação com o interesse da coletividade. (Grifo nosso)

Ademais, o art. 766 da CLT estabelece:

> **Art. 766.** Nos dissídios sobre estipulação de salários, serão estabelecidas condições que, assegurando justos salários aos trabalhadores, permitam também justa retribuição às empresas interessadas.

- **Segunda corrente**: o poder normativo deve atuar:
  a) no vazio da lei;
  b) quando não contrarie a lei vigente ou se sobreponha a ela;
  c) desde que as condições não estejam vedadas pela Constituição Federal;
  d) quando a matéria tratada não esteja reservada à lei pela Constituição Federal.

Esse posicionamento foi o adotado pelo STF no julgamento do RE nº 197.911-9, tendo como relator o Ministro Octavio Gallotti, publicado no DJU, em 7.11.1997. Seria o caso, por exemplo, de se poder criar o benefício da cesta básica. Trata-se, porém, de uma única decisão que, a propósito, não é vinculante.

- **Terceira corrente (tese minoritária)**: entende que o poder normativo somente poderia criar norma quando o dispositivo declinasse um conteúdo mínimo, cabendo ao Judiciário ampliá-lo. Seria o caso de ampliar o adicional de horas extras para 60%, vez que a Constituição garante o mínimo de 50% (CF/88, art. 7, XVI).

> **Atenção:**
>
> O Tribunal Superior do Trabalho, ao exercer o poder normativo, não pode criar ou homologar condições de trabalho que o Supremo Tribunal Federal julgue iterativamente inconstitucionais (Súmula nº 190 do TST).

4. COMPETÊNCIA

O dissídio coletivo é de **competência material** da Justiça do Trabalho (CF/88, art. 114, §§ 2º e 3º).

A **competência funcional é originária dos tribunais**, sendo definida pela extensão territorial do conflito. Assim, a competência funcional é definida da seguinte forma:

Extensão territorial do conflito	Competência
Restringir-se à jurisdição de um tribunal	**TRT** do local onde ocorreu o conflito (CLT, art. 677)
Extrapolar a jurisdição de um Tribunal Regional	**TST**, por meio da SDC (art. 2º, I, "a", da Lei nº 7.701/88)

Atenção:

Existe uma única exceção: o Estado de São Paulo, que possui dois tribunais (TRT da 2ª e da 15ª Região). Nessa hipótese, se o conflito atingir a jurisdição de ambos os tribunais, o TRT da 2ª Região será o competente para o dissídio coletivo, nos termos do art. 12 da Lei nº 7.520/86.

É importante consignar que, nesse caso, não se trata de conflito de competência, mas sim de competência originária em decorrência da extensão do conflito.

4.1. Dissídio coletivo de greve de servidor público

Inicialmente, entendia-se que a competência da justiça do trabalho para o julgamento do dissídio coletivo de greve dos servidores públicos seguia a mesma interpretação do art. 114, I, da CF/88, ou seja, os celetistas de competência da justiça do trabalho e os estatutários de competência da justiça comum.

No entanto, o STF fixou tese no sentido de que "a justiça comum, federal ou estadual, é competente para julgar a abusividade de greve de **servidores públicos celetistas da Administração pública direta, autarquias e fundações públicas**"[2].

Portanto, sendo pessoa jurídica de direito público, para o E. STF a competência para julgar o dissídio coletivo de greve é da justiça comum, sendo de competência da justiça do trabalho apenas as pessoas jurídicas de direito privado, inclusive as empresas públicas e as sociedades de economia mista.

No caso de dissídio de greve ajuizado na justiça comum, o STF decidiu que "até a devida disciplina legislativa, devem-se definir as situações provisórias de competência constitucional para a apreciação desses dissídios no contexto nacional, regional, estadual e municipal"[3], aplicando-se analogicamente a Lei nº 7.701/88.

Desse modo, o STJ tem competência nos seguintes casos:

1) movimento de âmbito nacional;
2) movimento que atinja mais de uma região da justiça federal;
3) movimento que compreenda mais de uma unidade da federação (art. 2º, I, "a", da Lei nº 7.701/1988).

2. STF- RE 846854. Tese fixada pelo plenário do STF em 01.8.2017.
3. STF - MI 708/DF, Rel. Min. GILMAR MENDES, DJe 25.10.07.

Por outro lado, o Tribunal Regional Federal será competente se a controvérsia estiver ligada a servidor público federal e adstrita:

a) a uma única região da justiça federal (aplicação analógica do art. 6º da Lei nº 7.701/1988);

b) ao âmbito local.

Já o Tribunal de Justiça será competente para os servidores públicos estaduais e municipais quando a controvérsia estiver restrita:

a) a uma unidade da federação (aplicação analógica do art. 6º da Lei nº 7.701/ 1988);

b) ao âmbito local.

5. LEGITIMIDADE

As partes no dissídio coletivo são denominadas suscitante (quem instaura) e suscitado (em face de quem se instaura).

Para instaurar o dissídio tem (têm) legitimidade:

1) sindicatos: em regra, o dissídio coletivo é ajuizado pelos sindicatos.

No entanto, quando não houver sindicato representativo da categoria econômica ou profissional, poderá a representação ser instaurada pelas **federações** correspondentes e, na falta destas, pelas **confederações** respectivas, no âmbito de sua representação (CLT, art. 857, parágrafo único).

A comprovação da legitimidade *ad processum* da entidade sindical se faz por seu registro no órgão competente da Secretaria Especial de Previdência e Trabalho do Ministério da Economia (anterior Ministério do Trabalho), mesmo após a promulgação da Constituição Federal de 1988 (OJ nº 15 da SDC do TST).

2) empregadores: independentemente da intervenção do sindicato patronal, quando frustrada a tentativa de entabular acordo coletivo de trabalho.

3) comissão de trabalhadores: apenas no caso de greve e desde que não haja sindicato organizado da categoria (Lei nº 7.783/89, arts. 4º, § 2º e art. 5º).

4) Ministério Público do Trabalho: em caso de greve em atividade essencial, com possibilidade de lesão do interesse público, o Ministério Público do Trabalho poderá ajuizar dissídio coletivo (CF/88, art. 114, § 3º). Nota-se que o MPT tem legitimidade apenas para o ajuizamento do dissídio de greve como, de certa forma, já previa o art. 856, *caput*, da CLT ao estabelecer sua legitimidade "sempre que ocorrer suspensão do trabalho". Admite-se também sua legitimidade para o dissídio revisional (CLT, art. 874, *caput*).

Frisa-se, porém, que **não** tem (têm) legitimidade:

1) **o presidente do TRT**: embora o art. 856 da CLT preveja a possibilidade de instauração de instância pelo presidente do TRT, a doutrina é pacífica no sentido de que tal legitimidade fere o princípio da inércia da jurisdição, não devendo ser aplicado. Ademais, entende que ele não foi recepcionado pela Constituição Federal ao incluir o comum acordo em seu art. 114, § 2º e que tal instauração seria uma forma de interferência do Estado na organização sindical, o que é vedado pelo art. 8, I, da CF/88.
2) **as centrais sindicais**: embora exerçam papel importante nas relações de trabalho, ainda não fazem parte da organização sindical, faltando-lhe legitimidade para a negociação coletiva e, consequentemente, para o ajuizamento de dissídio coletivo.

6. PRESSUPOSTOS PROCESSUAIS ESPECÍFICOS

6.1. Negociação Prévia

Para que o dissídio coletivo seja instaurado, é necessário que as partes, previamente, tenham tentado solucionar o conflito diretamente, de modo que o dissídio somente será admitido, se a autocomposição for frustrada, total e parcialmente. Portanto, devem ser esgotadas as tentativas de negociação coletiva para o ajuizamento do dissídio. Nesse sentido, estabelecem o art. 114, § 2º, da CF e art. 616, § 2º, da CLT:

> **Art. 114,** § 2º. Recusando-se qualquer das partes à negociação coletiva ou à arbitragem, é facultado às mesmas, de comum acordo, ajuizar dissídio coletivo de natureza econômica, podendo a Justiça do Trabalho decidir o conflito, respeitadas as disposições mínimas legais de proteção ao trabalho, bem como as convencionadas anteriormente.
>
> **Art. 616,** § 2º. No caso de persistir a recusa à negociação coletiva, pelo desatendimento às convocações feitas pelo Departamento Nacional do Trabalho ou órgãos regionais do Ministério de Trabalho e Previdência Social, ou se malograr a negociação entabolada, é facultada aos Sindicatos ou empresas interessadas a instauração de dissídio coletivo.

Isso ocorre porque o dissídio coletivo é o último mecanismo de solução do conflito, devendo ser privilegiada a autocomposição.

A propósito, para o C. TST, no dissídio coletivo de greve também é indispensável a comprovação da negociação prévia, sob pena de ser considerada abusiva (OJ nº 11 da SDC do TST).

Frisa-se, por fim, que, no dissídio instaurado pelo MPT, não há exigência de tal requisito, pois se busca tutelar o interesse público.

6.2. Autorização em Assembleia

O dissídio coletivo busca tutelar interesses das categorias econômica e profissional e não dos sindicatos. Desse modo, para que estes possam instaurar o dissídio, há necessidade de autorização da categoria, que se faz por meio de assembleia. Nesse sentido, a OJ nº 29 da SDC:

> **Orientação Jurisprudencial nº 29 da SDC do TST.** Edital de convocação e ata da assembleia geral. Requisitos essenciais para instauração de dissídio coletivo
>
> O edital de convocação da categoria e a respectiva ata da AGT constituem peças essenciais à instauração do processo de dissídio coletivo.

Assim, nos termos do art. 859 da CLT, a representação dos sindicatos para instauração da instância fica subordinada à aprovação de assembleia, da qual participem:

2/3 dos associados interessados na solução do dissídio coletivo	em **primeira** convocação
2/3 (dois terços) dos presentes	em **segunda** convocação

Ressalta-se, porém, que, na hipótese de dissídio de greve, o quórum é o determinado no estatuto do sindicato, por força do art. 4º, § 1º, da Lei nº 7.783/89.

A propósito, parte da doutrina entende que o quórum a ser observado, em todos os casos, é o estabelecido no próprio estatuto do sindicato.

> **Atenção:**
>
> A ata da assembleia de trabalhadores deve registrar, obrigatoriamente, a pauta reivindicatória, produto da vontade expressa da categoria (OJ nº 8 da SDC).

6.3. Comum Acordo

O art. 114, § 2º, da CF/88 exige o comum acordo para o ajuizamento do dissídio coletivo.

A doutrina entende que se trata de exigência constitucional, pois visa a estimular a negociação coletiva, além do que, no dissídio econômico, o Judiciário atua em função atípica de legislar, o que significa que tal pressuposto não viola a inafastabilidade da jurisdição.

O comum acordo pode ser:

1) **expresso**: quando as partes assinam em conjunto a petição inicial ou, expressamente, concordam com o ajuizamento do dissídio;

2) **tácito**: quando, ajuizado o dissídio, a parte contrária não se opõe na primeira oportunidade em que poderia se manifestar nos autos.

É interessante observar que o C. TST entende que a ausência do comum acordo pode ser alegada pelo Ministério Público do Trabalho, independentemente de provocação das partes[4]. Desse modo, o TST acaba por afastar, nesse caso, o comum acordo tácito, vez que, caso as partes não aleguem a sua ausência, o MPT poderá fazê-lo.

Ademais, parte da doutrina entende que tal pressuposto pode ser afastado quando houver recusa injustificada, admitindo-se, nesse caso, o suprimento judicial.

Cumpre salientar que o entendimento majoritário é no sentido de que o comum acordo não se aplica ao dissídio de greve e ao dissídio de natureza jurídica. Além disso, para o C. TST, é desnecessário o comum acordo se houver a deflagração de greve por qualquer das partes no curso da instrução processual. Isso porque, o movimento paredista, posterior ao ajuizamento do dissídio e anterior à decisão de mérito supera a exigência do comum acordo[5].

6.4. Época Própria para Ajuizamento

Havendo convenção, acordo ou sentença normativa em vigor, o dissídio coletivo deverá ser instaurado dentro dos **60 dias anteriores** ao respectivo termo final, para que o novo instrumento possa ter vigência no dia imediato a esse termo (CLT, art. 616, § 3º).

Não observando referido prazo, perde a categoria a sua data-base, passando a sentença normativa a ter vigor a partir de sua publicação.

Observação:

Havendo impossibilidade real de encerramento da negociação coletiva antes do termo final a que se refere o art. 616, § 3º, da CLT, a entidade interessada poderá formular protesto judicial para preservação da data-base da categoria. Sendo deferido o protesto, o dissídio deverá ser ajuizado no prazo máximo de 30 dias, sob pena de perda da eficácia do protesto.

6.5. Fundamentação das Cláusulas Reivindicadas

É pressuposto indispensável à constituição válida e regular do dissídio coletivo a apresentação em forma clausulada e fundamentada das reivindicações da categoria (OJ nº 32 da SDC).

6.6. Cumprimento do Estatuto do Sindicato

Além dos pressupostos anteriores, há necessidade de observância dos regramentos estabelecidos no estatuto do sindicato como é o caso, por exemplo, da exigência de publicação do edital de convocação da assembleia em jornal local de grande circulação.

4. TST-RO-394-33.2011.5.24.0000 e TST-RO-383-04.2011.5.24.0000 (Informativo nº 39 do TST).
5. TST-RO-381 - 24.2014.5.17.0000, SDC, rel. Min. Mauricio Godinho Delgado. 14.3.2016 - Informativo nº 130 do TST.

7. PROCEDIMENTO

A petição inicial (denominada representação) do dissídio coletivo será apresentada em tantas vias quantos forem os suscitados e deverá conter:

a) designação e qualificação dos suscitantes e dos suscitados e a natureza do estabelecimento ou do serviço;

b) os motivos do dissídio e as bases da conciliação (CLT, art. 858).

Ademais, deverá observar os pressupostos específicos elencados no tópico anterior.

> **Atenção:**
> A petição inicial do dissídio coletivo, obrigatoriamente, **deve ser escrita**, não se admitindo, nessa hipótese, a representação verbal (CLT, art. 856). No entanto, é admitido o *jus postulandi* (CLT, 791, § 2º).

Recebida e protocolada a representação, e estando na devida forma, o presidente do tribunal designará a audiência de conciliação, dentro do prazo de 10 dias, determinando a notificação dos dissidentes, com observância do disposto no art. 841 (CLT, art. 860).

É facultado ao empregador fazer-se representar na audiência pelo gerente, ou por qualquer outro preposto que tenha conhecimento do dissídio, e por cujas declarações será sempre responsável (CLT, art. 861).

Na audiência designada, comparecendo ambas as partes ou seus representantes, o presidente do tribunal as convidará para se pronunciarem sobre as bases da conciliação. Caso não sejam aceitas as bases propostas, o presidente submeterá aos interessados a solução que lhe pareça capaz de resolver o dissídio (CLT, art. 862).

Havendo acordo, o presidente o submeterá à homologação do tribunal na primeira sessão (CLT, art. 863).

Da decisão de homologação não caberá nenhum recurso, salvo por parte do Ministério Público do Trabalho (Lei nº 7.701/88, art. 7º, § 5º).

Não havendo acordo, ou não comparecendo ambas as partes ou uma delas, o presidente submeterá o processo a julgamento, depois de realizadas as diligências que entender necessárias e ouvido o Ministério Público do Trabalho, que emitirá parecer escrito, ou protestará pelo pronunciamento oral, na audiência ou sessão de julgamento (CLT, art. 864 e art. 11 da Lei nº 7.701/88).

É interessante observar que, mesmo não havendo resposta, não se aplicam os efeitos da revelia, ou seja, não haverá a confissão ficta, pois o julgamento, no caso, será feito com base em critérios de conveniência e oportunidade.

Frisa-se que, caso haja, no decorrer do dissídio, ameaça de perturbação da ordem, o presidente requisitará à autoridade competente as providências que se tornarem necessárias (CLT, art. 865).

A propósito, quando o dissídio ocorrer fora da sede do tribunal, poderá o presidente, se julgar conveniente, delegar ao juiz do trabalho local a atribuição de realizar a audiência de conciliação. Nesse caso, não havendo conciliação, a autoridade delegada encaminhará o processo ao tribunal, fazendo exposição circunstanciada dos fatos e indicando a solução que lhe parecer conveniente (CLT, art. 866).

Da decisão do tribunal serão notificadas as partes, ou seus representantes, em registrado postal, com franquia, fazendo-se, igualmente, a sua publicação no jornal oficial, para ciência dos demais interessados (CLT, art. 867).

8. SENTENÇA NORMATIVA

8.1. Conceito e Natureza Jurídica

A sentença proferida no dissídio coletivo é denominada sentença normativa, podendo criar as seguintes cláusulas:

- **econômicas**: são aquelas destinadas à instituição de normas com conteúdo econômico-financeiro. Exemplo: reajustes salariais;
- **sociais**: fixam e regulam as novas condições para as relações de trabalho sem que tenham conteúdo econômico. Exemplo: aquelas que tratam de intervalos para descanso e refeição, substituições de empregados etc.;
- **sindicais**: preveem relação entre os sindicatos e entre empresas e o sindicato como, por exemplo, a instituição de desconto de contribuição confederativa;
- **obrigacionais**: impõem obrigações entre os sindicatos envolvidos, como as que estabelecem multas pelo descumprimento da sentença normativa.

Na hipótese de dissídio econômico, a natureza da decisão é dispositiva e constitutiva, vez que institui novas condições de trabalho, ou seja, cria normas jurídicas. Nesse caso, por criar normas abstratas e gerais, a sentença tem aspecto material de lei, diferenciando desta apenas no contexto formal. Diz-se que ela tem corpo de sentença com alma de lei.

Já no dissídio de natureza jurídica e no dissídio de greve, a natureza da sentença é declaratória, vez que interpreta determinada norma ou declara a abusividade ou não da greve.

8.2. Início da Vigência

Nos termos do art. 867, parágrafo único, da CLT, a sentença normativa tem vigência:

A partir do dia imediato ao termo final da vigência da CCT ou ACT	Quando ajuizado 60 dias antes da data-base
A partir da data da publicação da sentença	Quando ajuizado depois do prazo do item anterior
A partir do ajuizamento do dissídio	Quando não existir acordo coletivo, convenção coletiva ou sentença normativa em vigor (dissídio originário)

É importante observar que o TST, por meio do **precedente normativo nº 120**, estabelece que "a sentença normativa vigora, desde seu termo inicial até que sentença normativa, convenção coletiva de trabalho ou acordo coletivo de trabalho superveniente produza sua revogação, expressa ou tácita, respeitado, porém, o prazo máximo legal de quatro anos de vigência".

8.3. Prazo de Vigência

O prazo máximo de vigência da sentença normativa é de **4 anos** (CLT, art. 868, parágrafo único).

Nada impede, porém, de o tribunal estabelecer prazos menores, o que tem ocorrido na prática, com o objetivo de estimular, nos próximos anos, os sindicatos a iniciar novas tratativas de negociação.

8.4. Extensão

Quando o dissídio coletivo for dirigido a apenas uma parte de trabalhadores, é possível a extensão da decisão, que pode ter como objetivo atingir:

a) todos os empregados de uma empresa; ou

b) todos os empregados da mesma categoria profissional compreendida na jurisdição do tribunal.

No primeiro caso, ou seja, quando figurar como parte apenas uma fração de empregados de uma empresa, poderá o tribunal competente, na própria decisão, estender tais condições de trabalho, se julgar justo e conveniente, aos demais empregados da empresa que forem da mesma profissão dos dissidentes (CLT, art. 868, caput).

Na segunda hipótese, a decisão sobre novas condições de trabalho poderá ser estendida:

a) por solicitação de 1 ou mais empregadores, ou de qualquer sindicato destes;

b) por solicitação de 1 ou mais sindicatos de empregados;

c) *ex officio*, pelo Tribunal que houver proferido a decisão;

d) por solicitação do Ministério Público do Trabalho[6] (CLT, art. 869).

Nesse segundo caso (extensão aos empregados da mesma categoria profissional compreendida na jurisdição do tribunal), para que a decisão possa ser estendida, torna-se preciso que concordem com a extensão da decisão:

a) 3/4 dos empregadores e 3/4 dos empregados; ou

b) os respectivos sindicatos (CLT, art. 870, *caput*).

Apresentado o dissídio, o tribunal competente marcará prazo, não inferior a 30 nem superior a 60 dias, a fim de que se manifestem os interessados (CLT, art. 870, § 1º).

Ouvidos os interessados e o Ministério Público do Trabalho, será o processo submetido ao julgamento do tribunal (CLT, art. 870, § 2º).

Sempre que o tribunal estender a decisão, marcará a data em que a extensão deva entrar em vigor (CLT, art. 871).

Diante da dificuldade do cumprimento dessas diretrizes, na prática, prefere-se o ajuizamento de novo dissídio coletivo com as partes que não participaram do dissídio anterior, buscando-se aplicar as mesmas diretrizes do processo acordado, a fim de manter a equidade e isonomia dos empregados da mesma categoria.

Por fim, cumpre destacar que os arts. 868 a 871 da CLT foram inseridos no sistema na época em que os sindicatos representavam apenas os associados, o que gerava utilidade na extensão da decisão. Nos dias atuais, os sindicatos representam os integrantes da categoria (CF/88, art. 8, III), de modo que a decisão ou o acordo firmado no dissídio coletivo atingirá todos os integrantes da categoria, associados ou não, em razão de seu efeito erga omnes. Perde, pois, o interesse prático a aludida extensão[7].

9. COISA JULGADA

Há divergência na doutrina acerca da coisa julgada formada no dissídio coletivo, existindo duas correntes a respeito:

- **1ª corrente:** A sentença normativa faz **somente coisa julgada formal** já que poderá ser revista após 1 ano de sua vigência, além de ter vigência limitada no tempo. Desse modo, como a sentença normativa não é imutável, ela não faz coisa julgada material. Esse é o entendimento adotado na Súmula nº 397 do TST.

6. Antiga Procuradoria da Justiça do Trabalho.
7. MELO, Raimundo *Simão de. Processo coletivo do trabalho: dissídio coletivo, ação de cumprimento, ação anulatória.* São Paulo: LTr, 2009, p. 155.

- **2ª corrente**: Ela faz **coisa julgada formal e material.** Primeiro, porque, embora temporária, a sentença normativa é imutável durante sua vigência. Segundo, porque sua modificação, após 1 ano, depende de alteração fática (CLT, art. 873), o que significa que a ação de revisão não viola a sentença normativa porque possui causa de pedir diversa (CPC/2015, art. 505), ou seja, não são ações idênticas. Terceiro, porque o próprio art. 2º, I, "c", da Lei nº 7.701/88 assegura a ação rescisória da sentença normativa, a qual, como se sabe, pressupõe decisão capaz de formar coisa julgada material.

10. RECURSOS

A sentença normativa proferida pelo TRT está sujeita ao recurso ordinário.

Por outro lado, a sentença normativa proferida pelo TST, em competência originária, pode ser impugnada por meio dos embargos infringentes, desde que a decisão não seja unânime.

Em ambos os casos, o recurso deve ser interposto no prazo de 8 dias, sendo de competência da SDC (TST).

Sentença normativa proferida no TRT	Recurso ordinário
Sentença normativa proferida no TST	Embargos infringentes

10.1. Efeito Suspensivo

No processo do trabalho, os recursos não são dotados de efeito suspensivo, tendo efeito meramente devolutivo (CLT, art. 899, caput).

Contudo, tratando-se de **recurso ordinário de sentença normativa, admite-se a concessão de efeito suspensivo pelo presidente do TST** (Lei nº 7.701/88, art. 7º, § 6º e art. 14 da Lei nº 10.192/01).

É interessante atentar que o § 1º do art. 6º da Lei nº 4.725/65 permitia que o presidente do TST pudesse conceder efeito suspensivo ao recurso em dissídio coletivo. Por sua vez, o art. 9º da Lei nº 7.701/88 limitou a eficácia desse efeito suspensivo a 120 dias. Em seguida, o art. 7º da Lei nº 7.788/89 vedou, em qualquer hipótese, a possibilidade de se conceder efeito suspensivo no recurso em dissídio coletivo. Essa lei, no entanto, foi revogada pelo art. 14 da Lei nº 8.030/90, não represtinando o art. 9º da Lei nº 7.701/88. Por fim, o art. 14 da Lei nº 10.192/01 permitiu a concessão do efeito suspensivo no recurso em dissídio coletivo, na medida e extensão conferida no despacho do presidente do TST. Com efeito, **atualmente, não há limitação temporal do efeito suspensivo** no recurso ordinário em dissídio coletivo, permitindo sua concessão na medida e extensão conferida no despacho do presidente do TST.

Atenção:

A cassação de efeito suspensivo concedido a recurso interposto de sentença normativa retroage à data do despacho que o deferiu (Súmula nº 279 do TST).

11. DISSÍDIO REVISIONAL

Decorrido mais de 1 ano da vigência da sentença normativa, caberá revisão das decisões que fixarem condições de trabalho, quando se tiverem modificado as circunstâncias que as ditaram, de modo que tais condições se hajam tornado injustas ou inaplicáveis (CLT, art. 873). Trata-se da denominada cláusula rebus sic stantibus.

Assim, para a interposição do dissídio de revisão exigem-se dois requisitos específicos:

Sentença normativa com vigência superior a 1 ano	+	**Cláusula** *rebus sic stantibus*

A revisão poderá ser promovida por iniciativa do tribunal prolator, do Ministério Público do Trabalho, dos sindicatos ou de empregador(es) interessados no cumprimento da decisão (CLT, art. 874, caput).

Quando a revisão for promovida por iniciativa do tribunal prolator ou do Ministério Público do Trabalho, os sindicatos e o(s) empregador(es) interessados serão ouvidos no prazo de 30 dias. Quando promovida por uma das partes interessadas, serão as outras ouvidas também em igual prazo (CLT, art. 874, parágrafo único).

A revisão será julgada pelo tribunal que tiver proferido a decisão, depois de ouvido o Ministério Público do Trabalho (CLT, art. 875).

12. DISSÍDIO COLETIVO NA ADMINISTRAÇÃO PÚBLICA

Cumpre salientar, de plano, que as empresas públicas e as sociedades de economia mista que explorem atividades econômicas estão sujeitas ao regime jurídico próprio das empresas privadas (CF/88, art. 173, § 1º, II), sendo, portanto, pessoas jurídicas de direito privado que devem adotar o regime celetista na contratação de seus empregados. Desse modo, submetem-se, igualmente, ao dissídio coletivo e, consequentemente, à sentença normativa eventualmente prolatada.

Dúvida surge quanto às pessoas jurídicas de direito público (administração direta, autárquica e fundacional), solucionando da seguinte forma:

1) **Quando adotarem o regime estatutário**: não estão sujeitas ao dissídio coletivo e, consequentemente, aos efeitos da sentença normativa.

2) **Quando seguirem o regime celetista**: cabe dissídio coletivo exclusivamente para apreciação de cláusulas de natureza social. Noutras palavras:

- sendo cláusulas econômicas: não cabe o dissídio coletivo;
- tratando-se de cláusulas sociais: cabe o dissídio coletivo.

Nesse sentido, a OJ nº 5 da SDC do TST:

> **Orientação Jurisprudencial nº 5 da SDC do TST.** Dissídio coletivo. Pessoa jurídica de direito público. Possibilidade jurídica. Cláusula de natureza social.
>
> Em face de pessoa jurídica de direito público que mantenha empregados, cabe dissídio coletivo exclusivamente para apreciação de cláusulas de natureza social. Inteligência da Convenção nº 151 da Organização Internacional do Trabalho, ratificada pelo Decreto Legislativo nº 206/2010.

A impossibilidade de apreciação de cláusulas econômicas, nessa hipótese, justifica-se porque a administração pública deve observar o princípio da legalidade, somente podendo conceder aumento aos seus servidores mediante lei específica, observada a iniciativa privativa em cada caso (CF/88, art. 37, X), exigindo ainda prévia dotação orçamentária e autorização específica na lei de diretrizes orçamentárias (CF/88, art. 168, I e II).

13. AÇÃO DE CUMPRIMENTO

13.1. Natureza Jurídica

A sentença normativa, proferida nos dissídios coletivos econômico, revisional e originário, tem o condão de instituir normas abstratas, diferenciando-se das leis apenas em seu aspecto formal.

Caso haja descumprimento da sentença normativa, outra ação deverá ser ajuizada, denominada ação de cumprimento, conforme prevê o art. 872 da CLT:

> **Art. 872.** Celebrado o acordo, ou transitada em julgado a decisão, seguir-se-á o seu cumprimento, sob as penas estabelecidas neste Título.
>
> Parágrafo único. Quando os empregadores deixarem de satisfazer o pagamento de salários, na conformidade da decisão proferida, poderão os empregados ou seus sindicatos, independentes de outorga de poderes de seus associados, juntando certidão de tal decisão, apresentar reclamação à Junta ou Juízo competente, observado o processo previsto no Capítulo II deste Título, sendo vedado, porém, questionar sobre a matéria de fato e de direito já apreciada na decisão.

Essa ação tem natureza de ação de conhecimento de cunho condenatório, pois a sentença normativa não cria um título judicial, mas, sim, uma norma jurídica abstrata. Noutras palavras, sendo a sentença normativa uma norma abstrata, seu descumprimento iguala-se ao descumprimento da legislação formal. Com efeito, exige-se o ajuizamento de uma ação de conhecimento para condenar o descumpridor da norma a cumpri-la, chamada de ação de cumprimento.

Portanto, não cabe execução da sentença normativa, devendo ser ajuizada a ação de cumprimento, que deverá ser instruída com a certidão da decisão coletiva.

13.2. Cabimento

A ação de cumprimento não visa apenas ao descumprimento de sentença normativa. Ela pode ser utilizada também para se fazer cumprir acordo coletivo e convenção coletiva. Nesse sentido, a Súmula nº 286 do TST:

Súmula nº 286 do TST. Sindicato. Substituição processual. Convenção e acordo coletivos

A legitimidade do sindicato para propor ação de cumprimento estende-se também à observância de acordo ou de convenção coletivos.

Atenção:

O TST entende que falta interesse de agir para a ação individual, singular ou plúrima, quando o direito já foi reconhecido por de decisão normativa, cabendo, no caso, ação de cumprimento (OJ nº 188 da SDI-I do TST).

13.3. Competência

A ação de cumprimento deve ser ajuizada na Vara do Trabalho, observado o disposto no art. 651 da CLT.

13.4. Legitimidade

A ação de cumprimento pode ser ajuizada de forma:

1) individual: pelos trabalhadores interessados;

2) coletiva: pelo sindicato profissional.

Nesse caso, trata-se de substituição processual, vez que o sindicato arguirá em nome próprio pleiteando direito alheio (trabalhadores).

13.5. Momento do Ajuizamento

Embora o art. 872 da CLT estabeleça que a ação de cumprimento será ajuizada depois do trânsito em julgado da sentença normativa, a Lei nº 7.701/88 alterou essa sistemática, admitindo, expressamente, que essa ação poderá ser proposta:

Quando se tratar de julgamento proferido pelo TRT	A partir do 20º dia subsequente ao julgamento, com esteio no acórdão ou certidão de julgamento, exceto se concedido efeito suspensivo (art. 7º, § 6º)
Quando for decisão do TST	A partir da publicação da certidão de julgamento (art. 10)

Portanto, **é dispensável o trânsito em julgado** da sentença normativa para a propositura da ação de cumprimento (Súmula nº 246 do TST).

13.6. Prescrição

Conquanto a ação de cumprimento possa ser ajuizada antes do trânsito em julgado da sentença normativa, a prescrição para o ajuizamento dessa ação somente flui a partir do trânsito em julgado da sentença normativa, nos termos da Súmula nº 350 do TST in verbis:

Súmula nº 350 do TST. Prescrição. Termo inicial. Ação de cumprimento. Sentença normativa
O prazo de prescrição com relação à ação de cumprimento de decisão normativa flui apenas da data de seu trânsito em julgado.

13.7. Objeto

Nessa modalidade de ação, veda-se a discussão de matéria fática e de direito já levantada no dissídio coletivo ou nos instrumentos coletivos (CLT, art. 872, parágrafo único). Em outros termos, essa ação não terá o objetivo de discutir novamente a norma jurídica criada, mas, sim, de fazer cumpri-la no caso concreto.

13.8. Coisa julgada

Considerando que ação de cumprimento pode ser ajuizada antes do trânsito em julgado da sentença normativa, a coisa julgada produzida nessa ação é atípica, vez que depende de condição resolutiva, ou seja, produz efeitos enquanto não houver alteração da sentença normativa por meio do recurso. Exemplificamos:

Sentença normativa confere aos trabalhadores um reajuste salarial de 30%, a contar da data-base da categoria. Dessa decisão o sindicato dos empregadores apresenta recurso ordinário com o objetivo de reduzir o reajuste para 5%. Como o recurso foi interposto apenas com efeito devolutivo, o sindicato dos empregados ajuíza ação de cumprimento para que o reajuste de 30% seja efetivado. Na ação de cumprimento é proferida decisão para que os empregadores implementem o reajuste de 30%, a qual transita em julgado antes da decisão do recurso ordinário da sentença normativa. Em seguida, há reforma da sentença normativa reduzindo o reajuste para 5%.

Nessa hipótese, mesmo com o trânsito em julgado da decisão da ação de cumprimento, ela não produzirá efeito, pois a norma que a sustenta não existe mais no mundo jurídico, perdendo tal ação a sua base. Nesse sentido, a OJ nº 277 da SDI-I do TST:

Orientação Jurisprudencial nº 277 da SDI-I do TST. Ação de cumprimento fundada em decisão normativa que sofreu posterior reforma, quando já transitada em julgado a sentença condenatória. Coisa julgada. Não-configuração.

A coisa julgada produzida na ação de cumprimento é atípica, pois dependente de condição resolutiva, ou seja, da não-modificação da decisão normativa por eventual recurso. Assim, modificada a sentença normativa pelo TST, com a consequente extinção do processo, sem julgamento do mérito, deve-se extinguir a execução em andamento, uma vez que a norma sobre a qual se apoiava o título exequendo deixou de existir no mundo jurídico.

Por fim, consigne-se que, caso o trabalhador já tenha recebido o decidido na ação de cumprimento, antes da decisão do recurso ordinário da sentença normativa, ele não restituirá os valores recebidos, por se tratar de verba de natureza salarial destinada à própria sobrevivência do obreiro. Nesse sentido, o art. 6, § 3º, da Lei nº 4.725/65 expressamente declina que "o provimento do recurso não importará na restituição dos salários ou vantagens pagos, em execução do julgado".

14. SÚMULAS E ORIENTAÇÕES JURISPRUDENCIAIS DO TST

Dissídio coletivo
Súmula nº 190 do TST. Poder normativo do TST. Condições de trabalho. Inconstitucionalidade. Decisões contrárias ao STF Ao julgar ou homologar ação coletiva ou acordo nela havido, o Tribunal Superior do Trabalho exerce o poder normativo constitucional, não podendo criar ou homologar condições de trabalho que o Supremo Tribunal Federal julgue iterativamente inconstitucionais.
Súmula nº 279 do TST. Recurso contra sentença normativa. Efeito suspensivo. Cassação A cassação de efeito suspensivo concedido a recurso interposto de sentença normativa retroage à data do despacho que o deferiu.
Orientação Jurisprudencial nº 2 da SDC do TST. Acordo homologado. Extensão a partes não subscreventes. Inviabilidade É inviável aplicar condições constantes de acordo homologado nos autos de dissídio coletivo, extensivamente, às partes que não o subscreveram, exceto se observado o procedimento previsto no art. 868 e seguintes, da CLT.
Orientação Jurisprudencial nº 3 da SDC do TST. Arresto. Apreensão. Depósito. Pretensões insuscetíveis de dedução em sede coletiva São incompatíveis com a natureza e finalidade do dissídio coletivo as pretensões de provimento judicial de arresto, apreensão ou depósito.
Orientação Jurisprudencial nº 5 da SDC do TST. Dissídio coletivo. Pessoa jurídica de direito público. Possibilidade jurídica. Cláusula de natureza social Em face de pessoa jurídica de direito público que mantenha empregados, cabe dissídio coletivo exclusivamente para apreciação de cláusulas de natureza social. Inteligência da Convenção nº 151 da Organização Internacional do Trabalho, ratificada pelo Decreto Legislativo nº 206/2010.
Orientação Jurisprudencial nº 7 da SDC do TST. Dissídio coletivo. Natureza jurídica. Interpretação de norma de caráter genérico. Inviabilidade Não se presta o dissídio coletivo de natureza jurídica à interpretação de normas de caráter genérico, a teor do disposto no art. 313, II, do RITST.
Orientação Jurisprudencial nº 9 da SDC do TST. Enquadramento sindical. Incompetência material da justiça do trabalho O dissídio coletivo não é meio próprio para o Sindicato vir a obter o reconhecimento de que a categoria que representa é diferenciada, pois esta matéria – enquadramento sindical – envolve a interpretação de norma genérica, notadamente do art. 577 da CLT.

Orientação Jurisprudencial nº 15 da SDC do TST. Sindicato. Legitimidade "ad processum". Imprescindibilidade do registro no ministério do trabalho
A comprovação da legitimidade "ad processum" da entidade sindical se faz por seu registro no órgão competente do Ministério do Trabalho, mesmo após a promulgação da Constituição Federal de 1988.

Orientação Jurisprudencial nº 19 da SDC do TST. Dissídio coletivo contra empresa. Legitimação da entidade sindical. Autorização dos trabalhadores diretamente envolvidos no conflito
A legitimidade da entidade sindical para a instauração da instância contra determinada empresa está condicionada à prévia autorização dos trabalhadores da suscitada diretamente envolvidos no conflito.

Orientação Jurisprudencial nº 22 da SDC do TST. Legitimidade "ad causam" do sindicato. Correspondência entre as atividades exercidas pelos setores profissional e econômico envolvidos no conflito. Necessidade
É necessária a correspondência entre as atividades exercidas pelos setores profissional e econômico, a fim de legitimar os envolvidos no conflito a ser solucionado pela via do dissídio coletivo.

Orientação Jurisprudencial nº 23 da SDC do TST. Legitimidade "ad causam". Sindicato representativo de segmento profissional ou patronal. Impossibilidade
A representação sindical abrange toda a categoria, não comportando separação fundada na maior ou menor dimensão de cada ramo ou empresa.

Orientação Jurisprudencial nº 27 da SDC do TST. Custas. Ausência de intimação. Deserção. Caracterização
A deserção se impõe mesmo não tendo havido intimação, pois incumbe à parte, na defesa do próprio interesse, obter os cálculos necessários para efetivar o preparo.

Orientação Jurisprudencial nº 29 da SDC do TST. Edital de convocação e ata da assembleia geral. Requisitos essenciais para instauração de dissídio coletivo
O edital de convocação da categoria e a respectiva ata da AGT constituem peças essenciais à instauração do processo de dissídio coletivo.

Orientação Jurisprudencial nº 32 da SDC do TST. Reivindicações da categoria. Fundamentação das cláusulas. Necessidade. Aplicação do precedente normativo nº 37 do TST
É pressuposto indispensável à constituição válida e regular da ação coletiva a apresentação em forma clausulada e fundamentada das reivindicações da categoria, conforme orientação do item VI, letra "e", da Instrução Normativa nº 4/93.

Orientação Jurisprudencial nº 34 da SDC do TST. Acordo extrajudicial. Homologação. Justiça do trabalho. Prescindibilidade
É desnecessária a homologação, por Tribunal Trabalhista, do acordo extrajudicialmente celebrado, sendo suficiente, para que surta efeitos, sua formalização perante o Ministério do Trabalho (art. 614 da CLT e art. 7º, inciso XXVI, da Constituição Federal).

Ação de cumprimento

Súmula nº 286 do TST. Sindicato. Substituição processual. Convenção e acordo coletivos
A legitimidade do sindicato para propor ação de cumprimento estende-se também à observância de acordo ou de convenção coletivos.

Orientação Jurisprudencial nº 188 da SDI-I do TST. Decisão normativa que defere direitos. Falta de interesse de agir para ação individual
Falta interesse de agir para a ação individual, singular ou plúrima, quando o direito já foi reconhecido através de decisão normativa, cabendo, no caso, ação de cumprimento.

Súmula nº 246 do TST. Ação de cumprimento. Trânsito em julgado da sentença normativa É dispensável o trânsito em julgado da sentença normativa para a propositura da ação de cumprimento.
Súmula nº 350 do TST. Prescrição. Termo inicial. Ação de cumprimento. Sentença normativa O prazo de prescrição com relação à ação de cumprimento de decisão normativa flui apenas da data de seu trânsito em julgado.
Orientação Jurisprudencial nº 277 da SDI-I do TST. Ação de cumprimento fundada em decisão normativa que sofreu posterior reforma, quando já transitada em julgado a sentença condenatória. Coisa julgada. Não-configuração A coisa julgada produzida na ação de cumprimento é atípica, pois dependente de condição resolutiva, ou seja, da não-modificação da decisão normativa por eventual recurso. Assim, modificada a sentença normativa pelo TST, com a consequente extinção do processo, sem julgamento do mérito, deve-se extinguir a execução em andamento, uma vez que a norma sobre a qual se apoiava o título exequendo deixou de existir no mundo jurídico.

15. INFORMATIVOS DO TST RELACIONADOS AO TEMA

Dissídio Coletivo
DC. Natureza jurídica. Cabimento. Encerramento da unidade industrial. Dispensa em massa. Prévia negociação coletiva. Necessidade. A SDC, por maioria, entendendo cabível o ajuizamento de dissídio coletivo de natureza jurídica para se discutir a necessidade de negociação coletiva, com vistas à efetivação de despedida em massa, negou provimento ao recurso ordinário no tocante à preliminar de inadequação da via eleita, vencidos os Ministros Antônio José de Barros Levenhagen, Maria Cristina Irigoyen Peduzzi e Maria de Assis Calsing. No mérito, também por maioria, vencidos os Ministros Maria Cristina Irigoyen Peduzzi e Fernando Eizo Ono, a Seção negou provimento ao recurso, mantendo a decisão recorrida que declarou a ineficácia da dispensa coletiva e das suas consequências jurídicas no âmbito das relações trabalhistas dos empregados envolvidos. No caso, reafirmou-se o entendimento de que a exigência de prévia negociação coletiva para a dispensa em massa é requisito essencial à eficácia do ato empresarial, pois as repercussões econômicas e sociais dela advindas extrapolam o vínculo empregatício, alcançando a coletividade dos trabalhadores, bem com a comunidade e a economia locais. Ressaltou-se, ademais, que o fato de a despedida coletiva resultar do fechamento da unidade industrial, por questões de estratégia empresarial e redução dos custos de produção, não distingue a hipótese dos outros casos julgados pela Seção, pois a obrigatoriedade de o empregador previamente negociar com o sindicato da categoria profissional visa ao encontro de soluções que minimizem os impactos sociais e os prejuízos econômicos resultantes da despedida coletiva, os quais se mostram ainda mais graves quando se trata de dispensa da totalidade dos empregados do estabelecimento, e não apenas de mera redução do quadro de pessoal. TST-RO-6-61.2011.5.05.0000, SDC, rel. Min. Walmir Oliveira da Costa, 11.12.2012 (Informativo nº 34)
Matéria afetada ao Tribunal Pleno. Art. 77, II, do RITST/2008. Dispensa em massa de trabalhadores. Ajuizamento de dissídio coletivo de natureza jurídica. Inadequação da via eleita. Configuração de dissídio individual plúrimo. Extinção do processo sem resolução de mérito. É incabível o ajuizamento de dissídio coletivo de natureza jurídica para obter o reconhecimento da nulidade da dispensa em massa e a condenação da suscitada à reintegração dos trabalhadores e ao pagamento dos respectivos consectários legais. No caso, consignou-se que o provimento pretendido era condenatório, configurando, portanto, hipótese de ajuizamento de dissídio individual plúrimo, de competência da Vara do Trabalho, visto que o dissídio coletivo de natureza jurídica é limitado à interpretação de norma autônoma ou heterônoma específica de uma categoria, nos moldes do disposto na Orientação Jurisprudencial nº 7 da SDC. Sob esse fundamento, o Tribunal Pleno, por maioria, negou provimento ao recurso ordinário interposto pelo sindicato profissional, mantendo a extinção do processo, sem resolução do mérito, por inadequação da via eleita em matéria de dispensa coletiva. Vencidos os Ministros Kátia Magalhães Arruda, relatora, Augusto César Leite de Carvalho, José Roberto Freire Pimenta, Delaíde Miranda Arantes, Hugo Carlos Scheuermann, Cláudio Mascarenhas Brandão, Maria Helena Mallmann, Lelio Bentes Corrêa, Alberto Luiz Bresciani de Fontan Pereira, Walmir Oliveira da Costa e Mauricio Godinho Delgado. TST-RO 10782-38.2015.5.03.0000, Tribunal Pleno, rel. Min. Kátia Magalhães Arruda, red. p/ acórdão Min. Maria Cristina Irigoyen Peduzzi, 18.12.2017 (Informativo nº 170)
DC. Natureza econômica. Fixação de normas e condições de trabalho entre a categoria dos médicos e as empresas operadoras de planos de saúde. Profissionais autônomos. Inadequação da via eleita. Extinção do feito sem resolução do mérito. Ante a impossibilidade, em sede de dissídio coletivo, de fixação de normas e condições de trabalho entre profissionais autônomos e seu tomador de serviços, a SDC, por maioria, rejeitou a preliminar de incompetência absoluta suscitada em contrarrazões e extinguiu o processo, sem

resolução do mérito, por inadequação da via eleita, nos termos do art. 267, IV e VI, do CPC. No caso, o Sindicato dos Médicos do Rio de Janeiro ajuizou dissídio coletivo contra o Sindicato Nacional das Empresas de Medicina de Grupo, com o propósito de fixar novas condições de trabalho e remuneração aos médicos que, na qualidade de prestadores de serviços, trabalham para empresas operadoras e seguradoras de planos de saúde. Vencida a Ministra Maria de Assis Calsing, relatora, que acolhia a preliminar de incompetência da Justiça do Trabalho ao fundamento de que, não obstante o conflito coletivo em tela aproximar-se formalmente da ação de dissídio coletivo de natureza econômica, no que tange à criação de normas que estabeleçam, para o futuro, melhores condições de trabalho para a categoria profissional, materialmente com ele não se identifica, na medida em que o Poder Normativo da Justiça do Trabalho se restringe às relações entre empregado e empregador, não alcançando contratos de natureza eminentemente cível, como na espécie. TST-RO-5712-07.2009.5.01.0000, SDC, rel. Min. Maria de Assis Calsing, red. p/ acórdão Min. Maurício Godinho Delgado, 11.12.2012 (Informativo nº 34)

Dissídio coletivo. Ajuizamento por sindicato de advogados. Representação da empresa por causídicos do seu próprio quadro. Conflito de interesses. Declaração de inexistência de relação processual. "Querela nullitatis". Cabimento.

É cabível a "querela nullitatis insanabilis" na hipótese em que se alega vício insanável na relação processual estabelecida em dissídio coletivo ajuizado por sindicato de advogados em face de empresa cuja representação se deu por causídicos de seu próprio quadro, e que, posteriormente, ajuizaram ações de cumprimento ainda na condição de patronos da empregadora. No caso, houve conflito de interesse entre os advogados da empresa e a postulação formulada no dissídio coletivo, o que enseja vício na capacidade postulatória e falta de defesa da empresa no processo, aptos a autorizar o ajuizamento da ação declaratória de inexistência da relação jurídico processual. Com esse entendimento, a SDC, por maioria, negou provimento ao recurso ordinário, no tópico, TST-RO - 65900-62.2006.5.12.0000, SDC, rel. Min. Márcio Eurico Vitral Amaro, 19.2.2013. (Informativo nº 37)

Dissídio coletivo. Natureza econômica. Arguição de inexistência de comum acordo. Ministério Público do Trabalho. Ausência de legitimidade.

A SDC, pelo de voto de desempate da Presidência, não conheceu do recurso ordinário do Ministério Público do Trabalho por ausência de legitimidade, na hipótese em que arguiu a inexistência do comum acordo para ajuizamento do dissídio coletivo exigido pelo art. 114, § 2º, da CF, com a redação conferida pela Emenda Constitucional nº 45/2004, pugnando pela extinção do processo sem resolução de mérito. No caso, ressaltou-se que a legitimidade do Ministério Público do Trabalho para recorrer, em se tratando de dissídio de natureza econômica, está restrita às hipóteses previstas no art. 898 da CLT. Ademais, havendo interesses meramente privados, o pressuposto do comum acordo é um direito disponível, afeto aos sujeitos da relação processual, não cabendo ao MPT intervir. Vencidos os Ministros Fernando Eizo Ono, relator, Maria de Assis Calsing, Maurício Godinho Delgado e Kátia Magalhães Arruda. TST-RO-382-19.2011.5.24.0000, SDC, rel. Min. Fernando Eizo Ono, red. p/ acórdão Min. Márcio Eurico Vitral Amaro, 19.2.2013. (Informativo nº 37)

Dissídio coletivo. Natureza econômica. Arguição de inexistência de comum acordo. Ministério Público do Trabalho. Legitimidade e interesse.

O Ministério Público tem legitimidade e interesse para, em sede de recurso ordinário, arguir a inexistência de comum acordo para ajuizamento de dissídio coletivo de natureza econômica, previsto no art. 114, § 2º, da CF, com a redação conferida pela Emenda Constitucional nº 45/2004. Seja enquanto parte, seja na condição de fiscal da lei, a Constituição Federal, em seus arts. 127 e 129, atribuiu ao "Parquet" a defesa da ordem jurídica, do Estado Democrático de Direito e dos interesses sociais e individuais indisponíveis. Ademais, nos termos do art. 83, VI, da Lei Complementar nº 75/93, compete ao MPT "recorrer das decisões da Justiça do Trabalho, quando entender necessário (...)". Com esses fundamentos, a SDC, revendo o posicionamento adotado no processo nº TST-RO-382-19.2011.5.24.0000, julgado em 19.2.2013, conheceu, por maioria, do recurso ordinário do Ministério Público do Trabalho, vencidos os Ministros Márcio Eurico Vitral Amaro e Walmir Oliveira da Costa. TST-RO-394-33.2011.5.24.0000, SDC, rel. Min. Maurício Godinho Delgado, 11.3.2013 (*No mesmo sentido e julgados na mesma sessão, TST-RO-394-33.2011.5.24.0000 e TST-RO-383-04.2011.5.24.0000). (Informativo nº 39)

Acordo em dissídio coletivo. Cláusula que proíbe o trabalho noturno, perigoso e insalubre aos menores de 14 anos. Norma que sugere a autorização de trabalho em desconformidade com o art. 7º, XXXIII, da CF. Impossibilidade de homologação pelo poder Judiciário.

Não é passível de homologação pelo Poder Judiciário, a cláusula de acordo em dissídio coletivo que, de forma transversa, sugere a possibilidade do trabalho noturno, perigoso ou insalubre aos maiores de quatorze anos, tendo em vista o disposto no inciso XXXIII do art. 7º da Constituição da República, que expressamente proíbe o trabalho noturno, perigoso ou insalubre aos menores de dezoito anos, e no art. 3º da Convenção nº 138 da OIT, ratificada pelo Brasil em 28.6.2001, o qual estabelece idade mínima de dezoito anos para a realização de atividade que possa prejudicar a saúde, a segurança e a moral do jovem. Com esse entendimento, a SDC, por unanimidade, deu provimento ao recurso ordinário interposto pelo Ministério Público do Trabalho da 4ª Região para excluir a Cláusula 38 – Trabalho Noturno e Insalubre, que dispunha ser proibido o trabalho noturno, perigoso ou insalubre apenas aos menores de quatorze anos. TST-RO-386700-55.2009.5.04.0000, SDC, rel. Min. Kátia Arruda, 13.5.2013 (Informativo nº 46)

Sindicato e organização de cooperativas. Não vinculação a determinada atividade econômica. Legitimidade ad processum. Orientação Jurisprudencial nº 15 da SDC.

Nos termos da Orientação Jurisprudencial nº 15 da SDC, a comprovação da legitimidade ad processum da entidade sindical se faz por seu registro no órgão competente do Ministério do Trabalho e Emprego e, sendo incontroverso que o Sindicato e Organização das Cooperativas do Estado do Rio Grande do Sul – OCERGS atende à referida diretriz, válida é a convenção coletiva firmada por ele com sindicato profissional. Ademais, as cooperativas, em virtude de sua natureza peculiar e, sobretudo, em razão da ausência de fins lucrativos, que as diferem de outros setores econômicos, envolvem interesses comuns que justificam associação específica, não havendo falar em ilegitimidade da OCERGS simplesmente pelo fato de englobar as cooperativas em geral, validamente existentes em sua base territorial, sem representação vinculada a uma atividade econômica específica. Com esses fundamentos, a SDC, por maioria, conheceu e negou provimento a recurso ordinário interposto por sindicato patronal que pedia o reconhecimento da ilegitimidade passiva ad causam da OCERGS, vencidos os Ministros Márcio Eurico Vitral Amaro, Mauricio Godinho Delgado e Kátia Magalhães Arruda. TST-RO-12542-68.2010.5.04.0000, SDC, rel. Min. Maria de Assis Calsing, 10.6.2013 (Informativo nº 50)

Dissídio coletivo. Sindicato. Substituto processual. Pedido de adequação do quadro de carreira ao art. 461, §§ 2º e 3º, da CLT. Matéria afeta ao direito individual.

A SDC, por unanimidade, deu provimento ao recurso ordinário para anular o acórdão prolatado pelo Regional e determinar o encaminhamento dos autos à Vara do Trabalho de origem, reconhecendo a reclamação trabalhista como via correta para o sindicato profissional, na qualidade de substituto processual, pleitear a correção do quadro de carreira da empresa, no que não contemplou o critério da antiguidade, adequando-o ao art. 461, §§ 2º e 3º, da CLT. Na hipótese, ressaltou-se que a demanda não está afeta ao direito coletivo, pois não se almeja a criação de normas genéricas e abstratas para reger a categoria, mas tão somente impedir lesão ou ameaça a direito já constituído. TST-RO-6460-41.2011.5.02.0000, SDC, rel. Min. Maria de Assis Calsing, 19.2.2013 (informativo nº 37)

Dissídio coletivo. Natureza jurídica. Procedimento de cunho declaratório direcionado a interpretar e declarar o sentido e/ou do alcance da norma. Cláusula que limita o funcionamento das empresas a dois domingos por mês. Declaração de não conformidade com o arcabouço jurídico. Inadequação da via eleita.

O dissídio coletivo de natureza jurídica é procedimento de cunho declaratório direcionado a interpretar e declarar o sentido e/ou alcance da norma, razão pela qual não se presta à declaração de "inconstitucionalidade, ilegalidade e ineficácia" de cláusula de convenção coletiva de trabalho que fixa o funcionamento dos estabelecimentos comerciais em apenas dois domingos por mês. Nesse contexto, concluindo que a declaração de não conformidade da cláusula ao arcabouço jurídico não se insere na finalidade do dissídio coletivo de natureza jurídica, a SDC, à unanimidade, deu provimento ao recurso ordinário do Sindicato dos Comerciários de São Paulo, a fim de extinguir o feito, sem resolução de mérito, por inadequação da via eleita, nos termos do art. 267, VI, do CPC, e, por consequência, cassar a tutela antecipada renovada no acórdão recorrido. TST-RO-285-94.2012.5.02.0000, SDC, rel. Min. Maria de Assis Calsing, 9.9.2013 (Informativo nº 58)

Ação declaratória. Piso salarial. Lei Estadual. Não observância. Pedido abstrato. Configuração. Incidência da Orientação Jurisprudencial nº 7 da SDC.

Considerando o fato de o interesse de agir na ação declaratória pressupor a incerteza jurídica quanto a direitos e obrigações individualizadas no caso concreto, e tendo em vista a inviabilidade do manejo da referida ação para se discutir lei em abstrato, a SDC, por unanimidade, negou provimento ao recurso ordinário, fazendo incidir, na hipótese, a Orientação Jurisprudencial nº 7 da referida Seção. In casu, a Federação das Indústrias do Estado de Santa Catarina (FIESc) ajuizou ação declaratória requerendo a exclusão da aplicação da Lei Complementar do Estado de Santa Catarina nº 459/2009 aos empregados que tenham piso salarial definido em convenção ou acordo coletivo de trabalho firmado com os sindicatos representados pela referida federação, bem como a declaração da possibilidade de firmar cláusula de piso salarial em instrumento coletivo com valores abaixo dos patamares estabelecidos na referida lei. TST-RO-491-03.2010.5.12.0000, SDC, rel. Min. Mauricio Godinho Delgado, 12.3.12 (informativo nº 1)

Dissídio coletivo de natureza econômica suscitado pela empregadora. Ausência de interesse de agir. Desnecessária a autorização da Justiça do Trabalho ou a negociação coletiva para a concessão de melhores condições de trabalho.

A empresa empregadora carece de interesse de agir para suscitar dissídio coletivo de natureza econômica, pois não necessita de autorização da Justiça do Trabalho, nem de negociação coletiva, para conceder aos seus empregados melhores condições de trabalho. Na espécie, a Empresa Brasileira de Correios e Telégrafos – ECT ajuizou dissídio coletivo com o objetivo de estender aos trabalhadores representados pela Federação Nacional dos Trabalhadores em Empresas de Correios e Telégrafos e Similares – Fentect, os termos do acordo coletivo de trabalho firmado com a Federação Interestadual dos Sindicatos dos Trabalhadores e Trabalhadoras dos Correios – Findect e outos sindicatos, quanto à Participação nos Lucros e Resultados dos anos de 2013, 2014 e 2015. Sob esse entendimento, a SDC, por maioria, acolhendo a preliminar, arguida de ofício, de ausência de pressupostos para a constituição e o desenvolvimento válido e regular do dissídio coletivo, decretou a extinção do processo, sem resolução de mérito, na forma do art. 267, IV, do CPC[9]. Vencidos os Ministros Maria de Assis Calsing e Ives Gandra Martins Filho. TST-DC-956-69.2015.5.00.0000, SDC, rel. Min. Walmir Oliveira da Costa, 11.5.2015 (Informativo nº 106)

Dissídio coletivo de natureza econômica. Reajuste salarial. Concessão por sentença normativa. Caso em que a empresa estatal está vinculada a ente público que excedeu o limite com o gasto de pessoal estabelecido na Lei de Responsabilidade Fiscal. Impossibilidade.

Não é possível a concessão de reajuste pela via do exercício do poder normativo da Justiça do Trabalho quando o ente público ao qual está vinculada a empresa estatal encontra-se no limite de gasto com pessoal estabelecido pela Lei de Responsabilidade Fiscal (Lei Complementar nº 101/2000). Embora o art. 22, parágrafo único, I, da LRF, nessa circunstância, admita os aumentos ou reajustes decorrentes de sentença judicial, enquadram-se nesse conceito somente as sentenças

condenatórias e mandamentais, pois provenientes da função típica do Poder Judiciário. As sentenças normativas não representam, rigorosamente, exercício de poder jurisdicional, razão pela qual não constituem exceção à aplicação dos limites impostos pela Lei de Responsabilidade Fiscal. Sob esses fundamentos, a SDC, por maioria, negou provimento ao recurso ordinário do sindicato profissional. Vencidos os Ministros Mauricio Godinho Delgado, relator, e Kátia Magalhães Arruda, que davam provimento ao recurso para conceder o reajuste de 7,5% à categoria. TST-RO-296-96.2015.5.10.0000, SDC, rel. Min. Mauricio Godinho Delgado, red. p/ acórdão Min. Emmanoel Pereira, 13.3.2017 (Informativo nº 154)
Dissídio coletivo. Homologação de instrumento coletivo privado. Inadequação da via eleita. Na hipótese em que ajuizado dissídio coletivo com o fim de homologar cláusulas objeto de acordo extrajudicial, resultante de negociação coletiva mediada administrativamente pela Vice-Presidência do TRT, decidiu a SDC, à unanimidade, conhecer do recurso ordinário e, no mérito, dar-lhe provimento para extinguir o processo sem resolução do mérito, por ausência de interesse de agir das partes (art. 267, VI do CPC). In casu, registrou-se a inadequação da via eleita, pois o dissídio coletivo não é o meio próprio para obter homologação de instrumento coletivo privado sem prévio processo instaurado. TST-RO-210221-97.2013.5.21.0000, SDC, rel. Min. Maria Cristina Irigoyen Peduzzi, 14.3.2016 (Informativo nº 130)
Dissídio coletivo de natureza jurídica. Dispensa em massa. Adequação da via eleita. Matéria suspensa para apreciação pelo Tribunal Pleno. A SDC decidiu, por maioria, nos termos do art. 77, II, do RITST, suspender a proclamação do resultado do julgamento e remeter ao Tribunal Pleno os autos do processo em que se discute se o dissídio coletivo de natureza jurídica é o meio adequado para analisar questões relativas à dispensa coletiva. Na espécie, enquanto os Ministros Mauricio Godinho Delgado, relator, e Kátia Arruda Magalhães inclinavam-se no sentido de que os casos de dispensa em massa podem ser dirimidos no âmbito do dissídio coletivo de natureza jurídica, os Ministros Ives Gandra da Silva Martins Filho, Maria Cristina Irigoyen Peduzzi, Maria de Assis Calsing e Dora Maria da Costa negavam provimento ao recurso ordinário, mantendo a extinção do processo sem resolução do mérito, por inadequação da via eleita, nos termos do art. 220, II, do RITST. Vencidas, quanto à remessa dos autos ao Tribunal Pleno, as Ministras Maria Cristina Irigoyen Peduzzi e Dora Maria da Costa. TSTRO-10782-38.2015.5.03.0000, SDC, rel. Min. Mauricio Godinho Delgado, 15.8.2016 (Informativo nº 141)
Dissidio de Greve
DC. Greve. Conflito de âmbito local. Competência funcional. Tribunal Regional do Trabalho. Dispõe o art. 677 da CLT que a competência dos Tribunais Regionais do Trabalho, no caso de dissídio coletivo, é determinada pelo local onde este ocorrer, ficando a competência funcional originária da seção especializada em dissídios coletivos do TST limitada às hipóteses em que o dissídio coletivo, de natureza econômica ou de greve, for de âmbito suprarregional ou nacional, extrapolando, portanto, a jurisdição dos TRTs (art. 2º, "a", da Lei nº 7.701/88). Com esse fundamento, e tendo em conta que, de acordo com a jurisprudência predominante no STF, é incabível o conflito de competência entre tribunais hierarquicamente organizados, a SDC, por unanimidade, conheceu do agravo regimental e, no mérito, negou-lhe provimento, mantendo decisão monocrática que declarou a competência funcional originária do TRT da 5ª Região para julgar dissídio coletivo de greve instaurado pela Prest Perfurações Ltda. em face do Sindicato dos Trabalhadores do Ramo Químico Petroleiro do Estado da Bahia. Ressaltou o Ministro relator que o sindicato suscitado tem base territorial estadual, a revelar, portanto, o âmbito local do conflito. Ademais, não procede a alegação de que o caráter suprarregional ou nacional da negociação coletiva tradicionalmente entabulada pela empregadora atrairia a competência do TST, pois é atividade que precede o exercício da jurisdição. TST-AIRO-1180-42.2010.5.05.0000, SDC, rel. Min. Walmir Oliveira da Costa, 15.5.2012. (Informativo nº 8)

8. CPC/15, art. 485, IV.

Dissídio coletivo. Greve. Pedido de pagamento de salários, cestas básicas e vales-transportes atrasados. Responsabilização solidária ou subsidiária de município em razão de convênio firmado com as instituições empregadoras para prestação de serviços de educação infantil. Impossibilidade jurídica do pedido. Orientação Jurisprudencial nº 5 da SDC.   Nos termos da Orientação Jurisprudencial nº 5 da SDC, pessoa jurídica de direito público somente pode figurar como suscitado, em dissídio coletivo, se for empregador, e apenas se o objeto da sentença normativa não lhe puder acarretar encargo financeiro direto. Ademais, dissídio coletivo de greve é incompatível com a pretensão condenatória ou cominatória, exceto se tratar da regulação dos efeitos da paralisação dos empregados. Assim, em sede de dissídio coletivo de greve, carece de possibilidade jurídica o pedido de condenação solidária ou subsidiária de município ao pagamento de salários, cestas básicas e vales-transportes atrasados, na condição de responsável pelo repasse de recursos financeiros às instituições empregadoras, por força de convênio firmado para a prestação de serviços de educação infantil. Com esse entendimento, a SDC, por unanimidade, deu provimento ao recurso ordinário para extinguir o feito sem resolução de mérito em relação ao município, nos termos do art. 267, VI, do CPC. TST-RO-52540-29.2012.5.02.0000, SDC, rel. Min. Fernando Eizo Ono, 15.10.2013. (Informativo nº 63)
Dissídio coletivo. Greve. Petrobras S/A. Contrato de prestação de serviços de construção civil. Ilegitimidade do Sindipetro/ES para liderar movimento grevista na qualidade de representante dos empregados da empresa terceirizada. Art. 511, §§ 1º e 2º, da CLT.   Nos termos do art. 511, §§ 1º e 2º, da CLT, a vinculação sindical dos empregados, ainda que terceirizados, deve ser definida pela atividade preponderante da empresa prestadora de serviços, porquanto a categoria profissional a qual pertence o trabalhador deve corresponder à categoria econômica a qual se vincula o empregador. Com esse fundamento, a SDC, por maioria, deu provimento ao recurso ordinário em dissídio coletivo de greve interposto pela PROEN Projetos Engenharia Comércio e Montagens Ltda., para declarar a abusividade da greve deflagrada por seus empregados sob a liderança do Sindicato dos Trabalhadores na Indústria de Exploração, Perfuração, Extração e Produção de Petróleo nos Municípios de São Mateus, Linhares, Conceição da Barra e Jaguaré no Estado do Espírito Santo (Sindipetro/ES), e, em consequência, excluir da decisão normativa recorrida as obrigações impostas à PROEN. Na espécie, reconheceu-se que, à época da greve em questão, a empregadora, por força de contrato de prestação de serviços com a Petrobras S/A, atuava, de forma preponderante, no ramo da construção civil e não na exploração ou extração de petróleo.   Nessa perspectiva, afastou-se a legitimidade do Sindipetro/ES por ausência de paralelismo entre a categoria profissional por este representada e a categoria econômica da empresa prestadora de serviços, em observância ao princípio constitucional da unicidade sindical e tendo em vista a existência de sindicato representante dos trabalhadores da construção civil na mesma base territorial, qual seja, o Sindicato dos Trabalhadores na Indústria da Construção Civil, Terraplenagem, Estradas, Pontes e Construção de Montagem de Linhares, Rio Bananal, Jaguaré, Colatina e São Gabriel da Palha (Sintracon Linhares/ES). Vencidos os Ministros Maurício Godinho Delgado, Katia Magalhães Arruda e Maria de Assis Calsing. TST-RO-42600-28.2009.5.17.0000, SDC, rel. Min. Fernando Eizo Ono, 9.9.2013. (Informativo nº 58)
Dissídio coletivo. Greve. Celebração de ajuste entre as partes. Ratificação do interesse na declaração de abusividade da greve. Extinção do processo sem resolução do mérito. Impossibilidade.   A celebração de ajuste entre as partes no curso de processo de dissídio coletivo de greve, com o consequente encerramento desta, não importa, necessariamente, em extinção do feito sem resolução do mérito, por falta de interesse processual, uma vez que os abusos cometidos no exercício desse direito sujeitam os responsáveis às penas de lei, nos termos do § 2º do art. 9º da CF. Assim, havendo ratificação da pretensão de declaração de abusividade do movimento paredista, permanece o interesse processual da parte na obtenção do provimento declaratório, somente alcançável

Judicialmente, especialmente na hipótese em que houve supostos excessos na condução da greve e alegação de desrespeito a ordem judicial expedida para regular os efeitos da paralisação. Com esse entendimento, a SDC, por unanimidade, deu provimento ao recurso ordinário interposto pelo Sindicato da Indústria da Construção Civil do Ceará – Sinduscon/CE para afastar o decreto de extinção do processo sem resolução do mérito, por falta de interesse processual, e determinar o retorno dos autos ao Tribunal Regional de origem, a fim de que prossiga no julgamento do dissídio coletivo de greve como entender de direito. TST-RO-3675-34.2012.5.07.0000, SDC, rel. Min. Fernando Eizo Ono, 9.6.2014 (Informativo nº 85)
Dissídio coletivo de natureza econômica. Greve deflagrada no curso da instrução processual. Comum acordo. Desnecessidade. É possível a apreciação de dissídio coletivo de natureza econômica, ainda que ausente o comum acordo, se houver deflagração de greve por qualquer das partes no curso da instrução processual. No caso, o sindicato da categoria profissional instaurou dissídio coletivo de natureza econômica sem a concordância do sindicato patronal, havendo deflagração de greve pelos trabalhadores antes mesmo da audiência de conciliação. Ressaltou-se que a ocorrência de movimento paredista, superveniente ao ajuizamento do dissídio e anterior à decisão de mérito, supera a exigência do mútuo acordo, cabendo à Justiça do Trabalho decidir sobre a procedência das reivindicações (art. 8º da Lei 7.783/89). Sob esse entendimento, a SDC, por maioria, negou provimento ao recurso, quanto à preliminar de mérito arguida, vencida a Ministra Dora Maria da Costa. TST-RO-381 – 24.2014.5.17.0000, SDC, rel. Min. Maurício Godinho Delgado. 14.3.2016 (Informativo nº 130)
Dissídio coletivo de greve. Não cumprimento imediato da sentença normativa pela empresa. Irregular exercício do direito de greve pela categoria profissional. Culpa recíproca. Descontos dos dias parados. Estabilidade provisória indevida. A SDC, por maioria, conheceu do recurso ordinário e, no mérito, deu-lhe parcial provimento para declarar a culpa recíproca das partes no tocante à greve deflagrada em 10.7.2014, determinar o desconto dos dias de paralisação e indeferir a estabilidade provisória, nos termos da Orientação Jurisprudencial nº 10 da SDC. Na hipótese, a empresa agiu mal ao decidir pelo não cumprimento imediato da sentença normativa quanto ao reajuste ali fixado, a pretexto da interposição de embargos de declaração. Todavia, a categoria profissional também atuou em desconformidade com o direito, pois deflagrou nova greve, sem as notificações devidas, e mesmo após a existência de sentença normativa a seu favor, passível de ação de cumprimento, portanto. Vencidos os Ministros Mauricio Godinho Delgado e Kátia Magalhães Arruda. TST-RO-1000974-53.2014.5.02.0000, SDC, rel. Min. Maria de Assis Calsing, 13.2.2017 (Informativo nº 152)
Dissídio coletivo de greve. Abusividade do movimento paredista. Servidores celetistas de autarquia estadual. Incompetência da Justiça do Trabalho. Conforme decidido pelo STF, em sede de repercussão geral, "a Justiça Comum Federal ou Estadual é competente para julgar a abusividade de greve de servidores públicos celetistas da administração direta, autarquias e fundações de direito público" (Tema 544 – RE nº 846854/SP). Assim, a Justiça do Trabalho é incompetente para apreciar dissídio coletivo de greve em que se discute a abusividade do movimento paredista deflagrado por servidores celetistas do Hospital das Clínicas da Faculdade de Medicina de Ribeirão Preto da Universidade de São Paulo, autarquia estadual. No caso, registrou-se que, embora a decisão recorrida seja anterior à publicação do acórdão da repercussão geral, a tese fixada é aplicável ex tunc porque não houve modulação dos efeitos. Sob esses fundamentos, a SDC, por maioria, acolheu a preliminar de incompetência absoluta da Justiça do Trabalho e determinou a remessa dos autos à Justiça Comum Estadual. Vencidos os Ministros Mauricio Godinho Delgado e Lelio Bentes Corrêa. TST-ReeNec e RO-6371- 79.2016.5.15.0000, SDC, rel. Min. Ives Gandra da Silva Martins Filho, 12.8.2019 (Informativo nº 202).

Dissídio Coletivo de Greve. Declaração de abusividade. Formalização de acordo perante o MPT. Fim do movimento paredista. Inexistência de ressalva quanto ao interesse na análise de abusividade da greve. Perda do objeto. Ausência de interesse processual. Art. 485, VI, do CPC.

A celebração de acordo sem ressalvas, com o fim de encerrar movimento paredista, afasta o interesse processual, em dissídio coletivo, de ver declarada a abusividade da greve, configurando a hipótese do art. 485, VI, do CPC/2015. Assim, não havendo, no acordo entabulado, manifestação expressa quanto ao interesse no exame da legalidade da greve, o processo deve ser extinto sem resolução de mérito. Com base nesse entendimento, a SDC, por maioria, ao analisar questão preliminar, decidiu pela extinção do processo, sem resolução de mérito, ante a incompatibilidade da pretensão de declaração de abusividade da greve com a celebração de acordo entre as partes. Vencidos os Ministros Mauricio Godinho Delgado, relator, Lelio Bentes Corrêa, Guilherme Augusto Caputo Bastos e Kátia Magalhães Arruda, os quais entendiam que, por ser o movimento grevista capaz de causar repercussões em relações da empresa empregadora com outras entidades, subsistia o interesse de agir, devendo a matéria ser apreciada pelo Poder Judiciário. TST-RO-240-16.2017.5.20.0000, SDC, rel. Min. Mauricio Godinho Delgado, red. p/ acórdão Min. Aloysio Corrêa da Veiga, 9.3.2020 (Informativo nº216)

Capítulo 28

PROCEDIMENTOS ESPECIAIS

1. INQUÉRITO PARA APURAÇÃO DE FALTA GRAVE

1.1. Cabimento

Em regra, o empregador tem o direito de dispensar o empregado por justa causa, sem que haja a necessidade de intervenção do Judiciário.

No entanto, alguns empregados, para que possam ser dispensados, dependem da demonstração de falta grave, a ser apurada e declarada pelo Poder Judiciário, por meio do denominado inquérito para apuração de falta grave.

Portanto, o inquérito para apuração de falta grave é uma ação judicial destinada a extinguir o contrato de trabalho de determinados empregados detentores de estabilidade ou garantia de emprego.

A doutrina diverge sobre quais empregados devem ser submetidos ao inquérito, havendo, pelo menos, duas correntes a respeito:

- **1ª corrente:** apenas nos casos de:
  - dirigente sindical (CLT, art. 543, § 3º e Súmula nº 379 do TST);
  - estável decenal (CLT, art. 494).
- **2ª corrente:** tem aplicação nas seguintes hipóteses:
  - dirigente sindical (CLT, art. 543, § 3º e Súmula nº 379 do TST);
  - estável decenal (CLT, art. 494);
  - diretor de sociedade cooperativa, vez que o art. 55 da Lei nº 5.764/71 lhe concedeu as mesmas garantias do dirigente sindical;
  - membros do Conselho Nacional de Previdência Social, **enquanto representantes dos trabalhadores em atividade, titulares e suplentes**, porque o art. 3º, § 7º, da Lei nº 8.213/91 impõe que eles, até um ano após o término do mandato de representação, somente serão demitidos "por motivo de falta grave, regularmente comprovada através de processo judicial".

Há ainda posicionamento favorável à necessidade de instauração de falta grave nos casos dos empregados membros do Conselho Curador do FGTS[1].

1. TST; RR 258100-37.1995.5.02.0008; Terceira Turma; Rel. Min. Mauricio Godinho Delgado; DEJT 15/02/2013; Pág. 1202.

Ademais, parte minoritária da doutrina inclui, na segunda corrente, os representantes dos empregados na Comissão de Conciliação Prévia, fundamentando que o art. 625-B, § 1º, da CLT dispõe que até um ano depois do final do mandato é vedada sua dispensa, salvo se cometerem falta grave, nos temos da lei.

1.2. Prazo para Propositura

Verificada a falta grave, o empregador tem a **faculdade** de suspender o empregado de suas funções (CLT, art. 494).

No caso de suspensão, deverá ajuizar o inquérito para apuração de falta grave no **prazo de 30 dias,** contados da data da suspensão (CLT, art. 853).

Trata-se de prazo decadencial, como prevê a Súmula nº 403 do STF:

> **Súmula nº 403 do STF.** Decadência – Prazo para Instauração do Inquérito Judicial – Contagem – Suspensão, por Falta Grave, de Empregado Estável.
>
> É de decadência o prazo de trinta dias para instauração do inquérito judicial, a contar da suspensão, por falta grave, de empregado estável.

Desse modo, não sendo ajuizado o inquérito no referido prazo, não poderá mais ser extinto o contrato de trabalho do emprego por falta grave.

Cumpre ressaltar que a suspensão do empregado é mera faculdade do empregador. Desse modo, na hipótese de não ocorrer a suspensão, a doutrina diverge quanto ao prazo para ajuizamento do inquérito. Entendem alguns que o prazo é prescricional: para uns, de 2 anos, e, para outros, de 5 anos. A outra parte reconhece que o prazo é decadencial de 2 anos. Há, ainda, aqueles que aplicam, também nesse caso, o prazo de 30 dias.

De nossa parte, pensamos que, independentemente do prazo adotado, cabe ao empregador ajuizar o inquérito com a maior brevidade, para que não implique em reconhecimento de perdão tácito.

> **Atenção:**
>
> O prazo de decadência do direito do empregador de ajuizar inquérito em face do empregado que incorre em abandono de emprego é contado a partir do momento em que o empregado pretendeu seu retorno ao serviço (Súmula nº 62 do TST).

1.3. Procedimento

O inquérito para apuração de falta grave será ajuizado na Vara do Trabalho, seguindo o mesmo rito de uma ação ordinária, tendo, porém, duas peculiaridades:

1) a petição inicial, obrigatoriamente, deverá ser escrita (CLT, art. 853);

2) poderão ser ouvidas 6 testemunhas (CLT, art. 821).

1.4. Efeitos da Sentença

A sentença proferida no inquérito para apuração de falta grave produz efeitos diferentes, conforme verificamos a seguir:

Improcedência (não existiu falta grave)	**Com suspensão do emprego**	Sentença condenatória, determinando a reintegração de empregado
	Sem suspensão do empregado	Sentença declaratória, mantendo o vínculo normalmente
Procedência (ocorreu falta grave)	**Com suspensão do empregado**	Sentença desconstitutiva, extinguindo o contrato de trabalho na data da prolação da sentença. O período de afastamento será considerado como de suspensão do contrato
	Sem suspensão do empregado	Sentença desconstitutiva, extinguindo o contrato de trabalho na data da prolação da sentença

Frisa-se que, reconhecida a inexistência de falta grave praticada pelo empregado, o empregador está obrigado a reintegrá-lo, devendo pagar-lhe os salários a que teria direito no período da suspensão (CLT, art. 494). Percebe-se, pois, que o inquérito tem natureza dúplice.

A propósito, quando a reintegração do empregado estável for desaconselhável, dado o grau de incompatibilidade resultante do dissídio, especialmente quando for o empregador pessoa física, o tribunal do trabalho poderá converter aquela obrigação em indenização dobrada (CLT, art. 495). Nesse caso, o direito aos salários é assegurado até a data da primeira decisão que determinou essa conversão (Súmula nº 28 do TST).

Por fim, o art. 855 da CLT estabelece que, "se tiver havido prévio reconhecimento da estabilidade do empregado, o julgamento do inquérito pela Vara ou Juízo não prejudicará a execução para pagamento dos salários devidos ao empregado, até a data da instauração do mesmo inquérito". Noutras palavras, na hipótese de procedência do inquérito com suspensão do empregado, este tem direito de receber os salários do período entre a data da suspensão e a da instauração do inquérito, que poderão ser executados nos próprios autos do inquérito.

1.5. Informativos do TST relacionados ao tema

Mandado de segurança. Dirigente sindical detentor de estabilidade provisória. Suspensão após o ajuizamento de inquérito judicial para apuração de falta grave. Reintegração determinada em sede de cognição sumária. Presença dos pressupostos do art. 300 do CPC de 2015. Ausência de direito líquido e certo à suspensão do empregado até a decisão final do inquérito.

Não configura ato ilícito do empregador, capaz de ensejar imediata reintegração, a mera suspensão do empregado detentor de estabilidade por ocupar cargo em direção em sindicato, após o ajuizamento do inquérito judicial para apuração de falta grave, na forma do art. 494 da CLT. Isso não impede, todavia, que, durante o procedimento investigativo, e com base nas provas ali produzidas, o magistrado se convença da probabilidade do direito defendido pelo detentor da estabilidade provisória e, assim, determine o seu retorno ao trabalho em sede de cognição sumária (tutela de urgência). A prerrogativa contida no art. 494 da CLT não é infensa ao controle jurisdicional, de modo que, se no caso em apreço, o magistrado, com base na documentação juntada aos autos, convenceu-se de que havia respaldo fático-jurídico a embasar o pedido de reintegração, afigura-se presente a probabilidade do direito a que se refere o art. 300 do CPC de 2015, não havendo falar em ilegalidade ou abuso de direito. Sob esses fundamentos, a SBDI-II, por unanimidade, negou provimento ao recurso ordinário interposto contra acórdão do Tribunal Regional em que se denegara a segurança pleiteada pelo empregador que alegava ter direito líquido e certo de suspender o empregado até a decisão final do inquérito. TST-RO-101134-62.2016.5.01.0000, SBDI-II, rel. Min. Maria Helena Mallmann, 5.6.2018 (Informativo nº 180).

Mandado de segurança. Representante sindical. Inquérito para apuração de falta grave. Prazo decadencial de 30 dias. Termo inicial. Afastamento do empregado de suas funções sem caráter punitivo e sem redução de proventos.

O afastamento do empregado de suas funções, sem caráter punitivo e sem redução de proventos, tem a mesma natureza preventiva da suspensão a que alude o art. 853 da CLT. Portanto, o prazo decadencial de trinta dias para a instauração do inquérito para apuração de falta grave contra empregado garantido com estabilidade (representante sindical) deve ser contado a partir do afastamento de suas funções, independentemente do pagamento dos salários do período, e não a partir do momento em que houve suspensão sem pagamento de salário. Sob esse fundamento, a SBDI-II, por unanimidade, conheceu do recurso ordinário e, no mérito, negou-lhe provimento para manter o acórdão do Tribunal Regional que concedeu a segurança para determinar a reintegração imediata do empregado nas condições vigentes quando de sua suspensão, visto que o inquérito judicial fora instaurado quando já extrapolados tanto o prazo da CLT, quanto o prazo previsto na norma interna do empregador. Vencidos os Ministros Douglas Alencar Rodrigues, Alexandre Agra Belmonte, Luiz José Dezena da Silva e Renato de Lacerda Paiva. TST-RO-10811- 88.2015.5.03.0000, SBDI-II, rel. Min. Delaíde Miranda Arantes , 12.2.2019 (Informativo nº 190).

2. AÇÃO CIVIL PÚBLICA

2.1. Introdução

A ação civil pública foi inicialmente prevista, no ordenamento brasileiro, na Lei Complementar nº 40/81 (Lei Orgânica Nacional do Ministério Público), embora de forma tímida, passando a ser efetivamente regulada por meio da Lei nº 7.347/85 (LACP). Posteriormente, com o advento da Constituição Federal de 1988, ela foi elevada a um instrumento processual constitucional de garantia dos direitos metaindividuais.

Cumpre salientar que o título III do Código de Defesa do Consumidor (da defesa do consumidor em juízo) é aplicado em conjunto com a LACP, dando origem ao denominado microssistema processual coletivo.

2.2. Cabimento

Como visto, a Lei nº 7.347/85 disciplina a ação civil pública, estabelecendo, em seu art. 1º, que ela versa sobre a responsabilidade por danos morais e patrimoniais causados:

I - ao meio ambiente;

II - ao consumidor;

III - a bens e direitos de valor artístico, estético, histórico, turístico e paisagístico;

IV - a qualquer outro interesse difuso ou coletivo;

V - por infração da ordem econômica;

VI - à ordem urbanística;

VII - à honra e à dignidade de grupos raciais, étnicos ou religiosos;

VIII - ao patrimônio público e social.

A Constituição Federal, por sua vez, contemplou-a como instrumento constitucional "para a proteção do patrimônio público e social, do meio ambiente e de outros interesses difusos e coletivos" (art. 129, III). Frisa-se que o STF, interpretando esse dispositivo, incluiu como subespécie de direitos coletivos os direitos individuais homogêneos[2].

No âmbito da Justiça do Trabalho, o art. 83, III, da LC nº 75/93 expressamente reconheceu a promoção da ação civil pública "para a defesa de interesses coletivos, quando desrespeitados os direitos sociais constitucionalmente garantidos".

Por fim, cumpre salientar que o art. 1º, parágrafo único, da Lei nº 7.347/85 vedou o cabimento da "ação civil pública para veicular pretensões que envolvam tributos, contribuições previdenciárias, o Fundo de Garantia do Tempo de Serviço - FGTS ou outros fundos de natureza institucional cujos beneficiários podem ser individualmente determinados". A doutrina majoritária, porém, entende ser inconstitucional esse dispositivo, em face do princípio da inafastabilidade da jurisdição, o qual assegura que a lei não excluirá da apreciação do Poder Judiciário lesão ou ameaça a direito, especialmente coletivo (CF/ art. 5º, XXXV).

2.3. Interesses ou Direitos Difusos, Coletivos e Individuais Homogêneos

O art. 81, parágrafo único, do CDC, define direitos os difusos, coletivos e individuais homogêneos da seguinte forma:

I - interesses ou direitos difusos, assim entendidos, para efeitos deste código, os transindividuais, de natureza indivisível, de que sejam titulares pessoas indeterminadas e ligadas por circunstâncias de fato;

II - interesses ou direitos coletivos, assim entendidos, para efeitos deste código, os transindividuais, de natureza indivisível de que seja titular grupo, categoria ou classe de pessoas ligadas entre si ou com a parte contrária por uma relação jurídica base;

III - interesses ou direitos individuais homogêneos, assim entendidos os decorrentes de origem comum.

2. STF - RE 163.231/SP, Rel. Min. Maurício Corrêa, jul. 26.2.97. DJ 29.6.2001.

Para melhor compreensão do tema, explicamos em forma de exemplo:

- **Interesses difusos:** MPT ajuíza ação civil pública para que determinada empresa pública contrate os trabalhadores somente por meio de concurso público.

Nesse caso, o MPT tutela o interesse de todas as pessoas que poderão prestar o concurso público. Noutras palavras, o direito é transindividual, por ultrapassar a esfera particular de uma pessoa, sendo um direito de toda a coletividade: o direito de ingressar na administração pública por meio de concurso público.

Indeterminado, porque não se pode delimitar quantos candidatos farão o concurso ou estão sendo prejudicados pela contratação sem concurso público.

É indivisível, porque a decisão judicial vai atingir, de forma uniforme (igual), a todos os futuros candidatos.

Além disso, a relação entre os candidatos é meramente fática, ou seja, decorre do simples fato de eles irem prestar o mesmo concurso público.

Podemos citar, ainda, como exemplos de direitos e interesses difusos, na seara trabalhista, a greve em atividade essencial, quando não atendidas as necessidades inadiáveis da comunidade; existência de listas negras na contratação de trabalhadores; exigência de apresentação de certidão negativa de ações trabalhistas para a contratação de trabalhadores em determinada empresa etc.

- **Interesses coletivos:** MPT ajuíza ação civil pública para impor obrigação de fazer à determinada empresa para que instale equipamento de proteção coletivo na empresa (por exemplo, exaustor, proteção de maquinário etc.).

Nesse caso, a instalação do exaustor é um único ato que extrapola a esfera privada de um empregado, atingindo a todos os empregados da empresa ou pelo menos de um determinado setor. Atinge, portanto, um grupo. É indivisível, porque beneficia, igualmente, diversos trabalhadores. No entanto, nesse caso, existe uma relação jurídica-base entre os empregados e a empresa: o contrato de trabalho. A doutrina diz que, nessa hipótese, quando ocorre a lesão, a relação jurídica já existia, ou seja, o contrato de trabalho já estava em vigor. Já nos interesses difusos, a relação nasce no momento da lesão ou ameaça de lesão, porque ela decorre exatamente do fato de ter existido a lesão ou ameaça de lesão.

- **Individuais homogêneos:** Sindicato ajuíza ação civil coletiva requerendo a condenação da empresa ao pagamento do adicional de insalubridade a todos os trabalhadores do setor X.

Essa hipótese é muito diferente das anteriores. Isso porque aqui o próprio trabalhador poderia entrar com sua reclamação trabalhista postulando o pagamento do adicional de insalubridade. Contudo, como a empresa não paga o adicional para todos os trabalhadores do setor X (origem comum), o ordenamento permite que ele possa ser tutelado em um único processo, dando maior celeridade e efetividade na prestação jurisdicional. Percebe-se, porém, que aqui o direito é individual e divisível (cada trabalhador vai receber um valor), mas o processo é coletivo. Nos interesses difusos e coletivos, o próprio direito é coletivo, assim como o processo.

Diz a doutrina que a pedra de toque para diferenciar os direitos difusos e coletivos dos individuais homogêneos é a pretensão concreta deduzida em juízo (pedido). Naquele caso, os pedidos são de obrigação de fazer e não fazer, podendo ser incluída uma reparação pecuniária. Por outro lado, neste (individual homogêneo), o pedido será de obrigação de pagar, por meio de uma condenação genérica.

É interessante salientar, ainda, que parte da doutrina entende que a nomenclatura correta para ação que tutela direitos individuais homogêneos é a de **ação civil coletiva**, vez que esses direitos foram criado no CDC, que contempla essa ação para a tutela de tais direitos. No entanto, é sabido que a nomenclatura da ação é indiferente para a tutela dos direitos, podendo, portanto, ser utilizado **ação civil coletiva ou mesmo ação civil pública** para a defesa dos direitos individuais homogêneos.

Assim, podemos esquematizar do seguinte modo a definição desses direitos:

Difusos	Coletivos	Individuais homogêneos
Transindividuais	Transindividuais	Individuais
Indivisíveis	Indivisíveis	Divisíveis
Pessoas indeterminadas	Classe, categoria ou grupo	Origem comum
Ligadas por circunstância de fato	1) ligadas entre si ou 2) com a parte contrária por uma relação jurídica-base	Desnecessária ligação

2.4. Competência

A competência funcional da ação civil pública é da Vara do Trabalho.

Quanto à competência territorial, cumpre salientar que ela é de **natureza absoluta**, pois não se trata de mera competência territorial, mas, sim, de competência **funcional-territorial**, porquanto o objetivo da lei é de tutelar interesse público e não meramente particular, como ocorre na competência relativa. Portanto, **tal competência é inderrogável e improrrogável por vontade das partes.**

A competência funcional-territorial vem estampada no art. 2º, da Lei nº 7.347/85 (LACP), que dispõe:

> **Art. 2º.** As ações previstas nesta Lei serão propostas no foro do local onde ocorrer o dano, cujo juízo terá competência funcional para processar e julgar a causa.
>
> Parágrafo único A propositura da ação prevenirá a jurisdição do juízo para todas as ações posteriormente intentadas que possuam a mesma causa de pedir ou o mesmo objeto.

Portanto, a competência é do foro do local onde ocorrer o dano.

No entanto, pode acontecer do dano ultrapassar o foro local, atingindo uma região, um estado ou, até mesmo, o território nacional. Nesse caso, o TST, interpretando de forma sistemática (conjunta) o aludido artigo com o art. 93 da CDC, passou a estabelecer que a competência da ação civil pública na Justiça do Trabalho será da seguinte forma:

Orientação Jurisprudencial nº 130 da SDI-II do TST. Ação civil pública. Competência. Local do dano. Lei nº 7.347/1985, art. 2º. Código de defesa do consumidor, art. 93.

I – A competência para a ação civil pública fixa-se pela extensão do dano.

II – Em caso de dano de abrangência regional, que atinja cidades sujeitas à jurisdição de mais de uma Vara do Trabalho, a competência será de qualquer das varas das localidades atingidas, ainda que vinculadas a Tribunais Regionais do Trabalho distintos.

III – Em caso de dano de abrangência suprarregional ou nacional, há competência concorrente para a Ação Civil Pública das Varas do Trabalho das sedes dos Tribunais Regionais do Trabalho.

IV – Estará prevento o juízo a que a primeira ação houver sido distribuída.

Vê-se que a extensão do dano pode ser de 4 tipos:

1) **dano local:** ocorrido dentro da circunscrição da Vara do Trabalho;

2) **dano regional:** atinge localidades com Varas do Trabalho diversas dentro de um estado ou TRT e Varas do Trabalho limítrofes, ainda que em estados ou TRTs diferentes;

- **Exemplo**: Imagine uma lesão que tenha ocorrido nas cidades de Juazeiro (BA) e Petrolina (PE), ligadas por uma ponte (aproximadamente 800 metros) que atravessa o rio São Francisco. Nesse caso, embora elas sejam vinculadas a TRTs diferentes (5ª e 6ª Região, respectivamente), não se justifica definir como competente as Varas do Trabalho de Salvador ou Recife, que não possuem nenhuma relação com a lesão, sendo mais adequada a competência de um dos juízos das Varas do Trabalho envolvidas[3], ou seja, Juazeiro ou Petrolina.

3) **dano suprarregional:** ocorrido dentro de uma mesma região do País;

- **Exemplo**: região Sul, Sudeste etc.;

4) **dano nacional:** atinge mais de uma região do País ou a maioria dos estados.

Desse modo, podemos esquematizar a competência da ação civil pública, conforme quadro a seguir:

Extensão do dano	Competência
Dano local	Vara do Trabalho do local do dano
Dano regional	Qualquer das Varas das localidades atingidas, ainda que vinculadas a Tribunais Regionais do Trabalho distintos
Dano suprarregional ou nacional	Competência concorrente para a ação civil pública das Varas do Trabalho das sedes dos TRTs

3. DIDIER JR. Fredie; ZANETI JR., Hermes. *Curso de direito processual civil: Processo coletivo.* 5. ed. Salvador: Juspodivm, 2010. v. 4, p. 142.

2.5. Legitimidade

Em regra, ao menos no âmbito individual, a legitimidade está ligada ao titular do direito material levado a juízo, denominando-se de **legitimidade ordinária** (CPC/2015, art. 18).

No entanto, admite-se ainda que alguém vá a juízo em nome próprio defender interesse alheio, o que é chamado de **legitimação extraordinária**. Nesse caso, tem-se a substituição processual[4], como ocorre, por exemplo, quando o sindicato busca tutelar direitos individuais homogêneos dos trabalhadores (pagamento de adicional de insalubridade, periculosidade etc.).

Diz a doutrina que a substituição processual só terá cabimento quando o substituto defender, em nome próprio, o direito alheio de pessoas determinadas, razão pela qual, em se tratando de direitos difusos e coletivos, em que os sujeitos são indeterminados, tem-se a **legitimidade anômala (ou autônoma) para a condução do processo.**

Portanto, podemos sintetizar da seguinte forma:

a) Legitimação extraordinária (substituição processual): tutelar direitos individuais homogêneos.

b) Legitimação anômala: tutelar direitos difusos e coletivos.

Nos termos do art. 5º da Lei 7.347/85, têm legitimidade para propor a ação civil pública:

> I – o Ministério Público[5];
>
> II – a Defensoria Pública[6];
>
> III – a União, os Estados, o Distrito Federal e os Municípios;
>
> IV – a autarquia, empresa pública, fundação ou sociedade de economia mista;
>
> V – a associação que, concomitantemente:
>
> a) esteja constituída há pelo menos 1 ano nos termos da lei civil;
>
> b) inclua, entre suas finalidades institucionais, a proteção ao patrimônio público e social, ao meio ambiente, ao consumidor, à ordem econômica, à livre concorrência, aos direitos de grupos raciais, étnicos ou religiosos ou ao patrimônio artístico, estético, histórico, turístico e paisagístico.[7]

---

4. Difere da representação, porque nesta o representante age em nome alheio para defesa de direito alheio, enquanto na substituição processual age em nome próprio para tutelar direito de outrem.

5. STF – Tema 471 de Repercussão Geral: "Com fundamento no art. 127 da Constituição Federal, o Ministério Público está legitimado a promover a tutela coletiva de direitos individuais homogêneos, mesmo de natureza disponível, quando a lesão a tais direitos, visualizada em seu conjunto, em forma coletiva e impessoal, transcender a esfera de interesses puramente particulares, passando a comprometer relevantes interesses sociais."

6. O STF, no RE 712472 AgR, reconheceu a legitimidade da Defensoria Pública para a propositura de ação civil pública para a tutela de direitos difusos e coletivos de pessoas necessitadas, mesmo nas hipóteses em que o pedido extrapolar essas pessoas, (Relator(a): Min. Dias Toffoli, Primeira Turma, julgado em 18.11.2014, Processo Eletrônico DJe-240 divulg 5.12.2014 public 9.12.2014).

7. Mazzili inclui dentre as associações civis com legitimidade para as ações civis públicas as organizações privadas, sem fins lucrativos, que geram ou produzem bens e serviços, públicos ou privados, como as organizações não governamentais (ONGs), cooperativas, associações e fundações (3º setor). MAZZILI, Hugo Nigro. **A defesa dos interesses difusos em juízo.** 19. ed. São Paulo: Saraiva, 2006. p. 282.

O requisito da pré-constituição poderá ser dispensado pelo juiz, quando houver manifesto interesse social evidenciado pela dimensão ou característica do dano, ou pela relevância do bem jurídico a ser protegido (Lei nº 7.347/85, art. 5º, § 4º).

Atenção:

É interesse anotar que a doutrina entende que, embora o sindicato seja uma modalidade de associação, ele não se submete aos requisitos descritos no item V, citado anteriormente. Noutras palavras, o sindicato não tem necessidade de ser constituído há pelo menos 1 ano para ter legitimidade, vez que a Constituição Federal conferiu tratamento diferenciado a essa entidade, autorizando-a expressamente, no art. 8º, a representar a categoria. Além disso, a finalidade institucional do sindicato é presumida, qual seja tutelar os interesses e direitos coletivos e individuais da categoria (CF/88, art. 8º, III).

Destaca-se que as cooperativas poderão ser dotadas de legitimidade extraordinária autônoma concorrente para agirem como substitutas processuais em defesa dos direitos coletivos de seus associados quando a causa de pedir versar sobre atos de interesse direto dos associados que tenham relação com as operações de mercado das cooperativas, desde que isso seja previsto em seu estatuto e haja, de forma expressa, autorização manifestada individualmente pelo associado ou por meio de assembleia geral que delibere sobre a propositura da medida judicial (Lei nº 13.806/19, art. 88-A).

O Ministério Público, se não intervier no processo como parte, atuará, obrigatoriamente, como fiscal da ordem jurídica (Lei nº 7.347/85, art. 5º, § 1º).

A propósito, em caso de desistência infundada ou abandono da ação por associação legitimada, o Ministério Público ou outro legitimado assumirá a titularidade ativa (Lei nº 7.347/85, art. 5º, § 3º).

Ademais, decorridos 60 dias do trânsito em julgado da sentença condenatória, sem que a associação autora lhe promova a execução, deverá fazê-lo o Ministério Público, facultada igual iniciativa aos demais legitimados (LACP, art. 15).

2.6. Litisconsórcio

Litisconsórcio é o fenômeno processual decorrente da existência de duas ou mais pessoas figurando no polo ativo, passivo, ou em ambos os polos da demanda.

No caso da ação civil pública, fica facultado ao Poder Público e a outras associações legitimadas habilitar-se como litisconsortes de qualquer das partes (Lei nº 7.347/85, art. 5º, § 2º).

Ademais, é admitido o litisconsórcio facultativo entre os Ministérios Públicos da União, do Distrito Federal e dos estados na defesa dos interesses e direitos de que cuida a Lei nº 7.347/85 (LACP, art. 5º, § 4º).

2.7. Objeto

O art. 3º da LACP prevê que a ação civil pública "poderá ter por objeto a condenação em dinheiro ou o cumprimento de obrigação de fazer ou não fazer".

A propósito, o art. 83 do CDC permite o ajuizamento de "todas as espécies de ações capazes de propiciar sua adequada e efetiva tutela".

Na ação que tenha por objeto o **cumprimento de obrigação de fazer ou não fazer**, o juiz determinará o cumprimento da prestação da atividade devida ou a cessação da atividade nociva, sob pena de execução específica, ou de cominação de multa diária, se esta for suficiente ou compatível, **independentemente de requerimento do autor** (LACP, art. 11). Aliás, o art. 84 do CDC admite que, além da tutela específica, o juiz poderá determinar providências que assegurem o resultado prático equivalente ao do adimplemento.

É possível que seja requerida tutela específica para que a prática de um ato ilícito seja impedida ou para que seja inibida a repetição do ato ou a sua continuação. Trata-se da denominada tutela inibitória prevista no art. 497, parágrafo único, do CPC/15:

> Parágrafo único. Para a concessão da tutela específica destinada a inibir a prática, a reiteração ou a continuação de um ilícito, ou a sua remoção, é irrelevante a demonstração da ocorrência de dano ou da existência de culpa ou dolo.

Conforme se observa da redação do parágrafo único do art. 497 do CPC/15, é irrelevante a demonstração da ocorrência de dano ou da existência de culpa ou dolo para a concessão da tutela. Essa regra se justifica pela natureza preventiva da tutela inibitória, possuindo como objetivo justamente evitar a ocorrência de lesão. Caso a lesão já tenha ocorrido, deverá ser requerida a tutela reparatória que, inclusive, poderá ser cumulada com a inibitória (para que seja inibida a continuação ou a repetição do ato).

A conversão da obrigação (tutela específica) em perdas e danos somente será admissível se por elas optar o autor ou se impossível a tutela específica ou a obtenção do resultado prático correspondente (CDC, art. 84, § 1º). A indenização por perdas e danos se fará sem prejuízo da multa (CDC, art. 84, § 2º).

Ademais, para a tutela específica ou para a obtenção do resultado prático equivalente, poderá o juiz determinar as medidas necessárias, tais como busca e apreensão, remoção de coisas e pessoas, desfazimento de obra, impedimento de atividade nociva, além de requisição de força policial (CDC, art. 84, § 5º).

Na hipótese de **condenação em dinheiro**, este será revertido para um fundo próprio, como dispõe o art. 13 da LACP:

> **Art. 13.** Havendo condenação em dinheiro, a indenização pelo dano causado reverterá a um fundo gerido por um Conselho Federal ou por Conselhos Estaduais de que participarão necessariamente o Ministério Público e representantes da comunidade, sendo seus recursos destinados à reconstituição dos bens lesados.

> § 1º. Enquanto o fundo não for regulamentado, o dinheiro ficará depositado em estabelecimento oficial de crédito, em conta com correção monetária.
>
> § 2º. Havendo acordo ou condenação com fundamento em dano causado por ato de discriminação étnica nos termos do disposto no art. 1º desta Lei, a prestação em dinheiro reverterá diretamente ao fundo de que trata o caput e será utilizada para ações de promoção da igualdade étnica, conforme definição do Conselho Nacional de Promoção da Igualdade Racial, na hipótese de extensão nacional, ou dos Conselhos de Promoção de Igualdade Racial estaduais ou locais, nas hipóteses de danos com extensão regional ou local, respectivamente.

No âmbito trabalhista, como ainda não existe um fundo específico, reverte-se a indenização ao Fundo de Amparo do Trabalhador (FAT), porque é o que mais se aproxima dessa seara, vez que é destinado a custear o seguro-desemprego, o pagamento do abono salarial (PIS) e financiar programas de desenvolvimento econômico e social voltados para o interesse dos trabalhadores.

Finalmente, cumpre salientar que, em uma única ação, podem ser cumulados diversos pedidos, inclusive para tutelar interesses e direitos diferentes (difusos, coletivos e individuais homogêneos).

2.8. Tutelas de Urgência

Em decorrência da longa duração do processo, o ordenamento criou mecanismos que buscam distribuir o ônus do tempo do processo. Em outros termos, antigamente, apenas o autor arcava com a demora do processo, de modo que o ordenamento passou a instituir mecanismos para o que réu também sofra os riscos do tempo do processo. Têm-se aqui as chamadas tutelas de urgência, como é o caso da tutela cautelar e da tutela antecipada.

Assim como no dissídio individual, a ação civil pública, ainda com maior razão por tutelar direitos metaindividuais, está respaldada por tais tutelas. Nesse sentido, preveem os arts. 4º e 12, caput, da LACP:

> **Art. 4º.** Poderá ser ajuizada ação cautelar para os fins desta Lei, objetivando, inclusive, evitar dano ao patrimônio público e social, ao meio ambiente, ao consumidor, à honra e à dignidade de grupos raciais, étnicos ou religiosos, à ordem urbanística ou aos bens e direitos de valor artístico, estético, histórico, turístico e paisagístico.
>
> **Art. 12.** Poderá o juiz conceder mandado liminar, com ou sem justificação prévia, em decisão sujeita a agravo. (...)

O procedimento das tutelas de urgência na ação civil pública segue a sistemática do Código de Processo Civil. Assim, considerando que processo cautelar autônomo foi excluída do CPC/2015, seu requerimento deverá ocorrer por meio de pedido cautelar antecedente ou incidental. Do mesmo modo, a tutela antecipada (CPC/2015, art. 294, parágrafo único).

Ademais, o art. 84, § 3º, CDC estabelece que "sendo relevante o fundamento da demanda e havendo justificado receio de ineficácia do provimento final, é lícito ao juiz conceder a tutela liminarmente ou após justificação prévia, citado o réu". Nessa hipótese e na sentença, o juiz poderá impor multa diária ao réu, independentemente de pedido do autor, se for suficiente ou compatível com a obrigação, fixando prazo razoável para o cumprimento do preceito.

Atenção:

A multa cominada liminarmente só será exigível do réu após o trânsito em julgado da decisão favorável ao autor, mas será devida desde o dia em que se houver configurado o descumprimento (LACP, art. 12, § 2º)*.

(*)Esse dispositivo é criticado pela doutrina e jurisprudência, porque viola a efetivação da tutela jurisdicional, invocando-se a incidência do art. 537, § 3º, do CPC/2015 que admite a execução provisória da multa, devendo ser depositada em juízo, permitindo seu levantamento após o trânsito em julgado da sentença favorável à parte. Nesse sentido, vem decidindo o C. TST, conforme o seguinte julgado: TST-E-RR-161200 - 53.2004.5.03.0103, Tribunal Pleno, rel. Min. Delaíde Miranda Arantes, 19.4.2016 (Informativo nº 133).

Frisa-se, ainda, que a tutela provisória concedida ou indeferida antes da sentença não é suscetível de recurso, de modo que sua impugnação poderá ser feita por meio de mandado de segurança (Súmula nº 414, II, do TST).

Por fim, o art. 12, § 1º, da LACP permite que, a requerimento de pessoa jurídica de direito público interessada, e para evitar grave lesão à ordem, à saúde, à segurança e à economia pública, o presidente do tribunal a que competir o conhecimento do respectivo recurso suspenda a execuçao da liminar, em decisão fundamentada, da qual caberá agravo para uma das turmas julgadoras, no prazo de 5 dias a partir da publicação do ato.

2.9. Prescrição

A prescrição é instituto que tem como objetivo dar segurança nas relações jurídicas. Desse modo, se a parte, por inércia ou negligência, não age na tutela de seus interesses durante o prazo estabelecido em lei, ocorrerá a prescrição. Salienta-se que a prescrição está ligada a direito patrimonial.

Portanto, a prescrição pressupõe o não agir da parte interessada e uma condenação pecuniária (patrimonial).

No caso dos direitos difusos e coletivos, é sabido que tais direitos são indivisíveis e indisponíveis, não tendo ainda conteúdo econômico (patrimonial). Ademais, o próprio titular do direito material não pode agir, dependendo para tanto da atuação do legitimado coletivo.

Com efeito, tratando-se de direitos difusos e coletivos, não há prescrição.

Por outro lado, no caso de direitos individuais homogêneos, já estudamos que eles são divisíveis e patrimoniais. Além disso, o próprio titular do direito pode ajuizar individualmente sua ação, não dependendo da atuação do ente coletivo. É o caso, por exemplo, do pedido de adicional de insalubridade que, por decorrer de uma origem comum, pode legitimar a substituição processual pelo sindicato. Nada impede, porém, que o próprio trabalhador ajuíze, individualmente, sua reclamação postulando referido adicional.

Diante disso, quando se buscar a tutela de direitos individuais homogêneos incidirá a prescrição, nos termos do art. 7, XXIX, da CF/88.

Atenção:

A ação movida por sindicato, na qualidade de substituto processual, interrompe a prescrição, ainda que tenha sido considerada parte ilegítima *ad causam* (OJ nº 359 da SDI-I do TST).

Em resumo, podemos simplificar da seguinte forma:

1) **Direitos e interesses difusos e coletivos**: não há prescrição.

2) **Direitos individuais homogêneos**: aplica-se a prescrição trabalhista.

2.10. Litispendência

Haverá litispendência quando se repete ação idêntica que está em curso (CPC/2015, art. 337, § 3º). Diz-se que uma ação é idêntica à outra quando tem as mesmas partes, a mesma causa de pedir e o mesmo pedido (CPC/2015, art. 337, § 2º).

Diante desse conceito indaga-se se existe litispendência entre a ação civil pública e uma ação individual.

A resposta é negativa, como expressamente declara o art. 104 do CDC.

Isso se justifica porque entre a ação individual e a ACP não há identidade de partes (numa é o titular do direito material e, na outra, o legitimado coletivo), além do que os pedidos são diferentes.

Não havendo litispendência, significa que ambas as ações poderão prosseguir normalmente. E, nesse caso, o titular do direito material (autor da ação individual) poderá se beneficiar das duas ações?

O ordenamento, atento a esse fato, determina que os autores das ações individuais somente serão favorecidos pela ação coletiva, se for requerida a suspensão da ação individual no prazo de 30 dias, a contar da ciência nos autos do ajuizamento da ação coletiva (CDC, art. 104).

Desse modo, os autores da ação individual possuem duas opções:

1) Prosseguir com a ação individual[8].

8. Ressaltamos que o STJ já entendeu que é possível a suspensão obrigatória da ação individual: RECURSO REPETITIVO. PROCESSUAL CIVIL. RECURSO ESPECIAL. AÇÃO COLETIVA. MACRO-LIDE. CORREÇÃO DE SALDOS DE CADERNETA DE POUPANÇA. SUSTAÇÃO DE ANDAMENTO DE AÇÕES INDIVIDUAIS. POSSIBILIDADE. 1.- Ajuizada coletiva atinente a macro-lide geradora de processos multitudinários, suspendem-se as ações individuais, no

Nesse caso, não será beneficiado pela ação coletiva.

2) Suspender a ação individual.

Nessa hipótese, se os pedidos da ação coletiva forem julgados procedentes, a ação individual será arquivada, e o titular do direito poderá promover a liquidação e execução de seus créditos com base na sentença coletiva.

Por outro lado, sendo julgados improcedentes os pedidos da ação coletiva, o titular do direito não será prejudicado, podendo prosseguir com o andamento da ação individual.

2.11. Instrução

Na fase instrutória da ação civil pública, assim como ocorre no processo individual, são admitidos todos os meios legais e os moralmente legítimos necessários à convicção do juiz (CPC/2015, art. 369). Desse modo, pode ser determinada pelo juízo ou Tribunal qualquer diligência necessária ao esclarecimento dos objetos das ações civis públicas (CLT, art. 765).

É válido observar que as provas obtidas no Inquérito Civil não precisam ser repetidas em juízo. Isso ocorre porque, embora o inquérito civil seja inquisitivo e, portanto, sem contraditório, ele é presidido pelos membros do Ministério Público, que possuem fé pública, o que gera a presunção de validade e legalidade dos atos praticados no inquérito.

Desse modo, não incumbe à parte contrária simplesmente impugnar as provas apresentadas, devendo comprovar que não são verdadeiras, a fim de afastar a presunção que milita sobre elas.

Destaca-se ainda que, os entes coletivos (Ministério Público ou sindicatos), por não serem titulares do direito material pleiteado em juízo, não podem confessar e transigir, ou seja, não podem dispor dos direitos materiais pretendidos[9]. Desse modo, se não podem confessar, consequentemente, seus membros não se submetem ao depoimento pessoal.

Por fim, na ação civil pública, tal como nos dissídios individuais, aplica-se a teoria dinâmica do ônus da prova, quando o reclamado tiver melhor aptidão para a prova, nos termos do art. 818, § 1°, da CLT.

---

aguardo do julgamento da ação coletiva. 2.-Entendimento que não nega vigência aos art. 51, IV, §1°, 103 e 104 do Código de Defesa do Consumidor 122 e 166 do Código Civil e 2° e 6° do Código de Processo Civil, com os quais se harmoniza, atualizando-lhes a interpretação extraída da potencialidade desses dispositivos legais ante a diretriz legal resultante do disposto no art. 543-C do Código de Processo Civil, com a redação dada pela Lei dos Recursos Repetitivos (Lei n. 11.672, de 8.5.2008). 3.- Recurso Especial improvido. (STJ, Recurso Especial n° 111059/RS. Relator: Min. Sidnei Beneti. Data de Julgamento: 28/10/2009. Data de Publicação: 14/12/2009).

9. MELO, Raimundo Simão. *Ação civil pública na Justiça do Trabalho*. 4. ed. São Paulo: LTr, 2012. p. 240.

2.12. Sentença

A sentença produzida na ação civil pública é diferente a depender do direito a ser tutelado.

Quando se busca tutelar direitos difusos e coletivos, a sentença coletiva assemelha-se à sentença do processo individual, impondo obrigações de fazer, não fazer ou de indenização pelos danos coletivos causados.

Já na hipótese de direitos individuais homogêneos, a sistemática é muito diferente, vez que a sentença profere uma **condenação genérica**, oportunidade em que há definição da:

a) identidade do sujeito passivo da obrigação (ex., empregador);

b) existência da obrigação do devedor (ex., o setor X possui agentes insalubres);

c) natureza da prestação devida (ex., pagamento de adicional de 20% sobre o salário).

Noutras palavras, a condenação genérica define o núcleo da homogeneidade dos direitos afirmados na inicial, não se preocupando, nesse momento, com os titulares do direito. É por isso que não se exige mais o rol de substituídos.

Posteriormente, na fase de liquidação, identifica-se quem é o titular do direito (ex., João, Pedro, Paulo etc.) e qual o valor da prestação a que faz jus (ex., João, R$ 600,00; Pedro, R$ 950,00; e Paulo, R$ 1.100,00).

2.13. Coisa Julgada

No processo individual, estudamos que a sentença faz coisa julgada para as partes entre as quais é dada, não prejudicando terceiros (CPC/2015, art. 506). Produz efeitos, portanto, entre as partes (inter partes). Ademais, haverá formação da coisa julgada quando ocorrer a resolução do mérito, independentemente de qual seja o resultado em cada caso (procedência, improcedência, homologação de acordo etc.) É o que se denominada de coisa julgada pro et contra.

No processo coletivo, o regime da coisa julgada é totalmente diferente do processo individual, modificando sua aplicação a depender do direito tutelado e do resultado da demanda, como estabelece o art. 103 do CDC, in verbis:

> **Art. 103**. Nas ações coletivas de que trata este código, a sentença fará coisa julgada:
>
> I – erga omnes, exceto se o pedido for julgado improcedente por insuficiência de provas, hipótese em que qualquer legitimado poderá intentar outra ação, com idêntico fundamento valendo-se de nova prova, na hipótese do inciso I do parágrafo único do art. 81;
>
> II – ultra partes, mas limitadamente ao grupo, categoria ou classe, salvo improcedência por insuficiência de provas, nos termos do inciso anterior, quando se tratar da hipótese prevista no inciso II do parágrafo único do art. 81;

III – erga omnes, apenas no caso de procedência do pedido, para beneficiar todas as vítimas e seus sucessores, na hipótese do inciso III do parágrafo único do art. 81.

§ 1º. Os efeitos da coisa julgada previstos nos incisos I e II não prejudicarão interesses e direitos individuais dos integrantes da coletividade, do grupo, categoria ou classe.

§ 2º. Na hipótese prevista no inciso III, em caso de improcedência do pedido, os interessados que não tiverem intervindo no processo como litisconsortes poderão propor ação de indenização a título individual.

§ 3º. Os efeitos da coisa julgada de que cuida o art. 16, combinado com o art. 13 da Lei nº 7.347, de 24 de julho de 1985, não prejudicarão as ações de indenização por danos pessoalmente sofridos, propostas individualmente ou na forma prevista neste código, mas, se procedente o pedido, beneficiarão as vítimas e seus sucessores, que poderão proceder à liquidação e à execução, nos termos dos arts. 96 a 99.

§ 4º. Aplica-se o disposto no parágrafo anterior à sentença penal condenatória.

Passamos a analisar o referido dispositivo.

2.13.1. Interesses ou direitos difusos e coletivos

A formação de coisa julgada material na ação civil pública, que tutela interesses e direitos difusos e coletivos, deve ser analisada em três hipóteses distintas:

a) improcedência do pedido por insuficiência de prova;

b) improcedência do pedido por outros motivos;

c) procedência do pedido.

No primeiro caso (improcedência do pedido por insuficiência de prova), **não haverá formação de coisa julgada material**, seja para os legitimados coletivos, seja para a coletividade, o grupo, a categoria ou a classe. Desse modo, existindo prova nova qualquer legitimado poderá intentar nova ação coletiva com idêntico fundamento da ação anterior. Fala-se aqui em coisa julgada secundum eventum probationis.

Na segunda hipótese (improcedência do pedido por outros motivos), haverá coisa julgada material para os legitimados coletivos, que não poderão ajuizar nova ação coletiva. No entanto, essa decisão não prejudicará a coletividade, o grupo, a categoria ou a classe, vez que a coisa julgada na ação coletiva somente poderá beneficiar os titulares do direito material. Trata-se da chamada coisa julgada secundum eventum litis (de acordo com o resultado da lide).

Já na terceira proposição (procedência do pedido), haverá coisa julgada material para os legitimados coletivos, beneficiando, inclusive, a coletividade, o grupo, a categoria ou a classe. Tem-se aqui, novamente, a coisa julgada secundum eventum litis.

Frisa-se que, nesse último caso, há diferença do alcance da coisa julgada a depender do interesse tutelado, como se verifica a seguir:

Interesses e direitos difusos	Erga omnes
Interesses e direitos coletivos	*Ultra partes*, mas limitadamente ao grupo, categoria ou classe

Na hipótese de procedência do pedido, os integrantes da coletividade, do grupo, da categoria ou da classe e seus sucessores poderão liquidar e executar a sentença coletiva.

Contudo, é importante salientar que, sendo interesses difusos e coletivos, não há um mero enquadramento no âmbito individual da situação genérica decidida, como ocorre nos direitos individuais homogêneos. Há, na realidade, o transporte do que foi decidido coletivamente para a esfera individual, o que é denominado de transporte in utilibus (para beneficiar) da coisa julgada. Exemplificamos para melhor compreensão:

- O MPT ajuíza ação civil pública em face da empresa X, alegando que o setor Z da empresa está em condições insalubres, em decorrência do calor, devendo para tanto instalar diversos exaustores no setor. Reconhecidas as condições do local, a sentença julga procedente o pedido da ACP, determinando que a empresa instale referidos exautores, transitando em julgado, posteriormente, a decisão. Nesse caso, percebe-se que a decisão coletiva é de obrigação de fazer (instalar exaustores). No entanto, o trabalhador do setor Z, utilizando-se do transporte in utilibus da coisa julgada, poderá proceder à liquidação e execução individual para o recebimento do adicional de insalubridade, já que na decisão ficou reconhecida a condição insalubre do local. Atenta-se para o fato de que não se trata de prova emprestada, mas de decisão transitada em julgado que, simplesmente, será liquidada e executada individualmente, vez que, por beneficiar o integrante do grupo, será transportada para o âmbito individual.

Frisa-se, ainda, que o art. 16 da LACP[10] prevê que a sentença coletiva ficará restrita aos limites da competência territorial do órgão prolator. No entanto, a doutrina entende que esse dispositivo é ineficaz, pois se esqueceu de revogar o art. 103 do CDC, que estabelece os efeitos da coisa julgada nas ações coletivas. Além disso, confundiu limites subjetivos da coisa julgada com jurisdição e competência[11].

Cumpre destacar que a constitucionalidade do art. 16 da LACP está sendo analisada no Recurso Extraordinário nº 1101937, em que o Min. Alexandre de Moraes determinou a suspensão nacional de todos os processos em andamento que discutem a abrangência do limite territorial das decisões proferidas em ação civil pública. De qualquer modo, no Tema 715 (ARE 796473), o STF já havia fixado a tese de que "a

10. Art. 16. A sentença civil fará coisa julgada *erga omnes*, nos limites da competência territorial do órgão prolator, exceto se o pedido for julgado improcedente por insuficiência de provas, hipótese em que qualquer legitimado poderá intentar outra ação com idêntico fundamento, valendo-se de nova prova.

11. STF-RE 1101937. O Min. Alexandre de Moraes determinou a suspensão nacional de todos os processos em andamento que discutem a abrangência do limite territorial das decisões proferidas em ação civil pública. Cabe destacar, porém, que no Tema 715 (ARE 796473), o STF já havia fixado a tese de que "a questão da limitação territorial da eficácia da decisão proferida em ação coletiva tem natureza infraconstitucional, e a ela se atribuem os efeitos da ausência de repercussão geral, nos termos do precedente fixado no RE n. 584.608, rel. a Ministra Ellen Gracie, DJe 13/03/2009."

questão da limitação territorial da eficácia da decisão proferida em ação coletiva tem natureza infraconstitucional, e a ela se atribuem os efeitos da ausência de repercussão geral, nos termos do precedente fixado no RE n. 584.608, rel. a Ministra Ellen Gracie, DJe 13/03/2009."

2.13.2. Interesses ou direitos individuais homogêneos

A coisa julgada material na ação coletiva que tutela direitos individuais homogêneos é um pouco diferente do analisado no tópico anterior.

No caso desses direitos, o estudo é dividido em apenas duas hipóteses:

a) improcedência do pedido;

b) procedência do pedido.

Na primeira hipótese, seja pela insuficiência de prova, seja por outros motivos, haverá formação de coisa julgada material para os entes coletivos, que ficam impedidos de ajuizarem nova demanda com o mesmo fundamento. Portanto, nos direitos individuais homogêneos não se usa a coisa julgada secundum eventum probationis.

Entretanto, tal decisão não prejudicará as vítimas e seus sucessores.

Atenção:

Existe, porém, um caso em que, mesmo ocorrendo improcedência do pedido, as vítimas e seus sucessores serão prejudicados. Isso ocorrerá quando o interessado participar do processo como assistente litisconsorcial* (CDC, art. 103, § 2º). Nessa hipótese, independentemente do resultado da demanda, ele será atingido.

(*)A norma fala em litisconsorte, o que é criticado pela doutrina.

Na segunda hipótese (procedência do pedido), haverá formação de coisa julgada material para os entes coletivos, beneficiando todas as vítimas e sucessores. Aplica-se aqui a coisa julgada *secundum eventum litis*.

Ademais, a sentença coletiva terá efeitos *erga omnes*.

Assim, havendo procedência dos pedidos, poderão, individualmente, as vítimas e seus sucessores liquidar e executar a sentença coletiva. A propósito, a liquidação e a execução também poderão ser ajuizadas, coletivamente, pelo legitimado coletivo.

No caso da execução individual, é competente o juízo da liquidação da sentença ou da ação condenatória. Já na execução coletiva, a competência é do juízo da ação condenatória (CDC, art. 98, § 2º).

É importante dizer, nesse ponto, que, sendo direitos individuais homogêneos, há um mero enquadramento no âmbito individual da decisão coletiva. Noutras palavras, aqui não há necessidade da figura do transporte in utilibus da coisa julgada, bastando o enquadramento da decisão coletiva no campo individual. Exemplificamos:

- Sindicato ajuíza ação civil coletiva em face da empresa X postulando o pagamento do adicional de insalubridade para os trabalhadores do setor Y. Sendo procedente o pedido, será proferida uma sentença genérica que determinará o pagamento do adicional de insalubridade para os trabalhadores daquele setor. Percebe-se que aqui, diferentemente do que ocorre nos direitos difusos e coletivos, o pedido já é de condenação ao pagamento do adicional de insalubridade, bastando que, na liquidação, o trabalhador demonstre que trabalhava no setor Y por determinado período, fazendo jus a certo montante.

2.13.3. Esquema

Em resumo, podemos esquematizar da seguinte forma a coisa julgada coletiva:

Interesses ou direitos difusos	**Produz efeitos *erga omnes***	1) improcedência do pedido por falta de prova: não faz coisa julgada material; 2) improcedência do pedido por outros motivos: faz coisa julgada material apenas para os legitimados coletivos, não prejudicando a coletividade, o grupo, a categoria ou a classe; 3) procedência do pedido: faz coisa material, beneficiando, a coletividade, o grupo, a categoria ou a classe.
Interesses ou direitos coletivos	**Produz efeitos *ultra partes*, mas limitadamente ao grupo, categoria ou classe**	
Interesses ou direitos individuais homogêneos	**Produz efeitos *erga omnes***	1) improcedência do pedido: faz coisa julgada material para o legitimado coletivo, não prejudicando as vítimas e seus sucessores, exceto se estes tiverem participado do processo como assistentes litisconsorciais; 2) procedência do pedido: faz coisa julgada material, beneficiando as vítimas e seus sucessores.

2.14. Despesas Processuais e Honorários Advocatícios

Na ação civil pública não haverá adiantamento de custas, emolumentos, honorários periciais e nenhuma outra despesa, nem condenação da associação autora, salvo comprovada má-fé, em honorários de advogado, custas e despesas processuais (LACP, art. 18).

No caso de litigância de má-fé, a associação autora e os diretores responsáveis pela propositura da ação serão solidariamente condenados em honorários advocatícios e ao décuplo das custas, sem prejuízo da responsabilidade por perdas e danos (LACP, art. 17).[12]

Atenção:

Na hipótese de ação civil pública ajuizada por sindicato, figurando como substituto processual, admite-se a condenação do reclamado (réu) ao pagamento dos honorários advocatícios, como determina a Súmula nº 219, III, do TST[10].

12. Súmula nº 219, III, do TST: "III – São devidos os honorários advocatícios nas causas em que o ente sindical figure como substituto processual (...)." Esse entendimento é reforçado pela nova sistemática dos honorários advocatícios implementado no art. 791 da CLT.

2.15. Liquidação e Execução

Como já visto, a sentença produzida na ação civil pública é diferente a depender do direito a ser tutelado, podendo ser sintetizada da seguinte forma:

1) direitos difusos e coletivos: a sentença coletiva impõe obrigações de fazer, não fazer ou condenação de indenização pelos danos morais coletivos;

2) direitos individuais homogêneos: a sentença profere uma **condenação genérica**, definindo o sujeito passivo da obrigação, a existência da obrigação do devedor e a natureza da prestação devida.

No primeiro caso, na fase de liquidação e execução não há diferenças para as ações individuais, aplicam-se as regras de liquidação de sentença previstas na CLT e, supletiva e subsidiariamente, as normas do CPC/2015. Nessas hipóteses, portanto, a liquidação poderá ocorrer por cálculos, arbitramento ou artigos (procedimento comum), sendo competente o juízo que tiver prolatado a condenação genérica.

Na tutela dos direitos difusos e coletivos, a execução cabe, primeiramente, ao autor coletivo da ação civil pública e, caso este não tome as providências no prazo de 60 dias do trânsito em julgado da decisão, incumbirá obrigatoriamente ao Ministério Público tomar as providências necessárias à execução e, facultativamente, aos demais legitimados concorrentes (Lei nº 7.347/85, art. 15).

Além disso, em decorrência do efeito in utilibus da coisa julgada, os trabalhadores que tiverem sofrido o dano poderão transportar os efeitos da coisa julgada da ação civil pública para as ações individuais de reparação pelos danos pessoalmente sofridos[13].

Já **no segundo caso,** referente aos **direitos individuais homogêneos**, a sentença sempre será genérica[14], dependendo necessariamente de liquidação por artigos (procedimento comum).

Noutras palavras, a condenação genérica define o núcleo da homogeneidade dos direitos afirmados na inicial, não se preocupando, nesse momento, com os titulares do direito. É por isso que não se exige mais o rol de substituídos. Posteriormente, na fase de liquidação por artigos, identifica-se quem é o titular do direito e qual o valor da prestação a que faz jus. Além disso, deve-se provar o nexo de causalidade. Exemplo:

Ação civil coletiva ajuizada por sindicato da categoria com o pedido de condenação do empregador ao pagamento de adicional de insalubridade aos trabalhadores que laboram no setor X da empresa, porque tais empregados estão expostos a agentes

13. MELO, Raimundo Simão de. *Ação civil pública na Justiça do Trabalho*. 4. ed. São Paulo: LTr, 2012. p. 288.

14. Art. 95, CDC. Em caso de procedência do pedido, a condenação será genérica, fixando a responsabilidade do réu pelos danos causados.

insalubres. A sentença julga procedente o pedido e reconhece a existência de insalubridade em grau médio, condenando[15], assim, o empregador ao pagamento de adicional de 20% sobre o salário-mínimo a título de adicional de insalubridade aos empregados do setor X. Em seguida, inicia-se a liquidação realizada pelo sindicato. Na liquidação, o sindicato delimitará todos os trabalhadores (João, Pedro, Paulo etc.) que laboram no setor X e o valor a ser destinado a cada um (João, R$ 600,00, Pedro, R$ 950,00 e Paulo, R$ 1.100,00 etc.). Verifica-se que os valores poderão ser diferentes, pois aqueles que laboraram por maior período receberão valores acima dos demais. Acabada a liquidação e definidos os valores, começa-se a execução propriamente dita, oportunidade em que os trabalhadores receberão seus haveres.

Portanto, a sentença preocupa-se com os aspectos homogêneos (iguais), enquanto a liquidação está direcionada aos pontos heterogêneos (diferentes).

Nas ações coletivas que tutelam interesses individuais homogêneos, a execução da sentença poderá ocorrer de três formas:

1) execução pela vítima ou pelos sucessores

2) execução pelos legitimados coletivos (CDC, art. 97, *caput*)

Como se verifica pelo exemplo anterior, na primeira hipótese o próprio titular do direito material poderia ajuizar, fora a ação coletiva, a liquidação e a execução individual pleiteando os valores que lhe eram devidos individualmente. Por outro lado, o sindicato que ajuizou a ação civil coletiva também poderá fazer a liquidação e a execução, identificando o crédito de cada um dos trabalhadores. Como há identificação dos créditos individualmente considerados, parte da doutrina indica que, nesse caso, também teremos uma liquidação "individual", embora formulada pelo ente coletivo.

Cumpre destacar que o STF reconhece ao sindicato a legitimidade, de forma ilimitada[16], para tutelar os interesses metaindividuais dos integrantes da categoria, seja na fase de conhecimento, seja nas fases de liquidação e execução. Isso significa que o ente coletivo atua como substituto processual, de modo que não precisa de autorização dos substituídos para promover a liquidação e a execução.

3) execução coletiva (*fluid recovery*):

Como visto, na liquidação dos direitos individuais homogêneos é necessária a identificação dos beneficiários, a definição do quantum devido e a comprovação do nexo de causalidade.

Desse modo, em diversos ocasiões necessita-se de informações dos beneficiários, que o ente coletivo não possui.

15. Condenação genérica.
16. STF – RE 214.668-4. Rel. Min. Joaquim Barbosa. DJ. 24.8.2007.

Nessa hipótese, pode ocorrer de um número ínfimo de titulares apresentar os dados e habilitar-se, de maneira que a condenação não terá nenhum efeito para o condenado. É só imaginarmos uma condenação de um sindicato que descontou indevidamente as contribuições assistenciais dos não sindicalizados, dependendo o MPT, autor da ação civil coletiva, de dados dos não associados.

Embora tenha sido dado publicidade à demanda, nos termos do art. 94 do CDC, se os trabalhadores não se habilitaram para receber seus créditos e indicar qual período tiveram o desconto indevido, o Sindicato não terá que pagar a condenação, saindo ileso da demanda. Nesses casos, o art. 100 do CDC, inspirado na jurisprudência norte-americana, prevê o instituto da fluid recovery (reparação fluída), criando uma contenção de conteúdo pedagógico a ser destinada ao Fundo criado pela Lei nº 7.347/85.

Assim, quando decorrido o prazo de um ano sem habilitação de interessados em número compatível com a gravidade do dano reconhecido na ação coletiva para tutela de direitos individuais homogêneos, o ente coletivo poderá promover a execução coletiva, que tem caráter eminentemente pedagógico.

Vê-se, pois, que nesse caso a condenação não irá para o titular do direito material, mas para um Fundo, que na seara trabalhista, em regra, é o Fundo de Amparo do Trabalhador-FAT, por falta de um fundo específico criado no âmbito laboral.

2.16. Informativos do TST Relacionados ao Tema

Ação Civil Pública
Ação civil pública ajuizada em vara do trabalho da sede do TRT. Dano de abrangência nacional. Limitação da coisa julgada à área de jurisdição do Tribunal Regional. Contrariedade ao item III da Orientação Jurisprudencial nº 130 da SBDI-II. Configuração. No caso em que o objetivo da ação civil pública é coibir conduta ilícita da empresa que tem atividade em todo o território nacional, e não só nos estabelecimentos localizados na área de jurisdição da 90ª Vara do Trabalho da Capital do Estado de São Paulo, em que ajuizada a ação, contraria o item III da Orientação Jurisprudencial nº 130 da SBDI-II a decisão que define como limite territorial dos efeitos, da coisa julgada a área de jurisdição do TRT da 2ª Região. Com esse entendimento, a SBDI-I, por unanimidade, conheceu dos embargos, por divergência jurisprudencial, e, no mérito, deu-lhes provimento para estender a todo o território nacional os efeitos da decisão proferida na ação civil pública. TST-E-ED-RR-129600-12.2006.5.02.0090 SBDI-I, rel. Min. Brito Pereira, 4.4.2013 (Informativo nº 41)
Ação civil pública. Efeitos da sentença. Alcance territorial. Inciso II do art. 103 do CDC. É possível estender a todo território nacional os efeitos da sentença proferida em ação civil pública ajuizada perante a Vara do Trabalho de Juiz de Fora/MG, visto que a eficácia da decisão se rege, sob a ótica objetiva, pelo pedido e pela causa de pedir e, sob a ótica subjetiva, pelas partes no processo. Sendo certo que pelo alcance da lesão define-se a competência para o julgamento da ação civil pública, os efeitos da decisão proferida devem alcançar todos os interessados, sob pena de haver o ajuizamento de múltiplas ações civis sobre a mesma matéria, as quais serão julgadas por juízes diversos, gerando o risco de decisões contraditórias e militando contra os princípios da economia

processual e da segurança jurídica. Assim, aplicando-se subsidiariamente a diretriz do inciso II do art. 103 do CDC, que define os efeitos ultra partes da coisa julgada, limitados ao grupo, categoria ou classe, quando se tratar da tutela de direitos coletivos ou individuais homogêneos, a SBDI-I decidiu, por maioria, vencido o Ministro Antônio José de Barros Levenhagen, conhecer do recurso de embargos interposto pelo Ministério Público do Trabalho, por divergência jurisprudencial e, no mérito, ainda por maioria, vencidos os Ministros Carlos Alberto Reis de Paula, relator, e Antônio José de Barros Levenhagen, dar-lhe provimento para restabelecer o acórdão do Regional, que estendeu aos estabelecimentos do banco reclamando em todo o território nacional os efeitos da coisa julgada oriunda da sentença proferida pela Vara do Trabalho de Juiz de Fora/MG. Na espécie, postulou o MPT que o Banco Santander Banespa S.A. implementasse o Programa de Controle Médico Ocupacional, consignasse corretamente o registro dos horários de trabalho de seus empregados, concedesse intervalos intra e interjornadas, procedesse ao pagamento integral das horas extras devidas e se abstivesse de prorroga-las além do permitido em lei. TST-E-ED-RR-32500-65.2006.5.03.0143, SBDI-I, rel. Min. Carlos Alberto Reis de Paula, red. p/ acórdão Min. Lelio Bentes Corrêa, 3.4.2014 (Informativo nº 78)

Ação civil pública. Multa pelo descumprimento de obrigação de não fazer. Execução antes do trânsito em julgado da decisão. Art. 5º, LV, da CF. Violação.

A SBDI-I, por unanimidade, não conheceu dos embargos do Ministério Público do Trabalho, mantendo o acórdão da Turma que, vislumbrando violação do art. 5º, LV, da CF, deu provimento parcial ao recurso de revista da SANEPAR para determinar que a multa diária pelo descumprimento de obrigação de não fazer imposta nos autos de ação civil pública incida tão somente após o exaurimento do prazo de 120 dias para o cumprimento da obrigação, contados a partir do trânsito em julgado da decisão. No caso, prevaleceu o entendimento de que a execução das astreintes antes do trânsito em julgado da decisão que apreciou a legalidade ou não da terceirização de mão-de-obra revela o perigo de irreversibilidade da decisão, caso sobrevenha entendimento em sentido contrário, o que impossibilitaria a restituição ao status quo ante. TST-E-RR-1850400-42.2002.5.09.0900, SBDI-I, rel. Min. Renato de Lacerda Paiva, 20.6.2013 (Informativo nº 52)

Ação civil pública. Multa coercitiva. Astreinte. Limitação temporal. Impossibilidade.

A SBDI-I, por maioria, conheceu de embargos, por divergência jurisprudencial, e, no mérito, deu-lhes provimento para restabelecer a sentença proferida em ação civil pública na parte em que fixou *astreinte* sem a limitação temporal de sessenta dias, caso haja descumprimento da obrigação de fazer reconhecida em juízo. A cominação de multa coercitiva pelo descumprimento da obrigação de fazer tem como propósito compelir o devedor a realizar a prestação devida, configurando-se meio indireto de execução. Nos termos do art. 537 do CPC de 2015, a *astreinte* pode ser concedida tanto na fase de conhecimento quanto na fase de execução, sendo possível, também, aumentar-lhe ou reduzir-lhe o valor, a qualquer momento, desde que necessário à efetividade da determinação judicial. Assim, não se pode admitir que o juiz da fase de conhecimento fixe um limite temporal para a aplicação da multa coercitiva, sob pena de retirar do Juízo da execução, responsável pelo cumprimento do julgado, instrumento imprescindível à efetividade da determinação judicial, e de esvaziamento do disposto no § 4º do art. 537 do CPC de 2015, no que determina a incidência da multa enquanto não cumprida a decisão que a tiver cominado. No caso concreto, a sentença julgou parcialmente procedente a ação civil pública ajuizada pelo Ministério Público do Trabalho contra o Município de Bodoquena/MS para estabelecer a obrigação de fazer, de natureza continuada, consistente no fornecimento de Equipamento de Proteção Individual – EPI, treinamento adequado, água potável e veículo apropriado à coleta de lixo aos trabalhadores do serviço público de limpeza urbana municipal, sob pena de multa diária em caso de descumprimento. Todavia, o acórdão do Tribunal Regional, mantido pelo acórdão turmário, julgou parcialmente procedente o pedido para reduzir o valor da multa aplicada e limitá-la ao período de sessenta dias. Vencidos os Ministros Maria Cristina Irigoyen Peduzzi, Brito Pereira, Márcio Eurico Vitral Amaro e Breno Medeiros TST-E-ED-RR-747-09.2013.5.24.0031, SBDI-I, rel. Min. Augusto César Leite de Carvalho, 5.4.2018 (Informativo nº 175).

Descumprimento de liminar. Abusividade da greve Astreintes. Destinação da multa. Valor devido ao exequente.

Nos termos do art. 537, § 2°, do CPC de 2015, o valor das astreintes é devido ao exequente, de modo que a sua destinação não pode ser fixada de acordo com a discricionariedade do magistrado. Assim, a decisão judicial que determina que a multa aplicada em razão do descumprimento de liminar seja paga a instituições beneficentes, ainda que louvável, contraria o disposto no art. 537, § 2°, do CPC de 2015, pois não atende ao critério objetivo nele fixado. Sob esse fundamento, a SDC, por maioria, deu provimento ao recurso ordinário adesivo para determinar que o valor total da multa arbitrada pelo Tribunal Regional, decorrente do descumprimento da liminar que declarou abusiva a greve, seja revertido ao exequente, no caso, o sindicato patronal. Vencidos os Ministros Mauricio Godinho Delgado e Lelio Bentes Corrêa. TST-RO-8-53.2017.5.11.0000, SDC, rel. Min. Ives Gandra da Silva Martins Filho, 9.9.2019 (Informativo n° 204)

Ação civil pública. Condenação a não utilizar-se de trabalhadores em testes de cigarro no "Painel de Avaliação Sensorial". Impossibilidade. Atividade lícita e regulamentada, mas de risco. Indenização. Dano moral coletivo.

A SBDI-I, por maioria, conheceu, por divergência jurisprudencial, dos embargos da Souza Cruz S.A. quanto ao tema relativo à condenação, nos autos de ação civil pública, a obrigação de não fazer, e, no mérito, ainda por maioria, deu-lhes provimento para afastar a obrigação de não utilizar-se de trabalhadores, empregados próprios ou de terceiros, inclusive de cooperativas, em testes de cigarro no denominado "Painel de Avaliação Sensorial". No caso, prevaleceu a tese de que, não obstante os riscos à saúde do trabalhador, o consumo de cigarros é lícito e a atividade de provador de tabaco é regulamentada pelo Ministério do Trabalho e Emprego, não cabendo à Justiça do Trabalho proibir ou impor condições ao exercício profissional que implique a prática de fumar. Vencidos, no conhecimento, os Ministros Augusto César de Carvalho, relator, Lelio Bentes Corrêa, José Roberto Freire Pimenta e Delaíde Miranda Arantes, e, no mérito, totalmente, os Ministros Lelio Bentes Corrêa, que não conhecia dos embargos, Augusto César de Carvalho, relator, Alberto Luiz Bresciani de Fontan Pereira, José Roberto Freire Pimenta e Delaíde Miranda Arantes, que negavam provimento aos embargos, e, parcialmente, o Ministro Luiz Philippe Vieira de Mello Filho, que dava provimento parcial ao recurso. Não obstante a licitude da participação de trabalhadores no denominado "Painel de Avaliação Sensorial", acima assentada, as indiscutíveis lesões à saúde decorrentes do contato com o tabaco permitem enquadrar a atividade de provador de cigarro como de risco, a atrair a aplicação da responsabilidade civil objetiva prevista no art. 927 do CC. Assim, a imposição de indenização, no caso, tem finalidade pedagógica, na medida em que desestimula a exposição dos empregados a agentes nocivos, uma vez que cabe à empregadora zelar pela saúde e segurança de seus trabalhadores. Com esses fundamentos, a SBDI-I, por unanimidade, conheceu dos embargos do Ministério Público do Trabalho, por divergência jurisprudencial, e, no mérito, pelo voto prevalente da Presidência, deu-lhes provimento para restabelecer a decisão do Regional, que manteve a condenação da Souza Cruz S.A. à indenização pelos danos aos interesses difusos e coletivos dos trabalhadores, no valor de R$ 1.000.000,00 (um milhão de reais), reversível ao FAT – Fundo de Amparo ao Trabalhador, corrigido monetariamente, mês a mês, pelos mesmos índices utilizados para a atualização dos débitos trabalhistas. Vencidos os Ministros Ives Gandra Martins Filho, Brito Pereira, Maria Cristina Irigoyen Peduzzi, Luiz Philippe Vieira de Mello Filho, Alberto Luiz Bresciani de Fontan Pereira e Dora Maria da Costa. TST-E-ED-RR-120300-89.2003.5.01.0015, SBDI-I, rel. Min. Augusto César Leite de Carvalho, red. p/ acórdão Min. João Oreste Dalazen, 21.2.2013 (Informativo n° 37)

Ação Civil Pública. Multa diária. Art. 11 da Lei n° 7.347/85. Aplicação por descumprimento futuro de obrigações de fazer e de não fazer. Possibilidade.

Deve ser mantida a multa diária prevista no art. 11, da Lei 7.347/85, imposta pelo descumprimento futuro de obrigações de fazer e de não fazer, relativas a ilícitos praticados pela empresa – *in casu*, a submissão de trabalhadores a revistas íntimas e outras irregularidades referentes ao ambiente de trabalho –, ainda que constatada a reparação e a satisfação das recomendações e exigências determinadas pelo Ministério Público do Trabalho no curso da ação civil pública. Não convém afastar a aplicação da *astreinte* imposta com o intuito de prevenir o descumprimento da determinação judicial e a violação à lei, porque a partir da reparação do ilícito pela empresa a tutela reparatória converte-se em tutela inibitória, preventiva de eventual descumprimento, não dependendo da existência efetiva de dano. Com esse entendimento, a SBDI-I decidiu, por unanimidade, conhecer dos embargos interpostos pelo MPT, por divergência jurisprudencial e, no mérito, dar-lhes provimento para, reformando a decisão recorrida, restabelecer o acórdão do TRT que determinou que a reclamada se abstivesse de proceder à revista íntima dos seus empregados, mantendo todas as providências já tomadas relativamente aos pedidos formulados na exordial, sob pena de multa diária de R$ 1.000,00 para cada descumprimento detectado, revertida ao Fundo de Amparo ao Trabalhador (FAT). TST-E-ED-RR-656-73.2010.5.05.0023, SBDI-I, rel. Min. Augusto César Leite de Carvalho, 15.5.2014 (Informativo nº 82)

Ação Civil Pública. Contratação de motociclistas para transporte de mercadorias por meio de cooperativa. Presença dos elementos caracterizadores do vínculo de emprego. Terceirização ilícita. Condenação de não fazer. Proporcionalidade.

A SBDI-I considerou desproporcional a determinação de que empresa se abstenha de contratar serviço de entregas domiciliares, mediante empresa interposta, quando a declaração de ilicitude da terceirização tem por fundamento a constatação de fraude na contratação de empregados por intermédio de cooperativa. Ressaltou-se que, no caso, a ilicitude da terceirização não estava relacionada diretamente com a atividade de transporte de mercadorias, a qual não se confunde com a atividade-fim da empresa, que é a comercialização e manipulação de produtos farmacêuticos, mas com a presença dos elementos caracterizadores do vínculo de emprego. Com esse entendimento, a Subseção, por unanimidade, conheceu do recurso de embargos, por divergência jurisprudencial e, no mérito, deu-lhes provimento parcial para restringir a condenação de não fazer atribuída à ré à determinação de se abster da prática do procedimento fraudatório evidenciado nos autos, sob pena de multa diária no valor duzentos reais, a contar do trânsito em julgado da decisão, a ser convertida em favor do Fundo de Amparo ao Trabalhador. TST-E-ED-RR-152800-16.2001.5.03.0019, SBDI-I, rel. Min. Aloysio Corrêa da Veiga, 12.12.2013 (informativo nº 70)

Mandado de segurança. Ação civil pública ajuizada pelo Ministério Público do Trabalho. Antecipação de tutela. Ato coator que proíbe o sindicato de qualquer intermediação de mão de obra entre avulsos e tomadores de serviço. Ofensa aos arts. 4º e 5º da Lei nº 12.023/2009. Provimento parcial.

A concessão de tutela antecipada, pleiteada em ação civil pública, para que o ente sindical impetrante se abstenha de exercer uma de suas funções previstas em lei (intermediação de mão de obra entre avulsos e tomadores de serviço), contraria os arts. 4º e 5º da Lei nº 12.023/2009. No caso, não obstante a pretensão legítima do Ministério Público do Trabalho, no sentido de prevenir irregularidades na intermediação de mão de obra, consignou-se que a administração da escala de trabalho verdadeiramente avulso não poderia ser proibida ao ente sindical, visto que lhe fora exclusivamente atribuída por força de lei. Sob esse fundamento, a SBDI-II, por unanimidade, conheceu do recurso ordinário interposto pelo MPT e, no mérito, deu-lhe provimento parcial para limitar a tutela antecipada à abstenção do sindicato de fornecer mão de obra em caráter não eventual, como requerido subsidiariamente pelo parquet. TST-RO-6510-36.2013.5.15.0000, SBDIII, rel. Min. Alberto Luiz Bresciani de Fontan Pereira, 17.11.2015. (Informativo nº 124)

Ação civil pública. Nulidade de cláusula de convenção coletiva. Inadequação da via eleita. Necessidade de ajuizamento de ação anulatória.

Dos termos do art. 3º da Lei nº 7.347/85 depreende-se que a ação civil pública ostenta natureza eminentemente cominatória, ou seja, visa à imposição de condenação pecuniária ou ao cumpri mento de uma obrigação de fazer ou de não fazer. Assim, não constitui o meio adequado para postular a declaração de nulidade de cláusula de norma coletiva, a qual desafia o ajuizamento de ação anulatória perante o juízo competente. Sob esse fundamento, a SBDI-I, por unanimidade, conheceu do recurso de embargos, por divergência jurisprudencial, e, no mérito, deu-lhe provimento para julgar incabível a ação civil pública, reestabelecendo o acórdão do Tribunal Regional. TST-E--RR-281-80.2014.5.01.0302, SBDI-I, rel. Min. Hugo Carlos Scheuermann, 23.11.2017 (Informativo nº 169).

Matéria afetada ao Tribunal Pleno. Ação civil pública. Multa por descumprimento de obrigação de fazer (astreinte). Exigibilidade antes do trânsito em julgado. Depósito em juízo.

É possível a exigibilidade da multa (astreinte) por descumprimento de obrigação de fazer imposta em sentença proferida nos autos de ação civil pública antes do trânsito em julgado, desde que depositada em juízo, com fundamento no princípio da máxima efetividade e no afastamento da aplicação do art. 12, § 2º, da Lei 7.347/85 frente ao que preceitua o art. 84 do Código de Defesa do Consumidor. Sob esse posicionamento, e superando a questão de ordem suscitada quanto à conversão do julgamento em diligência para que as partes sejam intimadas a se manifestar sobre a aplicação ou não, na espécie, do art. 537, § 3º, do CPC de 2015, à luz dos arts. 9º e 10 do CPC de 2015 e 4º da IN nº 39/2016 do TST, o Tribunal Pleno decidiu, por unanimidade, conhecer dos embargos, por divergência jurisprudencial, e, no mérito, por maioria, dar-lhes provimento parcial para restabelecer a decisão proferida pelo Tribunal Regional, que manteve a exigibilidade do pagamento de multa antes do trânsito em julgado da decisão condenatória, ficando, no entanto, condicionada ao depósito em juízo, com levantamento somente após o trânsito em julgado da decisão. Vencidos os Ministros João Oreste Dalazen, Maria Cristina Irigoyen Peduzzi, Renato de Lacerda Paiva, Emmanoel Pereira, Guilherme Augusto Caputo Bastos, Márcio Eurico Vitral Amaro, Walmir Oliveira da Costa e Ives Gandra Martins Filho. TST-E-RR-161200 - 53.2004.5.03.0103, Tribunal Pleno, rel. Min. Delaíde Miranda Arantes, 19.4.2016 (Informativo nº 133)

Execução. Sentença proferida nos autos de ação coletiva ajuizada por sindicato na condição de substituto processual. Execução individual. Possibilidade. Legitimidade concorrente. Art. 5º, XXXV, da CF.

O empregado, de forma individual, possui legitimidade para promover a execução de sentença proferida nos autos de ação coletiva ajuizada por sindicato na condição de substituto processual, sob pena de ofensa ao art. 5º, XXXV, da CF. Trata-se de legitimação concorrente e não subsidiária, nos termos dos arts. 97 e 98 do CDC, razão pela qual o direito de escolha quanto à execução, se individual ou coletiva, está relacionado ao próprio conteúdo do direito de ação. Sob esses fundamentos, a SBDI-I, por unanimidade, conheceu dos embargos, por divergência jurisprudência, e, no mérito, deu-lhes provimento para, reformando o acórdão recorrido, determinar o retorno dos autos à vara do trabalho de origem para, afastada a extinção do processo sem resolução do mérito, por falta de interesse de agir, prossiga no julgamento da causa como entender de direito. TST-E-RR– 1843-88.2012.5.15.0049, SBDI-I, rel. Min. Augusto César Leite de Carvalho, 30.3.2017 (Informativo execução nº 30)

Ação civil pública. Obrigação de fazer. Cumprimento de normas relativas à jornada de trabalho. Ajustamento da conduta após o ajuizamento da ação. Tutela inibitória. Manutenção.

Deve ser mantida a tutela inibitória concedida pelo descumprimento das normas relativas à jornada de trabalho, ainda que constatada a posterior regularização da situação no curso da ação civil pública. A conduta da ré de ajustar seu procedimento às normas referidas não afasta o interesse processual do Ministério Público do Trabalho de formular tutela inibitória para prevenir a futura lesão de direitos fundamentais trabalhistas. É evidente a necessidade de se admitir a tutela de natureza preventiva, destinada a inibir a repetição pela empresa ré de ato contrário ao direito ao meio ambiente de trabalho equilibrado, seguro e saudável, também no que tange à jornada de trabalho e aos respectivos intervalos para descanso, sob pena de se admitir que as normas que proclamam esse direito ou objetivam protegê-lo não teriam nenhuma significação prática, pois poderiam ser violadas a qualquer momento, restando somente o ressarcimento do dano causado. Sob esse fundamento, a SBDI-I, por unanimidade, conheceu dos embargos, no tópico, por divergência jurisprudencial, e, no mérito, negou-lhes provimento, mantendo incólume a decisão turmária mediante a qual não se conheceu do recurso de revista interposto pela ré. TST-E-ED-RR-43300-54.2002.5.03.0027, SBDI-I, rel. Min. José Roberto Freire Pimenta, 5.4.2018. (*Cf. Informativo nº 82) (Informativo nº 175).

Ação civil pública. Adequação do meio ambiente do trabalho. Servidores estaduais estatutários. Competência da Justiça do Trabalho. Súmula nº 736 do STF.

Conforme entendimento consagrado pelo Supremo Tribunal Federal nos autos do processo STF-Rcl 3303/PI, a restrição da competência da Justiça do Trabalho para julgar as causas de interesse de servidores públicos, resultante do decidido na ADI 3395/DF-MC, não alcança as ações civis públicas propostas pelo Ministério Público do Trabalho cuja causa de pedir seja o descumprimento de normas de segurança, saúde e higiene dos trabalhadores. No caso, aplica-se a Súmula nº 736 do STF, pois a ação se volta à tutela da higidez do local de trabalho e não do indivíduo em si, de modo que é irrelevante o tipo de vínculo jurídico existente entre os servidores e o ente público. Sob esse fundamento, a SBDI-I, por unanimidade, conheceu dos embargos, por divergência jurisprudencial, e, no mérito, deu-lhes provimento para declarar a competência da Justiça do Trabalho, decretar a nulidade dos atos decisórios e determinar o retorno dos autos à Vara do Trabalho de origem, a fim de que prossiga no julgamento como entender de direito. TST-E-ED-RR-60000-40.2009.5.09.0659, SBDI-I, rel. Min. Walmir Oliveira da Costa, 22.11.2018 (Informativo nº 188).

Ação civil pública. Tutela inibitória. Concessão. Juízo de probabilidade. Não submissão a marco temporal. Desnecessidade da presença de prévia violação de direito.

A tutela inibitória possui natureza preventiva e seu objetivo é evitar a prática, a repetição ou a continuação do ilícito do qual, potencialmente, advirá o dano a direitos fundamentais. Ademais, como qualquer provimento jurisdicional que se volta para o futuro, a tutela inibitória não dispensa o julgador de efetuar um juízo de probabilidade, o qual, todavia, não se submete a um marco temporal, nem exige prévia violação de direito. No caso, a Turma não conheceu do recurso de revista do Ministério Público do Trabalho, adotando a fundamentação do TRT no sentido de que não é possível o acolhimento de tutela inibitória diante de situações hipotéticas e abstratas, nem quando ausentes elementos de prova que indiquem concretamente qualquer violação ou ameaça de violação de direitos, levando-se em consideração os instrumentos coletivos firmados pelas partes nos cinco anos anteriores ao ajuizamento da ação civil pública em que o Ministério Público do Trabalho requer que os sindicatos demandados se abstenham de instituir instrumentos coletivos com cláusulas contrárias aos direitos sociais dos trabalhadores. Sob esse entendimento, a SBDI-I, por maioria, conheceu dos embargos, por divergência jurisprudencial, e, no mérito, também por maioria, deu-lhes provimento para afastar o obstáculo imposto ao deferimento da tutela inibitória pleiteada e determinar o retorno dos autos à Turma de origem para exame da juridicidade das cláusulas impugnadas pelo Ministério Público do Trabalho, devendo os réus serem condenados a absterem-se de firmar cláusulas em instrumentos coletivos de conteúdo ilegal. Vencidos, no conhecimento, os Ministros Maria Cristina Irigoyen Peduzzi, Márcio Eurico Vitral Amaro, Alexandre Luiz Ramos e Renato de Lacerda Paiva, e, no mérito, os Ministros Maria Cristina Irigoyen Peduzzi, Márcio Eurico Vitral Amaro, Breno Medeiros, Alexandre Luiz Ramos e Renato de Lacerda Paiva. TST-E-ED-RR-683900-65.2009.5.09.0024, SBDI-I, rel. Min. Alberto Luiz Bresciani de Fontan Pereira, 11.4.2019 (Informativo nº 194)

Ação civil pública. Dano moral coletivo. Greve. Ajuizamento simultâneo de interditos proibitórios. Abuso do direito de ação. Não configuração.

O mero ajuizamento simultâneo de vários interditos proibitórios por diversas instituições financeiras não configura, pro si só, dano moral coletivo. No caso, não restou evidenciado exercício abusivo do direito de ação e, consequentemente, conduta antissindical. Conforme registrado pelo acórdão do Tribunal Regional, o objetivo das ações consistiu unicamente em resguardar o livre acesso, no interior das agências bancárias, de clientes e empregados não integrantes do movimento paredista, inserindo-se, portanto, na prerrogativa de livre uso e gozo da posse, de modo que o ajuizamento dos interditos proibitórios pode ser considerado plenamente legítimo. Ademais, não se vislumbra abusividade no ajuizamento de vinte e um interditos se considerada a amplitude da base territorial do sindicato autor da ação civil pública (quase duas mil agências bancárias em Belo Horizonte e região) e o número de instituições financeiras que se utilizaram da ação possessória (seis bancos). Por fim, reforça a ausência de conduta abusiva o fato de o TRT também ter registrado que oito liminares foram concedidas no bojo das ações possessórias ajuizadas. Sob esses fundamentos, a SBDI-I, por maioria, conheceu do recurso de embargos, por divergência jurisprudencial, e, no mérito, também por maioria, deu-lhes provimento para restabelecer o acórdão do Tribunal Regional que julgara improcedente o pedido de indenização por dano moral coletivo. Vencidos, no conhecimento, os Ministros Augusto César Leite de Carvalho, relator, Hugo Carlos Scheuermann e Cláudio Mascarenhas Brandão; e, no mérito, os Ministros Augusto César Leite de Carvalho, relator, José Roberto Freire Pimenta, Hugo Carlos Scheuermann, Cláudio Mascarenhas Brandão e Luiz Philippe Vieira de Mello Filho. TST-E-ED-ED-RR-253840-90.2006.5.03.0140, SBDI--I, rel. Min. Augusto César Leite de Carvalho, red. p/ acórdão Min. Ives Gandra da Silva Martins Filho, 23.5.2019 (Informativo nº 196)

Mandado de segurança. Cabimento. Ação coletiva. Determinação de emenda à petição inicial, sob pena de indeferimento. Ato teratológico. Exigência de requisitos não previstos em lei. Orientação Jurisprudencial nº 92 da SBDI-II. Não incidência.

Cabe mandado de segurança contra decisão que nos autos de ação coletiva determinou a emenda da petição inicial, sob pena de indeferimento, para que fossem identificados os setores e os cargos dos substituídos, os locais de trabalho dos substituídos expostos a agentes perigosos, quais recebiam adicional de insalubridade e a que agentes insalubres estavam submetidos. Trata-se de ato de nítido caráter teratológico, que causou prejuízos imediatos ao sindicato impetrante, pois exigidos requisitos não previstos em lei para o ajuizamento da ação coletiva, em flagrante desrespeito ao art. 8º, III, da CF (ampla legitimidade sindical) e aos arts. 95 e 98 do CDC, os quais autorizam a condenação genérica nas ações coletivas, com posterior liquidação individualizada na fase de cumprimento da sentença. Assim, faz-se necessário afastar, de forma excepcional, a aplicação da Orientação Jurisprudencial nº 92 da SBDI-II para permitir o manejo imediato do writ e assegurar ao impetrante o direito ao prosseguimento da ação coletiva na forma como proposta. Sob esse entendimento, a SBDI-II, por unanimidade, conheceu do recurso ordinário e, no mérito, deu-lhes provimento para conceder a segurança, cassar a ordem de emenda à inicial e determinar o prosseguimento do feito. TST-RO-155-18.2018.5.12.0000, SBDI-II, rel. Min. Luiz José Dezena da Silva, 11.6.2019 (Informativo nº 199)

Ação civil pública. Ministério Público do Trabalho. Legitimidade ativa. Pedido de abstenção de exigência de jornada acima do limite legal permitido e observância dos intervalos interjornadas. Ação fundada em autos de infração referentes a uma única empregada. Não modificação da natureza coletiva da ação.

O Ministério Público do Trabalho tem legitimidade para ajuizar ação civil pública pleiteando a abstenção da empresa empregadora de exigir o cumprimento de jornada além do limite legal e a concessão regular do intervalo entre duas jornadas previsto no art. 66 da CLT, mesmo na hipótese em que a ação esteja fundada apenas em três autos de infração, dois deles referindo-se aos direitos discutidos, mas limitados a uma única empregada. O fato de haver a comprovação de lesão a apenas uma trabalhadora não desnatura o caráter coletivo da demanda, pois o que se busca não é o ressarcimento da empregada, mas a observância das normas relativas à duração do trabalho e dos respectivos intervalos interjornadas, em defesa do ordenamento jurídico e, de forma secundária, do conjunto de empregados da reclamada. Sob esse entendimento, a SBDI-I, por maioria, conheceu dos embargos, por divergência jurisprudencial, vencidos os Ministros Augusto César Leite de Carvalho, Luiz Philippe Vieira de Mello Filho, Walmir Oliveira da Costa, José Roberto Freire Pimenta, Hugo Carlos Scheuermann e Cláudio Mascarenhas Brandão. No mérito, também por maioria, a Subseção negou provimento ao recurso para manter a decisão turmária que reconhecera a legitimidade ativa do MPT para ajuizar a presente ação, vencidos os Ministros Maria Cristina Irigoyen Peduzzi, relatora, Guilherme Augusto Caputo Bastos, Márcio Eurico Vitral Amaro e Breno Medeiros. TST-E-RR-2713-60.2011.5.02.0040, SBDI-I, rel. Min. Maria Cristina Irigoyen Peduzzi, red. p/ acórdão Min. José Roberto Freire Pimenta 8.8.2019 (Informativo nº 201)

Competência da Justiça do Trabalho. Ação civil pública. Contratação temporária por ente público. Termo de Ajustamento de Conduta. Execução.

Nos termos do art. 876 da CLT, a Justiça do Trabalho é competente para a execução de multa, em razão do inadimplemento, por ente público, de obrigação prevista em Termo de Ajustamento de Conduta (TAC) firmado perante o Ministério Público do Trabalho. No caso, o Município de Votuporanga/SP descumpriu o compromisso de contratar por tempo determinado somente para atender a necessidade temporária de excepcional interesse público, mediante prévia aprovação em processo seletivo. Segundo a jurisprudência do STF, a execução de TAC não se confunde com o decidido na ADI 3395-MC, que afastou a competência da Justiça do Trabalho para processar e julgar causas instauradas entre o Poder Público e o servidor vinculado a ele por relação jurídicoadministrativa. Assim, a SBDI-I, por unanimidade, conheceu dos embargos, por divergência jurisprudencial, e, no mérito, por maioria, deu-lhes provimento para determinar o retorno dos autos ao TRT de origem para que, superada a arguição de incompetência, julgue os agravos de petição das partes como entender de direito. Vencidos os Ministros Aloysio Corrêa da Veiga, relator, Breno Medeiros, Alexandre Luiz Ramos, Renato de Lacerda Paiva e Brito Pereira. TST-E-ED-RR-1156- 17.2011.5.15.0027, rel. Min. Aloysio Corrêa da Veiga, red. p/ acórdão Min. Augusto César Leite de Carvalho, 5.9.2019 (Informativo nº 204)

Mandado de segurança. Ação civil pública. Indeferimento dos pedidos de mediação e de reconsideração. Ausência de direito líquido e certo. Orientação Jurisprudencial nº 92 da SBDIII.

Não é cabível o manejo de mandado de segurança para impugnar decisões que indeferiram os pedidos de mediação e de reconsideração formulados pelo sindicato impetrante. Na espécie, o MPT ajuizou ação civil pública em face do Sindicato dos Trabalhadores em Alimentação e Afins do Estado do Espírito Santo, requerendo a condenação em obrigação de não fazer, consistente na abstenção de realizar acordos em nome dos trabalhadores, destituição de toda a diretoria e indenização por danos materiais e morais coletivos. O Sindicato apresentou pedido de mediação para solucionar a questão relativa à abstenção de cobranças de honorários advocatícios decorrentes da prestação de assistência judiciária, o qual foi indeferido. Em virtude do indeferimento, postulou reconsideração, que foi rejeitada. Ocorre que a Lei nº 5.584/70 diz que a assistência judiciária prestada pelo sindicato é gratuita. Assim, não há falar em direito líquido e certo, tampouco em cabimento de mandado de segurança. Sob esses fundamentos, a SBDI-II, por unanimidade, conheceu do recurso ordinário e, no mérito, por maioria, vencida a Ministra Delaíde Miranda Arantes, negou-lhe provimento. TST-RO-572-30.2018.5.17.0000, SBDI-II, rel. Min. Delaíde Miranda Arantes, red. p/ acórdão Min. Douglas Alencar Rodrigues, 18.2.2020. (Informativo nº 215)

Ação civil pública. Ministério Público do Trabalho. Cabimento. Obrigação de não fazer. Não concessão de vale-transporte em dinheiro. Ausência de pedido de nulidade da norma coletiva em que amparado o pagamento.

É cabível ação civil pública em que o Ministério Público do Trabalho requer que a empresa ré se abstenha de conceder a seus empregados o vale-transporte em dinheiro, sem, todavia, formular pedido de nulidade da norma coletiva que ensejou a prática adotada pela empregadora. No caso, a validade e a eficácia da cláusula coletiva foi questionada apenas como causa de pedir, ensejando provimento incidenter tantum. Ademais, como a pretensão formulada pelo MPT não é de nulidade expressa e total da cláusula da norma coletiva com eficácia ultra partes, mas de cumprimento de obrigação de não fazer cominada com aplicação de penalidade por eventual descumprimento, a ação cabível é a ação civil pública e não ação anulatória, a qual teria natureza exclusivamente declaratória e competência funcional para julgamento do TRT ou do TST, e não da Vara do Trabalho. Sob esse entendimento, a SBDI-I, em sua composição plena, por unanimidade, conheceu dos embargos, por divergência jurisprudencial e, no mérito, por maioria, negou-lhes provimento para manter a decisão turmária que reconhecera a legitimidade ativa do MPT para propor ação civil pública na espécie. Vencidos os Ministros Márcio Eurico Vitral Amaro, Breno Medeiros, Alexandre Luiz Ramos e Renato de Lacerda Paiva. TST-E-RR-62600-91.2009.5.01.0421, SBDI-I, rel. Min. Augusto César Leite de Carvalho, 24.10.2019 (Informativo nº 210)

Ação civil pública. Tutela inibitória. Prevenção de nova ocorrência do ilícito. Obrigação de não fazer. Proibição de fundar, criar, gerenciar ou participar de qualquer outra cooperativa fraudulenta. Possibilidade.

No caso, o Ministério Público do Trabalho ajuizou Ação Civil Pública para obter a reparação de lesão aos direitos coletivos de trabalhadores contratados de forma fraudulenta em intermediação de mão de obra. Desde a sentença, mantida pelo TRT e pela 5ª Turma do TST, reconheceu-se a configuração do dano moral coletivo, com a condenação solidária ao pagamento de indenização, além da imposição de que a cooperativa não mais forneça mão de obra a terceiros. Contudo, foi rejeitada a pretensão do MPT de que, por meio de obrigação de não fazer, fossem os réus, pessoas físicas, impedidos de "fundar, criar, participar de, gerenciar, administrar qualquer outra sociedade cooperativa que tenha por objeto o fornecimento e a intermediação de mão-de-obra, e cujas atividades estejam fora da hipótese prevista no artigo 4° da Lei 5.764/71". A SBDI-I, por maioria de votos, reformou o acórdão embargado, por entender que a concessão da tutela inibitória pleiteada tem apenas o escopo de coibir ou prevenir futuras condutas lesivas à ordem jurídica, não implicando afronta aos direitos constitucionais de liberdade de associação e de presunção de inocência, sobretudo, porque a proibição restringe-se à constituição de sociedade cooperativa fraudulenta. Sob esse fundamento, a SBDI-I, por unanimidade, conheceu dos embargos interpostos pelo MPT, por divergência jurisprudencial, e, no mérito, por maioria, deu-lhes provimento para condenar os sócios-réus na obrigação de não mais fundar, criar, gerenciar, administrar ou participar de qualquer outra sociedade cooperativa que tenha por objeto o fornecimento e a intermediação de mão de obra e cujas atividades não estejam previstas nos artigos 4° da Lei nº 5.764/71, sob pena de multa de R$1.000,00 para cada trabalhador prejudicado pela fraude, revertida ao FAT. Vencidos os Ministros Maria Cristina Irigoyen Peduzzi, relatora, Luiz Philippe Vieira de Mello Filho, Marcio Eurico Vitral Amaro, Alexandre Luiz Ramos e João Batista Brito Pereira. TST-Ag-E-RR-163400- 88.2009.5.02.0037, SBDI-I, rel. Maria Cristina Irigoyen Peduzzi, red. p/ acórdão Min. Cláudio Mascarenhas Brandão, 12.3.2020 (Informativo nº 216)

3. AÇÃO RESCISÓRIA

3.1. Introdução

A ação rescisória é ação especial destinada a desconstituir decisões judiciais que tenham gerado, como regra, coisa julgada material. Tem, portanto, natureza jurídica de ação constitutiva negativa.

No processo do trabalho, aludida ação vem disciplinada no art. 836 da CLT, o qual prevê:

> É vedado aos órgãos da Justiça do Trabalho conhecer de questões já decididas, excetuados os casos expressamente previstos neste Título e a ação rescisória, que será admitida na forma do disposto no Capítulo IV do Título IX da Lei nº 5.869, de 11 de janeiro de 1973 – Código de Processo Civil[17], sujeita ao depósito prévio de 20% (vinte por cento) do valor da causa, salvo prova de miserabilidade jurídica do autor.

Considerando que esse dispositivo não estabelece todos os requisitos da ação rescisória, aplicam-se supletivamente ao processo do trabalho os arts. 966 a 975 do CPC/2015, nos termos do art. 3º, XXVI, da TST-IN nº 39/2016, observando a peculiaridade de que, no ramo laboral, o depósito prévio é de 20% (vinte por cento) do valor da causa, permitindo sua isenção quando houver prova de miserabilidade jurídica do autor.

Desse modo, é no CPC que verificamos as principais diretrizes da ação rescisória trabalhistas. É por isso que a temática foi frontalmente atingida pelas mudanças introduzidas pelo CPC/15, as quais provocarão inclusive alteração em alguns posicionamentos do C. TST, como iremos explanar no decorrer do capítulo[18].

3.2. Competência

A competência para o julgamento da ação rescisória será **sempre de um tribunal**, ou seja, jamais será ajuizada na vara do trabalho. Trata-se de competência funcional e, portanto, de natureza absoluta.

A definição de qual tribunal irá processar e julgar a ação rescisória é encontrada pela decisão que se busca desconstituir. Como regra, é a decisão de mérito, proferida no processo originário, que vai delimitar a competência da ação rescisória.

Nesse contexto, define-se a competência para a ação rescisória da seguinte forma:

Tribunal Regional do Trabalho	Tribunal Superior do Trabalho
a) competência para rescindir seus próprios julgamentos b) competência para rescindir as decisões proferidas pelas varas do trabalho a ele vinculadas	competência para rescindir seus próprios julgamentos

No caso de decisão proferida pelo Tribunal Superior do Trabalho, tratando-se de dissídios individuais, a competência ficará a cargo da SDI-II, seja para as decisões das Turmas, seja para as decisões da própria SDI (art. 3º, I, "a", da Lei nº 7.701/88). Por outro lado, sendo dissídio coletivo, a competência será da SDC (art. 2º, I, "c", da Lei nº 7.701/88).

Nos casos em que a ação rescisória tiver como objetivo a desconstituição de uma **decisão de mérito**, o C. TST entende que se deve buscar a decisão de mérito para

17. Capítulo VII do Título I do Livro III da Lei nº 13.105/15, Novo Código de Processo Civil.
18. Para um aprofundamento sobre os reflexos do Novo CPC na jurisprudência consolidada do TST, indicamos nossa obra *Impactos do Novo CPC nas súmulas e orientações jurisprudenciais do TST*. Salvador: *Juspodivm*, 2016.

delimitar a competência da ação rescisória, pois é esta que está sujeita à rescindibilidade. Nesse sentido, a Súmula nº 192 do TST:

> **Súmula nº 192 do TST.** Ação Rescisória. Competência.
>
> I - Se não houver o conhecimento de recurso de revista ou de embargos, a competência para julgar ação que vise a rescindir a decisão de mérito é do Tribunal Regional do Trabalho, ressalvado o disposto no item II.
>
> II - Acórdão rescindendo do Tribunal Superior do Trabalho que não conhece de recurso de embargos ou de revista, analisando arguição de violação de dispositivo de lei material ou decidindo em consonância com súmula de direito material ou com iterativa, notória e atual jurisprudência de direito material da Seção de Dissídios Individuais (Súmula nº 333), examina o mérito da causa, cabendo ação rescisória da competência do Tribunal Superior do Trabalho.
>
> III - Sob a égide do art. 512 do CPC de 1973, é juridicamente impossível o pedido explícito de desconstituição de sentença quando substituída por acórdão do Tribunal Regional ou superveniente sentença homologatória de acordo que puser fim ao litígio.
>
> IV - Na vigência do CPC de 1973, é manifesta a impossibilidade jurídica do pedido de rescisão de julgado proferido em agravo de instrumento que, limitando-se a aferir o eventual desacerto do juízo negativo de admissibilidade do recurso de revista, não substitui o acórdão regional, na forma do art. 512 do CPC.
>
> V - A decisão proferida pela SBDI, em agravo regimental, calcada na Súmula nº 333, substitui acórdão de Turma do TST, porque emite juízo de mérito, comportando, em tese, o corte rescisório.

Ressaltamos que o CPC/2015 possibilita o ataque de decisão **sem mérito** na ação rescisória, o que significa que, nesse aspecto, o entendimento do TST consolidado na súmula nº 192, IV, somente será aplicado para as decisões transitadas em julgado na vigência do CPC de 1973, como expressamente declara referido item sumular. Melhor explicando.

A sistemática idealizada pelo CPC de 1973 sempre foi de que apenas a decisão de mérito era suscetível de corte rescisório.

Conquanto essa regra tenha sido mantida, o CPC/15 passou a permitir o ajuizamento da ação rescisória de decisão que, embora **não seja de mérito**, impeça:

> I - nova propositura da demanda; ou
>
> II - admissibilidade do recurso correspondente (art. 966, § 2º).

Em outros termos, a regra continua sendo o ataque à decisão de mérito, mas, com o advento do CPC/15, é possível indicar decisão destituída de mérito na ação rescisória, nos termos do art. 966, § 2º.

Agora se indaga: qual será o juízo competente para desconstituir tais decisões que não são dotadas de mérito?

Na hipótese do inciso I, deve-se atacar a última decisão que impediu a propositura da nova ação. Assim, se a última decisão é da Vara do Trabalho ou do Tribunal

Regional do Trabalho, a competência será do TRT. Por outro lado, sendo a última decisão do Tribunal Superior do Trabalho, a competência será do TST. Exemplificamos:

> João ajuíza reclamação trabalhista em face da empresa Zeca postulando horas extras e reintegração, realizando acordo judicial. Em seguida, resolve ajuizar nova reclamação, pleiteando indenização por danos morais. A nova reclamação é extinta sem resolução do mérito, na Vara do Trabalho, sob o fundamento de que o acordo judicial da plena quitação ao contrato, de modo que a segunda ação viola a coisa julgada (CPC/2015, art. 485, V). O empregado interpõe recurso ordinário, que é conhecido e não provido, mantendo-se a decisão de origem. Transitada em julgada a decisão do TRT, embora não seja de mérito, ela impede que o empregado possa discutir o pleito de indenização em outra ação, permitindo, assim, o ajuizamento da ação rescisória que, no caso, é de competência do TRT.

Já na hipótese do inciso II é competente para a ação rescisória o juízo que proferiu a decisão negativa de admissibilidade do recurso.

Desse modo, se a ação rescisória busca atacar a decisão de inadmissibilidade do recurso de revista proferida no TST ou dos embargos para a SDI, a competência para analisá-la é do C. TST, ainda que a decisão não seja de mérito. Por outro lado, se a inadmissibilidade foi proferida pelo Tribunal Regional do Trabalho a competência será do TRT.

Cumpre registrar que o C. TST entende que, sob à égide do CPC/73, o manifesto equívoco da parte em ajuizar ação rescisória no TST para desconstituir julgado proferido pelo TRT, ou vice-versa, implicava a extinção do processo sem resolução de mérito por inépcia da inicial (OJ nº 70 da SDI-II do TST). Com o CPC/2015, o C. TST delimitou esse entendimento às ações submetidas ao rito do CPC/73.

É que, na vigência do novel código, nos casos de incompetência do tribunal, o autor será intimado para emendar a petição inicial e, em seguida, será permitido ao réu complementar os fundamentos de defesa, remetendo-se, posteriormente, os autos ao tribunal competente (CPC/2015, art. 968, §§ 5º e 6º).

Portanto, o CPC/15 impõe o encaminhamento dos autos ao juízo competente e não a extinção do processo como ocorria nas ações submetidas à disciplina do CPC/73.

Ademais, o TST permite o ajuizamento de uma única ação rescisória contendo mais de um pedido, em ordem sucessiva, de rescisão da sentença e do acórdão. Assim, sendo inviável a tutela jurisdicional de um deles, o julgador está obrigado a apreciar os demais, sob pena de negativa de prestação jurisdicional (OJ nº 78 da SDI-II do TST).

Atenção:

Na ação rescisória, não estão impedidos os juízes que participaram do julgamento da decisão que se busca desconstituir (Súmula nº 252 do STF).

3.3. Legitimidade

Nos termos do art. 967 do CPC/2015, têm legitimidade ativa para propor a ação rescisória:

I – quem foi parte no processo ou o seu sucessor a título universal ou singular;

II – o terceiro juridicamente interessado;

III – o Ministério Público:

a) se não foi ouvido no processo em que lhe era obrigatória a intervenção;

b) quando a decisão rescindenda é o efeito de simulação ou de colusão das partes, a fim de fraudar a lei;

c) em outros casos em que se imponha sua atuação;

IV – aquele que não foi ouvido no processo em que lhe era obrigatória a intervenção.

Observa-se pela alínea c do inciso III, anteriormente citado, que o CPC/15 contemplou a legitimidade do Ministério Público para propor a ação rescisória em todos os casos que imponham sua atuação, ou seja, quando houver interesse público a ser tutelado, tal como previsto na Súmula nº 407 do TST[19].

Atenta-se para o fato de que, existindo litisconsórcio no processo originário, na ação rescisória também existirá a figura do litisconsórcio, que será, quanto à sua obrigatoriedade, da seguinte forma:

a) No polo ativo: facultativo, uma vez que a aglutinação de autores se faz por conveniência e não pela necessidade decorrente da natureza do litígio, pois não se pode condicionar o exercício do direito individual de um dos litigantes no processo originário à anuência dos demais para retomar a lide (Súmula nº 406, I, do TST).

b) No polo passivo: necessário, porque supõe uma comunidade de direitos ou de obrigações que não admite solução díspar para os litisconsortes, em face da indivisibilidade do objeto (Súmula nº 406, I, do TST).

Cabe registrar uma exceção que consiste na rescisão de capítulos da sentença. Pode ocorrer de a parte pretender rescindir apenas um capítulo da sentença. Nesse caso, entendemos que o litisconsórcio passivo deverá ser formado apenas por aqueles que serão atingidos pela decisão. No mesmo sentido, Daniel Assumpção Neves:

> Visando a ação rescisória somente um capítulo da decisão que não afeta todos os sujeitos processuais (por exemplo, rescisão do capítulo que decidiu a denunciação da lide), não será necessário que todos os sujeitos do processo originário façam parte da ação rescisória.[20]

---

19. **Súmula nº 407 do TST**. Ação rescisória. Ministério público. Legitimidade "ad causam" prevista no art. 967, III, "a","b" e "c" do CPC de 2015. Art. 487, III, "a" e "b", do CPC de 1973. As hipóteses são meramente exemplificativas A legitimidade "ad causam" do Ministério Público para propor ação rescisória, ainda que não tenha sido parte no processo que deu origem à decisão rescindenda, não está limitada às alíneas "a", "b" e "c" do inciso III do art. 967 do CPC de 2015 (art. 487, III, "a" e "b", do CPC de 1973), uma vez que traduzem hipóteses meramente exemplificativas.

20. NEVES, Daniel Amorim Assumpção. Manual de direito processual civil. 2. ed. Rio de Janeiro: Forense; São Paulo: Método, 2010. p. 736.

3.3.1. Ação rescisória em face do sindicato

Pode ocorrer de a empresa condenada em ação civil coletiva ajuizada pelo sindicato pretender ajuizar ação rescisória para desconstituir a condenação genérica transitada em julgado. Nesse caso, surgia a dúvida se o sindicato poderia atuar no polo passivo da ação rescisória ou se todos os trabalhadores substituídos deveriam integrar o polo passivo.

A dúvida decorre (ia) de discussão na doutrina acerca da possibilidade ou não do substituto processual integrar o polo passivo de uma ação nessa condição.

Isso porque, para parte da doutrina, não se permite a atuação do ente coletivo no polo passivo, sob o fundamento de que o art. 5º da LACP, bem como o art. 82 do CDC autorizam tão somente a legitimidade ativa. Além disso, a sistemática da tutela dos direitos individuais homogêneos impõe que os beneficiários, quando não participaram do processo, somente poderão ser beneficiados, como declinado no art. 103, § 1º do CDC.

Para outra parte, o sindicato pode atuar como legitimado passivo, pois o art. 8º, III, da CF/88 não faz nenhuma distinção sobre a legitimidade ativa ou passiva. Aliás, tal atuação busca evitar decisões contraditórias, além de privilegiar a celeridade processual. A propósito, a ação coletiva passiva pode ser classificada em original ou derivada, declinando Fredie Didier Jr. e Hermes Zaneti Jr que:

> A ação coletiva passiva *original* é a que dá início a um processo coletivo, sem qualquer vinculação a um processo anterior. A ação coletiva *derivada* é aquela que decorre de um processo coletivo "ativo" anterior e é proposta pelo réu desse processo, como a ação de rescisão da sentença coletiva e a ação cautelar incidental a um processo coletivo. A classificação é importante, pois nas ações coletivas passivas não haverá problema na identificação do "representante adequado", que será aquele legitimado que propôs a ação coletiva de onde ela se originou[21]. (Grifos no original)

Desse modo, tratando-se a ação rescisória, nesse caso, de ação coletiva passiva derivada, o **C. TST**, ao menos quanto a ela, adotou o segundo posicionamento, **permitindo que o sindicato da ação originária participe da ação rescisória como legitimado passivo, independentemente da integração dos substituídos**, como se verifica pela **Súmula nº406, II:**

> **II –** O sindicato, substituto processual e autor da reclamação trabalhista, em cujos autos fora proferida a decisão rescindenda, possui legitimidade para figurar como réu na ação rescisória, sendo descabida a exigência de citação de todos os empregados substituídos, porquanto inexistente litisconsórcio passivo necessário.

---

21. DIDIER Jr., Fredie; ZANETI Jr., Hermes. Curso de direito processual civil: Processo coletivo. 5. ed. Bahia: Juspodivm, 2010. v. 4. p. 413-414.

Buscou-se assim dar celeridade e efetividade ao processo[22].

Nada impede, no entanto, de o substituído participar da ação rescisória, nos termos do art. 103, § 2º, do CDC, mas tal participação é facultativa e não obrigatória.

Consigna-se, por fim, que o sindicato, na ação rescisória, **não deverá apresentar rol de substituídos**, vez que a decisão produzirá efeitos para todos os integrantes da categoria ou trabalhadores atingidos pela ação originária. Essa é a própria razão de ser da ação coletiva. Admitir o contrário é fazer renascer o entendimento equivocado da já cancelada Súmula nº 310 do TST.[23]

3.4. Pressuposto da ação Rescisória

1) O ajuizamento da ação rescisória pressupõe a existência de dois pressupostos:

a) trânsito em julgado; e

b) decisão:	1) de mérito ou;
	2) destituída de mérito, desde que impeça nova propositura da demanda ou a admissibilidade do recurso correspondente.

3.4.1. Trânsito em julgado

O art. 966 do CPC/2015 prevê que poderá ser rescindida "a decisão de mérito transitada em julgado". Ademais, mesmo nas hipóteses de decisões rescindíveis destituídas de mérito (CPC/2015, art. 966, § 2º, do CPC/2015), exige-se que a decisão já tenha transitado em julgado.

Dá-se o trânsito em julgado de uma decisão, quando dela não caiba mais nenhum recurso, ou a parte, conformando-se com a decisão, resolve não lançar mão dos meios colocados à sua disposição para impugná-la. Noutras palavras, esgotados os meios recursais ou ultrapassado o prazo para interposição dos recursos, tem-se o trânsito em julgado, capaz de iniciar o prazo decadencial da ação rescisória.

Percebe-se, pois, que não há necessidade de se esgotar todos os meios recursais para o cabimento da ação rescisória (Súmula nº 514 do STF). No entanto, apenas depois do trânsito em julgado a parte terá interesse processual para ajuizar a ação

22. É o que o CPC passou a admitir no § 5º, do art. 343, no caso da reconvenção, vez que é uma modalidade de ação derivada. § 5° Se o autor for substituto processual, o reconvinte deverá afirmar ser titular de direito em face do substituído, e a reconvenção deverá ser proposta em face do autor, também na qualidade de substituto processual.

23. Em sentido contrário, exigindo o rol de substituídos: MARTINS, Sérgio Pinto. Comentários às Súmulas do TST. 8. ed. São Paulo: Atlas, 2010. p. 307 e PINTO, Raymundo Antonio Carneiro. Súmulas do TST comentadas. 11. ed. São Paulo: LTr, 2010. p. 316.

rescisória, sendo, portanto, indispensável a sua comprovação na petição inicial, nos moldes do art. 320 do CPC/2015.

Repete-se: é indispensável ao processamento da ação rescisória a prova do trânsito em julgado da decisão rescindenda (Súmula nº 299, I, do TST).

Desse modo, verificando o relator da ação rescisória que a parte interessada não juntou à inicial o documento comprobatório, abrirá prazo de 15 dias para que o faça, sob pena de indeferimento (Súmula nº 299, II, do TST).

Ademais, entende o TST que, sendo verificada, **na fase recursal**, a ausência da certidão do trânsito em julgado e/ou da decisão rescindenda, devidamente autenticadas, com exceção de cópias apresentadas por pessoa jurídica de direito público, o relator do recurso ordinário deverá conceder o prazo de 5 dias ao recorrente para que seja complementada a documentação exigível, nos termos do art. 932, parágrafo único, do CPC de 2015 (OJ nº 84 da SDI-II do TST).

Assim, a comprovação do trânsito em julgado da decisão rescindenda é pressuposto processual indispensável ao tempo do ajuizamento da ação rescisória. Em razão disso, entende o TST que eventual trânsito em julgado posterior ao ajuizamento da ação rescisória não reabilita a ação proposta, na medida em que o ordenamento jurídico não contempla a ação rescisória preventiva (Súmula nº 299, III, do TST). Exemplificamos:

- Sentença judicial proferida no dia 20 de março julga improcedentes os pedidos do autor. Em 28 de março, dentro do prazo para interposição do recurso ordinário, ou seja, antes do trânsito em julgado, o autor interpõe ação rescisória alegando que o juiz prolator da decisão era impedido (CPC/2015, art. 966, II). Nessa hipótese, como o início do prazo decadencial para a ação rescisória somente ocorreu no dia 29 de março, o C. TST entende que a ação rescisória deve ser extinta sem resolução do mérito, mesmo que o julgamento da rescisória seja proferido após o dia 29.

Atenção:

É incabível ação rescisória para a desconstituição de sentença não submetida ao reexame necessário, na forma do Decreto-Lei nº 779/69, porque ainda não transitou em julgado. Nesse caso, determina-se que se oficie ao presidente do TRT para que proceda à avocatória do processo principal para o reexame da sentença rescindenda (OJ nº 21 da SDI-II do TST).

Por fim, cumpre salientar que a ausência ou vício de intimação das partes da decisão judicial impede o início da contagem do prazo recursal. Isso significa que a decisão ainda poderá ser submetida ao meio recursal, não havendo, portanto, formação da coisa julgada e, consequentemente, do trânsito em julgado, faltando, assim, interesse processual para ajuizar a ação rescisória (Súmula nº 299, IV, do TST).

3.4.2. Decisão de mérito ou decisão que, embora não seja de mérito, impeça nova propositura da demanda ou a admissibilidade do recurso correspondente

É sabido que a sentença definitiva (com resolução do mérito) provoca a formação de coisa julgada material, uma vez que produz efeitos para dentro e fora do processo, de modo que, após o trânsito em julgado, não poderá ser alterada em outro processo.

Por outro lado, na sentença terminativa (sem resolução do mérito), gera-se a coisa julgada apenas formal, produzindo, em regra, efeitos somente dentro do processo. Assim, com o trânsito em julgado, a imutabilidade, nesse caso, normalmente fica restrita àquela relação processual, podendo, no entanto, ser modificada com o ajuizamento de outra ação.

Em decorrência disso, o art. 966 do CPC/2015 impõe, como regra, que apenas a decisão de mérito está suscetível à ação rescisória. Noutras palavras, a regra é de que apenas na hipótese de coisa julgada **material** será cabível a ação rescisória, já que a coisa julgada formal, por vezes, possibilita o ajuizamento de outra ação.

No entanto, com o advento do CPC/15, esse pressuposto foi drasticamente modificado, tendo duas alterações dignas de nota.

A primeira diz respeito à natureza da decisão rescindível. Com o CPC/15, qualquer provimento jurisdicional de conteúdo decisória poderá ser rescindível, o que significa que é suscetível de corte rescisória:

a) a decisão interlocutória;

b) a sentença;

c) a decisão monocrática do relator; e

d) o acórdão.

Atenção:
A ação rescisória poderá ter por objeto apenas um capítulo da decisão (CPC/2015, art. 966, § 3º).

A segunda está relacionada à possibilidade de ser rescindível decisão destituída de mérito.

Nesse ponto é importante destacar que a ação rescisória sempre foi destinada a atacar decisão de mérito. O CPC/15 inova ao admitir a ação rescisória de decisão destituída de mérito, em duas hipóteses:

1) impeça a repropositura da demanda;

2) impeça a admissibilidade do recurso correspondente.

Na primeira hipótese, o doutrinador Marinoni declina:

> Basicamente, serve para mostrar que determinadas decisões, posto que não enfrentem o mérito da causa, impedem definitivamente a discussão de determinada questão. Isso ocorre basicamente em relação às decisões sobre a legitimidade para a causa, sobre o interesse de agir, sobre a litispendência, sobre a coisa julgada e sobre a perempção. Pode ocorrer justamente de haver interesse em rescindir-se decisão terminativa que violou norma jurídica ao não reconhecer, por exemplo, a existência de interesse processual[24].

24. MARINONI, Luiz Guilherme; ARENHART, Sérgio Cruz, MITIDIERO, Daniel. *Novo curso de processo civil: tutela dos direitos mediante procedimento comum*, v. II. São Paulo: Editora Revista dos Tribunais, 2015, p. 592.

Observa-se que nas duas situações em que a rescisão de decisões terminativas é permitida há o impedimento definitivo da discussão de determinada questão[25].

Atente-se para o fato de que, mesmo nessas hipóteses, é necessária a presença de um dos vícios de rescindibilidade elencados no caput do art. 966. Quero dizer, não basta que a decisão impeça a repropositura de outra ação, sendo obrigatório que se invoque, por exemplo, a violação manifesta de norma jurídica.

De qualquer modo, a regra continua sendo que a ação rescisória deve atacar a decisão de mérito e, apenas nas duas exceções anteriormente citadas, passa-se a admiti-la quando a decisão não for de mérito.

Em decorrência dessa nova disposição o C. TST alterou a OJ nº 150 da SDI-II, limitando sua incidência às decisões transitadas em julgado na égide do CPC/73. Noutras palavras, entende o TST que é incabível a ação rescisória quando a decisão que se busca rescindir reconhece a configuração de coisa julgada, nos termos do art. 267, V, do CPC/73, extinguindo o processo sem resolução de mérito, vez que tem conteúdo meramente processual, sendo incapaz de produzir a coisa julgada material.

- **Exemplo**: Após a extinção de seu contrato, Paulo ajuíza reclamação trabalhista postulando reintegração e horas extras, sendo formalizado acordo judicial. Em seguida, ajuíza nova demanda postulando adicional de periculosidade, a qual é extinta sem resolução de mérito, sob o argumento de que o acordo anterior dá quitação geral ao contrato de trabalho extinto, de modo que a segunda demanda, se prosseguisse, violaria a coisa julgada formada. Transitada em julgada essa decisão, o C. TST não admite ação rescisória para atacá-la.

Pelo exemplo anterior, percebe-se que a decisão da segunda demanda impede a repropositura de qualquer outra demanda, o que significa que, com o advento do CPC/15, ela poderá ser atacada, com fundamento no art. 966, § 2º, I. Por essa razão, o C. TST alterou a OJ nº 150 da SDI-II do TST.

Ademais, esse dispositivo também provocou a modificação da Súmula nº 412 do TST, como anunciávamos na edição anterior dessa obra, passando a prever que "sob a égide do CPC/73, pode uma questão processual ser objeto de rescisão desde que consista em pressuposto de validade de uma sentença de mérito". Desse modo, o C. TST delimitou esse entendimento ao CPC/73, uma vez que o CPC/2015 permite, expressamente, o ajuizamento de ação rescisória para atacar decisão **sem mérito**, ou seja, possibilita o enfrentamento da decisão que produz a coisa julgada formal. Portanto, com o CPC/15, a questão processual, **ainda que não** consista em pressuposto de validade de uma decisão de mérito, será atacável pelo corte rescisório.

25. MARINONI, Luiz Guilherme; ARENHART, Sérgio Cruz; MITIDIERO, Daniel. *Novo curso de processo civil tutela dos direitos mediante procedimento comum*, v. II. São Paulo: Editora Revista dos Tribunais, 2015. p. 592.

De qualquer modo, ficam mantidos outros posicionamentos do TST, tais como:

- que "a decisão proferida em embargos à execução ou em agravo de petição que apenas declara preclusa a oportunidade de impugnação da sentença de liquidação não é rescindível, em virtude de produzir tão-somente coisa julgada formal" (OJ nº 134 da SDI-II do TST);
- não admite ação rescisória da decisão que homologa os cálculos de liquidação, **exceto** se a decisão enfrentar as questões envolvidas na elaboração da conta de liquidação, quer solvendo a controvérsia das partes, quer explicitando, de ofício, os motivos pelos quais acolheu os cálculos oferecidos por uma das partes ou pelo setor de cálculos, e não contestados pela outra (Súmula nº 399, II, do TST);
- incabível ação rescisória para impugnar decisão homologatória de adjudicação ou arrematação (Súmula nº 399, I, do TST);
- que, embora não haja atividade cognitiva a decisão que declara extinta a execução, nos termos do art. 924, incisos I a IV c/c art. 925 do CPC de 2015 (art. 794 c/c 795 do CPC de 1973), extingue a relação processual e a obrigacional, sendo passível de corte rescisório. (OJ nº 107 da SDI-II do TST).

3.5. Prazo para Ajuizamento

O art. 975 do CPC/2015 estabelece que a ação rescisória poderá ser intentada até **2 anos do trânsito em julgado da última decisão proferida no processo.**

Trata-se de prazo decadencial, uma vez que, ultrapassado o prazo delimitado pela lei, extingue-se o próprio direito à rescisão da decisão viciada.

Atenção:

Embora tenha natureza de prazo decadencial, o TST permite que o prazo para ajuizamento de ação rescisória seja prorrogado até o primeiro dia útil, imediatamente subsequente, quando expira em férias forenses, feriados, finais de semana ou em dia em que não houver expediente forense (Súmula nº 100, IX, do TST). No mesmo sentido, o art. 975, § 2º, do CPC/2015.

O prazo de decadência, na ação rescisória, conta-se do dia imediatamente subsequente ao trânsito em julgado da última decisão proferida na causa, seja de mérito ou não (Súmula nº 100, I, do TST).

Atenta-se para o fato de que, diferentemente do que ocorre na delimitação da competência que, em regra, busca a última decisão de mérito, no prazo decadencial tem-se como foco a última decisão proferida na causa, seja de mérito **ou não.**

Assim, se o recurso não for admitido, é a partir do trânsito em julgado da decisão que não o admitir que se iniciará o prazo decadencial da ação rescisória. Isso ocorre, inclusive, na hipótese de não conhecimento do recurso por deserção, ou seja, quando não houver recolhimento das custas processuais e do depósito recursal (OJ nº 80 da SDI-II do TST).

Importante:

Tal regra não se aplica ao recurso intempestivo ou recurso incabível, salvo se houver dúvida razoável. Noutras palavras, exceto se houver dúvida razoável, a interposição de recurso intempestivo ou a interposição de recurso incabível não protrai o termo inicial do prazo decadencial (Súmula nº 100, III, do TST).

Na hipótese de **colusão das partes**, o prazo decadencial da ação rescisória somente começa a fluir para o Ministério Público, que não interveio no processo principal, a partir do momento em que tem ciência da fraude (Súmula nº 100, VI, do TST). A propósito, o art. 975, § 3º, do CPC/2015 passa a declinar o que segue:

> § 3º. Nas hipóteses de simulação ou de colusão das partes, o prazo começa a contar, para o terceiro prejudicado e para o Ministério Público, que não interveio no processo, a partir do momento em que têm ciência da simulação ou da colusão.

Digna de nota a inovação trazida pelo CPC/2015 quanto ao prazo de ajuizamento da ação rescisória fundada em prova nova, descrevendo no art. 975, § 2º, do CPC/2015 "o termo inicial do prazo será a data de descoberta da prova nova, observado o prazo máximo de 5 (cinco) anos, contado do trânsito em julgado da última decisão proferida no processo".

Ademais, o TST entende que a **alegação de incompetência**, ainda que manifestada no prazo recursal, sem ter sido aviado o recurso próprio, não tem o condão de afastar a consumação da coisa julgada e, assim, postergar o termo inicial do prazo decadencial para a ação rescisória (Súmula nº 100, VIII, do TST).

Aliás, conta-se o prazo decadencial da ação rescisória, após o decurso do prazo legal previsto para a interposição do recurso extraordinário, apenas quando esgotadas todas as vias recursais ordinárias (Súmula nº 100, X, do TST).

Cumpre salientar, ainda, que o juízo rescindente verifica o termo inicial da ação por meio da certidão de trânsito em julgado juntada com a ação rescisória. Contudo, esse juízo não está adstrito à referida certidão, podendo formar sua convicção por meio de outros elementos dos autos quanto à antecipação ou postergação do dies a quo do prazo decadencial (Súmula nº 100, IV, do TST).

Por fim, frisa-se que, caso o TST, em sede de recurso ordinário, afaste a decadência, poderá apreciar desde logo a lide, desde que a causa verse sobre questão exclusivamente de direito e esteja em condições de imediato julgamento, não ofendendo, assim, o princípio do duplo grau de jurisdição (Súmula nº 100, VII, do TST).

3.5.1. Recurso parcial

Havendo **recurso parcial** no processo principal, o C. TST entende que o trânsito em julgado dá-se em momentos e em tribunais diferentes, contando-se o prazo decadencial para a ação rescisória do trânsito em julgado de cada decisão, salvo se o recurso tratar de preliminar ou prejudicial que possa tornar insubsistente a decisão recorrida, hipótese em que flui a decadência a partir do trânsito em julgado da decisão que julgar o recurso parcial (Súmula nº 100, II, do TST). Portanto, previu a possibilidade de **trânsito em julgado sucessivo** (formação progressiva da coisa julgada)[26], ou seja, interposto o recurso parcial haverá trânsito em julgado das decisões em momentos e tribunais distintos[27].

Contudo, o CPC/2015 declina no § 2º do art. 975 que o prazo para a ação rescisória tem início "do trânsito em julgado da **última decisão** proferida no processo" (grifo nosso).

Diante desta redação, parcela da doutrina entende que o CPC/2015 adotou a tese do STJ definindo, de forma expressa, a rejeição da formação da **coisa julgada progressiva**[28]. Desse modo, de acordo com essa corrente doutrinária, havendo recurso parcial, o prazo para o ajuizamento da ação rescisória só começa a contar após o trânsito em julgado da **última decisão proferida no processo**, ou seja, mesmo para a parcela não recorrida, vedando-se, assim, que ao mesmo tempo exista uma ação em grau recursal e a ação rescisória.

Todavia, acreditamos que o CPC/2015 contempla o entendimento consolidado na presente súmula e possibilita a formação progressiva do trânsito em julgado. Isso porque, o CPC/15 reconhece, explicitamente, a existência de capítulo da sentença, admitindo inclusive ação rescisória para atacar tão somente "1 (um) capítulo da decisão" (CPC/2015, art. 966, § 3º). Ademais, o STF já havia adotado essa tese, afirmando que tem início o prazo de dois anos da ação rescisória a cada trânsito em julgado dos capítulos autônomos e não impugnados[29]. Assim, ao interpretar a expressão "última decisão proferida no processo" do art. 975 do CPC/2015, deve-se entender como a última decisão que tornou indiscutível determinada questão deduzida em juízo, a fim de preservar os princípios da segurança jurídica, da duração razoável do processo e da igualdade.

---

26. ROCHA, Andréa Pressas; ALVES NETO, João (org.). Súmulas do TST comentadas. Rio de Janeiro: Elsevier, 2011, p. 133.

27. O Supremo Tribunal Federal, recentemente, passou a adotar esse posicionamento. STF-RE 666589/DF. Rel. Min. Marco Aurélio. 25.3.2014.

28. MARINONI, Luiz Guilherme; ARENHART, Sérgio Cruz; MITIDIERO, Daniel. *Novo Curso de Processo Civil: Tutela dos Direitos mediante procedimento comum*, v. 2. São Paulo: Editora Revista dos Tribunais, 2015, p. 595.

29. STF, 1ª T., RE nº 66.589-DF, rel. Min. Marco Aurélio, j. em 25.03.2014; STF, Tribunal Pleno, AP 470 QO-décima primeira/MG, rel. Min. Joaquim Barbosa, j. 13.11.2013, DJe 19.02.2014.

3.5.2. Acordo homologado judicialmente

Tratando-se de **acordo homologado judicialmente**, o C. TST entende que apenas por ação rescisória o acordo judicial pode ser rescindido (Súmula nº 259 do TST).

Diante disso, declina que termo conciliatório transita em julgado na data da sua homologação judicial, vez que tem força de decisão irrecorrível, na forma do art. 831 da CLT (Súmula nº 100, V, do TST), iniciando no dia seguinte o prazo decadencial.

No entanto, com o CPC/2015, o acordo homologado judicialmente não poderá mais ser objeto de ação rescisória, mas sim de ação anulatória.

Isso porque o CPC/2015 não reproduz a redação do art. 485, VIII, do CPC/73 no rol das decisões de mérito que podem ser rescindidas (art. 966), ou seja, a transação não é considerada pelo CPC/2015 como um vício de rescindibilidade.

Ademais, o art. 966, § 4º do CPC/2015 é enfático ao admitir tão somente o ajuizamento da ação anulatória do acordo judicial, afastando o cabimento da ação rescisória.

Com efeito, homologado o acordo judicial haverá trânsito em julgado, mas sua impugnação deverá ser feita por meio de ação anulatória e não de ação rescisória. O mesmo entendimento deve ser aplicado à homologação de acordo extrajudicial prevista nos arts. 855-B a 855-E da CLT.

3.6. Hipóteses de cabimento

Tratando-se de ação especial, há necessidade de demonstração de vícios específicos e taxativos, os quais vêm estabelecidos no art. 966 do CPC/2015, que assim vaticina:

> **Art. 966.** A decisão de mérito, transitada em julgado, pode ser rescindida quando:
>
> I – se verificar que foi proferida por força de prevaricação, concussão ou corrupção do juiz;
>
> II – for proferida por juiz impedido ou por juízo absolutamente incompetente;
>
> III – resultar de dolo ou coação da parte vencedora em detrimento da parte vencida ou, ainda, de simulação ou colusão entre as partes, a fim de fraudar a lei;
>
> IV – ofender a coisa julgada;
>
> V – violar manifestamente norma jurídica;
>
> VI – for fundada em prova cuja falsidade tenha sido apurada em processo criminal ou venha a ser demonstrada na própria ação rescisória;
>
> VII – obtiver o autor, posteriormente ao trânsito em julgado, prova nova cuja existência ignorava ou de que não pôde fazer uso, capaz, por si só, de lhe assegurar pronunciamento favorável;
>
> VIII – for fundada em erro de fato verificável do exame dos autos.
>
> § 1º. Há erro de fato quando a decisão rescindenda admitir fato inexistente ou quando considerar inexistente fato efetivamente ocorrido, sendo indispensável, em ambos os casos, que o fato não represente ponto controvertido sobre o qual o juiz deveria ter se pronunciado.
>
> § 2º. Nas hipóteses previstas nos incisos do caput, será rescindível a decisão transitada em julgado que, embora não seja de mérito, impeça:

I – nova propositura da demanda; ou

II – admissibilidade do recurso correspondente.

§ 3º. A ação rescisória pode ter por objeto apenas 1 (um) capítulo da decisão.

§ 4º. Os atos de disposição de direitos, praticados pelas partes ou por outros participantes do processo e homologados pelo juízo, bem como os atos homologatórios praticados no curso da execução, estão sujeitos à anulação, nos termos da lei.

§ 5º. Cabe ação rescisória, com fundamento no inciso V do caput deste artigo, contra decisão baseada em enunciado de súmula ou acórdão proferido em julgamento de casos repetitivos que não tenha considerado a existência de distinção entre a questão discutida no processo e o padrão decisório que lhe deu fundamento.

§ 6º. Quando a ação rescisória fundar-se na hipótese do § 5º deste artigo, caberá ao autor, sob pena de inépcia, demonstrar, fundamentadamente, tratar-se de situação particularizada por hipótese fática distinta ou de questão jurídica não examinada, a impor outra solução jurídica.

É importante salientar que cada uma das hipóteses do art. 966 do CPC/2015 corresponde a uma causa de pedir para fundamentar a rescisão do julgado. Isso quer dizer que cabe às partes narrar os fatos que se enquadram em cada caso do art. 966 do CPC/2015, ou seja, incompetência absoluta, prevaricação etc.

Não se exige, porém, que a parte capitule o inciso do art. 966 do CPC/2015, que fundamenta sua ação rescisória, pois o princípio da iura novit curia impõe ao magistrado o conhecimento da norma aplicável ao caso. Nesse contexto, se a parte narra prevaricação, mas indica erroneamente o inciso IV do art. 966 do CPC/2015 (ofensa à coisa julgada), pode o magistrado aplicar o dispositivo correto, qual seja, o inciso I.

Existe, no entanto, **uma especificidade quanto ao princípio da *iura novit curia*** na ação rescisória que está **no inciso V do art. 966 do CPC/2015**, o qual permite a rescisão do julgado que "violar manifestamente norma jurídica".

Nessa hipótese, se a parte alegar violação do dispositivo "x", deve **obrigatoriamente** apresentá-lo na petição inicial. Isso porque, nesse caso, **o dispositivo tido por violado** é o próprio fato da ação rescisória, isto é, o dispositivo "x" **é a causa de pedir da ação rescisória**, a qual deve ser delimitada pelo autor. Nesse sentido, a Súmula nº 408 do TST:

Súmula nº 408 do TST. Ação rescisória. Petição inicial. Causa de pedir. Ausência de capitulação ou capitulação errônea art. 966 do CPC de 2015. Art. 485 do CPC de 1973. Princípio "iura novit curia"

Não padece de inépcia a petição inicial de ação rescisória apenas porque omite a subsunção do fundamento de rescindibilidade no art. 966 do CPC de 2015 (art. 485 do CPC de 1973) ou o capitula erroneamente em um de seus incisos. Contanto que não se afaste dos fatos e fundamentos invocados como causa de pedir, ao Tribunal é lícito emprestar-lhes a adequada qualificação jurídica ("iura novit curia"). No entanto, fundando-se a ação rescisória no art. 966, inciso V, do CPC de 2015 (art. 485, inciso V, do CPC de 1973), é indispensável expressa indicação, na petição inicial da ação rescisória, da norma jurídica manifestamente violada (dispositivo legal violado sob o CPC de 1973), por se tratar de causa de pedir da rescisória, não se aplicando, no caso, o princípio "iura novit curia".

3.6.1. Prevaricação, concussão ou corrupção do juiz

É suscetível de ação rescisória a decisão que foi proferida por força de prevaricação, concussão ou corrupção do juiz. Trata-se de crimes dispostos nos arts. 316, 317 e 319 do CP, como se verifica a seguir:

- **Prevaricação**: Retardar ou deixar de praticar, indevidamente, ato de ofício, ou praticá-lo contra disposição expressa de lei, para satisfazer interesse ou sentimento pessoal (CP, art. 319).
- **Concussão**: Exigir, para si ou para outrem, direta ou indiretamente, ainda que fora da função ou antes de assumi-la, mas em razão dela, vantagem indevida (CP, art. 316).
- **Corrupção passiva**: Solicitar ou receber, para si ou para outrem, direta ou indiretamente, ainda que fora da função ou antes de assumi-la, mas em razão dela, vantagem indevida, ou aceitar promessa de tal vantagem (CP, art. 317).

O reconhecimento dos referidos crimes pode ser feito na própria ação rescisória, de forma incidental, não havendo necessidade de ação penal.

Todavia, existindo ação penal, é importante saber os reflexos que produzirá na ação rescisória, podendo ocorrer as seguintes hipóteses:

Sentença penal condenatória	Vincula o juízo da ação rescisória, devendo ser rescindido o julgado
Sentença de absolvição	a) com fundamento na inexistência material do fato: vincula o juízo da ação rescisória, impedindo a rescisão do julgado; b) amparada em outros fundamentos (p. ex., ausência de provas): não vincula o juízo da ação rescisória, podendo rescindir ou não a decisão

Por fim, atenta-se para o fato de que a decisão proferida por órgão colegiado somente será submetida à rescisão por esse vício, caso o voto do julgador que praticou o crime seja vencedor.

3.6.2. Impedimento do juiz ou incompetência absoluta do juízo

Inicialmente, cumpre salientar que não cabe ação rescisória na hipótese de decisão proferida por juiz suspeito. Da mesma forma, não caberá no caso de incompetência relativa.

Com efeito, apenas nas hipóteses de impedimento e de incompetência absoluta (material, funcional ou em razão da pessoa) será cabível a ação rescisória.

No caso de incompetência absoluta, sendo rescindido o julgado, ocorrerá apenas o juízo rescindente, vez que os autos serão encaminhados ao juízo competente para novo julgamento. Nessa hipótese, o TST entende que a arguição da incompetência absoluta prescinde de prequestionamento (OJ nº 124 da SDI-II do TST), ou seja, é dispensável a alegação de incompetência durante o trâmite do processo originário.

3.6.3. *Dolo ou coação da parte vencedora em detrimento da parte vencida e simulação ou colusão entre as partes para fraudar a lei*

O processo judicial tem dentre seus objetivos a pacificação social entregando o bem da vida a quem de direito. Ele pressupõe, ao menos no processo contencioso, que haja conflito de interesse entres as partes, sob pena de faltar inclusive interesse processual para a movimentação do Poder Judiciário.

Diante disso, caso as partes utilizem o processo judicial para praticar ato simulado ou conseguir fim proibido em lei, o juiz o extinguirá sem resolução do mérito (CPC/2015, art. 142).

Ocorre, no entanto, que, por vezes, não é possível verificar a colusão das partes antes da decisão judicial, de modo que o magistrado proferirá, de forma equivocada, sentença ou acórdão que transitará em julgado.

Ante a gravidade que esses vícios provocam no processo, o ordenamento permite a desconstituição da decisão transitada em julgada por meio da ação rescisória.

Nesse contexto, o inciso III do art. 966 do CPC/2015 admite os seguintes vícios de rescindibilidade: dolo, coação, simulação e colusão.

O **dolo** ocorre "quando a parte vencedora, seja qual for, faltando ao dever de lealdade e boa-fé (art. 14, nº II[30]), haja impedido ou dificultado a atuação processual do adversário, ou influenciado o juízo do magistrado, em ordem a afastá-lo da verdade".[31] Seria o caso, por exemplo, de o autor vencedor indicar o endereço incorreto do réu, forçando a citação por edital, ou ainda quando o vencedor cria empecilho para a produção de prova pela outra parte.

Vê-se que essa hipótese de rescindibilidade visa a preservar o respeito à lealdade e à probidade no processo. Além disso, percebe-se que é necessário o nexo de causalidade entre o dolo e o pronunciamento judicial, ou seja, a postura de má-fé tem que ser determinante para o resultado do processo.

Disso resulta que o simples fato de a parte vencedora haver silenciado a respeito de fatos contrários a ela não enseja a ação rescisória, porque o procedimento, por si só, não constitui ardil do qual resulte cerceamento de defesa e, em consequência, desvie o juiz de uma sentença não condizente com a verdade (Súmula nº 403, I, do TST).

---

30. CPC/2015, arts. 5º e 80.
31. MOREIRA, José Carlos Barbosa. *Comentários ao código de processo civil*. 15. ed. Rio de Janeiro: Forense, 2010. v. 5, p. 124.

Ademais, para o C. TST, se a decisão rescindenda é homologatória de acordo, não há parte vencedora ou vencida, razão pela qual não é possível a sua desconstituição calcada no inciso III do art. 966 do CPC/2015 (dolo da parte vencedora em detrimento da vencida), pois constitui fundamento de rescindibilidade que supõe solução jurisdicional para a lide (Súmula nº 403, II, do TST). Cabe destacarmos que o item II da Súmula nº 403 do TST foi elaborada na vigência do CPC/73. Como já anunciado, com o CPC/2015, a destituição do acordo judicial se dará por ação anulatória e não por ação rescisória.

Enquanto o dolo está ligado a um artifício ardiloso, a coação consiste em pressão física ou moral exercida sobre a outra parte, buscando que pratique atos que não lhe interessa. Da mesma forma que o dolo, a coação também é vício de rescindibilidade.

O dolo e a coação diferem da colusão, porque esta decorre de acordo prévio das partes (bilateral) com o objetivo de fraudar a lei ou prejudicar terceiros, enquanto aqueles são unilaterais.

Assim, havendo acordo entre as partes, seja para prejudicar terceiros, seja para fraudar a lei, caberá a ação rescisória com fulcro no art. 966, III, do CPC/2015.

Pode acontecer ainda de uma das partes manifestar sua vontade de forma viciada. Noutras palavras, a vontade declarada não coincide exatamente com a vontade interna do agente, havendo disparidade entre a vontade real e a declarada[32]. Nesse caso, tem-se a denominada "**lide simulada**", também chamada coloquialmente de "casadinha".

- **Exemplo**: empregado é dispensado e, por expressa exigência de seu ex-empregador, tem que ajuizar reclamação trabalhista como condição para receber suas verbas rescisórias, inclusive com o advogado indicado pela empresa. Na reclamação é proferida decisão, que transita em julgado.

Nessa hipótese, há simulação, admitindo-se o ajuizamento da ação rescisória.

Salienta-se que, diante da gravidade do vício de simulação e de colusão, o art. 967, III, "b", do CPC/2015 expressamente contempla a legitimidade do Ministério Público para o ajuizamento da ação rescisória, sendo o prazo decadencial para o Órgão Ministerial iniciado a partir da ciência da fraude (Súmula nº 100, VI, do TST).

Contudo, na hipótese de acordo judicial decorrente de colusão, o TST dispõe que a declaração de nulidade de decisão homologatória de acordo é sanção suficiente em relação ao procedimento adotado, não havendo que ser aplicada a multa por litigância de má-fé (OJ nº 158 da SDI-II do TST).

Por fim, cumpre salientar que, sendo procedente o pedido da ação rescisória pelo reconhecimento da colusão das partes, o C. TST entende que, no juízo rescindendo,

32. BARROS, Flávio Augusto Monteiro de. Manual de direito civil: Lei de introdução e parte geral. São Paulo: Método, 2005. v. 1, p. 242-243.

ocorrerá a desconstituição do acordo ou da decisão de mérito transitada em julgado e, no juízo rescisório, o processo simulado ou fraudulento será extinto sem resolução do mérito (OJ nº 94 da SDI-II do TST).

3.6.4. Ofensa à coisa julgada

A coisa julgada impede novo pronunciamento jurisdicional sobre a matéria já definitivamente julgada (submetida à coisa julgada material), como forma de garantir a segurança das relações jurídicas.

Veda-se, portanto, que a matéria, já decidida definitivamente e transitada em julgado, seja novamente julgada em outro processo como questão principal (efeito negativo). Além disso, impede que a matéria retorne ao Judiciário como questão incidental, seja na mesma relação processual, seja em outro processo (efeito positivo).

Embora seja vedado novo pronunciamento, pode acontecer de o magistrado, na nova demanda, proferir outro julgamento, que transitará em julgado e formará a coisa julgada. Pode ocorrer ainda de o julgador prolatar decisão na fase de execução contrária à decisão da fase de conhecimento, que também transitará em julgado formando a coisa julgada. Tem-se aqui uma coisa julgada que viola a outra coisa julgada.

Nesse momento, nasce a possibilidade do ajuizamento da ação rescisória para extirpar do mundo jurídico a segunda coisa julgada.

Para o C. TST, essa hipótese poderá dar ensejo a duas modalidades de vícios de rescindibilidade, dispostos no art. 966 do CPC/2015:

1) ofensa à coisa julgada (inciso IV); e

2) violação manifesta de norma jurídica (inciso V).

Haverá ofensa à coisa julgada, descrita no inciso IV, quando existirem duas **relações processuais distintas.**

Por outro lado, havendo contradição entre decisões transitadas em julgado na **mesma relação processual** (por exemplo, na fase de conhecimento e na fase de execução), o vício de rescindibilidade não será ofensa à coisa julgada, mas sim violação manifesta de norma jurídica, especialmente do art. 5º, XXXVI, da CF/88. Nesse sentido, a OJ nº 157 da SDI-II do TST:

> **Orientação Jurisprudencial nº 157 da SBDI-II do TST.** Ação rescisória. Decisões proferidas em fases distintas de uma mesma ação. Coisa julgada. Não configuração
>
> A ofensa à coisa julgada de que trata o inciso IV do art. 966 do CPC de 2015 (inciso IV do art. 485 do CPC de 1973) refere-se apenas a relações processuais distintas. A invocação de desrespeito à coisa julgada formada no processo de conhecimento, na correspondente fase de execução, somente é possível com base na violação do art. 5º, XXXVI, da Constituição da República.

A propósito, somente se ensejará o ajuizamento da ação rescisória se a violação da coisa julgada for literal, clara, inequívoca, categórica, frontal ou aberrante. Diante disso, o acolhimento da ação rescisória calcada em ofensa à coisa julgada supõe dissonância patente entre as decisões exequenda e rescindenda, o que não se verifica quando se faz necessária a interpretação do título executivo judicial para se concluir pela lesão à coisa julgada (OJ nº 123 da SDI-II do TST).

Ademais, para viabilizar a desconstituição do julgado pela causa de rescindibilidade do inciso IV, do art. 966 do CPC/2015, é necessário que a decisão rescindenda tenha enfrentado as questões ventiladas na ação rescisória, sob pena de inviabilizar o cotejo com o título executivo judicial tido por desrespeitado, de modo a se poder concluir pela ofensa à coisa julgada (OJ nº 101 da SDI-II do TST).

É importante observar, porém, que não há ofensa à coisa julgada quando os descontos previdenciários e fiscais forem efetuados pelo juízo executório, ainda que a sentença exequenda tenha sido omissa sobre a questão, dado o caráter de ordem pública ostentado pela norma que os disciplina. A ofensa à coisa julgada somente poderá ser caracterizada na hipótese de o título exequendo, expressamente, afastar a dedução dos valores a título de Imposto de Renda e de contribuição previdenciária (Súmula nº 401 do TST).

Por fim, entende o TST na Súmula nº 397 que "não procede ação rescisória calcada em ofensa à coisa julgada perpetrada por decisão proferida em ação de cumprimento, em face de a sentença normativa, na qual se louvava, ter sido modificada em grau de recurso, porque em dissídio coletivo somente se consubstancia coisa julgada formal. Assim, os meios processuais aptos a atacarem a execução da cláusula reformada são a exceção de pré-executividade e o mandado de segurança, no caso de descumprimento do art. 514 do CPC de 2015 (art. 572 do CPC de 1973)".

Atenção:

Para o C. TST, o acordo celebrado (homologado judicialmente) em que o empregado dá plena e ampla quitação, sem qualquer ressalva, alcança não só o objeto da inicial, como também todas as demais parcelas referentes ao extinto contrato de trabalho, violando a coisa julgada, a propositura de nova reclamação trabalhista (OJ nº 132 da SDI-II do TST).

3.6.5. Violação manifesta de norma jurídica

O art. 966, V, do CPC/2015 permite o ajuizamento da ação rescisória na hipótese de violação manifesta de norma jurídica, como forma de preservar e respeitar a íntegra do comando legislativo.

Já na época do CPC de 1973, era pacífico na doutrina e na jurisprudência que o conceito de lei deveria ser interpretado de forma ampla, compreendendo "a Constituição, a lei complementar, ordinária, ou delegada, a medida provisória, o decreto legislativo, a resolução (Carta da República, art. 59), o decreto emanado do executivo, o ato normativo baixado por órgão do Poder Judiciário (v.g. regimento interno: Constituição Federal, art. 96, nº I, letra a)"[33], sendo irrelevante se a norma era de direito material ou de direito processual. Incluíam-se ainda nesse conceito os princípios[34].

Com a adoção do termo "norma jurídica" pelo CPC/2015, o legislador reconheceu o entendimento doutrinário, além de ampliar ainda mais o cabimento da ação rescisória, permitindo seu ajuizamento não apenas no descumprimento da lei, mas também de outras fontes normativas.

Assim, havendo decisão que viole de forma literal qualquer uma das normas indicadas anteriormente, será cabível a ação rescisória com base no inciso V do art. 966 do CPC/2015.

O C. TST, atento à aludida alteração, modificou a OJ nº 25 da SDI-II, limitando às decisões transitadas em julgado na época do CPC/73. Melhor explicando, o C. TST descreve na referida OJ que, nos pedidos fundados no art. 485, V, do CPC/73, não se enquadra no **conceito de lei:**

1) a convenção coletiva de trabalho;
2) o acordo coletivo de trabalho;
3) portaria do Poder Executivo;
4) o regulamento de empresa; e
5) a súmula ou a orientação jurisprudencial de tribunal.

Conforme visto, o CPC/2015 ampliou o dispositivo, com a utilização do termo "norma jurídica".

Assim, considerando que o novo modelo processual preconizado pelo CPC/2015, aplicado subsidiariamente ao processo do trabalho (TST-IN nº 39/2016, art. 15), valoriza os precedentes judiciais como normas jurídicas, **ao interpretar-se o conceito de norma jurídica, devem ser incluídos os precedentes judiciais, o que abarca as súmulas e orientações do TST**. Nesse sentido, é inclusive o que dispõe o art. 966, § 5º, do CPC/2015, in verbis:

> § 5º. Cabe ação rescisória, com fundamento no inciso V do caput deste artigo, contra decisão baseada em enunciado de súmula ou acórdão proferido em julgamento de casos repetitivos que não tenha considerado a existência de distinção entre a questão discutida no processo e o padrão decisório que lhe deu fundamento.

É por isso, portanto, que o C. TST limitou o entendimento da OJ nº 25 da SDI-II às decisões transitadas em julgado na égide do CPC/73.

---

33. MOREIRA, José Carlos Barbosa. *Comentários ao código de processo civil*. 15. ed. Rio de Janeiro: Forense, 2010. v. 5, p. 131.

34. YARSHELL, Flávio Luiz. *Ação rescisória: juízos rescindente e rescisório*. São Paulo: Malheiros Editores Ltda, 2005. p. 323-324.

Há de se notar que a violação da norma tem que ser literal, frontal, categórica. Desse modo os princípios da legalidade, do devido processo legal, do contraditório e da ampla defesa não servem de fundamento para a desconstituição de decisão judicial transitada em julgado, quando se apresentam sob a forma de pedido genérico e desfundamentado, acompanhando dispositivos legais que tratam especificamente da matéria debatida, estes sim, passíveis de fundamentarem a análise do pleito rescisório (OJ nº 97 da SDI-II do TST). É o que se chama de violação reflexa, a qual impede o ajuizamento da ação rescisória.

- **Exemplo:** A empresa X pretende apresentar defesa oral, o que é indeferido pelo juiz, sendo decretada sua revelia. Depois de transitada em julgada a decisão, a empresa ajuíza ação rescisória com fundamento em violação ao art. 5º, LV, da CF/88 (princípio do contraditório). Contudo, para demonstrar a violação ao dispositivo constitucional, inicialmente deverá invocar o descumprimento do art. 847 da CLT. Nessa hipótese, a violação à Constituição é meramente reflexa, não sendo admitida ação rescisória por violação à Constituição, mas, sim, por violação à lei federal.

Ademais, se a decisão rescindenda possui diversos fundamentos sob determinado pedido, não basta a invocação de que um deles violou determinado dispositivo legal. A parte deve questionar todos os fundamentos, indicando os demais dispositivos que foram violados, a fim de que não subsista a decisão. Nesse sentido, a OJ nº 112 SDI-II do TST:

> **Orientação Jurisprudencial nº 112 da SDI – II do TST.** Ação rescisória. Violação de lei. Decisão rescindenda por duplo fundamento. Impugnação parcial
>
> Para que a violação da lei dê causa à rescisão de decisão de mérito alicerçada em duplo fundamento, é necessário que o autor da ação rescisória invoque causas de rescindibilidade que, em tese, possam infirmar a motivação dúplice da decisão rescindenda.

É importante salientar que, na ação rescisória com fundamento em violação de norma jurídica, não se admite reexame de fatos e provas do processo que originou a decisão rescindenda (Súmula nº 410 do TST).

Cumpre dizer que, embora sejamos contrários a tal exigência, pois a ação rescisória não tem natureza recursal, o TST impõe o pronunciamento explícito, na decisão rescindenda, da matéria discutida na ação rescisória, conforme dispõe a Súmula nº 298 do TST, a seguir transcrita:

> **Súmula nº 298 do TST.** Ação rescisória. Violação a disposição de lei. Pronunciamento explícito
>
> I – A conclusão acerca da ocorrência de violação literal a disposição de lei pressupõe pronunciamento explícito, na sentença rescindenda, sobre a matéria veiculada.
>
> II – O pronunciamento explícito exigido em ação rescisória diz respeito à matéria e ao enfoque específico da tese debatida na ação, e não, necessariamente, ao dispositivo legal tido por violado. Basta que o conteúdo da norma reputada violada haja sido abordado na decisão rescindenda para que se considere preenchido o pressuposto.

> III – Para efeito de ação rescisória, considera-se pronunciada explicitamente a matéria tratada na sentença quando, examinando remessa de ofício, o Tribunal simplesmente a confirma.
>
> IV – A sentença meramente homologatória, que silencia sobre os motivos de convencimento do juiz, não se mostra rescindível, por ausência de pronunciamento explícito.
>
> V – Não é absoluta a exigência de pronunciamento explícito na ação rescisória, ainda que esta tenha por fundamento violação de dispositivo de lei. Assim, prescindível o pronunciamento explícito quando o vício nasce no próprio julgamento, como se dá com a sentença "extra, citra e ultra petita".

Por fim, atenta-se para o fato de que não procede pedido formulado na ação rescisória por violação manifesta de norma jurídica, se a decisão rescindenda estiver baseada em **texto legal infraconstitucional** de interpretação controvertida nos tribunais. O marco divisor quanto a ser, ou não, controvertida, nos tribunais, a interpretação dos dispositivos legais citados na ação rescisória é a data da inclusão, na orientação jurisprudencial do TST, da matéria discutida (Súmula nº 83 do TST). É importante observar que depois da criação da OJ será admitida a ação rescisória, no caso, não por violação da OJ, mas sim da lei que foi interpretada na orientação jurisprudencial. Exemplo:

> Em determinada reclamação trabalhista discute-se a aplicação da garantia pré-eleitoral a empregado de empresa publica. O C. TST pacificou o entendimento dessa matéria em 25.11.96, com a edição da OJ nº 51 da SDI-I, impedindo sua dispensa, por interpretação do art. 15 da Lei nº 7.773/89, concedendo-lhe, portanto, a garantia de emprego. Desse modo, se a sentença que reconheceu ou não a garantia de emprego pré-eleitoral do empregado é anterior à OJ nº 51 da SDI - I do TST, a decisão não será desconstituída em ação rescisória, porque à época a matéria era controvertida, o que significa que o magistrado apenas seguiu uma das posições contempladas na jurisprudência, proferindo interpretação razoável do texto legal, isto é, adotou o posicionamento que melhor interpretava a lei, sob a sua ótica (OJ nº 23 da SDI II do TST). Por outro lado, sendo a decisão posterior à criação da OJ (25.11.96), se ela não deferir a garantia de emprego estará submetida ao corte rescisório, por violação do art. 15 da Lei nº 7.773/89 e não da OJ nº 51 da SDI -I do TST.

Tal entendimento, porém, não se aplica quando se tratar de norma constitucional, vez que em matéria constitucional não há que se cogitar de interpretação razoável.

3.6.6. Prova falsa

A prova falsa a ensejar a ação rescisória poderá ser provada em processo criminal ou na própria ação rescisória. Havendo decisão no processo criminal, utilizamos as mesmas diretrizes estudadas no inciso I (prevaricação, corrupção ou concussão) sobre os reflexos da ação penal na seara cível.

Salienta-se, porém, que somente terá cabimento a rescisória, nessa hipótese, se a prova falsa for o fundamento principal da decisão que se busca rescindir, de modo que, havendo outros fundamentos aptos a manter a decisão, não caberá a ação rescisória.

3.6.7. Obtenção de prova nova

O art. 485, VII, do CPC/73 contemplava como hipótese de cabimento da ação rescisória a utilização de documento novo. Estabelecia o aludido artigo que a sentença de mérito, transitada em julgado, poderia ser rescindida quando:

> VII – depois da sentença, o autor obtiver documento novo, cuja existência ignorava, ou de que não pôde fazer uso, capaz, por si só, de lhe assegurar pronunciamento favorável.

Por sua vez, o art. 966, VII, do CPC/2015 passa a dispor o que segue:

> **Art. 966.** A decisão de mérito, transitada em julgado, pode ser rescindida quando:
>
> (...)
>
> VII – obtiver o autor, posteriormente ao trânsito em julgado, prova nova cuja existência ignorava ou de que não pôde fazer uso, capaz, por si só, de lhe assegurar pronunciamento favorável.

Percebe-se pelo novel dispositivo que ele mantém a sistemática do CPC anterior, mas provoca duas alterações dignas de nota:

1) substitui a expressão "documento novo" para "prova nova", ampliando o cabimento da ação rescisória para abranger, por exemplo, a prova testemunhal nova.

2) modifica o momento de disponibilidade da prova pela parte. O CPC/73 falava em documento obtido depois da sentença, enquanto o CPC/15 se refere à prova obtida depois do trânsito em julgado. Essa alteração se justifica porque entre a sentença e o trânsito em julgado é possível a juntada de prova nova na fase recursal, por força dos arts. 435, 493 e 1014 do CPC/2015, bem como da Súmula nº 8 do TST. Assim, não havendo juntada da prova na fase recursal, por descuido da parte, não poderá utilizá-la na ação rescisória.

Portanto, para que a ação rescisória seja embasada no inciso VII do art. 966 do CPC/2015 é necessária a presença de quatro requisitos:

1) a existência de prova nova, entendida como a cronologicamente velha, já existente ao tempo da decisão rescindenda;

2) a obtenção da prova nova depois do trânsito em julgado;

3) o fato de que o autor da rescisória ignorava a existência da prova nova ou não pôde fazer uso, por vontade alheia a sua, durante o trâmite do processo originário;

4) a referida prova deverá ser capaz de, por si só, modificar a conclusão da decisão que se busca rescindir.

No mesmo sentido, estabelece o TST, na Súmula nº 402:

Súmula nº 402 do TST. Ação rescisória. Prova nova. Dissídio coletivo. Sentença normativa

I – Sob a vigência do CPC de 2015 (art. 966, inciso VII), para efeito de ação rescisória, considera-se prova nova a cronologicamente velha, já existente ao tempo do trânsito em julgado da decisão rescindenda, mas ignorada pelo interessado ou de impossível utilização, à época, no processo.

II – Não é prova nova apta a viabilizar a desconstituição de julgado:

a) sentença normativa proferida ou transitada em julgado posteriormente à sentença rescindenda;

b) sentença normativa preexistente à sentença rescindenda, mas não exibida no processo principal, em virtude de negligência da parte, quando podia e deveria louvar-se de documento já existente e não ignorado quando emitida a decisão rescindenda.

3.6.8. Erro de fato

O art. 966, VIII, do CPC/2015 admite como causa de rescindibilidade a decisão de mérito transitada em julgado "fundada em erro de fato verificável do exame dos autos".

Para tanto, estabeleceu no § 1º do art. 966:

§ 1º. Há erro de fato quando a decisão rescindenda admitir fato inexistente ou quando considerar inexistente fato efetivamente ocorrido, sendo indispensável, em ambos os casos, que o fato não represente ponto controvertido sobre o qual o juiz deveria ter se pronunciado.

Elenca-se quatro pressupostos para que o erro de fato dê causa à rescindibilidade:

a) **a sentença deve estar embasada no erro de fato**, isto é, sem ele a conclusão da sentença seria em outro sentido;

b) **o erro deve ser verificado mediante simples análise dos autos do processo originário**, sendo vedada a produção de novas provas para demonstrá-lo na ação rescisória;

c) **inexistência de controvérsia sobre o fato.** Nesse caso, haverá incontrovérsia quando: 1º) nenhuma das partes o alegou e o juiz o considerou porque se tratava de matéria a ser analisada *ex officio*; ou 2º) confessado; ou 3º) faltar impugnação específica na contestação;

d) **o fato não represente ponto controvertido sobre o qual o juiz deveria ter se pronunciado**, ou seja, deve ser uma questão não resolvida pelo magistrado ou resolvida implicitamente com erro de percepção do julgador.

O TST disciplina a matéria na OJ nº 136 da SDI-II, a seguir transcrita:

Orientação Jurisprudencial nº 136 da SDI – II do TST. Ação rescisória. Erro de fato. Caracterização

A caracterização do erro de fato como causa de rescindibilidade de decisão judicial transitada em julgado supõe a afirmação categórica e indiscutida de um fato, na decisão rescindenda, que não corresponde à realidade dos autos. O fato afirmado pelo julgador, que pode ensejar ação rescisória calcada no inciso VIII do art. 966 do CPC de 2015 (inciso IX do art. 485 do CPC de 1973), é apenas aquele que se coloca como premissa fática indiscutida de um silogismo argumentativo, não aquele que se apresenta ao final desse mesmo silogismo, como conclusão decorrente das premissas que especificaram as provas oferecidas, para se concluir pela existência do fato. Esta última hipótese é afastada pelo § 1º do art. 966 do CPC de 2015 (§ 2º do art. 485 do CPC de 1973), ao exigir que não tenha havido controvérsia sobre o fato e pronunciamento judicial esmiuçando as provas.

Melhor explicando, o que se deve atacar na ação rescisória são as premissas incontroversas, equivocadamente verificadas por erro de percepção, e não a mera conclusão do julgado. Exemplificamos:

- Determinada empresa, durante certo tempo, exigia que o trabalhador laborasse por mais de 5 anos para que fizesse jus à concessão do benefício X. A partir de determinada época, altera seu regulamento interno, e passa a conceder tal benefício a todos os trabalhadores, independentemente do tempo de serviço. Embora o fato tenha ficado incontroverso nos autos, o julgador, sem atentar para a modificação no regulamento interno, julga improcedente o pedido do trabalhador, sob o fundamento de que não preenchia o requisito de 5 anos de serviço na empresa.

Verifica-se, no exemplo anterior, que o fato é incontroverso. Além disso, percebe-se que a premissa fática foi analisada de forma equivocada pelo magistrado, em decorrência de erro de percepção do regulamento interno da empresa. No caso, não se irá atacar diretamente a conclusão do julgado (improcedência do pedido), mas, sim, a premissa fática analisada de modo equivocado, atingindo a conclusão apenas de forma reflexa.

Por fim, o TST na OJ nº 103 da SDI-II dispõe o seguinte:

Orientação Jurisprudencial nº 103 da SDI – II do TST. Ação rescisória. Contradição entre fundamentação e parte dispositiva do julgado. Cabimento. Erro de fato

É cabível a rescisória para corrigir contradição entre a parte dispositiva do acórdão rescindendo e a sua fundamentação, por erro de fato na retratação do que foi decidido.

3.7. Juízo Rescindendo e Juízo Rescisório

A ação rescisória possui dois momentos bem distintos:

1) o **juízo rescindendo** (ou rescindente), quando se busca a desconstituição da decisão transitada em julgado;

2) o **juízo rescisório**, quando haverá novo julgamento sobre a matéria objeto de análise, o qual é feito pelo tribunal na própria ação rescisória.

Assim, primeiro desconstitui-se o julgado para em seguida proferir outro julgamento.

Em alguns casos, porém, tem-se apenas a desconstituição da decisão transitada em julgado (juízo rescindendo), não havendo necessidade de novo julgamento, como ocorre, por exemplo, quando há ação rescisória por incompetência absoluta (CPC/2015, art. 966, II). Nessa hipótese, rescindida a decisão, os autos serão encaminhados ao juízo competente para a prolação da decisão, não sendo proferida pelo tribunal na ação rescisória.

Por fim, atenta-se para o fato de que é requisito da petição inicial a cumulação do pedido de rescisão ao de novo julgamento da causa, se for o caso (CPC/2015, art. 968, I).

3.8. Valor da causa

O valor da causa na ação rescisória vem declinado nos arts. 2º e 3º da Instrução Normativa nº 31 do TST, tendo as seguintes diretrizes:

Visa a desconstituir decisão da fase de conhecimento	1º) no caso de improcedência, ao valor dado à causa do processo originário ou aquele que for fixado pelo juiz 2º) no caso de procedência, total ou parcial, ao respectivo valor arbitrado à condenação
Visa a desconstituir decisão da fase de execução	o valor apurado em liquidação de sentença

Destaca-se que o juiz poderá fixar ou majorar de ofício o valor da causa, quando verificar que não corresponde ao conteúdo patrimonial em discussão ou ao proveito econômico perseguido pelo autor (CPC/2015, art. 292, § 3º).

3.9. Depósito prévio

Com a finalidade de desestimular o ajuizamento descompromissado da ação rescisória, exige-se que o autor da ação realize o depósito prévio de 20% sobre o valor da causa, no processo do trabalho (CLT, art. 836). Interessante destacar que, no processo civil, o importe é de 5% sobre o valor da causa.

Tal depósito será convertido em multa em favor do réu da ação rescisória, caso a ação, **por unanimidade de votos,** seja:

a) declarada inadmissível;

b) julgada improcedente (CPC/2015, art. 968, II).

Estão **isentos** do depósito prévio:

1) aquele que provar sua miserabilidade jurídica (CLT, art. 836)[35];

35. O C. TST entende que, nos casos de depósito prévio à ação rescisória, por se tratar de valor superior ao exigido pelo próprio CPC, não é necessária a comprovação da miserabilidade jurídica pelo autor, principalmente quando for pessoa física ou micro e pequena empresa (TST-RO-10899-07.2018.5.18.0000, SBDI-II, rel. Min. Maria Helena Mallmann, 19.11.2019 – Informativo nº 213).

2) a União, os estados, o Distrito Federal, os municípios e suas respectivas autarquias e fundações de direito público (CPC/2015, art. 968, § 1º);
3) o Ministério Público (CPC/2015, art. 968, § 1º);
4) a Defensoria Pública (CPC/2015, art. 968, § 1º);
5) o INSS (art. 8º, § 1º, Lei nº 8.620/93 e Súmula nº 175 do STJ);
6) a massa falida (art. 6, IN nº 31/2007 do TST).

Ante a omissão parcial da CLT e compatibilidade com o processo do trabalho, pensamos que o § 2º do art. 968 do CPC/2015 deve ser aplicado supletivamente, de modo que o depósito prévio não será superior a 1.000 salários-mínimos.

3.10. Procedimento

A petição inicial será elaborada com observância dos requisitos essenciais do art. 319 do CPC/2015, devendo o autor realizar o depósito prévio de 20% do valor da causa, além de cumular ao pedido de rescisão, se for o caso, o de novo julgamento da causa (CPC/2015, art. 968). Portanto, sendo procedimento especial, não se aplicam os requisitos do art. 840 da CLT.

A petição inicial será indeferida nos casos previstos no art. 330 do CPC/2015 ou quando não efetuado o depósito prévio (CPC/2015, art. 968, § 3º).

Em seguida, o relator mandará citar o réu, assinando-lhe prazo **nunca inferior a 15 dias nem superior a 30 para apresentar resposta** (CPC/2015, art. 970).

Atenta-se para o fato de que, na ação rescisória, o que se ataca na ação é a decisão, ato oficial do estado, acobertado pelo manto da coisa julgada. Assim sendo, e considerando que a coisa julgada envolve questão de ordem pública, a revelia não produz confissão na ação rescisória (Súmula nº 398 do TST).

Ademais, a contestação apresentada em ação rescisória obedece à regra relativa à contagem de prazo constante do art. 774 da CLT[36], sendo inaplicável o art. 231 do CPC/2015 (OJ nº 146 da SDI-II do TST).

Se os fatos alegados pelas partes dependerem de prova, o relator delegará a competência ao juiz da vara do trabalho onde deva ser produzida, fixando prazo de 1 a 3 meses para a devolução dos autos (CPC/2015, art. 972).

Concluída a instrução, será aberta vista, sucessivamente, ao autor e ao réu, pelo prazo de 10 dias, para razões finais. Em seguida, os autos subirão ao relator, para procedência do julgamento (CPC/2015, art. 973).

36. CLT, art. 774 – Salvo disposição em contrário, os prazos previstos neste Título contam-se, conforme o caso, a partir da data em que for feita pessoalmente, ou recebida a notificação, daquela em que for publicado o edital no jornal oficial ou no que publicar o expediente da Justiça do Trabalho, ou, ainda, daquela em que for afixado o edital na sede da Junta, Juízo ou Tribunal. (...)

Julgando procedentes os pedidos da ação, o tribunal rescindirá a decisão e proferirá, se for o caso, novo julgamento, determinando a restituição do depósito. Declarando, por unanimidade, inadmissíveis ou improcedentes os pedidos, a importância do depósito reverterá a favor do réu, sem prejuízo do disposto no art. 82, § 2º, do CPC/2015 (CPC/2015, art. 974).

A execução da decisão proferida em ação rescisória far-se-á nos próprios autos da ação que lhe deu origem, e será instruída com o acórdão da rescisória e a respectiva certidão de trânsito em julgado (art. 836, parágrafo único, CLT).

Atenção:

O ajuizamento da ação rescisória não impede o cumprimento da decisão rescindenda, ressalvada a concessão de tutela provisória (CPC/2015, art. 969). A propósito é cabível o pedido de tutela provisória formulado na petição inicial de ação rescisória ou na fase recursal, visando a suspender a execução da decisão rescindenda (Súmula nº 405 do TST).

3.11. Honorários Advocatícios

O C. TST, antes da Lei nº 13.467/17, autorizava a condenação dos honorários advocatícios pela mera sucumbência na ação rescisória, aplicando a disciplina dos arts. 85, 86, 87 e 90 do CPC/2015, especialmente quanto à porcentagem dos honorários (Súmula 219, IV).

Entretanto, a referida lei inseriu o art. 791-A na CLT, determinando que, no processo do trabalho, os honorários sucumbenciais devem ser fixados entre 5 e 15% sobre o valor que resultar da liquidação da sentença, do proveito econômico obtido ou, não sendo possível mensurá-lo, sobre o valor atualizado da causa.

Desse modo, a nosso juízo, após o advento da referida lei esses percentuais devem ser aplicados em todas as ações submetidas à Justiça do Trabalho, inclusive, nas ações rescisórias (TST, IN 27/2005).

3.12. Recurso

Da decisão proferida na ação rescisória, são cabíveis embargos de declaração, nos casos previstos no art. 897-A da CLT c/c art. 1.022 do CPC/2015, da decisão proferida pelo TRT ou pelo TST.

Ademais, tratando-se de decisão monocrática do relator é cabível o agravo regimental.

Importante:

Recurso ordinário interposto contra despacho monocrático indeferitório da petição inicial de ação rescisória ou de mandado de segurança pode, pelo princípio de fungibilidade recursal, ser recebido como agravo regimental. Nesse caso, o recurso não será conhecido pelo TST, sendo devolvido ao TRT, para que aprecie o apelo como agravo regimental (OJ nº 69 da SDI-II do TST).

No caso de decisão da Turma do TRT, caberá recurso ordinário, a ser julgado pela SDI-II (ações individuais) ou pela SDC (dissídios coletivos) do TST (Súmula nº 158 do TST). Portanto, é incabível o recurso de revista, nessa hipótese, sendo erro grosseiro a sua interposição (OJ nº 152 da SDI-II do TST).

A propósito, havendo recurso ordinário em sede de rescisória, o depósito recursal só é exigível quando for julgado procedente o pedido e imposta condenação em pecúnia, devendo este ser efetuado no prazo recursal, no limite e nos termos da legislação vigente, sob pena de deserção (Súmula nº 99 do TST). Atente-se para o fato de que na ação rescisória é exigido um único depósito, dispensado novo depósito para os recursos subsequentes, salvo o depósito do agravo de instrumento, previsto no art. 899, §§ 7º e 8º, da CLT (TST-IN nº 3, III).

Por fim, salienta-se que da decisão da SDI-II ou SDC do TST, seja de competência originária, seja de competência recursal, caberá, eventualmente, recurso extraordinário para o STF.

3.13. Ação Rescisória de Ação Rescisória

É admitido o ajuizamento de ação rescisória para desconstituir julgado proferido em outra ação rescisória. Contudo, nessa hipótese, o vício capaz de ensejar essa ação rescisória deve, obrigatoriamente, nascer na decisão da primeira ação rescisória, ou seja, a segunda ação rescisória deverá discutir as violações praticadas no acórdão da primeira ação rescisória. Nesse sentido, a Súmula nº 400 do TST:

> **Súmula nº 400 do TST.** Ação rescisória de ação rescisória. Violação manifesta de norma jurídica. Indicação da mesma norma jurídica apontada na rescisória primitiva (mesmo dispositivo de lei sob o CPC de 1973).
>
> Em se tratando de rescisória de rescisória, o vício apontado deve nascer na decisão rescindenda, não se admitindo a rediscussão do acerto do julgamento da rescisória anterior. Assim, não procede rescisória calcada no inciso V do art. 966 do CPC de 2015 (art. 485, V, do CPC de 1973) para discussão, por má aplicação da mesma norma jurídica, tida por violada na rescisória anterior, bem como para arguição de questões inerentes à ação rescisória primitiva.

3.14. Súmulas e Orientações Jurisprudenciais do TST

Ação rescisória
Competência
Súmula nº 192 do TST. Ação Rescisória. Competência. I – Se não houver o conhecimento de recurso de revista ou de embargos, a competência para julgar ação que vise a rescindir a decisão de mérito é do Tribunal Regional do Trabalho, ressalvado o disposto no item II. II – Acórdão rescindendo do Tribunal Superior do Trabalho que não conhece de recurso de embargos ou de revista, analisando arguição de violação de dispositivo de lei material ou decidindo em consonância com súmula de direito material ou com iterativa, notória e atual jurisprudência de direito material da Seção de Dissídios Individuais (Súmula nº 333), examina o mérito da causa, cabendo ação rescisória da competência do Tribunal Superior do Trabalho.

III - Sob a égide do art. 512 do CPC de 1973, é juridicamente impossível o pedido explícito de desconstituição de sentença quando substituída por acórdão do Tribunal Regional ou superveniente sentença homologatória de acordo que puser fim ao litígio.
IV - Na vigência do CPC de 1973, é manifesta a impossibilidade jurídica do pedido de rescisão de julgado proferido em agravo de instrumento que, limitando-se a aferir o eventual desacerto do juízo negativo de admissibilidade do recurso de revista, não substitui o acórdão regional, na forma do art. 512 do CPC.
V - A decisão proferida pela SBDI, em agravo regimental, calcada na Súmula nº 333, substitui acórdão de Turma do TST, porque emite juízo de mérito, comportando, em tese, o corte rescisório.

Orientação Jurisprudencial nº 70 da SDI - II do TST. Ação rescisória. Regência pelo CPC de 1973. Manifesto e inescusável equívoco no direcionamento. Inépcia da inicial. Extinção do processo
Sob a égide do CPC de 1973, o manifesto equívoco da parte em ajuizar ação rescisória no TST para desconstituir julgado proferido pelo TRT, ou vice-versa, implica a extinção do processo sem julgamento do mérito por inépcia da inicial.

Orientação Jurisprudencial nº 7 da SDI - II do TST. Ação rescisória. Competência. Criação de tribunal regional do trabalho. Na omissão da lei, é fixada pelo art. 678, inc. I, "c", item 2, da CLT
A Lei nº 7.872/89 que criou o Tribunal Regional do Trabalho da 17ª Região não fixou a sua competência para apreciar as ações rescisórias de decisões oriundas da 1ª Região, o que decorreu do art. 678, I, "c", item 2, da CLT.

Legitimidade do Ministério Público do Trabalho

Súmula nº 407 do TST. Ação rescisória. Ministério público. Legitimidade "ad causam" prevista no art. 967, III, "a", "b" e "c" do CPC de 2015. Art. 487, III, "a" e "b", do CPC de 1973. As hipóteses são meramente exemplificativas
A legitimidade "ad causam" do Ministério Público para propor ação rescisória, ainda que não tenha sido parte no processo que deu origem à decisão rescindenda, nao está limitada às alíneas "a", "b" e "c" do inciso III do art. 967 do CPC de 2015 (art. 487, III, "a" e "b", do CPC de 1973), uma vez que traduzem hipóteses meramente exemplificativas.

Litisconsórcio

Súmula nº 406 do TST. Ação rescisória. Litisconsórcio. Necessário no pólo passivo e facultativo no ativo. Inexistente quanto aos substituídos pelo sindicato
I - O litisconsórcio, na ação rescisória, é necessário em relação ao pólo passivo da demanda, porque supõe uma comunidade de direitos ou de obrigações que não admite solução díspar para os litisconsortes, em face da indivisibilidade do objeto. Já em relação ao pólo ativo, o litisconsórcio é facultativo, uma vez que a aglutinação de autores se faz por conveniência e não pela necessidade decorrente da natureza do litígio, pois não se pode condicionar o exercício do direito individual de um dos litigantes no processo originário à anuência dos demais para retomar a lide.
II - O Sindicato, substituto processual e autor da reclamação trabalhista, em cujos autos fora proferida a decisão rescindenda, possui legitimidade para figurar como réu na ação rescisória, sendo descabida a exigência de citação de todos os empregados substituídos, porquanto inexistente litisconsórcio passivo necessário.

Decadência

Súmula nº 100 do TST. Ação rescisória. Decadência
I - O prazo de decadência, na ação rescisória, conta-se do dia imediatamente subsequente ao trânsito em julgado da última decisão proferida na causa, seja de mérito ou não.

II – Havendo recurso parcial no processo principal, o trânsito em julgado dá-se em momentos e em tribunais diferentes, contando-se o prazo decadencial para a ação rescisória do trânsito em julgado de cada decisão, salvo se o recurso tratar de preliminar ou prejudicial que possa tornar insubsistente a decisão recorrida, hipótese em que flui a decadência a partir do trânsito em julgado da decisão que julgar o recurso parcial.
III – Salvo se houver dúvida razoável, a interposição de recurso intempestivo ou a interposição de recurso incabível não protrai o termo inicial do prazo decadencial.
IV – O juízo rescindente não está adstrito à certidão de trânsito em julgado juntada com a ação rescisória, podendo formar sua convicção através de outros elementos dos autos quanto à antecipação ou postergação do "dies a quo" do prazo decadencial.
V – O acordo homologado judicialmente tem força de decisão irrecorrível, na forma do art. 831 da CLT. Assim sendo, o termo conciliatório transita em julgado na data da sua homologação judicial.
VI – Na hipótese de colusão das partes, o prazo decadencial da ação rescisória somente começa a fluir para o Ministério Público, que não interveio no processo principal, a partir do momento em que tem ciência da fraude.
VII – Não ofende o princípio do duplo grau de jurisdição a decisão do TST que, após afastar a decadência em sede de recurso ordinário, aprecia desde logo a lide, se a causa versar questão exclusivamente de direito e estiver em condições de imediato julgamento.
VIII – A exceção de incompetência, ainda que oposta no prazo recursal, sem ter sido aviado o recurso próprio, não tem o condão de afastar a consumação da coisa julgada e, assim, postergar o termo inicial do prazo decadencial para a ação rescisória.
IX – Prorroga-se até o primeiro dia útil, imediatamente subsequente, o prazo decadencial para ajuizamento de ação rescisória quando expira em férias forenses, feriados, finais de semana ou em dia em que não houver expediente forense. Aplicação do art. 775 da CLT.
X – Conta-se o prazo decadencial da ação rescisória, após o decurso do prazo legal previsto para a interposição do recurso extraordinário, apenas quando esgotadas todas as vias recursais ordinárias.

Orientação Jurisprudencial nº 80 da SDI – II do TST. Ação rescisória. Decadência. "dies a quo". Recurso deserto. Súmula nº 100 do TST
O não-conhecimento do recurso por deserção não antecipa o "dies a quo" do prazo decadencial para o ajuizamento da ação rescisória, atraindo, na contagem do prazo, a aplicação da Súmula nº 100 do TST.

OJ nº 12 da SDI-II do TST. Ação rescisória. Decadência. Consumação antes ou depois da edição da medida provisória nº 1.577/97. Ampliação do prazo.
I – A vigência da Medida Provisória nº 1.577/97 e de suas reedições implicou o elastecimento do prazo decadencial para o ajuizamento da ação rescisória a favor dos entes de direito público, autarquias e fundações públicas. Se o biênio decadencial do art. 495 do CPC de 1973 findou após a entrada em vigor da referida medida provisória e até sua suspensão pelo STF em sede liminar de ação direta de inconstitucionalidade (ADIn 1753-2), tem-se como aplicável o prazo decadencial elastecido à rescisória.
II – A regra ampliativa do prazo decadencial para a propositura de ação rescisória em favor de pessoa jurídica de direito público não se aplica se, ao tempo em que sobreveio a Medida Provisória nº 1.577/97, já se exaurira o biênio do art. 495 do CPC de 1973. Preservação do direito adquirido da parte à decadência já consumada sob a égide da lei velha.

Orientação Jurisprudencial nº 18 da SDI – II do TST. Ação rescisória. Decadência. União. Lei Complementar nº 73/93, art. 67. Lei nº 8.682/93, art. 6º
O art. 67 da Lei Complementar nº 73/93 interrompeu todos os prazos, inclusive o de decadência, em favor da União no período compreendido entre 14.02.93 e 14.08.93.

Pressupostos da ação rescisória
Trânsito em julgado
Súmula nº 299 do TST do TST. Ação Rescisória. Decisão Rescindenda. Trânsito em julgado. Comprovação. Efeitos I – É indispensável ao processamento da ação rescisória a prova do trânsito em julgado da decisão rescindenda. II – Verificando o relator que a parte interessada não juntou à inicial o documento comprobatório, abrirá prazo de 15 (quinze) dias para que o faça (art. 321 do CPC de 2015), sob pena de indeferimento. III – A comprovação do trânsito em julgado da decisão rescindenda é pressuposto processual indispensável ao tempo do ajuizamento da ação rescisória. Eventual trânsito em julgado posterior ao ajuizamento da ação rescisória não reabilita a ação proposta, na medida em que o ordenamento jurídico não contempla a ação rescisória preventiva. IV – O pretenso vício de intimação, posterior à decisão que se pretende rescindir, se efetivamente ocorrido, não permite a formação da coisa julgada material. Assim, a ação rescisória deve ser julgada extinta, sem julgamento do mérito, por carência de ação, por inexistir decisão transitada em julgado a ser rescindida.
Orientação Jurisprudencial nº 84 da SDI – II do TST. Ação rescisória. Ausência da decisão rescindenda e/ou da certidão de seu trânsito em julgado devidamente autenticadas. Concessão de prazo para complementação da documentação São peças essenciais para o julgamento da ação rescisória a decisão rescindenda e/ou a certidão do seu trânsito em julgado, devidamente autenticadas, à exceção de cópias reprográficas apresentadas por pessoa jurídica de direito público, a teor do art. 24 da Lei nº 10.522/2002, ou declaradas autênticas pelo advogado na forma do artigo 830 da CLT com a redação dada pela Lei nº 11.925/2009. Em fase recursal, verificada a ausência de qualquer delas, cumpre ao Relator do recurso ordinário conceder o prazo de 5 (cinco) dias ao recorrente para que seja complementada a documentação exigível, nos termos do art. 932, parágrafo único, do CPC de 2015.
Orientação Jurisprudencial nº 21 da SDI – II do TST. Ação rescisória. Duplo grau de jurisdição. Trânsito em julgado. Inobservância. Decreto-lei nº 779/69, art. 1º, V. Incabível É incabível ação rescisória para a desconstituição de sentença não transitada em julgado porque ainda não submetida ao necessário duplo grau de jurisdição, na forma do Decreto-Lei nº 779/69. Determina-se que se oficie ao Presidente do TRT para que proceda à avocatória do processo principal para o reexame da sentença rescindenda.
Decisão de mérito
Orientação Jurisprudencial nº 150 da SDI – II do TST. Ação rescisória. Regência pelo CPC de 1973. Decisão rescindenda que extingue o processo sem resolução de mérito por acolhimento da exceção de coisa julgada. Conteúdo meramente processual. Impossibilidade jurídica do pedido Reputa-se juridicamente impossível o pedido de corte rescisório de decisão que, reconhecendo a existência de coisa julgada, nos termos do art. 267, V, do CPC de 1973, extingue o processo sem resolução de mérito, o que, ante o seu conteúdo meramente processual, a torna insuscetível de produzir a coisa julgada material.
Súmula nº 412 do TST. Ação rescisória. Regência pelo CPC de 1973. Sentença de mérito. Questão processual Sob a égide do CPC de 1973, pode uma questão processual ser objeto de rescisão desde que consista em pressuposto de validade de uma sentença de mérito

Súmula nº 413 do TST. Ação rescisória. Sentença de mérito. Violação do art. 896, "a", da CLT.
É incabível ação rescisória, por violação do art. 896, "a", da CLT, contra decisão transitada em julgado sob a égide do CPC de 1973 que não conhece de recurso de revista, com base em divergência jurisprudencial, pois não se cuidava de sentença de mérito (art. 485 do CPC de 1973).

Orientação Jurisprudencial nº 134 da SDI – II do TST. Ação rescisória. Decisão que declara preclusa a oportunidade de impugnação da sentença de liquidação. Produção de coisa julgada formal. Irrescindibilidade.
A decisão proferida em embargos à execução ou em agravo de petição que apenas declara preclusa a oportunidade de impugnação da sentença de liquidação não é rescindível, em virtude de produzir tão-somente coisa julgada formal.

Súmula nº 399 do TST. Ação rescisória. Cabimento. Sentença de mérito. Decisão homologatória de adjudicação, de arrematação e de cálculos
I – É incabível ação rescisória para impugnar decisão homologatória de adjudicação ou arrematação.
II – A decisão homologatória de cálculos apenas comporta rescisão quando enfrentar as questões envolvidas na elaboração da conta de liquidação, quer solvendo a controvérsia das partes quer explicitando, de ofício, os motivos pelos quais acolheu os cálculos oferecidos por uma das partes ou pelo setor de cálculos, e não contestados pela outra.

Orientação Jurisprudencial nº 107 da SDI – II do TST. Ação rescisória. Decisão rescindenda de mérito. Sentença declaratória de extinção de execução. Satisfação da obrigação
Embora não haja atividade cognitiva, a decisão que declara extinta a execução, nos termos do art. 924, incisos I a IV c/c art. 925 do CPC de 2015 (art. 794 c/c 795 do CPC de 1973), extingue a relação processual e a obrigacional, sendo passível de corte rescisório.

Representação processual. Procuração com poderes específicos para o ajuizamento de reclamação trabalhista. Irregularidade verificada na fase recursal

OJ nº 151 da SDI-II do TST. Ação rescisória e Mandado de Segurança. Procuração. Poderes específicos para ajuizamento de reclamação trabalhista. Irregularidade de representação processual. Fase recursal. Vício processual sanável.
A procuração outorgada com poderes específicos para ajuizamento de reclamação trabalhista não autoriza a propositura de ação rescisória e mandado de segurança. Constatado, todavia, o defeito de representação processual na fase recursal, cumpre ao relator ou ao tribunal conceder prazo de 5 (cinco) dias para a regularização, nos termos da Súmula nº 383, item II, do TST.

Petição Inicial

Súmula nº 408 do TST. Ação rescisória. Petição inicial. Causa de pedir. Ausência de capitulação ou capitulação errônea no art. 966 do CPC de 2015. Art. 485 do CPC de 1973. Princípio "iura novit curia"
Não padece de inépcia a petição inicial de ação rescisória apenas porque omite a subsunção do fundamento de rescindibilidade no art. 966 do CPC de 2015 (art. 485 do CPC de 1973) ou o capitula erroneamente em um de seus incisos. Contanto que não se afaste dos fatos e fundamentos invocados como causa de pedir, ao Tribunal é lícito emprestar-lhes a adequada qualificação jurídica ("iura novit curia"). No entanto, fundando-se a ação rescisória no art. 966, inciso V, do CPC de 2015 (art. 485, inciso V, do CPC de 1973), é indispensável expressa indicação, na petição inicial da ação rescisória, da norma jurídica manifestamente violada (dispositivo legal violado sob o CPC de 1973), por se tratar de causa de pedir da rescisória, não se aplicando, no caso, o princípio "iura novit curia".

Orientação Jurisprudencial nº 78 da SDI – II do TST. Ação rescisória. Cumulação sucessiva de pedidos. Rescisão da sentença e do acórdão. Ação única. Art. 326 do CPC de 2015. Art. 289 do CPC de 1973.
É admissível o ajuizamento de uma única ação rescisória contendo mais de um pedido, em ordem sucessiva, de rescisão da sentença e do acórdão. Sendo inviável a tutela jurisdicional de um deles, o julgador está obrigado a apreciar os demais, sob pena de negativa de prestação jurisdicional.

Súmula nº 405 do TST. Ação rescisória. Tutela provisória.
Em face do que dispõem a MP 1.984-22/2000 e o art. 969 do CPC de 2015, é cabível o pedido de tutela provisória formulado na petição inicial de ação rescisória ou na fase recursal, visando a suspender a execução da decisão rescindenda.

Hipóteses de cabimento

Incompetência absoluta

Orientação Jurisprudencial nº 124 da SDI – II do TST. Ação rescisória. Art. 966, inciso II, do CPC de 2015. Art. 485, II, do CPC de 1973. Arguição de incompetência absoluta. Prequestionamento inexigível
Na hipótese em que a ação rescisória tem como causa de rescindibilidade o inciso II do art. 966 do CPC de 2015 (inciso II do art. 485 do CPC de 1973), a arguição de incompetência absoluta prescinde de prequestionamento.

Dolo ou colusão

Súmula nº 403 do TST. Ação rescisória. Dolo da parte vencedora em detrimento da vencida. Art. 485, III, do CPC
I – Não caracteriza dolo processual, previsto no art. 485, III, do CPC[33], o simples fato de a parte vencedora haver silenciado a respeito de fatos contrários a ela, porque o procedimento, por si só, não constitui ardil do qual resulte cerceamento de defesa e, em consequência, desvie o juiz de uma sentença não-condizente com a verdade.
II – Se a decisão rescindenda é homologatória de acordo, não há parte vencedora ou vencida, razão pela qual não é possível a sua desconstituição calcada no inciso III do art. 485 do CPC[34] (dolo da parte vencedora em detrimento da vencida), pois constitui fundamento de rescindibilidade que supõe solução jurisdicional para a lide.

Orientação Jurisprudencial nº 94 da SDI – II do TST. Ação rescisória. Colusão. Fraude à lei. Reclamatória simulada extinta
A decisão ou acordo judicial subjacente à reclamação trabalhista, cuja tramitação deixa nítida a simulação do litígio para fraudar a lei e prejudicar terceiros, enseja ação rescisória, com lastro em colusão. No juízo rescisório, o processo simulado deve ser extinto.

Orientação Jurisprudencial nº 158 da SDI – II do TST. Ação rescisória. Declaração de nulidade de decisão homologatória de acordo em razão de colusão (art. 485, III, do CPC). Multa por litigância de má-fé. Impossibilidade
A declaração de nulidade de decisão homologatória de acordo, em razão da colusão entre as partes (art. 485, III, do CPC[35]), é sanção suficiente em relação ao procedimento adotado, não havendo que ser aplicada a multa por litigância de má-fé.

Coisa julgada

Orientação Jurisprudencial nº 157 da SDI – II do TST. Ação rescisória. Decisões proferidas em fases distintas de uma mesma ação. Coisa julgada. Não configuração
A ofensa à coisa julgada de que trata o inciso IV do art. 966 do CPC de 2015 (inciso IV do art. 485 do CPC de 1973) refere-se apenas a relações processuais distintas. A invocação de desrespeito à coisa julgada formada no processo de conhecimento, na correspondente fase de execução, somente é possível com base na violação do art. 5º, XXXVI, da Constituição da República.

Orientação Jurisprudencial nº 101 da SDI – II do TST. Ação rescisória. Inciso IV do art. 966 do CPC de 2015. Art. 485, IV, do CPC de 1973. Ofensa a coisa julgada. Necessidade de fixação de tese na decisão rescindenda Para viabilizar a desconstituição do julgado pela causa de rescindibilidade do inciso IV, do art. 966 do CPC de 2015 (inciso IV do art. 485 do CPC de 1973), é necessário que a decisão rescindenda tenha enfrentado as questões ventiladas na ação rescisória, sob pena de inviabilizar o cotejo com o título executivo judicial tido por desrespeitado, de modo a se poder concluir pela ofensa à coisa julgada.
Orientação Jurisprudencial nº 132 da SDI – II. Ação rescisória. Acordo homologado. Alcance. Ofensa à coisa julgada Acordo celebrado – homologado judicialmente – em que o empregado dá plena e ampla quitação, sem qualquer ressalva, alcança não só o objeto da inicial, como também todas as demais parcelas referentes ao extinto contrato de trabalho, violando a coisa julgada, a propositura de nova reclamação trabalhista.
Súmula nº 397 do TST. Ação rescisória. Art. 966, IV, do CPC de 2015. Art. 485, IV, do CPC[36] de 1973. Ação de cumprimento. Ofensa à coisa julgada emanada de sentença normativa modificada em grau de recurso. Inviabilidade. Cabimento de mandado de segurança Não procede ação rescisória calcada em ofensa à coisa julgada perpetrada por decisão proferida em ação de cumprimento, em face de a sentença normativa, na qual se louvava, ter sido modificada em grau de recurso, porque em dissídio coletivo somente se consubstancia coisa julgada formal. Assim, os meios processuais aptos a atacarem a execução da cláusula reformada são a exceção de pré-executividade e o mandado de segurança, no caso de descumprimento do art. 514 do CPC de 2015 (art. 572 do CPC de 1973).
Orientação Jurisprudencial nº 123 da SDI – II do TST. Ação rescisória. Interpretação do sentido e alcance do título executivo. Inexistência de ofensa à coisa julgada O acolhimento da ação rescisória calcada em ofensa à coisa julgada supõe dissonância patente entre as decisões exequenda e rescindenda, o que não se verifica quando se faz necessária a interpretação do título executivo judicial para se concluir pela lesão à coisa julgada.
Súmula nº 401 do TST. Ação rescisória. Descontos legais. Fase de execução. Sentença exequenda omissa. Inexistência de ofensa à coisa julgada Os descontos previdenciários e fiscais devem ser efetuados pelo juízo executório, ainda que a sentença exequenda tenha sido omissa sobre a questão, dado o caráter de ordem pública ostentado pela norma que os disciplina. A ofensa à coisa julgada somente poderá ser caracterizada na hipótese de o título exequendo, expressamente, afastar a dedução dos valores a título de Imposto de Renda e de contribuição previdenciária.
Orientação Jurisprudencial nº 35 da SDI – II do TST. Ação rescisória. Planos econômicos. Coisa julgada. Limitação à data-base na fase de execução Não ofende a coisa julgada a limitação à data-base da categoria, na fase executória, da condenação ao pagamento de diferenças salariais decorrentes de planos econômicos, quando a decisão exequenda silenciar sobre a limitação, uma vez que a limitação decorre de norma cogente. Apenas quando a sentença exequenda houver expressamente afastado a limitação à data-base é que poderá ocorrer ofensa à coisa julgada.
Violação manifesta de norma jurídica
Alcance da regra
OJ nº 25 da SDI-II do TST. Ação Rescisória. Regência pelo CPC de 1973. Expressão "Lei" do art. 485, V, do CPC de 1973. Não Inclusão do ACT, CCT, Portaria, Regulamento, Súmula e Orientação Jurisprudencial de Tribunal. Não procede pedido de rescisão fundado no art. 485, V, do CPC de 1973 quando se aponta contrariedade à norma de convenção coletiva de trabalho, acordo coletivo de trabalho, portaria do Poder Executivo, regulamento de empresa e súmula ou orientação jurisprudencial de tribunal.

Súmula nº 409 do TST. Ação rescisória. Prazo prescricional. Total ou parcial. Violação do art. 7º, XXIX, da CF/1988. Matéria infraconstitucional
Não procede ação rescisória calcada em violação do art. 7º, XXIX, da CF/1988 quando a questão envolve discussão sobre a espécie de prazo prescricional aplicável aos créditos trabalhistas, se total ou parcial, porque a matéria tem índole infraconstitucional, construída, na Justiça do Trabalho, no plano jurisprudencial.

Orientação Jurisprudencial nº 97 da SDI – II do TST. Ação rescisória. Violação do art. 5º, II, LIV e LV, da Constituição Federal. Princípios da legalidade, do devido processo legal, do contraditório e da ampla defesa

Os princípios da legalidade, do devido processo legal, do contraditório e da ampla defesa não servem de fundamento para a desconstituição de decisão judicial transitada em julgado, quando se apresentam sob a forma de pedido genérico e desfundamentado, acompanhando dispositivos legais que tratam especificamente da matéria debatida, estes sim, passíveis de fundamentarem a análise do pleito rescisório.

Decisão de mérito alicerçada em duplo fundamento

Orientação Jurisprudencial nº 112 da SDI – II do TST. Ação rescisória. Violação de lei. Decisão rescindenda por duplo fundamento. Impugnação parcial
Para que a violação da lei dê causa à rescisão de decisão de mérito alicerçada em duplo fundamento, é necessário que o Autor da ação rescisória invoque causas de rescindibilidade que, em tese, possam infirmar a motivação dúplice da decisão rescindenda.

Reexame de fatos e prova

Súmula nº 410 do TST. Ação rescisória. Reexame de fatos e provas. Inviabilidade
A ação rescisória calcada em violação de lei não admite reexame de fatos e provas do processo que originou a decisão rescindenda.

Pronunciamento explícito

Súmula nº 298 do TST. Ação rescisória. Violação a disposição de lei. Pronunciamento explícito
I – A conclusão acerca da ocorrência de violação literal a disposição de lei pressupõe pronunciamento explícito, na sentença rescindenda, sobre a matéria veiculada.
II – O pronunciamento explícito exigido em ação rescisória diz respeito à matéria e ao enfoque específico da tese debatida na ação, e não, necessariamente, ao dispositivo legal tido por violado. Basta que o conteúdo da norma reputada violada haja sido abordado na decisão rescindenda para que se considere preenchido o pressuposto.
III – Para efeito de ação rescisória, considera-se pronunciada explicitamente a matéria tratada na sentença quando, examinando remessa de ofício, o Tribunal simplesmente a confirma.
IV – A sentença meramente homologatória, que silencia sobre os motivos de convencimento do juiz, não se mostra rescindível, por ausência de pronunciamento explícito.
V – Não é absoluta a exigência de pronunciamento explícito na ação rescisória, ainda que esta tenha por fundamento violação de dispositivo de lei. Assim, prescindível o pronunciamento explícito quando o vício nasce no próprio julgamento, como se dá com a sentença "extra, citra e ultra petita".

Orientação Jurisprudencial nº 135 da SDI – II do TST. Ação rescisória. Violação do art. 37, "caput", da CF/1988. Necessidade de prequestionamento
A ação rescisória calcada em violação do artigo 37, "caput", da Constituição Federal, por desrespeito ao princípio da legalidade administrativa exige que ao menos o princípio constitucional tenha sido prequestionado na decisão.

Matéria controvertida nos Tribunais
Súmula nº 83 do TST. Ação rescisória. Matéria controvertida I – Não procede pedido formulado na ação rescisória por violação literal de lei se a decisão rescindenda estiver baseada em texto legal infraconstitucional de interpretação controvertida nos Tribunais. II – O marco divisor quanto a ser, ou não, controvertida, nos Tribunais, a interpretação dos dispositivos legais citados na ação rescisória é a data da inclusão, na Orientação Jurisprudencial do TST, da matéria discutida.
Orientação Jurisprudencial nº 6 da SDI – II do TST. Ação rescisória. Cipeiro suplente. Estabilidade. ADCT da CF/88, art. 10, II, "a". Súmula nº 83 do TST Rescinde-se o julgado que nega estabilidade a membro suplente de CIPA, representante de empregado, por ofensa ao art. 10, II, "a", do ADCT da CF/88, ainda que se cuide de decisão anterior à Súmula nº 339 do TST. Incidência da Súmula nº 83 do TST.
Orientação Jurisprudencial nº 8 da SDI – II do TST. Ação rescisória. Complementação de aposentadoria. Banespa. Súmula nº 83 do TST Não se rescinde julgado que acolheu pedido de complementação de aposentadoria integral em favor de empregado do BANESPA, antes da Súmula nº 313 do TST, em virtude da notória controvérsia jurisprudencial então reinante. Incidência da Súmula nº 83 do TST.
Orientação Jurisprudencial nº 9 da SDI – II do TST. Ação Rescisória. CONAB. Aviso DIREH 2/84. Súmula nº 83 do TST. Aplicável Não se rescinde julgado que reconheceu garantia de emprego com base no Aviso DIREH 02/84 da CONAB, antes da Súmula nº 355 do TST, em virtude da notória controvérsia jurisprudencial então reinante. Incidência da Súmula nº 83 do TST.
OJ nº 34 da SDI-II do TST. Ação rescisória. Planos econômicos. I – O acolhimento de pedido em ação rescisória de plano econômico, fundada no art. 485, inciso V, do CPC de 1973 pressupõe, necessariamente, expressa invocação na petição inicial de afronta ao art. 5º, inciso XXXVI, da Constituição Federal de 1988. A indicação de ofensa literal a preceito de lei ordinária atrai a incidência da Súmula nº 83 do TST e Súmula nº 343 do STF. II – Se a decisão rescindenda é posterior à Súmula nº 315 do TST (Res. 07, DJ 22.09.93), inaplicável a Súmula nº 83 do TST.
Orientação Jurisprudencial nº 11 da SDI – II do TST. Ação rescisória. Correção monetária. Lei nº 7.596/87. Universidades federais. Implantação tardia do plano de classificação de cargos. Violação de lei. Súmula nº 83 do TST. Aplicável Não se rescinde julgado que acolhe pedido de correção monetária decorrente da implantação tardia do Plano de Classificação de Cargos de Universidade Federal previsto na Lei nº 7.596/87, à época em que era controvertida tal matéria na jurisprudência. Incidência da Súmula nº 83 do TST.
Orientação Jurisprudencial nº 19 da SDI – II do TST. Ação rescisória. Desligamento incentivado. Imposto de Renda. Abono pecuniário. Violação de lei. Súmula nº 83 do TST. Aplicável Havendo notória controvérsia jurisprudencial acerca da incidência de Imposto de Renda sobre parcela paga pelo empregador ("abono pecuniário") a título de "desligamento incentivado", improcede pedido de rescisão do julgado. Incidência da Súmula nº 83 do TST.
Orientação Jurisprudencial nº 39 da SDI – II do TST. Ação rescisória. Reajustes bimestrais e quadrimestrais. Lei nº 8.222/91. Súmula nº 83 do TST. Aplicável Havendo controvérsia jurisprudencial à época, não se rescinde decisão que aprecia a possibilidade de cumulação das antecipações bimestrais e reajustes quadrimestrais de salário previstos na Lei nº 8.222/91. Incidência da Súmula nº 83 do TST.

Orientação Jurisprudencial nº 30 da SDI – II do TST. Ação rescisória. Multa. Art. 920 do Código Civil de 1916 (art. 412 do código civil de 2002) Não se acolhe, por violação do art. 920 do Código Civil de 1916 (art. 412 do Código Civil de 2002), pedido de rescisão de julgado que: a) em processo de conhecimento, impôs condenação ao pagamento de multa, quando a decisão rescindenda for anterior à Orientação Jurisprudencial nº 54 da Subseção I Especializada em Dissídios Individuais do TST (30.05.94), incidindo o óbice da Súmula nº 83 do TST; b) em execução, rejeita-se limitação da condenação ao pagamento de multa, por inexistência de violação literal.
Orientação Jurisprudencial nº 23 da SDI – II do TST. Ação rescisória. Estabilidade. Período pré-eleitoral. Violação de lei. Súmula nº 83 do TST. Aplicável Não procede pedido de rescisão de sentença de mérito que assegura ou nega estabilidade pré-eleitoral, quando a decisão rescindenda for anterior à Orientação Jurisprudencial nº 51, da Seção de Dissídios Individuais do TST (25.11.96). Incidência da Súmula nº 83 do TST.
Orientação Jurisprudencial nº 5 da SDI – II do TST. Ação rescisória. Banco do Brasil. AP e ADI. Horas extras. Súmula nº 83 do TST. Aplicável Não se acolhe pedido de rescisão de julgado que deferiu a empregado do Banco do Brasil S.A. horas extras após a sexta, não obstante o pagamento dos adicionais AP e ADI, ou AFR quando a decisão rescindenda for anterior à Orientação Jurisprudencial nº 17, da Seção de Dissídios Individuais do TST (07.11.94). Incidência das Súmulas nºs 83 do TST e 343 do STF.
Casos específicos de violação manifesta de norma jurídica
Orientação Jurisprudencial nº 2 da SDI – II do TST. Ação rescisória. Adicional de insalubridade. Base de cálculo. Salário mínimo. Cabível Viola o art. 192 da CLT decisão que acolhe pedido de adicional de insalubridade com base na remuneração do empregado.
Orientação Jurisprudencial nº 4 da SDI – II do TST. Ação rescisória. Banco do Brasil. Adicional de Caráter Pessoal. ACP Procede, por ofensa ao art. 5º, inciso XXXVI, da CF/1988, o pedido de rescisão de julgado que acolheu Adicional de Caráter Pessoal em favor de empregado do Banco do Brasil S.A.
Orientação Jurisprudencial nº 10 da SDI – II do TST. Ação rescisória. Contrato nulo. Administração pública. Efeitos. Art. 37, II E § 2º, da CF/1988 Somente por ofensa ao art. 37, II e § 2º, da CF/1988, procede o pedido de rescisão de julgado para considerar nula a contratação, sem concurso público, de servidor, após a CF/1988.
Orientação jurisprudencial nº 128 da SDI – II do TST. Ação rescisória. Concurso público anulado posteriormente. Aplicação da Súmula nº 363 do TST O certame público posteriormente anulado equivale à contratação realizada sem a observância da exigência contida no art. 37, II, da Constituição Federal de 1988. Assim sendo, aplicam-se à hipótese os efeitos previstos na Súmula nº 363 do TST.
Orientação Jurisprudencial nº 38 da SDI – II do TST. Ação rescisória. Professor-adjunto. Ingresso no cargo de professor-titular. Exigência de concurso público (Lei nº 7.596/87, Decreto nº 94.664/87 e art. 206, V, CF/1988) A assunção do professor-adjunto ao cargo de professor titular de universidade pública, sem prévia aprovação em concurso público, viola o art. 206, inciso V, da Constituição Federal. Procedência do pedido de rescisão do julgado.

Orientação Jurisprudencial nº 26 da SDI – II do TST. Ação rescisória. Gratificação de nível superior. Suframa A extensão da gratificação instituída pela SUFRAMA aos servidores celetistas exercentes de atividade de nível superior não ofende as disposições contidas nos arts. 37, XIII e 39, § 1º, da CF/1988.
Orientação Jurisprudencial nº 24 da SDI – II do TST. Ação rescisória. Estabilidade provisória. Reintegração em período posterior. Direito limitado aos salários e consectários do período da estabilidade Rescinde-se o julgado que reconhece estabilidade provisória e determina a reintegração de empregado, quando já exaurido o respectivo período de estabilidade. Em juízo rescisório, restringe-se a condenação quanto aos salários e consectários até o termo final da estabilidade.
Orientação Jurisprudencial nº 71 da SDI – II do TST. Ação rescisória. Salário profissional. Fixação. Múltiplo de salário mínimo. Art. 7º, IV, da CF/88 A estipulação do salário profissional em múltiplos do salário mínimo não afronta o art. 7º, inciso IV, da Constituição Federal de 1988, só incorrendo em vulneração do referido preceito constitucional a fixação de correção automática do salário pelo reajuste do salário mínimo.
Orientação Jurisprudencial nº 41 da SDI – II do TST. Ação rescisória. Sentença "citra petita". Cabimento Revelando-se a sentença "citra petita", o vício processual vulnera os arts. 141 e 492 do CPC de 2015 (arts. 128 e 460 do CPC de 1973), tornando-a passível de desconstituição, ainda que não interpostos embargos de declaração.
Prova nova (documento novo)
Súmula nº 402 do TST. Ação rescisória. Prova nova. Dissídio coletivo. Sentença normativa I – Sob a vigência do CPC de 2015 (art. 966, inciso VII), para efeito de ação rescisória, considera-se prova nova a cronologicamente velha, já existente ao tempo do trânsito em julgado da decisão rescindenda, mas ignorada pelo interessado ou de impossível utilização, à época, no processo. II – Não é prova nova apta a viabilizar a desconstituição de julgado: a) sentença normativa proferida ou transitada em julgado posteriormente à sentença rescindenda; b) sentença normativa preexistente à sentença rescindenda, mas não exibida no processo principal, em virtude de negligência da parte, quando podia e deveria louvar-se de documento já existente e não ignorado quando emitida a decisão rescindenda.
Ação rescisória para invalidar transação (sem correspondência no Novo CPC)
Súmula nº 259 do TST. Termo de conciliação. Ação rescisória Só por ação rescisória é impugnável o termo de conciliação previsto no parágrafo único do art. 831 da CLT.
Orientação Jurisprudencial nº 154 da SDI – II do TST. Ação rescisória. Acordo prévio ao ajuizamento da reclamação. Quitação geral. Lide simulada. Possibilidade de rescisão da sentença homologatória de acordo apenas se verificada a existência de vício de consentimento A sentença homologatória de acordo prévio ao ajuizamento de reclamação trabalhista, no qual foi conferida quitação geral do extinto contrato, sujeita-se ao corte rescisório tão somente se verificada a existência de fraude ou vício de consentimento.
Ação rescisória para invalidar confissão (sem correspondência no Novo CPC)
Súmula nº 404 do TST. Ação rescisória. Fundamento para invalidar confissão. Confissão ficta. Inadequação do enquadramento no art. 485, VIII, do CPC de 1973 O art. 485, VIII, do CPC de 1973, ao tratar do fundamento para invalidar a confissão como hipótese de rescindibilidade da decisão judicial, referia-se à confissão real, fruto de erro, dolo ou coação, e não à confissão ficta resultante de revelia.

Ação rescisória fundada em erro de fato
Orientação Jurisprudencial nº 136 da SDI – II do TST. Ação rescisória. Erro de fato. Caracterização A caracterização do erro de fato como causa de rescindibilidade de decisão judicial transitada em julgado supõe a afirmação categórica e indiscutida de um fato, na decisão rescindenda, que não corresponde à realidade dos autos. O fato afirmado pelo julgador, que pode ensejar ação rescisória calcada no inciso VIII do art. 966 do CPC de 2015 (inciso IX do art. 485 do CPC de 1973), é apenas aquele que se coloca como premissa fática indiscutida de um silogismo argumentativo, não aquele que se apresenta ao final desse mesmo silogismo, como conclusão decorrente das premissas que especificaram as provas oferecidas, para se concluir pela existência do fato. Esta última hipótese é afastada pelo § 1º do art. 966 do CPC de 2015 (§ 2º do art. 485 do CPC de 1973), ao exigir que não tenha havido controvérsia sobre o fato e pronunciamento judicial esmiuçando as provas.
Orientação Jurisprudencial nº 103 da SDI – II do TST. Ação rescisória. Contradição entre fundamentação e parte dispositiva do julgado. Cabimento. Erro de fato É cabível a rescisória para corrigir contradição entre a parte dispositiva do acórdão rescindendo e a sua fundamentação, por erro de fato na retratação do que foi decidido.
Resposta do réu
Súmula nº 398 do TST. Ação rescisória. Ausência de defesa. Inaplicáveis os efeitos da revelia Na ação rescisória, o que se ataca é a decisão, ato oficial do Estado, acobertado pelo manto da coisa julgada. Assim, e considerando que a coisa julgada envolve questão de ordem pública, a revelia não produz confissão na ação rescisória.
Orientação Jurisprudencial nº 146 da SDI – II. Ação rescisória. Início do prazo para apresentação da contestação. Art. 774 da CLT A contestação apresentada em ação rescisória obedece à regra relativa à contagem de prazo constante do art. 774 da CLT, sendo inaplicável o art. 231 do CPC de 2015 (art. 241 do CPC de 1973).
Recursos
Orientação Jurisprudencial nº 69 da SDI – II do TST. Fungibilidade recursal. Indeferimento liminar de ação rescisória ou mandado de segurança. Recurso para o TST. Recebimento como agravo regimental e devolução dos autos ao TRT Recurso ordinário interposto contra despacho monocrático indeferitório da petição inicial de ação rescisória ou de mandado de segurança pode, pelo princípio de fungibilidade recursal, ser recebido como agravo regimental. Hipótese de não conhecimento do recurso pelo TST e devolução dos autos ao TRT, para que aprecie o apelo como agravo regimental.
Orientação Jurisprudencial nº 152 da SDI – II do TST. Ação rescisória e mandado de segurança. Recurso de revista de acórdão regional que julga ação rescisória ou mandado de segurança. Princípio da fungibilidade. Inaplicabilidade. Erro grosseiro na interposição do recurso A interposição de recurso de revista de decisão definitiva de Tribunal Regional do Trabalho em ação rescisória ou em mandado de segurança, com fundamento em violação legal e divergência jurisprudencial e remissão expressa ao art. 896 da CLT, configura erro grosseiro, insuscetível de autorizar o seu recebimento como recurso ordinário, em face do disposto no art. 895, "b", da CLT.
Súmula nº 158 do TST. Ação rescisória Da decisão de Tribunal Regional do Trabalho, em ação rescisória, é cabível recurso ordinário para o Tribunal Superior do Trabalho, em face da organização judiciária trabalhista.

Súmula nº 99 do TST. Ação rescisória. Deserção. Prazo Havendo recurso ordinário em sede de rescisória, o depósito recursal só é exigível quando for julgado procedente o pedido e imposta condenação em pecúnia, devendo este ser efetuado no prazo recursal, no limite e nos termos da legislação vigente, sob pena de deserção.
Súmula nº 411 do TST. Ação rescisória. Sentença de mérito. Decisão de Tribunal Regional do Trabalho em agravo regimental confirmando decisão monocrática do relator que, aplicando a Súmula nº 83 do TST, indeferiu a petição inicial da ação rescisória. Cabimento Se a decisão recorrida, em agravo regimental, aprecia a matéria na fundamentação, sob o enfoque das Súmulas nºs 83 do TST e 343 do STF, constitui sentença de mérito, ainda que haja resultado no indeferimento da petição inicial e na extinção do processo sem julgamento do mérito. Sujeita-se, assim, à reforma pelo TST, a decisão do Tribunal que, invocando controvérsia na interpretação da lei, indefere a petição inicial de ação rescisória.
Ação cautelar para suspender execução da decisão rescindenda
Orientação Jurisprudencial nº 131 da SDI – II do TST. Ação rescisória. Ação cautelar para suspender execução da decisão rescindenda. Pendência de trânsito em julgado da ação rescisória principal. Efeitos A ação cautelar não perde o objeto enquanto ainda estiver pendente o trânsito em julgado da ação rescisória principal, devendo o pedido cautelar ser julgado procedente, mantendo-se os efeitos da liminar eventualmente deferida, no caso de procedência do pedido rescisório ou, por outro lado, improcedente, se o pedido da ação rescisória principal tiver sido julgado improcedente.
Ação rescisória de ação rescisória
Súmula nº 400 do TST. Ação rescisória de Ação rescisória. Violação manifesta de norma jurídica. Indicação da mesma norma jurídica apontada na rescisória primitiva (mesmo dispositivo de lei sob o CPC de 1973) Em se tratando de rescisória de rescisória, o vício apontado deve nascer na decisão rescindenda, não se admitindo a rediscussão do acerto do julgamento da rescisória anterior. Assim, não procede rescisória calcada no inciso V do art. 966 do CPC de 2015 (art. 485, V, do CPC de 1973) para discussão, por má aplicação da mesma norma jurídica, tida por violada na rescisória anterior, bem como para arguição de questões inerentes à ação rescisória primitiva.

3.15. Informativos do TST Relacionados ao Tema

Ação Rescisória
Legitimidade
Ação rescisória. Ministério Público do Trabalho. Defesa de interesse público secundário. Ilegitimidade ativa. Apesar de restar consolidado que o Ministério Público do Trabalho possui legitimidade ativa para ajuizar ação rescisória em outros casos além daqueles previstos nas alíneas "a" e "b" do art. 487, III do CPC[30] (Súmula nº 407 do TST), a atuação do *Parquet* está restrita à defesa de interesses públicos primários. Assim, no caso em que a ação rescisória foi proposta sob a alegação de ausência de exame, na decisão rescindenda, da prejudicial de prescrição suscitada pela reclamada, não há legitimidade do MPT, pois a pretensão não se confunde com a defesa da completa prestação jurisdicional, mas com a defesa do patrimônio da empresa pública, configurando, portanto, interesse público secundário. Com esse entendimento, a SBDI-II, por unanimidade, conheceu do recurso ordinário e, no mérito, deu-lhe provimento para declarar a ilegitimidade ativa do Ministério Público. (Informativo nº 48)

Ação rescisória. Legitimidade do Ministério Público do Trabalho. Contratação de trabalhadores brasileiros para prestar serviços no exterior em condições análogas a de escravo. Defesa de direitos individuais homogêneos. Matéria controvertida no Tribunal. Súmulas nº 83, item I, do TST e 343 do STF. A legitimidade do Ministério Público do Trabalho para propor ação coletiva na defesa de direitos individuais homogêneos, conquanto constitua pressuposto de validade da sentença rescindenda, revela-se como questão ainda controvertida no TST, incidindo o entendimento consolidado no item I da Súmula n º 83 do TST e na Súmula n º 343 do STF. No caso concreto, restou evidenciada a relevância social do bem jurídico tutelado, tendo em vista que a causa de pedir remota nas ações originárias é a contratação de trabalhadores brasileiros para prestação de serviços na Venezuela em condições análogas a de escravo, atraindo, assim, a legitimidade do Ministério Público do Trabalho. Com esses fundamentos, a SBDI-2, por unanimidade, negou provimento, no particular, ao recurso ordinário em ação rescisória. TST-ROAR-187300-31.2007.5.04.0000, SBDI-II, rel. Min. Emmanoel Pereira, 17.12.2013 (Informativo nº 70)
Ação rescisória. Pretensão de desconstituição de sentença proferida em ação civil pública. Autor afetado pelo provimento judicial coletivo. Ilegitimidade ativa ad causam. Candidato aprovado em concurso público anulado por decisão judicial transitada em julgado, proferida em ação civil pública, não detém legitimidade ativa ad causam para questionar, em sede de ação rescisória, a higidez do julgamento lavrado na ação coletiva. Na hipótese, ressaltou-se que não há falar em litisconsórcio passivo necessário em ação civil pública voltada à defesa de direitos e interesses difusos e coletivos, quanto aos sujeitos que possam ser alcançados pelos efeitos do provimento judicial a ser editado, daí decorrendo a ausência de legitimidade ativa de terceiro não habilitado para o debate coletivo (art. 82 da Lei nº 8.078/90) para o ajuizamento de ação rescisória. Desse modo, embora se possa resguardar aos afetados pelo provimento judicial coletivo a possibilidade de ingresso judicial (art. 5º, XXXV, da CF), a via da jurisdição coletiva não é o caminho processual adequado. Com esse entendimento, a SBDI-II, por unanimidade, conheceu e negou provimento ao recurso ordinário, mantendo a decisão que indeferiu a petição inicial da ação rescisória. TST-RO-10261-64.2013.5.03.0000, SBDI-II, rel. Min. Douglas Alencar Rodrigues, 16.12.2014 (Informativo nº 97)
Ação rescisória. Vício de consentimento no acordo celebrado no processo matriz. Advogados do reclamante que agiram em suposto conluio com o preposto da reclamada. Ilegitimidade passiva ad causam. Advogados não possuem legitimidade ad causam para figurar no polo passivo de ação rescisória em que se discute vício de consentimento no acordo celebrado no processo matriz. No caso, os advogados da parte reclamante na ação originária, atuando com procuração com assinatura falsa, teriam praticado ato simulado em colusão com o preposto da empresa reclamada, consistente na celebração de acordo. Entendeu-se, entretanto, que os aludidos profissionais não são terceiros juridicamente interessados, para fins do art. 487, II, do CPC de 1973, porque a eventual desconstituição da sentença homologatória não alcançaria a relação jurídica desses causídicos com as partes no processo. Sob esses fundamentos, a SBDI-II decidiu, por unanimidade, conhecer dos recursos ordinários dos réus e, no mérito, por maioria, dar-lhes parcial provimento para, reconhecendo a ilegitimidade passiva ad causam, extinguir o processo sem resolução de mérito, em relação aos advogados réus, na forma do art. 267, VI, do CPC de 1973. Vencidos os Ministros Douglas Alencar Rodrigues, relator, Renato de Lacerda Paiva, Emmanoel Pereira e Ives Gandra Martins Filho, que

37. CPC/2015, art. 996, III.

conheciam e não proviam o recurso ordinário dos réus, por considerarem irrecusável a presença no polo passivo da ação dos advogados que conluiaram. TST-RO-10022- 22.2013.5.08.0000, SBDI-II, rel. Min. Douglas Alencar Rodrigues, red. p/ acórdão Min. Alberto Luiz Bresciani de Fontan Pereira, 4.4.2017 (Informativo nº 156)

Ação rescisória ajuizada sob a égide do CPC de 1973. Ilegitimidade ativa ad causam do Distrito Federal para requerer a desconstituição de decisão proferida em reclamação trabalhista ajuizada em face da Caesb. Interesse meramente econômico. Terceiro juridicamente indiferente.

O Distrito Federal não possui legitimidade para propor ação rescisória para desconstituir decisão proferida em reclamação trabalhista ajuizada em face da Companhia de Saneamento do Distrito Federal – Caesb, sociedade de economia mista distrital. No caso, a decisão rescindenda reconheceu, com base no Plano de Cargos e Salários de 2002, o direito ao reenquadramento, com vinculação da remuneração aos subsídios dos Procuradores do Distrito Federal e consectários salariais vencidos e vincendos, a grupo de cinco advogados da Caesb, contratados entre os anos de 2007 e 2008, não tendo o Distrito Federal participado da lide. Ainda que o Distrito Federal defenda sua qualidade de terceiro juridicamente interessado para a propositura da ação rescisória, verifica-se que sua única preocupação é a preservação do seu patrimônio, ameaçado pela condenação da Caesb, fato que demonstra a existência de interesse puramente econômico não abrangido pela legislação processual civil que regula a matéria (art. 487, II, do CPC de 1973). Assim, não tendo o Distrito Federal integrado o polo passivo da demanda originária, nem sequer participado como assistente ou terceiro interessado, não se subordina, diretamente, à eficácia do comando condenatório transitado em julgado, não se enquadrando em nenhuma das categorias de terceiro juridicamente interessado, pertencendo, na verdade, à classe dos terceiros juridicamente indiferentes. Sob esse fundamento, a SBDI-II, por unanimidade, conheceu da remessa necessária e do recurso ordinário do Distrito Federal e, no mérito, por maioria, negou-lhes provimento, mantendo, portanto, a extinção da ação rescisória, sem resolução do mérito, por ilegitimidade ativa ad causam. Vencidos os Ministros Douglas Alencar Rodrigues, relator, Delaíde Miranda Arantes e Ives Gandra Martins Filho. TST ReeNec e RO-35-34.2015.5.10.0000, SBDI-II, rel. Min. Douglas Alencar Rodrigues, red. p/ acórdão Min. Renato de Lacerda Paiva, 6.2.2018 (Informativo nº 171)

Ação rescisória. Desconstituição do capítulo atinente às custas processuais no processo matriz. Ilegitimidade passiva da União. Interesse meramente econômico.

A União é parte ilegítima para figurar no polo passivo de ação rescisória cujo propósito é desconstituir capítulo atinente às custas processuais do processo matriz do qual não fizera parte. O argumento de que haveria legitimidade do ente público em razão de ser o destinatário das custas processuais não prevalece, pois o interesse, no caso, é meramente econômico. Se assim não fosse, a União teria que integrar obrigatoriamente todas as ações rescisórias, ainda que não se discutisse o capítulo referentes às custas, e todas as demais ações, simplesmente pela razão de ser a detentora das custas processuais e de elas serem arbitradas, por força de lei, em praticamente todos os processos. Sob esse entendimento, a SBDI-II, por unanimidade, conheceu do recurso ordinário e, por maioria, de ofício, declarou extinto o processo sem resolução de mérito em relação à União, por ilegitimidade passiva. Vencidos os Ministros Douglas Alencar Rodrigues, Evandro Valadão e Renato de Lacerda Paiva. TST-RO-10196-96.2013.5.02.0000, SBDI-II, rel. Min. Maria Helena Mallmann, 27.8.2019 (Informativo nº 203)

Decadência

AR. Prazo decadencial. Marco inicial. Publicação do acórdão proferido pelo STF reconhecendo a constitucionalidade do art. 71 da Lei nº 8.666/93. Impossibilidade.

A mudança do entendimento que ensejou a alteração da redação da Súmula nº 331, IV, do TST, em razão de decisão proferida pelo STF na ADC nº 16, reconhecendo a constitucionalidade do art. 71, § 1º, da Lei nº 8.666/93, não tem o condão de alterar o marco inicial do prazo decadencial para ajuizamento da ação rescisória, que, nos termos do art. 495 do CPC e do item I da Súmula nº 100

do TST, é de dois anos a contar do dia imediatamente subsequente ao do trânsito em julgado da última decisão proferida na causa. Com base nessa premissa, a SBDI-II, por unanimidade, negou provimento a recurso ordinário, ressaltando que, na espécie, a decisão proferida na ADC nº 16 é posterior ao trânsito em julgado da decisão rescindenda, não havendo que se falar, portanto, em interrupção ou suspensão, diante da natureza do prazo em questão. TST-ReeNec e RO-291- 59.2011.5.12.0000, SBDI-II, rel. Min. Luiz Philippe Vieira de Mello Filho, 28.2.2012. (Informativo nº 1)
Ação rescisória. Colusão. Propositura da ação por terceiro juridicamente interessado. Prazo decadencial. Contagem. Súmula nº 100, item VI, do TST. Incidência. Embora o item VI da Súmula nº 100 do TST, ao excepcionar o início da contagem do prazo decadencial para a propositura da ação rescisória fundada em colusão para o momento que se tem ciência da suposta fraude, se refira tão somente à atuação do Ministério Público do Trabalho que não interveio no processo principal, a tese nele consagrada deve prevalecer nas hipóteses em que o terceiro tenha interesse jurídico em rescindir a coisa julgada maculada por suposta lide simulada. No caso, aplica-se o brocardo latino ubi eadem ratio, ibi eadem legis dispositio, segundo o qual onde existe a mesma razão deve haver a mesma regra de Direito, não se podendo admitir, portanto, que o terceiro que se sinta prejudicado não possa rescindir o julgado cuja existência ignorava. Assim, ocorrida a ciência da alegada fraude em 17.9.2008, é tempestivo o ajuizamento da ação rescisória pelo terceiro interessado em 16.9.2010. Com esses fundamentos, a SBDI-II, por maioria, deu provimento ao recurso para afastar a decadência, determinando o retorno dos autos à origem, a fim de que prossiga no julgamento da causa. Vencido o Ministro Emmanoel Pereira. TST-RO10353-74.2010.5.02.0000, SBDI-II, rel. Min. Douglas Alencar Rodrigues, 7.4.2015 (Informativo nº 103)
Ação rescisória. Decadência. Início do prazo. Terceiros que não participaram da relação processual. Súmula nº 100, VI, do TST. Aplicação analógica. O termo inicial para a contagem do prazo decadencial para ajuizamento de ação rescisória por terceiros juridicamente interessados é o momento em que eles efetivamente tomaram ciência da decisão que pretendem rescindir. Incidência, por analogia, do item VI da Súmula nº 100, do TST. Na espécie, alegaram os terceiros prejudicados que não foram intimados da decisão rescindenda e que têm domicílio fora dos limites de circulação do Diário da Justiça do Trabalho em que publicada a decisão, razão pela qual inaplicável o disposto no art. 495 do CPC[42]. Sob esses fundamentos, e em sintonia com a decisão proferida na sessão do dia 7.4.2015, no julgamento do TST-RO-10353-74.2010.5.02.0000, de relatoria do Ministro Douglas Alencar Rodrigues, a SBDI-II, por maioria, deu provimento ao recurso ordinário para afastar a decadência e determinar o retorno dos autos ao Tribunal de origem para que profira nova decisão como entender de direito. Vencidos os Ministros Hugo Carlos Scheuermann, relator, Guilherme Augusto Caputo Bastos e Emmanoel Pereira. TSTRO-1011-21.2011.5.05.0000, SBDI-II, rel. Min. Hugo Carlos Scheuermann, red. p/ acórdão Min. Luiz Philippe Vieira de Mello Filho, 24.11.2015 (Informativo nº 125)
Ação rescisória. Decadência pronunciada no Tribunal de origem. Precedência em relação ao exame de questão relativa à insuficiência de depósito prévio. Efeito devolutivo do recurso ordinário. Pronunciada a decadência pelo Tribunal Regional do Trabalho da 3ª Região, e devolvida a questão, por meio de recurso ordinário, ao Tribunal Superior do Trabalho, deve-se, em função do efeito devolutivo, analisar primeiramente a ocorrência ou não da decadência para, caso afastada, só então se passar à verificação do preenchimento dos pressupostos processuais alusivos à ação rescisória. No caso, ainda que tenha sido constatada a insuficiência do valor recolhido a título de depósito prévio, no momento do ajuizamento da ação rescisória, e que o autor não demostrou de forma inequívoca a impossibilidade em arcar com as despesas do processo, o que ensejaria sua extinção sem resolução de mérito, com arrimo no inciso IV do artigo 267 do CPC[43], prevaleceu o entendimento de que o exame da decadência deveria anteceder ao dos pressupostos de constituição e de desenvolvimento válido

e regular do processo, uma vez que é necessário apreciar-se primeiro o que foi objeto da decisão recorrida. Nesse contexto, a SBDI-II decidiu, por maioria, vencidos os Ministros Emmanoel Pereira, Relator, Alberto Luiz Bresciani de Fontan Pereira, Delaíde Miranda Arantes, Douglas Alencar Rodrigues, negar provimento ao recurso ordinário. TST-RO-349600-59.2010.5.03.0000, SBDI-II, rel. Min. Emmanoel Pereira, red. p/acórdão Min. Luiz Philippe Vieira de Mello Filho, 26.5.2015. (Informativo nº 109)

Ação rescisória. Decadência. Recurso ordinário intempestivo. Remessa necessária não conhecida. Condenação inferior a sessenta salários mínimos. Prazo decadencial contado a partir do transcurso do prazo para a interposição do recurso ordinário. Súmula nº 100, IV, do TST.

O prazo decadencial, na ação rescisória, deve ser contado a partir do dia imediatamente subsequente ao trânsito em julgado da última decisão proferida na causa, seja de mérito ou não. De outro lado, recurso intempestivo ou incabível não tem o condão de impedir o trânsito em julgado da decisão recorrida, salvo se houver dúvida razoável (Súmula nº 100 do TST, itens I e III). Assim, na hipótese em que se denegou seguimento ao recurso ordinário do reclamado, por intempestivo, e o TRT não conheceu da remessa necessária porque a condenação não ultrapassou os sessenta salários mínimos exigidos pelo art. 475, § 2º, do CPC de 1973[31], conclui-se que a matéria trazida em sede de rescisória foi abordada apenas na sentença proferida pela vara do trabalho, cujo trânsito em julgado se operou após o transcurso do prazo para a interposição do recurso ordinário. Incidência do item IV da Súmula nº 100 do TST, segundo o qual o juízo rescindente não está adstrito à certidão de trânsito em julgado juntada com a ação rescisória, podendo formar sua convicção por meio de outros elementos dos autos quanto à postergação ou não do início do prazo decadencial. Sob esses fundamentos, a SBDI-II, por unanimidade, conheceu do recurso ordinário e, por maioria, extinguiu o processo com resolução do mérito, na forma do art. 487, II, do CPC de 2015. Vencidos os Ministros Douglas Alencar Rodrigues, relator, Maria Helena Mallmann, Renato de Lacerda Paiva e Alberto Luiz Bresciani de Fontan Pereira, os quais entendiam que a determinação explícita de submissão da sentença condenatória ao duplo grau de jurisdição e a circunstância de o valor da condenação ter sido apenas arbitrado, não espelhando o conteúdo econômico das pretensões deferidas à reclamante (sentença ilíquida), consistiriam em dúvida razoável capaz de protrair o marco inicial do prazo decadencial. TST-RO-7190-84.2014.5.15.0000, SBDI-II, rel. Min. Douglas Alencar Rodrigues, red. p/ acórdão Min. Emmanoel Pereira,14.6.2016 (Informativo nº 139)

Ação rescisória. Decadência. Extinção do processo com resolução do mérito. Depósito prévio. Reversão ao réu.

O reconhecimento da decadência em sede de ação rescisória possui como consequência a determinação de reversão ao réu do valor do depósito prévio de que tratam os artigos 836 da CLT e 968, II do CPC de 2015 c/c o art. 5º da IN/TST 31/2007. A decisão assim proferida acarreta a extinção do processo com resolução do mérito, produzindo os mesmos efeitos intrínsecos às decisões de inadmissão e de improcedência da ação. Sob esses fundamentos, a SBDI-II, por unanimidade, conheceu do recurso ordinário e, no mérito, por maioria, negou-lhe provimento, mantendo a decisão proferida pelo Tribunal Regional que determinara a liberação do depósito judicial em favor do réu. Vencidos os Ministros Luiz Philippe Vieira de Mello Filho, Antonio José de Barros Levenhagen e Delaíde Miranda Arantes. TST-RO-5703-90.2011.5.04.0000, SBDI-II, rel. Min. Douglas Alencar Rodrigues, 13.9.2016 (Informativo nº 144)

38. CPC/2015, art. 496, § 3º.

Ação rescisória. Decadência. Não configuração. Contagem a partir da data de ajuizamento no PJe e não da data de autuação.

A SBDI-II, por unanimidade, conheceu do recurso ordinário e, no mérito, deu-lhes provimento para afastar a decadência pronunciada e determinar o retorno dos autos à origem, a fim de prosseguir no exame da ação rescisória como entender de direito. Na espécie, o Tribunal Regional considerou como data do ajuizamento da ação o dia da efetiva autuação no Processo Judicial Eletrônico - PJe, ou seja, 27.4.2015. Todavia, os autores da rescisória trouxeram aos autos documentos que comprovam a protocolização eletrônica da petição inicial e demais documentos, regularmente assinados, em 4.3.2015, no último dia do prazo. Assim, embora o sistema do PJe não tenha gerado imediatamente a autuação do feito por constar "pendência de assinatura", uma vez comprovado o ajuizamento regular da ação em 4.3.2015, não pode o TRT considerar, para fins de contagem do prazo decadencial, a data em que sanado o problema que impediu a instantânea autuação e distribuição da ação. TST-RO-10484-03.2015.5.01.0000, SBDI-II, rel. Min. Emmanoel Pereira, 21.8.2018 (Informativo nº 182).

Ação Rescisória. Prazo decadencial. Termo inicial. Ciência da fraude pelo órgão do Ministério Público legitimado para propor a ação.

O termo inicial do prazo decadencial para ajuizamento da ação rescisória coincide com a data da ciência da fraude pelo órgão legitimado para a propositura da aludida ação. Assim, não prospera a alegação de que, tendo em conta os princípios da unidade e da indivisibilidade do Ministério Público (art. 127 da CF), o prazo do art. 495 do CPC de 1973 deveria ser contado a partir da data da audiência em ação penal em que, na presença do Ministério Público Federal (MPF), foi mencionada a existência de reclamação trabalhista com reconhecimento de vínculo entre as partes. Embora o MPF e o Ministério Público do Trabalho (MPT) integrem o Ministério Público da União (MPU), possuem atribuições e âmbitos de atuação distintos, de modo que o MPF não tem legitimidade para propor ação rescisória perante a Justiça do Trabalho. Desse modo, tendo em conta que o Ministério Público do Trabalho teve ciência da fraude apenas quando do recebimento do ofício da 1ª Vara Federal Tributária de Porto Alegre/RS, em 16.5.2008, e ajuizou a ação rescisória em 13.5.2010, não há falar em decadência. Sob esse fundamento, a SBDI-II, por unanimidade, conheceu do recurso ordinário e, no mérito, negou-lhe provimento para manter a decisão recorrida que afastou a arguição de decadência. TST-RO-7939-06.2010.5.02.0000, SBDI-II, rel. Min. Douglas Alencar Rodrigues, 26.11.2019 (Informativo nº 213)

Decisão de mérito

AR. Desconstituição de decisão proferida em embargos de terceiro. Possibilidade jurídica do pedido. Coisa julgada material.

A SBDI-II, por maioria, modificando o entendimento da Subseção, decidiu pela possibilidade jurídica do pedido de corte rescisório de decisão proferida em sede de embargos de terceiro. Prevaleceu o entendimento de que se trata de ação autônoma dirigida à obtenção de uma sentença de mérito que, ao decidir a respeito da legitimidade da penhora incidente sobre bem de terceiro, não obstante seja limitada no plano horizontal (extensão), é de cognição exauriente no plano vertical (profundidade), fazendo, portanto, coisa julgada material. Vencidos os Ministros Pedro Paulo Manus, relator, Antônio José de Barros Levenhagen e Emmanoel Pereira. TST-RO-205800-71.2009.5.15.0000, SBDI-II, rel. Min. Pedro Paulo Manus, red. p/ acórdão Min. Alberto Luiz Bresciani de Fontan Pereira, 10.4.2012. (Informativo nº 5).

AR. Acórdão proferido em agravo de instrumento em agravo de petição. Condenação ao pagamento de indenização por litigância de má-fé. Possibilidade jurídica da pretensão rescindente. Exclusão da condenação. Necessária a demonstração dos efetivos prejuízos sofridos pela parte contrária.

Cabe ação rescisória para desconstituir acórdão do Tribunal Regional do Trabalho que negou provimento ao agravo de instrumento em agravo de petição, condenando a União ao pagamento

de indenização decorrente do reconhecimento da litigância de má-fé, porquanto, no que tange à referida condenação, o acórdão assume contornos de decisão de mérito, viabilizando o corte rescisório com fulcro no art. 485, V, do CPC[32]. Assim, a SBDI-II, por maioria, conheceu do recurso ordinário e reexame necessário e, no mérito, deu-lhes provimento para afastar a impossibilidade jurídica da pretensão rescindente declarada pelo TRT. Ademais, tendo em conta que a matéria objeto do pretendido corte rescisório é eminentemente de direito, a Subseção passou a analisá-la de imediato (art. 515, § 3º, do CPC[33]) para julgar procedente o pedido e, em juízo rescisório, absolver a União da condenação imposta, visto que, nos termos da jurisprudência dominante da Corte, a mera caracterização da litigância de má-fé não se mostra suficiente para ensejar a aplicação da indenização prevista no § 2º do art. 18 do CPC, por ser necessária a demonstração dos efetivos prejuízos sofridos pela parte contrária. Vencidos os Ministros Luiz Philippe Vieira de Mello Filho e Alberto Luiz Bresciani de Fontan Pereira. TST-ReeNec e RO-27-92.2010.5.15.0000, SBDI-II, rel. Min. Caputo Bastos, 29.5.2012. (Informativo nº 11)
Ação rescisória. Não cabimento. Decisão que extingue o feito, sem resolução de mérito, por falta de prévia submissão da demanda à Comissão de Conciliação Prévia. Ausência de decisão de mérito. Súmula nº 412 do TST. Inaplicável.   A decisão que dá provimento ao recurso de revista para extinguir o feito, sem resolução de mérito, por ausência de pressuposto de constituição e de desenvolvimento válido e regular do processo (art. 267, IV, do CPC), não é passível de rescisão. A Súmula nº 412 do TST, ao estabelecer que uma questão processual pode ser objeto de ação rescisória, exige que tal questão seja pressuposto de validade de uma sentença de mérito, o que não há no caso, uma vez que, ao extinguir o processo sem resolução de mérito, por falta de prévia submissão da demanda à Comissão de Conciliação Prévia – CCP de que trata o art. 625-D da CLT, o órgão prolator da decisão rescindenda não adentrou a matéria de fundo. Com esses fundamentos, a SBDI-II, por maioria, extinguiu o processo sem exame do mérito, em razão de não haver coisa julgada material. Vencido o Ministro Pedro Paulo Manus, relator, que entendia cabível a pretensão rescisória. TST-AR-4494- 97.2011.5.00.0000, SBDI-II, rel. Min. Pedro Paulo Manus, red. p/ acórdão Min. Hugo Carlos Scheuermann,12.3.2013 (Informativo nº 40)
Ação rescisória. Impossibilidade jurídica do pedido. Atos judiciais que ordenam a penhora e a arrematação de imóvel considerado como bem de família. Ausência de cunho decisório. Pronunciamento judicial sobre a natureza jurídica do bem. Inexistência.   Os atos judiciais que determinam a penhora e a alienação de imóvel considerado como bem de família não são rescindíveis, pois, a princípio, não ostentam cunho decisório e estão sujeitos a medidas processuais específicas para o processo de execução, expressamente previstas no ordenamento jurídico. Ademais, não havendo pronunciamento judicial acerca da natureza jurídica do bem, não existe decisão de mérito transitada em julgado a permitir o ajuizamento da ação rescisória. Sob esses fundamentos, a SDI-II, por unanimidade, conheceu do recurso ordinário e, no mérito, negou-lhe provimento, mantendo, portanto, o acórdão do Regional que extinguiu o processo sem resolução de mérito por impossibilidade jurídica do pedido, nos termos do art. 267, VI, do CPC. TST-RO-8383-34.2013.5.02.0000, SBDI-II, rel. Min. Alberto Luiz Bresciani de Fontan Pereira, 28.4.2015 (Informativo execução nº 15)

39. CPC/2015, art. 996, V.
40. CPC/2015, art. 1.013, § 3º.

Ação rescisória. Pretensão de inclusão de novos valores em cálculos já homologados. Preclusão consumativa. Questão meramente processual. Coisa julgada formal. Impossibilidade de corte rescisório. Art. 485, caput, do CPC. Extinção do feito sem resolução de mérito. É juridicamente impossível o pedido de rescisão de acórdão em que se julgou preclusa a pretensão de inclusão de novos valores em cálculos já homologados judicialmente. A decisão rescindenda não enfrenta o mérito da lide, pois se fundamenta em questão meramente processual, a saber, a preclusão consumativa. Assim, gera apenas coisa julgada formal, não sujeita a corte rescisório, nos termos do art. 485, *caput*, do CPC[34]. Sob esses fundamentos, a SBDI-2, por unanimidade, conheceu do recurso ordinário e, no mérito, negou-lhe provimento. TST-RO-100017-94.2013.5.17.0000, SBDI-II, rel. Min. Luiz Philippe Vieira de Mello Filho, 4.8.2015 (Informativo nº 113).
Ação rescisória. Desconstituição de decisão proferida em embargos de terceiro. Possibilidade jurídica do pedido. Existência de coisa julgada material. A decisão proferida em sede de embargos de terceiro faz coisa julgada material em relação às matérias que lhe constituem o objeto cognoscível, sendo, portanto, suscetível de corte rescisório. Com efeito, os embargos de terceiro constituem ação nova, de natureza civil e autônoma, que está ao dispor daqueles que não integraram a lide na fase de conhecimento e que sofreram algum tipo de perturbação no exercício do direito de posse, o que permite ampla cognição do julgador e a prolação de decisão de mérito compatível com a formação de coisa julgada material. Com esse entendimento, a SBDI-II, decidiu, à unanimidade, negar provimento ao recurso ordinário do réu, admitindo, assim, a possibilidade jurídica do pedido de desconstituição da sentença de mérito proferida em embargos de terceiro por meio de ação rescisória. TST-RO-638-42.2012.5.09.0000, SBDI-II, rel. Min. Cláudio Mascarenhas Brandão, 19.8.2014 (Informativo execução nº 4)
Ação Rescisória. Perda do interesse de agir. Parcelamento do débito da execução trabalhista. Substituição da sentença do processo de conhecimento pelo parcelamento acatado e homologado. Conforme a jurisprudência firmada no âmbito da SBDI-II, a sentença homologatória de acordo na execução implica perda do interesse de agir na ação rescisória em que se pretendia a desconstituição de decisão proferida no processo de conhecimento da reclamação trabalhista, porque aquela substitui esta para todos os efeitos, inexistindo a coisa julgada outrora formada no processo de conhecimento. De igual modo, o pedido de parcelamento do débito da execução trabalhista implica o reconhecimento expresso da dívida, equivalendo à confissão do débito, o que provoca o afastamento do recurso na fase de execução, suspendendo os atos executórios e gerando uma substituição da sentença do processo de conhecimento pelo parcelamento acatado pelo credor e homologado em juízo. Com esse entendimento, a SBDI-II, por unanimidade, conheceu do agravo regimental e, no mérito, negou-lhe provimento. TST-AgR-ED--RO-12270-74.2010.5.04.0000, SBDI-II, rel. Min. Emmanoel Pereira, 21.10.2014 (Informativo execução nº 7)
Ação rescisória. Acórdão que nega provimento a agravo de instrumento em recurso de revista. Art. 966, § 2º, do CPC de 2015. Não incidência. Erro de alvo. Configuração. Acórdão que nega provimento a agravo de instrumento em recurso de revista não é passível de rescisão, nos termos do art. 966, § 2º, do CPC de 2015, porque, ao se limitar à investigação do preenchimento dos pressupostos intrínsecos do recurso de revista, não impede a propositura de nova ação, nem a admissibilidade do recurso correspondente. Desse modo, o corte rescisório dirigido a

41. CPC/2015, art. 966.

acórdão que nega provimento a agravo de instrumento em recurso de revista caracteriza-se como erro de alvo, devendo as alegações de vícios rescisórios referentes ao mérito do processo matriz serem direcionadas contra a última decisão de mérito proferida na causa, o que impõe a emenda da petição inicial e a adequação do objeto da ação rescisória (art. 968, § 5º e 6º, do CPC de 2015). Na hipótese, a petição inicial pretende discutir o critério de cálculo adotado na complementação de aposentadoria, e a decisão passível de corte rescisório com fulcro nessa causa de pedir é o acórdão proferido pelo TRT da 2ª Região, órgão julgador competente para apreciar a ação rescisória. Sob esse entendimento, a SBDI-II, por unanimidade, conheceu do agravo regimental e, no mérito, negou-lhe provimento para manter decisão monocrática que declarara a incompetência do TST para apreciar originalmente a ação rescisória e determinara a intimação do autor para emendar a petição inicial e adequar o objeto da referida ação. TST-AgR-AR-1000871-61.2018.5.00.0000, SBDI-II, rel. Min. Delaíde Alves Miranda Arantes, 18.6.2019 (Informativo nº 199)

Ação rescisória. Pedido de desconstituição de acórdão prolatado em Agravo de Instrumento conhecido e não provido. Decisão que não é de mérito. Hipótese não contemplada no art. 966, § 2º, do CPC/2015.

Nos termos do caput do art. 966 do CPC, a ação rescisória é cabível contra decisão de mérito transitada em julgado. O CPC de 2015, contudo, inovou ao admitir a rescisão da decisão que, embora não seja de mérito, impeça nova propositura da demanda ou admissibilidade do recurso correspondente, nos termos do § 2º do art. 966. Na espécie, a Turma do TST conheceu do Agravo de Instrumento e, no mérito, reafirmou a correção da decisão denegatória de seguimento do Recurso de Revista, cujo acórdão não tem efeito substitutivo da decisão proferida pela Corte de origem, esta sim voltada à solução da causa. Revela-se equivocada a compreensão de que o não provimento do Agravo de Instrumento impediu o exame do Recurso de Revista, porquanto, na verdade, atingiu a finalidade para a qual foi disciplinado, ou seja, decidiu sobre o acerto da decisão que trancou o Recurso de Revista. Não é o caso de configuração da hipótese prevista no art. 966, § 2.º, II, do CPC, uma vez que não houve decisão que impedisse a admissibilidade do recurso correspondente. Sob esse fundamento, a SBDI-II, por unanimidade, julgou extinto o processo, sem resolução de mérito, nos termos do art. 485, VI, do CPC. AR-1000914-95.2018.5.00.0000, SBDI-II, rel. Min. Luiz José Dezena da Silva, 2/9/2020. (Informativo nº 224)

Depósito prévio

AR. Depósito prévio. Fundação pública estadual. Exigibilidade.

As fundações de direito público estaduais não estão isentas do depósito prévio previsto no art. 836 da CLT e na Instrução Normativa nº 31/2007, porquanto o art. 488, parágrafo único, do CPC[35], aplicado subsidiariamente, somente excepciona a sua aplicação à União, aos estados, aos municípios e ao Ministério Público, e, com a inovação introduzida pelo art. 24-A da Lei nº 9.028/1995, às autarquias e às fundações instituídas pela União. Com base nessa premissa, e invocando a jurisprudência uníssona da Corte, a SBDI-II, por unanimidade, diante da insuficiência do valor recolhido, extinguiu o processo, sem julgamento do mérito, nos termos do art. 267, IV, do CPC[36], e determinou a restituição integral do depósito prévio à fundação autora. TST- ReeNec e RO-20463-78.2010.5.04.0000, SBDI-II, rel. Ministro Luiz Philippe Vieira de Mello Filho, 13.3.2012 (Informativo nº 2)

AR. Depósito prévio. Ausência. Pedido de expedição da guia de recolhimento. Retificação de ofício do valor dado à causa. Impossibilidade. Ônus da parte. Pressuposto de validade da relação processual.

O depósito prévio, por se tratar de pressuposto de validade da relação jurídica processual, é ônus da parte, e deve ser recolhido concomitantemente ao ajuizamento da ação rescisória. Assim, não há como chancelar a conduta da autora, que, ao ajuizar a ação rescisória sem a comprovação do respectivo depósito, requereu a expedição da guia de recolhimento, tendo sido prontamente atendida pelo relator da ação no TRT, que retificou de ofício o valor dado à causa e, nos termos do art. 284 do CPC[37], concedeu prazo para que fosse efetuado o depósito prévio, sob pena de indeferimento da inicial. Com esse entendimento, a SBDI-II, por maioria, julgou extinto o processo sem resolução de mérito, nos termos dos arts. 836 da CLT, 267, IV, e 490, II, do CPC[38], determinando a restituição integral do depósito prévio à autora, vencidos os Ministros Maria Cristina Irigoyen Peduzzi, Emmanoel Pereira, Guilherme Augusto Caputo Bastos e João Oreste Dalazen, TST – RO – 339-74.2010.5.04.0000, SBDI-II, rel. Des. Conv. Maria Doralice Novaes, 16.10.2012 (Informativo nº 26)

Ação rescisória. Depósito prévio de 5% sobre o valor da causa previsto no CPC de 1973. Não incidência na Justiça do Trabalho. Prevalência do disposto no art. 836 da CLT.

O depósito prévio de 5% sobre o valor da causa, previsto no CPC de 1973, não se aplica à ação rescisória proposta na Justiça do Trabalho. Nos termos do art. 836 da CLT, norma específica do processo do trabalho, a ação rescisória sujeita-se ao depósito prévio no percentual de 20%. Ressalte-se que esse entendimento permanece inalterado mesmo após o advento da Lei nº 13.105/2015, visto que a incidência das normas do CPC permanece restrita às hipóteses em que houver omissão e compatibilidade com o processo do trabalho (art. 769 da CLT e art. 15 do CPC de 2015). Da mesma forma, a aplicação das normas procedimentais previstas nos arts. 966 a 975 do CPC de 2015, autorizada pela IN nº 39/2016 do TST, não acarreta o afastamento das regras específicas do processo do trabalho. Não obstante esses fundamentos, no caso concreto, a SBDI-II, por unanimidade, dispensou o autor do recolhimento do depósito prévio de 20% sobre o valor da causa por ser beneficiário da justiça gratuita. TST-AR-22152-61.2016.5.00.0000, SBDI-II, rel. Min. Douglas Alencar Rodrigues, 6.6.2017 (Informativo nº 160)

Ação rescisória. Depósito prévio. Justiça gratuita. Requisitos do art. 790, §§ 3º e 4º, da CLT, com a redação da Lei nº 13.467/2017. Não incidência. Matéria regida pelo art. 99, § 3º, do CPC de 2015, pelo item I da Súmula nº 463 do TST e pelo art. 6º da Instrução Normativa nº 31/2007.

O depósito prévio da ação rescisória ajuizada na Justiça do Trabalho corresponde a 20% do valor da causa (art. 836 da CLT), percentual bastante superior ao exigido no art. 968, II, do CPC de 2015. Diante da maior onerosidade, as disposições acerca da gratuidade de justiça previstas no art. 790, §§ 3º e 4º, da CLT, com a redação da Lei nº 13.467/2017, não se aplicam às ações rescisórias processadas na Justiça do Trabalho, sob pena de excluir da apreciação do Poder Judiciário lesão ou ameaça a direito, especialmente nos casos em que a parte autora seja pessoa física ou micro e pequena empresa. De outra sorte, não há disposição específica na Lei nº 13.467/2017 acerca da justiça gratuita pleiteada em ação rescisória, o que atrai a incidência do art. 99, § 3º, do CPC de 2015, da Súmula nº 463, I, do TST e do art. 6º da Instrução Normativa nº 31/2007. Sob esse fundamento, e havendo declaração de hipossuficiência nos autos sem impugnação da parte contrária, a SBDI-II, por unanimidade, conheceu do recurso ordinário e, no mérito, deu-lhe provimento para deferir ao autor os benefícios da justiça gratuita. A Subseção determinou, ainda, o retorno dos autos ao Tribunal de origem para que prossiga no julgamento da rescisória como entender de direito, afastada a exigência do depósito prévio. TST-RO-10899-07.2018.5.18.0000, SBDI-II, rel. Min. Maria Helena Mallmann, 19.11.2019 (Informativo nº 213)

42. CPC/15, art. 485, IV.
43. CPC/15, art. 485, IV.
44. CPC/15, art. 321.
45. CPC/15, arts. 485, IV e 968, § 3º.

Recurso ordinário. Cabimento. Agravo regimental que confirma decisão monocrática em ação rescisória. Determinação de intimação da parte para complementação do depósito prévio sob pena de indeferimento liminar da inicial. Antecipação da extinção do processo, sem resolução de mérito. Recorribilidade imediata.

Cabe recurso ordinário contra decisão de TRT que, ao analisar agravo regimental, confirma decisão monocrática em ação rescisória determinando a intimação da autora para complementação do depósito prévio, sob pena de indeferimento da petição inicial. Trata-se de decisão que antecipa a extinção do processo, sem resolução de mérito (art. 485, IV, do CPC de 2015), ostentando, portanto, natureza jurídica de decisão terminativa a autorizar o cabimento de recurso ordinário ao TST, em atenção aos princípios da economia, utilidade e celeridade processuais. Sob esse fundamento, a SBDI-II, por unanimidade, conheceu do recurso ordinário e, no mérito, por maioria, deu-lhes provimento para, afastado o ônus processual imposto à parte relativamente à complementação do depósito prévio, determinar o retorno dos autos ao TRT de origem para que prossiga no exame da ação rescisória, como entender de direito. Vencidos os Ministros Luiz Jose Dezena da Silva, Douglas Alencar Rodrigues, Evandro Valadão e Renato de Lacerda Paiva. TST-RO-7878-41.2017.5.15.0000, SBDI-II, rel. Min. Alexandre Agra Belmonte, 1º.10.2019 (Informativo nº 207)

Tutela antecipada

AR. Pedido de tutela antecipada. Pretensão de natureza cautelar. Fungibilidade. Possibilidade de concessão.

Ainda que a pretensão possua natureza cautelar, não há óbice à concessão de tutela antecipada em ação rescisória visando à suspensão da execução no processo matriz, em razão da desconstituição do título judicial que a amparava, dada a presença da verossimilhança da alegação, ou seja, a existência de um grau de certeza mais robusto que o exigido em sede de pedido cautelar, a autorizar, portanto, a aplicação da fungibilidade entre as medidas de que trata o § 7º do art. 273 do CPC[54]. Com esse entendimento, a SBDI-II, por unanimidade, conheceu do agravo regimental, e, no mérito, negou-lhe provimento. TST-AgR-ED-ED-RO-168500-10.2009.5.21.0000, SBDI-II, rel. Min. Emmanoel Pereira, 29.5.2012. (Informativo nº 11)

Ação rescisória. Pretensão desconstitutiva de parte da decisão proferida na fase de conhecimento. Valor da causa. Fixação de modo proporcional ao conteúdo patrimonial ou ao proveito econômico pretendido.

O valor da causa da ação rescisória que pretende desconstituir, parcialmente, decisão proferida na fase de conhecimento deve ser estabelecido de modo proporcional ao conteúdo patrimonial ou ao proveito econômico pretendido pelo autor, e não a partir do valor atualizado da condenação. Na hipótese, a pretensão rescisória dirigiu-se apenas à parte da decisão que condenou o autor ao pagamento de pensão mensal vitalícia no importe de R$ 400,00 mensais, razão pela qual, nos termos do art. 292, § 2º, do CPC de 2015 e da atualização prevista na Instrução Normativa nº 31/2007 do TST, o valor da causa foi corretamente fixado em R$ 6.149,35 e não em R$ 215.711,76 (valor atualizado da condenação). Sob esses fundamentos, a SBDI-II, por unanimidade, conheceu do agravo e, no mérito, vencidos parcialmente os Ministros Lelio Bentes Corrêa, Alberto Luiz Bresciani de Fontan Pereira e Emmanoel Pereira por fundamentos diversos, deu-lhe provimento para, afastando o óbice relativo à insuficiência de depósito prévio que ocasionou o indeferimento da petição inicial, determinar que se retome o exame da ação rescisória. TST-Ag-AR-251- 03.2017.5.00.0000, SBDI-II, rel. Min. Delaíde Miranda Arantes, 5.12.2017 (Informativo nº 170)

Hipóteses de cabimento

Impedimento/Incompetência absoluta

AR. Servidor público municipal. Incompetência da Justiça do Trabalho. Lei instituidora de regime jurídico único. Publicação. Pedido rescisório calcado no art. 485, II, do CPC. Impossibilidade.

Na hipótese em que a sentença rescindenda rejeitou a preliminar de incompetência absoluta da Justiça do Trabalho, porque a validade da lei instituidora de regime jurídico único dos servidores do Município de Grajaú era controvertida, em razão da ausência de comprovação de sua publicação oficial ou, ao menos, de sua publicidade por meio da afixação no mural da Câmara Municipal, não é possível o corte rescisório calcado no inciso II do art. 485 do CPC, na medida em que este somente se viabiliza nos casos em que a incompetência absoluta invocada revelar-se patente, ou seja, quando houver expressa previsão legal atribuindo a competência material a juízo distinto. Com esse entendimento, a SBDI-II, por unanimidade, negou provimento ao recurso ordinário. TST--ReeNec e RO-38300-79.2011.5.16.0000, SBDI-II, rel. Min. Alexandre Agra Belmonte, 23.10.2012 (Informativo nº 27)

Ação rescisória. Contrato de parceria rural. Produção avícola. Incompetência da Justiça do Trabalho. Rescindibilidade prevista no art. 485, II, do CPC.

O contrato de parceira rural, no qual uma das partes fornece os animais e a outra os aloja e cria, com a final partilha dos resultados ou outra espécie de pagamento previamente ajustado, constitui relação de natureza civil que afasta de forma absoluta a competência da Justiça do Trabalho definida no art. 114, I, da CF e permite a rescisão do julgado nos termos do art. 485, II, do CPC. Com esse posicionamento, a SBDI-II, por unanimidade, invocando precedentes da Corte e do STJ, conheceu do recurso ordinário e, no mérito, deu-lhe provimento para julgar procedente a ação rescisória, a fim de desconstituir o acórdão do Regional proferido nos autos da ação ordinária em que se pleiteava indenização por lucros cessantes e dano moral em virtude da ruptura antecipada do contrato de parceria para produção avícola, e, em juízo rescisório, reconhecendo a incompetência da Justiça do Trabalho para processar e julgar a ação, declarar a nulidade de todos os atos decisórios do processo e encaminhá-lo à Justiça comum do Estado do Rio Grande do Sul, nos moldes do art. 113, § 2º, do CPC. TST-RO-7444-68.2011.5.04.0000, SBDI-II, rel. Min. Alberto Luiz Bresciani de Fontan Pereira, 6.8.2013. (Informativo nº 54)

Ação rescisória. Art. 485, II, do CPC de 1973. Impedimento do relator da decisão rescindenda. Configuração. Parentesco com um dos advogados da parte ré. Voto decisivo para o julgamento da causa.

Conforme a jurisprudência pacífica da SBDI-II, considera-se improcedente o corte rescisório fundado no art. 485, II, do CPC de 1973 quando o julgamento no processo matriz se der por unanimidade e o voto do magistrado impedido não for decisivo para o julgamento da causa – a exemplo do caso em que o desembargador se limita a seguir o voto condutor proferido por magistrado de imparcialidade inquestionável -, visto que não há prejuízo à formação da coisa julgada. Todavia, no caso concreto, há um distinguishing, pois o voto condutor da decisão rescindenda foi proferido por magistrado impedido por lei de integrar o julgamento (art. 134, V, do CPC de 1973), em virtude de ser o pai de um dos advogados da parte ré, o qual estava regularmente habilitado nos autos originários, tendo comparecido a audiências e assinado peças. Assim, estando evidente o protagonismo assumido pelo relator impedido na elaboração da decisão rescindenda, em flagrante desrespeito ao princípio da imparcialidade, a SBDI-II, por unanimidade, conheceu do recurso ordinário e, no mérito, negou-lhe provimento para manter a decisão do TRT que julgara procedente a ação rescisória calcada no inciso II do art. 485 do CPC de 1973. TST-RO-5300- 54.2012.5.16.0000, SBDI-II, rel. Min. Maria Helena Mallmann, 21.5.2019 (Informativo nº 196)

Colusão

Ação rescisória. Sentença homologatória de conciliação em ação de cumprimento de convenção coletiva. Colusão entre as partes. Configuração. Art. 485, III, parte final, do CPC. Fraude ao art. 8º, II, da CF.

A SBDI-II, por maioria, deu provimento ao recurso ordinário em ação rescisória para, em juízo rescindente, com fundamento no art. 485, III, parte final, do CPC, reconhecer a existência de colusão no acordo judicialmente homologado em ação de cumprimento de convenção coletiva celebrado entre uma rede de restaurantes e o Sindicato dos Trabalhadores nas Empresas de Refeições Rápidas (Fast-Food) – Sindfast. Na hipótese, restou evidenciado que o instrumento normativo firmado pelo Sindfast garantia menos direitos aos empregados que aquele firmado pelo Sindicato dos Trabalhadores em Hotéis, Apart Hotéis, Motéis, Flats, Pensões, Hospedarias, Pousadas, Restaurantes, Churrascarias, Cantinas, Pizzarias, Bares, Lanchonetes, Sorveterias, Confeitarias, Docerias, Buffets, Fast-Foods e Assemelhados de São Paulo e Região – Sinthoresp, o qual sequer fora incluído no polo passivo da ação, apesar de seu legítimo interesse no objeto da demanda. Ademais, as provas documentais carreadas aos autos, e não impugnadas, bem como os instrumentos constitutivos das empresas revelam que o seu objeto societário não se amolda à restrita preparação de refeições rápidas. Assim, vislumbrando fraude ao inciso II do art. 8º da CF, que assegura o princípio da unicidade sindical, e, consequentemente, determina o alcance da representação sindical, a Subseção desconstituiu a sentença homologatória da conciliação proferida na ação de cumprimento e, em juízo rescisório, com amparo no art. 129 do CPC, extinguiu o processo sem resolução de mérito. Vencidos os Ministros Alberto Luiz Bresciani de Fontan Pereira, relator, e Emmanoel Pereira, que negavam provimento ao recurso ordinário por não vislumbrarem a ocorrência de colusão entre as partes, mas apenas uma insatisfação do Sinthoresp com relação ao enquadramento sindical da rede de restaurantes na ação de cumprimento. TST-RO-1359800-14.2005.5.02.0000, SBDI-II, rel. Min. Alberto Luiz Bresciani de Fontan Pereira, red. p/ acórdão Min. Cláudio Mascarenhas Brandão, 11.3.2014 (Informativo nº 75)

Ação rescisória. Colusão. Ministério Público do Trabalho. Decadência. Termo inicial. Ciência da fraude. Súmula nº 100, VI, do TST.
A SBDI-II, por unanimidade, conheceu do recurso ordinário da empresa ré e, reconhecendo a decadência, deu-lhe provimento para extinguir o feito com julgamento do mérito. No caso, prevaleceu o entendimento de que a data da ciência da fraude pelo Ministério Público do Trabalho, para fins de contagem do prazo decadencial da ação rescisória calcada em colusão (item VI da Súmula nº 100 do TST), não poderia ser 29.11.2013, data da instauração do inquérito, mas sim 2.7.2013, data da emissão do Memorando 008/TMA/2013, pela Procuradoria do Trabalho do Município de Joinville – 12ª Região. Nesse documento, houve o registro de que um dos membros do MPT recebeu uma ligação telefônica de um advogado informando a existência de várias ações trabalhistas simuladas, nas quais seriam celebrados acordos em audiência sem a presença dos trabalhadores. Ressaltou-se, na hipótese, que a simples existência de indícios já seria suficiente para a propositura da ação rescisória, não se admitindo que o dies a quo para a contagem do prazo decadencial seja a data em que o MPT instaurou o inquérito ou concluiu acerca da existência ou não da fraude, já que cabe ao Poder Judiciário decidir a respeito, mediante ampla dilação probatória. Vencidas, quanto à fundamentação, as Ministras Maria Helena Mallmann e Delaíde Miranda Arantes. TST-RO-5564-61.2015.5.09.0000, SBDI-II, rel. Min. Maria Helena Mallmann, red. p/ acórdão Min. Douglas Alencar Rodrigues, 3.9.2019 (Informativo nº 204)

Coisa julgada

AR. Equiparação salarial. Segunda demanda. Indicação de paradigma diverso. Coisa julgada. Não configuração. Modificação da causa de pedir. Ausência da tríplice identidade prevista no art. 301, § 2º, do CPC.
O ajuizamento de segunda ação com os mesmos pedidos e em face do mesmo reclamado, mas com indicação de paradigma diverso daquele nomeado na primeira demanda, para efeito de equiparação salarial, afasta a possibilidade de rescisão por ofensa à coisa julgada (art. 485, IV, do CPC), pois modifica a causa de pedir, impedindo a configuração da tríplice identidade prevista no art. 301, § 2º, do CPC. Com esse entendimento, a SBDI-II, por maioria, conheceu de recurso ordinário e, no mérito, negou-lhe provimento. Vencidos os Ministros Maria Cristina Irigoyen Peduzzi e João Oreste Dalazen, os quais acolhiam a ofensa à coisa julgada visto que, na hipótese, apesar de haver indicação formal de paradigmas diversos, na segunda ação proposta, o reclamante pleiteou a equiparação a Antônio Gomes de Macedo e o pagamento das diferenças salariais decorrentes de ação na qual o Senhor Antônio fora equiparado a Maria Beladina Ferreira, indicada como paradigma na primeira reclamação trabalhista, restando, portanto, caracterizada a tríplice identidade. TST-RO-108500-11.2010.5.03.0000, SBDI-II, rel. Min. Alberto Luiz Bresciani de Fontan Pereira. 10.4.2012. (Informativo nº 5)

Acordo. Quitação ampla ao extinto contrato de trabalho. Nova reclamação pleiteando diferenças de complementação de aposentadoria. Ofensa à coisa julgada. Não configuração.
Não obstante celebrado acordo nos autos de reclamação trabalhista anterior, conferindo quitação ampla, geral e irrestrita das parcelas trabalhistas, não ofende a coisa julgada a concessão de diferenças de complementação de aposentadoria nos autos de demanda posterior, porquanto o benefício previdenciário postulado, embora decorrente do contrato de trabalho, tem natureza jurídica diversa.

Assim, não há falar em identidade entre as ações, por falta de correspondência entre os pedidos e entre as causas de pedir, não podendo ter o acordo judicial entabulado a amplitude pretendida, quitando direitos alheios àqueles debatidos na primeira demanda, e que, ademais, são regidos pelo regulamento da entidade previdenciária e não pela legislação trabalhista. Assim, não vislumbrando contrariedade à Orientação Jurisprudencial nº 132 da SBDI-II, a SBDI-I, por maioria, não conheceu dos embargos dos reclamados. Vencidos os Ministros Dora Maria da Costa, relatora, João Oreste Dalazen, Brito Pereira e Lelio Bentes Corrêa. TST-E-RR-122135.2010.5.09.0020, SBDI-I, rel. Min. Dora Maria da Costa, red. p/ acórdão Min. Aloysio Corrêa da Veiga, 12.2.15 (Informativo nº 100)

Ação rescisória. Execução. Diferenças de abono de complementação de aposentadoria. Decisão que adequa os cálculos de liquidação para incluir parcelas vincendas. Ausência de pedido expresso. Possibilidade. Art. 290 do CPC de 1973.
As diferenças de abono de complementação de aposentadoria deferidas em sede de reclamação trabalhista constituem prestações periódicas, de trato sucessivo, de modo que, nos termos do art. 290 do CPC de 1973, o deferimento das parcelas vincendas independe de pedido, mantendo-se o pagamento enquanto inalterada a situação de fato, sem prejuízo de eventual revisão, conforme disposto no art. 471, I, do CPC de 1973. Assim, a decisão, na fase de execução, que faz a adequação dos cálculos de liquidação para incluir as verbas vincendas dá efetividade ao comando exequendo, além de valorizar o princípio da economia processual, ao coibir o ajuizamento de demandas idênticas. Sob esses fundamentos, a SBDI-II, por unanimidade, conheceu do recurso ordinário e, no mérito, negou-lhe provimento, mantendo, ainda que por fundamento diverso (violação do art. 290 do CPC de 1973), a decisão do Tribunal Regional que julgara procedente a ação rescisória para determinar o prosseguimento da execução quanto às parcelas vincendas do abono de complementação de aposentadoria. TST-RO-9476-95.2014.5.02.0000, SBDI-II, rel. Min. Alberto Luiz Bresciani de Fontan Pereira, 25.10.2016 (Informativo execução nº 28)

Execução. Compensação de progressões. Norma coletiva. Ofensa à coisa julgada. Contrariedade à Orientação jurisprudencial nº 123 da SBDI-II. Não configuração.
Para a constatação de ofensa à coisa julgada, não se admite a interpretação do título executivo judicial, mas apenas a verificação de dissonância patente entre o título e a decisão proferida em sede de execução. No caso, não contraria o entendimento contido na Orientação Jurisprudencial nº 123 da SBDI-II a decisão que, observando o teor da decisão exequenda, reconheceu a afronta à coisa julgada do acórdão prolatado pelo TRT e ordenou a compensação das progressões decorrentes das normas coletivas na apuração das diferenças salariais deferidas no título executivo, porquanto a sentença determinara expressamente o pagamento de diferenças salariais ao empregado que não recebeu "qualquer promoção". Sob esses fundamentos, a SBDI-I, por unanimidade, negou provimento ao agravo regimental interposto pelo exequente visando a reforma da decisão que denegara seguimento aos embargos por não vislumbrar divergência jurisprudencial específica nem contrariedade à Súmula nº 48 ou à Orientação Jurisprudencial nº 123 da SBDI-II, ambas do TST. TST-AgR-E-RR-2937-96.2011.5.09.0009, SBDI-I, rel. Min. João Oreste Dalazen, 30.6.2016 (Informativo execução nº 25)

Ação rescisória. Violação do art. 5º, XXXVI, da CF. Configuração. Conflito entre coisas julgadas na fase de liquidação de sentença. Prevalência da primeira decisão.

A SBDI-II, por unanimidade, conheceu parcialmente de recurso ordinário e, no mérito, por maioria, julgou parcialmente procedente o pedido de corte rescisório, por ofensa ao art. 5º, XXXVI, da CF, para, em juízo rescindente, desconstituir a coisa julgada quanto aos critérios para apuração da multa dissidial e, em juízo rescisório, determinar a adoção do salário base como parâmetro de cálculo da parcela, restabelecendo-se a decisão primitiva passada em julgado. Na espécie, prevaleceu o entendimento de que a sentença proferida na fase de conhecimento foi silente quanto à base de cálculo da multa dissidial, prevista em norma coletiva, razão pela qual coube ao Juízo da execução definir, em sede de embargos de declaração em embargos à execução, o salário base do reclamante como parâmetro de cálculo. Contudo, após o trânsito em julgado da referida decisão, o debate ressurgiu em posterior agravo de petição, ao qual foi dado provimento para fixar como base de cálculo da multa a remuneração do empregado, em flagrante afronta à coisa julgada formada na primeira decisão. Vencidas as Ministras Delaíde Miranda Arantes, relatora, e Maria Helena Mallmann, que não vislumbravam violação do art. 5º, XXXVI, da CF ao fundamento de que a sentença transitada em julgado na fase de conhecimento estabeleceu a remuneração como base de cálculo da multa, de modo que a decisão em agravo de petição, que manteve o mesmo parâmetro, ao invés de afrontar a coisa julgada, estava em consonância com ela. TST-RO-210-32.2016.5.05.0000, SBDI-II, rel. Min. Delaíde Miranda Arantes, red. p/ acórdão Min. Douglas Alencar Rodrigues, 28.8.2018 (Informativo nº 183)

Ação rescisória. Violação à coisa julgada. Configuração. Sentença criminal condenatória transitada em julgado em momento anterior ao trânsito em julgado da decisão rescindenda que declarou a nulidade da dispensa do reclamante. Unidade da jurisdição. Não subsistência da decisão proferida na seara trabalhista.

Os fatos reconhecidos em sentença criminal condenatória transitada em julgado não podem ser rediscutidos na seara trabalhista, ante o princípio da unidade da jurisdição. No caso, a coisa julgada que se formou no processo criminal, em que constatado o crime cometido pelo empregado (ato de improbidade), com a consequente pena de perda do emprego público, operou-se anteriormente ao trânsito em julgado do acórdão rescindendo que, ao analisar as razões que ensejaram a justa causa, concluiu pela nulidade da dispensa do reclamante. Assim, a decisão penal se sobrepõe à sentença trabalhista, de modo que esta não pode subsistir com conteúdo decisório oposto àquele que transitou em julgado na esfera criminal. Sob esse entendimento, a SBDI-II, por unanimidade, conheceu e negou provimento ao recurso ordinário, mantendo, portanto, a decisão do Tribunal Regional que, com fundamento no art. 485, IV, do CPC de 1973, julgou procedente o pedido de corte rescisório para reconhecer a justa causa praticada pelo empregado. TST-RO-9301-70.2010.5.01.0000, SBDIII, rel. Min. Alexandre de Souza Agra Belmonte, 11.12.2018 (Informativo nº 189).

Ação rescisória. Juntada da certidão de trânsito em julgado. Ausência. Existência de outros elementos nos autos que permitam verificar a ocorrência de coisa julgada e a tempestividade da ação. Afastamento da primeira parte da Orientação Jurisprudencial nº 84 da SBDI-II. Incidência do item IV da Súmula 100 do TST.

É aplicável o item IV da Súmula nº 100 do TST às hipóteses de ausência de juntada da certidão de trânsito em julgado em ações rescisórias, não obstante a diretriz da primeira parte da Orientação Jurisprudencial nº 84 da SBDI-II. Assim, embora a prova do trânsito em julgado da decisão rescindenda seja indispensável (Súmula nº 299, I, do TST), ela não está adstrita à juntada da referida certidão, caso haja nos autos outros elementos que permitam ao juízo rescindente formar sua convicção quanto à existência da coisa julgada e à tempestividade da pretensão desconstitutiva. Sob esse entendimento, a SBDI-II, por maioria, rejeitou a preliminar relativa à ausência de cópia da certidão de trânsito em julgado, considerando superada a primeira parte da Orientação Jurisprudencial nº 84 da SBDI-II, inclusive nas ações rescisórias regidas pelo CPC de 1973. Vencido o Ministro Lelio Bentes Corrêa. TST-RO-27-32.2014.5.05.0000, SBDI-II, rel. Min. Maria Helena Mallmann, 13.8.2019 (Informativo nº 202)

Violação manifesta de norma jurídica
AR. Coisa julgada material. Eficácia preclusiva. Causa extintiva da obrigação. Manejo após o último momento útil. Ofensa à coisa julgada não caracterizada. A causa extintiva da obrigação constatada após o último momento útil para o acolhimento do fato ocorrido no curso do processo não enseja a eficácia preclusiva disciplinada no art. 474 do Código de Processo Civil. Desse modo, a transação superveniente à sentença, acolhida quando do julgamento do agravo de petição, ainda que não discutida na fase cognitiva, não tem o condão de abalar a eficácia jurídica do ajuste entre as partes, tornando-se inviável o corte rescisório com amparo no inciso V do art. 485 do CPC. Com esse entendimento, a SBDI-II, por unanimidade, conheceu do recurso ordinário e, no mérito, deu-lhe provimento para julgar improcedente a ação rescisória. TST-RO-231600-91.2009.5.01.0000, SBDI-II, rel. Min. Alberto Luiz Bresciani de Fontan Pereira, 26.6.2012. (Informativo nº 15)
Ação rescisória. Dano moral. Indenização em valor idêntico ao fixado para recompor o dano material. Ausência de razoabilidade e proporcionalidade. Afronta o art. 5º, X, da CF. Configuração. A indenização por danos morais deve proporcionar alívio ao sofrimento suportado pelo empregado e educar o empregador, coibindo a prática futura de semelhante conduta ofensiva a outro empregado. Trata-se de lesão a patrimônio imaterial e sem conteúdo econômico, o que torna difícil a fixação do valor indenizatório. Por outro lado, a compensação não pode gerar enriquecimento sem causa, devendo atentar aos princípios da proporcionalidade e razoabilidade. Assim, ausentes parâmetros legais, o julgador deve se pautar pela situação econômica do ofensor e da vítima, o ambiente cultural de ambos, as circunstâncias do caso concreto, o grau de culpa do autor da ofensa e a extensão do dano, tendo por base a conduta do homem médio. No caso vertente, em que o empregado fora acometido pela Síndrome do Túnel do Carpo e tendinite dos punhos, a fixação de indenização por dano moral em valor idêntico à quantia estipulada para o dano material (R$ 226.475,61), a pretexto da origem comum de ambos e a consequente necessidade de adoção de mesmos critérios, se mostra desproporcional e desarrazoada, principalmente se cotejada com a consequência advinda do infortúnio, qual seja, redução apenas parcial da capacidade laboral do trabalhador. Com esse entendimento, a SBDI-II, por maioria, julgou procedente o pedido de rescisão, no tópico, para, em juízo rescindente, reconhecida a afronta ao art. 5º, X, da CF, desconstituir parcialmente a sentença, reduzindo para R$ 30.000,00 o valor da indenização por danos morais. Vencidos os Ministros Luiz Philippe Vieira de Mello Filho, Emmanoel Pereira e Cláudio Brandão. SBDI-II, rel. Min. Guilherme Augusto Caputo Bastos, 24.9.2013. (Informativo nº 60)
Ação rescisória. Sociedade de economia mista. Demissão imotivada. Impossibilidade. Reintegração do empregado. Submissão aos princípios previstos no art. 37, caput, da CF. Regulamento interno. Necessidade de motivação. Adesão ao contrato de trabalho. Súmula nº 51 do TST. O STF, nos autos do RE nº 589998, estabeleceu que os empregados de sociedades de economia mista e de empresas públicas admitidos por concurso público somente poderão ser demitidos mediante a motivação do ato de dispensa, porquanto necessária a observação dos princípios constitucionais que regem a administração pública direta e indireta, previstos no art. 37, *caput*, da CF. Ademais, verificada, no caso, a existência de dispositivo de norma interna do Banestado prevendo a obrigatoriedade da motivação para dispensa de empregados, tal cláusula adere ao contrato de trabalho, impossibilitando a dispensa imotivada a teor do preconizado pela Súmula nº 51 do TST. Com esses fundamentos, e não vislumbrando violação ao art. 173, § 1º, da CF, a SBDI-II, à unanimidade, negou provimento ao recurso ordinário por meio do qual se buscava reformar a decisão do TRT da 9ª Região que, ao julgar improcedente a ação rescisória, manteve o acórdão que determinou a reintegração do empregado do Banestado demitido imotivadamente. TST-RO-219-22.2012.5.09.0000, SBDI-II, rel. Min. Cláudio Mascarenhas Brandão, 15.10.2013. (Informativo nº 63)
Ação rescisória. CEDAE. Substituição do RPC pelo PCCS. Novo enquadramento da empregada. Violação do art. 37, II, da CF. Não configuração. Súmula nº 410 do TST. A SBDI-II, à unanimidade, negou provimento a recurso ordinário da empregadora, mantendo a decisão que julgara improcedente o pedido de corte rescisório de acórdão que, com base em provas

pericial e documental, reconheceu que a empregada, cujo cargo originário era o de "mecanógrafa", laborava em desvio de função e, diante do necessário reenquadramento dos empregados decorrente da substituição do Regulamento de Pessoal – RPC pelo Plano de Cargos, Carreira e Salários – PCCS da Companhia Estadual de Águas e Esgotos (CEDAe), determinou o seu reposicionamento no cargo de "técnico de apoio administrativo, classe A-8", destacando que o PCCS implantado visava corrigir desvios de função existentes e que era perfeitamente cabível a progressão de um cargo para o outro, tendo em vista que ambos integravam o mesmo grupo funcional. Na espécie, destacou-se que a substituição de um regulamento empresarial por outro e o reposicionamento da trabalhadora no novo plano de cargos, por si só, não traduz ofensa ao art. 37, II, da CF, nem atrai a incidência da Orientação Jurisprudencial nº 125 da SBDI-I, segundo a qual o mero desvio de função não dá direito a novo enquadramento. De outra sorte, verificar se o reposicionamento determinado pela decisão rescindenda importou, ou não, em violação do art. 37, II, da CF, demandaria, necessariamente, a reapreciação de fatos e provas, o que é vedado em sede de rescisória, nos termos da Súmula nº 410 do TST. TST-RO-541700-32.2009.5.01.0000, SBDI-II, rel. Min. Douglas Alencar Rodrigues, 19.8.2014 (Informativo nº 87)

Ação rescisória. Pedido líquido. Condenação limitada ao valor indicado na petição inicial. Exercício adequado e regular da atividade jurisdicional. Violação dos arts. 128 e 460 do CPC. Não configuração.

O pedido deduzido pelo reclamante de forma líquida, e não por mera estimativa, enseja a limitação da condenação ao valor indicado na petição inicial, a qual reflete o exercício adequado e regular da atividade jurisdicional (art. 5º, LIV, da CF). Com esse entendimento, e não vislumbrando violação dos arts. 128 e 460 do CPC, a SBDI-II, à unanimidade, negou provimento a recurso ordinário interposto contra decisão que julgara improcedente a ação rescisória a qual visava desconstituir acórdão que, ao deferir diferenças salariais decorrentes de equiparação salarial, adotou como parâmetro para a condenação o valor indicado na petição inicial. TST-RO-10437-75.2010.5.02.0000, SBDI-II, rel. Min. Douglas Alencar Rodrigues, 19.8.2014 (Informativo nº 87)

Ação rescisória. Acordo. Parcela recolhida a menor. Cláusula penal. Ausência de proporcionalidade entre valor inadimplido e a multa aplicada. Art. 413 do CC. Violação.

A dúvida razoável quanto ao valor de parcela devida não pode dar causa à incidência da cláusula penal em sua totalidade, porquanto a multa deve guardar proporcionalidade com o suposto dano sofrido, consoante o preconizado no art. 413 do CC. Com esse fundamento, a SBDI-II, por unanimidade, conheceu do recurso ordinário e, no mérito, negou-lhe provimento, mantendo a decisão do Regional que julgara procedente a pretensão desconstitutiva, por violação do art. 413 do CC, e, em juízo rescisório, limitara a cláusula penal da avença ao valor efetivamente inadimplido, observando-se a proporcionalidade entre o suposto dano e a multa imposta. No caso concreto, a decisão rescindenda é acórdão que deu provimento a agravo de petição do reclamante para aplicar a multa de 50% sobre o valor acordado pelas partes, em razão de inadimplemento parcial pela empresa executada. Na reclamação trabalhista matriz foi celebrado acordo no valor de R$ 90.000,00, a ser pago em doze vezes. Todavia, a partir da segunda parcela, houve um desconto equivocado de R$ 14,35, em razão do reajuste na tabela de encargos sociais. Após o pedido de execução da multa e da intimação do executado, houve o depósito da quantia correspondente à diferença a menor detectada nas parcelas, restando indeferido o pedido. Em sede de agravo de petição, porém, o TRT fez incidir a cláusula penal sobre o valor total do acordo, de modo que uma dívida computada em R$ 57,40, prontamente sanada pela parte devedora, gerou uma multa de R$ 45.000,00, exorbitando, portanto, o razoável. TST-RO-221-48.2011.5.01.0000, SBDI-II, rel. Min. Emmanoel Pereira, 26.8.2014 (Informativo execução nº 4)

Ação rescisória. Matéria controvertida. Ausência de jurisprudência pacifica no âmbito da SBDII e de todas as Turmas do TST. Súmula nº 83 do TST. Incidência. O TST, flexibilizando os comandos da Súmula nº 83 da Corte, firmou o entendimento de que o marco divisor para afastar a controvérsia a respeito da interpretação de norma infraconstitucional é o fato de a matéria estar pacificada

na SBDI-I e nas oito Turmas do TST, no momento do trânsito em julgado da decisão rescindenda, mesmo que não editada súmula ou orientação jurisprudencial a respeito do tema. Na hipótese, todavia, à época em que proferido o acórdão rescindendo, a tese acerca da necessidade, ou não, de comprovação da inexequibilidade da devedora principal, para os fins de redirecionamento da execução para a responsável subsidiária nos casos de falência da responsável principal, não estava pacificada, pois ausentes precedentes da SBDI-I e da 3ª Turma acerca do mérito da questão, além de também haver controvérsia no âmbito dos Tribunais Regionais. Assim, ante o óbice da Súmula nº 83 do TST, a SBDI-II, por unanimidade, conheceu do recurso ordinário, e, no mérito, por maioria, deu-lhe provimento para julgar improcedente a ação rescisória. Vencidos os Ministros Douglas Alencar Rodrigues, relator, Maria Helena Mallmann, Delaíde Miranda Arantes e Alexandre Agra Belmonte. TST-RO-8573-11.2011.5.04.0000, SBDI-II, rel. Min. Douglas Alencar Rodrigues, red. p/ acórdão Min. Renato de Lacerda Paiva, 12.6.2018 (Informativo nº 180).
Ação rescisória ajuizada sob a égide do CPC de 1973. Comissões suprimidas em razão de vendas diretas realizadas pelas reclamadas. Pena de confissão ficta. Inaplicabilidade. Ônus da impugnação específica. Observância. Ausência de violação legal.   É inaplicável a pena de confissão ficta, quando do conjunto da defesa for possível ao julgador extrair que houve, ainda que de forma genérica, oposição às afirmações do autor. Trata-se de exceção à regra do ônus da impugnação específica, prevista no *caput* do art. 302 do CPC de 1973. No caso, a decisão rescindenda manteve a sentença de primeiro grau que indeferira o pedido de pagamento das diferenças de comissões, sob o fundamento de que houve impugnação genérica da matéria, em virtude da alegação de inexistência de vínculo de emprego entre as partes. Igualmente, o TRT da 6ª Região, ao julgar improcedente a pretensão rescisória, concluiu que houve a aplicação, e não a violação, do inciso III do art. 302 do CPC de 1973, registrando que as defesas apresentadas pelas demandadas, consideradas em seu contexto total, rebateram a pretensao de percepção das comissões suprimidas por vendas diretas realizadas pelas reclamadas. Assim, mantido o ônus probatório a cargo do autor, dele se exige que faça prova de suas alegações, não sendo possível o corte rescisório pretendido, porquanto a violação a dispositivo de lei a que se refere o art. 485, V, do CPC de 1973, capaz de ensejar a desconstituição da coisa julgada, deve ser latente e literal, o que não se verifica na hipótese vertente, em que a norma processual incidente na espécie fora devidamente aplicada. Sob esse fundamento, a SBDI-II, por maioria, negou provimento ao recurso ordinário interposto pelo autor. Vencidos os Ministros Maria Helena Mallmann, relatora, Delaíde Miranda Arantes e Alexandre Agra Belmonte. TST-RO-137-04.2014.5.06.0000, SBDI-II, rel. Min. Maria Helena Mallmann, red. p/ acórdão Min. Renato de Lacerda Paiva, 26.6.2018 (Informativo nº 181).
Ação rescisória. Violação de norma jurídica. Nulidade de citação. Revelia. Cabimento. Necessidade de observância do prazo decadencial e de recolhimento do depósito prévio.   Admite-se ação rescisória fundada em violação de norma jurídica para desconstituir decisão proferida à revelia daquele que alega ter sido nulamente citado, embora o revel tenha à sua disposição outros instrumentos processuais para o desfazimento da sentença viciada. No atual sistema processual não há previsão legal inequívoca acerca do processamento da querela nullitatis e a gravidade do vício transrescisório justifica a utilização da ação rescisória. Assim, cabendo ao autor escolher o procedimento por meio do qual pretende ver processada a sua pretensão, não há falar em carência de ação pela inadequação da ação rescisória, devendo a parte, todavia, atentar-se para o prazo decadencial bienal e para o recolhimento do depósito prévio. Sob esses fundamentos, a SBDI-II, por unanimidade, ultrapassando a questão preliminar a respeito do cabimento ou não da ação rescisória, conheceu do recurso ordinário, e, no mérito, por maioria, negou-lhe provimento para manter a decisão que reputara configurada a decadência em ação rescisória que tomou por base o trânsito em julgado da última decisão proferida na causa em que a autora foi regularmente citada por edital, contando-se o prazo a partir do dia subsequente àquele em que poderia apresentar recurso ordinário. Vencidos os Ministros Douglas Alencar Rodrigues e Breno Medeiros. TST-RO-6956- 39.2013.5.15.0000, SBDI-II, rel. Min. Maria Helena Mallmann, 28.5.2019 (Informativo nº 197)

Prova nova
Ação rescisória. Art. 966, VII, do CPC de 2015. Acordão prolatado em julgamento de recurso de revista repetitivo. Publicação posterior à decisão rescindenda. Ausência de demonstração de fato ocorrido na relação jurídica controvertida no processo matriz. Prova nova. Não configuração. Acórdão prolatado em julgamento de incidente de recurso repetitivo não constitui prova apta a deflagrar o corte rescisório calcado no art. 966, VII, do CPC de 2015, pois referido julgado não se destina à demonstração de um fato ocorrido na relação jurídica controvertida no processo matriz, mas apenas explicita entendimento uniforme e vinculante do TST sobre a controvérsia jurídica. Ademais, a prova nova deve ser cronologicamente velha, o que o não ocorreu no caso em apreço, pois o acórdão invocado foi publicado após a decisão rescindenda. Assim, ausente a probabilidade do direito, a SBDI-II, por unanimidade, conheceu do agravo regimental e, no mérito, negou-lhe provimento para manter a decisão monocrática que indeferira o pedido de tutela provisória de urgência formulado nos autos da ação rescisória. TST-AgR-AR-1000450-71.2018.5.00.0000, SBDI--II, rel. Min. Delaíde Miranda Arantes, 18.6.2019 (Informativo nº 199)
Ação rescisória. Art. 485, VII, do CPC de 1973. Alegação de documento novo. Fato não suscitado, nem apreciado no processo matriz. Impossibilidade do corte rescisório. A hipótese de desconstituição de decisão transitada em julgado prevista no art. 485, VII, do CPC de 1973 pressupõe a obtenção de documento novo referente a fato alegado na ação matriz. No caso, o autor pretende a desconstituição da decisão que indeferiu a indenização substitutiva da estabilidade provisória no emprego e as multas dos arts. 467 e 477 da CLT invocando a existência de documentos novos que comprovariam a sucessão de empregadores e, consequentemente, a possibilidade de o sucessor responder pelos pleitos inicialmente indeferidos. Todavia, a questão da sucessão empresarial não foi suscitada por nenhuma das partes no processo principal, nem foi objeto de apreciação pela decisão rescindenda, o que inviabiliza, portanto, o corte rescisório fundado no inciso VII do art. 485 do CPC de 1973. Sob esses fundamentos, a SBDI-II, por unanimidade, conheceu do recurso ordinário do autor e, no mérito, negou-lhe provimento. TST--RO5120-28.2015.5.09.0000, SBDI-II, rel. Min. Luiz José Dezena da Silva, 22.10.2019 (Informativo nº 210)
Prova falsa
AR. Prova testemunhal. Falsidade. Comprovação. Art. 485, VI, do CPC. Comprovada a falsidade do depoimento testemunhal tido como prova determinante ao deslinde da controvérsia, porque decisivo ao convencimento do julgador, torna-se possível a desconstituição do acórdão rescindendo com base no inciso VI do art. 485 do CPC. Com esse fundamento, a SBDI--II, à unanimidade, conheceu do recurso ordinário, e, no mérito, negou-lhe provimento, mantendo a decisão do Tribunal Regional que julgou procedente o pleito rescisório da empresa-autora para desconstituir o acórdão proferido com esteio em prova falsa, consubstanciada no depoimento da única testemunha arrolada pela reclamante. Na espécie, a referida testemunha, ao ser inquirida sobre a jornada de trabalho do reclamante, declinou horários totalmente díspares daqueles que, na mesma função, alegou estar sujeita nos autos da reclamação trabalhista que moveu contra a mesma empregadora. Causou estranheza o fato de a jornada informada na ação por ela proposta ser menor do que aquela indicada na condição de testemunha, de modo que, a prevalecer esta última, restariam sonegadas as horas extraordinárias a que faria jus, o que não se mostra razoável. TST-RO-1382200-22.2005.5.02.0000, SBDI-II, rel. Min. Guilherme Augusto Caputo Bastos, 11.12.2012 (Informativo nº 34)

Invalidar transação
Ação rescisória. Art. 485, VIII, do CPC. Advogado que firmou acordo adjudicando bens imóveis da empresa. Ausência de poderes para alienar patrimônio. Fundamento para invalidar a transação. Caracterização.   O fato de o advogado ter firmado acordo adjudicando os bens imóveis da empresa sem que o instrumento de mandato a ele conferido autorizasse a alienação de patrimônio é fundamento suficiente para invalidar a transação, ensejando, portanto, o corte rescisório, nos termos do art. 485, VIII, do CPC. Com esses fundamentos, a SBDI-II, por unanimidade, conheceu dos recursos ordinários, no tópico, e, no mérito, negou-lhes provimento, mantendo a decisão do Regional que determinou a rescisão da sentença homologatória do acordo firmado em juízo. TST-RO-95200-51.2007.5.15.0000, SBDI-II, rel. Min. Alberto Luiz Bresciani de Fontan Pereira, 22.10.2013. (Informativo nº 64)

4. MANDADO DE SEGURANÇA

4.1. Conceito

A Constituição Federal de 1988 contemplou como direito fundamental o mandado de segurança, o qual será concedido "para proteger direito líquido e certo, não amparado por habeas corpus ou habeas data, quando o responsável pela ilegalidade ou abuso de poder for autoridade pública ou agente de pessoa jurídica no exercício de atribuições do Poder Público" (CF/88, art. 5º, LXIX).

Atualmente, sua regulamentação faz-se por meio da Lei nº 12.016/09, a qual estabelece no seu art. 1º:

> **Art. 1º.** Conceder-se-á mandado de segurança para proteger direito líquido e certo, não amparado por habeas corpus ou habeas data, sempre que, ilegalmente ou com abuso de poder, qualquer pessoa física ou jurídica sofrer violação ou houver justo receio de sofrê-la por parte de autoridade, seja de que categoria for e sejam quais forem as funções que exerça.

É, portanto, uma ação constitucional, de natureza cível.

Cumpre salientar que, frequentemente, são utilizadas as expressões writ ou mandamus para se referir ao mandado de segurança.

4.2. Legitimidade

4.2.1. Legitimidade ativa

A legitimidade ativa no mandado de segurança é de qualquer pessoa física ou jurídica (Lei nº 12.016/09, art. 1º).

A propósito, quando o direito ameaçado ou violado couber a várias pessoas, qualquer delas poderá requerer o mandado de segurança (Lei nº 12.016/09, art. 1º, § 3º). Além disso, é admitido o litisconsórcio ativo, na hipótese.

É importante observar que o art. 10, § 2º[46], da referida lei, admite o litisconsórcio ativo ulterior (quando surge no decorrer da demanda) **apenas** até o despacho da petição inicial, como forma de preservar o juiz natural.

Atenta-se para o fato de que o art. 3º admite a substituição processual, ou seja, que alguém em nome próprio tutele direito de outrem. Nesse caso, "o titular de direito líquido e certo decorrente de direito, em condições idênticas, de terceiro poderá impetrar mandado de segurança a favor do direito originário, se o seu titular não o fizer, no prazo de 30 (trinta) dias, quando notificado judicialmente" (art. 3º). Exemplificamos:

O primeiro colocado de um concurso público é notificado judicialmente para ingressar com o MS, no prazo de 30 dias, mas não o faz. Nesse caso, surge para o segundo colocado o direito de ingressar com MS em favor do primeiro colocado, pois uma vez nomeado, permitirá a nomeação do segundo colocado.

4.2.2. Legitimidade passiva

A legitimidade passiva, no mandado de segurança, não encontra pacificação na doutrina e na jurisprudência, existindo três correntes a respeito:

- 1ª corrente: Pessoa jurídica a qual pertença a autoridade coatora, pois será ela quem arcará com os efeitos patrimoniais. Nessa hipótese, a autoridade coatora apenas é convocada para prestar informações. Nesse sentido, tem entendido o STF e o STJ.
- 2ª corrente: Autoridade coatora, devendo apenas indicar a pessoa jurídica a que pertence.
- 3ª corrente (minoritária): Litisconsórcio passivo entre autoridade coatora e pessoa jurídica.

Considera-se **autoridade coatora** aquela que tenha praticado o ato impugnado ou da qual emane a ordem para a sua prática (Lei nº 12.016/09, art. 6º, § 3º). Aliás, a autoridade será considerada federal se as consequências de ordem patrimonial do ato contra o qual se requer o mandado houverem de ser suportadas pela União ou entidade por ela controlada (art. 2º).

Equiparam-se às autoridades os representantes ou órgãos de partidos políticos e os administradores de entidades autárquicas, bem como os dirigentes de pessoas jurídicas ou as pessoas naturais no exercício de atribuições do poder público, somente no que disser respeito a essas atribuições (Lei nº 12.016/09, art. 1º, § 1º).

A propósito, praticado o ato por autoridade, no exercício de competência delegada, contra ela cabe o mandado de segurança (Súmula nº 510 do STF).

46. Art. 10, § 2º: "O ingresso de litisconsorte ativo não será admitido após o despacho da petição inicial".

Não será considerado ato de autoridade e, consequentemente, não caberá mandado de segurança contra os atos de gestão comercial praticados pelos administradores de empresas públicas, de sociedade de economia mista e de concessionárias de serviço público (art. 1º, § 2º).

Por fim, no mandado de segurança contra ato judicial, o réu no processo originário é considerado como litisconsórcio passivo e necessário. Desse modo, a autoridade coatora deve figurar juntamente com a parte beneficiada por seu ato no processo judicial da ação mandamental. Nesse sentido, dispõe a súmula nº 631 do STF:

Súmula nº 631 do STF

Extingue-se o processo de mandado de segurança se o impetrante não promove, no prazo assinado, a citação do litisconsorte passivo necessário.

4.3. Competência

A Justiça do Trabalho tem **competência material** para julgar o mandado de segurança quando o ato questionado envolver matéria sujeita à sua jurisdição (CF/88, art. 114, IV).

Quanto à **competência funcional**, cumpre, inicialmente, salientar que, antigamente, na Justiça do Trabalho, apenas os tribunais tinham competência para apreciá-lo. Entretanto, com o advento da Emenda Constitucional nº 45/04, as varas do trabalho passaram a ter competência para apreciá-lo. Desse modo, atualmente, a competência funcional para o mandado de segurança é definida pela autoridade coatora envolvida, como se verifica no quadro a seguir:

Competência	Autoridade coatora
TST	Atos dos Ministros do TST
TRT	Atos dos juízes da Vara do Trabalho* ou do TRT (desembargadores) e seus servidores**
Vara do Trabalho	Atos de autoridades que não façam parte do Judiciário trabalhista (ex., superintendente regional do trabalho)

(*) Ou juiz de direito investido de jurisdição trabalhista.
(**) **Orientação Jurisprudencial nº 4 do Tribunal Pleno.** Mandado de segurança. Decisão de TRT. Incompetência originária do Tribunal Superior do Trabalho.
Ao Tribunal Superior do Trabalho não compete apreciar, originariamente, mandado de segurança impetrado em face de decisão de TRT.

A **competência territorial** é da sede funcional da autoridade apontada como coatora. É interessante observar que, embora seja territorial, essa competência tem natureza absoluta.

4.4. Modalidades

O mandado de segurança pode ser:

- **repressivo**: será impetrado quando já tiver ocorrido a violação do direito do impetrante;
- **preventivo**: impetrado quando houver justo receio de sofrer violação por parte da autoridade coatora, ou seja, antes de ocorrer a lesão. Nesse caso, atenta-se para o fato de que o mandado de segurança não se presta à obtenção de uma sentença genérica, aplicável a eventos futuros, cuja ocorrência é incerta (OJ nº 144 da SDI-II do TST).

4.5. Cabimento

O art. 5º da Lei nº 12.016/09 estabelece que não será concedido o mandado de segurança quando se tratar:

I – de ato do qual caiba recurso administrativo com efeito suspensivo, independentemente de caução;

II – de decisão judicial da qual caiba recurso com efeito suspensivo;

III – de decisão judicial transitada em julgado.

Ademais, o STF já esclarecia que não cabia mandado de segurança contra ato judicial passível de recurso ou correição (Súmula nº 267 do STF). Além disso, prevê que não caberá o mandado de segurança contra a lei em tese (Súmula nº 266 do STF).

A propósito, a jurisprudência do TST contempla que **não** caberá mandado de segurança:

a) de decisão judicial transitada em julgado (Súmula nº 33 do TST);

b) quando esgotadas as vias recursais existentes (OJ nº 99 da SDI-II do TST);

c) contra decisão judicial passível de reforma mediante recurso próprio, ainda que com efeito diferido (OJ nº 92 da SDI-II do TST);

d) contra ato judicial que, de ofício, arbitrou novo valor à causa, acarretando a majoração das custas processuais (OJ nº 88 da SDI-II do TST);

e) da tutela provisória concedida na sentença, por ser impugnável mediante recurso ordinário. É admissível a obtenção de efeito suspensivo ao recurso ordinário mediante requerimento dirigido ao tribunal, ao relator ou ao presidente ou ao vice-presidente do tribunal recorrido, por aplicação subsidiária ao processo do trabalho do artigo 1.029, § 5º, do CPC de 2015. (Súmula nº 414, I, do TST);

Atenção:

No caso de a tutela provisória haver sido concedida ou indeferida antes da sentença, cabe mandado de segurança, em face da inexistência de recurso próprio (Súmula nº 414, II, do TST).

f) para impugnar despacho que acolheu ou indeferiu liminar em outro mandado de segurança (OJ nº 140 da SDI-II do TST);

g) quando ajuizados embargos de terceiro (art. 674 do CPC/2015) para pleitear a desconstituição da penhora, e o mandado de segurança tiver a mesma finalidade (OJ nº 54 da SDI-II do TST);

h) contra sentença homologatória de adjudicação, uma vez que existe meio próprio para impugnar o ato judicial, consistente nos embargos à adjudicação sob a égide do CPC/73 e por simples petição na vigência do CPC/2015 (CPC/2015, art. 877, caput) (OJ nº 66 da SDI-II do TST).

Por outro lado, será cabível o mandado de segurança do deferimento de reintegração no emprego em ação cautelar (OJ nº 63 da SDI-II do TST).

4.6. Ato Ilegal ou Abuso de Poder

O ato de autoridade a ensejar o mandado de segurança deve ser ilegal ou realizado com abuso de poder, entendido como: "a) excesso de poder (vício de competência); ou b) desvio de poder (vício de finalidade) na realização do ato capaz de ameaçar ou lesar direito subjetivo do impetrante"[47].

4.7. Direito Líquido e Certo

É requisito essencial do mandado de segurança a presença do direito líquido e certo. Ele será analisado em dois momentos.

No primeiro, direito líquido e certo significa aquele que não tem necessidade de dilação probatória, ou seja, exige que os fatos sejam comprovados, de plano, por documentação inequívoca apresentada desde o ajuizamento da ação.

É por isso que o TST veda a possibilidade de complementação da documentação, como prevê a Súmula nº 415, a seguir transcrita:

> **Súmula nº 415 do TST.** Mandado de segurança. Petição inicial. Art. 321 do CPC de 2015. Art. 284 do CPC de 1973. Aplicabilidade
>
> Exigindo o mandado de segurança prova documental pré-constituída, inaplicável o art. 321 do CPC de 2015 (art. 284 do CPC de 1973) quando verificada, na petição inicial do "mandamus", a ausência de documento indispensável ou de sua autenticação.

Existe, porém, uma exceção sobre a necessidade de prova pré-constituída, como se verifica pelo art. 6º, § 1º, da Lei nº 12.016/09, in verbis:

> No caso em que o documento necessário à prova do alegado se ache em repartição ou estabelecimento público ou em poder de autoridade que se recuse a fornecê-lo por certidão ou de terceiro, o juiz ordenará, preliminarmente, por ofício, a exibição desse documento em original ou em cópia autêntica e marcará, para o cumprimento da ordem, o prazo de 10 (dez) dias. O escrivão extrairá cópias do documento para juntá-las à segunda via da petição.

47. FUX, Luiz. *Mandado de segurança*. 1. ed. Rio de Janeiro: Forense, 2010. p. 48.

É importante observar que, embora seja necessária a comprovação imediata do direito líquido e certo, é possível que haja controvérsia quanto à **questão de direito** (Súmula nº 625 do STF) e não questão de fato.

No segundo momento, passa-se a analisar se o ato de autoridade violou direito líquido e certo do impetrante, estando de certa forma vinculado à própria ilegalidade ou abusividade do ato praticado.

Na verificação desse segundo momento, o TST entende que **não** fere direito líquido e certo do impetrante:

1) a concessão de tutela antecipada para reintegração de empregado protegido por estabilidade provisória decorrente de lei ou norma coletiva (OJ nº 64 da SDI-II);

2) a determinação de liminar de reintegração no emprego de dirigente sindical, em face da previsão do inciso X do art. 659 da CLT (OJ nº 65 da SDI-II);

Observação:

Nesse caso, o TST faz uma ressalva: a hipótese de suspensão do dirigente sindical para apuração de falta grave, como permitido pelo art. 494 da CLT e estabelecido na Súmula nº 379 do TST. Nesse caso, entende que o empregador terá direito líquido e certo a suspender o empregado (OJ nº 137 da SDI-II do TST).

3) concessão de tutela antecipada para determinar a reintegração do empregado até a decisão final do processo, quando demonstrada a razoabilidade do direito subjetivo material, como nos casos de anistiado pela Lei nº 8.878/1994, aposentado, integrante de comissão de fábrica, dirigente sindical, portador de doença profissional, portador de vírus HIV ou detentor de estabilidade provisória prevista em norma coletiva (OJ nº 142 da SDI-II do TST);

4) a concessão de liminar obstativa de transferência de empregado, em face da previsão do inciso IX do art. 659 da CLT (OJ nº 67 da SDI-II do TST);

5) o ato judicial que determina penhora em dinheiro do executado para garantir crédito exequendo, pois é prioritária e obedece à gradação prevista no art. 835 do CPC de 2015 (Súmula nº 417, I, do TST);

6) havendo discordância do credor, em execução definitiva, que os valores penhorados em dinheiro fiquem depositados no próprio banco, ainda que atenda aos requisitos do art. 840, I, do CPC de 2015 (Súmula nº 417, II, do TST);

7) a penhora de carta de fiança bancária e do seguro garantia judicial, vez que estes equivalem a dinheiro para efeito da gradação dos bens penhoráveis, estabelecida no art. 835 do CPC/2015 (OJ nº 59 da SDI-II do TST);

8) a penhora sobre a renda mensal ou faturamento de empresa, limitada a determinado percentual, desde que não comprometa o desenvolvimento regular

de suas atividades, desde que não haja outros bens penhoráveis ou, havendo outros bens, eles sejam de difícil alienação ou insuficientes para satisfazer o crédito executado (OJ nº 93 da SDI-II do TST);

9) o prosseguimento da execução quanto aos tópicos e valores não especificados no agravo (Súmula nº 416 do TST);

10) a homologação de acordo por constituir faculdade do juiz (Súmula nº 418 do TST).

Por outro lado, o TST entende que **fere** direito líquido e certo:

1) decisão que determina o bloqueio de numerário existente em conta salário, para satisfação de crédito trabalhista, ainda que seja limitado a determinado percentual dos valores recebidos ou a valor revertido para fundo de aplicação ou poupança, visto que o art. 649, IV, do CPC de 1973 contém norma imperativa que não admite interpretação ampliativa, sendo a exceção prevista no art. 649, § 2º, do CPC de 1973 espécie e não gênero de crédito de natureza alimentícia, não englobando o crédito trabalhista (OJ nº 153 da SDI-II do TST[48]);

2) ato que determina ao INSS o reconhecimento e/ou averbação de tempo de serviço (OJ nº 57 da SDI-II do TST);

3) a exigência de depósito prévio para custeio dos honorários periciais (OJ nº 98 da SDI-II do TST).

Ademais, nos termos da OJ nº 56 da SDI-II do TST, "não há direito líquido e certo à execução definitiva na pendência de recurso extraordinário, ou de agravo de instrumento visando a destrancá-lo".

4.8. Prazo para Impetração

O prazo para impetração do mandado de segurança é de **120 dias** (Lei, nº 12.016/09, art. 23).

Trata-se de prazo decadencial, contado da ciência, pelo interessado, do ato impugnado, ou seja, o termo inicial é da ciência da lesão ou do ato capaz de produzir lesão ao direito do impetrante.

Por se tratar de prazo decadencial, em regra, não há que se falar em suspensão ou interrupção, razão pela qual o **pedido de reconsideração** não interrompe o prazo para o mandado de segurança (Súmula nº 430 do STF).

48. Entendimento firmado na época do CPC/73, conforme expressamente previsto na orientação jurisprudencial, que não deverá prevalecer com o Novo CPC. Vide maiores comentários no capítulo de execução, bens impenhoráveis.

A propósito, na contagem do prazo decadencial para ajuizamento de mandado de segurança, o efetivo ato coator é o primeiro em que se firmou a tese hostilizada e não aquele que a ratificou (OJ nº 127 da SDI-II do TST).

Ademais, o pedido de mandado de segurança poderá ser renovado dentro do prazo decadencial, se a decisão denegatória não lhe houver apreciado o mérito (Lei. 12.016/09, art. 6º, § 6º).

Salienta-se que, quanto aos **atos omissivos**, é pacífico na doutrina que a inércia da autoridade competente não deflagra o início de contagem do prazo decadencial[49], exceto se houver prazo legal para a prática do ato, iniciando o prazo decadencial do mandado de segurança, nesse último caso, do decurso do termo final do prazo legal para a prática do ato[50].

Em resumo, sendo um ato comissivo, o prazo decadencial terá início com a prática do ato, não sendo interrompido pelo pedido de reconsideração. Tratando-se de ato omissivo, não se iniciará a contagem do prazo decadencial quando não houver prazo legal para a prática do ato. Por outro lado, existindo prazo legal para que seja praticado o ato, o prazo decadencial de 120 dias começará a correr no dia em que terminar aquele prazo fixado na lei.

4.9. Petição Inicial

A petição inicial deverá preencher os requisitos do art. 319 do CPC/2015, sendo apresentada em duas vias com os documentos que instruírem a primeira reproduzidos na segunda e indicará, além da autoridade coatora, a pessoa jurídica que esta integra, à qual se acha vinculada ou da qual exerce atribuições (Lei. 12.016/09, art. 6º). Portanto, sendo procedimento especial, não se aplica o art. 840 da CLT.

As alegações devem ser comprovadas, de plano, por documentação inequívoca apresentada com a inicial.

No caso em que o documento necessário à prova do alegado se ache em repartição ou estabelecimento público ou em poder de autoridade que se recuse a fornecê-lo por certidão ou de terceiro, o juiz ordenará, preliminarmente, por ofício, a exibição desse documento em original ou em cópia autêntica e marcará, para o cumprimento da ordem, o prazo de 10 (dez) dias. O escrivão extrairá cópias do documento para juntá-las à segunda via da petição (Lei. 12.016/09, art. 6º, § 1º).

A inicial será desde logo indeferida, por decisão motivada, quando:

1) não for o caso de mandado de segurança;

---

49. KLIPPEL, Rodrigo; NEFFA JUNIOR, José Antônio. *Comentários à lei de mandado de segurança (Lei nº 12.016/09) artigo por artigo, doutrina e jurisprudência*. Rio de Janeiro: Lumen Juris, 2010. p. 365.

50. FUX, Luiz. *Mandado de segurança*. 1. ed. Rio de Janeiro: Forense, 2010. p. 67.

2) faltar-lhe algum dos requisitos legais;

3) decorrido o prazo legal para a impetração (Lei. 12.016/09, art. 10).

É interessante observar que o C. TST **não** admite a emenda da petição inicial, como se verifica pelo teor da Súmula 415 do TST:

> **Súmula nº 415 do TST.** Mandado de segurança. Petição inicial. Art. 321 do CPC de 2015. Art. 284 do CPC de 1973. Aplicabilidade
>
> Exigindo o mandado de segurança prova documental pré-constituída, inaplicável o art. 321 do CPC de 2015 (art. 284 do CPC de 1973) quando verificada, na petição inicial do "mandamus", a ausência de documento indispensável ou de sua autenticação.

Em caso de urgência, é permitido, observados os requisitos legais, impetrar mandado de segurança por telegrama, radiograma, fax ou outro meio eletrônico de autenticidade comprovada (Lei. 12.016/09, art. 4º, caput).

4.10. Despacho da Petição Inicial

Nos termos do art. 7º, da Lei nº 12.016/09, ao despachar a inicial, o juiz ordenará:

> I – que se notifique o coator do conteúdo da petição inicial, enviando-lhe a segunda via apresentada com as cópias dos documentos, a fim de que, **no prazo de 10 dias**, preste as informações;
>
> II – que se dê ciência do feito ao órgão de representação judicial da pessoa jurídica interessada, enviando-lhe cópia da inicial sem documentos, para que, querendo, ingresse no feito;
>
> III – que se suspenda o ato que deu motivo ao pedido, quando houver fundamento relevante e do ato impugnado puder resultar a ineficácia da medida, caso seja finalmente deferida, sendo facultado exigir do impetrante caução, fiança ou depósito, com o objetivo de assegurar o ressarcimento à pessoa jurídica.

Atente-se para o fato de que o ingresso de litisconsorte ativo não será admitido após o despacho da petição inicial. (art. 10)

4.11. Informações da Autoridade Coatora

Como visto, a autoridade coatora será notificada para prestar informações no prazo de 10 dias.

Sua notificação é feita pessoalmente, por meio de ofício, com aviso de recebimento. Em caso de urgência, a notificação poderá ser feita por telegrama, radiograma ou outro meio que assegure a autenticidade do documento e a imediata ciência pela autoridade (art. 4º, § 1º).

As informações são facultativas. Desse modo, a ausência de apresentação não provoca revelia e seus efeitos.

4.12. Parecer do Ministério Público

Finalizado o prazo para se prestar as informações pela autoridade coatora, o juiz ouvirá o representante do Ministério Público, que opinará, dentro do prazo improrrogável de 10 dias. Com ou sem o parecer do Ministério Público, os autos serão conclusos ao juiz, para a decisão, a qual deverá ser necessariamente proferida em 30 dias (Lei nº 12.016/09, art. 12).

4.13. Defesa oral

Nos casos de competência originária dos tribunais, o relator será responsável pela instrução do processo, assegurando-se a defesa oral na sessão do julgamento do mérito ou do pedido liminar (Lei nº 12.016/09, art. 16).

4.14. *Jus Postulandi*

A impetração de mandado de segurança depende da presença de advogado, de modo que não se aplica o jus postulandi nessa ação, nos termos da Súmula nº 425 do TST.

Aliás, ainda que haja recurso interposto pela autoridade coatora, ela não pode se valer do jus postulandi, devendo se utilizar da advocacia pública (Informativo nº 97 do TST).

4.15. Honorários Advocatícios

No mandado de segurança, **não** cabe condenação de honorários advocatícios. Entretanto, é admitida a aplicação de sanções no caso de litigância de má-fé, nos termos do art. 25 da Lei nº 12.016/09.

4.16. Recurso

Da decisão, denegando ou concedendo o mandado, cabe recurso.

Atenta-se para o fato de que a autoridade coatora tem o direito de recorrer (Lei nº 12.016/09, art. 14, § 2º).

Caberão os seguintes recursos:

a) recurso ordinário para o TRT da sentença proferida na vara do trabalho;

b) recurso ordinário para o TST do acórdão proferido pelo TRT (Súmula nº 201 do TST);

Importante:

Na hipótese, não cabe recurso de revista. Se este for interposto, será considerado erro grosseiro (OJ nº 152 da SDI-II do TST).

c) agravo regimental para a Turma ou Seção do tribunal da decisão proferida monocraticamente pelo relator;

> **Atenção:**
>
> Recurso ordinário interposto contra despacho monocrático indeferitório da petição inicial de mandado de segurança pode, pelo princípio de fungibilidade recursal, ser recebido como agravo regimental. Nesse caso, o recurso não será conhecido pelo TST, sendo devolvido ao TRT, para que aprecie o apelo como agravo regimental (OJ nº 69 da SDI-II do TST).

d) recurso ordinário para o STF quando a ordem for denegada em acórdão de competência originária do TST (CF/88, art. 102, I, "a");

e) recurso extraordinário para o STF quando for acórdão de competência originária do TST que concede a segurança (Lei nº 12.016/09, art. 18).

4.17. Reexame Necessário

Concedida a segurança, a sentença (ou acórdão) estará sujeita, obrigatoriamente, ao duplo grau de jurisdição (art. 14, § 1º). É interessante observar que o C. TST estabelece que "em mandado de segurança, somente cabe remessa ex officio se, na relação processual, figurar pessoa jurídica de direito público como parte prejudicada pela concessão da ordem. Tal situação não ocorre na hipótese de figurar no feito como impetrante e terceiro interessado pessoa de direito privado, ressalvada a hipótese de matéria administrativa" (Súmula nº 303, IV).

Dúvida surge quanto à interpretação da segunda parte do item IV da Súmula 303, ou seja, quando "figure como impetrante e terceiro interessado pessoa de direito privado", pois não há nenhuma referência nos precedentes, nem mesmo sob hipótese argumentativa.

Desse modo, pensamos que o vocábulo impetrante deve ser compreendido como impetrado, vez que, nos termos do art. 14, § 1º, da Lei nº 12.016/2009, haverá reexame necessário na hipótese de concessão da ordem.

Assim, deve-se entender que, na segunda parte, o Tribunal Superior do Trabalho sedimentou os casos em que o mandado de segurança é **impetrado** em face de pessoa jurídica de direito privado ou de particulares.

Isso porque é sabido que os atos dos particulares no exercício de função pública, assim como das sociedades de economia mista e das empresas públicas, por agirem em nome do Estado, estão sujeitos ao mandado de segurança, exceto quando o ato for mera atividade de gestão comercial.

Nesses casos, porém, o TST, interpretando a lei do mandado de segurança em consonância com o Decreto-Lei nº 779/69, declinou que a concessão da segurança contra pessoa jurídica de direito privado não está sujeita ao reexame necessário, exceto na hipótese de matéria administrativa (regida pelo direito público).

Dessa forma, para o C. TST somente cabe reexame necessário na hipótese de **concessão** da segurança em face de pessoa jurídica de direito público, sendo cabível ainda em face da pessoa jurídica de direito privado quando se tratar de matéria administrativa.

4.18. Mandado de Segurança Coletivo

A Constituição Federal contemplou ainda o mandado de segurança coletivo (art. 5º, LXIX), o qual está disciplinado na Lei nº 12.016/2009.

Tem legitimidade ativa para impetrar o mandado de segurança coletivo:

a) partido político com representação no Congresso Nacional, na defesa de seus interesses legítimos relativos a seus integrantes ou à finalidade partidária (art. 21);

b) organização sindical, entidade de classe ou associação legalmente constituída e em funcionamento há pelo menos 1 ano, em defesa de direitos líquidos e certos da totalidade, ou de parte, dos seus membros ou associados, na forma dos seus estatutos e desde que pertinentes às suas finalidades, dispensada, para tanto, autorização especial (art. 21).

Nesse caso, o tempo mínimo de um ano de constituição e funcionamento é exigido unicamente das associações[51], não se aplicando ainda aos sindicatos. A propósito, a impetração do mandado de segurança coletivo por entidade de classe em favor dos associados independe da autorização destes (Súmula nº 629 do STF).

É importante salientar que a doutrina e a jurisprudência majoritária têm admitido a legitimidade do Ministério Público para a impetração do mandado de segurança coletivo.

Nos termos do art. 21, parágrafo único, da Lei nº 12.016/09, os direitos protegidos pelo mandado de segurança coletivo podem ser:

> I – coletivos, assim entendidos, os transindividuais, de natureza indivisível, de que seja titular grupo ou categoria de pessoas ligadas entre si ou com a parte contrária por uma relação jurídica básica;
>
> II – individuais homogêneos, assim entendidos, os decorrentes de origem comum e da atividade ou situação específica da totalidade ou de parte dos associados ou membros do impetrante.

A sentença fará coisa julgada limitadamente aos membros do grupo ou categoria substituídos pelo impetrante (art. 22).

O mandado de segurança coletivo não induz litispendência para as ações individuais, mas os efeitos da coisa julgada não beneficiarão o impetrante a título

51. STF-RE-198919/DF, 1ª T., Rel. Min. Ilmar Galvão, DJU 24.9.1999, p. 43.

individual, se não requerer a desistência de seu mandado de segurança no prazo de 30 dias a contar da ciência comprovada da impetração da segurança coletiva (art. 22, § 1º).

Por fim, a liminar só poderá ser concedida após a audiência do representante judicial da pessoa jurídica de direito público, que deverá se pronunciar no prazo de 72 horas (art. 22, § 2º).

4.19. Súmulas e Orientações Jurisprudenciais do TST

Mandado de segurança
Súmula nº 415 do TST. Mandado de segurança. Petição inicial. Art. 321 do CPC de 2015. Art. 284 do CPC de 1973. Aplicabilidade Exigindo o mandado de segurança prova documental pré-constituída, inaplicável o art. 321 do CPC de 2015 (art. 284 do CPC de 1973) quando verificada, na petição inicial do "mandamus", a ausência de documento indispensável ou de sua autenticação.
Cabimento
Súmula nº 33 do TST. Mandado de segurança. Decisão judicial transitada em julgado Não cabe mandado de segurança de decisão judicial transitada em julgado.
Orientação Jurisprudencial nº 99 da SDI – II do TST. Mandado de segurança. Esgotamento de todas as vias processuais disponíveis. Trânsito em julgado formal. Descabimento Esgotadas as vias recursais existentes, não cabe mandado de segurança.
Orientação Jurisprudencial nº 92 da SDI – II do TST. Mandado de segurança. Existência de recurso próprio Não cabe mandado de segurança contra decisão judicial passível de reforma mediante recurso próprio, ainda que com efeito diferido.
Orientação Jurisprudencial nº 88 da SDI – II do TST. Mandado de segurança. Valor da causa. Custas processuais. Cabimento Incabível a impetração de mandado de segurança contra ato judicial que, de ofício, arbitrou novo valor à causa, acarretando a majoração das custas processuais, uma vez que cabia à parte, após recolher as custas, calculadas com base no valor dado à causa na inicial, interpor recurso ordinário e, posteriormente, agravo de instrumento no caso de o recurso ser considerado deserto.
Súmula nº 414 do TST. Mandado de segurança. Tutela provisória concedida antes ou na sentença I – A tutela provisória concedida na sentença não comporta impugnação pela via do mandado de segurança, por ser impugnável mediante recurso ordinário. É admissível a obtenção de efeito suspensivo ao recurso ordinário mediante requerimento dirigido ao tribunal, ao relator ou ao presidente ou ao vice-presidente do tribunal recorrido, por aplicação subsidiária ao processo do trabalho do artigo 1.029, § 5º, do CPC de 2015. II – No caso de a tutela provisória haver sido concedida ou indeferida antes da sentença, cabe mandado de segurança, em face da inexistência de recurso próprio. III – A superveniência da sentença, nos autos originários, faz perder o objeto do mandado de segurança que impugnava a concessão ou o indeferimento da tutela provisória.
Súmula nº 418 do TST. Mandado de segurança visando à homologação de acordo A homologação de acordo constitui faculdade do juiz, inexistindo direito líquido e certo tutelável pela via do mandado de segurança.

Orientação Jurisprudencial nº 63 da SDI – II do TST. Mandado de segurança. Reintegração. Ação cautelar
Comporta a impetração de mandado de segurança o deferimento de reintegração no emprego em ação cautelar.

Orientação Jurisprudencial nº 64 da SDI – II do TST. Mandado de segurança. Reintegração liminarmente concedida
Não fere direito líquido e certo a concessão de tutela antecipada para reintegração de empregado protegido por estabilidade provisória decorrente de lei ou norma coletiva.

Orientação Jurisprudencial nº 65 da SDI – II do TST. Mandado de segurança. Reintegração liminarmente concedida. Dirigente sindical
Ressalvada a hipótese do art. 494 da CLT, não fere direito líquido e certo a determinação liminar de reintegração no emprego de dirigente sindical, em face da previsão do inciso X do art. 659 da CLT.

Orientação Jurisprudencial nº 137 da SDI – II do TST. Mandado de segurança. Dirigente sindical. Art. 494 da CLT. Aplicável
Constitui direito líquido e certo do empregador a suspensão do empregado, ainda que detentor de estabilidade sindical, até a decisão final do inquérito em que se apure a falta grave a ele imputada, na forma do art. 494, "caput" e parágrafo único, da CLT.

Orientação Jurisprudencial nº 142 da SDI – II do TST. Mandado de segurança. Reintegração liminarmente concedida
Inexiste direito líquido e certo a ser oposto contra ato de Juiz que, antecipando a tutela jurisdicional, determina a reintegração do empregado até a decisão final do processo, quando demonstrada a razoabilidade do direito subjetivo material, como nos casos de anistiado pela Lei nº 8.878/1994, aposentado, integrante de comissão de fábrica, dirigente sindical, portador de doença profissional, portador de vírus HIV ou detentor de estabilidade provisória prevista em norma coletiva.

Orientação Jurisprudencial nº 67 da SDI – II do TST. Mandado de segurança. Transferência. Art. 659, IX, da CLT
Não fere direito líquido e certo a concessão de liminar obstativa de transferência de empregado, em face da previsão do inciso IX do art. 659 da CLT.

Orientação Jurisprudencial nº 140 da SDI – II do TST. Mandado de segurança contra liminar, concedida ou denegada em outra segurança. Incabível. (art. 8º da Lei nº 1.533/51)
Não cabe mandado de segurança para impugnar despacho que acolheu ou indeferiu liminar em outro mandado de segurança.

Orientação Jurisprudencial nº 53 da SDI – II do TST. Mandado de segurança. Cooperativa em liquidação extrajudicial. Lei nº 5.764/71, art. 76. Inaplicável. Não suspende a execução
A liquidação extrajudicial de sociedade cooperativa não suspende a execução dos créditos trabalhistas existentes contra ela.

Súmula nº 417 do TST. Mandado de Segurança. Penhora em dinheiro.
I – Não fere direito líquido e certo do impetrante o ato judicial que determina penhora em dinheiro do executado para garantir crédito exequendo, pois é prioritária e obedece à gradação prevista no art. 835 do CPC de 2015 (art. 655 do CPC de 1973).
II – Havendo discordância do credor, em execução definitiva, não tem o executado direito líquido e certo a que os valores penhorados em dinheiro fiquem depositados no próprio banco, ainda que atenda aos requisitos do art. 840, I, do CPC de 2015 (art. 666, I, do CPC de 1973).

Orientação Jurisprudencial nº 153 da SDI – II do TST. Mandado de segurança. Execução. Ordem de penhora sobre valores existentes em conta salário. Art. 649, IV, do CPC de 1973. Ilegalidade Ofende direito líquido e certo decisão que determina o bloqueio de numerário existente em conta salário, para satisfação de crédito trabalhista, ainda que seja limitado a determinado percentual dos valores recebidos ou a valor revertido para fundo de aplicação ou poupança, visto que o art. 649, IV, do CPC de 1973 contém norma imperativa que não admite interpretação ampliativa, sendo a exceção prevista no art. 649, § 2º, do CPC de 1973 espécie e não gênero de crédito de natureza alimentícia, não englobando o crédito trabalhista.
OJ nº 59 da SDI-II do TST. Mandado de segurança. Penhora. Carta de fiança bancária. Seguro garantia judicial. A carta de fiança bancária e o seguro garantia judicial, desde que em valor não inferior ao do débito em execução, acrescido de trinta por certo, equivalem a dinheiro para efeito da gradação dos bens penhoráveis, estabelecida no art. 835 do CPC de 2015 (art. 655 do CPC de 1973).
Orientação Jurisprudencial nº 93 da SDI – II do TST. Penhora sobre parte da renda de estabelecimento comercial. Possibilidade Nos termos do art. 866 do CPC de 2015, é admissível a penhora sobre a renda mensal ou faturamento de empresa, limitada a percentual, que não comprometa o desenvolvimento regular de suas atividades, desde que não haja outros bens penhoráveis ou, havendo outros bens, eles sejam de difícil alienação ou insuficientes para satisfazer o crédito executado.
Orientação Jurisprudencial nº 54 da SDI – II do TST. Mandado de segurança. Embargos de terceiro. Cumulação. Penhora. Incabível Ajuizados embargos de terceiro (art. 674 do CPC de 2015 - art. 1.046 do CPC de 1973) para pleitear a desconstituição da penhora, é incabível mandado de segurança com a mesma finalidade.
Orientação Jurisprudencial nº 66 da SDI-II do TST. Mandado de Segurança. Sentença homologatória de adjudicação. Incabível. I - Sob a égide do CPC de 1973 é incabível o mandado de segurança contra sentença homologatória de adjudicação, uma vez que existe meio próprio para impugnar o ato judicial, consistente nos embargos à adjudicação (CPC de 1973, art. 746). II - Na vigência do CPC de 2015 também não cabe mandado de segurança, pois o ato judicial pode ser impugnado por simples petição, na forma do artigo 877, caput, do CPC de 2015.
Súmula nº 416 do TST. Mandado de segurança. Execução. Lei nº 8.432/1992. Art. 897, § 1º, da CLT. Cabimento Devendo o agravo de petição delimitar justificadamente a matéria e os valores objeto de discordância, não fere direito líquido e certo o prosseguimento da execução quanto aos tópicos e valores não especificados no agravo.
Orientação Jurisprudencial nº 56 da SDI – II do TST. Mandado de segurança. Execução. Pendência de recurso extraordinário Não há direito líquido e certo à execução definitiva na pendência de recurso extraordinário, ou de agravo de instrumento visando a destrancá-lo.
Orientação Jurisprudencial nº 57 da SDI – II do TST. Mandado de segurança. INSS. Tempo de serviço. Averbação e/ou reconhecimento Conceder-se-á mandado de segurança para impugnar ato que determina ao INSS o reconhecimento e/ou averbação de tempo de serviço.
Orientação Jurisprudencial nº 91 da SDI – II do TST. Mandado de segurança. Autenticação de cópias pelas secretarias dos tribunais regionais do trabalho. Requerimento indeferido. Art. 789, § 9º, da CLT Não sendo a parte beneficiária da assistência judiciária gratuita, inexiste direito líquido e certo à autenticação, pelas Secretarias dos Tribunais, de peças extraídas do processo principal, para formação do agravo de instrumento.

Orientação Jurisprudencial nº 98 da SDI – II. Mandado de segurança. Cabível para atacar exigência de depósito prévio de honorários periciais É ilegal a exigência de depósito prévio para custeio dos honorários periciais, dada a incompatibilidade com o processo do trabalho, sendo cabível o mandado de segurança visando à realização da perícia, independentemente do depósito.
Orientação Jurisprudencial nº 144 da SDI – II do TST. Mandado de segurança. Proibição de prática de atos futuros. Sentença genérica. Evento futuro. Incabível O mandado de segurança não se presta à obtenção de uma sentença genérica, aplicável a eventos futuros, cuja ocorrência é incerta.
Contagem do prazo para impetração do mandado de segurança
Orientação Jurisprudencial nº 127 da SDI – II do TST. Mandado de segurança. Decadência. Contagem. Efetivo ato coator Na contagem do prazo decadencial para ajuizamento de mandado de segurança, o efetivo ato coator é o primeiro em que se firmou a tese hostilizada e não aquele que a ratificou.
Recursos
Orientação Jurisprudencial nº 69 da SDI – II do TST. Fungibilidade recursal. Indeferimento liminar de ação rescisória ou mandado de segurança. Recurso para o TST. Recebimento como agravo regimental e devolução dos autos ao TRT Recurso ordinário interposto contra despacho monocrático indeferitório da petição inicial de ação rescisória ou de mandado de segurança pode, pelo princípio de fungibilidade recursal, ser recebido como agravo regimental. Hipótese de não conhecimento do recurso pelo TST e devolução dos autos ao TRT, para que aprecie o apelo como agravo regimental.
Orientação Jurisprudencial nº 152 da SDI – II do TST. Ação rescisória e mandado de segurança. Recurso de revista de acórdão regional que julga ação rescisória ou mandado de segurança. Princípio da fungibilidade. Inaplicabilidade. Erro grosseiro na interposição do recurso A interposição de recurso de revista de decisão definitiva de Tribunal Regional do Trabalho em ação rescisória ou em mandado de segurança, com fundamento em violação legal e divergência jurisprudencial e remissão expressa ao art. 896 da CLT, configura erro grosseiro, insuscetível de autorizar o seu recebimento como recurso ordinário, em face do disposto no art. 895, "b", da CLT.
Súmula nº 201 do TST. Recurso ordinário em mandado de segurança Da decisão de Tribunal Regional do Trabalho em mandado de segurança cabe recurso ordinário, no prazo de 8 (oito) dias, para o Tribunal Superior do Trabalho, e igual dilação para o recorrido e interessados apresentarem razões de contrariedade.
Orientação Jurisprudencial nº 100 da SDI – II do TST. Recurso ordinário para o TST. Decisão de TRT proferida em agravo regimental contra liminar em ação cautelar ou em mandado de segurança. Incabível Não cabe recurso ordinário para o TST de decisão proferida pelo Tribunal Regional do Trabalho em agravo regimental interposto contra despacho que concede ou não liminar em ação cautelar ou em mandado de segurança, uma vez que o processo ainda pende de decisão definitiva do Tribunal "a quo".
Orientação Jurisprudencial nº 148 da SDI – II do TST. Custas. Mandado de segurança. Recurso ordinário. Exigência do pagamento É responsabilidade da parte, para interpor recurso ordinário em mandado de segurança, a comprovação do recolhimento das custas processuais no prazo recursal, sob pena de deserção.
OJ nº 151 da SDI-II do TST. Ação rescisória e Mandado de Segurança. Procuração. Poderes específicos para ajuizamento de reclamação trabalhista. Irregularidade de representação processual. Fase recursal. Vício processual sanável. A procuração outorgada com poderes específicos para ajuizamento de reclamação trabalhista não autoriza a propositura de ação rescisória e mandado de segurança. Constatado, todavia, o defeito de representação processual na fase recursal, cumpre ao relator ou ao tribunal conceder prazo de 5 (cinco) dias para a regularização, nos termos da Súmula nº 383, item II, do TST.

4.20. Informativos do TST Relacionados ao Tema

Mandado de Segurança
Prova pré-constituída
Mandado de segurança. Documentos digitalizados. E-DOC. Dispensa de autenticação. Lei nº 11.419/06. Ausência de assinatura e da data no ato impugnado original. Extinção sem resolução de mérito. A presunção de autenticidade de que gozam os documentos digitalizados, juntados por meio de e-DOC (Lei nº 11.419/06), não afasta o defeito presente originariamente no ato impugnado, acostado aos autos sem a assinatura da autoridade coatora e sem a data em que prolatado. Assim, ausente prova documental pré-constituída, conforme exige o mandado de segurança, a SBDI-II, à unanimidade, decidiu conhecer do recurso ordinário e extinguir o processo, sem resolução de mérito, nos moldes dos arts. 267, I, e 295, I, ambos do CPC. Ressalvou entendimento o Ministro Cláudio Mascarenhas Brandão. TST-RO-100-35.2011.5.22.0000, SBDI-II, rel. Min. Emmanoel Pereira, 12.8.2014 (Informativo nº 86).
Legitimidade
MS. Ato da Vice-Presidente do TRT que determinou o desconto em folha em face do acórdão proferido pelo TCU. Legitimidade para figurar como autoridade coatora. A Vice-Presidente do TRT, no exercício da Presidência, detém legitimidade para figurar como autoridade coatora em mandado de segurança impetrado com o objetivo de impugnar o ato que, com fundamento em decisão proferida pelo Tribunal de Contas da União, determinou o desconto mensal de 10% dos vencimentos de cada impetrante, por terem auferido, indevidamente, valores a título de incorporação do índice de URP de fevereiro de 1989. Ressaltou-se que, no caso, não se discute o acerto ou desacerto da decisão do Tribunal de Contas da União, e sim o ato emanado da Presidência do Regional no exercício de sua competência administrativa para dar plena execução à decisão do TCU. Assim, o Órgão Especial, por maioria, negou provimento ao reexame necessário e ao recurso ordinário, vencido o Ministro Ives Gandra Martins Filho que, de ofício, reconhecia a incompetência da Justiça do Trabalho para julgar o mandado de segurança. TST-ReeNec e RO-876-57.2011.5.14.0000, Órgão Especial, rel. Min. Guilherme Augusto Caputo Bastos, 4.3.2013 (Informativo nº 38)
Mandado de segurança. Exame do acervo probatório produzido. Cópia integral de autos. Ato coator não delineado. Súmula nº 415 do TST. Em sede de mandado de segurança, é dever da parte apresentar provas tendentes a demonstrar a certeza e a liquidez do direito invocado (Súmula nº 415 do TST) e elementos contundentes que comprovem a arbitrariedade denunciada, não bastando a simples juntada de cópia integral dos autos. Em outras palavras, a parte deve apresentar provas de forma ordenada e aptas a revelar seu direito, mostrando-se inadequada a juntada de documentação extensa, coligida sem seguir determinada lógica, irrelevante para a análise da questão deduzida ou vinculada a processos distintos. No caso concreto, a discussão está centrada na ausência de concessão de efeito suspensivo ao curso de execução trabalhista, em razão da oposição de embargos de terceiros, na forma do art. 1.052 do CPC[51]. O TRT denegou a segurança ao fundamento de que a impetrante não comprovou que os embargos de terceiro foram recebidos sem efeito suspensivo, estando a pretensão recursal fundada em manifesto equívoco no exame do acervo probatório produzido, qual seja, cópia integral dos autos de embargos de terceiro. Todavia, o exame dos autos revelou que não houve equívoco por parte do Tribunal Regional, mas que a documentação produzida foi insuficiente, não tendo o ato coator sido delineado de forma nítida, a ponto de repercutir no direito líquido e certo da parte. Com base nesses fundamentos, a SBDI-II, por unanimidade, denegou a segurança, na forma do art. 6º, § 5º, da Lei nº 12.016/2009, c/c o art. 267, VI, do CPC[52]. TST-RO-9068-75.2012.5.02.0000, SBDI-II, rel. Min. Douglas Alencar Rodrigues, 14.4.2015 (Informativo execução nº 14)

Competência
Nulidade de cláusulas de norma coletiva reconhecida pelo Juízo de primeiro grau. Incompetência. Não configuração. Pedido mediato. A SBDI-II, por unanimidade, conheceu do recurso ordinário, e, no mérito, por maioria, negou-lhe provimento, mantendo a decisão do TRT, que denegou a segurança por entender incabível, em sede de mandado de segurança, a arguição de incompetência da autoridade coatora (Juiz da 5ª Vara do Trabalho de Niterói-RJ), que, nos autos da reclamação trabalhista, antecipou os efeitos da tutela para, reconhecendo a nulidade de cláusulas de norma coletiva, determinar o retorno dos trabalhadores à antiga jornada e o pagamento das horas extraordinárias, com os devidos reflexos. Prevaleceu o entendimento de que, no caso, a anulação das cláusulas do acordo coletivo é pedido mediato, incidental, não havendo falar, portanto, em competência do Tribunal Regional, pois o pleito imediato é o pagamento de horas extraordinárias e o retorno à jornada anterior, os quais estão afetos à cognição do juízo de primeiro grau. A competência seria do TRT apenas se a discussão em torno da legalidade, ou não, das cláusulas impugnadas fosse genérica, de efeitos abstratos, sem a concretude da pretensão de horas extraordinárias formulada em ação individual. Vencido o Ministro Guilherme Augusto Caputo Bastos, relator. TST-RO-566700-68.2008.5.01.0000, SBDI-II, rel. Min. Guilherme Augusto Caputo Bastos, red. p/ acórdão Min. Luiz Philippe Vieira de Mello Filho, 30.10.2012 (Informativo nº 28)
Cabimento
MS. Interpretação e alcance de decisão transitada em julgado. Não cabimento. Existência de recurso próprio. Incidência da Orientação Jurisprudencial nº 92 da SBDI-II. O mandado de segurança, como ação autônoma que é, destinada a corrigir ato ilegal ou praticado com abuso de autoridade, não configura o meio adequado para dar real sentido e alcance a decisão transitada em julgado. Sob esse fundamento, e com amparo na Orientação Jurisprudencial nº 92 da SBDI-II, a referida Subseção, por maioria, negou provimento ao recurso ordinário em mandado de segurança do Sport Club Corinthians Alagoano, o qual se insurgiu contra ato praticado pelo Juiz da 2ª Vara do Trabalho de Maceió que, diante da reforma, pelo TST, da decisão que liberara o passe do jogador de futebol Elder Granja, limitou-se a expedir ofícios comunicando o resultado do julgamento, sem determinar que fosse dado pleno cumprimento ao contrato de trabalho outrora firmado, com rescisão de qualquer avença existente entre o atleta e outra agremiação. Na espécie, o suposto direito líquido e certo estaria atrelado à interpretação da decisão proferida pelo TST no que tange à restauração, ou não, do contrato de trabalho antes mantido entre o clube impetrante e o jogador. Assim, a Subseção entendeu que, conquanto não se tratasse de ato propriamente de execução, mas de negativa de sua instauração em face do indeferimento do pedido objeto da reclamação trabalhista, tal circunstância não desautorizaria o clube a interpor agravo de petição para elidir o arquivamento do feito determinado pela autoridade coatora e discutir qual seria o correto cumprimento do título judicial. Vencidos os Ministros João Oreste Dalazen, Maria Cristina Irigoyen Peduzzi e Emmanoel Pereira. TST-ROMS-13500-08.2008.5.19.0000, SBDI-II, rel. Min. Maria de Assis Calsing. 20.3.2012. (Informativo nº 3)
MS. Acórdão do TRT proferido em sede de incidente de uniformização de jurisprudência. Não cabimento. Ausência de interesse concreto a ser apreciado. Não cabe mandado de segurança contra acórdão do Tribunal Regional proferido em sede de incidente de uniformização de jurisprudência, gerador de edição de súmula, porque não há interesse concreto a ser apreciado. *In casu*, impetrou-se mandado de segurança coletivo, com pedido liminar, para suspender os efeitos da Súmula nº 18 do TRT da 18ª Região, cuja edição decorreu do julgamento do incidente de uniformização da jurisprudência suscitado durante a apreciação de recurso ordinário em sede de ação civil pública. O Juízo *a quo* indeferiu liminarmente a petição inicial do *writ* e o TRT negou provimento ao agravo regimental interposto dessa decisão, por

entender incabível a sua impetração na hipótese, ainda que não passível de recurso o acórdão proferido pelo Pleno. Entendeu que caberia recurso para o TST da decisão proferida no processo principal, a ação civil pública, cujo julgamento se encontra suspenso, em face da instauração do incidente de uniformização de jurisprudência. Assim, o Órgão Especial negou provimento ao recurso ordinário em agravo regimental por reputar incabível o mandado de segurança, mantendo o acórdão do Regional por seus fundamentos, vencidos os Ministros Renato de Lacerda Paiva, relator, João Oreste Dalazen e Maria Cristina Irigoyen Peduzzi. TST-RO-361-11.2011.5.18.0000, Órgão Especial, rel. Min. Renato de Lacerda Paiva, red. p/ acórdão Min. Luiz Philippe Vieira de Mello Filho, 3.9.2012 (Informativo nº 20)

Mandado de segurança. Pedido de antecipação de tutela. Reintegração com base em estabilidade acidentária. Indeferimento sem o exame da existência ou não dos requisitos previstos no art. 273 do CPC. Violação de direito líquido e certo. Não incidência da Súmula nº 418 do TST.

O ato judicial que indefere antecipação de tutela para reintegração de empregado, requerida com base em estabilidade acidentária, sem examinar os requisitos previstos no art. 273 do CPC, mas ao fundamento de que não se aplica o instituto da tutela antecipada nas causas que envolvam doença ocupacional, por ser indispensável a realização de perícia médica, viola direito líquido e certo tutelável pela via de mandado de segurança, justificando-se a não incidência, nessa hipótese, da Súmula nº 418 do TST. No caso concreto, o Juízo de primeiro grau assentou que qualquer reclamação trabalhista envolvendo alegação de doença ocupacional demanda perícia médica e que, por isso, a análise de pedido de tutela antecipada só poderia ocorrer após a instrução. Assim, deixou de verificar se havia ou não a verossimilhança da alegação da reclamante acerca da existência de doença ocupacional, e se, de fato, houve concessão do auxílio-doença acidentário e se ele estava em curso no momento da cessação das atividades laborais, violando, portanto, o direito do impetrante de ter o pedido de antecipação de tutela deferido ou indeferido a partir da análise das provas apresentadas na reclamação trabalhista. Nesse contexto, a SBDI-II, à unanimidade, conheceu do recurso ordinário do litisconsorte passivo, e, no mérito, deu-lhe provimento parcial para conceder parcialmente a segurança, a fim de determinar à autoridade coatora que examine as provas até então produzidas na reclamação trabalhista e se pronuncie sobre a concessão ou não da tutela antecipada, fundamentando ostensivamente os fatos e as razões de direito que embasam seu livre convencimento motivado acerca da demonstração, ou não, pela reclamante, da verossimilhança da alegação. TST-RO-779-09.2011.5.05.0000, SBDI-II, rel. Min. Emmanoel Pereira, 18.3.2014 (Informativo nº 76)

Mandado de segurança. Execução de honorários contratuais fixados em sentença transitada em julgado. Homologação de acordo que indiretamente reduz o crédito atribuído ao patrono. Existência de recurso próprio. Extinção do processo sem resolução do mérito.

Não cabe mandado de segurança para impugnar decisão que, ao homologar transação em que o empregado acordou receber valor inferior ao crédito apurado no processo de execução, reduziu, indiretamente, o valor referente aos honorários contratuais devidos ao impetrante. Havendo sentença transitada em julgado e estando o processo em fase de execução, passa o advogado a ser titular do crédito deferido na coisa julgada, qualificando-se, portanto, como parte legítima para interpor recurso próprio e específico, conforme dispõe o art. 499, "caput", do CPC, e questionar a extensão dos efeitos da conciliação celebrada na fase de execução. Ainda que assim não fosse, a condição de terceiro prejudicado não retiraria a legitimidade para recorrer do impetrante, uma vez presente o nexo de interdependência entre o interesse de intervir e a relação jurídica em apreciação, exigido pelo § 1º do art. 499 do CPC. Assim, a SBDI-II, por maioria, julgou extinto o "mandamus" sem resolução do mérito, na forma do art. 267, VI, do CPC. Vencida a Ministra Maria Cristina Irigoyen Peduzzi. TST-RO-946-26.2011.5.05.0000, SBDI-II, rel. Min. Alexandre Agra Belmonte, 2.4.2013 (Informativo nº 41)

Mandado de segurança. Não cabimento. Ato praticado pelo Presidente do TRT da 8ª Região na condição de gestor do Fundo de Aposentadoria da Justiça do Trabalho da 8ª Região (Fundap). Entidade privada. Ato do poder público. Ausência.

O ato do Presidente do TRT da 8ª Região que indeferiu o pedido de liberação de valores vinculados ao Fundo de Aposentadoria da Justiça do Trabalho da 8ª Região (Fundap) não é impugnável mediante a impetração de mandado de segurança, pois este, nos termos dos arts. 5º, LXIX, da CF e 1º da Lei nº 12.016/09, somente é cabível contra ato praticado por autoridade pública no desempenho das suas funções, ou por agente de pessoa jurídica no exercício de atribuições do poder público. No caso, embora constituído, regulamentado e dissolvido por meio de resoluções emitidas pelo já referido TRT, o Fundap era um fundo privado constituído por recursos provenientes de contribuições de magistrados e servidores, sem interferência ou apoio financeiro do Estado. Desse modo, o ato praticado pelo Presidente do Tribunal na qualidade de gestor do Fundo não pode ser considerado como ato do poder público, porquanto não praticado no exercício de sua função pública institucional. Com esse entendimento, o Órgão Especial, por unanimidade, julgou extinto o processo, sem resolução de mérito, nos termos do art. 267, IV, do CPC, e denegou a segurança pleiteada (art. 6º, § 5º, da Lei nº 12.016/09). TST-RO-136-33.2012.5.08.0000, Órgão Especial, rel. Min. Brito Pereira, 6.5.2013 (Informativo nº 45)

Mandado de segurança. Atos judiciais praticados em processos diferentes, com distinto teor e autoridades coatoras diversas. Incabível.

Dada a natureza especial do mandado de segurança, que requer apreciação individualizada do ato coator, é incabível a impetração de um único *mandamus* para atacar atos judiciais praticados em processos diferentes, com distinto teor e autoridades coatoras diversas. No caso, a ação mandamental fora ajuizada por Guardiões Vigilância Ltda. e Linaldo Pereira contra decisões da 1ª, 2ª, 3ª, 5ª, 7ª, 9ª, 11ª, 12ª, 13ª, 14ª Varas do Trabalho do Recife/PE e da 1ª Vara do Trabalho de Ipojuca/PE, proferidas nos autos de diversas reclamações trabalhistas em que consta como parte a empresa Rio Forte Serviços Técnicos S.A., e que incluíram os impetrantes no cadastro do Banco Nacional de Devedores Trabalhistas – BNDT. Com esse entendimento, a SBDI-II, por unanimidade, de ofício, extinguiu o processo, sem resolução do mérito, com fundamento no inciso IV do art. 267 do CPC. TST-RO-395-82.2012.5.06.0000, SBDI-II, rel. Min. Hugo Carlos Scheuermann, 25.2.2014 (Informativo nº 74)

Mandado de segurança. Execução. Ato judicial que determina a transferência de saldo remanescente para a satisfação de execução pendente em outro juízo. Violação de direito líquido e certo. Excesso de penhora. Não configuração.

É legal o ato judicial que determina a transferência de numerário excedente ao valor da condenação para satisfação de outra execução pendente em juízo diverso do executante. No caso, prevaleceu o entendimento de que é dever do magistrado velar pelo rápido andamento das causas e pela efetividade da decisão judicial (art. 125, II, do CPC), bem assim colaborar com as demais autoridades judiciárias a fim de viabilizar o atendimento do princípio constitucional da razoável duração do processo. Ademais, não há direito líquido e certo da impetrante em se eximir do cumprimento de obrigação imposta por sentença transitada em julgado, quando verificada a existência de quantia disponível à constrição. De outra sorte, não restou configurado excesso de penhora, visto que o saldo remanescente não fora retido pelo juiz executante, mas transferido para satisfazer execução pendente em outra unidade judiciária, não tendo a executada impugnado o valor da penhora em momento oportuno. Nesse contexto, a SBDI-II, à unanimidade, conheceu do recurso ordinário e, no mérito, por maioria, negou-lhe provimento. Vencidos os Ministros Emmanoel Pereira, relator, Hugo Carlos Scheuermann e Ives Gandra da Silva Martins Filho, que davam provimento ao recurso ordinário para conceder a segurança pretendida, determinando a devolução dos valores constritos em excesso de penhora pela autoridade coatora. TST--RO-23100-50.2010.5.13.0000, SBDI-II, rel. Min. Emmanoel Pereira, red. p/ acórdão Min. Cláudio Mascarenhas Brandão, 25.3.2013 (Informativo nº 77)

Mandado de segurança. Concurso público. Nomeação. Longo lapso temporal. Notificação pessoal. Publicidade e razoabilidade.

O candidato aprovado em concurso público, cuja nomeação tenha ocorrido após transcorrido considerável lapso temporal desde a homologação do resultado final, deve ser notificado pessoalmente, não sendo suficiente a convocação por meio do Diário Oficial, em razão dos princípios da publicidade e da razoabilidade. No caso vertente, restou assentado não ser plausível exigir o acompanhamento das publicações na imprensa oficial durante longo período de tempo (mais de três anos). Ademais, não obstante tenha a autoridade coatora informado que encaminhara mensagem eletrônica ao candidato, não fez prova do seu recebimento, de modo que, antes de presumir a falta de interesse, deveria, por prudência, ter se utilizado de outros meios disponíveis para a comunicação. Com esses fundamentos, a SBDI-II, por unanimidade, deu provimento ao recurso ordinário para conceder a segurança e determinar a convocação do recorrente para a apresentação de documentos e, cumpridos os requisitos exigidos, assegurar o direito à posse no cargo de Técnico Judiciário – Área Administrativa, do Quadro Permanente da Secretaria do TRT da 2ª Região. Ressalvou entendimento, quanto à competência da Subseção para o julgamento da matéria, o Ministro Emmanoel Pereira. TST-RO-7552-20.2012.5.02.0000, SBDI-II, rel. Min. Cláudio Mascarenhas Brandão, 2.9.2014 (Informativo nº 88)

Mandado de segurança. Concurso público. Nomeação. Transcurso do prazo legal para a posse. Responsabilidade do candidato pelo acompanhamento das comunicações relacionadas ao concurso. Direito líquido e certo à notificação por via postal. Ausência.

A candidata aprovada em concurso público não tem direito líquido e certo à notificação por via postal ou outro meio que assegure a certeza da ciência do ato, quando não houver previsão expressa no edital. Na hipótese vertente, passados três anos e meio da homologação do concurso, foi publicada a nomeação da impetrante e, ante o seu não comparecimento, o ato foi tornado sem efeito. Constatou-se que, além das publicações da nomeação em Diário Oficial e pela internet, foi enviada mensagem eletrônica para o e-mail da candidata, sendo certo que, para se alcançar conclusão diversa acerca da efetiva notificação, seria necessária ampla dilação probatória, o que não se coaduna com o mandado de segurança, em face dos estritos limites de cognição dessa ação. Ressalte-se, ademais, que o edital estabeleceu a responsabilidade da candidata em manter atualizados os seus dados pessoais, bem como de acompanhar as publicações, editais, avisos e comunicados referentes ao concurso. Com esses fundamentos, o Órgão Especial, por maioria, conheceu e negou provimento ao recurso ordinário interposto pela impetrante, mantendo incólume a decisão do Regional que negara a segurança pretendida. Vencida a Ministra Delaíde Miranda Arantes. Ressalvaram a fundamentação os Ministros João Oreste Dalazen, Ives Gandra Martins Filho e Walmir Oliveira da Costa. TST-RO-51060-16.2012.5.02.0000, Órgão Especial, rel. Min. Mauricio Godinho Delgado, 6.10.2014. (*Cf. Informativo TST nº 88, em sentido contrário.) (Informativo nº 91)

Mandado de segurança. Concurso público. Candidata inscrita como portadora de necessidades especiais (PNE). Esclerose múltipla. Incapacitação não aferida no momento da avaliação médica. Enquadramento. Impossibilidade.

O acometimento de moléstia grave, por si só, não enseja o enquadramento de candidata a cargo público em vaga reservada aos portadores de necessidades especiais (PNE). No caso, embora o laudo elaborado pela equipe médica tenha reconhecido que a impetrante possui esclerose múltipla, também registrou que, no momento da avaliação, seu quadro clínico não revelou incapacitação hábil a justificar a condição de portadora de deficiência, nos termos do art. 4º do Decreto nº 3.284/90. Sob esses fundamentos, o Órgão Especial, por unanimidade, negou provimento ao recurso ordinário, mantendo incólume a decisão da Corte de origem que denegara a segurança pretendida por não vislumbrar ilegalidade no ato que negou o enquadramento da impetrante como pessoa portadora de necessidades especiais. TST-RO-166-46.2015.5.23.0000, Órgão Especial, rel. Min. Augusto César Leite de Carvalho, 5.9.2016 (Informativo nº 143)

Mandado de segurança. Pedido administrativo de aposentadoria especial. Laudo técnico e decisão administrativa. Demora injustificada. Observância do prazo legal de trinta dias previsto no art. 49 da Lei nº 9.784/99. Direito líquido e certo do requerente.

A apreciação de requerimento de aposentadoria especial, formulado com base em decisão do STF no MI 1309, na qual foi reconhecida a mora legislativa em dar concretude ao art. 40, § 4º, da CF, e concedida a ordem para que seja analisada a situação fática de oficiais de justiça avaliadores à luz do art. 57 da Lei 8.213/91, deve ser efetuada no prazo de trinta dias, conforme previsto no art. 49 da Lei nº 9.784/99, aplicável subsidiariamente. A demora injustificada da autoridade competente em providenciar laudos específicos e aptos a averiguar a submissão do impetrante a condições que prejudiquem a saúde ou a integridade física viola direito líquido e certo do requerente, além de afrontar os princípios da razoável duração do processo (art. 5º, LXXVIII, da CF), bem como da eficiência e moralidade administrativa (art. 37, caput, da CF e art. 2º da Lei nº 9.784/99). Com base nesses fundamentos, o Órgão Especial, por unanimidade, deu provimento ao recurso ordinário do impetrante para conceder a segurança, determinando que a autoridade coatora providencie a análise técnica e julgue o pedido de concessão de aposentadoria especial no prazo de trinta dias, prorrogáveis pelo mesmo período com expressa motivação. TST-RO-242-26.2013.5.02.0000, Órgão Especial, rel. Min. Augusto César Leite de Carvalho, 6.10.2014 (Informativo nº 91)

Mandado de segurança. Cabimento. Execução. Decisão interlocutória. Indeferimento do benefício da justiça gratuita. Impossibilidade. Direito líquido e certo à gratuidade de justiça.

A assistência jurídica integral e gratuita é devida aos que comprovem insuficiência de recursos e constitui direito fundamental, nos termos do art. 5º, LXXIV, da CF. Assim, tem-se que os benefícios da justiça gratuita podem ser deferidos, inclusive de ofício, na fase de execução, especialmente quando o requerimento formulado pelo interessado não tem caráter retroativo, não é impugnado pela parte contrária, nem há indícios de que a declaração de miserabilidade prestada seja falsa. No caso concreto, em sede de reclamatória trabalhista, o juiz desconsiderou a personalidade jurídica da empresa executada e deferiu a expedição de carta rogatória, determinando que a impetrante providenciasse a cópia dos documentos, com tradução oficial realizada por tradutor juramentado. A parte alegou ser beneficiária da justiça gratuita e requereu que a tradução fosse realizada sem custos, pedido que foi indeferido ao argumento de que a impetrante não é beneficiária da gratuidade de justiça. Na sequência, a parte requereu os benefícios da justiça gratuita, por não possuir condições de arcar com as despesas de tradução, tendo o juiz mantido a decisão anterior, alegando não haver nada a deferir. Nesse cenário, e não obstante a natureza interlocutória da decisão que recusou a examinar o requerimento do benefício da justiça gratuita formulado na fase de cumprimento de sentença, a SBDI-II, por unanimidade, entendeu cabível o mandado de segurança, pois o prosseguimento do feito nos autos originários depende da expedição de carta rogatória, de modo que o não exame do pedido formulado pela impetrante trava a marcha processual, inviabilizando o regular prosseguimento da execução. No mérito, também por unanimidade, a Subseção deu provimento ao recurso ordinário para afastar o óbice do art. 5º, II, da Lei 12.016/2009 e, com fulcro no art. 515, § 3º, do CPC[53], conceder a segurança e deferir à impetrante o benefício da justiça gratuita, determinando que a despesa com tradução dos documentos necessários à expedição da carta rogatória, nos autos originários, seja paga a partir da rubrica orçamentária indicada no § 1º do art. 1º da Resolução nº 66 do CSJT. TST-RO-6373-15.2011.5.01.0000, SBDI-II, rel. Min. Douglas Alencar Rodrigues, 14.10.2014 (Informativo execução nº 7)

Mandado de segurança. Não cabimento. Decisão que determina a incidência de astreintes sem fixação de limite temporal ou quantitativo. Existência de recurso próprio. Orientação Jurisprudencial nº 92 da SBDI-II.

Não cabe mandado de segurança em face de decisão que, em sede de execução de sentença, determina a incidência de "astreintes", em razão do descumprimento de decisão judicial, sem fixação de limite temporal ou quantitativo a ser observado. No caso, a medida processual idônea para corrigir eventuais ilegalidades são os embargos à execução, já manejados pelo impetrante, inclusive. Incidência da Orientação Jurisprudencial nº 92 da SBDI-II. Sob esse entendimento, a SBDI-II, por unanimidade, conheceu do recurso ordinário e negou-lhe provimento, mantendo a decisão do Regional que indeferiu a petição inicial e extinguiu o processo sem resolução do mérito, nos termos do art. 10 da Lei nº 12.016/2009 e do art. 267, I e IV, do CPC[54]. TST-RO-10925-95.2013.5.03.0000, SBDI-II, rel. Min. Douglas Alencar Rodrigues, 28.4.2015 (Informativo execução nº 15)

Mandado de segurança. Ato coator que determina a dedução de honorários advocatícios do precatório expedido em favor dos substituídos. Violação de direito líquido e certo. Contrato firmado exclusivamente entre sindicato e advogado. Ausência de autorização expressa.
Viola direito líquido e certo o ato coator que determina a liberação de honorários advocatícios contratuais deduzidos do precatório expedido em favor dos substituídos, sem que haja autorização destes. Apesar de a legitimação do sindicato para a defesa de interesses da categoria ser ampla, a retenção de honorários contratuais incidentes sobre o montante da condenação só é permitida se o contrato de honorários for celebrado com cada um dos substituídos (art. 22, § 4º da Lei nº 8.906/94) ou se houver autorização expressa de cada um deles. Desse modo, a pactuação exclusiva entre sindicato e advogado não vincula os substituídos, visto não haver relação jurídica contratual. Sob esse fundamento, a SBDI-II, por unanimidade, conheceu do recurso ordinário e, por maioria, deu-lhe provimento para conceder o mandado de segurança e cassar a decisão que determinara a dedução dos honorários advocatícios contratuais dos créditos dos substituídos, além de determinar a suspensão de qualquer ato que implique a liberação de valores atinentes a honorários advocatícios contratuais sem a expressa autorização de todos os substituídos na ação principal. Vencidos os Ministros Delaíde Miranda Arantes, Maria Helena Mallmann e Emmanoel Pereira. TST-RO-373 - 20.2011.5.11.0000, SBDI-II, rel. Min Luiz Philippe Vieira de Mello Filho, 23.2.2016 (Informativo nº 130).

Recurso ordinário em mandado de segurança. Autos de infração. Suspensão da aplicação de penalidade administrativa. Indeferimento de pedido de antecipação dos efeitos da tutela. Ausência de direito líquido e certo. Súmula nº 418 do TST. Incidência.
A Súmula nº 418 do TST consagra o entendimento segundo o qual "A concessão de liminar ou a homologação de acordo constituem faculdade do juiz, inexistindo direito líquido e certo tutelável pela via do mandado de segurança". Em voto divergente incorporado à fundamentação do relator, destacou-se que o instituto da tutela antecipada não deve ser compreendido como mera faculdade do juiz, um ato marcado pela absoluta discricionariedade, mas, sim, em conjunto com a cláusula constitucional do amplo acesso à justiça, da inafastabilidade da jurisdição, do contraditório e da ampla defesa, de modo que, presentes os requisitos previstos no art. 273 do CPC[55], a parte terá direito subjetivo à obtenção de uma decisão que antecipe os efeitos da tutela. No caso, a decisão impugnada indeferiu a tutela antecipatória deduzida nos autos da ação anulatória originária ajuizada pela impetrante, relativamente ao pedido de suspensão da aplicação de penalidade administrativa, sob o fundamento de que não restaram comprovados os fatos alegados e a verossimilhança nas alegações da autora da ação, merecendo, portanto, dilação probatória no curso da ação. Assim, por entender que o deslinde da controvérsia nos autos originários demandava dilação probatória, foi negada a pretensão de antecipação de tutela. Diante disso, resulta inviabilizada a caracterização de ofensa ao direito líquido e certo da impetrante, bem como a ilegalidade e o abuso de poder da autoridade, pressupostos essenciais para a concessão de segurança. Sob esse fundamento, a SBDI-II, por unanimidade, conheceu do recurso ordinário e, no mérito, negou-lhe provimento. TST-RO-439-13.2013.5.08.0000, SBDI-II, rel. Min. Luiz Philippe Vieira de Mello Filho, 1.9.2015 (Informativo nº 116)

Mandado de segurança. Ato coator que determinou o sobrestamento da reclamação trabalhista originária. Prazo legal extrapolado. A suspensão de reclamação trabalhista para além do prazo de um ano previsto no artigo 265, § 5º, do Código de Processo Civil fere direito líquido e certo da parte de ver entregue a prestação jurisdicional. manutenção de suspensão de reclamação trabalhista que ultrapassa o prazo de um ano, para aguardar decisão a ser proferida em outro processo (art. 265, § 5º, do Código de Processo Civil) fere direito líquido e certo da parte de ver entregue a prestação jurisdicional pleiteada. No caso concreto, o ato impugnado determinou a suspensão da reclamação trabalhista originária até o trânsito em julgado de reclamação trabalhista que guardaria nexo de dependência. Porém, já ultrapassado o prazo de um ano sem que tivesse ocorrido o trânsito em julgado da ação. Sob esses fundamentos, a SBDI-II, por maioria, rejeitou as preliminares arguidas em contrarrazões, conheceu do recurso ordinário e, no mérito, deu-lhe provimento para conceder a segurança, a fim de determinar o regular prosseguimento da reclamação trabalhista originária, em trâmite perante a 10ª Vara do Trabalho de Vitória/ES. Vencido o Ministro Douglas Alencar Rodrigues. TST-RO-185-54.2014.5.17.0000, SBDI-II, rel. Min. Delaíde Miranda Arantes, 1.9.2015 (Informativo nº 116).
Recurso ordinário em mandado de segurança. Antecipação de tutela. Reintegração ao emprego. Trabalhadora dispensada logo após retornar de afastamento previdenciário. Ato da empresa tido como tratamento discriminatório. Exercício abusivo do direito. Inexistência de direito líquido e certo à cassação da decisão antecipatória. Recurso ordinário em mandado de segurança impetrado contra decisão interlocutória de antecipação dos efeitos da tutela, na qual determinada a reintegração de empregada dispensada sem justa causa vinte e um dias após retornar de licença para tratamento de saúde. O ato tido como coator foi exarado com fundamento na possível conduta discriminatória da empresa, que rompeu o vínculo empregatício tão logo a empregada recebeu alta do INSS, após recuperação de suposto acidente sofrido nas dependências da empresa. A ideia central da dignidade da pessoa humana, tal como referida no Texto Constitucional, não se compadece com tratamentos discriminatórios. O exercício abusivo do direito de rescisão do contrato de trabalho, porque ilícito, não pode produzir efeitos válidos. Ademais, não obstante a empresa tenha de suportar as despesas com o pagamento dos salários até o julgamento final da causa, é certo que se beneficiará da prestação de serviços da empregada durante o período. Ressalte-se que a ruptura do vínculo de emprego traduz dano de difícil reparação para a trabalhadora, na medida em que o prejuízo financeiro sofrido renova-se e é agravado mês a mês, atingindo a subsistência da empregada e de sua família. Não há falar, portanto, em ofensa a direito líquido e certo da empresa à cassação da decisão antecipatória. Sob esse entendimento, a SBDI-II decidiu, por maioria, vencido o Ministro Antonio José de Barros Levenhagen, conhecer do recurso ordinário e, no mérito, negar-lhe provimento. TST-RO-5588- 92.2013.5.15.0000, SBDI-II, rel. Min. Douglas Alencar Rodrigues, 25.8.2015. (Informativo nº 115)
MS. Cabimento. Execução fiscal. Ato judicial de indeferimento de pedido de devolução de prazo recursal. Existência de via processual própria. Exegese da OJ nº 92 da SBDI-II. Dispondo a parte de meio processual específico para impugnar o ato que entende ilegal e não tendo havido impedimento ao seu uso, afigura-se incabível a utilização do Mandado de Segurança. Aplicação da OJ nº 92 da SBDI-II combinada com o art. 5º, inciso II, da Lei nº 12.016/2009. Na espécie, o juízo da execução indeferiu pedido de devolução de prazo para interposição de recurso, hipótese na qual a parte poderia se utilizar dos embargos à execução para demonstrar e justificar a tempestividade do recurso ou até mesmo obter a reforma da decisão monocrática pelo juízo de retratação. Sob esses fundamentos, a SBDI-II, por unanimidade, conheceu do recurso ordinário e, no mérito, negou-lhe provimento. TST- RO-942-14.2012.5.10.0000, SBDI-II, rel. Min. Luiz Philippe Vieira de Mello Filho, 26.5.2015 (Informativo execução nº 16)

Mandado de segurança. Impugnação de decisão que não homologa integralmente o acordo firmado pelas partes. Faculdade do juízo. Remição não concedida. Inexistência de direito líquido e certo. Súmula nº 418 do TST. A homologação de acordo firmado entre as partes constitui faculdade do Juízo, de modo que o fato de o Magistrado ter deixado de chancelar parte da avença não enseja a impetração de mandado de segurança, nos termos Súmula nº 418 do TST. Na hipótese, o Magistrado negou a remissão da dívida, pois o produto decorrente da arrematação beneficiaria vários exequentes com processos antigos em curso. Ademais, a petição de acordo foi protocolizada somente após a lavratura do auto de arrematação, o que, nos termos do art. 694 do CPC, impossibilita a remição da dívida. Sob esse entendimento, a SBDI-2, por unanimidade, conheceu do recurso ordinário em mandado de segurança, e, no mérito, negou-lhe provimento. TST-RO 1001108-80.2014.5.02.0000, SBDI-II, rel. Min. Maria Helena Mallmann, 25.8.2015. (Informativo execução nº 18)
Mandado de segurança. Concessão de tutela inibitória fundada na existência de ações que revelam a prática reiterada da empresa em retaliar os empregados que ajuízam reclamação trabalhista. Possibilidade. A existência de ações que retratam casos similares e revelam a prática reiterada da empresa em retaliar os empregados que ajuízam reclamação trabalhista é suficiente à concessão de tutela inibitória. Na espécie, o TRT denegou a segurança, mantendo a decisão do juiz de primeiro grau que, vislumbrando a verossimilhança da alegação e o perigo da demora (art. 461, § 3º, do CPC), deferiu a antecipação de tutela para determinar à reclamada que se abstenha de praticar atos retaliatórios contra o empregado que ajuizou reclamação trabalhista no curso do contrato de trabalho. Ressaltou-se que a prática de condutas retaliatórias é plenamente possível na vigência do pacto laboral e que a empresa já tinha ciência do ajuizamento da ação, pois havia sido notificada da audiência inicial. Ademais, o recente registro de caso similar envolvendo a mesma empregadora corroboraria a possibilidade do dano. Sob esses fundamentos, a SBDI-II, por unanimidade, conheceu de recurso ordinário interposto pela empresa, e, no mérito, por maioria, negou-lhe provimento. Vencido o Ministro Emmanoel Pereira. TST-RO-32-46.2012.5.15.0000, SBDI-II, rel. Min. Emmanoel Pereira, red. p/ acórdão Min. Luiz Philippe Vieira de Mello Filho, 1º.12.2015 (Informativo nº 125)
Mandado de segurança. Cabimento. Exceção de pré-executividade. Rejeição. Teratologia do ato coator. É cabível mandado de segurança contra decisão que rejeitou exceção de pré-executividade na hipótese de teratologia do ato coator ou quando evidenciada a excepcionalidade do caso. Na espécie, entendeu-se teratológica a decisão que negou à impetrante o direito de discutir, por meio de exceção de pré-executividade, a adequação dos cálculos elaborados pela perita e homologados na sentença de liquidação aos termos da coisa julgada produzida na sentença exequenda. Não se mostra razoável exigir do devedor o ajuizamento de embargos à execução, após prévia garantia de juízo, para demonstrar possível ofensa à coisa julgada, matéria cognoscível de ofício. Sob esse entendimento, a SBDI-II, afastando a incidência de sua Orientação Jurisprudencial nº 92, conheceu do recurso ordinário por unanimidade, e, por maioria, negou-lhe provimento, mantendo a decisão do Regional que concedera a segurança. Vencidos os Ministros Emmanoel Pereira e Delaíde Miranda Arantes. TST-RO-2368-09.2011.5.06.0000, SBDI-II, rel. Min. Emmanoel Pereira, red. p/ acórdão Min. Guilherme Augusto Caputo Bastos, 23.2.2016 (Informativo execução nº 23)
Mandado de segurança. Demissão apresentada por trabalhador dependente químico. Recusa do sindicato à homologação do pedido de desligamento. Antecipação de tutela para reintegração ao emprego. Ausência de ilegalidade ou arbitrariedade. De acordo com o art. 4º, II, do Código Civil, são relativamente incapazes, entre outros, os ébrios habituais e os viciados em tóxico, razão pela qual os negócios jurídicos por eles celebrados estão

sujeitos à anulação (art. 171, I, do CC). Ademais, a validade do ato jurídico exige a demonstração da capacidade do agente, bem assim a observância das formas e demais solenidades legais (arts. 104 e 107 do CC). No caso, o banco empregador impetrou mandado de segurança contra decisão que, antecipando os efeitos da tutela nos autos de reclamação trabalhista, determinou a reintegração do reclamante ao emprego. Com base na prova documental produzida, concluiu a autoridade coatora que o trabalhador sofre sérios problemas psiquiátricos decorrentes de sua dependência em substâncias químicas. Ressaltou que há parecer médico conclusivo no sentido de que o empregado não apresentava condições psíquicas para se demitir, e que houve requerimento de reconsideração do pedido de demissão, não admitido pelo banco. Registrou, outrossim, a ineficácia da demissão ante a recusa do sindicato da categoria em homologar a rescisão. Diante de tais premissas, a SBDIII, por unanimidade, conheceu e negou provimento ao recurso ordinário por entender que, à luz do art. 5º, XXXV, da CF, e a partir da razoabilidade do direito material afirmado na reclamação trabalhista, a tutela à saúde do trabalhador deve prevalecer em face dos interesses meramente patrimoniais do impetrante, não havendo qualquer ilegalidade ou arbitrariedade no deferimento da tutela antecipada de reintegração no emprego que justifique a concessão da segurança. TST-RO – 665-20.2015.5.09.0000, SBDI-II, rel. Min. Douglas Alencar Rodrigues, 26.4.2016 (Informativo nº 134)

Mandado de segurança. Antecipação de tutela. Dirigente sindical. Estabilidade provisória. Processo de registro sindical no Ministério do Trabalho e Emprego. Pendência. Reintegração.
A pendência de registro de entidade sindical junto ao Ministério do Trabalho e Emprego não afasta a garantia da estabilidade provisória de dirigente sindical, consoante atual jurisprudência do STF. No caso concreto, não obstante o pedido de registro tenha sido indeferido pelo Ministério do Trabalho, a entidade sindical interpôs recurso administrativo, o qual está pendente de apreciação. Assim, à luz da interpretação conferida pelo Supremo Tribunal Federal ao art. 8º, VIII, da CF, o empregado eleito dirigente sindical somente não goza da estabilidade provisória a partir do momento em que a solicitação de registro seja definitivamente negada pelo órgão ministerial. Sob esse fundamento, a SBDI-II, por unanimidade, negou provimento ao recurso ordinário interposto pelo impetrante, mantendo incólume a decisão que, ao denegar a segurança, ratificou o deferimento do pedido de antecipação de tutela que determinou a reintegração do dirigente sindical. TST-RO – 21386-31.2015.5.04.0000, SBDI-II, rel. Min. Douglas Alencar Rodrigues, 7.6.2016 (Informativo nº 139)

Mandado de segurança. Despedida por justa causa de grupo de empregados. Alegação de desídia e mau procedimento. Ausência de provas pré-constituídas. Deferimento da tutela antecipada. Reintegração. Manutenção.
A sonegação de trabalho junto ao tomador, com adoção de meios de coação contra empregados que intentavam trabalhar, não justifica, por si só, o despedimento de vinte e um trabalhadores por justa causa, sob a alegação de mau procedimento e desídia. Nos termos da Súmula nº 316 do STF, a simples adesão a greve não constitui falta grave. Ademais, nos autos do mandado de segurança, não vieram provas pré-constituídas de que, quanto à desídia, todos os empregados foram anteriormente punidos com sanções mais brandas, conforme exigido pela jurisprudência do TST. Outrossim, quanto ao mau procedimento, também não houve manifestação sobre o conteúdo da referida conduta. Desse modo, ausentes maiores especificações a respeito do comportamento coletivo que culminou na despedida dos empregados por justa causa, sobressai a verossimilhança da tese de que as despedidas constituíram tão somente reprimenda à ação coletiva dos trabalhadores, o que justifica o deferimento da antecipação da tutela nos autos da reclamação trabalhista. Sob esses fundamentos, a SBDI-II, por unanimidade, conheceu do recurso ordinário e, no mérito, por maioria, negou-lhe provimento, mantendo a decisão que, ao denegar a segurança, rejeitou o pedido de suspensão da antecipação da tutela por meio da qual se determinou a reintegração dos vinte e um empregados. Vencido o Ministro Antonio José de Barros Levenhagen. TST-RO-5107 – 61.2015.5.15.0000, SBDI-II, rel. Min. Alberto Luiz Bresciani de Fontan Pereira, 28.6.2016 (Informativo nº 140)

Mandado de segurança. Quebra de sigilo bancário. Indícios de utilização de manobras para impedir a constrição de valores pela Justiça do Trabalho. Ausência de direito líquido e certo. Não se vislumbra violação a direito líquido e certo na hipótese em que a quebra de sigilo bancário, autorizada judicialmente, decorreu da presença de indícios de que os impetrantes utilizaram-se de manobras bancárias para impedir que valores fossem localizados e constritos pela Justiça do Trabalho. A natureza alimentar dos valores devidos pelos impetrantes aos ex-empregados que não receberam o salário do último mês trabalhado, aliado ao amplo poder de direção do julgador conferido pelo art. 795 da CLT impedem a constatação de ofensa à inviolabilidade do sigilo de dados no caso concreto. Sob esse fundamento, a SBDI-II, à unanimidade, conheceu do recurso ordinário e, no mérito negou-lhe provimento para manter a decisão do Regional que denegara a segurança pleiteada. TST-RO-20033-19.2016.5.04.0000, SBDI-II, rel. Min. Alberto Luiz Bresciani de Fontan Pereira, 23.5.2017 (Informativo nº 159)
Mandado de segurança. Cabimento. Indeferimento da desconstituição de penhora. Execução parcialmente garantida. Existência de dúvida acerca do cabimento de agravo de petição. É cabível mandado de segurança contra decisão que indefere a desconstituição de penhora de numerário nos autos de reclamação trabalhista na hipótese de dúvida sobre o cabimento de agravo de petição. Os valores bloqueados garantiam apenas parcialmente a execução e, nessas circunstâncias, o TRT da 4ª Região, conforme julgados trazidos aos autos, possivelmente não conheceria do agravo de petição eventualmente interposto, atraindo, portanto, o cabimento do writ para o exame da higidez do ato impugnado. Sob esse entendimento, e a contrario sensu do art. 5º, II, da Lei nº 12.016/2009, a SBDI-II, por unanimidade, deu provimento ao recurso ordinário para, reformando o acórdão recorrido, afastar a conclusão sobre o não cabimento do mandado de segurança e determinar o retorno dos autos ao TRT da 4ª Região, a fim de que lhe dê processamento e o julgue como entender de direito. TST-RO-21245-75.2016.5.04.0000, SBDI-II, rel. Min. Antonio José de Barros Levenhagen, 8.11.2016 (Informativo execução nº 28)
Mandado de Segurança. Determinação de constrição, via BacenJud, de reserva técnica de sociedade seguradora. Legalidade do ato. Ausência de registro na Susep. Art. 85 do Decreto-Lei nº 73/66. Para a caracterização da impenhorabilidade dos ativos garantidores das reservas técnicas, das provisões e dos fundos de entidades abertas de previdência privada complementar e sociedades seguradoras é imperioso o respectivo registro na Superintendência de Seguros Privados Susep, nos termos do art. 85 do Decreto-Lei nº 73/66. Assim, ausente demonstração do citado registro, não há falar em ilegalidade do ato do juízo da execução que determinou a constrição, junto ao sistema BacenJud, de contas e aplicações de sociedade seguradora para a satisfação de crédito trabalhista. Sob esse entendimento, a SBDI-II, por unanimidade, conheceu do recurso ordinário em mandado de segurança e, no mérito, negou-lhe provimento. TST-RO-3329-58.2011.5.02.0000, SBDI-II, rel. Min. Luiz Philippe Vieira de Mello Filho, 16.5.2017 (Informativo execução nº 30)
Mandado de segurança. Cabimento. Relatório da Seção de Pesquisa Patrimonial do Núcleo de Centralização de Execução do TRT da 1ª Região. Ato abusivo. É cabível mandado de segurança contra atos que se afigurem abusivos ou teratológicos, quando a medida processual específica prevista no ordenamento jurídico não seja capaz de fazer cessar, de imediato, o prejuízo que possa ser causado. Na espécie, comprovado que o relatório da Seção de Pesquisa Patrimonial do Núcleo de Centralização de Execução do TRT da 1ª Região não é ato simplesmente opinativo, mas tem aptidão para autorizar a penhora imediata de numerário em conta bancária da impetrante em processos nos quais ela não figura como executada, é evidente a ocorrência de lesão patrimonial cuja reparação não pode aguardar o julgamento de eventuais embargos à execução ou embargos de terceiro. Ademais, o ato extrapolou os limites previstos na Resolução nº 138 do CSJT (que disciplina os Núcleos de Pesquisa Patrimonial no âmbito dos

Tribunais Regionais), além de violar o direito líquido e certo da impetrante ao contraditório e ao devido processo legal. Sob esse entendimento, a SBDI-II, por unanimidade, conheceu do recurso ordinário e do reexame necessário, e, no mérito, por maioria negou-lhes provimento para manter a decisão do Tribunal Regional que suspendera as recomendações do relatório impugnado. Vencida a Ministra Maria Helena Mallmann, relatora, que extinguia o feito sem resolução de mérito, sob o fundamento de que é incabível mandado de segurança contra ato administrativo meramente opinativo. TST-ReeNec e RO-884-55.2015.5.01.0000, SBDI-II, rel. Min. Maria Helena Mallmann, red. p/ acórdão Min. Luiz Philippe Vieira de Mello Filho, 12.6.2018 (Informativo nº 180).

Mandado de segurança. Cabimento. Decisão interlocutória que contraria a jurisprudência pacífica, reiterada e notória do TST. Não incidência da Orientação Jurisprudencial nº 92 da SBDI-II.

Cabe mandado de segurança contra decisão que, embora ostente caráter interlocutório, contraria a jurisprudência pacífica, reiterada e notória do TST. Na espécie, o *writ* foi impetrado pelo Ministério Público do Trabalho contra acórdão proferido em recurso ordinário pelo TRT da 5ª Região, que anulou de ofício sentença prolatada em ação civil pública e determinou o retorno dos autos à Vara de origem para que fossem chamados à lide os litisconsortes passivos necessários (empregados ocupantes de funções de confiança potencialmente atingidos pelo pedido de declaração de nulidade dos contratos firmados com ente público sem prévia aprovação em concurso público). Ocorre que, conforme entendimento firmado pelo TST, não há litisconsórcio passivo necessário entre a pessoa natural ou jurídica demandada e os sujeitos que possam ser atingidos pelos efeitos da decisão proferida em ação civil pública voltada à defesa de direitos e interesses difusos e coletivos. O litisconsórcio na ação civil pública apenas se viabiliza em relação aos demais legitimados ativos para o debate coletivo (art. 5º, §§ 1º e 5º, da Lei nº 7.347/1985). Assim, a SBDI-II, por unanimidade, conheceu do recurso ordinário e, no mérito, por maioria, deu-lhe provimento para conceder a segurança, cassar o acórdão proferido na ação civil pública e determinar o retorno dos autos ao TRT da 5ª Região para o regular processamento do recurso ordinário. Vencidas as Ministras Maria Helena Mallmann e Delaíde Miranda Arantes, que consideravam incabível a impetração, nos termos da Orientação Jurisprudencial nº 92 da SBDI-II. TST-RO-144-28.2011.5.05.0000, SBDI-II, rel. Min. Douglas Alencar Rodrigues, 6.11.2018 (Informativo nº 186).

Mandado de segurança. Cabimento. Execução provisória. Redirecionamento da execução contra sócio. Não observância do incidente de desconsideração da personalidade jurídica. Arts. 133 a 137 do CPC de 2015. Aplicação ao Processo do Trabalho. Art. 6º da IN nº 39/2016 do TST e art. 855-A da CLT.

O art. 6º da IN nº 39/2016 do TST e o art. 855-A da CLT (incluído pela Lei nº 13.467/2017) estabelecem a aplicação do incidente de desconsideração da personalidade jurídica (arts. 133 a 137 do CPC de 2015) ao Processo do Trabalho. Assim, se na vigência do CPC de 2015 a execução provisória é redirecionada contra a representante legal da pessoa jurídica sem a observância do referido incidente, cabe mandado de segurança para discutir a extensão dos efeitos da obrigação contida no título executivo aos bens particulares da administradora da empresa. Sob esse fundamento, a SBDI-II, por unanimidade, conheceu do recurso ordinário e, no mérito, deu-lhe provimento para, reformando a decisão que indeferira a petição inicial do *mandamus*, determinar o retorno dos autos à Corte de origem a fim de que o mandado de segurança seja processado e julgado. TST-RO-406-27.2017.5.10.0000, SBDI-II, rel. Min. Douglas Alencar Rodrigues, 6.11.2018 (Informativo nº 186).

Mandado de segurança. Não cabimento. Ressarcimento de despesas do leiloeiro e depositário judicial. Existência de recurso próprio. Incidência da Orientação Jurisprudencial nº 92 da SBDIII.

Não cabe mandado de segurança para impugnar decisões relacionadas ao reembolso de despesas do leiloeiro/depositário proferidas na fase de execução, quando não há dúvidas de que o tribunal de origem admite o cabimento de agravo de petição. Embora haja controvérsia a respeito da possibilidade de o leiloeiro ou o depositário judicial interpor recurso nos autos em que oficiou como auxiliar do juízo, no caso concreto, o impetrante trouxe aos autos ementas de julgados em que o TRT de origem analisou agravo de petição envolvendo a mesma matéria. Em alguns deles, inclusive, ele próprio figurou como agravante. Sob esse entendimento, e aplicando ao caso a diretriz da Orientação Jurisprudencial nº 92 da SBDI-II, a referida Subseção, por maioria, negou provimento ao recurso ordinário. Vencidos os Ministros Delaíde Miranda Arantes, relatora, e Douglas Alencar Rodrigues. TST-RO-164-09.2017.5.05.0000, SBDI-II, rel. Min. Delaíde Miranda Arantes, red. p/ acórdão Min. Renato de Lacerda Paiva, 4.12.2018 (Informativo nº 188).

Mandado de segurança. Cabimento. Ação coletiva. Determinação de emenda à petição inicial, sob pena de indeferimento. Ato teratológico. Exigência de requisitos não previstos em lei. Orientação Jurisprudencial nº 92 da SBDI-II. Não incidência.

Cabe mandado de segurança contra decisão que nos autos de ação coletiva determinou a emenda da petição inicial, sob pena de indeferimento, para que fossem identificados os setores e os cargos dos substituídos, os locais de trabalho dos substituídos expostos a agentes perigosos, quais recebiam adicional de insalubridade e a que agentes insalubres estavam submetidos. Trata-se de ato de nítido caráter teratológico, que causou prejuízos imediatos ao sindicato impetrante, pois exigidos requisitos não previstos em lei para o ajuizamento da ação coletiva, em flagrante desrespeito ao art. 8º, III, da CF (ampla legitimidade sindical) e aos arts. 95 e 98 do CDC, os quais autorizam a condenação genérica nas ações coletivas, com posterior liquidação individualizada na fase de cumprimento da sentença. Assim, faz-se necessário afastar, de forma excepcional, a aplicação da Orientação Jurisprudencial nº 92 da SBDI-II para permitir o manejo imediato do writ e assegurar ao impetrante o direito ao prosseguimento da ação coletiva na forma como proposta. Sob esse entendimento, a SBDI-II, por unanimidade, conheceu do recurso ordinário e, no mérito, deu-lhes provimento para conceder a segurança, cassar a ordem de emenda à inicial e determinar o prosseguimento do feito. TST-RO-155-18.2018.5.12.0000, SBDI-II, rel. Min. Luiz José Dezena da Silva, 11.6.2019 (Informativo nº 199)

Mandado de segurança. Renúncia. Empresa prestadora de serviços. Decisão monocrática. Extinção do processo com resolução de mérito. Impugnação via recurso próprio. Não cabimento.

Não cabe mandado de segurança quando o ato apontado como coator for decisão judicial da qual caiba recurso com efeito suspensivo, ou seja, passível de reforma via recurso próprio, consoante art. 5º da Lei nº 12.016/2009 e Orientação Jurisprudencial nº 92 da SBDI-2 do TST. No caso, a decisão monocrática, apontada como ato coator, que extinguiu o processo, com resolução do mérito, com base no art. 487, III, c, do CPC de 2015, em face da homologação da renúncia exclusivamente em relação à empresa prestadora de serviços, não constitui decisão irrecorrível, sendo suscetível de impugnação por meio do agravo. Trata-se de decisão de mérito, atraindo a incidência dos citados artigos 203, §1º, do CPC de 2015 e 265, caput, do Regimento Interno do TST. A nomenclatura utilizada pelo juiz é irrelevante para determinar a natureza jurídica do pronunciamento judicial, importando o seu conteúdo material. A decisão que homologa a renúncia, por tratar-se de litisconsórcio passivo meramente facultativo, e transcorrer o prazo para interposição de agravo, enseja o manejo da via adequada, ação rescisória, prevista no art. 966 do CPC de 2015. Assim, merece ser mantida a denegação do mandado de segurança em virtude do seu não cabimento, nos termos do art. 6º, § 5º, da Lei nº 12.016/2009. Sob esses fundamentos, o Órgão Especial, por unânime, negou provimento ao agravo para manter a denegação do mandado de segurança em virtude do seu não cabimento, nos termos do art. 6º, § 5º, da Lei nº 12.016/2009. TST- Ag-MS1000121-25.2019.5.00.0000, Órgão Especial, rel. Min. José Roberto Freire Pimenta, 2.9.2019 (Informativo nº 203)

Mandado de segurança. Excepcional cabimento. Ato coator que acolheu exceção de incompetência territorial e determinou a remessa dos autos a uma das Varas do local da prestação de serviços. Empresa com atuação na cidade em que proposta a reclamatória. Ausência de óbice ao exercício da ampla defesa e do contraditório. Empregado impossibilitado de se locomover até o local da prestação de serviços. Ordem concedida para manter o foro do domicílio do reclamante. A decisão de acolhimento de exceção de incompetência territorial, com determinação de remessa do feito a Vara do Trabalho integrante da jurisdição do mesmo TRT a que vinculado o Juízo excepcionado, detém natureza jurídica interlocutória e não enseja a interposição de recurso imediato. Todavia, ante a aptidão para gerar danos manifestos, admite-se, de forma excepcional, o ajuizamento de mandado de segurança, afastando-se a incidência da Orientação Jurisprudencial nº 92 da SBDI-II. De outra sorte, na hipótese em que a empresa reclamada atua em local situado na mesma região geográfica da residência do empregado, é possível o ajuizamento da ação no foro do domicílio do reclamante, e não no local da contratação e prestação de serviços, pois não há óbice ao exercício da ampla defesa e do contraditório. No caso concreto, o reclamante prestou serviços na cidade de Valença/BA, mas ajuizou a reclamatória em Salvador/BA, local de seu domicílio. Tal circunstância não causou qualquer prejuízo à reclamada, pois se trata de empresa baiana, sediada em Salvador/BA, com filiais em outras cidades do Estado e em outras unidades da federação. Ademais, o empregado, por meio de relatório médico, comprovou sua impossibilidade de deslocamento até o município em que os serviços foram prestados, o que reforça a desnecessidade de retificação do foro eleito, sob pena de ofensa ao art. 5º, XXXV, da CF. Sob esses fundamentos, a SBDI-II, por unanimidade, conheceu do recurso ordinário e, no mérito, deu-lhe provimento para, concedendo a segurança pleiteada, cassar a decisão que acolhera a exceção de incompetência territorial para ordenar a remessa dos autos a uma das Varas do Trabalho de Valença/BA, e determinar o prosseguimento do feito perante o Juízo da 21ª Vara do Trabalho de Salvador/BA, domicílio do reclamante. TST-RO-679-10.2018.5.05.0000, SBDI-II, rel. Min. Douglas Alencar Rodrigues, 24.9.2019 (Informativo nº 206)
Mandado de segurança. Determinação de emenda à inicial de reclamação trabalhista proposta na vigência da Lei nº 13.467/2017 (Reforma Trabalhista). Adequação aos termos do art. 840, § 1º, da CLT. Existência de recurso próprio. Orientação Jurisprudencial nº 92 da SBDI-II. Incidência. Não cabe mandado de segurança contra ato que, em reclamação trabalhista proposta na vigência da Lei nº 13.467/2017, determina a emenda à inicial para a indicação dos valores correspondentes a cada parcela vindicada (art. 840, § 1º, da CLT), sob pena de extinção do feito sem resolução de mérito. Na hipótese, além de não haver teratologia, pode a parte valer-se do recurso ordinário para discutir eventual nulidade do processo por cerceamento do direito de defesa, razão pela qual incide o óbice da Orientação Jurisprudencial nº 92 da SBDI-II. Sob esse entendimento, a SBDI-II, por unanimidade, conheceu do recurso ordinário e, no mérito, negou-lhe provimento para manter a decisão do Tribunal Regional que denegara a segurança na forma do art. 6º, § 5º, da Lei nº 12.016/2009. TST-RO-101364-36.2018.5.01.0000, SBDI-II, rel. Min. Emmanoel Pereira, 28.5.2019 (Informativo nº 197)
Mandado de segurança. Ação civil pública. Indeferimento dos pedidos de mediação e de reconsideração. Ausência de direito líquido e certo. Orientação Jurisprudencial nº 92 da SBDIII. Não é cabível o manejo de mandado de segurança para impugnar decisões que indeferiram os pedidos de mediação e de reconsideração formulados pelo sindicato impetrante. Na espécie, o MPT ajuizou ação civil pública em face do Sindicato dos Trabalhadores em Alimentação e Afins do Estado do Espírito Santo, requerendo a condenação em obrigação de não fazer, consistente na abstenção de realizar acordos em nome dos trabalhadores, destituição de toda a diretoria e indenização por danos materiais e morais coletivos. O Sindicato apresentou pedido de mediação para

solucionar a questão relativa à abstenção de cobranças de honorários advocatícios decorrentes da prestação de assistência judiciária, o qual foi indeferido. Em virtude do indeferimento, postulou reconsideração, que foi rejeitada. Ocorre que a Lei nº 5.584/70 diz que a assistência judiciária prestada pelo sindicato é gratuita. Assim, não há falar em direito líquido e certo, tampouco em cabimento de mandado de segurança. Sob esses fundamentos, a SBDI-II, por unanimidade, conheceu do recurso ordinário e, no mérito, por maioria, vencida a Ministra Delaíde Miranda Arantes, negou-lhe provimento. TST-RO-572-30.2018.5.17.0000, SBDI-II, rel. Min. Delaíde Miranda Arantes, red. p/ acórdão Min. Douglas Alencar Rodrigues, 18.2.2020. (Informativo nº 215)

Mandado de segurança. Não cabimento. Decisão monocrática do relator que nega seguimento ao agravo de instrumento em recurso de revista por ausência de transcendência da causa. Irrecorribilidade. Esgotamento das vias processuais existentes. Proposta de instauração de incidente de arguição de inconstitucionalidade do § 5º do art. 896-A da CLT. Rejeição.

Não cabe mandado de segurança contra decisão monocrática que nega provimento ao agravo de instrumento em recurso de revista por ausência de transcendência da causa, pois, consoante o teor do art. 896-A, § 5º, da CLT, trata-se de decisão irrecorrível. Ademais, aplica-se ao caso a Orientação Jurisprudencial nº 99 da SBDI-II, que não admite o cabimento do mandamus após esgotadas as vias recursais. Com esses fundamentos, o Órgão Especial, por maioria, vencidos os Ministros José Roberto Freire Pimenta e Cláudio Mascarenhas Brandão, negou provimento ao agravo. Na mesma ocasião, o Órgão Especial, também por maioria, rejeitou a questão de ordem suscitada pelo Ministro Cláudio Mascarenhas Brandão, no sentido da instauração de incidente de arguição de inconstitucionalidade do inteiro teor do § 5º do art. 896-A da CLT. Prevaleceu o entendimento de que a declaração de inconstitucionalidade do referido artigo não foi deduzida como causa de pedir, mas como pedido autônomo, referente a lei em tese, sem conexão com o objeto do mandado de segurança (reconhecimento da transcendência política da matéria e julgamento do mérito do recurso de revista), o que configura o manejo do writ como sucedâneo de ação direta de inconstitucionalidade. Vencidos os Ministros Brito Pereira, Renato de Lacerda Paiva, José Roberto Freire Pimenta, Cláudio Mascarenhas Brandão e Alexandre Luiz Ramos. TST-AgMS-1000354-22.2019.5.00.0000, Órgão Especial, rel. Min. Breno Medeiros, 2.12.2019 (Informativo nº 214)

Mandado de segurança. Não cabimento. Arquivamento de reclamação trabalhista por ausência do reclamante. Apresentação de atestado médico. Reconsideração com posterior determinação de desarquivamento do processo e reinclusão em pauta. Existência de medida processual idônea para corrigir a suposta ilegalidade. Aplicação da Orientação Jurisprudencial nº 92 da SBDI-II.

Não cabe mandado de segurança contra decisão que, ao acolher pedido de reconsideração, desarquiva e reinclui em pauta ação trabalhista arquivada por ausência de reclamante na audiência de julgamento. No caso concreto, o reclamante esteve ausente à audiência inaugural, o que resultou no arquivamento da reclamação, nos termos do art. 844 da CLT. Posteriormente, ele apresentou pedido de reconsideração acompanhado de atestado médico, o qual foi acolhido pelo juízo com a determinação de desarquivamento e de reinclusão do processo em pauta. Nesse contexto, incide a Orientação Jurisprudencial nº 92 da SBDI-II, pois o inconformismo da impetrante/reclamada deveria ter sido externado na própria reclamação trabalhista, por meio da arguição de nulidade em contestação, ou como matéria preliminar em recurso ordinário, caso não acolhida a arguição de nulidade na sentença. Havendo, portanto, medida processual idônea para corrigir a suposta ilegalidade cometida pela autoridade coatora, afasta-se o cabimento do mandado de segurança na hipótese. Sob esse entendimento, a SBDI-II, por unanimidade, conheceu do recurso ordinário e, no mérito, deu-lhe provimento para denegar a segurança inicialmente concedida pelo TRT de origem por violação do art. 494 do CPC, que consagra a preclusão pro judicato. TST-RO-602- 71.2018.5.06.0000, SBDI-II, rel. Min. Douglas Alencar Rodrigues 12.11.2019 (Informativo nº 212)

Mandado de segurança. Cabimento. Inaplicabilidade da Orientação Jurisprudencial nº 92 da SBDI-II. Rejeição da exceção de pré-executividade. Ação autônoma de cumprimento de sentença condenatória proferida em ação civil pública. Ausência do título executivo judicial e de prévio debate sobre os cálculos de liquidação. Bloqueio de contas bancárias.
Cabe mandado de segurança contra decisão que rejeita exceção de pré-executividade proposta em face de ação executiva autônoma, relativa ao cumprimento de sentença proferida em ação civil pública, iniciada sem a juntada do provimento condenatório expedido no processo principal e sem o cumprimento do disposto no art. 879, § 2º, da CLT, que impõe ao Juízo que preside a execução o dever de permitir que as partes impugnem itens e valores na conta de liquidação. Na espécie, concluiu-se não ser aplicável o entendimento consubstanciado na Orientação Jurisprudencial nº 92 da SBDI-II, pois à luz dos princípios do devido processo legal, do contraditório e da ampla defesa, não é razoável que a parte que nega o descumprimento das obrigações contidas no título executivo judicial e impugna a imposição das sanções nele previstas tenha que primeiro suportar a apreensão de seu patrimônio (bloqueio de contas bancárias) para depois ter a possibilidade de discutir a licitude da execução e o acerto da conta confeccionada pela parte exequente. Sob esse fundamento, a SBDI-II, por unanimidade, conheceu e deu provimento ao recurso ordinário para afirmar o cabimento do writ e determinar que o TRT de origem prossiga no processamento e julgamento, com notificação da autoridade tida como coatora e do litisconsorte passivo, deferindo a liminar postulada para suspender a execução em curso na ação de cumprimento originária até o trânsito em julgado do mandado de segurança, com a imediata devolução dos valores já apreendidos à impetrante. TSTRO-515-18.2018.5.06.0000, SBDI-II, rel. Min. Douglas Alencar Rodrigues, 5.11.2019 (Informativo nº 211)

Mandado de segurança. Cabimento. Determinação judicial de emenda da petição inicial para juntar planilha contábil. Art. 840, § 1º da CLT. Ato teratológico. Não incidência da Orientação Jurisprudencial nº 92 da SBDI-II.
Cabe, excepcionalmente, mandado de segurança para impugnar decisão que determinou a emenda à petição inicial de reclamação trabalhista para que o autor juntasse planilha contábil, sob pena de extinção do processo sem resolução de mérito. Trata-se de decisão teratológica, a afastar a incidência da Orientação Jurisprudencial nº 92 da SBDI-II, pois impõe ônus ilegal ao exercício do direito de ação, visto que a planilha contábil não é documento indispensável à propositura da reclamação, nos termos do art. 840, § 1º, da CLT e dos arts. 319, IV e V; 320; 322, caput, § 2º e 324, todos do CPC de 2015. Ademais, exigir que o reclamante aguardasse a prolação da sentença de extinção do processo, sem julgamento do mérito, para só então se valer da medida processual cabível atenta contra a celeridade da prestação jurisdicional. Sob esses fundamentos, a SBDI-II, por maioria, deu provimento ao recurso ordinário para conceder a segurança e determinar o prosseguimento da reclamação trabalhista em questão, independentemente da juntada da planilha contábil. Vencidos os Ministros Renato de Lacerda Paiva, Luiz José Dezena da Silva e Evandro Valadão. TST-RO-368-24.2018.5.12.0000, SBDI-II, rel. Min. Maria Helena Mallmann, 1º.10.2019 (Informativo nº 207)

Decadência

Termo inicial

MS. Decadência. Termo inicial. Data da ciência inequívoca do ato que determinou o bloqueio incidente sobre o salário de benefício e não a cada desconto procedido.
O termo inicial da contagem do prazo decadencial para se impetrar mandado de segurança contra ato judicial que determina o bloqueio incidente sobre o salário de benefício do impetrante é a data em que teve ciência inequívoca do ato impugnado, e não a cada desconto procedido. Assim, afastando o entendimento quanto à renovação mês a mês do termo a quo do prazo decadencial, pela permanência dos efeitos da decisão jurisdicional a cada liquidação de proventos, a SBDI-II, à unanimidade, conheceu do recurso ordinário, e, no mérito, por maioria, negou-lhe provimento. Vencidos os Ministros Alberto Luiz Bresciani de Fontan Pereira, relator, Maria de Assis Calsing e Pedro Paulo Manus. TST-RO-10-38.2011.5.18.0000, SBDI-II, rel. Min. Alberto Luiz Bresciani de Fontan Pereira, red. p/ acórdão Min. Ives Gandra da Silva Martins Filho, 29.5.2012. (Informativo nº 11)

Mandado de segurança. Cabimento. Ordem de bloqueio em conta salário via sistema BacenJud. Exceção de pré-executividade rejeitada. Decadência. Termo inicial. Orientação Jurisprudencial nº 127 da SBDI-II.

Ausente recurso capaz de estancar de imediato os efeitos do ato impugnado, é cabível a impetração de mandado de segurança em face de decisão que rejeita exceção de pré-executividade manejada contra ordem judicial que determinou o bloqueio de valores em conta salário via sistema BacenJud, devendo o prazo decadencial de cento e vinte dias ser contado a partir da decisão que primeiro fixou a tese combatida, nos termos da Orientação Jurisprudencial nº 127 da SBDI-II. Assim, tendo em conta que, no caso concreto, a impetrante teve ciência do bloqueio antes do pronunciamento do juízo a respeito da exceção de pré-executividade, e que a rejeição desta apenas ratificou a ordem anterior de constrição, tem-se que o prazo decadencial da ação mandamental deve ser contado a partir da determinação judicial de bloqueio e não do julgamento do incidente.

Com esses fundamentos, a SBDI-II, por unanimidade, conheceu do recurso ordinário da impetrante e, no mérito, por maioria, negou-lhes provimento, mantendo a decadência declarada na origem. Vencidos os Ministros Hugo Carlos Scheuermann, relator, e Antonio José de Barros Levenhagen, que davam provimento ao recurso para afastar a decadência ao fundamento de que apenas após o pronunciamento do juízo a respeito da exceção de pré-executividade firmou-se a tese ora hostilizada. TST-RO-3352-79.2011.5.10.0000, SBDI-II, rel. Min. Hugo Carlos Scheuermann, red. p/ acórdão Min. Cláudio Mascarenhas Brandão, 10.6.2014 (Informativo execução nº 2)

Mandado de Segurança. Decadência. Configuração. Penhora sobre 30% dos proventos de aposentadoria.

O início da contagem do prazo decadencial para ajuizamento de mandado de segurança se dá a partir do efetivo ato coator, ou seja, do primeiro ato em que se firmou a tese hostilizada e não daquele que a ratificou (Orientação Jurisprudencial nº 127 da SBDI-II). Assim, no caso em que a ciência inequívoca do impetrante sobre o ato que determinou a penhora sobre 30% dos valores percebidos mensalmente se deu no mês de março de 2013, data do primeiro desconto em seus proventos de aposentadoria, e o mandado de segurança foi impetrado apenas em fevereiro de 2014, observa-se que o prazo previsto em lei para o manejo da ação mandamental foi notoriamente ultrapassado, restando configurada a decadência. Com este entendimento, a SBDI-II, por unanimidade, conheceu do recurso ordinário e, no mérito, negou-lhe provimento. TST-RO-130-39.2014.5.05.0000, SBDI-II, rel. Min. Emmanoel Pereira, 21.10.2014 (Informativo execução nº 8)

Mandado de segurança. Cópias não autenticadas. Declaração de autenticidade firmada na petição inicial não reconhecida pela Corte de origem. Excesso de formalismo. Aplicação do princípio da instrumentalidade das formas.

Verifica-se excesso de formalismo quando o TRT despreza a declaração de autenticidade firmada pelo impetrante na petição inicial em razão de conter uma impropriedade ao mencionar que "as peças trasladadas são cópias fiéis do original dos presentes autos" ao invés de se referir às cópias juntadas com a exordial. No caso, aplica-se o princípio da instrumentalidade das formas, podendose considerar, portanto, que a declaração de autenticidade abrange todas as peças que instruíram o mandado de segurança, restando atendidas, por analogia, as exigências do art. 830 da CLT. Sob esse fundamento, a SBDI-II, por unanimidade, conheceu do recurso ordinário, e, no mérito, por maioria, deu-lhe provimento para, afastando a extinção do feito sem resolução do mérito, determinar o retorno dos autos ao Tribunal Regional de origem, a fim de que julgue o mandado de segurança, como entender de direito. Vencido o Ministro Renato de Lacerda Paiva. TST-RO-12126-94.2010.5.15.0000, SBDI-II, rel. Min. Delaíde Miranda Arantes, 5.12.2017 (Informativo nº 170)

Recursos
MS. Custas processuais. Valor não fixado. Ausência de recolhimento. Deserção. Não configuração. Aplicação analógica da Orientação Jurisprudencial nº 104 da SBDI-I.   Em sede de mandado de segurança, o recolhimento das custas processuais para fins de preparo do recurso ordinário somente é exigível quando expressamente fixadas, e a parte devidamente intimada a recolhê-las, nos termos da Orientação Jurisprudencial nº 104 da SBDI-I, aplicada por analogia. Com esse entendimento, a SBDI-II conheceu do recurso ordinário, vencido o Ministro relator que dele não conhecia por ausência de preparo. Na espécie, ressaltou-se que a Presidência do TRT, ao exarar despacho de admissibilidade do recurso ordinário, concedeu à parte recorrente os benefícios da justiça gratuita, dispensando-a do preparo recursal. Ademais, não há falar em incidência da Orientação Jurisprudencial nº 148 da SBDI-II, porquanto pressupõe a fixação de custas pelo juiz. Em seguida, o julgamento foi suspenso para apreciação do mérito. TST-RO-451-48.2010.5.11.0000, SBDI-II, rel. Min. Guilherme Augusto Caputo Bastos 23.10.2012. (Informativo nº 27)
Custas processuais fixadas ex vi legis. Ausência de recolhimento. Deserção configurada. Art. 789, II, da CLT.   A ausência de especificação do valor das custas processuais, fixadas *ex vi legis*, em sede de mandado de segurança, não afasta a obrigação do recolhimento prévio do preparo quando da interposição do recurso ordinário. Com esse posicionamento, decidiu a SBDI-II, à unanimidade, negar provimento ao agravo de instrumento para manter a decisão agravada que reconheceu a deserção do recurso. Destacou-se, na hipótese, o caráter cogente do art. 789, II, da CLT, que estipula a incidência das custas à base de 2% sobre o valor da causa quando a ação for julgada improcedente, bem como o entendimento consubstanciado na Orientação Jurisprudencial nº 148 da SBDI-II, que confere à parte a responsabilidade pelo recolhimento das custas, sob pena de deserção. TST-AIRO-1144-47.2011.5.02.0000, SBDI-II, rel. Min. Hugo Carlos Scheuermann, 19.11.2013 (Informativo nº 67)

Tutela de urgência
Mandado de segurança. Supressão da gratificação de função recebida por mais de 10 anos. Descomissionamento por insuficiência de desempenho. Configuração de justo motivo. Necessidade de dilação probatória. Indeferimento da tutela de urgência.   A SBDI-II, por unanimidade, conheceu do recurso ordinário do Banco do Brasil S.A. e deu-lhe provimento para afastar a tutela de urgência deferida pela Corte Regional. No caso, o reclamante impetrou mandado de segurança, com pedido liminar, contra ato de juiz de primeiro grau que, nos autos de reclamação trabalhista, indeferiu o pedido de tutela de urgência antecipatória que visava o restabelecimento do pagamento da gratificação de função suprimida. A liminar foi concedida e o TRT deferiu parcialmente a segurança para determinar o retorno do pagamento do valor equivalente à gratificação pleiteada, considerando a média das parcelas recebidas nos últimos dez anos. Todavia, as circunstâncias evidenciadas nos autos revelam que o regulamento da empresa e o acordo coletivo de trabalho da categoria autorizavam o descomissionamento por insuficiência de desempenho, e há documentos que aparentemente confirmam a performance insatisfatória do impetrante. Ademais, o justo motivo apto a gerar a perda da comissão sem a incorporação da gratificação exercida por mais de dez anos não se confunde com a prática de atos capazes de ensejar a ruptura do contrato de trabalho por justa causa (art. 482 da CLT), pois esta é a mais severa punição aplicável ao empregado, ao passo que aquela não pode ser enquadrada como sanção. Assim, concluiu-se que, no caso em análise, a manutenção da estabilidade financeira, com a incorporação da gratificação de função exercida por mais de dez anos, depende de dilação probatória, estando ausente, portanto, a probabilidade do direito exigida pelo art. 300 do CPC de 2015 para o deferimento da tutela de urgência. TST-RO-22682-83.2018.5.04.0000, SBDI-II, rel. Min. Douglas Alencar Rodrigues, 8.10.2019 (Informativo nº 208)

5. AÇÃO ANULATÓRIA

5.1. Conceito

A ação anulatória, em sentido amplo, corresponde à ação que visa à invalidação de um ato jurídico que não observou os requisitos de validade constantes no art. 104 do Código Civil, podendo o ato ser considerado nulo (CC, art. 166) ou anulável (CC, art. 171)[52]:

> **Art. 104.** A validade do negócio jurídico requer:
>
> I - agente capaz;
>
> II - objeto lícito, possível, determinado ou determinável;
>
> III - forma prescrita ou não defesa em lei.
>
> **Art. 166.** É nulo o negócio jurídico quando:
>
> I - celebrado por pessoa absolutamente incapaz;
>
> II - for ilícito, impossível ou indeterminável o seu objeto;
>
> III - o motivo determinante, comum a ambas as partes, for ilícito;
>
> IV - não revestir a forma prescrita em lei;
>
> V - for preterida alguma solenidade que a lei considere essencial para a sua validade;
>
> VI - tiver por objetivo fraudar lei imperativa;
>
> VII - a lei taxativamente o declarar nulo, ou proibir-lhe a prática, sem cominar sanção.
>
> **Art. 171.** Além dos casos expressamente declarados na lei, é anulável o negócio jurídico:
>
> I - por incapacidade relativa do agente;
>
> II - por vício resultante de erro, dolo, coação, estado de perigo, lesão ou fraude contra credores.

No âmbito processual, a ação anulatória busca invalidar atos praticados pelas partes (p.ex., transação) e não propriamente os atos decisórios.

Essa invalidação pode ocorrer em autos separados (ação anulatória) ou ainda de forma incidental nos próprios autos do processo em que os atos impugnados foram praticados.[53]

No direito processual do trabalho, a ação anulatória é utilizada, em regra, para desconstituir atos não judiciais firmados durante a relação de trabalho (termo de conciliação firmado perante a Comissão de Conciliação Prévia, termo de homologação de rescisão de contrato de trabalho, acordos e convenções coletivas de trabalho em sua integralidade ou de cláusulas), bem como atos judiciais em que não há sentença ou em que a sentença é meramente homologatória.

---

52. SCHIAVI, Mauro. *Manual de direito processual do trabalho*. 12. ed. São Paulo: LTr, 2017. p. 1486.

53. DIDIER JR., Fredie; CUNHA, Leonardo Carneiro da. *Curso de direito processual civil: meios de impugnação às decisões judiciais e processo nos tribunais*. 14. ed. Salvador: Juspodivm, 2017. v. 3. p. 507.

5.2. Anulação de sentença meramente homologatória

No processo do trabalho, a sentença que homologa acordo é decisão irrecorrível, conforme se depreende do art. 831, parágrafo único da CLT e da Súmula nº 100, V, do TST, a seguir transcritos:

> **Art. 831.** Parágrafo único. No caso de conciliação, o termo que for lavrado valerá como decisão irrecorrível, salvo para a Previdência Social quanto às contribuições que lhe forem devidas.
>
> **Súmula nº 100, V** – O acordo homologado judicialmente tem força de decisão irrecorrível, na forma do art. 831 da CLT. Assim sendo, o termo conciliatório transita em julgado na data da sua homologação judicial.

Diante dessa sistemática, para o C. TST "só por ação rescisória é impugnável o termo de conciliação previsto no parágrafo único do art. 831 da CLT" (Súmula 259 do TST).

Acreditamos, no entanto, que, com a vigência do CPC/2015, o entendimento da Súmula nº 259 do TST deveria ser alterado.

Primeiro, porque o CPC/2015 não reproduziu a redação do art. 485, VIII, do CPC/73 no rol das decisões de mérito que podem ser rescindidas (art. 966), ou seja, a transação não é considerada pelo CPC/2015 um vício de rescindibilidade.

Segundo, porque o art. 393 do CPC/2015 alterou de modo substancial a previsão do art. 352 do CPC/73 e passou a declinar expressamente que a confissão poderá ser **anulada** se decorrente de erro de fato ou de coação, excluindo, portanto, a possibilidade de rescisão após o trânsito em julgado da decisão.

Terceiro, porque o art. 966, § 4º do CPC/2015 vaticina:

> § 4º Os atos de disposição de direitos, praticados pelas partes ou por outros participantes do processo e homologados pelo juízo, bem como os atos homologatórios praticados no curso da execução, estão sujeitos à anulação, nos termos da lei.

Tal dispositivo, portanto, é enfático ao admitir tão somente o ajuizamento da ação anulatória do acordo homologado judicialmente, afastando o cabimento da ação rescisória.

Quarto, porque, apesar de o art. 831, parágrafo único, da CLT declinar que o termo lavrado na conciliação valerá como decisão irrecorrível, ele não se mostra incompatível com o CPC/2015, uma vez que a irrecorribilidade do ato tem apenas o condão de gerar o trânsito em julgado, e não necessariamente possibilitar o ajuizamento da ação rescisória. Esta somente é admitida quando presentes os vícios de rescindibilidade, que não estão inseridos na CLT, mas sim no CPC, aplicável subsidiariamente ao processo do trabalho por força do art. 836 da CLT. Com efeito, não sendo a transação considerada vício de rescindibilidade, inadmissível o ajuizamento de ação rescisória, devendo o acordo ser atacado por meio de ação anulatória.

O mesmo raciocínio deve ser aplicado à homologação de acordo extrajudicial (CLT, art. 855-B a 855-E), de modo que, a nosso juízo, sua anulação deverá ocorrer por meio de ação anulatória.

Como visto, essa ação busca anular o ato processual praticado pela parte em juízo (acordo judicial) e não o ato judicial propriamente dito (homologação). Isso porque, a homologação tem como objetivo apenas tornar o ato jurídico perfeito. Nesse sentido leciona Marinoni:

> Por essa razão, toda a força decorrente dos atos homologatórios, em verdade, não está precisamente no ato estatal, mas no *ato jurídico perfeito* que reconhece e envolve. O que se torna imutável em razão do ato homologatório não é exatamente o ato judicial, mas o ato processual realizado que, por enquadrar-se na categoria de ato jurídico perfeito, integra o núcleo duro do direito à segurança jurídica ao lado da coisa julgada (art. 5°, XXXVI, da CF). (Grifos no original)[54]

Quando a ação anulatória for julgada procedente, os atos subsequentes que dependam do ato anulado serão considerados ineficazes e o processo originário deverá ser retomado a partir do momento em que ocorreu o ato anulado, *in casu,* da conciliação pois, "embora a ação anulatória não vise propriamente à desconstituição da decisão homologatória, é evidente que a anulação do ato homologado a esvazia, tornando-a reflexamente sem efeito"[55].

Em outros termos, anulando-se o acordo judicial o processo originário retorna seu trâmite natural no juízo de origem a partir do acordo, permitindo-se o julgamento da causa, inclusive para frustrar objetivos ilícitos pretendidos pelas partes, quando for o caso (CPC/15, art. 142).

5.2.1. Decisão homologatória de adjudicação ou arrematação

Conforme mencionamos, a partir do CPC/15, os atos judiciais homologatórios ficam submetidos à ação anulatória, como vaticina o art. 966, § 4° do CPC/15, *in verbis*:

> Os atos de disposição de direitos, praticados pelas partes ou por outros participantes do processo e homologados pelo juízo, bem como os atos homologatórios praticados no curso da execução, estão sujeitos à anulação, nos termos da lei.

É o que acontece com as **decisões homologatórias de adjudicação ou arrematação**, que agora estão expressamente descritas no CPC/15 ao elencar os "atos homologatórios praticados no curso da execução".

---

54. MARINONI, Luiz Guilherme; ARENHART, Sérgio Cruz; MITIDIERO, Daniel. *Novo curso de processo civil: tutela dos direitos mediante procedimento comum,* volume II. São Paulo: Editora Revista dos Tribunais, 2015, p. 599.

55. MARINONI, Luiz Guilherme; ARENHART, Sérgio Cruz; MITIDIERO, Daniel. *Novo curso de processo civil: tutela dos direitos mediante procedimento comum,* volume II. São Paulo: Editora Revista dos Tribunais, 2015, p. 600.

Aliás, mesmo antes do CPC/15, a doutrina era pacífica no sentido de que tais decisões não dependiam de sentença, de modo que **eram sujeitas à ação anulatória e não à ação rescisória**. Nesse sentido, lecionava Fredie Didier Jr.:

> Quanto aos atos que independem de sentença, têm-se como exemplo a arrematação e a adjudicação. Sua invalidade deve ser postulada por ação anulatória, e não por ação rescisória, eis que tanto a arrematação como a adjudicação não dependem de sentença; o que se invalida, portanto, é o negócio jurídico, por meio do qual houve a transferência do domínio do bem que fora penhorado.[56]

Nesse sentido, o item I da Súmula nº 399 do TST declina:

> I – É incabível ação rescisória para impugnar decisão homologatória de adjudicação ou arrematação.

5.2.2. Decisão homologatória de cálculo

Tratando-se de **decisão homologatória de cálculo**, a doutrina mais abalizada leciona que, embora tal decisão tenha natureza de decisão interlocutória, trata-se, na realidade, "de pronunciamento equiparável a uma sentença, capaz de produzir coisa julgada material e, portanto, rescindível".[57]

Além disso, o Supremo Tribunal Federal tem alargado o campo da ação rescisória na execução, ao assentar que ela é o meio processual próprio para a desconstituição de decisão homologatória da liquidação de sentença, ainda que por cálculo do contador, já que a homologação, nessa hipótese, fixa os limites do aresto exequendo, sendo, consequentemente, uma sentença de mérito.[58]

A **Corte Trabalhista**, por sua vez, analisa a decisão que homologa os cálculos de liquidação sob **dois enfoques**:

a) a que apenas homologa os cálculos, sem proferir juízo de valor;

b) a que analisa controvérsia.

No primeiro caso, entende o C. TST que, **não havendo controvérsia acerca dos cálculos de liquidação, a decisão é meramente homologatória**, o que significa que não é suscetível de ação rescisória. A propósito, para o TST "a sentença meramente homologatória, que silencia sobre os motivos de convencimento do juiz, não se mostra rescindível, por ausência de pronunciamento explícito." (Súmula nº 298, IV).

Pode ocorrer, no entanto, de a **decisão de homologação "enfrentar as questões envolvidas na elaboração da conta de liquidação**, quer solvendo a controvérsia das

56. DIDIER Jr., Fredie; CUNHA, Leonardo José Carneiro da. *Curso de direito processual civil: Meios de impugnação às decisões judiciais e processo nos tribunais.* 8. ed. Bahia: Juspodivm, 2010. v. 3, p. 421.

57. MOREIRA, José Carlos Barbosa. *Comentários ao código de processo civil.* 15. ed. Rio de Janeiro: Forense, 2010. v. 5, p. 113.

58. STF – RE-87.109-8-SP. 1ª Turma. Rel. Min. Cunha Peixoto. DJU 25.4.80.

partes quer explicitando, de ofício, os motivos pelos quais acolheu os cálculos oferecidos por uma das partes ou pelo setor de cálculos, e não contestados pela outra".

Nessa hipótese, o E. TST declina que a **decisão é de mérito** e não meramente homologatória, estando, portanto, suscetível ao corte rescisório, nos termos do item II da Súmula nº 399:

> II – A decisão homologatória de cálculos apenas comporta rescisão quando enfrentar as questões envolvidas na elaboração da conta de liquidação, quer solvendo a controvérsia das partes quer explicitando, de ofício, os motivos pelos quais acolheu os cálculos oferecidos por uma das partes ou pelo setor de cálculos, e não contestados pela outra.

5.2.3. *Competência*

A ação anulatória é decorrência do processo principal, porquanto busca anular este último. Desse modo, a competência para julgamento da ação anulatória segue forma analógica o art. 61 do CPC/15, o qual disciplina que "a ação acessória será proposta no juízo competente para a ação principal".

Além disso, sendo certo que a competência do segundo grau deve ser expressa e não havendo nenhuma referência quanto à ação anulatória, incidirá a competência residual do primeiro grau. No sentido do texto, Barbosa Moreira:

> A ação anulatória de ato 'judicial' pode ser proponível perante órgão de primeiro grau. Dado o vínculo de acessoriedade entre ela e a ação em cujo curso se praticou o ato impugnado, incide a regra do art. 108: será competente para a ação anulatória o mesmo juízo que esteja processando, ou tenha processado, a outra causa. Tal solução atende à *ratio legis* e afigura-se vantajosa do ponto de vista prático, já pela probabilidade de que o referido juízo se encontre em melhores condições para apreciar a matéria, já em atenção às repercussões que o processo da ação anulatória pode ter sobre o outro, no caso de pendência simultânea, e que decerto gerariam maiores complicações procedimentais, se cada qual corresse perante um órgão distinto.[59]

Será, pois, **competente para a ação anulatória o juízo que julgou o ato impugnado.**

5.3. Ação anulatória de cláusulas convencionais

A ação destinada a anular cláusula de acordo coletivo ou convenção coletiva de trabalho é denominada ação anulatória de cláusulas convencionais, estando prevista no art. 83, IV, da LC nº 75/93, *in verbis*:

> **Art. 83.** Compete ao Ministério Público do Trabalho o exercício das seguintes atribuições junto aos órgãos da Justiça do Trabalho: (...)

59. MOREIRA, José Carlos Barbosa. *Comentários ao código de processo civil*. 15. ed. Rio de Janeiro: Forense, 2010. v. 5, p. 166.

IV – propor as ações cabíveis para declaração de nulidade de cláusula de contrato, acordo coletivo ou convenção coletiva que viole as liberdades individuais ou coletivas ou os direitos individuais indisponíveis dos trabalhadores; (...).

A ação anulatória de cláusulas convencionais corresponde a "um instrumento processual de caráter coletivo, voltado à facilitação da tutela dos interesses ou direitos metaindividuais dos trabalhadores".[60]

É, portanto, uma ação coletiva que busca retirar do mundo jurídico a cláusula convencional.

5.3.1. Legitimidade Ativa

Embora o art. 83, IV, da LC nº 75/93 seja direcionado à atribuição do Ministério Público do Trabalho, o C. TST entende que ela deve ser estendida, de forma excepcional, aos entes sindicais subscreventes da norma coletiva, "quando demonstrado vício de vontade ou alguma das irregularidades descritas no art. 166 do Código Civil, ou aos sindicatos representantes das categorias econômicas e/ou profissionais, que não subscreveram a norma coletiva, mas que se sintam prejudicados em sua esfera jurídica, em decorrência do instrumento pactuado".[61]

A **legitimidade ativa** da ação anulatória poderá, portanto, ser do Ministério Público do Trabalho ou das entidades sindicais, podendo ainda atuarem em litisconsórcio facultativo.

5.3.2. Legitimidade passiva

No que tange à **legitimidade passiva**, a doutrina já apontava que os legitimados eram as partes signatárias do instrumento com vícios: sindicatos patronais e profissionais nos casos de convenção coletiva de trabalho e sindicato profissional e uma ou mais empresas nos casos de acordo coletivo de trabalho (CLT, art. 611, *caput* e § 1º), exigindo-se, portanto, litisconsórcio passivo necessário.[62]

Atente-se para o fato de que, embora o § 5º do art. 611-A da CLT exija a participação apenas dos sindicatos subscritores, no caso de acordo coletivo as empresas subscritoras também devem participar do polo passivo.

É que nessas hipóteses a própria natureza da relação jurídica é incindível, de modo que se exige decisão uniforme. Queremos dizer: nesses casos, o litisconsórcio

60. MELO, Raimundo Simão de *Processo coletivo do trabalho: dissídio coletivo, ação de cumprimento, ação anulatória.* São Paulo: LTr, 2009. p. 222.

61. TST-RO-3434- 13.2011.5.10.0000, SDC, rel. Min. Dora Maria da Costa, 13.4.2015 (Informativo nº 103).

62. MELO, Raimundo Simão de. *Processo Coletivo do Trabalho: dissídio coletivo, ação de cumprimento, ação anulatória.* São Paulo: LTr, 2009. p. 247.

será necessário e unitário, porque a relação jurídica é indivisível, impondo por isso uma decisão idêntica para todos os litisconsortes.

Como bem descreve o doutrinador Daniel Assumpção Neves, ao tratar do litisconsórcio necessário criado por lei, "a necessidade proveniente em lei não tem nenhuma outra justificativa que não a expressa determinação legal, mas é possível que a exigência legal seja até mesmo inútil, porque em virtude do caso concreto o litisconsórcio seria necessário de qualquer modo"[63].

Nesse particular, portanto, o art. 611-A, § 5º, da CLT (acrescentado pela Lei nº 13.467/2017 – Reforma Trabalhista) apenas reforçou o que a doutrina e a jurisprudência já afirmavam, sendo inútil a determinação legal nesse sentido, vez que sendo incindível a relação jurídica, o litisconsórcio já era necessário.

5.3.3. Objeto

O art. 83, IV, da LC 75/93 dispõe que a ação anulatória tem como finalidade a proteção das liberdades individuais ou coletivas ou os direitos individuais indisponíveis dos trabalhadores quando prejudicados nas relações de trabalho, mesmo quando o prejuízo advier dos sindicatos representativos.[64]

Desse modo, os acordos coletivos e as convenções coletivas de trabalho podem ser objeto de anulação quando não respeitarem os requisitos formais e materiais exigidos.

São requisitos formais: a) norma escrita; b) publicidade (mediante registro na Secretaria Especial de Previdência e Trabalho do Ministério da Economia); c) publicação nos sindicatos; d) aprovação pela assembleia geral dos interessados; e) quórum (número necessário para que ocorra a deliberação em assembleia); f) prazo máximo de vigência de 2 anos.[65]

No tocante ao conteúdo material das convenções coletivas, exige-se que sejam respeitados direitos fundamentais e indisponíveis dos trabalhadores.[66]

Destaca-se que o art. 8º, § 3º, da CLT, incluído pela Lei nº 13.467/2017 (Reforma Trabalhista), limitou a análise dos acordos coletivos e convenções coletivas aos elementos essenciais do negócio jurídico (CC/02, art. 104), exigindo que a atuação da Justiça do Trabalho baseie sua atuação no princípio da intervenção mínima na

63. NEVES, Daniel Amorim Assumpção. *Novo Código de Processo Civil Comentado.* Salvador: Editora Juspodivm, 2016. p. 182.

64. MELO, Raimundo Simão de. *Processo Coletivo do Trabalho: dissídio coletivo, ação de cumprimento, ação anulatória.* São Paulo: LTr, 2009. p. 222.

65. MELO, Raimundo Simão de. *Processo Coletivo do Trabalho: dissídio coletivo, ação de cumprimento, ação anulatória.* São Paulo: LTr, 2009. p. 227 e 228.

66. MELO, Raimundo Simão de. *Processo Coletivo do Trabalho: dissídio coletivo, ação de cumprimento, ação anulatória.* São Paulo: LTr, 2009. p. 229.

autonomia da vontade coletiva. Tal dispositivo é inconstitucional por violar frontalmente a separação dos poderes, restringindo a função típica do Judiciário de julgar.[67]

5.3.4. Competência

Em relação à **competência material, a** competência da Justiça do Trabalho para a declaração da nulidade de acordo coletivo ou de convenção coletiva, principalmente em razão do art. 114, incisos I, III e IX, da CF/88, bem como do art. 83, IV, da LC nº 75/93.

No tocante à **competência funcional**, o entendimento que tem prevalecido é o de que a competência originária é dos Tribunais, seguindo a mesma sistemática dos dissídios coletivos. Justifica-se que, como os Tribunais do Trabalho têm a competência para exercer o poder normativo, eles seriam os competentes para desconstituir os instrumentos normativos.

Assim, a competência funcional originária será do:

a) Tribunal Regional do Trabalho, caso a norma coletiva questionada tenha incidência em âmbito regional; e

b) Tribunal Superior do Trabalho, se a norma coletiva for aplicada em âmbito nacional.

5.4. Informativos do TST relacionados ao tema

Ação Anulatória
Ação anulatória. Nulidade de cláusula de convenção coletiva de trabalho. Sindicato representante da categoria econômica não subscrevente da norma coletiva. Legitimidade ativa *ad causam*. A competência conferida ao Ministério Público do Trabalho para o ajuizamento de ações anulatórias de cláusulas de acordos coletivos ou convenções coletivas de trabalho, nos termos do art. 83, III e IV, da Lei Complementar nº 75/1993, se estende, excepcionalmente, aos entes sindicais subscreventes da norma coletiva, quando demonstrado vício de vontade ou alguma das irregularidades descritas no art. 166 do Código Civil, ou aos sindicatos representantes das categorias econômicas e/ou profissionais, que não subscreveram a norma coletiva, mas que se sintam prejudicados em sua esfera jurídica, em decorrência do instrumento pactuado. No caso, considerando-se o teor das cláusulas firmadas entre o Sindicato dos Trabalhadores em Condomínios Residenciais, Comerciais, Rurais, Mistos, Verticais e Horizontais de Habitações em Áreas Isoladas do Distrito Federal e o Sindicato dos Condomínios Residenciais e Comercias do Distrito Federal – Sindicondomínio, que enumeram as funções de zelador, garagista, serviços gerais e outros como atividades

67. MIESSA, Élisson. In: MIESSA, Élisson; CORREIA, Henrique. *Manual da Reforma Trabalhista*. 2. ed. Salvador: Juspodivm, 2018. p. 686.

fim e proíbem a contratação desses trabalhadores por empresas terceirizadas, constata-se haver interesse jurídico entre o Sindicato das Empresas de Asseio, Conservação, Trabalho Temporário e Serviços Terceirizáveis do Distrito Federal - SEAC e a matéria objeto da ação anulatória, qual seja, o direito de um terceiro sindicato de ter contratada a mão de obra das empresas prestadoras de serviço que representa, o que torna inquestionável a sua legitimidade ativa. Com esse entendimento, a SDC, por maioria, conheceu do recurso ordinário interposto pelo SEAC, e, no mérito, deu-lhes provimento para afastar a ilegitimidade ativa ad causam do recorrente, e determinar o retorno dos autos ao TRT, a fim de que prossiga no exame da ação anulatória, como entender de direito. Vencido o Ministro Mauricio Godinho Delgado. TST-RO-343413.2011.5.10.0000, SDC, rel. Min. Dora Maria da Costa, 13.4.2015 (Informativo nº 103)
Ação anulatória. Pretensão de desconstituição de sentença homologatória de cálculos de liquidação. Não cabimento. Art. 486 do CPC. A pretensão de desconstituição de sentença homologatória de cálculos de liquidação apresentados pelo perito é incompatível com a ação anulatória, a qual, consoante o art. 486 do CPC, é cabível apenas contra os atos dispositivos praticados pelas partes, que não dependam de sentença, ou contra os atos processuais objeto de decisão meramente homologatória. Assim, tendo em conta que os cálculos apresentados por perito contábil não se caracterizam como atos dispositivos em que há declaração de vontade destinada a dispor da tutela jurisdicional, e que a sentença homologatória de cálculos de liquidação não se destina a jurisdicionalizar ato processual das partes, mas tornar líquida a prestação reconhecida na sentença exequenda, integrando-a, não há falar em cabimento da ação anulatória. Com esses fundamentos, e não vislumbrando afronta aos arts. 896 da CLT e 486 do CPC, a SBDI-I, por unanimidade, não conheceu do recurso de embargos interpostos pelo reclamante antes da vigência da Lei nº 11.496/2007. Registrou ressalva de fundamentação o Ministro Lelio Bentes Corrêa. TST-E-ED-RR-156700-08.2000.5.17.0001, SBDI-I, rel. Min. Guilherme Augusto Caputo Bastos, 9.4.2015 (Informativo execução nº 13)
Ação anulatória. Pedido de condenação ao pagamento de honorários advocatícios em razão da sucumbência do Ministério Público do Trabalho. Impossibilidade. Art. 18 da Lei nº 7.347/1985. **Aplicação por analogia.** Não cabe condenação de honorários advocatícios na ação anulatória em que a parte sucumbente na ação é o Ministério Público do Trabalho, salvo comprovada má-fé. Aplica-se, por analogia, o art. 18 da Lei nº 7.347/1985 (lei da ação civil pública), uma vez que o *Parquet,* ao ajuizar a ação anulatória, não defende interesse próprio, mas atua em favor dos direitos dos trabalhadores, exercendo sua função de defesa da ordem jurídica, do regime democrático, dos interesses sociais e dos interesses individuais indisponíveis, cumprindo a função que lhe foi constitucionalmente atribuída (art. 127 da CF e art. 83, IV, da LC nº 75/1993). Sob esse entendimento, a SDC, por unanimidade, conheceu do recurso ordinário e, no mérito, negou-lhe provimento, mantendo, portanto, o indeferimento do pagamento de honorários sucumbenciais pelo MPT. TST-RO-513-28.2017.5.08.0000, SDC, rel. Min. Dora Maria da Costa, 8.10.2018 (Informativo nº 185)

6. CONSIGNAÇÃO EM PAGAMENTO

6.1. Cabimento

Ao devedor é conferido o direito de quitar sua obrigação. Desse modo, quando o pagamento não puder ser efetuado em razão de resistência do credor ou por obstáculo alheio à vontade do devedor, o ordenamento admite a consignação em pagamento para que sejam evitadas as consequências prejudiciais da mora. Trata-se, portanto, de forma de extinção da obrigação.

A CLT não prevê a ação de consignação em pagamento, razão pela qual aplicamos as diretrizes dos arts. 539 e seguintes do CPC, por força do art. 769 da CLT.

A consignação em pagamento pode ser: extrajudicial e judicial.

A consignação extrajudicial (depósito bancário), majoritariamente, não tem sido admitida na seara trabalhista, vez que a legislação trabalhista exige formalidades especiais para a quitação das verbas trabalhistas, impossibilitando a consignação extrajudicial.

Quanto à consignação em pagamento judicial, trata-se de ação de rito especial, sendo cabível nas hipóteses do art. 335 do CC, a saber:

1) se o credor não puder, ou, sem justa causa, recusar receber o pagamento, ou dar quitação na devida forma;

2) se o credor não for, nem mandar receber a coisa no lugar, tempo e condição devidos;

3) se o credor for incapaz de receber, for desconhecido, declarado ausente, ou residir em lugar incerto ou de acesso perigoso ou difícil;

4) se ocorrer dúvida sobre quem deva legitimamente receber o objeto do pagamento;

5) se pender litígio sobre o objeto do pagamento.

6.2. Objeto

A ação de consignação em pagamento tem como objeto o depósito de quantia (dinheiro) ou coisa devida. Não tem como finalidade obrigações de fazer ou não fazer, ante a incompatibilidade lógica de consigná-las.

6.3. Competência

O art. 540 do CPC/2015 prevê que o juízo competente é o do lugar do pagamento.

No processo do trabalho, a doutrina majoritária entende que se aplica o art. 651 da CLT, que impõe, com regra, o juízo do local da prestação dos serviços como competente.

Trata-se de competência territorial e, portanto, relativa.

6.4. Legitimidade

As partes na ação de consignação são denominadas de consignante (autor) e consignado (réu).

Tem legitimidade ativa (autor) para propor a ação de consignação:

a) o devedor;

b) os terceiros (p. ex., sucessores, sócio etc.).

Noutras palavras, tem legitimidade ativa qualquer um que possa realizar o pagamento.

Por outro lado, a legitimidade passiva é do credor. Quando o credor for desconhecido, será feita a citação por edital.

6.5. Procedimento

O autor, na petição inicial, requererá o depósito da quantia ou da coisa devida, a ser efetivado no prazo de 5 dias contados da distribuição da ação[68].

Não havendo depósito, o processo será extinto sem resolução do mérito, vez que falta ato essencial para o prosseguimento regular do processo (CPC/2015, art. 542, parágrafo único). É interessante consignar, porém, que tem sido admitido, no processo do trabalho, o depósito do valor devido ou da coisa na audiência, realizando-o apenas se houver recusa no seu recebimento.

Atenção:

Tratando-se de prestações sucessivas, uma vez consignada uma delas, pode o devedor continuar a depositar, no mesmo processo e sem mais formalidades, as que se forem vencendo, desde que os depósitos sejam efetuados até 5 dias, contados da data do vencimento (CPC/2015, art. 541).

Em seguida, será realizada a citação do réu para comparecer em audiência.

Sendo revel ou comparecendo na audiência para receber o depósito e dar quitação, o juiz julgará procedente o pedido da ação de consignação, declarando extinta a obrigação, além de condenar o réu nas custas e honorários advocatícios.

Contudo, comparecendo na audiência e oferendo contestação, poderá alegar que:

1) não houve recusa ou mora em receber a quantia ou coisa devida;

2) foi justa a recusa;

3) o depósito não se efetuou no prazo ou no lugar do pagamento;

4) o depósito não é integral. Nesse caso, a alegação será admissível se o réu indicar o montante que entende devido (CPC/2015, art. 544).

Quando, na contestação, o réu alegar que o depósito não é integral, é lícito ao autor completá-lo, dentro de 10 dias (CPC/2015, art. 545, caput).

---

68. No processo civil, conta-se do deferimento da petição inicial, o que não ocorre na seara trabalhista, pois a citação é ato de secretaria, não havendo deferimento da inicial.

Alegada a insuficiência do depósito, poderá o réu levantar, desde logo, a quantia ou a coisa depositada, com a consequente liberação parcial do autor, continuando quanto à parcela controvertida (CPC/2015, art. 545, § 1º).

É interessante atentar para o fato de que a sentença, na ação de consignação, tem natureza dúplice. Desse modo, sendo concluída pela insuficiência do depósito, a sentença determinará, sempre que possível, o montante devido, e, nesse caso, valerá como título executivo, facultado ao credor promover-lhe a execução nos mesmos autos, após liquidação, se necessária (CPC/2015, art. 545, § 2º).

7. AÇÃO MONITÓRIA

7.1. Conceito

A ação monitória constitui-se como "uma ação de rito especial destinada a propiciar a quem tem prova escrita de uma dívida sem força de título executivo extrajudicial, a possibilidade de ingressar com um procedimento mais simplificado, a fim de que o devedor cumpra a obrigação ou transformar a prova escrita em título executivo judicial"[69].

Trata-se, pois, de um procedimento especial simplificado, previsto nos artigos 700 a 702 do CPC/2015.

Assim, podemos sintetizar da seguinte forma:

1) havendo título executivo, admite-se o processo de execução;

2) não tendo o título executivo, mas de posse de prova escrita sem eficácia de título executivo, permite-se o ajuizamento da ação monitória;

3) não tendo o título executivo, nem mesmo prova escrita sem eficácia de título executivo, deverá ajuizar ação de conhecimento.

De qualquer modo, é importante destacar que a ação monitória é faculdade do autor, podendo optar pelo ajuizamento da ação de conhecimento.

7.2. Aplicação ao processo do trabalho

A doutrina majoritária admite a aplicação da ação monitória na Justiça do Trabalho, desde que o documento escrito, sem eficácia de título executivo extrajudicial seja oriundo da relação de trabalho ou relacionado com algum dos incisos do art. 114 da Constituição Federal, uma vez que há omissão da legislação trabalhista e compatibilidade com os princípios que regem esta seara.

69. SCHIAVI, Mauro. *Manual de direito processual do trabalho.* 11. ed. de acordo com Novo CPC. São Paulo: LTr, 2016. p. 1479.

Desse modo, a Justiça do Trabalho será competente para o julgamento da ação monitória quando a ação de conhecimento por ela substituída também for de competência dessa justiça especializada.

A compatibilidade é visualizada na facilitação ao acesso à Justiça do trabalhador pela ação monitória, uma vez que esta simplifica a execução da prova escrita da dívida sem eficácia de título executivo judicial ou extrajudicial[70].

A ação monitória pode ser utilizada tanto pelo empregado como pelo empregador, uma vez que não há nenhuma restrição legal.

7.3. Procedimento

De acordo com o art. 700 do CPC/2015, a ação monitória pode ser proposta por aquele que afirmar, com base em prova escrita sem eficácia de título executivo, ter o direito de exigir do devedor capaz:

> I - o pagamento de quantia em dinheiro;
>
> II - a entrega de coisa fungível ou infungível ou de bem móvel ou imóvel;
>
> III - o adimplemento de obrigação de fazer ou de não fazer.

A prova escrita pré-constituída deverá convencer o juiz da verossimilhança da obrigação, não sendo necessária, portanto, a certeza da obrigação, uma vez que não se trata de título executivo judicial nem extrajudicial[71].

Além disso, o art. 700, § 1º, do CPC/2015 permite que a prova escrita possa consistir em prova oral documentada, produzida antecipadamente, nos termos do art. 381 do CPC/2015, ou seja, quando houver fundado receio de que venha a tornar-se impossível ou muito difícil a verificação de certos fatos na pendência da ação; a prova a ser produzida for suscetível de viabilizar a autocomposição ou outro meio adequado de solução de conflito e o prévio conhecimento dos fatos possa justificar ou evitar o ajuizamento de ação.

Para que a ação monitória seja ajuizada, é preciso que a prova documental apresentada pelo autor seja idônea. Havendo dúvida quanto à sua idoneidade, o juiz intimará o autor para, querendo, emendar a petição inicial, adaptando-a ao procedimento ordinário ou sumaríssimo (CPC/2015, art. 700, § 5º).

Na petição inicial, o autor deverá explicitar, conforme o caso, a importância devida, instruindo-a com a memória de cálculo; o valor atual da coisa reclamada

---

70. SCHIAVI, Mauro. *Manual de direito processual do trabalho.* 11. ed. de acordo com Novo CPC. São Paulo: LTr, 2016. p. 1485.

71. SCHIAVI, Mauro. *Manual de direito processual do trabalho.* 11. ed. de acordo com Novo CPC. São Paulo: LTr, 2016. p. 1480.

e o conteúdo patrimonial em discussão ou o proveito econômico perseguido, os quais corresponderão ao valor da causa (CPC/2015, art. 700, §§ 2º e 3º). Não estando presentes esses requisitos, a petição inicial da ação monitória será indeferida (CPC/2015, art. 700, § 4º). Do indeferimento da inicial, é cabível recurso ordinário (CLT, art. 895)[72].

Sendo evidente o direito do autor, o juiz deferirá a expedição de mandado de pagamento, de entrega de coisa ou para execução de obrigação de fazer ou de não fazer, concedendo ao réu prazo de 15 dias[73] para o cumprimento e o pagamento de honorários advocatícios de cinco por cento do valor atribuído à causa.

Dessa decisão interlocutória, não será cabível recurso. No entanto, o réu poderá no prazo para cumprimento apresentar embargos à ação monitória, podendo alegar quaisquer matérias passíveis de alegação como defesa (CPC/2015, art. 702, § 1º). O autor terá o mesmo prazo (15 dias) para responder aos embargos[74]. Ressalta-se que os embargos suspendem a eficácia da decisão do mandado expedido (CPC/2015, art. 702, § 4º).

Observa-se, portanto, que os embargos à ação monitória possuem natureza de defesa, razão pela qual, não se exige a garantia do juízo para sua oposição (CPC/2015, art. 702). É válido destacar que no processo do trabalho, os embargos deverão ser apresentados em audiência previamente designada, permitindo-se a apresentação da defesa e a produção de provas[75]. Da decisão que rejeitar ou acolher os embargos será cabível recurso ordinário.

Se o réu alegar nos embargos que o autor pleiteia quantia superior à devida, deverá declarar imediatamente o valor que entende correto e apresentar demonstrativo discriminado e atualizado da dívida (CPC/2015, art. 702, § 2º). Se este for seu único fundamento e o réu não declarar o valor correto ou não apresentar o demonstrativo, seus embargos serão liminarmente rejeitados. Não sendo o único fundamento, os embargos serão processados, mas o juiz deixará de examinar a alegação de excesso (CPC/2015, art. 702, §§ 2º e 3º).

Se os embargos à ação monitória forem parciais, a critério do juiz, poderão ser autuados em apartado, constituindo-se de pleno direito o título executivo judicial em relação à parcela incontroversa (CPC/2015, art. 702, § 7º).

---

72. ALMEIDA, Cleber Lúcio de. *Direito processual do trabalho*. 6. ed. São Paulo: LTr, 2016. p. 971.

73. Parte da doutrina trabalhista entende que o prazo de 15 dias previsto no art. 701 do CPC/2015 deve ser adaptado ao art. 841 da CLT, o qual prevê prazo de 5 dias (LEITE, Carlos Henrique Bezerra. *Curso de direito processual do trabalho*. 14. ed. de acordo com o novo CPC. São Paulo: Saraiva, 2016. p. 1742).

74. Adaptando o prazo para oposição e para a resposta aos embargos para 5 dias, por força do art. 884 da CLT: LEITE, Carlos Henrique Bezerra. *Curso de direito processual do trabalho*. 14. ed. de acordo com o novo CPC. São Paulo: Saraiva, 2016. p. 1743.

75. SCHIAVI, Mauro. *Manual de direito processual do trabalho*. 11. ed. de acordo com Novo CPC. São Paulo: LTr, 2016. p. 1488.

O CPC/2015 prevê, expressamente, que na ação monitória admite-se a reconvenção, vedando-se apenas o oferecimento de reconvenção à reconvenção (CPC/2015, art. 702, § 5º).

Se o mandado for cumprido espontaneamente pelo réu, o processo será extinto com resolução de mérito. Por sua vez, sendo improcedentes os embargos ou não havendo sua apresentação em audiência (revelia), a prova escrita será transformada em título executivo judicial, o qual, após o trânsito em julgado da decisão, seguirá o procedimento aplicável à execução trabalhista, isto é, depois de formado o título executivo, o devedor deverá ser citado, conforme determina o art. 880 da CLT para pagar o débito, entregar a coisa, cumprir a obrigação ou garantir a execução no prazo de 48 horas, seguindo os demais trâmites da execução trabalhista.

Cabe ressaltar que da decisão que constituir a prova documental apresentada em título executivo judicial, será cabível a ação rescisória se presente algum dos vícios do art. 966 do CPC/2015 (CPC/2015, art. 701, § 3º).

Na hipótese de a ação monitória ser ajuizada indevidamente e de má-fé, o autor será condenado pelo juiz ao pagamento, em favor do réu, de multa de até 10% sobre o valor da causa (CPC/2015, art. 702, § 10).

Do mesmo modo, o réu que de má fé opuser embargos à ação monitória, será condenado ao pagamento de multa de até 10% sobre o valor atribuído à causa, em favor do autor (CPC/2015, art. 702, § 11).

Atenção:

É admitida a ação monitória ajuizada em face da Fazenda pública (CPC/2015, art. 700, § 6º, do CPC/2015).

Capítulo 29

INFORMATIZAÇÃO DO PROCESSO JUDICIAL

1. INTRODUÇÃO

Em decorrência dos avanços tecnológicos e da informática houve necessidade de transportá-los para o processo, dando origem à informatização do processo judicial.

No processo do trabalho, sua regulamentação vem disposta na Lei nº 11.419/06, na Instrução Normativa nº 30/2007 do TST e na Resolução nº 185/2017 do CSJT. As duas primeiras versam sobre a prática de atos eletrônicos isolados (p. ex., petições, recursos etc.) e do processo eletrônico, enquanto a última contempla, exclusivamente, o processo eletrônico.

Cabe consignar que, em razão da Resolução nº 185 do CNJ, que buscou uniformizar o processo judicial eletrônico no âmbito do Poder Judiciário, houve necessidade de alterar a antiga Resolução nº 94/2012 do CSJT, sendo revogada pela Resolução nº 136/2014 do CSJT, a qual também foi revogada pela Resolução nº 185/2017 do CSJT, atualmente em vigor.

É interessante notar que quando a Instrução Normativa nº 30/2007 do TST for incompatível com a Resolução nº 185/2017 do CSJT, deverá prevalecer o disposto na resolução do CSJT, embora não se fale em revogação, porque decorrem de órgãos distintos.

Desse modo, passa-se a admitir o uso de meio eletrônico na tramitação de processos judiciais, comunicação de atos e transmissão de peças processuais (Lei nº 11.419/06, art. 1º).

Para melhor compreensão do processo judicial eletrônico, faz-se necessário conhecer o sentido de algumas expressões, conforme prevê o art. 2º da Lei nº 11.419/06, art. 2º da Resolução nº 185/2017do CSJT e o art. 3º da Resolução nº 185/2013 do CNJ:

- **assinatura eletrônica**: compreende as seguintes formas de identificação inequívoca do signatário:
  - **a) assinatura digital:** baseada em certificado digital emitido por Autoridade Certificadora credenciada, na forma de lei específica;
  - **b) mediante cadastro** de usuário no Poder Judiciário, conforme disciplinado pelos órgãos respectivos.

- **autos do processo eletrônico ou autos digitais:** conjunto de metadados e documentos eletrônicos correspondentes a todos os atos, termos e informações do processo.
- **digitalização:** processo de reprodução ou conversão de fato ou coisa, produzidos ou representados originalmente em meio não digital, para o formato digital.
- **documento digitalizado:** reprodução digital de documento originalmente físico.
- **documento digital:** documento originalmente produzido em meio digital.
- **meio eletrônico**: qualquer forma de armazenamento ou tráfego de documentos e arquivos digitais.
- **transmissão eletrônica**: toda forma de comunicação à distância com a utilização de redes de comunicação, preferencialmente a rede mundial de computadores.
- **usuários internos**: magistrados e servidores da Justiça do Trabalho, bem como outros a que se reconhecer acesso às funcionalidades internas do Sistema, tais como estagiários e prestadores de serviço.
- **usuários externos**: partes, estagiários e membros da Advocacia e do Ministério Público, defensores públicos, peritos, leiloeiros, as sociedades de advogados, os terceiros intervenientes e outros auxiliares da justiça.
- **sistema satélite:** é o sistema periférico ao PJe, que com ele tenha relação e/ou integração negocial, funcional ou técnica e que tenha sido homologado e distribuído pelo Conselho Superior da Justiça do Trabalho (CSJT) para funcionamento conjunto.
- **arquivo eletrônico que utilize linguagem padronizada de marcação genérica:** corresponde a todo arquivo que, independente do sufixo que designe seu formato ou função que desempenhe no computador, seja capaz de descrever diversos tipos de dados, gerando metadados.

Os atos processuais terão sua produção, registro, visualização, tramitação, controle e publicação exclusivamente em meio eletrônico e serão assinados digitalmente, contendo elementos que permitam identificar o usuário responsável pela sua prática (art. 3º da Res. nº 185/2017 do CSJT).

A cópia de documento extraída dos autos digitais deverá conter elementos que permitam verificar a sua autenticidade no endereço referente à consulta pública do PJe, cujo acesso também será disponibilizado nos sítios do Conselho Superior da Justiça do Trabalho (CSJT) e dos Tribunais Regionais do Trabalho (TRTs) na Rede Mundial de Computadores (art. 3º, § 1º, da Res. 185/2017 do CSJT).

Os usuários são responsáveis pela exatidão das informações prestadas, quando de seu credenciamento, assim como pela guarda, sigilo e utilização da assinatura digital, não sendo oponível, em qualquer hipótese, alegação de uso indevido, nos termos da Medida Provisória nº 2.200-2, de 24 de agosto de 2001 (art. 3º, § 2º, da Res. 185/2017 do CSJT).

2. SISTEMA DE PETICIONAMENTO ELETRÔNICO

O sistema de peticionamento eletrônico versa sobre a prática de atos processuais, por meio eletrônico, pelas partes, advogados e peritos, o qual será feito, na Justiça do Trabalho, por meio do sistema integrado de protocolização e fluxo de documentos eletrônicos (e-DOc).

É importante salientar que o **sistema e-Doc tem aplicação nos locais que ainda não implementaram o processo judicial eletrônico (PJe)**.

Com efeito, a partir da implantação do PJe em unidade judiciária, fica vedada a utilização do e-DOC ou qualquer outro sistema de peticionamento eletrônico para o envio de petições relativas aos processos que tramitam no PJe. O descumprimento da tal determinação implicará no descarte dos documentos recebidos, que não constarão de nenhum registro e não produzirão qualquer efeito legal (CSJT – Res. nº 185/2017, art. 51).

O e-DOC é um serviço de uso facultativo, disponibilizado no Portal – JT, na Internet (IN-TST nº 30/2007, art. 5º, § 1º).

O sistema do e-DOC deverá buscar identificar, dentro do possível, os casos de ocorrência de prevenção, litispendência e coisa julgada (IN-TST nº 30/2007, art. 5º, § 3º).

A parte desassistida de advogado que desejar utilizar o sistema do e-DOC deverá se cadastrar, antes, nos termos da Instrução Normativa (IN-TST nº 30/2007, art. 5º, § 4º).

As petições, acompanhadas ou não de anexos, apenas serão aceitas em formato PDF (Portable Document Format), no tamanho máximo, por operação, de 5 Megabytes. Não se admitirá o fracionamento de petição, tampouco dos documentos que a acompanham, para fins de transmissão (IN-TST nº 30/2007, art. 6º).

Atenta-se para o fato de que, no processo eletrônico, o tamanho máximo é de 3 megabytes (CSJT – Res. nº 185/2017, art. 12 e Ato nº 89/2017 CSJT, art. 1º).

O envio da petição por intermédio do e – DOC dispensa a apresentação posterior dos originais ou de fotocópias autenticadas, inclusive aqueles destinados à comprovação de pressupostos de admissibilidade do recurso (IN-TST nº 30/2007, art. 7º).

Nos termos do art. 11 da IN nº 30/2007 do TST, são de exclusiva responsabilidade dos usuários:

1) o sigilo da assinatura digital, não sendo oponível, em qualquer hipótese, alegação de seu uso indevido;

2) a equivalência entre os dados informados para o envio (número do processo e unidade judiciária) e os constantes da petição remetida;

3) as condições das linhas de comunicação e acesso ao seu provedor da internet;

4) a edição da petição e anexos em conformidade com as restrições impostas pelo serviço, no que se refere à formatação e tamanho do arquivo enviado;

5) o acompanhamento da divulgação dos períodos em que o serviço não estiver disponível em decorrência de manutenção no sítio do tribunal.

A não obtenção, pelo usuário, de acesso ao sistema, além de eventuais defeitos de transmissão ou recepção de dados, não serve de escusa para o descumprimento dos prazos legais.

Os tribunais deverão informar, nos respectivos sítios, os períodos em que, eventualmente, o sistema esteve indisponível.

Consideram-se realizados os atos processuais por meio eletrônico no dia e hora do seu recebimento pelo sistema do e-DOC (IN-TST nº 30/2007, art. 12).

Quando a petição eletrônica for enviada para atender prazo processual, serão consideradas tempestivas as transmitidas até as 24 horas do seu último dia, na realidade, 23 horas e 59 minutos (Lei nº 11.419/06, art. 3º, parágrafo único e IN-TST nº 30/2007, art. 12, § 1º).

Incumbe ao usuário observar como referência o horário oficial de Brasília, atentando para os fusos horários existentes no país. (IN-TST nº 30/2007, art. 12, § 2º).

Não serão considerados, para efeito de tempestividade, o horário da conexão do usuário à internet, o horário do acesso ao sítio do tribunal, tampouco os horários consignados nos equipamentos do remetente e da unidade destinatária, mas o de recebimento no órgão da Justiça do Trabalho (IN-TST nº 30/2007, art. 12, § 3º).

O uso inadequado do e-DOC, que venha a causar prejuízo às partes ou à atividade jurisdicional, importa bloqueio do cadastramento do usuário, a ser determinado pela autoridade judiciária competente (IN-TST nº 30/2007, art. 13).

3. PROCESSO JUDICIAL ELETRÔNICO

3.1. Introdução

O art. 8º da Lei nº 11.419/06 permitiu que os órgãos do Poder Judiciário desenvolvessem sistemas eletrônicos de processamento de ações judiciais por meio de autos total ou parcialmente digitais, utilizando, preferencialmente, a rede mundial de computadores e acesso por meio de redes internas e externas.

No âmbito da Justiça do Trabalho, o processo judicial eletrônico foi, inicialmente, regulamentado pela IN nº 30/2007 do TST e pelas Resoluções nº 94/2012 e 136/2014 do CSJT, sendo atualmente regulamentado pela Resolução nº 185/2017 do CSJT.

Desse modo, a tramitação do processo judicial no âmbito da Justiça do Trabalho, a prática de atos processuais e sua representação por meio eletrônico serão realizadas, exclusivamente, por intermédio do sistema processo judicial eletrônico da Justiça do Trabalho (PJe[1]), regulamentado pela Resolução nº 185/2017 do CSJT.

Nos casos em que a Resolução nº 185/2017 do CSJT for omissa, aplica-se a Resolução nº 185/2013 do CNJ ao processo judicial eletrônico na Justiça do Trabalho (CSJT - Res. nº 185/17, art. 67).

A implantação desse sistema eletrônico (PJe) poderá ocorrer:

> I - a partir da fase de conhecimento, com a superação dos atuais sistemas de gestão das informações processuais mantidos pelo TRT; e
>
> II - a partir das fases de liquidação ou execução, após o trânsito em julgado do título e para os processos de classes executivas. (CSJT -Res. 185/2017, art. 50)

Ressalta-se que, as Varas do Trabalho criadas por lei e os postos avançados deverão ser instalados com a concomitante implantação do PJe (CSJT-Res. nº 185/2017, art. 62).

Ademais, o Juiz da causa resolverá todas as questões relativas à utilização do PJe em cada caso concreto não previsto na Resolução nº 185/2017e demais atos normativos referentes à matéria, ouvido previamente o Comitê Gestor Regional do PJe (CGRPJe), exceto nos casos de urgência (CSJT-Res. nº 185/2017, art. 63).

O CSJT no art. 11 da Resolução nº 185/2017 declina que os manuais do PJe para todos os usuários, informações gerais das versões e informações de sistemas satélites do PJe serão divulgadas e atualizadas constantemente, inclusive para pessoas com deficiência, em sítio específico.

Diante a importância do tema e considerando que o processo judicial eletrônico já é realidade em todos os tribunais trabalhistas, passamos a analisá-lo pontualmente.

3.2. Assinatura Digital

O envio de petições, de recursos e a prática de atos processuais em geral por meio eletrônico serão admitidos mediante uso de assinatura eletrônica, sendo obrigatório

1. Art. 66. Fica vedada a identificação do processo judicial eletrônico (PJe) como sistema de propriedade da Justiça do Trabalho, bem como o uso da sigla "PJe-JT" (CSJT - Res. nº 185/2017).

o credenciamento prévio no Poder Judiciário, conforme disciplinado pelos órgãos respectivos (Lei nº 11.419/06, art. 2º).

Serão admitidas assinaturas digitais de pessoas físicas e de pessoas jurídicas, realizadas no sistema PJe ou a este destinadas, com a utilização de certificado digital A1 e A3, na forma da normatização do ICP-Brasil e nos termos da Resolução nº 185 do CNJ (Res. nº 185 do CNJ, art. 4º, § 3º).

O envio de petições, de recursos e a prática de atos processuais em geral por meio eletrônico são admitidos mediante o uso de assinatura eletrônica, sendo obrigatório o credenciamento prévio no Poder Judiciário, conforme disciplinado pelos órgãos respectivos (Lei nº 11.419/06, art. 2º).

É possível o acesso ao sistema por meio de utilização de usuário (login) e senha, na forma prevista no art. 7º da Resolução nº 185, de 18 de dezembro de 2013, do Conselho Nacional de Justiça, o qual estabelece:

> **Art. 7º.** O credenciamento dar-se-á pela simples identificação do usuário por meio de seu certificado digital e remessa do formulário eletrônico disponibilizado no portal de acesso ao PJe, devidamente preenchido e assinado digitalmente.
>
> § 1º. O cadastramento para uso exclusivamente através de usuário (login) e senha deverá ser realizado presencialmente, nos termos do art. 2º, § 1º, da Lei nº 11.419, de 19 de dezembro de 2006.
>
> § 2º. Alterações de dados cadastrais poderão ser feitas pelos usuários, a qualquer momento, na seção respectiva do portal de acesso ao PJe, exceto as informações cadastrais obtidas de bancos de dados credenciados, como Receita Federal, Justiça Eleitoral e OAB, que deverão ser atualizadas diretamente nas respectivas fontes.

Partes ou terceiros interessados desassistidos de advogados poderão apresentar peças processuais e documentos em papel, segundo as regras ordinárias, nos locais competentes para recebê-los, que serão inseridos nos autos eletrônicos pela unidade judiciária, em arquivo eletrônico que utilize linguagem padronizada de marcação genérica (CSJT-Res. nº 185/2017, art. 4º).

É importante observar que os órgãos do Poder Judiciário deverão manter equipamentos de digitalização e de acesso à rede mundial de computadores à disposição dos interessados para distribuição de peças processuais (Lei nº 11.419/06, art. 10, § 3º).

Os órgãos do Poder Judiciário poderão realizar convênio com a Ordem dos Advogados do Brasil (OAB) ou outras associações representativas de advogados, bem como com órgãos públicos, para compartilhar responsabilidades na disponibilização de tais espaços, equipamentos e auxílio técnico presencial (CNJ – Res. nº 185/2013, art. 18, § 2º).

A Resolução nº 185/2017 estabelece que o CSJT promoverá as adequações do PJe aos termos da Resolução, inclusive quanto aos aspectos de acessibilidade, em 24 meses, contados da publicação (24.03.2017). Além disso, sem prejuízo desse prazo, o CSJT deverá promover as adequações do PJe aos termos:

> I – da Resolução nº 91/2009 do CNJ que institui o Modelo de Requisitos para Sistemas Informatizados de Gestão de Processos e Documentos do Poder Judiciário (Moreq-jus); e
>
> II – da Resolução nº 230/2016 do CNJ que orienta a adequação das atividades dos órgãos do Poder Judiciário e de seus serviços auxiliares às determinações exaradas pela Convenção Internacional sobre os Direitos das Pessoas com Deficiência e seu Protocolo Facultativo e pela Lei Brasileira de Inclusão da Pessoa com Deficiência (CSJT – Res. nº 185/2017, art. 65).

3.3. Usuários

Os usuários terão acesso às funcionalidades do PJe, de acordo com o perfil que lhes for atribuído no sistema (CSJT-Res. nº 185/2017, art. 7º).

Os usuários internos são os magistrados e servidores da Justiça do Trabalho, bem como outros a que se reconhecer acesso às funcionalidades internas do Sistema, tais como estagiários e prestadores de serviço. (CSJT-Res. nº 185/2017, art. 2º, IV).

Por outro lado, os usuários externos são as partes, estagiários e membros da Advocacia e do Ministério Público, defensores públicos, peritos, leiloeiros, as sociedades de advogados, os terceiros intervenientes e outros auxiliares da justiça (CSJT-Res. nº 185/2017, art. 2º, III).

A uniformização dos perfis de usuários será definida em ato do presidente do CSJT, observada a natureza de sua atuação na relação jurídico-processual e a padronização da estrutura organizacional e de pessoal dos órgãos da Justiça do Trabalho de primeiro e segundo graus prevista na Resolução CSJT 63/10 (CSJT – Res. nº 185/2017, art. 7º, § 1º). É facultado aos Tribunais Regionais do Trabalho a atribuição de perfil aos usuários de forma diversa da estabelecida pelo § 1º deste artigo, quando definida em ato do presidente do TRT respectivo, desde que ouvido o Comitê Gestor Regional (CGRPJe) e informada a Coordenação Nacional Executiva do PJe (CNEPJe) (CSJT – Res. nº 185/2017, art. 7º, § 2º).

Apenas por ato do presidente do CSJT, ouvido o Comitê Gestor Nacional do PJe instalado na Justiça do Trabalho (CGNPJe), serão:

> I – criadas, excluídas ou alteradas as permissões dos perfis de usuários do PJe;
>
> II – excluídos os perfis de usuários já existentes no PJe; e
>
> III – criados novos perfis de usuários do PJe (CSJT – Res. nº 185/2017, art. 8º).

Caberá ao magistrado gestor da Unidade Judiciária definir os perfis dos servidores usuários nela lotados.

Aos estagiários apenas poderá ser atribuído o perfil "estagiário", vedando-se qualquer outra definição.

É vedada ainda a definição de perfil de diretor, assessor ou chefe de gabinete aos usuários que não ocupam a referida função, salvo quanto a seus substitutos imediatos, excetuando-se quando os Tribunais atribuírem perfil diverso aos usuários, nos termos do art. 7º, § 2º da Res. nº 185/2017 (CSJT – Res. nº 185/2017, art. 9º, caput e §§ 1º e 2º).

Nas localidades em que houver central de mandados o perfil de oficial de justiça deverá ser definido para os usuários que executam as atividades nas respectivas centrais (CSJT – Res. nº 185/2017, art. 9º, § 3º).

O credenciamento de advogados no sistema dar-se-á pela identificação do usuário por meio de seu certificado digital e remessa do formulário eletrônico disponibilizado no portal de acesso ao PJe, devidamente preenchido e assinado digitalmente (CSJT-Res. nº 185/2017, art. 5º).

O credenciamento implica a aceitação:

I – de remessa ao usuário, pelo CSJT de pesquisas relacionadas ao uso do PJe;

II – de remessa ao usuário, pelo PJe de informações referentes aos processos;

III – das normas estabelecidas nesta Resolução;

IV – das demais normas que vierem a regulamentar o uso do PJe no âmbito da Justiça do Trabalho; e

V – da responsabilidade do credenciado pelo uso indevido da assinatura eletrônica (CSJT – Res. nº 185/2017, art. 5º, § 3º).

Atente-se para o fato de que o credenciamento de advogados não dispensa:

I – a habilitação de todo advogado e sociedade de advogados nos autos eletrônicos em que atuarem; e

II – a juntada de procuração para postular em Juízo, na forma do art. 104 do CPC (CSJT-Res. nº 185/2017, art. 5º, § 4º).

As alterações de dados cadastrais poderão ser feitas pelos próprios usuários, a qualquer momento, utilizando a funcionalidade específica do PJe para este fim, salvo as informações cadastrais obtidas de bancos de dados credenciados, como Receita Federal, Justiça Eleitoral e OAB, que deverão ser atualizadas diretamente nas respectivas fontes (CSJT-Res. nº 185/2017, art. 5º, § 2º).

O credenciamento da sociedade de advogados se dá pela remessa do formulário eletrônico disponibilizado no portal de acesso ao PJe, devidamente preenchido e assinado digitalmente, dispensando-se a identificação do usuário por meio de seu certificado digital (CSJT – Res. nº 185/2017, art. 5º, § 1º).

É válido destacar que é **vedada às sociedades de advogados a prática eletrônica de atos processuais,** sendo considerada usuária externa apenas para recebimento de intimações, na forma dos arts. 106, I e 272, § 2º, do CPC[2] (CSJT - Res. nº 185/2017, art. 17, § 3º).

A habilitação nos autos eletrônicos para representação das partes, tanto no polo ativo como no polo passivo, efetivar-se-á mediante requerimento específico de habilitação pelo advogado e habilitando-se apenas aquele que peticionar, em qualquer grau de jurisdição (CSJT - Res. nº 185/2017, art. 5º, § 5º).

Poderão ser habilitados os advogados e sociedades de advogados que requeiram, desde que haja pedido e constem da procuração ou substabelecimento, na forma do art. 105 do CPC (CSJT - Res. nº 185/2017, art. 5º, § 6º).

É atribuição do magistrado determinar, por despacho ou delegação de ato ordinatório, a alteração da autuação para inativação de advogado indevidamente habilitado, ou que deixou de representar quaisquer das partes (CSJT - Res. nº 185/2017, art. 5º, § 7º).

O peticionamento de habilitação nos autos deve ser utilizado apenas para o cadastramento específico do advogado ou da sociedade de advogados no processo, ficando disponível para juntada, como anexos, somente os tipos de documentos de "representação judicial" e de "identificação das partes" (CSJT - Res. nº 185/2017, art. 5º, § 8º).

O peticionamento avulso deve ser utilizado somente por advogados que não tenham poderes nos autos para representar qualquer das partes, na forma do art. 107, inciso I, do CPC (CSJT - Res. nº 185/2017, art. 5º, § 9º).

O advogado que fizer o requerimento para que as intimações sejam dirigidas a este ou à sociedade de advogados a que estiver vinculado, deverá requerer a habilitação automática nos autos, peticionando com o respectivo certificado digital (CSJT - Res. nº 185/2017, art. 5º, § 10).

3.3.1. Responsabilidade do usuário

Os usuários são responsáveis pela exatidão das informações prestadas, quando de seu credenciamento, assim como pela guarda, sigilo e utilização da assinatura digital, não sendo oponível, em qualquer hipótese, alegação de uso indevido, nos termos da Medida Provisória nº 2.200-2, de 24 de agosto de 2001 (CSJT - Res. nº 185/2017, art. 3º, § 2º).

2. Art. 106. Quando postular em causa própria, incumbe ao advogado:I - declarar, na petição inicial ou na contestação, o endereço, seu número de inscrição na Ordem dos Advogados do Brasil e o nome da sociedade de advogados da qual participa, para o recebimento de intimações; (...)Art. 272, § 2° Sob pena de nulidade, é indispensável que da publicação constem os nomes das partes e de seus advogados, com o respectivo número de inscrição na Ordem dos Advogados do Brasil, ou, se assim requerido, da sociedade de advogados.

Além disso, o art. 9º, § 2º, da Res. nº 185/2013 do CNJ declina como responsabilidade do usuário:

I – o acesso ao seu provedor de internet e a configuração do computador utilizado nas transmissões eletrônicas;

II – o acompanhamento do regular recebimento das petições e documentos transmitidos eletronicamente;

III – a aquisição, por si ou pela instituição ao qual está vinculado, do certificado digital, padrão ICP-Brasil, emitido por Autoridade Certificadora credenciada, e respectivo dispositivo criptográfico portável.

3.3.2. Uso inadequado do sistema

O uso inadequado do sistema que cause redução significativa de sua disponibilidade poderá ensejar o bloqueio total, preventivo e temporário, do usuário (CNJ – Res. nº 185/2013, art. 29).

Considera-se uso inadequado do sistema as atividades que evidenciem ataque ou uso desproporcional dos ativos computacionais (CNJ – Res. nº 185/2013, art. 29, § 1º).

No caso de uso inadequado, deverá ser procedido o imediato contato com o usuário boqueado para identificação da causa do problema e reativação no sistema e, em caso de advogado, a comunicação à respectiva Seccional da Ordem dos Advogados do Brasil (CNJ – Res. nº 185/2013, art. 29, § 2º).

3.4. Disponibilidade e Indisponibilidade do Sistema

O PJe estará disponível 24 horas por dia, ininterruptamente, ressalvados os períodos de manutenção do sistema (CNJ-Res. nº 185/2013, art. 8º).

Considera-se indisponibilidade do sistema PJe a falta de oferta ao público externo, diretamente ou por meio de WebService, de qualquer um dos seguintes serviços:

I – consulta aos autos digitais;

II – transmissão eletrônica de atos processuais;

III – acesso a citações, intimações ou notificações eletrônicas (CNJ Res. nº 185/2017, art. 9º).

Ademais, haverá indisponibilidade nos períodos de manutenção do sistema. As manutenções programadas do sistema serão sempre informadas com antecedência e realizadas, **preferencialmente, entre 0h de sábado e 22h de domingo, ou entre 0h e 6h dos demais dias da semana** (CNJ – Res. nº 185/2013, art. 8º, parágrafo único).

A indisponibilidade previamente programada será ostensivamente comunicada ao público externo com, pelo menos, 5 dias de antecedência (CNJ – Res. nº 185/2013, art. 12).

Atenção:

Não caracterizam indisponibilidade as falhas de transmissão de dados entre as estações de trabalho do público externo e a rede de comunicação pública, assim como a impossibilidade técnica que decorra de falhas nos equipamentos ou programas dos usuários. (CNJ – Res. nº 185/2013, art. 9º, § 1º).

A propósito, a não obtenção de acesso ao PJe, e eventual defeito de transmissão ou recepção de dados não imputáveis à indisponibilidade ou impossibilidade técnica do sistema, não servirão de escusa para o descumprimento de prazo processual, salvo deliberação expressa da autoridade judiciária competente. (CNJ – Res. nº 185/2013, art. 26, § 6º).

A indisponibilidade definida anteriormente será aferida por sistema de auditoria fornecido pelo Conselho Nacional de Justiça ou por órgão a quem este atribuir tal responsabilidade (CNJ – Res. nº 185/2013, art. 10 e CSJT – Res. nº 185/2017, art. 10). Quanto às interrupções deverá haver:

I – registro em relatório de indisponibilidade do funcionamento;

II – divulgação ao público, no sítio do Tribunal respectivo, na rede mundial de computadores;

III – juntada automática do relatório de indisponibilidade nos processos; e

IV – registro automático da prorrogação dos prazos processuais no PJe (CSJT – Res. nº 185/2017, art. 10).

O relatório de que trata o parágrafo anterior deverá conter, pelo menos, as seguintes informações:

I – data, hora e minuto de início da indisponibilidade;

II – data, hora e minuto de término da indisponibilidade;

III – serviços que ficaram indisponíveis; e

IV – assinatura digital do responsável pela unidade de tecnologia da informação do TRT, ou a quem este delegar, com efeito de certidão, devendo estar acessível, preferencialmente, em tempo real, ou, no máximo, até as 12h do dia seguinte ao da indisponibilidade (CSJT – Res. nº 185/2017, art. 10, § 1º)

Os Tribunais Regionais do Trabalho manterão o controle dos registros no PJe acerca de feriados, da ausência de expediente forense, da prática de atos e da suspensão de prazos prevista nos arts. 214 e 220 do CPC/2015 (CSJT – Res. nº 185/2017, art. 10, § 2º).

Os **prazos que vencerem no dia da ocorrência de indisponibilidade** serão prorrogados para o dia útil seguinte à retomada de funcionamento, quando:

I – a indisponibilidade for superior a 60 minutos, ininterruptos ou não, se ocorrida entre 6h e 23h; ou

II – ocorrer indisponibilidade entre 23h e 24h00 (CNJ – Res. nº 185/2013, art. 11).

A propósito, os **prazos fixados em hora ou minuto** serão prorrogados até às 24 horas do dia útil seguinte quando:

I – ocorrer indisponibilidade superior a 60 minutos, ininterruptos ou não, nas últimas 24 horas do prazo; ou

II – ocorrer indisponibilidade nos 60 minutos anteriores ao término (CNJ – Res. nº 185/2013, art. 11, § 2º).

Em todos os casos, a prorrogação dos prazos ocorrerá de forma automática pelo sistema PJe (CNJ – Res. nº 185/2013, art. 11, § 3º).

Importante:

As indisponibilidades ocorridas entre 00h00min e 06h00min dos dias de expediente forense e as ocorridas em feriados e finais de semana, a qualquer hora, não provocam a prorrogação dos prazos processuais (CNJ – Res. nº 185/2013, art. 11, § 1º).

3.5. Recebimento de Arquivos

O art. 12 da Resolução nº 185/17 do CSJT declina que ato do Presidente do CSJT definirá o tamanho máximo dos arquivos e extensões suportadas pelo PJe. De acordo com o Ato nº 89 do Presidente do CSJT, define-se o tamanho máximo dos arquivos e extensões suportadas pelo PJe em **3 megabytes.**

O PJe deve dispor de funcionalidade que permita o uso exclusivo de documento digital que utilize linguagem padronizada de marcação genérica, garantindo-se, de todo modo, a faculdade do peticionamento inicial e incidental mediante juntada de arquivo eletrônico portable document format (.pdf) padrão ISO-19005 (PDF/A), sempre com a identificação do tipo de petição a que se refere, a indicação do Juízo a que é dirigida, nomes e prenomes das partes e número do processo (CSJT – Res. nº 185/2017, art. 12, § 1º).

O peticionamento na forma do parágrafo anterior não dispensa a petição redigida no editor de texto do PJe, contendo a indicação do Juízo a que é dirigida, nomes e prenomes das partes, número do processo, a identificação em Sistema do tipo de petição a que se refere e a informação de que o conteúdo da petição está em arquivo eletrônico portable document format (.pdf) padrão ISO-19005 (PDF/A) (CSJT – Res. nº 185/2017, art. 12, § 2º).

O Agrupamento de documentos em um mesmo arquivo eletrônico portable document format (.pdf) sempre deverá corresponder a documentos de mesmo tipo, com classificação disponível no PJe (CSJT – Res. nº 185/2017, art. 12, § 3º).

Os usuários externos poderão juntar quantos arquivos se fizerem necessários à ampla e integral atividade probatória (CSJT – Res. nº 185/2017, art. 13).

A propósito, os órgãos do Poder Judiciário que utilizarem o Processo Judicial Eletrônico – PJe manterão instalados equipamentos à disposição das partes, advogados e interessados para consulta ao conteúdo dos autos digitais, digitalização e envio de peças processuais e documentos em meio eletrônico (CNJ – Res. nº 185/2013, art. 18).

Importante 1:

As partes ou terceiros interessados desassistidos de advogado poderão apresentar peças processuais e documentos em papel, segundo as regras ordinárias, nos locais competentes para recebê-los, que serão inseridos nos autos eletrônicos pela unidade judiciária, em arquivo eletrônico que utilize linguagem padronizada de marcação genérica (CSJT - Res. nº 185/2017, art. 4º).

Importante 2:

Os órgãos do Poder Judiciário devem providenciar auxílio técnico presencial às pessoas com deficiência ou que comprovem idade igual ou superior a 60 anos (CNJ - Res. nº 185/2013, art. 18, § 1º).

O PJe deve dispor de funcionalidade que permita identificar o usuário que promover exclusão, inclusão e alteração de dados, arquivos baixados, bem como o momento de sua ocorrência. (CSJT-Res. nº 185/2017, art. 34).

As petições e os documentos enviados sem observância às normas estabelecidas pelo CSJT poderão ser excluídos por expressa determinação do magistrado, com o registro respectivo, assinalando-se, se for o caso, novo prazo para a adequada apresentação da petição, e em se tratando de petição inicial, será observada a regra prevista no art. 321 e parágrafo único do CPC (CSJT - Res. nº 185/2017, art. 15, *caput*).

Na exclusão da petição incidental dever-se-á tornar indisponível todo o documento a ela anexado (CSJT - Res. nº 185/2017, art. 15, § 1º).

Sendo a exclusão referente à petição cujo tipo gere movimento estatístico, deverá ser precedida de pronunciamento do magistrado, com o registro do movimento correspondente à solução dada ao incidente ou recurso (CSJT - Res. nº 185/2017, art. 15, § 2º).

3.6. Documentos

Os documentos produzidos eletronicamente, os extratos digitais e os documentos digitalizados e juntados aos autos pelos órgãos da Justiça do Trabalho e seus auxiliares, pelos membros do Ministério Público do Trabalho, pelas procuradorias e por advogados **têm a mesma força probante dos originais**, ressalvada a alegação motivada e fundamentada de adulteração antes ou durante o processo de digitalização (Lei nº 11.419/06, art. 11, § 1º e CNJ - Res. nº 185/2013, art. 14).

Incumbirá àquele que produzir o documento digital ou digitalizado e realizar a sua juntada aos autos zelar pela qualidade deste, especialmente quanto à sua legibilidade (CNJ - Res. nº 185/2013, art. 14, § 1º).

A **arguição de falsidade** do documento original será processada eletronicamente na forma da lei processual em vigor (CNJ - Res. nº 185/2013, art. 14, § 3º).

Atenção:

Os documentos cuja digitalização se mostre tecnicamente inviável em razão do grande volume, tamanho/formato ou por motivo de ilegibilidade deverão ser apresentados em secretaria no prazo de 10 dias contados do envio de petição eletrônica comunicando o fato. Após o trânsito em julgado, os referidos documentos serão devolvidos, incumbindo-se à parte preservá-los, até o fim do prazo para propositura de ação rescisória, quando admitida (Lei nº 11.419/06, art. 11, § 5º e CNJ-Res. nº 185/2013, art. 14, § 4º).

O usuário deve assegurar que os arquivos eletrônicos que envia ao PJe estejam livres de artefatos maliciosos, podendo o Sistema, caso constatada a presença desses artefatos, rejeitá-los de plano, informando ao usuário as razões da rejeição, com efeito de certidão (CNJ – Res. nº 185/2013, art. 14, § 5º).

Excetuando-se os documentos referidos anteriormente neste tópico, todos os demais documentos apresentados deverão ser retirados pelos interessados, no prazo de 45 dias. Findo o prazo, a unidade judiciária correspondente poderá inutilizar os documentos mantidos sob sua guarda em meio impresso (CNJ – Res. nº 185/2013, art. 15).

Os documentos que forem juntados eletronicamente em autos digitais e reputados manifestamente impertinentes pelo Juízo poderão ter, observado o contraditório, sua visualização tornada indisponível por expressa determinação judicial (CNJ – Res. nº 185/2013, art. 16).

Os documentos digitalizados e anexados às petições eletrônicas serão classificados e organizados de forma a facilitar o exame dos autos eletrônicos. (CNJ – Res. nº 185/2013, art. 17).

Todos os documentos inseridos no PJe que não forem assinados ou protocolados no prazo de 60 (sessenta) dias a partir de sua criação, serão excluídos do Sistema (CSJT – Res. nº 185/2017, art. 35).

Os arquivos juntados aos autos devem utilizar descrição que identifique, resumidamente, os documentos neles contidos e, se for o caso, os períodos a que se referem, e, individualmente considerados, devem trazer os documentos da mesma espécie, ordenados cronologicamente. (CSJT-Res. nº 185/2017, art. 13, § 1º).

Por fim, quando a forma de apresentação dos documentos puder ensejar prejuízo ao exercício do contraditório e da ampla defesa, deverá o juiz determinar nova apresentação e a exclusão dos anteriormente juntados (CSJT-Res. nº 185/2017, art. 17, parágrafo único).

3.6.1. Prazo de preservação dos originais dos documentos digitalizados

No tocante ao documento "genuinamente" eletrônico, especialmente quando produzido com assinatura digital, não há que se falar em preservação pelo detentor dos originais, tendo eficácia probatória quanto à origem do documento e também quanto ao seu conteúdo.

Por outro lado, o documento físico digitalizado possui presunção juris tantum de veracidade (tem força probante do original), podendo, porém, ser alegada de forma motivada a adulteração antes ou durante o processo de digitalização. É por isso que nesse caso, impõe-se que os originais dos **documentos digitalizados** sejam preservados pelo seu detentor até o trânsito em julgado da sentença ou, quando admitida, até o final do prazo para interposição de ação rescisória (Lei nº 11.419/06, art. 11, § 3º; CNJ – Res. nº 185/2013, art. 14, § 2º).

3.7. Consulta

A consulta ao inteiro teor dos documentos juntados ao PJe– JT somente estará disponível pela rede mundial de computadores, para as respectivas partes processuais, para advogados, independentemente de procuração nos autos, para membros do Ministério Público e para magistrados, sem prejuízo da possibilidade de visualização nas secretarias dos órgãos julgadores, à exceção daqueles que tramitarem em segredo de justiça. (Lei 11.419/2006, art. 11, § 6º e CNJ – Res. nº 185/2013, art. 27).

Os sistemas de informações pertinentes a processos eletrônicos devem possibilitar que advogados, procuradores e membros do Ministério Público cadastrados, mas não vinculados a processo previamente identificado, acessem automaticamente todos os atos e documentos processuais armazenados em meio eletrônico, desde que demonstrado interesse para fins apenas de registro, salvo nos casos de processos em segredo de justiça (Lei nº 11.419/2006, art. 11, § 7º).

A automatização de consultas ao sistema deve ser feita mediante utilização do modelo nacional de interoperabilidade, previsto na Resolução Conjunta CNJ/CNMP nº 3, de 16 de abril de 2013 (CNJ – Res. nº 185/2013, art. 29, § 3º).

Cabe mencionar que o advogado tem direito a examinar, em cartório de fórum e secretaria de tribunal, **mesmo sem procuração**, autos de qualquer processo, independentemente da fase de tramitação, assegurados a obtenção de cópias e o registro de anotações, salvo na hipótese de segredo de justiça, nas quais apenas o advogado constituído terá acesso aos autos (CPC/15, art. 107, I). Essa mesma disposição se aplica aos processos eletrônicos, nos termos do art. 107, § 5º, do CPC/15.

3.7.1. Segredo de Justiça e do Sigilo

As partes poderão atribuir segredo de justiça à petição inicial e sigilo à contestação, reconvenção, exceção, petições incidentais e documentos, desde que, justificadamente, fundamentem uma das hipóteses do art. 770, caput, da CLT e dos arts. 189 ou 773, do CPC (CSJT – Res. nº 185/2017, art. 22, § 2º). O juiz, inclusive, poderá determinar a exclusão de petições e documentos indevidamente protocolados sob sigilo (CSJT – Res. nº 185/2017, art. 22, § 3º).

Em toda e qualquer petição poderá ser requerido sigilo desta ou de documento ou arquivo a ela vinculado (CNJ – Res. nº 185/2013, art. 28, § 1º).

Requerido o segredo de justiça ou sigilo de documento ou o arquivo, este permanecerá sigiloso até que o magistrado da causa decida em sentido contrário, de ofício ou a requerimento da parte contrária (CNJ – Res. nº 185/2013, art. 28, § 2º).

Por fim, atente-se para o fato de que, nos casos em que o rito processual autorize a apresentação de resposta em audiência, faculta-se a sua juntada antecipada aos autos eletrônicos, juntamente com os documentos, hipótese em que permanecerão ocultos para a parte contrária, a critério do advogado peticionante, até a audiência (CNJ – Res. nº 185/2013, art. 28, § 4º).

3.8. Atos Processuais

3.8.1. Intimação, citação ou notificação

No processo eletrônico, todas as citações, intimações e notificações, inclusive destinadas à União, Estados, Distrito Federal, Municípios e suas respectivas autarquias e fundações de direito público serão feitas por meio eletrônico, sem prejuízo da publicação no Diário Eletrônico da Justiça do Trabalho (DEJT) nas hipóteses previstas em lei. (Lei nº 11.419/06, art. 9º, caput, e CSJT-Res. nº 185/2017, art. 17).

As citações, intimações e notificações destinadas à União, Estados, Distrito Federal, Municípios e suas respectivas autarquias e fundações de direito público serão realizadas perante os órgãos responsáveis por sua representação processual (CSJT – Res. nº 185, art. 17, § 2º).

No expediente de notificação inicial ou de citação constará indicação da forma de acesso ao inteiro teor da petição inicial no endereço referente à consulta pública do PJe, cujo acesso também será disponibilizado nos sítios dos TRTs e do CSJT na rede mundial de computadores (CSJT – Res. nº 185/2017, art. 18).

Importante:

As citações, intimações, notificações e remessas **que viabilizem o acesso à íntegra do processo correspondente serão consideradas vista pessoal** do interessado para todos os efeitos legais (Lei nº 11.419/06, art. 9º, § 1º, e CNJ – Res. nº 185/2013, art. 19, § 1º). É o que acontece, p. ex. com a intimação do Ministério Público do Trabalho que deve ser pessoal e nos autos (LC nº 75/93, art. 18, II, *h*). Desse modo, viabilizando acesso integral do processo, a intimação eletrônica será considerada vista pessoal.

Quando, por motivo técnico, for inviável o uso do meio eletrônico para a realização de citação, intimação ou notificação, ou ainda nas hipóteses de urgência/

determinação expressa do magistrado, esses atos processuais poderão ser praticados segundo as regras ordinárias, digitalizando-se e destruindo-se posteriormente o documento físico (CNJ-Res. nº 185/2013, art. 19, § 2º).

Os avisos de recebimento (ARs) devidamente assinados pelo recebedor das comunicações feitas pelos Correios deverão ser digitalizados e os respectivos arquivos juntados aos autos eletrônicos (CNJ - Res. nº 185/2013, art. 24).

Cumpre consignar que a comprovação da entrega de expedientes por oficiais de justiça será feita por certidão circunstanciada acerca do cumprimento da diligência (CNJ - Res. nº 185/2013, art. 23). Haverá opção de digitalizar a contrafé subscrita pelos destinatários e juntá-la aos autos, ou realizar a guarda desta em meio físico, até o trânsito em julgado da sentença ou transcurso do prazo para ação rescisória, quando cabível (CNJ - Res. nº 185/2013, art. 23, parágrafo único).

3.8.2. Prazos processuais

A postulação encaminhada será considerada tempestiva quando enviada, integralmente, até às 24 horas do dia em que se encerra o prazo processual, considerado o **horário do Município sede do órgão judiciário ao qual é dirigida a petição** (CNJ - Res. nº 185/2013, art. 26, § 1º; CPC/2015, art. 213, parágrafo único[3]).

O sistema fornecerá ao usuário externo recibo eletrônico da prática do ato processual, disponível permanentemente para guarda do peticionante, contendo:

I data e horário da prática do ato;

II - a identificação do processo;

III - o nome do remetente ou do usuário que assinou eletronicamente o documento; e

IV - o assunto, o órgão destinatário da petição e as particularidades de cada arquivo eletrônico, conforme informados pelo remetente, se houver (CNJ - Res. nº 185/2013, art. 26, § 3º).

Para fins de tempestividade, não serão considerados o horário inicial de conexão do usuário à internet, o horário de acesso do usuário ao sítio eletrônico do tribunal ou ao PJe, tampouco os horários registrados pelos equipamentos do remetente (CNJ - Res. nº 185/2013, art. 26, § 5º).

A não obtenção de acesso ao PJe e eventual defeito de transmissão ou recepção de dados não imputáveis à indisponibilidade ou impossibilidade técnica do sistema não servirão de escusa para o descumprimento de prazo processual, salvo deliberação expressa da autoridade judiciária competente (CNJ - Res. nº 185/2013, art. 26, § 6º).

3. CPC/2015, art. 213, parágrafo único. O horário vigente no juízo perante o qual o ato deve ser praticado será considerado para fins de atendimento do prazo.

Os Tribunais Regionais do Trabalho manterão o controle dos registros no PJe acerca de feriados, da ausência de expediente forense, da prática de atos e da suspensão de prazos prevista nos arts. 214 e 220 do CPC (CSJT – Res. nº 185/2017, art. 10, § 2º).

3.8.2.1. Data da intimação e contagem dos prazos processuais

Será considerada realizada a intimação no dia em que o intimando efetivar a consulta eletrônica ao teor da intimação, certificando-se, nos autos, a sua realização (Lei nº 11.419/06, art. 5º, § 1º). Nos casos em que a consulta se dê em dia não útil, a intimação será considerada como realizada no primeiro dia útil seguinte (art. 5º, § 2º).

Atenta-se para o fato de que referida consulta deverá ser feita em até 10 dias corridos contados da data do envio da intimação, sob pena de considerar-se a **intimação automaticamente realizada** na data do término desse prazo (art. 5º, § 3º).

Em resumo, efetivada a consulta dentro dos 10 dias corridos, será considerado intimado na data da consulta. Por outro lado, se não realizar a consulta, também será considerado intimado, mas depois de ultrapassado os 10 dias corridos.

Para efeito da contagem do prazo de 10 dias corridos será considerado:

> I – o dia inicial da contagem é o dia seguinte ao da disponibilização do ato de comunicação no sistema, independentemente de esse dia ser, ou não, de expediente no órgão comunicante;
>
> II – o dia da consumação da intimação ou comunicação é o décimo dia a partir do dia inicial, caso seja de expediente judiciário, ou o primeiro dia útil seguinte, conforme previsto no art. 5º, § 2º, da Lei n. 11.419, de 19 de dezembro de 2006 (CNJ – Res. nº 185/2013, art. 21).

Importante:

Na contagem do prazo de 10 dias corridos, havendo intercorrência de feriado, interrupção de expediente ou suspensão de prazo entre o dia inicial e final do prazo para conclusão da comunicação, isso não terá nenhum efeito sobre sua contagem, excetuada a hipótese do item II (CNJ – Res. nº 185/2013, art. 21, parágrafo único).

3.8.2.2. Suspensão

Durante o recesso judiciário e o período de suspensão de prazo processual, previstos no art. 775-A da CLT, serão mantidas as disponibilizações no DEJT, observados os termos do art. 4º, §§ 3º e 4º, da Lei nº 11.419/06 e a regulamentação do CNJ sobre expediente forense no período natalino e suspensão dos prazos processuais (CSJT – Res. nº 185/2017, art. 28).

A suspensão dos prazos processuais não impedirá o encaminhamento de petições e a movimentação de processos eletrônicos, podendo a apreciação dos pedidos decorrentes desses prazos ocorrer, a critério do juiz, após o término do prazo de suspensão, ressalvados os casos de urgência (CNJ – Res. nº 185/2013, art. 26, § 2º).[4]

3.8.3. Juntada de petições

A distribuição de ação, inclusive incidental, será unicamente por meio eletrônico, mesmo na hipótese de cautelares, tutelas de urgência e embargos de terceiros, quando ajuizados em processos que tramitam em meio físico (CSJT – Res. nº 185/2013, art. 21).

As petições, manifestações e documentos serão juntados automaticamente, independentemente de ato de servidor da justiça, na forma do art. 228, § 2º, do CPC[5].

A distribuição da ação e a juntada da resposta, dos recursos e das petições em geral, todos em formato digital, nos autos de processo eletrônico, serão feitas diretamente por aquele que tenha capacidade postulatória, sem necessidade da intervenção da secretaria judicial, situação em que a autuação ocorrerá de forma automática, mediante recibo eletrônico de protocolo, disponível permanentemente para guarda do peticionante (CNJ-Res. nº 185/2013, art. 22).

Será de integral responsabilidade do remetente a equivalência entre os dados informados para o envio e os constantes da petição remetida (CNJ – Res. nº 185/2013, art. 26, § 4º).

3.8.3.1. Petição inicial

A petição inicial conterá, além dos requisitos do art. 840, § 1º, da CLT, a indicação do CPF ou CNPJ das partes, na forma do art. 15, *caput*, da Lei nº 11.419/2006.[6] (CSJT-Res. nº 185/2017, art. 19, *§ 1º*).

---

4. No momento do fechamento dessa edição, havia sido aprovado o Projeto de Lei da Câmara (PLC) nº 100/2017, aguardando sanção presidencial, que **altera a contagem de prazos processuais** na Justiça trabalhista estabelecida pelo art. 775 da CLT. A nova redação, com o projeto, passará a ser a seguinte:
   Art. 775. Na contagem de prazo em dias, estabelecido por lei ou pelo juiz, computar-se-ão somente os dias úteis, excluído o dia do começo e incluído o dia do vencimento.
   Parágrafo único. Os prazos podem ser prorrogados pelo tempo estritamente necessário pelo juiz ou tribunal, ou em virtude de força maior comprovada.
   Art. 775-A. Suspende-se o curso do prazo processual nos dias compreendidos entre 20 de dezembro e 20 de janeiro, inclusive.
   § 1º Ressalvadas as férias individuais e os feriados instituídos por lei, os juízes, os membros do Ministério Público, da Defensoria Pública e da Advocacia Pública e os auxiliares da Justiça exercerão suas atribuições durante o período previsto no caput deste artigo.
   § 2º Durante a suspensão do prazo, não se realizarão audiências nem sessões de julgamento.
5. Art. 228, § 2º Nos processos em autos eletrônicos, a juntada de petições ou de manifestações em geral ocorrerá de forma automática, independentemente de ato de serventuário da justiça.
6. Art. 15. Salvo impossibilidade que comprometa o acesso à justiça, a parte deverá informar, ao distribuir a petição inicial de qualquer ação judicial, o número no cadastro de pessoas físicas ou jurídicas, conforme o caso, perante a Secretaria da Receita Federal.

É de responsabilidade exclusiva do autor cadastrar corretamente todos os assuntos abordados na petição inicial, bem como indicar a correta e precisa atividade econômica do réu exercida pelo autor (CSJT-Res. nº 185/2017, art. 19, *§ 2º*).

No lançamento de dados do processo pelo usuário externo, além dos dados mencionados no parágrafo anterior, sempre que possível serão fornecidos:

I – o CEI (Cadastro Específico do INSS contendo número da matrícula do empregador pessoa física);

II – o Número de Identificação do Trabalhador (NIT) perante o INSS;

III – o PIS ou PASEP;

IV – o número da CTPS do empregado;

V – o CNAE (Classificação Nacional de Atividades Econômicas – código do ramo de atividade) do empregador;

VI – profissão;

VII – nacionalidade;

VIII – estado civil, existência de união estável e filiação;

IX – e-mail(correio eletrônico) (CSJT – Res. nº 185/2017, art. 19, § 3º).

O PJe fornecerá, na distribuição da ação, o número atribuído ao processo, o órgão julgador para o qual foi distribuída e, se for o caso, o local, a data e o horário de realização da audiência, da qual estará a parte autora imediatamente intimada. (CSJT-Res. nº 185/2017, art. 19, § 4º).

Atenção:

A distribuição de ação, inclusive incidental, será unicamente por meio eletrônico, **mesmo** na hipótese de cautelares, tutelas de urgência e embargos de terceiros, quando ajuizados em processos que tramitam em meio físico. (CSJT – Res. nº 185/2017, art. 21)

A funcionalidade do PJe que indica a ocorrência de possível **prevenção** somente deve distribuir o processo ao Juízo presumidamente prevento, cabendo ao magistrado a análise do feito, com o pronunciamento em que reconheça a regularidade da distribuição, ou recuse a prevenção (CSJT – Res. nº 185/2017, art. 20).

O PJe deve dispor de funcionalidade que indique a existência de possível **litispendência e coisa julgada**, sem prejuízo de livre distribuição ou distribuição por prevenção (CSJT – Res. nº 185/2017, art. 20, § 1º).

No caso dos **recursos**, será observada a distribuição por prevenção ao relator para eventual recurso subsequente, interposto no mesmo processo ou em processo conexo, na forma do art. 930, parágrafo único, do CPC[7], observada a compensação (CSJT – Res. nº 185/2017, art. 20, § 3º).

7. Art. 930. Far-se-á a distribuição de acordo com o regimento interno do tribunal, observando-se a alternatividade, o sorteio eletrônico e a publicidade. Parágrafo único. O primeiro recurso protocolado no tribunal tornará prevento o relator para eventual recurso subsequente interposto no mesmo processo ou em processo conexo.

3.8.3.2. Resposta do réu

A partir da Lei nº 13.467/17 (Reforma Trabalhista), o art. 847 da CLT passou a prever, de forma expressa, a possibilidade de apresentação de defesa escrita por meio do sistema de processo judicial eletrônico (CLT, art. 847, parágrafo único).

A contestação ou a reconvenção e seus respectivos documentos deverão ser protocolados no PJe **até a realização da proposta de conciliação infrutífera**, com a utilização de equipamento próprio, sendo automaticamente juntados, facultada a apresentação de defesa oral, na forma do art. 847 da CLT (CSJT - Res. nº 185/2017, art. 22).

No expediente de notificação inicial ou de citação constará recomendação para que a contestação ou a reconvenção e os documentos que as acompanham sejam protocolados no PJe com pelo menos 48h de antecedência da audiência (CSJT - Res. nº 185/2017, art. 22, § 1º).

Com exceção da petição inicial, as partes poderão atribuir sigilo às petições e documentos, nos termos do parágrafo único do art. 773 do CPC (CSJT - Res. nº 185/2017, art. 22, § 3º).

Com exceção da defesa, da reconvenção e dos documentos que os acompanham, o magistrado poderá determinar a exclusão de petições e documentos indevidamente protocolados sob sigilo, podendo, ainda, assinalar, se for o caso, novo prazo para a adequada apresentação da petição (CSJT - Res. nº 185/2017, art. 22, § 4º).

O réu poderá atribuir sigilo à contestação e à reconvenção, bem como aos documentos que as acompanham, devendo o magistrado retirar o sigilo caso frustrada a tentativa conciliatória. (CSJT - Res. nº 185/2017, art. 22, § 5º).

> **Atenção:**
> Fica facultada a apresentação de defesa oral na forma do art. 847 da CLT (CSJT-Res. nº 185/2017, art. 22).

3.8.4. Audiência

As audiências serão sempre reduzidas a termo e o arquivo eletrônico que utilize linguagem padronizada de marcação genérica daí decorrente será, ao final da audiência:

> I - imediatamente assinado pelo magistrado, impossibilitando a alteração de sua forma e conteúdo; ou
>
> II - facultativamente enviado ao PJe, imediatamente após o término da audiência, também impossibilitando a alteração de sua forma e conteúdo e deflagrando o procedimento dos parágrafos 1.º e 2.º deste artigo.(CSJT - Res. 185/2017, art. 23).

Após o envio do arquivo eletrônico que utilize linguagem padronizada de marcação genérica referido no *caput* para o PJe, a secretaria, imediatamente após o término da audiência, realizará o lançamento dos movimentos processuais, encaminhando-o para assinatura digital pelo magistrado (CSJT – Res. nº 185/2017, art. 23, § 1º).

O magistrado assinará eletronicamente o arquivo eletrônico que utilize linguagem padronizada de marcação genérica até o **primeiro dia útil subsequente** ao término da sessão (CSJT – Res. nº 185/2017, art. 23, § 2º).

Atenção

Na hipótese de celebração de acordo e impossibilidade de assinatura imediata do arquivo eletrônico que utilize linguagem padronizada de marcação genérica, havendo requerimento da parte, a ata deverá ser impressa, assinada manualmente pelas partes e magistrado e, então, digitalizada e inserida no PJe (CSJT – Res. nº 185/2017, art. 23, § 3º).

As atas de sessões deverão ser lavradas pela secretaria e aprovadas pelo presidente do respectivo órgão colegiado, com envio para publicação (CSJT-Res. nº 185/2017, art. 27).

3.8.5. *Carta precatória*

As cartas precatórias, rogatórias, de ordem e, de um modo geral, todas as comunicações oficiais que transitem entre órgãos do Poder Judiciário, bem como entre os deste e os dos demais Poderes, serão feitas preferencialmente por meio eletrônico (Lei nº 11.419/06, art. 7º).

O PJe deve dispor de comunicação entre bases de dados dos TRTs, fazendo-se a expedição das cartas precatórias e de ordem também em meio eletrônico e, quando da devolução ao Juízo deprecante, será encaminhada certidão constando o seu cumprimento, com a materialização apenas de peças essenciais à compreensão dos atos realizados (CSJT – Res. nº 185/2017, art. 60).

Havendo na localidade mais de uma Vara do Trabalho com a mesma competência territorial, as cartas precatórias e de ordem recebidas serão distribuídas aleatoriamente pelo Sistema (CSJT – Res. nº 185/2017, art. 60, § 1º).

O acompanhamento da carta precatória deverá ser realizado por meio da consulta pública com login e senha no PJe, registrando-se nos autos principais o procedimento e o andamento atualizado da carta precatória, ficando vedada a emissão de comunicação para este fim (CSJT – Res. nº 185/2017, art. 60, § 2º).

3.8.6. *Autos suplementares no segundo grau*

Fica dispensada a formação de autos suplementares em casos de exceção de impedimento ou suspeição, agravos de instrumento, agravos regimentais e agravo previsto no art. 1.021 do CPC, exceto quanto:

I - ao agravo de instrumento em mandado de segurança, na forma do art. 7º, § 1º, da Lei nº 12.016/09; e

II - ao pedido de revisão do valor da causa, na forma do art. 2º, § 2º, da Lei nº 5.584/70 (CSJT - Res. nº 185/2017, art. 26).

3.9. Administração do Sistema

A administração do PJe instalado na Justiça do Trabalho caberá ao Comitê Gestor Nacional do PJe instalado na Justiça do Trabalho e aos Comitês Gestores Regionais do PJe, compostos por usuários internos e externos do Sistema (CSJT-Res. nº 185/2017, art. 38).

3.9.1. Comitê gestor nacional do PJe (CGNPJe) instalado na Justiça do Trabalho

O comitê gestor nacional da justiça do trabalho definirá as estratégias e diretrizes de evolução e integração do PJe instalado na Justiça do Trabalho, desempenhando as seguintes atribuições:

I - garantir a adequação do PJe aos requisitos legais e às necessidades da Justiça do Trabalho, inclusive no que diz respeito ao desempenho, escalabilidade e otimização da infraestrutura tecnológica do Sistema;

II - definir as premissas e as estratégias utilizadas para a especificação, desenvolvimento, testes, homologação, implantação e integridade de operação do PJe;

III - fomentar e promover a colaboração entre órgãos e entidades, com vistas ao compartilhamento de esforços e recursos voltados ao desenvolvimento e evolução do PJe, bem como à integração de outros Sistemas ao PJe;

IV - garantir a padronização do PJe nos órgãos da Justiça do Trabalho; e

V - propor normas regulamentadoras do PJe ao presidente do CSJT (CSJT - Res. nº 185/2017, art. 39).

Descreve o art. 40 da Resolução nº 185/2017 do CSJT, que o comitê gestor nacional do PJe da Justiça do Trabalho é composto pelos seguintes membros:

I - um magistrado indicado pelo presidente do CSJT, que exercerá a Coordenação Nacional Executiva do PJe (CNEPJe)

II - um presidente ou corregedor de TRT, indicado pelo Colégio de Presidentes e Corregedores de Tribunais Regionais do Trabalho (COLEPRECOR);

III - um secretário ou diretor de tecnologia da informação de TRT, designado pelo presidente do CSJT;

IV - um servidor da Coordenadoria de Gestão Documental do CSJT, designado pelo presidente do CSJT;

V - secretário de tecnologia da informação e comunicação do CSJT;

VI - secretário de tecnologia da informação do TST;

VII – um advogado, indicado pelo presidente do Conselho Federal da Ordem dos Advogados do Brasil (OAB);

VIII– um advogado público, indicado pela Advocacia Geral da União (AGU); e

IX – um membro do Ministério Público do Trabalho (MPT), indicado pelo procurador-geral do trabalho.

X – um representante da Presidência do Tribunal Superior do Trabalho.

XI – um representante da Corregedoria-Geral da Justiça do Trabalho.

XII – secretário-geral do Conselho Superior da Justiça do Trabalho.

3.9.1.1. Coordenação Nacional Executiva do PJe (CNEPJe)

A CNEPJe supervisionará a capacitação dos usuários e o gerenciamento, a especificação, o desenvolvimento, a manutenção, a implantação e o suporte do Sistema, também desempenhando, com o auxílio da CTPJe, as seguintes atribuições:

I – planejar e coordenar ações decorrentes das deliberações do CGNPJe;

II – sugerir ao presidente do CSJT a criação de grupos de trabalho, comissões e comitês necessários à evolução e sustentação do PJe;

III – coordenar as atividades desenvolvidas por grupos afetos ao PJe, em especial a Comissão Permanente de Acessibilidade e Inclusão, o Grupo de Parametrização, o Grupo de Requisitos do 1.º grau, o Grupo de Requisitos do 2.º grau e o Grupo Nacional de Negócio;

IV – receber, analisar e deliberar sobre sugestões encaminhadas pelos Fonte: Diário Eletrônico da Justiça do Trabalho, Brasília, DF, n. 2203, 5 abr. 2017. Caderno Administrativo [do] Conselho Superior da Justiça do Trabalho, p. 4-15. CGRPJe;

V – acompanhar o cumprimento das diretrizes utilizadas para a especificação, desenvolvimento, testes, homologação, implantação e integridade de operação do PJe;

VI – receber e deliberar preliminarmente sobre propostas de projeto e ações voltadas à evolução e sustentação do PJe;

VII – gerenciar o portfólio de ações e projetos pertinentes ao PJe;

VIII – gerenciar o escopo funcional do PJe no que concerne às particularidades da Justiça do Trabalho;

IX – analisar e deliberar sobre propostas de melhoria e correção de defeitos no PJe, observado o disposto no Acordo de Cooperação Técnica (ACT) CNJ/CSJT nº 10, de 14 de junho de 2016, e a Portaria de Governança CNJ nº 26/2015;

X – gerenciar os requisitos do PJe, conciliando as necessidades dos usuários internos e externos, podendo ser auxiliado pelos grupos de requisitos e grupo nacional de negócio;

XI – deliberar sobre a necessidade de desenvolvimento, manutenção e tratamento de incidentes do PJe, podendo a priorização de tais demandas ser delegada à Coordenação Técnica do PJe no CSJT;

XII – homologar funcionalidades e versões do PJe, podendo delegar tal atribuição ao grupo nacional de negócio;

XIII – analisar, para fins de aprovação prévia, os cronogramas dos TRTs para implantação do PJe em unidades judiciárias; e

XIV – divulgar no sítio do CSJT, quando houver, o planejamento da disponibilização de novas versões do PJe (CSJT – Res. nº 185/2017, art. 41).

As atividades da CNEPJe contam com apoio administrativo e técnico da Secretaria-Geral e da Secretaria de Tecnologia da Informação e Comunicação do CSJT (CSJT - Res. nº 185/2017, art. 42).

A Comissão Permanente de Acessibilidade e Inclusão, o Grupo de Parametrização, o Grupo de Requisitos do 1º grau, o Grupo de Requisitos do 2º grau e o Grupo Nacional de Negócio, todos vinculados à CNEPJe, terão as suas atribuições e composição definidas por ato do presidente do CSJT (CSJT - Res. nº 185/2017, art. 43).

3.9.2. Comitês gestores regionais (CGRPJe)

Os comitês gestores regionais serão criados pelos Tribunais Regionais do Trabalho e se reúnem ao menos uma vez por mês. Conforme dispõe o art. 44 da Resolução nº 185/2017 do CSJT, compete a tais comitês as seguintes atribuições:

> I - administrar a estrutura, implementação e funcionamento do PJe, de acordo com as diretrizes fixadas pelo CGNPJe;
>
> II - avaliar a necessidade de manutenção corretiva e evolutiva do PJe e encaminhá-las à CNEPJe;
>
> III - organizar a estrutura de atendimento às demandas de seus usuários internos e externos;
>
> IV - determinar auditorias no PJe, especialmente no que diz respeito à integridade das informações, segurança e adequação da infraestrutura mínima recomendada;
>
> V - garantir a integridade do PJe, no que diz respeito à taxonomia e classes processuais;
>
> VI - propor à CNEPJe alterações visando o aprimoramento do PJe, preferencialmente predispondo-se a desenvolvê-las, por time remoto ou fábrica de software, quando autorizado pela CNEPJe;
>
> VII - fazer cumprir as normas expedidas pelo CNJ, CSJT e CGNPJe;
>
> VIII - divulgar as ações para a implantação do PJe no sítio do respectivo TRT e no DEJT; I
>
> X - apresentar proposta de plano de ação regional para a implantação do Sistema e migração dos sistemas legados para o PJe;
>
> X - acompanhar a execução do plano de ação regional, após a aprovação do presidente do TRT, verificando se as atividades desenvolvidas estão adequadas e em consonância com o planejamento traçado;
>
> XI - monitorar e avaliar periodicamente os resultados do plano de ação regional, com vistas a melhorar a sua qualidade, eficiência e eficácia, aprimorando a execução e corrigindo eventuais falhas;
>
> XII- zelar pela conformidade da infraestrutura que suporta o PJe no TRT com a política de padronização e atualização da infraestrutura tecnológica instituída pelo CSJT;
>
> XIII- garantir o alinhamento entre os roteiros de atendimento de 1º nível dos usuários no TRT aos definidos pela Coordenação Nacional Executiva e Coordenação Técnica do PJe;
>
> XIV- encaminhar semestralmente à CNEPJe, no formato e meio indicados pelo CSJT, relação contendo o nome dos servidores de atendimento e suporte, bem como as estatísticas do trabalho executado no período;
>
> XV - avaliar o risco da atribuição de perfil aos usuários do PJe de forma diversa à prevista no art. 7º, § 1º, desta Resolução, alertando o presidente do TRT respectivo acerca do impacto potencial no desempenho do Sistema; e

XVI – coibir a implantação de sistemas ou módulos que mantenham integração com o PJe, sem prévia anuência e autorização do CSJT, na forma do Acordo de Cooperação Técnica ACT CNJ/CSJT nº 10/2016 e da Portaria de Governança CNJ nº 26/2015.

Nos termos do art. 45 da Resolução nº 185/2017 do CSJT, cada comitê gestor regional será composto, **pelo menos**, por:

1 – um desembargador, que o presidirá;

2 – um magistrado titular de Vara do Trabalho;

3 – um magistrado auxiliar de Vara do Trabalho;

4 – um servidor da área judiciária, lotado no 2º grau;

5 – um servidor diretor de secretaria de Vara do Trabalho;

6 – um servidor oficial de justiça;

7 – um servidor calculista;

8 – o secretário ou diretor de tecnologia da informação do TRT;

9 – um advogado indicado pela OAB, da secção respectiva, ou pelo Conselho Federal em caso de jurisdição regional em mais de um Estado;

10 – um advogado público, indicado pelo Procurador-Geral do Estado em que sediado o TRT; e

11 – um membro do MPT, indicado pela Procuradoria Regional do Trabalho (PRT).

Os membros dos Comitês Gestores Regionais serão designados por ato do Presidente do Tribunal Regional do Trabalho (CSJT – Res. nº 185/2017, art. 45, § 1º). O presidente do Comitê Gestor Regional designará dentre os magistrados dos itens 2 e 3, aquele que exercerá a Coordenação Executiva Regional (CERPJe) (CSJT – Res. nº 185/2017, art. 45, § 2º).

O Comitê Regional poderá delegar atribuições constantes nos incisos I, II, IV, X e XI do art. 44 da Resolução à CERPJe, a qual agirá sempre ad referendum do CGRPJe, a este prestando contas de suas ações, mensalmente, nas reuniões do CGRPJe (CSJT – Res. nº 185/2017, art. 45, § 3º).

O Presidente do CGRPJe encaminhará à CNEPJe o calendário anual de reuniões ordinárias e, ao final de cada mês, a cópia da ata de reunião (CSJT – Res. nº 185/2017, art. 45, § 4º.

Os Presidentes dos Regionais divulgarão e manterão atualizadas no sítio do TRT as atas das reuniões e a relação dos integrantes do CGRPJe, da equipe de sustentação e da equipe de desenvolvimento remoto, referenciando os atos que definiram ou alternaram as suas composições (CSJT – Res. nº 185/2015, art. 45, § 5º).

3.9.3. Administrador do sistema

Compete ao Presidente do Tribunal Regional do Trabalho designar servidores que exercerão a função de Administrador do PJe, no 1º e no 2º graus de jurisdição, observado o mínimo de:

I - dois servidores da tecnologia da informação para, com o apoio da área de infraestrutura, exercer as atividades relacionadas à configuração de novas versões disponibilizadas pelo CSJT, atualização de fluxos, parametrização, testes preliminares e correções no PJe;

II - dois servidores da área judiciária, para o módulo de 2.º grau, com experiência de atuação em áreas como a presidência, vice-presidência, corregedoria, vicecorregedoria, gabinete e secretaria de órgão colegiado;

III - dois servidores da área judiciária, para o módulo de 1.º grau, com experiência de atuação em áreas como secretaria de Vara e gabinete de magistrado (CSJT - Res. nº 185/2017, art. 46).

A critério do Presidente do Tribunal Regional do Trabalho, observado o impacto no desempenho do Sistema, poderá ser ampliado o número de administradores do PJe, além dos quantitativos indicados nos itens anteriores (CSJT-Res. nº 185/2017, art. 46, § 1º).

Atenção:

Além dos servidores indicados pelo Presidente do Tribunal, também deverão exercer a função de Administrador do PJe os magistrados integrantes do Comitê Regional do PJE (CSJT - Res. nº 185/2017, art. 46, § 2º).

O perfil de administrador do PJe poderá ter acesso a todas as funcionalidades destinadas aos diretores, assessores e chefes de gabinete em todas as unidades e órgãos de 1º e 2º graus a que estiverem vinculados (CSJT - Res. nº 185/2017, art. 46, § 3º).

3.9.4. Equipe de teste

Os Tribunais Regionais do Trabalho deverão constituir equipe específica de testes, composta pelo CGRPJe, além de servidores da área judiciária e magistrados de 1º e 2º graus, inclusive pessoas com deficiência para, com apoio do setor de tecnologia da informação, realizar todas as aferições e experimentos necessários à verificação do pleno funcionamento das novas versões do Sistema disponibilizadas pelo CSJT. (CSJT-Res. nº 185/2017, art. 31).

Cumpre consignar que a migração para as novas versões do PJe somente deverá ocorrer após a realização e homologação das aferições em ambiente idêntico ao de produção, incluindo testes de acessibilidade, carga, rajada, desempenho e infraestrutura nos respectivos TRTs, bem como o envio dos resultados à Coordenação Técnica do PJe no CSJT (CSJT-Res. nº 185/2017, art. 31, parágrafo único).

Os TRTs manterão equipe de tecnologia da informação exclusivamente dedicada ao atendimento de demandas do PJe. A equipe possuir competência técnica ao menos em análise de infraestrutura, desenvolvimento, suporte e dados, sendo composta de modo a se adequar ao porte do TRT, observadas a Resolução CSJT nº 63/2010 e a Resolução do CNJ que institui a Estratégia Nacional de Tecnologia da Informação e Comunicação do Poder Judiciário (ENTIC-JUD) (CSJT – Res. nº 185/2017, art. 32). Em casos excepcionais poderá o magistrado ou administrador do Sistema, mediante determinação expressa e fundamentada nos autos, adicionar, excluir ou alterar os movimentos e seus complementos registrados no PJe, devendo, em qualquer caso o Sistema registrar as modificações com movimentos próprios (CSJT – Res. nº 185/2017, art. 33).

> **Atenção:**
>
> Os processos arquivados definitivamente poderão ser migrados das bases de dados do PJe e salvos em base desconectada do acesso imediato às informações do Sistema, podendo retornar ao acervo original mediante requerimento ou determinação de magistrado (CSJT – Res. nº 185/2017, art. 36).

4. INFORMATIVOS DO TST

Peticionamento Eletrônico
Peticionamento por meio eletrônico (E-DOc). Sistema indisponível na data do termo final do prazo recursal. Comprovação da indisponibilidade mediante prova documental superveniente. Possibilidade. Incidência do item III da Súmula nº 385 do TST. Deve a Turma examinar, sob pena de cerceio do direito de defesa da parte, a prova de indisponibilidade do sistema de peticionamento eletrônico (E-DOc), apresentada em momento processual subsequente àquele em que o sistema ficou inoperante. Na hipótese, ante a decretação da intempestividade dos embargos declaratórios opostos pelo sistema E-DOC um dia após o termo final do prazo, e também protocolados no âmbito do TST no primeiro dia útil seguinte, a parte opôs novos declaratórios com a informação e a juntada do boletim de indisponibilidade do sistema ocorrida no último dia do prazo recursal. Assim, não tendo o órgão do Judiciário certificado nos autos a inoperância do sistema, tal como se procede no caso de feriado forense, deve o julgador reanalisar os requisitos inerentes ao prazo recursal, em face da apresentação de prova documental superveniente em sede de embargos de declaração, conforme preconiza o item III da Súmula nº 385 do TST. Com esse entendimento, a SBDI-I, à unanimidade, conheceu do recurso de embargos interposto pelo reclamante, por divergência jurisprudencial, e, no mérito, deu-lhe provimento para determinar o retorno dos autos à Turma de origem, para que prossiga no exame dos primeiros embargos de declaração, afastada a intempestividade. TST-E-ED-ED-RR-1940-61.2010.5.06.0000, SBDI-I, rel. Min. Luiz Philippe Vieira de Mello Filho, 3.4.2014 (Informativo nº 78)

BIBLIOGRAFIA

ABELHA, Marcelo. Manual de direito processual civil. 6. ed. Rio de Janeiro: Forense, 2016.

ALMEIDA, Cleber Lúcio de. Direito processual do trabalho. 4. ed., rev., atual. e ampl. Belo Horizonte: Del Rey, 2012.

______. Incidente de Desconsideração da Personalidade Jurídica. In: MIESSA, Élisson (org.). O Novo Código de Processo Civil e seus reflexos no Processo do Trabalho. Salvador: Juspodivm, 2015.

ALMEIDA, Wânia Guimarães Rabêllo de. *Direito Processual Metaindividual do Trabalho: a adequada e efetiva tutela jurisdicional dos direitos de dimensão transindividual*. Salvador: Editora Juspodivm, 2016.

ALVIM, J. E. Carreira. Comentários ao Novo Código de Processo Civil: Lei n 13.105/15: v. 1. Curitiba: Juruá, 2015.

______. Comentários ao novo Código de Processo Civil: Lei 13.105/15: v. 2. Arts. 82 ao 148. Curitiba: Juruá, 2015.

ARAÚJO, José Henrique Mouta. Mandado de segurança. 3. ed. Salvador: Juspodivm, 2012.

ASSIS, Araken de. Processo Civil Brasileiro, v. I: parte geral: fundamentos e distribuição de conflitos. São Paulo: Editora Revista dos Tribunais, 2015.

______. Processo Civil Brasileiro, v. II: parte geral: institutos fundamentais: tomo I. São Paulo: Editora Revista dos Tribunais, 2015.

______. Processo Civil Brasileiro, v. II: parte geral: institutos fundamentais: tomo II. São Paulo: Editora Revista dos Tribunais, 2015.

______. Processo Civil Brasileiro, v. III: parte especial: procedimento comum (da demanda à coisa julgada). São Paulo: Editora Revista dos Tribunais, 2015.

BEBBER, Júlio César. Processo do trabalho: adaptação à contemporaneidade. São Paulo: LTr, 2011.

______. Recursos no processo do trabalho. 2. ed. São Paulo: LTr, 2009.

BERNARDES, Felipe. *Manual de processo do trabalho*. Salvador: Juspodivm, 2018.

BRANDÃO, Cláudio. Reforma do sistema recursal: comentários à Lei n. 13.015/2.014. São Paulo: LTr, 2015.

BUENO, Cássio Scarpinella. Conferência: Os princípios no (s) projeto (s) de novo CPC. In: CFC – Simpósio O Novo CPC e os impactos no Processo do Trabalho. Disponível em: http://www.enamat.gov.br/wp-content/uploads/2014/09/Degrava%C3%A7%C3%A3º-do-Simp%C3%B3sio_CPC.pdf. Acesso em: 15 de mar. 2015.

______. Novo Código de Processo Civil anotado. São Paulo: Saraiva, 2015.

CAIRO JR., José. Curso de direito processual do trabalho. 5. ed. Salvador: Juspodivm, 2012.

CÂMARA, Alexandre Freitas. Lições de direito processual civil. 18. ed. Rio de Janeiro: Lumen Juris, 2008. v. 1.

______. O novo processo civil brasileiro. São Paulo: Atlas, 2015.

CARVALHO FILHO, Renato Sabino. Processo do trabalho. Coleção sinopses para concursos. Salvador: Juspodivm, 2012.

CASSAR, Vólia Bomfim; BORGES, Leonardo Dias. Comentários à reforma trabalhista. Rio de Janeiro: Forense; São Paulo: Método, 2017.

CASSAR, Vólia Bonfim. Direito do Trabalho. 4. ed. rev. e ampl. Niterói: Impetus, 2010.

CASTELO, Jorge Pinheiro. Dos prazos processuais no novo CPC, inclusive sua contagem contínua em dias úteis – da aplicação subsidiária e supletiva ao processo do trabalho – comentários iniciais. In: Revista eletrônica: O Novo CPC e o processo do trabalho. Tribunal Regional do Trabalho da 9ª Região. V. 4. Nº 44. Setembro de 2015. p. 194-203.

CHAVES, Luciano Athayde (org.). Curso de processo do trabalho. São Paulo: LTr, 2009.

CINTRA, Antonio Carlos de Araújo; GRINOVER, Ada Pellegrini; DINAMARCO, Cândido Rangel. *Teoria Geral do Processo*. 31. ed. São Paulo: Malheiros Editores, 2015.

CORDEIRO, Wolney de Macedo. Execução no Processo do Trabalho. Salvador: Editora Juspodivm, 2015.

DIDIER JR., Fredie. Curso de Direito processual civil, v. 1: Introdução ao direito processual civil e processo de conhecimento. 15. ed. Salvador: Editora Juspodivm, 2013.

______. Curso de Direito processual civil, v. 1: introdução ao direito processual civil, parte geral e processo de conhecimento. 17. ed. Salvador: Editora Juspodivm, 2015.

DIDIER JR., Fredie; BRAGA, Paula Sarno; OLIVEIRA, Rafael. Curso de direito processual civil: Teoria da prova, direito probatório, teoria do procedente, decisão judicial, coisa julgada e antecipação dos efeitos da tutela. 7. ed. Salvador: Juspodivm, 2012. v. 2.

______. Curso de direito processual civil: Teoria da prova, direito probatório, teoria do procedente, decisão judicial, coisa julgada e antecipação dos efeitos da tutela. 8. ed. Salvador: Juspodivm, 2013. v. 2.

______. Curso de Direito Processual Civil: teoria da prova, direito probatório, decisão, precedente, coisa julgada e tutela provisória. 10. ed. Salvador: Juspodivm, 2015. v. 2.

DIDIER JR. Fredie; ZANETI JR., Hermes. Curso de direito processual civil: Processo coletivo. 5. ed. Salvador: Juspodivm, 2010. v. 4.

DONIZETTI, Elpídio; CERQUEIRA, Marcelo Malheiros. Curso de processo coletivo. São Paulo: Atlas, 2010.

DONIZETTI, Elpídio. *Curso Didático de Direito Processual Civil*. 20. ed. São Paulo: Atlas, 2017.

FLEXA, Alexandre; MACEDO, Daniel; BASTOS, Fabrício. Novo Código de Processo Civil – temas inéditos, mudanças e supressões. SALVADOR: Editora Juspodivm.

FUX, Luiz. Mandado de segurança. 1. ed. Rio de Janeiro: Forense, 2010.

GARCIA, Gustavo Filipe Barbosa. Curso de direito processual do trabalho. Rio de Janeiro: Forense, 2012.

______. Curso de direito processual do trabalho. 2ª ed. Rev. e atual. Rio de Janeiro: Forense, 2013.

______. Curso de direito processual do trabalho. 4ª ed. rev., atual. e ampl. Rio de Janeiro: Forense, 2015.

JORGE, Flávio Cheim. Teoria geral dos recursos cíveis. 4. ed. rev., atual. e ampl. São Paulo: Editora Revista dos Tribunais, 2009.

______. Teoria geral dos recursos cíveis. 7. ed. rev., atual. e ampl. São Paulo: Editora Revista dos Tribunais, 2015.

KLIPPEL, Bruno. A nova defesa do reclamado: análise das principais alterações promovidas pelo Novo CPC e sua aplicabilidade no processo do trabalho. In: MIESSA, Élisson (org.). O Novo Código de Processo Civil e seus reflexos no Processo do Trabalho. Salvador: Editora Juspodivm, 2015.

KLIPPEL, Rodrigo; NEFFA JUNIOR, José Antônio. Comentários à lei de mandado de segurança (Lei nº 12.016/09) artigo por artigo, doutrina e jurisprudência. Rio de Janeiro: Lumen Juris, 2010.

LEITE, Carlos Henrique Bezerra. Curso de direito processual do trabalho. 9. ed. São Paulo: LTr, 2011.

______. Curso de direito processual do trabalho. 12. ed. São Paulo: LTr, 2014.

LEITE, Carlos Henrique Bezerra (Org.). Novo CPC: repercussões no Processo do Trabalho. São Paulo: Saraiva, 2015.

LIMA, Leonardo Tibo Barbosa. Lições de Direito Processual do Trabalho: teoria e prática. São Paulo: LTr, 2015.

LOPES, Bruno Vasconcelos Carrilho (Coords. Flávio Luiz Yarshell e Fábio Guidi Tabosa Pessoa). Direito intertemporal. Coleção Grandes Temas do Novo CPC (Coord. Geral. Fredie Didier Jr.), V. 7. Salvador: Juspodivm, 2016.

MACÊDO, Lucas Buril de. Precedentes judiciais e o direito processual civil. Salvador: Juspodivm, 2015.

MANCUSO, Rodolfo de Camargo. Divergência jurisprudencial e súmula vinculante. 3. ed. rev., atual. e ampl. São Paulo: Editora Revista dos Tribunais, 2007.

MARCACINI, Augusto Tavares Rosa. Assistência jurídica, assistência judiciária e justiça gratuita. Rio de Janeiro: Forense, 1996.

MARINONI, Luiz Guilherme; ARENHART, Sérgio Cruz; MITIDIERO, Daniel. Novo Curso de Processo Civil: tutela dos direitos mediante procedimento comum. V. II. São Paulo: Editora Revista dos Tribunais, 2015.

MARQUES, Cláudia Lima. Diálogo entre o Código de Defesa do Consumidor e o Novo Código Civil: do "Diálogo das fontes" no combate às cláusulas abusivas. Revista de Direito do Consumidor nº 45. São Paulo, p. 71-99, jan.-mar. 2003.

MARTINS, Sérgio Pinto. Comentários à CLT. 13. ed. São Paulo: Atlas, 2009.

______. Comentários à CLT. 17. ed. São Paulo: Atlas, 2013.

______. Direito processual do trabalho: doutrina e prática forense; modelos de petições, recursos, sentenças e outros. 33. ed. São Paulo: Atlas, 2012.

MAZZILI, Hugo Nigro. A defesa dos Interesses Difusos em Juízo: meio ambiente, consumidor, patrimônio cultural, patrimônio público e outros interesses. 19. ed. São Paulo: Saraiva, 2006.

MAZZUOLI, Valerio de Oliveira. *Curso de Direito Internacional Público*. 9. ed. São Paulo: Revista dos Tribunais, 2015.

MEDINA, José Miguel Garcia. Novo Código de Processo Civil Comentado: com remissões e notas comparativas ao CPC/1973. São Paulo: Editora Revista dos Tribunais, 2015.

MEIRELES, Edilton. Do incidente de resolução de demandas repetitivas no Processo Civil Brasileiro e suas repercussões no Processo do Trabalho. In: LEITE, Carlos Henrique Bezerra (org.). Novo CPC: repercussões no processo do trabalho. São Paulo: Saraiva, 2015. p. 197-236.

MELLO FILHO, Luiz Philippe Vieira de; MELLO NETO, Luiz Philippe Vieira de. A Lei 13.015/2014 e o incidente de resolução de demandas repetitivas: uma visão. O Novo Código de Processo Civil e seus reflexos no Processo do Trabalho. Salvador: Juspodivm, 2016. 2. ed. (no prelo).

MELO, Raimundo Simão de. Direito ambiental do trabalho e a saúde do trabalhador: responsabilidades legais, dano material, dano moral, dano estético, perda de uma chance. 2. ed. São Paulo: LTr, 2006.

______. Processo coletivo do trabalho: dissídio coletivo, ação de cumprimento, ação anulatória. São Paulo: LTr, 2009.

______. Ação civil pública na justiça do trabalho. São Paulo: LTr, 2012.

MIESSA, Élisson. Impactos do Novo CPC nas súmulas e orientações jurisprudenciais do TST. Salvador: Juspodivm, 2016.

______. Manual dos Recursos Trabalhistas. 3. ed. Salvador: 2018.

MIESSA, Élisson (org.). O Novo Código de Processo Civil e seus reflexos no Processo do Trabalho. Salvador: Juspodivm, 2015.

______. O Novo Código de Processo Civil e seus reflexos no Processo do Trabalho. Salvador: Juspodivm, 2016. 2. ed.

MIESSA, Élisson; CORREIA, Henrique. Súmulas e orientações jurisprudenciais do TST comentadas e organizadas por assunto. 8. ed. Salvador: Juspodivm, 2018.

______. Informativos do TST anotados e organizados por assunto. Salvador: Juspodivm, 2014.

______. Manual da Reforma Trabalhista – Lei nº 13.467/2017: o que mudou? Salvador: Juspodivm, 2018.

MIESSA, Élisson; CORREIA, Henrique (org.). Estudos aprofundados MPT – Ministério Público do Trabalho. 1. ed. Salvador: Juspodivm, 2012.

______. Estudos aprofundados MPT – Ministério Público do Trabalho. 2. ed. Salvador: Juspodivm, 2013.

______. Estudos aprofundados Magistratura do Trabalho. Salvador: Juspodivm, 2013.

______. Estudos aprofundados Magistratura do Trabalho. v. 2. Salvador: Juspodivm, 2014.

______. Temas atuais de Direito e Processo do Trabalho. Salvador: Juspodivm, 2014.

______. A reforma trabalhista e seus impactos. Salvador: Juspodivm, 2018.

MIESSA, Élisson; CORREIA, Henrique; MIZIARA, Raphael; LENZA, Breno. CLT comparada com a Reforma Trabalhista. 2. ed. Salvador: JuPodivm, 2018.

MIZIARA, Raphael. A tutela da confiança e a prescrição intercorrente na execução trabalhista. In: MIESSA, Élisson (coord.). O Novo Código de Processo Civil e seus reflexos no processo do trabalho. 2. ed. Salvador: Editora Juspodivm, 2016.

MOREIRA, José Carlos Barbosa. Comentários ao Código de Processo Civil. 15. ed. Rio de Janeiro: Forense, 2010. v. 5.

MOURA, Marcelo. Consolidação das leis do trabalho para concursos. Salvador: Juspodivm, 2011.

_____. *Consolidação das Leis do Trabalho para concursos*. 8. ed. Salvador: Juspodivm, 2018.

NERY Jr., Nelson; NERY, Rosa Maria de Andrade. Código de processo civil comentado e legislação extravagante. 11. ed. São Paulo: RT, 2010.

_____. Comentários ao Código de Processo Civil. São Paulo: Editora Revista dos Tribunais, 2015.

NERY Jr, Nelson. Teoria Geral dos Recursos. 7. Ed. São Paulo: Editora Revista dos Tribunais, 2014.

NEVES, Daniel Amorim Assumpção. Manual de direito processual civil. 2. ed. Rio de Janeiro: Forense; São Paulo: Método, 2010.

_____. Manual de direito processual civil. 11. ed. Salvador: Juspodivm, 2019.

_____. Manual de direito processual civil. 5. ed. Rio de Janeiro: Forense; São Paulo: Método, 2013.

_____. Manual de direito processual civil. 7. ed. Rio de Janeiro: Forense; São Paulo: Método, 2015.

_____. Novo Código de Processo Civil – Lei 13.105/15. Rio de Janeiro: Forense; São Paulo: Método, 2015.

OLIVEIRA, Fernanda Alvim Ribeiro de. Do incidente de assunção de competência In: THEODORO JR., Humberto; OLIVEIRA, Fernanda Alvim Ribeiro de; REZENDE, Ester Camila Gomes Norato (coord.). Primeiras Lições sobre o Novo Direito Processual Civil Brasileiro (de acordo com o Novo Código de Processo Civil, Lei 13.105, de 16 de março de 2015). Rio de Janeiro: Forense, 2015. P. 694-696.

OLIVEIRA, Rafael Alexandria de. Benefício da justiça gratuita. In: WAMBIER, Teresa Arruda Alvim et al. Breves comentários ao novo código de processo civil. 2. ed. São Paulo: Editora Revista dos Tribunais, 2016.

PEIXOTO, Ravi. Superação do precedente e segurança jurídica. Salvador: Juspodivm, 2015.

PEREIRA, Leone. Manual de processo do trabalho. São Paulo: Saraiva, 2011.

REALE, Miguel. *Lições preliminares do direito*. 20 ed., rev.. São Paulo: Saraiva, 1993.

PORTELA, Paulo Henrique Gonçalves; *Direito Internacional Público e Privado*. 7. ed. Salvador: Juspodivm, 2015.

ROCHA, Thais Guimarães Braga da. Procedimentos especiais: embargos de terceiro. In: Primeiras lições sobre o novo direito processual civil brasileiro (de acordo com o Novo Código de Processo Civil, Lei 13.105, de 16 de março de 2015). Coord. Humberto Theodoro Júnior, Fernanda Alvim Ribeiro de Oliveira, Ester Camila Gomes Norato Rezende. Rio de Janeiro: Forense, 2015. p. 497.

RODRIGUES, Deusmar José (coord.). Lei da Reforma Trabalhista comentada artigo por artigo. Leme (SP): JH Mizuno, 2017.

SANTOS, Elisiane; MARQUES, Rafael Dias. Trabalho Infantil Artístico: a proteção integral de crianças e adolescentes e o sistema da Justiça do Trabalho. p. 381-406. In: MIESSA, Élisson; CORREIA, Henrique (org.). Estudos aprofundados MPT – v. 2. Salvador: Editora Juspodivm, 2015.

SANTOS, Élisson Miessa dos; CORREIA, Henrique. Súmulas e orientações jurisprudenciais do TST comentadas e organizadas por assunto. 2. ed. Salvador: Juspodivm, 2012.

SANTOS, Élisson Miessa. A multa do artigo 475-J do CPC e sua aplicação no processo do trabalho. Suplemento Trabalhista. LTr, ano 42. nº 103/06. p. 435-440.

SARAIVA, Renato; MANFREDINI, Aryanna. Curso de Direito Processual do Trabalho. 12. ed. Salvador: Editora Juspodivm, 2015.

SARAIVA, Renato. Processo do Trabalho. 5. ed. Rio do Janeiro: Forense; São Paulo: Método, 2009.

_____. Curso de direito processual do trabalho. 3. ed. São Paulo: Método, 2006.

_____. Curso de direito processual do trabalho. 8. ed. São Paulo: Método, 2011.

SCHIAVI, Mauro. A reforma trabalhista e o processo do trabalho. São Paulo: LTr, 2017.

______. Manual de direito processual do trabalho. 2. ed. São Paulo: LTr, 2009.

______. Manual de direito processual do trabalho. 5. ed. São Paulo: LTr, 2012.

______. Manual de direito processual do trabalho. 6. ed. São Paulo: LTr, 2013.

______. Manual de Direito processual do trabalho. 9. ed. São Paulo: LTr, 2015.

______. Coleção preparatória para concursos jurídicos: Processo do Trabalho. São Paulo: Saraiva, 2012. v. 16. SCHIAVI, Mauro. Os pressupostos processuais e as condições da ação no Novo CPC e suas repercussões no Processo do Trabalho. In: LEITE, Carlos Henrique Bezerra (Org.). Novo CPC: repercussões no Processo do Trabalho. São Paulo: Saraiva, 2015. p. 77-94.

SILVA, Bruno Freire e. O Novo CPC e o Processo do Trabalho I: parte geral. São Paulo: LTr, 2015.

SILVA, Homero Batista Mateus da. CLT comentada. 14. ed. São Paulo: Editora Revista dos Tribunais, 2016.

______. Comentários à reforma trabalhista. São Paulo: Editora Revista dos Tribunais, 2017.

______. Curso de direito do trabalho aplicado: justiça do trabalho. Rio de Janeiro: Elsevier, 2010. v. 8.

______. Curso de direito do trabalho aplicado: processo do trabalho. São Paulo: Editora Revista dos Tribunais, 2015. v. 9.

______. Curso de Direito do Trabalho Aplicado: V. 10 – Execução trabalhista. 2. ed. São Paulo: Editora Revista dos Tribunais, 2015.

SILVA, José Antônio Ribeiro de Oliveira. Questões relevantes do procedimento sumaríssimo: 100 perguntas e respostas. São Paulo: LTr, 2000.

SOUZA JUNIOR, Antônio Umberto de [et al.]. Reforma trabalhista: análise crítica da Lei 13.467/2017. São Paulo: Rideel, 2017.

STRECK, Lenio Luiz et al. A cooperação processual do novo CPC é incompatível com a Constituição. 23 dez. 2014. Disponível em: <http://www.conjur.com.br/2014-dez-23/cooperacao-processual-cpc-incompativel-constituicao>.

TEIXEIRA FILHO, Manoel Antonio. *Comentários ao novo Código de Processo Civil sob a perspectiva do processo do trabalho*. São Paulo: LTr, 2015.

THEODORO JÚNIOR. Humberto. Curso de Direito Processual Civil, v. 1. 56. ed. Rio de Janeiro: Forense, 2015.

______. Processo justo e contraditório dinâmico. Revista de Estudos Constitucionais, Hermenêutica e Teoria do Direito jan.-jun. 2010.

______. Incidente de Resolução de demandas repetitivas. In: THEODORO JR., Humberto; OLIVEIRA, Fernanda Alvim Ribeiro de; REZENDE, Ester Camila Gomes Norato (coord.). Primeiras Lições sobre o Novo Direito Processual Civil Brasileiro (de acordo com o Novo Código de Processo Civil, Lei 13.105, de 16 de março de 2015). Rio de Janeiro: Forense, 2015. p. 734-755.

THEODORO JR., Humberto; OLIVEIRA, Fernanda Alvim Ribeiro de; REZENDE, Ester Camila Gomes Norato (coord.). Primeiras Lições sobre o Novo Direito Processual Civil Brasileiro (de acordo com o Novo Código de Processo Civil, Lei 13.105, de 16 de março de 2015). Rio de Janeiro: Forense, 2015.

WAMBIER, Luiz Rodrigues; TALAMINI, Eduardo. Curso avançado de processo civil: teoria geral do processo e processo de conhecimento. 11. ed. São Paulo: Editora Revista dos Tribunais, 2010.

YARSHELL, Flávio Luiz. Ação rescisória: juízos rescindente e rescisório. São Paulo: Malheiros Editores Ltda., 2005.

EDITORA *Jus*PODIVM

www.editorajuspodivm.com.br

Impressão e acabamento: BMF Gráfica e Editora